D1721858

Bardo Weiß

Jesus Christus bei den frühen deutschen Mystikerinnen

Bardo Weiß

JESUS CHRISTUS BEI DEN FRÜHEN DEUTSCHEN MYSTIKERINNEN

Teil 1: Die Namen

2009

FERDINAND SCHÖNINGH
Paderborn · München · Wien · Zürich

Umschlagabbildung:
Christus erfreut die Seele mit Geigenspiel
Rudolf Stahel (Konstanz, 1496), Martinus-Bibliothek, Mainz.

Bibliografische Information der Deutschen Nationalbibliothek

Die Deutsche Nationalbibliothek verzeichnet diese Publikation in der Deutschen
Nationalbibliografie; detaillierte bibliografische Daten sind im Internet über
http://dnb.d-nb.de abrufbar.

Alle Rechte, auch die des auszugsweisen Nachdrucks, der fotomechanischen Wiedergabe
und der Übersetzung, vorbehalten. Dies betrifft auch die Vervielfältigung und Übertragung
einzelner Textabschnitte, Zeichnungen oder Bilder durch alle Verfahren wie Speicherung und
Übertragung auf Papier, Transparente, Filme, Bänder, Platten und andere Medien, soweit es
nicht §§ 53 und 54 URG ausdrücklich gestatten.

© 2009 Ferdinand Schöningh, Paderborn
(Verlag Ferdinand Schönigh GmbH & Co. KG, Jühenplatz 1, D-33098 Paderborn)

Internet: www.schoeningh.de

Einbandgestaltung: Evelyn Ziegler, München
Printed in Germany
Herstellung: Ferdinand Schöningh GmbH & Co. KG, Paderborn

ISBN 978-3-506-76693-9

INHALT

1. TEIL:
NAMEN FÜR JESUS CHRISTUS

2. TEIL:
REIHEN VON NAMEN UND SCHRIFTSTELLEN

12   *Inhalt*

EINLEITUNG

1. Die Frage, wo man ein Thema anfängt und wie man seine Behandlung ordnet, ist für seine Bearbeitung von großer Wichtigkeit. Beginnt man bei der Christologie der frühen deutschen Mystikerinnen mit der klassischen Zweinaturenlehre, stößt man auf reiches Material. Denn die Frauen stützen sich mit der Mönchstheologie auf die christologischen Dogmen der frühen Kirche. Und doch kann ein solcher Anfang die Annahme nahelegen, die klassischen dogmatischen Fragen nach Christus hätten in dieser Art von Mystik den Vorrang vor anderen mehr spirituellen christologischen Themen.

2. Nun hat jüngst H.J. Sieben[1], in zwei großen Aufsätzen auf Aussagen über Jesus Christus in der Tradition aufmerksam gemacht, die an Aneinanderreihungen von Namen, die Jesus Christus zukommen, anknüpft. Dabei hat er Reihen von christologischen Namen ab dem 2. bis zum 16. Jahrhundert behandelt[2]. Er stellt eine erstaunliche Anzahl von Fundorten Reihen auf. „In der Theologie des Origenes sind die ‚nomina Christi' ... von zentraler Bedeutung."[3] Sie tauchen im lehrhaften Kontext auf, etwa in den frühchristlichen Weissagungsbeweisen[4] und in den christologischen Auseinandersetzungen mit den Arianern[5], zwischen Markell von Ankyra und Eusebius von Caesarea[6] und um den spanischen Adoptianismus des Frühmittelalters[7]. Einmal haben sie auch in einem wichtigen offiziellen Dokument, nämlich dem sogenannten zweiten Glaubensbekenntnis der Kirchweihsynode von Antiochien (341), ihren Niederschlag gefunden[8]. Da im Hintergrund der christologischen Streitigkeiten die Soteriologie steht, prägen solche Reihen von Namen Christi auch diesen Aspekt der christlichen Theologie. Aber nicht nur in diesem lehrhaften, oft polemischen Bemühen der Theologen, sondern auch in ihren Anweisungen zum spirituellen Leben tauchen die Namen

---

[1] Sieben, Hermann Josef: Vom Heil in den vielen „Namen Christi" zur „Nachahmung". Zur Rezeption der Epinoiai-Lehre des Origenes durch die kappadokeischen Väter, in: ThPh 3 (1998) 1-28 (= Sieben, Heil) und: Ders.: Nomina Christi. Zur Tradition der Christustitel (2.-16. Jh.), in: ThPh 75 (2000) 30-58. (Sieben, Nomina). Beide Aufsätze sind neu erschienen in: Ders.: „Manna in Deserto". Studien zum Schriftgebrauch der Kirchenväter: Edition Cardo 42, Köln 2002. Die Angabe der Seitenzahl bezieht sich auf dieses Buch.

[2] Dabei geht Sieben, Nomina 193 auch auf eine Reihung solcher Namen im „Speculum virginum" ein (SP 6,530,13-26), einem Traktat aus dem 12. Jahrhundert, auf den wir im Rahmen der Behandlung der die Mystikerinnen beeinflussenden Mönchstheologie immer wieder zurückkommen. Für Bildreihungen von der römischen Antike bis zum Ende des Frühmittelalters vgl. Grinda Klaus R.: Enzyklopädie der literarischen Vergleiche. Das Bildinventar von der römischen Antike bis zum Ende des Frühmittelalters, Paderborn 2002,87-105.

[3] Sieben, Nomina 160; vgl. ders., Heil 115-129.

[4] Vgl. Sieben, Nomina 161-164.

[5] Vgl. Sieben, Heil 130-146; ders., Nomina 171-182.

[6] Vgl. Sieben, Nomina 175-179.

[7] Vgl. ebenda 182-185.

[8] Vgl. ebenda 178f.

Christi auf. Wegweisend ist dafür der Traktat „De Perfectione" des Gregor von Nyssa, dessen Hauptteil die verschiedenen Namen Christi als Gliederungsprinzip zugrunde liegen[9]. Genauso umfassend wie der inhaltliche Kontext ist auch die Art der literarischen Gattungen, in denen solche Aneinanderreihungen von christologischen Titeln vorkommen. Außer in den lehrhaften Schriften und spirituellen Traktaten tauchen sie in Predigten und Hymnendichtungen[10] wie in Glossaren und Katalogen[11] auf. Im Frühmittelalter sind sie sogar Grundlage von Figurengedichten[12].

Wegen der genannten Weite beginnen wir mit der Behandlung der Namen Christi. Dadurch soll die Gefahr einer vorzeitigen Festlegung und Einengung unseres Themas vermieden werden[13].

3. Wir gehen allerdings nicht der Frage nach, ob die Vertreter der Mönchstheologie oder gar die frühen deutschen Mystikerinnen die von Sieben angeführten frühchristlichen und frühmittelalterlichen Reihen gekannt und als direkte Quellen benutzt haben. Uns reicht der Aufweis, daß in den Aneinanderreihungen christologischer Namen diese Tradition im 12. und 13. Jahrhundert lebendig ist.

4. In einem Punkt unterscheiden wir uns im Vorgehen von Sieben: Bevor wir auf solche Stellen eingehen, in denen mehrere christologische Namen nebeneinander gereiht werden, untersuchen wir zuerst diese einzelnen Titel, gleich, ob sie in einer Reihe oder isoliert vorkommen. Nicht nur Gott, sondern auch sein Sohn, Jesus Christus, wird mit seinen Eigenschaften gleichgesetzt. So heißt es oft, daß der Sohn die Weisheit schlechthin ist. Auch solche Stellen, in denen diese Eigenschaften nicht im strengen Sinn als Titel auf den Sohn bezogen werden, sollen hier behandelt werden. Da auch die Adjektive, die man Jesus Christus beifügt, besonders wenn sie absolut gebraucht werden, „Nomina" sind, gehen wir auf diese ein. Wir untersuchen also die „Nomina" als Substantive und Adjektive. Damit wird das Material, das uns zu Verfügung steht, erheblich vermehrt. Eine Vollständigkeit gerade bei der Behandlung bekannter Titel als Substantive oder Adjektive wird allerdings nicht angestrebt.

Das vorliegende Buch soll, auch wenn es ein Bestandteil eines größeren Projektes über die Theologie der Mystikerinnen ist, in sich, das heißt ohne Kenntnis der vorausgehenden Veröffentlichungen, verstehbar sein. Dies setzt ein Abwägen zwischen auf fehlenden Voraussetzungen beruhender Unverständlichkeit und aus unnötigen Wiederholungen resultierender Langatmigkeit voraus. In der Einleitung zur ersten Veröffentlichung „Ekstase und Liebe" wurden grundlegende Kenntnisse über die frühen deutschen Mystikerinnen vermittelt und die hermeneutischen Voraussetzungen für das ganze Projekt dargelegt und eingehend begründet, ohne deren Kenntnis die weiteren

---

[9] Vgl. Sieben, Heil 147-159; Sieben, Nomina 186-189.

[10] Vgl. Sieben, Nomina 190-195. Wichtig ist dabei Isidor von Sevilla (um 560-633), der besonders einflußreich für die Mönchstheologie war; vgl. ebenda 196.

[11] Vgl. Sieben, Nomina 195-200. Typisch für das Frühmittelalter ist die Tatsache, daß man sich bemühte, gegenseitig sich in der Anzahl der Namen zu übertreffen.

[12] Vgl. ebenda 200f.

[13] Für die Sekundärliteratur zu den „Nomina Christi" vgl. Sieben, Nomina 160f. Anm 3.

Teile kaum zu verstehen sind[14]. In der Einleitung zu der zweiten dreibändigen Veröffentlichung wurden deswegen die Ergebnisse der Einleitung des Teiles ohne deren ausführliche Begründung zusammengefaßt[15]. Dies ist auch für das vorliegende Buch notwendig, wobei die Zusammenfassung noch geraffter geschehen soll[16]. Um das Auffinden der näheren Begründung in „Ekstase und Liebe" zu erleichtern, ist die dortige Disposition mit ihren Unterpunkten weitgehend beibehalten worden.

1. Eingrenzungen

1.1 Zeitliche Eingrenzung

Behandelt werden deutsche Mystikerinnen ab der Mitte des 12. bis zum Ende des 13. Jahrhunderts.

1. In der Mitte des 12. Jahrhunderts setzt sich mit der gleichzeitigen stärkeren Hinwendung zum Subjekt das durch, was man gemeinhin Brautmystik nennt. Von daher ist es berechtigt, bei unserer Darstellung mit dem 12. Jahrhundert zu beginnen.

2. Hildegard von Bingen (1098-1179)[17] und Elisabeth von Schönau (1129-1164) sind die zeitlich ersten Frauen, die man gemeinhin Mystikerinnen in Deutschland nennt. Sie unterscheiden sich aber wesentlich von den etwas später lebenden Frauen. Beide sind keine Vertreterinnen der Brautmystik. Darüber hinaus kennt Hildegard zwar Visionen, behauptet aber, keine ekstatischen Erfahrungen zu besitzen[18]. Das bräutliche Einswerden des Menschen mit Gott in Ekstasen ist nicht das zentrale Thema dieser Veröffentlichung. Deswegen werden beide Seherinnen jetzt ebenfalls herangezogen.

3. Die Wende zum 14. Jahrhundert markiert einen weiteren Zeiteinschnitt für die Mystik. Obwohl die Mystikerinnen keineswegs alle ungebildet sind, bleiben sie als Nonnen, Reklusen oder Beginen für ihre theologischen Kenntnisse in den meisten Fällen auf die Vermittlung ihrer männlichen geistlichen Begleiter angewiesen. Deren theologischer Hintergrund ist aber weitgehend nicht die Hochscholastik, sondern das, was man seit J. Leclercq „Mönchtheologie" nennt.

Eine Änderung tritt erst um die Wende zum 14. Jahrhundert ein. Immer stärker übernehmen die Bettelorden die Betreuung der „mulieres religiosae". Unter diesen Seelsorgern hat sich jetzt aber das scholastische Denken durchgesetzt. Ab dem 14. Jahrhundert ist deswegen in der Spiritualität dieser Frauen mit dem Einfluß der Hochscholastik zu rechnen. Die aufgezeigte Entwicklung läßt also berechtigterweise eine Zäsur um das Jahr 1300 zu.

---

[14] Vgl. Weiß, Ekstase 1-85.

[15] Vgl. Weiß, Gottesbild 1,2-12.

[16] Vgl. Die geraffte Form stimmt weitgehend mit Weiß, Dreieiner 16-27 überein.

[17] Zum Streit, ob man Hildegard eher Mystikerin oder prophetische Reformerin nennen soll, vgl. Weiß, Ekstase 3, Anm. 1.

[18] Zur Frage, ob diese Bestreitung nur einem damals üblichen Demutstopos oder der Realität im Leben der Hildegard entspricht, vgl. Weiß, Ekstase 5-11.

1.2 Geographische Eingrenzung

1. Vor allem in Frankreich, Italien, England und Schweden gibt es seit dem späten 12. Jahrhundert Männer und Frauen, die von einer mit der deutschen Frauenmystik vergleichbaren Spiritualität erfaßt sind. Es ist also falsch, die Frauen der deutschen Mystik von ihrem sich auf fast ganz Europa erstreckenden geistlichen Umfeld zu isolieren. Dennoch dürfte es berechtigt sein, eine geographische Eingrenzung bei den Mystikerinnen vorzunehmen. Jede andere Einteilung erscheint mindestens ebenso fragwürdig, zumal die Frauen aus dem deutschen Sprachbereich einen durchaus eigenständigen Beitrag für die Spiritualität ihrer Zeit liefern.

Seit dem vorigen Jahrhundert hat sich das Wort „Deutsche Mystik" eingebürgert. In der französischen Forschung redet man lieber von der „Rheinischen Mystik". Beide Bezeichnungen sind nicht ganz exakt. Schon im 13. Jahrhundert beschränkt sich die Frauenmystik keineswegs auf den Rhein und seinen Umkreis. In Thüringen und Sachsen (Helfta) gibt es ebenfalls mystisch begabte Frauen. Der Begriff „Deutsche Mystik" ist umgekehrt zu weit. In großen Teilen Deutschlands läßt sich bis zum 14. Jahrhundert keine Mystikerin nachweisen.

2. Zuerst treten Mystikerinnen in Mitteleuropa, sieht man von Hildegard von Bingen und Elisabeth von Schönau ab, um das Jahr 1170 in der Diözese Lüttich im Herzogtum Brabant auf. Auch diese Frauen, die in einem heute zu Belgien und den Niederlanden gehörenden Gebiet leben, dürfen zur deutschen Frauenmystik gezählt werden. Denn die meisten der zahlreich dort lebenden Mystikerinnen haben eine Sprache gesprochen, die man heute Mittelniederländisch nennt und die von den Frauen selbst oder deren Biographen zur deutschen Sprachfamilie gezählt wird. Darüber hinaus sind auch wechselseitige persönliche Beziehungen zwischen den Frauen in Brabant und denen am Rhein und Mitteldeutschland nachweisbar.

Aus den genannten Gründen sind die Mystikerinnen aus Brabant und Umgebung in unsere Betrachtung einbezogen.

2. Fragen nach der Historizität und Authentizität

2.1 Die Textgrundlage

1. Von den über 20 Frauen, die wir behandeln, sind uns nur von sieben Texten erhalten, die unter ihrem eigenen Namen veröffentlicht sind. Es sind dies: Elisabeth von Schönau, Beatrijs von Nazareth, Hadewijch, Hildegard von Bingen, Mechthild von Magdeburg, Mechthild von Hackeborn und Gertrud die Große[19].

Doch selbst bei diesen Texten kann man nicht bei allen ohne weiteres von einer alleinigen Autorschaft im modernen Sinn sprechen. Sieht man von den Werken der Beatrijs

---

[19] Von einer achten Frau, Christina von Stommeln, besitzen wir zwar Briefe, die sie selbst diktiert hat, welche aber für ihre Spiritualität relativ unerheblich sind.

von Nazareth und Hadewijch ab, gestehen alle Frauen, daß sie ihre Bücher nicht ohne fremde Hilfe verfaßt haben.

Wir müssen also feststellen, daß die meisten Texte, die unter dem Namen der Mystikerinnen laufen, nach dem modernen Verständnis keinen unmittelbaren Zugang zu ihrer Spiritualität bieten.

2. Von den meisten Frauen sind uns nur ihre Viten erhalten, in denen von fremder Hand ihr Leben, ihre Ekstasen und Visionen geschildert werden. In der Reihenfolge ihres Geburtsjahres[20] sind dies: Christina mirabilis (von Sint Truiden 1150-1224), Ivetta von Huy (1157-1228), Odilia von Lüttich (1165-1220), Maria von Oignies (1177-1213), Lutgard von Tongeren (1192-1246), Aleydis von Scharmbeke (+1250), Juliane von Cornillon (1191/92-1250), Ida von Nijvel (1197-1231), Ida von Gorsleeuw (1201-1262/73), Margarete von Ypern (1216-1237), Ida von Löwen (1220/30-1290/1300), Margareta von Magdeburg (1225/35-1258/68), Christina von Stommeln (1242-1312), Elisabeth von Spalbeek (1247/50-1316), Christina von Hane (1269-1292), Lukardis von Oberweimar (1275/76-1309) und Agnes Blannbekin (+1317).

In den Viten lassen die Autoren diese Frauen oft in direkter oder indirekter Rede zu Wort kommen. Auf den ersten Blick verringert sich damit der Unterschied zu den Werken, die Mystikerinnen mit Hilfe anderer unter eigenem Namen veröffentlicht haben. In beiden literarischen Gattungen sprechen sie selbst, aber unter Mithilfe anderer.

3. Auch wenn wir nur in den seltensten Fällen den „Originalton" dieser Mystikerinnen ohne Vermittlung anderer Menschen besitzen, beanspruchen diese Mitarbeiter, getreu und ohne bewußten eigenen Einfluß die Stimme dieser Frauen als göttliche Botschaft wiederzugeben.

2.2   Die Frage nach der literarischen Fiktion

1. Damit ist aber keineswegs gesagt, daß sich dieser Anspruch auch verifizieren läßt. Kann sich nicht auch hinter ihm nur eine literarische Fiktion verbergen[21]?

Unter feministischem Blickwinkel stellen sich folgende Fragen: Waren diese Frauen nicht ungebildet und gehörten sie nicht dem Laienstand an? Galten sie in ihrer Zeit

---

[20] Häufig sind die Geburts- und Sterbedaten nur erschlossen oder gar nur geschätzt. Eine einheitliche Schreibweise der Namen dieser Frauen hat sich bis jetzt nicht durchgesetzt. Wir verwenden diejenige, von der wir glauben, daß sie die gebräuchlichste ist.

[21] Es geht hier allein darum, ob der Anspruch, durch außergewöhnliche Erlebnisse von Gott einen Auftrag erhalten zu haben, eine bewußte Erfindung der Frauen oder ihrer Vitenschreiber ist. Ob manches ausschmückende Detail in den Viten und Wunderberichten, die zur Beglaubigung dieses Anspruchs dienen, auf Fiktion beruhen, steht hier nicht zur Debatte. Der jüngst wieder veröffentlichte Aufsatz von Haas (Christina mirabilis: Geschichte und Fiktionalität in mystischen Texten, in: Ders.: Mystik im Kontext, München 2004, 226-247) behandelt demgegenüber die Frage nach der Fiktionalität in mystischen Texten viel allgemeiner. Seiner Grundtendenz, die auf einem ausgewogenen Urteil beruht, kann man durchaus zustimmen. Vgl. auch McGinn 3,61-67.

deswegen nicht auf theologisch-spirituellem Gebiet als inkompetent[22]? Haben sie vielleicht aus diesem Grund nicht gewagt, ihre Werke ohne Angabe von männlichen Mitarbeitern herauszugeben? Oder sind diese Beichtväter und geistlichen Berater selbst gar nur literarische Fiktionen[23]? Zur Lösung der Frage, ob eine literarische Fiktion vorliegt, trägt meines Erachtens die Hypothese, welche sich auf das Geschlecht der Verfasserinnen stützt, wenig bei. Mit ihr kann man nicht die Mitarbeit von Frauen erklären, die bei der Abfassung der Werke Gertruds der Großen und Mechthilds von Hackeborn vorliegt[24].

2.   Auch wenn man diese aus feministischer Sicht entstandene Theorie nicht teilt, kann man an der Fiktionalität des Anspruchs einer getreuen Wiedergabe mit folgender Begründung festhalten: Man wollte Werke erbaulichen Inhalts schreiben; um diesen ein besonderes Gewicht zu verleihen, habe man sie in die literarische Form eines Visionsberichts gekleidet[25].

3.   Unbestritten ist: Sowohl die Viten als auch die Visionsberichte, die unter dem Namen der Frauen veröffentlicht wurden, sind religiöse Gebrauchsliteratur, insofern sie Gott preisen und ihre Leser erbauen wollen.

4.   Die Hypothese, nach der die Berichte der Visionen literarische Fiktionen zur Erhöhung der Autorität des Gesagten darstellen, suggeriert, Berichte von außergewöhnlichen Erlebnissen von Frauen wie Visionen und Ekstasen seien zu dieser Zeit ein probates Mittel gewesen, deren Annahme bei den Lesern zu sichern[26]. Natürlich stimmt

---

[22] Daß sich Frauen mit religiösen Themen sogar in der Muttersprache befaßten, ist keineswegs so ungewöhnlich, wie es manchmal dargestellt wird. Von Frau Ava (Die Dichtungen der Frau Ava. Herausgegeben von Kurt Schacks: Wiener Neudrucke. Neuausgaben und Erstdrucke deutscher literarischer Texte 8, Graz 1986) sind aus dem frühen 12. Jahrhundert mehrere umfangreiche Gedichte religiösen Inhalts ohne Berufung auf in Visionen ergangene Offenbarungen erhalten.
   Auch war es nicht unmöglich, daß sich Laien in ihrer Muttersprache über religiöse Themen äußerten. Die zahlreichen mittelhochdeutschen religiösen Gedichte aus dem 12. und 13. Jahrhundert sind weitgehend von Laien verfaßt.

[23] Über die in der Forschung geäußerten Meinungen vgl. den Überblick in: Peters, Ursula, Religiöse Erfahrung als literarisches Faktum. Zur Vorgeschichte und Genese frauenmystischer Texte des 13. und 14. Jahrhunderts, Tübingen 1988, 101-188; 101-188; Dinzelbacher, Mittelalterliche Frauenmystik, Paderborn 1993, 105 und Anm 20.

[24] Im 14. Jahrhundert soll nach Heinrich Seuse Elsbeth Stagel großen Anteil an der Abfassung seiner von ihm veröffentlichten Vita haben. Hier versagt die Theorie einer literarischen Fiktion, um die eigene geschlechtsspezifisch geringe Autorität zu heben, ganz.

[25] Bei der Behandlung dieser Problematik geht es ausschließlich um eine historisch-literarische Frage: Wollen diese Schriften von wirklich geschehenen Visionen und Erlebnissen berichten oder stellen diese Schilderungen literarische Fiktionen dar? Davon ist scharf die andere Frage zu trennen: Falls in diesen Werken der Anspruch vorliegt, wirkliches Geschehen zu berichten, wie geht ein moderner Mensch mit diesem Anspruch um? In diesem Abschnitt versuchen wir, ausschließlich eine Antwort auf die erste Frage zu geben.

[26] Oft setzt man voraus, die Visionsbücher seien im 12. und 13. Jahrhundert eine allgemein bekannte literarische Gattung gewesen. Insofern sich solche Gnadenviten oder Offenbarungsbücher von den allgemeinen herkömmlichen Heiligenviten unterscheiden, stimmt dies nicht. Man spürt einigen dieser Werke deutlich, wie die Autorinnen und Autoren noch um die Anerkennung solcher Art von Viten ringen. Über die zeitlich erste Vita einer Mystikerin, schreibt McGinn, der ausgewiesene Kenner mittelalterlicher Mystik (3,85): "Das Portrait, das Jakob von Vitry von Maria von Oignies zeichnet, stellt den Anfang einer neuen Epoche in der abendländischen Hagiographie und Mystik dar."

es, daß man im Mittelalter schneller als heute an ein außergewöhnliches Erlebnis glaubte[27]. Die Frage nach einer Selbsttäuschung wurde nur selten gestellt, zumal man nicht über das moderne psychologische Wissen verfügte. Doch selbst wenn man annahm, es liege eine Erfahrung vor, die sich nicht auf die eigene Kräfte eines Menschen zurückführen lassen, war keineswegs auch schon die Gottgewirktheit solcher Erlebnisse für den mittelalterlichen Menschen erwiesen. Man mußte sich fragen, ob die berichteten Visionen und Auditionen nicht vom Teufel eingegeben waren. War dies der Fall, durfte der Gläubige diesen Frauen auf keinen Fall glauben, sondern mußte sie zum Schweigen bringen. Daraus erklärt es sich, daß in fast allen Viten Mißverständnisse, Verdächtigungen und Verfolgungen auftauchen, denen diese Frauen gerade wegen ihres Anspruchs, Visionen gehabt zu haben, ausgesetzt sind.

Hätten die Autorinnen und Autoren, um ihre Leser zu erbauen, alle Visionen, Auditionen und Ekstasen der Frauen erfunden, hätten sie sich dazu eines für die damalige Zeit recht untauglichen Mittels bedient. Sie hätten etwas von Frauen erfunden, denen man kaum besondere Autorität auf dem Gebiet der Spiritualität beimaß und die man leicht als vom Teufel Verführte verdächtigen konnte. Damit ist die genannte Theorie wenig wahrscheinlich. Man wird den Autoren der Viten, sieht man von einigen ausschmückenden Übertreibungen ab, glauben dürfen, daß sie sich keiner Fiktion bewußt sind und nur das schreiben, was sie für ein Faktum halten: Gott selbst hat sich diesen Frauen in ihren übernatürlichen Erlebnissen zu erkennen gegeben[28].

5. Warum aber haben diese Frauen entweder selbst überhaupt nichts geschrieben oder sich beim Schreiben verschiedenartiger Mitarbeiter bedient? Mangelnde Bildung, die auf Hilfe beim Schreiben angewiesen sein läßt, trifft wenigstens bei einigen Frauen, wie zum Beispiel bei Gertrud der Großen, nicht zu.

Zur Beantwortung der Frage ist folgende Beobachtung wichtig: Die Frauen scheuen sich, etwas von sich preiszugeben oder gar ihre Erlebnisse für Fremde aufzuschreiben, weil sie spüren, daß sich ihre Erfahrungen nicht vollständig zur Sprache bringen lassen.

---

[27] Dennoch stimmt das Urteil von Haas (Christina mirabilis 242): „Die Klagen der modernen Geschichtsschreibung über die Leichtgläubigkeit der mittelalterlichen Rezipienten von Legendenliteratur sind Klagen von Desorientierten."

[28] Mir scheint die Vita der Christina mirabilis kein glücklich gewähltes Beispiel zu sein, um über Fiktionalität in mystischen Texten zu sprechen, wie es Haas (Christina mirabilis 233-241) tut. Einmal ist diese Vita mit der Massivität der geschilderten äußeren Wunder für die Viten der Mystiker nicht repräsentativ. – Dem entsprechend lautet die Kritik an ihr in der modernen Zeit (einige Urteile hat McGinn 3,294 gesammelt). Ruh (2,100) schreibt: "Die historische Kritik (hat) die Christina-Vita erbarmungslos als Product kindischen Wunderglaubens auf Grund von Aussagen einer Hysterica abgewertet." –. Einige Viten kommen vollständig ohne die Erzählung von Wundertaten ihrer Protagonistinnen aus. Johannes von Magdeburg stellt dies für seine Vita der Margareta von Magdeburg ausdrücklich fest (MA 70,101). Zum andern scheint Thomas von Cantimpré, der Autor der Vita der Christina mirabilis, (CM prol 3,650) selbst Bedenken zu haben, über eine solche Anhäufung von Wundertaten zu berichten. „Nec ea ullo modo scribere praesumpsisse." – „Ich hätte dies auf keinen Fall gewagt zu schreiben." Nur weil die Ereignisse so gut bezeugt sind und weil schon Jakob von Vitry von ihnen, wenn auch ohne Nennung des Namens der Christina, berichtet hat, greift er zur Feder. Selbst wenn man auch diese Erklärungen für Fiktionen hält, liegt hier kein naiv ungebrochener Umgang mit Fiktionalität vor.

Und doch sprechen diese Mystikerinnen von dem, was sie erlebt haben, weil sie glauben, in ihren Visionen dazu einen Auftrag erhalten zu haben. Sie sind der festen Überzeugung, daß die Visionen und Auditionen nicht allein ihnen gelten. Deren Inhalt geht alle Menschen in der Kirche an. Die Mystikerinnen fühlen sich beauftragt, ihren Zeitgenossen zu einer Bekehrung und zu einem vertieften Gnadenleben zu verhelfen.

6. Damit aber beschreiten sie den Bereich des objektiv Faßbaren und den Raum der sichtbar verfaßten Kirche. Dann aber stellt sich für diese Frauen vertieft die Frage nach der Gottgewirktheit ihrer Erlebnisse. Stimmt ihr Anspruch, von Gott gesandt zu sein, nicht, wären sie in der Kirche große Betrügerinnen. Dies wollen sie auf keinen Fall sein. Unterliegen sie nicht selbst einer Täuschung, nämlich einem teuflischen Trug? Es gibt kaum eine dieser Frauen, von welcher nicht auch Teufelserscheinungen geschildert werden. Derjenige, welcher dem Menschen erscheint, prägt ihn auch. Stehen sie dann nicht auch im Einflußbereich des Bösen, müssen sich die Frauen fragen. Da sie wissen, daß der Satan sich in einen Engel des Lichtes verwandeln kann (2 Kor 11,14), finden sie an der Erscheinungsweise der in den Visionen geschauten Gestalten kein Unterscheidungsmerkmal für eine von Gott oder vom Bösen erzeugte Vision. Mit subjektiven Überlegungen allein kommen sie nicht weiter, sie brauchen auch Hilfe von außen.

Von daher wird es verständlich, daß diese Frauen Trost, Rat und Bestätigung bei anderen Menschen suchen. Diese finden sie zunächst bei den „amici", den „Freunden". Besonders geschätzt ist die Freundschaft mit Menschen, die selbst Ekstasen und Visionen haben.

7. Solche Freundschaften bleiben meist im privaten Bereich. Die Frauen bedürfen aber, wenn sie mit ihren Mitteilung an die Öffentlichkeit gehen, auch einer Bestätigung aus dem amtlich-kirchlichen Raum. Diese Hilfe kommt von dem „confessarius", dem „Beichtvater", dem „pater spiritualis", dem „geistlichen Vater" oder dem „consiliarius", dem „Ratgeber". Nicht jeder konnte bei diesen „mulieres religiosae" seelsorglich tätig sein. Es bedurfte dazu eines besonderen kirchlichen Auftrages. Wenn diese offiziellen Seelsorger den Frauen die Möglichkeit einer teuflischen Beeinflussung bestritten, dann war dies für sie eine Beruhigung besonderer Art. Sie sind bereit, sich auch korrigieren zu lassen, und treten erst dann an die Öffentlichkeit der Kirche. Trotzdem bleibt bei vielen dieser Mystikerinnen die spirituelle Eigenständigkeit gegenüber ihren geistlichen Beratern gewahrt und es findet eine wechselseitige Bereicherung statt. Wenn die Mitarbeiter sich selbst auf die Botschaft der Frauen eingelassen haben, können sie aus eigener Erfahrung bezeugen, daß der Inhalt der Botschaft dieser Frauen vom Heiligen Geist stammt. Damit wird der Leser in seiner Beurteilung dessen, was er liest, nicht allein gelassen. Er darf nach dem Zeugnis der Autoren dieser Viten sicher sein, daß der kleine Kreis der Mitarbeiter und Freunde schon nach der Botschaft der Frauen gelebt und damit gute Erfahrungen gemacht hat.

8. Manchmal ist das Verhältnis von Mitarbeiter und Visionärin noch enger zu sehen. Gott hat sich, wie berichtet wird, nicht nur diesen Frauen geoffenbart, er begleitet auch den Vermittlungsprozeß bis zum Leser. Gott selbst ist es, der den Verfasser der Viten zum Aufschreiben veranlaßt hat. Auch dieser hat Auftrag und Sendung vom Herrn erhalten. Seherin und geistlicher Begleiter spüren, daß das, was sie schreiben, eine Art

„Teamwork", ein Gemeinschaftswerk ist. So stellte sich dem mittelalterlichen Menschen nicht die Frage, was auf das Konto des Visionärs und was auf dasjenige des Helfers bei der Niederschrift oder des Autors der Vita geht. So berechtigt daher für uns Menschen des 21. Jahrhunderts die literarkritische Methode mit ihrer Quellenscheidung ist, muß es auch erlaubt sein, die Zeugnisse als das zu nehmen, was sie sein wollen: Gemeinschaftswerk. Es wäre der Absicht dieser Frauen und der Autoren ihrer Viten entgegengesetzt, sie isoliert, das heißt, losgelöst von ihren Beratern und Mitarbeitern, zu betrachten. Wir werden deswegen nicht versuchen, in jedem Einzelfall zu unterscheiden, was auf die Mystikerin und was auf den Mitarbeiter zurückgeht[29].

2.3 Die Frage nach dem Offenbarungscharakter der Erlebnisse

Die Frauen und ihre Mitarbeiter glauben, eine göttliche Offenbarung erhalten zu haben. Damit ist aber noch nicht die Frage beantwortet, ob sie mit dieser Annahme recht haben, das heißt, ob Gott wirklich zu ihnen gesprochen hat, wie immer man sich auch ein solches Sprechen vorstellen mag.

Auch die theologische Wissenschaft ist nicht in der Lage, diese Frage eindeutig zu beantworten. Was sie tun kann, ist, den Offenbarungsanspruch zu erweisen, mögliche Einwände gegen den Anspruch zu sichten bzw. zu entkräften und Voraussetzungen zu nennen, nach denen man einen solchen Anspruch für berechtigt halten kann.

2.3.1 Der Anspruch einer ergangenen Offenbarung

Bei allen von uns behandelten Frauen begegnet uns der Anspruch, daß ihre Botschaft auf Gott zurückgeht. Mit diesem Anspruch unterscheidet sich die frühe deutsche Frauenmystik von der Wesensmystik, wie sie zum Beispiel im 14. Jahrhundert Meister Eckhart vertritt.

2.3.2 Möglicher Einwand gegen den Offenbarungsanspruch

1. Wenn ein Mensch am Beginn des 21. Jahrhunderts von Ekstasen und Visionen frommer Frauen im Mittelalter hört, neigt er dazu, diese pathologisch zu erklären. Er wird den Mystikerinnen keinen offenen Betrug unterstellen, wird aber von krankhaften Wahnvorstellungen sprechen. Der moderne Mensch neigt zu folgendem Urteil: Da diesen Frauen weder in der Kirche noch in der Welt eine befriedigende Aufgabe zuteil wurde, ging ihr ganzes Verlangen auf eine Erfüllung im religiösen, inneren Bereich. Weil sie bei all ihrem Streben, unterstützt durch Askese und sexuelle Enthaltsamkeit, Gott und die Einheit mit ihm suchen, glauben sie am Ende, daß ihr Wunsch in Erfül-

---

[29] Deswegen werden auch das erste und das fünfte Buch des „Göttlichen Gesandten" unter dem Namen der Gertrud der Großen zitiert, obwohl beide nach eigener Auskunft weitgehend nicht von ihr, sondern von Mitschwestern stammen.

lung gegangen ist. Damit, so glaubt man, entspricht der Anspruch echter Gottesoffenbarung, den diese Frauen erheben, nicht der Realität.

2. Zunächst ist festzuhalten, daß viele dieser Frauen in der Tat häufig krank sind. Überdurchschnittlich oft wird von körperlichen Krankheiten geredet. Von sehr unterschiedlichen solcher Erkrankungen wird bei diesen Frauen berichtet. Einige lassen kaum an psychische Ursachen denken. Andere Leiden geben Anlaß, an einem rein somatischen Ursprung zu zweifeln, wie Lähmungserscheinungen und Krankheiten, die sich in Anfällen äußern. Heißt dies aber auch, daß alle diese Erlebnisse nur Produkte einer krankhaften Psyche sind?

3. Auch wenn festzuhalten ist, wie schwer eine Diagnose der psychischen Verfassung von Menschen zu stellen ist, die in einer anderen Zeit und Kultur gelebt haben, kann man folgendes sagen: Krankhafte psychische Zustände bedingen oft einen Realitätsverlust des Menschen. Die Flucht in eine Wunschwelt macht immer unfähiger, mit der eigenen Realität umzugehen. Die verdrängte Wirklichkeit rächt sich durch pathologischen Befund. Offensichtlich aber paßt eine Reihe der Frauen in dieses aufgezeigte Schema nicht hinein. Mechthild von Magdeburg, Juliane von Cornillon und Margareta von Magdeburg haben ihre Aufgabe lebenstüchtig gemeistert und sind an ihrem oft nicht leichten Geschick gereift. Insgesamt sind diese Frauen fast ausnahmslos innerhalb ihrer Möglichkeiten im Bereich der Nächstenliebe und der Seelsorge tätig. Dies paßt schlecht zu dem Bild eines realitätsfernen Menschen, der sich selbst isoliert und sich in Wunschvorstellungen flüchtet.

4. Trotz allem lassen sich krankhafte Züge im Leben einiger dieser Frauen nicht leugnen. Wenn man dies feststellt, bedeutet es, eine Offenbarung Gottes habe nicht stattgefunden? Eine ähnliche Frage kommt auf, wenn ihre Visionen von zeitgebundenen theologischen und legendenhaften Vorstellungen geprägt sind. Die Alternative, entweder jeden krankhaften oder zeitbedingten Zug bei diesen Frauen abzustreiten und alles, was in den Visionen gezeigt wird, für bare Münze zu nehmen, oder alles für ein Produkt krankhafter Phantasie und für zeitbedingte Irrtümer zu halten und jedes Widerfahrnis von Seiten Gottes in Abrede zu stellen, ist falsch. Visionen und Ekstasen finden, gerade wenn sie von Gott gewirkt sind, in einer Tiefenschicht des Menschen statt, in die seine Reflexion und sein Sprachvermögen nicht hineinreichen. Will er sich darüber mitteilen, muß er das Erlebte in den Bereich der Reflexion und der Sprache heben. Was er dann ausspricht, ist immer schon subjektiv und zeitbedingt gefärbt und kann krankhaft geprägt sein. So kann in dem, was eine Mystikerin sagt, durchaus Gottes Offenbarung stecken, auch wenn sie die Färbung zeitgeschichtlicher Frömmigkeit und Theologie angenommen hat. Selbst wenn solche Frauen manchmal pathologische Züge tragen und diese auch in ihre Botschaft einfließen, heißt das noch nicht, alles, was sie sagen, seien krankhafte Einbildungen.

2.3.3 Die Voraussetzungen, den Offenbarungsanspruch zu akzeptieren

Bis jetzt wurde der Anspruch dieser Frauen, Gott habe sich ihnen geoffenbart, dargestellt und gezeigt, daß man mit der Behauptung, im Charakter dieser Frauen gebe es pathologische Züge, diesen Anspruch noch nicht falsifiziert hat. Ob man aber diesem Anspruch glauben soll, ist damit noch nicht entschieden. Ein Beweis für das Gottgewirkt-Sein dieser Ekstasen und Visionen läßt sich wissenschaftlich nicht führen. Uns obliegt nur noch, die Voraussetzungen, unter denen ein gläubiger Christ in der Botschaft der Frauen Gott am Werk sieht, zu erörtern.

1. Erste Voraussetzung ist der Glaube, daß Gott in die Geschichte eingreifen kann, wobei die Frage, ob er dies als Primärursache oder durch Sekundärursachen tut, hier beiseite gelassen wird.

2. Zweite Voraussetzung ist der Glaube, daß die Offenbarung in Jesus Christus abgeschlossen und nicht mehr überbietbar ist.

3. Eine dritte Voraussetzung besteht darin, daß man trotz der zweiten Voraussetzung mit der Möglichkeit von dem rechnet, was in der katholischen Theologie traditionell mit Privatoffenbarung bezeichnet wird. Auch wenn der Glaube an ihre Botschaft nicht zum Heil notwendig ist, darf der in ihr ergangene Ruf für eine bestimmte Zeit nicht leichtfertig abgelehnt werden.

4. Vierte Voraussetzung ist der Glaube, daß Gott der Christenheit besonders exemplarische Menschen schenken kann. Wer auf der Suche nach dem inneren Gebet, einer vertieften Spiritualität und einer Gotteserfahrung in einer Zeit der Verdunstung des Glaubens ist, wird sich fragen, ob Gott vielleicht in den Mystikerinnen, die hier behandelt werden, eine exemplarische Hilfe schenkt.

3. Der theologische und philologische Hintergrund

1. Aus dem Gesagten wird deutlich, daß auch für denjenigen, der an der Gottgewirktheit der Botschaft dieser Frauen festhält, sich die Frage nach deren theologischen Kontext nicht erübrigt. Wer und was haben diese Frauen theologisch beeinflußt? Da die meisten von ihnen theologisch nicht gebildet waren und nur im begrenzten Maß theologische Bücher gelesen haben, fand, wie schon gesagt, ihre theologische Prägung weitgehend durch die Seelsorger statt, die sie spirituell begleitet haben. Diese waren ihrerseits, wie auch schon erwähnt, durch das, was man Mönchstheologie nennt, geformt. Da man mystische Texte nur in ihrem Kontext versteht[30], ist es notwendig, diesen und das heißt im vorliegenden Fall die Mönchstheologie des 12. und 13. Jahrhunderts mit zu behandeln. Das primäre Anliegen dieser Methode ist nicht der Aufweis, daß die Mystikerinnen sich von ihrem theologischen Hintergrund, der Mönchstheologie, unterscheiden, sondern eine Verstehenshilfe ihrer Aussagen. Wenn hier einschlägige Texte

---

[30] Ein Anliegen, von dem die jüngste Aufsatzsammlung von Haas (Alois M.: Mystik im Kontext, München 2004) ganz durchdrungen ist.

der Mönchstheologie behandelt werden, heißt das also nicht, sie seien direkte Quellen für die Mystikerinnen und die Autoren ihrer Viten; vielmehr sollen sie nur verdeutlichen, wie man damals in den Klöstern über Die Dreifaltigkeit und das Schaffen Gottes gedacht hat.

2. Wer die große Anzahl der Schriften, die im Rahmen der Mönchstheologie aus dem 12. und 13. Jahrhunderts erhalten sind, kennt, weiß, daß hier keine Vollständigkeit ihrer Behandlung angestrebt werden kann. Folgende Kriterien liegen der Auswahl der Theologen und deren Abhandlungen zu Grunde: Wenn in den Werken oder den Viten der Mystikerinnen aus einem Werk eines Autors mit oder ohne Namensnennung zitiert wird, ist dies ein Grund, ihn heranzuziehen. Dies trifft auf Bernhard von Clairvaux (1090-1153), Hugo (1096/1110-1141) und Richard (+1173) von St. Viktor und Wilhelm von St. Thierry (1085/90-1148/49), dessen Werke von den Frauen unter dem Namen Bernhards von Clairvaux zitiert werden, zu. Jean von Fécamp (+1078), Aelred von Rievaulx (1109-1167), Isaak von Stella (+1169), Balduin von Canterbury (+1190), Guerricus von Igny (1070/80-1157) sowie die Traktate „Liber amoris" (12. Jhd.) und „Speculum virginum" (erste Hälfte des 12. Jhd.) finden Aufnahme, weil sich bei ihnen mit der Mystik der Frauen verwandte Gedanken finden. Berücksichtigt wurden auch Predigtreihen oder Kommentare über das Hohelied aus dem 12. Jahrhundert, da sich in ihnen Ansätze der Brautmystik finden. Solche Werke haben neben Bernhard von Clairvaux und Wilhelm von St. Thierry Gilbert von Hoyland (+1172), Johannes von Ford (1140/50-1214) und der Autor des St. Trudperter Hoheliedes (um 1160) geschrieben. David von Augsburg (1210-1272) verdient nicht nur deswegen Beachtung, weil seine mittelhochdeutschen Traktate um die „unio mystica" kreisen, sondern weil sein lateinisches Werk die Spiritualität der Mönchstheologie im 13. Jahrhundert bündelt und in Deutschland besonders einflußreich war. Selbstverständlich hätte man noch manch anderes Werk aus der Mönchstheologie zur Erhellung des Hintergrundes der frühen deutschen Frauenmystik heranziehen können. Um den Umfang unseres Projektes, der sowieso schon den Rahmen des Herkömmlichen sprengt, nicht noch weiter anwachsen zu lassen, war aber eine Auswahl nötig.

3. Wie in den vorgehenden Veröffentlichungen wird in diesem Buch von einzelnen Begriffen und deren Umfeld ausgegangen. Dies dient dazu, eine Grundlage auf sprachlicher Ebene für weitere Überlegungen zu schaffen. Die lateinischen und mittelhochdeutschen beziehungsweise mittelniederländischen Wörter werden meist gesondert dargestellt. Auch wenn in einer Sprache mehrere Ausdrücke für ein und den selbe theologischen Sachverhalt stehen, werden sie getrennt behandelt, da zwischen den Wörtern meist doch, wenn auch nur kleine, semantische Unterschiede bestehen. Die dadurch entstehenden Wiederholungen werden in Kauf genommen. Am Anfang der Behandlung eines Wortes wird auf seinen etwaigen Gebrauch in der Vulgata eingegangen. In dieser Übersetzung las man im 12. und 13. Jahrhundert die Heilige Schrift. Den Frauen begegnete diese Fassung der Bibel in der Liturgie der Heiligen Messen und des Chorgebets. Innerhalb eines Begriffes werden dann die Autorinnen und Autoren weitgehend in chronologischer Reihenfolge behandelt. Dabei wird auf den unterschiedlichen Gebrauch der Ausdrücke bei ihnen eingegangen. Dieses Vorgehen macht ausführliche

Zusammenfassungen notwendig, in denen einzelne Aussagen über Gott ohne Berücksichtigung der Unterschiede in den Ausdrücken und bei den einzelnen Autorinnen und Autoren systematisch dargestellt werden.

1. TEIL:

NAMEN FÜR JESUS CHRISTUS

Für die nähere Gliederung des Stoffes ist noch einmal ein Blick in die altkirchlichen christologischen Streitigkeiten hilfreich. Schon Origenes bemüht sich um eine Differenzierung der Bezeichnungen Jesu nach ihrer Herkunft[1]. Die Arianer sind bestrebt, jeden Titel Jesu gleich zu gewichten. Nach ihnen sind alle Bezeichnungen Jesu nur bildlich zu verstehen und damit im übertragenen Sinn aufzufassen. Die Rede von Jesus als Sohn Gottes ist genauso metaphorisch wie diejenige von Jesus als Löwe von Juda[2]. Dagegen unterscheiden die Theologen, die der Christologie des Konzils von Nizäa verpflichtet sind, zwischen Titeln, die im übertragenen und solchen, die im eigentlichen Sinn gebraucht werden, zu denen der Name „Sohn Gottes" gehört[3]. Marcell von Ankyra (280-374), der dem ewigen Sohn Gottes nur den Titel „Logos" zugestehen wollte und alle anderen Namen auf den Menschgewordenen beziehen wollte[4], kann sich mit seiner Vorstellung nicht durchsetzen[5]. Mit der Zeit kristallisiert sich folgende Unterscheidung heraus: Es gibt Bezeichnungen Jesu, die sich auf sein Wesen, und andere, die sich auf sein Wirken beziehen[6]. Auch wenn diese Unterscheidung sich nicht wie alle anderen denkbaren Unterscheidungen auf jeden Namen anwenden läßt[7], scheint sie für unser Vorhaben praktikabel.

---

[1] Vgl. Sieben, Heil 117-120.

[2] So die „Thalia" des Arius (Sieben, Nomina 171f.) und der Vorwurf an die Adresse der Arianer des Epiphanius von Salamis (172-174) und des Germinius von Cycicus (174f.).

[3] Natürlich kann man bei Gott „Sohn" nur im analogen Sinn gebrauchen, weil Gott im biologischen Sinn keinen Sohn hat. Offensichtlich hat sich aber für Christus dieser Titel so eingebürgert, daß man sich seines metaphorischen Gebrauchs nicht mehr bewußt ist.

[4] Vgl. Sieben, Nomina 175.

[5] Vgl. Ebenda 178f.

[6] Für Athanasius von Alexandrien vgl. Sieben, Nomina 180; Basilius von Cäsarea vgl. Sieben, Heil 130-136; Gregor von Nazianz vgl. ebenda 136-141; Gregor von Nyssa vgl. ebenda 141-146; Germinius von Cycius vgl. Sieben, Nomina. 174f. und Gregor von Eliva vgl. ebenda 180f.

[7] Die genannte Unterscheidung zwischen Namen, die das Wesen, und Namen, die das Wirken Jesu betreffen, kann nur als Faustregel gelten. Schon in der Theologie der Alten Kirche wird sie mit anderen Differenzierungen wie etwa „ewig-zeitlich" oder „eigentlich – bildlich" vermischt. Es gibt bei einigen Titeln Schwierigkeiten sie einzuordnen. Wegen seiner Schöpfermittlerschaft wird Jesus auch „Schöpfer" genannt. Eindeutig ist dies ein Wirken, das uns zu gute kommt. Da es aber vom ewigen Sohn ausgesagt ist, wird der Titel Schöpfer meist doch in die erste Kategorie eingeordnet.

1. Kapitel:

DAS WESEN JESU

1. Christus

Das Wort „Christus" wird heute meist wie ein Eigenname gebraucht und nur selten als Titel empfunden. Einige Stellen seien genannt, an denen man sich allerdings in unseren Texten darüber Gedanken macht, warum man Jesus „Christus" nennt.

1. Wilhelm von St. Thierry weiß, daß ursprünglich „Christus" nicht ein Eigenname ist. „Jesus proprium nomen, Christus vero nomen sacramenti est." – „Jesus ist der Eigenname, Christus aber besagt etwas über sein Geheimnis."[1] Er bedeutet ja „Messias"[2].

2. In seinem Werk „De spiritali amicitia" geht Aelred von Rievaulx von Ciceros Schrift „De amicitia" aus[3]. Der fiktive Dialogpartner Ivo ist damit nicht einverstanden. Im Buch eines Heiden begegnet ihm nicht „mellifluum Christi nomen", „der honigfließende Name ‚Christus'"[4]. Aelred gibt Ivo insofern Recht, daß für einen Christ der Anfang, die Mitte und das Ende seines Denkens „Christus" sein muß.

3. Hugo von St. Viktor weiß, daß „Christus" mit dem griechischen Buchstaben Chi beginnt, der wie ein lateinisches „X" geschrieben wird. „X" aber ist auch das Zeichen für zehn. So erinnert nach Hugo der Anfangsbuchstabe des Namens Christus an die zehn Gebote; denn Christus ist der Gesetzgeber des Alten wie des Neuen Bundes[5].

4. Das St. Trudperter Hohelied weiß um eine Reihe ausgefallener Namen für Christus: „Sie sprechen dir alfa et o, on, pantegraton, tetragrammaton, ysagon, effedon. dise namen sint alle guot. aber einen dînen den erkennet mîn sêle, das dû bist Christus filius dei vivi." – „Man nennt Dich Alpha und Omega, Seiender, Allherrscher, Tetragrammaton, Ousia, Ephodos. Das sind alles gute Namen. Einen liebt aber meine Seele, daß Du bist Christus, der Sohn des lebendigen Gottes."[6] Von diesem Namen heißt es, daß er auf der Erde, in der Unterwelt und im Himmel seine Geltung hat[7]. Damit wird deutlich auf Phil 2,9-11 angespielt, nach welchen Versen dem erhöhten Christus ein Name gegeben wird, vor dem sich alle Knie im Himmel, auf der Erde und unter der Erde beugen. An dieser Stelle des St. Trudperter Hoheliedes spielt aber weder die Erniedrigung noch die

---

[1] WR 1,549C.
[2] Ebenda.
[3] ARSA 1,6,42-49,290.
[4] ARSA 1,7,50-55,290.
[5] HNM 1,681B-C.
[6] TH 15,21-25,50.
[7] TH 15,26-28,50.

Erhöhung Christi eine Rolle. Warum gerade der Name „Sohn des lebendigen Gottes" der wichtigste Name sein soll, wird nicht erklärt. Deutlich spürt man, daß der Verfasser mit der Nennung einiger unübersetzten griechischen Namen für Jesus seine theologische Bildung zeigen möchte. Dazu gehören auch Anspielungen auf Schriftstellen, die für das Verständnis nicht notwendig sind. Sieht man von dem gelehrten Beiwerk ab, dürfte Folgendes gemeint sein: Vor allen anderen oft schwer verständlichen Namen Jesu, ist „Christus" der wichtigste, weil er alles, was die anderen Namen beinhalten, zusammenfaßt.

2. Das Verhältnis zum Vater

Aus mehreren Gründen muß bei den Namen, die das Verhältnis des Sohnes zum Vater betreffen, eine Auswahl getroffen werden. Einmal wurden einige diesbezügliche Namen schon von uns im Kontext der Trinitätslehre behandelt[8]; zum anderen Mal gibt es eine Reihe Titel, die oft so toposartig verwendet werden, daß sie nicht vollständig aufgezählt, geschweige denn behandelt werden können. Einige von ihnen tauchen so häufig auf, daß sie den Namen Jesus ersetzen können. Der Ausdruck „Verbum", „Wort" ist oft wie ein zweiter Name für Jesus gebraucht, ohne daß der Wortcharakter mit bedacht wird[9]. Anders verhält es sich allerdings bei der Wortkombination „Verbum Patris", „Wort des Vaters"[10]. Hier ist deutlich die Beziehung zur ersten göttlichen Person heraus zu hören. Wie in der Vulgata „sermo" im christologischen Kontext mit dem Ausdruck „verbum" identisch ist, findet sich auch in unseren Texten, sieht man von Ausnahmen ab[11], die gleiche Bedeutung beider Begriffe. So gehen wir auf „Verbum/sermo" als Name für Christus nicht ein.

2.1 Eingeborener

1. Im johanneischen Schrifttum kommt der Titel „Unigenitus", „Eingeborener" vor (Joh 1,14.18; 3,16.18; 1 Joh 4,9). Im Unterschied zu dem einfachen „genitus" muß bei diesem Wort eine gewisse Ausschließlichkeit herausgehört werden: Der Vater hat nicht irgendein Kind, sondern seinen Eingeborenen für uns hingegeben. Schon früh taucht dieser Name in der altkirchlichen Christologie auf[12].
2. Jean von Fécamp hat diesen christologischen Titel besonders geschätzt.

---

[8] Vgl. Weiß, Bardo: Der dreieine Schöpfer und die frühen deutschen Mystikerinnen, Paderborn 2006.

[9] Stellvertretend für andere Autoren seien nur einige Stellen aus Jean von Fécamp genannt: JFC 1,1,2,110; 1,10,204,116; 3,164,147.

[10] Z.B. JFC 3,20,673,163; 16,19,216,310; 18,6,41,12.

[11] Jean von Fécamp (JFC 2,3,105-109,124; 3,32,1236f.,181) sieht in dem lebendigen und wahren Wort, das alles durchdringt (Hebr 4,12f.), Jesus Christus. Isaak von Stella (IS 5,18,170-173,156) nennt Jesus „omnipotens sermo", „das allmächtige Wort", weil er fähig ist, die Einheit mit uns Menschen zu bewirken.

[12] Für Cyprian vgl. Sieben, Nomina 162 und für Eusebius von Caesarea vgl. ebenda 177.

2.1 Innertrinitarisch werden der Vater „ingenitus", „ungezeugt" und der Sohn „unigenitus", „einziggezeugt/eingeboren" genannt[13]. Als solcher ist er vom Vater vor aller Zeit geboren[14] und mit ihm „coaeternus", „gleichewig"[15]. Er ist mit dem Vater wesensgleich, und deswegen kann alles durch ihn geschaffen sein[16].

2.2 Aus der Innigkeit des väterlichen Schoßes ist der Eingeborene zu unser aller Heil in die Welt gesandt[17].

3. Um die Größe Mariens herauszustellen, erinnert Bernhard von Clairvaux daran, daß sie Mutter des „Dei Unigeniti", „Eingeborenen Gottes" ist[18].

4. „Exianitio ungeniti Filii Dei, et inclinatio tantae majestatis de sinu Patris usque ad opprobrium crucis", „Die Entäußerung des eingeborenen Sohnes Gottes und das Neigen einer so großen Majestät vom Schoß des Vaters bis hin zur Schmach des Kreuzes" wird von Balduin von Canterbury gepriesen[19].

5. Nach Guerricus von Igny wurde es für die Menschen Tag, als der Vater nicht irgend etwas, „sed veritatem Unigeniti", „sondern die Wirklichkeit des Eingeborenen" geoffenbart hat[20]. Sie ist einfach und enthält alle Wahrheit des göttlichen Wortes[21].

6. Häufiger benutzt Johannes von Ford diesen Titel:

Innertrinitarisch ist es zu verstehen, wenn es vom Heiligen Geist heißt, er habe als Ursprung den Vater und den Eingeborenen[22].

Als der Vater aus Liebe beschloß, uns zu erlösen und den Sohn zu senden, „Vnigentius de sinu paternae pietatis respondens: Fiat, inquit, Pater mi, ut uis", „gab der Eingeborene vom Schoß der väterlichen Güte die Antwort und sprach: ‚Es geschehe, mein Vater, wie Du willst'"[23]. Das Kreuz wird zum Baum des Lebens, weil an ihm der Eingeborene, der vom Schoß des Vaters ausging, starb[24].

Von Johannes wird auch das absolut gebrauchte Wort „unicus", „Einziger" an Stelle von „unigentius" gebraucht: Ein Zeichen höchster Gerechtigkeit ist es, daß der Vater seinen Einzigen für unsere Sünden gesandt hat[25]. „Filium dilectionis suae et quem unicum habet et consubstantialem misit Deus in legationem hanc ad caritatem suam in nobis revelandam pariter et commendandam." – „Den Sohn seiner Liebe, den er als einzigen und gleichwesentlichen hat, hat Gott als Bote gesandt, um seine Liebe zu uns zu offenbaren und zugleich zu erklären."[26]

---

[13] JFC 1,13,256f.,118.
[14] JFC 1,13,270f.,118.
[15] JFA 17,174f.,217.
[16] JFC 1,11,216-230,116f.
[17] JFC 2,2,65-70,123.
[18] BS 3,127,752,20.
[19] BT 13,536C.
[20] GIS Petr Paul 2,6,162f.,392.
[21] GIS Ann 3,6,183-185,158-160.
[22] JHLD 14,7,257-261,130f.
[23] JHLD 13,3,101f.,118.
[24] JHLD 102,3,67-71,691.
[25] JHLD 10,7,236-243,100.
[26] JHLD 13,6,248-251.,121f.

7. Hildegard von Bingen hat ebenfalls eine Vorliebe für den Titel „Unigenitus".

7.1 In einigen Texten wird der Name „Eingeborener" auf das innertrinitarische Verhältnis zwischen Vater und Sohn bezogen. „In Deo Patre est ineffabilis Vnigenitus eius, sol iustitiae fulgorem ardentis caritatis habens." – „In Gott Vater ist sein unaussprechlicher Eingeborener, der als Sonne der Gerechtigkeit den Glanz der brennenden Liebe hat."[27]

7.2 Für Hildegard ist das, was das innertrinitarische Geheimnis mit der Menschwerdung des Sohnes Gottes verbindet, die Liebe: „Caritas quoque Vnigenitum Dei in sinu Patris in caelo tulit et eum in uterum Matris in terra posuit." – „Die Liebe ist es auch, welche den Eingeborenen Gottes im Schoß des Vaters im Himmel trug und ihn in den Mutterschoß Marias auf Erden legte."[28] Ganz auf das heilsgeschichtliche Wirken ist folgende Stelle abgestimmt: „Vnigenitus Patris de Virgine carnem sumens sanguinem suum in candore fidei pro salute omnium fundere properauit." – „Der Eingeborene des Vaters nahm Fleisch von der Jungfrau an und beeilte sich sein Blut im Glanz des Glaubens für das Heil aller zu vergießen."[29] Die Jungfrau hat ohne Zutun eines Mannes vom der Kraft des Höchsten überschattet Gottes Eingeborenen gezeugt[30]. Da der Eingeborene eine unbegrenzte Größe besitzt, kann man von ihm das unausschöpfbare Leben erhalten[31].

Auch in der Kirche wirkt der Eingeborene: Die Gaben der Eucharistie werden nach oben erhoben, „quod caro et sanguis Vnigeniti Dei efficitur", „daß sie Fleisch und Blut des Eingeborenen werden"[32]. Ein eheloser Mensch nistet in Schutz des sichersten Felsens, „quae Vnigenitus Dei est", „welcher der Eingeborene Gottes ist"[33].

8. Um denen, die um des Himmelreiches willen auf die Ehe verzichtet haben, deutlich zu machen, wer ihr wahrer Bräutigam ist, häuft Elisabeth von Schönau christologische Hoheitstitel: Er ist: „Dominus maiestatis, unigenitus altissimi, rex divinorum exercituum", „Herr der Majestät, Eingeborener des Höchsten, König der göttlichen Heere"[34].

9. Maria von Oignies meint, daß dem Menschen aus dem Staunen über die Menschwerdung des Eingeborenen so viel Kraft zuwächst, daß ihm eigentlich alle Mühen leicht fallen müßten[35].

10. Auch David von Augsburg verwendet diesen Titel gern, um zu erklären, warum der Vater uns das Kostbarste, das er besitzt, geschenkt hat. Als „oberisten vater einborner sun", „des höchsten Vaters eingeborener Sohn" ist Jesus das wahre Leben und der Brunnen allen Lebens[36]. „Der getriuwe himelische vater hât uns daz liebeste das er

---

[27] HISV 1, 1,3,4,139f.,43.
[28] HISV 1, 1,2,33,828f.,37.
[29] HISV 1, 1,4,9,411-413,72f.
[30] HISV 1, 2,6,26,1037-1040,255.
[31] HISV 1, 2,6,29,1127-1130,258.
[32] HISV 1, 2,6,13,597-600,242.
[33] HISV 1, 1,5,3,60f.,95.
[34] ESI 14,107.
[35] MO 1,4,38,555.
[36] DB 9,383,4f.

hât, sînen êwigen einbornen sun gegeben, unsern hêrren Jêsum Kristum, zuo einem natûrlîchen bruoder, mit dem er uns alle ze sînen erwelten kinden gemacht hât." – „Der getreue himmlische Vater hat uns das Liebste, das er hat, seinen ewigen eingeborenen Sohn, unseren Herrn Jesus Christus, zum natürlichen Bruder gegeben, mit dem er uns alle zu seinen erwählten Kindern gemacht hat."[37] Bemerkenswert ist an dieser Stelle nicht nur, daß der „Eingeborene" ausdrücklich mit dem „Liebsten des Vaters" gleichgesetzt wird, sondern daß hier der einzige Sohn in einer Beziehung zu den vielen Kindern steht. An einer weiteren Stelle wird ein anderer Grund angegeben, warum der Eingeborene unsertwillen Mensch wurde: Nach ihr geschah es, daß „der lûteriste burnne alles guotes, daz ist des himelîschen vater einbron sun, got selber, getempert und ze samene gemischet wart zuo dem meiwe menslîcher natûre", „der lauterste Brunnen alles Guten, das ist des himmlischen Vaters eingeborener Sohn, Gott selbst, gemildert und zusammengemischt wurde zu dem Teig der menschlichen Natur"[38]. Und dieser eingeborene Sohn hat sein Leben für die mißratenen und verstoßenen Kinder gegeben[39].

David fokussiert seine Aussagen über den eingeborenen Sohn auf das Heilsgeschehen der Menschwerdung und Erlösung.

11.   Auch Mechthild von Magdeburg kennt diesen Namen Jesu. Sie erinnert daran, daß das Heilsgeschehen noch nicht beendet ist. Noch steht aus, daß der himmlische Vater „seinem eingebornem sune Jhesum, únserm lôser", „seinem eingeborenen Sohn, Jesus, unserem Erlöser" die Krone überreicht[40]. Dieser wird sie voll Freude empfangen[41]; er hat sie zwar selbst verdient und der Heilige Geist sie im Feuer der Liebe geschmiedet[42], die Menschen aber haben mit ihrem geduldigen Leiden auch an der Krone gearbeitet[43], und Mechthild selbst will ein kleines Blümlein an dieser Krone sein[44]. Solange solche Menschen leben, ist die Krone noch nicht vollendet[45].

12.   Selten wird dieser Titel in der Mystik von Helfta gebraucht. Mechthild von Hackeborn hört, wie der himmlische Vater bei der mitternächtlichen Messe des Weihnachtsfestes zur ihr spricht: „Veni et accipe coaeternum et unigenitum cordis mei Filium et communica eum omnibus qui devota gratutidine modo ejus altissimam et aeternam ex me generationem venerantur." – „Komm und empfange den gleichewigen und eingeborenen Sohn meines Herzens und teile ihn allen mit, die mit frommer Dankbarkeit jetzt seine höchste und ewige Zeugung aus mir verehren."[46] Das Kostbare, was schon mit dem Namen „Eingeborener" ausgedrückt wird, ist durch den Genitiv „meines

[37] DV 359,16-19.
[38] DB 2,376,33-35. Natürlich will David nicht das Dogma von Chalkedon leugnen, nach dem die beiden Naturen unvermischt in der Einheit bleiben.
[39] DM 400,40-401,2.
[40] MM 7,1,3-9,254.
[41] MM 7,1,49f.,255.
[42] MM 7,1,45f.,255.
[43] MM 7,1,58-63,255.
[44] MM 7,1,126-128,258.
[45] MM 7,1,120-126,257f.
[46] MH 1,5,16f.

Herzens" verstärkt. Das Besondere an dieser Stelle besteht darin, daß die Mystikerin in das Geschehen des Weitergebens hineingenommen wird. Sie darf den Eingeborenen anderen Menschen mitteilen. Die Tatsache, daß hier von der ewigen Zeugung und nicht von der irdischen Geburt an Weihnachten die Rede ist, läßt sich dadurch erklären, daß im Mittelalter bei der nächtlichen Christmette dieses Geheimnis im Mittelpunkt stand.

13. Für Gertrud die Große ist der Gedanke der Mittlerschaft Jesu bei ihrem Lob besonders wichtig. Deswegen schreibt sie, daß an Christi Himmelfahrt der Vater alles annimmt, was ihm sein Eingeborener und die Menschen darbringen[47].

14. Zusammenfassend läßt sich über den Gebrauch des Titels „Eingeborener" sagen: Gelegentlich wird er bei der ewigen Zeugung des Sohnes gebraucht. Es soll dann ausgesagt werden, daß er als Einziggeborener mit dem Vater gleich[48], gleichewig[49] und deswegen unendlich groß[50] ist. Häufiger kommt der Name bei der zeitlichen Sendung des Sohnes durch den Vater vor. Es soll dadurch ausgedrückt werden, daß der Vater uns diesen nicht als irgend etwas, sondern als den Einzigen[51] und Liebsten[52] in der Menschwerdung[53] und am Kreuz[54] geschenkt hat.

2.2 Glanz

1. Im Lateinischen stehen zwei Begriffe für Glanz in unseren Texten zu Verfügung, die gleichbedeutend und deswegen wechselseitig für Christus gebraucht werden, nämlich „candor" und „splendor". „Candor" kommt im Neuen Testament nicht in bezug auf Christus vor. Wohl aber heißt es in Weish 7,26, daß die Weisheit der Glanz des ewigen Lichtes ist. Da die Gleichsetzung Christi mit der göttlichen Weisheit schon in der Alten Kirche eine große Rolle spielt, legt sich der Name „candor" für Christus nahe. In einem der Berichte der Apostelgeschichte von der Bekehrung des Apostel Paulus wird das Licht, das den erscheinenden Christus vor Damaskus umgibt, „splendor" genannt (Apg 26,13). Gelegentlich wird das Heil, das man im Alten Testament erwartet, mit diesem Namen bezeichnet (Jes 62,1; Bar 4,24).

---

[47] G 4, 4,36,2,17-25,304.
[48] JFC 1,11,216-20,116f; GIS Ann 3,6,183-185,158-160; JHLD 14,4,257-261,130f.; HISV 1, 1,3,4,139f.,43; DB 9,383,4f.
[49] JFC 1,13,277-280,118; MH 1,5,16f.
[50] BS 3,127,752,20; HISV 1, 2,6,29,1127-1130,258; ESI 14,107.
[51] JHLD 10,7,236-243,100; 13,6,248-251.,121f.
[52] DV 359,16-19.
[53] JFC 2,2,65-70,123; JHLD 10,7,236-243,100; 13,3,101f.,118; 13,6,248-251.,121f.; HISV 1, 1,2,33,828f.,37; 1,4,9,411-414,72f.; MO 1,4,38,555; DB 2,376,33-35.
[54] JHLD 102,3,67-71,691; DM 400,40-401,2.

Auch in den altkirchlichen christologischen Streitigkeiten taucht der Name „splendor" auf[55].

2. Mit dem Beginn eines alten Laudeshymnus redet Jean von Fécamp Christus folgendermaßen an: „splendor paternae gloriae", „Glanz der Herrlichkeit des Vaters"[56].

3. Wenn an Stelle der „Herrlichkeit" andere Ausdrücke stehen, dürfte mit ihnen ebenfalls der Vater gemeint sein, von dem Christus der Glanz ist. So gebraucht Bernhard von Clairvaux „Licht" und „Glanz" wechselseitig für Christus, wenn er schreibt: Licht ist Christus, „qui est utique candor vitae aeternae", „der ja der Glanz des ewigen Lebens ist"[57].

4. Johannes von Ford spricht an mehreren Stellen vom Glanz im christologischen Sinn. Nach ihm ist Christus aus dem Schoß des Vaters vor dem Morgenstern gezeugt als „oriens splendor lucis aeternae", „als aufstrahlender Glanz des ewigen Lichtes"[58]. Auch an folgender Stelle wird der Name Glanz gebraucht, um die Herkunft des Sohnes vom Vater zu bezeichnen: „Splendor et imago diuinae maiestatis, Domine Iesu, tu signaculum similitudinis", „Du Glanz und Bild der göttlichen Majestät, Du Siegel der Ähnlichkeit"[59]. Christus redet Johannes mit den Worten an: „O sanctissime splendor meus!" – „O mein heiligster Glanz!"[60]

Vom üblichen Gebrauch weicht folgende Stelle dadurch ab, daß die Beziehung zum Vater nur an dritter Stelle genannt wird: „Habemus iam triplicem candorem gloriae in Christo Iesu, carnis et animae atque beatae unionis Verbi Dei." – „Wir haben schon einen dreifachen Glanz der Herrlichkeit in Christus Jesus, denjenigen des Fleisches, der Seele und der seligen Vereinigung mit dem Wort Gottes."[61] Als vierte Art des Glanzes wird die Tatsache genannt, daß der Mensch Jesus dieses Gewicht der Herrlichkeit mit so großer Demut getragen hat[62].

5. Richard von St. Viktor sagt, daß der Sohn Gottes, als er vom Himmel herabgestiegen ist, „splendor justitiae", „den Glanz der Gerechtigkeit" auf die Erde gebracht hat; in den Himmel zurückgekehrt, ist er „candor lucis aeternae", „der Glanz des ewigen Lichtes"[63].

6. Lutgard von Tongeren kann die verschiedenen Heiligen in ihren Visionen unterscheiden, weil „de ipso … Christo Sanctorum Sancto quidam animae illucens splendor egreditur", „von ihm …, Christus, dem Heiligen der Heiligen, ein gewisser die Seele erleuchtender Glanz ausgeht"[64].

---

[55] Vgl. Sieben, Nomina 177.
[56] JFC 3,19,654,163.
[57] BVNAT 4,9,190,9f.
[58] JHLD 7,5,177-179,76.
[59] JHLD 104,3,39f.,704.
[60] JHLD 107,7,150,733.
[61] JHLD 8,10,302f.,87.
[62] JHLD 8,10,304f.,87.
[63] RVPS 28,293C.
[64] LTA 3,2,13,207.

7. Nach Ida von Löwen erscheint über den eucharistischen Gestalten „columba …
nivei candoris", „eine Taube … von schneeweißem Glanz", welche die Anwesenheit
Christi versinnbildet[65].

8. In Helfta singt man regelmäßig das Chorgebet. Daß man dort den Namen „Glanz",
mit welchem der oben erwähnte Laudeshymnus beginnt, für Christus kennt, ist selbstverständlich.

An Weihnachten sieht Mechthild von Hackeborn „de corde Dei splendorem procedere", „vom Herzen Gottes einen Glanz ausgehen"[66], worunter der ewig aus dem
Vater hervorgehende Sohn zu verstehen ist. Ihn redet die Seherin mit den Worten
des Hymnus an: „Salve, splendor aeternae gloriae!" – „Sei gegrüßt, Glanz der ewigen
Herrlichkeit!"[67]

9. Auch Gertrud die Große kennt die Wortkombination für Christus aus diesem
Hymnus.

Die Mystikerin fragt sich, wie es sein wird, wenn am Ende der Zeit „in splendore
divinitatis tuae apparuerit gloria tua", „erscheinen wird im Glanz Deiner (= Christi)
Gottheit Deine Herrlichkeit"[68]. Es entsteht ein Wohlgefallen, wenn „Christus Jesus
splendor et imago paternae gloriae, Agnus Dei sine macula, seipsum … obtulit Deo
Patri", „Christus Jesus, der Glanz und das Bild der Herrlichkeit des Vaters, das Lamm
ohne Makel, sich selbst … Gott Vater darbringt"[69].

Ohne direkten Bezug zu diesem Hymnus wird gesagt, daß Jesus von seinem Leiden
her „emisit splendorem quemdam mirificum", „ausgestrahlt hat einen gewissen wunderbaren Glanz"[70]. Jerusalem wird zum Jubel aufgefordert, weil es sich befindet „in divini vultus tui splendore", „im Glanz Deines (= Christi) göttlichen Angesichtes"[71]. Zu
Beginn der dritten Übung ihrer „Exercitia spiritualia" stellt Jesus sich mit den Worten
vor: „Ego ipse sum splendor divini solis." – „Ich selbst bin der Glanz der göttlichen
Sonne."[72]

10. Wörtlich zitiert den Anfang des Laudeshymnus Johannes von Stommeln in seiner
Vita der Christina von Stommeln. Die Mystikerin selbst sieht ein von den Dämonen
ausgehendes „lucem sophisticum", „ein sophistisches Licht". Daraufhin beschwört
sie die bösen Geister „per Dominum Jesum Christum, qui est candor lucis aeternae
et splendor paternae gloriae", „durch den Herrn Jesus Christus, der das Strahlen des
ewigen Lichtes und der Glanz der Herrlichkeit des Vaters ist"[73]. Sofort verschwindet
„splendor iste sophisticus", „jener sophistische Glanz", wenn man sieht „veri atque

---

[65] IL 2,3,12,174.
[66] MH 1,5,17.
[67] Ebenda.
[68] G R 6,494,192.
[69] G 3,3,18,7,5-7,86.
[70] G 4,4,45,1,16f.,346.
[71] G R 6,465f.,190.
[72] G R 3,7f.,74.
[73] CS 2,4,7,62,310.

aeterni lumninis splendorem", „den Glanz des wahren und ewigen Lichtes"[74]. Aus der Tatsache, daß hier der Glanz ständig mit dem Licht gleichgesetzt wird, hat man nicht den Eindruck, daß der Autor noch an das Herkommen des Glanzes Jesu vom Licht des Vaters denkt.

11. Zusammenfassend läßt sich sagen:
Die Bezeichnung Christi als „candor" und „splendor" ist in unseren Texten wohl vom Anfang des bekannten Laudeshymnus abhängig, der teils wörtlich zitiert[75], teils leicht abgeändert[76] wird. Mit ihm soll ausgedrückt werden, daß der Vater das Licht und der Sohn sein Glanz ist[77]. Oft sind die Formulierungen so verblaßt und toposartig gebraucht, daß „candor" und „splendor" die Aussagen über Christus als das Licht ersetzen[78].

2.3 Schein

„Schîn"[79], „schîm", „zorftele" und „glast" sind die mittelhochdeutschen Pendants zu den lateinischen Ausdrücken „candor" und „splendor".
1. Der Autor des St. Trudperter Hoheliedes kommt von Weish 7,26 her, wenn er von Christus als Schein der Weisheit spricht. So redet er ihn an: „Dû bist ein schîm des êwigen wîstuomes." – „Du bist ein Schein der ewigen Weisheit."[80] Mit seinem Kommen ist aufgegangen der „schîme der êwigen wîstuomes", „der Schein der ewigen Weisheit"[81]. In dem Schlaf der Kontemplation werden die inneren Sinne der Seele geführt „in den schîm des himelischen wîstuomes", „in den Schein der himmlischen Weisheit"[82]. Auch die Menschwerdung wird mit Kommen des Scheins der Gottheit in unsere Wirklichkeit erklärt: „Diu zorftele dîner goteheit diu geruohte bluot unde vleisch von mir nehmen." – „Der Glanz Deiner Gottheit, der geruhte Blut und Fleisch von mir anzunehmen."[83]
2. David von Augsburg redet häufiger von dem Schein im christologischen Zusammenhang: Er gebraucht diese Metapher, um das innertrinitarische Verhältnis zwischen Vater und Sohn darzustellen: „Dû bist des himelischen vater êwiger schîn, wan dû von im êwiclîchen in ebenhêr geboren bist." – „Du bist des himmlischen Vaters ewiger Schein; denn Du bist von ihm ewig in gleicher Herrlichkeit geboren."[84] Wie der Schein

---

[74] Ebenda.
[75] JFC 3,19,654,163; CS 2, 4,7,62,310.
[76] G R 6,494,192; G 3, 3,18,7,5-7,86.
[77] JHLD 7,5,177-179,76; 104,3,39f.,704; RVPS 28,293C; MH 1,5,17; G R 3,7f.,74.
[78] BVNAT 4,9,190,9f.; JHLD 8,10,302f.,87; 107,7,150,733; LTA 3,2,13,207; IL 2,3,12,174; G R 6,465f.,190; G 4, 4,45,1,16f.,346.
[79] Im Mittelhochdeutschen gehört das Wort „schîn" zu der sechsten Häufigkeitsgruppe; vgl. Singer, Johannes: Mittelhochdeutscher Grundwortschatz, Paderborn 20013, 83.
[80] TH 25,9,70.
[81] TH 75,25f.,170.
[82] TH 30,24f.,82.
[83] TH 26,6f.,72.
[84] DK 342,10-12.

sich nicht zeitlich vom Licht trennen läßt, so kann man nicht von einer zeitlichen Zeugung des Sohnes durch den Vater sprechen. Deswegen redet man Christus mit den Worten an: „Dû êwiger sunneschîn!" – „Du ewiger Sonnenschein!"[85] Wie der Schein der Sonne den Dampf der Erde läutert und nach oben zieht, so holt Christus uns zu sich[86]. Doch dieser „glast", „Schein" ist so gewaltig, daß er, wenn er uns träfe, blenden würde, wäre er nicht durch die Menschheit Jesu für unsere Augen gemildert[87]. Aus eigener Kraft werden unsere Augen nie so gesund, daß wir unvermittelt den Schein des Lichtes der Gottheit Jesu schauen könnten[88].

3. Einmal redet Mechthild von Magdeburg ihren Geliebten mit den Worten an: „O du schônú sunne an dinem schine." – „O Du schöne Sonne in Deinem Schein."[89] Wer ist mit dieser Anrede gemeint? Es könnte ganz allgemein von Gott die Rede sein, da aber Mechthild sehr viele offene und versteckte Hinweise auf die Dreifaltigkeit in ihrem Buch hat, ist es wahrscheinlich, daß die Sonne für sie der Vater und deren Schein der Sohn ist.

4. Noch deutlicher wird die Metapher Schein für Christus bei Christina von Hane im innertrinitarischen Sinn gebraucht, wenn es von ihr in ihrer Vita heißt: „Die gewaire sonne Christi vnd der schyne der vederlichyn hertzens erlucht yre hertze." – „Die wahre Sonne Christi und der Schein des väterlichen Herzens erleuchtet ihr Herz."[90] Der Vater ist die Sonne, von dem Christus als väterlicher Schein ausgeht. In diesem Sinn kann sich Christus mit den Worten vorstellen: „Jch byn eyn schynne des ewigen lyechtz." – „Ich bin ein Schein des ewigen Lichtes."[91] In diesem Schein wird auch die Seele der Mystikerin erleuchtet.

2.4 Spiegel

1. Wie wir an anderem Ort ausgeführt haben[92], bedeutet sowohl das lateinische „speculum" als auch das mittelhochdeutsche „spiegel" nicht nur etwas, das ein fremdes Licht reflektiert, sondern auch etwas, was wie ein Brennglas Licht sammelt und ausstrahlt. Aus diesem Grund taucht im 12. und 13. Jahrhundert dieser Ausdruck oft in Titeln von Büchern und Traktaten auf, die ein Thema gedrängt und doch umfassend behandeln wollen. In der Schrift (Weish 7,26) wird die Weisheit als Spiegel Gottes bezeichnet; von dort konnte die Übertragung der Spiegelmetapher auf Christus leicht vollzogen werden. In unseren Texten spricht man davon, daß Christus der Spiegel ist, weil er leuchtet, aber auch weil man in ihm das Licht schaut.

---

[85] DK 342,8.
[86] DK 242,9f.
[87] DEW 364,14-20.
[88] DEW 364,25f.
[89] MM 1,18,3f.,15.
[90] CH 2, 113.
[91] Ebenda.
[92] Weiß, Gottesbild 1,333f.

2. Wilhelm von St. Thierry kann Christus „speculum vitae", „Spiegel des Lebens" nennen[93]. Damit dürfte gemeint sein, daß in ihm das Leben gleichsam kompakt enthalten ist.

3. Für die Seherin Hildegard von Bingen, die so häufig vom göttlichen Licht spricht, war die Spiegelmetapher naheliegend.

Der menschgewordene Sohn Gottes ist „super omnia mundus et speculum in uirtutibus", „über alles rein und ein Spiegel der Tugenden"[94]. Damit ist gemeint, daß man in ihm, weil er so rein ist, alle Tugenden schauen kann. Einmal sieht Hildegard eine Gestalt, welche die Freigibigkeit bedeutet[95]. Diese Figur hat in ihrem Herzen einen Spiegel, der einem Löwen gleicht, „qui est in corde illius Filius meus Christus Iesus, leo fortissimus, ueluti in speculo piae et splendidae dilectionis conclusus", „der in ihrem Herzen als mein Sohn Jesus Christus, der starke Löwe, gleichsam im Spiegel der gütigen und glänzenden Liebe eingeschlossen ist"[96]. Jesu verschwenderische und löwenstarke Liebe bricht sich wie in einem Brennglas in seinem Herzen. Gerade in der Eucharistie offenbart sich Jesus als Spiegel aller Tugenden, „quae per sanctam innocentiam in forma castitatis perspecuae sunt", „welche durch die heilige Unschuld in Gestalt der Keuschheit durchscheinend sind"[97]. Selbst für die Engel ist Jesus „paternum speculum, quod claritas diuinitatis est", „der väterliche Spiegel, welcher die Klarheit der Gottheit ist"[98]. In diesem Spiegel, der für die himmlischen Geister immer leuchtet, sehen sie, welches Unrecht Gott geschieht[99].

4. David von Augsburg verfaßt einen kleinen mittelhochdeutschen Traktat „Der Spiegel der Tugend". Damit man sofort weiß, wer unter diesem Spiegel verstanden ist, beginnt die Schrift mit den Worten: „Unser hêrre Jêsus Kristus", „Unser Herr Jesus Christus"[100]. „Er ist ein spiegel aller volkomenheit, dar inne wir uns alle zît ersehen süln." – „Er ist ein Spiegel aller Vollkommenheit, in welchem wir uns alle Zeit erblicken sollen."[101] Jeder Mensch soll oft diesen Spiegel vor sich stellen und sich eifrig nach ihm richten[102]. David weiß, daß man in seiner Zeit gern an die Tür einen Spiegel geheftet hat, damit die Aus- und Eingehenden sich darin betrachten können[103]. So hat der Vater seinen Sohn als den Spiegel hoch ans Kreuz geheftet[104], „daz wir alle an im lernen die tugentforme, die er uns hât ûf erde brâht von der himelschuole, der obersten tugende schuolmeister", „daß wir alle an ihm lernen die Gestalt der Tugend, die er von der

---

[93] WHLD 1,8,96,222.
[94] HISV 1, 2,6,46,1527f.,270.
[95] HISV 2, 3,6,29,728f.,452f.
[96] HISV 2, 3,29,736-738,453.
[97] HISV 1, 2,6,66,1973f.,283.
[98] HIO 3,5,14,1,431.
[99] HIO 3,5,14,3-5,431.
[100] DT 325,27.
[101] DT 326,3f.
[102] DT 326,6f.
[103] DT 326,11-13.
[104] DT 326,9-11.

Himmelsschule auf die Erde gebracht hat, er, der oberste Schulmeister der Tugend"[105]. David weist im weiteren Verlauf seiner Schrift nach, daß die einzelnen Tugenden, die wir üben sollen, in Christus vorhanden sind, wobei aber die Spiegelmetapher keine Rolle mehr spielt.

Dafür findet sie sich oft in seinen anderen Traktaten. So heißt es, daß Jesus ganz niedrig gelebt hat, „wan dû ein gemeinez und ein volkomenez exemplar bist aller tugenden hôhen und nidern, daz alle, die tugenden gern, an dir vinden gänzliche aller heilikeit lêre, spiegel aller güete", „weil Du ein für alle gültiges und ein vollkommenes Urbild aller Tugenden, der hohen und niedrigen, bist, so daß alle, die nach Tugenden verlangen, an Dir aller Heiligkeit Lehre finden, Du Spiegel allen Gutseins"[106]. Hier setzt David „exemplar", „Urbild" mit „Spiegel" gleich.

An einer weiteren Stelle wird deutlich, daß sich David bei der Spiegelmetapher nicht in der moralischen Nutzanwendung erschöpft: „Als vil sich ein ieglîch mensche mêhr lûtert nâch dem spigel dîner heilikeit hie in erde, als vil wirt er dort im himelrîche gelîch dem liehten spiegel dîner gotheit. Dû lieber hêrre, Jêsu Kriste, dû liehter tugentspiegel, nû lûter alsô hie an uns alle die vlecke, die uns das herze hie tunkel machent daz wir dînes trôstes net wert sîn, daz wir dich dort in dîner gotlîchen schoene schiere gesehen müezen." – „Je mehr sich ein jeder Mensch läutert nach dem Spiegel Deiner Heiligkeit hier auf Erden, also viel wird er dort im Himmel dem lichten Spiegel Deiner Gottheit gleich. Du lieber Herr, Jesus Christus, Du lichter Tugendspiegel, nun läutere hier uns alle von den Flecken, die uns das Herz hier so dunkel machen, so daß wir Deines Trostes nicht wert sind, damit wir Dich dort in Deiner göttlichen Schönheit vollkommen schauen müssen."[107]

5. Mechthild von Magdeburg liebt nicht nur allgemein den Spiegelvergleich, sondern wendet ihn auch oft auf Jesus an. Im innertrinitarischen Prozeß nennt die Mystikerin zwar einmal die Gottheit, das heißt den Vater, Spiegel, Jesus Bild und den Heiligen Geist Licht[108]. Für den Menschgewordenen benützt sie aber diese Metapher öfter. Seine Seele begrüßt sie mit den Worten: „Was wunders wúrkestu in diesem ewigen spiegel, da sich alle seligen so wunderlich inne beschowent!" – „Was für Wunder wirkst Du in diesem ewigen Spiegel, darin sich alle Seligen so wunderbar anschauen!"[109] Mit dieser schwer verstehbaren Aussage ist Folgendes gemeint: Die Ewige Gottheit bildet einen Spiegel, in dem schon alle Geschöpfe, aber auch alles Handeln Gottes an ihnen enthalten sind. Die Seligen schauen im Himmel auf diesen Spiegel und sehen darin nicht nur sich selbst, sondern auch die menschliche Persönlichkeit Christi, die so Großes durch die Erlösung getan hat.

---

[105] DT 326,13-15.
[106] DK 344,36-345,1.
[107] DAG 363,24-30.
[108] MM 3,1,69f.,75.
[109] MM 6,16,19f.,226.

Selbst Jesus, der, ans Kreuz geschlagen, Hände und Füße ausgestreckt hat, wird von Mechthild angesprochen: „O allerwunneklichester spiegel des himmelschen vatter, Jhesu Christe!" – „O aller wonnevollster Spiegel des himmlischen Vaters, Jesus Christus!"[110] Er ist ja immer und deswegen auch noch am Kreuz mit dem Vater vereint. So ist er auch dort der Spiegel der Liebe des Vaters zu uns Menschen[111].

6. Einmal sieht Mechthild von Hackeborn Gott, der an seinen Knien zwei Spiegel und auf seiner Brust einen weiteren, besonders leuchtenden trägt[112]. Dabei geht ihr auf, daß alle anderen Spiegel aus der Brust, das heißt dem Herzen Jesu, geflossen sind[113], womit gemeint ist, alles Leuchtende an Gott komme von der Liebe des Herzens Jesu. Alle seine Werke haben dort ihren Ursprung[114]. Die Spiegel an den Knien bedeuten die Werke, die durch die Glieder Christi, das heißt die Christen, gewirkt sind[115]. Sie werden erleuchtet von den Füßen Jesu, welche seinen Eifer versinnbildlichen. Daß die Spiegel an den Knien sind, bedeutet die Demut Christi, die er besaß[116]. Dabei ist auch der Spiegel Jesu eine Hilfe zur Selbsterkenntnis des Menschen: „Cor Christi est nobis speculum ardentissimi amoris, in quo perspicere possumus teporem cordis nostri erga Deum et proximum." – „Das Herz Christi ist für uns ein Spiegel der brennendsten Lieben, in welchem wir die Trägheit unseres Herzens Gott und dem Nächsten gegenüber betrachten können."[117]

7. In der Vita der Christina von Hane stellt Christus sich der Mystikerin in einer Vision mit den Worten vor: „Jch byn der lebendige spegel, der da erluchtet den hemel vnd die erde vnd das mere vnd alls das dar yn ist. In dem spegel wyrt erlucht dyne sele." – „Ich bin der lebendige Spiegel, der da erleuchtet den Himmel und die Erde und das Meer und alles, was darin ist. In dem Spiegel wird deine Seele erleuchtet."[118] Ein Spiegel kann zu einer indirekten Lichtquelle werden, wenn auf ihn ein Licht fällt. So ist der Sohn die indirekte Lichtquelle für das ganze All, weil auf ihn das Licht des Vaters scheint. Gilt dies schon für die ganze sichtbare Schöpfung, dann erst recht für Christina, in der dieser Spiegel, Christus, wohnt. Im gleichem Sinn ist auch folgende Anrede Christi an die Mystikerin zu verstehen: „Jch byn eyn spegel der luterer clairheit, yn dem dyn seele erluchtet ist." – „Ich bin ein Spiegel der lauteren Klarheit, in dem deine Seele erleuchtet ist."[119] Umgekehrt schaut die Mystikerin mit diesem Licht „yn dem wunderlichyn spegel der heilger dryueldicheit", „in den wunderbaren Spiegel der Heiligen Dreifaltigkeit"[120], in welchem sie auch die durch ihr Gebet befreiten Armen

---

[110] MM 7,18,32-34,271.
[111] MM 7,18,34-36,271.
[112] MH 3,15,214.
[113] Ebenda.
[114] Ebenda.
[115] Ebenda.
[116] Ebenda.
[117] MH 3,15,215f.
[118] CH 2,208.
[119] CH 2,213.
[120] CH 2,227.

Seelen sieht[121]. Sie schaut aber auch den Spiegel der Wahrheit, der Christus selbst ist[122]. Bei all diesen Texten ist an den menschgewordenen Sohn Gottes gedacht. Wie ein kleiner Spiegel die unendlich große Sonne spiegeln kann, so kann auch die Menschheit Christi die unendliche Gottheit wiedergeben[123].

8. Nach Agnes Blannbekin ist Maria „speculum Christi dei", „der Spiegel Christi Gottes"[124]. Der Ausdruck „Christi dei" ist sehr ungewöhnlich. Man kann das „dei" als Apposition auffassen und übersetzen „Spiegel des Gottes Christus", wie es die der kritischen Ausgabe der Vita beigefügte deutsche Übertragung tut[125]. Doch ist „Deus" als Name oder Apposition für Christus, wie wir sehen werden[126], ungewöhnlich. Man kann aber auch ein „speculi" ergänzen und der Sinn wäre: Maria ist der Spiegel Christi, der selbst wieder der Spiegel Gottes ist. Letztere Möglichkeit scheint mir am ehesten den beabsichtigen Sinn zu treffen. Maria aber ist nicht nur einseitig Spiegel „et ipse se in ipsa speculatur sicut in speculo", „auch Er selbst (= Christus) spiegelt sich in ihr wie in einem Spiegel"[127]. Denn er sieht in ihr diejenige, von der er sein Fleisch empfangen hat[128].

9. Nach dem Gedicht „Die Erlösung" wird gemäß dem Erlösungsentschluß „des vater spiegelglas, der sun, das himelkindelîn, der godeheide widerschîne", „des Vaters Spiegelglas, der Sohn, das Himmelskind, der Gottheit Widerschein" zur Erlösung auf die Erde gesandt[129].

Christus wird deswegen Spiegel und Schein des Vaters genannt, um zu betonen, daß derjenige, der dem Vater gleich ist, Mensch wird.

10. Zusammenfassend läßt sich sagen: Christus heißt deswegen Spiegel, weil er das Licht des Vaters wiedergibt. Der ewige Sohn ist insofern der Spiegel des Vaters[130], ihm wesensgleich[131] und erleuchtet das ganze All[132]. Aber auch als Menschgewordener bringt er das Licht des Vaters[133] und ist für den Menschen der Spiegel aller Vollkommenheit[134]. Da an seinem Kreuz sich die Liebe des Vaters spiegelt, ist er auch dort noch Spiegel[135]. Die Metapher „Spiegel" kann aber auch so verblaßt sein, daß nicht mehr an den gedacht wird, der durch Christus aufleuchtet. Spiegel ist er einfach deswegen, weil

---

[121] CH 2, 219.
[122] CH 2, 221.
[123] CH 2, 238.
[124] AB 9,11f.,74.
[125] AB 9,75.
[126] Vgl. oben.
[127] AB 9,12,74.
[128] AB 9,12f.,74.
[129] Die Erlösung. I Der Erlösungsentschluß 687-690, in: Die Deutsche Literatur vom Mittelalter bis zum 20. Jahrhundert, 1,1,57.
[130] HIO 3,5,14,1,431; MM 6,16,19f.,226.
[131] CH 2, 221; Die Erlösung. I Der Erlösungsentschluß 687-690, in: Die Deutsche Literatur vom Mittelalter bis zum 20. Jahrhundert, 1,1,57.
[132] CH 2, 208.
[133] MH 3,15,214f.; CH 2, 238; AB 9,11f.,74.
[134] DT 326,3f.6f.13-15; DK 344,36-345,1; DAG 363,24-30.
[135] DT 326,9-11; MM 7,18,32-34,271.

er alle guten Eigenschaften wie in einem Brennglas enthält[136] und den Menschen[137], vor allem in der „unio mystica"[138], erleuchtet.

2.5 Bild

1. Die Bezeichnung Christi als „imago", „Bild" Gottes oder des Vaters ist biblisch belegt (2 Kor 4,4; Kol 1,15). In den christologischen Streitigkeiten der Alten Kirche taucht dieser Titel sowohl bei Arius[139] als auch bei den orthodoxen Vätern[140] auf.

2. Bernhard von Clairvaux betont, daß Gott eigentlich im unzugänglichen Licht wohnt[141]; die Tatsache, daß er sich aber in dem, der nach seiner Ähnlichkeit geschaffen ist, nämlich dem Menschen, gezeigt hat, tat seiner Würde keinen Abbruch[142]. Vielmehr wollte er „in imagine exhiberi, ut qui fecerat hominem ad imaginem et similitudinem suam, ipse hominibus innotesceret factus homo", „sich im Bild darbieten und Mensch werden, damit derjenige, der den Menschen nach seinem Bild und seiner Ähnlichkeit gemacht hatte, den Menschen bekannt werde"[143].

3. Häufiger bezieht Wilhelm von St. Thierry die Bildmetapher auf Jesus Christus. An einer Stelle kommt sie rein innertrinitarisch vor. Wilhelm erläutert, was ein vollkommenes Bild ist: „Imago quippe, si perfecte impleat illud cuius imago est, ipsa coaequatur ei non illud imagini suae. Ubi jam est tanta congruentia, et prima aequalitas, prima similitudo, nulla in re dissidens, et nullo modo inaequalis et nulla ex parte dissimilis: sed ad identitatem respondens ei cujus imago est." – „Ein Bild, wenn es vollkommen jenes erfüllt, dessen Bild es ist, gleicht sich ja diesem an und nicht dieses dem Bild. Wo schon eine so große Übereinstimmung, eine Urgleichheit, eine Urähnlichkeit, die in keinem Punkt abweicht und in keiner Weise ungleich und in keinem Teil unähnlich ist, entspricht es vielmehr dem, dessen Bild es ist, bis zur Identität."[144] In diesem Sinn ist der Sohn so sehr das Bild des Vaters, daß er mit ihm sogar gleichewig ist[145].

Wilhelm verbindet die Tatsache, daß die geistigen Geschöpfe nach dem Bild Gottes geschaffen sind, mit derjenigen, daß der Sohn Gottes das Bild Gottes schlechthin ist: „Videns imago Dei Deus Filius angelum et hominem, qui facti erant ad ipsam, id est imaginem Dei, per inordinatum imaginis et similitudinis ejus appetitum perisse: Heu! inquit, sola misera caret invidia; sed subveniendum est ei, cui subvenire non prophibet justitia." – „Als das Bild Gottes, der Gott, der Sohn sah, daß der Engel und der Mensch,

---

136 WHLD 1,8,96,222; HISV 1, 2,6,46,1527f.,270; 2, 3,29,736-738,453.
137 HIO 3,5,14,3-5,431; MH 3,15,214-16; CH 2, 208; 213.
138 CH 2, 213.
139 Vgl. Sieben, Nomina 171
140 Vgl. Ebenda 297.
141 BADV 3,1,86,14f.
142 BADV 3,1,86,15f.
143 BADV 3,1,86,17-19.
144 WR 2,667D-668A.
145 WR 6,667D. Wilhelm bedenkt an dieser Stelle nicht, daß man mit der gleichen Begründung auch den Heiligen Geist das Bild des Vaters nennen könnte.

die nach ihm, das heißt dem Bild Gottes, geschaffen waren, durch das ungeordnete Streben nach seinem Bild und seiner Ähnlichkeit verloren waren, sprach er: ‚Ach, allein das elende (Bild) hat nichts, das man beneiden könnte[146], aber es muß ihm geholfen werden, dem zu helfen die Gerechtigkeit verbietet.'"[147] Deswegen nahm der Sohn Gottes als Bild die Menschheit an und wurde demütig, damit der Sünder im göttlichen Bild ihn nachahmen könne[148].

4. Isaak von Stella kennt ebenfalls die Verbindung von dem Gedanken, daß der Mensch nach dem Bild Gottes geschaffen wurde, mit demjenigen, daß der Sohn das Bild Gottes ist. Er hat dabei aber weniger die Erlösung des Menschen als die Menschwerdung im Blick und fragt sich, wie der Sohn Gottes in ein irdisches Geschöpf hinabsteigen kann[149]. Der Mensch als die mögliche Braut des Sohnes Gottes hat etwas in sich, was nicht irdisch ist: „Illa tamen, dilectissimi, pro portione sua meliori, anima videlicet rationali, secundum quam facta est, ad imaginem et similitudinem Dei, nonne videtur caelestis aut potius divina?" – „Hat jene (= die Braut) Geliebteste, in ihrem besseren Teil, nämlich in der vernunftbegabten Seele, insofern sie geschaffen ist nach dem Bild und der Ähnlichkeit Gottes, nicht doch etwas Himmlisches oder besser Göttliches?"[150] Bei aller Ähnlichkeit zwischen der Seele und dem Sohn Gottes in ihrem Bildcharakter hebt Isaak doch die Unterschiede hervor: „Ille imago, illa ad imaginem. Ille tamen imago solius Patris, ista ad imaginem totius Trinitatis. Ille denique imago substantialis, propria et nativa, ista imago ad imaginem." – "Jener (= der Sohn Gottes) das Bild, jene (= die Braut) nach dem Bild. Jener doch das Bild allein vom Vater, jene nach dem Bild der ganzen Dreifaltigkeit. Jener schließlich das wesenhafte, eigene und durch Zeugung erlangte[151] Bild, diese das Bild nach dem Bild."[152] Deswegen ist der Sohn auch allein „imago naturalis", „das natürliche Bild" Gottes[153].

5. Johannes von Ford bezieht die Bildmetapher ganz auf die Brautmystik. Er deutet Hld 8,6 „Lege mich wie ein Siegel auf Dein Herz, wie ein Siegel auf Deinen Arm" folgendermaßen: Ein Siegel – ein im Mittelalter oft gebrauchter Gegenstand – hat eine bestimmte Form und trägt ein bestimmtes eingeprägtes Bild. Das Siegel, um das es in diesem Vers geht, ist Jesus Christus, „qui est forma et imago Dei Patris, et totius iustitiae ac sanctimoniae uerissimum expressumque signaculum", „der die Form und das Bild Gott Vaters ist und das wahrste und ausdrückliche Siegel der ganzen Gerechtigkeit und

---

146 Wenn kein Schreib- oder Druckfehler vorliegt, ist die Passage schwer verständlich. „Invidia" kann hier nicht einen aktiven Sinn haben. Warum sollte das gefallene Geschöpf nicht zum Neid fähig sein. „Invidia" kann aber auch eine passive Bedeutung im Sinn von „Gegenstand des Neides" haben. Gemeint ist dann, daß die sündigen Geschöpfe in keiner beneidenswerten Lage sind.

147 WND 11,34,401B.

148 WND 11,34,401B-C.

149 IS 55,9,64f.,268.

150 IS 66,9,65-68,268-270.

151 Oft wird in unseren Texten die ewige „generatio" auch „nativitas" genannt. Isaak denkt wohl an sie, wenn er den Sohn „imago nativa" nennt.

152 IS 55,9,68-71,270.

153 IS 55,7,57,268.

Heiligung"[154]. Das Eindrücken des Bildes, das Jesus Christus ist, geschieht in der „unio mystica" und vermittelt die Rechtfertigung des Menschen. Im weiteren Verlauf seines Hoheliedkommentars werden diese Bilder ausgelegt. Jesus ist „signaculum uero similitudinis tuae propter inuiolabilem impressionis tuae tuae caracterem", „das Siegel aber Deiner Ähnlichkeit wegen Deines unverletzbaren Charakters Deines Eindrucks"[155]. Er ist „splendor et imago diuinae maiestatis", „der Glanz und das Bild der göttlichen Majestät", das durch keine Sünde, welche „macula dissimilitudinis", „ein Makel der Unähnlichkeit" ist, verdunkelt werden kann[156].

6.   Unter den Viktorinern beschäftigt sich besonders Richard von St. Viktor mit dem Bild-Sein des Sohnes Gottes.

In der Menschwerdung läßt der Hauch des Heiligen Geistes das Gold der menschlichen Natur Christi so schmelzen, daß sie ganz rein und makellos ist[157]. „Ex hujusmodi auro formatus est annulus, lapis pretiosus, et in eo imposita est forma summi regis, et imago impressa et plene expressa. Aurum optimum caro Christi lapis pretiosus, anima Christi figura, et imago Patris divinitas Christi." – „Aus solchem Gold ist der Ring geformt, und in ihm ist eingesetzt ein Edelstein, die Form des höchsten Königs, und das Bild ist (im Edelstein) völlig ein- und ausgeprägt[158]. Das beste Gold ist das Fleisch Christi, der Edelstein die Seele Christi, die Gestalt und das Bild des Vaters die Gottheit Christi."[159] Mit diesem Siegel ist die handschriftliche Urkunde versehen, mit der die Menschen in der Erlösung die Freiheit erlangten. Man sieht, wie kunstvoll Hld 8,6 allegorisch ausgelegt ist.

In seinem Dreifaltigkeitstraktat finden sich der literarischen Gattung gemäß die theoretischeren Überlegungen über das Bild-Sein des Sohnes Gottes. Richard stellt fest, daß es in der Dreifaltigkeit auch Ausdrücke gibt, die jeweils nur einer Person zukommen. „Hinc est quod solus Dei Filius imago Patris dicitur, hinc item quod solus ipse Verbum Dei nominatur." – „So kommt es, daß der Sohn Gottes allein Bild des Vaters genannt wird, so kommt es auch, daß er allein Wort Gottes genannt wird."[160] Der Grund dafür liegt aber nicht in der völligen Wesensgleichheit des Vaters, anderenfalls müßte man auch den Heiligen Geist Bild nennen[161]. Bild-Sein heißt nicht nur Wesensgleichheit, sondern auch das vollständige Weitergeben dieser Gleichheit. In diesem Punkt sind sich aber nur der Vater und der Sohn gleich: „Nulla autem persona omnino a Spiritu sancto plenitudinem divinitatis accipit; et idcirco imaginem Patris in seipso non exprimit. Ecce habes cur imago Patris dicatur solus Filius et non etiam Spiritus sanctus." – „Keine

---

[154] JHLD 103,5,140-142,700.
[155] JHLD 104,2,25f.,703. Bei dem „caracter" könnte Johannes an den unzerstörbaren Charakter der Taufgnade denken.
[156] JHLD 104,3,39-41,704.
[157] RVPS 71,387B.
[158] Das „plene expressa" meint wohl, daß das Bild nicht nur in seinem Umrissen, sondern vollplastisch abgebildet ist.
[159] RVPS 71,387B-388A.
[160] RVTR 6,11,400.
[161] RVTR 11,400-402.

Person empfängt aber gänzlich die Fülle der Gottheit vom Heiligen Geist; und deswegen drückt er das Bild des Vaters nicht in sich aus. Siehe jetzt hast du, warum das Bild des Vaters nur der Sohn und nicht auch der Heilige Geist genannt wird."[162] Doch diese Begründung befriedigt Richard nicht ganz. Sie mag für „simpiliciores", „die einfacheren" Gläubigen ausreichen[163]. Richard aber bohrt weiter: Bild-Sein betrifft nur die äußere Ähnlichkeit. Es reicht aus, daß die Gestalt einer Statue Ähnlichkeit mit dem abgebildeten Menschen hat, um sie sein Bild zu nennen, wozu keineswegs die innere Ähnlichkeit, diejenige des Materials, kommen muß[164]. Auf die Personen der Dreifaltigkeit übertragen heißt dies: Die innere Ähnlichkeit ist das gemeinsame Wesen der drei Personen. Die äußere Ähnlichkeit besteht in der „habitudo", in dem „Gehabe" oder der Beziehung zu einer anderen Person. Weil der Vater und der Sohn die gleiche Beziehung zum Heiligen Geist haben, nämlich diejenige des Hervorbringens, kann der Sohn Bild des Vaters genannt werden[165]. Weil der Heilige Geist zu keiner göttlichen Person in einer solchen Beziehung steht, daß sie aus ihm hervorgegangen ist, „nec Patris nec Filii imago dicitur", „wird er weder Bild des Vaters noch dasjenige des Sohnes genannt"[166].

Weil Richard den Eindruck hat, daß er sich wegen „paupertas humanae loquellae", „wegen der Armut der menschlichen Redeweise" noch nicht klar genug ausgedrückt hat, kommt er auf das Bild-Sein des Sohnes in einem späteren Kapitel noch einmal zurück[167]. Jetzt geht er vom Begriff „productio", „Hervorbringen" aus. Bei den Lebewesen gibt es eine zweifache Art des Hervorbringens, eine, die durch Zeugung, und eine andere, die ohne Zeugung geschieht. Nur dann, wenn etwas durch Zeugung entsteht, ist es Bild des Erzeugers. Dies ist beim Sohn der Fall[168]. „Proprie proprium autem Spiritui sancto habere nec personae alicui dare." – „Das eigentlich Eigentümliche des Heiligen Geistes ist es aber, (das gleiche Wesen) zu haben, nicht aber es irgendeiner Person zu geben."[169] Richard führt über zwei weitere Kapitel diesen Gedanken weiter aus, ohne daß neue Aspekte ins Spiel kommen[170]. Eine vergleichbar reflektierte Sicht des Sohnes Gottes als Bild des Vaters habe ich in unseren Texten nicht gefunden.

7. Vor allem in ihrer Spätschrift „Liber Divinorvm Opervm" gebraucht Hildegard von Bingen die Bildmetapher für den Sohn Gottes.

Die Seherin geht von Joh 1,11 aus, nach welcher Schriftstelle Gottes Wort in sein Eigentum kam. Inwiefern sind gerade die Menschen Eigentum des Sohnes Gottes? Bei der Beantwortung dieser Frage sieht Hildegard die Schöpfung des Menschen schon ganz auf die Menschwerdung des Sohnes Gottes hin angelegt: „Quia hominem induere

---

[162] RVTR 6,11,402.
[163] Ebenda.
[164] Ebenda.
[165] Ebenda.
[166] RVTR 6,11,404.
[167] RVTR 6,18,428.
[168] RVTR 6,18,428-430.
[169] RVTR 6,18,430.
[170] RVTR 6,19f.,432-438.

uoluit, idcirco eum ad imaginem et similitudinem suam fecit. Quapropter omnia ipsius propria erant." – „Weil er den Menschen anziehen wollte, deswegen hat er ihn nach seinem Bild und seiner Ähnlichkeit geschaffen. Deswegen war alles sein Eigentum."[171] Die Möglichkeit der Menschwerdung ist dadurch in der Schöpfung grundgelegt, daß der Sohn, das Bild des Vaters, schon am Anfang die Menschen als Bild Gottes geschaffen hat. An einer anderen Stelle formuliert Hildegard den Gedanken ähnlich: „Faciamus hominem ad imaginem nostram, id est secundum tunicam illam, que in utero uirginis germinabit, quam persona filii pro salute hominis induens." – „Laßt uns den Menschen nach unserem Bild schaffen, das heißt nach jenem Gewand, das im Schoß der Jungfrau sprossen wird, welches die Person des Sohnes für das Heil des Menschen anziehen wird."[172] An einer weiteren Stelle wird der Mensch nicht nach dem Bild Gottes allgemein, sondern nach demjenigen, welches der Sohn Gottes ist, geschaffen[173].

8. Auch David von Augsburg verbindet die Vorstellung der Gottesebenbildlichkeit des Menschen mit dem Bild-Sein des Sohnes. In einer Art Ratschluß der Dreifaltigkeit fordert der Vater den Sohn auf, den Menschen zu schaffen und „das gebilde daz werde nach uns selben", „das Bild, das werde nach uns selbst"[174]. So sollte auch „diu menscheit an dem sune entworfen sîn", „die Menschheit nach dem Sohn entworfen sein"[175]. Das Besondere besteht aber in Folgendem: „Dâ wart der lîp gebildet nâch dem sune und diu sêle nâch dem vater." – „Da war der Leib nach dem Sohne und die Seele nach dem Vater gebildet."[176] Diese anthropologische Aufteilung des Bildcharakters des Menschen auf die beiden göttlichen Personen ist ungewöhnlich und spielt auch im weiteren Verlauf der Argumentation bei David keine Rolle. Die Tatsache, daß die Menschen nach dem Bild des Sohnes erschaffen wurden, macht ihre Würde aus. Der Vater hat sie nach dem gebildet, was ihm so wertvoll und lieb ist[177]. Diese Tatsache bildet auch den Grund unserer Erlösung. Der Vater ließ uns nicht in unserem Elend, sondern gedachte unser: Wir sind ja als seine Kinder „nach sînem lieben sune", „nach seinem lieben Sohn" gemacht[178].

9. Auch bei Mechthild von Magdeburg ist der Mensch nach dem Bilde des Sohnes Gottes geschaffen. Dieser spricht: „Nu wir wunders wellen beginnen, so bilden wir den mensch na mir." – „Wenn wir nun Wunderbares beginnen wollen, so bilden wir den Menschen nach mir."[179] Weil der Mensch nach dem Sohn geschaffen wurde, hängt dieser an ihm als an seinem Bild mit ewiger Liebe[180]. Der Sohn ist aber nicht nur das Bild, nach dem der Mensch entstanden ist; als Menschgewordener ist er auch das Bild,

---

171 HIO 1,4,105,346-349,258.
172 HIO 2,1,43,25-32,328.
173 HIO 2,1,44,49-56,333.
174 DM 399,7f.
175 DM 399,10f.
176 DM 399,15f.
177 DM 399,17f.
178 DM 400,21-24.
179 MM 3,9,22f.,87.
180 MM 3,9,23f.,87.

in dem der Mensch den Vater und die ganze Dreifaltigkeit erkennt: „Die menscheit únsers herren ist ein begriffenlich bilde siner ewigen gotheit, also das wir die gotheit begriffen môgen mit der menscheit, gebruchen gelich der heligen drivaltekeit, halsen und kússen und unbegriflich got umbevahen, den himelriche noch etrich, helle noch veghefúr niemer begriffen mag noch widerstan." – „Die Menschheit unseres Herrn ist ein begreifliches Bild seiner ewigen Gottheit, so daß wir die Gottheit begreifen können mit der Menschheit, genießen können gleich der Heiligen Dreifaltigkeit, umarmen, küssen und auf unbegreifliche Weise Gott umfangen können, den Himmel, Erde, Hölle und Fegfeuer weder begreifen noch ihnen widerstehen können."[181] Über das für uns begreifliche Bild, das den menschgewordenen Sohn Gottes darstellt, haben wir einen Zugang bis in das Geheimnis der Dreifaltigkeit.

In der Mystik in Helfta spielt das Bild-Sein des Sohnes keine relevante Rolle.

10. Zusammenfassend kann man über das Bild-Sein des Sohnes sagen: Wie in der Schrift ist der ewige Sohn Gottes Bild des Vaters[182]. Meist werden über diese Wahrheit keine tiefergehenden Überlegungen angestellt. Gelegentlich wird sie mit der Wesensgleichheit zwischen Vater und Sohn begründet[183]. Richard von St. Viktor weiß, daß diese Begründung nicht ausreicht. Nur der Sohn und nicht der Heilige Geist, obwohl er auch mit dem Vater eines Wesens ist, wird Bild genannt, weil er allein neben dem Vater seine Wesensgleichheit einer anderen Person, nämlich dem Heiligen Geist, weitergegeben hat[184].

Oft wird das Bild-Sein des Sohnes auch mit der Tatsache in Verbindung gebracht, daß die Menschen nach dem Bild Gottes geschaffen sind. Gott schuf sich den Menschen nach seinem Bild, damit der Sohn als Bild des Vaters in sein Eigentum kommt[185] und auch in der Menschheit dessen Bild anziehen kann[186]. Bei diesen Überlegungen weiß man aber sehr wohl, daß es zwischen unserer Ebenbildlichkeit und des Sohnes Bild-Sein einen großen Unterschied gibt[187]. An einigen Stellen wird direkt gesagt, daß wir nach dem Bild des Sohnes geschaffen sind[188]. Nur David von Augsburg weist dem Leib die Ebenbildlichkeit mit dem Sohn und der Seele diejenigen mit dem Vater zu[189].

Durch die Menschwerdung ist der Sohn Gottes auch für uns zu einem besonderen, weil begreiflichen, Bild Gottes geworden[190], das wir nachahmen können[191]. Weil wir sein Bild sind, hat uns der Sohn trotz der Sünde geliebt und erlöst[192]. Der Vater wollte uns nicht zugrunde gehen lassen, weil wir ihm als das Bild seines Sohnes zu wertvoll

---

[181] MM 7,1,93-97,256f.
[182] Z.B. IS 55,9,68-71,270.
[183] WR 6,667D-668A.
[184] RVTR 6,11,402; 6,18,430; 6,19f.,432-438.
[185] HIO 1,4,105,346-349,258.
[186] HIO 2,1,43,25-32,328; DM 399,10f.
[187] IS 55,9,68-71,270.
[188] HIO 2,1,44,49-56,333; MM 3,9,22f.,87.
[189] DM 399,15f.
[190] BADV 3,1,86,15f.; IS 55,9,64f.,268; MM 7,1,93-97,256f.
[191] WND 11,34,401B-C.
[192] JHLD 104,3,39-41,704; MM 3,9,23f.,87.

waren[193]. In der Erlösung wurde uns das Siegel des Gottmenschen eingeprägt, welches das Bild Gottes trägt[194].

2.6 Wesensgleicher Gott

1. Auf den Titel „Dominus", „Herr" wird nicht eigens eingegangen. An sehr vielen Stellen läßt sich nicht entscheiden, ob unter dem Ausdruck „Herr" von Gott allgemein oder von der zweiten Person der Dreifaltigkeit, die Mensch geworden ist, gesprochen wird. Zum anderen wird die Kombination „Dominus Jesus Christus", „Herr Jesus Christus" so oft gebraucht, daß sie toposhaft und unreflektiert erscheint.

2. Diejenigen Stellen, an denen „Gott" oder „Gottheit" neben „Mensch" oder „Menschheit" steht, werden an einer späteren Stelle behandelt. Sie bezeichnen ja nicht den ganzen Jesus, sondern eine seiner beiden Naturen, nämlich die göttliche. Uns interessieren hier nur die Aussagen, in denen ohne ausdrücklichen Bezug auf die Zweinaturenlehre, Jesus Gott genannt wird.

3. Jean von Fécamp überträgt den in der Vulgata für Gott gebräuchlichen Ausdruck „Deus omnipotens" (Gen 17,1; 35,11; 48,3; Tob 13,4; Bar 3,1; 3,4; Offb 4,8; 11,17; 15,3; 16,7; 21,22) auf Jesus, wenn er zu ihm spricht: „Tu es Deus omnipotens qui in tua confindentes misericordia numqam consueuisti reliquere." – „Du bist der allmächtige Gott, der Du diejenigen, die auf Deine Barmherzigkeit vertrauen, niemals zu verlassen pflegst."[195] Jesus als allmächtiger und barmherziger Gott gibt die Gewißheit, daß der Mensch nicht im Stich gelassen wird. Auch im Jenseits wird Jesus Gott genannt, weil er für die Seligen die überschwengliche Freude ist[196]. Von Jesus, der den Menschen heilt und lehrt und für ihn gelitten hat, heißt es: „Deus meus es tu." – „Du bist mein Gott."[197]

4. Wie wir noch sehen werden, liebt Bernhard von Clairvaux paradoxe Aussagen, wenn er das Wunder der Menschwerdung des Sohnes Gottes beschreiben will. In Jesus begegnet dem Menschen eine kurze Länge, eine enge Breite und niedrige Höhe[198]. In ihm sieht man „Deum denique lactantem", „schließlich Gott, der (an der Mutterbrust) saugt"[199]. Der reiche Gott wird zu einem ganz auf die Hilfe der Mutter angewiesenen Kind. In einer Reihe von Namen für Christus heißt es auch: „Tu es Deus meus uiuus et uera." – „Du bist mein lebendiger und wahrer Gott."[200]

---

[193] WND 11,34,401B; DM 399,17f.; 400,21-24.

[194] JHLD 104,5,132-142,700; RVPS 71,387B-388A.

[195] JFL 113f.,190.

[196] JFC 3,7,198-200,149; 3,13f.,465f.,157.

[197] JFPP 4,230.

[198] BLVM 2,9,60,4.

[199] BLVM 2,9,60,6f.

[200] JFC 3,2,9,142.

5. Mechthild von Magdeburg beginnt ein Gebet mit der Anrufung: „Lieber Jhesu, got vom himelriche", „Lieber Jesus, Du Gott vom Himmelreich"[201]. Sie erbittet von ihm die Antwort auf die sie bewegende Frage, warum so viele geistliche Leute so wenig geistlich leben[202]. Diese Tatsache ist für sie so unverständlich, daß sie eine Antwort nur von Jesus, dem allwissenden Gott, erwartet.

6. Gehäuft gebraucht Gertrud die Große an einer Stelle ihrer „Geistlichen Exerzitien" diesen Titel: „Eia Iesu, deus magne, dulcis atque benigne …. Eia deus vivens … Eia o deus vitae meae.» – «Eia, Jesus, großer Gott, süß und gütig … Eia, lebendiger Gott … Eia, o Gott meines Lebens.»[203] Diese Stelle ist Teil eines längeren Gebetes zur Vorbereitung auf den Tod. Der Mensch fühlt, daß sein Leben angesichts des Todes verfehlt ist, hofft aber, daß Jesus ihn mit seinem Leben erfüllt.

7. Zusammenfassend läßt sich sagen: Der Titel „Gott" kommt nicht allzu oft in unseren Texten vor. Er wird in Gebeten gebraucht. Wenn das eigene Können versagt, wird Jesus als der Gott des Lebens angerufen.

3. Absolute Eigenschaften

Unter absoluten Eigenschaften Gottes sind solche zu verstehen, die dieser ohne Bezug zu den Geschöpfen besitzt und zugleich ist. An Stelle des ausdrücklichen Titels „Gott" identifiziert man offensichtlich Jesus lieber mit göttlichen Eigenschaften. An einem anderen Ort sind wir den von den Mystikerinnen bevorzugten Attributen Gottes nachgegangen[204]. Ihre dort eingehaltene Reihenfolge behalten wir auch jetzt bei.

3.1 Ewigkeit

1. Bernhard von Clairvaux fordert in einem Brief auf, mit beiden Armen der Seele, nämlich mit der Erkenntnis und der Liebe, zu umfassen „longitudo, latitudo, sublimitas et profundum, hoc est aeternitas, caritas, virtus et sapientiae. Et haec omnia Christus. Aeternitas est», «die Länge und Breite, Höhe und Tiefe, nämlich die Ewigkeit, die Liebe, die Kraft und die Weisheit. Und das alles ist Christus. Die Ewigkeit ist er»[205]. Mit dieser Aussage will Bernhard die Hoffnung auf den wiederkommenden Herrn stärken.

---

[201] MM 6,13,4,219.
[202] MM 6,13,5-10,219. Unter „geistliche Leute" versteht Mechthild nicht nur die durch den Ordo geweihten, sondern alle Menschen, die nach den evangelischen Räten leben.
[203] G R 7,657-661,248. Die in der Vulgata für Gott gebräuchlichen Ausdrücke „Deus magnus" (Dtn 7,21; 10,17; Ps 76,14; 94,3; Ijob 36,26; Dan 2,45), „Deus vivens" (Jos 2,10; Jer 10,10; Dan 6,26; 14,5.23f.) und „Deus vitae meae (Sir 23,4) werden auf Jesus übertragen.
[204] Weiß, Gottesbild passim.
[205] BB 1, 18,3,376,3f.

2. Isaak von Stella verwendet das Beiwort „Ewigkeit" eher im lehrhaften Kontext. Die ihm bekannte Stelle aus dem nizänisch – konstantinopolitanischen Glaubensbekenntnis „lumen ex lumine", „Licht vom Licht"[206] wandelt er folgendermaßen ab: „Itaque aeternitas Pater, de aeternitate Filius aeternitas." – „So (ist) der Vater auch die Ewigkeit, von (dieser) Ewigkeit (ist) der Sohn die Ewigkeit."[207]

3. Die uns bei Bernhard schon begegnete Paradoxie in der Menschwerdung greift Hugo von St. Viktor auf. Dreißig Jahre ist eine kurze Zeitspanne, die Jesus zu leben hatte[208]. „Quam parvam aetatem habuit Deus? Vera parvam, quia parvus factus. Parva aetas in parvo, magna aeternitas in magno.» – «Was für eine kleine Lebensspanne hatte Gott. Wirklich klein, weil er klein geworden ist. Eine kleine Lebensspanne im Kleinen. Eine große Ewigkeit im Großen.»[209]

3.2 Herrlichkeit

1. Da zwischen den Wörtern „gloria" und „honor" weder in der Vulgata noch in unseren Texten ein größerer semantischer Unterschied zu bemerken ist, behandeln wir beide Termini gemeinsam. In unserem Zusammenhang interessieren uns die Aussagen, nach denen Christus die Herrlichkeit besitzt oder ist, nicht diejenigen, nach denen wir selbst ihm Herrlichkeit und Ehre zu erweisen haben.

2. In der Vulgata wird das Wiederkunft Jesu Christi in Herrlichkeit geschehen (Mt 16,27; Mk 8,38; Tit 2,13; 1 Petr 4,13; 2 Petr 1,17). Nach seinem Leiden ist er ja in Herrlichkeit aufgenommen und gekrönt (1 Tim 1,7; Herb 2,7.9). Er besitzt den Glanz der Herrlichkeit (Hebr 1,3), ist der Herr der Herrlichkeit (1 Kor 2,8) und seine Botschaft ist das Evangelium der Herrlichkeit (2 Kor 4,4). Doch auch vom vorösterlichen Jesus wird die Herrlichkeit ausgesagt. So preisen bei seiner Geburt die Engel die Herrlichkeit (Lk 2,14; vgl. Lk 19,38). Im Johannesevangelium ist die Herrlichkeit ein Schlüsselbegriff. Dadurch, daß das Wort Fleisch geworden ist, kann man seine Herrlichkeit sehen (Joh 1,14). Christus ist gekommen, die Herrlichkeit zu verkünden (Joh 2,11). Der in Ps 23,7-10 belegte Namen Gottes „rex gloriae", „König der Herrlichkeit" wird in unseren Texten gern auf Jesus übertragen. In den christologischen Streitigkeiten der Alten Kirche spielt die Herrlichkeit Jesu ebenfalls eine Rolle[210].

3. Für Jean von Fécamp ist Christus, den er sucht und liebt[211], „gloria quam adipisci desidero", „die Herrlichkeit, die zu erlangen ich mich sehne"[212].

---

[206] DH 150.
[207] IS 23,9,79f.,88.
[208] HSA 2,1,9,396B.
[209] HSA 2,1,9,396D.
[210] Die Arianer bekennen sich zu dieser Herrlichkeit; vgl. Sieben, Nomina 171. Dieser Titel kommt auch im Glaubensbekenntnis der Kirchweihsynode von Antiochien (341) vor; vgl. ebenda 178.
[211] JFC 3,29,1072f.,176.
[212] JFC 3,30,1075f.,176.

4. Bernhard von Clairvaux spricht häufiger von der Herrlichkeit Christi. Er macht sich darüber Gedanken, was es bedeutet, daß wir seine Herrlichkeit gesehen haben (Joh 1,14)[213]. Im vorösterlichen Jesus „apparuit gloriae in hac parte", „erschien die Herrlichkeit nur zu einem bestimmten Teil"[214]. Die volle Herrlichkeit würde den Sünder erdrücken. Aber was von der Herrlichkeit jetzt zu sehen ist, ist nur der gütige und väterliche Teil[215]. Folgendermaßen teilt er den Lobgesang der Engel in Betlehem auf: Der Sohn, „qui in altissimis est gloria Patris, factus est in terra pax hominibus", „der in den Höhen die Herrlichkeit des Vaters ist, wurde auf Erden der Friede für die Menschen"[216]. Deswegen nennt er Weihnachten auf Erden „dies salutis, non gloriae", „Tag des Heils, nicht der Herrlichkeit"[217]. Offensichtlich meint Bernhard, daß Jesus auf Erden nicht in gleicher Weise die Herrlichkeit des Vaters darstellt wie im Himmel. In der Beschneidung kann man die Doppelnatur Jesu erkennen. Daß er sich beschneiden ließ, zeigt seine Solidarität mit den Menschen und „veritatem probat humanitatis", „erweist die Wirklichkeit der Menschheit". Dabei wird er „Jesus" genannt, ein Name, der über alle Namen ist, der „gloriam indicat maiestatis", „die Herrlichkeit der Majestät anzeigt"[218]. Von dieser Herrlichkeit kann man aber bei seinem Leiden nichts mehr erfahren. Wir sehen ihn dann „non coronatum gloria, sed peccatorum nostrorum circumdatum spinis", „nicht mit Herrlichkeit gekrönt, sondern wegen unserer Sünden mit Dornen umwunden"[219]. Wenn aber Jesus, unser Haupt, dies erduldet hat, müssen wir, seine Glieder, uns nicht schämen, wenn wir nach Herrlichkeit und Ehre streben[220]. Dem dreifachen Abstieg des Sohnes Gottes in seiner Menschwerdung, in seinem Leiden und in seinem Tod[221] entspricht ein dreigestufter Aufstieg[222]. Die erste Stufe besteht in „gloria resurrectionis", „in der Herrlichkeit der Auferstehung[223]. In ihr „ignomina crucis vertitur in gloriam", „wird die Schmach des Kreuzes in Herrlichkeit gewandelt"[224]. Danach wird Jesus verherrlicht: „Necesse est magna glorificatio, a magnifica gloria quae descendit." – „Groß muß die Verherrlichung sein, die von der großartigen Herrlichkeit herabsteigt."[225] „Hoc honore nihil gloriosius dici potest." – „Nichts kann herrlicher

---

[213] BHLD 2, 62,3,5,330,15f.

[214] Der Sprachkünstler Bernhard findet ein Sprachspiel. Heißt es in Joh 1,14, daß wir seine Herrlichkeit „a Patre", „vom Vater" gesehen haben, wandelt er dies in der Erklärung ab zu einer Herrlichkeit „in hac parte", „zu einem bestimmten Teil".

[215] BHLD 2, 62,3,5,330,16-18.

[216] BVNAT 4,1,176,16f.

[217] BVNAT 5,4,200,1f.

[218] BCIRC 2,2,294,6f.

[219] BOS 5,9,804,24-806,1.

[220] BOS 5,2,806,4-6.

[221] BD 60,2,602,14-16.

[222] BD 60,2,602,20.

[223] BD 60,2,602,21.

[224] BD 60,2,604,1f.

[225] BQH 17,2,708,1f.

genannt werden als diese Ehre."[226] Jesus wird nach seinem Leiden in den Höhen des Himmels als König der Herrlichkeit aufgenommen[227].

Man spürt, daß es für Bernhard nicht leicht ist, in das eher statische Schema der Zweinaturenlehre, nach welchem die Menschheit schwach und die Gottheit herrlich ist, die eher dynamische Vorstellung des Ab- und Aufstiegs Jesu einzupassen.

5. Wilhelm von St. Thierry schreibt, daß Christus auch in seiner Erniedrigung Göttliches an sich hat. „Quanto magis cum exaltatione quam illum exaltavit Deus, humilitas ejus mutata est in gloriam." – „Um wieviel mehr ist, als Gott ihn in der Erhöhung erhöht hat, seine Niedrigkeit in Herrlichkeit erhöht worden."[228]

6. Guerricus von Igny unterscheidet bei Christus eine „primus adventus ... gratiae", „erste Ankunft ... der Gnade" von einer „novissimus gloriae", „letzten der Herrlichkeit"[229]. Die erste ist voller Gnade, weil sie die künftige Herrlichkeit vorausschmecken läßt[230]. Man soll sich aber auch nicht wegen der Großartigkeit der Herrlichkeit bei der letzten Ankunft fürchten, weil wir bei ihr „a gloria in gloriam", „von der Herrlichkeit zur Herrlichkeit" verwandelt werden[231]. Und doch wird uns auch schon bei der ersten Ankunft an Weihnachten „Rex gloriae", „der König der Herrlichkeit" geschenkt[232].

7. Ausführlich behandelt Johannes von Ford die Herrlichkeit Jesu.

7.1 Für Christus gilt: „Gemina ... gloria eius, una uidelicet intus et altera foris." – „Er besitzt eine doppelte ... Herrlichkeit, nämlich eine innen und eine außen."[233] Die innere tritt in der Menschwerdung nach draußen. Es gibt eine Herrlichkeit, welche „habet aeternaliter ex Patre suo", „welcher (der Sohn) seit Ewigkeit von seinem Vater hat"[234]. Davon unterscheidet sich die Herrlichkeit der Schönheit, welche „habet idem ipse Filius hominis", „welche eben derselbe als Menschensohn hat"[235]. Jesus strahlt auch „secundum assumptae humanitatis gloriam", „in bezug auf die angenommene Menschheit Herrlichkeit" aus[236]. Denn durch die Annahme der Menschheit erstrahlt Jesus in der Unschuld seines Leibes, seiner Weisheit und seiner Gerechtigkeit[237].

7.2 Der König der Herrlichkeit hat unsere Sterblichkeit angenommen[238]. Als solcher ist er bereitwillig zu den Menschenkindern gekommen[239]. Schon im Schoß der Jung-

---

[226] BD 60,2,604,4f.
[227] BHLD 2, 45,6,9,124,20f.
[228] WCS 1,346C.
[229] GIS Adv 2,4,144f.,114.
[230] GIS Adv 2,4,145-147,114.
[231] GIS Adv 2,4,152-159,114-116.
[232] GIS Nat 2,3,91-94,182.
[233] JHLD 9,1,63f.,89.
[234] JHLD 8,2,39f.,80.
[235] JHLD 8,2,40-42,80.
[236] JHLD 8,3,67f.,81.
[237] JHLD 8,3,71-75,81.
[238] JHLD 92,9,180-182,627.
[239] JHLD 80,7,192f.,556.

frau ist der Sohn Gottes „Rex gloriae stola gloriae a Patre indutus", „als König der Herrlichkeit mit dem Gewand der Herrlichkeit vom Vater bekleidet" worden[240].

7.3 Jesus hat schon „gloria resurrectionis suae in monte transfiguratus", „die Herrlichkeit seiner Auferstehung, als er auf dem Berg verklärt wurde", gezeigt[241]. Dabei ist er „amictus gloria resurrectionis sicut uestimento", „wie mit einem Gewand umgeben von der Herrlichkeit der Auferstehung"[242]. Sein Geist erstrahlt von „gloria et honore", „Herrlichkeit und Ehre"[243]. Dadurch, daß Christus sich erniedrigt und am Kreuz das Heil gewirkt hat, ist seine Herrlichkeit auf Erden wie im Himmel überreich geworden[244]. Der Tod weicht der neuen geistigen Herrlichkeit des Königs der Herrlichkeit[245]. Am Ende, wenn die Herrlichkeit des ewigen Königs erscheinen wird, löst sich die Herrlichkeit dieser Welt in nichts auf[246]. Deswegen muß man jetzt alle geschaffene Herrlichkeit auf den König der Herrlichkeit, Christus, beziehen[247]. An „excellentia gloriae", „der überragenden Herrlichkeit" bekommt jeder Anteil, der mit dem Eingeborenen neben dem Vater sitzen darf[248]. Wer dann die Herrlichkeit des Eingeborenen wie Abraham sieht, besitzt eine große Freude[249].

Für Johannes von Ford ist es bezeichnend, daß er von der ewigen Herrlichkeit, die der Sohn beim Vater hat, spricht; weiter hebt er die Herrlichkeit des verklärten, auferstandenen Herrn hervor. Von einem Zurücktreten der Herrlichkeit in der Erniedrigung hört man nichts.

8. Der Autor des St. Trudperter Hoheliedkommentars verbindet die Zweinaturenlehre mit der Vorstellung der Erniedrigung: Jesus ist herabgestiegen „von der obersten hêrschefte sîner goteheit in die nideresten vescmaehede sîner mennescheit", „von der obersten Herrlichkeit seiner Gottheit in die niedrigste Schmach seiner Menschheit"[250]. Aus dem Kontext wird klar, daß bei diesem Abstieg nicht an die Menschwerdung, sondern an den Kreuzestod gedacht ist.

9. Häufig wird wieder in der Mystik von Helfta von der Herrlichkeit Christi geredet.

Dies sieht man schon bei Mechthild von Hackeborn. Am Pfingstfest sieht die Mystikerin „Regem gloriae, Dominum Jesum", „den König der Herrlichkeit, den Herrn Jesus". Von seinem Herzen gehen Strahlen auf alle Heiligen aus[251]. Ganz ähnlich ist der Inhalt einer Vision während einer Messe: „Conspexit Regem gloriae, Dominum Jesus, in solio sublimato ac crystallina, puritate perscicuo residentem." – „Sie schaute

---

[240] JHLD 35,2,27f.,267f.
[241] JHLD 3,4,201f.,53.
[242] JHLD 5,3,93f.,64.
[243] JHLD 31,2,39f.,245.
[244] JHLD 67,5,87-101,468.
[245] JAP 4,116f.,814.
[246] JHLD 67,5,81-84,469.
[247] JHLD 78,10,232f.,546.
[248] JHLD 29,3,111-115,235.
[249] JHLD 31,1,40-43,245.
[250] TH 91,25-27,200.
[251] MH 1,22,79.

den König der Herrlichkeit, den Herrn Jesus, auf einem erhöhten und kristallartigen Thron in durchscheinender Reinheit sitzen."[252] Bei dieser Vision gehen Ströme der Gnade von dem Thron, auf dem er sitzt, aus[253]. Daß Mechthild wirklich bei dem Titel „König der Herrlichkeit" an die Herrlichkeit denkt, sieht man an folgender Stelle: Ihr erscheint „Rex gloriae Christus in eminenti loci, ineffabili gloria circumdatus", „der König der Herrlichkeit, Christus, an einem herausragenden Ort mit unaussprechlicher Herrlichkeit umgeben"[254]. Die Herrlichkeit, die er besitzt, wird an dem Schmuck und der kostbaren Kleidung deutlich, die er anhat[255]. Ein anderes Mal kommt der König der Herrlichkeit zu Mechthild und überreicht ihr das Kleid der Unschuld[256]. Die Herrlichkeit kann sich auch beim Herrn der Herrlichkeit an seiner Umgebung ausdrücken. Mechthild sieht „Regem gloriae, Dominum Jesum Christum in solio magnificentiae, stipatum Angelorum multitudine et Sanctorum circumdatum exercitu gloriose", „den König der Herrlichkeit, den Herrn Jesus Christus, auf einem prachtvollen Thron, umringt von der Menge der Engel und Heiligen, umgeben von dem herrlichen Heer"[257]. Auch eine Verstorbene kann in überragender Herrlichkeit umgeben mit den herrlichen himmlischen Heerscharen erscheinen[258]. Sie ist ja geführt worden „ante thronum Regis gloriae, Jesus", „vor den Thron des Königs der Herrlichkeit, Jesus"[259].

Vorwiegend gebraucht Mechthild „gloria", wenn sie Jesus in den Visionen schaut; dann ist er der erhöhte Herr, der König der Herrlichkeit.

10. Differenzierter gebraucht Gertrud die Große den Begriff „gloria" in unserem Zusammenhang.

In ihrem Exerzitienbuch heißt es von Jesus: „Super gloriam tuam dilexisti me." – „Über Deine Herrlichkeit hinaus hast Du mich geliebt."[260] Gemeint ist: Vor die Wahl gestellt, was er aufgeben soll, hat er lieber auf seine Herrlichkeit als auf das Heil des Menschen verzichtet. Im Kontext ist allgemein von der Erlösung gesprochen, um derentwillen dieser Verzicht geschah[261]. Jetzt aber hat er die Herrlichkeit wieder erlangt; er, der auf dem Thron des Vaters sitzt, besitzt die „triumphalis gloria", „triumphale Herrlichkeit"[262] und die „claritas, honor et virtus", „Klarheit, Ehre und Kraft"[263]. Weil dem so ist, kann Jesus mit dem Wort: „Tu gloria", „Du Herrlichkeit" angesprochen

---

[252] MH 2,21,158f.
[253] MH 2,21,159.
[254] MH 3,49,250.
[255] MH 3,49f.,251.
[256] MH 1,23,82.
[257] MH 4,4,261.
[258] MH 6,8,386.
[259] MH 6,8,387.
[260] G R 6,199f.,174.
[261] G R 6,200-203,174.
[262] G R 6,399-401,186.
[263] G R 6,402f.,186.

werden[264]. Auch wenn dieser sich als das Haupt und der Bräutigam seiner Kirche vorstellt, wird er als König der Herrlichkeit bezeichnet[265].

11. Zusammenfassend läßt sich über den Ausdruck Herrlichkeit im christologischen Zusammenhang sagen:

Innerhalb des Zweinaturenschemas wird die Herrlichkeit der Gottheit[266] und die Schwäche und Schmach der Menschheit Jesu zugeschrieben[267].

Neben dieser eher statischen Betrachtungsweise kann die Herrlichkeit Jesu auch aus dem Blickwinkel der Heilsgeschichte betrachtet werden. Dann besitzt der ewige Sohn die Herrlichkeit seit Ewigkeit beim Vater[268]. In der Menschwerdung gibt er sie auf[269], auch wenn sie in seiner Verklärung auf dem Berg für kurze Zeit aufstrahlt[270]. Beim Leiden[271] am Kreuz[272] ist er voller Schmach und aller Herrlichkeit beraubt. In der Auferstehung[273] und der Erhöhung oder der Himmelfahrt[274] bekommt er vom Vater diese Eigenschaft wieder geschenkt. Im Himmel sitzt er in Herrlichkeit zur Rechten des Vaters[275] und wirkt mit dieser Eigenschaft in der Kirche[276] und an einzelnen Menschen[277]. „König der Herrlichkeit" wird er in diesem Zustand[278], aber nicht nur dann[279] genannt. Ihn zu sehen, sehnt man sich[280]. Wenn er auf Erden wieder erscheinen wird, geschieht dies in Herrlichkeit[281].

Beide Betrachtungsweisen werden nicht immer konsequent auseinandergehalten. Auch der Menschgewordene[282], ja selbst der Gekreuzigte[283] besitzt als Gott die Herrlichkeit. Diese ist aber ganz[284] oder zum Teil[285] verdeckt und für uns Menschen nicht sichtbar. Ihr Verbergen ist schon deswegen notwendig, damit unsere durch die Sünden erkrankten Augen von ihr nicht geblendet werden[286].

---

[264] G R 6,206,174.
[265] G 3, 3,74,1,1-4,312.
[266] BCIRC 2,2,294,6f.; TH 91,25-27,200.
[267] BCIRC 2,2,294,6f.; TH 91,25-27,200.
[268] BVNAT 4,1,176,16f.; JHLD 8,2,38f.,80; 31,1,40-43,245.
[269] BVNAT 5,4,200,1f; BD 60,2,602,14-16; G R 6,199f.,174.
[270] JHLD 3,4,201f.,53; 5,3,93f.,64.
[271] BD 60,2,602,14-16.
[272] Ebenda.
[273] BD 60,2,602,21.
[274] BHLD 2, 45,6,9,124,20f.; BQH 17,2,708,1f.; WCS 1,346C.
[275] JHLD 29,3,111-115,235; MH 6,8,387; G R 6,399-401,186.
[276] G 3, 3,15,1,3f.,62.
[277] MH 1,22,79; 1,23,82; MH 3,49f.,251; G 3, 3,15,1,3f.,62.
[278] MH 1,22,79; 1,23,82; 2,21,158f.; 3,49,250; 5,4,261; 6,8,387.
[279] JHLD 80,7,192f.,556; 35,2,27f.,267f.; 92,9,180-182,627.
[280] JFC 3,30,1075f.,176.
[281] GIS Adv 2,4,144f.,114; 2,4,152-159,114-116; JHLD 67,5,81-84,469.
[282] GIS Nat 2,3,91-94,182; JHLD 8,2,40-42,80; 8,3,67f.71-74,81; 35,2,27f.,267f.; 67,5,87-101,468.
[283] JAP 4,116f.,814.
[284] JHLD 9,1,63f.,89.
[285] BHLD 2, 62,3,5,330,16f.
[286] BHLD 2, 62,3,5,330,16-18.

3.3 Licht

1. In der Vulgata wird Christus oft „lux" (Joh 1,4f.7.9; 3,19; 8,12; 9,5; 12,36.40) oder „lumen" (Joh 1,7f.; 12,35) genannt. Besonders charakteristisch ist die Selbstaussage des johanneischen Christus (Joh 8,12; 12,46): „Ego sum lux mundi." – „Ich bin das Licht der Welt." Es wurde schon die Formulierung des nizänisch-konstantinopolitanischen Glaubensbekenntnisses „lumen de lumine", „Licht vom Licht" erwähnt[287]. In den frühchristlichen Reihen von „nomina Christi" kommt der Ausdruck „Licht" oft vor[288]. So erstaunt es nicht, daß Licht auch für unsere Texte ein beliebter Titel für Christus ist[289]. Der Name „Licht" kann sowohl auf das Wesen als auch auf sein Wirken Bezug nehmen. Wir werden, um Wiederholungen zu vermeiden, hier auch schon diejenigen Stellen mitbehandeln, in denen „Licht" das Erleuchten der Menschen, also Christi Wirken, bezeichnet.

2. Jean von Fécamp kennt sowohl das Aufstrahlen des Lichtes für den Hervorgang des ewigen Sohnes Gottes aus dem Vater als auch für sein Wirken an den Menschen.

2.1 Jean beginnt sein wichtigstes Werk, die „Confessio Theologica", mit einem Anruf der drei göttlichen Personen. Während er den Vater „uerum lumen", „wahres Licht" und den Heiligen Geist „uera illuminatio", „wahre Erleuchtung" nennt, bezeichnet er den Sohn als „uerum lumen de lumine", „wahres Licht von Licht"[290]. Dennoch ist der Sohn nicht weniger Licht als der Vater und wird „lumen ueridicum", „wahrhaftiges Licht" genannt[291].

Den dritten Teil dieses Werkes beginnt Jean mit einem kleinen Christushymnus. Seine beiden ersten Zeilen stellen eine Aneinanderreihung von Christustiteln da, bei denen der Ausdruck Licht nicht fehlen darf[292]. Sofort nach diesem Hymnus wird in Prosa noch einmal eine Reihe Namen Christi erwähnt, bei denen die Tatsache hervorsticht, daß sie durch die jeweilige Beifügung des Possesivpronomens „mein" eine persönliche Note erhalten. Unter diesen Bezeichnungen findet sich auch „lux mea uera", „mein wahres Licht"[293]. Christus wird an anderer Stelle mit den Worten angeredet: „Iesu bone, lumen aeternum et indeficiens." – „Guter Jesus, ewiges und unauslöschbares Licht."[294]

2.2 Im Himmel ist Jesus das Licht, das die Seligen zur berauschenden Festfreude erleuchtet[295]. Dort leuchtet dem Menschen nicht ein geschaffenes Licht, sondern „Agnus

---

[287] DH 150. Die Tatsache, daß es in der lateinischen Fassung des nizänischen Glaubensbekenntnisses (DH 125) „lumen ex lumine", „Licht aus dem Licht" heißt, bedeutet keinen semantischen Unterschied.

[288] Für Eusebius von Caesarea vgl. Sieben, Nomina 177; für die Kirchweihsynode von Antiochien (341) vgl. ebenda 178; für Athanasius von Alexandrien vgl. ebenda 180; für Gregor von Nazianz vgl. ebenda 187.

[289] Für David von Augsburg vgl. Egerding 2,368; für Mechtild von Magdeburg ebenda 2,459; für Meister Eckhart ebenda 2,375.

[290] JFC 1,1,1-4,110.

[291] JFC 3,19,654,163.

[292] JFC 3,1,1f.,142.

[293] JFC 3,2,11f.,142.

[294] JFC 3,28,1014,174.

[295] JFC 3,7,198-200,149.

Dei, lumen tuum", „das Lamm Gottes, Dein Licht"[296]. Der „redemptor", „Erlöser"
Christus soll „lucem super omnem pulchros, super solem splendidos", „das Licht (seiner Augen), die über alles schön und über die Sonne glänzend sind," zeigen"[297].

Für Jean ist der Ausdruck „lux" oder „lumen" eine gern gebrauchte Bezeichnung
für Jesus.

3. Betrachtet man den Umfang seines Werkes, findet man bei Bernhard von Clairvaux
seltener den Ausdruck „Licht" für Christus. In einer Predigt bezeichnet er Gott als
die Quelle, das Licht und den Frieden für den Menschen[298]. Dann ordnet er die drei
Namen den göttlichen Personen in der Dreifaltigkeit zu und schreibt: „Assigna ... lucem Filio, qui est utique candor vitae aeternae et lux uera illuminans omnem hominem
venientem in hunc mundum." – „Weise ... das Licht dem Sohn zu, der ja der Glanz des
ewigen Lebens und das wahre Licht, das jeden Menschen, der in diese Welt kommt,
erleuchtet (Joh 1,9), ist."[299] Bei dem „Glanz des ewigen Lebens" ist an das Wesen und
beim „wahren Licht" an das Wirken des Sohnes gedacht. Er ist ja die Weisheit und als
solche das Licht[300]. Doch Bernhard weiß, daß die Schrift auch eine andere Zuordnung
des Lichtes kennt: „Et pater lux est, ut sit Filius lumen de lumine." – „Auch der Vater ist
das Licht, sodaß der Sohn Licht vom Licht ist."[301] Das Schwanken in der Zuordnung
des Lichtes kann auch ein Grund sein, warum Bernhard selten davon spricht, daß der
Sohn „Licht" ist. Darüber hinaus leben wir auf Erden noch im Glauben, und das heißt,
nicht im Licht, sondern „in umbra Christi", „im Schatten Christi"[302].

4. Eine Predigt eröffnet Isaak von Stella mit den Worten: „Dei Filius ... lux et veritas Iesus Christus", „Sohn Gottes ... Licht und Wahrheit, Jesus Christus"[303]. Vom
Vater ist der Sohn deswegen in die Welt gesandt, damit er den Menschen belehrt und
erzieht[304]. Deswegen steht Christus als das Licht im Gegensatz zum sündigen Adam,
der die Finsternis ist[305]. Mit „Licht" wird hier eindeutig das Wirken des Menschgewordenen bezeichnet.

5. Guerricus von Igny stellt den Vers (Jes 60,1) aus der Liturgie „Surge, illuminare,
Jerusalem; quia venit lumen tuum", „Auf, werde Licht, Jerusalem, weil Dein Licht gekommen ist" an den Anfang einer Predigt zum Fest der Erscheinung des Herrn[306].
Dies gibt ihm Gelegenheit von Jesus als dem „lumen de lumine", „Licht vom Licht" zu
sprechen[307]. Von Hause aus ist er zwar das ewige Licht[308], er, der im unzugänglichen

---

[296] JFC 3,14,466,157.
[297] JFP 1,222.
[298] BVNAT 4,9,188,25-190,8.
[299] BVNAT 4,9,190,9-11.
[300] BVEPI 7,106,2.
[301] BVNAT 4,9,190,13.
[302] BHLD 1, 31,4,10,498,25.
[303] IS 29,1,1f.,166.
[304] IS 29,1,2-9,166-168.
[305] IS 16,9,90f.,300.
[306] GIS Epi 2,1,1f.,254.
[307] GIS Epi 2,1,5,254.
[308] GIS Epi 2,1,31,256.

Licht wohnt[309]. Damit der Mensch mit seinen kranken Augen aber zu diesem Licht kommen kann, wurde dieses für unsere Augen abgeblendet[310]. Gottes Sohn wurde Mensch und erscheint als „lumen in lucernae testae", „Licht in der Leuchte einer irdenen Lampe"[311]. Damit ist das Wort aus dem Johannesprolog erfüllt: „Es kam das Licht und es war in der Welt (Joh 1,10)"[312]. Dieses Licht erleuchtet die Heiden, die Juden und die Jünger gemäß dem dreifachen Festgeheimnis: der Ankunft der Weisen aus dem Morgenland, der Taufe Jesu am Jordan und der Hochzeit zu Kana[313]. Man sieht, daß Guerricus zwar von dem Licht-Sein des ewigen Sohnes Gottes ausgeht, den Ton aber immer stärker auf das Erleuchten der Menschen durch den Menschgewordenen legt.

In einer Predigt zum Fest Peter und Paul variiert Guerricus das eben angeschlagene Thema. Christus ist Licht „non per participationem, sed per substantiam", „nicht durch Teilhabe, sondern durch (sein) Wesen"[314]. Aber er will auch für die Menschen Licht sein. Dazu wird er Mensch. Der Menschgewordene ist „lux ex divinitate, candelabrum ex humanitate", „Licht durch seine Gottheit, Leuchter durch seine Menschheit"[315]. Die Erleuchtung durch dieses Licht dient einer doppelten Erkenntnis des Menschen. Einmal erkennt der Christ durch Jesus überhaupt etwas; vor allem aber erkennt er ihn selbst als das wahre Licht: „Hoc lumen, cum alia demonstrat, seipsum ignorari non patitur." – „Dieses Licht duldet nicht, daß es, wenn es anderes zeigt, nicht selbst erkannt wird."[316]

Guerricus gebraucht zwar den Ausdruck „Licht", um das Wesen Jesu Christi zu verdeutlichen, legt aber auch Wert auf sein Wirken in der Erleuchtung der Menschen.
6. Unter den frühen Zisterziensern findet man am ausgeprägtesten die Licht-Christologie-Metaphorik bei Johannes von Ford.
6.1 Johannes schreibt, wenn er das Wesen Jesu behandelt, daß der Vater und der Sohn Licht sind: „Ambo una lux et ardor unus." – „Beide (sind) ein Licht und ein Brand."[317] Wenn er aber erklärt, was er unter dem Licht versteht, setzt er dieses mit der Weisheit und der Wahrheit Gottes in eins, Eigenschaften, die im allgemeinen dem ewigen Sohn zugeschrieben werden[318]. Dieser ist „lux formosissima", „das schönste Licht"[319]: „Talis eras a principio … in diebus tuis antiquis, in annis aeternitatis tuae." – „So warst Du von Anfang an … in Deinen uralten Tagen, in den Jahren Deiner Ewigkeit."[320]

---

[309] GIS Epi 2,1,32,256.
[310] GIS Epi 2,1,30-33,256.
[311] GIS Epi 2,1,33f.,256.
[312] GIS Epi 2,1,19f.,254-256.
[313] GIS Epi 2,1,7-15,254.
[314] GIS Petr Paul 1,1,17,366. Wir geben hier "substantia" mit "Wesen" wieder. "Substanz" könnte insinuieren, daß dieses Wort hier im Sinn der frühchristlichen Terminologie, in welcher die eine Person mit der einen "hypostasis" gleichgesetzt ist, gemeint sei.
[315] GIS Petr Paul 1,1,14,364.
[316] GIS Petr Paul 1,1,11f.,364.
[317] JHLD 7,3,134f.,75.
[318] JHLD 7,3,135,75.
[319] JHLD 7,3,149,76.
[320] JHLD 7,3,150f.,76.

6.2 Jesus ist auch als das „lux lucis … luminis fons", „Licht des Lichtes … die Quelle des (geschaffenen) Lichtes"[321]. In dieser Eigenschaft wirkt er bei der Schöpfung dadurch, daß er die geschaffenen Lichtspender, die Gestirne, gemacht hat[322] und uns Menschen in der Finsternis erhellt[323]. Als „lux magna … in sinu Patris abscondita", „großes Licht … im Schoß des Vaters verborgen" wurde er in der Menschwerdung, bei der er „de candido uirginis utero, candissima lux", „von dem strahlendsten Mutterschoß der Jungfrau als strahlendstes Licht" hervorging, „lux magna magnorum et lucerna modica paruulorum", „ein großes Licht für die Großen und eine geringe Leuchte der Kleinen"[324]. Unter den „Großen" dürften die Engel verstanden sein. Denn für sie ist die strahlende Gestalt Jesu so wunderbar, daß seine Menschheit in ihren Augen nur eine leichte Wolke ist und „eis lux diuinitatis infulsit", „sich in sie das Licht der Gottheit ergießt"[325]. Wichtiger für Johannes ist aber die Erleuchtung der Menschen. „Vere lux magna magni huius luminaris, quae habitantibus nobis in regione umbrae mortis Christo nobis de coelo chruscante apparuit, et per lucem quae in ipso et cum ipso orta est nobis, noctem nostram a pristinis tenebris uendicauit, et ab illorum nocte discreuit qui in tanta luce necdum suam euasere caliginem." – „Wirklich ein großes Licht des großen Leuchters, welches uns, die wir im Bereich des Todesschattens wohnen, erschienen ist. Denn Christus erstrahlte vom Himmel her, und er hat durch das Licht, das in ihm und mit ihm für uns erstanden ist, unsere Nacht aus der alten Dunkelheit entrissen und uns vom Tod jener getrennt, die wir bei einem so großen Licht noch nicht unsere Finsternis verlassen wollten."[326] In seiner Menschwerdung ist uns ein neues Licht erschienen[327]. Von nun an sind die Kinder des Lichtes von den Kindern der Finsternis unterschieden[328]. In den verschiedenen Phasen seines Lebens leuchtete aber Jesus als Licht auf verschiedene Arten: Bei der Menschwerdung war es das Morgenlicht, bei der Kreuzigung das Mittagslicht und beim Tod am Kreuz das Abendlicht[329]. Dieser Gedanke wird auf das Leben des einzelnen Christen bezogen. Obwohl Jesus der Mittag ist, weil er die Fülle des Lichtes darstellt, ist er doch auch der Morgen, weil er nur in der Hoffnung geschaut wird[330]. Die Apostel sahen bei der Verklärung im Licht Jesu das Licht des Vaters[331]. Gerade die Verkünder des Glaubens müssen bereit sein, „ut ad ueram quae Christus est lucem euigilet", „auf das wahre Licht hin, welches Christus ist, zu erwachen"[332]. Man sieht wie facettenreich die christologischen Darlegungen über das Licht bei Johannes von Ford sind.

---

[321] JHLD 7,4,156f.,76.
[322] JHLD 7,4,159-162,76; vgl. JHLD 7,5,193f.,77.
[323] JHLD 7,4,162-176,76.
[324] JHLD 7,5,186-192,76f.
[325] JHLD 34,4,76-81,264.
[326] JHLD 56,9,222-227,398.
[327] JHLD 105,8,186f.,714.
[328] JHLD 56,9,227-236,398.
[329] JHLD 56,10,237-244,398.
[330] JHLD 38,5,87-90,285.
[331] JHLD 2,1,22-24,45; vgl. JHLD 32,2,82-84,252.
[332] JHLD 31,6,174-176,248.

7.   Auch in dem Traktat „Speculum virginum" wird Christus häufig „Licht" genannt.
7.1   Um zu erklären, was es bedeutet, mit Christus bekleidet zu sein, erinnert der Verfasser an eine Reihe von Namen für Christus, in der an erster Stelle Christus „Licht" genannt wird[333]. Weil Christus den Vätern, die in der Unterwelt waren, das Licht gebracht hat, wird er mit den Worten angeredet: „Tu uera lux", „Du wahres Licht"[334].
7.2   Schon Sieben stellt fest, daß in Hymnen und Liedern besonders oft „nomina Christi" vorkommen[335]. So ist es nicht verwunderlich, daß in dem „Epithalamium Christi virginum", „Hochzeitslied der Jungfrauen Christi", welches diesem Traktat angefügt ist, gehäuft der Titel „Licht" auftaucht. Christus ist „lux et dux ad patriam", „Licht und Führer zum Vaterland"[336], er, der die Menschen jetzt schon ins Licht verwandelt hat[337]. Wie die Jungfrauen Christus nachfolgen, werden sie „lucis gratanter soboles", „gnadenhaft Töchter des Lichtes" genannt[338]. Sind solche Menschen in den Himmel gelangt, breitet sich Christus als Licht über sie aus[339]. „Lux lucis haec cognoscitur." – „Dieses Licht des Lichtes wird (dann) erkannt."[340] Er ist ja der „lucis creator", „Schöpfer des Lichtes"[341]. In einer Aussage wird Wesen und Wirken Christi gemeinsam mit der Lichtmetapher ausgedrückt: „Lux in te, rex, lucentium, quos salvas gratis omnium." – „In Dir, König aller Leuchtenden, welche Du ohne Gegenleistung errettest, (liegt) das Licht."[342]

Gemäß der praktischen Ausrichtung dieses Traktates steht das Wirken Christi bei der Lichtmetapher im Vordergrund.
8.   Deutlich spürt man bei Hugo von St. Viktor, daß ihm die Aussage des Glaubensbekenntnis „lumen de lumine", „Licht vom Licht" wichtig ist. Für ihn ist Gott „Pater luminum", „Vater der Lichter" (Jak 1,17). Diese Aussage begründet er damit, daß Gott geistbegabte Wesen, nämlich Menschen und Engel, als Lichter geschaffen hat[343]. Vor allem aber wird Gott Vater so genannt, weil er das Licht nicht nur geschaffen, sondern auch gezeugt hat: „Nec Pater luminis alium gignere potuit quam ipse est, nec susceptor luminis aliud quam lumen fieri potest. Si ergo lumen est qui lumen genuit; et lumen est qui lumen suscepit." – „Der Vater des Lichtes konnte keinen anderen zeugen, als den, der er selbst ist, noch kann derjenige, der das Licht empfängt, etwas anderes als Licht werden. Wenn also das Licht ist, der das Licht zeugt, ist auch der Licht, der das Licht

---

[333]   SP 4,358,15f. In einer zweiten Reihe von Nomina Christi (SP 6,530,15-17) kommt allerdings „Licht" nicht vor. Dies dürfte daran liegen, daß in ihr konkrete einzelne Geschöpfe als Bilder Christi benutzt werden. Das erste Glied dieser Reihe „Sonne" vertritt so den Namen „Licht". Deswegen wird in der Erklärung des Wortes „sol" Joh 1,9 zitiert.
[334]   SP 10,854,15-17.
[335]   Vgl. Sieben, Nomina 193-195.
[336]   SPE 119,1046A.
[337]   SPE 121,1046B.
[338]   SPE 124,1046B.
[339]   SPE 61,1032A.
[340]   SPE 62,1032A.
[341]   SPE 94,1040A.
[342]   SP 110,1044A.
[343]   HH 2,937A.

empfängt."[344] Insofern ist der Vater „principale lumen", „das ursprunghafte Licht"[345], wobei es aber keinen Unterschied im Licht-Sein zwischen Vater und Sohn gibt, weil beide nur ein Licht sind[346], sieht man davon ab, daß der „Filius lumen de lumine, Pater lumen non de lumine", „Sohn Licht vom Licht, der Vater aber Licht nicht von Licht" ist[347]. Im Verhältnis zu den geistigen Geschöpfen nennt Hugo Jesus mit Ps. Dionysius Areopagita „paternum lumen", „väterliches Licht"[348], und zwar mit folgender Begründung: „Omnis quidem illuminatio a Patre est, sed sine Jesu mediatore nulla illuminatio haberi potest." – „Jede Erleuchtung kommt ja vom Vater, aber ohne Jesus als Vermittler kann man keine Erleuchtung haben."[349] Deswegen ist es das väterliche Licht, was die Geschöpfe erhalten, weil Jesus „verum et aeternum, et incommutabile esse habet, et lumen est, ex eo quod est", „das wahre, ewige und unveränderliche Sein hat und dadurch Licht ist, das er ist"[350]. Von seinem Wesen her, kann er dann auch an anderen als Licht wirken: „Ex eo quod est, lucet, et non solum sibi lucet, sed etiam alios illuminat." – „Dadurch, daß er ist, leuchtet er und er leuchtet nicht nur für sich, sondern er erleuchtet auch andere."[351] „Illuminare enim non est, nisi luminis." – „Erleuchten kann nur das Licht."[352]

Wichtig ist für Hugo das Licht-Sein Jesu in seinem Verhältnis zum Vater und bei seinem Spenden des Lichtes in der Schöpfung. Nur selten verbindet er diese Eigenschaft mit der Erlösung.

9. Für Hildegard von Bingen ist das göttliche Licht ein wichtiges Erkenntnismedium ihrer Visionen[353]. Von daher wundert es nicht, daß für sie auch Christus als das Licht eine große Rolle spielt.

9.1 An dem untrennbaren Durchdringen von Licht und Feuer macht die Seherin das gegenseitige Durchdringen der göttlichen Personen und die Einheit ihrer Eigenschaften deutlich[354]. Deswegen leuchtet auch im Sohn das lebendige Licht auf[355].

9.2 In seiner Menschwerdung bei der jungfräulichen Empfängnis „lumen uerae claritatis mundo infudit", „hat sich das Licht der wahren Klarheit in die Welt ergossen"[356], welches Ereignis von den Patriarchen und Propheten angekündigt worden ist[357]. Je-

---

[344] HH 2,937A-B.
[345] HH 2,939D.
[346] Ebenda.
[347] Ebenda.
[348] HH 2,938D.
[349] HH 2,939A.
[350] HH 2,939B.
[351] Ebenda.
[352] HH 2,939C.
[353] Vgl. Weiß, Ekstase 10f.; ders.: Gottesbild 1,299f.
[354] HISV 1, 2,2,2,41-63,125f.
[355] HISV 2, 3,8,15,702,498.
[356] HISV 1, 2,2,2,38-41,125.
[357] HISV 2, 3,13,3,86-89,616.

sus wird deswegen Licht der Neuheit[358], Licht der Rettung[359] und Licht der Welt[360] genannt. Durch seine Verkündigung hat er dieses Licht verbreitet[361], welches auf die Kirche übergeht[362]. Doch bleibt dessen Klarheit unter seiner Menschheit und seinem Leiden noch wie unter einer Wolke verborgen[363].

Offensichtlich interessiert Hildegard besonders die Verbreitung des Lichtes durch Christus bei der Verkündigung und der Erlösung des Menschen. Nur selten verwendet sie die Lichtmetapher zur Erklärung des Verhältnisses des ewigen Sohnes zum Vater.

10.   Nach den im frühen 12. Jahrhundert entstandenen Dichtungen der Frau Ava sieht man zur Zeit der Geburt Christi in Rom einen Ring um die Sonne, welcher die Ankunft Christi, des wahren Lichtes, ankündigt[364]. Die Dichterin nennt Jesus auch „daz oberiste lieht", „das höchste Licht"[365].

11.   Nur einmal wird Christus als der Menschgewordene im St. Trudperter Hohelied „unumbeschriebne lieht der heiligen vernunste", „unumschreibbares Licht der heiligen Vernunft" genannt[366].

12.   Da Hadewijch das Bild „Licht" im religiösen Bereich nicht oft verwendet, erstaunt es nicht, daß in ihrem umfangreichen Schrifttum Jesus nur einmal mit Licht verglichen wird. In seinem Tod hat er „leuen ende licht voerde ter hellen", „Leben und Licht für die Hölle" gebracht[367], das heißt, selbst im Reich des Todes erstrahlt sein Leben schaffendes Licht.

13.   David von Augsburg, der in seinen muttersprachlichen Traktaten oft die Lichtmetapher gebraucht[368], ist in ihrer Anwendung auf Christus zurückhaltend. Wenn er den Vater Licht nennt, zieht er es vor, den Sohn Licht vom Licht und Schein des Vaters zu nennen[369]. Nur in bezug auf sein Wirken spricht er von Christus einfach hin als dem Licht. Weil die geistigen Geschöpfe auf Jesus in ihrer Erkenntnis angewiesen sind, ist er für Menschen und Engel der „lichtern meister", „Meister der Lichter"[370]. Dies betrifft auch den Menschgewordenen; denn seine Seele ist im innersten Licht Gottes[371]. Die Menschwerdung ist für das Sehen des Lichtes bei den Menschen notwendig. Wenn wir Sünder direkt in das Licht Gottes schauen könnten, würden unsere kranken Augen geblendet[372]. So ist das Licht, das Christus in seiner Gottheit ist, für uns verborgen[373].

---

[358] HISV 1, 2,5,18,660,191.

[359] HISV 2, 3,7,8,307-309,470; 3,8,12,596,495.

[360] HISV 2, 3,8,8,499f.,492.

[361] HISV 2, 3,4,11,295-297,397.

[362] HISV 1, 2,5 vis,171-174,176 ; 2, 3,9,8,271f.,523.

[363] HISV 2, 3,12,5,161-166,608.

[364] ALJ 174-178,58-61.

[365] ALJ 1272,146f.

[366] TH 75,25,170; zur Erklärung dieser Stelle vgl. Ohly TH 950-953.

[367] HAB 22,303f.,200.

[368] Vgl. Weiß, Gottesbild 1,313-315.

[369] Vgl. ebenda 313f.

[370] DAG 363,22-24.

[371] DSG 7,395,22f.

[372] DEW 364,16f.

[373] DB 7,382,16f.

Damit wir es dennoch sehen können, wurde er Mensch. „Dô tempertest dû uns das lieht mit der reinen laterne dîner lûtern menscheit, dâ diu gotheit inne verborgen was." – „Da mildertest Du uns das Licht mit der reinen Laterne Deiner lauteren Menschheit, darin die Gottheit verborgen war."[374] Dazu empfing Maria den Sohn Gottes ohne Zutun eines Mannes, damit er als Licht durch die Laterne rein leuchten kann[375]. Er kam wie ein Licht durch das Glas zu Maria, ohne deren Jungfräulichkeit zu verletzen[376].

14. Obwohl Mechthild von Magdeburg ihr Werk „Ein fließendes Licht der Gottheit" nennt[377], gehört „Licht" nicht zu ihren Lieblingsmetaphern[378]. Diese Zurückhaltung macht sich auch im christologischen Bereich bemerkbar. Während der Vater[379] und der Heilige Geist als Licht[380] bezeichnet werden, fehlt eine entsprechende Aussage für die zweite Person der Dreifaltigkeit. Bei seiner Menschwerdung erscheint aber den leiblichen Augen Mariens ein himmlisches Licht[381]. Häufiger wird erwähnt, daß Jesus den Menschen das Licht bringt. Jesus kündigt an, daß er dem Konvent von Helfta auf ihrem Friedhof ein Licht setzt[382]. Er sucht einen Leuchter für das Licht, damit es die Menschen besser erkennen können. Mechthild selbst soll dieser Lichtträger sein. So spricht Jesus: „Ich bin das lieht und din brust ist der lûther." – „Ich bin das Licht und Deine Brust ist der Leuchter."[383] Ihre Demut ist der Docht, mit dem dieses Licht entzündet wird[384].

15. Auch bei Gertrud der Großen kommt die Lichtmetapher im christologischen Kontext nicht allzu häufig vor.

Die Furcht, die in der Taufe wiedergeschenkte Unschuld zu verlieren, ist in vielen ihrer Texte greifbar. In einer Erneuerung der Taufe soll nach ihr der Mensch darum beten, daß Jesus, das „lumen inextinguibile", „unauslöschliche Licht", in dem Menschen die Liebe unauslöschlich entfacht[385]. Ähnlich lautet an einer anderen Stelle die Anrufung Jesu: „Fons vitae et origo lucis perpetuae", „Quelle des Lebens und Ursprung des immerwährenden Lichtes"[386]. Der Mensch soll sich sehnen nach Jesus, „verum lumen", „dem wahren Licht"[387]. Ein anderes Mal wird Christus angesprochen mit den Worten: „fontale lumen sempiternorum luminum", „quellhaftes Licht der immerwährenden

---

[374] DK 342,20f.
[375] DK 342,22f.
[376] DK 342,25-31.
[377] MM 1 prol 10f.,5.
[378] Vgl. Weiß, Gottesbild 315.
[379] MM 2,3,16,39; 2,10,2,47.
[380] MM 3,1,70,75.
[381] MM 5,23,17-21,174f.
[382] MM 7,13,16-18,267.
[383] MM 3,12,11-15,92.
[384] MM 3,24,11f.,106.
[385] G R 1,168-173,56.
[386] G R 2,98,72; 6,213,174.
[387] G R 5,462-465,156.

Lichter"[388]. Unabhängig davon, ob unter diesen Lichtern die Gestirne oder Engel verstanden sind, ist Christus in seinem Wirken als Schöpfer gemeint.

Man sieht, daß Gertrud das Wirken Jesu selten und sein Wesen überhaupt nicht mit dem Licht vergleicht.

16. Etwas häufiger verwendet die Vita der Christina von Hane „Licht" im christologischen Kontext. In einer Vision sieht sie vom Himmel ein Licht kommen und in diesem Licht ein Herz, auf dem geschrieben steht: „O sapiencia Jesus Christus", „O Weisheit, Jesus Christus"[389]. Im Laufe der Vision fallen Licht, Herz und Jesus als Weisheit in eins. Christina umfängt das Licht und von ihm erleuchtet erkennt sie, daß das Herz und damit Jesus „eyn luchtes lycht", „ein lichtes Licht" ist[390]. Jesus als die Sonne des Lebens umkleidet ja Christina in der „unio mystica" mit dem ewigen Licht[391]. Ähnlich stellt sich Jesus ihr in einer anderen Vision vor: „Ich byn eyn burnendes lyecht. Ich bin eyn erluchter des lyechtz." – „Ich bin ein brennendes Licht. Ich bin ein Erleuchter des Lichtes."[392] Er ist ja das „lyecht, daz da erlucht alle lyecht", „das Licht, das da alles Licht erleuchtet"[393]. An einer Reihe von Stellen kann man nicht unterscheiden, ob Gott allgemein oder der Gottmensch Jesus zu ihr redet als „ewyge lyecht", „ewiges Licht"[394], „lyecht der clairheit aller wyßheit", „Licht der Klarheit aller Weisheit"[395] und „vader des lyechtz", „Vater des Lichts"[396].

Einmal wird Christus auch „eyne schynne des ewigen lyechtz", „ein Schein des ewigen Lichts" genannt[397], wobei das ewige Licht den Vater meint, von dem Jesus der Schein ist. Noch deutlicher wird dies in der Bezeichnung Jesu „schyne des vederlichyn hertzens", „Schein des väterlichen Herzens"[398].

Zusammenfassend läßt sich sagen, daß die meisten Aussagen über Jesus als Licht bei Christina innerhalb der Selbstvorstellungen bei Visionen geschehen. In ihnen wird erklärt, wer derjenige ist, der in Christina wohnt und mit ihr eins wird. Der Titel „Licht" taucht in ihrer Vita nicht im Kontext des objektiven Erlösungswirkens Jesu auf.

17. Oft wird in der Vita der Agnes Blannbekin Jesus mit dem Licht verglichen. Besonders ausgeprägt ist in dieser Lebensbeschreibung der Gedanke, daß das Licht Erkenntnismedium ist, durch welches etwas erkannt werden kann, wobei aber das Licht dem Erkenntnisgegenstand entsprechen muß[399]. Deswegen braucht die Seherin bei ihren

---

[388] G 5, 5,35,1,6f.,270.

[389] CH 1, 242.

[390] CH 1, 243.

[391] CH 2, 208.

[392] Ebenda. Derjenige, der sich vorstellt, wird als „here", „Herr" bezeichnet. Da aber im vorausgehenden Satz von der „Himmelfahrt unseres Herrn" gesprochen wird, verbirgt sich hinter dieser Bezeichnung der Gottmensch Jesus Christus.

[393] CH 2, 208.

[394] CH 2, 207.

[395] Ebenda.

[396] Ebenda.

[397] CH 2, 213.

[398] Ebenda.

[399] Vgl. Weiß, Gottesbild 1,307f.

Ekstasen ein besonderes Licht[400]. Wenn sie Christus schaut, hat sie dieses göttlichen Licht nötig: „Vidit in lumine divino hominem speciosum prae filiis hominum." – „Und sie sah im göttlichen Licht den Menschen, der schöner als die Menschenkinder ist."[401] Um deutlich zu machen, daß dieses Licht bei Christus nichts Fremdes oder Äußerliches ist, heißt es unmittelbar darauf: Sie sah „et in homine illo illud lumen", „in jenem Menschen auch jenes Licht"[402]. Während das Licht der Dreifaltigkeit unerträglich ist, ist das Licht, in dem Christus erscheint, frohmachend[403]. Dieser erscheint in menschlicher Gestalt „amictus lumine rutilo", „umgeben mit einem rötlichen Licht"[404] „vel rubente", „oder mit einem rot strahlenden" Licht[405]. Der Auferstandene Herr begegnet Agnes „in immenso lumine", „in unermeßlichem Licht"[406]. Das Licht, das seine Wunden ausstrahlen, übertrifft unschätzbar das Licht der Sonne[407]. Von seinem Licht kommt auch das Strahlen der Stigmata des Heiligen Franziskus[408]. Weil Christus im eucharistischen Brot gegenwärtig ist, erscheint das Licht auch bei der Hostie[409] und geht auf den andächtig zelebrierenden Priester über[410]. Während die Liebe jungfräulich lebender Menschen im Licht der Gottheit Jesu erstrahlt, leuchtet deren Keuschheit im Licht der Menschheit Jesu[411].

Zusammenfassend läßt sich sagen: Für den Autor der Vita der Agnes Blannbekin ist das Licht vor allem in seinem Charakter als Erkenntnismedium wichtig. Deswegen erscheint Christus bei den Visionen in dem Licht, welches er selbst in Gottheit und Menschheit ist. Obwohl von dem Licht, das von dem Auferstandenen und seinen Wunden ausgeht, die Rede ist, spielt es in soteriologischem Zusammenhang kaum eine Rolle.

18.   Insgesamt kann man über den Titel „Licht" für Christus Folgendes sagen: Gelegentlich wird mit ihm etwas über sein Wesen ausgesagt. Da Gott das Licht ist und Jesus wahrer Gott ist, kann man diesen auch als Licht bezeichnen[412]. Manchmal wird dem Sohn als der Weisheit das Licht-Sein in besonderer Weise zugeordnet[413]. Da dieser aber vom Vater gezeugt ist, kann er nur abkünftiges, also Licht vom Licht[414] oder

---

[400] AB 151,5,326; 158,18,338; 192,25,402; 226,3f.,464.
[401] AB 1,6f.,68.
[402] Ebenda.
[403] AB 25,8-11,98.
[404] AB 96,28f.,224.
[405] AB 99,16,230.
[406] AB 140,3-6,310; 233,3-6,476.
[407] AB 5,12-15,72.
[408] AB 19,3-6,86.
[409] AB 51,7-10,142.
[410] AB 72,33-36,178; 219,23-25,450.
[411] AB 150,3-8,340.
[412] JHLD 7,3,134f.,75; 7,3,150f.,76; HISV 1, 2,2,2,41-63,125f.
[413] BVEPI 7,106,2; JHLD 7,3,135,75; TH 75,25,170; CH 1, 242.
[414] JFC 1,1,1-4,110; BVNAT 4,9,190,13; GIS Epi 2,1,5,254; HH 2,939D.

Schein und Glanz vom Licht[415], sein, ohne daß er deswegen weniger Licht als der Vater wäre[416].

Wesentlich häufiger wird das Wirken des Sohnes mit dem Strahlen des Lichtes verglichen. Alles geschaffene Licht[417], besonders dasjenige der geschaffenen Geister[418], hängt von der Schöpfungsmittlerschaft des Wortes ab. Vor allem in der Menschwerdung an Weihnachten[419] und an Epiphanie[420] beginnt das Licht zu strahlen, obwohl es wegen der durch die Sünden erkrankten Augen der Menschen nur abgemildert erscheinen kann[421]. In seiner Predigt[422], Verklärung[423] und Auferstehung[424] mit den strahlenden Wundern[425] wird Christi Licht immer offensichtlicher. Als unser Erlöser ist er das Licht, das uns in der Finsternis leuchtet[426]. Dieses Licht ist auf die Kirche[427] und deren Sakramente[428] übergegangen. Vor allem aber erstrahlt Christus bei den Visionen[429] und der „unio mystica"[430] als das Licht. In seiner Fülle aber wird das Licht, das Christus ist, erst im Himmel erkannt und genossen[431].

3.4 Sonne

1. Das Bild der Sonne ist verwandt mit demjenigen des Lichtes. Im Unterschied zum Licht beinhaltet die Sonne neben dem Hellsein auch die Wärme. In der Vulgata wird im Kontext von Jesus Christus an folgenden Stellen über die Sonne gesprochen: Bei der Verklärung leuchten die Kleider Jesu wie die Sonne (Mt 17,2). In der Eingangsvision der Offenbarung des Johannes erscheint Christus mit einem Gesicht, das leuchtet wie die Sonne (Offb 1,16). Im frühen Christentum nahm man die in der heidnischen Antike vorhandene Sonnenmetapher auf und deutet sie auf Christus[432]. Eine große Wirkungsgeschichte hat der Ausdruck „sol iustitiae", „Sonne der Gerechtigkeit" (Mal 4,2),

---

[415] BVNAT 4,9,190,9-11; CH 2, 213.

[416] JFC 3,19,654,163; HH 2,939D.

[417] JHLD 7,4,156f.,76; SPE 94,1040A; CH 2, 218.

[418] JHLD 7,4,162-176,76; HH 2,938D; DAG 363,22-24; G 5, 5,35,1,6f.,270.

[419] GIS Epi 2,1,5,254; GIS Petr Paul 1,1,14,364; JHLD 7,5,186-192,76f.; 105,8,186f.,714; HISV 1, 2,2,2,38-41,125; MM 5,23,17-21,174f.

[420] GIS Epi 2,1,7-15,254.

[421] BHLD 1, 31,4,10,498,25; GIS Epi 2,1,30-34,256; HISV 2, 3,12,5,161-166,608; DK 342,20-23; DEW 364,16f.; DB 7,382,16f.

[422] IS 29,1,2-9,166-168; HISV 2, 3,4,11,295-297,397.

[423] JHLD 2,1,22-24,45.

[424] AB 140,3-6,310; 233,3-6,476.

[425] AB 5,12-15,72.

[426] JFP 1,222; IS 16,9,90f.,300; JHLD 56,9,222-227,398; SP 110,1044A; HISV 2, 3,7,8,307-309,470; 3,8,12,596,495; HAB 22,303f.,200.

[427] HISV 1, 2,5 vis,171-174,176; 2, 3,8,8,271f.,523.

[428] G R 1,168-173,56; AB 51,7-10,142; 72,33-36,178; 219,23-25,450.

[429] AB 1,6f.,68; 25,8-11,98; 96,28f.,224; 99,16,230.

[430] SP 4,358,15f.; MM 3,12,11-15,92; CH 1, 243; 2, 208.

[431] JFC 3,7,198-200,149; SPE 61,1032A.

[432] Vgl. Forstner 95-99.

welcher schon von Epiphanius von Salamis auf Christus angewandt wird[433]. Auch in der Mystik des Spätmittelalters kommt der Vergleich Christi mit der Sonne oft vor[434].

2. Bernhard von Clairvaux vergleicht Christus mit einer Lilie, die als Sonne der Gerechtigkeit aus der Erde hervorgeht[435]. Den Eintritt des Eingeborenen Gottes in die Welt bezeichnet der Abt als das Leuchten der Sonne der Gerechtigkeit in den Kerker der Welt[436]. Das Licht des Luzifers verblaßt, wenn Christus, die Sonne der Gerechtigkeit, erscheint[437]. Der Eingeborene des Vaters bringt als Sonne der Gerechtigkeit von den fernsten Gefilden der Erde den Preis der Erlösung[438]. Wer über sich diese Sonne des Heils aufgehen lassen will, muß in der Bekehrung über sich die Sonne der Gerechtigkeit erstrahlen lassen[439]. Diese Sonne geht über dem Menschen auf, wenn er die Gottesfurcht besitzt[440]. Dann geschieht die Neugeburt, wenn im Herzen des Menschen die Sonne der Gerechtigkeit aufgeht und seine Finsternis erhellt[441]. Von der Auferstehung Christi sagt Bernhard: „Quam denique rutilans post occasum, Sol iustitiae, de corde terrae resurgis!" – „Wie leuchtend rot stehst Du, Sonne der Gerechtigkeit, nach dem Untergang aus dem Herzen der Erde auf!"[442]

3. Auch Wilhelm von St. Thierry benutzt den Titel „Sonne der Gerechtigkeit", um die Erlösung zu erklären. Die in der Sünde blaß gewordene Braut erhält bei der Schönheit des Bräutigams wieder ihre Gesichtsfarbe[443]. Als diese Sonne hat er mit den Strahlen der Wahrheit die Schatten des Todes und der Eitelkeit der Welt vertrieben[444].

4. Johannes von Ford wandelt den Vergleich Christi mit der Sonne originell ab: Aus dem Schoß der Jungfrau Maria ging die Sonne der Gerechtigkeit auf, die allen, die Gott fürchten, leuchtet[445]. Christus ist das Licht, welches als Sonne der Gerechtigkeit selbst am Abend seines Sterbens keinen Untergang kennt[446]. Auch wenn die Sonne, Jesus Christus, aufgegangen ist, sind die Schatten der Nacht für uns noch nicht gewichen[447]. In dieser Nacht haben wir als Mond den Glauben und als Sonne die Liebe[448]. Je mehr aber Christus, die Sonne, in uns aufgeht, um so weniger bedürfen wir des Mondes[449].

---

[433] Vgl. Sieben, Nomina 172f. vgl. Grinda 186-189.
[434] Vgl. Egerding 2,434-440.
[435] BHLD 2, 70,3,6,436,20.
[436] BVNAT 3,2,162,8-11.
[437] BINOV 3,1,694,4-7.
[438] BD 42,1,530,3-5.
[439] BVNAT 5,3,198,2.
[440] BVNAT 6,8,216,3.
[441] BCIRC 3,5,308,3f.
[442] BHLD 2, 45,6,9,124,19f.
[443] WHLD 1,8,90,210.
[444] WHLD 2,4,178,362.
[445] JHLD 70,5,106-109,491.
[446] JHLD 56,10,237-244,398.
[447] JHLD 57,3,49-51,401.
[448] JHLD 56,9,208f.,397.
[449] JHLD 57,3,57-59,401.

5. Wieder anders wird dieser Vergleich von dem Autor des „Speculum virginum" koloriert. Während die Propheten nur die Morgenröte schauten, ist mit Christus die Sonne der Gerechtigkeit aufgestiegen[450].

6. Hildegard von Bingen wendet oft den Vergleich der Sonne auf Christus an.

6.1 Der ewige Sohn Gottes ist wie die Sonne, „in cuius claritate tota comprehensa est", „in dessen Klarheit alles erfaßt ist"[451]. Wie die sichtbare Sonne die Erde beleuchtet, so die Sonne Christus den Himmel[452]. „In Deo Patre est ineffabilis Vnigenitus eius, sol iustitiae." – „In Gott Vater ist sein unaussprechbarer Eingeborener, die Sonne der Gerechtigkeit."[453] Diese erleuchtet alle Geschöpfe.

6.2 Vor allem in der Heilsgeschichte erstrahlt diese Sonne. Der Alte Bund war wie die Morgenröte, die vor der Ankunft der Sonne, welche Christus ist, erscheint[454]. Die eigentliche Sonne stieg mit dem Sohn Gottes vom Himmel zur Erde[455]. Die Jungfrau Maria ist der Tempel, aus dem Christus, die Sonne der Gerechtigkeit, erstrahlt[456]. Dies geschah durch die Menschwerdung im Schoß der Jungfrau[457]. Christus, der wahre Gott und wahre Mensch, hat als Sonne der Gerechtigkeit das Volk des Alten Bundes gewandelt[458]. Weil die Sonne der Gerechtigkeit erschienen ist, kann jetzt von den Priestern die Ehelosigkeit erwartet werden[459]. In Christi Predigt erleuchtet er mit seiner Weisheit wie die Sonne die Welt[460]. Das Ende der Nacht wird durch ihn wie durch den Aufgang der Sonne angezeigt[461]. Zugleich stellt die Erniedrigung des Sohnes Gottes den Untergang der Sonne dar[462]. Jesus als die Sonne wirkt auch bei der Wiedergeburt in der Taufe[463]. Die heiterste Sonne der Menschheit und Gottheit Christi lockt die Gläubigen zur Liebe[464].

Auch bei Hildegard sieht man, daß die Aussagen über das Wirken des Sohnes Gottes als Sonne in der Geschichte bei weitem diejenigen über sein ewiges Wesen überwiegen.

7. Das St. Trudperter Hohelied hat eine sehr stark auf den Heiligen Geist bezogene Spiritualität. Deswegen erstaunt es nicht, wenn in ihm die dritte Person der Dreifaltigkeit „Sonne" genannt wird[465]. Mit dem gleichen Bild wird aber auch Christus bezeichnet. Während Johannes der Täufer der Morgenstern ist, geht Christus, die Sonne, in

---

[450] SP 8,694,1-6.
[451] HISV 2, 3,6,28,715f.,452.
[452] HISV 2, 3,3,8,342f.,381.
[453] HISV 1, 1,3,4,139-142,43.
[454] HISV 1, 1,5,6,124-130,97.
[455] HISV 1, 1,3,4,144f.,43.
[456] HISV 2, 3,5,21,544f.,424.
[457] HISV 1, 1,3,5,155-163,43f.
[458] HISV 2, 3,2,20,595-598,366.
[459] HIB 2, 170r,100-107,387f.
[460] HISV 2, 3,4,10,288f.,397.
[461] HISV 1, 2,5 vis,164-169,176.
[462] HISV 1, 1,3,6,165-172,44.
[463] HISV 1, 2,3,25,528-534,149.
[464] HISV 2, 3,8,25,1193f.,513.
[465] TH 7,10-14,30-32.

Maria, dem Morgenrot, auf[466]. In seinem Leiden und erst recht in seiner Himmelfahrt geht für uns diese Sonne unter[467]. Geblieben ist nach dem Kreuzesgeschehen die heilige Jungfrau als Abendrot: „Diu der morgenrôt was, diu was ouch der âbentrôt." – „Die das Morgenrot war, die war auch das Abendrot."[468] Erst mit ihrem Tod brach die Finsternis der Nacht über die Welt[469]. Mit dieser Bemerkung will der Autor des Kommentars die Dunkelheit und Kälte des Glaubens erklären, die wie er glaubt, zu seiner Zeit viele Christen erfaßt habe[470]. Erst bei der Wiederkunft Christi scheint wieder die wahre Sonne[471]. Diese eigenartige Auffassung läßt sich nur aus der starken mariologischen Prägung dieses Kommentars verstehen.

8. Maria von Oignies sieht von dem Gefäß, das den eucharistischen Herrn birgt, einen klaren Schein ausgehen. Auf die Frage, was denn dies für eine Klarheit sei, bekennt sie, „quod quantum lumen solis candelae lumen excedet, tantum vel amplius claritas illa claritatem solis excedebat", „daß so wie das Licht der Sonne das Licht einer kleinen Lampe übersteigt, so auch oder noch mehr jenes Licht die Klarheit der Sonne überstieg"[472].

9. Im gleichen Kontext verwendet auch der Autor der Vita der Ida von Löwen diesen Vergleich. Wenn sie zur Kommunion geht, ist sie mit Christus, der Sonne, vereint[473]. Ihre eigenen Augen fangen an zu leuchten[474], und das, worauf sie schaut, fängt an zu strahlen, als ob die Sonne darauf scheint[475].

10. Bei David von Augsburg wird Christus als Sonne bezeichnet, weil er Licht und Wärme spendet. Bei der Menschwerdung kam Christus in Maria, ohne ihre Jungfräulichkeit zu verletzen, wie die Sonne durch das Glas geht[476]. Doch wie der Schein der Sonne die Farbe des Glases annimmt, so nahm Gottes Sohn die Farbe der Menschheit an[477]. Wie der Tag in zwölf Stunden unterteilt wird, so erstrahlt der ewige Sonnenschein, Jesus Christus, in den zwölf Aposteln[478]. Jesus wird auch genannt „eine lichtiu sunne, diu in die sêle schînet", „eine lichte Sonne, die in die Seele scheint"[479]. Durch ihren Schein wird die Pein in Freude gewandelt[480].

Für David ist auch die Wärme der aufscheinenden Sonne ein Bild für das Kommen Christi. Diese ließ sich auf die Erde wie der Schein der Sonne, „daz dû uns ûf zuo dir

---

[466] TH 87,9-12,192.
[467] TH 87,17f.,192.
[468] TH 87,19-23,192.
[469] TH 87,23f.,192.
[470] TH 87,25-31,192.
[471] TH 87,31-34,192.
[472] MO 2,10,91,567.
[473] IL 2,3,10,173.
[474] IL 3,4,21,187.
[475] Ebenda.
[476] DK 342,25-28.
[477] DK 342,28-31.
[478] DK 344,1-4.
[479] DU 375,17-19.
[480] DU 375,20-22.

zügest mit dîner hitze, alsô disiu sunne ûf ziühet der erde tampf und lûtert in ze klâren lufte", „damit Du uns mit Deiner Hitze zu Dir aufziehst, wie die Sonne den Dampf der Erde aufzieht und ihn in klarer Luft läutert"[481]. Die Sonne reinigt aber nicht nur die Feuchtigkeit der Erde, sondern läßt sie auch in der Luft mit ihr eins werden: Wir werden mit Christus eins, „als der erliuhtet luft mit dem sunneschîne ein lieht ist", „wie die erleuchtete Luft mit dem Sonnenschein ein Licht ist"[482]. Der Vergleichspunkt der Wärme bei der Sonne ist bei Christus dessen Liebe[483].

11. Besonders häufig verwendet Mechthild von Magdeburg die Sonnenmetapher. Wenn sie den „Herrn" Sonne nennt, kann man oft nicht unterscheiden, ob dieser Gott allgemein oder der menschgewordene Sohn Gottes ist[484]. Wir erwähnen hier nur solche Stellen, an denen die christologische Prägung eindeutig ist. Wenn Mechthild schreibt: „O du schône sunne an dinem schine", „O Du schöne Sonne in Deinem Schein"[485], ist gemäß der Formel „lumen de lumine", „Licht vom Licht" der Vater die Sonne und der Sohn der Schein. Beim menschgewordenen Sohn ist die Gottheit die Sonne, die durch die Menschheit scheint: „Die spilende sunne der lebendiger gotheit schinet dur das clare wasser vrôlichen menscheit." – „Die spielende Sonne der lebendigen Gottheit scheint durch das klare Wasser der fröhlichen Menschheit."[486] Bei der Menschwerdung ging die Gottheit Jesu wie eine Sonne durch das Glas ganz leicht in Mariens Schoß[487]. An einer anderen Stelle werden die Gottheit Jesu mit der Sonne und seine Menschheit mit dem Regen verglichen. Beides braucht Mechthild, die sich wie ein dürrer Acker fühlt[488]. Der Menschgewordene ist die Freude für alle Sinne des Menschen. Für das geistige Auge ist er die Sonne[489], der am Kreuz der hohen Minne hängt. Der Mensch ist ausgerichtet „gegen die ewigen sunnen der lebendigen gotheit", „hin auf die ewige Sonne der lebendigen Gottheit"[490]. Wer durch den Menschgewordenen neugeboren ist, der „wahset gegen der warmen sunnen", „wächst hin zur warmen Sonne"[491]. Ist man mit dem Herrn, der für uns den Tod erlitten hat, eins, wird das Leid süß. Der Mensch als die Luft ist mit ihm, der Sonne, so einsgeworden, „das die sunne dem luft sin keltnisse und vinsternisse überwindet, das man nit mag gemerken, es sie alles eine sunne", „daß die Sonne bei der Luft deren Kälte und Dunkelheit so überwindet, daß man alles als nur noch eine Sonne erfahren kann"[492]. Wenn zu einem Sterbenden Chri-

---

[481] DK 342,8-10.
[482] DK 342,17-19.
[483] DK 342,12-14.
[484] Vgl. Weiß, Gottesbild 1,329-331.
[485] MM 1,18,3,15.
[486] MM 4,12,19-21,123.; vgl. MM 2,25,116f.,66f. Man hätte auch übersetzen können „strahlende Sonne" und „frohmachende Menschheit". Dann käme aber das Spielerische und Leichte, das diesem Text anhaftet und das in einem Kontrast zur Gottesfremde steht, in die Mechthild am Ende des Kapitels fällt, nicht zum Vorschein.
[487] MM 5,23,45-57,176.
[488] MM 4,5,10-13,119.
[489] MM 3,2,6,79.
[490] MM 3,10,37-40,90.
[491] MM 4,18,13-17,132.
[492] MM 7,55,41f.,302.

stus mit seiner Mutter kommt, wird der letzte Weg des Menschen „clarer denne die sunne", „klarer als die Sonne"[493].

Der Anwendungsbereich des Sonnenvergleichs ist bei Mechthild weit. Innertrinitarisch gesehen sind der Vater die Sonne und der Sohn der Schein. Christologisch betrachtet wird die Gottheit Jesu mit der Sonne verglichen. Christus als die Sonne erleuchtet und erwärmt zugleich. Ist man mit dieser Sonne einsgeworden, wird alles Leiden süß.

12.   Mechthild von Hackeborn sieht in der Adventszeit Jesus[494], „cuius facies, velut mille soles radians, singulas personas solari radio illustrabat", „dessen Angesicht wie tausend Sonnen strahlte und das einzelne Personen (für die sie betete) mit einem Sonnenstrahl erleuchtete"[495]. Diese Erscheinung läßt die Seherin fragen, warum sein Gesicht mit der Sonne zu vergleichen ist. Sie erhält folgende Auskunft: Die Sonne bringt wie Jesus drei Wirkungen hervor; „calefacit, fructificat, et illuminat", „sie erwärmt, bringt Frucht hervor und erleuchtet"[496]. In den übrigen Texten wird das Hervorbringen von Frucht als Folge der Erwärmung und nicht als gesonderte Wirkung genannt. Der Grund, warum hier von einer dreifachen Tätigkeit der Sonne die Rede ist, wurzelt in der Sachhälfte des Vergleichs. Neben der Erleuchtung durch die Erkenntnis Gottes bewirkt Jesus die Entzündung und Erwärmung des Menschen in der Liebe und das Wachsen der Früchte der guten Werke[497].

13.   Auch Gertrud die Große verwendet oft den Vergleich mit der Sonne. Bei ihr gibt es ebenfalls eine Reihe Stellen, an denen man nicht entscheiden kann, ob mit der Sonne Gott allgemein oder der Menschgewordene gemeint ist[498]. Jesus, die Sonne der Gerechtigkeit, soll den Menschen wie mit einem Gewand bekleiden[499]. Die Liebe, die Gertrud oft mit Jesus gleichsetzt, ist „sol iustitiae", „die Sonne der Gerechtigkeit", welches Gestirn aus der Asche und dem Staub des Menschen Blumen hervorwachsen lassen soll[500]. Die gleiche Liebe soll auch wie die Sonne die Sinne des Menschen entzünden[501]. Als Gertrud in einer Krankheit von dem Menschgewordenen gestärkt wird, fühlt sie sich wie eine Blume, die von den Strahlen der Sonne angezogen wird[502]. Dabei soll Maria, der Meeresstern, zu Hilfe kommen, damit man auf ihrem Gesicht, dem rötlich schimmernden Morgenrot, Jesus als die Sonne der Gerechtigkeit erkennt[503].

Bei Gertrud ist die Leben hervorbringende und stärkende Seite des Sonnenlichtes der Vergleichspunkt für Jesus.

---

[493] MM 5,32,11-14,192.
[494] Im Text heißt es „Dominus", da aber im gleichen Kapitel (MH 1,4,14) von dessen Menschheit und Leiden die Rede ist, ist mit ihm Jesus gemeint.
[495] MH 1,4,13.
[496] Ebenda.
[497] Ebenda.
[498] Vgl. Weiß, Gottesbild 1,331.
[499] G R 1,162-166,56.
[500] G R 5,148f.,136.
[501] G R 5,658-661,156.
[502] G 2, 2,9,2,3-5,270.
[503] G R 6,649-653,202.

14.   Besonders ausgeprägt ist der Vergleich Jesu mit der Sonne bei Christina von Hane. Schon als kleines Kind sieht die Mystikerin bei einem Weihnachtsgottesdienst, wie die Sonne durch ein Kirchenfenster in den Chor scheint[504]. Dieser materielle Vorgang verwandelt sich für Christina aber in ein geistliches Geschehen. Aus der Sonne tritt ein Kind heraus: „Daz was Jesus, daz allerlyblichste kyntgyn." – „Das war Jesus, das allerliebste Kind."[505] Dieses tritt der Sonne gegenüber und spielt mit ihr. Damit wird das Paradox der Menschwerdung bezeichnet: Jesus als kleines Kind spielt mit der Sonne, die das leuchtendste und größte Geschöpf ist. Dann will er aus der Sonne sich ein Bettchen machen, worunter zu verstehen ist, wie der Autor der Vita vermerkt, daß Jesus gern im reinen Herzen der Menschen ruhen möchte[506]. Die Gefahr der Verniedlichung dieses Geschehens wird durch folgende Bemerkung gebannt: Als die kindliche Seherin nach dem kleinen Jesus greifen will, um mit ihm Zärtlichkeiten auszutauschen, „da fant sie yne nyt", „da fand sie ihn nicht"[507]. Wie wichtig dem Autor der Vita gerade der letzte Zug dieser Erzählung ist, sieht man daran, daß er ihn mit dem Verschwinden Jesu vor den Augen der Emmausjüngern (Lk 24,31) vergleicht[508]. Typisch für diese Vision ist das Schwebende in der Bedeutung der Sonne. Einmal bezeichnet sie Jesus und dann sein Bett und das Herz des Menschen. Letztere Bedeutung hat die Sonne auch in der Vision am Weihnachtsfest des nächsten Jahres. Wieder erscheint ihr das Jesuskind und verheißt ihr Vergebung aller Sünden. Es will wohnen in einem reinen Herzen, „daz luter ist als die sonne", „das lauter als die Sonne ist"[509]. Doch die Reinheit reicht nicht aus, daß Christina eine Wohnung für den Herrn wird; in ihrem Herzen müssen auch die Blumen der Tugenden blühen[510]. Wenn dann Jesus in das Herz der Mystikerin kommt, ist dies bekleidet[511] und geziert[512] mit der Sonne. An Weihnachten ist ihr Herz erleuchtet von der wahren Sonne Christi[513]. So stellt Gottes Sohn sich selbst vor: „Jch byn … die sone des lebens", „Ich bin … die Sonne des Lebens"[514] oder: „Jch byn die lebendige sone, die da durch lucht vnd schynnet yn dyne hertze." – „Ich bin die lebendige Sonne, die da durchleuchtet und in dein Herz scheint."[515]

Zusammenfassend läßt sich sagen: Die überwiegende Anzahl der Stellen, an denen die Sonnenmetapher im christologischen Zusammenhang gebraucht wird, behandelt die „unio mystica". Charakteristisch ist in dieser Vita, daß in der mystischen Vereinigung sowohl Christus als auch die Mystikerin Sonne genannt wird.

---

[504] CH 1, 228.
[505] Ebenda.
[506] Ebenda.
[507] Ebenda.
[508] Ebenda.
[509] CH 1, 229.
[510] CH 1, 230.
[511] CH 1, 244.
[512] CH 2, 225.
[513] Ch 2, 213.
[514] CH 2, 208.
[515] CH 2, 207.

15. Agnes Blannbekin verwendet die Sonnenmetapher besonders dazu, um das Wesen des Auferstandenen zu verdeutlichen. An Ostern erscheint Agnes in einer Ekstase ein Licht, das sie anfänglich mit der aufgehenden Sonne verwechselt[516]. Doch bald bemerkt sie, daß es die Wunden des Auferstandenen sind, die in diesem Licht tausendmal stärker strahlen als die Sonne[517]. Der Verklärte erscheint ihr wie ein Kristall, auf den die Sonne scheint[518], oder mit einem Kleid umgeben, das wie die Sonne strahlt[519].

16. In der nicht mystisch geprägten mittelhochdeutschen Literatur finden sich die gängigen Bezeichnungen Christi wie wahre Sonne[520] oder Sonne der Gerechtigkeit[521].

17. Überblickt man die Stellen unserer Texte, an denen der Vergleich mit der Sonne auf Christus verwandt wird, läßt sich Folgendes sagen:

Im Vergleich zu der Metapher „Licht" kommt diejenige der „Sonne" seltener in der Erklärung der innertrinitarischen Personen vor. Wenn dies der Fall ist, wird der Sohn Sonne[522] oder Schein der ewigen Sonne des Vaters genannt[523]. In der überwiegenden Zahl der Texte wird das Bild „Sonne" verwendet, um das Wirken des Sohnes auszudrücken. Im Unterschied zum Licht erleuchtet die Sonne nicht nur, sondern erwärmt auch[524]. Das Erwärmen der Sonne ist ein Bild für die Erlösung[525], die Reinigung[526] und die Befähigung der Seele, die Blumen der Tugenden[527] und die Früchte der guten Werke[528] in ihr wachsen zu lassen.

Da die Sonne ein Auf- und Untergehen, ein Zu- und Abnehmen kennt, kann mit ihr ein zeitliches Moment im Wirken Jesu bezeichnet werden. Während der Alte Bund[529], Maria[530] und Johannes der Täufer[531] der Morgenstern oder die Morgenröte sind, ist Christus das Licht. Sein Kommen in der Menschwerdung stellt die aufgehende[532] und seine Erniedrigung und sein Sterben die untergehende[533] Sonne dar. Auch wenn in der Auferstehung an Ostern die Sonne neu aufgegangen ist[534], ist bei der Aufnahme Jesu

[516] AB 136,4-17,304.

[517] AB 5,12f.,72.

[518] AB 47-50,27f.,138.

[519] AB 114,5f.,254.

[520] Ezzos Gesang 7,76, in: Die Deutsche Literatur vom Mittelalter bis zum 20. Jahrhundert, 1,1,4.

[521] Linzer Antichrist. De anticristo, Elia et Enoch 182, in: Die Deutsche Literatur vom Mittelalter bis zum 20. Jahrhundert, 1,1,119.

[522] HISV 1, 1,3,4,139-142,43; 2, 3,6,28,715f.,452.

[523] DK 342,17-19.

[524] JHLD 70,5,106-109,491; HISV 2, 3,3,8,342f.,381; 3,4,10,288f.,397; MO 2,10,91,567; DU 375,17-19; MH 1,4,13; CH 2, 207.

[525] WHLD 1,8,90,210; 2,4,178,362.

[526] DK 342,8-10.

[527] HISV 2, 3,8,25,1193f.,513; MM 3,10,37-40,90; 4,5,10-13,119; 4,18,13-18,132; G R 5,148f.,136; CH 1, 230.

[528] MH 1,4,13.

[529] SP 8,694,1-6; HISV 1, 1,5,6,124-130,97.

[530] TH 87,9-23,192; G R 6,649-653,202.

[531] TH 87,9-12,192.

[532] BVNAT 3,2,162,8-11; HISV 1, 1,3,4,144f.,43; 1,3,5,155-163,43f.; 2,5 vis,164-169,176; DK 342,25-31.

[533] HISV 1, 1,3,6,165-172,44; TH 87,17f.,192; dagegen: JHLD 56,10,237-244,398.

[534] BHLD 1, 45,6,9,124,19f.; AB 5,12f.,72; 47-50,27f.,138; 136,4-17,304.

in den Himmel die Sonne scheinbar wieder untergegangen[535], so daß die Menschen im Zwielicht leben[536], bis die Sonne bei seiner Wiederkunft erneut aufgeht[537]. Wenn Christus in das Herz eines Menschen kommt[538], besonders wenn er sich mit ihm vereint[539], erstrahlt die Sonne.

Wird von Christus als der „Sonne der Gerechtigkeit" gesprochen, bedeutet dies das Strahlen[540] und den Ernst[541] der Gerechtigkeit.

3.5 Heiligkeit

1. In der Vulgata kann für Jesus Christus „Sanctus" (Lk 1,35; Offb 3,7) oder „Sanctus Dei" (Mk 1,24; Lk 4,34) stehen. Besonders einflußreich für die Folgezeit war auch die Tatsache, daß der Titel für Gott „Sanctus sanctorum", „Hochheiliger", welcher oft im Alten Testament von geweihten Gegenständen und Räumen ausgesagt ist, auf Jesus übertragen wird.

2. Bernhard von Clairvaux deutet Ps 15,10: „Nec dabis sanctum tuum videre corruptionem", „Du wirst Deinem Heiligen nicht die Verwesung schauen lassen" christologisch. Der Sohn, den schon Gabriel bei der Verkündigung der „Heilige" nannte[542], wird vom Vater nicht im Tod gelassen, sondern auferweckt[543]. Er ist aber auch der Heilige, durch den die Menschen geheiligt sind[544]. Deswegen ist sein Name heilig[545] und er selbst wird der Heilige der Heiligen genannt[546]; denn er ist die Quelle der Heiligkeit für alle Heiligen[547].

3. Für Guerricus von Igny hat Maria nicht deswegen die Reinigungsriten bei der Darstellung im Tempel vollzogen, weil sie selbst der Reinigung von der Sünde bedurft hätte. Sie ist ja „sanctarum sanctissima, quae Sanctum sanctorum perperit", „die Heiligste der Heiligen, welche den Heiligen der Heiligen geboren hat"[548]. „Concepisse Sanctum sanctorum summa sanctificatio." – „Den Heiligen der Heiligen empfangen zu haben, (ist) höchste Heiligung"[549]. So wird sie „mater ipsius sanctitatis", „Mutter der Heiligkeit selbst"[550].

---

[535] TH 87,17f.,192.

[536] JHLD 56,9,208f.,397; 57,3,49-59,401; TH 87,23f.,192.

[537] TH 87,31-34,192.

[538] BCIRC 3,5,308,3f.; DU 375,17-19; CH 1, 444; 2, 225.

[539] IL 2,3,10,173; MM 7,55,41f.,302; CH 1, 229.

[540] BHLD 2, 70,3,6,436,20; BINOV 3,1,694,4-7; BD 42,1,530,3-5; JHLD 70,5,106-109,491; G R 5,138f.,136.

[541] BVNAT 5,3,198,2; BVNAT 6,8,216,3; JHLD 70,5,106-109,491; HISV 2, 3,2,20,595-598,366.

[542] BINNOC 1,276,11.

[543] BVNAT 5,3,198,22-24.

[544] BVNAT 5,4,198,25-200,1.

[545] BS 3,127,754,5; BINNOC 1,276,10.

[546] BVNAT 5,4,200,2; 5,6,202,6.

[547] BINNOC 1,276,12f.

[548] GIS Pur 1,1,28f.,308.

[549] GIS Pur 4,3,72,360.

[550] GIS Pur 4,3,74,360.

4.   Nach Gilbert von Hoyland findet derjenige, der zu Christus kommt, auch die Heiligkeit, weil er für uns zur Heiligkeit geworden ist[551]. Wer Christus anzieht, ist neu geschaffen in der Heiligkeit der Wahrheit[552]. Derjenige, der dagegen Christus verleugnet, kämpft gegen den Heiligen der Heiligen[553].

5.   Nach Johannes von Ford hat Jesus ein doppeltes Erbe an Heiligkeit, einmal durch seine makellose Mutter und dann durch den Heiligen Geist, der ihn gezeugt hat[554]. Er wird der Heilige der Heiligen genannt, weil er von der reinen Jungfrau empfangen wurde und immer nach dem Wohlgefallen des Vaters gelebt hat[555]. Seine Heiligkeit überragt alle heiligen Menschen[556].

Bei Johannes steht die ethische Seite der Heiligkeit Christi im Vordergrund.

6.   Ähnliches ist auch vom dem Traktat „Speculum virginum" zu sagen. Neben einzelnen ethischen Tugenden wird auch die Heiligkeit Christi genannt[557]. Deswegen wird auch Christus mit den Worten angeredet „Sancte sanctorum domine", „Heiliger der Heiligen, Herr", wenn man um Beharrlichkeit im Guten betet[558].

7.   Auch bei Hildegard von Bingen wird der Begriff Heiligkeit vor allem im ethischen Kontext gebraucht. Schon im Alten Testament wird gezeigt „omnem sanctitatem quae postea in Filio Dei perficienda erat", „alle Heiligkeit, welche später im Sohn Gottes zu vollenden war"[559]. Gott hat die neue Heiligkeit durch das Vergießen des Blutes seines Sohnes gebracht[560]. Diese Heiligkeit ist auf die Kirche übergegangen, welche die Mutter der Heiligkeit genannt wird[561]. Besonders in ihren Sakramenten erhält sie der Mensch[562].

8.   Thomas von Cantimpré erzählt von vielen Engel- und Heiligenerscheinungen der Lutgard von Tongeren. Doch findet sie in ihnen keine Befriedigung, „donec ipsum solum Sanctum Sanctorum ineffabiliter omnibus dulciorem ... inveniret", „bis sie ihn allein, den Heiligen der Heiligen, der unaussprechlich süßer als alle ist, ... findet"[563]. Aus den beigefügten Schriftstellen wird deutlich, daß dieser Heilige Jesus Christus ist[564]. Die Heiligen erscheinen der Mystikerin auch in einem Lichtglanz. Bei Christus ist aber das Strahlen anders, weil aller Glanz der Heiligen von Christus, dem Heiligen der Heiligen, ausgeht[565].

---

[551] GHLD 9,2,53C-D.
[552] GHLD 14,3,69D.
[553] GHLD 14,7,73B.
[554] JHLD 8,4,79-83,81.
[555] JHLD 118,2,35-43,800f.
[556] JHLD 120,7,172-175,810.
[557] SP 4,358,15f.
[558] SPE 50,1030A.
[559] HISV 2, 3,2,7,226f.,354.
[560] HISV 2, 3,7,2,92-94,464.
[561] HISV 1, 2,3,12,266f.,141.
[562] Vgl. Weiß, Gottesbild 1,355f.
[563] LT 2,3,42,170f.; LTA 2,3,42,203.
[564] LTA 2,3,42,203. In der Kurzfassung der Vita (LT 2,3,42,171) fehlt dieser Hinweis.
[565] LTA 3,2,13,207.

9. Hadewijch schreibt innerhalb der göttlichen Personen besonders dem Geist die Heiligkeit zu[566]; sie kann aber auch den Vater heilig nennen[567]. Nur einmal bezeugt sie, daß der Sohn gemeinsam mit dem Vater die Heiligkeit besitzt[568].

10. David von Augsburg glaubt, daß es im Himmel und auf Erden nichts Heiligeres gibt als das allerheiligste Altarsakrament und den in ihm gegenwärtigen Herrn[569]. Im ethischen Sinn wird der Begriff Heiligkeit gebraucht, wenn Jesus Spiegel der Heiligkeit genannt wird[570], denn er ist ja der helle Tugendspiegel, in dessen Leben man alle Tugenden urbildlich erkennen kann[571].

11. Nur selten und eher traditionell schreibt Mechthild von Magdeburg von der Heiligkeit Jesu, so etwa, wenn sie vom „helige lichamen", „heiligen Leib" Christi spricht[572] oder die heilige Gerechtigkeit dem Sohn zuordnet[573]. Dieser Befund ist insofern bezeichnend, weil bei dieser Mystikerin der Ausdruck „Heilige Dreifaltigkeit" stereotyp vorkommt[574].

12. Mechthild von Hackeborn sieht an einem Epiphaniefest, nicht wie sie Christus, sondern wie dieser ihr Weihrauch schenkt, „scilicet omnem sanctitatem et devotionem meam", „meine ganze Heiligkeit und Frömmigkeit"[575]. Durch die Beifügung des Wortes „Frömmigkeit" wird deutlich, daß hier bei der Heiligkeit an eine ethische Größe gedacht ist. Dagegen wird die ethische Bedeutung überstiegen, wenn es heißt: „Omnes sanctificati in coelo et in terra, ab ipso summo sanctificatore Christo sanctificantur." – „Alle, die im Himmel oder auf der Erde geheiligt sind, werden von ihm, dem höchsten Heiligmacher, Christus, geheiligt."[576]

13. Auch Gertrud die Große spricht von der Heiligkeit Christi. Die Liebe, die mit Jesus gleichgesetzt ist, wird „praeclarum sanctae trinitatis speculum", „der ganz klare Spiegel der Heiligen Dreifaltigkeit" genannt[577]. Der Mensch soll zu Jesus beten: „Involvat me meritorum tuorum copiosa sanctitudo." – „Einhüllen möge mich die zahlreiche Heiligkeit Deiner Verdienste."[578] Beim Kommunionempfang wird in Helfta das dreimalige „Sanctus" gesungen[579]. Beim zweiten „Sanctus", welches in der trinitarischen Deutung dem Sohn zugeschrieben wird, empfängt Gertrud „osculum suavissimum", „einen ganz süßen Kuß" in ihrer Seele[580]. Dazu gibt der Sohn Gottes folgende

---

[566] HAB 22,328-337,201.
[567] HAV Liste 82,166.
[568] HAV 8,87f.,102.
[569] DAE 1,10,2,14.
[570] DAG 363,24-26.
[571] DAG 363,27.
[572] MM 5,35,53,198.
[573] MM 7,62,41,307.
[574] Vgl. Weiß, Dreieiner 58-64.
[575] MH 1,8,28.
[576] MH 1,1,8. „Sanctificator" ist schon in der Alten Kirche ein Name Christi; vgl. Sieben, Nomina 165.
[577] G R 5,53,130.
[578] G R 5,57f.,130.
[579] G 3,3,18,1,1,1-3,80.
[580] G 3,3,18,1,7f.,80.

Erklärung: „Ecce in hoc osculo cum isto ‚Sanctus' quod attribuitur personae meae do tibi omnem sanctitatem tam divinitatis quam humanitatis meae." – „Siehe, durch diesen Kuß bei jenem ‚Heilig', das meiner Person zugeschrieben wird, gebe ich Dir alle Heiligkeit sowohl meiner Gottheit als auch meiner Menschheit."[581] Offensichtlich denkt Gertrud bei der Heiligkeit der Gottheit eher an eine seinsmäßige Eigenschaft und bei derjenigen der Menschheit an eine ethische Haltung.

14. Zusammenfassend läßt sich über den christologischen Namen „Heiligkeit" sagen: Die Heiligkeit wird innerhalb der Dreifaltigkeit der zweiten Person nicht in besonderer Weise zugesprochen. Der Sohn hat vielmehr an der Heiligkeit des gemeinsamen Wesens der Dreifaltigkeit teil[582]. In der Menschwerdung des Sohnes Gottes wurde seine Heiligkeit offenbar. So kann man auch von der Heiligkeit der menschlichen Natur Jesu reden[583]. Nach der Botschaft des Engels bei der Verkündigung soll Jesus ja den Namen „Heiliger" tragen[584]. In seinem irdischen Leben erwirbt Jesus die Heiligkeit der Verdienste[585] und am Kreuz diejenige unserer Erlösung[586]. Der Vater kann ihn, den Heiligen, aber nicht der Verwesung überlassen, sondern weckt ihn von dem Toten auf[587]. Diese Heiligkeit geht auf die Kirche über und wird von den Gläubigen in den Sakramenten erworben[588]. Gelegentlich wird von der Heiligkeit Christi im seinsmäßigen Sinn gesprochen[589]. Häufiger ist aber Christus deswegen unser Heiligmacher, weil er uns zu einem heiligen, das heißt zu einem sittlich einwandfreien, Leben verhilft[590]. In diesem Sinn ist Jesus auch „Sanctus sanctorum", „der Heilige der Heiligen", weil die Heiligkeit der Heiligen von ihm abhängt[591]. So ist seine alles überragende Heiligkeit[592] die Quelle aller Heiligkeit[593].

3.6 Majestät

1. Aus dem Alten Testament war der spätere christologisch gedeutete Gottesnamen „Deus majestatis" (Ps 28,3; Weish 7,26) für unsere Texte einflußreich.
2. Bernhard von Clairvaux spricht oft von der Majestät des Menschgewordenen.

---

[581] G 3, 3,18,1,9-11,80.
[582] HAV 8,87f.,102.
[583] BINNOC 1,276,11; G 3, 3,18,1,9-11,80.
[584] BINNOC 1,276,11; BS 3,127,754,5.
[585] JHLD 118,2,35-43,800f.; MH 1,8,28; G R 5,57f.,130.
[586] HISV 2, 3,7,2,92-94,464.
[587] BVNAT 5,3,198,22-24.
[588] HISV 1, 2,3,12,266f.,141.
[589] GHLD 9,2,53C-D. GHLD 14,3,69D; JHLD 8,4,79-83,81; HISV 2, 3,2,7,226f.,354; MH 1,1,8.
[590] BVNAT 5,4,198,25-200,1; SP 4,358,15f.; DAG 363,24-26.
[591] BVNAT 5,4,200,2; 5,6,202,6; GHLD 14,7,73B; GIS Pur 1,1,28f.,308; JHLD 118,2,35-43,800f.; LT 2,3,42,170f.; LTA 2,3,42,203.
[592] JHLD 120,7,172-175,810; LTA 3,2,13,207; DAE 1,10,2,14.
[593] BINNOC 1,276,12f.

2.1 An der Tatsache, daß innerhalb der göttlichen Personen dem Sohn Gottes in unserem Texten nicht in besonderer Weise die Majestät zugeschrieben wird, kann die Auseinandersetzung Bernhards von Clairvaux mit Peter Abaelard schuld sein. Bernhard glaubte, dieser Theologe nehme bei der Dreifaltigkeit „in maiestate modos", „bei der Majestät Unterschiede", das heißt Abstufungen, vor[594]. Innerhalb der Dreifaltigkeit gibt es aber nur eine Majestät[595]. Wer dem Sohn weniger Majestät zugesteht als dem Vater, der begeht eine „iniuria maiestatis", „Majestätsbeleidigung"[596]. Denn „in hac unica et summa maiestate", „in dieser einzigen und höchsten Majestät" Gottes darf man kein Mehr oder Weniger annehmen[597]. Wenn Bernhard aber selbst von einer eigenen Majestät des ewigen Sohnes Gottes gesprochen hätte, hätte dies den Anschein gehabt, der Vorwurf, den er gegen Petrus Abaelard erhebt, treffe auf ihn selbst zu.

2.2 Wenn Bernhard den Abstand zwischen Schöpfer und Geschöpf deutlich machen will, stellt er gern die Majestät Gottes der Nichtigkeit des Geschöpfes gegenüber[598]. Kümmert sich aber dieser Gott als die „maiestas amore praeveniens", „Majestät, die in Liebe zuvorkommt" um das Heil des kleinen Staubkörnchens Mensch, ist dies um so staunenserregender[599]. Genau dies aber geschieht in der Menschwerdung, wo „maiestas tanta de tam longinquo, in locum tam indignum descendere dignaretur", „eine so große Majestät sich würdigen will, von einer solchen Ferne in einen so unwürdigen Ort herabzusteigen"[600]. „Contraxit se maiestas, ut … limo nostro coniungeret." – „Es hat sich die Majestät zusammengezogen, um … sich mit unserem Staub zu verbinden."[601] Dies ist notwendig, wenn „maiestas et infirmitas", „die Majestät und die Schwäche" geeint werden sollen[602]. Wie soll aber das Zusammenziehen der Majestät Gottes aussehen? Der Sohn besitzt das gleiche „praerogativa maiestatis", „Anrecht auf Majestät", verzichtet aber auf die Ausübung dieses Rechtes[603]. Bernhard kann sogar mißverständlich von einer Entäußerung der Majestät bei der Menschwerdung sprechen: „Exinanivit maiestate." – „Er entäußerte sich der Majestät."[604] „Abbreviaret se Dominus maiestatis." – „Der Herr der Majestät hat sich kurz gemacht."[605] „Apparuit inter homines modestus Dominus majestatis." – „Bescheiden ist unter den Menschen der Herr der Majestät erschienen."[606] Zu ihm darf man auch Worte der Liebe wie ‚Bräutigam' sagen „absque maiestatis iniuria", „ohne Majestätsbeleidigung"[607].

---

[594] BB 2, 190,1,2,76,19f.
[595] BNAT 5,2,270,17-19.
[596] BB 2, 190,2,4,80,15.
[597] BB 2, 190,2,5,80,17-19.
[598] Vgl. Weiß, Gottesbild 1,370.
[599] BDI 4,13,96,7f.
[600] BADV 1,7,68,16f.
[601] BVNAT 3,8,170,17f.
[602] BVNAT 3,8,170,18f.
[603] BB 2, 462,3,906,18-21.
[604] BNAT 1,2,226,14.
[605] BNAT 1,1,226,1.
[606] BVNAT 4,10,190,24f.
[607] BHLD 2,73,3,9,490,18f.

Trotzdem wäre es verkehrt, anzunehmen, der Menschgewordene hätte keine Majestät mehr. Auch nach der Menschwerdung war es so, daß er „obiectu tamen involucri vivifici corporis ferret praesentiam maiestatis", „unter der Hülle des lebenspendenden Leibes die Gegenwart der Majestät trug"[608]. Auch wenn er sich in den Schoß der Jungfrau einschloß, blieb er „Dominus maiestatis, quem non capit universitas creaturae", „der Herr der Majestät, den das All der Schöpfung nicht faßt"[609]. Es tut seiner Majestät keinen Abbruch, in seinem eigenen Ebenbild zu erscheinen[610]. Am Vorabend des Weihnachtsfestes predigt Bernhard: „Die igitur crastina videbimus maiestatem Dei, sed sane in nobis, non in seipso: utique maiestatem in humilitate." – „Am morgigen Tag werden wir die Majestät Gottes sehen, aber gewiß in uns, nicht in sich selbst, vielmehr die Majestät in der Niedrigkeit."[611] „In uns" meint in unserer menschlichen Natur, nicht „in seipso", das heißt in der göttlichen Natur. So ist die Menschwerdung in ein- und demselben Geschehen, „adventus tantae maiestatis, tantae humilitatis", „die Ankunft einer so großen Majestät, einer so großen Niedrigkeit"[612]. Um die Majestät dieses Herrn in der Niedrigkeit zu sehen, muß man sich vorbereiten[613], wozu das Mühen um Heiligkeit zählt[614]. Der Grund für diese „dignatio maiestatis", „Herablassung der Majestät"[615] liegt in der Liebe Gottes[616].

2.3 Auch wenn in kurzen Augenblicken bei der Namensgebung[617] und bei den Wundertaten[618] die Majestät Jesu aufleuchtet, bleibt sie im Allgemeinen in der Zeit seines irdischen Wirkens verborgen. Am Karfreitag vergreifen sich die Hände der Menschen, welche „sacrilegas", „ruchlos" sind[619], am Herrn der Majestät[620]. Man sieht dann „caesum et consputum Dominum maiestatis", „den Herrn der Majestät geschlagen und bespuckt"[621]. Immer wieder soll der Mensch betrachten, „quanta sustinuit illa maiestas pro inutilibus servis", „wie Großes jene Majestät für die unnützen Knechte auf sich genommen hat"[622]. Schrecklich wäre es, wenn dieses Leiden des Herrn der Majestät am Ende vergeblich wäre[623]. An Ostern wurden die Siegel, mit denen die Ma-

---

[608] BHLD 1, 31,4,9,398,21f.
[609] BASSPT 1,3,530,17-19.
[610] BADV 3,1,86,15-19.
[611] BVNAT 6,6,214,8f. „Humilitas" ist hier nicht wie sonst üblich mit „Demut", sondern, was das lateinische Wort auch bedeuten kann, mit „Niedrigkeit" zu übersetzen.
[612] BADV 3,2,88,1.
[613] BVNAT 6,8,218,1f.
[614] BVNAT 6,8,216,3f.
[615] BVNAT 1,2,132,13.
[616] BHLD 1, 20,2,3,280,11f.
[617] BCIRC 2,2,294,5-7.
[618] BPEPI 2,2,376,16-18.
[619] BPL 3,392,22f.
[620] BHLD 2, 60,1,5,302,22f.
[621] BDI 3,7,84,21f.
[622] BQU 6,2,544,15f.
[623] BNAT 3,6,260,9-11.

jestät des Herrn verschlossen war, geöffnet[624]. Bis heute ist aber die Majestät des Herrn noch nicht überall bekannt geworden[625].

2.4 Am Ende der Zeit wird auch die Erde erfüllt „maiestate Domini", „von der Majestät des Herrn"[626]. Beim Gericht wird sich Jesus als Herr der Majestät erweisen, auf dessen Ankunft man sich durch Mühen in der Beobachtung der Gebote Gottes vorbereiten soll[627]. Wer dann die Majestät des Herrn schauen will, muß jetzt heilig leben[628]. Wachsam müssen wir ständig sein, weil wir einst dem Herrn der Majestät vorgestellt werden sollen[629]. Wer so wachend lebt, braucht vor ihm keine Angst zu haben, vor dessen Majestät man eigentlich zittern müßte[630]. Denn der Herr ist „in regia maiestate, „bei der königlichen Majestät" doch voll Güte[631]. Bei seiner Wiederkunft erfüllt sich die Sehnsucht der Menschen in der „visio maiestatis", „in der Schau der Majestät"[632]. Weil Maria so demütig war, richtet sie am Ende der Zeit ihr Haupt auf „usque ad Dominum maiestatis", „bis zum Herrn der Majestät"[633].

2.5 Zusammenfassend läßt sich sagen: Bernhard unterscheidet nicht immer klar zwischen der eigentlichen Majestät, die Jesus Christus auch in seiner Erniedrigung behält, und der für uns erfahrbaren Majestät, die in der Entäußerung und dem Leiden des Menschgewordenen verborgen ist. Deswegen bleiben die Aussagen über das Zusammenziehen und Verkürzen der Majestät in einer gewissen Schwebe, weil man nicht weiß, an welche Art von Majestät Bernhard denkt.

3. Wesentlich seltener spricht Wilhelm von St. Thierry von der Majestät im christologischen Kontext. Ähnlich wie sein Freund Bernhard von Clairvaux macht er den Unterschied zwischen Gott und den Menschen an dem Begriff „majestas" deutlich. In seiner „inscrutabilis majestas", „unerforschlichen Majestät" ist Gott mit den Geschöpfen nicht vergleichbar genauso wenig, wie er in der Demut, mit der er Mensch wird, mit uns zu vergleichen ist[634]. Die Majestät besitzt auch der Menschgewordene. Selbst in dem bis zum Tod erniedrigten Gottessohn[635] kann man die Majestät schauen[636], auch wenn sie durch den Schleier der Sterblichkeit verhüllt ist[637]. In seiner Verklärung fällt für kurze Zeit dieser Schleier und es erscheint die Majestät des Herrn[638]. Wie die Brüder

---

[624] BPASC 1,12,248,4-8.
[625] BINOV 2,2,686,2-4.
[626] BINOV 2,2,686,1.
[627] BADV 3,7,98,12-14.
[628] BVNAT 5,3,196,20f.
[629] BD 25,8,406,19f.
[630] BHLD 1, 28,4,10,446,19-21.
[631] BHLD 2, 42,7,10,92,28f.
[632] BVNAT 5,7,204,12f.
[633] BADV 2,4,82,18f.
[634] WHLD 1,9,112,246; MH 3,15,214.
[635] WE 2,273,3,362.
[636] WE 2,274,4f.,362.
[637] WE 2,275,3f.,364.
[638] WE prol 12,3f.,150.

des ägyptischen Josef haben sich die Menschen an ihrem Bruder, dem Herrn der Majestät, vergangen, als sie ihn dem Tod auslieferten[639].

4.   Aelred von Rievaulx bekennt mit der Präfation vom Fest der Heiligen Dreifaltigkeit, daß bei ihr „in majestate adoretur aequalitas", „bei der Majestät die Gleichheit angebetet wird"[640], das heißt, daß der ewige Sohn die gleiche Majestät wie der Vater und der Heilige Geist besitzt. Im Allgemeinen spricht er aber eher von der Majestät des Menschgewordenen. Seine Majestät ist auch dann zitternd zu verehren, wenn er als Kind in Windeln eingewickelt in einer Krippe liegt[641]. Aelred erzählt die Legende, nach der das Jesuskind auf der Flucht nach Ägypten in die Hände von Räubern fällt[642]. Doch der Sohn des Hauptmanns der Bande umarmt es voll Liebe[643]. „Tanta ei in eius speciosissimo uultu splendoris maiestas apparuit." – „Eine so gewaltige Majestät des Glanzes ist ihm auf seinem schönsten Gesicht erschienen."[644] Dieser Räuber hängt dreißig Jahre später neben Christus als rechter Schächer am Kreuz und erkennt die gleiche Majestät in dessen Gesicht[645]. In der Passionsfrömmigkeit soll sich mit ihm der Beter mit dem Leiden Jesu identifizieren und wird im Blick auf dem Gekreuzigten zum „maiestatis adorator", „Anbeter (seiner) Majestät"[646].

5.   Auch Isaak von Stella interessiert sich vor allem für die Majestät des menschgewordenen Sohnes Gottes. In seiner göttlichen Natur verliert er durch seine Erniedrigung nichts: „Quo ergo vadit, iam est; et unde redit, minime deest. Sed haec maiestatis, et divinae naturae." – „Wohin er geht, dort ist er schon, wohin er zurückkehrt, hat er keineswegs gefehlt. Aber dies betrifft die Majestät und die göttliche Natur."[647] Weil seine Majestät ihn nicht verlassen hat, konnte sie der vom Aussatz geheilte Samaritan in ihm anbeten[648]. Als Auferstandener zeigt sich seine Majestät wieder offen: Er besitzt „faciem maiestatis", „das Gesicht der Majestät"[649]. Diese „immensam maiestatem", „unermeßliche Majestät" hätte selbst seine Mutter Maria nicht schauen können, wenn seine Güte den Glanz nicht abgemildert hätte[650]. In unserer eigenen Auferstehung erhalten wir die Freude „in tanta et de tanta maiestate potentiae", „an einer und über eine so große Majestät der Macht"[651].

6.   Gilbert von Hoyland leugnet ausdrücklich eine Verringerung der Majestät des Sohnes Gottes bei seiner Erniedrigung. Die Majestät, welche Jesus mit Dornen gekrönt

[639] WR 6,651D.
[640] ARA 2,16,210-212,712.
[641] ARSC 2,23,68,1251-1255,98.
[642] ARI 30,934f.,664.
[643] ARI 30,939f.,664.
[644] ARI 30,937f.,664.
[645] ARI 30,942-949,664.
[646] ARI 31,1172-1175,671.
[647] IS 13,1,10-12,260.
[648] IS 11,4,34-37,238.
[649] IS 52,4,38,224.
[650] IS 52,4,38-42,224.
[651] IS 24,8,64f.,104.

im Bett des Kreuzes besitzt, ist keineswegs geringer als diejenige bei der Verklärung, obwohl wir sie dort stärker spüren[652].

7. Balduin von Canterbury weiß dagegen um die „profunditas ejus exinanitio unigeniti Filii Dei et inclinatio tantae majestatis de sinu Patris usque ad opprobrium crucis", „Tiefe seiner Entäußerung als eingeborener Sohn Gottes und die Herablassung einer so großen Majestät vom Schoß des Vaters bis zur Schmach des Kreuzes"[653].

8. Besonders oft spricht Johannes von Ford von der Majestät Jesu. Nur einmal wird er in Beziehung zu seinem Vater „splendor et imago diuinae maiestatis", „Glanz und Bild der göttlichen Majestät" genannt"[654].

8.1 Die Liebe Gottes bewirkt eine „maiestatis dignatio", „Herablassung der Majestät"[655]. In der Annahme der menschlichen Natur durch den Sohn besteht diese Herablassung[656]. Die „tantae maiestatis humilitas", „Niedrigkeit einer so großen Majestät" braucht den Menschen aber nicht zu verwirren[657]. Sie geschah ja nicht aus Notwendigkeit, sondern aus Liebe zu uns[658]. Als Menschgewordener besitzt der Sohn weiter die von den Propheten vorhergesagte königliche Majestät[659], und der Schoß Mariens ist „tantae baiulus maiestatis", „die Stütze einer so großen Majestät"[660].

8.2 Im Leben Jesu stellt Johannes dann das Paradox dar, in dem derjenige, der solche Majestät besitzt, so Niedriges tut oder erleidet. Schon seine Geburt im Stall und das Liegen in der Krippe geschieht in Umständen, die „tantae pulchritudinis majestate indigna", „einer Majestät von so großer Schönheit unwürdig" sind[661]. In seinem öffentlichen Wirken hat er gerade in seiner Majestät sich der fünf Nöte der Menschheit, nämlich Hunger, Durst, Nacktheit, Heimatlosigkeit und Schwäche des Fleisches, angenommen[662], über die Sünden Israels geweint[663] und sich zur Speise der Menschen gemacht[664]. Daß er am Kreuz stirbt, geschieht aus „spontanea oboedientia tantae maiestatis", „freiwilligem Gehorsam einer so großen Majestät gegenüber"[665]. Doch das ist nicht das Ende. Der „humilitatio carnis Verbi", „fleischlichen Erniedrigung des Wortes", in welcher die Hinneigung zu uns Menschen bestand, entspricht „exaltatio maiestatis humilitatis … ad alta promotio", „die Erhöhung der niedrigen Majestät … zu

---

652 GHLD 2,7,21D.
653 BT 13,536C.
654 JHLD 104,3,39f.,704.
655 JHLD 13,2,42-47,117.
656 JHLD 8,9,286f.,87.
657 JHLD 31,5,132-135,247.
658 JHLD 83,7,144-147,572.
659 JHLD 67,4,44f.,467.
660 JHLD 70,3,63,490.
661 JHLD 4,2,70-73,56.
662 JHLD 9,2,82-87.
663 JHLD 32,1,43-45,251.
664 JHLD 88,7,167-170,602f.
665 JHLD 10,5,148-150,98.

(unserer) hohen Erhebung"[666]. Dann wird jedes Auge ihn auf dem Thron der Majestät sehen[667]. Er sitzt dann wieder zur Rechten der Majestät[668].

Obwohl Johannes immer wieder das Paradox beschreibt, in dem sich Gottes Sohn als Herr der Majestät in der Menschwerdung erniedrigt und am Kreuz stirbt, wagt er keine Aussage über eine Verringerung dieser Majestät.

9. Noch stärker betrachtet Hugo von St. Viktor die Majestät Christi im Schema der christologischen Zweinaturenlehre. Auch er reflektiert fast nur über die Majestät des menschgewordenen Sohnes Gottes. Daß der Mensch Gott in der niedrigen Schöpfung sucht und damit wagt, sich „divinae majestate aptare", „der göttlichen Majestät anzugleichen", kann nur geschehen, weil der Sohn Gottes sich so sehr herabgelassen hat, daß er einem Wurm gleicht (vgl. Ps 21,7)[669]. Wenn Hugo aber diese Herablassung beschreibt, betont er stark, daß der Sohn Gottes nichts verliert: „Ad ima venit et summa non deseruit, qui sursum est et deorsum, sursum majestate, deorsum compassione." – „Er kam in die Tiefe und verließ die Höhe nicht, der oben und unten ist, oben durch seine Majestät, unten durch sein Mitleiden."[670] Er „secundum formam susceptae humanitatis minor patre est, et ipse hoc Patri per obedientiam subjicit, quod ipse a Patre per aequalitatem majestatis non accepit", „ist gemäß der Gestalt der angenommenen Menschheit geringer als der Vater und hat das dem Vater durch Gehorsam unterworfen, was er selbst vom Vater durch die Gleichheit der Majestät nicht empfangen hat"[671]. Deutlich steht hier die angenommene Menschheit der Majestät der Gottheit gegenüber. Hugo führt auch einen Grund an, warum der Sohn in der Menschwerdung nicht seine Majestät zeigt: „Quia sequi ipsum non potuimus in suae majestate, praecessit nos in nostra humilitate." – „Weil wir ihm nicht in seiner Majestät folgen konnten, ging er uns in unserer Niedrigkeit voran."[672]

10. Richard von St. Viktor geht an einer Stelle seines Dreifaltigkeitstraktates auch auf das innertrinitarische Verhältnis der Personen zur Majestät ein. Die Existenz des Heiligen Geistes entspringt aus der Liebe, die keine Eifersucht kennt und die deswegen den Dritten in der Liebe wünscht[673]. Beim Sohn aber war es anders: „Communio itaque majestatis fuit, ut sic dicam, causa originalis unius." – „Das Anteil-Geben-Wollen an der Majestät war sozusagen die Ursprungsursache des einen (= des Sohnes)."[674] Das „ut sic dicam", „sozusagen" ist eine Absicherung, damit man diese Aussage nicht in dem Sinn nimmt, daß die „in majestate aequalitas", „Gleichheit in der Majestät" der drei Personen nicht mehr gewahrt wird[675].

---

[666] JHLD 25,6,116f.,211.
[667] JHLD 27,4,116-119,224.
[668] JHLD 73,9,226,512.
[669] HH 3,986D.
[670] HAN 2,7,640D.
[671] HAN 1,4,633A-B.
[672] HE 10,181C.
[673] RVTR 3,13,198.
[674] RVTR 6,6,388.
[675] RVTR 3,8,184.

Wenn die Stimme der göttlichen Majestät erklingt, gerät das Herz des Menschen in Schrecken[676]. Diejenigen, die hoch hinauswollen, müssen sich beim Anblick seiner Majestät schämen[677]. Bei den Stolzen ist dies der Fall: „Facit hoc Dominus terrore suae majestatis, sed dilectus hoc facit exemplo suae humilitatis." – „Dies tut er als Herr durch den Schrecken der Majestät, als Geliebter tut er dies aber durch das Beispiel seiner Demut."[678] Denn die Liebe kann auch etwas bewegen. Im Anblick der Demut des Sohnes Gottes wird der Stolze auch verwirrt, „cum videat Dominum majestatis formam servi accipere, legem implere, hominibus obedire, improperia hominum, crucis probra patienter sustinere", „da er sieht, wie der Herr der Majestät die Gestalt des Knechtes annimmt, das Gesetz erfüllt, den Menschen gehorsam ist und die Schmach der Menschen und die Schande des Kreuzes erduldet"[679].

11. Hildegard von Bingen spricht sehr oft von der Majestät Gottes, auch im christologischen Kontext.

11.1 Sie beschäftigt sich mit der Majestät Gottes im bezug auf die Heilige Dreifaltigkeit: Die drei Personen „in maiestate duinitatis inseparabiles sunt", „sind in der Majestät der Gottheit untrennbar"[680]. Sie besitzen nur eine Kraft der Majestät[681]. In ihnen ist nur ein Gott, „unus in una et integra diuinitate maiestatis", „einer in einer und unversehrten Gottheit der Majestät"[682]. Deswegen wirkt auch der Sohn in der gleichen Majestät, welche der Vater besitzt[683]. In der Majestät, die er mit dem Vater teilt, überragt er auch alle Menschen[684].

11.2 Wenn Hildegard von der Menschwerdung des Sohnes Gottes spricht, denkt sie zunächst an die Majestät Gottes, welche diese bewirkt hat. Sie stellt das „secretum supernae et gloriosae maiestatis", „Geheimnis der hohen und glorreichen Majestät" dar[685]. Die Macht der Majestät Gottes kann auch bewirken, daß der Sohn Gottes in einer Jungfrau Mensch wird[686]. Auch die Armut der Mutter des Herrn ist durch die Majestät Gottes angeregt[687]. So spricht Hildegard öfter von der Majestät Gottes, welche die Ursache der Menschwerdung ist.

Doch sie kann auch von der Majestät des Menschgewordenen sprechen. Er wird mit einem Löwen verglichen, weil „in maiestate diuinitatis humanitas saluatoris est", „die Menschheit des Erlösers in der Majestät der Gottheit ist"[688].

---

[676] RVPS 28,389C.
[677] RVPS 28,299A.
[678] Ebenda.
[679] RVPS 28,299B.
[680] HISV 1,2,2,2,50f.,125; vgl. HISV 1,2,2,7,178f.,130.
[681] HISV 2,3,6,26,588f.,449.
[682] HISV 1,2,2,2,54f.,125.
[683] HISV 2,3,1,9,385-390,338.
[684] HISV 2,3,4,4,171-175,393.
[685] HISV 2,3,8,12,584-586,494.
[686] Ebenda.
[687] HISV 2,3,1 vis,122-124,330.
[688] HIM 2,52,1080f.,102f.

12. Elisabeth von Schönau nennt Christus einmal „dominus maiestatis, unigentius altissimi, rex divinorum exercituum", „Herr der Majestät, Eingeborener des Allerhöchsten, König der himmlischen Heere"[689]. Alle anderen Stellen, in denen die Majestät erwähnt wird, ordnen sie entweder Gott allgemein oder speziell Gott Vater zu[690].

13. Ida von Nijvel betont sehr die Würde, „qua Dominus maiestatis de Virgine nasci dignatus est", „in welcher der Herr der Majestät sich würdigte, von einer Jungfrau geboren zu werden"[691]. Sie staunt auch über die unermeßliche Liebe, durch welche „coactus Dominus maiestatis dignatus est se manibus tradere nocentium & crucis subire tormentis", „der Herr der Majestät sich gnädig zwingen ließ, sich in die Hände der Schuldigen zu übergeben und die Pein des Kreuzes auf sich zu nehmen"[692].

14. In der Vita der Beatrijs von Nazareth heißt es, daß die einzelnen göttlichen Personen und damit auch der Sohn Gottes „in vna eternitatis maiestatis essentia", „in einer Wesenheit der ewigen Majestät" existieren"[693].

15. In einem etwas andern akzentuierten Kontext begegnet uns im christologischen Zusammenhang in der Vita der Juliane von Cornillon das Wort „maiestas". Dabei werden die Begebenheiten der Kindheit Jesu und seines Leidens aufgezählt und dann festgestellt: „Ad omnem siquidem dispensationem, quam illa singularis majestas exhibuit in carne affectuosissima erat." – „Bei jeder Hingabe, welche jene einzigartige Majestät im Fleisch gewährt hat, war sie (Juliane) ganz voll liebendem Gefühl."[694] Juliane glaubt von Jesus den Auftrag erhalten zu haben, das Fronleichnamsfest in der Kirche zu verbreiten. Diejenigen, die sich gegen die Einführung dieses Festes wehren, beleidigen das Wort der Majestät[695].

16. David von Augsburg sieht auch im leidenden Jesus die Majestät Gottes. Judas hat ja „Dominum Maiestatis vendidit", „den Herrn der Majestät verkauft"[696].

17. Etwas häufiger benutzt man in Helfta das Wort „Majestät". Mechthild von Hakkeborn weiß nicht, was sie tun soll, „cum Dominus majestatis … veniret", „wenn (Jesus), der Herr der Majestät, … käme"[697]. Die Liebe läßt den Sohn Gott sich „cum sua infinita majestate ad omnem nostram miseriam", „mit seiner unendlichen Majestät zu unserem ganzen Elend" neigen[698]. Es ist der Abgrund der Demut, „altitudinem divninae majestatis inclinans", „welche die Höhe der göttlichen Majestät neigt" zu uns Menschen[699]. Sie beugt sich ja von der Höhe des Himmels[700]. Schon im Jesuskind verbirgt

---

[689] ESI 14,107.
[690] Vgl. Weiß, Gottesbild 1,385-387.
[691] IN 21,250.
[692] IN 28,274.
[693] BN 3,7,217,93f.,140.
[694] JC 1,4,18,448.
[695] JC 2,6,29,467.
[696] DAE 2,2,44,2,137.
[697] MH 1,1,7.
[698] MH 3,24,227.
[699] MH 3,42,245.
[700] MH 3,30,234.

sich die Majestät[701]. Um das Geheimnis zu erklären, wie Jesus ganz auf dem Altar in den Händen des Priesters und zugleich ganz bei Mechthild ist, erscheint er „residens coram ea in solio majestatis", „vor ihr sitzend auf dem Thron der Majestät"[702].

18. Besonders oft verwendet Gertrud die Große den Ausdruck „Majestät".

18.1 In der ganzen Zeit seit Erschaffung der Welt und besonders in der Erlösung kommt eher die Weisheit seiner Güte als die Majestät Gottes zum Wirken[703]. In der Menschwerdung ereignet sich ja die „exinanitio tuae maiestatis", „Entäußerung Deiner Majestät", welche den Menschen die Schätze des ewigen Erbes öffnet[704]. Weiter opfert Jesus sein Herz der Majestät Gottes auf[705].

18.2 Jetzt aber ist Jesus als Verklärter wieder in der vollen Majestät. Am Weihnachtsfest erscheint der Sohn Gottes „in imperiali suo solio divinae majestatis", „auf seinem kaiserlichen Thron der göttlichen Majestät"[706]. In gleicher Weise ist er zu Beginn einer Messe anwesend[707]. Im Himmel herrscht er „in gloria divinae majestatis suae", „in der Herrlichkeit der göttlichen Majestät"[708].

19. Agnes Blannbekin kommt bei einer Ekstase in den Sinn „illa dignatio salvatoris, quod tanta unione unire dignatus est limum nostrum in incarnatione", „jene Herablassung des Erlösers, daß er sich bei der Menschwerdung gewürdigt hat, sich in einer so großen Einheit mit unserem Lehm zu vereinen"[709]. Nicht weniger Bewunderung aber verdient, daß sich die gleiche Majestät bei der „unio mystica" mit den sterblichen Menschen verbindet[710].

20. Zusammenfassend läßt sich über die Majestät des Sohnes Gottes sagen: Innertrinitarisch besitzt Gott nur eine Majestät[711]. Bei der Zuweisung je einer eigenen Majestät an die einzelnen Personen bestünde die Gefahr einer Abstufung dieser Eigenschaft[712], was eine Majestätsbeleidigung Gottes wäre[713]. Wenn man trotzdem eine Zuschreibung vornimmt, dann spricht man eher von der Majestät des Vaters als von derjenigen des Sohnes[714]. Immer wieder wird in unseren Texten von dem Abstand gesprochen, den die göttliche Majestät überwinden muß[715], wenn sie sich den Menschen zuneigt[716] und

---

[701] MH 3,28,232.

[702] MH 5,22,353.

[703] G 2,2,17,1,16-18,300.

[704] G R 6,377f.,184.

[705] G 4,4,17,1,25-28,184-186.

[706] G 4,4,3,1,9-11,48.

[707] G 5,5,37,1,23f.,286; vgl. G 2,2,19,1,13-15,304.

[708] G 4,4,2,8,13,34.

[709] AB 151,5-8,326.

[710] AB 151,14-19,326.

[711] BNAT 5,2,270,17-19; ARA 2,16,210-212,712; HAN 1,4,633A-B; HISV 1,2,2,2,50f.54f.,125; 2,3,6,26,588f.,449; BN 3,7,217,93f.,140.

[712] BB 2,190,2,4,80,17-19.

[713] BB 2,190,2,4,80,15.

[714] RVTR 6,6,388.

[715] WHLD 1,9,112,246.

[716] BDI 4,13,96,7f.; MH 3,24,227; 3,30,234; 3,42,245.

Mensch wird[717]. Göttliche Majestät und menschliche Niedrigkeit scheinen Gegensätze zu sein[718]. Um diese zu überwinden, bedarf es der Herablassung der Majestät[719]. Nur die göttliche Majestät konnte die Menschwerdung bewirken[720]. In den Texten kann man ein Schwanken bei der Beantwortung der Frage feststellen, was bei der göttlichen Majestät in der Menschwerdung geschieht. Manchmal scheint die Majestät der göttlichen Natur von der Menschwerdung gar nicht betroffen zu sein[721]. An einigen Stellen besitzt auch die Menschheit Jesu die Majestät[722]. Selbst das Jesuskind in der Krippe[723] und Jesus im Leiden und Sterben hat diese Eigenschaft[724], die der Mensch dann auch wahrnehmen kann[725]. Deswegen vergreifen sich die Gegner Jesu auch an seiner Majestät[726], wenn sie den Herrn der Majestät schlagen und verspotten[727].

Man spricht aber auch davon, daß die Majestät Gottes in der Menschwerdung sich verhüllt[728], abmildert[729], auf ihr Recht verzichtet[730], sich verkürzt[731], eingrenzt[732], zusammenzieht[733] und entäußert[734]. Sie zeigt sich nur in unserer Schwachheit[735]. Der Herr der Majestät erscheint bescheiden[736]. Im irdischen Leben offenbart sich das Majestätsvolle Jesu nur in kurzen Augenblicken[737]. Für die Menschen ist diese Eigenschaft beim irdischen Jesus nicht einfach hin erfahrbar. Sie kann nur erkannt werden, wenn der Mensch sich um Heiligkeit bemüht[738]. Auf jeden Fall aber ist der Auferstandene[739], der im Himmel Verklärte[740] und der Wiederkommende[741] im vollen Besitz der

---

[717] BADV 1,7,68,16f.; BVNAT 3,8,170,18f.

[718] BADV 3,2,88,1; JHLD 4,2,70-73,56; 9,2,82-87,90; 31,5,132-135,247; HE 10,181C.

[719] BVNAT 1,2,132,13; JHLD 8,9,286f.,87; 13,2,4247,117; HH 3,986D; AB 151,5-8,326.

[720] HISV 2,3,8,12,584-586,494.

[721] IS 11,4,34-37,238; 13,1,10-12,260.

[722] JHLD 67,4,44f.,467; HIM 2,52,1080f.,102f.

[723] ARSC 2,23,68,1251-1255,98; ARI 30,937f.,664; MH 3,28,232.

[724] BQH 6,2,544,15f.; WE 2,273,3,362; 3,274,4f.,362; ARI 30,942-949,664; 31,1172-1175,671; RVPS 28,299B; IN 28,274; DAE 2,2,44,2,137.

[725] WE 2,274,4f.,362.

[726] BHLD 2,60,1,5,302,22f.; WR 6,651D.

[727] BDI 3,7,84,21f.

[728] BHLD 1,31,4,9,398,21f.; WE 2,275,3f.,364; 3,275,3f.,364.

[729] IS 52,4,38-42,224.

[730] BB 2,462,3,906,18-21.

[731] BNAT 1,1,226,1.

[732] BINOV 2,2,486,2-4.

[733] BVNAT 3,8,170,17f.

[734] BNAT 1,2,226,14; BT 13,536C; G R 6,377f.,184.

[735] BVNAT 6,6,214,8f.

[736] BVNAT 4,10,190,24f.

[737] BCIRC 2,2,294,5-7; BPEPI 2,2,376,16-18.

[738] BVNAT 6,8,216,3f.; 6,8,218,1f.

[739] BPASC 1,12,248,4-8; IS 52,4,38,224; JHLD 25,6,116f.,211.

[740] BINOV 2,2,686,1; WE prol 12,3f.,150; JHLD 27,4,116-119,224; 73,9,226,512; G 4,4,2,8,13,34; 4,3,1,9-11,48; 5,5,37,1,23f.,286;

[741] BADV 3,7,98,12-14; BVNAT 5,7,204,12f.; BINOV 2,2,686,1.

Majestät. Manchmal wird von der Majestät Jesu nur gesprochen, um seine Größe und Hoheit zu betonen[742].

4. Herrschertitel[743]

4.1 König

1. Im Alten Testament überwiegt die königliche Messiasvorstellung. Der Sohn Davids, der selbst ein König ist, wird der kommende Messias sein. Diese Vorstellung wird im Neuen Testament aufgegriffen, wenn vom nahegekommenen Königreich Gottes und Jesus, dem königlichen Sohn Davids, die Rede ist. Im Gerichtsverfahren und beim Sterben Jesu spielt der Titel „König der Juden" eine Rolle (Mt 27,11.29.37; Mk 15,2.18.26; Lk 23,3.27.38; Joh 18,33.37; 19,3.21). Folgende biblische Gottestitel werden oft in unseren Texten auf Christus übertragen: „Rex gloriae" (Ps 23,7-10)[744] und „rex regum" (Dan 2,37; 1 Tim 6,15; Offb 17,14; 19,16). In der Alten Kirche ist seit Origenes der Namen „König" für Jesus beliebt[745].

2. Jean von Fécamp gebraucht oft den Titel „König" für Christus. Er ist „rex meus magnus", „mein großer König"[746], „Rex ... in aeternum", „König ... in Ewigkeit"[747], „rex noster", „unser König", der uns in seiner Menschwerdung ähnlich geworden ist[748], „rex regum", „König der Könige" inmitten der Seligen[749], ohne den man nichts tun kann[750] und „caput et rex superborum", „Haupt und König der Oberen", das heißt der himmlischen Bürger[751]. Angesichts seiner Gegenwart in den eucharistischen Gestalten bittet Jean den „rex pius", „den gütigen König" um die Gaben der Tränen[752]. Zu ihm sagt er: „Tibi regi meo ego seruus tuus seruiam", „Dir, meinem König, möchte ich, Dein Knecht, dienen"[753] und Liebeslieder singen[754]. „Ad laudem et gloriam aeterni regis", „Zum Lob und zur Herrlichkeit des ewigen Königs" werden Lieder gesungen[755]. In beiden geistlichen Ständen, nämlich dem aktiven und kontemplativen Leben,

---

[742] ESI 14,107; MH 5,22,353.
[743] Für die verschiedenen Herrschertitel für Christus in der Mystik des Spätmittelalters Egerding 2,39-46.
[744] Das häufige Vorkommen in unseren Texten kann auch daher kommen, daß im Offertorium der Totenmesse, welche in den Klosterkonventen oft gefeiert wurde, von Jesus Christus als vom „Rex gloriae" gesungen wird.
[745] Für Origenes vgl. Sieben, Nomina 164; für die Kirchweihsynode von Antiochien (341) vgl. ebenda 178; für Athanasius von Alexandrien vgl. ebenda 180; für Gregor von Nazianz vgl. ebenda 187. Im Mittelhochdeutschen gehört das Wort „kunec" zu der dritten Häufigkeitsgruppe; vgl. Singer 45.
[746] JFC 3,2,10,142; vgl. JFC 1,1,11,110.
[747] JFC 3,7,197,149.
[748] JFC 2,6,212-214,128.
[749] JFC 3,14,468,157.
[750] JFC 3,31,1151-1153,178.
[751] JFC 3,32,1162,179.
[752] JFC 3,28,998f.,173.
[753] JFC 3,19,639f.,162; vgl. JFPP 1,229.
[754] JFC 3,25,866f.,169.
[755] JFC 3,13,446-449,156.

ist der Christ ausgerichtet „ad imperium regis", „auf die Herrschaft des Königs"[756]. Der Verklärte sitzt als König neben der Rechten der Majestät des Vaters[757].

Es fällt auf, daß Jean, sieht man von seinen Hymnen ab, den Titel „König" nur selten für die Dreifaltigkeit oder den Vater und den Heiligen Geist gebraucht. Er ist einer seiner Lieblingstitel für Jesus Christus.

3. Mit den Hoheliedpredigten des Bernhard von Clairvaux erhält der Königstitel für Christus einem besonderen Akzent. Für Bernhard ist in diesem Lied der Bräutigam Christus und die Braut weitgehend die Seele. Mit dieser Deutung übernimmt der Abt auch die Königstravestie dieses alttestamentlichen Buches: Wenn der Bräutigam Christus ist, legt sich für ihn der Name „König" nahe.

3.1 „Cernere est Regem post diurnas forensium quasi lites causarum, dimissis a se turbis, curarum molestias declinatem, petentem de nocte diversorium, cubiculum introeuntem cum paucis, quos hoc secreto et hac familaritate dignatur." – „Zu sehen ist der König, wie er gleichsam nach den täglichen Gerichtssitzungen über Streitfälle die Massen von sich entläßt, die Lasten der Sorgen ablegt, den nächtlichen Ruheplatz aufsucht und das Schlafgemach mit wenigen betritt, die er dieses Geheimnisses und dieser Vertraulichkeit für würdig hält."[758] Diese wenigen sind die Menschen, welche in Ekstasen die „unio mystica" erleben[759]. Man spürt, daß in dieser Art Brautmystik alles Furchterregende von dem Titel „König" weggefallen ist. König wird der Bräutigam nur noch genannt, damit die Braut das Geschenk der Zuneigung eines so Großen zu schätzen lernt.

3.2 Dieser König kommt auf die Erde. Maria hatte sich mit solcher Demut geschmückt, „ut et Regis animum in sui concupiscentiam inclinaret", „damit sie auch den Geist des Königs im Verlangen nach ihr beugt"[760]. Bernhard macht darauf aufmerksam, daß in der Menschwerdung nicht irgendwer, sondern der große König zu uns kommt; eigentlich müßten die Menschen alles andere beiseite lassen und nur noch ihm dienen[761]. „Dominus virtutum et rex gloriae, ipse descendet ad reformanda corpora nostra et configuranda corpori claritatis suae." – „Der Herr der Mächte und der König der Herrlichkeit, er selbst steigt herab, um unsere Leiber zu erneuern und gleich zu gestalten dem Leib seiner Klarheit."[762] Deswegen können die drei Weisen aus dem Morgenland in ihren Gaben das Jesuskind als Mensch, Gott und König verehren[763]. Und doch braucht der Mensch nicht zu fürchten, er müsse es „cum gloria Rex gloriae", „mit Herrlichkeit den König der Herrlichkeit" aufnehmen. Er braucht für ihn keinen prächtigen Palast zu bauen, den er schon im Himmel besitzt[764]. Vielmehr soll er sein armseliges Gemach

---

[756] JFM 11,128f.,210.
[757] JFC 3,16,514f.,158.
[758] BHLD 1, 23,6,16,346,21-24.
[759] BHLD 1, 23,6,16,346,26.
[760] BLVM 2,2,50,11f.
[761] BADV 3,2,88,4-7.
[762] BADV 6,5,124,12f.
[763] BVEPI 6,102,29f.
[764] BVNAT 1,5,138,8-11.

mit Demut und Armut schmücken; bei der irdischen Geburt hatte der König ja Gefallen an den Windeln[765]. Wir sollen uns aber nicht nur um unseren König, sondern auch um unsere Mitbürger und Kampfgenossen auf Erden, die Mitmenschen, kümmern[766]. Tiefer wird das Geheimnis der Menschwerdung an folgender Stelle ausgedrückt: „In te sola Rex ille dives et praedives exinanitus." – „In Dir (= Maria) allein hat sich jener reiche, ja überreiche König entäußert."[767] Den König begleiten Barmherzigkeit und Wahrheit, die sich in ihm versöhnt haben[768]. Er will uns dienen: „Rex angelorum venit non ministrari, sed ministrare et animam suam dare pro multis (vgl. Mt 20,28). – „Der König der Engel ist gekommen, nicht um sich bedienen zu lassen, sondern um zu dienen und sein Leben für viele hinzugeben."[769]

3.3 Der Königstitel wird für Christus auch gebraucht, um seinen siegreichen Kampf mit dem Teufel auszudrücken. Es standen sich gegenüber der „Rex Ierusalem Christus Dominus", „König von Jerusalem, Christus, der Herr" und der „rex Babylonis Diabolus", „König von Babel, der Teufel"[770]. Scheinbar verliert

Jesus diesen Kampf. Wir sehen ihn „non coronatum gloria, sed peccatorum nostrorum circumdatum spinis ... O Regem! O diadema!", „nicht gekrönt mit Herrlichkeit, sondern umgeben mit den Dornen unserer Sünden ... O König! O Krone!"[771] „Regem gloriae pro despicatissimo vernaculo, imo vermiculo crucifigi." – "Der König der Herrlichkeit läßt sich für einen ganz verachteten Sklaven, ja für einen Wurm kreuzigen."[772]

3.4 Nachdem Christus das Erlöserwerk getan hat, wird er in den Himmel aufgenommen: „Quam formosus in stola tua demum, Rex gloriae, in alta caelorum te recipis!" – „Wie schön in Deinem Gewand ziehst Du Dich, König der Herrlichkeit, schließlich in die Höhen der Himmel zurück!"[773]

3.5 Nur der „Rex Regum et Dominus dominantium", „der König der Könige, der Herr der Herrscher" besitzt mit seinem Sein zugleich auch sein Selig-Sein, woran er den Seligen Anteil gibt[774].

3.6 Bernhard gebraucht den Königstitel für alle Stadien, die Jesus durchläuft, von seiner Menschwerdung bis zu seiner Rückkehr zum Vater.

4. Wilhelm von St. Thierry schreibt, daß man dem Sohn Gottes nach seinen verschiedenen Namen je verschieden begegnen soll: Man bringt „ad Dominum devotam servitutem, ad Salvatorem, quod sonat ‚Jesus', pietatem et amorem, ad ‚Christum regem', obedientiam ac timorem", „zum ‚Herrn' demütigen Dienst, zum ‚Erlöser', welcher

---

[765] BVNAT 1,5,138,16-18.
[766] BVNAT 5,4,200,11-13.
[767] BANN 3,8,150,10.
[768] BANN 1,14,126,8f.
[769] BMICH 1,2,660,4f.
[770] BPA 2,1,818,5f.
[771] BOS 5,9,804,24-806,3.
[772] BD 22,5,368,9f.
[773] BHLD 2, 45,6,9,124,20f.
[774] BHLD 2, 81,2,4,586,8-12.

Name ‚Jesus' bedeutet, Frömmigkeit und Liebe, zu ‚Christus, dem König' Gehorsam
und Furcht"[775]. Hier wird die strenge und ernste Seite im Königstitel herausgestellt.
Ein wenig später wird die erweiterte Reihe der Namen erklärt: „‚Christus', id est ‚unctus' rex, vel sacerdos, regis vel propitiaris." – „‚Christus', das bedeutet ‚Gesalbter' als
König oder Priester; Du regierst ja oder trittst (für uns) ein."[776] Durch das Eintreten als
Priester wird dem Königtum Christi etwas von seiner Strenge genommen. Doch auch
jetzt bleibt noch die ethische Forderung, die dieser Name weckt, bestehen: „Si vis, ut
concupiscat rex Dominus Deus tuus decorum tuum, accendens ad eum, oblivisere populum tuum et domum patris tui." – „Wenn Du willst, daß der König, Dein Herr und
Gott, Deine Zierde begehrt, tritt zu ihm und vergiß Dein Volk und Dein Vaterhaus."[777]
Wilhelm deutet das Vergessen von Volk und Vaterhaus (vgl. Ps 44,11f.) als Verzicht auf
sinnliche Freuden[778]. Je mehr der Titel in den brautmystischen Kontext eingeordnet
wird, einen um so froheren Klang erhält er: „Primo delectat Regem appellare, a quo
regi desiderat." – „Zuerst freut sie (= die Braut) sich, ihn ‚König' zu nennen, von dem
sie sich regieren zu werden sehnt."[779] Dieser Name weckt auch Hoffnung auf eine noch
innigere Beziehung zu Christus[780]. Dann erklärt Wilhelm, wer dieser König und Bräutigam im „sensus historicus", „historischen Sinn" ist. Gemäß mittelalterlicher Exegese
des Hohenliedes ist es „rex Salomon", wobei die damals übliche Etymologie angefügt
wird: Salomo heißt „Rex pacis, pacem habens in regno suo", „König des Friedens, weil
er Frieden in seinem Reich hat"[781]. Im übertragenen Sinn heißt dies, daß der Bräutigam
der Kirche und der Seele der „Rex pacis aeternae Christus", „König des ewigen Friedens, Christus," ist[782].

Man sieht, daß Wilhelm den Namen „König" für Christi vor allem im Kontext der
Brautmystik für Christus gebraucht.

5. Guerricus von Igny benutzt wieder den Königstitel stärker im heilsgeschichtlichen
Rahmen. Zur Mutter des Herrn wurde eine Jungfrau von königlichem Ursprung erwählt, die an Tugenden noch adliger ist[783]. Dies geschah, „ut aeterno Regi Filio Regis
materna quoque nobilitas regium honorem defenderet, et venientem a regali sede Patris regalis etiam thronus in aula virginali reginae susciperet matris", „damit für den
ewigen König, den Sohn des Königs, auch der mütterliche Adel die königliche Ehre
verteidigt und denjenigen, der vom königlichen Sitz des Vaters auch zu einem königlichen Thron kommt, im jungfräulichen Hof der Königin Mutter der königliche Thron
aufnimmt"[784]. Guerricus benutzt in einem Satz siebenmal Wörter aus der Wurzel

---

[775] WHLD 1,1,39,126.
[776] WHLD 1,1,40,126.
[777] WHLD 1,5,66,164.
[778] Ebenda.
[779] WHLD 1,2,44,132.
[780] Ebenda.
[781] WHLD 2, prol 146,306.
[782] WHLD 2 prael 146,308.
[783] GIS Ann 1,3,65-67,112.
[784] GIS Ann 1,3,67-70,112.

„reg", um die hohe Würde des Menschgewordenen auszudrücken. Zugleich wird die Jungfräulichkeit in einen nahen Bezug zu der Würde dieses Königs gebracht. Deswegen erstaunt es auch nicht, wenn Guerricus in derselben Predigt betont, daß die ehelos lebenden Menschen im besonderen Maß „delectant et honorant Regem regum", „den König der Könige erfreuen und ehren"[785]. An Weihnachten wird der von Haus aus armen Kirche die Fülle der Reichtümer und die Größe der Herrlichkeit geschenkt, „quia Filius Dei datus est nobis, Deus gratiae, Dominus virtutum et Rex gloriae", „weil der Sohn Gottes uns gegeben ist, der Gott der Gnade, der Herr der Kräfte und der König der Herrlichkeit"[786]. Es wird deutlich, daß durch die Häufung von Hoheitstiteln die Größe des Neugeborenen hervorgehoben werden soll. Am Fest Epiphanie erinnert Guerricus daran, daß Christus, der König, mit den drei irdischen Königen die erlesene Myrrhe dem Vater am Kreuz darbringt[787]. Bei der Reinigung im Tempel empfangen Simeon und die Witwe Hanna, in denen Guerricus die Reinheit und Frömmigkeit versinnbildlicht, das Jesuskind[788]. Mit diesen beiden Tugenden soll man auch heute den „Christum regem", „König Christus" im Herzen empfangen[789].

6. Oft wendet Johannes von Ford den Königstitel auf Christus an:
Die jungfräuliche Geburt Jesu ist sein königliches Privileg. Johannes schildert, wie Maria mit dem Heiligen Geist für Jesus in ihrem Schoß ein Kleid webt, welches an Glanz alle anderen Kleider übertrifft[790]. „Haec uestis regia, qua solus rex regum in ipso statim initio suo indutus est habente nimirum inscriptione huiscemodi inscriptam: Rex regum et Dominus dominantium, singulare priuilegium etiam carni huic sic nascendi." – „Dies ist das königliche Kleid, das allein der König der Könige sofort in seinem Beginn angezogen hat; es trägt ja folgende Inschrift: ‚König der Könige, Herr der Herren'. Es ist auch ein besonderes Vorrecht dieses Fleisches, so geboren zu werden."[791] Aber gerade dieser König der Herrlichkeit sieht seine Wonne darin, bei den Menschenkindern zu sein (Spr 8,31)[792]. Er besitzt aber auch noch ein anderes Kleid, „mortalitas siquidem nostra, qua rex gloriae usque ad mortem et sepulturam carnis suae indui dignatus est", „unsere Sterblichkeit nämlich, welches der König der Herrlichkeit gnädig bis zum Tod und zum Begräbnis seines Fleisches angezogen hat"[793]. Doch hatte er auch in seinem Leiden die königliche Freiheit. So interpretiert Johannes die Tatsache, daß Jesus am Palmsonntag auf einem Esel ritt, auf dem noch niemand gesessen hatte, folgendermaßen: „Tuo nomini, o Domini Iesu, hoc singulare priuilegium reseruatum est, et tibi, rex gloriae, haec nova et spiritualis gloria cessit." – „Deinem Namen, o Herr Jesus, ist

[785] GIS Ann 1,5,165f,120.
[786] GIS Nat 2,3,91-94,182.
[787] GIS Epi 1,5,134f.,246. Diese Bemerkung weicht von der klassischen Deutung der Gaben ab, nach welcher das Gold auf den König hinweist.
[788] GIS Pur 2,5,147-157,332.
[789] GIS Pur 2,5,159f.,332.
[790] JHLD 8,4,132-137,83.
[791] JHLD 8,4,137-144,83.
[792] JHLD 80,7,192f.,556.
[793] JHLD 92,9,180-182,627.

dieses einzigartige Privileg vorbehalten, und Dir, Du König der Herrlichkeit, fiel diese neue und geistliche Herrlichkeit zu."[794] Dieses Vorrecht besitzt „nemo plane usque ad eum, qui solus fuit inter mortuos liber", „offensichtlich niemand außer ihm, der allein frei unter den Toten war (Ps 87,6)"[795].

Oft wird auch die Macht eines Königs mit Christus in Verbindung gebracht. Alle Herrlichkeit der Christen wird auf Christus, „ad regem gloriae", „auf den König der Herrlichkeit" bezogen[796]. Von „regia Christi maiestate", „der königlichen Majestät Christi" wird schon im Alten Testament gesprochen[797]. „Rex quippe regum Christus Iesus regiam illorum regum potestatem sub se premens", „Der König der Könige, Christus Jesus, der die königliche Macht jener Könige unter sich drückt", wird einmal alle Nationen beherrschen[798]. Wenn Christus als König zum Gericht kommt, dann hat er schon seinen Bogen gespannt, um seine Feinde zu treffen[799]. Dann wird „gloria regis aeterni", „die Herrlichkeit des ewigen Königs" erstrahlen[800]. Auch hier wird der kriegerische Ton des Königstitels durch den Namen Priester abgemildert. So ist der Herr Jesus nach dem Vorbild Melchisedechs „rex pariter et sacerdos, uelut in uno nouo homine pacem faciens, duo quidem, regnum uidelicet et sacerdotium, condit in semeptipsum", „zugleich König und Priester, indem er gleichsam in dem einen neuen Menschen Frieden stiftete und zweierlei, nämlich das Königtum und das Priestertum, in sich selbst schuf"[801].

Deutlich wird, daß Johannes sich der Würde und der Macht, die im Königstitel liegt, bewußt ist.

7. Im Traktat „Speculum virginum" kommt besonders oft der Königstitel für Christus vor. Auch wenn er keinen Kommentar zum Hohelied darstellt, ist er ganz von der durch dieses biblische Buch geprägten Brautmystik durchzogen, in der Christus als König der Bräutigam ist.

7.1 Wenn ein jungfräulich lebender Mensch angefangen hat, die Braut zu sein, soll er sich ständig an diesen König erinnern und ihn für sich gegenwärtig haben[802]. Nach dem Hohelied (Hld 2,16f.) „Christum regem nostram ‚pasci inter lilia, donec aspiraret dies et inclinarentur umbrae'", „‚weide' Christus, unser König, ‚unter Lilien, solange der Tag atmet und die Schatten sich neigen'"[803]. Ihm soll der Lobgesang gehören: „Laudent te caeli caelorum, o Christe rex et creator angelorum et hominum." – „Dich sollen die Himmel der Himmel loben, Christus, König und Schöpfer der Engel und Menschen."[804]

---

[794] JAP 4,115-117,814.
[795] JAP 4,113f.,814.
[796] JHLD 78,10,232,546.
[797] JHLD 67,4,44f.,467.
[798] JHLD 67,4,57-61,467.
[799] JHLD 53,6,161-166,375.
[800] JHLD 67,5,81,468.
[801] JHLD 67,11,228-230,471.
[802] SP 3,226,12f.
[803] SP 5,478,13.
[804] SP 10,840,3f.

7.2 Den Schluß dieses Traktates bildet ein „Epithalamium Christi virginum", „ein Hochzeitslied der Jungfrauen auf Christus". In ihm kommt besonders oft der Königstitel vor: Die Braut betritt das Königreich des Friedens[805], die königliche Stadt[806], an deren Toren Hyazinthen blühen[807], „palatium regis aeterni roseum", „den rosenfarbenen Palast des ewigen Königs"[808], in welchem der König die Hochzeitsgaben bereitet hat[809]. Man staunt dort: „Regum regis o regia, vocatis plena copia!" – „O Königshalle des Königs der Könige voll von der Fülle für die Berufenen!"[810] „Regalis pompa thalami pulchrae", „Die königliche Pracht des schönen Brautgemachs" ist für sie gerichtet[811]. Der „rex optimus", „der beste König" hat gut seine Güter verwaltet[812]. Er ersteigt mit der Braut den Tempel der Königsburg[813]. Gläubig schaut die Braut den Königsthron[814]. In das Allerheiligste ist eingedrungen „regina, rex quam allevat", „die Königin, welche der König emporhebt"[815]. „Regnanti regnum obviat." – „Dem Herrscher des Königreiches geht sie entgegen."[816] Dieser gibt ihr von dem Quell der Gnade zu trinken[817]. Er ist ja „rex omnium, quos gratis salvas, civium", „der König aller Bürger, die Du umsonst errettest"[818], der „rector rerum", „der Lenker der Dinge"[819]. Der „rex saeculorum", „König der Zeiten" erhält den Applaus seiner siegreichen Soldaten[820]. Der ganze Hymnus endet mit dem Wort „rex inclitus", „hochberühmter König", dem das Lob gebührt[821].

Man sieht, wie außer knappen soteriologischen Anklängen der Königstitel nur in der Brautmystik seine Verwendung findet.

8. Nachdem Hugo von St. Viktor in seinem Kommentar zu Kohelet die Größe des Königs als Schöpfer, Leiter und Erhalter der Welt beschrieben hat[822], fragt er sich, wer denn zu einem solchen König gehen und ihm folgen kann[823]. In einer feudalen Ordnung hat nicht jeder Zugang zum König und wurde nicht jeder in sein Gefolge aufgenommen. Die Initiative konnte nicht vom Untertan ausgehen. Ähnlich ist es auch bei Gott: „Non potest homo sequi regem factorem suum, nisi prius visitetur a rege factore

---

[805] SPE 87,1038A.
[806] SPE 67,1034B.
[807] SPE 76,1036A.
[808] SPE 6,1018A.
[809] SPE 7,1018A.
[810] SPE 66,1034A.
[811] SPE 42,1028A.
[812] SPE 97,1040A.
[813] SPE 12,1020A.
[814] SPE 90,1038A.
[815] SPE 9,1020A.
[816] SPE 38,1026A.
[817] SPE 29,1024A.
[818] SPE 63,1032A.
[819] SPE 116,1044A.
[820] SPE 103,1042A.
[821] SPE 129,1048A.
[822] HE 10,180A-B.
[823] HE 10,180D-181A.

suo. Non potest homo ad illum ire; sed ille potest, si voluerit, ad hominem venire. Propter rex, et factor hominis venit ad hominem. Venit ad id quod homo erat, et factus est ipse quod non erat." – „Der Mensch kann nicht seinem König und Schöpfer folgen, wenn er nicht zuerst von seinem König und Schöpfer besucht wird. Nicht kann der Mensch zu ihm gehen, aber dieser, kann, wenn er will, zum Menschen gehen. Deswegen ist der König und Schöpfer des Menschen zum Menschen gekommen. Er ist zu dem gekommen, was der Mensch war, und ist selbst geworden, was er nicht war."[824] In der Überwindung des Abstandes Gottes als König zum Menschen, dem Sünder, sieht Hugo einen Grund zur Menschwerdung. Aber nicht nur bei der Menschwerdung, sondern auch bei seinem Leiden und seiner Verklärung ist Christus König. Die Fahne seines Kreuzes weht im hohen Licht[825]. Zu ihm steigen die vielen Völker auf. „Ipse rex sursum, et invitat nos." – „Er als König ist oben und er lädt uns ein."[826] Nicht nur die Völker, sondern auch die einzelnen Menschen werden im Augenblick des Todes „ad convivium Regis aeterni", „zum Gastmahl des ewigen Königs" gebracht werden[827]. In seinem Buch „Soliloquium de arrha animae" stellt eine längere Passage eine Allegorese des Buches Ester dar, wobei die jüdische Ester auf die Seele und der König auf Christus gedeutet werden[828]. Der Herr als König sucht eine Frau, die ins Brautgemach geführt werden soll[829]. Dazu kam der „Rex, summi regis Filius", „König, der Sohn des höchsten Königs" in die Welt[830]. Die Seele wird mit vielen anderen Frauen zur Stadt des Königs, nämlich der Kirche, gebracht[831]. Der König muß aus den vielen seine Wahl treffen[832]. Die Seele wird ihrerseits alles tun, um dem König zu gefallen: „Praepara te sicut decet sponsam Regis, et sponsam Regis coelestis, sponsam Sponsi immortalis." – „Bereite Dich, wie es sich ziemt für die Braut des Königs, für die Braut des himmlischen Königs, für die Braut des unsterblichen Bräutigams."[833]

9. Richard von St. Viktor geht von der Etymologie des Wortes „rex" aus. „Rex autem a regendo dicitur." – „König wird vom Herrschen abgeleitet."[834] Darin erweist sich Gott als König, daß er die Welt, die von Dämonen beherrscht ist, befreit[835]. Von dieser Vorstellung ist es ein weiter Weg zur Brautmystik. Das Wort „Herrschen" läßt eher an ein Volk als an den Einzelmenschen denken. Der „Rex in aeternum", „König in Ewigkeit" besitzt ein besonderes Volk[836]. Nicht Länder und Städte will er beherrschen,

---

[824] HE 10,181A.
[825] HAN 2,8,641D.
[826] HAN 2,8,642A.
[827] HAN 3,14,661D.
[828] HSO 963B-967C.
[829] HSO 964C.
[830] HSO 964D.
[831] Ebenda.
[832] HSO 965A.
[833] HSO 965B.
[834] RVPS 2,267C.
[835] RVPS 2,267B.
[836] RVPS 28,313A.

sondern die Gedanken der Menschen, dadurch, daß er ihnen einwohnt[837]. Wenn die Menschen dies an sich geschehen lassen, „delectatur admodum Rex in tali populo, et complacet sibi in illo", „freut sich der König sehr an diesem Volk und er hat an ihm sein Gefallen"[838]. Zunächst aber muß „rex ille regum, et Dominus dominatium, qui est Dei virtus et Dei sapientia", „jener König der Könige und Herr der Herrschenden, der Gottes Kraft und Gottes Weisheit ist," kämpfen[839]. In der Erlösung hat dies Christus getan; er hat sein Reich vom Bösen gereinigt und thront jetzt als König und Herr in Ewigkeit[840]. Doch weilt er auch als König und Herr gern in seiner Stadt[841]. Die Gläubigen sind die „hujus Regis milites", „Ritter dieses Königs", gegen die der Teufel wütet[842]. Der „mirabilis rex", „wunderbare König" hat sie groß und stark gemacht[843]. Nicht irgendein Herrscher, sondern der „rex regum et Dominus dominantium", „König der Könige, der Herr der Herrschenden" wird sie am Ende belohnen[844]. Nach all dem erstaunt es nicht, wenn Richard in den christologischen Titeln „rex regum", „König der Könige" und „dilectus", „Geliebter" zwei verschiedene Seiten in Christus angedeutet sieht[845].

10.   Hildegard von Bingen nennt vor allen Gott, Gott Vater und die Dreifaltigkeit König[846].

10.1   Nur gelegentlich wird auch der ewige Sohn im Himmel König genannt. So etwa: „Laus tibi Christe, rex angelorum!" – „Lob sei Dir Christus, König der Engel!"[847] Der Sohn ist beides in einem, im Himmel König von allen und auf Erden ihr Befreier[848].

10.2   Nur selten erhält der irdische Jesus bei Hildegard den Königstitel. Ein königlicher Feldherr geht seinem Heer als erster voraus durch ein gefährliches Wasser an das rettende Ufer. So hat Christus „ut rex terrenus reliquo populo, transgressus est torenntes aquas", „wie ein irdischer König, nachdem er das Volk zurückgelassen hatte, die reißenden Wasser überschritten"[849]. Dies geschah, als er uns im Tod vorausgegangen ist ans Ufer des ewigen Lebens[850].

10.3   Etwas häufiger wird Christus bei seinem Wirken in der Kirche König genannt. Diese ist als das neue Sion „Filio potentissimi regi", „dem Sohn des mächtigsten Königs" verlobt[851]. Aber auch die jungfräulich lebenden Menschen sind dem „Filio om-

---

[837] Ebenda.
[838] Ebenda.
[839] RVPS 28,309B.
[840] RVPS 28,312A.
[841] RVPS 28,320C.
[842] RVPS 28,314D.
[843] RVPS 28,314C.
[844] RVBMI 35,24C.
[845] RVPS 28,295D.
[846] Vgl. Weiß, Gottesbild 1,411.
[847] HISV 2, 3,13,9,443,629.
[848] HIO 1,4,80,13f.,210.
[849] HISV 1, 2,4,7,209-211,165.
[850] HISV 1, 2,4,7,211-216.,165.
[851] HISV 1, 2,4 vis,120-123,175.

nipotentis Dei, qui rex cunctorum est", „Sohn des allmächtigen Gottes, welcher der König von allen ist", verlobt[852]. Sie bilden den Adel, welchen der König um sich hat und anschaut[853]. Weil er selbst das Urbild solch keuscher Menschen ist, trägt er als König aller das königliche Zepter[854]. Für diesen „regi regum", „König der Könige" kämpfen die Jungfrauen[855] und singen: „O rex regum, in tuo proelio pugnamus." – „O König der Könige, in Deiner Schlacht streiten wir."[856] Weil die Priester „in osculo regis", „beim Kuß des Königs" das Sakrament der Weihe erhalten haben, sollen auch sie ehelos leben[857]. Natürlich können dann nur wenige geweiht werden. Aber ein König, der selbst stark ist, braucht auch nur ein kleines Heer[858].

Es fällt auf, wie häufig Hildegard gerade den in der Kirche wirkenden Christus König nennt.

11.   Wenn in einem Umkehrruf der Elisabeth von Schönau der „dominus rex noster", „Herr, unser König," auffordert, seine Jünger zu werden, ist an den König Christus gedacht[859]. An Christi Himmelfahrt redet die Mystikerin Jesus mit den Worten an: „O rex glorie domine virtutum, qui triumphator hodie super omnes celos ascendisti." – „O König der Herrlichkeit, Herr der Mächte, der Du heute als Triumphator über alle Himmel aufgestiegen bist."[860] Auch Elisabeth weiß, daß die Kirche „coniuncta est et desponsata celesti sponso filio eterni regis", „verbunden und verlobt ist dem himmlischen Bräutigam, dem Sohn des ewigen Königs"[861].

12.   Für einen Hoheliedkommentar verwendet der Autor des St. Trudperter Hoheliedes selten den Königstitel für den Bräutigam Christus. So heißt die Seele ein Spiegel, in welchem der Mensch den Friedenskönig schauen kann[862]. Denn es findet ein gegenseitiges Einwohnen des friedvollen Königs und der Seele statt[863]. Doch ist die königliche Gegenwart des Bräutigams nicht etwas, was der Mensch festhalten kann. Immer wieder verschwindet der König aus ihr[864].

13.   Odilia von Lüttich dankt Christus, dem „rex omnipotens", „allmächtigen König", für alle Gaben ihres Lebens[865].

14.   Eigentlich soll man die Geheimnisse eines Königs nicht ausplaudern. Würde aber Maria von Oignies ihre Erlebnisse, die geschahen, als der König sie in seinen Weinkeller

---

[852]   HISV 1, 2,5,6,317-320,181.
[853]   HISV 2, 3,13,7,177f.,619f.
[854]   HISV 2, 3,8,24,1143-1146,511.
[855]   HISV 2, 3,13,8,234,621.
[856]   HISV 2, 3,13,7,253f..622 An einer weiteren Stelle wird das Verhältnis der Jungfrauen zu dem königlichen Bräutigam beschrieben, wobei es nicht klar bleibt, ob der Bräutigam Gott allgemein oder Jesus Christus ist; vgl. Weiß, Gottesbild 1,412.
[857]   HISV 1, 2,6,11,528-551,240f.
[858]   HISV 1, 2,6,73,2121-2133,288.
[859]   ESV 1,24,14.
[860]   ESV 1,51,26.
[861]   ESV 3,25,76.
[862]   TH 93,27f.,204.
[863]   TH 93,32,204.
[864]   TH 144,2f.,302.
[865]   OL 1,30,243,6-10.

geführt hat, nicht weiter erzählen, müßte sie Jakob von Vitry, der Verfasser ihrer Vita, tadeln[866]. Maria liebt Christus so, daß sie einmal ausruft: „Quam pucler es Rex noster Domine!" – „Wie schön bist Du, Herr, unser König!"[867] Auch in der Heilsgeschichte wird Jesus als „unigenitus excelsi Regis Filius", „eingeborener Sohn des hohen Königs" angesprochen, der sich nicht gescheut hat, niedrige Handarbeit zu verrichten[868].

15.   Bei Juliane von Cornillon ist der Titel „König" für Christus in die Brautmystik integriert. Derjenige, der die Braut in seine Gemächer führt und dessen Duft süß ist, ist „Rex Christus", „Christus, der König"[869]. Beim Heimgang eines mit ihr befreundeten Priesters hört sie, wie Engel das Invitatorium[870] „Christum Regem Regum adoremus Dominum", „Christus, den König der Könige, den Herrn, beten wir an" anstimmen[871].

16.   Wenn es heißt, daß Ida von Nijvel sich im Advent voll Freude auf die Geburt des Herrn als „pretiosa margarita summi regis", „kostbare Perle des höchsten Königs" vorbereitet, ist unter dem König Christus verstanden[872]. Einmal sieht sie einen Engel bei einem Kommunikanten stehen, „qui regem suum sustulit ab ore tanti muneris nihil digno", „der seinen König aus dem Mund dessen wegträgt, der einer solchen Gabe keineswegs würdig ist"[873]. Als Ida unfreiwillig aus einer Ekstase geweckt wird und große Schmerzen leidet, stärkt sie Christus „Benignus et misericors rex amantium", „der gütige und barmherzige König der Liebenden"[874].

17.   Auch David von Augsburg nennt Christus nicht allzu oft „König". Er staunt über die Demut der Erniedrigung des Sohnes Gottes: „Wan von allem daz man von dir geschriben vindet, sô enmac menschlîch sin vom im selben niht begrîfen, wie dû ein so hôher hêrre und alsô ein gewaltiger künic dich immer mügest dâ bî sô gar einvalteclîchen gediemüetigen zuo sô grôzer heimlîche und zuo sô lûterr liebe gein so swachem menschelîn und gein tugentarmen sündaeren." – „Denn von allem, was man von Dir geschrieben findet, kann das der menschliche Sinn von sich aus nicht begreifen, wie Du, ein so hoher Herr und auch ein so gewaltiger König, Dich dabei so sehr einfaltig verdemütigen konntest zu so großer Vertraulichkeit und zu so lauterer Liebe gegenüber dem so schwachen Menschlein und gegenüber dem tugendarmen Sünder."[875] Die Engel müssen durch die Menschwerdung die menschliche Würde ehren. „Wan wir sîn under die engel gesetzet mit dem irdischen überrock, sô hâstû, der engele künic, den selben rok an dich geleit." – „Da wir unter die Engel gestellt sind mit dem irdischen Überrock, so hast Du, der Engel König, denselben Rock an Dich gelegt."[876] Jetzt

---

[866]   MO 2,5,48,558.
[867]   MO 2,12,107,571.
[868]   MO 1,4,38,555.
[869]   JC 1,2,13,446.
[870]   Mit dem „Invitatorium" beginnt das tägliche Chorgebet.
[871]   JC 2,7,42,471.
[872]   IG 4,33,117.
[873]   IG 4,36,118.
[874]   IG 5,46,121.
[875]   DB 4,377,36-368,2.
[876]   DB 7,381,9-12.

müssen die uns überlegenen Engel die Menschheit, die sie an Christus sehen, achten. Gerade der Leib, der ein Anlaß zum Buße war, ist geworden „ein edel küniges kleit", „ein edles Königskleid"[877].

18.　Auch Mechthild von Magdeburg ist zurückhaltend im Gebrauch des Königstitels für Christus. Gelegentlich wird der Bräutigam, der als Gast zu dem Menschen kommt, König genannt. Einer mit sich zufriedenen und trägen Ordensfrau hält Mechthild eine Bußpredigt[878]. Doch jene möchte lieber in ihrer Bequemlichkeit weiter schlafen[879]. Mechthild entgegnet ihr: „Man mûs die kúneginne wol weken, swenne ir kúnig komen wil." – „Man muß die Königin wohl wecken, wenn ihr König kommen will."[880] Wenn ein Mensch, der Gott die Ehelosigkeit versprochen hat, sich doch mit einem menschlichen Partner einläßt, ist dies schlimm. „Wan es ist ein ewig schade und ein hohû unzuht, das ein kúnges brut also gerne in dem pfûle wattet." – „Denn es ist ein ewiger Schaden und eine hohe Unzucht, daß eines Königs Braut so gern im Pfuhl watet."[881] Wenn aber jemand treu geblieben ist, darf er nach dem Tod vor dem Thron des himmlischen Vaters stehen, „gezieret als ein núwú brut, die der kúnig gehulet hat ze huse", „geziert als eine neue Braut, die der König nach Hause geholt hat"[882]. An all diesen Stellen kann man allerdings nicht eindeutig sagen, ob der Partner des Menschen Gott allgemein oder Jesus Christus ist. An einer Stelle wird aber auch die Zurückhaltung solcher Herrschertitel begründet. Über Titel, die im weltlichen Bereich ihren Ursprung haben, stellt sie die geistlichen Namen[883]. Ein solcher ist für Jesus „brûdere", „Bruder"[884].

19.　In Helfta, einem Feudalkloster, gebraucht man dagegen Herrschertitel gern für Gott und Christus. Dies kann man schon bei Mechthild von Hackeborn beobachten.

19.1　In einer Reihe von Stellen soll mit diesem Titel die Pracht und Erhabenheit Christi betont werden. Mechthild sieht einmal bei dem Empfang der Kommunion durch die Schwestern des Konventes „Dominum quasi regem permagnificum loco sacerdotis stantem", „den Herrn wie einen sehr prächtigen König an der Stelle des Priesters stehen"[885]. Daß dieser Herr der menschgewordene Sohn Gottes ist, sieht man an der unmittelbar davor stehenden Beschreibung seiner Kleider. Er ist wie ein Priester bekleidet. Die Albe stellt die „innocenctia humnitatis", „Unschuld (seiner) Menschheit" dar, die umgürtet ist „cingulo humanitatis et passibilitatis", „mit dem Zingulum der Menschheit und Leidensfähigkeit"[886].

　　Ein anderes Mal sieht sie „Dominum Jesum ut juvenem pulcherrimum annorum duodecim, velut regem in altari sedentem", „den Herrn Jesus wie einen sehr schönen

---

[877] DB 11,385,19f.
[878] MM 2,23,4-6,56.
[879] MM 2,23,5f.,56.
[880] MM 2,23,7f.,56.
[881] MM 5,11,32f.,165.
[882] MM 2,20,7f.,53.
[883] MM 5,11,4-6,164.
[884] MM 5,11,8f.,164.
[885] MH 1,4,14.
[886] Ebenda.

Jüngling von 12 Jahren gleichsam als König auf dem Altar sitzen"[887]. Ähnlich heißt es von einer anderen Vision: „Cum accederent ad convivium Regis coelorum quilibet Angelus duxit sibi commissam; Rex autem gloriae stabat in loco sacerdotis, ineffabili cicumdatus gloriae." – „Als sie (= die Schwestern) hinzu traten zum Gastmahl des Königs der Himmel, führte ein jeder Engel die ihm Anvertraute; der König der Herrlichkeit aber stand an der Stelle des Priesters mit unaussprechlicher Herrlichkeit umgeben."[888] Daß Jesus als König auf Erden an der Stelle des Priesters mit priesterlichen Kleidern angezogen steht, kommt daher, daß er als König der Herrlichkeit im Himmel ständig für uns Menschen eintritt[889].

Wie sehr bei Mechthild der Königstitel das Gespür des eigenen Unwürdigseins in ihr weckt, merkt man an folgender Stelle: Sie bittet Jesus, den „Rex munificientissime", „den freigibigsten König", da sie sich für seinen Hof für unwürdig hält, wenigstens in seiner Küche die Teller spülen zu dürfen[890]. Doch gerade dadurch kommt sie in die Nähe dieses Königs, denn dessen Herz ist seine Küche und der Koch der Heilige Geist[891].

Auch im Himmel, der mit einer Königshalle vergleichbar ist[892], ist für Mechthild der Ort des Königs, „videns ergo Regem gloriae Jesum in solio suae imperialis magnificentiae et Matrem suam a dextris ejus", „da sie nämlich den König der Herrlichkeit, Jesus, sieht auf einem Thron seiner kaiserlichen Pracht und seine Mutter zu seiner Rechten"[893].

19.2 Auch im mariologischen Kontext taucht der Christkönigstitel auf. Wenn Jesus „Rex gloriae", „König der Herrlichkeit" heißt, dann ist Maria die „Regina gloriae", „Königin der Herrlichkeit[894]. So erscheint auch Jesus als „Rex gloriae", „König der Herrlichkeit" und Maria zu seiner Rechten als „Regina coeli", „Königin des Himmels"[895]. In einer Ekstase schaut Mechthild „Regem gloriae, et ad dexteram ejus imperialem Matrem ipsius", „den König der Herrlichkeit und zu seiner Rechten seine kaiserliche Mutter"[896]. Als Mechthild bei einer Heiligen Messe zerstreut ist und sich an Maria um Hilfe wendet, schaut sie den „Regem gloriae, Dominum Jesum", „König der Herrlichkeit, den Herrn Jesus"[897]. Wenn Mechthild „vidit Regem gloriae, Dominum Jesum Christum", „den König der Herrlichkeit, den Herrn Jesus Christus, schaut", heißt es unmittelbar danach: „Adesse etiam vidit Reginam, Regis Angelorum Matrem." – „Sie sah auch, daß die Königin, die Mutter des Königs der Engel, anwesend ist."[898]

---

[887] MH 1,9,29.
[888] MH 1,30,104.
[889] MH 5,4,321.
[890] MH 2,23,165.
[891] Ebenda.
[892] MH 1,13,42.
[893] MH 1,13,42.
[894] MH 1,29,99.
[895] MH 1,31,105.
[896] MH 2,1,135.
[897] MH 2,21,158.
[898] MH 4,4,261.

19.3 Innerhalb der Brautmystik spielt dieser Titel ebenfalls eine Rolle. Als Mechthild spürt, daß ihr Geliebter, Jesus, zu ihr kommen will, bittet sie ihn, daß er selbst sie für seinen Besuch bereitet. „Statim ipse Rex gloriae formam et decorem indutus sponsi adveniens, veste candida eam induit." – „Sofort trat er selbst in der Gestalt und dem Schmuck des Königs der Herrlichkeit angezogen hinzu und bekleidete sie mit einem glänzenden Gewand."[899] Die Heilige Katharina gesteht, daß sie unaussprechliche Freude hatte, „cum Christus Rex et Sponsus meus", „als Christus, der mein König und Bräutigam" ist, sie als seine Geliebte zu sich rief[900]. Im Himmel empfängt der „Rex regum et dominus dominantium", „König der Könige, der Herr der Herrschenden," eine verstorbene Schwester als seine Braut[901].

19.4 Nur selten wird im soteriologischen Kontext von Christus als König gesprochen: Die roten Edelsteine, die Mechthild sieht, bedeuten, „quod ipse Rex gloriae, Jesu Christus, sponsus Virginum, sanguine proprio", „daß der König der Herrlichkeit, Jesus Christus selbst, mit seinem eigenen Blut" die Jungfrauen schmückt[902]. Ein anderes Mal erscheint der „Rex gloriae Christus in eminenti loco, ineffabili gloria circumdatus", „König der Herrlichkeit, Christus, an einem herausragenden Ort mit unaussprechlicher Herrlichkeit umgeben"[903]. Er ist kostbar gekleidet. „Per rubeum pallium notabatur Christi passio, quae ejus Cordi semper exstitit intima." – „Durch das rote Pallium wird bezeichnet das Leiden Christi, welches immer im Innersten seines Herzens existiert."[904] Die Seligen im Himmel bitten „Regem et Agnum mansuetissimum, pro coetu Virginum", „den König und das mildeste Lamm für die Versammlung der Jungfrauen"[905].

19.5 Zusammenfassend läßt sich sagen: Mechthild gebraucht besonders häufig den Titel „rex gloriae", „König der Herrlichkeit", dessen Herkunft sie aus dem Offertorium der Totenmesse kennt[906]. Die Stellen, an denen der Königstitel für Christus gebraucht wird, um seine Erhabenheit auszudrücken, überwiegen. Nur indirekt wird mit diesem Titel auch der Erlösung am Kreuz gedacht. Bei aller Größe, die dieser Titel zum Ausdruck bringt, kann ihn Mechthild aber auch mit der Brautmystik verbinden. Es fällt auf, wie oft neben Aussagen über den König Jesus auch solche über die Königin Maria stehen.

---

[899] MH 1,23,82.
[900] MH 1,32,111.
[901] MH 5,6,328.
[902] MH 2,38,186f.
[903] MH 3,49,250.
[904] MH 3,49,251.
[905] MH 4,8,266. Der „coetus Virginum" ist der Schwesternkonvent.
[906] MH 5,3,321.

20. Gertrud die Große verwendet besonders oft „König" als Titel für Jesus.

20.1 Häufig verbindet Gertrud Aussagen über die Macht und Herrlichkeit Christi mit denjenigen seines Königtums. In ihrem Werk „Exercitia spiritualia" gibt sie eine Hilfe zur Tauferneuerung, der auch eine Erinnerung an die Firmung beigefügt ist. Bei diesem Sakrament fängt das Gebet mit den Worten an: „O rex victoriosissime, Iesu sacerdos altissime, tu confirma me tua omnipotenti virtute." – „O siegreichster König, Jesus, höchster Priester, bestärke mich mit Deiner allmächtigen Kraft."[907] Auch hier steht der Priesterkönig hinter dem irdischen Spender dieses Sakramentes. Für den Kampf mit dem Satan soll der König Jesus den Gefirmten stärken[908]. Im gleichen Buch gibt es auch eine Übung zu der Erneuerung des Brautversprechens einer Jungfrau. Der Mensch soll sich dabei erinnern, daß er als mutterlose Waise arm und wertlos für ein solches Versprechen ist. Derjenige, dem es abgelegt wird, „est rex regum et dominus dominantium", „ist (ja) der König der Könige und der Herr der Herrschenden"[909]. Immer wieder muß sich der Mensch dabei erinnern: „Quantus es tu, rex regum et dominus dominantium, qui imperas astris, et apponis erga hominem cor tuum!" – „Wie groß bist Du, König der Könige und Herr der Herrschenden, der Du den Sternen befiehlst und (doch) Dein Herz zu dem Menschen wendest!"[910] Man kann sich aber doch mit diesem König vereinen, denn es heißt: „Super coelum est rex, qui tui tenetur desiderio." – „Über dem Himmel ist ein König, der von Sehnsucht nach Dir erfaßt ist."[911] Den himmlische Vater soll man zu Hilfe rufen, daß „filio tuo regi nuptias facere digneris in me", „daß Du Dich würdigst, die Hochzeit mit Deinem Sohn in mir zu feiern"[912]. Der Sohn wird zur Vermählung eingeladen, „quia tu es ipse rex meus et deus meus", „weil Du selbst mein König und mein Gott bist"[913]. Maria, „mater regis agni", „die Mutter des Königs und des Lammes", soll gleichsam die Brautführerin sein[914]. Nachdem der Mensch so geistig die Vermählung vollzogen hat, soll man um Treue beten: „Eia o mi frater et sponse, Jesu, rex magne, deus et agne, pone, pone signum tale in faciem animae meae, quod sub sole nihil eligam, nihil cupiam, nihil diligam praeter te!" – „Eia, o mein Bruder und Bräutigam, Jesus, großer König, Gott und Lamm, lege, ja lege ein solches Zeichen ins Gesicht meiner Seele, daß ich nichts unter der Sonne erwähle, nichts liebe außer Dich."[915] Auch der die Übung zur Erneuerung der Profeß abschließende Lobpreis beginnt mit den Worten: „Eia nunc, o amor, rex meus et deus meus!" – „Eia, nun, o Liebe, mein König und mein Gott!"[916] Gerade in diesen beiden

---

[907] G R 1,218,60. Das „confirma" knüpft an die unmittelbar vorher erwähnte „confirmatio", „Firmung" (nicht „Bestärkung im Guten", wie es in der Übersetzung der Ausgabe von Siegfried Ringler heißt) an. Im Deutschen gibt es ein Wort mit ähnlicher Bedeutung nicht.

[908] G R 1,220f.,60.

[909] G R 3,55,76.

[910] G R 3,95-98,80.

[911] G R 3,32,76.

[912] G R 3,120f.,80.

[913] G R 3,122f.,82.

[914] G R 3,126-128,82.

[915] G R 3,277-279,90.

[916] G R 4,398,124.

Übungen spürt man, wie eng Gertrud den Gedanken an das Königtum Jesu mit der Brautmystik verbindet.

Auch in den andern Übungen dieses Werkes taucht der Königstitel für Jesus immer wieder auf. Dem Aufruf Jesu, sein Joch und die leichte Last auf sich zu nehmen (Mt 11,30), folgt: „Ipse rex regum faciat te suscipere militiam amoris." – „Er, der König der Könige, lasse Dich auf Dich nehmen den Kriegsdienst der Liebe."[917] Einmal wird die Sehnsucht nach der Vollendung des Menschen ausgedrückt: „Audiam aeterni connubii canticum novum, quod tu, o rex et sponsus eorum, eis tam dulciter citharizans praecinis canticum." – „Ich möchte hören das neue Lied der ewigen Hochzeit, das Du, o König und ihr (= der Jungfrauen) Bräutigam, ihnen auf der Zither süß vorspielst und vorsingst."[918] Am Ende der Zeiten versammeln sich vor der Dreifaltigkeit die Völker, „quas rex regum et dominus dominantium in manu forti redemit sibi de manu inimici", „welche der König der Könige und der Herr aller Herrschenden mit starker Hand für sich erlöst hat aus der Hand des Feindes"[919]. Aber der König bleibt von dieser Befreiungsaktion nicht unberührt. Die Weisheit Gottes hat mit Jesus am Kreuz ihr Spiel getrieben: „Tu denudas regem gloriae, faciens eum spectaculum contumeliae." – „Du entblößt den König der Herrlichkeit und machst ihn zum Schauspiel der Schmach."[920]

20.2   Erstaunlich ist, daß bei ihrem Werk „Der göttliche Gesandte" im zweiten Buch, das sie als einziges mit eigener Hand geschrieben hat, der Königstitel für Jesus fehlt[921]. In den Büchern, die mit Hilfe anderer Schwestern verfaßt wurden, findet sich dagegen ein vielfältiger Gebrauch dieses Namens. Das dritte Buch enthält einen Hymnus, in dem Jesus angesprochen wird: „O regum Rex dignissime!" – „O würdigster König der Könige!"[922] Zu Beginn einer Fastenzeit fallen ihr oft die Worte für Jesus ein: „Rex excellentissime", „herausragendster König"[923]. Auch in diesem Teil ihres Werkes steht der Königstitel im Kontext der Brautmystik: Jesus als König hat sich durch Leiden die Braut nach dem königlichen Ehegesetz erworben[924]. „Filius Dei altissimi, rex gloriae, cum inaestimabili blanditate inclinans se, quasi osculum sponsae suae sic in sino suo delicianti praebiturus." – „Der Sohn des höchsten Gottes, der König der Herrlichkeit, neigt sich mit unschätzbarer Zärtlichkeit, bereit, gleichsam einen Kuß seiner Braut zu geben, die sich in seinem Schoß erfreut."[925] Vereint mit dem König, dem Herrn und süßen Bräutigam, dankt die Braut „ipsi Regi regum Domino", „ihm, dem König der Könige, dem Herrn"[926]. Gertrud bietet sich ihrem Liebhaber, „Regi regum Domino",

---

[917] G R 5,372-374,150.

[918] G R 6,252-254,178.

[919] G R 6,518-520,194.

[920] G R 7,247f.,224.

[921] Da in den beiden sicher authentischen Teilen ihres Schrifttums der Gebrauch des Königstitels für Christus ganz unterschiedlich ist, muß man vorsichtig sein, stilistische Eigentümlichkeiten als Kriterien für die Echtheit anzunehmen.

[922] G 3, 3,65,3,37,264. Das „regnum" der kritischen Ausgabe, das keinen Sinn ergibt, ist in „regum" verbessert.

[923] G 3, 3,65,3,2f.,262.

[924] G 3, 3,39,1,6-10,186.

[925] G 5, 5,32,8,1-3,262.

[926] G 5, 5,3,8,14-18,76.

„dem König der Könige, dem Herrn" selbst mit Leib und Seele an[927]. „Dominus Jesus rex et sponsus", „Der Herr Jesus als König und Bräutigam" erscheint einmal[928]. Dieser König besitzt „regalem magnificentiam", „königliche Großzügigkeit"[929], „regalem munificentiam"[930], „regalem liberalitatem[931]", „die königliche Freigibigkeit". Besonders in Visionen wird von Jesus als König gesprochen. Beim Wecken an Morgen „vidit Regem Dominum Jesum utrisque manibus tenere quamdam arborem", „sah sie den König und Herrn Jesus, wie er in beiden Händen einen Baum hielt"[932]. Während eines Gebetes „apparuit illi Rex gloriae Dominus Jesus, qui in forma corporis sui praemonstrabat sibi mysticum corpus Ecclesiae", „erschien ihr der König der Herrlichkeit, der Herr Jesus, der sich in der Gestalt seines Leibes als den mystischen Leib der Kirche darstellte"[933]. Einer Kranken erscheint „Dominus virtutum, Rex gloriae", „der Herr der Mächte, der König der Herrlichkeit" und setzt sich in die Nähe ihres Kopfes[934]. Beim Sterben einer Schwester kommt eine Schar von Engeln, die in das Lob des „Regis et Sponsi gloriae", „Königs und Bräutigams der Herrlichkeit" anbetend ausbricht[935]. Ein anderes Mal sieht sie, „Rex gloriae, Dominus virtutum, concomitante se infinita multitudine angelorum, processit per chorum", „wie der König der Herrlichkeit, der Herr der Mächte, begleitet von der unendlichen Schar der Engel, durch den Chor voranschritt"[936]. Derselbe König der Herrlichkeit läßt in einer Vision aus seiner Menschheit einen Glanz hervorgehen[937]. In einer Vision hängt sich ein Mensch „Regi regum Domino", „dem König der Könige" an den Hals[938]. „Dominus virtutum, Rex gloriae", „Der Herr der Mächte, der König der Herrlichkeit", kann auch in der Gestalt eines Familienvaters erscheinen, der den Seinen das Notwendige austeilt[939]. „Rex gloriae", „Der König der Herrlichkeit" füllt auch einen goldenen Kelch, den er allen Heiligen zum Trinken reicht[940]. „Rex gloriae", „Der König der Herrlichkeit" wird geschaut, wie er der verklärten Mutter sein göttliches Herz anbietet[941]. Einmal sieht Gertrud auch Jesus als „regalis puer", „königliches Kind"[942].

Gertrud grüßt Maria, „de qua nasci et de cujus lacte pasci Rex coelorum voluit", „von der geboren und von dessen Milch ernährt sein wollte der König der Himmel"[943].

---

[927] G 4, 4,27,3,3,262.
[928] G 5, 5,32,5,12f.,260.
[929] G 4, 4,51,4,8,422.
[930] G 3, 3,18,4,8f.,82; vgl. G 4, 4,23,10,21,230.
[931] G 3, 3,47,2,15,214; vgl. G 4, 4,23,10,21,230.
[932] G 3, 3,15,1,2-5,62.
[933] G 3, 3,74,1,1-3,312.
[934] G 5, 5,7,4,2-4,126.
[935] G 5, 5,32,2,4-9,256.
[936] G 4, 4,36,3,11-13,306.
[937] G 4, 4,45,1,6-10,344.
[938] G 4, 4,48,22,21-24,394.
[939] G 4, 4,55,2,1f.,454.
[940] G 4, 4,59,4,1-4,480.
[941] G 5, 5,31,1,7f.,252.
[942] G 4, 4,9,8,5,120.
[943] G 3, 3,19,3,25f.,110.

An einigen Stellen sieht Gertrud offensichtlich auch einen gewissen Unterschied zwischen dem Königtum und der Güte bei Jesus. König ist er wegen seiner Macht, Gegenstand unserer Bitten aber wegen seines herzlichen Erbarmens[944].

20.3 Zusammenfassend läßt sich sagen, daß Gertrud mit diesem Titel oft die Größe und Erhabenheit Jesu ausdrücken will, in denen er bei Visionen erscheint. Dieser Hoheitstitel steht aber auch in Verbindung mit der innigen Einheit, die der Mensch als Braut mit diesem König haben kann. Der Name König ist fast ganz aus dem Bereich der Heilsgeschichte verschwunden und in die persönliche Beziehung der Seele zu Jesus eingebunden.

21. In der Vita der Christina von Hane taucht der Königstitel dort auf, wo von der Überwindung des Abstandes zwischen Gott und dem Geschöpf gesprochen wird.

21.1 Das Herabsteigen des Königs geschieht in der Heilsgeschichte. Der Sohn Gottes, „der eyn konynck ist vber alle konynck und aller Engel und eyn here aller heren des hemels vnd des ertrichs", „der ein König ist über alle Könige und alle Engel und ein Herr aller Herren des Himmels und der Erde", hat über dreiunddreißig Jahre hin Hunger, Durst, Gebrechen und andere Leiden ertragen[945]. Am Kreuz durchstachen die Dornen „daz konynckliches heubet", „das königliche Haupt"[946]. Maria ist die Mutter des obersten König[947].

21.2 Die Überwindung des Abstandes geschieht aber vor allem in der „unio mystica". Christina ist wie die Königin Ester. „Dar vmbe, da sie zu dem konynck yn wart gefort, da gefielle sie yme gar woille yn synen augen, vnd er hait sie lyeffe." – „Darum gefiel sie, als sie zu dem König hinein geführt wurde, ihm sehr wohl in seinen Augen und er hatte sie lieb."[948] Sie allein bekommt vor allen anderen vom König die Krone aufgesetzt[949]. Beim Empfang der Kommunion hört Christina eine Stimme, die ruft: „Du haist yn dyr den hemelschyn heillant dyner selen ...., der ist eyne konynck aller konynck, got, godes sone." – „Du hast in dir den himmlischen Heiland deiner Seele ..., der ein König aller Könige, Gott, Gottes Sohn ist"[950]. Sie hat in sich aufgenommen „eyn konynck, der da ist vber alle konynvk", „einen König, der das ist über alle Könige"[951]. Wenn arme Seelen durch das Gebet der Christina aus dem Fegfeuer befreit sind, werden sie „vor den hemelschyn konynck", „vor den himmlischen König" geführt[952].

22. Auch in vielen nicht mystisch geprägten mittelhochdeutschen Texten kommt der Königstitel für Christus vor.

Otfried von Weißenburg sagt zu Jesus, der mit seinen Jüngern am Palmsonntag in Jerusalem einzieht: „Bist kúnig ouh githíuto thereo lántiuto!" – „Bist auch offenbar

[944] G 4, 4,12,8,10f.,140.
[945] CH 1, 239.
[946] CH 1, 245.
[947] CH 2, 218.
[948] CH 1, 226.
[949] Ebenda.
[950] CH 1, 251.
[951] CH 2, 221.
[952] CH 2, 211.

König des Volkes dieses Landes!"[953] „Ist kúnig uns gimúato selbo Kríst ther gúato!" –
„Ein König voller Gnaden ist uns Christ selbst, der Erhabene!"

In der Millstätter Sündenklage bleibt der lateinische Christustitel unübersetzt: „Du
bist rex regum." – „Du bist der König der Könige."[954]

Die zu Beginn des 12. Jahrhunderts lebende Dichterin Ava nennt Johannes den Täufer „ain vaner des êwigen chuniges", „einen Fähnrich des ewigen Königs"[955]. Da bei
dem „vaner" wohl an die Funktion des Johannes als Vorläufer gedacht ist, dürfte unter
dem ewigen König der irdische Jesus verstanden sein. Als die Eltern Jesu von Jerusalem
zurückkehren, erinnern sie sich nicht „des obristen chuniges", „des höchsten Königs"
und lassen den zwölfjährigen in Jerusalem zurück[956].

Friedrich von Sonneburg umschreibt die Spannweite der Person Christi mit den
Worten „almehtec künec, der megde kint und hêrre ob aller engel schar", „allmächtiger
König, der Jungfrau Kind und Herr über aller Engel Scharen"[957].

Im Erlauer Dreikönigsspiel kniet einer der Weisen aus dem Morgenland vor dem
Jesuskind und redet es mit den Worten an: „Genad, hochgeporner chunig der parmherzichait!" – „Gnade, hochgeborener König der Barmherzigkeit!"[958]

Herger-Spervogel redet den Auferstandenen mit aller Ehrfurcht an: „Künec aller
keiser, vater aller weisen!" – „König aller Kaiser, Vater aller Weisen!"[959]

23. Zusammenfassend läßt sich sagen:

23.1 Christus ist „filius regis", „der Sohn des Königs"[960].

Bemerkenswert ist es, mit wie vielen Beiwörtern der Königstitel für Christus versehen ist: So wird er als König „aeternus"[961], „êwig"[962], „ewig", „benignus", „gütig"[963],
„coelestis"[964], „hemelisch"[965], „himmlisch", „dignissimus", „sehr würdig"[966], „di-

---

[953] Otfried von Weißenburg: Evangelienbuch IV. Der Einzug in Jerusalem IV. Cum appropinquasset Hierosoly-
mis 43, in: Die Deutsche Literatur vom Mittelalter bis zum 20. Jahrhundert, 1,1,282.

[954] Millstätter Sündenklage. Gebet zu Gott Vater 9, in: Die Deutsche Literatur vom Mittelalter bis zum 20. Jahrhundert, 1,1,594.

[955] ALJ 38,12f.

[956] ALJ 395f.,78f.

[957] Friedrich von Sonnenburg. Preis der Allmacht Gottes 2, in: Die Deutsche Literatur vom Mittelalter bis zum
20. Jahrhundert, 1,1,607.

[958] Erlauer Dreikönigsspiel. Incipit ludus trium magorum 254, in: Die Deutsche Literatur vom Mittelalter bis
zum 20. Jahrhundert, 1,1,82.

[959] Herger-Spervogel. Ostersprüche 2,10f., in: Die Deutsche Literatur vom Mittelalter bis zum 20. Jahrhundert,
1,1,99.

[960] GIS Ann 1,3,67-70,112; HSO 964D; HISV 1, 2,4 vis,120-123,175; 2,5,6,317-320,181; ESV 3,25,76; MO
1,4,38,555.

[961] JFC 3,13,446-449,156; WHLD 2 prael 146,308; GIS Ann 1,3,67-70,112; JHLD 67,5,81,468; SPE 6,1018A;
HAN 3,14,661D.

[962] ALJ 38,12f.

[963] IG 5,46,121.

[964] HSO 965B.

[965] CH 2,211.

[966] G 3,3,65,3,37,264.

ves", „reich"[967], „excellentissimus", „sehr herausragend"[968], „gewaltig", „gewaltig"[969], „hochgeporn", „hochgeboren"[970], „inclitus", „berühmt"[971], „magnus", „groß"[972], „mirabilis", „wunderbar"[973], „misericors", „barmherzig"[974], „munificentissimus"[975], „sehr freigibig", „omnipotens", „allmächtig"[976], „optimus", „sehr gut"[977], „permagnificus", „sehr prächtig"[978], „pius", „gütig"[979], „pulcher", „schön"[980], „summus", „sehr hoch"[981], „victoriosissimus", „sehr siegreich"[982] und „vridesam", „friedsam" genannt[983].

Oft wird auch diesem Titel zur Verdeutlichung ein Genetiv angehängt. Christus heißt dann: „Rex angelorum"[984], „der engele"[985], „König der Engel", „agni", „des Lammes"[986], „coelorum", „der Himmel"[987], „civium", „der Bürger"[988], „cunctorum", „von allen"[989], „gloriae", „der Herrlichkeit"[990], „Ierusalem", „von Jerusalem"[991], „pacis", „des Friedens"[992], „regum", „der Könige"[993], „vber alle konynck und aller en-

[967] BANN 3,8,150,10.

[968] G 3, 3,65,3,2f.,262.

[969] DB 4,377,36-368,2.

[970] Erlauer Dreikönigsspiel. Incipit ludus trium magorum 254, in: Die Deutsche Literatur vom Mittelalter bis zum 20. Jahrhundert, 1,1,82.

[971] SPE 129,1048A.

[972] JFC 3,2,10,142; G R 3,277-279,90.

[973] RVPS 28,314C.

[974] IG 5,46,121.

[975] MH 2,23,165.

[976] OL 1,30,243,6-10; vgl. Friedrich von Sonnenburg. Preis der Allmacht Gottes 2, in: Die Deutsche Literatur vom Mittelalter bis zum 20. Jahrhundert, 1,1,607.

[977] SPE 97,1040A.

[978] MH 1,4,14.

[979] JFC 3,28,998f.,173.

[980] MO 2,12,107,571.

[981] IG 4,33,117.

[982] G R 1,218,60.

[983] TH 93,28,204.

[984] BMICH 1,2,660,4f.; HISV 2, 3,13,9,445,629; MH 4,4,261.

[985] DB 7,381,9-12.

[986] G R 3,126-128,82.

[987] MH 1,30,104; G 3, 3,19,3,25f.,110.

[988] SPE 63,1032A.

[989] HISV 1, 2,5,6,317-320,181.

[990] BADV 6,5,124,12f.; BVNAT 1,5,138,8-11; BD 22,5,368,9f.; BHLD 2, 45,6,9,124,20f.; GIS Nat 2,3,91-94,182; JHLD 67,5,81,468; 78,10,232,546; 92,9,180-182,627; JAP 4,115-117,814; ESV 1,51,26; MH 1,13,42; 1,30,104; 1,31,105; 1,29,99; 2,1,135; 2,21,158; 2,38,186f; 3,49,250; 4,4,261; 5,4,321; G R 7,247f.,224; G 3, 3,74,1,1-3,312; 4, 4,36,3,11-13,306; 4,45,1,6-10,344; 4,59,4,1-4,480; 5, 5,7,4,2-4,126; 5,3,21,7f.,252; 5,32,8,1-3,262.

[991] BPA 2,1,818,5f.

[992] WHLD 2, prol 146,306; 2 prol 146,308; SPE 87,1038A:

[993] JFC 3,14,468,157; BHLD 2, 81,2,586,8-12; GIS Ann 1,5,165f.,120; JHLD 8,4,137-144,83; 67,4,57-61,467; 80,7,192f.,556; SPE 66,1034A; RVPS 28,295D; 28,309B; RVBMI 35,24C; HISV 2, 3,13,8,234,621; 3,13,9,253f.622; JC 2,7,42,471; MH 5,6,328; G R 3,55,76; 3,95-98,80; 6,518-520,194; G 3, 3,65,3,37,264; 4, 4,48,22,21-24,394; 4,55,2,1f.,454; 5, 5,3,8,14-18,76; Millstätter Sündenklage. Gebet zu Gott Vater 9, in: Die Deutsche Literatur vom Mittelalter bis zum 20. Jahrhundert, 1,1,594; vgl. CH 1, 251.

gel", „über alle Könige und Engel"[994], „rerum", „der Dinge"[995], „saeculorum", „der Zeiten"[996] und „superborum", „der Oberen"[997].

Gelegentlich wird die Bedeutung des Namens König durch andere Titel erklärt. Folgende Ausdrücke werden dem Königstitel mit einem „et", „und" verbunden: „Agnus", „Lamm"[998], „caput", „Haupt"[999], „creator angelorum et hominum", „Schöpfer der Engel und Menschen"[1000], „dilectus", „Geliebter"[1001], „Dominus Deus", „Herr und Gott"[1002], „Dominus dominantium", „Herr der Herrschenden"[1003], „Dominus virtutum", „Herr der Mächte"[1004], „factor hominis", „Schöpfer des Menschen"[1005], „frater", „Bruder"[1006], „juvenis pulcherrimus", „schönster Jüngling"[1007], „liberator", „Befreier"[1008], „sacerdos", „Priester"[1009] und „sponsus", „Bräutigam"[1010].

23.2 Bei den Attributen und Eigenschaften dieses Königs überwiegen solche, welche die Größe und Hoheit Christi hervorheben. So trägt er ein königliches Kleid[1011] und hat ein königliches Haupt[1012], besitzt die königliche Freigibigkeit[1013], Macht[1014], Majestät[1015] und Pracht[1016]. Er hat ein königliches Gesetz[1017], eine königliche Stadt[1018], eine Königsburg[1019] mit einer Königshalle[1020], einem Königsthron[1021] und ein königliches Zepter[1022].

---

[994] CH 1, 239; vgl. CH 2, 221.
[995] SPE 116,1044A.
[996] SPE 103,1042A.
[997] JFC 3,32,1162,179.
[998] MH 4,8,266.
[999] JFC 3,32,1162,179.
[1000] SP 10,840,3f.
[1001] RVPS 28,295D.
[1002] WHLD 1,5,66,164.
[1003] BHLD 2, 81,2,586,8-12; GIS Nat 2,3,91-94,182; JHLD 8,4,137-144,83; RVPS 28,309B; RVBMI 35,24C; MH 5,6,328; G R 3,55,76; 3,95-98,80; 6,518-520,194.
[1004] BADV 6,5,124,12f.; ESV 1,51,26; G 4, 4,36,3,11-13,306; 4,55,2,1f.,454.
[1005] HE 10,181A.
[1006] G R 3,277-279,90.
[1007] MH 1,9,29.
[1008] HIO 1,4,80,13f.,210.
[1009] WHLD 1,1,40,126; JHLD 67,11,228-230,471.
[1010] HSO 965B; MH 1,32,111; 2,38,186f; G R 3,277-279,90; 6,252-254,178; G 5, 5,32,2,4-19,256; 5,32,5,12f.,260.
[1011] JHLD 80,7,192f.,556; DB 11,385,19f.
[1012] CH 1, 245.
[1013] G 3, 3,18,4,8f.,82; 3, 3,47,2,15,214; 4, 4,51,4,8,422.
[1014] JHLD 67,4,57-61,467.
[1015] JHLD 67,4,44f.,467.
[1016] SPE 42,1028A.
[1017] G 3, 3,39,1,6-10,186.
[1018] SPE 67,1034B.
[1019] SPE 10,1020A.
[1020] MH 1,13,42.
[1021] SPE 90,1038A.
[1022] HISV 2, 3,8,24,1143-1146,511.

Mit diesem Titel wird der Abstand Christi zu den Geschöpfen betont[1023]. Als König ist Christus anzubeten[1024], zu loben[1025], zu lieben[1026] und ihm gilt unser Gehorsam[1027], Dienst[1028] und Dank[1029]. Die Vergehen gegen einen solchen König wiegen schwer[1030].

23.3 Erst wenn man weiß, daß Gottes Sohn König ist, kann man seine Erniedrigung in der Menschwerdung begreifen[1031]. Aber auch als Menschgewordener bleibt er König[1032]. Als königliches Kleid trägt er seine Menschheit[1033], die sterblich ist[1034]. Als König ist er gekommen, um zu dienen[1035]. Auch als Kind in der Krippe[1036] und als zwölfjähriger im Tempel[1037] bleibt Jesus König und selbst noch am Kreuz verdient er diesen Titel[1038]. Als König hat er uns erlöst[1039]. Erst recht spricht man den Auferstandenen mit diesem Namen an[1040]. Er ist ja der König, in dessen Kriegsdienst wir stehen[1041], als König ist er der Sieger über den Satan und das Böse[1042]. Königlich wirkt er in der Kirche[1043] und ist als König in der Eucharistie gegenwärtig[1044]. Mit diesem Titel sitzt er nach seiner Himmelfahrt[1045] zur Rechten des Vaters[1046] und tritt als himmlischer Priester für uns ein[1047]. Beim Gericht wird er seine königliche Macht zeigen[1048]. Für die Guten steht dann das Gastmahl des Königs bereit[1049].

23.4 Diesen Gebrauch, der sich auf das geschichtliche Wirken des Menschgewordenen bezieht, findet man oft in der Mönchstheologie, seltener bei den Mystikerinnen.

[1023] DB 4,377,36-368,2.

[1024] JC 2,7,42,471.

[1025] JFC 3,13,446-449,156; SP 10,840,3f.; HISV 2,3,13,9,443,629.

[1026] G R 3,277-279,90.

[1027] JFM 11,128f.,210; WHLD 1,1,39,126.

[1028] JFC 3,19,639f.,162; BADV 3,2,88,4-7.

[1029] OL 1,30,243,6-10; G 5,5,3,8,14-18,76.

[1030] MM 2,23,7f.,56; 5,11,32f.,165.

[1031] BLVM 2,2,50,11f.; BADV 6,5,124,12f.; BANN 3,8,150,10; WHLD 1,1,39,126; GIS Nat 2,3,91-94,182; HE 10,181A; DB 7,381,9-12.

[1032] MO 1,4,38,555; G 4,4,45,1,6-10,344; CH 1, 239.

[1033] JHLD 8,4,137-144,83; DB 11,385,19f.; MH 1,4,14.

[1034] JHLD 92,9,180-182,627.

[1035] BMICH 1,2,660,4f.

[1036] G 4,4,9,8,5,120.

[1037] ALJ 395f.,78f.

[1038] BOS 5,9,804,24-806,3; BD 22,5,368,9f.; GIS Epi 1,5,134f.,246; JAP 4,115-117,814; HAN 2,8,641D; G R 7,247f.,224; CH 1, 245.

[1039] BANN 1,14,126,8f.; SPE 63,1032A; HISV 1,2,4,7,211-216,165; HIO 1,4,80,13f.,210; MH 2,38,186f.; 3,49,251; G R 6,518-520,194.

[1040] BPASC 1,12,248,4-8; IS 52,4,38,224; JHLD 25,6,116f.,211; Herger-Spervogel. Ostersprüche 2,10f., in: Die Deutsche Literatur vom Mittelalter bis zum 20. Jahrhundert, 1,1,99.

[1041] SPE 103,1042A; RVPS 28,309B; 28,314D; HISV 2,3,13,8,234,621; 3,13,7,253f.,622; G R 5,372-374,150.

[1042] BPA 2,1,818,5f.; G R 1,218-221,60.

[1043] GIS Nat 2,3,91-94,182; HISV 1,2,4 vis,120-123,175; ESV 3,25,76.

[1044] JFC 3,28,998f.,173; IG 4,36,118; MH 1,4,14; 1,30,104; CH 1, 251.

[1045] ESV 1,51,26.

[1046] JFC 3,16,514f.,158; BADV 3,2,88,4-7.

[1047] WHLD 1,1,40,126.

[1048] JHLD 53,6,161-166,375; 67,4,57-61,467.

[1049] HAN 3,14,661D.

Bei ihnen überwiegen die Aussagen, die sich auf Jesus innerhalb der subjektiven Frömmigkeit beziehen. Jungfräulich lebende Menschen stehen in einem nahen Verhältnis zu diesem König[1050]. Oft erscheint den Mystikerinnen Jesus als König[1051], begleitet von Maria als Königin[1052]. Dem König darf man entgegen gehen[1053]. Dadurch daß schon im Hohelied der Geliebte als König bezeichnet wird, sieht man keinen Gegensatz zwischen Christus als König und als Bräutigam[1054] oder als Geliebter[1055]. Dieser König ist freigibig[1056] und gütig[1057], führt seine Braut in das Brautgemach[1058], schenkt ihr Zärtlichkeiten[1059] oder andere Vertraulichkeiten[1060] und vereint sich mit ihr in der „unio mystica"[1061]. Deswegen freut man sich auf diesen König[1062], der die Braut nach dem Tod im Himmel empfängt[1063].

4.2 Kaiser

Andere Herrschertitel treten wesentlich seltener auf. Der Kaisertitel für Christus ist weitgehend auf den deutschen Sprachbereich beschränkt.

1. Eine Ausnahme bildet Bernhard von Clairvaux, der in persönlichem und brieflichem Kontakt zu irdischen Kaisern steht. So überrascht bei ihm die Übertragung dieses Titels auf Christus nicht. Wenn er das himmlische Jerusalem beschreibt, sagt er: „Ibi praesidet Christus, et regnat sicut imperator in regno, paterfamilias in domo, sponsus in thalamo." – „Dort steht vor und herrscht Christus wie ein Kaiser im Reich, wie ein Familienvater im Haus, wie ein Bräutigam im Brautgemach."[1064] Auch hier fällt wieder die Nähe des Hoheitstitels „Kaiser" zu dem intimen Namen „Bräutigam" auf. Allerdings kann Christus Gehorsam gegenüber den „imperatoriae decreta maiestatis", „Erlassen seiner kaiserlichen Majestät" verlangen[1065].

[1050] GIS Ann 1,5,165f,120; SP 3,226,12f.; HISV 1, 2,5,6,317-320,181; 2,6,11,528-551,240; 2,6,73,2121-2133,288; 2, 3,13,7,177f.,619f.; G R 3,55,76; 3,95-98,80.

[1051] MH 1,9,29; 1;30,104; 3;49,250; G 3, 3,15,1,2-5,62; 3;74,1,1-3,312; 4, 4,36,3,11-13,306; 4,45,1,6-10,344; 4,50,22,21-24,394; 4,55,2,1f.,454; 4,59,4,1-4,480; 5, 5,7,4,2-4,126; 5,3,21,7f.,252; 5,32,2,4-19,256; 5,32,5,12f.,260.

[1052] GIS Ann 1,3,65-67,112; MH 1,13,42; 1;29,99; 1;31,105; 2;1,135; 2;21,158; 4,4,261; G R 3,126-128,82; CH 2, 218.

[1053] SPE 38,1026A; HE 10,180D-181A.

[1054] HSO 965B; MH 1,32,111; 2,38,186f; G R 3,277-279,90; 6,252-254,178; G 5, 5,32,2,4-19,256; 5,32,5,12f.,260.

[1055] RVPS 28,295D.

[1056] G 3, 3,18,4,8f.,82; 3;47,2,15,214; 4, 4,51,4,8,422.

[1057] JFC 3,28,998f.,173; IG 5,46,121.

[1058] JC 1,2,13,446.

[1059] G 5, 5,32,8,1-3,262.

[1060] BHLD 1, 23,6,16,346,21-24.

[1061] BHLD 1, 23,6,16,346,26; TH 93,32,204; G R 3,32,76; 3,120f.,80; CH 1, 226; 2, 221.

[1062] WHLD 1,2,44,132; RVPS 28,313A; MH 1,32,111.

[1063] MH 5,6,328; G R 6,252-254,178.

[1064] BS 3,91,542,3-5.

[1065] BD 40,5,498,7.

2. Der irdische Kaiser hatte im Mittelalter eine besondere Nähe zu Deutschland, da er in den meisten Fällen dort beheimatet war. So war dort der Name „Kaiser" besonders geläufig. In den von Johannes Singer aufgestellten Häufigkeitsgruppen der meistgebrauchten mittelhochdeutschen Wörter steht „keiser" in der fünften Gruppe[1066].

Die Übertragung dieses Titels auf Christus kommt auch in nicht mystisch geprägten Texten vor. Nach der am Beginn des 12. Jahrhunderts lebenden Dichterin Frau Ava empfingen die Menschen am Palmsonntag Christus „mit êren, den chaiser aller hêrren", „mit Ehren, ihn, den Kaiser aller Herren"[1067].

In der einige Jahrzehnte später verfaßten Oberdeutschen Servatiuslegende ist Christus, den die Patriarchen und Propheten vorausgesehen haben, der „himelchaiser", „Himmelskaiser"[1068].

Die um die gleiche Zeit gedichtete Erzählung „Linzer Antichrist" berichtet, wie ein Frankenkönig aus dem Heiligen Land „daz keiserliche gewant", „das kaiserliche Gewand" Christi, worunter wohl der Heilige Rock zu verstehen ist, mit nach Europa bringt[1069].

3. Hildegard von Bingen schreibt über die Menschwerdung des Sohnes Gottes: „Ipse, rex et imperator omnium in celestibus et liberator in infimis existens, hominem mortalitate carnis assumpta liberauit." – „Er, der als König und Kaiser aller in den Himmeln und als Befreier unten (auf Erden) existiert, hat den Menschen dadurch, daß er die Sterblichkeit des Fleisches angenommen hat, befreit."[1070]

4. Nach dem St. Trudperter Hohelied schenkte Christus, der Erlöser, den Menschen das Gewand der Unschuld, um vollkommen „ze deme gesidele dînes keiserlichen stuoles", „zum Gestühl Deines kaiserlichen Thrones" treten zu können[1071]. Zu eben diesem kaiserlichen Stuhl wird am Ende Maria die Kirche führen[1072].

5. Auch Mechthild von Magdeburg kennt diesen Titel für Christus. Wenn sie den Erlöser aus allen Gefängnissen „keyser aller eren", „Kaiser aller Ehren" nennt, denkt sie an Christus[1073]. An einer anderen Stelle nennt sie direkt Jesus Christus „keyser aller eren", „Kaiser aller Ehren"[1074]. Wie der irdische Kaiser für Frieden im Land sorgt, so soll Christus allen Krieg im christlichen Land beenden[1075]. Mechthild bringt auch diesen Titel mit dem Kreuzesgeschehen in Verbindung. Am Kreuz waren „sinú keyserlichú ögen mit trehnen úbergossen", „seine kaiserlichen Augen mit Tränen übergossen"[1076].

[1066] Vgl. Singer, 67.

[1067] ALJ 1171f.,136f.

[1068] Oberdeutsche Servatiuslegende. 1. Die Vision des Servatius in Rom 31-37, in: Die Deutsche Literatur vom Mittelalter bis zum 20. Jahrhundert, 1,1,315.

[1069] Linzer Antichrist. De anticristo, Elia et Enoch 156, in: Die Deutsche Literatur vom Mittelalter bis zum 20. Jahrhundert, 1,1,119.

[1070] HIO 1,9,80,12-15,210.

[1071] TH 16,28-30,55.

[1072] TH 24,3-5,68.

[1073] MM 1,12,2f.,14.

[1074] MM 6,37,48f.,247.

[1075] MM 6,37,44-46,247.

[1076] MM 7,27,36f.,277.

Christus erhält bei seiner Verklärung im Himmel eine Krone, an der auch das Kaiserreich abgebildet ist[1077] und auf deren Spitze sich ein Kreuz befindet, an welchem die „keyserlichú dúrniú corne des riches", „die kaiserliche Dornenkrone des Reiches" befestigt ist[1078]. Im Bereich der Brautmystik wird mit dem Kaisertitel die Braut zur Reinheit gemahnt. Eine besudelte Kirche kann Christus nicht als Braut „mit minem keyserlichen armen", „mit meinen kaiserlichen Armen" zu sich nehmen[1079]. Man darf nicht „des keysers lieht in einen vinstern fulenden stal", „des Kaisers Licht in einen finsteren, fauligen Stall" bringen[1080]. Mechthild fühlt sich auch unfähig, dem „keyserlichen gottes sun", „kaiserlichen Gottessohn" für alles, was er ihr getan hat, zu danken[1081].

6. In der Mystik von Helfta spielt der Kaisertitel für Christus eine beträchtliche Rolle.

Mechthild von Hackeborn liebt das Adjektiv „kaiserlich". Ihr himmlischer Bräutigam ist „altissimi Patris imperialis Filius", „des höchsten Vaters kaiserlicher Sohn"[1082]. „Imperialis juvenculus Jesus, „Der kaiserliche Jüngling Jesus" gibt sein Gesetz derjenigen Seele, die er sich als Braut erwählt hat[1083]. Die Mystikerin sieht sich vor dem kaiserlichen Thron Jesu stehen und dabei alle Kräfte verlieren. Daraufhin nimmt der Herr sie in seinen Schoß und neigt sich süß zu ihr hinab[1084]. Mechthild fragt, wie sie sich auf die Kommunion vorbereiten soll, welche das „imperiale convivium", „kaiserliche Gastmahl" ist[1085]. In ihm teilt der „Dominus … Jesus velut imperialis juvenculus", „Herr … Jesus wie ein kaiserlicher Jüngling" die Speise aus[1086].

Wie Fürsten mit großen Gütern vom Kaiser belehnt werden, so erhalten die Seligen von Christus nach ihren Verdiensten den Lohn[1087].

7. Am häufigsten wird der Kaisertitel von Gertrud der Großen gebraucht.

7.1 In einem Lied wird Christus mit den Worten angesprochen: „Imperator excellentissime", „herausragendster Kaiser"[1088]. Am Weihnachtsfest erscheint der Herr und gibt „de solio siblimi imperialis gloriae suae", „vom hohen Thron seiner kaiserlichen Herrlichkeit" alle Gnade[1089].

7.2 Der Mensch soll sich der Erwählung Jesu zur Braut für nicht würdig halten. Das Brautversprechen kann er nur ablegen, „si ipse summus imperator mihi miserae, mihi vilissimae, ostendere voluerit suam clementiam", „wenn er selbst, der höchste Kaiser, mir, der Elenden, mir, der Erbärmlichsten, seine Barmherzigkeit zeigen wollte"[1090].

[1077] MM 7,1,37,255.
[1078] MM 7,1,84f.,256.
[1079] MM 5,34,29-31,195.
[1080] MM 2,19,39,51.
[1081] MM 7,23,2-7,275.
[1082] MH 6,6,383.
[1083] MH 4,59,312.
[1084] MH 1,13,42.
[1085] MH 3,22,225.
[1086] MH 6,9,389.
[1087] MH 7,12,406.
[1088] G 3, 3,65,3,38,264.
[1089] G 3, 3,30,1,3-5,132.
[1090] G R 3,56f.,76.

Doch der „Filius imperialis reverentissime sublevans et penes se in throno gloriae suae collocans", „kaiserliche Sohn hebt (ihn) ganz ehrfürchtig auf und setzt (ihn) zu sich auf den Thron seiner Herrlichkeit"[1091]. So holt auch im Augenblick des Sterbens „ille celestis sponsus, altissimi Patris imperialis Filius, dilectam suam … in thalamum amoris", „jener himmlische Bräutigam, des höchsten Vaters kaiserlicher Sohn, seine Geliebte … in das Brautgemach der Liebe" heim[1092]. Sie steht dann als Braut „ante thronum gloriae imperatoris Christi", „vor dem Thron der Herrlichkeit des Kaisers Christus"[1093].

8. Christina von Hahne sagt, daß das Kaisertum Christi mit der Schmach der Dornenkrone versehen ist[1094]. In der „unio mystica" bekommt die Mystikerin Anteil an dem „hogen keyßerlichyn yn flußen", „hohen kaiserlichen Einfluß" Christi[1095].

9. Der Gebrauch des Kaisertitels für Christus, der weitgehend auf Deutschland beschränkt bleibt, deckt sich mit seinem semantischen Inhalt fast ganz mit demjenigen des Königstitels.

4.3 Fürst

1. In der Vulgata wird das Wort „pinceps" meist unspezifisch im Sinn vom Führer oder Leiter gebraucht (z.B. Lk 19,2). In diesem Sinn ist auch Gott „princeps populorum", „Leiter der Völker" (Ps 104,20). Schon im Alten Bund wird der Messias „princeps", „Fürst" (Ez 34,24f.) und „princeps pacis", „Friedensfürst" (Jes 9,6) genannt. Die Christen erwarten das Wiederkommen Jesu als „princeps pastorum", „Fürst der Hirten" (1 Petr 5,4).

2. Im Traktat „Speculum virginum" heißt Christus der „princeps castimoniae", „Fürst der Keuschheit"[1096]. Mit dieser Bezeichnung ist gemeint, daß Jesus das Urbild aller jungfräulichen Keuschheit ist, der die Jungfrauen zu dieser Tugend ermahnt. Im gleichen Sinn wird Christus auch als der „virginum princeps", „Jungfrauen Fürst" bezeichnet[1097]. Die jungfräulich lebende Braut erhält als „iuncta principi", „Gefährtin des Fürsten" ein besonderes Gewand[1098].

3. Hildegard von Bingen glaubt als hohe Adlige, daß Gott auch in dieser Welt Fürsten eingesetzt hat[1099]. „Aliquis magnus princeps", „Irgendein großer Fürst" kann es nicht durchgehen lassen, wenn ein Bauer sich mit seiner Braut einläßt. So wenig kann es der

---

[1091] G 4, 4,9,6,4-6,118.
[1092] G 5, 5,1,23,1-5,42.
[1093] G 5, 5,5,2,3f.,110.
[1094] CH 1, 245.
[1095] CH 2, 213.
[1096] SP 3,226,8f.
[1097] SP 7,636,5f.
[1098] SPE 41,1028A.
[1099] HISV 1, 1,6,6,152f.,104.

göttliche Bräutigam dulden, daß sich jemand an seiner ihm verlobten Braut versündigt[1100].

4. Ivetta von Huy wird „filia Principis", „Tochter des Fürsten" genannt, weil sie einen Ordensmann zur Treue ermahnt[1101].

5. Lutgard von Tongeren wird wiederholt aufgefordert, für die Sünder in der Welt zu beten und Askese zu üben. Um ihr dazu Stärke zu verleihen, „rapta in spiritu vidit salutis nostrae Principem Jesum, cum vulneribus quasi recentibus atque rubentibus, vultui Patris astantem, et Patri pro peccatoribus supplicantem", „sieht sie im Geist entrückt den Fürsten unseres Heiles, Jesus, mit frischen und rötlich strahlenden Wunden vor dem Angesicht des Vaters stehen und den Vater für die Sünder bitten"[1102]. Hier erscheint Jesus wie ein Fürst, der beim König für einen anderen Menschen Fürsprache einlegt.

6. In der Vita der Margareta von Ypern wird das äußere Auftreten der Mystikerin in einem eigenen Kapitel beschrieben. Auch in jenem war sie immer bescheiden und ehrfürchtig, wie es der „filia principis Christi", „Tochter des Fürsten Christus" entspricht[1103].

7. Mechthild von Magdeburg, die wohl selbst aus den Adel stammt, betet „fúr die fúrsten in diesem lande und in allen cristanen", „für die Fürsten in diesem Land und in allen christlichen Ländern" um den Frieden[1104]. In diesem Gebet nennt sie Jesus Christus „crone aller fúrsten", „Krone aller Fürsten"[1105]. Wenn an einer anderen Stelle der gleiche Titel gebraucht wird, dürfte er auch zu Christus gehören, auch wenn sein Name nicht fällt[1106]. Christus ist also nicht irgendein Fürst, sondern steht als Krone über allen anderen Fürsten. Um die Überlegenheit auszudrücken, gebraucht Mechthild auch den Ausdruck „hoher Fürst". Gott wird so genannt, der wie ein weltlicher Fürst sieben[1107] Söhne und ein gutes Volk, seine Tochter, die Kirche, besitzt[1108]. Der erste Sohn und gleichsam der Erb- und Kronprinz ist Jesus Christus[1109]. Da Gott diesem alles, nämlich Macht und Ehre, grenzenlos geschenkt und ihn zu seiner Rechten gesetzt hat[1110], darf man annehmen, daß er auch die Würde eines hohen Fürsten besitzt. Einmal hört Mechthild Stimmen, die von den Kämmerern ausgehen, zu ihr sprechen: „Der fúrst wil úch engegen komen in dem töwe und in dem schönen vogelsange." – „Der Fürst

---

[1100] HISV 1, 2,5,11,455-484,195f.

[1101] IH 30,89,162.

[1102] LTA 2,1,9,198. Interessant ist, daß in der Kurzfassung (LT 2,1,9,167) ihrer Vita dieser Passus auch wörtlich steht mit Ausnahme des Titels „princeps".

[1103] MY 12,111,40-113,24.

[1104] MM 6,47,48f,247.

[1105] MM 6,37,48f.,247.

[1106] MM 1,12,2,14.

[1107] Für die verwirrende Siebenzahl der Söhne, die mit der darauffolgenden Aufzählung der einzelnen Söhne nicht übereinstimmt, vgl. Weiß, Gottesbild 1,435 Anm. 1126.

[1108] MM 5,24,3-8,181.

[1109] MM 5,24,8-11,181.

[1110] MM 5,24,11-13,181.

will euch entgegengehen im Tau und beim schönen Vogelgesang."[1111] Der höfischen Sitte gemäß legt Mechthild daraufhin ihre Prachtkleider an, worunter die Tugenden, die dieser Fürst erwarten kann, nämlich Demut, Keuschheit und guter Ruf, zu verstehen sind[1112]. Nach einer Verzögerung kommt dann der Jüngling Jesus Christus und vollführt mit ihr einen Tanz[1113]. Von diesem ermüdet sucht die Braut einen Ort, wo sie sich erfrischen kann[1114]. Alle sinnenhafte Erholung, die ihr die Kämmerer, das heißt ihre Sinnen, anbieten, befriedigen aber die Braut nicht[1115], bis sie „in die verholnen kammeren der unsúnlichen gotheit", „in die verborgene Kammer der untrennbaren Gottheit" eintritt[1116]. Dort begegnet ihr der Herr, unter welchem wieder Jesus Christus zu verstehen ist, und fordert sie auf, alle für den Empfang des Fürsten gerade erst angelegten Kleider, nämlich die äußeren Tugenden der Furcht und Scham, abzulegen[1117]. Als dies geschehen ist, vollzieht sich die „unio mystica" in gegenseitiger Hingabe, auch wenn sie nur für einen Augenblick dauern kann[1118]. Der Fürstentitel kann also im Menschen auch eine distanzierende Scham und Furcht erwecken, die für die Nähe der Liebeseinheit hinderlich ist. Daß dieses Hindernis aber nicht unüberwindlich ist, zeigt sich an einer anderen Stelle, in der die „unio mystica" als „hovereise der minnenden sele", „Reise der liebenden Seele zum Hof" bezeichnet wird[1119]. Von ihr heißt es: „Alse sich der hohe fúrste und die kleine dirne alsust behalsent und vereinet sint als wasser und win, so wirt si ze nihte und kommt von ihr selben." – „Als sich der hohe Fürst und das kleine Mädchen so umarmt und vereint sind wie Wasser und Wein, wird sie zu Nichts und kommt von sich selbst."[1120] Der Gegensatz zwischen dem Hohen Fürsten und dem armen Mädchen verhindert also nicht die letzte Einheit zwischen beiden.

8. Auch Gertrud die Große gebraucht diesen Titel für Christus. Mit dem in Jes 9,6 bezeugten Messiasnamen redet sie ihn an: „Eia Iesu, princeps pacis, magni consilii angele!" – „Eia, Jesus, Friedensfürst, du Bote des großen Rates!"[1121] Der Kontext dieser Aussage bildet die Tauferneuerung. Ein Teil der Theologen meinte damals, daß man erst in der Taufe seinen Schutzengel erhielt[1122]. Gertrud möchte aber bei der Taufe nicht einen einfachen Engel, sondern den Fürsten Christus als Wegbegleiter haben[1123]. Wenn sie Christus mit den Worten anredet: „Principes illustrissime", „Erlauchtester

---

[1111] MM 1,44,16f.,27f.
[1112] MM 1,44,18-22,28.
[1113] MM 1,44,30-37,28f.
[1114] MM 1,44,37-43,29.
[1115] MM 1,44,43-78,29-31.
[1116] MM 1,44,78f.,31.
[1117] MM 1,44,80-88,31f.
[1118] MM 1,44,88-95,32.
[1119] MM 1,4,11,11.
[1120] MM 1,4,6-8,10f.
[1121] G R,1,70,50.
[1122] Thomas von Aquin (STh 1,113,5) referiert diese Meinung, die auch Elisabeth von Schönau (ESV 3,18,70) anhängt, hält es aber selbst für wahrscheinlicher, daß jedem Menschen schon bei der Geburt ein schützender Engel gegeben ist.
[1123] G R 1,69f.,50.

Fürst"[1124], entspricht das Beiwort genau der höfischen Etikette. Die gleiche Anrede fällt Gertrud nach einer anderen Stelle spontan ein[1125].

Auch bei ihr hat der Fürstentitel in der Brautmystik seinen Platz. Als sie am Fest der Heiligen Agnes in einer Lesung hört, daß diese Märtyrerin Christus als Bräutigam erwählt hat, fragt sie erstaunt, warum denn dessen fürstliche Majestät den Menschen so bevorzugt[1126].

9. Zu Christina von Hane spricht Christus in der Vereinigung, sie habe empfangen „dynen fursten, der eyn furste ist aller fursten", „deinen Fürsten, der ein Fürst aller Fürsten ist"[1127].

10. Auch in die nicht mystisch geprägte mittelhochdeutsche Literatur hat der Fürstentitel für Christus Eingang gefunden.

In einer Aneinanderreihung vieler Namen für Christus in der „Heinrichs Litanei" findet sich auch die Anrufung: „fürste des frides", „Friedensfürst"[1128]. Auch Wolfram von Eschenbach spricht von Christus in dem Eingangsgebet zu seinem „Willehalm", er sei Fürst auf Erden und im Himmel[1129]. Einer der Weisen im „Erlauer Dreikönigsspiel" redet das Kind Mariens mit den Worten an: „O süßer fürst aus der engel lant!" – „O süßer Fürst aus der Engel Land!"[1130]

11. Zusammenfassend läßt sich über den Fürstentitel für Christus sagen: Dieser Titel ist besonders bei den Mystikerinnen beliebt, die aus der Feudalschicht stammen und die Hofsprache kennen[1131]. Jesus ist Fürst, wenn er für die Menschen am himmlischen Hof bei Gott Fürsprache einlegt[1132]. Oft wird mit ihm die Größe des Sohnes Gottes[1133], welcher die Größe aller irdischen Fürsten überragt[1134] und der Ursprung besonderer Tugenden ist[1135], ausgedrückt. Dem Fürsten Christus kann man nur in einem tugendhaften Leben nahen[1136]. Die jungfräulich lebenden Menschen stehen ihm besonders nahe[1137], umso sinnwidriger ist es, wenn sie ihm die Treue brechen[1138]. Ge-

[1124] G 3,3,65,3,39,264.
[1125] G 3,3,65,3,3,262.
[1126] G 4,4,8,1,14-21,106.
[1127] CH 2,221.
[1128] Heinrichs Litanei. Trinitätsanruf 71, in: Die Deutsche Literatur vom Mittelalter bis zum 20. Jahrhundert, 1,1,600.
[1129] Wolfram von Eschenbach: Willehalm. Eingangsgebet 100f., in: Die Deutsche Literatur vom Mittelalter bis zum 20. Jahrhundert, 1,1,604.
[1130] Erlauer Dreikönigsspiel. Incipit ludus trium magorum 263, in: Die Deutsche Literatur vom Mittelalter bis zum 20. Jahrhundert, 1,1,82.
[1131] HISV 1,1,6,6,152f.,104; MM 1,4,11,11; 6,47,48f,247; G 3,3,65,3,39,264; CH 2,221.
[1132] LTA 2,1,9,198.
[1133] G 3,3,65,3,3,262; 3,65,3,39,264; Erlauer Dreikönigsspiel. Incipit ludus trium magorum 263, in: Die Deutsche Literatur vom Mittelalter bis zum 20. Jahrhundert, 1,1,82.
[1134] MM 5,24,3-8,181;6,37,48f.,247; CH 2, 221; Wolfram von Eschenbach: Willehalm. Eingangsgebet 100f., in: Die Deutsche Literatur vom Mittelalter bis zum 20. Jahrhundert, 1,1,604.
[1135] SP 3,226,8f.
[1136] MY 12,111,40-112,24.
[1137] SP 3,226,8f.; SP 7,636,5f.; SPE 41,1028A; IH 30,89,162.
[1138] HISV 1,2,5,11,455-484,185f.

legentlich drückt die Haltung zu Christus als Fürst so viel Ehrfurcht und Distanz aus, daß die Nähe der „unio mystica" nicht möglich scheint[1139]. Meistens aber sieht man keinen Gegensatz zwischen Christus als Fürst und als Bräutigam[1140]; auch mit dem so bezeichneten Herrn kann der Mensch die Einheit erlangen[1141].

4.4 Weitere Herrschertitel

Eine Reihe weitere Herrschertitel kommt so selten vor, daß sich eine Behandlung unter einem eigenen Unterpunkt nicht lohnt.

1. „Dux"

1.1 Im Mittelalter kann das Wort „dux", welches in der Vulgata immer mit „Führer" wiederzugeben ist, auch einen „Herzog" oder „Grafen" meinen[1142]. Dort, wo in unseren Texten „dux" in einer Reihe anderer Herrschertitel für Christus auftaucht, ist wohl an einen Titel aus dem Feudalbereich gedacht. Um Verdoppelungen zu vermeiden, führen wir auch solche Stellen an, an denen sich die ursprüngliche Bedeutung Christus „Führer" nahe legt. So heißt es, daß Christus als „dux", „Führer", der sein Volk regiert, aus Betlehem stammt (Mt 2,6). In diesem Sinn nennt schon Athanasius der Große den Sohn Gottes „Fürst"[1143]. Eindeutig besitzt der Titel „ductor" die Bedeutung „Führer". In diesem Sinn wird dieses Wort in der Vulgata auch auf Gott angewendet (Dtn 1,30; 8,15; 31,6.8; Ri 4,14; Neh 9,12; Jes 63,14).

1.2 Jean von Fécamp gebraucht oft das Wort „dux" für Christus. Er wird genannt „dux meus ad patriam", „mein Führer zum Vaterland"[1144]. „Te duce ad te perueninam." – „Wenn Du der Führer bist, kann ich zu Dir gelangen."[1145] Mit ihm als Führer wird man seine Schönheit schauen[1146]. „Dirumpe catena quam mihi farbicata est iniquitas mea, ut te rectore, te duce, liber ergrediar ad tibi seruiendum." – „Durchbrich die Fessel, die mir meine Bosheit hergestellt hat, damit ich mit Dir als Leiter und Führer frei ausschreite, um Dir zu dienen."[1147] In einem Brief gibt Jean Anweisungen zum geistlichen Leben, das eine Leiter darstellt: „Christo duce ascende per eam!" – „Mit Christus als Führer steige auf ihr hinauf!"[1148] Man schreitet von Tugend zu Tugend und gelangt „Christo duce", „mit Christus als Führer" nach oben[1149].

1.3 Bernhard von Clairvaux scheint diesen Titel nicht sehr geliebt zu haben. Nur einmal habe ich bei ihm seinen Verwendung gefunden, als er seinem Neffen Robert,

---

[1139] MM 1,44,18-22,28; 1,44,80-88,31f.

[1140] G 4, 4,8,1,14-21,106.

[1141] MM 1,4,6-8,10f.; 1,44,88-95,32.

[1142] Vgl. Habel/Gröbel 124; Niermeyer 363.

[1143] Vgl. Sieben, Nomina 180.

[1144] JFC 3,2,11,142.

[1145] JFC 3,2,18f.,143.

[1146] JFC 3,4,87f.,145.

[1147] JFL 236-238,194.

[1148] JFT 9,166f.,204.

[1149] JFA 7,78f.,214.

der nach Cluny ausgewichen ist, Mut machen will, nach Clairvaux zurückzukehren: „Quid vero tu trepidas, ... quem dux belli Christus praeibit." – „Was zitterst Du also, ... dem als Führer des Krieges Christus vorausgehen wird."[1150]

1.4 Aelred von Rievaulx widmet eine eigene Schrift der Kindheit Jesu. Nachdem er die verschiedenen Stationen Jesu in dieser Lebensphase aufgezählt hat, fragt er sich, warum er dies tut[1151], und antwortet: „Quia profecto dux est Dominus meus Iesus." – „Weil ja mein Herr Jesus der Führer ist."[1152] Auch in dieser frühen Phase des Lebens Jesu ist er für ihn also richtungsgebend.

1.5 Isaak von Stella spielt mit dem ähnlichen Klang von „doctor", „Lehrer" und „ductor", „Führer". „Doctor autem et ductor noster Iesus Christus." – „Lehrer und Führer (ist) unser Jesus Christus."[1153] Während das Lehren durch Worte geschieht, ist er uns Führer durch das, was sein Leben ausmacht[1154].

1.6 Die gleiche Unterscheidung kennt auch Guerricus von Igny. Man spürt erst, daß Christus Lehrer und Führer ist, wenn man auf den Wegen geht, die er weist[1155].

1.7 In dem „Hochzeitslied der Jungfrauen Christi", das dem Traktat „Speculum virginum" angefügt ist, heißt es, daß ein jungfräulich lebender Mensch schon zum Tempel der Königsburg hinauf steigt „Christo iam praeduce", „mit Christus, der schon vorausgehend führt"[1156]. Doch auch den in Sünde gefallenen Menschen reicht Christus seine rechte Hand und ist ihnen „lux et dux", „Licht und Führer"[1157].

1.8 Am Ende seines „Benjamin minor" fügt Richard von St. Viktor eine Allegorese des Aufstiegs Christi mit seinen Jüngern zum Berg der Verklärung an[1158]. Die Jünger werden von Christus auf einen harten Weg geführt[1159], damit sie sich selbst erkennen[1160]. Diesen Weg können diejenigen nicht gehen, „qui Christum ducem non habent", „die Christus als Führer nicht haben"[1161]. Doch darüber hinaus soll man auch die drei Jünger als Begleiter haben[1162], welche den Eifer im Werk, in der Betrachtung und im Gebet versinnbilden[1163]. In allen dreien muß derjenige sich üben, „qui Christum quaerit habere ducem itineris, ductorem ascensionis", „der sucht, Christus als Führer des Weges, als Anführer des Aufstiegs zu haben"[1164]. „Mox ut te dux tuus Christus collacaverit in

---

[1150] BB 1, 1,13,262,13f.
[1151] ARJ 1,3,52-56,251.
[1152] ARJ 1,3,56,251.
[1153] IS 30,7,67f.,184.
[1154] IS 30,7,68-71,184.
[1155] GIS Adv 4,4,170-172,146.
[1156] SPE 12,1020A.
[1157] SPE 119,1046A.
[1158] RVBMI 75-80,53D-56D.
[1159] RVBMI 77,55B-D.
[1160] RVBMI 78,55D-56A.
[1161] RVBMI 79,56C.
[1162] Ebenda.
[1163] RVBMI 79,56B.
[1164] RVBMI 79,56C.

summo", „Sobald dich Christus, dein Führer, auf den Gipfel gebracht hat", geschieht die Verklärung und die Offenbarung[1165].

1.9   Nach Juliane von Cornillon soll der Mensch nicht versuchen, durch intellektuelle Tätigkeit die Herrlichkeit Gottes zu erkennen, sondern warten, bis sie ihm in einer Ekstase „Christo duce", „mit Christus als Führer" geschenkt wird[1166].

1.10   David von Augsburg kann von der Exegese der Verklärung Christi durch Richard von St. Viktor beeinflußt sein, wenn er schreibt, daß die Vollkommenen im Unterschied zu den Anfängern und Fortgeschrittenen im geistlichen Leben „in montis ascensu, iam in ipso culmine, Christo duce, constituti, transfigurationis eius gloriam desiderant speculari", „beim Aufstieg auf den Berg schon auf den Gipfel mit Christus, dem Führer, gelangt sind und sich sehnen, die Herrlichkeit seiner Verklärung zu schauen"[1167].

1.11   Nachdem Christus der Mechthild von Hackeborn seine menschliche Seele „in sociam et ductricem", „als Genossin und Führerin" gegeben hat[1168], spricht sie Jesus als „dux mitissime", „mildesten Führer" an, dankt ihm für eine solche Weggenossin und bereut, daß sie so selten von ihm sich hat führen lassen[1169].

1.12   Gertrud der Großen wird der Wunsch erfüllt, bei der Taufe keinen Engel, sondern Christus selbst als „ducem intineris", „Führer des Weges" zu haben[1170], und sie nennt ihn „dux et custos meae peregrinationis", „Führer und Schützer meiner Pilgerschaft"[1171]. „Custos", „Schützer" wird Jesus hier wohl genannt, weil er an die Stelle des Schutzengels getreten ist. Gertrud braucht Christus, weil sie nur „te duce", „mit Dir als Führer" das Gewand ihrer Taufunschuld makellos bewahren kann[1172]. Darüber hinaus erbittet und erhält Gertrud noch einen eigenen Engel zum Schutz[1173]. Auch den Brautschleier, den man bei der Jungfrauenweihe empfängt, soll man „te rectore, te duce", „mit Dir als Leiter, mit Dir als Führer" unbefleckt bewahren[1174]. Ganz allgemein betet man zu Jesus: „Sis tu ductor meus in hac miseria!" – „Sei Du mein Anführer in diesem Elend!"[1175] oder: „Eia o chare dux meus, in tua voluntate dirige gressus meos." – „Eia, o mein teurer Führer, leite nach Deinem Willen meine Schritte."[1176]

Ähnlich wie „Dux" hat auch der Ausdruck „comes" eine weite Bedeutung als „Begleiter" und eine spezifische als „Graf". Beide Bedeutungen dürften gemeint sein, wenn man sich nach Gertrud Jesus als „vitae meae comitem meliorem", „einen besseren Begleiter oder Grafen für mein Leben" erwählt hat[1177]. Wenn man bedenkt, daß diese Bitte

---

[1165] RVBMI 80,56D-57B.
[1166] JC 1,4,20,450.
[1167] DAE 3,30,3,223.
[1168] MH 1,19,69.
[1169] Ebenda.
[1170] G R 1,69,50.
[1171] G R 1,71,50.
[1172] G R 1,163f.,56.
[1173] G R 1,72-75,50.
[1174] G R 3,263f.,90.
[1175] G R 6,626f.,200.
[1176] G R 7,648f.,248.
[1177] G R 2,71f.,70.

in einem Gebet zur Gelübdeablegung[1178] in einem Feudalkloster steht, dann erhält der Komparativ einen besonderen Sinn. Bei der Profeß wählt sich eine Schwester jemanden als Lebensbegleiter, der mehr ist als ein weltlicher Graf. Die Schwestern sollen sich ja Jesus „in socium et ductorem", „zum Genossen und Anführer" erwählen[1179].

Es fällt auf, daß Gertrud diesen Titel nur in ihren „Exercitia spiritualia" verwendet.

1.13 Zusammenfassend kann man sagen:

Nur schwer kann man oft feststellen, wo der Name „dux" einen „Führer" im weiten Sinn, oder einen „Herzog" meint. An den meisten Stellen kommt man mit der ersten Bedeutung aus. Christus ist Führer, der vorangeht[1180], beim Aufstieg[1181], zum Berg der Verklärung[1182], ins Vaterland[1183] und zur Schau der göttlichen Schönheit[1184]. Er führt sowohl durch seine Worte als auch durch das Beispiel seines Lebens[1185]. Sehr beliebt sind die Ablative „te duce", „mit Dir als Führer"[1186], „Christo duce", „mit Christus als Führer"[1187], „te rectore, te duce", „mit Dir als Leiter, mit Dir als Führer"[1188]. Unter seiner Führung kann man makellos[1189] und sicher[1190] gehen, weil er die Schritte lenkt[1191]. Er ist sowohl der Führer der gefallenen[1192] als auch der vollkommenen Menschen[1193].

2. Wirt

2.1 Ein Herrschertitel kommt nur im muttersprachlichen Bereich vor. Das neuhochdeutsche Wort „Wirt" hat nur noch die Bedeutung „Betreiber eines Gasthauses"[1194]. Im Mittelhochdeutschen meint es darüber hinaus neben „Mann eines Weibes" auch „Haus-", „Burg"- und „Landesherr"[1195] und stellt dann einen Herrschertitel dar.

2.2 David von Augsburg zählt in einem muttersprachlichen Traktat eine ganze Reihe von Titeln auf[1196], von denen man erst am Ende der Abhandlung erfährt, daß sie auf Jesus Christus gemünzt sind[1197]. Unter diesen Namen Jesu heißt es: „Dû bist der wirt, dû

[1178] G R 2,70,70.

[1179] G R 2,73f.,70.

[1180] BB 1, 1,13,262,13f.; SPE 12,1020A.

[1181] JFT 9,166f.,204; JFA 7,78f.,214.

[1182] RVBMI 79,56C; DAE 3,30,3,223.

[1183] JFC 3,2,11,142.

[1184] JFC 3,4,87f.,145.

[1185] IS 30,7,68-71,184; GIS Adv 4,4,170-172,146.

[1186] JFC 3,2,18f.,143; 3,4,87f.,145; G R 1,163f.,56.

[1187] JFT 9,166f.,204; JFA 7,78f.,214; JC 1,4,20,450.

[1188] JFL 236-238,194; G R 3,263f.,90.

[1189] G R 3,263f.,90.

[1190] JFL 236-238,194; G R 1,69-75,50.

[1191] G R 7,648f.,248.

[1192] SPE 119,1046A.

[1193] DAE 3,30,3,223.

[1194] Im Gegensatz dazu hat das Wort „Wirtschaft" auch heute eine weitere Bedeutung. Neben dem „Gasthaus" kann es die „Produktion und den Handel" eines Gebietes meinen.

[1195] Vgl. Lexer 3,932f. Zu «wirt» und «wirtschaft» vgl. Lüers 300-302. In den von Singer (61) aufgestellten Häufigkeitsgruppen der meistgebrauchten mittelhochdeutschen Wörter gehört «wirt» in die vierte Gruppe.

[1196] DAG 362,25-30.

[1197] DAG 363,16-34.

bist diu wirtschaft." – „Du bist der Wirt, Du bist die Wirtschaft."[1198] Damit ist gemeint, daß Jesus nicht nur als Herr des Himmels für die Freude seiner Gäste sorgt, sondern diese selbst ist. So heißt es abschließend: „Owê wie milte der wirt dâ ist, der sînem gesinde sô manige wünne von dem minnerîchen kelre, daz ist von dînem aller getriuwisten herzen sô unspärlich schenket." – „Ach, wie mild der Wirt da ist, der seinem Gesinde so mannigfaltige Wonne von dem liebreichen Keller, das ist von Deinem allgetreuesten Herzen, ohne zu sparen, schenkt."[1199] Auch hier wird betont, daß dieser Wirt nicht von irgendwoher, sondern von seinem Herzen die Gäste betreut. Jesus Christus lädt uns ein „ze der himelischen wirtschaft, daz wir schiere vroelîchen ze dem gotlîchen tische vor dînem antlütze müezen gesidelt werden", „zu der himmlischen Wirtschaft, so daß wir sehr fröhlich an den göttlichen Tisch vor Deinem Antlitz gesetzt werden sollen"[1200]. Er schenkt dann uns sich selbst[1201]. Dorthin kann man nur kommen „nâch des wirtes minnen", „gemäß der Liebe des Wirtes"[1202]. Die Sünder allerdings „gehoerent ze der wirtschaft niht", „gehören nicht zu der Wirtschaft"[1203].

2.3 Auch Mechthild von Magdeburg denkt sich die Freude des Himmels als ein großes Gastmahl, bei dem Jesus der Kelch ist, aus dem die Seligen trinken[1204]. So wird er gelobt als „wirt in allen herbergen", „Wirt in allen Herbergen"[1205]. Zuvor aber hat er als Wirt den Kelch der Pein und der Schmach selbst getrunken[1206]. Kann man hier noch bei dem Bild an einen Wirt als Herr der Herberge, das heißt eines Gasthauses, denken, so tritt dieser Bildhintergrund an einer anderen Stelle ganz zurück. Mechthild legt dar, daß die Engel, die nach ihrer natürlichen Würde über den Menschen stehen, durch die Menschwerdung des Sohnes Gottes unter diese gestellt sind[1207]. „Dú sele ist mit irem vleisch alleine husvro in dem himelriche und sitzet bi dem ewigen wirte, im selber allerglichest." – „Die Seele ist mit ihrem Fleisch im Himmelreich allein die Hausfrau und sitzt bei dem ewigen Wirt, ihm ganz gleich."[1208] „Seele" und „Fleisch" sind hier nicht zwei anthropologische Bestandteile. Bei dem Ausdruck „Fleisch" ist vielmehr im Anschluß an Joh 1,14: „Und das Wort ist Fleisch geworden" an die den Engeln untergeordnete Natur des Menschen gedacht, in der dieser aber durch die Menschwerdung dem Sohn Gottes gleich geworden ist. Wenn die Seele, die neben dem Wirt sitzt, „Hausfrau" genannt wird, darf man nicht an eine „Hausfrau" einer modernen Kleinfamilie denken. Es ist vielmehr die Frau, die dem Hof eines großen Fürsten vorsteht, gemeint. Wirt und Hausfrau tauschen sich Zärtlichkeiten aus[1209]. Dies wird kommentiert

[1198] DAG 362,28.
[1199] DAG 363,2-4.
[1200] DB 10,383,34f.
[1201] DB 10,383,32f.
[1202] DB 10,384,5f.
[1203] DSG 4,392,16f.
[1204] MM 2,24,19-23,59.
[1205] MM 2,10,6,47.
[1206] MM 3,3,28-30,81.
[1207] MM 4,14,37-40,129.
[1208] MM 4,14,40-42,129.
[1209] MM 4,14,42f.,129.

mit der Bemerkung: „Alsus eret der wirt bi siner siten die husfröwen." – „Also ehrt der Wirt die Hausfrau an seiner Seite."[1210] Von einer Bewirtung im heutigen Sinn, das heißt vom Vorsetzen von Speise und Trank, ist an dieser Stelle nicht die Rede. Vielmehr heißt es: „Mere die fúrsten und die dienstherren, das sind die heligen engel, die hat der wirt vor ǒgen." – „Die Fürsten und die Dienstherren aber, das sind die heiligen Engel, die hat der Wirt vor (seinen) Augen."[1211] Fürsten und Dienstherren sind die Schwert- und Dienstadligen, die im Mittelalter an den Höfen der Landesherren ihren Dienst zu versehen hatten. Während die Landesherrin neben dem Herrn sitzt, müssen sie vor ihm und ihr stehen. Alle ihre Ehrbezeugungen gelten dem Wirt und der Hausfrau gemeinsam[1212]. Man sieht, wie Mechthild beim Titel „Wirt" Christus wie einen Landesherrn ansieht.

2.4 Abschließend läßt sich über diesen Titel sagen: Wirt ist Jesus in der Vollendung des Himmels. Oft kann man mit diesem Namen die neuzeitliche Vorstellung eines Wirtes verbinden, weil Christus dort seine Gäste bewirtet[1213], aber nicht mit Speise und Einladung zum Tanz sondern mit sich selbst[1214]. An einigen Stellen aber ist der höfischen Kontext so deutlich, daß eher die Position eines Landesherrn Vergleichspunkt für Christus als „Wirt" ist[1215].

3. Adel

3.1 „Nobilitas" drückt im Mittelalter in den meisten Fällen den „Adel" und „nobilis" oft den „Adligen aus, obwohl „nobilis" als Adjektiv auch im weiteren Sinn verwendet wird und dann „kostbar" meint[1216]. So gehören diese Ausdrücke auch zur Bezeichnung der herrschenden Schicht. In der Vulgata taucht das Adjektiv „nobilis" in der Bedeutung von „vornehm, adlig" auf (Mk 15,43; Lk 19,20).

3.2 Abstammung und Adel gehören zusammen; so erstaunt es nicht, wenn Hildegard von Bingen schreibt: „Vnigenitus meus de Spiritu sancto conceptus nobiliter sine macula ex Virgine natus est." – „Mein Eingeborener ist vom Heiligen Geist empfangen und adlig ohne Makel aus der Jungfrau geboren."[1217]

3.3 Hadewijch spricht häufiger vom Adel Gottes, der in der „unio mystica" auf den Menschen übergeht[1218]. So ist es nicht erstaunlich, daß Jesus Christus, der die Einheit zwischen Gott und Mensch in seiner Person darstellt, adlig genannt wird. Daß Gott Gott und der Mensch Mensch ist, ist kein Anlaß zu Verwunderung[1219]. „Doen saghic gode mensche, ende ich sach den mensche godlec. Doen en wonderde mi niet dattie mensche verweent was met god." – „Da sah ich den Gottmenschen und ich sah den

---

[1210] MM 4,14,43f.,129.

[1211] Ebenda.

[1212] MM 4,14,46f.,129.

[1213] DAG 362,28; DB 10,383,34f.

[1214] DAG 362,28; 363,2-4; DB 10,383,32f.

[1215] MM 4,14,40-48,129.

[1216] Vgl. Niermeyer, 718f.

[1217] HISV 1, 2,4,4,156f.,163.

[1218] Vgl. Weiß, Gottesbild 1,441-443.

[1219] HAB 28,231-233,238.

göttlichen Menschen. Da wunderte ich mich nicht, daß der Mensch voll Wonne mit Gott war."[1220] Es ist auch nicht verwunderlich, daß, wenn Gott ein Mensch wird, dieser Mensch alle Freude mit Gott teilt. Etwas anderes aber ist erstaunlich: „Jc sach hoe gode den alre edelsten mensche met vernoye sen gaf ende met vernoye sen nam." – „Ich sah, wie Gott dem alleradligsten Menschen mit dem Leiden den Sinn gab und mit dem Leiden den Sinn nahm."[1221] Dieser Satz ist schwer zu verstehen[1222]. Mir scheint Folgendes damit ausgesagt zu sein: Wenn der menschgewordene Sohn Gottes immer in Freuden gelebt hätte, wäre dies leicht verstehbar. Auf Erden aber hat Gott nicht nur das Leiden, sondern auch mit dem Leiden einen Sinn, nämlich das Ziel der Erlösung gegeben. Daß aber Gott Jesus in der Gottverlassenheit am Kreuz auch wieder die Erfahrung dieses Sinnes nahm, geht über menschliches Begreifen. Diese unbegreifliche Tatsache aber ist ein Trost für die Menschen, die Leid zu tragen haben[1223]. Diese Interpretation paßt gut zur Warnung Hadewijchs, auf Erden nicht mit der Gottheit Jesu in Freuden sein zu wollen; vielmehr soll man mit seiner Menschheit das Kreuz tragen[1224]. Sollte die Interpretation dieser Stelle nicht zutreffen, bleibt doch die Tatsache bestehen, daß an dieser Stelle der Menschensohn als adligster Mensch bezeichnet wird.

3.3 Bei Mechthild von Magdeburg kommt häufiger das Wort „edelheit" vor, das an den meisten Stellen mit „Adel" wiederzugeben ist.

Eine ihrer Anreden Jesu besteht aus drei Titeln: „O edeler arn, o sússes lamp, o fúres glût!" – „O adliger Adler, o Süßes Lamm, o Feuersglut!"[1225] Durch die Tatsache, daß der Adler in vielen Wappen der Aristokratie vorkommt, ist schon die Nähe zum Adel gegeben. Ganz ins höfische Sprachspiel gehört die Aussage über die Seele als Braut: „Din swert das ist der edel rose Jhesus Christus, da mit werst du dich: din schild der ist die wisse lylie Maria." – „Dein Schwert ist die adlige Rose, Jesus Christus, womit Du Dich wehrst; Dein Schild ist die weiße Lilie, Maria."[1226] Auf der Bildebene meint Mechthild wohl nicht, daß die Rose direkt das Schwert und die Lilie direkt der Schild sei. Vielmehr will sie sagen, daß auf dem Schwert eine Rose als Symbol Christi und auf dem Schild eine Lilie als Symbol Mariens angebracht ist.

Jesus wird von Mechthild angeredet: „O grosser tó der edelen gottheit, o cleine blûme der süessen maget!" – „O großer Tau der adligen Gottheit, o kleine Blume der süßen Jungfrau!"[1227] Auf der einen Seite besteht zwischen beiden Titeln ein offener (groß – klein), auf der anderen Seite ein nur angedeuteter (Gottheit – die unter der Blume der Jungfrau verstandene Menschheit Jesu) Unterschied. Adlig ist die Gottheit

---

[1220] HAB 28,233-236,238.
[1221] HAB 28,236-238,238.
[1222] Van Mierlo fragt sich in Anmerkung zu dieser Stelle in seiner kritischen Ausgabe, ob mit dem „adligsten Menschen" der Gottmensch gemeint ist. Mir scheint dies keine Frage zu sein. Welcher andere Mensch verdient sonst diesen Superlativ?
[1223] HAB 28,239-241,238.
[1224] HAB 6,230-235,64.
[1225] MM 2,2,17,38.
[1226] MM 2,19,13f.,50.
[1227] MM 5,20,2f.,170.

Jesu, weil sie geflossen ist aus „edelkeit ... der heligen drivaltekeit", dem „Adel ... der heiligen Dreifaltigkeit"[1228]. Es gibt aber auch etwas Verbindendes, nämlich den Adel und die jungfräuliche Geburt. Gerade bei der jungfräulichen Empfängnis durch Maria spielt der Adel Christi eine besondere Rolle. Maria betet nach Mechthild darum, daß sie Mutter des Herrn wird: „Herre got, ich vröwe mich des, das du komen wilt in also edeler wise, das ein magt din mûter wesen sol." – „Herr Gott, ich freue mich darüber, daß Du kommen willst in so adliger Weise, daß eine Jungfrau Deine Mutter sein soll."[1229] Wieder stehen Adel und jungfräuliche Geburt beieinander. Phantasievoll malt Mechthild den Gegensatz des Adels Jesu und der kümmerlichen Umstände seiner Geburt aus. Maria hat noch nicht einmal richtige Windeln, sondern benutzt statt dessen das harte Satteltuch von Josefs Esel und ein Teil ihres eigenen Hemdes, wickelt darin das neugeborene Kind ein und legt es in eine Krippe[1230]. Dort weint dieses Kind, aber nicht ohne besonderen Grund[1231]. „Also tet únser herre, do er wider siner edelen art in eime vihestalle also herte gebettet ward durch die bösen súnde." – „Also tat unser Herr, da er entgegen seiner adligen Art in einem Viehstall so hart gebettet wurde um der bösen Sünden willen."[1232] Das schreibt Mechthild, nicht weil das Jesuskind wehleidig gewesen wäre, sondern weil sie andeuten will, daß er schon in Betlehem von seinem Geschick als Erlöser wußte.

Wenn Mechthild „ein edel weg", „einen adligen Weg" beschreibt, den Jesus ging[1233], dann denkt sie an seinen Kreuzweg, der adlig ist, weil er ohne Sünde und Schuld begangen wird[1234]. Nur Jesus kann die so erhaben geschaffene Seele „na miner edelkeit", „nach meinem Adel" trösten[1235]. Da Ehre und Trost in der ständisch geprägten Gesellschaft des Mittelalters nur unter Gleichgestellten ausgetauscht werden kann, muß Jesus auch den Adel besitzen, wenn er die adlige Seele trösten kann. Der Mensch ist ja „gehelget mit diner edelkeit", „geheiligt mit Deinem Adel"[1236]. Wenn der Mensch sich künftig von Sünden rein hält, wird er „an miner edelkeit", „an meinem Adel" gleich[1237].

Mechthild erwähnt dort den Adel des Gottessohnes, wo sie die Größe seines Abstiegs um uns Sünder willen betont. Seinem Adel entspricht die jungfräuliche Geburt aus Maria.

3.4 In Helfta wird gelegentlich auch der Adel Christi erwähnt. Die ganze Dreifaltigkeit steht für Mechthild von Hackeborn auf der höchsten Stufe des Adels[1238]. Um zu ihr zu gelangen, gibt es „nobilissimum instrumentum Cordis", „das adligste Instrument des

---

[1228] MM 7,25,3f.,275.
[1229] MM 5,23,15.17,174.
[1230] MM 5,23,56-60,176.
[1231] MM 5,23,60-62,176.
[1232] MM 5,23,72-64,176.
[1233] MM 1,25,2f.,20.
[1234] MM 1,25,3f.,20.
[1235] MM 4,12,18f.,123.
[1236] MM 1,6,9,12.
[1237] MM 5,8,12-14,161.
[1238] MH 3,3,199.

Herzens" Jesu[1239]. Durch die „dignatissima divinae nobilitatis dignatio", „würdigste Herablassung des göttlichen Adels" empfangen die Menschen den heiligen Lebenswandel Christi, der ihnen als Ergänzung von all dem dient, woran sie selbst am Guten Mangel leiden[1240]. Durch ihr Jawort bewirkt der Heilige Geist die Empfängnis in der Jungfrau Maria, damit sie als „mater nobilis", „adlige Mutter" schwanger wird[1241]. Im Leiden der Mechthild, welches sie von der Kindheit an geduldig ertragen hat, wird ihr Adel in Einheit mit den Leiden Christi bemerkbar[1242].

3.5   Gertrud die Große nennt Christus mit dem Fachterminus für Aristokraten einen „homo nobilis", „Adligen"[1243]. Scham überfällt sie, wenn sie daran denkt, daß sie vor einer solchen Person einmal Rechenschaft ablegen soll[1244]. Es gibt ihn aber auch als den „praenobile balsamum divinitatis", „hochadligen Balsam der Gottheit"[1245], der alle Vergehen heilt. Deswegen bittet sie ihn, „per vitae tuae nobili innocentiam", „durch die Unschuld Deines adligen Lebens" sie von allen Makeln ihres Lebens zu reinigen[1246]. Gott Vater schenkt ihr ja „per eum in virtute Spiritus Sancti cum ea nobilitate compassionis", „durch ihn in der Kraft des Heiligen Geistes mit dem Adel des Mitleidens" ein neues Können[1247]. Deswegen erhofft sie auch Vergebung ihrer Vergehen „contra tam divine nobilem bonitatem", „gegen die so göttlich adlige Güte"[1248]. Als Gertrud meint, in einem Advent nicht genug die Jungfrau Maria verehrt zu haben, bietet sie ihr „praenobilissimum … Cor Jesu Christi pro suppletioni sui totius neglecti", „das hochadligste … Herz Jesu Christi zur Ergänzung ihrer ganzen Nachlässigkeit" an[1249]. Einmal sieht sie bei einem Kommunionempfang Jesus, der eine Geißel, die unsere Erlösung bedeutet, herstellt[1250]. Diese Geißel besteht aus drei Stricken, von denen der dritte den „virtuosa nobilitas suae excellentissimae divinitatis", „kraftvollen Adel seiner herausragendsten Gottheit" darstellt, welcher bei jedem Werk Jesu mitwirkt[1251]. Dieser „virtuosa nobilitas divinitatis", „kraftvolle Adel der Gottheit" erstrahlt hinter der erscheinenden Gestalt Jesu über seinem Kopf wie ein Heiligenschein[1252]. Am Ende der Zeit wird nicht nur der auferstandene Leib des Menschen verklärt, sondern durch die Auferstehung Christi wird die Seele auch „incomparabiliter dignioris excellentiae nobilitatem", „einen Adel von unvergleichlich würdigerer Erhabenheit" erhalten[1253].

[1239] MH 1,5,19f.
[1240] MH 3,14,213.
[1241] MH 1,1,10.
[1242] MH 7,8,401.
[1243] G R 7,458,236.
[1244] G R 7,456-462,236.
[1245] G 2,2,6,3,1,258.
[1246] G R 7,661-664,248.
[1247] G 2,2,5,4,4-6,252.
[1248] G 2,2,5,4,6-8,252.
[1249] G 4,4,2,16,1-9,46.
[1250] G 4,4,23,2,1-8,216.
[1251] G 4,4,23,2,10-12,216.
[1252] G 4,4,23,2,20-23,216.
[1253] G 3,3,68,3,30-34,278.

3.6 Agnes Blannbekin empfiehlt besonders die Verehrung der Wunden Jesu, wobei die durch die Dornenkrone entstandenen Verwundungen hervorgehoben werden. Diese soll man andächtig betrachten. „Hoc enim animam nobilitat et dignam paterna haereditate facit in coelis cum Christo." – „Dies nämlich adelt die Seele und macht sie im Himmel mit Christus des väterlichen Erbes würdig."[1254] Es dürfte kein Zufall sein, daß dies gerade angesichts der Krone, die ein Zeichen der Aristokratie ist, wenn sie auch aus Dornen besteht, geschieht. Immer wieder steht der Adel Jesu im Gegensatz zur Sünde und beinhaltet die Reinheit[1255].

3.7 Wenn vom Adel Christi die Rede ist, dann wird die Würde seiner Abstammung genannt. So ist er als Sohn Gottes durch die Gottheit[1256] und als Sohn der Jungfrau Maria durch deren Jungfräulichkeit in der Empfängnis[1257] adelig. Oft wird auch seine adelige Würde den armseligen Umständen bei seiner Geburt[1258] und der Bitterkeit bei seinem Leiden[1259] gegenübergestellt. Der Mensch erhält an Christus Anteil, besonders in der „unio mystica"[1260], an seinem Adel[1261], der in seinem Erbe[1262], seiner Erlösung[1263] und seiner Ergänzung aller Mängel[1264], woraus Trost erwächst[1265], besteht; er muß sich aber durch einen lauteren Lebenswandel als würdig erweisen[1266].

4. „Würde"

4.1 Schon in der Vulgata meint „dignitas" die „Würde", die eine höhergestellte Person innehat (Est 9,3; Sir 45,30). Einmal (1 Makk 10,24) ist auch von „dignitates" im Sinn von besonderen „Dignitäten", das heißt von „Würdenträgern", die Rede. Im Mittelhochdeutschen bezeichnet die „wirde", „Würde" oft eine Eigenschaft eines Höherstehenden[1267]. So steht die „dignitas" in semantischer Nähe zur „nobilitas"[1268]. Es fällt auf, daß häufiger in den muttersprachlichen Texten von der „wirde" als in den lateinischen von der „dignitas" gesprochen wird.

4.2 Wir können nach Jean von Fécamp „celsitudinem tantae dignitatis obtinere", „die Höhe einer solchen Würde erlangen", wenn wir in Demut, Geduld und Liebe den Spuren Christi nachfolgen[1269].

[1254] AB 113,10-13,254.

[1255] AB 68,11-13,170.

[1256] HISV 1,2,4,4,156f.,163; MM 2,2,17,38; 2,19,13f.,50; 5,20,2f.,170; 7,25,3f.,275; G 4,4,23,2,10-12,20-23,216.

[1257] HISV 1,2,4,4,156f.,163; MM 2,19,13f.,50; 5,20,2f.,170; 5,23,15.17,174.

[1258] MM 5,23,72-64,176.

[1259] HAB 28,236-238,238; MM 1,25,2-4,20.

[1260] HAB 28,233-236,238.

[1261] MM 1,6,9,12; MH 7,8,401.

[1262] G 3,3,68,3,30-34,278; AB 113,10-13,254.

[1263] G 2,2,5,4,4-8,252; 2,6,3,1,258; 4,4,23,2,1-8,216.

[1264] MH 3,14,213; G 4,4,2,16,1-9,46.

[1265] HAB 28,239-241,238; MM 4,12,18f.,123.

[1266] MM 5,8,12-14,161.

[1267] Vgl. Lexer 3,926f.

[1268] In der Vita der Agnes Blannbekin (AB 68,8f.,170) heißt es, daß Personen an „dignitate … sive nobilitate", „Würde und Adel" reich sind.

[1269] JFC 2,5,187-191,127.

4.3 Richard von St. Viktor weiß vom Streit um „praerogativa dignitatis", „den Vorrang an Würde", den es unter geschaffenen Personen geben kann, welcher in der Dreifaltigkeit nicht vorkommt: „Sed absit ut ibi credatur esse aliqua dignitatum distantia." – „Fern sei es, anzunehmen, es gäbe dort irgendeine Abstufung der Würde."[1270] Vielmehr gibt es nur eine, dem gleichem Wesen der Personen angehörende Würde[1271]. Deswegen hat auch der Sohn dieselbe Würde wie der Vater[1272].

4.4 Hildegard von Bingen, die von den „tam saeculares quam spiritales dignitates", „den weltlichen wie geistlichen Würdenträgern" spricht[1273], weiß von der Würde der jungfräulichen Geburt Jesu. Ihm gehört an die „dignitas ingredientis et egredientis clausuram uirginalis pudicitiae", „die Würde dessen, der die Klausur der jungfräulichen Scham betritt und verläßt"[1274]. Auch am Kreuz bleibt die Würde Jesu sowohl in seiner Gottheit wie auch in seiner Menschheit gewahrt[1275]. Diese Würde ist vor allem auf die kirchlichen Amtsträger übergegangen[1276].

4.5 Nach David von Augsburg übertrifft Jesus Christus, dessen Seele mit dem reinsten Gold der adligen Gottheit übergossen ist, alle geschaffenen Dinge „mit dîner gewaltigen werdekeit", „mit Deiner gewaltigen Würde"[1277]. Der Gottmensch umspannt in seiner Person zwei Pole: Er ist ganz oben in seiner Würde und ganz unten in seiner Demut.[1278] „Du bist ob allen dingen mit küneclîchem gewalte und mit dîner natiurlîchen werdekeit." – „Du bist über allen Dingen mit königlicher Gewalt und mit Deiner natürlichen Würde."[1279] Gott, der die Länge der allmächtigen Würde besitzt, ist in Jesus Christus an seiner Menschheit sterblich geworden[1280]. In seiner würdevollen Gottheit versprach er, sich derer zu erbarmen, denen er es will[1281].

4.6 In einer Anfechtung bieten Christina von Stommeln die Dämonen „honores et dignitates", „Ehren und Würden" an, wenn sie bereit ist, ihnen zu gehorchen. Darauf erwidert die Begine: „Gloriam et dignitatem aliam non appeto, nisi Dominum meum Jesum Christum." – „Eine andere Ehre und Würde strebe ich nicht an als meinen Herrn Jesus Christus."[1282]

4.7 Zusammenfassend kann man sagen:

Der Unterschied zwischen dem christologischen Gebrauch von „Adel" und „Würde" ist gering. Christus hat die gleiche Würde wie Gott[1283]. Dieser Würde entsprach

---

[1270] RVTR 5,24,362.
[1271] RVTR 6,17,426.
[1272] RVTR 3,19,210.
[1273] HISV 1, 1,6,10,210f.,106.
[1274] HISV 1, 2,6,8,434f.,237.
[1275] HISV 2, 3,6,34,919-921,458.
[1276] Vgl. Weiß, Gottesbild 1,447.
[1277] DB 7,382,11-22.
[1278] DAG 362,21-23.
[1279] DEW 366,13f.
[1280] DB 10,384,25-29.
[1281] DU 375,6-8.
[1282] CS 2,4,11,96,320.
[1283] RVTR 3,19,210.

auch seine jungfräuliche Empfängnis[1284]. Er verlor sie auch in der Erniedrigung seiner Menschwerdung und seines Leidens[1285] nicht, womit der Gottmensch die höchste Höhe und tiefste Tiefe umfaßt[1286]. Er will uns auch an ihr Anteil geben[1287], was unsere Teilhabe an seiner Niedrigkeit bedingt[1288].

5. Das Ternar der Eigenschaften

An anderer Stelle haben wir aufgezeigt, daß das Ternar der Eigenschaften „Macht, Weisheit und Güte" für das Gottesbild der Mystikerinnen sehr wichtig ist[1289], in dem sich auch die drei Personen der Dreifaltigkeit widerspiegeln[1290]. Auch wenn das Ternar insgesamt nicht immer auf Christus bezogen wird, werden seine einzelnen Glieder doch oft ihm als Namen beigegeben.

5.1 Macht

Auch wenn die Macht innerhalb der Dreifaltigkeit besonders dem Vater zugeordnet wird, wird sie gelegentlich auch dem Sohn zugeschrieben. Es empfiehlt sich hier, wie wir es an anderem Ort schon bei Beschreibung der Macht bei Gott allgemein getan haben[1291], auch bei der Macht Christi unterschieden zwischen lateinischen und muttersprachlichen Texten nach einzelnen Ausdrücken vorzugehen.

5.1.1 Die lateinischen Texte

5.1.1.1 „Virtus"

1. In der Vulgata kommt der Ausdruck „virtus" im Zusammenhang mit Jesus Christus vor[1292]. Jesus wirkt bei seinem öffentlichen Auftreten mit Macht (Mk 5,30; Lk 4,14; 8,46), die sich besonders in seiner Verklärung (2 Petr 1,16) und in seiner Auferstehung (Röm 1,4; 2 Kor 15,4) zeigt. Die Christen versammeln sich in seiner Macht (1 Kor 5,4). Einst wird Christus in Macht wiederkommen (Mk 13,26; Mt 24,30). Richtungsweisend war für unsere Texte 1 Kor 1,24 (vgl. Mk 6,2; Offb 5,12), an welcher Stelle von Chri-

---

[1284] HISV 1, 2,6,8,434f.,237.
[1285] HISV 2, 3,6,34,919-921,458.
[1286] DAG 362,21-23; DB 10,384,25-29.
[1287] CS 2,4,11,96,320.
[1288] JFC 2,5,187-191,127.
[1289] Der ganze zweite Teil von „Die deutschen Mystikerinnen und ihr Gottesbild" behandelt ausschließlich dieses Ternar.
[1290] Vgl. Weiß, Dreieiner 243-268.
[1291] Vgl. Weiß, Gottesbild 2,661-817.
[1292] Auf die vielen Stellen, an denen von den „virtutes" im Sinn von Wundertaten gesprochen wird, gehen wir nicht ein.

stus als „Dei virtus et Dei sapientia", „Gottes Macht und Gottes Weisheit" gesprochen wird[1293]. In der Christologie der Alten Kirche gehört dieser Ausdruck zu einem der wichtigen Namen für Christus[1294].

2. Jean von Fécamp ruft das Wort des Vaters, den Sohn Gottes, an. Er soll als „uirtus et sapientia", „Macht und Weisheit" ihm das Geheimnis der Dreifaltigkeit nahe bringen[1295]. Er möge auch „uirtute omnipotentiae", „durch die Kraft der Allmacht" verhindern, daß Jean seinen freien Willen mißbraucht[1296]. Jesus ist auch „uirtus maritans mentes", „die Kraft, die sich ehelich verbindet mit den Geistern" derer, die ihn suchen[1297].

3. Bernhard von Clairvaux spricht oft von der Macht Christi.

3.1 Christus als ewiger Sohn Gottes wird Macht genannt. Mögen Engel auch „fortitudo", „Stärke" und „uirtus", „Macht" heißen, besitzen sie diese Eigenschaften nur als Akzidenzien[1298]. „Christus autem etiam substantive Christus Dei virtus et dicitur et est." – „Christus wird aber auch als Substanz ‚Christus Gottes Kraft' genannt und ist es auch."[1299] Nur so kann er in der Kraft des Stärkeren den Bösen besiegen[1300], während die relative Macht des Engels Gabriel ausreicht, um Maria und Josef bei der Verkündigung Mut zuzusprechen[1301]. Die Macht des Allerhöchsten umschattet die Jungfrau. Dadurch „Dei virtus et Dei sapientia, Christus, sic in suo secretissimo consilio obumbrando conteget et occultabit, quatenus sibi tantum notus habebatur et tibi", „wird Gottes Macht und Gottes Weisheit, Christus, so in seinem geheimsten Beschluß geschützt und verhüllt, daß es nur ihm und dir (= Maria) bekannt werden konnte"[1302]. Vor allem Satan sollte nicht vorzeitig um das Geheimnis der Entstehung Christi wissen. Durch dessen Macht fliehen die Dämonen[1303]. Es war „virtus in carne Christi", „die Macht im Fleisch Christi", welche Maria fähig machte, die Gegenwart der göttlichen Majestät in sich zu tragen[1304], und welche die Macht des Bösen überwand[1305]. Wegen dieser Umhüllung sieht man am Weihnachtsfest Christus, „virtutem in infirmitate", „die Macht in der

---

[1293] Schon Origenes spricht von dieser Wortkombination; vgl. Sieben, Nomina 165. Wir werden den Einfluß dieser Wortkombination weitgehend unter dem Stichwort „virtus" und nicht noch einmal unter demjenigen von „sapientia" behandeln.

[1294] Für Arius vgl. Sieben, Nomina 171; für die Kirchweihsynode von Antiochien (341) vgl. ebenda 178; für Athanasius von Alexandrien vgl. ebenda 179; für Gregor von Elvira (+ 392) vgl. ebenda 181; für Gregor von Nazianz vgl. ebenda 187; für Augustinus vgl. ebenda 191.

[1295] JFC 1,10,203-206,116. Die gleiche Kombination von Eigenschaften schreibt Jean (JFC 3,21,720,165) auch dem Vater zu.

[1296] JFC 2,7,347f.,132.

[1297] JFC 3,55f.,144.

[1298] So ist wohl das lateinische „nuncupative", welches im Gegensatz zu „substantive" steht, wiederzugeben.

[1299] BLVM 1,2,36,10-12.

[1300] BLVM 1,2,36,12-14.

[1301] BLVM 1,2,36,14-24.

[1302] BLVM 4,4,106,19-23.

[1303] BHLD 1,31,4,9,498,23f.

[1304] BHLD 1,31,4,9,498,20-22.

[1305] BHLD 1,31,4,9,498,20.

Schwäche"[1306]. „Haec virtus abscondenda erat et in humilitate perficienda." – „Diese Kraft mußte verborgen und in der Niedrigkeit vollendet werden."[1307] Die Vollendung der Kraft in der Niedrigkeit geschah beim Sterben Christi am Kreuz[1308]. „Infirmata est virtus summa, ... quasi infatuata est sapientia." – „Schwach geworden ist die höchste Macht, ... gleichsam töricht geworden die Weisheit."[1309]

3.2 Macht und Weisheit muß Christus besitzen, wenn er uns erlösen will. „Habet igitur homo necessarium Dei virtutem et Dei sapientiam Christum." – „Es hat also der Mensch Christus als Gottes Macht und Gottes Weisheit nötig."[1310] Bernhard legt dar, daß uns in der Erlösung eine doppelte Freiheit geschenkt wird, die Freiheit von der Sünde und die Freiheit vom Leid. So hat uns Christus nicht nur die Weisheit Gottes wiedergeschenkt, damit unser Wille nicht nur grundsätzlich frei ist, sondern auch die Macht Gottes, damit wir im Schmecken des Guten auch tatsächlich keine Sünde mehr tun[1311]. Christus aber will uns an beiden Armen unserer Seele umfassen mit Macht und Weisheit[1312]. In der von Christus geschenkten Macht brauchen wir das Widrige nicht zu fürchten[1313]. „Iam adversus hostes tuos dimicat, iam superborum et sublimium colla tamquam Dei virtus et sapientia calcat." – „Schon kämpft er gegen Deine Feinde, schon zertritt er als die Macht und Weisheit Gottes den Nacken der Stolzen und Hochmütigen."[1314] Diese Macht hat der Menschgewordene bewiesen, als er Lazarus aus dem Reich des Todes herausgerufen hat[1315]. Aus dem Herzen des Gekreuzigten entspringt das Wasser wie von vier Quellen, welche „veritas, sapientia, virtus et caritas", „Wahrheit, Weisheit, Macht und Liebe" sind[1316]. Von der Quelle der Macht fließt der Schutz[1317]. Sie hilft uns in der Angst bei den Drohungen des Bösen[1318]. Diese Quelle ist notwendig, denn alle Erkenntnis dessen, was man tun soll, hilft nicht, wenn man nicht auch die Macht hat, es auszuführen[1319]. Weil der Ruhm eines Vaters ein weiser Sohn ist (Spr 13,1), ist Christus als Gottes Macht und Weisheit der Ruhm seines Vaters[1320]. Einmal teilt Bernhard auch die beiden Eigenschaften auf zwei Stationen des Wirkens Christi auf: „Ipsumque descensum egit fortiter, quia virtus erat; ascensum disposuit suaviter, quia sapientia erat." – „Und er vollzog seinen Abstieg kraftvoll, weil er die Macht war;

[1306] BVNAT 6,6,214,8-10.
[1307] BD 57,2,594,9.
[1308] BD 57,2,594,10f.
[1309] BD 57,1,594,1f.
[1310] BGR 3,8,26,210,25f.
[1311] BGR 3,8,26,210,26-212,2.
[1312] BB 1, 18,3,376,1-4.
[1313] BGR 3,8,26,212,2-9.
[1314] BNAT 1,3,228,22-24.
[1315] BASSPT 4,4,564,17-19.
[1316] BD 96,1,730,3-8.
[1317] BD 96,1,730,10f.
[1318] BD 96,1,730,15.
[1319] BD 96,1,730,17-19.
[1320] BANN 1,6,102,22-104,2.

den Aufstieg ordnete er milde, weil er die Weisheit war."[1321] Da dieser Satz in einer Predigt über Christi Himmelfahrt steht, ist klar, daß Bernhard diese mit dem Aufstieg meint, während sein Abstieg die Menschwerdung bedeutet. Milde ist sein Aufstieg, weil das Werk der Erlösung weise vollbracht ist[1322]. „Apostolus Christum praedicat Dei virtutem et Dei sapientiam." – „Der Apostel (Paulus) verkündet Christus als Gottes Macht und Gottes Weisheit."[1323] Angesichts der Größe der Macht und Weisheit Gottes in Christus kann Bernhard nur „parvum aliquid", „etwas Geringes" sagen[1324].

4. Gelegentlich spricht auch Wilhelm von St. Thierry von der Macht Christi.

4.1 Verschiedentlich zitiert oder umschreibt Wilhelm 1 Kor 1,24 und wendet den Vers auf Christus an. Wenn die Braut in der Umarmung Christi ihres Bräutigams liegt, „tunc, inquam, plenum erit osculum plenusque amplexus, cujus virtus sapientia Dei", „dann, meine ich, wird vollendet der Kuß und vollendet die Umarmung sein, deren Macht die Weisheit Gottes" ist[1325]. Wilhelm bietet für Röm 1,4 „praedestinatus est Filius Dei in virtute" eine doppelte Erklärung an. Bleibt man beim Wortlaut der Vulgata, dann meint die Stelle: Christus ist vorherbestimmt in Kraft, weil er als Mensch keine Schwäche der Sünde kannte[1326]. Wilhelm weiß aber auch, daß man nach dem griechischen Urtext[1327] das „praedestinatus" besser mit „eingesetzt" wiedergeben muß[1328]. Unter dieser Voraussetzung erklärt er die Stelle folgendermaßen: „Venit in virtute, hoc est in eo quod erat. Christus enim virtus Dei est, et Dei sapientia." – „Er kam in Macht, das heißt in dem, was er war. Christus ist nämlich Gottes Macht und Gottes Weisheit."[1329] Beide Erklärungen gehen von der christologischen Zweinaturenlehre aus. Im gleichen Kommentar zum Römerbrief fordert Wilhelm auf, sich Christus nicht zu schämen, der als Wort Gottes Macht und Weisheit Gottes ist[1330].

4.2 Die Macht, welche Christus als Sohn Gottes zukommt, ist aber auf Erden nicht zu erkennen. Der Menschgewordene am Kreuz war so beschaffen, „per omnia ergo virtutem ei divinitatis occultans, et solam ei carnis infirmitatem praeferens", „daß er in allem ihm (= dem Teufel) die Macht seiner Gottheit verbarg und nur die Schwäche des Fleisches bei ihm herausstellte"[1331]. Dadurch gab er dem Bösen die Hoffnung auf den Sieg und den Mut, ihn zu töten[1332]. Für den ihn liebenden Menschen, seine Braut, gilt dies allerdings nicht. Ihr zeigt er sich „per affectus quosdam participes divinae virtutis

---

[1321] BD 60,1,602,10-12.
[1322] BD 60,2,604,1f.
[1323] BBEN 3,76,1f. Bernhard (BCO 5,1,2,776,13) spricht auch von der Macht und Weisheit Gottes ohne christologischen Bezug.
[1324] BBEN 3,76,2f.
[1325] WHLD 1,11,132,284.
[1326] Ebenda.
[1327] WR 1,550C: „secundum graeciae translationis veritatem, non praedestinatus, sed destinatus".
[1328] Ebenda.
[1329] Ebenda.
[1330] WR 6,655C.
[1331] WND 12,37,402D.
[1332] Ebenda.

et bonitatis", „durch gewisse Gefühle, die Anteil haben an der göttlichen Macht und Güte"[1333].

Auffallend ist, daß Wilhelm ausschließlich von der Macht der göttlichen Natur spricht.

5. Nach Aelred von Rievaulx war es „ineffabilis misericordiae eius virtus", „seine unaussprechliche Macht der Barmherzigkeit", die Christus dem Gelähmten nicht nur körperliche Heilung, sondern auch Vergebung der Sünden schenkte. Sie zu leugnen, wäre Blasphemie, sie aber bedingungslos für sich zu erwarten, wäre Dummheit[1334].

6. Isaak von Stella beschäftigt sich mit der Macht des ganzen Christus; denn er ist offensichtlich nicht in seiner Gottheit versucht worden. Er siegt aber mit ihr: „Hic ergo sapientia sanctorum, ibi patientia et uirtus. Utrumque enim docere venit et dare Christus, Dei Virtus et Dei Sapientiae, in utroque tentatus, in utroque probatus." – „Hier also (ist) die Weisheit der Heiligen, hier die Geduld und die Macht. Beides zu lehren und zu schenken, ist Christus, Gottes Macht und Weisheit, gekommen, in beiden versucht, in beiden erprobt."[1335] „Virtute patientiae vincit leonem", „Mit der Macht der Geduld besiegt er den Löwen", unter welchem Tier hier der Böse versinnbildet ist[1336]. „Virtus enim omnium maxima patientia est." – Die größte Macht über alles ist die Geduld."[1337] Da man für gewöhnlich bei der Geduld nicht an die Gottheit denkt, ist hier wohl die Macht der Menschheit Jesu gemeint. Isaak aber spricht auch von der Macht bei Jesus als dem Worte Gottes. Bei der Heilung eines Aussätzigen ist er es, der als „Dei sapientia et virtus, faciens et docens, lepram et ignorantiam fugans", „Gottes Weisheit und Macht handelt und lehrt, den Aussatz und die Unwissenheit in die Flucht schlägt"[1338]. Wie Bernhard weiß auch Isaak, daß unsere Erlösung einen doppelten Aspekt hat. Wir sind von der Finsternis des Nichtwissens durch die Weisheit Christi und von der Bosheit durch seine Macht erlöst[1339]. Eindrucksvoll stellt Isaak die Haltung der Jünger derjenigen Christi beim Seesturm gegenüber: „Vigilet denique timor, dum dormit Christi virtus." – „Es wacht schließlich die Angst, während die Macht Christi schlief."[1340] Jesus kann es sich wegen seiner Macht leisten, zu schlafen, während die Jünger aus Angst wachen müssen. Es gilt aber: „Felix tamen necessitas, quae cogit ad virtutem." – „Doch glücklich die Not, die (Jesus) zur Macht zwingt."[1341] Wer die Macht hat wie Jesus, braucht sich nicht zu fürchten, wer sie nicht besitzt wie die Jünger, sollte Hilfe und Rat suchen[1342].

[1333] WHLD 2,1,152,320.
[1334] ARI 31,1023-1025,666f.
[1335] IS 30,9,86-89,186.
[1336] IS 30,13,131-133,190.
[1337] IS 30,14,134,190.
[1338] IS 12,12,122-126,258.
[1339] IS 17,6,48-52,314.
[1340] IS 13,11,107,266.
[1341] IS 13,11,116f.,268.
[1342] IS 13,12,117-119,268.

7. Nach Gilbert von Hoyland hat Christus als Macht und Weisheit Gottes, die Fähigkeit, uns aus der Gefangenschaft der Sünde zu befreien und die Freiheit zu schenken[1343]. Bei der Erklärung von Hld 4,10 stellt Gilbert fest, daß Christus mit Geist und Kraft gesalbt ist und die Braut durch seinen Geist und seine Kraft von ihm angezogen wird[1344]. Über die Auferstehung Christi schreibt er: „Etsi crucifixus est ex infirmitate, sed vivit ex virtute Dei." – „Wenn er auch aus der Schwäche gekreuzigt ist, so lebt er doch aus der Kraft Gottes."[1345] Deswegen gilt es an Ostern, nicht mit Christus zu leiden, sondern sich mit ihm zu freuen[1346].

8. Nach Guerricus von Igny scheint Jesus in seiner Kindheit schwach und unwissend, dies stimmt aber nicht[1347], „quia nimirum Dei virtus et Dei sapientia sua in nostris, divina operatur in humanis", „weil gewiß seine, nämlich Gottes, Macht und Gottes Weisheit an unseren (Eigenschaften), das Göttliche am Menschlichen, wirkt"[1348]. Trotz des ersten Anscheins denkt Guerricus in dieser Gegenüberstellung nicht an die göttliche und menschliche Natur Jesu. Unmittelbar darauf sagt er nämlich, daß die scheinbare Schwäche über den Fürst der Welt, den Teufel, triumphiert und uns befreit[1349]. In der Schwäche des Kindes ist schon die Macht Gottes erlösend an uns Menschen wirksam. Den Gegensatz zwischen scheinbarer Schwäche und wirklicher Macht bei dem Menschgewordenen beschäftigt Guerricus auch in einer anderen Predigt: „Latet quidem maiestas in humanitate, virtus in humilitate." – „Es verbirgt sich die Majestät in der Menschheit, die Macht in der Niedrigkeit."[1350] Und doch brechen im Leben Jesu immer wieder „signa virtutum", „Zeichen voll Macht" auf, zum Beispiel im Zeugnis des Vaters und des Heiligen Geistes bei der Taufe[1351].

9. In ähnlichen Bahnen denkt auch Johannes von Ford über die Macht Christi. Allein Jesus, der gute Mensch, kann bei seinem Wirken seinen Mund öffnen „ad uerba gratiae, uirtutis et sapientiae", „zu Worten der Gnade, der Macht und der Weisheit"[1352]. Wie Gott mit seinem Wort rief und alles entstand, so ruft Jesus „komm", und der Mensch kommt, „siehe", und der Blinde sieht, „Öffne dich", und der Stumme redet, „strecke deine Hand aus", und der Kranke streckt sein gelähmtes Glied aus, und „Sei rein", und der Aussätzige wird rein[1353]. Christus hat sich auch „per virtutem et caritatem mortis", „durch die Macht und die Liebe des Todes" eine schöne Braut erworben[1354]. Auch an anderer Stelle verbindet Johannes Macht und Liebe Christi. Bei der in Eph 3,18 er-

---

[1343] GHLD 26,4,135C-136A.
[1344] GHLD 33,3,172C-D.
[1345] GHLD 19,5,100B.
[1346] GHLD 19,5,100C.
[1347] GIS Nat 1,2,45f.,166.
[1348] GIS Nat 1,2,46-48,166.
[1349] GIS Nat 1,2,48-51,166.
[1350] GIS Epi 2,2,37f.,256.
[1351] GIS Epi 2,2,39-45,256.
[1352] JHLD 23,2,34-37,194.
[1353] JHLD 23,2,40-50,194.
[1354] JHLD 33,8,209f.,261.

wähnten Dimension der Liebe Christi stellt die Höhe die Liebe und die Macht dar[1355]. Während die Güte des Vaters den menschlichen Herzen die Barmherzigkeit eingibt, ist es Angelegenheit Christi, der die Macht ist, bei den Menschen auch die Barmherzigkeit in Wort und Werk umzusetzen[1356]. Die Jünger Jesu können sich in der Verfolgung rühmen, „quoniam in uirtute Dei, quae est patientia Christi, Christo se quasi reges conregnare confindunt", „weil sie in der Macht Gottes, welche die Geduld Christi ist, vertrauen, wie Könige mit Christus zu herrschen"[1357].

10. Nach dem Traktat „Speculum virginum" darf man „sapientem architectum … Christum dei virtutem et dei sapientiam", „den weisen Architekten … Christus, Gottes Macht und Gottes Weisheit," schauen, wie er mit dem kostbaren Material, welches ihm die jungfräulich lebenden Menschen zur Verfügung stellen[1358], das Haus der Weisheit errichtet[1359]. Christus als Mensch trägt zu Recht den Namen „Gottes Macht und Weisheit", weil sich auf ihn wie auf eine Blume der Geist der Weisheit niedergelassen hat[1360].

11. Hildegard von Bingen spricht häufig von der Macht Christi.

11.1 Nach der Seherin besitzt die Heilige Dreifaltigkeit eine einzige Macht[1361]. In einem Bild versucht Hildegard, die Zuordnung der Macht innerhalb der Dreifaltigkeit zu verdeutlichen: „In uerbo sonus, uirtus et flatus est." – „In einem Wort gibt es den Klang, die Macht und den Hauch."[1362] Während der Klang bewirkt, daß das Wort gehört wird[1363] und der Hauch des Wortes das Herz entflammt[1364], dient die Macht dazu, „ut intellegatur", „daß es verstanden wird"[1365]. Der Sohn kann diese Funktion übernehmen, weil er in dieser Macht aus dem Vater gezeugt ist[1366]. So hat er als Wort des Vaters auch das All in Macht geschaffen[1367].

11.2 Besonders bei der Erlösung des Menschen ist Gottes Macht am Wirken. Gott wollte die Menschen nicht dem Bösen überlassen, sondern er hat „in magna uirtute tibi spolia illa auferet", „in großer Macht dir (= dem Teufel) jene Beute weggenommen"[1368]. Dies hat er in der Menschwerdung seines Sohnes dadurch getan, daß er sein Wort „per supernam uirtutem in tenebras saeculorum", „durch die hohe Macht in die Finsternis der Zeiten" gesandt hat[1369]. Das zeigt sich daran, daß die Jungfrau Maria ihn „non de

---

[1355] JHLD 96,8,194-197,654.
[1356] JHLD 98,6,126-129,665.
[1357] IS 30,9,86-89,186; 30,13,131-133,190; 30,14,134.,190; JHLD 15,7,202-205,137.
[1358] SP 11,884,17f.
[1359] SP 11,884,17-20.
[1360] SP 11,894,1-16.
[1361] HISV 2, 3,5,14,407f.,419.
[1362] HISV 1, 2,2,7,156,129.
[1363] HISV 1, 2,2,7,157f.,129.
[1364] HISV 1, 2,2,7,159f.,129.
[1365] HISV 1, 2,2,7,157,129.
[1366] HISV 1, 2,2,7,159,129.
[1367] HISV 1, 2,1,6,201-203,115.
[1368] HISV 1, 2,1,14,373-375,121.
[1369] HISV 1, 2,2,4,80-82,126.

uiro sed uirtute Altissimi obumbrata", „nicht durch einen Mann, sondern überschattet von der Kraft des Höchsten" empfangen hat[1370]. Dies geschah durch den Heiligen Geist, der dieses Geheimnis „in uirtute Patris", „in der Macht des Vaters" gewirkt hat[1371]. Dieser Geist weist schon im Alten Bund auf die Kraft hin, die in diesem Geheimnis wirkt[1372]. „Verbum Dei uirutem suam quasi exardescens ostendit", „Das Wort Gottes zeigt gleichsam entbrannt seine Macht" dadurch, daß es die Schöpfung in der Erlösung erweckt und strahlen läßt[1373]. Deswegen war es notwendig, daß der „Filius Dei in uirtute diuinitatis suae stabilis est", „Sohn Gottes in der Macht seiner Gottheit beständig ist", weil die Menschen wegen ihres Fleisches schwankend sind[1374]. Dieser Jesus „transfudit inter populos germen caelestis uirtutis", „hat unter die Völker ausgestreut den Samen der himmlischen Macht"[1375]. „Exinde fortissima uirtus diuinitatis ... mortali creaturae scilicet homini apertius notificetur." – „Dadurch wurde die stärkste Macht der Gottheit ... der sterblichen Kreatur, nämlich dem Menschen, klarer bekannt gemacht."[1376] Dabei lebt die Macht wieder auf, welche die erste Frau verloren hat[1377].
11.3 Diese Macht Christi wirkt auch in der Kirche weiter. Durch die Lehre der Apostel wird sie den Menschen bekannt[1378]. Seine Macht ist das sichere Fundament, auf welchem die Stadt der Kirche erbaut ist[1379]. Diese Macht wird den Menschen bis an das Ende der Welt kund[1380]. Sie ist auch in der Taufe wirksam[1381]. In ihr sind die eucharistischen Gaben nach oben erhoben[1382] und verwandelt[1383]. Die in der Eucharistie wirksame Kraft läßt die Menschen froh werden[1384]. So ist die „virtus Christi Iesu Filii Dei fortissima turris", „Macht Christi Jesu, des Sohnes Gottes, der stärkste Turm", in welchem das Heer der Gläubigen siegreich kämpfen kann[1385].
11.4 Hildegard redet oft von der Macht des Sohnes Gottes, die er schon vor aller Zeit besitzt und die in seiner Menschwerdung und in der Kirche wirksam ist. Bemerkenswert ist allerdings, daß Hildegard im Kontext von Kreuz und Auferstehung nicht von der Macht Christi redet.
12. Der Verfasser des St. Trudperter Hohelied fragt, was denn der Arm des Bräutigams sei, auf welchem die Braut liegt, und gibt die Antwort, weil sie ihm so wichtig ist,

---

[1370] HISV 1, 2,6,26,1037-1040,255.
[1371] HISV 1, 1,3,5,158f.,43.
[1372] HISV 2, 3,4,14,374-377,400.
[1373] HISV 1, 2,1,5,183-188,115.
[1374] HISV 1, 2,6,32,1226-1128,261.
[1375] HISV 2, 3,8,15,781-783,500.
[1376] HISV 1, 2,4,3,120-122,162.
[1377] HISV 2, 3,8,15,784-786,500.
[1378] HISV 1, 2,4,3,117-124,162.
[1379] HISV 2, 3,8,8,467-470,491.
[1380] HISV 2, 3,6,26,609f.,449.
[1381] HISV 1, 2,4,13,336-338,169.
[1382] HISV 1, 2,6,13,597f.,242.
[1383] HISV 1, 2,6,36,1341-1344,264.
[1384] HISV 1, 2,6,22,913f.,252.
[1385] HISV 2, 3,9,16,393-396,527.

in lateinischen Worten: „Daz ist filius sapientia et virtus et veritas." – „Das ist der Sohn als die Weisheit, die Macht und die Wahrheit."[1386]

13. In den Viten der flämischen Mystikerinnen wird, sieht man von Ida von Löwen ab, nicht von der Macht Christi gesprochen. Ida verfiel durch die ständig wiederholte Erinnerung an ihre Sünden und Nachlässigkeiten in eine lähmende Angst[1387]. Daraufhin fällt sie in eine Ekstase und „ab eo, qui Dei virtus est et sapientia, ministerialiter eruditur", „wird von dem, der Gottes Macht und Weisheit ist, dienend erzogen"[1388]. Wenn erwähnt wird, daß die Mystikerin ihre Stigmatisation nur durch die göttliche Macht erhalten hat, ist wohl an das Wirken Christi gedacht[1389].

14. Nur selten wird die Macht Christi bei Mechthild von Hackeborn erwähnt. Einmal bittet sie Gott, ihn würdig loben zu können. Darauf erklingt die Stimme „summi Cantoris Christi", „des höchsten Sängers Christus", der ein Loblied anstimmt. Dies führt zur Verwunderung der Mystikerin, und sie fragt sich, wie Gott in Christus sich selbst loben kann. Ihr wird geantwortet, „quod Deus de sua divina virtute tribuit potestatem animae omnes creaturas, quae in coelo et in terra sunt, ad laudem invitare sui Creatoris", „daß Gott aus seiner göttlichen Macht der Seele die Vollmacht erteilt hat, alle Geschöpfe, die im Himmel und auf Erden sind, zum Lob ihres Schöpfers einzuladen"[1390]. In dem Maße, mit dem Christus als Mensch seinen Vater verehrt, bekommt Ida auch die Vollmacht, alle Geschöpfe zu diesem Lob einzuladen[1391]. Als sie ein anderes Mal wieder Zweifel hat, ob sie Gott geziemend loben kann, erscheint ihr Jesus als zwölfjähriger Jüngling und spricht zu ihr: „Ecce adsum tota virtute mea divina, ut sanem omnes contritiones vestras." – „Siehe, ich bin mit meiner ganzen göttlichen Kraft da, um alle eure Reuehandlungen zu heilen."[1392] Unter den Reuehandlungen ist die Erkenntnis, daß kein menschliches Lob Gott genügen kann, verstanden. Wenn diese geheilt werden sollen, heißt dies, daß Jesus aus seiner eigenen Macht dieses Lob ergänzt[1393].

15. Häufiger ist von der Macht Jesu, die im Gegensatz zur menschlichen Schwäche steht, bei Gertrud der Großen die Rede. Wenn aus der Dreifaltigkeit „emanat uirtus nativa, sapientia coessentiva", „die gezeugte Macht, die gleichwesenhafte Weisheit" herausfließt, ist im Anklang an 1 Kor 1,24 an die Sendung Jesu Christi gedacht[1394].

Beim Erinnern an den Exorzismus, der während der Taufe im Namen Jesu ausgesprochen wird, soll man wünschen, „ut in virtute nominis sui faciat te prudenter vincere et intelligere omnes versutias satanae", „daß er dich in der Kraft seines Namens klug

---

[1386] TH 130,21,274. Daß hier ein drittes Glied „et veritas" an 1 Kor 1,24 angefügt wird, liegt daran, daß der Sohn in einer Parallelität zu den beiden anderen Personen der Dreifaltigkeit gesehen wird, die ebenfalls mit einer dreifachen Apposition versehen sind.

[1387] IL 2,6,30,179.

[1388] Ebenda.

[1389] IL 1,3,16,163.

[1390] MH 1,1,8.

[1391] Ebenda.

[1392] MH 1,9,29.

[1393] Ebenda.

[1394] G R 3,354,96.

besiegen und erkennen läßt alle Verschlagenheiten des Satans"[1395]. Während der Profeß soll Jesus, der Geliebte, den Menschen mit seiner göttlichen Macht so umgürten, daß man allen Anschlägen des Bösen widerstehen kann[1396]. Beim Kommunionempfang darf man Jesus darum bitten, „in virtute charitatis tuae" ... a metipsa deficere", „in der Macht Deiner Liebe ... von mir selbst dahinzuschwinden"[1397]. An Stelle von Gertrud wird „virtus divinitas tua", „die Macht Deiner Gottheit" Jesus loben[1398]. Preisen soll Jesus seine eigene Macht[1399]. Er wird als „vera virtus insuperabilis dextrae Excelsi", „als wahre Macht der unüberwindlichen Rechte des Höchsten" gebeten, die Mystikerin für das göttliche Lob würdig zu machen[1400]. Ganz allgemein heißt es, daß die Weisheit und Macht in dem Menschen, der sich unwürdig fühlt, ihre Wirkkraft zur Entfaltung bringen[1401]. Jesus wird als „operator sapientissime, artifex praestantissime", „weisester Werkmeister und alles überragender Künstler" gebeten, daß seine Macht alles Wirken des Menschen heiligt[1402].

16.   Oft kommt „virtus", Macht" als Name und Eigenschaft für Jesus in der Vita der Christina von Stommeln des Magister Johannes vor. Er kann es sich gar nicht anders vorstellen, als daß den Dämonen, die Christina so grausam quälen, dies „divina virtute", „durch die göttliche Macht" zugestanden worden ist[1403]. Doch sind ihnen durch die gleiche Macht auch Grenzen gesetzt[1404]. Deswegen kann Christina die bösen Geister auch „per virtutem Domini Jesu Christi", „durch die Macht des Herrn Jesus Christus"[1405], „per virtutem Domini mei Jesu Christi", „durch die Macht meines Herrn Jesus Christus"[1406], „per virtutem Passionis Dominicae", „durch die Macht des Herrenleidens"[1407], „per virtutem et Passionem Domini nostri Jesu Christi", „durch die Kraft und das Leiden unseres Herrn Jesu Christi"[1408] beschwören oder befehlen. Dann läßt die „virtus Altissimi", „die Kraft des Höchsten", die in ihr wohnt und die mit Christus gleichzusetzen ist, die Anfechtungen zu Ende gehen[1409] und heilt sofort alle erlittenen Wunden[1410]. „Ipsa autem in virtute sui dilectissimi Sponsi amplius con-

---

[1395] G R 1,35-37,48.
[1396] G R 4,380-385,124.
[1397] G R 4,316-320,120.
[1398] G R 4,53f.,102.
[1399] G R 6,402f.,186.
[1400] G 2, 2,6,3-6,258-260.
[1401] G R 7,237f.,224.
[1402] G R 7,634-638,248.
[1403] CS 2, 4,4,31,302; vgl. CS 2, 4,14,127,329.
[1404] C 2, 4,3,20,300.
[1405] CS 2, 4,5,40,305; 4,12,112,325; 4,14,130,330.
[1406] CS 2 4,20,186,346.
[1407] CS 2, 4,18,159,339.
[1408] CS 2,4,2,12,297. In der Druckausgabe wechselt die Groß- und Kleinschreibung des Wortes „virtus" ab. Vgl. CS 1,10,116,30.
[1409] CS 2, 4,5,39,305; 4,5,47,306; vgl; CS 1, 23,167,10f.; CS 2, 4,17,158,338.
[1410] CS 2, 4,7,68,311, vgl. CS 1, B 22,11,156,11.

fortata", „Sie aber, weiter in der Macht ihres geliebtesten Bräutigams gestärkt", ist in der Lage, zum Gottesdienst zu gehen[1411].

Eine Zusammenfassung der Vorstellung der Macht Christi folgt erst am Ende der Behandlung aller Ausdrücke für die Macht in den lateinischen und muttersprachlichen Texten.

5.1.1.2   „Vis", „violentia"

Wenn schon die „vis" oder „violentia" selten bei Gott allgemein erwähnt wird, so noch seltener bei Christus. Wenn wir diese Wörter mit „Gewalt" wiedergeben, hat es die Schwierigkeit, daß dieser Ausdruck heute an etwas „Gewalttätiges" denken läßt. Hier benutzen wir „vis" und „violentia" aber im Sinn des mittelalterlichen Lateins als etwas Wertfreies, und man könnte es mit „etwas Gewaltiges" wiedergeben.

1.   Hugo von St. Viktor spricht von dem Gewaltigen, welches die Liebe über den Sohn Gottes bei der Menschwerdung hat: „Magnam ergo vim habes, charitas, tu sola Deum trahere potuisti de coelo ad terras." – „Eine große Gewalt hast du, Liebe, du allein hast Gott vom Himmel auf die Erde ziehen können."[1412]

2.   Richard von St. Viktor schreibt einen Traktat „De IV gradibus violentiae caritatis". In ihm kann er ohne semantischen Unterschied auch von der „vis"[1413], „virtus"[1414], „vehementia"[1415] und „violentia"[1416] sprechen. Zunächst ist aber an die Gewalt der Liebe, die der Mensch zu einem anderen Menschen oder zu Gott haben kann, gedacht. Erst allmählich wechselt das Subjekt der Liebe. Gott und immer öfter Christus ist es, der eine gewaltige und bindende und verletzende Liebe zum Menschen hat[1417].

3.   Ausgiebiger gebraucht Hildegard von Bingen den Begriff „vis".

Jesus hatte auf Erden die Macht, Wunder zu tun. Doch am Ende seines Lebens beim Verrat des Judas „uim fortitudinis suae abscondit", „verbarg er die Gewalt seiner Stärke"[1418]. Und dennoch war auch auf seinem Leidensweg noch etwas von ihr zu spüren, als er sein Leiden voraussagte, in Jerusalem einzog und die weinenden Frauen auf dem Kreuzweg tröstete[1419].

„Vis illa que in uterum Virginis descendit, ita quod Verbum Dei uera caro factum est, permanet usque hodie." – „Jene Gewalt, welche in den Schoß der Jungfrau herab-gestiegen ist, so daß das Wort Gottes wirklich Fleisch wird, bleibt bis heute."[1420] Ja sie besitzt der Menschgewordene bis zum jüngsten Tag[1421]. Deswegen kann es geschehen,

---

[1411]   CS 2, 4,2,12,298.
[1412]   HL 974B-C.
[1413]   RVGR 2,18.
[1414]   Ebenda.
[1415]   RVGR 3,18; 17,34; 17,36.
[1416]   RVGR 3,18; 17,34; 17,36; vgl. RVBMA 4,16,155A.
[1417]   RVGR 20-47,38-72.
[1418]   HISV 2, 3,11,42,866f.,601.
[1419]   HISV 2, 3,11,42,870-873,601.
[1420]   HIB 1, 89,26,214.
[1421]   HIB 1, 89,29-31,214.

daß Brot und Wein auf dem Altar sein Fleisch und Blut werden[1422]. Das gleiche Feuer, das bewirkt, daß der Sohn Gottes im Schoß der Jungfrau empfangen wird, brennt seit Pfingsten in den Herzen der Apostel, weil „fortissimamque uim super uim leonis, qui bestias non timet sed capit, in igneis linquis illis infudit", „er ihnen die stärkste Gewalt auch über die Gewalt des Löwen (= des Teufels), der die wilden Tiere nicht fürchtet, sondern jagt, in feurigen Zungen eingegossen hat"[1423].

4. Nur bei Gertrud der Großen habe ich noch eine Verwendung des Begriffs „vis" im christologischen Kontext gefunden. Durch die Liebe wurde Jesus „violenter", „gewaltsam" gezwungen, auf Erden sich um die Sünder zu kümmern[1424]. Jesus hat bewirkt, daß der Mensch „in divini amoris violentia penitus a emetipsa immutata", „in der Gewalt der göttlichen Liebe gänzlich von mir (= dem Menschen) weg verwandelt" ist[1425].

5.1.1.3 „Fortitudo"

Häufiger als mit dem Ausdruck „vis" wird Christus mit dem Wort „fortitudo", „Stärke" in Verbindung gebracht, obwohl dies in der Vulgata nicht geschieht.

1. Nach Bernhard von Clairvaux, für den der Ausdruck „fortitudo" ein milderes Wirken beinhaltet als „virtus"[1426], durfte nur der Engel mit Namen Gabriel, „quod interpretatum Fortitudo Dei dicitur", „welcher übersetzt ‚Stärke Gottes' heißt"[1427], „virtutem Christum", „die Macht, Christus," verkünden. „Nam quid est aliud fortitudo quam virtus?" – „Denn was bedeutet ‚Stärke' anderes als ‚Macht'?"[1428] Allerdings wird Christus in einem anderen Sinn als Gabriel „Stärke" oder „Macht" genannt, weil er diese Eigenschaften nicht nur wie ein Engel besitzt, sondern sie seinem Wesen nach auch ist[1429]. Im Menschgewordenen war die Macht, „in qua omnis contraria fortitudo debellata est", „in der jede feindliche Stärke überwunden ist"[1430]. Diese Stärke ist aber beim Kommen Christi umhüllt, weil kein Mensch vor der Schau der unverhüllten Stärke Gottes bestehen kann[1431].

2. Aelred von Rievaulx weiß, daß sich der Mensch um Hilfe nur an einen Gott wenden kann, der auch die Macht zu helfen besitzt[1432]. Deswegen kann man auch zu Jesus beten, weil er „fortis et potens", „stark und mächtig" ist[1433].

[1422] HIB 1, 89,32-34,214.
[1423] HIO 3,2,14,69-71,374.
[1424] G 3, 3,55,1,16-20,236.
[1425] G R 7,410f.,234.
[1426] BHLD 1, 19,2,6,272,1-3.
[1427] BLVM 1,2,34,24f.
[1428] BLVM 1,2,36,6-8.
[1429] BLVM 1,2,36,10-14.
[1430] BHLD 1, 31,4,9,498,22.
[1431] BHLD 2, 73,2,5,486,6-9.
[1432] ARJ 3,23,151-153,270.
[1433] ARJ 3,23,154f.,270.

3. Guerricus von Igny stellt in einer Predigt die wirkliche Stärke Gottes der scheinbaren Schwäche des Gekreuzigten gegenüber und redet seine Zuhörer an: Jesus „pro
vobis infirmari usque ad mortem voluit", „wollte für Euch bis zum Tod schwach
werden"[1434]. Denn er wollte sich nicht gegen die Liebe wehren, die ihn für uns sterben ließ[1435]. Damit hat für uns der Tod seine Stärke verloren, „cum virtute dilectionis
infirmata sit usque ad mortem Dei fortitudo, cuius infirmitas fortior inventa est omni
fortissimo", „weil durch die Macht der Liebe schwach bis zum Tod geworden ist die
Stärke Gottes, dessen Schwäche stärker als der Allerstärkste erfunden worden ist"[1436].
4. Ähnliche Gedanken trägt Johannes von Ford vor: Der Mensch braucht keine Angst
zu haben. „Fortis est ergo, Domine Iesu, dilectio tua ut mors mea." – „Stark ist also,
Herr Jesus, Deine Liebe, mehr als mein Tod."[1437] Jesus als guter Hirt „per fortitudinem protegat et fecundat per gratiam", „schützt durch die Stärke und macht fruchtbar
durch die Gnade" seine Schafe[1438]. Er hat versprochen, mit seiner Stärke über sie zu
wachen[1439].
5. Weniger differenziert wird im Traktat „Speculum virginum" über die Stärke Christi
geschrieben. Jesus ist durch seine Stärke stark[1440]. „Si quaeritur fortitudo eius, robustis-
simus est." – „Wenn nach seiner Stärke gefragt wird, ist er der Widerstandsfähigste."[1441]
Denn alles, was gegen ihn kämpft, „Christi foritudini succumbit", „unterliegt der Stärke Christi"[1442]. Er ist der Stärkere, der in das Haus des Starken eindringt und ihm alles
abnimmt (Lk 11,21f.)[1443]. Eine Reihe von alttestamentlichen Schriftstellen, in denen
von der Überlegenheit Gottes allen Feinden gegenüber die Rede ist, wird in diesem
Traktat auf den siegreichen Christus übertragen[1444].
6. Hugo von St. Viktor fragt sich, welches Unterpfand die menschliche Seele als Braut
vom Bräutigam Christi erhält[1445]. Seine Antwort lautet: „Arrha est forti fortitudo sua,
qua roboratur, ut ad bonum opus convalescat. Arrha est debili debilitas sua, qua frangi-
tur, ne malum perficiat." – "Das Unterpfand für den Starken ist seine Stärke, durch die
er die Kraft hat, zum guten Werk zu erstarken. Das Unterpfand für den Schwachen ist
seine Schwäche, an der er zerbricht, damit er das Böse nicht tut."[1446]

[1434] GIS Nat Joh 2,3,82f.,332.
[1435] GIS Nat Joh 2,3,84-87,332.
[1436] GIS Nat Joh 2,3,88-91,332.
[1437] JHLD 105,7,159f.,713.
[1438] JHLD 31,3,68-70,246.
[1439] JHLD 92,8,166f.,627.
[1440] SP 1,894,9.
[1441] SP 11,912,2.
[1442] SP 11,912,4f.
[1443] SP 11,912,5-8.
[1444] SP 11,914,6.
[1445] Der Name „Christus" fällt zwar nicht, wenn aber auch von seiner Armut und Schwäche die Rede ist, kann
nicht Gott allgemein, sondern nur der Menschgewordene gemeint sein.
[1446] HA 988B.

7. Besonders häufig erwähnt Hildegard von Bingen die Stärke Christi.

7.1 Schon der ewige Sohn Gottes besitzt diese Eigenschaft: „Inuicta ac insuperabilis est fortitudo Verbi Dei, cui nullus resistere ualet." – „Unbesiegt und unüberwindlich ist die Stärke des Wortes Gottes, dem niemand widerstehen kann."[1447] Gottes Entschluß, die Welt zu erlösen, reicht allein nicht aus. „Consilio apte fortitudo adhaeret: quoniam consilium Dei per fortitudinem Filii ipsius regnum diaboli destruxit. Vnde idem Filius Dei, fortissimus leo[1448], contriuit mortem infidelitatis per splendidissimum lumen quod fides est: quia magna fortitudo est hominem ea per consilium credere quae corporali uisu non ualet uidere." – „Dem Entschluß hängt passend die Stärke an. Denn der Entschluß Gottes hat durch die Stärke seines Sohnes das Reich des Teufels zerstört. Daher hat der Sohn Gottes, der stärkste Löwe, den Tod des Unglaubens durch das leuchtendste Licht, welches der Glaube ist, vernichtet, weil es großer Stärke bedarf, daß der Mensch das durch den Entschluß glaubt, was er mit dem körperlichen Sehen nicht sehen kann."[1449] Nur der Entschluß Gottes gepaart mit seiner Stärke kann die steinernen Herzen, die in schlechten Sitten verhärtet sind, aufbrechen[1450].

7.2 Bei der Menschwerdung des Sohnes Gottes ist die größte Stärke Gottes am Werk gewesen[1451]. Durch diese ist auch in aller Stärke der bewaffnete Turm errichtet, um dem Bösen zu widerstehen[1452]. Wäre diese Stärke nicht ebenso verborgen gewesen, hätte der Satan nicht gegen den Menschensohn rebelliert[1453]. Aber gerade durch die Verborgenheit der Stärke hat der Gottmensch den Satan überwunden. Die Macht des Teufels nennt Hildegard „nequissima fortitudo", „schlimmste Stärke"[1454]. „Ego autem fortem fortitudinem illius in humanitate mea ligauui et contriui." – „Ich aber habe seine starke Stärke in meiner Menschheit gebunden und zermalmt[1455]. „Superbia illius in incarnatione Filii Dei ita deiecta est, quod et aduersitas mortis iam euacuata fortitudinem amaritudinis suae exercere non ualet." – „Sein Stolz ist in der Menschwerdung des Sohnes Gottes so verworfen worden, daß er auch nach der Vernichtung der Feindschaft des Todes die Stärke seiner Bitterkeit nicht mehr ausüben kann."[1456]

7.3 Besonders macht sich Jesu Sieg am Kreuz bemerkbar. Als das Blut aus der Seite floß und „fortitudine passionis Filii Dei ardenter inundante et ad alitudinem caelestium mysteriorum se mirabiliter tollente", „als die Stärke des Leidens des Sohnes Gottes glühend wogte und sich zur Höhe der himmlischen Geheimnisse wunderbar erhob", stieg der Duft der Erlösung nach oben[1457]. Selbst Adam „in magna fortitudine Filii Dei eradicatus est e terra mortis, in qua dormiuit cum filiis suis", „ist in der großen Stärke des

---

[1447] HISV 2, 3,4,3,157f.,393.
[1448] Auch in HIM 2,53,1100f.,103 wird die den Teufel vernichtende Stärke mit der Stärke des Löwen verglichen.
[1449] HISV 2, 3,8,15,763-767,500.
[1450] HISV 2, 3,8,15,768-772,500.
[1451] HISV 1, 2,4,4,149f.,163.
[1452] HISV 2, 3,9,7,262-265,523.
[1453] HISV 2, 3,8,15,759-762,500.
[1454] HIM 3,67,1398,163.
[1455] HIM 6,32,738f.,287.
[1456] HISV 1, 2,7,8,256-258,314.
[1457] HISV 1, 2,6,1,289-295,232-234.

Sohnes Gottes aus dem Land des Todes, in welchem er mit seinen Söhnen geschlafen hat, entrissen worden"[1458]. So kann der stärkste Gott durch den Sohn zur Schonung der Sünder gemahnt werden[1459].

7.4 In der Vernichtung des Götterglaubens wird die Stärke des Sohnes Gottes offenbar[1460]. Weil der Sohn Gottes auch „in fortitudine sua synagogam deicit et natos illius exheridauit", „in seiner Stärke die Synagoge verworfen und ihre Kinder enterbt hat", konnte die Kirche erstarken[1461]. So kann diese schon in ihren Anfangszeiten sagen: „Haec est fortitudo sponsi mei." – „Das ist die Stärke meines Bräutigams."[1462] Die Kirche selbst wird Berg der Stärke genannt[1463], welche sich an der großen Zahl ihrer Kinder[1464] und in der Abwehr des Angriffs des Teufels zeigt[1465]. Im Blick auf ihre Stärke kann der Christ, der mit der Stärke des Glaubens umgeben ist[1466], auch gegen die Laster des Teufels kämpfen[1467] und die Verfolgungen aushalten[1468]. Er ist ja bewaffnet mit der Stärke Gottes[1469]. In der Kirche vollzieht sich „operatio fortitudinis in sacerdotibus", „das Wirken der Stärke bei den Priestern" im Meßopfer[1470]. Christus als der „fortissimus Deus", „ganz starke Gott" bewirkt auch, daß er sowohl im kleinsten als auch im größten Teil der Hostie anwesend ist[1471].

7.5 Jesus als der „fortissimus Rex in eadem fortitudine te conseruet et ad eternam beatitudinem feliciter perducat", „stärkste König bewahrt dich in eben der Stärke und führt dich glücklich zur ewigen Seligkeit"[1472]. Doch in dieser Erdenzeit ist seine Stärke noch nicht vollends erkannt[1473].

7.6 Es ist erstaunlich, wie stark Hildegard das ganze Erlösungsgeschehen unter dem Blickwinkel des Kampfes sieht. Der Stärkere, der Sohn Gottes, überwindet den starken Teufel. Durch Christi Stärke kann die Kirche, aber auch der einzelne Christ, den Kampf mit dem Bösen bestehen. Außer ihrer Umhüllung als Kriegslist gegen den Teufel wird von keinerlei Minderung der Stärke in der Menschwerdung berichtet.

8. Auch Elisabeth von Schönau kennt das Kampfmotiv. Es war ein Tag der Freude, als der Sohn Gottes „egressus est ut gigas fortis, ad preliandum contra regem infernorum, et prevaluit et despoliauit eum et secum duxit in gloria, quos redemit sanguine suo", „herausgetreten ist, um gegen den König der Unterwelt zu kämpfen, und er hat ob-

---

[1458] HISV 2, 3,7,7,227-231,468.
[1459] HISV 1, 2,4,12,320f.,168.
[1460] HISV 2, 3,9,28,940-944,542.
[1461] HISV 1, 1,5,8,160f.,98.
[1462] HISV 2, 3,11,42,889f.,602
[1463] HISV 2, 3,10,32,939,573.
[1464] HISV 2, 3,11,13,310f.,583.
[1465] HISV 2, 3,9,28,914f.,542.
[1466] HISV 2, 3,3,9,425-431,383.
[1467] HISV 2, 3,3,203f.,376.
[1468] HISV 2, 3,11,13,310-316,583.
[1469] HISV 1, 2,7,25,598f.,324.
[1470] HISV 1, 2,3,3,163-166,137.
[1471] HISV 1, 2,6,42,1439f.,267.
[1472] HIB 2, 98,47,451.
[1473] HISV 2, 3,11,442,907f.,602.

siegt, ihn beraubt und mit sich diejenigen in Herrlichkeit geführt, die er mit seinem Blut losgekauft hat"[1474]. Elisabeth weiß aber auch von der scheinbaren Schwäche Jesu am Kreuz, von der all unsere Stärke kommt. „Omnis virtus et fortitudo ecclesie a salvatoris infirmitate, qua secundum carnem infirmatus est, velut ex radicie originem traxit. Quod infirmum est dei, fortior est hominibus.» – «Jede Macht und Stärke der Kirche bezieht wie aus einer Wurzel den Ursprung aus der Schwäche des Erlösers, womit er dem Fleisch nach schwach geworden ist. Was schwach an Gott ist, ist stärker für die Menschen.»[1475]

9. Das St. Trudperter Hohelied schreibt, wie einzelne lateinisch ausgedrückte Eigenschaften Christi sich in seinem Heilswirken zeigen: „Diu fortitudo an deme roube der helle." – „Die Stärke beim Raub der Hölle (im Abstieg zur Hölle)."[1476]

10. Während in den flämischen Mystikerinnenviten Christus nicht mit „Stärke" angesprochen wird, kommt dieser Titel gelegentlich in Helfta vor.

Mechthild von Hackeborn ist traurig, weil sie meint, Christus sei am Himmelfahrtstag mit allen guten Eigenschaften von uns weggegangen. Jesus bestreitet diese Annahme. „Ego enim cum tota pulchritudine et fortitudine … sum vobiscum, et manebo in aeternum." – „Ich bin nämlich mit meiner ganzen Schönheit und Stärke … bei euch und werde es auf ewig bleiben."[1477]

11. Verschiedentlich spricht Gertrud die Große in ihren „exercitia spiritualia von „fortis amor", „der starken Liebe", die mit Jesus gleichgesetzt ist[1478]. Auch von „morte fortior charitatis aemulatio", „dem Eifer der Liebe, der stärker als der Tod ist",[1479] und von der „fortis perseverantia domini Iesu", „starken Beständigkeit des Herrn Jesus"[1480] ist die Rede. Mit ihm ist sie verbunden „per amorem inseparabilem qui est morte fortior", „durch die untrennbare Liebe, die stärker als der Tod ist"[1481].

In den anderen Schriften wird der mit Wunden versehene Jesus mit den Worten angesprochen: „Fortitudo et laus mea", „Meine Stärke und mein Lob"[1482].

12. Einmal sieht Agnes von Blannbekin über Jesus bei der Taufe am Jordan einen „mons magnus albus, qui premere videbatur ipsum et eo fortior", „weißen Berg, der ihn niederzudrücken schien und stärker als er" war[1483]. Es ist seine eigene Liebe, die ihn besiegte und zum Tode zwang[1484].

[1474] ESB 15,149.
[1475] ESV 3,31,87.
[1476] TH prol 4,5f.,20.
[1477] MH 1,20,75.
[1478] G R 4,366,122; 7,570,244.
[1479] G R 7,292f.,226.
[1480] G R 7,553,242.
[1481] G R 3,282f.,92.
[1482] G 3,3,49,1,23,218.
[1483] AB 47-50,28-30,138.
[1484] AB 47-50,30-36,138.

5.1.1.4 „Potestas"

1. In den Evangelien wird oft berichtet, daß Jesus „in potestate", „in Vollmacht" geredet und gewirkt hat (Mk 1,27; Mk 11; 29f.; 33; Lk 4,32.36; 20,2.8; Apg 1,7). Es heißt auch, daß Jesus Macht besitzt, seine Macht weitergibt. Ebenfalls taucht die Frage auf, ob er zu Recht Macht ausübt (Mt 7,29; 9,6.8; Mk 1,22; 2,10; 3,15; Mk 6,7; Lk 9,1; 10,19; Joh 5,27). Besonders die Feststellung, Jesus habe alle Macht im Himmel und auf Erden (Mt 28,18), hat auf unsere Texte eingewirkt.

2. Jean von Fécamp preist die „reuerenda potestas", „zu verehrende Macht" Gottes, mit der dieser alles in Christus erneuern wird[1485]. Der Sohn unterscheidet sich in nichts in der Macht, welche die beiden anderen Personen besitzen[1486].

3. Nach Bernhard von Clairvaux schaut man in dem Menschgewordenen „non enim gloriam potestatis aut claritatis, sed gloriam paternae pietatis, gloriam gratiae", „ja nicht die Herrlichkeit der Macht oder Klarheit, sondern die Herrlichkeit der väterlichen Güte, die Herrlichkeit der Gnade"[1487]. Petrus Abaelard hatte die seit den Theologen der Alten Kirche vertretene Erlösungstheorie[1488], nach welcher die Sünder aus der Macht des Teufels befreit werden, in Frage gestellt, weil in ihr das Recht des Teufels verletzt werde[1489]. Demgegenüber hält Bernhard an der stärkeren Macht Christi fest, die uns vom Teufel befreit hat[1490]. Weil Christus alle Macht auf Erden und im Himmel gegeben ist, kann uns nichts von seiner Liebe trennen[1491]. Er besitzt allerdings auch die „potestas iudicii", „Macht des Gerichtes"[1492].

4. Aelred von Rievaulx meint, daß bei der Heilung und Sündenvergebung des Gelähmten (Lk 5,19f.) in Christus „pietas et potestas obuiauerunt", „sich Güte und Macht begegneten"[1493]. Nur weil er auch Macht hat, ist er fähig, Sünden zu vergeben. Dies gibt dem Menschen Trost; denn wenn Jesus ihn retten will, gibt es nichts, was ihn daran hindern könnte[1494]. Auch wenn der Teufel mit Macht an den Menschen herantritt, braucht er sich doch im Schutz des Mächtigeren nicht zu fürchten[1495].

5. Nach Isaak von Stella offenbart Jesus seine Macht dreifach: „Est ergo potestas in tribus, id est in eiciendis daemonibus, in curandis languoribus, in dimittendis peccatis." – „Die Macht besteht also in Dreierlei, das heißt im Austreiben der Dämonen, im Heilen der Krankheiten, im Vergeben der Sünden."[1496] Eine weitere Macht, die er uns

---

[1485] JFC 2,14,598,140.
[1486] JFC 1,14,288f.,119.
[1487] BVNAT 6,6,214,13-15.
[1488] BB 2, 190,5,11,92,15-24.
[1489] BB 2, 190,5,11,92,24-96,2.
[1490] BB 2, 190,5,12,94,3-15.
[1491] BVEPI 5,102,17-21.
[1492] BD 60,2,602,21.
[1493] ARI 31,1003-1005,666.
[1494] ARI 31,1010f.,666.
[1495] ARJ 3,24,160f.,270.
[1496] IS 43,7,73-75,66.

schenkt, ist noch wichtiger: „Dedit enim potestatem filios Dei fieri his qui recipiunt eum. O amabilis et admirabilis potestas!" – „Er gab denen die Macht, Kinder Gottes zu werden, die ihn aufnahmen (Joh 1,12). O liebenswerte und wunderbare Macht!"[1497] Besitzt ein Mensch diese Macht nicht, kann er sie noch nicht einmal richtig einschätzen[1498].

6. Nach Johannes von Ford ist es Ausfluß der Liebe des Vaters zu seinem Sohn, „ut omnem plenitudinem gloriae suae ac potestatis in eum transfuderit", „daß er alle Fülle seiner Herrlichkeit und Macht in ihn gegossen hat"[1499]. In dieser Macht ist er fähig, den Sündern, auch wenn sie nach der Taufe das Kleid der Unschuld verloren haben, das ursprüngliche Gewand der Unschuld wieder zu geben[1500]. In ihr setzte Jesus seine Jünger als Fürsten über das ganze Land ein[1501]. Als Jesus anfing, am Ölberg traurig zu werden und Angst zu haben, hat er diese Gefühle durch seine Macht beherrscht[1502]. Am Ende der Zeit wird er die richterliche Macht besitzen. „Huius quippe eminentia potestatis quasi quaedam assumptiae infirmitatis remuneratio erit." – „Die überragende Größe dieser Macht soll gleichsam eine Belohnung für die angenommene Schwäche sein."[1503]

7. Hildegard von Bingen gebraucht den Ausdruck „potestas" häufig im christologischen Zusammenhang.

7.1 Der Teufel, „cui Deus in potestate sua resistere noluit", „dem Gott in seiner Macht nicht widerstehen wollte", führte die ersten Menschen in Versuchung[1504]. Dennoch ist die Macht des Teufels auf eine kurze Zeit beschränkt[1505]. Denn Gott wollte in seiner allumfassenden Macht seine Barmherzigkeit zeigen, welche sein Sohn ist[1506]. Bei der Erlösung sind jetzt die Rollen vertauscht. Die Schar der bösen Geister hätte sie gern verhindert und können es aber nicht in Verwunderung darüber, „quae tanta potestas esset cui ipsa cum principe suo resistere non posset", „was für eine große Macht das ist, der sie mit ihrem Anführer nicht widerstehen können"[1507]. Und doch geschah der Sieg nicht in Macht, sondern „in humilitate per Filium suum", „in der Demut durch seinen Sohn"[1508]. So hat Gott zur Erlösung der Menschen seinen Sohn dem Leiden unterworfen und die alte Schlange in Demut besiegt, „nec illum potestate et fortitudine sua superare uolens", „weil er sie nicht in Macht und Stärke überwinden wollte"[1509].

[1497] IS 51,3,21f.,200.
[1498] IS 51,5,35f.,202.
[1499] JHLD 7,2,108-111,75.
[1500] JHLD 9,1,23-27,88.
[1501] JHLD 17,4,101-103,151.
[1502] JHLD 28,3,78-85,229.
[1503] JHLD 28,2,26-31,228.
[1504] HISV 1, 1,2,32,787-790,36.
[1505] HISV 1, 2,7,10,278-280,315.
[1506] HISV 2, 3,3,8,352-354,381.
[1507] HISV 1, 1,2,32,799-801,36.
[1508] HISV 1, 1,2,32,789f.,36.
[1509] HISV 1, 2,6,2,311-317,233.

7.2 Noch heute wirkt Christi Macht an den Menschen. Das machtvolle Wirken Gottes hat sich in Christus zu der von ihm vorbestimmten Zeit vollendet[1510] und bleibt bis zum letzten Gericht am Werk[1511]. So ist dieselbe Macht, welche die Menschwerdung in der Jungfrau Maria bewirkt hat, auch in der Wandlung von Brot und Wein anwesend[1512].

8. Elisabeth von Schönau fragt sich, welcher Unterschied zwischen dem rechtfertigenden Glauben der Patriarchen und Propheten und dem christlichen Glauben besteht. Schon im Alten Testament wurde durch die Propheten die jungfräuliche Geburt und das Leiden im schwachen Fleisch des Messias vorausgesagt[1513]. „Non viderunt eum, sicut antea fuit, et ut postea erat, quando dedit ei pater omnem potestatem in celo et in terra." – „Sie sahen ihn nicht, wie er vorher gewesen war und später war, als ihm der Vater alle Macht im Himmel und auf Erden gab (vgl. Mt 28,18)."[1514] Der Zustand in Macht ist hier offensichtlich mit demjenigen der unverhüllten Gottheit, die Jesus vor seiner Menschwerdung und nach seiner Himmelfahrt besitzt, gleichgesetzt. Nach Elisabeth rechtfertigt erst der Glaube an die Gottheit Christi[1515].

9. Ida von Löwen hilft der Gedanke an die Macht Christi bei der Lösung eines spirituellen Problems. Wenn Christus bei der Wandlung ganz auf dem Altar ist „et ego totus influam in cor tuum", „und ich (= Christus) ganz in Dein Herz fließen möchte", kann er sich dann noch genauso in die Herzen der anderen Kommunikanten ergießen[1516]. Darauf erscheint ihr Christus und sagt: „Hanc, inquit, habeo potestatem ut me per partes non dividam, ad creaturarum instar visibilium, sed totus infundor animabus omnium me pie desiderantium; non enim est impossibile apud Deum omne verbum." – „Diese Macht, sprach er, habe ich, daß ich mich nicht in Stücke teile wie die sichtbaren Geschöpfe, vielmehr ergieße ich mich ganz in die Seele aller Geschöpfe, die mich fromm ersehnen; nicht ist ja irgend etwas bei Gott unmöglich (Lk 1,37)."[1517]

10. In Helfta gebrauchte man das Wort „potestas" nicht häufig. Nur bei Mechthild von Hackeborn habe ich eine christologisch einschlägige Stelle gefunden. Ihre erste Vision wird folgendermaßen beschrieben: Ganz in die bittere Erinnerung an ihre vielen Sünden versenkt, fühlt sie sich in ein Gewand aus Asche gekleidet und denkt darüber nach, was mit ihr geschehen würde, „cum Dominus majestatis … venieret in potestate suae divinae potentiae", „wenn der Herr der Majestät … kommen würde in der Kraft

---

[1510] HISV 2, 3,1,10,416-418,339.
[1511] HISV 2, 3,1,10,419-423,339.
[1512] HISV 1, 2,6,34,1286-1294,263.
[1513] ESV 3,10,65.
[1514] Ebenda.
[1515] Ebenda.
[1516] IL 2,7,40,182.
[1517] Ebenda.

seiner göttlichen Macht"[1518]. Da erscheint ihr Jesus, und vor seinen gütigen Augen verwandelt sich ihr Aschenkleid in Nichts[1519]. Die aus der Sünde stammende Angst vor der Macht des Herrn wandelt sich in die Freude an seiner Vergebungsmacht.

11. Im Vergleich zu anderen Viten erscheint die Lebensbeschreibung der Christina von Stommeln aus der Feder des Magister Johannes auf den ersten Blick etwas unbedarft. An dem Unterschied, den Johannes zwischen dem Ausdruck „potestas" und anderen Ausdrücken der Macht kennt, sieht man aber, daß die Vita durchaus bedacht verfaßt wurde. Johannes gesteht den Dämonen durchaus „potestas" in den Anfechtungen der Mystikerin zu. Sie brüsten sich sogar derer[1520]. „Sub potestate nostra es." – „Du bist unter unserer Macht."[1521] „Te in potestate nostra habemus." – „Wir haben Dich in unserer Macht."[1522] Sie wehren sich dagegen, daß Menschen, die schon lange in ihrer Macht sind, durch Gebet aus dieser befreit werden wollen[1523]. Was sie ausüben, ist „potestas malitiae", „die Macht der Bosheit"[1524].

Doch Christina durchschaut die Täuschung und spricht zu einem von ihnen: „Potestas enim quam habes, non est potestas, sed potius coacta servitus: est enim licentia tibi a Domino meo Jesu Christo concessa, cujus imperio velis nolis obedire per omnia te oportet." – „Die Macht, die du hast, ist keine Macht, sondern eher ein aufgezwungener Dienst. Denn die Erlaubnis (dazu) ist dir von meinem Herrn Jesus Christus zugestanden, dessem Befehl du, ob du willst oder nicht, in allem gehorchen mußt."[1525] Der Besitz der Macht setzt die Freiheit, sie nach Belieben zu benutzen, voraus. Diese aber haben die Dämonen nicht. So nennt Christina ihre Macht „concessa a Domino meo Jesu Christo", „zugestanden von meinem Herrn Jesus Christus"[1526]. Die Ausübung ihrer Macht hängt „ex solo nutu Domini mei Jesu Christi", „allein vom Wink meines Herrn Jesus Christus" ab[1527]. Was die Dämonen auf jeden Fall können, obwohl sie es nicht wollen, ist Christina zu größerer Liebe zum Herrn Jesus Christus anzuregen. Denn „sine voluntate Domini mei nullam in me potestatem habetis", „ohne Willen meines Herrn habt ihr keine Macht über mich"[1528]. Wenn ihnen Macht von Christus zugestanden ist, dann fordert Christina sie auf, diese an ihr schnell auszuüben[1529].

So sehr Magister Johannes von der „potestas" der Dämonen spricht, gebraucht er diesen Ausdruck aber nicht bei Jesus Christus. Bei ihm spricht er von „virtus"[1530] und

---

[1518] MH 1,1,7.

[1519] Ebenda.

[1520] CS 2, 4,2,17,299.

[1521] CS 2, 4,4,28,302; 4,12,113,325; 4,17,155,337; 4,20,180,344; 4,20,184,345. Einmal (CS 2, 4,14,121,330) heißt es sogar: „Sub mea potestate perfecte habeo." – „Ich habe (sie) vollkommen in meiner Macht."

[1522] CS 2, 4,11,97,320.

[1523] CS 2, 4,9,84,316.

[1524] CS 2, 4,13,122,328.

[1525] CS 2, 4,14,126,329.

[1526] CS 2, 4,115,137,332.

[1527] CS 2, 4,13,121,327.

[1528] CS 2, 4,15,133,331.

[1529] CS 2, 4,19,173,342.

[1530] Vgl. oben. S. 138.

„omnipotentia"[1531]. Damit ist zum Ausdruck gebracht, daß „potestas" eine Macht bedeutet, die grundsätzlich begrenzt ist, unter einer höheren Macht steht und mißbraucht werden kann.

5.1.1.5 „Potentia"

1. In unseren Texten wird recht oft von der „potentia Christi", „der Macht Christi" geredet, obwohl in der Vulgata dieser Ausdruck allgemein selten, noch seltener in bezug auf Christus vorkommt (Eph 1,12; 6,10; Kol 1,11). In der Scholastik wurde „potentia" zum philosophischen und anthropologischen Fachterminus mit Sonderbedeutungen, die aber in unseren Texten auf Christus übertragen keine Rolle spielen.
2. Nur selten redet Jean von Fécamp von der „potentia Christi". Ausdrücklich hält er fest, daß die Macht allen drei Personen in der Dreifaltigkeit in gleicher Weise zukommt und dem Sohn nicht in besonderer Weise zugeschrieben werden darf[1532]. Der Vater als Erzeuger und der Sohn als Gezeugter sind seit Ewigkeit nur einer und als solche gemeinsam mächtig[1533].
3. Wesentlich häufiger ist von der „potentia Christi" bei Bernhard von Clairvaux die Rede.
3.1 Die Macht ist nicht nur eine Eigenschaft Gottes, sondern gehört zu seinem Wesen[1534]. Deswegen besitzt sie nach dem Abt nicht eine der göttlichen Personen in der Dreifaltigkeit im eigentlichen Sinn allein für sich. Wenn man sie einer Person zuschreiben will, dann am ehesten noch dem Vater[1535].
3.2 Die Macht Gottes tut sich neben der Schöpfung vor allem in der Menschwerdung und Erlösung des Menschen kund[1536]. Um Erlöser zu sein, hatte es Jesus notwendig, „ut infirmitatem cognosceret humanitatis, sicut et potentiam noverat divinitatis", „die Schwäche der Menschheit wie auch die Macht der Gottheit zu kennen"[1537]. „Potentia eduxit", „Die Macht hat herausgeführt" den Menschgewordenen aus dem Schoß der Jungfrau[1538], ohne die Jungfräulichkeit der Mutter zu verletzen[1539]. So beruht sein Kommen auf der Macht Gottes: „Magna est ista potentia, sed plus est miranda misericordia." – „Groß ist jene Macht, aber mehr zu bewundern die Barmherzigkeit."[1540] Er hätte ja auch ohne Erbarmen nur in Macht kommen können. Zu Macht und Barmherzigkeit kommt noch die Klugheit, mit der er seinen Beginnen festsetzt[1541]. Um es

[1531] Vgl. oben. S. 161f.
[1532] JFC 1,9,168-172,115.
[1533] JFP 63,227; vgl. JFP 73,228.
[1534] BS 3,113,650,15-17.
[1535] BD 64,2,614,18-616,4.
[1536] BNAT 2,4,244,10-12.
[1537] BVEPI 4,100,6f.
[1538] BPENT 2,2,402,25.
[1539] BD 42,1,530,16.
[1540] BVNAT 3,1,160,2.
[1541] BLVM 2,13,66,12f.

nicht sofort zum Konflikt kommen zu lassen, wollte er klug die Jungfräulichkeit seiner Geburt eine Zeitlang vor den bösen Geistern verbergen[1542]. Während der Sohn Gottes uneingeschränkt sofort seine Güte und Liebe zeigt, verhält es sich mit seiner Macht anders: „Potentia quidem occultata est, quoniam in infirmitate venit." – „Die Macht ist ja verborgen, weil er in Schwäche gekommen ist."[1543] Ja mehr noch, es geschah eine Entäußerung der Macht. „Exinanivit maiestate et potentia." – „Er entäußerte sich seiner Majestät und Macht."[1544] Von dieser Entäußerung war aber seine Güte und Barmherzigkeit nicht betroffen[1545]. Das heißt nun aber nicht, daß der Sohn Gottes ganz machtlos auf Erden gewesen wäre. Er blieb ja fähig, aus Steinen Brot zu machen, auch wenn er es nicht tat[1546]. Mehr noch, er hat die Erlösung geschaffen, welche „triplicem ostendit potentiam Deitatis, scilicet de nihilo aliquid fecit, inveteratum innovavit, temporale perpetuavit", „eine dreifache Macht der Gottheit zeigt, nämlich etwas aus dem Nichts zu schaffen, Veraltetes zu erneuern und Zeitlichem Dauer zu verleihen"[1547]. In der Erlösung ist für uns das göttliche Leben neu geschaffen, sind die Folgen der Sünde, die den Menschen alt werden lassen, beseitigt, ist dem menschlichen Leben durch die Besiegung des Todes der Zerfall genommen. Zu allen drei Aspekten der Erlösung bedurfte es der Macht der Gottheit.

Man spürt, wie Bernhard in der Denkschwierigkeit zu vermitteln sucht, nach welcher der Sohn Gottes sich seiner Macht entäußert, diese aber für unsere Erlösung braucht.

4. Wesentlich seltener spricht Wilhelm von St. Thierry von der „potentia Christi". Wenn es heißt, daß der Erhöhte zur Rechten Gottes sitzt, „per humanam similitudinem Dei potentia demonstratur", „wird durch ein menschliches Bild Gottes Macht gezeigt"[1548].

5. Nach Guerricus von Igny zeigt sich die „inaestimabilis divinae virtutis potentia", „unschätzbare Macht der göttlichen Kraft" schon bei dem Gruß Mariens an Elisabeth; denn sie ließ das Kind im Schoß hüpfen und die Mutter froh werden[1549]. Guerricus sieht im Sterben Jesu den Samen in die Erde fallen, der in der Auferstehung Frucht bringt[1550]. „Potens in terra semen istud, quod cadens in terra mox excitavit potentiam suam ut multum fructum afferet." – „Mächtig (war) in der Erde jener Samen, daß er, in die Erde gefallen bald seine Macht erweckte, um viel Frucht zu bringen."[1551]

[1542] BLVM 2,13,66,4-13.
[1543] BD 29,3,444,9.
[1544] BNAT 1,2,226,14.
[1545] BNAT 1,2,226,14f.
[1546] BD 97,3,744,22.
[1547] BD 119,814,7-9.
[1548] WR 5,642D.
[1549] GIS Nat Joh 1,2,38-46,316.
[1550] GIS ASBM 4,4,144f.,468.
[1551] GIS ASBM 4,4,145-147,468-470.

6. Richard von St. Viktor interessiert sich in seinem Dreifaltigkeitstraktat besonders für das Problem, wie zwei oder drei in ihrer Macht nicht begrenzte Personen zusammen existieren können. Von Gott muß man die größtmögliche Macht, das heißt, eine Macht aussagen, welche man nicht größer denken kann und welche die Fülle der Macht ist[1552]. Dann kann es aber nur einen einzigen Höchstmächtigen geben. Von zwei Gleichmächtigen ist keiner der Höchstmächtige[1553]. Diese Überlegungen scheinen auszuschließen, daß der Sohn mit dem Vater gleichmächtig ist. Umgekehrt aber gilt: Der Höchstmächtige muß auch die Macht haben, sein Wesen und seine Macht einem anderen mitzuteilen; anderenfalls gäbe es bei ihm einen „defectus potentiae", „Mangel in der Macht"[1554]. Wenn dies geschähe, wären beide notwendigerweise nicht gleich mächtig[1555]. Beide besitzen die Fülle der Macht[1556], haben gemeinsam nur eine Macht[1557] und haben kein Mehr oder Weniger an Macht[1558]. Die Ausgangsthese, daß es nicht zwei oder drei Höchstmächtige gibt, gilt aber nur dann, wenn beide ihr Sein und ihre Macht unabhängig voneinander besitzen. Da dies zwischen Vater und Sohn nicht der Fall ist, können beide ein Höchstmächtiger sein. Auch wenn er dem Vater die Macht und dem Sohn die Weisheit zuschreibt[1559], sagt Richard: „Pater potentia est; Filius potentia est, Spiritus sanctus potentia est." – „Der Vater ist die Macht, der Sohn ist die Macht, der Heilige Geist ist die Macht."[1560] Und dennoch gibt es nur eine Macht, an der die drei Anteil haben[1561]. Wenn es von dem menschgewordenen Sohn heißt, in ihm wohne die Fülle der Macht, dann ist es die gleiche Fülle, die auch der Vater besitzt[1562].

7. An solch hohen Dreifaltigkeitsspekulationen hat Hildegard von Bingen kein Interesse. Wenn sie von der Macht des Sohnes Gottes spricht, dann von derjenigen, die zur Menschwerdung führt und in ihr sich zeigt.

7.1 Nach der Sünde des Menschen hält Gott seine Macht zurück, um den Sünder nicht sofort zu vernichten[1563]. Die Menschwerdung ist „in excellentia diuinae potentiae", „in der herausragenden Größe der göttlichen Macht" ein unbegreifliches Geheimnis[1564]. In ihr zeigt Gott diese Eigenschaft, indem er seinen Sohn Mensch werden und leiden läßt[1565]. Die Unversehrtheit der Jungfräulichkeit seiner Mutter ist Angelegenheit der „diuinae potentiae", „göttlichen Macht"[1566].

[1552] RVTR 1,21,98.
[1553] RVTR 1,14,88.
[1554] RVTR 3,4,174.
[1555] RVTR 3,7,182.
[1556] Ebenda.
[1557] RVTR 3,15,202.
[1558] RVTR 6,11,400.
[1559] RVTR 6,15,418-420.
[1560] RVTR 6,20,436.
[1561] RVTR 6,20,438.
[1562] RVBMA 4,18,159B.
[1563] HIO 1,4,28,15-17,162.
[1564] HISV 2,3,8,10,542-545,493.
[1565] HISV 2,3,6,34,912-916,458.
[1566] HISV 1,2,8,434-436,237.

7.2 Die Aussagen über das Wirken Christi in der Kirche entsprechen dem, was wir schon unter anderen Begriffen der Macht beobachtet haben: Man soll im Glauben das Altarsakrament annehmen, weil in ihm die göttliche Macht wirkt[1567]. Die gleiche Macht wirkt auch in der Sündenvergebung des Bußsakramentes[1568].

5.1.1.6 „Omnipotentia"

1. Nur in der Offenbarung des Johannes gebraucht die Vulgata den absoluten Ausdruck „omnipotens" für Christus (Offb 1,8; 15,4). Da im Allgemeinen dem Vater die Allmacht zugeschrieben wird, ist es nicht verwunderlich, daß in unseren Texten seltener von der Allmacht Christi die Rede ist.

2. Gemessen an dem geringen Umfang seines Werkes verwendet Jean von Fécamp oft den Ausdruck „allmächtiger Jesus Christus".

2.1 „Vnigenitus quippe est omnipotenti Patri coaeternus." – „Der Eingeborene ist ja mit dem allmächtigen Vater gleichewig."[1569] Dennoch glaubt man nicht an drei Allmächtige, sondern nur an „unum Deum omnipotentem", „einen allmächtigen Gott"[1570]. „Semper omnipotens Trinitas", „Die immer allmächtige Dreifaltigkeit" soll den Menschen beschützen[1571].

2.2 Weil er mit dem Vater wesensgleich ist, kann Christus uns erlösen; er ist ja „sicut Deus, sicut omnipotens", „wie Gott, wie der Allmächtige"[1572]. Nur als Allmächtiger kann er die Menschen lebendig machen und aus der Unterwelt befreien[1573]. So beginnt der zweite Teil seiner „Confessio theologica" mit dem Bekenntnis zur allmächtigen Dreifaltigkeit[1574]. „Pater omnipotens", „Der allmächtige Vater" war es, der zu unserem Heil den Sohn Fleisch annehmen und ans Kreuz gehen ließ[1575]. Der allmächtige Gott hat uns mit Christus lebendig gemacht[1576]. Als solcher krönt er auch die Sünder, die es nicht verdient haben[1577]. Deswegen darf man auch auf ihn hoffen[1578]. Der Gottmensch wird mit den Worten angesprochen: „Tu es Deus omnipotens qui iustificas impios et uiuficas mortuos." – „Du bist der allmächtige Gott, der die Frevler rechtfertigt und die Toten lebendig macht."[1579] Die Rechtfertigung geschieht durch seine allmächtige Güte[1580]. In seiner Allmacht soll er allen Stolz und alle Überheblichkeit aus dem Herzen

---

[1567] HISV 1,2,6,19,760f.,247.
[1568] HISV 1,2,6,87,2246-2248,297.
[1569] JFA 17,174f.,217.
[1570] JFC 1,14,297f.,119.
[1571] JFA 18,180f.,217.
[1572] JFC 2,3,93f.,124. Das „sicut" darf nicht mit „quasi" als Abminderung verstanden werden.
[1573] JFL 209f.,193.
[1574] JFC 2,1,10-12,121.
[1575] JFC 2,12,564f.,139.
[1576] JFC 2,6,244f.,129.
[1577] JFC 2,5,301-304,130.
[1578] JFC 2,6,307-309,131; JFL 113f.,190.
[1579] JFC 2,5,181f.,127.
[1580] JFC 2,4,139f.,125.

des Menschen entfernen[1581] und diese zu sich ziehen[1582]. Als „sanctificator omnipotens", „allmächtiger Heiligmacher" möge er die Lippen des Menschen zum Lob Gottes reinigen[1583]. Dann wird der Wille des Allmächtigen verwirklicht, alles in Christus zu erneuern[1584].

Jean hat ein besonderes Gespür dafür, daß nur ein Allmächtiger fähig ist, den Menschen zu erlösen.

3. Auch Bernhard von Clairvaux spricht gern von der Allmacht im soteriologischen Kontext.

3.1 Nur einmal geht Bernhard auf die Allmacht des ewigen Sohnes Gottes ein: „Pater, quamvis omnipotens sit, non potuit ... inaequalem gignere filium." – „Der Vater konnte nicht, obwohl er allmächtig ist, ... einen ungleichen Sohn zeugen." „Sed genuit omnipotens omnipotentem." – „Vielmehr hat der Allmächtige einen Allmächtigen erzeugt."[1585]

3.2 Ganz knapp kann es heißen: „Benigna manus Omnipotentis quidquid creaverat recreavit." – „Die gütige Hand des Allmächtigen hat alles, was er erschaffen hat, neu geschaffen."[1586] Die Zerrissenheit der Sünde soll in der Menschwerdung aufgehoben werden: „Tria opera, tres mixturas fecit omnipotens illa maiestas in assumptione nostrae carnis." – „Drei Werke, drei Vereinigungen schuf jene allmächtige Majestät bei der Annahme unseres Fleisches."[1587] Denn in der Menschwerdung werden versöhnt Gott und Mensch, die Aufgaben einer Mutter und diejenigen einer Jungfrau und der Glaube und das menschliche Herz[1588]. Schon die Tatsache, daß Maria bei der Empfängnis des Sohnes Gottes Mutter wurde und Jungfrau blieb, war eine Großtat der Allmacht[1589], deren Urheber der eingeborene Sohn Gottes ist[1590]. „Potens est ille qui fecit haec; potens est, immo omnipotens." – „Mächtig ist jener, der dies getan hat, mächtig, ja allmächtig ist er."[1591] Doch muß dieser „in misericordiae habitu", „im Gehabe der Barmherzigkeit" auf Erden sein[1592]. Wäre er, ohne Mensch zu werden, nur als allmächtiger Gott zu uns gekommen, hätten wir nicht vor ihm bestehen können[1593]. Weil er aber unsere schwache Natur angenommen hat, können wir „omnipotenti misericordiae", „der allmächtigen Barmherzigkeit" Dank sagen[1594].

[1581] JFC 2,7,389-391,133.
[1582] JFC 2,7,347,132.
[1583] JFC 2,10,454-457,135.
[1584] JFC 2,14,598-600,140.
[1585] BLVM 3,12,94,21-27.
[1586] BPENT 2,4,406,8.
[1587] BVNAT 3,7,168,27f.
[1588] BVNAT 3,6,168,30-170,1.
[1589] BS 3,127,752,18-20.
[1590] BS 3,127,752,20f.
[1591] BS 3,127,752,24.
[1592] BHLD 2,73,2,4,486,1f.
[1593] BHLD 2,73,2,5,486,5-12.
[1594] BMAL 8,916,8f.

3.3 Der Menschgewordene besitzt diese Eigenschaft selbst noch in seinem Leiden. Die Engel können schauen „Crucifixi nostri divinam omnipotentiam ubique fortiter attingentem", „die göttliche Allmacht unseres Gekreuzigten, die sich überall mit Stärke ausbreitet"[1595]. Die Menschen allerdings können diese Eigenschaft auf Erden nicht an ihm erfahren, sondern nur im Glauben fassen. Das heißt aber nicht, daß Gott uns nur durch das Leiden seines Sohnes hätte erlösen können. Bernhard kann Petrus Abaelard durchaus zustimmen, der behauptet, ein einfaches Wort Gottes hätte zur Befreiung des Menschen aus der Gewalt des Teufels ausgereicht[1596]. „Quis negat Omnipotenti ad manum fuisse alios et alios modis nostrae redemptionis, iustificationis, liberationis?" – „Wer könnte leugnen, daß dem Allmächtigen ganz andere Arten unserer Erlösung, Rechtfertigung und Befreiung zur Hand gewesen wären?"[1597] Gott aber entschied sich für die Erlösung durch die Tat des Gekreuzigten. Der Mensch sollte ja Gott loben, „non quia omnipotens, sed quia bonum est", „nicht weil er allmächtig, sondern weil er gut ist"[1598].

4. Nach Wilhelm von St. Thierry bleibt auch die Macht der allmächtigen Gottheit in der Menschwerdung des Sohnes Gottes so unvergleichlich, daß sein menschliches Schwachsein immer noch stärker ist als die Macht aller anderen Menschen[1599]. Deswegen darf man auch an die Verwandlung des Brotes in der Eucharistie glauben, weil sie von Jesus, der mit dem Vater eins ist, „omnipotenti Creatoris actione", „durch eine Handlung des allmächtigen Schöpfers" zustande kommt[1600]. Wer dies dennoch für unmöglich hält, engt die „omnipotentiae immensitatem", „Unermeßlichkeit der Allmacht" nach dem Vorbild seiner eigenen menschlichen Fähigkeit ein[1601]. Die völlige Vergebung der Sünden in der Taufe kann man auch nicht verstehen, wenn man nicht glaubt, daß sie geschieht „miraculo ineffabili omnipotentissimi Creatoris", „durch ein unaussprechbares Wunder des allmächtigen Schöpfers"[1602].

5. Nach Isaak von Stella darf man auf die Fürsprache Jesu beim Vater vertrauen, weil das „omnipotens sermo", „allmächtige Wort" diese für uns eingelegt hat[1603]. Dennoch soll man nicht glauben, jede Bitte an ihn werde so wie die des Aussätzigen erhört. „Omnia potest Omnipotens, cui subest posse, cum velit; velle autem cum possit, non semper simul est." – „Alles kann der Allmächtige, dem das Können zur Verfügung steht, wenn er will. Das Wollen aber ist nicht immer zugleich da, auch wenn er kann."[1604] Trotzdem ist Isaak überzeugt, daß Jesus ihn von aller Kleinmütigkeit befreien wird: „O Domine manu forti, omnipotens Iesu, qui rationem meam ab ignorantiae daemone solvisti, et

---

[1595] BHLD 1, 19,2,3,266,27f.

[1596] BB 2, 190,8,19,106,14-21.

[1597] BB 2, 190,8,19,106,26f.

[1598] BD 26,2,410,1f.

[1599] WHLD 1,9,112,246.

[1600] WCS 4,351A.

[1601] WCS 345C.

[1602] WR 3,596A.

[1603] IS 5,18,171-176,156.

[1604] IS 12,10,99f.,256.

voluntatem concupiscentiae peste eruisti, a difficultate hac libera facultatem meam." – „O Herr, allmächtiger Jesus, der Du meinen Verstand von dem Dämon der Unwissenheit gelöst hast und meinen Willen aus der Pest der Begierde herausgerissen hast, befreie mit starker Hand meine Fähigkeit von dieser Schwierigkeit."[1605]

6. Guerricus von Igny bewundert die Entäußerung des Sohnes Gottes, mit der dieser bereit ist, sich wie ein Sklave, ja wie ein Tier von uns gebrauchen zu lassen[1606]. Die Größe dieser Erniedrigung geht dem Menschen erst auf, wenn er glaubt, daß hier derjenige sich entäußert hat, der „coomnipotens, coaeternus et consubstantialis", „gleich an Allmacht, Ewigkeit und Wesen" mit Gott ist[1607].

7. Johannes von Ford spricht ebenfalls vom dem Sohn Gottes, der „coomnipotens", „gleichallmächtig" mit dem Vater ist. Als solcher ist er zum Vater in der Himmelfahrt zurückgekehrt und hat den Heiligen Geist ausgegossen[1608]. Diese Allmacht besitzt auch der Menschgewordene; weil dem so ist, gehorcht man ihm schon auf Erden[1609]. Originell ist die Begründung, warum der Gekreuzigte nicht seine Allmacht zeigt: „Numquid non omnipotens crapulatus a uino istiusmodi obdormiuit in cruce", „Ist nicht der Allmächtige am Kreuz trunken von solchem Wein am Kreuz entschlafen", wobei der Wein seine Menschenliebe war[1610].

8. Der Autor des Traktates „Speculum virginum" will jungfräulichen Menschen in den Schwierigkeiten ihrer Lebensform Mut machen. Wenn sie dem Lamm folgen, wohin es immer geht, wird Christus sie beschützen, denn er ist „agnus omnipotens", „das allmächtige Lamm"[1611]. Christus als Gott von Gott ist nämlich der allmächtigste Schöpfer des Alls[1612].

9. Obwohl Hugo von St. Viktor meist von der Allmacht Gottes im allgemeinen spricht[1613], benutzt er diesen Ausdruck ebenfalls, wenn auch selten, im soteriologischen Kontext. „Deus secundum omnipotentiam suam multis modis ad restaurationis hominis uti potuisset", „Gott hätte nach seiner Allmacht viele Arten, den Menschen wieder herzustellen, gebrauchen können", hat sich aber für das Sterben seines Sohnes entschieden, weil bei ihm seine Weisheit und Gerechtigkeit mit im Spiel war[1614]. Auch den schon Erlösten steht auf Erden eine Entwicklung bevor[1615]. „Omnipotens enim Deus, cui nihil impossibile est, posset", „Der allmächtige Gott, dem nichts unmöglich

---

[1605] IS 33,16,144-147,230.
[1606] GIS Palm 1,1,23-25,164-166.
[1607] GIS Palm 1,1,8f.,164.
[1608] JHLD 18,6,139-146,160.
[1609] JHLD 23,44f.,194.
[1610] JHLD 58,10,217-220,421.
[1611] SP 7,528,12-16.
[1612] SP 10,842,7-9.
[1613] Vgl. Weiß, Gottesbild 2,763f.
[1614] HAN 4,3,667D.
[1615] HAN 4,2,666C.

ist, könnte", wenn er gewollt hätte, alle Auserwählten sofort zu sich in sein Reich nehmen[1616]. Er will es aber nicht, weil der Mensch im Leid langsam reifen soll[1617].

10. Wir haben schon gesehen, daß sich Richard von St. Viktor mit dem Problem beschäftigt, wie es in Gott drei mächtige Personen gibt, ohne daß ihre Macht eingeschränkt ist[1618]. Verschärft wird diese Frage, wenn man nicht nur von der Macht, sondern von der Allmacht ausgeht. „Est autem impossibile plures omnipotentes esse." – „Es ist unmöglich, daß es mehrere Allmächtige gibt."[1619] Die gegenteilige Annahme würde schnell aus den „omnipotentes", „Allmächtigen" „nullipotentes", „Nichtskönner" machen[1620]. Wie verhält sich aber Gottes Allmacht zu den drei göttlichen Personen? Ähnlich wie bei der Frage nach den drei Mächtigen lautet auch hier die Antwort: Bei der Allmacht gibt es kein wirkliches „Unmöglich"[1621]. Deswegen ist es auch für Gott nicht unmöglich, sich selbst mitzuteilen. Daher muß es für ihn, wenn er will, möglich sein, einen ihm Gleichallmächtigen zu zeugen[1622]. Dies war aber tatsächlich der Fall. Deswegen bekennen wir, daß es „omnipotens Pater, omnipotens Filius", „den allmächtigen Vater, den allmächtigen Sohn" gibt[1623]. Dennoch stimmt es, „quod non tres omnipotentes, sed unus omnipotens", „daß nicht drei Allmächtige, sondern (nur) ein Allmächtiger" existiert[1624]. „Divina essentia, sicut et omnipotentia, non potest esse nisi una." – „Die göttliche Wesenheit wie auch die Allmacht kann nur eine sein."[1625] Weil die drei göttlichen Personen an der einen Wesenheit Anteil haben, können sie auch allmächtig genannt werden. Der Sohn aber hat die eine Allmacht vom Vater empfangen und gibt sie dem Heiligen Geist weiter[1626]. Bei seiner Menschwerdung hat der Sohn nichts von seiner Allmacht verloren. Deswegen kann Richard angesichts dieses Geheimnisses ausrufen: „O quanta humilitas Omnipotentis!" – „O welche Niedrigkeit des Allmächtigen!"[1627].

11. Hildegard von Bingen gebraucht im Verhältnis zu anderen Ausdrücken für die Macht das Wort „omnipotentia" nicht sehr oft im christologischen Sinn.

11.1 Auch bei ihr wird die Allmacht im soteriologischen Kontext verwendet. Der allmächtige Gott offenbart im Vorhinein den Heilsplan seines Sohnes[1628]. Dazu „omnipotentia Dei mentes illorum tangebat", „berührte die Allmacht Gottes die Geister jener (= der Propheten)"[1629]. Dann aber „Deus omnipotens filium suum misit", „sandte der

---

[1616] Ebenda.
[1617] HAN 4,2,666C-D.
[1618] Vgl. oben
[1619] RVTR 1,25,102.
[1620] RVTR 1,25,104.
[1621] RVTR 3,6,178; 6,3,380.
[1622] RVTR 3,16,204.
[1623] RVTR 6,20,436.
[1624] RVTR 1,5,74.
[1625] RVTR 3,22,216.
[1626] RVTR 5,8,322.
[1627] RVPS 28,298B.
[1628] HIO 3,4,10,1-3,398.
[1629] HIM 2,30,528f.,87.

allmächtige Gott seinen Sohn"[1630]. Das erste Ziel dieser Sendung ist die Menschwerdung[1631]. Die Güte des Allmächtigen wurde in der Fleischwerdung des Erlösers offenbar[1632]. Bei seinem öffentlichen Wirken werden die zwölf Apostel vom allmächtigen Vater beschützt[1633]. Ein weiteres Ziel der Sendung des allmächtigen Vaters ist die Erlösung[1634]. Christus, der Sohn Gottes, trägt als höchster Priester ein Gewand „candore misericordiae Omnipotentis", „im Glanz der Barmherzigkeit des Allmächtigen"[1635].

11.2 Gottes Allmacht wirkt sich nach Hildegard, wie wir es schon unter bei anderen Ausdrücken der Macht gesehen haben[1636], in der Kirche aus. Die Gnade des allmächtigen Gottes wirkt im Sakrament der Taufe[1637], in der Verwandlung der eucharistischen Gaben[1638] und in der Spendung des Sakramentes der Weihe[1639]. Auch der Stand der evangelischen Räte in der Kirche geht auf den allmächtigen Gott zurück[1640]. Hildegards eigenes Wirken durch ihre Schriften sieht sie ebenfalls vom allmächtigen Gott verursacht[1641], was ihre Vita bestätigt[1642].

Es fällt auf, daß Hildegard beim Heilswirken der Erlösung mehr von der Allmacht des Vaters als von derjenigen des Sohnes redet.

12. Nach Elisabeth von Schönau muß der Sohn allmächtig sein, wenn er der Sohn des allmächtigen Vaters ist[1643]. In der Auseinandersetzung mit den Katarern versucht Elisabeth, ihre Verteidigung des katholischen Glaubens ganz auf die Allmacht Gottes aufzubauen. Wenn man an den allmächtigen Gott glaubt, dann ist für diesen leicht möglich, seinen Sohn in den Schoß der Jungfrau zu senden und sein Wort Fleisch werden zu lassen[1644]. Aus diesem Glauben heraus werden alle Gründe gegen ein wirkliches Leiden und Auferstehen des Sohnes Gottes hinfällig[1645].

13. Im Verhältnis zu anderen Ausdrücken der Macht wird in den Viten der flämischen Mystikerinnen oft von der Allmacht Christi gesprochen. Bezeichnend ist es, daß die Allmacht Christi meist nicht bei seinem Wirken in der Heilsgeschichte, sondern in der persönlichen Lebensgeschichte dieser Frauen erwähnt wird.

Christina mirabilis erleidet bei einer durch ihre Angehörigen eingeleiteten Gefangennahme einen Schienbeinbruch. Die Binden, die ein hinzugerufener Arzt anlegt[1646],

---

[1630] HISV 2, 3,6,34,914,458.
[1631] HISV 2, 3,6,34,914f.,458.
[1632] HISV 2, 3,8,25,1158-1160,512.
[1633] HIO 3,2,14,84-86,375.
[1634] HISV 2, 3,6,34,914f.,458.
[1635] HISV 2, 23,8,25,1202-1210,513.
[1636] Vgl. oben
[1637] HISV 2, 3,5,21,554f.,424.
[1638] HISV 1, 2,6,36,1341-1344,264.
[1639] HIO 3,5,17,23-25,436.
[1640] HIB 1, 6,38-40,15.
[1641] HIB 2, 180,4-10,409; HIV 3,25,226,16f.
[1642] HIV 3,22,6-12,218.
[1643] ESV 3,31,81.
[1644] ESV 3,25,76.
[1645] Ebenda.
[1646] CM 2,17,653.

reißt sie wieder ab, weil sie ihr Vertrauen allein auf Jesus Christus setzt. „Nec illam fefellit Omnipotens." – „Und der Allmächtige täuschte sie nicht."[1647] In der Kraft des allmächtigen Christus werden in einer Nacht ihre Wunden geheilt, und die Flucht aus dem Gefängnis gelingt auf wunderbare Weise[1648].

14. In der Vita der Odilia von Lüttich wird von einem Gottesmann erzählt, der nach dem Sterben der Mystikerin Christus als allmächtigem König dankt, daß er dieser Frau so große Gnaden geschenkt hat[1649].

15. Lutgard von Tongeren wird vom Teufel dazu gebracht, einem in sie verliebten jungen Mann die Zustimmung zur Flucht aus dem Elternhaus zu geben[1650]. „Sed frustra, quia Omnipotens non permisit." – „Aber vergeblich, weil der Allmächtige es nicht zuließ."[1651] Die Hinderung der Flucht geschieht durch die Erscheinung Christi in menschlicher Gestalt, der ihr seine Seitenwunde zeigt und ihr große Wonnen in seiner Liebe verspricht[1652]. Offensichtlich ist der Allmächtige und Christus ein- und dieselbe Person. Als Lutgard ins Kloster eingetreten ist, erhält sie das Versprechen, daß der Allmächtige in ihr seine Gnade vermehren wird[1653]. Dies erfüllt sich in besonderer Süße beim Gebet[1654], im Gefühl der Sicherheit[1655], in der Befreiung aus Skrupeln[1656] und in Gebetserhörungen[1657]. Alle diese Erfahrungen werden auf den Allmächtigen zurückgeführt, mit dem Jesus Christus gemeint ist.

16. Juliane von Cornillon glaubt, von Christus selbst den Auftrag erhalten zu haben, für die Einsetzung des Fronleichnamfestes einzutreten. Wenn Menschen gegen dieses Bestreben angehen, stellen sie sich gegen Christus und haben ihren Arm dem Allmächtigen gegenüber stark gemacht[1658]. Durch „Christi omnipotentia", „Christi Allmacht" kann Juliane eine Frau aus einer schweren Krankheit befreien[1659].

17. Eine der wenigen flämischen Mystikerinnen, welche von der Allmacht Christi im objektiven Heilswirken spricht, ist Ida von Nijvel. Die Mystikerin verehrt die Menschheit des Erlösers, weil sich in ihr der allmächtige Gott in seiner Güte entäußert und Knechtsgestalt angenommen hat[1660].

18. In der Mystik von Helfta ist das Ternar der Eigenschaften Gottes „Allmacht, Weisheit und Güte" allgegenwärtig, und zwar meist in der trinitarischen Prägung, wo-

---

[1647] CM 2,18,653.
[1648] Ebenda.
[1649] OL 1,30,243,1-10.
[1650] LTA 1,1,2,191f.
[1651] LTA 1,1,2,192.
[1652] Ebenda.
[1653] LT 1,1,9,163; LTA 1,1,9,192.
[1654] LTA 1,2,16,194.
[1655] LT 2,1,5,166; LTA 2,1,5,197.
[1656] LTA 2,2,17,199.
[1657] LTA 2,2,25,201.
[1658] JC 2,3,10,460.
[1659] JC 2,4,18,463.
[1660] IN 29,275.

bei dem Vater die Allmacht zugeschrieben wird. Das mag ein Grund sein, warum man bei diesen Mystikerinnen die Allmacht Christi nicht oft erwähnt findet.

18.1 Mechthild von Hackeborn erwähnt alle drei Eigenschaften der gemeinsamen Gottheit, die sie auch den einzelnen Personen zuordnet. Am Ostertag erscheint ihr der Auferstandene und spricht: „Do tibi osculum pacis, ex parte omnipotentiae, sapientiae et incommutabilis bonitatis meae." – „Ich gebe dir den Friedensgruß in bezug auf meine Allmacht, meine Weisheit und meine unveränderliche Güte."[1661] Maria wird im Himmel von ihrem Sohn empfangen „secundum magnitudinem omnipotentiae suae, secundum artificium sapientiae suae, et secundum immensitatem sui delicati amoris", „nach der Größe seiner Allmacht, nach der Kunstfertigkeit seiner Weisheit und nach der Unermeßlichkeit seiner zarten Liebe"[1662]. Auch die menschliche Seele Christi ist erschaffen worden und wurde von der Dreifaltigkeit mit allem, was sie besitzt, beschenkt, das heißt, der Vater gab ihr auch seine Allmacht[1663]. In der Menschwerdung des Sohnes Gottes soll man nicht nur seine Weisheit, die töricht, und seine Güte, die Gegenstand des Hasses geworden ist, sondern auch „suam incomprehensibilem omnipotentiam, qua ipse praepotens Dominus Angelorum et hominum, pro homine impotens est effectus", „seine unbegreifliche Allmacht, in der er, der überaus mächtige Herr der Engel und Menschen, für den Menschen schwach geworden ist," betrachten[1664].

18.2 Auch unabhängig von diesem Ternar der Eigenschaften wird die Allmacht des Sohnes Gottes erwähnt. Seine Allmacht kann bewirken, daß man sich von ihm so geliebt fühlt wie von sonst niemandem[1665].

19. Häufiger als bei Mechthild begegnet uns das Ternar der Eigenschaften bei Gertrud der Großen. Diejenigen Texte, in denen eine Zuordnung der Eigenschaften an die einzelnen Personen stattfindet[1666], scheiden für unsere Betrachtung aus, weil in ihnen die Allmacht immer dem Vater zugeschrieben wird.

19.1 An einigen Stellen findet sich aber dieses Ternar auch ohne trinitarische Prägung. Wenn der Herr sich aus seiner Güte heraus immer wieder des Menschen erbarmt, bleibt er doch ganz frei, weil seine Allmacht und Weisheit durch nichts gezwungen werden kann[1667].

19.2 Häufiger wird außerhalb des Ternars von der Allmacht Christi gesprochen. Wenn der Herr Gertrud die Ruhe in seinen allmächtigen Armen verspricht, ist unter dem „Herr" die in der Eucharistie anwesende zweite Person der Dreifaltigkeit gemeint[1668]. Jesus soll dem, der zur Kommunion geht, durch seine allmächtige Liebe die Gnade schenken, daß jener aus sich in ihn eingeht[1669]. Bei der Vorbereitung auf den Empfang

[1661] MH 1,19,63.
[1662] MH 1,26,93.
[1663] MH 5,32,371.
[1664] MH 1,15,47.
[1665] MH 6,8,387.
[1666] Vgl. Weiß, Gottesbild, 781f.
[1667] G 2,2,19,1,7-11,304.
[1668] G 4,4,55,6,6-9,460.
[1669] G R 4,314-321,120.

der Kommunion bittet sie Christus, ihr seine eigene Vollkommenheit zu schenken[1670]. Als sie sich aber immer noch unwürdig fühlt, tadelt sie Christus, weil sie offensichtlich Zweifel an seiner Allmacht und Güte hat[1671]. Einmal verspricht ihr der Herr mit seiner Allmacht, das Psalmengebet zu belohnen[1672]. Kurz darauf erfährt man, daß mit dem „Herrn" Jesus gemeint ist[1673].

19.3 Gertrud spricht auch von der Schwäche des allmächtigen Gottessohnes. Während einer Messe sieht sie ihn auf dem Boden liegend, als ob er seinen Geist aufgeben wolle[1674]. Von Gott erleuchtet versteht sie den Sinn dieser Vision: „Illa invalitudo praeostensa in Filio Dei omnipotentis", „Jene oben gezeigte Schwäche im Sohn des allmächtigen Gottes" bezeichnet seine Liebe, in der er schwach wird, wenn ein Mensch sich mit ihm vereinen möchte[1675].

19.4 Nur selten wird von der Allmacht Christi im objektiven Geschehen der Heilsgeschichte gesprochen. So wird die „artificosissima omnipotentia", „kunstvollste Allmacht" Gottes gelobt, welche die Jungfrau Maria zu ihrer Aufgabe befähigt hat[1676].

20. Oft ist von der Allmacht Jesu die Rede, die sich im Leben der Lukardis von Oberweimar bemerkbar macht. Am Osterfest hilft ihr der allmächtige Gott, trotz ihrer Schwäche einer langanhaltenden Krankheit am Gottesdienst in der Kirche teilzunehmen[1677]. Dieses Geschehen wird öffentlich bekannt gegeben, damit auch Außenstehende dem allmächtigen Gott danken können[1678]. In einer Osternacht wird die Mystikerin durch den Herrn geweckt mit der Aufforderung: „Adora omnipotentiam magnificentiae meae, quia haec est hora qua devicta morte, resurrexi a mortuis." – „Bete an die Allmacht meiner Pracht, weil dies die Stunde ist, in welcher ich mit dem Sieg über den Tod von den Toten auferstanden bin."[1679] Sie soll jetzt den allmächtigen Gott in seinem Wirken verherrlichen[1680]. Der allmächtige Gott, der ihr an einem Osterfest den spirituellen Herzenszustand ihrer Mitschwestern offenbart, dürfte der auferstandene Herr sein[1681]. Er ist es, der nicht nur die Zwölf zu seinen Jüngern erwählt, sondern für sich auch im Konvent von Oberweimar dreizehn Mitglieder als besondere Bäume bestimmt hat, welche die Frucht der guten Werke bringen[1682]. Als Lukardis in einer Ekstase von der Liebe Jesu Christi gleichsam trunken wird, kann sie keine Speise zu sich nehmen, weil der allmächtige Gott so Großes in ihr gewirkt hat[1683]. Auch die Tatsache,

---

[1670] G 3, 3,34,1,5-8,172.
[1671] G 3, 3,34,1,12f.,174.
[1672] G 5, 5,18,2,5-7,180.
[1673] G 5, 5,18,2,23f.,180.
[1674] G 4, 4,25,8,1-5,244.
[1675] G 4, 4,25,8,11-18,444.
[1676] G R 6,369-371,184.
[1677] LO 19,420,1-37.
[1678] LO 20,320,39-321,1.
[1679] LO 33,33-35,326.
[1680] LO 92,363,12-15.
[1681] LO 27,323,29-33.
[1682] LO 64,348,26-34.
[1683] LO 28,324,13-25.

daß die Mystikerin an den Freitagen auf körperliche Weise das Leiden Christi mitfühlt, wird auf dessen Allmacht zurückgeführt[1684]. In der Passionszeit empfängt Lukardis die Wundmale Christi. Während des Empfangs der Stigmatisation kann niemand ihre Glieder bewegen, was auf die Allmacht des Herrn zurückgeführt wird[1685]. Auch die in der damaligen Zeit außergewöhnliche Häufigkeit ihres Kommunionempfangs ist ein Privileg für die Mystikerin. Wer sie an ihm hindern wollte, würde den Unwillen des allmächtigen Gottes erregen[1686].

Häufig werden außergewöhnliche Gnaden, die Lukardis empfängt, auf den „allmächtigen Gott" zurückgeführt. Aus dem Kontext ergibt sich meistens, daß unter diesem Ausdruck Jesus Christus zu verstehen ist.

21. Wir haben schon unter dem Stichwort „potestas" gesehen, daß es in der von Magister Johannes verfaßten Vita der Christina von Stommeln einen Machtkampf der Dämonen um die Mystikerin gibt[1687]. Die Schilderung dieser Auseinandersetzung findet auch unter dem Begriff „Allmacht" statt.

21.1 Die Dämonen treten Christina gegenüber mit dem Anspruch auf, allmächtig zu sein. „Nonne modo manifeste vides nos esse Deos omnipotentes?" – „Siehst du denn nicht jetzt klar, daß wir allmächtige Götter sind?"[1688] Sie wollen „Allmächtige" genannt werden[1689]. Christina wird von ihnen aufgefordert, ihre Allmacht zu betrachten[1690]. Aus der Tatsache, daß Gott die Mystikerin in solche Not geraten läßt, erheben die bösen Geister den Anspruch, allein allmächtig zu sein[1691]. „Nec est alius praeter nos Deus omnipotens." – „Es gibt außer uns keinen anderen allmächtigen Gott."[1692]

21.2 Christina besteht demgegenüber auf ihrem Bekenntnis: „Unus est inquit verus et Omnipotens Dominus Jesus Christus." – „Einer, sagt sie, ist der wahre und allmächtige Herr Jesus Christus."[1693] Von diesem Bekenntnis geschlagen, müssen die Dämonen ihre Lüge eingestehen: Außer dem, welchem Christina treu geblieben ist, gibt es keinen anderen Allmächtigen[1694]. Deswegen bekommt sie in dieser Vita den Ehrennamen „ancilla omnipotentis", „Magd des Allmächtigen"[1695] oder „fidelissima omnipotentis ancilla", „treueste Magd des Allmächtigen"[1696].

[1684] LO 31,325,39-326,1.
[1685] LO 36,328,15-39.
[1686] LO 14,317,14-22.
[1687] Vgl. Oben
[1688] CS 2, 4,6,55,308.
[1689] CS 2, 4,11,106,322.
[1690] CS 2, 4,11,104.106,322.
[1691] CS 2, 4,15,132,331.
[1692] CS 2, 4,18,167,340.
[1693] CS 2, 4,15,134,331.
[1694] CS 2, 4,6,55,309.
[1695] CS 2, 4,3,19,299; 4,3,24,301; 4,6,59,309; 4,8,77,314; 4,9,82,316; 4,9,84,316; 4,9,85,316; 4,13,125,328; 4,18,169,341; 4,19,173,342; 4,20,180,344; 4,20,186,346.
[1696] CS 2, 4,9,82,316; 4,11,99,320; 4,15,141,333; 4,16,146,335; 4,16,149,336.

5.1.2   Die muttersprachlichen Texte

5.1.2.1   „Kraft"

1. Hadewijch redet oft von der „cracht" Gottes[1697], aber nur selten eindeutig von derjenigen Christi. Die alttestamentlichen Propheten mit Mose und Salomo an der Spitze sahen in Visionen „sine cracht ... sine wijsheit", „seine Kraft, ... seine Weisheit"[1698]. Da nach mittelalterlicher Auffassung die Hauptaufgabe der Propheten in der Vorhersage Christi bestand, dürfte es in Anspielung auf 1 Kor 1,24 der Messias sein, dessen Kraft und Weisheit sie erleben.

2. Der Verfasser des St. Trudperter Hohelied denkt offensichtlich an die Himmelfahrt Jesu, wenn er ihn mit einem Reh vergleicht, das, auch wenn es im Gebirge hochsteigt, das Lager seiner Jungen nicht vergißt[1699]. So soll auch Christus an uns Arme denken, „swie hôhe dû sîst in dîner magenkrefte", „wie hoch Du auch in Deiner großen Kraft bist"[1700].

3. Häufiger verwendet David von Augsburg diesen Ausdruck im christologischen Kontext.

David betont, daß Jesus Christus eine das menschliche Maß übersteigende Kraft besaß: „Dû woltest uns ouch zeigen dîne kraft dar an, daz dû grôziu dinc tuon woltest, die niht groezer möhten sîn." – „Du wolltest uns auch darin Deine Kraft zeigen, daß Du große Dinge tun wolltest, die nicht größer sein konnten."[1701] Und doch wurde er in seiner Menschwerdung klein und schwach[1702]. Dies zeigt sich daran, daß er bei seiner Geburt „ein kindenlîn", „ein Kindlein" war[1703] und in seinem Sterben „elliu dinc ûf hebet unde berihtet mit sîner kraft", „alle Dinge mit seiner Kraft aufhebt und ordnet"[1704]. „Hie mite hâstû uns mêr dîner kraft gezeigt, daz dû krank starc bist, und arm rîche, und klein michel, und kindisch wîse, danne ob dû grôziu dinc mit dîner magenkraft hêtest aleine volbrâht." – „Damit hast Du uns Deine Kraft gezeigt, daß Du schwach stark bist, arm reich, klein groß und kindlich weise, mehr, als wenn Du große Dinge mit Deiner großen Kraft allein vollbracht hättest."[1705] Man wird lange suchen müssen, um eine vergleichbare Aussage über das Paradox, welches in der Menschwerdung liegt, zu finden.

[1697] Vgl. Weiß, Gottesbild 2,721-723.

[1698] HASG 29,6f.,56-61,188.

[1699] TH 144,20-22,304.

[1700] TH 144,22-25,304. Ohly (305) übersetzt „magenkrefte" mit „Herrlichkeit". Zwar ist die Rückkehr Jesu in der Himmelfahrt in seine Herrlichkeit ein in der Tradition beliebtes Motiv, aber „magenkrefte" hat hier eine etwas andere Bedeutung: Mit der Rückkehr Jesu hört der irdische Zustand seiner Entäußerung in der Schwäche auf, und er übt wieder seine ursprüngliche Macht aus.

[1701] DK 341,17f.

[1702] DK 341,18-21.

[1703] DK 341,27.

[1704] DK 341,30f.

[1705] DK 341,35-342,2.

Daß der Menschgewordene seine göttliche Kraft nicht verloren hat, ist schon deswegen notwendig, weil er in der Eucharistie „edeler unde kreftiger denne diu sêle", „edler und kraftvoller als die Seele" des Menschen ist und sie deswegen in sich selbst verwandeln kann[1706]. Daher wird der Mensch auch einmal an seiner Kraft Anteil erhalten[1707]. Darin zeigt sich aber die Größe der göttlichen Macht, daß sie zwar alles in sich verwandeln kann, selbst aber unverwandelt und unverändert bleibt[1708]. In seiner Kraft bleibt der Sohn Gottes auch ungeteilt[1709]. Unverzehrt ist Jesus beim Teilen des eucharistischen Brotes, in das er sich mit seiner Kraft hineinbegeben hat[1710] „im einem antlütze sîner magenkraft", „im Angesicht seiner großen Kraft"[1711]. Sooft er sich uns auch in diesem Brote gibt, „belîbet got êwiclîchen in sîner magenkrefte", „bleibt Gott ewig in seiner großen Kraft"[1712]. Einmal gibt David 1 Kor 1,24, an welcher Stelle Christus „virtus Dei et sapientia Dei" genannt wird, folgendermaßen wieder: „sînes vater tugend und sîne wîsheit", „seines Vaters Tugend und seine Weisheit"[1713]; er bevorzugt diese Übersetzung, weil nur so das Zitat in seinen Traktat „Der Spiegel der Tugend" paßt.

4. Besonders häufig wird bei Mechthild von Magdeburg die Kraft Christi erwähnt.

4.1 Ganz orthodox vermerkt Mechthild, daß der ewige Sohn Gottes nicht eine seiner Person eigene Kraft hat. Er ist vielmehr „mit dinem vatter … ein oberstú craft úber alles, das ie wart sunder ende", „mit Deinem Vater … eine höchste Kraft über alles, das je geworden ist, ohne Ende"[1714]. Von dieser gemeinsamen Kraft der Gottheit kann der Heilige Geist natürlich nicht ausgeschlossen sein. So spricht der Vater zum Sohn: „Únser beder geist, das ist … ein craft an allen dingen ane ende und ane beginne." – „Unser beider Geist, das ist … eine Kraft in allen Dingen ohne Ende und ohne Anfang."[1715] Deswegen kann dieser Geist auch als „unúberwunden kraft der wahrheit", „unüberwindbare Kraft der Wahrheit" bezeichnet werden[1716]. Wenn Jesus als die „Kraft aller vromekeit", „Kraft aller Frömmigkeit" gepriesen wird, dann deswegen, weil er an der einen gemeinsamen Kraft wesenhaft Anteil hat[1717].

4.2 Als Satan von dem Wirken Jesu erfährt, bekommt er Angst, „wan er mit des obersten gottes kraft die von vleischlicher súche und vom menschlichem tode also drate lôset", „da er mit der höchsten Kraft Gottes die (Menschen) von leiblicher Krankheit und menschlichem Tod so leicht erlöst"[1718].

[1706] DB 3,377,19-22.
[1707] DEW 366,22-26.
[1708] DEW 365,24-26.
[1709] DB 12,386,12-14.
[1710] DM 403,27-33.
[1711] DM 403,23-27.
[1712] DM 404,1-3.
[1713] DT 329,14f.
[1714] MM 5,6,4f.,160.
[1715] MM 5,27,10f.,186.
[1716] MM 5,26,16,186.
[1717] MM 3,2,6f.,79.
[1718] MM 5,23,167-169,180.

Die Minne besitzt grenzenlose Kraft[1719]. Wenn sie Maria und Jesus berühren würde, würde Maria „müde werden und din sun müste anmehtig werden, wan der götlichen minne vúrige kraft gat über alle menschliche maht", „müde werden und dein Sohn müßte ohnmächtig werden, weil der göttlichen Minne feurige Kraft über alle menschliche Macht geht"[1720]. In dieser Kraft der Liebe liegt der Grund, warum Jesus auf Erden schwach erscheint.

4.3 Die Einheit mit Jesus in dem Empfang der Kommunion verleiht Mechthild „also grosse maht, da si fürte mit siner kraft", „so große Macht, daß sie ihn (Jesus) in seiner Kraft führte", bis sie in der Hölle die Qualen der Verdammten erfährt[1721]. Diese Kraft bewirkt auch, daß eine größere Anzahl von den Verdammten aus der Gewalt der Teufel befreit wird[1722].

5. Nach Christina von Hahne ereignet sich bei der Taufe eines Menschen etwas mit der Menschwerdung des Sohnes Gottes Vergleichbares. Auch für den Täufling gilt das Wort: „Die craifft des aller vbersten sal dich umbeschedigen." – „Die Kraft des Allerhöchsten soll dich umschatten (Lk 1,35)."[1723] Doch diese Kraft ereignet sich nicht einmal, ja noch nicht nur einmal am Tag[1724], sondern ständig[1725]. Offensichtlich ist hierbei an die „unio mystica" gedacht[1726].

6. Auch in der nicht mystisch geprägten Lyrik dieser Zeit wird die Kraft Christi erwähnt.

6.1 In dem „Leben Jesu", welches Frau Ava in der ersten Hälfte des 12. Jahrhunderts geschrieben hat, zieht sich der Ausdruck „Kraft" wie ein roter Faden hindurch. Schon das Jesuskind in der Krippe hat „in sîner hant alle himelske chrefte", „in seiner Hand alle himmlischen Kräfte"[1727]. Als bei der Hochzeit zu Kana der Wein ausgeht, bittet Maria ihren Sohn: „Nu erzäige dîn gotliche chrefte!" – „Nun zeige Deine göttliche Kraft!"[1728] Durch die „obristiu magencraft", „allerhöchste Kraft" führte Jesus bei seinem Abstieg zu den Toten die Seelen der verstorbenen Gerechten aus der Hölle[1729]. „Mit lewen chreften", „Mit des Löwen Kraft" sprengte er den Riegel vor dem Tor der Unterwelt[1730]. Dann fährt er „in sîner gotlîvhen crefte", „in seiner göttlichen Kraft" in den Himmel[1731] und läßt die Auserwählten „in miner magencrefte", „in meiner großen

---

[1719] MM 7,45,14f.,291.
[1720] MM 5,31,29-31,191.
[1721] MM 3,15,29-37,95.
[1722] MM 3,15,49-57,96.
[1723] CH 2, 236.
[1724] Es könnte hier an den für den Tag nur einmal vorgesehenen sakramentalen Empfang des Leibes Christi gedacht sein.
[1725] CH 2, 236.
[1726] CH 2, 224.
[1727] ALJ 140,56f.
[1728] ALJ 626,94f.
[1729] ALJ 1785,188f.
[1730] ALJ 1735f.,184.
[1731] ALJ 2050f.,208f.

Kraft" an seiner Herrschaft teilhaben[1732]. Am Ende der Zeit wird der Menschensohn „in sîner magenchrefte", „in seiner großen Kraft" zum Gericht wiederkommen[1733].
6.2 So ausgeprägt wie bei Frau Ava findet man den Gebrauch des christologischen Titels „Kraft" in den anderen Texten nicht.

Walter von der Vogelweide bittet den Herrn Christus, daß er an ihm „die grôzen kraft der güete dîn", „die große Kraft Deiner Güte" wirken läßt[1734]. Nach Meister Boppe nahm „des hôhen, starken, grôzen wunderaers kraft", „des hohen, starken großen Wundertäters Kraft" die Menschheit an[1735]. Nach des Priesters Wernher „Marienleben" brachte der Engel Gabriel „die kraft sîner gotheit zuo der maget", „die Kraft seiner Gottheit zu der Jungfrau"[1736]. Vom neugeborenen Jesuskind dichtet Friedrich von Sonnenburg: „Sîn kraft ist grôz, wît und breit, gar vil das kint vermac." – „Sein Kraft ist groß, weit und breit; sehr viel das Kind vermag."[1737] Nach Grundacker von Judenburg erhalten die Menschen Kraft, wenn Christus in seiner Auferstehung die Bande des Todes bricht[1738]. Gemäß Lutwin, welcher die „minne craft", „Liebeskraft" des Gottmenschen preist[1739], wird schon am Anfang den Menschen die Ankunft des Erlösers verheißen, der mit göttlicher Kraft die Höllenbande zerbricht[1740]. Wenn Maria im Himmel Fürsprache bei ihrem Sohn einlegt, redet sie ihn nach dem „Ludus de decem virginibus" mit den Worten an: „vil libe gotis craft", „vielgeliebte Gottes Kraft"[1741].

5.1.2.2 „Gewalt"

Wesentlich häufiger als „vis" in den lateinischen kommt der Ausdruck „Gewalt" in den muttersprachlichen Texten in bezug auf Christus vor.
1. In mittelniederländischen Texten geht besonders Hadewijch oft auf die Gewalt als Eigenschaft Gottes ein[1742]; eine eindeutige Aussage über diese Eigenschaft im christologischen Kontext fehlt allerdings.

[1732] ALJ 2072-2074,210f.

[1733] AJG 183-185,262f.

[1734] Walter von der Vogelweide: Morgensegen 5, in: Die Deutsche Literatur vom Mittelalter bis zum 20. Jahrhundert, 1,1,602.

[1735] Meister Boppe: Von Gottes Heilswirken 1,1-3, in: Die Deutsche Literatur vom Mittelalter bis zum 20. Jahrhundert, 1,1,9.

[1736] Priester Wernher: Marienleben. Verkündigung 22-24, in: Die Deutsche Literatur vom Mittelalter bis zum 20. Jahrhundert, 1,1,70.

[1737] Friedrich von Sonnenburg: Weihnachtsgedicht 1-4, in: Die Deutsche Literatur vom Mittelalter bis zum 20. Jahrhundert, 1,1,63.

[1738] Grundacker von Judenburg: Christi Hort. Die Auferstehung 161-164, in: Die Deutsche Literatur vom Mittelalter bis zum 20. Jahrhundert, 1,1,112.

[1739] Lutwin: Adam und Eva. Adams Tod und Bestattung 287-290, in: Die Deutsche Literatur vom Mittelalter bis zum 20. Jahrhundert, 1,1,207.

[1740] Lutwin: Adam und Eva. Adams Tod und Bestattung 139f., in: Die Deutsche Literatur vom Mittelalter bis zum 20. Jahrhundert, 1,1,205.

[1741] Ludus de decem virginibus 437, in: Die Deutsche Literatur vom Mittelalter bis zum 20. Jahrhundert 1,1,195.

[1742] Vgl. Weiß, Gottesbild 2,731-734.

2. Der Verfasser des St. Trudperter Hohelied bevorzugt den Ausdruck „gewalt", wenn er von Gott spricht, und kennt auch einen Bezug der Gewalt auf Christus.

2.1 Bei der Verkündigung sprach Gott ein besonderes Wort zu Maria. „Ez gie vüre in michelem gewalte." – „Es ging hervor in großer Gewalt."[1743] Jesus spricht zu Maria: „Dû waere mîn muoter, wan dich der gewalt des êwigen vater berehaft machete." – „Du warst meine Mutter, weil dich die Gewalt des ewigen Vaters fruchtbar machte."[1744] Um diese Aufgabe zu erfüllen, wurde Maria zu einer Wand, „die der gewalt des êwigen vater getruckenet hât", „welche die Gewalt des ewigen Vaters getrocknet hat"[1745]. So ist der Sohn durch die Gewalt des Vaters in die Zeit eingetreten[1746].

2.2 Vor allem bei der Erlösung bedarf es der Gewalt Gottes. Sie ist im Erbarmen Gottes geplant, die immer „in der êwigen wesende sîner magenkrefte und sînes gewaltes", „im ewigen Wesen seiner großen Kraft und seiner Gewalt" geschieht[1747]. Nur die Gewalt Gottes kann den Menschen von der Sünde befreien[1748]. Die Gewalt, mit der wir erlöst sind, ist sogar größer als die Gewalt, mit der wir erschaffen wurden[1749]. Um wirklich erlöst zu sein, muß man Christus suchen. Doch auch dazu bedürfen wir der Gewalt Gottes[1750]. Die irdische Erlösungstat Christi geschieht durch seine Verbindung „ze deme gewalt ze dînem vater", „zu der Gewalt, zu deinem Vater"[1751]. Christus als tröstender Erlöser wird genannt „aller manne gewaltegeste", „aller Männer Gewaltigster"[1752].

Es fällt auf, daß in diesem Kommentar das Erlösungswerk seinen Ursprung in der Gewalt des Vaters hat, die er natürlich durch seinen menschgewordenen Sohn ausübt.

Christus, der in die „armecheit des kindes", „Armseligkeit des Kindes" gekommen ist[1753], zeigt in der Gerechtigkeit Gewalt und Barmherzigkeit[1754]. Darin wird er „sîn gewalteclich urteile", „sein gewaltiges Urteil" verkünden[1755]. Er wird aber auch in der Ewigkeit den Auserwählten als „gewaltige kameraere", „gewaltiger Kämmerer" den Tisch decken[1756].

3. David von Augsburg ist einer der wenigen Autoren unserer Texte, welcher den Ausdruck in der heutigen Bedeutung von „Gewalt" im Sinn von „Gewalttätigkeit" gebraucht. Gott hat zwei Schwerter, dasjenige der Gewalt und dasjenige der Barmherzigkeit: „Swenne dû daz swert dînes gotlîchen gewaltes gereitest ze slahen den sündaere

---

[1743] TH 9,3,36.
[1744] TH 22,27-29,66.
[1745] TH 139,30f.,294.
[1746] TH 39,26f.,100.
[1747] TH 131,4-6,274-276.
[1748] TH 105,14-17,226.
[1749] TH 45,24-30,112.
[1750] TH 118,7-10,252.
[1751] TH 118,27f.,252.
[1752] TH 106,27f.,230.
[1753] TH 131,2,274.
[1754] TH 10,25f.,38; vgl. TH 76,17f.,172.
[1755] TH 125,29,264.
[1756] TH 42,28f.,108.

mit dîner gotlîchen gerehtikeit in den êwigen tôt, sô überwindet dîn almächtigiu güete dîne rehtekeit." – „Wenn Du das Schwert Deiner göttlichen Gewalt ziehst, um die Sünder in den ewigen Tod mit Deiner göttlichen Gerechtigkeit zu schlagen, so überwindet Deine allmächtige Güte Deine Gerechtigkeit."[1757]

3.1 Der Sohn Gottes besitzt die gleiche Gewalt wie der Vater. Sie hat keinen Anfang und kein Ende[1758]. Er ist „ebengewaltic sînem vater im himel und in erde", „seinem Vater gleich an Gewalt im Himmel und auf Erden"[1759]. Aus Liebe aber ist er Mensch und sterblich geworden[1760] und hat „sîn selbes ungeweltic", „sich selbst gewaltlos" gemacht[1761].

3.2 Über die Gewalt bei der Erlösung am Kreuz urteilt David differenziert. Wegen der Sünde hat Gott uns den Feinden, den Teufeln, übergeben[1762]. Sie übten lange Zeit große Gewalt gegen uns aus[1763]. Da Gott aber größere Macht hatte, hätte er uns gewaltsam befreien können. Doch „lie in sîn gerehtekeit den tievlen deheinen gewalt tuon", „ließ ihn seine Gerechtigkeit den Teufeln keine Gewalt antun"[1764]. Wenn Gottes Gerechtigkeit ihn daran hindert, Gewalt auszuüben, hat das Wort „gewalt tuon" den Sinn von ungerechter Ausübung von Macht erhalten. Doch die gleiche Gerechtigkeit fordert eine Bestrafung. „Alsô mohte der mensch nit erlôst werden wan mit der menscheit, daz ein mensch sturbe vür die andern menscheit." – „Also konnte der Mensch nicht anders erlöst werden als durch die Menschheit, damit ein Mensch für die restliche Menschheit stürbe."[1765]

In einer weiteren Situation wendet Gott keine Gewalt an, obwohl er dazu in der Lage ist. „Dû waeret wol gewaltic, daz dû uns die himelischen êren gaebest âne müe." – „Du wärst wohl so gewaltig, daß Du uns die himmlische Herrlichkeit ohne (unser) Mühen geben könntest."[1766] Doch würde er uns damit Unrecht tun, weil er uns die Gelegenheit nimmt, im Leiden zu zeigen, wie viel uns an Gott liegt[1767].

3.3 Es gibt auch Stellen, an denen bei David die „gewalt" Christi positiv besetzt ist. Christus übersteigt alle Geschöpfe „mit dîner gewaltigen werdekeit", „mit Deiner gewaltigen Würde"[1768], an der er uns Anteil geben will[1769].

[1757] DU 373,40-474,2.
[1758] DB 12,386,4-6.
[1759] DT 339,8f. «Im Himmel und auf der Erde» kann den Menschensohn in der Ewigkeit und als Menschgewordener meinen.
[1760] DB 12,386,9f.
[1761] DT 336,15-17.
[1762] DM 400,25.
[1763] DM 400,25.
[1764] DM 400,29f.
[1765] DM 400,32-34.
[1766] DK 346,20f.
[1767] DK 346,21-24.
[1768] DB 7,382,10-12.
[1769] DB 4,377,31-33.

4. Am reichsten und interessantesten ist wieder der Befund bei Mechthild von Magdeburg.

4.1 Herkömmlich ist es, wenn Mechthild nur von einer einzigen Gewalt spricht, welche der Vater und der Sohn gemeinsam besitzen[1770]. Besonders stark hebt Mechthild die Gewalt Gottes bei der Menschwerdung seines Sohnes hervor: Bei ihr trat die Dreifaltigkeit „mit der gewalt der gotheit", „mit der Gewalt der Gottheit" in die Jungfrau Maria so ein, daß sie unversehrt blieb[1771]. Wenn Gott einen auserwählten Menschen in die Armut „wirfet mit siner gewalt", „mit seiner Gewalt wirft"[1772], hat dies ein Urbild in Jesus Christus, der von seinem Vater aus dem Himmel auf die Straße in eine fremde Krippe geworfen wurde[1773]. Und trotzdem kann Maria ihren Sohn an Weihnachten mit den Worten anreden: „Siest mir willekomen, min unschuldiges kint und min gewaltiger herre, des alle ding din sint." – „Sei mir willkommen, mein unschuldiges Kind und mein gewaltiger Herr, dem alle Dinge zu eigen sind."[1774]

4.2 Schon an Weihnachten wird also von der Armut und dem Leiden des Sohnes Gottes gesprochen, welche von der Gewalt des Vaters kommen. „Min vatter gab mir die gewalt siner warheit." – „Mein Vater gab mir die Gewalt seiner Wahrheit."[1775] Aber gerade weil er diesem Auftrag nachgekommen ist, erhielt Jesus auch viel Schmach, bevor er in Ehren verklärt wurde[1776].

4.3. Für Mechthild gibt es auch eine positive Bedeutung der Gewalt der Minne. Die gebundene Minne steht bei ihr im Gegensatz zur zuchtlosen ungeordneten Liebe. So wird auch die liebende Mechthild durch des Geistes Gewalt gebunden[1777]. Durch die Gewalt der Liebe wird die Seele wieder jung[1778]. Der Liebesbrand hat Gewalt über den Menschen[1779]. Es ist gut, daß die Liebe sprechen kann: „So wirde ich din gewaltig." – „So bekam ich Gewalt über dich."[1780] Denn auch über Gottes Sohn hat sie bis in den Tod hinein Gewalt gehabt[1781]. Und der Mensch darf sich „in die gewalt der nakkenden minne", „in die Gewalt der nackten Minne" legen[1782] und gelangt dadurch „uf dem hohen berg der gewaltigen minne", „auf dem hohen Berg der gewaltigen Minne"[1783]. So ist auch der Ostertag mit der machtvollen Auferstehung Christi „ein tag der gewalt", „ein Tag der Gewalt"[1784]. „An dem heren ostertage, do únser losunge geoffenbaret

---

[1770] MM 5,6,4f.,160.
[1771] MM 5,23,28-35,175.
[1772] MM 6,4,33-35,210.
[1773] MM 6,4,35f.,210.
[1774] MM 5,23,48-50,176.
[1775] MM 3,16,8f.,97.
[1776] MM 3,16,9f.,97.
[1777] MM 3,10,8f.,89.
[1778] MM 3,13,20,93.
[1779] MM 5,30,6f.,189.
[1780] MM 1,3,11,8.
[1781] MM 1,3,11-14,9f.
[1782] MM 2,23,27f.,57.
[1783] MM 5,4,24f.,156.
[1784] MM 1,45,10,32.

wart also sere, das Jhesus Christus also gewalteklich erstůnt", „Am hehren Ostertag, da unsere Erlösung so herrlich geoffenbart wurde, daß Jesus Christus gewaltig erstanden ist"[1785], verloren die Juden und Heiden ihre Kraft[1786]. Als der Vater seinen Sohn zu seiner Rechten gesetzt hat, wurde diesem Gewalt und Herrlichkeit gegeben[1787].

4.4 Originell ist der Gebrauch des Begriffes „gewalt" im Kontext der Erlösung. Die Gerechtigkeit Gottes hat nach dem Sündenfall im Strafen große Macht über die Menschen[1788]. Doch mit dem Leiden Jesu wird diese zurückgedrängt, und die Barmherzigkeit gewinnt überhand. Die Gerechtigkeit spricht: „Sie hat mir grossen gewalt benomen." – „Sie hat mir die große Gewalt genommen."[1789] Der „grendel diner gerehtekeit", „Riegel Deiner (= Gottes) Gerechtigkeit" verschließt seit der Sünde das Tor zum Himmel[1790]. Jesus hat durch sein Sterben „den sclússel in siner menschlichen hant mit diner almehtigen gewalt", „den Schlüssel in seiner menschlichen Hand mit Deiner (= des Vaters) allmächtigen Gewalt"[1791]. Weil er ihn umgedreht hat, haben die Sünder Zutritt zu Gottes Huld[1792].

Nach dem letzten Gericht führt Jesus die Auserwählten in einem Tanz durch seine Gewalt in die Höhe vor den Vater[1793].

5. Oft werden in der Vita der Christina von Hane Dialoge zwischen ihr und ihrem Bräutigam, unter dem in den meisten Fällen Christus zu verstehen ist, überliefert. In ihnen stellt der Bräutigam sich mit den Worten vor: „Jch byn eyn geweldicher got." – „Ich bin ein gewaltiger Gott."[1794] Derjenige, dessen Menschheit am Kreuz erbebt, spricht: „Die gewailt myner gotheit vollenbrenget mynen willen an dyr." – „Die Gewalt meiner Gottheit vollbringt meinen Willen an dir."[1795] Seine Gewalt, aber auch seine Süße fließen in ihre Seele[1796]. Umgekehrt hat aber auch Christina Macht über den Herrn, der, weil er ihr keine Bitte abschlagen kann, spricht: „Du byst myn gar geweldich." – „Du hast sehr Gewalt über mich."[1797]

6. Die „Gewalt" kommt als Ausdruck für die Macht in den nicht mystisch geprägten Gedichten oft im christologischen Kontext vor.

[1785] MM 5,9,2f.,163.
[1786] MM 5,9,3f.,163.
[1787] MM 5,24,11-13,181.
[1788] MM 7,62,23f.,306.
[1789] MM 7,62,33f.,307.
[1790] MM 6,16,41f.,227.
[1791] MM 6,16,43f.,227. Auch an dieser Stelle sieht man, wie stark die Erlösung auf den Vater zentriert ist. Auch wenn Jesus den Schlüssel in der Hand hat, kann er ihn nur mit des Vaters Gewalt umdrehen.
[1792] MM 6,16,45-47,227.
[1793] MM 7,37,16-22,286.
[1794] CH 2,209.
[1795] CH 2,217.
[1796] CH 2,227.
[1797] CH 2,209.

Der Dreifaltigkeit „godelîch gewalt ist alsus einlîch und drîvalt", „göttliche Gewalt ist so eine wie dreifaltig"[1798]. Friedrich von Sonnenburg weiß, daß der Gottmensch alles erkennen kann, was er will, weil er dazu die Gewalt hat[1799]. Weil Maria eine besondere Stellung im Heilsplan Gottes hat, heißt es von ihr: „Du gotes bist in gotes gewalt gewaltic", „Du bist über Gott in Gottes Gewalt gewaltig"[1800]. In seinem öffentlichen Leben wirkt Jesus die Wunder mit Gottes Gewalt[1801]. Durch sein Sterben erlöst er die Menschen mit seiner Gewalt von des Todes Banden[1802]. Am Ende der Zeit kommt Jesus als „äin gewaltiger urtäilâre", „ein gewaltiger Richter" wieder[1803]. Umgeben mit seinen Leidenswerkzeugen sitzt er voll Gewalt über alles Land[1804].

5.1.2.3 „Stärke"

Nur selten wird von der Stärke Christi geredet.

1. Nach dem St. Trudperter Hohelied bedeutet der Name „Gabriel" „gotes sterke", „Gottes Stärke"; diese brauchte der Engel, um die Mutter des Sohnes Gottes von Geburt an zu behüten[1805]. Christus ist „diu sterke gotes", „die Stärke Gottes", „mit der er die rote Stiege des Kreuzes hochgestiegen ist[1806]. So ist er „ein wol vehtender kempfe der êwigen sterke", „ein trefflich fechtender Kämpfer der ewigen Stärke"[1807]. Besonders in seinem Abstieg zum Reich der Toten erweist er sich als Starker[1808].

2. Einmal fand ich bei David von Augsburg den Ausdruck „starke liebe", „starke Liebe". Mit ihr hat Christus die Mühen des Kreuzes auf sich genommen, damit die Menschen ihn ewig lieben[1809].

3. Während Mechthild von Magdeburg den Ausdruck „Stärke" nicht auf Christus anwendet, nennt sich der Bräutigam in der Vita der Christina von Hane „die starcke wyßheit vnd die wyße starkeit", „die starke Weisheit und die weise Stärke"[1810]. Da der Anklang an 1 Kor 1,24, an welcher Stelle Christus „virtus Dei et sapientia Dei", „Macht

---

[1798] Die Erlösung. I Der Erlösungsentschluß 33f., in: Die Deutsche Literatur vom Mittelalter bis zum 20. Jahrhundert, 1,1,48.
[1799] Friedrich von Sonnenburg: Preis der Allmacht Gottes 10, in: Die Deutsche Literatur vom Mittelalter bis zum 20. Jahrhundert, 1,1,507.
[1800] Rûmzlant von Sachsen: Marienpreis 2,17, in: Die Deutsche Literatur vom Mittelalter bis zum 20. Jahrhundert, 1,1,417.
[1801] ALJ 640-642,96f.
[1802] Lutwin: Adam und Eva. Adams Tod und Bestattung 142f., in: Die Deutsche Literatur vom Mittelalter bis zum 20. Jahrhundert, 1,1,205.
[1803] ALJ 2035-2037,208f.
[1804] Reinmar von Zweter: Weckruf 10, in: Die Deutsche Literatur vom Mittelalter bis zum 20. Jahrhundert, 1,1,568.
[1805] TH 41,11f.,104.
[1806] TH 43,23f.,108.
[1807] TH 76,2f.,170.
[1808] TH 15,30f.,50.
[1809] DK 346,31-36.
[1810] CH 2, 208.

Gottes und Weisheit Gottes" genannt wird, deutlich ist, dürfte Christus mit diesem Bräutigam gemeint sein.

4. In anderen mittelhochdeutschen Texten dieser Zeit wird kaum auf die Stärke Christi eingegangen. Sein Name ist „himellewe starke", „starker Himmelslöwe"[1811]. Einmal heißt es, daß sich in der Menschwerdung „dine starke gotheit in unsere scwachen form cleit", „Deine starke Gottheit in unsere schwache Form kleidet"[1812]. Man staunt darüber, daß Gottes starke Wunderkraft geboren, beschnitten, getauft wurde und am Ende sich in den Tod verkaufen ließ[1813].

Offensichtlich läßt das Wort „Stärke" eher an die Macht der Geschöpfe als an diejenige Gottes und Christi denken.

5.1.2.4 „Moghentheit"

1. Im Mittelhochdeutschen gibt es das von „mügen/mugen/mögen" abgeleitete Substantiv „mugentheit", welches „Gesundheit" oder „Macht" bedeutet[1814] und dessen mittelniederländisches Pendant „moghentheit" lautet. In unseren mittelhochdeutschen Texten fand ich aber keine Anwendung dieses Wortes auf Christus.

2. Während alle anderen Ausdrücke der Macht bei Hadewijch nicht im christologischen Kontext gebraucht werden, benutzt sie „moghentheit" gelegentlich in diesem Zusammenhang.

An einem Weihnachtsfest sieht sie, wie das Lamm von dem Geliebten Besitz ergreift[1815], was aus dem Kontext mit der Menschwerdung Gottes zu erklären ist[1816]. Das Ganze spielt sich in der unergründlichen Tiefe eines Strudels ab[1817]. Von ihm heißt es: „Dat was die gheheele moghentheit ons liefs." – „Das war die gesamte Macht unseres Geliebten."[1818] Gemeint ist mit dieser Vision, daß die Vereinigung von Gottheit und Menschheit in Jesus ihre Wurzel hat. Auf Erden besaß er zwar eine „moghende nature", „machtvolle Natur", die er aber nicht in Ruhe genoß; vielmehr nahm er, solange er hier lebte, immer neue Mühen auf sich[1819]. Damit soll von Christus gesagt sein, „dat ic nye ene vre mi seluen bi miere mogentheit ghenoech en dede in en gheen ghebreken, daer ic in was", „daß ich in keiner Zeit mir selbst aus meiner Macht in keinen Gebrechen, darin ich war, Genügen verschaffte."[1820]. „Ghenoech", „Genügen" bedeutet hier

---

[1811] Reinbot von Dürne: Die Apollostatue. Die Apollostatue 180, in: Die Deutsche Literatur vom Mittelalter bis zum 20. Jahrhundert, 1,1,305.

[1812] Lutwin. Adam und Eva. Adams Tod und Bestattung 288f., in: Die Deutsche Literatur vom Mittelalter bis zum 20. Jahrhundert, 1,1,207.

[1813] Meister Boppe: Von Gottes Heilswirken 1,1-5, in: Die Deutsche Literatur vom Mittelalter bis zum 20. Jahrhundert, 1,1,9.

[1814] Vgl. Lexer 1,2217-2220.

[1815] HAV 11,15,116.

[1816] HAV 11,18-22,116.

[1817] HAV 11,4f.,116.

[1818] HAV 11,14f.,116.

[1819] HAB 6,90-94,57.

[1820] HAV 1,333-335,62.

Befriedigung oder Erleichterung[1821]. „Jc en coste mi seluen nye bei miere moghentheit van binnen." – „Ich verkostete mich von innen selbst nie in meiner Macht."[1822] Dies schließt aber nicht aus, daß er in seinem öffentlichen Wirken machtvoll auftritt[1823]. Für die Menschen hat das folgende Konsequenz: Auf Erden muß er wie der Mensch Jesus im Elend und in Mühen leben[1824] und sich der „moghentheit", „Macht" Gottes beugen[1825]. Nur innerlich darf er mit der Macht seiner Gottheit in Liebe und Zuversicht jubilieren[1826]. Gelegentlich wird dem Menschen dies in der „unio mystica" erfahrbar[1827]. Weil dies bei Hadewijch der Fall war, wird sie in einer Vision mit den Worten angeredet: „O moghende!" – „O Mächtige!"[1828] Auf Erden aber bleibt der Mensch „onder de moghende cracht gods", „unter der mächtigen Kraft Gottes"[1829]. Er muß wie Christus bereit sein, alle Art von Elend zu tragen, und darf sich nicht rächen[1830]. Tut er es doch, maßt er sich die Macht Gottes an[1831]. Wenn er aber demütig bleibt, wird er einmal nach dem Tod als Braut zum mächtigen Gott geführt[1832].

In den anderen Texten fand ich keine Stelle, in der dieser Ausdruck für Macht auf Christus bezogen wird.

5.1.2.5 „Maht"

Es ist erstaunlich, wie selten in den von uns behandelten Texten von der „maht" Christi gesprochen wird. Einen etwas ausführlicheren Gebrauch des Wortes „maht" Gottes fand ich nur bei David von Augsburg[1833]. Mechthild von Magdeburg verwendet es nur für die Geschöpfe[1834]. Christina von Hane spricht einmal von der „maht" Christi. Er erscheint ihr „als eynen groißen vnd mechtigen heren myt funffe wunden", „als ein großer und mächtiger Herr mit fünf Wunden", in die sie ihr eigenes Leid legen kann[1835]. Mächtig- und Verwundetsein schließen sich bei Christus nicht aus. Auch in nicht mystisch geprägten Texten ist die „maht" Christi fast unbekannt[1836].

[1821] Vgl. Jahae 114.

[1822] HAV 1,361f.,64.

[1823] HAB 6,109-111,58.

[1824] HAB 6,117f.,58.

[1825] HAB 6,124f.,59.

[1826] HAB 6,118-120,58.

[1827] HAV 7,51-53,94.

[1828] HAV 1,62f.,46.

[1829] HAB 14,34f.,120.

[1830] HAV 1,281-285,58-60.

[1831] HAV 1,286-288,60.

[1832] HAV 12,55-57,130.

[1833] Vgl. Weiß, Gottesbild 1,752f.

[1834] Vgl ebenda 753.

[1835] CH 1, 236.

[1836] Ausnahme: Wolfram von Eschenbach: Willehalm. Eingangsgebet 39-42, in: Die Deutsche Literatur vom Mittelalter bis zum 20. Jahrhundert, 1,1,603.

Mehrere Gründe dürften für das eben geschilderte Phänomen verantwortlich sein. Das Wort „maht" ist im Mittelhochdeutschen nicht so geläufig wie das heutige „Macht"[1837]. Weiter scheint „maht" zu wenig dem Besonderen der Macht Gottes zu entsprechen. Für Gott und Christus gebraucht man eher das Wort „almaht" in allen Variationen.

5.1.2.6 „Almaht"[1838]

1. Hadewijch spricht oft von der Allmacht Gottes und nennt ihn allgewaltig[1839]. Ja, die Seherin wird selbst allmächtig genannt, weil sie alle Widerstände auf dem Weg der „unio mystica" überwunden hat[1840]. Christus selbst nennt sie aber nicht allmächtig. Der gleiche Sachverhalt gilt auch für das St. Trudperter Hohelied[1841].
2. Anders sieht das Bild in den mittelhochdeutschen Traktaten des David von Augsburg aus.
Zu Beginn seines Traktates „Kristi Leben unser Vorbild" geht er auf die Entäußerung in der Menschwerdung ein. Gerade in ihr zeigt sich Gottes Macht. Um Großes an den Menschen zu tun, wurde der Sohn Gottes klein, schwach und arm[1842]. Daran sollen wir erkennen, was erst „din almaht", „Deine Allmacht" an uns verrichten kann[1843]. „Dîn güete ist almähtic." – „Deine Güte ist allmächtig."[1844] Diese Allmacht der Güte Gottes sieht man daran, daß dann, wenn die Macht Gottes das strafende Schwert gegen die Sünde richtet, „dîn almähtigui güete dîne rehtekeit", „Deine allmächtige Güte Deine Gerechtigkeit" in der Erlösung überwindet[1845].
3. „Allmacht" und „allmächtig" sind beliebte Ausdrücke bei Mechthild von Magdeburg.
Mechthild schreibt dem Sohn Gottes die Allmacht zu. Der dreifaltige Gott krönt die Menschen, die in den Himmel gelangen. Im Unterschied zu den anderen Menschen steht er bei der Ankunft der Jungfrauen auf[1846]. „Er grůsset si innenwendig mit siner lebendiger gotheit, er eret si uswendig mit siner almehtigen menscheit, er zieret si mit sines heligen geistes miltekeit, er lohnet in ŏch ane ende mit siner gantzen drifaltekeit." – „Er grüßt sie innerlich mit seiner lebendigen Gottheit, er ehrt sie äußerlich mit seiner allmächtigen Menschheit, er ziert sie mit seines Heiligen Geistes Milde, er lohnt sie[1847]

[1837] In den von Singer aufgestellten Häufigkeitsgruppen taucht das Wort „maht" nicht auf.
[1838] Für die verschiedenen Variationen und Schreibmöglichkeiten dieses Wortes in unseren Texten vgl. Weiß, Gottesbild 1,792.
[1839] Vgl. Weiß, Gottesbild 1,793f.
[1840] HAV 12,160f.,136.
[1841] Vgl. Weiß, Gottesbild 1,795.
[1842] DK 341,18-23.
[1843] DK 341,23-26.
[1844] DU 373,39f.
[1845] DU 373,40-374,2.
[1846] MM 4,29,19f.,141.
[1847] Warum im mittelhochdeutschen Text ein Wechsel vom Plural „si" zum Singular „in" stattgefunden hat, ist nicht ersichtlich. Mit Margot Schmitt (Mechthild 153) bleiben wir in der Übersetzung beim Plural „sie".

ohne Ende mit seiner ganzen Dreifaltigkeit."[1848] Unter „gotheit" versteht sie hier wie an vielen anderen Stellen den Vater und unter „menscheit" den ewigen Sohn Gottes[1849], so daß zusammen mit dem Heiligen Geist an dieser Stelle zuerst die einzelnen Personen und dann die gesamte Heilige Dreifaltigkeit genannt ist. Offensichtlich sind die vier Tätigkeiten des innerlich Grüßen, des äußerlich Ehren, des Zierens und des Belohnens kein für die je einzelnen Personen und die gesamte Dreifaltigkeit typisches Wirken. Auch die Eigenschaften Leben, Allmacht und Milde werden nicht in besonderer Weise Vater, Sohn und Heiligem Geist zugeschrieben. Wenn dem so wäre, würde man eher erwarten, daß dem Vater die Allmacht zugeeignet wäre, wie es auch an anderer Stelle[1850] bei Mechthild geschieht. Da die drei Personen die eine lebendige, allmächtige und gütige Wesenheit bilden, kann Mechthild auch von jeder der Personen diese gemeinsamen Eigenschaften aussagen.

Maria ist der wahre Tempel Salomos, „da wolte der almehtig got nún manode ze herberge wesen", „worin der allmächtige Gott neun Monate wie in einer Herberge war"[1851]. Der Sinn der Menschwerdung ist natürlich die Erlösung, an der Maria beteiligt ist, die bekennt: „Do underfieng dú ewige wisheit der almehtigen gotheit mit mir den zorn." – „Da unterfing die ewige Weisheit der allmächtigen Gottheit mit mir den Zorn."[1852] Folgendes dürfte der Sinn dieser schwer verständlichen Stelle sein: Die Reaktion des Vaters auf die Sünde Adams muß sein Zorn sein[1853]. Durch die Menschwerdung aus der Jungfrau Maria fing der Sohn diesen Zorn ab. Bei der Geburt Jesu bewirkte die Allmacht des Vaters, daß die Jungfräulichkeit Mariens nicht verletzt wurde[1854]. „Dú ewig wisheit der almehtigen gotheit", „Die ewige Weisheit der allmächtigen Gottheit" hat Maria einen solchen Schatten gegeben, daß sie, obwohl sie Mensch wie wir war, vor der Sünde bewahrt wurde[1855]. Da dem Sohn die Weisheit insbesondere zugeschrieben wird, dürfte dieser es sein, der als allmächtiger Gott seine Mutter geschützt hat. Wenn der Mensch sich bei der Minne beschwert, daß sie ihn jagt, das heißt verfolgt und nicht freigibt, antwortet die Liebe, sie habe das Gleiche auch mit Gott gemacht: „Ich han den almehtigen got von dem himelrich getriben und han ime benomen sin mönschlich leben." – „Ich habe den allmächtigen Gott vom Himmel getrieben und ihm sein menschliches Leben genommen."[1856] Da nicht die ganze Dreifaltigkeit, sondern nur der Sohn Gottes Mensch geworden ist, ist dieser unter dem allmächtigen Gott

verstanden. Durch seinen Tod erhielt der Sohn den Schlüssel, mit dem er durch die

---

[1848] MM 4,24,20-23,141.
[1849] Z.B MM 4,12,19-21,123.
[1850] MM 3,9,8-10,86; 5,23,43-45,175f.
[1851] MM 3,9,88f.,89.
[1852] MM 1,22,44f.,18.
[1853] MM 1,22,45,18.
[1854] MM 5,23,43-46,175f.
[1855] MM 3,4,16-20,82.
[1856] MM 1,3,11f.,9; vgl. MM 1,1,5-7,5.

Allmacht des Vaters die Tür zum Himmel wieder öffnen kann[1857]. Am Ende aber wird die gleiche Liebe diesen allmächtigen Sohn seinem Vater mit Ehre zurückgeben[1858]. Deswegen preist man ihn auch „diner almehtigen ere ze lobe und ze eren", „Deiner allmächtigen Ehre zum Lobe und zu Ehren"[1859]. Wenn jemand inständig um etwas betet, dann bezwingt Gott seine eigene Liebe zu dem Menschen: „Ja, wa zwene ringent mit enander, da můs der kranker undergan; der krenker das wil ich sin, alleine ich almechtig bin." – „Ja, wo zwei miteinander ringen, da muß der Schwächere untergehen; der Schwache, das will ich sein, obwohl ich allmächtig bin."[1860] Wenn Mechthild um die Tilgung der Sünde fleht, ruft sie: „Herre, almehtiger gottes sun!" – „Herr, allmächtiger Sohn Gottes!"[1861]

5.1.3 Zusammenfassung

Die Behandlung der einzelnen Begriffe für die Macht Jesu war notwendig, um die differenzierte Ausdrucksweise der einzelnen Autoren zu erfassen. Zugleich war sie aber auch irreführend. Wenn eine Mystikerin einen spezifischen Ausdruck für die Macht nicht kennt, ist man schnell versucht anzunehmen, sie wisse überhaupt nichts von der Macht des Sohnes Gottes, obwohl sie von diesem Sachverhalt oft unter anderen Begriffen schreibt. Deswegen ist jetzt ein Überblick über alle Aussagen für diese Eigenschaft notwendig.

1. Während die Geschöpfe die Macht nur haben können, fällt bei Jesus die Macht mit seinem Wesen in eins[1862]. Deswegen ist er der Stärkste[1863], dem alles andere unterliegt[1864]. Mit 1 Kor 1,24 wird der ewige Sohn Gottes, aber auch der Menschgewordene oft Macht und Weisheit genannt[1865]. Die Dreifaltigkeit besitzt nur eine Macht[1866], und es gibt nur einen allmächtigen Gott[1867] und eine allmächtige Wesenheit[1868]. Der Vater

---

[1857] MM 6,16,41-47,227.
[1858] MM 1,3,12f.,9f.
[1859] MM 7,18,9-13,270.
[1860] MM 6,10,8-10,217. „Krank" meint hier nicht das Gegenteil von „gesund", sondern, wie es im Mittelhochdeutschen möglich ist, das Gegenteil von „stark".
[1861] MM 7,26,4,276.
[1862] BLVM 1,2,36,10-12; BS 3,113,650,15-17; WHLD 1,11,132,284.
[1863] SP 11,912,2.
[1864] SP 11,912,4-8; HISV 2, 3,4,3,157f.,393.
[1865] JFC 1,10,203-206,116; 3,29,1062,175; BLVM 4,4,106,19-23; BGR 3,8,26,210,25f.; BB 1, 18,3,376,1-4; BNAT 1,3,228,22-24; BBEN 3,76,1f.; BANN 1,6,102,22-104,2; BVDSS 5,146,15; BD 14,1,288,3; 52,1,570,3f.; 90,2,692,12; 96,1,730,3-8; 125,828,11f.; WHLD 1,11,132,284; WR 1,550C; 6,655C; IS 12,12,122-126,258; 26,3,21f.,128; 30,9,86-89,186; GHLD 26,4,135C-136A; GIS Nat 1,2,46-48,166; JHLD 23,2,34-37,194; 82,7,166-169,567; SP 11,884,18; 11,894,1-16; RVPS 28,297A; TH 130,21,274; IL 2,6,30,179; DT 329,14f.; G R 7,237f.,224; 7,633-638,248; CH 2, 208.
[1866] JFC 2,3,93f.,124; JFA 18,180f.,217; BD 64,2,614,18-616,4; RVTR 3,15,202; 6,20,438; HISV 2, 3,5,14,407f.,419; MM 3,2,6f.,79.
[1867] JFC 1,14,297f.,119; RVTR 1,5,74.
[1868] RVTR 3,22,216.

hat durch seine Macht in Ewigkeit den Sohn gezeugt[1869] und in ihn alle Macht gegossen[1870], durch die dieser die Welt erschaffen hat[1871]. Nur gelegentlich wird dem ewigen Sohn in besonderer Weise die Macht zugeordnet[1872]. Sie unterscheidet sich in nichts von der Macht der anderen Personen[1873].

2. Zum Abstieg des Sohnes Gottes aus dem Himmel bedarf es der Macht[1874]. Nur die Macht der Liebe konnte ihn zur Erde ziehen[1875]. In Macht wurde er zur Welt gesandt[1876], wie es Gott voraussah[1877] und durch die Propheten vorausgesagt wurde[1878]. Der Engel Gabriel, dessen Name „Gottes Stärke" bedeutet, ist geeignet, die Macht, die sich in der Menschwerdung zeigt, anzukündigen[1879]. Durch die Macht des Allerhöchsten[1880], welche diejenige des Heiligen Geistes ist[1881], konnte Maria den Sohn in Jungfräulichkeit empfangen[1882]. Die Macht Gottes hat sich in der Menschwerdung gezeigt[1883], verbarg aber zugleich das Geheimnis der Menschwerdung aus der Jungfrau Maria, damit es nicht Satan[1884] vorzeitig[1885] bekannt würde. Auch der Mensch hätte vor der offen gezeigten Macht Christi nicht bestehen können[1886]. So offenbart sich in der Menschwerdung nicht die Macht, sondern die Güte Christi[1887]. Bei der Empfängnis bewahrte die Macht Gottes die Jungfräulichkeit Mariens vor jeder Verletzung[1888].

3. In der Menschwerdung ist eine Erniedrigung eingeschlossen. In Christus ist die Macht durch ihre Verborgenheit[1889] nur in der Schwäche erfahrbar[1890]. Ja, dieser entäußert sich sogar seiner Macht[1891]. So gelangt die Macht in der Niedrigkeit zur Vollen-

---

[1869] JFP 63,227; BLVM 3,12,94,21-27; RVTR 5,8,322; HISV 1, 2,2,7,159,129; ESV 3,31,81.

[1870] JHLD 7,2,108-111,75.

[1871] SP 10,842,7-9; HISV 1, 2,1,6,201-203,115.

[1872] HISV 1, 2,2,157,129.

[1873] JFC 1,9,168-172,115; 1,14,288f.,119; JFA 17,174f.,217; GIS Palm 1,1,8f.,164; JHLD 18,6,139-146,160; RVTR 3,7,182; DT 339,8f.

[1874] BD 60,1,602,10-12; HISV 1, 2,4,4,149f.,163; 2, 3,6,34,912-916,458; 3,8,10,542-545,493; HIB 1, 89,26,214; TH 15,30f.,50; MH 1,15,47; ALJ 1735f.,184; 1785,188f.

[1875] HL 974B-C; MM 1,3,11f.,9; G 3, 3,55,1,16-20,236.

[1876] JFC 2,12,564f.,139; HISV 1, 2,2,4,80-82,126; 2, 3,6,34,914,458; ESV 3,25,76; TH 9,3,36; MM 5,31,29-31,191.

[1877] HIO 3,4,10,1-3,398.

[1878] HISV 2, 3,4,14,374-377,400; HIM 2,30,528f.,87; ESV 3,10,65; HASG 29,6f.,56-61,188; Lutwin: Adam und Eva. Adams Tod und Bestattung 139f., in: Die Deutsche Literatur vom Mittelalter bis zum 20. Jahrhundert, 1,1,205.

[1879] BLVM 1,2,34,24f.; 1,1,2,36,14-24; TH 41,11f.,104; Priester Wernher: Marienleben. Verkündigung 22-24, in: Die Deutsche Literatur vom Mittelalter bis zum 20. Jahrhundert, 1,1,70.

[1880] BPENT 2,2,402,25; HISV 1, 2,6,26,1037-1040,255.

[1881] HISV 1, 1,3,5,158f.,43.

[1882] BVNAT 3,6,168,30-170,1; BS 3,127,752,18-20; HIB 1, 89,29,31,214; ESV 3,25,76.

[1883] BNAT 2,4,244,10-12.

[1884] BHLD 1, 31,4,9,498,23f.; HISV 2, 3,8,15,759-762,500.

[1885] BLVM 2,13,66,4-13; 4,4,106,19-23.

[1886] BHLD 2, 73,2,5,486,5-12.

[1887] BVNAT 6,6,214,13-15.

[1888] BD 42,1,530,16; HISV 1, 2,6,434-436,237; MM 5,23,43-46,175f.

[1889] BD 29,3,444,9.

[1890] BVNAT 6,6,214,8-10; GIS Epi 2,2,37f.,256; RVPS 28,298B; DK 341,18-21.

[1891] BNAT 1,2,226,14; GIS Palm 1,1,23-25,164-166; IN 29,275.

dung[1892]. Es entsteht das Paradox, daß der Menschgewordene in seiner Schwäche stark ist[1893].

4. Schon als Kind im Mutterschoß besaß Jesus Gottes Macht[1894] und dies gegen den äußeren Anschein[1895]. Das Kind in der Krippe hat Macht[1896], obwohl die Macht Gottes ihn in diese Armut gebracht hat[1897].

5. Jesus zeigt seine Macht in seinen Wundern[1898] und in seiner Verkündigung[1899]. Mit seiner Macht ist er fähig, in seinem Wirken die Barmherzigkeit walten zu lassen[1900], und kann doch die Apostel vor Angriffen der Feinde schützen[1901]. Aber diese Macht hat er nicht zu seinem eigenen Nutzen gebraucht[1902].

6. Die Allmacht Gottes schickte Jesus in den Tod[1903], obwohl der Vater in seiner Macht auch eine andere Art der Erlösung hätte wählen können[1904]. Im Kreuz besteht der Höhepunkt der Erniedrigung der Macht[1905]; die Macht wird schwach[1906]. Ganz und gar ist dort seine Macht verborgen[1907]. Christus wollte sich dabei nicht gegen die Macht der Liebe wehren[1908]. So hat er in seiner Demut das Böse besiegt[1909]. Und doch ist diese Schwäche stärker als das stärkste Geschöpf[1910]. Dies zeigt sich beim Trösten der weinenden Frauen[1911]. Gerade in seinem Sterben macht er seine Macht der Erlösung kund[1912]. Nur in seiner Macht konnte er das Böse am Kreuz besiegen[1913] und die

---

[1892] BD 57,2,594,9.

[1893] DK 341,35-342,2.

[1894] BHLD 1, 31,4,9,498,20-22; GIS Nat Joh 1,2,38-46,316; MM 3,9,88f.,89.

[1895] GIS Nat 1,2,46-48,166; DK 341,26.

[1896] TH 10,25f.,38; MM 5,48-50,176; ALJ 140,56f.; Friedrich von Sonnenburg: Weihnachtsgedicht 1-4, in: Die Deutsche Literatur vom Mittelalter bis zum 20. Jahrhundert, 1,1,63.

[1897] MM 6,4,35f.,210.

[1898] BASSPT 4,4,564,17-19; BD 97,3,744,22; IS 43,7,73-75,66; GIS Epi 2,2,39-45,256; JHLD 23,2,40-50,194; HAB 6,109-111,58; ALJ 626,94f.

[1899] JHLD 23,2,34-37,194.

[1900] JHLD 98,6,126-129,665.

[1901] HIO 3,2,14,84-86,375.

[1902] HAB 6,90-94,57; HAV 1,361f.,64.

[1903] HISV 1, 2,2,4,80-82,126.

[1904] BB 2, 190,8,19,106,26f.; HAN 4,3,667D.

[1905] BD 57,2,594,10f.

[1906] BD 57,1,594,1f.; GIS Nat Joh 2,3,82f.,332; ESV 3,31,87.

[1907] WND 12,37,402D; HISV 2, 3,11,42,866f.,601.

[1908] GIS Nat Joh 2,3,84-91,332; JHLD 58,10,217-220,421; MM 1,3,11-14,9f.; G R 3,282f.,92; 7,292f.,226; AB 47-50,30-36,138.

[1909] HISV 1, 1,2,32,789f.,36; HISV 1, 2,6,2,311-317,233.

[1910] WHLD 1,9,112,246.

[1911] HISV 2, 3,11,42,870-873,601.

[1912] BHLD 1, 19,2,3,266,27f.; HISV 1, 2,1,5,183-188,115; 2, 3,7,7,227-231,468; 3,8,15,763-767.784-786,500; TH 43,23f.,108; 45,24-30,112; 105,14-17,226; 131,4-6,274-276; DK 341,30f.; 346,31-36; Lutwin: Adam und Eva. Adams Tod und Bestattung 142f., in: Die Deutsche Literatur vom Mittelalter bis zum 20. Jahrhundert, 1,1, 205.

[1913] BB 2, 190,5,12,94,3-15; BHLD 1, 31,4,9,498,22f.; HISV 1, 1,2,32,799-801,46; 2,1,14,373-375,121; 2,7,8,256-558,314; HIM 6,32,738f.,287; ESB 15,149.

schwankende Natur des Menschen stärken[1914]. Mit Macht hat Jesus den Riegel vor der Tür zum Himmel zurückgeschoben[1915]. Zu unserer Erlösung ist sowohl die Macht als auch die Weisheit Christi notwendig[1916]. Beide Eigenschaften strömen aus der geöffneten Seite des Gekreuzigten[1917]. Neben der Macht wird die Barmherzigkeit[1918], die Güte[1919] und die Geduld[1920] Christi bei seiner Erlösungstat erwähnt.

7.   Schon beim Abstieg in das Reich der Toten zeigt Christus seine Macht, nämlich in der Befreiung der Väter[1921]. Der allmächtige Gott hat ihn aber auferweckt[1922]. Während Christus wegen seiner Schwäche gekreuzigt wurde, lebt er erneut aus der Macht in der Auferstehung[1923]. Wie ein Samen, der in die Erde fällt und fruchtbar wird, so steht Christus in Macht auf[1924]. Mit ihr sprengt er die Banden des Todes[1925]. Jetzt zeigt sich auch in den Wunden Christi seine Stärke[1926].

8.   Trotz des gegenteiligen Eindrucks scheidet bei der Himmelfahrt Christus nicht mit seiner Macht von uns, sondern bleibt auch in dieser Eigenschaft bei uns[1927]. So sendet er die Apostel mit Macht in alle Welt[1928], wodurch er allen Menschen machtvoll offenbar wird[1929]. Jetzt sitzt er mit seiner Macht zur Rechten des Vaters[1930].

9.   Jesus hat sich durch seine Macht in der Kirche eine schöne Braut erworben[1931]. Die Apostel, die er in seiner Macht als Fürsten eingesetzt hat[1932], verkünden die Macht und Weisheit Christi[1933], die dafür die Kraft, in die Welt zu gehen, erhalten[1934]. Die Macht Christi[1935], die ewig dauert[1936], hat den Glauben an die Götter vernichtet[1937] und ist das Fundament, auf das die Kirche gegründet ist, die sich auf die Macht ihres Bräutigams

---

[1914] HISV 1, 2,6,32,1226-1128,261.
[1915] MM 6,16,43f.,227.
[1916] BGR 3,8,26,210,25f.; IS 12,12,122-126,258; 17,6,48-52,314; GHLD 26,4,135C-136A.
[1917] BD 96,1,730,3-8.
[1918] BHLD 2,73,2,4,486,1f.; JHLD 28,2,26-31,228; ARI 31,1023-1925,666f.
[1919] ARI 31,1003-1005,666.
[1920] IS 30,13f.,131-134,190.
[1921] JFL 209f.,193; TH prol 4,5f.,20.
[1922] JFC 2,6,244f.,129; MM 1,45,10,32.
[1923] GHLD 19,5,10OB; MM 5,9,2f.,163.
[1924] GIS ASBM 4,4,145-147,468-470.
[1925] Grundacker von Judenburg: Christi Hort. Die Auferstehung 161-164, in: Die Deutsche Literatur vom Mittelalter bis zum 20. Jahrhundert, 1,1,112.
[1926] G 3, 3,49,1,23,218; CH 1, 236.
[1927] TH 144,20-22,304; MH 1,20,75.
[1928] HISV 2, 3,8,15,781-783,500.
[1929] HISV 1, 2,4,3,120-122,162.
[1930] WR 5,642D; MM 1,3,12f.,9f.; MM 5,24,11-13,181; Reinmar von Zweter: Weckruf 10, in: Die Deutsche Literatur vom Mittelalter bis zum 20. Jahrhundert, 1,1,568.
[1931] JHLD 33,8,209f.,261.
[1932] JHLD 17,4,101-103,151.
[1933] BBEN 3,76,1f.
[1934] HIO 3,2,14,69-71,374.
[1935] HISV 2, 3,8,8,467-470,491.
[1936] HISV 2, 3,6,26,609f.,449.
[1937] HISV 2, 3,9,940-944,542.

verlassen kann[1938]. Sie ist in der Rechtfertigung[1939], in der Taufe[1940], in der Eucharistie[1941], im Bußsakrament[1942], im Weihesakrament[1943] und in der Ordensprofeß[1944] am Werk. Auch die Entstehung verschiedener Stände[1945] und die Berufung von Seherinnen[1946] in der Kirche geht auf die Allmacht Gottes in Christus zurück. Mit ihr will Gott alles in Christus erneuern[1947] und schenkt uns die Macht, Kinder Gottes zu werden[1948]. In der Kirche, die der Berg der Stärke ist[1949], befindet sich die Macht Christi als der sichere Turm, in dem sich die Gläubigen gegen den Angriff des Bösen schützen können[1950].

10. Die Macht Jesu will die einzelnen Gläubigen stärken[1951], ihnen helfen, sich vor Sünde zu bewahren[1952], und, wenn sie gefallen sind, ihnen vergeben[1953]. Sie ist stärker als alle Macht des Bösen[1954], wacht über uns[1955] und schützt uns[1956]. Mit ihr können wir gegen die Versuchungen der bösen Geister angehen[1957]; ohne die Erlaubnis des mächtigeren Jesus haben diese keine Macht über den Menschen[1958]. Aller Grund zur Angst ist jetzt genommen[1959], und die Unvollkommenheiten unserer Reue wird durch die Macht geheilt[1960], so daß wir uns nicht zu schämen brauchen[1961] und bereit werden, auch Verfolgung zu erleiden[1962]. Auf seine Macht dürfen wir hoffen[1963]. Durch sie wird aller Mangel des menschlichen Handelns ergänzt[1964]. Wegen seiner Macht kann uns

---

[1938] HISV 2, 3,11,42,889f.,602.

[1939] JFC 2,4,139f.,125; 2,5,181f.,127.

[1940] WR 3,596A; HISV 1, 2,4,13,336-338,169; HISV 2, 3,5,21,554f.,424; G R 1,35-37,48; CH 2, 236.

[1941] WCS 4,351A; HISV 1, 2,3,3,163-166,137; 2,6,13,597f.,242; 2,6,22,913f.,252; 2,6,19,760f.,247; 2,6,34,1286-1294,263; 2,6,36,1341-1344,264; 2,6,42,1439f.,267; HIB 1, 89,32-34,214; IL 2,7,40,182; DB 3,377,19-22; DM 403,27-33; 404,1-3; G R 4,316-320,120; G 4, 4,55,6,6-9,460.

[1942] HISV 1, 2,6,87,2246-2248,297.

[1943] HIO 3,5,17,23-25,436.

[1944] G R 4,380-385,124.

[1945] HIB 1,6,38-40,15.

[1946] HIB 2, 180,4-10,409; HIV 3,25,226,16f.; OL 1,30,243,1-10; JC 2,3,10,460.

[1947] JFC 2,14,597f.,140; BPENT 2,4,406,8.

[1948] IS 51,3,21f.,200.

[1949] HISV 2, 3,10,32,939,573.

[1950] HISV 2, 3,9,16,393-396,527.

[1951] CS 2, 4,2,12,298.

[1952] JFC 1,10,203-206,116; HISV 2, 3,3,9,525-431,383; HIB 2, 98,47,451.

[1953] JHLD 9,1,23-27,88.

[1954] BLVM 1,2,36,12-14; HISV 2, 3,3,203f.,376.

[1955] JHLD 92,6,166f.,627.

[1956] BD 96,1,730,10f.; JHLD 31,3,68-70,246. SP 7,628,12-16.

[1957] CS 2,4,2,12,297; 4,5,39,305; 4,5,40,305; 4,5,47,306; 4,14,130,330; 4,18,159,339; 4,20,186,346.

[1958] CS 2, 4,15,133,331.

[1959] BGR 3,8,26,212,2-9; BD 96,1,730,15; ARJ 3,24,160f.,270; IL 2,6,30,179; MH 1,1,7.

[1960] MH 1,9,29.

[1961] WR 6,655C.

[1962] JHLD 15,7,202-205,137; HISV 2, 3,11,13,310-316,583.

[1963] JFC 2,6,307-309,131; JFL 113f.,190.

[1964] G 3, 3,34,1,5-8,172.

nichts von seiner Liebe trennen[1965]. Oft treibt den Menschen die eigene Not, bei der Macht Christi Zuflucht zu nehmen[1966] und zu beten[1967]. Diese läßt den Menschen sich aus dem Stolz[1968] oder dem Verhaftetsein an das eigene Ich zu lösen[1969] und hilft das versteinerte Herz aufzubrechen[1970]. Doch sich nur auf die Macht und Barmherzigkeit Christi zu verlassen und selbst nichts mehr tun zu wollen, wäre Vermessenheit der Macht Christi gegenüber[1971]. In seiner Allmacht kann er mehr, als er tatsächlich tut[1972]. Die Allmacht Christi hätte uns von allem Leiden erlösen und sofort in den Himmel versetzen können; doch wir sollten durch Leiden reif werden[1973]. Die Macht hilft auch, daß wir das, was wir als recht erkannt haben, ausführen[1974] und Gott loben[1975] können; sie kann uns auch von Kleinmut befreien[1976]. An seinen Auserwählten wirkt auch Christi Allmacht Wunder[1977], heilt von Krankheiten[1978], mehrt die Gnade[1979], schenkt Süße im Gebet[1980], gewährt Sicherheit[1981], verleiht besonderes Wissen[1982] und erhört die Gebete[1983]. Mit der gleichen Macht kann er sie aber auch in Armut stürzen[1984]. Auch die Angleichung an den leidenden Herrn in der Stigmatisation geschieht durch die Kraft Jesu[1985].

11. Jesus selbst hat solche Sehnsucht nach der Einheit mit dem Menschen, daß er gleichsam ohnmächtig wird[1986]. Durch seine Macht erfüllt er dann dieses Verlangen[1987]. Nur durch seine Macht kann die „unio mystica" zustande kommen[1988]. Der Kuß der Einheit besteht in Teilhabe an der Macht und Weisheit Christi[1989]. Auch die Ekstasen

---

[1965] BVEPI 5,102,17-21; ARI 31,1010f.,666.
[1966] IS 13,11,116f.,268.
[1967] ARJ 3,23,154f.,270; IS 5,18,171-176,156.
[1968] JFC 2,7,389-391,133.
[1969] G R 4,314-321,120; 7,410f.,234.
[1970] HISV 2, 3,8,15,668-772,500.
[1971] ARI 31,1023-1925,666f.
[1972] IS 12,10,99f.,256; G 2, 2,19,1,7-11,304.
[1973] HAN 4,2,666C-D; DK 346,20f.
[1974] BD 96,1,730,17-19.
[1975] JFC 2,10,454-457,135; MH 1,1,8; 1,9,29; G R 4,53f.,102; 6,402f.,186; G 2, 2,6,3-6,258-260.
[1976] IS 33,16,144-147,230.
[1977] CM 2,18,653.
[1978] LO 19,420,1-37.
[1979] LT 1,1,9,163; LTA 1,1,9,192.
[1980] LTA 1,2,16,194; CH 2, 227.
[1981] LT 2,1,5,166; LTA 2,1,4,197.
[1982] LO 27,323,29-33.
[1983] LTA 2,2,25,201; MM 6,10,8-10,217; CH 2, 209.
[1984] MM 6,4,33-35,210.
[1985] IL 1,3,16,163; LO 31,325,39-326,1; 36,328,15-39.
[1986] G 4, 4,25,8,11-18,444.
[1987] CH 2, 217.
[1988] JFC 2,7,347f.,132; HAV 7,51-53,94.
[1989] WHLD 1,11,132,284.

haben in diesen beiden Eigenschaften ihren Ursprung[1990]. Die Braut wird durch die Macht Christi zu ihm hingezogen[1991]. Diese ist sein Arm, auf dem sie liegt[1992].

12. Die liebenden Menschen erhalten Anteil an der Macht Christi[1993]. Seine Macht ist das Brautgeschenk des Menschen[1994]; sie kann verhindern, daß ein anderer Mensch sich an seiner Braut vergreift[1995].

13. In dieser Erdenzeit ist die Macht Christi noch nicht in Vollendung erschienen[1996], sie zeigt sich erst beim Gericht[1997] und in der Belohnung[1998].

14. Überblickt man die gesamte von uns behandelte Zeit, so nimmt das Interesse an der uneingeschränkten Macht Christi ab. Die Kenosis wird zunehmend auch im Bereich des Gebrauchs der Macht Jesu ernst genommen.

5.2 Die Weisheit

In dem Ternar der Eigenschaften wird an zweiter Stelle meistens die Weisheit genannt. Dabei tauchen auch andere Begriffe aus dem kognitiven Bereich auf. Diese unterscheiden sich untereinander in ihrer Bedeutung stärker, als dies bei den Ausdrücken der Macht der Fall ist. Deswegen ist die Behandlung der einzelnen Ausdrücke hier besonders wichtig.

5.2.1 Die lateinischen Texte

5.2.1.1 „Veritas"

1. Nach der Vulgata bezeugt Christus selbst, daß er die Wahrheit ist (Joh 14,6). Er ist das wahre Licht (Joh 1,9) und es gibt die Wahrheit Christi (2 Kor 11,10). Der Titel „Wahrheit" für Christus war Gegenstand der altkirchlichen Streitigkeiten[1999].

Die Stellen, an denen Christus nur zur Bekräftigung seiner Aussage „Wahrheit" genannt wird („veritas dixit), bleiben, weil inhaltlich nicht sehr ergiebig, von unserer Behandlung ausgeschlossen[2000].

[1990] CH 2, 224.

[1991] GHLD 33,3,172C-D.

[1992] TH 130,21,274.

[1993] WHLD 2,1,152,320; DEW 366,22-26; DB 4,377,31-33; MM 3,15,29-37,95; ALJ 2072-2074,210f.

[1994] HA 988B.

[1995] LTA 1,1,2,192.

[1996] HISV 2, 3,11,442,907f.,602; HAB 14,34f.,120.

[1997] BD 60,2,602,21; HISV 2, 3,1,10,419-423,339; TH 125,29,264; ALJ 2035f.,208f.; AJG 183-185,262f.; Reinmar von Zweter: Weckruf 10, in: Die Deutsche Literatur vom Mittelalter bis zum 20. Jahrhundert, 1,1,568.

[1998] JFC 2,5,301-304,130; TH 22,27-29,66; 42,28f.,108; MM 4,24,20-23,141; 7,37,16-22,286; G 5, 5,18,2,5-7,180.

[1999] Für Origenes vgl. Sieben, Nomina 164; für Arius vgl. ebenda 171; für Eusebius von Caesarea vgl. ebenda 177; für die Kirchweihsynode von Antiochien (341) vgl. ebenda 178; für Gregor von Elvira (+ 392) vgl. ebenda 168; für Hieronymus vgl. ebenda 181; für Augustinus vgl. ebenda 191.

[2000] Z.B. WC 2,2-5,60; HE 12,202D; HAN 12,939A; HL 965A; HAB 16,71,134.

2. Jean von Fécamp nennt Christus „uerum lumen de lumine", „das wahre Licht vom Licht"[2001], welches als „lumen uerum et deificum", „wahres und göttlich machendes Licht" einem Menschen innewohnen kann[2002]. Die Zwei-Natur-Lehre drückt Jean mit dem sogenannten Athanasischen Glaubensbekenntnis aus: „Ipse uerus et perfectus Deus, uerus et perfectus homo." – „Er ist wahrer und vollkommener Gott, wahrer und vollkommener Mensch."[2003] Unter seiner Führung hofft Jean in ihm zur Ruhe zu gelangen, „qui es uia, ueritas et uita", „der Du der Weg, die Wahrheit und das Leben bist (Joh 14,6)"[2004].

Bei Jean hat die Wahrheit nicht in erster Linie eine Bedeutung im kognitiven Bereich. „Wahr" ist Jesus als Licht und als Gott und Mensch im Sinn von „wirklich".

3. Nicht allzu häufig wendet Bernhard von Clairvaux den Begriff der Wahrheit auf Jesus Christus an.

3.1 Innerhalb der Dreifaltigkeit hält Bernhard gegen Gilbert de la Poirée mit dem Konzil von Reims (1148) fest: „Hi tres simul non tres veritates, sed una ueritas, id est unus verus." – „Diese Drei sind zusammen nicht drei Wahrheiten, sondern eine Wahrheit, das heißt ein Wahrer."[2005] „Una quippe veritas unius Dei, immo una veritas unus Deus." – „Eine Wahrheit des einen Gottes, ja eine Wahrheit, ein Gott."[2006] Die Dreifaltigkeit nennt er „veritas, caritas, aeternitas"[2007]. Dabei legt sich die Zuordnung der Wahrheit an die zweite Person der Dreifaltigkeit nahe.

3.2 Die Wahrheit Gottes hat aber auch bei der Menschwerdung eine entscheidende Rolle gespielt. Nach der Sünde bedrängt sie den Menschen hart, weil sie die Strafe verlangt[2008]. Sie erinnert Gott daran, daß er, wenn er aus Barmherzigkeit die Strafe erläßt, selbst schuldig wird, weil er nicht zu seiner Strafandrohung steht[2009]. Dem aber widersprechen die Barmherzigkeit und der Friede Gottes. Die Lösung des Streites kann gefunden werden, wenn ein Unschuldiger da ist, der die Strafe auf sich nimmt[2010]. Die Wahrheit aber erinnert daran, daß es so jemanden auf Erden nicht gibt[2011]. Daraufhin erklärt sich der ewige Sohn als der einzig Unschuldige bereit, die Strafe auf sich zu nehmen und zur Erde zu kommen[2012]. Dann kann nicht nur die Barmherzigkeit, sondern auch die Wahrheit dem Sohn auf die Erde vorauslaufen[2013]. Ihr Vorausgehen macht sich in den Verheißungen der Barmherzigkeit im Alten Bund bemerkbar, an denen der

---

[2001] JFC 1,1,2,110.
[2002] JFM 3,7,84f.,208.
[2003] JFC 2,5,162f.,126.
[2004] JFC 3,2,18f.,143.
[2005] BHLD 2, 80,4,8,578,13f.
[2006] BHLD 2, 80,4,8,578,18f.
[2007] BHLD 1, 11,3,5,162,26f.
[2008] BANN 1,9,114,3-8.
[2009] BANN 1,11,122,2-4.
[2010] BANN 1,12,124,2f.
[2011] BANN 1,13,124,11f.
[2012] BANN 1,14,126,5f.
[2013] BANN 1,14,126,9f.

Sohn Gottes nicht vorbei gehen kann, wenn er nicht unwahr werden will[2014]. Deswegen erzeigt er sich bei seiner Ankunft bei den Menschen auch als wahrhaftig[2015]. Doch geht der Sohn Gottes an den Dämonen und dem Teufel vorbei, weil in ihnen keine Wahrheit ist (Joh 8,44)[2016]. Bei seiner ersten Ankunft aber zeigt sich seine Barmherzigkeit deutlicher, während seine Wahrheit erst im Gericht vollends offenbar wird[2017]. Dort wird er als die Wahrheit schlechthin richten[2018].

Bernhard verwendet im christologischen Kontext einen Wahrheitsbegriff mit recht unterschiedlicher Bedeutung. Einmal ist die Wahrheit die Haltung, die auf Gerechtigkeit und auf Strafe beim Sünder pocht. Zum andern kann die Wahrheit auch die Bedeutung der Treue zum gegebenen Wort erhalten. Eine ausgesprochene kognitive Bedeutung der Wahrheit fehlt in diesem Kontext.

4. Dies ändert sich bei Wilhelm von St. Thierry.

4.1 Nur selten spricht Wilhelm von der Wahrheit Christi innerhalb der einen Dreifaltigkeit. Mit dem Vater besitzt er nur eine Wahrheit[2019].

4.2 Wenn der Mensch gesündigt hat, gibt es keinen, „qui se abscondat a lumine veritatis tuae", „der sich verbergen kann vor dem Licht Deiner Wahrheit"[2020]. Und doch hofft der sündige Mensch, daß Gott als die Wahrheit bei der Bekehrung nicht das Angesicht abwendet, weil man nur im Licht der Wahrheit das Licht schauen kann[2021]. Wenn er deswegen um die Wahrheit bittet, ist es ein Gebet an Christus, der spricht: „Ego sum via, per quam ibis; veritas, ad quam ibis; vita propter quam ibis." – „Ich bin der Weg, auf dem du gehst, die Wahrheit, zu der du gehst, das Leben, um dessen willen du gehst."[2022] Als Sünder befand sich der Mensch „in circuitu erroris", „im Umkreis des Irrtums" und konnte nicht mehr „ad veritatis centrum", „zum Zentrum der Wahrheit" gelangen[2023]. In diesem Umkreis läuft er im Kreis umher[2024]. Deswegen mußte Christus kommen, der sprach: „Ego sum veritas."[2025] Diese Wahrheit will uns von diesem Zirkel des Irrtums befreien[2026]. „Et potest esse punctum sine circulo, circulus autem nullatenus bene duci potest sine puncto." – „Es kann ein Punkt ohne Umkreis sein; ein Umkreis kann aber keineswegs richtig geschlagen werden ohne Punkt."[2027] Damit will Wilhelm sagen, daß zwar Christus auch ohne uns immer die Wahrheit ist, wir aber nie ohne ihn zur Wahrheit gelangen. Daß hier wirklich an die erkenntnishafte

---

[2014] BPENT 1,2,402,24f.

[2015] BADV 3,3,90,14f.

[2016] BHLD 1,54,2,4,224,6-11.

[2017] BQH 11,8,640,20-27.

[2018] BD 28,6,436,20f.

[2019] WR 6,667A.

[2020] WE 1,165,1f.,272.

[2021] WMO 8,232A.

[2022] WMO 11,238A; vgl. WC 12,19-22,110.

[2023] WMO 11,241A.

[2024] WMO 11,241A-B.

[2025] WMO 11,241A.

[2026] Ebenda.

[2027] WMO 11,241B.

Seite der Wahrheit gedacht ist, sieht man daran, daß Christus deswegen die Wahrheit genannt wird, weil er „formam divinae et verae philosophiae", „die Gestalt der göttlichen und wahren Philosophie" gebracht hat[2028]. Stilgerecht ist es, wenn Wilhelm ein großes Gebet mit der Bitte um Bewahrung vor dem Götzendienst mit den Worten anfängt: „Domine Ihesu Christi, veritas et vita", „Herr Jesus Christus, Wahrheit und Leben"[2029]. Götzendienst wäre es, wenn der Mensch sich den Sohn Gottes als eine Gestalt oder etwas Gestaltetes vorstellen würde[2030]. Er selbst, die Wahrheit, hat ja gesagt, daß er im Vater und der Vater in ihm ist[2031]. Diese Wahrheit ist in Jesus Mensch geworden, was zur Folge hat, daß die „veritas … Jesus Christus", „Wahrheit … Jesus Christus" sich nicht als einfachen Menschen ansehen konnte, sondern wußte, wer er war[2032]. Von ihm ist uns die Wahrheit über die Apostel übermittelt, und jeder Verstand ist deswegen im Gehorsam an ihr Wort gefangen zu nehmen[2033]. Daß dabei auch an die praktischen Unterweisungen zur Nachfolge gedacht ist, sieht man daran, daß die Bergpredigt die „regula verbi veritatis, et sapientiae tuae", „Regel des Wortes Deiner (= Christi) Wahrheit und Deiner Weisheit" genannt wird[2034].

4.3 Einen etwas anders akzentuierten Wahrheitsbegriff kennt Wilhelm und stellt ihm die beiden anderen Vorstellungen von Wahrheit gegenüber, wenn er mit Augustinus[2035] sagt, daß viele Menschen die sie erleuchtenden, aber nicht die sie beschuldigende Wahrheit lieben[2036]. Letztere läßt die Augen wie vom Blitz getroffen erblinden[2037]. Die vergebende Barmherzigkeit und die strafende Wahrheit stehen sich gegenüber[2038]. Doch es gilt: „In Christo misericordia et veritas obviaverunt sibi." – „In Christus begegnen sich Barmherzigkeit und Wahrheit."[2039] Die Braut im Hohenlied ist umgeben von „paries iste mortalitatis, communis conditione peccati, et curruptione et passione naturae", „jener Mauer der Sterblichkeit durch die Bedingung der gemeinsamen Sünde, des Verderbens und der Leidenschaft der Natur"[2040]. Doch in dieser Mauer hat sich die „veritas et veritatis severitas", „Wahrheit und die Strenge der Wahrheit", die den Menschen betrifft, mit der Barmherzigkeit Gottes in der Menschwerdung verbunden[2041]. Wenn Christus sich dann dem Menschen nähert, schaut er durch das Fenster der Mauer, was in der strengen Wahrheit der Gottheit geschieht, aber auch durch die Luken

---

[2028] WC 12,20-22,110.
[2029] WO 1-4,122.
[2030] WO 35f.,124.
[2031] WO 36-38,124.
[2032] WHLD 1,9,110,244.
[2033] WCS 12,361D.
[2034] WC 2,4f.,60.
[2035] Augustinus Conf 12,25 (Grasmück) 34.
[2036] WND 11,33,400C-D.
[2037] WC 3,4,62.
[2038] WR 6,666B.
[2039] WR 7,687D.
[2040] WHLD 2,1,157,330.
[2041] WHLD 2,1,157,330-332.

der Gerechtigkeit. Von beiden wird der Mensch als Braut berührt[2042]. So kann auf die Sehnsucht nach Christus antworten die „veritas consolationis tuae et consolatio veritatis tuae", „Wahrheit Deines Trostes und der Trost Deiner Wahrheit"[2043].

5. Wesentlich seltener spricht Aelred von Rievaulx von Christus als der Wahrheit.

In einem ständigen Wechsel von Adjektiv und Substantiv zählt er einmal „aeternitas, ueritas et caritas", „Ewigkeit, Wahrheit und Liebe" Gottes auf. Nach den herkömmlichen Regeln muß man die Ewigkeit dem Vater, die Wahrheit dem Sohn und die Liebe dem Heiligen Geist zuschreiben[2044]. Einmal verwendet er auch einen kognitiven Wahrheitsbegriff. Vehement lehnt er es ab, daß die Anweisungen Christi und die Worte eines Apostels in einem Widerspruch stehen. Sonst würden sich Christus, „ipsa ueritas et amicus ueritatis", „die Wahrheit selbst und der Freund der Wahrheit"[2045] widersprechen.

6. Isaak von Stella benutzt wieder häufiger den Namen Wahrheit für Christus.

Er kennt einen Begriff der Wahrheit, den er mit Leben, Lohn und Ziel umschreibt und demgegenüber die Liebe der Weg zum Ziel ist[2046]. Es gibt aber auch bei ihm einen Wahrheitsbegriff mit kognitivem Einschlag. „Lux et veritas Iesus Christus emissus a Patre", „Das Licht und die Wahrheit, Jesus Christus, (ist) vom Vater hinausgesandt" in die Welt[2047]. Er ist gekommen, nicht um zu erlösen, „sed ut erudiret", „sondern auch um zu erziehen"[2048]. Den Irrenden soll er die Wahrheit bringen[2049]. Während er uns durch die Liebe entzündet, erleuchtet er zur Erkenntnis aus der Wahrheit[2050]. Innerhalb dieser Zweiteilung sind auch die Aufgaben zwischen Christus und dem Heiligen Geist verteilt: „Christus ad veritatem, Spiritus ad caritatem." – „Christus (wirkt) auf die Wahrheit hin, der Geist auf die Liebe."[2051]

7. Auch bei Gilbert von Hoyland, der im trinitarischen Ternar als zweites Glied die Wahrheit nennt[2052], steht das kognitive Moment bei der Wahrheit Christi im Vordergrund. „An non tibi velut oliva videtur Veritas et Verbum Dei, cuius unctio docet nos de omnibus." – „Erscheint dir nicht die Wahrheit und das Wort Gottes wie ein Olivenöl, dessen Salbung uns über alles belehrt."[2053] Dies kann Gilbert schreiben, weil „Christus, Verbum, ipse Patris et sapientia et veritas", „Christus, das Wort, er selbst sowohl die Weisheit als auch die Wahrheit des Vaters ist"[2054].

[2042] WHLD 2,1,157,332.

[2043] WC 5,31-34,74.

[2044] ARSC 1,5,14,201-203,18.

[2045] ARSC 3,26,60,1111,133.

[2046] IS 16,16,171-173,306; vgl. IS 24,3,27,100.

[2047] IS 29,1,1f.,166.

[2048] IS 29,1,8f.,166-168.

[2049] IS 35,9,75,262.

[2050] IS 43,14,147f.,72.

[2051] IS 45,14,133f.,106.

[2052] GHLD 10,4,58B.

[2053] GHLD 7,8,47B.

[2054] GHLD 8,2,48D. Im Kontext wird kein Unterschied zwischen Weisheit und Wahrheit gemacht.

8. Guerricus von Igny läßt den Gerechten im Advent beten, daß ihm Gottes Barmherzigkeit und Wahrheit gesandt wird[2055]. Im Advent kommt der Herr dem Menschen zuvor, er, „qui est via, veritas et vita", „welcher der Weg, die Wahrheit und das Leben ist"[2056]. Nur dieser allein kann unser Weg sein und auf seinen Weg „secundum regulam veritatis", „nach der Regel der Wahrheit" lenken[2057]. Und doch muß er als die Wahrheit feststellen, daß nur wenige diesen Weg finden[2058]. Einer, der ihn gefunden hat, ist der greise Simeon, dem vom Heiligen Geist bezeugt wurde, daß Christus die Wahrheit und die Salbung ist, die über alles belehrt (1 Joh 3,27)[2059]. Auch Petrus wird die Wahrheit des Eingeborenen offenbart, die zu seinem Christuszeugnis führt[2060].

9. Johannes von Ford wendet vor allem den kognitiven Aspekt der Wahrheit auf Christus an. Die Liebe kann sich im Feuer als Licht und Glut zeigen. Während das Licht mit der Wahrheit, wird die Glut mit der Güte gleichgesetzt[2061]. Seine Heiligkeit und Güte sollen unser Gefühl bewegen, seine Weisheit und Wahrheit uns erziehen[2062]. Er ist die „veritatis … definitio", „Festlegung … der Wahrheit", die er vom Vater gehört und seinen Jüngern mitgeteilt hat[2063]. In Christus begegnen einander Wahrheit und Barmherzigkeit[2064]. Johannes empfindet aber zwischen beiden Größen offensichtlich keinen Gegensatz[2065], sondern sich ergänzende Haltungen. So hat die Braut zwei Brüste, die Barmherzigkeit und die Wahrheit[2066]. Während die Wahrheit sich aus der Suche nach der Erkenntnis ergibt, bildet die Barmherzigkeit die Sehnsucht der Liebe ab. Die Wahrheit, die Christus als das Lamm am Kreuz erworben hat, ist auf die Kirche übergegangen[2067].

10. Die Viktoriner wenden nur selten den Namen „veritas" auf Christus an.

Nach Hugo von St. Viktor wollen diejenigen Menschen, die wegen der Nachfolge Christi in ein Kloster eintreten, „discipuli veritatis", „Schüler der Wahrheit" werden[2068]. Christi Worte sind „sententia veritatis", „Aussprüche der Wahrheit"[2069].

[2055] GIS Adv 3,1,50-53,120-122.
[2056] GIS Adv 4,2,73-75,138.
[2057] GIS Adv 4,2,75f.,138.
[2058] GIS Adv 5,2,28f.,152.
[2059] GIS Pur 2,2,63-65,326.
[2060] GIS Petr Paul 2,6,163f.,392.
[2061] JHLD 7,3,131-137,75.
[2062] JHLD 7,5,210-214,77.
[2063] JHLD 118,6,113-117,797.
[2064] JHLD 66,13,223f.,465; 95,3,60-63,643.
[2065] JHLD 72,2,31,501; 95,3,62-70,643; 96,10,236f.,655; 98,6,117f.,665.
[2066] JHLD 72,5,104f.,503.
[2067] JHLD 32,7,214-216,255.
[2068] HIN 6,932C.
[2069] HIN 12,939A.

11. Ähnlich wie bei Hugo hat auch bei Richard die Wahrheit stark kognitive Züge.

Nach ihm können nicht nur himmlische, sondern auch irdische Dinge „non sine Christo, quia sine veritate non", „nicht ohne Christus, weil nicht ohne die Wahrheit" erkannt werden[2070].

Er kennt aber auch die Wahrheit, die im Gegensatz zur Barmherzigkeit steht. Für den Menschen gibt es den Weg der Barmherzigkeit und denjenigen der Wahrheit zu Gott[2071]. Der Weg der Barmherzigkeit ist für die Schwachen, derjenige der Wahrheit für die Starken[2072] gedacht. Letzteren können aber nur die Vollkommenen, das heißt diejenigen, die „in mensuram plenitudinis Christi", „zum Maß der Fülle Christi" gelangt sind, gehen[2073].

12. Hildegard von Bingen bezieht den Wahrheitsbegriff stark in das Erlösungsgeschehen ein.

12.1 Jede Sünde führt aus der Wahrheit hinaus. In seinem Stolz „mendacium ueritati opposuit", „hat (der Teufel) der Wahrheit die Lüge entgegengesetzt"[2074]. Jetzt sind die Unterschiede klar: „Si autem Deus ueritas est, diabolus uero mendacium." – „Wenn aber Gott die Wahrheit ist, so ist der Teufel im Gegenteil die Lüge."[2075] Auf die Erde gefallen, verführt er, der die Lüge liebt[2076], die Menschen, die ihm folgen. So stellt Gott dem Menschen gegenüber fest: „Tu me uerum Deum deseris et illum qui mendax est imitaris." – „Du hast mich, den wahren Gott, verlassen und ihn nachgeahmt, welcher der Lügner ist."[2077] Das hat zur Folge, daß die Menschen die Götter verehren, „que nullam ueritatem sed falsum nomen in se habent", „die keine Wahrheit, sondern (nur) einen falschen Namen in sich haben"[2078]. Denn diese haben den wahren Gott vergessen[2079]. „Lumen ueritatis per fallacem caecitatem ignorabant." – „Das Licht der Wahrheit erkannten sie durch die irrige Blindheit nicht."[2080] Sie wollen auf keine Weise mehr etwas von ihm wissen[2081]. Auch die Erkenntnis des wahren Gottes, die das Gesetz[2082] und die Propheten[2083] des Alten Bundes enthält, lehnen sie ab[2084]. Nur die zurückbleibende Traurigkeit läßt „ad Deum uerum suspirare", „nach dem wahren Gott seufzen"[2085]. Ebenfalls kann ihnen die Erinnerung an die Wahrheit bleiben[2086].

[2070] RVBMI 80,57B.
[2071] RVPS 28,315D.
[2072] Ebenda.
[2073] RVPS 28,315D-316A.
[2074] HISV 1, 1,4,10,432f.,73.
[2075] HIM 3,43,1011,153.
[2076] HISV 1, 1,4,10,433,73.
[2077] HISV 1, 1,3,22,439f.,53.
[2078] HIM 3,43,995-998,152.
[2079] HIO 1,4,57,28,190.
[2080] HISV 1, 1,4,32,1026f.,92.
[2081] HISV 1, 2,5,59,1685f.,222.
[2082] HISV 2, 3,12,4,155-157,608.
[2083] HISV 1, 1,3,26,547-559,56.
[2084] HISV 2, 3,12,11,245-247,611.
[2085] HIO 1,4,57,32-34,190.
[2086] HISV 2, 3,1,5,258-260,334.

12.2 Dieser Zustand änderte sich erst „in ueritate, quae ante tempora saeculorum in corde Patris latens fuit inuisibilis, sed in fine temporum uisibilis apparens in uera carne[2087] Filii Dei", „in der Wahrheit, die vor den Zeiten der Ewigkeiten im Herzen des Vaters verborgen unsichtbar war, aber am Ende der Zeiten sichtbar im wahren Fleisch des Sohnes Gottes erschienen ist"[2088]. Dies geschah, damit die Menschen „ad uiam ueritatis reducerentur", „zum Weg der Wahrheit zurückgeführt werden"[2089]. Während die Zeugung der Menschen befleckt durch die Sünde geschah, war sie bei dem Sohn Gottes „non in mendacio, sed ueritate", „nicht in der Lüge, sondern in der Wahrheit"[2090], weil er von Maria jungfräulich empfangen und geboren wurde[2091]. „Fuit praedicans et dilatans lumen ueritatis." – „Er war derjenige, welcher verkündete und verbreitete das Licht der Wahrheit."[2092] „Viam ueritatis edocuit." – „Er hat den Weg der Wahrheit gelehrt."[2093] Er konnte uns zum Weg der Wahrheit werden, weil er das Licht der Welt ist, das uns mit seinem Blut erlöst hat[2094]. Durch sein Hinabsteigen in das Reich der Toten und seine Auferstehung „uia ueritatis de morte ad uitam ostensa est", „ist der Weg der Wahrheit vom Leben zum Tod gezeigt worden"[2095].

12.3 Christus hat uns die Apostel gesandt, um „uiam ueritatis per evangelium", „den Weg der Wahrheit durch das Evangelium" zu zeigen[2096]. Da die Sünde eine Abwendung vom wahren Gott zu den falschen Göttern zur Folge hatte, bemühten sie sich, die Götterverehrer zu bekehren[2097]. So lebt die Kirche „in lumine ueritatis", „im Licht der Wahrheit"[2098], und die Menschen in ihr stehen „in potestate unius ueri et omnipotentis Dei", „in der Macht des einen, wahren und allmächtigen Gottes"[2099]. „Ad confirmationem ueritatis", „Zur Sicherung der Wahrheit" wirkt der erhöhte Herr in ihr neue Wunder[2100]. In der Nachfolge der Apostel sollen die Lehrer der Kirche durch ihren Glauben und ihr Leben die Menschen zum Weg der Wahrheit führen[2101]. Auch der Priester in der Kirche ist ein „nuntius ueritatis", „Bote der Wahrheit"[2102]. Hildegard fühlt sich ebenfalls in dieser Rolle. Wenn man ihre Botschaft ablehnt, verachtet man Gott, der wahrhaftig ist[2103].

[2087] HISV 2, 3,6,31,817-819,455.
[2088] HISV 2, 3,6,31,817-819,455.
[2089] HISV 1, 1,4,8,392f.,72.
[2090] HISV 1, 2,6,102,2707-2711,305.
[2091] HISV 1, 2,6,102,2711-2713,305; vgl. HISV 1, 1,4,32,1022-1026,92; 2,6,28,1112-1114,257.
[2092] HISV 2, 3,4,11,296f.,397.
[2093] HISV 2, 3,11,19,408f.,586.
[2094] HISV 2, 3,8,8,499-501,492.
[2095] HISV 1, 2,1,15,379-381,121; 2,1,15,397f.,122.
[2096] HISV 1, 1,3,26,547-551,56.
[2097] HISV 2, 3,9,17,436-439,528.
[2098] HISV 1, 1,5,8,187,99.
[2099] HISV 2, 3,9,11,307f.,524.
[2100] HISV 2, 3,11,9,242-244,581.
[2101] HISV 2, 3,9,14,346f.,525.
[2102] HISV 1, 2,6,11,530f.,240.
[2103] HISV 2, 3,11,10,395-398,586.

In den Sakramenten leuchtet diese Wahrheit auf. Bei der Taufe wenden sich die Menschen von allem Irrtum ab und bekennen den wahren Gott[2104]. „Ab infidelitate sua conuersi fuerint, te uerum Deum cognoscent." – „Sie haben sich von ihrem Unglauben abgewandt und erkennen Dich, den wahren Gott."[2105] Dies aber geschah nicht aus eigener Kraft, sondern durch den erhöhten Christus, der in der Taufe wirkt[2106]. Doch kommt es auch auf das Tun der Menschen an; denn man kann in der Abweisung der Taufe auch die Erkenntnis des wahren Gottes ablehnen[2107]. Auch in der Eucharistie begegnet man nicht einem Schein, sondern im wahren Fleisch Christi Gott[2108].

12.4 Am Ende der Zeiten wird auch die Synagoge „ad lumen ueritatis redibit", „zum Licht der Wahrheit zurückkehren"[2109]. Die Menschen sind dann bei den treugebliebenen Engeln im Himmel und erkennen den einzigen wahren Gott[2110].

12.5 Hildegard ordnet das Geschehen zwischen Sünde und Erlösung unter den Gesichtspunkt der Wahrheit. Diese hat der Mensch in der Sünde verloren und erhält sie von Christus als Weg der Wahrheit zurück. Wenn Hildegard auch andere Aspekte der Erlösung kennt, enthält dieser einen stark kognitiven Zug. Allerdings geht es bei der Wahrheit, die Christus wiedergebracht hat, nicht in erster Linie um eine theoretische Erkenntnis Gottes, sondern um das Finden des Weges zu Gott.

13. Im St. Trudperter Hohelied wird das bekannte Ternar der Eigenschaften auf die einzelnen Personen der Dreifaltigkeit aufgeteilt. Beim Sohn Gottes steht dabei das unübersetzte Wort „ueritas", „Wahrheit"[2111].

14. In der Vita der Ivetta von Huy erhält der Ausdruck „Wahrheit" die Bedeutung von Wahrhaftigkeit. Ivetta kann mit heiterem Angesicht und ausgestreckten Armen im Vertrauen auf Jesus, den Erlöser, sterben. Ihn redet sie mit den Worten an: „Domine Deus veritatis", „Herr, Gott der Wahrheit"[2112]. Sie kann voll Zuversicht in den Tod gehen, weil Jesus auch jetzt zu seiner Verheißung steht, die er durch sein eigenes Sterben gegeben hat.

15. Lutgard von Tongeren sagt einmal: „Potius vellem in inferno esse cum Deo, quam in coelo cum Angelis sine Deo." – „Ich möchte lieber in der Hölle mit Gott sein als im Himmel mit den Engel ohne Gott."[2113] Dieser Satz, der dem normalen Denken eines Menschen widerspricht, bedarf einer Begründung. Zunächst wird hervorgehoben: „Ubicumque enim Christus, ibi et paradisus est." – „Wo immer nämlich Christus ist, dort ist auch das Paradies."[2114] Gegen diese Behauptung wird ein gläubiger Mensch

---

[2104] HISV 2, 3,9,19,550-553,531.
[2105] HIO 1,4,101,13f.,244.
[2106] HIO 1,4,101,8f.,244.
[2107] HISV 2, 3,12,11,245-247,611.
[2108] HISV 1, 2,16,669-672,244.
[2109] HISV 1, 1,5,8,167-171,98f.
[2110] HISV 2, 3,4,16,444f.,402.
[2111] TH 130,21,274.
[2112] IH 49,119,167.
[2113] LTA 1,2,22,195.
[2114] Ebenda.

keine Einwände erheben. Schwierigkeiten macht dagegen die Vorstellung, Christus sei auch in der Hölle und mache diese durch seine Gegenwart zum Paradies. Um hier weiterzukommen, wird an die Tradition angeknüpft, in der es heißt, es sei bei seinem Sterben die Gottheit Jesu sofort in die Hölle hinabgestiegen[2115]. Kurz vor seinem Sterben aber hat Jesus dem Schächer versprochen, daß er noch heute mit ihm im Paradies sein werde. Wenn dieses Versprechen sich erfüllt, ist der Schächer am gleichen Tag mit Jesus sowohl im Paradies als auch in der Hölle. Demnach wird die Hölle mit Jesus zum Paradies. Ein Versprechen Jesu aber muß sich erfüllen, „quia Veritas mentiri non potuit", „weil er als die Wahrheit nicht lügen konnte"[2116].

16.   Etwas häufiger wird bei den Frauen aus Helfta Christus die Wahrheit genannt.

Mechthild von Hackeborn stellt im bekannten Ternar das oft dem Sohn Gottes zugeordnete zweite Glied als „veritas", „Wahrheit" dar[2117]. Einmal leitet Mechthild zur Verehrung der einzelnen Sinnesorgane des Menschgewordenen an. Dabei heißt es: „Oculi Domini sunt nobis specula divinae veritatis; ibi agnoscere valemmus tenebras nostrae infidelitatis, quae nos impediunt a cognitione veritatis." – „Die Augen des Herrn sind für uns Spiegel der göttlichen Wahrheit; dort können wir die Finsternis unseres Unglaubens erkennen, welche uns hindert an der Erkenntnis der Wahrheit."[2118] Gemeint ist wohl Folgendes: Nur wenn wir uns unter den Blick Jesu stellen, erkennen wir unsere Unzulänglichkeiten, die unserem sündigen Blick verborgen sind. Unter dieser Voraussetzung hat aber die Mystikerin Angst, daß auch die Wiedergabe ihrer Visionen, die von anderen Schwestern aufgeschrieben werden, fehlerhaft ist. Doch Jesus sagt ihr, daß alles, was verfaßt wurde, „in mea veritate approbatum confirmatur", „in meiner Warheit als erprobt bestätigt wird"[2119].

Die Wahrheit Christi ist bei Mechthild also im Bereich des Erkennens angesiedelt.

17.   Häufiger wird bei Gertrud der Großen auf die Wahrheit Christi eingegangen.

17.1   Wenig aussagekräftig für unsere Behandlung sind Stellen, an denen Jesus als „Deus verus", „wahrer Gott" bezeichnet wird[2120]. Wichtiger sind die Texte, die Gertrud in ihren „Exercitia spiritualia" als Hilfe bei Erneuerung der Taufe anbietet. Zuerst soll der Mensch Gott „in omni sinceritate et veritate", „in aller Ernsthaftigkeit und Wahrheit" preisen[2121]. Dies ist notwendig, um zu Jesus zu kommen, der „pius et uerus", „gütig und wahr" ist[2122]. Denn Jesus ist „via, veritas et vita", „der Weg, die Wahrheit und das Leben (Joh 14,6)"[2123]. Die Häufigkeit der Aussagen über die Wahrheit Jesu rührt wohl daher, daß Gertrud sich der Wahrheit, das heißt der Treue Jesu, vergewissern will, mit der er die Verheißung der Taufe einlösen wird. Er ist „Deus fidelis, Amen verum qui

---

[2115] Ebenda.
[2116] Ebenda.
[2117] MH 3,2,197.
[2118] MH 3,15,215.
[2119] MH 5,22,355.
[2120] G 2, 2,3,4,20,242.
[2121] G R 1,8f.,46.
[2122] G R 1,17,46.
[2123] G R 1,24,46.

non deficit", „der treue Gott, das wahre Amen, das nicht versagt"[2124]. So kann sie beten: „Luminosa veritas tua deducat me!" – „Deine lichtvolle Wahrheit führe mich!"[2125] Kein Übel kann ihr zustoßen, wenn Jesus, „summum verum et charissimum bonum", „das höchste, wahre und teuerste Gut", bei ihr ist[2126]. So ist sie voll Hoffnung, „visuram post hoc exilium ipsum verum Amen, Iesum, dei filium", „nach dieser Verbannung zu schauen das wahre Amen, Jesus, den Sohn Gottes"[2127].

17.2 In der Übung zur Vorbereitung auf das Sterben taucht im gleichen Werk der Begriff „Wahrheit" in einer ganz anderen Bedeutung auf. Der mittelalterliche Mensch verband mit dem Sterben auch den Gedanken an das Gericht. Bei ihm ist Jesus der Richter[2128]. Schon jetzt soll er den Menschen mit der „chara veritas", „teuren Wahrheit" aussöhnen[2129]. Doch dieser Wahrheit steht untrennbar die Gerechtigkeit zur Seite[2130]. Diese Wahrheit wird bei dem Menschen nichts, was zur Liebe zählt, finden[2131]. Dann soll der Mensch sprechen: „Calicem Iesu ponam in veritatis stateram vacuam." – „Den Kelch Jesu will ich auf die leere Waagschale der Wahrheit legen."[2132] Der Gedanke an Jesus gibt neue Hoffnung: „O chara veritas, sine Iesu meo venire ad te, esset mihi intolerabilis: sed cum Iesu meo apparere coram te, iucundum nimis et amabile." – „O teuere Wahrheit, ohne meinen Jesus zu dir zu gehen, wäre mir unerträglich; aber mit meinem Jesus vor dir zu erscheinen, sehr erfreulich und liebenswert."[2133] Wenn Jesus bei dem Menschen ist, kann die Wahrheit gegen ihn vorbringen, was sie will, und man braucht die Hoffnung doch nicht zu verlieren, weil Jesus große Barmherzigkeit erwirkt[2134]. Hier scheinen die strenge Wahrheit und der barmherzige Jesus Gegensätze zu sein. Dies ist aber nicht der Fall, denn Jesus ist „iudex et advocatus", „Richter und Beistand" in einer Person[2135]. Er kann beides sein, weil er selbst die Sünde und den Tod, den der Mensch verdient hat, auf sich genommen hat[2136]. Auch wenn die Bedeutung des Wahrheitsbegriffes in den beiden Übungen divergiert, widerspricht sich die Intention der Gesamtaussagen nicht.

17.3 Auch in den Büchern ihres „göttlichen Gesandten" finden sich unterschiedliche Aussagen über die Wahrheit Jesu.

[2124] G R 1,235,60.
[2125] G R 1,47f.,48.
[2126] G R 5,423f.,154.
[2127] G R 1,241-243,60.
[2128] G R 7,69f.,214.
[2129] G R 7,80,214.
[2130] G R 7,89f.,214.
[2131] G R 7,83-88,214.
[2132] G R 7,96f.,216.
[2133] G R 7,111-113,216.
[2134] G R 7,113-120,216.
[2135] G R 7,122f.,216.
[2136] G R 7,125f.,216.

Der Mensch darf, obwohl er immer „mendax", „wortbrüchig" ist, auf die Verhei-ßungen Jesu vertrauen, weil dieser der „Deus verax", „wahrhaftige Gott" bleibt[2137]. Je-sus, der „verus Deus", „wahre Gott", der in der Mitte der Dreifaltigkeit wohnt, bereitet „arcam illam divinae fidelitatis atque infallibilis veritatis", „jene Truhe der göttlichen Treue und unfehlbaren Wahrheit", nämlich sein Herz, vor Gertrud zur Glaubwürdig-keit seiner Verheißung aus[2138].

Es gibt allerdings in diesem Werk auch die scheinbare unerbittliche Seite der Wahr-heit; „in luce cognitionis infallibilis veritatis", „im Licht der Erkenntnis der unfehl-baren Wahrheit" wird auch das kleinste Staubkorn einer Verfehlung des Menschen erkannt[2139]. Durch dieses Licht der unerbittlichen Wahrheit bewirkt allerdings auch Jesus, der unvergleichliche Lehrer, daß alle vom Weg des Irrtums zurückgerufen wer-den[2140].

17.4 Auch wenn die Wahrheit bei Gertrud manchmal das Aussehen der unerbittli-chen Gerechtigkeit trägt, überwiegen bei ihr die Stellen, an denen Jesus durch seine treue Wahrhaftigkeit zu seinen Verheißungen steht.

18. In der Vita der Christina von Stommeln, die Magister Johannes von Stommeln ge-schrieben hat, übernimmt die Wahrheit Jesu eine Rolle in den Anfechtungen, die Chri-stina von den bösen Geistern zu ertragen hat. „Lumine veritatis", „Mit dem Licht der Wahrheit" kann Christina alle trügerischen und dämonischen Visionen durchschau-en[2141]. Mit der gleichen Wahrheit durchschaut sie auch ein „sophistica lux", „sophisti-sches Licht", mit dem die Dämonen sie verführen wollen[2142].

19. Der Autor der Vita von Agnes von Blannbekin erwähnt in seinem Vorwort das Ternar der Eigenschaften Gottes mit „veritas", „Wahrheit" an zweiter Stelle, an der Stelle, an welcher meistens ein der zweiten Person zugeschriebenes Verhalten erwähnt wird[2143].

Die Mystikerin sieht am Fest Maria Lichtmeß, an welchem der greise Simeon Chri-stus als Licht bezeichnet, wie die ganze Welt durch ein unermeßliches Licht erleuchtet ist[2144]. „Datum est ei intelligere, quod hoc lumen est veritas doctrinae et doctrina verita-tis, quae jam totum mundum perlustravit." – „Es wurde ihr zu verstehen gegeben, daß dieses Licht die Wahrheit der Lehre und die Lehre der Wahrheit ist, welche schon die ganze Welt erleuchtet."[2145] Unter dieser Wahrheit ist wohl die Lehre Christi verstan-den, die sich über die ganze im Mittelalter bekannte Welt verbreitet hat.

[2137] G 2, 2,23,18,10-13,344; vgl. G 2, 1,5,1,16,144.
[2138] G 2, 2,20,14,10-12,318.
[2139] G 4, 4,28,2,10-13,170.
[2140] G 4, 4,50,1,25-31,404.
[2141] CS 2, 4,5,40,305.
[2142] CS 2, 4,7,61,310.
[2143] AB prol 17f.,66.
[2144] AB 201,3-5,416.
[2145] AB 201,6-9,416.

5.2.1.2 „Scientia"

1. Nur an einer Stelle wird in der Vulgata diese Eigenschaft mit Christus in Verbindung gebracht: In ihm sind die „thesauri sapientiae et scientiae Dei", „Schätze der Weisheit und des Wissens Gottes" (Kol 2,3) verborgen.

In der Scholastik des 13. Jahrhunderts entstand eine lebhafte Diskussion über das Verhältnis vom göttlichen zum menschlichen Wissen in Jesus[2146]. Diese hat aber weder in der gleichzeitigen Mönchstheologie noch bei den Mystikerinnen einen nennenswerten Niederschlag gefunden. Interessant ist es, daß bei dem bekannten Ternar der Eigenschaften Gottes außerhalb des trinitarischen Kontext gelegentlich, aber weder in der allgemeinen trinitarischen Deutung[2147] noch in der Zuweisung an die drei Personen[2148] an zweiter Stelle „scientia", „Wissen" steht[2149]. Schon diese Beobachtung läßt kein großes Interesse unserer Texte an dem Wissen Christi erwarten.

2. Jean von Fécamp schreibt, daß der Bräutigam, der, wie sich aus dem Kontext ergibt[2150], Christus ist und „sapientia sciens ei sic expedire", „welcher aus Weisheit weiß, daß es ihr so nützt", die Braut auch wieder aus der Ekstase zum irdischen Mühen und Kämpfen zurückruft[2151].

3. Eine theologisch interessante Meinung trägt Bernhard von Clairvaux über das Wissen Christi vor. Der ewige Sohn Gottes hatte nicht im gleichen Maß die Erkenntnis über die Menschen, wie er sie über Gott besaß[2152]. Natürlich will Bernhard mit dieser Aussage die Allwissenheit des Sohnes Gottes nicht leugnen. Er unterscheidet an dieser Stelle aber zwischen „cognoscere", „Erkennen" und „scire", „Wissen". Vollständiges Wissen macht noch nicht die vollkommene Erkenntnis aus. „Quod ergo noverat ab aeterno per scientiam, factus homo tempore familiarius didicit per experientiam." – „Was er also seit Ewigkeit durch sein Wissen erkannt hat, das hat er als Menschgewordener in der Zeit vertrauter durch Erfahrung gelernt."[2153] Vor allem gilt dies für das Leiden des Menschen; Jesus wußte zwar um Mühsal, Angst und Traurigkeit, hat sie aber erst als Mensch erfahren[2154]. „Novit proinde miseriam hominis, ut homo verus." – „Er kannte von daher das Elend des Menschen wie ein wahrer Mensch."[2155] „Assumpsit mortalitatem, ut nostram infirmitatem experiretur." – „Er nahm die Sterblichkeit

---

[2146] So schreibt Bonaventura „Quaestiones disputate de scientia Christi" (übersetzt, kommentiert und mit Einleitung herausgegeben von Andreas Speer: Philosophische Bibilothek 446, Hamburg 1992).

[2147] Vgl. Weiß, Dreieiner 237-243.

[2148] Vgl. Ebenda 243-267.

[2149] BH 10,31,94,8-10; ARJ 3,28,282-284,274; TH Prol 2,33-3,1,16. In der Wortwahl schlägt an diesen Stellen die Lehre von den sieben Gaben des Heiligen Geistes durch.

[2150] JFM 7,80f.,208.

[2151] JFM 7,88-90,208.

[2152] BVEPI 4,100,6f.

[2153] BVEPI 4,100,7-9.

[2154] BVEPI 4,100,12f.

[2155] BVEPI 4,100,13f.

an, um unsere Schwäche zu erfahren."[2156] Erstaunlich ist, daß es Bernhard durch die Unterscheidung von Erkennen und Wissen gelingt, von einem echten Erkenntnisfortschritt durch die Menschwerdung des allwissenden Sohnes Gottes zu sprechen.

4. Ohne auf den Begriff der Erfahrung zurückzugreifen, versucht Wilhelm von St. Thierry auch zwischen dem Wissen Jesu und dem der Menschen zu unterscheiden. Er ist in seiner Person der Mittler zwischen Gott und den Menschen[2157]. Dann muß er aber auch „ad utrumque vero scientiam, sciens quid cuique esset exhibendum", „zu beiden ein Wissen haben, um zu wissen, was er einem jedem schuldig ist"[2158].

5. Nur von der Vermittlung des Wissens durch Jesus spricht Aelred von Rievaulx an einer Stelle. „Sic itaque quaerenti adierit magister ille, qui solus docet hominem scientiam." – „So also möge dem Fragenden jener Meister beistehen, der allein den Menschen das Wissen lehrt."[2159]

6. Der einzige Autor, der sich an der frühscholastischen Debatte über das Verhältnis von menschlichem zu göttlichem Wissen Jesu beteiligt, ist Gilbert von Hoyland: „Dicemus unam et eamdem esse scientiam animae Jesu cum Verbo." – „Wir sagen, daß ein- und dasselbe Wissen der Seele Jesu mit dem Wort besteht."[2160]

7. Nach Johannes von Ford kann die Weisheit Gottes, welche Christus ist, zum menschlichen Wissen werden[2161]. Jesus als der Bräutigam kann alles bewirken, da er als einziger Sohn des Schöpfers so das ganze Wissen hat, daß ihm nichts zu tun unmöglich ist[2162].

8. In einer Reihe von Eigenschaften wird im Traktat „Speculum virginum" von Christus immer zuerst das entsprechende Adjektiv und dann das Substantiv genannt, um deutlich zu machen, daß er nicht nur eine Eigenschaft hat, sondern sie auch ist[2163]. So heißt es auch: „Ipse sciens omnia et perfecta scientia." – „Er weiß alles und (ist) das vollkommene Wissen."[2164] An einer anderen Stelle fragt sich der Verfasser auch, warum die Schrift (Jes 11,2; vgl. 1 Kor 12,8) bei Christus zwischen Weisheit und Wissen unterscheidet[2165]. Das gibt ihm Anlaß, genauer auf den Unterschied zwischen beiden Eigenschaften einzugehen. Er bestimmt ihn ganz vom Objekt der Erkenntnis her: „Sapientia est aeternarum rerum cognitio intellectualis, scientia vero temporalium rerum

---

[2156] BVEPI 4,100,24f. Bernhard ist hier in seiner Terminologie nicht konsequent. Eigentlich hätte er von der „cognitio" des menschlichen Elends und nicht von dessen „scientia" sprechen müssen.

[2157] WND 12,35,401C.

[2158] WND 12,36,402A.

[2159] ARJ 3,24,177f.,271.

[2160] GHLD 8,50B. Wahrscheinlich will Gilbert mit diesem Satz nicht die Eigenständigkeit des menschlichen Erkenntnisvermögens Jesu leugnen, sondern nur sagen, daß Jesus als Mensch genauso viel weiß wie als Gott.

[2161] JHLD 23,5,143f.,197.

[2162] JHLD 68,3,85-89,475.

[2163] SP 11,894,7-11.

[2164] SP 11,984,9f.

[2165] SP 11,921,5-16.

cognitio rationalis." – „Die Weisheit ist die verstehende Erkenntnis der ewigen Dinge, das Wissen dagegen aber die schlußfolgernde Erkenntnis der zeitlichen Dinge."[2166]
9. Hildegard von Bingen redet wieder häufiger vom Wissen Jesu. Der Sohn stellt die Barmherzigkeit des Vaters dar[2167]. In seiner Menschwerdung wurde diese offenbar „in secreto scientiae pectoris misericordiae", „im Geheimnis des Wissens um das herzliche Erbarmen"[2168]. Dieses Wissen erklärt auch das Geheimnis des Wortes Gottes[2169]. In ihm wurde auch uns das Wissen um Gut und Böse geschenkt[2170]. Dieses ist eine Voraussetzung, um in Freiheit Entscheidungen zu fällen. Wenn Jesus in Freiheit dem Vater gehorcht, braucht er auch ein besonderes Wissen: „Filius Dei scienter in magna pietate adimpleuit voluntatem Patris sui." – „Der Sohn Gottes hat wissend in großer Güte den Willen seines Vaters erfüllt."[2171] Dieses Wissen wurde der Kirche in ihrer Verlobung mit dem Sohn als ihr sicheres Fundament geschenkt[2172]. In ihm weiß sie, wo die Hirtensorge notwendig ist und wo nicht[2173], und die Getauften werden durch es ermahnt, treu zu bleiben[2174].
10. Nach Hildegard wird in unseren Texten nur noch gelegentlich und eher nebenbei vom Wissen bei Jesus gesprochen.

So hat nach Mechthild von Hackeborn der Sohn Gottes seine Mutter „scientia et intellectu ... artificiose decoravit", „mit Wissen und Verständnis ... kunstvoll geziert"[2175].

5.2.1.3 „Sapientia"

1. Innerhalb des Ternars der Eigenschaften wird kein Wort an zweiter Stelle so häufig in unseren Texten gebraucht wie „sapientia", „Weisheit".

Von der Weisheit Gottes wird oft in der Vulgata gesprochen. Auch der Unterschied von der Weisheit Gottes, welche sich in der christlichen Verkündigung kundtut, zu derjenigen der Welt wird thematisiert[2176]. Ebenfalls kommen Stellen vor, an denen Christus indirekt als Weisheit bezeichnet wird und er im Besitz der Weisheit ist (Mt 11,19; 13,54; Mk 6,2; Lk 4,40.52; 7,35). Seltener wird direkt Christus Weisheit genannt: In 1 Kor 1,30 „factus est nobis sapientia a Deo", „wurde er für uns zur Weisheit von Gott". In ihm sind die Schätze der Weisheit (Kol 2,3) verborgen. Auf 1 Kor 1,24, an

---

[2166] SP 11,920,17-19. In der Übersetzung ist der Bedeutungswandel zwischen „intellectus" und „ratio" berücksichtigt.
[2167] HISV 2,3,3,8,354,381.
[2168] HISV 2,3,3,8,354f.,381.
[2169] HISV 2,3,4,14,395-397,400.
[2170] HISV 1,1,4,9,411-415,72f.
[2171] HISV 2,3,8,15,780f.,500.
[2172] HISV 2,3,9,11,302-304,524.
[2173] HIB 1,12,17-19,28.
[2174] HISV 2,3,4,22,625-631,407.
[2175] MH 1,47,133.
[2176] Vgl. Weiß, Gottesbild, 2,891.

welcher Stelle Christus als Gottes Kraft und Weisheit bezeichnet wird, sind wir schon eingegangen[2177].

Bereits in der Alten Kirche ist die Bezeichnung Christi als Weisheit innerhalb der christologischen Streitigkeiten geläufig[2178].

2. Jean von Fécamp erhofft sich Antwort auf viele Fragen vom Wort des Vaters, Jesus Christus, der ja auch die Kraft und die Weisheit des Vaters ist[2179].

2.1 In dieser Eigenschaft soll er ihn belehren[2180]. Wenn er das Im-Vater-Sein des Sohnes erklären will, warnt er, es sich so vorzustellen, wie ein Inhalt in einem Gefäß ist. Vielmehr ist Jesus im Vater „uti sapientia in sapiente", „wie die Weisheit im Weisen"[2181]. Er ist „illa sapientia Patri deo plane coaeterna et aequalis", „jene Weisheit, die Gott Vater völlig gleichewig und gleich ist"[2182]. Damit unterscheidet er sich von jener Weisheit, die vor allen anderen Kreaturen geschaffen wurde[2183].

2.2 Durch die Weisheit seines Sohnes hat der Vater die Welt geschaffen[2184]. „Per te, virtus et sapientia Patris, facta sunt universa." – „Durch Dich, die Kraft und Weisheit des Vaters, ist das All erschaffen."[2185] Die Weisheit ist auch „contemplatione luminis lumen", „das Licht in der Betrachtung des Lichtes" der Menschen[2186]. Eine klösterliche Gemeinschaft soll sich glücklich schätzen, eine Person in ihrer Mitte zu haben, der immer wieder die Erfahrung der „unio mystica" geschenkt wird[2187], auch wenn diese für längere Zeit nicht ansprechbar ist. Jesus, ihr Bräutigam, ist die Weisheit und weiß, wann er sie wieder zum Dienst in der Kommunität zurückrufen muß[2188].

Von Interesse ist, daß bei Jean eine Bemerkung zur Weisheit des Menschgewordenen fehlt. Er lokalisiert diese Eigenschaft ganz beim ewigen Sohn Gottes.

3. Bei Bernhard von Clairvaux ist die Bezeichnung „sapientia" für Christus sehr gebräuchlich.

3.1 Schon in der immanenten, ewigen Dreifaltigkeit ist der Sohn die Weisheit Gottes. Wenn das Ternar der Eigenschaften auf die einzelnen Personen hin geordnet wird,

---

[2177] JFC 1,10,203-206,116; 3,6,158,147; 3,29,1062,175; BLVM 4,4,106,19-23; BGR 3,8,26,210,25f.; BB 1, 18,3,376,1-4; BNAT 1,3,228,22-24; BBEN 3,76,1f.; BANN 1,6,102,22-104,2; BVDSS 5,146,15; BD 14,1,288,3; 52,1,570,3f.; 90,2,692,12; 96,1,730,1-7; 125,828,11f.; WHLD 1,11,132,284; WR 1,550C; 6,655C; IS 12,12,122-126,258; 26,3,21f.,128; 30,9,86-89,186; GHLD 26,4,135C-136A; GIS Nat 1,2,46-48,166; JHLD 23,2,34-37,194; 82,7,166-169,567; SP 11,884,18; 11,894,1-16; RVPS 28,297A; TH 130,21,274; IL 2,6,30,179; DT 329,15; G R 7,237f.,224; 7,633-638,248; CH 2, 208.

[2178] Für Justin vgl. Sieben, Nomina 162; für Cyprian vgl. ebenda 163; für Arius vgl. ebenda 171; für das Glaubensbekenntnis der Kirchweihsynode von Antiochien (341) vgl. ebenda 178; für Athanasius von Alexandrien vgl. ebenda 179; für Gregor von Elvira vgl. ebenda 181; für Gregor von Nazianz vgl. ebenda 187.

[2179] JFC 1,10,203f.,116.

[2180] JFC 3,29,1062,175.

[2181] JFC 1,11,224-226,117.

[2182] JFC 3,21,713f.,165.

[2183] JFC 3,21,710-713,165.

[2184] JFC 3,21,714-716,165.

[2185] JFC 3,6,158f.,147.

[2186] JFC 3,21,717,165.

[2187] JFM 7,84f.,208.

[2188] JFM 7,88-90,208.

dann wird die zweite Person die Weisheit genannt. Innerhalb der Trinität ist der Sohn „summa sapientia", „die höchste Weisheit"[2189]. Bernhard wendet Spr 13,1 „Gloria patris filius sapiens", „Der Ruhm des Vaters ist ein weiser Sohn" nicht nur auf den menschlichen[2190], sondern auch auf den trinitarisch-göttlichen Bereich an: Er hält es für sicher, „gloriam Patris Christum Dei virtutem et Dei sapientiam esse", „der Ruhm des Vaters sei Christus, Gottes Kraft und Gottes Weisheit"[2191].

3.2 Bei der Schöpfung ist die ganze Dreifaltigkeit mit dem den einzelnen Personen zugeschriebenen Ternar beteiligt: „Sapientia Filii ordinem et pulchritudinem facit creaturae." – „Die Weisheit des Sohnes schafft die Ordnung und Schönheit der Schöpfung."[2192] An dem, wie alles in der Welt gefügt ist, kann man diese Weisheit spüren[2193]. Ihre Anzeichen erhält der Mensch in der Betrachtung der Leitung der Welt[2194]. Von dieser Weisheit von oben, die sich von derjenigen des Fleisches oder der Welt unterscheidet, hängt alle wahre Weisheit der Geschöpfe ab[2195]. Als die Weisheit ist der Sohn das Licht, das jeden Menschen in der Welt erleuchtet (Joh 1,9)[2196]. Im Paradies hatte der Mensch Anteil an der Weisheit Gottes bekommen[2197].

3.3 In der Sünde verlor der Mensch diese Weisheit, mit der er fähig war, weder zu sündigen noch zu leiden[2198]. Damit war sein freier Wille eingeschränkt. Zu dessen voller Wiederherstellung bedarf er der Weisheit, die Christus als Gottes Weisheit wieder eingießen kann[2199]. Gottes Weisheit wurde Weisheit für uns (vgl. 1 Kor 1,30)[2200]. Deswegen ist er gekommen, damit seine „sapientia erudit et informat", „Weisheit erzieht und bildet" diejenigen, die blind geworden sind[2201]. „Haec itaque Sapientia quae Dei erat, et Deus erat, de sinu Patris ad nos veniens", „Diese Weisheit, welche Gott gehörte, ja Gott war, kam so vom Schoß des Vaters zu uns" und hat sich eine Jungfrau als Mutter erwählt[2202]. „Sapientia paterni cordis erit fructus uteri virginalis." – „Die Weisheit des väterlichen Herzens soll die Frucht des jungfräulichen Schoßes werden."[2203] Doch verbarg die Weisheit Gottes auch ihre Ankunft. Das zeigt sich daran, daß er, um den bösen Geistern keine Angriffsfläche zu bieten, seine jungfräuliche Herkunft vor ihnen verhüllte[2204]. „Itaque quippe decuit incarnatam Sapientiam spiritualem vincere malitiam." – „So nämlich ziemte es sich, daß die fleischgewordene Weisheit die geistige Bosheit

---

[2189] BD 45,1,544,4f.
[2190] BD 125,3,832,1f.
[2191] BANN 1,6,104,1f.
[2192] BS 3,61,452,4f.
[2193] BVNAT 3,8,170,4-9.
[2194] BPENT 2,2,402,17f.
[2195] BD 52,1,570,1-4.
[2196] BVEPI 6,106,2f.
[2197] BGR 9,29,214,11-13.
[2198] BGR 9,29,214,16-18.
[2199] BGR 8,26,210,25-212,2.
[2200] BD 52,1,570,3-5.
[2201] BD 54,578,3-5.
[2202] BD 52,2,570,6-8.
[2203] BLVM 3,8,88,22f.
[2204] BLVM 2,13,66,7-20.

besiegte.“[2205] Die Weisheit Gottes, welche Christus ist, hat seine jungfräuliche Herkunft verborgen und geschützt[2206]. „Moderamine Sapientiae“, „Durch die Lenkung der Weisheit“ konnte sich seine Ankunft für die Gläubigen als mild, aber für die Feinde als stark erweisen[2207]. Christus als die Weisheit schmeckt den Seinen süß[2208]. Das kleine Kind, das der Sohn Gottes geworden ist, zertritt durch seine Weisheit den Nacken der Stolzen[2209] und des Teufels[2210]. So fallen hier nicht auseinander „modus a facto, quia sapientia est“, „die Art und Weise der Ausführung, weil er die Weisheit ist“[2211]. In der Menschwerdung erwies sich, daß Gott nicht nur ein gütiger, sondern auch ein weiser Arzt war[2212]. Nicht nur um seiner jungfräulichen Geburt willen verbarg die Weisheit sich in der Menschwerdung. Der Sohn Gottes verhüllt in ihr auch sein ihm Ureigenes, nämlich die Weisheit[2213]. „O Sapientia, quae de occultis traheris! O vere incarnata et velata Sapientia!“ – “O Weisheit, welche Du aus dem Verborgenen gezogen wirst! O wirklich fleischgewordene und verhüllte Weisheit!“[2214] Sie ist ans Licht getreten, weil sie sich als Fleisch zeigt und weil das, was verborgen war, mit den Sinnen erfahren werden soll[2215]. Weil man sie aber nur im Fleisch schaut, ist sie zugleich verhüllt. So ist dieses Enthüllen zugleich auch ein Verhüllen: „Sapientia quoque abscondita est et incarnata.“ – „Die Weisheit ist auch verborgen und Fleisch geworden.“[2216] Deswegen wandelt Bernhard Phil 2,7 um und schreibt: „Dei sapientiam cum in foram Dei esset semetipsam exinavit.“ – „Obwohl die Weisheit Gottes wie Gott war, hat sie sich selbst entäußert.“[2217] Mit den Zeichen der wahren menschlichen Natur „se teneri ac ligari voluit incarnata Dei Sapientia“, „wollte sich festhalten und binden lassen die fleischgewordene Weisheit Gottes“[2218]. Man soll sich wundern über die „sapientia dei in homine quam humile“, „Weisheit Gottes im Menschen, wie demütig“ sie ist[2219]. So ist auch für unsere Erlösung gesorgt: „In incarnata Dei sapientia, quae auro designatur, misericordia et veritas obviaverunt sibi.“ – „In der fleischgewordenen Weisheit Gottes, welche mit Gold bezeichnet wird, begegnen einander Barmherzigkeit und Wahrheit.“[2220] Diese Weisheit hält sich bei Jesus in seinem ganzen Leben: „Neque enim minus habuit sapientiae, vel potius non minus fuit sapientia Jesus conceptus quam natus, parvus quam magnus.“ – „Nicht weniger Weisheit hatte er ja, oder besser, keine geringere Weisheit

---

[2205] BLVM 2,13,66,20f.
[2206] BLVM 4,4,106,21-23.
[2207] BLVM 2,13,68,3f.
[2208] BB 1,2,10,280,11-14.
[2209] BNAT 1,3,228,21-24.
[2210] BD 14,1,288,3f.
[2211] BLVM 4,7,112,8f.
[2212] BVNAT 4,2,178,12.
[2213] BD 57,1,592,18-594,1.
[2214] BNAT 3,2,254,9f.
[2215] BNAT 3,3,254,21-23.
[2216] BD 29,3,444,11.
[2217] BVDSS 5,148,10f.
[2218] BD 57,592,11f.
[2219] BVSDSS 5,150,7f.
[2220] BHLD 1,6,2,7,106,21f.

war Jesus bei seiner Empfängnis als bei seiner Geburt, ebenso da er klein als auch da er groß war."[2221] Bernhard setzt die Lampe, mit der die Frau nach der Drachme sucht (LK 15,8), mit Christus, der im Fleisch erschienenen Weisheit, gleich[2222]. Auch im Erdulden von Schwerem zeigt sich Gottes Weisheit in Jesus[2223]. „Verbum ... ac sapientia Patris", „Das Wort ... und die Weisheit des Vaters" nimmt sich zuerst unserer niedergedrückten Vernunft an, befreit sie von Irrtum und richtet sie auf[2224]. Man soll denken an die „Sapientiam incarnatam", „fleischgewordene Weisheit", welche die Augen unserer Herzen erleuchten will[2225]. So kann auch unser Verstand ihn, die Weisheit Gottes, ergreifen[2226]. „Nihil melius invenire potuit unde nos redimeret Sapientia Dei in omni sapientia sua." – „In all ihrer Weisheit konnte die Weisheit Gottes nichts Besseres finden, um uns zu erlösen."[2227] So verkündeten die Apostel in Christus Gottes Kraft und Weisheit[2228]. Der einzelne Mensch wird von Christus mit zwei Lippen geküßt, welche die Kraft und Weisheit Gottes sind[2229].

3.4 Zum Abschluß soll die Behandlung der Weisheit Christi, wie sie Bernhard in zwei seiner Parabeln, welche die Erlösung zum Inhalt haben, stehen, vornimmt.

Die erste Parabel hat eine entfernte Ähnlichkeit mit dem Gleichnis vom verlorenen Sohn und barmherzigen Vater: Ein König, nämlich Gott, hat einen Sohn, den Menschen, der vor dem Antlitz des Vaters flieht und in das Land der Unähnlichkeit gelangt[2230]. Der König schickt Knechte aus, den Sohn zurückzuholen, welche die vier Kardinaltugenden, nämlich Tapferkeit, Maßhaltung, Klugheit und Gerechtigkeit, vermehrt um Hoffnung und Furcht darstellen[2231]. Ihr Weg führt sie zur Stadt der Weisheit[2232], wohin auch der davongelaufene Sohn gekommen ist[2233]. Die Weisheit läuft ihm entgegen[2234]. Auf Händen trägt sie ihn in ihr Haus und legt ihn auf ihr Bett[2235]. Bei einem feindlichen Angriff auf die Stadt sendet die Weisheit Gebete zum Vater, der die Liebe aussendet, den Sohn zurückzubringen[2236]. Bei der Auslegung dieser Parabel tauchen Fragen auf: Wer ist die Frau „Weisheit", die gegenüber den anderen Knechten eine Sonderrolle spielt? Warum taucht in dieser Parabel über die Erlösung des Menschen an keiner Stelle Christus mit Namen auf? Die nächstliegende Antwort lautet: Christus ist, ohne daß es ausdrücklich gesagt wird, die Weisheit. Er nimmt die verlorene Menschheit an und be-

[2221] BLVM 2,9,60,18-20.
[2222] BGR 10,32,218,21-23.
[2223] BVSDSS 5,150,8f.
[2224] BH 7,21,76,1-7.
[2225] BASC 6,10,380,20-24.
[2226] BB 1, 18,3,376,1-4.
[2227] BPENT 2,3,404,4f.
[2228] BBEN 3,76,1f.
[2229] BD 89,2,692,10-12.
[2230] BPA 1,1f.,806,1-808,6.
[2231] BPA 1,3f,808,7-812,8.
[2232] BPA 1,3,812,6-8.
[2233] BPA 1,5,812,10f.
[2234] BPA 1,5,812,11f.
[2235] BPA 1,5,812,19-813,5.
[2236] BPA 1,6,814,6-816,22.

reitet ihr Tisch und Bett. Warum hier nicht der Sohn Gottes namentlich genannt wird, läßt sich leicht erklären: Die Rolle des Königssohns nimmt schon der davongelaufene Mensch ein. Zwei Söhne würden aber den Faden der Erzählung verwirren.

Daß unsere Interpretation stimmt, sieht man an der zweiten Parabel. Dort geht es um zwei Könige, welche um eine Stadt kämpfen. Als Hilfskräfte treten die meisten Tugenden der ersten Parabel auf, nur fehlt hier die Weisheit. Dafür wird der siegreiche König mit Namen genannt: „Rex Ierusalem Christus Dominus est." – „Der König von Jerusalem ist Christus, der Herr."[2237] Wenn Christus namentlich auftritt, braucht die Weisheit keine Rolle mehr zu spielen.

4. Auch Wilhelm von St. Thierry spricht oft von der Weisheit im christologischen Kontext.

4.1 Wenn die Unerforschlichkeit der göttlichen Allmacht, Macht und Stärke anwesend ist, kann die „sapientia incogitabilis", „unausdenkbare Weisheit" nicht fehlen[2238]. Für Wilhelm ist es selbstverständlich, daß Gott weise ist und daß im Ternar der Eigenschaften der Sohn die Weisheit darstellt[2239]. Probleme tauchen nur auf, wenn er diese Eigenschaft auf die einzelnen göttlichen Personen der Dreifaltigkeit aufteilt: „Cum autem ipse sit sapiens, et generans de se sapientiam, quaeritur utrum per se ipse sibi sit sapiens, an per eam quam de se gignit sapientiam." – „Wenn er aber selbst weise ist und von sich die Weisheit zeugt, fragt man, ob er durch sich selbst oder ob er durch die Weisheit, die er von sich zeugt, weise ist."[2240] Man kann sagen, daß „solus Deus Pater sapiens per Jesum Christus sapiens esse intelligatur, non participando, sed gignendo sapientiam, quod est", „der weise Gott Vater als weise nur zu verstehen ist durch Jesus Christus, nicht indem er Anteil gibt, sondern die Weisheit zeugt"[2241]. Hinter dieser Frage steht das Problem, ob in Gott die Weisheit eine „proprietas", „Eigentümlichkeit" oder nur eine „approbriation", „Zuschreibung" des Sohnes ist[2242]. Natürlich muß die Weisheit in Gott auf das gemeinsame Wesen oder die Substanz der drei Personen bezogen werden[2243]. „Ergo et Pater ipsa sapientia est, et ita dicitur Filius sapientia Patris." – „Also ist auch der Vater eben die Weisheit, und so wird der Sohn die Weisheit des Vaters genannt."[2244] Deswegen fehlt dem Vater nichts von der Weisheit[2245]. Es ist „sapientia tua, quae ab aeterno aeternaliter tibi coest", „Deine Weisheit, welche ewig, von Ewigkeit an bei Dir ist"[2246]. Der Sohn hat nicht die Weisheit als Eigentümlichkeit seiner Person, sondern besitzt sie im gemeinsamen Wesen[2247].

[2237] BPA 2,1,818,5.
[2238] WHLD 1,9,112,246.
[2239] WHLDB 25,427B.
[2240] WR 6,666D.
[2241] WR 7,693A-B.
[2242] Auf diese Problematik könnte Wilhelm durch seine Auseinandersetzung mit der Dreifaltigkeitslehre des Petrus Abaelard gestoßen sein.
[2243] WR 7,693C.
[2244] WR 6,667A.
[2245] WR 6,668A.
[2246] WMO 1,206B-C.
[2247] Ebenda.

4.2 Wenn man in der Schöpfung die Weisheit Gottes erkennt, ist es die Weisheit Christi[2248].

4.3 Steigt der Sohn Gottes zur Welt hinab, kommt er mit dem, was er ist, also auch mit seiner Weisheit[2249]. „Venit Filius Dei, aeterna sapientia, et inclinavit coelos suos et descendit." – „Es kam der Sohn Gottes, die ewige Weisheit, und neigte die Himmel und stieg herab."[2250] Deswegen kann er auch als der, der geboren wurde und gestorben ist, Heilmittel für die Welt sein[2251]. So muß man dem Gott, der sich bis zum Tod am Kreuz erniedrigt hat, „sapientia cum pietate", „in Weisheit mit Frömmigkeit", bei welchen Eigenschaften kein Unterschied besteht[2252], begegnen[2253]. Auch das Leiden „homo Christus, interiori quodam divinitatis suae sapore quo sapientia nobis factus est sapientia Dei Christus) sapida) … habet", „schmeckt Christus als Mensch mit seinem gewissen inneren Geschmack seiner Gottheit, (womit Christus, die Weisheit, für uns zur Weisheit Gottes geworden ist) … weisheitsvoll"[2254]. Christus der Bräutigam trägt an seinem Hals einen goldenen Schmuck. „In auro sapientia intelligitur, quia sicut Apostolus dicit: ‚Christus factus est nobis sapientia'." – „Im Gold ist die Weisheit zu verstehen, weil, wie der Apostel sagt, ‚Christus für uns zur Weisheit geworden ist'."[2255] Diese Weisheit Christi ist aber in der Erniedrigung töricht und gerade so weiser wie alle Menschen[2256].

4.4 Der Mensch muß „divinae sapientiae conformari", „der göttlichen Weisheit gleichgestaltet werden", indem er das denkt, was in Jesus Christus ist[2257]. Er, „sapientia patris, per quem reformati sapienter vivimus", „die Weisheit des Vaters, durch welche wir erneuert weise leben"[2258], stellt eine Zusammenfassung aller Weisheit dar, gegen die kein menschliches Wissen ankommt[2259], und ist die „composita sapientia", „zusammengefaßte Weisheit"[2260]. Wer diese Weisheit nicht besitzt, kann einzelne Tugenden haben. „Sed quibus Christus sapientia est, ipsis omnis virtus est." – „Aber denen Christus die Weisheit ist, die besitzen jede Tugend."[2261] Der Mensch hat dann „anima justi quae sedes est sapientiae", „die Seele eines Gerechten, welche der Sitz der Weisheit ist"[2262]. Keiner kann den Menschen lehren, was die Erfüllung seiner Sehnsucht ist,

[2248] WR 1,561B.
[2249] WR 1,550C.
[2250] WHLD 1,7,83,200.
[2251] WR 6,655C.
[2252] WE 2,379,1,368.
[2253] WE 2,273,1-3,362.
[2254] WND 10,30,398C-D.
[2255] WHLD 1,6,72,178. Hier ist eine deutliche Parallele zu den Hoheliedpredigten Bernhards von Clairvaux (BHLD 1, 6,2,7,106,21f.) zu spüren.
[2256] Ebenda.
[2257] WE 2,272,8-10,362.
[2258] WC 13,18f.,118.
[2259] WC 5,9-14,72.
[2260] WHLD 2,1,153,324.
[2261] WHLD 1,8,104,234-236.
[2262] WC 7,36,86.

wenn nicht Jesus, der die Weisheit des Vaters ist[2263]. Wenn in der „unio mystica" diese Sehnsucht erfüllt ist, umfaßt der Bräutigam seine Braut mit beiden Armen, nämlich demjenigen der Weisheit Gottes und demjenigen der Süße[2264], und der Mensch weiß dann, wo alle Schätze der Weisheit verborgen sind[2265]. Doch kann man diese Erfahrung nicht erzwingen. Der Bräutigam kommt nur dann, wenn er es in seiner Weisheit für richtig hält[2266]. Diese Weisheit braucht der Mensch bei dem Genießen des Herrenleibes in der Eucharistie. Denn nur durch die Weisheit genießt man[2267], und das Empfangen der Kommunion geschieht „in sapore quodam divino", „in einem gewissen göttlichen Schmecken"[2268]. Nur die Weisheit kann ja die Liebe Gottes erfahren[2269]. Christus kann auch gerecht richten, weil er selbst die Weisheit ist[2270].

4.5 In der Fülle der Aussagen über die Weisheit Christi ist bemerkenswert, daß die Gleichgestaltung des Menschen mit Christus im Erfassen der Weisheit Gottes, die Christus ist, gipfelt.

5. Seltener spricht Aelred von Rievaulx von der Weisheit Christi.

Er kennt das Ternar der Eigenschaften Gottes, bei dem an zweiter Stelle die Weisheit erwähnt wird[2271]. In Jesus hat sich dieses Ternar Gottes geoffenbart. Die Weisheit spürt man in seinen Versuchungen durch den Teufel, in seinen Auseinandersetzungen mit den menschlichen Fehlern, im Sterbenlassen des Lazarus, in seinem Hungern, Schlafen und Sterben am Kreuz, also überall dort, wo er Schwächen zeigt[2272]. So darf man die Schätze der Weisheit in Jesus bewundern[2273].

6. Wieder häufiger kommt die Weisheit im christologischen Kontext bei den Predigten des Isaak von Stella vor.

6.1 Nach Isaak, der auch das trinitarische Ternar mit der Weisheit als zweites Glied kennt[2274], gibt es mehrere Bücher der Weisheit: „Est igitur primus liber ipsum Dei Verbum, ipsa Sapientia." – „Das erste Buch ist das Wort Gottes selbst, die Weisheit selbst."[2275] Dieses Wort enthält als göttliche Weisheit jede Ordnung, Zahl, Gewicht und Maß der geschaffenen Natur[2276]. Nach dem Bild dieser Weisheit ist der menschliche Geist geschaffen und empfängt von ihm seine Gestalt[2277]. Er ist wie ein Gefäß oder Acker, in die diese Weisheit Gottes gelegt ist[2278]. Alles, was auf Erden weise genannt

---

[2263] WMO 5,218D.
[2264] WHLD 1,11,132,284.
[2265] WHLD 1,11,133,284-286.
[2266] WHLD 2,4,178,364.
[2267] WND 10,28,397C.
[2268] WND 10,28,397C-D.
[2269] WHLD 1 prael 28,108.
[2270] WR 7,683A.
[2271] ARSC 1,2,7,101f.,15; 1,6,21,303-305,21; ARJ 3,25,200-216,272.
[2272] ARJ 3,25,229-233,272.
[2273] ARJ 3,28,307f.,275.
[2274] IS 34,26,228-239,250; 26,3,24-29,270.
[2275] IS 9,2,15f.,206.
[2276] IS 18,14,118-122,18.
[2277] IS 9,2,19-22,206.
[2278] IS 26,3,19-23,128.

werden kann, „totum in aeterna Sapientia et Veritate simul et semper omnimodis ab aeterno est", „ist immer ganz in der ewigen Weisheit und Wahrheit zugleich und immer auf jede Art von Ewigkeit her"[2279]. So muß alles „in diem sapientiae ..., id est Christi Domini", „in den Tag der Weisheit ..., das ist in denjenigen Christi, des Herrn, " münden[2280].

6.2 In der Menschwerdung ist diese Weisheit „Sapientia palpabilis", „betastbare Wahrheit" wie ein Buch, das man zur Hand nehmen kann[2281]. Der Menschgewordene ist die Weisheit, die von ihren Söhnen Recht bekommt und am Ende richten wird[2282].

6.3 Während die Wunder aus der Macht Jesu entspringen, stammt seine Belehrung aus seiner Weisheit[2283]. Dies war Christi Aufgabe, daß er die Menschen von ihrer Torheit befreit und „deinde ad sapientiam erudiat conversos", „dann die Bekehrten zur Weisheit erzieht"[2284]. Die Weisheit der Welt rät den Menschen, den Reichtum zu suchen[2285], welche Isaak „sapientiam ... vere diabolicam", „eine wirklich teuflische ... Weisheit" nennt[2286]. Dem gegenüber preist „Sapientia Dei, Filius proprius, dextera Patris", „die Weisheit Gottes, der eigene Sohn, die Rechte des Vaters", die Armen selig[2287]. So lehrt die Weisheit von oben, weder Sack noch Geld auf dem Weg mit sich zu tragen[2288]. Mit dieser Haltung, die in den Augen der Welt Torheit ist, ruft Jesus die Irrenden zur „sublimis sapientia", „hohen Weisheit" zurück[2289]. Diese besiegt die Verschlagenheit[2290]. Da Jesus nicht nur die Weisheit, sondern auch die Liebe ist, erträgt er auch Beschwernisse geduldig[2291]. Wer die Armut besitzt und geduldig das Leid erträgt, hat „sapientia sanctorum", „die Weisheit der Heiligen", welche Christus, die Weisheit Gottes, geschenkt hat[2292]. So macht die Weisheit die Liebe vollkommen[2293]. Darum ist Christi Gesetz als die Weisheit Gottes auch das ewige Gesetz, das Gesetz aller Gesetze[2294]. Für die Kirche und Maria gilt, daß sie die Ruhe in allem gesucht haben, weil sie an der Weisheit, welche das Wort des Vaters ist und von einem Ende zum anderen herrscht, Anteil haben[2295]. Und umgekehrt gilt: „In solis ergo sapientibus requiescit Sapientia." – „Nur in den Weisen ruht die Weisheit."[2296]

[2279] IS 16,2,15-17,294.
[2280] IS 17,6,51f.,314.
[2281] IS 9,5,49f.,208.
[2282] IS 9,5,50f.,208.
[2283] IS 12,12,122-126,258.
[2284] IS 10,13,131-133,230-232.
[2285] IS 1,17,132-139,94.
[2286] IS 2,1,7f.,98.
[2287] IS 1,17,139-142,94.
[2288] IS 2,5,36-42,100.
[2289] IS 2,12,91-95,104-106.
[2290] IS 30,13,123f.,188.
[2291] IS 39,10,64-67,324.
[2292] IS 30,9,86-89,186.
[2293] IS 10,15,156f.,232.
[2294] IS 32,19,177-183,218.
[2295] IS 51,9,65-70,204.
[2296] IS 51,12,88,206.

6.4 Neben den in der Mönchstheologie üblichen Überlegungen über die Weisheit fällt bei Isaak die Gegenüberstellung von Weisheit der Welt und Weisheit Christi auf. Konkret wird diese im Verhältnis zum Besitz. Nach der Meinung der Welt kann der Mensch nicht genug besitzen, während die Weisheit von oben in Christus zur Armut rät.

7.   Besonders häufig findet die Weisheit, welche Christus ist, im Hohenliedkommentar des Gilbert von Hoyland Erwähnung. Seine Ausführungen bleiben aber ganz im Bereich der herkömmlichen Spiritualität der Mönchstheologie.

7.1 Man spürt bei Gilbert eine gewisse Skepsis gegenüber theoretischen Erkenntnissen. Das Brautbett, das für die Braut und den Bräutigam geschaffen ist, stellen „redemptio et sapientia", „Erlösung und Weisheit" dar[2297]. Für Gilbert steht aber an dieser Stelle die Weisheit in der Wertskala an zweiter Stelle. Alles kann den Menschen zur Erkenntnis Gottes anregen. Jede Gestalt, jeder Gebrauch und jede Ordnung der Dinge führt zur Erkenntnis, die auf „Verbum sapientiam, non Verbum salutem", „das Wort als Weisheit, nicht das Wort als Heil" zurückgeht[2298]. Eigentlich bedürfte es „Christus, Verbum ipse Patris et sapientia et veritas", „Christus, das Wort, des Vaters Weisheit und Wahrheit" nicht dazu, daß ein geschaffener Geist zur Erkenntnis Gottes gelangt[2299]. „Sed mea est haec indigentia. Ratio est meae caecitatis, non claritatis illius." – "Aber für mich ist es notwendig. Der Grund ist meine Blindheit, nicht seine Klarheit."[2300] Deswegen mußte der Kirche wie ein Sauerteig die Weisheit eingemischt werden[2301]. Nur mit Christus, der „sapientia et salus", „die Weisheit und das Heil" ist, gelangt man zur Stadt Gottes[2302]. Die Weisheit, die man von ihm empfängt, ist keine andere als diejenige, die er selbst ist; nur so kann sie ungeteilt sein[2303]. Wer zu Christus kommt, hat die Weisheit: „Cum inveneris Christus, cum inveneris sapientiam, cum inveneris justitiam, sanctitaten, redemptionem: Haec omnia enim nobis factus est Christus: cum ista inveneris, tene affectu, tene studio." – „Wenn du Christus findest, wenn du die Weisheit findest, wenn du die Gerechtigkeit, die Heiligkeit, die Erlösung findest – dies alles ist Christus ja für uns geworden -, wenn du dieses findest, halte es mit Liebe, halte es mit Eifer fest."[2304] Man hat ja „cubiculum matris meae", „das Gemach meiner Mutter" gefunden[2305], wo man ruhen kann. Dieses hat auch Johannes der Evangelist entdeckt, „recumbens in pectore Jesu, ubi recondit sunt omnes thesauri sapientiae et scientiae Dei", „als er an der Brust Jesu lag, wo verborgen sind alle Schätze der Weisheit und des Wissens Gottes"[2306].

[2297] GHLD 2,7,21C.
[2298] GHLD 2,4,24D-25A.
[2299] GHLD 8,2,48C.
[2300] GHLD 8,2,48D.
[2301] GHLD 8,1,48C.
[2302] GHLD 3,4,25A.
[2303] GHLD 8,5,50A.
[2304] GHLD 9,2,53C-D.
[2305] GHLD 12,3,63A.
[2306] Ebenda.

7.2 Der Empfang von Weisheit verlangt Freiheit von den Dingen dieser Welt: „Non potest apud illos inveniri sapientia, in quibus non invenitur locus sapientiae." – „Nicht kann bei jenen die Weisheit gefunden werden, in welchen kein Platz für die Weisheit gefunden wird."[2307] Diejenigen Christen, die mit der Religion Geschäfte machen wollen, können die Weisheit nicht erhalten[2308]. Wer sie empfangen will, muß alle menschlichen Sinne ruhen lassen[2309]. Wenn Dir dies noch nicht möglich ist, „recumbere in pectore Jesu, ubi indefessae puteus sapientiae, requiece inter scapulas, ubi patientiae ejus exempla et mysteria contempleris", „an der Brust Jesu zu liegen, wo der Brunnen der unausschöpflichen Weisheit (ist), ruhe zwischen den Schultern, wo du die Beispiele und Geheimnisse seiner Geduld schauen sollst"[2310]. Mit den Anfängern müht sich die Weisheit noch ab[2311]. Doch wer seine Sinne ruhen läßt[2312], mit Christus eins wird und sich von der Weisheit verschlingen läßt[2313], empfängt reichere Gnaden an seiner Brust, „quia in illo absconditi sunt omnes thesauri sapientiae et scientiae Dei", „weil in ihr verborgen sind alle Schätze der Weisheit und des Wissens Gottes"[2314]. Ein anderes Mal ist Christus der Fels, in dem die Schätze der Weisheit verborgen sind[2315]. Der Mensch hat einen Anteil der Weisheit bekommen, auch wenn ihre volle Wirklichkeit noch nicht begriffen, sondern geglaubt wird[2316]. In ihm ist die Weisheit anwesend wie ein Duft[2317]. Er kann dann wie Paulus mit den Vollkommenen „Dei sapientiam in mysterio absconditam", „Gottes Weisheit, die im Geheimnis verborgen ist" aussprechen[2318]. Auch die Lehrer der Kirche können die Weisheit in dieser Form haben[2319]. Für solche Menschen umfaßt Christus, die Stärke und Weisheit Gottes, David und Salomo; David, weil er stark, aber auch Salomo, weil er in der Demut weise ist[2320].

7.3 Wie stark Gilberts Interesse an den spirituellen Vollzügen liegt, sieht man daran, daß er im Kontext der immanenten Dreifaltigkeit und der Menschwerdung des Sohnes Gottes die Weisheit Christi nicht erwähnt.

8. Guerricus von Igny verwendet das Wort „Weisheit" im christologischen Kontext etwas seltener als die anderen frühen Zisterziensertheologen.

[2307] GHLD 5,9,37A.

[2308] GHLD 42,6,223D.

[2309] GHLD 12,3,63B.

[2310] GHLD 12,4,63C. Gemeint ist Folgendes: An der Brust Jesu liegt, wer in der Kontemplation alle sinnenhaften Vorstellungen hinter sich läßt und Christi Weisheit empfängt. Dies ist aber nicht jedem Beter möglich. Man darf aber auch an den Schultern, mit denen Jesus sein Kreuz getragen hat, ruhen, das heißt sich sinnenhaft die Stationen seines Leidens vorstellen und daraus ein Beispiel seiner Geduld entnehmen.

[2311] GHLD 13,7,68A.

[2312] GHLD 13,6,68A.

[2313] GHLD 16,5,84C.

[2314] GHLD 12,4,63D.

[2315] GHLD 14,1,68C.

[2316] GHLD 27,6,144C.

[2317] GHLD 27,7,144C.

[2318] GHLD 34,2,178D.

[2319] GHLD 41,2,215A.

[2320] GHLD 26,4,136A-B.

8.1 Selbstverständlich ist auch für Guerricus das Wort Gottes „Dei uirtus et Dei sapientia", „Gottes Kraft und Gottes Weisheit"[2321].

8.2 Die Entäußerung des Sohnes Gottes in der Menschwerdung geschieht nach Guerricus dadurch, daß er „sapientiam infatuavit", „die Weisheit töricht gemacht hat"[2322]. Er ist die „Sapientia Dei quae tota humilitas facta est", „Weisheit Gottes, welche ganz zur Demut wurde"[2323] und zur „sapientia misericors", „barmherzigen Weisheit", die sich zum Schuldner der Weisen und Toren macht[2324]. Er als die höchste Weisheit wollte nichts anderes mehr kennen als die Demut[2325]. Guerricus preist die Kindheit Jesu, weil an ihr deutlich wird, daß ihre scheinbare Torheit weiser ist als alle Menschen[2326]. Der scheinbar Unkundige bringt den Menschen als „sapientia Dei et Verbum", „Weisheit und Wort Gottes" das Wissen[2327]. Das Gold, das die Weisen dem Kinde bringen, stellt dessen Weisheit dar[2328]. Das Kind, das der greise Simeon in Händen hält, ist „sapientia Dei Christus", „Christus, die Weisheit Gottes"[2329]. Wenn Simeon ihn als die Weisheit in Händen hat, wird seine Jugend erneuert[2330]. Die Weisheit läßt den Menschen seine Wege auch heiter gehen, was Jesus in seinem Leben nach der Auferstehung gezeigt hat[2331]. Die Furcht in der Liebe zu vertreiben, vermag nur der, welcher an der Weisheit Gottes, die Christus Jesus ist, Anteil hat[2332].

9. Besonders oft wird bei Johannes von Ford die Weisheit Christi erwähnt.

9.1 Er kennt in dem bekannten Ternar die Weisheit an zweiter Stelle[2333]. „Dilexit itaque Pater ab initio Filium suum ex omni sapientia sua, cui gignendo et diligendo dedit, ut ipse esset omnis sapientia sua." – „Es hat der Vater von Anfang an seinen Sohn aus seiner ganzen Weisheit so geliebt, dem er sie im Zeugen und Lieben gegeben hat, daß dieser seine ganze Weisheit ist."[2334] Der Eingeborene besitzt das „cor sapientiae", „Herz der Weisheit" des Vaters[2335], mit dem er die Reichtümer der Weisheit, die vor dem Vater spielt[2336], durchforscht[2337].

[2321] GIS Nat 1,2,47,166.
[2322] GIS Nat 3,2,57-59,190.
[2323] GIS Nat 5,4,134f.,230.
[2324] GIS Nat 4,1,52f.,208.
[2325] GIS Nat 5,4,136f.,232.
[2326] GIS Nat 1,2,45f.,166.
[2327] GIS Nat 1,2,54-56,168.
[2328] GIS Epi 1,7,188,250.
[2329] GIS Pur 3,1,26f.,342.
[2330] GIS Pur 1,3,88-90,312.
[2331] GIS Res 3,3,94-103,252.
[2332] GIS Ben 1,6,207-216,54.
[2333] JHLD 16,2,50f.,142; 91,1,28,617.
[2334] JHLD 14,3,84-87,126.
[2335] JHLD 14,3,94,126.
[2336] JHLD 14,3,97f.,127.
[2337] JHLD 14,6,199f.,129.

9.2 Durch den Sohn Gottes, der als Weisheit „artifex", „Künstler" heißt[2338], ist die Welt geschaffen worden[2339].

9.3 In der Sünde verläßt der Mensch Jesus, die Quelle der Weisheit, und wendet sich anderen Quellen zu[2340]. In den Augen der Weisheit dieser Welt erscheint die Weisheit Gottes töricht[2341]. Doch jedes Brot der Lehre, welches nicht nach der Weisheit, die Christus ist, schmeckt, lehrt nicht so, wie es schmecken müßte[2342]. In der Bundeslade waren die Schätze der Weisheit[2343].

9.4 Der Sohn Gottes „sapientia Dei incarnata nostro voluerit more in hac parte sapere quae carnis sunt", „wollte als die fleischgewordene Weisheit in diesem Punkt auf unsere Art schmecken, was des Fleisches ist"[2344]. In dem Leib der Jungfrau Maria hat sich die Weisheit Gottes ein Haus gebaut[2345]. Bei der Empfängnis wurde Christi menschliche Seele auch mit Weisheit erfüllt[2346]. Doch in der Menschwerdung geschah auch Folgendes mit der Weisheit: „Sapientia uero ad insipientiam se exinaniuit." – „Die Weisheit aber hat sich bis zur Unweisheit entäußert."[2347] In ihr stieg die Weisheit Gottes von der Höhe zu der Niedrigkeit der Menschen herab, so daß das Törichte Gottes in seiner Weisheit angenehm schmeckt[2348]. Die Weisheit ist wie eine Frucht in eine Schale gehüllt[2349].

9.5 Der Sohn Gottes hat als die Weisheit kunstvoll das Werk der Erlösung vollbracht[2350]. Wenn er seinen Mund öffnet, spricht er die Weisheit wie sonst kein Geschöpf[2351], weil in ihm alle Gnaden der Wahrheit sind[2352]. Als guter Arzt bietet er seine Weisheit vielgestaltig an[2353]. Die wirkliche Weisheit spricht zum Herzen des Menschen in Christus[2354]. Das Wort und die Weisheit berühren sein Herz[2355]. Jesus als die Weisheit hat es aber so geordnet, daß durch sein Kreuz zwar unsere Verdammung aufgehoben, aber nicht jeder Schmerz beseitigt ist[2356]. Wer die Weisheit Gottes, die Christus ist, empfängt, weil er die Worte der Weisheit hört, erhält Wissen[2357], auch wenn die

[2338] JHLD 7,3,136,75.
[2339] JHLD 7,5,182f.,76.
[2340] JHLD 23,7,184-186,198.
[2341] JHLD 23,12,321f.,201.
[2342] JHLD 31,6,162-164,248.
[2343] JHLD 54,7,198f.,383.
[2344] JHLD 37,4,81f.,280.
[2345] JHLD 37,4,86-88,280; 70,9,208f.,494.
[2346] JHLD 8,3,72f.,81.
[2347] JHLD 94,5,118f.,637.
[2348] JHLD 32,3,97-101,253.
[2349] JHLD 53,6,136-138,375.
[2350] JHLD 7,5,181-183,76.
[2351] JHLD 23,2,34-37,194.
[2352] JHLD 21,2,36-38,181.
[2353] JHLD 38,2,27f.,284.
[2354] JHLD 23,8,187-192,198.
[2355] JHLD 95,10,237-240,648.
[2356] JHLD 53,2,63-67,373.
[2357] JHLD 23,6,139-144,197.

Entscheidung der Weisheit für den Menschen unerforschlich ist[2358]. Der Mensch aber hat in der Weisheit, die Christus ist, im Leben wieder eine Führerin[2359]. In diese Weisheit eintreten kann nur ein Mensch, der in der Demut seinen Nacken gebeugt hat[2360]. Die Weisen dieser Welt gelangen oft nicht zu Jesus, dem wahren Quell der Weisheit[2361]. Man darf nicht annehmen, daß die Weisheit Gottes, die teuer am Kreuz erkauft worden ist, einem untätigen Menschen in den Schoß fällt[2362]. Wer vielmehr ein Freund Jesu, der Weisheit Gottes, ist, freut sich an all seinen Werken und folgt ihm auf dem Weg[2363].

9.6 Kein anderer Theologe unter den frühen Zisterziensern erwendet so häufig den Begriff „Weisheit" wie Johannes. Selbst wenn nicht alle Stellen, an denen er von dieser Tugend im christologischen Kontext spricht, vermerkt werden konnten, wird deutlich, wie bei ihm Sünde und Erlösung um die Begriffe Irrtum und Weisheit kreisen.

10. In dem zisterziensisch geprägten Traktat „Speculum virginum" wird selbstverständlich oft die Weisheit Christi erwähnt.

10.1 Auch in dieser Schrift steht die Weisheit Gottes an zweiter Stelle des bekannten Ternars[2364]. Der Verfasser, der Spr 8,22, an welcher Schriftstelle vom ewigen Besitz der Weisheit gesprochen wird, aus der Liturgie in mariologischer Deutung kennt, betont ausdrücklich auch die Möglichkeit, sie mit dem Sohn Gottes zu identifizieren[2365]. „Deus aeternus … numquam sine filio suo, numquam sine sapientia sua fuit." – „Der ewige Gott ist… niemals ohne seinen Sohn, niemals ohne seine Weisheit gewesen."[2366]

10.2 Mit dieser Weisheit hat Gott seine Schöpfung geordnet[2367]. Deswegen kann man sich auch nicht über die durch sie gegebene Ordnung beklagen[2368]. Nur staunend kann man feststellen: „O sapientiae pulchritudo!" – „O Schönheit der Weisheit!"[2369] „In hac sapientia mens erecta", „Ein Geist, der durch diese Weisheit aufgerichtet ist", ist fähig, in den geschaffenen Dingen auch den Schöpfer zu entdecken[2370].

10.3 Gott hat mit „providentissima sapientia", „vorausschauendster Weisheit" den Menschen mit freien Willen geschaffen, ohne den das Kommen Christi sinnlos gewesen wäre[2371]. Wenn in der Weisheit des Wortes Gottes alles beschlossen ist, „quomodo mater non … cum filio", „wie dann nicht auch seine Mutter … mit dem Sohn"[2372].

[2358] JHLD 94,5,95-97,637.

[2359] JHLD 23,10,231,199.

[2360] JHLD 22,3,51-54,187.

[2361] JHLD 22,4,61-63,187.

[2362] JHLD 5,3,86f.,63.

[2363] JHLD 118,6,111-113,797.

[2364] SP 5,382,22-24.

[2365] SP 5,380,23-29.

[2366] SP 5,382,4-6. Die differenzierte Frage, ob der Vater durch die Weisheit, die er selbst im Entstehen seines Sohnes gezeugt hat, erst weise ist, liegt dem Verfasser fern.

[2367] SP 5,384,1-7.

[2368] SP 6,550,5f.

[2369] SP 9,758,15.

[2370] SP 9,758,18-26.

[2371] SP 10,850,13-852,7.

[2372] SP 5,376,5-7.

Sie ist die Blume, auf die in der Menschwerdung Christus, die Weisheit schlechthin, herabgekommen ist[2373].

10.4 Das Urbild der Kirche, das himmlische Jerusalem, hat Gott in seiner Weisheit auf das Fundament, das er selbst in Christus ist, gegründet[2374]. So kann die Kirche von seiner Weisheit weise werden[2375]. Auf ihren Baumeister, Christus, der Gottes Weisheit ist, soll der gläubige Mensch schauen[2376]. Christus als „fons totius sapientiae", „Quelle der ganzen Weisheit" läßt seine Lehre aus den vier Büchern der Evangelien fließen[2377].

10.5 Wer ehelos lebt und damit mit der „aeternae dei sapientiae", „ewigen Weisheit Gottes" verglichen werden kann[2378], soll sich die Weisheit als Mutter nehmen, um mit ihr als Lampe auf den Bräutigam zu warten[2379]. Dann erstrahlt er mit reinem Gewissen in der göttlichen Weisheit[2380] und wird zum Sitz der Weisheit[2381].

10.6 Bei diesem Traktat liegt das Hauptgewicht auf dem Wort Gottes als ewige Weisheit, durch die die ganze Welt geordnet ist. Demgegenüber tritt die in Christus fleischgewordene Weisheit zurück.

11. In der kleinen Schrift „Liber amoris" wird einmal der Sohn in der Dreifaltigkeit Weisheit genannt[2382]. In einem kurzen Dialog, die die Seele mit der Weisheit führt[2383], bleibt es ungewiß, ob mit ihr Christus gemeint ist.

12. Auch in der viktorinischen Theologie ist die Weisheit im christologischen Kontext bekannt.

12.1 Ausdrücklich wird die Weisheit von Hugo von St. Viktor im Ternar der zweiten Person der Dreifaltigkeit zugeordnet[2384]. Das Besondere bei Hugo ist, daß diese Zuschreibung bis auf das menschliche Fehlverhalten Einfluß hat: „Quando ex ignorantia peccamus, peccamus in Filium, quasi contra sapientiam." – „Wenn wir aus Unwissenheit sündigen, sündigen wir gegen den Sohn, gleichsam gegen die Weisheit."[2385]

12.2 Hugo spekuliert gern über die Weisheit Gottes ohne jeden trinitarischen oder heilsgeschichtlichen Bezug, eine Weisheit, die dem Menschen in der Schöpfung grundsätzlich zugänglich ist[2386]. Der Viktoriner weiß aber auch vom innertrinitarischen Ausgang der Weisheit; „unam sapientiam Pater genuit, per quam cuncta opera sua fecit", „eine einzige Weisheit hat der Vater gezeugt, durch welche er alle seine Werke gemacht

---

[2373] SP 11,894,1-16.
[2374] SP 10,866,11-16.
[2375] SP 10,872,11-15.
[2376] SP 11,884,17f.
[2377] SP 1,166,3-6.
[2378] SP 9,782,10.
[2379] SP 6,498,16-19.
[2380] SP 3,254,18f.
[2381] SP 10,852,13.
[2382] LB 1,26,126.
[2383] LB 4,157-163,132.
[2384] HH 7,1062C; HA 989A.
[2385] HA 989A.
[2386] Vgl. Weiß, Gottesbild 2,907f.

hat"[2387]. Diese ist das ewige Wort[2388]. Deutlich unterscheidet er diese Zeugung von der Schöpfung[2389] und der Weisheit, welche als erste geschaffen ist[2390]. Die Welt ist durch die gezeugte Weisheit geschaffen, welche in sie wie in ein Buch geschrieben ist[2391]. Denn das von Gott Gezeugte ist kein Werk, sondern Gottes Weisheit[2392]. Diese aber befruchtet alles Geschaffene, wohnt in ihm und ist im Kleinsten wie im Größten ganz[2393]. In der Schöpfung hat sie eine Stimme erhalten[2394].

12.3   Hugo nennt aber auch an einigen Stellen eine andere Seite der Weisheit. Die weltliche Weisheit hat sich durch ihren Stolz den Zugang zur wahren Weisheit verbaut[2395]. Gott aber hat sich von den Demütigen und nicht von den Weisen dieser Welt finden lassen[2396]. Wenn sich einigen Auserwählten im Alten Bund wie Abraham die Weisheit zeigte, war sie doch noch nicht vollkommen auf Erden erschienen[2397]. Erst in der Menschwerdung hat sie sich erniedrigt, wodurch die Weisheit des Fleisches, welche zum Stolz neigt, als Torheit erwiesen wurde[2398]. „Jesus enim sapientia Patris est, et ipsa sapientia Patrem revelavit, et exivit sapientia Patris, Patris permanente in abscondito: et mansit Pater invisibilis, et sapientia ejus visibilis facta est, ut ad invisibilem Patrem perduceret." – „Jesus nämlich ist die Weisheit des Vaters, und eben diese Weisheit hat den Vater offenbart, und die Weisheit des Vaters zog hinaus, wobei die Weisheit des Vaters im Verborgenen verblieb, und es blieb der Vater unsichtbar, und seine Weisheit ist sichtbar geworden, um zum unsichtbaren Vater zu führen."[2399] Eine eigenartige Spannung herrscht in dieser Aussage: Auf der einen Seite ist Jesus die Weisheit des Vaters, die in der Menschwerdung sichtbar geworden ist. Auf der anderen Seite bleibt eben diese Weisheit unsichtbar im Vater. Mit dieser Spannung soll die Erniedrigung und Entäußerung der Weisheit in Christus zum Ausdruck gebracht werden.

12.4   In den Menschen, die glauben, ist Christus, der die Weisheit ist, wie ein Schatz im Acker verborgen[2400]. Das menschliche Herz ist ja ein Spiegel, in dem die göttliche Weisheit aufleuchtet[2401]. Die Weisheit Gottes, die Jesus Christus ist, hat sich dort ein Haus gebaut[2402]. So kann die Seele des Menschen Sitz der Weisheit genannt werden[2403].

[2387] HH 2,943A.
[2388] Ebenda.
[2389] HAN 2,12,643D.
[2390] HSA 1,5,2,247A-B.
[2391] HAN 2,12,643D-644A.
[2392] HAN 2,15,644D.
[2393] HAN 2,16,245C.
[2394] HAN 2,16,645B-C.
[2395] HH 1,931A.
[2396] Ebenda.
[2397] HE 10,176C-D.
[2398] HH 1,932A.
[2399] HH 2,940B.
[2400] HAN 3,6,651D.
[2401] HAN 3,6,651D-652A.
[2402] HAN 3,6,652B.
[2403] HAN 4,1,665A.

Doch durch die Sünde herrscht in diesem Haus Nebel und Finsternis[2404]. Der Mensch kann Jesus, die Weisheit, wie Judas verraten[2405]. Weil Gott aber die Weisheit und Kraft ist, braucht selbst der sündige Mensch nicht zu verzweifeln[2406].

12.5 Hugo interessiert sich vor allem für die Weisheit Gottes im allgemeinen. Wenn er von der Weisheit Jesu redet, ist ihm vor allem die Tatsache wichtig, daß wir durch den Menschgewordenen wieder zur rechten Erkenntnis kommen.

13. Genauso ausgiebig wie Hugo behandelt auch Richard von St. Viktor die Weisheit Gottes im allgemeinen.

13.1 In seiner Gotteslehre stellt der Viktoriner vor allem fest, daß Gottes Macht und Weisheit völlig in eins fallen[2407]. So ist es für ihn charakteristisch, daß er das Ternar der Eigenschaften mit der Weisheit an zweiter Stelle sehr wohl kennt[2408], aber eine Zuschreibung auf das ewige Wort, welche er anderweitig ausspricht[2409], in seinem Dreifaltigkeitstraktat nicht vornimmt. Wie kein anderer Theologe seiner Zeit macht er aber darauf aufmerksam, daß man die anthropologische Grundlage des trinitarischen Vergleichs, Gedächtnis, Verstand und Willen, nur analog auf Gott übertragen darf. Man darf die Weisheit nicht im größeren Maß dem Sohn als dem Vater und dem Heiligen Geist zusprechen[2410]. Der Vater kann zwar „fons sapientiae", „Quelle der Weisheit" genannt werden[2411], man muß sich dabei aber bewußt sein, daß dem Sohn die gleiche Fülle der Weisheit zuströmt[2412]. Wenn man ihn Weisheit nennen will, dann besser die „sapientia ... ex Patre genita", „Weisheit ... vom Vater gezeugt"[2413]. Der einzige Unterschied zwischen der Weisheit des Vaters und des Sohnes ist, „quod sapientia Filii sit accepta, sapientia Patris inaccepta", „daß die Weisheit des Sohnes empfangen, die Weisheit des Vaters aber nicht empfangen ist"[2414]. „De Filio dicitur quod sit genita sapientia, sicut et de Patre quod sit sapientia ingenita." – „Vom Sohn heißt es, daß er die gezeugte Weisheit ist, wie vom Vater, daß er die ungezeugte Weisheit ist."[2415] Auch im menschlichen Bereich kann ja ein Lehrer sein Wissen vollständig seinem Schüler vermitteln, so daß zwischen deren beider Wissen nur ein Unterschied besteht, nämlich der, daß sie das eine Mal schenkend, das andere Mal geschenkt ist[2416]. Unter dieser Voraussetzung kann man dem Sohn natürlich die Weisheit nicht in besonderer Weise zuschreiben. Die völlige qualitative Gleichheit zwischen Weisheit des Vaters und Weisheit des Sohnes

---

[2404] HAN 3,6,652B.
[2405] HAN 3,6,653B.
[2406] HAN 4,1,665A-B.
[2407] RVBMA 4,17,157B; vgl. Weiß, Gottesbild 2,911-913.
[2408] RVBMA 4,17,157B.
[2409] RVBMA 4,20,162C-D.
[2410] RVTR 6,11,400; 6,15,416.
[2411] RVTR 6,12,404.
[2412] RVTR 6,23,450.
[2413] Ebenda.
[2414] Ebenda.
[2415] RVTR 6,23,450-452.
[2416] RVTR 6,24,454.

kann Richard auch zusätzlich mit deren Einheit aus der wechselseitigen Liebe begründen[2417].

13.2 Weniger ausführlich beschreibt Richard die Weisheit des menschgewordenen Sohnes Gottes.

„Summam itaque Dei sapientiam in carne latitantem", „Die höchste Weisheit Gottes, die sich im Fleisch verbirgt", kann man nur mit besonderer Aufmerksamkeit wahrnehmen[2418]. Der „homo animalis", „der auf seine Sinne festgelegte Mensch" kann nur dann Geistiges erkennen, wenn die Weisheit Gottes ihr Licht strahlen läßt[2419]. Der Mensch aber erlebt, daß dieses Licht bald kommt, bald wieder geht[2420]. Richard denkt dabei wohl an ekstatische Erlebnisse, die sich mit alltäglichen Erfahrungen abwechseln[2421].

14. Hildegard von Bingen spricht sehr häufig über die Weisheit Gottes und meist so, wie im Alten Testament von seiner Weisheit die Rede ist[2422]. Gelegentlich erhält aber dieser Ausdruck auch eine christologische Färbung.

14.1 Vom Wort Gottes als der zweiten Person der Dreifaltigkeit, welches vor aller Schöpfung im Herzen des Vaters ist[2423], heißt es: „Sapientia sic diffusa est in illo, quod idem Verbum erat sapientia." – „Die Weisheit ist so in ihm ausgegossen, daß eben das Wort die Weisheit war."[2424]

14.2 Durch das Wort, das die Weisheit ist, wurde alles erschaffen[2425]. Die Ordnung in der Schöpfung geht auf diese Weisheit zurück[2426], mit der das Wort alles vorausbestimmt hat[2427]. Im Herzen Gottes war schon durch die Weisheit, seinen Sohn, der hinfällige Mensch[2428], der auch durch sie geschaffen wurde[2429].

14.3 Diese Weisheit Gottes wurde aber durch die Sünde in den Augen der Menschen zur Torheit[2430]. Obwohl sich durch die ganze Heilsgeschichte das Wirken der Weisheit zieht[2431], was sich besonders bei der Erwählung des Volkes Gottes[2432], bei der Gesetzgebung[2433] und in der Erleuchtung der Propheten[2434] oder anderer Weisen[2435] im Alten

---

[2417] RVPS 28,297C.
[2418] RVBMA 1,1,65A.
[2419] RVBMA 2,13,90D.
[2420] RVBMA 2,13,91A.
[2421] Vgl. Weiß, Gottesbild 2,914.
[2422] Vgl. Weiß, Gottesbild 2,915-917.
[2423] HISV 2,3,8,15,733f.,499.
[2424] HISV 2,3,8,15,730f.,499.
[2425] HISV 2,3,8,15,729f.,499.
[2426] HISV 2,3,9,25,800-806,538.
[2427] HIM 1,34,559f.,26f.
[2428] HISV 2,3,1,4,185-188,332.
[2429] HISV 2,3,1,4,189-191,332.
[2430] HISV 2,3,3,4,234-237,377.
[2431] HISV 2,3,9,24,834-837,539f.
[2432] HISV 2,3,6,15,383f.,443.
[2433] HISV 1,1,5,2,46,94.
[2434] HISV 2,3,9,17,424-431,527f.
[2435] HIO 3,3,2,55-57,381.

Bund bemerkbar macht, ist die „profundissima sapientia omnis doctrinae manifesta-ta in incarnatione Filii Dei", „tiefste Weisheit jeder Lehre in der Menschwerdung des Sohnes Gottes offenbar geworden"[2436], welche sich in der weisesten Jungfrau vollzogen hat[2437]. Das Wort Gottes, unsichtbar als Weisheit im Schoß des Vaters verborgen, „incarnatum uisibile apparuit", „ist fleischgeworden sichtbar erschienen"[2438].

Im Augenblick der Verkündigung ging die Weisheit wie die Sonne auf, welche die Welt erleuchtet[2439]. Mit der Verbreitung des Evangeliums weitete sich auch die Weisheit Gottes bei den Menschen aus[2440]. Auch wenn sich diese Weisheit in einzelnen Menschen, wie den Sehern, zu denen sich Hildegard rechnet, kundgibt[2441], ist ihre Höhe und Tiefe nur in der Kirche vorhanden[2442].

14.4 Im Verhältnis zu ihren vielen anderen Aussagen über die Weisheit Gottes allgemein kommt bei Hildegard dieser Ausdruck seltener im christologischen Kontext vor.

15. Auch Elisabeth von Schönau spricht ebenfalls selten und recht herkömmlich von der Weisheit Christi. Neben den anderen Eigenschaften Gottes darf man auch seine Weisheit nicht im ausgesprochenen Sinn von einer der göttlichen Personen aussagen, weil sie alle der einen göttlichen Substanz zugehören[2443]. Dem Menschgewordenen sind „habundantes divitias sapientie et scientie a fonte divinitatis sacro pectori eius infusas", „die überfließenden Reichtümer der Weisheit und des Wissens vom Quell der Gottheit in seine heilige Brust gegossen"[2444].

16. Bei den flämischen Mystikerinnen wird die Weisheit Christi fast kaum erwähnt. Öfters wird betont, daß an den Frauen besonders in ihren Ekstasen Gottes Weisheit am Wirken war[2445]. Aber nur in der Vita der Ida von Löwen erhält dieses Wirken eine christologische Prägung, wenn es heißt, daß die Mystikerin von dem, „qui Dei virtus est et sapientia", „der Gottes Kraft und Weisheit ist", erzogen wird[2446].

17. Im lateinischen Werk des David von Augsburg steht die Weisheit Gottes verschiedentlich an zweiter Stelle des bekannten Ternars der Eigenschaften Gottes[2447]. Eine Deutung des Ternars auf die Dreifaltigkeit wird aber vermieden.

18. Margareta von Magdeburg erhält von Christus das Versprechen, so viel Weisheit zu erhalten, daß sie die Gründe versteht, warum sie leiden muß[2448]. Ihr Biograph bestätigt, daß Margareta, die kaum eine natürliche Bildung besaß, am Ende eine so große

---

[2436] HISV 2,3,6,9,292f.,440.
[2437] HISV 2,3,1,9,391-393,338.
[2438] HISV 2,3,8,15,731f.,499.
[2439] HISV 2,3,4,10,287f.,397.
[2440] HISV 2,3,4,12,304-306,398.
[2441] Vgl. Weiß, Gottesbild 2,917.
[2442] HISV 2,3,9,10,290-293,523.
[2443] ESV 3,31,81.
[2444] ESV 3,31,83.
[2445] Vgl. Weiß, Gottesbild, 2,919.
[2446] IL 2,6,30,179.
[2447] DAE 3,2,3,165; 3,56,1-5,311-313.
[2448] MA 8,11.

Weisheit besaß, wie er sie selbst bei dem spirituellen Aufbruch in Brabant nicht gefunden hat[2449].

19. In der Mystik von Helfta spielt die Weisheit Christi wieder eine größere Rolle. Dies ist schon bei Mechthild von Hackeborn der Fall.

19.1 Ausdrücklich erwähnt Mechthild, daß der ewige Sohn dem Vater an Weisheit ganz gleich ist[2450]. Oft zählt sie das Ternar der Eigenschaften Gottes mit der Weisheit an zweiter Stelle auf[2451], wobei diese meistens dem Sohn Gottes zugewiesen wird[2452]. Der Sohn lobt den Vater und den Heiligen Geist mit seiner Weisheit[2453]. Die Wunden seiner Menschheit werden durch die göttliche Weisheit des Sohnes gelobt[2454]. Bei dem Brunnen unseres Heiles bildet die Allmacht des Vaters das Becken, die Weisheit des Sohnes das Schöpfgefäß für das Wasser, das durch den Heiligen Geist süß ist[2455]. Mit seiner Weisheit kann der Sohn sich in der Dreifaltigkeit den anderen Personen mitteilen[2456], seine Mutter bei ihrer Aufnahme in den Himmel ehren[2457], grüßen[2458], erleuchten[2459] und ihr sein Wissen mitteilen[2460]. Auch der Mensch soll die Mutter Gottes mit der Weisheit ihres Sohnes preisen[2461]. Als Mechthild glaubt, wegen einer Krankheit auf den Kommunionempfang nicht recht vorbereitet zu sein, wirkt die Weisheit des Sohnes mehr Bereitschaft, als ihre Sinne es erfahren[2462]. Ein Sterbender wird durch die Weisheit des Sohnes erleuchtet[2463], und ein Verstorbener darf zu dieser Weisheit treten[2464].

19.2 Die zweite Person der Dreifaltigkeit hat mit ihrer Weisheit alles gut und milde geordnet[2465]. Wenn ein Mensch vom rechten Weg abkommt, weist ihm Christus durch seine Weisheit, die in seinem Zeigefinger symbolisiert ist, den Weg zurück[2466].

19.3 Bei der Menschwerdung hat der ewige Sohn Gottes seiner menschlichen Seele die eigene ungeschaffene Weisheit eingegossen[2467]. So besitzt das Jesuskind in der Krippe die Weisheit, die der Sohn im Himmel hat[2468]. Dies schließt aber nicht aus, daß „tunc

---

[2449] MA 66,92f.
[2450] MH 1,9,30.
[2451] MH 1,5,18f.; 1,15,47; 1,20,72; 1,24,84f.; 4,59,312; 7,12,407; 7,17,412.
[2452] Manchmal ist nur ein Glied des Ternars eigens einer trinitarischen Person zugeschrieben, wobei dann die Zuschreibung der anderen Eigenschaften auf die übrigen Personen zu ergänzen ist; vgl. MH 1,26,93; 4,59,311; 7,17,412.
[2453] MH 1,19,63.
[2454] MH 5,6,325.
[2455] MH 1,31,109f.
[2456] MH 3,4,200.
[2457] MH 1,26,90.
[2458] MH 1,26,93.
[2459] MH 1,42,126.
[2460] MH 1,47,133.
[2461] MH 1,11,35.
[2462] MH 2,50,188.
[2463] MH 3,33,237.
[2464] MH 4,57,308.
[2465] MH 3,6,203.
[2466] MH 4,59,311.
[2467] MH 5,32,371.
[2468] MH 1,5,18.

secundum humanam naturam in humanis actibus me coepi exercere in omni sapientia", „ich (= Jesus) damals anfing, mich nach meiner menschlichen Natur in den menschlichen Handlungen in aller Weisheit zu üben"[2469]. Und doch soll man auch „suam inscrutabilem sapientiam, qua ipse tamquam fatuus est reputatus, „seine unerforschbare Weisheit, mit der er selbst gleichsam töricht eingeschätzt wurde", loben[2470].

19.4 Der Auferstandene hat den Vater und den Heiligen Geist mit seiner „inscrutabili sapientia", „unerforschlichen Weisheit" gelobt[2471].

19.5 Es ist erstaunlich, daß Mechthild von Hackeborn fast ausschließlich innerhalb des Ternars der Eigenschaften von der Weisheit des Sohnes Gottes spricht.

20. Bei keiner anderen Mystikerin wird so häufig die Weisheit Christi erwähnt wie bei Gertrud der Großen.

20.1 Auch hier greifen wir zuerst die Stellen auf, an denen diese Eigenschaft als Glied des Ternars genannt wird. Bei Gertrud gibt es einige Stellen, an denen im Ternar die Weisheit ohne Bezug zur zweiten Person ausgesagt wird[2472]. Oft aber werden die Eigenschaften auf die Personen aufgeteilt. Dann ist es der des Lobes würdige[2473] Sohn als Weisheit, der erleuchtet[2474], segnet[2475] und der die Heiligkeit[2476], die Frucht der Weisheit[2477], das Wissen von allem, was zum Heil notwendig ist[2478], und die Vergebung der Sünde gegen die Weisheit[2479] schenkt. Der Sohn in seiner unerforschlichen Weisheit erkennt[2480] und preist[2481] die Allmacht des Vaters und die Güte des Heiligen Geistes.

20.2 Weil Maria Jesus, den Sohn Gottes, in ihrem Schoß getragen hat, wurde sie die Wohnstatt der unerforschlichen göttlichen Weisheit[2482]. Als Mensch konnte Jesus auch Fortschritte in der Weisheit machen[2483].

20.3 Einige Male steht auch die Weisheit Gott gleichsam als eigene Person Jesus gegenüber: „O sapientia, qualem ludum tu perficis, quali ioco Iesum meum circumvenis!" – „O Weisheit, was für ein Spiel hast du vollbracht, mit welchem Scherz umgarnst

---

[2469] MH 1,9,29.

[2470] MH 1,15,47.

[2471] MH 1,19,63.

[2472] G R 3,117-119,80; 3,354f.,96; 4,22f.,100; 6,312-316,180; 6,375f.,184; 6,521f.,194; G 2,2,1,1,1-4,228; 2,1,2,30,230; 2,6,1,1-3,256; 2,9,3,14-18,272; 2,17,1,16-18,300; 2,19,1,9-12,304; 2,20,11,4-7,316; 2,20,13,19f.,318; 3, 3,47,2,15f.,214; 3,73,4,3-6,298; 3,73,5,6-19,300; 4, 4, 4,2,7,5,32; 4,18,1,29-36,192-194; 4,51,3,16-20,422; 5, 5,1,31,9-11,56.

[2473] G 4, 4,2,4,3-5,26-28.

[2474] G R 1,29-31,48.

[2475] G R 1,107f.,52.

[2476] G 3, 3,18,2,6-11,82.

[2477] G 3, 3,18,5,25-27,84.

[2478] G 3,19,3,15f.,108.

[2479] G 3, 3,23,1,24-27,116; vgl. G 4, 4,19,1,23-26,196; 4,48,2,8-15,212.

[2480] G 5, 5,35,1,11-17,270.

[2481] G 5, 5,37,5,1-9,290.

[2482] G 3, 19,1,6-11,196.

[2483] G 3, 3,9,4,17-20,40.

du meinen Jesus!"[2484] Denn am Kreuz wird Jesus von ihr entblößt und verhöhnt[2485]. Durch die Quelle der Weisheit wird die Liebe bis zum Abgrund des Elends geführt[2486]. Damit will Gertrud das Paradox ausdrücken, das nur in der Weisheit Gottes eine Auflösung findet, nämlich die Tatsache, daß im schändlichen Tod Jesu ein Heilmittel für alle Schuld liegt[2487]. An diesem Werk konnte die Weisheit Gottes keine Bosheit des Teufels hindern[2488]. Weil bei diesem Wirken Weisheit und Liebe gemeinsam handeln[2489], wird auch von „amor sapiens", „der weisen Liebe"[2490] und „sapientissimus amor", „der weisesten Liebe" gesprochen[2491].

20.4 Gertrud läßt einen Beter mit Hinweis auf ein aus Weish 9,10 und Spr 8,30 zusammengesetztes Responsorium[2492] Christus als die göttliche Weisheit um Hilfe anrufen[2493]. Deswegen wird er auch genannt „operator sapientissime", „derjenige, der am weisesten wirkt"[2494], „consultor sapientissime", „weisester Berater"[2495] und „instructor sapientissime", „weisester Lehrer"[2496]. Von ihm heißt es: „Admirabilis sapientia solo visu beatificat omnia." – „(Seine) bewunderungswürdige Weisheit macht alles schon allein durch ihren Anblick selig"[2497]. So weiß Gertrud auch, daß der Sohn Gottes, die unerschaffene Weisheit, ihr nie ein für sie unpassendes Leid schicken wird[2498]. Dies gilt, auch wenn er ihr nach seiner ewigen Weisheit nicht immer schenkt, die Erhörung ihrer Gebete zu erleben[2499]. So kann es geschehen, daß der Herr ihr etwas, was er durch seine Allmacht geben kann, wegen seiner Weisheit verweigert[2500]. Der Mensch muß das annehmen, was „omnipotens sapientia Domini", „die allmächtige Weisheit des Herrn" für ihn angeordnet hat[2501].

20.5 Die vielen Stellen über die Weisheit sind auf wenige Aspekte Christi verteilt. Weitgehend interessiert es Gertrud, wie die Weisheit des Sohnes Gottes, die an zweiter Stelle des bekannten Ternars auftaucht, an den Menschen wirkt. Nur selten wird von dem Wirken der Weisheit Jesu in der Heilsgeschichte gesprochen, und das innertrinitarische Verhältnis der Weisheit des Vaters zu der des Sohnes bleibt bei Gertrud völlig ausgespart.

[2484] G R 7,246f.,224.
[2485] G R 7,247f.,224.
[2486] G R 2,98,72; 3,99f.,80; 6,213,174.
[2487] G R 7,248-252,224.
[2488] G R 7,228-230,224.
[2489] G R 7,196f.,222.
[2490] G R 7,253.259,224.
[2491] G R 4,343,122; 5,507,158.
[2492] G R 4,223-225,112.
[2493] G R 4,221f.,112.
[2494] G R 7,634,248.
[2495] G 3,3,65,3,45,266.
[2496] G 2,2,115,2,10,288.
[2497] G R 5,294f.,146.
[2498] G 3,3,70,2,1-10,286.
[2499] G 3,3,30,24,8-11,150.
[2500] G 3,3,83,2,6f.,336; vgl. G 4,4,7,3,13f.,102.
[2501] G 5,5,4,20,11-13,104.

21. In der Vita der Lukardis von Oberweimar schenkt die Weisheit des Sohnes, die an zweiter Stelle des bekannten Ternars steht, eine übernatürliche Erleuchtung[2502].

5.2.1.4 Weitere Begriffe

Es gibt einige Ausdrücke für das Erkennen und das Erkenntnisvermögen des Sohnes Gottes, die aber so selten vorkommen, daß ein eigenes Kapitel für sie sich erübrigt.
1. Hildegard von Bingen schreibt wiederholt von der „rationalitas", „Vernunfthaftig-keit" Gottes. Einmal sagt sie von Gott: „Rationalitas etiam sum, uentum sonantis ver-bi habens, per quod omnis creatura facta est." – „Ich bin auch die Vernunfthaftigkeit, welche den Hauch des tönenden Wortes hat, durch welches alles geschaffen ist."[2503] Da Hildegard an anderer Stelle[2504] die einzelnen Stufen des Hervorbringens eines Wor-tes als Metapher für die Dreifaltigkeit benutzt, dürfte mit dem Wort, durch das alles geschaffen ist, die zweite Person in der Dreifaltigkeit gemeint sein. Der Vater gibt wie ein Hauch dem Wort die Vernunfthaftigkeit des Sohnes, durch welchen er die Welt erschaffen hat.
2. Nach der Vulgata ist das Wort Gottes der „discretor", „Scheider" der Regungen und Gedanken des Herzens (Hebr 4,12).
   Hildegard von Bingen, welche die „discretio", „Gabe der Unterscheidung" mit der Benediktregel als Mutter der Tugenden kennt[2505], schreibt, daß der menschgewordene Gottessohn, „cuius dilectioni cuniuncta est discretio", „mit dessen Liebe die Unterschei-dungsgabe verbunden ist", in Gerechtigkeit alles unterscheidet[2506]. Diese Gabe stellt ein Sieb dar, mit dem er in seiner Gottheit und Menschheit alles unterscheidet[2507].
3. Öfters wird Christus als Lehrer bezeichnet, wobei verschiedene Wörter ohne gro-ßen semantischen Unterschied verwandt werden.
3.1 „Doctor" ist ein Titel, der in der Vulgata im Unterschied zu unseren Texten nicht auf Christus angewendet wird.
3.1.1 Wenn Aelred von Rievaulx um die Lösung schwieriger theologischer Fragen an-gegangen wird, wünscht er, daß Jesus „in specie doctoris suauissimi", „in der Gestalt des süßesten Lehrers" anwesend ist[2508]. Es ist der gleiche Jesus, der mit zwölf Jahren im Tempel als Lehrer aufgetreten ist[2509].
3.1.2 Isaak von Stella stellt die allgemeine Regel auf: „Doctor audiatur, qui quod do-ceat, audivit." – „Der Lehrer soll gehört werden, der das, was er lehren soll, gehört hat."[2510] Dies trifft auch für Christus zu, der, bevor er lehrend auftrat, seinen Eltern

---

[2502] LO 55,340,32-35.
[2503] HIO 1,1,23f.,48.
[2504] HISV 1,2,2,7,165-184,129f.
[2505] HISV 2,3,6,7,226,438.
[2506] HISV 2,3,6,34,914-917,458.
[2507] HISV 2,3,6,34,918-921,458.
[2508] ARJ 3,24,181f.,271.
[2509] ARJ 1,3,52-57,251.
[2510] IS 13,5,54f.,262-264.

gehorsam war und sich von Johannes taufen ließ[2511]. „Doctor autem et ductor noster
Iesus Christus ea docet quae facit."- «Unser Lehrer und Führer, Jesus Christus, aber
lehrt das, was er tut.»[2512] Weil er dem Vater bis zum Tod gehorsam war, ist er „doctor
enim et exemplar oboedientiae", „ja der Lehrer und das Beispiel des Gehorsams"[2513].
Weil er am Kreuz zum Priester und Opfer wurde, kann er auch zum wahren Lehrer
werden[2514]. Einmal teilt Isaak auch die beiden Titel Lehrer und Arzt auf verschiedene
Zeiten auf: Während Jesus als Arzt die Sünde der Vergangenheit heilt, ermahnt er uns
als Lehrer für die Zukunft[2515].

Erstaunlich ist, daß Isaak ganz vom irdischen Jesus ausgeht, wenn er den Sohn Gottes als Lehrer bezeichnet.

3.1.3 Wenn ein Mensch nach Guerricus von Igny auf ihm unbekannten Wegen geht,
soll ihm Christus der Lehrer sein, selbst wenn sein Lehren zunächst im Tadeln besteht[2516].

3.1.4 Nach dem Traktat „Speculum virginum" braucht der Mensch in der Nachfolge Jesu keine Angst zu haben, denn wenn wir fehlgehen, wird uns „providendissimus
doctor", „der fürsorglichste Lehrer" wieder auf den rechten Weg rufen[2517].

3.1.5 Richard von St. Viktor fordert auf, immer der Wahrheit zu folgen und zu fragen:
„Quid tu dicis, doctor bone, doctor Christe, quid est veritas?" – „Was sagst Du, guter
Lehrer, Lehrer Christus: Was ist Wahrheit?"[2518] Die Antwort lautet natürlich, daß er
selbst die Wahrheit ist.

3.1.6 Der Autor der Vita der Juliane von Cornillon berichtet, daß sich die Mystikerin
für den Auftrag, das Fronleichnamsfest in der Kirche zu propagieren, als unfähig und
unwürdig erklärte. Doch „Christus, humilitatis amator et doctor", „Christus, der Liebhaber und Lehrer der Demut", stimmte diesem Urteil nicht zu[2519].

3.1.7 David von Augsburg lehrt in seinem lateinischen Werk, daß diejenigen, die
nach den evangelischen Räten leben wollen, „omnis iustitiae doctorem, Dominum
Iesum Christum", „den Lehrer der ganzen Gerechtigkeit, den Herrn Jesus Christus" nachahmen sollen[2520]. Die „ganze Gerechtigkeit" ist hier wohl identisch mit
„Vollkommenheit"[2521].

3.1.8 Gertrud die Große spricht Christus mit den Worten „doctor amantissime", „geliebtester Lehrer" an, wenn sie wissen will, was sie an den drei Fastnachtstagen Be-

[2511] IS 13,4,39-51,262.
[2512] IS 30,7,67f.,184.
[2513] IS 30,1,7-9,180.
[2514] IS 36,20,165-169,280.
[2515] IS 31,15,103f.,200.
[2516] GIS Adv 4,4,170-174,146.
[2517] SP 10,862,13-20.
[2518] RVBMI 77,55C.
[2519] JC 2,2,7,458.
[2520] DAE 3,33,4,229.
[2521] Die „evangelicae perfectionis aemulatores", „Liebhaber der evangelischen Vollkommenheit" folgen dem Rat
der Armut (DAE 3,44,1,269), welche „remedium Christus docuit", „ das Heilmittel Christus" gelehrt hat
(DAE 3,45,3,275).

sonderes beten soll[2522]. Ihre Frage, welches Faktum aus der Leidensgeschichte sie sich besonders ins Gedächtnis rufen soll, wird eingeleitet mit der Anrufung „doctor optime", „bester Lehrer"[2523]. Jesus, der den Menschen seine Weisungen lehren soll[2524], ist „pater, doctor et magister", „Vater, Lehrer und Meister"[2525]. Er soll ihn auch die Kunst der Liebe lehren[2526].

3.1.9 Es fällt auf daß überwiegend dort Jesus „doctor" genannt wird, wo er Weisung für das persönliche Leben gibt.

3.2 Der gebräuchlichste Name für Jesus als Lehrer ist in unseren Texten „magister".

3.2.1 In den synoptischen Evangelien ist der Titel „magister" für Jesus sehr gebräuchlich, und das Johannesevangelium (Joh 1,38) weiß, daß er die Übersetzung des aramäischen „rabbi" ist. Seit Origenes taucht „Meister" in der Alten Kirche in der Reihe von Namen für Jesus auf[2527]. Im Mittelalter war dieser Begriff sehr gebräuchlich und keineswegs auf den Bereich des scholastischen Lehrbetriebs begrenzt, wie man an „Magister Johannes", dem Dorfschullehrer und Berater der Christina von Stommeln, sieht.

3.2.2 Jean von Fécamp redet Jesus mit den Worten an: „Mitissime Christe, totius humilitatis magister", „Mildester Christus, Meister der ganzen Demut"[2528].

3.2.3 Nach Bernhard von Clairvaux soll der Mensch, bevor er zu Christus, dem Bräutigam, geht, ihm in der Gestalt der „magistra Sapientia", „Meisterin Weisheit" begegnen, von der er in der Furcht unterwiesen wird[2529]. So geschah es schon bei der Fußwaschung, als „tradebat discipulis humilitatis formam veritatis Magister", „der Meister der Wahrheit seinen Jüngern die Gestalt der Demut hinterließ"[2530]. Gern gehen zum Herrn „discipuli ad magistrum ... Tu es enim magister et dominus, cuius schola est in terris et cathedra in caelo", „die Jünger zum Meister. ... Du bist nämlich der Meister und Herr, dessen Schule auf Erden und dessen Lehrstuhl im Himmel ist"[2531]. Wenn er so belehrt worden ist, kann der Mensch auch ins „cubiculum", „Gemach" gelangen, den „locus ... non magistri, sed sponsi", „Ort ... nicht des Lehrers, sondern des Bräutigams"[2532].

3.2.4 Nach Aelred von Rievaulx haben sich, als der zwölfjährige Jesus im Tempel lehrt, die Rollen getauscht: Der, der von den menschlichen Lehrern gefragt wird, ist ja „magister ille, qui solus docet hominem scientiam", „jener Meister, der allein die Menschen das Wissen lehrt"[2533].

3.2.5 Häufiger verwendet Isaak von Stella diesen Titel für Christus in seinen Predigten. Oft steht er im Kontext der Nachfolge Jesu. „Decet enim discipulos magistrum

---

[2522] G 4, 4,15,3,1-5,168.
[2523] G 4, 4,16,4,1-3,180.
[2524] G R 5,313f.,146.
[2525] G R 5,322f.,146.
[2526] G R 5,288,144.
[2527] Vgl. Sieben, Nomina 164.
[2528] JFC 3,32,1159,178.
[2529] BHLD 1, 23,5,14,342,21-24.
[2530] BH 7,20,74,11f.
[2531] BD 40,1,488,11-13.
[2532] BHLD 1, 23,6,15,344,16-19.
[2533] ARJ 3,24,177f.,271.

sequi." – „Es ziemt sich, daß die Jünger dem Meister folgen."[2534] Wenn sie dies tun, „ait Magister, quaerite regnum Dei", „sagt der Meister, sucht das Reich Gottes"[2535]. Dazu ist die ewige Weisheit in der Menschwerdung berührbar geworden, daß „unus magister noster Christus, etiam nobis liber fit", „der eine Meister, unser Christus, auch für uns zum Buch wird", damit wir aus ihm ersehen, was wir tun sollen[2536]. Dieses Buch, das außen und innen beschrieben ist, soll unsere Herzen bilden[2537]. Eigene Erfahrungen als Lehrer und Prediger mögen eingeflossen sein, wenn Isaak angesichts der am Ölberg schlafenden Jünger spricht: „Magister Dominus loquitur, et homo discipulus dormit." – „Der Herr als Meister spricht, und der Mensch als Jünger schläft."[2538] Doch wer einmal über das Himmlische unterrichtet ist, dem genügt ein Lehrer für das Fleischliche nicht mehr[2539]. Jesus, der über Himmlisches redet, was schwer zu glauben ist[2540], hat eine zusätzliche Hilfe: „Unus vero verus magister Christus foris seminat vita et voce, intus iuvat dono gratiae." – „Der eine und wahre Meister, Christus, sät außen durch Leben und Wort, innen hilft er mit dem Geschenk der Gnade."[2541]

Bemerkenswert bei Isaak ist nicht nur die Einbindung der Meisterschaft Christi in die Nachfolge seiner Jünger, sondern auch die Betonung, daß es außer ihm keinen Meister für den Christen gibt.

3.2.6 Auch Guerricus von Igny beheimatet den Meistertitel im Bereich der Nachfolge.

Wer sich auf seine Wege begibt, muß auch bereit sein, auf den Tadel des Meisters zu hören[2542]. In der Nachfolge gibt es auch eine „dives paupertas", „reiche Armut" der Weltverachtung[2543], auf die der Jünger stolz sein darf. „Superbiam istam non damnat sed remunerat Magister humilitatis." – „Diesen Stolz verdammt nicht der Meister der Demut, sondern belohnt ihn."[2544] Nur dieser Weg kann auch zur Vereinigung mit Gott führen. Deswegen ist Jesus, der Meister, auch der Erklärer des Hochzeitsliedes der Schrift, nämlich des Hohenliedes[2545]. Ein anderes Mal nimmt Guerricus diesen Christustitel in eine Dreiteilung hinein. Im körperlichen Bereich ist er unser Bruder, im geistigen Bereich ist er Gott, weil er uns den Lohn und das Ziel zeigt, „in morali magister", „im moralischen Bereich Meister", weil er uns ein Beispiel für unser Leben auf Erden gibt[2546].

3.2.7 In ähnlichen Gedanken bewegt sich auch Johannes von Ford.

[2534] IS 15,6,57f.,286.
[2535] IS 3,6,47,118.
[2536] IS 9,5,48-58,208.
[2537] IS 8,16,166-170,202-204.
[2538] IS 14,7,61f.,274.
[2539] IS 42,1,5-8,38.
[2540] IS 42,1,5f.,38.
[2541] IS 18,8,72-74,14.
[2542] GIS Adv 4,4,170-174,146.
[2543] GIS Epi 1,1,13,238.
[2544] GIS Epi 1,1,28-31,240.
[2545] GIS Apo 3,1,16f.,396.
[2546] GIS NatBM 2,2,35-39,488.

Wir sollen eintreten in das Herz Jesu, „quoniam ad illud nos trahit Magister bonus", „weil uns zu diesem der gute Meister zieht"[2547]. Gut ist er, weil er als mildester Meister auch mit uns leiden wollte[2548]. Das Amt des Meisters kann aber Jesus nur als Gottmensch ausüben. „Propter hoc sane solus magister nobis vocandus est super terram qui solus est magister et in coelo, solus potens sola unctione docere, et quos facere dignabitur discipulos suos, facere etiam dociles suos." – „Deswegen dürfen wir gewiß allein den Meister auf Erden nennen, der allein Meister auch im Himmel ist, der allein fähig ist, uns durch die Salbung zu lehren, und uns, die er sich würdigte, zu Jüngern zu machen, auch lernfähig zu machen."[2549]

3.2.8   Im Traktat „Speculum virginum" wird Christus Vater im Himmel genannt[2550], dem, während er als Bräutigam zu lieben ist, als Meister unsere Nachfolge gelten muß[2551].

3.2.9   Nur einmal wird Jesus von Richard von St. Viktor „magister veritatis", „Meister der Wahrheit" genannt, weil er lehrt, daß der Heilige Geist eine Ähnlichkeit mit dem menschlichen Hauch hat[2552].

3.2.10   Gelegentlich wird in den Viten der flämischen Mystikerinnen Christus auch Meister genannt.

Juliane von Cornillon erzeigt sich dadurch als wahre „discipula Christi", „Jüngerin Christi", daß sie froh auf dem Weg der Trübsal geht, von dem sie weiß, „Dominum et Magistrum … praecesisse", „der Herr und Meister … sei (ihn) vorausgegangen"[2553].

3.2.11   Ida von Nijvel hat gelernt, milde und demütig zu sein, weil sie „in primis pueritiae suae annis coepisset esse sub disciplina Domini & magistri sui Iesu Christi", „in den ersten Jahren ihrer Kindheit angefangen hatte, unter der zuchtvollen Lehre ihres Herrn und Meisters Jesu Christi zu sein"[2554].

3.2.12   Von Beatrijs von Nazareth heißt es, daß Jesus sie zuerst wie der Meister seine Jüngerin und nach einigen geistlichen Fortschritten wie der Bräutigam seine Geliebte sanft unterrichtet hat[2555]. Am Ende seiner Vita fordert ihr Autor seine Leser auf, Jünger der Beatrijs zu sein, was sie nur können, wenn sie Jünger Christi sind, „qui solus in celo pariter et in terra 'perfecto, magisterij nomine et officio fungitur", „der allein im Himmel wie auf Erden den Namen und die Aufgabe des Lehramtes innehat"[2556].

3.2.13   Margareta von Ypern ist über einige „religiosae mulieres" ungehalten, weil sie Christus ohne jeden Titel, als ob er einer ihrer Knechte sei, anreden[2557]. Wenn die Apo-

---

[2547]   JHLD 9,5,164-166,92.
[2548]   JHLD 100,2,37,677.
[2549]   JHLD 18,4,106-108,159.
[2550]   SP 12,982,9f.
[2551]   SP 12,982,13f.
[2552]   RVTR 6,9,396.
[2553]   JC 2,6,32,468.
[2554]   IN 31,282.
[2555]   BN 1,16,74,23-26,59.
[2556]   BN 3,17,274,21-23,185.
[2557]   MY 23,118,5-7.

stel Jesus mit „Magister et Dominus", „Meister und Herr" ansprachen[2558], was Jesus
selbst als richtig anerkannte[2559], dann sollten diese Frauen ihn wenigstens „süßer Herr"
nennen[2560].

3.2.14 David von Augsburg erinnert die Ordensleute, welche die Profeß abgelegt haben, daran, daß die wichtigste „doctrina Christi Magistri nostri et Domini", „Lehre
unseres Meisters und Herrn Christus" die Nächstenliebe ist[2561]. Sehr feierlich wird
David, wenn er die Keuschheit der Ordensleute einfordert: „Hanc sumus et unus Magister noster, qui et in caelis Angelorum magister est, Christus Dominus noster, nobis
de caelisti schola ad terras publice docendo attulit, et Matrem suam gloriosam Virginem, perfectam et primam post se huius disciplinae magistram in cathedra virginalis
munditiae ceteris mirandam et imitandam praefecit." – „Diese hat uns unser höchster
und einziger Meister, welcher auch im Himmel Meister der Engel ist, Christus, unser
Herr, von der himmlischen Schule im Lehren gebracht und seine Mutter, die glorreiche
Jungfrau, als vollkommene und nach ihm erste Lehrerin dieser Zucht auf dem Lehrstuhl der jungfräulichen Reinheit eingesetzt, die man vor den anderen bewundern und
nachahmen soll."[2562]

3.2.15 Nach Mechthild von Hackeborn haben die Apostel jetzt „cum dulcissimo
Domino et magistro nostro", „mit unserem süßesten Herrn und Meister" besondere
Freude, weil er sie vom Tod in das Leben zu sich gerufen hat[2563]. Die gleichen Apostel
beten im Himmel für die verheirateten Weltleute zu Christus: „Pater et frater, Magister et Domine, miserere eis." – „Vater und Bruder, Meister und Herr, erbarme dich
ihrer."[2564]

3.2.16 Nach Gertrud der Großen soll der „summus magister", „höchste Lehrer" die
Menschen die Kunst des Sterbens lehren[2565]. Jesus als die Liebe soll ihr wahrer Meister sein[2566]. Johannes der Evangelist bekennt in einer Vision, daß für ihn Jesus „suavi
familiaritatis amicitia amantissimus magister", „durch die Freundschaft der süßen Vertrautheit der liebenswerteste Meister" ist[2567]. Von daher hatte dieser Jünger ein solches
Vertrauen zu seinem Herrn und Meister, daß dieser ihn, ohne daß er sterben müsse, zu
sich nehmen werde[2568]. Auch Gertrud hat darauf geachtet, daß sie die für ihren Meister
so teure Tugend der Keuschheit nicht verletzte[2569]. Jesus als „magister benignissimus",

---

[2558] MY 23,118,10f.
[2559] MY 23,118,9f.
[2560] MY 23,118,7f.
[2561] DAE 1,2,39,2,54.
[2562] DAE 3,50,1,287.
[2563] MH 1,24,85.
[2564] MH 4,8,265.
[2565] G R 5,286f.,144.
[2566] G R 5,322f.,146.
[2567] G 4, 4,4,6,12-15,68.
[2568] G 4, 4,4,12,5f.,80.
[2569] G 4, 4,4,6,20f.,70.

„der gütigste Meister" will ihr auf seinem Schoß das ABC des geistlichen Lebens bei-
bringen[2570].

3.3 Nur selten wird der Ausdruck „instructor", „Lehrer" für Jesus gebraucht.

3.3.1 Offensichtlich, um im Ausdruck zu wechseln, verwendet Mechthild von Hakkeborn dieses Wort, wenn sie von Jesus schreibt „instructor ejus, omnium optimus
magistrorum", „ihr (= Mechthilds) Lehrer, der beste aller Meister"[2571].

3.3.2 Jesus, der „instructor sapientissime", „weiseste Lehrer", zeigt Gertrud der Großen, wie sie sich auch um das Heil der anderen Menschen kümmern soll[2572]. Daß in
einer litaneiartigen Anrufung Jesu auch die ausgefallenere Formulierung „instructor
mansuetissime", „sanftmütigster Lehrer" vorkommt, ist verständlich[2573].

3.3.3 Folgende Ausdrücke für „Lehrer" habe ich in den Texten nur einmal gefunden,
und sie werden hier ohne weitere Kommentierung vermerkt: Wilhelm von St. Thierry nennt Jesus „pedagogus", „Pädagoge"[2574] und Gertrud die Große „consultor",
„Berater"[2575] und „Rabbi"[2576].

5.2.2 Die muttersprachlichen Texte

5.2.2.1 „Wahrheit"

1. Hadewijch spricht nicht nur sehr oft von der Wahrheit Gottes und dazu in recht
unterschiedlicher Bedeutung[2577], sondern wendet diesen Begriff auch auf Jesus an.

1.1 Sie kennt nicht nur allgemein das Ternar der Eigenschaften Gottes mit der „Wahrheit" an zweiter Stelle[2578], sondern auch seine trinitarische Ausdeutung[2579].

1.2 In Christus begegnen sich die Wahrheit und die Barmherzigkeit[2580]. Wahrheit
meint hier die Strafe fordernde Gerechtigkeit. Mit dem treuen Dienst seines Sterbens
trat er „ieghen de vaderlike gotlike waerheit", „gegen die väterliche göttliche Wahrheit"
auf[2581]. Nach seinem Tod aber lebt er in „ghebrukenisse der waerheit sijns vader glorie",
„dem Genuß der Wahrheit der Herrlichkeit seines Vaters"[2582]. „Wahrheit" erhält an
dieser Stelle die Bedeutung von Wirklichkeit. Im gleichen Sinn wird von diesem Wort

---

[2570] G 4, 4,5,3,22-24,86.
[2571] MH 3,5,201.
[2572] G 2, 2,15,2,10-12,288.
[2573] G 3, 3,65,3,44,266.
[2574] WE 1,102,3,224.
[2575] G 3, 3,65,3,44,266.
[2576] G R 5,292,146.
[2577] Vgl. Weiß, Gottesbild 3,843-845.
[2578] HAB 1,46-49,18.
[2579] HAB 1,25-28,17. Es gibt zwar keine Zuordnung zu den einzelnen göttlichen Personen, wenn aber unmittelbar darauf das dreimalige Heilig der Messe erwähnt wird (HAB 1,28-32,17), welches im Mittelalter meistens
trinitarisch gedeutet wurde, legt es sich nahe, daß mit der Wahrheit Christus gemeint ist.
[2580] HAB 6,114-116,58.
[2581] HAB 6,111-113,58.
[2582] HAB 15,34f.,125.

gesprochen von der „beider waerheit", „beider Wirklichkeit", nämlich derjenigen der göttlichen und menschlichen Natur Jesu[2583]. Ebenso ist für sie die Dreifaltigkeit eine fließende und ganze Wahrheit, das heißt, die fließende Wirklichkeit der drei Personen und die ganze Wirklichkeit der einen Wesenheit[2584].

1.3 Wahrheit kann aber auch die Treue meinen, mit der Christus zu seinen Verheißungen steht. So beteuert dieser in einer Vision als die Wahrheit seines Vaters, daß Hadewijch auf dem rechten Weg ist und bleiben wird[2585].

2. Auch im St. Trudperter Hohelied ist die Wahrheit christologisch geprägt. Die Menschwerdung des Sohnes Gottes wird mit einem Sprechen Gottes verglichen. Das, was ausgesprochen wird, war im Herzen des Vaters[2586]; als ausgesprochenes Wort ist Jesus die Weisheit und die Wahrheit[2587]. Der Kommentar kennt aber auch eine Wahrheit Christi, die nicht mit der Weisheit, sondern mit der Gerechtigkeit gleichzusetzen ist. Diese Wahrheit läßt uns vor Gott verstummen[2588] und übernimmt dann die gleiche Funktion, die Gottes Gerechtigkeit innehat[2589]. Insofern Jesus die Wahrheit ist, will er unsere Bestrafung. „Unser bruoder refset uns durch die wârheit." – „Unser Bruder tadelt uns durch die Wahrheit."[2590]

3. David von Augsburg erwähnt ebenfalls die Wahrheit im christologischen Kontext.

Zwischen Vater und Sohn besteht ein Umfangen „in der obersten einekeit der wârheit unde in der wârheit der einekeit", „in der höchsten Einheit der Wahrheit und in der Wahrheit der Einheit"[2591]. Wenn David Christus „aller liebe volliu wârheit", „aller Liebe volle Wahrheit" nennt[2592], ist damit gemeint, daß er „aller ordnunge exemplar", „aller Ordnungen Exemplar"[2593], das heißt Urbild von dem ist, was im geschaffenen Bereich geordnet geschieht. Von ihm, der Wahrheit, können wir auch die Demut lernen[2594].

4. Verschiedentlich bezeichnet Mechthild von Magdeburg Jesus als die ewige Wahrheit. Sie wendet sich gegen solche Menschen, die ihre Fehler mit ihrem Menschsein entschuldigen: „Es sie menschlich, das man súndet." – „Es sei menschlich, daß man sündigt."[2595] Alle mögliche Not zu ertragen, gehört zwar nach ihr zum Menschsein, nicht aber, Sünde zu begehen[2596]. Anderenfalls hätte auch Jesus Sünde tun müssen, denn er war ein wahrer Mensch. „Dar úber was er ein ewig got in der ewigen warheit

[2583] HAB 6,117-121,58.
[2584] HAB 28,134-136,234.
[2585] HAV 8,82-85,102.
[2586] TH 9,1f.,36.
[2587] TH 9,2f.,36.
[2588] TH 132,11,278.
[2589] TH 132,7f.,278.
[2590] TH 132,15f.,248.
[2591] DSG 394,26-29.
[2592] DB 10,384,8.
[2593] DB 10,384,6f.
[2594] DT 333,8f.
[2595] MM 5,16,2-13,168.
[2596] MM 5,16,8-10.

und nit ein sünder." – „Darüber hinaus war er ein ewiger Gott in der ewigen Wahrheit und nicht ein Sünder."[2597] Mechthild betont deswegen, daß Christus die Wahrheit besaß, weil er in seiner Ausrichtung auf den Vater nicht in Halbheiten zerrissen war. Auch an einer anderen Stelle steht die Wahrheit Jesu Christi im ethischen Kontext. Man kann daran erkennen, daß der Antichrist nicht Gott sein kann, weil er alles mit Lug und List wirkt[2598]. Anders dagegen bei der zweiten Person der Dreifaltigkeit: „Dú ewig warheit das ist Jhesus Christ, der ein ewig got mit sinem vatter ist." – „Die ewige Wahrheit, das ist Jesus Christ, der ein einziger ewiger Gott mit seinem Vater ist."[2599] Offensichtlich ordnet Mechthild die Wahrheit der ganzen Dreifaltigkeit zu[2600]. Bei der Menschwerdung kam „der ewige sun mit siner menschlichen warheit", „der ewige Sohn mit seiner menschlichen Wahrheit" in den Schoß Mariens[2601]. Menschlich wird diese Wahrheit genannt, weil sie zur zweiten Person der Dreifaltigkeit gehört und sich von der Weisheit des allmächtigen Gottes, nämlich des Vaters, unterscheidet[2602]. Wenn Mechthild darüber klagt, daß sie von Menschen Schmach erleidet[2603], gibt der Herr ihr zur Antwort: „Min vatter gab mir die gewalt siner warheit und gab mir die wissenthaft siner heligkeit und da nach gab er mir vil manig smacheit." – „Mein Vater gab mir die Gewalt seiner Wahrheit und gab mir das Wissen seiner Heiligkeit, und danach gab er mir oft mannigfaltige Schmach."[2604] Gott hat zwar seinem menschgewordenen Sohn die Fähigkeit, die Wahrheit zu erkennen, und das Wissen, heilig zu werden, geschenkt, ihn aber nicht vor Schande verschont.

5. Nach Christina von Hane schenkt Christus ihr seine Wahrheit in der Vereinigung mit ihr. Jesus Christus ist „di luter wairheit, die vch van anbegym vnd yn anbegyn ist bereyt", „die lautere Wahrheit, die euch von Anbeginn und im Anbeginn bereitet ist"[2605]. Wenn der eingeborene Sohn, „der da ist vol genaden vnd wairheit", „der da ist voll Gnade und Wahrheit (Joh 1,14)", in ihr ist, weiß sie, daß sie den Willen des Vaters erkennt[2606]. Sie schaut dann ja „yn den spegel der gotlicher wairheit", „in den Spiegel der göttlichen Wahrheit"[2607]. In ihr sind dann alle Dinge geordnet „myt vffenbairer wairheit", „mit offenbarer Wahrheit"[2608].

[2597] MM 5,16,13f.,168.

[2598] MM 6,15,64f.,224.

[2599] MM 6,15,65f.,224.

[2600] MM 5,26,2-4,185; 6,3,4-6,209.

[2601] MM 5,23,43-46,175f.

[2602] Mechthild bezeichnet oft die erste Person in der Dreifaltigkeit als „Gott" und die zweite als „Mensch"; vgl. z.B MM 4,12,19-21,123.

[2603] MM 3,16,3-8,97.

[2604] MM 3,16,8-10,97.

[2605] CH 1, 250.

[2606] CH 2, 229.

[2607] CH 2, 221.

[2608] CH 2, 231.

5.2.2.2 „Weisheit"

Während vom Wissen Christi in den muttersprachlichen Texten kaum gesprochen wird, ist häufig von seiner Weisheit die Rede.

1. Nicht allzu oft kommt allerdings die Weisheit Jesu bei Hadewijch vor.

Deutlich erkennt man das bekannte Ternar, wenn Hadewijch vom Mahnen „der wijsheit des soens ende der goetheit des heilichs gheests... der vaderleker moghentheit", „der Weisheit des Sohnes und der Güte des Heiligen Geistes ... (und) der väterlichen Macht" spricht[2609]. Durch die Aufforderung der Dreifaltigkeit kam der Sohn Gottes zur Welt[2610]. Hadewijch selbst fordert eine Briefadressatin auf, alle Tugenden Gottes nachzuahmen, die in Jesus Wirklichkeit geworden sind[2611]. Das kann man, weil der Menschgewordene dazu hilft: „Ay wijsheit leidet herde diepe in gode." – „Ach, die Weisheit führt sehr tief in Gott."[2612]

Nach Hadewijch gibt es Menschen, die wollen „rusten met sente ianne die op jhesus borst sliep", „mit Sankt Johannes, der an der Brust Jesus schlief, ruhen"[2613]. „Sie rusten op die soete wise borst ende sien ende horen die heimelike worde die onuertelleec ende onghehoert sijn." – „Sie ruhen an der süßen, weisen Brust und sehen und hören die heimlichen Worte, die unzählbar und unhörbar sind."[2614]

2. Sehr oft wird im St. Trudperter Hohelied von der Weisheit der zweiten Person der Dreifaltigkeit gesprochen.

2.1 Ganz allgemein heißt es: „Nû sprechen, waz got sî. er ist der gewalt. er ist der wîstuom. er ist diu obereste güete." – „Nun laßt uns sprechen, was Gott ist. Er ist die Gewalt. Er ist die Weisheit. Er ist die höchste Güte."[2615] Unschwer erkennt man in dieser Beschreibung Gottes das bekannte Ternar seiner Eigenschaften. Von der Macht geht die Gnade, von der Weisheit die Erleuchtung unseres Verstandes und von der Güte die Stärkung unseres Willens aus[2616]. Oft werden die drei Eigenschaften den drei göttlichen Personen zugeordnet, einmal auch mit den lateinischen Namen, „pater potentia ... filius sapientia ... spiritus sanctus pietas", „dem Vater die Macht ... dem Sohn die Weisheit ... dem Heiligen Geist die Güte"[2617]. Der Vers Hld 5,11 „Sein Haupt ist das allerbeste Gold" wird in diesen Kommentar auf Vater, Sohn und Heiligen Geist folgendermaßen ausgelegt[2618]: „Daz houbet daz bezeichenet den gewalt. das golt bezeichenet den wîstuom. daz es das beste ist, daz bezeichenet die güete mînes gemahelen." – „Das

---

[2609] HAB 30,57-60,254.
[2610] HAB 30,64f.,254.
[2611] HAB 3,1-5,32f.
[2612] HAB 3,11,33.
[2613] HAB 18,182f.,159.
[2614] HAB 18,185-187,159.
[2615] TH 117,31,250.
[2616] TH 132,18-24,278-280.
[2617] TH 130,19-26,275. Eine Eigentümlichkeit des Kommentars besteht darin, daß oft nur die Zuweisung einer göttlichen Person namentlich geschieht, der Name der übrigen aber aus dem Kontext zu ergänzen ist.
[2618] TH 77,23-27,174.

Haupt bezeichnet die Gewalt, das Gold bezeichnet die Weisheit, daß es das beste ist, bezeichnet die Güte meines Geliebten."[2619]

2.2 Oft wird auch das Ternar mit dem Wirken der drei göttlichen Personen an die Kreaturen gebunden. Während wir wie die Haare dem Haupt aus der Macht des Vaters entsprungen sind, ertrug uns Sünder die Weisheit des Sohnes und hat uns die Güte des Heiligen Geistes wieder aufgerichtet[2620]. Des Vaters Wesen ist die Macht, mit dem er alles geschaffen hat[2621]. „Sîn arm das ist sîn sun, in deme er allez mankunne erloesete in sîneme wîstuome." – „Sein Arm ist sein Sohn, mit dem er in Weisheit die ganze Menschheit erlöst hat."[2622] Der Heilige Geist ist dann die Güte, mit der Christus gesandt worden ist[2623].

2.3 In der Heilsgeschichte taucht dieses Ternar ebenfalls auf. Gott hat durch seine Weisheit nicht nur alles geschaffen, sondern er kam als Weisheit in Jesus Christus auch auf die Welt[2624]. Die Weisheit des Sohnes hat sich seine Mutter auserwählt[2625]. Sie ist der Nabel der Braut, der einem Becher gleicht, welcher durch die Weisheit des Sohnes gedreht wurde[2626]. Bei der Menschwerdung ging das Wort vom Herzen des Vaters mit Macht aus und wurde durch die Weisheit des Sohnes aus dem Mund der Güte des Heiligen Geistes ausgesprochen[2627]. „Dô erschein der wâre wîstuom." – „Da erschien die wahre Weisheit."[2628] Vom Menschgewordenen heißt es: „Er ist ein ûf errunnener schîme der êwigen wîstuomes." – „Er ist ein aufgegangener Schein der ewigen Weisheit."[2629]

2.4 Auch im Gnadenwirken am einzelnen Menschen wirkt das Ternar der Dreifaltigkeit. Die Macht des Vaters soll der Mensch suchen, dann wird er die Weisheit des Sohnes finden und den Heiligen Geist lieben[2630]. Vor die Macht des Vaters dringt das Beten der Weisheit des Sohnes, damit die Güte des Heiligen Geistes der Bräutigam wird[2631]. Während das Gedächtnis des Menschen durch die Macht des Vaters und sein Wille durch die Güte des Heiligen Geistes erhoben wird, heißt es vom Sohn, daß er als die Weisheit die Vernunft auf die Hoffnung richten soll[2632]. Wenn wir auf seine Weisheit hoffen, ehren wir Christus[2633]. „Sô gît aber Christ dîner vernunst den wîstuom." – „So gibt Christus deiner Vernunft die Weisheit."[2634] Christus, die Weisheit, hat sich der

---

[2619] TH 77,29-32,174.
[2620] TH 78,5-14,174-176.
[2621] TH 131,10-12,276.
[2622] TH 131,13f.,276.
[2623] TH 131,14-20,276.
[2624] TH 45,13-17,112.
[2625] TH 139,28-31,294.
[2626] TH 110,10-13,236.
[2627] TH 9,1-5,36.
[2628] TH 36,25,96.
[2629] TH 75,25f.,170.
[2630] TH 53,17-20,130.
[2631] TH 118,27-30,252.
[2632] TH 13,4-12,44.
[2633] TH 53,14-16,130.
[2634] TH 118,10f.,252.

Ruhebank der Vernunft zugeneigt[2635]. Ohne daß die zweite Person der Dreifaltigkeit eigens genannt wird, wird an anderen Stellen innerhalb des Ternars auch die göttliche Weisheit mit der menschlichen Vernunft in Zusammenhang gebracht[2636].

3. Besonders häufig erwähnt David von Augsburg die Weisheit Christi.

3.1 Im mittelhochdeutschen Werk zählt David auch das bekannte Ternar der Eigenschaften Gottes auf, ohne sie allerdings auf die einzelnen göttlichen Personen aufzuteilen[2637]. Was von Gott gilt, gilt auch Jesus Christus: „Dîn wîstuom, den dû hâst der bistû selbe." – „Deine Weisheit, die Du hast, die bist Du selbst."[2638] Seine Weisheit hat auch keinen Anfang und kein Ende[2639]. Eine sehr originelle Sicht vertritt David bei der Zeugung des Sohnes. „Der hêrre vom himelrîch hât ein gemahel. Wer ist diu? Daz ist sîn wîsheit: diu hête im den sun Jêsum Kristum in sîner êwikeit und in sîner wonunge ie geborn." – „Der Herr vom Himmelreich hat eine Gemahlin. Wer ist diese? Das ist seine Weisheit; die hatte ihm den Sohn Jesus Christus in seiner Ewigkeit in seiner Wohnung immer geboren."[2640] Das Neue besteht darin, daß der Vater nicht die Weisheit in seinem Sohn zeugt, sondern daß er mit der Weisheit seinen Sohn gebiert. Besonders bemerkenswert ist dabei, daß sich dieser Vorgang bei der Erschaffung des Menschen wiederholt: „Alsô wurden wir geborn von unserm vater ûz sîner gemaheln, der wîsheit; von der geschepfede wart unsere sêle, da von si ouch unser muoter heizet." – „Also wurden wir von unserem Vater aus seiner Gemahlin, der Weisheit, geboren, von welcher unsere Seele geschaffen wurde; deswegen heißt sie auch unsere Mutter."[2641]

3.2 Die Vereinigung von Gottheit und Menschheit in Jesus geschah „mit der meisterschaft der gotes wîsheit", „mit der Meisterschaft der Weisheit Gottes"[2642]. David denkt über das Paradox der Menschwerdung nach. Jetzt ist „ein unsprechendez kint mit sîner wîsheit", „ein unmündiges Kind mit seiner Weisheit" Lehrer der Engel[2643]. Die Torheit eines Kindes ist „diu hoehste wîsheit", „die höchste Weisheit"[2644]. In der Menschheit des Sohnes Gottes ist „die wîsheit vertôret", „die Weisheit töricht geworden"[2645]. Besonders deutlich zeigt sich das am Kreuz: „Dîn blüendiu wîsheit ist der werlt ein tôrheit worden mit dem willigen tôde âne dîne nôt." – „Deine blühende Weisheit ist der Welt zu einer Torheit geworden durch Deinen freiwilligen Tod, ohne daß bei Dir eine Notwendigkeit vorlag."[2646] Und dennoch bleibt der Menschgewordene derjenige, „der uns

---

[2635] TH 43,13-15,108.
[2636] TH 45,13-30;112; 105,14-22,226.
[2637] DV 360,39f.; 361,12f.; DEW 366,27-32; 367,19-24; 368,4-8; DU 372,4-6; DB 7,381,36-39; 10,384,21-23; 12,386,3f.,18f.
[2638] DEW 365,37f.
[2639] DB 10,384,20-23.
[2640] DM 398,3-5.
[2641] DM 399,11-13.
[2642] DB 2,376,29-33.
[2643] DK 341,33-35.
[2644] DK 342,5.
[2645] DK 342,2-4.
[2646] DB 10,384,30f.

alle die wîsheit lêret", „der uns alle Weisheit lehrt"[2647]. David überträgt den Ausdruck „Dei virtus et Dei sapientia" aus 1 Kor 1,24 nicht mit den Worten „Gottes Kraft und Gottes Weisheit", sondern mit „sînes vater tugend und sîne wîsheit", „seines Vaters Tugend und seine Weisheit". Er tut es deswegen, weil man von dem Menschgewordenen Tugend und Weisheit lernen soll[2648].

3.3 In der Kommunion erhält der Mensch Anteil an „der wîsheit dîner êwigen gotheit", „der Weisheit Deiner ewigen Gottheit"[2649]. Wenn der Mensch auch in der „unio mystica" ganz dem Sohn angeglichen und mit Weisheit erfüllt wird[2650], „er mag niht werden mit gote ein wîsheit", „kann er mit Gott nicht eine Weisheit werden"[2651]. Wäre dem nicht so, wäre der Mensch allwissend geworden[2652]. „Sie sint wîse von dir wîsheit." – „Sie sind weise von Dir, der Weisheit."[2653]

4. Mechthild von Magdeburg schreibt viel über die Weisheit Gottes allgemein, aber selten von der Weisheit Christi im Speziellen.

4.1 Die Mystikerin kennt das bekannte Ternar der Eigenschaften ohne[2654] oder mit[2655] Erwähnung der Dreifaltigkeit. Einmal schreibt sie die drei Eigenschaften auch den einzelnen Personen in der herkömmlichen Art zu: „Der vatter was gezieret an im selben in menlichem gemûte der almehtigkeit und der sun was glich dem vatter an unzellicher wisheit und der helig geist in beden glich an voller miltekeit." – „Der Vater war in sich geziert im mannhaften Gemüt der Allmächtigkeit, und der Sohn war dem Vater gleich an unzählbarer Weisheit, und der Heilige Geist war beiden gleich an voller Milde."[2656] Außergewöhnlich ist es, wenn sie den Vater den ewigen Gott, den Heilige Geist die Kunst der Wahrheit und den Sohn „die unbegunnen wisheit", „die Weisheit ohne Beginn" nennt[2657]. Sie ist in ihrer Festlegung der Weisheit auch nicht so an den Sohn gebunden, daß sie nicht auch innerhalb[2658] und außerhalb[2659] des Ternars von der Weisheit des Vaters sprechen kann.

4.2 Mechthild spricht auch manchmal von der Weisheit des Sohnes im Wirken der Geschichte. Dies war zu Beginn der Schöpfung schon so: „Do teilte der sun mit Adame sin himmelsche wisheit." – „Da teilte der Sohn seine himmlische Weisheit mit Adam."[2660] Doch der Mensch sündigte, erhielt eine finstere Weisheit[2661] und verdiente

---

[2647] DV 359,27.
[2648] DT 329,14-16.
[2649] DB 3,377,23-28.
[2650] DU 370,16f.
[2651] DV 357,25f.
[2652] DV 357,26f.
[2653] DU 370,20.
[2654] MM 1,6,7-9,12; 1,8,3-5,12; vgl. MM 1,12,2f.,14.
[2655] MM 5,26,2-4,185.
[2656] MM 3,9,8-10. Hier formuliert Mechthild sehr überlegt. Die drei Eigenschaften sind eine Zierde, aber keine Eigentümlichkeit der drei Personen.
[2657] MM 4,14,8-10,128.
[2658] MM 3,3,43-45,81; 5,23,43f.,175f.
[2659] MM 3,1,96,76.
[2660] MM 3,9,36f.,87.
[2661] MM 3,3,8,80.

den Zorn Gottes. Gott aber will nicht den Untergang der Menschen. So kann Maria
sprechen: „Do underfieng dú wisheit der almehtigen gotheit mit mir den zorn." – „Da
verhinderte die Weisheit der allmächtigen Gottheit mit mir den Zorn."[2662] Die gleiche
„ewig weisheit der almechtigen gotheit", „ewige Weisheit der allmächtigen Gottheit"
schützte Maria auch mit einem Schatten, daß sie bei der Empfängnis des Sohnes am Leben blieb[2663]. Auch die Menschheit des Sohnes Gottes, die den Tod erlitt, ist weise[2664].
5.   Häufig erwähnt Christina von Hane die Weisheit Christi
5.1   Christina kennt das Ternar im direkten Bezug auf die Dreifaltigkeit[2665]. Sie ordnet
aber die drei Eigenschaften auch den einzelnen Personen zu, wenn sie schreibt von „des
vaters gewalt, des sons wyßheit und des heilgen geistes gudicheit", „des Vaters Gewalt,
des Sohnes Weisheit und des Heiligen Geistes Güte"[2666].
5.2   Auch der Menschgewordene ist die Weisheit. Christina betrachtet ihn, „der alle
wyßheit yn yme besloißen hait, wie der eyn kynt yn der wegen vor syner moder zo
Nazareth lache", „der alle Weisheit in sich beschlossen hat, wie er als ein Kind in der
Wiege vor seiner Mutter zu Nazareth lag"[2667]. Von Maria heißt es: „Da wyrt dyn hertze
erluchte myt der ybersten lyebden und wyßheit." – „Da wird dein Herz erleuchtet mit
der höchsten Liebe und Weisheit."[2668]
5.3   Der Mensch als die Braut erhält die Weisheit vom Sohn[2669]. Der Bräutigam ist ja in
ihr „myt vollekommener wyßheit", „mit vollkommener Weisheit"[2670]. Umgekehrt lebt
die Braut in der göttlichen Weisheit[2671] und wird ein Duft seiner Weisheit[2672]. So spricht
Christus zu Christina: „Jch byn yn dyr, daz lebyn dyner selen, das wort vnd die wyßheit des vaders, der dich leret gotliche alle wyßheit." – „Ich bin in dir, das Leben deiner
Seele, das Wort und die Weisheit des Vaters, der dich göttlich alle Weisheit lehrt."[2673]
Oder er sagt: „Die wyßheit ist dyn lebyn yn der ewiger gotheit." – „Die Weisheit ist
dein Leben in der ewigen Gottheit."[2674] „Ich bynn dyr eyne lyecht der clairheit aller
wyhßeit." – „Ich bin dir ein Licht der Klarheit aller Weisheit."[2675] Diese göttliche Weisheit belehrt den Menschen[2676] und entfacht sein Herz zur Liebe[2677]. Wie wichtig für
Christina die Teilhabe gerade diese Eigenschaft Christi ist, merkt man daran, daß sie
in einer Vision, die sie mit großen Verlangen nach der „unio mystica" erfüllt, ein Herz

---

[2662] MM 1,22,44f.,19.
[2663] MM 3,4,16f.,82.
[2664] MM 2,25,12f.,62.
[2665] CH 2, 227; vgl. CH 2, 208.
[2666] CH 2, 231.
[2667] CH 1, 227.
[2668] CH 2, 228.
[2669] Ebenda.
[2670] CH 2, 230.
[2671] Ebenda.
[2672] CH 1, 215.
[2673] CH 2, 230.
[2674] CH 1, 244.
[2675] CH 2, 207.
[2676] CH 2, 228.
[2677] Ebenda.

sieht, auf dem vieles geschrieben steht, das sie aber bald wieder vergißt. Nur ein Wort hat sie behalten: „O sapiencia Jesus cristus." – „O Weisheit, Jesus Christus."[2678]
6. Auch in der nicht mystisch geprägten Literatur dieser Zeit wird von der Weisheit Christi gesprochen.
6.1 Frau Ava nennt Jesus „uil wise", „sehr weise[2679]. Im Abstieg Christi zur Hölle errichtet die heilige Weisheit auch dort ihre Herrschaft[2680].
6.2 „Heinrichs Litanei" nennt den ewigen Sohn des Vaters „uorsihtige wistům", „vorausschauende Weisheit"[2681].
6.3 Das Gedicht „Die Erlösung" schildert ausführlich den Entschluß Gottes, der zur Erlösung der Menschen führt. Gott Vater sieht ihn im Spiegel seiner unendlichen Weisheit[2682] und teilt dem Sohn mit, „waz die wîsheit lêret", „was die Weisheit lehrt"[2683] Er ist ja „nâch hôher wîsheit ûzerwelt", „nach der hohen Weisheit auserwählt", den Entschluß auszuführen[2684], so daß der elende Mensch an seiner Weisheit Trost findet[2685].
6.4 Nach der Wiener Genesis wurde der Mensch vom Sohn „in sines uater wisheite", „in seines Vaters Weisheit" geschaffen[2686].
6.5 Der Verfasser des „Der Saelden hort" weiß, daß „aller wisheit unde kunst", „alle Weisheit und Kunst" als schwaches Kind in der Krippe liegt[2687].
6.6 Weil sich Wolfram von Eschenbach als getaufter Christ nach Christus, der „wîsheit ob allen listen", „Weisheit über alle Künste", genannt weiß, findet er den Mut, auch Werke der Dichtung zu schaffen[2688].

5.2.2.3 Lehrer

Mehrere mittelhochdeutsche Begriffe stehen für Jesus als Lehrer zur Verfügung.
1. Für den Verfasser des St. Trudperter Hohelied ist Jesus „ein vil vlîziger schuolmeister des süezen gewissedes", „ein sehr fleißiger Schulmeister des süßen Wissens"[2689]
2. Die Seligen im Himmel verhalten sich nach David von Augsburg so, „als siz von des himelischen schuolmeisters herzen lernent", „wie sie es vom Herzen des himmlischen

[2678] CH 1, 242.
[2679] ALJ 1459,160f.
[2680] ALJ 1776-1784,186.
[2681] Heinrichs Litanei. Trinitätsanruf 53, in: Die Deutsche Literatur vom Mittelalter bis zum 20. Jahrhundert, 1,1,599.
[2682] Die Erlösung. I Der Erlösungsentschluß 387-389, in: Die Deutsche Literatur vom Mittelalter bis zum 20. Jahrhundert, 1,1,53.
[2683] Ebenda 393-305,53.
[2684] Ebenda 687-691,57.
[2685] Ebenda 418f.,53.
[2686] Wiener Genesis. Luzifers Sturz und Schöpfung 225-228, in: Die Deutsche Literatur vom Mittelalter bis zum 20. Jahrhundert, 1,1,37.
[2687] Der Saelden hort. Die Krippe 15f., in: Die Deutsche Literatur vom Mittelalter bis zum 20. Jahrhundert, 1,1,74.
[2688] Wolfram von Eschenbach: Willehalm. Eingangsgebet 23-28, in: Die Deutsche Literatur vom Mittelalter bis zum 20. Jahrhundert, 1,1,602f.
[2689] TH 76,2f.,170.

Schulmeisters lernen"[2690]. „Der himelische zuhtmeister daz bist dû, liebez herze, Jêsu Kriste." – „Der himmlische Zuchtmeister, das bist Du, liebes Herz, Jesus Christus."[2691] Vom Vater ist er auf die Erde gesandt „ze einem lêraere tugende und wîsheit", „als ein Lehrer der Tugenden und der Weisheit"[2692]. Diesen Schulmeister haben wir mit den Engeln gemeinsam, die er unterwiesen hat „in der hôhen schuole von himelischen hovezühten", „in der hohen Schule der himmlischen Hofzucht"[2693]. Als „sîn schuolkint", „sein Schulkind" soll der Mensch von ihm die Tugenden lernen und so ihn, den Schulmeister, erfreuen und ehren[2694]. „Er ist uns ein schuolmeister, der uns alle die wîsheit lêret und die zuht des êwigen heiles," – „Er ist uns ein Schulmeister, der uns alle Weisheit und die Zucht für das ewige Heil lehrt."[2695] Zu ihm soll man beten: „Ein lêraere woltest sîn des weges zu dem himelrîche." – „Ein Lehre wolltest Du sein des Weges zum Himmelreich."[2696] So wird Christus auch bezeichnet als die „meisterschaft der gotes wîsheit", „Meisterschaft der Weisheit Gottes"[2697].

Da David sehr oft davon spricht, daß Jesus das Urbild oder der Spiegel aller Tugenden ist, ist es verständlich, daß er ihn auch gern als Lehrer auf diesem Gebiet bezeichnet.

3. Mechthild von Magdeburg wird von Meister Heinrich von Halle gefragt, wie sie als ungebildete Frau so Gewaltiges schreiben kann[2698]. Die Antwort des „ewigen meisters", „ewigen Meisters" lautet, daß auch die Apostel trotz mangelnder Bildung dies getan haben, weil sie den Heiligen Geist empfangen hatten[2699]. Es ist ihr „lieber schûlmeister, der mich einvaltigen tumben dis bůch geleret hat", „lieber Schulmeister, der mich einfältig Dummen (= Mechthild) dies Buch gelehrt hat"[2700].

5.2.3 Zusammenfassung

Wir haben eine große Anzahl Ausdrücke über das Wissen und die Weisheit Jesu, die sich durch Nuancen in der Bedeutung unterscheiden. Um so notwendiger ist jetzt ein zusammenfassender Überblick, der das Gemeinsame systematisch zu ordnen versucht.

1. Da zwischen Jesu Gottheit und derjenigen des Vaters kein Unterschied besteht, wird er „wahrer Gott" genannt[2701]. Wenn Eigenschaften des Sohnes Gottes mit denjenigen

---

[2690] DAG 363,11f.
[2691] DAG 363,17f.
[2692] DAG 363,18f.
[2693] DAG 363,20f.
[2694] DT 326,21-24.
[2695] DV 359,26f.
[2696] DK 347,24.
[2697] DB 2,376,33.
[2698] MM 5,12,2f.,166.
[2699] MM 5,12,8-10,166.
[2700] MM 7,3,30,260.
[2701] JFC 2,5,162f.,126; G 2,2,3,4,20,242.

des Vaters als völlig gleich bezeichnet werden, erhalten sie oft das Adjektiv „wahr"[2702]. In der Dreifaltigkeit gibt es nur eine Wahrheit und Weisheit, an der auch Jesus Anteil hat[2703]. Jesus ist die Kraft und die Weisheit des Vaters[2704]. Er besitzt jetzt das Herz der Weisheit des Vaters[2705]. Dieser hat ihm in Liebe seine ganze Weisheit geschenkt[2706] und ihn durch diese gezeugt[2707]. Mit ihm ist seine Weisheit gleich[2708] und gleichewig[2709]. Er kann als das Buch der Weisheit bezeichnet werden[2710]. Durch seine Weisheit erkennt[2711] und lobt[2712] der Sohn den Vater und den Heiligen Geist. Der Sohn Gottes hat nicht nur das Wissen und die Weisheit, sondern er ist sie auch[2713].

2. Im Ternar der Eigenschaften[2714] können im trinitarischen Kontext ohne Zuordnung an eine Person[2715] oder mit Zuordnung an den Sohn Gottes[2716] die Ausdrücke Wahrheit und Weisheit auftauchen.

3. Durch die Weisheit des Sohnes ist die Welt erschaffen[2717], geordnet[2718] und vorherbestimmt[2719]. Dies gilt besonders für den Menschen[2720]. Von seiner Weisheit stammt

---

[2702] JFC 1,1,2,110; JFM 7,84f.,208.

[2703] BHLD 2, 80,4,8,578,13f.18f.; WR 6,667A; 7,693C; ESV 3,31,81; HAB 28,134-136,234; DSG 394,26-29; MM 5,26,2-4,185; 6,3,4-6,209.

[2704] JFC 1,10,203f.,116; BANN 1,6,104,1f.; BBEN 3,76,1f.; BD 89,2,692,10-12; GHLD 26,4,136A-B; GIS Nat 1,2,47,166; IL 2,6,30,179.

[2705] JHLD 14,3,94,126.

[2706] JHLD 14,3,85-87,126; MM 3,16,8-10,97.

[2707] HH 2,943A; HAN 2,12,643D; RVTR 6,23,450-452.

[2708] MH 1,9,30.

[2709] JFC 3,21,713f.,165; WMO 1,206B-C; SP 5,382,4-6; DB 10,384,20-23; CH 1, 250.

[2710] IS 9,2,15f.,206.

[2711] G 5, 5,35,1,11-17,270.

[2712] MH 1,19,63; G 5, 5,37,5,1-9,290.

[2713] BVLM 4,7,112,8f.; BD 45,1,544,4f.; WMO 1,206B-C; SP 11,894,7-11; DEW 365,37f.

[2714] ARSC 1,2,7,101f.,15; 1,6,21,303-305,21; ARJ 3,25,200-216,212; JHLD 16,2,50f.,142; 91,1,28,617; SP 5,382,22-24; AB 201,3-5,416; RVBMA 4,17,157B; TH 117,31f.,250; HAB 1,46-49,18; DAE 3,2,3,165; 3,56,1-5,311-313; DV 360,39f.; 361,12f.; DEW 366,27-32; 367,19-24; 368,4-8; DU 372,4-6; DB 7,381,36-39; 10,384,21-23; 12,386,3f.18f.; MM 1,6,7-9,12; 1,8,3-5,12; MH 1,5,18f.; 1,15,47; 1,20,72; 1,24,84f; 4,59,312; 7,12,407; 7,17,412; G R 3,117-119,80; 3,354f.,96; 4,22f.,100; 6,312-316,180; 6,395f.,184; 6,521f.,194; G 2, 2,1,1,1-4,228; 2,1,2,30,230; 2,6,1,1-3,256; 2,9,3,14-18,272; 2,17,1,16-18,300; 2,19,1,9-12,304; 2,20,11,4-7,316; 2,20,13,19f.,318; 3, 3,47,2,15f.,214; 3,73,4,3-6,298; 3,73,5,6-19,300; 4, 4, 4,2,7,5,32; 4,18,1,29-36,192-194; 4,51,3,16-20,422; 5, 5,1,31,9-11,56.

[2715] BHLD 1, 11,3,5,162,26f.; ARSC 1,5,14,201-203,18; IS 26,3,24-29,270; 34,26,227-239,250; GHLD 10,4,58B; LB 1,26,126; HAB 1,25-28,17; MM 5,26,2-4,185; CH 2, 227.

[2716] WHLDB 25,427B; HH 7,1062C; HA 989A; TH 130,21,274; RVBMA 4,20,162C; TH 9,1-5,36; 13,4-12,44; 53,14-20,130; 78,5-14,177-178; 110,10-13,236; 118,27-30,252; 130,13f.19-26,276; HAB 30,57-60,254; MM 3,9,8-10; 4,14,8-10,128; MH 3,2,197; G R 1,29-31,48; 1,107f.,52; G 3, 3,18,2,6-11,82; 3,18,5,25-27,84; 3,19,3,15f.,108; 3,23,1,24-27,116; 4, 4,2,4,3-5,26-28; LO 55,340,32-35; CH 2, 231.

[2717] JFC 3,6,158f.,147; 3,21,714-716,165; WR 1,561B; JHLD 7,5,183f.,76; HSA 1,5,2,247A-B; HISV 2, 3,8,15,729f.,499; HIO 1,1,23f.,48; TH 45,13-17,112.

[2718] BS 3,61,452,4f.; BVNAT 3,8,170,4-9; IS 18,14,118-122,18; SP 5,384,1-7; 6,550,5f.; HISV 2, 3,9,25,800-806,538; DB 10,384,6f.; MH 3,6,203.

[2719] HIM 1,34,559f.,26f.

[2720] IS 9,2,19-22,206; SP 10,850,13-852,7; HAN 3,6,652B; HISV 2, 3,1,4,189-191,332.

alle Weisheit der Geschöpfe[2721]. Sie ist im Kleinsten wie im Größten[2722]. Auch jeder Mensch ist von ihr erleuchtet[2723]. Er wird dann wie ein Gefäß der Weisheit[2724]. So ist der Sohn Gottes die Quelle der Weisheit[2725].

4. Der Mensch hat gesündigt, sich von der Weisheit abgewendet[2726] und befindet sich jetzt in der Blindheit[2727] und im Kreis des Irrtums[2728], aus dem er von sich aus nicht ausbrechen kann[2729]. Ein Symptom dieses Irrtums ist der Götzendienst[2730] und das Vergessen des wahren Gottes[2731]. Dennoch bleibt eine schwache Erinnerung an die Wahrheit[2732]. Auch wenn im Alten Bund die Wahrheit und Weisheit geschenkt wurde, ist die Erlösung aus der Unwahrheit noch nicht vollendet[2733]. Nur Christus als die Wahrheit und die Weisheit kann daraus befreien[2734]. Umgekehrt heißt es, daß wer zu Christus kommt, zur Weisheit gelangt[2735]. Gelegentlich glaubt man allerdings, daß der Mensch ohne Sünde die Weisheit Christi nicht nötig gehabt hätte[2736]. Doch der Mensch hat gesündigt. Insofern ist auch Christus als die Wahrheit zur Erde gesandt[2737], uns zu belehren[2738], zu erleuchten[2739], zu erziehen[2740], sein Wissen zu lehren[2741], den Irrenden die Wahrheit zu bringen[2742], zur Wahrheit zurückzuführen[2743] und weise zu heilen[2744]. Er lehrt uns auch das Wissen über das Böse[2745]. Seine Weisheit schenkt dem Menschen wieder die Freiheit, sich zu entscheiden[2746]. So ist er für uns zur Weisheit geworden[2747]. Die Wahrheit Gottes kann auch darin bestehen, daß Gott die Verhei-

---

[2721] BD 52,1,570,1-4; IS 16,2,15-17,294.
[2722] HAN 2,16,645C.
[2723] BVEPI 6,106,2f.
[2724] IS 26,3,19-23,128.
[2725] SP 1,166,3-6.
[2726] JHLD 23,7,184-186,198; HISV 2, 3,3,4,234-237,377.
[2727] HISV 1, 1,4,32,1026f.,92; HAN 3,6,652B; MM 3,3,8,80.
[2728] WMO 11,241A.
[2729] WMO 11,241A-B.
[2730] HIM 3,43,995-998,152.
[2731] HIO 1,4,57,28,190.
[2732] HISV 2, 3,1,5,258-260,334.
[2733] JHLD 54,8,198f.,283; HE 10,176C-D; HISV 1, 1,3,26,547-551,56; 1,5,2,46,94; 2, 3,6,15,493f.,443; 3,9,17,424-431,527f.; 3,12,4,155-157,608; HIO 3,3,2,55-57,381.
[2734] BH 7,21,76,1-7; WMO 11,241A; JHLD 31,6,162-164,248.
[2735] GHLD 9,2,53C-D.
[2736] GHLD 8,2,48D.
[2737] IS 29,1,1f.,166.
[2738] GHLD 7,8,47B.
[2739] IS 43,14,147f.,72.
[2740] BD 54,578,3-5; IS 10,13,131-133,230-232; 29,1,8f.,166-168.
[2741] ARJ 3,24,177f.,271.
[2742] IS 35,9,75,262.
[2743] HISV 1, 1,4,8,392f.,72; G 4, 4,50,1,25-31,404.
[2744] BVNAT 4,2,178,12; WR 6,655C; JHLD 38,2,27f.,284.
[2745] HISV 1, 1,4,9,411-415,72f.
[2746] BGR 8,26,210,25-212,2.
[2747] BD 52,1,570,3-5; WHLD 1,6,72,178.

ßungen der Erlösung in Treue einlöst[2748]. So zeigt sich Gott auch in seiner Ankunft bei der Menschwerdung als wahrhaftig[2749].

5. In der Menschwerdung werden die Wahrheit[2750], das Wissen[2751] und die Weisheit[2752], die Christus sind und im Schoß des Vaters waren, offenbar und in ihm zum menschlichen Wissen[2753]. Er wurde in einer wahren Zeugung[2754] durch die Jungfrau, die sich die Weisheit als Haus gebaut hat[2755], empfangen[2756]. Seine Weisheit ließ aber seine jungfräuliche Empfängnis nicht sofort bekannt werden[2757]. Als Mensch weiß Jesus alles, was er als Gott erkennt[2758]. Als die Wahrheit kam er als Licht zu den Menschen[2759].

6. Die Entäußerung kann aber nicht soweit gehen, daß Christus die Wahrheit verleugnet hätte, nach der er Gott gleich ist[2760]. Jetzt gibt es auf Erden eine verhüllte Weisheit[2761], die fleischgewordene Weisheit des Sohnes Gottes[2762]. Damit verbarg er sich selbst; der die Weisheit ist[2763], wird demütig[2764] und töricht[2765], ja, die Weisheit hat sich selbst entäußert[2766]. Gerade dadurch wird sie aber auch den menschlichen Sinnen und dem Verstand erfahrbar[2767] und für uns Menschen verbindlich[2768]. Eine solche Weisheit unterscheidet sich von der Weisheit dieser Welt[2769]. Allerdings gibt es auch einen Zuwachs der Erkenntnis des ewigen Sohnes Gottes durch die Menschwerdung: Sein Wissen um das Leid wird durch seine Erfahrung ergänzt[2770], und so kann er der wahre Mittler zwischen Gott und Mensch sein[2771].

[2748] BPENT 1,2,402,24f.; HAV 8,82-85,102; MM 6,15,65f.,224.

[2749] BADV 3,3,90,14f.

[2750] HISV 2, 3,6,31,817-819,455; TH 9,1f.,36.

[2751] HISV 2, 3,3,8,354f.,381.

[2752] BLVM 3,8,88,22f.; BD 52,2,570,6-8; HH 2,940B; HISV 2, 3,6,9,292f.,440; TH 36,25,96; 75,25f.,170.

[2753] JHLD 23,5,143f.,197.

[2754] HISV 1, 2,6,102,2707-2711,305.

[2755] JHLD 37,4,86-88,280; 70,9,208f.,494; TH 139,28-31,294; G 3, 19,1,6-11,196.

[2756] SP 11,894,1-16; HISV 1, 2,6,102,2711-2713,305; 2, 3,1,9,391-393,338.

[2757] BLVM 2,13,66,7-20; 4,4,106,21-23.

[2758] GHLD 8,50B.

[2759] JHLD 7,3,131-137,75; HISV 2, 3,8,8,499-501,492.

[2760] WHLD 1,9,110,244.

[2761] BNAT 3,2,254,9f.

[2762] BASC 6,10,380,20-24.

[2763] BD 57,1,592,18-594,1; JHLD 53,6,136-138,375; RVBMA 1,1,65.

[2764] BVSDSS 5,150,7f.; GIS Nat 5,4,134f.,230; 5,4,136f.,232.

[2765] WHLD 1,6,72,178; GIS Nat 3,2,57-59,190; DK 342,2-4.

[2766] BVDSS 5,148,10f.; JHLD 94,5,118f.,637.

[2767] BNAT 3,3,254,21-23; BD 29,3,444,11; BB 1, 18,3,376,1-4; IS 9,5,49f.,208; RVBMA 2,13,90D.

[2768] BD 57,592,11f.

[2769] IS 1,17,132-139,94; JHLD 23,12,321f.,201; HH 1,931A.

[2770] BVEPI 4,100,7-9; vgl. JHLD 37,4,81f.,280.

[2771] WND 12,36,402A.

7. Mit der Empfängnis empfing die menschliche Seele Jesu die Weisheit[2772]. Im schwachen Jesuskind, das in der Krippe liegt[2773] und nicht reden kann[2774], vernichtet die Weisheit den Stolz der Menschen und des Teufels[2775]. Seine Torheit ist größer als die Weisheit der Menschen[2776]. Wenn die Weisen aus dem Orient ihm Gold bringen, deutet das seine Weisheit an[2777]. Mit ihm hält der greise Simeon die Weisheit in Händen[2778], welche seine Jugend erneuert[2779]. Nur selten wird gesagt, daß das Kind auch Fortschritte in der Weisheit gemacht hat[2780].

8. Christi Weisheit zeigt sich besonders in seinem öffentlichen Wirken[2781]. Wenn er den Mund öffnet, strömt Weisheit hervor[2782]. Wird ein Satz aus der Lehre Christi zitiert, wird die Bemerkung oft zur Bestätigung seiner Wahrheit mit der Bemerkung eingeleitet: „Die Wahrheit spricht"[2783]. Seine Worte sind Aussprüche der Wahrheit[2784], und was er in Weisheit gebietet, ist das Gesetz der Liebe[2785]. Er ist „doctor"[2786], „magister"[2787], „instructor"[2788], „Rabbi"[2789], „meister"[2790], „schuolmeister"[2791], „zuhtmeister"[2792], „lêraer"[2793]. Christus hat sich ja selbst der Weg, die Wahrheit und das Leben genannt (Joh 14,6)[2794]. Ohne ihn gibt es keine erkannte Wahrheit[2795]. Die Bergpredigt bildet die

---

[2772] JHLD 8,3,72f.,81; ESV 3,31,83; MH 5,32,371.

[2773] MH 1,5,18; CH 1, 227; Der Saelden hort. Die Krippe 15f., in: Die Deutsche Literatur vom Mittelalter bis zum 20. Jahrhundert, 1,1,74.

[2774] DK 341,33-35.

[2775] BNAT 1,3,228,21-24; BD 14,1,288,3f.

[2776] GIS Nat 1,2,45f.,166; DK 342,5.

[2777] GIS Epi 1,7,188,250.

[2778] GIS Pur 3,1,26f.,342.

[2779] GIS Pur 1,3,88-90,312.

[2780] MH 1,9,29; G 3, 3,9,4,17-20,40.

[2781] BLVM 2,9,60,18-20.

[2782] JHLD 23,2,34-37,194.

[2783] Z.B. WC 2,2-5,60; HE 12,202D; HAN 12,939A; HL 965A; HAB 16,71,134.

[2784] HIN 12,939A.

[2785] IS 32,19,177-183,218.

[2786] ARJ 3,24,181f.,271; 1,3,52-57,251; IS 13,5,54f.,262-264; 30,1,7-9,180; 30,7,67f.,184; 31,15,103f.,200; 36,20,165-169,280; GIS Adv 4,4,170-174,146; SP 10,862,13-20; RVBMI 77,55C; JC 2,2,7,458; DAE 3,33,4,229; G R 5,322f.,146; G 4, 4,15,3,1-5,168; 4,16,4,1-3,180.

[2787] JFC 3,32,1159,178; BH 7,20,74,11f.; BD 40,1,488,11-13; ARJ 3,24,177f.,271; IS 3,6,47,118; 9,5,48-58,208; 14,7,61f.,274; 15,6,57f.,286; 18,8,72-74,14; GIS Adv 4,4,170-174,146; GIS Epi 1,1,28-31,240; GIS Apo 3,1,16f.,396; JHLD 9,5,164-166,92; 18,4,106-108,159; 100,2,37,677; SP 12,982,13f.; RVTR 6,9,396; JC 2,6,32,468; IN 31,282; BN 1,16,74,23-26,59; 3,17,274,21-23,185; MY 23,118,10f.; DAE 3,50,1,287; MH 1,24,85; 4,8,265; G R 5,286f.,144; 5,322f.,146; G 4, 4,4,6,12-15,68; 4,4,6,20f.,70; 4,4,12,5f.,80; 4,5,3,22-24,86.

[2788] MH 3,5,201; G 2, 2,15,2,10-12,288; 3, 3,65,3,44,266.

[2789] G R 5,292,146.

[2790] MM 5,12,8-10,166.

[2791] TH 76,2f.,170; DV 359,26f.; DAG 363,11f.; MM 7,3,30,260.

[2792] DAG 363,17f.

[2793] DK 247,24; DAG 363,18.

[2794] JFC 3,2,18f.,143; WMO 11,238A; GIS Adv 4,2,73-75,138; G R 1,24,46.

[2795] RVBMI 80,57B.

Regel der Wahrheit[2796]. In seiner Predigt verkündet er die Wahrheit[2797] und den Weg zu ihr[2798]. Weil Jesus die Wahrheit ist, können seine Worte mit dem, was man mit der Vernunft erkannt hat, in keinem wirklichen Widerspruch stehen[2799]. Christus kann auch deswegen Wahrheit genannt werden, weil er seine Verheißungen treu erfüllt[2800].

9. Darin, daß Gottes Sohn für uns litt, zeigt sich auch seine Weisheit[2801]. Die göttliche Weisheit hat Jesus am Kreuz von aller Macht entblößt[2802] und sie selbst wurde töricht[2803]. Mit seinem vollkommenen Wissen[2804] und seiner menschlichen Weisheit[2805] starb Jesus am Kreuz. Am Kreuz hat er für uns die Weisheit teuer erkauft[2806] und in seinem Abstieg zur Hölle uns den Weg zur Wahrheit des Lebens, zur Weisheit, eröffnet[2807].

10. In der Auferstehung lobt Christus in seiner Weisheit den Vater[2808]. Die in ihr gezeigte Weisheit, läßt den Menschen seine Wege heiter gehen[2809].

11. Durch die Apostel[2810] ist der Kirche die Wahrheit übermittelt worden[2811]. Christi Wissen und Weisheit ist ihr Fundament[2812]. Diese Eigenschaften wirken in ihr wie ein Sauerteig weiter[2813] und breiten sich aus[2814]. Zur Sicherung dieser Wahrheit wirkt Christus in ihr neue Wunder[2815]. Durch sie wird man vom Irrtum des Götzendienstes befreit[2816]. Diener der Wahrheit sind die Lehrer der Kirche[2817], die Priester[2818] und die Seherinnen[2819]. Durch das Wissen Christi sollen die Seelsorger erkennen, was in den einzelnen Fällen zu tun ist[2820]. Die Weisheit wird auch den Ekstatikerinnen ge-

[2796] WC 2,4f.,60.

[2797] HISV 2, 3,4,11,296f.,397.

[2798] HISV 2, 3,11,19,408f.,586.

[2799] ARSC 3,26,60,1111,133.

[2800] LTA 1,2,22,195; G R 1,235,60; G 2, 2,20,14,10-21,318; 2,23,18,10-13,344.

[2801] BVSDSS 5,150,8f.; WND 10,30,398C-D; ARJ 3,25,229-233,272; IS 39,10,64-67,324.

[2802] G R 7,247f.,224.

[2803] DB 10,384,30f.

[2804] HISV 2, 3,8,15,780f.,500.

[2805] MM 2,25,12f.,68.

[2806] JHLD 5,3,86f.,63.

[2807] HISV 1, 2,1,15,379-381,121; 2,1,15,397f.,122; ALJ 1776-1784,186.

[2808] MH 1,19,63.

[2809] GIS Res 3,3,94-103,252.

[2810] WCS 12,361D; HISV 1, 1,3,26,547-551,56.

[2811] JHLD 32,7,214-216,255; HISV 1, 1,5,8,187,99.

[2812] SP 10,866,11-16; HISV 2, 3,9,11,302-304,524.

[2813] GHLD 8,1,48C.

[2814] HISV 2, 3,4,12,304-306,398.

[2815] HISV 2, 3,11,9,242-244,581.

[2816] HISV 2, 3,9,17,436-439,528.

[2817] GHLD 41,2,215A; HISV 2, 3,9,14,346f.,525.

[2818] HISV 1, 2,6,11,530f.,240.

[2819] HISV 2, 3,11,10,395-398,586.

[2820] HIB 1, 12,17-19,28.

schenkt[2821]. In der Taufe wird man mit der Wahrheit erleuchtet[2822]. In der Eucharistie begegnet uns kein Schein, sondern die Wahrheit des Leibes und des Blutes Christi[2823]. Um diese recht empfangen zu können, bedarf man der Weisheit[2824]. In der Kommunion erhält man Anteil an ihr[2825]. Mit dem Eintritt in ein Kloster wird der Mensch Schüler der Wahrheit, die Christus ist[2826]. Die Ehelosen bedürfen besonders dieser Weisheit[2827]. Schon jetzt ist die ganze Welt durch die Verkündigung der Kirche von der Wahrheit erleuchtet[2828].

12. Christus als die Wahrheit und Weisheit soll den einzelnen Menschen führen[2829], erleuchten[2830], Wissen[2831] und Schutz gewähren[2832], erneuern[2833], Grund der Hoffnung sein[2834], die Erfüllung der Sehnsucht zeigen[2835], zum Herzen des Menschen sprechen[2836], wo sie wie in einem Acker verborgen ist[2837], die Liebe Gottes schmecken lassen[2838] und ihn sich gleichförmig machen[2839]. Christi Weisheit ist die Schöpfkelle, mit der das Wasser des Geistes aus dem Brunnen des Vaters für den Menschen geschöpft wird[2840]. Seine Weisheit ist das Licht der Kontemplation des Menschen[2841]. Aus dieser Weisheit erwachsen alle menschlichen Tugenden[2842]. Selbst die Liebe wird durch sie vollkommen[2843]. In seiner Weisheit kann der Sohn auch die Bitte eines Menschen übergehen, die der Vater mit seiner Allmacht erfüllen könnte[2844]. Die Weisheit beseligt auch den Menschen[2845]. Wer aus Unwissenheit sündigt, vergeht sich am Sohn[2846]. Maria, seine Mutter, wird durch die Weisheit ihres Sohnes verschiedenartig begnadet[2847]. In

---

[2821] JFM 7,84f.,208.
[2822] HISV 2, 3,9,19,550-553,531; HIO 1,4,101,13f.,244; Wolfram von Eschenbach: Willehalm. Eingangsgebet 23-28, in: Die Deutsche Literatur vom Mittelalter bis zum 20. Jahrhundert, 1,1,502f.
[2823] HISV 1, 2,6,669-672,244.
[2824] WND 10,28,397C-D.
[2825] DB 3,377,27.
[2826] HIN 6,932C.
[2827] SP 9,782,10.
[2828] AB 201,6-9,416.
[2829] JHLD 23,10,231,199; MH 4,59,311; G R 1,47f.,48.
[2830] MH 3,33,237; G R 1,29-31,48.
[2831] JHLD 23,6,139-144,197; CH 2, 228; 230.
[2832] G R 5,423f.,154.
[2833] WC 13,18f.,118.
[2834] G R 1,241-243,60; 7,111-113,216.
[2835] WMO 5,218D.
[2836] JHLD 23,8,187-192,198; 95,10,237-240,648.
[2837] HAN 3,6,651D.
[2838] WHLD 1 prael 28,108.
[2839] WE 2,272,8-10,362.
[2840] MH 1,31,109f.
[2841] JFC 3,21,717,165.
[2842] WHLD 1,8,104,234-236.
[2843] IS 10,15,156f.,232; GIS Ben 1,6,207-216,54.
[2844] G 3, 3,83,2,6f.,336.
[2845] G R 5,294f.,146.
[2846] HA 989A.
[2847] MH 1,26,93; 1,42,126; 1,47,133; 3,4,200; CH 2, 228.

den Ekstasen schenkt Christus den Mystikerinnen sein Wissen und seine Weisheit[2848], und in der „unio mystica" erfahren sie, wo die Schätze der Weisheit sind[2849], treten in ihr Gemach ein[2850], ruhen an der Brust Jesu[2851] und lassen sich von ihr verschlingen[2852]. Der Mensch wird zum Sitz seiner Weisheit[2853]. Wer die Weisheit Christi erlangen will, muß von allem Irdischen frei sein[2854], die Sinne ruhen lassen[2855] und demütig werden[2856]. Diese Weisheit lehrt den Menschen ein Leben voll Armut[2857].

13. Die Wahrheit Gottes kann auch an Stelle der strengen Gerechtigkeit stehen[2858], der Jesus Genüge getan hat[2859]. Vor dieser Wahrheit wird auch die kleinste Verfehlung offenbar[2860]. Insofern steht die Barmherzigkeit im Gegensatz zur Wahrheit Christi[2861]. Doch begegnen sich im Sohn Barmherzigkeit und Wahrheit und Weisheit[2862]. Auch diese Art Wahrheit muß man lieben[2863] und sich zur Selbsterkenntnis ihrem Blick stellen[2864]; dann söhnt man sich mit der Wahrheit aus[2865]. Oft wird sie erst beim letzten Gericht offenbar[2866], in dem Jesus aber nicht nur Richter[2867], sondern auch als die Wahrheit Beistand sein wird[2868]. Vor ihm wird auch die Synagoge zur Wahrheit zurückfinden[2869]. Die Wahrheit selbst wird dann richten[2870], vor der sich niemand verbergen kann[2871]. Doch der Mensch darf das Blut Christi auf die Waagschale der Wahrheit legen[2872].

[2848] JFM 7,88-90,208; RVBMA 2,13,91A.

[2849] WHLD 1,11,133,284-286; GHLD 12,4,63D; DU 370,16f.; CH 1, 215; 242; 2, 208; 230.

[2850] GHLD 12,3,63A.

[2851] GHLD 12,4,63C; HAB 18,182-187,159.

[2852] GHLD 16,5,84C.

[2853] WC 7,36,86; SP 10,852,13; HAN 4,1,665A.

[2854] GHLD 5,9,37A.

[2855] GHLD 12,3,63B.

[2856] JHLD 22,3,51-54,187; HH 1,931A.

[2857] IS 1,17,139-142,94; 2,12,91-95,104-106; 30,9,86-89,186.

[2858] TH 132,7f.11.15,278; G R 7,89f.,214.

[2859] BANN 1,14,126,5f.; HAB 6,111-113,58; G R 7,125f.,216.

[2860] G 4, 4,28,2,10-13,170.

[2861] RVPS 28,315D.

[2862] BHLD 1, 6,2,7,106,21f.; WR 7,687D; WHLD 2,1,157,330-332; GIS Adv 3,1,50-53,120-122; 66,13,223f.,465; JHLD 72,5,104f.,503; HAB 6,114-116,58.

[2863] WND 11,33,400C-D.

[2864] MH 3,15,215.

[2865] G R 7,80,214.

[2866] BQH 11,8,640,20-27.

[2867] WR 7,683A; IS 9,5,50f.,208.

[2868] G R 7,122f.,216.

[2869] HISV 1, 1,5,8,167-171,98f.

[2870] BD 28,6,436,20f.

[2871] WE 1,165,1f.,272.

[2872] G R 7,96f.,216.

14. Die Wahrheit Christi kann auch das Ziel sein, zu dem man durch die Liebe gelangt[2873]. Jesus ist die Festlegung[2874] und die Zusammenfassung[2875] der Weisheit. Er steht im Gegensatz zum Teufel, welcher die Lüge ist[2876] und den Menschen zur Unwahrheit verführen will[2877].

5.3　Güte

5.3.1　Die lateinischen Texte

5.3.1.1　„Bonitas"

1. Im Neuen Testament benutzt die Vulgata das Substantiv „bonitas" nur einmal im Zusammenhang mit Christus. In Christus hat Gott an uns „in bonitate", „in Güte" gehandelt (Eph 2,7). Die Anrede „magister bone", „guter Meister" kommt gelegentlich vor (Mt 19,16; Mk 10,17; Lk 18,18). Nach dem Johannesevangelium nennt Jesus sich selbst „pastor bonus", „guter Hirt" (Joh 10,11.14).
2. Jean von Fécamp bevorzugt Wörter aus der Wurzel „bon", um das Gutsein Gottes auszudrücken[2878].
2.1 In der Dreifaltigkeit gehört der Name „bonus", „Guter" der ganzen Gottheit und nicht einer einzigen Person an[2879]. Trotzdem ist der Vater „summae bonitatis … principium", „der Ursprung … der höchsten Güte", der aus seiner gütigen Natur den Sohn gezeugt hat[2880]. So bleibt der Vater im Sohn wie die „bonitas in bono", „Güte im Guten"[2881].
2.2 Häufiger wird die Güte bei dem Erlösungswerk Christi genannt. Gott, der auch beim Strafen nicht aufhört, gut zu sein[2882], hat uns, als wir verloren waren, aus Güte wieder gewonnen[2883]. Aus reiner Güte wollte Christus ein Glied der Menschheit werden[2884]. Um dieser Güte willen sollen wir ihm Dank sagen[2885]. Doch selbst diesen muß der Sohn als guter Hirt durch seine Güte ergänzen[2886]. Aus dieser Güte werden auch

---

[2873] IS 16,16,171-173,306.
[2874] JHLD 118,6,113-117,797.
[2875] WC 5,9-14,72.
[2876] HISV 1, 1,4,10,432f.,73.
[2877] HISV 1, 1,4,10,433,73.
[2878] Vgl. Weiß, Gottesbild 2,970-972.
[2879] JFC 1,9,169-172,115.
[2880] JFC 1,13,263-268,118.
[2881] JFC 11,225-227,117.
[2882] JFL 218-220,194.
[2883] JFC 2,2,62-64,123.
[2884] JFC 2,14,632f.,141.
[2885] JFC 2,2,65f.,123.
[2886] JFC 2,5,173-178,126f.

die Menschen, die keine Verdienste haben, gerechtfertigt[2887]. Christus, der unsere Natur angenommen hat, soll dem Menschen aus Güte die Fülle wiedergeben, die er durch die Sünde verloren hat[2888]. Seine Liebe hat er allein wegen seiner Güte an uns erwiesen[2889].

2.3   Der Mensch wünscht sich, daß Jesus ihm um seiner Güte willen vor der Sterbestunde wahre Reue seiner Sünden schenkt[2890]. In der Gewißheit, nicht verloren gehen zu können, spricht man den Sohn mit den Worten an: „Jesu bone"[2891]. Die Anrede beim Wunsch, von seiner Liebe entzündet zu werden, lautet: „Dulcis Christe, bone Iesu, caritas, Deus meus", „Süßer Christus, guter Jesus, Liebe, mein Gott"[2892]. Er ist ja der „dator omnium bonorum", „Geber alles Guten"[2893]. Man fleht die Güte Christi an, daß man das Gewand der Unschuld wieder erhält[2894], um am Tag des Gerichtes bestehen[2895] und dann an seiner Seite sitzen zu können[2896].

3.   Bernhard von Clairvaux spricht im Verhältnis zu anderen Ausdrücken des Gutseins nicht oft von der „bonitas" im christologischen Kontext. Die Worte „O Iesu bone", „O guter Jesus" gebraucht er, um seine Ironie über die Verwöhnung eines jungen Mönchs in Cluny auszudrücken[2897]. Sie können auch Ausdruck des Staunens darüber sein, daß man einen heiligmäßigen Bischof derart verfolgt hat[2898], oder Ausdruck der Freude, daß dieser Bischof sein Grab in Clairvaux gefunden hat[2899]. Nur einmal habe ich ihn in einem wirklichen Gebet um die Vergebung der Sünden gefunden[2900].

3.1   Bernhard meint, Gilbert von Poirée nehme eine von den göttlichen Personen und Eigenschaften getrennte Gottheit an. Gegen eine solche Vorstellung wendet er ein, daß es nach ihr dann zweimal die höchste Güte gäbe, nämlich die Gottheit und die göttliche Güte, was in sich widersprüchlich wäre[2901]. Es kann also nur eine Güte geben, die man von der göttlichen Wesenheit aussagen muß. Weil an ihr auch der Sohn Anteil hat, besitzt er mit dem Vater die „consubstantialis bonitas", „wesensgleiche Güte"[2902]. In besonderer Weise wird die Güte dem Heiligen Geist zugeschrieben, die aber vom Vater und vom Sohn ausgeht[2903].

[2887] JFC 2,7,301-304,130.
[2888] JFL 220-228,194.
[2889] JFC 2,6,210-212,128.
[2890] JFC 2,4,132-138,125.
[2891] JFL 111,190; JFP 50,226.
[2892] JFC 3,27,923f.,171; vgl. JFC 3,4,79f.,145; 3,28,1013f.,174.
[2893] JFL 277,196.
[2894] JFC 2,8,365-368,132f.
[2895] JFC 2,4,139-141,125.
[2896] JFC 2,4,142-144,125.
[2897] BB 1,1,5,250,11.
[2898] BMA 8,17,492,8.
[2899] BMA 31,75,596,21f.
[2900] BD 11,3,272,1.
[2901] BHLD 2,80,4,6,576,19-22.
[2902] BHLD 2,42,7,10,92,26f.
[2903] BS 3,97,566,4f.

3.2 Durch die Sünde hat der Mensch Strafe von Gott verdient. Er kann nur noch auf die Güte Gottes hoffen. „Quid ageret, cuius natura bonitas, cui proprium est misereri semper et parcere?" – „Was sollte er tun, dessen Natur die Güte, der es zu eigen ist, sich immer zu erbarmen und zu schonen?"[2904] „Pensate divitias bonitatis!" – „Erwägt die Reichtümer der Güte!"[2905] Diese zeigen sich gerade im geduldigen Zuwarten[2906]. Bernhard drückt seine Hoffnung auf das Kommen des Erlösers folgendermaßen aus: „Appareat, Domine, bonitas, cui possit homo, qui ad imaginem tuam creatus est, conformari." – „Es möge, Herr, (Deine) Güte erscheinen, welcher der Mensch, der nach Deinem Bild geschaffen ist, gleichförmig werden kann."[2907] Das Erscheinen seiner Majestät, Macht und Weisheit allein hätten dem Menschen keinen Nutzen gebracht, weil er nicht fähig ist, diese Eigenschaften nachzuahmen[2908]. Wenn deswegen auch deren Entäußerung in der Menschwerdung des Sohnes Gottes stattfindet, betrifft dies nicht seine Güte[2909]. Je niedriger er bei seinem Kommen wird, umso mehr bietet er sich in seiner Güte an[2910]. Umgekehrt war es bei der Schöpfung und Erhaltung der Welt, wo er seine Macht und Weisheit gezeigt hat[2911]. „Et bonitas quidem in Deo erat, et bonitas multa nimis, sed latebat in corde Patris." – „Auch Güte war in Gott, und sehr große Güte, aber sie war verborgen im Herzen des Vaters."[2912] Sie wurde erst beim Hinabsteigen des Sohnes zu uns Menschen offenbar[2913]. Dies geschah in der Empfängnis im Schoß Mariens. Deswegen läßt Bernhard die Jungfrau sprechen: „Ergo propter solam bonitatem suam tam magna fecit mihi." – „Also nur um seiner Güte willen hat er so Großes an mir getan."[2914]

3.3 Wie wenig Bernhard an dem Wort „bonitas" für Christus Interesse hat, zeigt sich daran, daß es im Kontext des Erlöserleidens nicht vorkommt.

4. Auch Wilhelm von St. Thierry spricht nicht oft von der „bonitas" Christi. Dies mag schon daran liegen, daß er besonders häufig von der Güte und Liebe des Heiligen Geistes spricht.

4.1 In der Dreifaltigkeit gibt es nur eine Güte, welche der Heilige Geist ist und welche die Einheit des Vaters und des Sohnes ausmacht[2915].

4.2 Gott Vater möchte seine Güte auch nach außen kundtun. Dies zeigt sich darin, daß sich „bonus enim Pater, bonusque Dominus, bonusque quidquid es, bonum te sicut es", „ja der gute Vater und der gute Herr und der Gute, was immer Du bist, das

---

[2904] BCIRC 3,4,306,1f.
[2905] BB 2, 363,4,654,9.
[2906] BHLD 1, 9,4,4,138,15-18.
[2907] BNAT 1,2,226,24-228,1.
[2908] BNAT 1,2,228,1f.
[2909] BHLD 1, 2,226,14f.
[2910] BEPI 1,2,322,15f.
[2911] BPENT 2,2,402,16-18.
[2912] BPENT 2,2,402,18f.
[2913] BPENT 2,2,402,23-27.
[2914] BS 3,127,754,6f.
[2915] WHLD 1,8,95,220.

Gute, wie Du bist" den menschlichen Gefühlen mitteilt[2916], in dem er ihnen die Erfahrung seiner Güte schenkt[2917]. Mittler dieser Erfahrung ist Jesus Christus „ex solo bonitatis fonte prodiens Dei ad homines condescensio", „das Herabsteigen zu den Menschen, das nur aus der Quelle der Güte Gottes hervorgeht"[2918]. Dieses geschah „dignatione gratiae et compassione bonitatis suae", „aus dem Hinabneigen der Gnaden und dem Mitleiden seiner Güte"[2919]. Dieses Mitleiden ist wegen der Not, in die der Mensch durch die Sünde gekommen war, nötig. Wenn man weiß, daß Gott alles kann, und wenn man ihn als die höchste Güte schmeckt, dann weiß man auch, daß er eine so große Menge verlorener Menschen retten konnte und wollte[2920]. Dann erfährt der Mensch im Gaumen seiner Seele seine Hinwendung zu Gott „in auctore omnium bonorum Christo", „im Urheber alles Guten, Christus"[2921]. Als der Mittler zwischen uns und den Gütern Gottes[2922] war der Sohn Gottes bereit, „bonum hominem despectum et novissimum virorum, virum dolorum et scientem infirmitatem", „als guter Mensch verachtet der letzte der Männer, der Mann, der um Schmerz und Krankheit weiß" zu werden[2923]. Im Blick auf die Erlösung schreibt Wilhelm: „O Frater bone", „O guter Bruder", weil er uns nur deswegen losgekauft hat, damit wir Söhne des Vaters werden[2924]. Er ist der süße Bruder, „in quo abundat tota bonitas", „in welchem die ganze Güte überfließt"[2925].

5. Auch Aelred von Rievaulx liebt nicht besonders den Ausdruck „bonitas", wenn er von dem Erlöserwirken Jesu spricht. Dieser Begriff findet sich dagegen dort, wo er von Gott als das höchste Gut redet[2926].

5.1 Der Mensch sündigte „sique a uero bono recedens, et ad id quod ex se bonum non erat deficiens", „und wich so vom wahren Gut ab und sank zu dem, was aus sich nicht gut war"[2927]. Dies ist insofern schwerwiegend, weil Gott uns hätte vernichten können, da er in seiner Güte sich selbst genügt und nichts von uns braucht[2928]. Obwohl der Mensch auch auf die Strenge Gottes schauen soll[2929], gilt: „Noli de Dei bonitate desperare." – „Verzweifle nicht an der Güte Gottes."[2930] Dazu aber darf der Mensch nicht auf seine Kräfte, sondern muß nur auf die Güte Gottes vertrauen[2931]. Wer die Güte Gottes

---

[2916] WHLD 1,8,100,228.
[2917] WHLD prol 21,96.
[2918] WHLD 1,9,108,242.
[2919] WHLD 2,1,157,330.
[2920] WSF 7,74,8-13,142.
[2921] WND 11,33,400D.
[2922] WND 11,34,401A.
[2923] WND 11,34,401B.
[2924] WHLD 1,40,126.
[2925] WMO 6,226B.
[2926] Vgl. Weiß, Gottesbild 2,980f.
[2927] ARSC 1,4,12,158-161,17.
[2928] ARSA 1,51,289f.,297.
[2929] ARSC 1,15,47,689,31.
[2930] ARSC 1,15,47,693f.,31.
[2931] ARSC 1,15,47,696-699,31.

meditieren will, soll in das Haus des Pharisäers Simon gehen und schauen, wie liebevoll Jesus die Sünderin aufnimmt[2932].

5.2 Aelred spricht im Gebet den Herrn mit den Worten „bone Iesus", „guter Jesus" an, wenn er auf seinen Beistand hofft[2933], seinen Spuren nachfolgen[2934] und die Liebe zu ihm lernen will[2935].

5.3 Auch bei Aelred ist es bemerkenswert, daß weder bei der Menschwerdung noch beim Sterben des Sohnes Gottes der Begriff der „bonitas" eine nennenswerte Rolle spielt.

6. Das gleiche Bild zeigt sich auch in den Predigten des Isaak von Stella.

Von Gott Vater geht als der „principali quodammodo ac fontali bonitate", „ursprunghaften und irgendwie quellhaften Güte" alles aus[2936]. Doch der Sohn besitzt die „connaturalis et coaequalis ... bonitas", „die Güte, ... welche von gleicher Natur und gleich mit dem Vater ist"[2937]. Die Güte des verklärten Sohnes muß seine eigene Majestät abmildern, daß die in den Himmel aufgenommene Mutter Gottes in sein Gesicht schauen kann[2938].

Mit der Anrede „bone Iesu", „guter Jesus" wird der Sohn Gottes gebeten, den zweifelnden Menschen sichere Zeichen für den Glauben zu geben[2939].

7. Für Gilbert von Hoyland ist die Anrede „bone Jesu" bei Gebeten in seinem Hohenliedkommentar sehr beliebt. Er gebraucht sie, wenn Jesus die Seele im Duft seiner Salben an sich ziehen[2940], ihre Gefühle verwandeln[2941], ihr zu seinem Fest aufspielen[2942], sie die Engel an Weihnachten hören lassen[2943], ihr Anteil an den Freuden und Wonnen[2944] und die Fähigkeit zum Beten geben[2945], sie an die Liebe erinnern[2946], ihr Geheimnis schützen[2947], sie zum Kommen einladen[2948], nicht zögern soll[2949], den verschlossenen Garten für sie zu öffnen[2950], ihr den kalten Nordwind abwenden[2951], den

---

[2932] ARJ 3,26,234-241,273.
[2933] ARSC 3,1,2,26f.,105.
[2934] ARJ 1,3,69f.,251.
[2935] ARSC 1,1,2,16f.,13.
[2936] IS 24,22,179f.,114.
[2937] IS 52,5,40f.,224.
[2938] IS 52,5,40-42,224.
[2939] IS 28,10,68,158.
[2940] GHLD 13,6f.,67B.
[2941] GHLD 15,8,79B.
[2942] GHLD 18,5,94D.
[2943] GHLD 20,4,104C.
[2944] GHLD 20,9,108B.
[2945] GHLD 24,3,127D.
[2946] GHLD 19,5,100B.
[2947] GHLD 22,4,116D.
[2948] GHLD 28,4,147B.
[2949] GHLD 41,1,214B.
[2950] GHLD 36,1,188A.
[2951] GHLD 38,1,199A.

Südwind senden[2952], sie schonen[2953], ihr den Honig, der er selbst ist, geben[2954] und die in der Kirche auseinanderstrebenden Kräfte zusammenhalten soll[2955]. Staunend ruft Gilbert „bone Jesu", wenn er bedenkt, daß das Herz Jesu durch die Liebe des Menschen verletzt wird[2956]. Schmerzvoll ist dieser Ausruf, wenn Jesus sieht, wie in der Kirche ein Volk gegen das andere kämpft[2957].

8. An Weihnachten ruft Guerricus von Igny aus: „O puer dulcissime, Iesu bone!" – „O süßester Knabe, guter Jesus!"[2958] Zum gleichen Fest stellt er fest: „Omnium plenitudo bonorum Christus Dominus est." – „Die Fülle alles Guten ist Christus, der Herr."[2959] Wenn er sich fragt, warum Maria, wie die Legende berichtet, so lange vor ihrem Sterben leiden muß, ruft er auch: „Bone Iesu"[2960].

9. Nach Johannes von Ford hat der Vater den Sohn seit Ewigkeit „dilexit ex omni bonitate sua, cui nihilominus eodem modo dedit, ut esset ipse omnis bonitas sua", „aus seiner ganzen Güte geliebt, dem er nichtsdestoweniger auf die gleiche Weise gegeben hat, selbst seine ganze Güte zu sein"[2961]. Daran ändert sich auch bei der Menschwerdung des Sohnes nichts. Er ist jetzt „bonus homo iste, qui solus in filiis hominum bonus", „jener gute Mensch, der allein unter den Menschensöhnen gut" ist[2962]. Er besitzt beides, Majestät, welche der linke Arm des Bräutigams, und Güte, welche der rechte bedeutet[2963]. Daß der Menschensohn gestorben ist, darf nicht zum Ärgernis werden. Das Auge des Menschen „nec de immenso diuinae bonitatis splendore turbetur", „soll nicht durch den unermeßlichen Glanz der Güte verwirrt werden"[2964], wenn es den Gekreuzigten sieht. Anderenfalls wäre das Auge neidisch, weil Jesus gut ist[2965]. Er trug ja unsere Krankheiten, die er „affluentissima bonitate mederi", „mit überfließendster Güte heilen" wollte[2966]. Johannes nennt den Preis der Erlösung, welcher durch die Güte Christi am Kreuz gezahlt wird, unvergleichbar[2967].

10. Im Traktat „Speculum virginum" wird Jesus als „rex optime", „bester König" gepriesen, weil er sich selbst seinen Söhnen schenkt[2968]. Da er Erneuerer und Lieb-

---

[2952] GHLD 39,1,203C.
[2953] GHLD 38,7,203B.
[2954] GHLD 40,8,212C.
[2955] GHLD 30,7,159A.
[2956] GHLD 30,2,155D.
[2957] GHLD 30,6,158A.
[2958] GIS Nat 1,4,126,172.
[2959] GIS Nat 4,1,7,204.
[2960] GIS AssbM 2,4,76.83,434.
[2961] JHLD 14,3,87f.,126.
[2962] JHLD 23,2,34f.,194.
[2963] JHLD 98,2,38f.,663.
[2964] JHLD 23,3,78f.,195.
[2965] JHLD 23,3,78,195.
[2966] JHLD 28,5,146-148,230f.
[2967] JHLD 14,4,117-119,127.
[2968] SPE 97,1040A.

haber der Schöpfung ist, wird er mit den Worten angeredet: „pater optime", „bester Vater"[2969].

11.   Hugo von St. Viktor interessiert besonders, wie Gott sich als der Gute schlechthin, ohne sich zu teilen, in die Geschöpfe ausgießt und diese wieder zu dem Ursprung des Guten zurückkehren läßt[2970]. Nur selten spricht er von der Güte in bezug auf die Erlösung. So hat die göttliche Güte nicht nur alles geschaffen, sondern auch neugestaltet[2971]. Dadurch „compleatur opus bonitatis", „wird vollendet das Wirken der Güte"[2972]. Einmal wird auch Christus als das Wort des Vaters „origo boni", „Ursprung des Guten" genannt[2973].

12.   Auch Richard von St. Viktor bringt Christus nur selten mit der Güte in Zusammenhang. Er beschäftigt sich ebenfalls mehr mit dem Gutsein Gottes allgemein[2974] und mit der Frage, wie sich dieses zum Leid des Menschen verhält[2975]. In seiner Dreifaltigkeitslehre ist für ihn deswegen die Güte Gottes wichtig, weil er von ihr Gottes Liebe, das Fundament seiner ganzen Trinitätsspekulation, ableitet[2976]. Diese Eigenschaft gehört aber zum gemeinsamen Wesen der drei Personen. Die „uniformis bonitas", „einförmige Güte" ist allen Drei gemeinsam[2977]. Obwohl nur der Vater von sich aus die Güte ist, fehlt dem Sohn und dem Heiligen Geist, die sie von ihm empfangen haben, nichts an Güte[2978]. Alle Drei sind in der Güte „coaequalis", „einander gleich"[2979]. Da nach Richard zur Güte der gute Wille gehört[2980], gibt es mit der einzigen Güte auch nur einen guten Willen in der Dreifaltigkeit[2981]. Wenn Richard auch das Ternar der drei Eigenschaften außerhalb[2982] und innerhalb[2983] seines Dreifaltigkeitstraktates kennt, vermeidet er eine Zuweisung der Güte an eine Person. Das mag auch ein Grund sein, warum er nicht von der „bonitas" des menschgewordenen Sohnes Gottes bei dessen Erlöserwirken spricht. In Gebeten kommt allerdings die Anrede „bone Domine, et benige Jesu", „guter Herr und gütiger Jesus" vor, so, wenn er um ein gutes Sterben[2984] und um Befreiung aus der Finsternis[2985] bittet.

13.   Für Hildegard von Bingen ist die Güte Gottes im Heilswirken der Geschichte wieder wesentlich wichtiger.

[2969]   SP 10,846,6f.
[2970]   Vgl. Weiß, Gottesbild 983-986.
[2971]   HH 5,1007A-B.
[2972]   HH 5,1007C.
[2973]   HAN 2,17,646A.
[2974]   Vgl. Weiß, Gottesbild 2,986-989.
[2975]   Ebenda 989f.
[2976]   Ebenda 988f.
[2977]   RVTR 3,21,214.
[2978]   RVTR 5,22,356-358.
[2979]   RVTR 6,11,400.
[2980]   RVTR 6,15,418.
[2981]   RVTR 6,3,380.
[2982]   RVBMA 4,17,157B.
[2983]   RVTR 6,15,416.
[2984]   RVPS 118,346C.
[2985]   RVPS 118,349A.

13.1 Wenn Hildegard auch eher von der Güte des Vaters zu den Menschen spricht, die schon das Motiv seines Schaffens ist[2986] und die immer wieder betrachtet werden soll[2987], so weiß sie doch: „Per plenum Verbum sanctitas et bonitas resplendet Patris." – „Durch das volle Wort (= der Sohn Gottes) leuchtet die Heiligkeit und Güte des Vaters auf."[2988]

13.2 Der Vater hat die Welt „in uoluntate bonitatis suae per Verbum", „im Willen seiner Güte durch das Wort geschaffen"[2989]. Doch der Mensch hat gesündigt. Jetzt erscheint ihm alles Gute, was in Gott ist, nur lästig[2990]. Gott könnte den Menschen bestrafen, läßt ihn aber nicht sterben[2991], stellt ihn in seiner Güte wieder her[2992] und erneuert ihn „per summam bonitatem", „durch die höchste Güte", indem er seinen Sohn in die Welt sendet[2993].

13.3 Auch wenn Gott schon im Alten Bund seine vergebende Güte gezeigt hat[2994], wird sie erst wirklich in der Menschwerdung des Sohnes sichtbar. So sieht man „suauissimum bonum, id est humilitatem", „das süßeste Gut, das heißt die Demut", mit welcher der Sohn Gottes vom Himmel herabgestiegen ist[2995]. Dem widerspricht auch eine andere Stelle nicht, an der es heißt, daß „maxima et summa bonitas iustitiae", „die größte und höchste Güte der Gerechtigkeit" in der Menschwerdung erschienen ist[2996]; denn Gerechtigkeit meint bei Hildegard oft nichts anderes als Gottes gute Ordnung und Harmonie. Die Erlösung des Menschen durch die Menschwerdung des Sohnes ist „magna bonitas", „eine große Güte"[2997]. Die Menschheit des Erlösers erscheint „in bonitate Patris", „in der Güte des Vaters"[2998]. Doch in ihr sieht man auch „altissimam et profundissimam bonitatem sui operis", „die höchste und tiefste Güte seines Wirkens", das er auf Erden vollbracht hat[2999]. Dazu gehören auch die Tugenden seines irdischen Wandels, die er „in bonitate Patris", „in der Güte des Vaters" geübt hat[3000]. Denn alles, was Jesus wirkt, wird durch die Güte des Vaters vollendet[3001].

13.4 Weil die Güte des Vaters lieber aufbaut als niederreißt, vergießt der Sohn sein Blut für das Heil der Welt[3002]. Der Vater hat ja seinen Sohn aus Güte für uns dahinge-

---

[2986] HISV 2,3,1,8,357f.,337.

[2987] HISV 1,2,6,25,1009f.,254.

[2988] HISV 1,2,1,4,178f.,114.

[2989] HISV 2,3,8,12,588f.,494.

[2990] HISV 1,1,4,5,315f.,69.

[2991] HISV 2,3,5,11,326f.,417.

[2992] HISV 2,3,10,21,631f.,564.

[2993] HISV 1,2,6,3,354-456,234.

[2994] HISV 2,3,3,1,139-141,374f.; 2,3,6,9,281f.,440.

[2995] HISV 1,1,4,7,365f.,71.

[2996] HISV 2,3,8,27,890-892,541.

[2997] HISV 2,3,2,25,663-665,368.

[2998] HISV 2,3,8,9,517-522,492.

[2999] HISV 2,3,8,18,945-948,505.

[3000] HISV 2,3,2,27,692f.,369.

[3001] HISV 2,3,2,25,661-663,368.

[3002] HISV 2,3,11,9,240-242,581.

geben[3003]. Der Glaube an die Erlösung ist durch die gleiche Güte auf der ganzen Erde verbreitet[3004]. So hat der Sohn alles Gute gewirkt, welches den Menschen zum Leben zurückführt[3005] und ins himmlische Jerusalem gelangen läßt[3006]. Denn der Sohn hat schon alles Gute, das der Mensch vollbringen soll, vollbracht[3007]. Eine Frucht dieses guten Wirkens Christi ist auch die Entstehung der Kirche[3008].

13.5 Wenn der Mensch Christus dem Lamm nachfolgt, wird er nach oben geführt „in bonitate omnis iustitiae", „in der Güte der ganzen Gerechtigkeit"[3009]. Er schaut und erfährt ja die Güte Gottes, die nur durch die Androhung von Strafe verdeckt war[3010]. Der Erlöste weiß, daß er Herr über die niederen Triebe werden kann, weil der gute Gott alles Gute in ihm wirken will[3011]. So sind diejenigen erlöst, „in bonitate Patris fideliter operantes", „welche in der Güte des Vaters gläubig wirken"[3012]. Ihnen erscheint auch das Erlösungswerk „in altitudine summae bonitatis", „in der Größe der höchsten Güte"[3013]. Durch sie erhalten sie schon hier auf Erden eine gewisse Sicherheit[3014], wenn sie nicht an ihr zweifeln[3015].

13.6 Bei Hildegard überwiegen die Aussagen über diejenige Güte des Vaters, welche im Wirken Christi aufleuchtet.

14. In ihrer Jugendkrise bekommt Elisabeth von Schönau grundsätzliche Zweifel an Jesus Christus und fragt: „Quisnam ille fuit, qui tantum se humiliavit propter homines? Numquid vera esse potuerunt omnia que scripta sunt de illo?" – „Wer war denn jener, der sich so sehr um der Menschen willen gedemütigt hat? Konnte denn das alles wahr sein, was von ihm geschrieben ist?"[3016] Ein reiner Glaubensakt rettet sie: „Bonus tamen erat ille, quisquis fuit, de quo tot bona predicantur." – „Gut war doch jener, wer er auch war, von welchem so viel Gutes verkündigt wird."[3017] Anders gelagert sind nach ihrer Krise die Zweifel an ihrer Berufung, in die sie gerät, als man sie von außen angreift. Eine Stimme, die sich durch eine Anspielung aus dem Johannesevangelium (Joh 14,21) als die Stimme Jesu erweist, sagt zu ihr: „Ego bonus sum." – „Ich bin gut." In seiner Güte hat er sich auch eine arme gebrechliche Frau als sein Werkzeug auserwählt[3018]. Elisabe-

---

[3003] HISV 1,1,4,30,875-877,87.
[3004] HISV 2,3,2,25,658f.,368.
[3005] HISV 1,2,2,4,82-84,126.
[3006] HISV 1,2,3,28,608-610,152.
[3007] HISV 2,3,2,17,495-499,363.
[3008] HISV 2,3,9,7,262-264,523.
[3009] HISV 2,3,6,16,429f.,444.
[3010] HISV 1,1,4,7,344-348,70.
[3011] HISV 1,1,4,30,871-874,87.
[3012] HISV 2,3,2,1,123,351.
[3013] HISV 2,3,10,30,852f.,570.
[3014] HISV 2,3,2,8,250f.,355.
[3015] HIO 1,2,21,35,81.
[3016] ESV 1,2,4.
[3017] Ebenda.
[3018] ESV 2,18,47.

th kennt zwar das bekannte Ternar von Eigenschaften der Dreifaltigkeit, will aber keine Zuordnung der Güte an eine einzige Person vornehmen[3019].

15. Auch in den Viten der flämischen Mystikerinnen wird wiederholt von der Güte Jesu gesprochen.

Christina mirabilis hat durch ihre Ekstasen ein Gespür von der Güte Gottes erhalten. Deswegen kann sie es nicht verstehen, daß Menschen sündigen; sie sollte doch nur an die Güte und Geduld des Herrn denken[3020]. Sie ist deswegen auch besorgt, daß sündige Priester „bonum nomen Christi per excessus suos in populis blasphemarent", „den guten Namen Christi durch ihre Überschreitungen bei den Völkern lästern"[3021].

16. Ivetta von Huy schaut in einer Vision Maria mit ihrem Kind, „sentiebatque de Domino in bonitate, quam suavis in se, quam dulcis in Maria matre", „und sie spürte vom Herrn in der Güte, wie mild er in sich, wie süß er in Maria" ist[3022].

17. Jakob von Vitry, der Biograph der Maria von Oignies, ruft angesichts der Tatsache, daß die Mystikerin die Schmach des Gekreuzigten teilen muß, ohne den Mut zu verlieren, aus: „Bonus es, Domine, sperantibus in te." – „Gut bist Du, Herr, für die, welche auf Dich hoffen."[3023]

18. Thomas von Cantimpré berichtet eine besonders intensive Vision Christi, die Lutgard von Tongeren zuteil wird, bei der ihre Seele dahinschmilzt und Christus mit ihr spricht[3024]. Er fragt sich, wie man dies verstehen kann, und schreibt: „Quid est Christum loqui in anima, nisi repraesentare illi suae divitias bonitatis?" – „Was heißt das, Christus spreche in der Seele, wenn nicht, er lasse die Reichtümer seiner Güte in ihr gegenwärtig werden?"[3025] In einer weiteren Bemerkung wird berichtet, daß der Glanz, den die Mystikerinnen in ihren Visionen erfahren, ein Bild der Güte ist, welche die ganze Dreifaltigkeit besitzt[3026].

19. Der Autor der Vita der Aleydis von Scharbeke erzählt, wie diese Frau bei einer Heiligen Messe eine solche Sehnsucht nach dem Herrn hat, daß dieser sich ihr „inolita bonitate", „in ungewohnter Güte" zeigt[3027].

20. In der Vita der Ida von Nijvel wird ebenfalls von der Güte Jesu gesprochen. Wegen eines Vergehens ihres Vaters bekommt Ida Skrupel[3028]. Dabei wendet sie sich an Jesus Christus: Wenn er ihr „propter ineffabilem bonitatem", „um seiner unaussprechlichen Güte willen" besondere Gnaden schenken wird, will sie nicht weiter dieser Sache nachgehen. Als sie daraufhin eine Entrückung erfährt, wird sie wieder ruhig[3029].

[3019] ESV 3,31,81.
[3020] CM 3,37,656.
[3021] CM 4,40,657.
[3022] IH 22,66,158. Eine gewisse Schwierigkeit bietet das Verständnis der Präposition „in" bei der Güte. Der Sinn dürfte wohl sein: „Sie spürte die Güte des Herrn."
[3023] MO 1,1,15,550.
[3024] LTA 3,9,2,206.
[3025] LTA 3,2,9,206.
[3026] LTA 3,2,13,207.
[3027] AS 2,11,474.
[3028] IN 4,210.
[3029] IN 4,211f.

21. Margarete von Ypern lobt in ihrer Sterbestunde Jesus für alles Gute, was er ihr im Leben geschenkt hat[3030], und redet ihn dabei mit den Worten an: „Christe, bone Domine, et optime et dulcissime Iesu!" – „Christus, guter Herr und bester und süßester Jesus!"[3031]

22. Als Ida von Löwen merkt, daß eine Rekluse, die sie besucht, heimlich das Altarsakrament in der Klause aufbewahrt hat[3032], fordert sie diese auf, den Herrn wegen seiner Güte zu loben, der sie zur Wächterin seines hochheiligen Leibes gemacht hat[3033]. Ida leidet auch darunter, daß sie nicht regelmäßiger zur Kommunion gehen kann und „summo bono, quod Deus est", „das höchste Gut, was Gott ist" nicht häufiger genießen kann[3034].

23. Es ist erstaunlich, daß David von Augsburg, der so oft von der Güte Gottes allgemein[3035] und in seinem mittelhochdeutschen Schrifttum auch öfters von der Güte Christi[3036] spricht, in seinem lateinischen Werk nur einmal den guten Jesus erwähnt, der nicht zum Herz des Menschen kommen will, wenn dieser dort dessen Feinden, den Lastern, Raum gibt[3037].

24. Im Verhältnis zum nicht allzu großen Umfang findet man in der Vita der Margareta von Magdeburg erstaunlich oft den Begriff der „bonitas Dei"[3038]. Auch von der Güte Christi ist in ihr die Rede.

24.1 Ungewöhnlich ist es, daß aus der Güte Gottes dessen Demut gefolgert wird. Schon von dieser Eigenschaft bei Gott zu sprechen, erscheint eigenartig; denn weder hat Gott jemanden über sich, noch muß er sich gleichsam bücken, um etwas zu suchen, da er alles hat[3039]. Warum soll er also Demut haben? „Nullam aliam est causam reperire nisi suae plenitudinem bonitatis." – „Kein anderer Grund läßt sich finden als die Fülle seiner Liebe."[3040] Gott ist wie ein Baum, der sich unter der Last seiner Früchte zur Erde neigt, „ita Dei bonitas compellit humilitatem ipsius, ut se ad nos inclinet", „so hat die Güte Gottes seine Demut gedrängt, sich zu uns zu neigen"[3041]. Ganz besonders muß sich Gott bei der Menschwerdung seines Sohnes in Maria neigen, weil diese ein Abgrund der Demut ist[3042]. Und doch zwang ihn auch nicht das Verlangen Mariens, auf die Erde zu kommen[3043]. „Quid coegit eum ad hoc? Immensa bonitas ipsius. Oportebat enim, quod aliquid esset, cui se communicaret." – "Was also zwang ihn dazu?

[3030] MY 49,127,29-31.
[3031] MY 49,127,33f.
[3032] IL 2,2,7,172.
[3033] IL 2,2,7,173.
[3034] IL 2,6,31,179.
[3035] Vgl. Weiß, Gottesbild 3,999-1001.
[3036] Vgl. unten S. 177f.
[3037] DAE 3,21,207.
[3038] Vgl. Weiß, Gottesbild 3,1001-1005.
[3039] MA 27,29.
[3040] Ebenda.
[3041] Ebenda.
[3042] Ebenda.
[3043] MA 26,28.

Seine unermeßliche Güte. Es mußte etwas da sein, dem er sich mitteilen könnte."[3044] Trost erhält der Mensch allein von Jesus Christus, „cuius bonitas est sine mensura", „dessen Güte ohne Maß ist" und in dem „humilavit se abissus bonitatis ad abissum paupertatis", „sich der Abgrund der Güte zum Abgrund der Armut erniedrigt hat"[3045]. Selbst das Böse hilft zur Offenbarung seiner Güte. „Quia occulta mea bonitas manifestata est in hoc, quod homo factus sum; si homo lapsus non fuisset, quod forsitan non fecissem." – „Weil meine verborgene Güte offenkundig darin geworden ist, daß ich Mensch geworden bin, was ich vielleicht nicht getan hätte, wenn der Mensch nicht gefallen wäre."[3046]

24.2 In ihrer Sehnsucht, den Herrn vollkommen zu loben, bekommt sie zwölf Punkte geschenkt, an denen ihr die Güte Christi aufgehen kann; es sind dies alle Worte, die er gesprochen, alle Werke, die er gewirkt, alles, was er erduldet, alle seine Gebete für die Menschen, die er vor seinem Vater ausgegossen, alle Gebete der Menschen, die er erhört, alle Tugenden, die er ihnen geschenkt, alle Sünden, vor denen er sie bewahrt, alle Sünden, die er ertragen, alle Sünden, die er vergeben hat, alle Menschen, die sich zu ihm bekehrt haben, und schließlich alle Menschen, die im Fegfeuer vor der Hölle sicher sind[3047]. Wegen all dieser Gründe kann Margareta seine Güte loben.

24.3 Auch in ihrem eigenen spirituellen Leben nimmt die Güte Christi einen besonderen Raum ein. Lange Zeit leidet Margareta unter großen Schuld- und Unwürdigkeitsgefühlen. Doch schon am Anfang sah sie in ihrer Reue „Christi perlucide bonitatem, in tantum, si voluisset sibi ipsi bonum, dimisisset ei culpam et penam, etiam si omnium de mundo peccata hominum commisisset", „Christi sehr leuchtende Güte, welche so groß ist, daß wenn sie für sich selbst das Gute gewollt hätte, er ihr die Schuld und Strafe erlassen hätte, auch wenn sie die Sündne aller Menschen von der Welt begangen hätte"[3048]. Sie kann dies aber nicht glauben. „Necdum plene intellexit bonitatem Dei." – „Sie hatte noch nicht vollständig die Güte Gottes verstanden."[3049] „Et quamvis anima cognoscat, quod ipse est summe bonus, quantumcumque ei dicere potest de sua bonitate, tamen ipsa credere nun vult ei." – „Und obwohl die Seele erkennt, daß er (= der Herr) höchst gut ist, wollte sie doch nicht, sooft er ihr von seiner Güte sprechen konnte, ihm glauben."[3050] Sie hält immer wieder den Spiegel ihrer Schwäche gegen den Spiegel der Güte Gottes[3051]. Dieses Unverständnis steigert sich so, daß sie die Erkenntnis seiner Güte wegen Kopfschmerzen nicht aushalten kann[3052]. Erst am Ende ihres

---

[3044] Ebenda.
[3045] MA 21,24.
[3046] MA 60,81f.
[3047] MA 30,33.
[3048] MA 3,6. Im schwerfälligen Latein dieser Vita macht das Verständnis vor allem des Nebensatzes „si voluisset sibi ipsi bonum" Schwierigkeiten. Auch die bis jetzt einzige neusprachliche, nämlich englische, Übertragung (The Vita of Margaret the Lame by Friar Johannes O.P. Magdeburg. Translated with commentary, by Gertrud Jaron Lewis & Tilman Lewis, Toronto 2001,16) muß sich mit einer sehr freien Wiedergabe behelfen.
[3049] MA 3,4.
[3050] MA 67,94f.
[3051] MA 67,94.
[3052] MA 59,72.

Lebens wird sie so mit Gott eins, daß sie sich mit seinen Augen schaut, so daß sie alles Gute in sich als das Gute Gottes erkennt[3053].

24.4   In der Vita der Margareta von Magdeburg liegt uns ein Zeugnis vor, wie eine Mystikerin ihr Leben lang um die Güte Christi ringen muß.

25.   Wesentlich weniger originell sind die Aussagen über die „bonitas Christi" in Helfta.

Mechthild von Hackeborn kennt die Anrufung „Jesu bone", „guter Jesus". Sie erhält vom Herrn das Gebet geschenkt: „Jesu bone, laudo te ... Jesu bone, amo te." – „Guter Jesus, ich lobe Dich ... guter Jesus, ich liebe Dich."[3054] Mit diesem Ausruf bittet sie Jesus, daß er sie in der Gnade bewahre[3055]. Im Todeskampf wiederholt sie „O bone Jesu! o bone Jesu!" – „O guter Jesus! O guter Jesus!"[3056] Einmal bietet ihr an Ostern der Herr sein Herz mit den Worten an: „Vere tuum est omne bonum quod invenies in Corde meo." – „Dein ist wirklich alles Gute, was du in meinem Herzen finden magst."[3057] Ein anderes Mal sieht sie, wie Jesus ein besonderes Mahl bereitet und zu ihr spricht: „Nunc meipsum do animae tuae cum omni bono quod sum et quod dare possum." – „Nun gebe ich mich selbst deiner Seele mit allem Guten, das ich bin und das ich geben kann."[3058] Jesus hat sich an das Kreuz nageln lassen zum Zeichen, „quod omnia bona quae in humanitate peregi, homini dereliqui", „daß ich alles Gute, was ich in meiner Menschheit vollbracht habe, dem Menschen hinterlassen habe"[3059]. Umgekehrt bemühen sich die liebenden Seelen, „seipsas fonti omnium bonorum, hoc est in Jesum", „sich selbst in den Quell alles Guten, das ist in Jesus" zu versenken[3060].

26.   Auch Gertrud die Große spricht nicht allzu oft von der „bonitas" im christologischen Kontext.

Nicht nur Jesus hält das Gute, das er selbst versprochen hat, sondern auch das, was Gertrud anderen Menschen von seiner Güte zugesichert hat[3061].

Sie preist Jesus als „omnis bonitatis author", „Urheber aller Güte"[3062]. Den Bräutigam der Jungfrauen spricht sie mit „Iesu bone", „guter Jesus" an[3063]. Sie nennt ihn „unicum immo totum bonum meum", „mein einziges, ja mein ganzes Gut"[3064]. Beim Kommunionempfang soll der Mensch feststellen: „Ecce ego quasi minima guttula bonitatis tuae, et tu totius dulcedinis plenum mare." – „Siehe, (ich bin) gleichsam das kleinste Tröpflein Deiner Güte, und Du (bist) das von der ganzen Süße erfüllte Meer."[3065] Der

---

[3053]   MA 67,95.
[3054]   MH 4,23,280.
[3055]   MH 1,19,65.
[3056]   MH 7,7,398.
[3057]   MH 1,19,70.
[3058]   MH 1,13,43.
[3059]   MH 1,5,17.
[3060]   MH 2,2,137.
[3061]   G 2, 1,14,4,11-15,198.
[3062]   G R 2,98f.,72.
[3063]   G R 6,462,190.
[3064]   G 3, 3,20,1,24f.,112; vgl. G 3, 3,47,1,8,212; 4, 4,23,9,13f.,226.
[3065]   G R 4,331f.,120.

Herr soll die ganze Menge seiner unendlichen Güte über den Menschen anhäufen[3066]. In seinem Herzen ist eine Fülle von Gütern verborgen[3067]. Mit den Reichtümern seiner Güte soll er allen Mangel im Augenblick des Sterbens bedecken[3068] und alles Gute, das der Mensch verloren hat, im Augenblick des Sterbens wieder schenken[3069]. Ihm kann der Mensch sich ganz anvertrauen, weil seine Güte mehr zählt als alles andere[3070].

27. Es fällt auf, daß im Vergleich zu der Häufigkeit, mit der von der „bonitas", „Güte" Gottes allgemein, derjenigen Gott Vaters und derjenigen des Heiligen Geistes seltener von dieser Eigenschaft Jesu die Rede. Um auszudrücken, daß Jesus gut ist, stehen andere Begriffe zur Verfügung.

5.3.1.2 „Benignitas"

1. In der Vulgata gibt es eine Stelle, die von der „benignitas" Christi spricht: „Benignitas et humanitas apparuit salvatoris nostri." – „Die Güte und Menschenfreundlichkeit unseres Erlösers ist erschienen (Tit 3,4)."

2. Jean von Fécamp, der in seiner „Confessio theologica" die „benignitas" Gottes allgemein nicht kennt, gebraucht aber dieses Wort im christologischen Kontext. Er redet Gott Vater mit den Worten „benignissime amator hominum", „gütigster Liebhaber der Menschen" an, weil er seinen Sohn zur Erlösung in die Welt gesandt hat[3071] oder weil er in Christus die Kirche seit Ewigkeit erwählt hat[3072]. Die Sendung des Sohnes geschah durch die „miranda diuinae propitationis benignitas", „zu bewundernde Güte der göttlichen Vergebungsbereitschaft"[3073]. Wenn Jean über sein persönliches Verhältnis zu Jesus spricht, redet er ihn mit zwölf Superlativen an, unter denen „benignissime", „Gütigster" an zweiter Stelle steht[3074].

3. Bernhard von Clairvaux redet nicht oft von der „benignitas" Christi. Für den ewigen Sohn Gottes ist „perennis accubitus paternae benignitatis diversorium", „das ewige Lager der Ruheort der väterlichen Güte"[3075]. Vom Sohn schreibt Bernhard: „Ad nos redimendum propria benignitas invitavit." – „Uns zu erlösen, hat (Dich Deine) eigene Güte eingeladen."[3076]

Für Bernhard ist das Duften der blühenden Reben in Hld 2,13 Wirklichkeit geworden, „cum apparuit benignitas et humanitas Salvatoris nostri", „als erschienen ist die Güte und Menschenfreundlichkeit unseres Erlösers"[3077]. „Totum nempe benignum et

---

[3066] G R 4,3,332f.,122.
[3067] G 3, 3,53,1,9f.,230.
[3068] G R 5,237f.,142.
[3069] G R 7,406-414,234.
[3070] G R 3,59,76.
[3071] JFC 2,2,61-65,122f.
[3072] JFC 2,12,540-543,138.
[3073] JFC 2,5,170f.,126.
[3074] JFC 3,26,878-880,170.
[3075] BHLD 2, 42,7,10,92,25f.
[3076] BD 42,1,530,14.
[3077] BHLD 2, 60,2,8,306,15f.

vere paternum, quod apparuit gloriae in hac parte." – „Ganz gütig und wirklich väter-lich ist ja das, was diesbezüglich an Herrlichkeit erschienen ist."[3078] Man soll betrach-ten, „quam benigne suprema et infima connexa sunt", „wie gütig das Höchste und das Niedrigste mit einander verbunden sind"[3079]. Diese „in compositione ... benignitas", „Güte ... in der Zusammensetzung"[3080] zeigte sich vor allem damals, als er unseren Staub mit sich vereinte[3081]. An Weihnachten hat sich das Schriftwort Tit 3,4 erfüllt[3082]. „Benignitas misericordiae nunc maxime apparuit in humanitate." – „Die Güte der Barmherzigkeit ist jetzt am meisten in der Menschheit erschienen."[3083] Gottes Sohn ist ja als Kind gekommen, mit dem man sich leicht versöhnen kann[3084]. Deswegen ist uns die Güte Gottes erst in dieser Gestalt angeboten worden, damit wir uns leichter mit Gott aussöhnen[3085]. Bei der Menschwerdung in und durch Maria „benigna manus Omnipotentis quidquid creaverat recreavit", „hat die gütige Hand des Allmächtigen das, was er geschaffen hat, neugeschaffen"[3086]. Weil Gottes Sohn Mensch geworden ist, kommt er der menschlichen Liebe gütig zuvor[3087]. „Nec tantae aliquando benignitati inveniamur ingrati." – „Einer solchen Güte gegenüber sollen wir uns niemals undank-bar erweisen."[3088] Nur einmal erwähnt Bernhard die Güte beim Kreuzesgeschehen. Die Güte des Vaters, die lange verborgen war, zeigt sich am Kreuz[3089].

Bernhard strebt keine außergewöhnlichen Erlebnisse an, sondern ist zufrieden, manchmal im Gebet die Füße Jesu zu umfassen, „in quantum me sua benignitas di-gnabatur admittere", „soweit seine Güte sich würdigte, mir dies zu gewähren"[3090]. Zur Ruhe lädt Jesus ein als „benignus Dominus laborantes sub onere", „gütiger Herr dieje-nigen, welche sich unter einer Last abmühen (Mt 11,28)"[3091].

Es fällt auf, daß Bernhard vor allem im Kontext der Menschwerdung von der Güte spricht.

4. Nur selten wird im Schüler- und Freundeskreis Bernhards von der „benignitas" Christi gesprochen.

Einmal läßt Wilhelm von St. Thierry Christus in bezug auf seine Erlösungstat spre-chen: „Domine Pater, dedisti benignitatem, et terra corporis mei dedit fructum suum."

[3078] BHLD 2, 62,3,5,330,16f.

[3079] BVNAT 3,8,170,8.

[3080] BVNAT 3,8,170,6.

[3081] BVNAT 3,8,170,16-23.

[3082] BNAT 1,2,226,15f.

[3083] BNAT 1,2,226,17f. Man könnte „in humanitate" in Angleichung an Tit 3,4 auch mit „in der Menschen-freundlichkeit" wiedergeben. Da Bernhard im Kontext aber von der Erniedrigung in der Menschwerdung spricht, legt sich die Übersetzung „in der (angenommenen) Menschheit" nahe.

[3084] BEPI 1,4,326,7f.

[3085] BEPI 1,4,328,3-5.

[3086] BPENT 2,4,406,7f.

[3087] BDI 7,22,110,19-21.

[3088] BD 23,6,384,6.

[3089] BB 1, 65,1,558,16f.

[3090] BHLD 1, 6,3,9,108,10f.

[3091] BS 3,120,694,4.

– „Herr, Vater, Du hast die Güte gegeben, und das Land meines Leibes hat seine Frucht gebracht (vgl. Ps 84,13f).“[3092]

5. Nach Isaak von Stella ist es für einen Kranken schlimm, die Arznei für seine Krankheit nicht zu suchen oder sie zu vernachlässigen[3093]. Deswegen führt der gütige Gott den kranken Menschen zu Christus, der dazu vom Himmel herabgestiegen ist[3094].

6. Gilbert von Hoyland sagt, daß der Mensch, wenn er Christus anzieht, das Gewand der gütigen Liebe anlegt[3095].

7. Nach Guerricus von Igny dürfen wir seit Weihnachten voll Vertrauen dem Thron Gottes nahen, weil uns dort kein Schrecken und keine Strenge, sondern die „omnimoda benignitas atque mansuetudo“, „allseitige Güte und Milde“ erwartet[3096]. Deswegen spricht er den Menschgewordenen auch mit den Worten an: „O benigne Iesu“, „O gütiger Jesus“, weil er dem Menschen auf all seinen Wegen entgegen läuft[3097].

8. Etwas häufiger kommt diese Eigenschaft bei Johannes von Ford vor. Als Gottes Sohn auf Erden erschien und mit den Menschen lebte, hat er „ineffabili benignitate sua“, „in seiner unaussprechlichen Güte“ Heilungswunder gewirkt[3098]. Nach Paulus ist die Liebe „patiens ... et benigna“, „geduldig ... und gütig (1 Kor 13,4)“[3099]. Dem entspricht, daß das fleischgewordene Wort zwei Brüste hat, „benignitas et humanitas“, „die Güte und Menschenfreundlichkeit“[3100]. Das macht sich dadurch deutlich, daß Jesus bei seinen Predigten die Menschen so, wie sie es verstehen konnten, „in benignitate“, „in Güte“ nährte[3101]. Deswegen bot er in seiner unaussprechlichen Güte seine Wangen den Sündern dar[3102]. Dadurch hat seine „benignitas nequitiam superauit“, „Güte die Bosheit überwunden“[3103]. Es soll aber die am Kreuz geschenkte Güte in unserem Acker Frucht tragen[3104]. Als der Geliebte steigt er dann in den Garten (HLD 6,1), wo die Braut sich an seiner Güte freuen darf[3105]. Deswegen wird Jesus auch „benignus“, „gütig“ genannt[3106].

9. Richard von St. Viktor ist einer der wenigen Theologen, die sich mit der innertrinitarischen „benignitas“ beschäftigen.

9.1 Die drei Personen sind an Würde einander gleich[3107]. Der Vater teilt ja alles den anderen beiden Personen mit. „Quantae benignitatis ... fuit quod de magnitudinis suae

---

[3092] WND 12,37,403A.
[3093] IS 11,1,9-11,236.
[3094] IS 11,1f.,1-12,236.
[3095] GHLD 9,3,54B.
[3096] GIS Nat 1,3,106-110,170-172.
[3097] GIS ADV 3,4,198-200,132.
[3098] JHLD 16,3,63-68,142.
[3099] JHLD 17,7,172,152.
[3100] JHLD 17,7,175f.,152.
[3101] JHLD 17,7,182-186,153.
[3102] JHLD 20,7,218-223,179.
[3103] JHLD 84,6,116f.,577.
[3104] JHLD 116,3,47-50,782.
[3105] JHLD 44,4,73-76,316.
[3106] JHLD 7,3,152f.,76.
[3107] RVTR 5,24,362.

divitiis nihil sibi soli reservavit, nihil habere voluit quod non illis communicaverit!" – „Von wie großer Güte war er, daß er von den Reichtümern seiner Größe nichts für sich zurückbehalten hat, nichts haben wollte, was er jenem (= dem Sohn) nicht mitgeteilt hätte."[3108] Heißt das aber nicht dann doch, daß derjenige, der sich damit begnügt, die Güte nur als Geschenk zu haben, größer ist als derjenige, der sie in sich besitzt und weitergibt[3109], und ist dann am Ende der Heilige Geist der Würdigste, weil er die Güte nur geschenkt erhalten will und nicht darauf drängt, sie weiterzugeben[3110]? Richard entkräftet dieses Argument mit dem Hinweis, daß es nur unter menschlichen, nicht aber unter göttlichen Personen eine Abstufung der Güte geben kann[3111].

9.2 Richard weiß auch von der Güte des Menschgewordenen. So spricht er ihn mit den Worten „Jesu benigne", „gütiger Jesus" an, wenn er um eine gute Sterbestunde betet[3112] und wenn er bittet, von der Finsternis befreit zu werden[3113].

10. Thomas von Cantimpré schildert, wie Christina mirabilis eine besonders intensive Ekstase erlebt[3114]. Kaum ist sie wieder zu sich selbst zurückgekehrt, läßt sie den Konvent eines Klosters ihrer Heimatstadt zusammenrufen, „ut summae benignitatis Jesum in suis mirabilibus collaudemus, „damit wir zusammen Jesus von großer Güte in seinen Wundertaten loben"[3115].

11. Der gleiche Autor erzählt von Lutgard von Tongeren folgende Geschichte. Als ein befreundeter Abt bei einem Besuch Lutgard als der Priorin des Klosters im Scherz einen Kuß geben will, „summae benignitatis Jesus misericordiae suam manum ita mediam posuit, ut nec primi motus contagium in viri osculo senserit", „legte Jesus von höchster Güte die Hand seiner Barmherzigkeit so dazwischen, daß sie auch nicht den Ansatz einer (erotischen) Regung bei dem Kuß eines Mannes verspürte"[3116].

12. In einem Gebet, das die Mitschwestern um Genesung der Ida von Nijvel an Jesus richten, sprechen sie diesen mit den Worten an: „Amator hominum benignissime!" – „Gütigster Liebhaber der Menschen!"[3117] Sie fürchten den Verlust der beliebten Schwester und laden Jesus ein, „ad parcendum eius benignissimum", „sie gütigst zur schonen"[3118].

13. Juliane von Cornillon regt einen Kanoniker an, sich für die Einführung des Fronleichnamsfestes einzusetzen. Als dieser es tut und mit reichen Gnaden beschenkt wird, ruft der Autor ihrer Vita aus: „O benignitas et liberalitas Salvatoris nostri Dei!" -"O Güte und Freigibigkeit unseres Erlösers und Gottes!"[3119]

[3108] RVTR 6,13,510.
[3109] RVTR 5,24,364.
[3110] Ebenda.
[3111] Ebenda.
[3112] RVPS 118,346C.
[3113] RVPS 118,349A.
[3114] CM 3,35,656.
[3115] CM 3,36,656.
[3116] LTA 1,2,21,194; LT 1,2,21,165.
[3117] IN 10,227.
[3118] IN 10,226.
[3119] JC 2,4,17,463.

14. Beatrijs von Nazareth erleidet einmal eine dreijährige Trockenheit[3120]. In ihr bittet sie in einem Gebet um das Ende dieser Dürre und sagt: „Benignissime ... ihesu domine!" – „Gütigster Jesus, ... Herr!"[3121] Als sie einmal ein Wort über Christus nicht versteht[3122], schenkt ihr „benignus dominus", „der gütige Herr" die rechte Erkenntnis[3123].

15. Bei Ida von Gorsleeuw verhindert der Herr, „cuius dulcis benignitas nullo termino clauditur", „dessen süße Güte von keiner Grenze eingeschlossen ist", ein Unwetter, welches sie am Empfang seines eucharistischen Leibes hätte hindern können[3124]. Als die Mystikerin in einer Ekstase an der Brust Jesu ruht und von Außenstehenden gewaltsam ins Alltagsbewußtsein zurückgerufen wird, stärkt sie der gütige König der Liebenden[3125].

16. Margarete von Ypern fühlt sich hilflos, wenn ihr geistlicher Berater in einer spirituellen Not nicht anwesend ist, und ruft aus: „Quid ergo, benignissime Domine, quod ego misera faciam?" – „Was soll ich, gütigster Herr, was soll ich Elende also tun?"[3126]. Darauf steht ihr der Herr selbst mit seinem Trost bei[3127]. Als sie wieder einmal ohne menschlichen Berater in geistige Not gerät[3128], bekommt sie Angst, in Abhängigkeit von einem Menschen geraten zu sein, und beteuert, daß sie Jesus über alles liebt, wobei sie ausruft: „Benignissime Domine Iesu Christe!" – „Gütigster Herr Jesus Christus!"[3129]

17. In einer Vision erscheint Ida von Löwen „speciosus ille prae filiis hominum Dominus Jesus", „jener Schönste vor allen Menschensöhnen, der Herr Jesu"[3130], und sie darf „vultumque benignissimum", „auch das gütigste Angesicht", welches die Engel zu schauen begehren, sehen[3131]. Dieses ist geziert „benignitatis excellentia", „mit herausragender Güte"[3132]. Ida begrüßt den Herrn im Allerheiligsten Sakrament mit den Worten: „Ave .... benigne, pie et dulcis Jesu!" – „Sei ... gegrüßt, gütiger, guter und süßer Jesus!"[3133]

18. In der Mystik von Helfta vermehrt sich schlagartig die Häufigkeit des Vorkommens der „benignitas" Jesu.

Dies ist schon bei Mechthild von Hackeborn der Fall.

18.1 Selten wird dieser Ausdruck bei der Beschreibung des Erlösungsgeschehens gebraucht. So erklärt Christus: „Infusione quoque benignissimi amoris, quo Spiritus

---

[3120] BN 2,12,130-140,1-199,92-97.
[3121] BN 2,14,147,46-48,101.
[3122] BN 3,11,234,13-19,151.
[3123] BN 3,11,235,24-29,151.
[3124] IG 4,30,116.
[3125] IG 5,46,121.
[3126] MY 24,118f.,32.
[3127] MY 24,118,34.
[3128] MY 24,119,8-10.
[3129] MY 25,119,11.
[3130] IL 2,7,35,180.
[3131] Ebenda.
[3132] Ebenda.
[3133] IL 2,2,6,172.

Sanctus se animae meae plene communicavit, tam benevola et parata ad redemptionem humani generis est effecta, ut onus illud suave ipsi videretur." – „Durch die Eingießung der gütigsten Liebe, mit welcher der Heilige Geist sich meiner Seele völlig mitgeteilt hat, wurde sie so wohlwollend und zur Erlösung des Menschengeschlechtes bereit, daß jene Last ihr süß erschien."[3134] Am Kreuz verursachte auch die gütige Liebe, die das Herz Jesu vorher schon heftig schlagen ließ, seinen Tod[3135].

18.2 Mechthild lobt Jesus als „amor benignissime", „gütigste Liebe" für alles, was er mit seiner Gottheit und Menschheit gewirkt hat[3136]. Er ist ja „imperialis juvenculus Jesus, paternae benignitatis Filius", „der kaiserliche Jüngling Jesus, der Sohn der väterlichen Güte"[3137]. Einmal hört sie einen vierfachen Herzschlag des Jesuskindes, den sie von ihm erklärt bekommt: „Quartus pulsus, qui lenis erat, humanitatis meae benignitatem figurabat." – „Der vierte Schlag, der zart war, versinnbildet die Güte meiner Menschheit."[3138] Jesus vereinigt seine fünf Sinne mit denen der Mystikerin[3139]. „Deinde oculos suos benignissimos animae oculis applicuit, dans illi exercitationem sanctissimorum oculorum suorum et lacrymarum effusionem copiosam." – „Darauf paßte er seine gütigsten Augen den Augen (ihrer) Seele an und gab ihr die Betätigung seiner heiligsten Augen und den reichlichen Fluß seiner Tränen."[3140] Umsonst läßt der Gottmensch oft seine Liebe „liberalissima benignitate", „aus freigibigster Güte" in die Menschen fließen[3141].

18.3 Das Besondere bei Mechthild ist, daß sie öfters von der Güte des Herzens Jesu spricht. Das Herz kann sich seiner Güte nicht enthalten und fließt von Liebe über[3142]. Am Tag, an dem Mechthild stirbt, wird „ex superabundantia benignitatis dulcissimi Cordis Christi", „um des reichen Überflusses der Güte des süßesten Herzens Christi willen" kein Mensch zur Hölle fahren[3143]. Die gütige Liebe im Herz Jesu war am Kreuz so stark, daß der Erlöser starb[3144].

19. Gertrud die Große gebraucht das Substantiv „benignitas" und das Adjektiv „benignus" im Zusammenhang mit Jesus so oft, daß es toposartig wirkt[3145].

19.1 Wir wenden uns zuerst dem Gebrauch des Adjektivs „benignus" oder „benignissimus" zu.

19.1.1 Die Anrufung „Jesu benignissime", „gütigster Jesus" wird ihr in einer Vision als richtig bestätigt[3146]. Sie grüßt den Herrn mit den Worten: „Ave Jesu ...benignissime",

---

[3134] MH 5,32,371.
[3135] MH 5,32,372.
[3136] MH 1,5,19.
[3137] MH 4,59,312.
[3138] MH 1,5,19.
[3139] MH 1,1,8f.
[3140] MH 1,1,9.
[3141] MH 7,17,412.
[3142] MH 7,5,396.
[3143] MH 7,15,409.
[3144] MH 5,32,372.
[3145] Nicht umsonst wird einmal (G 3, 3,37,1,7,178) die „solita benignitas", „gewohnte Güte" Jesu erwähnt.
[3146] G 4, 4,5,1,10f.,82.

„Sei gegrüßt, gütigster … Jesus"[3147]. Jesus wird mit den Adjektiven „dulcis atque benigne", „süßer und gütiger" gelobt[3148]. „Sit tibi laus, benignissime Jesu, aeterna!" – „Dir sei ewiges Lob, gütigster Jesus!"[3149]. Man dankt Jesus, daß er uns Maria als Mutter gegeben hat, mit dem Ausruf „benignissime Jesu"[3150]. Bei einem Bittgebet lautet die Anrufung: „Benignissime Jesu!" – „Gütigster Jesus!"[3151]

19.1.2 Auch Eigenschaften Jesu erhalten dieses Adjektiv. Man wünscht sich, in die „benignissimam fraternitatem", „gütigste Bruderschaft" Jesu aufgenommen zu werden[3152]. Aus seiner „benignissima liberalitate", „gütigsten Freigibigkeit" kommt die Freude, die der Mensch erlebt[3153]. Um seiner „benigna hilaritate", „gütigen Heiterkeit" willen lohnt Jesus alles Gute des Menschen[3154].

19.1.3 Auch die Glieder Jesu werden gütig genannt. Aus seinem Mund kommt eine „benignissimum responsum", „gütigste Antwort"[3155], die seiner gewohnten Güte entspringt[3156].

Vor allem ist das Herz gütig. Jesus möge sich „secundum pietatem benignissimi cordis", „nach der Güte (seines) gütigsten Herzens" erbarmen[3157]. Er soll beim Sterben das Tor seines gütigen Herzens öffnen[3158]. Im Altarsakrament neigt sich Jesus aus eigener Herzensgüte zu den Menschen[3159]. Sein gütigstes Herz nimmt alles gern an, was eine Auserwählte geduldig erträgt[3160].

19.2 „Benignus" wird Jesus als „adjutor", „Helfer"[3161], „amator", „Liebhaber"[3162], „deus", „Gott"[3163], „dominus", „Herr"[3164], „inhabitator", „Einwohner"[3165], „instructor", „Lehrer"[3166] und „magister", „Meister"[3167] genannt.

19.3 Der ewige Sohn Gottes hat im himmlischen Palast der väterlichen Güte sein Lager[3168]. Gottes Liebe brachte den Sohn Gottes nicht aus einem Zwang, sondern „pro-

---

[3147] G 4, 4,5,1,9-11,82.
[3148] G R 7,657,248.
[3149] G 5, 5,18,2,23f.,180.
[3150] G 5, 5,1,21,2-5,40.
[3151] G 5, 5,4,21,11f.,104.
[3152] G R 4,258f.,116.
[3153] G 4, 4,21,3,12f.,204.
[3154] G 4, 4,24,1,14f.,230.
[3155] G 5, 5,29,3,1,234.
[3156] G 3, 3,18,3,7f.,82; 3,18,13,3f.,92.
[3157] G R 2,50f.,68.
[3158] G R 7,586f.,244.
[3159] G 3, 3,18,24,16-20,102.
[3160] G 5, 5,1,7,12-14,26.
[3161] G 3, 3,65,3,46,266.
[3162] G 3,3,31,2,4,164; 4, 4,22,3,8,210.
[3163] G 2, 2,13,1,1,282; 3, 3,9,1,13,34; 3,34,1,12f.,174; 4, 4,8,1,21,106; 5, 5,5,2,8,110.
[3164] G 3, 3,27,1,4f.,126; 3,39,1,3f.,186; 4, 4,6,7,18,98; 4,7,5,1,104; 4,19,2,1,196; 4,43,2,12,338; G 5, 5,32,1,10f.,256.
[3165] G R 3,199,86.
[3166] G 4, 4,27,4,5f.,264.
[3167] G 4, 4,5,3,22,86.
[3168] G 2, 2,23,17,12f.,344.

pria benignitate", „um der eigenen Güte willen" auf die Erde[3169]. Dabei wurde verbunden „connaturalis tibi benignitatis suavitas", „die Dir von Natur aus eigene Süße der Güte" mit unserer schwachen Natur[3170]. So erschien im Menschgewordenen die Güte und Menschenfreundlichkeit Gottes (Tit 3,4)[3171].

19.4 Diese unaussprechliche Güte bewundert Gertrud[3172] und will sie nicht aus dem inneren Blick verlieren[3173]. Jesus hatte die Mystikerin in seiner Güte zu dem Vorsatz anregt, sich an sonst nichts mehr außer ihm zu erfreuen[3174]. In seiner Güte nimmt Jesus ihre Hingabe an[3175]. Es war üblich, daß man sich, wenn in der Liturgie die Worte „Verbum caro factus est", „Das Wort ist Fleisch geworden (Joh 1,14)" vorkommen, vor der Güte des Sohnes Gottes verneigt. Wenn ein Mensch bei einer unwichtigen Sache eine gute Absicht hat, ergänzt die Güte des Herrn das, was an der Tat fehlt[3176]. Wenn ein Mensch diese Absicht aus innerer Dankbarkeit hat, wird Jesus aus seiner eigenen Güte sich auch zu ihm neigen[3177]. In seiner Güte neigt sich Jesus zu seiner Mutter, wenn diese für jemanden Fürsprache einlegt[3178].

19.5 Man spürt deutlich, daß bei Gertrud der Gebrauch der Wörter „benignus" und „benignitas" im christologischen Kontext zur Gewohnheit geworden ist. Aussagen, die über das bis jetzt Gewohnte hinausgehen, finden sich bei ihr nicht.

20. Lukardis von Oberweimar gedenkt in einem Gebet, das mit den Worten beginnt: „O Deus clemens, benigne", „O milder, gütiger Gott", der Menschwerdung des Erlösers[3179].

21. Nur gelegentlich wird im Schrifttum um Christina von Stommeln auf diese Ausdrücke Bezug genommen.

Als die Mystikerin erkrankt und man ihr einen Arzt holen will, wehrt sie sich dagegen mit den Worten: „Dominus me sua benignitate curauit." – „Der Herr hat mich in seiner Güte geheilt."[3180] Da vom Arzt Jesus, der die Menschen heilt, häufig in unseren Texten gesprochen wird, dürfte er gemeint sein, der Christina Genesung bringt. In ihrer Schwäche hilft die „familiarissima benigitas", „vertraulichste Güte" ihres Bräutigams[3181]. Bei den Anfechtungen der Dämonen richtet Christina ihr Gebet „ad suum benignissimum Sponsum", „zu ihrem gütigsten Bräutigam"[3182] und ist zufrieden, wenn ihre Seele im Herzen Jesu bewahrt wird, auch wenn ihr Leib „juxta vestram

---

[3169] G R 7,309-313,228.
[3170] G 2, 2,8,3,5-14,264-266.
[3171] G 2, 2,8,2,8f.,264.
[3172] G 3, 3,67,2,1,272.
[3173] G 3, 3,18,13,4-6,92.
[3174] G 3, 3,50,2,1-3,220.
[3175] G 3, 3,50,1,13f.,220.
[3176] G 4, 4,7,2,4-11,100.
[3177] G 4, 4,3,5,1-11,52.
[3178] G 3, 3,37,1,7f.,178.
[3179] LO 70,352,5-7.
[3180] CS 1, B 22,156,13.
[3181] CS 1, 1,27,13,1-3.
[3182] CS 2, 4,1,8,296.

benignissimam voluntatem", „gemäß Eurem gütigsten Willen" von den Dämonen gequält wird[3183]. Auf ihr Gebet hin holt die „eterni sponsi benignitas", „Güte des ewigen Bräutigams" die Seele eines verstorbenen Priesters aus dem Fegfeuer[3184]. Auch andere Seelen werden von dort auf Grund der Verdienste Christinas von der gleichen Güte befreit[3185]. Dieser gütige Bräutigam lohnt ihr alles[3186].

Es fällt auf, daß Jesus immer dann gütig genannt wird, wenn er Christina aus einer Not befreit.

22. In dem Wiener Passionsspiel vom Ende des 13. Jahrhunderts wechseln sich lateinische mit mittelhochdeutschen Versen ab. Im lateinischen Teil wird Jesus einmal angeredet mit den Worten: „O magister optime, dulcis et benigne!" – „O bester, süßer und gütiger Meister!"[3187]

5.3.1.3 „Pietas"

1. „Pietas" kann sowohl die Tugend der Eltern gegenüber ihren Kindern als auch diejenige der Kinder ihren Eltern gegenüber meinen. Auf das Verhältnis zu Gott übertragen meint „pietas" Gottes „fürsorgliche Güte" zu uns Menschen und die Frömmigkeit des Menschen zu Gott. Uns interessieren, wenn wir nach der „pietas" Jesu fragen, nur Stellen in der ersten Bedeutung. In der Vulgata kommen aber fast nur Worte in der zweiten Bedeutung[3188] vor, nämlich „Frömmigkeit", und zwar vor allem in den Pastoralbriefen.

2. Jean von Fécamp nennt Jesus „Dominus meus pius", „mein gütiger Herr"[3189]. Er ruft aus: „O pietas", „O Güte"[3190], wenn er daran denkt, daß der Sohn Gottes „pro sola pietate", „allein aus Güte"[3191], mit welcher keine andere Güte zu vergleichen ist[3192], nicht Engel, sondern Mensch geworden ist[3193]. Es ist „pietas immensa", „unermeßliche Güte", daß Gott Mensch geworden ist, um die Schuldigen zu befreien[3194]. Aus Güte hat er uns losgekauft[3195]. Er ist der „pius pastor", „gütige Hirt", welcher das verlorene Schaf sucht[3196]. Um seiner Güte willen soll Gott den Menschen helfen, der Erlösung

---

[3183] CS 2, 4,7,69,312.
[3184] CS 1, B 29,55,198,26-30.
[3185] CS 2, 4,9,82,316; 2, 4,21,191,347.
[3186] CS 1, B 30,65,208,27-29.
[3187] Wiener Passionsspiel. Maria Magdalena 185, in: Die Deutsche Literatur vom Mittelalter bis zum 20. Jahrhundert, 1,1,266.
[3188] Das Wort kommt auch bei Bernhard von Clairvaux (BLNM 11,18,300,19f.), Wilhelm von St. Thierry (WHLD 1,1,39,126) und Aelred von Rievaulx (ARI 31,1125,669) in dieser Bedeutung vor.
[3189] JFC 3,2,10,142.
[3190] JFC 2,6,201,127.
[3191] JFC 2,6,211f,128.
[3192] JFC 2,6,207,128.
[3193] JFC 2,6,212-214,128.
[3194] JFC 2,12,509-511,137.
[3195] JFC 2,2,64f.,123.
[3196] JFC 2,12,524,137.

würdig zu leben[3197]. Um Christi willen, der am Kreuz hängt, möge Gott aus seiner Güte uns mit einem makellosen Kleid bekleiden[3198]. Durch den zu seiner rechten sitzenden Erlöser soll Gott, der gütige Herr, sich erbarmen[3199]. Aus reiner Güte sind wir, die Christen, Glieder Jesu Christi geworden[3200]. Jean bittet Jesus um seiner Güte willen, seinen Kelch, worunter die Eucharistie zu verstehen ist, oft trinken zu dürfen[3201].

Jesus wird angeredet mit „pie Domine", „gütiger Herr"[3202], welcher den Menschen zum Vater ziehen soll[3203]. Ihn als gütigen Herrn wird man einmal von Angesicht zu Angesicht schauen[3204].

Es fällt auf, wie oft von Gottes Güte gesprochen wird, weil er seinen Sohn zur Welt bis zum Kreuz geschickt hat.

3. Bernhard von Clairvaux gebraucht die „pietas" besonders im soteriologischen Kontext.

Von dem ewigen Sohn Gottes heißt es: „Cui fons pietatis est mansio."- „Ihm ist die Quelle der Güte eine Wohnung."[3205] Durch das sündige Elend des Menschen wird die schon immer vorhandene „pietas", „Güte" zur „misericordia", „Barmherzigkeit" Gottes angeregt[3206]. Wenn er für die Engel in der Gottesgestalt schön ist[3207], dann fängt seine Güte für den Sünder in der Entäußerung der Menschwerdung erst richtig zu leuchten an[3208]. Was man an Weihnachten sehen kann, ist nicht die „gloriam potestatis aut claritatis, sed gloriam paternae pietatis, gloriam gratiae", „Herrlichkeit der Macht oder der Klarheit, sondern die Herrlichkeit der väterlichen Güte, die Herrlichkeit der Gnade" (vgl. Joh 1,14)[3209]. Und das ist recht so; denn der Mensch kann auf Erden nicht der Gottheit Jesu, wohl aber dessen Güte gleichgestaltet werden, indem er zu den anderen Menschen selbst gütig wird[3210]. Als Erlöser ist Gott der „pius consolator", „gütige Tröster"[3211], der mit „piissime liberator", „gütigster Befreier" angeredet wird[3212]. Das Haupt, von dem das Salböl zum Bart herabfließt (Ps 132,1-2), deutet Bernhard auf Christus: „Im capite inexhaustus fons pietatis divinae", „Im Haupt ist die unausschöpfbare Quelle der göttlichen Liebe", die auf die Menschen herabfließt[3213]. Er bittet einen Briefpartner um sein Gebet, „ut in fonte misericordiae suae nos lavare et emaculare

---

[3197] JFC 2,6,244-249,129.
[3198] JFC 2,8,364-366,132.
[3199] JFC 2,2,39-41,122.
[3200] JFC 2,14,632-635,141.
[3201] JFC 3,30,1118f.,177.
[3202] JFC 2,14,642,141.
[3203] JFC 2,14,642-644,141.
[3204] JFC 3,7,194-197,148f.
[3205] BHLD 2,42,7,10,92,26f.
[3206] BH 3,12,62,24.
[3207] BHLD 2,45,6,9,124,7-12.
[3208] BHLD 2,45,6,9,124,12-14.
[3209] BVNAT 6,6,214,13-15.
[3210] BHLD 2,62,3,5,330,25-332,2.
[3211] BDI 5,14,96,22f.
[3212] BANN 3,1,138,14.
[3213] BQUAD 1,2,446,7.

dignetur ipse fons pietatis Iesus Christus", „daß sich die Quelle der Güte, Jesus Christus, uns in der Quelle der Barmherzigkeit zu waschen und zu reinigen würdige"[3214]. Man darf vor der verdienten Strafe fliehen „ad illum utique pietatis zelum suaviter ardentem, efficaciter expiantem", „zu jenem Eifer der Güte, der milde brennt und wirksam sühnt"[3215]. Wenn am Palmsonntag kleine Kinder Jesus zujubeln, zeigt dies, daß er das Fehlende beim Menschen durch seine Güte ersetzen kann[3216]. Christus ist „pius medicus", „ein gütiger Arzt", der eine kostbare und wohlschmeckende Arznei verabreicht"[3217]. Gütig ist der Arzt auch, weil er in seinem Leiden und Tod zuerst selbst die Arznei trinkt, die er dann anderen verabreicht[3218]. Als er den toten Lazarus aus dem Grab herausrief, tat er dies „magna utique voce, non tam sono clamoso quam pietate", „mit lauter Stimme, (laut) aber nicht wegen ihres lärmenden Klagens, sondern wegen ihrer Güte"[3219]. Im Herrn sieht man „pietatis thesauros", „die Schätze der Güte"[3220]. Jesus wird mit „piissime", „Gütigster" angeredet, wenn er durch Erklärung der Schrift das Brot des Wortes brechen soll[3221]. Bernhard vergleicht das zur Buße gehörende Sündenbekenntnis des Menschen mit dem Rauch, der aus dem Weihrauchfaß aufsteigt[3222]. Doch selbst dieser Rauch hat einen Duft von Güte[3223].

4. Wilhelm von St. Thierry bezieht die Güte gern auf den Bräutigam. Nach Hld 2,6 und Hld 8,3 ruht die Braut auf der Linken des Bräutigams und wird von seiner Rechten gehalten. Dadurch, daß Wilhelm das Ruhen der Braut mit dem Liegen an Jesu Brust vergleicht[3224], ist hier mit dem Bräutigam Christus gemeint. Das Ruhen auf der Linken stellt dann die Einheit mit Jesus dar. Ständig aber besteht die Gefahr, daß die Seele wieder aus der innigen Verbindung mit Christus herausfällt. „Nec ... Sponsi pietas terrae inhaerere patitur." – „Doch ... die Güte des Bräutigams läßt (sie) nicht an der Erde kleben."[3225] So liegt in der Rechten ausreichend Güte[3226]. In einem anderen Bild ist die Güte eines der Fenster, durch welches die Braut nach dem Bräutigam Ausschau hält[3227].

Wenn ein Mensch mit Christus arm wird, ist er der göttlichen Weisheit gleich[3228]. Doch es ist „sapientia cum pietate", „Weisheit mit Güte"[3229]. Beide Eigenschaften fin-

---

[3214] BB 2, 341,2,592,13f.
[3215] BHLD 2, 69,3,6,424,15f.
[3216] BPALM 1,3,158,17-19.
[3217] BVNAT 4,2,178,12-15.
[3218] BD 54,580,1-3.
[3219] BASSPT 4,4,564,17-19.
[3220] BHLD 2, 61,2,5,316,18f.
[3221] BHLD 1, 1,2,4,58,1f.
[3222] BD 91,702,18-704,1.
[3223] BD 91,704,3.
[3224] WHLD 1,11,133,284.
[3225] WHLD 1,11,133,286.
[3226] Ebenda.
[3227] WHLD 2,1,159,332.
[3228] WE 2,272,8,362.
[3229] WE 2,272,1,362.

det man in der Weinzelle, welche die Braut betreten darf[3230]. So kann man auch „coram Jesu, pio judice", „vor Jesus, dem gütigen Richter" alles, auch seine Fehler, ausbreiten[3231].

5.	Aelred von Rievaulx sieht in Jesus ein Vorbild der Gelassenheit. Sein Herz bewahrte auch am Kreuz die Ruhe[3232]. Er wollte das ihm zugefügte Unrecht nicht rächen, sondern seinen Peinigern verzeihen[3233]. So soll man sehen, „quam exhibuerit pietatem", „wie er seine Güte erwies"[3234]. Wenn der Gelähmte vor die Füße Jesu herabgelassen wird (Lk 5,19f.), liegt er dort, „ubi pietas et potestas obuiuerunt sibi", „wo Güte und Macht einander begegnen", weil er nicht nur Gesundheit des Leibes, sondern auch Vergebung seiner Sünden empfängt[3235]. Wenn eine Seele die Gewalt der Liebe erleidet, „gaudet certe pius ille Iesus", „freut sich gewiß jener gütige Jesus"[3236].

6.	Nach Isaak von Stella durchbrach „Dei pietas", „Gottes Güte", die alle menschliche Güte übertrifft, unsere Härte[3237]. Die menschliche Güte der Jünger bittet für die kananäische Frau, die Hilfe suchend hinter ihnen herschreit (Mt 15,23), „quasi magis sint pii et misericordes Domino suo qui fons pietatis est", „als ob sie gütiger und barmherziger seien als ihr Herr, der die Quelle der Güte ist"[3238]. Man weiß nicht, ob sie es nicht eher aus Unwillen über die Hartnäckigkeit der Frau oder aus Güte tun[3239]. Die wahre Güte Christi zeigt sich darin, daß er der Frau durch ihr wiederholtes Schreien Gelegenheit zu einem Verdienst schenkt[3240].

Besonders zeigt sich Jesu Güte beim Leiden und Sterben des Gottmenschen. „Pius traditus est in manus impiorum." – „Der Gütige ist in die Hand der Unguten überliefert worden."[3241] „Passus est ergo impia pius ab impiis, operatus pia." – „Erlitten hat der Gütige Ungutes von den Unguten und hat Gutes gewirkt."[3242] Eine solche „mira pietas", „wunderbare Güte" kann nur von Gott kommen[3243]. Der „Deus piissimus", „gütigste Gott" ist gegenüber den Unguten gütig[3244].

7.	Besonders häufig erwähnt Johannes von Ford die Güte Christi. Schon in der Einleitung zu seinem Hohenliedkommentar hofft er, beim Schreiben nicht das zu verlieren, was er durch die Güte Jesu gefunden hat[3245]. „Tuae autem pietatis erit, qui doces

---

[3230] WHLD prol 28,106.
[3231] WHLD prol 16,88.
[3232] ARI 31,1065f.,670.
[3233] ARI 31,1167-1171,671.
[3234] ARI 31,1065f.,670.
[3235] ARI 31,1003-1012,666.
[3236] ARJ 3,21,101f.,268.
[3237] IS 40,1,2-4,12.
[3238] IS 34,1,5-8,232.
[3239] IS 34,1,9f.,232.
[3240] IS 34,21,182f.,246.
[3241] IS 40,8,64f.,16. Um das lateinische Wortspiel nachzuahmen, wird "impius" hier nicht wie üblich mit "Frevler", sondern mit "Unguter" wiedergegeben.
[3242] IS 40,8,66f.,16.
[3243] IS 40,9,67f.,16.
[3244] IS 40,9,72-74,18.
[3245] JHLD prol 3,81-83,34.

hominem scientiam, interiori unctione cor tangere." – „Zu Deiner Güte, mit der Du den Menschen das Wissen lehrst, soll es gehören, das Herz mit innerer Salbung zu berühren."[3246]

7.1 Der gütige Herr will nicht den Tod des Sünders[3247]. „Sic enim pietas et sapientia Dei consiliatae sunt simul", „So nämlich haben sich die Güte und die Weisheit Gottes miteinander beraten", daß Jesus unsere Krankheiten tragen und heilen kann[3248]. Deswegen ist es eine „dispensatio inaestimabilis pietatis", „Anordnung der unschätzbaren Güte", daß Jesus, um uns zu dienen, zur Welt kam[3249]. „Unigenitus de sinu paternae pietatis respondens: Fiat, inquit, Pater mi, ut vis." – „Der Eingeborene antwortet aus dem Schoß der väterlichen Güte und sagt: ‚Es geschehe, mein Vater, wie Du willst.'"[3250] „De uena pietatis illius pietas ista descendit." – „Von der Ader jener (= des Vaters) Güte stieg diese (= des Sohnes) Güte herab."[3251]

7.2 Diese Güte zeigt sich besonders im Wirken Jesu. Weil Maria Magdalena die Güte des Herrn sah, salbte sie seine Füße[3252]. Man darf auf seine Güte hoffen, wenn man seine Ölbergangst und sein Sterben am Kreuz bedenkt[3253]. Aus dieser heiligen Güte heraus betet er im Abendmahlssaal für seine Jünger[3254] und hat den Fluch der Sünde am Kreuz aus unaussprechlicher Güte auf sich genommen[3255]. „Factumque est cor eius in medio ventris ipsius tamquam cera liquescens, quia caritas plane facta est de intima pietatis affectione mollescens." – „Sein Herz wurde in der Mitte seines Leibes schmelzend wie Wachs, weil die Liebe ganz weich geworden ist von dem innigen Gefühl der Güte."[3256] Es ist eine „pietas inaestimabilis", „uneinschätzbare Güte", die nur Gott würdigen kann[3257]. Der Leib Jesu ist ein „abyssus pietatis", „Abgrund der Liebe"[3258]. So wird Jesus angerufen mit den Worten: „Pie Jesu", „Gütiger Jesus", wenn er uns auf dem Weg leiten soll[3259].

8. Für den Verfasser des Traktates „Speculum virginum" hängt die Menschwerdung im höchsten Grad von der Güte Gottes ab[3260]. „Pietas regem saeculorum ad nos inclinavit, humanitate nostra vestivit, et quem iudicium damnaverat, mediatoris pietas reconciliat." – „Die Güte ließ den König der Zeiten sich zu uns neigen, um sich mit unserer Menschheit zu bekleiden, und die Güte des Mittlers hat den Menschen, wel-

---

[3246] JHLD prol 3,84f.,34.
[3247] JHLD 102,5,132f.,693.
[3248] JAP 4,135-137,815.
[3249] JHLD 5,3,102-104,64.
[3250] JHLD 13,3,101f.,118.
[3251] JHLD 72,4,60f.,502.
[3252] JHLD 26,6,159-161,218.
[3253] JHLD 28,5,162-169,231.
[3254] JHLD 28,3,106-110,229f.
[3255] JHLD 72,4,66-70,502.
[3256] JHLD 28,3,103-105,229.
[3257] JHLD 72,3,42f.,501.
[3258] JHLD 28,4,140,230.
[3259] JHLD 3,2,91f.,50.
[3260] SP 11,930,16-19.

chen das Gericht schon verurteilt hat, wieder versöhnt."[3261] Dort, wo im Traktat das liebevolle Wirken Jesu an den einzelnen Menschen behandelt wird, steht der Ausruf: „O admirandae dulcedinis pietas!" – „O Güte der zu bewundernden Süße!"[3262] Jesus will als „pater pietatis", „Vater der Güte" gesucht werden[3263]. So darf in einer Reihe von Namen für Christus die „pietas", „die Güte" nicht fehlen[3264].

9. Auch im Buch „Liber amoris" wird im Erlösungsratschluß die Weisheit Gottes durch dessen Güte gestärkt[3265]. Das mit der Liebe vereinte Gebet kennt voll Weisheit alles, was Jesus aus herzlicher Güte für uns gelitten hat[3266].

10. Seltener wird die „pietas", „Güte" Jesu bei den Viktorinern erwähnt.

Nach Hugo von St. Viktor ist Gott gütig, weil er in der Erlösung nicht nur den ursprünglichen Zustand des Menschen wieder hergestellt, sondern überboten hat[3267]. Seine Güte wird aber durch die Liebe insofern übertroffen, als Jesus nicht nur irgend etwas gibt, wozu seine Güte ausreichen würde, sondern sich uns schenkt[3268].

11. Auch bei Richard von St. Viktor hört man wenig von der Güte Jesu. Er lehnt eine Zuschreibung der Güte an eine der Personen der Dreifaltigkeit ab. „Quis enim dubitet, nisi summa insania ductus, quod in Patre in Filio sit idem pietatis affectus et amor veraciter idem et unus." – „Wer nämlich sollte zweifeln, es sei denn ein vom höchsten Wahnsinn Verführter, daß im Vater und im Sohn dasselbe Gefühl der Güte ist und die Liebe wirklich ein und dasselbe ist?"[3269] Darüber hinaus aber verwendet er den Begriff Güte nicht, um die Sendung und das Wirken des Menschgewordenen zu erklären.

12. Etwas häufiger erwähnt Hildegard von Bingen die „pietas" im christologischen Kontext.

12.1 Die Bitte um Vergebung der Sünden wird eingeleitet mit den Worten „O pie Pater", „O gütiger Vater"[3270].

Die gefallene Menschheit hat Gott „eleuauit per pietatem in sanctitate saluationis", „aufgehoben durch die Güte in der Heiligkeit der Errettung"[3271]. Weil der Sohn mit dem Vater Gott eins ist, „habet pii Patris dilectionem ad filios suos", „hat er die Liebe des gütigen Vaters zu seinen Söhnen"[3272]. Gott hatte schon immer durch sein Wissen Mitleid mit uns[3273]. „Scientiae pietas recte adiungitur: quia Filius Dei scienter in magna pietate adimpleuit uoluntatem Patris sui." – „Dem Wissen wurde zu Recht die Güte verbunden, weil der Sohn Gottes wissend in großer Güte den Willen seines Vaters er-

---

[3261] SP 11,932,1-3.
[3262] SP 10,846,18.
[3263] SP 10,846,3.
[3264] SP 4,358,15f.
[3265] LB 3,116f.,130.
[3266] LB 3f.,153-160,132.
[3267] HAN 3,10,657A-B.
[3268] HSO 962C.
[3269] RVTR 6,10,398-400.
[3270] HISV 2, 3,8,6,182,482.
[3271] HISV 2, 3,8,15,787-790,500.
[3272] HISV 2, 3,1,8,359f.,337.
[3273] HISV 2, 3,8,15,776f.,500.

füllt hat.“[3274] „Praecellentissima pietate Omnipotentis in ipsa incarnatione saluatoris splendidissima uirtus scilicet gratia Dei manifestata est.“ – „Durch die herausragendste Güte des Allmächtigen ist in der Menschwerdung des Erlösers die strahlendste Kraft, nämlich die Gnade Gottes, offenbar geworden.“[3275] Diese Gnade erhebt die Menschen in Güte nach oben[3276].

12.2 Jesus hat „scelus mundi scienter per mortem suam abstersit in magna pietate“, „wissend das Verbrechen der Welt durch seinen Tod in großer Güte vernichtet“[3277]. Dies sollte nicht verborgen bleiben, sondern „in incomprensibili pietate laudabiliter“, „in unbegreiflicher Güte lobend“ verkündet werden[3278]. In der Kirche erscheinen die „splendida opera pietatis“, „strahlendsten Werke der Güte“[3279]. Deswegen werden auch die Kinder bei der Taufe durch den Herrn „cum pietatis adiutorio“, „mit Hilfe der Güte“ als Söhne angenommen[3280].

13. Elisabeth von Schönau ruft den „Domine Jesu Christe pie“, „gütigen Herrn Jesus Christus“ an, damit er ihr beim Verständnis einer Vision hilft[3281].

14. Thomas von Cantimpré stellt den Menschen Lutgard von Tongeren vor Augen, damit sie „viam Christi in misericordia et pietate“, „den Weg Christi in Barmherzigkeit und Güte“ gehen wollen[3282].

15. Beatrijs von Nazareth redet zwar sehr oft vom „pius dominus“, „gütigen Herrn“, an den meisten Stellen kann man aber auch aus dem Kontext nicht ersehen, ob an Gott allgemein oder an den Menschgewordenen gedacht ist[3283]. Wenn sie aber betrachtet, was „pius Dominus“ für unsere Erlösung am Kreuz erduldet hat, meint sie natürlich das Leiden Jesu[3284]. Gerät sie in ein kaum mehr zu ertragendes Leid, ruft sie in einem Bittgebet aus: „O benignissime … ihesu domine!“ – „O gütigster … Herr Jesus!“[3285] Unmittelbar darauf wird berichtet, wie „pius et misericors dominus“, „der gütige und barmherzige Herr“ sie erhört[3286]. Gern kehrt Beatrijs zur Ruhe zurück „ineffabili pietatis sue clementia“, „durch die unaussprechliche Milde seiner Güte“[3287].

16. In der Vita der Ida von Löwen kommt dieser Ausdruck oft vor.

Ida redet den Herrn mit den Worten „pie et dulcis Jesus“, „gütiger und süßer Jesus“ an, wenn sie ihn grüßt[3288]. Jesus als der „pius Dominus“, „gütige Herr“ offenbart ihr

---

[3274] HISV 2, 3,8,15,780f.,500.
[3275] HISV 2, 3,8,24,1158-1160,512.
[3276] HISV 2, 3,8,25,1188f.,513.
[3277] HISV 2, 3,8,15,778f.,500.
[3278] HISV 1, 2,3,27,594-597,151.
[3279] HISV 1, 1,3,12,243-245,46.
[3280] HISV 1, 2,3,31,679,154.
[3281] ESV 1,34,18.
[3282] LTA 1,2,18,194; vgl. LTA 1,2,18,164.
[3283] Vgl. Weiß, Gottesbild 2,1049-1051.
[3284] BN 2,11,128,57-62,91.
[3285] BN 2,14,147,46,101.
[3286] BN 2,14,148,66-68,101.
[3287] BN 2,14,148,76f.,102.
[3288] IL 2,2,6,172.

zur Zeit der Hl. Messe[3289], daß sie zur Schar der Auserwählten gehört[3290]. Ida wird vom gütigen Herrn von Skrupeln, die sie am Kommunionempfang hindern, befreit[3291]. Das „divinae pietatis altissima miseratio", „hohe Erbarmen der göttlichen Güte" ermöglicht ihr, häufiger als damals üblich zur Kommunion zu gehen[3292]. Als sie bei einer Messe an großer innerer Trockenheit leidet, tröstet sie der „pius et misericors Dominus", „gütige und barmherzige Herr" „mirabili pietatis suae clementia", „mit der Milde seiner wunderbaren Güte"[3293]. Der „pius et misericors Dominus", „gütige und barmherzige Herr" verspricht ihr, sich in dem unmittelbar anstehenden Kommunionempfang mit ihr zu vereinen[3294].

17. Erstaunlich oft wird in der Vita der Margareta von Magdeburg von Jesu „pietas", „Güte" gesprochen.

Die Mystikerin will keine Gnade um ihrer selbst willen „sed propter ipsum piissimum Ihesum Christum", „sondern um des gütigsten Jesu Christi willen", damit dieser immer mehr gelobt wird, wenn er die Elenden und Verworfenen beschenkt[3295]. Als sie sich von ihrem geistlichen Berater nicht verstanden fühlt, „ivit ad piissimum, qui eam vulneraverat, Ihesum Christus, conquerens ei, quod nullum haberet solatium preter ipsum", „ging sie zum gütigsten Jesus Christus, der sie verwundet hatte, und klagte ihm, sie habe außer ihm keinen anderen Trost"[3296]. „Tunc consolatus est eam in corde consolator piissimus Ihesus Christus." – „Damals tröstete sie im Herzen der Tröster, der gütigste Jesus Christus."[3297]

18. Unterschiedlich oft sprechen die beiden großen Mystikerinnen aus Helfta von der „pietas", „Güte" Jesu.

Mechthild von Hackeborn kennt diesen Ausdruck fast überhaupt nicht. Nur einmal erwähnt sie die „pietatis dignatio", „Herablassung der Güte" in einem Lob der Erlösungstat Christi, wobei sie aber nur eine Stelle aus dem „Exultet" der Osternachtliturgie zitiert[3298]. Dieser Befund ist umso erstaunlicher, als Gertrud die Große sehr oft von dieser Eigenschaft redet[3299].

19. Gertrud die Große verwendet „pietas" und „pius" so häufig, daß man von einem toposartigen Gebrauch sprechen kann.

[3289] IL 2,3,15,175.
[3290] IL 2,6,29,179.
[3291] IL 2,6,30,179.
[3292] IL 1,4,20,164.
[3293] IL 2,6,31,179. Man beachte die Nähe zu BN 2,14,148,76f.,102.
[3294] IL 2,7,40,182.
[3295] MA 3,5.
[3296] MA 7,9f.
[3297] MA 8,11.
[3298] MH 4,25,282.
[3299] Dieser stilistische Unterschied gebietet Vorsicht bei der Annahme eines allzu großen Einflusses von anderen Schwestern auf die Abfassung der Schriften beider Mystikerinnen.

19.1 Der „pius Jesus", „gütige Jesus" soll helfen, das Gute nicht nur zu wollen, sondern auch zu vollbringen[3300]. „Pius" oder „piissimus" wird Jesus genannt als Anwalt[3301], Erlöser[3302], Gott[3303], Herr[3304] und Meister[3305].

19.2 Verschiedene Eigenschaften Jesu erhalten das Adjektiv „pius" oder „piissimus", „odor", „Duft"[3306] und „miseratio", „Erbarmen"[3307].

19.3 Die „pietas" wird in folgendem Gebet angesprochen: „Tu compulisti Iesum meum pro anima mea suam dare animam." – „Du hast meinen Jesus gedrängt, seine Seele für meine Seele hinzugeben."[3308] „Tua te cogat pietas." – „Dich hat die Güte bezwungen."[3309] Die gleiche Güte ist es auch, die täglich das Meßopfer feiern läßt[3310]. Bei seiner Geißelung und Dornenkrönung war Jesus von seiner Güte trunken[3311]. „Ex liquore pietatis", „Aus dem Fluß der Güte", die aus dem Herz des Gekreuzigten fließt, erhält der Mensch eine Salbung gegen jede Widerwärtigkeit[3312]. Wenn ein Mensch sich oft in das Leiden Christi versenkt, hält der gütige Herr an ihm fest[3313]. Dieser leidet erneut, wenn Menschen Unrecht begehen[3314]. Umgekehrt werden alle Glieder der Kirche durch die Gnaden, die einige Menschen aus der Güte des Herrn erhalten, gestärkt[3315].

19.4 Diese Güte Jesu ist süß[3316], von Natur aus ihm zu eigen[3317], unendlich[3318] und kann sich nicht zurückhalten[3319]. Die Güte soll den Mund öffnen[3320], um Ratschläge zu erteilen[3321], den Beter nicht in der Angst verlassen[3322]. Jesus spricht aus dem Mund der Gertrud, wie es seine Güte bestätigt[3323].

[3300] G R 4,275f.,118.
[3301] G R 7,69,214.
[3302] G R 1,17,46.
[3303] G 4,4,32,1,38,280.
[3304] G R 3,336,94; 7,624f.,246; G 3,3,67,1,3,272; 4,4,3,7,1,54.
[3305] G 4,4,4,12,4,80.
[3306] G R 4,3f.,100.
[3307] G 5,5,5,4,15,114.
[3308] G R 7,472-475,238.
[3309] G R 7,431,236.
[3310] G R 7,481-488,238.
[3311] G R 7,166f.,220.
[3312] G 2,2,5,3,11-14,250-252; vgl. G 3,3,66,1,4f.,270.
[3313] G 3,3,39,1,6-14,186.
[3314] G 3,3,67,1,1-5,272.
[3315] G 3,3,17,3,15-19,78.
[3316] G R 7,435,236.
[3317] G R 7,446,236; G 5,5,3,6,14,72.
[3318] G R 3,58f.,76; 4,353f.,122.
[3319] G 2,2,20,1,15,308; 3,3,66,1,6,270.
[3320] G R 7,464,238.
[3321] G R 7,436f.,236; vgl. G R 7,452,236.
[3322] G R 7,442,236.
[3323] G 2,1,14,4,22f.,200.

19.5 Um seiner Güte willen folgt man Jesus in Liebe nach[3324]. Seine Güte zieht an und lockt[3325]. Bei der Gelübdeerneuerung soll man sich Jesus anbieten, daß er handle „secundum infinitam pietatem", „nach der unendlichen Güte"[3326]. Man soll bereit sein, alles zu ertragen, was seine Güte schickt[3327]. Wenn keine schwere Schuld vorhanden ist, kann der Mensch zur Kommunion gehen, weil dadurch die Güte des Herrn mehr aufleuchtet[3328], und seiner Güte das Urteil überlassen, wer für dieses Sakrament würdig ist[3329].

19.6 „Pietas" taucht auch als Grund dafür auf, daß Jesus am einzelnen Menschen etwas Besonderes bewirkt: Der Liebessjünger Johannes hat Vertrauen auf die Güte seines Meisters, daß er ihn zu sich nehmen werde[3330]. Um seiner Güte willen bittet man Jesus, daß er die Sünden vergibt[3331] und kommt[3332]. Er gibt im Altarsakrament mehr, als der Mensch erbittet[3333]. Beim Kommunionempfang bittet man den Herrn um seiner Güte willen für alle Menschen[3334]. Weil es seiner Güte gefällt, kann Gertrud so vielen Menschen helfen[3335]. Sein Kreuz soll in seiner Güte ein Schutz gegen alle Feinde sein[3336]. Der gütige Erlöser schenkt dem Menschen die Gewißheit der Freude[3337]. Aus dem Abgrund von Jesu Güte wird der Mensch von aller Sünde gereinigt[3338]. „Secundum pietatem benignissimi cordis", „Nach der Güte des gütigsten Herzens" soll Jesus den Beter segnen[3339]. Seine Güte klopft an die Tür der göttlichen Barmherzigkeit Gottes[3340]. Aus seiner Güte neigt er sich dem Menschen zu[3341]; er soll beim Sterben alles ordnen[3342] und in seiner Güte erscheinen[3343].

19.7 Die Überfülle der Stellen, an denen von der „pietas" Jesu gesprochen wird, läßt diesen Ausdruck floskelhaft erscheinen. Es fällt auf, daß er nur selten in dem objektiven Erlösungsgeschehen, dafür aber umso mehr in der Beziehung zu den einzelnen Menschen gebraucht wird.

[3324] G R 7,110-115,80.
[3325] G R 2,80,70; G 3, 3,18,14,2f.,92.
[3326] G R 3,58f.,76.
[3327] G 4, 4,27,2,11f.,262.
[3328] G 2, 2,19,2,9f.,306.
[3329] G 2, 2,20,1,15-17,308.
[3330] G 4, 4,4,12,3-6,80.
[3331] G 4, 4,21,3,1-8,202.
[3332] G R 3,110-112,80.
[3333] G 3, 3,18,26,5-9,104.
[3334] G 3, 3,9,5,12-21,40-42.
[3335] G 2, 1,2,7,5f.,132.
[3336] G R 6,722-724,206.
[3337] G 2, 2,23,23,1-12,348.
[3338] G 3, 3,28,1,21-24,130.
[3339] G R 2,50f.,68.
[3340] G 4, 4,9,1,7f.,110.
[3341] G 3, 3,39,1,3f.,186.
[3342] G R 6,721f.,206.
[3343] G R 6,730f.,206.

20. Christina von Stommeln weiß, daß Jesus ihr in der Vergangenheit der „piissimus consolator", „gütigste Tröster" war, und sie sich deswegen nie von ihm trennen wird[3344]

5.3.1.4 „Clementia"

1. Die Ausdrücke „clemens" und „clementia" werden in der Vulgata nicht auf Christus bezogen. Der spezifische Aspekt dieses Ausdrucks ist die Milde. In unseren Texten wird er oft gebraucht, wenn es um die Sündenvergebung geht.
2. „Clementia" ist ein ausgesprochener Lieblingsausdruck von Jean von Fécamp für Gott. Bei der Erlösung spricht er aber eher vom „clementissimus Pater", der diese durch seinen Sohn bewirkt hat[3345]. Durch die Milde Gottes sind wir erlöst[3346]. Jean dankt, daß er „pro tua sola clementia", „allein um Deiner Milde willen" in der Taufe von der Erbsünde befreit und als Kind Gottes angenommen wurde[3347]. Jesus, der sein Blut für uns vergossen hat, soll auch jetzt nicht abrücken von seiner barmherzigen Milde[3348]. Doch der Mensch kann sich von der Milde Jesu trennen, wenn er die Menschen verachtet, von denen er meint, er überrage sie[3349].
3. Bernhard von Clairvaux ist im Gebrauch des Begriffs „clementia" für Gott und erst recht für Jesus zurückhaltend. Nach ihm soll man Betanien verehren, weil dort Maria zu Hause ist, die Bernhard nach der damals üblichen Auffassung mit Maria Magdalena, der Sünderin, gleichsetzt. Dort feiert man „Dei erga peccatores mira clementia", „Gottes wunderbare Milde gegen die Sünder"[3350]. Der Sohn war immer als König im Schoß des Vaters. „Nec dubites Regem hunc esse clementem." – „Du darfst nicht zweifeln, daß dieser König mild ist."[3351]
4. Bei den anderen frühen Zisterziensern ist dieser Ausdruck nicht sehr gebräuchlich.
   Aelred von Rievaulx ruft angesichts der Tatsache, daß Jesus dem Gelähmten im Evangelium (Lk 5,19f.) nicht nur die Genesung, sondern auch die Vergebung der Sünden schenkt, aus: „O mira clementia, o indicibilis misericordia." – „O wunderbare Milde, o unaussprechliche Barmherzigkeit."[3352] Jesus schaut die Sünderin beim Gastmahl des Pharisäers mit „clementi uultu", „mildem Gesicht" an[3353].
5. Etwas häufiger findet sich dieses Wort in dem Traktat „Speculum virginum". Sein Verfasser zeigt, daß Jesus Christus sowohl als Sohn Gottes wie auch als Menschensohn gekommen ist, um uns zu erlösen[3354]. Darauf bemerkt seine fingierte Gesprächspart-

---

[3344] CS 2, 4,3,22,300.
[3345] JFC 2,4,117f.,124f.; 2,5,174,125; 2,8,334,131; JFP 13f.,223; 21.24.28,224; 34,225; 45,226; 71f.,228.
[3346] JFC 1,6,111f.,113.
[3347] JFC 2,7,274-279,130.
[3348] JFL 218-220,194.
[3349] JFC 3,31,1155-1558,178.
[3350] BLNM 13,31,318,24.
[3351] BHLD 2, 42,7,10,92,24f.
[3352] ARI 31,1005f.,666.
[3353] ARJ 3,26,236f.,273.
[3354] SP 1,160,3-18.

nerin: „Divinae clementiae respectus in hominem humani intellectus excedit capacitatem." – „Der Blick auf die göttliche Milde zum Menschen übersteigt die Fassungskraft des menschlichen Verstandes."[3355] So konnte „de dignatione supernae clementiae gratuita", „von der gnadenvollen Herablassung der hohen Milde", deren Höhepunkt die Erlösung ist, Johannes der Evangelist nur reden, weil er an der Brust Jesu gelegen hat[3356].

6. Bei Hugo und Richard von St. Viktor wird die Zuwendung Jesu Christi nicht mit dem Wort „clementia" ausgedrückt. Welch geringen Stellenwert dieser Ausdruck für die Güte hat, sieht man daran, daß ihn Hugo von St. Viktor auch dann nicht gebraucht, wenn er die Sekundärtugenden der „caritas" aufzählt[3357].

7. Dieses Bild ändert sich kaum, wenn wir zu Hildegard von Bingen übergehen.

Der Sohn Gottes ist vom Himmel herabgestiegen, „ad paupertatem hominum clementer inclinatus plurimis miseriis ipsi occurrentibus multas corporales angustias sustinens", „indem er sich milde zur Armut der Menschen hinabgebeugt und mit vielerlei ihm begegnendem Elend viele körperliche Leiden ertragen hat"[3358]. Wie die gesamte Menschheit durch den Tod des Sohnes Gottes dem Verderben entrissen worden ist, so wird am Ende der Zeit auch die Synagoge „per diuinam clementiam", „durch die göttliche Milde" zum wahren Glauben finden[3359].

8. In einem Brief erinnert Elisabeth von Schönau einen Abt, daß Gott sich sein Kloster auserwählt hat, damit es sich dem himmlischen Bräutigam verlobe: „Et ecce admonet te divina clementia, o mater veneranda de illa margarita, de qua dixi, ut materna eam dilectione diligas." – „Siehe, es mahnt dich die göttliche Milde – o verehrungswürdige Mutter – in bezug auf jene Perle, von welcher ich sprach, daß du sie mit mütterlicher Liebe liebst."[3360]

9. Bei den flämischen Mystikerinnen steigt die Häufigkeit an, mit der sie von der Milde sprechen.

In seiner Vita der Maria von Oignies spricht Jakob von Vitry verschiedentlich von der Milde des göttlichen Bräutigams seinen Bräuten gegenüber. Offensichtlich denkt er dabei an Jesus Christus. Im Vorwort schreibt er, daß bei einer Eroberung von Lüttich Beginen bereit waren, lieber zu sterben als vergewaltigt zu werden. Er führt dies auf die Vorsorge des gütigen Bräutigams zurück[3361]. Er schildert auch eine religiöse Krise einer jungen Frau, die sich in der Verweigerung jeden Sakramentenempfangs ausdrückt. Ihre Mitschwestern richten Gebete „ad clementem Dominum", „zum milden Herrn"[3362]. Doch ändert sich zunächst nichts an ihrem Zustand, und dies nicht etwa deswegen,

---

[3355] SP 1,160,19f.
[3356] SP 5,434,17-22.
[3357] HF 19,10004D-10005A.
[3358] HISV 1, 1,3,6,168-170,44.
[3359] HISV 1, 1,5,6,120-124,97.
[3360] ESB 16,149.
[3361] MO prol 5,548.
[3362] MO 1,3,31,554.

weil der milde Herr die Gebete verschmäht hätte[3363]. Vielmehr war es sein Wille, erst auf die Bitten der Mystikerin tätig zu werden und die Frau zu heilen[3364]. Ähnlich lautet folgende Anekdote: Auf den Rat der Maria von Oignies hat sich ein adliger Ritter entschlossen, ein Gott geweihtes Leben zu führen, wird aber über seinen Vorsatz in seiner früheren Umgebung wieder schwankend[3365]. Als Maria sich aufmacht, ihn zu besuchen, findet sie ihn weinend zu Füßen eines Kreuzes. Der „clemens amator hominum", „gütige Liebhaber der Menschen" wollte nicht, daß er über seine Kraft versucht wird[3366].

10. Recht naiv erzählt Thomas von Cantimpré folgende Geschichte von Lutgard von Tongeren: Diese erfährt in einer ekstatischen „unio mystica" Jesus, aus der sie aber wegen einer Arbeit herausgerufen wird. Sie verabschiedet sich von Jesus mit der Bemerkung: „Exspecta me hic." – „Warte hier auf mich." Nach Erledigung der Arbeit findet sie Jesus wirklich dort, wo er ihr zuerst begegnet war. Der Kommentar von Thomas lautet dazu: „Mira Redemptoris clementia circa eam!" – „Wunderbare Milde des Erlösers ihr gegenüber!"[3367]

11. Am häufigsten findet man den Ausdruck „clementia" in der Vita der Beatrijs von Nazareth. Besonders beliebt ist dabei die Wortkombination „clementia pietatis"[3368], „clementia benignitatis"[3369], „Milde der Güte". Wenn von der „omnipotentis dei clementia", „Milde des allmächtigen Gottes" die Rede ist, dürfte eher an Gott Vater gedacht sein[3370]. Von den vielen Stellen, an denen in dieser Vita aber von dieser Eigenschaft gesprochen wird[3371], läßt sich keine einzige eindeutig Christus zuordnen.

12. Auch in der Vita der Ida von Löwen ist oft von der „clementia" die Rede; im Unterschied aber zur Lebensbeschreibung der Beatrijs von Nazareth wird hier von der Milde als einer Eigenschaft Christi gesprochen. Die verschiedenen Visionen Christi angesichts des Altarsakramentes werden auf die „divina clementia", „göttliche Milde" zurückgeführt[3372]. Die Wunden der Stigmatisation, die Ida erhält, stammen nicht „persecutoris lancea, sed sola pietatis divinae clementia", „von der Lanze des Verfolgers, sondern allein von der Milde der göttlichen Güte"[3373]. Da diese Wunden viel Aufsehen beim Volk erregen, verschwinden sie auf Bitten der Mystikerin durch die gleiche Milde[3374]. Ida gesteht im Gespräch mit einem Priester, daß sie während einer Messe, die ein

---

[3363] Ebenda.
[3364] MO 1,3,32,554.
[3365] MO 2,6,58,560.
[3366] MO 2,5,59,560.
[3367] LTA 1,1,8,192.
[3368] BN 2,7,113,38-41,82; 2,12,137,138,96; 2,14,148,78,102; 2,180,157,117.
[3369] BN 3,14,253,230f.,165.
[3370] BN 1,8,43,40,37; 2,3,94,81,73; 2,11,129,81,91.
[3371] Vgl. Weiß, Gottesbild 2,1071-1074.
[3372] IL 1,1,2,159.
[3373] IL 1,3,17,163.
[3374] IL 1,3,16,163.

Priester gefeiert hat, „annuente Christi clementia", „weil es die Milde Christi gab", eine besondere Gnadengabe erhalten hat[3375].

13. Nur gelegentlich wird in der Mystik von Helfta die „clementia Christi" erwähnt. Einst hat Christus von einem Zöllner erzählt, dessen sich Gott erbarmt hat (LK 18,13). Warum sollte er nicht auch Mechthild von Hackeborn ihre Nachlässigkeiten vergeben? „Nam misericordia mea modo tantae clementiae et quantae tunc fuit." – „Denn meine Barmherzigkeit von so großer Milde ist jetzt so, wie sie damals gewesen war."[3376]

14. Etwas häufiger wird von Gertrud der Großen diese Eigenschaft Christi erwähnt.

Sie erinnert sich in einem Gebet, daß wenn Jesus „mihi vilissimae ostendere voluerit suam clementiam …. hoc sola bonitas sua praevalet", „mir, der Niedrigsten, seine Milde zeigen wollte …, dies allein von seiner Güte abhing"[3377]. Man soll zu Jesus beten: „Ab omni macula lava me in profundo tuae clementiae." – „Von jedem Makel wasche mich in der Tiefe Deiner Milde."[3378] Jesus soll mit dem Schutz seines Kreuzes in der Sterbestunde alles nach seiner Güte und Milde ordnen[3379]. Wenn Christus als Richter einst von dem Menschen Rechenschaft verlangt[3380], dann soll die Güte „clementissime", „ganz mild" zu Hilfe eilen[3381]. Der Mensch sehnt sich, begraben zu werden unter der unendlichen Güte und Milde Gottes[3382]. Als Gertrud an Weihnachten ihr Herz für das neugeborene Kind als Herberge anbietet, gibt ihr der mildeste Herr seine Allmacht, Weisheit und Güte als Mauer und Dach[3383]. Alle, die Mitleid mit dem am Kreuz gepeinigten Herrn haben und seine Milde anflehen, werden zur Besserung geführt[3384].

Es fällt auf, daß die meisten einschlägigen Stellen sich in Gertruds „Exercitia spiritualia" befinden.

15. Lukardis von Oberweimar nennt den, der in die Welt kam, um zu suchen, was verloren war, „clemens", „mild"[3385].

16. Etwas häufiger kommen die Begriffe „clemens" und „clementia" in dem Bericht des Magister Johannes über Christina von Stommeln vor. Christina kann voll Zuversicht sein, weiß sie doch, daß die Milde Christi alle Wunden, die ihr die Dämonen zufügen, heilen wird[3386]. Diese Milde verstopft auch die Ohren der Menschen, wenn die Dämonen Verleumdungen über Christina verbreiten[3387]. Christina selbst läßt sich auch nicht durch die falsche Nachricht der Dämonen, ihr Bruder sei schwer krank, verwir-

---

[3375] IL 3,1,7,183.

[3376] MH 3,32,237.

[3377] G R 3,56-60,76.

[3378] G R 3,191f.,86.

[3379] G R 6,722f.,206.

[3380] WHLD prol 16,88; WR 7,683A; IS 9,5,50f.,208; G R 7,69f.,214; 7,122f.,216. 7,457-459,236; ALJ 2035f.,208f.

[3381] 12G R 7,452-459,236.

[3382] G R 4,347-354,122.

[3383] G 4, 4,2,7,1-5,32.

[3384] G 3, 3,67,1,11-14,272.

[3385] LO 70,352,5-7.

[3386] CS 2, 4,1,4,295; 2, 4,3,23,300; vgl. CS 1, 73,55,18f.

[3387] CS 2, 4,13,119,327.

ren. Gottes Milde kann ihn ja bald wieder gesund machen[3388]. Die „miranda atque prae-
edicanda aeterni Sponsi clementia", „zu bewundernde und zu verkündende Milde des
ewigen Bräutigams" verschafft Christina auch Trost durch den Besuch von Engeln[3389].
Auf die Fürbitte der Mystikerin kommt Christus in seiner Milde auch sieben verstorbenen Räubern zu Hilfe und befreit sie aus dem Fegfeuer[3390].

5.3.1.5 Weitere Begriffe

Eine Reihe von Ausdrücken für die Güte Christi wird so selten gebraucht, daß sie in
einem gemeinsamen Unterpunkt behandelt werden können.
1. „Benevolentia"
1.1 Johannes von Ford allegorisiert das biblische Bild des Lamm Gottes, welches
Christus ist, und schreibt: „Caro eius pia beneuolentia est." – „Sein Fleisch ist das gütige Wohlwollen."[3391]
1.2 Am Ende unserer behandelten Zeit kommt zwar häufiger das Wort „benevolentia" vor, weitgehend wird es aber als drittes Glied in dem bekannten Ternar gebraucht
und dem Heiligen Geist zugeschrieben[3392].
2. „Mitis"
Das Substantiv „mititia", „Milde" begegnet uns in unseren Texten nicht. Wichtig ist,
daß Jesus nach der Vulgata sich als „mitis ... et humilis corde", „mild ... und demütig
von Herzen" (Mt 11,29) bezeichnet. In Ps 85,5 heißt es: „Dominus suavis et mitis." –
„Der Herr süß und milde". Diese Stelle läßt sich leicht auf Christus übertragen.
2.1 Jean von Fécamp nennt Vater und Sohn „mitis", „mild" seit Ewigkeit[3393].
2.2 Der Bräutigam im Hohelied, unter welchem Bernhard von Clairvaux Christus
versteht, verändert für die Erfahrung der Menschen öfter sein Aussehen[3394]. Dennoch
bleibt er selbst immer „suavis et mitis, et multae misericordiae", „süß und mild und
reich an Barmherzigkeit"[3395]. Dadurch, daß an Weihnachten Gott zu und in uns gekommen ist, wissen wir, daß er milde ist[3396]. Durch die Wunden Jesu ist es erst deutlich
geworden, daß der Herr milde ist[3397].
2.3 Gilbert von Hoyland bezeichnet Jesus in seinem Leiden als milde und strahlend
in seiner Liebe[3398].
2.4 Nach Hugo von St. Viktor erschien Gott seinem Volk in der Wolkensäule schrek-
kenerregend und die Sünden bestrafend, „posteriori populo per nubem humanitatis

---

[3388] CS 2, 4,2,11,297.
[3389] CS 2, 4,1,7,296.
[3390] CS 2, 4,17,158,338.
[3391] JHLD 31,3,81,246.
[3392] Vgl. Weiß, Gottesbild 2,1084f.
[3393] JFP 63,227.
[3394] BHLD 1, 31,3,7,494,19-496,18.
[3395] BHLD 1, 31,3,9,496,19.
[3396] BADV 3,3,90,12-16.
[3397] BHLD 2, 61,2,4,316,2-4.
[3398] GHLD 29,4,151D.

mitis", „dem späteren Volk (der Christen) durch die Wolke der Menschheit (Jesu) (aber) milde"[3399]. Denn der Erlöser starb am Kreuz als „agnus mitis", „mildes Lamm"[3400].

2.5 Auch nach Richard von St. Viktor zeigt sich Gott einmal als strenger Herr und ein anderes Mal als Geliebter; dann ist er „suavis et mitis omnibus invocantibus eum", „süß und milde für alle, die ihn anrufen"[3401].

2.6 Bei Hildegard von Bingen wird der Gott, der sich als milde erweist[3402], die Weinenden trösten „propter amorem Filii Dei, qui suauis et mitis est", „um der Liebe des Sohnes Gottes willen, die süß und milde ist"[3403]. Auch für Hildegard liegt im Folgenden der Unterschied zwischen dem Alten und Neun Bund: Im Alten hat er seinen strafenden Eifer erwiesen, „in novo propter amorem Filii sui mitem et suauem se ostendit", „im Neuen zeigt er sich um der Liebe seines Sohnes willen mild und süß"[3404]. Jesus ist „sicut mitissimus pater ouem suam requirit", „wie ein sehr milder Vater, der sein Schaf sucht"[3405].

2.7 Gertrud die Große ruft Jesus in einem Hymnus mit den Worten an: „Dominator mitissime!" – „Mildester Herrscher!"[3406]

5.3.2 Die muttersprachlichen Texte

5.3.2.1 Die Güte[3407]

1. Sowohl Beatrijs von Nazareth als auch Hadewijch sprechen von der Güte Gottes im allgemeinen[3408], doch nicht von der Güte Jesu Christi.

2. Das St. Trudperter Hohelied verwendet dagegen den Ausdruck „Güte" oft im Zusammenhang mit der Erlösung.

„Got hete sîne güete vil harte gezeiget, dô er den menneschen von nihte geschuof ... daz was ein mêrre güete, dô siu sîne vîende wurde, daz er in dô vaterlîche half." – „Gott hat seine Güte sehr deutlich gezeigt, als er die Menschen aus nichts erschuf. ... Das aber war eine größere Güte, daß er ihnen dann, als sie seine Feinde wurden, väterlich half."[3409] Er erträgt unsere Sünde, „unz uns daz beste, daz ist sîn güete, ûf rihtet", „bis uns das Beste, das ist seine Güte, aufrichtet"[3410]. So gewinnt Gottes Güte unser Ver-

---

[3399] HNM 1,682A.
[3400] Ebenda.
[3401] RVPS 28,299A.
[3402] HISV 2,3,5,15,445f.,420.
[3403] HISV 2,3,6,1,129-131,435.
[3404] HISV 2,3,5,1,116f.,411.
[3405] HIB 2,187r,6f.,423.
[3406] G 3,3,65,3,40,264.
[3407] Für die verschiedenen Schreibvarianten von „güte" im Mittelniederländischen und im Mittelhochdeutschen vgl. Weiß, Gottesbild 2,1089.
[3408] Vgl. Weiß, Gottesbild 2,1090-1092.
[3409] TH 45,17-21,112.
[3410] TH 78,11-13,176.

trauen[3411] und ist ein „guoter vater", „ein guter Vater"[3412]. Daher darf der Mensch Gottes Güte immer seine Schwäche zeigen[3413]. Vor dieser Güte bringt niemand uns zum Schweigen[3414]. Schon nach dem ersten Sündenfall schaute Gott Maria: „Dâ erbarmtest dû die heilige güete." – „Da erregtest du (= Maria) die heilige Güte zum Erbarmen an."[3415] Bei der Menschwerdung kam Gottes Wort „durch den munt sîner güete und sîner genâde. want ez was selp diu güete unde genâde", „durch den Mund seiner Güte und Gnade; denn es war selbst die Güte und die Gnade"[3416].

3. David von Augsburg redet besonders oft von der Güte Gottes, die als das höchste Gut seit Ewigkeit ist[3417] und die, obwohl er sie den Geschöpfen ständig mitteilt, nicht weniger wird[3418].

3.1 Der Mensch hat in der Sünde „allez guot gegen gote verworkt", „alles Gute Gott gegenüber verwirkt"[3419] und kann nicht mehr selig werden[3420]. Doch Gott vergißt auch jetzt seine Güte nicht[3421]. Hätte der Mensch auch alle Sünden der ganzen Welt begangen, sie würden durch die Güte Gottes in einem Augenblick getilgt[3422]. So spricht Gott: „Mîn güete vertilget alle missetât." – „Meine Güte vertilgt alle Missetat."[3423] Mit seiner Güte ist er ein Heiland aller Wunden[3424]. Auch auf den Sünder fließt der Ölbrunnen der göttlichen Güte[3425]. Es ist die Güte Gottes, die den Menschen von einem Feind zu einem Freund macht, welches die Höchstform seiner Liebe darstellt[3426]. Nur eine solche Güte ist für Gott passend[3427]. Dennoch bleibt er in Güte uns gegenüber frei[3428]. Ein Zeichen seiner Güte besteht darin, daß er selbst dem Sünder Augenblicke der Erfahrung seiner Süße schenkt, um ihn zur Umkehr zu bewegen[3429].

3.2 David bleibt aber nicht in dem Bedenken der Güte Gottes den Sündern gegenüber stehen. Er spricht auch oft von der Güte des Erlösers, Jesus Christus. „Der lûteriste brunne alles guotes, daz ist des himelischen vater einborn sun." – „Der lauterste Brunnen alles Guten, das ist des himmlischen Vaters eingeborener Sohn."[3430] In ihm ist alles,

---

[3411] TH 130,32f.,274.
[3412] TH 35,6,92.
[3413] TH 105,19f.,226.
[3414] TH 132,12f.,278.
[3415] TH 52,8f.,126.
[3416] TH 9,4f.,36.
[3417] Vgl. Weiß, Gottesbild 2,1095f.
[3418] Ebenda 1096f.
[3419] DV 359,10f.
[3420] DEW 365,34f.
[3421] DSV 5,318,36.
[3422] DU 374,19-21.
[3423] DU 375,13f.
[3424] DU 374,12.
[3425] DB 7,381,33f.
[3426] DB 12,1,386,1f.
[3427] DB 12,386,15-17.
[3428] DM 404,3f.
[3429] DT 337,10-21.
[3430] DB 2,376,33f.

was gut und vollkommen ist[3431]. Von ihm sagt er: „Allez daz an dir guotes ist unde liebes daz bistû selben." – „Alles, was Du an Dir Gutes und Liebes hast, das bist Du selbst."[3432] Der Menschgewordene ist ein „spiegel aller güete", „Spiegel aller Güte"[3433]. Wer wissen will, wie man gütig sein kann, soll schauen Jesu „güetlîchste gebaerde", „gütigste Gebärde"[3434]. Durch seine allmächtige Güte überwindet er die Gerechtigkeit, die schon zum Schlag gegen den Sünder ausholen will[3435]. Er weiß ja, daß die Menschen durch seine Güte als Kinder Gottes geschaffen waren[3436].

Vor allem in der Einsetzung der Eucharistie zeigt sich Gottes Güte. Aus seiner Güte gab er uns seinen Segen[3437] und seinen Leib[3438]. In ihr empfängt die Seele schon jetzt das ewige Gut[3439]. Er selbst gibt sich aus Güte in dem Brot[3440]. Die Anwesenheit in dem unscheinbaren Brot und Wein zeigt die Demut seiner Güte[3441]. Der Genuß dieser Güte macht auch die ewige Seligkeit des Menschen aus[3442].

3.3 So sehr David die Güte Gottes in Jesus Christus an der Vergebung der Sünden festmacht, spricht er wenig von der Güte Jesu bei seinem Sterben am Kreuz.

4. Der Befund über die Güte Gottes bei Mechthild von Magdeburg ähnelt demjenigen bei David von Augsburg.

4.1 Gott ist auch bei Mechthild der Ursprung alles Guten; weswegen er „vatter aller gûti", „Vater aller Güte" genannt wird[3443].

4.2 Auch Jesus vertraute auf die Güte des Vaters in seinem Leiden: „Dar über getrúwete ich minem vatter unzellicher gûti." – „Dabei vertraute ich auf meines Vaters unzählbare Güte."[3444] Durch sein Leiden geschah es, daß die Gerechtigkeit Gottes in den Hintergrund tritt. Daß die Gerechtigkeit nicht mehr solche Macht hat, kommt von der Barmherzigkeit des Sohnes Gottes[3445]. Jetzt stellt man staunend fest: „Wie ist din gûti alsust gros?" – „Wie ist Deine Güte so groß?"[3446] Diese wirkt sich so aus, daß am Ende mehr Menschen in den Himmel als in die Hölle kommen[3447]. Gott steht jetzt ständig in Versuchung, seine Güte über alle Menschen auszugießen[3448]. Wie Menschen ständig

---

[3431] DEW 366,4f.
[3432] DEW 365,37.
[3433] DK 344,40-345,1.
[3434] DK 345,1-3.
[3435] DU 373,39-374,2.
[3436] DM 400,23f.
[3437] DM 404,5-8.
[3438] DM 404,9f.
[3439] DM 405,14f.
[3440] DM 403,25f.
[3441] DB 4,378,11-13.
[3442] Vgl. Weiß, Gottesbild 2,1097f.
[3443] MM 3,9,2,86; 5,35,11,196.
[3444] MM 3,5,30f.,84.
[3445] MM 7,62,27-32,307.
[3446] MM 3,22,3f.,104.
[3447] MM 3,22,5-7,104-105.
[3448] MM 3,22,13-17,105.

versucht sind, Böses zu tun, so Gott, in Güte zu vergeben[3449]. Mechthild wird im Leiden dem leidenden Christus ganz gleich. Wenn ihr Leib sich in der Liebe verzehrt, fährt sie zum Reich der Toten und tröstet die armen Seelen durch die Güte Gottes. Darin spiegelt sich die Höllenfahrt Christi, bei der dieser dort die Güte Gottes verkündet hat[3450]. Weil Gottes Sohn in der Menschwerdung sich so sehr erniedrigt, entzieht er dem Menschen auch jetzt nicht seine Güte[3451]. Daher kann Mechthild immer zu Jesus sagen „Wol mir, lieber herr, diner milten gûtin, des mahtu nit versagen." – „Wohl mir, lieber Herr, wegen Deiner milden Güte, die Du mir nicht versagen kannst."[3452] Deswegen kann sie Jesus auch immer um seiner Güte willen bitten[3453].

4.3 Bei Mechthild von Magdeburg spielt der Begriff der Güte Christi im Heilsgeschehen keine große Rolle. Andere Ausdrücke wie derjenige der Minne, stehen dort.

5. Bei Christina von Hane taucht der Begriff der Güte Christi in der Brautmystik auf. Jesus, der Bräutigam, hat sie dazu erwählt, „das myn groiße, ewige vnd vnsprecheliche gutde vnd genade wyrcke yn dyr", „daß meine große, ewige und unaussprechliche Güte und Gnade in dir wirke"[3454]. Er spricht zu ihr: „Ich byn alle tzijt yn dyr myt vollenkommener wyßheit vnd gude vnd myt soißer lere. Wann ich byn die vberste wyßheit der hogester gutden." – „Ich bin alle Zeit in dir mit der vollkommenen Weisheit und Güte und mit süßer Lehre. Denn ich bin die oberste Weisheit der höchsten Güte."[3455] Die Antwort Christinas auf diese Zusagen Jesu lautet, daß sie sich bemüht um ein lauteres Leben „umb syne luter gutde", „um seiner lauteren Güte willen"[3456].

6. Auch in der nicht mystisch geprägten Dichtung dieser Zeit wird die Güte Jesu erwähnt.

Nach Rûmslant von Sachsen floß aller Güte volle Flut aus dem Quellsand des Herzens Gottes[3457]. Friedrich von Sonnenburg ruft angesichts des erlösenden Kommens des Sohnes Gottes an Weihnachten aus: „Got, dû bist guot und alsô guot, daz dîner güete ist niht gelîch." – „Gott, Du bist gut und so gut, daß Deiner Güte nichts gleich ist."[3458] Johannes von Frankenstein staunt darüber, daß Jesus als der höchste Herr in seinem Leiden aus Güte unser Knecht wurde[3459]. In der Dichtung von Frau Ava ist der Verrat des Judas deswegen so schlimm, weil er ihn verübte, obwohl er Jesu Güte erlebt

[3449] MM 3,22,17f.,105.
[3450] MM 3,10,32-35,90.
[3451] MM 2,23,47-50,58.
[3452] MM 7,46,11f.,292.
[3453] MM 6,10,7f.,217.
[3454] CH 2, 232.
[3455] CH 2, 230.
[3456] CH 2, 234.
[3457] Rûmzlant von Sachsen: Der Strom des Erbarmens 1f., in: Die Deutsche Literatur vom Mittelalter bis zum 20. Jahrhundert, 1,1,567.
[3458] Friedrich von Sonnenburg: Weihnachtsgedicht 11, in: Die Deutsche Literatur vom Mittelalter bis zum 20. Jahrhundert, 1,1,63.
[3459] Johannes von Frankenstein. Der Kreuziger. Der Tod Christi, Scholastische Exegese 35-39, in: Die Deutsche Literatur vom Mittelalter bis zum 20. Jahrhundert, 1,1,92.

hat[3460], während die anderen Jünger in eben dieser Güte gefestigt wurden[3461]. Bei ihr ist „der guote", „der Gute" Titel auch für den auferstandenen Herrn. Der Gute erscheint nach der Auferstehung[3462]. Dieser verkehrt vor seiner Himmelfahrt wieder mit seinen Jüngern[3463]. Nach dem Armen Hartmann wirkt die Güte des Sohnes Gottes in der Taufe[3464].

5.3.2.2 Die Milde

1. Für David von Augsburg ist „mild" ein oft gebrauchtes Beiwort für Gott, welches aber nur selten auf Jesus angewandt wird. Diesen bittet er, „von dîner milten güete", „um Deiner milden Güte willen", sein Diener zu werden[3465]. Der Sohn Gottes ist so milde, daß er sich unsere Herzen wünscht[3466]. Er will seine „natiurlîche miltekeit", „natürliche Milde" an uns üben[3467] und versichert: „Mîn miltekeit vertrîbet allen gebresten." – „Meine Milde vertreibt allen Mangel."[3468] Deswegen wird er um seiner „oberisten miltekeit", „höchsten Milde" willen um ein wenig Speise in der himmlischen Wirtschaft gebeten[3469].
2. Besonders oft redet Mechthild von Magdeburg von der Milde im Zusammenhang mit Jesus Christus.

Der ewige Sohn Gottes ist ein wiederkehrender Reichtum, der vom Vater ausgeht und zu ihm zurückkehrt allein durch Milde[3470]. Mariens Brüste waren „vol der reinen unbewollener milch der waren milten barmherzekeit", „voll von der reinen, unbefleckten Milch der wahren, milden Barmherzigkeit"[3471], mit der sie Jesus nährte[3472]. Der Karfreitag als Tag der Erlösung ist ein „tag der miltekeit", „Tag der Milde"[3473]. Im Leiden soll Jesus Christus „den milten tŏwe dines heligen geistes", „den milden Tau Deines Heiligen Geistes" auf den Menschen senden[3474]. Jesus als Bräutigam will das abgründige Verlangen des Menschen füllen „mit miner endelosen miltekeit", „mit

---

[3460] ALJ 597-603,92f.

[3461] ALJ 2069-2071,210f.

[3462] ALJ 1998,204.

[3463] ALJ 2135,214f.

[3464] Der arme Hartmann. Reden vom Glauben. Christi Geburt 123-126, in: Die Deutsche Literatur vom Mittelalter bis zum 20. Jahrhundert, 1,1,67.

[3465] DB 1,376,17.

[3466] DU 374,24f.

[3467] DU 374,25f.

[3468] DU 375,14f.

[3469] DU 374,26-29.

[3470] MM 5,26,13-15,186.

[3471] MM 1,22,51f.,19.

[3472] MM 1,22,53,19.

[3473] MM 1,45,7,32.

[3474] MM 4,5,10-13,119.

meiner endlosen Milde"[3475]. Der milde Gott soll Mechthild in das Land der Minne führen[3476]. Sie bittet Jesus aber auch um die Breite aller Milde für ihre Mitmenschen[3477].

3. Christina von Hane verwendet ebenfalls für Christus den Ausdruck „Milde". Jesus wird der „mylde troister aller bedruppter herzen", „milde Tröster aller betrübten Herzen" genannt, weil er zur Abwendung einer Not Christina erscheint[3478]. In der „unio mystica" wird Christina mit unaussprechlicher Freude erneuert, weil die Süße Jesu Christi Tag und Nacht mit Milde ihre Seele durchfließt[3479].

4. Auch in der nicht mystisch geprägten Literatur kommt die Milde Jesu vor.

Beim Ratschluß über die Erlösung appellieren die Kräfte, die auf die Erlösung der Menschen drängen, an den milden Gott[3480] oder Herrn[3481]. Am Ende bewirkt Gottes Milde in der Tat die Sendung seines Sohnes[3482]. Wegen dieser Milde braucht der Mensch nicht zu verzagen[3483]. Heinrich von Freiberg nennt „gottes sun, das zarte kint", „Gottes Sohn, das zarte Kind", „der wâren liebe miltekeit", „der wahren Liebe Milde"[3484]. Für die Erlösung Jesu am Kreuz sollen wir nach Rûmzlant von Sachsen seiner Milde danken[3485]. Nach dem Armen Hartmann befreite Jesus die im Reich des Todes Gefangenen: „Daz quam von sîner mildihheite." – „Das kam von seiner Milde."[3486] Der „Ludus de decem virginibus" läßt den milden Christ alle menschliche Mühe lohnen[3487].

5.3.3 Zusammenfassung

1. „Gut" kann man eigentlich nur die ganze Dreifaltigkeit nennen[3488]. Sie besitzt die „uniformis bonitas", „einförmige Güte"[3489]. Trotzdem wird auch der Vater oft der Ursprung[3490] und Quell[3491] alles Guten genannt, da er die Güte allein von sich aus

---

[3475] MM 1,44,87f.,31f.
[3476] MM 6,19,21-23,229.
[3477] MM 7,18,49-52,271.
[3478] CH 1, 236.
[3479] CH 2, 229.
[3480] Die Erlösung. I Der Erlösungsentschluß 180, Die Deutsche Literatur vom Mittelalter bis zum 20. Jahrhundert, 1,1,50.
[3481] Ebenda 274,51.
[3482] Ebenda 351-355,53.
[3483] Ebenda 753,58.
[3484] Heinrich von Freiberg: Kreuzholzlegende. Seths Paradiesfahrt 200-206, in: Die Deutsche Literatur vom Mittelalter bis zum 20. Jahrhundert, 1,1,210.
[3485] Rûmzlant von Sachsen: Marienpreis 1,8, in: Die Deutsche Literatur vom Mittelalter bis zum 20. Jahrhundert, 1,1,417.
[3486] Der arme Hartmann: Rede vom Glauben. Christi Geburt 227, in: Die Deutsche Literatur vom Mittelalter bis zum 20. Jahrhundert, 1,1,69.
[3487] Ludus de decem virginibus 287-292, in: Die Deutsche Literatur vom Mittelalter bis zum 20. Jahrhundert, 1,1,190f.
[3488] JFC 1,9,169-172,115; LTA 3,2,13,207.
[3489] RVTR 3,21,214; vgl. RVTR 6,10,398-400.
[3490] JFC 1,13,263-268,118.
[3491] IS 24,22,179f.,114.

besitzt[3492]. Weil er gut ist, kann er nichts anderes als lieben[3493] und seine Güte mittei-len[3494]. Der ewige Sohn besitzt die väterliche Güte[3495], die mit dem Vater die gleiche[3496] oder wesensgleiche[3497] und die aus der gleichen Natur stammende[3498] Güte ist. Deswe-gen wird er als milde bezeichnet[3499]. Die Güte ist dem Sohn von Natur aus zu eigen[3500], unendlich[3501] und strahlt in der Güte des Vaters[3502]. Der Sohn ruht im Schoß der Güte des Vaters[3503].

2. Lange Zeit war die Güte im Herzen des Vaters verborgen[3504], doch wollte er sie den Menschen mitteilen[3505]. Gottes Wort trat aus dem Mund seiner Güte[3506]. Dazu konnte ihn nichts anderes als seine Güte veranlassen[3507]. So hat er sich teilweise schon im Alten Bund gütig gezeigt[3508]. Um seiner Güte willen sendet er im Neuen Bund uns seinen Sohn[3509], was auf der Anordnung der Güte beruht[3510]. Seiner Sendung stimmt der Sohn im Schoß der väterlichen Güte zu[3511]. Aus Güte will mit vollem Wissen[3512] Christus Glied der sündigen Menschheit werden[3513], die menschliche Natur anneh-men[3514] und in Demut vom Himmel herabsteigen[3515]. Seine eigene Güte hat ihn dazu eingeladen[3516]; denn seine Güte zeigt sich im Mitleiden mit der Menschheit[3517]. Bei der Menschwerdung erscheint die Güte Gottes[3518]. Tit 3,4 „Die Güte und Menschen-freundlichkeit unseres Erlösers ist erschienen" wird oft zitiert[3519]. Jetzt erwartet uns bei

---

[3492] RVTR 5,22,356-358.
[3493] JHLD 14,3,87f.,126.
[3494] RVTR 6,13,410.
[3495] MH 4,59,312.
[3496] RVTR 6,11,400.
[3497] BHLD 2, 42,7,10,92,26f.
[3498] IS 52,5,40f.,224.
[3499] JFP 63,227.
[3500] G R 7,446,236; G 5, 5,3,6,14,72.
[3501] G R 3,58f.,76; 4,353f.,122.
[3502] HISV 1, 2,1,4,178f.,114.
[3503] BHLD 2, 42,7,10,92,25f.; G 2, 2,23,17,12f.,344.
[3504] BPENT 2,2,402,18f.
[3505] WHLD 1,8,100,228; 1,9,108,242.
[3506] TH 9,4f.,36.
[3507] MA 27,29.
[3508] HISV 2, 3,3,1,139-141,374f.; 2, 3,6,9,281f.,440.
[3509] JFC 2,5,170f.,126; HISV 1, 2,6,3,354-456,234; SP 11,930,16-19.
[3510] JHLD 5,3,102-104,64.
[3511] JHLD 13,3,101f.,118.
[3512] HISV 2, 3,8,15,780f.,500.
[3513] JFC 2,14,632f.,141.
[3514] JFL 220-228,194.
[3515] HISV 1, 1,4,7,365f.,71; MA 27,29.
[3516] BD 42,1,530,14.
[3517] WHLD 2,1,157,330; HISV 2, 3,8,15,776f.,500.
[3518] BHLD 2, 62,3,5,330,16f.; BNAT 1,2,226,24-228,1; BPENT 2, 2,402,23-27; HISV 2, 3,9,27,890-892,541; G 2, 2,8,2,8f.,264.
[3519] BHLD 2, 60,2,8,306,15f.; BNAT 1,2,226,17f.; JHLD 17,7,175f.,152.

Gott nur noch seine Güte[3520]. Voller Güte ist die Verbindung, die entsteht zwischen Gott und Mensch[3521]. Auch wenn der Sohn Gottes sich der Macht und der Majestät entäußert hat, bleibt seine Güte in der Menschwerdung erhalten[3522] und strahlt auf[3523], damit der Mensch diese nachahmen kann[3524]. Nicht irgendeine eigene Not, sondern die Güte zwang Jesus, zur Erde zu kommen[3525]. Je mehr der Sohn sich hinabneigt, um so deutlicher wird seine Güte[3526]. Er stieg vom Abgrund der Güte in den Abgrund der Armut[3527].

Auch das Große, das Gott an Maria bei der Menschwerdung seines Sohnes getan hat, geschah aus Güte[3528]. In der Menschheit des Sohnes erscheint jetzt die Güte Gottes[3529].

3. Schon als Kind ist Jesus gut[3530]. So wird er auch von den Frauen in ihren Visionen geschaut[3531]. Sein Herzschlag versinnbildet die Güte seiner Menschheit[3532]. Daß er in kindlicher Gestalt zur Welt gekommen ist, zeugt auch von seiner Güte, weil man sich mit einem Kind leicht versöhnen kann[3533].

4. Seine Güte macht sich in seinem öffentlichen Leben bemerkbar[3534], etwa bei der Predigt[3535], beim Wirken der Wunder[3536] und bei der Behandlung der Sünderin im Haus des Pharisäers Simon[3537]. Auch die Tugenden, die er vorgelebt hat, zeugen von seiner Güte und sind für uns ein Vorbild[3538]. So vertraut auch er auf die Güte des Vaters[3539].

5. Gerade als der gute Mensch wurde Jesus in seinem Leiden verachtet[3540]. Man soll an Jesus nicht irre werden, wenn er am Kreuz aus Güte zu uns schwach wird[3541]. Aus

---

[3520] GIS Nat 1,3,106-110,170-172.

[3521] BVNAT 3,8,170,6-8; G 2, 2,8,5-14,264-266.

[3522] BHLD 1, 2,226,14f.; JHLD 23,2,34f.,194.

[3523] BHLD 2, 45,6,9,124,12-14.

[3524] BNAT 1,2,228,1f.; 6,6,214,13-15.

[3525] JFC 2,6,212-214,128; G R 7,309-313,228.

[3526] BEPI 1,2,322,15f.

[3527] HISV 1, 1,3,6,168-170,44; MA 21,24; vgl. JHLD 72,4,60f.,502.

[3528] BS 3,127,754,6f.

[3529] HISV 2, 3,8,9,517-522,492.

[3530] GIS Nat 1,4,126,172; vgl. Heinrich von Freiberg: Kreuzholzlegende. Seths Paradiesesfahrt 200-206, in: Die Deutsche Literatur vom Mittelalter bis zum 20. Jahrhundert, 1,1,210.

[3531] IH 22,66,158.

[3532] MH 1,5,19.

[3533] BEPI 1,4,326,7f.

[3534] HISV 2, 3,8,18,945-948,505; MA 30,33.

[3535] JHLD 17,7,182-186,153.

[3536] ARI 31,1003-1012,666; JHLD 16,3,63-68,142.

[3537] BLNM 13,31,318,24; ARJ 3,26,234-241,273; JHLD 26,6,159-161,218.

[3538] HISV 2, 3,2,27,692f.,369.

[3539] MM 3,5,30f.,84.

[3540] WND 11,34,401B.

[3541] JHLD 23,3,78f.,195.

Güte vergießt er sein Blut für uns[3542]. Die Güte zwingt ihn, für uns zu sterben[3543]. Am Kreuz zeigt sich besonders die Güte des Vaters[3544] und des Sohnes[3545]. Auch an den Einzelheiten der Passionsgeschichte zeigt sich Jesu Güte, zum Beispiel beim Ruhen des Johannes an seiner Brust[3546], bei seinem Gebet im Abendmahlssaal[3547] oder am Ölberg[3548] und bei der Geduld, mit der er den Schlag auf die Wange erträgt[3549]. Der Gütige läßt sich in die Hand der Sünder ausliefern[3550], geißeln und mit Dornen krönen[3551]. Darauf erlitt er aus Güte den Fluch am Kreuz[3552]. Wegen seiner Güte wird ihm die Last des Kreuzes leicht[3553]. Aus Güte verzeiht er dem Schächer[3554]. Sein Herz, das aus Güte weich geworden war[3555], bricht im Sterben durch seine Güte[3556]. Seine Wunden sind Zeugnis seiner Milde[3557]. Und dies alles tat er im vollen Bewußtsein[3558]. Deswegen ist der Karfreitag ein Tag der Milde[3559].

6. Wie Jesus von der Milde des Vaters ausgegangen ist, kehrt er auch dorthin zurück[3560]. Im Himmel strahlt seine Güte so stark, daß er sie für den Blick der Geschöpfe abmindern muß[3561]. Weil der gütige Herr zur Rechten des Vaters sitzt, gibt es Erbarmen für die Menschen[3562].

7. Sünde heißt, sich von Gott, dem einzig wahren Guten, trennen[3563]. Im Zustand der Sünde erscheint dem Menschen die ganze Güte Gottes nur unbequem[3564]. Im Entschluß Gottes, die Welt zu erlösen, gab die Güte den Ausschlag[3565]. Selbst wenn Gott straft, hört er nicht auf, gut zu sein[3566]. Sofort nach dem Fall des Menschen denkt Gott daran, wie er ihm helfen könne[3567]. Deswegen braucht der Sünder an seiner Güte nicht

---

[3542] JFL 218-220,194; HISV 2, 3,11,9,240-242,581.
[3543] G R 7,431,236; 7,472-475,238.
[3544] BB 1, 65,1,558,16f.
[3545] BN 2,11,128,57-62,91.
[3546] SP 5,434,17-22.
[3547] JHLD 28,3,106-110,229f.
[3548] JHLD 28,5,162-169,231.
[3549] JHLD 20,7,218-223,179.
[3550] IS 40,8,66f.,16; 40,8,64,16.
[3551] G R 7,166f.,220.
[3552] JHLD 72,4,66-70,502.
[3553] MH 5,32,371.
[3554] ARI 31,1065f.,670.
[3555] JHLD 28,3,103-105,229.
[3556] MH 5,32,372.
[3557] BHLD 2, 61,2,4,316,2-4.
[3558] HISV 2, 3,8,15,778f.,500.
[3559] MM 1,45,7,32.
[3560] MM 5,26,13-15,186.
[3561] IS 52,5,40-42,224.
[3562] JFC 2,2,39-41,122.
[3563] ARSC 1,4,12,158-161,17; DV 359,10f.
[3564] HISV 1, 1,4,5,315f.,69.
[3565] JAP 4,135-137,815; LB 3,116f.,130.
[3566] JFL 218-220,194.
[3567] TH 52,8f.,126.

zu zweifeln[3568]. Auch wenn Gott geduldig auf die Umkehr des Sünders wartet, zeugt dies von seiner Güte[3569]. Aus reiner Güte erlöst[3570], versöhnt[3571], erhöht er[3572], richtet auf[3573], heilt[3574], lehrt[3575], stärkt[3576], belohnt[3577], tröstet[3578] und erneuert uns; er neigt sich zu uns[3579], vertreibt allen Mangel[3580], zieht uns ein neues Gewand an[3581], schickt uns die Sicherheit[3582], erklärt die Schrift[3583], schützt in Versuchungen[3584], lädt zur Ruhe ein[3585], stillt unsere endlose Sehnsucht[3586], läßt uns Frucht bringen[3587] und führt uns ins neue Jerusalem ein[3588]. In Christi Güte zieht der Mensch das Gewand der Liebe an[3589]. Sie ergänzt, was dem Menschen an Vollkommenheit fehlt[3590] und befreit vom Skrupel[3591]. Ja, durch die Güte Gottes ist in der Erlösung der in der Sünde verloren gegangene Zustand nicht nur wieder hergestellt, sondern überboten worden[3592], weil Christus nicht nur etwas, sondern sich schenkt[3593]. So überbietet die Güte Gottes bei der Erlösung diejenige bei der Erschaffung des Menschen[3594].

8. Aus Güte hat Christus seine Kirche gestiftet[3595], welche der Vater in seiner Güte seit Ewigkeit erwählt hat[3596], in welcher die Werke der Güte Christi geschehen[3597] und die Menschen gerechtfertigt sind[3598]. Durch die Güte des Herrn ist der Glaube in der

---

[3568] ARSC 1,15,47,693f.,31.
[3569] BHLD 1, 9,4,4,138,15-18; HISV 2, 3,5,11,326f.,417.
[3570] JFC 2,2,62-64,123.
[3571] SP 11,932,1-3.
[3572] HISV 2, 3,8,15,787-790,500; 3,8,25,1188f.,513.
[3573] TH 78,11-13,176.
[3574] IS 11,1f.,1-12,236; JHLD 28,5,146-148,230f.; IL 1,3,17,163; CS 1, B 22,156,13; CS 2, 4,1,4,295; 4,2,11,297; 4,3,23,300.
[3575] JHLD prol 3,84f.,34; ESV 1,34,18.
[3576] G 3, 3,17,3,15-19,78.
[3577] CS 1, B 30,65,208,27-29.
[3578] HISV 2, 3,6,1,129-131,435; IL 2,6,31,179.
[3579] G 3, 3,37,1,7f.,178; 3,39,1,3f.,186; 4, 4,3,5,1-11,52.
[3580] DU 375,14f.
[3581] JFC 2,8,364-366,132.
[3582] HISV 2, 3,2,8,250f.,355; G 2, 2,23,23,1-12,348.
[3583] BHLD 1, 1,2,4,58,1f.
[3584] LTA 1,2,21,194; LT 1,2,21,165; IG 4,30,116; CS 2, 4,1,8,296.
[3585] BS 3,120,694,4.
[3586] MM 1,44,87f.,31f.
[3587] WND 12,37,403A; JHLD 116,3,47-50,782.
[3588] HISV 1, 2,3,28,608-610,152.
[3589] GHLD 9,3,54B.
[3590] BPALM 1,3,158,17-19; G 4, 4,7,2,4-11,100.
[3591] IL 2,6,30,179; G 2, 2,20,1,15-17,308.
[3592] HAN 3,10,657A-B.
[3593] HSO 962C.
[3594] TH 45,17-21,112.
[3595] HISV 2, 3,9,7,262-264,523.
[3596] JFC 2,12,540-543,138.
[3597] HISV 1, 1,3,12,243-245,46.
[3598] JFC 2,7,301-304,130.

ganzen Welt verbreitet[3599] und die Menschen sind Glieder seines Leibes geworden[3600]. In den Sakramenten zeigt sich die Güte Jesu, besonders in der Taufe[3601] und im Altarsakrament[3602], in dem er als das höchste Gut enthalten ist[3603], mit dem der Mensch eins wird[3604] und bei dessen Empfang manchmal der gütige Herr erscheint[3605] und seine Demut zeigt[3606]. In Güte beruft er in der Kirche auch die Seherinnen[3607]. Alles Gute, was Jesus in seinem Leben und Sterben vollbracht hat, hat er den Menschen in der Kirche geschenkt[3608].

9. Man bittet immer wieder Jesus um seiner Güte willen in persönlichen Nöten, wie zum Beispiel um Erlangung der Gesundheit[3609], um das Wiedererlangen des Gewandes der Unschuld[3610], um ein sicheres Zeichen für den Glauben[3611], um Vergebung der Sünden[3612], um Schutz gegen die Feinde[3613], um die Gnade des guten Gebetes[3614], um Rat in Entscheidungen[3615], um Beistand in Einsamkeit[3616], im Unverstandensein[3617] und in Angst[3618], um Kraft, das auszuführen, was man sich vornimmt[3619], um Führung auf dem Lebensweg[3620], um Entfachung der Liebe[3621], um Beistand in der Sterbestunde[3622], um Hilfe am Tag des Gerichtes[3623], um Befreiung der Armen Seelen aus dem Fegfeuer[3624], um das Gelangen in den Himmel[3625], um Anteil an Christi Freuden[3626]

[3599] HISV 1,2,3,27,594-597,151; 2,3,2,25,658f.,368.

[3600] JFC 2,14,632-635,141.

[3601] JFC 2,7,274-279,130; HISV 1,2,3,31,679,154; Der arme Hartmann. Reden vom Glauben. Christi Geburt 123-126, in: Die Deutsche Literatur vom Mittelalter bis zum 20. Jahrhundert, 1,1,67.

[3602] JFC 3,30,1118f.,177; IL 1,1,2,159; 1,4,20,164; 2,2,6,172; 2,2,7,173; 3,1,7,183; DM 404,5-10; 405,14f.; G R 7,481-488,238; G 2,2,19,2,9f.,306; 3,3,9,5,12-21,40-42; 3,18,24,16-20,102; 3,18,26,5-9,104.

[3603] IL 2,6,31,179; DM 405,14f.

[3604] DM 403,25f.; G R 4,331f.,120.

[3605] IL 2,3,15,175.

[3606] DB 4,378,11-13.

[3607] ESV 2,18,47.

[3608] MH 1,5,17.

[3609] IN 10,227.

[3610] JFC 2,8,365-368,132f.

[3611] IS 28,10,68,158.

[3612] G 4,4,21,3,1-8,202.

[3613] G R 6,722-724,206.

[3614] GHLD 24,3,127D.

[3615] G R 7,436f.,236.

[3616] MY 24,118f.,32.

[3617] MA 7,9.

[3618] G R 7,442,236.

[3619] G R 4,275f.,118.

[3620] JHLD 3,2,91f.,50.

[3621] JFC 3,27,923f.,171

[3622] JFC 2,4,132-138,125; RVPS 118,346C; MH 7,7,398; G R 5,237f.,142; 6,721-723,206; 7,406-414,234.

[3623] JFC 2,4,139-141,125.

[3624] CS 1, B 29,55,198,26-30; CS 2, 4,9,82,316; 2, 4,21,191,347.

[3625] JFC 2,4,142-144,125.

[3626] GHLD 20,9,108B.

und um sein Kommen[3627]. Gut ist Christus zu allen, die auf ihn hoffen[3628]. Im vertrauten Gespräch mit ihm offenbart sich seine Güte[3629]. Er würde uns aus Güte auch verzeihen, wenn wir alle Sünden der Welt begangen hätten[3630]. Seine Güte ist so groß, daß man es kaum glauben kann[3631], obwohl man auf sie vertrauen soll[3632]. Wer an die Güte Christi denkt, braucht nicht zu sündigen[3633]. Es ist schlimm, wenn durch die Sünde der gute Name Jesu verunehrt wird[3634]; dann leidet der Herr in seiner Güte erneut[3635].

10. Jesus zeigt sich aus Güte den Mystikerinnen in ihren Visionen[3636] und schenkt ihnen Sicherheit[3637]. In der „unio mystica" spüren sie, daß alles Gute, was in ihnen ist, die Güte Gottes ist[3638]. Jesus, der in den Garten der Liebe steigt[3639], hat ja dem Menschen seine Güte geschenkt[3640], über ihm angehäuft[3641], und seine Milde fließt auf ihn[3642]. Dann ist seine Güte im Menschen[3643]. Er vereinigt seine gütigen Augen mit den Augen des Menschen[3644]. Seine Güte läßt den Menschen nicht zu Boden fallen[3645] und stärkt die Mystikerinnen, wenn sie entkräftet aus ihren ekstatischen Erlebnissen zurückkehren[3646]. Die Stigmatisation einer Mystikerin wird auf die Milde Jesu zurückgeführt[3647].

11. Vor Jesus, dem gütigen Richter, braucht der Mensch keine Angst zu haben[3648]. Seine Güte wird ihm zu Hilfe eilen[3649]. Am Ende wird sich auch die Synagoge durch die Güte Gottes bekehren[3650]. Die Freude des Menschen in der Seligkeit besteht darin, in das gütige Angesicht Jesu schauen zu dürfen[3651]. Die Milde Jesu wird dem Menschen beim himmlischen Gastmahl begegnen[3652].

[3627] G R 3,110-112,80.
[3628] MO 1,1,15,550.
[3629] LTA 3,2,9,206.
[3630] DU 374,19-21; MA 3,6.
[3631] MA 59,72; 67,94f.
[3632] G R 3,59,76.
[3633] CM 3,37,656.
[3634] CM 4,40,657.
[3635] G 3, 3,67,1,1-5,272.
[3636] AS 2,11,474.
[3637] IN 4,211f.
[3638] MA 67,95; MH 1,19,70.
[3639] JHLD 44,4,73-76,316.
[3640] MH 1,13,43.
[3641] G R 4,332f.,122.
[3642] CH 2, 229.
[3643] CH 2, 230.
[3644] MH 1,1,9.
[3645] WHLD 1,11,133,286.
[3646] IG 5,46,121.
[3647] IL 1,3,17,163.
[3648] WHLD prol 16,88.
[3649] G R 6,730f.,206.
[3650] HISV 1, 1,5,6,120-124,97.
[3651] JFC 3,7,194-197,148f.
[3652] DU 374,26-29.

12. Jesus wird „bonus"[3653], „optimus"[3654], „benignus"[3655], „benignissimus"[3656], „pius"[3657], „piissimus"[3658] genannt. Er ist der „dator omnium bonorum", „Geber alles Guten"[3659], „auctor", „Urheber"[3660] und „fons", „Quelle"[3661] „omnium bonorum", „alles Guten", „plenitudo bonorum", „die Fülle alles Guten"[3662], „origo boni", „der Ursprung des Guten"[3663], „speculum omnium bonorum", „der Spiegel alles Guten"[3664], „unicum immo totum bonum meum", „mein einziges, ja mein ganzes Gut"[3665], „pater pietatis", „Vater der Güte"[3666]. Titel, die Jesus zukommen, werden mit dem Adjektiv „gütig" gekennzeichnet, wie Arzt[3667], Anwalt[3668], Befreier[3669], Einwoh-

---

[3653] JFC 3,27,23f.,171; JFL 111,190; JFP 50,226; BB 1,1,5,250,11; BMA 8,17,492,8; 31,75,596,21f.; BD 11,3,272,1; WHLD 1,40,126; ARSC 1,1,2,16,13; 3,1,2,26f.,105; ARJ 1,3,69f.,251; IS 28,10,68,158; GHLD 13,6f.,67B; 15,8,79B; 18,5,94D; 19,5,100B; 20,4,104C; 20,9,108B; 22,4,116D; 24,3,127D; 28,4,147B; 30,2,155D; 30,6,158A; 30,7,159A; 36,1,188A; 38,1,199A; 38,7,203B; 39,1,203C; 40,8,212C; 41,1,214B; GIS Nat 1,4,126,172; GIS Ass-BM 2,4,76.83,434; JHLD 23,2,34f.,194; RVPS 118,346C; ESV 1,2,4; MY 49,127,33f.; DAE 3,21,207; MH 1,19,65; 4,23,280; 6,7,398; G R 6,462,190.

[3654] SP 10,846,6f.; SPE 97,1040A; MY 49,127,33f.; Wiener Passionsspiel. Maria Magdalena 185, in: Die Deutsche Literatur vom Mittelalter bis zum 20. Jahrhundert, 1,1,266.

[3655] BS 3,120,694,4; JHLD 7,3,152,76. RVPS 118,346C; 118,349A; OL 1,2,205,8; IG 5,46,121; IL 2,2,6,172; MH praev 6; G R 4,6,100; G 4, 4,6,7,18,98; 4,19,2,1-3,196; 4,22,3,8,210; 4,43,2,12,338; 5, 5,32,1,10f.,256; CS 1, B 30,65,208,27. CS 2, 4,1,6,395; LO 70,352,5; Wiener Passionsspiel. Maria Magdalena 185, in: Die Deutsche Literatur vom Mittelalter bis zum 20. Jahrhundert, 1,1,266.

[3656] JFC 3,26,878-880,170; IN 10,227; MY 24,118,32; 25,119,11; IL 2,7,35,180; MH 1,5,19; G R 2,51,68; 4,258f.,116; G 3, 3,18,5,11,84; 3,27,1,1-9,126; 3,34,1,12f.,174; 3,39,1,3f.,186; 3,65,3,46,266; 4, 4,5,1,9-11,82; 4,5,3,22,86; 4,7,5,1,104; 4,8,1,21-24,106; 4,19,2,1,196; 4,21,3,12,204; 4,27,4,5f.,264; 5, 5,1,21,3-5,40; 5,4,21,11,104; 5,5,2,8,110; 5,29,3,1,234; CS 2, 4,1,8,296.

[3657] JFC 3,7,194,148; BN 2,11,128,57-62,91, BN 2,14,148,67,101. ESV 1,34,18. WHLD prol 16,88; ARJ 3,21,102,268; IS 40,8,64-68,16; JHLD 3,2,91,50; BDI 5,14,96,22f.; ESV 1,34,18; BN 2,14,148,67,101; IL 2,2,6,172; 2,3,15,175; 2,6,29,179; 2,6,30,179; 2,6,31,179; 2,7,40,182; G R 1,17,46; 3,336,94; 4,275,118; 7,69,214; 7,624f.,246; G 3, 3,67,1,1-5,272; 3,67,1,2-11,272; 4, 4,3,7,1,54.

[3658] BHLD 1, 1,2,4,58,1; BANN 3,1,138,14; IS 40,9,72,18; MA 3,5; MA 7,9; 8,11; G 4, 4,4,12,4,80; 4,32,1,38,280; CS 2, 4,3,22,300.

[3659] JFL 277,196.

[3660] WND 11,33,400D; G R 2,98f.,72.

[3661] MH 2,2,137; vgl. BHLD 2, 42,7,10,92,26f.; BB 2, 341,2,592,13f.; DB 2,376,33f.

[3662] GIS Nat 4,1,7,204.

[3663] HAN 2,17,646A.

[3664] DK 344,40-345,1.

[3665] G 3, 3,20,1,24f.,112; vgl. G 3, 3,47,1,8,212; 4, 4,23,9,13f.,226.

[3666] SP 10,846,3.

[3667] BVNAT,4,2,178,12-15.

[3668] G R 7,69,214.

[3669] BANN 3,1,130,14.

ner[3670], Erlöser[3671], Gott[3672], Helfer[3673], Herr[3674], Herrscher[3675], Hirt[3676], Lehrer[3677], Liebhaber[3678], Meister[3679], Tröster[3680] und Vater[3681]. Er ist das milde Lamm[3682]. Als Bräutigam besitzt er die gütigste Vertrautheit[3683]. Verschiedene seiner Eigenschaften werden gut genannt, wie seine Brüderlichkeit[3684], sein Erbarmen[3685], seine Freigibigkeit[3686] und Weisheit[3687]. In ihm fließt die Güte über[3688]. Sein Herz[3689], sein Haupt[3690], sein Gesicht[3691], seine Stimme[3692] sind voll von Güte. Wir sollen die Güte Christi loben[3693], bewundern[3694] und ihr danken[3695]. Um seiner Güte willen folgt man Jesus in Liebe nach[3696], läßt sich von ihm ziehen und locken[3697] und ist bereit, alles zu ertragen, was seine Güte schickt[3698].

[3670] G R 3,199,86.

[3671] G R 1,17,46.

[3672] G 2, 2,13,1,1,282; 4, 4,8,1,21,106; 4,32,1,38,280; 5, 5,5,2,8,110.

[3673] G 3, 3,65,3,47,266.

[3674] G 3, 3,27,1,4f.,126; 3, 3,39,1,3f.,186; 4, 4,6,7,18,98; 4,7,5,1,104; 4,19,2,1,196; 4,43,2,12,338; G 5, 5,32,1,10f.,256.

[3675] G 3, 3,65,3,40,264.

[3676] JFC 2,12,524,137.

[3677] G 4, 4,4,12,4,8; 4,27,4,5f.,264.

[3678] MO 2,5,59,560; G 3, 3,31,2,4,164; 4, 4,22,3,8,210.

[3679] G 4, 4,5,3,22,86.

[3680] BDI 5,14,96,22f.; MA 8,11; CH 1, 236.

[3681] HIB 2, 187r,6f.,423; TH 35,6,92.

[3682] HNM 1,682A.

[3683] CS 1, 27,13,1-3.

[3684] G R 4,258f.,116.

[3685] G 5, 5,5,4,15,114.

[3686] G 4, 4,21,3,12f.,204.

[3687] WE 2,272,1,362.

[3688] WMO 6,226B.

[3689] MH 7,5,396; 7,15,409; G R 2,50f.,68; 7,586f.,244; G 3, 3,53,1,9f.,230; 5, 5,1,7,12-14,26.

[3690] BQUAD 1,2,446,7.

[3691] IL 2,7,35,180.

[3692] BASSPT 4,4,564,17-19.

[3693] MA 3,5; G 5, 5,18,2,23f.,180.

[3694] G 3, 3,67,2,1,272.

[3695] JFC 2,2,65f.,123; BD 23,6,384,6; CM 3,36,656; MY 49,127,29-31; G 5, 5,1,21,2-5,40; Rûmzlant von Sachsen: Marienpreis 1,8, in: Die Deutsche Literatur vom Mittelalter bis zum 20. Jahrhundert, 1,1,417.

[3696] G R 7,110-115,80.

[3697] G R 2,80,70; G 3, 3,18,14,2f.,92.

[3698] G 4, 4,27,2,11f.,262.

6. Weitere Eigenschaften

Einige weitere Eigenschaften Christi, die sich in das von uns behandelte Ternar nicht einordnen lassen, sollen hier noch angefügt werden.

6.1 Gerechtigkeit

1. In unseren Texten gibt es kaum einen semantischen Unterschied zwischen „iustitia" und „aequitas". Deswegen behandeln wir beide Ausdrücke hier unter einem Abschnitt. In der Vulgata heißt es, daß Christus für uns zur „iustitia" geworden ist (1 Kor 1,30; 2 Kor 5,21). Verschiedentlich wird Jesus der „Gerechte" genannt (Mt 27,19; Lk 23,3; Apg 3,14; 1 Petr 3,18). Gott richtet am Ende durch Christus „aequitate", „in Gerechtigkeit" (Apg 17,31). Und sein Sohn trägt „aequitatis virga", „das Zepter der Gerechtigkeit (Hebr 1,8). Auch in den Reihen von Namen für Christus, die in der alten Kirche aufgestellt wurden, taucht das Wort Gerechtigkeit auf[3699].

2. Jean von Fécamp weiß, daß Christus nach Paulus für uns zur Gerechtigkeit geworden ist[3700]. Deswegen bittet er ihn: „Iustitia iustificans, te quaero in toto corde meo." – „Gerechtigkeit, die rechtfertigt, Dich suche ich mit meinem ganzen Herzen."[3701]

3. Wenn Bernhard von Clairvaux von der Gerechtigkeit Gottes schreibt, denkt er meist an deren strafenden Charakter beim Gericht[3702]. Er kennt aber auch die Gerechtigkeit im soteriologischen Kontext.

3.1 Im Urstand besaßen die Menschen die von Gott geschenkte Urgerechtigkeit: „Perdidit homo iustitiam, cum Eva serpentis, Adam mulieris voci oboedivit." – „Der Mensch hat die Gerechtigkeit verloren, als Eva der Stimme der Schlange und Adam derjenigen seiner Frau gehorchte."[3703] Zur Strafe wurde er der Macht des Teufels übergeben, was durchaus der Gerechtigkeit entsprach[3704]. Doch die „sola iustitia sine misericordia", „reine Gerechtigkeit ohne Barmherzigkeit" stürzt den Menschen in Verzweiflung"[3705]. Deswegen ist Gott bereit, zu helfen. Im Kampf mit dem Teufel schickt Gott verschiedene Tugenden aus, um die Burg der Gerechtigkeit zu erobern, ohne ihr Ziel zu erreichen[3706]. Von sich aus konnte der Mensch die einmal verlorene Gerechtigkeit nicht wieder erlangen[3707].

[3699] Vgl. für Eusebius von Caesarea Sieben, Nomina 177; für Gregor von Nazianz ebenda 187; für Ambrosius von Mailand ebenda 169.

[3700] JFC 3,21,720-724,165.

[3701] JFC 3,6,148f.,147.

[3702] Vgl. Weiß, Gottesbild 3,1685-1687.

[3703] BANN 1,8,110,4f.

[3704] BB 2,190,5,15,98,8-12.

[3705] BS 3,101,590,22-592,2.

[3706] BPA 2,4,824,1-11.

[3707] BB 2,190,6,15,98,20f.

3.2 Erst durch Christus, der schon immer die „iustitia de iustitia", „Gerechtigkeit von der Gerechtigkeit" des Vaters ist[3708], ist die Gerechtigkeit auf Erden wieder erschienen. Bei seiner Menschwerdung erwies sich Gott „magnificus in iustitia", „großartig in Gerechtigkeit"[3709]. Mit Christus ist die Gerechtigkeit wieder aus der Erde ersproßt[3710]. Er wurde ja als Sonne der Gerechtigkeit verheißen[3711]. Durch diese Sonne, die auch in das Gefängnis des Menschen leuchtet[3712], wurde der Glanz des Teufels zunichte[3713]. In jedem einzelnen Menschen will Christus geboren werden und als Sonne der Gerechtigkeit aufgehen[3714], damit ihm die Finsternis hell wird[3715].

3.3 Was aber ist das für eine Gerechtigkeit, die durch Christi Kommen erschienen ist? Er kommt zwar mit Macht, aber nicht um Gericht über die Menschen zu halten[3716]. Bei seinem ersten Kommen übt er an uns nicht seine Strafgerechtigkeit aus. Aber als Gott weiß Jesus seit Ewigkeit um die Gerechtigkeit und deren Forderungen. Er mußte aber auch Mensch werden, um durch eigene Erfahrung das Elend der Menschen zu erkennen[3717]. Jetzt gilt: „Videbas altrinsecus hinc miseriam et inde iustitiam." – „Du schautest auf beide Seiten, hier das Elend und dort die Gerechtigkeit."[3718] So ist Christus an Weihnachten schon für uns zur Gerechtigkeit geworden[3719].

3.4 Wie kann er aber beiden Seiten gerecht werden? Zuerst predigt er dem Menschen die Buße, „ut pacem inveniret apud Dei iustitiam", „um den Frieden bei Gottes Gerechtigkeit zu finden"[3720]. Doch diese Verkündigung konnte nichts erreichen. Er wollte auch dem Teufel gegenüber „iustitia magis … quam potentia", „mehr die Gerechtigkeit … als die Macht" gebrauchen[3721]. Nur Macht hätte er gegenüber dem Satan gebraucht, wenn er aus reiner Barmherzigkeit die Menschen aus seiner Macht befreit hätte.

3.5 In doppelter Hinsicht aber wird die Gerechtigkeit durch seine Erlösungstat nicht außer Kraft gesetzt. Er hat nie ein Unrecht begangen, deswegen hat der Fürst dieser Welt keine Macht über ihn. Trotzdem vergreift er sich an ihm und legt Hand an ihn[3722]. Damit aber hat er sein Recht ungerecht ausgedehnt und verliert es: „Iustissime quos tenebat amisit." – „Mit vollem Recht verlor er die, die er in Gewalt hielt."[3723] Dadurch wird der Teufel zum „deceptus antiquus deceptor", „betrogenen alten Betrüger"[3724].

[3708] BHLD 2, 80,1,2,570,2.
[3709] BANN 3,1,138,12.
[3710] BHLD 2, 70,3,6,436,10.
[3711] BHLD 2, 70,3,6,436,18-20.
[3712] BVNAT 3,2,162,8-11.
[3713] BINOV 3,1,694,5-7.
[3714] BVNAT 6,8,214,1-3.
[3715] BCIRC 3,5,308,3f.
[3716] BHLD 2, 73,2,4,484,19f.
[3717] BVEP 4,100,7-17.
[3718] BVEPI 4,100,18.
[3719] BVNAT 5,3,198,4.
[3720] BVEPI 5,102,11f.
[3721] BB 2, 190,6,15,98,19f.
[3722] BB 2, 190,6,15,98,22-24.
[3723] BB 2, 190,6,15,98,24.
[3724] BS 3,70,466,7.

„Occisus iustus iniuste, et pro iustitia novam de inimio obtinuit iustitiam." – „Getötet wurde ungerecht der Gerechte, und um der Gerechtigkeit willen erhielt er eine neue Gerechtigkeit dem Feind gegenüber."[3725] Diese gebrauchte er aber nicht für sich selbst, sondern teilte sie den Sündern mit[3726]. So kann der Mensch sagen, daß Christi Gerechtigkeit auch die seine ist[3727]. „Nempe factus es mihi tu iustitia a Deo." – „Denn Du bist mir zur Gerechtigkeit vor Gott geworden."[3728]

Bis jetzt wurde nur über das Recht des Satans gesprochen. Wichtiger aber ist die Gerechtigkeit des Vaters, mit der er Strafe fordern muß. Auch in diesem Punkt ist der Erlösungstod Jesu wichtig. Ohne den versöhnenden Tod des Sohnes Gottes würde die „puniens iustitia", „strafende Gerechtigkeit" über uns herrschen[3729]. Wenn durch die Sünde eines einzigen alle sterben müssen (Röm 5,12), dann ist es auch sinnvoll, daß durch den ungerecht zugefügten Tod die Gerechtigkeit des einen auf alle Schuldigen übergeht[3730]. „Haec est iustitia hominis in sanguine Redemptoris." – „Das ist die Gerechtigkeit des Menschen, die im Blut des Erlösers besteht."[3731] So wandelt wieder die Gerechtigkeit vor dem Vater[3732]. Ohne sie zu verletzen, kann der mit Recht gerettet werden, der mit Recht hätte zugrunde gehen sollen[3733].

3.6 So ist Christus die „iustitia iustificans", „rechtfertigende Gerechtigkeit" für uns geworden[3734]. Denn durch die eigene Gerechtigkeit kann der Mensch sich nicht retten[3735]. Wer versucht, sich selbst zu rechtfertigen, will die eigentliche Gerechtigkeit nicht kennen[3736]. Christus ist vielmehr „ad iustitiam omni credenti", „zur Gerechtigkeit jedem, der glaubt" geworden[3737]. Von Christus heißt es: Der Mensch „credat in te qui iustificas impium", „soll an Dich glauben, der Du den Frevler rechtfertigst"[3738]. Der Mensch braucht keine Angst zu haben, daß die eine Gerechtigkeit, die Christus ist, für ihn und seine Sünden nicht ausreicht[3739]. Denn Christi Gerechtigkeit ist ewig und damit grenzenlos[3740]. Wenn er schon unser Fleisch angenommen hat, „putas suam nobis negabit iustitiam", „glaubst du, er würde uns seine Gerechtigkeit verweigern"[3741]?

[3725] BS 3,70,466,8f.

[3726] BS 3,70,466,10f.

[3727] BHLD 2, 61,2,5,316,13f.

[3728] BHLD 2, 61,2,5,316,13f.

[3729] BS 3,127,756,3-5.

[3730] BLNM 11,23,308,1-9.

[3731] BB 2, 190,7,17,102,18.

[3732] BS 3,70,466,15.

[3733] BS 3,70,366,16.

[3734] BHLD 1, 22,3,8,316,13.

[3735] BGR 1,1,174,15.

[3736] BGR 14,48,244,1f.

[3737] BB 1, 107,13,792,15.

[3738] BHLD 1, 22,3,8,316,15f.

[3739] BHLD 2, 61,2,5,315,13f.

[3740] BHLD 2, 61,2,5,316,16f.

[3741] BLNM 11,22,304,28-396,1.

3.7 Wer aber jetzt die Barmherzigkeit verachtet, wird beim Gericht die Gerechtigkeit spüren[3742]. Bei seiner ersten Ankunft kommt Christus in Barmherzigkeit, bei der zweiten „in aequitate", „in Gerechtigkeit", obwohl auch dann seine Barmherzigkeit nicht aufgehoben ist[3743]. Die „aequitas", „Gerechtigkeit" Christi wird so groß sein, daß man es sich nicht ausdenken kann[3744]. Dann wird Christus sich „in aequitate", „in Gerechtigkeit" für alle Sanftmütigen und Unterdrückten entscheiden[3745].

3.8 Die Aussagen Bernhards über die Gerechtigkeit Christi konzentrieren sich auf dessen Erlösungstat am Kreuz und unsere Rechtfertigung. Weitgehend sieht dabei Bernhard diese Eigenschaft in einem Gegensatz zur Barmherzigkeit stehen[3746].

4. Wilhelm von St Thierry setzt die Akzente bei der Gerechtigkeit Christi stärker auf das subjektive Moment der Rechtfertigung.

4.1 An einigen Stellen spricht Wilhelm aber auch von dieser Eigenschaft beim objektiven Geschehen am Kreuz. Von Gott spricht er: „In conspectu gentium revelasti justitiam tuam, quam in sanguine unici tui nobis fecisti." – „Im Angesicht der Völker hast Du Deine Gerechtigkeit geoffenbart, die Du an Deinem Einzigen für uns getan hast."[3747] Jesus hat alles Leid an sich gezogen, „ut injuste judicatus juste judicatos absolvas in tua justitia", „damit Du als der ungerecht Verurteilte die gerecht Verurteilten in Deiner Gerechtigkeit lossprichst"[3748]. Wörtlich stimmt die Bemerkung mit Bernhard von Clairvaux[3749] überein, nach welchem der ungerecht Ermordete ein Recht gegenüber seinem Feind, dem Satan, erhält[3750]. Auch wenn es schwierig zu verstehen ist, daß Gerechtigkeit geschieht, wenn der unschuldige Sohn ungerecht hingerichtet wird[3751], ist an der Tatsache festzuhalten, daß „sit justitia in sanguine Christi, qua justificatur homo apud Deum", „Gerechtigkeit geschieht im Blute Christi, durch welches der Mensch bei Gott gerecht gemacht wird"[3752]. Wilhelm kennt aber auch die Gerechtigkeit, die verdammen kann. Wenn Paulus um seiner Brüder willen verdammt sein will (Röm 9,3), wünscht er, „a Christo beatitudine, non a Christo justitia", „von Christus als die Seligkeit, nicht von Christus als die Gerechtigkeit" getrennt zu sein; im Gegenteil, er will mit ihnen die strafende Gerechtigkeit aushalten[3753].

4.2 Jesus als das Wort Gottes ist der Bräutigam, der nicht nur mit, sondern auch in der Braut spricht als „justitia justificans ei exsistens", „Gerechtigkeit, die sie rechtfertigend

---

[3742] BEPI 1,4,326,21.
[3743] BQU 11,8,640,24-28.
[3744] BHLD 2,73,2,5,486,3-6.
[3745] BB 1,126,6,866,18-21.
[3746] Vgl. Weiß, Gottesbild 3,1780-1788.
[3747] WMO 6,225C.
[3748] WMO 12,243D.
[3749] BS 3,70,466,8f.
[3750] WND 12,37,402D.
[3751] WD 7,272B.
[3752] WD 7,271B.
[3753] WHLDB 32,432C-D.

da ist"[3754]. Dann soll der Mensch „iustus justificetur", „als Gerechter gerechtfertigt werden"[3755].

4.3 Wichtiger als die Tatsache der allgemeinen Rechtfertigung durch Christus ist für Wilhelm aber die Frage, wie der Mensch es erfährt, daß der Bräutigam rechtfertigend kommt: Meist stellt der Mensch sich vor, er stehe „coram Jesu, pio judice", „vor Jesus, dem gütigen Richter"[3756]. Es gibt aber tiefere Erfahrungen[3757]; sie geschehen nicht durch das Lesen von Büchern, sondern „in justitia ejus solius", „in seiner Gerechtigkeit allein"[3758]. In der „unio mystica" leuchtet auf „lumen justitia", „das Licht der Gerechtigkeit" Christi[3759]. In ihm als Bräutigam erscheint „sol justitiae", „die Sonne der Gerechtigkeit"[3760]. Doch wann man dies erfährt, geschieht nach dem „judicium justitiae tuae", „Urteil Deiner Gerechtigkeit"[3761]. Denn die Sonne der Gerechtigkeit kann auch ihr Licht zurückziehen[3762]. Wenn sie aber wieder erscheint, erhält die vorher blaß gewordene Braut die Farbe der Schönheit zurück[3763].

4.4 Das Spezifische der Behandlung der Gerechtigkeit Christi bei Wilhelm ist die Tatsache, daß er die Frage nach der persönlichen Rechtfertigung des einzelnen mit einbezieht.

5. Gilbert von Hoyland kennt einen starken christologischen Charakter der Gerechtigkeit.

5.1 Schon in der Person des Menschgewordenen besteht die Gerechtigkeit. An sich wohnt Gott im unzugänglichen Licht[3764]. In bezug auf die Gerechtigkeit hat sich dies aber geändert: „Prope facta est, quia incarnata, proximior, quia revelata, magis autem proxime facta quia donata." – „Nahe ist sie (= die Gerechtigkeit) uns geworden, weil sie Fleisch angenommen, näher, weil sie sich offenbart hat, am nächsten, weil sie sich geschenkt hat."[3765] Während der zweite Fall auf die Verkündigung Jesu und der dritte auf das Sterben am Kreuz anspielt, ist die erste Annäherung in der Menschwerdung zu lokalisieren. Wenn man die Gerechtigkeit findet, hat man Christus gefunden[3766]. Denn in seinen Tagen begegnen sich Friede und Gerechtigkeit[3767] und ist uns die Gerechtigkeit aufgegangen[3768]. Noch deutlicher ist die Gerechtigkeit Christi am Kreuz geworden: „Disciplinam debitae nobis poenae sustinuit, ut nobis justitiae pacem refunderet."

[3754] WHLD 1 fin 141,298.
[3755] WE 1,253,4,346.
[3756] WHLD prol 16,88.
[3757] WHLD prol 18,92.
[3758] WHLD prol 21,96.
[3759] WHLD 2,4,174,356.
[3760] WHLD 2,4,178,362.
[3761] WHLD 2,4,178,364.
[3762] WHLD 1,3,50,142.
[3763] WHLD 1,8,89,210.
[3764] GHLD 7,4,44D.
[3765] GHLD 7,4,43A.
[3766] GHLD 9,2,53C-D.
[3767] GHLD 12,2,62B.
[3768] GHLD 16,1,81B.

– „Die Zucht der verdienten Strafe hat er für uns ausgehalten, damit auf uns der Friede der Gerechtigkeit überfließe.“[3769]

5.2 Rechtfertigung heißt, den neuen Menschen, „qui creatus est in justitia“, „der in Gerechtigkeit geschaffen ist“, anzuziehen[3770]. Alles, was wir dann Gutes tun, kommt allein aus Christi Gerechtigkeit[3771]. Weil Christus für uns Gerechtigkeit geworden ist, kann die Liebe die Furcht vertreiben[3772].

6. Johannes von Ford kennt ebenfalls die christologisch geprägte Gerechtigkeit.

6.1 Er stellt der Gerechtigkeit, die von der Erde stammt und einen bitteren Geschmack hat, diejenige gegenüber, die vom Himmel ist und keine Strenge, sondern nur Süße kennt[3773]. Sie ist eine neue, vor Christus noch nicht geoffenbarte Gerechtigkeit[3774] und mit der Liebe identisch[3775], ja letztlich mit seinem Sohn: „Sic dilexi ego ab initio mundum, ut Filium meum Vnigenitum dederim primum in carnem, deinde in mortem, mortem autem crucis.“ – „So habe ich von Anfang an die Welt geliebt, daß ich meinem Sohn, den Eingeborenen, zuerst ins Fleisch, dann in den Tod, in den Tod aber des Kreuzes, gegeben habe.“[3776] So ist in ihm die vollkommene Gerechtigkeit[3777], „diuitiae iustitarum Dei“, „die Reichtümer der Gerechtigkeit Gottes“[3778], ja die „plenitudo iustitiae“, „Fülle der Gerechtigkeit“ vorhanden[3779].

6.2 Vollkommen zeigt sich diese Gerechtigkeit am Kreuz: „Verissima haec iustitia tua fuit, ut traderes unicum tuum in pretium omnium nostrum.“ – „Am wahrsten geschah diese Gerechtigkeit, als Du Deinen Einzigen zum Preis für uns alle hingabst.“[3780] Sein Sohn erfüllte die Gerechtigkeit, indem er dem Willen seines Vaters im Sterben vollständig gehorchte[3781]. Denn die Erfüllung des göttlichen Willens ist die höchste Gerechtigkeit[3782]. Deswegen ist das Kreuzesgeschehen nicht nur die Gewährung des Heiles, „sed et iustitiae consummatio, quia pro oboendientia, quae est summa iustitia, tradidit in mortem animam suam“, „sondern auch die Vollendung der Gerechtigkeit, weil er aus Gehorsam, welcher die höchste Gerechtigkeit ist, seine Seele in den Tod gegeben hat (Jes 53,12)“[3783]. So wurde er „osculum illud felicissimum, quo se iustitia et pax in coelesti illa gloria osculari non desinunt“, „jener glücklichste Kuß, in dem Gerechtigkeit und

---

[3769] GHLD 16,1,81A.
[3770] GHLD 14,3,69D.
[3771] GHLD 12,2,62B.
[3772] GHLD 19,6,101A.
[3773] JHLD 22,11,259-265,192.
[3774] JHLD 10,7,215-217,99.
[3775] JHLD 10,7,222f.,100.
[3776] JHLD 10,7,223-225,100.
[3777] JHLD 8,3,72f.,81.
[3778] JHLD 8,5,156f.,83.
[3779] JHLD 14,3,90,126.
[3780] JHLD 10,7,236f.,100.
[3781] JHLD 10,7,237-240,100.
[3782] JAP 11,334f.,820.
[3783] JAP 11,355-357,820.

Frieden in jener himmlischen Herrlichkeit nicht aufhören sich zu küssen"[3784]. Er hat die Gerechtigkeit in sich, weil er die Herrlichkeit Gottes über sich hat[3785].

6.3 Der Mensch muß die alten Lumpen der eigenen Gerechtigkeit ausziehen und die Gerechtigkeit Christi, die nicht zerrissen werden kann, anziehen; dann ist er gerechtfertigt[3786]. „Iustitia tua te donante iustitia mea est." – „Deine Gerechtigkeit ist, weil Du es gibst, meine Gerechtigkeit."[3787]

6.4 Am Ende der Zeit wird aber der Eingeborene des Vaters kommen als „iudex terribilis", „schreckenerregender Richter"[3788]. Neben ihm auf dem Richterstuhl wird seine Braut, die Kirche, sitzen und mit seiner Gerechtigkeit das Urteil fällen[3789].

6.5 Sieht man von der Gerechtigkeit Christi beim letzten Gericht ab, ist diese bei seinem Gehorsam dem Vater gegenüber, der ihn aus Liebe zu den Menschen gesandt hat, notwendig. Vom Strafcharakter der Gerechtigkeit am Kreuz hört man bei Johannes nichts.

7. Gelegentlich wird die Gerechtigkeit Christi auch in dem Traktat „Speculum virginum" erwähnt. Christus ist der „via iustitiae", „Weg der Gerechtigkeit"[3790]. „Nonne Christus lux est, iustitia?" – „Ist Christus nicht das Licht, die Gerechtigkeit?"[3791] Christus hat als Sonne der Gerechtigkeit „noxia vita morte mutuatur", „das schuldige Leben im Tod geändert"[3792]. Wir können ihm ähnlich werden „ex fructu iustitiae", „durch die Frucht der Gerechtigkeit"[3793]. Dann brauchen wir keine Angst zu haben; denn der Richter ist unser Bräutigam, der in den Garten der Liebe uns vorangegangen ist[3794].

8. Nur selten kommt die Gerechtigkeit Christi bei Hugo von St. Viktor vor. Für ihn bedeutet die Gerechtigkeit die rechte Ordnung in der Welt[3795]. Wenn der Mensch in diesem Sinn in der rechten Ordnung lebt und sich an die Gebote hält, ist er in der Gerechtigkeit und besitzt den Weg der Gerechtigkeit[3796]. Der Mensch aber folgte diesem Weg nicht und wurde unglücklich. Jetzt besteht ein großer Unterschied zwischen Gott und dem sündigen Menschen: „Deus justus est et beatus; homo injustus et miser." – „Gott ist gerecht und selig; der Mensch ungerecht und elend."[3797] Der Mensch verlangt, selig zu sein, kann es aber nicht, solange er ungerecht ist[3798]. Der Mensch müßte zu Gott, der Quelle der Gerechtigkeit, gehen, was er aber nicht vermag[3799]. Deswegen kam Gott

---

[3784] JHLD 38,6,117f.,286.
[3785] JHLD 8,7,200f.,84.
[3786] JHLD 8,6,179-185,84.
[3787] JHLD 8,6,187,84.
[3788] JHLD 7,6,237-240,78.
[3789] JHLD 41,9,243-248,304.
[3790] SP 4,312,14.
[3791] SP 4,358,15.
[3792] SP 8,694,4-8.
[3793] SP 10,848,7-10.
[3794] SP 10,870,3-11.
[3795] HF 13,1003A.
[3796] HL 973B-C.
[3797] HE 10,180D.
[3798] Ebenda.
[3799] HE 10,181A.

zum Menschen. „Venit ad id quod homo erat, et factus est ipse quod non erat. Factus est homo pro homine, assumens nostram miseriam, retinens suam justitiam.» – «Er kam zu dem, was der Mensch war, und wurde das, was er nicht war. Er wurde Mensch für den Menschen, indem er unser Elend annahm und seine Gerechtigkeit behielt.»[3800] Mit diesen Überlegungen erklärt Hugo den Namen „Mittler"[3801]. Da Gott und Mensch allein nicht zusammenkommen konnten, „posuit se in medio homo Deus conjungens miserum et justum, ut per justitiam miseriam vinceret, et justitiam ad beatitudinem repararet", „stellte sich der Gottmensch in die Mitte und verband den Elenden mit dem Gerechten, um durch die Gerechtigkeit das Elend zu besiegen, und er stellte die Gerechtigkeit zur Seligkeit wieder her"[3802]. Die gleiche Mittlerfunktion Christi drückt Hugo auch mit dem Wort „Emmanuel", „Gott-mit uns" aus[3803]. Durch ihn sind wir von Sünde befreit, „ut … per miseriam cum justitia ad beatitudinem transeamus", „um … durch das Elend mit der Gerechtigkeit zur Seligkeit hinüberzugehen"[3804].

Diesen interessanten Erlösungsansatz führt Hugo aber nicht näher aus.

9. Auch wenn Richard von St. Viktor oft von der Gerechtigkeit Gottes im allgemeinen spricht, sind seine Aussagen über diejenige Christi selten. Über das Kommen des Sohnes Gottes schreibt er: „A summo caelo ergressio ejus et occursus ejus usque ad summum ejus, ubi splendet candor lucis aeternae: unde egrediens traxit secum splendorem justitiae." – „Vom höchsten Himmel nimmt er seinen Ausgang und seinen Lauf bis zu dessen Spitze, wo der Glanz des ewigen Lichtes strahlt. Als er von dort hinausging, zog er mit sich den Glanz der Gerechtigkeit."[3805] Dieses Herausgehen setzt Richard unmittelbar danach mit der Entäußerung des Sohnes Gottes bis zum Gehorsam am Kreuz gleich[3806]. Christus als das Licht, das aufgeht, ist der „miserator et justus", „Erbarmer und der Gerechte"[3807]. Diejenigen, die zu ihm kommen, „in justitia tua ambulabunt", „werden in Deiner Gerechtigkeit wandeln"[3808].

10. Hildegard von Bingen spricht dagegen oft von der Gerechtigkeit Christi, wobei ihre Gedankengänge eine gewisse Ähnlichkeit mit denen Hugos von St. Viktor haben.

10.1 Die ganze Dreifaltigkeit besitzt die makellose Gerechtigkeit[3809]. Die „iustissima aequitas", „gerechteste Billigkeit" besitzt der Vater gemeinsam mit dem Sohn und dem Heiligen Geist[3810]. So herrscht der Sohn mit dem Vater und dem Heiligen Geist in einer Gerechtigkeit[3811]. Während Hildegard den Vater die „iustissima aequitas", „ge-

[3800] Ebenda.
[3801] Ebenda.
[3802] HE 10,181B.
[3803] Ebenda.
[3804] HE 10,181B-C.
[3805] RVPS 28,293C.
[3806] RVPS 28,293D.
[3807] RVPS 28,313C.
[3808] Ebenda.
[3809] HISV 2, 3,7,2,107-111,464f.
[3810] HISV 1, 2,2,46-51,125.
[3811] HISV 2, 3,10,17,557-560,562.

rechteste Billigkeit"[3812] und den Geist „indeficiens iustitia", „nicht versagende Gerechtigkeit" nennt[3813], ist für sie der eingeborene Sohn die „sol iustitiae", „Sonne der Gerechtigkeit"[3814].

10.2 Gott hat die Welt in Gerechtigkeit geschaffen, das heißt, ihr eine heilvolle Ordnung gegeben, an der er auch die Menschen Anteil haben läßt[3815]. So besaßen diese die Schönheit der Gerechtigkeit[3816]. Doch der Mensch ließ sich vom Teufel, dem „persecutor ineffabilis iustitiae Dei", „Verfolger der unaussprechlichen Gerechtigkeit Gottes" verführen[3817]. Dieser kann sich brüsten, daß der Mensch ihm mehr als Gott gehorcht hat[3818]. Seitdem findet Gott im Menschen nicht jene Gerechtigkeit, die in ihm sein sollte[3819]. Die Menschen haben das Erbe der Gerechtigkeit verloren[3820]. Sie haben die Schönheit der Gerechtigkeit zerpflückt[3821], verachtet[3822] und wollen nicht mehr auf sie hören[3823]. Jetzt leben sie als „iustitiae Dei contrarii", „Gegner der Gerechtigkeit Gottes"[3824]. Sie versuchen, sich eine eigene Pflanzung zu errichten, in der es nicht nach Gottes Gerechtigkeit zugeht[3825]. Die Sonne der Gerechtigkeit, welche der Eingeborene des Vaters ist[3826], sendet ihren Glanz auf den Menschen hinab, der wieder zum Schlamm geworden ist und dessen Häßlichkeit dadurch zum Vorschein kommt[3827]. Wenn der Teufel jetzt an den Menschen seinen Willen ausübt[3828] und sie verschlingt[3829], geschieht dies nach dem gerechten Willen Gottes.

10.3 An Gott Vater, der alles in seiner Gerechtigkeit ordnet, lag es, die Umkehr der Menschen zu veranlassen[3830]. Schon im Alten Bund war die Gerechtigkeit Gottes anfangshaft wieder gegeben, die auf ihre Vollendung in Christus hinwies. Das sieht man an Noah[3831], Abraham[3832], Jakob[3833] und Mose[3834]. Die Gerechtigkeit, die vor dem

---

[3812] HISV 1,2,2,47,125.
[3813] HISV 1,2,3,26,569,151.
[3814] HISV 1,3,4,139f.,43.
[3815] Vgl. Weiß, Gottesbild 2,1707f.
[3816] HISV 1,1,4,10,426f.,73.
[3817] HISV 2,3,6,4,166,436.
[3818] HISV 1,2,6,101,2681-2683,304.
[3819] HISV 1,1,2,13,381f.,23.
[3820] HISV 1,2,4,7,218f.,165.
[3821] HISV 1,2,6,9,461f.,238.
[3822] HISV 2,3,1,5,262f.,334.
[3823] HISV 1,1,4,10,446f.,74.
[3824] HISV 1,2,6,9,474,238.
[3825] HISV 1,2,5,32,1053-1060,203.
[3826] HISV 1,3,4,139f.,43.
[3827] HISV 1,1,2,32,765f.,35.
[3828] HISV 2,3,11,26,538f.,590f.
[3829] HISV 1,2,3,19,421-423,146.
[3830] HISV 2,3,2,16,461-464,362.
[3831] HISV 2,3,2,7,224f.,354.
[3832] HISV 2,3,2,6,205f.,354; 3,2,13,374-376,359; 3,2,14,401-403,360; 3,2,16,451-454,361.
[3833] HISV 2,3,5,21,541f.,424.
[3834] HISV 2,3,2,13,374-376,359; 3,2,16,451-454,361.

Gesetz des Mose nackt und wirkungslos auf Erden war[3835], ist durch es wieder stark und unbesiegbar geworden[3836]. Von nun an darf der Mensch nicht mehr so tun, als ob ihm die Gerechtigkeit des Gesetzes nicht auferlegt worden sei[3837].

10.4 Erst mit dem Kommen Christi wird aber die Gerechtigkeit auf Erden vollendet: „Filius Dei a Patre exiuit qui uera iustitia exsistit." – „Der Sohn Gottes ist vom Vater ausgegangen, der als wahre Gerechtigkeit existiert."[3838] Dieser „iustitiam propter hominem in semetipso perfecit", „hat die Gerechtigkeit wegen des Menschen in sich selbst vollendet"[3839]. So fand alle Gerechtigkeit des Alten Bundes im Sohn die Erfüllung[3840], weil er die „omnis iustitia est", „ganze Gerechtigkeit ist"[3841], die durch ihn „prolata est", „hervorgebracht ist"[3842] und bei den Propheten nur gering war[3843]. „Iustitia in potestate Dei per hominem apparuit, quando Deus homo processit." – „Die Gerechtigkeit erschien in der Macht Gottes durch einen Menschen, als der Menschensohn hervorgetreten ist."[3844] Er stellt auch die Unterscheidung zwischen falscher und wahrer Gerechtigkeit dar[3845]. Dies wird auf Erden in der Menschwerdung verwirklicht: „Surrexit perspicua iustitia in incarnatione Filii Dei." – „Es erstand die durchscheinende Gerechtigkeit in der Menschwerdung des Sohnes Gottes."[3846] Aufgegangen ist die „aurora tuae iustitiae", „Morgenröte Deiner Gerechtigkeit"[3847], „sol iustitiae", „die Sonne der Gerechtigkeit"[3848]. Es ist die „bonitas iustitiae", „Güte der Gerechtigkeit", die sichtbar wurde[3849]. Die Lampe der Gerechtigkeit ist entzündet, mit de3 Gott die verlorene Drachme, das heißt den Sünder, sucht[3850].

10.5 Das ganze Leben des Menschgewordenen ist von der Gerechtigkeit geprägt. Schon seine Empfängnis in Maria war ohne jeden Makel, „quoniam Deus iustus est", „weil er als Gott gerecht ist"[3851]. In seinem irdischen Wirken strömte Jesus den Duft der Gerechtigkeit aus[3852]. Weil in ihm „iusticia et pax coniuncte sunt", „Gerechtigkeit und Frieden verbunden sind"[3853], konnte er das Böse mit der Gerechtigkeit überwin-

---

[3835] HISV 2, 3,2,7,235-237,355.
[3836] HISV 2, 3,3,1,146-150,375.
[3837] HISV 1, 1,3,28,577-579,57.
[3838] HISV 2, 3,9,27,884f.,541.
[3839] HIM 1,26,449f.,23.
[3840] HISV 2, 3,4,1,132f.,392.
[3841] HISV 2, 3,4,7,219f.,395.
[3842] HISV 2, 3,4,14,364,399.
[3843] HISV 2, 3,5,25,619-624,426.
[3844] HIM 1,26,446f.,23.
[3845] HISV 2, 3,6,34,915-917,458.
[3846] HISV 2, 3,2,16,455f.,362.
[3847] HISV 2, 3,1 vis,82,329.
[3848] HIB 2, 170r,103,387.
[3849] HISV 2, 3,9,27,890-892,541.
[3850] HISV 2, 3,2,20,595-601,366.
[3851] HISV 1, 2,4,12,324f.,168.
[3852] HISV 2, 3,8,15,708-713,498.
[3853] HIO 3,5,6,52,414.

den[3854]. Der Vater hat ihn mit den starken Kräften der Gerechtigkeit dem Teufel entgegen gestellt[3855]. Das verlorene Schaf hat der Sohn mit viel Mühe und Gerechtigkeit zurückgebracht[3856]. Dies geschah durch sein Leiden: Damit seine Gerechtigkeit keinen Makel besaß, hat er den Menschen nicht mit Macht, sondern mit Mitleid befreit[3857]. Gott hat uns im Blut seines Sohnes mit großer Gerechtigkeit heimgesucht[3858] und den Menschen „in ortu iustitiae", „im Aufgang der Gerechtigkeit" wieder hergestellt[3859].

10.6 Die Apostel „ueram iustitiam in Filio meo attulerunt", „haben die wahre Gerechtigkeit in meinem Sohn gebracht"[3860] zu den Menschen, die von der Gerechtigkeit nichts wußten[3861]. So floß „tanta serenitas iustitiae per doctrinam apostolorum", „eine so große Heiterkeit durch die Lehre der Apostel" in die Welt[3862]. In den Gemeinden, die sie gründeten, schufen sie Pflanzungen der Gerechtigkeit[3863]. So kam die Gerechtigkeit in die vier Teile der Welt[3864].

10.7 Die Kirche als „sponsa eiusdem Filii mei omni iustitia et ueritate exornata est", „Braut meines Sohnes ist mit aller Gerechtigkeit und Wahrheit geziert"[3865], worin sie bis zur Zeit des Antichristen erstrahlt[3866] und den Glanz der Gerechtigkeit zeigt[3867]. Die Trompeten der Gerechtigkeit erklingen in der Kirche[3868]. In der Taufe[3869], in welcher dem Menschen der Bund der Gerechtigkeit geschenkt wird[3870], in der Firmung[3871] und in den übrigen Sakramenten[3872] läßt die Kirche die Gerechtigkeit an den Menschen wirken. Die Lehre der Kirche zeigt in Wort und Beispiel den Weg der Gerechtigkeit[3873]. Ein Bischof muß den Schild der Gerechtigkeit ergreifen[3874] und sich mit Gerechtigkeit gürten[3875]. Auch die Priester dürfen nicht die Gerechtigkeit[3876], mit welcher sie sich verbinden sollen[3877], verbergen, sondern müssen die Posaune der Gerechtigkeit

---

[3854] HIO 3,5,6,55,415.
[3855] HISV 1,2,5,44,1390-1392,213.
[3856] HISV 1,1,2,32,770-773,35.
[3857] HISV 1,1,4,30,833-836,86.
[3858] HISV 1,1,3,22,438f.,53.
[3859] HISV 2,3,2,6,197f.,353.
[3860] HISV 1,2,6,83,2381f.,295.
[3861] HISV 2,3,7,7,259-261,469.
[3862] HISV 1,2,4,3,119f.,162.
[3863] HISV 2,3,9,16,400-404,527.
[3864] HISV 1,2,5,8,395-397,183.
[3865] HISV 1,2,6,9,496f.,239.
[3866] HISV 2,3,11,9,233,581.
[3867] HISV 2,3,11,9,254f.,282.
[3868] HIB 1,10,7f.,23.
[3869] HISV 1,1,2,18,477-479,26.
[3870] HISV 1,2,3,30,662,154.
[3871] HISV 1,2,4,2,102-104,161f.
[3872] HISV 2,3,11,13,303f.,583.
[3873] HISV 2,3,9,14,356-358,525.
[3874] HIB 1,21,13f.,58.
[3875] HIB 1,21,19,58.
[3876] HISV 1,2,5,17,642f.,190.
[3877] HISV 1,2,6,64,1933f.,282.

blasen[3878]. Die Bitterkeit des Alten Bundes ist als Gerechtigkeit des Gesetzes süß geworden[3879]. Der Kirche ist geschenkt die Erleuchtung, die von Christus, der Sonne der Gerechtigkeit, stammt[3880]; so kann sie die volle Frucht der höchsten Gerechtigkeit hervorbringen[3881]. Im Schisma wird dagegen das Gewand der Gerechtigkeit in der Kirche zerrissen[3882].

10.8 Von Christus fließt auf die einzelnen Gläubigen, wie von der Traube der Saft, die Gerechtigkeit[3883]. Er wohnt in den Herzen der gerechten Menschen, „ut iustitiae Dei fidelissime subditi sint", „damit sie der Gerechtigkeit Gottes ganz treu untergeben sind"[3884]. „Ardens ardor est iustitiae Dei in cordibus fidelium." – „Brennend ist der Brand der Gerechtigkeit in den Herzen der Gläubigen."[3885]

10.9 Bei Hildegard bedeutet „iustitia" fast immer die heilbringende Ordnung. Mit dieser Bedeutung nimmt der Begriff in der Christologie, Soteriologie und Ekklesiologie ihrer Schriften einen großen Raum ein.

11. In den Viten der flämischen Mystikerinnen wird am häufigsten in derjenigen der Ivetta von Huy über die Gerechtigkeit gesprochen. Meist hat sie dort strafenden Charakter[3886]. Im Gericht tritt Jesus als strenger Richter auf, den auch Maria mit ihrer Fürbitte nicht sofort gnädig stimmen kann[3887]. In einer Vision glättet Jesus die Wogen des Herzens von Ivetta, und die Tatsache, daß sie ihn, das heißt das Angesicht der Sonne der Gerechtigkeit, schauen darf, gibt ihr große Ruhe[3888].

12. Auch in der Vita der Beatrijs von Nazareth kommt das Wort Gerechtigkeit häufig vor. Oft hat auch bei ihr die Gerechtigkeit strafenden Charakter[3889]. Selbst das Kreuz, welches sie Tag und Nacht bei sich trägt, erinnert sie an den „horrorem extremi iudicij", „Schrecken des letzten Gerichtes"[3890]. Doch verliert sich dieser Schrecken, wenn sie daran denkt, daß Jesus für uns die Wunden am Kreuz empfangen hat[3891].

13. Hadewijch spricht ebenfalls von der Gerechtigkeit Christi.

13.1 Innertrinitarisch wird meist von der Gerechtigkeit des Vaters gesprochen[3892]. Doch wird auch dem Sohn zugeschrieben[3893], wobei dies gelegentlich auch beim Heiligen Geist der Fall ist[3894].

[3878] HIB 1, 15r,55f.,36.
[3879] HISV 2, 3,5,19,516-519,423.
[3880] HISV 1, 2,4,1,73f.,161.
[3881] HISV 1, 2,4,1,79f.,161.
[3882] HISV 2, 3,7,11,443f.,474.
[3883] HISV 1, 2,6,28,1111-1120,257.
[3884] HISV 2, 3,9,27,895-898,541.
[3885] HISV 2, 3,1,10,413,339.
[3886] Vgl. Weiß, Gottesbild 2,1726-1728.
[3887] IH 15,45-47,154.
[3888] IH 4,11,147.
[3889] Vgl. Weiß, Gottesbild 3,1730.
[3890] BN 1,14,70,91-93,56.
[3891] BN 2,6,109,38-53,80.
[3892] HAB 22,268-271,199; 22,363-365,203.
[3893] HAB 22,365-368,203.
[3894] HAB 22,368-371,203.

13.2   In seinem irdischen Leben hat Jesus kein aus seiner göttlichen Natur stammendes Vorrecht beansprucht, sondern Mühen, Leiden und Tod auf sich genommen[3895]. Diejenigen Menschen, die ihm darin nachfolgen, leben nach der „ware gherechticheit von Minne", „wahren Gerechtigkeit der Liebe"[3896]. Bei seiner Erhöhung nahm der Vater den Sohn mit seinem irdischen Wirken zu sich, worin die Gottheit „gherecht van gherechticheiden von Minnen", „gerecht von den Gerechtigkeiten der Minne" wird[3897].

14.   David von Augsburg sagt einmal, die Ordensleute würden auf Jesus, den „omnis iustitiae doctor", „Lehrer der ganzen Gerechtigkeit", hören[3898]. Aus dem Zusammenhang wird deutlich, daß dies der Fall ist, weil sie nicht nur wie alle anderen die allgemeinen Gebote, sondern auch die evangelischen Räte beachten[3899]. Meist bedeutet Gerechtigkeit für David die Summe aller Tugenden eines gottgefälligen Lebens. Woher weiß aber der Mensch, was das rechte Leben ist? Um dies zu erkennen, muß er nur auf Christus schauen. Der Sohn Gottes ist ein Spiegel der Tugend, „wan sîn wille ist ein forme aller rehtekeit und ist diu êrste und die hoehste rehtekeit, und sô im ie naeher sô ic rehter", „denn sein Wille ist eine Gestalt aller Gerechtigkeit und die erste höchste Gerechtigkeit; und je näher ich ihm bin, um so gerechter"[3900]. Solange er aber in der Ewigkeit des Vaters blieb, war die Gerechtigkeit unerkennbar. Erst als er Mensch wurde, wurde er als Gottmensch für uns „ein spiegel aller volkomenheit", „ein Spiegel aller Vollkommenheit"[3901].

David kennt aber auch den soteriologischen Aspekt der Gerechtigkeit. Nach der Sünde übergab Gott den Menschen dem Teufel und dem Tod[3902]. Die Teufel übten so viel und so lange Gewalt an den Menschen aus, daß Gott sich ihrer erbarmte[3903]. „Dô lie in sîn gerehtekeit den tieveln deheinen gewalt tuon; dô mohte er uns mit guote nit erlösen." – „Da ließ ihn seine Gerechtigkeit keine Gewalt antun. Deswegen konnte er uns mit Güte (allein) nicht erlösen."[3904] Das Leid, das dem Mensch von dem Teufel zugefügt wurde, war eine gerechte Strafe; hätte Gott uns ohne jede Bestrafung aus der Gewalt des Teufels erlöst, hätte er gegen seine eigene Gerechtigkeit verstoßen. Aus diesem Grund wurde Gottes Sohn Mensch, damit dieser die Strafe übernimmt[3905].

15.   Margareta von Magdeburg wollte nicht nur die Barmherzigkeit Gottes, sondern auch seine Gerechtigkeit lieben[3906]. Ja, sie bittet sogar, an den Strafen der Verdammten in der Hölle die Gerechtigkeit Gottes erfahren zu können. Jesus Christus aber sagt ihr: „Non faciam. Iustitia mea in eis est laudabitur." – „Das tue ich nicht. Meine Gerechtig-

---

[3895] HAB 6,84-94,57.
[3896] HAB 6,94-98,57f.
[3897] HAB 17,51-56,142.
[3898] DAE 3,33,4,229.
[3899] Ebenda.
[3900] DT 325,31f.
[3901] DT 325,33-326,4.
[3902] DM 400,15-20.
[3903] DM 400,25-29.
[3904] DM 400,29f.
[3905] DM 400,30-39.
[3906] MA 3,5.

keit an ihnen (= den Verdammten) wird gelobt."[3907] Wenn aber Margareta unschuldig dort wäre, wäre dies ungerecht und insofern nicht lobenswert. Zudem wäre es ihr in der Hölle mit ihrer Liebe zu Jesus so wohl wie im Himmel[3908].

16. Mechthild von Magdeburg redet oft von der Gerechtigkeit Gottes, aber nur selten von derjenigen Christi.

16.1 Gottes Gerechtigkeit hält Gericht seit Adams Sündenfall[3909]. Der Vater hat so den Riegel seiner Gerechtigkeit vor die Tür des Himmels geschoben, daß kein Mensch mehr dort eintreten kann[3910].

16.2 Die Braut soll Jesus, ihren Bräutigam, anschauen, „wie reht min munt si", „wie recht mein Mund sei"[3911]. Damit wird auf Jes 53,9 angespielt, an welcher Stelle es vom Gottesknecht heißt, in seinem Mund war kein Trug. Christus hat ja nicht nur in seinem Sterben die Gerechtigkeit erwirkt. Gerechtigkeit bedeutet auch ein heiliges Leben, „der wollte er selber an sinem lebende pflegen", „die wollte er (= Christus) selbst in seinem Leben pflegen"[3912]. Weil er diese Art von Gerechtigkeit seinen Freunden gegeben hat[3913], können diese auch seiner „gerehtekeit, die er selber hielt in ertriche an sinem lebende", „Gerechtigkeit, die er selbst auf Erden in seinem Leben hielt", folgen[3914].

16.3 Jesus wird die „gerehte menscheit", „gerechte Menschheit" genannt, weil er um des Menschen willen den Tod erlitten hat[3915]. Da Jesus sich den Schlüssel durch sein Leiden erworben hat, kann er den Riegel der Gerechtigkeit, welcher den Himmel verschließt, öffnen[3916]. Damit hat der Sohn Gottes der Gerechtigkeit ihre Macht genommen[3917].

16.4 Dadurch, daß die Menschen auch nach der Erlösungstat Christi weiter sündigen, scheint diese ohne Folgen geblieben zu sein. Deswegen muß Gott auch jetzt noch durch Bestrafung der Menschen seine Gerechtigkeit aufrichten[3918]. Solange Sünde auf der Erde geschieht, steht aber Christus mit offenen Wunden zur Rechten Gottes, „ze überwindende des vatters gerehtekeit", „um des Vaters Gerechtigkeit zu überwinden"[3919], und er trägt immer noch alle Sünder vor die Heilige Dreifaltigkeit[3920]. So braucht die Braut sich auch nicht wegen irgendwelcher Vergehen zu fürchten. Der Bräutigam spricht zu ihr: „Dines seren herzen und súfzen und biben hat min gerehtekeit von dir vertriben." – „Deines wehen Herzens Seufzen und Beben hat meine Gerechtigkeit von

---

[3907] MA 44,47.
[3908] Ebenda.
[3909] MM 7,62,23-25,306f.
[3910] MM 6,16,41f.,227.
[3911] MM 1,29,3,22.
[3912] MM 7,62,37-39,307.
[3913] MM 7,62,38,307.
[3914] MM 7,62,41f.,307.
[3915] MM 2,26,12f.,68.
[3916] MM 6,16.42-47,227.
[3917] MM 7,62,30-32,307.
[3918] MM 7,10,6f.,265.
[3919] MM 2,3,39-42,40.
[3920] MM 6,16,55-57,227f.

dir vertrieben."[3921] Deswegen kann sich Mechthild auch an der Gerechtigkeit Gottes jetzt freuen[3922].

16.5 An den meisten Stellen bei Mechthild steht die Gerechtigkeit im Gegensatz zur Barmherzigkeit und trägt Strafcharakter. Charakteristisch für Mechthild ist, daß sie die Sünden in der Welt nach der Erlösung für so groß ansieht, daß sie Angst hat, Jesu Leiden sei umsonst gewesen. Doch sie weiß, daß er als Verklärter mit offenen Wunden vor dem Vater steht und dessen strafende Gerechtigkeit abhält.

17. Im Vergleich zu der Mönchstheologie kennt man die Gerechtigkeit Christi in Helfta kaum.

Im Unterschied zu ihrer Namensschwester aus Magdeburg sieht Mechthild von Hackeborn bei Jesus nicht nur die Barmherzigkeit, sondern auch die strafende Gerechtigkeit verwirklicht. Wenn sie sich an ihre eigenen Vergehen erinnert, denkt sie an Christus, dessen Lenden mit der Gerechtigkeit umgürtet sind (Jes 11,5), worauf sie sich selbst wie mit einem Aschenkleid angezogen fühlt[3923]. Als aber Jesus selbst erscheint, zerfällt dieses Kleid der Sünde in nichts[3924]. Die Menschheit Jesu bedeutet ihr das Tor zu Gott. Doch Jesus begegnet ihr zunächst als strenger Richter, bis seine Barmherzigkeit sie durch das Tor führt[3925].

18. Etwas häufiger redet Gertrud die Große von der Gerechtigkeit Christi.

18.1 Gerechtigkeit bedeutet ein rechtes, von allen Sünden reines Leben. Bei der Tauferneuerung soll man Jesus als Sonne der Gerechtigkeit bitten, das Kleid der Taufunschuld bis zum letzten Gericht bewahren zu können[3926]. Ein anderes Mal soll Jesus, die Sonne der Gerechtigkeit, die Lauheit des Beters entzünden[3927]. Beim Sterben ersehnt man sich, daß Jesus als die Sonne der Gerechtigkeit so erscheint, daß man in sein Angesicht schauen kann[3928]. Der Beter soll hoffen, am Tag des Gerichtes von Jesus aufgenommen zu werden[3929]. Denn in ihm, dem Richter, findet man auch einen gütigen Anwalt[3930]. Am Ende wird man nicht „ex operibus justitiae", „aus Werken der Gerechtigkeit", die man selbst getan hat, sondern aus der unendlichen Barmherzigkeit des Erlösers Aufnahme finden[3931].

18.2 Im allgemeinen versteht Gertrud aber unter der „Gerechtigkeit" die Strenge, die sich in Strafen ausdrückt. „Justitia Dei quamvis modicum non sinat remanere impunitum." – „Die Gerechtigkeit Gottes läßt nichts, auch wenn es klein ist, unbestraft."[3932] Nur Jesus kann das Verlangen dieser Art Gerechtigkeit besänftigen. Folgendermaßen

---

[3921] MM 2,25,49f.,64.
[3922] MM 3,22,20f.,105.
[3923] MH 1,1,7.
[3924] Ebenda.
[3925] MH 1,8,26.
[3926] G R 1,162-166,56.
[3927] G R 5,86-89,132.
[3928] G R 6,651f.,202.
[3929] G R 3,157f.,84.
[3930] G R 7,69f.,214.
[3931] G 2,2,8,2,7-10,264.
[3932] G 5,5,13,1,14f.,160.

wird Jesus angesprochen: „Tu effundis sanguinem innocentem, ut placare possis iusti-tiam irascentem." – „Du vergießt Dein unschuldiges Blut, um die erzürnte Gerechtheit versöhnen zu können."[3933]

18.3 Einmal predigt ein Priester während einer Messe derart von der Gerechtigkeit Gottes, daß Gertrud nicht wagt, zur Kommunion zu gehen[3934]. Da erscheint ihr der Herr und macht ihr deutlich, daß, wie das Altarsakrament von einem goldenen Gefäß, so seine Gerechtigkeit von seiner Barmherzigkeit ganz umgeben ist[3935]. Wenn sich ein Mensch an Jesus wendet, „justitiae severitas plene commutatur in misericordiae sere-nitatem", „wird die Strenge der Gerechtigkeit völlig gewandelt in die Heiterkeit der Barmherzigkeit"[3936]. Auch bei Gertrud können die Menschen in der Begegnung mit Jesus sowohl dessen Gerechtigkeit als auch seine Barmherzigkeit erfahren. Auf die Fra-ge, wie Gertrud den Sohn Gottes nennen soll[3937], werden ihr zwei Wörter eingeprägt, und zwar auf die obere Lippe „Jesus" und auf die untere „justus", „Gerechter"[3938]. Das Wort „Jesus" bedeutet all denen, die auf es hören, Barmherzigkeit, das Wort „justus" all denen, die sich der süßen Mahnungen Jesu versperren, strafende Gerechtigkeit[3939].

18.4 Bei Gertrud steht Jesus keineswegs einseitig auf der Seite der Barmherzigkeit; vielmehr kann er auch den schlechten Menschen mit seiner strafenden Gerechtigkeit begegnen, obwohl er grundsätzlich am Kreuz den Vater in seiner zürnenden Gerech-tigkeit milde gestimmt hat.

19. Bei Agnes von Blannbekin überwiegt beim Begriff „Gerechtigkeit" der Strafcha-rakter.

19.1 Das, was diese Art Gerechtigkeit aufhalten kann, sind bei Agnes die Gebete und das geduldig ertragene Leid der Auserwählten. So beschwert sich der Herr einmal bei Agnes, daß er wegen ihrer Fürbitte keine Vergeltung an den Bösen üben kann[3940]. Daß der Autor ihrer Vita nicht vollständig mit dieser Auffassung der Gerechtigkeit einver-standen ist, sieht man an Folgendem. Agnes erregt sich über die Tatsache, daß Gott einem Ordensmitglied, das sich schwer vergangen hat, so schnell vergibt und daß das angedrohte gerechte Strafverfahren nicht eintritt. Wenn der Verfasser sie daraufhin mit dem über die ausbleibende Strafe Gottes enttäuschten Jona vergleicht, drückt dies Kri-tik an ihr aus[3941].

19.2 Es gibt aber auch einige Ausnahmen: Agnes wird durch die Anrufung des Na-mens Jesu um seines Blutes willen von Anfechtungen der Dämonen befreit. Die „tot justificationes", „das so zahlreiche Wirken, welches gerecht macht", geschieht, damit

---

[3933] G R 7,257f.,224.
[3934] G 3, 3,18,13,1-3,92.
[3935] G 3, 3,18,13,4-10,92.
[3936] G 3, 3,30,4,10-12,136.
[3937] G 4, 4,5,1,11-14,82.
[3938] G 4, 4,5,2,1-5,82-84.
[3939] G 4, 4,5,2,5-14,84.
[3940] AB 84,21-23,200.
[3941] AB 92,41-48,216.

sie die Kraft des Blutes Christi in den Anrufungen erfährt[3942]. Während Jesus täglich im Altarsakrament voll Güte auf den Altar kommt, wird er am Ende nur noch zum Gericht auf die Welt kommen[3943].

20. Zusammenfassend läßt sich sagen, daß der Gebrauch des Namens Gerechtigkeit für Christus in der Mönchstheologie wesentlich häufiger als bei den Mystikerinnen, sieht man von Hildegard von Bingen ab, gebraucht wird. Das mag damit zusammenhängen, daß im Lauf der Zeit die Bedeutung der Gerechtigkeit sich immer mehr auf deren Strafcharakter einengt.

20.1 Die Dreifaltigkeit insgesamt besitzt die Gerechtigkeit[3944]. Oft wird dem Vater die Gerechtigkeit, nur gelegentlich dem ewigen Sohn zugeschrieben[3945], welcher die Sonne der Gerechtigkeit genannt wird[3946]. Der Sohn ist die Gerechtigkeit von der Gerechtigkeit des Vaters[3947].

20.2 Gott hat die Welt in Gerechtigkeit, das heißt, in Ordnung, erschaffen[3948].

20.3 Durch die Sünde Adams und Evas ging die ursprüngliche Gerechtigkeit[3949] verloren[3950], welche die Menschen von sich aus nicht wieder erlangen können[3951]. Die scheinbare Gerechtigkeit von unten schmeckt bitter[3952]. Gerecht wurde der Mensch in die Herrschaft des Satans gegeben[3953]. Jetzt herrscht die strafende Gerechtigkeit[3954], und der Riegel der Gerechtigkeit ist vor dem Tor des Himmels[3955].

20.4 In Gerechtigkeit plant Gott die Vergebung der Sünde[3956]. Schon im Alten Testament wurde Jesus als die Sonne der Gerechtigkeit verheißen[3957], die schon damals in die Finsternis der Sünde schien[3958]. An den Patriarchen wirkt die Gerechtigkeit Gottes neu[3959]. In der Menschwerdung wurde die Gerechtigkeit Gottes stark[3960] und ist uns nahe[3961]; sie sproßt wieder auf Erden[3962], ist aufgegangen[3963] und mit der Liebe iden-

[3942] AB 210,18-32,434.
[3943] AB 101,7-15,234.
[3944] HISV 1,2,2,2,46-51,125; 2,3,7,2,107-111,464f.; 3,10,17,557-560,562.
[3945] HAB 22,365-368,203.
[3946] HISV 1,1,3,4,139f.,43.
[3947] BHLD 2,80,1,2,570,2.
[3948] HISV 1,1,4,10,426f.,73.
[3949] Ebenda.
[3950] BANN 1,8,110,4f.; HISV 1,2,4,7,218f.,165.
[3951] BB 2,190,6,15,98,20f.; BGR 1,1,174,15.
[3952] JHLD 22,11,259-265,192.
[3953] BB 2,190,5,15,98,8-12; HISV 1,2,3,19,421-423,146; 2,3,11,26,538f.,590f.; DM 400,15-20.
[3954] MM 7,62,23-25,306f.
[3955] MM 6,16,41f.,227.
[3956] HISV 2,3,2,16,461-464,362.
[3957] BHLD 2,70,3,6,436,18-20.
[3958] BVNAT 3,2,162,8-11.
[3959] HISV 2,3,2,7,205f.224f.,354; 3,2,13,374-376,359; 3,2,14,401-403,360; 3,2,16,451-454,361; 3,4,1,132f.,392; 3,5,21,541f.,424.
[3960] BANN 3,1,138,12; HISV 2,3,3,1,146-150,375.
[3961] GHLD 7,4,43A.
[3962] BHLD 2,70,3,6,436,10.
[3963] GHLD 16,1,81B; RVPS 28,293C; HISV 2,3,1 vis,82,329; 3,2,16,455f.,362.

tisch[3964]. Gott hätte dem Teufel gegenüber Unrecht getan, wenn er ohne jede Gerechtigkeit nur barmherzig allen vergeben hätte[3965]. Trotzdem ist er nicht gekommen, um über uns Gericht zu halten[3966]. Vielmehr wollte er in seiner eigenen Person die Situation der Menschen, die unter der strafenden Gerechtigkeit stehen, erfahren[3967].

20.5 Jesu ganzes Leben ist von der Gerechtigkeit geprägt. Dies zeigt sich schon an der Empfängnis aus der Jungfrau Maria[3968]. Sein ganzes heiliges Leben war Gerechtigkeit[3969]. Besonders klar ist dies bei seinem öffentlichen Wirken[3970], das für unser Streben nach Tugenden ein Spiegel der Gerechtigkeit ist[3971]. Er sucht das verlorene Schaf mit Gerechtigkeit[3972], lehrt die Gerechtigkeit Gottes[3973], ist der Lehrer der Gerechtigkeit, auch wenn er die evangelischen Räte verkündet[3974].

20.6 Der Satan erkannte nicht, daß Christus, weil ohne Schuld, außerhalb seiner Macht stand, trotzdem verging er sich an ihm und ließ ihn töten[3975]. Dadurch, daß er sein Recht überschritt, verlor er das Recht über die schuldigen Menschen[3976] und wurde zum betrogenen Betrüger[3977]. Das Recht, das Christus damit erlangt hat, benutzt er nicht für sich, sondern für die Menschen[3978]. Als ungerecht Verurteilter spricht er die frei, die gerecht verurteilt wurden[3979]. So ist der Preis der Gerechtigkeit gezahlt[3980]. Man kennt aber beim Erlösungsgeschehen auch eine Gerechtigkeit durch das Blut[3981] oder durch den Gehorsam Christi[3982], wobei der Teufel keine Rolle spielt. Seine Menschheit ist gerecht, weil er durch sie den Tod erlitt[3983]. Am Kreuz wird Gottes Gerechtigkeit offenbar[3984]. Denn er erleidet unsere Strafen[3985]. Dadurch hat Jesus den Schlüssel zum Riegel vor dem Tor des Himmels erworben[3986]. Die Macht der strafenden Gerechtigkeit ist gebrochen[3987].

[3964] JHLD 10,7,222f.,100.
[3965] BB 2, 190,6,15,98,19f.; HISV 1, 1,4,30,833-836,86; DM 400,29f.
[3966] BHLD 2, 73,2,4,484,19f.
[3967] BVEPI 4,100,18.
[3968] HISV 1, 2,4,12,324f.,168.
[3969] MM 7,62,37-39,307.
[3970] HISV 2, 3,8,15,708-713,498.
[3971] DT 325,33-326,4.
[3972] HISV 1, 1,2,32,770-773,35.
[3973] BVEPI 5,102,11f.
[3974] DAE 3,33,4,229.
[3975] BB 2, 190,6,15,98,22-24.
[3976] BB 2, 190,6,15,98,24.
[3977] BS 3,70,466,7.
[3978] BS 3,70,466,8-11.
[3979] WMO 12,243D; WND 12,37,402D.
[3980] JHLD 10,7,236f.,100.
[3981] BB 2, 190,7,17,102,18; WD 7,271B; HISV 1, 1,3,22,438f.,53; G R 7,257f.,224; AB 210,18-32,434.
[3982] JHLD 10,7,237-240,100; JAP 11,334f. 355-357,820.
[3983] MM 2,26,12f.,68.
[3984] WMO 6,225C.
[3985] GHLD 16,1,81A.
[3986] MM 6,16,42-47,227.
[3987] MM 7,62,30-32,307.

Nur selten macht man sich darüber Gedanken, wie durch die ungerechte Tat der Ermordung eines Schuldlosen neue Gerechtigkeit entstehen kann[3988].

Es kommt auch die Theorie des Tausches beim Kreuzgeschehen vor: Der Mensch ist ungerecht und elend, Gott dagegen gerecht und selig[3989]. Mit dem Tod Jesu wurde Gott elend, damit wir selig werden können[3990].

20.7 Weil die Menschen immer noch sündigen, steht der verklärte Herr mit offenen Wunden zur Rechten des Vaters[3991] und trägt die Sünder in Gerechtigkeit vor Gott[3992].

20.8 Die Apostel haben die Gerechtigkeit Christi auf der ganzen Erde verbreitet[3993]. Christus hat seiner Braut, der Kirche, die Gerechtigkeit geschenkt[3994]. In der Taufe[3995], der Firmung[3996] und den übrigen Sakramenten[3997] wirkt die Gerechtigkeit Christi. Die Bischöfe[3998] und die Priester[3999] haben diese Gerechtigkeit den Menschen zu bringen und müssen selbst nach ihr leben.

20.9 Christus ist die rechtfertigende Gerechtigkeit[4000]. Durch den Glauben[4001] geht in jedem Menschen Christus, die Sonne der Gerechtigkeit, auf[4002]. Christi Gerechtigkeit wird zur Gerechtigkeit des Sünders[4003]. Der Christ zieht Christus als die Gerechtigkeit an[4004], in der er wandelt[4005]. Da Jesu Gerechtigkeit grenzenlos ist, reicht sie für alle Menschen[4006]. Er wohnt als Gerechtigkeit den Gläubigen ein[4007], wo sie sich als brennendes Feuer entwickelt[4008]. Als Bräutigam schenkt Jesus seiner Braut die Gerechtigkeit[4009].

20.10 Bei der ersten Ankunft kommt Christus in Barmherzigkeit, bei der zweiten, nämlich beim Gericht, in Gerechtigkeit[4010], obwohl auch dort die Barmherzigkeit nicht

---

[3988] WD 7,272B.
[3989] HE 10,180D.
[3990] HE 10,181A.
[3991] MM 2,3,39-42,40.
[3992] MM 6,16,55-57,227f.
[3993] HISV 1,2,4,3,119f.,162; 2,6,83,2381f.,295.
[3994] HISV 1,2,6,9,496f.,239.
[3995] HISV 1,1,2,18,477-479,26; G R 1,162-166,56.
[3996] HISV 1,2,4,2,102-104,161f.
[3997] HISV 2,3,11,13,303f.,583.
[3998] HIB 1,13f.,19,58.
[3999] HISV 1,2,5,17,642f.,190; 2,7,64,1933f.,282; HIB 1,15r,55f.,36.
[4000] JFC 3,6,148f.,147; BHLD 1,22,3,8,316,13; WHLD 1 fin 141,298.
[4001] BB 1,107,13,792,15; BHLD 1,22,3,8,316,15f.
[4002] BVNAT 6,8,216,1-3.
[4003] BHLD 2,61,2,5,316,13f.
[4004] GHLD 14,3,69D; JHLD 8,6,179-185,84.
[4005] RVPS 28,313C.
[4006] BHLD 2,61,2,5,316,13-17.
[4007] HISV 2,3,9,27,895-898,541.
[4008] HISV 2,3,1,10,413,339.
[4009] WHLD 2,4,174,356.
[4010] BQH 11,8,640,24-28.

ganz fehlt[4011]. Er erscheint als der schreckenerregende Richter[4012], wenn er auch unser Bräutigam ist[4013]. Vor dem Tor zu Gott steht zunächst Jesus als der strenge Richter[4014]. Doch ist er zugleich unser gütiger Anwalt[4015].

20.11 Folgende Bezeichnungen für Christus im Rahmen seiner Gerechtigkeit tauchen in unseren Texten auf: Er ist derjenige, der für uns zur Gerechtigkeit geworden ist (1 Kor 1,30; 2 Kor 5,21)[4016], der Weg der Gerechtigkeit[4017], die rechtfertigende Gerechtigkeit[4018], die Sonne der Gerechtigkeit[4019]. In ihm begegnen einander Friede und Gerechtigkeit[4020]. Er ist die vollkommene Gerechtigkeit[4021], die Fülle der Gerechtigkeit[4022] und der Reichtum der Gerechtigkeit[4023].

6.2 Süße[4024]

1. „Dulcedo" und „suavitas", zwischen denen kein großer semantischer Unterschied besteht[4025], könnte man als Modeworte der Mystik des Mittelalters bezeichnen. Deswegen erstaunt es nicht, daß diese Ausdrücke oft im christologischen Kontext vorkommen.

In der Vulgata wird kein Wort aus dem Stamm „dulc" im christologischen Kontext gebraucht. Jesu Joch wird als „suave" bezeichnet (Mt 11,30). Gelegentlich kommt die „Süße" als Namen für Christus in der Alten Kirche vor[4026]. In den ab den 6. Jahrhundert in der Liturgie verwendeten Kreuzeshymnen, welche viele der Mystikerinnen im Chorgebet immer wieder sangen, werden das Holz des Kreuzes, die Nägel, die Dornenkrone und die Seitenwunde des Gekreuzigten süß genannt[4027].

[4011] BQH 11,8,640,24-28.

[4012] JHLD 7,6,237-240,78.

[4013] SP 10,870,3-11.

[4014] MH 1,8,26.

[4015] G R 7,69f.,214.

[4016] JFC 3,21,720-724,165; BVNAT 5,3,198,4.

[4017] SP 4,312,14.

[4018] JFC 3,6,148f.,147; BHLD 1, 22,3,8,316,13; WHLD 1 fin 141,298.

[4019] BS 3,101,590,22; BHLD 2, 61,2,5,316,13f.; 70,3,6,436,18-20; BVNAT 3,2,162,8-11; 6,8,214,1-3; BCIRC 3,5,308,3f.; BINOV 3,1,694,5-7; WHLD 1,3,50,142; 2,4,178,362; SP 8,694,4-8; HISV 1, 1,3,4,139f.,43; 1, 2,4,1,73f.,161; G R 1,162-166,56; 6,651f.,202.

[4020] GHLD 12,2,62B; JHLD 38,6,117f.,286; HIO 3,5,6,52,414.

[4021] JHLD 8,3,72f.,81.

[4022] JHLD 14,3,90,126.

[4023] JHLD 8,5,156f.,83.

[4024] Vgl. Ohly, Friedrich: Süße Nägel der Passion. Ein Beitrag zur theologischen Semantik, in: Collectanea Philologica. Festschrift für Helmut Gipper zum 65. Geburtstag. Herausgegeben von Günther Heintz und Peter Schmitter Bd 2, Baden-Baden 1985, 403-613. Dort auch einen Abriß der Forschungsgeschichte (409-413) und Bibliographie (545f.).

[4025] Vgl. Ohly, Friedrich: Geistige Süße bei Otfried, in: Ders. Schriften zur mittelalterlichen Bedeutungsforschung, Darmstadt 1077,93-98.

[4026] Für Hieronymus vgl. Sieben, Nomina 169, und für Augustinus ebenda 191.

[4027] Ohly, Nägel 413-424.

2. Schon Jean von Fécamp gebraucht häufig die Anrede „dulcis" für Jesus. Er ruft „dulcis Christe", „süßer Christus" aus, wenn er um Befreiung von falschem Begehren[4028] oder um die Erlangung der Liebe[4029] bittet. Jesus ist der „dulcissimus Dominus", „süßeste Herr", den der Mensch einmal von Angesicht zu Angesicht schauen[4030] und lieben[4031] möchte. Er ist „dulcis cibus cordis mei", „die süße Speise meines Herzens"[4032]. Als Bräutigam besitzt er eine „uox dulcis", „süße Stimme"[4033]. In einer Reihe von Namen für Christus kommt auch der Ausdruck „dulcedo mea sancta", „meine heilige Süße" vor[4034]. Über die Liebe, die Christus, der Bräutigam, zu seiner Braut hat, ruft er aus: „O dulcedo amoris, et amor dulcedinis!" – „O Süße der Liebe und Liebe der Süße!"[4035] Jesu Süße ist nicht trügerisch, sondern glücklich und sicher[4036]. Nur „tuae suauitatis memoria", „das Gedächtnis an Deine Süße" kann den Menschen sättigen[4037]. Er ist ja das süßeste Brot für den Gaumen des Herzens[4038].

Schon bei Jean wird der Ausdruck „Süße" besonders im Kontext der Liebe Christi toposartig gebraucht.

3. Gegenüber den zeitgleichen Theologen ist Bernhard von Clairvaux mit dem Gebrauch des Namens „Süße" für Christus, sieht man von seinem Hohenliedkommentar ab[4039], zurückhaltend.

Den rauschhaften Zustand einer Ekstase, in der man manchmal das hohe Glück der Nähe des Herrn erfahren darf[4040], verbindet er mit diesem Begriff. „Hoc fit, cum mens ineffabili Verbi illecta dulcedine, quodammodo se sibi fruatur, immo rapitur atque elabitur a seipsa, ut Verbo fruatur." – „Dies geschieht, wenn der Geist, durch die unaussprechliche Süße des Wortes gelockt, irgendwie sich selbst genießt, ja entrückt wird und sich selbst entgleitet, um das Wort zu genießen."[4041] Dann geschieht ein „dulce commercium", „süßer Austausch"[4042], eine „familiaris dulcique consortium", „vertraute und süße Gemeinschaft"[4043]. Dieser Zustand kann auch bei der Betrachtung des Leidens Christi auftreten[4044]. Es ist ja eine „stupenda dulcedo", „zu bestaunende Süße", mit der sich der König der Herrlichkeit ans Kreuz schlagen läßt[4045], und dies

---

[4028] JFC 3,4,79-81,145.
[4029] JFC 3,27,923,171; 3,28,1013,174.
[4030] JFC 3,7,191f.,148.
[4031] JFC 3,26,929-931,171.
[4032] JFC 2,10,457f.,135.
[4033] JFC 3,11,387,154.
[4034] JFC 3,2,12,142.
[4035] JFC 3,29,1051f.,175.
[4036] JFC 3,26,885f.,170.
[4037] JFC 3,30,1087,176.
[4038] JFC 3,27,942f.,172.
[4039] Nach Ohly (Nägel 468) mehr als 200 Belege des Wortfeldes Süße.
[4040] BGR 5,15,196,5-7.
[4041] BHLD 2, 85,4,13,646,1-3.
[4042] BHLD 2, 85,4,13,646,8.
[4043] BHLD 2, 52,1,2,196,10.
[4044] BD 29,4,446,1f.
[4045] BD 22,5,368,7-10.

für den Menschen, der ein Sklave ist[4046]. Es ist ja der süße Herrn, der den Sündern hilft, wodurch sie von ihm nicht im Stich gelassen werden[4047]. Doch der Genuß solcher Süße bedarf der Klugheit, weil sich leicht Gift unter den süßen Honig mischt[4048]. Christus sagt zwar, sein Geist sei süßer als Honig, doch die Menschen ziehen oft die Süße des Fleisches vor[4049]. Doch Christus hat uns süß geliebt, als er Mensch geworden ist – nur so hat er uns im Kerker aufgesucht[4050] –, blieb dabei aber voller Weisheit, weil er die Schuld gemieden hat[4051]. Deswegen paart sich in ihm die Süße mit der Langmut, mit der er geduldig auf uns wartet[4052]. Zu leicht vergißt der Mensch aber, daß der Herr nicht nur süß, sondern auch gerecht ist. Doch besser ist „iusta dulcedo quam remissa", „eine gerechte als eine nachlässige Süße"[4053]. Hier spürt man eine auch sonst zu beobachtende Zurückhaltung Bernhards gegen unkontrollierte, rauschhafte Zustände im Bereich der Spiritualität. Dies mag auch der Grund sein, warum er nicht oft von der Süße Christi spricht.

Bernhard gebraucht lieber in diesem Zusammenhang den Ausdruck „suavitas", „Wohlgeschmack"[4054], den er von der „dulcedo" unterscheidet. In der Gottesliebe erfährt man schon auf der dritten Stufe die „suavitas"[4055], während sich die Erfahrung der „dulcedo" auf der vierten Stufe, die in den Ekstasen und in der himmlischen Seligkeit erreicht wird, einstellt[4056]. Nicht unbedingt „dulcis", „süß", wohl aber „suavis", „wohlschmeckend" kann der Herr in allen Gestalten, in denen er uns begegnet, sein[4057]. Um aber „sapientiae suavitatem", „den Wohlgeschmack der Weisheit" Christi zu erfahren, muß man selbst aufgehört haben, Sklave, und angefangen haben, Sohn Gottes zu sein[4058]. Einmal nennt Bernhard auch die Gemeinschaft zwischen Vater und Sohn den „familiaris suavitas", „vertrauten Wohlgeschmack"[4059].

4. Diese Zurückhaltung beim Begriff Süße kennt Wilhelm von St. Thierry nicht.

Er bittet Jesus „per dulcedinem tuae dulcissimae mansuetudinis", „um der Süße Deiner süßesten Sanftmut willen", seine Majestät solle ihn nicht erdrücken[4060]. Folgendermaßen redet er Jesus an: „Dulcis frater, suavis Domine, bonus quidquid es, et dulcis et suavis, in quo abundat tota bonitas, aperi nobis te, ut de te usque ad nos manet tua suavitas, impleat nos." – „Süßer Bruder, milder Herr, gut bist Du, was immer Du

---

[4046] BD 42,1,530,7-10.
[4047] BH 1,12,48,2-5.
[4048] BD 29,4,446,1-3.
[4049] BD 111,3,794,10f.
[4050] BHLD 1, 20,2,3,280,11f.
[4051] BHLD 1, 20,2,3,278,19f.
[4052] BHLD 1, 9,4,5,138,15f.
[4053] BH 10,33,96,15-17.
[4054] Um ihn von der „dulcedo" zu unterscheiden, geben wir ihn mit „Wohlgeschmack" wieder.
[4055] BDI 9,26,118,4-13.
[4056] BDI 10,28,122,12.
[4057] BHLD 1, 31,3,8,496,19.
[4058] BD 125,1,828,14-17.
[4059] BHLD 2, 42,7,10,92,27.
[4060] WMO 3,213D.

bist, und süß und milde, in dem die ganze Güte überfließt, öffne Dich uns, damit von Dir bis zu uns Deine Milde fließt und uns erfüllt."[4061] Er soll den Menschen in seine Umarmung ziehen und an sein Herz binden. „Cor tuum dulce est illud manna divinitatis tuae, quod intus habes, o Jesus, in urna aurea supersapientis animae tuae." – „Dein Herz ist süß, jenes Manna der Gottheit, welche Du innen hast, o Jesus, im goldenen Schrein deiner überweisen Seele."[4062]

Wilhelm unterscheidet drei Stufen der Liebe zu Gott, von denen die erste „sensualis vel animalis", „sinnenhaft oder animalisch" ist[4063]. „Primus adeo delectatur in contemplatione et dulcedine humanitatis Christi, ut merito eis dicat Christus; ‚Expedit nobis ut ego vadam.'" – „In der ersten Stufe freut man sich so sehr an der Schau und der Süße Christi, daß Christus zu Recht ihnen (= solchen Menschen) sagt: ‚Es ist gut für Euch, daß ich gehe.'"[4064] Obwohl Christus von uns gegangen ist, kann ein Mensch doch in der „humanitatis Christi dulcissima memoria", „süßesten Erinnerung an die Menschheit Christi" und damit auf der ersten Stufe verharren[4065]. Dennoch ist das Gehen „ad memoram habundatiae suavitatis Domini", „zu der Erinnerung an die Überfülle der Süße des Herrn" in einer Zeit der Bitterkeit berechtigt[4066]. Die immer neue Erinnerung an die „amoris ejus sauvitatem", „Süße seiner Liebe", die er in der Erlösung gezeigt hat, ist der Myrrhebüschel, den die Braut auf der Brust trägt"[4067]. Die Unvollkommenheit dieser Stufe besteht nicht in der Süße Jesu, sondern im Verharren bei seiner leibhaften Gegenwart. Wo die geordnete Liebe besteht, erfährt die Braut „dulcedo ejus in mea dilectione", „seine Süße in meiner Liebe"[4068]. Dies geschieht aber nicht ständig, sondern nur gelegentlich „ex dulcedine gratiae", „aus Süße der Gnade" des Bräutigams[4069]. Wenn die Hochzeit mit dem Wort Gottes stattgefunden hat, kostet man, wie süß der Herr ist[4070]. Die Braut erfährt dann die Süße, auch wenn auf Erden immer die Freude mit Trauer vermischt ist[4071]. Aus der süßen Brust des Bräutigams erhält sie aber auch die erste Nahrung der Gnade[4072]. Wenn man aber nach Worten für diese Begegnung von Bräutigam und Braut sucht, kann man sie „dulcedo et suavitas conjunctionis", „Süße und Wohlgeschmack der Vereinigung" nennen[4073].

5. Bei Aelred von Rievaulx treffen wir den ersten frühen Zisterzienser an, bei dem das Wort „Süße" im Zusammenhang mit Jesus eine bedeutende Rolle spielt.

[4061] WMO 6,226B. Deutlich merkt man, daß Wilhelm zwischen „dulcedo" und „suavitas" keinen Unterschied macht.
[4062] WMO 8,230B-C.
[4063] WHLDB 1,407C.
[4064] WHLDB 1,408C.
[4065] Ebenda.
[4066] WE 1,112,5-7,232; vgl. WE 2,249,6-12,342; 2,250,1-6,342-344.
[4067] WHLD 1,7,82,198.
[4068] WHLDB 34,434C-D.
[4069] WHLD 1,1,33,116.
[4070] WHLD prol 10,82-84.
[4071] WHLD 1,1,33,116-118.
[4072] WHLD 1,1,39,124.
[4073] WHLD 1,8,95,220.

5.1 Aelred kennt einen häufigen Gebrauch des Adjektivs „süß" in den Gebetsanreden. „Dulcis", „Süß" wird Jesus genannt, wenn man voll Sehnsucht ist, seine Füße zu umfassen[4074], und bei ihm die Ruhe vor allem falschen Begehren sucht[4075], aber auch wenn man um Fragen ringt, die sich aus der Lektüre der Schrift ergeben[4076].

5.2 Nach Aelred hat die Liebe beim Menschen eine doppelte Struktur; sie umfaßt „affectus mentis et effectus operis", „das Gefühl des Geistes und die Wirkung des Werkes"[4077]. Während man Letzteres durch Übung der Tugend erreicht, besteht das Gefühl „in spiritualis gustus dulcedinis", „im Schmecken der geistlichen Süße"[4078]. „Ut ille dulcis amor Iesu in tuo crescat affectu", „Damit jene süße Liebe Jesu in deinem Gefühl wächst", soll man sich sein Heilswirken in der Vergangenheit und Gegenwart vorstellen[4079]. Auch wenn Jesus lehrte, tat er es „in specie doctoris suauissimi", „in der Gestalt des süßesten Lehrers"[4080]. Man muß sich aber auch in das Gedächtnis rufen, daß sich die Süße Jesu wie bei seinen Eltern, die drei Tage Jesus gesucht haben, verbergen kann[4081], um sich dann in der Berührung mit dem Gaumen des Herzens wieder schmecken zu lassen[4082]. Man soll auch betrachten „illud dulcissimum pectus", „jenes süßeste Herz", das am Kreuz noch den Feinden vergeben hat[4083]. Christus selbst begegnet uns dann als ein Freund, „ut suauitas suauitati, dulcedo dulcedini, affectus succedat", „damit (sein) Wohlgeschmack den Wohlgeschmack, (seine) Süße die Süße (unseres) Gefühls ansteckt"[4084]. Auch Aelred weiß, daß man nur auf einer ersten Stufe schmeckt, „quam dulcis est Iesus in humanitate", „wie süß Jesus in (seiner) Menschheit ist"[4085]. Doch diese Stufe wird überboten von einer zweiten und dritten, die in ekstatischen Erfahrungen bestehen[4086]. In der ersten Stufe muß der Herr in der Gestalt der Barmherzigkeit und Süße die Sünden des Menschen vergeben[4087].

6. Isaak von Stella legt die Einladung Jesu, bei ihm Ruhe zu finden (Mt 11,28), so aus, daß man in der Erfahrung seiner Süße alle Furcht durch die Liebe vertreiben kann[4088]. Wem die übergroße Süße offenbart worden ist, der wird nichts mehr schwer und hart nennen, was er für Christus erduldet[4089]. Für kurze Augenblicke ist dann jeder Zweifel für den Menschen verschwunden[4090]. Was die Freude der Erfahrung dieser Süße trübt,

---

[4074] ARI 31,1224f.,672.
[4075] ARSC 1,79,1271-1280,46f.
[4076] ARJ 1,2,37-41,250.
[4077] ARI 29,878f.,662.
[4078] ARI 29,879f.,662.
[4079] ARI 29,883f.,662.
[4080] ARJ 3,24,180-183,271.
[4081] ARJ 3,23,147f.,270.
[4082] ARJ 3,29,331f.,276.
[4083] ARI 31,1165-1171,670f.
[4084] ARSA 2,20,148-150,306.
[4085] ARSC 3,5,18,356f.,114.
[4086] ARSC 3,5,18,358-360,114.
[4087] ARSC 2,11,27,457-469,78.
[4088] IS 17,22,209-216,326.
[4089] IS 17,24,221-225,328.
[4090] IS 29,15,146-150,178.

ist das Bewußtsein, so wenig für ihn tun zu können[4091]. Solche Erlebnisse sind nur ein Vorkosten der endgültigen Süße[4092].

7. Bei Gilbert von Hoyland[4093] ist die „Süße" ein bevorzugter Ausdruck innerhalb der Brautmystik. Da für ihn Jesus Christus der Bräutigam des Hohenliedes ist, der „dulcis sponsus", „süßer Bräutigam" genannt wird[4094], sind alle Stellen, an denen von dessen Süße gesprochen wird, hier einschlägig.

7.1 Nicht nur die Suche nach ihm, sondern vor allem die Einheit mit ihm ist süß: „Dulce satis est te, bone Jesu, quaerere, dulcius tenere." – „Süß genug ist es, Dich, guter Jesus, zu suchen, süßer (aber, Dich) zu halten."[4095] Die Einheit mit ihm ist süß, die Trennung von ihm hart[4096]. Diese Süße unterscheidet sich von derjenigen, die auch die Anfänger im Glauben erfahren können[4097]. „Jesus in anima dilecta roris hujus mellei stillas genuit." – „Jesus erzeugt in der geliebten Seele Tautropfen dieses Honigs."[4098] Diese süßen Tropfen sind die Gefühle der göttlichen Liebe[4099]. Dann kann es heißen: „Vide quam magna multitudo dulcedinis in labiis sponsae!" – „Schau, wie groß die Menge der Süße auf den Lippen der Braut!"[4100] Dies kann sich in einem demütigen Gebet ausdrücken[4101]. Doch muß die Süße auch in einem tugendhaften Leben umgesetzt werden[4102].

7.2 Alles, was von Christus kommt, schmeckt der Braut süß[4103]. Die Worte[4104], das Lachen[4105] und das Herz[4106] des Bräutigams sind süß. Nichts wird als süßer erfahren als seine Liebe[4107]. Süß ist er, weil er sich zur Braut gewandt hat[4108]. So kann der Mensch sprechen: „Diligam te, dulcis Domine." – „Ich will Dich lieben, süßer Herr."[4109] Das Gedächtnis an ihn in der Eucharistie stellt die „abundantia suavitatis", „Überfülle der Süße" dar[4110].

7.3 Noch ist die ganze Fülle der Süße Jesu verborgen[4111]. Doch kann selbst das Leiden auf Erden süß werden, weil es Christus geteilt hat: „Suavissimum mihi cerival, bone

---

[4091] IS 17,25,225-229,328.
[4092] IS 17,20,175-177,324.
[4093] Vgl. Ohly, Nägel 468f.
[4094] GHLD 28,7,149B.
[4095] GHLD 1,13A.
[4096] GHLD 3,1,23A.
[4097] GHLD 34,4,180A.
[4098] GHLD 34,3,179B.
[4099] Ebenda.
[4100] GHLD 34,3,179A.
[4101] GHLD 34,6,180A.
[4102] GHLD 7,9,47B.
[4103] GHLD 6,6,42A.
[4104] GHLD 34,2,178C-D; 34,5,181B.
[4105] GHLD 34,5,181C.
[4106] GHLD 30,1,155B.
[4107] GHLD 19,2,97D.
[4108] GHLD 20,10,109A.
[4109] GHLD 20,10,109B.
[4110] GHLD 36,5,191A.
[4111] GHLD 25,5,133A.

Jesu, spinea illa capitis tui corona. Dulcis lectulus illud crucis tuae lignum." – „Sehr süß ist als Kissen für mich, guter Jesus, jene Dornenkrone Deines Kopfes, süß als Bett jenes Holz Deines Kreuzes."[4112] Doch erst bei der eigenen Auferstehung wird man ungetrübt diese Süße genießen können[4113].

8. Stärker verankert Guerricus von Igny die Süße Jesu in der Heilsgeschichte. Eine seiner Adventspredigten schließt Guerricus mit dem Wunsch, der Herr möge kommen als „dulcedo et amplexus amantium", „Süße und Umarmung der Liebenden"[4114]. Weil er als Kind schon gekommen ist, ist es süß, sich daran zu erinnern[4115]. Diese Süße vertreibt allen Zorn und alle Traurigkeit aus der Seele[4116]. An Weihnachten wird Jesus mit den Worten angeredet: „O puer dulcissime, Iesu bone: quam magna est multitudo dulcedinis tuae!" – „O süßestes Kind, guter Jesus; wie groß ist die Menge Deiner Süße!"[4117]

9. Bei Johannes von Ford ist die Süße Jesu wieder stärker in die Brautmystik integriert.

9.1 Die Bitte um das Einswerden mit ihm wird folgendermaßen eingeleitet: „O Domine Iesu, o suavitas nectarea, o aromatica dulcedo, o totius suauitatis fons!" – „O Herr Jesu, o Wohlgeschmack des Nektars, o würzige Süße, o Quelle des ganzen Wohlgeschmacks!"[4118] Von ihm heißt es: „Singulariter suauis es tu." – „Einzigartig süß bist Du."[4119] oder: „O dulcedo tam antiqua tam noua!" – „O Süße so alt, so neu!"[4120]

9.2 Die Fülle der Süße wird der Bräutigam den Kleinen, die sie nicht fassen können, niemals verbergen[4121]. Den fleischlich gesinnten Menschen schmeckt dagegen die Süße Jesu bitter[4122]. Doch der Bekehrung eines Menschen kommt Jesus schon mit seiner Süße zuvor[4123]. Dann erscheint „tanta in dulcedine sanctitas et tanta in sanctitate dulcedo", „eine so große Heiligkeit in der Süße und eine so große Süße in der Heiligkeit"[4124]. Was aber erfahren wird, ist nur „aliquid de internae suauitatis dulcedine", „etwas von der Süße des inneren Wohlgeschmacks"[4125].

9.3 Der Höhepunkt der Erfahrung der Süße des Bräutigams geschieht in der Brautmystik. Die Braut, die in den Segnungen der Süße angetroffen wird, wird von Jesus zur Vermählung geführt[4126]. Im darauf stattfindenden Kuß wird die Süße umfassender

---

[4112] GHLD 2,7,21D.
[4113] GHLD 40,9,214A.
[4114] GIS Adv 1,4,158-162,102.
[4115] GIS Nat 1,4,140f.,174.
[4116] GIS Nat 1,4,144-146,174.
[4117] GIS Nat 1,4,126f.,172.
[4118] JHLD 20,7,213f.,178.
[4119] JHLD 38,5,78,285.
[4120] JHLD 38,5,81f.,285.
[4121] JHLD 29,2,38-41,233f.
[4122] JHLD 33,3,43-47,257.
[4123] JHLD 58,6,116-120,411.
[4124] JHLD 29,4,163f.,237.
[4125] JHLD 54,6,124f.,381.
[4126] JHLD 6,1,14-16,66.

erfahren, und das Gefühl wird süß[4127]. Es entsteht die „dulcis unio spirituum", „süße Einheit der Geister"[4128], wobei „dulciora melle colloquia de labiis mellifluis destillantur", „Worte süßer als Honig von honigfließenden Lippen tröpfeln"[4129], welche ein Geheimnis voll Süße enthalten[4130].

9.4 Auf Erden aber schmeckt diese von Süße überfließende Liebe Jesu noch etwas bitter[4131]. Sie bringt mit sich trauriges Klagen, beschwerliche Augenblicke und Geburtswehen[4132].

10. Daß in dem Traktat „Speculum virginum", der ganz von der Brautmystik geprägt ist, auch in diesem Zusammenhang von der Süße Jesu gesprochen wird, ist selbstverständlich.

Sein Autor ist einer der wenigen, der auch von der Süße der zweiten göttlichen Person, dem ewigen Wort, spricht. Er fragt, was denn die Jungfrauen so sehr an einer ehelosen Lebensweise anzieht, und gibt die Antwort: „Verbi divini dulcedo, qua vel ad modicum praegustata sordes videbuntur mundi pretiosa." – „Es ist die Süße des göttlichen Wortes, durch welche, wenn sie auch nur ein wenig voraus verkostet wird, die Kostbarkeiten der Welt als Schmutz erscheinen."[4133] Folgendermaßen wird Jesus besungen: „O fontis unda perpetis, inexhaustae dulcedinis, o mellis stilla stabilis, Christe, tuis spes credulis!" – „O Wogen der unversiegbaren Quelle voll unerschöpflicher Süße. O Tropfen beständigen Honigs, Christus, Du Hoffnung für Deine Gläubigen."[4134] Oder: „O admirandae dulcedinis pietas!" – „O Güte der zu bewundernde Süße!"[4135] und „Fons inexhaustae dulcedinis", „Quelle unerschöpflicher Süße"[4136]. Als Bräutigam wird er genannt: „Rex noster, dulcedinis et vitae, sauvitatis et gratiae!" – „Du unser König der Süße und des Lebens, des Wohlgeschmacks und der Gnade!"[4137]

11. Der Traktat „Liber amoris" deutet das Blut und Wasser, das von der Seite Christi fließt, als „stillae dulcedinis et uoluptatis", „Tropfen der Süße und der Lust"[4138]. Die Seele, die krank danieder lag, erhebt sich vor Freude über die ihr geschenkte Süße[4139]. Dabei gibt der Verfasser zu, daß „diuersae sunt enim species dulcedinis, quae profluunt de Christi uulneribus", „es verschiedene Arten der Süße gibt, welche von den Wunden

---

[4127] JHLD 24,8,234-236,208.
[4128] JHLD 97,2,41,657.
[4129] JHLD 1,3,120f.,41.
[4130] JHLD 1,3,123,42.
[4131] JHLD 24,3,73-75,204.
[4132] JHLD 24,4,75-79,204.
[4133] SP 9,756,19-21.
[4134] SPE 1,1018A-B.
[4135] SP 10,846,17.
[4136] SP 10,848,15.
[4137] SP 10,856,5f.
[4138] LB 3,187f.,134.
[4139] LB 3,188-191,134.

Christi hervorfließen"[4140]. Dazu kommt aber noch eine Verschiedenartigkeit, wie die Süße von den einzelnen Menschen erfahren wird[4141].

12. Bei den Viktorinern nimmt im Vergleich zu den frühen Zisterziensern der Gebrauch der Süße im christologischen Kontext ab.

Bei Hugo von St. Viktor kommt die Süße in der Brautmystik vor. Der Bräutigam hat die Braut „affectu dulcedinis internae", „mit dem Gefühl der inneren Süße berührt"[4142]. Der Liebende spricht zu Gott: „Dulcedo vitae meae", „Du Süße meines Lebens"[4143]. Hugo aber denkt bei dem Bräutigam eher an Gott allgemein als an den menschgewordenen Sohn.

13. Etwas häufiger und eindeutiger spricht Richard von St. Viktor von der Süße Christi.

13.1 Er betont, daß der Vater und Christus in seiner Gottheit völlig eins im Wirken sind. Doch in seiner Menschheit wirkt Jesus auch anders als der Vater[4144]. Dies glaubt Richard mit einer christologischen Deutung von Ps 28,5f. erklären zu können. Dort wird von einer Person gesagt, daß sie sowohl „Dominus", „Herr" als auch „dilectus", „Geliebter" ist. In den beiden Namen sieht Richard eine verschiedene Bedeutung: „Dominus, in severitate, dilectus ut dulcis et suavis, in suavitate", „‚Herr' in Strenge, ‚Geliebter', wie er süß und lieblich ist, in Lieblichkeit"[4145]. In dieser Person sieht Richard Christus, der sowohl mit der Strenge seiner Gottheit in Strafen die Stolzen vernichten als auch in der Süße seiner Menschheit die gleichen Stolzen durch die Beschämung seiner Demut anrühren kann[4146].

13.2 Wenn Richard den Menschen „sponsa Christi"[4147] nennt, dann ist der Bräutigam eindeutig Jesus Christus. Dessen Geist ist „super mel dulcis", „süßer als Honig"[4148]. „Ipse siquidem summa pulchritudo, ipse summa dulcedo." – „Er (ist) ja die höchste Schönheit, er die höchste Süße."[4149] Dabei wird die Erfahrung seiner Schönheit dem geistlichen Gesichtssinn und die Erfahrung seiner Süße dem geistlichen Geschmackssinn zugeordnet[4150]. Die Braut wünscht im Kuß „de dulci dulcedinem", „von dem Süßen die Süße" zu schöpfen[4151].

13.3 In seinem Dreifaltigkeitstraktat spielt die Süße auch eine Rolle. Richard stellt die These auf: „Dilectionis dulcedine nihil jucundius invenitur." – „Nichts Froheres wird gefunden als die Süße der Liebe."[4152] Die Vollendung der Süße besteht aber in der

---

[4140] LB 3,192f.,134.
[4141] LB 3,193f.,134.
[4142] HA 989C.
[4143] HSO 967C.
[4144] RVPS 28,298D.
[4145] RVPS 28,299A.
[4146] RVPS 28,300B.
[4147] RVPS 30,274B.
[4148] RVPS 30,273D.
[4149] Ebenda.
[4150] Ebenda.
[4151] Ebenda.
[4152] RVTR 3,14,200.

Wechselseitigkeit der Liebe[4153]. Gäbe es nur eine Person, wäre die Fülle der Süße bei Gott nicht realisiert[4154]. Der Höhepunkt der Süße wird in der Wechselseitigkeit dreier sich liebender Personen gefunden[4155]. Innerhalb dieser Trinitätspekulation ist es völlig ausgeschlossen, daß man in der Süße das Proprium einer Person sieht oder sie ihr auch nur zuschreibt. Deswegen spricht Richard hier auch nicht von einer eigenen Süße der Gottheit Christi.

14.   Hildegard von Bingen spricht wieder häufiger von der Süße Jesu.

14.1 Das Charakteristische bei Hildegard ist, daß sie den Ausdruck „Süße" bivalent benutzt. Neben der guten Süße Gottes gibt es auch die falsche „Süße", die im Fleisch des Menschen liegt und meist sexuell gefärbt ist. Weil die Menschen die Süße des Fleisches der Süße Gottes vorgezogen haben, ging ihnen letztere so verloren, daß sie diese mit eigener Kraft nicht mehr verkosten können[4156]. Ähnliches gilt auch für den Begriff „suauitas"[4157].

14.2 Der Vater, „suauitatem et dulcedinem cordis sui aperiens", „der die Lieblichkeit und die Süße seines Herzens geöffnet hat"[4158], „in suaui uiriditate misit Verbum in Virginis uterum", „hat in der süßen Lebenskraft das Wort in den Schoß der Jungfrau gesandt"[4159], „ipse misericordiam gratiae suae ad te conuertens per dulcedinem dilectionis suae", „wobei er die Barmherzigkeit seiner Gnade zu dir (= dem Menschen) gewandt hat durch die Süße seiner Liebe"[4160]. Vom Vater ging der Sohn aus, „fructum suauitatis uitae afferens", „welcher die Frucht der Süße des Lebens bringt"[4161]. Das ewige Wort „per uiriditatem suauitatis Spiritus sancti in aurora beatae uirginitatis erat incarnandum", „mußte durch die Lebenskraft der Süße des Heiligen Geistes in der Morgenröte der Jungfräulichkeit Fleisch annehmen"[4162]. Die Jungfrau zeugte den Eingeborenen „in suauitate castitatis", „in der Süße der Keuschheit"[4163]. Dasselbe gilt auch von seiner Geburt durch sie[4164]. Maria wird „dulcissima virgo", „süßeste Jungfrau" genannt, weil sie ohne jede Sünde den Sohn Gottes empfangen hat[4165], und umgekehrt heißt Christus „Filius Virginis dulcissimus amator castae dilectionis", „der Sohn der Jungfrau, der süßeste Liebhaber der keuschen Liebe"[4166]. Weil er aus einer Jungfrau geboren wurde, „habet dulcissimum saporem", „hat er den süßesten Geschmack"[4167].

[4153] RVTR 3,18,208.
[4154] RVTR 3,14,198; 3,17,206.
[4155] RVTR 3,15,202.
[4156] Vgl. Weiß, Gottesbild 2,1345.
[4157] Vgl. Weiß, Gottesbild 2,1378f.
[4158] HISV 1,2,6,25,995,254.
[4159] HIB 1,1,54,5.
[4160] HISV 2,3,10,9,397f.,557.
[4161] HISV 2,3,8,16,829f.,502.
[4162] HISV 1,2,1,3,159-163,114.
[4163] HISV 1,2,26,1037-1040,255.
[4164] HISV 2,3,8,15,685-687,497.
[4165] HISV 1,2,3,24,509-512,149; 2,3,8,16,818f.,501.
[4166] HISV 2,3,8,16,818f.,501.
[4167] HISV 2,3,8,16,853f.,502.

„Incarnatio Filii eius suauissimum gustum in multa dulcedine stillabat." – „Die Menschwerdung seines (= des Vaters) Sohnes ließ den lieblichsten Geschmack in großer Süße herauströpfeln."[4168] Sie ist „plenissima sanctitatis et dulcedinis", „ganz voll von Heiligkeit und Süße"[4169]. Durch sie wurde die Härte des alttestamentlichen Gesetzes süß[4170].

14.3 In seiner Verkündigung setzt sich dieser Dienst am Gesetz fort. „Interiorem dulcedinem nuclei in detectione legis ostendit." – „Er hat die innere Süße der Nuß in der Wegnahme (der Schale) des Gesetzes gezeigt."[4171] Weil dazu die Kraft eines Löwen gebraucht wurde, wird er mit dem starken Samson verglichen[4172]. So spricht der Vater: „Filius meus eandem legem per dulcedinem euangelii perforauit." – „Mein Sohn hat eben das Gesetz durch die Süße des Evangeliums durchbrochen."[4173] An Stelle der Härte des äußeren Gesetzes hat er „suauitatem spiritualis doctrinae", „die Süße der geistlichen Lehre" gebracht[4174], welche in der „ordinatio sapientie suauis et lenis", „süßen und sanften Anordnung der Weisheit" besteht[4175].

14.4 Durch die Erlösung im Blut des Sohnes erstand süß eine neue Vermählung zwischen Gott und der Menschheit[4176]. Jesus führt sie „ad uitam per dulcedinem suam", „zum Leben durch seine Liebe" zurück[4177] und bietet „sucum dulcedinis sitientibus", „den Saft der Süße den Dürstenden" an[4178].

14.5 Die Apostel verbreiten diese Süße unter die Menschen[4179]. Der Mensch kann in der Kirche durch die süße Speise des Wortes Gottes gespeist werden[4180]. Wer die mit der Taufe verbundene Belehrung nicht befolgt, „dulcedinem aeternae uitae recusauit", „hat die Süße des ewigen Lebens zurückgewiesen"[4181]. Auch in dem Empfang der Kommunion wird man mit großer Süße lebendig gemacht[4182], wodurch man vor aller Verwerfung sicher ist[4183]. Man kostet den Kelch der Süße[4184], den Jesus im Abendmahl „in suauitate amoris", „in der Süße der Liebe" gegeben hat[4185]. Allerdings gilt dies nicht

---

[4168] HISV 1, 2,6,3,324f.,234.
[4169] HISV 2, 3,8,16,857f.,502.
[4170] HISV 2, 3,4,1,120f.,392.
[4171] HISV 2, 3,9,28,926f.,542.
[4172] HISV 2, 3,11,42,840-844,600f.
[4173] HISV 1, 2,5,20,737f.,193.
[4174] HISV 1, 1,5,7,150f.,98.
[4175] HIO 3,4,14,29f.,403.
[4176] HISV 1, 2,3,5,194-196,138.
[4177] HISV 1, 2,2,4,83f.,126.
[4178] HISV 2, 3,8,16,825f.,501f.
[4179] HISV 1, 2,6,73,2144f.,288.
[4180] HIO 1,4,78,8-10,209.
[4181] HISV 1, 2,3,33,708-716,155.
[4182] HISV 1, 2,6,34,268f.,262.
[4183] HISV 1, 2,26,34,1291-1294,263.
[4184] HISV 1, 2,6,58,1755-1758,277.
[4185] HISV 1, 2,6,22,871-873,250.

für diejenigen Menschen, die keinerlei Geschmack der Süße in ihrem Wirken aufzuweisen haben[4186].

14.6 Durch die Erlösung des Sohnes verkostet man wieder die Süße der Auserwählten[4187]. So strebt der Mensch „in dulcedine sui affectus", „in der Süße seines Gefühls"
zu Christus[4188] und wird einmal in der ewigen Schau seine Süße genießen[4189].

15. Elisabeth von Schönau sieht nach einer lang andauernden Krise an einem Weihnachtsfest den Himmel geöffnet. Diese Schau kommentiert sie mit der Tatsache, sie
sei dabei „in multitudine dulcedinis dei mei", „am Reichtum der Süße meines Gottes"
froh geworden, da sie den Erlöser geschaut hat[4190]. Vor dem Fest der Verkündigung des
Herrn ist Elisabeth einige Tage bettlägerig krank. Doch bei dem Stundengebet dieses
Tages hat sie plötzlich eine Blutflüssigkeit im Mund wie „favum mellis, cuius dulcore
ita refecta sum", „Honigseim, dessen Süße mich so stärkte", daß sie gesund wird und
in der darauffolgenden Vision Christus sieht[4191]. Ein anderes Mal sieht sie Christus, der
mit einem Gesang den Chor der Jungfrauen anführt: „Vox eius, vox dulcis." – „Seine Stimme (ist) eine süße Stimme."[4192] Der Duft des Bräutigams hat eine „abundantia suavitatis", „Überfülle an Süße" und bringt „suavissima delectatio", „die süßeste
Freude"[4193]. Christus wird diejenigen, „qui eius suavitate vescuntur", „die von seiner
Süße kosten", so nähren, daß sie auf ewig leben[4194]. Elisabeth redet allerdings auch den
Engel, der ihre Visionen deutet, mit den Worten an: „O dulcissime atque amantissime
juvenis!" – „O süßester und liebenswertester Jüngling!"[4195]

16. In den muttersprachlichen Texten wird besonders oft von der Süße Jesu Christi
gesprochen. Dies ist schon bei dem St. Trudperter Hohelied der Fall.

Bevor Maria Mutter Gottes wurde, hat Gott sie getränkt „mit dîner enste und mit
der süezesten minne", „mit Deiner Huld und mit der süßesten Minne"[4196]. Der Sohn
Gottes stärkt uns mit seiner „süeze mennescheit", „süßen Menschheit"[4197] und erlöst
uns „mit deme süezen tôde", „mit dem süßen Tod"[4198]. Die süße Bürde seines Todes
soll die Braut zwischen ihren Brüsten tragen[4199]. Weil die Heilige Schrift seine Worte
enthält, wird sie süß genannt[4200]. Die glaubenstreuen Kirchenlehrer belehren die Gläubigen in der süßen Liebe Jesu[4201]. Jesu Einwohnung in der „unio mystica" ist „wunder-

[4186] HISV 1,2,5,28,937-939,199.
[4187] HISV 2,3,5,15,432-434,420.
[4188] HISV 2,3,10,21,633-635,564.
[4189] HISV 2,3,10,25,746f.,567.
[4190] ESV 1,35,18.
[4191] ESV 1,41,21.
[4192] ESI 14,108.
[4193] ESB 14,147.
[4194] ESV 3,31,83.
[4195] ESV 1,58,29.
[4196] TH 14,10f.,48.
[4197] TH 28,6,78.
[4198] TH 17,9f.,54.
[4199] TH 24,30f.,70.
[4200] TH 33,14,88.
[4201] TH 55,11-16,134.

lich und süezlich", „wunderbar und süß"[4202]. Doch solche Erfahrungen bleiben nicht lange, deswegen bittet die Braut: „Zeige mir etewenne mit etelicheme bouchen dîner getougenen süeze, daz dû min niht vergezzen nehabest in diseme ellende." – „Zeige mir hin und wieder mit einigen Zeichen Deiner verborgenen Süße, daß Du mich in diesem Elend nicht vergessen hast."[4203]

17. In den Viten der flämischen Mystikerinnen gehört „süß" zu den bevorzugten Worten für Jesus Christus.

Odila von Lüttich wird einmal von Dämonen besonders gequält[4204]. Als ihr Sohn darauf aus dem Kreuzhymnus vom Karfreitag[4205] die Worte „dulce lignum, dulces clavos, dulce pondus sustinens", „süßes Holz, süße Nägel, der Du die Süße Last trägst" vorsingt, fliehen die bösen Geister[4206]. Während der zwölf Jahre, in denen sie unter schweren körperlichen Schmerzen litt, hat ihr der Herr doch immer auch die Süße geschenkt[4207].

18. An einem Weihnachtsfest spürt Ivetta von Huy, „quam suave in se, quam dulcis in Maria matre", „wie lieblich in sich, wie süß bei Maria der Mutter" das Jesuskind ist[4208].

19. Maria von Oignies wird „prae dulcedine Agni Paschalis", „von der Süße des Osterlammes" trunken[4209]. Einmal hatte sie ihren Gaumen durch ein vertrocknetes und hartes Brot, welches sie aus asketischen Motiven aß, so sehr verletzt, daß er blutete. „Sanguinem Christi memoria dulcem sibi redebat." – „Dieses Blut machte sie sich durch die Erinnerung an Christus süß."[4210] Von Jakob von Vitry wird die Mystikerin einmal gefragt, ob sie wegen der Anerkennung der Menschen nicht gegen die Versuchung des Ehrgeizes anzukämpfen habe. Diese Frage kann sie ehrlich verneinen, da ihr alles weltliche Lob verächtlich scheint[4211]. Abgeschlossen wird dieser Dialog mit der Sentenz: „Sicut enim non potest dulcis esse Christus, cui adhuc dulcis est mundus; sic Christi dulcedo totam ejus mentem adeo vindicaverat, quod nihil nisi Christus ei sapiebat." – „Wie nämlich dem Christus nicht süß sein kann, dem noch die Welt süß ist, so nahm die Süße Christi ihren ganzen Geist derart in Beschlag, daß ihr nichts außer Christus schmeckte."[4212] Besonders bei der „unio mystica wird diese Erfahrung geschenkt[4213]. Eine solche wird einmal mit dem Ruhen des Evangelisten Johannes an der Brust Jesu verglichen. Dabei nimmt sie die Worte aus dem Mund ihres Bräutigams

---

[4202] TH 26,10-12,74.
[4203] TH 144,28-30,304.
[4204] OL 1,18,224,34f.
[4205] Zu diesem Hymnus vgl. Ohly, Nägel 413-424.
[4206] OL 1,18,225,8-15.
[4207] OL 1,20,242,24-29.
[4208] IH 22,66,158.
[4209] MO 1,2,22,552.
[4210] MO 1,2,23,552.
[4211] MO 2,5,49,558.
[4212] Ebenda.
[4213] MO 2,7,65,562.

wie Honig auf[4214]. Ihr süßes Wirken wird mit dem geistlichen Öl gesalbt[4215]. Als sie einen ganzen Tag süß mit ihrem Bräutigam ruht, ist ihr die Zeit so schnell „prae nimis jucunditatis dulcedine", „aus großer Süße der Freude" vergangen, daß sie glaubt, nur einen Augenblick danieder gelegen zu haben[4216]. Es fällt auf, wie oft in ihrer Vita die Süße Christi dem geistigen Schmecken zugeordnet wird.

20. Lutgard von Tongeren stellt die Süße Christi nicht nur über die Süße der Welt, sondern auch über diejenige der Heiligen. Sie kann die verschiedenen visionären Begegnungen der Heiligen von denjenigen Christi unterscheiden, weil die Süße, die sie bei letzteren erfährt, diejenige der Heiligen bei weitem übertrifft[4217].

21. Gerade das Geschehen um die Geburt Christi wird oft mit dem Ausdruck „süß" belegt. Dies ist auch bei Ida von Nijvel der Fall. An einem Weihnachtsfest wird sie „dulcorata visione", „durch eine süß gewordene Vision" beschenkt[4218]. In ihr sieht sie das Jesuskind, das ihr „sua dulci benignitate", „in seiner süßen Güte" eine Umarmung und einen Kuß gewährt[4219]. Die Mystikerin redet Jesus als Kind mit dem Worten an: „O dulcissime!" – „O Süßester!"[4220] „Dulcis autem puer", „Der süße Knabe" redet umgekehrt die Mystikerin mit den Worten: „O dulcis amica mea!" – „O meine süße Freundin!" an[4221]. Ein anderes Mal ist auch vom „dulcissimus puer", „süßesten Knaben" die Rede[4222]. In einer „unio mystica" redet die Mystikerin Jesus ebenfalls mit den Worten an: „Dulcis mi", „Mein Süßer"[4223].

22. Sehr sinnenhaft wird einer jungen Frau, die Juliane von Cornillon besucht, die Süße Christi verdeutlicht. Sie bekommt zum Abschied von der Mystikerin einen Apfel geschenkt. Als sie von ihm kostet, schmeckt sie eine solch große Süße, daß sie diese nicht auf das Obst zurückführen kann. Andere Menschen, denen sie von demselben Apfel zu essen gibt, machen die gleiche Erfahrung[4224]. Daran können sie spüren, „quanta dulcedinis suavitate electam et dilectam suam Christus perfunderet in interiori homine", „mit welchem Wohlgeschmack der Süße Christus seine Auserwählte und Geliebte in den inneren Menschen eintaucht"[4225].

23. Ida von Gorsleeuw spricht einmal mit einer Person unter anderem über die Einheit der unaussprechlichen Dreifaltigkeit[4226]. Als sie merkt, daß dies nicht verstanden wird,

---

[4214] MO 2,10,87,566.
[4215] Ebenda.
[4216] Ebenda.
[4217] LTA 2,3,42,203; LT 2,3,42,171.
[4218] IN 21,251.
[4219] IN 21,252.
[4220] Ebenda.
[4221] Ebenda.
[4222] IN 24,259.
[4223] IN 25,262.
[4224] JC 1,5,26,451. Die Frucht des Kreuzesbaumes wird in dieser Zeit gern ein süßer Apfel im Unterschied zu dem Verderben bringenden Apfel, den Eva im Paradies aß, genannt; vgl. Ohly, Nägel 418. Es ist aber auch an die Apfelmetapher des Hohenliedes zu erinnern, Vgl. Ohly, Nägel 426.
[4225] Ebenda.
[4226] IG 3,21,114.

wechselt sie das Thema, das dann „mirificae dulcedinis humanitas Jhesu Christi", „die von wunderbarer Süße erfüllte Menschheit Jesu Christi" ist[4227]. Der für einfache Menschen leichter faßbaren Menschheit Christi wird die Süße zugeschrieben. Ein anderes Mal wünscht Ida den Leib des Herrn an einem bestimmten Tag zu empfangen, erhält aber einen Auftrag, nach außerhalb zu gehen, so daß sie beim Kommunionempfang nicht anwesend gewesen wäre. Doch der Herr, dessen süße Güte keine Grenzen kennt, schickt einen wolkenbruchartigen Regen, so daß die Mystikerin am Weggehen gehindert wird und zur Kommunion gehen kann[4228]. Dies war möglich, weil es „dulci sponsae concesserat dulcis sponsus", „der süßen Braut der süße Bräutigam gewährte"[4229].

24. Von allen Viten der Mystikerinnen scheint mir diejenige der Margarete von Ypern am interessantesten. Ausdrücklich wird in ihr festgehalten, daß sie Jesus nie ohne das Adjektiv „dulcissimus", „süßester" nannte. „Nec ipsum poterat nominare nisi plane dulcissimum." – „Sie konnte ihn nicht nennen, wenn nicht ausdrücklich ‚Süßester'."[4230] Sie weiß auch, daß in Ypern die Bettler die Gaben „pro dulcissimo Domino Iesu Christo peterent", „um des süßesten Herrn Jesus Christus willen erbaten"[4231]. Aus diesem Grund ist sie aufgebracht, als einige Besucherinnen sie bitten, „ut de Christo eis aliquid diceret", „ihnen etwas von Christus zu erzählen"[4232]. Für die Mystikerin klingt das so, als ob Christus irgendein Sklave sei. Ihm stehen doch, wie das Evangelium bezeugt, die Titel „Meister", „Herr und Gott" zu[4233]. „Non potestis, sicut decet, vocare dulcissimum Dominum Iesum Christum?" – „Könnt ihr nicht, wie es sich ziemt, sagen ‚süßester Herr Jesus Christus'?"[4234] Eine der Besucherinnen meint, man müsse doch im alltäglichen Umgang auch eine nüchterne Sprache benutzen dürfen, da doch auch Margarete nicht ständig in der Umarmung Christi ruhe[4235]. Diese Antwort erschreckt Margarete, weil sie nichts mehr fürchtet als „seiungi a dulcissimo Domino meo Iesu Christo", „vom meinem süßesten Herrn Jesus Christus getrennt zu werden"[4236]. Selbst noch in der Todesstunde ruft sie: „Optime ac dulcissime Iesu!" – „Bester und süßester Jesus!"[4237]

Diese Stellen sind deswegen so interessant, weil der Ausdruck „süßester Herr Jesus Christus" sehr bewußt gewählt ist. Auf der einen Seite drückt er eine gewisse ehrfürchtige Distanz und auf der anderen Seite eine große Vertraulichkeit aus.

25. Vor dem Allerheiligsten Sakrament spricht Ida von Löwen: „Ave … benige, pie et dulcis Jesu." – „Ave … gütiger, guter und süßer Jesus."[4238] Ein anderes Mal lautet

[4227] Ebenda.
[4228] IG 4,30,116.
[4229] Ebenda.
[4230] MY 23,118,1.
[4231] MY 23,118,3f.
[4232] MY 23,118,5f.
[4233] MY 23,118,6-13.
[4234] MY 23,118,7f.
[4235] MY 23,118,14-16.
[4236] MY 23,118,19f.
[4237] MY 49,127,33f.
[4238] IL 2,2,6,172.

die Anrede: „Pie, dulcis, et misericors Dominus", „Guter, süßer und barmherziger Herr"[4239]. Angesichts der Eucharistie fragt sie: „Quid enim dulcius? quid suavius quam panis ille coelicus?" – „Was ist denn süßer? Was wohlschmeckender als jenes himmlische Brot?"[4240] Beim Empfang der Eucharistie erfährt sie diese Süße sogar körperlich[4241]. Trotzdem bleibt das Verkosten dieser Süße nur ein Vorgeschmack von dem, was noch aussteht[4242].

26. Die Vita der Elisabeth von Spalbeek ist in unserem Zusammenhang deswegen wichtig, weil sie mit „soete Here" eines der wenigen mittelniederländischen Wörter in den Viten enthält. Die Mystikerin besitzt ein kleines Andachtsbild des gekreuzigten Jesus, „quam apertam et discoopertam ambabus tenens manibus, devotissime contemplatur dulcissimus Dominum", „welches sie offen und unverdeckt in beiden Händen hielt und ganz fromm den süßesten Herrn betrachtete"[4243]. Dabei ruft sie oft aus: „Here, soete Here, id est Domine, dulcis Domine!" – „,Herr, süßer Herr', das heißt ‚Domine, dulcis Domine'!"[4244] Dieser Ausspruch geschah in einem „susurrio dulcisono", „süßklingenden Flüstern"[4245]. Der Autor fügt als Kommentar an, Elisabeth habe dabei gekostet „inenarrabili dulcedine Domini taliter patientis et passionis inaestimabili fructu", „von der Süße des derart leidenden Herrn und die unschätzbare Frucht der Passion"[4246]. An einer anderen Stelle sieht Elisabeth auch die Geißelsäule des süßesten Jesus[4247].

Wenn die Mystikerin den Leib des Herrn in der Kommunion empfangen hat und „divinae dulcedinis suavitate refecta et coelesti dulcedine delectata", „vom Wohlgeschmack der göttlichen Süße gestärkt und von der himmlischen Süße frohgemacht" ist, kann sie den Anblick der Menschen und deren Gerede nicht ertragen[4248].

27. Hadewijch ist eine der wenigen Mystikerinnen, bei der das Wort „süß" im Bereich der Spiritualität nicht nur positiv besetzt ist. In ihm gibt es das voreilige Haschen nach Süße, dem gerade die Anfänger leicht verfallen[4249]. So gilt: „Doghende prouven de Minne ende niet soetecheit." – ‚Tugend erweist die Minne und nicht Süße."[4250] Sowohl die Minne[4251] als auch Gott[4252] zeigen für den Menschen ein süßes, aber auch schreckenerregendes Gesicht.

[4239] IL 2,4,18,176.
[4240] IL 3,1,3,183.
[4241] Ebenda.
[4242] IL 2,6,31,179.
[4243] ES 7,467,21-23.
[4244] ES 7,367,24. Die Handschrift L fügt als französische Übersetzung bei „douce Siere".
[4245] ES 7,367,27f.
[4246] ES 7,367,29-31. Damit man die Erfahrungen der Mystikerin nicht auf ein oberflächliches Mitleid zurückführt, erwähnt der Autor auch das tiefere Verkosten der Frucht der Erlösung.
[4247] ES 9,369,26.
[4248] ES 20,374,37-39.
[4249] Vgl. Weiß, Gottesbild 2,1394f.
[4250] HAB 10,4f.,85.
[4251] HAB 3,7-10,33.
[4252] HAV 6,80f.,90; vgl. Weiß, Gottesbild 2,1396.

Auf Erden spürt man nichts von der Gottheit Jesu, vielmehr soll man seiner Menschheit in Mühe und Elend nachfolgen, doch „met enen sueten toeuerlate", „mit einem süßen, gelassenen Vertrauen"[4253]. Denn es gibt auch „dat vernoy ons suets gods, dat hi leet doe hi mensche leuede", „die Not unseres süßen Gottes, die er litt, als er als Mensch lebte"[4254]. Weil Jesus in der Not der süße Gott ist, sollen wir ihm mit süßem Vertrauen im Elend nachfolgen.

In der „unio mystica" wird Jesus als süß erfahren, und der Mensch will gern anderen von ihm erzählen. Es ist ein Zeichen von Liebe, „dat lieues name suete es", „daß des Geliebten Name süß ist"[4255]. „Het es ouer soete omme leife te sprekene." – „Es ist übersüß, vom Geliebten zu sprechen."[4256] Mit einem Lied, das man auf Bernhard von Clairvaux zurückführt, sagt Hadewijch: „Jhesus es honech indem mont." – „Jesus ist Honig für den Mund."[4257]

Weil Hadewijch von der Gefahr, welche im Festhalten gefühlvoller religiöser Erfahrung besteht, weiß, gebraucht sie seltener den Begriff „Süße" für Jesus Christus.

28. In seinem lateinischen Werk kennt David von Augsburg den Begriff „Süße" nur als Eigenschaft Gottes allgemein[4258] und nicht von Jesus insbesondere. In seinen mittelhochdeutschen Traktaten verwendet er ihn aber auch in bezug auf Jesus.

28.1 David überlegt, warum die Jünger als erstes Wunder die Verwandlung von Wasser in Wein erleben sollten. Er meint, sie sollten begreifen, daß Jesus das menschliche Verlangen, das durch die Sünde den rechten Geschmack verloren hat, verwandeln wollte „in dîne gotlîche süeze", „in Deine göttliche Süße"[4259].

28.2 Am Kreuz rinnt „ein süezer bach von dîner wunden site ze tal", „ein süßer Bach von Deiner Seitenwunde zu Tal"[4260]. „Herzenlieber hêrre, nû begiuz mit dinem minnenheizem bluote die dürre mînes herzens, daz ez tugende fruhtbaer werde." – „Herzlieber Herr, nun begieße mit Deinem minneheißen Blut die Dürre meines Herzens, damit es an Tugend fruchtbar werde."[4261] Dann erfährt der Mensch „die süeze unde die senfte dînes herzen", „die Süße und die Sanftheit Deines Herzens"[4262]. Jesus ist die „vil süeziu wunne", „sehr süße Wonne" für die Seele, die „in dîner honicsüezen gotheit brinnet", „in Deiner honigsüßen Gottheit brennt"[4263].

28.3 Wenn wir zur Kommunion gehen, „alsô vliuzet uns dort în diu süeze und die saelekeit der êwigen gotheit durch die güldînen roeren dîner minneclîchen menscheit", „so fließt in uns dort die Süße und die Seligkeit der ewigen Gottheit durch die goldenen

---

[4253] HAB 6,117-120,58.

[4254] HAB 6,164f.,61.

[4255] HAB 15,110f.,129.

[4256] HAB 15,112f.,129.

[4257] HAB 15,111f.,129.

[4258] Vgl. Weiß, Gottesbild 2,1355.

[4259] DK 343,37f.

[4260] DB 5,378,38.

[4261] DB 5,378,39-379,1.

[4262] DB 5,379,5.

[4263] DU 375,17-22.

Röhren Deiner liebenswerten Menschheit"[4264]. Der Mensch ist dann außen erfüllt von der Schönheit der Menschheit Jesu und „innen von der liebe, von der süeze … dîner êwigen gotheit", „innen von der Liebe, von der Süße … Deiner ewigen Gottheit"[4265]. „Diu süeze dîner heimlichen liebe", „Die Süße Deiner vertrauten Liebe" ist so kraftvoll, daß sie nicht geringer wird „in die wîten erkantnüsse unsers herzen dîner gotlîchen süeze", „in der weiten Erkenntnis unseres Herzens Deiner göttlichen Süße"[4266]. Der Christ soll wie Jesus sein Leid tragen „süezelîche âne haz gên dem, vom dem erz lîdet", „süß, ohne Haß dem gegenüber, von dem er es erleidet"[4267]. Solche Süße ist aber jetzt auf Erden selten, weil nur wenige Menschen die Feindesliebe von Christus lernen wollen[4268].

28.4 Auf Erden sollen der Mensch schon die göttliche Süße des Erlösers betrachten, die er im Himmel genießen darf[4269]. Dort ist der Brunnen, „dînes gotlîchen honicfluzzes", „Deines göttlichen Honigflusses"[4270]. Sie erfahren die Seligkeit „von der süeze sîner angesiht", „von der Süße seines Angesichts"[4271]. Die Menschen spüren dann, daß er als ihr Bruder auch „ir aller kiuschister unde süezister minnender gotlîcher gemahel", „ihr allerkeuschester und süßester, liebender, göttlicher Bräutigam" ist[4272].

29. Mechthild von Magdeburg hat den Ausdruck „Süße" besonders geliebt[4273].

29.1 Die Dreifaltigkeit besitzt die allersüßeste Stimme, mit der sie sich selbst lobt[4274]. Wenn Mechthild die Süße aber einer ewigen Person zuschreibt, ist es vor allem der Heilige Geist[4275].

29.2 Bei der Menschwerdung des Sohnes Gottes ging der Heilige Geist mit seiner ganzen Süße ohne jede Mühe in den Leib Mariens[4276]. Auf sie, die „sůsse maget", „süße Jungfrau"[4277], kam „der sůsse tŏwe der unbeginlicher drivaltekeit", „der süße Tau der anfanglosen Dreifaltigkeit", damit in der Menschwerdung der unsterbliche Gott sterblicher Mensch und Bräutigam werde[4278]. In seinem irdischen Wirken hat er uns „vil manigen sůssen trost und rat und lere gegeben", „viel mannigfaltigen süßen Trost, Rat und Lehre gegeben", damit wir von der Sünde genesen[4279]. Dabei hatte seine eigene Seele „sůsse arbeit in wonnenklicher unrůwe", „süße Mühe in wonnevoller Unruhe"[4280].

[4264] DB 1,376,21-24.
[4265] DB 3,377,26-28.
[4266] DB 12,386,12-14.
[4267] DT 329,8-10.
[4268] DT 331,3-6.
[4269] DV 360,25-29.
[4270] DAG 361,35f.
[4271] DV 361,9f.
[4272] DAG 362,27f.
[4273] Ohly, Nägel 428f. zählt 137 Belege für das Wort „süeze".
[4274] MM 5,26,4-6,185.
[4275] MM 4,2,29f.,110; 4,12,21f.,123; 7,24,2-4,275.
[4276] MM 5,23,44-46,176.
[4277] MM 7,18,3f.,270.
[4278] MM 1,22,4-7,16.
[4279] MM 5,9,26-28,163.
[4280] MM 6,16,21,226.

In seinem schmachvollen und kümmerlichen Sterben[4281] „brach sin sůsses herze en-binnen", „brach sein süßes Herz entzwei"[4282], welches durch den Speer verwundet wurde[4283]. Deswegen wird auch der Speer süß genannt[4284]. Bei all dem bleibt sein süßes Herz von Minne durchflossen[4285]. Die Fußwunden des Gekreuzigten „sint also sůsse, das si aller irer pine und alles irs alters nit mag befinden", „sind so süß, daß sie (Mecht-hild) alle ihre Pein und ihr ganzes Alter nicht spüren kann"[4286].

29.3 Diese Süße ging auf die Kirche über. In süßer Wonne sieht Mechthild einen Stein[4287], „der smakkete vil sůsse", „der sehr süß schmeckte"[4288]. „Do vragte ich den vil sůssen stein, wer er were. Do sprach er alsust: ‚Ego sum Jhesum'. – „Da fragte ich den sehr süßen Stein, wer er sei. Da sprach er so: ‚Ich bin Jesus.'"[4289] Der Stein wird aber nur erwähnt, weil auf ihm eine sehr schöne Jungfrau steht[4290]. Diese stellt sich auf die Frage Mechthilds folgendermaßen vor: „Ich bin die helige cristanheit, und wir haben bede einen brůtgŏme." – „Ich bin die heilige Christenheit, und wir haben beide einen Bräutigam."[4291] Die Christenheit, wie Mechthild die Kirche nennt, besitzt die Süße ihres Bräutigams: „Ir trůfet honig us ir zungen, das die snellen binen, die heiligen aposteln, us den sůssestn veltblůmen hant gesogen." – „Ihr tropft Honig aus ihrer Zun-ge, welchen die schnellen Bienen, die heiligen Apostel, aus den süßesten Feldblumen gezogen haben."[4292] Denn sie gibt uns „vil manige sůsse lere", „viele mannigfaltige, süße Lehre"[4293]. Dazu trägt sie ein Schwert mit goldenen Zimbeln. „Die klingent also sůsse, das alle die zů ir komen můssen, die der heligen drivaltekeit gerůchent." – „Die klingen so süß, daß all diejenigen zu ihr kommen müssen, die sich nach der Heiligen Dreifaltigkeit sehnen."[4294]

29.4 Im Kontext der „unio mystica" ist viel von der Süße Jesu die Rede. Wenn der Herr zu Mechthild kommt, „so beginnet si ze smekende sine sůssekeit", „so beginnt sie seine Süße zu schmecken"[4295]. Als Bräutigam bricht er ihr die „blůme der sůssen einunge", „Blume der süßen Vereinigung"[4296]. In einer Vision nimmt Mechthild an einer Eucharistiefeier teil, bei deren Kommunionempfang sie die Vereinigung mit Je-sus spürt. Das reine Lamm, Jesus Christus, „sŏg ir herze mit sinem sůssen munde",

---

[4281] MM 7,18,19f.,270.

[4282] MM 7,1,44f.,255.

[4283] MM 7,18,40f.,271.

[4284] MM 3,10,36,90. Nägel und Speer werden häufig schon in der Alten Kirche süß genannt; vgl. Ohly, Nägel 419-421.

[4285] MM 7,27,37f.,277.

[4286] MM 7,8,7-9,264. Für die süße Flüssigkeit, die aus den Wunden Jesu fließt, vgl, Ohly, Nägel 419-421.

[4287] MM 4,3,13f.,114.

[4288] MM 4,3,15f.,114.

[4289] MM 4,3,16f.,114f.

[4290] MM 4,3,21,115.

[4291] MM 4,3,70-73,116.

[4292] MM 4,3,42-44,115.

[4293] MM 4,3,30f.,115.

[4294] MM 4,3,32f.,115.

[4295] MM 6,1,140,206.

[4296] MM 2,25,114,66.

„zog ihr Herz mit seinem süßen Munde" zu sich[4297]. Für ihr Sterben wünscht sie sich die „sůssú minnelust", „süße Minnelust" von Jesus Christus[4298]. Im Himmel erfahren dann die Jungfrauen „so heimelichú sůssekeit und so notlichú vereinekeit, das ich des gliches nit weis", „so vertraute Süße und drängende Vereinigung, daß ich nichts mit ihnen zu vergleichen weiß"[4299].

29.5   Mechthild redet Jesus verschiedentlich mit dem Beiwort „süß" an. So nennt sie ihn „sůsser herre", „süßer Herr", wenn sie ihn bittet, die sündige Kirche mit Jesu ge-kreuzigten Armen vor ihn legen zu dürfen[4300]. Mit der gleichen Anrede verspricht sie, nie ihn um etwas zu bitten, was er nicht geben will[4301]. Mit dem gleichen Titel wünscht sie von ihm, daß alle seine Feinde ihn noch erkennen und lieben werden[4302]. Sie lobt ihn mit den Worten „O sůsser Jhesus", „O süßer Jesus" weil er ihrer elenden Seele immer unverhüllt nahe ist[4303]. Das „sůsse lamp", „süße Lamm" Jesus Christus, bittet sie, daß er sie mit seiner Glut entzündet[4304].

29.6   Süße ist bei Mechthild die froh erlebte Liebe, die von Jesus ausgeht.

30.   In Helfta nimmt der Gebrauch des Wortes „Süße" im christologischen Kontext noch einmal zu.

30.1   Jesus wird bei Mechthild von Hackeborn genannt „dulcedo et osculum", „Süße und Kuß"[4305], „dulcissimus Deus", „süßester Gott"[4306], „dulcissimus Filius", „süße-ster Sohn"[4307], „dulcissimus amator", „süßester Liebhaber"[4308], „dulcissimus consola-tor", „süßester Tröster"[4309], „dulcissimus frater", „süßester Bruder"[4310], „dulcissimus et amantissimus animae meae", „Süßester und Geliebtester meiner Seele"[4311], „dulcor unicus", „einzigartige Süße"[4312], „dulcedo quam nec mortis potuit minuere amaritu-do", „Süße, welche die Bitterkeit des Todes nicht verkleinern konnte"[4313] „cibus sua-vissimus", „die wohlschmeckendste Speise"[4314]. Es ist von „amor dulcissimus, „der

---

[4297]   MM 2,4,100f.,44.
[4298]   MM 5,35,60-62,198.
[4299]   MM 3,1,128-130,77.
[4300]   MM 5,34,23-25,194.
[4301]   MM 5,35,9f.,196.
[4302]   MM 5,35,39-41,197.
[4303]   MM 3,3,3,79.
[4304]   MM 2,2,17,38.
[4305]   MH 1,12,39.
[4306]   MH 1,18,51; 3,22,225; 5,8,332.
[4307]   MH 1,18,58.
[4308]   MH 2,30,175.
[4309]   MH 1,5,16.
[4310]   MH 3,24,228.
[4311]   MH 2,31,176; vgl. MH 3,4,200.
[4312]   MH 1,19,68.
[4313]   MH 3,25,229.
[4314]   MH 3,2,198.

süßesten Liebe" Jesu[4315] und „amor dulcis", „der süßen Liebe" des Herzens Jesu[4316]
die Rede.

30.2 Mechthild erkennt, daß der Sohn Gottes „medulla paterni cordis", „das Mark
des väterlichen Herzens" ist, welches „sanativa et dulcissima est", „gesundmachend
und sehr süß ist"[4317]. „Inenarrabilem suavitatem", „Unaussprechliche Süße" fließt „ab
aeterno de meo divino …Corde in Patrem et Spiritum Sanctum", „von Ewigkeit aus
meinem göttlichen … Herzen in den Vater und in den Heiligen Geist"[4318].

30.3 An Weihnachten hat der Vater seinen Sohn, „qui uirtus ejus est et dulcedo suavissima", „der seine Kraft und wohlschmeckendste Süße ist", uns zum „dulcissimum consolatorem", „süßesten Tröster" geschenkt[4319]. Seine Menschheit „prae omni mansuetudine suavissima erat", „war vor lauter Sanftmut sehr süß"[4320]. Bei der Menschwerdung
schmolz das Herz Mariae „ex dulcedine sui divini Cordis", „vor der Süße des göttlichen Herzens"[4321]. Ihr Herz ist trunken „de summa divini Cordis dulcedine", „von der
höchsten Süße des göttlichen Herzens"[4322].

30.4 Man soll preisen „dulcedinem suavissimam, qua morte amarissma est pro homini
amaricatus", „die wohlschmeckendste Süße, durch welche (Jesus) im bittersten Tod
für die Menschen Bitterkeit widerfuhr"[4323]. „Calix meri dulcissimi sanguinis videlict
Agni immaculati", „Der Kelch des reinen, süßesten Blutes, nämlich des makellosen
Lammes" reinigt alle Makel der Menschen[4324]. Am Karfreitag fragt Mechthild Jesus als
süßesten Gott, wie sie ihm für alles, was er an diesem Tag getan hat, danken kann[4325].
Seine Süße konnte die Bitterkeit des Todes nicht verringern[4326]. „De vulnere quoque
dulcissimi Cordis ejus erupit nobis aqua vivificans et vinum inebrans." – „Aus der
Wunde seines süßesten Herzens strömt uns hervor das lebendigmachende Wasser und
der berauschende Wein."[4327] Jesus öffnet selbst „dulcissimi Cordis sui vulnus", „die
Wunde seines süßesten Herzens", damit Mechthild seine Güte empfangen kann[4328]. Sie
lehnt sich „ad vulnus melliflui Cordis Salvatoris", „an die Wunde des honigfließenden
Herzens des Erlösers"[4329] und nimmt von dort „pocula omnis dulcoris et suavitatis
plenissima", „den Becher ganz voll von jeder Süße und jedem Wohlgeschmack"[4330]. Sie
empfängt „de Corde Christi suavissimo … fructum dulcissimum", „vom lieblichsten

[4315] MH 1,5,19.
[4316] Ebenda.
[4317] MH 1,5,16.
[4318] MH 1,19,61.
[4319] MH 1,5,16.
[4320] MH 6,7,386.
[4321] MH 1,26,93.
[4322] MH 1,38,122.
[4323] MH 1,15,48.
[4324] MH 1,13,43.
[4325] MH 1,18,51.
[4326] MH 3,25,229.
[4327] MH 1,18,59.
[4328] MH 1,21,77.
[4329] MH 2,16,150.
[4330] Ebenda.

Herzen Christi … die süßeste Frucht"[4331]. Maria fordert die Mystikerin auf, „vulnera dulcissimi Filii mei", „die Wunden meines süßesten Sohnes" zu küssen[4332].

30.5 Jesus nimmt Mechthild „per dulcem amplexum", „durch eine süße Umarmung" an sein Herz[4333]. Durch das süße Blut Jesu wird man vor Süße trunken mit Gott eins[4334]. Jesus neigt sich so zu der erkrankten Mechthild, „ut vulnus Cordis ejus dulcissimi suo Cordi jungeretur", „daß die Wunde seines süßesten Herzens sich ihrem Herzen verband"[4335]. Bei dem Kommunionempfang werden nach süßen Gesprächen beide Herzen in eins verwandelt[4336]. Mechthild soll Jesus loben „pro gustu suavissimo, qui fit in Missa, ubi ipse cibus est animae suavissimus, et in isto cibo ita sibi animam quadam blanditate amicissima incorporat, quod anima per unionem Dei fit cibus Dei", „für den wohlschmeckendsten Geschmack, der in der Messe entsteht, wo er (= Jesus) selbst die wohlschmeckendste Speise der Seele ist und in diese Speise die Seele mit einer gewissen freundschaftlichsten Zärtlichkeit einverleibt, daß die Seele durch die Einheit mit Gott die Speise Gottes wird"[4337].

30.6 Das Gebet für ihr Alter am Ostermontag, an dem das Emmausevangelium verlesen wird, lautet: „O dulcor unice, mane, quaeso, mecum, quia dies vitae meae inclinata est usque ad vesperam." – „O einzigartige Güte, bleibe bitte bei mir, weil der Tag meines Lebens sich zum Abend geneigt hat."[4338] Was tadelnswert an ihrer Seele ist, versucht sie süß mit dem Lappen der Menschheit Christi abzuwischen[4339]. Der anwesende Jesus ist zärtlich zur sterbende Äbtissin Gertrud von Hackeborn mit so „dulcissimis gestibus", „süßesten Gesten", daß die Bitterkeit des Sterbens gemildert wird[4340]. „Cor Jesu Christi praedulcissimum", „Das überaus süßeste Herz Jesu Christi" steht offen[4341]. Die Äbtissin empfiehlt den Konvent „in illam suavissimam requiem …, scilicet, dulcissimum Cor amantissimi Jesu Christi", „jener lieblichsten Ruhe …, nämlich dem süßesten Herzen des liebenswertesten Jesus Christus"[4342]. Sie wird von Jesus als dem Kantor aller Kantoren mit einem Gesang „suavissimo voce", „von süßester Stimme" empfangen[4343]. Seine Liebe durchdringt sie „in praevalenti virtute dulcedinis", „in der überaus mächtigen Kraft der Süße"[4344]. Beim Sterben merkt Mechthild, daß alle guten Gefühle, die sie zu den Menschen auf Erden haben konnte, wie ein Tropfen sind

---

[4331] Ebenda.
[4332] MH 1,18,58.
[4333] MH 2,17,151.
[4334] MH 1,13,43.
[4335] MH 2,32,177.
[4336] MH 3,27,230.
[4337] MH 3,2,198.
[4338] MH 1,19,68.
[4339] MH 3,51,254.
[4340] MH 6,5,382.
[4341] MH 6,6,383.
[4342] MH 6,6,384.
[4343] MH 6,8,387.
[4344] Ebenda.

im Vergleich des Meeres „dulcissimi affectus", „des süßesten Gefühls", das Jesus zu den Menschen hat[4345].

Als Mechthild selbst zum Sterben kommt, wird von einer Schwester des Konvents geschaut, wie die Mystikerin vor Jesus steht und ihren Atem durch die Seitenwunde seines honigfließenden Herzens atmet[4346]. Dies läßt Jesus zu, weil sein Herz von der eigenen Süße dazu bewegt ist[4347]. Jesus eignet auf diese Weise Mechthild mit lieblichster Zärtlichkeit die künftige Herrlichkeit zu[4348]. Auch empfängt sie der Herr mit einem süßen Gesang voll Güte[4349]. „Ex superabundatia benignitatis dulcissimi Cordis Christi", „aus der Überfülle der Güte des süßesten Herzens Christi" läßt Gott nicht zu, daß am Sterbetag der Mechthild eine Seele in die Hölle steigt[4350].

31. Eine Steigerung der Häufigkeit des Namens „Süße" für Jesus findet sich bei Gertrud der Großen. Nach dem Bericht ihrer Mitschwestern überlegt sie, ob sie ihr Buch nicht „memoriale abundatiae divinae suavitatis", „Gedächtnis der Überfülle der göttlichen Süße" nennen soll[4351]. Auch wenn es dann doch einen anderen Titel erhält, ist es geschrieben mit Buchstaben[4352] und Worten[4353], die von der göttlichen Süße erfüllt sind. Das Wort „dulcissime", „Süßester" gehört nach Gertrud zu den drei Anrufungen, auf die Jesus gern reagiert[4354].

31.1 Da dieser Begriff in allen möglichen Kontexten vorkommt, wird er hier meist nicht mehr genannt. Folgendermaßen wird Jesus genannt: „dulcis"[4355] oder „dulcissimus"[4356], welcher die „crucifixus amor", „gekreuzigte Liebe" ist[4357]. Einmal taucht auch die Anrede „dulcissime Jesule", „süßestes Jesulein" auf[4358]. Er ist die „dulcis affinitas", „süße Nähe"[4359], der „dulcis", „süße"[4360], „praedulcis"[4361] oder „dulcissimus[4362] amator", „süßester Liebhaber", der „ex cordis dulcedine amator", „Liebhaber aus des Herzenssüße"[4363], „dulcis amor meus", „meine süße Liebe"[4364], „amor dul-

---

[4345] MH 7,12,407.

[4346] MH 7,5,396.

[4347] Ebenda.

[4348] MH 7,10,403f.

[4349] MH 7,20,417.

[4350] MH 7,15,409.

[4351] G 2, 1, prol 1,2,5-8,108.

[4352] G 5, 5,33,1,3-5,264; vgl. G 5, 5,33,1,22f.,266.

[4353] G 5, 5,34,1,9-11,268.

[4354] G 3, 3,29,2,5-10,130.

[4355] G R 2,37,68; 4,78,104.

[4356] G R 1,88,50; 1,132,54; 1,250,62; 2,71,70; 5,403,152; 6,625,200; 7,121,216; 7,191,220; 7,580,244.

[4357] G R 1,53f.,48.

[4358] G 3, 3,42,1,4,192.

[4359] G R 3,3,320,94.

[4360] G R 3,66,78; G 3, 3,18,1,7,80.

[4361] G 4, 4,25,5,15f.,242.

[4362] G R 4,264f.,116; G 3, 3,41,1,3,188; 3,44,1,5,198; 3,45,1,5f.,202; 3,52,3,9,228; 4, 4,2,5,14,30; 4,5,3,1f.,84; 4,13,2,2,146; 5, 5,16,2,7,170.

[4363] G 3, 3,42,1,21,194.

[4364] G R 3,91,78; vgl. G R 4,367,122.

cissimus", „die süßeste Liebe"[4365], „dulcis amoenitas mea"[4366], „suavis amoenitas"[4367], „meine süße Lieblichkeit", der „dulcis creator", „süße Schöpfer"[4368], der „dulcissimus Dominus"[4369], „süßeste Herr"[4370], der „hospes dulcissimus", „süßeste Gast"[4371], das „praedulcis et delicatus puerulus", „sehr süße und zarte Kindlein"[4372], der „dulcissimus juvenis", „süßeste Jüngling"[4373], „dulcis dei liberalitas", „Gottes süße Freigibkeit"[4374], „pax mea dulcissima", „mein süßester Friede"[4375], „dulcis dei pietas", „Gottes süße Güte"[4376], „portio mea dulcissima", „mein süßester Anteil"[4377], „dulcis spes mea", „meine süße Hoffnung"[4378], der „sponsus dulcissimus", „süßeste Bräutigam"[4379], „dulcis virtus mea", „meine süße Kraft"[4380], „dulce salutare meum", „mein süßes Heil"[4381], „dulcedo mea sancta", „meine heilige Süße"[4382], die „dulcor omnium saporum", „Süße in jedem Geschmack"[4383] und die „dulcor animae meae", „Süße meiner Seele"[4384]. Oft wird sein „dulcissimmum cor", „süßestes Herz"[4385], in das der Mensch eingeschrieben ist[4386], genannt. Es bewirkt den „dulcissima benedictio", „süßesten Segen"[4387], das „dulcis tua confabulatio", „süße Gespräch mit Dir"[4388] und die „abundantia dulcedinis divini Cordis", „Überfülle der Süße des göttlichen Herzens"[4389]. Jesu Tod[4390] und sein Herz[4391] ist „manans dulcedine", „strömend von Süße", „distillans suavitate", „träufelnd von Süße"[4392] und ein „incensum suavissimum", „süßester Brand"[4393], mit des-

---

4365 G R 5,507f.,158.
4366 G R 4,356,122.
4367 G 3, 3,65,3,30,264.
4368 G R 6,671,202.
4369 G 5, 5,1,36,11,62.
4370 G 5, 5,9,2,9,136.
4371 G R 1,185,58.
4372 G 4, 4,3,6,27f.,54.
4373 G 3, 3,15,2,5,64.
4374 G R 7,481,238.
4375 G R 6,77,166; 7,155,218.
4376 G R 7,435,236.
4377 G R 6,742,206.
4378 G R 6,642,200.
4379 G 3, 3,65,3,52,266.
4380 G R 4,385,124.
4381 G R 4,414,126; 7,322,228.
4382 G R 4,348,122; für Augustinus, der denselben Gebetsanruf kennt, vgl. Ohly, Nägel 406.
4383 G 3, 3,65,3,27,264.
4384 G 4, 4,1,3,26,20.
4385 G R 1,78,50; 6,425,188; 6,711f.,204; G 3, 3,28,1,7,128; 3, 3,30,2,5,134; 3,49,1,26f.,218; 3,53,1,9,230; 4, 4,25,1,13f., 234; 4,26,6,5,252; 4,38,6,15,318; 4,50,9,17,416; 5, 5,10,4,4,146.
4386 G R 6,171f.,172.
4387 G R 3,327f.; 5,356,150; vgl. G R 7,268f.,226; G 3, 3,70,3,10-14,286.
4388 G R 7,294,228.
4389 G 4, 4,58,4,8f.,470.
4390 G R 7,362,230.
4391 G R 7,383,232.
4392 G R 7,384f.,232.
4393 G R 7,393,232.

sen Süße man gestärkt wird[4394]. Jesus besitzt „dulcis humilitas", „die süße Demut"[4395] und öffnet „Cor suum omni dulcedine plenum", „sein von aller Süße volles Herz"[4396]. Von den süßen Strömen dieses Herzens wird der Mensch trunken[4397]. In seiner Liebe ist „omnis dulcedo et suavitas", „die ganze Süße und Lieblichkeit"[4398]. Er erfreut uns mit den Wonnen seiner Süße[4399]. Selbstverständlich ist auch Maria „dulcissima", „sehr süß"[4400].

31.2 Es kann von Jesus heißen: „Tu es totus dulcis." – „Du bist ganz süß."[4401] „Nihil inveni dulcius ... quam tibi." – „Nichts Süßeres finde ich ... als Dich."[4402] „Ipse te tam amat dulciter." – „Er liebt Dich so süß."[4403] Jesus sagt zum Menschen: „Ego sum Iesus amicus tuus dulcis." – „Ich bin Jesus, Dein süßer Freund."[4404] Man betet: „In dulci spiramento suaviflui spiritus tui tibimetipsi attrahe." – „Im süßen Hauch Deines süßfließenden Geistes ziehe mich zu Dir."[4405] „Fac me tui spiritus degustare suavitatem." – „Laß mich kosten den Wohlgeschmack Deines Geistes."[4406] „Tu ipse deus meus, dulcedo." – „Du selbst (bist), mein Gott, die Süße."[4407] Zur Liebe spricht man: „Circumvolve dulcissimi gutturis Iesu sponsi mei praeclarissimam lyram." – „Umfasse die ganz klare Leier der süßesten Kehle Jesu."[4408] Jesus soll dann „dulciter citharizans", „süß Zither spielend" vorsingen[4409], da er „dulcissimam vocem", „die süßeste Stimme" hat[4410]. Sein Herz ist ja ein „organum dulcisonum", „süß klingendes Instrument"[4411]. Tausendmal möchte man sterben, „si liceret contemplari veritatis tuae dulcedinem", „wenn es erlaubt wäre, die Süße Deiner Wirklichkeit zu betrachten"[4412]. Der Mensch soll Jesus „propter tuam dulcedinem", „um Deiner Süße willen" lieben[4413].

31.3 Seit Ewigkeit besitzt der Sohn Gottes die „tranquilissimam suavitatem", „ruhevollste Süße"[4414]. Doch bleibt sie nicht in ihm. Der süßeste Gott richtete durch die Süße seiner Liebe die „benignitatis suavitas", „Süße der Güte" auf das Heil der Men-

---

[4394] G R 7,404,234.
[4395] G 2,2,3,3,11,238.
[4396] G 4,4,28,7,3f.,318.
[4397] G 4,4,4,5,13f.,66.
[4398] G R 7,534f.,242.
[4399] G 4,4,19,1,3f.,194.
[4400] G R 2,19f.,66; G 5,5,1,27,4,50.
[4401] G R 2,78,70.
[4402] G R 2,84,70.
[4403] G R 3,34,76.
[4404] G R 3,5f.,74.
[4405] G R 4,425f.,126.
[4406] G R 1,90,50.
[4407] G R 6,166,172.
[4408] G R 6,45f.,164.
[4409] G R 6,253f.,178.
[4410] G R 1,97,52.
[4411] G 2,2,23,16,3f.,342; vgl. G 3,3,46,1,9,206.
[4412] G R 6,606f.,198.
[4413] G R 3,110f.,80.
[4414] G 3,3,52,2,1f.,226.

schen[4415]. Deswegen soll man beten: „Per incarnationem tuam, fac me toto cordi dulciter … te diligere." – „Durch Deine Menschwerdung laß mich mit ganzem Herzen süß … Dich lieben."[4416] In seiner Menschheit ruht die Fülle der göttlichen Süße[4417]. Es ist die „inaestimabilis dignationis divinae sauvitas", „Süße der uneinschätzbaren göttlicheb Herablassung", die Jesus für uns leiden ließ[4418]. Durch die Süße, die aus dem Herz des Gekreuzigten fließt, bekommt man Kraft gegen alle Feindschaft des Teufels[4419]. Mit seiner Süße wird man gestärkt[4420]. Er besitzt „dulcis humilitas", „die süße Demut"[4421] und öffnet „Cor suum omni dulcedine plenum", „sein von aller Süße volles Herz"[4422]. Von den süßen Strömen dieses Herzens wird der Mensch trunken[4423].

31.4   Durch seine eigene Süße bewegt, stiftet Jesus das lebendig machende Altarsakrament[4424]. Am Karfreitag feiert die Kirche das „dulcissimae passionis Christi memoria", „Gedächtnis des süßesten Leidens Christi"[4425].

31.5   Nach dem Tod empfängt man in Jesus „dulcissimam … micam" und „fruitionem dulcissimam", „den süßesten … Brotsamen" und „den süßesten Genuß"[4426] und schaut sein süßestes Angesicht[4427]. Denn er ist „aeterna dulcedo animae", „die ewige Freude der Seele"[4428].

31.6   Auch in der Brautmystik spielt die Süße eine Rolle. Die Braut Christi darf in die Freude ihres Herrn eintreten, die das göttliche Herz „tam inaestimabilis suavitatis dulcedine", „in der Süße des so unschätzbaren Wohlgeschmacks" bewirkt hat[4429]. An die Brust des Geliebten geneigt, kann Gertrud „longe supra balsamiticam suavitatem, vivificum saporem haurire", „die weit über den Balsam gehende Süße, den lebendig machenden Geschmack schöpfen"[4430]. Der Sohn Gottes gibt ihr einen „osculum suavissimum", „süßesten Kuß"[4431]. In der göttlichen Einheit fühlt sie sich in der Umarmung des Herrn süß umfangen[4432]. Es findet mit Jesus „saporasa unio intimae suavitatis", „die geschmackvollste Einheit der innigen Süße"[4433] statt. Wie eine Taube nistet man in einer Höhle und saugt den Honig vom Felsen, „id est, dulcedinem intentionis

---

[4415] G 2, 2,8,3,6-14,264-266.
[4416] G R 3,149f.,81.
[4417] G 4, 4,35,4,19-23,294.
[4418] G 5, 5,37,14,14-19,304.
[4419] G 2, 2,5,3,7-17,250-252.
[4420] G R 7,404,234.
[4421] G 2, 2,3,3,11,238.
[4422] G 4, 4,28,7,3f.,318.
[4423] G 4, 4,4,5,13f.,66.
[4424] G 3, 3,18,24,16f.,102.
[4425] G 4, 4,26,1,4f.,246.
[4426] G R 7,566-568,244.
[4427] G R 7,601,246.
[4428] G R 7,613,246. Für die Süße, die man in der Seligkeit erfährt, vgl. Ohly, Nägel 460-464.
[4429] G 2, 1,7,4,3-5,156.
[4430] G 3, 3,4,1,45-52,24.
[4431] G 3, 3,18,1,7f.,80.
[4432] G 3, 3,17,4,27-29,80.
[4433] G 3, 3,65,3,48,266.

de Corde Jesu", „das heißt die Süße der Absicht vom Herzen Jesu"[4434]. Denn der Herr leitet dann die ganze Süße seines Herzens auf den Menschen[4435].

31.7 Da Gertrud bei fast jeder Gelegenheit im christologischen Kontext von der Süße spricht, ist es schwer, sie inhaltlich genauer zu fassen. Es fällt auf, daß sie als Adjektive für Jesus wesentlich häufiger den Superlativ „dulcissimus" als das einfache „dulcis" verwendet. Jesus als Liebhaber und sein Herz werden am häufigsten süß genannt.

32. Auch bei Lukardis von Oberweimar kommt der Ausdruck „süß" bei Jesus oft vor.

Sie trägt die Stigmata Jesu an ihrem Leib und sagt jemanden, der sie wegen der damit verbundenen Schmerzen bedauert, daß ihr Mitleiden mit dem Herrn gemildert wird „consolationis suae mirabili dulcedine", „durch die wunderbare Süße seines Trostes"[4436]. Wie er an Ostern die Jünger anhaucht, so „os suum dulciter applicuit ori ejus, ita quod famula Dei sensit eum sibi suum spiraculum inspirare", „drückte er süß seinen Mund so auf ihren Mund, daß die Dienerin Gottes spürte, daß er ihr seinen Hauch einhauchte"[4437]. Als die Mystikerin unter einer besonderen Kälte im Winter litt, fragt sie „Jesus amator dulcissime", „Jesus, süßesten Liebhaber", warum er ihr solches Leid schickt[4438]. An einer anderen Stelle erkundigt sie sich bei Jesus mit der gleichen Anrede nach der Bedeutung einer Vision[4439]. Bei einem ähnlichen Anlaß wendet sie sich an Jesus als „mea dulcedo", „meine Süße"[4440]. Wenn sie einen anderen Menschen leiden sieht, ruft sie Jesus, „dulcis mea consolatio", „mein süßer Trost", an[4441]. Einmal wird sie so sehr „rore suavissimo", „mit dem süßesten Tau" übergossen[4442], daß sie ausruft: „O benignissime, amantissime, dulcissime Iesu!" – „O gütigster, liebevollster, süßester Jesus!"[4443] Ein anderes Mal spürt sie „venam illam dulcifluam benignissimi cordis Christi Jesu quasi eruptam", „jene süßfließende Ader des gütigsten Herzens Christi Jesu (sei) gleichsam gebrochen"[4444].

Es fällt auf, wie häufig Lukardis Jesus als den „süßesten" gerade dort anruft, wo sie Fragen an ihn stellt.

33. Die Häufigkeit im Gebrauch des Wortes „Süße" bei Gertrud der Großen wird in der umfangmäßig viel kleineren Vita der Christina von Hane bei weitem überboten.

33.1 Folgende Titel für Jesus kommen bei ihr vor: „Geber ... aller soißicheit." – „Geber ... aller Süße."[4445] „Vbersoißer ... lyebhaber." – „übersüßer ... Liebhaber."[4446]

[4434] G 3, 3,73,7,3-6,302.
[4435] G 3, 53,2,9f.,230.
[4436] LO 12,316,28-31.
[4437] LO 28,324,11f.
[4438] LO 32,326,19-21.
[4439] LO 45,335,3-5.
[4440] LO 56,341,33.
[4441] LO 46,336,4.
[4442] LO 34,327,9f.
[4443] LO 34,327,14f.
[4444] LO 43,334,9f.
[4445] CH 2, 208.
[4446] CH 2, 224.

33.2 Durch die Vision des Jesuskindes an Weihnachten „wart yre hertze und yre sele vol freuden, soißicheit vnd troistes", „wurde ihr Herz und ihre Seele voll Freude, Süße und Trost"[4447]. Christi Wunden „fließen vol myldicheit, soißecheit", „fließen voll Milde und Süße"[4448]. „Jesus gedechtnyß iß soiße vnd des hertzen soiße freude." – „Jesu Gedächtnis ist süß und des Herzens süße Freude."[4449] Denn Christina empfängt Süße durch das Mitleiden mit dem Herrn[4450]. Am Karfreitag wurde sie erfüllt „myt vnsprechlicher soißicheit. Also daß yre smertzen wart gekeret yn soißicheit vnd geistliche freude", „mit unaussprechlicher Süße, so daß ihre Schmerzen in Süße und geistliche Freude verwandelt wurden"[4451]. Ostern ist für sie ein „soiße, froelicher dage", „süßer, fröhlicher Tag"[4452].

33.3 Wenn Christina die Einheit mit Christus erwähnt, verwendet sie besonders gern den Ausdruck „Süße". Christus ist der Weg, den Christina gehen soll „yn die ynwendige soißicheit myner gotheit", „in die innere Süße meiner Gottheit"[4453]. Er verspricht, zu ihr zu kommen, „myt soißelichen reytden", „mit süßen Worten"[4454], „myt soißer stymmen", „mit süßer Stimme"[4455], mit „vbersoiße stimme", „übersüßer Stimme", „myt sym soißen montde", „mit seinem süßen Munde"[4456] und „myt soißer lere", „mit süßer Lehre"[4457]. „Jc byn die soiße lyebde, die yn dyner selen ist." – „Ich bin die süße Liebe, die in Deiner Seele ist."[4458] Und: „Jch byn …dyne vbersoißicheit." – „Ich bin … Deine Übersüße."[4459] Er grüßt sie „yn myner zarte soißicheit", „in meiner zarten Süße"[4460]. Sie wird hinein gezogen „myt froelicher soißicheit", „mit fröhlicher Süße"[4461] „yn die luterkeit der ynwendiger soißicheit", „in die Lauterkeit der inneren Süße"[4462]; „syne soißicheit", „seine Süße" wird in sie gegossen[4463]. Sie ist dann nicht mehr nur im „soißer begerden", „süßen Begehren"[4464], sondern erfährt den Liebhaber „yn der soißicheit", „in der Süße"[4465], „yn unsprechlicher soißecheit", „in unaussprechbarer Süße"[4466], „yn der soißer genade", „in der süßen Gnade"[4467]; sie darf trin-

---

[4447] CH 1, 230.
[4448] CH 1, 216.
[4449] CH 1, 245.
[4450] CH 1, 239.
[4451] CH 1, 241.
[4452] CH 2, 234.
[4453] CH 2, 219.
[4454] CH 1, 210; vgl. CH 2, 222.
[4455] CH 2, 209.
[4456] CH 2, 211.
[4457] CH 2, 230.
[4458] CH 2, 207.
[4459] CH 1, 243.
[4460] CH 1, 221.
[4461] CH 2, 227.
[4462] CH 2, 228.
[4463] CH 2, 226.
[4464] CH 1, 243.
[4465] CH 1, 228.
[4466] CH 1, 210.
[4467] CH 2, 226.

ken „van der stedicher flyeßender soißicheit", „von der stets fließenden Süße"[4468] und ist „yn groißer soißicheit", „in großer Süße"[4469]; sie genießt die „soiße gotheit", „süße Gottheit"[4470]; denn Gott ist süß[4471], und seine Seligkeit „myt der soißer genaden", „mit der süßen Gnade"[4472] hat das „ewige leben aller soißicheit", „das ewige Leben der Süße"[4473], ist „soißelich erluchtet", „süß erleuchtet"[4474], „erlucht van der groißer soißicheit", „erleuchtet von der großen Süße"[4475], „vol lyechtze myner soißicheit", „voll vom Licht meiner Süße"[4476], „geleret myt gotlicher soißicheit", „gelehrt mit göttlicher Süße"[4477], erfüllt „myt soißicheit", „mit Süße"[4478], „myt gotlicher soißicheit", „mit göttlicher Süße"[4479], „myt soißicheit van lyebden", „mit der Süße der Liebe"[4480], „myt vbersoißer woillust", „mit übersüßer Wollust"[4481], erneuert „myt ewiger soißicheit", „mit ewiger Süße"[4482], gesenkt „yn die soißicheit myner zarten gotheit", „in die Süße meiner zarten Gottheit"[4483]; sie schöpft „die soißicheit aller soißicheit", „die Süße aller Süße"[4484], „jn dem abgruntde myns hertzes den vbersoißen gesmacken", „im Abgrund meines Herzens den übersüßen Geschmack"[4485], verschmilzt „van der gotlicher soißicheit yn myr", „durch die göttliche Süße in mir"[4486] und ruht „allzijt soißelichyn yn myr", „allzeit süß in mir"[4487] „yn eyn soiße roge", „in einer süßen Ruhe"[4488], wo sie süß geborgen ist[4489]. In sie fließt die „vberster soißicheit", „die höchste Süße"[4490]. Alle ihre Glieder sind „vol soißicheit", „voll Süße"[4491], „begoißyn worden myt gotlicher genaden vnd myt sonderlicher soißicheit", „begossen worden mit göttlicher Gnade und mit besonderer Süße"[4492]. Ihre Seele fließt über „van vnsprechlicher ubersoißicheit vnd ybersoißer woillust", „von unaussprechlicher Übersüße und übersüßer Wollust"[4493].

[4468] CH 2, 210.
[4469] CH 2, 226.
[4470] CH 1, 210.
[4471] CH 2, 234.
[4472] CH 2, 228.
[4473] Ebenda.
[4474] Ebenda.
[4475] CH 1, 243.
[4476] CH 1, 221.
[4477] CH 2, 227.
[4478] CH 1, 242.
[4479] CH 2, 210.
[4480] CH 2, 222.
[4481] CH 2, 213.
[4482] CH 2, 229.
[4483] CH 2, 217.
[4484] CH 2, 231.
[4485] CH 2, 227.
[4486] CH 2, 219.
[4487] CH 2, 210; vgl. CH 2, 205.
[4488] CH 1, 248.
[4489] CH 2, 219.
[4490] CH 2, 220.
[4491] CH 1, 242.
[4492] CH 2, 222.
[4493] CH 2, 210.

Sie hält „die soißicheit der lyebde also groiße", „die Süße der Liebe für so groß", daß sie glaubt, im Himmel mit dem Herrn allein zu sein[4494]. Ihr Herz, das „die volheit der woil lustiger soißicheit", „die Fülle der wollustigen Süße" verspürt[4495], scheint von Süße zu zerbrechen, einer Süße, von der kein Mensch sprechen kann[4496], so daß es „van der gotlicher vbersoißicheit", „von der göttlichen Übersüße" krank wird[4497]. Dazu ruft der Autor ihrer Vita aus: „O was groißer soißicheit vnd troistes hait sie da befonden jn der vereinigon(g)." – „O wie viel Süße und Trost hat sie da in der Vereinigung gefunden."[4498]

Besonders bei dem Empfang der Kommunion ist sie erfüllt „van soißer woillust", „von süßer Wollust"[4499]. Während einer Krankenkommunion „wart yre sele vbersoißer freuden voll", „wurde ihre Seele von übersüßer Freude voll"[4500]. „Das was jre vnser here also soiße yn yrem montde, honyck ynd die soißicheit floiße yn yre hertze vnd yn yre sele." – „Da war ihr unser Herr so süß in ihrem Mund, und Honig und die Süße floß in ihr Herz und in ihre Seele."[4501] Er war „jn yrem montde … also soiße, vnd die soißicheit gyncke yn yre sele vnd hertze vnd durchfloiße alle yr gelieder", „in ihrem Munde … so süße, und die Süße ging in ihre Seele und ihr Herz und durchfloß all ihre Glieder"[4502]. Die Mystikerin bekennt: „Vff die tzijt, als (ich) mynen aller lyebstes lyeffe entphynge, da zo floiße van van (!) soißer sicheit myn sele." – „Zu der Zeit, als ich mein allerliebstes Lieb empfing, da zerfloß meine Seele von süßer Krankheit."[4503]

33.4 Die mit Christus vereinte Christina wird selbst von Christus „süß" genannt. Sie ist die „soiße sele", „süße Seele"[4504] und „eym soiße gedechtenyß dyns lyebhabers", „ein süßes Gedächtnis deines Liebhabers"[4505]. „Dyne stymme ist soiße yn den oren des heren." – „Deine Stimme ist süß in den Ohren des Herrn."[4506] Der Name Jesu ist „vol soißicheit", „voll Süße"[4507].

33.5 Das Besondere dieser Vita besteht darin, daß der Gebrauch des Begriffes „Süße" sich auf die Beschreibung der „unio mystica" konzentriert. Das heilsgeschichtliche Wirken Jesu wird fast nur noch im Spiegel der Erfahrung der Mystikerin süß genannt. Im Unterschied zu Gertrud der Großen scheut Christina den Superlativ „Süßester"; lieber spricht sie vom „Übersüßen".

[4494] CH 2, 226f.
[4495] CH 2, 214.
[4496] CH 2, 222.
[4497] CH 2, 214.
[4498] CH 2, 220.
[4499] CH 1, 242.
[4500] CH 1, 249.
[4501] CH 1, 243.
[4502] CH 1, 243.
[4503] CH 1, 248.
[4504] Ebend.
[4505] CH 2, 232.
[4506] CH 1, 239.
[4507] CH 1, 239.

34. Im Schrifttum um Christina vom Stommeln wird dagegen nicht so oft von der Süße Jesu gesprochen.

34.1 Petrus von Dazien gebraucht in einem Brief an die Mystikerin einmal den Ausruf: „O dulcissime ihesu!" – „O süßester Jesus!"[4508] Er berichtet, daß Christina, als sie eine deutsche Fassung des lateinischen Gesangs „Ihesu dulcis memoria", „Jesus süßes Gedächtnis" hört, so ergriffen ist, daß sie in eine Ekstase gerät[4509]. „In eo ergo est nostra puchritudo et dulcedo." – „In ihm also ist unsere Schönheit und Süße."[4510] Er ist „internus dulcor", „die innere Süße"[4511]. Von ihm heißt es: „Vox tua dulcis." – „Deine Stimme (ist) süß."[4512] Ihr Bräutigam „dulcedinem presenciae sue ei communicat", „teilt ihr (dann) die Süße seiner Gegenwart mit"[4513]. Er ist dann „dulcis hospes anime", „der süße Gast der Seele[4514]. Es besteht die „dulcis uicinitas", „süße Nähe"[4515]. „Ipse enim se cordi inprimit per dulcorem." – „Er prägt sich der Seele durch Süße ein."[4516] Er ist der „dilectus, tam dulcis, ut de eo taceri non possit", „Geliebte, so süß, daß man von ihm nicht schweigen kann"[4517], der „tantam dulcedinis infuse experienciam", „eine so große Erfahrung der eingegossenen Süße" mit sich bringt, daß man es in Worten nicht ausdrücken kann[4518]. Wenn die Mystikerin aus einer Ekstase langsam zu sich kommt, flüstert sie Liebesworte wie „dulcissimus, „Süßester"[4519]. Petrus und Christina verbindet die Süße des gemeinsamen Freundes[4520]. Sie wollen sich gegenseitig anstacheln, zu verkosten, „quam dulcis est Dominus", „wie süß der Herr ist"[4521], damit sie das Vorspiel der kommenden Seligkeit erfahren[4522], welche „per dulcem de communi nostro dilecto collocucionem", „durch eine süße Unterhaltung über unseren gemeinsamen Geliebten" geschieht[4523].

34.2 Nur selten wird die Süße Jesu bei den Beschreibungen der dämonischen Versuchungen der Mystikerin durch Magister Johannes erwähnt.

Christina ruft Jesus mit den Worten an: „Amator dulcissime!" – „Süßester Liebhaber!"[4524] Die Mystikerin kennt „dulcissimum cor vestrum, quod ex caritate confractum fuit", „Euer (= Christi) süßestes Herz, das aus Liebe gebrochen ist"[4525].

[4508] CS 1, B 10,31,94,31.
[4509] CS 1, 25,11,13-22.
[4510] CS 1, B 24,20,162,28f.
[4511] CS 1, B 27,45,189,30.
[4512] CS 1, B 5,12,76,23.
[4513] CS 1, B 5,13,77,25.
[4514] CS 1, B 5,13,78,1.
[4515] CS 1, B 5,13,78,6f.
[4516] CS 1, B 5,13,77,20.
[4517] CS 1, B 9,27,90,26f.
[4518] CS 1, B 9,27,90,30-91,1.
[4519] CS 1, 26,12,14-19.
[4520] CS 1, B 23,16,159,15f.
[4521] CS 1, B 23,16,159,18f.
[4522] CS 1, B 23,17,161,3f.
[4523] CS 1, B 33,49,214,34-215,1.
[4524] CS 2, 4,7,69,312.
[4525] CS 2, 4,2,17,299.

Christina hat auch keine Angst vor den bösen Geistern, weil sie sich „in suo dulcissimo corde perenniter", „in seinem süßesten Herzen immer" geborgen fühlt[4526]. Wenn
die unreinen Geister sich bemühen, sie mit „verbis dulcisonis", „mit süß klingenden
Worten" zu versuchen, gelingt es nicht, weil in ihr Christus „velut hospes dulcissimus",
„wie ein süßester Gast" wohnt[4527].

34.3 Die zwei Autoren, die von Christina von Stommeln berichten, gehen in der Verwendung des Begriffs „Süße" nicht über das zu dieser Zeit Übliche hinaus.

35. Reflektierter erscheint dagegen der Gebrauch dieses Begriffes in der Vita der Agnes
von Blannbekin.

35.1 Agnes ordnet die Erfahrung der Süße Gottes dem geistlichen Geschmackssinn
zu[4528]. Sie deutet auch einen Unterschied der Bedeutung in den Begriffen „dulcedo"
und „suavitas" an. An einigen Stellen steht die „suavitas" als minderwertig unter der
„dulcedo". Der Teufel kann einen inneren Brand durch „suavitas fallax", „trügerischen
Wohlgeschmack" erzeugen[4529], den selbst die Sodomisten erleben[4530]. Eine vom Teufel
erzeugte „dulcedo" scheint dagegen unmöglich. Oft aber verwendet Agnes beide Begriffe austauschbar, so daß wir nicht näher auf diese Unterscheidung eingehen.

35.2 Besonders häufig wird die Erfahrung der Süße beim Empfang des Herrenleibes geschildert. Schon als Elfjährige hat sie eine besondere Verehrung zum Altarsakrament. „Quod cum accepisset, sensit corporaliter in ore dulcidinem (!) inenarrabilem",
– „Wenn sie ihn empfangen hatte, spürte sie körperlich im Mund eine unaussprechbare
Süße", mit der verglichen der Honig wie Essig schmeckt[4531]. „Tantam sensit dulcedu-
dinem et suavitatem in gustu, quod mellis et balsami vinderet suavitatem." – „Sie fühlte
so große Süße und Wohlgeschmack beim Schmecken, daß er den Wohlgeschmack von
Honig und Balsam übertraf."[4532] „Sensit corporali gustu incomparabilem dulcedinem,
nullamque panis proprietatem vel qualitate sensit in sapore." – „Sie spürte beim körperlichen Schmecken eine unvergleichliche Süße und schmeckte keine Eigenart oder Qua-
lität des Brotes."[4533] Doch diese Erfahrung stellt sich nicht immer bei der Kommunion
ein; wenn sie ausbleibt, ist Agnes untröstlich[4534]. Umgekehrt kann sie selbst bei einem
geistlichen Empfang der Kommunion diese Süße spüren, die im Unterschied zur körperlich erfahrenen „dulcedo" beim sakramentalen Empfang „suavitas spiritus", „Süße
des Geistes" genannt wird[4535]. Hat sie aber die Süße beim sakramentalen Empfang
körperlich erfahren, schmecken ihr die alltäglichen Speisen nicht[4536]. Sie glaubt, daß
jeder Priester die gleiche Erfahrung bei der Heiligen Messe macht, und kann deswe-

---

[4526] CS 2, 4,3,23,301; 4,7,69,312.
[4527] CS 2, 4,7,61,310.
[4528] AB 187,21f.,390.
[4529] AB 98,10-14,228.
[4530] AB 193f.,70-73,406.
[4531] AB 39,26-31,122.
[4532] AB 39,56f.,124.
[4533] AB 103,14-16,238.
[4534] AB 39,64-70,124.
[4535] AB 90f.,12-15,210-212.
[4536] AB 46,19-33,136.

gen nicht verstehen, daß sie sich noch immer im sexuellen Bereich vergehen[4537]. Diese Süße stellte sich auch dann ein, wenn sie eine Zeit lang wegen einer Ungeschicklichkeit des Kommunionspenders am Verzweifeln war[4538]. An einem Pfingstfest geht bei der Kommunion die Süßigkeit des Geistes so sehr auf ihren Leib über, daß es an ihm keine Stelle gab, wo sie diese nicht verspürte[4539]. Da so oft von dem körperlichen Schmekken der Süße bei der Kommunion gesprochen wurde, beeilt sich der Autor ihrer Vita, zu beteuern, daß sie auch sonst geistig diese Erfahrung gemacht hat[4540]. Die Intensität solchen Schmeckens hängt auch von der Andacht des Kommunizierenden ab. Als sie durch Zerstreuung besonders abgelenkt wurde, spürt sie nur wenig Süße[4541], so wenig, wie man bei ein wenig Honig durch die Berührung der Zunge verspürt[4542].

Solche Erfahrungen waren für Agnes auch der Grund, Begine und nicht Ordensfrau zu werden, weil für diese die Möglichkeit, zur Kommunion zu gehen, seltener als für jene bestand[4543].

35.3 Überboten werden aber diese Erfahrungen in der „unio mystica". Ausdrücklich stellt Agnes die „teneritas spiritualis dulcedinis", „Zartheit der geistigen Süße" bei einer Ekstase über andere Erlebnisse der Süße[4544]. So erfährt sie „copiosius benedictione divinae dulcedinis", „mehr durch den Segen der göttlichen Süße" bei einem Kommunionempfang mit Ekstase als ohne[4545]. Wenn sie in die Ekstase entrückt wird, gießt der Herr „benedictionem dulcedinis suae", „den Segen seiner Süße" in sie[4546]. Man nimmt nicht mehr sich selbst, sondern nur die unendliche Süße wahr[4547] und ist „suaviter inflammata etiam corporaliter", „süß entflammt, auch körperlich"[4548]. Von der „suavitate divinae consolationis", „Süße der göttlichen Tröstung" kann man so erfaßt werden, daß man ohnmächtig zu Boden sinkt[4549]. So geschieht es ihr an einem Weihnachtsfest[4550]. Bei einer nächtlichen Vigil hört sie eine süße Stimme, die sie beim Namen ruft und sie spüren läßt, wie in ihr eine Süße nach oben schwebt[4551].

35.4 Auch außerhalb des Kommunionempfangs oder der „unio mystica" wird von der Süße im christologischen Kontext gesprochen: An Weihnachten erfuhr das Wasser die Ankunft Christi und verwandelte sich „in olei dulcedinem", „in die Süße des Öls"[4552]. Das Mitleiden mit dem Herrn läßt die Seele erfüllt werden „suavitate miri-

---

[4537] AB 39,32-36,122-124.
[4538] AB 61,5-12,156.
[4539] AB 213,3-7,438.
[4540] AB 39,38-41,124.
[4541] AB 102,3-6,234-236.
[4542] AB 102,16f.,236.
[4543] AB 39,37f.,124.
[4544] AB 213,31-33,438.
[4545] AB 177,19-24,368.
[4546] AB 23,65-71,94.
[4547] AB 179,4-7,370.
[4548] AB 154,27f.,332.
[4549] AB 193f.,17-22,402-404.
[4550] AB 195,3-5,406.
[4551] AB 30,3-10,106.
[4552] AB 193f.,64f.,406.

fica", „von wunderbarer Süße"[4553]. Selbst die Vorstellung der bei der Beschneidung entfernten Vorhaut Christi erzeugt in ihr die Süße[4554]. Manchmal läßt auch schon der Empfang einer einfachen Gnade, welcher ausdrücklich von einer Ekstase unterschieden wird[4555], den Menschen schmecken, wie süß der Herr ist[4556]. Agnes wird von einem Erlebnis der Süße, welches aus der Vorfreude auf den Kommunionempfang stammt, während des Schlafens wach[4557]. Diese Süße unterscheidet sich aber deutlich von derjenigen, die sich beim Empfang des Sakramentes einstellt[4558]. Solche Erfahrungen „in suavi rore spiritualis consolationis", „im Tau der geistlichen Tröstung" werden vom „manna absconditae dulcedinis", „Manna der verborgenen Süße" unterschieden[4559]. Auch in Augenblicken besonderer Andacht kann man „miram suavitatem spiritus", „die wunderbare Süße des Geistes" erfahren[4560]. Diejenigen Priester, die gut predigen und andächtig die Messe zelebrieren, erhalten ebenfalls diese Erfahrung[4561]. Selbst beim Küssen des Altares kann sich diese Süße einstellen[4562], welche mit dem Duft von warmen Semmeln verglichen wird[4563].

35.5 Charakteristisch für Agnes ist, daß sich in ihrer Vita die Erfahrung der Süße Christi neben den ekstatischen Einheitserlebnissen vor allem auf den Kommunionempfang konzentriert. Typisch ist ebenfalls die Tatsache, daß der Geschmack dieser Süße sich auch im Körper bemerkbar macht. Die üblichen Anreden Jesu mit dem Adjektiv „süß" fehlen bei Agnes ganz. Die Ansätze, die „suavitas" von der „dulcedo" zu unterscheiden, werden nicht in der Vita durchgehalten.

36. Auch in der nicht mystisch geprägten mittelhochdeutschen Literatur dieser Zeit wird Jesus als „süß" bezeichnet.

In den lateinischen Partien des „Wiener Passionsspiels" wird Jesus „dulcis et benignus", „süß und gütig"[4564] genannt und in der gleichaltrigen „Legende vom zwölfjährigen Mönchlein" erscheint „der süeze Jêsus Krist", „der süße Jesus Christ"[4565]. Der „Ludus de decem virginibus" sieht in dem Bräutigam, auf den die Jungfrauen warten, Jesus Christus. Dieser wird angeredet mit den Worten: „O vil suze milder got!" – „O viel süßer, milder Gott!"[4566] Konrad von Würzburg spricht vom Jesus als „dem süezen

---

[4553] AB 208f.,54f.,432.

[4554] AB 37,14-17,118.

[4555] AB 135,33-36,304.

[4556] AB 135,30-32,304.

[4557] AB 103,5-7,236.

[4558] AB 103,13-15,236-238.

[4559] AB 161-614,51-55,344.

[4560] AB 61,51f.,160.

[4561] AB 173,17-20,362.

[4562] AB 230,10-15,474.

[4563] AB 175,8-11,364.

[4564] Wiener Passionsspiel. Maria Magdalena 185, in: Die Deutsche Literatur vom Mittelalter bis zum 20. Jahrhundert, 1,1,266.

[4565] Die Legende vom zwölfjährigen Mönchlein 281, in: Die Deutsche Literatur vom Mittelalter bis zum 20. Jahrhundert, 1,1,354.

[4566] Ludus de decem virginibus 205, in: Die Deutsche Literatur vom Mittelalter bis zum 20. Jahrhundert, 1,1,188.

gote", „dem süßen Gott"[4567]. Im Gedicht „Christi Hort" des Grundacker von Judenburg ist Jesus der „süezer herre", „süße Herr"[4568] und im Gedicht „Vom jüngsten Tag" erscheint Jesus Christus „in gotlîcher süezekeit", „in göttlicher Süße"[4569].

Die hier aufgeführten Gedichte stammen alle aus dem späten 13. Jahrhundert, aus der Zeit, in der auch bei den Mystikerinnen der Gebrauch des Wortes „Süße" so stark zunimmt[4570].

37.   Zusammenfassend läßt sich sagen: Tendenziell nimmt der Gebrauch des Wortes „süß" im christologischen Kontext mit der Zeit zu. Er hat am Ende des 13. Jahrhunderts einen Höhepunkt erreicht[4571]. In den mittelhochdeutschen Schriften kommt er häufiger als in den lateinischen vor. Meist ist die Bedeutung von „dulcedo" und „suavitas" gleich. Wenn man beide Begriffe unterscheidet, wird die „suavitas" niedriger eingestuft als die „dulcedo"[4572].

37.1   Jesus[4573] wird „dulcis"[4574], „süsser"[4575], „süßer", „praedulcis", „sehr süß"[4576], „dulcissimus", „süßester"[4577] genannt.

Er ist „dulcedo mea", „meine Süße"[4578], „summa dulcedo", „höchste Süße"[4579], „dulcedo amoris", „Süße der Liebe"[4580], „aromatica dulcedo", „gewürzvolle Süße"[4581], „dulcedo tam antiqua tam noua", „Süße, so alt wie neu"[4582], „dulcedo vitae meae", „Süße meines Lebens"[4583], „dulcedo et osculus", „Süße und Kuß"[4584], „dulcedo, quam nec mortis potuit minuere amaritudo", „Süße, welche die Bitterkeit des Todes nicht ver-

---

[4567] Konrad von Würzburg: Aus der Goldenen Schmiede b) Von der jungfräulichen Mutterschaft Marias 82, in: Die Deutsche Literatur vom Mittelalter bis zum 20. Jahrhundert, 1,1,423; für Konrad von Würzburg vgl. Ohly, Nägel 533-536.
[4568] Grundacker von Judenburg: Christi Hort. Auferstehung 97, in: Die Deutsche Literatur vom Mittelalter bis zum 20. Jahrhundert, 1,1,111.
[4569] Vom jüngsten Tage. Ditz ist von dem jungesten tage Dâ man hoeret jâmer klage 714f., in: Die Deutsche Literatur vom Mittelalter bis zum 20. Jahrhundert, 1,1,181.
[4570] Viele Belege aus dem 11. und 12. Jahrhundert bietet Ohly, Nägel passim, und speziell für Otfried von Weißenburg vgl. Ohly, Süße passim.
[4571] Ohly (Nägel 441) spricht von „Häufung, Superlativen und Metaphorisierung des Begriffes".
[4572] BDI 9,26,118,4-13.
[4573] Für die Süße Jesu allgemein vgl. Ohly, Nägel 439-444.
[4574] JFC 3,4,79-81,145; 3,27,923,171; 3,28,1013,173; ARSC 1,79,1271-1280,46f.; ARJ 1,2,37-41,250; ARI 31,1224f.,672; G R 2,37,68; 4,78,104; Wiener Passionsspiel. Maria Magdalena 195, in: Die Deutsche Literatur vom Mittelalter bis zum 20. Jahrhundert, 1,1,266.
[4575] MM 3,3,3,79 vgl. Die Legende vom zwölfjährigen Mönchlein 281, in: Die Deutsche Literatur vom Mittelalter bis zum 20. Jahrhundert, 1,1,354.
[4576] G 4, 4,25,5,15f.,242.
[4577] JFC 3,7,191f.,148; 3,26,929-931,171; MY 49,127,33f.; ES 9,369,26; G R 1,88,50; 1,132,54; 1,250,62; 2,71,70; 5,403,152; 6,625,200; 7,121,216; 7,191,220; 7,580,244; LO 34,327,14f.; CS 1, B 10,31,94,31.
[4578] JFC 3,2,12,142; G R 4,348,122; LO 56,341,33.
[4579] RVPS 30,273D.
[4580] JFC 3,29,1051f.,175.
[4581] JHLD 20,7,213f.,178.
[4582] JHLD 38,5,81f.,285.
[4583] HSO 967C.
[4584] MH 1,12,39.

kleinern konnte"[4585], „dulcor internus", „innere Süße"[4586], „dulcor omnium saporum", „Süße in jedem Geschmack"[4587], „dulcor animae meae", „Süße meiner Seele"[4588], „dulcor unicus", „einzigartige Süße"[4589], „suavitas nectarea", „Wohlgeschmack des Nektars"[4590], „vbersoißicheit", „Übersüße"[4591], „gotliche süeze", „göttliche Süße"[4592], „honech", „Honig"[4593], „mellis stilla", „Honigtropfen"[4594]. Innig klingt die Anrede: „dulcis mi", „mein Süßer"[4595]. Jesu Süße übertrifft[4596] diejenige des Apfels[4597], des Balsams[4598] und des Honigs[4599], ja sie ist unüberbietbar[4600]. An ihrer besonderen Art der Süße kann man in Erscheinungen Jesus von heiligen Menschen unterscheiden[4601]. Ausdrücklich sagen einige Mystikerinnen, daß „dulcissimus", „Süßester" ihre Lieblingsanrede an Jesus ist[4602], und fordern andere Menschen auf, ihn auch so zu nennen[4603].

37.2 Bei folgenden Namen für Jesus steht das Adjektiv „süß" oder „süßest": „amator"[4604], „lyebehauer"[4605], „Liebhaber", „cibus", „Speise"[4606], „consolator", „Tröster"[4607], „creator", „Schöpfer"[4608], „Deus"[4609], „god"[4610], „Gott", „dilectus",

---

[4585] MH 3,25,229.

[4586] CS 1, B 27,45,189,30.

[4587] G 3, 3,65,3,27,264.

[4588] G 4, 4,1,3,26,20.

[4589] MH 1,19,68.

[4590] JHLD 20,7,213f.,178.

[4591] CH 1, 243.

[4592] DK 343,37f.

[4593] HAB 15,111f.,129.

[4594] SPE 1,1018A-B.

[4595] IN 25,262.

[4596] Für komparative Vergleiche vgl. Ohly, Nägel 441-442.

[4597] JC 1,5,26,451.

[4598] G 3, 3,4,1,45-52,24.

[4599] JHLD 1,3,120f.,41; RVPS 30,273D.

[4600] JHLD 38,5,78,285.

[4601] LT 2,3,42,171; LTA 2,3,42,203.

[4602] MY 23,118,1; G 3, 3,29,2,5-10,130.

[4603] MY 23,118,7f.

[4604] HISV 2, 3,8,16,818f.,501; MH 2,30,175; G R 3,66,68; 4,264f.,116; G 3, 3,18,1,7,80; 3,41,1,3,188; 3,42,1,21,194; 3,44,1,5,198; 3,45,1,5f.,202; 3,52,3,9,228; 4, 4,2,5,14,30; 4,5,3,1f.,84; 4,13,2,2,146; 4,25,5,15f.,242; 5, 5,16,2,7,170; LO 32,326,19-21; 45,335,3-5; CS 2, 4,7,69,312.

[4605] CH 2, 226.

[4606] JFC 2,10,457f.,135; MH 3,2,198.

[4607] MH 1,5,16.

[4608] G R 6,671,202.

[4609] MH 1,18,51; 3,22,225; 5,8,332; G R 7,657,248; G 5, 5,1,36,11,62.

[4610] HAB 6,164f.,61; vgl. Ludus de decem viginibus 205, in: Die Deutsche Literatur vom Mittelalter bis zum 20. Jahrhundert, 1,1,188; Konrad von Würzburg: Aus der Goldenen Schmiede b) Von der jungfräulichen Mutterschaft Marias 82, in: Die Deutsche Literatur vom Mittelalter bis zum 20. Jahrhundert, 1,1,423.

„Geliebter"[4611], „doctor", „Lehrer"[4612], „dominus"[4613], „herre"[4614] „Herr", „filius", „Sohn"[4615], „fons", „Quelle"[4616], „frater", „Bruder"[4617], „geber", „Geber"[4618], „hospes", „Gast"[4619], „lamp", „Lamm"[4620], „panis", „Brot"[4621] und „sponsus"[4622], „gemahel"[4623], „Bräutigam".

37.3 Folgende Haltungen und Eigenschaften Jesu werden als süß gekennzeichnet: „affectus", „Gefühl"[4624], „affinitas", „Nähe"[4625], „amoenitas", „Lieblichkeit"[4626], „amor"[4627], „liebe"[4628], „Liebe", „benignitas", „Güte"[4629], „consolatio", „Trost"[4630], „humilitas", „Demut"[4631], „liberalitas", „Freigibigkeit"[4632], „mansuetudo", „Sanftmut"[4633], „pax", „Friede"[4634], „pietas", „Güte"[4635], „portio", „Anteil"[4636], „sanctitas", „Heiligkeit"[4637], „salutare", „Heil"[4638], „sapientia", „Weisheit"[4639], „sapor", „Geschmack"[4640], „spes", „Hoffnung"[4641], „virtus", „Kraft"[4642] und „wunne", „Wonne"[4643].

[4611] CS 1, B 9,27,90,26f.

[4612] ARJ 3,24,180-183,271.

[4613] BH 1,2,48,2-5; WMO 6,226B; GHLD 20,10,109B; MY 23,118,19f.; ES 7,367,24; G 5, 5,9,2,9,136.

[4614] MM 5,34,23-25,194; 5,35,39-41,197; Grundacker von Judenburg: Christi Hort. Auferstehung 97, in: Die Deutsche Literatur vom Mittelalter bis zum 20. Jahrhundert, 1,1,111.

[4615] MH 1,18,58.

[4616] JHLD 20,7,213f.,178; SP 18,848,15; SPE 1,1018A-B.

[4617] WMO 6,226B; MH 3,24,228.

[4618] CH 2, 208.

[4619] G R 1,185,58; CS 1, B 5,13,78,1; 2, 4,7,61,310; vgl. Ohly, Nägel 468.

[4620] MM 2,2,17,38.

[4621] JFC 3,27,942f.,172.

[4622] GHLD 28,7,149B; G 3, 3,65,3,52,266.

[4623] DAG 362,27f.

[4624] MH 7,12,407.

[4625] G R 3,3,320,94.

[4626] G R 4,356,122.

[4627] ARI 29,884-887,662; MH 1,5,19; G R 1,53f.,48; 3,91,78; 4,367,122.

[4628] DB 12,386,12-14.

[4629] IN 21,252.

[4630] LO 12,316,28-31; 46,336,4.

[4631] G 2, 2,3,3,11,238.

[4632] G R 7,481,238.

[4633] WMO 3,213D.

[4634] G R 6,77,166; 7,155,218.

[4635] SP 10,846,17; G R 7,435,236; vgl. Ohly, Nägel 449.

[4636] G R 6,742,206.

[4637] JHLD 29,4,163f.,237.

[4638] G R 4,414,126; 7,322,228.

[4639] BD 125,1,828; 14,17; Ohly, Nägel 450.

[4640] HISV 2, 3,98,16,853f.,502.

[4641] G R 6,642,200.

[4642] MH 6,8,387; G R 4,385,124.

[4643] DU 375,17-22.

37.4 Jesu „name", „Name"[4644], „mondt", „Mund"[4645], „pectus", „Brust"[4646] und „vox"[4647], „stimme"[4648], „stymmen"[4649], „Stimme" sind süß.

Besonders von Jesu Herz wird die Süße ausgesagt[4650]. Es ist aus süßer Liebe gebrochen[4651]. In ihm ist das süße Manna[4652] und die Überfülle der Güte verborgen[4653]. „Cor Jesu Christi praedulcissimum", „Das überaus süßeste Herz Jesu Christi" steht offen[4654]. In ihm ist der Mensch eingeschrieben[4655] und findet die süße Ruhe[4656]. Es schenkt „dulcissima benedictio", „den süßesten Segen"[4657] und „dulcis tua confabulatio", „das süße Gespräch mit Dir"[4658], die „dulcis sapientia", „süße Weisheit"[4659] und die „abundantia dulcedinis", „Überfülle der Süße"[4660]. Durch die Süße, die aus dem Herz des Gekreuzigten fließt, bekommt man Kraft gegen alle Angriffe des Teufels[4661]. Das Herz ist „manans dulcedine", „strömend von Süße"[4662], „distillans suavitate", „träufelnd von Süße"[4663] und ein „incensum suavissimum", „süßester Brand"[4664]. Mit seiner Süße wird man gestärkt[4665]. Jesus öffnet „Cor suum omni dulcedine plenum", „sein von aller Süße volles Herz"[4666]. Von den süßen Strömen dieses Herzens wird der Mensch trunken[4667]. In ihm fühlt der Mensch sich geborgen und sicher[4668]. Allgemein heißt es, daß Jesus die süße Gnade[4669] schenkt.

[4644] HAB 15,110f.,129.

[4645] CH 2, 211; vgl. Ohly, Nägel 440.

[4646] WHLD 1,1,39,124; ARI 31,1165-1171,670f.

[4647] JFC 3,11,387,154; ESI 14,108; MH 6,8,387; CS 1, B 5,12,76,23.

[4648] MM 5,26,4-6,185.

[4649] CH 2, 209.

[4650] DB 5,379,5; G R 6,171f.,172.

[4651] CS 2, 4,2,17,299.

[4652] WMO 8,230B-C.

[4653] MH 7,15,409.

[4654] MH 6,6,383.

[4655] G R 6,171f.,172.

[4656] MH 6,6,384.

[4657] G R 3,327f.,94; 5,356,150; vgl. G R 7,268f.,226; G 3, 3,70,3,10-14,286; für die Süße des Segens vgl. Ohly, Nägel 497-499.

[4658] G R 7,294,228.

[4659] G R 6,660,202; vgl. G 5, 5,10,2,19,146.

[4660] G 4, 4,58,4,8f.,470.

[4661] G 2, 2,5,3,7-17,250-252.

[4662] G R 7,383,232.

[4663] G R 7,384f.,232.

[4664] G R 7,393,232.

[4665] G R 7,404,234.

[4666] G 4, 4,28,7,3f.,318.

[4667] G 4, 4,4,5,13f.,66.

[4668] CS 2, 4,3,23,301; 4,7,69,312.

[4669] WHLD 1,1,33,116; CH 2, 228; vgl. Ohly, Nägel 448-456.

37.5   Nur selten wird der Begriff „Süße" innertrinitarisch gebraucht[4670]. Die Gemeinschaft zwischen Vater und Sohn ist süß[4671]. Vom Vater fließt die Süße auf die anderen beiden Personen[4672]. Alle drei Personen genießen die Süße der Liebe. Der Vater öffnet sein Herz aus Süße[4673] und sendet seinen Sohn[4674], der die süße Frucht der Erlösung bringt[4675]. So kommt aus seiner Menschwerdung auf uns die Süße[4676]. Aus süßer Liebe ist Jesus Mensch geworden[4677]. Er als die Süße kommt auf die Erde[4678]. Jesu Geburt ist süß[4679]. In ihrer Jungfräulichkeit ist auch Maria süß[4680]. Das Jesuskind wird „dulcis", „süß"[4681] und „dulcissimus", „sehr süß"[4682], „praedulcis et delicatus puerulus", „sehr süßes und zartes Kindlein"[4683] und „dulcissimus juvenis", „süßester Jüngling"[4684] genannt, und es wird angerufen mit den Worten „dulcissime Jesule", „süßestes Jesulein"[4685]. Die Erinnerung an das Jesuskind ist süß[4686]. Als Jesus drei Tage im Tempel war, haben die Eltern bei ihrer Suche dagegen nichts von seiner Süße gespürt[4687]. Die Menschheit Jesu wird oft süß genannt, weil sie den Menschen Süße schenkt[4688].

37.6   Seine Verkündigung macht die Härte des Alten Gesetzes süß[4689]. Er hat süßen Trost durch seine Lehre gespendet[4690].

37.7   Der süße Jesus ist an die Geißelsäule gebunden[4691]. Die Süße, mit der sich Jesus ans Kreuz schlagen läßt, ist staunenswert[4692]. Aus seiner Süße erträgt er die Bitterkeit

---

[4670] Insofern muß man die Feststellung Ohlys (Nägel 405) relativieren, daß die Süße ausschließlich eine Eigenschaft Gottes im „Zugewandtsein(s) zu Welt und Menschen" ist.

[4671] BHLD 2, 42,7,10,92,27.

[4672] MH 1,19,61.

[4673] HISV 1, 2,6,25,995,254.

[4674] HIB 1, 1,54,5.

[4675] HISV 2, 3,5,15,432-434,420; 3,8,16,829f.,502.

[4676] HISV 1, 2,6,3,324f.,234; 2, 3,8,16,857f.,502; MM 5,23,44-46,176; vgl. Ohly, Nägel 444.

[4677] BHLD 1, 20,2,3,280,11f.

[4678] GIS Adv 1,4,158-162,102.

[4679] HISV 2, 3,8,15,685-687,497.

[4680] HISV 1, 2,3,24,509-512,149; 2,6,1037-1040,255; 3,8,16,817f.,501; MM 7,18,3f.,270; vgl. Ohly, Nägel 445-448; Rupert von Deutz nennt in seinem Hohenliedkommentar die Erfahrung zwischen Christus und Maria 111 mal süß; vgl. Ohly, Nägel 467.

[4681] IH 22,66,158; IN 21,252.

[4682] GIS Nat 1,4,126f.,172; IN 21,252; IN 24,259.

[4683] G 4, 4,3,6,27f.,54.

[4684] G 3, 3,15,2,5,64.

[4685] G 3, 3,42,1,4,192.

[4686] GIS Nat 1,4,140f.,174.

[4687] ARJ 3,23,147f.,270.

[4688] WHLDB 1,408C; ARSC 3,5,18,356f.,114; TH 29,6,78; IG 3,21,114; DB 1,376,21-24; 3,377,26-28; MH 6,7,386.

[4689] HISV 1, 1,5,7,150f.,98; 2,5,20,737f.,193; 2, 3,4,1,120f.,392; 3,9,28,926f.,542; 3,11,42,840-844,600f.; HIO 3,4,14,29f.,403.

[4690] MM 5,9,26-28,163; über das süße Wort Jesu vgl. Ohly, Nägel 481-485.

[4691] ES 9,369,26.

[4692] BD 22,5,368,7-10.

seines Sterbens[4693]. Sein Herz bleibt dabei auch gegenüber seinen Feinden süß[4694]. Der Tod Jesu ist süß[4695], weil bei ihm sein süßes Herz brach[4696], aus dem man die Süße schöpfen kann[4697]. Aus seiner durch den süßen Speer[4698] geöffneten Seite[4699] und aus seinen Wunden[4700], die man deswegen küssen soll[4701], floß die Süße. Seine Wunden selbst sind ebenfalls süß[4702]. Durch sein Blut wurde die neue süße Vermählung mit Gott und der Menschheit geschlossen[4703]. Sein süßes Blut hat uns die Erlösung gebracht[4704]. Auch das Gedächtnis an das Leiden Jesu ist süß[4705]. Man ruft vor dem Bild des Gekreuzigten: „Süßer Herr"[4706]. Das Singen des Karfreitagshymnus, in dem das süße Holz und die süßen Nägel erwähnt werden, kann die Dämonen vertreiben[4707]. Für den Liebenden ist nicht nur der Tag der Auferstehung süß[4708], sondern auch Jesu Dornenkrone und sein Kreuz[4709].

37.8 Die Apostel vermittelten der Kirche die Süße Christi[4710]. In ihr sind die süßen Worte Jesu[4711], die von ihren süßen Lippen kommen[4712]. Die Lehrer der Kirche verbreiten die Süße Jesu unter den Menschen[4713]. In der Taufe[4714] und in dem sakramentalen Empfang der Kommunion[4715] kann man seine Süße erfahren, welche Erfahrung sich auch bei dem geistlichen Empfang dieses Sakramentes einstellt[4716]. Diese kann je nach der Andacht des Empfängers variieren[4717]. In der Eucharistie ist Jesu Gedächtnis

---

[4693] MH 1,15,48.
[4694] ARI 31,1165-1171,670f.
[4695] TH 17,9f.,54; G R 7,362,230.
[4696] MM 7,1,44f.,255.
[4697] MH 2,16,150.
[4698] MM 3,10,36,90; vgl. Ohly, Nägel 421-423.
[4699] LB 3,187f.,134; DB 5,378,38; MH 1,21,77; vgl. Ohly, Nägel 421-423.
[4700] LB 3,192f.,134; MH 1,18,51; CH 1, 216.
[4701] MH 1,18,58.
[4702] MM 7,8,7-9,264; vgl. Ohly, Nägel 421-423.
[4703] HISV 1, 2,3,5,194-196,138.
[4704] MH 1,13,43; vgl. Ohly, Nägel 423f.
[4705] BD 29,4,446,1f.
[4706] ES 7,367,24.
[4707] OL 1,18,225,8-15.
[4708] CH 2, 234.
[4709] GHLD 2,7,21D; vgl. Ohly, Nägel 420f.
[4710] HISV 1, 2,6,73,2144f.,288; vgl. Ohly, Nägel 471-477.
[4711] HIO 1,4,78,8-10,209; TH 33,14,88; vgl. Ohly, Nägel 481-485.
[4712] MM 4,3,42-44,115.
[4713] TH 55,11-16,134.
[4714] HISV 1, 2,3,33,708-716,155.
[4715] HISV 1, 2,6,34,268f.,262; 2,6,58,1755-1758,277; ES 20,374,37-39; MM 2,4,100f.,44; MH 3,2,198; 3,27,230; CH 1, 242f.; 2, 248f.; AB 39,26-31,122; 39,38-41.45f.,124. 103,14-16,238; 213,3-7,438; vgl. Ohly, Nägel 477-481.
[4716] AB 90f.,12-15,210-212.
[4717] AB 102,3-6,234-236.

süß[4718]. Jesus im Altarsakrament wird süß genannt[4719]. Am Karfreitag feiert die Kirche das Gedächtnis seines süßen Leidens[4720].

37.9 Von den einzelnen Menschen wird die Güte Jesu verschieden erfahren[4721]. Man bittet darum, daß Jesus seine Süße offenbart[4722]. Auch wenn der Mensch ihn jetzt nicht direkt schauen kann, soll man ihm im süßen Vertrauen nachfolgen[4723]; dann bleibt sein süßes Gedächtnis[4724]. Das Gedenken an seine Süße sättigt den Menschen[4725]. Diese süße Erinnerung hat man in Stunden der Bitterkeit[4726] und der Krankheit[4727] notwendig. Besonders das Gedächtnis an sein Leiden ist süß[4728]. Schon bei der Bekehrung erfährt man die Süße[4729]. Erst recht ist sie das Myrrhebüschel, welches die Braut auf der Brust trägt[4730]. Wenn der Mensch Jesus liebt, erfährt er seine Süße[4731], selbst wenn sie auf Erden mit Trauer verbunden ist[4732]. Seine Süße ist langmütig, weil er auf den Menschen oft warten muß[4733]. Mit dem inneren Gefühl spürt man diese Süße[4734]. Hat man sie erfahren, dann kann man leicht dem Nächsten vergeben[4735], Leiden ertragen[4736], die Zweifel zum Schweigen bringen[4737], den Ehrgeiz[4738] und den Zorn[4739] vertreiben. Die Süße der Welt steht im Gegensatz zur Süße Jesu[4740]. Gelegentlich wird auch davor gewarnt, zu sehr oder ausschließlich nach der Erfahrung der Süße Jesu zu streben[4741].

37.10 Bei ekstatischen Visionen erfahren die Mystikerinnen die Süße Jesu[4742]. In der „unio mystica"[4743] tritt man in sie ein[4744] und genießt das göttliche Wort süß[4745], mit

---

[4718] GHLD 36,5,191A.

[4719] IL 2,2,6,172.

[4720] G 4, 4,26,1,4f.,246.

[4721] LB 3,193f.,134. Für die Erfahrung der Süße beim Gebet vgl. Ohly, Nägel 494-497.

[4722] TH 144,28-30,304.

[4723] HAB 6,117-120,58.

[4724] WHLDB 1,408C.

[4725] JFC 3,30,1087,176.

[4726] WE 1,112,5-7,232.

[4727] OL 1,20,242,24-29.

[4728] CH 1, 241; AB 208f.,54f.,432.

[4729] JHLD 58,6,116-120,411.

[4730] WHLD 1,7,82,198; TH 24,30f.,70.

[4731] WHLDB 34,434C-D.

[4732] WHLD 1,1,33,116-118.

[4733] BHLD 1, 9,4,5,138,15f.

[4734] ARSA 2,20,148-150,306; HA 989C; HISV 2, 3,10,21,633-635,564.

[4735] IS 17,22,209-216,326.

[4736] IS 17,24,221-225,328.

[4737] IS 29,15,146-150,178.

[4738] MO 2,5,49,558.

[4739] GIS Nat 1,4,144-146,174.

[4740] MO 2,5,49,558.

[4741] BH 10,33,96,15-17; BD 29,4,446,1-3.

[4742] ESV 1,35,18; 1,41,21; IN 21,251. Über die Süße in ekstatischer Kontemplation vgl. Ohly, Nägel 464-467.

[4743] Weitere Belege in Ohly, Nägel 467-471.

[4744] G 2, 1,7,4,3-5,156.

[4745] BHLD 2, 85,4,13,646,1-3.

welchem man süße Vermählung feiert[4746]. Jesus grüßt die Braut in zarter Süße[4747], gießt ihr seine Süße ein[4748] und zieht sie an mit fröhlicher Süße[4749] und hinein in die innere Süße[4750]. In der Einheit mit Jesus geschieht ein süßer Austausch[4751], eine süße Gemeinschaft[4752] und eine süße Umarmung[4753]. Diese ist eine Blume der süßen Vereinigung[4754], eine geschmackvolle Einheit der innigen Süße[4755] und eine süße Einheit der Geister[4756]. Dabei vermittelt sie süße Tautropfen[4757], wovon die Lippen der Braut süß werden[4758]. Die Worte[4759], das Lachen[4760], der Duft[4761], die Zuwendung[4762], das Herz[4763], der Kuß[4764], die Umarmung[4765] und die Einwohnung[4766] des Bräutigams sind süß. Mit seiner Süße wird die Braut erleuchtet[4767], gelehrt[4768], erfüllt[4769] und erneuert[4770]. Sie wird in Süße gesenkt[4771], verschmolzen[4772] und findet in ihr Ruhe[4773]. Die Süße fließt und gießt sich in die Seele[4774], so daß sie überfließt[4775] und krank wird von der Süße[4776]. Während der Mensch Jesus als Herrn streng erfährt, wird er ihn als Geliebten süß erleben[4777]. So süß die Einheit mit Jesus, so hart ist die Trennung von ihm[4778].

[4746] WHLD prol 10,82-84; WHLD 1,1,14-16,66.
[4747] CH 1, 221.
[4748] CH 2, 226.
[4749] CH 2, 227.
[4750] CH 2, 228.
[4751] BHLD 2, 85,4,13,646,8.
[4752] BHLD 2, 52,1,2,196,10.
[4753] MH 2,17,151.
[4754] MM 2,25,114,66.
[4755] G 3, 3,65,3,48,266.
[4756] JHLD 97,2,41,657.
[4757] GHLD 34,3,179B; für den süßen Tau vgl. Ohly, Nägel 456-458.
[4758] GHLD 34,3,179A.
[4759] GHLD 34,2,178C-D; 34,5,181B; MO 2,10,87,566.
[4760] GHLD 34,5,181C.
[4761] ESB 14,147.
[4762] GHLD 20,10,109A.
[4763] GHLD 30,1,155B.
[4764] JHLD 24,8,234-236,208; RVPS 30,273D; G 3, 3,18,1,7f.,80.
[4765] G 3, 3,17,4,27-29,80.
[4766] TH 26,10-12,74.
[4767] CH 1, 243; 2, 228.
[4768] CH 1, 221.
[4769] CH 1, 221; 242; 2, 210; 213; 222.
[4770] CH 2, 229.
[4771] CH 2, 217.
[4772] CH 2, 219.
[4773] CH 1, 248; 2, 210.
[4774] CH 2, 220.
[4775] CH 2, 210.
[4776] CH 2, 214.
[4777] RVPS 28,299A.
[4778] GHLD 3,1,23A.

37.11 Alle Erfahrung dieser Süße auf Erden ist nur vorläufig[4779], ein Vorspiel[4780] und mit Bitterkeit[4781] und Klagen[4782] vermischt. Schon für das Sterben wünscht man die endgültige Erfahrung der Süße Jesu[4783]. Im Himmel schaut man erst recht den süßen Jesus[4784], sein süßes Angesicht[4785], genießt seine Süße[4786] und ist mit ihm in der Süße eins[4787]. Dies alles findet im Sterben und in der eigenen Auferstehung statt[4788].

6.3 Schönheit

Von den vielen Ausdrücken, die im Lateinischen „schön" bezeichnen, nämlich „amoenus", „decorus", „delicatus", „elegantus", „floridus", „formosus", „praeciosus", „speciosus", und deren Bedeutung nur in Nuancen von einander abweicht[4789], wird in der Vulgata keiner direkt auf Christus übertragen, ja sie tauchen nur selten im NT auf. Ps 44,3 „speciosus forma prae filiis hominum", „schön an Gestalt mehr als die (anderen) Menschenkinder" wird allerdings in unseren Texten oft auf Christus angewendet. Da zwischen den Ausdrücken „amoenus", „lieblich" und den anderen Wörtern für „schön" ein gewisser semantischer Unterschied besteht, werden „schön" und „lieblich" getrennt behandelt[4790].

6.3.1 Schön

1. Jean von Fécamp sucht Jesus, den „pulcherrium Dominum", „schönsten Herrn"[4791], und redet ihn mit den Worten an: „Pulchritudinem tuam desiderat nimium mens mea." – „Deine Schönheit ersehnt mein Geist sehr."[4792] „Diligam te Dominum meum dulcissimum et pulcherrimum." – „Ich will Dich, meinen süßesten und schönsten Herrn, lieben."[4793] Wenn Jean Jesus um Reue für seine Sünden bittet, wendet er sich an ihn mit dem Ausruf: „Pulcherrime!" – „Schönster!"[4794] Denn er weiß: „Nemo pulcherrimi Christi amorem dulcissimum gustare potest nisi qui cordis puritatem simplicitatemque consecutus est." – „Niemand kann die süßeste Liebe des schönsten Christus kosten,

---

[4779] IS 17,20,175-177,324; GHLD 25,5,133A; IL 2,6,31,179.
[4780] CS 1, B 23,17,161,3f.
[4781] JHLD 24,3,73-75,204.
[4782] JHLD 24,4,75-79,204.
[4783] MM 5,35,60-62,198; MH 6,5,382; MH 7,5,396; zum süßen Tod der Heiligen vgl. Ohly, Nägel 423-436.
[4784] JFC 3,7,191f.,148; HISV 2, 3,10,25,746f.,567.
[4785] DV 361,9f.; G R 7,601,246; vgl. Ohly, Nägel 444.
[4786] DV 360,25-29; G R 7,566-568,244.
[4787] MM 3,1,128-130,77.
[4788] GHLD 40,9,214A.
[4789] Kleine Unterschiede werden gemacht in JHLD 4,1,6-9.17-23,55.
[4790] Im Mittelhochdeutschen gehört das Wort „schoene" zu der dritten Häufigkeitsgruppe; vgl. Singer 49.
[4791] JFC 3,26,913,171.
[4792] JFL 29f.,186.
[4793] JFC 3,27,929,171.
[4794] JFC 3,27,976,173.

der nicht die Reinheit und Einfachheit des Herzens erlangt hat."[4795] In einer Reihe von Anrufungen Christi kommen „praeciosissime", „kostbarster"[4796], „pulcherrime", „schönster"[4797] und „omni margarito et auro preciosior", „der Du kostbarer als jede Perle und Gold bist,"[4798] vor. Seinen Lesern traut Jean zu, daß sie sich schon an seiner Schönheit gesättigt haben[4799]. Das himmlische Jerusalem ist die „sponsa Christi"[4800]. Sie ruft aus: „Ecce tu pulcher es dilecte mi, et decorus." – „Siehe, Du bist schön, mein Geliebter, und geziert (Hld 1,15)"[4801]. Ihre Bürger werden einmal die „amoenitatem, … formositatem, … atque dignitatem omnis elegantiae", „Lieblichkeit, … Wohlgestaltetheit … und Würde der ganzen Schönheit" sehen[4802].

Schon bei Jean wird deutlich, daß die Schönheit Jesu und die Liebe zu ihm eng zusammen gehören.

2. Auch Bernhard von Clairvaux verwendet dieses Wort oft in der Brautmystik.

2.1 Die ganze 45. Predigt über das Hohelied ist der Schönheit gewidmet. Zuerst beschreibt Bernhard an Hand von Hld 1,15 die doppelte Schönheit der Braut[4803] und dann an Hand von Hld 1,16 diejenige des Bräutigams[4804]. Dabei kann der Bräutigam am Kreuz an sich nicht schön gewesen sein[4805]. Die Braut aber sieht ihn auch da noch „pulchrum decorumque", „schön und geziert"[4806]. Sie denkt auch nicht an den in seinen Urteilen schreckenerregenden Herrn[4807], sondern an ihn, von dem es heißt, er sei der Schönste der Menschenkinder, der er in der Gestalt des Geliebten ist[4808]. „Regem in decore suo viderunt oculi eius, non tamen ut regem, sed ut dilectum." – „Den König in seinem Schmuck sahen ihre Augen, aber nicht als König, sondern als den Geliebten."[4809] Schön nennt sie ihn, weil er liebt und von ihr geliebt wird[4810]. „Pulchritudo illius dilectio eius." – „Seine Schönheit entspricht ihrer Liebe."[4811] Der eigentliche Ursprung der Schönheit liegt allerdings beim Bräutigam; wenn er die Braut anschaut, wird sie schön[4812]. Ist die Seele aber traurig, soll sie an ihren Bräutigam denken und

---

[4795] JFT 8,163-165,204.
[4796] JFC 3,26,879f.,170.
[4797] JFC 3,26,879,170.
[4798] JFC 3,26,882,170.
[4799] JFC 3,24,818f.,168.
[4800] JFC 3,12,400f.,155.
[4801] JFC 3,11,391,155.
[4802] JFC 3,13,444-446,156.
[4803] BHLD 1, 45,1,1-3,5,112,23-120,5.
[4804] BHLD 1, 45,4,7-6,9,120,6-126,3.
[4805] BHLD 1, 45,4,6,120,11-13.
[4806] BHLD 1, 45,4,6,120,14-16.
[4807] BHLD 1, 45,4,6,120,29-122,1.
[4808] BHLD 1, 45,4,6,122,1-3.
[4809] BHLD 1, 45,4,6,120,19f.
[4810] BHLD 1, 45,5,8,122,27f.
[4811] BHLD 1, 45,5,,122,29.
[4812] BD 91,3,706,11-13.

Betrachtungen „de ipso et eius gloria, elegantia", „über ihn, seine Herrlichkeit, seine Schönheit" halten[4813].

2.2 Eine andere Bedeutung von Schönheit taucht an folgender Stelle auf: Bernhard stellt sich die Frage, ob Gott nicht durch ein besonderes Zeichen die Jungfräulichkeit Mariens bei ihrer Empfängnis vor böser Nachrede hätte schützen können. In seiner Allmacht war er dazu fähig, er tat es aber nicht „propter ordinis pulchritudinem", „um der Schönheit seiner Ordnung willen"[4814], das heißt, weil andere Gründe dagegen sprachen. Bei der Menschwerdung Christi ging es schön zu, weil alle Umstände zusammen passen. Heute würden wir sagen: „Es war die eleganteste Lösung."

In der Menschwerdung bekommt der Sohn Gottes gleichsam eine neue paradoxe Schönheit. In seiner Gottheit ist er schon für die Engel immer schön[4815]. Aber in der Erniedrigung bekommt er eine ganz eigene Schönheit für uns Menschen[4816], die in Vollendung bei seiner Himmelfahrt aufstrahlt[4817]. Wenn die Braut im Hohenlied als schwarz und doch schön bezeichnet wird, gilt dies für Bernhard auch für den Bräutigam Jesus Christus. „Nigrum sensus renutiat, fides candidum et formosum probat." – „Die sinnenhafte Wahrnehmung kündet ihn als schwarz, der Glaube erweist ihn als strahlend und schön."[4818] Ein anderes Mal sieht er diese Unterscheidung auch in den Aufgaben Jesu begründet. Schwarz, das heißt, ohne Gestalt und Zierde war Jesus in seinem Leiden, da er die Häßlichkeit der Sünde annahm[4819]. Bernhard wird in der Beschreibung dieser Häßlichkeit konkret. Sie besteht in dem Schmutz der Windeln, der Entstellung durch Schläge, dem Speichel der Feinde und seiner Todesbleiche[4820]. Die Apostel haben ihn aber auf dem Berg der Verklärung anders erlebt, wo sie nur über seine Schönheit staunen konnten[4821]. Dort konnte man ihn auch in seiner Menschheit als schön erkennen[4822]. Zusammenfassend sagt er: „Formosus in se, niger propter te." – „Schön (ist er) in sich, schwarz für dich."[4823] Noch einmal einen anderen Aspekt erhält die Schönheit Christi, wenn Bernhard ihn als eine schöne Feldblume bezeichnet, weil sein irdisches Erscheinen nicht wie bei einer Gartenblume auf menschliches Bemühen zurückzuführen ist[4824]. Der Schönste der Menschenkinder ist in seinem Leiden dunkel und unansehnlich geworden[4825]. Denn „species... decor", „Schönheit der Gestalt ...

[4813] BHLD 1, 32,2,4,506,1f.
[4814] BLVM 2,13,66,9-12.
[4815] BHLD 2, 45,6,9,124,8-11.
[4816] BHLD 2, 45,4,9,124,12-20.
[4817] BHLD 2, 45,4,9,124,20f.
[4818] BHLD 1, 28,2,3,436,20.
[4819] BHLD 1, 25,4,9,384,15-18.
[4820] BHLD 1, 25,4,9,484,18f.
[4821] BHLD 1, 25,4,9,484,19-21.
[4822] BHLD 1, 25,4,9,384,22f.
[4823] BHLD 1, 25,4,8,384,22.
[4824] BHLD 2, 47,2,3,140,21f.
[4825] BHLD 1, 28,1,2,434,12f.

und Zierde" waren von ihm gewichen[4826], obwohl in ihm selbst die „decor virtutum", „Zierde der Tugenden" geblieben war[4827].

3. Bei Wilhelm von St. Thierry hat die Behandlung der Schönheit Christi viel Ähnlichkeit mit derjenigen von Bernhard von Clairvaux. Auch bei ihm ist Ausgangspunkt seiner Betrachtung Hld 1,14: „Tu pulchra es amnica mea." – „Du bist schön, meine Freundin." In der Sünde hat die Braut ihre schöne Farbe verloren. Weil aber Christus, die Sonne der Gerechtigkeit, auf sie scheint, erlangt sie die Farben ihrer Schönheit wieder[4828]. Zugleich merkt sie, „in oculis sponsi aliquatenus se placuisse", „sie habe in den Augen des Bräutigams ein wenig Gefallen gefunden"[4829]. „Unde et exsurgens in laudem pulchritudinis ejus." – „Daher erhebt sie sich zum Lob seiner Schönheit."[4830] Ihr Ausruf „Du bist schön" (Hld 1,15) ist der Dank für die von ihm empfangene Schönheit[4831]. Sie bekennt damit, daß alles, was sie an Schönheit hat, von ihm stammt[4832]. Deswegen besteht eine „mutua pulchritudinis similitudo", „wechselseitige Ähnlichkeit in der Schönheit"[4833]. „Si tu pulcher, et ego pulchra." – „Wenn Du schön bist, bin auch ich schön."[4834]

Auch Wilhelm weiß von der doppelten Schönheit Christi: „Pulcher in humanitate, decorus in deitate." – „Schön in der Menschheit, geziert in der Gottheit."[4835] So wendet Wilhelm das Psalmwort „speciosus forma prae filiis hominum", „schöner an Gestalt bist Du als die Menschenkinder" auf die Ankunft Christi in der Menschwerdung an[4836].

4. Gilbert von Hoyland geht von der Schönheit der Braut aus, die für ihn die Kirche darstellt. „Pulcherrima mulierum Ecclesia est, quae singularum animarum pulchritudo est." – „Die schönste der Frauen ist die Kirche, welche die Schönheit der Einzelseelen ist."[4837] Sie ist deswegen die schönste, weil in ihr kein Makel gefunden wird[4838]. Über sie gelangt man auch zur Schönheit des Bräutigams. Man muß die „sponsae pulchritudinem in argumentum … pulcherrimi sponsi", „Schönheit der Braut zum Beweis … für den schönsten Bräutigam" nehmen[4839]. Bei einer solchen Schönheit der Braut ahnt man ja die Schönheit des Bräutigams[4840]. Direkt redet Gilbert Jesus an: „Frater

---

[4826] BHLD 1, 28,1,2,434,14f.
[4827] BHLD 2, 45,4,6,120,18-21.
[4828] WHLD 1,8,90,210.
[4829] WHLDB 29,430A.
[4830] Ebenda.
[4831] WHLD 1,8,93,214.
[4832] WHLD 1,8,94,216.
[4833] Ebenda.
[4834] WHLDB 29,430B.
[4835] WHLDB 29,430A-B.
[4836] WR 1,548A.
[4837] GHLD 47,3,247A.
[4838] GHLD 47,3,247A-B.
[4839] GHLD 47,3,247A.
[4840] Ebenda.

mi, Jesu, amabilis es et decorus valde." – „Mein Bruder, Jesus, Du bist liebenswert und sehr geziert."[4841]

5. Bei dem Psalmwort „speciosus forma prae filiis hominum", „schöner an Gestalt als die Menschenkinder" fragt sich Guerricus von Igny, was das für eine Gestalt sei, in der Christus so schön ist und von wem die Schönheit der Heiligen stammt[4842]. Man soll dabei denken „non formam corporis sed cordis, non pulchritudinem membrorum sed morum", „nicht an die Gestalt des Leibes, sondern des Herzens, nicht an die Schönheit der Glieder, sondern der Sitten"[4843]. In seiner Wahrheit und Sanftmut besteht insbesondere seine Schönheit[4844]. „Pulcherrime regum", „Schönster der Könige" kann Christus wegen der Wahrheit seiner Worte und der Sanftmut seiner Sitten genannt werden[4845]. Weil auf diese Schönheit hin die Sehnsucht der Menschen geht, lockt Jesus ihre Herzen an[4846]. Darin besteht Christi schönster Sieg, seine Feinde nicht mit dem Tod zu verderben, sondern durch seine Schönheit zur Liebe zu bekehren[4847]. Deswegen wird er die „pulchra dilectio", „schöne Liebe" genannt[4848]. Von dieser höchsten Schönheit kommt die ganze Schönheit der Kirche[4849]. Ihr ist das Evangelium geschenkt, in dem das schöne Angesicht Christi erstrahlt[4850].

Diese Schönheit besitzt Christus schon immer, weil der Vater ihn in der Ewigkeit mit Zierde bekleidet hat[4851].

6. Johannes von Ford kann in seinem Hohenliedkommentar nicht an der Schönheit Christi vorbei gehen, ja er erwähnt sie häufiger als die anderen Kommentatoren dieses Buches der Bibel.

Das Wort Hld 5,10 „Dilectus meus candidus et rubicundus", „Mein Geliebter ist strahlend weiß und rot" gibt für Johannes Anlaß, in einer Reihe von Predigten auf unser Thema einzugehen. Beide Farben „sese inuicem iuuant ad pulchritudinis decus constituendum", „helfen sich gegenseitig, die Zierde der Schönheit (des Bräutigams) zu schaffen"[4852]. Um dies zu erklären, unterscheidet Johannes zwischen der „species" und der „pulchritudo" des Bräutigams, die er als die zwei Seiten eines zweischneidigen Schwertes bezeichnet[4853], welches den Menschen verwunden soll[4854]. Wenn dies geschieht, wird auch er in vielfacher Art rot, zunächst in der Schamröte der Reue, dann in derjenigen der Jungfräulichkeit; so zeichnet den Menschen die Röte dessen aus, der vor

---

[4841] GHLD 19,2,98B.
[4842] GIS NatBM 2,5,147-151,406.
[4843] GIS NatBM 2,2,47f.,488-490.
[4844] GIS NatBM 2,2,51-53,490.
[4845] GIS NatBM 2,2,53-55,490.
[4846] GIS NatBM 2,2,56-58,490.
[4847] GIS NatBM 2,2,58-60,490.
[4848] GIS NatBM 2,4,97f.,492.
[4849] GIS NatBM 2,5,128-130,494.
[4850] GIS NatBM 2,2,66-69,490.
[4851] GIS Nat 5,5,187-189,234.
[4852] JHLD 4,1,6-9,55.
[4853] JHLD 4,1,17-23,55.
[4854] JHLD 4,1,32-36,55.

Mühe rot im Gesicht wird oder dessen Gesicht rot vor Liebe glüht[4855]. In der darauffolgenden Predigt scheint sich Johannes bewußt zu werden, daß die vorhergehenden
Aussagen zu sehr den Ton auf das eigene Tun gelegt haben. Der Mensch könnte sich
ja durch die Aussagen über seine große Schönheit, die er besitzt, erheben[4856]. Ist nicht
Christus die Schönheit des Menschen[4857], und dies in der Schönheit seiner Gottheit,
welche die Engel schauen[4858], und auch in seiner Menschheit, durch die er uns erlöst
hat[4859]? Die Braut aber soll ihre ganze Zier auf Jesus hinwenden[4860]. Reden soll „dilecta de dilecto, pulcherrima de pulcherrimo", „die Geliebte vom Geliebten, die Schönste vom Schönsten"[4861]. Gerade wegen seiner Menschheit, die Gottes Sohn in neuer
Schönheit durch die jungfräuliche Empfängnis angenommen hat[4862], steht er in seiner
Schönheit über allen Menschenkindern[4863]. Seine Demut, Güte, Gerechtigkeit, Barmherzigkeit und Liebe besitzen eine „species … pulchritudinis infinitae", „Gestalt … von
unendlicher Schönheit"[4864]. So formuliert Johannes: „Habet quippe gloriam in specie
inaestimabilis formositatis suae, quia Vnigenitus Dei est; habet speciem pulchritudinis
infinitae, quia filius uirginis est." – „Er hat ja die Herrlichkeit in der Gestalt seinem unschätzbaren Wohlgestaltsein, weil er der Eingeborene Gottes ist; er hat die Gestalt von
unendlicher Schönheit, weil er der Sohn der Jungfrau ist."[4865] „Ecce uere tu pulcher es,
Domine Deus noster, et decorus et admirabile nimis decus formositatis tuae in utraque
natura tua." – „Siehe, Du bist wirklich schön, Herr, unser Gott, und geziert und sehr
wunderbar ist die Zierde Deiner Schönheit in Deinen beiden Naturen."[4866] Wegen dieser doppelten Schönheit ist er der Schönste[4867] oder das „lux formossissima", „schönste
Licht"[4868]. Von ihm hat auch die Kirche als Braut, die ohne Makel und Runzeln durch
das Blut ihres Bräutigams ist[4869], ihre Schönheit. Aber auch jeder einzelne Christ hat
an der Zierde Christi Anteil[4870]. Wenn noch etwas von der ursprünglichen Schönheit
in ihm ist, mehrt sie Christus, wenn sie ganz verloren ist, erneuert er sie[4871]. In Christus legt der Mensch sein altes Mißgestaltet-Sein ab und zieht einen großen Teil der
Schönheit Christi an[4872]. Das strahlende Weiß Christi und damit seine Gestalt beziehen

---

[4855] JHLD 4,2,76-78,56.
[4856] JHLD 32,7,196-199,255.
[4857] JHLD 5,1,36,62.
[4858] JHLD 2,2,63f.,45.
[4859] JHLD 5,1,33-30,62.
[4860] JHLD 9,1,60-63,89.
[4861] JHLD 2,3,137f.,47.
[4862] JHLD 35,6,168f.,271.
[4863] JHLD 8,2,42,80; vgl. JHLD 35,5,105-107,269.
[4864] JHLD 35,5,110-113,270.
[4865] JHLD 35,6,168-170,271.
[4866] JHLD 36,6,161-164,276f.
[4867] JHLD 35,1,11-14,267.
[4868] JHLD 7,3,149,76.
[4869] JHLD 5,1,40-46,62.
[4870] JHLD 5,2,47-72,62f.
[4871] JHLD 35,5,132-135,270.
[4872] JHLD 18,1,26-28,157.

sich auf die Heiligkeit Christi, die auch viergeteilt ist. Ihre erste Art besteht in seiner Unschuld, die zweite in seiner Weisheit und Gerechtigkeit, die dritte in seiner Menschwerdung und die vierte in seiner dabei gezeigten Demut[4873]. Da Jesus, der schönste der Menschen, keinen Makel kennt, kann er auch nicht die Schamröte besitzen[4874].

7. Besonders markant ist die Brautmystik in dem Traktat „Speculum virginum". Deswegen braucht man sich nicht zu wundern, wenn in ihm die Schönheit Christi oft erwähnt wird.

Wer Christi Liebe sucht, muß von der irdischen Schönheit zur höheren Schönheit aufsteigen[4875]. Christus ist jungfräulich von der Jungfrau Maria her, aber „radice sua pulchrior", „schöner als seine Wurzel", unter welcher Maria zu verstehen ist[4876].

8. Nach Hugo von St. Viktor gibt es eine „terlucens pulchritudo", „dreifach leuchtende Schönheit" in Gott, weil dieser dreifaltig ist[4877]. Wenn sie auch im Vater, Sohn und Heiligen Geist leuchtet, bleibt sie doch eine einzige[4878]. dennoch werden gerade die Weisheit und damit der Sohn auch mit der Schönheit identifiziert[4879]. Als Menschgewordener ist er das „verbum pulchrum, verbum pulcherrimum", „schöne Wort, das schönste Wort"[4880].

Auch in seiner Brautmystik verwendet Hugo den Begriff „schön". Die Seele hat einen Bräutigam, der, obwohl man ihn nicht sehen kann, der „pulcherrimus est omnium", „Schönste von allem ist"[4881]. Doch gibt es eine Abstufung zwischen Christus und der Seele. So spricht Christus zur Braut: „Ego totus speciosus sum, quia omne quod pulchrum est in me est. Tu tota speciosa es, quia nihil quod turpe est in te est". – „Ich bin ganz wohlgestaltet, weil alles, was schön ist, in mir ist. Du bist ganz wohlgestaltet, weil nichts, was schändlich ist, in Dir ist."[4882] Im Unterschied zu Christus hat die Braut nur eine negativ bestimmte Schönheit, eine Schönheit, die von Makeln frei ist.

9. Richard von St. Viktor ordnet die Schönheit eindeutig dem Gesichtssinn zu: „Pulchritudo ad visum, dulcedo ad gustum." – „Die Schönheit gehört zum Gesichtssinn, die Süße zum Geschmackssinn."[4883] Da sowohl im „Benjamin minor" wie im „Benjamin major" das Schauen Gottes eine große Rolle spielt, wird in diesen beiden Werken die Schönheit Gottes besonders oft erwähnt. Meist wird aber die Schau der Schönheit Gottes allgemein beschrieben. Wenn sich der Mensch aber sehnt, den Schönsten unter allen

---

[4873] JHLD 8,1,1-11,1,315,79-87.
[4874] JHLD 10,2,38,95.
[4875] SP 1,100,1-3.
[4876] SP 1,84,17-19.
[4877] HH 7,1054D.
[4878] Ebenda.
[4879] HNM 7,693D.
[4880] HAN 2,16,645C.
[4881] HSO 954C.
[4882] HA 990A.
[4883] RVPS 30,273D.

Menschenkindern zu schauen, ist darunter Christus verstanden[4884]. Ähnliches gilt auch von dem Bräutigam, der sich an der Schönheit der Braut freut[4885].

Richard geht einmal auch von der Schönheit, die Gott im höchsten Maß besitzen muß, aus, um die Existenz dreier Personen in Gott den Menschen näher zu erklären. Für ihn ist eine geordnete Vielfalt, die in der „communio proportionalitatis", „Gemeinschaft der Verhältnismäßigkeit" besteht[4886], schöner als eine eintönige Uniformität. Wenn es Gott als die vollkommenste Schönheit gibt, dann muß diese in ihm als geordnete Vielfalt der Personen existieren[4887]. Damit aber kann das Wesen der vollkommenen Schönheit nicht einer einzigen göttlichen Person zugeschrieben werden.

10.   Für Hildegard von Bingen macht sich die Schönheit ebenfalls in der Ordnung verschiedener Dinge oder Personen kund.

10.1   Die göttlichen Personen bleiben unterscheidbar, obwohl sie von „incommutabilis substantia inaestmabilis pulcritudinis", „unveränderbarer Substanz der unschätzbaren Schönheit" sind[4888].

10.2   Gott hat die Welt in Gerechtigkeit, das heißt in rechter Ordnung, schön geschaffen[4889]. Für den Menschen war ein schöner Ort in der Gestalt des Paradieses bereitet[4890]. In der Sünde aber fallen die Menschen aus der schönen Ordnung heraus[4891], sie sind aus dem Ort der Schönheit vertrieben[4892] und verlieren das Erbe der Schönheit[4893].

10.3   Jesus Christus ging bei der Menschwerdung vom Himmel, dem Geheimnis der Schönheit, aus und floß im der Zier der Flüsse der Liebe[4894]. Er wird, weil er jungfräulich empfangen ist, eine schöne Blume genannt[4895], die auf dem Acker, nicht aus dem Samen eines Mannes, erwächst[4896]. „Ipse uidelicet flos candidissimus et pulcherrimus exsistens in albedine et pulchritudine totius sanctitatis." – „Er (ist) ja die strahlendste und schönste Blume, die in der Weisheit und Schönheit der ganzen Heiligkeit existiert."[4897] So hat er seinen Leib ohne Berührung mit der Sünde „in similitudine pulcritudinis solis induit", „in der Ähnlichkeit der Schönheit der Sonne angezogen"[4898]. Angesichts seines Ausgangs von einer Jungfrau ruft Hildegard aus: „O quam speciosa forma!" – „O wie schön ist die Gestalt!"[4899] Deswegen wird er der Schönste von allen Menschenkindern genannt, weil „pulcherrima pulchritudo fulget in eo clarissimae formae sine ulla macu-

---

[4884]   RVBMI 1,1A.
[4885]   RVBMI 85,61A.
[4886]   RVTR 5,14,340.
[4887]   RVTR 5,2,302-304.
[4888]   HISV 2,3,7,9,404f.,472.
[4889]   Vgl. Weiß, Gottesbild 3,1615-1618.
[4890]   HISV 1,1,2,10,232,19; 1,2,28,674,32.
[4891]   HISV 1,1,4,10,424-427,73.
[4892]   HISV 1,1,2,15,405f.,24; vgl. HISV 1,2,3,24,518f.,149.
[4893]   HISV 1,2,4,7,219,165.
[4894]   HISV 1,2,6,31,1192-1196,260.
[4895]   HISV 1,2,5,7,368f.,182; vgl. HISV 2,3,13,1,58,615.
[4896]   HISV 2,3,8,15,684f.,497; vgl. HISV 2,3,10,7,287f.,553.
[4897]   HISV 2,3,7,7,201f.,467.
[4898]   HIO 1,1,11,2f.,55.
[4899]   HISV 2,3,1,8,334f.,337.

la peccati", „die schönste Schönheit von klarster Gestalt in ihm aufstrahlt ohne jeden Makel der Sünde"[4900].

10.4 Die Kirche existiert „in lucidissima pulchritudine iustitiae Dei", „in der leuchtendsten Schönheit der Gerechtigkeit Gottes"[4901].

10.5 Für Hildegard ist die Sünde die gestörte Ordnung der Schönheit. Weil Jesus aus einer Jungfrau geboren wurde und damit mit keinerlei Sünde in Kontakt kommt, wird er als schön bezeichnet.

11. Einmal sieht Elisabeth von Schönau Jesus in der Krippe als „infantulum speciosum et amabilem nimis", „schönes und sehr liebenswertes Kindlein"[4902].

12. Als Hoheliedkommentator muß der Verfasser des St. Trudperter Hohelied auch auf die Schönheit des Bräutigams eingehen. Zu Hld 1,15 Schreibt er: „Schoene bist dû mîn wine unde êhrlich. dû quîst, daz ich schoene sî. alle mîne schoene habe ich von dir." – „Schön bist Du, mein Geliebter, und herrlich. Du sagst, daß ich schön sei. Alle meine Schönheit habe ich von Dir."[4903] Er ist schön als Gott: „Dô die engele aller êrest geschaffen wurden, dô begunden siu sich sîner schoene ze wunderenne." – „Als die Engel im Anbeginn geschaffen wurden, hatten sie zu staunen über seine Schönheit."[4904] Daß er schöner ist als alle Menschenkinder, kommt von seiner jungfräulichen Geburt[4905]. Diese wird mit der Metapher der Blume ausgedrückt. „Der oberste bluome daz was diu wîze und diu reine maget, der innre bluome, der goltvarwe, das was Christ, unser herre." – „Die äußere Blume, das war die weiße und die reine Jungfrau, die innere goldfarbene Blume, das war Christus, unser Herr."[4906] So wird auch Maria die schönste aller Frauen genannt[4907]. Der Verfasser übersetzt Hld 5,10 „Dilectus meus candidus et rubicundus" mit den Worten: „Er ist wîz, er ist rot." – „Er ist weiß, er ist rot."[4908] Sein Weißsein besteht in seiner Unschuld, seine rote Farbe in seinem blutigen Sterben. Da er beides in sich vereint, „ist er der schoenste", „ist er der Schönste"[4909]. Er wird mit einem Apfelbaum verglichen, „diu ist schoene an ir loube, si ist ziere an ir blüete", „der schön ist an seinem Laub und eine Zierde an seiner Blüte"[4910]. Im Himmel „dâ minnet si aller manne schoeneste", „da liebt sie (die Braut) der Schönste aller Männer"[4911]. Er ist „ein gezierde der diemüetegen Herzen", „eine Zier der demütigen Herzen"[4912]. Wer

---

[4900] HISV 2, 3,1,8,324-327,336.

[4901] HISV 2, 3,6,35,1008f.,460.

[4902] ESV 1,58,29.

[4903] TH 26,3-6,72.

[4904] TH 89,30-32,196.

[4905] TH 26,7-9,72-74.

[4906] TH 36,21-23,94. Eigentlich müßte man „obereste bluome" mit „höchste Blume" übersetzen. Wir aber bleiben bei der Übertragung von Ohly „äußere Blume", weil so der Gegensatz zu „innre bluome", „innere Blume" deutlicher wird. Auf der Bildebene ist an Folgendes gedacht: Die äußeren Deckblätter einer Blume sind oft grün und verdecken die goldfarbenen eigentlichen Blütenblätter.

[4907] TH 77,3f.,174.

[4908] TH 75,24f.,170.

[4909] TH 76,3-7,170.

[4910] TH 27,22f.,76.

[4911] TH 106,27f.,230.

[4912] TH 27,7f.,76.

um seinetwillen auf äußere Schönheit verzichtet, der leuchtet innerlich als sommerliche Zierde und ist „alse der schoene anger bezûnet", „als schöner Anger eingezäunt"[4913]. Wie ein Saphir sein Licht vom heiteren Tag empfängt, so erhält die Braut ihre Schönheit vom Bräutigam[4914]. Dieser nennt sich eine Blume, an der die inneren Sinne der Braut ihre Freude haben[4915].

13. Gelegentlich wird auch in den Viten der flämischen Mystikerinnen von der Schönheit Christi geschrieben.

Ivetta von Huy sieht in einer Vision Christus als Richter. Neben ihm sitzt Maria mit „inaestimabili decoris gratia", „unaussprechlicher Huld der Zierde"[4916]. „Videbatur omnem mundi pulchritudinem, ut merito nil aliud posset aestimari quam illam esse, cujus pulchritudinem sol et luna mirantur." – „Es schien die ganze Schönheit der Welt zu Recht zu jener (= Maria) als ein Nichts eingeschätzt zu werden, deren Schönheit Sonne und Mond bewundern."[4917] Offensichtlich geht die Schönheit ihres neben ihr sitzenden Sohnes auf sie über.

14. Nach Odilia von Löwen ist es süß anzuschauen, wie das Jesuskind „speciosum forma prae filiis hominum", „als der Schönste an Gestalt vor den Menschenkindern" im Tempel von den Armen der Mutter in die Arme des greisen Simeon gelangt[4918].

15. Als Maria von Oignies im Sterben lag, sang sie: „Quam pulcher es Rex noster Domine!" – „Wie schön bist Du, unser König, Herr!"[4919] Aus dem Kontext ersieht man, daß dieser König Christus ist.

16. Als Lutgard von Tongeren nach einer mißglückten Entführung durch einen Ritter vom Volk verspottet zurückkehrt, stellt sie sich Christus vor Augen und spricht: „Pro nobis, pulcherrime, vestibus spoliatus, ad columnam ligatus es, et in derisionem furentis populi chlamyde purpurea indutus." – „Für uns, Du Schönster, bist Du der Kleider beraubt, an eine Säule gebunden und zur Verspottung des wütenden Volkes mit einem Purpurmantel angezogen worden."[4920] Daß man die eigene Schande mit der Schmach des verspotteten Christus vergleicht, ist herkömmlich. Lutgard aber spricht den äußerlich verspotteten Jesus gerade mit „Schönster" an, weil ihr der Unterschied zwischen äußerer Schande und innerer Schönheit aufgeht. Später schenkt ihr der Bräutigam auch nach außen eine solche Zierde, daß man über ihrem Kopf ein besonderes Licht sieht[4921].

17. Bei Ida von Nijvel wird wieder das Jesuskind als besonders schön geschildert. Ida sieht bei der Wandlung an einem Weihnachtsfest „in manibus … sacerdotis puerulum tamquam recenter natum, speciosum vere super omnimodam puchritudinem omnium

---

[4913] TH 27,8-12,76.
[4914] TH 84,27f.,188.
[4915] TH 26,18-20,74.
[4916] IH 15,45,154.
[4917] Ebenda.
[4918] OL 1,12,215,41-216,2.
[4919] MO 2,12,107,571.
[4920] LTA 1,1,7,192.
[4921] LTA 1,1,11,193.

paruulorum", „in den Händen … des Priesters ein Kindlein wie neugeboren schön, wirklich über jedwede Schönheit aller Kinder" erhaben[4922]. An einem Pfingstfest erscheint ihr Christus beim gemeinsamen Essen nach der Messe „in specie pueri duodenis … tanta pulchritudine gratiosus & amabilis, quod eius pulchritudinem exprimere non potuisset", „in der Gestalt eines zwölfjährigen Kindes … von so großer Schönheit anmutig und liebenswert, daß sie seine Schönheit nicht ausdrücken konnte"[4923]. Indirekt versucht sie einen Eindruck der Schönheit wiederzugeben, wenn sie seine Kleiderpracht schildert[4924].

18. Ida von Gorsleeuw erscheint Maria, „gerens in ulnis puerum excellenter pucherrimum, ornatum excellentius, picturatum et nobilem flore totius decoris et decoris", „welche in ihren Armen das überragend schönste, überragender geschmückte, zierliche und durch die Blume der ganzen Zierde über Zierde edle Kind trug"[4925].

19. Von Ida von Löwen wird folgende Vision geschildert: „Speciosus ille prae filiis hominum Dominus Jesus … apparuit." – „Jesus Christus, der schöner als die Menschenkinder ist …, erschien.[4926]

20. Hadewijch benutzt sehr häufig das Wort „schön"; oft allerdings in der Doppelbedeutung, die das griechische „kalos" hat. Schön ist etwas, was auch sittlich gut ist[4927].

20.1 Die Heilige Dreifaltigkeit ist mit ihrem Thron und ihrem Reich schön[4928]. Im Unterschied zu vielen anderen wagt sie auch, die Schönheit der einzelnen Personen zu beschreiben[4929], wobei sie besonders den Sohn im Blick hat. Gott „te alre noet hebbet onste ende ontferme. Dat was de sone in properen persone: Dat was hi scone ende wrachte scone", „hat zu aller Not Huld und Erbarmen. Das war der Sohn in der Eigentümlichkeit seiner Person: Darin war er schön und wirkte schön"[4930].

20.2 Auch in der Eucharistie erfährt Hadewijch die Schönheit Christi. Beim Empfang der Kommunion sieht sie Christus „in die ghedane des cleeds ende des mans dat hi was op dien dach doen hi ons sinen lichamen iersten gaf, also ghedane mensche ende man soete ende schoene", „in der Gestalt des Kleides und des Mannes, wie er war an dem Tag, da er uns zum ersten Mal seinen Leib gab, also in der Gestalt eines süßen und schönen Menschen und Mannes"[4931]. Hadewijch verspürt dabei eine große von außen kommende Befriedigung[4932]. Doch dieses Erlebnis verschafft noch nicht die letzte Einheit mit ihm. Nach kurzer Zeit „verloesic dien sconen man ,, „verlor ich den schönen Mann"[4933]. Dafür ist Jesus jetzt ganz in der Mystikerin, und es entsteht dadurch eine

---

[4922] IN 21,251.

[4923] IN 19,247.

[4924] Ebenda.

[4925] IG 4,37,118.

[4926] IL 2,7,35,180.

[4927] Vgl. Weiß, Gottesbild 3,2067f.

[4928] HAM 4,30-33,28.

[4929] HAB 17,32-34,141.

[4930] HAB 17,49-51,141f.

[4931] HAV 7,64-68,94.

[4932] HAV 7,79f.,96.

[4933] HAV 7,81-83,96.

Einheit wie „sonder differncie", „ohne Unterschied"[4934]. Diese Einheit wird selbst die allerschönste genannt[4935]. Hadewijch ist schön und der Menschheit des Sohnes Gottes gleich geworden[4936].

21. Nach David von Augsburg besteht die Seligkeit der Menschen darin, daß sie seine göttliche Schönheit einmal sehen werden[4937].

22. Mechthild von Magdeburg spricht besonders oft über die Schönheit Christi.

22.1 Innerhalb der Dreifaltigkeit ist Gottes Sohn mit Weisheit geziert und schön[4938].

22.2 Wenn Jesus von „allerschöneste forme", „allerschönster Gestalt" genannt wird[4939], erinnert dies an Ps 44,3, an welcher Stelle von einem Menschen die Rede ist, der „speciosus forma", „schön an Gestalt" ist[4940].

22.3 Auch die Menschheit Jesu ist schön. Einmal sieht Mechthild „die schönen menscheit únsers herren Jhesu Christi", „die schöne Menschheit unseres Herrn Jesus Christus"[4941]. Sie ist so schön, daß man auf dem Angesicht Jesu die drei Personen der Heiligen Dreifaltigkeit erkennt[4942]. Weil Jesus jungfräulich empfangen ist, ist er die „fruht der schönen blůmen", „Frucht der schönen Blume"[4943]. Die Schönheit Jesu steht aber in keinem Gegensatz zu seinem Leiden. Mit der Bemerkung, „sich, wie schöne min ŏgen sint", „siehe, wie schön meine Augen sind", versucht Jesus seine Braut zur Teilnahme an seiner Passion einzuladen[4944].

22.4 Auch in der Brautmystik spielt die Schönheit eine Rolle. In der Erfahrung der Gottesfremde wendet sich Mechthild an Gott[4945]. „In disem jamer wart die sele irs lieben gewar bi ir, gelich einem schŏnen jungeling, also schŏne, das es unsprechlich ist." – „In diesem Jammer wurde die Seele ihres Geliebten bei sich gewahr gleich einem schönen Jüngling, so schön, daß es unaussprechlich ist."[4946]

Die „unio mystica" wird mit folgenden Worten umschrieben: „So gat dú allerliebeste zů dem allerschŏnesten in die verholnen kammern." – „So geht die Allerliebste zu dem Allerschönsten in die verborgene Kammer."[4947] Von einem jungfräulich lebenden Menschen wird gesagt: „Er wil dir ein schŏne jungling wesen." – „Er will dir ein schöner Jüngling sein."[4948] „Er ist allerschŏnost." – „Er ist allerschönst."[4949] Und eine Gott

---

[4934] HAV 7,87f.,96.

[4935] HAB 17,54f.,142.

[4936] HAV 14,111-113,158.

[4937] DAG 363,29f.

[4938] MM 3,9,8f.,86.

[4939] MM 3,3,3,79.

[4940] MM 3,3,3,79.

[4941] MM 4,2,27f.,110.

[4942] MM 4,2,28-30,110.

[4943] MM 7,18,5,270.

[4944] MM 1,29,3,22.

[4945] MM 7,8,2-5,264.

[4946] MM 7,8,4-7,264.

[4947] MM 1,44,78f.,31.

[4948] MM 4,1,6,109.

[4949] MM 7,37,12,286.

liebende Seele ruft aus: „Schôner jungeling!", „Schöner Jüngling!"[4950] und „Blûme ob allen cronen!", „Blume über allen Kronen!"[4951]. Im Umkreis dieser Vereinigung wird alles schön[4952]. Der Bräutigam führt die Braut „in dem schônem vogelsange", „im schönen Vogelsang"[4953] „in die blûjenden wise", „in die blühende Wiese"[4954], und es entsteht „ein schôner loptanz", „ein schöner Lobetanz"[4955]. Die Liebe zwischen beiden ist ein schönes Wunder[4956]. Der Bräutigam bricht der Braut „die blûmen der sûssen einunge", „die Blume der Süßen Vereinigung"[4957]. Sehr oft werden die Seele[4958] und die Liebe, die zur Vereinigung führt[4959], schön genannt.

Der Satan aber hat genau den gleichen Wunsch wie Jesus: Er möchte den Menschen besitzen. Bei Mechthild versucht der Teufel den Menschen nicht zu irgendeiner Sünde, vielmehr will er an die Stelle des Bräutigams treten und sich mit dem Menschen als seine Braut vereinen. So erscheint er Mechthild in keiner häßlichen, sondern in einer schönen Gestalt und spricht: „Nu bin ich vil schône, wôlte du mich anbetten?" – „Nun bin ich sehr schön, willst du mich anbeten?"[4960] Nachdem er der Mystikerin sich in einer „schône valsche clarheit", „schönen falschen Klarheit" gezeigt hat[4961], macht er aber seine wahre Absicht kund: Sie soll sich als höchste Jungfrau auf den Thron setzen „und ich der schônste jungeling bi dir", „und ich, der schönste Jüngling, neben dir"[4962]. Jüngling und Jungfrau sind die Namen, die Mechthild häufig für Jesus und die Seele gebraucht. Der Teufel fordert sie mit seiner Schönheit auf, ihm gegenüber sich so zu verhalten, wie es sich nur Jesus, ihrem schönen Bräutigam, gegenüber geziemt.

22.5 Bei Mechthild konzentrieren sich die Aussagen über die Schönheit im Umfeld der „unio mystica".

23. In Helfta nimmt der Gebrauch der Worte um die Schönheit Jesu sprunghaft zu. Dies zeigt sich schon bei Mechthild von Hackeborn.

23.1 Das Jesuskind wird selbstverständlich schön genannt. Am Weihnachtsfest sieht Mechthild die Jungfrau Maria auf einem Berg sitzen, „habens in gremio puerum pulcherrimum", „wobei sie das schönste Kind auf dem Schoß hat"[4963]. Ein anderes Mal erscheint Jesus als Jüngling von zwölf Jahren[4964]. Das Gesicht eines Christen besitzt eine Zierde, „quo Christus fideles suos sanguinis sui colore inaestimabili pulchritudine

[4950] MM 1,44,9,27.
[4951] MM 2,10,3,47.
[4952] MM 3,11,1,91.
[4953] MM 1,44,17,28.
[4954] MM 7,37,12f.,286.
[4955] MM 1,44,29f.,28.
[4956] MM 6,16,19f.,226.
[4957] MM 2,25,114,66.
[4958] Vgl. Weiß, Gottesbild 3,2072f.
[4959] Ebenda.
[4960] MM 4,2,46,111.
[4961] MM 4,2,48f.,111.
[4962] MM 4,2,50f.,111.
[4963] MH 1,5,20.
[4964] MH 6,3,380.

decoravit", „mit welcher Christus seine Gläubigen mit der Farbe seines Blutes durch unaussprechliche Schönheit geziert hat"[4965]. Am Fest Christi Himmelfahrt ist Mechthild mit Trauer erfüllt: „Mi Domine, amodo omnis pulchritudo et decor tuus ablatus est a nobis." – „Mein Herr, jetzt ist alle Schönheit und Deine Zierde von uns weggenommen." Dem widerspricht der Herr. Er bleibt mit aller Schönheit auf Erden bei den Menschen[4966]. Ein anderes Mal erscheint Christus „quasi juvenculus speciosissimus", „gleichsam als sehr schöner Jüngling", der beim Vater für alle Verfehlungen Fürsprache einlegt[4967].

23.2   Ein für Mechthild charakteristisches Problem besteht darin, wie sie den Herrn angemessen loben kann. Sie vermag zwar zu beten: „Laudo te in tua … pulchritudine." – „Ich lobe Dich in Deiner … Schönheit."[4968] Aber offensichtlich genügt dies Mechthild nicht. Im Geist geht sie zu einer Wiese voll Blumen, wo der Herr sitzt. Dort möchte sie von ihm das Loben lernen. Sie erhält die Antwort: „Ecce rosa pulcherrima habens quinque folia exivit de Corde Dei." – „Siehe, eine schönste Rose, die fünf Blätter hat, geht aus dem Herzen Gottes hervor."[4969] Die fünf Blätter bedeuten die fünf Sinne Jesu, die Mechthild besonders verehren soll.

23.3   Auch bei Mechthild wird im Umfeld der „unio mystica" oft von der Schönheit Jesu gesprochen. Bei der Aufforderung, sich für das Kommen des Bräutigams zu bereiten, weiß Mechthild nicht, wie sie das tun soll. Da erscheint Jesus als König der Herrlichkeit, „formam et decorem indutus sponsi", „angezogen mit dem Gewand und der Zierde des Bräutigams", und überreicht ihr das weiße Gewand der Unschuld[4970]. In einer Vision sieht sie die Liebe als eine „virginem inaestimabili pulchritudine caeteris incomparabilem", „Jungfrau von unschätzbarer Schönheit, mit den anderen unvergleichbar"[4971], welche die Mystikerin „ad sponsum mellifuuum, prae filiis hominum forma speciosum", „zum honigfließenden Bräutigam, der schöner an Gestalt als die Menschenkinder ist", führt[4972]. Ein anderes Mal sieht sie wieder die Liebe in der Gestalt einer sehr schönen Jungfrau, die der Herr mit den Worten anspricht: „Tu es quod ego sum." – „Du bist, was ich bin." Er setzt sich mit der schönen Jungfrau auf eine Stufe[4973]. Diese steht auch neben dem heiligen Bernhard, weil dieser so viel von ihr, der Liebe, gesprochen hat[4974]. Als Mechthild gelehrt wird, welche Freundschaft der Herr zu ihr hat, erscheint ihr Jesus „in specie juvenis pulcherrimi", „in der Gestalt des schönsten Jünglings"[4975]. Eine Jungfrau, die der Bräutigam sich erwählt, „speciosa etiam debet esse, hoc est patiens, quae quanto patientior, tanto elegantior ex mea passione

[4965] MH 1,32,111.
[4966] MH 1,20,75.
[4967] MH 2,13,146.
[4968] MH 3,2,197.
[4969] MH 3,2,198.
[4970] MH 1,23,82.
[4971] MH 1,8,27.
[4972] Ebenda.
[4973] MH 1,23,82.
[4974] MH 1,28,98.
[4975] MH 4,44,301.

simul et sua tolerantia apparebit", „muß auch schön sein, das heißt geduldig; je geduldiger sie ist, um so schöner ist sie anzuschauen wegen meines Leidens und zugleich wegen ihrer Fähigkeit, dieses zu ertragen"[4976]. Als die Äbtissin Gertrud stirbt, erscheinen mehrere Menschen mit schönen Gewändern und Schmuck angezogen, um sie zu umarmen[4977]. Während ihrerr Totenmesse erscheint „floriger sponsus Jesus suavissima quadam blanditate delicatis manibus mentem sponsae dilicate apprehendens", „der mit Blumen geschmückte Bräutigam Jesus und ergreift mit einer sehr süßen Zärtlichkeit durch seine schönen Hände den Geist der Braut schön"[4978]. Denn der Herr hatte ihr vorher schon versprochen: „Pulchritudo mea corona tua erit." – „Meine Schönheit wird Deine Krone sein."[4979]

24. Bei Gertrud gibt es ebenfalls viele Aussagen über die Schönheit Jesu.

24.1 Zu ihm sagt sie: „Tu ... solus pulcher et amoenus." – „Du ... allein (bist) schön und lieblich."[4980] Er ist „pulcher et praeclarus", „schön und sehr klar"[4981] und „totus floridus et delicatus", „ganz blühend und zart"[4982]. „Cuius pulchritudinem sol et luna mirantur." – „Über seine Schönheit staunen die Sonne und der Mond."[4983] „Vulnerasti penetralia cordis mei specie tua et pulchritudine tua." – „Du hast das Innere meines Herzens durch Deine Gestalt und Deine Schönheit verwundet."[4984]

„Tua deliciosa beatitudo, tua mirabilis pulchritudo", „Deine zarte Seeligkeit, Deine wunderbare Schönheit" haben ihm Wunden zugefügt[4985]. Jesus sagt von sich: „Ego sum ... forma speciosus." – „Ich bin ... schön an Gestalt."[4986]

An Stelle von „schön" kann bei Jesus auch das Adjektiv „blühend" stehen. Er wird mit den Worten angeredet: „Sponse floride", „Blühender Bräutigam"[4987]. „O vernans flos divinitatis, resperge me rore tuae floridissimae humanitatis." – „O Frühlingsblume der Gottheit, besprenge mich mit dem Tau Deiner blühendsten Menschheit."[4988] „O vivens florida dies vernalis!" – „O lebender blühender Frühlingstag!"[4989] „Tu vernans flos ingenuae venustatis!" – „Du Frühlingsblume der adligen Anmut!"[4990] „Juve-

---

[4976] MH 1,11,36.
[4977] MH 6,4,382.
[4978] MH 7,10,403.
[4979] MH 5,22,353.
[4980] G R 6,319-321,182.
[4981] G R 7,595f.,244.
[4982] G 3,3,1,1,10,16.
[4983] G R 3,290f.,92.
[4984] G R 3,73f.,78.
[4985] G R 6,574-476,196.
[4986] G R 3,6f.,74.
[4987] G R 3,188,86.
[4988] G R 6,673f.,202.
[4989] G R 3,68,78.
[4990] G 3,3,65,3,54,266.

nis floridissime!" – „Blühendster Jüngling!"[4991] „Eia speciose amor!" – „Eia schöne
Liebe!"[4992] „O blanditor delicatissime!" – „O zärtlichster Schmeichler!"[4993]

24.2 Bei Visionen und Ekstasen wird Jesus oft als schön bezeichnet. Gertrud „vidit
Dominum Jesum sponsum floridum et delicatum, prae milibus Angelorum forma
speciosum", „sah den Herrn Jesus, den blühenden und zarten Bräutigam, an Gestalt
schöner als tausend Engel"[4994]. Mit deutlich erotischer Konnotation beschreibt Gertrud ihre erste Vision Jesu: „Astantem mihi vidi juvenem amabilem et delicatum, quasi
sedecim annorum, in tali forma qualem tunc juventus mea exoptasset exterioribus oculis meis placiturum." – „Ich sah bei mir stehend einen liebenswerten zarten Jüngling
von ungefähr sechzehn Jahren in einer solchen Gestalt, wie ich sie in meiner Jugend
gewünscht hätte, daß er meinen Augen gefalle."[4995] Dieser hält mit zarter Hand ihre
Hand und verspricht ihr das Heil[4996].

Auch bei Gertrud spielt der schöne Jesusknabe eine Rolle. „Die sacratissimae Nativitatis tuae accepi te tenerrum puerulum de praesepio pannis involutum." – „Am Tag
Deiner heiligsten Geburt empfing ich Dich, das zarte Knäblein aus der Krippe, in Windeln eingewickelt."[4997] Für das Weihnachtsfest im folgenden Jahr heißt es: „Accepi te
sub specie tenerrimi et delicatissimi infantuli, de gremio virgineae Genetricis." – „Ich
empfing Dich unter der Gestalt des sanftesten und zartesten Kindleins vom Schoß der
jungfräulichen Gebärerin."[4998] Sie sieht, wie „puerulus ille floridus", „jenes blühende
Knäblein" aus dem Herzen seiner Mutter Freude saugt[4999]. Ein anderes Mal sieht sie
Maria „deponere Filium delicatum super altare", „ihren zarten Sohn auf den Altar legen" und dort für den Konvent Fürsprache halten[5000].

24.3 Auch außerhalb der Brautmystik kommt das Wort „Schönheit" vor. Der ewige
Sohn lebt „in florenti aeternitate", „in blühender Ewigkeit" in Einheit mit dem Vater
und dem Heiligen Geist[5001]. Der Herr kann nicht aus reiner Barmherzigkeit alle Fehler
Gertruds durchgehen lassen, weil dies die „pulchritudo justitiae tuae", „Schönheit Deiner Gerechtigkeit" nicht zulassen kann[5002].

25. In der Vita der Lukardis von Oberweimar kommen nur selten Worte über die
Schönheit Jesu vor. Einmal schaut sie „quendam pulcherrimum, tenerrimum, delicatum iuvenem, signatum quinque vulneribus", „einen gewissen sehr schönen, sehr sanften und zarten Jüngling bezeichnet mit den fünf Wunden"[5003]. An dieser Stelle wird

---

[4991] G 3, 3,65,3,56,266.
[4992] G R 7,631,246.
[4993] G 3, 3,65,3,49,266.
[4994] G 2, 1,16,1,12-14,208.
[4995] G 2, 2,1,2,3-6,230.
[4996] G 2, 2,1,2,12-14,230.
[4997] G 2, 2,16,1,1f.,290.
[4998] G 2, 2,16,2,1-3,290.
[4999] G 4, 4,3,4,5-8,52.
[5000] G 4, 4,9,8,1-8,120.
[5001] G 2, 2,3,4,19f.,242.
[5002] G 2, 2,20,6,15-18,314.
[5003] LO 10,315,29-31.

besonders deutlich, daß das Wort „juvenis" keineswegs nur eine Bezeichnung für die frühe Altersphase eines Menschen ist, in welcher der Gekreuzigte mit den Wunden nicht mehr steht; es meint vielmehr den Bräutigam und Liebhaber. Ein anderes Mal sieht Lukardis Maria, die auf ihrem Schoß „puerum parvum, facie ac dispositione delicatissimum ac amabilissimum", „einen kleinen Knaben, von Angesicht und Gestalt sehr schön und liebenswert," hat[5004].

26. Petrus von Dazien gibt in einem Brief an Christina von Stommeln deutlich den Grund an, warum man so oft von der Schönheit Christi spricht: „Pulchritudo est causa mouens dilectionis." – „Die Schönheit ist die antreibende Ursache der Liebe."[5005]

In Christus aber ist das zeitliche wie das ewige Leben schön[5006]. Als Christina zehn Jahre alt ist, sieht sie in der Nacht „pulcherrimum iuuenem", „einen sehr schönen Jüngling", der sich als Jesus Christus vorstellt[5007]. In einem langen Brief macht Petrus von Dazien Christina sein Verhältnis zur Mystikerin deutlich. Sie lieben einander über Christus: „In eo ergo est nostra pulchritudo." – „In ihm also ist unsere Schönheit."[5008] Ohne ihn ist alles Schöne häßlich[5009].

Christina bekommt in der Zeit ihrer Kämpfe mit den Dämonen das Zeichen eines „pulcherrima Crux", „sehr schönen Kreuzes" auf einen Finger ihrer Hand[5010]. Sie erhält die Narben eines „formosissimae Crucis", „sehr schönen Kreuzes", welches ihr ein „cleniodus", „Kleinod" bedeutet[5011]; später sind es sogar zwei schöne Kreuze, die auf und unter der Hand erscheinen[5012]. Nur in dem schmachvollen Zeichen des Kreuzes leuchtet die Schönheit Christi auf, während zwei Dämonen ihr direkt „sub specie duorum juvenum pulcherrimorum", „unter der Gestalt zweier sehr schöner Jünglinge" erscheinen[5013].

27. Christina von Hane beschreibt ebenfalls das Jesuskind, das ihr erscheint, als schön. Schon als sie selbst noch ein Kind war, denkt sie darüber nach, „we schone vnd eyn lyebliches kyntgyn Jesus were", „wie schön und ein liebliches Kind Jesus war"[5014]. Es hat einen Kranz auf seinem Kopf „van XII gar schonen roißen", „von zwölf gar schönen Rosen", worunter Tugenden zu verstehen sind[5015]. Jesus, „der allerschoneste van formen vor allen kynderen der menschyn", „der allerschönste an Gestalt vor allen Menschenkindern", verwundet sie mit den Strahlen der Liebe[5016].

[5004] LO 42,333,9f.
[5005] CS 1, B 27,48,193,12.
[5006] CS 1, B 27,50,194,12-14.
[5007] CS 1, 45,109,17-22.
[5008] CS 1, B 24,20,162,28f.
[5009] CS 1, B 24,20,162,26f.
[5010] CS 2, 4,2,13,298.
[5011] CS 2, 4,4,34,303.
[5012] CS 2, 4,8,79,315.
[5013] CS 2, 4,7,61,310.
[5014] CH 1, 227.
[5015] Ebenda.
[5016] CH 1, 240.

In der „unio mystica" wird Christina aufgefordert, ihre eigene Schönheit zu erkennen[5017]; denn sie ist eine schöne Lilie unter den Dornen[5018]. Und Jesus sagt zu ihr: „Jch byn eyne bloyme dyns hertzens." – „Ich bin eine Blume Deines Herzens."[5019]

28. Agnes von Blannbekin erwähnt nur selten die Schönheit Christi. Einmal schaut sie in einer Vision Christus. Trotz der Wundnarben ist er „pulcherrimus et amoenissimus aspectu", „von schönstem und lieblichstem Aussehen"[5020]. Kurz darauf wird seine Schönheit noch einmal mit folgenden Worten betont: „Erat quoque totus pulcherrimus et amabilis aspectu, ut omnium pulchritudinem vinceret ipsius aspectus." – „Er war auch ganz der Schönste und von liebenswertem Aussehen, so daß sein Aussehen die Schönheit aller übertraf."[5021] Besonders die verklärten Wunden sind von einer Schönheit, die den ganzen himmlischen Hof übertrifft[5022].

29. Auch in der nicht mystisch geprägten mittelhochdeutschen Literatur wird Christus schön genannt.

Für Frau Ava ist es charakteristisch, daß sie auch den erniedrigten und leidenden Gottessohn schön nennt. So trägt er bei seiner Verspottung die Dornenkrone, die schön ist[5023]. Natürlich ist er auch auf dem Berg der Verklärung schön: „Dâ erzaigte er sîne gotlîche schône." – „Da zeigt er seine göttliche Schönheit."[5024] Auch seine Himmelfahrt war schön[5025]. Erst recht ist er, wenn er beim Gericht erscheint, „scôner denne der sunne", „schöner als die Sonne"[5026].

Nach dem wilden Alexander war Christus bei seiner Geburt schön[5027].

Der Autor des Gedichtes „Vom jüngsten Tag" läßt beim Gericht alle Menschen vor dem schönen Angesicht Christi erscheinen[5028].

Nach dem Hamburger Jüngsten Gericht wird Jesus dann den Gerechten seine Schönheit zeigen[5029].

[5017] CH 2, 221.

[5018] CH 1, 226.

[5019] CH 2, 209.

[5020] AB 214f.,30-36,442.

[5021] AB 214f.,37-39,442.

[5022] AB 113,6-9,254.

[5023] ALJ 1571f.,171f.

[5024] ALJ 645f.,96f.

[5025] ALJ 2081f.,212f.

[5026] AJG 336,274f.

[5027] Der wilde Alexander: Weihnachtslied 3,19f., in: Die Deutsche Literatur vom Mittelalter bis zum 20. Jahrhundert, 1,1,65.

[5028] Vom jüngsten Tag. Ditz ist von dem jungsten tage. Dâ man hoeret jâmers klage 251, in: Die Deutsche Literatur vom Mittelalter bis zum 20. Jahrhundert, 1,1,175.

[5029] Hamburger Jüngstes Gericht 71f., in: Die Deutsche Literatur vom Mittelalter bis zum 20. Jahrhundert, 1,1,168.

6.3.2 Lieblich

1. So sehr „amoenus" auch den Beiklang von „schön" hat, ist sein Sinn damit nicht genau getroffen. Mann kann zu einem gewaltigen Bergmassiv sagen: Das ist „pulcher", „schön", aber kaum: Das ist „amoenus", „lieblich". Wir bleiben bei der Übertragung des Wortes „amoenus" mit dem Wort „lieblich", weil in ihm wie in dem lateinischen Begriff die Wurzel „am", „lieb" steckt. So gehört auch eine Reihe mittelhochdeutscher Stellen hierher, die von der „Lieblichkeit" Jesu reden.

2. Nach Jean von Fécamp schauen die Seligen die „amoenitatem pulchritudinis", „Lieblichkeit der Schönheit"[5030] dessen, den er kurz darauf „Agnus Dei", „Lamm Gottes" nennt[5031].

3. Hildegard von Bingen verbindet den Begriff „amoenitas", „Lieblichkeit" mit dem Paradiesesgarten, in den die ersten Menschen gesetzt worden sind[5032]. Aus diesem lieblichen Ort wurden sie aber wegen ihres Ungehorsams verjagt[5033]. Weil der Sohn Gottes sie zurückführen will, sagt er: „Exiui de secreto supernae amoenitatis, quatenus homo qui ex reatu suo perierat misericorditer de perditione eriperetur." – „Ich bin vom Geheimnis der oberen Lieblichkeit ausgegangen, damit der Mensch, der durch seine Schuld Schaden erlitten hat, barmherzig aus dem Schaden gerissen wird."[5034]

4. Im mittelhochdeutschen Sprachgebrauch wird öfters von der Lieblichkeit des Sohnes Gottes geredet.

Dies ist schon bei David von Augsburg der Fall. Bei der Kommunion fließt dem Menschen „diu saelekeit der êwigen gotheit durch die güldînen roeren dîner minneclichen menscheit", „die Seligkeit der ewigen Gottheit durch die goldenen Röhren Deiner lieblichen Menschheit"[5035]. Durch Jesus Christus zeigt uns der Vater, „wie lieplîchen er uns in im selben getragen hât, noch lieplîcher danne kein mouter nie ir kint getrouc", „wie lieblich er uns in sich getragen hat, noch lieber, als je eine Mutter ihr Kind trug"[5036].

5. Öfters erwähnt Mechthild von Magdeburg die Lieblichkeit des Herrn.

„Gruß" ist für Mechthild ein Wort für eine ekstatische Liebesvereinigung[5037]. So ruft sie aus: „Eya liepliche grůs! Eya minnenklichú umbehasunge!" – „Eia, lieblicher Gruß! Eia liebevolle Umhalsung!"[5038] „Er grůsset si mit sinen lieplichen ôgen." – „Er grüßt sie mit seinen lieblichen Augen."[5039] Weihnachten nennt Mechthild den Tag „der

---

[5030] JFC 3,13,444-446,156.
[5031] JFC 3,14,466,157.
[5032] HISV 1, 1,2,10,232,19; 1, 1,2,28674,32.
[5033] HISV 1, 1,2,15,405f.,24.
[5034] HISV 1, 2,6,31,1192-1196,260.
[5035] DB 1,376,21-24.
[5036] DM 402,27-29.
[5037] Vgl. Weiß, Ekstase 143.
[5038] MM 1,14,2f.,14. An dieser Stelle sieht man, daß „lieplich" und „minnenklich" ausgetauscht werden können, da sie die gleiche Bedeutung haben.
[5039] MM 2,23,37,57.

lieplichen zartekeit", „der lieblichen Zartheit"[5040]. Man soll sich jeden Tag eine Stunde Zeit nehmen, „da du ane hinderunge lieplich inne mŏgist betten", „darin Du ohne Hindernis lieblich beten kannst"[5041]. Doch nicht für alle Menschen ist die Lieblichkeit Jesu erfreulich. Wenn eine verdammte Seele denkt „an den minneklichen Jhesum, so erbibenet si und wirt irnúwet alle ir hellepin", „an den lieblichen Jesus, so erbebt sie, und all ihre Höllenpein wird erneuert"[5042].

6.   Die unterschiedliche Häufigkeit des Wortes „amoenitas" zeigt, daß man von sprachlicher Seite die einzelnen Frauen in Helfta sehr wohl unterscheiden kann. Mechthild von Hackeborn gebraucht im Zusammenhang mit Christus nur einmal dieses Wort. In einer Vision sieht sie, wie der Herr sie „in magnam solitudinem quae erat locus magnae amoenitatis", „in eine große Einsamkeit, welche ein Ort von großer Lieblichkeit war," führt[5043].

7.   Im Vergleich zu Mechthild von Hackeborn gebraucht Gertrud die Große diesen Ausdruck oft. Jesus wird genannt: „Florens et amoenus", „Blühend und lieblich"[5044]. Er wird mit den Worten angesprochen: „O dulcis amoenitas mea!" – „O meine süße Lieblichkeit!"[5045] „Suavis amoenitas!" – „Süße Lieblichkeit!"[5046] „Tu es amoenitas omnium colorum." – „Du bist die Lieblichkeit aller Farben."[5047] „Tu totus rutilas in vernanti amoenitate tui festivi amoris." – „Du strahlst ganz in der frühlingshaften Lieblichkeit Deiner festlichen Liebe."[5048] Jesus zieht den Menschen an mit „allicentia amoenosa", „einem lieblichen Locken"[5049]. Der Duft, der aus dem Herzen Jesu strömt, gleicht dem Geruch „florum amoenissimorum", „der lieblichsten Blumen"[5050].

Gertrud läßt sich von der irdischen Schönheit anregen, Sehnsucht nach dem Herrn zu wecken. So sucht sie zur Frühlingszeit den Klosterweiher auf und fühlt die „amoenitatem loci illius", „Lieblichkeit jenes Ortes", die sie genau beschreibt[5051]. Dies läßt in ihr die Sehnsucht nach einem vertrauten Freund aufsteigen[5052]. Sie bietet „omni amoenitate praejucunda", „durch die ganze Lieblichkeit sehr erfreut" sich Jesus an[5053]. An einer anderen Stelle wird Jesus mit einen Freund verglichen, der sie „in hortum quendam amoenissimum", „in einen sehr schönen Garten" führt[5054]. „Apparuit ei Dominus quasi totus floridus et amoenus." – „Es erschien ihr der Herr gleichsam ganz blühend

---

[5040] MM 1,45,4,32.
[5041] MM 6,1,104f.,204.
[5042] MM 3,11,5f.,91.
[5043] MH 3,2,197.
[5044] G 4, 4,27,1,3f.,260.
[5045] G R 4,356f.,122.
[5046] G 3, 3,65,3,30,264.
[5047] G 3, 3,65,3,26,264.
[5048] G R 6,211f.,174.
[5049] G 3, 3,65,3,34,264.
[5050] G 5, 5,30,2,6-10,240.
[5051] G 2, 2,3,1,1-7,234-236.
[5052] G 2, 2,3,1,9-11,236.
[5053] G 2, 2,3,1,20f.,236.
[5054] G 3, 3,54,2,13-21,234.

und lieblich."[5055] Er kommt „instar floris amoenus", „lieblich als Bild einer Blume"[5056] und als „sponsus animae delicatus", „zarter Bräutigam der Seele"[5057].

Gertrud bittet Jesus um ein wenig Ruhe in der Nacht „per amoenissimam pausationem in utero virginali", „um des lieblichsten Ruhens im jungfräulichen Mutterschoß willen", welches er neun Monate genoß[5058]. Daraufhin bietet Jesus ihr „valde amoenosum sessionem", „ein sehr liebliches Sitzen" an seinem Herzen an[5059]. Auch die Liebe Gottes, die sich in Jesus zeigt, wird „amoena", „lieblich" genannt[5060]. Der Gott, aus dessen Schau man einst selig wird, ist „solus pulcher et amoenus", „allein schön und lieblich"[5061]. Er schenkt die lieblichen Wonnen[5062].

8. Christina von Hane hat in ihrer Jugend eine besondere Beziehung zur Kindheit und Jugend Jesu.

8.1 Deswegen ist es verständlich, wenn sie oft das liebliche Kind erwähnt. Als Kind hat sie Sehnsucht „nach dem lyeblyn kyntgyn Jesus", „nach dem lieblichen Kind Jesus"[5063]. Sie stellt sich vor, „wie lyeblichyn er myt den anderen kyntderen spielt", „wie lieblich er mit den anderen Kindern spielt"[5064]. Nach vielen Bemühungen, dieses Kind zu schauen, gerät sie an einem Weihnachtsfest in eine Ekstase und sieht in einer Vision „daz aller lyeblichste kyntgyn Jesus", „das allerlieblichste Kind Jesus"[5065], „daz aller lyeblichste kyntgyn der heilger jonffrauwen Marien", „das allerlieblichste Kind der heiligen Jungfrau Maria"[5066]. Weil das Kind sich entfernt, als Christina nach ihm greifen will, denkt sie, ihr Herz sei nicht lauter genug für die Wohnung des lieblichen Kindes[5067]. Später sieht sie, wie „das aller lyeblichste kyntgyn Jesus sich saitzet leyblichyn yn die roißen, vnd die roißen sloißen sich zu", „das allerlieblichste Kind Jesus sich lieblich in die Rosen setzt und sich die Rosen schließen"[5068]. Mit dem Schließen der Rosen wird die Vereinigung Jesu mit ihr im Empfang der Kommunion versinnbildet[5069].

8.2 Christina verwendet aber dieses Adjektiv keineswegs nur für Jesus in der Kindesgestalt. Sie denkt auch „wie der lyeblicher sone godes", „Wie der liebliche Sohn Gottes" für uns Blut schwitzt[5070]. Auch in der Brautmystik wird dieses Adjektiv gebraucht: „Vnd der lyeblicher bruytdegam spelet myt syner bruyt, vnd er sprache zu yre: ‚O du aller lyeblichste sele myn'." – „Und der liebliche Bräutigam spielte mit seiner Braut

[5055] G 3, 3,49,1,4,216.
[5056] G 3, 3,53,1,5,228.
[5057] G 5, 5,4,8,15,90.
[5058] G 3, 3,52,2,2-9,226.
[5059] G 3, 3,52,3,3-6,226.
[5060] G R 5,70,132.
[5061] G R 6,319-323,182.
[5062] G 3, 3,37,1,36f.,180.
[5063] CH 1, 227.
[5064] Ebenda.
[5065] CH 1, 230.
[5066] Ebenda.
[5067] Ebenda.
[5068] CH 2, 204.
[5069] Ebenda.
[5070] CH 1, 239.

und sprach zu ihr: ‚O du allerlieblichste Seele mein'."[5071] Bei dem Kommunionempfang ist er mit seinen lieblichen Augen anwesend[5072]. Sie sieht bei einer Vision Jesus im lieblichen Licht[5073]. Auch die Ruhe in der „unio mystica" mit Jesus wird lieblich genannt[5074]. Umgekehrt ist die liebliche Seele der Thron, auf dem Jesus ruhen will[5075]. Diese heftet dann ihre Augen „yn das lyebliche angesicht der Ewiger gotheit", „in das liebliche Angesicht der ewigen Gottheit" Christi[5076].

9. Einmal erscheint der Agnes von Blannbekin „salvator noster Jesus Christus pulcherrimus et amoenissimus aspectu et omnio nudus", „unser Heiland Jesus Christus als sehr schön und lieblich anzusehen und gänzlich nackt"[5077]. Öfters schaut Agnes unbekleidete Personen in ihren Visionen, wobei sie immer betont, daß dieser Anblick weder Schrecken noch Begierde erregt. Hier soll die Betonung der Lieblichkeit Jesu das Erschreckende der Nacktheit ausschließen. Die Wunden des verklärten Heilandes sind so klar, „quod toti curiae coelesti praestant amoenitatem et gaudium", „daß sie dem ganzen himmlischen Hof Lieblichkeit und Freude gewähren"[5078]. In einer Vision am Osterfest wird Agnes vom Herrn in „locum amoenum", „einen lieblichen Ort" – gemeint ist wohl das Paradies – geführt[5079]. Ein anderes Mal sieht sie Christus „in campo amoeno et lato", „auf einem lieblichen und weiten Feld"[5080].

6.3.3 Zusammenfassung

1. Im allgemeinen wird die Schönheit dem Gesichtssinn zugeordnet[5081]. Dies ist deswegen wichtig, weil das Schauen der Schönheit zur Liebe anregt[5082]. Besonders oft wird Ps 44,3 „speciosus forma prae filiis hominum", „der, welcher schöner an Gestalt als die (anderen) Menschenkinder ist", auf Jesus übertragen[5083].

2. Jesus wird angeredet mit den Worten: „Pulcherrime", „Schönster"[5084], „pulcherrime regum", „Schönster der Könige"[5085], „floride sponsus", „blühender Bräutigam"[5086],

---

[5071] CH 1, 244.
[5072] CH 1, 248.
[5073] CH 2, 210.
[5074] CH 2, 223.
[5075] CH 2, 226.
[5076] CH 2, 223.
[5077] AB 214,30f.,442.
[5078] AB 113,7-9,254. „Praestare" heißt im Latein des Mittelalters „geben, gewähren", aber nicht „übertreffen", wie es die in der Ausgabe beigefügte Übersetzung wiedergibt.
[5079] AB 136,14f.,304.
[5080] AB 206,4-6,424.
[5081] RVPS 30,273D.
[5082] CS 1, B 27,48,193,12.
[5083] BHLD 1, 28,1,2,434,12f.; 2, 45,4,6,122,6; WR 1,548A; GIS natbM 2,5,147-151,406; JHLD 8,2,42,80; RVBMI 1,1A; HISV 2, 3,1,8,324-327,336; TH 26,7-9,72-74; OL 1,12,215,41-216,2; IL 2,7,35,180; MM 3,3,3,79; MH 1,8,27; G R 3,6f.,74. G 2, 1,16,1,12-14,208; CH 1, 240.
[5084] JFC 3,26,879,170; 3,27,976,173.
[5085] GIS NatBM 2,2,53-55,490.
[5086] G R 3,188,86.

„vernans flos divinitatis", „Frühlingsblume der Gottheit"[5087], „vernans flos ingenuae venustatis", „Frühlingsblume der adligen Anmut"[5088], „vivens florida dies vernalis", „lebender blühender Frühlingstag"[5089], „dulcis amoenitas"[5090], „suavis amoenitas", „süße Lieblichkeit"[5091], „speciose amor", „schöne Liebe"[5092], „blanditor delicatissime", „zärtlichster Schmeichler"[5093] und „juvenis floridissime", „blühendster Jüngling"[5094]. Man sagt zu ihm: Du bist ganz schön[5095]. Du bist liebenswert und sehr geziert[5096]. Du bist wirklich schön und geziert[5097]. Du bist ganz süß und lieblich[5098]. Du bist allein schön und lieblich[5099], schön und sehr klar[5100], ganz blühend und zart[5101], blühend und lieblich[5102]. O wie schön ist die Gestalt[5103]. Wie schön bist Du, unser König, Herr[5104]. Du bist die Lieblichkeit aller Farben[5105].

Er wird bezeichnet als schöner oder schönster Herr[5106], als die schöne oder schönste Blume[5107], die Liebe[5108], das schöne oder schönste Licht[5109] und Wort[5110]. Er ist der Schönste von allen[5111], von allen Männern[5112]. Seine Augen sind schön[5113]. Ein schönes Feld[5114] und ein schöner Saphir[5115] sind Metaphern für Christus. In folgenden Vergleichen wird seine überragende Schönheit herausgestellt: Er ist kostbarer als Perlen und Gold[5116], schöner als die Sonne[5117] und selbst als Maria[5118].

[5087] G R 6,673f.,202.
[5088] G 3, 3,65,3,54,266.
[5089] G R 3,68,78.
[5090] G R 4,356f.,122.
[5091] G 3, 3,65,3,30,264.
[5092] G R 7,631,246.
[5093] G 3, 3,65,3,49,266.
[5094] G 3, 3,65,3,56,266.
[5095] JFC 3,11,391,155.
[5096] GHLD 19,2,98B.
[5097] JHLD 36,6,161-164,276f.
[5098] G R 2,78,70.
[5099] G R 5,319-321,182.
[5100] G R 7,595f.,244.
[5101] G 3, 3,1,1,10,16.
[5102] G 4, 4,27,1,3f.,260.
[5103] HISV 2, 3,1,8,334f.,337.
[5104] MO 2,12,107,571.
[5105] G 3, 3,65,3,26,264.
[5106] JFC 3,26,913,171; 3,27,929,171.
[5107] HISV 1, 2,5,7,368f.,182; 2, 3,7,7,201f.,467.
[5108] GIS NatBM 2,4,97f.,492.
[5109] JHLD 7,3,149,76.
[5110] HAN 2,16,645C.
[5111] HSO 954C; TH 76,3-7,170.
[5112] TH 106,27f.,230.
[5113] MM 1,29,3,22.
[5114] TH 27,8-12,76.
[5115] TH 84,27f.,188.
[5116] JFC 3,26,882,170.
[5117] AJG 336,274f.
[5118] SP 1,84,17-19; IH 15,45,154.

3. Weil die höchste Schönheit in einer geordneten Vielfalt besteht[5119], besitzt die Drei-
faltigkeit eine dreifachleuchtende Schönheit[5120] und ist durch Vielfalt schön[5121]. Dem
Sohn Gottes wird nur selten eigens die Schönheit in der Dreifaltigkeit zugesprochen[5122].
Doch ist er seit Ewigkeit als Weisheit[5123] in den Augen der Engel schön[5124], weil er vom
Vater in der Ewigkeit der Schönheit[5125] mit Zierde bekleidet wurde[5126].

4. Seine Menschwerdung geschah schön[5127], das heißt in rechter Ordnung[5128], was
in seiner jungfräulichen Empfängnis zum Ausdruck kommt[5129], weswegen Maria die
schönste aller Frauen genannt wird[5130]. Der Sohn Gottes, der vom Geheimnis der
Schönheit ausgeht[5131], bekommt als Mensch eine eigene Schönheit[5132], die mehr in der
Schönheit der Sitten als in derjenigen des Körpers besteht[5133] und die nicht die sinnenhafte Erkenntnis, sondern nur der Glaube des Menschen erfaßt[5134]. Wegen dieser doppelten Schönheit ist er der Schönste[5135]. Folgende Tugenden Jesu machen seine Schönheit aus: Barmherzigkeit[5136], Demut[5137], Gerechtigkeit[5138], Wahrheit[5139], Sanftmut[5140],
Weisheit[5141] und vor allem Liebe[5142]. Er kann die Menschen, die aus dem Paradies, dem
Ort der Lieblichkeit, verjagt sind, erlösen[5143].

5. Weihnachten ist ein Tag lieblicher Zartheit[5144]. Das Jesuskind wird „filius delicatus", „zarter Sohn"[5145], „infantulus speciosus", „schönes Kindlein"[5146], „ternerissimus
et delicatissimus infantulus", „zärtlichstes und zartestes Kindlein"[5147], „puer pulcher-

---

[5119] RVTR 5,2,302-304.
[5120] HH 7,1054D.
[5121] HAM 4,30-33,28.
[5122] HAB 17,49-51,141f.
[5123] HNM 7,693D; MM 3,9,8f.,86.
[5124] BHLD 2,45,6,9,124,8-11; JHLD 5,1,36,62; TH 89,30-32,196.
[5125] G 2, 2,3,4,19f.,242.
[5126] GIS Nat 5,5,187-189,234; JHLD 35,6,158-170,271.
[5127] JHLD 8,1,1-11,1-315,79-87.
[5128] BLVM 2,13,66,9-12.
[5129] BHLD 1, 47,2,3,140,21f.; JHLD 35,6,168f.,271; HISV 2, 3,8,15,684f.,497; TH 26,7-9,72-74; MM 7,18,5,270.
[5130] TH 77,3f.,174.
[5131] HISV 1, 2,6,31,1192-1196,260.
[5132] BHLD 2, 45,4,9,124,12-20; WHLDB 29,430A-B; JHLD 5,1,33-30,62; MM 4,2,27f.,110.
[5133] GIS NatBM 2,2,47f.,488-490.
[5134] BHLD 1, 28,2,3,436,20.
[5135] JHLD 35,1,11-14,267.
[5136] JHLD 35,5,110-113,270.
[5137] JHLD 8,1,1-11,1-315,79-87.
[5138] JHLD 8,1,1-11,1,315,79-87; 35,5,110-113,270.
[5139] GIS NatBM 2,2,51-53,490.
[5140] GIS NatBM 2,2,51-53,490.
[5141] JHLD 8,1,1-11,1,315,79-87.
[5142] GIS NatBM 2,2,58-60,490; JHLD 35,5,110-113,270.
[5143] HISV 1, 1,2,15,405f.,24.
[5144] MM 1,45,4,32.
[5145] G 4, 4,9,8,3,120.
[5146] ESV 1,58,29.
[5147] G 2, 2,16,2,1-3,290.

rimus", „schönster Knabe"[5148], „puerulus floridus", „blühendes Knäblein"[5149], „puerulus speciosus", „schönes Knäblein"[5150], „tenerus puerulus", „zartes Knäblein"[5151], „aller lyeblichste kyntgyn", „allerlieblichstes Kind"[5152] und „schone … lyebliches kyntgyn", „schönes … liebliches Kind"[5153] genannt. Auch der Zwölfjährige wird als schön bezeichnet[5154].

6. Beim Leiden war Jesus nach außen hin nicht schön[5155], sondern schwarz und häßlich[5156], was sich durch die Geißelung[5157], die Verspottung[5158], die Bespuckung und die Todesbleiche[5159] ergab. Und doch ist er auch beim Blutschwitzen der liebliche Gottessohn[5160]. Schön ist er, weil er auf diese Weise für uns zur Erlösung wird[5161].

7. Schon in der Verklärung strahlt seine Schönheit auf[5162]. Erst recht geschieht dies in der Auferstehung. Seine Wunden sind jetzt schön[5163] und lieblich[5164]. In der Himmelfahrt vollendet sich die menschliche Schönheit Jesu[5165], mit der er unsichtbar auf Erden bei den Menschen bleibt[5166].

8. Weil die Kirche ihre Schönheit von Jesus empfangen hat[5167], ist sie die schönste der Frauen[5168], denn an ihr wird kein Makel gefunden[5169]. In der Eucharistie erscheint Christus als ein schöner Mann[5170].

9. Vor seinem schönen Angesicht müssen im Gericht alle Menschen erscheinen[5171]. Im Himmel schaut man die Schönheit Jesu[5172] und die Lieblichkeit des Angesichts des Lammes Gottes[5173].

[5148] IG 4,37,118; MH 1,5,20.

[5149] G 4, 4,3,4,5-8,52.

[5150] IN 21,251.

[5151] G 2, 2,16,1,1f.,290.

[5152] CH 1, 230.

[5153] CH 1, 227.

[5154] IN 19,247; MH 6,3,380.

[5155] BHLD 1, 28,1,2,434,12f.; 2, 45,4,6,120,11-13.

[5156] BHLD 1, 25,4,9,384,15-18.

[5157] LTA 1,1,7,192.

[5158] LTA 1,1,7,192; ALJ 1571f.,171f.

[5159] BHLD 1, 25,4,9,384,18f.

[5160] CH 1, 239.

[5161] BHLD 1, 25,4,8,384,22.

[5162] BHLD 2, 25,4,8,484,19-23.

[5163] AB 113,6-9,254.

[5164] AB 113,7-9,254.

[5165] BHLD 2, 45,4,9,124,20f.; ALJ 2081f.,212f.

[5166] MH 1,20,75.

[5167] GIS NatBM 2,5,128-130,494.

[5168] GHLD 47,3,247A.

[5169] GHLD 47,3,247A-B; JHLD 5,1,40-46,62; HISV 2, 3,6,35,1008f.,460.

[5170] HAV 7,64-68,94.

[5171] Vom jüngsten Tag. Ditz ist von dem jungesten tage. Dâ man hoeret jâmers klage 251, in: Die Deutsche Literatur vom Mittelalter bis zum 20. Jahrhundert, 1,1,175.

[5172] JFC 3,13,444-446,156; DAG 363,29f.

[5173] JFC 3,13,444-446,156.

10. Der einzelne Mensch hat an der Zierde Christi Anteil[5174] und meditiert über sie[5175], sehnt sich nach seiner Schönheit[5176], lobt sie[5177] und dankt für sie[5178]. Der Sünder hat die schöne Farbe verloren und erhält sie durch die Sonne Christi wieder[5179]. Der Erlöser erneuert unsere Schönheit[5180]. Wir ziehen die Schönheit Christi an[5181]. Er ist die Schönheit der Demütigen[5182]. Als den Schönsten möchte man ihn lieben[5183], kann es aber nur, wenn man von Sünden rein ist[5184].

11. In Visionen wird Jesus oft schön genannt. Man sieht „sponsum floridum et delicatum, prae milibus Angelorum forma speciosum", „den Herrn Jesus, den blühenden und zarten Bräutigam, an Gestalt schöner als tausend Engel"[5185], der lieblich blühend ist[5186] wie eine Blume[5187]. Er erscheint so schön und mit zarten Händen[5188], wie man sich einen Menschen in jungen Jahren ersehnt[5189]. Dazu ist er „pulcherrimus et amoenissimus aspectu", „von schönstem und lieblichstem Aussehen"[5190]. Man sieht Jesus an einem lieblichen Ort oder Garten[5191].

12. In der Brautmystik sieht die Braut den schönen Jesus[5192]. Er wird als blühender[5193] und zarter Bräutigam[5194], schöner Jüngling[5195] oder Allerschönster[5196] bezeichnet. Wenn der Mensch Jesus schön nennt, denkt er nicht an ihn als König, sondern als Geliebter[5197]. Schön ist er, weil er liebt und geliebt wird[5198]. Da er schön ist, liebt die Braut ihn[5199], und der Bräutigam freut sich an ihrer Schönheit[5200]. Sie wird durch ihn

---

[5174] JHLD 5,2,47-72,62f.

[5175] BHLD 1, 32,2,4,506,1f.

[5176] JFL 29f.,186; GIS NatBM 2,2,56-58,490.

[5177] WHLDB 29,430A.

[5178] WHLD 1,8,93,214.

[5179] WHLD 1,8,90,210.

[5180] JHLD 35,5,132-135,270.

[5181] JHLD 18,1,26-28,157.

[5182] TH 27,7f.,76.

[5183] JFC 3,27,929,171.

[5184] JFT 8,163-165,204.

[5185] G 2, 1,16,1,12-14,208.

[5186] G 3, 3,49,1,4,216.

[5187] G 3, 3,53,1,5,228.

[5188] G 2, 2,1,2,12-14,230.

[5189] G 2, 2,1,2,12-14,230.

[5190] AB 214f.,30-39,442.

[5191] MH 3,2,197; AB 206,4-6,424.

[5192] BHLD 1, 45,4,6,120,14-16.

[5193] MH 7,10,403.

[5194] G 5, 5,4,8,15,90.

[5195] MM 1,44,9,27; 4,1,6,109; 7,8,5-7,264; MH 4,44,301; LO 10,315,29-31; CS 1, 45,109,17-22.

[5196] MM 1,44,78f.,31; vgl. MM 7,37,12,286.

[5197] BHLD 1, 45,4,6,120,19f.

[5198] BHLD 2, 45,5,8,122,27f.

[5199] BHLD 1, 45,5,9,122,19.

[5200] RVBMI 85,61A.

selbst schön[5201]. So soll sie von der irdischen zu seiner Schönheit aufsteigen[5202], sich ganz zu seiner Schönheit wenden[5203] und mit ihm reden[5204]. Die Einheit mit Jesus wird schön[5205], schöner Tanz[5206], schönes Wunder[5207], Blume der Einung[5208] und lieblicher Gruß oder Umarmung[5209] genannt. Diese findet im schönen Vogelgesang[5210] in einem lieblichen Garten[5211], auf der blühenden Wiese[5212] statt. Der Teufel will die Seele zur Einheit mit ihm als schöner Jüngling verführen[5213].

6.4 Liebe

1. „Amor", „amicitia", „dilectio", „c(h)aritas" sind vier Ausdrücke für die Liebe. In unseren Texten werden sie an den meisten Stellen ohne semantischen Unterschied gebraucht. Wenn Unterschiede zwischen den einzelnen Begriffen gemacht werden, sind sie selbst wieder sehr verschieden gesetzt und von ein- und demselben Autor oft nicht konsequent durchgehalten. Aus diesem Grund verzichten wir auf eine nach diesen vier Begriffen getrennte Behandlung.

In der Vulgata wird von der „dilectio Christi" in Joh 17,26; 2 Tim 1,13 gesprochen. In Mt 3,17; Mk 1,11; Lk 3,22; 2 Petr 1,17 wird Jesus „Filius dilectus" genannt. Von der „caritas Christi" wird in Röm 8,35; 2 Kor 5,14; Eph 3,19 geredet. Zwar spricht Jesus seine Jünger mit „amici", „Freunde" an (Joh 15,13-15), er selbst wird aber nie „amicus", „Freund" genannt. Einer der Namen Jesu in der Alten Kirche für Christus lautet „dilectus", „Geliebter"[5214].

2. Schon Jean von Fécamp verwendet Ausdrücke der Liebe oft im christologischen Kontext.

2.1 Jesus wird angeredet mit den Worten: „Amantissime, carissime", „Liebendster, geliebtester!"[5215] „Amantissime Domine, per caritatem qua posuisti animam tuam pro grege tuo!" – „Liebendster Herr, um der Liebe willen, mit der Du Dein Leben für Deine Herde gegeben hast!"[5216] „Amor qui semper ardes, dulcis Christe, Iesu bone!"

[5201] BD 91,3,706,11-13; WHLD 1,8,94,216; WHLDB 29,430B; TH 26,3-6,72.
[5202] SP 1,100,1-3.
[5203] JHLD 9,1,60-63,89.
[5204] JHLD 2,3,137f.,47.
[5205] HAB 17,54f.,142.
[5206] MM 1,44,29f.,28.
[5207] MM 6,16,19f.,226.
[5208] MM 2,25,114,66.
[5209] MM 1,14,2f.,14.
[5210] MM 1,44,17,28.
[5211] G 3,3,54,2,13-21,234.
[5212] MM 7,12f.,286.
[5213] MM 4,2,50f.,111.
[5214] Sieben, Nomina 177.
[5215] JFC 3,26,878f.,170.
[5216] JFC 3,27,956f.,172.

– „Liebe, die Du immer brennst, süßer Christus, guter Jesus!"[5217] „Amor qui semper ardes, et nunquam extingueris: dulcis Christe, bone Iesu, caritas!" – „Liebe, die Du immer brennst und niemals erlischst, süßer Christus, guter Jesus, Liebe!"[5218] „Dulcedo amoris, et amor dulcedinis!" – „Süße der Liebe, Liebe der Süße!"[5219] „Caritas Deus meus!" – „Liebe, Du mein Gott!"[5220] Ausdrücklich identifiziert Jean den «dilectus», «Geliebten» des Hohenliedes mit Jesus und spricht von dem «Christo dilecto», «geliebten Christus»[5221] oder nennt ihn „uere dilectus", „wirklich Geliebter"[5222].

2.2 Gott und seine Liebe, mit der er uns in Jesus Christus Gutes erwiesen hat, werden oft erwähnt. So ist er der „amator hominum", „Liebhaber der Menschen", da er uns in Christus erlöst hat[5223]. Mit dem gleichen Titel wird Gott angesprochen; denn er hat in Christus die Kirche vor Erschaffung der Welt erwählt[5224]. „Inenarrbilem dilectionem, qua nos miseros et indignos gratuito amare dignatus es", „Die unbenennbare Liebe, durch welche er uns Elende und Unwürdige umsonst gnadenvoll geliebt" und uns seinen Sohn gesandt hat, wird erwähnt[5225]. Jean dankt „pro tua hac mira et inenarrbili caritate qua nos sic amasti", „für diese Deine wunderbare und unnennbare Liebe, durch die Du uns geliebt hast", in der er uns durch den Tod seines eingeborenen Sohnes errettet hat[5226]. „Propter nimiam caritatem tuam qua nos dilexisti", „Um Deiner übergroßen Liebe willen, mit der Du uns geliebt hast (Eph 2,4)", hat er uns mit Christus lebendig gemacht[5227].

2.3 Angesichts der Tatsache, daß Jesus haben will, daß wir immer bei ihm sind (Joh 12,26; 17,24), ruft Jean aus: „O caritas!" – „O was für eine Liebe!"[5228] Jesus hat uns seine „inaestimabilis caritas", „unschätzbare Liebe" dadurch gezeigt, daß er sich nicht der Engel, sondern unser angenommen hat[5229]. Von Jesus erbittet Jean sich für sein Ende als „signum amoris tui", „Zeichen Deiner Liebe" die Gnade der Tränen und die Wegzehr[5230].

2.4 Es fällt auf, wie oft von der Liebe Gottes bei Jean geredet wird, die sich in der Sendung und dem erlösenden Wirken Jesu zeigt.

3. Bernhard von Clairvaux, der immer wieder auf die Liebe, insbesondere auf die Liebe Gottes, zu sprechen kommt, kennt selbstverständlich auch die Liebe im christologischen Umfeld.

[5217] JFC 3,28,1013f.,174.

[5218] JFC 3,27,922f.,171.

[5219] JFC 3,29,1052,175.

[5220] JFC 3,29,1054,175.

[5221] JFM 4,63-68,207f.; JFA 10,116-122,215.

[5222] JFM 12,141,210.

[5223] JFC 2,2,60-65,122f.

[5224] JFC 2,12,540f.,138.

[5225] JFC 2,2,65-70,123. Wörtlich auch in JFL 264-267,195.

[5226] JFC 2,14,610-619,140f.

[5227] JFC 2,6,244-246,129.

[5228] JFC 2,5,201,127.

[5229] JFC 2,6,210-214,128.

[5230] JFC 3,27,969f.,173.

3.1 Bernhard spricht von der innertrinitarischen Liebe. Zunächst teilt er diese Liebe nicht auf die einzelnen Personen auf: „Tota Trinitas amat." – „Die ganze Dreifaltigkeit liebt."[5231] Dann ist aber auch von der Liebe der einzelnen Personen die Rede. „Pater enim diligit Filium." – „Denn der Vater liebt den Sohn."[5232] Dies gilt auch von der zweiten Person: „Sed enim non minori ipse a Filio affectione astringitur." – „Er (= der Vater) wird aber ja von keiner geringeren Zuneigung durch den Sohn umfaßt."[5233] Diese wechselseitige Liebe ist „osculum suavissimum, sed secretissimum", „der süßeste, aber auch geheimste Kuß"[5234].

3.2 Jesus wird ebenfalls mit der Liebe gleichgesetzt: „Caritas est, quia Deus est." – „Er ist die Liebe, weil er Gott ist."[5235]

3.3 Um die Menschen zu erlösen, sandte Gott einen Boten in der Gestalt der Liebe aus[5236]. „Propter nimiam caritatem suam, qua dilexit nos, misit nobis Filium suum dilectum." – „Wegen seiner übergroßen Liebe, mit der er uns geliebt hat, hat er uns seinen geliebten Sohn gesandt."[5237] Es geschieht das gnadenhafte Hinabsteigen des Wortes Gottes zur menschlichen Natur und die Erhöhung der menschlichen Natur zum Wort „per divinum amorem", „durch die göttliche Liebe"[5238]. Wenn die Menschen die Ankunft Christi richtig feiern wollen, müssen sie selbst „inflammati tanta dilectione", „entflammt von so großer Liebe" sein[5239]. Daß eine so große Majestät, aus so großer Entfernung auf die Erde, einen so unwürdigen Ort, herabgestiegen ist, geschah, „quia caritas copiosa", „weil die Liebe überreich" ist[5240]. Nur weil er uns so süß geliebt hat, ist er zu unserem Kerker gekommen[5241]. Christi Entäußerung geschah aus Liebe. Er hat sich erniedrigt „non necessitate iudicii, sed nostri caritate", „nicht aus dem Zwang eines Urteiles, sondern aus Liebe zu uns"[5242]. Die daraus resultierende Demut steht „non redargutione veritatis, sed caritatis intra nos infusione", „nicht durch Erfassung der Wahrheit, sondern durch Eingießung der Liebe in uns"[5243]. Christus war nicht insofern demütig, als er die Realität seines Niedrigseins anerkannt hätte, sondern weil er uns seine Liebe eingießen wollte. Dadurch, daß er in der Erniedrigung seine Schönheit abgelegt hat, „caritas plus effulsit", „erglänzt die Liebe mehr"[5244]. So ist dem Gläubigen

[5231] BDI 4,13,96,13.
[5232] BHLD 1, 8,1,1,120,18f.
[5233] BHLD 1, 8,1,1,120,20f.
[5234] BHLD 1, 8,1,1,120,23f.
[5235] BB 1, 18,3,376,6.
[5236] BPA 1,6,816,1-22.
[5237] BNAT 5,1,268,9f.
[5238] BD 87,3,682,7f.
[5239] BADV 4,1,100,3-5.
[5240] BADV 1,7,68,16-19.
[5241] BHLD 1, 20,2,3,280,11f.
[5242] BHLD 2, 42,4,7,88,18-21.
[5243] BHLD 2, 42,5,8,88,31f.
[5244] BHLD 2, 45,6,9,124,12-14.

seine Niedrigkeit liebenswerter als seine Hoheit[5245]. Er ist ja Mensch geworden, damit wir, durch seine Liebe angeregt, ihn ebenfalls lieben[5246].

3.4 Im Streit zwischen der Gerechtigkeit und Barmherzigkeit über die Möglichkeit der Erlösung gibt es nur eine Lösung: „Si ex caritate moriatur quis, utique qui nihil debeat mori." – „Wenn einer aus Liebe sterben sollte, der (sonst) aus keinem Grund sterben muß."[5247] Häufig zitiert Bernhard Joh 3,16: „So sehr hat Gott die Welt geliebt, daß er seinen Eingeborenen in die Welt gesandt hat."[5248] Joh 15,13: „Es gibt keine größere Liebe, als daß einer sein Leben für die Freunde hingibt", zitiert Bernhard wiederholt, um das Motiv für das freiwillige Sterben Jesu zu nennen[5249]. Im Unterschied zum Erschaffen bedarf die Art der Erlösung aber der Mühe und Anstrengung. So ruft Bernhard aus: „Ecce quomodo dilexit." – „Siehe, wie er geliebt hat."[5250] In seiner Lebenshingabe für seine Freunde zeigt sich, daß Jesus die größte Liebe besaß[5251]. „Nam et caritas in eo perfecta est, quod pro amicis animam posuit." – „Denn auch die Liebe ist darin vollendet worden, daß er für seine Freunde sein Leben hingegeben hat."[5252] „Probamentum dilectionis pia mors." – „Der Beweis der Liebe ist (s)ein Tod aus Güte."[5253] „Tota virtute dilexit, cum nec vitae suae pepercit pro dilectione." – „Aus ganzer Liebe hat er geliebt, als er auch sein Leben um der Liebe willen nicht geschont hat."[5254] Die Liebe ist das Kreuz, an dem der Mensch wie Christus hängt, der uns durch sein Sterben zur Vollkommenheit seiner Liebe einlädt[5255]. „Habes caritatem in passione." – „Du hast die Liebe im Leiden."[5256] Im Anklang an das Osterexultet heißt es: „Ut servum redimeret, nec Pater Filio, nec sibi Filius ipse perpercit." – „Um den Knecht zu erlösen, hat weder der Vater den Sohn noch der Sohn sich selbst geschont."[5257] Eine noch größere Liebe zeigt sich deutlicher dadurch, daß der Sohn sein Leben für die Feinde hingab[5258]. „Dilexit ergo Deus, et gratis, et inimicos." – „Gott hat also geliebt sowohl ungeschuldet als auch die Feinde."[5259]

3.5 Auch in der Brautmystik spielt bei Bernhard die Liebe Christi eine Rolle. Er legt Hld 2,6 „Seine (= des Bräutigams) Linke liegt unter meinem Haupt" folgendermaßen auf Christus hin aus: In der Linken soll man die „recordationem illius caritatis qua nulla maior est, quod animam suam posuit pro amcis suis", „Erinnerung an jene Liebe, im

---

[5245] BEPI 2,2,338,19f.

[5246] BDI 7,22,110,19f.

[5247] BANN 1,12,124,2f.

[5248] BDI 1,1,76,19; 4,24,96,8f.; BB 2, 393,1,754,13f.

[5249] BDI 4,12,94,13f.; BB 1, 85,4,682,24-684,1; BHLD 1, 20,3,4,284,9f.; BVNAT 4,7,184,18f.; BQH 9,6,614,6f.; BIVHM 4,186,16-18.

[5250] BHLD 1, 20,2,2,278,11.

[5251] BDI 3,7,12,84,12-14.

[5252] BPASC 1,3,224,2f.

[5253] BD 119,814,6.

[5254] BHLD 1, 20,3,5,284,7f.

[5255] BS 3,74,486,3-5.

[5256] BVNAT 4,7,184,18.

[5257] BIVHM 4,186,14f.

[5258] BIVHM 4,186,18.

[5259] BDI 1,1,76,18.

Vergleich zu der keine größer ist, weil er sein Leben für die Freunde hingab,"[5260] verstehen. Diese „gratuita et sic probata dilectio", „gnadenvolle und so erprobte Liebe" soll man sich vor Augen stellen, um zur Gegenliebe angespornt zu werden[5261].

3.6 Das liebevolle Verhältnis Christi besteht zuerst zwischen ihm und der Kirche, weswegen er „sponsus ecclesiae", „Bräutigam der Kirche" genannt wird[5262]. In ihr lebt er wie ein „sponsus in thalamo", „Bräutigam im Brautgemach"[5263]. Doch auch der einzelne Mensch darf hoffen, „gloriam Sponsi", „die Herrlichkeit (seines) Bräutigams" einmal zu schauen[5264]. Christus fühlt ja dem einzelnen Menschen gegenüber wie ein Bräutigam[5265]. „Iste Sponsus non modo amans, sed amor est." – „Dieser Bräutigam ist nicht nur ein Liebender, sondern die Liebe selbst."[5266] Dieser Bräutigam hat zwei Brüste, diejenige der Langmut des Wartens auf den Sünder und diejenige der Bereitschaft zum Verzeihen[5267]. In der darin zum Ausdruck kommenden Liebe verliert die Braut die Furcht vor ihm[5268].

So wird er auch „amicus dulcis", „süßer Freund" genannt[5269], von dem man das Lieben lernen kann[5270], und wir dürfen uns seine Freunde[5271], ja sogar seine „amicissimi", „freundschaftlichsten" Menschen[5272] nennen.

3.7 Für Bernhard ist die Liebe Jesu Christi in seinem irdischen Wirken und vor allem in seinem Leiden wichtig. Ähnlich wie Jean von Fécamp behandelt er oft die Liebe Gottes, mit der er seinen Sohn auf die Welt sandte und um der Erlösung willen leiden ließ. Es fällt auf, daß Bernhard kaum aus dem Wort Liebe gebildete Adjektive für Jesus gebraucht. Der Grund mag darin liegen, daß er die literarische Gattung von Gebeten und Meditationen, in welchen Anreden mit solchen Adjektiven gebräuchlich sind, selten benutzt.

4. Auch für Wilhelm von St. Thierry ist „Liebe" ein wichtiger Begriff seiner Christologie.

4.1 Innerhalb der Dreifaltigkeit spricht der ewige Sohn: „Ego et Pater et charitas mea non tres, sed unum sumus." – „Ich und der Vater und meine Liebe, wir sind nicht drei sondern eins."[5273] Wilhelm nennt die Menschwerdung als Verbindung von Gottheit und Menschheit, „quasi quoddam osculum ... charitatis", „gleichsam einen gewissen

[5260] BDI 4,12,94,12-14.
[5261] BDI 4,13,84,25-27.
[5262] BB 1, 45,1,506,14-17.
[5263] BS 3,91,542,5.
[5264] BB 1, 113,2,818,1f.
[5265] BHLD 2, 76,3,8,532,11.
[5266] BHLD 2, 83,2,4,614,12.
[5267] BHLD 1, 9,4,5,138,13-16.
[5268] BHLD 1, 9,3,4,138,7-10.
[5269] BHLD 1, 20,2,3,280,1f.
[5270] BHLD 1, 20,3,4,280,17-19.
[5271] BHLD 2, 76,3,8,532,12.
[5272] BHLD 2, 76,3,8,532,13.
[5273] WNC 2,721C.

Kuß ... der Liebe"[5274]. „Sponsus vero Christus, sponsae suae Ecclesiae, quasi osculum de caelo prorrexit, cum Verbum caro factum." – „Der Bräutigam Christus aber hat seiner Kirche gleichsam vom Himmel einen Kuß angeboten, als das Wort Fleisch geworden ist."[5275] Die Menschwerdung geschah, „agente in ea amore Dei", „weil die Liebe Gottes in ihr wirkte"[5276].

4.2 Jesus, der unschuldig am Kreuz starb, pflanzte die Liebe in die Herzen der Menschen[5277]. Das Sprechen Gottes geschieht im Sohne, „id est in manifesto ponere, quantum et quomodo nos amasti, qui proprio filio tuo non pepercisti", „das heißt, indem er kundtut, wie sehr und wie geartet Du uns geliebt hast, der Du Deinen eigenen Sohn nicht geschont hast (Röm 8,32)"[5278]. Dieses Offenbaren geschah durch die liebende Selbsthingabe des Sohnes, „qui etiam dilexit nos et tradidit semetipsum pro nobis", „der uns auch geliebt und sich für uns hingegeben hat (Gal 2,20; Eph 5,25)"[5279]. Hier versagt aber der Vergleich mit Menschen. Ein menschlicher Arzt wird den Kranken, den er nur durch den Tod seines eigenen Sohnes retten soll, hassen. Gott aber hat uns gerade im Tod seines Sohnes geliebt[5280].

4.3 Wilhelm macht sich ausdrücklich Gedanken über die Frage, ob man die menschliche Liebe auf Gott übertragen darf, und bejaht sie. Christus hat nicht nur in Gleichnissen aus dem menschlichen Bereich gesprochen, sondern in ihm ist Gott Mensch geworden[5281]. Deswegen ist alles Menschliche offen, ein Gleichnis für Gott zu werden. Nichts Süßeres gibt es aber bei den Menschen als die Verbindung von Bräutigam und Braut. Deswegen kann diese auch ein Gleichnis für die Verbindung zwischen Gott und Mensch sein. So gibt es auch hier „sponsus et sponsa, Christus et Ecclesia vel quaelibet sancta anima", „den Bräutigam und die Braut, Christus und die Kirche oder jedwede heilige Seele"[5282]. Während er als Bräutigam der Kirche die Völker zusammenführt, holt er als Bräutigam der Seele diese aus der Finsternis der Sünde[5283]. Auch Wilhelm kommentiert Hld 2,6, die Stelle, nach der die Braut von der Rechten und Linken des Bräutigams erfaßt wird. „Dextera vero sponsi eam amplectitur, dum illuminatis oculis ejus, totam eam possidet amor Divinitatis." – „Die Rechte des Bräutigams umarmt sie, während die Liebe der Gottheit sie ganz besitzt, wobei ihre Augen erleuchtet werden."[5284] Wenn die Braut diese Liebe erwidert, vergißt sie alles und wünscht sich den Tod[5285]. So spricht der Mensch zu Christus: „Amor amoris tui agit me." – „Die Liebe zu Deiner

---

[5274] WHLDB 7,413D.
[5275] WHLD 1,1,30,112.
[5276] WR 1,550D.
[5277] WR 4,626C.
[5278] WC 10,20-23,92.
[5279] WC 10,24f.,92.
[5280] WR 3,593B.
[5281] WHLDB 4,411A.
[5282] WHLDB 4,411B; vgl. WHLD 1,30,112-114.
[5283] WHLD 2 prael 146,308.
[5284] WHLDB 34,434B.
[5285] WHLD 1,4,54,146-148.

liebe bringt mich zum Handeln."[5286] „Sponsus veniens Sponsae proprior efficitur." –
„Der Bräutigam kommt und wird der Braut immer mehr zu eigen."[5287] Dies geschieht
auf Erden nur teilweise. Wenn aber der Tag der Ewigkeit anbricht, dann „Sponsus et
Sponsa non tam erunt sibi mutuo ad consentiendum, quam aderunt ad fruendum",
„werden Bräutigam und Braut nicht so sehr da sein, um einander zuzustimmen, sondern zu genießen"[5288]. Sie schauen sich dann nicht mehr nur wie durch einen Spiegel,
sondern von Angesicht zu Angesicht[5289].

4.4 Bei Wilhelm, der ebenfalls die Liebe im heilsgeschichtlichen Handeln Jesu betont,
fällt die hermeneutische Reflexion über die Brautmystik auf: Die Liebe zwischen Bräutigam und Braut kann deswegen zur Erklärung der Liebe zwischen Gott und Mensch
herangezogen werden, weil sein Sohn Mensch geworden ist.

5. Aelred von Rievaulx, der so sehr auch auf die emontional gegründete Freundschaft
zwischen Menschen Wert legt, beklagt den Tod eines Freundes, weiß aber doch, daß
Jesus ihm „cubiculum caritatis suae", „das Gemach seiner Liebe" gezeigt hat[5290]. Die
zwischenmenschliche Freundschaft führt zu Christus. „Non igitur uidetur nimium
grauis uel innaturalis ascensus, de Christo amorem inspirante quo amicum diligimus,
ad Christum semetipsum amicum nobis praebentem, quem diligamus." – „Nicht
scheint es ein allzu schwerer oder unnatürlicher Aufstieg zu sein von Christus, der uns
die Liebe einhaucht, mit dem wir den Freund lieben, zu Christus, der sich uns selbst
als Freund schenkt, den wir lieben sollen."[5291] In diesem Zusammenhang spielt auch
der geistige Kuß eine Rolle, welcher den Freunden eigen ist und nicht geschieht „oris
attactu, sed mentis affectu" „durch Berührung des Mundes, sondern durch die Zuneigung des Geistes"[5292]. Wenn man zu Christus aufsteigen will, gilt: „Hoc osculum non
inconuenienter osculum dixerim Christi, quod ipse tamen porrigit non ore proprio
sed alieno." – „Dieser Kuß wird nicht unpassend der Kuß Christi genannt, welchen er
aber nicht mit dem eigenen, sondern mit einem fremden Mund gibt."[5293] Aelred kennt
aber auch die Brautmystik. So nennt er eine Inkluse Braut des Bräutigams Christi[5294].
Aelred betont, daß es auch bei der Liebe zu Gott nicht nur um die „effectus operis",
„Wirkung im Werk", sondern auch um „affectus mentis", „das Fühlen des Geistes"
geht[5295]. Auch für den zweiten Aspekt der Liebe muß der Mensch etwas tun: „Ut ille
dulcis amor Iesu in tuo crescat affectu", „Damit jene süße Liebe Jesu in deinem Gefühl
wächst"[5296], soll man eine dreifache Meditation pflegen und das irdische Leben Jesu

---

[5286] WMO 3,213D.
[5287] WHLD 2,1,152,320.
[5288] WHLD 2,4,176,358.
[5289] Ebenda.
[5290] ARSC 1,34,100,1723-1725,58.
[5291] ARSA 2,20,147-149,306.
[5292] ARSA 2,26,185-187,307.
[5293] ARSA 2,26,190-192,307f.
[5294] ARI 14,471,650; 25,710,657.
[5295] ARI 29,878f.,662.
[5296] ARI 29,883-887,662.

umfassen[5297]. Man soll nicht vor der Absage an diese Welt zurückschrecken, weil Christus dem Menschen ein Gefühl eingibt, „quo te caritatis poculo debriauit", „mit dem er dich durch den Becher der Liebe berauscht"[5298]. Jesus hat ja ein Gesicht, „non terribilis sed amabilis", „nicht schreckenerregend, sondern liebenswert"[5299].

Bei Aelred ist die in uns Gefühle weckende Freundschaftsliebe Jesu bemerkenswert.

6.   Wenn Isaak von Stella lieber den Heiligen Geist den Kuß des Vaters nennt, so ist der „Filius os Patris", „Sohn der Mund des Vaters", durch den der Kuß gegeben wird[5300]. Während der Heilige Geist zur Freundschaft führt, vermittelt Christus eher die Gerechtigkeit[5301]. Durch den Kuß dieses Mundes sind wir Freunde Gottes geworden[5302]. Wir sollen „Salvatoris nostri memores, et maxime dilectionis, passionis et patientiae ipsius, ubi maximam suam erga nos caritatem ostendit", „unseres Erlösers eingedenk sein und vor allem seiner Liebe, seines Leidens und seiner Geduld, wo er seine größte Liebe uns gegenüber gezeigt hat"[5303]. Isaak sieht in der Braut sowohl die Kirche als auch die Einzelseele: „Sponsus, ut scitis, Christus est, et Sponsa Christi Ecclesia. Sponsus Verbum Dei est, Sponsa anima fidelis." – „Der Bräutigam, wie ihr wißt, ist Christus und die Braut Christi die Kirche. Der Bräutigam ist das Wort Gottes, die Braut die gläubige Seele."[5304] Doch besteht eine Unterordnung der Seele unter die Braut Kirche. Wenn wir wissen wollen, wie die Freunde des Bräutigams sein sollen, müssen wir auch auf die Braut, die Kirche, hören[5305].

Wenn Isaak relativ selten von der Liebe Christi spricht, kommt dies daher, daß für ihn der Heilige Geist die eigentliche Form der Liebe Gottes zu uns Menschen darstellt.

7.   Bei Gilbert von Hoyland fällt auf, daß bei ihm die Bezeichnung „Geliebter"[5306] und „Bräutigam"[5307] für Christus an Zahl zunimmt.

Besonders im Zusammenhang mit der Brautmystik kann man dies feststellen: Gilbert macht sich darüber Gedanken, warum vom Lager des Geliebten in Hld 3,1 in der Verkleinerungsform als „lectulus", „Bettchen" gesprochen wird. Diese drückt eine Kürze des Lagers aus. Klein soll das Bett des Menschen für Jesus nicht sein, weil man ihn, den Großen, nicht bei sich aufnehmen will, sondern weil man ihn allein an diesen Ort empfangen soll. „Bona quidem haec brevitas lectui, quae nescit nisi dilectum suum, id est Christum sucipere." – „Gut ist ja die Kürze des Bettes, die nur ihren Gelieb-

---

[5297]   ARI 29-32,888-1367,662-677.
[5298]   ARI 32,1337-1342,676.
[5299]   ARI 33,1444f.,679.
[5300]   IS 45,12,114f.,104.
[5301]   IS 45,14,132f.,106.
[5302]   IS 45,12,111-114,104.
[5303]   IS 15,15,149-151,292.
[5304]   IS 47,8,74f.,140.
[5305]   IS 47,10,88-91,142.
[5306]   GHLD 9,4,55B.
[5307]   GHLD 40,8,212C.

ten, daß heißt Christus, aufzunehmen weiß."[5308] Er als Geliebter und Bräutigam lädt ein[5309]. „Anima sponsae liquescit ad loquelam dilecti sui Jesu Christi." – „Die Seele der Braut schmilzt bei dem Gespräch ihres Geliebten, Jesus Christus."[5310] Wenn der Geliebte entgleitet und nicht spürbar wird, dann nur, damit die Liebe der Braut in der Sehnsucht wächst[5311].

Die Kirche in ihren Anfangszeiten klopfte an die Tür der Ohren der Heiden, „ut dilecto suo Christo ad corda ipsorum ostium aperiretur", „damit die Tür zu ihren Herzen für ihren Geliebten, Christus, geöffnet wird"[5312]. Jesus wird als Bräutigam und Bruder angerufen, wenn die Seele als Braut ihn sucht und nicht findet[5313]. Von dem „justus judex et dulcis sponsus Jesus Christus", „gerechten Richter und süßen Bräutigam Jesus Christus" erwartet die Braut die Krone der Herrlichkeit[5314]. In immer neuen Übersteigerungen wird die Liebe Jesu gepriesen: „Frater mi Jesus, amabilis et decorus valde; amabilis es super amorem mulierum." – „Mein Bruder Jesus, liebenswert und sehr geziert; liebenswerter bist Du als die Liebe der Frauen."[5315] „O qualis est, o quam amabilis est dilectus tuus! cuius in te semper amor capit augmenta, qui tibi sit semper de dilecto dilectus." – „O wie beschaffen, o wie liebenswert ist dein Geliebter! Dessen Liebe zu dir immer Vermehrung erfährt, der dir immer von dem Geliebten der Geliebte sein soll."[5316] „Ipse multo magis est amabilis, quam amatur a vobis." – „Er ist weit liebenswerter, als er von euch geliebt wird."[5317] „Totus enim amabilis et dilectus noster Jesus Christus." – „Ganz liebenswert nämlich und geliebt (ist) unser Jesus Christus."[5318] Er schenkt reiche Gaben, „sed charitas supergressa est universas", „aber die Liebe hat sie alle übertroffen"[5319].

Es fällt auf, daß bei Gilbert der heilsgeschichtliche Bezug der Liebe Jesu fast ganz fehlt.

8. In einem seiner Traktate läßt Balduin von Canterbury Gott die Frage stellen: „Quis enim te sic amat ut ego?" – „Wer liebt dich denn so wie ich?"[5320] Die Frage beantwortet sich durch eine neue Frage: „Quis te redemit, nisi ego?" – „Wer hat dich erlöst, wenn nicht ich?"[5321]. Balduin spricht von einer verwundenden Liebe[5322]. So verwundet Gott sich durch seine Liebe: „Nempe propter nimiram charitatem, qua nos dilexit, cum esse-

---

[5308] GHLD 2,1,18B.
[5309] GHLD 40,8,212C.
[5310] GHLD 44,7,236B.
[5311] GHLD 45,1,236C.
[5312] GHLD 43,8,230B.
[5313] GHLD 3,2,23D.
[5314] GHLD 28,7,149B.
[5315] GHLD 19,2,98B.
[5316] GHLD 47,6,249B.
[5317] Ebenda.
[5318] GHLD 19,8,102C.
[5319] Ebenda.
[5320] BT 10,514B.
[5321] Ebenda.
[5322] BT 8,479D.

mus mortui peccatis, vitam nobis desideravit, et sibi mortem. Hinc ejus vulnera in cruce suspensi; hinc peccatorum nostrorum vulnera sunt sanat, hinc nobis salus est ministrata." – „Denn wegen der übergroßen Liebe, mit der er uns geliebt hat, als wir durch die Sünden tot waren, hat er für uns das Leben und für sich den Tod ersehnt. Von daher kommen die Wunden dessen, der am Kreuz hängt; von daher sind die Wunden unserer Sünden geheilt; von daher hat uns das Heil gedient."[5323] Daß Jesus am Kreuz für uns starb, kommt nicht durch äußere Einwirkungen, sondern von der Tatsache, daß die Liebe ihn bezwingt und Gewalt über ihn hat[5324].

Für Balduin konzentriert sich die Liebe Jesu zu uns in seinem Kreuzestod.

9.   Nach Guerricus von Igny sind die Wunden Jesu die Höhlen im Felsen, in denen der Mensch wie eine Taube Zuflucht nehmen kann[5325]. Dort ist er „amore crucifixi", „durch die Liebe des Gekreuzigten" vor der Hitze des Fleisches, der Verwirrung der Welt und dem Angriff des Teufels sicher[5326].

10.   Bei Johannes von Ford sind die Namen „Geliebter" und „Bräutigam" für Jesus sehr gebräuchlich.

10.1   Die Liebe des Vaters und die Liebe des Menschen zum Sohn Gottes sind ineinander verschränkt: „Pater enim diligit Filium suum, dilectum meum." – „Der Vater liebt nämlich seinen Sohn, meinen Geliebten."[5327] Die Liebe des Vaters ist so groß, daß all seine Herrlichkeit und Macht auf den Sohn übergegangen ist[5328]. Weil diese Liebe die erste Quelle aller Liebe ist[5329], ist „dilectus Filius suus, dilectus meus", „sein geliebter Sohn mein Geliebter"[5330]. In einem ähnlichen Verhältnis steht auch die Kirche und die Einzelseele als Braut: Er ist der Geliebte der Kirche und der, den die Einzelseele zu lieben hat[5331].

10.2   Die ganze Erlösung ist der Liebe Gottes entsprungen. „Ab aeterno caritas Dei, mater nostra, cum nos in eam peccaturos praenosceret, iam tunc penes se cogitabat cogitationes pacis." – „Von Ewigkeit dachte die Liebe Gottes, unsere Mutter, als sie vorauserkannte, daß wir gegen sie sündigen würden, schon bei sich Gedanken des Friedens."[5332] Angesichts dessen ruft Johannes aus: „O uis caritatis, o grande miraculum eius in Deo de Deo." – „O Gewalt der Liebe, wie groß ihr Wunder in Gott von Gott."[5333] Aus Liebe sandte Gott seinen Sohn, welche Tatsache mit Joh 3,16 begründet wird[5334]. „Certissima magni amoris est exhibitio missio Vnigeniti." – „Der sicherste

---

[5323] BT 8,480A.
[5324] BT 10,515C.
[5325] GIS Palm 4,5,126-134,210.
[5326] GIS Palm 4,5,137f.,212.
[5327] JHLD 7,2,108,75.
[5328] JHLD 7,2,108-111,75.
[5329] JHLD 7,2,115,75.
[5330] JHLD 7,2,112,75.
[5331] JHLD 2,3,155f.,48.
[5332] JHLD 13,3,73-75,117.
[5333] JHLD 13,3,83f.,118.
[5334] JHLD 13,6,246f.,121.

Erweis einer großen Liebe ist die Sendung des Eingeborenen."[5335] "Caritatis Dei pretium", „Der Preis der Liebe Gottes" ist es, weswegen der Sohn den Himmel mit all seinen Freuden verläßt und zur Erde kommt[5336]. Es kommt aus einem starken Liebesbrand, daß Gott seinen Sohn als Boten geschickt hat, uns seine Liebe zu offenbaren und zu empfehlen[5337]. Doch geht es nicht nur um ein Belehren, die Liebe drängt auch Gott, sich in der Menschwerdung mit dem Menschen zu vereinen[5338]. „Humilitas" hat bei Johannes nicht nur die Bedeutung von „Demut", sondern auch von „Niedrigkeit". Wenn er deswegen „de humilitate dilecti", spricht[5339], meint dies seine Selbsterniedrigung auf Erden.

10.3 Das Motiv für den Tod Jesu am Kreuz kann nur die Liebe sein. „O quam cara mihi caritas tantae maiestatis esse debet", „O wie teuer muß mir die Liebe einer so großen Majestät sein", die für den Menschen, ein kleines giftiges Würmlein, bereit ist, ihr Blut zu vergießen[5340]. Wie von Wein trunken erscheint unserem Autor der Sohn Gottes, daß er am Kreuz sein Leben aus Liebe dahingab[5341]. Seine Liebe verfolgt die von ihm geliebten Menschen bis zu den Pforten der Hölle[5342]. Durch Christi Tod ist das Leben der Liebe offenbar geworden[5343]. So sind wir Schuldner der Liebe Gottes geworden, mit der er für uns gestorben ist[5344]. Christus selbst soll kommen und den Menschen lehren „de caritate passionis suae", „von der Liebe seines Leidens"[5345].

10.4 Auch Johannes weiß, daß die Liebe dadurch gefunden wird, daß man eifrig von Christus liest und hört[5346]. „Ad caritatem et humilitatem urgere me debuit, caritas et humilitas Domini mei." – „Zur Liebe und Demut müßte mich zwingen die Liebe und Demut meines Herrn."[5347] So nennt Johannes Jesus „concupiscibilis et amabilis Dominus", „begehrens- und liebenswerter Herr"[5348].

10.5 Jesus als Bräutigam der Kirche spielt in dem Hohenliedkommentar des Johannes auch eine Rolle: „Totum carmen cantici huius primam praecipuamque habet materiam caritatem illam felicissimam sacratissimamque, qua coelesti sponso Christo in Spiritu Sancto foederatur et unitur ecclesia." – „Das ganze Lied dieses Gesanges hat als hauptsächlichen Gegenstand jene glücklichste und geheiligtste Liebe, durch welche dem himmlischen Bräutigam Christus im Heiligen Geist die Kirche verbunden und

---

[5335] JHLD 13,6,257f.,122.
[5336] JHLD 13,6,267-270,122.
[5337] JHLD 13,6,248-251,121f.
[5338] JHLD 35,4,64f.,268.
[5339] JHLD 9,1,6,88.
[5340] JHLD 97,6,110-115,659.
[5341] JHLD 59,10,217-220,421.
[5342] JHLD 109,4,72-75,737.
[5343] JHLD 109,3,47f.,736.
[5344] JHLD 109,5,64f.,737.
[5345] JHLD 43,5,64-66,311.
[5346] JHLD 61,10,192-195,433.
[5347] JHLD 95,6,130f.,645.
[5348] JHLD prol 3,54f.,34.

geeint wird."[5349] Schon im Vorwort des Kommentars wird Jesus deswegen „sponsus ecclesiae", „Bräutigam der Kirche" genannt[5350]. Dieser Titel taucht dann in den Schluß-formeln der einzelnen Sermones immer wieder auf[5351]. Die Kirche hat viele Gründe, diesen ihren Bräutigam zu lieben[5352].

10.6　Besonders deutlich nennt Johannes die Liebe als das Motiv der Menschwerdung und des Sterbens des Sohnes Gottes. Während er das liebende Verhältnis zwischen dem Bräutigam Christus und der Braut, der Kirche, hervorhebt, sind die Stellen, in denen die Liebe zur Einzelseele als Braut erwähnt wird, gering.

11.　Im Traktat „Speculum virginum" ist der Blick ganz auf das bräutliche Verhältnis der Jungfrauen zu Christus gerichtet. Es sollen ja folgen „Christum virginem virgi-nis", „die Jungfrauen dem jungfräulichen Christus"[5353]. Christus wird „amor virginis", „Liebe der Jungfrau"[5354] und „amator", „Liebhaber" genannt[5355]. Der Autor weiß, daß Christus aus Liebe starb: „Adeo te Christus dilexit, quod pro te mortem gustavit. Re-sponde itaque tantae dilectioni dilectione, dilige diligentem." – „So sehr hat Christus dich geliebt, daß er für dich den Tod gekostet hat. Antworte deswegen einer so großen Liebe mit Liebe, liebe den Liebenden."[5356]

Insgesamt ist es erstaunlich, wie wenig in diesem Werk von der Liebe Christi ge-sprochen wird.

12.　Der Autor von „Liber amoris" ringt mit der Frage, ob man den alles überragen-den Gott nicht eher fürchten muß und ihn nicht lieben darf[5357]. Am Ende läßt er die Liebe auftreten, welche die Antwort gibt: „Est enim mediator Dei et hominum, homo Christus Jesus. … Huic tamquam mediatori fideli, amorem tuum confidenter com-mite. Quoniam ipse prior dilexit te; et licet omni plenitudo diuinitatis in ipso habitet corporaliter, non tamen est metuendus, quoniam qui dilexit non diligentem multo ma-gis et affectuosius diliget diligentem." – „Es gibt nämlich einen Mittler zwischen Gott und den Menschen, der Mensch Christus Jesus. … Ihm, dem gleichsam treuen Mittler, übergib deine Liebe vertrauensvoll. Denn er hat dich zuerst geliebt, und obwohl in ihm die Fülle der Gottheit leibhaft wohnt, ist er doch nicht zu fürchten, weil der, welcher den Nichtliebenden geliebt hat, viel mehr und inniger den Liebenden liebt."[5358] Es ist ja die Liebe, welche ihren Pfeil in das Herz des am Kreuz hängenden Jesus geschossen hat

---

[5349] JHLD 64,1,10-13,447.

[5350] JHLD prol 7,164,37.

[5351] JHLD 5,6,151,65; 25,9,252f.,214; 28,7,226,232; 29,6,206,238; 34,10,193,267; 37,8,209,283; 38,7,220f.,288f.; 39,7,182,293; 41,9,239.250,304; 42,7,177,309; 43,12,209,314; 46,9,205,331; 63,10,199,446; 64,12,228,452; 67,13,279,472; 82,9,223,569; 96,11,267,656; 106,13,248,722; 109,11,272,742; 112,12,236,761.

[5352] JHLD 33,7,166f.,260.

[5353] SP 1,90,10f.

[5354] SPE 49,1030A.

[5355] SP 10,846,7.

[5356] SP 4,360,2-4.

[5357] LB 3,138-141,131.

[5358] LB 3,141-148,131f.

und dort stecken ließ, so daß aus seinen Wunden Blut und Wasser, das heißt Tropfen der Süße und Wonne, flossen[5359].

13. In der nüchterneren Theologie der Viktoriner wird die Liebe Jesu nicht so häufig erwähnt wie bei den Zisterziensern. Dennoch gibt es auch hier einschlägige Stellen.

Hugo von St. Viktor hat einige kleinere Traktate über die Liebe geschrieben[5360]. In ihnen nimmt die allgemeine Gottesliebe den größeren Raum ein[5361]. An einigen Stellen ist aber auch von der speziellen Liebe Jesu Christi die Rede.

13.1 Charakteristisch für Hugo ist die Personifizierung der Liebe, welche an Gott handelt. Über die Menschwerdung schreibt er: „Tu Deum ad hominem deducis." – „Du (= die Liebe) hast Gott zum Menschen geführt."[5362] „Deum humilans, nos sublimans." – „Der Du Gott erniedrigst und uns erhöhst."[5363] Die Liebe macht den Ewigen sterblich[5364]. Sie hat eine große Kraft, „ut per te usque ad hoc humilaretur Deus, et usque ad hoc exaltaretur homo", „daß durch Dich bis dahin Gott erniedrigt und bis dahin der Mensch erhöht wird"[5365]. Sie hat ein Band, mit dem sie Gott fesselt, um den Menschen zu befreien[5366]. Um dies zu verdeutlichen, zählt Hugo alle Pein Jesu von der Krippe bis zum Kreuz auf[5367]. „Si causam quaerimus, aliam prater solam charitatem non invenimus. O Charitas! quantum potest?" – „Wenn wir nach dem Grund suchen, finden wir keinen anderen als allein die Liebe. O Liebe! Wieviel vermagst Du?"[5368] Auf die Frage nach den Gründen, warum man Gott lieben soll, nennt Hugo das „opus restaurationis", „Werk der Wiederherstellung", welches vor allem in der „incarnatio Verbi", „Fleischwerdung des Wortes" besteht[5369].

13.2 Nachdem Hugo das Kommen des Sohnes Gottes und seinen Tod für uns beschrieben hat, sagt er: „Cogita quantum diliget te, qui tanta facere dignatus est propter te." – „Bedenke, wie der Dich liebt, der sich würdigte, so Großes um Deinetwillen zu tun."[5370] Die Seele ruft aus: „Nulla dilectio major, nullus amor sinserior, nulla charitas sanctior, nullus affectus ardentior; mortuus est pro me innocens, nihil in me, quod amaret inveniens. Quid ergo, Domine, dilexisti in me, et tantum dilexisti ut morereris pro me?" – „Keine Liebe ist größer, keine ernsthafter, keine heiliger, keine Zuneigung brennender; für mich ist der Unschuldige gestorben, wobei er nichts, was er lieben könnte, in mir findet. Was also hast Du in mir geliebt und so sehr geliebt, daß Du für mich

---

[5359] LB 3,181-191,133f.
[5360] HSO; HL; HA: HQD; HSD.
[5361] Wenn auch das eigentliche Thema des Traktats HSD die Liebe des Menschen zu Gott ist, kommt auch die Liebe Gottes zum Menschen, allerdings ohne Erwähnung Christi, zur Sprache.
[5362] HL 974B.
[5363] Ebenda.
[5364] HL 975A.
[5365] HL 974C.
[5366] HL Ebenda.
[5367] Ebenda.
[5368] HL 974C-D.
[5369] HQD 3,62f.,98.
[5370] HSO 962C.

starbst?"[5371] Man kann auf diese Frage keine andere Antwort finden „praeter gratuit-am Salvatoris tui charitatem", „außer der gnadenhaften Liebe deines Heilandes"[5372]. So heißt es von der Liebe: „Vulnerasti impassibilem, ligasti insuperabilem." – „Du hast den nicht Leidensfähigen verwundet und den Unüberwindlichen gebunden."[5373] Deswe-gen wird der Sohn Gottes „amator tuus, Redemptor tuus", „Dein Liebhaber, Dein Er-löser" genannt[5374]. Die im Leiden Jesu gezeigte Liebe ist für Hugo der Grund, warum die Heilige Schrift Gott die Liebe nennt (1 Joh 4,8)[5375]. Wenn er den Menschen aber so als Sünder geliebt hat, wieviel mehr liebt er ihn jetzt als Erlösten[5376].

An vielen Stellen, an denen vom „sponsus", „Bräutigam" die Rede ist, ist an Gott allgemein und nicht an den Menschgewordenen gedacht[5377]. Doch kann er auch den sich erniedrigenden menschgewordenen Sohn Gottes so nennen[5378].

13.3 Wenn Hugo an die Liebe denkt, spricht er mehr von der Liebe Gottes allgemein als von derjenigen Christi, obwohl er sie auch als Motiv für die Menschwerdung und das Sterben des Sohnes Gottes erwähnt.

14.   Noch sparsamer ist Richard von St. Viktor mit Äußerungen über die Liebe Jesu.

14.1 Ausgerechnet Richard, der so sehr die völlige Gleichheit zwischen den einzelnen Personen der Dreifaltigkeit[5379] und damit auch die Einzigkeit ihrer Liebe[5380] hervor-hebt, macht in der Liebe zwischen ihnen einen Unterschied. Er kennt drei Arten der Liebe: „Amor gratuitus", „die ungeschuldete Liebe", die allein der Vater in der Drei-faltigkeit besitzt, weil er ohne zu empfangen sich den anderen Personen schenkt, und „amor debitus", „die geschuldete Liebe", welche der Heilige Geist besitzt, weil er in der Liebe nur der Empfangende ist. Der Sohn aber besitzt „amor permixtus", „eine ge-mischte Liebe", weil er zwar alles vom Vater empfängt, zugleich alles an den Geist wei-tergibt[5381]. Da dies aber nur den formalen Aspekt des Ursprungs betrifft, kann Richard doch sagen: „Nulla in Trinitate differentia amoris." – „Es gibt keinen Unterschied in der Dreifaltigkeit."[5382]

14.2 Richard unterscheidet einmal bei der Anrede Gottes „Dominus", „Herr" von „dilectus", „Geliebter"[5383]. „Quis ergo est iste singulariter delictus et dilectus singulo-rum?" – „Wer also ist jener einzig Geliebte und der Geliebte der Einzelnen?"[5384] Die

---

[5371] HSO 963A.

[5372] HSO 963D.

[5373] HL 974D-975A.

[5374] HSO 963D.

[5375] HL 975B.

[5376] HSO 969C-D.

[5377] Z.B. HSO 959A.C; 961C; 965B; 969A. In dem kleinen Traktat "De Amore Sponsi ad Sponsam" (HA 987B-994A) wird nirgends der Bräutigam eindeutig mit Jesus Christus identifiziert. Sein Name fällt nur im Kontext der Dreifaltigkeits- (HA 989A) und Kirchenlehre (HA 991D).

[5378] HSO 962B.

[5379] Vgl. Weiß, Dreieine 166-169.

[5380] RVTR 5,23,358.

[5381] RVTR 5,16,344.

[5382] RVTR 5,34,364.

[5383] RVPS 28,295D.

[5384] RVPS 28,295D-296A.

Antwort lautet: Jesus Christus, der sich „amabilem facit", „liebenswert macht"[5385].
Man muß ihn aber in vielfacher Hinsicht als „Geliebten" bezeichnen. „Ergo dilectus
iste dilectus est Patris sui, dilectus sponsae suae, dilectus hominum, dilectus angelorum,
dilectus omnium, dilectus singulorum." – „Also ist jener Geliebte der Geliebte seines
Vaters, der Geliebte seiner Braut, der Geliebte der Menschen, der Geliebte der Engel,
der Geliebte der Gesamtheit, der Geliebte der Einzelnen."[5386]

15. Hildegard von Bingen redet wieder vermehrt von der Liebe im christologischen
Kontext.

15.1 Wiederholt nennt Hildegard als Motiv für die Menschwerdung die Liebe. Das
Wort Gottes hat „in amore supernae suauitatis", „in der Liebe der hohen Süße" auf die
Hinfälligkeit der Menschen geschaut[5387]. Der Vater zeigt seine Liebe in unserer Not
und sandte seinen Sohn[5388]. „Caritas quoque Vnigenitum Dei in sinu Patris in caelo tulit et eum in uterum Matris in terra posuit, quoniam ipsa nec peccatores nec puplicanos
spernit, sed omnes saluari contendit." – „Die Liebe hat auch den Eingeborenen Gottes
im Schoß des Vaters im Himmel genommen und ihn in den Schoß der Mutter auf Erden
gelegt, weil sie weder die Sünder noch die Zöllner verachtet, sondern bestrebt ist, alle
zu retten."[5389] Diese Liebe verhinderte aber auch, daß der Sohn sich dabei vom Vater
getrennt hat[5390]. „Creator et dominus omnium ita dilexit populum suum quod propter
saluationem eius misit Filium suum principem et saluatorem fidelium." – „Der Schöpfer und Herr aller hat so sein Volk geliebt, daß er zu dessen Rettung seinen Sohn, den
Fürst und Retter der Gläubigen, gesandt hat."[5391] „In ardore caritatis", „Im Brand der
Liebe" sandte er uns seinen Sohn[5392]. „Filius Dei in caritate humanum corpus", „Der
Sohn Gottes hat in Liebe den menschlichen Leib" angenommen[5393]. Dies betrifft auch
die Geburt Jesu: „Filius meus ex Virgine natus est in caritate, quae omnimodo operata
est in ipso." – „Mein Sohn ist aus der Jungfrau in Liebe geboren, welche auf jede Weise
in ihm wirkt."[5394] In großer Liebe ging der aus der Jungfrau hervor, der den gefallenen
Menschen wieder mit Gott vereinte[5395]. Der Leib des Bräutigams kam unverletzt aus
Maria vom Schoß der Braut hervor[5396]. Die Barmherzigkeit und die Liebe führten zur
Menschwerdung[5397]. Es zeigte sich die „lampas caritatis", „die Lampe der Liebe", weil
Gott „propter ipsius amorem Vnigenitum suum mitteret incarnandum", „um seiner

---

[5385] RVPS 28,296A.
[5386] RVPS 28,296A-B. "Omnes" und "singuli" stehen semantisch in einem gewissen Gegensatz. "Omnes" ist die
Gesamtheit einer Anzahl, während "singuli" die je Einzelnen in ihr meint.
[5387] HISV 1, 2,1,7,215-221,116.
[5388] HISV 1, 2,2,4,79-82,126.
[5389] HISV 1, 1,2,33,829-831,37.
[5390] HISV 1, 2,1,3,164f.,114.
[5391] HISV 1, 2,2,4,101-103,127.
[5392] HISV 1, 2,6,25,996,254.
[5393] HIO 1,1,11,2,55.
[5394] HISV 2, 3,3,6,288f.,379.
[5395] HIM 4,24,461-464,186.
[5396] HIM 4,24,468f.,186.
[5397] HIB 1, 86,11f.,209.

Liebe willen seinen Eingeborenen zur Menschwerdung sandte"[5398]. Wegen der Liebe seines Sohnes, mit der er Mensch wurde, zeigt sich Gott uns Menschen gegenüber milde und süß[5399]. Der Sohn ist Mensch geworden, um „in caritatis officio", „im Amt der Liebe" den Menschen zu erlösen[5400]. Dadurch hat der Sohn „in humilitate et caritate", „in Demut und Liebe" den Menschen der Gewalt des Teufels entrissen[5401]. Die darin gezeigte Liebe geht über alles menschliche Begreifen hinaus[5402].

15.2 Die Liebe und die Demut des Sohnes Gottes haben dem Menschen die Freiheit wieder geschenkt[5403], welche beiden Haltungen sich besonders in seinem Tod zeigen[5404]. Der Sohn spricht zum Vater: „Vide ea caritate qua me in mundum missisti et considera vulnera mea, quibus precepto tuo hominem redemi." – „Sieh mit der Liebe, mit welcher Du mich in die Welt gesandt hast, und betrachte meine Wunden, mit denen ich nach Deinem Befehl den Menschen erlöst habe."[5405] Er hat ja aus Liebe sein Blut für die Menschen vergossen[5406]. Aus Liebe hat er in der Welt gelitten[5407]. Das Leiden geschah „propter supernam dilectionem, quam in corde suo fideliter habuit", „um der höheren Liebe willen, die er in seinem Herzen getreu gehabt hat"[5408]. „Tali modo est enim sibi interior dilectio cordis ad homines, quod Filium suum misit ad crucem." – „Auf solche Weise ist ihm (= dem Vater) die Herzensliebe innerlicher zu den Menschen, daß er seinen Sohn ans Kreuz gesandt hat."[5409] Durch sein Leiden hat Christus uns ein Beispiel der Liebe geschenkt[5410].

15.3 Am Kreuz wurde die neue Vermählung mit der Kirche im Blut des Sohnes Gottes geschlossen[5411]. Sie ist entstanden „in amore Filii", „in der Liebe des Sohnes"[5412]. Christus als „sponsus dilectae ecclesiae suae", „Bräutigam seiner geliebten Kirche" hat sich mit ihr in seinem Blut verlobt, damit der Fall des Menschen wieder gut gemacht wird[5413]. Um „sponsus ecclesiae", „Bräutigam der Kirche" zu werden, hat der Heilige Geist wunderbar die Menschwerdung des Sohnes Gottes bewirkt[5414]. Er ist ja ohne jedes Verderben aus der unversehrten Jungfrau geboren und hat sein Blut für sie als inniger Bräutigam gegeben[5415]. Die Verlobung mit der Kirche fand am Kreuz statt, als

---

[5398] HISV 2, 3,8,19,967-971,506.
[5399] HISV 2, 3,5,1,116f.,411.
[5400] HIO 1,1,3,12f.,50.
[5401] HISV 1, 1,2,32,810-814,36f.
[5402] HIO 1,1,3,15-18,50.
[5403] HIO 3,3,3,12-15,382.
[5404] HIO 3,3,3,15-20,382.
[5405] HIO 3,5,34,7-9,457.
[5406] HISV 1, 2,5,51,1549f.,218.
[5407] HISV 1, 2,6,17,689f.,245.
[5408] HISV 1, 2,5,5,293f.,180.
[5409] HISV 2, 3,1,8,360f.,337.
[5410] HISV 1, 2,6,22,871-873,250.
[5411] HISV 1, 2,3,5,194-196,138.
[5412] HISV 1, 2,5,15,580-582,189.
[5413] HISV 1, 2,3,4,181-183,138.
[5414] HISV 1, 2,4,4,150f.,163.
[5415] HISV 1, 2,3,12,283-285,142.

aus seiner Seite Blut floß[5416]. Dies hindert aber nicht daran, daß die Braut Kirche ihrem Bräutigam im Gehorsam untertan bleibt[5417]. Die Stärke dieses Bräutigams zeigt sich im heiligmäßigen Leben der Glieder der Kirche[5418]. Auf sie kann die Kirche mit der Bemerkung hinweisen: „Haec est fortitudo sponsi mei." – „Das ist die Stärke meines Bräutigams."[5419] Um der Liebe seines Sohnes willen hat der Vater auch der Kirche seinen Geist geschenkt[5420].

15.4 Hildegard kennt eine Brautliebe zwischen Christus und den ehelosen Ordensfrauen. „Filius Virginis dulcissimus amator castae dilectionis, quem apprehendit fidelis anima, desiderans dulcissima eius amplexione integritatem suam coronare relicto carnali uiro et se copulans Christus eumque certissimo foedere amans." – „Der Sohn der Jungfrau (ist) der süßeste Liebhaber der keuschen Liebe, den die gläubige Seele ergreift, weil sie sich sehnt, in seiner süßesten Umarmung ihre Unversehrtheit im Zurücklassen eines fleischlichen Mannes zu krönen, indem sie sich mit Christus verbindet und ihn im sichersten Bund liebt."[5421] Wenn auch der Frau untersagt ist, den Dienst des Priesters in der Eucharistiefeier zu übernehmen[5422], kann sie doch als „virgo desponsata Filio meo sponsum eum", „mit meinem Sohn verlobte Jungfrau ihn als Bräutigam" nehmen[5423], und der Sohn wird in keuscher Liebe sie süß als Braut umarmen[5424].

15.5 Die Liebe des Sohnes brennt verborgen in den Herzen der Getauften[5425]. Sie sorgt dafür, daß der Mensch sich von den fleischlichen Begierden erholt[5426]. Diejenigen, die um der Liebe Christi willen auf das körperliche Verlangen verzichten, erhalten von Gott Freude[5427]. Der Mensch soll auch „dilectionem sancte incarnationis in imagine Dei ad proximium suum", „die Liebe der heiligen Menschwerdung im Bild Gottes zu seinem Nächsten" haben[5428].

15.6 Hildegard von Bingen legt großen Wert auf die Liebe, die zur Menschwerdung des Sohnes und zu seinem Kreuzestod geführt hat. Zwar kennt sie das, was man Brautmystik in bezug auf die Kirche nennt, von dem bräutlichen Verhältnis des einzelnen Menschen zu Christus spricht sie aber nur bei den Gott geweihten Jungfrauen.

16. Auch Elisabeth von Schönau spricht von der Liebe Jesu. Unmittelbar nachdem sie scharfe Drohungen über die Kirche in einer Ekstase vernommen hat, sieht sie Jesus als

---

[5416] HISV 1, 2,6 vis,194-201,230.

[5417] HISV 1, 2,6,1,297-303,233.

[5418] HISV 2, 3,11,9,246f.,581.

[5419] HISV 2, 3,11,42,890,602.

[5420] HISV 1, 2,4,1,82-86,161.

[5421] HISV 2, 3,8,16,818-822,501.

[5422] HISV 1, 2,6,76,2203-2207,290.

[5423] HISV 1, 2,6,76,2210-2213,290.

[5424] HISV 1, 2,6,76,2215-2217,290.

[5425] HISV 1, 2,4,8,253f.,166.

[5426] HIO 1,4,95,66,227.

[5427] HIO 2,1,40,9-12,322.

[5428] HIO 2,1,46,15f.,337. Diese Stelle ist dunkel. Gemeint ist wohl, daß der Mensch um der in der Menschwerdung gezeigten Liebe Gottes willen auch seinen Nächsten als Bild Gottes lieben soll.

„infantulum speciosum et amabilem", „schönes und liebenswertes Kindlein"[5429]. Gegenüber den Katarern verteidigt Elisabeth die Kirche, „que coniuncta est et desponsata celesti sponso filio eterni regis", „welche verbunden und verlobt ist dem himmlischen Bräutigam, dem Sohn des ewigen Königs"[5430]. Christus will den Menschen „spiritum ardoris et caritatis", „den Geist des Brandes und der Liebe" schenken, mit welchem die Märtyrer ihr Leben hingaben[5431]. Die Jungfrauen aus der Begleitung der Heiligen Ursula gingen lieber in den Tod, als sich von ihrem Bräutigam zu trennen[5432]. Ordensfrauen aus Köln fordert Elisabeth auf, bereit zu sein, „ut quando veniet sponsus vester et pulsabit ad ostium cordis vestri, confestim aperiatis ei et introducatis eum ad cor vestrum", „wenn euer Bräutigam kommt und an die Tür eures Herzens klopfen wird, ihm sofort zu öffnen und ihn in euer Herz einzuführen"[5433]. An einer anderen Stelle ist von der Stimme des Bräutigams die Rede, der an das Herz der jungfräulichen Menschen klopft[5434]. Er „pulcherior et amabilior est omni creatura", „ist schöner und liebenswerter als jede Kreatur"[5435]. Wenn er kommt, erkennen sie erst, wie schön und liebenswert er ist[5436]. Sie sollen bereit sein für „thalamo sponsi", „das Gemach des Bräutigams"[5437] und sich Hochzeitskleider kaufen[5438]; denn der Bräutigam hat sie eingeladen[5439]. „Sponsus letatur in aspectu earum." – „Der Bräutigam freut sich an ihrem Anblick."[5440] Er führt den Reigen an[5441]. Jetzt schon sollen sie sich „in illum sponsum extendere, quo nihil(!) clarius, nichil amabilius est in celo aut in terra", „ausstrecken nach jenem Bräutigam, im Vergleich zu dem nichts klarer, nichts liebenswerter im Himmel oder auf Erden ist"[5442]. In ihm besitzen sie alles[5443]. In einem Brief wird von einem ganzen klösterlichen Konvent gesagt, „ut desponsetur celesti sponso Christo Jesu", „daß er verlobt mit dem himmlischen Bräutigam Jesus Christus ist"[5444].

Elisabeth spricht zwar nicht von der Liebe Gottes oder Jesu, die zur Menschwerdung oder dem Kreuzesleid geführt hat. Wesentlich ausgeprägter als bei Hildegard ist aber bei ihr das Bräutigam-Brautverhältnis zwischen Christus und den gottgeweihten Jungfrauen.

17. Zwar ist im St. Trudperter Hohelied die Vorstellung der Kirche als Braut zurückgetreten, an ihre Stelle tritt aber nicht unmittelbar die Einzelseele, sondern Maria. Sie

[5429] ESV 1,58,29.
[5430] ESV 3,25,76.
[5431] ESI 12,99.
[5432] ESU 21,134.
[5433] ESB 11,145.
[5434] ESI 14,107.
[5435] Ebenda.
[5436] ESI 14,109.
[5437] ESI 14,108.
[5438] ESI 14,109.
[5439] Ebenda.
[5440] ESI 14,108.
[5441] Ebenda.
[5442] Ebenda.
[5443] Ebenda.
[5444] ESB 16,149.

dürfte gemeint sein, wenn der Verfasser die heiligste Braut mit dem höchsten Bräutigam loben will[5445]. Auch Aussagen über die Liebe Christi treten gegenüber denen der Liebe des Heiligen Geistes zurück.

Und doch ist auch von der Liebe im christologischen Kontext die Rede. Gott säugte Maria zuerst mit der gnadenvollen Liebe, mit der sie Christus liebevoll aufziehen konnte[5446]. Von Christus heißt es: „Wan dû, liebestez liep, si loeset mit dem süezen tôde, den dîn helige minne suoze getân hat." – „Denn Du, liebstes Lieb, erlöst sie mit dem süßen Tod, den Deine heilige Liebe süß vollbracht hat."[5447]

18. Als Ivetta von Huy nach den Gebeten gefragt wird, die sie bei der Heiligen Messe verrichtet, antwortet sie: „Ita congratulatione et delectatione Christi dilecti mei praesentis sum occupata, ut aliquid ore dicere nec vacet nec libeat." – „Ich bin so von der Freude und dem Frohsein über die Gegenwart meines Geliebten Christus besetzt, daß ich weder die Muße noch den Wunsch habe, etwas mündlich zu sagen."[5448] Sie hat den Zustand erreicht, daß sie jeder Zeit die Gnade ihres Geliebten besitzt und sich in der Umarmung und dem Kuß des Geliebten spürt[5449].

19. Lutgard von Tongeren wünscht von Jesus, „ut cordis tui amorem cordi meo contemperes", „daß Du die Liebe Deines Herzens mit meinem Herzen mischst"[5450]

20. Von Juliane von Cornillon heißt es, daß sie in ihrer Jugend die Hohenliedpredigten des Bernhard von Clairvaux las und dadurch verstand, daß dieses Buch „carmen nuptiale Christi et Ecclesiae, Verbi et animae", „das Hochzeitslied Christi und der Kirche, des Wortes und der Seele" ist[5451], und sie liebte diese „amatoria cantica", „Liebeslieder" sehr[5452]. Christus, den sie ihren „dilectus", „Geliebten" nennt[5453] und der als König in seinem Gemach, „id est in sinu Patris", „das heißt im Schoß des Vaters," ruht, gibt ihr die Anregung, das Fronleichnamsfest zu verbreiten[5454]. Für den Verfasser ihrer Vita ist dies ein Zeichen der besonderen Liebe Christi zu der Mystikerin[5455]. Bei der Betrachtung des heiligen Altarsakramentes erfaßte sie Christus mit seiner Liebe[5456]. Ähnlich erleuchtete sie Maria mit dem Feuer der Liebe, wenn sie die Menschwerdung des Herrn betrachtete[5457]. Sie möchte den Kreuzestod erleiden, damit sie ein wenig die Liebe Christi am Kreuz erfassen kann[5458]. Da ihr dies nicht geschenkt wird, betrachtet sie in der damals üblichen Passionsfrömmigkeit die einzelnen Stationen des Herrenlei-

---

[5445] TH 7,4f.,30.
[5446] TH 14,19-21,48.
[5447] TH 17,9-11,54.
[5448] IH 36,99,164.
[5449] IH 36,101,164.
[5450] LTA 1,1,12,193.
[5451] JC 1,1,6,444.
[5452] Ebenda.
[5453] JC 2,6,32,468.
[5454] JC 1,2,13,446.
[5455] Ebenda.
[5456] JC 1,4,16,448.
[5457] Ebenda.
[5458] JC 1,4,18,449.

dens, um im Betrachten der Ängste und Bitterkeiten ihres Geliebten dessen Liebe zu erfahren[5459]. Christus hat ja in seinem Leiden die größte Liebe gezeigt. Ist es schon eine große Liebe, sein Leben für die Freunde zu geben (Joh 15,13), „verum animam ponere pro inimcis, excelentissima, quam Christus habuit, caritas est", „so ist, sein Leben sogar für die Feinde zu geben, die überragendste Liebe, welche Christus hatte"[5460]. Zu der Tatsache, daß Juliane am einem Freitag um die neunte Stunde starb, bemerkt der Verfasser ihrer Vita, daß es an dem Tag und der Stunde geschehen sei, „quibus dilectus sponsus ejus Jesus Christus, in cruce pendens, emisit spiritum", „an denen ihr geliebter Bräutigam Jesus Christus am Kreuz hängend seinen Geist aufgegeben hat"[5461].

Bei Juliane finden wir das, was für die meisten späteren Mystikerinnen typisch ist: Von der heilsgeschichtlichen Liebe Jesu wird fast nur im Spiegel der Frömmigkeit des Menschen gesprochen.

21. Über Aleydis von Scharbeke sagt der Autor ihrer Vita, daß sich Christus zu ihr verhielt „more sponsi, sponsae suae arrham tribuentis in signum perfectae dilectionis", „nach der Art des Bräutigams, der seiner Braut ein Unterpfand gibt zum Zeichen der vollkommenen Liebe"[5462]; dies geschieht in der Gestalt vollkommener Reinigung, so daß sie im Brautgemach verweilen kann[5463].

22. „Dilectus eius candidatus & rubincundus, quem elegerat ex millibus, scilicet Christus Dominus", „Ihr Geliebter, strahlend weiß und rot, welchen sie aus Tausenden erwählt hatte, nämlich Christus, der Herr," erschien Ida von Nijvel als „amabilis", „liebenswert"[5464]. Er schaut sie als seine Braut an und stärkt sie mit der Speise der göttlichen Liebe[5465]. Von ihm spricht sie: „Quam amabilis es in diuinitate tua." – „Wie liebenswert bist Du in Deiner Gottheit."[5466] Ihn als „dilectum & dilectorem suum", „ihren Geliebten und Liebhaber" fragt sie, wenn sie eine Vision nicht begreift[5467]. Die Art der Offenbarungen hängt von der Größe der Liebe ab[5468]. „Cum enim frequenter a dilecto suo introduceretur in celleam vinariam, & ab ea poculum ex vino amoris diuini conditum acciperet, statim prae ebrietate in mentis excessum abducebatur", „Da sie nämlich oft von ihrem Geliebten in die Weinzelle geführt wurde und von dort den aus dem Wein der Liebe bereiteten Kelch empfing und sofort aus Trunkenheit in die Ekstase geführt wurde", geschahen die Offenbarungen leicht und mit Freude[5469]. In einer Vision spricht die Jungfrau Maria zu Ida: „Me itaque amabis sicut dilectissimam dilecti tui; ego quoque te diligam sicut valde dilectam dilecti filij mei." – „Mich sollst Du lieben wie die Geliebteste Deines Geliebten, und auch ich will Dich lieben, wie eine sehr

---

[5459] Ebenda.
[5460] JC 2,7,36,469.
[5461] JC 2,8,49,473.
[5462] AS 2,9,473.
[5463] Ebenda.
[5464] IN 19,247.
[5465] Ebenda.
[5466] IN 21,252.
[5467] Ebenda.
[5468] IN 30,280.
[5469] Ebenda.

Geliebte meines geliebten Sohnes."[5470] Den Nächsten liebt man „in Christi charitate", „in der Liebe Christi"[5471]. So bemüht sich auch Ida, die Menschen „in Christi charitate diligere", „in der Liebe Christi zu lieben"[5472].

In der Vita der Ida wird die Liebe Christi im objektiven Heilsgeschehen nicht mehr und in der Brautmystik umso häufiger erwähnt. Bezeichnend für Ida ist, daß sich die dort erfahrene Liebe auch auf die Mitmenschen ausdehnt.

23. In der Vita der Beatrijs von Nazareth wird berichtet, daß die junge Frau unbedingt in das Noviziat aufgenommen werden will[5473]. Der Autor interpretiert diesen Wunsch folgendermaßen: „Cuius desiderium in corde dilecte sue diuina clementia celitus inspiravit." – „Die Sehnsucht danach hat in das Herz seiner Geliebten vom Himmel her die göttliche Milde eingehaucht."[5474] Einmal rezitiert sie „in nimiam commendationem caritatis diuine", „zur großen Erinnerung der göttlichen Liebe"[5475] die Antiphon: „Propter nimiam caritatem suam qua dilexit nos deus, filium suum misit in similitudinem carnis peccati vt omnes saluaretur." – „Wegen seiner übergroßen Liebe, mit der Gott uns geliebt hat, sandte er seinen Sohn in die Ähnlichkeit des Fleisches der Sünde, damit er alle rette."[5476] Dieses Aussprechen mündet in eine Ekstase[5477]. Bei einem Kommunionempfang erhält Beatrijs die Wohltaten „dilectoris et dilecti sui", „ihres Liebhabers und Geliebten"[5478] „degustatisque caritatis sue primitijs", „beim Kosten der Erstlingsgaben seiner Liebe"[5479]. An Tagen der Ablegung der Gelübde darf sie „sponsi sui copia", „die Reichtümer ihres Bräutigams" genießen[5480]. Die Zeit vergeht schnell in den drei Jahren, in welchen Beatrijs unter besonderen Anfechtungen zu leiden hat[5481], „pre amoris magnitudine", „wegen der Größe der Liebe"[5482]; denn sie erlebt immer wieder Augenblicke, in denen der „amator hominum, sponsus animarum", „Liebhaber der Menschen, der Bräutigam der Seelen", Jesus Christus, „electam sponsam suam", „seine auserwählte Braut" mit barmherzigen Augen anschaut[5483].

24. Daß Hadewijch, die in ihren Gedichten die weltlichen Minnelieder nachahmt, von der Liebe im religiösen Bereich spricht, ist selbstverständlich. Meist meint sie aber die Liebe Gottes allgemein oder die Liebe des Vaters und des Heiligen Geistes[5484]. Doch auch der Sohn gießt seinen Namen aus „in herteleken tekennen van Minnen", „in herz-

[5470] IN 25,262.
[5471] IN 14,236; 20,250.
[5472] IN 30,277.
[5473] BN 1,9,47,48-55,39.
[5474] BN 1,9,47,74f.,40.
[5475] BN 1,11,54,13,45.
[5476] BN 1,11,54,15f.,45. Die Antiphon paraphrasiert Röm 8,3.
[5477] BN 1,11,55,26f.,46.
[5478] BN 1,13,66,38f.,53.
[5479] BN 1,13,66,39f.,53.
[5480] BN 1,17,77,56,62.
[5481] BN 2,12,130-14,1-199,92-97.
[5482] BN 1,17,78,55,62.
[5483] BN 2,14,148,69-74,101.
[5484] Vgl. Weiß, Gottesbild 3,1879; 1891f.

lichen Zeichen der Liebe"[5485]. Er muß uns ja die Liebe zeigen[5486] und sie in unsere Herzen senken[5487]. Es gibt „die broederlike minne, die leuet in die caritate ihesu christi", „die brüderliche Minne, die liebt in der Liebe Jesu Christi"[5488]. Seine Liebe ist das Vorbild für alle, die lieben wollen[5489]. Wir sterben den gleichen Tod, „daer onse lief mede starf", „den unser Geliebter starb"[5490]. Dazu muß man die mühe- und angstvolle Liebe des Menschgewordenen auf Erden erkennen[5491]. Er gab seinen Leib „in die hande siere viande om de Minne siere vriende", „in die Hand seiner Feinde um der Liebe zu seinen Freunden willen"[5492].

Im Unterschied zu den anderen flämischen Mystikerinnen spricht Hadewijch auch von der Liebe Jesu im objektiven Heilsgeschehen.

25.   In der Vita der Ida von Gorsleeuw kommt ebenfalls die Liebe im christologischen Kontext vor.

Noch vor ihrem Noviziat hat Christus „sponsam suam tam dulcius quam etiam secretius visitavit, dilectaeque propinams pocula paradysi", „seine Braut so süß wie geheim besucht und der Geliebten die Becher des Paradieses" gereicht[5493]. „Dilectus delectabilis", „Der frohe Geliebte" schenkt ihr die vertrauliche Erkenntnis[5494]. An einem Ort, an dem die Schwestern zur Messe, nicht aber zur Kommunion zu gehen pflegten, hatte Ida einmal solche Sehnsucht nach Christus, daß der „dilector animarum post Missam dulciter visitans dilectam", „Liebhaber der Seelen nach der Messe die Geliebte süß besuchend" bei ihr verweilte[5495]. An einem Weihnachtsfest bietet ihr Maria ihren „dilectus filius", „geliebten Sohn" an[5496].

26.   Auch in der umfangmäßig kleinen Vita der Margarete von Ypern wird verschiedentlich von der Liebe Christi gesprochen: „Castitatis enim amator, Christus super omnia placebat ei, et hunc amavit a iuventute suae et quesivit eum sponsum summere et amator factus est forme illius." – „Der Liebhaber der Liebe, Christus, hatte nämlich über alles hinaus sein Gefallen an ihr, und sie liebte ihn von ihrer Jugend an und suchte ihn zum Bräutigam zu nehmen, und er wurde der Liebhaber ihrer Gestalt."[5497] Deswegen scheut sie auch vor einer Ehe zurück[5498]. „Zelus enim illius, qui animarum humanarum eternus amator est, eam occulta vocatione sponsaverat nec permisit ut ab amatore alio preriperetur." – „Der Eifer nämlich dessen, welcher der ewige Liebhaber

---

[5485] HAB 22,271-274,199.
[5486] HAM 13,129-133,60.
[5487] HAM 13,135f.,60.
[5488] HAB 3,27f.,33.
[5489] HAM 9,5-9,42.
[5490] HAV 1,131f.,50.
[5491] HAV 14,174-176,160.
[5492] HAB 22,144f.,193.
[5493] IG 2,13,112.
[5494] IG 5,45,121.
[5495] IG 4,32,117.
[5496] IG 4,34,117.
[5497] MY 5,109,3-5.
[5498] MY 5,109,5-8.

der menschlichen Seelen ist, hatte sich in einem verborgenen Ruf mit ihr verlobt und nicht erlaubt, daß sie von einem anderen Liebhaber entrissen wurde."[5499] Später bewirkt diese wechselseitige Liebe auch Ekstasen bei Margareta: „Anima eius liquescebat, ut dilectus locutus est." – „Ihre Seele schmolz dahin, als ihr Geliebter sprach."[5500] Auf eine ironische Bemerkung einer Mitschwester, Margarete könne auch nicht dauernd „in amplexu Christi sponsi", „in der Umarmung des Bräutigams Christi ruhen"[5501], erschrickt sie, weil sie vor einer noch so kurzen Trennung von Christus Angst hat[5502]. Als Maria ihr am Fest der Verkündigung erscheint und sie auffordert, den ganzen Festtag nur an sie zu denken[5503], antwortet Margarete: „Cras ergo, michi, o dulcissima Domina, in dilecti filii tui adhesione restitues." – „Morgen also wirst du mich, o süßeste Herrin, in das Hängen an deinen geliebten Sohn zurückversetzen."[5504]
27. Auch in der Vita der Ida von Löwen wird von dem „Liebhaber" Jesus gesprochen.

Die Mystikerin freut sich über die körperliche Anwesenheit ihres Bräutigams im Altarsakrament[5505]. Vor diesem ruft sie aus: „O amantissime ..., Domine me! O spes, amor et omne desiderium cordis mei!" – „O mein liebendster ... Herr! O Hoffnung, Liebe und ganze Sehnsucht meines Herzens!"[5506] Zwischen diesem Bräutigam und Ida, der Braut, werden wie zwischen Geliebtem und Geliebter Zeichen der Liebe ausgetauscht[5507]. Dies geschieht, wenn „sponsus Virginum et amator", „der Bräutigam der Jungfrauen und Liebhaber" nach der Kommunion bei ihr ist[5508]. Wenn zwei Menschen ihre Liebe in Zärtlichkeiten ausdrücken wollen, dann auch bei diesem himmlischen Liebesverhältnis[5509]. Auch wenn Ida eine Predigt über Jesus hört, kann sie „tota caritatis inebriata dulcedine", „ganz trunken von der Süße der Liebe" werden[5510]. Allgemein heißt es, daß Ida die größte Sehnsucht hat, „amplectendi sponsum suum amantissimum, omniumque fidelium animarum ferventissimum zelatorem, ipsum Dominum Jesum Christum", „ihren liebendsten Bräutigam und den glühendsten Eiferer aller gläubigen Seelen, den Herrn Jesus Christus, zu umarmen"[5511]. Es geschieht „caritatis quoque praedulce commercium, qua diligebatur a Domino, viceque versa diligebat et ipsa Dominum", „auch ein sehr süßer Tausch der Liebe, durch welchen sie vom Herrn

---

[5499] MY 5,109,8-10.
[5500] MY 19,116,30; wortgleich mit BN 1,17,78,58f.,62. Die gemeinsame Quelle ist Hld 4,6 „Anima mea liquefacta est, ut locutus est." Woher aber die wortgleiche Paraphrasierung stammt, konnte ich nicht ausfindig machen.
[5501] MY 23,118,15.
[5502] MY 23,118,18-20.
[5503] MY 31,121,20-22.
[5504] MY 31,121,22f.
[5505] IL 2,2,5,172.
[5506] IL 2,7,35,180.
[5507] IL 2,2,5,172.
[5508] Ebenda; vgl. IL 2,2,6,172.
[5509] Ebenda.
[5510] IL 2,2,6,172.
[5511] IL 2,6,27,178.

geliebt wurde und umgekehrt sie den Herrn liebte"[5512], der aber „in tanta communione mutuae dilectionis", „in einer so großen Vereinigung der wechselseitigen Liebe" unkörperlich bleibt[5513], obwohl sich die Glut der Liebe bei der Mystikerin auch außen zeigt[5514]. Als Ida von dem falschen Verdacht hört, sie habe sich sexuell vergangen, gesteht sie im Gebet, daß „tui amoris adurens incendium", „der glühende Brand Deiner Liebe" ihr ein unersättliches Verlangen eingegeben hat, ihn allein zu genießen[5515]. „Tu cor simul et animam amoris tui spiculo tansfixisti." – „Du hast mein Herz und meine Seele mit dem Pfeil Deiner Liebe durchbohrt."[5516]

Unter den Viten der flämischen Mystikerinnen stellt diejenige der Ida den Höhepunkt der Brautmystik mit Jesus Christus dar.

28. Besonders intensiv beschäftigt sich sowohl in seinem lateinischen als auch mittelhochdeutschen Schrifttum David von Augsburg mit der Liebe Christi, obwohl er auch den Heiligen Geist als die Liebe schlechthin hervorhebt[5517].

28.1 Jesus wird angeredet mit den Worten[5518]: „Lieber hêrre", „Lieber Herr"[5519], „Lieber hêrre Jêsu Krist", „Lieber Herr Jesus Christus"[5520], „Herzenlieber hêrre", „Herzenslieber Herr"[5521], „Herzenlieber hêrr Jêsu Kriste", „Herzlieber Herr Jesus Christus"[5522].

28.2 Die Liebe wird ein Band genannt[5523]. Von diesem Band heißt es in bezug auf den Sohn: „Daz ist daz band, daz dich von des vater herzen in unser vrouwen lîp twanc. Es twanc dich in die krippe und an diu siule unde an das kriuze." – „Das ist das Band, das Dich von des Vaters Herzen in unserer Frauen Leib zwang. Es zwang Dich in die Krippe, an die Geißelsäule und an das Kreuz."[5524] Zur Liebe wird man entflammt, wenn man an die Wohltat der Menschwerdung und des Leidens des Sohnes Gottes denkt[5525]. Folgendermaßen erklärt David die Menschwerdung: „Du hâst dich her ab zuo uns geneiget mit der diemuot, daz dû uns mit dîner minnehitze ûf zuo dir ziehest von aller irdischen liebe." – „Du hast Dich herab zu uns mit der Demut geneigt, damit Du uns mit Deiner Liebes Hitze von aller irdischen Liebe zu Dir ziehst."[5526] Darin zeigt sich die Liebe des Vaters, daß er uns das Liebste, was er hat, seinen eingeborenen

---

[5512] IL 3,3,17,186.

[5513] Ebenda.

[5514] Ebenda.

[5515] IL 2,4,20,176.

[5516] Ebenda.

[5517] Vgl. Weiß, Gottesbild 3,1879f.

[5518] Es fällt auf, daß vor allem diese Anreden im Traktat „Betrachtungen und Gebete" auftauchen; gegen sein Ende aber seltener werden.

[5519] DB 1,375,37.

[5520] DAG 363,30; DB 1,376,25; 3,377,29f.; 4,377,31; 5,378,30; 6,379,16; 10,383,21; 10,384,38.

[5521] DB 5,378,39.

[5522] DB 1,375,33; 1,376,16; 4,378,21.

[5523] DU 372,16f.

[5524] DU 372,20-22.

[5525] DAE 3,65,2,353.

[5526] DK 342,12-14.

Sohn, gibt[5527], „daz er uns durch unser liebe ist unser bruoder worden und unser natiurlîcher geselle, unser fleisch und unser bluot âne sünde", „damit er um unserer Liebe willen unser Bruder und unser natürlicher Geselle, unser Fleisch und Blut (aber) ohne Sünde geworden ist"[5528]. Gott ruft seinem Sohn zu: „Ginc und erzeige in die liebe unde die minnen, die ich zuo in hân gehabet unde noch hân." – „Geh und zeige ihnen die Liebe und die Minne, die ich zu ihnen gehabt habe und noch habe."[5529] Und doch haben die Menschen dies ihrem „getriuwisten vriunde", „getreusten Freund" schlecht gedankt[5530].

28.3 Das ganze Leben Jesu wird für uns zum Spiegel, in dem wir sehen, wie wir leben sollen. Neben seiner Demut ist es vor allem seine Liebe, die wir von ihm lernen sollen[5531]. Alles, was Jesus getan und gelehrt hat, geschah dazu, daß er uns zu seiner Liebe zieht[5532]. Er ist unser Freund[5533]. „Dâ von ist uns vil ze minnende, der uns sô vil minne mit im selbe hât erzeiget." – „Deswegen müssen wir sehr den lieben, der uns so viel Liebe durch sich selbst gezeigt hat."[5534]

28.4 „Dâ zeigtest dû uns dîn minne heize getriuwez herze", „Dadurch zeigst Du uns Dein von Liebe heißes, getreues Herz", damit wir wissen, daß ihn mehr unser Tod der Seele angeht als sein eigenes leibliches Sterben[5535]. Auch an den blutenden Wunden kann man seines „herzen minneclîche hitze", „Herzens liebevolle Hitze" erkennen[5536]. David ruft seinen Lesern zu: „Dâ seht grôziu väterlîche triuwe und liebe an", „Da betrachtet die große väterliche Treue und Liebe", wenn sie bedenken, daß der eingeborene Sohn sich für uns töten lassen wollte[5537]. So sind wir „mit starker liebe", „mit starker Liebe" an Jesus gebunden, weil wir ihn um der Not am Kreuz willen, die er aus Liebe erlitten hat, ewig lieben müssen[5538]. Etwas Hartes zu ertragen, ist eine Gelegenheit, „aliquo modo retribuendi Domino pro illa magna caritate, quo pro nobis animam posuit", „auf irgendeine Weise dem Herrn jene große Liebe, durch welche er für uns sein Leben hingab, zu vergelten" (Joh 10,15)[5539].

28.5 Das Altarsakrament[5540] nennt David: „Memoriale totius dilectionis suae", „Denkmal seiner ganzen Liebe"[5541].

[5527] DV 359,16f.

[5528] DV 359,13-16.

[5529] DM 401,6-8.

[5530] DT 332,6-8.

[5531] DT 326,15-21.

[5532] DV 357,34-37.

[5533] DV 360,23.

[5534] DV 360,20-23.

[5535] DK 346,27-30.

[5536] DB 5,378,36-38.

[5537] DM 400,40-401,2.

[5538] DK 346,30-36.

[5539] DAE 3,40,256.

[5540] Der ganze Traktat „Betrachtungen und Gebete" ist eucharistisch gefärbt. Alle Aussagen über die Liebe in ihm gehören hierher.

[5541] DAE 1,1,10,2,15.

28.6. Die Seele als Braut sehnt sich danach, im Geliebten zu ruhen, „pro cuius amore omnia ei inferiora viluerunt", „in Vergleich zu dessen Liebe alles Niedere ihr schwach erscheint"[5542].

28.7 Ganz im Unterschied zu den flämischen Mystikerinnen bleibt David von Augsburg bei der Schilderung der Liebe Jesu weitgehend im objektiven Bereich der Heilsgeschichte und der moralischen Folgen für uns. Von der Liebe Jesu innerhalb der Brautmystik erfährt man bei ihm wenig.

29. Die Vita Margareta von Magdeburgs erwähnt sehr oft die Liebe Gottes allgemein, aber auch die Liebe Jesu ist bei ihr nicht vergessen. Sie redet Jesus an mit den Worten: „Dilecte Domine", „Geliebter Herr"[5543].

29.1 Bei der Behandlung unseres Gegenstandes geht man am besten von dem neunten Kapitel ihrer Vita aus, in dem so etwas wie die Berufungsvision der Mystikerin beschrieben wird. Sie sieht Christus am Kreuz. Während die Tiefe des Längsbalkens seine Demut und dessen Höhe seinen Lobpreis des Vaters ausdrückt, heißt es über den Querbalken: „In extentione manuum intellexit immensam caritatem Christi, qua complexus fuerat totam mundum." – „In der Ausstreckung der Hände erkannte sie die unermeßliche Liebe, mit welcher er die ganze Welt umfaßt hat."[5544] Sie wird berufen, diese drei Tugenden Christi nachzuahmen; sie soll sich also ebenfalls in unendlicher Liebe nach dem Nächsten und der ganzen Welt ausstrecken[5545].

29.2 Alle Freude und Herrlichkeit, die Gott den Engeln gegeben hat, reichte nicht aus, sie vor dem Fall zu bewahren. Nur die Liebe, mit der Jesus sich selbst schenkt, kann die Kreaturen zur Gegenliebe führen[5546]. Zur Menschwerdung heißt es von Maria: „Eius pura caritas coegit illius caritatem, quod oportebat eum manifestare nobis suam caritatem." – „Ihre reine Liebe zwang seine (= Gottes) Liebe dazu, daß er seine Liebe uns offenbaren mußte."[5547]

29.3 Auch das Sterben Jesu kommt aus seiner Liebe. „Passus est pro homine ex nimia caritate." – „Er hat für den Menschen aus übergroßer Liebe gelitten."[5548] Margareta leidet darunter, daß sie der Meinung ist, „quod passio et dilectio filii deberet inutilis esse multis", „daß das Leiden und die Liebe des Sohnes für viele nutzlos sein muß"[5549].

29.4 Die Liebe Christi ist in ihrem Eifer auch verzehrend für den Menschen. „Sepe venit Ihesus Christus ad cor eius cum ardenti amore, et quidquid habuit virium paupercula ipse totum consumpsit." – „Oft kam Jesus Christus zu ihrem Herzen mit brennender Liebe, und das, was die kleine Arme an Kräften besaß, zehrte er ganz auf."[5550]

[5542] DAE 3,54,7,304.
[5543] MA 44,47; 45,49; 56,63 59,76; 62,84; 66,90.
[5544] MA 9,12.
[5545] Ebenda.
[5546] MA 35,38.
[5547] MA 28,31.
[5548] MA 29,32.
[5549] Ebenda.
[5550] MA 7,11.

Johannes von Magdeburg vergleicht sogar in diesem Punkt Jesus mit einem Fürsten, der in das Haus eines Armen kommt und dort alles verschlingt[5551].

29.5 Da Margareta ganz selten die Brautmystik streift, erstaunt es nicht, daß Christi Liebe oder seine Eigenschaft als Bräutigam nicht erwähnt wird. In der Vita wird der Begriff „fidelitas", „Treue", wie wir noch sehen werden[5552], fast synnonym mit der Liebe gebraucht. Wenn wir diesen Begriff heranziehen würden, würde der Befund zwar reichhaltiger sein, aber im wesentlichen unverändert bleiben.

30. Bei Mechthild von Magdeburg werden vermehrt Anreden Jesu gebraucht, die aus dem Wort „Liebe" gebildet sind.

30.1 Folgende Anreden kommen bei Mechthild vor: „Lieber", „Lieber"[5553], „vil lieber", „viel Lieber"[5554], „allerherzeliebester", „Allerherzliebster"[5555], „herzeliep", „Herzelieb"[5556], „lieber Jhesu", „lieber Jesus"[5557], „lieber Jhesu Christe", „lieber Jesus Christus"[5558], „lieber herre Jhesu Christe", „lieber Herr Jesus Christus"[5559], „lieber bůle", „lieber Geliebter"[5560], „vil lieber bůle", „viel lieber Geliebter"[5561], „lieber herre", „lieber Herr"[5562], „vil lieber herre", „viel lieber Herr"[5563], „lieber bilgerin", „lieber Pilger"[5564], „lieber jungeling Jhesus", „lieber Jüngling Jesus"[5565], „lieber schůlmeister", „lieber Schulmeister"[5566]. Auch das Adjektiv „hercelieber", „herzenslieber" begegnet uns[5567]. Jesus ist Mariens „liebes kind", „liebes Kind"[5568] und des Vaters „lieber sun", „lieber Sohn"[5569]. Er wird auch „brútgŏm", „Bräutigam"[5570], „brútgŏm von minnen", „Bräutigam der Liebe"[5571], „lieber brútgŏme", „lieber Bräutigam"[5572], „allerliebster brútgŏm", „allerliebster Bräutigam"[5573], „hercelieber brútegŏm", „herzlieber

[5551] Ebenda.
[5552] Vgl. Weiß, Gottesbild 2, 1250f.
[5553] MM 2,25,29,63.
[5554] MM 7,35,4.18.20,282f.
[5555] MM 4,2,123,114.
[5556] MM 5,11,42,165.
[5557] MM 2,24,23,59; 6,13,3,219.
[5558] MM 4,5,11,119; 6,37,2,245.
[5559] MM 7,35,2,282.
[5560] MM 6,42,8,251; 7,38,10,287.
[5561] MM 7,38,10,287.
[5562] MM 4,12,46,124; 7,3,20,260; 7,21,44,274; 7,35,22,283; 7,50,2,297.
[5563] MM 7,35,13,282.
[5564] MM 6,33,13,242; 6,33,20,243.
[5565] MM 7,35,36,283; 7,37,10f.,286.
[5566] MM 7,3,30,260.
[5567] MM 5,21,7,171.
[5568] MM 7,19,17.28,272; 7,26,16,276; 7,60,5,305.
[5569] MM 7,37,23,286.
[5570] MM 1,22,35,18; 7,27,30,277.
[5571] MM 1,44,74,31.
[5572] MM 7,48,61,295.
[5573] MM 7,35,37,283.

404	*1. Kapitel: Das Wesen Jesu*

Bräutigam"[5574], „trut", „Gemahl"[5575], „allerliebster vrúnt", „allerliebster Freund"[5576] und „aller mannen liebester", „aller Menschen Liebster"[5577] genannt.

30.2 Oft spricht Mechthild von der Liebe der ganzen Dreifaltigkeit[5578]. Wenn sie diese Haltung einer der innertrinitarischen Personen zuschreibt, dann ist es der Vater und noch häufiger der Heilige Geist[5579], aber nicht die zweite Person.

30.3 Hinter dem Kommen Jesu in die Armut dieser Welt steht die Liebe des Vaters. Im Erlösungsratschluß treten der Sohn und der Heilige Geist für die Errettung der Menschen ein. „Do neigte sich der vatter in grosser minne zů ir beider willen." – „Da neigte sich der Vater in großer Liebe zu ihrer beider Willen."[5580] Frau Minne hat Gott bezwungen, daß er sich in Mariens Schoß ergoß[5581]. Sie spricht: „Ich han den almehtigen got von dem himelrich getriben und han ime benomen sin mönschlich leben." – „Ich habe den allmächtigen Gott vom Himmelreich getrieben und habe ihm sein menschliches Leben genommen."[5582] „Wan got mit siner minne in irer diemütekeit menche wart." – „Denn Gott wurde durch seine Liebe in ihrer (= Mariens) Demut Mensch."[5583] Das zeigt sich darin, daß „er sinen allerliebesten sun hernider von dem himmel warf uf der strassen in die gastkrippfen", „er seinen allerliebsten Sohn vom Himmel auf die Straßen in die fremde Krippe warf"[5584]. Schon in der Krippe war Gottes Sohn „minnenvürig trunken", „in feuriger Liebe trunken"[5585]. Sein ganzes Wirken auf Erden geschah „durch únser liebin", „aus Liebe zu uns"[5586].

30.4 Auch das Leiden Jesu nahm er aus Liebe auf sich. Noch bevor der Mensch geschaffen wurde, weiß der ewige Sohn im Vorhinein: „Ich sol noch sterben von minnen." – „Ich soll aus Liebe noch sterben."[5587] Aus Liebe zu uns ertrug er Not[5588]. Er wirkte „in herzeklicher liebi durch not in armůte, in pine, in arbeite, in smacheit untz an sinen heligen tot", „in herzlicher Liebe durch Not in Armut, Pein, Mühe, Schmach bis in seinen heiligen Tod"[5589]. Er suchte das verlorene Schaf „also lange, das er von minnen starb", „so lange, bis er aus Liebe starb"[5590]. Sein Vater „gab sinen allerliebsten sun", „gab seinen allerliebsten Sohn" in die von Heiden und Juden verursachte Pein[5591]. „Do

---

[5574] MM 5,21,7,171.
[5575] MM 4,5,15,120; 5,11,35,165; 5,17,7,169.
[5576] MM 7,35,9f.,282.
[5577] MM 6,37,6,245.
[5578] Vgl. Weiß, Gottesbild 3,1880.
[5579] Ebenda.
[5580] MM 3,9,82,88.
[5581] MM 1,1,5-7,5.
[5582] MM 1,3,11f.,9.
[5583] MM 6,39,10f.,249.
[5584] MM 6,4,35f.,210.
[5585] MM 7,33,4,280.
[5586] MM 7,7,7,262.
[5587] MM 3,9,31f.,87.
[5588] MM 3,5,8f.,84.
[5589] MM 6,31,17-19,239.
[5590] MM 6,1,23,201.
[5591] MM 1,25,6-10,20.

enpfieng er dur dine liebi manige scharpfen wunden." – „Da empfing er aus Liebe zu Dir mannigfache tiefe Wunden."[5592] Ihre Narben sind „minnevar", „liebesfarbig"[5593]. Sein Herz, das von Liebe durchflossen war[5594], ist im Sterben aus kraftvoller Liebe gebrochen[5595]. Durch seinen Tod entstand ein „minnevliessen", „Liebesfließen"[5596]. Wir sollen dankbar sein, daß er aus großer Liebe zu uns starb[5597]. Weil Jesus aus Liebe am Kreuz sich hingab, wird auch die Seele mit dem Hammer der Liebe ans Kreuz geschlagen[5598]. Wie er hat sie Durst am Kreuz der Minne[5599]. Mit ihm wird ihre Seite geöffnet „mit einem sússen spere der unschuldigen minne", „mit einem süßen Speer der unschuldigen Liebe"[5600].

30.5 In der Kommunion empfängt man „únsern lieben, únsern allerherzeliebosten lieben", „unseren Lieben, unseren allerherzliebsten Lieben"[5601].

30.6 Die Berufung zum geistlichen Stand geschieht „mit grosser liebe", „mit großer Liebe" Christi[5602]. Jungfräulich lebenden Menschen ist Jesus „allerminnenklichost", „allerminnevollst"[5603]. Er soll „die hóhin diner minne", „die Höhe Deiner Minne" schenken, daß der Mensch in allen irdischen Dingen unverdorben lebt[5604]. Mechthild hat den Wunsch, „das ich diner herzeklicher minnen in minem herzen und in miner seele und in minen fúnf sinnen und in allen minen geliden ane underlas enpfinde", „daß ich Deine herzliche Liebe in meinem Herzen, in meiner Seele, in meinen fünf Sinnen und in all meinen Gliedern ohne Unterlaß erfahre"[5605]. Das Denken an die Liebe Jesu verursacht den verdammten Seelen aber nur neue Pein[5606].

30.7 Die Anzahl der Stellen, an denen von der Liebe Jesu zum Menschen gesprochen wird, darf aber nicht darüber hinwegtäuschen, daß Mechthild wesentlich häufiger von der Liebeseinheit Gottes allgemein, der Dreifaltigkeit, des Vaters und des Heiligen Geistes mit dem Menschen schreibt.

31. In Helfta wird besonders oft von der Liebe Jesu gesprochen. Dies ist schon bei Mechthild von Hackeborn der Fall.

31.1 Folgende Wörter, die mit der Liebe zusammenhängen, werden als Namen für Jesus gebraucht: „amor", „Liebe"[5607], „amator", „Liebhaber"[5608], „amantissimus ama-

---

[5592] MM 7,27,33f.,277.
[5593] MM 2,3,45f.,40.
[5594] MM 7,27,37f.,277.
[5595] MM 7,1,44f.,255.
[5596] MM 7,18,38f.,271.
[5597] MM 7,27,43f.,277.
[5598] MM 3,10,28f.,90.
[5599] MM 3,10,30,90.
[5600] MM 3,10,35-37,90.
[5601] MM 7,21,24,274.
[5602] MM 3,21,28f.,101.
[5603] MM 7,37,11,286.
[5604] MM 7,18,51f.,271.
[5605] MM 7,38,11-13,287.
[5606] MM 3,11,5f.,91.
[5607] MH 1,12,39; 2,16,150.
[5608] MH 2,15,149; 2,26,169; 3,29,234; 7,7,398.

tor“, „liebendster Liebhaber“[5609], „dilectissimus amator“, „geliebtester Liebhaber“[5610], „dulcissimus amator“, „süßester Liebhaber“[5611], „fidelissimus amator“, „getreuester Liebhaber“[5612], „unicus amator“, „einziger Liebhaber“[5613], „redemptor et amator“, „Erlöser und Liebhaber“[5614], „dilector“, „Liebhaber“[5615], „amantissimus dominus“, „liebendster Herr“[5616], „dilectus Dominus“, „geliebter Herr“[5617], „amantissimus Filius“, „liebendster Sohn“[5618], „dilectus Filius“, „geliebter Sohn“[5619], „amantissimus mediator“, „liebendster Mittler“[5620], „sponsus amator“, „Bräutigam und Liebhaber“[5621], „animae amator“, „Liebhaber der Seele“[5622], „amicus“, „Freund“[5623], „amicissimus amicus“, „freundschaftlichster Freund“[5624], „dilectus amicus“, „geliebter Freund“[5625], „fidelis amicus“, „treuer Freund“[5626], „suavissimus amicus“, „süßester Freund“[5627], „amantissimus cor“, „liebendstes Herz“[5628], „sponsus“, „Bräutigam“[5629], „amator sponsus“, „Liebhaber und Bräutigam“[5630], „coelestis sponsus“, „himmlischer Bräutigam“[5631], „deliciosus sponsus“, „zarter Bräutigam“[5632], „floriger sponsus“[5633], „floridus sponsus“[5634], „blühender Bräutigam“, „mellifuus sponsus“, „honigfließender Bräutigam“[5635], „rex et sponsus“, „König und Bräutigam“[5636].

[5609] MH 3,24,228.
[5610] MH 5,6,325.
[5611] MH 1,31,106; 3,17,217.
[5612] MH 4,59,311.
[5613] MH 1,13,44; 2,16,150; 7,10,404.
[5614] MH 6,8,388.
[5615] MH 1,1,8.
[5616] MH 1,9,30; 1,15,47; 2,8,143; 5,8,332; 7,4,394; 7,12,407.
[5617] MH 2,10,144.
[5618] MH 1,18,56; 1,26,93; 4,59,314.
[5619] MH 1,8,28.
[5620] MH 1,19,65.
[5621] MH 4,59,313; 6,8,387.
[5622] MH 4,59,310.
[5623] MH 1,19,68.
[5624] MH 3,20,223.
[5625] MH 3,20,223.
[5626] MH 1,13,44.
[5627] MH 7,10,404.
[5628] MH 1,26,90.
[5629] MH 1,37,120; 1,41,125.
[5630] MH 6,8,387.
[5631] MH 6,6,383.
[5632] MH 4,59,312.
[5633] MH 1,1,10; 7,10,403.
[5634] MH 6,7,385.
[5635] MH 1,8,27.
[5636] MH 1,32,111.

Folgende Adjektive erhält Jesus: „amantissimus", „liebendster"[5637], welches auch absolut gebraucht werden kann[5638], „amabilis", „liebenswerter"[5639], „dilectus", „geliebter"[5640], ebenfalls auch absolut gebraucht[5641].

31.2 Seit Ewigkeit ist der Sohn „amor cordis", „die Liebe des Herzens" des Vaters[5642], und „paternae charitatis Filius", „der Sohn der väterlichen Liebe"[5643]. Jesus Christus umarmt die Heilige Dreifaltigkeit, weil diese sich so sehr danach sehnt, mit der menschlichen Natur eins zu werden[5644]. Der Vater gab seinem Sohn die Fähigkeit, die Liebe seinen Freunden mitzuteilen[5645]. Mit der Liebe, in der er in der Herrlichkeit des Vaters ist, neigt der Sohn sich uns zu[5646]. Wenn Jesus auf Erden weinte, erinnerte er sich „inaestimabilis dilectionis quae me de sinu Patris alliciens, humanae conjunxit naturae", „der unschätzbaren Liebe, die mich vom Schoß des Vaters gelockt und mit der menschlichen Natur verbunden hat"[5647]. Es ist „caritas, quae Filium dei de sinu Patris in uterum", „die Liebe, welche den Sohn Gottes vom Schoß des Vaters in den Mutterschoß" Mariens sich neigen ließ[5648]. Die Liebe spricht: „Ego sum quae Filium de sinu Patris in terram adduxi." – „Ich bin diejenige, welche den Sohn vom Schoß des Vaters auf die Erde geführt hat."[5649] Weil Maria dabei ganz in der Liebe aufgeht, kann Jesus sprechen: „Mater mea est charitas, et ego filius sum charitatis." – „Meine Mutter ist die Liebe, und ich bin der Sohn der Liebe."[5650] So ist das Herz des Menschgewordenen in der Haltung der Liebe in gleicher Art sowohl dem Vater wie den Menschen gegenüber[5651]. Wer Christus in dieser Liebe nachahmt, ißt vom Baum der Liebe, welcher Christus bedeutet[5652].

31.3 Mit brennendster Liebe verlangt Jesus nach dem Leiden für uns Menschen[5653]. Er spricht: „Amator tuus pro amore cruci sum affixus." – „Ich, dein Liebhaber, bin aus

[5637] MH 1,9,30; 1,15,47; 1,18,56; 1,19,66; 1,19,67; 1,20,74; 1,26,90; 2,8,143; 2,22,164; 2,27,172; 2,31,176; 2,33,178; 3,28,232; 4,13,269; 4,59,314; 5,6,327; 5,8,332; 7,4,394; 7,12,407. In den meisten Fällen ist man sich nicht mehr der ursprünglichen Bedeutung von „amans", „liebender" bewußt, und man könnte genauso gut mit „liebenswerter" übersetzen. Wir bleiben bei der ursprünglichen Bedeutung, um in den vielen synonym gebrauchten Adjektiven in der Übersetzung eine Abwechslung zu haben.
[5638] MH 1,18,52; 2,31,176; 3,2,198; 3,28,232.
[5639] MH 1,5,16; 1,5,19; vgl. MH 3,2,198.
[5640] MH 1,8,28; 1,13,40; 2,10,144.
[5641] MH 2,33,178.
[5642] MH 1,18,56.
[5643] MH 4,59,314.
[5644] MH 5,33,371.
[5645] MH 1,19,67.
[5646] MH 3,24,227.
[5647] MH 1,21,76.
[5648] MH 1,36,118.
[5649] MH 1,20,71.
[5650] MH 1,13,45.
[5651] MH 4,1,258.
[5652] MH 1,10,31f.
[5653] MH 1,19,61.

Liebe ans Kreuz geheftet."[5654] Dies geschah an Händen und Füßen[5655]. Bitter berührt ihn die Liebe, als er an Händen und Füßen angenagelt wurde[5656]. Aus Liebe ließ er sich verspotten und anspucken[5657]. Er begab sich aber voll Freude an das harte Kreuz in brennenderer Liebe, als sich ein Bräutigam in ein weiches Elfenbeinbett legt[5658]. So wurde das Kreuz zum Brautgemach[5659], zum Liebesbett[5660] und sein Sterben ein Liebestod[5661]. Die Liebe, mit der sich Jesus für uns dem Vater auf dem Altar des Kreuzes dargebracht hat, wird mit einem Feuer verglichen[5662]. Mechthild grüßt die Wunden ihres Liebhabers, Jesus Christus[5663]. Die fünf Wunden an Händen, Füßen und an der Seite Christi hat er aus Liebe empfangen[5664]. Die geöffnete Seite wird als „vulnus amoris", „Liebeswunde" bezeichnet[5665], die so weit ist, daß sie Himmel und Erde umfaßt[5666]. Durch sein Sterben am Kreuz hat Jesus den Menschen und Gott in einem Liebesbund untrennbar vereint[5667]. Nach der Auferstehung trägt Jesus die Wunden „cum ineffabilis amoris jubilo", „mit dem Jubel unaussprechlicher Liebe"[5668]. Wenn sich Mechthild an das Leiden Christi und an die Liebe erinnert, wird sie im Gesicht und an den Händen ganz rot[5669].

31.4 Beim Kommunionempfang wird der Mensch zu einer Lampe, deren Flamme die Liebe ist[5670], und Jesus spricht zu ihm: „Do tibi aurum, hoc est, divinum amorem meum." – „Ich gebe dir Gold, das ist meine göttliche Liebe."[5671]

31.5 In der Brautmystik soll sich die Braut dem getreuesten Liebhaber Jesus ganz übergeben[5672]. Sie wird von der Liebe zu Jesus und seiner Herzenswunde dorthin geführt, wo sie ruhen darf[5673]. Jesus hat sich Mechthild als Braut erwählt „seque tibi in sponsum deliciosum donavit", „und sich dir als zarten Bräutigam geschenkt"[5674]. Der Bräutigam Jesus hat sich mit seinem Herz als Unterpfand beim Vater verbürgt, die

---

[5654] MH 3,29,234.
[5655] MH 7,10,404.
[5656] MH 3,2,198.
[5657] MH 3,29,234.
[5658] MH 4,59,312.
[5659] MH 3,1,197.
[5660] Ebenda.
[5661] MH 1,16,48.
[5662] MH 3,17,219.
[5663] MH 5,6,325.
[5664] MH 4,27,285.
[5665] MH 1,18,57.
[5666] Ebenda.
[5667] MH 2,17,152.
[5668] MH 3,2,198.
[5669] MH 5,30,365f.
[5670] MH 1,4,14.
[5671] MH 1,8,28; vgl. MH 1,10,31; 1,23,84.
[5672] MH 4,59,311.
[5673] MH 2,16,150.
[5674] MH 4,59,312.

Braut nie zu verlassen[5675]. Diese spricht mit ihm wie ein Freund mit seinem Freund[5676] und lehnt sich an die Brust des Geliebten[5677]. Jesus verspricht: „Ero tecum quasi amicus cum amico." – „Ich werde wie ein Freund mit seinem Freund mit dir sein."[5678] Zwischen Bräutigam und Braut kann es ja keine Trennung geben[5679]. Die Liebe führt die menschliche Seele zu ihrem Bräutigam Jesus[5680]. Der Mensch soll als Braut immer zu dem Bräutigam streben[5681]. Mit ihm vereint ist er „amore divino liquefacta", „durch göttliche Liebe hingeschmolzen"[5682]. Es findet in dieser Einheit auch ein Tausch der Liebe statt. So spricht Mechthild zu Jesus: „Si vere omnia tua mea sunt, ergo et amor tuus meus est." – „Wenn all das Deine mein ist, dann ist also Deine Liebe mein."[5683] Dann kann seine Liebe auch alles ergänzen, was bei ihr fehlt: „Jesu bone, amo te, et quiquid minus est in me, rogo ut Cordis tui amorem Patri offeras pro me." – „Guter Jesus, ich liebe Dich, und was in mir gering ist, bitte ich, daß Du (an meiner Stelle) die Liebe Deines Herzens dem Vater darbringst."[5684] Der Mensch handelt in jener Liebe, in welcher Gott die menschliche Natur annahm[5685]. Wenn ein solcher Mensch als Braut Christi stirbt, führt der himmlische Bräutigam ihn in das Liebesgemach[5686].

31.6 Mechthild deckt gleichmäßig die Felder ab, in denen uns bis jetzt die Liebe Christi begegnet ist. Noch mehr als bis jetzt begegnen uns hier Namen und Adjektive, die diese Liebe ausdrücken.

32. Bei Gertrud der Großen finden wir den Höhepunkt des Gebrauchs des Wortes Liebe im christologischen Kontext.

32.1 Gegenüber Mechthild von Hackeborn ist die Verwendung von Namen der Liebe für Jesus noch gesteigert.

32.1.1 Jesus wird genannt „amor, amor", „Liebe, Liebe"[5687], „amor, rex meus et deus meus", „Liebe, mein König und mein Gott"[5688], „amor amicabilitatis", „Liebe der Freundschaftlichkeit"[5689], „amor clavis David", „Liebe, Schlüssel Davids"[5690], „crucifixus amor", „gekreuzigte Liebe"[5691], „dulcis amor meus", „meine süße Liebe"[5692],

---

[5675] MH 4,59,313.
[5676] MH 1,13,44.
[5677] MH 1,1,8.
[5678] MH 1,19,68.
[5679] Ebenda.
[5680] MH 1,8,27.
[5681] MH 1,37,120.
[5682] MH 1,1,9.
[5683] MH 4,23,280.
[5684] Ebenda.
[5685] MH 1,5,18.
[5686] MH 6,6,383.
[5687] G R 6,657,202.
[5688] G R 4,398,124.
[5689] G 2, 2,2,2,18,234.
[5690] G R 5,82,132.
[5691] G R 1,53f.,48.
[5692] G R 3,91,78.

„amor fortis", „starke Liebe"[5693], „amor verus", „wahre Liebe"[5694], „amor, rabbi", „Liebe, Rabbi"[5695], „dulcis amor, suavis charitas", „süße Liebe, wohlschmeckende Liebe"[5696], „perfecta charitas", „vollkommene Liebe"[5697] und „charitatis perfectio", „Vollkommenheit der Liebe"[5698].

32.1.2 Jesus ist der „amator", „Liebhaber"[5699], „benignus amator", „gütige Liebhaber"[5700], „benignissimus amator", „gütigste Liebhaber"[5701], „dignantissimus amator", „gnädigste Liebhaber"[5702], „dilectissimus amator", „geliebteste Liebhaber"[5703], „dulcis amator", „süße Liebhaber"[5704], „dulcissimus amator", „süßeste Liebhaber"[5705], „electus amator", „erwählte Geliebte"[5706], „fidelis amator", „getreue Liebhaber"[5707], „fidelissimus amator humanae salutis", „getreueste Liebhaber des menschlichen Heiles"[5708], „animae mea fidelissimuss amator", „treueste Liebhaber meiner Seele"[5709], „praedulcis amator", „sehr süße Liebhaber"[5710], „unicus amator"[5711], „solus amator"[5712], „einzige Liebhaber", „amator hominum", „Liebhaber der Menschen"[5713], „amator humanae salutis", „Liebhaber des menschlichen Heiles"[5714], „Deus amator", „Gott und Liebhaber"[5715], „dominus amator", „Herr und Liebhaber"[5716].

32.1.3 Jesus heißt auch „familiaris, amans, habilis et sociabilis amicus", „vertrauter, liebender, geeigneter und geselliger Freund"[5717], „amicus tuus dulcis", „dein süßer

---

[5693] G R 6,394f.,186.

[5694] G R 2,77,70.

[5695] G R 5,292,146.

[5696] G R 3,47,76.

[5697] G R 1,44f.,48.

[5698] G R 1,195,58.

[5699] G R 4,17,100; 5,164,138; 5,398,152; 5,532,160; G 2,1,16,1,18,208; 3, 3,32,4,6,170; 4, 4,4,5,4f.,66; 4,6,4,14,92; 4,22,4,7f.13,210; 4,23,4,6,220; 5, 5,10,4,4,146; 5,27,10,1,222.

[5700] G 3, 3,3,1,7,20; 4, 4,22,3,8,210.

[5701] G 3, 3,31,2,4,164; 4, 4,17,4,5,188.

[5702] G 3, 3,50,2,6,220.

[5703] G 3, 3,18,3,4,82.

[5704] G R 3,66,78; G 3, 3,18,1,6f.,80.

[5705] G R 4,265,116; 4,373,124; G 3, 3,41,1,3,188; 3,44,1,5,198; 4, 4,2,5,14,30; 4,5,3,1f.,84; 4,13,2,2,146; 4,26,6,5,252; 5, 5,16,2,7,170.

[5706] G 4, 4,35,1,7,288.

[5707] G R 3,48,76.

[5708] G 2, 2,20,1,4f.,308.

[5709] G R 2,71f.,70.

[5710] G 4, 4,25,5,16,242.

[5711] G 3, 3,54,1,10,232; 4, 4,27,3,2,262.

[5712] G 4, 4,23,8,7,224.

[5713] G 2, 2,15,2,1,288; 3, 3,10,2,16,46.

[5714] G 5, 5,,36,1,1,272.

[5715] G R 5,532,160; 6,404,186; 6,485,192; 6,732,206.

[5716] G R 6,360f.,184.

[5717] G 2, 2,3,2,10f.,236. Nach einem solchen Freund sehnt sich Gertrud. Erst später wird deutlich, daß Jesus dieser Freund ist.

Freund"[5718], „fidelis amicus", „getreuer Freund"[5719], „fidelissimus amicus", „getreuester Freund"[5720] und „praeelectus amicus cordis", „ganz erwählter Freund des Herzens"[5721].

32.1.4 Das Adjektiv „dilectus" kann auch absolut als Titel gebraucht werden: „dilectus cordis", „Geliebter des Herzens"[5722], „unicus dilectus cordis", „einziger Geliebter des Herzens"[5723]. Als Ausruf heißt es: „dilecte, dilecte, dilecte, supra omne quod unquam dilectum est", „Geliebter, Geliebter, Geliebter über alles, was je geliebt ist"[5724].

32.1.5 Jesus ist der „sponsus", „Bräutigam"[5725], „dulcissimus", „süßeste Bräutigam"[5726], „fidelis sponsus", „getreue Bräutigam"[5727], „floridus sponsus", „blühende Bräutigam"[5728], „legitimus sponsus", „rechtmäßige Bräutigam"[5729], „sponsus deliciis plenus", „Bräutigam voll Wonnen"[5730], „verus sponsus", „wahre Bräutigam"[5731] und „sponsus integerrimae virginitatis", „Bräutigam der ganz unverletzten Jungfräulichkeit"[5732].

32.1.6 Folgende Adjektive erhält Jesus oder einer seiner Titel:

„amabilis", „liebenswert" ist Jesus[5733] als Bruder[5734], als Hoffnung[5735] und als Jüngling[5736]. Er wird auch „amicabilis", „freundschaftlich"[5737] und „amandus", „zu liebender"[5738] genannt.

Am häufigsten wird das wie ein Adjektiv gebrauchte Partizip „amans", „liebender"[5739], meist allerdings im Superlativ „amantissimus", „liebendster", verwen-

---

[5718] G R 3,5f.,74.
[5719] G R 6,637,200.
[5720] G 3, 3,65,3,47,266; 5, 5,30,1,16,240.
[5721] G R 3,54,76.
[5722] G R 6,665f.,202.
[5723] G R 3,66,78.
[5724] G R 3,66f.,78.
[5725] G R 3,132,82; 4,156,108; 4,373,124; 5,164,138; 6,75-76f,166; 6,253,178.
[5726] G 3, 3,65,3,52,266.
[5727] G R 7,604,246.
[5728] G R 3,188,86; G 2, 1,16,1,12f.,208.
[5729] G R 7,642f.,248.
[5730] G R 2,78f.,70.
[5731] G R 5,269f.,144.
[5732] G 5, 5,32,5,12f.,260.
[5733] G R 7,111f.,216.
[5734] G 3, 3,65,3,55,266.
[5735] G R 7,604,246.
[5736] G R 7,646,248.
[5737] G R 7,646,248.
[5738] G 4, 4,48,6,6,364.
[5739] G 2, 2,23,14,2f.,342.

det. So wird Jesus[5740] als Eingeborener[5741], als Herr[5742], als Gott[5743] und als Sohn[5744], aber auch sein Herz[5745] und sein Gesicht[5746] genannt. „Amantissimus", „Liebendster" wird auch für Jesus absolut gebraucht[5747]. Sich überbietend lautet die Anrufung: „Jesu, omnium amantium amantissime", „Jesus, von allen Liebenden der Liebendste"[5748].

32.1.7   Kaum weniger häufig sind die Adjektive für Jesus, die aus der Wurzel „dilec" gebildet sind. Einmal wird Jesus „dilectio mea", „meine Liebe" genannt[5749]. Häufiger wird Jesus „dilectus", „geliebter" als Sohn des Vaters[5750] und Mariens[5751] bezeichnet. „Dilectus", „Geliebter" heißt Jesus aber vor allem in Beziehung zu den Menschen[5752]; so heißt er „dilectus prae omnibus dilectus", „Geliebter vor allen Geliebten"[5753], „dilectus cordis", „Geliebter des Herzens"[5754] und gesteigert „cordis mei dilectus unicus", „einziger Geliebter meines Herzens"[5755] oder „dilectus votorum", „Geliebter meiner Wünsche"[5756]. „Dilectus", „Geliebter"[5757] wird auch absolut für Jesus gebraucht.

Im Superlativ ist Jesus „dilectissimus", „geliebtester"[5758], „cordis mei dilectissimus", „meines Herzens geliebtester"[5759], „dilectissimus custos", „geliebtester Wächter"[5760] und „dilectissimus magister", „geliebtester Meister"[5761].

[5740] G R 1,63,50; 1,103,52; 2,39,50.68; 3,110,80; 4,258,116; 5,313,146; 5,331,148; 5,437,154; 5,491,158; 6,154,170; G 2,2,2,1,11,232; 3,3,18,5,14,84; 3,73,3,12,298; 4,4,1,27,20; 4,5,1,10,82; 4,22,3,7,210; 4,23,6,3.9,222; 4,23,10,10,228; 5,5,1,35,5,60.

[5741] G 4,4,51,4,3,422.

[5742] G 2, 2,5,1,5,248; 2,24,1,1,350; 3, 3,14,1,12,56; 3,14,4,11,60; 3,16,5,3f.,72; 3,29,2,2,130; 3,30,2,10,134; 3,38,1,11f.,182; 3,48,2,21f.,214-216; 3,49,1,10,216; 3,58,2,3,242; 3,59,1,6,242; 3,65,3,5,262; 4, 4,4,2,8,62; 4,5,3,9,84; 4,9,1,4,110; 4,9,3,3,112; 4,46,2,10f.,350; 4,55,6,3,460; 5, 5,2,1,10f.,62; 5,4,5,2f.,84.

[5743] G 3, 3,65,4,6,268; 4, 4,16,3,9,180.

[5744] G 2, 2,23,22,7,348; 3, 3,42,1,28,194; 3, 3,46,2,4.10,208; 4, 4,23,9,6,226; 4,48,14,21,380.

[5745] G 5, 5,30,2,1,240.

[5746] G 4, 4,7,1,2,98.

[5747] G 3, 3,29,2,4.6,130; 3,51,1,2,224; 3,55,1,11,236; 4, 4,15,3,1,168; 4,27,1,11,260.

[5748] G 2, 2,23,14,2,342.

[5749] G R 6,166f.,172.

[5750] G 2, 2,18,2,9,302; 2,23,3,2,332.

[5751] G R 2,20,66; 6,169,172; G 2, 2,16,3,4,292.

[5752] G R 2,84,70.

[5753] G R 6,571f.,196; 6,653,202.

[5754] G R 6,646f.,200; 6,666,202; G 5, 5,1,29,12,54.

[5755] G R 7,613,246.

[5756] G R 6,162,172.

[5757] G R 7,607.627,246; 7,638.649,248; G 3, 3,21,1,6.12,112; 3,29,1,3,130; 3,45,2,4,204; 4, 4,26,8,3,254; 4,26,9,15,258; 4,34,1,12,284.

[5758] G R 4,230,114; 6,625,200.

[5759] G R 2,6,64.

[5760] G 5, 5,4,4,7,82.

[5761] G 4, 4,4,7,13f.,70.

Auch „praedilectus", „sehr geliebter" kommt bei Gertrud vor: Jesus ist der „praedilectus Filius", „sehr geliebte Sohn"[5762], „praedilectus sponsus", „sehr geliebte Bräutigam"[5763] und das „praedilectum bonum", „sehr geliebte Gut"[5764].

32.2 Ganz allgemein sagt Gertrud von Jesus, daß durch die Liebe zu uns „vincintur et debriatur cor divinum", „besiegt und trunken wurde das göttliche Herz"[5765]. In der Schule der Liebe lernt man Jesus kennen und lieben[5766]. Die Liebe wird mit den Worten angesprochen: „Respice Iesum meum, illum tuum regalem captivum." – „Schau auf meinen Jesus, jenen Deinen königlichen Gefangenen."[5767] Jesus wird deswegen der Gefangene der Liebe genannt, weil er von seiner Liebe her gedrängt wird, barmherzig zu sein. Die Liebe erneuert mit Jesus alles[5768]. Mit Jesus soll die Liebe auch den Beter gefangen nehmen[5769], wobei der Schoß der Barmherzigkeit Jesu ihn einschließen soll[5770]. Die Seele und die Menschheit Jesu haben einen Ursprung: Aus Liebe sind beide geschaffen[5771]. Die Liebe Jesu aber überwiegt immer die Liebe des Menschen, mit der dieser auf sie Antwort geben will[5772].

32.3 Gott ist es, „qui dilexit nos amore invincibili, charitate inaestimabili, dilectione inseparabili, qui ad hoc assumpsit sibi substantiam corporis de terra nostra, unde fieret ipse sponsus, et unde esse illi sponsa, qui dilexit nos ex se toto, quem amare est illi nupsisse", „der uns geliebt hat mit unbesiegbarer Zuneigung, mit unschätzbarer Liebe, mit untrennbarer Liebe, der dazu die Substanz des Leibes von unserer Erde angenommen hat, um dadurch Bräutigam zu werden und dadurch eine Braut zu haben, der uns aus ganzen Wesen geliebt hat; ihn zu lieben heißt, sich mit ihm zu vermählen"[5773]. Die Liebe hat den Sohn Gottes aus dem Schoß des Vaters zur Erde geführt[5774]. Es ist aber auch seine eigene Liebe, die ihn zu den Menschen geführt hat. Er hat sie mehr als seine eigene Herrlichkeit geliebt[5775]. Es ist „amor tuus fortis, sapiens et dulcissimus, qui effecit, ut tu, virginitatis flos et sponsus, fieres virginis filius", „Deine Liebe, stark, weise und sehr süß, die bewirkt hat, daß Du die Blume der Jungfräulichkeit und der Bräutigam, der Sohn der Jungfrau, wurdest"[5776]. Bei der Menschwerdung herrschte die wechselseitige Liebe zwischen Jesus und Maria[5777]. Weil die Liebe so an Maria gehandelt hat, bringt sie

---

[5762] G 2, 2,23,4,8,332.
[5763] G R 7,580,244.
[5764] G R 7,667,248.
[5765] G R 3,101f.,80.
[5766] G R 5,310f.,146.
[5767] G R 7,42f.,212; vgl. G R 7,101,216.
[5768] G R 6,773,208.
[5769] G R 7,55f.,212.
[5770] G R 7,61f.,214.
[5771] G R 1,78f.,50.
[5772] G 4, 4,26,9,23f.,258.
[5773] G R 3,104-108,80.
[5774] G 4, 4,3,2,16-18,50.
[5775] G R 6,199f.,174.
[5776] G R 6,375f.,184.
[5777] G 3, 3,46,6,1-4,210.

den Verzweifelten Hoffnung[5778]. In Maria ist die Menschwerdung geschehen; deswegen wird die Liebe angeredet mit den Worten: „O virginis Mariae flos delicate!" – „O zarte Blüte der Jungfrau Maria!"[5779]

32.4 „O perseverans charitas domini Iesu, qui nos dilexit usque ad mortem." – „O beharrliche Liebe des Herrn Jesus, der uns geliebt hat bis zum Tod."[5780] In Liebe hat Jesus am Ölberg gebetet[5781]. Die Liebe ist es, die Jesus in seiner Dornenkrönung zur Schmach der Menschen werden ließ[5782]. Er empfing die „charitatis flagella", „Geißelhiebe der Liebe"[5783]. Jesus spricht: „Ecce quomodo causa tui amoris perpendi in cruce nudus et despectus et toto corpore vulneratus necnon per singula membra distentus." – „Siehe, wie ich um deiner Liebe willen am Kreuz gehangen habe, nackt, verachtet, am ganzen Leib verwundet und an den einzelnen Gliedern ausgespannt."[5784] Die Liebe gab ihm solchen Durst ein, daß er bereit ist, für jeden einzelnen vielfach zu sterben[5785]. Aus Liebe zu dem Menschen nahm er die Bitterkeit des ihm gereichten Schwammes entgegen[5786]. Man soll Jesus bitten „in amore quo sanguine proprio redemisti me", „bei der Liebe, in welcher Du durch Dein eigenes Blut mich erlöst hast"[5787]. Er hat uns so geliebt, „ut floridum corpus suum pro te in mortem traderet hilariter", „daß er seinen blühenden Leib deinetwegen froh dem Tod überlieferte"[5788]. Die Liebe wird angesprochen: „Tu Iesum meum, dulce salutare meum, tam fortiter confixum tenes in cruce, ut sub tua manu expirans deficeret prae amore." – „Du hängst mein Jesus, mein süßes Heil, so stark ans Kreuz geheftet, daß es unter deiner Hand aus Liebe aushauchend dahinschwand."[5789] Die Liebe ist es, die uns den heilbringenden Tod Jesu geschenkt hat[5790]. „O Amor deus, qui in sanguine Christi tui tibimetipsi acquisissti me." – „O Liebe, Gott, der Du mich für Dich selbst im Blut Christi erworben hast."[5791] Die Liebe am Kreuz ist so groß, daß man keine vergleichbare im Himmel und auf Erden findet[5792]. Gertrud weiß, daß „amore amoris mei sis mortuus", „Du aus Liebe zu meiner Liebe gestorben bist"[5793]. „In morte te pro me rupit amor." – „Im Tod brach Dich für mich die Liebe."[5794] „Cor tuum deificum, mei amore ruptum!" – „Göttliches Herz,

[5778] G R 7,309f.,228.
[5779] G R 5,138,136.
[5780] G R 7,517f.,240.
[5781] G 2, 2,3,4,1-5,240.
[5782] G R 7,166-171,220.
[5783] G R 7,181,220.
[5784] G 3, 3,41,3,3-5,190.
[5785] G R 7,327-330,228-230.
[5786] G 3, 3,57,1,6f.,240.
[5787] G R 2,58,68.
[5788] G R 3,37-42,76.
[5789] G R 7,322-324,228.
[5790] G R 7,372f.,232.
[5791] G R 5,499f.,158.
[5792] G R 7,351-353,230.
[5793] G 3, 3,41,1,6-8,188.
[5794] G R 6,420f.,188.

durch die Liebe zu mir gebrochen!"[5795] „Prae amore corruptum emarcuit." – „Aus Liebe gebrochen, hat er seine Lebenskraft verloren."[5796] Sein Herz ist durch die Erregung der Liebe verwundet[5797]. „Cum amore amoris mei in cruce moriens defecisti." – „Du schwandest aus Liebe zu meiner Liebe am Kreuz sterbend dahin."[5798] Am Kreuz geschah durch die Liebe ein Tausch: Jesus erlitt unsere Strafen, und wir erhalten seine Güter[5799]. Die Liebe treibt ihr Spiel, in dem sie den Sohn des Höchsten nicht schont und dem verzweifelten Elenden zu Hilfe eilt[5800]. Die Antwort des Menschen kann nur sein: „Fac me mori prae tui amore et dilectione." – „Laß mich aus Zuneigung und Liebe zu Dir sterben."[5801] Dazu erbittet der Beter sich: „Pro me loquere verbum in charitate dicens: Ego redimam eum." – „Zu mir sprich das Wort in der Liebe: ‚Ich will ihm erlösen'."[5802] Jesus soll den Beter mit dem gleichen Geschoß der Liebe treffen, die sein eigenes Herz verwundet hat[5803]. Das Kreuz ist die alleinige Ursache der Liebe des Menschen[5804]. Deswegen möchte man die Liebeswunde des Herrn küssen[5805].

Die gleiche Liebe zieht Jesus auch in das Allerheiligste Altarsakrament[5806], und er freut sich, wenn die Menschen dieses Sakrament empfangen[5807].

32.5 Viele Stellen, die wir bis jetzt angeführt haben, gehören in die Brautmystik der Gertrud[5808]. Eigens seien einige weitere erwähnt. „Dulcore charitatis commotus", „Durch die Süße der Liebe bewegt" spricht Jesus den Menschen als Sohn an, so wie er selbst bei der Verklärung die Stimme des Vaters gehört hat, die ihn als geliebten Sohn bestätigt hat[5809]. Jesus beteuert: „Amor divini Cordis mei attrahit me tibi." – „Die Liebe meines göttlichen Herzens zieht mich zu Dir."[5810] Man bittet Jesus: „Viva voce tuae pulchrae dilectionis ad temetipsum voca me!" – „Mit der lebendigen Stimme Deiner schönen Liebe rufe mich zu Dir!"[5811] „Amore tuo conglutina me!" – „An Deine Liebe leime mich!"[5812] Man wird mit der Liebeswunde des Herrn verbunden[5813]. „Voranti flammae vivi amoris tui immitte me!" – „Sende mich in die verschlingende Flamme

---

[5795] G R 6,642f.,200.
[5796] G R 7,332,230.
[5797] G 3,3,18,5,16f.,84.
[5798] G R 7,413f.,234.
[5799] G R 7,280-283,226.
[5800] G R 7,306-308,228.
[5801] G R 7,385f.,232.
[5802] G R 7,156f.,218.
[5803] G 2,2,5,1,4f.,248.
[5804] G 3,3,43,1,18f.,198.
[5805] G 3,3,47,1,12f.,212.
[5806] G 3,3,18,14,9f.,92.
[5807] G 3,3,18,17,11f.,96.
[5808] Die meisten Stellen aus der fünften Übung der „Exercitia spiritualia" über die göttliche Liebe bleiben hier unerwähnt, weil man bei ihnen nicht weiß, ob von der Liebe Gottes allgemein oder derjenigen des Menschgewordenen die Rede ist.
[5809] G 3,3,12,2,13-18,52-54.
[5810] G 3,3,42,1,5f.,192.
[5811] G R 4,419f.,126.
[5812] G R 4,402,124.
[5813] G R 7,181f.,220.

Deiner lebendigen Liebe!"[5814] Man bittet Jesus, „ut ipsi uniar charitate inseparabili", „daß ich ihm mit untrennbarer Liebe vereint werde"[5815] und daß man aufgenommen wird „in tuae plenissimae charitatis cubile", „in das Schlafgemach Deiner vollendetsten Liebe"[5816]. In Freundschaft verbunden wird man ein Herz mit Jesus[5817]. Bei Jesus ruhen heißt „habitare divinae charitatis in tabernaculis", „wohnen in den Zelten der göttlichen Liebe"[5818]. Von der göttlichen Liebe berauscht will man an der Brust Jesu schlafen[5819]. Jesus als die süße Liebe ist für die arme Braut die Zuflucht[5820]. Man will stürzen „in amplexus sponsi Iesu amatoris tui", „in die Umarmung des Bräutigams Jesus, deines Liebhabers"[5821]. „Desosculabor verum animae meae sponsum Jesum meum." – „Ich werde den wahren Bräutigam meiner Seele, meinen Jesus, küssen."[5822] Die Braut wünscht sich, „conflagrare tuae charitatis incendio", „zu verbrennen im Brand Deiner Liebe"[5823]. „Amore te teneo, amantissime Jesu." – „In Liebe halte ich Dich fest, liebendster Jesus."[5824]

32.6   Um der Liebe Jesu willen soll man bitten um einen guten Tod[5825]. „Tua te cogat charitas, ut me patienter audias." – „Deine Liebe soll Dich zwingen, mich geduldig anzuhören."[5826] Der Mensch soll denken an „amorem Cordis tui in cruce pedentis", „die Liebe Deines am Kreuz hängenden Herzens" und bitten, daß er rein gewaschen wird „ex humore charitatis quem produxit fervor tam ineffabilis amoris", „aus der Flüssigkeit der Liebe, welche die Glut der so unaussprechlichen Liebe hervorgebracht hat"[5827]. So soll Jesus die „rivos charitatis", „Flüsse der Liebe" reichlich fließen lassen[5828]. An den Verzweifelten soll Jesus nicht ohne Liebe vorbeigehen[5829]. Die Liebe soll den Menschen lehren, sein Kreuz zu tragen[5830]. Mit Jesus trägt man das Waffenkleid der Liebe gegen alle Angriffe des Bösen[5831]. In Jesus soll die Liebe die Antwort des Dankes Gott geben[5832]. Jesu Liebe soll alle Nachlässigkeiten des Menschen vor Gott ergänzen[5833].

[5814] G R 4,408,126.
[5815] G R 4,130f.,108.
[5816] G R 7,366,232.
[5817] G R 7,179f.,220.
[5818] G R 5,142f.,136.
[5819] G R 5,430-433,154.
[5820] G 3, 3,629f.,200.
[5821] G R 5,164,138.
[5822] G R 5,269f.,144.
[5823] G R 7,669,250.
[5824] G R 5,491,158.
[5825] G R 4,412f.,126.
[5826] G R 7,443f.,236.
[5827] G 2,2,5,3,7-14,250-252.
[5828] G 2,2,6,3,1f.,258.
[5829] G R 7,160f.,220.
[5830] G R 5,372-374,150.
[5831] G R 5,398-402,152.
[5832] G R 6,40f.,164.
[5833] G R 5,497-499,158; 7,494f.,238.

32.7 Die Liebe Jesu ist im ganzen Schrifttum der Gertrud gegenwärtig. Neben den vielen Namen und Titeln Jesu, die von seiner Liebe sprechen, wird besonders intensiv von der Liebe Jesu am Kreuz und in der „unio mystica" gesprochen.

33. Daß in dieser Zeit auch außerhalb von Helfta die Liebe Jesu bei den Mystikerinnen eine große Rolle spielt, sieht man an Lukardis von Oberweimar.

33.1 Jesus ist der „amator dulcissimus", „süßeste Liebhaber"[5834] und „familiarius amator", „vertraute Liebhaber"[5835].

33.2 Als Adjektiv für Jesus ist „dilectus", „geliebter" in der Vita der Lukardis besonders signifikant. So wird Jesus[5836] genannt „dilectus dominus", „geliebter Herr"[5837]. Die Jungfrau Maria redet zu Lukardis über Jesus als „dilectus meus filius", „mein geliebter Sohn"[5838], oder er ist „dilectus suus filiolus", „ihr geliebtes Söhnlein"[5839]. Wie im Hohelied (Hld 1,3) wird der Geliebte mit einer Zyperntraube verglichen[5840]. Und Jesus spricht: „Sic ergo botrus in pertica crucis sum dilectus tuus tibi." – „So also bin ich, dein Geliebter, die Weintraube an der Stange des Kreuzes für dich."[5841] Einmal wird Jesus auch „dilectus sponsus", „geliebter Bräutigam" genannt[5842].

Seltener wird das Adjektiv „amantissimus", „liebendster" für Jesus gebraucht[5843]. Einmal wird das Jesuskind „puer parvus prae millibus amantissimus", „kleines Kind, unter Tausenden das liebendste" genannt[5844].

Das gleiche Kind erhält das Adjektiv „amabilissimus", „liebenswertestes"[5845]. Man bezeichnet es „facie ac dispositione delicatissmum ac amabilissimum", „an Gesicht und Gestalt ganz zart und liebenswert"[5846]. Einmal sieht Lukardis ihren Geliebten „amabili visu", „von liebenswertem Aussehen"[5847]. Das liebenswerte Aussehen steht dabei in keinem Gegensatz zu dem Erschreckenden, das Christus auch anhaftet[5848].

33.3 Der Liebhaber Jesus bereitet in der Fastenzeit Lukardis durch vielerlei Schmerzen darauf vor, daß sie an Ostern für seinen Trost besonders empfänglich ist[5849]. Beim Sterben kehrt Lukardis zu ihrem geliebten Bräutigam zurück, der ihr die Spuren seines

---

[5834] LO 32,326,19; 45,335,3f.
[5835] LO 97,366,36f.
[5836] LO 29,325,6; 37,330,11; 56,341,27.
[5837] LO 4,312,16f.
[5838] LO 3,312,7-9; 16,318,38.; 37,330,20f.
[5839] LO 16,318,15f.
[5840] LO 45,335,7-9.
[5841] LO 45,335,9f.
[5842] LO 96,365,25.
[5843] LO 34,327,15.
[5844] LO 39,332,13f.
[5845] LO 40,332,35.
[5846] LO 42,333,8f.
[5847] LO 56,341,28.
[5848] LO 57,343,25f.
[5849] LO 32,326,19-26.

Leidens als besonderes Privileg hinterlassen hat[5850]. Im Himmel ist sie mit ihrem Liebhaber verbunden und freut sich süß[5851].

33.4 Es fällt auf, daß in der Vita der Lukardis oft Adjektive und Wörter, welche die Liebe bedeuten, für Jesus gebraucht werden. Die Liebe wird aber kaum als Motiv für Jesu Kommen und Leiden genannt.

34. In der Vita der Christina von Hane ist die Brautmystik zentral.

34.1 An vielen Stellen ist Christus der Liebhaber oder der Bräutigam.

34.1.1 Oft wird Christus „leybhaver"[5852] genannt; Jesus[5853] ist der „lyebhauer der selen", der „Liebhaber der Seele"[5854], „eyniger lyebhaber", „einende Liebhaber"[5855] und „voll burnder lyebhaber", „ganz entbrannte Liebhaber"[5856]. Noch am Kreuz ist er der „lyebhaber"[5857]. Christina erwähnt sein „lyebhauenden hertzen", „liebendes Herz"[5858] und spricht ihn an: „O myn zartes lyeffe", „O mein zartes Lieb"[5859]. Er ist die „soiße Lyebde", „süße Liebe"[5860].

Christina hat ihren Namen „na Christum yrem bruytgam", „nach Christus, ihrem Bräutigam" erhalten[5861]. Jesus stellt sich ihr vor mit den Worten „Jch byne dyne bruytgam." – „Ich bin dein Bräutigam"[5862] oder Ich „der ... soiße bruytgam", „der ... süße Bräutigam"[5863]. Auch sonst wird Christus oft „bruytgam"[5864], „gemynter bruytgam", „geliebter Bräutigam"[5865], „leyber bruytgam", „lieber Bräutigam"[5866], „lyeblicher bruytdegam (!)", „lieblicher Bräutigam"[5867], „vßerwilter bruytgam", „auserwählter Bräutigam"[5868] und „zarter bruytdegam", „zarter Bräutigam"[5869] genannt.

34.1.2 Folgende Adjektive, welche die Liebe ausdrücken, findet man bei Christus. Er ist der „lyeber here", „liebe Herr"[5870], „aller lybester here", „allerliebste Herr"[5871],

---

[5850] LO 96,365,25-27.
[5851] LO 97,366,36f.
[5852] Die Schreibweise wechselt häufig. So taucht z. B. „lyebhaber" oder „leybehaber" auf.
[5853] CH 1, 242; 248; 250f.; 2, 207f.; 210; 214; 222; 224; 234.
[5854] CH 1, 249.
[5855] CH 2, 228.
[5856] CH 2, 210.
[5857] CH 1, 231.
[5858] CH 2, 207.
[5859] CH 1, 245.
[5860] CH 2, 207.
[5861] CH 1, 226.
[5862] CH 2, 207.
[5863] CH 2, 211.
[5864] CH 1, 226; 239; 2, 213; 221.
[5865] CH 1, 242.
[5866] CH 2, 220.
[5867] CH 1, 244.
[5868] CH 2, 215.
[5869] CH 2, 225.
[5870] CH 1, 229; 235; 248.
[5871] CH 1, 242; 249; 2, 204.

das „lyebe kyntgyn", „liebe Kind"[5872], ein „lyebliches kyntgyn", „liebliches Kind"[5873], das „lyeblichstes kyntgyn", „lieblichste Kind"[5874], das „aller lyeblichstes kyntgyn", „allerlieblichste Kind"[5875], der „lyeblicher godes sone", „liebliche Gottessohn"[5876], „lyebelicher got", „liebliche Gott"[5877], das „lyebliche lampe godes", „liebliche Lamm Gottes"[5878], der „lyeblicher bruytdegam", „liebliche Bräutigam"[5879], der „aller lyebste fruntde", „allerliebste Freund"[5880] und „aller lybstes lyeffe", „aller liebstes Lieb"[5881].

34.2 Die Liebe, die Jesus zu den Menschen hat, übertrifft jede andere Liebe[5882]. „Die leyebde zwancke yn dar zo daz er mensche geworden ist, vnd er leyt den doit vmb unser erloißonge willen." – „Die Liebe zwang ihn (= Christus) dazu, daß er Mensch geworden ist, und er litt um unserer Erlösung willen den Tod."[5883]

34.3. „Das lyebliche heubt Jesu Christi", „Das liebliche Haupt Jesu Christi" ist mit Dornen gekrönt und durchstochen[5884]. Die grundlose Liebe ist es, die Gottessohn zum Leiden für uns zwang[5885]. Christina gelangt zur Erkenntnis „der getruwer lyebden, die yn vor vns zwancke zo dem jemerlichyn doitde", „der getreuen Liebe, die ihn für uns zum jämmerlichen Tod zwang"[5886]. Jesus hat die Menschen „yn der lyebden", „in der Liebe" erlöst[5887].

34.4 In der Kommunion empfängt der Mensch seinen liebsten Herrn[5888]. Und dieser redet dann als Liebhaber mit der Seele[5889], weiß, daß er ihr einziger Liebhaber ist[5890], und spricht: „Ich byn dyne lyebhaber." – „Ich bin Dein Liebhaber."[5891]

34.5 Christus hält mit Christina „bruytlaufft", „Verlobung"[5892]. Er schenkt ihr „daz cleynoit der gotlicher lyebden", „das Kleinod der göttlichen Liebe"[5893]. Christinas Herz wird dabei verwundet von den Strahlen der Liebe[5894]. Christina zieht in sich die

---

[5872] CH 1, 229.
[5873] CH 1, 227. Es kommt (CH 1, 228) auch die Schreibweise „lyeplichyn".
[5874] CH 1, 228; 229.
[5875] CH 1, 230; 2, 204; 228.
[5876] CH 1, 239; vgl. CH 1, 249.
[5877] CH 2, 204; 230.
[5878] CH 1, 249.
[5879] CH 1, 244.
[5880] CH 2, 209.
[5881] CH 1, 238.
[5882] CH 2, 204.
[5883] Ebenda.
[5884] CH 1, 237.
[5885] CH 1, 239.
[5886] Ebenda.
[5887] CH 2, 212.
[5888] CH 1, 242.
[5889] CH 1, 243.
[5890] CH 2, 204.
[5891] CH 2, 207.
[5892] CH 1, 226.
[5893] CH 1, 227.
[5894] CH 1, 240.

göttliche Liebe[5895] und wird in die große Liebe versenkt[5896], was durch der Liebe Einfluß geschieht[5897]. Sie wird getränkt[5898] oder geziert mit dem Gold der Liebe[5899] und mit ihrem Lieben vereinigt[5900]. Christi Bild ist in ihr Herz „myt eyniger furiger lyebe", „mit einigender feuriger Liebe" eingedrückt[5901]. In seiner Liebe soll sie ewig Leben[5902]. Christus spricht zu Christina: „Du byst myt myr vereyniget in gotlicher lyebden yn dem abgront myner gotlicher lyebden." – „Du bist mit mir vereint durch göttliche Liebe im Abgrund meiner göttlichen Liebe."[5903] Dies geschieht besonders beim Kommunionempfang[5904].

34.6 Inhaltlich geht die Vita der Christina an den Stellen über die Liebe Christi nicht über das hinaus, was wir aus der Mystik von Helfta schon kennen. Bemerkenswert ist allerdings Folgendes: Ausdrücke der Liebe häufen sich in den ersten beiden Dritteln der Vita, während sie im letzten Drittel deutlich abnehmen.

35. In den beiden Berichten über Christina von Stommeln, nämlich denjenigen von Petrus von Dazien und Johannes von Stommeln, werden ebenfalls viele Begriffe, welche die Liebe Jesu betreffen, verwendet.

35.1 Jesus wird genannt „amor aeternus", „ewige Liebe"[5905], „uiolentissimus amor et amator", „gewaltigste Liebe und Liebhaber"[5906], „amator", „Liebhaber"[5907], „intimus amicus", „inniger Freund"[5908], „dilectus", „Geliebter"[5909], „dilectissimus", „Geliebtester"[5910], „maritus", „Gemahl"[5911]. „Dominus meus ihesus cristus sponsus meus est." – „Der Herr Jesus Christus ist mein Bräutigam."[5912] Er wird „sponsus", „Bräutigam"[5913], „aeternus sponsus", „ewiger Bräutigam"[5914], „amantissimus spon-

---

[5895] CH 2, 210.
[5896] CH 1, 251.
[5897] CH 2, 214.
[5898] CH 2, 223.
[5899] CH 2, 217.
[5900] CH 2, 211.
[5901] CH 2, 214.
[5902] CH 2, 218.
[5903] CH 2, 220.
[5904] CH 2, 222.
[5905] CS 1, B 47,35,238,6; B 55,53,246,21.
[5906] CS 1, B 10,31,94,31f.
[5907] CS 1, B 9,27,91,14; B 10,34,97,34.
[5908] CS 1, B 10,32,96,22; B 29,63,207,23.
[5909] CS 1, B 10,34,97,27; B 10,36,99,12; CS 2, 4,8,73,313; 4,10,96,319; 4,11,101,321; 4,12,107,323; 4,18,164,340; 4,21,195,348.
[5910] CS 2, 4,5,44,306; 24,5,47,306; 4,5,52,307; 4,6,54,308; 4,8,74,313; 4,8,77,314; 4,9,85,317; 4,10,96,319; 4,12,106,323; 4,14,127,329; 4,16,149,336; 4,19,170,341; 4,19,173,342; 4,19,174,343; 4,19,178,343.
[5911] CS 1, B 10,32,96,22.
[5912] CS 1, 53,128,15f.
[5913] CS 1, B 24,21,165,4; B 25,36,181,7; CS 2, 4,9,82,315; 4,15,133,331; 4,20,180,344.
[5914] CS 1, B 29,63,207,23; CS 2, 4,6,57,309; 4,13,125,329; 4,18,158,338; 4,18,169,341.

sus", „liebendster Bräutigam"[5915], „dilectissimus sponsus", „geliebtester Bräutigam"[5916] und „dulcissimus sponsus", „süßester Bräutigam"[5917] genannt.

35.2 Folgende Adjektive werden verwendet: Es ist vom „amantissimus Jesus", „liebendsten Jesus", „amantissimus dominus", „liebendsten Herrn"[5918], „amabilis", „liebenswert"[5919] „diligendus", „zu liebenden"[5920] Jesus die Rede.

Oft kommt das Adjektiv „dilectus", „geliebter" für Jesus[5921] vor. Er ist „dilectus amator", „der geliebte Liebhaber"[5922]. Für Maria ist er ihr „dilectissimus filius", „geliebtester Sohn"[5923].

Er kann auch „diligens amator", „der liebende Liebhaber" heißen[5924].

35.3 Allgemein schreibt Petrus von der „amor mutuus", „wechselseitigen Liebe"[5925] zwischen Jesus und Christina. Petrus: „Diligatis ergo diligentem et dilectum uocetis amatorem uestrum in diligendo preuenientem, immo et quod diligere possitis, uelitis et debeatis tribuentem."- „Ihr sollt also den Liebenden lieben, und ihr nennt den Geliebten euren Liebhaber, der im Lieben euch zuvorkommt, ja denjenigen, der euch die Tatsache, daß ihr lieben könnt, wollt und müßt, zuteilt."[5926] Zwischen der Seele und Christus herrscht die „uiolentia dilectionis", „Gewalt der Liebe"[5927] und die gegenseitige Verwandlung[5928]. Christus ist „amore dignus", „der Liebe würdig"[5929]. Bei der Betrachtung des Leidens Jesu erkennt Christina dessen Liebe[5930].

35.4 „Amicicie federe", „Mit einem Freundschaftsbund" hat Gott den Staub der Erde in Christus mit sich verbunden[5931]. Der Mensch als Braut wird in der Ekstase in das

---

[5915] CS 2, 4,13,124,328.
[5916] CS 1, B 26,42,187,19; CS 2, 4,4,32,303; 4,5,45,306; 4,5,46,306; 4,6,53,307; 4,6,55,308; 4,6,59,309; 4,7,63,310; 4,7,63,310; 4,7,65,311; 4,7,67,311; 4,7,69,312; 4,7,70,312; 4,8,71,313; 4,8,72,313; 4,8,73,313; 4,8,75,314; 4,8,76,314; 4,8,79,315; 4,9,81,315; 4,9,84,316; 4,10,89,317; 4,10,92,318; 4,10,94,319; 4,10,95,319; 4,11,99,320; 4,11,100,321; 4,11,101,321; 4,11,104,322; 4,11,106,322; 4,12,106,323; 4,12,107,323; 4,12,110,324; 4,12,113,325; 4,12,114,325; 4,13,117,326; 4,13,118,326; 4,13,124,328; 4,13,125,329; 4,14,127,329; 4,14,130,330; 4,15,141,333; 4,15,142,334; 4,16,144,334; 4,16,145,335; 4,16,146,335; 4,16,147,335; 4,17,150,336; 4,17,152,337; 4,17,153,337; 4,17,157,338; 4,17,158,338; 4,18,159,338; 4,18,161,339; 4,18,168,341; 4,18,169,341; 4,19,170,341; 4,19,173,342; 4,19,175,343; 4,19,177,343; 4,20,179,344; 4,20,180,344; 4,20,184,345; 4,20,186,346; 4,20,187,346; 4,21,188,346; 4,21,189,346; 4,21,190,346; 4,21,191,347; 4,21,192,347; 4,21,193,347; 4,21,193,348; 4,21,194,348.
[5917] CS 2, 4,5,46,306; 4,5,47,307; 4,6,53,307; 4,6,57,309; 4,6,59,309; 4,7,70,312; 4,8,78,314; 4,8,79,315.
[5918] CS 1, 50,8,32.
[5919] CS 1, B 9,27,90,27.
[5920] CS 2, B 24,21,165,14.
[5921] CS 1, B 37,13,222,8.
[5922] CS 1, B 9,27,91,14.
[5923] CS 1, B 29,57,201,9.
[5924] CS 1, B 9,27,91,13f.
[5925] CS 1, B 9,27,91,18.
[5926] CS 1, B 9,27,91,13-16.
[5927] CS 1, B 10,35,99,1.
[5928] CS 1, B 10,36,99,25.
[5929] CS 1, B 9,28,91,10.
[5930] CS 2, 4,13,123,328.
[5931] CS 1, B 10,31,94,25-27.

Gemach des Bräutigams Jesus eingeführt[5932], aufgenommen[5933], von seinen Armen umfangen[5934] und fliegt[5935] oder wird entrückt in ihn[5936].

35.5 Vor allem in dem Bericht des Johannes von Stommeln taucht die Liebe Jesu fast ausschließlich in Namen und Adjektiven auf. Diese werden so häufig gebraucht, daß sie toposartig wirken.

36. Die Titel und Adjektive, welche die Liebe Christi ausdrücken, kommen bei Agnes von Blannbekin nicht so gehäuft vor. Dafür findet man bei ihr einige grundlegende Aussagen über unser Thema.

36.1 Christus wird „sponsus", „Bräutigam"[5937], „deus sponsus", „Gott Bräutigam"[5938] genannt. Jesus ist „amabilis aspectu", „liebeswertem Aussehen"[5939].

36.2 Von Jesus soll man das Lieben lernen. Es gibt den Laden Christi, in dem man sich alles Notwendige besorgen kann. „Erat enim ibi aurum, quod significat amorem divinum. Erant ibi lapides et gemmae pretiosae, quae significant perfectionem amoris divini." – „Es gab dort Gold, welches die göttliche Liebe bezeichnet. Es gab darin Steine und Edelsteine, welche die Vollkommenheit der göttlichen Liebe bedeuten."[5940] Bei der Menschwerdung kam der Sohn Christus in den Schoß der Jungfrau, „ad quem de corde patris venit magno allectus amore", „zu welchem er von dem Herz des Vaters, von großer Liebe angelockt, kommt"[5941]. Die gleiche Liebe, die Maria bei der Empfängnis Jesu hatte, soll der Mensch beim Kommunionempfang besitzen[5942].

36.3 Auf die Frage, ob der Herr sie liebt, gibt Christus Agnes die Antwort: „Diligo, nec unquam mater infantem uteri sui in tantum dilexit, sicut ego diligo. Argumentum hoc est, quia sanguinem sudorem in agonia fudi et in cruce, quidquid fuit residui sanguinis effudi; et ad hoc me adduxit amor." – „Ja, ich liebe; und niemals hat eine Mutter das Kind ihres Schoßes so sehr geliebt, wie ich liebe. Der Beweis dafür besteht darin, daß ich blutigen Schweiß im Todeskampf vergossen habe und am Kreuz ausgoß, was immer an Blut übrig war; und dazu hat mich die Liebe gebracht."[5943] Einmal sieht die Mystikerin einen großen weißen Berg, der Christus zu erdrücken scheint. „Et significat amorem, quem Christus ad nos habuit et habet, qui ipsum vincit et usque ad mortem pressit adeo, quod nihil in eo sanguinis illo remaneret." – „Und er bedeutet die Liebe, die Christus zu uns hatte und hat, die ihn besiegt und bis zum Tod so sehr gedrückt hat,

---

[5932] CS 2, B 25,42,187,18f.
[5933] CS 2, 4,9,81,315.
[5934] CS 2, 4,6,59,309; 4,7,70,312.
[5935] CS 2, 4,9,85,317; 4,14,127,329; 4,19,175,343; 4,21,191,347; 4,21,193,348; 4,21,194,348.
[5936] CS 2, 4,10,95,319; 4,12,107,323; 4,15,142,334; 4,17,152,337; 4,18,169,341; 4,19,174,343; 4,19,178,343; 4,20,179,344; 4,20,187,346; 4,21,192,347; 4,21,195,348.
[5937] AB 70,9.11,174; 168,21-23,352.
[5938] AB 70,2f.172f.
[5939] AB 214f.,37f.,442.
[5940] AB 29,4-7,104.
[5941] AB 57-59,6f.,154.
[5942] AB 207,18-21,428.
[5943] AB 115,15-20,256-258.

daß in ihm nichts vom (seinem) Blut zurückblieb."[5944] Auch heute ist die Liebe Christi noch so groß, daß aus seinem Leiden für diejenigen, die es verehren, Gnadenströme fließen[5945]. Diesem Berg der Liebe, die Christus zum Leiden drängte, entspricht ein anderer Berg, der die Liebe der Menschen zu Christus bedeutet[5946]. Mit der durchbohrten Hand berührt der Herr Agnes und schenkt ihr die Liebe[5947]. Sie hat eine besondere Verehrung zu den fünf Wunden Christi. So heißt es: „In vulnere lateris disce charitatem, quam sponsus sponsae suae ecclesiae inde propinavit et aperto latere cordis ei amorem aperuit!" – „An der Seitenwunde lerne die Liebe, welche der Bräutigam seiner Braut, der Kirche, von dort zu trinken gab; und durch die geöffnete Seite des Herzens hat er ihr die Liebe eröffnet!"[5948] Der Mensch soll Jesus Christus danken, „quia ex amore per passionem eum deo patri reconciliavit", „weil er ihn aus Liebe durch das Leiden mit Gott Vater versöhnt hat"[5949]. Jesus hat alle Mühen getragen „quasi in brachiis amoris, quemadmodum mater puerum inter ulnas bajulat", „gleichsam in den Armen der Liebe, wie eine Mutter das Kind zwischen ihren Armen trägt"[5950]. Diese große Liebe in seinem Leiden ist als Gedächtnis im Altarsakrament aufbewahrt[5951].

36.4 Agnes gehört zu den Mystikerinnen, welche die Kirche als Braut Christi kennen[5952]. Durch die geöffnete Seite öffnet er ihr seine Liebe[5953]. Petrus ist deswegen der vom Herrn am meisten geliebte, weil er die Kirche leiten soll[5954].

36.5 Auch in der Brautmystik spielt die Liebe Christi eine Rolle. „Charitas ipsum sponsum excipit ad amplexus, et charitas sponsi e converso anima ad amplexus recipit; et ibi fit tanta unio per amorem sponsi et sponsae, ut anima se ipsam obliviscatur." – „Die Liebe (der Seele) empfängt den Bräutigam selbst zur Umarmung, und die Liebe des Bräutigams erhält umgekehrt die Seele zur Umarmung; und dabei geschieht eine so große Einheit durch die Liebe des Bräutigams und der Braut, daß die Braut sich selbst vergißt."[5955]

36.6 Wesentlich häufiger als die Liebe, die Jesus zu uns hat, wird die Liebe, die wir zu Jesus haben sollen, in der Vita der Agnes erwähnt. Diese Tatsache hängt mit der Absicht des Autors, Menschen zur Liebe anzuregen, zusammen.

37. Nur sporadisch können einige Namen und Adjektive, welche die Liebe Jesu ausdrücken, aus der nicht mystisch geprägten zeitgenössischen mittelhochdeutschen Literatur angeführt werden.

[5944] AB 47-50,30-33,138.
[5945] AB 47-50,33-36,138.
[5946] AB 47-50,37-42,138.
[5947] AB 167,4-9,348.
[5948] AB 168,21-23,352.
[5949] AB 235,18-21,482.
[5950] AB 90f.,42-44,212.
[5951] AB 110-112,7-12,250.
[5952] AB 168,21-23,352.
[5953] AB 168,21-23,352.
[5954] AB 108,32-34,246.
[5955] AB 70,9-12,174.

Jesus wird genannt: „Jêsus lieber vater min", „Jesus, mein Lieber Vater"[5956], „vriunt der sundâre", „Freund der Sünder"[5957], „minneclîcher Krist", „Liebevoller
Christus"[5958] und „vil lieber here", „viel lieber Herr"[5959].

38. Zusammenfassend läßt sich sagen:

38.1 Folgende Namen für Christus kommen vor: „Amor", „Liebe"[5960], „amor aeternus", „ewige Liebe"[5961], „crucifixus amor", „gekreuzigte Liebe"[5962], „dulcis amor",
„süße Liebe"[5963], „amor fortis", „starke Liebe"[5964], „amor verus", „wahre Liebe"[5965],
„uiolentissimus amor", „gewaltigste Liebe"[5966], „amor amicabilitatis", „Liebe der
Freundschaftlichkeit"[5967], „amor dulcedinis", „Liebe der Süße"[5968], „amor virginis",
„Liebe der Jungfrau"[5969], „caritas", „Liebe"[5970], „caritas deus", „Liebe Gott"[5971],
„charitas suavis", „süße Liebe"[5972], „perfecta charitas", „vollkommene Liebe"[5973],
„charitatis perfectio", „Vollkommenheit der Liebe"[5974], „dilectio", „Liebe"[5975],
„Freund"[5976], „allerliebster Freund"[5977], „freundschaftlichster Freund"[5978], „geliebter
Freund"[5979], „erwählter Freund"[5980], „inniger Freund"[5981], „süßer Freund"[5982], „süße-

[5956] Die Legende vom zwölfjährigen Mönchlein 304, in: Die Deutsche Literatur vom Mittelalter bis zum 20. Jahrhundert, 1,1,355.
[5957] ALJ 592,92f.
[5958] Heinrich Frauenlob: David und Goliath 3,49, in: Die Deutsche Literatur vom Mittelalter bis zum 20. Jahrhundert, 1,1,563.
[5959] Orendel: Die Geschichte des Grauen Rockes 7, in: Die Deutsche Literatur vom Mittelalter bis zum 20. Jahrhundert, 1,1,330.
[5960] JFC 3,28,1013f.,174; BHLD 2, 83,2,4,614,12; MH 1,12,39; 2,16,150; G R 4,398,124; 5,82,132; 5,292,146;
6,657,202.
[5961] CS 1, B 47,35,238,6; B 55,53,246,21.
[5962] GIS Palm 4,5,137f.,212; G R 1,53f.,48.
[5963] ARI 29,883-887,662; G R 3,91,78.
[5964] G R 6,394f.,186.
[5965] G R 2,77,70.
[5966] CS 1, B 10,31,94,31f.
[5967] G 2, 2,2,2,18,234.
[5968] JFC 3,29,1052,174.
[5969] SPE 49,1030A.
[5970] JFC 3,27,922f.,171; BB 1, 18,3,376,6.
[5971] JFC 3,29,1054,175.
[5972] G R 3,47,76.
[5973] G R 1,44f.,48.
[5974] G R 1,195,58.
[5975] G R 6,166f.,172.
[5976] ARSA 2,20,147-149,306; DV 360,23 MH 1,19,68.
[5977] MM 7,35,9f.,282.
[5978] MH 3,20,223.
[5979] Ebenda.
[5980] G R 3,54,76.
[5981] CS 1, B 10,32,96,22; B 29,63,207,23.
[5982] BHLD 1, 20,2,3,280,1f.; G R 3,5f.,74.

ster Freund"[5983], „treuer Freund"[5984], „treuester Freund"[5985], „Freund der Sünder"[5986], „aller Menschen Liebster"[5987], „Liebhaber"[5988], „Liebhaber der Menschen"[5989], „der Seelen"[5990], „der Liebe"[5991], „des menschlichen Heiles"[5992], „brennender"[5993], „einender"[5994], „einziger"[5995], „erwählter"[5996], „ewiger"[5997], „gütiger"[5998], „gütigster"[5999], „gnädigster"[6000], „liebendster"[6001], „geliebtester"[6002], „getreuer"[6003], „getreuester"[6004], „süßer"[6005], „süßester"[6006], „vertrauter[6007] Liebhaber", „Erlöser und Liebhaber"[6008], „Bräutigam und Liebhaber"[6009], „Gott und Liebhaber"[6010], „Herr und Liebhaber"[6011]. „Geliebter Sohn" ist Jesus für den Vater[6012] wie für Maria[6013].

[5983] MH 7,10,404.

[5984] DT 332,6-8; MH 1,13,44; G R 6,637,200.

[5985] G 3, 3,65,3,47,266; 5, 5,30,1,16,540.

[5986] ALJ 592,92f.

[5987] MM 6,37,6,245.

[5988] SP 10,846,7; HSO 963C-D; IN 21,252; BN 1,13,66,38f.,53; IL 2,2,5,172; MH 1,1,8; 2,15,149; 2,26,169; 3,29,234; 7,7,398; G R 4,17,100; 5,164,138; 5,398,152; 5,532,160; G 2, 1,16,1,18,208; 3, 3,32,4,6,170; 4, 4,4,5,4f.,66; 4,6,4,14,92; 4,22,3,8,210; 4,22,4,7f.,210; 4,23,4,6,220; 5, 5,10,4,4,146; 5,27,10,1,222; CH 1, 242; 248; 250f.; 2, 207f.; 210; 214; 222; 224; 234; CS 1, B 9,27,91,14; B 10,34,97,34.

[5989] JFC 2,2,60-65,122f.; 2,12,540f.,138; BN 2,14,148,69-74,101; G 2, 2,15,2,1,288; 3, 3,10,2,16,46.

[5990] IG 4,32,117; MH 4,59,310; CH 1, 249; 2, 216.

[5991] MY 5,109,3-5.

[5992] G 5, 5,36,1,1,272.

[5993] CH 2, 210.

[5994] CH 2, 228.

[5995] MH 1,13,44; 2,16,150; 7,10,404; G 3, 3,54,1,10,232; 4, 4,23,8,7,224; 4,27,3,2,262.

[5996] G 4, 4,35,1,7,288.

[5997] MY 5,109,8-10.

[5998] G 3, 3,3,1,7,20; 4, 4,22,4,8,210.

[5999] G 3, 3,31,2,4,164; 4, 4,17,4,5,188.

[6000] G 3, 3,50,2,6,220.

[6001] MH 3,24,228.

[6002] MH 5,6,325; G 3, 3,18,3,4,82.

[6003] G R 3,48,76.

[6004] MH 4,59,311; G R 2,71f.,70; G 2, 2,20,1,4f.,308.

[6005] G R 3,66,78; G 3, 3,18,1,6f.,80.

[6006] MH 1,31,106; 3,17,217; G R 4,265,116; 4,373,124; G 3, 3,41,1,3,188; 3,44,1,5,198; 3,45,1,5f.,202; 3,52,3,9,228; 3,53,2,11,230; 4, 4,2,5,14,30; 4,5,3,1f.,84; 4,13,2,2,146; 4,25,5,16,242; 4,26,6,5,252; 5, 5,16,2,7,170; LO 32,326,19; 45,335,3f.

[6007] LO 97,366,36.

[6008] MH 6,8,388.

[6009] MH 4,59,313; 6,8,387.

[6010] G R 5,532,160; 6,404,186; 6,485,192; 6,732,206.

[6011] G R 6,360f.,184.

[6012] JHLD 7,2,112,75; MM 7,37,23,286; G 2, 2,18,2,9,302; 2,23,3,2,332.

[6013] IN 25,262; IG 4,34,117; MY 31,121,22f.; MM 7,18,17.28,272; 7,26,16,276; 7,60,5,305; G R 2,20,66; 6,169,172; G 2, 2,16,3,4,292; LO 3,312,7-9; 37,330,20f.; CS 1, B 29,57,201,9.

Jesus ist der „Bräutigam"[6014] allgemein, der „Bräutigam[6015] oder der Geliebte[6016] der Kirche", der „Bräutigam der Seele"[6017], der „Bräutigam der Jungfrauen"[6018], der „Bräutigam der Liebe"[6019], „erwählter"[6020], „ewiger"[6021], „geliebter"[6022], „lieber"[6023], „lieblicher"[6024], „liebendster"[6025], „geliebtester"[6026], „allerliebster[6027], „blühender"[6028], „herzenslieber"[6029], „himmlischer"[6030], „honigfließender"[6031], „rechtmäßiger"[6032], „süßer"[6033], „süßester"[6034], „treuer"[6035], „wahrer"[6036], „zarter Bräutigam"[6037], „Bräutigam voll Wonnen"[6038], „Bräutigam der ganz unverletzten Jungfräulichkeit"[6039],

---

[6014] BB 1, 113,2,818,1f.; WHLD 2,1,152,320; WHLD 2,4,176,358; GHLD 40,8,212C; HSO 959A.C; 961C; 965B; 969A; BN 1,17,77,56,62; MY 23,118,15; MM 1,22,35,18; 7,27,30,277; MH 1,37,120; 1,41,125; G R 3,132,82; 4,156,108; 4,378,124; 5,164,138; 6,253,178; 6,75-77,166; CH 1, 226; 239; 2, 207; 213; 221; CS 1, 53,128,15f.; 1, B 24,21,165,4; B 25,36,181,7; 2, 4,9,82,315; 4,15,133,331; 4,20,180,344; AB 70,9.11,174; 168,21-23,352.

[6015] BB 1, 45,1,506,14-16; WHLD 1,1,30,112; WHLDB 4,411B; IS 47,8,74f.,140; JHLD prol 7,164,37; 5,6,151,65; 25,9,252f.,214; 26,10,262,221; 28,7,226,232; 29,6,206,238; 34,10,193,267; 37,8,209,283; 38,7,220f.,288f.; 39,7,182,293; 41,9,239.250,304; 42,7,177,309; 43,12,209,314; 46,9,205,331; 63,10,199,446; 64,12,228,452; 67,13,279,472; 82,9,224,569; 96,11,267,656; 106,13,248,722; 109,11,272,742; 112,12,236,761; HISV 1, 2,3,4,181-183,138;2,3,12,283-285,142;2,3,12,283-285,142;2,4,4,150f.,163;2,6,1,297-303,233;2,3,11,9,246f.,581; 3,11,42,890,602; AB 168,21-23,352. Vgl. JHLD 64,1,10-13,447.

[6016] JHLD 2,3,155f.,48.

[6017] WHLD 2 prael 146,308; IS 47,4,74f.,140; ESB 11,145.

[6018] IL 2,2,5,172.

[6019] MM 1,44,74,31; 7,48,61,295.

[6020] CH 2, 215.

[6021] CS 1, B 29,63,207,23; CS 2, 4,6,57,309; 4,13,125,329; 4,18,158,338; 4,18,169,341.

[6022] CH 1, 242.

[6023] CH 2, 220.

[6024] CH 1, 244.

[6025] IL 2,6,27,178; CS 2, 4,13,124,328.

[6026] CS 1, B 26,42,187,19; CS 2, 4,4,32,303; 4,5,45,306; 4,5,46,306; 4,6,53,307; 4,6,55,308; 4,6,59,309; 4,7,63,310; 4,7,63,310; 4,7,65,311; 4,7,67,311; 4,7,69,312; 4,7,70,312; 4,8,71,313; 4,8,72,313; 4,8,73,313; 4,8,75,314; 4,8,76,314; 4,8,79,315; 4,9,81,315; 4,9,84,316; 4,10,89,317; 4,10,92,318; 4,10,94,319; 4,10,95,319; 4,11,99,320; 4,11,100,321; 4,11,101,321; 4,11,104,322; 4,11,106,322; 4,12,106,323; 4,12,107,323; 4,12,110,324; 4,12,113,325; 4,12,114,325; 4,13,117,326; 4,13,118,326; 4,13,124,328; 4,13,125,329; 4,14,127,329; 4,14,130,330; 4,15,141,333; 4,15,142,334; 4,16,144,334; 4,16,145,335; 4,16,146,335; 4,16,147,335; 4,17,150,336; 4,17,152,337; 4,17,153,337; 4,17,157,338; 4,17,158,338; 4,18,159,338; 4,18,161,339; 4,18,168,341; 4,18,169,341; 4,19,170,341; 4,19,173,342; 4,19,175,343; 4,19,177,343; 4,20,179,344; 4,20,180,344; 4,20,184,345; 4,20,186,346; 4,20,187,346; 4,21,188,346; 4,21,189,346; 4,21,190,346; 4,21,191,347; 4,21,192,347; 4,21,193,347; 4,21,193,348; 4,21,194,348.

[6027] MM 7,35,37,283.

[6028] MH 1,1,10; 6,7,385; 7,10,403; G R 3,188,86; G 2, 1,16,1,12f.,208.

[6029] MM 5,21,7,171.

[6030] MH 6,6,383.

[6031] MH 1,8,27.

[6032] G R 7,642f.,248.

[6033] GHLD 28,7,149B; CH 2, 211.

[6034] G 3, 3,65,3,52,266; CS 2, 4,6,53,307; 4,6,57.59,309; 4,7,70,312; 4,8,78,314; 4,8,79,315.

[6035] G R 7,604,256.

[6036] G R 5,269f.,144.

[6037] MH 4,59,312; CH 2, 225.

[6038] G R 2,78f.,70.

[6039] G 5, 5,32,5,12f.,260.

„Bräutigam und Bruder"[6040], „Gott und Bräutigam"[6041], „König und Bräutigam"[6042], „Gemahl"[6043], „Geliebter der Einzelnen"[6044], „Jungfräulicher der Jungfrauen"[6045], „Lieb"[6046], „liebestes Lieb"[6047] und „Herzelieb"[6048].

38.2 Folgende Adjektive[6049] kommen bei Jesus vor: „Lieber"[6050], „viel lieber"[6051], „lieber Herr"[6052], „viel lieber Herr"[6053], „lieber Jüngling"[6054], „lieber Pilger"[6055], „lieber Schulmeister"[6056], „lieblicher Bräutigam"[6057], „liebster Freund"[6058], „liebster Herr"[6059], „lieblicher Gottessohn"[6060], „lieblicher Gott"[6061], „liebliches Lamm Gottes"[6062], „liebliches Kind"[6063], „geliebter"[6064], „lieber Geliebter"[6065], „geliebter vor allen Geliebten"[6066], „Geliebter des Herzens"[6067], „Geliebter meiner Wünsche"[6068], „geliebter Bräutigam"[6069].

[6040] GHLD 3,2,23D.

[6041] AB 70,3f.,172.

[6042] MH 1,32,111.

[6043] MM 4,5,15,120; 5,11,35,165; 5,17,7,169; CS 1, B 10,32,96,22.

[6044] RVPS 28,295D-296B.

[6045] SP 1,90,10f.

[6046] HAV 1,131f.,50.

[6047] TH 17,9-11,54.

[6048] MM 5,11,42,165.

[6049] Hier werden auch die Stellen mit genannt, an denen diese Adjektive absolut gebraucht werden.

[6050] MM 2,24,23,59; 2,25,29,63; 4,5,11,119; 6,13,3,219; 6,37,2,245.

[6051] MM 7,35,4.18.20,282.

[6052] DAG 363,30; DB 1,375,37; 1,376,25; 3,377,29; 4,377,31; 5,378,30; 6,379,16; 10,383,21; 10,384,38; MM 4,12,46,124; 7,3,20,260; 7,21,44,274; 7,35,2,282; 7,35,22,283; 7,50,2,297; CH 1, 229; 232; 248.

[6053] MM 7,35,13,282; Orendel: Die Geschichte des Grauen Rockes 7, in: Die Deutsche Literatur vom Mittelalter bis zum 20. Jahrhundert, 1,1,330.

[6054] MM 7,35,36,283; 7,37,10f.,286.

[6055] MM 6,33,13,242; 6,33,20,243.

[6056] MM 7,3,30,260.

[6057] CH 1, 244.

[6058] CH 2, 209.

[6059] CH 1, 242;1, 249; 2, 204.

[6060] CH 1, 239; vgl. CH 1, 249.

[6061] CH 2, 204; 230.

[6062] CH 1, 249.

[6063] CH 1, 227-230; 2, 228.

[6064] G R 2,84,70; 7,607.627,246; 7,638.649,248; G 3, 3,21,1,6.12,112; 3,29,1,3,130; 3,45,2,4,204; 4, 4,26,8,3,254; 4,26,9,15,258; 4,34,1,12,284; LO 29,325,6; 37,330,11; 45,335,9f.; 56,341,27; CS 1, B 10,34,97,27; B 10,36,99,12; B 37,13,222,8; CS 2, 4,8,73,313; 4,10,96,319; 4,11,101,321; 4,12,107,323; 4,18,164,340.

[6065] MM 6,42,8,251; 7,38,10,287.

[6066] G R 6,571f.,196; 6,653,202.

[6067] G R 6,646f.,200; 6,666,202; 7,613,246; G 5, 5,1,29,12,54.

[6068] G R 6,162,172.

[6069] LO 96,365,25.

Im Superlativ begegnet uns „geliebtester". Jesus ist der „Geliebteste"[6070], „meines Herzens Geliebtester"[6071], „geliebteste Wächter"[6072] und „Meister"[6073].

Auch „praedilectus", „ganz geliebter" kommt vor. Jesus ist der „ganz geliebte Sohn"[6074], „Bräutigam"[6075] und das „ganz geliebte Gut"[6076].

Er ist auch der „herzensliebe"[6077], „herzensliebe Herr"[6078] und „allerherzliebste"[6079]. Jesus ist „liebender"[6080] oder „liebendster"[6081] Eingeborener[6082], Herr[6083], Gott[6084], liebendstes Kind[6085], liebendster Mittler[6086], Sohn[6087], wie auch sein Herz[6088] und sein Gesicht[6089] liebendst sind.

Auch liebenswert ist Jesus[6090], in seinem Gesicht[6091], in seinem Aussehen[6092], als Bruder[6093], als Herr[6094], als Hoffnung[6095], als Jüngling[6096], als Kind[6097], ja er ist liebens-

---

[6070] G R 4,230,114; 6,625,200; CS 2, 4,5,44,306; 4,5,47,306; 4,6,52,307; 4,6,54,308; 4,8,74,313; 4,8,77,314; 4,9,85,317; 4,10,96,319; 4,12,106,323; 4,14,127,329; 4,16,149,336; 4,19,170,341; 4,19,173,342; 4,19,174,343; 4,19,178,343.

[6071] G R 2,6,64.

[6072] G 5, 5,4,4,7,82.

[6073] G 4, 4,4,7,13f.,70.

[6074] G 2, 2,23,4,8,332.

[6075] G R 7,580,244.

[6076] G R 7,667,248.

[6077] MM 5,21,7,171.

[6078] DB 1,375,33; 1,376,16; 4,378,21.39.

[6079] MM 4,2,123,114.

[6080] G 2, 2,23,14,2f.,342.

[6081] JFC 3,26,878f.,170; IL 2,7,35,180; MH 1,9,30; 1,15,47; 1,18,52; 1,18,56; 1,19,65; 1,19,66; 1,19,67; 1,20,74; 1,26,90; 2,8,143; 2,18,155; 2,22,164; 2,27,172; 2,31,176; 2,33,178; 3,2,198; 3,28,232; 4,13,269; 4,59,314; 5,6,327; 5,8,332; 7,4,394; 7,12,407; G R 1,63,50; 2,39,68; 2,51,68; 3,110,80; 4,258,116; 5,313,146; 5,331,148; 5,437,154; 5,491,158; 6,154,170; G 2, 2,2,1,11,232; 3, 3,18,5,14,84; 3,73,3,12,298; 4, 4,1,27,20; 4,5,1,10,82; 4,22,3,7,210; 4,23,6,3.9,222; 4,23,10,10,228; 5, 5,1,35,5,60; LO 34,327,15.

[6082] G 4, 4,51,4,3,422.

[6083] JFC 3,27,956f.,172; MH 1,9,30; 1,15,47; 2,8,143; 5,8,332; 7,4,394; 7,12,407; G 2, 2,5,1,5,248; 2,24,1,1,350; 3,14,1,12,56; 3,14,4,11,60; 3,16,5,3f.,72; 3,29,2,2,130; 3,30,2,10,134; 3,38,1,11f.,182; 3,48,2,1f.,214-216; 3,49,1,10,216; 3,58,2,3,242; 3,59,1,6,242; 3,65,3,5,262; 4, 4,4,2,8,62; 4,5,3,9,84; 4,9,1,4,110; 4,9,3,3,112; 4,46,2,10f.,350; 4,55,6,3,460; 5, 5,2,1,10f.,62; 5,3,6,8,72; 5,4,5,2f.,84; CS 1, 50,8,32.

[6084] G 3, 3,65,4,6,268; 4, 4,16,3,9,180.

[6085] LO 39,332,13f.

[6086] MH 1,19,65.

[6087] G 2, 2,23,22,7,348; 3, 3,42,1,28,194; 3,46,2,4.10,208; 4, 4,23,9,6,226; 4,48,14,21,380.

[6088] G 5, 5,5,30,2,1,240.

[6089] G 4, 4,7,1,2,98.

[6090] GHLD 19,2,98B; 19,8,102C; GHLD 47,6,249B; RVPS 28,296A; IN 21,252; MH 1,5,16; 1,5,19; G R 7,111f.,216; CS 1, B 9,27,90,27.

[6091] ARI 33,1444f.,679; LO 42,333,8f.

[6092] LO 56,341,28; AB 214f.,37f.,442.

[6093] G 3, 3,65,3,55,266.

[6094] JHLD prol 3,54f.,34.

[6095] G R 7,604,246.

[6096] G R 7,646,248; G 2, 2,1,2,3f.,230.

[6097] ESV 1,58,29; LO 40,332,35.

werter als jede Kreatur[6098]. Er wird auch „freundschaftlich"[6099] und „zu liebender"[6100] genannt.

38.3 Es gibt nur eine Liebe der ganzen Dreifaltigkeit[6101]. Insbesondere liebt der Vater, der ihm alle Herrlichkeit gibt[6102], den Sohn[6103] und der Sohn den Vater[6104]. Der Sohn ist die Liebe des Vaters[6105]. Ihrer beider Liebe ist ein einziger Kuß[6106].

38.4 Die Menschwerdung des Sohnes Gottes geschah aus Liebe, wodurch er unser Bruder aus Liebe wird[6107]. Er ist Mensch geworden, um uns seine Liebe zu zeigen[6108]. Aus Liebe hat er sich unser und nicht der Engel angenommen[6109]. Die durch die Menschwerdung entstehende Einheit zwischen Gott und Mensch[6110] wird Kuß genannt[6111], der durch den Mund des Vaters gegeben wird[6112]. Der Vater gibt uns das Liebste, was er hat, seinen eingeborenen Sohn[6113]. Joh 3,16 wird auf die Menschwerdung gedeutet[6114]. Die durch die Menschwerdung bewirkte Erhöhung des Menschen geschah aus Liebe[6115]. Oft wird die Liebe als Person angeführt, die Jesus aus dem Schoß des Vaters führt[6116], ihn sich erniedrigen läßt[6117], vom Himmel[6118] auf die Erde zwingt[6119]. Für die Menschwerdung gibt es keinen anderen Grund als die Liebe[6120]. Auch seine jungfräuliche Geburt geht auf die Liebe zurück[6121]. Schon in der Menschwerdung lieben sich Jesus und Maria wechselseitig[6122]. So ist Jesus die zarte Blüte der Jungfrau Maria[6123]. Die damit verbundene Erniedrigung des Sohnes Gottes geschah aus Liebe[6124], welche durch die Demut noch mehr erglänzt[6125]. Der Sohn verläßt aus

---

[6098] ESI 14,107; 14,108.
[6099] G R 7,646,248.
[6100] G 4, 4,48,6,6,364; CS 2, B 24,21,165,14.
[6101] BDI 4,13,96,13; WNC 2,721C; RVTR 5,34,364.
[6102] JHLD 7,2,108-111,75.
[6103] BHLD 1, 8,1,1,120,18f.; JHLD 7,2,108,75.
[6104] BHLD 1, 8,1,1,120,20f.
[6105] MH 1,18,56; vgl. MH 4,59,314.
[6106] BHLD 1, 8,1,1,120,23f.
[6107] DV 359,13-16.
[6108] MA 28,31.
[6109] JFC 2,6,210-214,128.
[6110] JHLD 35,4,64f.,268; HIM 4,24,461-464,186; MH 1,21,76; G R 3,104-108,80.
[6111] WHLDB 7,413D.
[6112] IS 45,12,114f.,104.
[6113] DV 359,16f.
[6114] BNAT 5,1,268,9f.; JHLD 13,6,246f.,121; HISV 1, 2,2,4,79-82,126; 2, 3,8,19,967-971,506.
[6115] BD 87,3,682,7f.
[6116] WR 1,550D.
[6117] HL 974C.
[6118] MM 1,3,11f.,9.
[6119] HL 974B; MM 1,1,5-7,5.
[6120] HQD 3,62f.,98.
[6121] HISV 2, 3,3,6,288f.,379; HIM 4,24,468f.,186; G R 6,375f.,184.
[6122] G 3, 3,46,6,1-4,210.
[6123] G R 5,138,136.
[6124] BHLD 2, 42,4,7,88,18-21.
[6125] BHLD 2, 45,6,9,124,12-14; DK 342,12-14.

Liebe zu den Menschen alle Freuden des Himmels[6126], und die Liebe trägt ihn vom Schoß des Vaters in den Schoß der Jungfrau[6127]. So ist die Menschwerdung ein sicherer Beweis der Liebe Gottes[6128]. Diese Liebe ist das Motiv für den Menschen, seinen Nächsten zu lieben[6129] mit der Liebe Christi[6130]. Die Liebe läßt Jesus schon in der fremden[6131] Krippe leiden[6132].

38.5 Jesus ist der Bote des Vaters, der den Menschen die Liebe kündet[6133]. Er hat den Auftrag, uns seine Liebe zu zeigen[6134]. Sein ganzes Leben ist ein Spiegel der Liebe[6135]. Sein Wirken auf Erden[6136], vor allem seine Not und seine Mühen[6137], sind von der Liebe geprägt. Er sollte uns in Liebe an sich ziehen[6138].

38.6 Gott schaut in Liebe auf die verlorenen Menschen[6139] und liebt uns einzigartig in Jesus Christus[6140], obwohl wir ihn nicht geliebt haben[6141], Sünder[6142], unwürdig[6143], gefangen[6144], Würmlein[6145], Feinde[6146] sind; trotzdem kann man sagen, Jesus sterbe für seine Freunde[6147]. Gott liebt uns, weil er seinen Eingeborenen in den Tod geschickt[6148] und nicht geschont hat[6149]. Immer wieder ist von der Liebe des Vaters, mit der er seinen Sohn zur Rettung in die Welt gesandt hat, die Rede[6150]. In diesem Sinn wird Joh 3,16 erklärt[6151]. Jesus gibt aus Liebe sein Leben für die Schafe[6152]. Erlösung von der Sünde sollte dadurch geschehen, daß ein Unschuldiger aus Liebe stirbt[6153]. Die Mühen, die bei

[6126] JHLD 13,6,267-270,122; G R 6,199f.,174.
[6127] HISV 1, 1,2,33,829-831,37; DU 372,20-22; MH 1,20,71; 1,36,118; AB 57-59,6f.,154.
[6128] JHLD 13,6,257f.,122.
[6129] HIO 2,1,46,15f.,337.
[6130] IN 14,236; 20,250; 30,277; HAB 3,27f.,33.
[6131] MM 6,4,35f.,210.
[6132] HL 974C.
[6133] JHLD 13,6,248-251,121f.
[6134] DM 401,6-8.
[6135] DT 326,15-21.
[6136] MM 7,7,7,262.
[6137] MM 6,31,17-19,239.
[6138] DV 357,34-37.
[6139] HISV 1, 2,1,7,215-221,116.
[6140] BT 10,514B.
[6141] LB 3,141-148,131f.
[6142] HSO 969C-D.
[6143] JFC 2,2,65-70,123; JFL 264-267,195; BADV 1,7,68,16-19.
[6144] BHLD 1, 20,2,3,280,11f.
[6145] JHLD 97,6,110-115.,659.
[6146] BDI 1,1,76,18; BIVHM 4,186,18.
[6147] BDI 4,12,94,12-14; 4,12,94,13f.; BB 1, 85,4,682,24-684,1; BHLD 1, 20,3,4,284,9f.; BVNAT 4,7,184,18f.; BQH 9,6,614,6f.; BIVHM 4,186,16-18; HAB 22,144f.,193.
[6148] JFC 2,14,610-619,140f.; MM 1,25,6-0,20.
[6149] BIVHM 4,186,14f.; WC 10,20-23,92; G R 7,306-308,228.
[6150] HISV 1, 2,2,4,101-103,127; 2,6,25,996,254.
[6151] BDI 1,1,76,19; 4,24.96,8f.; BB 2, 393,1,765,13f.; BPASC 1,3,224,2f.; HISV 1, 2,2,4,101-103,127; 2, 3,1,8,360f.,337.
[6152] JFC 3,27,956f.,172; MM 6,1,23,201.
[6153] BANN 1,12,124,2f.

der Erlösung im Unterschied zur Erschaffung notwendig waren, nahm Jesus in Liebe auf sich[6154]. Er hat uns bis zum Tod geliebt[6155] und wollte aus Liebe sein Blut vergießen[6156] und den Tod schmecken[6157]. Seine Liebe drängt ihn dazu[6158]. Sie kommt aus seinem Herzen[6159], ist verwundet[6160] und zeigt sich in der Geduld[6161]. Dies kann man an Jesu Wunden am Kreuz sehen[6162], welche Zeichen seiner Herzensliebe sind[6163]. Die Wunde des Herzens ist eine Liebeswunde[6164]. Der Sohn weist dem Vater gegenüber auf seine Wunden hin[6165]. Die Liebe läßt aus seiner Seitenwunde die Gnade fließen[6166]. Sein Kreuz ist ein Unterpfand der Liebe[6167], das Brautgemach[6168], das Liebesbett[6169] und sein Sterben ein Liebestod[6170]. Dort streckt er seine Hände aus Liebe zur ganzen Welt aus[6171]. Aus Liebe schont er sich nicht[6172], sondern gibt sich für uns hin[6173]. So sind nicht die irdischen Gegner, sondern die eigene Liebe die letzte Ursache seines Sterbens[6174]. Sein Herz ist durch die Liebe gebrochen[6175]. Aus Liebe steigt er auch in das Totenreich hinab[6176].

Es gibt für uns keinen größeren Beweis für die Liebe Gottes als den Kreuzestod Jesu[6177], der für uns das vollkommene Beispiel der Liebe ist[6178]. Dazu betrachtet der Mensch die einzelnen Stationen des Leidens Jesu[6179], wie das Ölbergsgebet[6180], die Verspottung[6181], die Dornenkrönung[6182], die Geißelung[6183], die Annagelung ans Kreuz[6184],

---

[6154] BHLD 2, 20,2,2,278,11.
[6155] G R 7,517f.,240.
[6156] HISV 1, 2,5,51,1549f.,218; G R 2,58,68; 5,499f.,158; AB 47-50,30-33,138; 115,15-20,256-258.
[6157] SP 4,360,2-4.
[6158] CH 1, 239; 2, 212.
[6159] HISV 1, 2,5,5,293f.,180; DK 346,27-30.
[6160] BT 8,479D.
[6161] IS 15,15,149-151,292.
[6162] BT 8,480A; HL 974D-975A; MM 7,27,33f.,277.
[6163] DB 5,378,36-38; MH 4,27,285.
[6164] MH 1,18,57.
[6165] HIO 3,5,34,7-9,457.
[6166] LB 3,181-191,133f.
[6167] AS 2,9,473.
[6168] MH 3,1,197.
[6169] Ebenda.
[6170] MH 1,16,48.
[6171] MA 9,12; vgl. MH 1,18,57.
[6172] BHLD 1, 20,3,5,284,7f.
[6173] WC 10,24f.,92; JHLD 59,10,217-220,421; G R 3,37-42,76; 7,322-324,228.
[6174] BT 10,515C; G R 7,322-324,228; 7,372f.,232.
[6175] MM 7,1,44f.,255; G R 6,421-423,188.
[6176] JHLD 109,4,72-75,737.
[6177] BD 119,814,6; JHLD 109,3,47f.,736; HSO 963A.
[6178] BS 3,74,486,3-5; HISV 1, 2,6,22,871-873,250.
[6179] JC 1,4,18,449; HAV 14,174-176,160; DAE 3,65,2,353; CS 2, 4,13,123,328.
[6180] G 2, 2,3,4,1-5,240; AB 115,15-20,256-258.
[6181] MH 3,29,234; G R 7,166-171,220.
[6182] CH 1, 237.
[6183] G R 7,181,220.
[6184] MM 3,10,28f.,90; MH 3,2,198; 3,29,234; 7,10,404; G 3, 3,41,3,3-5,190.

die Härte des Kreuzes[6185], den Durst[6186], den bitteren Trank[6187] und das Öffnen seiner Seite mit dem Speer[6188]. Es gibt keine bessere Antwort auf diese Liebe als unsere Gegenliebe[6189].

38.7 Nach der Auferstehung trägt Jesus die Wunden mit dem Jubel unaussprechlicher Liebe[6190].

38.8 Am Kreuz wird die Verlobung[6191] oder Vermählung[6192] Christi mit der Kirche gefeiert, die aus der Liebe des Sohnes entspringt[6193]. Dazu ist das biblische Buch des Hohenliedes das Hochzeitslied[6194]. Für die Kirche hat er aus Liebe sein Blut vergossen[6195]. Die Liebe Jesu wohnt in den Getauften[6196]. Die Eucharistie ist das Sakrament der Liebe Christi[6197].

38.9 Jesus hört uns, wenn wir beten, aus Liebe geduldig an[6198]. Folgende Anliegen werden um der Liebe Christi willen vorgetragen: Reinigung von Schuld[6199], Empfang der Wegzehr beim Sterben[6200] und ein guter Tod[6201]. In seiner Liebe hilft man den Nächsten[6202], hat ein Waffenkleid gegen das Böse[6203] und hilft sein Kreuz tragen[6204].

38.10 Jesus will aus Liebe bei den Menschen bleiben[6205]. Die Liebe zu unserer Liebe treibt Jesus dazu an[6206]. Die menschliche Seele ist Braut des Bräutigams Christus[6207]. Wenn sie sonst keinen Geliebten hat[6208], geschieht die Verlobung[6209]. Erwähnt werden

---

[6185] MH 4,59,312.

[6186] MM 3,10,30,90; G R 7,327-330,228-230.

[6187] G 3,3,57,1,6f.,240.

[6188] MM 3,10,35-37,90.

[6189] G R 7,385f.,232.

[6190] MH 3,2,198.

[6191] HISV 1,2,6 vis,194-201,230.

[6192] HISV 1,2,3,5,194-196,138.

[6193] HISV 1,2,5,15,580-582,189.

[6194] JC 1,1,6,444.

[6195] HISV 1,2,3,12,283-285,142.

[6196] HISV 1,2,4,8,253f.,166.

[6197] JC 1,4,16,448; BN 1,13,66,38-40,53; IG 2,16,112; IL 2,2,5,172; DAE 1,1,10,2,15; MM 7,21,24,274; MH 1,4,14; 1,8,28; G 3,3,18,14,9f.,92; 3,18,17,11f.,96; CH 1,242f.; 2,204; 207; AB 110-112,7-12,250; 207,18-21,428.

[6198] G R 7,443f.,236.

[6199] G 2,2,5,3,7-14,250-252.

[6200] JFC 3,27,969f.,173.

[6201] G R 4,412f.,126.

[6202] G R 7,160f.,220.

[6203] G R 5,398-402,152.

[6204] G R 5,372-374,150.

[6205] JFC 2,5,201,127.

[6206] WMO 3,213D.

[6207] ARI 14,471,650; 25,710,657.

[6208] GHLD 2,1,18B.

[6209] CH 1,226.

der berauschende Becher[6210], der Brand[6211], das Gemach[6212], das Gold[6213], die Flamme[6214], das Kleinod[6215], der Kuß[6216], der Pfeil[6217], der Tausch[6218], die Trunkenheit[6219], die Umarmung[6220], das Zelt[6221] und insgesamt die Gemeinschaft der wechselseitigen Liebe[6222]. In dieser Liebe schmilzt die Seele der Braut[6223]. Die Liebe Jesu und die Liebe der Seele werden miteinander vermischt[6224]. Die Liebe verbindet beide[6225], und es entsteht eine untrennbare Einheit[6226]. Durch sie wird die Braut getränkt[6227] und in Jesus versenkt[6228]. Die Braut ruht in der Herzenswunde des Herrn[6229]. Sie spricht dann wie ein Freund mit seinem Freund[6230] und lehnt sich an die Brust des Geliebten[6231]. Jesus verhält sich wie ein Freund zu seinem Freund[6232]. Man muß allerdings dem Bräutigam sofort öffnen, wenn er kommt[6233]. Diese Liebe wünscht eher zu sterben als sich vom Bräutigam zu trennen[6234]. Die Erinnerung an die Liebe Christi führt zur Ekstase[6235]. In ihr wird man in das Gemach Jesu eingeführt[6236], aufgenommen[6237], von seinen Armen umfangen[6238], und man fliegt in sie hinein[6239].

[6210] ARI 32,1337-1342,676; IN 30,280; IG 2,13,112.

[6211] IL 2,4,20,176; G R 7,669,250.

[6212] ARSC 1,34,100,1723-1725,58; ESI 14,108; AS 2,9,473; MH 6,6,383; G R 7,366,232.

[6213] CH 2, 217.

[6214] G R 4,408,126.

[6215] CH 1, 227.

[6216] ARSA 2,26,185-187,307.

[6217] IL 2,4,20,176.

[6218] IL 3,3,17,186; MH 4,23,280.

[6219] G R 5,430-433,154.

[6220] HISV 1, 2,6,76,2215-2217,290.

[6221] G R 5,142f.,136.

[6222] IL 3,3,17,186.

[6223] GHLD 44,7,236B; MY 19,116,30; MH 1,1,9.

[6224] LTA 1,1,12,193.

[6225] G R 4,402,124; 7,179-182,220.

[6226] G R 4,130f.,108; CH 2, 211; 2, 220; AB 70,9-12,174.

[6227] CH 2, 223.

[6228] CH 1, 251.

[6229] MH 2,16,150.

[6230] MH 1,13,44.

[6231] MH 1,1,8.

[6232] MH 1,19,68.

[6233] ESI 14,107.

[6234] ESU 21,134.

[6235] BN 1,11,55,26f.,46; CS 2, 4,10,95,319; 4,12,107,323; 4,15,142,334; 4,17,152,337; 4,18,169,341; 4,19,174,343; 4,19,178,343; 4,20,179,344; 4,20,187,346; 4,21,192,347; 4,21,195,348.

[6236] CS 2, B 25,42,187,18f.

[6237] CS 2, 4,9,81,315.

[6238] CS 2, 4,6,59,309; 2, 4,7,70,312.

[6239] CS 2, 4,9,85,317; 2, 4,14,127,329; 4,19,175,343; 4,21,191,347; 4,21,193,348; 4,21,194,348.

6.5 Weg

1. In der Vulgata sagt Christus, er sei „via", der „Weg" (Joh 14,6). Auch in der altkirchlichen Christologie ist „Weg" ein beliebter Name für Christus[6240]. So ist es erstaunlich,
daß der Ausdruck „Weg" im christologischen Kontext in unseren Texten nur selten
vorkommt.

2. Jean von Fécamp zählt den Weg in einer Reihe von acht Namen auf[6241].

3. Bernhard Clairvaux verwendet diese Metapher nur selten für Christus. Um zu verdeutlichen, daß unser Heil reine Gnade Christi ist, zitiert er Joh 14,6 und führt fort: „Se
fecit viam, qui et salus et vita, ut non glorietur omnis caro." – „Er macht sich zum Weg,
der auch das Heil und das Leben war, damit kein Fleisch sich rühme."[6242] Für Bernhard
ist also Christus nicht nur das Heil, zu dem jeder auf seinen eigenen Weg gelangen kann,
sondern auch das Mittel zum Heil, der Weg. In einer Predigt zur Weihnachtsvigil stellt
Bernhard Schriftstellen zusammen, aus denen er zeigen will, daß Christus als das vollendete Heil der Friede ist[6243]. Doch dieser Friede, der jeden Sinn übersteigt, wird uns
erst im Vaterland, das heißt im Himmel, zuteil[6244]. Deswegen spricht Christus: „Relin-
quo interim viam pacis." – „Für die Zeit bis dahin hinterlasse ich euch den Weg zum
Frieden."[6245] An einer anderen Stelle verdeutlicht der Abt, inwiefern Jesus der Weg ist.
Er ist der Demütige schlechthin, wie Bernhard mit Mt 11,29 feststellt[6246]. „Viam dicit
humilitatem, quae ducit ad veritatem." – „Den Weg nennt er die Demut, welche zur
Wahrheit führt."[6247] An einer anderen Stelle bedeutet Christus als Weg die „humilitatem operum eius", „Demut seiner Werke" und als Wahrheit die „auctoritatem verbo-
rum eius", „Autorität seiner Worte"[6248]. Wieder anders lautet die kurze Erklärung von
Joh 14,6 in einer Anrede an Christus: „Sequamur te, per te, ad te, quia tu es via, veritas,
et vita: via in exemplo, veritas in promissio, in praemio vita." – „Wir wollen Dir folgen
durch Dich zu Dir hin, weil Du der Weg, die Wahrheit und das Leben bist: Weg im
Beispiel, Wahrheit in der Verheißung, im Lohn das Leben."[6249] Anders ordnet er die
Nachfolge Christi mit den Präpositionen „post", „per", „ad". „Post me, quia veritas

---

[6240] Für Origenes vgl. Sieben, Nomina 164; für Basilius vgl. ebenda 167; für Cyril von Jerusalem; vgl. ebenda 168;
    für Hieronymus vgl. ebenda 169; für die Arianer vgl. ebenda 172; für die Kirchweihsynode von Antiochien
    (341) vgl. ebenda 178; für Athanasius von Alexandrien vgl. ebenda 180; für Gregor von Elvira (+ 392) vgl.
    ebenda 181; für Basilius vgl. Sieben, Heil 131.133; für Gregor von Nazianz vgl. Sieben, Nomina 187; Sieben,
    Heil 136-140; für Chrysostomus vgl. Sieben, Nomina 192; für Priscillian vgl. ebenda 269.

[6241] JFC 3,1,2,142.

[6242] BGR 13,43,236,7f.

[6243] BVNAT 4,8,186,15-188,5.

[6244] BVNAT 4,8,188,3-5.

[6245] BVNAT 4,8,188,5.

[6246] BH 1,1,46,1f.

[6247] BH 1,1,44,23f.

[6248] BVPP 2,442,11f.

[6249] BASC 2,6,332,1f.

sum; per me, quia via sum; ad me, quia vita sum." – „Nach mir, weil ich die Wahrheit bin; durch mich, weil ich der Weg bin, zu mir, weil ich das Leben bin."[6250]

Bei aller verschiedenen Akzentuierung ist Christus als die Wahrheit das Motiv, aus dem heraus man das Ziel, nämlich das Leben, anstrebt. Dazwischen ist er aber auch der Weg, durch den man zum Ziel gelangt.

4. Eine gewisse Ähnlichkeit der Auslegung von Joh 14,6 mit derjenigen durch Bernhard findet sich bei Aelred von Rievaulx: Gott ist in seiner Unveränderlichkeit für die Zeitgebundenen unerreichbar. „In nostra factus est natura mutabilis et temporalis, ut mutabilibus et temporalibus ad suam aeternitatem et stabilitatem uiam faceret eam, quam pro nobis assumpsit mutabilitatem; ut in uno eodemquae Saluatore nostro, et uia esset, quam ascenderemus et vita ad quam uenieremus, et ueritas qua frueremur, sicut ipse ait: Ego sum uia, veritas et uita." – „In unserer Natur wurde er (= Gott) veränderlich und zeitlich, um den Veränderlichen und Zeitlichen den Weg zu seiner Ewigkeit und Festigkeit zu bahnen, welchen er für uns als Veränderlichkeit angenommen hat, damit in unserem ein und demselben Erlöser sowohl der Weg ist, durch den wir aufsteigen, und das Leben, zu dem wir kommen, als auch die Wahrheit, welche wir genießen, wie er selbst sagt: ‚Ich bin der Weg, die Wahrheit und das Leben.'"[6251] Bei Aelred besteht die Tatsache, daß Jesus der Weg ist, nicht nur im Vorbild irgendwelcher Tugenden, die wir anstreben sollen, sondern in der durch die Menschwerdung bedingten Mittlerschaft.

5. Isaak von Stella verbindet Joh 14,6 mit der ersten Seligpreisung Mt 5,3 „Selig die Armen"[6252]. Auch für ihn ist das Leben das Ziel, das alle Menschen in der Gestalt der Seligkeit anstreben. Sie wissen auch, daß sie sich dazu auf einen Weg machen müssen. Da sie aber die Wahrheit nicht kennen, geraten sie auf Abwege, wenn sie meinen, der Besitz irdischer Güter führe zu ihrem Glück[6253]. „Curritis, sed extra viam." – „Ihr lauft, aber außerhalb des Weges."[6254] Je schneller sie im Erlangen von Reichtümern laufen, desto weiter entfernen sie sich vom Weg[6255]. „Paupertas voluntaria propter me, ipsa est via." – „Die freiwillige Armut um meinetwillen, sie ist der Weg."[6256] Zugleich betont Isaak, daß die Armut nicht um ihrer selbst willen gesucht wird; sie ist vielmehr der Weg, aber nicht das Ziel[6257]. Christus ist auf diesem Weg auch unser Führer[6258]. An einer anderen Stelle sieht er den Weg ausgeprägter auf Christus bezogen: Das ewige Wort ist der erste Samen aus dem Schoß des Vaters, welcher ausgesät wird und bei denen neben den Weg fällt, die keine Liebe besitzen[6259]. „Via enim, per quam venit ad creaturam

---

[6250] BD 63,612,3f.
[6251] ARJ 2,11,4-9,258.
[6252] IS 1,17,139f.,94.
[6253] IS 1,17,132-142,94.
[6254] IS 1,18,143,94.
[6255] IS 1,18,146f.,96.
[6256] IS 1,18,144f.,94.
[6257] IS 1,18,147f.,96.
[6258] IS 30,7,68,184.
[6259] IS 26,11,79-84,132-134.

beneficium Creatoris, caritas ac dilectio eius sola est et gratuita; via autem, per quam rationalis creaturae obsequium ascendendit ad Creatorem, similiter caritas et dilectionis eius est sola ac debita." – „Der Weg nämlich, durch welchen zum Geschöpf die Wohltat des Schöpfers kommt, ist die Liebe und Zuneigung, und zwar allein die gnadenvoll geschenkte. Der Weg aber, durch welchen der Gehorsam des mit Vernunft begabten Geschöpfes zum Schöpfer aufsteigt, ist ähnlich seine Liebe und Zuneigung, und zwar allein die geschuldete."[6260]

6.   Guerricus von Igny geht in einer Predigt von einem anderen Schriftwort aus: „Deduc me in via aeterna." – „Führe mich auf dem ewigen Weg (vgl. Ps 85,11)."[6261] Dazu schreibt er: „Id est Christo, qui est via per quam itur, aeternitas ad quam pervenitur, via immaculata, mansio beata." – „Das heißt, (führe mich) auf Christus, welcher der Weg ist, auf dem man geht, die Ewigkeit, zu der man gelangt, der makellose Weg und die selige Wohnung."[6262] Die Schwierigkeit des Verständnisses dieser Aussage liegt darin, daß Guerricus das „aeterna" des Psalmwortes nicht als eine Eigenschaft, sondern als Ziel des Weges ansieht. Man bittet, auf den Weg geführt zu werden, welcher zur Ewigkeit führt. Berücksichtigt man dies, ist der Text in sich verstehbar. Auf diesen Weg hat Christus selbst seine Schritte gesetzt, „ut dilatato corde curras viam mandatorum", „damit du mit geweitetem Herzen die Wege der Gebote läufst"[6263]. Wenn man klagt, der Weisheit auf den Wegen nicht begegnet zu sein, legt sich die Annahme nahe, man habe die Wege verdorben[6264]. Man kann auch auf den falschen Wegen gehen, auf denen Christus nicht der Führer ist[6265]. Die Wege für den Herrn bereiten können wir aber nur, wenn der, welcher der Weg, die Wahrheit und das Leben ist, uns mit seiner Ankunft zuvorkommt[6266]. Nur durch ihn können wir unseren Weg nach der Wahrheit korrigieren und dadurch zum Leben der Ewigkeit geleitet werden[6267].

7.   Die Sorge des Verfassers des Traktates „Speculum virginum" besteht darin, daß seine Adressaten, jungfräulich lebende Menschen, „in via domini expediti", „auf dem Weg des Herrn gut gerüstet" angetroffen werden[6268]. Sollte das nicht der Fall sein, müssen sie „ad viam et vitam", „zum Weg und zum Leben" zurückgerufen werden[6269]. Wir sollen „viam pacis et vitae, quae Christus est", „den Weg des Friedens und des Lebens, der Christus ist", verfolgen und einhalten[6270]. Um diesen Weg einzuschlagen, hilft auch ein Blick auf die Jungfrau Maria[6271]. In einer Reihe von Namen für Christus steht auch

---

[6260] IS 26,11,84-87,134.
[6261] GIS Adv 3,2,107f.,126.
[6262] GIS Adv 3,2,108-110,126.
[6263] GIS Adv 3,3,113-116,126.
[6264] GIS Adv 3,120-122,126.
[6265] GIS Adv 4,4,170-174,146.
[6266] GIS Adv 4,2,73-75,138.
[6267] GIS Adv 4,2,75-77,138.
[6268] SP 3,270,22f.
[6269] SP 3,272,2f.
[6270] SP 4,312,7f.
[6271] SP 5,366,10f.

„Weg"[6272]. In der darauf folgenden Erklärung der einzelnen Ausdrücke heißt es: „Ipse via, quia per eum ad caelum iter et cursus est." – „Er selbst ist der Weg, weil auf ihm der Gang und der Lauf zum Himmel ist."[6273] Stark christologisch ist die Interpretation von Joh 14,6 geprägt. Wir können nur den Weg gehen, den Christus vorausgegangen ist, und nur die Wahrheit sehen, wenn wir durch ihn erleuchtet sind, und können nur das ewige Leben haben, wenn er es uns vorher hat leben lassen[6274]. Man kann nur zum Paradies der Wonne gelangen „gratia vitae, veritatis et vitae", „durch die Gnade des Lebens, der Wahrheit und des Lebens"[6275]. Christus hat man in einer zweifachen Weise: „Christum habet in via, Christum in patria." – „Er (der Christ) hat Christus auf dem Weg und Christus im Vaterland."[6276]

8. Hugo von St. Viktor liebt die Metapher Weg für Christus.

Folgendes ist für ihn der Sinn der Menschwerdung des Sohnes Gottes: „Quia sequi ipsum non potuimus in sua majestate, praecessit nos in nostra humilitate et de nostro viam statuit ut ad sua perveniamus." – „Weil wir ihm in seiner Majestät nicht folgen konnten, ging er uns voran in unserer Niedrigkeit und bahnte von Unserem aus einen Weg, damit wir zu dem Seinigen gelangen."[6277] Dies gilt offensichtlich auch dann, wenn es nie eine Sünde gegeben hätte. „Nec justus homo per mortem ad vitam", „Auch ein gerechter Mensch kann nicht vom Tod zum Leben" gelangen[6278]. Es gibt einen ersten Aufstieg durch Jesus in der Erschaffung der sichtbaren Welt. Dadurch kann man den Unsichtbaren durch das Sichtbare schauen[6279]. „Et factus est nobis Jesus via ad Patrem; ex inferiori lumine ad lumen principale." – „Und Jesus ist für uns der Weg zum Vater geworden, vom unteren Licht zum ursprünglichen Licht."[6280] Dann ereignet sich ein zweites Kommen Christi. Jetzt haben wir nicht mehr irgend etwas Sichtbares, was uns zum unsichtbaren Gott führt, sondern das sichtbare Licht der Menschheit des Gottessohnes[6281]. „Et venimus per ipsum ad ipsum lumen humanitatis, in quo erat solus Filius, ad lumen divinitatis, in quo erat Pater et Filius." – „Und wir kommen durch ihn zu ihm, dem Licht der Menschheit, in welchem allein der Sohn war, zum Licht der Gottheit, in welchem der Vater und der Sohn war."[6282] An einer anderen Stelle interpretiert Hugo folgendermaßen den Ab- und Aufstieg Christi: „Ideo ipsa justitia primum descendit ad infernum; postea ascendit ad coelum, ut descendens, spem daret liberandis, ascendens, viam ostenderet glorificandis." – „So ist die Gerechtigkeit selbst zuerst zur

[6272] SP 6,530,15-17. Eigentlich ist es der unbegreifliche Gott, der mit diesen aus der menschlichen Erfahrung gewonnenen Namen uns verständlich werden soll. Wenn aber unter den Namen „Lamm" und „Schlüssel Davids" auftauchen, ist unter dem Gott doch wohl der Gottmensch verstanden.
[6273] SP 6,532,2.
[6274] SP 10,870,13-16.
[6275] SP 10,870,16-18.
[6276] SP 12,990,21.
[6277] HE 10,181C.
[6278] Ebenda.
[6279] HH 2,940B.
[6280] HH 2,940B-C.
[6281] HH 2,940A.
[6282] Ebenda.

Hölle hinabgestiegen und dann zum Himmel aufgestiegen, um im Hinabsteigen den zu Befreienden die Hoffnung zu geben und im Aufstieg den zu Verherrlichenden den Weg zu zeigen."[6283]

Besonders interessant ist eine Stelle aus dem kleinen Traktat „De laude charitatis". Wer sich für Gott entscheidet, muß sich fragen: „Qua via curram ut perveniam?" – „Welchen Weg soll ich laufen, um (zu ihm) zu gelangen?"[6284]. Zunächst heißt es: „Justitia est ergo via, et justi sunt qui in via currunt." – „Die Gerechtigkeit ist also der Weg, und die Gerechten sind es, die auf dem Weg laufen."[6285] Hinter der Gerechtigkeit aber steht die Liebe: „Per charitatem viam curris." – „Durch die Liebe läufst du den Weg."[6286] Die Liebe bedeutet dann noch mehr, wenn Hugo sie anspricht: „Ducem te dixi in via Dei." – „Führerin auf dem Weg Gottes habe ich dich genannt."[6287] Sofort verbessert sich aber Hugo: „Charitas tu via es." – „Liebe, du bist der Weg."[6288] Sie ist aber nicht irgendeiner der Wege zu Gott, sondern in bezug auf die anderen „via ... superexcellens, suscipiens, dirigens et perducens", „der Weg ... der (sie) überragt, aufnimmt, leitet und zum Ende führt"[6289]. In der Menschwerdung Christi hat sich dies gezeigt: „Tu Deum ad hominem deducis, tu hominem ad Demum dirigis. Ille descendit, quando ad nos venit, nos ascendimus, quando ad illum imus." – „Du (= die Liebe) führst den Gott zum Menschen, du leitest den Menschen zu Gott. Jener steigt herab, wenn er zu uns kommt, wir steigen auf, wenn wir zu ihm gehen."[6290] Natürlich weiß Hugo, daß die Liebe, wenn sie Gottes Sohn zur Erde herabsteigen läßt, nicht etwas ihm Äußerliches, sondern er selbst ist. Man muß aber auch nach den Genossen auf diesem Weg fragen, welche die Gerechten sind[6291].

9. Hildegard von Bingen redet oft von dem Weg Gottes, nicht allzu oft allerdings davon, daß dieser Weg Christus ist.

Nach der Auferstehung wird der Menschgewordene vom Vater den himmlischen Chören vorgestellt als sein geliebter Sohn, der für die Sünden gestorben ist[6292]. Daraufhin herrscht große Freude, daß der Mensch wieder selig werden kann. „Per summam beatitudinem homini via veritatis ostensa est, in qua de morte ad uitam eductus est." – „Durch die höchste Seligkeit ist dem Menschen der Weg der Wahrheit gezeigt worden, auf dem er vom Tod zum Leben geführt worden ist."[6293] In der Taufe werden dem Menschen „scelera extra uiam quae Christus est", „die Vergehen außerhalb des Weges, welcher Christus ist", weggenommen[6294]. Diejenigen, die auf dem Weg des Herrn ge-

---

[6283] HE 11,187D.
[6284] HL 973A.
[6285] HL 973B.
[6286] HL 973C.
[6287] HL 974A.
[6288] Ebenda.
[6289] HL 974B.
[6290] Ebenda.
[6291] HL 973A-B.
[6292] HISV 1, 2,1,15,389f.,122.
[6293] HISV 1, 2,1,15,396-398,122.
[6294] HISV 1, 2,3,14,340-342,143.

hen, erhalten besondere Hilfsmittel[6295]. Wer die Laster und das Weltliche verläßt, geht „per uiam illam quae uita et ueritas est, quae ego Filius Dei sum", „auf jenem Weg, welcher das Leben und die Wahrheit ist und der ich, der Sohn Gottes, bin"[6296]. Es ist auch vom „iter immaculati agni", „Weg des makellosen Lammes" die Rede, welchen die jungfräulichen Menschen gehen[6297]. Den guten Menschen wird zugerufen: „Currite et properate, carissimi mei, in uia ueritatis quae lux mundi est, quae est Iesus Christus Filius Dei!" – „Lauft und eilt, meine Teuersten, auf dem Weg der Wahrheit, welcher das Licht der Welt, Jesus Christus, der Sohn Gottes, ist."[6298]

10. Wie wenig in dieser Zeit der Gedanke, daß Christus der Weg schlechthin ist, im Zentrum steht, sieht man an Elisabeth von Schönau. Sie schreibt ein Werk „Liber viarum dei", „Buch der Wege Gottes". Darin behandelt sie die verschiedenen Wege, das heißt Arten der Berufungen. Den Höhepunkt stellen Reden an die verschiedenen Stände der Kirche dar[6299]. Eingeleitet werden sie durch mehrere Visionen, in denen Elisabeth einen großen Berg sieht, auf dem ein Mann steht, zu dem verschiedenartige Wege führen, wobei die Wege die Lebensstile der verschiedenen Stände darstellen[6300]. „Vir insignis supra montem Christus est." – „Der ausgezeichnete Mann auf dem Berg ist Christus."[6301] Christus erscheint hier nur noch als Ziel, aber nicht mehr als Weg zum Ziel.

11. Auch bei den flämischen Mystikerinnen findet der Weg, der Christus ist, wenig Interesse.

Lutgard von Tongeren „sequebatur Agnum quodcumque iret", „folgte dem Lamm, wohin es geht"[6302], Doch wird der Weg des Lammes keineswegs auf die Lebensart jungfräulicher Menschen eingeschränkt. Es ist vielmehr der Weg der Demut, Armut, Barmherzigkeit, Standhaftigkeit im Leiden, aber auch der Weg zur Herrlichkeit, auf dem Lutgard dem Lamm folgt, den es selbst vorausgegangen ist[6303].

12. Offensichtlich ist Hadewijch von Hugo von St. Viktor[6304] beeinflußt, wenn sie im 15. Brief zuerst nach dem Weg und dann nach denjenigen, die mit auf dem Weg sind, fragt. „Ghi sult vraghen omme den wech; dat seghet hi seluen: Ic ben de wech." – „Du sollst nach dem Weg fragen. Das sagt er (Christus) selbst: ‚Ich bin der Weg.'"[6305] Wenn man wissen will, wie Christus der Weg ist, muß man die Wege betrachten, die er

---

[6295] HISV 1, 2,5,16,615f.,190.
[6296] HISV 1, 2,5,44,1374-1377,212f.
[6297] HISV 2, 3,6,16,429f.,444.
[6298] HISV 2, 3,8,8,499f.,492.
[6299] ESI 9,92-20,122.
[6300] ESV 1-9,88-92.
[6301] ESI 4,89.
[6302] LTA 1,2,18,194.
[6303] Ebenda. In der Kurzfassung (LT 1,2,18,164) werden nur die Namen der verschiedenartigen Wege ohne nähere Erklärung genannt.
[6304] Vgl. oben.
[6305] HAB 15,16f.,125.

ging[6306]. In seiner Lehre zeigt er den Weg der vollkommenen Gottesliebe auf[6307]. Auch in seinem Leben zeigt er die Liebe zu seinem Vater und zu den Menschen[6308]. „Dit es die wech dien ihesus wiset ende selue es." – „Das ist der Weg, den Jesus wies und der er selbst ist."[6309] Man soll sich aber auch unter den Menschen gute Weggenossen auf diesem Weg aussuchen[6310].

13. Für David von Augsburg ist es wichtig, daß Christus uns auf dem Weg begleitet, weil er alle Tugenden, die wir haben sollen, vorgelebt hat.

Jesus ist vom Vater gesandt zu einem Lehrer des Weges, der zum Himmel führt[6311]. Den Weg zum Himmel kann er allein führen, weil er allein vom Himmel gekommen ist[6312]. So ist er dreierlei: „Dû bist der weg. dû bist der wîsaer. ... dû bist der vroelîche wecgeselle." – „Du bist der Weg, du bist der Wegweiser, ... du bist der fröhliche Weggeselle."[6313] Um zu zeigen, daß er nicht nur von oben herab den Weg weist, sondern mit uns in unserem Elend gewandelt ist, „wurde dû ûf dem wege geboren, niht in der heimoede, daz wir uns ellenden erkennen und dich ze geverten suochen, wan dû durch uns ellende worden bist", „wurdest Du auf dem Weg geboren, nicht in der Heimat, damit wir uns als Elende erkennen und Dich als den Gefährten suchen, weil Du um unsertwillen elend geworden bist"[6314]. „Er ist uns ouch geben ze einem wegeleiter, der uns vor gêht alle die tugentpfede die ze dem himelrîche tragent." – „Er ist uns auch zu einem Wegleiter gegeben, der uns vorangeht alle die Tugendpfade, die zu dem Himmelreich gehen."[6315] In einem Gebet ausgedrückt heißt es: „Got lieber hêrre Jêsu Kriste, unser getriuwer geverte in dirre wüeste und unser lieber wallebruoder[6316] in disem ellende, bringe uns schiere mit dînem vriden in dîn heimôte zu dir selben." – „Gott, lieber Herr Jesus Christ, unser getreuer Gefährte in dieser Wüste, unser lieber Reisebruder in dieser Fremde, bringe uns schnell mit Deinem Frieden in Deine Heimat zu Dir selbst."[6317]

14. Auch Mechthild von Magdeburg ist die Tatsache, daß Jesus uns auf den leidvollen Wegen begleitet wichtig. „Das ist ein wunderlich weg und ein edel weg und ein helig weg, den got selber gieng, das ein mensch pine lide ander súnde und ane schulde." – „Das ist ein wunderbarer Weg, ein edler Weg und ein heiliger Weg, den Gott selbst

---

[6306] HAB 15,17-19,125.

[6307] HAB 15,22-26,125.

[6308] HAB 15,26-31,125.

[6309] HAB 15,31f.,125.

[6310] HAB 15,51-68,126f.

[6311] DK 342,33-35.

[6312] DK 342,38f.

[6313] DK 342,40-343,2.

[6314] DK 343,3-5. „Ellende" hat hier noch die ursprüngliche Bedeutung von „fremd", „im fremden Land"; vgl. Lexer 1,539.

[6315] DV 359,19-21.

[6316] „Wallen" hat noch die weitere Bedeutung „Reisen" und ist noch nicht auf den Sinn „auf Wallfahrt sein" eingeengt; vgl. Lexer 3,654f.

[6317] DAG 363,31-33.

ging, nämlich daß ein Mensch Pein leidet ohne Sünde und ohne Schuld.“[6318] Das gibt dem Menschen Trost, wenn er auch einen solchen Weg zu gehen hat: „In disem wege fröwet sich dú sele.“ – „Auf diesem Weg freut sich die Seele.“[6319] Diese Bemerkung dürfte in der Biographie der Mechthild einen Grund haben. Sie trug schwer daran, daß sie unter Menschen, die sich als fromm ausgaben, zu leiden hat. Deswegen schreibt sie im Zusammenhang mit der oben genannten Stelle: „Nu ist dú zit komen, das etlich lúte, die geistlich schinent, gottes kint pingent am libe und marterent an dem geiste.“ – „Nun ist die Zeit gekommen, da einige Leute, die geistlich scheinen, Gotteskinder peinigen am Leib und martern am Geist.“[6320] Ganz ähnlich wie bei David von Augsburg werden auch für Mechthild die Umstände der Geburt Jesu zum Zeichen für die Tatsache, daß Jesus mit uns in der Fremde auf dem Weg ist. Gott schickt „sinen allerliebsten sun hernieder von dem Himmel … uf der strassen in die gastkripfen“, „seinen allerliebsten Sohn vom Himmel hernieder … auf die Straße in die fremde Krippe“[6321].

15. Mechthild von Hackeborn beschreibt die Freude Mariens bei der Empfängnis Jesu. In Abwandlung von Ps 18,6 spricht Maria zu ihr: „Filius Dei, tamquam sponsus procedens de corde Patris, in uterum meum venit exultans ut gigas ad currendam viam.“ – „Der Sohn Gottes ging wie ein Bräutigam aus dem Herzen des Vaters hervor und kam in meinen Schoß, um wie ein Held jubelnd seinen Weg zu gehen.“[6322] Weg ist für Mechthild auch eine Phase, die der Christ mit dem Herrn durchzustehen hat. So sieht Mechthild den Herrn, der zu ihr spricht: „‚Eamus in desertum interiorem!‘ Statim per logam viam sibi visum est cum Domino ire quasi ulnis eum complexans.“ – „‚Laßt uns in die innere Wüste gehen!‘ Sofort sah sie sich einen langen Weg mit dem Herrn gehen, wobei sie ihn gleichsam mit den Armen umfaßte.“[6323] Er macht ihr den Weg auch leichter[6324].

16. Gertrud die Große spricht ebenfalls vom Weg, der Christus ist. Wenn sie um den Glauben an den Schöpfer beten läßt, „per Iesum Christum filium tuum, qui est via veritas et vita“, „durch Jesus Christus, Deinen Sohn, welcher der Weg, die Wahrheit und das Leben ist“[6325], scheint es der Weg zum Glauben an den Schöpfergott Jesus Christus zu sein. Der Mensch soll sich ja Jesus als „socium et ductorem“, „Gesellen und Führer“ wählen[6326]. „Sis tu ductor meus in hac miseria.“ – „Sei Du mein Führer in diesem Elend.“[6327] Gertrud bezeichnet Jesus als „vitae meae comitem“, „meines Lebens Begleiter“[6328]. Er verspricht jedem, der die von Gertrud aufgeschriebenen Worte

---

[6318] MM 1,25,2-4,20.
[6319] MM 1,25,4f.,20.
[6320] MM 1,25,8-10,20.
[6321] MM 6,4,35f.,210.
[6322] MH 1,41,125.
[6323] MH 3,2,197.
[6324] MH 7,7,397f.; vgl. G 5, 5,4,8,15-17,90.
[6325] G R 1,23f,46.
[6326] G R 2,73f.,70.
[6327] G R 6,626f.,200.
[6328] G R 2,72,70.

demütig hört und befolgt, auf einem sicheren Weg zu ihm zu gelangen, welcher der Weg, die Wahrheit und das Leben ist[6329].

17. Zusammenfassend läßt sich Folgendes sagen:

17.1 Jesus ist oft im ethischen Bereich der Weg. Dann sollen wir den Weg, den er gegangen ist, ebenfalls gehen. Dabei spielen folgende Tugenden Jesu eine Rolle: Freiwillige Armut[6330], Demut[6331], Barmherzigkeit[6332], Standhaftigkeit im Leiden[6333] und vor allem Liebe[6334]. Die Ehelosen folgen dem Weg des makellosen Lammes, das Christus ist[6335]. So ist Christus nicht nur der Weg, sondern auch der Führer[6336], Wegleiter[6337], Weiser und Genosse[6338], Gefährte[6339] und Reisebruder[6340] dieses Weges[6341]. Trostreich ist es, wenn man in einer Zeit, in der Unschuldige verdächtigt werden, Jesus als Weggefährten hat, der auch ohne Schuld verfolgt wurde[6342]. Die Umstände der Geburt Jesu sind ein Zeichen für einen solchen Weg; denn er wurde heimatlos geboren[6343].

17.2 Jesus wird aber auch in einem tieferen Sinn der Weg genannt. Weg ist Jesus, weil er allein das Heil ist[6344]. Er ist der Weg des Friedens, weil man durch ihn zu seinem Frieden gelangt[6345]. Weg bedeutet dabei das dem Menschen Vorgegebene, was er nicht selbst machen kann, also die Gnade[6346].

17.3 Die Person des Menschgewordenen kann auch Weg genannt werden, weil er wie ein solcher zwei Punkte verbindet. Diese können die Ewigkeit und die Zeit[6347], das Unsichtbare und das Sichtbare[6348], das obere und untere Licht[6349], die Fremde und die Heimat[6350] sein. Die Menschwerdung des Sohnes Gottes verbindet auch seinen Weg von oben und unseren Weg von unten[6351]. Die Liebe Gottes führt ihn zu uns und zu-

---

[6329] G 4, 4,14,1,17-21,154.
[6330] IS 1,18,144f.,94.
[6331] BH 1,1,44,23f.
[6332] LTA 1,2,18,194.
[6333] LTA 1,2,18,194.
[6334] HAB 15,26-31,125.
[6335] HISV 2, 3,6,16,429f.,444; LTA 1,2,18,194.
[6336] IS 30,7,68,184; GIS Adv 4,4,170-174,146; G R 2,73f.,70; 6,626f.,200.
[6337] DK 349,19-21.
[6338] DK 342,40-343,2.
[6339] DAG 363,31-33.
[6340] DAG 363,31-33.
[6341] DK 342,40-343,2.
[6342] MM 1,25,8-10,20.
[6343] DK 343,3-5; MM 6,4,35f.,210.
[6344] BGR 13,43,236,7f.
[6345] BVNAT 4,8,188,3-5; SP 4,312,7f.
[6346] GIS Adv 4,2,75-77,138; SP 10,870,13-16; 12,990,21.
[6347] ARJ 2,11,4-9,258.
[6348] HH 2,940A-B.
[6349] HH 2,940B-C.
[6350] DK 343,3-5.
[6351] HL 974B.

gleich unsere Liebe zu ihm[6352]. Da wir Gott nicht auf dem Weg der Majestät nachfolgen können, kam sein Sohn in die Niedrigkeit, daß wir dort mit ihm gehen[6353].

17.4 Joh 14,6 „Ich bin der Weg, die Wahrheit und das Leben" wird meist so interpretiert, daß Jesus das Instrument ist, durch welches man zum Leben[6354] oder auch zur Wahrheit[6355] gelangt, welche man erst im Himmel[6356], in der Ewigkeit[6357] und in der Seligkeit[6358] erreicht. Oft ist die Wahrheit seiner Worte[6359], seiner Verheißung[6360] die Voraussetzung, um den Weg zu gehen.

[6352] IS 26,11,84-87,134; HL 974A.
[6353] HE 10,181C.
[6354] BD 63,612,3f.; SP 3,272,2f.
[6355] BH 1,1,44,23f.; BASC 2,6,332,1f.
[6356] SP 6,532,2.
[6357] GIS Adv 3,2,108-110,126.
[6358] HISV 1, 2,1,15,396-398,122.
[6359] BVPP 2,442,11f.
[6360] BASC 2,6,332,1f.

2. Kapitel:

DAS WIRKEN JESU

1. Titel aus der Schöpfung

Erstaunlich oft erhält Jesus den Titel „Schöpfer". Schon in den arianischen Streitigkeiten taucht dieser Titel für

Jesus auf[1]. Das genaue Gegenteil der arianischen These, nach welcher der Sohn Gottes in den geschöpflichen Bereich fällt, ist das Bekenntnis, er sei der Schöpfer. An anderer Stelle wurde schon über die mit der zweiten Person der Dreifaltigkeit gleichgesetzte Weisheit, durch welche die Welt geschaffen ist, gesprochen[2]. Deswegen können wir uns hier kürzer fassen. Wir haben auch schon über die verschiedenen Namen, unter denen die Schöpfungstätigkeit Gottes in unseren Texten behandelt wird, beschrieben[3]. Andere Ausdrücke als „creator" sind im christologischen Kontext so marginal, daß sie nicht unter einem eigenen Punkt behandelt werden müssen.

2. Jean von Fécamp nennt den „splendor paternae gloriae", „Glanz der väterlichen Herrlichkeit", unter welchem eindeutig die zweite Person der Dreifaltigkeit verstanden wird, „artifex universae creaturae", „Werkmeister der ganzen Schöpfung"[4]. In einem Gebet, in dem der Herr als „creator altissime", „höchster Schöpfer" angeredet wird, wünscht sich Jean durch „holocaustum tuum", „Dein Ganzopfer" in der Todesstunde die Taufunschuld wieder. Da man sinnvoller Weise nur von Jesu Opfer sprechen kann, ist er hier unter dem Schöpfer verstanden[5].

3. Relativ oft kommt dieser Titel „Schöpfer" für Christus bei Bernhard von Clairvaux vor.

Er kennt die Gegenüberstellung von Christi Schöpfertätigkeit und die Niedrigkeit seiner Menschheit. Bernhard bewundert die „dignationis magnitudinem", „Größe der Herablassung", die sich in der Menschwerdung ereignet[6]: „Universitatis Creator et Dominus venit ad homines, venit propter homines, venit homo." – „Der Schöpfer und Herr des Alls kommt zu den Menschen, kommt wegen der Menschen, kommt als Mensch."[7] Staunenswert ist, welchen Abstand der Sohn Gottes bei der Menschwer-

---

[1] Vgl. Sieben, Nomina 187; 191.
[2] Vgl. Weiß, Dreieiner 604-612.
[3] Vgl. Weiß, Dreieiner 459-530.
[4] JFC 3,19,654f.,163.
[5] JFC 3,32,1210-1215,180.
[6] BADV 3,1,86,5.
[7] BADV 3,1,86,9-11.

dung in Maria überwinden muß. Er kam ja „a Creatore ad creaturam", „vom Schöpfer zum Geschöpf"[8]. Der Mensch steht auf einer Stufe mit den Seraphim, „quia Creator et Dominus Seraphim factus est homo", „weil der Schöpfer und Herr der Seraphim Mensch geworden ist"[9]. Grundsätzlich strebt Jesus auf Erden nicht „principatum …, sed consortium, sed familiaritatem", „die Herrschaft …, sondern die Gemeinschaft, sondern die Vertraulichkeit" an[10]. „Conditor est, et consortem se reputat." – „Er ist der Schöpfer und gibt sich als Gefährte aus."[11] Doch er kam nicht nur als unser Freund, sondern auch, um uns zu dienen: „Creator et Rex angelorum venit non ministrari, sed ministrare et animam suam dare pro multis." – „Der Schöpfer und König der Engel ist gekommen, sich nicht bedienen zu lassen, sondern zu dienen und sein Leben für die Vielen zu geben (Mt 20,28)."[12]

Der Schmach seines Leidens wird seine Schöpfertätigkeit entgegengestellt. Bernhard sieht im Einzug Jesu nach Jerusalem am Palmsonntag schon die Vorausnahme seiner Erhöhung: „Processionis gloria voluit sublimari, qui paulo post sibi noverat imminere diem ignominiossimae passionis." – „Er wollte durch die Herrlichkeit der Prozession erhöht werden, er, der wußte, daß bald darauf für ihn der Tag des schändlichsten Leidens droht."[13] Man kann also „Creatore temporum et Conditore universitatis post exaltationem tantam, tantam nihilominus humiliationem sequi", „am Schöpfer der Zeiten und Gründer des Alls (sehen), daß nach einer so großen Erhöhung trotz allem eine so große Erniedrigung folgt"[14]. So sieht die Kirche in Jesus „auctorem vitae et gloriae confixum clavis", „den Urheber des Lebens und der Herrlichkeit mit Nägeln angeheftet"[15].

Bernhards 42. Brief an den Erzbischof Heinrich von Sens stellt so etwas wie einen Bischofsspiegel dar. Ein Bischof muß fähig sein, selbst seinen Vorgesetzten zu gehorchen[16]. Zur Begründung zieht Bernhard dabei Mt 22,21 „Gebt dem Kaiser, was des Kaisers ist" heran, indem er die Stelle mit der Bemerkung pointiert: „Conditor Caesaris, Caesari non cunctatus est reddere censum." – „Der Schöpfer des Kaisers hat nicht gezögert, dem Kaiser Steuern zu zahlen."[17]

Manchmal wird auch ein Titel, der das Schöpfer-Sein ausdrückt, gebraucht, um die Größe und Würde Christi hervorzuheben: Der einzige Mittler zwischen Gott und Menschen (1 Tim 2,5) ist auch „vitae auctor", „Urheber des Lebens"[18]. Während Jesus als „auctor", „Schöpfer" bei seiner Tätigkeit keinerlei Mühe aufwenden mußte, plagte

---

[8] BLVM 2,2,50,15.
[9] BINOV 3,1,692,11f.
[10] BHLD 2, 59,1,1,286,3f.
[11] BHLD 2, 59,1,1,286,5.
[12] BMICH 1,2,660,3f.
[13] BPALM 1,1,156,6f.
[14] BPALM 1,1,156,9f.
[15] BDI 3,7,84,22.
[16] BB 1, 42,8,31,490,18-26.
[17] BB 1, 42,8,31,492,7.
[18] BHLD 2, 48,3,6,154,20.

er sich als Erlöser[19]. Auf Erden gelangt der Mensch über die Schöpfung zur Erkenntnis des Schöpfers; im Himmel ist es anders: „Videt Verbum, et in Verbum facta per Verbum." – „Er sieht das Wort und im Wort das, was durch das Wort gemacht worden ist."[20]

Bernhard verwendet den Titel „Schöpfer" für Christus, um die Größe seiner Erniedrigung bis in das Leiden hinein zu verdeutlichen.

4. Bei den anderen frühen Zisterziensern kommt dieser Titel selten vor.

Nach Wilhelm von St Thierry ist der Mensch im Unterschied zu Christus nicht vom Vater gezeugt. „Formatus es, non ipse formator." – „Du bist gestaltet und nicht selbst der Gestalter."[21] Unter „formator" verstand man in dieser Zeit oft den die Welt gestaltenden Schöpfer[22]. Doch der Mensch kann hinzutreten „ad formam formatricem", „zur gestaltenden Gestalt"[23], unter welcher nach dem Kontext Christus zu verstehen ist[24].

Wilhelm verwendet den Titel „Schöpfer" wie Bernhard von Clairvaux, um die Distanz, welche in der Menschwerdung des Sohnes Gottes zu überwinden war, zum Ausdruck zu bringen: „Cum Deo Patri unum est homo Jesus, omnipotenti Creatoris actione, et obedientissima creaturae passione." – „Mit Gott dem Vater ist der Mensch Jesus eins im allmächtigen Handeln des Schöpfers und im gehorsamsten Erleiden des Geschöpfes."[25] Deswegen war es ihm, der alles aus dem Nichts geschaffen hat, im Abendmahl auch leicht, dem einmal gestalteten Brot eine andere Gestalt zu geben und es in seinen Leib zu verwandeln[26].

5. Nach Johannes von Ford kam das Wort, der Glanz des ewigen Lichtes, der aus dem Schoß des Vaters vor allem gezeugt ist, zu uns[27]. So konnte er auch der Welt in rechter Weise das Heil bringen: „Quoniam sapientia eras omnium artifex, mirabili et exquisito artificio salutem salutis genus circa caecos et aegrotos dispensasti." – „Da Du die Weisheit, die schaffende Künstlerin von allem, warst, hast Du in einem wunderbaren und ausgesuchten Kunstwerk die Art des Heiles an den Blinden und Kranken gewirkt."[28] Über Jesus heißt es: „Fecisti te mihi in salutem." – „Du hast Dich mir zum Heil werden lassen."[29] Dies geschah „artificio ingenioso quidem et expedito, laborioso tamen", „in einem zwar sinnreichen, nützlichen und doch mühevollen Kunstwerk"[30]. Dazu hat er sich als „sapiens architectus", „weiser Baumeister" die Voraussetzung in seiner jung-

---

[19] BHLD 1,20,1,2,278,7f.

[20] BCO 5,1,1,774,19f.

[21] WNC 2,721C.

[22] Vgl. Weiß, Dreieiner 518f.

[23] WNC 2,721C.

[24] WNC 2,721D.

[25] WCS 4,351A.

[26] Ebenda.

[27] JHLD 7,5,177-181,76.

[28] JHLD 7,5,181-183,76. „Artifex" bedeutet bei Gott meist der Schöpfer als Werkmeister (vgl. Weiß, Dreieiner 512-515). Hier ist aber wohl die spezifischere Bedeutung „schaffender Künstler" gemeint.

[29] JHLD 25,5,85,210.

[30] JHLD 25,5,96f.,210.

fräulichen Empfängnis geschaffen[31]. Auch „architectus" ist ein damals üblicher Ausdruck für den Schöpfer[32]. Die Kirche ist durch die Hand des großen Künstlers Jesus geschaffen[33]. Durch die Kunst und die Macht dieses Künstlers kommen ihre Feinde nicht gegen sie auf[34].

Bemerkenswert ist, daß Johannes, bei dem weder der Name „creator" noch „conditor" fällt, lieber ungebräuchlichere Ausdrücke benutzt werden.

6. Der Autor des Traktates „Speculum virginum" macht sich Gedanken über die Tragfähigkeit von Vergleichen, die man auf Christus üblicherweise anwendet. Man vergleicht ihn zum Beispiel mit einer Perle. „Quae comparatio margaritae, rei insensibilis[35] ad Christum, margaritae creatorem et omnium rerum?" – „Was für einen Vergleich gibt es zwischen einer Perle, ein mit den Sinnen wahrnehmbares Ding, und Christus, dem Schöpfer aller Perlen und aller Dinge?"[36] Natürlich kann es eigentlich keinen geben, und doch kann man von der Schönheit der Perle etwas über die Natur Christi erkennen[37]. In einem groß angelegten Lobpreis wird Christus angeredet mit den Worten „O Christe rex et creator angelorum et hominum, terrae, maris et omnium in eis sensibilium insensibilium visibilium et invisibilium!" – „O Christus, König und Schöpfer der Engel und der Menschen, der Erde, des Meeres und von allem, was in ihnen an mit den Sinnen Wahrnehmbarem und Nichtwahrnehmbarem, Sichtbarem und Unsichtbarem ist!"[38] Die ganze Schöpfung weist auf ihn, „sui artificem", „ihren Werkmeister", hin[39]. Denn er hat alles durch sein Wissen geschaffen[40], was sich an der geordneten Vielfalt des Kosmos zeigt. Daraus kann man ersehen, „te creatorem suum nihil frustra fecisse", „Du, ihr Schöpfer, hadz nichts sinnlos geschaffen"[41].

7. Hugo von St. Viktor liegt sehr viel daran, daß derselbe, der den Menschen geschaffen, ihn auch erlöst hat. „Factus est itaque Deus homo ut hominem, quem fecerat liberaret, ut idem esset creator hominis et redemptor." – „Gott ist also Mensch geworden, um den Menschen, den er geschaffen hat, auch zu befreien, damit ein- und derselbe der Schöpfer und der Erlöser des Menschen sei."[42] An einer anderen Stelle geht er ausführlicher auf die Einheit und den Unterschied zwischen Schöpfer und Erlöser ein. „Sunt enim quaedam duo, et haec duo in uno sunt; et unum sunt haec duo. Creator et salvator duo nomina sunt et res una; tamen aliud notat creator, aliud salvator. Creator quia fecit

---

[31] JHLD 25,5,87-89,210.
[32] Vgl. Weiß, Dreieiner 515.
[33] JHLD 67,13,271f.,472.
[34] JHLD 67,13,275-277,472.
[35] Die Apposition zur Perle „res insensibilis", „eine mit den Sinnen nicht wahrnehmbares Ding" gibt keinen Sinn. Die Vermutung eines Schreibfehlers liegt nahe. Gemeint ist wohl „res sensibilis", „ein mit den Sinnen wahrnehmbares Ding".
[36] SP 6,528,2-4.
[37] SP 6,528,10f.
[38] SP 10,840,3-6.
[39] SP 10,840,6f.
[40] SP 10,840,12.
[41] SP 10,840,9f.
[42] HSA 1,8,6,310B-C.

nos, salvator, qui redemit nos. – "Es gibt nämlich zwei Dinge, und diese beiden fallen in eins. Und eins sind die beiden: ‚Schöpfer' und ‚Heiland' sind zwei Namen für eine Sache. Und doch bedeutet ‚Schöpfer' etwas anderes als ‚Heiland'. ‚Schöpfer', weil er uns gemacht, ‚Heiland', weil er uns erlöst hat."[43] Das Auseinanderhalten beider Funktionen, die mit den zwei Namen ausgedrückt werden, ist schon deswegen notwendig, weil diejenigen, die an einen Schöpfergott glauben, damit allein noch nicht den vollen Glauben besitzen[44]. Es gibt auch eine Entwicklung im Glauben der Menschheit. Bis zum Bundesschluß im Alten Testament gab es nur den Glauben an Gott als Schöpfer; von da an wurde er im Glauben auch als Erlöser erwartet[45]. Obwohl Hugo immer wieder betont, daß die sichtbare Welt zur Erkenntnis des Schöpfers ausreicht, kann er zu diesem nicht ohne weiteres gehen. „Non potest homo sequi regem factorem suum, nisi prius visitetur a rege factore suo." – „Nicht kann der Mensch dem König, seinem Schöpfer, folgen, wenn er nicht vorher von dem König, seinem Schöpfer, besucht wird."[46] „Propterea rex, et factor hominis venit ad hominem". – „Deswegen ist der König und Schöpfer des Menschen zum Menschen gekommen."[47] „Itaque Verbum incarnatum factor et rex noster." – „So ist das Wort Fleisch geworden, unser Schöpfer und König."[48] Wenn wir Christus als den Schöpfer bekennen, leugnen wir nicht, daß er in bezug auf seine Menschheit geschaffen ist. Wir halten daran fest, daß „Dominus Jesus ex virgine sit creatus", „der Herr Jesus aus der Jungfrau geschaffen ist"[49]. Der christliche Glaube hält Jesus „in morte quidem Redemptoris humilem, in agnitione Creatoris esse sublimem", „im Tod des Erlösers niedrig, in der Erkenntnis des Schöpfers hoch"[50].

8. Auch Richard von St. Viktor sieht in Jesus Schöpfer- und Erlösertätigkeit verbunden. Man nennt ihn „Dominum et Christum", „Herr und Christus". „Per Dominum intellige Creatorum, per Christum intellege Salvatorem. Aliunde dicitur Creator, et aliunde Salvator. Creator est pro eo quod fecit quod non erat; Salvator autem inde dicitur, quia restauravit, quod perierat." – „Unter ‚Herr' verstehe den Schöpfer, unter ‚Christus' den Heiland. Schöpfer ist er, weil er das gemacht hat, was nicht war; Heiland aber nennt man ihn deswegen, weil er wiederhergestellt hat, was zugrunde gegangen war."[51]

9. Nach Hildegard von Bingen schafft Gott durch sein ewiges Wort und erlöst durch sein menschgewordenes Wort[52]. Wie Gott durch sein Wort alles geschaffen hat, welches er dann in den Schoß der Jungfrau gesandt hat, so hat er durch das gleiche Wort auch die Kirche geschaffen[53].

---

[43] HSA 1,10,1,5,334A.
[44] HSA 1,10,5,354D.
[45] HSA 1,10,6,339B-C.
[46] HE 10,181A.
[47] Ebenda.
[48] HE 10,181C.
[49] HSA 2,1,9,399A.
[50] HH 1,929D-930D.
[51] RVPS 2,269D.
[52] HISV 1, 2,1 vis,107-110,112.
[53] HIO 2,1,18,17f.,287f.

10. Gelegentlich wird auch bei den flämischen Mystikerinnen Jesus „Schöpfer" genannt.

Ida von Löwen spürt im Altarsakrament die Gegenwart „Creatoris et Sponsi sui", „ihres Schöpfers und Bräutigams"[54]. Ein anderes Mal heißt es, daß Ida bei einem Kommunionempfang in eine Ekstase erhoben wird, in welcher „benignissimus humani generis Opifex et redemptor", „der gütigste Schöpfer des menschlichen Geschlechts und Erlöser" ihr seine Liebe zeigt[55]. Wieder ein anderes Mal redet sie auf dem Weg zur Kommunion Christus mit den Worten an „Omnipotentissime dominorum Domine, Creator et Rector omnium seculorum!" – „Allmächtigster Herr der Herren, Schöpfer und Lenker aller Zeiten!"[56]

11. In der Einleitung zu einer weit angelegten Fürbitte ruft Mechthild von Magdeburg Jesus an „als minen got und minen herren, als minen schôppfer und minen lôser", „als meinen Gott und meinen Herrn, als meinen Schöpfer und meinen Erlöser"[57].

12. Gertrud die Große läßt Jesus in einem Gebet um Vergebung ansprechen: „Iesu, operator sapientissime, artifex prastantissime!" – „Weisester Wirker, überragendster Werkmeister!"[58] In einem von ihr verfaßten Hymnus wird Jesus angeredet: „Opifex articiosissime!" – „Kunstvollster Wirker!"[59] Derjenige, der ihr in ihrer Krise im Kloster hilft, war der „creator et redemptor", „Schöpfer und Erlöser"[60]. Der „creator siderum, vestitor coelestium luminarium", „Schöpfer der Gestirne, der Bekleider der himmlischen Lichter" hat angeregt, daß Gertrud ihn als kleines Kind am Tag Maria Reinigung mit besonderer Verehrung bekleidet[61]. Jesus spricht: „Ego creator universorum pro redemptione hominum dignatus sum judicari et pati." – „Ich, der Schöpfer des Alls, habe mich gewürdigt, für die Erlösung der Menschen verurteilt zu werden und zu leiden."[62]

13. In der nicht mystisch geprägten mittelhochdeutschen Literatur dieser Zeit wird Christus öfters als Schöpfer bezeichnet. Bezeichnend ist, daß gerade das schwache Jesuskind diesen Titel erhält. In einem Dreikönigsspiel verehrt es Kaspar als „den schepp-her mein", „meinen Schöpfer"[63]. Wenn er aus seiner Allmacht eine Frau einen Knaben gebären läßt, ist es „der schepfer Krist", „der Schöpfer Christus"[64]. Dieser wirkt an einem zwölf Jahre alten Mönch; ihm erscheint an Weihnachten leibhaft das Jesuskind,

---

[54] IL 2,2,5,172.

[55] IL 2,6,29,179.

[56] IL 3,1,8,184.

[57] MM 6,37,5,245.

[58] G R 7,634-643,248.

[59] G 3, 3,65,3,43,266.

[60] G 2, 2,1,2,31,230.

[61] G 2,2,16,6,1-7,296.

[62] G 5,5,19,5,13f.,186.

[63] Erlauer Dreikönigsspiel. Incipit ludus trium magorum 229, in: Die Deutsche Literatur vom Mittelalter bis zum 20. Jahrhundert, 1,1,81.

[64] Die Legende vom zwölfjährigen Mönchlein 20, in: Die Deutsche Literatur vom Mittelalter bis zum 20. Jahrhundert, 1,1,351.

welches er als seinen Schöpfer mit in den Chor nimmt[65]. Um die Größe des Verrates des Judas deutlich zu machen, heißt es: „Sînen scephâre er verriet." – „Seinen Schöpfer er verriet."[66] Jesus, der ein Vorbild der Tugenden ist, wird angeredet mit den Titeln: „Herr vater, iesu christ, du aller welt schepphər pist." – „Herr Vater, Jesus Christus, Du aller Welten Schöpfer bist."[67] Heinrich Frauenlob preist den „schepfer, Krist", „Schöpfer Christus", weil er sich ihm im lebendigen Brot zur Speise gibt[68]. Heinrich Teichner schreibt, daß auch ein unwürdiger Priester die Messe gültig feiert, weil in ihr Jesus, der Schöpfer, das Brot wandelt[69]. In eine Reihe von Anrufungen Jesu Christi heißt es in der „Millstätter Sündenklage": „Du bist … der erde schephaere." – „Du bist der Erde Schöpfer."[70]

14. Zusammenfassend läßt sich zur Verwendung des Titels „Schöpfer" für Jesus sagen:

14.1 Jesus wird vor allem „creator"[71] und „conditor"[72], „Schöpfer" genannt. Es ist aber auch vom „architectus", „Baumeister"[73], „artifex", „Werkmeister"[74], „auctor", „Urheber"[75], „factor", „Macher"[76], „formator", „Gestalter"[77], „operator", „Wirker"[78], „opifex", „Werkmeister"[79] die Rede. Er ist der allmächtigste[80], höchste[81], gütigste[82], kunstvollste[83], weiseste[84] Schöpfer. Beliebt ist die Zusammenstellung der Titel „crea-

---

[65] Ebenda 170,353.

[66] ALJ 604,92f.

[67] Die Legende vom Erzbischof Udo von Magdeburg 793f., in: Die Deutsche Literatur vom Mittelalter bis zum 20. Jahrhundert, 1,1,366.

[68] Heinrich Frauenlob: II. Gebet an Gott und Maria 1,15, in: Die Deutsche Literatur vom Mittelalter bis zum 20. Jahrhundert, 1,1,609.

[69] Heinrich Teichner: Von der Messe 41.50, in: Die Deutsche Literatur vom Mittelalter bis zum 20. Jahrhundert, 1,1,376.

[70] Millstätter Sündenklage. Gebet zu Gott Vater 12, in: Die Deutsche Literatur vom Mittelalter bis zum 20. Jahrhundert, 1,1,594.

[71] JFC 3,32,1210-1215,180; BADV 3,1,86,9-11; BVLM 2,2,50,15; BINOV 3,1,692,11f.; BPALM 1,1,156,9f.; BMICH 1,2,660,3f.; WCS 4,351A; SP 6,528,2-4; 10,840,3-6.9; HSA 1,8,6,310B-C; 1,10,1,5,334A; 1,10,6,339B-C; 1,10,5,334D; HH 1,929D-930D; IL 2,2,5,172; G 2, 2,1,2,31,230; 5, 5,19,5,13f.,186.

[72] BB 1, 42,8,31,492,7; BHLD 2, 59,1,1,286,3f.; BPALM 1,1,156,9f.

[73] JHLD 25,5,87-89,210.

[74] JFC 3,19,654f.,163; JHLD 7,5,181-183,76; 67,13,271f.,472; SP 10,840,6f.; G R 7,634-643,248.

[75] BDI 3,7,84,22; BHLD 2, 48,3,6,154,20; BHLD 1, 20,1,2,278,7f.

[76] HE 10,181A.C.

[77] WNC 2,721D.

[78] G R 7,634-643,248.

[79] IL 2,6,29,179; G 3, 3,65,3,43,266.

[80] WCS 4,351A; IL 3,1,8,184.

[81] JFC 3,32,1210-1215,180.

[82] IL 2,6,29,179.

[83] G 3, 3,65,3,43,266.

[84] JHLD 25,5,87-89,210; G R 7,634-643,248.

tor et redemptor"[85], „creator et salvator"[86] „opifex et redemptor"[87], „Schöpfer und Erlöser"[88].

14.2   Um die Größe Christi zu betonen, wird auch gesagt, er sei der Schöpfer des Alls[89], der Zeiten[90], der Engel[91], der Sterne[92], der Erde[93], der Menschen[94] und des Kaisers[95]. Deswegen kann man auch in der Kirche, die er geschaffen hat[96],an seine Gegenwart in der Brotsgestalt glauben[97] und ihn dort staunend verehren[98]. Deswegen redet man in großen Anliegen Jesus als Schöpfer an[99].

14.3   Bei der Menschwerdung wird eine unendliche Distanz überwunden, wenn der Schöpfer zum Geschöpf kommt[100]. Der Schöpfer ist gekommen, um den Menschen zu dienen[101]. Die Paradoxie, die in der Person des Menschgewordenen liegt, wird ausgedrückt, wenn es heißt, der Schöpfer habe sich auf Erden geplagt[102], sei im Leiden verraten[103], verurteilt[104], geschmäht[105], ans Kreuz genagelt[106], gestorben[107] und habe sich am Kreuz geopfert[108]. Derjenige, der die Allmacht des Schöpfers besitzt, unterwirft sich gehorsam dem Leiden[109].

Manchmal hat man allerdings auch den Eindruck, daß bei dem Ausdruck „Schöpfer" nur deswegen auch „Christus" steht, um zu betonen, daß es der Gott im christlichen Sinn ist.

---

[85]   HSA 1,8,6,310B-C.

[86]   HSA 1,10,1,5,334A; RVPS 2,269D.

[87]   IL 2,6,29,179.

[88]   MM 6,37,5,245.

[89]   JFC 3,19,654f.,163; BADV 3,1,86,9-11; Die Legende vom Erzbischof Udo von Magdeburg 793f., in: Die Deutsche Literatur vom Mittelalter bis zum 20. Jahrhundert, 1,1,366.

[90]   BPALM 1,1,156,9f.; IL 3,1,8,184.

[91]   BINOV 3,1,692,11f.; BMICH 1,2,660,3f.; SP 10,840,3-6.

[92]   G 2, 2,16,6,1,296.

[93]   Millstätter Sündenklage. Gebet zu Gott Vater 12, in: Die Deutsche Literatur vom Mittelalter bis zum 20. Jahrhundert, 1,1,594.

[94]   SP 6,528,2-4; 10,840,3-6; HE 10,181A; IL 2,6,29,179.

[95]   BB 1, 42,8,31,492,7.

[96]   JHLD 67,13,271f.,472; HIO 2,1,18,17f.,287.

[97]   WCS 4,351A; Heinrich Teichner: Von der Messe 42,50, in: Die Deutsche Literatur vom Mittelalter bis zum 20. Jahrhundert, 1,1,376.

[98]   IL 2,2,5,172; Heinrich Frauenlob: II. Gebet an Gott und Maria 1,15, in: Die Deutsche Literatur vom Mittelalter bis zum 20. Jahrhundert, 1,1,609.

[99]   MM 6,37,5,245; Die Legende vom zwölfjährigen Mönchlein 20, in: Die Deutsche Literatur vom Mittelalter bis zum 20. Jahrhundert, 1,1,351.

[100]   BADV 3,1,86,5-11; BLVM 2,2,50,15.

[101]   BHLD 2, 59,1,1,286,3f.; BMICH 1,2,660,3f.

[102]   BHLD 1, 20,1,2,278,7f.

[103]   Die Legende vom zwölfjährigen Mönchlein 20, in: Die Deutsche Literatur vom Mittelalter bis zum 20. Jahrhundert, 1,1,351.

[104]   G 5, 5,19,5,13f.,186.

[105]   BPALM 1,1,156,9f.

[106]   BDI 3,7,84,22.

[107]   HH 1,929D-930D.

[108]   JFC 3,32,1210-1215,180.

[109]   WCS 4,351A.

2. Titel aus der Menschwerdung

Gottes Sohn wird Mensch. Über die Menschwerdung aus der Jungfrau Maria werden wir am anderen Ort eigens handeln. Hier interessieren uns nur die Titel Jesu, die sich aus der Menschwerdung ergeben. So werden wir hier auch nicht die vielen Stellen behandeln, in denen von der Gottheit und Menschheit Jesu gesprochen wird.

2.1 Gottmensch

1. In der Neuzeit hat sich im Deutschen der Titel „Gottmensch" für Jesus eingebürgert. Schon Hadewijch nennt Jesus „God menschen"[110]. In einem Brief schreibt die Mystikerin, daß bei ihr kein Staunen aufkommt, wenn Gott Gott und der Mensch Mensch sei. „Doen saghic gode mensche." – „Dann sah ich den Gottmensch." Seine Gestalt versetzt sie erst in Staunen[111].

Im Lateinischen kommt ein aus Gott und Mensch zusammengesetzter Titel nicht vor. Auch die nicht zu einem Wort zusammengefügte Aneinanderreihung der Ausdrücke „Deus" und „homo", die es in der Alten Kirche schon gab[112], ist in unseren Texten selten.

So schreibt etwa Johannes von Ford: „Horrenda sane impietas, quae in Domino Iesu nec Deum timet nec hominem reueretur." – „Schreckenerregend ist der Frevel, welcher im Herrn Jesus weder Gott fürchtet noch den Menschen verehrt."[113]

Nach dem „Speculum virginum" wird man im Himmel „Christum, deum et hominem", „Christus, den Gott und Menschen," schauen[114]. Nach Hugo von St. Viktor kann Jesus ein Mittler sein, weil er „homo Deus", „Mensch Gott" ist[115].

Walter von der Vogelweide spricht das Jesuskind in der Krippe mit den Worten an: „Junger mensch unt alter got!" – „Junger Mensch und alter Gott!"[116] „Alt" ist hier keine Bezeichnung für die Hinfälligkeit, sondern für die Weisheit des Alters. In Jesus ist beides: die Unerfahrenheit eines Kindes und die Weisheit Gottes.

2. Im den lateinischen Texten steht „Filius dei – filius hominis" für das deutsche „Gottmensch". Im Mittelalter sah man im „Filius" den ewigen Sohn Gottes, der jetzt Mensch geworden ist[117].

---

[110] HAM 16,56,80.

[111] HAB 28,231-234,238.

[112] Vgl. Sieben, Nomina 181; 191.

[113] JHLD 31,5,127f.,247.

[114] SPE 37,1026B.

[115] HE 10,181A.

[116] Walter von der Vogelweide: Morgensegen 8, in: Die Deutsche Literatur vom Mittelalter bis zum 20. Jahrhundert, 1,1,602.

[117] Schon Justin der Philosoph; vgl. Sieben, Nomina 161.

Dies wird bei Bernhard von Clairvaux in seiner Auslegung von Mk 13,32 deutlich, nach welcher Stelle der Menschensohn den Tag seiner Wiederkunft nicht weiß[118]. „Quid est Filius hominis, nisi nomen assumptae carnis?" – „Was bedeutet ‚Menschensohn', wenn nicht ein Name für das angenommene Fleisch?"[119] Jesus spricht also vom Nichtwissen seiner Menschheit[120]. Bernhard meint, „non venisse Filium hominis ut iudicaret, sed ut salveret mundum", „der Menschensohn sei nicht gekommen, um zu richten, sondern um die Welt zu retten"[121].

Im Mittelhochdeutschen findet dies ein Pendant, wenn Frau Ava von Jesus als dem „sun des mennisken", „Sohn des Menschen" spricht[122].

2.2 Bruder

1. Eine Reihe Titel drücken die Folgen der Menschwerdung aus: Durch sie ist Gottes Sohn unser Bruder geworden.

Im NT ist es zwar üblich, daß die Jünger und Mitchristen einander als Brüder ansprechen. Jesus Christus erhält aber nie diesen Titel, sieht man von den Stellen ab, an denen er sagt, daß derjenige, der den Willen des Vaters erfüllt, ihm als Bruder gilt (Mt 12,50; Mk 3,35). Einmal wird Jesus „primogenitus in multis fratribus", „Eingeborener unter vielen Brüdern" genannt (Röm 8,29). Die Anrede „Bruder" für Jesus ist dagegen in unseren Texten durchaus gebräuchlich, wobei an einigen Stellen als Begründung ausdrücklich auf die Menschwerdung hingewiesen wird.

2. Bernhard von Clairvaux führt diesen Titel auf die Teilhabe an Christi Sohnsein zurück: „Particeps nominis sum, sum et haer3ditatis. Christianus sum, frater Christi sum. Si sum quod dicor, heres sum Dei, coheres Christi." – „Ich habe Anteil an seinem Namen, ich habe es auch an seinem Erbe. Christ bin ich, Bruder Christi bin ich. Wenn ich bin, was ich heiße, bin ich Erbe Gottes, Miterbe Christi."[123] Dies wird unmittelbar danach auf die Doppelnatur Christi zurückgeführt: „Effusa est plenitudo Divinitatis, habitans super terram corporaliter, ut de illa plenitudine omnes, qui corpus mortis gestamus, caperemus, ac vitali repleti odore." – „Ausgegossen ist die Fülle der Gottheit dadurch, daß er auf Erden leibhaft wohnt, damit wir, die wir den Leib des Todes tragen, von jener Fülle alle empfangen und vom lebensvollen Duft erfüllt sind."[124] Noch deutlicher wird die Anrede „Bruder" an folgender Stelle mit der Menschwerdung begründet. Unmittelbar nach der Zitierung von Joh 1,14 schreibt Bernhard: „Fratres habere voluit Unigenitus Dei, ut esset in multis fratribus primogenitus ipse. Utque nihil haesitet ipsa pusillanimitas fragilitatis humanae, prius ipse factus est hominum frater, factus

---

[118] BH 3,10,58,28-60,3.
[119] BH 3,11,60,17f.
[120] BH 3,11,60,18-20.
[121] BADV 2,3,80,23f.
[122] ALJ 798,108f.
[123] BHLD 1,15,2,4,218,8-10.
[124] BHLD 1,15,2,4,218,12-14.

est hominis filius, factus est homo." – „Der Eingeborene Gottes wollte Brüder haben, daß er selbst der Erstgeborene unter vielen Brüdern ist. Damit auf keinen Fall eben der Kleinmut der menschlichen Gebrechlichkeit verzage, ist er zuerst selbst Bruder der Menschen geworden, Menschensohn geworden, Mensch geworden."[125] Ohne Angst darf man den Menschgewordenen annehmen: „Frater enim et caro mea est." – „Mein Bruder und mein Fleisch ist er ja."[126]

3. Wilhelm von St. Thierry spricht den Herrn im Rahmen unserer Erlösung mit folgenden Worten an: „Misericors Pater, suavis Domine, dulcis frater, qui sumus filioli tui!" – „Barmherziger Vater, milder Herr, süßer Bruder, die wir Deine kleinen Söhne sind!"[127] Diese Anrede wird sehr bald fast wortgleich wiederholt[128]. Verwirrend sind die sich überschneidenden Verwandtschaftsbezeichnungen[129]. Man könnte auch hinter dieser Aussage eine Anrede an Gott Vater vermuten, wenn nicht die unmittelbar darauf folgenden Schriftzitate vom Sohn sprächen. Die Bezeichnung „Vater" für Jesus fällt dagegen nicht aus dem Rahmen des Üblichen[130].

4. Im Hohelied wird verschiedentlich der Bräutigam auch Bruder genannt. So ist es verständlich, daß Gilbert von Hoyland in seinem Kommentar zu diesem Buch von Jesus schreibt: „Tu enim frater; tu sponsus." – „Du bist ja Bruder, Du Bräutigam."[131] Unmittelbar darauf werden diese beiden Ausdrücke auch als Anrede für Jesus gebraucht[132]. Bruder wird Jesus als Bräutigam deswegen genannt, weil er sich in seiner Liebe gering gemacht hat[133].

5. Eigenartig ist die Unterscheidung, die Guerricus von Igny in einer Predigt vornimmt: „Est itaque in Christo alia forma corporalis, alia moralis, alia intellectualis. In corporali frater est, in morali magister est, in intellectuali Deus noster est." – „Es ist daher in Christus eine je andere körperliche, die moralische und die geistige Gestalt. In der körperlichen ist er Bruder, in der moralischen Meister, in der geistigen unser Gott."[134] Öfters teilt man die körperlich sichtbare Seite Jesu seiner Menschheit und die geistige seiner Gottheit zu, ohne in einen Monophysitismus zu verfallen. Da aber Guerricus das ihm vorgegebene Schema „körperlich – moralisch – geistig" auf Christus beziehen wollte, wird der Sinn verdunkelt. Stimmt unsere Interpretation, wird Jesus auf Grund seiner Menschheit Bruder genannt.

---

[125] BVNAT 1,3,136,2-4.
[126] BHLD 1,2,3,6,70,28-72,1; vgl. BNATBVM 7,628,12.
[127] WMO 6,226B.
[128] Ebenda.
[129] Der an Bruder angehängte Relativsatz, „die wir Deine kleinen Söhne sind", verwirrt besonders. Man erwartet eher, daß wir Mitbrüder Jesu sind.
[130] Vgl. Weiß, Gottesbild 3,1994.
[131] GHLD 3,2,23D.
[132] Ebenda.
[133] GHLD 3,2,23D-24A.
[134] GIS NatMar 2,2,34-36,488.

6. Der Autor des Traktates „Speculum virginum" kennt die Bezeichnung „fratruelis", „Brüderlein"[135]. Er wendet sich in seinem Begleitbrief an Jungfrauen, „quae Christum sponsum vestrum, fratruelem vestrum in cordis geritis", „die ihr Christus, euren Bräutigam und euren Bruder, im Herzen tragt"[136].

7. Bis jetzt war die Bezeichnung „Bruder" für die Beziehung Christi zum Menschen wichtig. Das St. Trudperter Hohelied kennt auch dieses Wort in der Beziehung des Sohnes zum Vater. Jesus nimmt sich unser wie ein größer Bruder beim Vater an: „Vür dich betet der wîse wîstuom dînes bruoder hin ze dem gewalt ze dîneme vater." – „Für Dich betet die weise Weisheit Deines Bruders bei der Macht Deines Vaters."[137] Das hindert aber Christus nicht, als Bruder uns auch zu tadeln[138]. Am Ende werden wir aber gelangen „ûf daz erbe des bruoder", „zum Erbe des Bruders"[139]. Der Verfasser kann das Bild des Bruders in die Brautmystik aufnehmen. Die Braut wünscht, daß ihre Brüste „ir bruodere Christe", „ihrem Bruder Christus" gefallen[140].

8. Bei David von Augsburg ist die Grundlage der Bruderschaft mit Christus ebenfalls seine Menschwerdung. Gott Vater hat uns seinen ewigen eingeborenen Sohn „zuo einem natûrlîchen bruoder", „zu einem natürlichen Bruder" gegeben, um uns zu seinen Kindern zu machen[141]. „Natürlich" ist dieser Bruder durch die Annahme unserer Natur im Gegensatz zu einem Bruder im „moralischen" Sinn, der uns lediglich wie ein Bruder liebt. An einer anderen Stelle kommt das Wort „Bruder" in einer Reihe von Titeln Jesu, eingerahmt von „Freund" und „Erlöser", vor[142]. Wieder an einer anderen Stelle werden mehrere Verwandtschaftsgrade, wie Vater, Mutter, Sohn und Gemahl, aufgezählt, unter denen natürlich „Bruder" nicht fehlen darf[143].

9. Häufiger kommt die Bezeichnung „Bruder" bei Mechthild von Magdeburg vor. Sie spricht ihn lieber mit „Bruder" als mit einem Namen aus dem Adel, wie Kaiser, König und Graf, an[144]. Ebenso scheint sie auch keinen Wert darauf zu legen, Jesus aus anderen Brüdern herauszuheben. Sie zählt sieben Söhne des himmlischen Vaters auf, die einen besonderen Auftrag auf Erden hatten, und beginnt die Aufzählung mit den Worten: „Sin erste sun, únser liebste brúder, das was únser herre Jhesus Christus." – „Sein erster Sohn, unser liebster Bruder, das war unser Herr Jesus Christus."[145]

---

[135] Nach Habel/Gröber 159 und Niermeyer 453 hat das Wort „fratruelis" eine Doppelbedeutung und kann sowohl „Neffe" wie „Vetter" meinen. Beide Bedeutungen geben auf Christus bezogen keinen Sinn. Da der Ausdruck neben „sponsus" vorkommt und dort nach dem Vorbild des Hld oft „frater" steht, kann man die in der Ausgabe SP beigegebene Übersetzung: „Bruder" übernehmen. Ich vermute eine Verwechslung von „fratruelis" mit „fratellus", „Brüderchen".

[136] SPEP 70,16f.

[137] TH 118,27f.,252.

[138] TH 132,15f.,278.

[139] TH 134,31f.,284.

[140] TH 127,13,268.

[141] DV 359,16-19.

[142] DV 360,23.

[143] DAG 363,26-28.

[144] MM 5,11,3-9,164.

[145] MM 5,24,9,181.

Ausdrücklich bezieht sich Mechthild auf die angenommene menschliche Natur, wenn sie Jesus nennt „min brûder von siner mônscheit", „meinen Bruder durch seine Menschheit"[146]. Im gleichen Sinn bezeichnet sie Jesus als „unser menschlicher brûder", „unseren menschlichen Bruder", der sich in der Himmelfahrt in die Heilige Dreifaltigkeit gesetzt hat[147]. Für ihre eigene Sterbestunde bittet Mechthild, daß Jesus kommen soll „als ein getrûwer Brûder zû siner lieben swester", „als ein treuer Bruder zu seiner lieben Schwester"[148].

10. Auch in der Mystik von Helfta ist die Anrede „Bruder" für Jesus geläufig.

Mechthild von Hackeborn verwendet die Anrede „amantissime Domine et frater", „liebendster Herr und Bruder", wenn sie Jesus bittet, für sie beim Vater einzutreten[149]. Er ist „frater dulcissimus semper adstans Patri pro nobis", „der süßeste Bruder, der immer für uns beim Vater einsteht"[150]. Dies tut er „tamquam advocatus", „wie ein Advokat"[151]. Um Vergebung der Sünden der Menschen soll man beten „in unione amorosae poenitentiae et satisfactionis, quam innocens frater eorum Jesus Christus pro eis persolvit", „in Einheit der liebevollen Buße und Genugtuung, welche ihr unschuldiger Bruder Jesus Christus für sie vollbracht hat"[152].

Mechthild begründet das Bruder-Sein Jesu ebenfalls mit der Erniedrigung und Menschwerdung. Man soll Jesus „abyssum humilitate", den „Abgrund der Erniedrigung" loben, mer vom Himmel in das Tal unseres Elendes gestiegen ist[153]. „In qua humilitate, Deus Angelorum factus est hominum frater et socius immo et humilis servus." – „In dieser Erniedrigung ist der Gott der Engel zum Bruder der Menschen, zum Genossen, ja zum niedrigen Sklaven geworden."[154] Wenn man etwas Tadelnswertes am Gesicht seiner Seele findet, soll man es abwischen „leni panno humanitatis Christi", „mit dem zarten Tuch der Menschheit Christi", „recolendo dulciter quod Christus est frater noster", „im süßen Erinnern, daß Christus unser Bruder ist"[155]. Wenn Christus der Bruder der einzelnen Menschen ist, dann sind auch diese untereinander Brüder. Es war üblich, daß ein „familiaris et fidelis amicus", „vertrauter und treuer Freund"[156] eines Frauenklosters, nämlich dessen geistlicher Begleiter, mit „Domine", „Herr" angeredet wurde. Als ein solcher, ein Dominikanerpater, gestorben ist, erscheint dieser Mechthild. Diese redet ihn mit „Domine", „Herr" an und bittet um seine Fürsprache. Er antwortet: „Noli me vocare ,Domine', sed ,Frater'; quia omnes in Christo Fratres

---

[146] MM 1,44,73f.,31.
[147] MM 6,8,3-7,214.
[148] MM 7,35,22f.,282.
[149] MH 1,9,30.
[150] MH 3,24,228.
[151] Ebenda.
[152] MH 5,18,348.
[153] MH 3,30,234.
[154] Ebenda.
[155] MH 3,51,254.
[156] MH 5,7,329.

sumus." – „Sprich mich nicht mit ‚Herr', sondern mit ‚Bruder' an, denn wir alle sind in Christus Brüder."[157]

11. Auch Gertrud die Große nennt verschiedentlich Jesus Bruder. In einem Hymnus ruft sie Jesus an „O frater amabilissime!" – „O liebenswertester Bruder!"[158] Sie läßt Maria als Mutter Jesu und aller Menschen grüßen, „quorum ipse unicus tuus non est dedignatus fieri frater", „deren Bruder zu werden dein Einziger nicht unter seiner Würde hielt[159]. In einem Gebet um die wahre Liebe wird Jesus angesprochen: „O mi frater et sponse Iesu!" – „O mein Bruder und Bräutigam Jesus!"[160] Die Liebe und die mit ihr verbundene Brautmystik läßt die Verbindung von Bruder und Bräutigam aufkommen. An einer anderen Stelle werden der Grund, nämlich die Menschwerdung, und das Ziel, die stellvertretende Erlösung, für das Bruder-Sein Jesu genannt. „Ad hoc, frater mi, factus es homo, ut omnes defectus humanos suppleas." – „Dazu, mein Bruder, bist Du Mensch geworden, um alle menschlichen Mängel zu ergänzen."[161] Auch das Eintreten Jesu beim himmlischen Vater geschieht, weil er „caro et frater noster", „Fleisch und unser Bruder" ist[162].

12. Zusammenfassend läßt sich zu dem Titel „Bruder" für Christus Folgendes sagen:
12.1 Als Adjektive stehen bei diesem Namen „liebenswertester"[163], „liebendster"[164], „süßer"[165] und „süßester"[166].
12.2 Jesus wird „Bruder" gleichsam von der Sicht von oben nach unten genannt. Er ist Mensch geworden, um Erstgeborener vieler Brüder zu werden[167]. Er ist unser Bruder, weil er vom Himmel kommend unsere Natur[168], Fleisch[169] oder Leib[170] angenommen hat. Deswegen steht dieser Name im Gegensatz zu den Hoheitstiteln[171]. Als Bruder steht er auf einer Ebene mit uns[172]. Bruder zu sein bedeutet für Jesus eine Erniedrigung[173]. Wir sind mit unserem Bruder Miterben Christi[174] und untereinander Brüder[175].

---

[157] Ebenda.
[158] G 3,3,65,3,55,266.
[159] G R 1,123f.,54.
[160] G R 3,277,90.
[161] G 3,3,19,2,15-18,108.
[162] G 4,4,54,4,6,450.
[163] G 3,3,65,3,55,266.
[164] MH 1,9,30.
[165] WMO 6,226B.
[166] MH 3,24,228.
[167] BVNAT 1,3,136,2-4. Vgl. G R 1,123f.,54.
[168] DV 359,16-19; DAG 363,26-28; MM 1,44,73f.,31; 6,8,3-7,214; MH 3,51,254.
[169] BHLD 1,2,3,6,70,28-72,1.; BNATBVM 7,628,12; G 4,4,54,4,6,450.
[170] GIS nat Mar 2,2,34-36,488.
[171] MM 5,11,3-9,164.
[172] MM 5,24,9,181; 7,35,22f.,282.
[173] GHLD 3,2,23D-24A; MH 3,30,234.
[174] BHLD 1,15,2,4,218,8-10; TH 134,31f.,284.
[175] MH 5,7,329.

12.3 Jesus ist aber auch unser Bruder in der Sicht von unten nach oben, wenn er als Bruder für seine Mitbrüder beim Vater eintritt[176] und für sie bittet[177] und man sich im Gebet an ihn wendet[178]. Er hat schon für uns als Bruder Genugtuung geleistet[179], deswegen kann man auch durch ihn als Bruder Vergebung erlangen[180].

12.4 Über das Hohelied, in dem der Bräutigam auch Bruder genannt wird, ist dieser Titel auch in die Brautmystik übernommen worden. Nicht nur in Hoheliedkommentaren taucht die Doppelbezeichnung „Bruder und Bräutigam" auf[181]. Diesem sucht die Schwester-Braut zu gefallen[182].

2.3 Mittler

1. Im Neuen Testament ist Jesus der Mittler des Neuen Bundes (Hebr 8,6; 9,15). Das Bekenntnis 1 tim 2,5: „Einer ist Mittler zwischen Gott und den Menschen" wurde aus der Sicht der Zweinaturen-Christologie damit begründet, daß er göttliche und menschliche Natur besitzt. In diesem Sinn kommt „Mittler" bei den Reihen der Namen in der Alten Kirche vor[183].

2. Bernhard von Clairvaux zeigt besonderes Interesse an der Mittlerschaft Jesu.

2.1 Er begründet das Mittler-Sein Jesu in seiner Person. In bezug auf seine Menschwerdung heißt es: „Inter Deum et hominem medium se faciens." – „Zwischen Gott und dem Menschen macht er sich zur Mitte."[184] „Hoc modo boni mediatoris et personum induit et actum." – „Und auf diese Weise nahm er die Person und die Tätigkeit eines Mittlers an."[185] Wenn Jesus nur der Sohn Gottes, also Gott wäre, könnte er nicht Mittler sein. Der Mensch würde sich nicht trauen, ihm zu nahen, und er als Gottes Sohn brauchte den Menschen nicht[186]. Doch der Sohn ist Mensch geworden: „Securus suscipio mediatorem Dei Filium, quem agnosco et meum. Minime et plane iam mihi suscepturus erit: frater enim et caro mea est." – „Sicher nehme ich den Sohn Gottes als Mittler an, den ich auch auf meiner Seite erkenne. Ganz gewiß werde ich ihn nicht mehr argwöhnisch betrachten, denn er ist mein Bruder und mein Fleisch."[187] Die Menschwerdung stellt dabei gleichsam den Friedensvertrag mit dem Kuß seines Mundes dar[188]. Ja, Christus ist selbst dieser Kuß. „Osculans, Verbum assumens; osculatum

---

[176] MH 3,24,228.
[177] TH 118,27f.,252.
[178] MH 1,9,30.
[179] MH 5,18,348; G 3, 3,19,2,15-18,108.
[180] MH 3,51,254.
[181] GHLD 3,2,23D; SPEP 70,16f.; G R 3,277,90.
[182] TH 127,13,268.
[183] Vgl. Sieben, Nomina 163; 170.
[184] BS 3,70,462,11f.
[185] BS 3,70,462,13.
[186] BHLD 1,2,3,6,70,17-22.
[187] BHLD 1,2,3,6,70,28-72,1.
[188] BHLD 1,2,3,6,70,24f.

caro quae assumiter; osculum vero, quod pariter ab osculante et osculato conficitur, persona ipsa ex utroque compacta, mediator Dei et hominum, homo Christus Iesus." – „Der Küssende (ist) das annehmende Wort, der Geküßte das Fleisch, das angenommen wird; der Kuß aber, welcher zugleich vom Küssenden und Geküßten vollzogen wird, ist eben die Person, aus beiden verbunden, der Mittler Gottes und der Menschen, der Mensch Jesus Christus."[189] So steht fest, „ipsum osculum esse non aliud quam mediatorem Dei et hominem, hominem Christus Iesum", „der Kuß ist nichts anderes als der Mittler zwischen Gott und den Menschen, der Mensch Christus Jesus"[190]. Weil es aber nur einen gibt, der Gott und Mensch zugleich ist, kann es auch nur einen einzigen Mittler geben[191]. Wenn der Mensch eine Vermittlung in einem Streitfall sucht, wendet er sich gern an eine höher gestellte Persönlichkeit. Christus soll für uns der Mittler der Versöhnung sein[192]. Daß er ein gütiger Mittler ist, steht außer Zweifel[193]. Aber hat er auch die Macht zum Vermitteln, „qui in stabulo nascitur, in praesepe ponitur, pannis involvitur sicut ceteri, plorat ut ceteri, denique infans jacet ut ceteri consueuerunt", „der in einem Stalle geboren, in eine Krippe gelegt, in Tücher wie die übrigen (Kinder) eingewickelt wird, wie die übrigen weint und schließlich wie ein Kind wortlos so daliegt, wie es die übrigen zu tun pflegen"[194]? Dies ist der Fall, ist er doch der große Mittler, weil er „Verbum infans, cuius ne ipsa quidem infantia tacet", „das Wort ist, das als Kind wortlos ist und dessen kindliche Wortlosigkeit nicht schweigt"[195]. Als wortloses Kind, das als das Wort des Wortes mächtig ist, kann er der Mittler sein. Was sich bei seiner Geburt gezeigt hat, setzt sich bei der Beschneidung fort. Wieder weist Bernhard zunächst auf die Bedürftigkeit des Kindes hin: „Cicumcisio nempe salvandi quam Salvatoris esse videtur, et Salvatorem cicumcidere decet quam circumcidi. Sed agnosce mediatorem Dei et hominum." – „Die Beschneidung scheint doch eher für den zu Heilenden als für den Heiland zu sein, und der Heiland müßte doch eher beschneiden als beschnitten werden. Aber erkenne den Mittler zwischen Gott und den Menschen."[196]

2.2 Die Vermittlung Jesu hat eine doppelte Blickrichtung. Es gibt den „descensum ... mediatoris", „Hinabstieg ... des Mittlers"[197], aber auch den „processum operis eiusdem mediatoris ad superiora", „Fortschritt im Werk eben dieses Mittlers nach oben"[198]. Diese beiden Richtungen bedürfen in Christus einer je verschiedenen Haltung: „Hoc igitur modo ad Patrem mediator noster habuit timorem quasi sursum; ad miserum vero reconciliandum pietatem, quasi deorsum." – „Auf diese Weise hatte unser Mittler

---

[189] BHLD 1, 2,3,66,30-68,3.
[190] BHLD 1, 2,4,9,76,1f.
[191] BHLD 2, 48,3,6,154,20f.
[192] BNAT 5,1,268,11f.
[193] BNAT 5,1,268,12f.
[194] BNAT 5,1,268,14-16.
[195] BNAT 5,1,268,18. Offensichtlich hört Bernhard bei dem „infans" noch die ursprüngliche Bedeutung „Nichtsprechender", was wir deswegen mit „wortlosem Kind" wiedergegeben haben. Nur so wird die Paradoxie von „Verbum infans" deutlich.
[196] BCIRC 2,2,292,25-294,1.
[197] BS 3,70,462,20f.
[198] BS 3,70,462,21f.

gleichsam nach oben zum Vater Furcht, zu dem Elenden, den es zu versöhnen galt, gleichsam nach unten Güte."[199] Die Richtung nach oben wird im Ölberggebet verdeutlicht[200]. Insofern ist Jesus wirklich die Mitte zwischen oben und unten. Die Barmherzigkeit Gottes, die nur bei den himmlischen Geistern weilt, hat noch nicht die Mitte erreicht[201]. „At ubi sane minoratus est Christus paulo minus ab angelis, factusque est Dei et hominum mediator." – „Als aber Christus unter den Engel ein wenig geringer geworden ist, ist er auch der Mittler zwischen Gott und Menschen geworden."[202]

2.3 Mehr auf die Versöhnung am Kreuz weist eine weitere Stelle bei Bernhard hin: Christus als der Mittler zwischen Gott und den Menschen hat durch sein Blut Frieden zwischen Himmel und Erde gestiftet[203]. Vor allem der sündige Mensch sollte „in sanguine mediatoris Deo misericorditer reconsiliaretur", „im Blut des Mittlers mit Gott barmherzig versöhnt werden"[204]. „Magna quidem contrarietas erat inter Deum et hominem." – „Groß war ja der Gegensatz zwischen Gott und Mensch"[205]. Gott ist unsterblich und wahr, der Mensch sterblich und verlogen. „Mediaturus Dei Filius inter hunc et illum voluit utroque aliquid habere commune, assumens ab homine mortalitatem et veritatem retines a Patre." – „Um Mittler zu sein zwischen diesem und jenem, wollte der Sohn Gottes von beiden etwas gemeinsam haben, indem er vom Menschen die Sterblichkeit annahm und die Wahrheit vom Vater behielt."[206] An einer Stelle verläßt Bernhard bei dem Gedanken der Mittlerschaft die reine Seinsebene. Die Annahme unserer Natur brachte Jesus auch eine Zunahme im Bewußtsein. Auch wenn seine Allwissenheit zu keiner Steigerung fähig ist, hat er ein Mehr in der „experientia", „Erfahrung" erlangt. Als Mensch kann er von dem Leiden, von dem er als Gott immer schon weiß, etwas erfahren[207]. Deswegen kann er zu Recht der „misericors et inaestimabilis mediator", „barmherzige und unschätzbare Mittler" genannt werden[208]. Um Mittler zwischen Gott und den Menschen zu sein, ließ er sich auch die sieben Gaben des Heiligen Geistes geben[209].

2.4 Im Kontext der Mittlerschaft sucht Bernhard auch die Stellung Mariens im Heilsplan. In ihrem Sohn ist erschienen der „praepotens mediator Dei et hominum, homo Christus Iesus", „überaus mächtige Mittler zwischen Gott und den Menschen, der Mensch Christus Jesus", doch vor seiner Majestät scheuen wir Menschen zurück[210]. „Absorpta videtur in deitatem humanitas." – „Verschlungen scheint die Menschheit in

---

[199] BS 3,70,464,4f.
[200] BS 3,70,464,14-17.
[201] BPUR 1,3,408,10f.
[202] BPUR 1,3,408,11-13.
[203] BOS 14,750,5f.
[204] BVSEPT 2,144,6-8.
[205] BVEP 4,100,19f.
[206] BVEPI 4,100,21-23. „Veritas" hat hier den Sinn von Aufrecht-Sein, Gerechtigkeit.
[207] BVEPI 4,100,6-16.
[208] BVEPI 4,100,16.
[209] BVSDSS 1,140,2-4,
[210] BOASSPT 1,594,14f.

die Gottheit hinein."[211] „Opus enim mediatore ad Mediatorem istum." – „Ein Mittler zu diesem Mittler ist notwendig."[212] Und in dem Menschen Maria ist dieser gefunden[213]. Es bleibt wahr: „Iesum tibi dedit mediatorem." – „Er (= der Vater) hat Dir (= dem Menschen) Jesus als Mittler gegeben."[214] Obwohl er „frater tuus est et caro", „dein Bruder und Fleisch ist"[215], bleibt noch ein Rest von Furcht ihm gegenüber[216]. Bernhards Rat lautet: „Ad Mariam recurre!" – „Nimm zu Maria Deine Zuflucht!"[217]

Bei Bernhard überwiegt in der Mittlerschaft Jesu, ohne daß andere Gesichtspunkte ganz ausfielen, der seinsmäßige Aspekt. Weil Jesus sowohl göttliche wie menschliche Natur besaß, kann er der Mittler zwischen Gott und Menschen sein.

3. Auch sein Freund und Schüler Wilhelm von St. Thierry beschäftigt sich oft mit der Mittlerschaft Jesu.

3.1 Wilhelm schreibt, daß zu „dispensatio Mediatoris", „dem Wirken des Mittlers" dreierlei gehört, nämlich das Geheimnis unserer Erlösung, das Beispiel der Demut und die Entfachung zur Liebe[218].

Wilhelm kennt auch eine Vermittlung Jesu im Erkennen Gottes. Nach Röm 1,20 wird das Unsichtbare Gottes durch das, was gemacht ist, erkannt. Wilhelm bezieht aber diese Stelle nicht auf die Erkenntnis Gottes durch die Schöpfung. Er meint, das Schriftwort besage, daß „temporalis dispensatio Mediatoris", „das zeitliche Wirken des Mittlers" auch das ewige erkennen läßt[219]. So ist Jesus für unsere Erkenntnis Mittler zwischen Zeitlichem und Ewigem. In einem weiteren Aspekt ist Jesus Mittler von Erkenntnis. „Facilius multo est homini sentire de Deo divina, quam vel divina in homine, vel humana in Deo cogitare." – „Viel leichter ist es für den Menschen, von Gott Göttliches anzunehmen, als Göttliches im Menschen oder Menschliches in Gott zu denken."[220] Dies ist dennoch möglich, weil „in una eademque persona Mediatoris, et divinitas quae sunt humanitatis clarificans in maiestate sua, et humanitas quae diviniitatis sunt clarificans in humilitate sua", „in ein- und derselben Person des Mittlers sowohl die Gottheit ist, welche das, was zur Menschheit gehört, verherrlicht in Majestät, als auch die Menschheit, welche das, was zur Gottheit gehört, verherrlicht in seiner Niedrigkeit"[221]. Der Mensch, der nach Gott durstet, stößt „in Mediatorem Dei et hominum, hominem et Deum, imaginem Dei invisibilis, Dominum Ihesum Christus", „auf den Mittler zwischen Gott und den Menschen, den Menschen und Gott, das Bild des unsichtbaren Gottes, den Herrn Jesus Christus"[222]. Der erkenntnismäßige

---

[211] BOASSPT 1,594,15f.
[212] BOASSPT 1,596,4f.
[213] BOASSPT 1,596,5.
[214] BNATBVM 7,628,12.
[215] BNATBVM 7,628,14f.
[216] BNATBVM 7,628,16f.
[217] BNATBVM 7,628,18.
[218] WD 7,275A-B.
[219] WSF 8,83,1-6,152.
[220] WSF 9,94,8-10,162-164.
[221] WSF 9,94,12-15,164.
[222] WSF 10,97,1-4,166.

Aspekt der Mittlerschaft Jesu tritt auch im Hoheliedkommentar hervor. Auch hier ist von dem „temporalis dispensatio Mediatoris", „zeitlichen Wirken des Mittlers" die Rede[223], welches erkannt wird, „cum in una Christi persona et sacramentum indubitanter miratur geminae naturae; et utraque in Mediatore adorat in unitate personae", „wenn in der einen Person und in einem Geheimnis Christi unzweifelbar bewundert wird die doppelte Natur und beide im Mittler, in der Einheit der Person, angebetet wird"[224]. Daß so etwas möglich ist, tat sich die menschliche Natur solange schwer, zu bejahen, als Christus noch nicht Mensch war[225].

3.2 Wilhelm kennt aber auch eine Mittlerschaft über den erkenntnismäßigen Aspekt hinaus. Er weiß um die kirchliche Gewohnheit, Gebete mit der Formel „per Christum Dominum nostrum", „durch Christus unseren Herrn" zu beschließen. Er führt zwei Gründe dazu an. „Omnes orationes nostras et sacrificia ad Deum Patrem dirigimus per eum, sicut per mediatorem nostrum." – „Alle unsere Gebete und Opfer richten wir durch unseren Mittler an Gott Vater."[226] Der andere Grund lautet, daß wir jede gute Gabe vom Vater des Lichtes durch Jesus erwarten[227]. Um recht beten zu können, bedürfen wir der Weisheit, deswegen erbitten wir alles durch Jesus Christus[228]. „Ipse enim est mediator noster, et sapientia nostra." – „Er ist ja unser Mittler und unsere Weisheit."[229] „Opus erat mediatore nos inter et Deum, per quem nostra appropinquarent Deo et bona Dei nobis." – „Notwendig war uns ein Mittler zwischen uns und Gott, durch welchen sich das unsere Güter Gott und die Güter Gottes uns nahen."[230] Wie dies näher in der Menschwerdung sich verwirklicht hat, beschreibt Wilhelm mit Gedanken, denen wir schon in einer Sentenz bei Bernhard von Clairvaux fast wortgleich begegnet sind[231]. Ihm liegt auch deswegen so viel an der Einheit der beiden Naturen in Jesus Christus, weil er glaubt, Petrus Abaelard halte an ihr nicht mehr eindeutig fest und gefährde damit die Mittlerschaft Christi[232]. „In forma Mediatoris Deus et homo sunt unius personae, sed non unius substantiae." – „In der Gestalt des Mittlers gehören Gott und Mensch zu einer Person, aber nicht zu einer Substanz."[233] Daß Christus nicht nur der Mittler des Vaters zu uns, sondern auch unser Mittler zu ihm ist, macht Wilhelm im Römerbriefkommentar deutlich. Sowohl das Schenken des Vaters als auch unser Danken geschieht nur „per Pontificem Jesum et Mediatorem Dei et hominum", „durch den Hohenpriester Jesus und den Mittler zwischen Gott

[223] WHLD 2,1,159,334.
[224] Ebenda.
[225] Ebenda.
[226] WND 10,30,398D.
[227] WND 10,30,399A.
[228] WND 11,33,400C-D.
[229] WND 11,33,400D.
[230] WND 11,34,401A.
[231] WND 12,35-37,401C-403A.
[232] WD 8,275D-287A.
[233] WD 8,279A. Warum hier Wilhelm den leicht mißverständlichen Ausdruck „substantia" und nicht den gebräuchlicheren „natura" gebraucht, ist nicht ersichtlich.

und den Menschen"[234]. Es gibt keinen Weg zu und von Gott „praeter Mediatorem",
„außerhalb des Mittlers" Jesus Christus[235]. Am Kreuz ist Jesus nicht nur Priester und
Opfer, sondern auch Mittler[236].

4. Im Unterschied zu Bernhard und Wilhelm von St. Thierry liegt Aelred von Rievaulx wenig an der Klärung der Mittlerschaft Christi. Eher nebenbei wird davon gesprochen, daß „per Mediatorem Dei et hominum, hominem Christus Iesus", „durch
den Mittler zwischen Gott und dem Menschen, den Menschen Christus Jesus," der
Schuldschein, der wider uns zeugt, getilgt ist[237].

5. Ausführlicher geht Isaak von Stella auf unser Thema ein. Mittler-Sein und Versöhnen fallen bei Christus in eins. „Abstulit igitur medium parietem peccati, per quem
adulter irrepserat, et fecit utraque unum; reconcilians in semetipos mulierem viro, hominem Deo; inimicitas vero veteres tollens e medio, cruci affixit." – „Er hat die Mauer
der Sünde in der Mitte abgetragen, durch welche er sich zu beiden einschlich, und er
machte die beiden eins, indem er in sich selbst versöhnte die Frau mit dem Mann, den
Menschen mit Gott; er holte aber die alten Feindschaften aus der Mitte und heftete sie
ans Kreuz."[238] Dabei betont Isaak, daß Christus dies konnte, weil er in seiner Natur
beides, ohne daß sich ein Drittes dazwischen mischen kann, vereint[239]. „Hoc est …
sacramentum Mediatoris." – „Dies ist … das Geheimnis des Mittlers."[240] „Mediator
siquidem nisi ex utroque inter utrumque esse non potest." – „Der Mittler ist nur aus
zweien, und dazwischen kann nichts sein."[241] Ein anderes Mal bemerkt Isaak, daß auch
Christi Menschheit zwei Wirklichkeiten vereint: „In Christo igitur, qui ex anima rationali et carne humana subsistit homo et ex Deo et homine subsistit Christus, quasi dua
quaedam ligamnia sunt et habitus diversi. Habitus enim alter est divinitiatis et humanitatis vincens Christi, secundum quod mediator est Dei et hominum, essentiam prorsus
insolubilis, qui nec mortem nec resurrectionem admittit." – „In Christus also, der als
Mensch aus vernunftbegabter Seele und menschlichem Fleisch besteht und als Christus
aus Gott und Mensch besteht, sind gleichsam zwei Bauhölzer und verschiedene Gehabe. Anders ist nämlich das miteinander verbundene Gehabe der Gottheit und anders
die der Menschheit Christi, insofern er der Mittler zwischen Gott und Menschen ist,
(anders) aber sein unauflösbares Wesen, der weder Tod noch Auferstehung zuläßt."[242]
Isaak vergleicht diese Einheit, die das Wesen des Mittlers ausmacht, mit der Einheit der
Ehe[243]. Den Zweck der Mittlerschaft sieht Isaak in der Vergebung der Sünden, das heißt
der Rechtfertigung, aber auch in der freundschaftlichen Liebe zu Gott, welche erst der

---

[234] WR 1,553C-D.
[235] WR 3,612B.
[236] WR 7,670C.
[237] ARSC 1,5,14,187-190,18.
[238] IS 9,12,114-117,214.
[239] IS 9,12,118-122,214.
[240] IS 9,12,118,214.
[241] IS 42,9,78f.,42.
[242] IS 40,14,110-116,20-22.
[243] IS 40,15,116-122,22.

Geist bewirkt[244]. „Christus itaque mediator quodammodo est ad iustitiam, Spiritus ad amicitiam." – „Christus ist daher als Mittler irgendwie für die Gerechtigkeit, der Geist für die Freundschaft da."[245]

6. Gilbert von Hoyland betont, daß Christus, wenn er Mittler sein will, den ganzen Menschen annehmen muß, und wendet sich gegen die Irrlehre, die „tantum carnem Verbo copulat in Christi, animam negat", „nur das Fleisch mit dem Wort in Christus verbindet, die Seele aber (in ihm) leugnet"[246]. Wenn dies wahr wäre, könnte uns der Mittler nicht wirklich erlösen: „Denique et rationalis animae pars humanae indiguit mediatoris remedio." – „Schließlich bedarf auch ein Teil der vernunftbegabten Seele das Heilmittel des Mittlers."[247]

Wenn die Liebe nicht an das Eigene denkt und Christus die vollkommene Liebe hat, dann gilt: „Communis est Christus, mediator est: et ideo ejus non sunt quae media non sunt." – „Gemeinsam (für die anderen) ist Christus, ist der Mittler: Und deswegen ist ihm das zu eigen, was die zu vermittelnden Teile sind."[248]

7. Guerricus von Igny nennt Jesus und Maria „Mediator et mediatrix", „Mittler und Mittlerin", ohne näher auf ihr gegenseitiges Verhältnis einzugehen[249].

8. Johannes von Ford bezeichnet die Tugend der Demut als Königstochter. Diese ist ganz ausgegossen „in Vnigentum Dei, in primogenitum Patris, in mediatorem Dei et hominum", „in dem Eingeborenen Gottes, in den Erstgeborenen des Vaters, in dem Mittler zwischen Gott und den Menschen"[250]. Johannes erzählt an einer Stelle vom Streit, den es nach der Schrift zwischen den Schwestern Rachel und Lea oder Maria und Martha gibt[251]. „Medium hunc parietem, qui inter sorores diuidit, solvat mediator Iesus, faciens in pace quae ipse est utraque unum." – „Die Mauer in der Mitte, die zwischen den Schwestern trennt, löst der Mittler Jesus auf, indem er im Frieden, welcher er selbst ist, die beiden eins macht."[252] Wie näherhin der Streit zwischen den Schwestern geschlichtet wird, erklärt Johannes nicht. Auch eine weitere Stelle über die Mittlerschaft Jesu bleibt in dem, was Johannes im Einzelnen meint, dunkel: „Ab ipso suae natiuitatis exortu in omnem plenitudinem gratiae et ueritatis mediator Dei et hominem homo Christus Iesus assumptus est." – „Vom Ausgang seiner Geburt ist der Mittler zwischen Gott und dem Menschen, der Mensch Christus Jesus, in die ganze Fülle der Gnade und der Wahrheit aufgenommen worden."[253]

---

[244] IS 45,14,133-137,106.
[245] IS 45,14,132f.,106.
[246] GHLD 8,1,48B.
[247] GHLD 8,1,48C.
[248] GHLD 19,4,99C.
[249] GIS Pur 2,6,176f.,334.
[250] JHLD 9,1,60f.,89.
[251] JHLD 94,10,253-258,641.
[252] JHLD 94,10,259-261,641.
[253] JHLD 104,5,108-110,705.

9. Der Verfasser des Traktates „Speculum virginum" schreibt, daß uns das Gericht Gottes schon verurteilt hat; doch uns „mediatoris pietas reconciliat", „hat die Güte des Mittlers wieder versöhnt"[254].

10. Das Thema des Traktates „Liber amoris" ist die Frage, wie der kleine Mensch zu dem unendlichen Gott, welcher allein das seinem unendlichen Liebesverlangen angemessene Objekt ist, treten kann. Dies wäre „absque mediatore", „ohne einen Mittler" nicht möglich. „Est enim mediator Dei et hominum, homo Christus Iesus." – „Es gibt ja einen Mittler zwischen Gott und den Menschen, der Mensch Christus Jesus."[255] „Huic tamquam mediatori fideli, amorem tuum confidenter committe." – „Diesem übergib wie einem treuen Mittler deine Liebe vertrauensvoll."[256]

11. Hugo von St. Viktor beschäftigt sich oft mit der Mittlerschaft Jesu.

11.1 Von sich aus kann der Mensch nicht zu Gott gelangen. „Quid est homo, ut sequi possit regem factorem suum? Quod longe enim putas homo est a Deo ut pertingat ubi ille est? Quid enim est pertingere ubi ille est, nisi esse quod ille est?" – „Was ist der Mensch, daß er dem König, seinem Schöpfer, folgen könnte? Wie weit, glaubst du denn, ist der Mensch von Gott entfernt, daß er dorthin gelangt, wo jener ist? Was heißt denn hin gelangen, wo jener ist, anderes, als sein, was jener ist?"[257] Hugo aber beschränkt den Unterschied zwischen Gott und Mensch nicht nur auf die Tatsache, daß jener unendlich, dieser aber endlich ist. Durch die eigene Schuld des Menschen tut sich eine weitere unüberbrückbare Kluft auf: „Deus justus est et beatus; homo injustus et miser." – „Gott ist gerecht und selig, der Mensch ungerecht und elend."[258] Wenn auch aus den genannten Gründen der Mensch nicht zu Gott gehen kann, „ille potest, si voluerit, ad hominem venire", „kann jener, wenn er will, zum Menschen kommen"[259]. Doch auch für Gott gilt, was eben vom Menschen gesagt wurde: Er kann nur dorthin gelangen, wo der Mensch ist, wenn er das wird, was dieser ist. „Factus est homo pro homine, assumens nostram miseriam, retinenes suam justitiam." – „Er wurde Mensch um des Menschen willen, indem er unser Elend annahm und seine Gerechtigkeit behielt."[260] So erreichte er die beiden Extrempunkte, „appropians hominibus Deus per miseriam, nec recedens a Deo homo per justitiam", „indem er sich als Gott dem Menschen durch das Elend näherte und als Mensch doch nicht von Gott entfernte durch die Gerechtigkeit"[261]. So wird nach Hugo das Schriftwort 1 Tim 2,5 von der Mittlerschaft Jesu zwischen Gott und Mensch wahr[262]. Dabei nimmt er den Begriff „mediator", „Mittler" wörtlich im Sinn von „die Mitte ausfüllend". „Posuit se in medio homo Deus conjungens miserum et justum, ut per justitiam miseriam vinceret, et ju-

---

[255] LB 3,141f.,131.
[256] LB 3,144f.,132.
[257] HE 10,180D.
[258] Ebenda.
[259] HE 10,181A.
[260] Ebenda.
[261] Ebenda.
[262] Ebenda.

stitiam ad beatitudinem repararet." – „Der Gottmensch setzte sich in die Mitte, indem er den Elenden und den Gerechten verband, um durch die Gerechtigkeit das Elend zu besiegen und die Gerechtigkeit zur Seligkeit wieder herzustellen."[263] Hugo wagt zu behaupten, daß es jetzt einen Dritten neben den Menschen und Gott gibt, nämlich den Gottmenschen[264]. Ginge er von dem Begriff der beiden Naturen aus, die im Mittler zu verbinden sind, würde er im klassischen Monophysitismus enden. Jesus besäße eine dritte aus beiden anderen gemischte Natur. Genau dies aber tut er nicht. Nicht zwei zeitlose Naturen sind im Mittler eins, sondern zwei geschichtliche Bedingungen, näm- lich Gerechtigkeit und Elend, sind in Jesus vereint.

In seinem systematischen Hauptwerk „De sacramentis" ist der gleiche Gedanken- gang geraffter mit anderer Akzentsetzung dargestellt. Zu 1 Tim 2,5 schreibt Hugo: „Duo enim erant Deus et homo: diversi et adversi. Deus erat justus; homo erat injustus: in hoc nota adversos. Homo erat miser, Deus beatus, in hoc nota diversos. Sic igitur homo et adversus Deo erat per injustitiam et diversus a Deo per miseriam." – „Zwei gab es, Gott und den Mensch, verschieden und entgegengesetzt. Gott war gerecht, der Mensch war ungerecht; darin bemerke die Entgegengesetzten. Der Mensch war elend, Gott selig; darin bemerke die Verschiedenen. So war also der Mensch sowohl Gott entgegengesetzt durch die Ungerechtigkeit als auch von Gott verschieden durch das Elend."[265] Weil Entgegengesetztes immer auch Verschiedenes ist, müssen erst die Ge- gensätze beseitigt werden. Deswegen mußten wir zuerst mit Gott versöhnt werden[266]. So ist Jesus zuerst der „pacis mediator", „Mittler des Friedens"[267]. Mit seiner Mensch- heit näherte er sich dem Menschen, ohne in seiner Gottheit sich von Gott zu entfer- nen[268]. „Factus homo, sustinuit poenam, ut demonstraret affectum, servavit justitiam, ut conferret remedium." – „Er wurde Mensch, und ertrug die Strafe, um die Zuneigung zu zeigen, und bewahrte die Gerechtigkeit, um ein Heilmittel zu bringen."[269] Weil er in diesem Zusammenhang von den beiden Naturen spricht[270], hütet sich Hugo davor, von Jesus als einem Dritten neben Gott und Mensch zu sprechen.

11.2   Neben dieser grundlegenden Überlegung zur Mittlerschaft Jesu gibt es bei Hugo eine Reihe beiläufiger Bemerkungen zu diesem Thema. Wenn jede Erleuchtung vom Vater kommt, „sine Jesu mediatore nulla illumniatio haberi potest", „kann man ohne den Mittler Jesus keine Erleuchtung haben"[271]. Neben der Erleuchtung des mensch- lichen Geistes wird dem Menschen auch die „corporis incorruptibilis levitatem", „Leichtigkeit des unvergänglichen Körpers geschenkt"[272]. Dann gibt es folgendes

---

[263] HE 10,181B.
[264] HE 10,181A.
[265] HSA 2,1,12,412A.
[266] HSA 2,1,12,412A-B.
[267] HSA 2,1,12,412B.
[268] Ebenda.
[269] Ebenda.
[270] HSA 2,1,12,412B-C.
[271] HH 2,939A.
[272] HAN 1,4,633A.

Aufstiegschema: „Ipsi sensus nostri corporei vertentur in rationem, ratio in intellectum, intellectus transibit in Deum, cui nos conjungemur per unum mediatorem Dei, et hominum Dominum Jesum Christum." – „Eben unsere körperlichen Sinne sind zum Verstand gewandt, der Verstand zum Verständnis, das Verständnis wird in Gott hinübergehen, dem wir durch den einen Mittler zwischen Gott und den Menschen, den Herrn Jesus Christus, verbunden sind."[273] Für Hugo versinnbilden die Wärme des Westens die Glut des Geistes und die Kälte des Ostens die Begierde des Fleisches. Durch die Sünde ist der Mensch von der Glut des Geistes in die Begierde des Fleisches gestürzt[274]. „Sed per mediatorem Dei et hominum Dominum Jesum Christum, ecce isti jam veniunt ab Oriente et illa ab Occidente ut recumbant cum Abraham et Isaac, et Jacob in regno caelorem." – „Aber durch den Mittler zwischen Gott und den Menschen, den Herrn Jesus Christus, siehe, da kommen schon die einen vom Osten, die anderen vom Westen, um mit Abraham, Isaak und Jakob im Himmelreich zu Tische zu liegen (Mt 8,11)."[275] Mit Augustinus stellt Hugo auch fest, daß Jesus insofern Mittler ist, daß er die alttestamentlichen Väter und die Christen, die Kleinen und die Großen, im Glauben miteinander verbindet[276].

12. Richard von St. Viktor vergleicht Christus mit einem Goldring, der einen kostbaren Edelstein, in dem sich wie in einer Gemme ein Bild befindet, besitzt. Das Gold ist der Leib Christi, der Edelstein die Seele und das Bild des Vaters die Gottheit. „Ut ex duabus naturis tribusque substantiis esset, quasi in unum annulum junctus mediator Dei et hominum, homo Christus Jesus." – „So daß er aus den zwei Naturen und den drei Substanzen besteht wie in einem Ring miteinander verbunden, der Mittler zwischen Gott und den Menschen, der Mensch Christus Jesus."[277] Bei den drei „Substanzen" nimmt natürlich Richard diesen Begriff nicht im streng philosophischen Sinn, in welchem nach der westlichen Tradition nur eine Substanz, nämlich die Person, in Christus existiert.

13. Das Interesse an der Mittlerschaft Jesu nimmt bei den Mystikerinnen stark ab.

Der Autor ihrer Vita erzählt von Beatrijs von Nazareth, daß sie, wie eine Taube in den Felsenhöhlen nistet, ihren Platz in den Höhlen der Wunden Christi gefunden hat[278]. Dazu gedachte sie an jedem Tag, „que pro nostra redemptione mediator dei et hominum, homo christus ihesus", „was um unserer Erlösung willen der Mittler zwischen Gott und den Menschen, der Mensch Christus Jesus," auf Erden alles getan und erlitten hat[279].

14. Einmal taucht bei Mechthild von Hackeborn die Anrede für Jesus auf: „O amantissime mediator Dei et hominum!" – „O liebendster Mittler zwischen Gott und den

---

[273] Ebenda.
[274] HAN 2,8,640D-641A.
[275] GIS Epi 1,7,188,250; vgl. HAN 2,8,641B; HISV 1, 1,3,5,153-163,43f.; 2,5 vis,164-169,176; MM 7,28,9-11,278; G 2, 2,2,2,8,234.
[276] HSA 1,10,7,340A.
[277] Ebenda.
[278] BN 1,8,42,17-19,36.
[279] BN 1,8,42,19-24,36.

Menschen!"[280] Die darauf folgende Bitte nimmt aber keinerlei Bezug auf diesen Titel. Auch die Tatsache, daß es an einer anderen Stelle heißt, daß Jesus mit seiner Himmelfahrt „advocatus hominum, et mediator apud Patrem", „Beistand der Menschen und Mittler beim Vater" wird, zeigt, daß das Wort „Mittler" nur im weiten Sinn gebraucht wird[281].

15. Interessant ist, daß der Begriff „Mittler" fast ganz in unseren muttersprachlichen Texten fehlt. Nur bei Reimar von Zweter fand ich die Aussage, daß Jesus als Mensch und Gott „gotes underbot", „Gottes Mittler" ist[282].

16. Zusammenfassend läßt sich über Jesus als den Mittler sagen:

16.1 Die Mittlerschaft Jesu stellt einen Kuß des Mundes dar[283] und kann mit der Ehe verglichen werden[284]. Folgende Adjektive stehen bei dem Wort Mittler: barmherziger[285], einziger[286], gütiger[287], liebendster[288] und unschätzbarer[289].

16.2 Meist wird die Mittlerschaft Jesu mit der Menschwerdung des Sohnes Gottes begründet[290]. Um Mittler zu sein, muß Jesus nach unten kommen, sich erniedrigen[291]. Dabei macht er sich zur Mitte[292] und setzt sich in die Mitte[293]. Er verbindet mit Gott unser Fleisch[294] und unsere sprachlose Kindheit[295]. Diese eher seinsmäßige Vermittlung ereignet sich durch die Einheit der Naturen in der Person des Vermittlers[296]. Zwischen den beiden Naturen gibt es beim Mittler kein Drittes[297]. Die menschliche Natur des Mittlers muß aber Leib und Seele umfassen[298], da wir mit beiden die Hilfe des Mittlers brauchen[299].

16.3 Manchmal wird auch die Vorstellung der Mittlerschaft herangezogen, um die Erlösung am Kreuz und die Versöhnung zu erklären. Jesus ist nicht nur in seiner Person, sondern auch in seinem Handeln Mittler zwischen Gott und Mensch[300]. Durch

---

[280] MH 1,19,65.

[281] MH 1,20,76.

[282] Reinmar von Zweter. Deutung der Evangelistensymbole 1,1, in: Die Deutsche Literatur vom Mittelalter bis zum 20. Jahrhundert, 1,1,556.

[283] BHLD 1, 2,3,6,70,24f.; 2,4,9,76,1f.

[284] IS 40,15,116-122,22.

[285] BVEPI 4,100,16.

[286] BHLD 2, 48,3,6,154,20f.

[287] BNAT 5,1,268,12f.

[288] MH 1,19,65.

[289] BVEPI 4,100,16.

[290] BHLD 1, 2,3,6,70,28-72,1.

[291] BPUR 1,3,408,11-13.

[292] BS 3,70,462,12.

[293] HE 10,181B.

[294] BHLD 1, 2,3,6,70,28-72,1; BNATBVM 7,628,14f.; GHLD 8,1,48B.

[295] BNAT 5,1,268,18.

[296] IS 42,9,78f.,42; HSA 2,1,12,412B-C.

[297] IS 42,9,78f.,42.

[298] IS 40,14,110-116,20-22; GHLD 8,1,48B; RVPS 71,388A.

[299] GHLD 8,1,48C.

[300] BS 3,70,462,13.

das Vergießen des Blutes des Mittlers sind wir erlöst[301]. Um Mittler zu sein, braucht Jesus auch die menschliche Erfahrung des Leides[302]. Bei dieser Art von Mittlerschaft wird nicht nur seinsmäßig und erlebnismäßig[303] Verschiedenes geeint, sondern es werden auch moralische Gegensätze aufgehoben[304] wie Wahrheit und Lüge[305] oder Gerechtsein und Ungerechtsein[306]. Bei diesem Aspekt kann natürlich der Mittler sich den Sündern nicht angleichen. Wenn er sich uns nähert, entfernt er sich ja nicht wie in der Sünde von Gott[307]. Insofern ist Jesus als Mittler auch ein Drittes zwischen Gott und Mensch[308].

16.4 Einen Mittler brauchen wir, weil der Abstand zwischen uns und Gott sehr groß ist[309], wir uns ohne ihn Gott nicht nähern können[310], keine Erleuchtung[311] und Vergebung[312] erhalten, keine Unsterblichkeit des Leibes[313] und keinen Frieden bekommen[314] und nicht versöhnt werden[315]. Vermitteln muß Jesus von oben nach unten und von unten nach oben[316]. Des Vaters Geben und unser Danken trifft sich in dem einen Mittler[317]. Er ist der Weg von und zu Gott[318]. Unsere auf die Sinne angelegte Erkenntnis braucht die Vermittlung des sichtbaren Jesus, um Gott zu erkennen[319]. Auch für die Erkenntnis, daß Gott im Menschen sein kann, war Jesus als Mittler notwendig[320]. Doch Jesus ist auch insofern der Mittler, als er die unterschiedlichen Menschen miteinander versöhnt[321].

16.5 Maria kann gelegentlich auch Mittlerin[322] oder Mittlerin zum Mittler genannt werden[323].

---

[301] BOS 14,750,5f.; BVSDSS 2,144,6-8.
[302] BVEPI 4,100,6-16.
[303] HE 10,180D.
[304] HSA 2,1,12,412A.
[305] BVEPI 4,100,21-23.
[306] HE 10,180D; 10,181B.
[307] HE 10,181A.
[308] HE 10,181A; HSA 1,10,7,340A.
[309] BVEPI 4,100,19f.
[310] BHLD 1,2,3,6,70,17-22; WND 11,34,401A; LB 3,144f.,132.
[311] HH 2,939A.
[312] IS 45,14,133-137,106.
[313] HAN 1,4,633A.
[314] HSA 2,1,12,412B.
[315] BNAT 5,1,268,11f.; BS 3,70,464,4f.; BVSDSS 2,144,6-8; IS 9,12,114-117,214.
[316] BS 3,70,462,20f.; 3,70,464,14-17; WND 10,30,398D.
[317] WR 1,553C-D.
[318] WR 3,612B.
[319] WSF 8,83,1-6,152.
[320] WSF 9,94,8-10,162-164; 10,97,1-4,166.
[321] JHLD 94,10,253-258,641.
[322] GIS Pur 2,6,176f.,334.
[323] BNATBVM 7,628,18.

2.4 Weitere Namen

Es gibt eine Reihe Namen für Jesus, die auf die Menschwerdung zurückzuführen sind, die aber nicht so häufig vorkommen, daß sie einer Behandlung in einem eigenen Abschnitt bedürfen.

1. Gelegentlich wird Jesus, weil er unsere Natur annahm, „socius" genannt, ein Name, der in der Schrift nur auf andere Menschen angewandt wird.

Mechthild von Hackeborn schreibt, daß die göttliche Majestät sich so sehr zu unserem Elend hinabgebeugt hat, daß er „hominum frater et socius", „der Menschen Bruder und Genosse" geworden ist[324].

Einen etwas anderen Sinn erhält dieser Name bei Gertrud der Großen. Sie nimmt Jesus als Begleiter ihres Lebensweges, „te eligens in socium et ductorem", „Dich erwählend zum Genossen und Führer"[325]. Hier erscheint Jesus eher Genosse durch einen Akt des Menschen als durch seine Menschwerdung.

2. Auch der Ausdruck „consors", „Gefährte" begegnet uns für Jesus in der Vulgata nicht, wohl aber in unseren Texten.

2.1 Verschiedentlich arbeitet Bernhard von Clairvaux die Gegensätze heraus, die in der Menschwerdung vereint sind. Im Menschgewordenen treffen sich „principatum" und „consortium", „Herrschaft" über uns und „Gemeinschaft" mit uns[326]. „Conditor est, et consortem se reputat". – „Er ist der Schöpfer und gibt sich als Gefährte aus."[327]

2.2 Nach Gertrud der Großen sind wir durch die Annahme unserer Natur von Jesus eingeladen „ad consortium tuae divinitatis", „zur Gemeinschaft mit Deiner Gottheit"[328].

3. Nach Phil 2,7 nahm Jesus bei seiner Entäußerung „formam servi", „die Gestalt eines Sklaven" an. Hier können nicht alle Stellen behandelt werden, in welchen die Philipperstelle zitiert oder umschrieben wird[329].

Für Mechthild von Hackeborn ist Jesus nicht nur ein Bruder und Genosse der Menschen geworden, sondern „et humilis servus", „auch ein demütiger Sklave", weil er gekommen ist, zu dienen[330]. Sie wendet aber diesen Namen auch auf das Verhältnis Jesu zum Vater an. Niemand hat sich so sehr dem Vater unterworfen, noch nicht einmal ein „servus domino", „Sklave dem Herrn", wie es Jesus dem Vater gegenüber getan hat[331].

---

[324] MH 3,30,234.
[325] G R 2,72-74,70.
[326] BHLD 2,59,1,1,386,3f.
[327] BHLD 2,59,1,1,286,5f.
[328] G R 6,379f.,184.
[329] Vgl. unten 1352-1358.
[330] MH 3,30,234.
[331] MH 5,15,342.

3. Titel aus der Erlösung

Im Zentrum seines Wirkens ist Jesu Tätigkeit als Erlöser. Oft, wenn auch nicht immer, ist diese Bezeichnung an das Kreuz und das Sterben Jesu gebunden.

3.1 Erlöser

Da es für das lateinische „Redemptor" in den muttersprachlichen Texten im „erlöser" oder „löser" ein entsprechendes Pendant gibt, behandeln wir hier beide Begriffe getrennt.

3.1.1 Die lateinischen Texte

1. Die Vulgata wendet den Begriff „redemptor" nicht auf Jesus an, obwohl er für Gott allgemein im AT (Ps 18,15; 77,35; Ijob 18,45; Jer 50,34; Klg 3,58) und besonders häufig in Deuterojesaia (Jes 41,14; 43,14; 44,6.24; 47,4; 48,17; 49,7.26; 54,5.8; vgl. Jes 59,20; 60,16; 63,16) zu finden ist. Wichtig für die Anwendung dieses Titels war 1 Kor 1,30, an welcher Stelle Paulus sagt, daß Christus „factus est nobis … a Deo … redemptio", „für uns gemacht wurde … von Gott … zur Erlösung". „Redemptor" ist aber schon lange vor dem 12. Jahrhundert zum geläufigen Titel für Christus geworden und taucht so häufig auf, daß nicht alle einschlägigen Stellen in unseren Texten behandelt werden können.

2. Jean von Fécamp nennt Jesus in einer Reihe anderer Titel „redemptio mea facta", „meine geschehene Erlösung"[332]. Er soll uns zum Jubel werden, der unser „salus atque redemptio", „Heil und Erlösung" ist[333]. Wenn er um seine Beachtung oder Fürsprache beim Vater bittet, spricht Jean ihn mit den Worten an „mi redemptor, Christe", „mein Erlöser Christus"[334] und „piissime redemptor", „gütigster Erlöser"[335].

3. Selbstverständlich kennt auch Bernhard von Clairvaux den Titel „redemptor" für Jesus.

Da Bernhard Petrus Abaelard beschuldigt, keine korrekte Erlösungslehre zu vertreten, betont er ihm gegenüber, daß die Gerechtigkeit des Menschen „in sanguine Redemptoris", „im Blut des Erlösers" besteht[336]. Sein Tod ist „a morte redemptio", „die Erlösung vom Tod"[337]. In einer Sentenz bedenkt Bernhard die verschiedenen Arten der Altäre, auf die wir unsere Gaben legen. Eine von ihnen ist „redemptoris humilis incarnatio, quae fit de terra, „des demütigen Erlösers Menschwerdung, welche aus der

---

[332] JFC 3,2,16,143.
[333] JFC 3,5,113f.,146.
[334] JFP 2,222.
[335] JFP 52,226.
[336] BB 2, 190,7,17,102,18.
[337] BLNM 11,18,302,1.

Erde geschehen ist"[338]. Im Unterschied zu allen anderen Geschöpfen, die nur einen Schöpfer besitzen, haben die Menschen in Christus auch einen Erlöser[339]. Beiden, dem Schöpfer und dem Erlöser, sind wir Menschen also zu Dank verpflichtet[340], indem wir sowohl die Gebote des Schöpfers wie auch diejenigen des Erlösers halten[341].

4. Auch Wilhelm von St. Thierry gebraucht in der Auseinandersetzung mit Abaelard den Begriff „redemptor". Deswegen zitiert er auch 1 Kor 1,30, nach welcher Stelle Christus von Gott für uns zur Erlösung gemacht wurde[342]. Zu Jesus, „ad Redemptorem nostrum anxiis quotidie precibus clamamus ‚Redime me!'", „zu unserem Erlöser rufen wir täglich mit ängstlichen Bitten: „„Erlöse mich!""[343]

5. Gilbert von Hoyland umschreibt 1 Kor 1,30 folgendermaßen: Man soll an Christus festhalten, „cum inveneris justitiam, sanctitatem, redemptionem: haec omnia enim nobis factus est Christus", „wenn Du die Gerechtigkeit, die Heiligkeit, die Erlösung gefunden hast; dies alles nämlich ist für uns Christus geworden"[344].

6. Nach Balduin von Canterbury hat uns Christus bezeichnet „in die redemptionis nostrae, quando nos secundum suam imaginem reformavit", „am Tag unserer Erlösung, als er uns nach seinem Bild erneuert hat"[345]. An diesem Tag sind wir mit allen Gütern beschenkt worden[346].

7. Häufiger kommt dieser Name für Christus bei Guerricus von Igny vor. Er spielt auf 1 Kor 1,30 an, wenn er schreibt, daß Christus für die Ewigkeit zur Seligkeit, für die Zeit aber „factus est nobis redemptio", „für uns zur Erlösung geworden ist"[347], weil durch das Kreuz bei ihm Erlösung ist[348]. Außerhalb des Kreuzes gibt es keine Erlösung[349]. Der Erlöser hat diese Art gewählt, uns das Heil zu schenken, damit sein Sterben uns Vorbild ist[350]. Johannes der Täufer bereitet „adventum Redemptoris", „die Ankunft des Erlösers" vor[351]. Aus dem Schoß der Jungfrau ist genommen das Fleisch des Erlösers[352]. Maria ist die gesegnete Erde, welche „in opere Redemptoris", „beim Wirken des Erlösers" die Frucht der Sündenvergebung hervorgebracht hat[353]. Der greise Simeon und die Witwe Anna seufzen „desiderio „Redemptoris", „in der Sehnsucht nach dem Erlöser"[354].

---

338 BS 2,116,344,13f.
339 BQH 2,2,516,1-3.
340 BQH 14,1,670,18f.
341 BQH 14,3,674,28-30.
342 WD 7,272A.
343 WR 4,618D.
344 GHLD 9,2,53C-D.
345 BT 10,511C.
346 BT 13,535C.
347 GIS Nat 3,1,17,186.
348 GIS Palm 2,1,22-24,174.
349 GIS Palm 2,5,156f.,182.
350 GIS Palm 2,5,158-161,184.
351 GIS Nat Joh 3,4,113,344.
352 GIS Ann 1,4,133f.,118.
353 GIS Ann 2,1,23-25,128.
354 GIS Pur 2,5,147-149,332.

8. Besonders oft greift Hugo von St. Viktor auf diesen Titel zurück.

8.1 Hugo weiß, daß man bei den Heiden die Niedrigkeit des Menschgewordenen und dessen Tod als Gottes unwürdig ablehnt. Dies tun sie, weil sie in der Weisheit dieser Welt nicht begreifen können, daß das Heil der Menschen „in morte Redemptoris", „im Tod des Erlösers" geschah[355]. Dem setzt er entgegen „sapientiam Christianae fidei in morte quidem Redemptoris humilem, sed in agnitione Creatoris esse sublimem", „die Weisheit des christlichen Glaubens, die im Tod des Erlösers niedrig, aber in der Erkenntnis des Schöpfers hoch ist"[356]. Der Glaube wird dadurch gestützt, daß „Redemptor noster", „unser Erlöser" den zweifelnden Jüngern nach der Auferstehung seine Hände und Seite gezeigt hat[357]. Hugo weiß auch um ein dankbares Selbstbewußtsein des Christen gegenüber den Ungläubigen. „Omnibus illis te redemptor et amator tuus praetulit." – „All jenen hat dich dein Erlöser und Liebhaber vorgezogen."[358] „Elegit ergo et praeeligit te sponsus tuus, amator tuus, Redemptor tuus, Deus tuus." – „Auserwählt und vorauserwählt hat also dich dein Bräutigam, dein Liebhaber, dein Erlöser, dein Gott."[359] Dennoch soll der Mensch demütig bleiben. Sein Gebet soll geprägt sein durch zwei Dinge, „miseria scilicet hominis et misericordia Redemptoris", „nämlich durch das Elend des Menschen und die Barmherzigkeit des Erlösers"[360].

8.2 Im Alten Bund „persona redemptoris mittenda praedicebatur", „wurde die zu sendende Person des Erlösers vorausgesagt"[361]. Im Glauben wird erkannt „modus redemptionis et qualitas personae redemptoris", „die Art und Weise der Erlösung und die Beschaffenheit der Person des Erlösers"[362]. Der Grund für die Menschwerdung Gottes besteht darin, „ut idem esset creator hominis et redemptor", „daß ein- und derselbe sei der Schöpfer und der Erlöser der Menschen"[363]. Weil er von uns seinen Leib annahm, „ad nos pertineret redemptio, quia de nostro sumpta erat immolatio", „sollte zu uns die Erlösung gehören, da von dem Unseren das Opfer genommen war"[364]. Dies wird aber nur Wirklichkeit, „si ipsi redemptori per carnem nobis sociato per fidem unimur", „wenn wir uns selbst mit dem durch das Fleisch uns beigesellten Erlöser durch den Glauben vereinen"[365].

9. Ausgiebig macht Hildegard vom Wort „Erlösung", selten nur von „Erlöser" Gebrauch. Im Blick auf die Barmherzigkeit und das Martyrium des Sohnes Gottes „redemptorem meum agnosco", „erkenne ich meinen Erlöser"[366]. Man begreift „passionem eiusdem pii et nobilissimi redemptoris", „das Leiden seines gütigen und adligsten

---

[355] HH 1,929D.
[356] HH 1,929D-930D.
[357] HSA 2,17,13,602A.
[358] HSO 963C.
[359] HSO 963D.
[360] HO 1,977B-C.
[361] HSA 1,10,6,339C.
[362] Ebenda.
[363] HSA 1,8,6,310B-C.
[364] HSA 1,8,7,310C.
[365] Ebenda.
[366] HISV 1, 1,4,7,349-353,71.

Erlösers"[367]. Dem „redemptori summo", „höchsten Erlöser" soll man sich mit dem Seufzen eines gläubigen Herzens anempfehlen[368] und mit ihm Gespräche führen[369].

10. Elisabeth von Schönau betet zu Maria, daß diese „unigenitum tuum, redemptorem nostrum", „deinen Eingeborenen, unseren Erlöser" bittet, das Werk der Barmherzigkeit zu vollenden[370].

11. Bei den flämischen Mystikerinnen kommt öfters dieser Name für Jesus vor.

Der Autor der Vita der Ivetta von Huy sagt, daß diese Frau zum Empfang der Kommunion „pietate Redemptoris", „durch die Güte des Erlösers" entbrannt getreten sei[371].

12. Den unbekümmerten Tonfall, den Jesus sich bei den Gebeten der Lutgardis von Tongeren gefallen läßt, kommentiert der Autor ihrer Vita, Thomas Cantimpré, mit dem Ausruf: „Mira Redemptoris clementia circa eam!" – „Wunderbare Güte des Erlösers ihr gegenüber!"[372]

13. Als Christus sich zu Aleydis an einem Karfreitag neigt und ihr die Wunden zeigt, geschah dies, „ut suo Redemptore possit frui", „um ihren Erlöser genießen zu können"[373].

14. Der Autor der Vita der Beatrijs von Nazareth nimmt diesen Titel in die Brautmystik herein. Das Fest Christi Himmelfahrt ist „dies quo triumphantem in celo ecclesiam dignatus est redemptor noster dominus, per glorificatam humanitatis sue presentiam eterno sibi connubio desponsare", „der Tag, an dem sich der Erlöser, unser Herr, würdigte, sich mit der im Himmel triumphierenden Kirche durch die verklärte Gegenwart seiner Menschheit in der ewigen Hochzeit zu vermählen"[374]. Am selben Tag geschieht die Vermählung Beatrijs' in ihrer Jungfrauenweihe[375]. Aber auch alle diejenigen trinken von den Flüssen der Gnade, welche „per vite perfectionis emeninentiam, indesinenti studio redemptoris sui vestigijs inherebant", „durch die Übergröße des Lebens der Vollkommenheit mit nie lassendem Eifer an den Spuren ihres Erlösers hängen"[376].

15. In einem ihrer Strophischen Gedichte läßt Hadewijch das Wort „redemptor" unübersetzt stehen[377].

16. Der Autor der Vita der Ida von Gorsleeuw beschreibt, wie sie sofort innere Ruhe erlangt, wenn sie „Redemptorem", „den Erlöser" im Altarsakrament empfängt[378]. Aus

---

[367] HISV 2, 3,6,35,1020f.,461.
[368] HISV 2, 3,9,29,975f.,543.
[369] HIM 5,31,569,236.
[370] ESV 1,53,27.
[371] IH 40,105,164.
[372] LTA 1,1,8,192.
[373] AS 3,30,476.
[374] BN 1,17,76,13-16,61.
[375] BN 1,17,76,16-22,61.
[376] BN 3,7,216,64-66,139.
[377] HASG 45,5,36,286.
[378] IG 3,24,114.

Rücksicht auf andere Mitschwestern äußert Ida nur heimlich das Verlangen, „recipiendi corpus Redemptoris", „den Leib des Erlösers zu empfangen"[379].

17. Beim Kommunionempfang zeigt „benignissimus humani generis Opifex et Redemptor", „der gütigste Schöpfer und Erlöser des menschlichen Geschlechts" gegenüber Ida von Löwen sein Gefühl inniger Liebe[380].

18. Nach dem Autor der Vita der Elisabeth von Spalbeek wurde der Erlöser nicht vor der Schmach, die ein Räuber bei seiner Verurteilung erfährt, verschont[381].

19. In Helfta nimmt der Gebrauch des Namens „redemptor" zu.

Dies zeigt sich schon teilweise bei Mechthild von Hackeborn. Zu ihr spricht Jesus: „Ego enim sum Salvator et Redemptor omnium quae sunt, fuerunt, quaeque post futura sunt." – „Ich bin der Heiland und Erlöser von allem, was ist, was war und was später sein wird."[382] Im Leiden wird Jesus für Maria zum „filius ... redemptionis", „Sohn ... der Erlösung"[383]. Dieser tritt als „creator noster et Dominus redemptor, et frater dulcissimus", „unser Schöpfer, Herr und Erlöser und süßester Bruder" ständig beim Vater für uns ein[384]. Jesus stellt sich Mechthild mit den Worten vor: „Ego mater in redemptio." – „Ich (bin) Mutter in der Erlösung."[385] Ein anderes Mal lautet seine Anrede: „Dominus Deus, creator, Redemptor et amator meus!" – „Herr Gott, Schöpfer, Erlöser und mein Liebhaber!"[386]

20. Reicher entfaltet ist der Gebrauch dieses Titels bei Gertrud der Großen.

20.1 An einigen Stellen wird gesagt, daß Christus nicht nur die Erlösung gebracht oder erwirkt hat, sondern sie selbst ist. Jesus ist für die Seele die „redemptio pretiosa", „kostbare Erlösung"[387] und für die ganze Welt „salus et redemptio", „das Heil und die Erlösung"[388]. Er wird mit den Worten angeredet: „O mea copiosa redemptio", „O meine reiche Erlösung"[389]. „Tu es redemptio mea copiosissima." – „Du bist meine reichste Erlösung."[390] Mit besonderer Andacht singt Gertrud den Hymnus: „Jesu nostra redemptio", „Jesus unsere Erlösung"[391]. In der Darstellung im Tempel wurde das Jesuskind, „salus nostra et redemptio", „unser Heil und unsere Erlösung", in den Tempel gebracht[392].

20.2 Christus wird aber auch direkt mit dem Namen „Redemptor" angesprochen. Jesus als „dulcis creator et redemptor meus", „mein süßer Schöpfer und Erlöser" soll

---

[379] IG 4,30,116.
[380] IL 2,6,29,179.
[381] ES 8,368,33-36.
[382] MH 1,16,48f.
[383] MH 1,41,125.
[384] MH 3,24,228.
[385] MH 4,50,304.
[386] MH 6,8,388.
[387] G R 6,390,186.
[388] G R 7,293f.,226-228.
[389] G R 7,377,232.
[390] G R 7,358,230.
[391] G 3, 3,18,27,20f.,104.
[392] G 2, 2,16,3,1f.,292.

die Seele mit seiner Gottheit und Menschheit tränken[393]. Bei ihrer Bekehrung in der Jugend hat der „creator et redemptor", „Schöpfer und Erlöser" versucht, ihren unbezähmten Nacken zu beugen[394]. Durch den Heiligen Geist erleuchtet, erkennt Gertrud in dem Kind, das die Jungfrau in ihren Armen trägt, den „Redemptorem saeculi", „Erlöser der Welt"[395]. Dem Menschen hilft es, wenn er betrachtet, wie grausam man mit seinem „Domino Deo Creator et Redemptori", „Herrn und Gott, Schöpfer und Erlöser" in der Passion umgegangen ist[396]. Als Gertrud Jesus grüßt, flüstert er ihr ins Ohr: „Ego Creator, Redemptor et amator tuus; per angustias mortis, cum omni beatitudine mea quaesivi te." – „Ich, Dein Schöpfer, Erlöser und Liebhaber, habe Dich durch die Todesängste mit all meiner Seligkeit gesucht."[397] Mit den gleichen Worten wird er sie auch in ihrer Todesstunde ansprechen[398].

21. Agnes von Blannbekin will glühend „redemptori meo gratias agere", „meinem Erlöser danken" für seine Herablassung[399].

3.1.2 Die mittelhochdeutschen Texte

1. Das St. Trudperter Hohelied kann bei der Aufzählung der Personen der Dreifaltigkeit an Stelle des Sohnes „erloesaer", „Erlöser" schreiben[400]. Wie die Sonne nur den Sehenden und nicht den Blinden leuchtet[401], so ist Gott je nach dem Verhalten der Menschen „einwedere ir erloesaere oder ir urteilaere", „entweder ihr Erlöser oder ihr Richter"[402]. Maria „ist diu muoter des erloesaeres", „ist die Mutter des Erlösers"[403].

2. Nach David von Augsburg sind die Christen die „mit sînem bluote durch den erloesaere", „mit seinem Blut durch den Erlöser" Erlösten[404]. In einer Reihe von Namen für Christus taucht auch der Titel „loeser", „Löser" auf[405]. Christus „ist uns ein loeseschatz", „ist uns ein Löseschatz"[406].

3. Mechthild von Magdeburg verwendet oft den Namen „löser" für Christus, besonders im der zweiten Hälfte ihres Buches.

Sehr nahe an der Herkunft des Bildes, das diesem Namen zugrunde liegt, ist Mechthild, wenn sie ausruft: „O lôser aller gevangnisse!" – „O Löser aus allen Gefängnissen!"[407]

---

[393] G R 6,671-675,202.
[394] G 2, 2,1,2,30-32,230.
[395] G 4, 4,9,5,5f.,114.
[396] G 3, 3,74,6,9f,318.
[397] G 4, 4,22,3,12-14,210.
[398] G 4, 4,22,4,1-8,210.
[399] AB 208f.,22f.,430.
[400] TH 13,8,44; TH Ep 145,27,306.
[401] TH 128,2-13,270.
[402] TH 128,1f.,268-270.
[403] TH 140,4,296.
[404] DT 339,12f.
[405] DV 360,23.
[406] DV 359,24.
[407] MM 1,12,3,14.

Schon bei der Schöpfung der menschlichen Seele „wart únser loser brútgŏm", „wurde unser Erlöser Bräutigam"[408]. Die Kirche hat eine Krone, welche die heiligen Meister, ihre heiligmäßigen Führer, darstellen, „die hant einen getrúwen herren, das ist Jhesus, únser lŏser", „die haben einen treuen Herrn, das ist Jesus, unser Erlöser"[409]. „Jhesus, únser lŏser", „Jesus, unser Erlöser", steht mit offenen Wunden zur Rechten des Vaters, um für die Menschen bei ihm einzutreten[410]. Die Krone, an der die Seligen am Ende ihren Platz finden, steht für „únserm lŏser Jhesu Christo", „unserem Erlöser Jesus Christus" im Himmel bereit[411]. All diejenigen Menschen, die um der Gottesliebe willen auf Erden alles verlassen haben, werden „mit Jhesu, únserm lŏsere", „mit Jesus, unserem Löser" das Gericht über die Welt halten[412]. In einer Reihe von Titeln, mit denen Mechthild Jesus beim Bittgebet anredet, steht auch „lŏser", „Erlöser"[413].

Christus wird auch angesprochen mit den Worten „O getrúwe lŏsephant aller welte!" – „O treues Lösepfand aller Welt!"[414]

3.1.3 Zusammenfassung

1. Während im Lateinischen als Namen für den Erlöser und die Erlösung „redemptio" und „redemptor" zu Verfügung stehen, gibt es im Mittelhochdeutschen verschiedene Varianten dieses Ausdrucks. Jesus ist das „lŏsephant", „Lösepfand"[415], der „loeseschatz", „Löseschatz"[416], der „erloesaer", „Erlöser"[417], „loser"[418], „lŏser"[419], „loeser"[420], „Löser". „Redemptio" bietet sich schon deswegen als Titel für Jesus an, weil Paulus in 1 Kor 1,30 sagt, daß er für uns zur „Erlösung" geworden ist[421]. Eingeprägt hat sich dieser Name auch durch einen Hymnus, der mit den Worten beginnt: „Jesus unsere Erlösung"[422]. Oft stehen neben dem Ausdruck „Erlösung" Namen mit

---

[408] MM 1,22,35,18.
[409] MM 4,3,57f.,116.
[410] MM 2,3,39-42,40.
[411] MM 7,1,48,255.
[412] MM 7,64,14-17,310.
[413] MM 6,37,5,245.
[414] MM 5,20,3f.,170f.; 7,18,7,270.
[415] MM 5,20,3f.,170f.; 7,18,7,270.
[416] DV 359,24.
[417] TH 13,8,44; 128,1f.,268-270; TH Ep 145,27,306; DT 339,12f.
[418] MM 1,22,35,18.
[419] MM 1,12,3,14; 2,3,39-42,40; 7,1,48,255; 7,64,14-17,310. Daß Mechthild (MM 6,1,13,201) hierbei noch an das ursprüngliche Lösen des Sündenbanns denkt, ist unwahrscheinlich, selbst wenn man davon absieht, daß sie auch die Mitglieder der Bettelorden, die zum Beichthören ausgesandt sind, „lŏser" nennt.
[420] DV 360,23.
[421] JFC 3,2,16,143; WD 7,272A.; GHLD 9,2,53C-D; GIS Nat 3,1,17,186.
[422] G 3, 3,18,27,20f.,104.

ähnlicher Bedeutung wie „Heil"[423]. Die Erlösung wird kostbar[424] und reich[425] genannt. Der Erlöser wird als adlig[426], demütig[427], gütig[428], höchst[429], süß[430] bezeichnet.

2. Am meisten ist von Jesus als Erlöser beim Kreuzesgeschehen die Rede. Man spricht vom Leiden[431], Martyrium[432], Blut[433], Opfer[434] und Tod[435] des Erlösers.

3. Es ist aber auch von der Verheißung[436], der Sehnsucht[437] nach der Ankunft[438], der Menschwerdung des Erlösers[439] die Rede. Nach seiner Auferstehung zeigt sich der Erlöser seinen Jüngern[440]. Der verklärte Herr tritt als Erlöser für uns beim Vater ein[441]. Der Erlöser hat sich mit der Kirche vermählt[442], was auch in der Jungfrauenweihe mit einzelnen Menschen geschieht[443]. Als Erlöser ist er auch der Richter[444].

4. Auch bei der subjektiven Erlösung des einzelnen Menschen taucht dieser Begriff auf. Vom Erlöser sind wir nach dem Bild Gottes erneuert[445] und mit allen Gütern beschenkt[446]. Im Glauben müssen wir dem Erlöser nachfolgen[447] und uns mit ihm vereinen[448]. Im Altarsakrament begegnet man dem Erlöser[449].

5. Oft ist auch ganz allgemein ohne nähere Bestimmung vom Erlöser die Rede. Alle Menschen haben Christus als Erlöser[450]. Maria ist die Mutter des Erlösers[451]. Wenn von Christus als Schöpfer und Erlöser die Rede ist, soll uns alles, was wir ihm ver-

---

[423] JFC 3,5,113f.,146; G R 7,293f.,226-228; G 2, 2,16,3,1f.,292.
[424] G R 6,390,186.
[425] G R 7,358,230; 7,377,232.
[426] HISV 2, 3,6,35,1020f.,461.
[427] BS 2,116,344,13f.
[428] HISV 2, 3,6,35,1020f.,461.
[429] HISV 2, 3,9,29,975f.,543.
[430] G R 6,671-675,202.
[431] HISV 2, 3,6,5,1020f.,461; ES 8,368,33-36; G 3, 3,74,6,9f.,318.
[432] HISV 1, 1,4,7,349-353,71.
[433] BB 2, 190,7,17,102,18; DT 339,12f.
[434] HSA 1,8,7,310C.
[435] HH 1,929D-930D.
[436] HSA 1,10,6,339C.
[437] GIS Pur 2,5,147-149,332.
[438] GIS Nat Joh 3,4,113,344.
[439] BS 2,116,344,13f.; GIS Ann 1,4,133f.,118; 2,1,23-25,128.
[440] HSA 2,17,13,602A.
[441] JFP 2,222; 52,226; MM 2,3,39-42,40; MH 3,24,228.
[442] BN 1,17,76,13-16,61.
[443] BN 1,17,76,16-22,61.
[444] MM 7,64,14-17,310.
[445] BT 10,511C.
[446] BT 13,535C.
[447] BN 3,7,216,64-66,139.
[448] HSA 1,8,7,310C.
[449] IH 40,105,164; IG 3,24,114; 4,30,116; IL 2,6,29,179.
[450] BQH 2,2,516,1-3.
[451] TH 140,4,296.

danken, ins Gedächtnis gerufen werden[452]. „Schöpfer, Erlöser und Liebhaber"[453] wird zum stehenden Ausdruck, der manchmal um das Wort „Bräutigam" erweitert wird[454]. Ganz allgemein wird von der Barmherzigkeit des Erlösers gesprochen[455]. Zum Erlöser kommt man mit allen möglichen Bitten[456]. Daß der Christ seinen Erlöser kennt, zeichnet ihn vor den anderen Menschen aus[457]. Dennoch bleibt er der Erlöser der Welt[458] oder von Allen[459]. Der Name „Erlöser" kann so abgegriffen sein, daß er auch für die zweite Person in der immanenten Dreifaltigkeit[460] oder ihre Schöpfungstätigkeit[461] steht.

3.2 Heiland

Auch hier findet das lateinische „Salvator" ein genaues Pendant im mittelhochdeutschen „heiland".

3.2.1 Die lateinischen Texte

1. In der Vulgata ist der Ausdruck „salvator" sehr beliebt. Im Alten Testament ist Gott der „salvator Israel", „Retter Israels" (1 Sam 13,39; 1 Makk 4,30; Jer 14,8), „salvator meus", „mein Retter" (2 Sam 22,2; Ps 24,5; Ijob 13,16; Sir 51,1; Jes 12,2; 51,5; Mi 7,7) oder „salvator noster", „unser Retter" (Chr 16,35). Sion soll erwarten seinen gerechten König und Retter. Man betet, daß die Erde den Retter hervorbringt (Jes 45,8).

Im Neuen Testament wird Jesus „salvator", „Retter" genannt (Lk 2,11; Apg 5,31; 13,23; Phil 3,20; 2 Tim 1,10; Tit 1,4; 2,13; 3,4.6). Er ist der Retter der Welt (Joh 4,42; 1 Joh 4,14), aller Menschen (1 Tim 4,10) und seines Leibes, der Kirche (Eph 5,23).

„Salus", „Heil" wird im AT mit Gott gleichgesetzt (Ps 3,9; 26,1; Jes 56,1). Im NT heißt es, daß in keinem anderen Namen als in Jesus Christus das „Heil" ist (Apg 4,12).

Für das Heil, das Gott ist, steht in der Vulgata auch der Ausdruck „salutare" (1 Chr 16,22; Ps 13,8; 41,6.12; 42,5; 52,7.10; 61,8; 66,3; 95,2; 97,2f.). Der greise Simeon sagt, als er das Jesuskind in den Armen hält, seine Augen haben das Heil geschaut (Lk 2,30). Johannes der Täufer verkündet mit Worten aus Jes 40,3-5, daß alle Menschen das Heil schauen werden (Lk 3,6).

---

[452] BQH 14,1,670,18f.; 14,3,674,28-30; HSA 1,8,6,310B-C; IL 2,6,29,179; MH 3,24,228; G R 6,671-675,202; G 2, 2,1,2,30-32,230; 3, 3,74,6,9f,318.
[453] MH 6,8,388; G 4, 4,22,3,12-14,210; 4,22,4,1-8,210.
[454] HSO 963D.
[455] HO 1,977B-C; ESV 1,53,27.
[456] WR 4,618D; HISV 2, 3,9,29,975f.,543; HIM 5,31,569,236; LTA 1,1,8,192; MM 6,37,5,245.
[457] HSO 963C.
[458] G 4, 4,9,5,5f.,114.
[459] MH 1,16,48.
[460] TH 13,8,44; TH Ep 145,27,306.
[461] MM 1,22,35,18.

In der Alten Kirche gehört „Heiland" zu den gebräuchlichsten Titeln Jesu[462]. Dort wird er auch „Heil" genannt[463]. Den unübersetzten griechischen Ausdruck „sother", den zum Beispiel der Autor des um 1300 verfaßten langen Gedichtes „Die Erlösung" kennt[464], fand ich in unseren Texten nicht.

2. Jean von Fécamp nennt den Sohn Gottes „saluatorem et recuperatorem nostrum", „unseren Heiland und Wiederhersteller"[465]. In einer vielgliedrigen Reihe von Namen für Christus kommt bei ihm auch „salus", „Heil" vor[466].

3. Bernhard von Clairvaux kennt selbstverständlich den Titel „Heiland" für Jesus. Er widerspricht der Auffassung, alle Menschen hätten im Alten Bund schon „doctrinam Salvatoris", „die Lehre des Heilandes" gekannt[467]. Er nennt Maria die Mutter „plasmatoris et salvatoris omnium", „des Bildners und Heilandes von allen"[468]. Eigentlich müßten wir zu Gott gehen, was wir aber wegen der Blindheit unserer Augen nicht können. „Propterea benignissimus Salvator et medicus animarum et descendit ab altitudine sua." – „Deswegen stieg auch der Heiland und Arzt der Seele von seiner Höhe herab."[469] Während bei der Erschaffung der Welt alles ohne Mühe vonstatten ging, „multum quippe laboravit in eo Salvator", „mußte sich ja dafür (= die Erlösung) der Heiland sehr mühen"[470]. „Christus nempe iustus et misericors salvator et iudex." – „Christus (ist) zugleich gerecht und barmherzig, der Heiland und der Richter."[471] Es gibt ja ein doppeltes Kommen Jesu: Im ersten „misericordem teneas Salvatorem", „sollst du den barmherzigen Heiland festhalten" und bei dem zweiten den Vergelter erwarten[472]. Wenn Bernhard schreibt, daß die Reben geduftet haben, „cum apparuit benignitas et humanitas Salvatoris nostri Dei", „als erschienen ist die Güte und Menschenfreundlichkeit unseres Heilandes und Gottes (Tit 3,4)"[473], sieht er nach der damaligen Gepflogenheit in „Gott" Jesus. Über Jesu Leiden schreibt er: „Sicut totum hominem salvum fecit, sic de toto se fecit hostiam salutarem." – „Wie er den ganzen Menschen heil gemacht hat, so hat er sich ganz zum Opfer des Heiles gemacht."[474] Bernhard kommentiert die Antwort Christi auf die Frage des Paulus, wer er sei: „Ich bin Jesus von Nazareth, den du verfolgst (Apg 9,5)," folgendermaßen: „Ego sum Sal-

---

[462] Vgl. Sieben, Nomina 163; 170; 180; 191.
[463] Vgl. Sieben, Nomina 170f.; 191.
[464] Die Erlösung. II Die heidnischen Profetien 91, in: Die Deutsche Literatur vom Mittelalter bis zum 20. Jahrhundert, 1,1,60.
[465] JFC 2,3,86f.,123.
[466] JFC 3,1,2,142.
[467] BB 1, 77,3,10,624,22.
[468] BS 3,127,752,20f.
[469] BADV 1,8,70,11f.
[470] BHLD 1, 20,1,2,278,7f.
[471] BHLD 2, 55,1,1,238,1f.
[472] BQH 11,8,640,20-22.
[473] BHLD 2, 60,2,8,306,15f.
[474] BPALM 3,5,180,4f.

vator, quem tu persequendo peris." – „Ich bin der Heiland, welchen du zu deinem Verderben verfolgst."[475] Offensichtlich ersetzt Bernhard hier „Jesus" durch „Salvator".

4. Wilhelm von St. Thierry erklärt den Namen „Jesus" mit „Salvator", „Heiland".
Die Wortkombination „Dominus Jesus Christus" erfüllt ihn mit Freude[476]. Jeder dieser Namen bringt in ihm eine andere Seite Jesu zum Klingen, „ad Dominum devotam
servitutem, ad Salvatorem, quod sonat ‚Jesus', pietatem et amorem, ad Christum regem, oboedientiam ac timorem", „bei ‚Herr' frommer Dienst, bei ‚Heiland', was ‚Jesus'
bedeutete, nämlich Güte und Liebe, bei ‚Christkönig' Gehorsam und Furcht"[477]. Die
Aufgabe des Mittlers Jesus besteht darin, Heil den Menschen zu bringen[478]. An einer
Stelle nennt er Jesus auch „salutis nostrae auctor", „Urheber unseres Heiles"[479].

5. Besonders häufig verwendet Aelred von Rievaulx diesen Titel.

Er kann diesen Namen gebrauchen, wenn er ein Wort Jesu zitiert: „Addamus et
illam Saluatoris nostri sententiam." – „Fügen wir auch jenen Satz unseres Heilandes hinzu."[480] Oder: „Saluator ipse praescribens … inquit." – „Der Heiland selbst
schreibt vor … und sagt."[481] Und: „Secundum illud Saluatoris in evangelio", „Nach
jenem (Wort) des Heilandes im Evangelium"[482]. Das Gebot der Nächstenliebe wird
mit der Bemerkung eingeleitet: „Ipse Dominus ac Saluator noster uerae nobis amicitiae
formam praescipsit." – „Unser Herr und Heiland hat selbst uns die Gestalt der wahren
Freundschaft vorgeschrieben."[483] Die Aufforderung an den reichen Jüngling, Jesus zu
folgen (Mt 19,21), leitet Aelred mit der Bemerkung ein: „Ad quod perfectionis culmen
feruentiores quosque Salvautor inuitans." – „Dazu lädt der Heiland einige, die zum
Gipfel der Vollkommenheit glühender sind, ein."[484] Zur Gewohnheit der vierzigtägi-
gen Fastenzeit wird als Vorbild „Dominus etiam Saluator noster", „auch unser Herr
und Heiland" angeführt[485]. Der Mensch darf auch „erga carnem nostri Saluatoris",
„zum Leib unseres Heilandes" – gemeint ist „zu seiner sichtbaren Gestalt" – eine fromme Zuneigung haben[486]. Josef, der Mann Mariens, wird genannt „nutricus saluatoris",
„der Nährvater des Heilandes"[487]. Keinerlei näheren Bezug zum Erlösen und Heilen
hat auch die Aussage, daß wir „in uno eodemque Saluatore nostro", „in ein- und demselben unseren Heiland", unseren Weg, unser Ziel und unsere Freude besitzen[488]. An

---

[475] BPL 6,398,10.
[476] WHLD 1,1,39,124-126.
[477] WHLD 1,1,39,126.
[478] WND 12,36,402C.
[479] WSF 6,64,1,130.
[480] ARSC 1,26,77,1233,45.
[481] ARSC 3,32,77,1431f.,142.
[482] ARSA 2,14,107,305.
[483] ARSA 3,69,478f.,331.
[484] ARSC 3,34,80,1528f.,144.
[485] ARI 11,330,646.
[486] ARSC 3,5,13,261f.,111.
[487] ARA 3,13,193,736.
[488] ARJ 2,11,7-9,258.

den bis jetzt angeführten Stellen wird im näheren Kontext weder das Leiden noch die Erlösertätigkeit Jesu erwähnt.

An zwei Stellen fand ich bei der Nennung des Heilandes einen Bezug zu seinem Leiden: Aelred meint, die Ölbergbitte um Verschonung des Leidens habe „ipse Saluator ex affectu, quo nemo unquam carnem suam odio habuit", „der Heiland aus dem Gefühl, nach welchem niemand Haß auf sein Fleisch hat (Eph 5,29)," ausgesprochen[489]. Aelred wünscht, daß sich in der Zelle einer Inkluse „Saluatoris in cruce pendentis imago", „ein Bild des am Kreuz hängenden Heilandes" befindet[490].

6. Genauso häufig wie Aelred erwähnt auch Isaak von Stella Jesus mit dem Namen „Heiland".

6.1 Auch bei ihm finden sich eine Reihe Stellen mit dem Namen „Salvator", die keinen Bezug zur Erlösungstätigkeit Christi haben. „Dominus meus Iesus omnium Salvator, omnibus omnia sic efficitur, ut humilibus humilior, excelsis superior ubique inveniatur." – „Mein Herr Jesus, der Heiland aller (1 Tim 4,10), hat bei allen alles so gewirkt, daß er überall niedriger als die Niedrigen und höher als die Herausragenden erfunden wird."[491] Wir wissen, daß vom Heiland die Auferstehung als Wiedergeburt bezeichnet wird[492]. Solche Wunder zu tun haben selbst die Juden „in Salvatore", „am Heiland" bewundert[493].

6.2 Der Titel „Heiland" wird aber auch mit der Erlösung verbunden. So soll man das Kreuz ergreifen, „in quam Salvator ascendit", „auf welches der Heiland stieg", um die Welt vom Teufel zu befreien[494]. Wir sollen „Salvatoris nostri memores, et maxime dilectionis, passionis, et patientiae ipsius", „unseres Heilandes gedenken und besonders seiner Liebe, seines Leidens und seiner Geduld"[495]. Wir sollen an die „opera Salvatoris, sicut facta pro nobis ad redemptionem", „Werke des Heilandes, wie sie zur Erlösung für uns geschehen" sind, glauben[496]. Der Heiland ist zu den Sündern gekommen, um sie von der Sünde zu befreien[497]. Wir sollen die Sünde verlassen und „occurramus Deo Salvatori nostro", „laufen zu Gott, unserem Heiland"[498]. Wenn die anderen Menschen Sünder sind, „solus Salvator, solus salvatus", „ist allein der Heiland heil"[499].

7. Noch häufiger erwähnt Guerricus von Igny Jesus als Heiland.

7.1 Auch Guerricus kann von Jesus als Heiland ohne näheren Zusammenhang mit der Erlösung reden. Dies ist der Fall, wenn er am Ende einer Predigt schreibt: „Beati-

---

[489] ARSC 3,37,100,1923f.,154.

[490] ARI 26,748f.,658.

[491] IS 12,2,14-16,250.

[492] IS 41,1,6f.,28.

[493] IS 43,11,113f.,68.

[494] IS 15,5,45-47,284-286.

[495] IS 15,15,149-151,292.

[496] IS 28,13,94-101,160.

[497] IS 33,4,26-34,222.

[498] IS 33,7,57-59,224. Ein Teil des Adventsinvitatoriums, welchen Guerricus von Igny (GIS Adv 2,1,2,104) vor eine Adventspredigt stellt.

[499] IS 42,18,161,52.

tudo omnium, salvator noster Iesus Christus", „Du Seligkeit aller, unser Heiland Jesus Christus"[500]. Ähnlich endet auch eine Predigt zum Fest Peter und Paul[501] und zum Fest Mariae Geburt[502]. Das gilt auch, wenn er das Invitatorium des Advents zitiert: „Occurramus obviam Salvatori nostro!" – „Laufen wir unserem Heiland entgegen!"[503] Eine Adventspredigt endet mit der Anrufung „Salvator mundi", „Heiland der Welt"[504].

7.2 An vielen Stellen ist aber die Verbindung mit der Erlösung greifbar, so wenn Guerricus „adventus Salvatoris", „die Ankunft des Heilandes" mit der „reconciliatio mundi", „Versöhnung der Welt" gleichsetzt[505]. Bei der Empfängnis Jesu in Maria hat sich die Verheißung Jes 45,8 erfüllt, und die Erde hat den Heiland hervorgebracht[506]. Wie der greise Simeon kann man sprechen: „Video Deum Salvatorem meum in carne mea, et salva facta est anima mea." – „Ich sehe Gott, meinen Heiland, in meinem Fleisch, und meine Seele ist heil geworden."[507]

Man kann dem Heiland entgegenlaufen, weil er nicht nur durch seine Menschwerdung, sondern auch durch seinen Tod der Welt den Frieden gebracht hat[508]. Auf dem Weg zu ihm, der dunkel und schlüpfrig ist, bedürfen wir ihn, „salutem vel Salvatorem", „das Heil oder den Heiland"[509]. Beim Einzug Jesu in Jerusalem wird der „rex iustus et Salvator", „gerechte König und Heiland" von den Töchtern Sions aufgenommen (vgl. Sach 9,9)[510]. Das Volk soll jubeln, „quando ei Salvator advenit promissus", „wenn zu ihm der versprochene Heiland kommt"[511]. „Domini est salus, qui operatus est salutem de sanguine suo." – „Dem Herrn gehört das Heil, der das Heil durch sein Blut gewirkt hat."[512] Der vertrocknete Lebensbaum des Paradieses „vivificata facta est sanguine Salvatoris", „ist lebendig gemacht worden durch das Blut des Heilandes"[513]. Am Kreuz gab der Heiland durch sich auch ein Beispiel[514]. Der Heiland der Menschen zeigt sich in je verschiedener Gestalt, einmal als Leidender, dann als Triumphierender[515]. In einer Osterpredigt muß sich Guerricus entschuldigen, weil er zunächst vom ägyptischen Josef spricht, da die Zuhörer den „Salvatorem non somniatorem", „Heiland und nicht einen Träumer" erwarten[516]. Doch „Ioseph figuram exprimit Salvatoris", „Josef bringt

---

[500] GIS Adv 1,4,160f.,102.
[501] GIS Petr Paul 2,6,185f.,394.
[502] GIS NatMar 2,6,155f.,496.
[503] GIS Adv 2,1,2,104.
[504] GIS Adv 3,4,208,132.
[505] GIS Adv 2,1,5,104.
[506] GIS Ann 2,1,20f.,126-128.
[507] GIS Pur 2,3,117f.,330.
[508] GIS Adv 2,2,36-41,106.
[509] GIS Adv 4,5,189-192,148.
[510] GIS Palm 3,2,53-55,192.
[511] GIS Palm 4,2,50f.,204.
[512] GIS Adv 2,2,53f.,108.
[513] GIS Palm 2,3,75,178.
[514] GIS Palm 2,6,175f.,184.
[515] GIS Palm 3,1,2-6,188.
[516] GIS Res 1,1,11f.,216.

die Gestalt des Heilandes zum Ausdruck"[517]. Guerricus kann diese Gleichsetzung vornehmen, weil sowohl Josef (Gen 41,45) als auch Jesus (Joh 4,42; 1 Joh 4,14) „Salvator mundi", „Heiland der Welt" genannt werden[518].

7.3 Auch wenn an einigen Stellen bei Guerricus der Name „Heiland" mit jedem anderen christologischen Titel ausgetauscht werden könnte, steht er doch meistens in einem soteriologischen Umfeld.

8. Weniger häufig verwendet Johannes von Ford diesen Namen.

Auch bei ihm kann dieser Titel bei der Einführung eines Schriftzitates gebraucht werden[519]. Meist steht er aber im soteriologischen Kontext. So erwähnt er „mortem saluatoris", „den Tod des Heilandes"[520]. Wenn Johannes daran denkt, daß Jesus ihn vor dem Tod der Sünde bewahrt, spricht er: „Confitear tibi Domino Deo Saluatori meo cunctis diebus uitae meae." – „Ich will es Dir, meinem Herrn, Gott und Heiland, alle Tage meines Lebens lobend bekennen (vgl. Jes 38,20)."[521] Wenn „primus ad nos saluatoris ingressus", „der erste Eintritt des Erlösers zu uns" die Vergebung der Sünden und die Einheit mit ihm brachte, läßt sich die Überfülle des Heils seines zweiten Kommens nicht abschätzen[522]. „Per te quoque eiusdem innouationem salutis ante secundum Saluatoris aduentum mundus expectat." – „Durch Dich soll auch die Welt ihre Erneuerung des Heils vor der zweiten Ankunft des Erlösers erwarten."[523] Die erste Ankunft kann Johannes auch „transitus", „Vorübergang" nennen: „Bonus iste et uere salutaris transitus saluatoris." – „Gut und wirklich heilbringend ist dieser Vorübergang des Heilandes."[524]

Spezifisch für Johannes ist die Tatsache, daß er diesen Titel gerade in der Spannung zwischen erstem und zweitem Kommen Christi gebraucht.

9. Im Traktat „Speculum virginum" habe ich den Titel „Heiland" nicht gefunden. Es heißt allerdings: „Omnis spes et salus redempti hominis in cruce Christi constat." – „Jede Hoffnung und jedes Heil des erlösten Menschen besteht im Kreuz Christi."[525]

10. Bei Hugo von St. Viktor findet man einen häufigen und durchaus reflektierten Gebrauch dieses Titels.

10.1 Der Heiland ist für Hugo selbstverständlich Jesus Christus. Folgendermaßen erklärt er diesen Namen: Wir bekennen „Deum et hominem unum Jesum Christum. Quid est Jesus? salvator. Quid est Christus? unctus», «den Gott und Mensch, den einen Jesus Christus. Was bedeutet ‚Jesus'? Heiland. Was bedeutet ‚Christus'? Gesalbter»[526].

---

[517] GIS Res 1,2,37f.,218.
[518] GIS Res 1,2,46,220.
[519] JHLD 115,3,65,776.
[520] JAP 7,207-209,816f.
[521] JHLD 22,6,163f.,190.
[522] JHLD 25,7,156-161,212.
[523] JHLD 69,3,50f.,479.
[524] JHLD 32,6,178,255.
[525] SP 8,648,16f.
[526] HSA 2,1,9,398C.

„Salvator", „Heiland" ist aber für den Menschen derjenige, „a quo se credidit habere salutem", „von dem er geglaubt hat, das Heil zu haben"[527].

Hugo unterscheidet deutlich zwischen Schöpfer und Heiland. Auch die geschaffene Natur ist ein Bild Gottes. Doch die Augen des Menschen sind durch die Sünde blind. „Humanitas vero Salvatoris et medicina fuit, ut caeci lumen reciperent." – „Die Menschheit des Heilandes aber war auch eine Arznei, damit die Blinden das Licht empfangen."[528] „Per humanitatem Salvatoris exortum est lumen habitantibus in regione umbrae mortis." – „Durch die Menschheit des Heilandes ist entstanden das Licht für die, welche im Umkreis des Todesschattens wohnen."[529] Dabei geht es aber nicht nur um die Erkenntnis der Gottheit, „sed illius etiam salvationis, quae in humanitate Jesu perfecta est", „sondern auch um diejenige seines Heilandes, welche in der Menschheit Jesu vollendet ist"[530]. Die menschliche Natur des Heilandes nahm an der durch die Sünden entstandenen Schwäche Anteil, ohne selbst schuldig zu sein[531]. Auch die Tatsache, daß der Christ zum Heil auserwählt ist, geschieht wegen der Liebe des Heilandes[532]. Jesus Christus ist „Redemptor noster unicus et Salvator", „unser einziger Erlöser und Heiland"[533]. Hugo hält den Namen „Salvator" für so wichtig, daß Nathanael, weil er Jesus als Heiland bekannt hat, von diesem als echter Israelit bezeichnet wird[534].

10.2 Aber Hugo verbindet auch den Begriff des Heilandes mit dem Kreuz Jesu, der für das Heil der Menschen gekreuzigt wurde[535]. Der Heiland litt ohne Schuld[536]. Man spricht deswegen von „sacramenta salutis", „Sakramenten des Heils", weil sie zwar in der Schöpfung schon grundgelegt, aber erst im Tod Christi vollendet sind[537].

10.3 Auch bei den Sakramenten ist die Unterscheidung zwischen dem Wirken des Schöpfers und des Heilandes wichtig. Hugo unterscheidet bei ihnen die „repraesentatio ex similitudine", „die Vergegenwärtigung aus der Ähnlichkeit" von „significatio ex institutione", „dem Zeichencharakter durch die Einsetzung". Das Wasser kann durch die Ähnlichkeit der äußeren mit der inneren Reinigung diese gegenwärtig werden lassen. Daß dies geschieht, dazu bedurfte es aber die Einsetzung des Wassers zum Zeichen des Heils durch den Heiland[538]. „Prima indita per Creatorem; secunda adjuncta per Salvatorem." – „Das Erste (= die Ähnlichkeit) ist ihm durch den Schöpfer (seiner Natur) eingegeben, das Zweite (= der Zeichencharakter) ist ihm durch den Heiland

---

[527] HSA 2,14,6,563D.
[528] HH 1,926C.
[529] HAN 2,10,643B.
[530] HH 7,1055B.
[531] HSA 2,1,7,389C.
[532] HSO 963D.
[533] HL 976D.
[534] HSA 2,3,10,426A.
[535] HAN 1,4,630D.
[536] HSA 2,1,7,389C.
[537] HSA 2,6,8,454D.
[538] HSA 1,9,2,318C.

beigefügt.“[539] Die natürliche „habilitas“, „Fähigkeit“, Sakrament zu werden, „facta per Creatorem“, „geschah durch den Schöpfer“, die „institutio“, „Einsetzung“ „per Salvatorem“, „durch den Heiland“[540].

10.4 An einer Stelle seines Werkes „De sacramentis“ geht Hugo auf den Unterschied zwischen Schöpfer und Heiland grundsätzlich ein. Hinter den beiden Namen verbergen sich die zwei hauptsächlichen Inhalte unseres Glaubens[541], nach denen Hugo auch dieses Werk in zwei Bücher unterteilt[542]. „Creator et salvator duo nomina sunt et res una; tamen aliud notat creator, aliud salvator. Creator quia fecit nos, salvator, quia redemit nos.“ – “‚Schöpfer‘ und ‚Heiland‘ sind zwei Namen und eine Sache. Und doch sagt ‚Schöpfer‘ etwas anderes aus als ‚Heiland‘. Schöpfer ist er, weil er uns gemacht hat, Heiland, weil er uns erlöst hat.“[543] „Creatori debemus quod sumus, salvatori quod reparati sumus.“ – „Dem Schöpfer verdanken wir, daß wir sind, dem Heiland, daß wir wiederhergestellt sind.“[544] „Ad Creatorem pertinent opera conditionis, quae sex diebus facta sunt. Ad Salvatorem pertinent opera restaurationis quae complentur sex aetatibus.“ – „Zum Schöpfer gehören die Werke des Schaffens, welche in sechs Tagen geschehen sind. Zum Heiland gehören die Werke des Wiederherstellens, welche in sechs Zeitaltern vollendet wurden.“[545] Beim Schöpfer spricht man von der Majestät, beim Heiland von der Niedrigkeit[546]. „Creator ad naturam, salvator ad gratiam.“ – ‚Schöpfer‘ (bezieht sich) auf die Natur, ‚Heiland‘ auf die Gnade.“[547] Den antiken Philosophen gesteht Hugo durchaus die rechte Auffassung über den Schöpfer zu. „Nequaquam tamen fideles appellandi sunt, quia fidem de Salvatore non habuerunt.“ – „Keineswegs darf man sie dennoch Gläubige nennen, weil sie den Glauben an den Heiland nicht hatten.“[548]

10.5 Hugo verwendet den Titel „salvator“ nie in einem weiten Sinn, so daß auch ein anderer Name für Christus stehen könnte. „Heiland“ ist Jesus immer als der Erlöser im strengen Sinn. An den Begriffen „Schöpfer“ und „Heiland“ macht Hugo sehr reflektiert eine grundlegende Zweiteilung des christlichen Glaubensinhalts deutlich.

11. Wesentlich seltener gebraucht Richard von St. Viktor diesen Namen.

Bis in die Formulierungen hinein übernimmt Richard die Unterscheidung zwischen Schöpfer und Heiland von Hugo. Er fragt sich, warum es in Ps 2,2 heißt, daß die Könige der Erde sich „adversus Dominum et adversus Christus“, „gegen den Herrn und gegen Christus“ erheben. Für ihn ist es letztlich nur eine Person, gegen welche

[539] Ebenda.
[540] HSA 1,9,4,322A-B.
[541] HSA 1,10,5,334A.
[542] HSA 1,10,5,334D.
[543] HSA 1,10,5,334A.
[544] HSA 1,10,5,334B.
[545] Ebenda.
[546] HSA 1,10,6,336A.
[547] HSA 1,10,8,341B.
[548] HSA 1,105,334D.

die Könige sich wenden[549]. „Distinguamus nihilominus Dominum, et Christum ejus. Per Dominum intellige Creatorem, per Christum intellige Salvatorem. Aliunde dicitur Creator, et aliunde Salvator. Creator est pro eo quod fecit quod non erat; Salvator autem inde dicitur, quia restauravit quod perierat.» – «Wir wollen nichtsdestoweniger den Herrn von seinem Christus unterscheiden. Unter ‚Herr‘ verstehe den Schöpfer, unter ‚Christus‘ den Heiland. Eine je verschiedene Bedeutung hat ‚Schöpfer‘ und ‚Heiland‘. Schöpfer ist er deswegen, weil er gemacht hat, was nicht war. Heiland wird er aber daher genannt, weil er wiederhergestellt hat, was zugrunde gegangen war.“[550] Auch die folgende Unterscheidung hat Richard mit Hugo gemeinsam: „Dona ergo naturae pertinent ad Creatorem, dona vero gratiae specialiter pertinere vindentur ad Salvatorem.“ – „Die Gaben der Natur gehören zum Schöpfer, die Gaben der Gnade scheinen aber im besonderen Maß zum Heiland zu gehören.“[551] Die Gaben der Natur sind mit Beginn der Schöpfung gegeben, während die Gaben der Gnade uns erst in der entsprechenden Zeit durch den Heiland zur Verfügung stehen[552]. Vor allem denkt hier Richard an den Augenblick, an dem Christus „pro reparatione nostra usque ad mortem sudavit“, „für unsere Wiederherstellung sich bis zum Tod verausgabte“[553]. Doch konnte den Israeliten in höchster Kriegsgefahr auch ein „salvator“, „Heiland“ erweckt werden[554]. Die Konkretisierung dieser Unterscheidung ist aber neu. Gaben der Natur sind „secundum naturalem complexionem“, „in bezug auf die natürliche Zusammensetzung“ eines Menschen. Sie machen die natürliche Charakterstruktur eines Menschen aus[555]. Gaben der Gnaden besitzt ein Mensch dem gegenüber, wenn ihm etwas geschenkt wird, was über seine natürliche Veranlagung hinausgeht[556]. Eine solche „gratia Salvatoris“, „Gnade des Heilandes“ bedeutet für Maria die Menschwerdung in ihrer Jungfräulichkeit[557], welche sie auch rein und unversehrt erhielt[558]. Deswegen heißt es: „Genuit Salvatorem, gloriosa virgo Maria.“ – „Gezeugt hat den Heiland die glorreiche Jungfrau Maria.“[559] Gegen den Schöpfer sündigt folglich derjenige, der die Gaben seiner Natur verdirbt, während er sich gegen den Heiland vergeht, wenn er die Gaben der Gnade vernichtet[560]. Insofern unterscheidet man zu Recht die Auflehnung gegen den Herrn als Schöpfer und diejenige gegen Christus als Heiland[561].

---

[549] RVPS 2,269D.
[550] RVPS 2,269D.
[551] Ebenda.
[552] RVPS 2,270A.
[553] Ebenda.
[554] RVPS 98,333A.
[555] RVPS 2,269D. Nach der mittelalterlichen Medizin bedingt die „complexio“, „Zusammensetzung“ der Säfte bei einem Menschen nicht nur seine Gesundheit, sondern auch seinen Charakter.
[556] RVPS 2,270A.
[557] RVPS 71,383D.
[558] RVPS 71,385B.
[559] RVPS 71,387A.
[560] RVPS 2,270A.
[561] RVPS 2,270B.

12. Auch Hildegard von Bingen verwendet oft den Begriff „Heiland" für Christus.

12.1 Gern spricht sie vom Heil der Menschen, das von Christus ausgeht. Wir sollen Gott „in saluatione", „in der Heilung" lieben[562]. Denn „propter saluationem eius misit Filium suum principem et saluatorem fidelium, qui uulnera nostra lauit", „er hat wegen seiner (= des Volkes) Heilung seinen Sohn gesandt, den Fürsten und Heiland der Gläubigen, der unsere Wunden wäscht"[563]. „In maiestate diuinitatis humanitas saluatoris est." – „In der Majestät der Gottheit ist die Menschheit des Heilandes."[564] Zugleich aber stellt die „humanitas Salvatoris", „Menschheit unseres Heilandes" die „humilitas", „Demut" dar, durch welche wir erlöst sind[565]. Der Eingeborene des Vaters nahm von der Jungfrau Fleisch an, um „pro salute hominum", „für das Heil der Menschen" sein Blut zu vergießen[566]. Er „passus pro salute hominum", „hat gelitten für das Heil der Menschen"[567]. Auch von der „incarnatio salvatoris", „Menschwerdung des Heilandes"[568] und von der „baptisma salvatoris", „Taufe des Heilandes"[569] spricht Hildegard. Als Widerpart Christi behauptet der Satan: „Salvator mundi ego sum." – „Ich bin der Heiland der Welt."[570]

12.2 Schon König David stieg „ad humanitatem Salvatoris", „zur Menschheit des Heilandes" auf, als er nach seinem Fall Buße tat[571]. Die Priester bringen „in sacramento corporis et sanguinis saluatoris sui sacrosanctum sacrificium super sanctum altare", „im Sakrament des Leibes und Blutes ihres Heilandes das hochheilige Opfer auf dem heiligen Altar" dar[572], und die Gläubigen nehmen das Fleisch und das Blut des Heilandes zu sich[573]. Hildegard lobt einer Briefadressatin gegenüber „Christum Saluatorem nostrum", „Christus, unseren Heiland"[574].

Viele Stellen, an denen bei Hildegard Jesus als „Heiland" erwähnt wird, haben nur im weiteren Sinn mit unserer Erlösung zu tun.

13. Besonders oft wird von Elisabeth von Schönau Christus „salus" oder „Salvator" genannt.

13.1 Eine Reihe Stellen sind für die Erlösung nicht aussagekräftig. So, wenn Maria „mater salvatoris", „Mutter des Heilandes" genannt wird[575] und vom „salvatoris mandatum", „Gebot des Heilandes" die Rede ist[576] oder wenn Elisabeth nach einer Eksta-

---

[562] HISV 1, 2,2,4,100,127.

[563] HISV 1, 2,2,4,102f.,127.

[564] HIM 2,52,1080f.,102f.

[565] HIB 1, 85,53f.,205.

[566] HISV 1, 1,4,9,411-413,72f.; vgl. HISV 1, 2,5,12,502f.,186; 2, 3,13,16,597f.,634.

[567] HISV 2, 3,2,4,179,353; 3,12,5,164f.,608.

[568] HISV 2, 3,8,25,1159,512.

[569] HISV 2, 3,2,7,239f.,355.

[570] HISV 2, 3,11,26,542,591.

[571] HIB 1, 73,22-24,160.

[572] HISV 1, 2,3,3,164-166,137.

[573] HISV 1, 2,6,20,789f.,248.

[574] HIB 1, 82,4f.,185.

[575] ESV 1,5,5; 1,52,26.

[576] ESV 3,7,63.

se ausruft: „Desiderans desideravi videre dominum deum salvatorem et vidi." – „Voll
Sehnsucht habe ich mich danach gesehnt, den Herrn, den Gott und Heiland, zu sehen,
und ich habe ihn gesehen."[577]

13.2   Oft wird aber dieser Titel mit dem Leiden Jesu verbunden. Einmal sieht Elisabeth eine Stadt, die mit einer Mauer umgeben ist[578]. Ihr Deuteengel sagt, daß sie „figura
domini salvatoris", „ein Bild des Herrn und Heilandes" ist[579]. Denn dessen Majestät ist
ebenfalls mit den Ängsten seiner Menschheit umgeben[580]. Ein anderes Mal bedeutet die
Sonne, „in quo sedet virgo, divinitas, que totam possidet et illustrat salvatoris humanitatem", „in welcher die Jungfrau sitzt, die Gottheit ist, welche besitzt und erleuchtet
die Menschheit des Heilandes"[581]. Auf die Frage der Seherin: „Quare mi domine in
specie virginis et non in forma virili demonstrata est michi domini salvatoris humanitas?" -"Warum, mein Herr, wurde mir die Menschheit des Herrn und Heilandes in der
Gestalt einer Jungfrau und nicht in männlicher Form gezeigt?"[582] gibt der Deuteengel
die nicht ganz befriedigende Antwort, man könne so besser die Jungfrau auf Maria
deuten[583]. Elisabeth schreibt: „In tempore divini sacrificii praesentata est oculis meis
passio salvatoris nostri, qualiter ab impiis veste nudatus, flagellatus est, et ad ultimum
cruci affixus." – „Zur Zeit des göttlichen (Meß)opfers wurde das Leiden unseres Heilandes vor meinen Augen gegenwärtig, wie er von den Frevlern seines Kleides entblößt, gegeißelt und schließlich ans Kreuz geheftet wurde."[584] Am Palmsonntag heißt
es: „Vidi salvatorem quasi in cruce pendentem." – „Ich sah den Heiland, als ob er am
Kreuz hing."[585] Man soll sich dreimal mit dem Kreuzzeichen bezeichnen und sprechen:
„Salvator mundi salva nos, qui per crucem et sanguinem redemisti nos." – „Heiland der
Welt, heile uns, der Du uns durch das Kreuz und das Blut erlöst hast."[586] Christus
hat „ad salutem omnium credentium", „zum Heil aller Glaubenden" seinen Leib und
sein Blut im Sakrament geschenkt[587]. Nach dem Trostschreiben, welches ihr leiblicher
Bruder nach dem Tod der Elisabeth verschickt, hat die Mystikerin auf ihrem Sterbebett
gebetet: „Salvator mundi domine Jesu Christe, obsecro te per illam sanctam passionem tuam, in qua te totum expandisti super lignum crucis ad redimendum mundum."
– „Heiland der Welt, Herr Jesus Christus, ich bitte Dich durch jenes Dein heiliges
Leiden, in welchem Du Dich ganz auf dem Holz zur Erlösung der Welt ausgestreckt

---

577   ESV 1,35,18.
578   ESV 3,1,57.
579   ESV 3,2,57.
580   Ebenda.
581   ESV 3,4,61.
582   ESV 3,4,61f.
583   ESV 3,4,62. Sieht man vom Inhalt ab, ist die Erklärung deswegen nicht befriedigend, weil damit ein Wechsel in
        der Deutung der Jungfrau vorgenommen wird. Die Frage geht noch davon aus, daß diese die Menschheit Jesu
        sei, die Antwort setzt aber voraus, daß man in ihr Maria zu erblicken habe.
584   ESV 1,42,22.
585   ESV 1,43,22.
586   ESI 14,107.
587   ESV 3,24,76.

hast."[588] Ähnliche Anrufungen der Sterbenden lauten: „Domine creator meus, liberator meus, salvator meus!" – „Herr, mein Schöpfer, mein Befreier, mein Heiland!"[589] Und: „Salvator mundi salva nos!" – „Heiland der Welt, heile uns!"[590] Oder: „Domine Jesu Christe, salvator mundi, suscipe animam, quam creasti, animam quam sanguine tuo redemisti." – „Herr Jesus Christus, Heiland der Welt, nimm die Seele auf, die Du geschaffen hast, die Seele, die Du mit Deinem Blut erlöst hast."[591] Der Heiland der Welt steht auch in einem Bezug zur Kirche. Von ihr heißt es: „Omnis virtus et fortitudo ecclesie a salvatoris infirmitate, qua secundum carnem infirmatus est, velut ex radice originem traxit." – „Alle Kraft und Stärke der Kirche zieht sie von der Schwäche des Heilands, durch welche er dem Fleische nach schwach geworden ist, wie den Ursprung aus der Wurzel."[592]

14. Viele der Autoren der Viten der flämischen Mystikerinnen benutzen diesen Titel. Christina mirabilis will bei einer Verwundung keinen anderen Arzt haben „praeter Salvatorem nostrum Jesum Christum", „außer unserem Heiland Jesus Christus"[593].

15. Ida von Nijvel betet vor und nach dem Kanon der Messe zum „Dominum salvatorem", „Herrn und Heiland"[594]. Sie sieht in einer ekstatischen Vision das Paradies, welches aber für eine Frau, für die sie betet, durch einen Fluß getrennt ist. Im Ort des Paradieses sieht sie „stantem Dominum saluatorem", „den Herrn und Heiland stehen", der die Frau einlädt, zu ihm über eine Brücke des Flusses zu kommen[595]. Ida möchte die „Salvatoris nostri humanitatem", „Menschheit unseres Erlösers" umarmen, wenn sie an die Erniedrigung des Sohnes Gottes in der Menschwerdung denkt[596].

16. Häufiger erwähnt Juliane von Cornillon diesen Namen für Jesus. Gut ist es, daß „in salutem mundi Salvator noster dignatus est pati", „sich zum Heil der Welt unser Heiland gewürdigt hat, zu leiden"[597]. „Christi Virgo fixit oculos ad imaginem Salvatoris: quae statim nimio correpta dolore, ex memoria passionis Christi, ad terram corruit et defecit." – „Die Jungfrau Christi heftete ihre Augen auf ein Bild des Heilandes; von heftigem Schmerz aus dem Gedächtnis des Leidens Christi sofort erfaßt, stürzte sie zur Erde und wurde ohnmächtig."[598] Als ein hoher Adliger ins Heilige Land fahren will, um die angeblichen Ruten, „quibus caesus fuit mundi Salvator", „mit denen der Heiland der Welt geschlagen worden war", zu erwerben, läßt dies „benignitas Salvator", „die Güte des Heilandes" nicht zu. Über die Unechtheit der Reliquien klärt dieser in einer Vision der Juliane den Adligen auf[599]. Als eine Mitschwester krank wird, betet

---

[588] ESE 2,268.
[589] ESE 2,273.
[590] ESE 2,274.
[591] ESE 2,277.
[592] ESV 3,31,87.
[593] CM 2,18,653.
[594] IN 23,257.
[595] IN 9,222.
[596] IN 29,275.
[597] JC 1,4,18,449.
[598] JC 1,5,28,452.
[599] JC 1,6,42,455.

Juliane für sie und ist ihrer Erhörung so gewiß, daß sie schon zum Dank „nostro Salvatori", „unserem Heiland gegenüber" auffordert[600]. Als sich auf Julianes Betreiben das Fronleichnamsfest in der Kirche allmählich durchsetzt, ruft der Autor ihrer Vita aus: „O benignitas et liberalitas Salvatoris nostri Dei!" – „O Güte und Freigibigkeit unseres Heilandes und Gottes!"[601] Im Himmel wird man einmal von Angesicht zu Angesicht den Heiland schauen[602].

17.   Von Beatrijs von Nazareth heißt es, daß sie bei Versuchungen durch den Satan anfing, in der Schrift zu lesen. Die dadurch geweckte Erinnerung „de saluatoris infantia", „an des Heilandes Kindheit", sein Leiden, seine Auferstehung und Himmelfahrt geben ihr neue Kraft[603]. Wenn Beatrijs von ihrem Bräutigam in die Weinzelle eingeladen wird, darf sie „in gaudio de saluatoris fontibus", „in Freude aus den Quellen des Heilandes" schöpfen[604].

18.   In der Vita der Ida von Gorsleeuw bedeutet zur Kommunion gehen, „recipere Salvatorem", „den Heiland zu empfangen"[605] oder „corpus recipere Salvatoris", „den Leib des Heilandes zu empfangen"[606].

19.   Bei Margarete von Ypern heißt es, „quod Iesus salus et salvans inesset altari", „daß Jesus, das Heil und der Heilende, auf dem Altar ist"[607].

20.   Ida von Löwen übt „de Salvatoris infantia meditatio", „die Betrachtung über die Kindheit des Heilandes" ein[608]. In ihrer Vita wird das Weihnachtsfest „Salvatoris ortus", „Ursprung des Heilandes" genannt[609]. Sie erhält in der Stigmatisation die Wunden, „quae ... in cruce pro redemptione totius mundi, Salvator noster Christus ex clavorum confixione sustinuit", „welche ... am Kreuz für die Erlösung der ganzen Welt unser Heiland Christus von der Anheftung durch die Nägel ertragen hat"[610].

21.   Von Elisabeth von Spalbeek erzählt ihre Vita, daß sie die Zeit von den Laudes bis zur Prim „in gratiarum actione et laudibus Salvatoris", „im Dank und Lob des Heilandes" verbringt[611]. Sie glaubt, daß sie dieses Lob nicht so ausführt, wie es dem Heiland geziemt[612], und lädt andere Menschen dazu ein[613]. Einmal fließt ihr bei einer Passionsbetrachtung Blut aus den Fingerspitzen, „quod forsitan in persona Salvatoris nostri contingere potuit", „was vielleicht an Stelle des Heilandes geschehen konnte"[614].

---

[600] JC 1,5,25,451.
[601] JC 2,4,17,463.
[602] JC 2,8,49,473.
[603] BN 2,151,154,48-53,104.
[604] BN 3,3,196,11f.,128.
[605] IG 4,30,116.
[606] IG 5,40,120.
[607] MY 2,107,30f.
[608] IL 1,5,31,166.
[609] IL 1,6,39,169.
[610] IL 1,3,13,162.
[611] ES 7,368,19f.
[612] ES 21,375,4f.
[613] ES 27,377,22f.
[614] ES 13,371,21-23. „In persona agere" heißt „an Stelle einer Person handeln"; vgl. Niermeyer 790-792.

22. Bei David von Augsburg kommt der Begriff „Salvator" nur im weiteren Sinn vor, so etwa, wenn von den Versuchungen des Heilandes die Rede ist[615].

23. In Helfta sind die Namen „Heil" und „Heiland" für Jesus gebräuchlich. Dies sieht man schon bei Mechthild von Hackeborn.

23.1 Nicht oft verwendet sie den Namen „Heiland". Dabei aber gibt es eine Stelle, die deutlich macht, daß dieser Titel alle anderen überragt. Mechthild fragt einmal, was denn der Name sei, der Christus vom Vater gegeben wird, der größer ist als alle Namen (Phil 2,9). Die Antwort auf die Frage lautet: „Nomen illud est Salvator omnium saeculorum." – „Jener Name ist ‚Heiland aller Zeitalter'."[616] Dabei ist Mechthild vor allem das alle Zeiten Umgreifende seiner Heilandsfunktion wichtig. Sie erstreckt sich auf die Vergangenheit, Gegenwart und Zukunft[617]. „Ego sum Salvator eorum qui fuerunt antequam homo fierem." – „Ich bin der Heiland derer, die waren, bevor ich Mensch wurde."[618] Natürlich ist er auch der Heiland derer, die auf Erden seine Zeitgenossen sind[619]. Er ist es aber auch für diejenigen, die ihm in Zukunft bis zum Ende der Zeit folgen werden[620]. Abschließend heißt es: „Et hoc est nomen meum dignissimum, quod mihi soli ab initio saeculi a Patre praeordinatum est, quod est super omne nomen." – „Und dieser ist mein würdigster Name, welcher mir allein vom Anfang der Welt vom Vater vorausbestimmt worden ist, der über alle Namen ist."[621] Mechthild lehnt sich einmal „ad vulnus melliflui Cordis Salvatoris sui unici", „an die Wunde des honigfließenden Herzens ihres einzigen Erlösers"[622].

23.2 Wesentlich öfters setzt Mechthild das „Heil" mit Jesus gleich. Traditionell klingt es, wenn es heißt, Jesus habe sich gemüht[623], sich verwunden lassen[624], sich in den Tod gegeben[625] und sei gestorben[626] „pro hominum salute", „für das Heil der Menschen". Der Herr hat beschritten „viam nostrae redemptionis et salutis", „den Weg unserer Erlösung und unseres Heiles"[627]. „In cruce enim vera est salus, nec extra eam alia salus invenitur." – „Im Kreuz ist nämlich das wahre Heil, und außerhalb seiner kann kein anderes Heil gefunden werden."[628] Das Kreuz ist auch „carnis resurrectio et aeterna salus", „die Auferstehung des Fleisches und das ewige Heil"[629]. Dazu wird folgender Vers zitiert: „Nulla salus est in domo, / Si non crucem invenit homo / super limina-

---

[615] DAE 2,2,47,4,141.
[616] MH 1,16,48.
[617] MH 1,16,48f.
[618] MH 1,16,49.
[619] Ebenda.
[620] Ebenda.
[621] Ebenda.
[622] MH 2,16,150.
[623] MH 3,6,204.
[624] MH 4,27,285.
[625] MH 5,11,337.
[626] MH 1,5,19.
[627] MH 1,35,115.
[628] MH 1,16,48.
[629] Ebenda.

ria." – „Kein Heil ist im Haus, wenn der Mensch nicht auf der Schwelle das Kreuz findet."[630]

24. Bei den vielen Namen, mit denen Gertrud die Große Jesus anredet, wäre es eigenartig, wenn der Ausdruck „Heiland" fehlen würde.

24.1 Jesus als „salvator meus et deus meus", „mein Heiland und mein Gott" soll den Menschen in ihrer Sterbestunde Maria als Helferin schicken[631]. Man soll sich nach dem Fest des Himmels sehnen, „in qua fidelis salvatoris sponsi mei contempler gloriam", „an welchem ich schauen möchte die Herrlichkeit meines getreuen Heilandes und Bräutigams"[632]. Wenn Gertrud zu schnell und unaufmerksam betet, verspottet sie der Teufel mit der Bemerkung, es sei doch gut, daß „Creator tuus, Salvator tuus et Amator", „Dein Schöpfer, Dein Heiland und Liebhaber" ihr eine so gewandte Sprechweise geschenkt habe[633]. Man betet zu Jesus, dem „Salvator mundi", „Heiland der Welt", weil man weiß, daß ihm nichts unmöglich ist[634]. Bei einem Kommunionempfang spricht die „gratia Salvatoris", „Gnade des Heilandes" Gertrud gütig an[635]. „Benigitas et humanitas Salvatoris nostri Dei", „Die Güte und die Menschenfreundlichkeit unseres Erlösers und Gottes (Tit 3,4)" und nicht die Werke der Gerechtigkeit des Menschen bewirken die Vereinigung mit ihm[636]. Am Fest des Johannes, des Liebesjüngers, führt dieser Gertrud „ad mellifluam Salvatoris Domini praesentiam", „zur honigfließenden Gegenwart des Heilandes und Herrn"[637]. Einmal spürt Gertrud, daß ihr auf die Oberlippe der Name Jesus, der „Salvator", „Heiland" bedeutet, geschrieben wird[638]; denn alle Menschen sehnen sich, von ihr das Heil zu hören[639]. Auch wenn Gertrud sich von allen Kreaturen verachtet fühlt, weicht sie nicht vom Lob des Heilandes ab[640]. Maria wird „Mater Salvatoris", „Mutter des Heilandes" genannt[641].

24.2 Jesus wird auch mit den Wörtern „Heil" und „Heilung" gleichgesetzt. Jesus ist „salus mea unica", „mein einziges Heil"[642]. Er soll zu dem Beter sprechen: „Ego salus tua recognovi te." – „Ich, Dein Heil, ich habe Dich wiedererkannt."[643] Er hat sich ja nach „salutem humani generis", „dem Heil des menschlichen Geschlechts" gesehnt[644]. So soll man zu ihm beten: „Sit mihi aeterna salvatio." – „Sei mir ewige Heilung."[645] In der Hoffnung, ihn endlich zu schauen, spricht man ihn an: „O Iesu deus salutaris

[630] Ebenda.
[631] G R 6,648-650,202.
[632] G R 6,609f.,198.
[633] G 3,3,32,4,6-8,170.
[634] G 3,3,49,1,16f.,218.
[635] G 3,3,11,2,9f.,48.
[636] G 2,2,8,2,7-14,264.
[637] G 4,4,4,3,13f.,62.
[638] G 4,4,5,2,5f.,84.
[639] G 4,4,5,2,6,84.
[640] G 4,4,6,3,11-14,92.
[641] G 5,5,3,1,2,66.
[642] G R 6,648,202.
[643] G R 1,133f.,54.
[644] G 3,3,81,1,6-8,332.
[645] G R 1,189,58.

meus." – „O Jesus, Du Gott meines Heiles."[646] „Tu mea vera, summa et unica salus."
– „Du mein wahres, höchstes und einziges Heil."[647]. „Tu es … totius mundi salus." –
„Du bist … das Heil der ganzen Welt."[648] Am Fest der Darstellung Jesu im Tempel
wird er, „salus nostra et redemptio", „unser Heil und unsere Erlösung", in den Tempel
gebracht[649]. Gertrud redet Jesus mit den Worten an: „Tu aeterna salus mea, pro me
sis passus." – „Du mein ewiges Heil hast für mich gelitten."[650] Jesus hat alle Angst,
Trübsal und Bitterkeit des Leidens ertragen „pro salute humana", „für das menschliche Heil"[651] und empfindet jetzt Mitleid „in salutem veram omnium salvandorum",
„zum wahren Heil aller, die zu heilen sind"[652]. Er hat den Tod erlitten, „quam sustinui
causa humanae salutis", „welchen ich um des menschlichen Heiles willen auf mich genommen habe"[653]. Bei einem menschlichen Versagen setzt sich Jesus beim Vater als das
menschliche Heil ein[654]. Er versichert Gertrud: „Ego adhuc in intimis Cordis mei divini
reservavi tibi in salutem aeternam." – „Ich bewahre dich jetzt in Inneren meines göttlichen Herzens zum ewigen Heil."[655] Nach der Weisung des Herrn macht Gertrud,
wenn sie zu Menschen geht, um diese zu belehren, über sich immer ein Zeichen des
heilbringenden Kreuzes[656]. Man weiß, daß sich Jesus bei der Heiligen Messe auf dem
Altar dem Vater darbringt „pro salute universitatis", „für das Heil des Alls"[657]. Das
Herz Jesu ist uns „ad nostram salutem", „zu unserem Heil" geschenkt[658].

24.3 Gertrud gebraucht diese Namen so häufig, daß sie meist in keinem oder nur in
einem sehr weiten Zusammenhang mit der Erlösung stehen.

25. Nach Lukardis von Oberweimar ließ sich „salutis auctor et creator omnium rerum", „der Urheber des Heiles und der Schöpfer aller Dinge" verraten, verspotten, geißeln, mit Essig tränken und freiwillig töten[659]. Er hat diese Pein „in sacrificium pro
salute omnium", „zum Opfer für das Heil aller" auf sich genommen[660].

26. Im Bericht des Johannes von Stommeln über Christina von Stommeln wird Jesus
angesprochen: „Domine Jesu Christe, vita viventium, salus omnium in vobis confidentium", „Herr Jesus Christus, Leben der Lebenden, Heil aller, die auf Euch vertrauen"[661]
oder: „Vita, salus et protectio", „Leben, Heil und Schutz"[662]. „Ipse enim mihi est re-

---

[646] G R 5,464f.,156.
[647] G 4, 4,22,3,7f.,210.
[648] G R 7,293,226f.
[649] G 2, 2,16,3,1-3,292.
[650] G 3, 3,41,1,7,188.
[651] G 4, 4,25,6,1-4,242.
[652] G 4, 4,25,6,6-8,242.
[653] G 4, 4,27,4,17-19,264.
[654] G 3, 3,40,1,7f.,188.
[655] G 3, 3,64,3,28f.,258.
[656] G 2, 1,16,4,11-14,214.
[657] G 3, 3,18,7,6-8,86.
[658] G 4, 4,19,1,20f.,196.
[659] LO 17,319,25-29.
[660] LO 57,342,23f.
[661] CS 2, 4,2,17,299.
[662] CS 2, 4,15,137,332.

quies, unica spes, vera salus, vita perennis." – „Er ist mir nämlich die Ruhe, die einzige Hoffnung, das wahre Heil, das andauernde Leben."[663] „Ipse enim est vita omnium beate viventium, salus et protectio omnium in se sperantium." – „Er ist nämlich das Leben aller, die selig leben, das Heil und der Schutz aller, die auf ihn hoffen."[664]

27. In der Vita der Agnes von Blannbekin kommen „Heil" und „Heiland" als Bezeichnungen für Jesus sehr oft vor.

27.1 Im ersten Kapitel ihrer Vita wird eine große Vision der Mystikerin geschildert, in der die kosmische Dimension Christi dargelegt wird. Alle Elemente sind so von ihm beeinflußt, wie alle Dinge von der Sonne beschienen werden. Im besonderen Maße gilt dies von der Erde, „quia in passione Domini terra infusa est sanguine salvatoris", „weil im Leiden des Herrn die Erde getränkt wurde durch das Blut des Heilandes"[665]. Die Stimme, die diese Vision erklärt, erklang zu einem fünfgliedrigen Lob des Heilandes[666]. Ein anderes Mal spricht sie von der Erschütterung der Luft, die beim Leiden des Heilandes geschah[667]. „Salvator in cruce quadrupliciter mortem sustinuit." – „Der Heiland hat am Kreuz vierfach den Tod ertragen."[668] Dabei ist an die vier Ursachen (Kreuzigung, Lanzenstoß, Dornenkrone und psysisches Leiden) für seinen Tod gedacht[669]. Der Mensch soll „miseratio super passione et morte salvatoris", „Erbarmen über das Leiden und den Tod des Heilandes" haben[670]. Große Freude geht von den „uulnera salvatoris", „Wunden des Heilandes" im Himmel aus[671]. Denn auch im Himmel trägt er deren Male[672]. Von Agnes heißt es: „De passionibus et aerumnis salvatoris plura pulchre disseruit, prout in visione intellexerat." – „Vieles erzählte sie schön über die Leiden und die Trübsale des Erlösers, wie sie es in der Vision verstanden hatte."[673] Dabei ist das Leiden nicht auf das Sterben beschränkt, sondern umfaßt auch seine Geburt und Flucht nach Ägypten[674]. Allgemein kann von „memoria passionis salvatoris", „dem Gedächtnis des Leidens des Heilandes", das in der Liturgie gefeiert wird, gesprochen werden[675]. „Salvator maximum amorem ad suam passionem", „Der Heiland (hatte) die größte Liebe zu seinem Leiden", weswegen er uns im Altarsakrament „suae passionis memoriale", „ein Denkmal seines Leidens" hinterließ[676]. Die Vergebung der Sünden geschieht ja „virtute sanguinis salvatoris oblati in sacrificio altaris", „durch die

---

[663] CS 2, 4,8,74,313.
[664] CS 2, 4,15,134,331.
[665] AB 1,21-23,68.
[666] AB 34,8f.,112.
[667] AB 109,12f.,248.
[668] AB 57-59,20f.,154.
[669] AB 57-59,21-32,154.
[670] AB 146,10f.,320.
[671] AB 137,14f.,306.
[672] AB 190,9f.,396.
[673] AB 146,13-15.,320.
[674] AB 146,11f.,320.
[675] AB 74,9,180.
[676] AB 110-112,7-11,250.

Kraft des Blutes des im Opfer des Altares dargebrachten Heilandes"[677]. Aber auch in der privaten Frömmigkeit der Mystikerin spielt dieser Name eine Rolle. Sie ist „memorans contumelias et ludibria, dolores et angustias passionis salvatoris", „der Schmähungen und Verspottungen, der Schmerzen und der Ängste des Leidens des Heilandes eingedenk"[678]. Aus diesem Gedächtnis kann der Mensch große Freude schöpfen[679]. Aber auch das seelsorgliche Bemühen um den Nächsten kann ein Dank eines Menschen an den Erlöser sein, „quia ex amore per passionem eum deo patri reconciliavit", „weil er ihn aus Liebe durch das Leiden mit dem Vater versöhnt hat"[680].

Es gibt auch eine Reihe Stellen, die nur entfernt einen Bezug zur Erlösung oder zum Leiden Christi haben, so wenn es von Maria heißt: „Virgo salvatorem corporaliter mundo obtulit." – „Die Jungfrau hat körperlich der Welt den Heiland geschenkt."[681] Die Erhörung einer Bitte kann „condescensio salvatoris", „Herablassung des Heilandes" genannt werden[682]. Eine „dignatio salvatoris", „Herablassung des Heilandes" liegt auch schon in seiner Menschwerdung[683]. Der Heiland hat vertrauten Umgang mit den Seligen des Himmels[684]. Von einer Vision der Agnes heißt es: „Apparuit salvator noster Jesus Christus." – „Es erschien unser Heiland Jesus Christus."[685] Der „pacis osculus ab ore salvatoris", „Friedenskuß vom Mund des Heilandes" kann eine Bezeichnung für eine Ekstase sein[686]. Es ist von der „sinistra salvatoris", „linken Seite des Heilandes" die Rede[687]. Eine Schriftstelle kann „verba salvatoris in evangelio", „Worte des Heilandes im Evangelium" genannt werden[688]. Der Aussendungsbefehl an die Jünger bei der Himmelfahrt wird eingeleitet mit den Worten: „Dominus et salvator meus dixit." – „Mein Herr und Heiland hat gesprochen."[689]

27.2 Auch vom „Heil", welches Jesus für den Menschen ist, ist die Rede. Jesus ruhte im Bett des Kreuzes „pro hominis redemptione et salute", „für des Menschen Erlösung und Heil"[690]. Jesus ist „fructus salutis nostrae", „die Frucht unseres Heiles"[691].

27.3 An der Vita der Agnes von Blannbekin sieht man, wie der Titel „salvator", „Heiland" zu einem der gebräuchlichsten Namen für Jesus geworden ist. Er wird mit und ohne soteriologischen Kontext gebraucht.

---

[677] AB 190,16f.,396.
[678] AB 208f.,14f.,430.
[679] AB 110-112,15f.,250.
[680] AB 235,17-21,482.
[681] AB 42,22,130.
[682] AB 75,25,182.
[683] AB 151,6-9,326.
[684] AB 137,16f.,306.
[685] AB 214f.,30f.,442.
[686] AB 233,30-33,478.
[687] AB 189,20,394.
[688] AB 171,42,358.
[689] AB 218,18-20,448.
[690] AB 57-59,17f.,154.
[691] AB 207,35f.,428.

3.2.2 Die mittelhochdeutschen Texte

Es ist erstaunlich, wie selten in den muttersprachlichen Texten das zu erwartende Pendant „heilant" vorkommt.

1. David von Augsburg beendet einmal einen Traktat mit der Bemerkung: „Des helfe uns der getriuwe heilant, Jêsus Kristus." – „Dazu helfe uns der getreue Heiland, Jesus Christus."[692]

2. Mechthild von Magdeburg erwähnt „den grossen heilant", „den großen Heiland", der in der Krippe liegt[693].

3. In der nicht mystisch geprägten Dichtung wird der „heilant" besonders in der frühen Zeit erwähnt. Nach Otfried von Weißenburg bekennt am Palmsonntag das Volk Christus als „Názareth ther héilant", „Heiland von Nazareth"[694].

Bei Frau Ava kündigt der Engel Maria Jesus als „äin gewaltich häiláre", „einen gewaltigen Heiland" an[695]. An Weihnachten wird geboren „der werlt häiláre", „der Heiland der Welt"[696].

3.2.3 Zusammenfassung

1. Das Wort „Jesus" wird mit „Heiland" wiedergegeben[697]. Die Titel „Schöpfer" und „Heiland" drückten die beiden wichtigsten Glaubenswahrheiten aus[698]. „Heiland" ist der Name über alle Namen, den ihm der Vater verliehen hat[699]. Jesus ist der Heiland aller[700], aller Zeiten[701], der Welt[702]. Neben dem Ausdruck „salvator" werden auch andere Titel Jesu genannt, wie „amator", „Liebhaber"[703], „creator", „Schöpfer"[704], „deus", „Gott"[705], „dominus", „Herr"[706], „iudex", „Richter"[707], „liberator", „Befreier"[708],

---

[692] DT 341,6.

[693] MM 5,23,59f.,176.

[694] Otfried von Weißenburg. Evangelienbuch IV. Einzug in Jerusalem 4,64, in: Die Deutsche Literatur vom Mittelalter bis zum 20. Jahrhundert, 1,1,282.

[695] ALJ 130,20f.

[696] ALJ 150,58f.

[697] WHLD 1,1,39,124-126; HSA 2,1,9,398C.

[698] HSA 1,10,5,334A; vgl. G 4, 4,5,2,5f.,84.

[699] MH 1,16,48.

[700] BS 3,127,752,20f.; IS 12,2,14-16,250; GIS Res 1,2,46,220.

[701] MH 1,16,48.

[702] GIS Adv 3,4,208,132; ESE 2,268; 2,277; JC 1,6,42,455; G 3, 3,49,1,16f.,218; vgl. G R 7,293,226f.; G 3, 3,18,7,6-8,86.

[703] G 3, 3,32,4,6-8,170.

[704] HSA 1,10,5,334A-B; 1,10,6,336A; 1,10,8,341B; RVPS 2,269D; ESE 2,273; G 3, 3,32,4,6-8,170.

[705] G R 6,648-650,202.

[706] IN 9,222; 23,257.

[707] BHLD 2, 55,1,1,238,1f.

[708] ESE 2,273.

„medicus", „Arzt"[709], „recuperator", „Wiederhersteller"[710], „redemptor", „Erlöser"[711], „rex", „König"[712] und „sponsus", „Bräutigam"[713]. In der Reihe von Namen für Jesus taucht auch „salus"[714] auf. Folgende Adjektive stehen neben dem Ausdruck „Heiland": treu[715], barmherzig[716] und groß[717], und folgende Schriftstellen mit dem Namen „Heiland" werden oft zitiert: Joh 4,42[718], Tit 3,4[719] und 1 Joh 4,14[720].

2. Allgemein wird Jesus als Erlöser „Heiland" genannt. Als solcher mußte er sich bei der Erlösung[721] und der Gewinnung des Heiles[722] mühen. Jesus ist der Urheber unseres Heiles[723], das Opfer des Heiles[724]. Es gibt das Erlösungswerk[725] und die heilbringende Menschheit Christi[726]. In den Versuchungen des Lebens braucht der Mensch den Heiland[727].

3. Der Tod des Heilandes hat der Welt den Frieden gebracht[728]. Am Kreuz ist Jesus das Heil[729], weil er für unser Heil sich verwunden ließ[730], gelitten[731] und sein Blut vergossen hat[732] und sich in den Tod gab[733]. Es wird allgemein vom Leiden[734], das er schuldlos erduldete[735], und in Sonderheit von den Ängsten[736], dem Gebet am Ölberg[737], der Geißelung[738], der Beraubung der Kleider[739], der Kreuzigung[740], dem

---

[709] BADV 1,8,70,11f.; vgl. CM 2,18,653.

[710] JFC 2,3,86f,123.

[711] HL 976D.

[712] GIS Palm 3,2,53-55,192.

[713] G R 6,609f.,198.

[714] JFC 3,1,2,142.

[715] G R 6,609f.,198; DT 341,6.

[716] BHLD 2, 55,1,1,238,1f.; BQH 11,8,640,20-22.

[717] MM 5,23,59f.,176.

[718] GIS Adv 3,4,208,132; GIS Res 1,2,46,220; ESE 2,268; 2,277; JC 1,6,42,455; G 3, 3,49,1,16f.,218.

[719] BHLD 2, 60,2,8,306,15f.; JC 2,4,17,463; G 2, 2,8,2,7-14,264.

[720] GIS Adv 3,4,208,132; GIS Res 1,2,46,220; ESE 2,268; 2,277; JC 1,6,42,455; G 3, 3,49,1,16f.,218.

[721] BHLD 1, 20,1,2,278,7f.

[722] MH 3,6,204.

[723] WSF 6,64,1,130; LO 17,319,25-29.

[724] BPALM 3,5,180,4f.

[725] IS 28,13,94-101,160.

[726] HH 1,926C; HH 7,1055B; HSA 2,1,7,389C; 2,10,643B; HIB 1, 73,22-24,160; 85,53f.,205; ESV 3,4,61; IN 29,275.

[727] GIS Adv 4,5,189-192,148.

[728] GIS Adv 2,2,36-41,106.

[729] HAN 1,4,630D; MH 1,16,48.

[730] MH 4,27,285.

[731] HISV 2, 3,2,4,179,353; 3,12,5,164f.,608; JC 1,4,18,449.

[732] GIS ADV 2,2,53f.,108.

[733] MH 5,11,337; G 4, 4,27,4,17-19,264.

[734] IS 15,15,149-151,292; ESE 2,268; AB 146,13-15,320.

[735] HSA 2,1,7,389C.

[736] ESV 3,1,57; G 4, 4,25,6,1-4,242.

[737] ARSC 3,37,100,1923f.,154.

[738] JC 1,6,42,455.

[739] ESV 1,42,22.

[740] IS 15,5,45-47,284-286; IL 1,3,13,162.

Hängen am Kreuz[741], dem Blutvergießen[742], den Wunden[743], besonders der Herzens-wunde[744], und dem Sterben[745] des Heilandes gesprochen. Das Sterben des Heilandes ist auch für uns ein Vorbild[746]. Das Gedächtnis des Heilandes, das sakramental[747] oder in der privaten Frömmigkeit[748] zu begehen ist, bringt selbst Heil.

4. Unabhängig vom Leiden am Kreuz wird Jesus in seiner Erlöserfunktion auch mit diesem Titel versehen: Als Heiland steigt er vom Himmel[749], um die Sünder zu befrei-en[750]. Seine Ankunft[751], seine Menschwerdung[752], seine jungfräuliche Empfängnis[753], seine Geburt[754], seine Darstellung im Tempel[755], seine Flucht nach Ägypten[756], seine Kindheit[757], seine Taufe[758] und seine Wiederkunft[759] werden im Zusammenhang mit diesem Namen erwähnt. Er allein ist unser Heiland[760] und unser Heil[761].

5. Ohne direkten Zusammenhang mit der Erlösung oder dem Leiden Jesu ist von dem Fleisch[762], der Gegenwart[763], der Gnade[764], der Lehre[765], der Majestät[766], der Mutter[767], dem Nährvater Josef[768], den Versuchungen[769], den Wundern[770] des Heilandes die Rede. Der Heiland ist die Freude[771], die Seligkeit[772] des Menschen. Paulus hat den Heiland

---

[741] ARI 26,748f.,658; ESV 1,43,22.

[742] GIS Palm 2,3,75,178; ESI 14,107; AB 1,21-23,68.

[743] AB 137,14f.,306.

[744] MH 2,16,150.

[745] JAP 7,207-209,816f.; RVPS 2,270D; AB 57-59,20f.,154; 146,10f.,320.

[746] GIS Palm 2,6,175f.,184.

[747] AB 74,9,180; AB 110-112,7-11,250.

[748] JC 1,5,28,452; AB 208f.,14f.,430.

[749] BADV 1,8,70,11f.

[750] IS 33,4,26-34,222.

[751] GIS Adv 2,1,5,104; GIS Palm 4,2,50f.,204; JHLD 25,7,156-161,212; 32,6,178,255.

[752] RVPS 71,383D; HISV 1, 1,4,9,411-413,72f.; 1, 2,5,12,502f.,186; 2, 3,8,25,1159,512; 3,13,16,597f.,634; AB 151,6-9,326.

[753] GIS Ann 2,1,20f.,126-128; RVPS 71,387A; AB 42,22,130.

[754] IL 1,6,39,169; AB 146,13-15,320.

[755] GIS Pur 2,3,117f.,330.

[756] AB 146,13-15,320.

[757] BN 2,151,154,48-53,104; IL 1,5,31,166.

[758] HISV 2, 3,2,7,239f.,355.

[759] JHLD 69,3,50f.,479.

[760] HL 976D.

[761] SP 8,648,16f.; MH 1,16,48; G R 6,648,202; G 4, 4,22,3,7f.,210.

[762] ARSC 3,5,13,261f.,111.

[763] G 4, 4,4,3,13f.,62.

[764] G 3, 3,11,2,9,48.

[765] BB 1, 77,3,10,624,22.

[766] HIM 2,52,1080f.,102f.

[767] BS 3,127,752,20f.; ESV 1,5,5; 1,52,26; G 5, 5,3,1,2,66.

[768] ARA 3,13,193,736.

[769] DAE 2,2,47,4,141.

[770] IS 43,11,113f.,68.

[771] ARJ 2,11,7-9,258.

[772] GIS Adv 1,4,160f.,102; GIS Petr Paul 2,6,185f.,394.

verfolgt[773]. „Heiland" ruft allgemein die Vorstellung der Güte hervor[774]. Es werden die Sakramente des Heiles erwähnt[775], die durch den Heiland eingesetzt sind[776]. Als Heiland erscheint Jesus den Mystikerinnen[777]. Als solcher ist er Vorbild[778] und Gegenstand von Visionen[779], die in Ekstasen geschehen[780]. Alle möglichen Schriftstellen werden als Worte des Heilandes zitiert oder paraphrasiert[781]. Man lobt oder dankt dem Heiland[782] und hofft, ihn im Himmel einmal schauen zu können[783]. Auch innerhalb der Brautmystik taucht der Name „Heiland" auf[784], mit dem man auch in der „unio mystica" vereint werden möchte[785].

3.3 Arzt[786]

Die Bedeutung von „medicus" liegt nahe bei derjenigen von „salvator".

3.3.1 Die lateinischen Texte

1. Ironisch ruft man beim Sterben Jesus ihm zu: „Arzt, heile Dich selbst!" (Lk 4,23). Jesus bezeichnet sich selbst als Arzt, wenn er seine Sorge um die Sünder damit begründet, daß nicht die Gesunden, sondern die Kranken des Arztes bedürfen (Mt 9,12; Lk 5,31). Als Titel für Christus war „Arzt" schon in der Alten Kirche bekannt[787].
2. Bernhard von Clairvaux ist sich bewußt, daß er den Titel „Arzt" nur analog für Christus gebrauchen kann. Wenn der Abt Christi Schüler sein will, darf er nicht die Lehrsätze des Hippokrates oder Galens vorlegen, denen es hauptsächlich um das Leben der Seele im Leib geht[788]. Christus aber rät, dieses Leben sogar um seinetwillen zu verlieren[789]. Er ist kein Arzt der Leiber, sondern der „medicus animarum", „Arzt

---

[773] BPL 6,398,10.

[774] WHLD 1,1,39,126.

[775] HSA 2,6,8,454D. In Sonderheit das Altarsakrament: HISV 1, 2,3,3,164-166,137; 2,6,20,789f.,248; ESV 3,24,76; IG 4,30,116; 5,40,120; MY 2,107,30f.; AB 190,16f.,396.

[776] HSA 1,9,4,322A-B.

[777] IN 9,222.

[778] ARI 11,330,646.

[779] AB 214f.,30f.,442.

[780] AB 233,30-33,478.

[781] ARSC 1,26,77,1233,45; 3,32,77,1431f.,142; 3,34,80,1528f.,144; ARSA 2,14,107,305; 3,69,478f.,331; IS 41,1,6f.,28; JHLD 115,3,65,776; ESV 3,7,63; AB 171,42,358; 218,18-20,444.

[782] JC 1,5,25,451; ES 7,368,19f.; G 4, 4,6,3,11-14,92; AB 34,8f.,112.

[783] JC 2,8,49,473; vgl. AB 137,16f.,306.

[784] BN 3,3,196,11f.,128.

[785] G 2, 2,8,2,7-14,264.

[786] Schon in der alten Kirche und dem Frühmittelalter vergleicht man Christus mit einem Arzt; vgl. Grinda 553-560; ebenso in der spätmittelalterlichen Mystik; vgl. Egerding 2,244-254.

[787] Vgl. Sieben, Nomina 131; 169.

[788] BHLD 1, 30,5,10,482,4-9.

[789] BHLD 1, 30,5,10,482,10.

der Seele"[790]. Sein ganzes irdisches Leben war „medicina salutis", „Medizin für das Heil"[791]. Selbst wenn Christus als Arzt Öl und Salben für die Seele anwendet, denkt er an denjenigen Menschen, der noch zart ist und solche Medizin braucht. Zu ihm kann Christus noch nicht als Bräutigam kommen[792]. Umgekehrt gilt aber auch von oberflächlichen Menschen: „Talis non sponsum requirit, sed medicum." – „Ein solcher sucht nicht den Bräutigam, sondern den Arzt."[793] Und deswegen erhält er die Medizin für seine Wunden und nicht den Kuß[794]. Sind in Christi rechter Hand die Wonnen des Bräutigams, so in seiner Linken die Arzneien[795]. Jesus muß einen solchen Menschen zuerst mit der Salbe der Barmherzigkeit und dem Öl der Freude aufrichten[796]. Doch auch dazu ist er vom Vater gesandt, der ihn „unxit ut ungeret", „gesalbt hat, damit er (andere) salbe"[797]. Einem Arzt steht es aber zu, die richtigen Heilmittel und deren Reihenfolge festzulegen[798]. Wie im leiblichen Bereich muß vor der Heilung die Reinigung der Seele stehen[799]. Manchmal verwendet der Arzt keine Salbe, sondern kommt mit Messer und Feuer, um die Wunde aufzuschneiden und auszubrennen[800]. Der Mensch soll erkennen, „quam gravia sunt vulnera pro quibus necesse est Christum Dominum vulnerari", „wie schwer die Wunden sind, für die sich Christus der Herr verwunden lassen mußte"[801]. Doch paßt sich der Sohn Gottes auch dem kranken Menschen an. Wenn er als Arzt vom Himmel herabsteigt, mildert er für unsere kranken Augen seinen Glanz[802]. So gilt, „nec durum esse medicum, nec gravibus uti medicinis", „daß der Arzt nicht hart ist und keine beschwerliche Medizin anwendet"[803]. Er kann auch allein durch sein Wort heilen[804]. Deswegen soll man vor ihm, dem Arzt, nicht fliehen[805], sondern zu ihm gehen wie die „infirmi ad medicum", „Kranken zum Arzt"[806]. „Ipse, tamquam pius et laudabilis medicus, prius bibit potionem quam parabat suis, id est passionem et mortem sustinuit." – „Er selbst trinkt wie ein gütiger und lobenswerter Arzt den Trank, den er den Seinen bereitete, zuerst, das heißt, er hat Leiden und den Tod ertragen."[807] „Si diligenter observem praecepta medici, erit etiam consolationis occasio." – „Wenn ich sorgfältig die Gebote des Arztes einhalte, gibt es auch Anlaß zum

---

[790] BADV 1,8,70,11f.; BPASC 3,1,276,5.
[791] BPASC 3,1,276,5f.
[792] BHLD 1, 31,3,7,494,28-496,1.
[793] BHLD 1, 32,2,3,504,1f.
[794] BHLD 1, 32,2,3,504,2f.
[795] BVNAT 4,1,178,10f.
[796] BHLD 1, 32,2,3,504,5-7.
[797] BHLD 1, 16,8,13,240,23.
[798] BHLD 1, 36,2,2,564,10-12.
[799] BPASC 2,1,276,3f.
[800] BH 10,37,102,4-9.
[801] BNAT 3,4,258,1f.
[802] BADV 1,8,70,11-14.
[803] BVNAT 6,1,206,14f.
[804] BD 40,1,488,13-490,1.
[805] BNAT 6,1,206,16-19.
[806] BD 40,1,488,11f.
[807] BD 54,580,1-3.

Trost.“[808] Doch weil er ein weiser Arzt ist[809], beugt er auch den Krankheiten vor und läßt auch Gerechte zur Ader[810].

3. Aelred von Rievaulx nennt Christus ebenfalls „medicus“, „Arzt“[811], aber keinen für leibliche Krankheiten, sondern er ist der „medicus animae meae“, „Arzt meiner Seele“[812]. Er ist ein Arzt, der den Elenden vorausging und so die Kranken heilt[813].

4. Isaak von Stella zeichnet vier Stufen eines Krankheitsweges: „Prima aegroti incommoditas est sanitatem non habere; secunda, infirmitatem nescire; tertia medicina non quaerere, quarta oblatam negligere.“ – „Das erste Übel ist, die Gesundheit nicht zu haben; das zweite, die (Art der) Krankheit nicht zu kennen; das dritte, die Arznei nicht zu suchen; das vierte, die verordnete (Arznei) zu vernachlässigen.“[814] In allen vier Stufen hilft der „sapiens medicus et benignus Deus“, „weise Arzt und gütige Gott“[815]. Grundvoraussetzung aber ist das Offenlegen der eigenen Schwäche und Schlechtigkeit[816]. In der Begegnung mit dem irdischen Jesus waren es die Heiden, die dazu leicht bereit waren und demütig den Arzt baten, die geheilt wurden[817]. Isaak sieht auch in dem Samaritan, der dem unter die Räuber Gefallenen hilft, Jesus, „coelestem medicum alabastra pigmentaria reserantem, quae secum veniens de sinu Patris attulit“, „den himmlischen Arzt, der das gemalte Alabastergefäß, das er bei seinem Kommen vom Schoß des Vaters mitgebracht hat, öffnet“[818]. Aber die Heilung bleibt nicht äußerlich. „Intret medicus ad aegrotum, immo intret in aegrotum. Totum suscipiat quod est naturae, totum eijciat quod est culpae.“ – „Es möge der Arzt zum Kranken treten, ja in ihn eintreten. Ganz möge er annehmen, was zur Natur gehört, ganz möge er hinauswerfen, was zur Schuld gehört.“[819] Christus bringt nicht nur die Arznei, sondern ist, wie er für die Irrenden die Wahrheit und für die Toten das Leben ist, auch für „infirmis medicina“, „die Kranken die Medizin“[820].

5. Bei Gilbert von Hoyland finden wir wieder den Unterschied zwischen Christus als Arzt und Christus als Bräutigam. Wenn die Braut krank zu Bett gelegen hat, schien sie „amicum quaesisse non medicum“, „den Freund und nicht den Arzt gesucht zu haben“[821].

6. Guerricus von Igny weiß, daß viele Menschen, weil sie krank sind, das Wort Gottes nicht aufnehmen können, obwohl sie danach hungern. Gott ist aber barmherzig

---

[808] BNAT 3,5,258,8f.
[809] BD 108,784,5.
[810] BD 108,784,8-10.
[811] ARJ 1,3,56,251.
[812] ARSC 1,29,84,1363f.,49.
[813] ARJ 1,3,66f.,251.
[814] IS 11,1,9-11,236.
[815] IS 11,2,11f.,236.
[816] IS 11,2,14,236.
[817] IS 11,3,24-28,238.
[818] IS 6,1,2-4,162.
[819] IS 6,16,162-164,174.
[820] IS 35,9,75f.,262.
[821] GHLD 1,1,12B.

und „misit Verbum suum carnem factum, medicinam et escam omnium, ut etiam inca-
paces verbi sanentur tamen et satientur carne Verbi", „schickt sein fleischgewordenes
Wort, die Arznei und Speise für alle, damit auch diejenigen, die das Wort nicht fassen,
doch geheilt und durch das Fleisch des Wortes satt werden"[822]. Aber nicht nur durch
die Menschwerdung, sondern auch durch sein Sterben am Kreuz heilt Jesus die Menschen. So spricht er: „Si infirmaris et mori times, ego moriar pro te, ut de sanguine meo
tibi conficas medicamenta vitae." – „Wenn du krank wirst und zu sterben fürchtest,
ich bin für dich gestorben, um für dich aus meinem Blut die Arznei für das Leben
herzustellen."[823]

7.   Der Herr erreicht nach Johannes von Ford mit Strafen bei den Menschen oft nichts.
„Propter desperantis medici uox est: Recessit zelus meus at te." – „Deswegen lautet
die Stimme des verzweifelnden Arztes: ‚Gewichen ist mein Zorn von dir.'"[824] Nur eines darf der Mensch jetzt nicht tun: Jesus, dem Arzt, den Weg zur Heilung versperren[825]. „Prius de remedio tractans quam ipsam contingeret infirmari." – „Noch bevor
es geschieht, daß sie (= die Seele) krank wird, handelt er über das Heilmittel."[826] Er ist
ja „medicus infirmitatum", „der Arzt der Erkrankten"[827]. Dabei sieht Johannes keinen Unterschied zwischen dem Handeln Jesu „more medici piissimi immo et sponsi dulcissimi", „nach der Art des gütigsten Arztes und sogar derjenigen des süßesten
Bräutigams"[828].

8.   Hugo von St. Viktor schreibt: „Humanitas vero Salvatoris et medicina fuit, ut caeci lumen reciperent, et doctrina pariter ut vindentes agnoscerent veritatem." – „Die
Menschheit des Heilandes aber war sowohl Arznei, damit die Blinden das Licht empfangen, und zugleich Lehre, damit die Sehenden die Wahrheit erkennen."[829] Auch hier
gehört der Heiland mit der Arznei zur unteren Stufe der Begegnung mit Christus.

9.   Richard von St. Viktor zählt eine Reihe Krankenheilungen Jesu auf und schreibt:
„In his omnibus medicus noster Jesus artis suae peritiam ostendit, et omnium pie
quaerentium, et cum fide petentium votis hilariter occurit." – „In all dem zeigt unser
Arzt die Erfahrung in seiner (Heil)kunst und begegnet den Wünschen derer, die ihn
fromm aufsuchen und mit Glauben bitten, froh."[830]

10.   Hildegard von Bingen hat in ihrem ersten Buch der „Scivias" ein eigenes Kapitel
mit der Überschrift: „Comparatio de medico", „Vergleich mit dem Arzt"[831]. Zunächst
ist nicht eindeutig, wer sich mit den Worten vorstellt: „Ego enim sum magnus medicus omnium languorum, faciens velut medicus, qui languidum uidet qui medelam

---

[822]   GIS Nat 4,1,56-60,208.
[823]   GIS Palm 1,1,40-42,166.
[824]   JHLD 31,7,209f.,249.
[825]   JHLD 31,7,215-219,249.
[826]   JHLD 83,1,22f.,569.
[827]   JHLD 38,2,26,284.
[828]   JHLD 83,1,21f.,569.
[829]   HH 1,926C.
[830]   RVPS 81,402A.
[831]   HISV 1, 1,3,30,599,58.

ardenter desiderat." – „Ich bin nämlich ein großer Arzt aller Krankheiten, der wie ein Arzt handelt, der einen Kranken sieht, der die Heilung brennend ersehnt."[832] Je nach der Schwere der Krankheit verlangt dieser Arzt größeren Einsatz des Kranken[833]. Da am Ende des Kapitels von der Erlösung durch den Sohn Gottes die Rede ist[834], dürfte dieser wohl mit dem Arzt gemeint sein. Im Kontext des Bußsakramentes[835] heißt es: „Si vulnera acceperis, medicum quaere ne moriaris." – „Wenn du Wunden empfängst, suche den Arzt auf, damit du nicht stirbst."[836] „Fidelis autem homo dolorem suum consideret et medicum quaerat, antequam in mortem cadat." – „Ein gläubiger Mensch soll seinen Schmerz beachten und einen Arzt suchen, bevor er in den Tod fällt."[837] Der Arzt wird allerdings ihm „amarum sucum pigmenti, per quod saluari potest", „den bitteren Saft der Kräuter, durch welchen er geheilt werden kann," zeigen, das heißt, Christus wird Worte, die zur Buße mahnen, zu ihm sprechen[838]. Er sagt: „Vide ut in hac medicina studiosus et stabilis sis nec taedium capias, quia uulnera tua graui sunt." – „Siehe zu, daß du bei der Anwendung der Arznei eifrig und beständig bist und dich nicht ekelst, weil deine Verwundungen schwer sind."[839] Ein solches Heilmittel ist zum Beispiel gegen den Stolz die Demut[840]. Dieses Mittel, auch wenn es bitter schmeckt, darf man nicht scheuen, „quia magnus medicus dura et amara uulnera propter te passus est", „weil der große Arzt harte und bittere Wunden um deinetwillen erduldet hat"[841]. Wenn jemanden diese Medizin zu bitter ist, will er letztlich keine Heilung, sondern den eigenen Tod[842]. Der „magnus medicus", „große Arzt" will den Menschen ergreifen, und niemand kann sich von ihm scheiden[843].

11. Hatte Hildegard von Bingen einen besonderen Zugang zu den Heilkräften, die in der Natur liegen, lehnt Elisabeth von Schönau diese für sich auf ihrem Sterbebett ab. Ihr leiblicher Bruder war nach Mainz gereist, um sich dort mit Ärzten über Medikamente zu beraten[844]. Als sie davon hört ruft sie aus: „Heu, super medicinis!" – „Wehe über die Heilmittel!"[845] Sie braucht solche nicht, weil sie weiß, daß sie bald zu Gott treten wird[846]. Diese Einstellung hält sie aber nicht ab, an Ordensfrauen zu schreiben: „Sapiens medicus concupiuit sanare languores anime vestre." – „Der weise Arzt verlangt danach, die Krankheiten eurer Seele zu heilen."[847] Bei seiner Behandlung wendet er

---

[832] HISV 1, 1,3,30,600-602,58.

[833] HISV 1, 1,3,30,602-611,58.

[834] HISV 1, 1,3,30,614-620,58.

[835] HISV 1, 1,4,30,920f.,89.

[836] HISV 1, 1,4,30,923f.,89.

[837] HISV 1, 1,4,30,966f.,90.

[838] HISV 1, 1,4,30,968-971,90.

[839] HISV 1, 1,4,30,976f.,90.

[840] HISV 1, 1,4,7,365-369,71.

[841] HISV 2, 3,13,9,405f.,627.

[842] HISV 1, 1,4,30,982-990,91.

[843] HIB 2, 192,72f.,436f.

[844] ESE 2,269.

[845] ESE 2,270.

[846] ESE 2,271.

[847] ESB 10,144.

zuerst bittere und danach milde Salben an[848]. Es gilt: „Nolite repellere a vobis medicum salutis, quoadusque sanitatem recipiatis." – „Weist von euch nicht den Arzt des Heiles, bis ihr die Gesundheit erlangt habt."[849] Erst im Himmel gibt es den wahren Balsam[850]. „Ipse est balsamum electorum suorum, quia lenit dolores eorum et sanitatem eternam eis prestat in regno suo." – „Er selbst ist der Balsam seiner Erwählten, weil er ihren Schmerz mildert und ihnen ewige Gesundheit in seinem Reich gewährt."[851]

12.   Christina mirabilis fällt mit ihrem Verhalten aus dem üblichen Rahmen, wenn sie etwa beim Beten auf die Gipfel der Bäume steigt[852]. Da ihre leiblichen Schwestern und Freunde sich deswegen schämen, dingen sie mit Geld einen Mann, der sie jagt, einfängt und in Ketten legt. Zusätzlich wird sie noch in einer Zelle an eine Säule gebunden. Da dabei ihre Beine gebrochen werden, sorgen die Verwandten für einen Arzt, der sie heilen soll[853]. Als der Arzt wieder von ihr gegangen ist, reist sie alle Binden, mit denen dieser ihre Beine umwunden hat, ab, „indignum ducens alium suis plagis medicum adhibere praeter Salvatorem nostrum Jesum Christum", „weil sie meint, ein anderer Arzt für ihre Verwundungen sei nicht würdig als unser Heiland Jesus Christus"[854]. In der Tat wird sie in der daraufkommenden Nacht geheilt und kann aus der Zelle entfliehen[855].

13.   In einer Aufzählung von Titeln, welche die Heilandstätigkeit Jesu beinhalten, steht in der Vita der Beatrijs von Nazareth auch: „curator infirmantium", „Heiler der Kranken"[856].

14.   In der Vita der Margareta von Magdeburg wird Jesus als „refectio", „Stärkung" bezeichnet[857].

15.   Mechthild von Hackeborn fragt den Herrn, wie sie ihn, der mit Wunden versehen ist, salben kann. Sie erhält „pixidem plenam unguento redolente ordore mirifico, de quo secundum cordis sui desiderium perunxit Dominum, et vulnera ejus rosea, animae vera medicamina, est osculata", „eine Dose voll Salbe, die von wunderbarem Geruch duftete, mit der sie den Herrn nach ihres Herzens Verlangen ganz salbte; und seine rosenfarbenen Wunden wurden durch die wahre Arznei der Seele geküßt"[858]. Als das süßeste Mark des väterlichen Herzens ist Jesus „languentis animae mea sagina et refectio beatissima", „meiner kranken Seele Speise und seligste Stärkung"[859]. Dadurch ist Jesus der „sanator", „Heiler"[860]. So spricht er an einem Osterfest zu der Mystikerin: „Si

---

[848] ESB 10,144f.
[849] ESB 10,135.
[850] ESB 14,147.
[851] Ebenda.
[852] CM 2,16,653.
[853] CM 2,17,653.
[854] CM 2,18,653.
[855] Ebenda.
[856] BN 2,14,148,70,101.
[857] MA 24,27.
[858] MH 1,19,61.
[859] MH 1,5,16.
[860] MH 1,5,16.

tu infirmaveris, ego sum medicus peritissimus, ab omni infirmitate sanans te." – „Wenn du krank wirst, bin ich der erfahrenste Arzt, der dich von aller Krankheit heilt."[861]

16. Gertrud die Große kennt den Titel „Arzt" für Christus nicht. Dafür aber identifiziert sie ihn mit Heilmitteln. Sie erhält innerlich die Wunden Jesu als Stigmata eingedrückt, die dieser aber sofort heilt[862]. Sieben Jahre nach ihrer Bekehrung fügt ihr der Herr unvorhergesehen eine Wunde in ihrem Herzen zu[863]. Sie weiß, daß bei Verwundungen ein Bad, eine Salbe und eine Binde helfen[864]. Alle drei Heilmittel fließen ihr aus der Liebe zum durchbohrten Herzen Jesu zu[865]. Ein anderes Mal redet sie Jesus mit den Worten an: „Praenobile balsamum divinitatis!" – „Ganz edler Balsam der Gottheit!"[866] Einmal macht Gertrud sich Sorgen um diejenigen Menschen, die sich in äußeren Beschäftigungen abmühen müssen[867]. Der Herr tröstet sie: „Ego eos balsamo perungo, quamvis quasi dormintantes." – „Ich werde sie mit Balsam durchsalben, allerdings so, als ob sie schliefen (und deswegen nichts davon merken)."[868]

17. Als die Dämonen schlimme Folterungen der Christina von Stommeln androhen, wenn diese nicht von ihrer bisherigen Lebensgewohnheit abrückt, weist die Mystikerin auf Christus hin: „Ipse enim est omnium vulnerum efficacissimus curator." – „Er ist nämlich der wirksamste Heiler aller Wunden."[869]

3.3.2 Die mittelhochdeutschen Texte

In den muttersprachlichen Schriften wird viel von Christus, dem Arzt und der Arznei, gesprochen.

1. Die Vulgata erwähnt in Hld 7,13 die duftende Mandragora, eine Wurzel, der man Heilkraft beimaß. Dies greift das St. Trudperter Hohelied auf, wenn es heißt: „Ir wuocher ist vil krefte zuo arzentuom." – „Ihre Wirkung ist als Arznei sehr kräftig."[870] Dann folgt die Übertragung auf Christus: „Disiu wurze bezeichnet got, des bilde was Christ. In der erde was er eineme menneschen gelîch. er ist uns ein arzentuom unde ein pfant des êwigen lîbes." – „Diese Wurzel bezeichnet Gott, dessen Bild Christus war. Auf Erden war er einem Menschen gleich. Er ist für uns eine Arznei und ein Pfand des ewigen Lebens."[871]

2. David von Augsburg redet den, der in den abschließenden Versen des Traktates „Von der unergründlichen Fülle Gottes" „Jêsus vil süeziu wunne", „Jesus, viel süße

---

[861] MH 1,19,68.
[862] G 2,2,4,3,4-7,244.
[863] G 2,2,5,2,10f.,250.
[864] G 2,2,5,3,1-3,250.
[865] G 2,2,5,3,7-17,250-252.
[866] G 2,2,6,3,1,258.
[867] G 3,3,17,3,1-5,76.
[868] G 3,3,17,3,6f.,76.
[869] CS 2,4,13,122,328.
[870] TH 125,16f.,264.
[871] TH 125,18-21,264; über die Mandragora in der mittelalterlichen Hohenliedexegese vgl. Ohly, TH 1153-1157, und allgemein vgl. Forstner 194-196.

Wonne" genannt wird[872], mit den Worten an: „Mit der güete bist dû ein heilaer mîner wunden." – „Mit der Güte bis Du ein Heiler meiner Wunden."[873] Er ist „alsô der wîse arzât, der alle wurze nâch ieglicher art zu nutz in die arznîe getempern kan", „wie der weise Arzt, der alle Kräuter nach jeder Art nützlich in der Arznei mischen kann"[874]. Eine dieser Arzneien ist die rechte Reue[875]. Aus dem Blut Jesu entsteht eine Arznei, die die wunde Seele heilt[876].

3. Mechthild von Magdeburg leidet unter körperlicher Krankheit und ist innerlich von der Liebe zu Gott erkrankt[877]. Derjenige, der ihr die Wunden zugefügt hat, kann sie auch allein mit einem Kuß heilen[878] „Du bist ein salbe ob allen seren", „Du bist eine Salbe für alle Sehren", redet Mechthild ihren Bräutigam an[879]. Da sie in ihrem Alter auch körperlich erkrankt, ist es verständlich, daß sie besonders oft von Christus, dem Arzt, im letzten, dem siebten Buch ihres „Fließenden Lichtes der Gottheit", spricht. Für ihr Sterben wünscht sie sich, „das du denne komen wellest zů mir als ein getrúwer arzat zů sinem kinde", „daß Du dann kommen wollest zu mir als ein getreuer Arzt zu seinem Kind"[880]. Aber statt Heilung soll er ihr „ein helige súche", „eine heilige Krankheit" bringen, damit sie sich gut auf den Tod bereiten kann[881]. Erschütternd ist die Bitte, welche die alte Frau über den Erzengel Gabriel Christus ausrichten läßt: „Sage minem lieben herren Jhesu Cristo, wie minnesiech ich nach im si. Sol ich imer me genesen, so můs er selber min arzat wesen." – „Sage meinem lieben Herrn Jesus Christus, wie minnesiech ich nach ihm bin. Soll ich noch einmal genesen, so muß er selbst mein Arzt sein."[882] Er selbst hat sie ja bis zum Tode verwundet[883]. Deswegen nützt auch keine der üblichen Arzneien[884]. „Er můs sich selber in miner selen wunden legen." – „Er muß sich selbst in meiner Seele Wunden legen."[885]

4. In einem Lied, das der Herr Christina von Hane eingegeben haben soll, heißt ein Vers: „Du artze, die der werelt eyn soißicheit yn vnseren exnsten vnd eyne balsame." – „Du Arzt der Welt, der eine Süße in unseren Ängsten und ein Balsam ist."[886]

5. Auch in der nicht mystisch geprägten Dichtung dieser Zeit kommt Christus als Arznei vor. So spricht Heinrich Frauenlob in dem Gedicht „David und Goliath" Chri-

---

[872] DU 375,17.
[873] DU 374,12.
[874] DV 352,18f.
[875] DV 350,1.
[876] DB 5,378,39-379,3.
[877] Vgl. Weiß, Gottesbild 2,1302f.
[878] MM 2,15,2-6,48.
[879] MM 2,10,4,47.
[880] MM 7,35,5f.,282.
[881] MM 7,35,6-8,282.
[882] MM 7,58,3f.,304.
[883] MM 7,58,6f.,304.
[884] MM 7,58,7-9,304.
[885] MM 7,58,10,304.
[886] CH 1,245.

stus mit den Worten an: „Du bist ein balsam vür unvlâtes mist." – „Du bist ein Balsam an Stelle des Mistes des Unflates."[887]

3.3.3 Zusammenfassung

1. Jesus wird genannt „medicus animae", „Arzt der Seele"[888], „medicus animarum", „Arzt der Seelen"[889], „medicus infirmitatum", „Arzt der Erkrankten"[890], „medicus salutis", „Arzt für das Heil"[891], „curator infirmantium", „Heiler der Kranken"[892], „curator vulnerum"[893], „heilaer der wunden"[894], „Heiler der Wunden", „medicina salutis", „Medizin für das Heil"[895], „infirmis medicina", „für die Kranken die Medizin"[896], „medicina omnium", „Medizin für alle"[897], „salbe ob allen seren", „Salbe über alle Sehren"[898], „Mandragora"[899] und „Balsam"[900]. Oft wird die Menschheit Jesu Medizin genannt[901]. Mit folgenden Adjektiven wird der Arzt Christus bezeichnet: erfahren[902], groß[903], gütig[904], nicht hart[905], himmlisch[906], lobenswert[907], treu[908] und weise[909].

2. Christus als Arzt geht es vor allem um das Innere, das Leben der Seele[910]. Als Arzt kommt er zu denen, zu denen er noch nicht als Bräutigam kommen kann[911]. Denn es gibt auch Menschen, die Jesus nicht als Bräutigam, sondern nur als Arzt suchen[912]. Die

---

[887] Heinrich Frauenlob: David und Goliath 3,52f., in: Die Deutsche Literatur vom Mittelalter bis zum 20. Jahrhundert, 1,1,563.

[888] ARSC 1,29,84,1363f.,49.

[889] BADV 1,8,70,11f.; BPASC 3,1,276,5.

[890] JHLD 38,2,26,284.

[891] ESB 10,135.

[892] BN 2,14,148,70,101.

[893] CS 2, 4,13,122,328.

[894] DU 374,12.

[895] BPASC 3,1,276,5f.

[896] IS 35,9,75f.,262.

[897] GIS Nat 4,1,56-60,208.

[898] MM 2,10,4,47.

[899] TH 125,18-21,264.

[900] ESB 14,147; G 2, 2,6,3,1,258; 3, 3,17,3,6f.,76; CH 1, 245; Heinrich Frauenlob: David und Goliath 3,52f., in: Die Deutsche Literatur vom Mittelalter bis zum 20. Jahrhundert, 1,1,563.

[901] HH 1,926C.

[902] MH 1,19,68.

[903] HISV 1, 1,3,30,600-602,58; 2, 3,13,9,405f.,627; HIB 2, 192,72f.,436f.

[904] BD 54,580,1-3; IS 11,2,11f.,236; JHLD 83,1,21f.,569.

[905] BVNAT 6,1,206,14f.

[906] IS 6,1,2-4,162.

[907] BD 54,580,1-3.

[908] MM 7,35,5f.,282.

[909] IS 11,2,11f.,236; ESB 10,144; DV 352,18f.

[910] BHLD 1, 30,5,10,482,4-9.

[911] BHLD 1, 31,3,7,494,28-496,1; 32,2,3,504,2f.

[912] BHLD 1, 32,2,3,504,1f.

Braut dagegen sieht selbst bei Krankheit den Freund und nicht den Arzt in Jesus[913]. An einigen Stellen wird aber kein Unterschied zwischen Jesus als Arzt und Jesus als Bräutigam gemacht[914]. Dem Arzt steht die Wahl der Heilmittel und die Reihenfolge ihrer Anwendung zu[915]. Es kann der bittere Kräutersaft der Buße[916] und Reue[917], das Feuer zum Ausbrennen und Messer zum Schneiden als Heilmittel dienen[918]. Zuerst muß der Mensch durch die Medizin aufgerichtet[919] und gereinigt[920] werden. Am Anfang wendet der Arzt die bitteren, dann die milden Heilmittel an[921]. Er vermag aber auch allein durch sein Wort zu heilen[922]. Zuerst erklärt er das Heilmittel, bevor er es anwendet[923]. Man soll nicht den Arzt fliehen[924], sondern ihn aufsuchen[925] und vor ihm die Krankheit bekennen[926], wozu es der Demut bedarf[927]. Wer den Arzt nicht aufnimmt, sucht nicht Heilung, sondern den Tod[928]. Im Einnehmen der Medizin muß der Mensch sorgfältig und beständig sein[929]. In einigen Texten wird so sehr die Exklusivität der Heiltätigkeit Christi betont[930], daß man die Behandlung durch irdische Ärzte ablehnt[931]. Einmal möchte eine Mystikerin sich selbst als Arzt betätigen und Christi Wunden salben[932].

3. Jesus ist vom Vater gesalbt, damit er die Menschen salbe[933]. Er heilt von innen, weil er in der Menschwerdung die menschliche Natur angenommen hat[934]. Das menschgewordene Wort wird zur Arznei im Fleisch[935]. Jesus bringt das Heilmittel aus dem Schoß des Vaters mit[936].

4. Was er als Heilmittel anderen zumutet, hat er selbst an sich in seiner Passion erfahren[937]. Um unsere Wunden zu heilen, wurde Jesus selbst verwundet[938]. Die Heil-

---

[913] GHLD 1,1,12B.
[914] JHLD 83,1,21f.,569.
[915] BHLD 1, 36,2,2,564,10-12.
[916] HISV 1, 1,4,30,968-971,90.
[917] DV 350,1.
[918] BH 10,37,102,4-9.
[919] BHLD 1, 32,2,3,504,5-8.
[920] BPASC 2,1,276,3f.
[921] ESB 10,144f.
[922] BD 40,1,488,13-490,1.
[923] JHLD 83,1,22f.,569.
[924] BNAT 6,1,206,16-19.
[925] BD 40,1,488,11f.; RVPS 81,402A; HISV 1, 1,4,30,923f.,89; 1,4,30,966f.,90.
[926] IS 11,1,9-11.14,236.
[927] IS 11,3,24-28,238; HISV 1, 1,4,7,365-369,71.
[928] HISV 1, 1,4,30,982-990,91.
[929] HISV 1, 1,4,30,976f.,90.
[930] MM 7,58,10,304.
[931] ESE 2,270; CM 2,18,653.
[932] MH 1,19,61.
[933] BHLD 1, 16,8,13,240,23.
[934] IS 6,16,162-164,174.
[935] GIS Nat 4,1,56-60,208.
[936] IS 6,1,2-4,162.
[937] BD 54,580,1-3; vgl. ARJ 1,3,66f.,251.
[938] BNAT 3,4,258,1f.; HISV 2, 3,13,9,405f.,627; MM 7,58.6f.,304.

mittel fließen aus dem liebevollen Herzen des Gekreuzigten[939]. Aus seinem am Kreuz vergossenen Blut wird für uns Menschen die „medicamenta vitae", „Medizin für das Leben"[940].

3.4 Priester

Priester und Opfer werden mit dem Sterben Christi am Kreuz und damit auch mit der Erlösung in Verbindung gebracht. Deswegen gehören diese Ausdrücke auch hierher.
1. Vor allem im Hebräerbrief sind die Titel „pontifex" (Hebr 2,17; 3,1; 4,14f.; 5,1.10; 6,20; 7,26; 8,3; 9,11.25) und „sacerdos" (Hebr 5,6; 7,11.17.21; 8,4) für Christus geläufig. Auch in den christologischen Streitigkeiten der Alten Kirche kommen für Christus die Ausdrücke „pontifex"[941] und „sacerdos"[942] vor. Da in unseren Texten zwischen den beiden Begriffen kein semantischer Unterschied besteht, können wir sie gemeinsam behandeln.
2. Jean Fécamp liebt die Titel für Christus aus der Kultsprache.
Er betont, daß Jesus nicht nur Priester, sondern auch die Opfergabe ist, wenn er den Vater anspricht: „Pro nobis tibi uictor et uictima, et ideo victor quia uictima. Pro nobis tibi sacerdos et sacrificium, et ideo sacerdos quia sacrificium." – „Um unsertwillen ist er Dir Sieger und Siegesgabe und deswegen Sieger, weil Siegesgabe. Um unsertwillen ist er Dir Priester und Opfer und deswegen Priester, weil Opfer."[943] In Anspielung auf Hebr 5,2 heißt es. Jesus ist „uerus sacerdos compatiens fideli gregi quem acquisiuit sanguine suo", „der wahre Priester, der mit der gläubigen Herde Mitleid hat, welche er durch sein Blut erworben hat"[944]. Ebenfalls mit Worten aus diesem Brief (Hebr 7,25) gibt Jean den Grund an, warum er wagt, mit Gott zu sprechen. Es gibt ja „Christus Dominus, quem habemus sacerdotem in caelis pro nobis interpellantem", „Christus, den Herrn, den wir als Priester haben, der für uns im Himmel Fürsprache hält"[945]. So richtet Jean sein Gebet an den Vater „per summum sacerdotem et uerum pontificem, qui se tibi obtulit in sacrificium, ponens animam suam pro grege suo bonus pastor", „durch den höchsten Priester und wahren Hohenpriester, der sich als Opfer Dir dargebracht hat, indem er seine Seele als guter Hirt für seine Herde gab"[946]. Er wollte ja, daß der Mensch „membrum eiusdem ueri pontificis et summi sacerdotis", „ein Glied eben dieses wahren Hohenpriesters und höchsten Priesters" wird[947].

---

[939] G 2, 2,5,3,7-17,250-252.
[940] GIS Palm 1,1,40-42,166; vgl. DB 5,378,39-379,3.
[941] Vgl. Sieben, Nomina 177; 165; 169; 187; 197.
[942] Ebenda 177.
[943] JFC 2,1,32f,122.
[944] JFC 2,3,90f.,124.
[945] JFC 2,4,153f.,126.
[946] JFC 2,5,173-176,126f.
[947] JFC 2,14,633f.,141.

3. Angesichts der Tatsache, wie häufig Jean vom Priester Jesus spricht, überrascht die Seltenheit, mit der dies bei Bernhard von Clairvaux der Fall ist. Der Abt weiß zwar, daß Jesus „de toto se fecit hostiam salutarem", „sich ganz zum Opfer des Heiles gemacht hat"[948] und daß „Christus assistens Pontifex futurorum bonorum", „Christus, der als Hohepriester der kommenden Güter" uns beisteht (Hebr 9,11), in der Liturgie in der Kirche täglich unsichtbar wirkt[949]. Insgesamt aber erwähnt er die priesterliche Tätigkeit Jesu kaum. Es ist deswegen bemerkenswert, daß Bernhard zwar viele Stellen aus dem Hebräerbrief zitiert, dabei aber meist die Passagen, an denen Jesus Hoherpriester genannt wird, ausläßt.

4. Diese Zurückhaltung teilt Wilhelm von St. Thierry nicht.

Er weiß von Jesus: „Nullo nomine nominaris, nisi aliqua ad nos relatione." – „Du wirst mit keinem Namen benannt, der nicht in irgendeiner Beziehung zu uns steht."[950] Dies kann Wilhelm sagen, weil sich nach ihm auch die Titel, die dem Sohn in der immanenten Dreifaltigkeit zugelegt werden, in einer gewissen Relation zu uns befinden[951]. An dem Namen „Christus", welcher „Gesalbter" bedeutet, verdeutlicht er, was er meint. Da er von der Königs- wie Priestersalbung weiß, bedeutet für ihn Christus „rex, vel sacerdos, regis vel propitiaris", „König oder Priester, (weil) Du (uns) leitest oder versöhnst"[952]. Er wird auch genannt „hostia pro peccato", „Opfergabe für die Sünde"[953]. Christus ist deswegen „misericors pontifex", „der barmherzige Hohepriester", weil er durch die Hingabe seines Leibes und Blutes seinen Brüdern ganz ähnlich geworden ist[954]. Wilhelm geht auf das schwierige Problem ein, wie sich die Opfer der Heiligen Messen zu dem einen Opfer am Kreuz verhalten. Christus ist nur einmal gestorben und wurde dadurch die „oblatio pro peccatis nostri", „Darbringung für unsere Sünden"[955]. Da sein Tod sich nicht wiederholt, kann es nur eine „hostia", „Gabe" und ein „sacrificium", „Opfer" geben[956]. Dennoch läßt sich nicht leugnen, daß wir „per singulos dies offerimus", „an den einzelnen Tagen opfern"[957]. Es kann aber nicht sein, daß es, „quoniam in multis locis offertur, multi Christi sunt", „weil an vielen Orten geopfert wird, viele Christusse gibt"[958]. „Quod ubique offertur unum corpus est, et non multa corpora." – „Was überall geopfert wird, ist der eine Leib und nicht viele Leiber."[959] So sehr Wilhelm an der Identität der einen Opfergabe festhält, gibt es für ihn doch mehrere, die sie darbringen: „Pontifex autem ille est, qui hostiam mundantem nos obtulit. Ipsam offerimus etiam nunc, quae tunc oblata quidem consumi non potest." – „Hoherpriester

---

[948] BPALM 3,5,180,5.
[949] BDED 1,4,814,22f.
[950] WHLD 1,1,40,126.
[951] Ebenda.
[952] Ebenda.
[953] WR 4,628B.
[954] WCS 1,346A.
[955] WCS 10,358C.
[956] WCS 10,358D.
[957] Ebenda.
[958] Ebenda.
[959] Ebenda.

aber ist auch jener, der die Gabe, die uns reinigt, dargebracht hat. Dieselbe bringen wir auch jetzt dar, welche Opfergabe er ja damals nicht vollenden konnte."[960] Unser Darbringen ereignet sich dadurch, daß „in commemorationem fit ejus quod factum est", „sie zum Gedächtnis dessen geschieht, was geschehen ist"[961]. Deutlich spürt man, daß das Verhältnis von Kreuzesopfer und Meßopfer noch der Klärung bedurfte, die erst in der nachreformatorischen Zeit geschah. Eher nebenbei wird erwähnt, daß Paulus immer gedankt hat „per Pontificem Jesum", „durch den Hohenpriester Jesus"[962].

5. Nach Aelred von Rievaulx hat uns Jesus Christus mit dem Vater versöhnt „illa singulari in cruce hostia", „durch jene einzigartige Opfergabe am Kreuz"[963].

6. In einer Predigt sagt Isaak von Stella, daß uns geheiligt hat „Iesus Christus, verus Deus, verus sacerdos, verum sacrificium qui se sibi et Patri et Spiritui sancto pro nobis hostiam et oblationem effecit", „Jesus Christus, der wahre Gott, der wahre Priester, das wahre Opfer, der zur Gabe und Darbringung für sich und dem Vater und dem Heiligen Geist gegenüber wurde"[964].

7. Gilbert von Hoyland erklärt, was die Tür zum Gemach der Braut ist, vor der nach Hld 5,6 der Bräutigam steht[965]. Es ist natürlich das Innere des Menschen, das mit dem Allerheiligsten des Tempels verglichen wird und nach 1 Kön 6,31 Türen aus Olivenholz besitzt[966]. „Habe ergo in templo tuo ostia, per quae summus Pontifex solus ingrediatur in intimum cordis tui recessum." – „Du sollst in Deinem Tempel Türen haben, durch welche allein der höchste Hohepriester in die innere Zuflucht Deines Herzens eintreten soll."[967] Daß Christus hier unter dem Titel Hoherpriester auftritt, liegt wohl an dem Bild des Allerheiligsten für das Herz des Menschen.

8. Guerricus von Igny ruft in einer Predigt zu Christi Himmelfahrt seine Hörer auf: „Sursum corda, Pontifici magno qui hodie introivit in sancta, aeterna redemptio inventa, ubi et assistit nunc vultui Dei interpellans pro nobis." – „Empor die Herzen zu unserem großen Hohenpriester, der heute in das Heiligtum eingetreten ist und ewige Erlösung bewirkt hat, wo er auch nun vor dem Angesicht Gottes steht und für uns Fürsprache einlegt."[968]

9. Einmal vergleicht Johannes von Ford den Stab Aarons mit dem Bekenntnis des Glaubens „summi uidelicet sacerdotis Christi", „nämlich zum höchsten Priester Christus"[969].

Eine längere Erklärung des Priestertums Jesu Christi findet sich bei Johannes in der 62. Hohenliedpredigt. In der Kirche wirkt der höchste Priester Jesus Christus[970]. Un-

---

[960] Ebenda.
[961] Ebenda.
[962] WR 1,553C.
[963] ARSC 1,5,14,191f.,18.
[964] IS 36,20,166-168,280.
[965] GHLD 44,1,231A-B.
[966] GHLD 44,1,231B.
[967] GHLD 44,1,231C.
[968] GIS Asc 5,105-107,278-280.
[969] JHLD 60,4,59-66,423.
[970] JHLD 67,9,182f.,470.

ter sich hat er „cetera pontificum ac sacerdotum multitudo", „die übrige Menge der Hohenpriester und Priester"[971]. Auf dem Kopf trägt er die Doppelkrone, die Zeichen der königlichen und priesterlichen Herrschaft[972]. Er sitzt auch auf einem priesterlichen Thron mit der Majestät, die ihm als König und Priester zukommt[973]. Insofern gleicht er dem Melchisedech[974]. Was Johannes über Jesus als Priester sagt, bleibt eher im allgemeinen. Dabei wird die Sonderstellung, die er dadurch hat, daß er zugleich auch König ist, angesprochen.

10. Nach Hugo von St. Viktor gehört es zur Aufgabe Christi, Gebete zum Vater zu bringen. „Loquimur ad Christum de nobis ut ipse ad Patrem loquatur pro nobis, quia pontifex est ut offerat Deo vota populi." – „Wir sprechen zu Christus über uns, daß er zum Vater für uns spricht, weil er Hoherpriester ist, um Gott die Wünsche des Volkes darzubringen."[975] In doppelter Hinsicht wird er groß genannt: „Magnus secundum divinitatem, quia Filius Dei, magnus secundum humanitatem, quia penetrat coelos." – „Groß nach seiner Gottheit, weil er Sohn Gottes ist, groß nach seiner Menschheit, weil er die Himmel durchdringt."[976] So können wir voll Vertrauen zu ihm hintreten, „quonimam et officium eius est ut pro nobis oret, quia pontifex constitutus", „weil es auch sein Amt ist, für uns zu beten, weil er als Hoherpriester bestellt ist"[977]. Offensichtlich denkt Hugo bei dem Wort „pontifex" auch an die ursprüngliche Bedeutung „Brückenbauer". Schon bei seinem Eintritt in die Welt nennt Hugo Christus Hoherpriester, weil er den Frieden zwischen Gott und Mensch stiftet[978].

11. Hildegard von Bingen scheut sich nicht, verschiedene Ausdrücke aus der Kultsprache auf Christus zu übertragen.

Schon bei der Menschwerdung „eum Pater in mundum misit de corde suo summum sacerdotem super omnem iustitia", „schickte ihn der Vater von seinem Herzen in die Welt als der höchste Priester über alle Gerechtigkeit"[979]. So schreibt Hildegard von „uictima incarnationis Christi", „der Opfergabe der Menschwerdung Christi"[980]. Das Bild der himmlischen Liebe „ualde coronata est in summo sacerdote Iesu Christo", „ist sehr gekrönt im höchsten Priester Jesus Christus"[981]. Ihn hat der Vater als „uerum sacerdotem super salutem animarum", „wahren Priester über das Heil der Seelen" eingesetzt[982]. „Per sacrificum Abel Filium suum pro redemptione populi sacrificandum presignauit." – „Im Opfer des Abel hat er seinen Sohn, um ihn für die Erlösung

---

[971] JHLD 67,9,189f.,470.
[972] JHLD 67,10,192-195,470.
[973] JHLD 67,11,222-226,471.
[974] JHLD 67,11,226-230,471.
[975] HVD 5,3,238-240,76.
[976] HVD 5,3,240-242,76.
[977] HVD 5,3,246-248,76-78.
[978] HSA 2,5,3,441A-B.
[979] HISV 2,3,2,17,485f.,362.
[980] HIB 2,164r,57,370.
[981] HISV 2,3,3,5,253f.,378.
[982] HIO 3,5,37,13f,460.

des Volkes zu heiligen, vorausbezeichnet."[983] Der Sohn Gottes zeigt sich als „Sacerdos sacerdotum", „Priester der Priester", weil er, wenn die Priester der Kirche die Buße in der Liebe des Sohnes darbringen, die Reinigung von den Sünden schenkt[984]. Die Menschen, die im Ordensstand leben, „multo magis sub spiritali nomine deberent Filium eius in summo sacerdotio ardenter imitari", „müßten viel mehr unter dem geistlichen Namen seinem Sohn im höchsten Priestertum glühend nacheifern"[985]. Sie sollen dem demütigen Priester, der ohne jede Sünde ist, nachfolgen[986]. „Ipse sacerdos fuit, cum se ipsum in ara crucis pro hominibus immolauit." – „Er ist Priester gewesen, als er sich selbst auf dem Altar des Kreuzes für die Menschen geopfert hat."[987]

12.   Elisabeth von Schönau bewegt sich in den Gedankengängen des Hebräerbriefes. In ihrem „Liber viarum dei" sind eine Reihe Mahnreden an die verschiedenen Stände der Kirche enthalten. Die sechste betrifft „via prelatorum", „den Weg der Vorgesetzten", unter denen neben den weltlichen Oberen auch die Priester der Kirche zu verstehen sind[988]. Diese werden ermahnt, nicht „in altitudine dominantis, sed in humilitate ministrantis", „in der Höhe des Herrschenden, sondern in der Niedrigkeit des Dienenden" zu wandeln[989]. Dazu heißt es: „Videte pontificem magnum et excelsum super omnia dominum, quomodo in diebus obedientie sue ambulavit in medio discipulorum." – „Betrachtet den großen und erhabenen Hohenpriester, den Herrn über alles, wie er in den Tagen seines Gehorsams in der Mitte seiner Jünger gewandelt ist."[990] Im Übrigen wird nur noch die Heilige Messe als „sacrificium dominicum super altare", „Herrenopfer auf dem Altar" bezeichnet[991].

13.   Bei dem Autor der Vita von Ivetta von Huy spürt man deutlich eine antidonatistische Haltung, die durch das Auftreten von radikalen Reformern hervorgerufen wurde, welche den sündigen Priestern die Fähigkeit absprachen, Sakramente zu spenden. Dabei hat der Autor den Apostel Petrus „Priester" genannt und fährt fort: „Nec mireris si Petrum dixerim Sacerdotem, cum lapsus est: jam enim a summo Pontifice Christo Jesu usum ministerii huius, id est claves acceperat." – „Wundere dich nicht, wenn ich Petrus Priester genannt habe, obwohl er gefallen ist; er hatte ja schon vom höchsten Hohenpriester Christus Jesus den Gebrauch dieses Dienstes, das heißt die Schlüssel, erhalten."[992]

14.   In der Vita der Maria von Oignies erzählt Jakob von Vitry, wie Maria bei der Totenliturgie, die ein Priester feiert, anwesend ist. „Tunc summus Sacerdos cum Sanctorum multitudine Officium, ut ei videbatur complebat, et mirabiliter Ecclesiae mili-

---

[983]   HIB 1, 84r,204f.,195.
[984]   HISV 1, 1,2,13,352-354,22.
[985]   HISV 2, 3,6,18,467-469,445.
[986]   HISV 2, 3,8,17,893f.,503.
[987]   HIB 2, 113r,68-70,282.
[988]   ESI 15,111.
[989]   ESI 15,113.
[990]   Ebenda.
[991]   ESV 1,35,19.
[992]   IH 9,29,151.

tanti Ecclesia triumphans respondebat." – „Da vollendete das Offizium der höchste Priester mit der Menge der Heiligen, wie es ihr schien, und wunderbar entsprach die triumphierende Kirche der streitenden Kirche."[993] Der Vorstellung, daß dem Tun der irdischen Priester das Tun des himmlischen Hohenpriesters Jesus Christus entspricht, werden wir noch häufiger begegnen.

15. In der Vita der Beatrijs von Nazareth wird ausführlich ihre Jungfrauenweihe geschildert. Während der Bischof, der „pontifex", „Hoherpriester"[994], „venerandus pontifex", „verehrungswürdiger Hoherpriester"[995] genannt wird, den Ritus vollzieht, spürt Beatrijs „dominum nostrum ihesum christum, eternum et verum pontificem, intus in anima sua sensibiliter exercere", „unseren Herrn Jesus Christus, den ewigen und wahren Hohenpriester, innen in ihrer Seele sinnenhaft fühlbar am Werk"[996]. Auch hier wird wieder von der Korrespondenz zwischen irdischer und himmlischer Liturgie gesprochen. Beatrijs soll nach dem Gebot Christi bei der Heiligen Messe für die Menschen beten, für die er auf dem Altar des Kreuzes das Opfer seines Leibes und Blutes dem Vater dargebracht hat[997].

16. Daß man zu dieser Zeit bei dem Wort „pontifex" eher an einem Bischof als an Christus dachte, zeigt folgende Anekdote über Ida von Löwen: Sie war in einem geistlichen Gespräch mit einer anderen Schwester, als sie „summum adesse Pontificem altisonis vocibus acclamavit", „mit lauter Stimme ausrief, der höchste Hohepriester sei anwesend"[998]. Da die andere Frau offensichtlich an die Anwesenheit eines Bischofs dachte, fragte sie Ida, „quisnam esset ille summus Pontifex", „wer denn jener höchste Hohepriester sei"[999]. Ida gibt zur Antwort: „Descendit utique Dominus Jesus Christus, qui nimirum est summus Pontifex, in altari." – „Hinabgestiegen ist auf den Altar doch der Herr Jesus Christus, der wirklich der höchste Hohepriester ist."[1000] Als die beiden Frauen in die benachbarte Kirche schauen, bemerken sie, daß ein Priester zur ungewohnten Stunde die Messe feiert, und merken, daß Ida genau zu dem Zeitpunkt die Anwesenheit des Hohenpriesters angekündigt hatte, als die konsekrierte Hostie hoch gehoben wurde[1001]. Ein anderes Mal sieht Ida in einer ekstatischen Vision einen reich geschmückten Kirchenraum mit einer großen Anzahl von Feiernden[1002]. „Videbat indutum Pontificalibus appropinquantem ad altare Pontificem." – „Sie schaute, wie sich ein Hoherpriester, angetan mit Pontifikalgewändern, dem Altar näherte", der die Messe feierte[1003]. „Quis vero Pontifex is fuerit, ex ejus testimonio suoque Confessori facta diu postea revelatione, comperimus. Fuit enim ipse verus et summus Pontifex et

---

[993] MO 2,6,52,559.
[994] BN 1,17,76,19,61.
[995] BN 1,17,76,26,61.
[996] BN 1,17,76,29-31,61f.
[997] BN 2,11,127,47-52,90f.
[998] IL 2,2,8,173.
[999] Ebenda.
[1000] Ebenda.
[1001] Ebenda.
[1002] IL 2,7,34,180.
[1003] Ebenda.

Sacerdos secundum ordinem Melchisedech, perfectus Deus et homo, natus ex Maria Virgine Dominus Jesus Christus." – „Wer aber der Hohepriester gewesen war, haben wir aus ihrem Zeugnis und aus einer Offenbarung, die lange Zeit danach an ihren Beichtvater ergangen ist, erfahren. Es war nämlich der wahre und höchste Hohepriester und Priester nach der Ordnung des Melchisedech, der vollkommene Gott und Mensch, geboren aus der Jungfrau Maria, der Herr Jesus Christus."[1004] Auch hier spürt man, daß die Identität eines geschauten Hohenpriesters keineswegs eindeutig war, sondern durch eine erneute Offenbarung an den Beichtvater erklärt werden muß.

17. In der Mystik in Helfta ist der Name „Priester" für Jesus ganz selbstverständlich.

Für Mechthild von Hackeborn entspricht ebenfalls die irdische Liturgie der himmlischen. Als die Schwestern der Kommunität in Helfta zur Kommunion gehen, „vidit Dominum quasi regem permagnificum loco sacerdotis stantem", „sah (Mechthild) den Herrn wie einen sehr prächtigen König an Stelle des Priesters (der die Kommunion austeilt) stehen"[1005]. Die Schwestern haben Verlangen, bei dem Fest der Verehrung eines Kreuzbildes in Rom zu sein[1006]. Mechthild belehrt sie, sie sollen mit bestimmten Gebeten eine geistige Wallfahrt dorthin machen. „Quo cum pervenissent, summo Pontifici, Deo scilicet, omnia peccata sua in oratione confiterentur, accipientes ab eo remissionem omnium peccatorum." – „Dort angelangt, sollen sie dem höchsten Hohenpriester, nämlich Gott, alle Sünden in einem Gebet bekennen und von ihm die Vergebung aller Sünden empfangen."[1007] Hier kann der Papst, den man auch „pontifex" nennt und dessen Stellvertreter man die Sünden beichtet, durch den eigentlichen höchsten Hohenpriester ersetzt werden.

Die eigentliche Sündenvergebung kommt ja von ihm. So spricht Christus zu Mechthild: „In ara Crucis Deo Patri hostiam me acceptissimam obtuli, et omne pretium ejus plene persolvi." – „Auf dem Altar des Kreuzes habe ich mich als sehr wohlgefällige Opfergabe Gott Vater dargebracht und habe seine ganze Forderung voll eingelöst."[1008] „Sicut humanitas mea, tota cruore perfusa, ineffabili amore se Deo Patri hostiam in ara Crucis obtulit, sic adhuc eodem amoris affectu assisto Patri caelesti pro peccatoribus, omnia genera passionis meae repraesentans." – „Wie meine Menschheit ganz von Blut überströmt sich aus unaussprechlicher Liebe Gott Vater als Gabe auf dem Altar des Kreuzes dargebracht hat, so trete ich jetzt mit der gleichen Zuneigung der Liebe bei meinem himmlischen Vater für die Sünder ein, indem ich alle Arten meines Leidens vergegenwärtige."[1009] Zu einer Zeit, als ein Interdikt auf dem Kloster Helfta lag und kein irdischer Priester dort feierliche liturgische Funktionen vollziehen durfte, kam das Fest Christi Himmelfahrt mit der üblichen Prozession näher. Genau zu dem Zeitpunkt, an dem sonst der Priester die Prozession mit einem Responsorium begann, „videbatur

---

[1004] Ebenda.
[1005] MH 1,4,14; vgl. MH 1,30,104.
[1006] MH 1,10,31.
[1007] MH 1,10,33.
[1008] MH 1,20,75. „Pretium" heißt eigentlich „Preis". Da Gott aber keinen „Preis" hat, ist wohl an seine Forderung gedacht.
[1009] MH 4,55,306.

sibi quod tota Congregatio ordinaret se ad Processionem, quam Dominus cum Matre praecedebat", „wurde von ihr (= Mechthild) geschaut, wie sich die ganze Kongregation zur Prozession ordnete, welcher der Herr mit der Mutter vorausging"[1010]. Anschließend feiert der Herr in Pontifikalkleidung die Messe, wobei verschiedene Heilige assistieren[1011]. Auch hier vertritt Jesus die irdischen Priester, wenn diese an der Ausübung ihres Amtes gehindert sind. Wenn ein Priester auch seinen Dienst versieht, ist es doch Christus, der die Liturgie feiert. Bei der Liturgie nach dem Verscheiden einer Schwester heißt es: „Cum vero Missa inchoaretur, ipse summus Sacerdos et verus Pontifex pro ea Missam celebravit." – „Als aber die Messe begann, feierte er selbst, der höchste Priester und wahre Hohepriester, für sie die Messe."[1012]

18. Gertrud die Große zeigt eine besondere Nähe zur Liturgie und gebraucht eine Sprache im feierlichen Stil. So erstaunt es nicht, daß sie Jesus auch mit Namen aus der Kultsprache anspricht.

So ruft sie Jesus mit den Worten an: „Pontifex magne, qui in tua pretiosa morte vivificasti me." – „Großer Hohepriester, der Du mich in Deinem kostbaren Tod lebendig gemacht hast."[1013] Gertrud weiß, daß der Priester bei der Taufe dem Täufling als Zeichen des göttlichen Schutzes die Hände auflegt. So lautet ihr Rat zur Tauferneuerung: „Hic expostula, ut ipse summus sacerdos dominus Iesus imponat tibi manum, ut in aeternum habites in adiutorio altissimi et in protectione dei coeli commoreris." – „Hier fordere, daß er selbst, der höchste Priester, der Herr Jesus, Dir die Hand auflegt, daß Du auf ewig im Schutz des Höchsten wohnst und in der Hut des Gottes des Himmels verweilst."[1014]

Ähnlich wird Jesus angesprochen als „sacerdos altissime", „höchster Priester", wenn der Beter bei der Erneuerung der Firmung Hilfe für den Kampf gegen den Satan erwartet[1015]. Einmal wird berichtet, daß Gertrud gerne zur Beichte gehen würde, aber kein Beichtvater vorhanden ist. Darauf erscheint Christus und spricht zu ihr: „Quotiescumque a me desideras, ego ipse summus Sacerdos et verus Pontifex tibi adero et singulis vicibus simul septem sacrameta efficacius in anima tua renovabo, quam ullus sacerdos vel pontifex septem vicibus perficere posset." – „Sooft Du es von mir ersehnst, werde ich selbst, der höchste Priester und wahre Hohepriester, bei Dir sein und Dir jedes einzelne Mal die sieben Sakramente in Deiner Seele wirksamer erneuern, als je ein Priester oder Bischof siebenmal sie spenden kann."[1016] Wenn der Mensch sich auf den Tod vorbereitet, soll er sich an Folgendes erinnern: „Tu pro me quotidie deo patri ad altare tale offers sacrificium, tale holocaustomatis incensum, quod excedit omne meritum,

---

[1010] MH 1,27,95.
[1011] Ebenda.
[1012] MH 5,6,327.
[1013] G R 1,40,48.
[1014] G R 1,60-62,50.
[1015] G R 1,218-220,60.
[1016] G 3, 3,60,1,6-10,244-248. Ein typisches Beispiel ist diese Stelle dafür, daß man bei Gertrud die Zahlenangaben nicht genau nehmen darf. Da Gertrud weder das Ehesakrament noch dasjenige der Weihe empfangen hat, kann Christus streng genommen in ihr auch nicht alle sieben Sakramente erneuern.

et vere valet solvere omne meum debitum." – „Du bringst täglich Gott Vater auf dem Altar ein solches Opfer, eine solche Glut des Ganzopfers dar, daß es jedes Verdienst übersteigt und wirklich einlösen kann jede Forderung an mich."[1017] Bei der Eucharistiefeier kennt Gertrud aber auch die damalige Auffassung, daß Jesus die Opfergabe zur Verfügung stellt, die Menschen dann dem Vater darbringen: „Inter Missam cum hostia sacrosancta totius humanae culpae verissima et efficacissima reconciliatio immolaretur a sacerdote, ipsa eamdem obtulit Domine in gratiarum actione." – „Bei der Messe, als die hochheilige Opfergabe als wahrste und wirksamste Versöhnung der ganzen menschlichen Schuld vom Priester geopfert wurde, brachte sie (= Gertrud selbst) diese dem Herrn zum Dank dar."[1018] Während das „Gloria" in der Messe angestimmt wird, „Dominus Jesus, summus Pontifex, divinum afflatum ad instar ardentis flammae ad coelestia direxit in gloriam Patris", „richtete der Herr Jesus, der höchste Hohepriester, den göttlichen Atem wie eine zum Himmel brennende Flamme auf die Herrlichkeit des Vaters"[1019].

Bei Gertrud überwiegen die Stellen, an denen irdische und göttliche Liturgie übereinstimmen. Wenn einmal kein irdischer Spender anwesend sein kann, kann Jesus Christus selbst dem Menschen ohne menschliche Vermittlung die Gnaden des Sakramentes geben.

19. Petrus von Dazien bringt in seinem Bericht über Christina vpn Stommeln den Titel „Hoherpriester" mit dem Leiden Jesu in Verbindung. Als er am Bett der leidenden Mystikerin sitzt, sieht er „uultum eius, utique non uultum angeli, sed tamquam uultum similorem uultui pontificis summi; quo quis aspecto mente poterat uulnerari. erat enim totaliter liuidus et quasi ad nigredinem declinans, qualem faciem humanam numquam aspexi, quasi cum baculis totus fuisset concussus", „ihr Gesicht, nicht das Gesicht eines Engels, sondern gleichsam ein Gesicht, das dem Gesicht des höchsten Hohenpriesters ähnlicher war; wenn einer es anblickte, konnte er im Geist verwundet werden. Es war nämlich völlig beschmutzt und gleichsam zur Schwärze neigend, wie ich noch kein Gesicht gesehen habe; es war gleichsam von Stöcken ganz zerschlagen"[1020]. Damit man auch ja merkt, daß Christina zum Bild des leidenden Herrn geworden ist, fügt Petrus die Bemerkung der Frau hinzu: „Ad cristum passum in corde meo nascebatur compassio." – „Zum leidenden Christus entstand in meinem Herzen das Mitleid."[1021]

Johannes von Stommeln berichtet von den vielen Anfechtungen der Dämonen, unter welchen die Mystikerin zu leiden hat. Bei einer solchen, die außergewöhnlich groß war, „venit ipse summus Sacerdos et verus Pontifex Jesus Christus, non visibiliter, sed sensibiliter in corde Virginis; portansque calicem ex auro purissimo in manu sua et Hostiam suprapositam", „kam er selbst, der höchste Priester und der wahre Hohepriester Jesus Christus, nicht sichtbar, aber doch sinnenhaft erfahrbar in das Herz der Jungfrau;

[1017] G R 7,484-487,238.
[1018] G 3,3,14,4,12-15,60.
[1019] G 3,3,17,4,1-3,78.
[1020] CS 1,34,19,22-27.
[1021] CS 1,35,20,1f.

und er trug einen Kelch aus reinstem Gold in seiner Hand, die Hostie darüber gehalten," und reichte ihr die eucharistischen Gaben[1022]. Das Besondere dieser Stelle besteht darin, daß der Grund, warum Jesus die Rolle des kirchlichen Priesters übernimmt, nicht in dessen Verhinderung, sondern in der großen Not der Mystikerin liegt.

20. Agnes von Blannbekin berichtet verschiedentlich, daß ihr Christus „pontificalibus indutus", „mit den Pontifikalgewändern angezogen" erscheint[1023]. So trägt er eine Kasel aus reinem Gold und eine verschiedenartig geschmückte Mitra[1024]. Sie beteuert, daß der Sohn Gottes „in hora immolationis venit in manus cujuslibet sacerdotis", „in der Stunde der Opferung in die Hand jedweden Priesters kommt"[1025].

21. Bemerkenswert ist, daß in den mittelhochdeutschen Texten weder der Mechthild von Magdeburg noch der Christina von Hane der Priestertitel für Christus auftaucht. Besonders fällt dies an einer Stelle bei Mechthild auf. Sie bittet, daß Christus bei ihrem Sterben in seinen verschiedenen Funktionen unter den entsprechenden Titeln zu ihr kommt, die verschiedene Hilfen für die Sterbende ausdrücken[1026]. Dabei bittet sie auch um eine gute Beichte und Wegzehr für die letzte Reise[1027]. Hier würde man erwarten, daß Christus als Priester kommen soll. Doch statt Priester ist von „bichter", „Beichtvater" die Rede[1028].

22. Zusammenfassend läßt sich über den Titel „Priester" und „Opfer" sagen.

22.1 Da Christus „der Gesalbte" heißt und Könige und Priester gesalbt werden, stehen beide Titel bei Jesus nebeneinander[1029], wie es auch bei Melchisedech der Fall war[1030]. Folgende Adjektive befinden sich bei Jesus als „sacerdos": „altissimus", „höchst"[1031], „aeternus", „ewig"[1032], „compatiens", „Mitleid habend"[1033], „excelsus", „erhaben"[1034], „magnus", „groß"[1035], „misericors", „barmherzig"[1036], „summus", „höchster"[1037] und „verus", „wahr"[1038]. Oft kommt die Wortkombination vor: „Sumus sacerdos et uerus pontifex", „höchster Priester und wahrer Hoherpriester"[1039]. Dies ist auch schon deswe-

---

[1022] CS 2, 4,3,27,301.

[1023] AB 25,6,98; 26,4f.,100; 226,3-6,464.

[1024] AB 226,3-6,464.

[1025] AB 131,6-9,296. Ob hier bei dem „jedweden" eine antidonatische Bemerkung vorliegt, ist fraglich.

[1026] MM 7,35,1-45,282f.

[1027] MM 7,35,13-21,282f.

[1028] MM 7,35,14,182.

[1029] WHLD 1,1,40,126; JHLD 67,10,192-195,470; 67,11,222-226,471.

[1030] JHLD 67,11,226-230,471.

[1031] G R 1,218-220,60.

[1032] BN 1,17,76,29-31,61f.

[1033] JFC 2,3,90f.,124.

[1034] ESI 15,113.

[1035] GIS Asc 5,105-107,278-280; HVD 5,3,240-242,76; ESI 15,113; G R 1,40,48.

[1036] WCS 1,346A.

[1037] JHLD 60,4,59-66,423; 67,9,182f.,470; HISV 2, 3,2,17,485f.,362; 3,3,5,253f.,378; 3,6,18,467-469,445; MO 2,6,52,559; IL 2,2,8,173; IL 2,7,34,180; MH 1,10,33; G R 1,60-62,50; G 3, 3,17,4,1-3,78; CS 1, 34,19,22-27.

[1038] IS 36,20,166-168,280; HIO 3,5,37,13f.,460; IL 2,7,34,180.

[1039] JFC 2,5,173-176,126f.; G 3, 3,60,1,6-10,244-248; CS 2, 4,3,27,301.

gen notwendig, um ihn von dem irdischen „pontifex", „Bischof" zu unterscheiden[1040]. Jesus ist „holocaustomas", „Ganzopfer"[1041], „hostia", „Opfergabe"[1042], „oblatio", „Darbringung"[1043], „sacrificium", „Opfer"[1044] und „victima", „Siegesopfergabe"[1045]. Manchmal erscheint Christus den Mystikerinnen in Pontifikalkleidung[1046].

22.2 Der Vater hat seinen Sohn aus seinem Herzen als Priester gesandt[1047]. Bei seiner Menschwerdung zeigt der Sohn Gottes sich als „Pontifex", „Brückenbauer", weil er in sich Gottheit und Menschheit verbindet[1048]. Groß ist er als Priester auch wegen seiner Menschheit[1049].

22.3 Am Kreuz hat er sich als Priester selbst zum Opfer dem Vater dargebracht[1050], auf dem Altar des Kreuzes geopfert[1051] und bringt uns durch seinen Tod das Leben[1052].

22.4 Als Priester hält Jesus für uns im Himmel, wohin er aufgefahren ist[1053], beim Vater Fürsprache[1054], tritt für uns ein[1055], betet für uns[1056] und bringt unsere Gebete zu ihm[1057].

22.5 Christus als Hoherpriester wirkt in der Liturgie[1058], insbesondere beim Chorgebet[1059], der Jungfrauenweihe[1060], im Bußsakrament[1061], in der Meßfeier[1062] und beim Kommunionausteilen[1063]. Beim Meßopfer gibt es nur eine Opfergabe, den Leib Christi[1064], den aber sowohl Christus am Kreuz geopfert hat als auch die irdischen Priester bei der Messe darbringen[1065]. Sind die Priester der Kirche durch Abwesenheit[1066] oder Interdikt[1067] an der Ausübung ihres Amtes verhindert oder leidet der Mensch beson-

---

[1040] IL 2,2,8,173.
[1041] G R 7,484-487,238.
[1042] WR 4,628B; ARSC 1,5,14,191f.,18; IS 36,20,166-168,280.
[1043] IS 36,20,166-168,280.
[1044] JFC 2,1,32f.,122; IS 36,20,166-168,280; G R 7,484-487,238.
[1045] JFC 2,1,32f.,122; HIB 2, 164r,57,370.
[1046] AB 25,6,98; 26,4f.,100; 226,3-6,464.
[1047] HISV 2, 3,2,17,485f.,362.
[1048] HSA 2,5,3,441A-B.
[1049] HVD 5,3,240-242,76.
[1050] JFC 2,5,173-176,126f.; BPALM 3,5,180,5; HIB 1, 84r,204f.,195.
[1051] HIB 2, 113r,68-70,282; BN 2,11,127,47-52,90f.; MH 1,20,75; MH 4,55,306.
[1052] G R 1,40,48.
[1053] GIS Asc 5,105-107,278-280.
[1054] JFC 2,4,153f.,126; GIS Asc 5,105-107,278-280.
[1055] BDED 1,4,814,22f.; MH 4,55,306.
[1056] HVD 5,3,246-248,76-78.
[1057] HVD 5,3,238-240,76.
[1058] BDED 1,3,814,22f.
[1059] MO 2,6,52,559.
[1060] BN 1,17,76,29-31,61f.
[1061] HISV 1, 1,2,13,352-354,22; MH 1,10,33.
[1062] IL 2,7,34,180; MH 5,6,327; AB 131,6-9,296.
[1063] MH 1,4,14.
[1064] WCS 10,358D.
[1065] WCS 10,458C; G 3, 3,14,4,12-15,60.
[1066] G 3, 3,60,1,6-10,244-248.
[1067] MH 1,27,95.

ders große Not[1068], tritt Jesus an ihre Stelle; er bewirkt auch als Priester die Spendung der Sakramente[1069].

3.5 Lamm

Der Ausdruck „Lamm" kommt in der Heiligen Schrift und der gesamten christlichen Tradition meist im Zusammenhang mit den Ausdrücken „Opfer" und „Priester" vor.

In der Schrift war die Stelle Joh 1,29.36 „Seht das Lamm Gottes", mit welchem Wort Johannes der Täufer auf Jesus hinweist, wichtig. In der Offenbarung des Johannes ist „Agnus", „Lamm" der wichtigste Name für Christus (Offb 5,6.8.13; 7;10.14; 12,11; 13,8; 14,4.10; 15,3; 17,14; 19,7.9; 21,14.27; 22,1). Die Alte Kirche führt den Ausdruck „Lamm" oft in den Reihen von Namen für Jesus[1070]. Dem Wort „vitulus", „Kalb", „Mastkalb" kommt im christologischen Kontext insofern Bedeutung, weil der barmherzige Vater bei der Rückkehr seines Sohnes das Mastkalb schlachten läßt (Lk 15,23.27.30). Auch dieser Ausdruck fand in der Alten Kirche Eingang in die Reihe der Namen Christi[1071].

3.5.1 Die lateinischen Texte

1. Einige Male verwendet Bernhard von Clairvaux den Ausdruck „Lamm" für Jesus. Lamm ist für ihn ein Zeichen der Unschuld. In einer Predigt zum Fest der Erscheinung des Herrn bezeichnet Bernhard Jesus als „homo sine culpa, caro sine peccato, agnus sine macula", „Mensch ohne Schuld, Fleisch ohne Sünde, Lamm ohne Makel"[1072]. Wer dem Lamm folgt (Offb 14,4), wird selbst ohne Makel sein[1073]. Ausdrücklich betont Bernhard, daß das Gewand des Josef, daß sein Vater Jakob erhielt, nicht mit dem Blut „haedi, qui peccatum significat, sed Agni, qui designat innocentiam", „eines Bockes, welcher die Sünde bezeichnet, sondern mit demjenigen des Lammes, welches die Unschuld bedeutet," getränkt war (Gen 37,31)[1074].

Das Lamm ist auch ein Zeichen für den Opfertod Christi, der sein eigenes Blut vergoß; denn er war das Lamm, das seinen Mund vor dem Scherer nicht auftat (Jes 53,7)[1075]. In einer Allegorese erklärt der Abt, wie Jesus, das Lamm Gottes, die Sünden trägt (Joh 1,29). Jesus gab seine Wolle in der Demut seiner Lehre und sein Fell in der Abtötung bis in sein Leiden hinein[1076].

[1068] CS 2, 4,3,27,301.
[1069] G R 1,60-62,50; 1,218-220,60.
[1070] Vgl. Sieben, Nomina 136-140; 163f.; 168f.; 181; 187; Grinda 1162f.
[1071] Vgl. Ebenda 172; 181; 191.
[1072] BPEPI 2,1,374,9f.
[1073] BOS 3,2,772,7-9.
[1074] BA 3,5,154,12-15.
[1075] BA 3,5,154,15-17.
[1076] BPA 6,862,15-22.

„Lamm" steht aber auch für die Sanftmut Christi. In Hld 2,16 weidet der Geliebte unter den Lilien. Bernhard tut sich mit der Erklärung dieser Stelle zunächst schwer. Zu weiden, und das noch unter Lilien, scheint eher Anlaß zur Verachtung als anziehend für die Braut zu sein[1077]. Er aber „agnus plane et vitulus saginatus", „wird tatsächlich als Lamm und Mastkalb bezeichnet"[1078]. In einer Osterpredigt erklärt er das Lamm, welches das Buch mit den sieben Siegeln öffnen kann (Offb 5,5-7). Er macht dabei auf einen Unterschied zwischen der Ankündigung der Öffnung und ihrer Verwirklichung aufmerksam: „Leonem Iohannes audierat, et agnum vidit." – „Von einem Löwen hat Johannes gehört, und ein Lamm sah er."[1079] Er legt dies auf Ostern hin aus. Was ist in der Auferstehung geschehen? Sie geschieht „non mansuetudinem amittere, sed accipere fortitudinem, ut et agnus maneat et sit leo", „nicht, um die Sanftmut zu verlieren, sondern die Stärke zu empfangen, damit er Lamm bleibt und Löwe ist"[1080]. „Nuptiae Agni", „Die Hochzeit des Lammes (Offb 19,9)" ist bei Bernhard zum Ausdruck der himmlischen Freuden geworden[1081].

2. Nach Wilhelm von St. Thierry ist Jesus das Osterlamm, das wie einst bei den Juden in Ägypten die Menschen durch das Vergießen seines Blutes erlöst[1082].

3. Gilbert von Hoyland schreibt, daß am Ende der Mensch mit Herrlichkeit gekrönt wird, „qui mitis, qui mansuetus, qui velut Agnus de tribulatione magna venit", „der mild, der sanftmütig, der wie ein Lamm von der großen Bedrängnis kommt"[1083].

4. Johannes von Ford baut die Allegorese von Christus als dem Lamm weiter aus.

Das Lamm bezeichnet die Unschuld seines Todes[1084]. „Agnus quippe Dei sine macula est, masculus est, anniculus est. Quis ex uobis arguet eum de peccato?» – «Das Lamm Gottes ist ja ohne Makel, es ist männlich, es ist einjährig. Wer von euch beschuldigt ihn einer Sünde (Joh 8,46)?»[1085] Die einzelnen Erzeugnisse des Lammes werden ebenfalls gedeutet: „Lana agnis huius humilis mansuetudo est; caro eius pia beneuolentia est; sanguis eius sancta iucunditas est." – „Die Wolle dieses Lammes ist die demütige Sanftmut, sein Fleisch ist das gütige Wohlwollen, sein Blut ist die heilige Freude."[1086] Diese Haltungen sollen auch die Jünger Jesu haben. „Stipatur agnus Dei simillimis et conformibus sibi consodalibus suis." – „Umgeben ist das Lamm Gottes von den seinen ihm ähnlichen und gleichförmigen Mitstreitern."[1087] Unter diesen versteht Johannes vor allem die jungfräulichen Menschen, die das Lob des Lammes Gottes singen[1088]. Das Blut, das die Juden auf sich herabrufen (Mt 23,35), ist „sanguis Agni Dei, sanguis

---

[1077] BHLD 2,70,1,1,428,22-430,3.
[1078] BHLD 2,70,1,1,430,5.
[1079] BPASC 1,10,242,14.
[1080] BPASC 1,10,242.16-244,1.
[1081] BDI 11,33,130,11.
[1082] WHLD 1,5,68,170.
[1083] GHLD 29,4,151D.
[1084] JHLD 31,3,50,245.
[1085] JHLD 31,3,55-57,245.
[1086] JHLD 31,3,80-82,246.
[1087] JHLD 3,2,60f.,49.
[1088] JHLD 3,2,65-70,50.

Vnigeniti Patris, sanguis ille expiationis magnae", „das Blut des Lammes Gottes, das Blut des Eingeborenen des Vaters, jenes Blut der großen Sühne"[1089]. Dazu verbarg dieses Lamm im Leiden seine Majestät und Macht und zeigte nur seine Sanftmut[1090]. „De hac Agnis Dei mansuetudine pinguissima mansuetudinis suae pinguidinem trahunt." – „Von dieser kraftvollsten Sanftmut des Lammes Gottes ziehen sie (die Christen) die Kraft ihrer Sanftmut."[1091]

5.　Der Autor des Traktates „Speculum virginum" macht sich Gedanken darüber, ob man Bilder aus der Natur auf Gott anwenden darf. Diese werden „ad ipsum substantialiter non referuntur", „nicht auf sein Wesen bezogen", sagen aber etwas über sein Wirken in der Heilsgeschichte aus[1092]. In der von ihm aufgestellten Reihe von Beispielen solcher Bilder stehen auch „agnus", „Lamm" und „vitulus", „Kalb"[1093]. Anschließend gibt der Autor zu den einzelnen Bildern eine kurze Erklärung: „Agnus propter innocentiam et passionem", „Lamm (wird er genannt) wegen seiner Unschuld und seines Leidens"[1094]. „Quia pro nobis oblatus et mortuus est, vitulus." – „Weil er sich für uns dargebracht hat und gestorben ist, (wird er genannt) Opferstier."[1095] Im Zusammenhang mit seinem Leiden und Sterben wird aber Jesus in diesem Traktat sonst nicht als Lamm oder Opferstier bezeichnet, umsomehr aber wird die Makellosigkeit des Lammes bei der Jungfräulichkeit Christi betont. Das makellose Lamm, dem diejenigen folgen, die keine Frau besitzen, ist selbstverständlich ein Thema dieses Traktates. Schon in dem Einleitungsbrief werden die Briefadressatinnen, jungfräulich lebende Schwestern, als Jungfrauen, die dem Lamm folgen (Offb 14,4) angesprochen[1096]. Ausführlicher wird diese Schriftstelle umschrieben an folgender Stelle: „Sicut fructus florem suum sequitur, sicut Christum virginem virgines, sic agnum castitatis sequelae." – „Wie die Frucht ihrer Blüte folgt, so die Jungfrauen dem jungfräulichen Christus, so die Gefolgschaft der Keuschheit dem Lamm."[1097] Wenn die Jungfrauen sich von den Lastern und den fleischlichen Begierden trennen, sind sie „vere agni immaculati sequelae", „wirklich die Gefolgschaft des Lammes ohne Makel"[1098]. Sie folgen „virginem agnum modis et gradibus ineffabilibus", „dem jungfräulichen Lamm in unaussprechlichen Weisen und Schritten"[1099]. Ihre Fähigkeit, das Neue Lied zu singen, folgt „ex agni immaculati similitudine", „aus der Ähnlichkeit mit dem makellosen Lamm"[1100]. Denn das makellose Lamm teilt den Jungfrauen diese Gnade zu[1101]. Wer diesem Lamm folgt, wird von ihm

---

[1089] JHLD 30,2,62-66,239.
[1090] JHLD 119,3,91-97,802.
[1091] JHLD 119,3,99-101,802.
[1092] SP 6,530,7-13.
[1093] SP 6,530,16.
[1094] SP 6,532,5f.
[1095] SP 6,532,7f.
[1096] SPEP 78,9f.
[1097] SP 1,90,9-11.
[1098] SP 1,126,14-20.
[1099] SP 5,402,23f.
[1100] SP 5,404,1f.
[1101] SP 5,414,18f.

nicht verlassen; „omnipotentem agnum loquimur", „wir sprechen vom allmächtigen Lamm"[1102]. Dazu gehört allerdings, daß die Schwestern nicht nur die körperliche Unversehrtheit bewahren, sondern auch die inneren Tugenden pflegen[1103]. Wer diesem Lamm folgen will, muß auch seine Armut und sein Leiden auf sich nehmen[1104]. Das Wort „agnus" wird von „agnoscere" abgeleitet, weil es zwischen ihm und denen, die ihm nachfolgen, ein besonderes wechselseitiges Erkennen gibt[1105]. Die Jungfrau folgt dem Lamm, „quia et agnus virgo cognoscitur", „weil auch das Lamm als Jungfrau erkannt wird"[1106]. Daraus wird das vertraute Verhältnis des jungfräulichen Christus mit seiner jungfräulichen Mutter abgeleitet[1107]. Auch Johannes, der Liebesjünger, konnte in der Offenbarung, für deren Autor er gehalten wird, so oft auf Christus, das Lamm, hinweisen, weil er selbst jungfräulich lebte und dem Lamm folgte[1108]. In dem den Traktat beschließenden Lobpreis heißt es: „Agnus praecurrit, agmina digna sequuntur milia." – „Das Lamm läuft voraus, und ein würdiger Zug von Tausenden folgt."[1109]

6. Hugo von St. Viktor schreibt von der Kirche: „Corpus Christi est, sponsa Agni est." – „Der Leib Christi ist sie, die Braut des Lammes ist sie."[1110] „In tempore gratiae per immolationem Agni immaculati redemptionem accepit." – „In der Zeit der Gnade hat sie durch die Opferung des Lammes Erlösung empfangen."[1111] Jesus ist „pro peccatis hominum in cruce est immolatus quasi agnus mitis et non apriens os suum", „für die Sünden der Menschen am Kreuz wie ein mildes Lamm, das seinen Mund nicht auftut, geopfert worden (Jes 53,7)"[1112]. Am Kreuz hat Gott den Menschen nicht wie ein Mietling im Stich gelassen, „unicam illam ovem, et agnum illum ovis virginis filium", „jenes einzige Schaf und jenes einzige Lamm, der Sohn des jungfräulichen Schafes"[1113]. Im zweiten Buch seines Werkes „De sacramentis" zeigt Hugo, daß das alttestamentliche Passahlamm ein Vorbild für den Leib Christi gewesen war. Neben der Beschneidung zählt er das Essen des Fleisches und das Bestreichen der Pfosten mit dem Blut des Lammes zu den wichtigen Hinweisen für das Wirken Jesu im Alten Testament[1114]. Allegorisch legt er die Erzählung vom Passah auf Christus hin aus: „Aegyptus, mundus; exterminator Deus, agnus Christus; sanguis agni, passio Christi; domus animarum, corpora; domus cogitationem, corda." – „Ägypten (bedeutet) die Welt, der Vertreiber Gott, das Lamm Christus, das Blut des Lammes das Leiden Christi, das Haus der Seele

---

[1102] SP 7,628,12-14.
[1103] SP 3,234,21-23,
[1104] SP 5,414,25-416,17.
[1105] SP 5,404,5-9. Zu dieser Etymologie vgl. SP 404 Anm 92.
[1106] SP 7,626,9f.
[1107] SP 5,404,12-406,2.
[1108] SP 5,408,12-14.
[1109] SPE 33,1026B.
[1110] HAN 1,2,622A.
[1111] HAN 1,4,630C.
[1112] HNM 1,682A.
[1113] HSA 2,1,10,400B.
[1114] HSA 2,8,5,465A.

die Leiber, das Haus der Gedanken die Herzen."[1115] Die Seelen werden vom Blut Christi durch den Glauben berührt, die Leiber durch die Bezeichnung mit dem Kreuz[1116]. Im Kommunionempfang werden wir Christus, dem Lamm, einverleibt[1117].

7. Nach Richard von St. Viktor treten die Menschen als Könige zur Hochzeit des Lammes auf[1118]. Richard bezeichnet die Menschen, die, nur um eine Gabe zu erlangen, Gott dienen, als Kaufleute. „Non facile contingit, ut in holocaustum Domini agnum agniculum immaculatum manus ejus inveniat." – „Nicht leicht geschieht es, daß seine Hand für das Ganzopfer des Herrn das Lamm, das makellose Lämmlein, findet."[1119] Denn nur derjenige, der auch in der Verfolgung den Frieden und die Ruhe des Herzens bewahrt und keinen Haß gegen den Verfolger richtet, „in sacrifio Dei agnum obtulit", „hat zum Opfer das Lamm Gottes dargebracht"[1120]. Zum Opfer soll man „patientiae itaque et mansuetudinis agnos", „so die Lämmer der Geduld und Sanftmut" darbringen[1121].

8. Hildegard von Bingen schreibt oft von Jesus als dem Lamm.

8.1 Für Sie hat die Taufe Jesu schon soteriologischen Charakter. „Innocens agnus, qui sine ulla macula peccati fontem baptismsi ingressus est, cum magno sacramento incarnationis suae crimina peccatorum hominum in baptismate misericorditer aufert." – „Das unschuldige Lamm, das ohne jeden Makel der Sünde in den Quell der Taufe eingetreten ist, nahm mit dem großen Geheimnis seiner Menschwerdung die Vergehen der Sünden der Menschen in der Taufe barmherzig weg."[1122]

In viel tieferem Sinn gilt dies für sein Sterben am Kreuz. Aus Liebe „Filium suum misit ad crucem quasi agnum mansuetum", „sandte (der Vater) seinen Sohn wie ein sanftmütiges Lamm"[1123]. Durch die Sühnopfer des Alten Bundes wurde im Vorhinein angezeigt, „quod innocens Agnus pro homine immolandus esset", „daß das unschuldige Lamm für die Menschen zu opfern sei"[1124]. Als Christus, das „innocens agnus", „unschuldige Lamm", am Kreuz hing, haben die Elemente gebebt[1125]. An das Kreuz geheftet wurde das unschuldige Lamm[1126]. Erst als der Teufel sah, daß Jesus als Lamm sein Blut zur Vergebung der Sünden am Kreuz vergoß, „cognovit quis agnus ille esset", „erkannte er, wer jenes Lamm ist"[1127]. Die Seele soll sich sagen, daß sie dem Teufel

---

[1115] HSA 2,8,5,465A-B.
[1116] HSA 2,8,5,465B.
[1117] Ebenda.
[1118] RVBMI 35,24D.
[1119] RVPS 28,286C-D.
[1120] RVPS 28,386D.
[1121] RVPS 28,287A.
[1122] HISV 1, 2,3,34,737-740,156.
[1123] HISV 2, 3,1,8,360-362,337.
[1124] HIB 2, 113r,61-63,282.
[1125] HISV 1, 1,2,32,776f.,35.
[1126] HISV 1, 2,6,1,276f.,232.
[1127] HISV 1, 1,2,32,779-783,35f.

verfallen wäre, „si non redempta essem in sanguine agni", „wenn ich nicht im Blut des Lammes erlöst worden wäre"[1128].

8.2 Die Kirche ist „in sanguine agni (Offb 7,14)", „im Blut des Lammes" mit dem Sohn Gottes verlobt[1129]. Die Schar der Apostel soll die Braut des Lammes (Offb 21,9) schützen[1130]. Ihr Glaube „exorta est in sanguine ueri agni uidelicet intimi sponsi", „ist entstanden im Blut des wahren Lammes, nämlich des innigen Bräutigams"[1131]. Die Märtyrer speisen beim Mahl des Lammes, weil sie das Lamm nachahmen[1132]. Die Priester treten bei der Feier der Heiligen Messe „ad immolationem innocentis agni", „zur Opferung des unschuldigen Lammes"[1133]. Schlechte Priester aber fliehen durch ihre schlimmen Werke vor dem unschuldigen Lamm[1134]. Mit Sünden darf man nicht „ad communionem innocentis agni", „zur Kommunion des unschuldigen Lammes" gehen[1135]. Vorher muß man sich im Blut des makellosen Lammes reinigen[1136]. Man kann sein Gewand im Blut des Lammes, welches barmherzig ist, waschen[1137]. Das Lamm offenbart die Tugenden, mit denen man zur Ehre des Lammes gehen soll[1138]. Besonders die Ordensleute „Agnum Dei, Christum scilicet, crucem eius baiulantes sequuntur", „folgen dem Lamm Gottes, nämlich Christus, indem sie sein Kreuz tragen"[1139]. „Iter immaculati agni", „Der Weg des makellosen Lammes" führt die Menschen nach oben[1140]. Dazu sollen sie an der Unschuld des unschuldigen Lammes hängen[1141].

In immer neuen Variationen drückt Hildegard den einen Gedanken aus: Durch das unschuldige oder makellose Lamm ist alle Schuld und jeder Makel der Menschen getilgt.

9. Elisabeth von Schönau sieht einmal „ante thronum dei agnum stantem valde amabilem, et habentem crucem auream quasi dorsi infixam", „vor dem Thron Gottes das sehr liebenswerte Lamm Gottes stehen (vgl. Offb 5,6), das ein Kreuz gleichsam auf dem Rücken angeheftet hat"[1142]. Ein anderes Mal spricht sie von dem Lamm Gottes, welches wie ein Spiegel und Beispiel vor den heiligen Märtyrern steht[1143].

10. In den Viten der flämischen Mystikerinnen wird öfters vom Lamm Gottes gesprochen.

[1128] HISV 2, 3,6,35,993f.,460.

[1129] HISV 1, 2,3,2,154-158,137.

[1130] HISV 2, 3,13,4,130,618.

[1131] HISV 1, 2,3,12,283f.,142.

[1132] HISV 2, 3,13,5,140-143,618.

[1133] HISV 1, 2,6,6,404-406,236.

[1134] HIB 2, 149r,87,336.

[1135] HISV 1, 2,6,57,1724f.,276.

[1136] HIB 1, 23,43-45,62.

[1137] HIO 3,4,14,29-31,403.

[1138] HISV 2, 3,9,9,285f.,523.

[1139] HIB 2, 106r,19f.,266.

[1140] HISV 2, 3,6,429f.,444.

[1141] HISV 1, 2,5,9,411f.,183; vgl. HISV 2, 3,8,21,1073f.,509.

[1142] ESV 1,21,12.

[1143] ESI 12,96.

Von Christina mirabilis heißt es, als sie Verlangen nach der Kommunion hat, sie sei „sacrosanctas Agni immaculati paschalis carnes esuriens", „hungrig nach dem hochheiligen Fleisch des makellosen Osterlammes"[1144].

11. Ivetta von Huy fühlt sich einmal „ante thronum Dei et agni", „vor den Thron Gottes und des Lammes" geführt, wobei die Engel sie dem Herrn gleichsam als bereite und geschmückte Braut darbieten[1145].

12. Jakob von Vitry schätzt in seiner Vita der Maria von Oignies den Titel „Lamm Gottes" sehr. In seinem Vorwort verteidigt er das Sammeln von Erzählungen über heiligmäßige Menschen, „ut variis Sanctorum exemplis quasi calceamentis comedentium Agnum Paschalem, pedes munirentur", „damit durch die verschiedenen Beispiele der Heiligen wie mit Sandalen die Füße derer, die das Osterlamm essen, geschützt sind"[1146]. Im gleichen Vorwort berichtet er, daß bei einigen der heiligen Jungfrauen, unter welche er auch Maria von Oignies zählt, die Süße, die sie beim Essen des Fleisches des wahren Lammes im Herzen empfanden, auch dem leiblichen Geschmackssinn spürbar wurde[1147].

Von Maria selbst berichtet er, daß sie trunken „prae dulcedine Agni Paschalis", „von der Süße des Osterlammes" auf jede andere Fleischspeise verzichtete[1148]. Sie legt auf besondere Kleidung Wert, weil sie sich innerlich mit dem Vlies des makellosen Lammes bekleidet fühlt[1149]. Unter den mannigfaltigen Gestalten, in denen sich Christus ihr zeigt, ist auch diejenige des „agni mansueti", „sanftmütigen Lammes"[1150].

13. Thomas von Cantimpré leitet die Aufzählung verschiedener Tugenden, in denen Lutgard von Tongeren Christus nachahmt, mit der Bemerkung ein: „Sponso suo perfectius adhaerens sequebatur Agnum quocumque iret." – „Ihrem Bräutigam vollkommen anhängend folgte sie dem Lamm, wohin es ging."[1151] Als Lutgard ein Responsorium zu Ehren der Jungfrau Maria allein sang, „videbatur ei interim dum cantaret, quod Christus in specie Agni super pectus suum se tali modo locaret, ut unum pedem super humerum ejus dexterium alium super sinistrum, et os suum ori illius imponeret: et sic sugendo de pectore illius mirabilis melodiae suavitatem extraheret", „schien es ihr dabei, während sie sang, daß Christus in der Gestalt des Lammes sich auf die Weise auf ihre Brust setzte, daß der eine Fuß über ihrer rechten Schulter und der andere über der linken und sein Mund über ihrem Mund lag und daß er so an ihrer Brust saugend die Süße einer wunderbaren Melodie herauszog"[1152].

14. In der Vita der Ida von Nijvel wird das Verlangen nach dem Kommunionempfang der Mystikerin folgendermaßen ausgedrückt: „Desidero magno desiderauit manduca-

---

[1144] CM 1,10,652.
[1145] IH 23,68,158.
[1146] MO prol 1,547.
[1147] MO prol 8,548.
[1148] MO 1,2,22,552.
[1149] MO 1,4,37,555.
[1150] MO 2,10,88,567.
[1151] LT 1,2,18,164; LTA 1,2,18,194.
[1152] LTA 1,2,19,194; LT 1,2,19,164.

re carnes agni paschalis." – „Mit großer Sehnsucht sehnte sie sich danach, das Fleisch des Osterlammes zu essen."[1153]

15.	Auch in Helfta ist der Titel „Lamm Gottes" für Jesus gebräuchlich.

15.1	Besonders gern spricht Mechthild von Hackeborn über „das Lamm Gottes im Zusammenhang mit der Meßfeier. Einmal sieht sie ein Gastmahl, welches Jesus den Auserwählten bereitet hat. „Propinatus est eis etiam calix meri dulcissimi, sanguinis videlicet Agni immaculati, in quo eorum corda a cunctis maculis sunt abluta." – „Gereicht wird ihnen auch der Kelch mit süßestem Most, nämlich dem Blut des makellosen Lammes, in welchem ihre Herzen von allen Makeln abgewaschen sind."[1154] Auf ihre Frage, wie sie sich auf den Kommunionempfang vorbereiten soll, wird Mechthild die Art gezeigt, wie die Jünger damals das Passahmahl bereitet haben[1155]. „Supra mensam visus est agnus nive candidior … Hic agnus Christus erat, qui solus animae cibus est et refectio." – „Auf dem Tisch wurde ein Lamm, weißer als Schnee, gesehen … Dieses Lamm war Christus, der allein die Speise und Stärkung der Seele ist."[1156] Einmal geht der Konvent „ad Agni coenam", „zum Mahl des Lammes", das heißt zur Kommunion[1157]. Dabei sieht sie, wie die Schwestern vor Christus, dem König, stehen. „Virgo autem Maria processit de throno, et agnum nive candidiorem omnibus tribuit osculandum." – „Die Jungfrau Maria bewegte sich vom Thron weg und gab allen das Lamm, weißer als Schnee, zum Küssen."[1158] Zu einer Seelenmesse für eine verstorbene Mitschwester heißt es: „Cumque Agnus Dei paschalis pro ea Patri sacrificaretur, de Corde Dei tantae claritatis lux emicuit, quod animam totam circumdedit nec amplius videri potuit." – „Als das österliche Gotteslamm für sie dem Vater geopfert wurde, ging ein Licht von solcher Klarheit aus dem Herzen Gottes strahlend hervor, welches die Seele ganz umgab und sonst nicht gesehen werden konnte."[1159]

15.2	Auch unabhängig von der Eucharistie wird der Erlöser „Lamm" genannt. Als eine Mitschwester sich bei ihr anklagt, ständig bei dem Stundengebet mit ihren Gedanken abwesend zu sein, gibt der Herr ihr den Rat, nach jeder Hore zu beten: „Deus, propitius esto mihi peccatori; sive hoc: O Agne mitissime, miserer mei." – „Gott sei mir Sünder gnädig. Oder: O mildestes Lamm, erbarme Dich meiner."[1160] Wenn dies geschieht, wird alle Nachlässigkeit von Gott ergänzt. Sieht man einen zornigen Menschen, gilt der Rat: „Lauda me in mansuetudine qua tamquam agnus steti coram judice." – „Lobe mich wegen der Sanftmut, mit der ich wie ein Lamm vor dem Richter gestanden habe."[1161] Von der verstorbenen Äbtissin und leiblichen Schwester der Mechthild, Gertrud von Hackeborn, heißt es: „Non immerito Virginibus jam Agnum

---

[1153]	IN 3,208.
[1154]	MH 1,13,43.
[1155]	MH 3,22,225.
[1156]	MH 3,22,225f.
[1157]	MH 4,4,261.
[1158]	Ebenda.
[1159]	MH 5,6,327f.
[1160]	MH 3,32,236f.
[1161]	MH 3,43,246.

sequentibus comparabitur, quia et ipsa Agnum quocumque ierit perfectissime seque-
tur." – „Nicht zu Unrecht soll man sie mit den Jungfrauen vergleichen, die dem Lamm
folgen, weil sie auch dem Lamm, wohin es ging, ganz vollkommen folgt."[1162] Ein ro-
senfarbiger Edelstein bedeutet „passionem Agni immaculati", „das Leiden des makellosen Lammes"[1163]. Die Heiligen Jungfrauen beten für das Kloster in Helfta mit den
Worten: „Rogamus te sponsum, Regem et Agnum mansuetissimum, pro coeti Virginum." – „Wir bitten Dich, Bräutigam, König und sanftmütigstes Lamm, für den Konvent der Jungfrauen."[1164]

15.3 Insgesamt hält sich der Gebrauch des Titels „Lamm" für Jesus bei Mechthild im
Rahmen des Üblichen. Bei ihr erhält dieses Wort besonders oft die Adjektive „makellos" und „österlich".

16. Ein ähnlicher Befund ergibt sich bei Gertrud der Großen.

16.1 Besonders oft kommt der Titel in ihrem Buch „Exercitia spiritualia" vor. Wer zur
Kommunion geht, empfängt eine Vereinigung „vivifici corporis et sanguinis agni immaculati Iesu Christi", „mit dem lebenspendenden Leib und Blut des makellosen Lammes
Jesu Christi"[1165]. Bei der geistlichen Erneuerung der Einkleidung, welche zu Beginn
des Ordenslebens stattgefunden hat, soll man darum bitten, „vellere agnis Iesu", „mit
dem Vlies des Lammes Jesus" bekleidet zu werden[1166]. Maria ist „mater regis agni",
„Mutter des Königs und des Lammes"[1167]. Man hofft, einmal „introire nuptias agni",
„zur Hochzeit des Lammes eintreten" zu dürfen[1168], wohin die Liebe führen will[1169].
Dann wird man im ewigen Genuß „visionis mellifluae facie dei et agni", „der Schau des
honigfließenden Angesichtes Gottes und des Lammes" sein[1170]. „Hic iubilabis domino
ante thronum dei et agni pro omnibus beneficiis suis." – „Hier wirst du dem Herrn zujubeln vor dem Thron Gottes und des Lammes für all seine Wohltaten."[1171] Man ist ja
dort, „ubi tu es deus verum lumen, deus et agnus", „wo Du, Gott, bist, das wahre Licht,
Du Gott und Lamm"[1172]. Bei der Erneuerung der Profeß soll man Gott bitten, durch
Bewahrung der Keuschheit „in agni tui comitatu", „in der Gefolgschaft Deines Lammes" bleiben zu dürfen[1173]. Dann hofft man auch, nach dem Tod unter der Schar der
Jungfrauen zu sein, „sequens te agnum sine macula, filium Mariae virginis, quocunque
tu, viriginum flos, ieris", „die Dir folgt, dem Lamm ohne Makel, dem Sohn Mariens der
Jungfrau, wohin Du, Blüte der Jungfrauen, auch gehst"[1174].

[1162] MH 5,30,364.
[1163] MH 6,7,386.
[1164] MH 4,8,266.
[1165] G R 1,174f.,56.
[1166] G R 2,67f.,70.
[1167] G R 3,126,82.
[1168] G R 3,144,82.
[1169] G R 5,78,132.
[1170] G R 5,163,138.
[1171] G R 6,136f.,170.
[1172] G R 5,463,156.
[1173] G R 3,251-253,90.
[1174] G R 3,333-335,94.

16.2 Weniger häufig wird in den übrigen Schriften dieser Titel gebraucht. Während der Messe „Agnus Dei sine macula, seipsum eadem hora obtulit Deo Patri pro salute universitatis in altari", „brachte das Lamm Gottes ohne Makel sich selbst zur gleichen Stunde Gott Vater für das Heil des Alls auf dem Altar dar"[1175]. In Anlehnung an Jes 53,7 heißt es: „Cum homo gravatus adversis provocatur ad impatientiam, recolat Filii Dei admirandam patientiam, qui tamquam agnus mansuetissimus ad immolandum pro nostra salute deductus non aperuit os suum." – „Wenn der Mensch mit Widerwärtigkeiten beschwert zur Ungeduld gereizt wird, soll er sich an die zu bewundernde Geduld des Sohnes Gottes erinnern, der wie das sanftmütigste Lamm zur Opferung für unser Heil geführt wurde und seinen Mund nicht öffnete."[1176]

16.3 Die Tatsache, daß in den „Exercitia spiritualia" dieser in der Liturgie immer wieder gebrauchte Titel besonders oft vorkommt, kann daran liegen, daß dieses Werk sich besonders stark an die liturgischen Texte des Gottesdienstes anschließt.

17. In der Vita der Agnes von Blannbekin wird der Name „Lamm" stärker in den Kontext der „unio mystica" einbezogen.

Einmal sieht Agnes die Liebe in der Gestalt eines Ritters[1177]. Er trägt einen Schild mit dem Bild eines Lammes und spricht: „Seht das Lamm Gottes, das hinwegnimmt die Sünden der Welt."[1178] An einem Abend hat Agnes folgende Vision: „Ecce, apparuit ei agnus magnus ad modum vituli anni unius carne humana vestitus, nudus, habens faciem humanam, et incedens quatuor pedibus, ut agnus, facie versa ad terram, et diadema circa caput ejus." – „Siehe, da erschien ihr ein großes Lamm nach Art eines einjährigen Kalbes, mit menschlichem Fleisch bekleidet, nackt, mit einem menschlichen Gesicht und auf vier Füßen schreitend wie ein Lamm, mit zur Erde gebeugtem Gesicht und ein Diadem um seinen Kopf."[1179] Diese Vision dauert nur kurz, wiederholt sich aber[1180]. Die Reaktion auf diese Erscheinung ist bei Agnes teils Verwirrung[1181], teils Trost und Entflammen der Liebe[1182]. Die Verwirrung stammt wohl daher, daß sich bei dieser Erscheinung die Bilder überschneiden. Auf der einen Seite wird ein Lamm sichtbar, das auf vier Füßen mit geneigtem Kopf geht[1183]. Dann aber ist das Lamm mit einem einjährigen Kalb identisch. Vor allem aber trägt es Züge eines Menschen, hat menschliches Fleisch und ein menschliches Gesicht, ist nackt und trägt eine Krone. Dies alles ist in der Tat verwirrend. Am darauf folgenden Morgen sieht Agnes während der Messe ohne Vermischung der Bilder „agnum candidum ut nix, vestitum lana candidissima", „ein wie Schnee weiß strahlendes Lamm, gekleidet in strahlendster Wolle"[1184]. Dieses

---

[1175] G 3, 3,18,7,7f.,86.
[1176] G 3, 3,42,1,14-18,194.
[1177] AB 124,23,280.
[1178] AB 124,27-30,280.
[1179] AB 154,4-8,330.
[1180] AB 154,10-12,330.
[1181] AB 154,8f.,330.
[1182] AB 154,12f.,330.
[1183] Seit der Stoa werden der aufrechte Gang und das erhobene Haupt als Zeichen der Würde des Menschen angesehen.
[1184] AB 154,19f.,330.

mittelgroße Lamm geht zu den anwesenden Priestern und küßt ihre Kaseln[1185]. „Et ecce, subito reperit agnum juxta se stantem, qui genas ejus ore suo deosculabatur, ex cujus contactu ipsa fuit suaviter inflamata etiam corporaliter." – „Und siehe, plötzlich fand sie das Lamm neben sich stehend, das ihre Wangen mit seinem Mund küßte; aus der Berührung mit ihm wurde sie auch körperlich süß entflammt."[1186] Nach einer kurzen durch eine äußere Störung bedingten Unterbrechung erscheint das Lamm wieder. Auf die Frage nach dem Grund seines Kommens „cui agniculus: ‚Sacerdotibus‘, inquit, me trado, et ipsi me offerunt patri‘", „sagte ihr das Lämmlein: ‚Ich übergebe mich den Priestern, und sie bringen mich dem Vater dar.‘"[1187] Im Folgenden kommt Agnes auf das sie Verwirrende der ersten Vision, das sie jetzt als traurigen Anblick bezeichnet, zurück[1188]. Bereitwillig erklärt ihr Jesus die Einzelheiten: Er war ihr in der Größe eines Kalbes erschienen, weil dieses beim Schlachten nicht so schnell stirbt wie ein Lamm; denn auch er hatte ein hartes und langes Sterben am Kreuz[1189]. Die Tatsache, daß auf der ersten Vision etwas Gewaltsames lag, wird dadurch erklärt, daß Jesus bei seinem Leiden, aber auch heute noch von den Menschen wie ein Stück Vieh getrieben wird[1190]. Bis jetzt schien es, daß das Kommen des Lammes ein objektives Geschehen bei der Messe deuten soll. Dieser Eindruck wird aber verschiedenartig korrigiert. Die Priester, denen sich das Lamm bei der Wandlung in die Hände gibt, empfangen es als „agniculum parvum", „kleines Lämmlein" wie Laien bei der Kommunion in ihrem Mund[1191]. Ja, auch die Franziskanerbrüder, die an der Messe wegen auswärtiger Verpflichtungen nicht teilnehmen können, empfangen „illum benedictum agnum", „jenes gesegnete Lamm"[1192]. Ein Priester aber, der „negligens et indignus", „nachlässig und unwürdig" ist[1193], hat zwar das Lämmlein durch die Wandlung vor sich auf der Patene, empfängt es aber nicht[1194]. Im Unterschied dazu empfangen es gut vorbereitete Laien[1195]. Natürlich meint Agnes nicht, der unwürdige Priester sei vom sakramentalen Empfang des Leibes Christi ausgeschlossen. Was ihm aber nicht zuteil wird, ist „illius sacramenti coenae sanctissimae fructum", „die Frucht des hochheiligen Mahles in jenem Sakrament"[1196], welche wohl der Kuß des Lammes versinnbildet ist, den die würdig zelebrierenden Priester und Agnes empfangen haben. Damit wird deutlich, daß die Anwesenheit des Lammes zwar vom sakramentalen objektiven Geschehen abhängt,

---

[1185] AB 154,21-25,332.

[1186] AB 154,25-28,332.

[1187] AB 154,36-39,332.

[1188] AB 155,3-5,332.

[1189] AB 155,7-10,332.

[1190] AB 155,11-17,334.

[1191] AB 155,21-39,334. Das Schwebende der Visionen der Agnes kann hier gut aufgezeigt werden: Am Anfang erscheint das Lamm in der Größe eines Kalbes, dann in mittlerer Größe, darauf als Lämmlein und hier als kleines Lämmlein.

[1192] AB 155,29-35,334.

[1193] AB 156,16,336.

[1194] AB 156,8-10,334.

[1195] AB 156,10-12,334-336.

[1196] AB 156,17f.,336.

seine bis in die mystische Vereinigung hinein reichende Wirkung aber eine subjektive Bereitschaft voraussetzt.

3.5.2 Die muttersprachlichen Texte

1. Nach dem St. Trudperter Hohelied wird die Braut „ze deme tische geleitet unde … ze der wirtschefte gesetzet des gotes lambes", „zum Tisch geleitet und …. zum Mahl des Gotteslammes gesetzt"[1197]. Bis an den Rand des Erträglichen wird dann die Allegorese ausgedehnt, wenn es heißt: „Der truhsaeze, daz quît diu sterke, diu garte daz lamp in sîner martere unde briet es und starcte ez ze guotem smacke der lieben gemahelen, daz ist diu heilige christenheit." – „Der Truchseß, das heißt die Stärke, garte das Lamm in seiner Marter, briet es und würzte es zum Wohlgeschmack seiner lieben Braut, das ist die heilige Christenheit."[1198]
2. In einer schwer zu deutenden Vision kommt bei Hadewijch das Lamm vor. Die Vision geschieht in der Christnacht, also zu Weihnachten[1199]. Hadewijch erkennt, wie ein Kind geboren wird[1200]. Dieses Geschehen wird im Verlauf der Vision erklärt. Zunächst schaut Hadewijch die Allmacht ihres Geliebten, also des Sohnes Gottes. „Daer in saghic dat lam besetten onse lief." – „Darin sah ich, wie das Lamm unseren Geliebten in Besitz nahm."[1201] Offensichtlich steht hier das Lamm im Gegensatz zur Allmacht und bedeutet das Schwachsein. In der Menschwerdung nimmt die Schwäche von Gottessohn Besitz, was durch die Geburt des Kindes angedeutet wird.
3. Besonders häufig verwendet Mechthild von Magdeburg diesen Namen für Jesus.
3.1 Mit Lamm verbindet Mechthild die Vorstellung vom Leiden. So spricht Gott zu ihr: „Du bist min lamp an diner pine." – „Du bist mein Lamm in deiner Pein."[1202] Mechthild bekommt gesagt, daß sie mit allen möglichen Tieren, die ihre Widerwärtigkeiten bedeuten, zu kämpfen hat, doch „das lamp sol din geselle sin", „das Lamm soll dein Geselle sein"[1203]. Wenn sich die Mitmenschen auch gegen einen Menschen wie Bären und Löwen aufführen, soll er doch „ein lamp an sanftmûtekeit", „ein Lamm an Sanftmut" bleiben[1204].
3.2 Nur gelegentlich wird Jesus „Lamm" auch im irdischen Wirken genannt. Maria braucht bei der Darstellung im Tempel kein Tier als Opferlamm zu bringen. „Min opperlamp was Jhesus Christus." – „Mein Opferlamm war Jesus Christus."[1205] Er macht erst alle anderen Lämmer, die je dargebracht werden, zum wirklichen Opfer[1206]. So

---

[1197] TH 43,16-18,108.
[1198] TH 43,25-29,108.
[1199] HAV 11,1,116.
[1200] HAV 11,18,116.
[1201] HAV 11,14-16,116.
[1202] MM 1,34,2,24.
[1203] MM 2,34,28-30,59.
[1204] MM 5,11,17-20,164.
[1205] MM 5,23,107f.,178.
[1206] MM 5,23,109-111,178.

kann Maria sagen: „Der ist min war oppferlamp, ich solte anders keines haben." – „Er ist mein wahres Opferlamm, ich sollte kein anderes haben."[1207] Jesus am Kreuz wird beschrieben als „das selbe blůtige lamp, das an dem heligen crúze wolte stan, blůtig unverbunden mit sinen heligen fúnf wunden", „dasselbe blutige Lamm, das an dem heiligen Kreuz stehen wollte, blutig, mit seinen heiligen fünf Wunden unverbunden"[1208]. Mechthild erzählt auch von einem großen Hungertuch, auf dem ein Kreuz zu sehen war. „Uf dem crúze was geneiet ein wis oppferlamp und es was geziert mit edelm gestein und mit clarem golde, rehte als es búrnen solte. Das was vor bezeichenet und wart do vollebraht, do das unschudlige gottes lamp einen grossen minnetot an dem hohen bôme nam." – „Auf dem Kreuz war gestickt ein weißes Opferlamm, und es war geziert mit Edelsteinen und klarem Gold, so als ob es brennen sollte. Dies hat eine Bedeutung und war da vollbracht, da das unschuldige Gotteslamm einen großen Minnetod am hohen Baum starb."[1209] Die Interpretationskunst der Mechthild bringt es fertig, Edelsteine und Gold, die man im 13. Jahrhundert an den Kruzifixen als Zeichen des Sieges anbrachte, zum Symbol der sich im Tod verzehrenden Liebe zu machen.

Am Ende der Zeit hat Gott Vater für Jesus Christus eine besondere Krone bereit[1210]. „Die crone sol ŏch geverwet sin mit des lambes blůt." – „Die Krone wird auch mit des Lammes Blut gefärbt sein."[1211] Oben auf der Krone ist ein Banner angebracht mit den Leidenswerkzeugen Jesu. Zu ihnen gehört auch die Geißelsäule, „geverwet mit des lambes blůte", „gefärbt mit des Lammes Blut"[1212].

3.3   Das Wort „Lamm" ist auch in die Brautmystik aufgenommen. Wie eine Frau aus dem Hochadel einen Kaplan besitzt, so hat auch die Braut Jesu einen solchen, der zwar die Furcht bedeutet, aber „gekleidet mit des lambes blůt", „mit des Lammes Blut gekleidet" ist[1213]. Wenn Mechthild Sehnsucht nach der Nähe ihres Bräutigams hat, redet sie ihn mit den Worten an: „O sůsses lamp!", „O süßes Lamm!"[1214] oder: „O du lustliches lamp!", „O Du lustvolles Lamm!"[1215] Die Freude der Witwen im Himmel ist das Schauen, „wie sich das lamp zů den megden fůget", „wie sich das Lamm mit den Jungfrauen vereint"[1216]. In einer Krankheit, in der Mechthild nicht an der Heiligen Messe teilnehmen kann, wird ihr der Gottesdienst in einer Vision von Johannes dem Täufer gefeiert. „Der trůg ein wisses lamp vor siner brust." – „Der trug ein weißes Lamm vor

---

[1207] MM 5,23,111,178.

[1208] MM 7,21,20f.,274.

[1209] MM 5,23,142-145,179.

[1210] MM 7,1,5f.,254.

[1211] MM 7,1,43,255.

[1212] MM 7,1,83,256.

[1213] MM 1,46,4-6,33.

[1214] MM 2,2,17,38.

[1215] MM 3,1,125,77.

[1216] MM 3,1,131-133,77.

seiner Brust."[1217] Dieses setzt er auf den Altar[1218]. Bei der Feier der Messe nimmt Johannes die Oblate in die Hand, „do hůp sich das selbe lamp uf, das uf dem alter stůnt und vȯgete sich mit den worten under die zeichen siner hant in die ovelaten und die ovelaten in das lamp, also das ich der ovelaten nút me sach, mere ein blůtig lamp, gehangen an einem roten crútze. Mit also sůssen ȯgen sach es úns an, das ich es niemer me vergessen kan", „da erhob sich dasselbe Lamm, das auf dem Altar stand, und vereinigte sich bei den Worten unter dem Zeichen seiner Hand[1219] mit der Oblate und die Oblate mit dem Lamm, so daß ich die Oblate nicht mehr sah, sondern ein blutiges Lamm, gehangen an einem roten Kreuz. Mit so süßen Augen sah es uns an, daß ich es niemals mehr vergessen kann"[1220]. Vom Lamm angeschaut zu werden, reicht aber Mechthild nicht aus. Sie trägt ihren Wunsch, zur Kommunion gehen zu dürfen, Maria vor, die das Lamm mit ihren Bitten rührt[1221]. „Do nam Sant Johannes das wisse lamp mit sinem roten wunden und leit es in den kȯwen irs mundes. Do leite sich das reine lamp uf sin eigen bilde in irem stal und sȯg ir herze mit sinem sůssen munde. Ie me es sȯg, ie me si es im gonde." – „Da nahm Sankt Johannes das weiße Lamm mit seinen roten Wunden und legte es auf die Zähne ihres Mundes. Da legte sich das reine Lamm auf sein eigenes Bild in ihren Stall und zog ihr Herz mit seinem süßen Munde. Je mehr es zog, desto mehr gönnte sie es ihm."[1222] Auch wenn hier von einer Vision berichtet wird, bleibt die äußere Sinnenhaftigkeit der Vereinigung gewahrt. Sie geschieht durch einen Menschen, Johannes den Täufer, der die Wandlung vollzogen hat. Mechthild empfängt das Lamm nicht irgendwie, sondern auf ihren Kauwerkzeugen, den Zähnen. Daneben wird aber auch das beschrieben, was sich im geistigen Bereich abspielt. Das Lamm ergreift die Initiative zur „unio mystica", es zieht das Herz der Mechthild zu sich, und Mechthild tut das ihre, indem sie diesem Ziehen nachgibt.

Mechthild beschreibt, wie die jungfräulichen Menschen nicht nur auf Erden dem Lamm im Leiden folgen (Offb 14,4), sondern auch im Himmel: „So volgent si dem lambe in unzellicher wunne; von wunnen ze minnen, von minnen ze vrȯden; von vrȯden ze clarheit, von clarheit zů gewaltekeit, von gewaltekeit in die hȯhsten hȯhin vúr des himelschen vatter ȯgen." – „So folgen sie dem Lamm in unzählbarer Wonne; von Wonne zur Minne, von Minne zur Freude, von Freude zur Klarheit, von Klarheit zur Macht, von Macht in die höchste Höhe vor des himmlischen Vaters Augen."[1223]

Neben herkömmlichen Aussagen über das Leiden des Lammes Gottes verwendet Mechthild vor allem dort den Begriff „Lamm", wo sie die innige Einheit Jesu Christi mit dem Menschen beschreibt.

[1217] MM 2,4,24f.,41. Daß gerade Johannes der Täufer und nicht etwa Petrus oder Johannes Evangelist, die ebenfalls anwesend sind, die Messe feiert, liegt wohl daran, daß der Täufer auf Jesus, das Lamm, hingewiesen hat und die Anwesenheit Christi während der Messe unter dem Bild des Lammes geschaut wird.

[1218] MM 2,4,26,41.

[1219] Es ist an das Kreuzzeichen, das der Priester bei der Epiklese über die Gaben macht, gedacht.

[1220] MM 2,4,87-93,43f.

[1221] MM 2,4,93-97,44.

[1222] MM 2,4,98-101,44.

[1223] MM 7,37,19-22,286.

4. Christina von Hane empfängt vor einem Festtag, an dem ihre Kommunität zur Kommunion geht, das Sakrament der Buße. Dabei sah sie „eyn lemgyn slaiffyn, vnd iß hait eyn cretzgyn vff synem heubt, daz was vmbschrebyn myt gulden bustabyn: ‚Agnus dei, qui tollit peccata mundi‘", „ein Lamm schlafen, und es hatte einen Kranz auf seinem Haupt, der war mit goldenen Buchstaben umschrieben: ‚Lamm Gottes, Du nimmst hinweg die Sünden der Welt‘"[1224]. Daß das Empfangen des Bußsakramentes und das Hinwegnehmen der Sünden zusammengehört, ist leicht verstehbar. Wenn dieses Lamm noch schläft, wird damit ausgedrückt, daß Jesus noch nicht zur Vereinigung mit Christina bereit ist. Dies geschieht erst beim Kommunionempfang. „Zo haynt entwacht das lemgyn und sprancke snel yn das prysters hant und strebete zu myr, als syne begert zu myr stontde." – „Zugleich erwachte das Lamm und sprang schnell in des Priesters Hand und strebte zu mir, da sein Begehren nach mir stand."[1225] Daß das Lamm nicht direkt zu Christina geht, sondern zuerst in die Hand des Priesters, deutet an, daß die sakramentale Vermittlung durch den Empfang der Kommunion nicht übersprungen werden soll. „Da sie entphynge daz lyebliche lampe godes, da war yre sele vbersoißer freuden vol." – „Da sie das liebliche Lamm empfing, da war ihre Seele voll von übersüßer Freude."[1226] Der Kommunionempfang geht in eine ekstatische Vision über, in der Christina in einem königlichen Palast wieder das Lamm sieht, das auf seinem Rücken das Kreuz trägt[1227] und zu ihr spricht: „Jc byn daz geware lebendige lampe, daz da schaiffet vnd sicket yn dyr alle dynge." – „Ich bin das wahre lebendige Lamm, das schafft und bewirkt in dir alle Dinge."[1228] Das Bild des Lammes ist hier verbunden mit einer ekstatische Union und der Einheitserfahrung mit Jesus beim Empfang des Buß- und des Altarsakramentes,

5. In der nicht mystisch geprägten Dichtung dieser Zeit kommt auch der Titel „Lamm" für Christus vor. Dafür seien zwei Beispiele genannt: Frau Ava berichtet, daß Andreas und Johannes Christus nachfolgten auf das Wort des Täufers, „daz er daz lamp wâre, daz der werlt sunde nâme", „daß er das Lamm wäre, das der Welt die Sünde nimmt"[1229]. Nach Konrad von Würzburg haben wir in der Heiligen Messe „ôsterlîchez lamp, dich ûf den frônen tischen", „Dich, österliches Lamm, auf dem Altar"[1230].

[1224] CH 1, 249.
[1225] Ebenda.
[1226] Ebenda.
[1227] Ebenda.
[1228] Ebenda.
[1229] ALJ 539f.,88f.
[1230] Konrad von Würzburg: Das Abendmahl 13, in: Die Deutsche Literatur vom Mittelalter bis zum 20. Jahrhundert, 1,1,378.

3.5.3 Zusammenfassung

1. Man leitet das Wort „agnus", „Lamm" von „agnoscere", „erkennen" ab[1231]. Gelegentlich kommt auch die Verkleinerungsform „agniculus", „Lämmlein" vor[1232]. Der Name „agnus Dei", „Lamm Gottes"[1233] und „agnus paschale", „Osterlamm"[1234], das in der Passahnacht der Juden in Ägypten Christi Vorausbild ist[1235], ist durch die Liturgie vorgegeben. Auch der Name „Opferlamm" kommt dort vor[1236]. Folgende Adjektive erhält Christus als Lamm: allmächtig[1237], blutig[1238], barmherzig[1239], gesegnet[1240], groß[1241], klein[1242], lebendig[1243], liebenswert[1244], lustvoll[1245], makellos[1246], mild[1247], sanftmütig[1248], süß[1249], unschuldig[1250], wahr[1251], weiß[1252] und weißer als Schnee[1253]. Auch die Wolle des Lammes, welche die Demut bedeutet, wird erwähnt[1254].

2. Gelegentlich wird vom geschichtlichen Wirken Jesu als Lamm gesprochen.

2.1 Bei seiner Taufe hat Jesus als Lamm schon die Sünden auf sich genommen[1255]. Gern wird der Hinweis des Täufers „Seht das Lamm Gottes" zitiert[1256]. Dieser Heilige trägt im Himmel das Lamm vor der Brust[1257].

[1231] SP 5,404,5-9.

[1232] AB 155,21-39,334.

[1233] JHLD 31,3,50,245; HIB 2, 106r,19f.,266; MH 5,6,327f.; CH 1, 249.

[1234] MO prol 1,547; 1,2,21,552; IN 3,208; MH 5,6,327f.; Konrad von Würzburg: Das Abendmahl 13, in: Die Deutsche Literatur vom Mittelalter bis zum 20. Jahrhundert, 1,1,378.

[1235] WHLD 1,5,68,170; HSA 2,8,5,465A.

[1236] MM 5,23,107f.111,178; 5,23,142-145,179.

[1237] SP 7,628,12-14.

[1238] MM 2,4,88-93,43f.; MM 7,21,20f.,274.

[1239] HIO 3,4,14,29-31,403.

[1240] AB 155,29-35,334.

[1241] AB 154,4-8,330.

[1242] AB 155,21-39,334.

[1243] CH 1, 249.

[1244] ESV 1,21,12.

[1245] MM 3,1,125,77.

[1246] SP 1,126,14-20; 5,404,1f.; 5,414,18f.; HISV 2,3,6,429f.,444; MH 1,13,43; 6,5,386; G R 1,174f.,56.

[1247] GHLD 29,4,151D; HNM 1,682A; MH 3,32,236f.

[1248] GHLD 29,4,151D; HISV 2, 3,1,8,360-362,337; MO 2,10,88,567; G 3, 3,42,1,14-18,194.

[1249] MM 2,2,17,38.

[1250] HISV 1, 1,2,32,776f.,35; 2,5,9,411f.,183; 2,6,1,276f.,232; 2,6,6,404-406,236; 2,6,57,1724f.,276; HIB 2, 113r,61-63, 282; 149r,87,336; MM 5,23,142-145,179.

[1251] HISV 1, 2,3,12,283f.,142.

[1252] AB 154,19f.,330; MM 2,4,24f.,41; 2,4,98-101,44; MM 5,23,142-145,179.

[1253] MH 3,22,225f.; MH 4,4,261.

[1254] JHLD 31,3,80-82,246.

[1255] HISV 1, 2,3,34,737-740,156.

[1256] AB 124,27-30,280; CH 1, 249; ALJ 539f.,88f.

[1257] MM 2,4,24f.,41.

2.2 Vor allem bei seinem Erlöserleiden wird Jesus als Lamm bezeichnet[1258]. Er ist das Lamm, das vor seinen Scherern den Mund nicht auftut (Jes 53,7)[1259]. Das Vlies des Lammes bedeutet seine Abtötung bis in den Tod[1260]. Als das sanftmütige Lamm wurde er ans Kreuz geschickt[1261]. Oft ist vom Blut des Lammes die Rede[1262]. Es verschafft Erlösung[1263], Reinigung[1264], Sühne[1265] und färbt die endzeitliche Krone, die Christus einmal mit den Leidenswerkzeugen erhalten wird[1266]. Oft wird auch das Lamm mit dem Opfer, das Jesus am Kreuz bringt, in Verbindung gebracht[1267].

2.3 Bei der Kommunion empfangen wir das Lamm[1268]. In der Messe geschieht die Opferung des Lammes[1269]. Man trinkt den Kelch mit dem Blut des Lammes[1270].

2.4 Auch in der kommenden Seligkeit spielt das Lamm eine Rolle. Wir sind ja zur Hochzeit[1271] und zum Mahl[1272] des Lammes geladen. Das Sehen des Angesichtes des Lammes bedeutet die Seligkeit[1273]. Man wird am Thron des Lammes jubeln[1274].

3. Die Eigenschaften Jesu, die mit dem Bild „Lamm" ausgedrückt werden, können sehr verschieden sein.

3.1 „Lamm" bezeichnet die Schuldlosigkeit und Reinheit[1275]. Er ist das Lamm ohne Makel[1276] und makellos[1277].

3.2 „Lamm" kann auch die Unansehnlichkeit[1278] und die Schwäche[1279] des irdischen Jesus bedeuten und steht dann im Gegensatz zur Stärke des Löwen[1280].

3.3 Sehr oft drückt das Lamm die Sanftmut[1281] und Geduld[1282] Jesu aus. So wird er als sanftmütiges Lamm häufig erwähnt[1283].

[1258] MH 6,7,386; MM 2,4,88-93,43f.

[1259] BA 3,5,154,15-17; G 3, 3,42,1,14-18,194.

[1260] BPA 6,862,15-22.

[1261] HISV 2, 3,1,8,360-362,337.

[1262] HSA 2,8,5,465A-B.

[1263] HISV 2, 3,6,35,993f.,460.

[1264] HIB 1, 23,43-45,62; HIO 3,4,14,29-31,403; MH 1,13,43.

[1265] JHLD 30,2,62-66,239.

[1266] MM 7,1,43,255; 7,1,83,256.

[1267] HAN 1,4,630C; HNM 1,682A; RVPS 28,286C-D; HIB 2, 113r,61-63,282.

[1268] HSA 2,8,5,465B; HISV 1, 2,6,57,1724f.,276; CM 1,10,652; MO prol 8,548; 1,2,21,552; IN 3,208; MM 2,4, 98-101,44; MH 4,4,261; G R 1,174f.,56.

[1269] HISV 1, 2,6,6,404-406,236; G 3, 3,18,7,7f.,86; AB 154,36-39,332.

[1270] MH 1,13,43, CH 1, 249.

[1271] BDI 11,33,130,11; RVBMI 35,24D; G R 3,144,82; 5,78,132.

[1272] HISV 2, 3,13,5,140-143,618; TH 43,16-18,108.

[1273] G R 5,163,138.

[1274] G R 6,136f.,170.

[1275] BA 3,5,154,12-15; JHLD 31,3,50,245; SP 6,532,5f.

[1276] BPEPI 2,1,374,9f.; HISV 1, 2,3,34,737-740,156; G R 3,333-335,94.

[1277] SP 1,126,14-20; 5,404,1f.; 5,414,18f.; HISV 2, 3,6,429f.,444; MH 1,13,43; 6,5,386; G R 1,174f.,56.

[1278] BHLD 2, 70,1,1,428,22-430,3.

[1279] HAV 11,14-16,116.

[1280] BPASC 1,10,242,14.

[1281] BPASC 1,10,242,16-244,1; JHLD 119,3,91-101,802; MH 3,43,246; MH 4,8,266.

[1282] RVPS 28,287A; G 3, 3,42,1,14-18,194.

[1283] GHLD 29,4,151D; HISV 2, 3,1,8,360-362,337; MO 2,10,88,567; G 3, 3,42,1,14-18,194.

4. Häufig ist das Lamm Gegenstand von Visionen. Man sieht es vor dem Thron Gottes stehen[1284], es trägt ein Kreuz auf dem Rücken[1285]. Das geschaute Lamm hat teilweise menschliche Züge[1286].

5. Nur die jungfräulichen Menschen können das neue Lied des Lammes singen (Offb 14,4)[1287]. Sie folgen dem Lamm auf Erden[1288], aber auch im Himmel[1289], wohin es geht (Offb 14,4). Jungfrauen bilden das Gefolge des Lammes[1290]. Das Lamm ist selbst „virgo", „Jungfrau"[1291]. Deswegen stehen seine jungfräuliche Mutter[1292] und der jungfräuliche Johannes Evangelist[1293] besonders nahe bei Jesus.

6. Auch in der Brautmystik spielt das Wort „Lamm" eine Rolle. Die Kirche ist „sponsa agni", „Braut des Lammes" für die „unio mystica"[1294]. „Lamm" und „Bräutigam" wird Christus in einem Atemzug genannt[1295]. Das Bild des Saugens wird mit demjenigen des Lammes bei der „unio mystica" verbunden[1296]. Mit dem Lamm tauscht man Küsse aus[1297]. Haben die Mystikerinnen Sehnsucht nach ihrem Bräutigam, rufen sie nach dem Lamm[1298].

3.6 Weitere Namen

Es gibt noch einige Namen, die an Stelle der gebräuchlicheren Ausdrücke für die Erlöserfunktion Christi stehen, aber so selten gebraucht werden, daß sich zu ihrer Behandlung kein eigener Abschnitt lohnt. Hier sollen auch die Ausdrücke für Jesus behandelt werden, die in einer nur losen Verbindung mit seiner Funktion als Erlöser stehen.

3.6.1 Tröster

1. Die an der Schrift orientierte Tradition spricht eher beim Heiligen Geist vom „parakletos" und „consolator", „Tröster". Doch schon in 2 Kor 1,5 und Phil 2,1 wird der Trost auch mit Christus in Verbindung gebracht[1299]. In der Alten Kirche taucht in den

---

[1284] ESV 1,21,12; IH 23,68,158.
[1285] ESV 1,21,12; CH 1, 249.
[1286] AB 154,4-8,330.
[1287] JHLD 3,2,65-70,50; SP 5,404,1f.
[1288] SPEP 78,9f.; SP 1,90,9-11; 5,402,23f.; LTA 1,2,18,194; LT 1,2,18,164; MH 5,30,364.
[1289] MM 7,37,19-22,286.
[1290] G R 3,251-253,90.
[1291] SP 5,402,23f.; SP 7,626,9f.
[1292] SP 5,404,12-406,2; G R 3,126,82; 3,333-335,94.
[1293] SP 5,408,12-14.
[1294] HAN 1,2,622A; HISV 1, 2,3,2,154-158,137; 2, 3,13,4,130,618.
[1295] HISV 1, 2,3,12,283f.,142.
[1296] LTA 1,2,19,194; LT 1,2,19,164; MM 2,4,98-101,44.
[1297] MH 4,4,261; AB 154,21-28,332.
[1298] MM 2,2,17,38; 3,1,125,77.
[1299] Für den Trost bei Gott allgemein vgl. Weiß, Gottesbild 2, 1559-1607.

Reihen der Namen für Christus gelegentlich auch „Tröster" auf[1300]. Dieser Titel für Christus kommt zwar häufig vor, steht aber nur in einem weiten Sinn für „Erlöser".

2. Bernhard von Clairvaux tröstet diejenigen, die vor den Angriffen des Versuchers Angst haben: „Tibi Paracletus et efficacissimus aderit consolator." – „Dir wird ein Paraklet und sehr wirksamer Tröster zur Seite stehen."[1301] Wen er mit diesem Tröster meint, sieht man, wenn er bald darauf schreibt: „Praesente te, Domine Jesu", „Wenn Du, Herr Jesus, da bist", fliehen alle Feinde[1302]. Für einen gläubigen Christen soll ausreichen „Christi consolatio de promissione regni", „Christi Trost durch die Verheißung des Reiches"[1303]. Denjenigen Bräuten, die kleinmütig zu werden drohen, ruft Christus der Bräutigam zu: „Volo habere socias consolationis, non autem et laboris." – „Ich will Genossinnen des Trostes, nicht aber auch der Mühen haben."[1304]

3. Wilhelm von St. Thierry sagt, daß „ex ubere compassionis sugitur lac consolationis", „aus der Brust des Mitleidens die Milch des Trostes gesaugt wird"[1305].

4. Ganz ähnlich schreibt Hildegard von Bingen: „Dominus Iesus est remissor et consolator omnis doloris, quoniam et ipse dolorem pertulit in corpore suo." – „Der Herr Jesus ist der Erlasser und Tröster jeden Schmerzes, weil er selbst auch den Schmerz in seinem Leib ertragen hat."[1306] Schwestern eines Klosters bittet sie um das fürbittende Gebet mit den Worten: „Nunc ergo de me et de sororibus meis sponso et consolatori uestro nuntiate." – „Nun also verkündet von mir und meinen Schwestern eurem Bräutigam und Tröster."[1307]

5. Thomas von Cantimpré fängt seine Vita über die Christina mirabilis mit dem Bericht ihrer Jugend an. Früh sterben ihre Eltern. Daraufhin beschäftigen sich ihre beiden älteren Schwestern mit dem Klostereintritt und schicken die jüngste, nämlich Christina, auf die Weide, um Vieh zu hüten. „Viliori et humiliori officio deputatae Christus non defuit consolator." – „Ihr, die für eine unangesehenere und niedrigere Aufgabe bestimmt war, hat Christus als Tröster nicht gefehlt."[1308] Beim Viehhüten wird sie nämlich durch die Süße himmlischer Visionen getröstet.

6. Odilia von Lüttich erwartet am Christi Himmelfahrtstag, daß der Herr ihr etwas von seinem Trost mitteilt, was auch in einer lang andauernden Ekstase geschieht[1309]. Die Mystikerin wird oft von Dämonen bedrängt, sie kann aber dies leicht ertragen, weil sie „tam crebra Christi laetificabat consolatio", „so oft der Trost Christi froh machte"[1310].

7. Jakob von Vitry berichtet mehrere Male, daß Maria von Oignies durch Christus Trost erfährt. Wenn die Mystikerin sich zu sehr in das Leiden der Menschheit Christi

---

[1300] Vgl. Sieben, Nomina 170.
[1301] BQH 7,9,570,17.
[1302] BQH 7,9,570,20f.
[1303] BB 1,83,1,672,17f.
[1304] BHLD 1,21,6,11,304,19.
[1305] WHLDB 8,414D-415A.
[1306] HISV 2,3,6,5,187-189,437.
[1307] HIB 2,235,7f.,511.
[1308] CM 1,4,651.
[1309] OL 1,14,217,11-16.
[1310] OL 1,17,224,22-25.

versenkt hat, wendet sie sich zu seiner Gottheit und findet dort Trost[1311]. Sie erhält immer so viel Trost vom Herrn, daß sie auch dann, wenn sie allein ist, keine „acedia", „lähmende Schwermut" spürt[1312]. Alle anderen Entbehrungen kann sie lange ertragen, nur nicht die des Trostes, den sie bei dem Kommunionempfang verspürt[1313]. Ähnlich geht es auch den anderen Frauen, die so wie Maria leben, sie erfahren in der eucharistischen Begegnung mit dem Herrn einen Trost, der sogar sinnenhaft wahrnehmbar ist[1314].

8. Die Vita der Beatrijs von Nazareth erzählt, daß die Mystikerin eine dreijährige Trockenheitsphase erlebt[1315]. Doch auch in dieser Zeit wird sie für kurze Zeit vom Herrn getröstet[1316]. Dies kann sich in einer Audition ereignen[1317]. Dann spricht der Herr Jesus Christus zu ihr „plene totius consolationis et gratie", „voll allen Trostes und der Gnade"[1318]. Er wird genannt der „consolatio turbatorum", „Trost der Betrübten"[1319]. Besonders oft erfährt sie diesen Trost Christi beim Kommunionempfang[1320]. Dieses Sakrament ist ihr „summum solatium", „der höchste Trost"[1321]. Kann sie nicht zur Kommunion gehen, empfängt sie einen ähnlichen Trost aus der Lektüre der Heiligen Schrift[1322].

9. So vielfältig Hadewijch vom Trost Gottes allgemein spricht[1323], so selten kommt dieses Wort im christologischen Kontext vor. Jesus wirkt während seines irdischen Lebens auf verschiedene Weise, unter anderem auch „jn troestene", „im Trösten"[1324]. Auch wenn er in dieser Zeit selbst ohne Freude war, gilt dies nicht „met troste, dat ic seker was von minem vader", „von dem Trost, daß ich meines Vaters sicher war"[1325].

10. Ida von Gorsleeuw zieht sich nach dem Kommunionempfang an einen abgelegenen Ort zurück, um länger in dem empfangenen Trost zu verweilen[1326]. Als sie dabei einmal in Tränen ausbricht, nimmt sich ihrer der „dulcis et nectareus consolator", „süße und nektarhafte Tröster" an[1327]. Auch durch die Erscheinung des Jesuskindes empfängt sie großen Trost[1328].

11. Als Margarete von Ypern über die Abwesenheit ihres Beichtvaters bei einer innerlichen Leere untröstlich ist, wird ihr in einer Ekstase verheißen: „Hodie a dilecto tuo

---

[1311] MO 1,1,16,551.
[1312] MO 2,10,90,567.
[1313] MO 2,10,92,568.
[1314] MO prol 8,548.
[1315] BN 2,12,130-140,1-199,92-97.
[1316] BN 2,13,141-144,1-61,98f.
[1317] BN 2,17,163,33-36,108f.
[1318] BN 2,14,147,46f.,101.
[1319] BN 2,14,149,70f.,101.
[1320] BN 1,14,66,29-31,53; 1,18,80,20f.,63; 2,15,154,39-41,104; 2,16,160,82-83,107.
[1321] BN 2,16,160,89f.,107.
[1322] BN 2,14,154,47-49,104.
[1323] Vgl. Weiß, Gottesbild 2,1689-1592.
[1324] HAB 6,105,58.
[1325] HAV 1,363f.,64.
[1326] IG 5,43,120.
[1327] IG 5,47,121.
[1328] IG 4,37,118.

consolationem recipies." – „Heute sollst du von deinem Geliebten Trost erhalten."[1329] Diese Verheißung erfüllt sich bei dem darauffolgenden Kommunionempfang[1330].

12. Ida von Löwen wird einmal von Schuldgefühlen gequält. Daraufhin erscheint ihr der „moestorum Consolator expeditissimus", „gewandteste Tröster der Trauernden" und lädt sie zum Empfang des Sakramentes seines Leibes und Blutes ein[1331].

13. David von Augsburg rühmt die Menschwerdung des Sohnes Gottes, weil Gott darin „unser bruoder worden und unser natriulîcher geselle", „unser Bruder und unser Geselle in der Natur geworden ist"[1332]. Viele Aspekte zeigt er auf, unter denen Gott jetzt unser Geselle oder Genosse ist. Unter anderem heißt es: „Er ist uns ouch ein trôst-geselle", „Er ist uns auch ein Trostgeselle", weil er alle unsere Mühen mit uns teilt im liebevollen Mitleiden[1333]. In einer achtgliedrigen Reihe von Namen Christi kommt auch das Wort „trôst", „Trost" vor[1334]. In einer anderen siebengliedrigen Serie wird Christus „ein troester mînes sêres", „ein Tröster meines Leidens" genannt[1335].

14. In der Vita der Margareta von Magdeburg wird eine sehr differenzierte Lehre des geistlichen Trostes geboten[1336]. Im allgemeinen ist aber die Rede vom Trost, den Gott allgemein gibt oder vorenthält. Nur selten ist die Aussage vom Trost christologisch geprägt. Die Jungfrau Maria hat einen vierfachen Trost bei der Auferstehung ihres Sohnes[1337]. Margareta selbst muß die meiste Zeit ihres Lebens in großer Trübsal verbringen, so daß sie Angst hat, die Hoffnung auf ein gutes Ende zu verlieren[1338]. „Tunc consolatus est eam in corde consolator piissimus Ihesus Christus." – „Damals hat sie im Herzen getröstet der gütigste Tröster Jesus Christus."[1339] Er hat ihr eine besondere Kraft verliehen, alles Widerwärtige zu tragen. Margareta lehnt auch in einer bestimmten Phase ihres spirituellen Weges jeden Trost ab. Besonders gilt dies für den Beginn ihrer geistlichen Entwicklung. „In tantum contempsit se ipsam, quod a Christo noluit consolari ..., nisi prius purior efficeretur." – „So sehr verachtet sie sich selbst, daß sie von Christus nicht getröstet sein wollte ..., wenn sie nicht zuvor reiner geworden sei."[1340] Diese Ablehnung des Trostes hat ihren besonderen Grund in der Nachfolge des Gekreuzigten. In dem Ausstrecken der Hände am Querbalken des Kreuzes sieht Margareta die Liebe Christi versinnbildet, die die Menschen der ganzen Welt umfaßt. Sie fühlt sich berufen, diese Liebe nachzuahmen[1341]. Nach ihrer Vita zeigt sich dies auf folgende Weise: „Scivit enim quemlibet consolari, et quicumque debuit recipere con-

---

[1329] MY 24,118,34.
[1330] MY 24,118,36-39.
[1331] IL 2,6,30,179.
[1332] DV 359,14f.
[1333] DV 359,21f.
[1334] DV 360,22-24.
[1335] DU 374,12f.
[1336] Vgl. Weiß, Gottesbild 2,1572-1576.
[1337] MA 43,44f.
[1338] MA 8,11.
[1339] Ebenda.
[1340] MA 4,6.
[1341] MA 9,12.

solationem, per ipsam fuit sine omni dubio consolatus. Gravamen omnium suum fuit, et omnium consolatio sua fuit." – „Sie wußte nämlich jedweden zu trösten, und wer es immer notwendig hatte, Trost zu empfangen, wurde durch sie ohne jeden Zweifel getröstet. Die Last von allen war ihre, und der Trost von allen war der ihre."[1342] Christus selbst schickte zu ihr die Trostbedürftigen[1343].

15. Besonders ausführlich behandelt Mechthild von Magdeburg den Trost, der Christus ist und den erspendet.

Dies beginnt schon in der Menschwerdung. Dort kam mit dem Gottmenschen „ein lebende trost des ewigen libes", „ein lebender Trost des ewigen Lebens"[1344]. In seiner Lehre hat er uns „vil manigen sůssen trost", „viel mannigfaltigen süßen Trost" gegeben[1345]. Vor allem aber kommt dieser Trost aus seinem Leiden und Sterben. So spricht sie Jesus an: „Din unschuldigú pine trôstet mich." – „Deine unschuldige Pein tröstet mich."[1346] Deswegen ist Gott Vater mit einem hohen Fürst zu vergleichen, der einen Sohn hat, der zum Trost für sein Volk wurde[1347]. Mechthild glaubt, es nicht näher erklären zu müssen, „welchen trost sin volk von im hat", „welchen Trost sein Volk von ihm hat"[1348]. Mit seiner Barmherzigkeit hat der wahre Sohn Gottes die Macht der Gerechtigkeit gebrochen. „Si trôstet den betrûbeten." – „Sie (= Jesu Barmherzigkeit) tröstet den Betrübten."[1349] Auch Mechthild kann sagen: „Dine barmherzekeit ist der trost miner sele sunderlich." – „Deine Barmherzigkeit ist der besondere Trost meiner Seele."[1350] In der Versuchung soll man beten: „Sist nu min helfe und min trost und la mich, herre, nit verderben, wan du woltest dur mich sterben." – „Sei Du nun meine Hilfe und mein Trost, und laß mich, Herr, nicht verderben; denn Du wolltest um meinetwillen sterben."[1351]

16. Auch in Helfta kennt man Jesus Christus als den Trost der Menschen.

Für Mechthild von Hackeborn ist charakteristisch, daß die Bedeutung des Ausdruckes „Trost" so ausgeweitet wird, daß er nicht nur eine Hilfe für die Betrübten, sondern alles, was von Gott kommend froh macht, bedeutet. Aus diesem Grund wird Gottes Trost oft süß genannt[1352]. Doch kommt diese Eigenart der Bedeutung von „Trost" im christologischen Kontext kaum vor. Gott schickt zu uns seinen Sohn, der „dulcedo suavissima", „wohlschmeckendste Süße" genannt wird, als „dulcissimum consolatorem", „süßesten Tröster"[1353]. Als Mechthild einmal untröstlich traurig ist, erscheint ihr die Muttergottes mit dem Kind und spricht: „Accipe Filium meum moerentium con-

---

[1342] Ebenda.
[1343] MA 9,13.
[1344] MM 1,22,4-7,16.
[1345] MM 5,9,26f.,163.
[1346] MM 2,24,4,58.
[1347] MM 5,24,3f.,181.
[1348] MM 5,26,9-11,181.
[1349] MM 7,62,30-32,307.
[1350] MM 1,33,3f.,24.
[1351] MM 7,26,6f.,276.
[1352] Vgl. Weiß, Gottesbild, 2,1576.
[1353] MH 1,5,16.

solatorem, qui tuum omnino potest lenire dolorem." – „Empfange meinen Sohn, den Tröster der Trauernden, der deinen Schmerz gänzlich lindern kann."[1354] Sowohl von der Gottheit als auch der Menschheit Jesu geht Trost auf die Menschen über[1355].

17. Verschiedentlich nennt auch Gertrud die Große Christus „Trost". Er soll ihr so helfen, wie er einst dem Heiligen Stephanus „suum impendit in morte solatium", „seinen Trost im Tod gespendet hat"[1356]. Jesu Barmherzigkeit soll den Menschen immer trösten[1357]. Sie spricht ihn mit den Worten an: „Tu es divinae consolationis superabundans et dives nimis apotheca." – „Du bist des göttlichen Trostes überfließende und sehr reiche Apotheke."[1358] „Tua amabilis facies est mihi sola consolatio et solatium vernale." – „Dein liebenswertes Angesicht ist mir allein Tröstung und frühlingshafter Trost."[1359] Als Gertrud bei einer Krankheit an einem Morgen einmal unversorgt im Bett liegt, weil alle Schwestern beschäftigt sind, ist Jesus bei ihr, „qui deserere nescit ab humanis solatiis desertos", „der diejenigen, die von menschlichen Tröstungen verlassen sind, nicht zu verlassen versteht"[1360]. Bei einer ähnlichen Gelegenheit wird er genannt der „verus animae consolator", „wahre Tröster der Seele"[1361]. Als Gertrud sehr beschäftigt ist, erfreut sie der Herr mit seinen Tröstungen[1362]. Sie schöpft aus der Berufung durch Jesus „spem suavissimae consolationis", „die Hoffnung des süßesten Trostes"[1363]. Die Verwundung ihres Herzens, die durch das Eindrücken der Wunden Jesu geschehen ist, verschafft Gertrud den allergrößten Trost[1364].

18. In der Vita der Lukardis von Oberweimar wird oft der Trost Christi erwähnt. Wenn sie des Leidens Jesu gedenkt, hat sie Leid, das sich bis in den körperlichen Bereich auswirkt, welches aber in ihrer Seele „consolationis suae mirabili dulcedine", „durch die wunderbare Süße seines Trostes" gemildert wird[1365]. Dieser Trost wird in dem Gedenken an die Auferstehung des Herrn noch gesteigert[1366]. Wenn sie in großer Trübsal ist, betet sie unter der Anrufung: „Iesu dulcis mea consolatio!" – „Jesus, mein süßer Trost!"[1367] Beim Kommunionempfang lautet ihr Gebet: „O Iesu consolator optime!" – „O Jesus, bester Tröster!"[1368] Der Trost, den Jesus spendet, kann sehr handgreiflich werden. Als ihr bei einer Krankheit die nötige Pflege fehlt, tröstet sie Jesus damit, daß

[1354] MH 5,31,370.
[1355] MH 4,26,283.
[1356] G R 4,132-134,108.
[1357] G R 5,399f.,152.
[1358] G R 5,185f.,138. Da unmittelbar davor vom dem Heilmittel „balsama", „Balsam" gesprochen wird, ist hier „apotheca" im Sinn der heutigen „Apotheke" wiederzugeben.
[1359] G R 6,580f.,198.
[1360] G 2, 2,9,1,1-4,268.
[1361] G 3, 3,3,1,1-8,20.
[1362] G 3, 3,64,3,5f.,256.
[1363] G 4, 4,4,11,13f.,80.
[1364] G 2, 2,23,7,1-8,336.
[1365] LO 12,316,28-31.
[1366] LO 32,326,21-26.
[1367] LO 46,336,1-5.
[1368] LO 45,335,3f.

er ihr zartes Hühnerfleisch bringt[1369]. Der Trost kann auch in der Erkenntnis bestehen, daß Jesus Leid zuläßt, damit die Geduld der Mystikerin gestärkt wird[1370]. Eine andere Ordensfrau muß erleben, daß der ersehnte Trost Christi bei ihrem Kommunionempfang ausbleibt[1371]. Sie wird aber von Christus bestärkt, auch künftig das Sakrament zu empfangen; denn wenn sie auch nichts spürt, ist doch ihr Tröster anwesend[1372].

19. Christina von Stommeln erlebt den Kommunionempfang „cum consueta consolatione", „mit gewohnter Tröstung"[1373]. Durch die Anfechtungen der Dämonen ist Christina oft ohne jeden Trost[1374]. Sie verzweifelt aber nicht, weiß sie doch, wie sie in einem Gebet zu Jesus sagt: „Vos mihi in tribulationibus semper indefessus adjutor et piissismus consolator fuistis." – „Ihr seid mir in den Trübseligkeiten immer ein unermüdlicher Helfer und gütigster Tröster gewesen."[1375] Wenn sie zur Kommunion geht, wird sie im Gemach[1376] oder in der Umarmung[1377] ihres Bräutigams besonders getröstet.

20. Auch bei Christina von Hane findet man diesen Namen für Jesus. Als sie, selbst noch ein Kind, an Weihnachten das Jesuskind in einer Vision schaut, „war yre hertze vnd yre sele vol freuden, soißicheit vnd troistes", „war ihr Herz und ihre Seele voll Freude, Süße und Trost"[1378]. Während der Mette singt das Kind unvergleichlich trostvoll[1379]. In ihrem Alter braucht sie noch „die mylche der troistlicher vnd lustlicher beschauwonge yn der kyntheit vnsers heren Jesu Cristi", „die Milch des trost- und lustvollen Schauens der Kindheit unseres Herrn Jesus Christus"[1380]. In ihrer Jugend wurde sie mit dem Graubrot der Askese gestärkt[1381]. Als sie bei den entsprechenden Übungen übertreibt und krank wird, stärkt sie Jesus Christus, „der mylde troister aller bedrupper hertzen", „der milde Tröster aller betrübten Herzen"[1382]. Nach dieser Phase setzen die großen Visionen und Auditionen ein. Christus der Herr spricht zu ihr: „Jch machyn myt mym troist fruchtber dyne sele." – „Ich mache mit meinem Trost Deine Seele fruchtbar."[1383] „Er troiste sie myt sym gotlichyn troiste." – „Er tröstete sie mit seinem göttlichen Trost."[1384] „Der soiße troiste aller bedroiffter herzten", „Der süße Trost aller traurigen Herzen" ist er ja[1385]. „Der ware troister aller bedrupter hertzen, der bracht yre selber synene heilgen frone lycham." – „Der wahre Tröster aller betrübten

---

[1369] LO 44,334,22-24.
[1370] LO 3,312,5-9.
[1371] LO 51,337,15-19.
[1372] LO 51,337,27-29.
[1373] CS 1, B 17,61,136,28; vgl. CS 1, B 26,41,186,17f.; B 29,55,199,13-15.
[1374] Vgl. Weiß, Gottesbild 2,1684.
[1375] CS 2, 4,3,22,300.
[1376] CS 2, 4,3,25,301.
[1377] CS 2, 4,5,37,304.
[1378] CH 1, 230.
[1379] CH 1, 231.
[1380] CH 1, 238.
[1381] Ebenda.
[1382] CH 1, 236.
[1383] CH 2, 209.
[1384] CH 2, 233.
[1385] CH 2, 213.

Herzen brachte ihr selbst seinen heiligen Fronleichnam."[1386] In der Vereinigung mit Jesus Christus findet Christina ihren wahren Trost[1387]. In einer solchen verspricht der Herr ihr, daß er sie in jeder Not nie ohne seinen Trost lassen wird[1388]. So wird sie auch von ihm in der Krankheit zärtlich getröstet[1389]. Wenn die Seelen von Christus aus dem Fegfeuer befreit sind, singen sie: „Wyr loben vnsern troister." – „Wir loben unseren Tröster."[1390]

21.   Das Bild sieht bei Agnes von Blannbekin ganz ähnlich aus. Vor allem wird Agnes beim Kommunionempfang von Christus getröstet: Die Süße, die sie dabei erfährt, ist für sie „magnum nostrae fidei et devotionis solatium", „der große Trost unseres Glaubens und unserer Frömmigkeit"[1391]. Die Tatsache, daß sie jede Woche einmal dieses Sakrament empfangen darf, was in der damaligen Zeit ungewöhnlich ist, erfüllt sie mit großem Trost[1392]. Auf solche Tröstung folgt manchmal auch eine Ekstase[1393]. Außerhalb des Kommunionempfanges erhält sie einmal am Tag solche Tröstungen[1394]. Der empfangene Trost wird zum Kriterium für die Gottgewirktheit außergewöhnlicher Erlebnisse[1395]. Wenn sie den Auferstandenen sieht, ist sie besonders mit Freude erfüllt[1396], welches Ereignis auch beim Zuhören einer Predigt geschehen kann[1397]. Auch beim Anblick der Seitenwunde Christi wird sie mit Trost erfüllt[1398].

21.   Zusammenfassend kann man über den Trost Christi sagen:

21.1   Oft wird Jesus der Tröster genannt. Nur selten tauchen andere Namen als „paracletus" auf[1399]. Jesus als Tröster ist vom Vater gesandt[1400], gut[1401], gütig[1402], süß[1403] und wahr[1404]. Er wird der Tröster der betrübten Herzen[1405], der Betrübten[1406], des Schmerzes[1407], der Seele[1408] und der Trauernden[1409] genannt. Neben dem Namen „Tröster"

[1386]   CH 2, 221.
[1387]   CH 2, 220.
[1388]   CH 2, 226.
[1389]   CH 2, 222.
[1390]   CH 2, 234.
[1391]   AB 39,62-67,124.
[1392]   AB 219,3-13,450.
[1393]   AB 89,4-8,206.
[1394]   AB 23,48-51,94.
[1395]   AB 34,19,25,114; vgl. AB 75,33-36,182.
[1396]   AB 140,6-10,310.
[1397]   AB 141,20-22,314.
[1398]   AB 170,30-32,356.
[1399]   BQH 7,9,570,17.
[1400]   IL 2,6,30,179.
[1401]   LO 45,335,3f.
[1402]   MA 8,11; CS 2, 4,3,22,300.
[1403]   IG 5,47,121; MH 1,5,16.
[1404]   G 3, 3,3,1,1-8,20; CH 2, 221.
[1405]   CH 1, 236; 2, 213; 221.
[1406]   BN 2,14,149,70f.,101.
[1407]   HISV 2, 3,6,5,187-189,437; DU 374,12f.
[1408]   G 3, 3,3,1,1-8,20.
[1409]   IL 2,6,30,179; MH 5,31,370.

stehen oft die Ausdrücke „Barmherzigkeit"[1410], „Bräutigam"[1411], „Freude"[1412] und „Süße"[1413]. Er ist auch der frühlingshafte[1414], göttliche[1415], lebendige[1416], süße[1417] Trost und eine Apotheke des Trostes[1418].

21.2 In der Menschwerdung ist Jesus unser Trostgeselle geworden[1419]. Auf Erden hat er die Menschen getröstet[1420]. Trost kommt dem Menschen dadurch zu, daß er weiß, Christus hat auch Leid getragen[1421]. Bei allem Leiden, das Jesus auf Erden hatte, besaß er aber den Trost, seines Vaters sicher zu sein[1422]. Trost entsteht, wenn man sich des Leidens Christi erinnert[1423]. Erschreckt das Leiden der Menschheit Jesu, findet man in der Betrachtung seiner Gottheit Trost[1424], obwohl dieser auch von seiner Menschheit ausgehen kann[1425]. Auch aus seiner Auferstehung fließt vielfältiger Trost[1426].

21.3 Besonders oft wird der Trost Christi beim Kommunionempfang erwähnt[1427]. In einem daran anschließenden Gebet wird der Mensch ebenfalls getröstet[1428]. Das Altarsakrament ist der höchste Trost auf Erden[1429]. Auch bei der Lektüre der Heiligen Schrift stellt sich der Trost ein[1430].

21.4 Wenn die Menschen Leid tragen, fehlt der Tröster Christus nicht[1431]. Diese Nöte können Krankheit[1432], geistige Trockenheit[1433], Versuchung[1434] und das Sterben sein[1435]. Gelegentlich wird ein anderer Trost, ja selbst der Trost Christi, abgelehnt[1436].

[1410] MM 1,33,3f.,24; G R 5,399f.,152.

[1411] HIB 2, 235,7f.,511.

[1412] CH 1, 230.

[1413] CH 1, 230.

[1414] G R 6,580f.,198.

[1415] CH 2, 233.

[1416] MM 1,22,4-7,16.

[1417] MM 5,9,26f.,163; G 4, 4,4,11,13f.,80; LO 46,336,1-5.

[1418] G R 5,185f.,138.

[1419] DV 359,14f.

[1420] HAB 6,105,58.

[1421] HISV 2, 3,6,5,187-189,437; MM 2,24,4,58.

[1422] HAV 1,363f.,64.

[1423] WHLDB 8,414D-415A; LO 12,316,28-31.

[1424] MO 1,1,16,551.

[1425] MH 4,26,283.

[1426] MA 43,44f.; LO 32,326,21-26.

[1427] MO prol 8,548; 2,10,92,568; BN 1,14,66,29-31,53; 1,18,80,20f.,63; 2,15,154,39-41,104; 2,16,160,82-84,107; MY 24,118,36-39; LO 45,335,3f.; CS 1, B 17,61,136,28; B 26,41,186,17f.; B 29,55,199,13-15; CS 2, 4,3,25,301; 4,5,37,304; CH 2, 221.

[1428] IG 5,43,120.

[1429] BN 2,16,160,89f.,107; vgl. AB 39,62-67,124.

[1430] BN 2,14,154,47-49,104.

[1431] CM 1,4,651; G 2, 2,9,1-4,268; CH 2, 226.

[1432] G 3, 3,3,1,1-8,20; LO 44,334,22-24; CH 1, 236; 2, 222.

[1433] BN 2,13,141-144,1-61,98f.

[1434] MM 7,26,6f.,276.

[1435] G R 4,132-134,108.

[1436] MA 4,6.

21.5 Grundsätzlich will Jesus Genossen seines Trostes und nicht seiner Mühsal haben[1437]. Der Trost Christi macht die Menschen froh[1438]. In Auditionen[1439], Ekstasen[1440], Visionen[1441], Stigmatisationen[1442] und Einheitserfahrungen[1443] werden Menschen von Christus froh getröstet. Wenn Jesus als Kind[1444] oder als Auferstandener[1445] mit der Seitenwunde[1446] erscheint, stellt sich Trost ein. So getröstet, können die Mystikerinnen auch andere Menschen froh trösten[1447].

3.6.2 Befreier

1. Der Titel „liberator" findet sich für Gott im AT (Ps 17.3.48; 69,6; 143,2), weil er sein Volk von dem Feind befreit hat. Schon in der Alten Kirche wird der Name auf Jesus Christus übertragen[1448]. Oft wird das Verb „liberare", „befreien" für die Erlösertätigkeit Christi in unseren Texten gebraucht.
2. In seinem Werk „Lamentatio" schreibt Jean von Fécamp einen kleinen Abschnitt, in dem er aufzählt, von was ein Mensch durch Christus befreit werden soll, nämlich von der bösen Welt[1449] und von Streitigkeiten und verwirrenden Umständen, die man auch im Kloster antrifft[1450]. Für die Bitte um Befreiung eignet sich gut eine Anrede aus einem alten Gabengebet des dritten Sonntags nach Pfingsten: „Liberator omnium in te sperantium Deus!" – „Gott, Du Befreier aller, die auf Dich hoffen!"[1451] Bei diesem Gebet ist wahrscheinlich an Gott allgemein und nicht an Jesus Christus speziell gedacht. Auch der Gebrauch des Wortes „liberare" kann sich sowohl auf Gott allgemein[1452] als auch auf den Gottmenschen[1453] beziehen.
3. Auch bei Bernhard von Clairvaux bleibt es offen, wen er mit der Anrufung „piissime liberator", „gütigster Befreier" meint[1454].

Wenn allerdings unser Geliebter herabgestiegen ist, um uns zu befreien, ist eindeutig an die Menschwerdung des Sohnes Gottes gedacht[1455]. Ähnliches ist auch zu sagen,

---

[1437] BHLD 1,21,6,11,304,19.
[1438] OL 1,17,224,22-25.
[1439] BN 2,17,163,33-36,108f.; CH 2, 209.
[1440] OL 1,14,217,11-16; AB 23,48-51,94; AB 89,4-8,206.
[1441] CH 2, 209.
[1442] G 2, 2,23,7,1-8,336.
[1443] CH 2, 220.
[1444] IG 4,37,118.
[1445] AB 140,6-10,310.
[1446] AB 170,30-32,356.
[1447] MA 9,12.
[1448] Vgl. Sieben, Nomina 170.
[1449] JFL 251f.,195.
[1450] JFL 254-262,195.
[1451] JFL 253,195.
[1452] JFC 1,6,111f.,113.
[1453] JFC 2,12,512,137.
[1454] BANN 3,1,138,14.
[1455] BS 3,122,716,20f.

wenn der mit dem Vater gleichewige Sohn auf die Erde kommt, um seine Braut von der Babylonischen Gefangenschaft zu befreien[1456].

4. Eindeutig auf Christus bezieht Guerricus von Igny diesen Titel. Von der Verkündigung des Engels an Maria sagt er: „Non sine gaudio Liberator annutiatur." – „Nicht ohne Freude wird der Befreier verkündet."[1457] Frei ist ja der, den der Sohn befreit hat[1458].

5. Wenn bei Johannes von Ford auch nicht der Name „liberator", „Befreier" auftaucht, beschreibt er doch, wie wir durch Christi Freiheit befreit sind. Wir werden durch sein Königtum selbst zu Königen werden. „Primum liberi esse coeperunt, cum sua eos Christus libertate donauit." – „Zuerst fingen sie (= die Menschen) an, frei zu sein, da Christus sie mit seiner Freiheit beschenkt hat[1459].

6. Hugo von St. Viktor stellt fest, daß man bei einem Bittgebet ganze Sätze sprechen kann. Manchmal reichen aber Anrufungen, die nur einen Namen haben, aus. Unter diese Namen zählt Hugo auch „Liberator", „Befreier"[1460]. In seinem eigenen bekennenden Lobpreis ruft er Gott unter anderem auch mit diesem Titel an[1461]. An beiden Stellen ist es nicht eindeutig, ob Hugo den Gottmenschen meint. Das Verbum „liberare" verwendet er allerdings oft christologisch. Christus hat uns durch seinen Tod vom Tod befreit[1462]. Derjenige, der für uns gelitten hat, hat uns von den Sünden befreit[1463]. Den Zweck der Menschwerdung sieht Hugo darin, „ut hominem quem fecerat liberaret", „daß er den Menschen, den er gemacht, befreit hat"[1464]. Deswegen darf man vermuten, daß bei Hugo mit dem Wort „liberator" auch ein christologischer Sinn mitschwingt.

7. Richard von St. Viktor schreibt, daß der Mensch keine Furcht zu haben braucht, wenn er weiß, daß Gott „liberator meus", „mein Befreier" ist[1465]. Da im Umfeld dieser Bemerkung nur Psalmverse zitiert werden, ist bei diesem Namen wohl an den schützenden Gott allgemein gedacht.

8. Nach dem Trostschreiben, das ihr leiblicher Bruder über den Tod der Elisabeth von Schönau verfaßt, betet die sterbende Mystikerin: „Domine creator meus, liberator meus, salvator meus, susceptor meus!" – „Herr, mein Schöpfer, mein Befreier, mein Heiland, mein Beschützer!"[1466] Die Nähe des Namens „Befreier" zu „Heiland" läßt auf Christus als Adressaten des Ausrufes schließen. Dem entspricht auch, daß es an einer anderen Stelle heißt, Jesus habe die Menschen durch sein Blut befreit[1467].

[1456] BPA 6,860,15f.
[1457] GIS Ann 1,2,52f.,110.
[1458] GIS Palm 2,1,30f.,174.
[1459] JHLD 67,4,71-74,467.
[1460] HO 2,980B.
[1461] HSO 967C.
[1462] HSO 962C.
[1463] HE 10,181B.
[1464] HSA 1,8,6,310B-C.
[1465] RVPS 28,314C.
[1466] ESE 2,273.
[1467] ESV 1,67,32.

9. Die verwitwete Ivetta von Huy wird von ihrem Vater stark unter Druck gesetzt, eine zweite Ehe einzugehen[1468]. Als sie durch den zuständigen Bischof von diesem Druck befreit ist[1469], „liberatori suo Deo gratias egit", „dankte sie Gott, ihrem Befreier"[1470]. Da vorher berichtet wird, sie habe „Christum elegisse in sponsum", „Christus zum Bräutigam erwählt"[1471], darf man annehmen, daß sie speziell ihm für die Befreiung dankt.

10. Thomas von Cantimpré schreibt, daß sich der Autor der Vita der Maria von Oignies und spätere Kardinal Jakob von Vitry so sehr an eine Religiose gebunden fühlt, daß er sein Predigtamt vernachlässigt[1472]. Auf das Gebet der Maria hin wurde er von dieser Bindung „liberatus, Liberatori suo et ejus famulae benedixit", „befreit, und er pries seinen Befreier und dessen Dienerin"[1473]. Da es in der gleichen Vita heißt, daß die jungfräulichen Frauen Christus dienen[1474], ist der, dem Maria dient und der Jakob befreit hat, Christus. Dies wird durch eine Stelle der Vita bestärkt, an der es heißt, daß Christus den Menschen von den Dämonen befreit hat[1475].

11. Obwohl das Wort „Befreier" nicht fällt, gibt es bei David von Augsburg eine einschlägig bemerkenswerte Stelle. Die Minne wird gepriesen als ein Band, das Gott selbst zwingt. Sie zwang den Gottes Sohn in die Krippe und an das Kreuz[1476]. „Daz ist das bant, dâ von alliu mîn twancsal in dich, gotlîchiu vrîheit, verwandelt wird." – „Das ist das Band, wodurch all mein Gefangensein in Dich, göttliche Freiheit, verwandelt wird."[1477] Jesus ist die gekreuzigte Liebe, die zwingt und zugleich frei macht.

12. Mit diesem Gedanken verwandt ist das, was Mechthild von Hackeborn folgendermaßen ausdrückt: Die Macht der Liebe hat den ewigen Sohn Gottes vom Schoß des Vaters in den Mutterschoß der Jungfrau gelegt. Zu Mechthild, die auf diese Weise erlöst wurde, spricht Jesus: „Ecce me in potestatem animae tuae do, ut sim captivus tuus, ut imperes de me omne quodcumque volueris: egoque sicut captivus qui nil praevalet, quam quod dominus suus jusserit, ad omnem voluntatem tuam ero paratus." – „Siehe, ich gebe mich in die Macht deiner Seele, daß ich dein Gefangener bin, damit du über mich befiehlst, was immer du willst, und ich, wie ein Gefangener nur das tun kann, was sein Herr ihm befiehlt, zu allem bereit bin, was du willst."[1478]

13. Nach Gertrud der Großen soll man Jesus als die süße Liebe bitten, daß er der Seele als seiner Braut Schutz gewährt[1479]. „O dulcis liberator meae animae, ut ad nihilum redignatur a facie tuae potentiae omnes inimicorum meorum fraudes et insolentiae." – „O

[1468] IH 6,15,148.
[1469] IH 6,16,148.
[1470] IH 6,17,148.
[1471] IH 6,16,148.
[1472] LT 2,1,3,166; LTA 2,1,3,196.
[1473] LT 2,1,3,166; LTA 2,1,3,197.
[1474] LT 2,2,20,169; LTA 2,2,20,200.
[1475] LTA 2,3,38,202.
[1476] DU 372,15-22.
[1477] DU 372,22f.
[1478] MH 2,31,176.
[1479] G R 6,629f.,200.

süßer Befreier meiner Seele, zu nichts sollen vor dem Angesicht Deiner Macht werden alle Betrügereien und Frechheiten meiner Feinde."[1480] Gertrud weiß auch, daß Jesus am Kreuz von der Liebe bezwungen wurde. Sie bittet die göttliche Liebe um Erlösung „illo charisissimo spolio, illo tuo millies praedilecto captivo", „durch jene teuerste Beute, jenen deinen mehr als tausendfach geliebten Gefangenen"[1481]. Jesus ist derjenige, der uns durch seinen Tod befreit hat[1482]. So hört Gertrud auch am Ende ihrer jugendlichen Krise Christus zu ihr sprechen: „Salvabo te et liberabo te, noli timere." – „Ich werde dich heilen und befreien, fürchte dich nicht."[1483]

14. Zusammenfassend läßt sich sagen:

14.1 Es fällt auf, daß es in den muttersprachlichen Texten kein Pendant für Jesus als „liberator" gibt.

Als Befreier wird der Herr gütig[1484] und süß[1485] genannt. Er ist der Befreier der Seele[1486]. Er befreit von der Bosheit der Welt[1487], aber auch aus Mißständen eines Klosters[1488] und aus tiefgreifenden Krisen[1489].

14.2 An einer Reihe von Stellen dürfte nicht an den Menschgewordenen, sondern an Gott allgemein gedacht sein, wenn vom Befreier die Rede ist[1490]. Andere lassen sich trotz einiger Hinweise nicht eindeutig auf Jesus Christus beziehen[1491].

14.3 Häufiger wird der Sinn der Menschwerdung des Sohnes Gottes in der Befreiung der Menschen gesehen[1492]. Deswegen verkündet Gabriel voll Freude die Geburt des Befreiers[1493]. Durch Teilhabe an seiner Freiheit sind die Menschen wieder frei[1494].

14.4 Einige Texte sprechen auch das Paradox aus, daß derjenige, der als Gefangener der Liebe starb, den Menschen die Freiheit bringt[1495].

3.6.3 Wiederhersteller

1. Es gibt mehrere lateinische Wörter in unseren Texten, welche die Erlösung als ein Wiederherstellen ausdrücken, die wir in diesem Abschnitt zusammenfassen wollen. Erstaunlicherweise kommen in der Vulgata von diesen nur drei im Sinn von „Erlösen" vor. „Instaurare", „Erneuern" wird vor allem für die Wiederherstellung des Hauses

---

[1480] G R 6,633-636,200.
[1481] G R 7,48f.,212.
[1482] G R 3,43,76.
[1483] G 2, 2,1,2,12,230.
[1484] BANN 3,1,138,14.
[1485] G R 6,633-636,200.
[1486] G R 6,633-636,200.
[1487] JFL 251f.,195.
[1488] JFL 254-262,195.
[1489] G 2, 2,1,2,12,230.
[1490] JFL 253,195; RVPS 28,314C.
[1491] BANN 3,1,138,14; HO 2,980B; HSO 967C; ESE 2,273; IH 6,17,148; LTA 2,1,3,197.
[1492] BS 3,122,716,20f.; BPA 6,860,15f.; HSA 1,8,6,310B-C.
[1493] GIS Ann 1,2,52f.,110.
[1494] JHLD 67,4,71-74,467.
[1495] DU 372,15-22; MH 2,31,176; G R 7,48f.,212.

David und des Tempels gebraucht (Jes 61,4; Ez 36,10; Am 5,9). Im NT ist Eph 1,10 „instaurare omnia in Christo", „alles in Christus zu erneuern" die einzige, aber wichtige Stelle, in der dieses Wort vorkommt. Paulus sagt, daß Gott „reformabit corpus humilitatis nostrae", „den Leib unserer Niedrigkeit wiederherstellen wird", gleichgestaltet dem verklärten Leib Christi. Von Elias heißt es (Mt 17,11; Mk 9,12), „restituet omnia", „er wird alles wiederherstellen". Das gleiche Wort kommt bei den Heilungen Jesu vor (Mt 12,13; Mk 3,5; Mk 8,25; Lk 6,10).

2. Wir werden die einzelnen Ausdrücke nicht getrennt in unseren Texten behandeln. Zwischen „instaurare" und „restaurare" gibt es kaum einen semantischen Unterschied. Beide bedeuten ganz allgemein „wiederherstellen".

2.1 Nach Bernhard von Clairvaux bedarf der Mensch Christus als Gottes Kraft und Weisheit „in restaurationem liberi consilii", „für die Wiederherstellung des freien Willens", welcher zwar in der Sünde nicht ganz verloren ging, aber geschwächt worden ist[1496].

2.2 Wilhelm von St. Thierry schreibt, daß Gott den Menschen geschaffen habe, „ut de homine instauraret ruinam angelicae praevaricationis", „um vom Mensch wiederherzustellen die Ruinen der Übertretung der Engel"[1497].

2.3 „Restauratio", „Wiederherstellung" ist ein ausgesprochenes Lieblingswort von Hugo von St. Viktor. Vor allem in seinem Werk „De Sacramentis" kommt dieses Wort oft vor. Im ersten Buch entschuldigt sich Hugo, daß er nur kursorisch die Schöpfung behandelt, weil seine eigentliche Absicht dahin geht, „de sacramento redemptionis humanae (quod a principio in operibus restaurationis formatum est)", „über das Sakrament der menschlichen Erlösung zu handeln (welches am Anfang in Werken der Wiederherstellung gebildet worden ist)"[1498]. Hugo spricht deswegen vom Sakrament der Erlösung, weil ihn das Sichtbare am Erlösungsgeschehen interessiert, welches unser Heil enthält. Folgendermaßen definiert Hugo die Wiederherstellung: „Opera restaurationis esse dicimus incarnationem Verbi, et quae in carne et per carnem gessit Verbum cum omnibus sacramentis suis." – „Wir sagen, die Werke der Wiederherstellung seien die Fleischwerdung des Wortes und das, was das Wort im Fleisch und durch das Fleisch mit all seinen Sakramenten vollbracht hat."[1499] Neben diesem eigentlichen Kern der Wiederherstellung gehört zu ihr auch all das, was von Anfang der Welt auf die Menschwerdung hinweist, und das, was nach der Menschwerdung bis zum Ende der Welt über sie verkündigt wird[1500]. Da aber die Hinweise auf diese Wiederherstellung schon mit der Schöpfung begonnen haben, ist auch diese zu behandeln[1501]. Hugo denkt hier sowohl an die Sakramente des Alten wie Neuen Bundes, aber auch an solche des natür-

---

[1496] BGR 9,26,210,25-212,2.
[1497] WD 7,272C. Über die Ersatztheorie, nach welcher der Mensch geschaffen wurde, um die leere Stelle in der Anzahl der Engel, welche durch den Sturz Luzifers entstand, aufzufüllen, vgl. Weiß, Dreieiner 720-722.
[1498] HSA 1,1,28,203D-204A.
[1499] HSA 1,1,28,204A-B.
[1500] HSA 1,1,28,204B.
[1501] HSA 1,1,29,204B-D.

lichen Gesetzes, welche auch zur Wiederherstellung dem Menschen vom Anfang der Schöpfung gegeben sind[1502].

Eigentlich müsse der Mensch „damnum quod intulerat restauraret, et de contemptu satisfaceret", „den Schaden, welchen er angerichtet hat, wiederherstellen und für die Verachtung (Gott gegenüber) Genugtuung leisten", wozu er nicht in der Lage ist[1503]. Offensichtlich unterscheidet Hugo hier zwischen dem Schaden, der wiederherzustellen ist, und der Verachtung Gottes, die zu sühnen ist. Der Schaden ruft den Zorn Gottes hervor, der auf ihm lastet; dieser muß zuerst beseitigt und der Mensch in den ursprünglichen Zustand versetzt werden, dann kann er würdig werden, die Verachtung Gottes zu sühnen[1504]. Diese Wiederherstellung wächst im Menschen durch weitere Erkenntnis und durch brennende Liebe[1505]. Gottes Wirken bei der Wiederherstellung begnügt sich nicht mit der Wiederherstellung des ursprünglichen Zustandes[1506]. „Gratis restaurat ammissum." – „Umsonst stellt er den Verlorenen wieder her."[1507] Das „Gratis" der Wiederherstellung erklärt Hugo auf folgende Weise: Der Mensch hat im Augenblick nicht das, was er einmal gehabt hat, später aber verloren hat, was ihm bei der Wiederherstellung wiedergegeben wird[1508]. Das heißt aber nicht, daß dem Menschen bei der Wiederherstellung alles in den Schoß fällt. Gott hätte zwar auch dies geschehen lassen können, da es für ihn viele Arten der Wiederherstellung gibt. Es ist aber richtig, daß dem Menschen jetzt auf seiner Suche nach Gott nicht mehr die Leichtigkeit der Schau, sondern die Mühsal des Glaubens als Weg zur Verfügung steht[1509].

Mit einer Reihe von Verben zeigt Hugo den Zweck des Herabsteigens des Menschgewordenen auf, zu der auch die Wiederherstellung gehört[1510], welche sofort zur Wiederherstellung des Menschen zugespitzt wird[1511]. Auch hier meint, wie aus dem Kontext ersichtlich wird, „Wiederherstellen", einen Schaden, nämlich denjenigen der Sterblichkeit des Menschen, durch das Geschenk der Unsterblichkeit zu beseitigen.

Wie stark Hugo bei den „opera restaurationis" an die Sakramente denkt, sieht man an einer Stelle seines Kommentars zur „Himmlischen Hierarchie" des Dionysius Areopagita: Beide, die Werke der Schöpfung wie diejenigen der Wiederherstellung, brauchen etwas Sichtbares, welches das Unsichtbare in ihnen anzeigt. Deswegen hat jeder Theologe solch Sichtbares nötig[1512]. Aber eine Theologie, die rein auf diese Welt angewiesen ist, nimmt dazu „elementa hujus mundi secundum speciem creata", „die Elemente dieser Welt, so wie sie nach ihrer Gestalt geschaffen sind"[1513]. „Theologia

---

[1502] HSA 1,11,1,343B.
[1503] HSA 1,8,4,308B.
[1504] HSA 1,8,4,309A.
[1505] HSA 1,10,9,343A.
[1506] HAN 3,10,657B.
[1507] HAN 3,10,657B.
[1508] HSO 966D.
[1509] HAN 4,3,667D.
[1510] HSO 962B.
[1511] HSO 962C.
[1512] HH 1,926D.
[1513] Ebenda.

vero divina opera restaurationis elegit secundum humanitatem Jesu." – „Die göttliche Theologie wählt aber die Werke der Wiederherstellung nach der Menschheit Jesu."[1514] So entdeckt Hugo auch in den geschöpflichen Dingen im Blick auf die Menschwerdung einen tieferen Sinn. Sie finden im Blick auf die Gottheit des Menschgewordenen eine Verbesserung in den Sakramenten der Gnade[1515]. An einer anderen Stelle macht Hugo aus dem verschiedartigen Wirken Gottes eine Stufenleiter: „Sciendum est, quod alia sunt illa visibilia, de quibus ascendunt, alia illa sunt, per quae ascendunt. De operibus conditionis per opera restaurationis ad conditionis et restaurationis auctorem ascendunt." – „Man muß wissen, daß anders jenes Sichtbare ist, von welchem sie (= die Menschen) aufsteigen, und anders jenes, durch welches sie aufsteigen. Von den Werken der Schöpfung durch die Werke der Wiederherstellung steigen sie zu dem Urheber der Schöpfung und der Wiederherstellung auf."[1516]

2.4 Richard von St. Viktor interessiert sich weniger für den sakramentalen Akzent der Wiederherstellung. Für ihn ist Christus „Creator" und „Salvator". Während er Schöpfer ist, weil er das gemacht hat, was nicht war, „Salvator autem inde dicitur, quia restauravit quod perierat", „wird er jedoch deswegen Heiland genannt, weil er wiederhergestellt hat, was verloren war"[1517].

2.5 Bei Hildegard von Bingen wird relativ oft die Wiederherstellung in der Erlösung Christi erwähnt.

Hildegard betont die Notwendigkeit, daß der Mensch bei seiner Wiederherstellung mittun muß. Wer sich schwer vergangen hat, muß auch „propter restaurationem uitae", „um der Wiederherstellung des Lebens willen" schwer bestraft werden[1518].

Hildegard weiß aber auch, daß nicht der Sünder, sondern allein Christus die eigentliche Wiederherstellung leisten kann: Was durch die Übertretung des Adam verloren gegangen ist, ist durch das Blut des Sohnes Gottes wiederhergestellt[1519]. Der Vater sandte seinen Sohn „in restaurationem hominis", „zur Wiederherstellung des Menschen"[1520]. So spricht er: „Misi Filium meum in restaurationem saluationis animarum." – „Ich habe meinen Sohn zur Wiederherstellung bei der Rettung der Seelen gesandt."[1521] Er hat ja angeordnet, daß sein Sohn die Menschheit annehme, um den Menschen zurückzuführen „in restaurationem uitae", „in die Wiederherstellung des Lebens"[1522]. Der Sohn ist aus der Jungfrau geboren und hat gelitten, „ut in ortu iustitiae homo restauraretur ad uitam", „damit beim Aufgang der Gerechtigkeit der Mensch zum Leben wiederhergestellt wird"[1523]. Durch sein Leiden und Sterben „perditio hominis ad uitam restaurata

---

[1514] HH 1,927A.
[1515] Ebenda.
[1516] HAN 4,6,672C-D.
[1517] RVPS 2,269D.
[1518] HISV 1, 2,4,13,398-400,170.
[1519] HISV 1, 2,5,12,498f.,186.
[1520] HISV 2, 3,1,6,286f.,335.
[1521] HISV 2, 3,2,16,465f.,362.
[1522] HISV 2, 3,2,25,665-667,368.
[1523] HISV 2, 3,2,6,196-198,353.

est", „ist der Verlust des Menschen auf das Leben hin wiederhergestellt"[1524]. In der Auferstehung zeigt Christus, daß er „genus humanum in restaurationem aeternae uitae se reducere", „das menschliche Geschlecht in die Wiederherstellung des ewigen Lebens zurückführen" kann[1525]. In der Kirche empfängt der Mensch das Heil „ad restaurationem vitae", „zur Wiederherstellung des Lebens"[1526]. Vor allem in der Taufe wird am Menschen das wiederhergestellt, was durch Adam verloren gegangen ist[1527]. Der Sohn Gottes bezeugt, „quod non est in plena vita restaurationis salutis nisi resurgat per me in aquae regenerationis", „daß es nicht in Fülle das Leben der Wiederherstellung des Heiles gibt, wenn er (= der Mensch) nicht aufersteht durch mich im Wasser der Wiedergeburt"[1528]. Jetzt muß bei den Menschen die Gnade das in der Menschwerdung des Heilandes begonnene Werk „in restaurationem bonae hereditatis", „zur Wiederherstellung des guten Erbes" vollenden[1529]. Das Lamm Gottes hat die Märtyrer hingeführt „in restaurationem hereditatis", „zur Wiederherstellung des Erbes"[1530]. Jeder Erlöste besitzt den Weg, „qua ad restaurationem sui sub solem uadit", „auf dem er zu seiner Wiederherstellung unter der Sonne wandelt"[1531].

Es fällt auf, wie häufig Hildegard das Wort „restauratio" mit dem Begriff „Leben" verbindet. Der Schaden des Todes wird in der Wiederherstellung zum Leben beseitigt.

2.6 Bei den späteren Mystikerinnen wird nicht mehr oft von der Wiederherstellung gesprochen. Eine Ausnahme bildet Gertrud die Große.

In der Erneuerung der Taufe in ihren „Exercitia spiritualia" soll man beim Kommunionempfang Jesus als süßen Gast begrüßen[1532]. Er soll für den Menschen „virtutis instauratio", „die Wiederherstellung der Tugend" sein[1533]. Dies dürfte vor allem in der Wiedererlangung der Taufunschuld, um die es Gertrud bei der Tauferneuerung besonders geht, bestehen[1534]. Wenn man stirbt, gelangt man in das Innerste der Heiligen Dreifaltigkeit[1535]. Dann geschieht Folgendes: „Vita mea perdita cum universis ruinis suis per te, o amor dives, cum Iesu mei conversatione perfectissima instaurata." – „Mein verlorenes Leben (ist) mit all seinen Trümmern durch Dich, o reiche Liebe, mit meines Jesus vollkommenstem Wandel wiederhergestellt."[1536]

2.7 Auch Petrus von Dazien erwähnt in einem Brief an Christina von Stommeln die ewige Seligkeit. Während dort dem Menschen beim Vater die Vorsehung und beim

[1524] HISV 1, 2,6,3,362f.,235.
[1525] HISV 1, 2,6,40,1398-1400,266.
[1526] HISV 1, 2,6,1,300-303,233.
[1527] HISV 2, 3,2,16,457-460,362.
[1528] HISV 2, 3,7,8,315-318,471.
[1529] HISV 2, 3,1,17,611-613,345.
[1530] HISV 2, 3,13,5,144f.,618.
[1531] HIO 1,4,38,2f.,173.
[1532] G R 1,185,58.
[1533] G R 1,189-191,58.
[1534] Vgl. G R 1,1-3,46.
[1535] G R 6,768-770,208.
[1536] G R 7,772-774,208.

Heiligen Geist die Überfülle der Seligkeit aufgeht, ist es beim Sohn „humanae restauracionis diligencia", „die Sorgfalt der menschlichen Wiederherstellung"[1537].

2.8 Zusammenfassend läßt sich über die christologische Verwendung von Wörtern mit der Wurzel „instaur" oder „restaur" Folgendes sagen:

2.8.1 Die Wiederherstellung beginnt mit der Sendung des Sohnes durch den Vater[1538] in seiner Menschwerdung[1539], welche sich im Leiden und Sterben[1540] und in der Auferstehung Jesu[1541] fortsetzt. Dabei gibt es schon Vorzeichen seit Beginn der Schöpfung[1542] und Auswirkungen in der Kirche[1543] und ihren Sakramenten[1544], besonders in der Taufe[1545]. Die Wiederherstellung nimmt durch das Tun der erlösten Menschen zu[1546]. Oft besteht dieses im Ertragen der Mühsale[1547]. Dennoch geschieht die Wiederherstellung immer umsonst und gnadenhaft[1548].

2.8.2 Was wird durch Christus wiederhergestellt? Der durch die Sünde angerichtete Schaden[1549], die volle Handlungsfähigkeit des freien Willens[1550], das ewige Erbe[1551], die Taufunschuld[1552], die ewige Seligkeit[1553] oder einfach alles, was verloren ging[1554] durch den Fall der Engel[1555] und des ersten Menschen[1556]? Vor allem wird die Sterblichkeit des Menschen wieder aufgehoben[1557]. Es ist die Wiederherstellung des Lebens[1558], des ewigen Lebens[1559].

3. Nur selten wird von Christus als „recuperator", „Wiedererlanger" gesprochen.

3.1 Einmal dankt Jean von Fécamp Gott Vater für all seine Erbarmungen durch „Filium tuum saluatorem et recuperatorem", „Deinen Sohn, den Heiland und Wiedererlanger"[1560].

[1537] CS 1, B 41,25,232,8-10.
[1538] HISV 2, 3,1,6,286f.,335; 3,2,16,466f.,362; 3,2,25,665-667,368.
[1539] HSA 1,1,28,204A-B.
[1540] HISV 1, 2,6,3,362f.,235.
[1541] HISV 1, 2,6,40,1398-1400,266.
[1542] HSA 1,1,28,204B.
[1543] HISV 1, 2,6,1,300-303,233.
[1544] HH 1,927A.
[1545] HISV 2, 3,2,16,457-460,362; 3,7,8,315-318,471.
[1546] HSA 1,10,9,343A.
[1547] HAN 4,3,667D; HISV 1, 2,4,13,398-400,170.
[1548] HAN 3,10,657B; HSO 966D.
[1549] HSA 1,8,4,308B.
[1550] BGR 9,26,210,25-212,2.
[1551] HISV 2, 3,1,17,611-613,345; 3,13,5,144f.,618.
[1552] G R 1,189-191,58.
[1553] G R 7,772-774,208.
[1554] RVPS 2,269D.
[1555] WD 7,272C.
[1556] HISV 1, 2,5,12,498f.,186.
[1557] HSO 962C.
[1558] HISV 1, 2,6,1,300-303,233; 2, 3,2,6,196-198,353.
[1559] HISV 1, 2,6,40,1398-1400,266.
[1560] JFC 2,3,84-87,123.

3.2 Für Bernhard von Clairvaux zeigt sich die völlige Wiederherstellung des Bewußtseins des Erlösten durch die Fähigkeit, Sünden bereuen zu können[1561].

3.3 Wilhelm von St. Thierry schreibt, daß der Sohn Gottes zur Erde kam, um „per humilitatem recuperare eum qui recuperari poterat, qui per superbiam perierat", „durch Demut den (Zustand des Menschen) wiederzuerlangen, der wiedererlangt werden konnte und der durch Stolz zugrunde gegangen war"[1562].

3.4 Gertrud die Große spricht Jesus, der durch die Kommunion als Gast in ihr weilt, an als „totius deperditae vitae meae recuperatio", „Wiedererlangung meines ganzen verlorenen Lebens."[1563]

4. Etwas häufiger kommen Worte mit der Wurzel „reform" im christologischen Kontext vor.

4.1 Bernhard von Clairvaux beschäftigt sich ausführlich mit dem freien Willen des Erlösten und stellt eine dreifache Freiheit fest. Während die Freiheit der Natur in der Existenz des freien Willens und die Freiheit der Herrlichkeit in seiner Beseligung besteht, gibt es an mittlerer Stelle die „libertas gratiae", „Freiheit der Gnade"[1564]. „Secundo reformamur in innocentiam." – „In der zweiten werden wir in die Unschuld hinein neugestaltet."[1565] So gibt es neben der Schöpfung und der Endvollendung auch unsere „reformatio", „Neugestaltung"[1566]. Das lange Ausbleiben des Erlösers läßt nach Bernhard den Glauben im Volk des Alten Bundes wanken[1567]. Deswegen ersehnten die Heiligen dieser Zeit für die Kleingläubigen ein „signum reformandae pacis", „Zeichen des neuzugestaltenden Friedens"[1568], welches im „sacrosanctum osculum, id est incarnandi mysterium", „hochheiligen Kuß, das heißt im Geheimnis des Menschwerdens," geschenkt wurde[1569].

4.2 Nach Aelred von Rievaulx besteht seit der Schöpfung in dem Gedächtnis, dem Verstand und dem Willen des Menschen ein Bild Gottes, das durch die Sünde getrübt worden ist[1570]. „Perfecta erit imaginis reformatio, si memoriam obliuio non interpolet, scientiam nullus error obnubilet, nulla amorem cupiditas interpellet." – „Die vollkommene Neugestaltung des Bildes wird sein, wenn kein Vergessen das Gedächtnis unterbricht, kein Irrtum das Wissen umnebelt, kein Begehren sich der Liebe beimischt."[1571]

4.3 Mit recht ungewöhnlichen Titeln wird im Traktat „Speculum virginum" Jesus Christus angeredet: „Pater optime, creaturae tuae reformator et amator!" – „Bester Vater, Neugestalter Deiner Schöpfung und Liebhaber!"[1572]

[1561] BHLD 1, 16,3,4,230,19f.
[1562] WND 12,35,401.
[1563] G R 1,188f.,58.
[1564] BGR 3,7,184,5f.
[1565] BGR 3,7,184,8f.
[1566] BGR 14,49,244,14f.
[1567] BHLD 1, 2,3,7,72,17-21.
[1568] BHLD 1, 2,3,7,72,21-23.
[1569] BHLD 1, 2,3,7,72,3f.
[1570] Vgl. Weiß, Dreieiner 675-677.
[1571] ARSC 1,5,14,195-197,18.
[1572] SP 10,846,6f.

4.4 Nach Hugo von St. Viktor „divina bonitas ea, quae creavit, ad se revocat et reformat", „ruft die göttliche Güte das, was sie erschaffen hat, zu sich zurück und gestaltet es neu"[1573].

4.5 Für David von Augsburg spielt die „reformatio", „Neugestaltung" des Menschen eine große Rolle. In seinem großen lateinischen Werk „De exterioris et interioris hominis compositio" geht er von außen nach innen vor. Im ersten Buch behandelt er, wie der Novize seinen äußeren Menschen auf Gott hin ausrichten soll. Das zweite Buch will anleiten „de interioris hominis, id est mentis reformatione, ad quam omnis vera Religio ordinari debet", „von der Neugestaltung des inneren Menschen, das heißt des Geistes, zu welcher jedes wahre Ordensleben hingeordnet sein muß"[1574]. Von da an kommt das Wort „reformatio", „Neugestaltung" oft vor, allerdings meist in dem Sinn des Weges, auf welchem der Mensch beim Fortschritt des geistlichen Lebens gehen soll. Hierbei werden Anweisungen gegeben, wie das Bild Gottes im Menschen mit Vernunft, Wille und Gedächtnis neugestaltet werden soll[1575]. Nur selten reflektiert David dabei den Ermöglichungsgrund eines solchen Vorankommens, die Neugestaltung, die Christus in der Erlösung vornimmt.

4.6 Wie schon erwähnt, spielt bei der Tauferneuerung, die Gertrud die Große anregt, die Wiedererlangung der Taufunschuld eine große Rolle. Dabei soll die Erde des menschlichen Herzens „recreetur et renovetur", „neugeschaffen und erneuert werden"[1576]. So wird es verständlich, daß es im abschließenden Gebet von Gott heißt: „Meus es conditor, ut etiam sis reformator." – „Du bist mein Schöpfer, um auch mein Neugestalter zu sein."[1577]

Einmal fragt sich Gertrud, ob sie nicht zu einem Orden mit einer in bezug auf die körperliche Askese strengere Regel übertreten soll[1578]. Christus stimmt dem nicht zu, „cum ego Creator et reformator universitatis, in infintum magis delecter in una amante anima, quam in omni labore et exercitio corporali, quod unquam ab aliquo peragi potest sine amore et pura intentione", „da ich, der Schöpfer und Neugestalter des Alls, mich unendlich mehr erfreue an einer liebenden Seele als an aller Mühe und körperlichen Übung, welche auch immer von jemand vollzogen werden kann, ohne Liebe und reine Absicht"[1579]. „Schöpfer" und „Neugestalter" wird deswegen der Herr genannt, weil in diesen beiden Namen ein doppelter Grund liegt, warum Gott keine körperlichen Werke braucht: Er hat alles geschaffen und neugestaltet und bedarf nichts. Diese beiden Aspekte werden noch deutlicher ausgedrückt, wenn der Herr der „formator et reformator meae substantiae", „Gestalter und Neugestalter meines Wesens" genannt

---

[1573] HH 5,1007A-B.
[1574] DAE 2,1 praef 1,65.
[1575] DAE 2,1,6,88.
[1576] G R 1,9-12,46.
[1577] G R 1,222f.,60.
[1578] G 3,3,44,2,1-4,200.
[1579] G 3,3,44,2,16-19,200.

wird[1580]. Weil er beides ist, ist der Mensch von sich aus nicht in der Lage, etwas dafür zu tun[1581].

4.7 Auch in den Schriften um Christina von Stommeln wird, wenn auch nicht so eindeutig wie bei Gertrud, Jesus als Schöpfer dem Neugestalter gegenüber gestellt. Die Dämonen reden der Mystikerin ein, ihr bisheriger Lebensstil sei falsch und sie solle ihnen folgen[1582]. Christina entgegnet, daß sie bei Christus bleiben wird, der ihr das Leben geschenkt hat „et totius essentiae meae mirabilis reformator", „und meines ganzen Wesens wunderbarer Neugestalter" ist[1583]. Ein wenig später wird der Erlösertod Christi erwähnt, der die Ursache dieser Neugestaltung ist[1584].

4.8 Zusammenfassend läßt sich sagen:

Von den bis jetzt behandelten Ausdrücken für die Erlösung spielt bei dem Ausdruck „reformator" der Blick nach hinten am wenigsten eine Rolle. Deswegen wäre die Übersetzung „Umgestalter" zu schwach. Da es nicht nur um die Erreichung eines verlorenen Zustandes geht, haben wir als Übertragung nicht „Wiedergestalter", sondern „Neugestalter" gewählt.

Ziel der Neugestaltung ist der Friede mit Gott[1585] und die Unschuld des Menschen[1586]. Mit dem Neugestaltet-Sein wird ein mittlerer Zustand zwischen Sünder-Sein und Selig-Sein bezeichnet[1587]. Gern wird dieser Ausdruck auch für die Tatsache verwendet, daß das Bild Gottes in Gedächtnis, Verstand und Wille, welches in der Sünde getrübt war, wieder erneuert wird[1588]. In der Taufe fängt diese Neugestaltung an[1589]. Oft wird auch Jesus als Schöpfer und Neugestalter in einem Atemzug genannt, um die Gestaltung der ganzen Existenz des Menschen durch den Herrn auszudrücken[1590].

5. Ein gern gebrauchter Ausdruck für das Erlösen ist „reparare".

5.1 Nach Bernhard von Clairvaux besteht die Würde der menschlichen Seele darin, daß sie durch das Blut Christi erlöst ist. Doch gilt auch: „Gravis animae casus, quae non nisi Christi cruce potuit reparari. Si rursum corruerit peccato dumtaxat ad mortem, unde iam reparabitur?" – „Schwer war der Fall der Seele, welche nur durch das Kreuz Christi wiederhergestellt werden konnte. Wenn sie wieder in die Sünde, ja sogar zu Tode stürzt, wodurch sollte sie noch wiederhergestellt werden?"[1591] Einmal nennt Bernhard Jesus „nostri generis reparator", „Wiederhersteller unseres Geschlechtes"[1592].

[1580] G 4, 4,52,6,10f.,440.

[1581] G 4, 4,52,6,11-13,440.

[1582] CS 2, 4,13,122,327f.

[1583] CS 2, 4,13,122,328.

[1584] Ebenda.

[1585] BHLD 1, 2,3,7,72,21-23.

[1586] BGR 3,7,184,8f.

[1587] BGR 14,49,244,14f.

[1588] ARSC 1,5,14,195-197,18; DAE 2 passim.

[1589] G R 1,9-12,46.

[1590] SP 10,846,6f.; HH 5,1007A-B; G R 1,222f.,60; G 3, 3,44,2,16-19,200; 4, 4,52,6,10f.,440; CS 2, 4,13,122,328.

[1591] BB 1, 54,532,10f.

[1592] BLVM 1,9,48,3f.

Der Abt benutzt auch diesen Ausdruck zu einer griffigen Gegenüberstellung von Schaffen und Erlösung. In Christus „quod non erat, creatum; quod perierat, reparatum", „ist, was nicht war, erschaffen, was verloren war, wiederhergestellt"[1593].

5.2 Nach Aelred von Rievaulx wird das Bild Gottes, das der Mensch in seinen drei Grundfähigkeiten besitzt, wiederhergestellt, und zwar so, daß das Gedächtnis durch das Zeugnis der Schrift, der Verstand durch das Geheimnis des Glaubens, die Zuneigung durch tägliches Wachstum der Liebe[1594] erneuert ist.

5.3 Die gleiche Gegenüberstellung kennt auch Balduin von Canterbury, wenn er von den „beneficia ... conditionis" und den „reparationis", „Wohltaten ... der Schöpfung" und der „Wiederherstellung" spricht."[1595]

5.4 Nimmt man den Schöpfungsbericht der Bibel wörtlich, ist der Mensch am sechsten Wochentag sowohl geschaffen wie erlöst worden. So schreibt Gilbert von Hoyland: „Quo die est homo conditus, eo reparatus." – „An dem Tag, an dem der Mensch geschaffen ist, an dem ist er auch wiederhergestellt."[1596]

5.5 Für Hugo von St. Viktor ist Gott gerecht und selig und der Mensch als Sünder ungerecht und unselig. Deswegen kommt Gott zum Menschen, „ut per justitiam miseriam vinceret, et justitam ad beatitudinem repararet", „um durch die Gerechtigkeit das Elend zu besiegen und die Gerechtigkeit zur Seligkeit wiederherzustellen"[1597]. Für ihn ist die Erkenntnis zweier Tatbestände für die Frömmigkeit nützlich, „infirmitatis nostrae magnitudinem et reparationis modum", „die Größe unserer Schwäche und die Art der Wiederherstellung"[1598]. Neben anderen schreibt er aus diesem Grund sein Werk „Arca noe morali"[1599].

Mit diesem Ausdruck macht er auch den Unterschied zwischen Schöpfung und Erlösung deutlich. Zur Schöpfung gehört das Entstehen des Menschen und der Welt. „Ad reparationem hominis pertinet incarnatio Verbi", „Zur Wiederherstellung des Menschen gehört die Menschwerdung des Wortes" und alles, was vor ihr auf sie hinwies und nach ihr verkündet wird[1600]. Damit stimmt bei Hugo die Erklärung des Wortes „reparatio" mit der Definition von „restauratio" überein[1601]. Es gibt das „sacramentum redemptionis quo reparata sunt quae perierant", „Sakrament der Erlösung, durch welches wiederhergestellt ist, was verloren war"[1602]. Da Hugo mit „reparatio" nicht nur die objektive, sondern auch die subjektive Erlösung, das heißt die Tatsache, daß einer die Erlösung durch Glauben auch annimmt, meint, kann er sagen, daß zwar alle Men-

---

[1593] BNAT 2,4,244,10f. Die deutsche Übersetzung kann den Rhythmus und Gleichklang, den der Sprachkünstler Bernhard hier benutzt, nicht nachahmen.
[1594] ARSC 1,5,14,193-195,18.
[1595] BT 3,421B.
[1596] GHLD 4,4,28C.
[1597] HE 10,181B.
[1598] HAN prol 619f.
[1599] HAN prol 617f.
[1600] HAN 4,3,667B.
[1601] HSA 1,1,28,204A-B.
[1602] HSA 1,1,28,204A.

schen geschaffen, aber nicht alle wiederhergestellt sind[1603]. „Ea quae ad reparationem hominis facta sunt, non ad omnes pertinent, sed ad eos tantum qui salvi fiunt." – „Das, was zur Wiederherstellung des Menschen geschehen ist, gelangt nicht zu allen, sondern nur zu denen, die gerettet werden."[1604] Eine weitere wichtige Unterscheidung zwischen Schöpfung und Erlösung macht Hugo. An der Schöpfung erkennt der Mensch Gott in seiner Macht, mit der er alles geschaffen hat. An der Wiederherstellung erkennt er dagegen Gott in seiner Liebe, mit der er uns erlöst hat[1605]. Aus Liebe hat sich ja der Bräutigam erniedrigt, „cum te repararet", „da er dich wiederherstellte"[1606].

5.6 Auch Richard von St. Viktor kennt die Unterscheidung zwischen Schöpfung, durch welche Gott uns die Gaben der Natur bringt, und Wiederherstellung, durch welche uns Christus die Gaben der Gnaden schenkt. Wer die letztere verdirbt, sündigt gegen Christus, „qui pro reparatione nostra usque ad mortem sudavit", „der sich um unserer Wiederherstellung willen bis zum Tode abgemüht hat"[1607]. Für Richard erstreckt sich die Wiederherstellung auch auf die Zeit nach dem Tod des Menschen, obwohl in der Schrift ausführlicher über den Zustand der Wiederherstellung in diesem Leben berichtet wird[1608].

5.7 Der Autor der Vita der Beatrijs von Nazareth benutzt gern Wörter aus der Wurzel „repara". Einmal werden die Werke der Erlösung, die bei der Geburt Jesu anfangen und ihre Vollendung in seiner himmlischen Verklärung finden, aufgezählt[1609]. Im Danken für diese „reparatum totius humanae salutis beneficium intellexit", „hat sie (= Beatrijs) die wiederhergestellte Wohltat des ganzen menschlichen Heiles erkannt"[1610]. All dies „pro reparatione salutis humane pius dominus, nascendo, patiendo, moriendo, seu etiam resurgendo vel ad celos ascendendo, patrauit", „hat der gute Herr zur Wiederherstellung des menschlichen Heiles im Geborenwerden, im Leiden, im Sterben oder auch im Auferstehen und im zum Himmel Aufsteigen vollbracht"[1611]. Als Beatrijs eine lange Trockenheitsphase ihres spirituellen Lebens erfährt, fragt sie Jesus, warum er sie, „tanto redemptam precio, tantoque commercio reparatam", „die mit einem so großen Preis zurückgekauft und in einem so großen Tausch wiederhergestellt worden ist", verlassen hat[1612]. Bei dem Tausch ist weniger an das „sacrum commercium", den „heiligen Tausch" bei der Menschwerdung, als an den Tausch am Kreuz, in dem der Unschuldige für den Schuldigen leidet, gedacht. Ein anderes Mal sieht Beatrijs an Weihnachten vom Vater einen Strom, der sich in viele Flüsse teilt, ausgehen[1613]. Der Strom wird auf Jesus

---

[1603] HAN 4,3,667B-C.
[1604] HAN 4,3,667C.
[1605] HAN 4,5,671B.
[1606] HSO 962B.
[1607] RVPS 2,270A.
[1608] RVBMA 5,19,199C.
[1609] BN 2,3,95,87-92,73.
[1610] BN 2,3,95,96f.,73.
[1611] BN 2,5,103,63-65,78.
[1612] BN 2,14,147,53-55,101.
[1613] BN 3,7,215,48-51,138.

Christus gedeutet[1614]. „Riui vero signa reparationis nostre, stigmata scilicet passionis dominice:, que pro nobis peccatoribus dignatus est in suo corpore super lignum sustinere." – „Die Flüsse (sind) die Zeichen unserer Wiederherstellung, nämlich die Wundmale des Herrenleidens, welche er für uns Sünder sich würdigte, in seinem Leib am Holz zu tragen."[1615]

5.8 Auch bei Gertrud der Großen taucht dieser Ausdruck einige Male im christologischen Kontext auf. Bei einem Kommunionempfang soll man Jesus bitten, daß er zur „animae et corporis reparatio", „Wiederherstellung der Seele und des Leibes" wird[1616]. Bei der Wiederherstellung des Leibes ist wohl an die noch ausstehende Auferstehung der Toten gedacht. Einmal ist der Blick bei der Verwendung dieses Ausdruckes über die Menschen geweitet, wenn Gertrud über Jesus schreibt: „Tu es creaturae reparatio." – „Du bist die Wiederherstellung der Schöpfung."[1617] Die gleiche Weite begegnet uns an einer anderen Stelle. Jesus, der „operator", „Wirker" und „artifex", „Künstler", welches Ausdrücke seiner Schöpfertätigkeit[1618] sind, genannt wird[1619], ist es, „qui tam laudabiliter reparasti opus manuum tuarum", „der Du so lobenswert das Werk Deiner Hände wiederhergestellt hast"[1620].

5.9 Zusammenfassend läßt sich zum Gebrauch von Ausdrücken aus der Wurzel „repara" sagen:

Die Wiederherstellung des Menschen geschah durch die Menschwerdung[1621] und das Sterben Jesu am Kreuz[1622], ja durch alle Taten des Erlösers[1623]. Sie vollzieht sich im einzelnen Menschen durch ihre Aneignung im Glauben[1624]. Die Wiederherstellung hat als Ziel die Seligkeit des Menschen[1625] mit seinem Leib[1626].

Das, was von Gott geschaffen worden und verdorben ist, wird durch Christus wiederhergestellt[1627]. So wird auch von der Wiederherstellung der ganzen Welt gesprochen[1628]. Oft steht das Wiederherstellen dem Schaffen gegenüber[1629]. Am Schaffen erkennt man Gottes Macht, am Wiederherstellen seine Liebe[1630].

[1614] BN 3,7,216,56f.,138.

[1615] BN 3,7,216,58-60,138. „Stigmata" sind hier nicht die Wunden, die ein Mensch in Angleichung mit dem leidenden Herrn empfangen hat, sondern die Verwundungen, die Christus selbst an seinem Leib trägt.

[1616] G R 1,189f.,58.

[1617] G R 7,293,226.

[1618] Vgl. Weiß, Dreieiner 520f.

[1619] G R 7,634,248.

[1620] G R 7,635,248.

[1621] HAN 4,3,667A-B.

[1622] BB 1, 54,532,9-11; RVPS 2,270A; BN 2,14,147,53-55,101; 3,7,216,58-60,138.

[1623] BN 2,3,95,96f.,73; 2,5,103,63-65,78.

[1624] HAN 4,3,667C.

[1625] HE 10,181B; RVBMA 5,19,199C.

[1626] G R 1,189f.,58.

[1627] GHLD 4,4,28C; HSA 1,1,28,204A.

[1628] G R 7,293,226.

[1629] BNAT 2,4,244,10f.; G R 7,635,248.

[1630] HAN 4,5,671B.

6. Auch das Wort „restituere" im Sinn von „wiederherstellen" wird auf Christi Erlöserwirken bezogen.

6.1 Bernhard von Clairvaux schreibt: Dadurch daß Christus die Kraft Gottes ist, „plenum posse restituat", „soll er voll das Können (in uns) wiederherstellen", daß wir den freien Willen im vollen Umfang gebrauchen können[1631]. Weil Maria Christus den Erlöser geboren hat, „de manu feminae pendet et nostra omnium salus et innocentiae restitutio", „hängt von der Hand einer Frau unser aller Heil und die Wiederherstellung der Unschuld ab"[1632].

6.2 Nach Hugo von St. Viktor „pacem restituet", „stellt er (= Jesus) den Frieden wieder her"[1633]. „Sic restituit ut non ad interitum, sed ad incrementum cecidisse videamur." – „So hat er (uns) wieder hergestellt, daß wir nicht zum Untergang, sondern zum Wachstum gefallen zu sein scheinen."[1634]

6.3 Hildegard von Bingen schreibt, daß der Eingeborene Gottes sich auf dem Altar des Kreuzes dargebracht hat, um sich als Braut die Kirche zu erwählen „ad restitutionem salutis credentium populorum", „zur Wiederherstellung des Heiles der gläubigen Völker"[1635]. So darf man auch zur Kommunion gehen, wenn man im Blut des Lammes gereinigt ist, welches es im Gehorsam des Vaters geopfert hat, „ad salutem omnibus restituendam in ara crucis", „um das Heil für alle auf dem Altar des Kreuzes wiederherzustellen"[1636]. „Sanguis enim Christi fideles suos in locum refrigerii restituit." – „Das Blut Christi hat ja seine Gläubigen am Ort der Stärkung wiederhergestellt."[1637]

6.4 David von Augsburg beschreibt die Erlösung des Menschen als ein „in pristinam restituere dignitatem", „Wiederherstellen zur alten Würde"[1638].

6.5 Nach Gertrud der Großen soll man beten: „Inutilem conversationem meam non iam in septumplum, sed in centuplum mihi restitue." – „Stelle mir meinen unnützen Wandel schon nicht mehr siebenfach, sondern hundertfach wieder her."[1639]

6.6 Es fällt auf, daß bei diesem Ausdruck sehr stark der Blick auf das Vergangene gerichtet ist.

7. „Reducere" oder „educere" werden gleichbedeutend auch in unseren Texten gebraucht, um auszudrücken, daß Christus den Menschen in den alten Zustand zurückführt.

7.1 Bernhard von Clairvaux schreibt, daß Christus gekommen ist, „ut educat vinctum de domo carceris", „um den Gefangenen aus dem Kerkerhaus herauszuführen"[1640].

[1631] BGR 8,26,210,25-212,2.

[1632] BLVM 2,5,54,10f.

[1633] HAN 1,1,620A.

[1634] HAN 3,10,657B.

[1635] HISV 1, 2,6,3,363-369,235.

[1636] HIB 1, 23,43-46,62.

[1637] HIB 2, 193,36f.,438.

[1638] DAE 3,56,6,314.

[1639] G R 7,49-51,212.

[1640] BCIRC 3,4,306,2f.

7.2 Seine Lebenserfahrung spricht Hugo von Viktor aus, wenn er in einem Gebet von Gott sagt: „Quando errabam, reduxisti me." – „Wenn ich irrte, hast Du mich zurückgeführt."[1641]

7.3 Häufig gebraucht Hildegard von Bingen diesen Ausdruck in unserem Zusammenhang.

Nach ihr kam Christus in den Schoß der Jungfrau Maria, damit er „eos qui lumen ueritatis per fallacem caecitatem ignorabant ad uerum iter reduceret", „diejenige, die das Licht der Wahrheit durch eine trügerische Blindheit nicht kannten, auf den wahren Weg zurückführt"[1642]. „Viuens enim Deus qui cuncta per Verbum suum creauit per idem Verbum incarnatum miseram humanam creaturam, quae se demerserat in tenebras, ad fidelem saluationem reduxit." – „Der lebende Gott nämlich, der alles durch sein Wort erschaffen hat, hat durch eben das fleischgewordene Wort das elende menschliche Geschöpf, das sich in die Finsternis gestürzt hat, zur wahren Heilung zurückgeführt."[1643] Das in die Finsternis zu den Menschen geschickte Wort „perfecit omnia bona, illos ad uitam per dulcedinem suam reducens", „vollbrachte alles Gute, indem es jene durch seine Süße zum Leben zurückführte"[1644]. Christus hat als der gute Hirt „in corpore suo cum maxima humilitate perditam ouem suam ad caelos reduxit", „in seinem Leib mit höchster Demut das verlorene Schaf zum Himmel zurückgeführt"[1645]. „Filius Dei in humanitate sua perditos homines ad celestia reducet." – „Der Sohn Gottes führt in seiner Menschheit die verlorenen Menschen zum Himmlischen."[1646]

8. In Neuen Testament heilt Jesus Kranke, welche Tätigkeit in der Vulgata mit Worten aus der Wurzel „sana" ausgedrückt wird (Mt 3,10; 4,23; Mt 8,13; 15,28; Mk 5,29; 8,8; Lk 5,17f.; 6,19; 7,7; 8,47; 9,11.43; 14,4; 21,14; Joh 4,47; Apg 10,38). Auch die Jünger werden zum Heilen ausgesendet (Lk 9,2). Im übertragenen Sinn wird „sanare" gebraucht, wenn es heißt, daß wir durch Christi Wunden geheilt sind (1 Petr 2,24).

8.1 Jean von Fécamp redet Jesus mit der Bitte an: „Panis dulcissime sana palatum cordis mei, ut sentiat suauitatem amoris tui!" – „Süßestes Brot, heile den Gaumen meines Herzens, daß er die Süße Deiner Liebe spürt."[1647]

8.2 Wenn Jesus den Menschen heilt, kann das nach Bernhard von Clairvaux sogar Schmerzen bereiten. Es war notwendig, „quod in vulnere sanando superfluum excreverit", „daß Jesus in der Wunde, um zu heilen, Wucherungen beseitigt hat"[1648]. Im allgemeinen aber gilt: „Venit Christus, qui contritos corde sanat unctione misericordiae suae." – „Es kommt Christus, der die zerknirschten Herzen mit der Salbung seiner Barmherzigkeit salbt."[1649]

[1641] HSO 968A.
[1642] HISV 1,1,4,32,1027f.,92.
[1643] HISV 1,2,1 vis,107-110,112.
[1644] HISV 1,2,2,4,82-84,126.
[1645] HISV 1,2,6,3,356-358,234f.
[1646] HIO 1,1,4,13f.,51.
[1647] JFC 3,27,942f.,172.
[1648] BH 10,37,102,5-9.
[1649] BVNAT 1,2,134,1f.

8.3 Wilhelm von St. Thierry schreibt, daß er glaubt an „Deum autem factum hominem pro nobis, ad sanandum superbiae nostrae tumorem summum medicamentum", „den für uns menschgewordenen Gott, die höchste Arznei, um das Geschwulst unseres Stolzes zu heilen"[1650].

8.4 Balduin von Canterbury schreibt, daß Christus eine doppelte Wunde besitzt, die Wunde des Schmerzes und die Wunde der Liebe[1651]. Die Wunde des Schmerzes kommt von denen, die ihn ans Kreuz heften, und die Wunde der Liebe von der Hinwendung zu seiner Braut[1652]. Doch stammen letzlich beide Arten von Verwundungen von der Liebe: Weil er die Braut so sehr liebt, läßt er sich am Kreuz verwunden[1653]. „Hinc peccatorum nostrorum vulnera sunt sanata." – „Dort sind die Wunden unserer Sünden geheilt."[1654]

8.5 Hugo von St. Viktor macht auf eine Gemeinsamkeit zwischen dem ersten Fall des Menschen und seiner Erlösung aufmerksam. Der Mensch ist „sponte", „in eigener Verantwortung" gefallen[1655]. Aus diesem Grund ist es nach Gottes weisem Beschluß so angeordnet, daß er „non coactus sed sponte surgat", „nicht gezwungen, sondern in eigener Verantwortung aufsteht"[1656]. „Sponte" kann es aber nur durch seinen eigenen freien Willen geschehen. Deswegen heißt es: „Sanitatem non recuperet, donec per liberum arbitrium sanari velit." – „Die Gesundheit erhält er nicht zurück, bis er mit freiem Willen gesund werden will."[1657] Doch der freie Wille ist ebenfalls durch die Sünde erkrankt. So muß dieser zuerst geheilt werden: „Gratia enim Dei praevenit, et excitat liberum arbitrium nostrum, ut possit velle sanari, quia per se non potest velle sanari, qui per se potuit velle infirmari." – „Die Gnade Gottes nämlich kommt zuvor und weckt unseren freien Willen auf, damit er gesund werden wollen kann, weil er nicht von sich aus gesund werden wollen kann, der von sich aus krank werden wollen konnte."[1658]

8.6 Elisabeth von Schönau ermahnt einen Schwesternkonvent zur Bekehrung mit der Hoffnung: „Si decreverit, continuo salvabit vos." – „Wenn er es beschließt, wird er euch sofort heilen."[1659] Unmittelbar darauf macht sie ihre scheinbar nur bedingte Zusage sicherer: „Concupivit sanare languores anime vestre." – „Er hat Verlangen, die Krankheiten eurer Seele zu heilen."[1660] Er ist ja derjenige, welcher „olim venit salvator sanare egrotos", „einst gekommen ist, als Heiland die Kranken zu heilen"[1661]. Man soll seine

---

[1650] WSF 7,74,4-6,142.
[1651] BT 8,480B-C.
[1652] BT 8,480D-481A.
[1653] BT 8,481A.
[1654] Ebenda.
[1655] HAN 4,3,667D.
[1656] HAN 4,3,668A.
[1657] Ebenda.
[1658] Ebenda.
[1659] ESB 10,144.
[1660] Ebenda.
[1661] ESB 10,145.

Heilungsmethode geduldig ertragen, „quoadusque sanitatem recipiatis", „bis ihr die Gesundheit wiedererlangt"[1662].

8.7 Für Aleydis von Scharbeke bekommt das „sanari", „Geheiltwerden" eine besondere Bedeutung, weil sie selbst an dem, was man im Mittelalter Aussatz nennt, erkrankt ist und von ihrer Kommunität isoliert wird[1663]. Sie wird aber so sehr vom Herrn getröstet, daß sie eine Genesung ablehnte[1664]. „Ad pectus Christi convolavit et ad vulnera, quorum liquore membra sauciata sanitati concito sensit restituta." – „Sie flog zu der Brust Jesu und zu seinen Wunden, wobei sie fühlte, wie durch deren Flüssigkeit die verwundeten Glieder für die zerrüttete Gesundheit wiederhergestellt wurden."[1665] Aus dem Kontext wird deutlich, daß hierbei an keine Heilung ihrer körperlichen Krankheit zu denken ist.

8.8 Mechthild von Hackeborn erhält in einer Vision am Weihnachtsfest von der Muttergottes das Jesuskind zum Umarmen und spricht es an mit den Worten: „Paterni cordis medulla dulcissima, languentis aminae meae sagina et refectio beatissima!" – „Du des väterlichen Herzens süßestes Mark und Stärkungsmittel und seligste Stärkung meiner erkrankten Seele!"[1666] Unmittelbar darauf heißt es, daß der Sohn Gottes wie „medulla confortiva, sanativa", „stärkendes, heilendes Mark" ist[1667]. Er ist den Menschen ja „in sanatorem", „zum Heiler" geschenkt[1668].

8.9 Von Christina von Stommeln wird oft berichtet, daß die Dämonen versuchen, ihre körperliche Gesundheit zugrunde zu richten. Die Wiederherstellung einer auf diese Weise zerrütteten Gesundheit durch Christus ist dann mehr als nur eine körperliche Heilung. Petrus von Dazien hebt besonders den inneren Kuß hervor, „cristo christinam uniens", „welcher Christina mit Christus vereint"[1669]. „Efficacia autem presencie sue ex hoc percipitur, quia ipse uulnera sanat, dolores mitigat, timores propulsat." – „Die Wirksamkeit seiner Gegenwart wird dadurch begriffen, daß er die Wunden heilt, die Schmerzen mildert, die Ängste vertreibt."[1670]

Johannes von Stommeln widmet in seinem Bericht über Christina ihren körperlichen Mißhandlungen durch die Dämonen breiten Raum. Die Dämonen behaupten, daß sie über viele Jahre nicht nur durch körperliche Pein, sondern auch „sanando", „durch Heilen" Christina ihre Macht gezeigt haben[1671]. Christina gesteht ihnen gern zu, daß sie von Gott Macht erhalten haben, sie körperlich zu schädigen. Aber damit hört auch ihr Können auf: „Non vos, o mendacissimi daemones, me unquam sanastis

---

[1662] Ebenda.

[1663] AS 2,9,473f.

[1664] AS 2,10,474.

[1665] Ebenda.

[1666] MH 1,5,16. Eigentlich heißt „sagina" „Fett", welcher Ausdruck gut zu dem Wort „medulla", „Mark" passt. Da es in unserer Sprache keinen metaphorisch positiven Gebrauch des Ausdrucks „Fett" gibt, wurde „sagina" mit „Stärkungsmittel" wiedergegeben.

[1667] Ebenda.

[1668] Ebenda.

[1669] CS 1, B 5,12,77,14-17.

[1670] CS 1, B 5,13,77,23-25.

[1671] CS 2, 4,13,122,328.

aut vivificastis, sed Dominus meus Christus, qui solo nutu omnia vivificat et restaurat." – „Nicht ihr, o ihr verlogensten Dämonen, habt mich jemals geheilt oder lebendig gemacht, sondern mein Herr Christus, der allein durch seinen Befehl alles lebendig macht und wiederherstellt."[1672] Er allein ist „omnium vulnerum efficacissimus curator", „der wirksamste Heiler aller Wunden"[1673].

Einmal quälen die Dämonen Christina besonders grausam. Die Frau fühlt, wie sie ihren Rücken von oben bis unten spalten und ihr Herz entfernen[1674]. Doch die Mystikerin bleibt in ihrer Zuversicht ruhig: „Vita mea est Dominus Jesus Christus. Si ergo vos ex vestra malitia vulnera mihi infigitis, ipse pro sua clementia me sanabit." – „Mein Leben ist der Herr Jesus Christus. Wenn ihr also aus eurer Bosheit mir Wunden zufügt, wird er mich um seiner Güte willen heilen."[1675] Ihr herausgerissenes Herz wird er in seinem Herzen bewahren[1676]. Als sie ein anderes Mal ganz kurz sagt: „Si enim vos[1677] ex voluntate Domine mei Jesu Christi me afflixeritis, ipse sanabit", „Wenn nämlich ihr nach dem Willen meines Herrn Jesus Christus schlagt, wird er mich heilen", sind damit selbst die Dämonen verwirrt und wissen keine Antwort[1678].

8.10 Zusammenfassend läßt sich sagen: Er wird „sanator", „Heiler"[1679] und „heilendes Mark"[1680] genannt. Da er selbst aus Liebe am Kreuz verwundet ist, heilt er unsere Wunden[1681]. Obwohl die Heilung körperlicher Krankheiten nicht ausgeschlossen ist[1682], geht es bei Christus vor allem um die Heilung des Gaumens der Seele[1683] von Stolz[1684] und von den Sünden ganz allgemein[1685]. Weil die Heilung nicht gegen unseren Willen geschehen kann, heilt er zuerst unseren freien Willen[1686]. Christus hat Sehnsucht, unsere Wunden zu heilen[1687]. Dieses Heilen kann am Anfang auch schmerzhaft sein[1688], geschieht am Ende aber mit dem Öl der Barmherzigkeit[1689]. Diese Heilung schenkt allein Christus[1690].

[1672] Ebenda.
[1673] Ebenda.
[1674] CS 2, 4,3,23,300.
[1675] Ebenda.
[1676] CS 2, 4,3,23,300f.
[1677] In der Druckausgabe steht „vox", das, weil sinnwidrig, in „vos" geändert wurde.
[1678] CS 2, 4,15,133,331.
[1679] ESB 10,145; MH 1,5,16.
[1680] MH 1,5,16.
[1681] BT 8,480D-481A.
[1682] AS 2,10,474; CS 1, B 5,13,77,23-25; 2, 4,3,23,300; 2, 4,15,133,331.
[1683] JFC 3,27,942f.,172.
[1684] WSF 7,74,4-6,142.
[1685] BT 8,481A.
[1686] HAN 4,3,668A.
[1687] ESB 10,144.
[1688] BH 10,37,102,5-9.
[1689] BVNAT 1,2,134,1f.
[1690] CS 2, 4,13,122,328.

3.6.4 Versöhner

„Versöhner" ist ein sehr personaler Begriff für „Erlöser". Es wird nicht nur eine Sache oder Haltung, die zerstört worden ist, wiederhergestellt, sondern Gott und Mensch werden in der Erlösung versöhnt.

1. Für Paulus und seine Schule ist die Versöhnung ein wichtiger Begriff, um die Erlösung in Christus auszudrücken (Röm 5,10f.; 11,15; 2 Kor 5,18-20; Kol 1,20.22). Die Vergebung untereinander wird ebenfalls mit diesem Wort ausgedrückt (Mt 5,24; Eph 2,16).

2. Jean von Fécamp weiß, daß er als Sünder mit unreinen Lippen den Sohn Gottes eigentlich nicht ansprechen darf[1691], und bittet deswegen: „Ipse reconciliet." – „Er soll (mich) versöhnen."[1692]

3. Bernhard von Clairvaux weiß, daß der Mensch auch mit sich selbst zerfallen ist und Versöhnung mit sich selbst braucht, die aber nur durch die Versöhnung mit Gott geschehen kann: „Hoc mihi necessarium, hoc satis est, reconciliari tibi, reconciliari mihi. Nam ex quo posuisti me contrarium tibi, factus sum etiam mihimetipsi gravis." – „Das ist mir notwendig, das reicht aus: mit Dir versöhnt zu werden, mit mir versöhnt zu werden. Denn seit Du mich mir entgegengestellt hast, bin auch ich mir selbst zur Last geworden."[1693] Durch Christus ist diese Versöhnung geschehen, „per quem reconciliati pacem habeamus ad eum, et idem sit nobis reconciliationis huius et mediator, et obses", „durch den versöhnt wollen wir Frieden haben mit ihm (= Gott), und er selbst soll sowohl Mittler als auch Bürge dieser Versöhnung sein"[1694]. In Anklang an Röm 5,1 schreibt Bernhard: „Ipse enim est, per quem reconciliati pacem habemus ad Deum." – „Er ist es nämlich, durch den versöhnt wir Frieden mit Gott haben."[1695] Von dieser Schriftstelle losgelöst heißt es: „Miser ille qui remedio egebat, per hostiam illam, in sanguine mediatoris Deo misericorditer reconciliaretur." – „Jener Elende (= der Mensch), der des Heilmittels bedurfte, wurde durch jene Opfergabe im Blut des Mittlers barmherzig mit Gott versöhnt."[1696] „Reconciliatio", „die Versöhnung" kann bei Bernhard auch das mittlere Glied zwischen Schöpfung und Vollendung meinen. Es gibt ein dreifaches Wirken der Dreifaltigkeit: „creatio caeli et terrae, reconciliatio caeli et terrae, confirmatio caeli et terrae", „die Schöpfung des Himmels und der Erde, die Versöhnung des Himmels und der Erde und die Vollendung des Himmels und der Erde"[1697]. Dann wird dieses dreifache Wirken auf die einzelnen Personen der Drei-

[1691] JFC 2,4,150-153,126.
[1692] JFC 2,4,156,126.
[1693] BHLD 1,13,4,4,190,16f.
[1694] BNAT 5,1,268,11f.
[1695] BOS 1,14,750,4f.
[1696] BVSDSS 2,144,5-7.
[1697] BD 92,1,712,15f. Der Grund, warum die Vollendung, die nach dieser Zeit geschieht (BD 92,1,712,20-714,1), mit „confirmatio" bezeichnet wird, ist nicht einsichtig. Folgendes könnte eine mögliche Erklärung sein: Wie wir sofort sehen werden, wird die „confirmatio" dem Heiligen Geist approbriiert. Der Geist könnte zum Gebrauch des Wortes „confirmatio" was auch „Firmung" bedeutet, in welchem Sakrament er wirkt, geführt

faltigkeit aufgeteilt: „Pater recreavit, Filius reconciliavit, Spiritus Sanctus confirmavit."
– „Der Vater hat geschaffen, der Sohn versöhnt und der Heilige Geist vollendet."[1698]
Offensichtlich spürt Bernhard, daß eine Vollendung in einer Vergangenheitsform nicht
angebracht ist; deswegen ordnet er Schöpfung und Versöhnung der gegenwärtigen und
die Vollendung der künftigen Zeit zu[1699].
4. Auch Wilhelm von St. Thierry verwendet den Ausdruck „Versöhnen" für die Erlösertätigkeit Christi.

Wilhelm weiß von einer doppelten Schwierigkeit beim Glauben an den Menschgewordenen. Er verbarg ja seine Gottheit und zeigte nur Schwäche, dazu erregten seine
Gerechtigkeit und Sündenlosigkeit bei den Gegnern Neid an. Deswegen wirkt er Wunder, „quibus reconciliandi sui fidem in se roborabat", „durch welche er den Glauben
an sich zu seinem Versöhnen stärkte"[1700]. Diese Versöhnung wurde aber noch durch
die Tatsache überboten, daß der Mensch in Christus weise geworden ist[1701]. In seinem
Römerbriefkommentar betont Wilhelm die Parallelität zwischen Sündenfall und Erlösungstat. Wie die Sünde durch einen Menschen in die Welt kam, so empfangen wir auch
die Versöhnung durch einen, nämlich Jesus Christus[1702]. „Deo per mortem Filii ejus
reconciliati sumus." – „Durch den Tod seines Sohnes sind wir mit Gott versöhnt."[1703]
An einer anderen Stelle vergleicht er unsere Versöhnung mit einem Friedensgruß, den
wir empfangen[1704]. Es ist aber nur ein Fußkuß, der durch innigere Küsse auf die Hand
und den Mund überboten wird[1705].
5. Isaak von Stella zeigt die umfassenden Wirkungen der Versöhnung Christi auf. Er
beseitigt nicht nur die trennende Wand der Sünde[1706], sondern „reconcilians in semetipso mulierem viro, hominem Deo, inimicitias vero veteres tollens e medio, cruci affixit",
„er versöhnte in sich selbst die Frau mit dem Mann, den Menschen mit Gott, beseitigte
aus der Mitte die alten Feindschaften und heftete sie ans Kreuz"[1707]. Die Möglichkeit
einer solchen Versöhnung sieht Isaak in der Menschwerdung Jesu Christi grundgelegt.
Er kann Göttliches und Menschliches versöhnen, weil er „de utroque subsistit; ut suf-
ficienter, id est totum toti reconciliaret, totum attulit quod est Dei, totum assumpsit
quod est hominis", „in beiden existiert, so daß er ausreichend, das heißt das Ganze mit
dem Ganzen, versöhnt, ganz trug er bei sich, was Gottes ist, ganz nahm er an, was des
Menschen ist"[1708].

---

haben. Das, was am Ende der Zeit mit den Erlösten geschieht, steht in einem ähnlichen Verhältnis wie die
Firmung zu den Getauften.
[1698] BD 92,1,712,16f.
[1699] BD 92,1,712,19.
[1700] WND 12,37,402D.
[1701] WND 13,38,403A.
[1702] WR 3,591B.
[1703] WR 3,591C.
[1704] WHLDB 4,411C.
[1705] WHLDB 5,411C-D.
[1706] IS 9,12,114,214.
[1707] IS 9,12,116f.,214.
[1708] IS 9,12,119-121,214.

6. Gilbert von Hoyland verbindet den Duft der Salben aus Hld 4,10 mit dem Befehl Jesu, sich vor dem Opfer mit den Brüdern zu versöhnen (Mt 5,23f.). Wo brüderliche Versöhnung von ehemaligen Feinden geschieht, steigt der Duft der Salbe auf[1709]. So heißt für ihn Versöhnung erneutes „dissidentium conciliatio", „Verbinden von Abweichendem"[1710].

7. Nach Guerricus von Igny wird im Advent mit der Ankunft des Heilandes auch die „reconciliationem mundi", „Versöhnung der Welt" angekündigt[1711]. Aus dem Kontext wird deutlich, daß nicht die Versöhnung einer in sich zerfallenen Welt, sondern diejenige der Welt mit Gott gemeint ist[1712]. Nach Guerricus ermöglicht erst die Gnade die Umkehr, jene Gnade, die wir „post satisfactionem reconciliati, suscipimur in osculo pacis", „nach der Genugtuung versöhnt empfangen im Friedenskuß"[1713].

8. Johannes von Ford schreibt, daß der Vater auch nach dem Fall seine Söhne nicht vergißt[1714]. Vielmehr sinnt seine Liebe darüber nach, „quo reconciliationis genere in gratiam ipsius redire possemus", „auf welche Art von Versöhnung wir zu seiner Huld zurückkehren können"[1715]. Bei der Ausführung dieser Pläne verbinden sich nach Johannes die Stellvertretungsgedanken mit dem der Versöhnung. So läßt er Jesus sprechen: „Vnum solum est, quod a bonitate tua supplex expostulo, quatenus in me transeat ira tua et quiescat a populo tuo et in sanguine meo fiat pax et reconciliatio tua creaturae tuae atque, ut sanguis meus sit signum et causa perpetua foederis inter nos sempiterni." – „Nur eines gibt es, was ich von Deiner Güte demütig fordere, daß auf mich übergeht Dein Zorn (vgl. Ps 87,17) und vom Deinem Volk abläßt und in meinem Blut der Friede und die Versöhnung mit Dir und Deiner Kreatur geschieht, damit mein Blut ein Zeichen und fortdauernde Ursache des ewigen Bundes mit uns sei."[1716] So gibt es im Himmel einen unaussprechlichen Jubel „de reconciliatione humanae naturae", „über die Versöhnung mit der menschlichen Natur"[1717].

9. Auch in dem Traktat „Speculum virginum" wird der Gedanke der Versöhnung zur Erklärung der Erlösung herangezogen. „Quadam igitur dilectionis praerogativa pietas regem saeculorum ad nos inclinavit, humanitate nostra vestivit, et quem iudicium damanaverat, mediatoris pietas reconciliat." – „Eine gewisse vorrangige Güte der Liebe hat den König der Zeiten sich zu uns neigen lassen, ihn mit unserer Menschheit bekleidet, und den, den das Urteil schon verdammt hat, versöhnt die Güte des Mittlers."[1718]

[1709] GHLD 32,5,169A.

[1710] Ebenda.

[1711] GIS Adv 2,1,5,104.

[1712] GIS Adv 2,1,10-13,104.

[1713] GIS Adv 5,2,53f.,154.

[1714] JHLD 13,3,70-73,117.

[1715] JHLD 13,3,73-77,117.

[1716] JHLD 10,4,143-147,98.

[1717] JHLD 10,5,169-174,98.

[1718] SP 11,930,25-932,3. Besonders störend ist hier die der Ausgabe in FC beigefügte Übersetzung von „pietas" mit „Frömmigkeit". Hier ist bestimmt nicht an die Frömmigkeit, eine Bewegung vom Menschen zu Gott, sondern an die Güte, eine Haltung des Sohnes Gottes zu den Menschen, gedacht, die ihn zur Versöhnung veranlaßt hat.

10. Hugo von St. Viktor macht sich darüber Gedanken, welche Pole in Gott und im Menschen zur Versöhnung durch Jesus Christus gebracht werden müssen. Mit einem doppelten Paar von Adjektiven macht er sein Anliegen deutlich. „Duo enim erant Deus et homo: diversi et adversi. Deus erat justus; homo erat injustus: in hoc nota adversos. Homo erat miser, Deus beatus, in hoc nota diversos. Sic igitur homo et adversus Deo erat per injustitiam, et diversus a Deo per miserium." – „Zweierlei nämlich waren Gott und Mensch, Verschiedene und Entgegengesetzte. Gott war gerecht, und der Mensch war ungerecht, darin bemerke die Entgegengesetzten. Der Mensch war elend und Gott selig, und darin bemerke die Verschiedenen. So war also der Mensch Gott entgegengesetzt durch die Ungerechtigkeit und von Gott verschieden durch das Elend."[1719] Diese Unterscheidung ist für die Reihenfolge wichtig. Zuerst muß die Entgegensetzung aufgehoben werden, dann kann das Verschiedene angeglichen werden: „Propter hoc necesse habuit homo, primum quidem justificari a culpa, ut reconciliaretur, postea vero liberari a miseria, ut refomaretur." – „Deswegen hatte der Mensch es zuerst notwendig, von der Schuld gerechtfertigt zu werden, dann er versöhnt, dann aber vom Elend befreit zu werden, damit er neugestaltet wird."[1720] Hier bestätigt sich unsere oben gemachte Feststellung, daß die Wiederherstellung den durch die Schuld verursachten Schaden übertrifft[1721]. Versöhnung ist tiefgreifender und betrifft die Schuld, die zur Entgegensetzung des Menschen zu Gott führt.

Um aber versöhnen zu können, muß der Versöhner „utrique familiaris atque propinquus", „beiden (Seiten) vertraut und nahe" sein und „aliqua societatis ac pacis amicitia", „eine gewisse Freundschaft der Gemeinsamkeit und des Friedens" besitzen[1722]. Damit dies bei Christus möglich ist, mußte er als Sohn Gottes Mensch werden, „ut inter hominem et Deum reconciliationis et pacis mediator esse posset", „um zwischen Mensch und Gott der Mittler der Versöhnung und des Friedens sein zu können"[1723]. Dazu aber mußte er wirklicher Mensch werden, ohne etwas von seiner Gottheit aufzugeben[1724]. Im Bild des Leibes ausgedrückt heißt Versöhnung: „Membra cum capite unum, primum in justitia, postea in gloria." – „Die Glieder (sind) mit dem Haupt eins, zuerst in der Gerechtigkeit, dann in der Herrlichkeit."[1725]

11. Nur einmal fand ich in den Viten der flämischen Frauen diesen Ausdruck. In der Vita der Juliane von Cornillon wird zur Erklärung, daß Christus das Vorbild der Feindesliebe ist, Röm 5,10 paraphrasiert: „Cum adhuc inimici essemus, reconciliati sumus Deo in sanguine filii ejus." – „Als wir damals Feinde waren, sind wir durch das Blut seines Sohnes mit Gott versöhnt worden."[1726]

12. Etwas häufiger kommt dieser Ausdruck wieder in der Mystik von Helfta vor.

[1719] HSA 2,1,12,412A.
[1720] Ebenda.
[1721] Vgl. oben und HSA 1,8,4,308B.
[1722] HSA 2,1,12,412B.
[1723] Ebenda.
[1724] Ebenda.
[1725] HSA 2,1,12,412D.
[1726] JC 2,7,36,469.

Als Mechthild von Hackeborn befürchtet, eine sie ermutigende Audition des Herrn beruhe auf einem teuflischen Trug, antwortet Jesus: „Ego sum, inquit, ille qui … hominem Deo reconciliavi." – „Ich, sagte er, bin jener, der … den Menschen mit Gott versöhnt hat."[1727] Einmal schaut sie Jesus zur Rechten des Vaters sitzen, der die Seelen der Menschen von Schuld reinigt und vor den Vater stellt. Dieser schaut sie an mit den Worten: „Suscepit te dextera justi mei in veram reconciliationem." – „Es nimmt dich auf die Rechte meines Gerechten zur wahren Versöhnung."[1728] Mechthild hört, wie Christus, als das ‚Agnus Dei' während der Messe gesprochen wird, sagt: „Offero me cum omni amaritudine passionis meae in plenam reconciliationem." – „Ich bringe mich mit aller Bitterkeit meines Leidens dar zur vollen Versöhnung."[1729]

13.   Gertrud die Große kennt auch die Versöhnung durch Christus. Man soll sich wünschen, daß „in mortis hora inveniaris deo plene reconciliata", „du in der Stunde des Todes ganz mit Gott versöhnt erfunden wirst"[1730]. Den Tod Jesu am Kreuz nennt sie „firmissimum pactum reconciliationis", „den sichersten Bund der Versöhnung"[1731]. Die Güte Gottes bewirkt beim Vater, „ut eum mihi reddas placatum et vere reconciliatum", „daß Du ihn mir ausgesöhnt und wirklich versöhnt machst"[1732].

Wirklichkeit wird die Versöhnung bei der Heiligen Messe, „cum hostia sacrosancta totius humanae culpae verissima et efficacissima reconciliatio immoletur a sacerdote", „da die hochheilige Opfergabe als wahrste und wirkkräftigste Versöhnung der ganzen menschlichen Schuld vom Priester geopfert wird"[1733]. Zur Vorbereitung auf den Kommunionempfang soll man beten, daß Jesus, der Sohn Gottes, den versöhnten Menschen Gott Vater vorstellt[1734]. Einmal verspricht Jesus Gertrud, daß er den Vater in der Gestalt bitten wird, „qua omnem humanam naturam reconciliavi", „in der ich die ganze menschliche Natur versöhnt habe"[1735]. Da Gertrud dabei vor dem Bild des Gekreuzigten betet[1736], dürfte mit der Gestalt diejenige gemeint sein, die Jesus am Kreuz hatte.

14.   Nach Agnes von Blannbekin ist der Sohn Gottes dazu auf die Erde gekommen, „ut peccatores deo patri reconciliaret", „damit er die Sünder mit Gott Vater versöhne"[1737]. Der Mensch soll dem Heiland dankbar sein, „quia ex amore per passionem eum deo patri reconciliavit", „weil er ihn durch das Leiden mit Gott Vater versöhnt hat"[1738].

15.   Folgendes läßt sich zusammenfassend sagen:

[1727]   MH 1,9,30.
[1728]   MH 2,29,175.
[1729]   MH 3,19,222.
[1730]   G R 7,135,218.
[1731]   G R 7,351,230.
[1732]   G R 7,488,238.
[1733]   G 3, 3,14,4,12-14,60.
[1734]   G 3, 3,18,5,12f.,84.
[1735]   G 3, 3,31,1,4-6,164.
[1736]   G 3, 3,31,1,2f.,164.
[1737]   AB 90f.,55f.,214.
[1738]   AB 235,20f.,482.

Das, was zwischen den Menschen steht und in der Versöhnung beseitigt wird, sind die Sünden[1739], die unreinen Lippen[1740] und die Zerrissenheit[1741] der Menschen. Getilgt wird nicht irgendwelcher Sündenschaden, sondern die Schuld des Menschen[1742]. Schon nach der Sünde sinnt Gott, wie er sich wieder mit uns versöhnen kann[1743]. Die Tatsache, daß Jesus Christus in sich Gottheit mit Menschheit vereint, ist die Voraussetzung unserer Versöhnung[1744]. Versöhnt werden nicht nur verschiedene, sondern gegensätzliche Partner[1745], Gott und der Mensch[1746], welcher eigentlich schon verurteilt war[1747], aber auch der Mann mit der Frau[1748] und die Menschen untereinander[1749]. Oft wird Röm 5,10 zitiert oder umschrieben[1750]. Neben dem Begriff der Versöhnung stehen häufig die Ausdrücke „Friede"[1751] und „Mittler"[1752]. Mit der Vorstellung der Versöhnung werden die Gedanken des stellvertretenden Leidens[1753] verbunden. Seltener wird die Versöhnung der Schöpfung gegenübergestellt[1754]. Nur Christus konnte uns versöhnen[1755]. Durch das Blut[1756] oder den Tod[1757] des Sohnes sind wir versöhnt. Er hat Wunder gewirkt, damit wir an unsere Versöhnung glauben[1758]. In der Messe geschieht die Versöhnung durch Jesus[1759].

3.6.5 Friede

3.6.5.1 Die lateinischen Texte

1. In der Vulgata wird oft vom Frieden Gottes gesprochen[1760]. Im Neuen Testament wird eine Gleichsetzung Christi mit dem Frieden vorgenommen. So heißt es: „Ipse est pax nostra." – „Er (= Christus) ist unser Friede" (Eph 2,14), und es wird vom „pax

---

[1739] IS 9,12,114,214; AB 90f.,55f.,214.
[1740] JFC 2,4,156,126.
[1741] BHLD 1,13,4,4,190,16f.
[1742] GIS Adv 5,2,53f.,154; HSA 2,1,12,412A.
[1743] JHLD 13,3,73-77,117.
[1744] IS 9,12,119-121,214.
[1745] HSA 2,1,12,412A.
[1746] IS 9,12,116f.,214; MH 1,9,30; G 3, 3,31,1,4-6,164.
[1747] SP 11,930,25-932,3.
[1748] IS 9,12,116f.,214.
[1749] GHLD 32,5,169A.
[1750] BOS 1,14,750,4f.; JC 2,7,36,469.
[1751] BNAT 5,1,268,11f.; BOS 1,14,750,4f.; HSA 2,1,12,412B.
[1752] BNAT 5,1,268,11f.; BVSDSS 2,144,5-7; HSA 2,1,12,412B.
[1753] JHLD 10,4,143-147,98.
[1754] BD 92,1,712,15f.
[1755] WR 3,591B.
[1756] BVSDSS 2,144,5-7.
[1757] WR 3,591C.
[1758] WND 12,37,402D.
[1759] MH 3,19,222; G 3, 3,14,4,12-14,60.
[1760] Vgl. Weiß, Gottesbild 2,123.

Christi", „Frieden Christi" gesprochen (Kol 3,15). Die Theologen der Alten Kirche kennen „pax" als einen der Namen Christi[1761].

2. Jean von Fécamp führt in einer Reihe von Titeln für Christus „pax", „Friede" auf[1762]. Er umschreibt Kol 1,20 folgendermaßen: „Pacificavit omnia quae in caelis sunt et quae in terra per sanguinem suum." – „Er stiftet den Frieden für alles, was im Himmel und was auf Erden ist, durch sein Blut."[1763] Jean nennt Christus „concordia mea pacifica", „meine friedensstiftende Eintracht"[1764]. Ein Gebet lautet: „Te, Christe, pax summa et requies uera, te uolo." – „Dich, Christus, höchster Friede und wahre Ruhe, Dich will ich."[1765]

3. Bei Bernhard von Clairvaux fällt auf, daß er Christus als den Frieden in seinen Traktaten nicht erwähnt. Sieht man von einer Stelle in den Sentenzen ab, wird unser Aspekt vor allem in seinen Predigten behandelt.

3.1 Einmal ordnet Bernhard dem Heiligen Geist den Frieden zu[1766], um aber sofort hinzuzufügen, daß auch eine andere Zuschreibung möglich ist, in der „Filius pax est", „der Sohn der Friede ist"[1767]. Nur Christus vermittelt den wahren Frieden. „Pax triformis est: ficta, ut in Iuda, inordinata, ut in Adam et in Eva; vera, quam Christus reliquit discipulis suis." – „Der Friede hat drei Gestalten, eine vorgetäuschte wie bei Judas, eine ungeordnete wie bei Adam und Eva, eine wahre wie diejenige, die Christus seinen Jüngern hinterlassen hat."[1768] Darin sieht Bernhard auch die Überbietung von Salomo durch Jesus (Mt 12,42)[1769]. Zwar wird Christus als zweiter Salomo gepriesen, doch er wird „non modo Pacificus, quod quidem Salomon interpretatur, sed et Pax ipsa vocetur", „nicht nur der ‚Friedensstifter‘, wie man Salomo übersetzt, sondern auch der ‚Friede an sich‘ genannt"[1770]. Um dies zu belegen, zitiert Bernhard Eph 2,14: „Ipse est pax nostra." – „Er ist unser Friede."[1771] Wie stark die Gleichsetzung Christi mit dem Frieden, geht, sieht man daran, daß Bernhard, nachdem er seine Friedenssehnsucht zum Ausdruck gebracht hat[1772], diese folgendermaßen rechtfertigt: „Cui non sufficit pax, non sufficis tu. Tu es enim pax nostra." – „Wem der Friede nicht ausreicht, dem reichst auch Du nicht aus. Du bist ja unser Friede (Eph 2,14)."[1773] Bernhard kann mit der Tatsache, daß Christus der Friede ist, auch Menschen zur Eintracht und zum Frieden ermahnen[1774]. Weil Christus der höchste Friede ist, gebührt ihm auch das Kost-

---

[1761] Vgl. Sieben, Nomina 187.
[1762] JFC 3,1,2,142.
[1763] JFC 2,12,538f.,138.
[1764] JFC 3,2,13,142.
[1765] JFC 3,6,146f.,147.
[1766] BVNAT 4,9,190,11f.
[1767] BVNAT 4,9,190,13f.
[1768] BS 2,185,366,19f.
[1769] BHLD 1, 27,1,2,412,19-21.
[1770] BHLD 1, 27,1,2,412,22f.
[1771] Ebenda.
[1772] BHLD 1, 13,4,4,190,13f.
[1773] BHLD 1, 13,4,4,190,14.
[1774] BB 1, 7,1,304,7-9.

barste, nämlich das Gold der Verehrung als König[1775]. Er kann aber auch Christus als unseren Frieden auf die Brautmystik beziehen, weil in ihr der Bräutigam und die Braut eins werden[1776].

3.2 Er ist deswegen unser Friede, weil in seiner eigenen Person die ehemals verfeindeten Seiten vereint sind. So ist er der Kuß, der Gott und Mensch vereint, der Friede in Person[1777]. Vergebung ist ja nichts anderes als ein Friedenskuß[1778]. Weil er so Mittler ist, haben wir als Versöhnte den Frieden[1779].

In einer Predigt zum Fest der Verkündigung geht Bernhard von den vier Eigenschaften „misericordia, veritas, iustitia pax" aus, die in dieser Reihenfolge in Ps 84,11 erwähnt werden[1780], und verfolgt an Hand dieser vier Ausdrücke die ganze Heilsgeschichte. Wir greifen hierbei nur die eine Eigenschaft, den Frieden, auf. Im Urstand erquickte der Friede den Menschen[1781]. Durch die Sünde verlor er ihn[1782]. Wenn es aber um die Erlösung des Menschen geht, stehen diesee Eigenschaft andere im Himmel gegenüber. Wahrheit und Gerechtigkeit drängen auf Bestrafung, Barmherzigkeit und Friede auf Schonung[1783]. Um den Streit zu schlichten, wendet man sich an König Salomo, den Friedensfürst, wie ihn Bernhard öfter nennt, und der niemand anderes ist als der eingeborene Sohn Gottes[1784]. Dieser gibt den Rat, einen Unschuldigen zu suchen, der für die Schuldigen sterben soll[1785]. Die Wahrheit und die Barmherzigkeit kehren traurig von der Erde zurück, weil sie keinen Unschuldigen gefunden haben[1786]. Nur der Friede hat noch Hoffnung und kann trösten[1787], denn der König Salomo, Jesus Christus, sendet den Engel Gabriel zu Maria, um ihr seine eigene Geburt anzuzeigen[1788]. Als er selbst vom Himmel stieg, „pax cum Rege venit", „kam der Friede mit dem König"[1789], und die Engel sangen: „Friede auf Erden"[1790]. Damit küssen sich Gerechtigkeit und Frieden, und allen Menschen wird der Eintritt in das Reich des Friedens ermöglicht[1791]. Hinter diesem Geschehen steht Gott Vater, der uns den schenkt, der unser Friede ist[1792].

[1775] BVEPI 4,100,4-6.
[1776] BHLD 2, 79,2,6,566,21-23.
[1777] BHLD 1, 2,3,4,68,3-10.
[1778] BHLD 1, 3,1,86,10f.
[1779] BNAT 5,1,268,11f.
[1780] BANN 1,1,96,4f.
[1781] BANN 1,6,106,14.
[1782] BANN 1,8,112,7f.
[1783] BANN 1,9,114,3f.
[1784] BANN 1,11,120,5f.
[1785] BANN 1,12,124,2f.
[1786] BANN 1,13,124,9-20.
[1787] BANN 1,14,126,1.
[1788] BANN 1,14,126,6-11.
[1789] BANN 1,14,126,11f.
[1790] BANN 1,14,126,13-128,1.
[1791] BANN 1,14,128,1-8.
[1792] BPENT 2,2,402,21-23.

Dies alles heißt aber nicht, daß nach Bernhard sich Christi friedensstiftende Funktion in seiner Menschwerdung erschöpft. Zu ihr gehört auch das Vergießen seines Blutes am Kreuz. Er als Mittler und Eckstein „pacificavit per sanguinem suum quae in caelis sunt et quae super terram", „hat Frieden gestiftet durch sein Blut zwischen dem, was im Himmel, und dem, was auf Erden ist"[1793]. „Ipse enim est, per quem reconciliati pacem habemus ad Deum: ipse qui pacificavit in sanguine suo quae in caelis sunt et quae super terram." – „Er ist es ja, durch den wir versöhnt wir Frieden zu Gott hin haben, er, der in seinem Blut Frieden gestiftet hat zwischen dem, was im Himmel, und dem, was auf der Erde ist."[1794]

Dies gilt nicht nur in seinsmäßiger Hinsicht, sondern auch im Bereich der Erfahrung. „Necesse habuit ut infirmitatem cognosceret humanitatis, sicut et potentiam noverat divinitatis." – „Notwendig war es gewesen, daß er (= Christus) die Schwäche der Menschheit erkannte, wie er auch die Macht der Gottheit kannte."[1795] Wir selbst aber erkennen hier auf Erden noch nicht, daß Christus der Friede ist. Hier besitzen wir nur die Linke Gottes, welche Christus, der Gekreuzigte, ist, und erst später wird uns die Rechte, Christus, der Verherrlichte, gereicht[1796]. Erst wenn dies geschieht, „pax est quae exsuperat omnem sensum", „ist der Friede, der alles Verstehen übersteigt," vorhanden[1797]. Dieser Friede ist auch größer als der Friede, den die Engel an Weihnachten verkündet haben[1798]. Jesus gibt uns jetzt nur den Weg zum Frieden, die Heimat des Friedens aber steht noch aus[1799]. Ungewohnt ist die Auslegung von Lk 2,14: „Gloria in altissimis Deo et in terra pax hominibus bonae voluntatis." Unter dem Wort „in altissimis" versteht Bernhard offensichtlich die Engel. Denn er schreibt: „Qui delectatio est et gloria angelorum, ipse factus est salus et consolatio miserorum." – „Derjenige, der die Freude und die Herrlichkeit der Engel ist, ist zum Heil und Trost der Elenden geworden."[1800] Dies bedeutet für Bernhard, daß Jesus, der „gloria Patris, factus est in terra pax hominibus", „die Herrlichkeit des Vaters ist, auf Erden der Friede für die Menschen geworden" ist[1801]. An einer anderen Stelle heißt es ähnlich, daß er, der als neuer Salomo der „Pacificus", „Friedensstifter" ist, „terris pacem, caelis gloriam", „der Erde den Frieden, dem Himmel die Herrlichkeit" brachte[1802].

3.3 Da Christus in seiner Kirche lebt, besitzt sie auch diesen vorläufigen Frieden. Er als der wahrhaft friedensstiftende König baut das neue Jerusalem, „quod est visio pacis", „welches die Schau des Friedens ist"[1803].

[1793] BPUR 1,3,408,13f.
[1794] BOS 1,14,750,4-6.
[1795] BVEPI 4,100,6f. Unmittelbar darauf (BVEPI 4,100,9) wird die Erkenntnis der menschlichen Schwäche als „experientia", „Erfahrung" bezeichnet.
[1796] BHLD 4,7,184.23f.
[1797] BVNAT 4,8,186,16.
[1798] BVNAT 4,8,186,23-188,2.
[1799] BVNAT 4,8,188,5.
[1800] BVNAT 4,1,176,13f.
[1801] BVNAT 4,1,176,16f.
[1802] BOS 5,9,806,6-8.
[1803] BDED 5,9,860,9f.

3.4 Zusammenfassend läßt sich für Bernhard sagen:

Jesus, welcher der Friede selbst ist, hat für Bernhard große Bedeutung. Außer ihm gibt es keinen wahren Frieden zwischen Gott und den Menschen, weil er allein durch seine Menschwerdung die beiden streitenden Seiten mit sich vereint hat. Neben diesen wichtigen Aussagen stehen andere über Christi friedensbringende Leiden und seinen Frieden in der Kirche zurück.

4. Seltener ist bei Wilhelm von St. Thierry vom Frieden im christologischen Kontext die Rede.

Kaum spricht er von Christus als Frieden im heilsgeschichtlichen Sinn. Jesus ist „Rex pacis aeternae Christus, Sponsus Ecclesiae ex gentibus congregatae", „der König des Friedens, der Bräutigam der Kirche, die aus den Völkern versammelt ist"[1804]. Folgendermaßen legt Wilhelm Röm 5,1 „Pacem habeamus ad Deum", „Wir haben Frieden auf Gott hin" aus: Es gibt einen scharfen Gegensatz zwischen dem Frieden mit der Welt und dem Frieden mit Gott. So muß der Mensch sich für eine der beiden Arten von Frieden entscheiden[1805]. Damit aber steht die Wahrheit, nach der man sich entscheiden soll, über dem Frieden[1806]. „Haec autem pax ad Deum per Dominum nostrum Jesum Christum, qui est pax nostra." – „Dieser Friede auf Gott hin (geschah) durch unseren Herrn Jesus Christus, der unser Friede ist."[1807]

Wichtiger ist für Wilhelm Jesus als Friede im Kontext der Brautmystik. „Friede" kann in ihr für die letzte Einheit zwischen Gott und Mensch stehen. Wenn die Braut in den Armen des Bräutigams ruht, „agente ipso Sponso pax ordinetur", „wird der Friede von dem Bräutigam selbst durch sein Handeln geordnet"[1808]. Diesen Frieden dürfen die Freundinnen der Braut, das heißt außenstehende Menschen, nicht stören[1809]. Die Einheit entsteht im Schlaf der Ekstase[1810]. „Haec, ait, pax, haec suavitas, hic somnus quietis, a Domino est." – „Dieser Friede, sagt (die Braut), diese Süße, dieser Schlaf der Ruhe kommt vom Herrn."[1811] Dies ist „pax vero spiritualis", „aber der geistliche Friede", der durch „pax saeculi", „den Frieden der Welt" gestört werden kann[1812]. So können weltliche, ja selbst kirchliche Beschäftigungen die Erfahrung des Friedens der Einheit stören[1813].

5. Auf seine Menschwerdung spielt Isaak von Stella an, wenn er von Christus schreibt: „In semetipso pacem reformavit." – „In sich selbst hat er den Frieden neugestaltet."[1814]

[1804] WHLD 2, prael 146,308.

[1805] WR 4,590C-D.

[1806] WR 3,590D.

[1807] WR 3,591A.

[1808] WHLD prol 7,80.

[1809] Ebenda.

[1810] WHLD 1 fin 140,296.

[1811] Ebenda.

[1812] WHLD 1,3,51,142.

[1813] WHLD 1,3,51,142-144.

[1814] IS 29,1,4f.,166.

6. Bei Gilbert von Hoyland findet sich in seinem Hohenliedkommentar die längste zusammenhängende Stelle über den Frieden, der Christus ist. Wenn er schreibt: „Quis noster Salomo, nisi Jesus Christus? Ipse est pax nostra", „Wer ist Salomo wenn nicht Jesus Christus? Er selbst ist unser Friede", spielt er auf mittelalterliche Etymologie von „Salomo" als „pacificus", „Friedensstifter" an[1815]. Er fügt dem Gedanken des Friedens denjenigen der Stellvertretervorstellung hinzu. Christus hat für uns die Strafe ertragen, „ut nobis justitiae Panem refunderet", „um uns den Frieden der Gerechtigkeit wieder einzugießen"[1816], wobei er nicht deswegen die Strafen erduldete, um selbst den Frieden zu erlangen, den er ja schon immer besaß[1817]. So gibt es bei dieser Befriedung keinen echten Tausch, weil wir ihm nichts anzubieten haben[1818]. Deswegen kann er allein Salomo, das heißt der wahre Friedensstifter, für andere genannt werden[1819]. Es ist ein Friede, der nicht nach Maß gegeben wird und der nicht nur nach hinten schaut[1820], sondern alle Gnade in sich häuft[1821]. „Pax haec a remissione peccatorum incipiens, usque ad divinae participium adundavit naturae." – „Dieser Friede fängt bei der Vergebung der Sünden an und strömt über bis zur Teilhabe an der göttlichen Natur."[1822] Christus ist auch insofern der überströmende Friede, weil dieser durch kein Unrecht unserer Seite ausgeschöpft werden kann[1823].

Hier auf Erden bedeutet Christus zwar der Friede mit dem Vater, aber nicht der Friede mit dem letzten Feind, dem Tod[1824]. Es gibt jetzt noch keinen Frieden mit diesem, wohl aber Schutz vor ihm[1825]. Einmal wird Christus auch der Friede vor ihm sein, wenn er ihn zu Boden tritt[1826]. Dann wird er wirklich unser Salomo und Friedensstifter sein, da er uns Frieden über Frieden schenkt, den Frieden mit dem Vater und den Frieden vor dem Feind[1827]. Wenn Christus einmal jedes Hindernis vom Reich Gottes wegnimmt, dann wird er sein „vera pax et plena pax", „der wahre Friede und der volle Friede"[1828]. Es gilt: „Pacata diligit qui pacificus dicitur." – „Friedvolles liebt, welcher der Friedensstifter genannt wird."[1829]

7. Bei Guerricus von Igny findet sich eine gewagte Aufteilung des bekannten Begriffpaares „iustitia et pax". Bei ihm sieht es so aus, als habe der Mensch für Gerechtigkeit zu sorgen, damit Gott dann den Frieden schenkt. Man soll sich so auf das Weihnachtsfest

---

[1815] GHLD 16,1,80D.
[1816] GHLD 16,1,81A.
[1817] Ebenda.
[1818] GHLD 16,1,81B.
[1819] Ebenda.
[1820] Ebenda.
[1821] GHLD 16,1,81B-C.
[1822] Ebenda.
[1823] GHLD 16,1,81C.
[1824] GHLD 16,2,81D.
[1825] Ebenda.
[1826] Ebenda.
[1827] GHLD 16,2,82A.
[1828] GHLD 16,2,82B-C.
[1829] GHLD 16,1,80D.

bereiten, daß sich an ihm Gerechtigkeit und Friede küssen können, „iustitia scilicet hominis se punientis, et pax Dei ignoscentis", „nämlich die Gerechtigkeit des Menschen,
die sich selbst bestraft, und der Friede Gottes, der vergibt"[1830]. Der greise Simeon war
ein solcher Mensch, bei dem Gott einen Platz für den Frieden gefunden hat, weil der
Greis ihm einen Sitz in Gerechtigkeit bereitet hat[1831]. Dies ereignete sich, „cum Panem
Dei et hominum Iesum, qui Panem super pacem dare venibat, sinu recepit", „als (Maria) den Frieden zwischen Gott und den Menschen, nämlich Jesus, der kam, um den
Frieden über den Frieden zu geben, im Schoß empfing"[1832]. Recht umfassend wird
dann aufgezählt, zwischen welchen zerstrittenen Teilen das Jesuskind, welches Simeon
in den Armen hält, Frieden stiftete. Es betrifft den zwischenmenschlichen (Juden und
Heiden), den religiösen (Gott und Mensch) und den anthropologischen (Geist und
Fleisch) Bereich[1833]. Diesen Frieden kann Simeon auch behalten, weil er alle anderen
Sorgen aus seinem inneren Gemach entfernt hat und in seinem Herzen allein Jesus betrachtet[1834].

8. Johannes von Ford läßt Jesus beten, daß auf ihn der Sohn Gottes, übergeht, damit „in sanguine meo fiat pax", „in meinem Blut Friede werde"[1835]. In der himmlischen Herrlichkeit „est osculum illud felicissimum, quo se iustitia et pax … osculari
non desinunt", „ist jener glücklichste Kuß, mit dem Gerechtigkeit und Friede … nicht
aufhören, sich zu küssen"[1836].

9. Auch im Traktat „Speculum virginum" wird von dem Wort „pax" im christologischen Sinn Gebrauch gemacht, allerdings im Sinn des Friedens der inneren Ruhe:
Christus wird genannt „pax mundo furente", „Friede, wenn die Welt wütet"[1837] und
„pax plena deliciosa dulcedo tuorum vocatorum", „voller Friede und kostbare Süße
Deiner Berufenen"[1838].

10. Ähnlich sieht das Bild auch bei Hugo von St. Viktor aus. Man muß sich um den
Frieden mühen. Denn die Weisheit, unter der wohl Christus verstanden ist, „habitare
nescit nisi in corde pacifico", „weiß nur in einem friedfertigen Herzen zu wohnen"[1839].
Diesen inneren Frieden erreicht man, wenn alle irdischen Sorgen ruhen[1840]. Hugo weiß
aber auch, daß Christus unabhängig von unserem Bemühen der Friede ist. Er ist „pacis
meditator", „der Mittler des Friedens", nicht nur, weil er die „pacis amicitia", „Freundschaft des Friedens" besitzt, sondern weil er in sich die beiden einst befeindeten Seiten
vereint, indem er die Menschheit annahm, ohne die Gottheit aufzugeben[1841].

[1830] GIS Adv 5,2,55-57,154.
[1831] GIS Pur 3,3,99-101,346.
[1832] GIS Pur 3,109f.,346.
[1833] GIS Pur 3,3,114-116,348.
[1834] GIS Pur 3,3,124f.,348.
[1835] JHLD 10,4,143-145,98.
[1836] JHLD 38,6,117f.,286.
[1837] SP 4,312,14f.
[1838] SP 10,866,19f.
[1839] HAN 3,1,647D.
[1840] Ebenda.
[1841] HSA 2,1,12,412B.

11. Auch Richard spricht gern von dem inneren Herzensfrieden[1842]. Den Frieden Gottes in Jesus Christus, der alles menschliche Begreifen übersteigt (Phil 4,7), deutet er auf das Zurücktreten aller sinnenhaften und intellektuellen Wahrnehmungsfähigkeiten des Menschen und auf den Schlaf der Braut in der Umarmung des wahren Bräutigams[1843]. „Haec est illa pax in qua anima obdormit, pax quae mentem ad interiora rapit; pax, quae exteriorum omnium memoriam intercipit." – „Dies ist jener Friede, in welchem die Seele einschlummert, der Friede, welcher den Geist nach innen entrückt, der Friede, welcher das Gedächtnis an alles Äußere unterbricht."[1844] Ohne Zweifel umschreibt Richard mit Frieden hier einen ekstatischen Zustand. Daß Richard selten und meist im Sinn von innerer Ruhe vom Frieden spricht, mag auch daher kommen, daß er einen anderen Ausdruck für den seinsmäßigen Frieden kennt, nämlich „concordia", „Eintracht"[1845].

12. Hildegard von Bingen spricht über den inneren Frieden der Ruhe hinaus häufiger von dem Frieden, der Christus ist.

Für sie bedeutet der Friede, von dem die Engel an Weihnachten singen, daß in der Menschwerdung des Sohnes Gottes „in altissimo Deo fulget homo et Deus in homine", „der Gottmensch im höchsten Gott und im Menschen erstrahlt"[1846]. Mit seinem Kommen wirkt auch der Friede auf Erden, obwohl er im Himmel bleibt[1847]. Im Sohn Gottes sind Gerechtigkeit und Friede vereint[1848]. Friede kann sie aber auch Christus nennen, weil er die Menschen vor den Anschlägen der alten Schlange bewahrt[1849]. So stellt er als Frieden den ganzen guten Willen des Vaters dar[1850]. Er ist „superna pax et purissimus sol", „der hohe Friede und die reinste Sonne", welche im Wasser der Taufe wirksam werden[1851].

Die von ihm gegründete Kirche ist das neue Jerusalem, welches mit „visio pacis", „Schau des Friedens" wiedergegeben wird[1852].

Wo Ehrgeiz, Stolz, Haß und Neid herrschen, „pax et securitias fugiunt et caritas Christi recedit", „fliehen Friede und Sicherheit, und die Liebe Christi weicht zurück"[1853].

13. Elisabeth von Schönau schreibt, daß Christus, der „filius pacis", „Sohn des Friedens", über seinen Gläubigen wacht[1854].

14. Der Autor der Vita der Ivetta von Huy beschreibt folgendermaßen das Sterben der Mystikerin: „Translata ad visionem verae pacis Jesu Christi Domini nostri, qui est pax

---

[1842] RVBMI 26,18A.
[1843] RVPS 30,276C-D.
[1844] RVPS 30,276B.
[1845] Vgl. Weiß, Gottesbild 2,218f.
[1846] HISV 2, 3,6,32,843f.,456.
[1847] HIO 3,3,3,34-38,283.
[1848] HIO 3,5,6,52,414.
[1849] HISV 2, 3,6,32,850f.,456.
[1850] HISV 2, 3,6,32,847-849,456.
[1851] HISV 1, 2,3,25,528f.,149.
[1852] HISV 2, 3,10,31,873-881,571.
[1853] HIB 2, 220r,68-71,483.
[1854] ESI 12,99.

nostra pacificans quae in caelis et quae in terra sunt, interficiens inimicitas in semetipso super lignum Crucis." – „Hinübergebracht (wurde sie) zur Schau des wahren Friedens Jesu Christi, unseres Herrn, der unser Friede ist, indem er Frieden stiftet zwischen dem, was im Himmel, und dem, was auf Erden ist, und die Feindschaften in sich selbst auf dem Holz des Kreuzes tötet."[1855]

15. Besonders oft wird bei Gertrud der Großen Christus als der Friede in ihren „Exercitia spiritualia" genannt, während diese Bezeichnung in ihrem „Göttlichen Boten" zurücktritt.

Mit Jes 9,6 wird Jesus als „princeps pacis", „Friedensfürst" bezeichnet[1856]. Man sucht, in Jesu Liebe und Frieden gefestigt zu sein[1857]. Er ist der Bräutigam des Hohenliedes, über dessen Friede in der Mittagsruhe sich die Braut freut[1858]. Sein Duft ist „sicut divinae pacis … intima balsamum", „wie der innige Balsam … des göttlichen Friedens"[1859]. Unter „pax" kann die ewige Seligkeit in Jesus verstanden sein: „Pax tua mecum. In te, o Iesu pax vera, in aeternum habeam pacem super pacem, ut per te ad illam perveniam pacem, quae exuperat omnem sensum, ubi te in te laeta videam in aeternum." – „Dein Friede sei mit mir. In Dir, o Jesus, wahrer Friede, habe ich auf ewig den Frieden über den Frieden, damit ich durch Dich zu jenem Frieden gelange, welcher jeden Sinn übersteigt, wo ich Dich in Dir froh schauen möchte."[1860] Im Schatten der Liebe ruht auch der Herr im Frieden[1861]. Das gleiche Ruhen soll sich auch der Beter wünschen[1862]. So soll er flehen: „O quando, in te Iesu pax mea dulcsissima, requiescam et obdormiam?" – „Wann werde ich in Dir, Jesus, mein süßester Friede, ruhen und schlummern?"[1863] In der siebten Übung soll man sich auf den Tod vorbereiten. Dabei darf man zur Liebe und zum Frieden Gottes treten, um mit Gott versöhnt zu werden[1864]. Ein anderes Mal wird „pax dei", „der Friede Gottes" wie eine Person angesprochen, die allein den Zorn Gottes zügeln kann[1865]. Denn mit dem Tod tritt man vor das Gericht Gottes. Bei ihm soll dieser Friede wie ein Anwalt die Sache des Menschen vertreten[1866]. Weil der Beter Angst hat, das werde nicht geschehen, ruft er: „O pax Iesu dulcissime, quousque siles, quousque dissimulas, quousque taces?" – „O süßester Friede Jesu, wie lange bist du still, wie lange läßt du dich verleugnen, wie lange schweigst du?"[1867] „O Pax, adhuc unum mihi facito verbulum!" – „O Friede, sag mir doch jetzt ein einziges Wörtlein!"[1868] Jesus

---

[1855] IH 57,128,169.
[1856] G R 1,70,50.
[1857] G R 4,234,114.
[1858] G R 5,114-121,134.
[1859] G R 5,184f.,138.
[1860] G R 1,178-181,56; vgl. G R 5,128f.,136.
[1861] G R 5,242f.,142.
[1862] G R 5,456,156.
[1863] G R 6,77f.,166.
[1864] G R 7,133-135,218.
[1865] G R 7,144-146,218.
[1866] G R 7,148f.,218.
[1867] G R 7,155f.,218.
[1868] G R 7,183,220.

selbst steht hinter dem personifizierten Frieden Gottes. An dieser Stelle wird auch auf das friedensstiftende Erlöserleiden Jesu zurückgegriffen. Der Beter soll Jesus anrufen: „Hac hora pro me flagellatum, spinis coronatum, …. abiectum et despectum tanquam leprosum", „Für diese (Sterbe)stunde für mich gegeißelt, mit Dornen gekrönt, … verworfen und verachtet wie ein Aussätziger"[1869]. Dann wird Gott Vater angeredet: „Eia illa amarissima pacis quam ei imposuisti disciplina, omnia mea persolvat neglecta et debita." – „Eia jene bitterste Zucht des Friedens, welche Du ihm auferlegt hast, soll nun ganz einlösen, was ich vernachlässigt und verschuldet habe."[1870]

Wenn der Beter Angst hat, im Gericht von Jesus getrennt zu werden, soll er rufen: „O Pax, tu sis mea chara in Iesu perpetua ligatura!" – „O Friede, sei du meine teure, dauernde Bindung an Jesus!"[1871] Durch diesen Frieden will der Beter Jesus ganz ähnlich werden und die Geißeln und Verwundungen der Liebe ertragen[1872].

Im Mittelpunkt bei der Betrachtung des Friedens steht bei Gertrud das Versöhntsein des Menschen mit Gott, vor allem im Augenblick des Sterbens. Dieses kann nur Jesus bringen, weil er durch sein Leiden den Menschen schon erlöst hat.

16. Agnes von Blannbekin kennt nur den inneren Herzensfrieden, den man, falls er verloren gegangen ist, durch die Erinnerung an das Leiden Christi wieder erwerben kann[1873].

3.6.5.2 Die muttersprachlichen Texte

Seltener als in den lateinischen wird in den muttersprachlichen Texten Christus in eine Beziehung zu Frieden gebracht.

1. Das St. Trudperter Hohelied spricht vom Frieden im Kontext der gegenseitigen Einwohnung bei der „unio mystica". Die Seele soll ein Spiegel sein, „dâ dû dînen vridesamen künec … inne siehst", „worin Du Deinen friedensvollen König … siehst"[1874]. Voraussetzung dazu ist, daß die Seele selbst den inneren Frieden gefunden hat: „Dîn vridesamiu sêle tregt in ire dînen vridesamen künec. dîn vridesamer künec hât in ime dîne vridesame sêle." – „Deine friedvolle Seele trägt in sich Deinen friedvollen König. Dein friedvoller König hat in sich Deine friedvolle Seele."[1875] „Vridesam" ist die Übertragung von „pacificus", welches Wort dieser Kommentar an folgender Stelle unübersetzt stehen läßt: „Dâ hiez er rehte pacificus, wande der vride himels unde erde, engele unde menneschen der wart geschaffen an deme bette. daz was mîner trût vrouwen sêle und ir lîp was daz gezelt." – „Da hieß er mit Recht pacificus, weil der Friede zwischen Himmel und der Erde, zwischen Engel und Menschen geschaffen wurde auf dem Bett,

---

[1869] G R 7,166-169,220.
[1870] G R 7,175-177,220.
[1871] G R 7,178,220.
[1872] G R 7,180-182,220.
[1873] AB 168,11f.,352.
[1874] TH 93,27-29,204.
[1875] TH 93,32-94,1,204.

welches die Seele meiner geliebten Herrin und ihr Leib das Zelt war."[1876] Ganz ähnlich lautet eine andere Stelle: „Er scherete unde dâhte ie nâch vride. alsô tet Salomôn pacificus, daz ist got unser aller herre. er ruowete aller êrest an dem bette, daz was mîner trût vrouwen sêle." – „Er besann sich und dachte nach über den Frieden. Dies tat Salomo pacificus, das heißt Gott, unser aller Herr. Er ruhte zuerst auf dem Bett, das war meiner lieben Frauen Seele."[1877]

2. Hadewijch kennt auch den Frieden Gottes mit den Menschen[1878] und den inneren Herzensfrieden[1879]. Für unseren Zusammenhang wichtig ist die Aussage, daß sich beim Sterben Jesu Gerechtigkeit und Friede küßten[1880].

Hadewijch kann die „unio mystica" auch mit „Frieden" ausdrücken. Wenn die Einheit da ist, hört man eine Stimme rufen: „Vrede si .v. allen!" – „Friede sei mit euch allen!"[1881] Die „vredeleecheit", „Friedlichkeit" ist eine wichtige Tugend, die man zur Einheit mit Gott braucht[1882].

3. Ähnlich äußert sich auch David von Augsburg. Er deutet Eph 2,14 „Christus ist unser Friede" ganz auf den Frieden, den die Christen untereinander halten sollen[1883]. „Swer den vride stoeret, der sliuzet sich von der einunge, die diu lider mit dem houbete habent in des heiligen geistes vride." – „Wer den Frieden stört, der schließt sich von der Einheit, welche die Glieder mit dem Haupt haben in des Heiligen Geistes Frieden, aus."[1884] „Sîn ruowestat ist in dem vride; swer denne mit unvride lebt, in des herzen mac er niht ruowen haben." – „Seine Ruhestatt ist im Frieden, wer deswegen in Unfrieden lebt, in dessen Herz kann er keine Ruhe finden."[1885] Wo aber die Einheit mit dem Herrn stattfindet, kann man sagen: „Sô wird ein süezer vriede." – „So wird ein süßer Friede."[1886] Jesus wird aufgefordert, uns gehen zu lassen „mit dînem vride in dîn heimôte zuo dir selben", „mit Deinem Frieden in Deine Heimat zu Dir selbst"[1887]. Dort wird es keinerlei Unfrieden geben[1888]; es ist das ganz befriedete Land[1889]. Weil er allein der volle Friede ist, heißt ihn ansehen, vollen Frieden haben[1890].

4. Auch Mechthild von Magdeburg weiß, daß der innere Unfrieden ein Hindernis für die Vereinigung mit dem Herrn ist: „Er wonet in dem vride der heligen minnesamkeit." – „Er wohnt in dem Frieden der heiligen Liebesbereitschaft."[1891] Wenn ein Mensch

---

[1876] TH 19,31-20,3,60.
[1877] TH 41,5-9,104.
[1878] HAB 24,26f.,209.
[1879] HAB 15,115-118,129.
[1880] HAB 6,115f.,58.
[1881] HAV 10,54f.,112.
[1882] HAV 12,112-134,134.
[1883] DT 339,31-36.
[1884] DT 339,36f.
[1885] DSV 317,28f.
[1886] DSG 4,392,14f.
[1887] DAG 363,32f.
[1888] DAG 363,9f.
[1889] DB 10,384,4f.
[1890] DEW 365,29-31.
[1891] MM 2,23,35f.,57.

sehr betrübt ist, spricht Jesus Christus zu ihm: „Ich segnen dich und grüsse dich, min vride si iemer mit dir!" – „Ich segne dich und grüße dich, mein Friede sei immer mit dir!"[1892]

5. Auch in den nicht mystisch geprägten mittelhochdeutschen Texten wird Christus mit dem Frieden zusammengebracht.

Frau Ava weiß um den Friedensgruß des Auferstandenen[1893]. Im Ratschluß Gottes über die Erlösung gibt sowohl beim „Daz Anegenge"[1894] als auch beim Gedicht „Die Erlösung"[1895] der Friede den Ausschlag, weil er den Ausgleich zwischen Gerechtigkeit und Barmherzigkeit durch die Menschwerdung des Sohnes Gottes schafft.

3.6.5.3 Zusammenfassung

1. Friede ist einer der Titel, der in den Reihen von Namen Christi auftaucht[1896]. Jesus ist der Sohn des Friedens[1897], der Friedensfürst[1898]. Christus wird oft als wahrer Salomo „pacificus", „friedensstiftend" genannt[1899]. Doch überbietet er Salomo, weil er auch der Friede selbst ist[1900]. Oft werden paraphrasiert oder zitiert Eph 2,14[1901] und Kol 1,20[1902]. Im Frieden Christi werden verbunden Gott und Menschen[1903], Himmel und Erde[1904], Engel und Menschen[1905], Juden und Griechen[1906], Geist und Fleisch[1907] und die Christen untereinander[1908]. Mit dem alten Feind, dem Tod und Teufel, kann es aber keinen Frieden, sondern nur Schutz vor ihnen geben[1909].

[1892] MM 6,33,23f.,243.
[1893] ALJ 1956,202f.
[1894] Daz Anegenge. Der Erlösungsentschluß 153-158, in: Die Deutsche Literatur vom Mittelalter bis zum 20. Jahrhundert, 1,1,47.
[1895] Die Erlösung. I Der Erlösungsentschluß 683-686, in: Die Deutsche Literatur vom Mittelalter bis zum 20. Jahrhundert, 1,1,57.
[1896] JFC 3,1,2,142.
[1897] ESI 12,99.
[1898] G R 1,70,50.
[1899] BANN 1,11,120,5f.; BOS 5,9,806,6-8; GHLD 16,1,80D; 16,1,81B; 16,2,82A; TH 19,31-20,3,60; 41,5-9,104.
[1900] BHLD 1, 27,1,2,412,22f.; BANN 1,11,120,5f.
[1901] BHLD 1, 13,4,4,190,14; 27,1,2,412,23f.; WR 3,591A; DT 339,31-36.
[1902] JFC 2,12,538f.,138.
[1903] WR 4,590C-D; GIS Pur 3,109f.,346; HAB 24,26f.,209.
[1904] JFC 2,12,538f.,138; BPUR 1,3,408,13f.; BOS 1,14,750,4-6; IH 57,128,169; TH 19,31-20,3,60.
[1905] BVNAT 4,1,176,13f.
[1906] GIS Pur 3,3,114-116,348.
[1907] GIS Pur 3,3,114-116,348.
[1908] DT 339,31-36.
[1909] GHLD 16,2,81D; HISV 2, 3,6,32,850f.,456.

An Stelle von Friede kann auch die „concordia", „Eintracht" stehen[1910]. Neben dem Frieden wird der Kuß[1911], der Friedenskuß[1912], der Mittler[1913], die Süße[1914], die Ruhe[1915] und die Versöhnung[1916] Christi erwähnt. Aus Ps 84,10f. wird die Zusammenstellung Barmherzigkeit, Wahrheit, Gerechtigkeit und Friede auf Christus übertragen[1917]. Der Friede Christi wird ewig[1918], hoch[1919], höchst[1920], süß[1921], voll[1922] und wahr[1923] genannt. Das Adjektiv „pacificus" steht bei der Eintracht[1924]. Oft wird die Tatsache, daß Christus der Friede ist, als Mahnung gebraucht, mit seinen Mitmenschen Frieden zu halten[1925].

2. Im Urstand war der Friede schon bei den Menschen[1926], ging aber durch die Sünde verloren[1927]. Bei Gott drängen jetzt Gerechtigkeit und Wahrheit auf die Bestrafung und Barmherzigkeit und Friede auf die Schonung des Menschen[1928].

3. Bei der Menschwerdung stieg mit dem Sohn Gottes der Friede auf die Erde[1929]. Gerechtigkeit und Friede küßten sich[1930], als der Sohn Gottes im Schoß Mariens empfangen wurde[1931]. Der Friede ist neugestaltet[1932]. Deswegen singen die Engel bei seiner Geburt vom Frieden[1933]. Christus kann der Mittler des Friedens sein, da er in seiner Person die beiden streitenden Seiten, Gott und Mensch, vereint[1934]. Durch die Menschwerdung konnte Jesus deswegen Frieden stiften, weil er in seiner Menschheit auch das Leid verspürte[1935].

[1910] JFC 3,2,13,142.
[1911] BHLD 1,2,3,68,3-10; JHLD 38,6,117f.,286.
[1912] BHLD 1,3,1,86,10f.
[1913] BNAT 5,1,268,11f.
[1914] WHLD 1, fin 140,296; SP 10,866,19f.
[1915] JFC 3,6,146f.,147; WHLD 1, fin 140,296.
[1916] BNAT 5,1,268,11f.; BOS 1,14,750,4-6; G R 7,133-135,218.
[1917] BANN 1,1,96,4f.; GIS Adv 5,2,55-57,154.
[1918] WHLD 2, prael 146,308; G R 1,178-181,56.
[1919] HISV 2, 3,6,32,847-849,456.
[1920] JFC 3,6,146f.,147.
[1921] DSG 4,392,14f.; G R 6,77f.,166; G R 7,155f.,218.
[1922] GHLD 16,2,82B-C; SP 10,866,19f.; DEW 365,29-31.
[1923] BS 2,185,366,19f.; GHLD 16,2,82B-C; IH 57,128,169.
[1924] JFC 3,2,13,142.
[1925] BB 1,7,1,304,7-9.
[1926] BANN 1,6,106,14.
[1927] BANN 1,8,112,7f.
[1928] BANN 1,9,114,3f.; Daz Anegenge. Der Erlösungsentschluß 153-158, in: Die Deutsche Literatur vom Mittelalter bis zum 20. Jahrhundert, 1,1,47; Die Erlösung. I Der Erlösungsentschluß 683-686, in: Die Deutsche Literatur vom Mittelalter bis zum 20. Jahrhundert, 1,1,57.
[1929] BANN 1,14,126,11f.
[1930] BANN 1,14,128,1-8.
[1931] GIS Pur 3,109f.,346; TH 19,31-20,3,60; 41,5-9,104.
[1932] IS 29,1,4f.,166.
[1933] BANN 1,14,126,13-128,1; HISV 2, 3,6,32,843f.,456.
[1934] HSA 2,1,12,412B.
[1935] BVEPI 4,100,6f.

4. Der Friede wurde am Holz des Kreuzes[1936] durch das Blut Jesu gestiftet[1937]. Bei seinem Tod küssen sich Gerechtigkeit und Friede[1938]. Durch sein stellvertretendes Leiden stellt sich der Friede wieder ein[1939]. Es ist die bittere Zucht des Friedens, die Jesus im Leiden erduldet hat[1940].

5. Christus hat seiner Kirche den Frieden hinterlassen, die deswegen als das neue Jerusalem Schau des Friedens genannt wird[1941]. Sie ist auch deswegen der Friede, weil Christus in ihr verschiedene Völker vereint hat[1942]. In der Taufe erhält der Mensch den Frieden Christi[1943].

6. Man will im Frieden Jesu sterben[1944]. Bei dem auf den Tod folgenden Gericht soll Jesus, der Friede, wie ein Anwalt auftreten[1945]. Dafür hat er sich geißeln und mit Dornen krönen lassen[1946].

Im Himmel ist Christus der Friede, der jeden Sinn übersteigt[1947]. Man schaut dann Jesus, den Frieden[1948], und ist bei ihm, dem ewigen Frieden[1949], daheim[1950]. Jeder Unfriede hat dann ein Ende[1951].

7. Christus, der Friede, wohnt nur in einem friedvollen Herzen[1952]. Für ihn soll die Seele der Spiegel des Friedens Christi sein[1953]. Der Herzensfriede[1954] oder innere Friede, den Christus auch beim Wüten der Welt bringt[1955], wird durch Üben der Gerechtigkeit[1956] und Ablegung aller irdischen Sorgen[1957] erreicht. Wo die Hauptsünden herrschen, flieht der Friede Christi[1958]. Hat man den inneren Frieden verloren, gewinnt man ihn durch die Betrachtung des Leidens Christi zurück[1959].

[1936] IH 57,128,169.
[1937] JFC 2,12,538f.,138; BPUR 1,3,408,13f.; BOS 1,14,750,4-6; JHLD 10,4,143-145,98.
[1938] HAB 6,115f.,58.
[1939] GHLD 16,1,81A.
[1940] G R 7,177-178,220.
[1941] BDED 5,9,860,9f.; HISV 2,3,19,873-881,571.
[1942] WHLD 2, prael 146,308.
[1943] HISV 1,2,3,25,528f.,149.
[1944] G R 6,77f.,166.
[1945] G R 7,144-146,218.
[1946] G R 7,166-169,220.
[1947] BVNAT 4,8,186,16-188,2.
[1948] DEW 365,29-31.
[1949] G R 1,178-181,56.
[1950] DAG 363,32f.
[1951] DAG 363,9f.
[1952] HAN 3,1,647D; TH 93,32-94,1,204; DSV 317,28f.; MM 2,23,35f.,57.
[1953] TH 93,27-29,204.
[1954] RVBMI 26,18A; HAB 15,115-118,129.
[1955] SP 4,312,14f.
[1956] GIS Pur 3,3,99-101,346.
[1957] GIS Pur 3,3,124f.,348; HAN 3,1,647D.
[1958] HIB 2,220,68-71,483.
[1959] AB 168,11f.,352.

8. Die Einheit zwischen Bräutigam und Braut kann auch Friede[1960] oder süßer Friede[1961] genannt werden, auf den die Liebe zum Frieden der Menschen vorbereitet[1962]. Umgekehrt schließt Unfrieden die Einheit mit Gott aus[1963]. Auch die Ekstase erhält diesen Namen[1964]. Die Mittagsruhe des Bräutigams, der den Duft des Friedens verbreitet[1965], sucht die Braut[1966].

3.7 Eigenschaften, mit denen die Erlösung geschah

3.7.1 Barmherzigkeit

3.7.1.1 Die lateinischen Texte

1. So oft die Barmherzigkeit Gottes allgemein und diejenige des Vaters erwähnt wird[1967], so selten ist in der Schrift von dieser Eigenschaft bei Jesus die Rede. Einmal heißt es in der Vulgata, daß Jesus für die Menschen Barmherzigkeit hat (Lk 7,13); er wird auch als Hoherpriester barmherzig genannt (Hebr 2,17).
2. Jean von Fécamp bleibt dem biblischen Sprachgebrauch treu, wenn er meist von der Barmherzigkeit des Vaters spricht[1968]. Einmal redet er jedoch Jesus mit den Worten an „misericordia mea magna", „meine große Barmherzigkeit"[1969]. Er bewundert die Barmherzigkeit, aus der heraus Gott Mensch geworden ist, um die Schuldigen zu befreien[1970].
3. Wesentlich häufiger spricht Bernhard von Clairvaux von der Barmherzigkeit Christi.
3.1 Nach dem Sündenfall bleibt nur noch ein Fünklein Hoffnung auf die Barmherzigkeit eines Erlösers[1971]. Die Menschen sind nämlich Söhne des Zornes Gottes geworden[1972].
3.2 Im Ratschluß der Erlösung gibt die Barmherzigkeit den Anstoß, daß der Mensch nicht im Elend bleibt[1973], mit den Worten: „Eget miseratione creatura rationalis." – „Es

---

[1960] BHLD 2,79,2,6,566,21-23; WHLD prol 7,80; HAV 10,54f.,112.
[1961] DSG 4,392,14f.
[1962] HAV 12,112-134,134.
[1963] DT 339,36f.
[1964] WHLD 1 fin 140,296; RVPS 30,276B-D.
[1965] G R 5,184f.,138.
[1966] G R 5,114-121,134.
[1967] Vgl. Weiß, Gottesbild 2,1134f.
[1968] Vgl. Weiß, Gottesbild 2,1135f.
[1969] JFC 3,2,14f.,142.
[1970] JFC 2,12,509-511,137.
[1971] BVNAT 3,2,160,19-22.
[1972] BPUR 1,3,408,15-17.
[1973] BANN 1,9,114,9f.; BVEPI 4,100,18f.

bedarf das vernunftbegabte Geschöpf des Erbarmens."[1974] Wenn die Barmherzigkeit fragt, warum sie überhaupt gezeugt sei, spürt man, daß mit ihr eigentlich der einziggezeugte Sohn gemeint ist[1975]. Der Vater aber sandte Jesus zu den Menschen als „saccum plenum misericorida sua", „Sack voll seiner Barmherzigkeit"[1976]. Das Motiv, warum Gottes Sohn nach dem Sündenfall zu den Menschen hinabsteigt, ist „misericordia magna", „eine große Barmherzigkeit"[1977]. Seine eigene Barmherzigkeit hat ihn zur Erde hinabgezogen[1978]. „Descendens et ipse misericorditer, quo illi cecidicerant miserabiliter." – „Er stieg auch selbst barmherzig dorthin herab, wohin jene (= die Menschen) elend gefallen waren."[1979] „Quis tantopere declaret eius misericordiam, quam quod ipsam suscepit miseriam?" – „Was kann besser seine Barmherzigkeit erklären, als daß er das Elend annahm?"[1980] In der Menschwerdung „magna est ista potentia, sed plus est miranda misericordia", „ist groß diese Macht, aber mehr zu bewundern die Barmherzigkeit"[1981]. Für die Überfülle dieser Barmherzigkeit können wir nie genug danken[1982]. Die Herrlichkeit, die wir durch die Menschwerdung schauen (Joh 1,14), ist die „gloria misericordiae", „Herrlichkeit der Barmherzigkeit"[1983]. Denn er vereinte in sich „bonum nature humanae divinae misericordiae", „das Gute der menschlichen Natur mit der göttlichen Barmherzigkeit"[1984]. Schon vor seinem Kommen war den Juden Gottes Macht bekannt[1985]. Die Erkenntnis der Barmherzigkeit schien jedoch auf den Kreis der Engel beschränkt[1986]. „Benignitas misericordiae nunc maxime apparuit in humanitate." – „Die Güte der Barmherzigkeit ist nun am meisten in seiner Menschheit erschienen."[1987] Dabei steht die Kleinheit des Jesuskindes im umgekehrten Verhältnis zur Größe der Barmherzigkeit, die es mit sich bringt[1988]. Und doch paßt die Erscheinungsweise als Kind gut zur Gottes Barmherzigkeit[1989]. „Venit Christus, qui contritos corde sanat unctione misericordiae suae." – „Christus ist gekommen, der die zerknirschten Herzen mit der Salbung seiner Barmherzigkeit heilt."[1990] Dabei lernte er auch etwas dazu, nämlich die Barmherzigkeit. „Non quod ante miseri nesciret, cuius misericordia ab aeterno et usque in aeternum; sed quod natura sciebat ab aeterno, temporali didicit experimento." – „Nicht daß der vorher nicht wußte, sich zu

---

[1974] BANN 1,10,118,6.
[1975] BANN 1,10,118,10f.
[1976] BEPI 1,2,320,22f.
[1977] BADV 1,7,68,16f.
[1978] BPENT 2,2,402,23f.
[1979] BH 3,12,62,17f.
[1980] BEPI 1,2,322,8f.
[1981] BVNAT 3,1,160,2.
[1982] BADV 3,7,96,19-21.
[1983] BCIRC 3,2,300,16.
[1984] BADV 2,3,82,5f.
[1985] BNAT 1,2,226,18f.
[1986] BANN 1,2,228,3f.; BPUR 1,3,408,10f.
[1987] BNAT 1,2,226,17f.
[1988] BNAT 1,5,230,21-23.
[1989] BNAT 1,4,230,18-20.
[1990] BVNAT 1,2,134,1f.

erbarmen, dessen Erbarmen von Ewigkeit bis in Ewigkeit ist; was er aber von Natur aus seit Ewigkeit wußte, das hat er durch zeitliche Erfahrung gelernt."[1991] So ist er der „misericors et inaestimabilis mediator", „barmherzige und unschätzbare Mittler"[1992]. „Misericordiae pedem Deus in carne, cui se univit", „Den Fuß der Barmherzigkeit hat Gott im Fleisch, mit dem er sich vereint hat," angenommen[1993]. Im Erdulden von Leiden wurde Christus barmherzig[1994], da „in incarnata Dei sapientia … misericordia et veritas obviaverunt sibi", „in der menschgewordenen Weisheit Gottes … Barmherzigkeit und Wahrheit sich begegneten"[1995]. Der Sohn überspringt mit den Füßen der Wahrheit und der Barmherzigkeit den Himmel der Engel und kommt zu den Menschen[1996]. Beide Tugenden begegnen sich dann[1997]. Wenn es nach Phil 2,7 heißt, daß der, der Gott gleich war, „habitu inventus ut homo", „in einer Gestalt wie ein Mensch erfunden wurde", gibt dies Bernhard Anlaß zur Bitte, er möge auch jetzt „apparare in misericordiae habitu", „erscheinen in der Gestalt der Barmherzigkeit"[1998]. Dabei ist wichtig, daß Christus nicht nur barmherzig, sondern die Barmherzigkeit selbst ist, weil er als Sohn Gottes an der einen Barmherzigkeit der ganzen Dreifaltigkeit Anteil hat[1999]. Es gibt zwar nur einen Sohn; aber da das Elend des Menschen vielfältig ist, hat Christus auch ein vielfältiges Erbarmen gezeigt[2000].

3.3 Die Barmherzigkeit, deren Grenzen erweitert wurden[2001], zeigt Jesus vor allem in seiner ersten Ankunft, bei seiner zweiten, der des Gerichtes, wird seine Gerechtigkeit zu Tage treten[2002]. In der Auferstehung hat er sich schon mit Gerechtigkeit umgürtet, damit seine Barmherzigkeit beim Gericht nicht überfließt[2003]. Bernhard vergleicht Christi doppeltes Kommen mit einer Biene. Beim ersten Erscheinen bringt er nur den Honig der Barmherzigkeit und zeigt noch nicht den Stachel des Gerichtes[2004]. Auch wenn Jesus durch sein Leiden barmherzig wird, hat er doch die richterliche Macht nicht verloren[2005]. Dennoch wirkt er auch beim Gericht nicht ohne Barmherzigkeit[2006].

3.4 In der Erlösung zeigt sich die Barmherzigkeit deutlicher als in der Schöpfung, bei der es nur eines Wortes bedurfte, während zu unserer Erlösung viele Worte und Taten des Sohnes Gottes notwendig waren[2007]. Der Ruf an den toten Lazarus (Joh 11,43) kam

---

[1991] BH 3,6,54,14-16.
[1992] BVEPI 4,100,16.
[1993] BHLD 1,6,2,6,106,7.
[1994] BHLD 1,6,2,6,106,8f.
[1995] BHLD 1,6,2,7,106,21f.
[1996] BHLD 2,54,2,4,224,3-5.
[1997] BANN 1,5,102,5.
[1998] BHLD 2,73,2,4,486,1f.
[1999] BNAT 5,2,279,16-19.
[2000] BNAT 5,4,272,10-20.
[2001] BNAT 1,2,228,6-8.
[2002] BQH 11,8,640,20-28.
[2003] BNAT 1,4,230,15-18.
[2004] BADV 2,3,80,15-20.
[2005] BOASSPT 1,594,17-19.
[2006] BQH 11,8,640,27f.
[2007] BDI 5,15,100,1-10.

von Jesus, der als der „abyssus luminis et misericordiae", „Abgrund des Lichtes und der Barmherzigkeit" den „abyssum miseriae et tenebrarum", „Abgrund des Elendes und der Finsternis" ruft[2008]. Der Sack der Barmherzigkeit, den Jesus darstellt, wurde im Leiden zerrissen, damit sein Inhalt ausgegossen werden kann[2009]. So haben die Söhne des Zornes Gottes Barmherzigkeit erlangt[2010]. Wenn es auch nicht im vollen Sinn Gerechtigkeit, sondern eher Barmherzigkeit war, daß ein Unschuldiger für die Schuldigen starb, war es nicht gegen die Gerechtigkeit[2011].

Während Jesus in der Auferstehung seine Macht offenbart, zeigt er „in morte misericordiam", „im Tod die Barmherzigkeit"[2012]. Die Fußwaschung Jesu gibt Anlaß für Bernhard, einen ihn befreundeten Bischof um das Gebet zu bitten, „ut in fonte misericordiae suae nos lavare et emaculare dignetur ipse fons pietatis Iesus Christus", „daß im Quell seiner Barmherzigkeit uns gnädig wäscht und reinigt er selbst, die Quelle der Güte selbst, Jesus Christus"[2013]. Die Dornenkrone Christi ist die „corona misericordiae", „Krone der Barmherzigkeit"[2014]. Bernhard zählt verschiedene Stationen der Passion Christi auf, die Christus erlitt, damit er uns mit der Salbe seiner Barmherzigkeit salben kann[2015].

3.5 So kann der Christ Hoffnung haben. „Prope est haec misericordia, prope est verbum in ore vestro et in corde vestro. Denique in cordibus vestris per fidem habitat Christus." – "Nahe ist diese Barmherzigkeit, nahe ist das Wort in eurem Mund und in eurem Herzen. Schließlich wohnt in euren Herzen durch den Glauben Christus."[2016] Christus als die Barmherzigkeit geht dem Menschen voraus[2017].

4. Wesentlich seltener bringt Wilhelm von St. Thierry die Barmherzigkeit mit Christus in Verbindung.

Wenn es in Röm 15,8f. heißt, daß Christus zu den Juden wegen der Wahrheit Gottes, mit der er die Verheißung an die Väter erfüllte, und zu den Heiden wegen der zu preisenden Barmherzigkeit kam, legt dies Wilhelm so aus, daß in ihm sich Wahrheit und Barmherzigkeit begegnen[2018]. So ist jetzt die Erde erfüllt von Christi Barmherzigkeit[2019]. Auf andere Weise legt er in seinem Hohenliedkommentar die Begegnung der Barmherzigkeit und Gerechtigkeit aus. Es ist die Mauer, die den Bräutigam Christus und die Braut von einander trennt[2020]. Diese Mauer wurde durch die Sünde errichtet,

---

[2008] BASSPT 4,3,562,16f.
[2009] BEPI 1,1,320,22-322,1.
[2010] BPUR 1,3,408,15-17.
[2011] BLNM 11,23,306,20f.
[2012] BDI 3,9,88,22f.
[2013] BB 2,341,2,592,13f.
[2014] BD 50,1,562,8.
[2015] BD 4,4,212,18-25.
[2016] BPUR 1,4,410,12-14; vgl. BPUR 1,4,412,1f.
[2017] BQH 7,7,568,17.
[2018] WR 7,687D.
[2019] WR 4,611C.
[2020] WHLD 2,1,157,330.

die bestraft gehört. Die Barmherzigkeit hat aber Fenster in die Mauer gebaut, durch welche der Bräutigam schaut[2021].

5. Aelred von Rievaulx sieht die Barmherzigkeit in Christi irdischem Wirken am Werk. Die Tatsache, daß Christus dem Gelähmten die Sünden vergibt und ihn von seiner Lähmung heilt, veranlaßt ihn zum Ausruf: „O indicibilis misericordia!" – „O unsagbare Barmherzigkeit!"[2022] „Ineffabilis misericordiae eius virtus", „Die unaussprechliche Kraft seiner Barmherzigkeit" liegt darin, daß er auch Sünden vergeben kann ohne Mühe, ohne Reue, ohne Bekenntnis, ja sogar ohne jedes Gebet[2023]. Die durch Weinen und Küssen der Füße Jesu eingestandenen Sünden lassen die Barmherzigkeit von neuem duften[2024]. Als der reiche Jüngling Jesus seine Tugenden offenbarte, „ipse Iesus mire misercors misericorditer in se tranformans affectum ..., dilexit eum", „wandelte der wunderbar barmherzige Jesus in sich barmherzig das Gefühl ... (und) liebte ihn"[2025]. Damit man sich nicht im Hochmut erhebt, soll man sich große Sünden vorstellen, in welche man gefallen wäre, „si non te Christi misericordia conseruasset", „wenn dich nicht Christi Barmherzigkeit bewahrt hätte"[2026].

6. Nach Isaak von Isaak ruft die hohe Weisheit, das heißt der Sohn Gottes, die Irrenden mit der Torheit der Predigt barmherzig zurück[2027]. Die Barmherzigkeit ergreift den irrenden Adam wie ein in der Wüste verlorenes Schaf und holt ihn zurück[2028]. Die Gerechtigkeit kann nicht dorthin kommen, wo Ungerechtigkeit herrscht, wohl aber die Barmherzigkeit dorthin, wo das Elend ist[2029]. So mußte die Barmherzigkeit die Wohnstätte erneuern, wohin der Menschensohn sein Haupt legen kann[2030].

7. Stärker ist wieder bei Gilbert von Hoyland die Barmherzigkeit an Christus gebunden: Er legt die Geschichte des barmherzigen Samaritan heilsgeschichtlich aus. Die großen Gestalten des Alten Testamentes mußten an der verwundeten Menschheit vorübergehen, weil sie zur Heilung nicht fähig waren: „Solus ille Samaritanus verus viso illo misericordia motus est sicut misericordia totus est; et infudit oleum ulneribus." – „Allein jener wahre Samaritan wurde bei dem Anblick jenes (Verwundeten) von Barmherzigkeit bewegt, wie er ganz Barmherzigkeit ist, und goß das Öl in die Wunden."[2031] Während Huld auf seinen Lippen ist, befindet sich „misericordia in visceribus", „Barmherzigkeit in seinem Inneren"[2032]. Diese Barmherzigkeit von innen soll man mit Christus wie ein Kleid anziehen[2033].

[2021] WHLD 2,1,157,332.

[2022] ARI 31,1003-1006,666.

[2023] ARI 31,1023-1028,666f.

[2024] ARI 3,31,1054f.,667.

[2025] ARSC 3,12,33,615-617,121.

[2026] ARI 32,1301-1303,675.

[2027] IS 2,12,91-94,104-106.

[2028] IS 51,19,146-151,210-212.

[2029] IS 51,20,155f.,212.

[2030] IS 51,21,164-169,212.

[2031] GHLD 7,5,45D.

[2032] GHLD 20,9,108C.

[2033] GHLD 9,3,54B.

8. Nach Guerricus von Igny soll man im Advent beten: „Tu, Domine, misericordiae memor eris, mittesque misericordiam tuam." – „Du, Herr, sollst an die Barmherzigkeit denken, und Du sendest Deine Barmherzigkeit."[2034] Dies geschieht, wenn die Zeit der Barmherzigkeit da ist[2035]. Das war an Weihnachten der Fall, deren Geheimnis „fons misericordiarum", „die Quelle der Erbarmungen" ist[2036]. In Jesus hat ja der Vater der Barmherzigkeit uns das tägliche Brot gegeben[2037]. In ihm ist ja „caritas et misericordia", „die Liebe und die Barmherzigkeit"[2038] und die „sapientia misericors", „barmherzige Weisheit"[2039] zu uns gekommen. Maria „singulariter mater est summae misericordiae", „ist auf einzigartige Weise die Mutter der höchsten Barmherzigkeit"[2040]. Wenn der greise Simeon im Tempel das Jesuskind ergreift, hält er „misericordiam Dei", „die Barmherzigkeit Gottes" in den Händen[2041]. Der Sinn des Leidens Jesu ist, „ut de miseria sua misericordiam praestaret miseris", „daß er von seinem Elend den Elenden Barmherzigkeit gewährt"[2042].

9. Nach Balduin von Canterbury gießt Gott seine Barmherzigkeit und Liebe auf alle Völker durch den Tod seines Sohnes aus[2043].

10.   Besonders oft beschäftigt sich Johannes von Ford mit der Barmherzigkeit Christi. Größer als alle Sünde ist die Barmherzigkeit Gottes[2044]. Der Vater ist „supra omnem modum in misericordiam", „über jedes Maß zur Barmherzigkeit" zu uns geneigt[2045]. Gott wurde durch die Versöhnung am Kreuz zur Barmherzigkeit bewegt[2046]. Wenn Jesus den Sünder zuvorkommend behandelt, ist das ein Zeichen dafür, wie unendlich seine Barmherzigkeit ist[2047]. Einmal unterscheidet Johannes die Barmherzigkeit von der Liebe Jesu, aus der er die Menschen auch manchmal ermahnt, geißelt und beschuldigt, was dieser alles in der Barmherzigkeit nicht tut. Doch seine eigentliche Haltung, sein Herz, ist die Liebe, die von dem Bauch der Barmherzigkeit umgeben ist[2048]. Jesus wird „miserator noster", „unser Erbarmer" genannt, weil er das Brot den Hungernden gebrochen hat[2049]. Auch wenn bei seinem Leiden an seinem Leib keine heile Stelle gefunden werden konnte, werden wir doch durch die Berührung seiner barmherzigen Hände geheilt[2050]. „Misericordia peccatorum nostrorum maculas pretioso Christus

---

[2034] GIS Adv 3,1,50-53,220-222.

[2035] GIS Adv 1,2,94,69f.,94.

[2036] GIS Nat 1,2,90-92,170.

[2037] GIS Nat 4,5,198f.,218.

[2038] GIS Pur 2,7,208-210,336.

[2039] GIS Nat 4,1,52,208.

[2040] GIS Pur 1,3,96f.,312.

[2041] GIS Pur 1,4,90,312.

[2042] GIS Palm 3,1,10f.,188.

[2043] BT 10,512D.

[2044] JHLD 10,4,136-140,97f.

[2045] JHLD 13,3,68-70,117.

[2046] JHLD 25,8,197-199,213.

[2047] JHLD 75,5,120f.,522f.

[2048] JHLD 28,3,96-105,229.

[2049] JHLD 22,8,214f.,191.

[2050] JHLD 31,8,240-243,250.

sanguine", „Mit Barmherzigkeit hat Christus die Makel unserer Sünde in seinem kostbaren Blut" gewaschen[2051]. Der Todesschlaf Jesu, aus dem die Kirche am Kreuz entstand, war voll Barmherzigkeit[2052]. So ist auch sie die starke Frau, in der sich Wahrheit
und Barmherzigkeit begegnen[2053].

11. Gelegentlich erwähnt auch der Autor des Traktates „Speculum virginum" die
Barmherzigkeit Christi. Der Mensch könnte den Herrn nicht suchen, wenn dieser ihm
nicht mit Barmherzigkeit zuvorgekommen wäre[2054]. Ein wenig später wird der Herr
mit den Worten angesprochen: „Christe Iesu, pater optime, ... Quomodo te homo
quaeret, nisi quaerentem praeveneris?" – „Christus Jesus, bester Vater ... Wie sollte
Dich der Mensch suchen, wenn Du ihm, der sucht, nicht zuvorgekommen wärest?"[2055]
Damit wird deutlich, daß der barmherzige Herr der Menschgewordene ist. Auch das
geistliche Empfangen und Gebären Christi wäre für den Menschen nicht möglich, „nisi
tamen omnis gratia misericordiae praevenieret", „wenn nicht jedenfalls die ganze Gnade der Barmherzigkeit vorausgegangen wäre"[2056].

Bei der Menschwerdung Christi sind in Maria „divinae misericordiae sacramenta
completa", „erfüllt die Geheimnisse der göttlichen Barmherzigkeit"[2057].

12. In der Viktorinischen Theologie wird nicht so häufig die Barmherzigkeit im christologischen Kontext erwähnt.

Hugo stellt sich die Frage, „quo affectus a nobis orandus sit Deus", „mit welchen
Affekt wir zu Gott beten sollen"[2058]. Seine Antwort lautet, daß das rechte Gefühl sich
einstellt, wenn der Mensch sowohl sein Elend als auch Gottes Barmherzigkeit bedenkt[2059]. Gemeint ist vor allem „misericordia Redemptoris", „die Barmherzigkeit des
Erlösers"[2060]. Wer sein eigenes Elend nicht kennt, der meint, er brauche nicht zu beten,
wer von der Barmherzigkeit des Erlösers nichts weiß, der wird im Gebet nicht mit
dem nötigen Verlangen bitten[2061]. Besonders gilt dies für den Sünder; er muß anfangen,
Vertrauen in die Barmherzigkeit Jesu zu haben[2062]. So spürt die Seele ein Unterpfand
der Liebe des Bräutigams, wenn sie bedenkt, „quantam tecum misericordiam fecerit",
„wieviel Barmherzigkeit er mit dir geübt hat"[2063].

13. Das gleiche Bild ergibt sich auch bei Richard von St. Viktor. Er zitiert Ps 111,4:
„Exortum est in tenebris lumen rectis corde misericors, et miserator et justus." – „Aufgegangen ist im Finstern ein Licht denen, die rechten Herzens sind, der Barmherzige,

---

[2051] JHLD 26,6,126f.,218.
[2052] JHLD 98,5,95-104,664.
[2053] JHLD 98,6,114-120,665.
[2054] SP 10,844,22-25.
[2055] SP 10,846,6-8.
[2056] SP 3,230,20-24.
[2057] SP 5,366,12f.
[2058] HO 1,977B.
[2059] Ebenda.
[2060] HO 1,977B-C.
[2061] HO 1,977C-D.
[2062] HAN 1,1,620A.
[2063] HSO 968B.

der Erbarmer und der Gerechte." Wenn er dann dieses Licht als Licht zur Erleuchtung der Heiden bezeichnet, dürfte unter dem „Barmherzigen" Jesus verstanden sein[2064].

14. Wesentlich häufiger spricht wieder Hildegard von Bingen von der Barmherzigkeit bei Jesus.

14.1 Immer wieder stellt Hildegard den völlig hoffnungslosen Zustand des Menschen nach dem Sündenfall dar. Er kann nur noch rufen: „Ach, quis dolori meo misericordiam impendet?" – „Ach, wer schenkt meinem Schmerz Barmherzigkeit?"[2065] Daß er überhaupt noch leben kann, kommt aus Gottes nicht durchschaubarer Barmherzigkeit[2066]. Diese wirkt schon in der Beschneidung, die durch Abraham eingesetzt wurde[2067]. Christus in seiner Barmherzigkeit wurde schon im Alten Bund durch Zeichen vorausverkündet[2068].

14.2 „Omnis iustitia in misericordia et ueritate", „Alle Gerechtigkeit in Barmherzigkeit und Wahrheit" erscheint in der Menschwerdung des Sohnes Gottes[2069]. Mit ihr ist die Sünde durch Barmherzigkeit Gottes zugedeckt[2070]. „Surrexit in ventre Mariae suauissima misericordia, quae semper erat obumbrata in Patre, donec Pater eam uisibilem ostendit per Spiritum sanctum in utero Virginis." – „Es erstand im Leib Mariens die süßeste Barmherzigkeit, die immer umhüllt war im Vater, bis der Vater sie sichtbar durch den Heiligen Geist im Schoß der Jungfrau zeigte."[2071] Die Gnade der allmächtigen Barmherzigkeit ist seit der Menschwerdung des Heilandes offenbar[2072]. Der Vater spricht: „Filius meus uera misericordia est." – „Mein Sohn ist die wahre Barmherzigkeit."[2073] Zacharias hat ihn vorausverkündet als das „uiscera misericordiae Dei nostri", „herzliche Erbarmen unseres Gottes"[2074]. „Praebuit maximam quaerentibus se misericordiaM." – „Er hat denen, die ihn suchten, die größte Barmherzigkeit gegeben."[2075] Man soll ihn als den wahren Samaritan, welcher das Öl der Barmherzigkeit in die Wunden gießt[2076], nachahmen in seiner Barmherzigkeit[2077]. „Crucifixus Dei Filius conuertit se ad omnes, eos secundum iustitiam et misericordiam suam monens." – „Der gekreuzigte Sohn Gottes wendet sich an alle, indem er sie gemäß der Gerechtigkeit und Barmherzigkeit mahnt."[2078]

[2064] RVPS 28,313C.
[2065] HISV 1,1,4,1,111f.,63.
[2066] HISV 2,3,4,15,423,401.
[2067] HISV 2,3,3,8,317,380.
[2068] HISV 2,3,3,8,319-322,380.
[2069] HISV 1,2,6,28,1112-1114,257.
[2070] HISV 2,3,3,8,327f.,380.
[2071] HISV 2,3,3,8,338-340,380.
[2072] HISV 2,3,8,25,1210-1216,513.
[2073] HISV 2,3,3,8,354,381.
[2074] HISV 2,3,3,8,355-357,381.
[2075] HISV 2,3,3,8,363f.,381.
[2076] HISV 1,1,5 vis,31f.,94.
[2077] HISV 2,3,3,9,389f.,382.
[2078] HISV 2,3,6,7,232f.,438.

14.3 „Passio Christi in misericordia Dei Patris apparebit." – „Das Leiden Christi soll in der Barmherzigkeit Gott Vaters erscheinen."[2079] Mit seinem Blut, das selbst „misericors", „barmherzig" genannt wird[2080], verströmt Jesus das Öl der Barmherzigkeit[2081].

14.4 Weil der Sohn in die Welt gekommen ist, wird die Barmherzigkeit in der Taufe gezeigt[2082]. In der Eucharistie wird der Mensch „per oleum misericordiae", „durch das Öl der Barmherzigkeit" vom Hungern des Verlustes gesättigt[2083], und das Gesicht der Kirche ist vom Öl der Barmherzigkeit übergossen[2084].

15. Christina Mirabilis hat eine besondere Liebe zu Sterbenden, die sie nicht nur zu Buße und Beichte ermahnt, sondern mit Hoffnung auf die ewigen Freuden ermutigt[2085]. Erstaunlich ist dabei, daß sie diese Tätigkeit auch auf Juden ausdehnt, wobei sie „misericordissimum … Christum Dominum referebat", „vom barmherzigsten … Herrn Christus erzählte"[2086].

16. Als sich ein Abt Lutgard von Tongeren zu vertraulich zu nähern versucht, „summae benignitatis Jesu misericordiae suae manum ita mediam posuit", „hat Jesus voll höchster Güte die Hand seiner Barmherzigkeit dazwischengelegt", so daß die Mystikerin keinen Schaden nimmt[2087].

17. Als Juliane von Cornillon trotz schwerer Krankheit an dem von ihr geförderten Fronleichnamsfest die Feierlichkeiten in der Kirche besucht, wird sie kurze Zeit später plötzlich gesund. In dieser Genesung erkennt Juliane, „Christi misericordiam sibi mirabiliter affuisse", „Christi Barmherzigkeit habe ihr wunderbar beigestanden"[2088]. Die Mystikerin hat das Verlangen, täglich zur Heiligen Messe zu gehen, gibt ihm aber aus Rücksicht auf ihre Mitschwestern, die daran Ärgernis nehmen könnten, nicht nach[2089]. Jesus lohnt ihr folgendermaßen den Verzicht: „Misericors autem et miserator Dominus … ipsam eo tempore infusione suae gratiae copiosius perfundebat." – „Der barmherzige und erbarmende Herr … übergoß sie aber in dieser Zeit durch die Eingießung seiner Gnade reichlicher."[2090]

18. Einmal sieht Ida von Nijvel in der Brotsgestalt des Altarsakramentes Jesus als kleines Kind. Diese Vision kommt Ida so realistisch vor, daß sie sich scheut, nach vorne zu gehen und das Sakrament zu empfangen. „Viuum infantem manducare non valeret." – „Ein lebendiges Kind konnte sie nicht essen."[2091] Sie bittet deswegen Jesus, „ut secundum beneplacitum misericordiae suae mirabiles has visiones de Sacramento sui cor-

---

[2079] HISV 2, 4,6,18,698f.,245.
[2080] HIO 3,4,14,30,403.
[2081] HISV 1, 2,6,9,452f.,237f.
[2082] HISV 1, 2,4,11,290-293,167.
[2083] HISV 1, 2,6,9,493f.,239.
[2084] HISV 1, 2,6,950f.,253.
[2085] CM 3,27,655.
[2086] Ebenda.
[2087] LT 1,2,21,165; LTA 1,2,21,194.
[2088] JC 2,4,18,463.
[2089] JC 1,2,11,445.
[2090] JC 1,2,11,446.
[2091] IN 21,252.

poris ei sic temperaret", „daß er ihr nach dem Wohlgefallen seiner Barmherzigkeit diese wunderbaren Visionen vom Sakrament seines Leibes so mildert", daß sie es empfangen kann[2092]. In ihrem Kloster gibt es eine Schwester, die so vom Geist der Lästerung heimgesucht wird, daß sie das Erlöser-Sein des Herrn leugnete. Darauf bittet Ida erfolgreich „misericordem Dominum", „den barmherzigen Herrn", sie von dieser Versuchung zu befreien[2093]. Dieser barmherzige Herr, dürfte Jesus sein, den die Besessene verleugnen will.

19. Beatrijs von Nazareth spricht öfters vom barmherzigen Herrn[2094]; aber nur einmal kann man mit großer Wahrscheinlichkeit sagen, daß dieser Jesus Christus ist, weil im nächsten Kontext von seiner Geburt gesprochen wird[2095].

20. Als Ida von Gorsleeuw in ihrer Jugend an einem verruchten Haus – gemeint ist wohl ein Bordell – vorbeigehen muß, hat sie Mitleid mit den Insassen, weil Jesus „tamquam lacus misericordiae", „gleichsam ein See an Barmherzigkeit" ist[2096]. Da Ida einmal im Kloster nicht wagt, zur Kommunion zu gehen, kommt ihr Bräutigam, der „pater misericordiae", „Vater der Barmherzigkeit", auch außerhalb des sakramentalen Empfangs zu ihr[2097]. Hier ist die meist der ersten Person der Dreifaltigkeit vorbehaltene Bezeichnung „Vater der Barmherzigkeit" auf den menschgewordenen Sohn übertragen. Mit dem gleichen Titel bittet sie auch Jesus, jemanden von der Gefahr des ewigen Todes zu befreien[2098]. Als sie nach einem Kommunionempfang von ihren Mitschwestern vorzeitig aus der Entrückung gerissen wird und dabei Schmerzen erduldet, schenkt ihr der barmherzige König erneut ein ekstatisches Erlebnis[2099]. „Christi misericordiam", „Christi Barmherzigkeit" wird ebenfalls für eine Ordensfrau angerufen, die das Kloster verlassen hat[2100].

21. Auch in der Vita der Ida von Löwen wird gelegentlich die Barmherzigkeit Christi erwähnt. Dieser soll man es überlassen, welchen künftigen Lohn im Vergleich zu anderen Menschen man erhalten wird[2101]. Bei einem Skrupel wird sie vom „misericors Dominus", „barmherzigen Herrn", der als Gottes Kraft und Weisheit Christus ist, getröstet[2102]. In einer weiteren Reihe von Stellen, an denen vom barmherzigen Herrn gesprochen wird[2103], läßt sich auch durch den Kontext nicht entscheiden, ob damit Jesus oder Gott allgemein gemeint ist.

22. Besonders häufig wird in Helfta der Barmherzigkeit Jesu gedacht. Dies ist schon bei Mechthild von Hackeborn der Fall.

[2092] Ebenda.
[2093] IN 7,217.
[2094] Vgl. Weiß, Gottesbild 1169f.
[2095] BN 1,10,52,105-112,44.
[2096] IG 1,11,110.
[2097] IG 2,20,113.
[2098] IG 6,55,123.
[2099] IG 5,46,221.
[2100] IG 3,27,115.
[2101] BASC 2,6,332,1f.; IL 1,7,44,170.
[2102] IL 2,6,30,179.
[2103] Vgl. Weiß, Gottesbild 2,1171f.

22.1 Christi irdischer Lebenswandel ist geprägt von Liebe und Barmherzigkeit[2104]. Mechthild bezieht Taten der Barmherzigkeit des irdischen Jesus auf sich und die Menschen ihrer Zeit. Jesus sagt ja: „Nam misericordia mea modo tantae clementiae est quantae tunc fuit." – „Denn meine Barmherzigkeit ist von so großer Güte, wie sie damals gewesen war."[2105] Wer die Barmherzigkeit Christi nachahmt, darf unter seiner Barmherzigkeit wie unter einem Baum ruhen[2106]. Einmal wird die Mystikerin von der Jungfrau Maria in einen schönen Garten „ad arborem misericordiae, de quo Adam frustratus fuerat tanto tempore", „zum Baum der Barmherzigkeit, von dem Adam so lange Zeit abgehalten worden war," geführt[2107]. Durch Jesus hat sie wieder zu diesem Baum Zugang, denn unter ihm liegen die Menschen, die als Sünder zur Zeit Jesu der Barmherzigkeit bedurften, nämlich Maria Magdalena und der Zöllner Zachäus[2108].

22.2 Einmal sieht Mechthild ein großes Tor. „Janua vero illa significabat humanitatem Christi." – „Jenes Tor aber bedeutete die Menschheit Christi."[2109] An diesem Tor sind weitere fünf kleinere Türen angebracht, welche die fünf Wunden Jesu bedeuten. Vor diesen schaut sie eine schöne Mädchengestalt, welche die Barmherzigkeit ist und welche Mechthild in die Menschheit Jesu einführt und Jesus als den gerechten Richter mit ihr versöhnt[2110]. Ist man sich einer Sünde bewußt, soll man sich abwaschen mit dem Wasser „fonte misericordiae, quo latronem lavit in cruce", „aus der Quelle der Barmherzigkeit, in der (Jesus) den Räuber am Kreuz gewaschen hat"[2111]. Wenn man Jesus loben will, soll man denken an „suam benignissimam misericordiam, qua pro homine tam crudeli morte est damnatus", „seine gütigste Barmherzigkeit, durch welche er sich zu einem so grausamen Tod verdammen ließ"[2112].

23. Bei Gertrud der Großen ist besonders oft von der Barmherzigkeit Jesu in ihrem Werk „Exercitia spiritualia" die Rede.

23.1 Die Barmherzigkeit Christi soll das ganze Leben des Christen umgeben. „Benedictio indulgentissimae misericordiae tuae praeveniat, subsequatur et custodiat me usque in finem vitae meae." – „Der Segen Deiner sehr nachsichtigen Barmherzigkeit komme mir zuvor, folge mir nach und bewache mich bis ans Ende meines Lebens."[2113] So ist auf weite Strecken das Verhältnis der Menschen zu Jesus von dieser einen Eigenschaft geprägt. Segen und Barmherzigkeit erhofft man von Jesus[2114]. Er soll an den Menschen handeln „secundum suam misericordiam", „nach seiner Barmherzigkeit"[2115]. Man betet: „Sucipe me, Iesu mi, in abyssum misericordiae tuae." – „Nimm mich auf, mein

---

[2104] MH 1,10,31.
[2105] MH 3,32,237.
[2106] MH 1,10,32.
[2107] MH 3,50,252.
[2108] Ebenda.
[2109] MH 1,8,26.
[2110] Ebenda.
[2111] MH 3,24,229.
[2112] MH 1,15,48.
[2113] G R 1,48-50,48.
[2114] G R 4,81f.,104.
[2115] G R 3,57f.,76.

Jesus, in den Abgrund Deiner Barmherzigkeit."[2116] „In magnum mare abyssalis misericordiae tuae demitte me." – „Entlasse mich in das große Meer Deiner abgründigen Barmherzigkeit"[2117]. „Per omnia viscera paternae misericordiae tuae", „Durch die ganze herzliche und väterliche Barmherzigkeit" möchte man unterrichtet werden, wie man die Verpflichtung der Profeß halten kann[2118]. In Jesus, „cuius misericordia te semper adiuvat et consolatur", „dessen Barmherzigkeit dir immer hilft und dich tröstet", kann der Mensch alle Widrigkeiten überwinden und den Versuchungen standhalten[2119]. „In hora mortis per omnia viscera misericordiae tuae succure mihi." – „In der Stunde des Todes komme mir zu Hilfe durch Deine ganze herzliche Barmherzigkeit."[2120] Im Sterben soll Jesus ihr beim Vater Barmherzigkeit erlangen[2121]. Er als das Lamm Gottes soll tilgen „omnia peccata mea secundum multitudinem misericordiae tuae", „alle meine Sünden nach der Fülle Deiner Barmherzigkeit"[2122]. „Secundum multitudinem misericordiae tuae mei miserere." – „Nach der Fülle Deiner Barmherzigkeit erbarme Dich meiner."[2123] Er als die göttliche Weisheit wartet schon barmherzig auf den Sünder[2124] und steht seinen Auserwählten bei, wenn sie nach einem Sündenfall zu seiner Barmherzigkeit Zuflucht nehmen[2125]. Aus Barmherzigkeit wird er auch die objektiv guten Werke lohnen, die aus nicht ganz lauteren Motiven geschehen sind[2126]. Der barmherzige Herr soll den Menschen nie verlassen[2127] und in seiner Barmherzigkeit erscheinen[2128]. Gerade in der Erfahrung des eigenen Elends wird Jesus zum „pater multae misericordiae", „Vater vielfältiger Barmherzigkeit"[2129]. Jesus als Quell der Barmherzigkeit trocknet niemals aus[2130]. Seine väterliche Barmherzigkeit bewahrt unverletzt den Menschen vor allem Ansturm seiner Feinde[2131]. So erstaunt es auch nicht, wenn Jesus angeredet wird mit den Worten: „O Pater misericordiarum", „O Vater der Erbarmungen", wenn der Mensch sich ganz seinem Willen unterwirft[2132].

23.2 Begründet ist das Vertrauen auf die Barmherzigkeit Jesu in seinem barmherzigen Wirken auf Erden. Daß Jesus aus Güte und Menschenfreundlichkeit Gottes erscheint, geschah „secundum ineffabilem misericordiam suam", „gemäß seiner unaussprechba-

---

[2116] G R 3,191f.,86.
[2117] G R 4,404,126.
[2118] G R 4,176-179,110.
[2119] G R 5,399-402,152.
[2120] G R 3,155f.,84.
[2121] G R 7,119f.,216.
[2122] G R 3,181f.,84.
[2123] G R 4,270f.,116.
[2124] G R 7,212f.,222.
[2125] G 3,3,18,15,9-12,94; vgl. G 3,3,30,11,1-5,142.
[2126] G 3,3,30,35,9-14,148.
[2127] G R 7,624-626,246.
[2128] G R 6,730f.,206.
[2129] G R 6,387f.,186.
[2130] G 2,2,23,14,1-3,342.
[2131] G 3,3,67,2,14-17,274.
[2132] G R 7,606f.,246.

ren Barmherzigkeit"[2133]. Durch seine Beschneidung soll Jesus als barmherzigster Vater den Menschen von allen Verfehlungen beschneiden[2134]. Wenn man bittet, in die fünf Wunden Jesu eingeschrieben zu werden, redet man Jesus mit den Worten an: „Deus meus misericordia mea!" – „Mein Gott, meine Barmherzigkeit!"[2135] „Scribe, misericordissime Domine, vulnera tua in corde meo pretioso sanguine tuo." – „Schreibe, barmherzigster Herr, Deine Wunden in mein Herz durch Dein kostbares Blut."[2136] Der Herr gewährt Vergebung, wenn ein Mensch zu Ehren seiner Wunden eine bestimmte Anzahl „Vater unser" betet. Daraufhin ruft Gertrud aus: „O quanta et ineffabilis est misericordia et pietas Domini amatoris nostri!" – „O wie groß und unaussprechbar ist die Barmherzigkeit und Güte des Herrn, unseres Liebhabers!"[2137] Der Pulsschlag seines Herzens bewegt den Vater, sich der Barmherzigkeit zuzuwenden[2138]. Seine herzliche Güte klopft an die Tür der göttlichen Barmherzigkeit[2139]. Von dem Schächer, der am Kreuz um Vergebung bittet, heißt es: „Et misericordiam consecutus est apud Deum." – „Und er hat Barmherzigkeit beim Herrn erlangt."[2140] Christi Tod wird angesprochen mit den Worten: „O mors misericordissima, tu es vita mea felicissima." – „O barmherzigster Tod, du bist mein glücklichstes Leben."[2141] Seine Barmherzigkeit zieht Jesus in das eucharistische Brot hinein[2142]. Zur Kommunion kann der Mensch nur gehen, wenn des Herrn Barmherzigkeit dies zuläßt[2143]. Im Vertrauen auf seine Barmherzigkeit wagt Gertrud, auch einmal weniger gut vorbereitet dieses Sakrament zu empfangen[2144].

23.3 Zusammenfassend kann man sagen, daß bei Gertrud das persönliche Verhältnis Jesu zu den Menschen ganz von der Vorstellung seiner Barmherzigkeit geprägt ist.

24. Nach Lukardis von Oberweimar kam der barmherzige Gott in der Menschwerdung zur Erde, um das verlorene Schaf zu suchen[2145]. Als man sich über die häufige Kommunion der Mystikerin erregt, erscheint der barmherzige Herr und gibt kund, daß es nach seinem Willen geschieht, wenn Lukardis so oft von seinem Fleisch und Blut genährt wird[2146].

25. Bei Christina von Stommeln ist der Bräutigam, der sie besucht und dessen Wundmale sie trägt, im allgemeinen Christus. Deswegen muß man die Stellen, an denen von der Barmherzigkeit des Bräutigams berichtet wird, auf ihn deuten. Als die Mystike-

[2133] G 2, 2,8,2,7-10,264.
[2134] G 4, 4,5,3,5-7,84.
[2135] G R 6,169-173,172.
[2136] G 2, 2,4,1,7f.,242.
[2137] G 3, 3,13,2,12f.,56; vgl. G 4, 4,21,5,1-7,206.
[2138] G 3, 3,51,1,12-15,224.
[2139] G 4, 4,9,1,7-9,110.
[2140] G 4, 4,24,3,13f.,234.
[2141] G R 7,357,230.
[2142] G 3, 3,18,14,9-11,92.
[2143] G 2, 2,5,1,9-11,248; vgl. G 2, 1,14,2,3-5,196.
[2144] G 2, 2,20,1,5-8,308.
[2145] LO 70,352,5-12.
[2146] LO 14,317,19-22.

rin längere Zeit nichts von dessen Anwesenheit spürt, betet sie und verrichtet Werke der Askese, daß „sic ad misericordiam flexus reuertatur", „er so zur Barmherzigkeit bewogen zurückkehrt"[2147]. Petrus von Dazien wünscht ihr: „Dominus per suam misericordiam uos conseruet." – „Der Herr soll euch durch seine Barmherzigkeit bewahren."[2148] Diese Barmherzigkeit möchte die Mystikerin auch anderen Menschen vermitteln. Räuber, welche, wie sie später bekennen, auch mehrfacher Mörder sind[2149], werden zufällig Zeugen ihrer Standhaftigkeit im Kampf mit den Dämonen[2150]. Davon sind sie so beeindruckt, daß sie Christina ihre vielen Vergehen bekennen und fragen, ob es für sie noch Hoffnung auf das Heil gibt[2151]. Christinas Antwort lautet: „Nolite diffidere, sed convertimini ad Dominum Jesum Christum, Patrem misericordiarum." – „Verzweifelt nicht, sondern wendet euch zum Herrn Jesus Christus, dem Vater der Erbarmungen."[2152] Wenn im weiteren Text von der Barmherzigkeit Gottes oder des Herrn geschrieben ist, ist dann wohl auch an eine Eigenschaft Christi gedacht. Die Räuber dürfen nicht an der Barmherzigkeit Gottes zweifeln[2153]. „Immensa Dei misericordia longe exuperat omnia vestra delicta." – „Die unermeßliche Barmherzigkeit Gottes übersteigt weit all eure Vergehen."[2154] Christina rät ihnen, bei einem Priester zu beichten[2155]. Die Räuber aber haben Angst, von diesem verraten und hingerichtet zu werden[2156]. Christina fordert sie auf, auch jetzt nicht an der Barmherzigkeit zu zweifeln, sondern ihre Sünden dem überall anwesenden Vater der Erbarmungen zu bekennen[2157]. Nachdem ihnen Christina vom barmherzigen Wirken des Herrn in ihrem eigenen Leben erzählt hat[2158], sind sie bereit, um der Liebe zu Christus willen zu sterben[2159].

26.   Auch der letzte lateinische Text, den wir behandeln, die Vita der Agnes von Blannbekin, kennt die Barmherzigkeit Christi. Agnes kennt verschiedene Arten des barmherzigen Mitleids, welche der Christ zu anderen Menschen haben soll. Eine besteht in dem Erbarmen mit den Sündern. Es ist mit der Barmherzigkeit verwandt, mit der „filius dei venit mori pro peccatoribus", „der Sohn Gottes gekommen ist, um für die Sünder zu sterben"[2160]. Agnes kennt eine besondere Verehrung zu den fünf Wunden Christi. Einmal ordnet sie jeder dieser Wunden eine besondere Tugend zu[2161]. „In vul-

---

[2147] CS 1, B 10,35,99,2-5.
[2148] CS 1, B 58,28,252,14.
[2149] CS 2, 4,15,138,332f.
[2150] CS 2, 4,15,134,331.
[2151] CS 2, 4,15,135,331f.
[2152] CS 2, 4,15,135,332.
[2153] Ebenda.
[2154] Ebenda.
[2155] Ebenda.
[2156] Ebenda.
[2157] Ebenda.
[2158] CS 2, 4,15,137,332.
[2159] CS 2, 4,15,139,33.3.
[2160] AB 146,23-28,320.
[2161] AB 168,13-20,352.

nere pedis dextri quaere et hauri misericordiam, et quam miseratione magna misertus est humano generi!" – „In der Wunde des rechten Fußes suche und schöpfe die Barmherzigkeit, und (bedenke), wie er sich mit großem Erbarmen des menschlichen Geschlechtes erbarmt hat!"[2162] Man bereitet sich auf den Kommunionempfang vor, wenn man die Barmherzigkeit anruft[2163]. Die Tatsache, daß Jesus das Altarsakrament eingesetzt hat, ist die „plenitudinis gratia et miserationis divinae", „Gnade der Fülle und des göttlichen Erbarmens"[2164]. Wenn Agnes den Herrn in hohepriesterlichen Gewändern sieht[2165], dürfte mit ihm Christus, der Hohepriester, gemeint sein. Dieser verspricht allen, die ihm allein anhängen, „securitatem de mea misericordia", „Sicherheit von meiner Barmherzigkeit"[2166].

3.7.1.2 Die muttersprachlichen Texte

1. Nach dem St. Trudperter Hohelied spricht Christus, der Fleisch und Blut angenommen hat, ein Wort der Barmherzigkeit, wenn er beim letzten Gericht „den erbärmlichen lôn sîner genâde", „den barmherzigen Lohn seiner Gnade" gibt[2167]. Im allgemeinen ordnet aber der Verfasser dieses Kommentars die Barmherzigkeit dem Heiligen Geist zu, wobei er auch einmal das lateinische Wort „misericordia" unübersetzt stehen läßt[2168].
2. Ganz selten spricht Hadewijch von der Barmherzigkeit Jesu. Der Vater nimmt auf alle Barmherzigkeit, mit der sein Sohn auf Erden gewirkt hat[2169]. In ihrer Liste der Vollkommenen berichtet sie von einer jungen Jüdin mit Namen Sarah, die sich zu Christus bekehrt, als sie von ihm hört und von seiner Barmherzigkeit berührt wird[2170].
3. Häufiger ist bei David von Augsburg von der Barmherzigkeit im christologischen Kontext die Rede. Als der Mensch durch die Sünde in die Hand des Teufels fiel und dort sehr zu leiden hatte, „dô überkom unser vater barmherzekeit", „da obsiegte unseres Vaters Barmherzigkeit"[2171], „dô erbarmete wir dem vater und jâmerte den sun nâch uns", „da erbarmte sich unser der Vater, und es jammerte den Sohn nach uns"[2172]. Auch wenn der Vater mit dem Schwert der Gerechtigkeit dreinschlagen will, hindert ihn daran seine Barmherzigkeit[2173]. Nachdem er die Tugend der Barmherzigkeit zu den Menschen gelobt hat[2174], fährt David fort: „Die tugent wil ich, daz dû ouch lernest

---

[2162] AB 168,17-19,352.
[2163] AB 220,33-36,454.
[2164] AB 75,4-8,180-182.
[2165] AB 226,3f.,464.
[2166] AB 226,11f.,466.
[2167] TH 10,25-28,38.
[2168] TH 130,25f.,274.
[2169] HAB 17,59-65,142.
[2170] HAV 141-145,168.
[2171] DM 400,22.
[2172] DM 400,26f.
[2173] DU 373,40-374,2.
[2174] DT 340,6-12.

von Jêsu Kristô." – „Von dieser Tugend will ich, daß du sie auch von Jesus Christus lernst."[2175] Denn er erbarmte sich aller Armen, Kranken, Beschwerten, Sündern und Armen Seelen[2176].

4. Besonders oft spricht Mechthild von Magdeburg von der Barmherzigkeit Jesu. Diese hat er mit der Muttermilch empfangen. Die Brüste Mariens sind „vol der reinen unbewollener milch der waren milten barmherzekeit", „voll der reinen unbefleckten Milch der wahren milden Barmherzigkeit"[2177]. Mit ihr nährte Maria im Alten Bund schon die Propheten und Seher[2178]. „Dar nach in miner kintheit sôgete ich Jhesum." – „Danach, in meiner Kindheit, säugte ich Jesus."[2179]

Um seines Todes willen soll der Herr Jesus Christ den Menschen „mit den ôgen diner gotlichen erbarmherzekeit", „mit den Augen Deiner göttlichen Barmherzigkeit" anschauen[2180].

Da die Kirche auf dem Stein steht, der Christus ist[2181], „flússet oley usser ir kelen, das ist barmherzekeit, salbe der súnde", „fließt Öl aus ihrer Kehle, das ist Barmherzigkeit, eine Salbe für die Sünde"[2182]. Frau Gerechtigkeit beklagt sich über den Sohn Gottes: „Der hat mir mit siner barmherzekeit benomen mine grôsten gerehtekeit." – „der hat mir mit seiner Barmherzigkeit meine größte (strafende) Gerechtigkeit genommen."[2183]

Mechthild spricht ihren Geliebten an: „Dine barmherzekeit ist der trost meiner sele sonderlich." – „Besonders Deine Barmherzigkeit ist Trost meiner Seele."[2184] Aber auch für andere Menschen bittet sie um Jesu Barmherzigkeit. Die Todsünder soll Jesus „mit der selben stimme siner gôtlichen barmherzekeit, da er Lazarum mitte erwahte", „mit derselben Stimme seiner göttlichen Barmherzigkeit, womit er Lazarus erweckte", zum Leben zurückrufen[2185]. „Alsus manen ich gottes menscheit zù sunderlicher erbarmherzekeit." – „So mahne ich Gottes Menschheit zu besonderer Barmherzigkeit."[2186] Jesus soll daran denken, daß der Mensch schwach und von Feinden umgeben ist[2187]. Er hat ja sich zuerst für uns gemüht und am meisten gelitten: „Das selbe sôllen wir im widergeben, wellen wir im glich wesen." – „Dasselbe sollen wir ihm zurückgeben, wollen wir ihm gleich sein."[2188] Folgendermaßen ist dies möglich: Wird unser Gefäß, mit dem wir seine Gnade empfangen, voll, „so giessen wir es aber mit heliger barmherzekeit uf

[2175] DT 340,12f.
[2176] DT 340,13-17.
[2177] MM 1,22,50-52,18f.
[2178] MM 1,22,52f.,19.
[2179] MM 1,22,53,19.
[2180] MM 6,37,18-20,246.
[2181] MM 4,3,16-22,114f.
[2182] MM 4,3,40f.,115.
[2183] MM 7,62,31f.,307.
[2184] MM 1,33,3f.,24.
[2185] MM 5,8,9-11,161.
[2186] MM 6,16,31f.,226.
[2187] MM 6,16,32-36,226f.
[2188] MM 7,55,27f.,301f.

die not der heligen cristanheit, die in manigen súnden stet", „so gießen wir es aber mit heiliger Barmherzigkeit auf die Not der heiligen Christenheit, die in mannigfaltigen Sünden steht"[2189].

5. An einer Stelle ihrer Vita äußert Christina von Hane einen ähnlichen Gedanken wie Mechthild. Christus spricht zu Christina: „Myn vader hait dich lyeffe vnd hait dyr barmhertzicheit gegebyn vber myn zo doyn." – „Mein Vater hat dich lieb und hat dir Barmherzigkeit gegeben, sie an den Meinigen auszuüben."[2190] Folgendermaßen ist dies möglich: Je mehr sie voll von diesem Geschenk der Barmherzigkeit ist, umso mehr zwingt Gott sie, diese weiterzugeben[2191]. Dies ist aber nur möglich, wenn Christus ihr als Hilfe die Frucht seiner Erlösung schenkt[2192].

6. Auch in der nicht mystisch geprägten mittelhochdeutschen Dichtung wird von der Barmherzigkeit im Umkreis der Erlösung gesprochen: In dem um das Jahr 1300 entstandenen Gedicht „Die Erlösung" wird der Erlösungsratschluß Gottes ausführlich geschildert. Die Frau Barmherzigkeit spricht für die Erlösung[2193]. Um ihrer Bitte Nachdruck zu geben, verweist sie auf ihre Identität mit Gott: „Woch bin dû und dû bist ich." – „Denn ich bin Du, und Du bist ich."[2194] Aber die Wahrheit und die Gerechtigkeit raten gegen die Erlösung und weisen auch auf ihre Identität mit Gott hin[2195]. Der Sohn entscheidet in diesem Streit, in dem es um die Identität Gottes geht[2196], indem er die von der Gerechtigkeit geforderte Strafe auf sich nimmt[2197].

Im ungefähr gleichaltrigen Erlauer Dreikönigsspiel nennt einer der Weisen das Jesuskind „hochgeporner chunig der parmherzichait", „hochgeborener König der Barmherzigkeit"[2198].

In dem aus der gleichen Zeit stammenden „Ludus de decem virginibus" wird auch vor einem leichtsinnigen Vertrauen auf die Barmherzigkeit gewarnt. Statt sich rechtzeitig um das Öl für die Lampen zu kümmern, sagt eine der törichten Jungfrauen: „Gotis barmherzikeit ist so vel, daz ich mich truwen daruf laze wel." – „Gottes Barmherzigkeit ist so groß, daß ich mich darauf verlassen will."[2199] Als sie dann verspätet zur Hochzeit kommen, bittet die gleiche Jungfrau erfolglos Jesus, der die Qualen des

[2189] MM 7,55,24-26,301.
[2190] CH 2, 232.
[2191] Ebenda.
[2192] Ebenda.
[2193] Die Erlösung. I Der Erlösungsentschluß 173f., in: Die deutsche Literatur vom Mittelalter bis zum 20. Jahrhundert, 1,1,50.
[2194] Ebenda 189,50.
[2195] Ebenda 302,-366,51.
[2196] Ebenda 363-368,53.
[2197] Ebenda 371-386,53.
[2198] Erlauer Dreikönigsspiel. Incipit ludus trium magorum 254, in: Die Deutsche Literatur vom Mittelalter bis zum 20. Jahrhundert, 1,1,82.
[2199] Ludus de decem virginibus 107f., in: Die Deutsche Literatur vom Mittelalter bis zum 20. Jahrhundert, 1,1,185.

Kreuzes erduldet hat, um Einlaß mit den Worten: „Laz uns nun genizen diner grozen barmherzikeit." – „Laß uns nun Deine große Barmherzigkeit genießen."[2200]

3.7.1.3 Zusammenfassung

1. Jesus ist nicht nur barmherzig, sondern die Barmherzigkeit selbst[2201], die große[2202], herzliche[2203], höchste[2204], unendliche[2205], viele[2206] und wahre[2207] Barmherzigkeit, des Vaters Barmherzigkeit[2208], die Quelle[2209], der König[2210], die Mutter[2211] oder der Vater der Barmherzigkeit[2212]. Er besitzt die Menge der Barmherzigkeit[2213] und ist der Erbarmer[2214]. Sein Herz ist voll Barmherzigkeit[2215]. Neben der Barmherzigkeit, welche Christus ist, stehen die Ausdrücke Liebe[2216] und Segen[2217]. Als Mittler[2218] wird Jesus barmherzig genannt. In ihm begegnen sich Barmherzigkeit und Wahrheit[2219].
2. Nach der Sünde sind die Menschen als Söhne des Zornes[2220] ganz auf die Barmherzigkeit Gottes angewiesen[2221]. Im Ratschluß der Erlösung bittet die Barmherzigkeit Gott um Schonung für den Menschen[2222]. Die Barmherzigkeit überwiegt bei Gott alle anderen Haltungen[2223]. Größer als jede Sünde ist seine Barmherzigkeit[2224]. Im Streit der göttlichen Tugenden stellt sich der Sohn auf die Seite der Barmherzigkeit[2225].

[2200] Ebenda 313,1951.
[2201] BNAT 5,2,270,16-19.
[2202] JFC 3,2,14f.,142.
[2203] GHLD 20,9,108C; HISV 2, 3,3,8,355-357,381; G R 4,176-179,110.
[2204] GIS Pur 1,3,97f.,312.
[2205] JHLD 75,5,120f.,522f.
[2206] G R 6,387f.,186.
[2207] HISV 2, 3,3,8,354,381.
[2208] GIS Adv 3,1,50-53,220-222.
[2209] G 2, 2,23,14,1-3,342.
[2210] Erlauer Dreikönigsspiel. Incipit ludus trium magorum 254, in: Die Deutsche Literatur vom Mittelalter bis zum 20. Jahrhundert, 1,1,82.
[2211] GIS Pur 1,3,97f.,312.
[2212] IG 2,20,113; IG 6,55,123; G R 6,387f.,186; 7,606f.,246; CS 2, 4,15,135,332.
[2213] G R 3,181f.,84; 4,270f.,116.
[2214] JHLD 22,8,214f.,191; RVPS 28,313C.
[2215] JHLD 28,3,96-105,229.
[2216] GIS Pur 2,7,208-210,336; BT 10,512D; MH 1,10,31.
[2217] G R 4,81f.,104.
[2218] BVEPI 4,100,16.
[2219] BHLD 1, 6,2,7,106,21f.; BANN 1,5,102,5; WR 7,687D; WHLD 2,1,157,330; HISV 1, 2,6,28,1112-1114,257.
[2220] BPUR 1,3,408,15-17.
[2221] BVNAT 3,2,160,19-22; BANN 1,10,118,6; HISV 1, 1,4,1,111f.,63.
[2222] BANN 1,9,114,9f.; BVEPI 4,100,18f.
[2223] DM 400,22.
[2224] JHLD 10,4,136-140,97f.
[2225] Die Erlösung. I Der Erlösungsentschluß 363-368, in: Die deutsche Literatur vom Mittelalter bis zum 20. Jahrhundert, 1,1,53.

3. Die Barmherzigkeit war bis zum Kommen Christi im Schoß des Vaters verborgen[2226] und nur den Engeln bekannt[2227], zeichenhaft aber im Alten Bund schon angekündigt[2228]. Der Vater sandte den Sohn als seine Barmherzigkeit[2229] oder als Sack voll Barmherzigkeit[2230], welche die Menschen so nötig wie das tägliche Brot brauchen[2231]. Jesus ist aus Barmherzigkeit Mensch geworden[2232]. Seine eigene Barmherzigkeit hat ihn dazu gedrängt[2233]. Aus Barmherzigkeit nahm er unser Elend an[2234]. Er kommt in der Gestalt der Barmherzigkeit[2235]. Seine Menschheit wird auch Barmherzigkeit genannt[2236]. In ihr weiß er aus eigener Erfahrung, was Leiden ist, und kann ganz neu barmherzig sein[2237]. So ist das Wirken seiner Barmherzigkeit mühevoll[2238]. Für dieses können wir nie genug danken[2239]. Das Geheimnis des Weihnachtsfestes ist die Quelle der Barmherzigkeit[2240]. In seiner Menschwerdung[2241] und seiner Geburt[2242] ist die Barmherzigkeit offenbar, welche wir in Herrlichkeit schauen werden[2243]. Die Menschenfreundlichkeit Gottes ist jetzt durch seine Barmherzigkeit erschienen[2244]. In der Menschheit des Sohnes Gottes leuchtet seine Barmherzigkeit auf[2245]. Maria nährte ihren Sohn mit der Milch der Barmherzigkeit[2246]. Der greise Simeon hält in Christus die Barmherzigkeit in den Händen[2247].

4. In seinem öffentlichen Wirken, das insgesamt von Barmherzigkeit geprägt ist[2248], brachte Jesus die Salbe der Barmherzigkeit[2249]. Er kümmert sich voll Barmherzigkeit um die Sünder[2250], Armen und Kranken[2251]. Seine Predigt ruft barmherzig die Irrenden zur Wahrheit[2252]. Die Liebe, die Jesus für den reichen Jüngling hat, entspringt sei-

[2226] HISV 2, 3,3,8,338-340,380.
[2227] BNAT 1,„2,228,3f.; BPUR 1,3,408,10f.; BHLD 2, 54,2,4,224,3-5.
[2228] HISV 2, 3,3,8,317-322,380.
[2229] GIS Adv 3,1,50-53,220-222.
[2230] BEPI 1,1,320,22f.
[2231] GIS Nat 4,5,198f.,218.
[2232] JFC 2,12,509-511,137; BH 3,12,62,17f.,80: BADV 1,7,68,16f.; BVNAT 3,1,160,2.
[2233] BPENT 2,2,402,23f.
[2234] BEPI 1,2,322,8f.; BADV 2,1,82,5f.
[2235] BHLD 2, 73,2,4,486,1f.
[2236] MH 1,8,26; vgl. MM 6,16,31f.,226.
[2237] BH 3,6,54,14-16.
[2238] BDI 5,15,100,1-10.
[2239] BADV 3,7,96,19-21.
[2240] GIS Nat 1,2,90-92,170; vgl. SP 5,366,12f.
[2241] HISV 2, 3,8,25,1210-1216,513.
[2242] BN 1,10,52,105-112,44.
[2243] BCIRC 3,2,300,16.
[2244] G 2, 2,8,2,7-10,264.
[2245] BNAT 1,2,226,18f.
[2246] MM 1,22,50-54,18f.
[2247] GIS Pur 1,4,90,312.
[2248] MH 1,10,31.
[2249] BVNAT 1,2,134,1f.
[2250] MH 3,50,252.
[2251] DT 340,13-17.
[2252] IS 2,12,91-94,104-106.

ner Barmherzigkeit[2253]. Der Ruf an Lazarus ging aus dem Abgrund des Lichtes und der Barmherzigkeit in den Abgrund der Finsternis[2254]. In seinen sündenvergebenden Wunderheilungen wirkt Christi Barmherzigkeit[2255]. Er ist der barmherzige Samaritan, der voll Barmherzigkeit die verwundete Menschheit heilt[2256]. Oft wird Jesus mit dem Hirten verglichen, der das verlorene Schaf der Menschheit barmherzig zurückholt[2257]. Wie in der Fußwaschung werden wir durch das Wasser der Barmherzigkeit rein gewaschen[2258].

5. Im Leiden[2259] und Sterben[2260] zeigte Jesus besonders seine Barmherzigkeit. Er, der Sack der Barmherzigkeit, wurde zerrissen, damit alle an den Inhalt kommen können[2261]. In seinem Blut, das barmherzig ist[2262], wäscht er aus Barmherzigkeit unsere Sünden ab[2263]. Daß er sich zum Tode verurteilen ließ, ist ein Zeichen der Barmherzigkeit[2264]. Die Dornenkrone ist die Krone der Barmherzigkeit[2265]. Durch seine Wunden führt die Barmherzigkeit den Menschen in Christus herein[2266]. In sie will man eingeschrieben sein[2267]. Der eine Schächer wurde im Quell der Barmherzigkeit von Sünden gereinigt[2268] und erlangt durch sie die Vergebung[2269]. Das stellvertretende Leiden Jesu entspricht mehr der Barmherzigkeit als der Gerechtigkeit[2270]. In ihm wurde die Salbe der Barmherzigkeit hergestellt, die uns heilt[2271]. Der Vater nimmt alle Barmherzigkeit, die Jesus gewirkt hat, gnädig an[2272].

6. Im Gericht wird Jesus weniger seine Barmherzigkeit als seine Gerechtigkeit zeigen[2273], ohne ganz seine Barmherzigkeit abzulegen[2274]. Dort schenkt er ja auch seinen barmherzigen Lohn[2275].

[2253] ARSC 3,12,33,615-617,121.
[2254] BASSPT 4,3,562,16f.
[2255] ARI 31,1003-1006,666.
[2256] GHLD 7,5,45D; HISV 1, 1,5 vis,31f.,94.
[2257] IS 51,19,146-151,210-212; LO 70,352,5-12.
[2258] BB 2, 341,2,592,13f.
[2259] BHLD 1, 6,2,6,106,8f.; GIS Palm 3,1,10f.,188; HISV 2, 2,4,6,18,698f.,245.
[2260] BDI 3,9,88,22f.; BT 10,512D; JHLD 25,8,197-199,213; G R 7,357,230; AB 146,23-28,320.
[2261] BEPI 1,1,320,22-322,1.
[2262] HIO 3,4,14,30,403.
[2263] JHLD 26,6,126f.,218.
[2264] MH 1,15,48.
[2265] BD 50,1,562,8.
[2266] MH 1,8,26.
[2267] G R 6,169-173,172; G 2, 2,4,1,7f.,242.
[2268] MH 3,24,229.
[2269] G 4, 4,24,3,13f.,234.
[2270] BLNM 11,23,306,20f.
[2271] BD 4,4,212,18-25.
[2272] HAB 17,59-65,142.
[2273] BADV 2,3,80,15-20; BNAT 1,4,230,15-18; BQH 11,8,640,20-28.
[2274] BQH 11,8,640,27f.
[2275] TH 10,25-28,38.

7. Der Todesschlaf Jesu am Kreuz, aus dem die Kirche entsprang, war barmherzig[2276]. Deren Gesicht ist mit dem Öl der Barmherzigkeit übergossen[2277], das auch aus ihrer Kehle fließt[2278]. Auch in ihr begegnen sich Barmherzigkeit und Wahrheit[2279]. Das Sakrament der Taufe entspringt der Barmherzigkeit[2280], und in der Eucharistie, die Jesus aus Barmherzigkeit eingesetzt hat[2281], wird der Mensch mit dem Öl der Barmherzigkeit gesättigt[2282]. Ist der sakramentale Kommunionempfang unmöglich, begegnet Christus barmherzig dem Menschen außerhalb des sakramentalen Vollzugs[2283].

8. Auch jetzt ist uns noch die Barmherzigkeit Christi nahe[2284]. Er kann aus Barmherzigkeit, ohne unser Zutun die Sünden vergeben[2285], besonders wenn man seine Wunden verehrt[2286]. Mit seiner großen Barmherzigkeit wartet er schon auf unsere Umkehr[2287]. Darin unterscheidet sich diese Tugend von der Gerechtigkeit[2288]. Christi barmherzige Hände heilen uns[2289]. Ohne seine Barmherzigkeit fällt der Mensch in große Sünden[2290]. Seine Barmherzigkeit bewahrt den Menschen vor Sünden[2291] und schützt in Versuchungen[2292]. Der Sünder muß Vertrauen in die Barmherzigkeit Jesu haben[2293] und darf nicht an ihr zweifeln[2294]. In diesem Vertrauen kann auch ein Sünder zur Kommunion gehen[2295]. Doch gibt es auch ein vermessenes und damit falsches Vertrauen auf diese Eigenschaft Jesu[2296].

9. Insgesamt soll Jesus nach seiner Barmherzigkeit am Menschen handeln[2297], weil sie hilft und tröstet[2298]. Man will in den Abgrund der Barmherzigkeit aufgenommen[2299] und entlassen werden[2300]. Seine barmherzigen Augen sollen den Menschen anschau-

---

[2276] JHLD 98,5,95-104,664.

[2277] HISV 1,2,6,950f.,253.

[2278] MM 4,3,40f.,115.

[2279] JHLD 98,6,114-120,665.

[2280] HISV 1,2,4,11,290-293,167.

[2281] G 3,3,18,14,9-11,92; AB 75,4-8,180-182.

[2282] HISV 1,2,6,9,492f.,239.

[2283] IG 2,20,113.

[2284] BPUR 1,4,410,12-14; MH 3,32,237.

[2285] ARI 31,1023-1028,666f.

[2286] G 3,3,13,2,12f.,56; AB 168,17-19,352.

[2287] G 3,3,18,15,9-13,94.

[2288] IS 51,20,155f.,212.

[2289] JHLD 31,8,240-243,250.

[2290] ARI 32,1301-1303,675.

[2291] LT 1,2,12,165; LTA 1,2,21,194; G 3,3,67,2,14-17,274; CS 1,B 58,28,252,14.

[2292] IN 7,217.

[2293] HAN 1,1,620A.

[2294] CS 2,4,15,135,332.

[2295] G 2,2,5,1,9-11,248; 2,20,1,5-8,308.

[2296] Ludus de decem virginibus 107f., in: Die Deutsche Literatur vom Mittelalter bis zum 20. Jahrhundert, 1,1,185.

[2297] G R 3,57f.,76.

[2298] MM 1,33,3f.,24; G R 5,399-402,152.

[2299] G R 3,191f.,86.

[2300] G R 4,404,126.

en[2301]. Aufgrund dieser Eigenschaft hofft man, von Jesus nie verlassen zu werden[2302]. Wie seine Gnade geht uns auch Christi Barmherzigkeit voraus[2303]. Sie kommt allen, die ihn suchen, zuvor[2304] und umgibt den Menschen ganz[2305]. Auch Heilung von Krankheit[2306], Hilfe bei Skrupeln[2307], Gewährung von Sicherheit[2308], Ermöglichung des Kommunionempfangs[2309], Vermehrung der Gnaden[2310] und die Gnade ekstatischer Erlebnisse[2311] werden auf diese Eigenschaft Jesu zurückgeführt. Beim Gebet soll man an die Barmherzigkeit des Erlösers denken[2312]. In dieser Eigenschaft beendet Jesus auch die Gebetsdürre[2313]. Besonders für die Stunde des Todes erwartet man Jesus dieser Eigenschaft[2314]. Wenn Christus im Herzen der Menschen empfangen und geboren wird, geschieht es durch seine Barmherzigkeit[2315]. Weiß der Mensch sich von Jesus geliebt, kennt er auch seine Barmherzigkeit[2316]. Seine Barmherzigkeit soll der Christ nachahmen[2317] und von ihr anderen Menschen künden[2318] und sie weitergeben[2319]. Selbst verrufenen Sündern hat man barmherzig zu begegnen[2320]. Juden können durch die Verkündigung der Barmherzigkeit Jesu bekehrt werden[2321]. Aber auch die Kirche bedarf der Barmherzigkeit Jesu[2322].

3.7.2 Geduld

1. In der Vulgata werden die Christen oft zur „patientia" aufgefordert. Nur an einer Stelle wird von der „patientia" Christi geschrieben, die er mit Paulus vor seiner Bekehrung gehabt hat (1 Tim 1,16). Der Ausdruck „tolerantia" (2 Kor 1,6) unterscheidet sich

---

[2301] MM 6,37,18-20,246.
[2302] G R 7,624-626,246.
[2303] BQH 7,7,568,17.
[2304] SP 10,846,6-8; HISV 2, 3,3,8,363f.,381.
[2305] G R 1,48-50,48.
[2306] JC 2,4,18,463.
[2307] IL 2,6,30,179.
[2308] AB 226,11f.,466.
[2309] IN 21,252; LO 14,317,19-22.
[2310] JC 1,2,11,446.
[2311] IG 5,46,221.
[2312] HO 1,977B-C.
[2313] CS 1, B 10,35,99,2-5.
[2314] G R 3,155f.,84; 7,119f.,216.
[2315] SP 2,230,20-24.
[2316] HSO 968B.
[2317] HISV 2, 3,3,9,389f.,382; DT 340,12f.; MH 1,10,32.
[2318] CM 3,27,655.
[2319] CH 2, 232.
[2320] IG 1,11,110; IG 3,27,115; CS 2, 4,15,135,332.
[2321] HAV 141-145,168.
[2322] MM 7,55,24-26,301.

semantisch nicht von „patientia"[2323], wird aber nicht in eine Beziehung zu Christus gesetzt. Schon in der Alten Kirche ist „patientia" einer der Namen für Christus[2324].

2. Jean von Fécamp spricht Jesus mit den Worten an: „Patientia mea robutissima", „Meine stärkste Geduld"[2325].

3. Nach Bernhard von Clairvaux lieben wir den Gott, der uns nicht sofort straft[2326], sondern „loganimi patientia nos ad se adducit", „uns mit langmütiger Geduld zu sich führt" und durch den Tod seines Sohnes wiederherstellt[2327].

Die Geduld Christi sieht der Abt in dem Psalmvers (129,3) angedeutet: „Supra dorsum meum faricaverunt peccatores." – „Die Sünder haben auf meinem Rücken gepflügt."[2328] Durch seine Geduld im Leiden erlangen wir die Seligkeit[2329]. Er ist der Spiegel für den Leidenden und zugleich der Lohn des Geduldigen[2330]. Der Bräutigam, der Christus ist, hat zwei Brüste, die seine Sanftmut darin anzeigen, „quod et patienter exspectat deliquentem, et clementer recipit paenitentem", „daß er geduldig den Sünder erwartet und gütig den Büßer aufnimmt"[2331].

4. Isaak von Stella fordert uns auf, eingedenk zu sein „passionis et patientiae ipsius, ubi maximam suam erga nos caritatem ostendit", „seines (= Christi) Leidens und seiner Geduld, wo er seine größte Liebe gegen uns gezeigt hat"[2332]. Dieses Gedächtnis soll den Christen befähigen, in seinem Leiden wie Christus geduldig zu sein[2333]. Isaak weiß, daß es verschiedene Möglichkeiten für Christus gegeben hätte, uns zu erlösen. Doch er tat es „necque hoc quanta facilitate omnipotens potuit, sed quanta caritate et patientia benignissimum decuit, et quanta eruditione hebetudo nostra indiguit", „nicht mit einer so großen Leichtigkeit, wie er es als Allmächtiger hätte tun können, sondern mit einer so großen Liebe und Geduld, wie es ihm gütigst geziemt, und mit einer so großen Erziehung, wie es unsere Stumpfheit bedurft hat"[2334]. Denn das Leiden Christi geschah nicht nur zu unserer Erlösung, sondern auch um unserer Erziehung willen[2335]. Isaak weiß, daß „Christus Dei Virtus et Dei Sapientia", „Christus Gottes Kraft und Gottes Weisheit (1 Kor 1,24)" ist[2336]. Er zeigt seine Weisheit, wenn er den Sünder geduldig erträgt, und seine Kraft, wenn er über ihn siegt[2337]. Den Bösen besiegt Christus „virtute

---

[2323] Hugo von St. Viktor (HF 13,1003C) gibt für beide Begriffe eine gemeinsame Definition. Bei David von Augsburg (DAE 3,39,5,254) ist die „longanimitas" eine Sekundärtugend der „patientia".

[2324] Vgl. Sieben, Nomina 162.

[2325] JFC 3,2,15,142.

[2326] BS 3,113,656,17. Die Geduld, mit der Gott eine sofortige Bestrafung aufschiebt, nennt Bernhard immer wieder: BS 2,161,360,12f.; BHLD 1, 9,4,5,138,18-22; BINOV 5,12,722,17-28.

[2327] BS 3,113,656,16.

[2328] BS 3,108,614,19-12.

[2329] BS 3,108,614,21f.

[2330] BHLD 2, 47,2,6,144,8f.

[2331] BHLD 1, 9,4,138,13-15.

[2332] IS 15,15,149-151,292.

[2333] IS 15,15,151-153,292.

[2334] IS 29,1,1,6-7,166.

[2335] IS 29,1,8f.,166-168.

[2336] IS 30,9,88,186.

[2337] IS 30,9,85f.,186.

patientiae", „mit der Kraft der Geduld"[2338]. Deswegen muß der Christ auch die größte Geduld haben, wenn er unter der Verfolgung leidet[2339]. In einer Predigt zur Karwoche geht Isaak auf die verleumderische Anklage, die zur Verurteilung Jesu geführt hat, ein. „Verumtamen sicut scriptum est ‚sapientia semper vincit malitiam'. Sed sicut caritas patiendo – ‚caritas enim patiens est et omnia suffert' -, sic sapientia ratiocinando, nam et ipsa Verbum est. Sed quoniam Dominus Iesus utrumque substantialiter, id est, caritas et sapientia est, et calumnima patienter audit et calumniam sapienter concludit." – „Aber (es geschah), wie geschrieben steht: ‚Die Weisheit besiegt immer die Bosheit' (vgl. Weish 7,30). Aber wie die Liebe im Geduldigsein – die Liebe ist nämlich geduldig und erträgt alles -, so ist die Weisheit im Schlüsse-Ziehen, denn auch sie ist das Wort. Aber weil der Herr Jesus beides, das heißt die Liebe und die Weisheit, wesenhaft ist, hört er die Verleumdung geduldig an und schließt die Verleumdung voll Weisheit (in seinen Plan) ein."[2340]

5.   Gilbert von Hoyland stellt die Weisheit der Geduld Christi gegenüber: „Si non potes recumbere in pectore Jesu, ubi indefessae puteus sapientiae, requiescere inter scapulas, ubi patientiae ejus exempla et mysteria contempleris." – „Wenn du nicht an der Brust Jesu liegen kannst, wo der Brunnen der unerschöpfbaren Weisheit ist, ruhe zwischen den Schultern, wo du schaust die Beispiele und Geheimnisse seiner Geduld."[2341] Das Liegen des Evangelisten Johannes an der Brust Jesu versinnbildet die Ekstase, in der man mit Jesus als Weisheit eins wird[2342]. Dieses Liegen ist aber dem Menschen auf Erden nicht ständig geschenkt. Wenn er nicht an der Brust liegen kann, soll er an den Schultern, mit denen Jesus sein Kreuz getragen hat, die Geduld lernen. Auch dabei wird er unterrichtet: Beim Liegen an der Brust Jesu in der Ekstase trinkt man von der Weisheit, beim Ruhen oder auch Schlafen zwischen den Schultern erhält man Wissen. In Jesus sind ja verborgen die Schätze sowohl der Weisheit als auch des Wissens (Kol 2,3)[2343]. Gilbert unterscheidet also zwischen Liegen und Schlafen. Auch Jesus hatte Augenblicke, in denen er schlief: „Requievit quidem et obdormivit Jesus in cruce, ut et tu cum ipso in passionis ejus fide et memoria dormis." – „Es hat ja geruht und ist am Kreuz entschlafen Jesus, damit auch du mit ihm im Glauben und im Gedächtnis an sein Leiden schläfst."[2344] Da die Augenblicke des Liegens an der Brust nur selten und kurz sind, muß der Mensch ständig wechseln: „Discurre inter pectus et humeros, inter fidei mysteria, et manifestationem veritatis." – „Lauf hin und her zwischen Brust und Schultern, zwischen den Geheimnissen des Glaubens und der Kundgabe der

---

[2338] IS 30,13,131-133,190.

[2339] IS 30,134-136,190.

[2340] IS 39,10,61-67,324. „Concludere" kann auch „besiegen" bedeuten. Dann wäre der Sinn: Mit einer Frage bringt er seine Gegner zum Schweigen. Die „Conclusio", der „Schluß" gehört aber zur Methode, die im „ratiocinare" benutzt wird. Christus besiegt also die Verleumdung, indem er sie durch seine weisheitsvollen Antworten in seinen Heilsplan aufnimmt.

[2341] GHLD 12,4,63C.

[2342] GHLD 12,3,63B.

[2343] GHLD 12,4,63D.

[2344] Ebenda.

Wahrheit."[2345] Es gibt aber auch einen Schlaf der Sorglosigkeit, in dem man die Geduld des Herrn mißachtet und sich sicher fühlt[2346]. „Patientis longanimitas", „Die Langmut des geduldigen" Herrn kann eine ehrfürchtige Sorge wecken[2347]. Doch „tolerantia", „das Ertragen" des Herrn kann auch das Herz der Sicheren verhärten[2348].

6. Kein anderer der frühen Zisterzienser erwähnt so häufig die Geduld Christi wie Johannes von Ford. Sie bildet einen Schlüsselbegriff in seiner Christologie.

6.1 Beim Leiden Jesu redet Johannes besonders oft von der Geduld. In ihm verbreitet sich der Duft dieser Tugend. „De lenitate patientis Iesu", „Von der Zartheit des geduldig leidenden Jesus" soll der Mensch etwas verspüren[2349]. Er ist ja das Lamm, das seinen Mund nicht vor dem Scherer auftut (vgl. Jes 53,7)[2350]. Mit Geduld trinkt er den Kelch des Leidens, den ihm der Vater reicht[2351]. Besonders in der Dornenkrönung zeigt sich diese Haltung Christi. Sie erkennen diejenigen nicht, die ihm die Krone aufsetzen, „quoniam in uirtute Dei, quae est patientia Christi, Christo se quasi reges conregnare confidunt", „weil sie in der Kraft Gottes, welche die Geduld Christi ist, darauf vertrauen, mit Christus wie Könige zu herrschen"[2352]. Beim Sterben war „in summo patientiae culmine … anima sua", „seine Seele … im höchsten Gipfel der Geduld"[2353]. Diese Geduld macht auch die Schönheit des Menschen Jesus aus[2354]. Neben dem Mund[2355] sind es die nicht gebrochenen Gebeine Jesu, die von seiner Geduld und Langmut künden[2356]. Sie sind wie Säulen, auf denen der ganze Erdkreis und der Himmel ruhen[2357]. Vor allem ist es die Kirche, die beides zu ihrer Freude besitzt, nämlich die Geduld und die Liebe Christi[2358], und die deswegen ausrufen kann: „Vere crura dilecti mei ossa patientiae ac longanimitatis ipsius." – „Die Beine meines Geliebten sind wahrhaft die Knochen seiner Geduld und seiner Langmut."[2359]

6.2 Durch die Auferstehung besitzt Jesus die „diuitiae infinitae patientiae", „Reichtümer unendlicher Geduld"[2360]. Deswegen aß der Auferstandene auch vom Fisch (vgl. Joh 21,13)[2361]; denn die Fische stellen für Johannes ein Symbol der Geduld dar, weil

---

[2345] GHLD 12,4,63C.
[2346] GHLD 42,1,220C.
[2347] Ebenda.
[2348] GHLD 42,1,220C.
[2349] JHLD 20,7,252f.,179.
[2350] JHLD 20,7,255f.,179.
[2351] JHLD 53,5,115-119,374.
[2352] JHLD 15,7,202-205,137.
[2353] JHLD 30,3,82f.,240.
[2354] JHLD 35,5,110-114,270.
[2355] JHLD 30,2,57-61,239.
[2356] JHLD 30,4,93f.,240.
[2357] JHLD 30,4,95-101,240.
[2358] JHLD 30,6,165-171,242.
[2359] JHLD 30,6,172f.,242.
[2360] JHLD 37,6,149f.,281.
[2361] JHLD 37,6,134f.,281.

sie in den Fluten des Meeres hin und her geworfen werden und doch dort das Leben finden, wo andere Lebewesen sterben[2362].

6.3 Die Kirche als die Braut Christi zeigt schon in ihren Anfängen bei der Verfolgung „inuicta patientiae fortitudo", „eine unbesiegte Stärke der Geduld"[2363]. Auch jetzt sollen die Christen, die sich der Geduld der vorausgehenden Märtyrer angleichen[2364] und sie als Beispiel nehmen[2365], die Geduld Christi aufbringen und immer wieder bei Christus anklopfen. Er wird „pulsantium longanimitate deuictus", „durch die Langmut der Klopfenden besiegt"[2366]. „Ab ipso solo speret patientiam, qui solus uere patientium unica est patientia." – „Von ihm allein soll man die Geduld erhoffen, der allein wirklich die einzige Geduld der geduldig Leidenden ist."[2367] Doch die Geduld der Christen sieht verschieden aus, obwohl sie in jeder Form von Christus gelobt wird[2368]: „Quorundam enim patientia humilis est, aliorum autem hilaris." – „Bei einigen ist die Geduld demütig, bei anderen froh."[2369] Bei den Anfängern, die noch traurig ihr Leid tragen, wird sie demütig sein, bei den Fortgeschrittenen froh[2370].

7. Hugo von St. Viktor fragt sich, was mit dem Menschen, der mit dem Leib und Blut Christi gespeist wurde[2371], geschieht, wenn er gesündigt hat[2372], und gibt zur Antwort: „Tanta patientia exspectat et concedit pie, negligenter toties amissa iterum atque iterum si tu volueris reparare." – „Mit so großer Geduld wartet er (= Christus) und gewährt gütig, das so oft nachlässig Verlorene wieder und wieder, wenn du nur willst, wiederherzustellen."[2373] Christus ist ja wie der Lebensbaum, der vom Himmel auf die Erde reicht, „sursum majestate, deorsum compassione", „oben durch die Majestät, unten durch das Mitleiden"[2374].

8. Richard von St. Viktor beschreibt, wie Christus bei dem Haß seiner Verfolger alle Trübsal gern getragen hat und dabei den inneren Frieden und die Ruhe des Herzens behielt[2375]. So hat er sich als Lamm dargebracht[2376]. Einem Menschen, der ein Knecht ist, reicht es aus, wenn er aus Angst vor der Hölle Buße tut[2377]. „Filiis congruit patien-

---

[2362] JHLD 37,6,143-146,281.
[2363] JHLD 57,10,212-216,405.
[2364] JHLD 82,7,210-212,568.
[2365] JAP 8,236f.,817.
[2366] JHLD 41,8,204f.,303.
[2367] JHLD 53,5,122-124,374.
[2368] JAP 8,244-246,817.
[2369] JAP 8,239f.,817.
[2370] JAP 8,240-244,817.
[2371] HSO 966B.
[2372] HSO 966C.
[2373] HSO 966D.
[2374] HAN 2,7,640D.
[2375] RVPS 28,286D.
[2376] Ebenda.
[2377] Ebenda.

tia" – „Den Söhnen steht aber die Geduld an."[2378] Wenn wir daher Söhne sind, sollen wir auch die Lämmer der Geduld darbringen[2379].

9. Elisabeth von Schönau klagt die Seelsorger ihrer Zeit an, daß sie in der Wachsamkeit nachgelassen haben, wodurch neue Irrlehren entstanden sind. Mahnend steht der Herr, das Haupt voll Tau, an der Tür und wird nicht eingelassen. „Patiens fui, et expecativi eos de die in diem, et ipsi in oblivionem tradunt me." – „Ich war geduldig und habe auf sie gewartet von Tag zu Tag, und sie haben mich dem Vergessen preisgegeben."[2380] Derjenige, der als Bräutigam vor der Tür steht und anklopft, ist natürlich Christus (Hld 5,4; Offb 3,20). Wenn ein Konvent von Ordensleuten, der Christus als Bräutigam hat[2381], von Elisabeth gemahnt wird, Gott, der Tag für Tag geduldig wartet, nicht dem Vergessen preiszugeben[2382], dürfte der geduldig Wartende Christus sein.

10. Christina mirabilis fragt die in Sünden verstrickte Welt: „Quare longanimitatem ejus patientiae non consideras?" – „Warum betrachtest du nicht die Langmut seiner Geduld?"[2383] Da kurz vorher die Güte Jesu erwähnt wird[2384], ist wohl an dessen Geduld gedacht.

11. In einer Vision schaut Ivetta von Huy, wie Klagen über einen sündigen Dekan vor Christus als Richter gebracht werden[2385]. Darauf ermahnt die Seherin den Dekan, sich zu bessern, „dummodo patientia Dei ad poenitentiam eum expectaret", „solange die Geduld Gottes ihn zur Buße erwartet"[2386].

12. Maria von Oignies „per spiritum fortitudinis habebat patientiam", „hatte durch den Geist der Stärke die Geduld", allen äußeren Widerwärtigkeiten und inneren Anfechtungen zu widerstehen[2387]. Diesen hatte sie erlangt „Domini sui fortitudinem imitando", „im Nachahmen der Stärke des Herrn"[2388].

13. In seinem Werk „Exterioris et interioris hominis compositione" behandelt David von Augsburg in drei Kapiteln die menschliche Tugend der Geduld[2389]. Wenn er die Geduld als die Tugend definiert, die sich von dem, was die Leidenschaften gebieten, nicht verwirren läßt[2390], spürt man deutlich den Einfluß der Stoa. David führt bei den verschiedenen Sekundärtugenden der Geduld eine Reihe biblischer Gestalten als Vorbild an, schweigt aber von Christus[2391]; man merkt, daß David sich scheut, von der

---

[2378] RVPS 28,287A.
[2379] RVPS 28,287A.
[2380] ESV 3,26,77.
[2381] ESB 16,149.
[2382] ESB 16,150.
[2383] CM 3,37,656.
[2384] CM 3,36,656.
[2385] IH 27,83,161.
[2386] IH 27,84,161.
[2387] MO 2,8,75,564.
[2388] Ebenda. Unsere Texte machen zwischen „nachahmen" und „nachfolgen" keinen Unterschied. Man könnte die Stelle auch wiedergeben mit den Worten „in der Nachfolge des Herrn in der Stärke seiner Geduld". Dann würde deutlich, daß mit dem „Herrn" Jesus gemeint ist.
[2389] DAE 3,39-41,251-261.
[2390] DAE 39,3f.,252f.
[2391] DAE 3,39,6,254.

Geduld in dem eben beschriebenen Sinn bei Christus zu reden. Doch weiß er, daß man diese Tugend anstreben soll, weil „est retributrix patientia passionis Christi", „die Geduld eine Vergelterin für das Leiden Jesu ist"[2392]. Die Heiligen waren froh, mit ihrer Geduld in Widerwärtigkeiten etwas zu haben, um Christus für sein Leiden zu danken[2393]. Breit führt David aus, daß wir im geduldigen Ertragen der Leiden Leidensgefährten Jesu werden[2394].

14. Mechthild von Magdeburg weiß, daß alle Geduld, die wir haben können, in der Geduld Christi ihren Ursprung hat. Zunächst stellt sie fest: „Wan die engel habent kein geduld, wan si keine pine enpfindent." – „Denn die Engel besitzen keine Geduld, weil sie keine Pein empfinden."[2395] Daß es Geduld nur dort geben kann, wo es Pein, das heißt Widerwärtigkeit, gibt, ist Allgemeingut der Tradition. Die Engel aber besitzen nicht deswegen keine Pein, weil sie reine Geister sind; im gefallenen Zustand könnten sie wie Luzifer und sein Anhang sehr wohl die Peinen der Hölle erleiden. Vielmehr hängt ihr Zustand der Leidenslosigkeit mit ihrer Vollendung im Himmel, wohin keine Pein dringt[2396], zusammen. Geduld „haben wir von der menscheit únsers herren", „haben wir von der Menschheit unseres Herrn"[2397]. Denn auf Erden hatte Jesus als Mensch Mühe und Pein, die dann alles Leid, das gutwillig ist, das heißt in Geduld getragen wird, adelt[2398].

15. In Helfta nimmt die Erwähnung der Geduld Jesu zu.

So wird Mechthild von Hackeborn angeleitet, Jesus durch die verschiedenen Glieder seines Leibes zu loben: „Per collum, liberalitatem patientiae meae, qua tuli onus peccatorum, non solum eorum qui tunc erant, sed omnium usque in finem saeculi futurorum." – „Durch den Hals (lobe) die Freigibigkeit meiner Geduld, mit welcher ich die Last der Sünden getragen habe, nicht nur derer, die es damals gab, sondern aller bis zum Ende der künftigen Zeiten."[2399] Man erwartet eigentlich die Schultern, wenn es ums Tragen geht. Diese werden aber unmittelbar danach beim Kreuztragen genannt[2400]. Ein anderes Mal erfährt Mechthild, daß das Herz des irdischen Jesus vier Teile besaß[2401]. „Quarto, Christus fuit patientissimus in omnibus persecutionibus et passionibus suis; ita ipsa ad omnes poenas et injurias esse deberet, benige tolerando." – „Der vierte (bestand darin, daß) Christus ganz geduldig war in allen seinen Verfolgungen und Leiden; so sollte (Mechthild) auch bei allen Peinen und allem Unrecht sein, nämlich im gütig Ertragen."[2402] Einmal sieht die Mystikerin den Apostel Bartholomäus, der ein golde-

---

[2392] DAE 3,40,256.
[2393] Ebenda.
[2394] DAE 3,40,254f.
[2395] MM 7,34,16f.,282.
[2396] MM 6,31,25,239.
[2397] MM 7,34,17f.,282.
[2398] MM 7,34,19-22,282.
[2399] MH 3,6,203f.
[2400] MH 3,6,204.
[2401] MH 3,16,216.
[2402] Ebenda.

nes Kreuz vor sich hat[2403]. Die vier Seiten des Kreuzes stellen besondere Tugenden dar, die vom Kreuz auf die Menschen übergehen. So heißt es: „Sinistra vero, patientia in adversis." – „Die linke Seite (bedeutet) aber die Geduld in Widerwärtigkeiten."[2404] Ein anderes Mal fragt Mechthild den Herrn, welche von seinen Tugenden sie ständig im Gedächtnis haben soll. Sie sieht daraufhin das Herz Jesu wie ein Haus, in dem sich eine Taube aus der Fülle des Getreides nur wenig auswählt. So soll es Mechthild auch machen. Wenn sie nicht alles von Jesus aus einer Schriftlesung fassen kann, soll sie eine Auswahl treffen[2405]. Dies wird ihr am Beispiel der Demut verdeutlicht[2406]. Darauf heißt es: „Similiter de patientia", „Ähnlich auch mit der Geduld"[2407]. Geduld gilt also als eine besonders nachahmenswerte Tugend Jesu. Auch an einer anderen Stelle wird neben der Demut die Geduld Jesu erwähnt, die für den Christ vorbildhaft ist[2408].

Maria war sehr geduldig bei dem Leiden Jesu, und ihr Herz wurde ständig von dem Gedächtnis seines Leidens durchbohrt[2409]. Auch eine gottgeweihte Jungfrau soll schön sein. So spricht der Herr: „Speciosa etiam debet esse, hoc est patiens; quae quanto patientior, tanto elegantior ex mea passione simul et sua tolerantia apparebit." – „Wohlgestaltet muß sie auch sein, das heißt geduldig; denn je geduldiger, desto schöner wird sie aus meinem Leiden und zugleich auch aus ihrem Ertragen erscheinen."[2410]

16. Besonders oft wird die Geduld von Gertrud der Großen erwähnt.

16.1 Der Herr soll dem Menschen sein „scutum patientiae", „ein Schild der Geduld"[2411], „in tribulatione patientia", „in der Drangsal Geduld"[2412]. Er darf vor dem Thron Gottes und des Lammes jubeln. Dabei „benedicat tibi illa, quae tu es ipse, deus meus, praestolatio, patientia et exspecatio mea", „soll Dich all jenes preisen, was Du selbst bist, mein Gott: mein Harren, meine Geduld und meine lange Erwartung"[2413]. Jesus, der dreißig Jahre lang die Verbannung mit den Menschen ertragen hat[2414], soll „in omnibus infirmitatibus patientia mea", „in allen Schwächen meine Geduld sein"[2415]. Der Herr sagt, daß die Krankheit die Seele der Gertrud geheiligt hat[2416], und verspricht ihr, daß „cooperatio aureae divinitatis meae et perfectio patientiae roseae humanitatis meae per omnem intentionem tuam placebunt", „die Mitarbeit meiner goldenen Gott-

---

[2403] MH 1,34,112.
[2404] MH 1,34,113.
[2405] MH 3,41,244.
[2406] MH 3,41,244f.
[2407] MH 3,41,245.
[2408] MH 4,49,304.
[2409] MH 1,2,12.
[2410] MH 1,11,36.
[2411] G R 1,192,58.
[2412] G R 3,241f.,88.
[2413] G R 6,140-142,170.
[2414] G R 7,709f.,204.
[2415] G R 7,714f.,204-206.
[2416] G 2,2,9,1,11f.,268.

heit und die Vollkommenheit der rosafarbenen Geduld meiner Menschheit durch deine ganze Absicht gefällig sein sollen"[2417]. So lockt der Herr Gertrud zur Geduld[2418].

16.2 Nur selten wird bei Gertrud an die Geduld Jesu, die er bei seiner Passion hat, erinnert. Einmal dient sie den Menschen als Vorbild im Leiden. „Cum homo gravatus adversis provocatur ad impatientiam, recolat Filii Dei admirandam patientiam, qui tamquam agnus mansuetissimus ad immolandum pro nostra salute deductus non aperuit os suum vel ad unicum impatientiae verbum." – „Wenn ein Mensch durch Widerwärtigkeiten beschwert zur Ungeduld gereizt wird, soll er sich der bewundernswerten Geduld des Sohnes Gottes erinnern, der wie das sanftmütigste Lamm zum Opfern für unser Heil weggeführt wurde, seinen Mund nicht aufgetan hat, selbst nicht zu einem einzigen Wort der Ungeduld."[2419] Der Herr erinnert daran: „Cum tanta mansuetudine et patientia dignatus sum bajulare." – „Mit so großer Sanftmut und Geduld bin ich gewürdigt, (mein Kreuz) zu tragen."[2420]

16.3 Andere Stellen betonen stärker die Geduld, die Jesus jetzt noch mit den Menschen haben muß. „Tua te cogat charitas, ut me patienter audias." – „Dich zwingt Deine Liebe, mir geduldig zuzuhören."[2421] Mit langmütiger Geduld hat ihr Liebhaber Gertrud in ihrer Kindheit und Jugend ertragen[2422]. Auch nach ihrer großen Begnadung in ihrer jugendlichen Krise, sündigt Gertrud wieder[2423]. Doch der Herr ist dadurch nicht erzürnt und zeigt ihr gegenüber „majorem virtutem patientiae tuae ... quam cum tempore mortalitatis tuae Judam proditorem tuum patereris", „eine größere Kraft Deiner Geduld ... als (damals), als Du zur Zeit Deiner Sterblichkeit Judas, Deinen Verräter, erduldet hast"[2424]. Seit Erschaffung der Welt gebraucht Gott durch die Erlösung mehr seine gütige Weisheit als die Macht seiner Majestät[2425]. Denn die „sapientiae benignitas maxime elucet intolerando imperfectos", „Güte der Weisheit leuchtet am meisten im Ertragen der Unvollkommenen auf"[2426]. So dankt Gertrud dem Herrn, daß er sie gelehrt hat, „quam benigna patientia defectus nostros supportares", „wie Du mit gütiger Geduld unsere Fehler erträgst"[2427].

17. Zusammenfassend läßt sich über die Geduld Jesu sagen:

17.1 An Stelle der „patientia" kann auch von der „longanimitas"[2428] und „tolerantia"[2429] gesprochen werden. Neben dem Ausdruck „Geduld" steht Demut[2430], Freigibig-

---

[2417] G 2,2,9,1,16-19,270.

[2418] G 2,2,15,2,1f.,288.

[2419] G 3,3,42,1,14-18,194.

[2420] G 3,3,46,4,5-7,210.

[2421] G R 7,443f.,236.

[2422] G 2,2,23,1,5-10,330.

[2423] G 2,2,3,2,23f.,238.

[2424] G 2,2,3,2,25-27,238.

[2425] G 2,2,17,1,15-18,300.

[2426] G 2,2,17,1,18-20,300.

[2427] G 2,2,12,1,1-4,280.

[2428] GHLD 42,1,220C; JHLD 30,4,93f.,240; 30,6,172f.,242; 41,8,204f.,303; CM 3,37,656.

[2429] GHLD 42,1,220C.

[2430] MH 3,41,245; 4,49,304.

keit[2431], Kraft[2432], Liebe[2433], Sanftmut[2434], Weisheit[2435], Zartheit[2436] und Zuwarten[2437]. Die Geduld Christi ist bewundernswert[2438], einzigartig[2439], gütig[2440], langmütig[2441], rosafarben[2442] und stark[2443].

17.2 Gott hat das sündige Menschengeschlecht nicht sofort bestraft, sondern war mit ihm geduldig[2444]. Darin zeigt er seine Weisheit[2445]. So offenbart er uns Menschen seine Geduld deutlicher als seine Majestät[2446].

17.3 Jesu ganzes irdisches Leben war eine Verbannung, in der er seine Geduld gezeigt hat[2447]. Besonders aber bei seinem Leiden trinkt Jesus geduldig den Kelch, den ihm der Vater reicht[2448]. Durch sein geduldiges Leiden erwirbt er dem Menschen die Seligkeit[2449]. In ihm zeigt er uns nicht nur seine Liebe, sondern auch seine Geduld[2450]. In der Kraft der Geduld des Leidens hat er das Böse besiegt[2451]. Aus ihr bewahrt er in aller Verfolgung die innere Ruhe[2452]. Seine Geduld macht die innere Schönheit seines Leidens aus[2453]. In seinem Herzen hat seine Geduld in den Widerwärtigkeiten[2454] ihren Ursprung[2455]. An folgenden Stationen seiner Passion wird die Geduld Jesu aufgezeigt: bei dem Verrat des Judas[2456], der Verleumdung vor Gericht[2457], vor dem er kein Wort der Ungeduld geäußert hat[2458], der Dornenkrönung[2459] und dem Kreuztragen[2460]. Bei

---

[2431] MH 3,6,203f.
[2432] IS 30,13,131-133,190; JHLD 57,10,212-216,405; MO 2,8,75,564; G 2, 2,3,2,25-27,239.
[2433] IS 15,15,149-151,292; 29,1,5-7,166; JHLD 30,6,167-171,242.
[2434] BHLD 1, 9,4,138,13-15; G 3, 3,46,4,5-7,210.
[2435] IS 39,10,61-67,324.
[2436] JHLD 20,7,252f.,179.
[2437] G R 6,140-142,170.
[2438] G 3, 3,42,1,14-18,194.
[2439] JHLD 53,5,122-124,374.
[2440] G 2, 2,12,1,1-4,280.
[2441] BS 3,113,656,16; G 2, 2,23,1,5-10,330.
[2442] G 2, 2,9,1,16-19,270.
[2443] JFC 3,2,15,142.
[2444] BS 3,113,656,16.
[2445] IS 30,9,85f.,186.
[2446] G 2, 2,17,1,15-18,300.
[2447] G R 7,714f.,204-206.
[2448] JHLD 53,115-119,374.
[2449] BS 3,108,614,21f.
[2450] IS 15,15,149-151,292; 29,1,5-7,166.
[2451] IS 30,13,131-133,190.
[2452] RVPS 28,286D.
[2453] JHLD 35,6,110-114,270.
[2454] MH 1,34,113.
[2455] MH 3,16,216.
[2456] G 2, 2,3,2,25-27,239.
[2457] IS 39,10,61-67,324.
[2458] G 3, 3,42,1,14-18,194.
[2459] JHLD 15,7,202-205,137.
[2460] G 3, 3,46,4,5-7,210.

seinem Sterben war der Höhepunkt seiner Geduld[2461]. Sein Mund[2462] und seine ungebrochenen Beine[2463] geben Zeugnis von seiner Geduld. Er ist ja das sanftmütige[2464] Lamm, das vor seinem Scherer den Mund nicht auftut (Jes 53,7)[2465] und geduldig die Schuld der Welt trägt[2466]. Der Auferstandene besitzt den Reichtum unendlicher Geduld[2467].

17.4 Die Geduld und die Liebe des leidenden Jesus sind auf die Kirche übergegangen[2468]. Dies zeigt sich schon bei den ersten Verfolgungen[2469]. Deswegen soll der Christ auch dem Beispiel der Geduld der Märtyrer folgen[2470].

17.5 Im Unterschied zu den Engeln im Himmel haben die Menschen auf Erden Pein und bedürfen der Geduld, um sie zu ertragen[2471]. Dafür ist Jesus[2472] das Beispiel[2473], der Spiegel[2474], das Schild[2475]. Christi Geduld soll der Christ besonders in Verfolgungen[2476], in Drangsalen[2477], in Leiden[2478], Krankheiten[2479] und in Versuchungen[2480] nachahmen. Deswegen soll man im Leiden an den Schultern, mit denen Jesus sein Kreuz getragen hat, ruhen[2481] und an den geduldigen Christus denken[2482]. Die Geduld der Christen sieht nach der unterschiedlichen Nähe zu Christus verschieden aus[2483]. In der Geduld Christi können wir nicht nur gezwungen als Knechte, sondern froh als Söhne an Christi Leid teilhaben[2484]. Christus ist die Geduld, in der die Christen geduldig sein können[2485]. Seine Geduld adelt[2486] und heiligt[2487] unser geduldiges Leiden. Die Jungfrau

---

[2461] JHLD 30,3,82f.,240.

[2462] JHLD 30,2,67-61,239.

[2463] JHLD 30,4,93f.,240; 30,6,172f.,242.

[2464] G 3, 3,42,1,14-18,194.

[2465] BHLD 1, 9,4,138,13-15.

[2466] MH 3,6,203f.

[2467] JHLD 37,6,149f.,281.

[2468] JHLD 30,6,166-171,242.

[2469] JHLD 57,10,212-216,405.

[2470] JHLD 82,7,210-212,568; JAP 8,236f.,817.

[2471] MM 7,34,16f.,282.

[2472] Nur David von Augsburg scheint sich zu scheuen, von der vorbildlichen Geduld Jesu zu sprechen, weil er die Geduld in der Beherrschung sündhafter Leidenschaften, die Jesus natürlich nicht besaß, sieht.

[2473] GHLD 12,4,63C.

[2474] BHLD 2, 47,2,6,144,8f.

[2475] G R 1,192,58.

[2476] IS 30,14,134-136,190.

[2477] G R 3,241f.,88.

[2478] JHLD 53,5,122-124,374.

[2479] G R 7,714f.,204-206; G 2, 2,9,1,11f.,268.

[2480] MO 2,8,75,564.

[2481] GHLD 12,4,63C.

[2482] IS 15,15,151-153,292.

[2483] JAP 8,239f.,817.

[2484] RVPS 28,287A.

[2485] JHLD 53,5,122-124,374; MM 7,34,17f.,282.

[2486] MM 7,34,19-22,282.

[2487] G 2, 2,9,1,11f.,268.

Maria war nach Jesus der geduldigste Mensch[2488]. Ebenfalls sollen die gottgeweihten Jungfrauen sich besonders in Geduld auszeichnen[2489].

17.6 Auch jetzt wird Jesus durch seine Liebe zur Geduld mit den Menschen gezwungen[2490]. Er wartet auf die Sünder, die sogar frevlerisch seinen Leib und sein Blut im Altarsakrament zu sich genommen haben[2491], geduldig[2492]. Besondere Geduld braucht Jesus für die Seelsorger[2493] und Ordensleute[2494], die ihre Aufgaben vernachlässigen. Weil er geduldig ist, darf man bei ihm immer wieder anklopfen[2495]. Nur soll man seine Geduld nicht in Sorglosigkeit mißbrauchen[2496]. Geschieht dies, kann die Geduld Jesu auch zur Verhärtung des menschlichen Herzens führen[2497]. Man soll sich aber bekehren, solange die Geduld Christi währt und er noch nicht zum Gericht kommt[2498].

3.7.3 Demut

1. In einer früheren Veröffentlichung hat der Verfasser eine längere Abhandlung über die Demut Christi geschrieben[2499]. Ein einfacher Hinweis auf das entsprechende Buch scheint mir bei einem so wichtigen Namen wie „Demut" für Christus nicht auszureichen. Wenn dieses Thema erneut angegangen wird, so werden große Teile des damals bearbeiteten Materials jetzt aufgegriffen und erheblich vermehrt.

In der Vulgata bezeichnet sich Christus als von Herzen demütig (Mt 11,29). Wenn im sogenannten Philipperhymnus (Phil 2,1-11) die Aufforderung zur Demut an die Christen mit dem Hinweis auf die Selbstentäußerung Christi begründet wird, setzt dies voraus, daß dieser selbst demütig ist.

Das deutsche Wort „Demut" beinhaltet eine subjektive Haltung eines Menschen. Das lateinische „humilitas" meint darüber hinaus auch die objektive Niedrigkeit, die einer mit der Demut bejahen oder freiwillig aufsuchen kann[2500]. So kann zum Beispiel Wilhelm von St. Thierry in einem Satz dieses Wort in den beiden unterschiedlichen Bedeutungen gebrauchen, wenn er sagt, daß der Sohn Gottes bei der Menschwerdung in das Gemach, das die „humilitas", „Niedrigkeit" bedeutet, eintrat, um den Duft der „Demut" zu verbreiten[2501].

[2488] MH 1,2,12.

[2489] MH 1,11,36.

[2490] G R 7,443f.,236.

[2491] HSO 966D.

[2492] BHLD 1, 9,4,5,138,13-15.

[2493] ESV 3,26,77.

[2494] ESB 16,150.

[2495] JHLD 41,8,204f.,303.

[2496] GHLD 42,1,220C.

[2497] GHLD 42,1,220C.

[2498] IH 27,84,161.

[2499] Weiß, Gottesbild 3,2120-2129.

[2500] Vgl. Habel-Grüber 180.

[2501] WHLDB 27,429B.

2. Jean von Fécamp bezeichnet Jesus als den guten Hirten, der dem verlorenen Schaf nachgeht, als demütig[2502]. Im Kontext wird deutlich, daß Jean mit dieser Bemerkung die grundsätzliche Haltung des Sohnes Gottes anspricht, mit der er sich vom Vater auf die Erde senden läßt[2503]. Die Demut Christi gibt Jean Anlaß, vor der Überheblichkeit zu warnen[2504]. „Mitissime Christe, totius humilitatis magister, superbis resistis, et gratiam praestas humilibus." – „Mildester Christus, Meister der ganzen Demut, Du widerstehst den Stolzen und gewährst die Gnade den Demütigen."[2505]

3. Besonders ausführlich behandelt Bernhard von Clairvaux die Demut Christi. „Titulus Christi humilitas est." – „Der Titel Christi ist ‚Demut'."[2506]

3.1 Im Allgemeinen entspricht die Demut einer vorhandenen Niedrigkeit, die der Mensch anerkennt. Anders aber ist es, wenn einer sich ohne Not erniedrigt. «Illud enim necessitatis est, hoc voluntatis.» – «Das erste geschieht aus einer Notwendigkeit, das zweite aus Freiwilligkeit.»[2507] Nach der Sünde ist die Demut zwar liebenswert, aber auch notwendig. Erst die Demut eines Unschuldigen ist etwas Besonderes[2508]. „Quam pretiosa humilitatis virtus cum tanta puritate." – „Wie kostbar ist die Tugend der Demut mit einer so großen Reinheit."[2509] Diese Art Demut hatte Gottes Sohn, als er zur Erde kam. „Ipse se exinanivit, ipse se humiliavit, non necessitate iudicii, sed nostri caritate." – „Er hat sich entäußert, er hat sich erniedrigt, nicht aus der Notwendigkeit des Urteils (über die vorhandene Niedrigkeit), sondern aus Liebe zu uns."[2510] Diese Freiwilligkeit, die Bernhard in dem Bekenntnis Christi, seine Demut komme von Herzen (Mt 11,29), angedeutet sieht[2511], setzt voraus, daß er wußte, er sei der Höchste[2512]. So demütigt sich der Sohn Gottes und gibt dem Menschen einen Kuß[2513]. In dem Kommen auf die Erde zeigt sich die Demut des Sohnes: „Redemptoris humilis incarnatio, quae fit de terra", „Die demütige Menschwerdung des Erlösers, die von der Erde gebildet ist"[2514]. Es war „humilis et occultus Christi adventus", „die demütige und verborgene Ankunft Christi"[2515]. In der Vereinigung von göttlicher und menschlicher Natur wird uns eine sehr große Demut geschenkt[2516]. An Weihnachten wird von der ganzen Kirche einmal im Jahr das Gedächtnis einer „tantae humilitatis", „so großen Demut" gefeiert[2517]. Wer sich deswegen auf Christi Ankunft vorbereiten will, braucht keinen

---

[2502] JFC 2,12,524f.,137.
[2503] JFC 2,12,522f.,137.
[2504] JFC 3,32,1160-1162,178f.
[2505] JFC 3,32,1159f.,178.
[2506] BS 3,88,520,3.
[2507] BHLD 2, 42,4,7,88,15-17.
[2508] BHLD 2, 45,1,2,114,16-18.
[2509] BASSPT 4,7,568,6.
[2510] BHLD 2, 42,4,7,88,18f.
[2511] BHLD 2, 42,4,7,88,23-25.
[2512] BHLD 2, 42,4,7,88,22f.
[2513] BHLD 1, 2,3,6,70,25f.
[2514] BS 2,116,344,13f.
[2515] BD 116,806,7f.
[2516] BNAT 2,6,248,9f.
[2517] BADV 3,2,88,1-3.

Palast zu errichten[2518], sondern soll sein Gemach schmücken, „sed humilitate", „aber mit Demut"[2519]. Wir werden ja sehen „maiestatem Dei, sed sane in nobis, non in seipso, utique maiestatem in humilitate", „die Majestät Gottes, aber in uns, nicht in sich selbst, ja die Majestät in Demut"[2520]. Einer Majestät, die sich in Demut zeigt, soll man Demut entgegenbringen[2521]. Weil die Menschwerdung für sein irdisches Dasein grundlegend ist, hat Jesus durch seine Gegenwart auf Erden die Demut ausgezeichnet[2522].

3.2 Von dem Kind in der Krippe heißt es: „Non maiestas attollitur hic, sed commendatur humilitas." – „Nicht die Majestät wird hier hoch gepriesen, sondern der Demut gedacht."[2523] An die Bemerkung, daß Jesus in Nazareth seiner Mutter untertan war (Lk 2,51), schließt Bernhard folgende Fragen an: „Quis, quibus? Deus hominibus." – „Wer? wem? Gott den Menschen."[2524] Er kommentiert dies: „Quod feminae Deus obtemperet, humilitas absque exemplo." – „Daß Gott einer Frau gehorcht, (ist) eine Demut ohne Beispiel."[2525] Gerade darin erweist sich ja die Aufrichtigkeit der Demut, wenn man sich einem Geringeren unterstellt[2526]. Bei folgenden Ereignissen wird die Demut Christi deutlich: in den Umständen seiner Geburt[2527], bei der Verkündigung des Engels an die Hirten[2528], bei seinem Bekenntnis, daß der Vater größer ist als er[2529], bei seinem Reiten auf einem Esel am Palmsonntag[2530] und bei der Fußwaschung[2531].

3.3 Weil nicht die Stolzen, sondern die Demütigen zum Martertod bereit sind und Christus auch freiwillig gestorben ist, wird er Lilie im Tal, welche die Demut bedeutet, genannt[2532]. Da Jesus nur „per humilitatem et laborem", „durch Demut und Mühe" zur Herrlichkeit gelangen wollte, nahm er einen schändlichen Tod auf sich[2533]. Nach dem Jubel des Palmsonntags folgt deswegen die demütigende Erniedrigung am Karfreitag[2534]. Angesichts der Umstände seines Sterbens ruft Bernhard aus: „O humilem et sublimen! ... Nemo illo sublimior, neque humilior." – „O Demütiger und Hoher. ... Niemand ist höher und niedriger als jener."[2535] Eine so wunderbare Demut war für das Opfer am Kreuz notwendig[2536].

[2518] BVNAT 1,5,138,9f.
[2519] BVNAT 1,5,138,16f.
[2520] BVNAT 6,6,214,8f.
[2521] BNAT 4,2,264,20-22.
[2522] BB 1, 42,6,24,482,8-10.
[2523] BHLD 2, 48,2,4,152,10.
[2524] BLVM 1,7,44,11f.
[2525] BLVM 1,7,44,16.
[2526] BS 2,28,316,5f.
[2527] BVNAT 1,5,138,16f.; BA 1,3,150,3f.; BD 119,814,3-5.
[2528] BNAT 4,2,264,17-20.
[2529] BINOV 5,3,708,24f.
[2530] BPALM 2,3,166,1f.
[2531] BH 7,20,74,10-12.
[2532] BHLD 2, 47,3,7,144,18-21.
[2533] BBEN 11,92,2-5.
[2534] BPALM 1,1,156,9f.
[2535] BIVHM 3,186,7-9.
[2536] BIVHM 5,188,16-18.

3.4 „Substantiam, formam habitumque gestavit humiliem, ipsius nobis commendans virtutis excellentiam, quam speciali sui voluerit honorare praesentia." – „In Wesen, Gestalt und Gehabe zeigte er sich demütig, wodurch er uns die überragende Größe dieser Tugend empfahl, die er durch seine besondere Gegenwart ehren wollte."[2537] So wäre sein Gehorsam nicht aufrichtig, wäre er im Herzen nicht die Demut[2538]. Bernhard kommentiert die Aufforderung Christi Mt 11,29 „Lernt von mir, denn ich bin mild und von Herzen demütig" mit den Worten: „Se ergo proponit humilitatis exemplum, mansuetudinis formam." – „Er stellt sich als Beispiel der Demut, als Gestalt der Sanftmut vor."[2539] In diesem Wort „ipse de humilitate, tamquam summa suae doctrinae suarumque virtutum gloriatus est", „hat er sich der Demut als den Gipfel seiner Lehre und seiner Tugend gerühmt"[2540]. „Huius disciplinae proposuit se scholarem magistrum." – „In diesem Fach stellt er sich dem Schüler als Meister dar."[2541] Seine Mutter Maria gleicht ihm in diesem Punkte, wenn sie Gott dankt, daß er auf ihre Demut geschaut hat[2542]. Schon in der Krippe predigt er die Demut[2543] und erzieht auf sie hin[2544]. „Quid enim facit superbia sub pannis humilitatis Iesu." – „Was soll der Stolz angesichts der Lumpen der Demut Jesu."[2545] In der Menschwerdung[2546] und bei der Fußwaschung[2547] hat er uns die „humilitatis formam", „Gestalt der Demut" gegeben. Die Wahrheit erkennt man nur „in Christum credendo, id est eius humilitatem imitando", „im Glauben an Christus, das heißt im Nachahmen seiner Demut"[2548]. Diejenigen sind mit in seiner Herrlichkeit, „quos verbo et exemplo prius Filius humiliavit", „die der Sohn durch Wort und Beispiel vorher zur Demut geführt hat"[2549]. Sein Beispiel hilft den Menschen, gegen den Stolz zu kämpfen: „Deus se humilat, et tu te exaltas?" – „Gott demütigt sich, und du erhebst dich?"[2550] Wir sollen auf die Werke seiner Demut schauen[2551].

Auch in der Brautmystik spielt das Beispiel der Demut eine Rolle. Jesus, der einzigartige Bräutigam, bringt seiner Braut Geschenke[2552]. Er bringt einen Mantel mit, den er, das Lamm Gottes, aus seiner eigenen Wolle hergestellt hat[2553]. Der Mantel, der seinen

---

[2537] BB 1, 42,6,24,482,8-10.

[2538] BS 3,88,520,6f.

[2539] BH 1,1,46,2f.

[2540] BB 1, 42,5,18,468,12-15.

[2541] BS 3,88,520,3f.

[2542] BB 1, 42,5,17,468,7-9.

[2543] BNAT 1,1,226,2f.

[2544] BNAT 4,3,268,2f.

[2545] BA 2,3,150,4f.

[2546] BD 119,814,3f.

[2547] BH 7,20,74,11f.

[2548] BH 4,15,68,14f.

[2549] BH 7,20,74,21f.

[2550] BLVM 1,8,44,23f.

[2551] BVPP 2,442,11f.

[2552] BPA 6,862,8f.

[2553] BPA 6,862,15f.

Träger verbirgt, ist die Demut, mit der Christus sich vor der Welt verborgen hält[2554]. Daß er aus der eigenen Wolle hergestellt ist, weist auf seine Lehre der Demut hin[2555]. Die freiwillige Demut, so wie Christus sie lebte, wird nicht andoziert, sondern mit der Liebe eingegossen[2556]. Christus ist aber nicht nur allgemein ein Beispiel der Demut, sondern auch die Krone aller Demütigen[2557]. Dem Sünder gilt die Frage: „Quam indigne respondes eius dignationi, qui in dispensatione humilitatis suae sublimen esse te fecit?" – „Wie unwürdig antwortest du auf die Herablassung dessen, der dich in der Anordnung seiner Demut groß sein läßt?"[2558]

4. Weitgehend stimmt Wilhelm von St. Thierry mit der Beschreibung der Demut Christi, wie wir sie bei Bernhard finden, überein.

4.1 Ähnlich wie Bernhard kommt auch Wilhelm bei dem Vergleich des Bräutigams mit einer Feldblume und Lilie des Tales (Hld 2,1) in seinem Hohenliedkommentar auf die Demut Christi zu sprechen. Er weiß, daß eine besondere Größe in der Demut ihr Fundament haben muß[2559]. „Quanto major es, humilia te in omnibus." – „Je größer du bist, (desto mehr) demütige dich in allem."[2560] Weil unser Bräutigam, der als wahre Feldblume und Lilie des Tales Jesus Christus darstellt, so groß ist, wollte er auch seine Gerechtigkeit in der Taufe des Jordan demütigen[2561]. Wilhelm geht aber dadurch über Bernhard hinaus, daß er einen Unterschied in der Bedeutung der Feldblume und der Lilie des Tales macht[2562]. Die Lilie des Tales bedeutet die Demut, in der sich Christus als Sohn Gottes den Menschen unterordnet; „hoc est ad deificae in Christo humilitatis exemplar conformatum et coaptatum exemplum", „dies bezieht sich auf das gleichgestaltete Urbild und angepaßte Beispiel der in Christus göttlichen Demut"[2563]. Gemeint ist damit die Menschwerdung, die dann allerdings „humiliatio potius quam humilitas est", „eher Verdemütigung als Demut ist"[2564] Sie geschah nicht durch eine Notwendigkeit, sondern ist eine Tugend aus Liebe[2565]. Damals trat der König in sein Gemach, das heißt in die Niedrigkeit, und verbreitet den Duft der Demut[2566]. Wilhelm kann auch weitgehend Petrus Abaelard zustimmen, wenn dieser schreibt, daß Christus Mensch geworden sei, um ein Beispiel der Demut zu geben[2567]. Sie äußert sich darin, daß er „cum Deus homo ab hominibus perversis sponte eis subditus, et ab eis injuste judicatus est", „als der Gottmensch schlechten Menschen untertan und von ihnen ungerecht

---

[2554] BPA 6,862,19f.
[2555] BPA 6,862,15-17.
[2556] BHLD 2,42,5,8,88,31f.
[2557] BHLD 2,47,3,7,144,20.
[2558] BQH 14,5,678,8f.
[2559] WHLD 1,9,107,238.
[2560] Ebenda.
[2561] Ebenda.
[2562] WHLD 1,9,108,240.
[2563] WHLD 1,9,108,242.
[2564] Ebenda.
[2565] Ebenda.
[2566] WHLDB 27,429B.
[2567] WD 7,275A-B.

verurteilt worden ist"[2568]. Davon wird Christus als Lilie von der Feldblume unterschieden, worunter die Demut Christi, die er mit allen Menschen gemeinsam hat, verstanden ist[2569]. Sie äußert sich darin, daß er wie alle Kinder seinen Eltern untertan war und wie alle Bürger Steuern gezahlt hat[2570].

Der Höhepunkt der Demut Christi ereignete sich am Kreuz, als er ein verachteter Mann der Schmerzen wurde (Mt 53,3). Dies geschah, „ut zelet et imitetur in me humilitatem, per quam perveniat ad gloriam", „damit (der Mensch) eifert und in mir nachahmt die Demut, durch welche er zur Herrlichkeit kommen soll"[2571]. Am Kreuz erwarb Christus durch die Demut die Tugend, die der Mensch durch den Stolz verloren hatte[2572]. Doch Gott hat Jesus erhöht, und „humilitas ejus mutata est in gloriam", „seine Demut/Niedrigkeit wurde in die Herrlichkeit verwandelt"[2573].

4.2 Die Vollkommenheit jeder Tugend ist die vollkommene Demut, „cujus exemplar ego tibi sum", „deren Urbild ich für dich bin"[2574]. Es gibt in der Demut der Christen einen Unterschied zu derjenigen des Herrn: „Alia tamen humilitas in Christo, alia in Christiano." – „Verschieden ist dennoch die Demut in Christus von derjenigen im Christen."[2575] Beim Christen entspringt die Demut aus der Erkenntnis von dem, was er ist, nämlich klein und gering. Christus wußte immer, daß er Gott, also groß und mächtig ist. Seine Demut kann von der Erkenntnis nicht allein dessen kommen, was er ist, sondern von der Erkenntnis dessen, was er freiwillig getan hat, nämlich daß er sich selbst erniedrigt hat[2576]. Deswegen soll der Mensch versuchen, Christi Demut nachzuahmen, doch zurückschrecken von der Meinung, er könnte deren Größe erreichen[2577]. In bezug auf die Demut ist die Braut „pavida ad parilitatem", „furchtsam in der Meinung, sie sei gleich"[2578]. Auch Johannes der Täufer ist zwar in der Demut der Größte unter allen Menschen, wurde aber von Christus in dieser Haltung überboten[2579]. „Nusquam enim hominis ad Deum comparatio, nec in ipsa similitudine humilitatis." – „Niemals gibt es einen Vergleich zwischen dem Menschen und Gott, auch nicht in der Ähnlichkeit der Demut."[2580]

5. Bei Aelred von Rievaulx wird, sieht man von der Umschreibung von Mt 11,29 ab[2581], die Demut Christi nicht erwähnt. Selbst in seinem Werk „De Iesu puero" wird zwar erzählt, daß Jesus, nachdem er von den Eltern in Jerusalem gefunden wurde, mit

---

[2568] WHLD 1,9,110,242.
[2569] Ebenda.
[2570] WHLD 1,9,109,242.
[2571] WND 11,34,401B.
[2572] WND 12,35,401C.
[2573] WCS 1,346C.
[2574] WHLD 1,9,107,240.
[2575] WHLD 1,9,110,244.
[2576] Ebenda.
[2577] WHLD 1,9,111,246.
[2578] Ebenda.
[2579] WHLD 1,9,112,240.
[2580] WHLD 1,9,112,246.
[2581] ARSC 2,26,78,1464-1466,104.

ihnen nach Nazareth zurückgekehrt ist[2582], aber nur nebenbei die Demut seiner Unterordnung unter die Eltern erwähnt[2583]. Dieses geringe Interesse an der Demut Christi stellt bei den frühen Zisterziensern eine große Ausnahme dar.

6. Isaak von Stella fordert seine Zuhörer in einer Predigt auf, sich „vitae modum", „die Art zu Leben" Jesu als Vorbild zu nehmen[2584]. Dabei wird neben seiner Armut[2585] besonders seine Demut als vorbildlich dargestellt: „Qui spiritu timoris ita humilis fuit, ut cum Deus esset, hominibus subderet", „Er, der im Geist der Furcht so demütig gewesen war, daß er, obwohl er Gott war, den Menschen untertan war"[2586]. So konnte er auch die Menschen auffordern, demütig zu werden, weil er selbst von Herzen demütig war[2587]. Er gab sich so mit den Sündern und Besessenen ab, „ut humilibus humilior, excelsis superior ubique inveniatur", „daß er demütiger als die Demütigen und größer als die Großen überall erfunden wurde"[2588]. Als Gott steigt er auf und ist der Höchste, zugleich steigt er hinab und ist der demütigste der Menschen[2589].

7. Nach Gilbert von Hoyland verbindet die Demut und die Majestät Jesu seine Liebe zu den Menschen[2590]. Besonders zeigt sich dies am Kreuz. Deswegen fragt Gilbert: „Quae major humilitas quam exaltari in cruce?" – „Gibt es eine größere Demut als sich am Kreuz erhöhen lassen?"[2591] Diese Demut ist nicht von der Furcht, sondern von der Liebe erzeugt[2592]. Einer so gearteten Demut, die aus der Liebe fließt, wird nichts beschwerlich[2593].

8. Schon die Tatsache, daß Guerricus von Igny die Demut Christi besonders oft in Weihnachts- oder Epiphaniepredigten erwähnt, zeigt, daß er sie stark mit der Menschwerdung verbindet.

8.1 An Weihnachten sollen wir das fleischgewordene Wort betrachten, „Deum immensum qui parvulus factus est; ut in hoc visibili et breviato Verbo discamus Sapientiam Dei quae tota humilitas facta est", „den unermeßlichen Gott, der ein Kind geworden ist, damit wir in diesem sichtbaren und klein gewordenen Wort die Weisheit Gottes lernen, die ganz Demut geworden ist"[2594]. Selbstverständlich ist hier die absolute Weisheit der Sohn Gottes. Dieser wollte als Weisheit nichts anderes wissen als die Demut[2595]. Diese in einem Kind demütig gewordene Weisheit kann die Stolzen abstoßen[2596]. „Advertite

[2582] ARJ 1,9,227f.,257.
[2583] ARJ 1,9,222-225,256.
[2584] IS 8,14,142,202.
[2585] IS 8,14,142-145,202.
[2586] IS 8,14,146f.,202.
[2587] IS 8,14,147-154,202.
[2588] IS 12,2,14-16,250.
[2589] IS 13,1,3-5,260.
[2590] GHLD 3,2,23D-24A.
[2591] GHLD 20,5,105B.
[2592] GHLD 44,7,235D.
[2593] Ebenda.
[2594] GIS Nat 5,4,132-135,230.
[2595] GIS Nat 5,4,136-138,232.
[2596] GIS Nat 5,3,117-120,230.

lumen in lucerna, ... Deum in homine." – „Bemerkt das Licht in der Lampe, ... Gott im Menschen."[2597] „Latet quidem maiestas in humanitate, virtus in humilitate." – „Es verbirgt sich ja die Majestät in der Menschheit, die Kraft in der Erniedrigung."[2598] So ist Christus noch demütiger als seine demütige Mutter[2599].

8.2 In seinem öffentlichen Wirken leuchtet ebenfalls die Demut auf. Sie zeigt sich in sieben Stationen seiner irdischen Existenz, nämlich in der Menschwerdung, in der Armut der Krippe, im seiner Mutter Untertansein, in der Taufe am Jordan, im Erdulden des Verräters, im Stehen vor Gericht und im Gebet am Kreuz für seine Verfolger[2600]. Als er in den Jordan stieg, um getauft zu werden, „velut consepultus humilitati", „ist er gleichsam mit der Demut begraben worden"[2601].

8.3 Zur Gottverlassenheit Jesu am Kreuz spricht Guerricus: „Nunc humiliatus profundius". – „Nun wurde er tiefer gedemütigt."[2602] „Haec siquidem humilitas coelos aperit." – „Diese Demut hat ja den Himmel geöffnet."[2603] Selig ist die Tochter Sion, die lernt, die Demut Christi als Zeichen des Himmels zu verehren[2604]. Oft wird Christus, wenn er voll Ehre ist, beneidet, aber als Demütiger nur verachtet[2605].

8.4 Wer einen Heilsrat sucht, dem „imitanda praedicetur humilitas et paupertas Christi", „wird die nachzuahmende Demut und Armut Christi verkündet"[2606]. Man soll in sich alles Große, was sich gegen die Demut Christi wendet, vernichten[2607]. Es gibt einen Kampf zwischen Christus und dem Teufel, und der Mensch muß sich entscheiden, auf welcher Seite er stehen möchte: „Vexillum Christi humilitas, antichristi superbia."- „Das Banner Christi (ist) die Demut, dasjenige des Antichristen der Stolz."[2608] Nach Guerricus gibt es aber auch einen Stolz, der in der Verachtung der Welt besteht. „Superbiam istam non damnat sed remunerat Magister humilitatis." – „Diesen Stolz verdammt nicht, sondern lohnt der Lehrer der Demut."[2609]

9. Balduin von Canterbury schreibt, daß „miranda Christi charitas, mirandaque humilitas, utriusque admiranda suavitas", „zu bewundern die Liebe Christi, zu bewundern die Demut, und beider Süße zu bestaunen" sei[2610]. Nach ihm ist der Gegenspieler Christi ebenfalls der gefallene Luzifer, der mit Gott gleich sein und sich ihm nicht in Demut unterordnen will[2611].

[2597] GIS Epi 2,1,33f.,256.
[2598] GIS Epi 2,2,37f.,256.
[2599] GIS AsBM 3,4,136f.,452.
[2600] GIS Epi 4,7,195-204,302.
[2601] GIS Epi 4,5,169,300.
[2602] GIS Palm 3,3,81f.,194.
[2603] GIS Epi 4,7,215,304.
[2604] GIS Palm 4,4,102-104,208.
[2605] GIS Palm 4,4,104-106,208.
[2606] GIS Epi 4,5,149-151,298.
[2607] GIS Nat Joh 1,6,146f.,324.
[2608] GIS Os 5,127f.,508.
[2609] GIS Epi 1,1,28f.,240.
[2610] BT 8,479A.
[2611] BT 14,543C.

10. Kein anderer früher Zisterzienser spricht so oft von der Demut Christi wie Johannes von Ford. Es gibt allerdings auch einige Stellen, an denen „humilitas" ausschließlich die objektive Niedrigkeit des Gottmenschen besagt[2612].

10.1 Die Demut der Menschwerdung wird gelobt[2613]. Die Erniedrigung des Sohnes Gottes enthält verborgen wie unter einer Schale seine Demut und Liebe[2614]. In der Demut wird die Herrlichkeit des Sohnes Gottes gemildert[2615]. In ihr gibt es ja die Verbindung von göttlicher und menschlicher Natur, „ut humiliatio carnis Verbis sit inclinatio, et exaltatio majestatis humilitatis sit ad alta promitio", „so daß die Verdemütigung des Fleisches eine Hinneigung des Wortes und die Erhöhung der Majestät ein Vorankommen der Demut zum Hohen ist"[2616]. Mit wunderbarer Demut trug der Menschgewordene das Gewicht seiner Herrlichkeit[2617]. Er ist auch schön in seiner Demut gestaltet[2618]. Seine Demut ist nicht aus einer Not erzwungen, sondern aus der Güte der Liebe erwiesen[2619].

10.2 Johannes unterscheidet eine grundlegende Demut des Herzens Jesu von einer solchen, die sich in seinem Wirken zeigt[2620]. Die Weisheit Christi ist den Klugen und Weisen verborgen, den Kleinen aber offenbar, wie eine Höhe, die sich auf die Demut stützt, froher macht[2621]. So würzt auch die Höhe Christi die Demut[2622]. Johannes spricht von der Demut des Leidens Christi[2623]. Die Demut des sich entäußernden Christus wird aber auch Anlaß für seine Verfolgung; angesichts ihrer hat der Mensch nämlich keine Entschuldigung für seine Sünden mehr[2624]. Auch heute muß der Mensch oft sagen: „Scandalo mihi hactenus fuit, quae ad caritatem et humilitatem urgere me debuit, caritas et humilitas Domini mei." – „Zum Ärgernis ist mir dies jetzt geworden, was mich zur Liebe und zur Demut hätte drängen müssen, die Liebe und Demut meines Herrn."[2625] Es ist ein unendlicher Abgrund der Demut, daß Christus sich am Kreuz unter die Verbrecher zählen ließ[2626]. Die Demut, mit der Christus durch sein Blut alle Makel unserer Sünden am Kreuz abgewaschen hat, übersteigt allen Sinn der Menschen und der Engel[2627].

[2612] Z.B. JHLD 25,6,116f.,211.
[2613] JHLD 8,2,47f.,80.
[2614] JHLD 119,6,184-188,804.
[2615] JHLD 8,3,74f.,81.
[2616] JHLD 25,6,115-117,211.
[2617] JHLD 8,10,304f.,87.
[2618] JHLD 35,5,105-107,269.
[2619] JHLD 83,7,144f.,572.
[2620] JHLD 9,1,67-69,89.
[2621] JHLD 32,2,84-91,252.
[2622] JHLD 32,3,97-99,253.
[2623] JHLD 8,2,47f.,80.
[2624] JHLD 9,4,149-152,91.
[2625] JHLD 95,6,130-132,645.
[2626] JHLD 82,4,87f.,565.
[2627] JHLD 26,6,125-128,218.

10.3 Auch der erhöhte Herr, der neben dem Vater sitzt, ist sowohl der Höchste als auch der Demütigste unter allen[2628]. Er ist ja mit ewiger Demut die Milch für alle Kleinen[2629].

10.4 Wer seinen Leib und sein Blut empfangen möchte, muß die Liebe und die Demut seiner Menschwerdung und seines Leidens in der Meditation oft verkostet haben[2630]. Uns „tantae maiestatis humilitas flectit", „beugt die Demut einer so großen Majestät"[2631]. Auch die Tatsache, daß Christus täglich in den Herzen der Gläubigen geboren wird, ist ein demütiges Beginnen[2632]. Bis er unsere Einwilligung erhält, bleibt er demütig an der Wand der Braut stehen (vgl. Hld 2,9)[2633].

10.5 Es ist die Demut des Geliebten[2634], die ihn zum Meister der Demut macht[2635]. Die Demut Christi ist die einzige Leiter, auf der man zum Himmel gelangt[2636]; sie allein bereitet den Menschen zur ewigen Herrlichkeit[2637]. Die Braut ist klug, wenn sie „se humiliat, humilia dilecti sui diligenter exquirens, ut solito in sublimibus eius mereatur exaltari", „sich demütigt, indem sie das Demütige ihres Geliebten sorgfältig sucht, um in seine Höhen verdient, wie gewohnt, erhoben zu werden"[2638]. „Itaque et anima Iesum diligens humilitatis … aemula est." – „So ist auch die Seele, die Jesus liebt, eine Eiferin …der Demut."[2639] Denjenigen, welche die rechte Weisheit haben, leuchtet auf dem Gesicht Christi seine Demut auf[2640]. So besteht die Profeß eines Ordensmannes im Streben nach Demut[2641]. Doch reichen im Kloster die äußeren Gesten der Demut nicht aus; diese Haltung muß aus den Weiden des Herzen hervorsprossen, die fett geworden sind durch das Lamm, das uns die Demut des Herzens gelehrt hat[2642]. Die Aufforderung Jesu, sich nach ihm zu richten, weil er von Herzen demütig ist, wird ein Apfel des Tales genannt, weil er eine demütige Frucht ist[2643]. Unser Nacken soll „uoluntaria Christi humilitate", „durch die freiwillige Demut Christi" so geheilt werden, daß das Joch, das dieser auflegt, nicht drückt, sondern sanft erscheint[2644]. Die Braut sammelt alle Nöte ihres Herrn zu einem Büschel, der seine „humilitatem infinitam", „unendliche Demut" ausströmt[2645].

[2628] JHLD 36,6,194-196,277.
[2629] JHLD 96,5,123-125,652.
[2630] JHLD 8,2,46-50,80f.
[2631] JHLD 31,5,134f.,247.
[2632] JHLD 67,8,168-171,470.
[2633] JHLD 82,2,44-48,564.
[2634] JHLD 9,1,6,88.
[2635] JHLD 43,10,157,313.
[2636] JHLD 98,8,167-171,666.
[2637] JHLD 108,6,128f.,732f.
[2638] JHLD 93,7,130-132,632.
[2639] JHLD 51,5,139f.,362.
[2640] JHLD 36,6,151-153,276.
[2641] JHLD 51,10,259f.,365.
[2642] JHLD 51,10,265-270,365.
[2643] JHLD 59,9,196-199,420.
[2644] JHLD 73,4,83-85,508.
[2645] JHLD 83,4,89-91,571.

11. Weil der Verfasser des Traktates „Speculum virginum" die Demut im Anerkennen des Unterschiedes vom Geschöpf zum Schöpfer begründet[2646], tut er sich schwer, von der Demut Jesu zu reden. Doch da der Mensch im Stolz der ersten Sünde die Demut dem Schöpfer gegenüber aufgekündigt hat[2647], gäbe es keine Rettung, „nisi Christi humilitas subvenisset", „wenn nicht die Demut Christi zu Hilfe gekommen wäre"[2648]. Der Gottmensch wird mit einem Baum verglichen, „cuius radix humilitate fundatur, summitas vero flore aeterno", „dessen Wurzeln ihren Grund in der Demut haben, seinen Gipfel aber in der ewigen Blüte" hat[2649].

12. Obwohl Hugo von St. Viktor die gleiche Definition der Demut hat wie der eben behandelte Traktat[2650], spricht er wesentlich häufiger von der „humilitas Christi", „Demut Christi". Wenn er die Menschwerdung mit den Worten umschreibt: „Deus humilis, homo sublimis", „Gott niedrig, der Mensch hoch"[2651], ist mit „humilis" der objektive Tatbestand des Niedrigseins und nicht das subjektive Demütigsein gemeint. An Letzteres aber ist an folgender Stelle gedacht: „Ex humilitatione susceptae infirmitatis nostram, et superbiam reprimit, et illuminat caecitatem." – „Durch die Verdemütigung in der Annahme der Schwäche unterdrückt er sowohl unseren Stolz, als er auch unsere Blindheit erleuchtet."[2652] Die Demut in der Rolle des Erlösers unterscheidet den Bräutigam von der Höhe des Schöpfers: „Iste sponsus tuus (qui tam excelsus apparuit cum te conderet) humiliari dignatus est cum te repararet. Illic tam sublimis, hic tam humilis." – „Jener, dein Bräutigam, (der so erhaben erschienen ist, als er dich schuf), hat sich gewürdigt, sich zu demütigen, als er dich erneuerte. Dort so hoch, hier so demütig."[2653] Hugo glaubt, das Motiv für die Ablehnung des Glaubens in Dionysius' Aeropagita „Die himmlische Hierarchie" gefunden zu haben, „sapientiam mundi contra humilitatem fidei Christina inflatam cernens", „der (= Dionysius) die Weisheit der Welt aufgeblasen gegenüber der Demut des christlichen Glaubens sah"[2654]. Der christliche Glaube bejaht, daß der Erlöser im Tod niedrig, aber als Schöpfer erhaben ist[2655]. „Mundi hujus sapientia tumens in altum ab humilitate Christinae veritatis in summo suo manifesti erroris comprobatur." – „Die bis zur Höhe aufgeschwollene Weisheit dieser Welt wurde von der Demut der christlichen Wahrheit in ihrem Gipfel des offenkundigen Irrtums überführt."[2656] Denn Gott wurde von den Demütigen gefunden, weil er sich ihnen im Kreuz offenbart hat[2657]. Hugo wehrt sich allerdings gegen folgende Argumentation: „Manifeste dicit Apostolus, quia proptera per resurrectionis gloriam Christus meruit

[2646] SP 4,300,15-17.
[2647] SP 4,308,19-23.
[2648] SP 4,310,2.
[2649] SP 4,320,7-9.
[2650] HF 12,1002C.
[2651] HAN 1,2,622B.
[2652] HAN 2,8,641B.
[2653] HSO 962B.
[2654] HH 1,929D.
[2655] HH 1,929D-930D.
[2656] HH 1,931A.
[2657] Ebenda.

exaltari, quia prius per oboedientiam passionis usque ad mortem non respuit humiliari." – „Offensichtlich sagt der Apostel, daß deswegen Christus verdient hat, durch die Herrlichkeit der Auferstehung erhöht zu werden, weil er sich vorher durch den Gehorsam des Leidens bis zum Tod nicht scheute, sich zu verdemütigen."[2658] In dieser Aussage sieht es nach der Meinung Hugos so aus, als ob Christus als Gott kein Recht auf die Erhöhung gehabt hätte. Für ihn ist sowohl Erhöhung als auch Verdemütigung des Gottmenschen in dessen Menschwerdung begründet[2659].

13. Richard von St. Viktor schreibt im Blick auf Phil 2,5f.: „Attende, quaeso, magnitudinem humiliationis, immensitatem attritionis." – „Beachte, bitte, die Größe der Verdemütigung, die Unermeßlichkeit der Zerknirschung."[2660] Christus hat nämlich völlig unschuldig den bittersten und schändlichsten Tod am Kreuz erlitten[2661]. Aber auch in der Menschwerdung des Sohnes Gottes sieht er dessen Demut am Werk: „O quanta humilitas Omnipotentis, o qualis sublimitas hominis! Deum habere hominem patrem, humilitas incomparabilis! Hominem habere Filium Deum sublimitas inaestimabilis!" – „O wie große Demut des Allmächtigen, o wie beschaffen die Höhe des Menschen! Gott hat einen Menschen zum Vater, unbegreifliche Demut! Ein Mensch hat Gott zum Sohn, unschätzbare Höhe!"[2662] Jesus ist also beides in einem, „tam humilis, tam altus", „so demütig, so hoch"[2663]. Einmal wird diese Verdemütigung in der Menschwerdung auch „dedignatio", „Herablassung" des Sohnes genannt[2664].

Der Christ soll sich verdemütigen „juxta formam humilitatis Christi", „nach der Gestalt der Demut Christi"[2665]. Gerade dem vollkommen Liebenden ist die „forma humilitatis", „Gestalt der Demut" Christi aufgegeben[2666]. In seinem Werk „De IV gradibus violentiae caritatis" arbeitet Richard vier Grade der Liebe heraus. Um den vierten Grad zu erreichen, bedarf es der Demut. „Haec est forma humilitatis Christi, ad quam conformare se debet quisquis supremum consummatae caritatis gradum attingere volet." – „Das ist die Gestalt der Demut Christi, mit der jeder sich gleichgestalten muß, der den höchsten Grad der vollkommenen Liebe erreichen will."[2667] Jesus könnte als Herr die Stolzen mit Schrecken seiner Majestät beugen, als Geliebter aber tut er dies durch das Beispiel seiner Demut[2668]. Er hat dies mit wunderbarer Demut getan, als er die Gestalt eines Knechtes in der Menschwerdung annahm[2669].

[2658] HSA 2,1,6,384D-385A.

[2659] HSA 2,1,6,386B.

[2660] RVPS 28,293D.

[2661] Ebenda.

[2662] RVPS 28,298B. Richard meint nicht, daß Josef der leibliche Vater Jesu gewesen sei. Eine solche Auffassung liegt außerhalb der mittelalterlichen Glaubensvorstellung. Er meint wohl, daß Jesus menschliche Väter, das heißt Ahnen, gehabt hat.

[2663] RVPS 28,298C.

[2664] RVPS 71,383D.

[2665] RVPS 28,294A.

[2666] RVGR 43,66.

[2667] Ebenda.

[2668] RVPS 28,299A.

[2669] RVPS 28,299B.

14. Hildegard von Bingen schreibt oft von der Demut Christi.

14.1 Christi Demut ist groß[2670], heilig[2671] und sehr hoch[2672].

14.2 Folgendermaßen umschreibt Hildegard die Menschwerdung Christi: Die ganze Dreifaltigkeit erfreut sich nicht „in pulchritudine carnis, sed in magna humilitate, ut idem Filius Dei se induit humanitate", „an der Schönheit des Fleisches, sondern an der großen Demut, so daß eben der Sohn Gottes sich mit der Menschheit bekleidet hat"[2673]. Damit ist die Gottheit Jesu in Demut verhüllt[2674]. Was die Demut ist, die als Quelle der Seligkeit in der reinsten Gottheit verborgen war[2675], hat zuerst der Sohn Gottes gezeigt, als er vom Vater auf die Erde gesandt wurde[2676]. „Humilitas autem in humanitate filii Dei aperte se manifestauit." – „Die Demut aber hat sich klar in der Menschheit des Sohnes Gottes geoffenbart."[2677] Durch die Menschwerdung wohnt Gott in der Demut[2678]. „Ille qui caelestes diuitias habet, paupertati humiliter se subdidit." – „Jener, der die himmlischen Reichtümer besitzt, hat sich demütig der Armut unterworfen."[2679] Gott hat sich in Demut zur Menschheit geneigt, um die abgefallenen Blätter wieder zur Seligkeit aufzuheben[2680]. Der Grund dafür liegt darin, daß er gekommen ist, denjenigen, der sich am Anfang der Schöpfung erhoben hat, nicht mit Macht, sondern „in humilitate per Filium suum", „in Demut durch seinen Sohn" zu überwinden[2681]. In der Demut und Gerechtigkeit wurde er Herr über den Teufel[2682], der keine Demut kennt[2683]. Dieser war wie Goliath, der den jungen David verachtet hat. „Superbia diaboli contempsit humilitatem in humanitate Filii Dei, qui in mundo natus non gloriam suam, sed gloriam Patris per omnia quaesiuit." – „Der Stolz des Teufels hat die Demut in der Menschheit des Sohnes Gottes verachtet, der in der Welt geboren nicht seine Ehre, sondern in allem die Ehre des Vaters gesucht hat."[2684] Er ist in seiner Unterordnung dem Teufel entgegengesetzt, der sich seinem Schöpfer nicht unterordnen wollte[2685]. Aber schon sein Kommen auf Erden ist durch seine Demut motiviert: „Humilitas enim Filium Dei de Virgine nasci fecit, ubi ipsa humilitas nec in auaris amplexibus, nec in pulchritudine carnis, nec in diuitiis terrenis, nec in aureis oranamentis, nec in saecularibus honoribus inuenta est." – „Die Demut ließ nämlich den Sohn Gottes von einer Jungfrau dort geboren werden, wo eben die Demut weder

[2670] HISV 2, 3,1,8,338-341,337; 3,11,19,409f.,586; HIO 1,1,17,5-7,58.
[2671] HISV 2, 3,10,17,564,562.
[2672] HIB 2, 180,28-30,410.
[2673] HISV 2, 3,1,8,338-341,337.
[2674] HIB 2, 223r,14f.,490.
[2675] HIO 3,3,3,12-14,382.
[2676] HISV 2, 3,8,18,931-934,505.
[2677] HIO 3,3,3,55f.,383.
[2678] HIB 2, 220r,42f.,482.
[2679] HISV 1, 1,1,3,92f.,10.
[2680] HIO 3,3,2,67f.,381.
[2681] HISV 1, 1,2,32,788-790,36.
[2682] HISV 1, 2,6,2,313-317,233.
[2683] HISV 2, 3,11,30,629f.,593f.
[2684] HISV 2, 3,1,18,621-625,346.
[2685] HISV 2, 3,1,18,625-627,346.

in gierigen Umarmungen noch in der Schönheit des Fleisches, noch in den irdischen Reichtümern, noch in goldenen Schmuckstücken, noch in weltlichen Ehren gefunden worden ist."[2686] Deswegen wurde er auch von einer Frau geboren, die sich „paruam in humilitate", „gering in ihrer Demut" erkannte[2687] und die als „clausum cubiculum regis in magna humilitate existit", „verschlossenes Gemach des Königs in großer Demut existiert hat"[2688]. Er ist vom Vater gesandt, um „cum maxima humilitate perditam ouen suam ad caelos", „mit der größten Demut das verlorene Schaf zu den Himmeln" zurückzuführen[2689]. Hildegard läßt einmal die Demut selbst zu Worte kommen: „Ego humilitas uitam in incarnatione Filii Dei uidi et morten conculcaui." – „Ich, die Demut, habe in der Menschwerdung des Sohnes Gottes das Leben gesehen und den Tod zertreten."[2690] Ganz allgemein kann es heißen: „Hominem qui perditus fuit humilitas eleuauit, quod humanitas Saluatoris erat." – „Den Menschen, der verloren war, hat die Demut erhoben, weil sie die Menschheit des Heilandes war."[2691] Wenn es heißt, „caritas hominem creauit, humilitas autem eum redemit", „die Liebe hat den Menschen erschaffen, die Demut aber ihn erlöst"[2692], darf man zwischen der Liebe und der Demut keinen großen Unterschied sehen, da Hildegard beide Tugenden oft zusammen nennt. Ähnliches gilt auch von der Aussage: „Deus enim caritas est, quia omne opus suum pium est, sed per humilitatem de celo descendit, ut captiuos suos liberaret." – „Gott ist nämlich die Liebe (1 Joh 4,8), weil sein ganzes Werk gütig ist, aber durch die Demut stieg er vom Himmel herab, um die Gefangenen zu befreien."[2693]

14.3 Die Demut Jesu zeigte sich schon in der Krippe dadurch, daß er eine arme Mutter hatte, und machte sich im weiteren Leben durch Weinen und Seufzen kund[2694]. Auch in allen Werken, die der Sohn auf Erden wirkte, wurde die Demut, die im Herzen des Heiligen Tempels, das heißt im göttlichen Wissen war, deutlich[2695]. „Cum terrenis terrenum honorem non quaesiuit, sed humillimus, modicus et pauper in sancta humilitate apparuit." – „Bei den Irdischen hat er keine irdische Ehre gesucht, sondern er ist ganz demütig, bescheiden und arm in der heiligen Demut erschienen."[2696] Der Sohn hat den Menschen durch sein Blut errettet. „Quomodo? In humilitate et caritate." – „Wie? In Demut und Liebe."[2697] In seiner Demut hat er den Tod am Kreuz vernichtet[2698]. Der

[2686] HISV 1, 1,2,33,817-820,37.
[2687] HISV 2, 3,8,15,697-701,498.
[2688] HIO 1,1,17,5-7,58.
[2689] HISV 1, 2,6,3,356-358,234f.
[2690] HIB 1, 58,13f.,138.
[2691] HIB 1, 85r,52f.,205.
[2692] HIB 1, 85r,53f.,205.
[2693] HIB 2, 160r,55f,359f.
[2694] HISV 1, 1,2,33,821-823,37.
[2695] HISV 2, 3,18,955-959,505.
[2696] HISV 2, 3,10,17,563f.,562.
[2697] HISV 1, 1,2,32,812-814,37.
[2698] HISV 2, 3,10,17,564,562.

Sohn Gottes ist aber nicht nur in der größten Demut auf der Erde gewandelt, sondern mit ihr auch zur Rechten des Vaters heimgekehrt[2699].

14.4 Wer mit dem Teufel zu kämpfen hat, soll sich mit der Demut Christi bewaffnen[2700]. Will einer Christus nachfolgen, soll er den Weg, den dieser gegangen ist, ebenfalls gehen, „cum in carne in mundo cum magna humilitate et non cum superbia apparuit", „da er durch das Fleisch in der Welt mit großer Demut und nicht mit Stolz erschienen ist"[2701]. Christus ist auf der Seite der Demütigen: „Vbi humilitas est, ibi Christus semper epulatur." – „Wo die Demut ist, da ist Christus immer zu Tisch."[2702] Folgendermaßen werden andere christliche Tugenden auf die Demut bezogen: „Fides est uelut oculus humilitatis, obedientia uero quasi cor eius, et contemptus mali compago illius." – „Der Glaube ist wie das Auge der Demut, der Gehorsam gleichsam ihr Herz und die Verachtung des Bösen ihr Band."[2703]

14.5 Neben den vielen traditionellen Aussagen fällt bei Hildegard auf, daß die Demut Christi ihr Zentrum in der Menschwerdung hat. Die Annahme der „humanitas" war nur durch „humilitas" beim Sohn Gottes möglich. Auf der anderen Seite umfaßt im konkreten Leben Jesu die Demut seine Armut, seinen Gehorsam und seine jungfräuliche Empfängnis.

15. In ihrer jugendlichen Krise fing Elisabeth von Schönau am Glauben zu zweifeln an. Der Zweifel entzündete sich an der Frage: „Quisnam ille fuit, qui tantum se humiliavit propter homines." – „Wer ist denn jener gewesen, der sich so sehr um der Menschen willen gedemütigt hat."[2704] Dabei leugnete sie nicht, daß diese Demut, falls sie Wirklichkeit ist, gut für den Menschen wäre[2705]. Man sieht, daß auch für einen mittelalterlichen Menschen die demütigende Menschwerdung des Sohnes Gottes keineswegs selbstverständlich war.

16. Der Verfasser des St. Trudperter Hohelied legt Hld 2,9 „Mein Geliebter gleich dem Hirschkalb und dem Rehkitz" folgendermaßen aus: Jesus steigt vom Himmel über den Schoß der Jungfrau und die Krippe bis zum Kreuz und der Hölle hinab[2706]. „Wan er ez getân hât mit diemüete, von diu sô hât er sich geebenmâzet den wênigen tieren, niht den michelen." – „Weil er es mit Demut getan hat, deswegen hat er sich verglichen mit den kleinen, nicht mit den großen Tieren."[2707] „Wan got ist der aller diemüetigeste under aller sîner geschepfede. von diu stêt er in dem tale niderhalp unser, sô daz er uns enpfâhe mit sîner winsteren. daz ist sîn erbarmede." – „Denn Gott ist der allerdemütigste unter allen seinen Geschöpfen. Deswegen steht er unterhalb von uns im Tal, um uns mit sei-

---

[2699] HIB 2, 180,28-30,410.
[2700] HISV 1, 1,2,33,823f.,37.
[2701] HISV 2, 3,11,19,409f.,586.
[2702] HIB 1, 52r,58f.,130.
[2703] HIB 1, 85r,55-57,205.
[2704] ESV 1,2,4.
[2705] Ebenda.
[2706] TH 31,14-19,84.
[2707] TH 31,28-30,84.

ner Linken aufzufangen. Das ist sein Erbarmen."[2708] Derjenige, der „unterhalb" steht, dürfte der barmherzige Erlöser Jesus Christus sein.

17. Für Maria von Oignies heißt Christus nachahmen, ihm nachfolgen „seipsam per humilitatem abjeciendo", „in der Verleugnung seiner selbst durch die Demut"[2709].

18. In einer Ekstase fühlt Ivetta von Huy, „quam immensus in majestate, quam humilis in carne", „wie unermeßlich in der Majestät, wie demütig im Fleisch" das Jesuskind auf den Armen seiner Mutter ist[2710].

19. Ida von Nijvel wünscht, daß die Erde sich auftut und sie verschlingt[2711]. Der Autor ihrer Vita schreibt, daß der Ursprung eines solchen Gedankens in „magister humilitatis Christus, sponsus eius, qui concupietat speciem ipsius, & thronum suum posuerat in ea", „ihrem Meister der Demut, ihrem Bräutigam, der sich nach ihrer Gestalt sehnt und seinen Thron in sie stellt," liegt[2712]. Diese Demut gibt ihr auch die innere Ruhe, so daß sie jahrelang ohne Zornesaufwallung und Ärger lebt[2713].

20. Von Juliane von Cornillon heißt es: „Quanto ipse se indigniorem reputabat, tanto Christus humilitatis amator et doctor, digniorem eam judicabat." – „Je unwürdiger sie sich selbst fühlte, desto würdiger beurteilte sie Christus, der Liebhaber und Lehrer der Demut."[2714]

21. Hadewijch lehrt, daß der Mensch, der mit der Gottheit Jesu sich bekleiden will, die Tugenden anziehen soll, „daer god hem seluen met cleedde ende cierde, doen hi mensche leuede", „darin Gott ihn selbst gekleidet und ziert, womit er als Mensch lebt"[2715]. „Ende dies salmen beghinne ane die selue oetmoedicheit daer hijs ane began." – „Und man soll dies beginnen mit derselben Demut, mit welcher er begann."[2716] Das heißt, man soll sich allen fremden Trostes, Tugenden und Fähigkeiten entledigen[2717].

22. Margarete von Ypern spürt einmal die Gefahr, daß sie mit allzu großer Liebe an ihrem geistlichen Berater hängen könnte, und bittet Jesus, sie „per excelentissimam humilitatem tuam", „um Deiner herausragenden Demut willen" davor zu bewahren[2718].

23. Besonders ausgiebig schildert David von Augsburg die Demut Christi.

23.1 Für David ist Jesus Christus der Spiegel aller Tugenden, die ein Christ üben soll. Grundgelegt ist dies in der Menschwerdung: „Unser hêrre Jêsus Kristus der hât sich selben gediemüetiget ze allen dingen, diu uns zuo êwigen heile nütze und nôtdürftic sint, von ganzen triwuen." – „Unser Herr Jesus Christus, der hat sich selbst gedemütigt zu allen Dingen, die uns zum ewigem Heil nützlich und notwendig sind, aus ganzer

[2708] TH 129,29-32,272.
[2709] MO 1,2,21,552.
[2710] IH 22,66,158.
[2711] IN 1,202.
[2712] Ebenda.
[2713] Ebenda.
[2714] JC 2,2,7,458.
[2715] HAB 30,84-87,255.
[2716] HAB 30,87-89,255.
[2717] HAB 30,89-95,255
[2718] MY 25,119,12-17.

Treue."[2719] Gottes Sohn ist jetzt unter den Menschen „mit der minneclîchen diemüete-keit", „mit der liebevollen Demut"[2720]. Dieses Demütigen geschieht, um uns zu er-heben: „Dû hâst dich her ab zuo uns geneiget mit der diemuot, daz dû uns mit dîner minnehitze ûf zuo dir ziehest von aller irdischen liebe." – „Du hast Dich herab zu uns mit Demut geneigt, damit Du uns mit Deiner Minnehitze zu Dir ziehest weg von aller irdischen Liebe."[2721] Wer sich den Menschen Jesus vorstellen will, der soll sich in sei-nem Herzen alle Tugenden vorstellen, vor allem „die diemüetigisten site", „das demü-tigste Gehabe"[2722]. Er ist ja die „diemüetige güete", „demütige Güte"[2723]. Wenn David von „der diemüetigen mensheit", „der demütigen Menschheit" spricht, die der ewige Sohn Gottes angenommen hat[2724], denkt er wohl an die ihn demütigenden Bedingun-gen, unter denen er als Mensch zu leben hatte.

23.2 Mit Demut hat Christus uns erlöst: „Diemuot ist unser hêrren wâfen, daz er vourte in dirre werlde, dô er den kamph für uns vaht gên dem tievel mit dem tôde." – „Demut ist die Waffe unseres Herrn, da er in diese Welt kam, wo er dem Kampf gegen den Teufel mit dem Tod für uns ausgefochten hat."[2725]

23.3 Es bedarf auch einer besonderen Demut, wenn der Gottmensch sich jetzt mit einem schwachen und an Tugend armen Menschlein vereint[2726]. Auch in dem Altar-sakrament zeigt sich diese Demut. „Aber ob allen dingen sô ist dû diemüetigiu güete allermeist schînbaere an dînem heiligen lîchenamen und an dînen bluote." – „Aber vor allen Dingen ist die demütige Güte am meisten sichtbar an Deinem heiligen Leib und an Deinem Blute."[2727]

23.4 Zu Novizen, die noch nicht geübt sind in der Tugend der Demut[2728], schreibt er über Christus: „Describe igitur tibi in corde tuo mores et actus suos: quam humiliter se habuit inter homines." – „Schreibe dir in dein Herz seine Sitten und Handlungen: wie demütig er sich zu den Menschen verhielt."[2729] Er hat uns ja gelehrt, von Herzen demütig zu sein[2730]. „Lerne von ihm ouch diemüetiges herzen sîn." – „Lerne von ihm, ebenso demütigen Herzens zu sein."[2731] „Wan nie herze diemüetiger wart denne sîn herze." – „Denn nie war ein Herz demütiger als sein Herz."[2732] Seine demütige Güte ist so groß, daß es nicht anders kann, als sich den Menschen mitzuteilen[2733]. Wer des-

---

[2719] DT 325,27-29.
[2720] DAG 362,22f.
[2721] DK 342,12-14.
[2722] DK 345,1-6.
[2723] DB 4,377,31f.
[2724] DB 12,383,8f.
[2725] DSV 6,319,22-24.
[2726] DB 4,377,38-378,2.
[2727] DB 4,378,11-13.
[2728] DAE 2,2,25,124.
[2729] DAE 1,1,20,2,25.
[2730] DSV 6,319,29-31.
[2731] DT 331,7.
[2732] DT 333,9; vgl. DT 333,24f.
[2733] DB 10,383,26-29.

wegen sich ohne Demut in den Tugenden übt, ist ein Heuchler[2734]. Im Mittelalter trug der Schild eines Ritters das Wappen seines Herrn. So muß der gute Mensch die Demut Christi[2735] als Zeichen unseres „herzoge"[2736] tragen. Wer es nicht trägt, erhält auch keinen Lohn[2737].

24. In der Vita der Margareta von Magdeburg spielt die Demut Jesu schon in ihrer Berufungsvision eine große Rolle. Sie sieht mit ihren geistigen Augen Jesus Christus am Kreuz. „Crucis mysterium intellexit. In profunditas crucis intellexit Christi humilitatem, et talem humilitatem, ad quam nullus umquam attigit nec attinget." – „Sie verstand das Geheimnis des Kreuzes. In der Tiefe des Kreuzes(balkens) erkannte sie die Demut Christi, und zwar eine solche Demut, an die keiner jemals gereicht hat noch reicht."[2738] Diese Demut beschränkt sich aber nicht auf sein Sterben: „Quia omnia, que fecit Christus, cum maxima humilitate et fidelissime totum fecit tantum pure pro nobis et nichil inde speravit ad suum commodum profuturum." – „Weil alles, was Christus getan hat, hat er ganz mit größter Demut und getreu getan und hat nur rein für uns und nichts für sich zu seinem bequemen Nutzen erhofft."[2739] „In hoc exemplum dedit ei fieri abissum humilitatis et eum in humilitate imitari." – „Darin gab er ihr ein Beispiel, ein Abgrund an Demut zu werden und ihn in der Demut nachzuahmen."[2740] Denn Gottes Güte sucht die Demut des Geschöpfes wie ein Gefäß, in das sie sich gießen kann[2741]. Der Verfasser aber fragt sich, wie Christus ein Abgrund von Demut sein kann. Als Gott hat er niemand, der über ihm wäre, dem er sich in Demut unterstellen könnte. Erst recht ist ihm, dem Sündenlosen, die Demut der Reue nicht möglich[2742]. Aber die Güte läßt ihn sich unter alle wie ein Baum neigen, so daß wir, wenn wir nur wollen, seine Früchte nehmen können[2743]. „Dei bonitas compellit humilitatem ipsius, ut se ad nos inclinet." – „Gottes Güte drängte seine Demut, daß sie sich zu uns neigt."[2744] Aber auch Maria war ein Abgrund der Demut. „Et quanto eam invenit humiliorem, tanto magis in ipsa laudata humilitas Dei fuit." – „Je mehr (Gott) sie demütig fand, desto mehr wurde die Demut in ihr gelobt."[2745] „Sic beata Virgo iuxta nobilitatem Dei se ipsam indignissimam reputavit." – „So hat sich die selige Jungfrau im Angesicht des Adels Gottes für die unwürdigste gehalten."[2746] Am demütigsten war ihre Sehnsucht, mit der sie verlangte, Muttergottes zu werden[2747]. Von ihr heißt es: „Eius humilitas

---

[2734] DT 331,7-11.
[2735] DSVS 6,319,20-22.
[2736] DSV 6,319,29.
[2737] DSV 6,319,24-28.
[2738] MA 9,12.
[2739] MA 35,38.
[2740] MA 9,12.
[2741] MA 27,30.
[2742] MA 27,29.
[2743] Ebenda.
[2744] Ebenda.
[2745] Ebenda.
[2746] Ebenda.
[2747] Ebenda.

humilitatem Dei coegit, quod factus est homo." – „Ihre Demut zwang Gottes Demut, so daß er Mensch geworden ist."[2748] So hat sie Gottes Sohn mit größter Demut empfangen[2749]. „De ista humilitate satis habuit Margareta, quia in se habere nil boni penitus reputavit." – „Von dieser Demut besaß Margareta genug, weil sie meinte, sie besitze in sich überhaupt nichts Gutes."[2750]

25. Mechthild von Magdeburg spricht nicht allzu oft von der Demut Christi. Nahe verwandt mit dieser Tugend ist aber das, was Mechthild „undertenekeit", „Untertansein" nennt. Jesus, die „cleine blůme der sůsse maget", „kleine Blume der süßen Jungfrau"[2751], ist für den Menschen „kleine mit diner undertenekeit", „klein mit Deinem Untertansein" geworden[2752]. Christus spricht zu Mechthild: „Die súnden stinkent mich an us von dem abgrúnde des ertriches untz in den himmel; were es múglich, si triben mich uns. Die súnde hatte mich einist usgetriben, do kam ich diemůtlich und diente welte untz an minem tot." – „Die Sünden stinken mich an von dem Abgrund der Erde bis in den Himmel; wäre es möglich, sie hätten mich hinaus getrieben; da kam ich demütig und diente der Welt bis an meinen Tod."[2753] Wenn sich dies bei den erneuten Sünden nicht wiederholen läßt, erlöst er doch sein Volk, wenn die Menschen sich jetzt demütigen[2754]. Im 18. Kapitel des 7. Buches ihres „Fließenden Lichtes der Gottheit" teilt Mechthild die einzelnen Stationen der Passion auf die sieben Horen auf[2755]. Zur Komplet ist eine zusammenfassende Schau auf das ganze Leiden vorgesehen, welche beginnt mit den Worten: „O heligú tieffin aller diemůtekeit, o miltú breitin aller gaben, o erlichú hôhin aller minnen, Jhesu Christe." – „O heilige Tiefe aller Demut, o milde Breite aller Gaben, o herrliche Höhe aller Minne, Jesus Christus."[2756] Während die Breite die Vielfalt der Gaben und die Höhe die Größe der Liebe meint, ist die Tiefe der Demut die Schändlichkeit des Todes Christi. Der Mensch soll dann selbst um die tiefe Demut, die ihn wegen seiner Sünden unter alle Kreaturen stellt, beten[2757].

26. Wesentlich ausführlicher behandelt Mechthild von Hackeborn die Demut Christi.

26.1 Einmal wird Mechthild aufgefordert, Jesus im Blick auf seine verschiedenen Körperteile zu loben. „Per mentum, humilitatem meam, qua de coelo in uterum Virginis me reclinavi." – „Durch das Kinn (lobe) meine Demut, mit der ich mich vom Himmel in den Schoß der Jungfrau geneigt habe."[2758] Zu Beginn einer jeden Hore soll Mecht-

---

[2748] MA 28,31.

[2749] MA 53,57.

[2750] Ebenda.

[2751] MM 5,20,2,170.

[2752] MM 5,20,4f.,171.

[2753] MM 7,10,3-6,265.

[2754] MM 7,10,8-10,265.

[2755] MM 7,18,1-52,270f.

[2756] MM 7,18,45f.,271.

[2757] MM 7,18,47-49,271.

[2758] MH 3,6,203. Warum gerade das Kinn mit der Demut in Verbindung gesezt wird, ist nicht ersichtlich. Auch bei einigen anderen Tugenden ist die Herleitung von körperlichen Organen Jesu bei Mechthild nicht in sich einleuchtend.

hild „laudans extollat abyssum humilitatis, quo illa excellentissima divinitatis majestas a summo coelorum se inclinans, in vallem miseriae nostrae humiliter se dejecit. In qua humilitate, Deus Angelorum factus est hominum frater et socius, imo et humilis servus", „lobend erheben den Abgrund der Demut, mit der jene herausragendste Majestät der Gottheit sich vom Gipfel der Himmel geneigt und sich in das Tal unseres Elendes demütig gesenkt hat. In dieser Demut ist der Gott der Engel ein Bruder und Genosse, ja sogar ein demütiger Sklave der Menschen geworden"[2759]. Bei dem Gedanken, daß sich der majestätische Gott so sehr zum Menschen geneigt hat, soll der Mensch so verweilen, wie ein Vogel auf seinem Nest sitzt[2760]. Wenn man ein reines Gewissen und Demut erlangen will, soll man an die Empfängnis Christi im Mutterschoß denken[2761]. Einmal sieht sie das Herz Jesu, welches „ad seipsum in humilitate et dejectione", „in bezug auf sich in Demut und Verwerfung" war[2762], in der Gestalt eines Hauses: „Conspexit etiam in ipsa domo quatuor virgines pulcherrimas, quas agnovit esse virtutes; scilicet, humilitatem, patientiam mansuetudinem et charitatem." – „Sie schaute auch in eben diesem Haus vier schöne Jungfrauen, von welchen sie erkannte, daß sie Tugenden waren, nämlich die Demut, die Geduld, die Sanftmut und die Liebe."[2763] Unter die wichtigsten Tugenden Jesu wird also die Demut gezählt. Die Demut ist ein Edelstein in seiner Krone[2764].

26.2   Einmal sieht Mechthild, wie sie zu Tisch sitzt und von Christus mit verschiedenen Speisen bedient wird. Die Kräuter bedeuten dabei „humillimam scilicet Christi conversationem, qua se omni subjecerat creatura", „nämlich den demütigsten Lebenswandel Christi, mit dem er sich jeder Kreatur unterworfen hatte"[2765]. Der Gedanke, daß „Deus tuus humilis factus, dignatus est ad humilia opera et servitia inclinari", „dein Gott, demütig geworden, sich gewürdigt hat, zu demütigen Werken und Diensten sich zu neigen," soll helfen, sich selbst zu demütigen und unterzuordnen[2766]. Ein anderes Mal bedeuten die Knie Jesu die Demut, weil er sich bei der Fußwaschung der Apostel hingekniet hat[2767].

26.3   Auch jetzt noch neigt sich Christus in großer Demut zu jedem einzelnen Menschen, mag er noch so schwach sein, wenn der Mensch es nur selbst will[2768].

26.4   Der Mensch soll Christus ein demütiges Herz darbringen[2769]. Ein solches Herz jubelt „pro eo quod passioni et humilitati mea aliquid adjicere valeat, et aliquid habet unde mihi sacrificet", „dafür, daß es etwas meinem Leiden und meiner Demut hinzufü-

---

[2759] MH 3,30,234.
[2760] MH 3,42,245.
[2761] MH 1,43,127.
[2762] MH 4,1,258.
[2763] MH 2,21,160.
[2764] MH 4,3,260.
[2765] MH 1,14,46.
[2766] MH 3,41,245.
[2767] MH 3,15,214.
[2768] MH 3,18,220.
[2769] MH 1,11,37.

gen kann und etwas hat, was es mir opfert"[2770]. Wenn man sieht, daß jemand stolz wird, „lauda me in fundo humilitatis meae, qua cum essem Dominus omnium, omnibus me subjeci", „lobe mich auf dem Grund meiner Demut, durch welche ich mich, obwohl ich der Herr aller bin, allen unterworfen habe"[2771]. Man soll sich allen Tugenden, besonders aber der Demut Christi gleichgestalten[2772], „quia Christus humilis fuit et obediens, studeat humiliter omni se subjicere creaturae, et si opportunum fuerit, usque ad mortem obedire", „weil Christus demütig und gehorsam war und sich bemühte, demütig einer jeden Kreatur sich zu unterwerfen und, sollte es gelegen sein, bis zum Tod zu gehorchen"[2773]. Einmal zeigt Jesus mit seinem Finger auf seine Demut, wobei sein größeres Glied auch diese Tugend bezeichnet, mit dem er den Menschen durch die Demut zur Gnade bereitet[2774]. Die Demut nennt Mechthild auch an erster Stelle der Tugenden, die sie sich von Christus erwünscht[2775].

27. Bei Gertrud der Großen nimmt das Vorkommen der Demut Christi wieder ab.

27.1 Auch Gertrud weiß, daß bei der Menschwerdung des Sohnes Gottes seine Demut eine Rolle spielt. Unsertwegen „dimiserit regnum suum humiliter", „verließ er demütig sein Königreich"[2776]. In ihrer eigenen Demut wurde die Jungfrau Maria immer geeigneter, den Sohn Gottes in der Empfängnis aufzunehmen[2777]. Am Fest Maria Lichtmeß bemüht sich Gertrud, „abyssum tuae humilitatis", „den Abgrund Deiner Demut" zu verehren[2778]. Seine Gunst vertrocknet auch nicht „in valle humilitatis", „im Tal der Demut"[2779]. Lobenswert ist auch die Demut Jesu, mit der er, der Richter der Lebenden und Toten, sich bei seinem Leiden einem menschlichen Gericht gestellt hat[2780]. Der Tiefpunkt der Verdemütigung besteht in dem Hinabstieg Jesu in das Reich des Todes, um von dort die Toten zu holen[2781].

27.2 Als Gertrud sich nach ihrer Bekehrung wieder in weltliches Geschwätz verliert, holt „tua dulcis humilitas", „Deine süße Demut" sie wieder zurück[2782]. All ihr Können kommt aus dem Adel seiner Demut[2783].

27.3 Innerhalb der Erneuerung der Taufe in ihrem Werk „Exercitia spiritualia" wird auch der Taufexorzismus angesprochen. In dem entsprechenden Gebet zu Christus heißt es: „Sancta humilitas tua doceat me omnes laqueos inimici prudenter devitare." –

[2770] Ebenda.
[2771] MH 3,43,246.
[2772] MH 4,33,292.
[2773] MH 4,33,293.
[2774] MH 4,49,304.
[2775] MH 6,9,390.
[2776] G R 3,35,76.
[2777] G 3,3,46,3,1-4,208.
[2778] G 2,2,16,6,15f.,296.
[2779] G 2,2,16,6,17-19,296.
[2780] G 3,3,46,3,4-7,208.
[2781] G 3,3,18,25,5f.,102.
[2782] G 2,2,3,3,7-14,238-240.
[2783] G 2,2,5,4,4-6,252.

„Deine heilige Demut lehre mich, klug alle Schlingen des Feindes zu meiden."[2784] Der
Zusammenhang der Demut mit der Vorsicht vor dem bösen Feind wird hier kaum
ersichtlich. Seine Herablassung lockt den Menschen in die Tiefe der Demut[2785].

27.4 Die Seltenheit, mit der Gertrud im Vergleich zu anderen Mystikerinnen die Demut Christi erwähnt, läßt sich vielleicht folgendermaßen erklären: Für sich selbst stellt
diese Haltung eine zentrale Tugend dar, die aus dem Gefühl der eigenen Fehlerhaftig-
keit und Unwürde entsteht. So kann sie sich gescheut haben, von dem ganz sündenlosen Christus die gleiche Tugend anzunehmen.

28. Gelegentlich wird auch in der nicht mystisch geprägten Dichtung des Hochmittel-
alters die Demut Christi erwähnt. So heißt es im am Ende des 12. Jahrhunderts entstandenen Linzer Antichrist: „Ze betlehem wart crist geborn. die wenige stat hat er ircorn
durch sine michel demvt." – „Zu Betlehem wurde Christus geboren. Die geringe Stadt
hat er wegen seiner großen Demut erkoren."[2786] Im „Processus Luciferi" des Stricker
neigt die Waage der Menschheit sich schon zur Hölle hin, da sendet uns der Vater „Jêsum Christen, der quam mit diemüete", „Jesus Christus, der kam mit Demut"[2787].

29. Zusammenfassend läßt sich über die Demut Christi sagen:

29.1 Seine Demut ist ewig[2788], groß[2789], heilig[2790], hoch[2791], unbegreifbar[2792], unendlich[2793] und wunderbar[2794]. Neben der Demut Jesu steht oft seine Armut[2795], Gerechtigkeit[2796], Herablassung[2797], Liebe[2798], Mühe[2799] und Süße[2800]. Die ewige Weisheit ist
demütig geworden[2801], die Kraft Gottes verbirgt sich in der demütigen Niedrigkeit[2802].
Die Demut Jesu stellt einen Abgrund dar[2803].

[2784] G R 1,46f.,48.

[2785] G 2, 2,12,3,3-6,282.

[2786] Linzer Antichrist. De anticristo, Elia et Enoch 93-95, in: Die Deutsche Literatur vom Mittelalter bis zum 20.
Jahrhundert, 1,1,117.

[2787] Stricker: Processus Luciferi 311-319, in: Die Deutsche Literatur vom Mittelalter bis zum 20. Jahrhundert,
1,1,574.

[2788] JHLD 96,5,123-125,652.

[2789] HISV 2, 3,1,8,338-341,337; 3,11,19,409f.,586; HIO 1,1,17,5-7,58.

[2790] HISV 2, 3,10,17,564,562.

[2791] HIB 2, 180,28-30,410.

[2792] JHLD 26,6,125-128,218.

[2793] JHLD 83,4,89-91,571.

[2794] JHLD 8,10,304f.,87.

[2795] IS 8,14,142-145,202; GIS Epi 4,5,149-151,298; HISV 1, 1,1,3,92f.,10.

[2796] HISV 1, 2,6,2,313-317,233.

[2797] BQH 14,5,678,8f.; RVPS 71,383D.

[2798] GHLD 3,2,23D-24A; BT 8,479A; JHLD 51,5,138f.,362; 95,6,130-132,645; 119,6,184-188,804; RVGR 43,66;
HISV 1, 1,2,32,812-814,37.

[2799] BBEN 11,92,2-5.

[2800] BT 8,479A.

[2801] GIS Nat 5,4,132-135,230.

[2802] GIS Epi 2,2,37f.,256.

[2803] JHLD 82,4,87f.,565.

29.2 Für Christus ist die Demut das Kennzeichen[2804]. Zwischen der Demut Christi und derjenigen des Christen besteht aber ein grundlegender Unterschied[2805]. Beim Menschen entspringt die Demut aus der Notwendigkeit seiner niedrigen Existenz, bei Christus aber aus der Freiwilligkeit der Liebe zu uns[2806]; sie kommt aus seinem Herzen[2807]. Seine Demut entspringt nicht der Erkenntnis seiner Niedrigkeit, sondern seiner demütigen Tat[2808]. Der Sünder muß demütig sein, Christus ist es freiwillig, weil er uns von der Sünde befreien will[2809], was das Bewußtsein seiner Größe voraussetzt[2810]. So kommen paradoxe Formulierungen vor: Christus besitzt die Majestät der Demut[2811], er ist höher und demütiger als jede Kreatur[2812], als Gott ist er hoch, als Mensch demütig niedrig[2813], als Schöpfer erhaben, als Erlöser[2814] oder Bräutigam[2815] demütig, er ist beides in einem, hoch und demütig[2816], seine Höhe ist mit seiner Demut gewürzt[2817], in seiner Demut ist er schön[2818]. Er wird wegen seiner Demut die Lilie des Tales[2819] oder die Feldblume[2820] genannt und hat eine demütige Gestalt[2821]. Sein Leben und seine Lehre stellen den Gipfel der Demut dar[2822]. Er ist der demütigste Mensch[2823].

29.3 Auch Maria[2824] und Johannes der Täufer[2825] sind uns ein Vorbild der Demut, ohne allerdings an diejenige, die Christus besitzt, heranzukommen[2826].

29.4 Demütig läßt sich der Sohn Gottes in die Welt senden[2827]. Die Entäußerung in der Menschwerdung, in der er ein Knecht wurde[2828], geschieht aus Demut[2829]. Die Menschwerdung des Sohnes Gottes[2830] und sein Kommen auf die Erde[2831] wird demü-

---

[2804] BS 3,88,520,3.
[2805] WHLD 1,9,110,244.
[2806] BHLD 2, 42,4,7,88,15-17; WHLD 1,9,108,242; JHLD 83,7,144f.,572.
[2807] BHLD 2, 42,4,7,88,23-25.
[2808] WHLD 1,9,110,244.
[2809] BHLD 2, 45,1,2,114,16-18.
[2810] BHLD 2, 42,4,7,88,22f.
[2811] BVNAT 6,6,214,8f.; BNAT 4,2,264,20-22.
[2812] BIVHM 3,186,7-9; IS 12,2,14-16,250.
[2813] HAN 1,2,622B.
[2814] HH 1,929D-930D; HIB 1, 85r,53f.,205; 2, 160r,55f.,359f.
[2815] HSO 962B.
[2816] RVPS 28,298C.
[2817] JHLD 32,2,84-91,252.
[2818] JHLD 35,5,105-107,269.
[2819] BHLD 2, 47,3,7,144,18-21; WHLD 1,9,108,242.
[2820] WHLD 1,9,107,238; WHLD 1,9,109,242.
[2821] BB 1, 42,6,24,482,8-10; BS 3,88,520,6f.
[2822] BB 1, 42,5,18,468,12-15.
[2823] IS 13,1,3-5,260.
[2824] BB 1, 42,5,17,468,7-9.
[2825] WHLD 1,9,112,240.
[2826] WHLD 1,9,112,240; GIS AsBM 3,4,136f.,452.
[2827] JFC 2,12,522f.,137; HISV 1, 2,6,3,356-358,245f.; 2, 3,8,18,931-934,505.
[2828] RVPS 28,299B.
[2829] BHLD 2, 42,4,7,88,18f.; JHLD 9,4,149-152,91.
[2830] BS 2,116,344,13f.
[2831] BD 116,806,7f.

tig genannt. In der Menschwerdung besteht eine Verdemütigung[2832], und sie verbreitet den Duft der Demut[2833]. Der unermeßliche Gott wird ein kleines Kind[2834]. Sein Einswerden mit der menschlichen Natur geschah aus Demut[2835]. Diese ist besonders groß, weil er die durch die Sünde mit Schwäche behaftete menschliche Natur angenommen hat[2836]. Seine Gottheit ist unter der Schale seiner Demut verborgen[2837]. Weihnachten ist ein Fest der Demut[2838]. Erst durch die Menschwerdung weiß der Mensch, was die Demut ist[2839]. Aus der Demut Christi erwachsen seine Ehelosigkeit und Armut[2840].

29.5 Schon die Umstände der Empfängnis und der Geburt Christi[2841] zeugen von seiner Demut. Bei seinem Kommen beansprucht er keinen Palast[2842]. Das Kind in der Krippe zeugt von der Demut des Sohnes Gottes[2843]. Auch die Armut, welche die Geburt Jesu prägt, spricht von Demut[2844]. Daß die Engel gerade armen Hirten die Botschaft seiner Geburt verkünden, entspricht seiner Demut[2845]. Neben der grundlegenden Demut des Herzens war auch sein Wirken demütig[2846]. Die Tatsache, daß Jesus seinen Eltern untertan gewesen ist[2847] und später Steuern gezahlt hat[2848], beweist seine Demut. Es unterstellt sich ja ein Großer dem Geringeren[2849]. Ohne Demut hätte er sich nicht von Johannes taufen lassen[2850]. Auch wenn er den Vater größer nennt als sich, ist er demütig[2851].

29.6 Die demütig gewordene Weisheit des Sohnes Gottes kann bei den Menschen Anstoß[2852] oder Verachtung erregen[2853]. Dies gilt besonders beim Teufel[2854] und bei den Menschen, die von der Weisheit dieser Welt geprägt sind[2855]. In der Passion, in der Jesus isgesamt als demütig bezeichnet wird[2856], zeigen folgende Einzelheiten seine

---

[2832] WHLD 1,9,108,242.
[2833] WHLDB 27,429B.
[2834] GIS Nat 5,4,132-135,230.
[2835] BNAT 2,6,248,9f.
[2836] HAN 2,8,641B.
[2837] JHLD 119,6,184-188,804; HIO 3,3,3,12-14,382; HIB 2, 223r,14f.,490.
[2838] BADV 3,2,88,1-3.
[2839] HIO 3,3,3,55f.,383.
[2840] HISV 1, 1,2,32,817-820,37.
[2841] BVNAT 1,5,138,16f.; BA 1,3,150,3f.; BD 119,814,3-5.
[2842] BVNAT 1,5,138,9f.
[2843] BHLD 2, 48,2,4,152,10; BNAT 1,1,226,2f.; HISV 1, 1,2,33,821-823,37.
[2844] BA 2,3,150,4f.; GIS Epi 4,7,195-204,302.
[2845] BNAT 4,2,264,17-20.
[2846] JHLD 9,1,67-69,89.
[2847] BLVM 1,7,44,16; WHLD 1,9,109,242; ARJ 1,9,222-225,256; IS 8,14,146f.,202; GIS Epi 4,7,195-204,302.
[2848] WHLD 1,9,109,242.
[2849] BS 2,28,316,5f.
[2850] WHLD 1,9,107,238; GIS Epi 4,5,169,300; 4,7,195-204,302.
[2851] BINOV 5,3,708,24f.
[2852] GIS Nat 5,3,117-120,230; JHLD 9,4,149-152,91; 95,6,130-132,645.
[2853] GIS Palm 4,4,104-106,208.
[2854] HISV 2, 3,1,18,621-625,346.
[2855] HH 1,929D.
[2856] JHLD 8,2,47f.,80.

Demut: Der Ritt auf einem Esel[2857], die Fußwaschung[2858], das Ertragen des Verrates des Judas[2859], die Geduld bei der ungerechten Verurteilung[2860], die Schändlichkeit[2861] und Bitterkeit[2862] des Hängens am Kreuz, das Gebet für seine Verfolger[2863] und das Gefühl, vom Vater verlassen zu sein[2864]. Die Erhöhung am Kreuz ist die größte Erniedrigung[2865]. Dort ist er der demütige Mann der Schmerzen[2866]. Nur in Demut konnte er das Opfer des Kreuzes darbringen[2867]. Er stellt dort in Demut das wieder her, was der Mensch im Stolz verloren hatte[2868]. Seine Demut hat uns den Himmel geöffnet[2869], und seine demütige Erniedrigung bewirkt unsere Erhöhung[2870]. Im Kampf mit dem Teufel ist die Demut das Banner Christi[2871]. Am Kreuz wird deutlich, daß Jesus nicht mit Gewalt, sondern mit Demut über das Böse siegen will[2872].

29.7 Natürlich ist mit der Auferstehung seine Niedrigkeit in die Herrlichkeit verwandelt[2873]. Und doch bleibt er auch in der Erhöhung der demütigste Mensch[2874]. Er kehrt mit Demut zurück zum Vater[2875].

29.8 Die Kirche soll sich die Demut Christi aneignen[2876].

29.9 In Demut geht Jesus wie ein guter Hirte dem verlorenen Schaf nach[2877]. Es ist Demut des Geliebten[2878], wenn der Sohn Gottes einem Menschen einen Kuß gibt[2879] oder im Menschen geboren wird[2880]. Auch darin zeigt sich die Demut Jesu, daß er an der Tür der Braut wartet[2881].

[2857] BPALM 2,3,166,1f.
[2858] BH 7,20,74,11f.
[2859] GIS Epi 4,7,195-204,302.
[2860] WHLD 1,9,110,242; GIS Epi 4,7,195-204,302.
[2861] BBEN 11,92,2-5; JHLD 82,4,87f.,565; RVPS 28,293D.
[2862] RVPS 28,293D.
[2863] GIS Epi 4,7,195-204,302.
[2864] GIS Palm 3,3,81f.,194.
[2865] GHLD 20,5,105B.
[2866] WND 11,34,401B.
[2867] BIVHM 5,188,16-18.
[2868] WND 12,35,401C; SP 4,310,2.
[2869] GIS Epi 4,7,215,304.
[2870] JHLD 25,6,115-117,211.
[2871] GIS Os 5,127f.,508.
[2872] RVPS 28,299A; HISV 1, 1,2,32,812-814,37; 1,2,32,788-790,36; 1,2,6,2,313-317,233.
[2873] WCS 1,346C.
[2874] JHLD 36,6,194-196,277.
[2875] HIB 2, 180,28-30,410.
[2876] JHLD 8,2,46-50,80f.
[2877] JFC 2,12,524f.,137; HISV 1, 2,6,3,356-358,234f.
[2878] JHLD 9,1,6,88.
[2879] BHLD 1, 2,3,6,70,25f.
[2880] JHLD 67,8,168-171,470.
[2881] JHLD 82,2,44-48,564.

29.10 Weil Jesus so demütig ist, sucht er die Demütigen heim[2882] und speist mit ihnen[2883]. So wurde er schon von einer demütigen Jungfrau empfangen[2884]. Nicht einen
Palast, sondern die Demut verlangt er, wenn er kommen will[2885]. Nur die Demütigen
erkennen ihn als ihren Herrn am Kreuz[2886].

29.11 Jesus ist der Lehrer[2887], das Beispiel[2888] und Urbild[2889] der Demut für uns. Dazu
wird immer wieder Mt 11,29 zitiert oder umschrieben[2890]. Christus erzieht in Wort und
Beispiel[2891] und Lebensart[2892] die Menschen zur Demut[2893] und hat uns die Gestalt der
Demut gezeigt[2894]. Die Demut Christi steht dem Stolz der Menschen[2895] und des Teufels[2896] gegenüber. Das beste Heilmittel gegen den Stolz ist die Demut des Herrn[2897], sie
beugt unseren stolzen Sinn[2898]. Der Christ soll die Demut seines Herrn nachahmen[2899],
obwohl sie unerreichbar ist[2900]. Doch doziert er seine Demut nicht den Menschen an,
sondern gießt sie ihnen ein[2901]. Auch in der Brautmystik wird die Demut Christi erwähnt. Er als Bräutigam bringt seiner Braut als Geschenk den Mantel der Demut[2902],
und die Braut muß sich demütigen[2903]. Christus ist auch der Lohn aller Demütigen[2904].
Doch reichen demütige Gesten nicht aus, Jesus erwartet die Demut des Herzens[2905].

3.8 Seltene Namen

Eine Reihe von Ausdrücken wird so selten für die Erlösungstätigkeit Christi gebraucht,
daß sie hier nur kursorisch behandelt werden.

[2882] JFC 3,32,1159f.,178.
[2883] HIB 1, 52r,58f.,130.
[2884] HISV 2, 3,8,15,697-701,498.
[2885] BVNAT 1,5,138,16f.
[2886] HH 1,931A.
[2887] JFC 3,32,1159f.,178; BS 3,88,520,3f.; JHLD 43,10,157,313.
[2888] BH 1,1,46,1-3; WHLD 1,9,108,242; WD 7,275A-B.
[2889] WHLD 1,9,107,240.
[2890] BH 1,1,46,1-3; ARSC 2,26,78,1464-1466,104; IS 8,14,147-154,202.
[2891] BH 7,20,74,21f.
[2892] IS 8,14,142,202.
[2893] BNAT 4,3,268,2f.
[2894] BD 119,814,3f.; RVPS 28,294A; RVGR 43,66.
[2895] JFC 3,32,1160-1162,178f.
[2896] GIS Os 5,127f.,508; HISV 2, 3,11,30,629f.,593f.
[2897] BVLM 1,8,44,23f.
[2898] JHLD 31,5,134f.,247.
[2899] BH 4,15,68,14f; WND 11,34,401B; GIS Epi 4,5,149-151,298.
[2900] WHLD 1,9,111,240; 1,9,112,246.
[2901] BHLD 2, 42,5,8,88,31f.
[2902] BPA 6,862,15f.
[2903] JHLD 93,7,130-132,632.
[2904] BHLD 2, 47,3,7,144,20.
[2905] JHLD 51,10,265-270,365.

1. Wörter mit der Wurzel „mund" kommen in der Vulgata meist im Sinn von kultischer Reinheit oder Heilung vom Aussatz vor. Selten werden „mundare" (2 Kor 7,1; Eph 5,26; Tit 2,14; Hebr 9,22; 1 Joh 1,7) und „emundare" (Hebr 9,14; 1 Joh 1,9), „purificare" (Apg 15,9) meist ohne semantischen Unterschied, gebraucht, um die reinigende Erlösertätigkeit Christi zu beschreiben.

1.1 Jean von Fécamp schreibt daß Jesus seinen Leib zum Opfer dargebracht hat, welches reinigen kann[2906].

1.2 Bernhard von Clairvaux sagt, daß bei der Geburt Jesu sich nichts Unreines finden läßt, „cum proles ista fons puritatis sit et purgationem facere venerit delictorum", „da dieses Kind die Quelle der Reinheit ist und kam, Reinigung von den Vergehen zu bewirken"[2907].

1.3 Wilhelm von St. Thierry nennt Christus den Hohenpriester, weil er „hostiam mundantem", „die reinigende Opfergabe", nämlich sich selbst, zu unserer Erlösung dargebracht hat[2908].

1.4 Der Autor vom Traktat „Speculum virginum" schreibt von Christus, der in den Menschen wohnt: „Si igitur per fidem credentium corda permundat … mundum igitur in eis intellectum informat, cui naturaliter mundus semper praesens alieni auxilii nihil usurpat." – „Wenn er durch den Glauben die Herzen der Gläubigen reinigt, … dann formt er in ihnen also den Verstand rein, der ihm von Natur aus rein immer gegenwärtig ist und nichts an fremder Hilfe braucht."[2909]

1.5 Nach Hugo von St. Viktor ist Christus derjenige, „omnia emundans", „der alles reinigt"[2910].

1.6 Hildegard von Bingen schreibt: Der Sohn Gottes, der den reinsten Leib bei seiner Menschwerdung annahm[2911], ist „emmanans in diffusione uerae et indeficientis puritatis", „zerfließend in der Ausgießung der wahren nicht versagenden Reinheit"[2912]. Ihn soll man nachahmen „in lucidissima cordis puritate", „in der leuchtendsten Reinheit des Herzens"[2913].

1.7 Das St. Trudperter Hohelied sagt von Maria, „der was kunt sîne reiniu geburt", „ihr wurde seine reine Geburt kundgemacht"[2914]. Damit ist gemeint, daß Maria durch den Engel wußte, daß sie den Sohn Gottes ohne Zutun eines Mannes empfangen sollte.

[2906] JFC 2,13,571,139.
[2907] BPUR 3,2,420,9f.
[2908] WCS 10,358D.
[2909] SP 11,902,5-9. Der Hauptsatz dieses Zitates ist schwer zu verstehen; für den an Philosophie nicht interessierten Autor liegt eine grundsätzliche erkenntnistheoretische These fern. Man überinterpretiert diesen Text, wenn man meint, hier sei gesagt, ein reiner Verstand bedürfe in seinem ursprünglichen Zustand zur Erkenntnis Christi keiner sinnenhaften Vermittlung.
[2910] HH 2,948C.
[2911] HISV 1,2,6,34,1288-1291,263.
[2912] HISV 1,2,6,31,1093f.,260.
[2913] HISV 2,3,8,17,892-894,503.
[2914] TH 77,5f.,174.

1.8 Nach David von Augsburg ist der Menschensohn rein von einer Jungfrau geboren[2915]. Seine Mutter war ja „diu reine maget", „die reine Jungfrau"[2916], die „reinistiu muoter", „reinste Mutter", die als solche den Sohn Gottes vom Heiligen Geist empfing[2917]. So kann David zu Jesus sagen: „Dû bist ein brunne aller reinikeit." – „Du bist ein Brunnen aller Reinheit."[2918] Als solchen haben wir ihn notwendig. Denn das Licht Gottes ist für unsere durch die Sünden erkrankten Augen so stark, daß es uns blenden würde; deshalb hat es Gott abgeblendet „mit der reinen laterne dîner lûtern menscheit, dâ diu gotheit inne verborgen was", „mit der reinen Laterne Deiner lauteren Menschheit, worin die Gottheit verborgen war"[2919]. In der Eucharistie ist das reine Brot, Jesus Christus, enthalten[2920]. Durch sie werden wir mit Gott ein Geist „in himelische lûterkeit", „in himmlischer Lauterkeit"[2921].

1.9 Auch Mechthild von Magdeburg spricht von dieser Eigenschaft Jesu. Er ist „geborn von einer lutern ganzen maget", „geboren von einer lauteren, unversehrten Jungfrau"[2922]. Die Mystikerin bezeichnet ihn als „reine ... menscheit", „reine ... Menschheit"[2923]. Am Anfang zögert der Teufel, gegen den irdischen Jesus vorzugehen, von dem er weiß, daß er rein ist. Deswegen will er ihn zunächst zur Sünde verführen, damit er in die Hölle kommen muß[2924].

1.10 Gertrud sagt, daß Christus besitzt „caro mundissima, in qua tu emundasti me", „das reinste Fleisch, in dem Du mich rein gemacht hast"[2925].

1.11 Christina von Hane sieht einmal einen „fogel groiße vnd suberlich vber alle, als eyn adeler", „Vogel, groß und rein über allen wie einen Adler"[2926]. Dieser stellt sich als das „lebendige Brot" vor und ist Jesus Christus[2927]. Christina sieht ein anderes Mal im Brot des Altarsakramentes „eyn aller suberlichstes kyntgyn", „ein allerreinstes Kind", welches „gantze suberliche", „ganz rein" ist[2928]. Jesus als der Bräutigam hat ein reines Angesicht[2929].

1.12 Bei Agnes von Blannbekin findet sich die traditionelle Aussage, daß die Seelen der Menschen im Blut, das aus der Seite Jesu fließt, gewaschen und gereinigt werden[2930].

2. Auch das Wort „reficere", „erfrischen"/„neumachen"/„stärken" wird in diesem Zusammenhang gebraucht.

[2915] DK 342,33.
[2916] DV 352,33.
[2917] DK 342,22f.
[2918] DK 342,33.
[2919] DK 342,19-21.
[2920] DB 2,376,28-40.
[2921] DV 359,33-35.
[2922] MM 5,6,3,160.
[2923] MM 2,26,13,68.
[2924] MM 5,23,173-180,180.
[2925] G R 6,416f.,188.
[2926] CH 1, 243.
[2927] Ebenda.
[2928] CH 1, 248.
[2929] CH 2, 213.
[2930] AB 168,24-28,352.

2.1 In der Vulgata taucht dieser Ausdruck auf Jesus bezogen nur einmal, allerdings an einer zentralen Stelle auf: Jesus verspricht den Mühseligen und Beladenen: „Ego reficiam vos." – „Ich werde Euch stärken (Mt 11,28)."
2.2 Jean von Fécamp spricht von demjenigen, „qui fecisti et refecisti me", „der Du mich gemacht und gestärkt hast"[2931].
2.3 Nach Hugo von St. Viktor besitzt der Lebensbaum Früchte und Blätter. Während die Blätter der Schatten für die Schwachen darstellen[2932], beschreibt er die Aufgabe der Früchte folgendermaßen: „Sic virtus divinitatis illuminatarum mentium refectio est." – „So ist die Kraft der Gottheit die Stärkung der erleuchteten Geister."[2933] Nach der Sünde ist dazu die Menschwerdung des Sohnes Gottes notwendig. „Per humanitatem Salvatoris exortum est lumen habitantibus in regione umbrae mortis." – „Durch die Menschheit des Heilandes ist ein Licht für diejenigen, die im Gebiet des Todesschattens wohnen, aufgegangen."[2934] Wenn er den Unterschied zwischen Schöpfung und Erlösung verdeutlicht, schreibt er: „In suo te fecit, in tuo te refecit." – „In dem Seinen hat er dich gemacht, in dem Deinen dich neugemacht."[2935]
2.4 Nachdem Richard von St. Viktor Christus als Speise und den Heiligen Geist als Trank bezeichnet hat, ruft er aus: „O qualis refectio, ubi dapifer est Christus, pincerna est Spiritus sanctus!" – „O was für eine Stärkung, wo Christus der Koch und der Mundschenk der Heilige Geist ist!"[2936] Man könnte auch im Anklang an Mk 14,14, an welcher Stelle die Jünger nach einem „refectio", „Stärkungs- oder Speiseraum" fragen sollen, diesen lateinischen Begriff hier mit „Speiseraum" wiedergeben. Doch für diesen Ort war im Mittelalter die Bezeichnung „refectorium" gebräuchlicher.
2.5 Elisabeth von Schönau erklärt folgendermaßen das Wort Christi Joh 14,6 „Ich bin der Weg, die Wahrheit und das Leben": „Christus eos qui eius suavitate vescuntur, in celestibus tanta sacietate reficit, ut vivant in eternum." – „Christus stärkt diejenigen, welche durch seinen Wohlgeschmack genährt werden, im Himmel mit einer solchen Sättigung neu, daß sie auf ewig leben."[2937]
2.6 Über den Kommunionempfang der Elisabeth von Spalbeek heißt es in ihrer Vita: „Divinae dulcedinis suavitate refecta", „Gestärkt durch den Wohlgeschmack der göttlichen Süße" schreckt sie vor dem Anblick anderer körperlicher Nahrung zurück[2938].
2.7 In der Vita der Margareta von Magdeburg heißt es: „Ihesus Christus refectio eorum erit", „Jesus Christus wird die Stärkung derer sein", welche von ihm überfließend so viel empfangen, wie sie können[2939].

2931 JFC 3,19,635f.,162. Das lateinische Wortspiel läßt sich im Deutschen nicht wiedergeben. Man kann die Stelle frei übersetzen: „der Du mich geschaffen und neugeschaffen hast".
2932 HAN 2,10,643B.
2933 HAN 2,10,643A-B.
2934 HAN 2,10,643B.
2935 HSA 1,10,8,341A.
2936 RVPS 80,328C.
2937 ESV 3,31,83.
2938 ES 20,374,37-39.
2939 MA 24,27.

2.8 Am häufigsten kommt dieses Wort bei Mechthild von Hackeborn vor. Sie erhält einmal von Maria das Jesuskind zur Umarmung und sagt dabei spontan: „Salve, paterni cordis medulla dulcissima, languentis animae meae sagina et refectio beatissima!" – „Sei gegrüßt, süßestes Mark des väterlichen Herzens, Fett meiner kranken Seele und seligste Stärkung!"[2940] „Mark" und „Fett" zeigen die Nähe des Ausdruckes „refectio", zur Speise an. Mechthild erzählt von einer Vision Christi: „Qui vero in operibus misericordiae floruerant, reficiebantur in arbore misericordiae." – „Die aber an Werken der Barmherzigkeit geblüht haben, wurden gestärkt am Baum der Barmherzigkeit."[2941] In einer anderen Vision, die Mechthild bei der Vorbereitung zum Kommunionempfang hat, sieht sie ein leuchtendes Lamm auf einem Tisch liegen. „Hic agnus Christus erat, qui solus animae cibus est et refecio vera." – „Dieses Lamm war Christus, der allein die Speise und die wahre Stärkung der Seele ist."[2942]

2.9 Auch Gertrud die Große erwähnt einige Male Christus als die Stärkung.

Von der Liebe, die mit Jesus gleichzusetzen ist, heißt es: „O quando me reficiet pulchritudo tanta et talis." – „O wann wird mich eine so große und so beschaffene Schönheit neu stärken."[2943] Ein anderes Mal sieht Gertrud bei der Wandlung einer Messe in einer Ekstase, wie der Herr Jesus einen Baum mit kostbaren Früchten hält[2944]. Diesen Baum pflanzt er in das Herz der Gertrud, „ut ipsa studeret fructus ejus ampliare et sub ea pausaret ac inde reficeretur", „damit sie sich bemühe, seine Früchte zu vermehren, und unter ihm ruhe und davon gestärkt werde"[2945]. Ebenfalls bei der Erhebung der Hostie während der Heiligen Messe sieht sie, wie Jesus alle Schwestern des Konvents anhaucht und spricht: „Ex hac aspiratione divina refectione saginabo eas." – „Mit diesem Anhauchen werde ich sie mit göttlicher Stärkung speisen."[2946]

2.10 Da Agnes von Blannbekin eine besondere Verehrung der fünf Wunden des Herrn kennt, erstaunt es nicht, daß sie schreibt: „De vulnus laterali manat refectio spiritualis, desideratissima et dulcissima omnibus sanctis in patria et adhuc existentibus in via." – „Aus der Seitenwunde fließt die geistliche, ersehnteste und süßeste Stärkung heraus für alle Heiligen, für diejenigen, die im Vaterland, und für diejenigen, die jetzt noch auf dem Weg sind."[2947] Ein anderes Mal sieht sie Jesus, wie er den Menschen auf verschiedene Weise hilft[2948]. „Quod etiam cibabat aliquos, significat spiritualem refectionem internae consolationis." – „Daß er aber einige speiste, bedeutet die geistliche Stärkung des inneren Trostes."[2949]

[2940] MH 1,5,16.
[2941] MH 1,10,32.
[2942] MH 3,22,225f.
[2943] G R 5,43f.,130.
[2944] G 3, 3,15,1,1-7,62.
[2945] G 3, 3,15,1,8-11,62.
[2946] G 3, 3,16,4,5f.,70.
[2947] AB 6,5-8,72.
[2948] AB 24,3-15,96.
[2949] AB 24,31f.,96.

2.11 Es fällt auf, daß das „reficere" oft, wenn auch nicht immer, im Zusammenhang mit dem Speisen und Nähren Jesu steht. Da das neuhochdeutsche Wort „Stärkung" neben einer weiten auch diese spezifische Bedeutung hat, haben wir mit diesem Ausdruck meist den lateinischen Ausdruck wiedergegeben.

3. „Heiligen" ist auch eine Erlösertätigkeit Jesu Christi.

3.1 In der Vulgata wird dieses Wort häufig in Zusammenhang mit Christus gebraucht (Joh 17,17; 2 Thess 2,13; Hebr 2,11; 10,10). Markant ist die Stelle: „Pro eis sanctificabo." – „Für sie werde ich mich heiligen (Joh 17,12)." Wir sind durch sein Blut geheiligt (Hebr 10,29; 13,12). Jesus „factus est nobis ... sanctificatio", „ist für uns zur Heiligung geworden (1 Kor 1,30)". Der Name „sanctificator", „Heiligmacher" (Ez 37,28) wird schon in der Alten Kirche auf Christus übertragen[2950].

3.2 Jean von Fécamp schreibt, daß man den Herrn sehr verehren und loben muß, der Du uns „sic sanctificasti, et sublimasti", „so geheiligt und erhöht hast"[2951].

3.3 Bernhard von Clairvaux betont, daß Gabriel der Jungfrau Maria Jesus als den Heiligen angekündigt hat[2952]. Sein Name ist heilig[2953]. Von ihm haben alle Heiligen ihren Namen[2954]. „Ab hoc igitur Sancto hodie sanctificemur." – „Von diesem Heiligen wollen wir heute geheiligt werden."[2955] Am Karfreitag wird gefeiert „passio Sancti sanctorum", „das Leiden des Heiligen der Heiligen"[2956]. Diese Heiligung wird aber nur vollendet, wenn wir bereit sind, vom Heiligen der Heiligen die Sanftmut zu lernen[2957].

3.4 Guerricus von Igny betont, daß Maria bei der Darstellung im Tempel keiner Reinigung mehr bedurfte[2958], „cum concepisse Sanctum sanctorum summa sanctificatio sit", „da den Heiligen der Heiligen zu empfangen, höchste Heiligung ist"[2959].

3.5 Gilbert von Hoyland legt 1 Kor 1,30 folgendermaßen aus: „Cum inveneris Christum, cum inveneris sapientiam, cum inverneris justitiam, sanctitatem, redemptionem, haec omnia enim nobis factus est Christus." – „Wenn du Christus findest, wenn du die Weisheit findest, wenn du die Gerechtigkeit findest, (findest du) Heiligkeit und Erlösung; das alles ist uns nämlich Christus geworden."[2960] Wer erlöst ist, ist neugeschaffen in der „sanctitate veritatis", „Heiligkeit der Wahrheit"[2961].

3.6 Für Johannes von Ford „heriditariam habuit tam de matre quam de Spiritu Sancto gloriam sanctitatis", „hatte (Christus) als Erbe sowohl von der Mutter als auch vom Heiligen Geist die Herrlichkeit der Heiligkeit"[2962]. Diese doppelte Heiligkeit besteht

---

[2950] Vgl. Sieben, Nomina 165.
[2951] JFC 2,7,259-261,129.
[2952] BVNAT 5,2,198,22-24; BINNOC 1,276,11f.
[2953] BINNOC 1,276,12.
[2954] BINNOC 1,276,12f.
[2955] BVNAT 5,4,198,25.
[2956] BVNAT 5,4,200,2f.
[2957] BVNAT 5,6,202,5f.
[2958] GIS Pur 4,3,70-72,360.
[2959] GIS Pur 4,3,72f.,360.
[2960] GHLD 9,2,53C-D.
[2961] GHLD 14,3,69D.
[2962] JHLD 8,4,80-82,81.

einmal in den Folgen der jungfräulichen Empfängnis, zum anderen in der göttlichen Natur[2963]. So ist seine Heiligkeit mit derjenigen, welche andere Menschen besitzen, unvergleichbar[2964]. Es ist eine „Sanctitas totius corruputionis et impuritatis impatiens", „Heiligkeit, die keinerlei Verderben und Unreinheit duldet"[2965]. So sorgt sich die Braut, die Liebe des Bräutigams im Gedächtnis heilig zu behalten[2966].

3.7 Hildegard von Bingen spricht oft von der Heiligkeit der Menschen und Gottes[2967]. Doch auch von der Heiligkeit des Sohnes Gottes ist die Rede.

Schon im ewigen Sohn Gottes ist die „plenitudo sanctitatis", „Fülle der Heiligkeit"[2968]. Ihm fehlt nichts, was an Heiligkeit möglich ist[2969]. Durch ihn fließt sie auf den Heiligen Geist über[2970]. Der Vater hat ihn allein in voller Heiligkeit gesandt[2971]. Die Heiligkeit seiner Menschwerdung, die „plenissima sanctitatis", „ganz voll Heiligkeit" ist[2972], kann man nur durch den Glauben erfassen[2973]. „In sanctitate de castissima Virgine ad redemptionem hominum natus est." – „In Heiligkeit ist er von der keuschesten Jungfrau zur Erlösung der Menschen geboren."[2974] So besitzt er die „sanctitas corporis", „Heiligkeit des Leibes"[2975]. „Corpus eius purissimum et suauissimum in omni sanctiate fuit." – „Sein Leib war der reinste und süßeste in aller Heiligkeit."[2976] Er war „pauper in sancta humilitate", „arm in der heiligen Erniedrigung"[2977]. Bei seinem Sterben „ipse carnem et sanguinem suum in sanctificationem credentium dedit", „hat er seinen Leib und sein Blut zur Heiligung der Glaubenden gegeben", was die Erlösung brachte[2978]. „Ita etiam homo sanctificationem ex sanguine Filii Dei habet." – „So auch hat der Mensch die Heiligung aus dem Blut des Sohnes Gottes."[2979] Von Christus geht die Heiligkeit auf die Kirche, die „mater sanctitatis", „Mutter der Heiligkeit", über[2980]. Er erleuchtet die Welt „cum sanctificatione ecclesiae", „mit der Heiligung der Kirche"[2981]. Der Mensch wird getauft „in sanctitate secundae regenerationis", „in Heiligkeit der zweiten, der Wiedergeburt"[2982] und zieht die Neuheit der Heiligkeit an[2983]. Dabei er-

---

[2963] JHLD 8,4,82-89,81f.
[2964] JHLD 20,7,172-175,810.
[2965] JHLD 7,3,138f.,75.
[2966] JHLD 29,4,159-162,236.
[2967] Vgl. Weiß, Gottesbild 1,353-356.
[2968] HISV 2, 3,8,15,701f.,498.
[2969] HISV 2, 3,8,15,705f.,498.
[2970] HISV 1, 2,1,8,238f.,116.
[2971] HISV 1, 2,2,4,80f.,126.
[2972] HISV 2, 3,8,16,857f.,502.
[2973] HISV 2, 3,8,10,531-536,493.
[2974] HISV 1, 2,6,102,2712f.,305.
[2975] HISV 1, 1,3,7,176,44.
[2976] HISV 1, 2,8,34,1290f.,263.
[2977] HISV 2, 3,10,17,564,562.
[2978] HISV 1, 2,6,2,311-314,233.
[2979] HISV 1, 2,6,29,1169,259.
[2980] HISV 1, 2,3,12,266f.,141.
[2981] HISV 2, 3,3,8,344f.,381.
[2982] HISV 1, 2,3,34,750f.,156; vgl. HISV 1, 2,3,27,592f.,151.
[2983] HISV 1, 2,3 vis,101,135.

hält er die Salbung der Heiligkeit[2984]. Bei der Eucharistie sieht man mit den äußeren Augen nur Brot und Wein, „intus autem sanctitas corporis et sanguinis eiusdem Filii mei inuisibiliter manet", „ihnnen bleibt jedoch die Heiligkeit seines Leibes und Blutes, meines Sohnes, unsichtbar"[2985]. Ohne daß man es an diesem Sakrament wahrnimmt, ist im Glauben erfaßbar die Heiligkeit[2986]. Gott hat es den Blicken der Menschen so verborgen, daß sie die Heiligkeit dieses Sakramentes nicht sehen können[2987]. So nennt Hildegard die Eucharistie das Brot der Heiligkeit[2988], welches in Heiligkeit die Arznei der Seele[2989] und „sacratissima sanctificatio in omni sanctitate", „die allerheiligste Heiligung in jeder Heiligkeit" ist[2990]. In diesem Sakrament ist man mit Christus „in una sanctitate coniunctus", „in einer einzigen Heiligkeit verbunden"[2991]. Am Ende der Zeit wird Christus wieder erscheinen „in abundantia serenissimae sanctitatis", „im Überfluß der heitersten Heiligkeit"[2992].

3.8 Lutgard von Tongeren wird in Visionen immer wieder von Heiligen besucht. Sie läßt diese aber, wie die Braut die nächtlichen Wächter, an sich vorüberziehen, bis sie „ipsum Sanctum sanctorum omnibus dulciorem", „ihn, den Heiligen der Heiligen, süßer als alle,"[2993] und „sanctificatorem omnium", „den Heiligmacher aller"[2994] findet. Dieser ist, wie sich aus dem Kontext ergibt, Jesus Christus[2995].

3.9 Ida von Löwen redet Christus im Altarsakrament mit den Worten an: „Sanctissime Domine", „Heiligster Herr"[2996].

3.10 David von Augsburg benutzt das Wort „heilig" meist im ethischen Sinn. So hat der Mensch „spiegel dîner heilikeit hie in erden", „hier auf Erden einen Spiegel Deiner (= Christi) Heiligkeit", in den die Christen im Streben nach eigener Heiligkeit schauen sollen[2997]. So meint Christus als Spiegel der Heiligkeit nichts anderes als Christus, der „liehte tugentspiegel", „helle Tugendspiegel"[2998]. Allerdings wird auch das Altarsakrament, in dem Christus anwesend ist, bezeichnet als das „sacramentum, quo nihil sanctius et devotius potest esse in caelo et in terra", „Sakrament, im Vergleich zu dem nichts heiliger und frommer sein kann im Himmel und auf Erden"[2999].

[2984] HISV 1,2,4,11,303f.,168.

[2985] HISV 1,2,6,36,1347-1349,264f.

[2986] HISV 1,2,6,41,1416-1419,267.

[2987] HISV 1,2,6,12,584-586,242.

[2988] HISV 1,2,6,58,1755f.,277.

[2989] HISV 1,2,6,58,1765,277.

[2990] HISV 1,2,6,45,1520f.,270.

[2991] HISV 1,2,6,36,1532-1535,270.

[2992] HISV 1,2,1,17,416-419,123.

[2993] LT 2,3,43,171.

[2994] LT 2,3,42,203.

[2995] Ebenda.

[2996] IL 2,2,8,173.

[2997] DAG 363,24-26.

[2998] DAG 363,27.

[2999] DAE 1,10,2,14.

3.11 Auch bei Mechthild von Magdeburg überwiegen die Stellen, die von der für die Menschen anzustrebenden Heiligkeit im moralischen Sinn handeln[3000]. Doch wird auch die Vereinigung mit dem Herrn verschiedentlich heilig genannt[3001]. Christus hat in einem heiligen Leben die Gerechtigkeit vollbracht[3002]. Er ist ja selbst die heilige Gerechtigkeit[3003].

3.12 Mechthild von Hackeborn betet für ihre Mitschwestern: „O Domine, sanguis tuus innocentissimus qui nostrum sanguinem sanctificavit, subveniat eis." – „O Herr, Dein unschuldigstes Blut, das unser Blut heilig gemacht hat, komme ihnen zu Hilfe."[3004] Mechthild hört, wie alle Heiligen Gott loben, und sie erkennt, „quod omnes sanctificati in coelo et in terra, ab ipso summo sanctificatore Christo sanctificantur", „daß alle im Himmel und auf Erden Geheiligten vom höchsten Heiligmacher, Christus, geheiligt werden"[3005]. So bietet Christus beim Kommunionempfang auch Mechthild „omnem sanctitatem et devotionem meam", „meine ganze Heiligkeit und Frömmigkeit" an[3006], das heißt den „sanctissimam Christi conversationem in supplementum omnium quae nobis in meritis defuerint", „heiligsten Lebenswandel Christi zur Ergänzung von allem, was uns an Verdiensten gefehlt hat"[3007].

3.13 Häufiger erwähnt Gertrud die Große die Heiligkeit im christologischen Kontext.

Von Jesus, der die Liebe ist, heißt es: „Involvat me meritorum tuorum sanctitudo." – „Es hülle mich ein die Heiligkeit Deiner Verdienste"[3008]. Er ist die „fontalis sanctitas", „quellhafte Heiligkeit"[3009].

Die Taufe vermittelt die „novae vitae sanctitatem", „Heiligkeit des neuen Lebens"[3010]. Man ist ja bekleidet mit dem neuen Menschen, „qui secundum deum creatus est in iustitia et sanctitate veritatis", „der nach Gott geschaffen ist in Gerechtigkeit und Heiligkeit der Wahrheit (Kol 3,8)"[3011]. In Helfta war es üblich, beim Kommunionempfang eine Antiphon mit einem dreimaligen „Sanctus" zu singen[3012]. Bei diesem Gesang erschrickt Gertrud, weil sie bedenkt, was in ihr alles im Gegensatz zu der Heiligkeit dessen besteht, den sie empfangen soll[3013]. Jesus aber ermutigt sie mit den Worten: „Do tibi omnem sanctitatem tam divinitatis quam humanitatis mea, ut cum illa digne praeparata accedas." – „Ich gebe dir die ganze Heiligkeit sowohl meiner Gottheit wie Menschheit,

---

[3000] Vgl. Weiß, Gottesbild 1,362f.
[3001] Vgl. ebenda.
[3002] MM 7,62,37f.,307.
[3003] MM 7,62,41,307.
[3004] MH 4,8,266.
[3005] MH 1,1,8.
[3006] MH 1,8,28.
[3007] MH 3,14,213.
[3008] G R 5,57f.,130.
[3009] G R 6,414f.,188.
[3010] G R 1,4-6,46.
[3011] G R 4,291-293,118.
[3012] G 3, 3,18,1,1-3,80.
[3013] G 3, 3,18,1,3-6,80.

damit du mit ihr würdig vorbereitet hinzutrittst."[3014] Der Herr hat alles geduldig vom Menschen ertragene Leiden durch sein Ölbergsgebet geheiligt[3015]. Der Mensch ist „in Corde ipsius dulcissimo sanctificata", „in seinem süßesten Herzen heiliggemacht"[3016]. Gertrud berichtet, wie sie erlebt, daß Jesus ihr Haupt in Händen hielt, ihre Seele mit sich vereinigte und diese „in se sanctificabatur", „in sich heilig machte"[3017].

Natürlich gibt es auch die ethisch geprägte Heiligkeit Christi. Alle heiligen Bekenner sollen ihr helfen, „in omni perfectione et sanctitate imitari sponsi mei Iesu mores", „in aller Vollkommenheit und Heiligkeit die Sitten meines Bräutigams Jesu nachzuahmen"[3018]. Der Evangelist Johannes möge die „sanctitatem spiritus", „Heiligkeit des Geistes" erflehen, nach der Jesus beim Beter verlangt[3019].

3.14 Zusammenfassend läßt sich über die Heiligkeit Christi sagen:

3.14.1 „Heiligmachen" oder Geheiligt-Sein kann ganz allgemein das Erlösen[3020] oder das Erlöst-Sein[3021] ausdrücken. Heilig ist sein Name[3022]. Seine Heiligkeit ist ohne jeden Vergleich[3023], da ihr es an nichts fehlt[3024]. Oft wird Jesus die quellhafte Heiligkeit[3025], der Heiligmacher[3026], der Heiligmacher aller[3027] oder der Heilige der Heiligen (Dan 9,24) genannt[3028], wobei bei den Heiligen meist an die Seligen des Himmels gedacht ist[3029]. Er ist für uns zur Heiligmachung geworden (1 Kor 1,30)[3030]. An seiner Heiligkeit muß man glauben und kann sie nicht auf natürliche Weise erkennen[3031].

3.14.2 Der Sohn Gottes, der immer schon in der Fülle der Heiligkeit lebt[3032], ist vom Vater in Heiligkeit gesandt worden[3033]. Seine Menschwerdung ist von Heiligkeit erfüllt[3034]. Er wird schon bei der Verkündigung als „heilig" angekündigt[3035]. Seine Emp-

---

[3014] G 3,3,18,1,9-12,80.
[3015] G 3,3,69,2,8-11,282.
[3016] G 4,4,19,1,20f.,196.
[3017] G 4,4,38,7,4-9,318-320.
[3018] G R 3,139f.,82.
[3019] G R 4,126-129,108.
[3020] JFC 2,7,259-261,129; BVNAT 5,4,198,25.
[3021] GHLD 14,3,69D; MH 1,1,8; G 4,4,19,1,20f.,196.
[3022] BINNOC 1,276,12.
[3023] JHLD 20,7,172-175,810; LT 2,3,43,171; DAE 1,10,2,14.
[3024] HISV 2,3,8,15,705f.,498.
[3025] G R 6,414f.,188.
[3026] MH 1,1,8.
[3027] LT 2,3,42,203.
[3028] BVNAT 5,4,200,2f.; GIS Pur 4,3,72f.,360; LT 2,3,43,171.
[3029] LT 2,3,43,171.
[3030] GHLD 9,2,53D.
[3031] HISV 2,3,8,10,531-536,493.
[3032] HISV 2,3,8,15,701f.,498.
[3033] HISV 1,2,2,4,80f.,126.
[3034] HISV 2,3,8,16,857f.,502.
[3035] BVNAT 5,2,198,22-24; BINNOC 1,276,11f.

fängnis heiligt die Mutter[3036], und umgekehrt ist seine Menschheit durch die jungfräuliche Empfängnis Mariens geheiligt[3037], vor allem sein Leib[3038].

3.14.3 Uns hilft sein ganzer heiliger Lebenswandel[3039], vor allem aber bewirkt sein Leiden unser Heiligsein[3040]. Sein Ölbergsgebet heiligt das Leiden der Menschen[3041]. Am Kreuz gab er sein heiliges Fleisch und Blut für uns dahin[3042]. Sein Blut hat uns[3043] und unser Blut[3044] geheiligt. Vom Kreuz kommt die Heiligkeit seiner Verdienste[3045]. Am Ende der Zeit erscheint Christus in Heiligkeit[3046].

3.14.4 Christi Kirche wird die Mutter der Heiligkeit genannt[3047]. Durch ihre Heiligkeit erleuchtet Jesus die Welt[3048]. Die Taufe schenkt uns die Heiligkeit[3049]. Das Altarsakrament, dessen Heiligkeit unvergleichbar ist[3050], ist das Brot der Heiligkeit[3051], enthält die nur für den Glauben faßbare Heiligkeit Christi[3052], bietet alle Heiligkeit[3053], wird zur Arznei der Heiligkeit[3054] und macht den Menschen in der Heiligkeit mit Christus eins[3055]. Christus gibt dem Menschen seine Heiligkeit, damit er sich für dieses Sakrament recht vorbereiten kann[3056].

3.14.5 Die Heiligkeit Christi wird auch moralisch verstanden, und Christus ist dann für uns der Spiegel der Heiligkeit[3057]. Der Mensch soll die Heiligkeit der Sitten Jesu nachahmen[3058]. Von Jesus haben alle Heiligen ihre Heiligkeit[3059]. An seiner Heiligkeit sollen wir die Sanftmut lernen[3060]. Wer schon wie Maria durch Jesus heilig ist, bedarf

---

[3036] GIS Pur 4,3,72f.,360.
[3037] JHLD 8,4,80-89,81f.; HISV 1, 2,6,102,712f.,305.
[3038] HISV 1, 1,3,7,176,44; HISV 2, 8,34,1290f.,263.
[3039] MH 3,14,213.
[3040] BVNAT 5,4,200,2f.
[3041] G 3, 3,69,2,8-11,282.
[3042] HISV 1, 2,6,2,311-314,233.
[3043] HISV 1, 2,6,29,1169,259.
[3044] MH 4,8,266.
[3045] G R 5,57f.,130.
[3046] HISV 1, 2,1,17,416-419,123.
[3047] HISV 1, 2,3,12,266f.,141.
[3048] HISV 2, 3,3,8,344f.,381.
[3049] HISV 1, 2,3 vis,101,135; 2,3,34,750f.,156; 2,4,11,303f.,168; G R 1,4-6,46; 4,291-293,118.
[3050] DAE 1,10,2,14.
[3051] HISV 1, 2,6,58,1755f.,277.
[3052] HISV 1, 2,6,12,584,586,242; 2,6,41,1416-1419,267; 2,6,36,1347-1349,264f.
[3053] MH 1,8,28.
[3054] HISV 1, 2,6,58,1765,277.
[3055] HISB 1, 2,6,36,1532-1535,270.
[3056] G 3, 3,18,1,9-12,80.
[3057] DAG 363,24-26.
[3058] G R 3,139f.,82.
[3059] BINNOC 1,276,12f.
[3060] BVNAT 5,6,202,5f.

keiner weiteren Reinigung[3061]. Seine Heiligkeit schließt jeden Makel aus[3062]. Gelegentlich wird auch von der Heiligkeit Jesu im Kontext der „unio mystica" gesprochen[3063].
4. Schon Paulus nennt Christus „novissimus Adam", „den neuen Adam" (1 Kor 15,45). Von daher erstaunt es nicht, daß Christus in der Tradition diesen Namen trägt. Wir behandeln nicht alle Stellen, an denen Adam und seine Sünde erwähnt wird. Von Interesse sind für uns die Stellen, an denen der Urstand unserer Stammeltern erwähnt wird, weil Christus als neuer Adam diesen Zustand wiederherstellen will. Er ist für die Erlösten zum wahren „lignum vitae", „Baum des Lebens" geworden, der im Paradies stand (Gen 2,9), wie man ihn schon in der Alten Kirche nannte[3064].
4.1 Häufig geht Bernhard von Clairvaux auf den Wechsel vom alten zum neuen Adam ein.
4.1.1 In der ersten Predigt zum Fest der Verkündigung geht Bernhard ausgiebig auf unsere Erlösung ein, bei der divh Barmherzigkeit und Wahrheit einander begegnen und Gerechtigkeit und Frieden einander küssen (Ps 84,10f.). Diese vier Tugenden erhielt der Mensch aber schon im Urstand. Die Barmherzigkeit war seine Wächterin[3065], die Wahrheit die Erzieherin[3066], die Gerechtigkeit sollte den Menschen anleiten, das Böse zu meiden und das Gute zu tun[3067]. Der Friede bewahrte ihn vor der inneren Unruhe der Begierde und der Furcht vor äußeren Feinden[3068]. Doch durch seine eigene Sünde fiel der Mensch gleichsam unter die Räuber, die diese vier Tugenden raubten und ihn nackt liegen ließen[3069].
4.1.2 Bernhard führt die Vorstellung des Lebensbaumes in die Brautmystik ein, wenn er von der Braut sagt, daß sie im Garten des Geliebten die Granatäpfel pflückt „ex ligno vitae, a caelesti pane proprium mutuata saporem, colorem a sanguine Christi", „vom Baum des Lebens, welche in den (ihm) eigenen Geschmack vom himmlischen Brot und in die Farbe vom Blut Christi gewandelt" worden sind[3070]. Natürlich versteht Bernhard unter diesen Früchten die eucharistischen Gaben. Diese Äpfel braucht die Braut immer wieder, wenn sie spürt, daß ihre Liebe nachläßt und schwach wird[3071].
4.1.3 Bernhard weiß, daß wir durch den irdischen Adam beeinflußt sind[3072]. Aber wirklicher als unsere fleischliche Herkunft aus dem ersten Adam ist unsere geistige aus Christus; denn wir waren dem Geist nach schon früher in Christus, als wir dem Fleisch nach in Adam waren[3073]. Wenn wir alle schon im ersten Adam sterben, um

[3061] GIS Pur 4,3,70-72,360.
[3062] JHLD 7,3,138f.,75.
[3063] JHLD 29,4,159-162,237; G 4,4,38,7,4-9,318-320.
[3064] Vgl. Sieben, Nomina 177.
[3065] BANN 1,6,104,14-106,1.
[3066] BANN 1,6,106,3-6.
[3067] BANN 1,6,106,6-8.
[3068] BANN 1,6,106,8-14.
[3069] BANN 1,7f.,108,1-112,11.
[3070] BDI 3,7,86,2-4.
[3071] BDI 3,10,88,25-28.
[3072] BLNM 11,24,308,10-12.
[3073] BLNM 11,24,308,12-15.

wieviel mächtiger werden wir alle in Christus leben[3074]. Während der Friede mit Gott durch Adam und Eva gestört worden ist, ist derjenige wahrhaft beständig, den Christus seinen Jüngern hinterließ[3075].

Besonders ausgeprägt und originell ist die Beschreibung des Gegensatzes zwischen erstem und zweitem Adam in einer der Sentenzen Bernhards. Mit dem ersten Sündenfall beginnt Gott zu rufen: „Adam, wo bist du?"[3076] Doch Adam ist, weil er die Schuld auf Gott zu schieben versucht, aus dem Paradies verbannt[3077]. Deswegen sucht Gott ihn lange im Himmel, das heißt im Paradies, vergeblich[3078]. „Unde ad terras descendit et tandem pendens in cruce respexit latronem quasi clamaret: ‚Adam, ubi es?'" – „Daher stieg er zur Erde und schaut endlich am Kreuz hängend den Räuber und rief gleichsam: ‚Adam, wo bist du?'"[3079] Als der Schächer seine Schuld eingestand und bekannte, zu Recht am Kreuz zu hängen, konnte ihm die Rückkehr ins Paradies versprochen werden[3080].

Auch in einer Predigt zur Weihnachtsvigil wird der erste Adam Christus gegenübergestellt. Es gibt für Bernhard zwei bedeutende Tage. Der erste ist „lucidissmia die, in qua conditus fuerat Adam, eiectus est", „der leuchtenste Tag, an welchem Adam erschaffen und hinausgeworfen worden ist"[3081]. Diesen Tag, an dem wir alle geboren werden, sollte man eher Nacht nennen[3082]. Ihr ist entgegengesetzt der zweite Tag, der strahlende Tag der Wiedergeburt Christi[3083].

4.2 Isaak von Stella arbeitet gern den Gegensatz zwischen Adam und Christus heraus. Scharf stellt er den Gegensatz zwischen Licht und Dunkel, Tag und Nacht, Glaube und Unglaube, Tugend und Laster, Haß und Liebe heraus[3084]. Diese Gegenüberstellungen gipfeln in der Bemerkung: „Adama tenebrae, Christus lux." – „Adam die Finsternis, Christus das Licht."[3085] Bei dem einfachen Gegensatz bleibt es aber nicht; denn Christus „apprehendat Adam errantem sicut ovem pereuntem in deserto", „ergreift den irrenden Adam wie ein in der Wüste zugrunde gehendes Schaf"[3086]. Der alte Adam unterlag einem dreifachen Ansturm der Welt, der Lust, der Neugierde und des Ehrgeizes, als er von der Frucht des Baumes aß, weil er Gutes und Böses wissen und wie Gott sein wollte[3087]. „Novus vero Adam primum super eum adsultum vincit, dum de lapidibus panes facere noluit; secundum, dum de pinna templi non descendit; tertium,

---

[3074] BLNM 11,25,310,12f.
[3075] BS 2,185,366,19f.
[3076] BS 3,120,696,5f.
[3077] BS 3,120,696,8f.
[3078] BS 3,120,696,6f.
[3079] BS 3,120,696,9f.
[3080] BS 3,120,396,11-14.
[3081] BVNAT 3,2,160,17f.
[3082] BVNAT 3,2,160,19-22.
[3083] BVNAT 3,2,160,22-26.
[3084] IS 16,9,86-90,300; vgl. IS 29,4,34f.,168-170.
[3085] IS 16,9,90f.,300.
[3086] IS 51,19,146-151,210-212.
[3087] ISAP 2,7f.,43-54,298.

dum omnia regna mundi contempsit." – „Der neue Adam besiegt den ersten Ansturm auf ihn, als er aus Steinen kein Brot machen wollte; den zweiten, als er von der Zinne des Tempels nicht sprang; den dritten, als er alle Reiche der Welt verachtete."[3088]

4.3. Gilbert von Hoyland versucht, eine möglichst große formale Ähnlichkeit zwischen dem ersten Sündenfall und der Erlösungstat Christi am Kreuz zu konstruieren, von der er annimmt, daß sie gottgewollt sei[3089]. Dazu geht er davon aus, daß sowohl die Schöpfung des Menschen als auch das Sterben Jesu am Kreuz an einem Freitag zur Mittagszeit geschah. Dann kann er feststellen: „Quo die est homo conditus, eo reparatus: qua hora sententiam pertulit, indulgentiam meruit." – „An dem (Wochen) tag, an dem der Mensch geschaffen worden ist, an dem ist er auch wiederhergestellt, zu der Stunde, als er die Verurteilung ertragen hat, hat er die Vergebung verdient."[3090] Die folgende Vorstellung ist in der Tradition verankert: „Per lignum mors inducta, per lignum vita restituta." – „Durch das Holz wurde der Tod eingeführt, durch das Holz das Leben wiederhergestellt."[3091] Dieses Holz des Lebens bringt aber die Frucht erst zur rechten Zeit, auf die man warten muß[3092]. Wie aus der Seite des ersten Adam die erste Eva entsprungen ist, so „de secundo Adam Eva nova est creata", „ist von dem zweiten Adam die neue Eva geschaffen worden"[3093].

4.4 In einer weit ausholenden Allegorie stellt Johannes von Ford den neuen dem alten Adam gegenüber. „Verum nouus noster Adam, sponsus ecclesiae sanctae, delicias reparatus antiquas solus de genere Adam huic sibilo non aperuit aurem, et ad lignum uetitum non extendit manum suam." – „Aber unser neuer Adam, der Bräutigam der heiligen Kirche, stellte die alten Wonnen wieder her und öffnete als einziger aus dem Geschlecht Adams diesem Zischeln nicht das Ohr und streckte zu dem verbotenen Baum nicht seine Hand."[3094] Doch reicht er vom Baum die Äpfel des Tales, welche die Demut darstellen[3095]. „Poma utique salubria, poma uiuifica, poma iucunda, poma ista, de fructifero germinantia ligno quod ipse est." – „Diese Äpfel sind heilbringende, lebensspendende Äpfel, froh machende Äpfel, die Äpfel, die vom fruchtbringenden Holz sprossen, das er selbst ist."[3096] Diese gibt er seiner Braut, der Kirche. „In sopore, quem immisit Pater in nouum Adam, nouam de latere eius formauit Euam quae est omnium uiuentium mater." – „Im Schlummer, den der Vater auf den neuem Adam sandte, formte er aus seiner Seite Eva, welche die Mutter aller Lebenden ist."[3097] Dieser Schlummer ist der Schlaf der Barmherzigkeit, der über Jesus beim Sterben am Kreuz kam[3098]. Der ewige Sohn ist unter die Dornen der menschlichen Sterblichkeit gesät

---

[3088] ISAP 2,8,54-56,„298.
[3089] GHLD 4,4,28B-C.
[3090] GHLD 4,4,28C.
[3091] Ebenda.
[3092] GHLD 17,2,88C.
[3093] GHLD 42,7,224A.
[3094] JHLD 59,9,193-195,420.
[3095] JHLD 59,9,196-199,420.
[3096] JHLD 59,9,199f.,420.
[3097] JHLD 98,5,95-97,664.
[3098] JHLD 98,5,97-104,664.

„factusque est mihi in lignum uitae non in medio paradisi, sed inter ligna siluarum, ligna spinosa, humilia et similia mei", „und ist mir zum Baum des Lebens geworden, nicht in der Mitte des Paradieses, sondern unter den Bäumen des Waldes, den dornigen Bäumen, niedrig und meinem (Baum) ähnlich"[3099].

4.5 Der Autor des Traktates „Speculum virginum" sieht den Unterschied zwischen Adam und Christus nicht im Alt- und Neusein, sondern im Irdischen und Himmlischen. „Si enim genus quaerimus, Adam patrem communem habemus in terris, Christum patrem in caelis." – „Wenn wir nämlich nach der Abstammung fragen, haben wir Adam als gemeinsamen Vater auf Erden, Christus als Vater im Himmel."[3100]

4.6 Hugo von St. Viktor geht ausführlich auf die Adam-Christus- Parallele ein.

4.6.1 Er unterscheidet drei Bäume des Lebens. Der erste von materieller Art stand im Paradies[3101]. Dazu gibt es dort auch einen geistigen Baum. Diese beiden Arten von Lebensbäumen fallen in Christus zusammen[3102]. In seiner göttlichen und menschlichen Natur ist er sowohl das Buch wie das Holz des Lebens. Doch läßt Hugo auch eine Aufteilung auf die beiden Naturen zu. Dann ist Christus in seiner Menschheit das Buch des Lebens, weil er uns ein Beispiel für das rechte Leben gegeben hat[3103]. „Secundum formam divinitatis lignum vitae factus est, quia ex virtute divinitatis praestare remedium." – „Nach der Gestalt der Gottheit ist er das Holz des Lebens geworden, weil es aus der Kraft der Gottheit ein Heilmittel gewähren (wollte)."[3104] Man kann aber auch in Christi Menschheit die zweite Art des Lebensbaumes sehen, von dessen Früchten man in der Kirche essen und ewig leben kann[3105]. Ein Baum bringt Früchte und Blätter hervor. So bietet Christus den Schatten der Blätter den Schwachen und die Stärkung der Früchte den Erleuchteten an[3106]. Deswegen ist auch der Baum des Lebens nach Süden ausgerichtet, damit er die Starken mit dem Geschmack der Süße nähre[3107]. Die dritte Art des Lebensbaumes ist die göttliche Weisheit, der ewige Sohn Gottes, von dessen Früchten die Engel leben[3108]. „Ad tertium creatus fuit homo, a primo ejectus est homo, per secundum revocatur homo." – „Auf die dritte (Art des Lebensbaumes) hin war der Mensch erschaffen, von der ersten ist der Mensch verjagt worden, durch die zweite wird er zurückgerufen."[3109] Mit einer kleinen Abweichung kann es auch heißen, daß in jeder Art von Paradies das Holz des Lebens Jesus Christus ist[3110]. Die nördliche Seite des Baumes bedeutet Christi Menschheit, die er um der Sünden willen

---

[3099] JHLD 102,3,67-71,691.
[3100] SP 12,982,8f.
[3101] HAN 2,14,644B.
[3102] Ebenda.
[3103] HAN 2,9,643A.
[3104] Ebenda.
[3105] HAN 2,14,644B.
[3106] HAN 2,10,643A-B.
[3107] HAN 2,10,643B.
[3108] HAN 2,14,644B.
[3109] HAN 2,14,644B-C.
[3110] HNM 2,684A.

angenommen hat[3111]. Seine Südseite ist seine Gottheit, von der die Geister der Gläubigen genährt werden[3112].

4.6.2 Hugo unterscheidet auch ein dreifaches Paradies. „Unus terrestris, cujus incola fuit primus Adam terrenus." – „Das eine, das irdische (Paradies), dessen Einwohner der erste Adam war."[3113] Dort gab es auch das Holz des Lebens als materiellen Baum[3114]. Seine Frucht spendet nur ein Leben des Leibes ohne Tod[3115]. „Secundus fidelis, quod est Ecclesia sanctorum, quam fundavit et inhabitat secundus Adam coelestis, id est Christus." – „Das zweite, das gläubige (Paradies), welches die Kirche der Heiligen ist und welches gegründet und bewohnt der himmlische Adam, das heißt Christus."[3116] Sein Holz des Lebens ist die Menschheit des Erlösers[3117]. Seine Frucht ist Christi Leib und Blut im Altarsakrament[3118]. Das dritte Paradies ist das ewige Leben; sein Holz ist die Weisheit und das Wort des Vaters[3119]. So kann es auch mit starkem moralischem Einschlag von den verschiedenen Arten des Adam heißen: „Vetus Adam se collocat in arce vitiosae arboris. Novus Adam principatum obtinent proventus spiritualis." – „Der alte Adam sitzt auf dem Wipfel des Lasterbaumes. Der neue Adam hat die Spitze des geistlichen Gedeihens inne."[3120]

4.7 Hildegard von Bingen greift öfters auf den ersten Adam zurück, um an ihm die Aufgabe Christi deutlich zu machen.

4.7.1 „Creato Adam Pater, qui lucidissima serenitas est, dedit per Verbum suum in Spiritu sancto ipsi Adae dulce praeceptum clarissimae oboedientiae adhaerentis eidem Verbo in umida uiriditate fructiositatis." – „Nachdem Adam geschaffen war, gab der Vater, der die leuchtendste Heiterkeit ist, durch sein Wort im Heiligen Geist eben dem Adam das süße Gebot des klarsten Gehorsams, dem Wort in der feuchten Grünkraft der Fruchtbarkeit anzuhängen."[3121] Doch Adam übertrat dieses Gebot und verlor das Rechtsein[3122]. Durch die Sünde des Adam beschwert, kann der Mensch nicht mehr das Angesicht Gottes schauen[3123]. Denn die Klarheit des wahren Lichtes wich von ihm[3124].

4.7.2 Der himmlische Vater sah aber schon bei dem Fall des Adam voraus, daß sein menschgewordener Sohn den Teufel besiegen und die Menschen befreien wird[3125].

[3111] Ebenda.
[3112] HNM 2,684A-B.
[3113] HAN 2,17,646A.
[3114] Ebenda.
[3115] HAN 2,17,646B.
[3116] Ebenda.
[3117] Ebenda.
[3118] Ebenda.
[3119] HAN 2,17,646A.
[3120] HF prol 997C.
[3121] HISV 1, 2,1,8,234-238,116.
[3122] HISV 1, 2,4,7,217-220,165.
[3123] HIO 3,4,7,15f.,395.
[3124] HIO 3,4,7,18f.,395.
[3125] HISV 1, 2,5,44,1387-1394,213; vgl. HISV 2, 3,9,22,750-756,537.

Christus ist gekommen, um die in Adam geschenkte und verloren gegangene Gerechtigkeit wiederzubringen[3126]. Nach dem Fall des ersten Menschen richtet sich die ganze Aufmerksamkeit des Menschen auf die Erde; der Sohn Gottes riß ihn aber aus dem Land des Todes, so daß er sich wieder dem himmlischen Vaterland zuwenden kann[3127]. „Ipse quoque in humanitate sua erexit illud quod per Adam defecereat." – „Er selbst hat auch in seiner Menschheit jenes aufgerichtet, was durch Adam dahingeschwunden war."[3128] „Praeuaricatio Adae per sanguinem eiusdem Filli Dei mirabiliter in saluationem restaurata est." – „Das, was durch Adam übertreten war, ist durch das Blut eben des Sohnes Gottes wunderbar zum Heil wiederhergestellt worden."[3129] Das in der Übertretung des ersten Menschen verdorbene Heil wurde durch Jesus vervielfacht[3130]. Auch das Wirken Jesu in der Taufe hilft, das, was durch Adam verloren war, heilvoll wiederherzustellen[3131].

4.8   In der starken mariologischen Ausrichtung des St. Trudperter Hoheliedkommentars erstaunt es nicht, daß auch die Eva-Maria- Parallele auftaucht: „Under dem boume dâ Eva geviel, dâ wart Maria erstehen." – „Unter dem Baum, wo Eva gefallen war, da war Maria ausersehen."[3132] Im Baum des Paradieses sieht der Autor dieses Kommentars schon das Kreuz Christi[3133]. So kann er schreiben: „Dâ Âdâm geviel, dâ wart uns Christ geheizen zu erloesunge." – „Dort, wo Adam fiel, wurde uns Christus zur Erlösung verheißen."[3134]

4.9   Besonders ausgeprägt ist die Adam-Christus-Parallele bei Mechthild von Magdeburg.

4.9.1   Nach ihr entspringt die Erschaffung des ersten Menschen einem ekstatischen Jubel Gottes[3135]. „Adam und Eva waren gebildet und adellich genatúret na dem ewigen sune, der ane beginnen von sinem vatter ist geboren." – „Adam und Eva waren gebildet und von adliger Natur nach dem ewigen Sohn, der ohne Anfang von seinem Vater geboren wurde."[3136] Der Sohn teilte seine himmlische Weisheit und irdische Macht mit Adam[3137], und dies, obwohl Adam aus schwacher Materie gebildet worden ist[3138]. „Die selbe ander persone war ein nature worden mit Adames menscheit, e er sich verbösete mit den súnden." – „Dieselbe zweite Person (Gottes) war eine Natur geworden mit der Menschheit Adams, bevor er sich mit den Sünden verdarb."[3139] Wie sich dies Mecht-

---

[3126]   HISV 1, 1,2,13,381-386,23.
[3127]   HISV 2, 3,7,7,227-234,468.
[3128]   HIO 3,2,14,17f.,373.
[3129]   HISV 1, 2,5,12,498f.,186.
[3130]   HISV 2, 3,2,19,519-527,363f.
[3131]   HISV 2, 3,2,16,457-459,362.
[3132]   TH 135,15f.,286.
[3133]   TH 135,19f.,286.
[3134]   TH 135,16f.,286.
[3135]   MM 1,22,34-36,18.
[3136]   MM 3,9,34f.,87.
[3137]   MM 3,9,36-39,87.
[3138]   MM 4,18,12f.,132.
[3139]   MM 4,14,18-20,128.

hild vorstellt, ist nicht eindeutig. Sie denkt dabei kaum an eine Menschwerdung des Sohnes Gottes in Adam. Ausdrücklich stellt sie ja fest, daß vor der Verkündigung an Maria es noch keine Menschwerdung gab[3140].

Doch dieser Jubel an der Schöpfung wurde durch Adams Fall getrübt. Die ewige Weisheit aber, nämlich der Sohn Gottes, unterfing mit Maria den Zorn[3141]. Denn obwohl Adam seine Natur zerbrochen hat, hat ihn Gott nicht aufgegeben[3142]. Im Unterschied zu Luzifer geht Gott seiner gefallenen Braut nach und ruft sie zurück[3143].

4.9.2 Dennoch hat zunächst der Vater den Riegel seiner Gerechtigkeit so fest vor das Himmelstor geschoben, daß kein Mensch dort eintreten kann[3144]. Doch Jesus hat den Schlüssel, der durch sein Leiden geschmiedet worden ist, zu diesem Tor in der Hand und öffnet es[3145]. Dies geschah am Kreuzesholz, „do man die himelporten durchgrůp und mit den Hammern sie ufschlůg, das Adames grendel dannan vloch", „als man die Himmelstür aufbrach und mit dem Hammer aufschlug, so daß Adams Riegel vondannen flog"[3146].

4.10 Die Adam-Christus-Parallele nimmt in der Mystik von Helfta deutlich ab.

Mechthild von Hackeborn schreibt: „Sicut adamas absque sanguine frangi non potest, sic Adae culpa sine humanitate et sanguine Christi dissolvi non potest." – „Wie man einen Diamant ohne Blut nicht brechen kann, so kann die Schuld Adams ohne die Menschheit und das Blut Christi nicht gelöst werden."[3147] Nach einer von Plinius überlieferten Sage soll ein Diamant durch Bocksblut so weich werden, daß er bearbeitbar ist[3148]. Für Mechthild ist die Schuld Adams vergebbar durch das Blut, das heißt das Kreuzesopfer, und die Menschheit, nämlich die Menschwerdung, des Sohnes Gottes. Damit dies geschah, mischte sich die göttliche Liebe so lange ein und bewegte das Herz Gottes, bis der Sohn gesandt wurde[3149]. In einer Vision läßt sich Mechthild in den Paradiesesgarten, der voller schöner Bäume ist, von der Jungfrau Maria führen[3150]. „Rogabat se duci ad aborem misericordiae, de quo Adam frustratus fuerat tanto tempore." – „Sie bat, zum Baum der Barmherzigkeit geführt zu werden, von dem Adam so lange Zeit abgehalten worden war."[3151] Unter diesem Baum befinden sich jetzt Maria Magdalena, Zachäus und Mechthild selbst und bitten um Vergebung[3152]. Offensichtlich ist hier an den Baum des Lebens gedacht, dessen Zugang Adam nach seinem Sündenfall vom Cherub mit dem Flammenschwert verwehrt worden war (Gen 3,24). Ein

---

[3140] MM 4,14,15-18,128.
[3141] MM 1,22,43-45,18.
[3142] MM 4,14,20f.,128.
[3143] MM 4,14,22-26,128.
[3144] MM 6,16,41f.,227.
[3145] MM 6,16,42-47,227.
[3146] MM 5,23,138-140,179.
[3147] MH 2,17,151.
[3148] Vgl. Jüttner, G.: Diamant, in: Lexikon des Mittelalters Bd 3, München-Zürich 1986, Sp 967.
[3149] MH 2,17,151.
[3150] MH 3,50,252.
[3151] Ebenda.
[3152] Ebenda.

Bezug zu dem Kreuzesbaum wird aber in dieser Vision nicht hergestellt. Ohne Bezug zum Paradiesesbaum schaut Mechthild einen Baum von unendlicher Höhe, Weite und voller Früchte und Blätter. Die Höhe wird mit der Gottheit Christi, die Weite mit seinem menschlichen Lebenswandel, die Früchte werden mit allem Guten, das wir durch diesen empfangen haben, und die Blätter mit Ereignissen aus dem Leben Jesu gleichgesetzt[3153].

4.11   Gelegentlich wird auch in der zeitgenössischen nicht mystisch geprägten Dichtung der Name Adam auf Christus angewandt. So nimmt nach Walther von Breisach der Sohn Gottes als „der nuiuwe Âdam", „der neue Adam" in Maria die menschliche Natur an[3154].

4.12   Zusammenfassend läßt sich sagen:

4.12.1   Der erste Mensch besaß die vier Tugenden, die nach Ps 84,10f. in der Heilszeit sich begegnen, nämlich Barmherzigkeit, Wahrheit, Gerechtigkeit und Friede[3155]. Auch die Fähigkeit, auf die Gebote Gottes zu hören, war eine Gabe des Menschen im Urstand[3156]. Jesus teilte ihm die Weisheit mit[3157]; denn der Mensch wurde nach ihm geschaffen[3158]. Insofern war der Mensch eine Natur mit dem Sohn geworden[3159]. Jetzt ist er aber durch die Sünde Adams von all seinen Gaben beraubt und nackt[3160] und kann nicht mehr das Angesicht Gottes sehen[3161]. Das Tor zum Himmel ist seit Adam verriegelt[3162], Adam vom Baum des Lebens verjagt[3163]. Der Friede, den Adam besaß, ist im Unterschied zum unverlierbaren Frieden, den Christus seinen Jüngern bringt, zerstört[3164].

4.12.2   Sofort nach dem Fall Adams schaut Gott die Erlösung durch Christus[3165] und sagt diese voraus[3166]. Daß der Mensch trotz Adams Sünde von Gott nicht aufgegeben wurde, unterscheidet ihn von Luzifer[3167]. Die Suche Gottes nach Adam bleibt so lange erfolglos, solang die Frage „Adam wo bist du?" nur im Himmel erklingt[3168]. Erst als Gottes Sohn auf die Erde kam, fand er am Kreuz in der Gestalt des Schächers Adam[3169].

[3153] MH 1,10,30.
[3154] Walter von Breisach: Mariengebet 3,22-25, in: Die Deutsche Literatur vom Mittelalter bis zum 20. Jahrhundert, 1,1,426.
[3155] BANN 1,6,104,14-106,14.
[3156] HISV 1, 2,1,8,234-238,116.
[3157] MM 3,9,36-39,87.
[3158] MM 3,9,34f.,87.
[3159] MM 4,14,18-20,128.
[3160] BANN 1,7f.,108,1-112,11; HISV 1, 2,4,7,217-220,165.
[3161] HIO 3,4,7,15f.,395.
[3162] MM 6,16,41f.,227.
[3163] MH 3,50,252.
[3164] BS 2,185,366,19f.
[3165] HISV 1, 2,5,44,1387-1394,213.
[3166] TH 135,16f.,286.
[3167] MM 4,14,22-26,128.
[3168] BS 3,120,696,6f.
[3169] BS 3,120,696,9f.

Christus holt am Kreuz den wie ein Schaf verirrten Adam nach Hause zurück[3170]. Jetzt ist das wieder vorhanden, was durch Adam verloren gegangen war[3171]. Der Zustand vor dem Sündenfall Adams ist wiederhergestellt[3172], ja überboten[3173]. In Jesu Blut ist die Schuld Adams gelöst[3174]; durch Christi Tod der Riegel, der wegen Adams Schuld vor das Tor des Himmels geschoben war, beseitigt[3175]. Christus entsagte dem, durch was Adam gesündigt hatte, nämlich der Begierde, der Neugier und dem Ehrgeiz[3176], weil er der Verführung der Schlange nicht sein Ohr öffnete[3177]. Die Erlösung durch Christus geschah am selben Wochentag und zur gleichen Stunde, in der Adam gesündigt hat[3178].

4.12.3 Vom Holz des Paradieses errang Adam den Tod, und vom Holz des Kreuzes brachte Christus das Leben[3179]. Der Paradiesesbaum hätte Adam nur das körperliche Leben gespendet[3180]. Christus in seiner Gottheit und Menschheit[3181] oder speziell in seiner Gottheit[3182] oder allein in seiner Menschheit[3183] ist der Baum des Lebens. Durch seine Blätter bringt der Baum Schatten für die Schwachen und Stärkung für die Starken[3184]. Die Früchte des Lebensbaumes werden oft mit den eucharistischen Gaben von Brot und Wein, Jesu Fleisch und Blut, gleichgesetzt[3185]. Sie können auch in der Demut bestehen[3186]. Der neue Lebensbaum, das Kreuz, steht nicht im Paradies, sondern in einem Wald voller Dornen[3187]. Es gibt aber auch den himmlischen Lebensbaum, Christus als die ewige Weisheit, von dem auch die Engel genährt werden[3188] und auf den hin die Menschen geschaffen wurden[3189]. Auch von der neuen Eva ist die Rede, welche die Kirche ist, die aus der Seite des neuen Adam, Christus, bei seinem Sterben entspringt[3190]. Unter der neuen Eva kann auch Maria verstanden werden[3191].

[3170] IS 51,19,146-151,210-212.
[3171] HIO 3,2,14,17f.,373.
[3172] HISV 1, 2,5,12,498f.,186.
[3173] HISV 2, 3,2,19,519-527,363f.
[3174] MH 2,17,151.
[3175] MM 5,23,138-140,179; 6,16,42-47,227.
[3176] ISAP 2,8,54-56,298.
[3177] JHLD 59,9,193-195,420.
[3178] GHLD 4,4,28C.
[3179] GHLD 4,4,28C.
[3180] HAN 2,17,646B.
[3181] HAN 2,9,643A; 2,14,644B; HNM 2,684A-B; MH 1,10,30.
[3182] HAN 2,9,643A.
[3183] HAN 2,17,646A.
[3184] HAN 2,10,643A-B.
[3185] BDI 3,7,86,2-4; HAN 2,14,644B; 2,17,646B.
[3186] JHLD 59,9,196-199,420.
[3187] JHLD 102,3,67-71,691.
[3188] HAN 2,14,644B; 2,17,646A.
[3189] HAN 2,14,644B-C.
[3190] GHLD 42,7,224A; JHLD 98,5,95-97,664.
[3191] TH 135,15f.,286.

4.12.4 Ein Gegensatz besteht zwischen dem alten und neuen[3192], dem ersten und zweiten[3193] oder dem irdischen und himmlischen[3194] Adam. Wir haben eine fleischliche Herkunft von Adam und eine geistliche von Christus[3195]. Bedeutet Adam für uns die Nacht, so Christus der Tag[3196] oder Adam die Finsternis und Christus das Licht[3197].

[3192] JHLD 59,9,193-195,420; 98,5,95-97,664; HF prol 997C.
[3193] HAN 2,17,646.
[3194] SP 12,982,8f.; HAN 2,17,646A.
[3195] BLNM 11,24,308,12-15.
[3196] BVNAT 3,2,160,19-26.
[3197] IS 16,9,90f.,300.

3. KAPITEL:

DIE VOLLENDUNG

1. Auferstehung

1.1 Die lateinischen Texte

1. Hier kann es nicht darum gehen, alle Stellen, die von der Auferstehung Christi sprechen, zu behandeln. Es werden hier nur die Texte herangezogen, die von der Auferstehung wie von einem Titel sprechen oder in denen Christus mit der Auferstehung gleichgesetzt wird. Auch sollen die Stellen herangezogen werden, an denen sich die Verehrung Christi in einer Auferstehungsfrömmigkeit zeigt[1]. Schon in der Vulgata identifiziert sich Jesus mit der Auferstehung: „Ego sum resurrectio et vita." – „Ich bin die Auferstehung und das Leben (Joh 11,25)." Von Interesse ist, daß das Substantiv „resurrectio", „Auferstehung" nicht sehr oft im christologischen Kontext gebraucht wird (Mt 27,53; Apg 4,2.33; 17,18.32; 26,23; Röm 1,4; Phil 3,10; 1 Petr 1,3; 3,21). Häufiger ist von der allgemeinen Auferstehung der Toten am Ende der Zeiten die Rede.
2. Jean von Fécamp zitiert Röm 4,25 „Resurrexit propter iustificationem nostram", „Er (= Jesus) ist wegen unserer Rechtfertigung auferstanden", um zu erklären, daß er unser Heiland ist[2].
3. Bernhard von Clairvaux zählt die wichtigsten Heilsereignisse des Lebens Jesu auf, zu denen auch die Auferstehung gehört[3]. Nach ihm soll der Christ neben der Gnade des Leidens Jesu die „Resurrectionis gloriam „, „Herrlichkeit der Auferstehung" oft betrachten[4]. Seine Auferstehung ist die Blüte, die als Frucht die künftige allgemeine Auferstehung hervorbringt[5]. „Cuius caro seminata est in morte, refloruit in resurrectione." – „Sein Fleisch ist im Tod gesät und in der Auferstehung neu erblüht."[6] Im Tod ist er die Myrrhe, „botrus in resurrectione", „Cyperntraube in der Auferstehung"[7]. Er ist gestorben, damit wir für die Sünden tot sind, und auferstanden, damit wir der Ge-

---

[1] Oft wird nicht wahrgenommen, daß es eine solche Art der Frömmigkeit, wenn auch längst nicht so ausgedehnt wie diejenige zum Leiden Christi, im 13. und 14. Jahrhundert gibt.
[2] JFC 2,3,84-89,123.
[3] BB 1, 77,3,10,624,21-23.
[4] BDI 3,8,86,20f.
[5] BDI 3,8,86,24-88,3.
[6] BDI 3,8,88,6f.
[7] BHLD 2, 44,1,1,102,19.

rechtigkeit leben[8]. In seinem Tod wird unser Tod vernichtet; er ist als Auferstandener die Erstlingsfrucht der Entschlafenen (1 Kor 4,20)[9], weil er jetzt nicht mehr sterben kann, sondern die Unsterblichkeit besitzt[10], weswegen er der „novus homo ... mortis victor", „neue Mensch ... der Sieger über den Tod" heißt[11]. In seinem Tod wird die Barmherzigkeit und in seiner Auferstehung die Macht Gottes erfahren[12]; in ihr wurde die Verherrlichung des Leibes gezeigt[13]. Mit der Auferstehung wird sogar der Barmherzigkeit Christi eine zeitliche Grenze auferlegt[14]. Wie die Sonne am Morgen bringt die Auferstehung neuen Glanz[15]. „Resurrectionis huius innotescat gloria singularis." – „Die Herrlichkeit dieser Auferstehung wird einzigartig erkannt."[16] Es wird das Zeichen des Propheten Jona den Menschen gegeben, „non signum descensionis, sed signum resurrectionis", „nicht das Zeichen des Hinabsteigens, sondern das Zeichen der Auferstehung"[17]. Christus hat sich in der Auferstehung mächtig als siegreicher Löwe aus dem Stamm Juda erwiesen[18]. „Qui agnus existiterat in passione, leo factus est in resurrectione." – „Der als Lamm beim Leiden existierte, wurde zum Löwen bei der Auferstehung."[19] Die Auferstehung ist keine Rückkehr in das alte, sondern „transitus, transmigratio", „Durchgang, Übergang" zum neuen Leben[20].

Bernhard stellt gern den Zustand Christi beim Sterben demjenigen bei der Auferstehung gegenüber. Die Auferstehung drückt die Macht und den Sieg Christi aus.

4. Nach Wilhelm von St. Thierry ließ Christus, der Erstling der Auferstandenen[21], „in virtute resurrectionis suae ea quae erant passibilis et mortalis hominis, finem fecit habere", „in der Kraft seiner Auferstehung das, was leidensfähig und sterblich am Menschen war, ein Ende haben"[22]. Zugleich besitzt er „post resurrectionis glorificationem", „nach der Verherrlichung der Auferstehung" die Fähigkeit, an verschiedenen Orten und Zeiten zu sein[23]. Dies festzustellen, ist für Wilhelm deswegen wichtig, weil er das Geheimnis der Anwesenheit Christi im Altarsakrament erklären will, obwohl er weiß, daß „de humanitate ejus per resurrectionem glorificata", „über seine durch die Auferstehung verherrlichte Menschheit" eine weltliche Philosophie nichts wissen will[24].

---

[8] BHLD 2, 44,1,1,19-22.
[9] BNAT 1,4,230,10f.
[10] BPASC 1,6,234,5f.
[11] BPASC 1,8,236,8f.
[12] BDI 3,9,88,22-24.
[13] BPA 6,868,9-11.
[14] BNAT 1,4,230,15-18.
[15] BHLD 1, 33,3,6,522,10-12.
[16] BPASC 1,7,234,7.
[17] BPASC 1,5,230,8f.
[18] BPASC 1,12,248,12f.
[19] BD 57,2,594,12f.
[20] BPASC 1,14,250,18-20.
[21] WCS 1,346B.
[22] Ebenda.
[23] WCS 1,347B.
[24] WCS 1,346C.

5. Ausführlich redet Isaak von Stella in seinen Osterpredigten über die Auferstehung. Christi Tod und Auferstehung sind geschehen wegen unseres Todes und unserer Auferstehung[25]. Wie es aber bei uns einen doppelten Tod gibt, so gibt es auch eine doppelte Auferstehung[26]. Es existiert der Tod der Sünde, dem die Erlösung als Auferstehung entspricht. Da Christus sündenlos ist, kann es für ihn in diesem Sinn keine Auferstehung geben. Dann gibt es aber auch einen Tod, der in der Trennung von Leib und Seele besteht, dem eine Auferstehung im Leib entspricht. Da in der Person Christi durch die Einheit der beiden Naturen auch eine unlösbare Einheit seiner menschlichen Seele mit seinem Leib besteht, bedurfte es für ihn an sich keiner derartigen Auferstehung[27]. Er selbst hat sich aber freiwillig in den Tod begeben und steht deswegen aus eigener Macht wieder auf[28]. Die Auferstehung ist für ihn wie eine zweite Geburt[29]. Während wir einer doppelten Auferstehung bedürfen, gab es für Christus nur eine einzige, die sich aus seinem freiwilligen Tod ergab[30]. Diese ist für unsere beiden Arten von Auferstehung Ur- und Vorbild[31]. Wenn wir durch Christus von dem Tod der Sünde erlöst sind, werden wir auch einmal „configurati resurrectioni Christi", „mit der Auferstehung Christi gleichgestaltet" sein[32].

6. Auch Guerricus von Igny beschäftigt sich in seinen Osterpredigten ausführlich mit dem, was Auferstehung im christologischen Kontext bedeutet.

Er zitiert Joh 11,25[33], fügt aber in das Zitat auch ein „vera" ein, so daß es heißt: Jesus ist die „vera resurrectio et vita", „wahre Auferstehung und das Leben"[34]. Dies tut er, weil selbst die Apostel erst nach ihren Zweifeln durch den Heiligen Geist fähig sind, an die Wirklichkeit der Auferstehung zu glauben[35]. Auch Guerricus kennt eine doppelte Auferstehung für uns, nur akzentuiert er den Unterschied zwischen beiden anders als Isaak: Die erste betrifft die Seele, wenn sie in der Taufe mit Christus aufersteht zum neuen Leben. Die zweite betrifft den Leib und findet erst am Ende der Zeit statt[36]. Für die erste Art ist Christi Auferstehung die Ursache, für die zweite ein Argument[37]. Doch kennt er auch eine Auferstehung im moralischen Sinn, in welcher der Mensch vom Tod der Sünde aufersteht und zu der ihn die erste Auferstehung befähigt[38].

7. Gilbert von Hoyland legt Ps 44,8 „Unxit te Deus, Deus tuus oleo laetitiae prae consortibus tuis", „Es hat dich Gott, dein Gott, mit dem Öl der Freude für deinen

---

[25] IS 40,10,78f.,18.
[26] IS 40,10,82,18.
[27] IS 40,13,114-116,22.
[28] IS 40,17,130-136,24.
[29] IS 41,5,35f.,32.
[30] IS 41,2,9f.,28.
[31] IS 41,6,43f.,32.
[32] IS 40,21,166f.,26.
[33] GIS Res 2,1,4,230.
[34] GIS Res 1,4,97f.,222.
[35] GIS Res 1,4,98-101,222.
[36] GIS Res 2,1,9-17,230; 3,1,4-7,246.
[37] GIS Res 2,1,17-19,230.
[38] GIS Res 3,1,9-13,236.

Gefährten gesalbt" am Osterfesttag auf Jesus aus: „Hodie unctus est Dominus oleo
laetitiae prae consortibus suis, non tamen sine consortibus suis." – „Heute ist der Herr
mit dem Öl der Freude vor seinen Gefährten, jedoch nicht ohne seine Gefährten, gesalbt worden."[39] Ein Gefährte ist derjenige, der sich mit dem Auferstandenen freut[40].
Deswegen kann „compassio", „das Mitleiden" beim Nächsten angebracht sein[41].
Doch der Gekreuzigte lebt[42]. „Non condolendi, sed congaudendi in se vobis undique
materiam praestat." – „Nicht mitzutrauern, sondern mitzufreuen, bietet er euch in sich
Gelegenheit."[43]

8.   Johannes von Ford beschäftigt sich ausführlich mit der Auferstehung. Er weiß, daß
Christus „gloriam resurrectionis suae in monte transfiguratus ostenderet", „die Herrlichkeit seiner Auferstehung auf dem Berg verklärt zeigte"[44]. Es ist die Herrlichkeit
des Lichtglanzes, welcher in der „innocentia resurrectionis", „Unschuld der Auferstehung" besteht[45]. Christus hat sich mit dieser Herrlichkeit der Auferstehung wie mit
einem Kleid umgeben[46]. Diese Klarheit erhalten auch wir, wenn wir mit Christus auferstehen[47]. Der durch das Ärgernis des Kreuzes verwundete Glaube an Christus fängt
in seiner Auferstehung wieder an, stark zu werden[48], so daß die Christen zum Kampf
mit dem Bösen am Tag der Auferstehung gestärkt sind[49]. Auch Johannes spricht vom
doppelten Tod des Menschen, demjenigen der Seele durch die Sünde und demjenigen
des Leibes als Folge der Sünde. Dieser doppelte Tod ist im Sieg der Auferstehung Christi jetzt teilweise und später vollständig verschlungen[50]. So leuchtet auch jetzt schon
etwas auf „de gaudio resurrectionis", „von der Freude der Auferstehung"[51].

9.   Hugo von St. Viktor zeigt die Schwäche einer solchen Logos-Sarx-Christologie
auf, nach welcher das Wort Gottes nur Fleisch, das heißt einen Leib, angenommen
hat. Stimmt sie, dann hört bei dem Tod des Leibes Christi am Kreuz die Einheit der
Menschwerdung auf und wird in der Auferstehung des Leibes wieder hergestellt[52]. Die
Auferstehung wäre also für die Weiterexistenz des Menschgewordenen absolut notwendig. Mit Augustinus weist Hugo dagegen darauf hin, daß weder der Tod noch die
Auferstehung Jesu für ihn selbst notwendig war, sondern er beides wegen uns erlebt
hat[53].

---

[39] GHLD 33,1,171B.
[40] GHLD 33,1,171C.
[41] GHLD 20,5,100B.
[42] GHLD 20,5,100B-C.
[43] GHLD 20,5,100C. Man kann sich fragen, ob hier eine frühe Kritik an der ausufernden Compassiofrömmig-
     keit vorliegt.
[44] JHLD 3,4,201f.,53.
[45] JHLD 3,5,209-211,53.
[46] JHLD 5,3,92-95,64.
[47] JHLD 26,2,25-27,215.
[48] JHLD 17,2,38-43,149.
[49] JHLD 17,2,49-53,149.
[50] JHLD 83,9,209-211,574.
[51] JHLD 99,7,158f.,673f.
[52] HSA 2,1,6,383A-B.
[53] HSA 2,1,6,383C-389B.

10. Auch in den Werken der Hildegard von Bingen gibt es viele Überlegungen zur christologisch gefärbten Auferstehung.

Sie glaubt, daß die Auferstehung des von der Jungfrau Maria geborenen Leibes Jesu den Glauben an die Dreifaltigkeit sichert[54]. Denn als der Sohn auferstand und den Geist empfing, zeigte ihn der Vater mit seinen offenen Wunden den himmlischen Chören der Engel und spricht: Dies ist mein geliebter Sohn[55]. Hildegard sieht in der Auferstehung eine zeitliche Zäsur. Bis zu ihrem Zeitpunkt wirkte der Menschgewordene Werke mit seiner Menschheit, die den verwundeten Menschen Heilung brachten. Nach ihr sind alle Geheimnisse der Wahrheit in der Kirche offenbar[56]. Im Altarsakrament strahlt auf die „serenitas quae super corpus Filii Dei in sepulcro sepultum apparuit ipsum a sopore mortis resuscitans", „Heiterkeit, welche über dem im Grab begrabenen Leib des Sohnes Gottes erschienen ist und ihn vom Schlaf des Todes aufgeweckt hat"[57]. Während der Mensch durch das Leiden Christi geheilt wird, „in resurrectione etiam sua mihi misericorditer poculum uitae dat", „gibt er mir in seiner Auferstehung auch barmherzig den Becher des Lebens"[58]. So zeigt der eingeborene Sohn Gottes in der Auferstehung, wie er „genus humanum in restaurationem aeternae uitae se reducere", „das menschliche Geschlecht zur Wiederherstellung des ewigen Lebens zurückführen will"[59].

11. Als Elisabeth von Schönau in einer Vision einen jungen Mann sieht, in dessen Rechter ein goldenes Kreuz erscheint, erkennt sie in ihm Jesus, der von den Toten auferstanden ist[60]. Ein anderes Mal wird sie an Ostern dreimal gefragt: „Credis, quod in hac die resurrexi ex mortuis verus deus et verus homo?" – „Glaubst du, daß ich an diesem Tag vom Tod auferstanden bin als wahrer Gott und wahrer Mensch?"[61] Als Elisabeth diesen Glauben dreimal bekennt, wird ihr Anteil an der Auferstehung Christi versprochen[62].

12. Auch in den Viten der flämischen Mystikerinnen taucht unser Thema auf.

Maria von Oignies nimmt sonntags keine irdischen Speisen zu sich, weil sie „propter gaudium Resurrectionis", „wegen der Freude der Auferstehung" sich geistig gesättigt fühlt[63].

13. Margarete von Ypern fühlt freitags, wie „cor suum quasi Christo in passione commortuum, et in die resurrectionis dominice in recepcione Corporis Christi quasi vita resumere iocunditatis", „ihr Herz gleichsam im Leiden Christi mitgestorben und wie am Tag der Auferstehung des Herrn bei dem Empfang des Leibes Christi auch das Leben der Freude wieder zunimmt"[64].

---

[54] HISV 1,2,1,15,385-397,122.
[55] HISV 1,2,1,15,388-392,122.
[56] HISV 1,2,5,14,537-546,187f.
[57] HISV 1,2,6,12,381-384,242.
[58] HISV 1,2,6,29,1124-1126,258.
[59] HISV 1,2,6,40,1398-1400,266.
[60] ESV 1,17,10.
[61] ESV 2,27,52.
[62] Ebenda.
[63] MO 2,7,66,562.
[64] MY 35,123,22-25.

14. Elisabeth von Spalbeek ahmt bei der Komplet mit körperlichen Gesten das Begräbnis Christi nach[65]. „Post haec, quasi laetitiam resurrectionis et fructum passionis annuntians, in vultu et aspectu, et licet rarissimo tamen gravissimo et gratissimo affatu, cordis exprimit jubilationem." – „Danach verkündet sie gleichsam die Freude der Auferstehung und die Frucht des Leidens im Gesicht und Aussehen und drückt mit einem, wenn auch ganz seltenen, so doch gewichtigen und freundlichen Ausdruck, das Jubeln ihres Herzens aus."[66]

15. Daß ausgerechnet Margareta von Magdeburg, die so viel körperlich und seelisch in ihrem Leben zu leiden hat, eine Auferstehungsfrömmigkeit besitzt, ist bemerkenswert. An einem Ostertag versichert die Jungfrau Maria der Mystikerin, daß sie alle Bedrängten mit dem Trost, den sie selbst bei der Auferstehung ihres Sohnes empfing, stärken will[67]. Fünffach war dieser Trost, der erste in der Tatsache der Auferstehung selbst, der zweite in der dadurch bewirkten Erlösung der Menschen, welcher als dritter gerade an dem Leib, den er von ihr erhalten hatte, geschah, der vierte in der Wegnahme ihrer Todesangst um Jesus und der fünfte in der Tatsache, daß alle Auserwählten durch den von ihr empfangenen und auferstandenen Leib Christi in den Himmel kommen[68].

16. In einer Osternacht schaut Mechthild von Hackeborn, „quasi in sepulcro resideret et agnovit divinitus illustrata, qualiter Deus Pater suam totam potentiam humanitati Christi in ejus resurectione dedisset, Filiique Dei persona omnem suam clarificationem, quam ab aeterno a Patre habuit, Spiritusque Sanctus omnem suam dulcedinem, bonitatem et amorem plene infudit ejus glorificatae humanitati", „wie (Christus) auf dem Grab gleichsam thront, und sie erkannte von Gott erleuchtet, wie Gott Vater der Menschheit Christi seine ganze Macht bei dessen Auferstehung gegeben hat und wie die Person des Sohnes Gottes seine ganze Herrlichkeit, die er seit Ewigkeit vom Vater hatte, und der Heilige Geist seine ganze Süße, Güte und Liebe gänzlich in seine verherrlichte Menschheit gegossen hat"[69]. Selbstverständlich ist es, daß der Menschheit Jesu jetzt die Unsterblichkeit geschenkt wird[70]. Der Auferstandene selbst spricht Mechthild mit den Worten an: „In mea resurrectione coelum et terram cum omni creatura mihi ministrabant." – „In meiner Auferstehung dienten mir der Himmel und die Erde mit jedem Geschöpf."[71] Der Himmel dient, weil, wie Mechthild sieht, alle Engel sich um das Grab versammeln und Loblieder singen[72]. Der Auferstandene verspricht, die Verherrlichung, die seine Menschheit gerade empfangen hat, allen, die reinen Herzens, friedfertig und geduldig sind, zu schenken[73]. Beim österlichen Hochamt spricht der Auferstandene zu Mechthild unter anderen wunderbaren, unaussprechlichen Wor-

---

[65] ES 11,370,35-39.
[66] ES 12,371,3-6.
[67] MA 43,44f.
[68] MA 43,45.
[69] MH 1,19,60.
[70] MH 1,19,67.
[71] MH 1,19,60.
[72] MH 1,19,60f.
[73] MH 1,19,61.

ten: „Perpetuuo tecum mansurus." – „Auf immer werde ich bei dir bleiben."[74] Weiter verspricht er, mit den Menschen alle Freuden, die er hat, besonders diejenige bei seiner Auferstehung, zu teilen[75]. Dadurch, daß der menschliche Leib Jesu aus dem Grab auferweckt wurde, bekam er große Ehre[76]. In seiner Auferstehung wurden ja alle seine Glieder mit unvergleichlicher Ehre und Freude erfüllt[77].

17. Wie wenig das Wort „Auferstehung" im christologischen Kontext bei Gertrud der Großen vorkommt, sieht man schon daran, daß es, abgesehen von der Anrufung in einer Litanei[78], in ihren „Exercitia spiritualia" nicht auftaucht. In der siebten Übung dieses Werkes befindet sich ein ausgeprägter Lobpreis auf den Tod Christi[79]. In seinem Umkreis wird nicht nur die Auferstehung nicht erwähnt, sondern es werden Wirkungen, die man traditionell diesem Heilsereignis zuordnet, dem Tod zugeschrieben. So ist das Sterben Christi lebensgebärend[80], lebensprühend[81], ein Lebenstropfen[82], ein glücklichstes Leben[83], den Tod verschlingend[84] und triumphal[85].

Im „Göttlichen Gesandten" ist der Stoff des vierten Buches streng nach dem Kirchenjahr geordnet. Das 27. Kapitel umfaßt dabei Ostern. In der Osternacht bittet sie den Auferstandenen, der ihr als lieblicher und blühend erscheint[86], „ob reverentiam tuae jucundissimae resurrectionis", „um der Verehrung Deiner ganz frohen Auferstehung willen" für alle Menschen, die in besonderer Weise zu ihm gehören, um Vergebung[87], was ihr auch gewährt wird[88]. Sieht man von einer Erklärung der einzelnen Buchstaben des „Allejua" ab, bei der die Freude der Menschheit Jesu durch die Auferstehung eine besondere Rolle spielt[89], und der Erwähnung ihrer eigenen Freude an der Auferstehung[90], könnten die Gedanken auch bei jedem anderen Fest stehen.

18. Die Auferstehung Jesu spielt eine gewisse Rolle in der Vita der Lukardis von Oberweimar. Daß erkrankte Mystikerinnen zu den Hochfesten des Kirchenjahres solche Kraft erhalten, daß sie am Gottesdienst teilnehmen können, wird häufiger erzählt. Nur bei Lukardis hören wir, daß dies in der Osternacht geschieht. Sie war vor dem Osterfest erkrankt und hatte wegen eines strengen Frostes viel zu leiden[91]. Der Herr

[74] MH 1,19,63.
[75] MH 1,19,64.
[76] MH 1,20,75f.
[77] MH 1,19,66.
[78] G R 3,153,82.
[79] G R 7,338-371,230-232.
[80] G R 7,339,230.
[81] G R 7,352,230.
[82] G R 7,348,230.
[83] G R 7,357,230.
[84] G R 7,344f.,230; 7,367,232.
[85] G R 7,351f.,230.
[86] G 4,4,27,1,3f.,260.
[87] G 4,4,27,1,12f.,260.
[88] G 4,4,27,2,1-6,260.
[89] G 4,4,27,4,1-35.
[90] G 4,4,27,5,1-11,266.
[91] LO 32,326,14-19.

erklärt ihr, daß dies geschehe zur Vorbereitung auf die Freude, die sie am Osterfest erleben soll[92]. In der Nacht wird sie vom Herrn eigens geweckt, „quia haec est hora qua, devicta morte, resurrexi a mortuis", „weil dies die Stunde ist, in der ich nach Besiegung des Todes von den Toten auferstanden bin"[93]. Als sie aufsteht und zur Kirche eilt, wird sie mit großer Freude erfüllt[94].

19. Von Agnes von Blannbekin wird berichtet, daß sich ihre Gefühle in der österlichen Zeit nicht der Osterfreude anpassen wollen. „A tempore paschae infra ascensionem tristitia implevit cor ejus." – „Von der Zeit von Ostern innerhalb der (Zeit der) Himmelfahrt hatte Traurigkeit ihr Herz erfüllt."[95] Sie achtet nicht auf die gewohnte innere Stimme[96] und läßt sich durch die Süße göttlicher Besuchungen nicht trösten[97]. Es scheint, Gott sei ihr feindselig[98]. Dann wird sie über den Grund dieser Traurigkeit aufgeklärt. Ihr Herz hat sich nur der Gefühlslage der Apostel angepaßt. In der Zeit vor Pfingsten, in der die Apostel die leibliche Gegenwart des Herrn nicht ständig erfahren und noch nicht vom Geist erfüllt sind, können sie auch noch nicht den vollen Trost erfahren[99]. Dies gilt, „licet modo ecclesia gaudium resurrectionis celebret continue", „auch wenn die Kirche jetzt ständig die Osterfreude feiert"[100]. Bemerkenswert ist, daß hier das Auseinanderfallen von offizieller liturgischer Freude und Erleben des einzelnen Christen ohne Schuldzuweisung festgestellt wird. Da die Mystikerin sich durch die ihr gegebene Erklärung nicht beruhigen kann, sondern fragt: „Forsitan ista non est causa tristitiae", „Vielleicht ist dies (doch) nicht die Ursache der Traurigkeit", sieht sie diese in irgendeiner Nachlässigkeit ihrerseits[101]. Als die Stimme noch einmal zu ihr spricht, kann sie sich zufrieden geben[102].

1.2   Die muttersprachlichen Texte

1. Das St. Trudperter Hohelied bringt auch die Auferstehung mit der Herrlichkeit in Verbindung, wenn es heißt: „Dîn urstende was hêrliche." – „Deine Auferstehung war herrlich."[103] Dieser Kommentar übersetzt Hld 5,1 „Comedi favum cum melle meo, bibi vinum meum cum lacte meo" folgendermaßen: „Ich az dâ den waben mit mîneme honege, ich tranc dâ mînen wîne mit mîner mileche." – „Ich aß da die Wabe mit mei-

[92] LO 32,326,21-26.
[93] LO 33,326,33f.
[94] LO 33,327,3-6.
[95] AB 81f.,17f.,194.
[96] AB 81f.,7-9,184.
[97] AB 81f.,18-20,194.
[98] AB 81f.,13,194.
[99] AB 81,28-31,194.
[100] AB 81f.,31f.,194.
[101] AB 83,4-6,196.
[102] AB 83,9f.,196.
[103] TH 26,10,74.

nem Honig, ich trank da meinen Wein mit meiner Milch."[104] Die vier Wörter, nämlich Wabe, Honig, Wein und Milch, werden daraufhin allegorisch ausgelegt. Während
der Honig die Gottheit[105] und die Milch die Menschheit[106] Jesu bedeuten, weisen die
Wabe und der Wein auf geschichtliche Ereignisse Jesu hin. Der Wein stellt dabei die
Himmelfahrt dar[107]. Von der Wabe heißt es: „Daz wahs ist ungewoneĺîche ze ezzeme.
es bezeichenet sîne urstende, diu was von sîner götlichen krefte." – „Das Wachs zu
essen, ist nicht üblich. Es bedeutet seine Auferstehung, die aus seiner göttlichen Kraft
geschah."[108]

Der Verfasser dieses Kommentars sieht eine deutliche Trennungslinie zwischen
dem Tod Jesu und seiner Auferstehung. Jesus starb noch zur Zeit des Alten Testamentes. Bis dahin hatte dieses Kraft aus der Gnade Jesu[109]. Mit dem Tod Jesu hörte aber
die Gültigkeit des alten Gesetzes auf, und mit seiner Auferstehung beginnt der Neue
Bund[110]. Aus diesem Grund feiern auch die Christen nicht mehr den Sabbat, welcher
in die Feier des Sonntags verwandelt worden ist[111], an dem sie die Auferstehung Christi
begehen[112].

2. Hadewijch spricht nur selten von der Auferstehung Christi. Diese geschah durch
die Forderung der Dreifaltigkeit[113]. Die Minne ist „op verstaen met hem", „mit ihm (=
Christus) auferstanden"[114].

3. David von Augsburg gebraucht häufiger das Wort „urstende". Christi Menschheit
ist „nû gehoehet an sîner urstende über allez das got hât, ebenhêr und ebengewaltic
sînem vater in himel und in erde", „nun in seiner Auferstehung erhöht über alles, was
Gott besitzt, seinem Vater gleich an Herrlichkeit und Gewalt im Himmel und auf
Erden"[115].

In seinem mittelhochdeutschen Traktat „Betrachtungen und Gebete" ist der ganze
siebte Abschnitt, ausgehend von Joh 11,25[116], der Auferstehung gewidmet. Christus
wird mit den Worten angeredet: „Dû bist diu wâre resurrectio und diu êrste urstende." – „Du bist die wahre ‚resurrectio' und die erste Auferstehung."[117] Er wird die
erste Auferstehung genannt, weil dem zweifachen Leben und Tod des Menschen eine
zweifache Auferstehung entspricht. Das Leben der Seele ist der Heilige Geist; wird
dieser durch die Sünde von der Seele getrennt, tritt der Tod der Seele ein. Wenn Je-

---

[104] TH 64,8-10,150.
[105] TH 65,16-19,152.
[106] TH 64,31f.,150.
[107] TH 64,27f.,150.
[108] TH 64,22-24,150.
[109] TH 121,26-30,258.
[110] TH 121,30-32,258.
[111] TH 121,32f.,258.
[112] TH 121,33f.,258.
[113] HAB 30,65-67,254.
[114] HAB 6,374-476,70.
[115] DT 339,7-9.
[116] DB 7,380,15.
[117] DB 7,380,16f.

sus ihr wieder seinen Heiligen Geist schenkt, ereignet sich die zweite, die „geistlíche urstende an der sêle", „geistliche Auferstehung an der Seele"[118]. Da Jesus keine Sünde beging, bedurfte er dieser Art Auferstehung nicht. „Des lebens lip daz ist diu sêle: swenne sich diu scheident von einander, daz ist des libes ein tôt." – „Das Leben des Leibes ist die Seele; wenn diese beiden voneinander scheiden, ist das für den Leib ein Tod."[119] Sehr wohl erlitt Jesus am Kreuz diesen Tod. Seine Menschheit ist „durch uns von dem tôde erstanden", „um unsertwillen vom Tod erstanden"[120]. Um unsertwillen geschah dies, weil er so wirkt „des lîbes urstende mit dînem menschlíchem gewalte, den dîn menscheit von dîner gotheit enpfangen hât", „des Leibes Auferstehung mit Deiner menschlichen Gewalt, die Deine Menschheit von Deiner Gottheit empfangen hat"[121]. Dies geschieht aber erst am Ende der Zeit. Doch hat er dazu „uns ein gewissez urkünde gegeben ... mit dîn selbes urstende", „uns ein gewisses Zeugnis gegeben ... mit Deiner eigenen Auferstehung"[122], so wie er schon einmal seine Jünger erfreut hat „mit dem wâren urkünde dîner vroelîchen urstende", „mit der wahren Urkunde Deiner fröhlichen Auferstehung"[123]. Weil Jesus so „diu wâre urstende und das êwige leben", „die wahre Auferstehung und das ewige Leben" ist, ist er auch „ein brunne alles Lebens", „ein Brunnen alles Lebens"[124].

4.   Nach Mechthild von Magdeburg hat sich unser Erlöser an Ostern dadurch machtvoll offenbart, „das Jhesus Christus also gewalteklich erstûnt und also erlich rumete sin grap", „daß Jesus Christus so gewaltig erstanden ist und so herrlich sein Grab verließ", daß alle Juden und Heiden ihre Macht und Ehre verloren und alle Christen gesegnet wurden[125]. Sehr verkürzt und damit mißverständlich läßt Mechthild Christus sprechen: „Min menscheit leit den tot, min gotheit stûnt uf von dem tode." – „Meine Menschheit erlitt den Tod, meine Gottheit stand auf von dem Tod."[126] Bemerkenswert ist, daß Mechthild bei der Aufteilung der Horen des Stundengebets auf die einzelnen Stationen der Passion Christi schon zur Matutin und Laudes[127] beten läßt, „ze lobe und eren ... diner erlich urstendi", „zum Lob und zur Ehre ... Deiner herrlichen Auferstehung"[128].

---

[118] DB 7,380,20-30.

[119] DB 7,380,18f.

[120] DB 7,380,35f.

[121] DB 7,380,36-38.

[122] DB 7,381,15f.

[123] DB 8,382,31f.

[124] DB 9,383,4f.

[125] MM 5,9,2-6,163.

[126] MM 6,13,15f.,220. Mißverständlich deswegen, weil ja nach traditioneller Lehre die Gottheit Jesu, wenn man sie von seiner Menschheit unterscheidet, zwar die Auferstehung bewirkt, nicht aber selbst auferstand, da sie in ihrer Unsterblichkeit nicht den Tod erlitt.

[127] Beide Horen werden zusammengefaßt „ze mettin zit", „zur Zeit der Mette" (MM 7,18,2,270).

[128] MM 7,18,9-12,270.

5. Die Vita der Christina von Hane ist weitgehend nach verschiedenen Durchläufen des Kirchenjahres geordnet. Ostern wird dabei genannt „oisterdag"[129], „oister dag"[130], „Ostertag", „osterlichyn hogezijdt", „österliches Fest"[131], „dag des oisterlichyn ho-gezijt", „Tag des österlichen Festes"[132], „dag der wiedervggerstentenyß", „Tag des Wiederauferstehens"[133]. Da aber der Zusammenhang der Visionen und Auditionen, die für die einzelnen Tage berichtet werden, meist zu den Festgeheimnissen, wenn überhaupt vorhanden, nur sehr locker ist, erstaunt es nicht, daß man an Ostern selten etwas und nur wenig über die Auferstehung Christi erfährt. Einmal heißt es ausdrück-lich, daß Christina sich „yn eyner gotlicher betrachtonge nach der vfferstentenyß vnse-res heren", „in einer göttlichen Schau nach der Auferstehung unseres Herrn" befand[134]. Am Ostertag machen die Schwestern des Konventes eine Prozession zum Grab des Stifters ihres Klosters, wobei Christina sieht, daß der Auferstandene bei ihnen ist und sich auf das Grab des Stifters kniet[135]. Dadurch wurden viele Seelen und besonders die-jenige des Stifters in den Himmel geführt[136]. Sonst kann man höchstens in der Tatsache, daß der Herr sich an diesem Tag als Leben[137] oder als Licht[138] bezeichnet und Arme Seelen aus dem Fegfeuer befreit[139], einen Hinweis auf das Ostergeheimnis sehen.

1.3 Zusammenfassung

Es ist bemerkenswert, daß, sieht man von Einzelheiten des Ostergeschehens ab, relativ selten von der Auferstehung im christologischen Kontext gesprochen wird. Im Vergleich zur ausgeprägten Verehrung des Leidens Jesu, wird nicht oft diejenige seiner Auferstehung erwähnt.

1. Es wird Joh 11,25 „Ich bin die Auferstehung und das Leben", Röm 4,25 „Er ist auf-erstanden wegen unserer Rechtfertigung"[140] und 1 Kor 15,20 „Er ist die Erstlingsfrucht der Entschlafenen"[141] zitiert oder umschrieben. Wenn wichtige Heilsereignisse im Le-ben Jesu aufgezählt werden, fehlt seine Auferstehung nicht[142]. Diese Auferstehung ist wahr[143]. Von der Herrlichkeit der Auferstehung[144], die in der Verklärung auf dem Berg

---

[129] CH 1, 241.
[130] CH 2, 233.
[131] CH 2, 205.
[132] CH 2, 227.
[133] CH 2, 219.
[134] CH 1, 241.
[135] Ebenda.
[136] Ebenda.
[137] Ebenda.
[138] CH 2, 205; 233.
[139] CH 2, 219; 227.
[140] JFC 2,3,84–89,123; BHLD 2, 44,1,1,19-22; GIS Res 1,4,97f.,222; 2,1,4,230.
[141] BNAT 1,4,230,10f.; WCS 1,346B.
[142] BB 1, 77,3,10,624,21-23.
[143] GIS Res 1,4,97f.,222.
[144] BDI 3,8,86,20f.; BPASC 1,7,234,6; JHLD 5,3,92-95,64; TH 26,10,74; MM 7,18,9-12,270.

schon vorhanden war[145], ihrer Unschuld[146] und Liebe[147] ist die Rede. Nur selten wird Christus mit der Auferstehung einfach identifiziert[148].

2. Christi Auferstehung ist keine Rückkehr ins sterbliche Leben, sondern Übergang[149] zur Unsterblichkeit[150]. Oft wird von einer doppelten Auferstehung bei den Menschen gesprochen[151]. Im Tod der Sünde wird die Einheit mit dem Leben Gottes zerbrochen[152]. Dieses Leben ist in den Erlösten wiederhergestellt[153]. Für dieses Auferstehen aus dem Tod der Sünde war Christi Auferstehung Ursache[154], Zeugnis[155] und Vorbild[156]. Da Christus ohne Sünde war, bedurfte er aber dieser geistlichen Auferstehung[157] nicht[158]. Es gibt aber auch den Tod, der in der Trennung von Seele und Leib besteht[159]. Die Auferstehung aus diesem Tod bewirkt Christus[160]. Die Auferstehung im Sinn der Erlösung ereignet sich jetzt[161]. Die allgemeine Auferstehung am Ende verhält sich zur Auferstehung Christi wie die Frucht zur Blüte[162] und steht noch aus[163].

3. In der Auferstehung zeigt sich die Macht[164] und der Lichtglanz[165] Christi; sie bewirkt die Trennung zwischen Altem und Neuem Bund[166], die Verherrlichung[167] und Ehre[168] seines Leibes. Sein verklärter Zustand wird oft zur Erklärung seiner Gegenwart im Altarsakrament herangezogen[169]. Jetzt erhält auch die Menschheit Jesu die Eigenschaften Gottes[170], weswegen ihr alle Geschöpfe dienen[171]. Durch die Auferstehung sind die Geheimnisse Gottes in der Kirche offenbar geworden[172]. Sie schenkt den

---

[145] JHLD 3,4,201f.,53.
[146] JHLD 3,5,209-211,53.
[147] HAB 6,374-476,70.
[148] DB 7,380,16f.
[149] BPASC 1,14,250,18-20.
[150] WCS 1,346B; MH 1,19,67.
[151] IS 40,10,82,18.
[152] IS 40,13,114-116,22.
[153] IS 40,13,114-116,22.
[154] GIS Res 2,1,17-19,230.
[155] DB 7,381,15f.
[156] IS 41,6,43f.,32.
[157] DB 7,380,20-30.
[158] IS 41,2,9f.,28.
[159] IS 40,13,114-116,22.
[160] IS 41,6,43f.,32.
[161] GIS Res 2,1,9-17,230; 3,1,4-7,246; JHLD 83,9,209-211,574.
[162] BDI 3,8,86,24-88,3.
[163] JHLD 83,9,209-211,574.
[164] BDI 3,9,88,22-24; BPASC 1,12,248,12f.; BD 57,2,594,12f.; DB 7,380,36-38; MM 5,9,2-6,163.
[165] BHLD 1,33,3,6,522,10-12.
[166] TH 121,30-32,258.
[167] BPA 6,868,9-11; WCS 1,347B.
[168] MH 1,20,75f.
[169] WCS 1,346c; HISV 1,2,6,12,381-384,242.
[170] DT 339,7-9; MH 1,19,60.
[171] MH 1,19,67.
[172] HISV 1,2,5,14,537-546,187f.

Erlösten Ehre[173], ewiges Leben[174], Licht[175] und Anteil an ihrem Wesen selbst[176] und kann auch körperliche Genesung gewähren[177]. Auch die Armen Seelen werden durch sie von ihren Qualen befreit[178]. Die Auferstehung ist die Ursache unserer Freude und berauscht wie der Wein[179]. Sie bewirkt Erlösung, so daß der Mensch von seinen Sünden auferstehen kann[180]. Wegen ihr wird sich Christus nicht mehr von den Menschen trennen[181].

4. Neben der Compassiofrömmigkeit gibt es, wenn auch längst nicht so ausgeprägt, auch eine Auferstehungsfrömmigkeit. Zu ihr gehört vor allem die Freude mit dem Auferstandenen[182] beim Empfang der Kommunion[183], eine Freude, die auch die Bewohner des Himmels teilen[184]. Besonders Maria besaß diese Freude[185]. Sie läßt die Mystikerinnen in den ekstatischen Jubel ausbrechen[186], macht den Glauben stark[187] für den Kampf mit dem Bösen[188] und befähigt, die Mitmenschen zu trösten[189]. Es kann auch geschehen, daß sich diese Freude in der Osterzeit, in der die ganze Kirche sich freut[190], bei einzelnen Menschen ohne persönliche Schuld[191] nicht einstellt[192]. Sie erleben dann den Zustand der Apostel an Ostern, deren Freude auch erst am Pfingstfest vollendet wurde[193]. Man soll das Stundengebet zu Ehren der Auferstehung verrichten[194], die auch Gegenstand der Kontemplation ist[195]. Durch die Verehrung der Auferstehung Christi kann man auch Hilfe für andere Menschen bei Gott erlangen[196].

---

[173] MH 1,19,66.
[174] HISV 1, 2,6,29,1124-1126,258; 2,6,40,1398-1400,266; DB 9,383,4f.; CH 1, 241.
[175] CH 2, 205; 233.
[176] ESV 2,27,52.
[177] LO 33,326,33f.
[178] CH 2, 219; 227.
[179] BHLD 2, 44,1,1,102,19.
[180] GIS Res 3,1,9-13,236.
[181] MH 1,19,63.
[182] GHLD 20,5,100C; GHLD 33,171C; JHLD 99,7,158f.,673f.; MO 2,7,66,562; G 4, 4,27,5,1-11,266; LO 33,327,3-6.
[183] MY 35,123,22-25.
[184] HISV 1, 2,1,15,388-392,122; MH 1,19,60f.
[185] MA 43,45.
[186] ES 12,371,3-6.
[187] JHLD 17,2,38-43,149; HISV 1, 2,1,15,385-397,122.
[188] JHLD 17,2,49-53,149.
[189] MA 43,44f.
[190] AB 81f.,31f.,194.
[191] AB 83,4-6,196.
[192] AB 81f.,28-31,194.
[193] AB 81f.,28-31,194.
[194] MM 7,18,9-12,270.
[195] CH 1, 241.
[196] G 4, 4,27,1,12f.,260.

2. Das Ziel

Eine Reihe Namen Jesu drücken die Hoffnung, die Sehnsucht, den Lohn und das Unterpfand der Seligkeit aus.

2.1 Hoffnung

1. In der Vulgata wird von „spes Domini Iesu Christi" (1 Thess 1,3; 1 Tim 1,1) gesprochen. Christus in uns ist die Hoffnung auf Herrlichkeit (Kol 1,27). Durch seine Auferstehung haben wir Hoffnung erhalten (1 Petr 1,3). Wenn Christus die Hoffnung genannt wird, kann dies ein Verhalten Christi ausdrücken. Mit dieser Aussage ist aber meist Christus, der Grund oder auch der Gegenstand der Hoffnung der Menschen, gemeint.

2. Jean von Fécamp redet Christus in einer Reihe von Namen mit den Worten an: „Spes mea Christe Deus", „Meine Hoffnung, Christus, Gott"[197]. Ausführlicher kann diese Anrede lauten: „Spes cui inhaereo, gloria quam adipisci desidero", „Hoffnung, an der ich hänge, Herrlichkeit, die zu erlangen ich Sehnsucht habe"[198]. Hier wird die Hoffnung auf Christus gleichgesetzt mit der Sehnsucht.

3. An den wenigen Stellen, an denen Bernhard von Clairvaux über die Hoffnung spricht, geschieht dies sehr ausgeprägt.

3.1 In der Predigtreihe über den Psalm 90 kommt Bernhard auch auf den neunten Vers „Tu es, Domine, spes mea", „Du, Herr, bist meine Hoffnung" zu sprechen. Er legt diesen so aus, daß für ihn weder die Verdienste aufgrund guter Werke noch der Besitz von Reichtümern oder der Erwerb von Wissen Grundlage einer Hoffnung ist, sondern der Herr allein[199]. In dieser Haltung besteht für ihn das Leben aus dem Glauben[200]. Zunächst bleibt aber offen, wer der Herr ist, auf den Bernhard seine ganze Hoffnung setzt. Erst am Ende der Predigt wird deutlich, daß Christus bei dem Ausdruck „Herr" gemeint ist[201].

3.2 In seinen Parabeln, die oft um die Erlösung kreisen, spielt die Hoffnung eine Rolle. Schon in der ersten dieser Erzählungen wird von Gott als König gesprochen, der den Menschen erschuf und ihn zu seinem Sohn machte[202]. Doch dieser Königssohn ließ sich vom Teufel verführen und geriet in einem fremden Land in den Kerker der Verzweiflung[203]. Gott als König sendet einen ersten Boten, die Furcht; doch dieser richtet nichts aus, sondern läßt den Königssohn halbtot liegen[204]. Anders ist es bei dem zwei-

---

[197] JFC 3,1,1,142.
[198] JFC 3,30,1075f.,176.
[199] BQH 9,5,612,1-18.
[200] BQH 9,6,612,19f.
[201] BQH 9,9,618,1-12.
[202] BPA 1,1,806,1-9.
[203] BPA 1,2,806,16-808,6.
[204] BPA 1,3,808,10-15.

ten Boten, der Hoffnung. „,Ego, ego', inquit, ,sum Spes, a patre transmissa, te adiutura, te non deserta, donec te introducam in domum patris tui et in cubiculum genetricis tuae.'" – „,Ich, ich', spricht er, ,bin die Hoffnung, vom Vater gesandt, ich werde dir helfen, dich nicht verlassen, bis ich dich führe in das Haus deines Vaters und das Gemach deiner Mutter (Hld 3,4).'"[205] Auch wenn noch andere personifizierte Tugenden, wie die Sehnsucht, die Klugheit, die Stärke, die Mäßigung, die Weisheit, das Gebet und die Liebe[206], helfen, tritt niemand so deutlich in der Gestalt des Erlösers auf wie die Hoffnung, ohne daß sie direkt mit Christus gleichgesetzt wird. Auch in den anderen Parabeln begegnet uns die personifizierte Hoffnung[207], doch hat sie nirgends eine so führende Rolle wie in der ersten.

4. In dem an den Traktat „Speculum virginum" angefügten Hochzeitslied der Jungfrauen wird sofort in der zweiten Hälfte der ersten Strophe Jesus mit den Worten angeredet: „Tuis spes credulis", „Hoffnung Deiner Gläubigen"[208]. Im weiteren Verlauf dieses Liedes ist Jesus „spes aeterna regnantium", „die ewige Hoffnung der Herrschenden"[209]. Mit den Herrschenden sind kaum die Glieder einer irdischen Herrscherschicht gemeint. Vielmehr dürfte eine durch das Versmaß bedingte verkürzte Aussageweise vorliegen; gemeint ist wohl: Jesus gibt die Hoffnung, auf ewig mit ihm zu herrschen.

5. Im St. Trudperter Hohelied wird die Hoffnung sehr grundsätzlich mit der zweiten Person der Dreifaltigkeit gleichgesetzt. Der Mensch mit seinem Gedächtnis, seiner Vernunft und seinem Willen ist das Ebenbild der Dreifaltigkeit[210]. In der Sünde sind diese Fähigkeiten verdunkelt und in der Erlösung wiederhergestellt. Während das Gedächtnis durch den Glauben mit der Macht des Vaters[211] und der Wille durch die Liebe mit der Güte des Heiligen Geistes[212] verbunden ist, heißt es vom Sohn: „Nû hebe ûf dîne vernunst mit dem heiligen gedingen hin ze deme wîstuome dînes erloesaeres. si wir ime gevüeget same kone karle." – „Nun erhebe deine Vernunft mit der heiligen Hoffnung zu der Weisheit deines Erlösers. Sie wird mit ihm verbunden wie die Frau mit dem Mann."[213] Lassen sich noch menschliche Vernunft und Weisheit des Sohnes in eine Verbindung leicht bringen, ist es ungewöhnlich, daß die Hoffnung die Vermittlerrolle übernehmen soll. Auch an einer anderen Stelle werden diese drei Größen miteinander in Verbindung gebracht: Wenn ein Mensch die sinnliche Wahrnehmung zu Gott hinkehrt, „daz ist vernunst. der ist nâhe deme wîstuome, der hat sich geleinet an die lineberge der vernunst. daz ist ouch der gedinge des êwigen lîbes", „das ist Vernunft. Die ist der Weisheit nahe, die sich geneigt zur Ruhebank der Vernunft. Das ist auch die

---

[205] BPA 1,3,808,24f.
[206] BPA 1,4-7,810,15-818,2.
[207] BPA 2,1,820,10-15; 5,1,848,2f.
[208] SP 1 1018B.
[209] SP 99,1040A.
[210] Vgl. Weiß, Dreieiner 36-45.
[211] TH 13,3-7,44.
[212] TH 13,9-12,44.
[213] TH 13,7-9,44.

Hoffnung auf das ewige Leben"[214]. Diese in ihrer Kürze schwer verstehbare Aussage läßt sich im Licht des oben zitierten Textes folgendermaßen verstehen: Dadurch, daß die Weisheit des Sohnes Gottes sich mit der Vernunft vereint hat, ist diese wieder fähig, sinnlich Wahrgenommenes auf Gott hin transparent zu machen. Durch diese Ausrichtung des Menschen besteht wieder Hoffnung auf das ewige Leben. Deutlicher wird der Bezug der Hoffnung auf den Sohn Gottes an folgender Stelle: „Er will, daz wir uns nâhen sîner sterke unde gedingen ze sînem wîstuom und trôst haben ze sîner erbarmede, daz wir den vater loben unde den sun êren unde den heiligen geist guotlîchem." – „Er (= Gott) will, daß wir nahen seiner Stärke und hoffen auf seine Weisheit und Trost haben bei seinem Erbarmen, damit wir den Vater loben und den Sohn ehren und den Heiligen Geist preisen."[215] Während sich das Nahen der Stärke auf den Vater und das Trost-Haben auf den Heiligen Geist beziehen, gehört Hoffen zur Weisheit des Sohnes. Eine weitere Trias wird in folgender Stelle mit den uns schon bekannten Größen verbunden: Das Gebot, Gott mit ganzem Herzen, ganzer Seele und ganzem Gemüt zu lieben (Mt 22,37), wird zunächst mit den drei göttlichen Tugenden verbunden[216]. „Ir herze minnet alsô, daz si habent die rehte geloube. ir sêle hât den kreftegen gedingen, unde habent in ir muote die staeten minne." – „Ihr Herz liebt so, daß sie den rechten Glauben haben. Ihre Seele hat die kraftvolle Hoffnung, und sie haben in ihrem Gemüt die stete Liebe."[217] In einem neuen Ansatz wird das Herz durch das Gedächtnis, die Seele durch die Vernunft und das Gemüt durch den Willen ersetzt[218]. Ausdrücklich werden in der nachfolgenden Passage die drei Göttlichen Personen mit den übrigen Ternaren in Verbindung gesetzt. „Unsere geloube vüeret unser gehuht etewenne vür sînen gewalt. Dâ sweiget uns iustitia, wande wir unreht sîn. Unsere gedinge vüeret unsere vernunst etewenne vür sînem wîstuom. dâ sweiget uns diu wârheit, want wir lügenaere sîn. unseren willen vüeret allezane die minne ane die güete. dâne sweiget uns niemen. dâ vürsprichet uns sîn misericordia et gratia." – „Unser Glaube führt unser Gedächtnis mitunter vor seine Gewalt. Da heißt uns die Gerechtigkeit, zu schweigen, denn wir sind im Unrecht. Unsere Hoffnung führt unsere Vernunft mitunter vor seine Weisheit. Da heißt uns die Wahrheit, zu schweigen, denn wir sind Lügner. Unseren Willen führt die Liebe immerfort vor die Güte. Dann heißt uns niemand, zu schweigen. Da sprechen für uns seine Barmherzigkeit und Gnade."[219] Hier wird ein Unterschied zwischen den ersten beiden und dem letzten Glied des Ternars in der Wirkung auf den Menschen gemacht. Glaube und Hoffnung bringen den Menschen in Verlegenheit, heißen ihn, zu schweigen, weil sie Schuld aufdecken, während die Liebe durch die Barmherzigkeit hilft. Dem entspricht auch die Zuordnung des Ternars zu den drei Göttlichen Personen. „Wan der vater villet uns durch daz reht. unser bruoder refset uns durch die wârheit. unser muoter weget uns umbe den vater unde umbe des bruoder." – „Denn

---

[214] TH 43,13-17,108.
[215] TH 53,13-17,130. Zu der von Ohly vorgenommenen Textverbesserung vgl. Ohly 837.
[216] TH 97,5,210.
[217] TH 97,7-10,210.
[218] TH 97,10-15,210.
[219] TH 132,6-14,278.

der Vater züchtigt uns durch das Recht. Unser Bruder tadelt uns durch die Wahrheit. Unsere Mutter hilft uns um des Vaters und des Bruders willen."[220] Da mit dem Vater und dem Bruder eindeutig die beiden ersten Personen in der Dreifaltigkeit gemeint sind, vertritt die Mutter den Heiligen Geist. Auch wenn man mit Ohly annimmt, diese Stelle bezeichne nicht die Heilsgeschichte, sondern die seelengeschichtliche Situation des schuldigen Menschen[221], bleibt diese Stelle bei aller kunstvollen Verwobenheit der einzelnen Begriffe in ihrer Theologie fragwürdig. Das eigentliche Vertrauen läuft, so hat es den Anschein, an Jesus vorbei auf den Heiligen Geist zu. Wie kann ausgerechnet die Hoffnung den Menschen zum Schweigen bringen? Was soll eine Hoffnung, die den Menschen am Ende verstummen läßt?

6.   Jakob von Vitry spricht in seiner Vita der Maria von Oignies die Mystikerin an und will ihr Mut geben, ihren Weg weiterzugehen, obwohl sie Schmach selbst von ihren nächsten Angehörigen erleiden muß. Denn der Herr, auf den sie hofft, ist gut[222].

7.   Bei einer schweren Krankheit ist Aleydis von Scharbeke „sperans frui diu desiderato", „voll Hoffnung, den lang Ersehnten zu genießen"[223].

8.   Ida von Löwen erlebt, daß sie beim Kommunionempfang nicht immer die gleiche Freude über Jesus erfährt[224]. Der Herr erklärt ihr, daß die Zeit des vollen Genießens noch nicht gekommen ist. „Quibus auditis, ex verbo Dominicae consolationis in spem erecta, refloruit Ida Christi virgo beatissima." – „Nachdem sie dies gehört hatte, wurde Ida aus dem Wort des Herrentrostes aufgerichtet und es blühte auf die seligste Jungfrau Christi."[225] Dann ist Ida wieder ungeduldig und hofft, durch ihr baldiges Sterben zu diesem Genießen zu gelangen, und ruft deswegen Jesus mit den Worten an: „O spes, amor et omne desiderium cordis mei!" – „O Hoffnung, Liebe und alle Sehnsucht meines Herzens!"[226]

9.   Mechthild von Hackeborn bittet den Herrn um einen ruhigen Schlaf auf seinem Schoß, wohin sie der Herr gebracht hat[227]. Sie wird daraufhin aufgefordert, wie ein Vogel ihren Kopf unter die Federn zu stecken. „Spes vero tua est penna flava, quia incessanter ad me anhelas." – „Deine Hoffnung ist eine goldgelbe Feder, weil du unaufhörlich nach mir hechelst."[228]

10.   Besonders oft wird der Ausdruck „Hoffnung" im christologischen Kontext von Gertrud der Großen gebraucht.

10.1   Die Hoffnung kommt immer wieder bei Gertrud bei den Anreden Christi vor. Wenn ein Mensch von Christus die Einhaltung des Gelübdes der Jungfräulichkeit er-

---

[220] TH 132,14-17,278.
[221] Vgl. Ohly 1199.
[222] MO 1,1,15,550.
[223] AS 2,22,475.
[224] IL 2,6,31,179.
[225] Ebenda.
[226] IL 2,7,35,180.
[227] MH 2,26,170.
[228] Ebenda.

bittet[229], soll er ihn mit den Worten anreden: „Christe, forma, spes et corona virginum", „Christus, Gestalt, Hoffnung und Krone der Jungfrauen"[230]. Lebt einer ehelos, tut er dies auf die Hoffnung hin, von Christus die Krone, die den Jungfrauen vorbehalten ist, zu empfangen. So legt man auch die Jungfrauenweihe ab „pro spe retributionis aeternae", „in der Hoffnung auf ewige Belohnung"[231]. Daß man aber dem Gelübde treu bleibt, dazu braucht man die Hilfe Jesu: „Tu ipse sis mecum in omni tribulatione mea, spes mea, ab omni periculo corporis et animae semper defende et protege me." – „Du sei selbst mit mir in aller meiner Drangsal, Du meine Hoffnung, vor jeder Gefahr des Leibes und der Seele verteidige mich immer und schütze mich."[232] Oder: „Tu es, domine, spes mea, susceptor meus et refugium meum, tu mecum es in omni tribulatione mea." – „Du bist, Herr, meine Hoffnung, mein Schutz und meine Zuflucht, Du bist bei mir in all meiner Drangsal."[233] Doch mit solchen Anreden soll man sich nicht nur bei Abwendung von Gefahren an Jesus wenden. Auch wenn man um die Fähigkeit, zu leben, betet, soll man zu Jesus sagen: „Tota spes et gaudium meum", „Du, meine ganze Hoffnung und Freude"[234]. Am Karfreitag ruft man Jesus an: „O unica spes et salus animae meae", „O einzige Hoffnung und Heil meiner Seele" mit der Bitte um Hilfe für die rechte Antwort auf seinen Tod[235]. Der Beter soll nicht nur um den Segen Jesu bitten, sondern darf sprechen: „Teipsum teneam et habeam optimam partem meam, totam spem et expectationem meam." – „Dich selbst möchte ich halten und haben, mein bester Teil, meine ganze Hoffnung und Erwartung."[236] Von Jesus erbittet man, „in te sperare et supersperare", „auf Dich zu hoffen und mehr als zu hoffen"[237]. Schon jetzt wird man zur Freude aufgefordert: „Iubilet tibi spes et fiducia, quam habeo ad te, quia tandem de pulvere ad te, o vita beatissima, deus meus, reduces me." – „Es möge Dir zujubeln die Hoffnung und das Vertrauen, welches ich zu Dir habe, daß Du endlich mich vom Staub zu Dir, o seligstes Leben, mein Gott, zurückführst."[238] Oder: „Tu ipse deus meus, dulcedo et dilectio mea, spes mea a iuventute mea, tu ipse es totum hoc quod volo, quod spero, quod cupio." – „Du selbst, mein Gott, bist meine Süße und Liebe, meine Hoffnung von Jugend an, Du selbst bist ganz das, was ich will, erhoffe und begehre."[239] „Tu es, domine mi, spes mea, tu gloria, tu gaudium, tu beatitudo mea." – „Du bist, mein Herr, meine Hoffnung, Du die Herrlichkeit, Du die Freude, Du meine Seligkeit."[240] Wenn der Mensch staunend feststellen kann, daß das Herz Jesu von Liebe gebrochen für alle Sünder offensteht, soll er ausrufen: „Eia Iesu, dulcis spes

---

[229] G R 2,96f.,70.
[230] G R 2,95,70.
[231] G R 3,306-308,92.
[232] G R 4,94-96,106.
[233] G R 5,377f.,150.
[234] IL 2,6,31,179; G R 5,17,128.
[235] G 4, 4,26,8,4-7,254-256.
[236] G R 5,491-494,158.
[237] G R 7,414-416,234.
[238] G R 6,142-144,170.
[239] G R 6,166-168,172.
[240] G R 6,206f.,174.

mea!" – „Eia Jesus, meine süße Hoffnung!"[241] Dieser sagt selbst, daß an seiner Herzenswunde alle Gefühle des Menschen und besonders die Hoffnung hängen sollen[242]. Gertrud vollzieht dies, wenn sie bekennt, daß sich ihr Herz allein nach Jesus „viva spe", „mit lebendiger Hoffnung" sehnt[243]. Jesus ist allein das Erbe des Menschen, „ad quem solum tendit mea expectatio et spes mea", „auf welchen allein zielen meine Erwartung und meine Hoffnung"[244]. Wenn der Mensch sich in Schmerz und Angst befindet, soll er zum Herrn seine Zuflucht nehmen, „quia tu es tota spes mea et fiducia", „weil Du meine ganze Hoffnung und mein Vertrauen bist"[245]. Dann fürchtet man kein Unheil, „cum sit mecum magna spes et tota fiducia mea", „da bei mir (= Christus) ist eine große Hoffnung und mein ganzes Vertrauen"[246]. Wenn man Jesus mit den Worten anspricht: „Eia Iesu amabilis spes mea, sponse fidelis et plenus misericordiae", „Eia liebenswerter Jesus, meine Hoffnung, mein treuer Bräutigam und voll Barmherzigkeit", weiß man, daß er die Seufzer der Elenden nicht überhört[247]. Zur Liebe, die offensichtlich mit Jesus identisch ist, soll man in großer Not sprechen: „Nullam spem nisi in te mihi superesse sentio." – „Ich fühle, daß mir keine Hoffnung übrig bleibt, wenn nicht auf Dich."[248] Um Jesu willen gibt die Liebe allen Verzweifelten die Hoffnung[249]. Johannes, der Liebesjünger Jesu, erhält aus seiner Berufung zum Apostel „spem suavissimae consolationis", „die Hoffnung auf süßesten Trost"[250].

10.2 Gertrud bittet um die theologischen Tugenden bei einem Kommunionempfang. Dieser soll ihr sein „armatura fidei, robur spei, charitatis perfectio", „die Waffenrüstung des Glaubens, die Stärke der Hoffnung, die Vollendung der Liebe"[251]. Man will Jesus gefallen „in fidei constantia … in spei foritudine, in charitatis plenitudine", „in der Beständigkeit des Glaubens, … in der Stärke der Hoffnung, in der Fülle der Liebe"[252]. Auch anläßlich der Firmung soll man beten: „Fac me fide grandem, spe gaudentem." – „Mache mich im Glauben groß, in der Hoffnung froh."[253] Der Unterschied zwischen dem gegenwärtigen Zustand und der Vollendung wird folgendermaßen erklärt: „Quod nunc credo in spe, tunc oculis meis laeta videam in re." – „Was ich nun in der Hoffnung glaube, möchte ich dann mit meinen Augen froh in Wirklichkeit sehen."[254]

Man sieht, in welcher Fülle von Aspekten Gertrud Jesus als ihre Hoffnung bezeichnet.

---

[241] G R 6,642f.,200.
[242] G 2,2,5,2,11-15,250.
[243] G 2,2,23,10,4,340.
[244] G R 6,720f.,206.
[245] G R 7,20f.,210.
[246] G R 7,115-117,216.
[247] G R 7,604f.,246.
[248] G R 7,304f.,228.
[249] G R 7,309f.,228.
[250] G 4,4,4,11,13f.,80.
[251] G R 1,194f.,58.
[252] G R 7,684-686,250.
[253] G R 1,226f.,60.
[254] G R 1,230f.,60.

11. Christina von Stommeln wird nach dem Bericht des Johannes von Stommeln durch Dämonen sehr gepeinigt. Sie kann diese Qualen aushalten, weil sie weiß, daß Jesus Christus für sie gelitten hat. „Ipse enim mihi est requies, unica spes, vera salus, vita perennis." – „Er ist mir nämlich Ruhe, einzige Hoffnung, wahres Heil, dauerndes Leben."[255]

12. Agnes von Blannbekin erwähnt die Hoffnung innerhalb der drei theologischen Tugenden. „Christus deus sponsus thalamum intraturus est sponsae." – „Christus als Gott und Bräutigam ist im Begriff, das Gemach der Braut zu betreten."[256] Während die Braut ihn durch den Glauben sieht[257] und die Liebe ihn zur gegenseitigen Umarmung führt[258], „spes ponit ei scabellum ante thalamum, ut facile intret in thalamum", „stellt die Hoffnung ihm den Schemel vor das Gemach, damit er leicht in das Gemach eintritt"[259]. Auch sonst wird die Hoffnung in die Brautmystik einbezogen. Bei der Verlobung erhält die Braut einen Ring[260]. „Annulus significat spem, quae expectat sponsalia consummari." – „Der Ring bedeutet die Hoffnung, welche erwartet, daß die Verlobung vollzogen wird."[261]

13. Zusammenfassend läßt sich über die Hoffnung im christologischen Kontext sagen:

13.1 Oft wird Christus als „spes mea", „meine Hoffnung"[262] oder Hoffnung der Gläubigen bezeichnet[263]. Neben dem Namen „Hoffnung „für Christus findet sich die Ausdrücke Bräutigam[264], Erwartung[265], Freude[266], Heil[267], Herrlichkeit[268], Krone[269], Leben[270], Liebe[271], Ruhe[272], Vertrauen[273], Schutz[274], Sehnsucht[275], Seligkeit[276],

---

[255] CS 2, 4,8,74,313.

[256] AB 70,3f.,172.

[257] AB 70,3f.,172.

[258] AB 70,8-12,174.

[259] AB 70,6f.,172-174.

[260] Zum Verlobungsring vgl. Weiß, Ekstase 462-468.

[261] AB 203,41f.,420.

[262] JFC 3,1,1,142; G R 4,94-96,106; 5,377f.,150; 6,166-168,172; 6,206f.,174; 6,720f.,206; 7,20f.,210; 7,604f.,246; vgl. MH 2,26,170.

[263] SP 1,1018A.

[264] G R 7,604f.,246.

[265] G R 5,491-494,158; 6,720f.,206.

[266] G R 5,17,128; 6,206f.,174.

[267] G 4, 4,26,8,4-7,254-256; CS 2, 4,8,74,313.

[268] G R 6,206f.,174.

[269] G R 2,95,70.

[270] CS 2, 4,8,74,313.

[271] IL 2,7,35,180; G R 6,166-168,172.

[272] CS 2, 4,8,74,313.

[273] G R 6,142-144,170; G R 7,20f.,210; 7,115-117,216.

[274] G R 5,377f.,150.

[275] JFC 3,30,1075f.,176; IL 2,7,35,180.

[276] G R 6,206f.,174.

Trost[277], Süße[278] und Zuflucht[279]. Diese Hoffnung ist froh[280], groß[281], lebendig[282], liebenswert[283], sicher[284], süß[285]. Gelegentlich wird die Hoffnung auf die zweite Person der Dreifaltigkeit hingeordnet, welche als die Weisheit in der menschlichen Vernunft ruht[286].

13.2 Die Hoffnung hilft in der Drangsal[287] und in der Verzweiflung[288], die durch die Sünde entstanden ist[289]. Wer eine feste Hoffnung hat, kann die Verachtung von Menschen[290] und die Zeit der inneren Dürre[291] aushalten.

13.3 Hoffnung ist Jesus, weil man auf ihn vertrauen kann. Die Geschöpfe geben keinen festen Grund für eine sichere Hoffnung[292]; er ist die einzige[293] und die ganze[294] Hoffnung des Menschen. Oft ist von der Hoffnung auf himmlischen Lohn, den er gibt, die Rede[295].

13.4 Die Hoffnung ist auf das Jenseits ausgerichtet. Es gibt die Hoffnung auf das ewige Leben[296]. Man hat die Hoffnung, nach dem Tod Jesus, den lang ersehnten Geliebten, zu genießen[297] und durch Jesus zu Gott zurückgeführt zu werden[298].

13.5 Nur selten wird die Hoffnung bei der „unio mystica" erwähnt. So stellt sie den Zutritt des Bräutigams zum Gemach der Braut dar[299]. Der Ring, den die Braut bei der Verlobung mit dem Bräutigam Christus erhält, ist ein Zeichen der Hoffnung auf endgültige Vereinigung mit ihm[300].

13.6 Der Erlöste besitzt Glaube, Hoffnung und Liebe, wobei die Hoffnung in der menschlichen Vernunft ihren Sitz hat[301]. Innerhalb dieses Ternars wird die Stärke der Hoffnung erwähnt[302]. Besonders eng ist die Hoffnung mit dem Glauben verbunden.

---

[277] G 4, 4,4,11,13f.,80.
[278] G R 6,166-168,172.
[279] G R 5,377f.,150.
[280] G R 1,226f.,60.
[281] G R 7,115-117,216.
[282] G 2, 2,23,10,4,340.
[283] G R 7,604f.,246.
[284] G 2, 1,7,1,1-6,28.
[285] G R 6,206f.,174.
[286] TH 13,7-9,44.
[287] G R 4,94-96,106.
[288] G R 7,309f.,228.
[289] BQH 9,6,612,19f.
[290] MO 1,1,15,550.
[291] IL 2,6,31,179.
[292] BQH 9,5,612,1-18.
[293] G 4, 4,26,8,4-7,254-256.
[294] G R 5,491-494,158; G R 7,20f.,210.
[295] G R 3,306-308,92.
[296] TH 43,13-17,108.
[297] AS 2,22,475.
[298] G R 6,142-144,170.
[299] AB 70,6f.,172-174.
[300] AB 203,41f.,420.
[301] TH 97,7-10,210.
[302] G R 1,194f.,58; 7,684-686,250.

Was man jetzt „in spe", „in der Hoffnung" glaubt, schaut man einmal „in re", „in der Wirklichkeit"[303].

2.2 Sehnsucht

1. In der Vulgata ist der Ausdruck „desiderium" in der Mehrzahl der Fälle negativ besetzt und bedeutet dann die sündige Leidenschaft, die den Menschen von Gott abbringt. Doch es gibt auch Ausnahmen: Die Sehnsucht des Apostels Paulus, aufgelöst zu werden und bei Christus zu sein (Phil 1,23), ist berechtigt. Von Christus heißt es: „Desiderio desideravi", „Mit Sehnsucht habe ich mich gesehnt", das letzte Mahl mit den Jüngern zu feiern (Lk 22,15). Der Begriff „exspecatio", „Erwartung", der in unseren Texten oft vorkommt, um die Sehnsucht auszudrücken, fehlt in der Vulgata ganz.
2. Jean von Fécamp bekennt oft die Sehnsucht, bei Christus zu sein und ihn zu schauen[304]. Er gebraucht dabei aber nicht den Ausdruck „desiderium". Dieser Begriff fehlt auch in der langen Reihe von Namen Christi, die er einmal aufzählt[305].
3. Bernhard von Clairvaux beklagt sich in einer Predigt zur Weihnachtsvigil darüber, daß so viele Christen sich im Advent mit Vergnügungen und dem Erwerb von irdischen Gütern und Ehren beschäftigen, statt sich auf das Kommen des Sohnes Gottes vorzubereiten[306]. Doch schränkt er ein: „Nec vero reprehensibile desiderium horum." – „Nicht tadelnswert ist die Sehnsucht nach diesen Dingen."[307] Allerdings soll der Mensch sie dorthin richten, wo das höchste Gut, die höchste Ehre und der höchste Nutzen sind, nämlich zu dem, der an Weihnachten zu uns kommt[308]. Auf ihn soll sich „expecatio nostra", „unsere Erwartung" richten[309].

In einer seiner Hoheliedpredigten geht Bernhard auch auf das Wechselspiel von Anwesenheit und Abwesenheit des Bräutigams, der natürlich Jesus Christus ist, ein. Es gibt Augenblicke, wo die Braut die Nähe des Herrn spürt. „Eius quem desideraverat refrigata est umbra." – „Sie ist gestärkt worden durch den Schatten dessen, den sie ersehnt hat."[310] Und doch geht damit nicht all ihre Sehnsucht in Erfüllung. Wenn der Bräutigam wieder geht, hat sie sogar noch mehr Durst nach ihm als vorher[311]. „Subtractio nempe rei quam amas augmentatio desiderii est, et quod ardentius desideras, cares aegrius." – „Der Entzug von etwas, was du liebst, ist eine Vermehrung der Sehnsucht, und was du brennender ersehnst, vermißt du schmerzlicher."[312]

---

303 G R 1,230f.,60.
304 Z.B. JFC 3,7,176-204,148f.
305 JFC 3,1f.,1-19,142f.
306 BVNAT 5,7,204,3-8.
307 BVNAT 5,7,204,9.
308 BVNAT 5,7,204,10f.
309 BVNAT 5,6,204,11f.
310 BHLD 2,51,1,1,182,2f.
311 BHLD 2,51,1,1,182,3-8.
312 BHLD 2,51,1,1,182,8f.

In einer Parabel setzt die Hoffnung, welche die Züge Christi trägt, den sündigen Menschen „equo desiderii", „auf das Pferd der Sehnsucht"[313]. Doch ohne Klugheit läuft dieses Pferd so schnell, daß es zu Fall kommen muß[314]. Das Pferd der Sehnsucht muß das Zaumzeug der Unterscheidungsgabe und die Zügel der Mäßigung erhalten[315].

Besonders oft zitiert oder paraphrasiert Bernhard Phil 1,23, an welcher Stelle die Sehnsucht des Apostels Paulus ausgedrückt wird, zu sterben, um bei Christus zu sein[316]. Diese Sehnsucht haben die Märtyrer[317]. In hervorragendem Maß gilt das für den Apostel Andreas, der wie Jesus am Kreuz sterben wollte. „Disiderabat siquidem dissolvi et cum Christo esse, sed in cruce, quam semper amaverat." – „Er sehnte sich ja, aufgelöst zu werden und mit Christus zu sein, aber am Kreuz, welches er immer geliebt hatte"[318]. Bernhard bekennt in einem Brief, selbst diese Sehnsucht zu haben[319]. Ausgelöst wird diese Sehnsucht durch die Himmelfahrt Christi, weil wir ihn seit diesem Zeitpunkt nicht mehr bei uns fühlen[320]. In einer Sentenz lobt Bernhard ausdrücklich diese Sehnsucht[321]. Durch diese Sehnsucht sollen die Tempelritter die Angst vor dem irdischen Tod im Kampf mit den Feinden Christi verlieren[322]. Bernhard weiß allerdings auch, daß der Sehnsucht, bei Christus zu sein, die Liebe zum Nächsten im irdischen Wirken entgegensteht[323]. Die Sehnsucht, durch den Tod zu Christus zu gelangen, kann auch durch die Sündenangst gehindert werden[324], wie es sich beim Heiligen Martin gezeigt hat[325]. Einige Male wendet Bernhard auch diese Stelle aus dem Philipperbrief auf die Sehnsucht nach der „unio mystica" schon hier auf Erden an[326].

4. Wilhelm von St. Thierry nennt folgende Unterscheidung: „Est amor desiderii; et est armor fruitionis. Amor desiderii meretur aliquando visionem, visio fruitionem; fruitio amoris perfectionem." – „Es gibt die Liebe der Sehnsucht und die Liebe des Genießens. Die Liebe der Sehnsucht verdient einmal die Schau, die Schau das Genießen, das Genießen die Vollkommenheit der Liebe."[327] Diese Sehnsucht macht die Dynamik der Entwicklung der Liebe aus. „Desidero itaque amare te, et amo desiderare te." – „Ich sehne mich also, Dich zu lieben, und ich liebe es, Dich zu ersehnen."[328] So sehr aber gehört das Sehnen zur Liebe, daß es auch ein Sehnen noch in der vollkommensten

---

[313] BPA 1,3,810,5-8.
[314] BPA 1,4,810,15-20.
[315] BPA 1,4,810,20f.
[316] Allerdings kennt Bernhard diese Stelle in der lateinischen Fassung: „Cupio dissolvi".
[317] BB 1, 98,7,744,18.
[318] BAND 1,924,13f.
[319] BB 2, 189,1,66,1-3.
[320] BASC 3,6,340,4-7.
[321] BS 2,33,318,1-4.
[322] BLNM 1,1,270,21f.
[323] BS 3,30,424,13-19.
[324] BHLD 2, 56,2,5,248,7f.
[325] BMART 17f.,892,21-26.
[326] BHLD 1, 32,1,2,502,6-11; 2, 56,2,4,248,4-6.
[327] WC 5,33-36,74.
[328] WC 5,39f.,74.

Form der Liebe gibt[329]. Auch wenn die Liebe zur Vollendung gekommen ist, bleibt die Sehnsucht. „De ipsa satietate non minuens desiderium sed augens, sed remota omni anxietudinis miseria." – „Vom Sattsein wird das Verlangen nicht gemindert, sondern vermehrt, nur daß alles Elend der Enge entfernt ist."[330] In der vollendeten Liebe sehnt man sich nicht nach etwas, was nicht anwesend ist, vielmehr „praesto est desideranti quod desiderat", „ist anwesend dem Sehnenden, was er ersehnt"[331]. Noch der Geringste im Himmelreich hat die Sehnsucht, Jesus zu lieben, und die Seraphim sehnen sich, ihn zu schauen[332]. Darin unterscheiden sich die Großen und Kleinen im Himmelreich nicht, „unusquisque in suo ordine et amat et desiderat amare", „ein jeder liebt in seiner Ordnung und sehnt sich, zu lieben"[333]. Ja letztlich gilt: „Qui desiderat semper amat desiderare." – „Wer sich sehnt, liebt das Sich-Sehnen."[334] Gehen und Ans-Ziel-Gelangen fallen in der Liebe in eins[335]. Der Herr ist der Urheber der Sehnsucht nach der Liebe wie der Liebe selbst[336].

Der Hoheliedkommentar des Wilhelm ist ganz von dem Wechselspiel zwischen Gegenwart und Abwesenheit des Bräutigams geprägt. Ist er fern, vergeht die Braut in Sehnsucht danach, sein Angesicht zu schauen. Schon der Beginn dieses biblischen Buches „Er küsse mich mit dem Kuß seines Mundes" stammt „ab aestu desiderii sui", „vom Brand ihrer (= der Braut) Sehnsucht"[337]. Die Vollendung dieses Kusses wird es erst in der Ewigkeit geben[338]. Bis dahin gibt es nur die „consolatio necessariae ac desideratae suavitatis", „Tröstung der notwendigen und ersehnten Süße"[339].

Ganz ähnlich wie Bernhard von Clairvaux[340] sieht auch Wilhelm den Menschen in einem Zwiespalt. Auf der einen Seite sehnt er sich, zu sterben und bei Christus zu sein, auf der anderen Seite weiß er, daß er auf Erden seinem Nächsten zu helfen hat[341]. Auch zur Sehnsucht nach Christus kann niemand anders den Menschen erziehen als er selbst, die Weisheit des Vaters[342].

5. Aelred von Rievaulx fragt, warum Maria von Magdala Jesus an Ostern nicht berühren darf (Joh 20,17). „Cur a sacratissimis ad desiderantissimis pedibus tuis sic arces amantem? …. Desiderata illa uestigia tua pro me perforata clauis, perfusa sanguine, non tamgam, non deosculabor?" – „Warum hältst Du von Deinen heiligsten und ersehntesten Füßen den Liebenden fern? … Warum darf ich jene Deine Spuren, die für mich

---

[329] WC 6,1-11,76.
[330] WC 6,42-44,80.
[331] WC 6,52,80.
[332] WC 6,11-18,76.
[333] WC 6,31f.,78.
[334] WC 6,53f.,80.
[335] WC 6,60f.,82.
[336] WC 7,1-4,82.
[337] WHLD prol 29,110.
[338] WHLD 1,11,132,282-284.
[339] WHLD 1,11,133,284.
[340] BS 3,30,424,13-19.
[341] WND 8,22,394A.
[342] WMO 5,218D.

mit Nägeln durchbohrt, überströmt von Blut sind, nicht berühren, nicht küssen?"[343]
Die Antwort lautet: „Non aufertur tibi bonum hoc, sed differtur." – „Nicht weggenommen wird dir dieses Gut, sondern nur aufgeschoben."[344] Aelred relativiert den
Wunsch des Apostels Paulus nach dem Sterben und so bei Christus zu sein. Auch jetzt
schon ist Christus bei dem Gläubigen und dieser bei ihm[345].

6. In einer Reihe von Namen Christi führt Guerricus von Igny auch die Ausdrücke
„timor et desiderium nostrum", „unsere Furcht und unser Verlangen" an[346]. Da in der
ganzen Reihe nur Namen stehen, die auf die Güte Christi hinweisen, ist für Guerricus
„Furcht" hier nicht negativ besetzt. Guerricus sieht in dem Paar Turteltauben, die Maria
und Josef bei der Reinigung Mariens zum Tempel bringen, die Sehnsucht versinnbildet,
welche die Witwe Anna und der greise Simeon nach dem Erlöser haben[347]. Durch seine
Schönheit zieht Christus sogar die Sehnsucht seiner Feinde auf sich[348].

7. Johannes von Ford schreibt, daß die Braut zunächst „Christo desiderabiliter per
amorem adhaeret", „Christus sehnsuchtsvoll durch die Liebe anhängen soll", bevor sie
mit ihm eins wird[349].

8. An einigen Stellen seines Traktates „Über vier Stufen der Gewalt der Liebe" bezieht Richard die Stufen der Liebe auf die Beziehung des Menschen zu Christus. In der
vierten Stufe sehnt sich der Mensch danach, aufgelöst zu werden und mit Christus zu
sein[350].

9. Gelegentlich spricht auch Hildegard von Bingen von der Sehnsucht nach Christus.
Oft, so meint Hildegard, sagen die Menschen: „Nos non uidimus eum, ideoque non
possimus credere quod ipse sit salus nostra." – „Wir können ihn nicht sehen, deswegen
können wir nicht glauben, daß er unser Heil ist."[351] Darauf antwortet Hildegard, daß
er sich ihnen dadurch zeigt, daß er ihnen Kraft gibt, damit sie nicht fallen[352]. Ähnlich
geschah es während der vierzig Tage nach der Auferstehung Christi auch den Aposteln
und den frommen Frauen, „qui eum pleno desiderio uidere desiderabant", „die sich
mit voller Sehnsucht sehnten, ihn zu schauen"[353]. Ihnen zeigte sich Christus, um sie in
ihrem Zweifel zu stärken[354].

Im besonderen Maße sollen die Jungfrauen Sehnsucht nach Christus haben. Sie
sollen lernen, sich „a carnalibus desideriis", „vor dem fleischlichen Verlangen" zu beherrschen[355]. „Sic castitas abicit omnem spuricitiam in pulcherrimis desideriis anhelans

---

[343] ARI 31,1224-1229,672.
[344] ARI 31,1232f.,672f.
[345] ARA 3,49,860-867,753.
[346] GIS Adv 1,4,158f.,102.
[347] GIS Pur 2,5,147-151,332.
[348] GIS NatBM 2,2,56-58,490.
[349] JHLD 97,8,161-163,660.
[350] RVGR 22,40.
[351] HISV 1, 2,1,16,407f.,122.
[352] HISV 1, 2,1,16,408f.,122.
[353] HISV 1, 2,1,16,405f.,122.
[354] HISV 1, 2,1,16,406f.,122.
[355] HISV 2, 3,8,24,1110-1112,510.

ad dulcissimum amtorem suum, qui est suauissimus et amantissimus odor omnium bonorum." – „So wirft die Keuschheit allen Unrat von sich und hechelt in den schönsten Sehnsüchten nach ihrem süßesten Liebhaber, welcher der lieblichste und geliebteste Duft allen Gutes ist."[356] Wer ohne Sorgen um diese Welt lebt, verlangt, im Glanz der himmlischen Sehnsüchte aufgelöst zu werden und bei Christus zu sein[357]. Hildegard hatte nach ihrer Vita am Ende ihres Lebens selbst diesen Wunsch[358]. Diese Sehnsucht wurde von Gott durch ihr Sterben erfüllt[359].

10.	Elisabeth von Schönau schildert, wie sie zwei Tage vor Weihnachten in große Angst gerät[360]. Dann sieht sie in einer Ekstase im Himmel eine offene Tür und fühlt, wie sie dorthin erhoben wird[361]. „Ad me ipsam rediens, in hec verba continuo prorupi: Desiderans desideravi videre dominum deum salvatorem meum, et vidi, et ecce salva facta est anima mea." – „Zu mir selbst zurückgekehrt, brachte ich diese Worte plötzlich hervor: ‚Voll Sehnsucht habe ich mich gesehnt, den Herrn und Gott, meinen Heiland, zu schauen, und ich habe (ihn) geschaut, und siehe, meine Seele ist heil geworden.'"[362]

11.	Jakob von Vitry schildert die Spiritualität der frommen Frauen in Brabant in seinem Vorwort zu seiner Vita der Maria von Oignies. Sie sehnen sich so sehr nach ihrem Geliebten, daß sie krank werden, und können doch erst mit dem Herrn ruhen, wenn ihre Seele in Sehnsucht dahinschmilzt[363]. Für Maria selbst ist der Augenblick des Sterbens der ersehnte Zeitpunkt, den sie voraussagt[364]. Als er näher rückt, „suspirabat, prae desiderio clamabat, quasi dilationis impatiens, dum Dominum amplexaretur", „seufzte sie und schrie vor Sehnsucht gleichsam ungeduldig über die Verzögerung, während sie den Herrn umarmte"[365]. In einer Ekstase bekommt sie aus Sehnsucht Angst[366] und ruft: „Nolo Domine, quod sine me recedas. Non hic amplius volo morari, ire domum desidero." – „Ich will nicht, Herr, daß Du ohne mich zurückkehrst. Ich will hier nicht länger bleiben, ich sehne mich, nach dem Zuhause zu gehen."[367]

12.	Lutgard von Tongeren fing mit 28 Jahren an, „miro et ineffabili modo desiderare, ut pro Christo, sicut Agnes beatissima, martyrium sustineret", „sich auf wunderbare und unaussprechliche Weise zu sehnen, für Christus wie die seligste Agnes das Martyrium auszuhalten"[368]. Diese Sehnsucht ist so stark, daß sie einen Blutsturz erleidet und schon meint, vor Sehnsucht sterben zu müssen[369]. Die glühende Sehnsucht rechnet

---

[356]	HISV 2, 3,8,24,1114-1117,510.
[357]	HISV 2, 3,10,654-657,565.
[358]	HIV 3,27,230,14-16.
[359]	HIV 3,27,230,17-19.
[360]	ESV 1,35,18.
[361]	Vgl. ebenda.
[362]	Ebenda.
[363]	MO prol 6,548.
[364]	MO 2,11,96,568.
[365]	MO 2,11,95,568f.
[366]	MO 2,11,95,569.
[367]	MO 2,12,96,569.
[368]	LTA 2,2,21,200; LT 2,2,21,169.
[369]	Ebenda.

Jesus ihr so an, als ob sie wirklich den Märtyrertod erlitten hätte[370], weswegen sie die zweite Agnes genannt wurde[371]. Einmal darf die Mystikerin für einen kurzen Augenblick das Gesicht Christi schauen[372]. Danach schmilzt ihre Seele in Sehnsucht dahin[373]. Thomas von Cantimpré, der Autor ihrer Vita, bemerkt dazu: „Et quidem facile credi non posset quantis vindendi Christum desideriis aestuabat." – „Und nicht leicht konnte man glauben, in welch großer Sehnsucht, Christus zu sehen, sie brannte."[374] Auch vor ihrem Sterben ist sie mit brennender Sehnsucht erfüllt, Christus zu sehen[375]. Als ihr ein Priester versichert, er bemerke noch kein Anzeichen eines baldigen Todes, möchte sie dies nicht hören, „quia valde desidero Christum Dominum revelata facie contemplari", „weil ich mich sehr sehne, Christus, den Herrn, mit unverhülltem Angesicht zu schauen"[376].

13. Von Aleydis von Scharbeke erzählt der Autor ihrer Vita, daß sie solche Sehnsucht nach der Eucharistie hat, daß ihre Adern zu platzen drohten[377]. Als diese Sehnsucht erfüllt ist, vergißt sie für eine Stunde das Elend ihres von Aussatz geprägten Lebens[378]. Als sie zum Sterben kommt, ist sie „sperans frui diu desiderato", „voll Hoffnung, den lang Ersehnten zu genießen"[379].

14. Der Herr erfüllt die Sehnsucht der Juliane von Cornillon, welche diese nach dem Empfang des Altarsakramentes hat, in einer geistigen Kommunion[380]. Auch diese Frau spürt vor ihrem Sterben „ferventissimus ille sacri desiderii ignis, disolvendi et cum Christus esse", „jenes glühendste Feuer der heiligen Sehnsucht, aufgelöst zu werden und mit Christus zu sein"[381]. Sie fragt den Herrn: „Quando veniet illa dulcis hora, quam tantum desideravi? Quando adimplebis desiderium cordis mei?" – „Wann kommt jene süße Stunde, die ich so sehr ersehnt habe? Wann wirst Du erfüllen die Sehnsucht meines Herzens?"[382] Auf die Vertröstungen der Umstehenden antwortet die Mystikerin, daß ihr Lebensschiff nur in den ersehnten Hafen gelangen will[383]. Warum soll sie, die im Leben so große Sehnsucht nach dem Martyrium hatte, jetzt vor dem Sterben zurückschrecken[384]?

15. In der Vita der Ida von Nijvel wird oft die Sehnsucht nach dem Herrn erwähnt. Schon als Kind „desiderio magno desiderauit manducare carnes agni paschalis", „hat-

---

[370] Ebenda.
[371] LTA 1,1,3,192.
[372] LTA 3,2,9,206.
[373] Ebenda.
[374] Ebenda.
[375] Ebenda.
[376] Ebenda.
[377] AS 2,11,474.
[378] Ebenda.
[379] AS 2,21,475.
[380] JC 1,2,11,446.
[381] JC 2,8,46,472.
[382] Ebenda.
[383] Ebenda.
[384] Ebenda.

te sie sich mit großer Sehnsucht gesehnt, das Fleisch des Osterlammes zu essen"[385].
Einmal wurde im Kloster die Zeit des allgemeinen Kommunionempfangs verschoben.
„Hac igitur occasione coacta fuit, intolerabili amoris & desiderij languore deficere."
– „Durch diese Gelegenheit war sie gezwungen, in einer Krankheit von untragbarer
Liebe und Sehnsucht dahinzuschwinden."[386] Ihre Sehnsucht nach diesem Sakrament
ist so groß, daß sie es oft empfangen möchte. Aus Demut wagt sie dies aber nicht zu
tun[387]. Als sie aber erfährt, daß eine ihrer Mitschwestern die gleiche Sehnsucht hat und
deswegen krank wird, sucht sie nach einem Priester, der die Sehnsucht der Kranken
erfüllt[388]. Sie kennt aber auch eine ganz allgemeine Sehnsucht nach Jesus. So erzählt
sie, als sie wieder einmal „valido amore & insatiabili desiderio diuinitatis", „wegen der
starken Liebe und unersättlichen Sehnsucht nach der Gottheit" krank zu Bett liegt,
erscheint ihr Jesus in der Gestalt eines Mannes von verehrungswürdigem Aussehen[389].
Dieser heißt ihre Sehnsucht nach der Erkenntnis seiner Gottheit gut und ist bereit, ihre
brennendste Sehnsucht zu erfüllen[390]. Ganz allgemein heißt es in ihrer Vita, daß Ida
sich mit dem Apostel Paulus sehnt, aufgelöst zu werden und mit Christus zu sein[391].
16.   Die Sehnsucht nach Christus ist für die Spiritualität der Beatrijs von Nazareth zentral.
16.1   Besonders oft wird die Sehnsucht nach Christus in ihrer Vita genannt. Aus Sehnsucht nach der himmlischen Heimat wird der Mystikerin das Leben auf Erden verlei-
det. „Illinc vero, cum apostolo dissolui cupiens et esse cum christo pre maximo cordis
desiderio." – „Von da an wünschte sie sich aus der größten Herzenssehnsucht, mit dem
Apostel aufgelöst zu werden und mit Christus zu sein."[392] So geschieht es, daß „tempo-
ralem hanc mortem ex desiderio frequenter optaret", „sie sich diesen zeitlichen Tod oft
aus Sehnsucht wünschte"[393]. Diese Sehnsucht wird so groß, daß sie bei Tag und Nacht
ihre Aufmerksamkeit auf nichts anderes mehr richten kann[394]. Nur mit Mühe kann sie
zu ihren irdischen Aufgaben zurückgerufen werden[395]. Wegen dieser Sehnsucht, die
wie Rauch aus ihrem Herzen aufsteigt[396], weint Beatrijs häufiger[397]. Vor ihrem Sterben
wird sie aus dieser Sehnsucht krank[398].

---

[385] IN 3,208.
[386] IN 20,248.
[387] IN 29,274.
[388] Ebenda.
[389] IN 22,254.
[390] IN 22,255.
[391] IN 30,278.
[392] BN 2,16,156,24f.,105.
[393] BN 2,18,169,79,112.
[394] BN 2,16,157,29-32,105.
[395] BN 2,16,157,33-35,106.
[396] BN 2,19,180,165-167,117.
[397] BN 2,16,157,45-51,106.
[398] BN 3,16,270,8f.,183.

16.2 Oft scheinen sich ihre Vita und der einzige von ihr geschriebener muttersprachlicher Traktat „Uan sene manieren van heleger minnen" inhaltlich kaum zu berühren[399], obwohl der Autor der Vita ihren Traktat kennt und eine sehr freie lateinische Übersetzung in die Vita einfügt. In der Sehnsucht nach dem Herrn aber kommen sie überein. Nachdem Beatrijs die sieben „Manieren" der Liebe behandelt hat, fügt sie eine Abhandlung über die Sehnsucht, zu sterben und bei Christus zu sein, an, die etwa ein Fünftel des Gesamttraktates ausmacht[400]. „Hier omme es si in groet verlancnisse ende in starke begerte ute desem ellende te werdene uerledecht ende van desen licham ontbonde te sine. ende so setsie die wile met sereleken herten alse die aposteln (en) dede die seide. ‚Cupio dissolui et esse com cristo.'" – „Darum ist sie in großem Verlangen und in starkem Begehren, aus diesem Elend befreit zu werden und von diesem Leib gelöst zu sein. Und so sagt sie zuweilen mit versehrtem Herzen, wie der Apostel es tat: ‚Ich verlange, aufgelöst und mit Christus zu sein.'"[401] Im Unterschied zu mancher lateinischen Vita der niederländischen Mystikerinnen betont aber Beatrijs, daß diese Sehnsucht nicht aus dem Ekel der Gegenwart noch aus Angst vor der Zukunft stammt, sondern allein aus der Liebe[402]. Im weiteren Verlauf entfernt sich Beatrijs immer mehr von der Sehnsucht, mit Christus zu sein, und schildert, wie die Liebe, selbst wo sie auf Erden die höchste Stufe erreicht hat, sich immer noch nach der Vollendung sehnt[403].

17. An einem Pfingsttag fühlt Hadewijch bei der Vigil Folgendes: „Mijn herte ende mijn anderen ende alle mine lede scudden ende beuenden van begherten." – „Mein Herz, meine Adern und alle meine Glieder zitterten und bebten vor Sehnsucht."[404] Dieses Verlangen geht auf Jesus, ihren Geliebten, zurück, der aber dieses scheinbar nicht erfüllt, so daß Hadewijch zu sterben wünscht[405]. Sie sehnt sich danach, ihn vollständig zu genießen[406], eins zu werden mit seiner Menschheit, so daß sie ihm ganz entspricht[407], und mit seiner Gottheit ein Geist zu sein[408]. Ihr liebendes Verlangen wuchs derart, daß sie auch körperlich litt[409].

Die Tugend der Sehnsucht ist bei Hadewijch so groß, daß sie die ganze Größe des Himmels in sich aufnehmen könnte[410]. Dabei glaubte sie, diese Sehnsucht nie in Worten ausdrücken zu können, und daß es, falls sie es könnte, für Nichtliebende unverständlich bliebe[411]. In einer ekstatischen Vision geschieht ihr „na miere herten begherten", „nach

[399] Vgl. Ruh 3,303-316.
[400] BNS 7,72-171,33-39.
[401] BNS 7,72-77,33.
[402] BNS 7,81-87,33.
[403] BNS 7,186-171,33-39.
[404] HAV 7,1-5,92.
[405] HAV 7,9f.92.
[406] HAV 7,21f.,92.
[407] HAV 7,22-27,92.
[408] HAV 7,29-31,92.
[409] HAV 7,10-14,92.
[410] HAV 12,78-81,132.
[411] HAV 7,14-20,92.

der Sehnsucht meines Herzens"[412]. Christus erscheint ihr als kleines Kind und bald
darauf als erwachsener Mann und reicht sich ihr im Altarsakrament[413]. Danach aber
verschwindet Christus in seiner äußeren Gestalt, um ganz mit ihr eins zu werden[414].
18. Ida von Gorsleeuw seufzt voll Sehnsucht nach der Süße, die sie bei der ersten ekstatischen Begegnung mit Christus erlebt hat[415]. Im Gespräch mit dem Herrn sehnt sie
sich glühend nach tiefer Reinigung, um bei ihrem Geliebten Wohnung zu finden[416]. Bei
ihrem Sterben wünscht sie, daß die Sehnsucht nach dem Herrn jetzt erfüllt wird[417].
19. Ida von Löwen ruft in ihrer Sehnsucht, zu sterben und beim Herrn zu sein, diesen
mit den Worten an: „O spes, amor et omne desiderium cordis mei!" – „O Hoffnung,
Liebe und ganze Sehnsucht meines Herzens!"[418] Daraufhin schaut sie das Gesicht Jesu,
„in quem desiderant Angelici spiritus aeterna jugitate perspicere", „in welches zu sehen
sich die englischen Geister in ewiger Dauer sehnen"[419].
20. David von Augsburg zitiert oder umschreibt oft Phil 1,23. Der Mensch muß erst
im aktiven Leben große Fortschritte gemacht haben, „et tunc, gustatu fructu vitae con-
templativae, cupiet dissolvi et esse cum Christi in patria caelesti, cuius iam primitias in
sapore supernae dulcedinis praelibavit", „und dann, nachdem er die Frucht des kontemplativen Lebens geschmeckt hat, wünscht er, aufgelöst zu werden und bei Christus
im himmlischen Vaterland zu sein, dessen Erstlingsfrüchte er im Geschmack der hohen
Süße vorausgekostet hat"[420]. Der höchste Grad der Liebe eines Menschen besteht darin, nach Gott glühend so sehr zu verlangen, „quod sine ipso quasi vivere non possit,
coactus desiderio dissolvendi et esse cum Christo", „daß er ohne ihn gleichsam nicht
leben kann, bedrängt durch die Sehnsucht, aufgelöst und mit Christus zu sein"[421]. Von
dieser Sehnsucht waren Märtyrer wie Stephanus, Laurentius, Vinzentius und Agatha
ergriffen[422]. Alle, die Freunde dieser Heiligen sein wollen, müssen von der gleichen
Sehnsucht erfüllt sein[423]. Auch in Davids Brautmystik spielt dieses Pauluswort eine
Rolle: „Anima quasi sponsa Dei in ipso unico dilecto suo quiescere desiderans et eius
frui solum amplexibus ardenter sitiens." – „Die Seele als Braut Gottes sehnt sich, in
ihm, ihrem einzig Geliebten, zu ruhen, und dürstet brennend, seine Umarmungen zu
genießen."[424] Deswegen betet sie mit dem Apostel voll Sehnsucht, aufgelöst zu werden
und mit Christus zu sein[425]. Dieser Wunsch stammt nach David aus verschiedenen

[412] HAV 7,78,96.
[413] HAV 7,57-81,94-96.
[414] HAV 7,81-99,96.
[415] IG 2,14,112.
[416] Ebenda.
[417] IG 5,40,120.
[418] IL 2,7,35,180.
[419] Ebenda.
[420] DAE 3,29,5,221.
[421] DAE 3,33,5,230.
[422] DAE 3,33,5,230f.
[423] DAE 3,33,5,231.
[424] DAE 3,54,7,304.
[425] Ebenda.

Motiven. Gut ist er, wenn er aus der Sehnsucht kommt. „Ex desiderio, cum suspirat et anhelat ad gratiam ampliorem virtutem et ad familiaritatis divinae suavitatem, vel ad Christi praesentiam in caelo." – „Aus Sehnsucht, wenn er seufzt und hechelt nach der umfassenderen Gnade der Tugenden und nach der Süße des göttlichen Vertrautseins oder nach der Gegenwart Christi im Himmel."[426]

21. Margareta von Magdeburg sehnt sich vor allem danach, daß andere Menschen das Heil von Gott geschenkt erhalten[427]. Für sich selbst hat sie die Sehnsucht, „ut in eius morte illa dilectio compleretur in tantum, ut cor ipsius pre dilectione nimia rumperetur", „daß in ihrem Tod jene Liebe sie so sehr vollendet, daß ihr Herz aus übergroßer Liebe bricht"[428]. „Desideravit, ut ad finem suum dignaretur venire Dominus Ihesus Christus." – „Sie hat sich auch gesehnt, daß zu ihrem Ende der Herr Jesus Christus gnädig kommt."[429] Johannes von Magdeburg, der ihre Vita schreibt, beteuert aber, daß der Wunsch nach dem Sterben nicht aus einem Ekel am irdischen Leben entspringt, sondern aus der Unmöglichkeit, die Liebe in diesem Leben voll zu erfassen, kam[430]. Besonders im Advent hat sie den Wunsch, zu Christus zu gelangen[431]. Weil Gott sie aber noch auf Erden haben will, muß sie ihren Sehnsüchten ein Maß anlegen[432].

22. Mechthild von Magdeburg beschäftigt sich häufig mit der Sehnsucht. Der Bräutigam, unter dem Jesus zu verstehen ist, kommt zu Mechthild und verlangt, daß sie alle äußeren Tugenden wie Scham und Furcht ablegt, bevor er mit ihr eins werden kann[433]. Nur die inneren Tugenden, die ihr von Natur aus gegeben sind, soll sie behalten. „Das ist úwer edele begerunge und úwer grundelose girheit, die wil ich eweklich erfüllen mit miner endelosen miltekeit." – „Das sind eure edle Sehnsucht und euer grundloses Verlangen, die will ich auf ewig erfüllen mit meiner endlosen Milde."[434] Einmal spricht sie auch die Frau Sehnsucht an und schickt sie als Botin in den Himmel, damit ihr Geliebter zu ihr kommt[435]. Wenn ihre Sehnsucht nicht erfüllt wird, muß sie sterben[436]. Ihre einzige Hoffnung ist, daß die Liebe ihr das Leben nimmt[437]. Sie ist krank geworden „von gúter gerunge", „aus guter Sehnsucht"[438] und möchte vom Herrn nicht geschont werden[439]. Der Geliebte will diesen Wunsch erfüllen und spricht: „Gast du mir aber gegen mit blúender gerunge der vliessender minne, so mús ich dir gemüssen und mit miner gotlicher nature berúren als min einige kúniginne." – „Gehst du mir aber ent-

[426] DAE 3,65,1,352.
[427] MA 15,17.
[428] MA 15,18.
[429] Ebenda.
[430] MA 58,69.
[431] MA 63,86.
[432] MA 58,69.
[433] MM 1,44,84f.,31.
[434] MM 1,44,87f.,31f.
[435] MM 3,1,5-7,72.
[436] MM 3,1,3f.,72.
[437] MM 5,30,13f.,189.
[438] MM 4,2,114,113.
[439] MM 7,21,44-46,274.

gegen mit blühender Sehnsucht der fließenden Minne, so muß ich dir begegnen und mit meiner göttlichen Natur dich berühren als meine einzigartige Königin."[440] Ja, Jesus selbst hat Sehnsucht nach Mechthild. Er soll in ihrem Sterben als Bräutigam kommen[441] und sie zudecken „mit dem mantel diner langen gerunge", „mit dem Mantel Deiner lang andauernden Sehnsucht"[442]. So wird sie nach Jesus „jamerig", „voll klagender Sehnsucht"[443].

Immer wieder drückt Mechthild diese Sehnsucht, wenn auch oft mit anderen Begriffen, aus[444]. Offensichtlich nimmt die Sehnsucht nach Jesus am Ende ihres Lebens zu, wenn sie schreibt: „Stete gerunge in der sele, stete wetage in dem lichamen, stete pine in den sinnen, stetú hoffnunge in dem herzen nach Jhesum alleine." – „Stete Sehnsucht in der Seele, stete Wehtage im Leib, stete Pein in den Sinnen, stete Hoffnung im Herzen nach Jesus allein."[445] In dieser Zeit glaubt sie einmal, ihr Ende sei nahe. „Da gerete ich zů gotte, das er mich zů ime neme." – „Da ersehnte ich von Gott, daß er mich zu sich nehme."[446] Ist es aber sein Wille, daß sie noch länger lebt, ist sie auch dazu bereit, obwohl sie gesteht, bis jetzt noch kein so großes Opfer vollbracht zu haben, als auf die Erfüllung ihrer Sehnsucht zu verzichten[447].

23. Auch in Helfta kennt man die Sehnsucht im christologischen Kontext

23.1 Mechthild von Hackeborn schreibt oft von ihr. Der greise Simeon hatte ein „fervens desiderium ad Deum", „brennendes Verlangen nach Gott"[448]. Da er auf die Ankunft des Messias wartet, ist wohl bei ihm an die Sehnsucht nach Christus gedacht. Dieses Verlangen regt Mechthild an, ihn zu bitten: „Eia, impetra mihi verum desiderium dissolvendi et esse cum Christo." – „Ach, erbitte mir eine wahre Sehnsucht, aufgelöst zu werden und mit Christus zu sein."[449] Doch Simeon warnt vor einer ungeduldigen Sehnsucht nach dem Sterben: „Melius et perfectius est ut voluntatem tuam Deo des, et velis quiquid ille voluerit." – „Besser und vollkommener ist es, daß du deinen Willen Gott gibst und willst, was jener will."[450]

23.2 Mechthild erwähnt auch die Sehnsucht, die Jesus selbst hat. Mechthild sieht einmal, wie sie zum Thron ihres Geliebten von Engeln geführt wird und zu seinen Füßen mit den Worten fällt: „Saluto pedes tuos sanctissimos, quibus amore inaestimabili et desiderio exultans ut gigas, cucurristi viam nostrae redemptionis et salutis." – „Ich grüße Deine heiligsten Füße, mit denen Du aus unschätzbarer Liebe und Sehnsucht wie ein Riese jubelnd den Weg unserer Erlösung und unseres Heiles gelaufen bist."[451]

---

[440] MM 3,15,12-14,94.
[441] MM 7,35,36-38,283.
[442] MM 7,35,39f.,283.
[443] MM 7,35,43,283.
[444] MM 2,2,2-31,37f.; 2,4,51,42.
[445] MM 7,63,2f.,308.
[446] MM 7,63,7,308.
[447] MM 7,63,8-12,308f.
[448] MH 1,12,39.
[449] Ebenda.
[450] Ebenda.
[451] MH 1,35,115. Zur Formulierung stand Ps 18,6 „exultavit ut gigas ad currendam viam" Pate.

Als ein Dominikaner früh stirbt, fragt Mechthild den Herrn, warum er ihn so rasch zu sich genommen hat[452]. Sie erhält die Antwort: „Vehemens desiderium ejus coegit." – „Sein starkes Verlangen hat (mich) gezwungen."[453] Jesus läßt seine Seele jetzt von dieser mächtigen Erwartung an seiner Brust ausruhen[454]. Er „dilectam suam, post longa desideria egredientem de mundi cacere, ad pausandum secum in thalamum amoris suscipere disponebat", „plante, seine Geliebte, die vom Kerker dieser Welt hinausging, nach lang dauernden Sehnsüchten bei sich im Gemach der Liebe zum Ausruhen aufzunehmen"[455]. Ein anderes Mal darf Mechthild auf dem Schoß Jesu ruhen und soll zum Schlaf gleichsam ihren Kopf unter Federn stecken[456]. Auf ihre Frage, was denn die Federn seien, antwortet der Herr unter anderem: „Desiderum tuum est penna rubea." – „Deine Sehnsucht ist die rote Feder."[457] Wenn Mechthild die Gegenwart ihres Geliebten nicht fühlt, hat sie große Sehnsucht nach ihm[458]. Die Sehnsucht hat aber auch einen Preis. So spricht die Mutter Gottes zu Mechthild: „Anima desiderans Filio meo sociari", „Eine Seele, die sich sehnt, meinem Sohn zugesellt zu werden", soll sich vor jeder Sünde in Acht nehmen[459]. Weil aber Mechthild über die Erlangung ihres Heiles hinaus sich sehnt, Gott zu loben, bekommt sie beim Sterben besonderen Anteil an den Peinen des Gekreuzigten[460]. So wird für sie der Augenblick ihres Todes „hora illa desiderantissima", „jene am meisten ersehnte Stunde"[461].

23.3 Auch nach Mechthild gehört zum Martyrium die Sehnsucht nach Gott. Am Pfingstfest schenkt der Heilige Geist, daß die Apostel voll Liebe trunken werden. „Unde ineffabili desiderio accensi ad Deum, etimasi fieri posset per mille mortes ad eum transire cupiebant." – „Daher wurden sie mit unaussprechlicher Sehnsucht nach Gott angesteckt, und sie sehnten sich, wenn es denn geschehen könnte, durch tausendfachen Tod zu ihm hinüberzugehen."[462] Dies läßt Mechthild um eine ähnliche Sehnsucht bitten[463]. Es wird auch von der Sehnsucht der Patriarchen und Propheten gesprochen[464], welche sich auf die Menschwerdung des Sohnes Gottes richtete[465]. Maria aber überragt alle anderen Heiligen, weil sie „Dominum prae omnibus desiderans", „den Herrn vor allen ersehnt hat"[466].

---

[452] MH 5,8,331f.
[453] MH 5,8,332.
[454] Ebenda.
[455] MH 6,6,383.
[456] MH 2,26,170.
[457] Ebenda.
[458] MH 3,1,195.
[459] MH 4,33,292.
[460] MH 7,1,392.
[461] MH 7,11,405.
[462] MH 1,22,78.
[463] MH 1,22,78f.
[464] MH 1,26,91.
[465] MH 1,31,105; vgl. MH 1,45,130.
[466] MH 1,31,105.

23.4 Bei Mechthild von Hackeborn trifft man die damals üblichen Aussagen über die Sehnsucht nach Jesus Christus an. Das Besondere bei ihr ist die Tatsache, daß sie oft von der Sehnsucht der Heiligen, ja einmal auch von derjenigen Christi spricht.

24. Besonders oft ist bei Gertrud der Großen von der Sehnsucht bei und nach Christus die Rede.

24.1 Für die Behandlung ihrer Sehnsucht nach dem Herrn könnte folgende Frage als Überschrift gelten: „Quis dabit mihi, amantissime Iesu, pennas sicut columbae, et volabo in desiderio cupiens requiescere in te?" – „Wer wird mir, geliebtester Jesus, Flügel wie der Taube geben? Dann werde ich in der Sehnsucht fliegen, voll Verlangen, in Dir zu ruhen."[467] Naturmetaphern werden eingesetzt, um das Verlangen auszudrücken: „Post te, o vivens florida dies vernalis, suspirat et languet amorosum desiderium mei cordis." – „Nach Dir, o lebender, blühender Frühlingstag, seufzt und wird krank die liebevolle Sehnsucht meines Herzens."[468] Wenn sich dieses Verlangen erfüllt und Jesus sich mit ihr vereint, dann sprießen in ihr alle Blumen und Früchte[469]. „Expectans expectavi te." – „Voll Erwartung habe ich Dich erwartet."[470] Wortreich wird das Verlangen an folgender Stelle ausgedrückt: „O rex meus et deus meus, te vocat, te vult, te requirit cordis mei suspirium et animae meae desiderium. Post te stillat oculus meus, et ad te tendit intuitus meus." – „O mein König und mein Gott, Dich ruft, Dich will, Dich sucht das Seufzen meines Herzens und das Sehnen meiner Seele. Nach Dir vergießt mein Auge Tränen, und zu Dir richtet sich mein Blick."[471] Oder: „Tu scis cordis mei desiderium, nam tu solus es animae meae suspirium." – „Du kennst die Sehnsucht meines Herzens; denn Du allein bist das Seufzen meiner Seele."[472] Das Herz Jesu ist eine Schatzkammer, in der alles enthalten ist, was der Mensch ersehnt[473]. Der Mensch soll beten: „Iubilent tibi desideria praecordiorum meorum et vota!" – „Dir mögen zujubeln die Sehnsüchte meines Inneren und die Wünsche!"[474] Oder: „Iubilet tibi desiderium meum quod habeo post te, et sitis quam patior pro te!" – „Dir möge zujubeln meine Sehnsucht, die ich nach Dir habe, und mein Durst, den ich für Dich erleide."[475] Das Licht des Angesichtes des Herrn erfüllt die Sehnsucht aller Heiligen[476]. Jesus ist das Erbe, auf das allein die Erwartung des Menschen geht[477]. In den Tagen vor Ostern soll der Mensch auch im Mitleiden den Wunsch haben, dem leidenden Jesus ähnlich zu werden[478].

---

[467] G R 2,39f.,68.
[468] G R 3,67-69,78.
[469] G R 3,69-71,78.
[470] G R 3,71f.,78.
[471] G R 6,163-166,172.
[472] G R 6,653f.,202.
[473] G R 6,17f.,162.
[474] G R 6,138,170.
[475] G R 6,146f.,170.
[476] G R 6,158-161,172.
[477] G R 6,720f.,206.
[478] G 4, 4,23,1,34-37,214.

24.2 Der Mensch soll aus Sehnsucht nach Jesus zu sterben wünschen[479]. Diese Todessehnsucht besaß Gertrud[480]. Doch wird bei ihr diese Sehnsucht nicht sofort erfüllt. Sie
will zwar wie der Apostel Paulus sterben und bei Christus sein und schickt deswegen
einen Seufzer aus der Tiefe ihres Herzens zu ihm[481]. „Si cum integro corde desiderium
suum transmitteret, pro eo quod vellet absolvi de carcere mortis hujus", „Wenn sie aber
mit ganzem Herzen ihre Sehnsucht hinüber (auf Gott hin) schickt, deswegen, weil sie
vom Kerker dieses Todes gelöst sein will," und doch zustimmt, daß sie weiter am Leben bleibt, fügt Jesus seinen Lebenswandel dem ihren hinzu[482]. Manchmal aber ist es
auch Jesus selbst, der ihren Geist zur Sehnsucht nach dem Tod anregt[483]. Dies geschieht
auch, als Jesus vor ihrem Sterben verspricht, Gertrud aus diesem Leben zu nehmen[484].
Dies verursacht bei der Mystikerin die brennende Sehnsucht, wie Paulus aufgelöst zu
werden und beim Herrn zu sein[485]. Als der Tod dann doch nicht so schnell, wie es
Gertrud erwartet hat, eintritt, will sie in Sehnsucht alle Tage ihres noch verbleibenden
Lebens im Lob des Herrn verbringen[486]. Durch die in der Verzögerung gesteigerte
Sehnsucht soll ihr Verdienst wachsen[487]. Als Gertrud dann ein unheilbares Leberleiden
hat, spürt sie, daß ihre Sehnsucht jetzt in Erfüllung geht[488].

24.3 Jesus ist „spes et expecatio mea", „meine Hoffnung und meine Erwartung"[489],
„praestolatio, patientia et exspecatio mea longa", „mein Harren, meine Geduld und
meine lang dauernde Erwartung"[490]. Die Sehnsucht nach Jesus wird auch durch die
wiederholte Frage nach dem „Quando", „Wann" ausgedrückt[491].

24.4 Jesus senkt auch die Sehnsucht nach ihm bei der Vorbereitung zum Kommunionempfang ein[492]. Weil sie ihre Fehler kennt, hat sie große Sehnsucht, daß Jesus alles,
was ihr fehlt, ergänzt[493]. Nicht allen Personen teilt sich der Herr beim Empfang des
Altarsakramentes mit, sondern nur denjenigen, die „desiderium habentes et eas quae
vellent habere desiderium", „Sehnsucht haben, und denjenigen, die Sehnsucht haben
wollen"[494]. Doch dürfen auch die anderen dieses Sakrament empfangen, weil manchmal das Verlangen mit dem Empfang kommt[495].

---

[479] G R 7,668,250.
[480] G 2, 1,10,4,1f.,168.
[481] G 3, 3,30,31,1-3,154.
[482] G 3, 3,30,31,4-10,154.
[483] G 3, 3,64,3,25f.,258.
[484] G 5, 5,23,1,4f.,198.
[485] G 5, 5,23,1,5-8,198.
[486] G 5, 5,23,1,14-17,198.
[487] G 5, 4,23,17-23,198.
[488] G 5, 5,29,1,1-8,232.
[489] G R 5,493f.,158.
[490] G R 6,141f.,170.
[491] G R 6,154,170; 6,157,172.
[492] G 2, 2,5,1,7-12,248.
[493] G 2, 2,15,2,3-6,288.
[494] G 3, 3,16,4,8f.,70. Die Frage, ob Jesus nur bei denjenigen ist, die sich nach ihm sehnen, und damit der Kommunionempfang kein objektives Geschehen ist, stellt sich Gertrud hier nicht.
[495] G 3, 3,16,4,9-14,70.

24.5 Bei Gertrud wird der Gedanke, daß Jesus selbst nach dem Menschen Sehnsucht hat, entfaltet. „Supra coelum est rex qui tui tenetur desiderio." – „Über dem Himmel ist ein König, der erfaßt ist von Sehnsucht nach dir."[496] Aus diesem Verlangen verließ er voll Demut sein Königreich[497]. „Tam aemulatur dulciter, tam zelatur efficaciter, ut floridum corpus suum pro te in mortem traderet hilariter." – „So süß strebt er, so wirkungsvoll eifert er, daß er seinen blühenden Leib für dich froh in den Tod gab."[498] Der Mensch soll wünschen, „ut in me habeat desiderium suum iuxta optimum suum beneplacitum", „daß (Jesus) Sehnsucht nach mir hat nach seinem besten Wohlgefallen"[499]. Wenn Gertrud etwas aus Nachlässigkeit versäumt hat, möchte der gekreuzigte Herr dies gern ersetzen, muß aber mit großer Sehnsucht auf die Stunde warten, bis Gertrud sich dies selbst wünscht[500]. Jesus liebt besonders sein Kreuz, „quia per eam ex totis viribus meis desideratam humani generis redemptionem obtinui", „weil ich durch es mit allen meinen Kräften die ersehnte Erlösung des menschlichen Geschlechtes erreicht habe"[501]. Gertrud küßt die Wunden des Gekreuzigten und „intraxit sibi omne desiderium amantissimi Cordis Filii", „zieht in sich alles Sehnen des Herzens des geliebtesten Sohnes"[502]. Bei einer Messe, in welcher der Konvent zur Kommunion gehen will, sieht Gertrud den Herrn, der nicht sitzt oder steht, sondern wie in den letzten Zügen am Boden liegt[503]. Die Kraft der Liebe hat ihn in eine Ekstase versetzt, und „est in deliciis expecationum illarum qua tam dilectis sibi animabus desiderabat unire per communionem", „er befindet sich in den Wonnen jener Erwartung, mit der er Sehnsucht hat, sich zu vereinen mit den geliebten Seelen durch die Kommunion"[504].

24.6 Bei Gertrud der Großen nimmt die Sehnsucht nach Christus einen breiten Raum in ihrer Spiritualität ein. Keine andere Mystikerin hat aber auch so detailliert von der Sehnsucht, die Jesus nach den Menschen hat, gesprochen.

25. Lukardis von Oberweimar erlebt, daß der Herr ihr die Gnade seiner spürbaren Gegenwart entzieht[505]. Als sie darauf mit allen möglichen Anfechtungen zu kämpfen hatte und fürchtete, in Ungeduld zu fallen, bekam ihre Seele einen Ekel am Leben „et desiderabat mori", „und sehnte sich, zu sterben"[506]. Auf die Frage der ihr erscheinenden Mutter Gottes, was sie sich ersehne, gibt sie zur Antwort: „Cupio dissolvi et esse cum dilecto meo tuo filio Iesu Christo." – „Ich verlange, aufgelöst zu werden und bei meinem Geliebten, deinen Sohn Jesus Christus, zu sein."[507] Maria aber setzt sich nicht

[496] G R 3,32,76.
[497] G R 3,35,76.
[498] G R 3,40-42,76.
[499] G R 3,63f.,78.
[500] G 3, 3,41,1,9-14,188-190.
[501] G 4, 4,52,2,20-22,434.
[502] G 4, 4,23,9,4-7,226.
[503] G 4, 4,25,8,1-5,244.
[504] G 4, 4,25,8,11-18,244.
[505] LO 37,329,37f.
[506] LO 37,330,2-6.
[507] LO 37,330,8-12.

für diesen Wunsch ein. Die Mystikerin soll sich vielmehr dem Wunsch Christi anpassen, daß sie auf Erden noch weiter eine Hilfe der Menschen ist[508].

26. Christina von Hane will als Kind an Weihnachten das Jesuskind „jn rechten bergden", „in rechter Sehnsucht" in die Arme ihrer Seele legen[509]. In der Tat erscheint ihr bald Jesus als Kind, das mit der Sonne spielt. „Aber da sie myt froelicher begreden na yme gryffen woiltde, daz sie das aller lyeplichste kyntgyn vmbfangen, gehelßet und gekußet hette und zertlichyn an yre hertze gedrucket hette, da fant sie yne nyt, dan er was verswonden van yre." – „Als sie aber mit fröhlicher Sehnsucht nach ihm greifen wollte, daß sie das allerlieblichste Kind umfangen, umarmt und geküßt und zärtlich an ihr Herz gedrückt hätte, da fand sie es nicht; denn es war von ihr verschwunden."[510] Sie spricht wie die Emmausjünger: „Was nyt myn hertze burnen yn myr van Jesu." – „Brannte mein Herz nicht in mir durch Jesus."[511] Durch den Schmerz, den sie durch das Verschwinden des Kindes empfand, wurde die große Sehnsucht in Christina gemehrt[512]. Sie glaubt, ihr Herz sei noch nicht rein genug, um mit diesem Kind so zärtlich umzugehen. Auch bei einer erneuten Vision entzieht sich das Kind ihren Blicken[513]. An einem weiteren Weihnachtsfest „wart yre begerde gemeret und me entzundet", „wurde ihre Sehnsucht gemehrt und noch mehr entzündet"[514]. Sie wacht die ganze Heilige Nacht, um ihn „nach yres hertzen begerde", „nach ihrer Herzenssehnsucht" zu genießen[515]. Sie findet im Chor auch das Kind, wonach sie sich sehnte[516]. Doch auch hier wird ihre Sehnsucht nicht ganz erfüllt. Denn ihr Herz muß für Jesus nicht nur rein, sondern auch mit den Rosen der Tugenden geschmückt sein[517]. Die Mystikerin wünscht sich in einer großen Anfechtung ihrer Jugend, wenn es dem Willen ihres Bräutigams entspricht, den Tod[518].

27. Auch im Schrifttum um Christina von Stommeln kommt die Sehnsucht nach Jesus vor.

Petrus von Dazien, der sich selbst Sekretär, Freund oder Intimus der Christina nennt, wünscht, „dilecto suo quem affectuosius desiderat, cristo dico, perfrui perpetuo", „seinen Geliebten, nach dem er sich voller Gefühl sehnt, Christus meine ich, auf immer zu genießen"[519]. Er bittet Christina, zu ihrem gemeinsamen Geliebten, Christus, zu beten, „ut de isto cacere tedii et laboris, exilii et doloris me educat, quo in hoc corpore mortis detineor captiuus", „daß er mich aus jenem Kerker des Ekels und der Mühe des

---

[508] LO 37,330,12-16.
[509] CH 1, 227.
[510] CH 1, 228.
[511] Ebenda.
[512] Ebenda.
[513] CH 1, 229.
[514] Ebenda.
[515] Ebenda.
[516] Ebenda.
[517] CH 1, 230.
[518] CH 1, 236.
[519] CS 1, B 10,29,92,29f.

Exils und der Schmerzen mit herausführt, in welchem ich durch diesen Leib des Todes gefangengehalten werde"[520].

Christina selbst beteuert immer wieder in ihren Anfechtungen durch die Dämonen: „Ego enim nihil aliud scire volo aut desidero, nisi voluntatem Domini mei Jesu Christi." – „Nichts anderes nämlich will ich wissen oder ersehne ich als den Willen meines Herrn Jesus Christus."[521] Sie sehnt sich auch nach dem Tod. Als ein Dämon ihr droht, sie mit einem Messer zu töten, weil sie ihm nicht in allem folge[522], beteuert Christina: „Dominus meus ihesus cristus sponsus meus est, cui fidem meam promisi, in cuius nomine mori desidero." – „Mein Herr Jesus Christus ist mein Bräutigam, dem ich meine Treue versprochen habe, für dessen Namen zu sterben ich mich sehne."[523] Wieder einmal wollen die Dämonen sie mit einem Stich durch ihr Herz töten. Dazu sagt Christina: „O maligni spiritus, nunc anima mea exultat in Domino; quia quod semper desideravi nunc audio: Desideravi a primaeva juventute mea, ut vita mea non alia morte finiatur, quam illa qua cor meum ex ejus amore praecordialissimo frangatur: quod si Dominus meus Jesus Christus hoc tempore per vos fieri praeordinavit, nequaquam doleo, sed donum diu desideratum gratanter suscipio." – „O ihr bösen Geister, nun jubelt meine Seele im Herrn; denn das, was ich immer ersehnt habe, höre ich nun: Ich habe von meiner frühesten Jugend an immer ersehnt, daß mein Leben durch keinen anderen Tod beendet werde als durch jenen, durch welchen mein Herz aus herzlichster Liebe zu ihm bricht. Wenn dies mein Herr Jesus Christus angeordnet hat, daß es in dieser Zeit durch euch geschieht, habe ich keinen Schmerz, sondern empfange dankbar ein lang ersehntes Geschenk."[524] Darauf bedankt sie sich schon bei Jesus, daß ihr lang gehegter Wunsch in Erfüllung geht[525]. Auf eine weitere Drohung der Dämonen antwortet Christina: „Pati namque pro amore Domini mei Jesu Christi vehementer desidero." – „Zu leiden für die Liebe meines Herrn Jesus Christus, sehne ich mich ja sehr."[526]

Bei Christina von Stommeln ist in ihrer Todessehnsucht nicht so sehr der Wunsch ausschlaggebend, ihren Geliebten möglichst bald zu sehen, sondern das Verlangen, durch ihr Sterben ein Zeichen ihrer Liebe zu ihm zu setzen.

28. Man kann „desiderium" und „desiderare" als ausgesprochene Lieblingsworte der Vita von Agnes von Blannbekin ansehen[527].

28.1 In ihr gibt es eine Stelle, in der grundsätzlicher über die Sehnsucht nachgedacht wird. Sehnsucht haben heißt, sowohl Trost als auch Bedrängnis zu haben. Trost besitzt man, weil es ein Zeichen echter Frömmigkeit ist, bedrängt wird man, weil der Ersehnte

---

[520] CS 1, B 10,34,97,27-29.

[521] CS 2, 4,9,84,316.

[522] CS 1, 53,128,11-14.

[523] CS 1, 53,128,15-17.

[524] CS 2, 4,13,124,328.

[525] Ebenda.

[526] CS 2, 4,19,176,343.

[527] Agnes ist auch eine der wenigen Frauen, die von den „desideria illicita", „unerlaubten Sehnsüchten" sprechen (AB 67,28f.,168). Manchmal ersetzt bei ihr das „desiderare" auch ein „velle" (AB 105,4f.,240; AB 108,16,246).

noch nicht anwesend ist[528]. Sehnsucht macht eine Seele Gott wohlgefällig, weil sie für ihn aufnahmefähiger wird[529].

28.2 Von Agnes heißt es: „Erat autem desiderium suum, ut semper portaret dominum memoriter cum amore in pectore suo." – „Ihre Sehnsucht ging aber dahin, daß sie den Herrn mit ihrer Liebe gedächtnishaft in ihrer Brust trage."[530] Wenn sie ihr Herz weitet und sich sehnt, daß alle Sünder mit Gott versöhnt werden, wird diese Sehnsucht niemals enttäuscht[531]. Sie gehört zu den Menschen, die sich sehnen, für den Herrn zu leiden[532]. Jesus wird in einer Vision „desiderabilis in aspectu", „sehnenswert anzusehen" genannt[533]. Wer geistliche Wonnen mit dem Herrn haben will[534], muß „cor sursum jugiter per desiderium ad dominum", „ein Herz, das durch die Sehnsucht nach dem Herrn dauernd nach oben gerichtet ist," besitzen[535].

28.3 Im strahlenden Licht der Wunden Christi, „quidquid desideratur, quidquid quaeritur, ibi invenitur et habetur", „wird das, was ersehnt, was gesucht wird, dort gefunden und in Besitz genommen"[536]. Wenn Jesus Agnes seine mit einer Wunde versehene Hand auf ihr Gesicht legt, „tanto ardore desiderii aestuabat, ut vix sustinere posset", „brannte sie in einer solchen Sehnsucht, daß sie es kaum aushalten konnte"[537]. Die „flamma divini desiderii", „Flamme der göttlichen Sehnsucht" erglüht auch, als sie davon ihrem geistlichen Begleiter berichtet[538], ja sie wächst so sehr, daß sie in einen Schrei ausbricht[539]. Aus der Seitenwunde Christi fließt die ersehnte Stärkung[540]. Petrus soll nach Ostern sich immer nach dem Leiden für den Herrn gesehnt haben[541]. Auch Agnes sehnt sich, aus Dankbarkeit für die Erlösung mit Christus zu leiden[542]. Diese Sehnsucht kann man in der Wunde des linken Fußes Christi lernen[543]. Dort liest Agnes: „Ex corde desiderare pati mortem pro Christo." – „Von Herzen sehne dich, den Tod für Christus zu erleiden."[544] Bei seiner Himmelfahrt nimmt der Herr die Sehnsüchte der Menschen mit nach oben[545]. Auch nach dem Empfang der Kommunion hat Agnes Sehnsucht. „Cum desiderio expectabat festum paschae anni sequentis, ut iterum corpus Christi acciperet." – „Mit Sehnsucht erwartete sie das Osterfest des kommen-

---

[528] AB 83,12-15,196.
[529] AB 83,20-33,196.
[530] AB 91,26f.,212. „Memoriter" meint hier wohl „bewußt".
[531] AB 91,51-59,214.
[532] AB 147-149,18f.,322.
[533] AB 140,10f.,310.
[534] AB 232,7f.,476.
[535] AB 232,11f.,476.
[536] AB 5,14f.,72.
[537] AB 167,4-11,348.
[538] AB 167,20-22,348-350.
[539] AB 167,23-26,350.
[540] AB 6,5-8,72.
[541] AB 108,23f.,246-248.
[542] AB 108,48-51,248.
[543] AB 168,19f.,352.
[544] AB 170,29f.,356.
[545] AB 96,32-35,226.

den Jahres, um wieder den Leib Christi zu empfangen."[546] Wenn sie sieht, wie andere Menschen zur Kommunion gehen, fängt sie an, voll Sehnsucht nach diesem Sakrament zu brennen[547]. Bei der Messe werden auch die gerechten Sehnsüchte des zelebrierenden Priesters erfüllt[548]. Agnes sehnt sich danach, daß der Herrenleib im Altarsakrament geehrt wird[549].

28.4 Ihre Vita kennt auch die Sehnsucht, die Jesus selbst hat. Sie ist der letzte Grund für die Eucharistie: „Magno desiderio ferveat ad animas, unde se ipso illas cibat." – „Mit großer Sehnsucht glüht er nach den Seelen; deswegen speist er sie mit sich selbst."[550]

28.5. In der Vita der Agnes von Blannbekin ist sowohl der Empfang der Kommunion als auch das Mitleid mit dem leidenden Jesus besonders oft der Gegenstand der Sehnsucht dieser Frau.

29. Die verschiedenen Aspekte der Sehnsucht im christologischen Sinn lassen sich folgendermaßen zusammenfassen:

29.1 Am meisten kommt für die Sehnsucht der Ausdruck „desiderium" vor. An seiner Stelle kann auch gleichbedeutend „Expectatio", „Erwartung"[551], „praestolatio", „Harren"[552] und „patientia", „Geduld"[553] stehen. Jesus ist für die Geschöpfe ersehnenswert[554]. Das Gegenteil der Sehnsucht nach Christus ist Furcht vor ihm[555]. Es ist von der Sehnsucht des Herzens[556] oder des Inneren[557] nach Jesus die Rede. Sie ist nicht angelernt und kann nur von Jesus erfüllt werden[558]. Weiter wird sie liebevoll[559] genannt. Neben der Sehnsucht tauchen die Ausdrücke Durst[560], Hoffnung[561], Liebe[562], Pein[563],

---

[546] AB 39,59-61,124.
[547] AB 167,28-31,350.
[548] AB 46,16f.,136.
[549] AB 72,11-13,176.
[550] AB 36,6f.,116.
[551] BVNAT 5,6,204,11f.; MH 5,8,332; G R 3,71f.,78; 5,493f.,158; 6,141f.,170.
[552] G R 6,141f.,170.
[553] G R 6,141f.,170.
[554] AB 140,10f.,310.
[555] GIS Adv 1,4,158f.,102.
[556] JC 2,8,46,472; BN 2,16,156,24f.,105; HAV 7,78,96; IL 2,7,35,180; G R 6,653f.,202; CH 1, 229; AB 170,29f.,356.
[557] G R 6,138,170.
[558] MM 1,43,87f.,3f.
[559] G R 3,67-69,78.
[560] BHLD 2, 51,1,1,182,3-8; G R 6,146f.,170.
[561] IL 2,7,35,180; MM 7,63,2f.,308.
[562] IL 2,7,35,180.
[563] MM 7,63,2f.,308.

Seufzer[564] und Wehtage[565] auf. Die Sehnsucht bewirkt im Menschen ein Brennen[566], Beben[567], Dahinschmelzen[568], Dahinschwinden[569] und Glühen[570].

29.2 Man hat die Sehnsucht, Christus zu schauen[571], welche auch die frommen Frauen an Ostern hatten[572] und welche den Menschen heil macht[573]. Dieses Verlangen haben auch die Engel[574] und Heiligen[575]. Die Patriarchen und Propheten warteten auf den Messias voll Sehnsucht[576], insbesondere auf die Menschwerdung des Sohnes Gottes[577]. Maria aber übertraf sie alle in ihrer Sehnsucht[578]. Im Advent sehnt man sich nach dem Kommen Christi[579]. Die Sehnsucht des Menschen soll Jesus vom Himmel herunterholen[580]. Auf dieses Verlangen hin kann der Herr nicht anders, als dem Menschen zu begegnen[581]. In besonderem Maße müssen die ehelos Lebendenden die Sehnsucht nach Jesus haben[582]. Jesus ist der Urheber der Sehnsucht der Menschen[583]. Manchmal ist eine solche Sehnsucht, die man nicht in Worte fassen kann[584], so stark, daß sie gezügelt werden muß[585], weil sie den Menschen krank macht[586]. Sie absorbiert alle Aufmerksamkeit auf etwas anderes[587]. Vor der Einheit mit Christus muß die Sehnsucht nach ihm stehen[588]. Trotz all ihrer Stärke kann die menschliche Sehnsucht nicht von sich aus den Herrn zu fassen bekommen[589].

29.3 Die Sehnsucht des Menschen geht hin auf die froh machende Anwesenheit des Bräutigams Christus[590], worunter die Liebe des Genießens verstanden wird[591]. Sie ist

---

[564] G R 6,163-166,172; 6,653f.,202.

[565] MM 7,63,2f.,308.

[566] WHLD prol 29,110; LTA 3,2,9,206; IN 22,255; CH 1, 228; AB 167,4-11,348; 167,28-31,350.

[567] HAV 7,1-5,92.

[568] LTA 3,2,9,206.

[569] IN 20,248.

[570] LTA 2,2,21,200; LT 2,2,21,169; JC 2,8,46,472; IG 2,14,112; AB 167,20-22,348-350.

[571] JFC 3,7,176-204,148f.; LTA 3,2,9,206.

[572] HISV 1, 2,1,16,405f.,122.

[573] ESV 1,35,18.

[574] WC 6,11-18,76; IL 2,7,35,180.

[575] G R 6,158-161,172.

[576] MH 1,26,91.

[577] MH 1,31,105.

[578] MH 1,31,105.

[579] MA 63,86.

[580] MM 3,1,5-7,72.

[581] MM 3,15,12-14,94.

[582] HISV 2, 3,8,24,1110-1117,510.

[583] WC 7,1-4,82; WMO 5,218D; G 3, 3,64,3,25f.,258.

[584] HAV 7,14-20,92.

[585] BPA 1,4,810,20f.; MA 58,69.

[586] MO prol 6,548; IN 22,254; BN 3,16,270,8f.,183; HAV 7,10-14; MM 4,2,114,113; G R 3,67-69,78.

[587] BN 2,16,157,29-35,105f.

[588] JHLD 97,8,161-163,660.

[589] CH 1, 228; 229.

[590] BHLD 2, 51,1,1,182,2f.

[591] WC 5,33-36,74; CS 1, B 10,29,92,29f.

gerichtet auf die „unio mystica" mit Jesus[592]. Bei ihm sehnt man sich zu ruhen[593]. In solchen Sehnsüchten jubelt der Mensch[594]. Doch selbst dort, wo der Bräutigam anwesend ist, bleibt die Sehnsucht[595]. Zur Vollform der Liebe gehört ja auch das Sehnen[596]. Die durch Jesu Gegenwart bewirkte Sättigung läßt die Sehnsucht nur größer werden[597].

29.4 Die Abwesenheit des Bräutigams vermehrt die Sehnsucht nach ihm[598], worunter die Liebe der Sehnsucht verstanden ist[599]. Solche Sehnsucht begann mit dem Tag der Himmelfahrt Jesu[600]. Diese Sehnsucht kann sich auch in Weinen[601] und Schreien[602] äußern. Sie geht den Spuren des Leidens Jesu nach[603] und läßt mit Jesus leiden[604]. Die Wunden Jesu enthalten alles, was der Mensch ersehnen kann[605].

29.5 Immer wieder kommt die Sehnsucht nach der Begegnung des Herrn in der Eucharistie zum Ausdruck[606]. Man hat Sehnsucht, das Brot der Engel zu essen[607], und kann den Tag kaum erwarten, an dem man wieder zum Tisch des Herrn gehen darf[608]. Bei der Vorbereitung auf den Empfang schenkt Jesus die Sehnsucht nach ihm[609]. Das Verlangen nach ihm ist auch Voraussetzung für einen wirkungsvollen Empfang[610]. Die Sehnsucht kann aber auch erst mit dem Kommuniongang entstehen[611]. Manchmal wird diese Sehnsucht, um die Demut zu mehren, auch nicht erfüllt[612].

29.6 Oft wird Phil 1,23, an welcher Stelle die Sehnsucht, aufgelöst zu werden und bei Christus zu sein, ausgedrückt wird, zitiert oder paraphrasiert[613]. Eine solche Sehnsucht haben die Märtyrer[614], die jungfräulich lebenden Menschen[615], Bernhard von Clair-

---

[592] IG 2,14,112; MH 4,33,292.
[593] G R 2,39f.,68.
[594] G R 6,146f.,170.
[595] WC 5,39f.,74.
[596] WC 6,1-11,76; BNS 7,186-171,33-39.
[597] WC 6,42-44,80.
[598] BHLD 2,51,1,1,182,3-9; MH 3,1,195; CH 1,228.
[599] WC 5,33-36,74.
[600] AB 96,32-35,226.
[601] BN 2,16,157,45-51,106.
[602] AB 167,23-26,350.
[603] ARI 31,1224-1229,672.
[604] G 4,4,23,1,34-37,214; CS 2,4,19,176,343; AB 108,48-51,248; 47-149,18f.,322; 170,29f.,356.
[605] AB 5,14f.,72; 6,5-8,72; 168,19f.,352.
[606] AS 2,11,474.
[607] IN 3,208.
[608] AB 39,59-61,124.
[609] G 2,2,5,1,7-12,248.
[610] G 3,3,16,4,8f.,70.
[611] G 3,3,16,4,9-14,70.
[612] IN 29,274.
[613] BLNM 1,1,270,21f.; BB 1,98,7,744,18; 2,189,1,66,1-3; BS 2,33,318,1-4; 3,30,424,13-19; BHLD 1,32,1,2,502,6-11; 2,56,2,4,248,4-6; BASC 3,6,340,4-7; BMART 17f.,892,21-26; BAND 1,924,13f.; ARA 3,49,860-867,753; RVGR 22,40; HISV 2,3,10,654-657,565; JC 2,8,46,472; IN 30,278; BN 2,16,156,24f.,105; BNS 7,72-77,33; DAE 3,29,5,221; 3,33,5,230; 3,33,5,231; 3,54,7,304; MH 1,12,39; G 5,5,23,1,5-8,198; LO 37,330,8-12.
[614] BB 1,98,7,744,18; BAND 1,924,13f.; DAE 3,33,5,230.
[615] HISV 2,3,10,654-657,565.

vaux[616], Hildegard von Bingen[617], Juliane von Cornillon[618], Ida von Nijvel[619], Beatrijs von Nazareth[620], Mechthild von Hackeborn[621], Gertrud die Große[622], Lukardis von Oberweimar[623] und alle Freunde der Heiligen[624] gehabt. Sie setzt mit dem Aufhören der sichtbaren Gegenwart Jesu bei der Himmelfahrt ein[625]. Mit dieser Sehnsucht braucht man den leiblichen Tod nicht zu fürchten[626]. Ihr darf man sich allerdings nicht hingeben, wenn man den Nächsten auf Erden noch dienen kann[627], wie es bei dem Heiligen Martin der Fall war[628]. Diese Sehnsucht soll auch die Tatsache, daß Christus schon auf Erden bei den Gläubigen anwesend ist, nicht verdrängen[629] und setzt die Ergebung in den Willen Gottes[630] und Fortschritte im geistlichen Leben[631] voraus. Mit dieser Schriftstelle kann aber auch die Sehnsucht nach der „unio mystica" vor dem Tod ausgedrückt werden[632]. Auch ohne Anlehnung an sie wird die Sehnsucht nach dem Sterben ausgedrückt[633]. Der Tod ist der ersehnter Hafen[634] oder die ersehnte Stunde[635]. Diese Todessehnsucht darf aber nicht aus dem Ekel am gegenwärtigen Leben stammen[636], auch wenn sie in den Mühen des Lebens wächst[637]. Daneben gibt es auch das Verlangen, aus Liebe für Christus zu sterben[638], und die Sehnsucht nach dem Martyrium[639] oder das Verlangen, um Christi willen allem abzusterben[640]. Für den Augenblick des Sterbens wünscht man sich, daß das Herz vor Sehnsucht nach dem Herrn bricht[641]

---

[616] BB 2, 189,1,66,1-3.
[617] HIV 3,27,230,14-16.
[618] JC 2,8,46,472.
[619] IN 30,278.
[620] BN 2,16,156,24f.,105.
[621] MH 1,12,39.
[622] G 2, 1,10,4,1f.,168; 3, 3,30,31,1-3,154; 5, 5,23,1,5-8,198.
[623] LO 37,330,8-12.
[624] DAE 3,33,5,231.
[625] BASC 3,6,340,4-7.
[626] BLNM 1,1,270,21f.
[627] BS 3,30,424,13-19; WND 8,22,394A.
[628] BMART 17f.,892,21-26.
[629] ARA 3,49,860-867,753.
[630] MM 7,63,8-12,308f.; MH 1,12,39; LO 37,330,12-16; CH 1, 236; CS 2, 4,9,84,316.
[631] DAE 3,29,5,221; CH 1, 230.
[632] BHLD 1, 32,1,2,502,6-11; 2, 56,2,4,248,4-6; RVGR 22,40; HAV 7,9f.22-27,92; DAE 3,54,7,304.
[633] MO 2,11,96,568f.; BN 2,18,169,79,112; IG 5,40,120; G R 7,668,250; 3, 3,30,31,4-10,154; 5, 5,29,1,1-8,232; CS 1, B 10,34,97,27-29.
[634] JC 2,8,46,472.
[635] MH 7,11,405.
[636] MA 58,69.
[637] MM 7,63,7,308; LO 37,330,2-6.
[638] LTA 2,2,21,200; LT 2,2,21,169; DAE 3,33,5,230; MM 3,1,3f.,72; 5,30,13f.,189; CS 1, 53,128,15-17; 2, 4,13,124,328; AB 91,26f.,212.
[639] JC 2,8,46,472; MH 1,22,78.
[640] BNS 7,72-77,33.
[641] MA 15,18.

und Jesus als Bräutigam entgegenkommt[642]. Dennoch steht vor der Erfüllung dieser Sehnsucht das Leiden im Sterben mit Christus[643].

29.7 Die vollendete Erfüllung der Sehnsucht ereignet sich erst im Himmel[644]. So hat man das Verlangen, im Himmel bei Jesus daheim zu sein[645], ihn mit unverhülltem Angesicht zu schauen[646] und zu genießen[647].

29.8 Nach den Mystikerinnen aus dem Bereich Magdeburg und Helfta wird Jesus selbst von Sehnsucht nach den Menschen erfaßt[648]. Aus ihr heraus wird er Mensch[649] und stirbt am Kreuz[650]. Auch bei ihm gibt es die Sehnsucht des Herzens[651]. Aus Sehnsucht eilt er wie ein Riese, die Erlösung zu bewirken, seine Bahn[652]. Voll Sehnsucht ist der Herr, die Menschen mit seinem Fleisch und Blut zu speisen[653]. Jesus scheint ohnmächtig am Boden zu liegen aus Sehnsucht, sich mit den Menschen zu vereinen[654]. In dieser Sehnsucht kommt er beim Sterben der Menschen zu ihnen, um sie zu sich zu holen[655]. Aus Sehnsucht nach einem Menschen kann Jesus diesen schneller zu sich im Tod holen[656].

2.3 Pfand

1. Wir kommen jetzt zu den Begriffen, mit denen zum Ausdruck gebracht wird, daß Jesus wie ein Pfand oder Angeld für die kommende Herrlichkeit ist.

2. In einer seiner Parabeln schildert Bernhard von Clairvaux, wie ein Königssohn auszieht, um jemanden trotz des Einwandes seines Vaters[657] aus der Gefangenschaft des Königs von Babylon zu befreien und zu seiner Frau zu machen[658], wobei er aber keine Gewalt anwenden will[659]. Natürlich steht hinter diesem Königssohn Christus und hinter der Gefangenen des babylonischen Königs die vom Teufel gefangene Menschheit. Bei der Verkündigung des Erzengels Gabriel an Maria wird die Hochzeit schon ange-

---

[642] MA 15,18; MM 7,35,36-38,283.
[643] MH 7,1,392.
[644] WHLD 1,11,133,284.
[645] MO 2,11,95,569.
[646] LTA 3,2,9,206.
[647] AS 2,21,475.
[648] G R 3,32,76.
[649] G R 3,35,76.
[650] G R 3,40-42,76; G 4,4,52,2,20-22,434.
[651] G 4,4,23,9,4-7,226.
[652] MH 1,35,115.
[653] AB 36,6f.,116.
[654] G 4,4,25,8,11-18,244.
[655] MM 7,35,39f.,283.
[656] MH 5,8,332.
[657] BPA 6,860,11-14.
[658] BPA 6,860,4-11.
[659] BPA 6,860,18-862,1.

kündigt[660]. Ein solcher Bräutigam kann aber nicht mit leeren Händen kommen, „sed donativa detulit, delata erogavit", „vielmehr brachte er Geschenke mit und überreichte Mitgebrachtes"[661]. Für den Winter bringt er einen Pelz und Wolle mit[662]. Christus schenkt aber keine von seiner Person getrennten Brautgaben. „Utrumque fit de agno." – „Beides kommt vom Lamm."[663] „Sponsus iste Agnus est." – „Der Bräutigam ist dieses Lamm."[664] Dieses Lamm, Jesus Christus, macht aus seiner Wolle einen Mantel, welcher seine Demut ist, die er der Braut übergibt[665]. Da der Pelz die Tötung des Tieres voraussetzt, bedeutet er das Sterben Jesu am Kreuz, das der Braut zur Abtötung ihres Fleisches gereichen soll[666]. In den weiteren Brautgaben, die der Königssohn überreicht, wird der Bezug zu seiner eigenen Person nicht so deutlich. So erhält die Braut einen weiteren Pelzmantel, welcher die von Christus ausgesandten Prediger sind[667], zwei Lederschuhe, welche die beiden Testamente versinnbilden[668], und zwei Handschuhe, welche Aktion und Kontemplation bedeuten[669]. Bernhard will mit dieser Parabel sagen, daß Christus, noch bevor er die Menschheit in den Himmel heimführt, ihr schon durch sich selbst Pfänder der kommenden Hochzeit gegeben hat.

3. Nach Wilhelm von St. Thierry weiß die Braut sehr wohl, daß hier auf Erden noch nicht die Zeit ist, „ut habeam te jugiter ad fruendum, „daß ich Dich (= Christus den Bräutigam) dauernd zum Genießen habe"[670]. Dennoch ist für sie die auf einen Augenblick begrenzte Gegenwart ihres Geliebten mit seinen Küssen und Umarmungen etwas Großartiges[671]. „Haec enim mihi sunt pignus spiritus, arrha beatitudinis." – „Dies sind mir nämlich ein Pfand des Geistes (2 Kor 1,22; 5,5) und eine Brautgabe der Seligkeit."[672]

4. Ganz ähnlich sieht auch der Verfasser des Traktates „Speculum virginum" die Ruhe, die aus einem sorgenfreien Leben der jungfräulichen Menschen stammt, als „gratia pacis", „Gnade des Friedens", die „pignus est dandae nobis aeternitatis", „ein Pfand der uns zu gebenden Ewigkeit ist"[673].

5. Hugo von St. Viktor ist wohl der Theologe dieser Zeit, der am ausführlichsten über Christus als Brautgabe spricht.

5.1 Er schreibt einen eigenen Traktat mit dem Titel „Soliloquium de arrha animae", „Selbstgespräch über die Brautgabe der Seele". In ihm muß er sich mit dem Einwand

---

[660] BPA 6,862,1-7.
[661] BPA 6,862,8f.
[662] BPA 6,862,9f.
[663] BPA 6,862,11.
[664] BPA 6,862,13.
[665] BPA 6,862,15f.
[666] BPA 6,862,17-22.
[667] BPA 6,862,23-864,13.
[668] BPA 6,864,14-23.
[669] BPA 6,6,868,19-24.
[670] WHLD 2,5,179,366.
[671] Ebenda.
[672] Ebenda.
[673] SP 9,756,16-18.

auseinandersetzen, daß man nur etwas lieben kann, was man sieht, Gott, den man nicht sieht, folglich auch nicht lieben könne[674]. Hugo gibt zu, daß Gott hier nicht direkt erfahrbar ist. Er ist der schönste Bräutigam, der Sohn Gottes, der für uns gestorben ist[675]. „Noluit adhuc seipsum tibi praesentare, sed munera misit, aarham dedit, pignus amoris, signum dilectionis." – „Er wollte sich dir jetzt noch nicht zeigen, hat aber Geschenke geschickt, die Brautgabe gegeben, das Pfand der Liebe, das Zeichen der Zuneigung."[676] Diese bestehen in der ganzen Welt, die Gott dem Menschen zu seinem Dienst gegeben hat[677]. Sie darf man lieben „ut aarham sponsi, ut munera amici, ut beneficia Domini", „als Brautgabe des Bräutigams, als Geschenke des Freundes, als Wohltaten des Herrn"[678]. Diese Gaben sind zwar groß, aber die Liebe, die sie anzeigen, ist noch größer[679]. Dafür aber ist das Pfand erfahrbar, während sein Geber verborgen bleibt[680]. Und doch darf die Seele das Pfand und die Gaben nicht mehr lieben als den Bräutigam, anderenfalls kann sie Dirne genannt werden[681]. Gott hat aber uns noch größere Gaben geschenkt: Christus hat uns erlöst und unsere Schuld vergeben. Alle Erlösungsgnaden, welche die Seele in der Kirche empfängt, sind die Brautgaben für den sündigen Menschen: „Ecce habes, anima mea, arrham tuam, et in arrha tua cognoscis sponsum tuum." – „Siehe, meine Seele, da hast du deine Brautgabe, und in deiner Brautgabe erkennst du deinen Bräutigam."[682] Auch wenn der Mensch manchmal spürt, daß er vom Bräutigam in ekstatischen Erlebnissen besucht wird[683], ist dies noch nicht die Vollendung. „Venit ut tangat te, non ut videatur a te." – „Er kommt, um dich zu berühren, nicht, um von dir gesehen zu werden."[684] „Primitias quasdam porrigit suae dilectionis, non plenitudinem exhibet perfectae satietatis." – „Einige Erstlingsgaben seiner Liebe reicht er dir, nicht die Fülle der vollkommenen Sättigung gewährt er."[685] Auch die ekstatische Erfahrung ist nur ein Unterpfand der kommenden Seligkeit. „Et hoc est quod maxime ad arrham desponsationis tuae pertinet, quod ille, qui in futuro se tibi videndum, et perpetuo possidendum dabit, nunc aliquando (utquam dulcis sit agnoscas) se tibi ad gustandum praebet." – „Und dies ist, was am meisten zur Brautgabe deiner Verlobung gehört, daß jener, der sich dir in Zukunft zur Schau und auf Dauer zum Besitz geben wird, sich jetzt manchmal (damit du erkennst, wie süß er ist) dir zum Kosten reicht."[686] An dieser Stelle wird auch deutlich, daß die Brautgabe, die Christus gibt, er selbst ist, insofern man ihn schon schmecken, wenn auch noch nicht sehen kann.

---

[674] HSO 953A-D.
[675] HSO 962B-C.
[676] HSO 954D.
[677] HSO 955A-B.
[678] HSO 955D.
[679] HSO 955A.
[680] HSO 955B.
[681] Ebenda.
[682] HSO 968B.
[683] HSO 970A-C.
[684] HSO 970C.
[685] Ebenda.
[686] Ebenda.

5.2 In der Schrift „De amore sponsi ad sponsam" wird zu Beginn ebenfalls ausführlich über die Brautgabe gesprochen. Zunächst wird darauf aufmerksam gemacht, daß in dieser Zeit Christus als Bräutigam nicht ständig anwesend ist, „quia citius in taedium veniret si semper praesens esset", „weil es schnell zum Ekel würde, wenn er immer gegenwärtig wäre"[687]. Der Bräutigam ist im Haus der Braut, „quando per internum gaudium mentem replet", „wenn er den Geist mit innerer Freude füllt"[688]. Unabhängig von der augenblicklichen, aber vorübergehenden Anwesenheit des Bräutigams ist die Braut ihm durch verschiedene Brautgaben verlobt[689]. Dann werden diese Brautgaben aufgezählt: Es sind die Gaben, die jeder Mensch durch seine Geburt empfängt, nämlich Fähigkeiten, zu fühlen, zu unterscheiden und weise zu werden[690]. Weiter sind es die Gaben, welche die Christen empfangen haben, bestehend in der Wiedergeburt mit der Vergebung der Sünden und Eingießung der Tugenden[691]. Dann aber gibt es auch Brautgaben, die der einzelne Mensch zu je verschiedenen Zeiten empfängt[692]. Er fühlt sich arm und reich, stark und schwach, je nachdem er Stärkung oder Züchtigung vom Bräutigam bedarf[693]. Hier trifft man auf eine andere Sicht der Brautgaben als in dem Traktat „Soliloquium de arrha animae". Sie sind diesmal von der Gegenwart des Bräutigams losgelöst und stellen Gnaden und Charismen dar[694].

6.   Nach dem St. Trudperter Hohelied sucht Jesus die Ruhe, da er müde gelaufen ist in der Suche nach seiner Braut[695]. Diese Ruhe fand er am Kreuz[696], wo er einen kurzen Schlaf fand[697]. Sie oder der Schlaf bedeuten nicht nur seinen Tod am Kreuz und seine dreitägige Grabesruhe, sondern das Fehlen seiner erfahrbaren Anwesenheit auf Erden seit der Himmelfahrt. Nur so wird der folgende Satz verständlich: „Dô ich ruowen gie, dô gap ich mîner gemahelen ein insigel und ein pfant ze der gewisheit nâch mir ze komenne. das was mîn vleisch unde mîn bluot." – „Als ich zur Ruhe ging, da gab ich meiner Braut ein Siegel und ein Pfand als Gewißheit, mir nachfolgen zu können. Dies war mein Fleisch und mein Blut."[698] Die eucharistischen Gaben, Christi Leib und Blut, sind also für die Zeit seiner erfahrbaren Abwesenheit die Brautgabe.

In Hld 7,13 ist von einer besonderen Mandragorawurzel die Rede, die mit Gott und seinem Bild, Jesus Christus, gleichgesetzt wird[699]. Von dem Menschgewordenen heißt

---

[687] HA 987B.
[688] HA 987C.
[689] HA 987C.
[690] HA 987D.
[691] Ebenda.
[692] Ebenda.
[693] HA 987D-988B.
[694] Dies könnte ein Hinweis sein, daß beide Traktate nicht vom selben Autor stammen.
[695] TH 21,19f.,64.
[696] TH 21,18f.,64.
[697] TH 21,23,64.
[698] TH 22,1-4,64.
[699] TH 125,18,264.

es dann: „Er ist uns ein arzentuom unde ein pfant des êwigen lîbes." – „Er ist uns eine Arznei und ein Pfand des ewigen Lebens."[700]

7. Aleydis von Scharbeke erkrankt in ihrem Kloster an unheilbarer Lepra, die eine Isolierung von ihren Mitschwestern erforderlich macht[701]. Der Autor ihrer Vita beteuert, daß dieses Schicksal nicht als Strafe für irgendeine Schuld der Mystikerin angesehen werden darf, „sed causa visitationis et more sponsi, sponsae suae arrham tribuentis in signum perfectae dilectionis", „sondern es ist zu betrachten als Brautgabe für seine Braut beim Besuch nach der Sitte des Bräutigams als Zeichen seiner vollkommenen Liebe"[702]. Die Brautgabe besteht aber in erster Linie nicht in der Fähigkeit, krankheitsbedingt zu leiden, sondern „ut soli Deo liberius posset vacare, et intra cubiculum mentis suae, quasi in thalamo secum morari et suavitate odoris sui Sponsam suam cupiens inebriari", „für Gott allein umbekümmerter frei zu sein als seine Braut im Gemach ihres Geistes, gleichsam die im Brautgemach bei sich verweilen und vom Duft seiner Süße trunken werden kann"[703]. Aleydis war also selbst in einem kontemplativen Zisterzienserinnenkloster noch zu viel mit notwendigen äußeren Tätigkeiten beschäftigt, und das besondere Geschenk des Bräutigams besteht darin, daß sie in ihrer Krankheit Zeit hat, allein in der Kontemplation zu verharren.

8. Der Autor ihrer Vita berichtet über Beatrijs von Nazareth von der Zeit noch vor ihrer Jungfrauenweihe im Kloster Folgendes: „Nonnumquam autem velut sponsum dominum, sese vero velut sponsam eius electam et perpetue gratie et decoris annulo subarratam et renumerationis future dotalicio jam dotatam in spiritu preuidebat." – „Einige Male sah sie den Herrn im Geist voraus als einen Bräutigam, sich selbst aber als seine erwählte und auf immer mit dem Ring der Gnade und der Zierde verlobte und mit der Mitgift der künftigen Belohnung ausgestattete Braut."[704]

9. Zweimal spricht Mechthild von Magdeburg Jesus wortgleich an: „O heilig oppher des himelschen vatter, o getrúwe lôsephant aller der welte!" – „O heilig Opfer des himmlischen Vaters, o treues Lösepfand für alle Welt!"[705] Hier dürfte allerdings „lôsephant" am besten mit „Lösepreis" wiedergegeben werden. Jesus hat durch seinen Tod den Preis für die Schuld aller Welt bezahlt. Mechthild kennt für die Brautgabe den Ausdruck „morgen gabe", „Morgengabe", die Jesus ihr beim Sterben so geben soll, wie ein Bräutigam seine Braut beschenkt[706].

10. Als Mechthild von Hackeborn in der Liturgie Mt 25,34 „Kommt ihr Gesegneten meines Vaters" hört, ruft sie: „O si una essem de his nimium benedictis!" – „O, wenn ich doch eine von diesen so sehr Gesegneten wäre!"[707] Bei diesem Wunsch schwingt die Angst mit, daß sie es am Ende nicht ist. Deswegen antwortet ihr der Herr: „Etiam

---

[700] TH 125,19-21,264.
[701] AS 2,9,473f.
[702] AS 2,9,473.
[703] Ebenda.
[704] BN 1,16,74,39-42,59.
[705] MM 5,20,3f.,170f.; 7,18,6f.,270.
[706] MM 7,35,36-38,283.
[707] MH 2,19,156.

pro certo scias, daboque tibi Cor meum in pignus, quod tecum semper habeas, et in die illa cum hoc desiderium tuum complevero, in testimonium mihi illud resignes." – „Du sollst sicher wissen: Ich gebe dir (dafür) mein Herz zum Pfand, welches du immer bei dir haben sollst; und du sollst es mir an jenem Tag, an dem ich dir deine Sehnsucht erfülle, zum Zeugnis (daß ich es erfüllt habe) zurückgeben."[708] Für die Erdenzeit wird ihr das als Pfand gegebene Herz zur Zufluchtstätte und im Sterben zur ewigen Ruhe[709]. Ausdrücklich wird dann betont, daß dieses Versprechen Jesu zum Beginn der Herz-Jesu Verehrung für Mechthild wurde[710]. An einer anderen Stelle heißt es, daß Mechthild als kostbares Pfand ebenfalls das Herz Jesu geschenkt bekommt, welches das offene Schatzhaus seiner Gottheit ist[711].

11. Bei Gertrud der Großen kommt oft die Vorstellung des Pfandes vor, allerdings fast ausschließlich in ihren „Exercitia spiritualia". Zur Erneuerung der Jungfrauenweihe steht eine Litanei, an deren Ende der Gerichtsgedanke steht. Wie Mechthild von Hackeborn soll der Beter hoffen, zu der Schar derer zu gehören, die hören darf: „Kommt ihr Gesegneten meines Vaters."[712] Dann wartet auf ihn die Vermählung[713] und die hochzeitliche Umarmung[714]. Damit er sich dessen gewiß wird, soll er erbitten, „ut arram tui spiritus cum dotalitio integerrimi amoris mihi concedas", „daß Du mir die Brautgabe Deines Geistes mit der Mitgift der ungeteilten Liebe gewährst"[715]. An diese Stelle knüpft ausdrücklich eine Stelle aus dem „Göttlichen Gesandten" an, an welcher vom „pignus amoris", „Pfand der Liebe" gesprochen wird[716]. Die Übergabe der Brautgabe soll offensichtlich bei der Erneuerung der Jungfrauenweihe geschehen. Denn in ihr soll man die Antiphon beten: „Annulo suo subarravit me, omnibus hominibus longe nobilior et genere et dignitate." – „Mit einem Ring hat er sich mir verlobt, er, der an Herkunft und Würde weit adliger als alle Menschen ist."[717] An einer anderen Stelle soll der Mensch zu seinem Bräutigam hinzutreten[718] und zu ihm sprechen: „Eia o amor, amoris mei primitivus flos, tu mea charissima sponsalis arra et nuptialis dos." – „Eia, Liebe, meiner Liebe anfängliche Blume, Du meine teuerste Brautgabe und hochzeitliche Mitgift."[719] Der Beter hat ja schon der Welt entsagt[720] und erwartet jetzt den Kuß, die Umarmung und Vereinigung mit dem Bräutigam[721]. Zu diesem Zustand, in dem man schon die Mitgift besitzt, aber noch auf die Vollendung der Liebe wartet, paßt

---

[708] Ebenda.
[709] Ebenda.
[710] Ebenda.
[711] MH 4,59,313.
[712] G R 3,147f.,84.
[713] G R 3,159f.,84.
[714] G R 3,165f.,84.
[715] G R 3,167f.,84.
[716] G 5, 5,4,18,6-12,100.
[717] G R 3,285,92.
[718] G R 5,86,132.
[719] G R 5,92f.,134.
[720] G R 5,93-95,134.
[721] G R 5,96-98,134.

gut die Metapher der anfänglichen Blume, die in der Frucht ihre Vollendung findet. Erst im Augenblick des Todes wird die Sehnsucht erfüllt, wenn man vor dem Bräutigam erscheint „in vestitu nuptiali, cum dote sponsali", „im Hochzeitsgewand mit der Brautmitgift"[722]. Wenn man Gott für alles danken will, soll man sich Jesus einladen, daß er auf der Zither seiner Menschheit im Gesang seiner Gottheit den Dankchor der Menschen anführt[723]. Der Beter soll dazu sprechen: „Iubilet tibi anima tua praeclarissima, pretisissimum pignus, quo mea redempta est anima." – „Jubeln soll Dir Deine ganz klare Seele, das kostbarste Pfand, durch welches meine Seele erlöst ist."[724] Daß hier mit „pignus" nicht einfach das Lösegeld der Erlösung, das Jesus am Kreuz für uns gezahlt hat, gemeint ist, sieht man an der Stelle, an der es heißt: „Iesu mi dulcissime, redemptionis meae pignus amabile, tu mecum venias ad iudicium." – „Mein süßester Jesus, liebenswertes Pfand meiner Erlösung, komm mit mir zum Gericht."[725] Ohne Jesus könnte man nicht vor den Richterstuhl der Wahrheit treten[726]. Mit Jesus aber zu kommen, läßt alle Furcht verschwinden und Hoffnung und Vertrauen obsiegen[727]. Für diese Hoffnung ist die Erlösung am Kreuz das Pfand.

12. Zusammenfassend läßt sich über das Pfand der Brautgabe sagen:

12.1 Folgende Worte werden in diesem Zusammenhang gebraucht: „arr(h)a", „Brautgabe"[728] oder „dos"[729], „dotalitio"[730],

   „Mitgift", „pignus"[731], „pfant"[732], „Pfand", „primitia", „Erstlingsgabe"[733] oder „insigel", „Siegel"[734]. Ursprünglich unterscheiden sich diese Begriffe in ihrer Bedeutung. In unseren Texten aber ist diese Verschiedenheit so sehr verblaßt, daß sie wechselseitig gebraucht werden.

12.2 Christus gibt nicht nur die Brautgaben, sondern er ist auch das Lamm, von dem die Brautgeschenke der Wolle und des Pelzes stammen[735]. Sein eigenes Herz schenkt Jesus als Pfand, durch welches der Mensch auf die kommende Vereinigung mit ihm hoffen kann[736]. Mit diesen Gaben verlobt sich Jesus als Bräutigam mit der menschlichen Seele als Braut[737], wobei der Ring ein solches Pfand sein kann[738]. Auch einzelne

---

[722] G R 5,210-222,140.
[723] G R 6,404-409,186.
[724] G R 6,418f.,188.
[725] G R 7,121f.,216.
[726] G R 7,111-113,216.
[727] G R 7,115-120,216.
[728] WHLD 2,5,179,366; HSO 954D; 955D; 968B; AS 2,9,473; G R 3,167f.,84; 5,92f.,134.
[729] G R 5,92f.,134; 5,210-222,140.
[730] G R 3,167f.,84.
[731] WHLD 2,5,179,366; SP 9,756,16-18; HSO 954D; MH 2,19,156; G R 6,418f.,188; 7,121f.,216; G 5, 5,4,18,6-12,100.
[732] TH 22,1-4,64; 125,19-21,264.
[733] HSO 970C.
[734] TH 22,1-4,64.
[735] BPA 6,862,11.
[736] MH 2,19,156; 4,59,313.
[737] HA 987C.
[738] BN 1,16,74,39-42,59; G R 3,285,92.

Mysterien des irdischen Wandels Jesu, wie sein Kreuzestod, können diese Gabe sein[739]. Die eucharistischen Gestalten seines Leibes und Blutes werden ebenfalls als Brautgabe bezeichnet[740]. Die Erfahrung vorübergehender Nähe des Bräutigams in seinen Umarmungen und Küssen[741], im inneren Frieden[742] und in den Ekstasen[743] ist ein Unterpfand der kommenden Seligkeit. Jesus selbst ist auch das Pfand des ewigen Lebens[744].

12.3 Andere Brautgaben sind nicht mit Jesus selbst identisch, sondern stammen von ihm, wie die Aussendung der Prediger[745], die Heilige Schrift[746], die Wiedergeburt in der Taufe[747], die verschiedenen Charismen[748] und die Gabe der Aktion und Kontemplation[749]. Auch die Möglichkeit, ungestört schon auf Erden für Gott frei zu sein, kann ein solches Pfand der Liebe des Herrn sein[750]. Alle Hilfsmittel der Kirche zum Heil sind ebenfalls die Brautgaben des Erlösers[751]. Die Welt, die dem Menschen zu dienen hat, ist für diesen auch ein Unterpfand seiner Liebe[752]. Ebenso sind die Fähigkeiten, die den Mensch von den Tieren unterscheiden, solche Geschenke[753]. Wer das Geschenk des Liebenden mehr liebt als den Geliebten, wird allerdings zur Dirne[754].

12.4 Die Brautgaben können auch anfängliche Erfahrungen der Nähe Jesu sein, welche ihre Erfüllung in der „unio mystica" hier schon auf Erden findet[755].

12.5 Meist fängt aber die Erfüllung der Verheißung, die in der Brautgabe liegt, erst im Augenblick des Todes an[756]. Die Brautgaben sind nur ein Angeld auf die ewige Schau des Bräutigams im Himmel[757].

2.4 Lohn

1. Wir wenden uns jetzt dem Gegenstand der Hoffnung oder der Sehnsucht zu. Dieser kann im Lohn bestehen. Dabei interessieren uns weniger die Stellen unserer Texte, in denen allgemein davon gesprochen wird, daß Christus die Auserwählten belohnt,

---

[739] BPA 6,862,17-22.
[740] TH 22,1-4,64.
[741] WHLD 2,5,179,366.
[742] SP 9,756,16-18.
[743] HSO 970A-C.
[744] TH 125,19-21,264.
[745] BPA 6,862,23-864,13.
[746] BPA 6,864,14-23.
[747] HA 987D.
[748] HA 987D-988B.
[749] BPA 6,868,1924.
[750] AS 2,9,473.
[751] HSO 968B.
[752] HSO 955A-B.
[753] HA 987D.
[754] HSO 955B.
[755] G R 5,96-98,134.
[756] G R 5,210-222,140.
[757] HSO 970C.

sondern diejenigen, in denen er selbst ihr Lohn ist. Keiner der in unseren Texten gebräuchlichen Begriffe für Lohn, wie „merces", „prämium" oder „retributio", wird in der Vulgata direkt mit Christus gleichgesetzt.

2. Bernhard von Clairvaux weiß, daß Christus der Geber des Lohnes wie der Lohn selbst ist.

2.1. Christus als der gütigste Erlöser ist auch der „remunerator aequissimus", „gerechteste Belohner"[758]. Er gibt den Kranz der Gerechtigkeit[759].

2.2 Bernhard betont, daß Gott selbst der Lohn ist. Jesus ist die Wirk- und Zielursache der Liebe des Menschen zu uns[760], schafft die menschliche Zuneigung zu ihm und erfüllt selbst die in dieser Zuneigung liegende Sehnsucht[761]. „Ipse fecit, vel potius factus est, ut amaretur." – „Er selbst hat bewirkt, ja besser, er ist (Mensch) geworden, damit er geliebt wird."[762] Damit wird deutlich, daß das eigentliche Subjekt des Liebens der Menschgewordene, nämlich Christus, ist. „Eius amor nostrum et praeparat et remunerat." – „Seine Liebe bereitet die unsere vor und lohnt sie."[763] Damit aber deutlich wird, daß er nicht irgendeinen Lohn gibt, heißt es dann: „Se dedit in meritum, se servat in praemium." – „Sich gibt er zum Verdienst, sich bewahrt er zum Lohn."[764] Er bewahrt sich deshalb als Lohn, weil er nicht duldet, daß etwas anderes ihm in der Belohnung zuvorkommt[765]. Dieser Menschgewordene, der sich zu unserer Erlösung hingegeben hat[766], ist derjenige, der beim Suchen schon gefunden ist[767]. Wenn Bernhard an anderer Stelle Gott „humilium gloria", „die Herrlichkeit der Demütigen" nennt[768], ist der Bezug auf Christus nicht mit ausgesagt.

Paulus beansprucht für sich, daß Christus in ihm wirkt und spricht[769]. Dann ist aber auch der Kranz der Gerechtigkeit (2 Tim 4,7f,), worunter der Lohn zu verstehen ist, nicht die eigene Gerechtigkeit, sondern diejenige Gottes[770]. Die christologische Deutung des Kranzes der Gerechtigkeit geht besonders deutlich aus einer Predigt zur Weihnachtsvigil hervor, der das Schriftwort zugrunde liegt: „Heiligt euch heute ... am morgigen Tag werdet ihr die Majestät Gottes schauen (Lev 20,7)." Bernhard löst sich bald von dem liturgischen Kontext und sieht in dem „Heute" die Heiligung auf Erden und im „Morgen" die ewige Schau dessen, der an Weihnachten geboren wird[771]. Dieses

---

[758] BANN 3,1,138,14.
[759] BMART 17,892,7f.
[760] BDI 7,22,110,17f.
[761] BDI 7,22,110,18f.
[762] BDI 7,22,110,19f. Das Sprachspiel, das in der Steigerung von „fecit" zu „factus est" liegt, läßt sich im Deutschen nicht nachahmen.
[763] BDI 7,22,110,20f.
[764] BDI 7,22,110,23.
[765] BDI 7,22,110,23.
[766] BDI 7,22,110,24.
[767] BDI 7,22,110,26.
[768] BCO 5,12,25,814,8-11.
[769] BGR 14,50,246,10-12.
[770] BGR 14,51,248,1-8.
[771] BVNAT 5,3,196,20-198,24.

Christus-Schauen in der Ewigkeit ist dann das Geschenk des Kranzes der Gerechtigkeit[772].

Im Himmel ist Christus nach Bernhard wie ein Kaiser in seinem Reich, wie ein Familienvater in seinem Haus, wie ein Bräutigam im Brautgemach[773]. Damit ist er „merces est operis, praemium laboris, corona certaminis", „die Belohnung für das Werk, der Lohn für die Mühe, die Krone des Kampfes"[774].

Scheinbar im Widerspruch dazu scheint zu stehen, daß die Braut in einer Hohenliedpredigt einen Lohn von ihrem Bräutigam ablehnt, sondern nach dem Kuß verlangt[775]. Unter Lohn ist hier etwas verstanden, das von dem, der den Lohn gibt, getrennt ist. Eine Liebe, die auf den Lohn schaut, ist die Liebe des Knechtes, nicht diejenige des Sohnes. Der Kuß des Mundes ist aber nach Bernhard Jesus Christus selbst[776].

Es gibt drei Arten von Küssen für den Christen. Der erste geschieht auf den Fuß und bedeutet das Erbarmen und die Wahrheit Christi, welche die Umkehrenden erlangen[777]. Der zweite Kuß ist derjenige, den man der Hand Christi gibt, wenn man ihm die guten Werke anbietet[778]. Der dritte Kuß wird mit dem anwesenden Bräutigam ausgetauscht[779]. „Tertium fit in contemplatione caelestium et vocatur contemplatorium." – „Der dritte geschieht in der Beschauung und wird Kuß der Beschauung genannt."[780]

Jesus, der sich selbst der Weg, die Wahrheit und das Leben (Joh 14,6) nennt, ist „via in exemplo, veritas in promissio, in praemio vita", „der Weg im Beispiel, die Wahrheit in der Verheißung, im Lohn das Leben"[781].

3. Nach Guerricus von Igny dürfen die Armen Christi stolz sein, weil sie ihren Reichtum und ihren Ruhm beim Herrn haben[782]. „Superbiam istam non damnat sed remunerat Magister humilitatis." – „Diesen Stolz verdammt nicht, sondern lohnt der Meister der Demut."[783] Guerricus nennt Jesus Christus „requies et merces laborantium", „Ruhe und Lohn derer, die sich abmühen"[784]. Nach ihm erscheint Christus in verschiedenen Gestalten. Die oberste und wichtigste ist die „forma intellectualis", „geistige Gestalt". Diese wird Jesus zum Lohn zeigen[785]. Sie „in praemium est reposita", „ist zum Lohn aufbewahrt" für uns[786]. Es ist aber Christus selbst, der sich in je verschiedener Gestalt zeigt.

---

[772] BVNAT 5,6,202,15-17.
[773] BS 3,91,542,4f.
[774] BS 3,91,542,7f.
[775] BHLD 1,7,2,2,112,7f.
[776] BHLD 1,2,3,4,68,1-3.
[777] BD 87,1,678,15-680,1.
[778] BD 87,1,680,1-4.
[779] BD 87,1,680,4-9.
[780] BD 87,1,680,11f.
[781] BASC 2,6,332,1f.
[782] GIS Epi 1,1,17-23,238.
[783] GIS Epi 1,1,28f.,240.
[784] GIS Adv 1,4,159-162,102.
[785] GIS NatBM 2,2,38f.,488.
[786] GIS NatBM 2,2,43f.,488.

4. Johannes von Ford vertraut in seinem Vorwort zu seinen Hoheliedpredigten die ganze Mühe, die er für dieses Werk aufgewandt hat, Jesus an[787]. „Tu es enim finis et principium uniuersi operis boni, intentio et praemium." – „Du bist ja das Ziel und der Ursprung jeden guten Werkes, die Absicht und der Lohn."[788] Auch Jesus als Mensch erhält selbst einen Lohn. Seine Macht als künftiger Richter „quasi quaedam assumptae infirmitatis remuneratio erit", „wird gleichsam eine gewisse Belohnung für die angenommene Schwäche sein"[789].

Am Ende seines Kommentars geht Johannes auf die Problematik des Begriffes „Lohn" im religiösen Bereich ein. Der Mensch muß eine Wache für seinen Weinberg, für seine Seele haben[790]. Doch gilt: „Pro foribus astat, qui mercedem custodiae huius in manibus habet." – „Auf den Märkten steht, der einen Lohn für diese Wache in Händen hat."[791] Damit ist gemeint, daß einer, der sich nur um des Lohnes willen müht, auch ein Mietling sein kann. Deswegen bemüht sich Johannes, eine Vorstellung von Lohn darzulegen, die auf einer höheren Stufe steht. Es wird zitiert Offb 22,12, an welcher Stelle Jesus spricht: „Ecce uenio cito et merces mea mecum est." – „Siehe, ich komme bald, und mein Lohn ist mit mir."[792] Dazu fügt er noch Gen 15,1 an: „Merces tua mecum magna nimis." – „Dein Lohn ist mit mir sehr groß."[793] Das „Mecum", „Mit mir", welches in beiden Zitaten vorkommt, interpretiert Johannes als Grund, warum man zwischen dem Lohn und Jesus nicht unterscheiden darf. Man darf nicht „aliam de manu Dei mercedem quam quae Deus est", „einen anderen Lohn von der Hand Gottes erwarten als den, welcher Gott ist"[794]. Wenn die Menschen wirklich Freunde Christi sind, sehnen sie sich nach keinem anderen Lohn, den sie als unzureichend ansehen müßten, als nach ihm selbst[795].

5. In dem dem Traktat „Speculum virginum" angehängten Hochzeitslied wird Christus mit den Worten besungen: „O merces, vitae speculum, fontis aeterni poculum." – „O Lohn, Spiegel des Lebens, Becher aus der ewigen Quelle."[796] Oder: „Aeterni status temporis talis Christus in praemiis." – „Zustand der ewigen Zeit, so ist Christus in den Belohnungen."[797] Der Verfasser weiß aber auch, daß es gefährlich ist, auf die Belohnung zu schielen. Man darf nicht deswegen Fortschritte im geistlichen Leben machen wollen, weil man mehr als andere im Himmel belohnt sein möchte[798].

---

[787] JHLD prol 7,156-162,36.
[788] JHLD prol 7,162-164,36f.
[789] JHLD 28,2,29-31,228.
[790] JHLD 117,7,137-160,791.
[791] JHLD 117,8,171f.,791.
[792] JHLD 117,8,166f.,791.
[793] JHLD 117,8,189,791.
[794] JHLD 117,8,176f.,792.
[795] JHLD 117,8,182-185,292.
[796] SPE 93,1040A.
[797] SPE 108,1042B.
[798] SP 6,538,17f.

6. Hugo von St. Viktor schließt aus, daß Christus auch für sich selbst gestorben sei[799]. Aber, so fragen andere Theologen, schließt die in Phil 2,9 genannte Erhöhung Christi nach seinem Leiden nicht ein, daß er diese verdient hat[800]? „Ergo in humilatione meruit qui in exaltatione humilationis praemium recepit." – „Also hat er bei der Erniedrigung etwas verdient, der in der Erhöhung den Lohn der Erniedrigung empfangen hat."[801] Hugo kann sich aber dieser Argumentation nicht anschließen. Einmal würde, folgt man ihr, Christus, weil er das eigene Verdienst brauchte, nicht mehr ganz frei bei seinem Leiden sein[802]. Zum anderen würde, wenn er sich als Mensch noch etwas im Leiden dazuverdient hätte, „melior seipso factus est Deus", „er als Gott besser als er selbst geworden sein"[803].

7. Nach Richard von St. Viktor besteht die Belohnung darin, daß wir kosten, wie gut der Herr ist[804].

8. Im St. Trudperter Hohelied heißt es von Christus, daß er beim Gericht nicht nur bestraft, sondern auch bringt „den erbärmeclichen lôn sîner genâde", „den barmherzigen Lohn seiner Gnade"[805]. Die Lehrer in der Kirche verkünden den Erlöser[806] und damit „die süeze des êwigen lônes", „die Süße des ewigen Lohnes"[807].

9. Als Christus sich wie ein Bräutigam mit Beatrijs von Nazareth verlobte, sah diese schon im Geist voraus, wie sie einmal mit dem künftigen Lohn ausgestattet sein wird[808]. Daß Christus selbst der Lohn ist, wird dadurch deutlich, daß er genannt wird: „sponsus animarum, merces laborum", „der Bräutigam der Seelen, der Lohn der Bemühungen"[809].

10. Hadewijch schreibt, daß man wünschen soll, für den Geliebten, unter dem Jesus zu verstehen ist, zu leiden, „niet om ieghenwordeghen loen, Mer omme da minne haer seluen alle uren ghenoechten ende loen ghenoech es", „nicht um gegenwärtigen Lohn, sondern damit die Minne allzeit sich selbst genug und genug Lohn ist"[810]. Nun lehrt Hadewijch oft, daß die Liebe keinen anderen Lohn als das Lieben erwartet[811]. Bei dieser Stelle scheint sich aber der Verzicht auf den Lohn in der Gegenwart zu beschränken. Da aber Hadewijch die Liebe oft mit Gott oder Jesus gleichsetzt, kann man den Lohn, Jesus selbst, erfahren, wenn man ihn unverhüllt schauen darf. „Minne loent altoes, al comt si dicke spade." – „Die Liebe lohnt immer, kommt sie auch oft spät."[812]

---

[799] HSA 2,1,6,384D.
[800] Ebenda.
[801] HSA 2,1,6,385A.
[802] HSA 2,1,6,384C.
[803] HSA 2,1,6,385C.
[804] RVPS 136,373B.
[805] TH 10,28f.,38.
[806] TH 48,5-7,118.
[807] TH 48,12,118.
[808] BN 1,16,74,39-42,59.
[809] BN 2,14,148,69f.,101.
[810] HAB 12,71-74,104.
[811] Vgl. Weiß, Gottesbild 2,1813.
[812] HAB 7,18f.,72.

11. David von Augsburg stellt fest, daß niemand die Sitten und den Wandel Christi auf Erden nachahmen kann[813]. Wohl aber kann jeder etwas an ihm nachahmen, was sich von dem, was der andere nachahmt, unterscheidet, „donec omnes in patria occuramus in virum perfectum, in mensuram aetatis plenitudinis Christi", „bis wir alle im Vaterland laufen in den vollkommenen Menschen, in das Maß des Vollalters Christi"[814]. Der Lohn im Himmel besteht in etwas, was allen wieder gemeinsam ist, nämlich in der Herrlichkeit der Schau der Gottheit und Menschheit Jesu[815]. Diese Herrlichkeit ist in sich unendlich[816]; jeder aber kann nur nach seinem Fassungsvermögen an ihr teilhaben[817]. Der ewige Sohn ist vom Himmel gekommen, damit er Weg zum Himmel für die Menschen ist[818]. Doch er ist nicht nur „der vroelîche wecgeselle", „der fröhliche Weggeselle"[819], sondern auch das Ziel; denn von ihm heißt es: „Dû bist der lôhn und der lônaer." – „Du bist der Lohn und der Belohner."[820] Jesus, der Freund, Bruder und Erlöser genannt wird, ist auch „lôn und unser trôst", „Lohn und unser Trost"[821].

12. Mechthild von Magdeburg macht einmal einen Unterschied zwischen Lohn, Würde und Krone, die der Mensch im Himmel erhält. „Ich habe das in himmelriche gesehen: lon, wirdekeit und crone, und das ist nicht alles ein: Der lon lit an den werken, dú wirdekeit an den tugenden, dú corne der minne." – „Ich habe im Himmel folgendes gesehen: Lohn, Würde und Krone, und das ist nicht alles ein und dasselbe. Der Lohn richtet sich nach den Werken, die Würde nach den Tugenden, die Krone nach der Liebe."[822] Da Werke, Tugenden und Liebe nach Wichtigkeit geordnet sind, dürfte der Lohn auch durch die Würde und die Krone überboten werden. Diese Unterordnung des Lohnes unter die Würde und die Krone kommt im übrigen Werk der Mechthild nicht mehr vor, sondern die drei Begriffe werden gleichbedeutend gebraucht. So wird einmal der Lohn und die Würde, welche die Seele im Himmel empfängt, in einem Atemzug genannt[823]. Ohne semantischen Unterschied erhält auch der verklärte Herr eine Belohnung, die mit den drei Begriffen ausgedrückt wird[824].

Mechthild hat in verschiedenen Visionen den Himmel und die Belohnung der Heiligen in ihm beschrieben. Oft besteht der Lohn in besonderen Auszeichnungen, so der Lohn der Apostel in der besonderen Nähe zum Thron Christi[825]. Der Lohn der Predi-

---

[813] DAE 2,1,3,2,78.
[814] DAE 2,1,3,2,79.
[815] DAE 3,56,9,317.
[816] DAE 56,9,316.
[817] DAE 3,56,9,317.
[818] DK 342,34f.
[819] DK 343,2.
[820] DK 343,1f.
[821] DV 360,23f.
[822] MM 5,28,12-14,187.
[823] MM 6,6,23-26,212.
[824] MM 6,16,52f.,227.
[825] MM 3,1,78-80,75.

ger sind besondere Stühle, auf denen sie sitzen[826]. Bei den Jungfrauen aber heißt es, daß sie bei ihrem Bräutigam sitzen. „So sol liep zů liebe komen, der lip zů der sele." – „So soll der Geliebte zur Geliebten kommen, der Leib zur Seele."[827] Dabei gehen sie dem wonnevollen Jüngling Jesus nach und sind mit ihm vereint[828]. „Er grüsset sie innewendig mit siner lebendiger gotheit, er eret si uswendig mit siner almehtigen menscheit, er zieret si mit siner heligen geistes miltekeit, er lonet in ǒch ane ende mit siner gantzen drivaltekeit." – „Er grüßt sie innen mit seiner lebendigen Gottheit, er ehrt sie außen mit seiner allmächtigen Menschheit und belohnt sie auch ohne Ende mit seiner ganzen Dreifaltigkeit."[829] Bei seiner Himmelfahrt wird der Sohn vom Vater begrüßt[830]. Auch die Kirche erhält dann einen Willkommensgruß: „Die unbevleketú brut, die du mir bringest, die sol din und min iemer mere ungescheiden sin." – „Die unbefleckte Braut, die Du mir bringst, die soll von Dir und mir niemals mehr geschieden sein."[831] An einer anderen Stelle sind die einzelnen Menschen die Bräute, die Christus mit in den Himmel bringt und die vom Vater begrüßt werden[832]. Dieser spricht: „Min sun sol úch al umbevan." – „Mein Sohn soll euch alle umfangen."[833]

Am ausführlichsten wird die Belohnung des verklärten Herrn durch den Vater nach dem letzten Gericht[834] im ersten Kapitel des siebten Buches ihres „Fließenden Lichtes der Gottheit" beschrieben. Der Lohn besteht in einer Krone, die der Vater geschaffen und der Sohn verdient hat[835]. Die Deutung der Krone, die Mechthild gibt, ist uneinheitlich. Auf der einen Seite bilden die Heiligen die Krone[836]. Aber nicht nur die Seligen, die jetzt schon im Himmel sind, sondern auch diejenigen, die noch auf Erden leben oder leben werden, sind Bestandteil der Krone, die deswegen noch nicht fertig geschmiedet ist[837]. Dann ist die Krone auch mit den Tugenden wie dem Glauben geschmückt[838]. Verwirrend aber ist, daß ein Teil der Krone, die Jesus als Lohn erhält, seine eigene Menschheit ist[839], durch sein eigenes Blut gefärbt[840] und mit seinem Kreuz geschmückt[841], ist. Mir scheint die Mehrdeutigkeit von Mechthild bewußt angezielt zu sein, weil diese Krone sowohl Lohn Jesu als auch der Menschen, die ja von seinem

---

[826] MM 3,1,83-91,76. Ob hier nur allgemein an die „confessores" gedacht ist oder speziell an die Mitglieder des Dominikanerordens, läßt sich nicht eindeutig entscheiden.

[827] MM 3,1,121-123,77.

[828] MM 3,1,125-130,77.

[829] MM 4,24,20-23,141.

[830] MM 5,27,3-7,186.

[831] MM 5,27,7-9,186.

[832] MM 7,37,24-27,286.

[833] MM 7,37,28,286.

[834] MM 7,1,53-57,255.

[835] MM 7,1,45f.,255.

[836] MM 7,1,13-27.30-35.40-42,254f.

[837] MM 7,1,58-63,255.

[838] MM 7,1,36-39,255.

[839] MM 7,1,29f.,254.

[840] MM 7,1,43f.,255.

[841] MM 7,1,79-88,256.

Fleisch und Blut sind[842], ja sogar er selbst ist. So endet auch dieses Kapitel mit dem Wunsch der Mechthild, selbst einmal eine kleine Blume an dieser Krone zu sein[843]. Dadurch kann sie auch selbst ein Lohn für Jesus werden.

13. Noch deutlicher kommt der letzte Gedanke bei Mechthild von Hackeborn zum Vorschein. Jesus spricht zu der Mystikerin: „Ego Creator universorum non indigeo ullo praemio, sed tu es praemium meum. Te enim Pater meus coelestis mihi in sponsam et filiam donavit." – „Ich, der Schöpfer des Alls, brauche keinen Lohn, aber du bist mein Lohn. Dich hat mein himmlischer Vater mir als Braut und Tochter geschenkt."[844] Dieser ungewöhnliche Gedanke wird nicht nur durch die erwähnte Bedürfnislosigkeit Jesu, sondern auch durch die Bemerkung abgesichert, daß dieses Privileg Mechthild nicht verdient hat, sondern ihr allein aus der Güte Jesu zukommt.

Selbstverständlich kennt Mechthild auch den Gedanken, daß Jesus selbst der Lohn der Auserwählten ist. Wenn ein Mensch das Leiden in seinem Herzen durch ständiges Gedenken trägt, wird er als Lohn erhalten, daß er im Herzen Jesu wohnt[845].

Ein anderes Mal sieht Mechthild neben dem verklärten Herrn „singulae passiones Sanctorum, quas pro Domino pertulerunt", „die einzelnen Leiden der Heiligen, die sie für den Herrn ertragen haben"[846]. Weil der Herr deren Verdienste gütig anschaut, sind sie niemals so klein, daß sie nicht ewigen Lohn erhalten[847]. Ein anderes Mal sieht sie die Seele eines Kindes, welches von ihrer Mutter Gott für ein Klosterleben anverlobt worden war, aber schon mit zwei Jahren gestorben war[848]. Mechthild wundert sich, daß die Seele mit all den Kleidern geschmückt ist, die nur Ordensleute als Lohn empfangen, und darüber hinaus auf dem Schoß der Mutter Gottes sitzen darf[849]. Sie wird aber aufgeklärt, daß wie der Glaube einer Mutter, der stellvertretend bei der Taufe eines Neugeborenen wirkt, so auch die mütterliche Übergabe an ein Kloster bei einem früh verstorbenen Kind wirksam wird[850]. Mechthild grüßt ihre reich belohnte leibliche Schwester, die verstorbene Äbtissin Gertrud von Hackeborn, mit der Liebe, mit der diese jetzt das Angesicht des Herrn schaut, seine Süße fühlt und ihre liebevolle Erwählung erkennt[851]. Die Mystikerin sieht beim Kommunionempfang vor ihrem Sterben Jesus, den sie „corona et praemium meae humanitatis", „Krone und Lohn meiner Menschheit" nennt[852]. Nach ihrem Tod wird sie von Christus feierlich im Himmel

---

[842] MM 7,1,99-102,257.
[843] MM 7,1,126-128,258.
[844] MH 2,8,143.
[845] MH 2,10,144f.
[846] MH 3,4,199.
[847] MH 3,4,199f.
[848] MH 5,12,339.
[849] MH 5,12,339f.
[850] MH 5,12,340.
[851] MH 6,7,385.
[852] MH 7,1,391.

empfangen und erhält die Versicherung, daß dieser[853] und die Heiligen[854] sich über ihr Kommen freuen.

14. Auch Gertrud die Große kennt den Lohn im christologischen Kontext.

14.1 Sehr allgemein kann es heißen, daß vom Herrn alles bereitet ist, „quo unusquisque propriam mercedem accipiet secundum suum laborem", „durch welches ein jeder seinen eigenen Lohn nach seinen Mühen empfangen soll"[855]. Für eine Tugend, die hart umkämpft war, erhält der Mensch einen größeren Lohn als für diejenige, die im Frieden bewahrt worden ist[856]. Was man unter Schmerzen erworben hat, verdient einen unaussprechlichen Lohn[857]. Der Lohn besteht im ewigen Heil[858]. Wenn der Lohn mit dem Makel der Nachlässigkeit gleichsam verrechnet wird[859], kann nicht Christus mit diesem Lohn gemeint sein.

14.2 Es kann der Lohn Jesu auch in der Einheit in ihm selbst bestehen. So wünscht man von Jesus, daß er am Ende des Lebens allen „unitatem spiritus in vinculo charitatis et pacis", „die Einheit des Geistes im Band der Liebe und des Friedens" gibt und nach diesem Leben „ad promissum gloriae tuae praemium", „zum verheißenen Lohn Deiner Herrlichkeit" führt[860]. Jeder, der für Gertrud betet, bekommt als Lohn von Gott eine besonders vertrauliche Freude[861]. Die Mystikerin erhält die Erkenntnis der Bedeutung von Jes 40,10 „Ecce merces ejus cum eo", „Siehe, sein Lohn mit ihm" geschenkt. Dies soll nämlich heißen: „Dominus ipse in amore suo est praemium Electorum." – „Der Herr selbst in seiner Liebe ist der Lohn der Auserwählten."[862] Dies darf jeder, der den Herrn liebt, auf sich anwenden, denn er wird weit über sein Verdienst hinaus belohnt werden[863]. Oft wünschen sich die Menschen, daß der Herr ihren Lohn häuft, und denken sich dabei, daß ihnen dadurch eine größere Freude im Himmel geschenkt wird. Der Herr aber in seiner Güte rechnet dies ihnen so an, als ob sie sich nach ihm gesehnt hätten[864]. Damit die Menschen sich lebhafter nach etwas sehnen, schickt er ihnen manchmal körperliches Leiden, damit er ihnen mehr lohnen kann[865]. Vor allem ist der Herr bereit, jede Zärtlichkeit, die der Mensch ihm auf Erden bereitet hat, hundertfach zu belohnen[866].

15. Weil auf die Fürbitte der Christina von Hane viele Seelen aus dem Fegfeuer befreit worden sind, erhält sie mit ihnen den Lohn, der darin besteht, daß sie so mit der

---

[853] MH 7,8,401.

[854] MH 7,12,406.

[855] G 3, 3,30,21,8-10,148.

[856] G 4, 4,4,9,16-18,76.

[857] G 4, 4,10,2,5-7,122.

[858] G 3, 3,30,22,9,148.

[859] G 5, 5,5,4,19-22,114.

[860] G R 4,196-199,112.

[861] G R 5,17,128; 6,206f.,174; G 2, 2,20,6,1-11,314.

[862] G 3, 3,30,5,15f.,138.

[863] G 3, 3,30,5,16f.,138.

[864] G 3, 3,32,1,11-14,166.

[865] G 3, 3,32,1,17-21,166.

[866] G 3, 3,47,2,13-17,214.

Dreifaltigkeit vereint ist, daß sie diese in deren Spiegel schauen kann[867]. Die Menschen erhalten vom Herrn für alle Mühe ihren Lohn, ja, „ich gebyn myh selber yn zo lone", „ich gebe mich selbst ihnen zum Lohn"[868].

16. Christina von Stommeln kann für das, was Petrus von Dazien an ihrem Bruder getan hat, nicht ausreichend danken, deswegen bittet und wünscht sie, „ut ille dulcissimus sponsus et amicus uobis pro me retribuat", „daß jener süßeste Bräutigam und Freund euch an meiner Stelle es lohnt"[869]. Als Christina von den Dämonen furchtbar gepeinigt worden ist, erscheint ein von Gott gesandter Engel, der der Mystikerin Mut zuspricht: Ihr Bräutigam, Jesus Christus, ist bei ihr. „Ipse enim erit … merces tua magna nimis." – „Er wird nämlich … dein sehr großer Lohn sein."[870]

17. Auch Agnes von Blannbekin nennt Christus den eigentlichen Lohn der Menschen. Alle Seligen des Himmels stimmen in ein dreifaches Lob ein. „Tertia laus beneficium praemiationis exprimebat." – „Das dritte Lob hat die Wohltat der Belohnung zum Inhalt."[871] Lohn erhalten nicht nur die Menschen, sondern ihretwegen auch alle Kreaturen, angefangen von der Sonne bis zum kleinsten Staubkörnchen[872]. Vor allem freuen sich die Seligen, „quia ipsemet, scilicet deus homo, erat eorum remunerator", „weil er selbst, nämlich der Gottmensch, ihr Belohner war"[873]. Gemeint ist hier offensichtlich nicht nur, daß Jesus den Lohn gibt – dies wäre nichts Besonderes -, sondern daß er selbst auch der Lohn ist. So erwächst auch aus dem eucharistischen Opfer „praemium ante conspectum patris", „Lohn vor dem Angesicht des Vaters"[874]. Bei der Himmelfahrt nimmt Jesus auch sein Fleisch mit, „ut praemietur de omnibus, quae pertulit, et omnes electi praemiabunter in ea, sed diversimode", „damit er für alles, was er ertragen hat, belohnt wird; und alle Auserwählten werden in ihm belohnt, aber auf verschiedene Art"[875]. Einmal sieht Agnes, wie Jesus Christus verschiedenen Brüdern des Franziskanerordens erscheint. Einem von ihnen verspricht er: „Meipsum cum amore in corde tuo dabo in praemium." – „Mich selbst werde ich in dein Herz zum Lohn geben."[876] Kurz heißt es: „Amor est praemium." – „Die Liebe ist der Lohn."[877]

---

[867] CH 2, 219.
[868] CH 2, 233.
[869] CS 1, B 30,65,208,25-29.
[870] CS 2, 4,5,46,306.
[871] AB 63,26f.,162.
[872] AB 63,30-33,162.
[873] AB 63,27f.,162.
[874] AB 57-59,34-40,156.
[875] AB 96,35-39,226.
[876] AB 117,25f.,262.
[877] AB 7,6,74.

18. Zusammenfassend läßt sich über Lohn im christologischen Kontext sagen:

18.1 Die wichtigsten Ausdrücke für Lohn sind „merces"[878], „praemium"[879] und „lon"[880], „lôn"[881] oder „lôhn"[882]. „Remunerare" heißt eigentlich „vergelten" und kann sowohl „belohnen" wie „bestrafen" meinen. In unseren Texten ist meist an den Lohn gedacht[883]. Christus wird der „remunerator"[884], „lôbnaer"[885], „Belohner" genannt. Für Lohn gibt es Metaphern wie Kranz[886], Krone[887] oder Kuß[888]. Gelegentlich wird der Lohn auch als eine niedere Stufe der Belohnung im Vergleich zur Würde und Krone angesehen[889]. Oft ist der Lohn die Antwort auf das Verdienst[890], übertrifft dieses aber bei weitem[891].

18.2 Christus lohnt die Tugenden der Menschen, so zum Beispiel ihre Demut[892] und den Glauben[893]. Es kann auch einen größeren oder kleineren Lohn geben[894].

18.3 Im Himmel ist Christus als Heil und Leben[895], Ruhe[896] und Süße[897] der Lohn. Er selbst ist der Lohn für diejenigen, die sich abgemüht haben[898], und besonders für die Jungfrauen[899]. Schrifttexte (Offb 22,12; vgl. Gen 15,1), in denen es heißt, daß der Herr mit seinem Lohn kommt, werden in unseren Texten so interpretiert, daß er dieser selbst ist[900]. Als Freund Christi darf man keine andere Belohnung als seine Nähe erwarten[901]. Der eigentliche Lohn besteht in der Einwohnung[902] oder in der Einheit mit ihm[903]. Die

---

[878] BS 3,91,542,7f.; GIS Adv 1,4,159-162,102; JHLD 117,8,171f.,791; SPE 93,1040A; BN 2,14,148,69f.,101.

[879] BDI 7,22,110,23; BS 3,91,542,7f.; BASC 2,6,332,1f.; GIS NatBM 2,2,43f.,488; JHLD prol 7,162-164,36f.; SPE 108,1042B; MH 7,1,391; G R 4,196-199,112; AB 57-59,34-40,156; 117,25f.,262.

[880] MM 5,28,12-14,187.

[881] TH 10,28f.,38; 48,12,118; DV 360,23f.

[882] DK 343,1f.

[883] BDI 7,22,110,20f.; JHLD 28,2,29-31,228.

[884] BANN 3,1,138,14; AB 62,27f.,162.

[885] DK 343,1f.

[886] BGR 14,51,248,1-8; BVNAT 5,6,202,15-17; BMART 17,892,7f.

[887] BS 3,91,542,7f.; MM 7,1,45f.,255; MH 7,1,391.

[888] BHLD 1, 2,3,4,68,1-3.

[889] MM 5,28,12-14,187.

[890] BDI 7,22,110,23.

[891] G 3, 3,30,5,16f.,138.

[892] GIS Epi 1,1,28f.,240.

[893] MH 5,12,340.

[894] G 4, 4,4,9,16-18,76; 5, 5,5,4,19-22,114.

[895] BASC 2,6,332,1f.; SPE 93,1040A; G 3, 3,30,22,9,148.

[896] GIS Adv 1,4,159-162,102.

[897] TH 48,12,118.

[898] GIS Adv 1,4,159-162,102; BN 2,14,148,69f.,101; G 3, 3,30,21,8-10,148; 4, 4,10,2,5-7,122; CH 2, 233; CS 2, 4,5,46,306.

[899] MM 3,1,121-123,77.

[900] JHLD 117,8,189,191; G 3, 3,30,5,15f.,138.

[901] JHLD 117,8,182-185,792.

[902] MH 2,10,144f.

[903] MM 4,24,20-23,141; 5,27,7-9,186; 7,37,28,286; G R 4,196-199,112; CH 2, 219.

Schau Christi schon hier auf Erden in der Kontemplation wird auch als Lohn angesehen[904].

18.4   Seine Liebe ist der Lohn unserer Liebe[905]. Wenn ein Warten auf Lohn abgelehnt wird, ist unter ihm eine von Gott und Jesus getrennte endliche Belohnung verstanden[906], welche dann etwas Äußerliches ist[907]. Wer Christus liebt, braucht keinen Lohn außer ihm selbst, weil die Liebe sich selbst genügt[908].

18.5   Jesus als Mensch wird auch vom Vater belohnt für die Annahme seiner Schwäche[909]. Er erhält Lohn, Würde und Krone[910]. Besonders ausführlich wird die Krone geschildert, die er im Himmel erhält[911]. Wie Christus als Bräutigam der Lohn der Braut ist, so ist auch die Braut der Lohn für Christus[912]. Andere Autoren aber schließen eine Belohnung Christi ausdrücklich aus[913].

2.5   Leben

1.   In fast allen Religionen ist das Wort „Leben" ein wichtiger Ausdruck für die Gottheit: Das Leben kommt von der Gottheit und ist oft mit ihr identisch. Auch die Vulgata spricht wiederholt vom Leben im Kontext Gottes[914]. Auf Christus wird dieses Wort in ihr ebenfalls oft bezogen. Er ist der „filius dei vivi", „Sohn des lebendigen Gottes" (Mt 16,16). In ihm ist das Leben (Joh 1,4), ja sein Fleisch (Joh 6,52), und er selbst ist das Leben schlechthin. Er nennt sich die Auferstehung und das Leben (Joh 11,25) und der Weg, die Wahrheit und das Leben (Joh 14,6). Christus wird als unser Leben offenbar werden (Kol 3,4). Er ist das ewige Leben (1 Joh 5,20). Daher erstaunt es nicht, daß „Leben" ein häufig gebrauchter Titel für Jesus schon in der Alten Kirche ist[915].

2.   Bei einer zehngliedrigen Reihe von Namen für Christus darf bei Jean von Fécamp „vita", „Leben" nicht fehlen. Als guter Jesus wird er auch angeredet: „Deus meus uita mea", „Mein Gott, mein Leben"[916]. Gesteigert wird diese Aussage noch, wenn es heißt „o uitalis uita", „o lebenssprühendes Leben"[917]. Er ist das „uita uiuificans", „lebendig machendes Leben"[918]. Es kann auch gefragt werden: „Ecquae uita enim nisi tu?" –

[904] BD 87,1,680,11f.
[905] BDI 7,22,110,20f.
[906] BHLD 1,7,2,2,112,7f.
[907] JHLD 117,8,171f.,791.
[908] HAB 12,71-74,104; vgl. AB 7,6,74.
[909] JHLD 28,2,29-31,228.
[910] MM 6,16,52f.,227.
[911] MM 7,1,45f.,255.
[912] MH 2,8,143.
[913] HSA 2,1,6,384C.
[914] Vgl. Weiß, Gottesbild 1,3,573f.
[915] Für Origenes vgl. Sieben, Nomina 164; für Ambrosius von Mailand vgl. ebenda 169; für Marius Mercator vgl. ebenda 170; für Gregor von Elvira (+ 392) vgl. ebenda 181; für Augustinus vgl. ebenda 191.
[916] JFL 115f.,190.
[917] JFC 3,540,159.
[918] JFC 3,6,148,147.

„Was ist denn Leben, wenn nicht Du?"[919] Auch der aus Ps 35,10 stammende Ausdruck „fons uitae", „Quelle des Lebens" wird auf Christus übertragen[920].

Viele Aussagen wirken bei Jean toposartig. Eine tiefere Reflexion, warum Christus gerade das Leben ist, findet man bei ihm nicht.

3. Gegenüber der Überzahl der Stellen, an denen Bernhard von Clairvaux Gott allgemein als Leben bezeichnet[921], tritt diese Bezeichnung bei Christus etwas zurück. Das mag daher rühren, daß Bernhard bei dem Begriff „Leben" mehr von den philosophisch ausgerichteten Stellen des Augustinus ausgeht.

Bernhard sieht in Betlehem „domum panis, in qua primum is qui de caelo descenderat, pariente Virgine, panis vivus apparuit", „das Haus des Brotes, in welchem zuerst derjenige, welcher vom Himmel herabgestiegen ist, aus der Jungfrau geboren, als lebendiges Brot erschienen"[922]. Auch im Zusammenhang mit dem Kreuz ist bei Bernhard vom Leben die Rede. Für die subjektive Frömmigkeit scheint das Sterben Christi wichtiger als das Leben: „Amplius movet ad pietatem mortis, quam vitae recordatio." – „Mehr bewegt zur Frömmigkeit das Gedächtnis des Todes als das des Lebens."[923] In der im 12. Jahrhundert beginnenden mittelalterlichen Passionsfrömmigkeit glaubt man, mehr Nutzen aus der Betrachtung des Leidens und Sterbens ziehen zu können als aus derjenigen des öffentlichen Wirkens Jesu[924]. Kurz darauf relativiert Bernhard aber diese Aufgabe: „Vita Christi vivendi mihi regula exsistit, mors a morte redemptio. Illa vitam instruxit, mortem ista destruxit." – „Das Leben Christi dient mir zur Regel für das Leben, (sein) Tod zur Erlösung vom Tod. Jenes belehrt das Leben, dieser zerstört den Tod."[925] Unter diesem Blickwinkel kann aber Bernhard die Höherbewertung des Todes nicht aufrecht halten: „Utraque vero admodum necessaria." – „Beides war jedoch sehr notwendig."[926] Die Belehrung und die Erlösung durch Christus braucht der Mensch.

4. Etwas häufiger begegnet uns Christus als das Leben in den Schriften des Wilhelm von St. Thierry. Da Christus das vollendete Bild des Vaters ist, gibt es die Identität der Eigenschaften zwischen ihm und dem Vater[927]. Zu diesen völlig gleichen Eigenschaften gehört auch die Tatsache, daß Christus mit dem Vater das „prima et summa vita, cujus non est aliud intelligere, et aliud vivere", „erste und höchste Leben ist, bei dem es keinen Unterschied zwischen Erkennen und Leben gibt"[928], ja das sein Wesen ausmacht[929].

---

[919] JFC 3,22,770,166.
[920] JFC 3,3,52,144.
[921] Vgl. Weiß, Gottesbild 1,575-577.
[922] BLNM 6,12,290,19-21.
[923] BLNM 11,18,300,19f.
[924] Vgl. Weiß, Jesus Christus 2. Teil: Das Wirken.
[925] BLNM 11,18,300,22-302,1.
[926] BLNM 11,18,302,2.
[927] WR 6,667D-668A.
[928] WR 6,668A.
[929] WE 2,294,1f.,380.

Deswegen nennt ihn Wilhelm auch „speculum vitae", „Spiegel des Lebens", weil er das Leben des Vaters vollkommen widerspiegelt und in sich zusammenfaßt[930].

Beim Empfang der Eucharistie reicht das körperliche Verzehren nicht aus: Christus ist „ipsa vita; ad quam nos vivificet iste cibus. Quod enim per hunc vita potius animae quaeratur quam corporis, nulli est dubium", „das Leben selbst, wozu uns diese Speise lebendig machen soll. Daß aber dabei eher nach dem Leben der Seele als demjenigen des Leibes gesucht werden soll, unterliegt keinem Zweifel"[931]. Mag er auch indirekt für das Leben des Leibes Ursache sein, so will er doch in der Liebe, die er selbst ist, vor allem das Leben der Seele sein: „Vita ergo animae rationalis est charitas." – „Das Leben der vernunftbegabten Seele ist aber die Liebe."[932] Deswegen empfängt erst der den Leib des Herrn vollends, der ihn geistig in der Liebe empfängt[933].

5. Aelred von Rievaulx spürt etwas von der Paradoxie, die im Glauben an den lebensspendenden Tod Jesu liegt. Er weiß, daß weder aus der Weisheit Torheit noch aus dem Tod Leben kommen kann[934], schränkt aber diese Feststellung sofort mit der Bemerkung ein: „Quamuis mors Christi nostra sit uita", „obwohl der Tod Christi unser Leben ist"[935].

6. Isaak von Stella setzt Christi Leben mit seiner Liebe gleich[936]. Deswegen formuliert er Joh 14,6, nach welchem Vers der Schrift Christus der Weg, die Wahrheit und das Leben ist, folgendermaßen um: „Caritas ergo via, veritas vita." – „Die Liebe ist der Weg, die Wahrheit, das Leben."[937] Während Christus als die Liebe das ist, was uns auf dem Weg hilft, bildet er als Wahrheit und Leben das Ziel des Lebens[938]. Dieser Weg, der Christus ist, führt zum Vater, „vita vivens", „dem lebenden Leben"[939]. Der Sohn hat uns dieses Leben neu eröffnet, weil wir es in der Sünde verloren haben. Für den Zustand in der Sünde gilt: „Vita ista mortem gignit." – „Dieses Leben zeugt den Tod."[940] Das Leben, das Christus selbst ist, geht auf die Kirche über. „Verumtamen, sicut de sola vita radicis in totum arboris corpus viror et vigor vitaque procedit, sic de solo Christi, et Dei nostri sancto Spiritu totum Ecclesiae corpus vivit, sentit, movetur." – „Wie aber allein von dem Leben der Wurzel auf den ganzen Leib des Baumes Grünkraft, Lebenskraft und Leben übergeht, so lebt, fühlt und bewegt sich allein vom Heiligen Geist Christi und unseres Gottes der ganze Leib der Kirche."[941]

7. Auch Guerricus von Igny legt Joh 14,6 aus. Wäre Christus nicht gekommen, könnte unser Weg nicht nach der Regel der Wahrheit geändert werden „ac per hoc nec

---

[930] WHLD 1,8,96,222.
[931] WCS 5,351C.
[932] Ebenda.
[933] WCS 6,351C.
[934] ARSC 1, 6,19,279f.,20.
[935] ARSC 1,6,19,281,20.
[936] Vgl. IS 16,15,158f.,304.
[937] IS 16,16,171,306.
[938] IS 16,16,171-173,306.
[939] IS 49,4,38,172.
[940] IS 49,3,25f.,170.
[941] IS 34,7,59-62,236.

dirigi ad vitam aeternitatis", „und dadurch nicht hingelenkt werden zum Leben der Ewigkeit"[942]. In einer Osterpredigt feiert Guerricus besonders Christus als das Leben. Einst hat der Patriarch Jakob gesagt: „Sufficit mihi si Ioseph filius meus vivit." – „Es genügt mir, wenn mein Sohn Josef lebt (Gen 45,28)."[943] An Stelle der Brüder Josefs kommen zu den Menschen die Apostel und künden „Iesus vivit", „Jesus lebt"[944]. Jetzt darf der Christ sprechen: „Sufficit mihi si Iesus vivit. Si vivit vivo; cum de ipso pendeat animam mea; immo ipse sit vita mea, ipse sufficientia mea. Quid enim mihi desse poterit si Iesus vivit? Immo desint omnia alia, nihil interest mea, dummodo Iesus vivat." – „Es genügt mir, wenn Iesus lebt. Wenn er lebt, lebe ich, da von ihm meine Seele abhängt; Ja, er ist mein Leben, er mein Genügen. Was kann mir fehlen, wenn Jesus lebt? Ja wenn alles andere fehlt, liegt mir nichts daran, solange Jesus lebt."[945] Mit dem Auferstandenen geht man vom Tod hinüber zum Leben[946], wobei das Fleisch Christi die Wegzehr ist[947]. Darin besteht dann die Summe der Osterbotschaft: „In hoc sane noveris quod spiritus tuus plene in Christo revixerit. ... Sufficit mihi si Iesus vivit." – „Darin darfst du gewiß erkennen, daß dein Geist vollständig in Christus wieder aufgelebt ist. ... Es genügt mir, wenn Jesus lebt."[948] Christus bezeichnet sich zu Recht als Auferstehung und Leben (Joh 11,25)[949]. Dabei unterscheidet Guerricus bei uns eine doppelte Auferstehung: eine, die jetzt schon an uns geschehen ist, als wir mit Christus auferweckt wurden „in novitatem vitae", „zur Neuheit des Lebens" (Röm 6,4)[950]. Die zweite Auferweckung geschieht einst an den Leibern und schenkt ihnen ewiges Leben, das keinen Tod mehr kennt[951]. Der Mensch braucht auch den leiblichen Tod nicht zu fürchten, wenn in ihm Christus, das „lux inextinguibilis vitae", „Licht des unauslöschlichen Lebens", aufgegangen ist[952].

8. Die Aussagen von Johannes von Ford über Christus als das Leben sind ebenfalls ganz heilsgeschichtlich orientiert. Schon die Menschwerdung des Sohnes Gottes zeigt, daß Christus das Leben ist. Er kommt ja zu den Menschen, die im Todesschatten eingeschlafen sind[953]. „Resuscitauit ad uitam. Resuscitauit, inquam, et cotidie magis magisque exsuscitat, quoniam ad hoc ipse, qui est fons uitae, declinauit ad nos, ut uitam habeamus, et abundantius habeamus." – „Er hat zum Leben auferweckt. Er hat auferweckt, sage ich, und weckt täglich mehr und mehr auf, weil er, der die Quelle des Lebens ist, sich dazu zu uns geneigt hat, daß wir das Leben haben und es in Fülle haben."[954]

---

[942] GIS ADV 4,2,73-77,138.
[943] GIS Res 1,1,2-4,216.
[944] GIS Res 1,3,58f.,220.
[945] GIS Res 1,5,134-138,226.
[946] GIS Res 1,5,146-148,226.
[947] GIS Res 1,6,157,228.
[948] GIS Res 5,130-132,226.
[949] GIS Res 2,1,4,230.
[950] GIS Res 2,1,9f.,230.
[951] GIS Res 2,1,10-23,230-232.
[952] GIS Pur 1,5,191-193,320.
[953] JHLD 102,9,220-229,695.
[954] JHLD 102,9,229-232,695.

Überschwenglich preist Johannes Christi Erlösungsgeschenk des Lebens: „O fons uitae, Domine Iesu, qui in plenitudine dilectionis tuae me de tot mortibus eruis, et in
uitalem illam ac uiuificam lucem, non solum de morte ad uitam sed de uita quoque in
uitam transferendo deducis." – „O Quelle des Lebens, Herr Jesus, der Du in der Fülle
Deiner Liebe mich von so vielen Toten entreißt und mich in jenes lebenssprühende
und lebensspendende Licht nicht allein vom Tod zum Leben, sondern vom Leben ins
Leben hinübertragend geführt hast."[955] In dieser kurzen Passage verwendet Johannes
allein sechsmal Wörter mit der Wurzel „uit". Christus ist auch die Quelle des Lebens,
aus dem die Kirche lebt[956].

9. Der Traktat „Speculum virginum" verwendet ebenfalls „Leben" im christologischen Kontext. Folgendermaßen umschreibt sein Autor die Erlösungstat Christi: „Lex
nempe mortis abiit, vita Christus ut prodiit." – „Das Gesetz des Todes ist gewichen,
Christus ist hervorgegangen als Leben."[957] Er ist in der Kirche wie eine Quelle[958]. Deswegen darf man auf ihn das Psalmwort (Ps 35,10) anwenden: „Bei ihm ist die Quelle
des Lebens"[959], aus welcher lebendigen Quelle die Christen trinken dürfen[960]. Doch
diese Quelle des Lebens ist hinter einer Tür, an welche die Christen vertrauensvoll
klopfen sollen[961]. Aus seinem Leib fließen die Ströme lebendigen Wassers[962], „ut bibas
et recte vivas", „damit du trinkst und in Wahrheit lebst"[963]. Wer dies tut, geht auf dem
„viam pacis et vitae quae Christus est", „Weg des Friedens und des Lebens, welches
Christus ist"[964]. Rhetorisch fragt der Verfasser dieses Traktates: „Quibus modis, fons
inexhaustae dulcedinis, tuae gratiae respondemus, qui nos fecisti ex mortuis vivos?"
– „Auf welche Weise, Du Quelle unerschöpflicher Süße, sollen wir auf Deine Gnade
antworten, der Du uns als Tote zu Lebenden gemacht hast?"[965] Christus wird angesprochen mit den Worten: „O tuorum vita!" – „O Du Leben der Deinen!"[966] oder:
„Vita viventium!" – „Leben der Lebenden!"[967]

10. Hugo von St. Viktor hat besonderes Interesse an den philosophischen und anthropologischen Fragen nach dem Leben[968]. Dennoch gebraucht er diesen Begriff auch im
christologischen Kontext. Hugo kennt drei Arten vom Paradies, das irdische des ersten
Adam, das gläubige der Kirche und das himmlische der Seligkeit[969]. In allen drei gibt es

---

[955] JHLD 105,7,142-145,173.
[956] JHLD 96,6,134-136,652.
[957] SPE 5,1018A.
[958] SP 2,170,4-7.
[959] SP 2,170,13f.
[960] SP 2,170,22f.
[961] SP 9,834,5f.
[962] SP 2,170,17f.
[963] SP 2,170,19.
[964] SP 4,312,7f.
[965] SP 10,848,15f.
[966] SP 10,848,18.
[967] SP 99,1040A.
[968] Vgl. Weiß, Gottesbild 1,580f.
[969] HAN 2,17,646A.

einen Baum des Lebens. Im ersten Paradies ist es ein materieller Baum, im zweiten die „humanitas Salvatoris", „Menschheit des Erlösers" und im dritten die „sapientia Dei, verbum Patris", „Weisheit Gottes, das Wort des Vaters"[970]. In der Kirche, dem zweiten Paradies, erleuchtet schon das Wort des Lebens unsere Seelen, und wir essen das Fleisch und das Blut Jesu Christi, welches uns das ewige Leben verheißt[971]. Der Sohn Gottes ist als Wort das Leben, welches das Herz des Menschen lebendig macht[972], weil es uns von der unveränderlichen Wahrheit kündet[973]. „Vita autem aeterna Christus est. Christus autem sapientia est, sapientia vero thesaurus.» – «Das ewige Leben aber ist Christus. Christus aber ist die Weisheit, die Weisheit aber ist der Schatz.»[974] Dieser Schatz ist im Herzen der Menschen verborgen und muß gehoben werden[975].

11. Besonders oft verwendet Hildegard von Bingen den Begriff Leben im Bezug auf Gott[976] und Christus.

11.1 Der Sohn Gottes hat das gleiche Leben wie der Vater. Er ist das „Verbum, quod per inextinguibilem uitam qua uiuit in aeternitate intransitorium est", „Wort, welches durch das unauslöschbare Leben, durch welches es in Ewigkeit lebt, unvergänglich ist"[977]. „Nec uerbum sine vita." – „Und das Wort (ist) nicht ohne Leben."[978] Es ist der „Filius uiuentis Dei", „Sohn des lebendigen Gottes"[979], der sich selbst als das Leben bezeichnet[980].

11.2 Adam aber wollte das Leben des Heiles für sich und sein Geschlecht rauben[981], hat dabei den Tod mehr als das Leben geliebt[982] und das Licht des Lebens verloren[983]. Das wahre Leben ist von der Finsternis erdrückt[984], flieht den Menschen[985], und der Mensch flieht vor ihm[986], wobei ihm die Erinnerung an das Leben[987] und die Sehnsucht nach diesem[988] bleibt. Und doch darf der Mensch nicht verzweifeln, wenn er diesen Zugang zum Leben noch nicht finden kann[989]. Wer an der Barmherzigkeit Gottes zweifelt, wird nicht zum Leben auferstehen[990].

---

[970] Ebenda.
[971] HAN 2,17,646B.
[972] HVD 1,3,31f.,62.
[973] HVD 1,3,32-40,62.
[974] HAN 3,6,651D.
[975] HAN 3,6,651D-652A.
[976] Vgl. Weiß, Gottesbild 1,581-590.
[977] HISV 1,2,1,4,174f.,114.
[978] HISV 1,2,2,8,190,130.
[979] HIB 1,25r,1,71.
[980] HISV 2,3,3,9,442,383.
[981] HISV 1,2,5,60,1706-1708,223.
[982] HISV 1,1,4,10,438,73.
[983] HISV 2,3,6,32,852,456.
[984] HISV 2,3,1,10,410f.,339.
[985] HISV 2,3,8,8,400,489.
[986] HISV 2,3,13,9,315,624; 3,13,9,375,626.
[987] HISV 2,3,3,13,566f.,387.
[988] HISV 2,3,5,6,243f.,415.
[989] HISV 1,2,5,57,1664-1667,221.
[990] HISV 1,2,6,86,2431f.,297.

11.3 Das ewige Wort ist es, „illos ad uitam per dulcedinem suam reducens, qui per immunditiam praeuaricationis deiecti erant", „das jene zum Leben durch seine Süße zurückführt, welche durch die Unreinheit der Übertretung verworfen waren"[991]. In ihm, welches „fons uitae", „Quelle des Lebens" ist, kommt uns Gott mit mütterlicher Umarmung entgegen[992]. Als Quelle des ewigen Lebens darf der Sohn Gottes nicht im Verborgenen bleiben[993]. Deswegen ist der Sohn Gottes empfangen vom Heiligen Geist und geboren von der Jungfrau, „ad conferendum credentibus candorem et decorem uitae", „um den Gläubigen den Glanz und die Zierde des Lebens zu bringen"[994]. Dies aber geschah zunächst verborgen, damit der Tod sicher um sich greifen konnte, „nesciens uitam quam illa dulcis Virgo portauit", „weil er das Leben nicht kannte, welches jene süße Jungfrau getragen hat"[995]. Nur derjenige, der „uitam hominum", „das Leben der Menschen" geschaffen hat, kann es den Menschen auch zurückbringen[996].

11.4 Doch das Leben schlechthin mußte den Menschen bekannt werden. Dies geschah als neue Botschaft in seiner Predigt, „loquens de aeterna uita, quod circumcisio habuit in absconso", „weil er vom ewigen Leben sprach, was die Beschneidung (nur) im Verborgenen hatte"[997]. Was Jesus sprach, war kein „verbum sine uita", „Wort ohne Leben"[998]. Vor allem am Kreuz wurde das Leben den Menschen durch Christus neu geschenkt. „Per passionem et mortem ipsius perditio hominis ad uitam restaurata est." – „Durch sein Leiden und seinen Tod ist der Verlust des Menschen zum Leben erneuert."[999] Er, „uita exsistens", „der als das Leben schlechthin existiert", hat sich auf dem Altar des Kreuzes geopfert[1000]. Die Christen müssen vom Tod zum Leben blicken, weil es Gottes Sohn war, „qui mortem conculcauit et uitam dedit", „der den Tod niedergetreten und das Leben geschenkt hat"[1001]. Durch seinen Tod „ouis ad pascua uitae reportata est", „ist das Schaf zu den Weiden des Lebens zurückgetragen worden"[1002]. Jesus hat es zum Leben zurückgeführt[1003]. Die verirrten Schafe sind durch das Blut des Sohnes dem Tod entrissen[1004]. In seiner Auferstehung hat er erbracht „aeternae uitae certissimam demonstrationem", „den sichersten Beweis für das ewige Leben"[1005].

11.5 Das, was Christus in der Erlösung geschenkt hat, wird in verschiedenen Arten mit dem Begriff „Leben" umschrieben. Es ist uns geschenkt worden nicht ein „falsa

---

[991] HISV 1, 2,2,4,82-84,126.
[992] HISV 1, 2,2,4,87f.,127.
[993] HISV 2, 3,8,13,632-637,496.
[994] HISV 2, 3,7,7,205-208,467.
[995] HISV 2, 3,1 vis, 120f.,330.
[996] HISV 2, 3,1,4,200f.,332.
[997] HISV 2, 3,3,3,184f.,376.
[998] HISV 1, 2,2,8,190,130.
[999] HISV 1, 2,6,3,362f.,235.
[1000] HISV 1, 2,6,3,363-365,235.
[1001] HISV 1, 2,6,27,1054-1057,256.
[1002] HISV 1, 1,2,32,779,35; vgl. HISV 1, 1,2,32,804,36.
[1003] HISV 1, 1,2,32,803-805,36.
[1004] HISV 2, 3,4,16,460-462,402.
[1005] HISV 1, 2,8,14,544f.,187f.

et deceptuosa uita", „falsches und trügerisches Leben"[1006]. „Via ueritatis ostensa est, in qua de morte ad uitam eductus est." – „Der Weg der Wahrheit ist gezeigt worden, auf welchem (der Mensch) vom Tod zum Leben geführt worden ist."[1007] Der Gläubige „uitam in saluatione inuenit", „findet das Leben in der Errettung"[1008]. Der Erlöste besitzt die „honor uitae", „Ehre des Lebens"[1009], „salus uitae", „das Heil des Lebens"[1010], den „potus uitae", „Trank des Lebens"[1011], das „suspirium uitiae", „Aufatmen des Lebens"[1012], die „iustificatio uitae", „Rechtfertigung des Lebens"[1013], die „restauratio uitae", „Wiederherstellung des Lebens"[1014], die „regeneratio uitae", „Wiedergeburt des Lebens"[1015], „hereditas uitae", „das Erbe des Lebens"[1016] und die „nouitas uitae", „Neuheit des Lebens"[1017]. „Uita manifestata est in castitate." – „Ein Leben in Keuschheit ist offenbar geworden."[1018] Zwischen „uita" und „salus" macht Hildegard kaum einen Unterschied[1019].

11.6 Jesus hat das Leben der Kirche geschenkt. Durch sein Blut hat er mit ihr den Ehebund geschlossen, so daß die Fülle des Lebens auf ihre Kinder übergeht[1020]. Die Wiedergeburt, die der Menschensohn gebracht hat, geschieht in der Taufe, so daß der Mensch „per illud in regeneratione uiuit", „durch jene in der Wiedergeburt lebt"[1021]. Denn durch das Eintauchen in das Wasser ist er zum Leben erweckt[1022]. „Ipse reliquit mortem transiens ad uitam." – „Er verläßt den Tod und geht zum Leben über."[1023] „Pro uita aeterna", „Für das ewige Leben" hat er den neuen Menschen angezogen[1024]. Im Christen ist „non mors in Christo, sed uita", „nicht der Tod in Christus, sondern das Leben"[1025]. Er lebt auf „ad uitam … per aquam regenerationis", „zum Leben … durch das Wasser der Wiedergeburt"[1026], wird zum Leben entlassen[1027] und „in Filio meo incipiens et in ipso ad uitam permanens", „fängt bei meinem Sohn an und bleibt

---

[1006] HISV 2, 3,7,8,306,470.
[1007] HISV 1, 2,1,15,397f.,122.
[1008] HISV 1, 2,3,30,662f.,154.
[1009] HISV 2, 3,7,8,342,471.
[1010] HISV 1, 2,6,29,1130,258; 2,6,102,2703,305.
[1011] HISV 1, 2,6,27,1130,258.
[1012] HISV 1, 2,5,20,744f.,193.
[1013] HISV 2, 3,9,27,904,541.
[1014] HISV 1, 2,4,13,399,170; 2,6,1,302f.,233; 2,6,40,1400,266; 2, 3,2,25,668,368.
[1015] HISV 1, 2,3,37,792f.,157.
[1016] HISV 1, 2,3,30,661,153.
[1017] HISV 1, 1,4,11,477,75.
[1018] HISV 2, 3,8,24,1145f.,511.
[1019] HISV 1, 2,7,18,449,320.
[1020] HISV 1, 2,3,5,194-196,138.
[1021] HISV 1, 2,3,30,647-6453,153.
[1022] HISV 1, 2,3,30,655-657,153.
[1023] HISV 1, 2,4,7,212f.,165.
[1024] HISV 2, 3,4,22,627f.,407.
[1025] HISV 1, 2,3,14,342f.,143.
[1026] HISV 2, 3,7,8,338f.,471.
[1027] HISV 2, 3,7,8,326,471.

in ihm zum Leben"[1028]. Im Besitz des nicht versagenden Lebens braucht man die Anfechtungen des Teufels nicht zu fürchten[1029].

Haben die Christen das Leben in der Sünde verloren, dann können sie in der Buße wieder anfangen zu leben[1030]. Wer das Bußsakrament empfängt, „de morte ad uitam resurgit", „steht vom Tod zum Leben wieder auf"[1031].

Auch die Eucharistie stellt „uita uiuentium", „das Leben der Lebenden" dar[1032]. In ihr gibt Jesus den Gläubigen „panem uitae", „das Brot des Lebens"[1033].

11.7 Wir haben bei Isaak von Stella[1034] gesehen, daß „viror", „Grünkraft" und „vita", „Leben" in der Bedeutung zusammengehören. In noch größerem Maß gilt dies für Hildegard von Bingen. Deswegen übersetzen wir den Begriff „viriditas" mit „Lebenskraft" und behandeln ihn hier.

In der Menschwerdung des Sohnes Gottes erstrahlt die „serenitatis uiriditas", „Lebenskraft der Heiterkeit"[1035]. „Apparuit in fortissima uiriditate totum surgens de diuinitate." – „Er ist erschienen in der stärksten Lebenskraft, der ganz von der Gottheit aufsteigt."[1036] Bei der Menschwerdung kam er „in altam uiriditatem Virginis", „in die hohe Lebenskraft der Jungfrau"[1037]. Dabei stieg ein süßer Duft in die Höhe, „qui fuit integra uiriditas eiusdem Virginis", „welcher die unversehrte Grünkraft eben der Jungfrau war"[1038]. So hat der Sohn, der durch die Lebenskraft des Heiligen Geistes empfangen worden ist[1039], „de Matre uirginee uiriditatis carnem", „von der jungfräulichen Mutter die Lebenskraft des Fleisches" erhalten[1040]. An Stelle der Jungfrau kann auch die Erde stehen, die in der Reinheit ihrer Lebenskraft den Leib des Sohnes Gottes hervorbringt[1041].

Während seines Erdenlebens zeigt der Erlöser sein gütiges Wirken, „quod idem Filius Dei operatus est in uiriditate", „welches eben der Sohn Gottes in seiner Grünkraft gewirkt hat"[1042]. Die Kirche hat die Lebenskraft vom Sohn Gottes empfangen[1043]. Diese Lebenskraft des Menschgewordenen neigt sich auch heute noch in der Heiligen

---

[1028] HISV 2,3,7,8,329f.,471.
[1029] HISV 1,1,2,33,844f.,38.
[1030] HIM 5,39,903-905,245.
[1031] HISV 1,2,6,82,2374f.,295.
[1032] HISV 1,2,6,66,1974f.,283.
[1033] HISV 1,2,6,23,940;252; 2,6,58,1736,276.
[1034] IS 34,7,59-62,236.
[1035] HISV 1,2,1,11,291,118.
[1036] HISV 2,3,8,15,759f.,500.
[1037] HISV 1,1,4,32,1022-1024,92.
[1038] HISV 2,3,8,15,681-683,497.
[1039] HISV 1,2,1,3,162f.,114.
[1040] HIM 6,45,885,291.
[1041] HISV 1,2,6,23,937f.,252.
[1042] HISV 2,3,8,18,946f.,505.
[1043] HISV 1,2,5,26,860f.,197.

Messe auf die Gaben von Brot und Wein herab und wandelt sie[1044]. Die echte Reue
braucht ebenfalls diese Kraft[1045].

11.8 Zusammenfassend läßt sich über den christologischen Gebrauch des Namens
„Leben" und „Lebenskraft" bei Hildegard Folgendes sagen:

Nur selten spricht sie vom Leben der zweiten Person in der Dreifaltigkeit ohne Bezug für uns Menschen. Leben gehört für sie ganz in den Kontext unserer Erlösung. Vor
allem bei der Menschwerdung des Sohnes Gottes durch die Jungfrau Maria wurde uns
das Leben schlechthin geschenkt. Durch seinen Tod am Kreuz hat er uns das Leben
gebracht, das auf die Kirche und ihre Sakramente übergegangen ist. Bemerkenswert ist,
daß Hildegard dieses Leben selten in Verbindung mit der Auferstehung Christi bringt.
Daß für Hildegard „Leben" das von Christus gebrachte Heilsgut schlechthin ist, sieht
man an den vielen Begriffen der Erlösung, welche mit dem Genetiv „des Lebens" verbunden sind.

12. Wesentlich seltener spricht Elisabeth von Schönau vom Leben im christologischen
Zusammenhang.

Mehrere Male nennt sie Christus „filius dei vivi", „Sohn des lebendigen Gottes"[1046].
Der Becher, den der Menschgewordene reicht, ist „fons aque vive", „die Quelle des
lebenden Wassers"[1047]. Einmal wird der Sitz des verklärten Christus der Thron des
Lebenden genannt[1048]. Elisabeth identifiziert das ewige Leben mit dem, „qui de se ipse
loquens ait: ‚Ego sum via, veritas et vita'", „der von sich das Wort sprach: ‚Ich bin der
Weg, die Wahrheit und das Leben' (Joh 14,6)"[1049]. Denn von ihm kann man sagen:
„Ipse vere est vita viventium, et lignum vite." – „Er ist wirklich das Leben der Lebenden
und das Holz des Lebens."[1050]

Insgesamt kann man sagen, daß die Aussagen Elisabeths über Christus als das Leben traditionell sind und wie Topoi wirken, auf die im Kontext nicht zurückgegriffen
wird.

13. Auch das St. Trudperter Hohelied greift selten auf den Begriff „Leben" zurück,
um damit Jesus Christus zu charakterisieren. Derjenige, der für den Menschen den Tod
erlitt und dessen Auferstehung seine Seele labt[1051], wird mit den Worten angesprochen:
„Dû bist ein lebender brunne der heiligen vernunste!" – „Du bist ein lebender Brunnen
der heiligen Vernunft!"[1052]

[1044] HISV 1, 2,6,11,528-536,240.
[1045] HISV 1, 2,5,18,681-683,192.
[1046] ESI 14,111; 17,119; ESB 5,131; 12,146.
[1047] ESV 3,4,61.
[1048] ESV 2,18,48.
[1049] ESV 3,31,83.
[1050] Ebenda.
[1051] TH 25,3-7,70.
[1052] TH 25,9,70.

14. Hadewijch bezeichnet häufig mit „leuen", „Leben" die Zeitspanne, die dem Menschen[1053] und auch Jesus[1054] auf Erden zur Verfügung steht. Traditionell ist es, wenn sie Jesus, mit dem wir das Kreuz tragen sollen, den „levenden gods son", „Sohn des lebenden Gottes" nennt[1055]. Dieser Sohn Gottes hat seinen Namen, das heißt sein Wesen, ausgegossen, „doe hi met siere doet leuen ende licht voerde ter hellen, die doch deot es sonder leuen", „da er mit seinem Tod Leben und Licht zur Hölle brachte, die doch Tod ohne Leben ist"[1056]. Hier ist wohl an den Abstieg Jesu zu den Patriarchen gedacht, in welchem er diesen das Leben gebracht hat. Die Liebenden beginnen hier schon das ewige Leben, „daer god ewelike met leuen sal", „damit Gott ewig leben wird"[1057]. An dem Relativsatz macht das Futur Schwierigkeiten. Inwiefern steht für Gott noch ein ewiges Leben aus, das er doch als Gott schon immer besitzt? Es könnte allerdings mit „god" auch der Gottmensch Jesus Christus gemeint sein, der erst mit seiner Auffahrt in den Himmel auf ewig leben wird[1058]. Man sieht, daß bei Hadewijch „Leben" kein bevorzugter christologischer Heilsbegriff ist. Dies ist auch in den Viten der anderen Mystikerinnen der Fall[1059].

15. Etwas gewichtiger ist wieder die Verwendung des Namens „Leben" für Jesus bei David von Augsburg. Wenig aussagekräftig ist noch die Bemerkung, im Leben Jesu sei uns ein Spiegel aller Heiligkeit des Lebens geschenkt[1060].

Wenn David von Jesus Christus sagt: „Dû ein spîse bist des gotlîchen lebens, âne die niemen êwiclîchen geleben mac", „Du bist eine Speise des göttlichen Lebens, ohne die niemand ewig leben kann"[1061], ist noch nicht an das eucharistische Brot gedacht. Das gleiche gilt dort, wo es von Jesus als „die spîse des lebens: daz himelîsche brôt, das dû selbe bist, daz wir das leben dô an uns enphingen dâ von daz dû selbe bist", „die Speise des Lebens, das himmlische Brot das Du selbst bist, so daß wir das Leben in uns dadurch empfingen, das Du (das Leben) selbst bist," und wiederbringt, was wir im Paradies verloren haben[1062]. Wenn wir ihn, dieses Brot, essen, werden wir niemals geschieden „des lebens des dû lebest unde der saelekeit der dû saelic bist, daz wir des immer leben und immer mit dir und in dir saelic, vroelich müezen sîn", „von dem Leben, das Du lebst, und der Seligkeit, mit der Du selig bist, so daß wir dieses (Leben) immer leben und mit Dir und in Dir selig und fröhlich sein müssen"[1063]. Von ihm erhalten

---

[1053] HAB 6,86f.,57; HAB 29,16,243.
[1054] HAB 3,4f.,32f.; 6,88f.,57; 6,102,58; 6,165,61; 6,232,64; 14,10,119; 30,87,255; HAV 1,317,60; 1,325f.349f.,62; 8,117,104.
[1055] HAB 6,350,68.
[1056] HAB 22,303-305,200.
[1057] HAB 12,13-16,101.
[1058] Vgl. Eine andere Erklärung dieser Stelle in: Weiß, Gottesbild, 1,592.
[1059] Der Gebrauch des Titels „Filius Dei vivi" (BN 2,13,147,46,101) ist derart traditionell, daß man aus ihm kaum Schlüsse ziehen kann.
[1060] DAE 1,1,20,1,25.
[1061] DB 1,375,33f.
[1062] DB 1,375,36-376,4.
[1063] DB 1,376,9-12.

wir „diu êre des êwigen lebens", „die Herrlichkeit des ewigen Lebens"[1064]. Durch die Menschwerdung hat sich der ewige Sohn Gottes unserer Natur angepaßt und ist eine leibliche und sichtbare Speise geworden[1065]. Dieses Lebensbrot ist in der Hitze des Heiligen Geistes im Leib der reinsten Mutter gebacken worden[1066]. Aber auch seine Auferstehung spielt eine Rolle, wenn wir Jesus als ewiges Leben bezeichnen. Weil er die Auferstehung ist, ist er auch ein Leben ohne Ende[1067]. In ihr ist er „ein brunnen alles lebens", „ein Brunnen allen Lebens" geworden[1068], von dem das Leben auf alle Lebewesen übergeht[1069]. Erst nach diesen grundsätzlichen Bemerkungen geht David auch auf das Lebensbrot der Eucharistie ein[1070].

16. Elisabeth von Spalbeek stand in Gefahr, daß die in ihrer Passionsfrömmigkeit auch körperlich vollzogene Nachahmung des Leidens Christi zur lebensfeindlichen Selbstquälerei wurde. Deswegen betont der Autor ihrer Vita, daß bei den körperlichen Züchtigungen ihr Geist froh war[1071], weil sie spürte, daß Christus in der himmlischen Freude ist[1072]. Ihr war bewußt, daß aus dem Kreuz für alle Menschen „vita processit", „Leben kam"[1073].

17. Auch bei Mechthild von Magdeburg kommt der Name „Leben" nicht allzu oft in bezug auf Jesus Christus vor. In einer Reihe von Anrufungen Jesu heißt es bei Mechthild auch: „Du bist das lip in allem lebende." – „Du bist das Leben in allen Lebenden."[1074] Sie freut sich, wenn sie von Jesus, dem Sohn Gottes, getröstet wird, bei dem „die spilende sunne der lebendiger gotheit schinet dur das clare wasser vrölichen menschheit", „die spielende Sonne der lebendigen Gottheit durch das klare Wasser der frohen Menschheit scheint"[1075]. Die Mystikerin besitzt einen Spiegel, in dem sie sich oft anschaut: „Das mag wohl der lebendige gottes sun sin mit allen sinen werken." – „Das kann wohl der lebendige Sohn Gottes sein mit all seinen Werken."[1076] Weil sie immer auf Jesus und das, was er getan hat, schaut, ist sie weise geworden[1077]. Wenn ihre Feinde sie wie eine Tote mißachten, spricht sie zu Jesus: „Min sele die ist lebendig in dir." – „Meine Seele, die ist in Dir lebendig."[1078] Deswegen lieben sie auch die Freunde

---

[1064] DB 6,380,9f.
[1065] DB 3,377,14-17.
[1066] DB 2,376,28-33.
[1067] DB 7,380,15-18.
[1068] DB 9,383,5; vgl. DV 357,39f.; DU 370,32.
[1069] DB 9,383,6f.
[1070] DB 4,378,25-28; 7,380,32-38; 10,384,27-33.
[1071] ES 15,371,36f.
[1072] ES 15,372,2-5.
[1073] ES 15,372,8f.
[1074] MM 3,2,8,79.
[1075] MM 4,12,19-21,123.
[1076] MM 7,17,5-7,269.
[1077] MM 7,17,7f.,269.
[1078] MM 5,21,4-6,171.

Gottes[1079]. Im Himmel empfängt Christus als kaiserlicher Jungherr die Jungfrauen und grüßt sie „mit siner lebendiger gotheit", „mit seiner lebendigen Gottheit"[1080].

18. Was Mechthild von Hackeborn zu unserem Thema sagt, ist sehr traditionell. Sie nennt Jesus einmal: „vita animae meae", „Leben meiner Seele"[1081]. Aus der Herzenswunde Jesu Christi strömt „aqua vivificans … scilicet sanguis Christi", „lebendig machendes Wasser … nämlich das Blut Christi"[1082]. Mechthild nennt den Leib Christi in der Eucharistie das „panem vivum et integrum", „lebendige und unversehrte Brot"[1083]. Einmal darf Mechthild in einer Ekstase bei der Kommunion den „poculum vivum", „lebendigen Kelch", der aus dem Herzen Jesu gefüllt ist, allen Heiligen reichen[1084]. Bei der Taufe fließt aus dem Herzen Jesu ein „fons vivus limpidissimae aquae", „lebendiger Quell klarsten Wassers"[1085]. In einer Vision sieht sie eine lebendige Quelle, aus welcher der Sohn Gottes, der die Weisheit ist, einem jeden so viel zuteilt, wie er will[1086].

Es fällt auf, daß bei Mechthild wesentlich mehr aus der Wurzel „viv" gebildete Adjektive als Substantive für Jesus gebraucht werden.

19. In den „Exercitia spiritualia" Gertrud der Großen kommen viele Gebetsanrufungen vor. Christus wird in folgenden Ausdrücken, welche „Leben" bedeuten oder aus der Wurzel „Leben" gebildet sind, angerufen: „Fili dei vivi", „Sohn des lebendigen Gottes"[1087], „quia vita es", „weil Du das Leben bist"[1088], „vita vivificans, in vivo dei verbo, quod tu ipse es", „lebendig machendes Leben im lebendigen Wort Gottes, welches Du selbst bist"[1089], „Deus vivens", „lebendiger Gott"[1090], „vita mea vera", „mein wahres Leben"[1091], „deus vitae meae", „Gott meines Lebens"[1092], „vita spiritus mei", „Leben meines Geistes"[1093], „vita animae meae", „Leben meiner Seele"[1094], „animae meae vita fidelis", „treues Leben meiner Seele"[1095]. Jesus ist das „vivi verbum dei", „Wort des lebendigen Gottes"[1096], zu dem man sagen soll: „Cor meum haesit, ubi Iesus vita mea vult." – „Mein Herz hängt dort, wo Jesus, mein Leben, es will."[1097] „Tu vitam omnium exaltas in cruce a terra, ut in morte sua ad se trahens vivicaret omnia." – „Du

---

[1079] MM 5,21,6f.,171.
[1080] MM 4,24,21f.,141.
[1081] MH 1,19,69.
[1082] MH 1,18,59.
[1083] MH 1,13,42f.
[1084] MH 1,1,10.
[1085] MH 1,22,80.
[1086] MH 1,31,109f.
[1087] G R 3,122,82; 3,180,84; 4,204,112; G 2, 2,4,1,3,242.
[1088] G R 6,184,172.
[1089] G R 5,494,158.
[1090] G R 7,658,248.
[1091] G R 7,666,248.
[1092] G R 6,410,186.
[1093] G R 6,79,166.
[1094] G R 4,314,120.
[1095] G R 6,572,196.
[1096] G R 3,135,82; vgl. G R 5,133,136.
[1097] G R 6,571,196.

erhöhst das Leben aller am Kreuz von der Erde, auf daß in seinem Tod er alles an sich zieht und lebendig macht."[1098] Der Mensch soll zu Jesus beten: „Eia tu esse meum et vitam meam!" – „Eia, Du mein Sein und mein Leben!"[1099] Jesus wird genannt „vita iucundissima", „mein ganz frohes Leben"[1100], „amor vivens", „lebendige Liebe"[1101], „vitalis amor", „Lebenssprühende Liebe"[1102].

In der siebten Übung der „Exercitia spiritualia" soll man sich auf den Tod vorbereiten. Dabei soll man sich Jesus am Kreuz als tot vorstellen und beten: „Mortuus plane mortuus, ut ego vitam habeam abundantius. ... Mortuus, ut ego viverem felcius." – „Tot, ganz tot, damit ich das Leben in größerer Fülle habe. ... Tot, damit ich glücklicher lebe."[1103] Dieser Tod ist „parturiens vitae aeternae fructus", „gebärend die Frucht des ewigen Lebens"[1104], „vita mea felicissima", „mein glücklichstes Leben"[1105], „vita perennis", „fortwährendes Leben"[1106], „stilla vitae", „Tropfen des Lebens"[1107], „vivificationis praedulcis scintilla", „Funke des sehr süßen Lebendigmachens"[1108] und „mors vitalis", „lebenssprühender Tod"[1109]. Dieser Tod soll „totam vitam meam", „mein ganzes Leben" in sich verschlingen"[1110] und verbergen[1111]. Von Jesus wünscht man: „In tua morte mihi restitue vitam tibi soli viventem." – „In Deinem Tod gib mir ein Leben zurück, das Dir allein lebt."[1112]

Im Altarsakrament, in dem der Höhepunkt der „vivifica sacramenta", „lebensspendenden Sakramente" besteht[1113], wird Jesus zur „totius deperditae vitae meae recuperatio", „Wiedergewinnung meines ganzen verderbten Lebens"[1114]. Jesus soll „vitam meam deperditam", „mein verdorbenes Leben" erlösen[1115].

Es fällt auf, wie oft bei Gertrud Jesus mit dem Leben in Beziehung gebracht ist. Allerdings geschieht dies häufig in so kurzen Redewendungen, daß ihre inhaltliche Füllung schwer fällt. Noch etwas ist bemerkenswert: Sieht man von einigen traditionellen Redewendungen ab[1116], findet man die Verbindung zwischen Jesus und dem Leben in ihrem „Göttlichen Gesandten" nicht.

[1098] G R 7,251f.,224.
[1099] G R 6,698,204.
[1100] G R 6,742,206.
[1101] G R 6,761,208.
[1102] G R 4,367,122; 6,775,208.
[1103] G R 7,333-337,230.
[1104] G R 7,339f.,230.
[1105] G R 7,357,230.
[1106] G R 7,341,230.
[1107] G R 7,348,230.
[1108] G R 7,348f.,230.
[1109] G R 7,347.352,230.
[1110] G R 7,344,230; 7,367,232.
[1111] G R 7,360,230.
[1112] G R 7,581f.,244.
[1113] G 2,2,5,2,1,248.
[1114] G R 1,188f.,58.
[1115] G R 7,49,212.
[1116] G 2,2,4,1,3,242; 2,5,2,1,248; 3,3,41,1,8,188.

20. Wie unterschiedlich die Verwendung des Namens „Leben" für Jesus in zwei Viten ein- und derselben Frau sein kann, sieht man bei Christina von Stommeln. Wir besitzen eine Materialsammlung für ihre Vita von dem scholastisch gebildeten Dominikaner Petrus von Dazien, die von tagebuchartigen Aufzeichnungen des Magisters Johannes von Stommeln ergänzt wird.

20.1 Petrus benutzt nur einmal „vita", „Leben" für Jesus. Dieser soll für Christina das Leben sein[1117].

20.2 Völlig anders sieht es in dem Bericht des Magisters Johannes aus. In ihm spielt dieses Wort für Christus eine besondere Rolle. Immer wieder hat Christina nach Johannes mit Dämonen zu kämpfen. Einmal haben sie die Gestalt von Dominikanerbrüdern angenommen[1118] und tadeln verleumderisch „conversationem meam et vitam, quae utique Christus est", „meinen Wandel und mein Leben, was doch Christus ist"[1119]. Als Christina von den Dämonen auch körperlich gequält wird, fragt sie: „Domine Jesu Christe, vita viventium, salus omnium in vobis confidentium; precor vos, … si ex nutu vestro procedat, ut ab his malignis spiritibus interficiar." – „Herr Jesus Christus, Leben der Lebenden, Heil aller, die Euch vertrauen, bittend frage ich euch, …. ob es auf euren Wink zurückgeht, daß ich von den bösen Geistern getötet werde."[1120] Natürlich steht hinter dieser Frage die Überzeugung der Mystikerin, daß derjenige, welcher das Leben schlechthin ist, nicht einem so schmählichen Tod zustimmen kann. Diese Auffassung wird dadurch bestätigt, daß Christus sich mit ihr vereinigt und ihr eine Zeit lang Schonung von den Dämonen gewährt[1121]. Als diese später an der Frau grausame Folterungen anwenden, spricht sie: „O vos maligni spiritus, minas vestras derideo, et tormenta vestra non pavesco: vita mea est Dominus Jesus Christus." – „O ihr bösen Geister, eure Drohungen verlache ich und eure Foltern fürchte ich nicht: Mein Leben ist der Herr Jesus Christus."[1122] Immer wieder wiederholt Christina bei den Anfechtungen der bösen Geister diese Zuversicht: „Vita enim mea Christus est. … Mori pro ejus amore, qui pro me mortuus est, non formido." – „Mein Leben ist ja Christus. … Das Sterben um der Liebe dessen willen, der für mich gestorben ist, fürchte ich nicht."[1123] Hier wird ihre erste Entgegnung vertieft. Sie ist sich nicht mehr gewiß, daß ihr körperliches Leben nicht durch die Dämonen genommen werden könnte, ja sie wünscht sich sogar den Tod aus Liebe zu Christus. Sie kann Qualen aushalten. „Ipse enim mihi est … vita perennis." – „Er ist mir ja … fortdauerndes Leben."[1124] Sie hat Verlangen nach „veram et aeternam vitam meam, quae Christus est", „meinem wahren und ewigen Leben, welches Christus ist"[1125]. Als ihr die Dämonen die Hölle androhen, antwortet sie ihnen: „Non

---

[1117] CS 1 B 39,6,228,13f.
[1118] CS 2, 4,1,1,294.
[1119] Ebenda.
[1120] CS 2, 4,2,17,299.
[1121] CS 2, 4,2,18,299.
[1122] CS 2, 4,3,23,300.
[1123] CS 2, 4,3,27,301.
[1124] CS 2, 4,8,74,313.
[1125] CS 2, 4,11,102,321.

vos, o mendacissimi daemones, me unquam sanasti aut vivificasti; sed Dominus meus Christus qui solo nutu omnia vivificat et restaurat." – „Ihr, ihr lügnerischsten Dämonen heilt mich niemals oder macht mich lebendig. Vielmehr (ist es) mein Herr Christus, der allein mit seinem Befehl alles lebendig macht und wiederherstellt."[1126] Ein anderes Mal versuchen sieben Dämonen, sie davon zu überzeugen, ihr Leben baue sich auf Trug auf[1127]. Christina antwortet darauf, daß der Versuch, sie „a vera vita mea, quae Christus est, avetere", „von meinem wahren Leben, welches Christus ist, abzubringen", mißlingen wird[1128]. Einmal finden sieben Räuber die von Dämonen gefolterte Christina und staunen, daß man in einem solchen Zustand überhaupt noch Leben haben kann[1129]. Christina bestätigt, daß es hierbei nicht mit natürlichen Dingen zugeht: „Sed est Dominus meus Jesus Christus, qui pro me mortuus est, ipse mihi vita." – „Vielmehr ist es mein Herr Jesus Christus, der für mich gestorben ist, er ist mir das Leben."[1130] Daraufhin fangen diese Verbrecher an, an ein anderes zukünftiges Leben zu glauben[1131]. Christina bestätigt ihren Willen zur Umkehr: Christus „est vita omnium beate viventium", „ist das Leben aller, die selig leben"[1132]. Ein anderes Mal, so erzählt Magister Johannes, wurde Christina von Dämonen mit glühenden Ketten an einen Baum gebunden. Doch sie bleibt voll Zuversicht, weil sie weiß, daß sie ohne Zustimmung Christi nicht getötet werden kann, und bekennt vor den bösen Geistern, daß „Dominus meus Jesus Christus vita, salus et protectio mea", „mein Herr Jesus Christus mein Leben, Heil und Schutz" ist[1133]. Einige Zeit später ermahnen fünf Dämonen die Mystikerin, „ipsam ab erronea et perversa vita, quam diu exercuisset recedere", „sie solle von dem in die Irre gegangenen und verkehrten Leben, was sie lange geführt habe, ablassen"[1134]. Doch sie beteuert, daß die bösen Geister sich irren, wenn Ihr „a vera vita mea quae Christus est, me avertere putatis", „glaubt, mich von meinem wahren Leben, welches Christus ist, abwenden zu können"[1135].

Zusammenfassend läßt sich sagen, daß nach der Vita des Johannes die Dämonen alle Mittel anwenden, um Christina von ihrem bisherigen Leben abzubringen. Dies gelingt ihnen nicht, weil das Leben, das die Mystikerin führt, nicht ihr eigenes, sondern Christi Leben ist. In dieser Vita finden sich keine Aussagen, daß Christus das Leben schlechthin, sondern immer nur solche, daß er das Leben der Mystikerin ist.

21. Ganz ähnlich bekommt auch Christina von Hane von Jesus die Zusicherung, daß er ihr Leben sei. An einem Osterfest wünscht die erkrankte Mystikerin von dem Auf-

---

[1126] CS 2, 4,13,122,328. Hier scheint die Auffassung zugrunde zu liegen, die endgültige Bestrafung und Belohnung setze eine Wiederherstellung und Belebung des Leibes voraus. Da dazu die Dämonen nicht in der Lage sind, können sie die tote Christina auch nicht in die Hölle bringen.

[1127] CS 2, 4,15,131,330.

[1128] Ebenda.

[1129] CS 2, 4,15,134,331.

[1130] Ebenda.

[1131] Ebenda.

[1132] Ebenda.

[1133] CS 2, 4,15,137,332.

[1134] CS 2, 4,17,150,336.

[1135] Ebenda.

erstandenen, „das sie myt yme vfferstonde van yren siechtagen vnd van allen gebrechen des lybs vnd der selen", „daß sie mit ihm auferstehe von ihren Siechtagen und von allen Gebrechen des Leibes und der Seele"[1136]. Darauf erhält sie von Christus die Zusage: „Ich byn das lebyn dyner selen." – „Ich bin das Leben deiner Seele."[1137] Oder: „Ich hayn dich sicher gemaht des Ewigen lebens." – „Ich habe dich des ewigen Lebens sicher gemacht."[1138] Dann wird der Mystikerin zugesagt: „Du haist daz ewige leben aller soißicheit yn dyr." – „Du hast das ewige Leben aller Süße in Dir."[1139] Sie empfängt dadurch große Freude, ihr Leib aber bleibt weiterhin krank[1140]. Als „lebendige sone", „lebendige Sonne" stellt sich Christus am Gründonnerstag vor[1141]. Am Fronleichnamsfest erscheint ihr Christus und spricht: „Ego sum panis viuus." – „Ich bin das lebendige Brot (Joh 6,51)." Christina hört Stimmen, die singen: „Tu es panis uiuus." – „Du bist das lebendige Brot."[1142] An einem anderen Fronleichnamsfest heißt es: „Jch byn das lebendige wort und wannen jn dynem hertzen." – „Ich bin das lebendige Wort und wohne in Deinem Herzen."[1143] Christus, der die Himmelsspeise ist, ist auch „der lebendige spegel", „der lebendige Spiegel"[1144]. Ein anderes Mal sagt ihr der Herr zu: „Du haist van myr daz ewige lebyn vnd alles gut. Die wyßheit ist dyn lebyn yn der ewigen gotheit." – „Du hast von mir das ewige Leben und alles Gute. Die Weisheit ist dein Leben in der ewigen Gottheit."[1145] Die Weisheit in der ewigen Gottheit ist die zweite Person der Dreifaltigkeit, mit der Christina einsgeworden ist und die jetzt ihr Leben ausmacht.

Bemerkenswert ist, daß bei Christina Jesus fast nur im eucharistischen Kontext „Leben" genannt wird.

22. Zusammenfassend läßt sich über den christologischen Titel „Leben" sagen:

22.1 Die Aussagen, daß Christus das Leben ist, stehen oft in einer Reihe mit anderen Namen für Jesus[1146] und werden mit Adjektiven wie lebenssprühend[1147], lebendig machend[1148] und ewig[1149] oder ergänzende Substantive wie „Grünkraft, Lebenskraft"[1150]

[1136] CH 1, 241.

[1137] Ebenda.

[1138] CH 1, 245.

[1139] CH 2, 228.

[1140] CH 1, 241f.

[1141] CH 2, 207.

[1142] CH 1, 243. Daß in der mittelhochdeutschen Vita dies auf Lateinisch gesprochen und gesungen wird, sind wohl Anklänge an die lateinische Liturgie, die Christina mitfeiert.

[1143] CH 2, 208.

[1144] Ebenda.

[1145] CH 1, 244.

[1146] JFC 3,1,2,142.

[1147] JFC 3,16,540,159.

[1148] JFC 3,6,148,147; G R 5,494,158; vgl. MH 1,18,59.

[1149] HAN 3,6,651D; DB 7,380,15-18; CS 2, 4,8,74,313.

[1150] IS 34,7,59-62,236; HISV 1, 1,4,32,1022-1024,92; 1, 2,1,3,162f.,114; 2,1,11,291,118; 2,6,11,528-536,240; 2,6,23,937f.,252; 2, 3,8,15,681-683,497; 3,8,15,759f.,500; 3,8,18,946f.,505; HIM 6,45,885,291.

verstärkt. Christus allein ist das Leben[1151]. Manchmal bezeichnet „vita Christi" auch einfach sein irdisches Leben[1152].

22.2 Gelegentlich wird auch der ewige Sohn Gottes „Leben" genannt[1153]. Als zweite Person der Dreifaltigkeit besitzt er das gleiche Leben wie die anderen Personen[1154] und kann als Sohn des lebenden[1155] oder lebendigen[1156] Vaters, als Wort des lebendigen Gottes[1157] und als Spiegel des Lebens bezeichnet werden[1158]. Dieses Leben kennt weder Anfang noch Ende, sondern ist ewig[1159]. Bei ihm als Gott können das Sein, das Leben und das Erkennen nicht wie bei den Geschöpfen auseinander fallen[1160].

22.3 Wesentlich häufiger wird vom Leben des menschgewordenen Sohnes Gottes gesprochen. Gottes Sohn ist gekommen, den Menschen das Leben, das sie in der Sünde verloren hatten, wiederzubringen[1161]. In seiner Menschwerdung bei der jungfräulichen Empfängnis[1162] erstrahlt das Leben erneut[1163]. In seinen Predigten verkündet er das Leben[1164].

22.4 Durch sein Sterben hat er uns dem Tod entrissen[1165] und uns das Leben gebracht[1166]. Deswegen kann sein Tod als Leben bringend gepriesen werden[1167]. Seltener wird die Auferstehung Christi mit dem Leben, das er ist, in Verbindung gebracht[1168].

22.5 Sein Leben ist auf die Kirche übergegangen[1169] und kommt in den Sakramenten, besonders in der Taufe[1170], der Eucharistie[1171] und dem Bußsakrament[1172], zu den einzelnen Gläubigen[1173].

[1151] JFC 3,22,770,166.

[1152] BLNM 11,18,300,22-302,2; HAB 6,88f.,57; 6,102,58; 6,165,61; 6,232,64; 14,10,119; 30,87,255; HAV 1,317,60; 1,325f.349f.,62; 8,117,104; DAE 1,1,20,1,25.

[1153] CH 1, 244.

[1154] WR 6,667D-668A.

[1155] HIB 1,25r,1,71; HAB 6,350,68.

[1156] ESI 14,111; 17,119; ESB 5,141; 12,146; BN 2,13,147,46,101; G R 3,122,82; 3,180,84; 4,204,112.

[1157] G R 3,135,82; vgl. HVD 1,3,31f.,62.

[1158] WHLD 1,8,96,222; DAE 1,1,20,1,25; CH 2, 208.

[1159] HISV 1, 2,1,4,174f.,114; ESV 3,31,83.

[1160] WR 6,668A; WE 2,294,1f.,380.

[1161] JHLD 102,9,220-229,695; SPE 5,1018A; HISV 1, 2,2,4,82-84,126.

[1162] BLNM 6,12,290,19-21; HISV 1, 1,4,32,1022-1024,92; 2,6,23,937f.,252; 2, 3,1 vis, 120f.,330; 3,8,13,632-637,496; 3,8,15,681-683,497; HIM 6,45,885,291; DB 2,376,28-33.

[1163] HISV 1, 2,1,3,162f.,114; 2,1,11,291,118; 2, 3,7,7,205-208,467; 3,8,13,632-637,496; 3,8,15,759f.,500; DB 3,377,14-17; MM 4,12,10-21,123.

[1164] HISV 2, 3,3,3,184f.,376.

[1165] HISV 1, 2,6,27,1054-1057,256; 2, 3,4,16,460-462,402.

[1166] HISV 1, 1,2,32,779,35; 1,2,32,803-805,36; 2,6,3,362f.,235; ES 15,372,8f.; G R 7,251f.,224; 7,333-337,230.

[1167] G R 7,339f.341.347f.352.357f.360,230; 7,367,232.

[1168] GIS res 1,3,58f.,220; 1,5,146-148,226; HISV 1, 2,8,14,544f.,187f.; TH 25,3-7,70; DB 7,380,15-18; CH 1, 241.

[1169] IS 34,7,59-62,236; SP 2,170,4-7; HISV 1, 2,3,5,194-196,138.

[1170] HISV 1, 2,3,30,647-657,153; 2,4,7,212f.,165; 2, 3,4,22,627f.,407; 3,7,8,326.329f.338f.,471; MH 1,22,80.

[1171] WCS 5,351C; GIS Res 1,6,156,228; HISV 1, 2,6,11,528-536,240; 2,6,23,940,252; 2,6,58,1736,276; 2,6,66,1974f.,283; DB 4,378,25-28; 7,380,32-38; 10,384,27-33; MH 1,13,42f.; CH 1, 243; 2, 207f.

[1172] HISV 1, 2,6,82,2374f.,295.

[1173] SP 2,170,22f.

22.6   Die Aussagen, daß Christus das Leben selbst ist, und diejenigen, daß er das Leben bringt, gehen in unseren Texten ineinander über. Als Leben ist er auch die Quelle des Lebens[1174]. Folgende Güter der Erlösung sind mit einem Genetiv „des Lebens" versehen: das Aufatmen[1175], das Brot[1176], das Erbe[1177], die Ehre[1178], das Heil[1179], die Herrlichkeit[1180], die Neuheit[1181], die Rechtfertigung[1182], die Speise[1183], der Trank[1184], die Wiederherstellung[1185] und die Wiedergeburt[1186]. An dem Erlösungsgut Leben, welches nicht trügerisch[1187], sondern wahr[1188] ist, können im Genetiv auch andere Heilsgüter wie der Friede angehängt werden[1189]. Auch von den Wassern des Lebens, die von Christus fließen, ist die Rede[1190].

22.7   Oft erhält in unseren Texten die Aussage, daß Christus das Leben ist, einen sehr persönlichen Bezug: Er als das Leben ist nicht nur das Leben der Lebenden[1191] oder dasjenige der Menschen[1192] und der Seinen[1193], sondern auch das je eigene Leben[1194], das Leben meiner Seele[1195], das Leben meines Geistes[1196]. In der „unio mystica" erhält ja jeder einzelne Mensch Anteil an dem Leben, das Christus ist[1197].

[1174]   JFC 3,3,52,144; JHLD 102,9,229-232,695; 105,7,142-145,173; SP 2,170,13f.; 10,848,15f.; HISV 1,2,2,4,87f.,127; DV 357,39f.; DU 370,32; DB 9,383,5; MH 1,31,109f.; vgl. ESV 3,4,61; TH 25,9,70; HAB 22,303-305,200; MH 1,31,109f.

[1175]   HISV 1,2,5,20,744f.,193.

[1176]   BLNM 6,12,290,19-21; DB 2,376,28-33.

[1177]   HISV 1,2,3,30,661,153.

[1178]   HISV 2,3,7,8,342,471.

[1179]   HISV 1,2,6,29,1130,258; 2,6,102,2703,305.

[1180]   DB 6,380,9f.

[1181]   GIS Res 2,1,9f.,230; HISV 1,1,4,11,477,75.

[1182]   HISV 2,3,9,27,904,541.

[1183]   DB 1,375,33f.; 1,375,36-376,4.

[1184]   HISV 1,2,6,27,1130,258; vgl. MH 1,1,10.

[1185]   HISV 1,2,4,13,399,170; 2,6,1,302f.,233; 2,3,2,25,668,368.

[1186]   HISV 1,2,3,37,792f.,157.

[1187]   HISV 2,3,7,8,306,470.

[1188]   G R 7,666,248; CS 2,4,11,102,321; 4,15,131,330; 4,17,150,336.

[1189]   SP 2,170,19.

[1190]   SP 2,170,17f.

[1191]   HISV 1,2,6,66,1974f.,283; ESV 3,31,83; DB 9,383,6f.; MM 3,2,8,79; CS 2,4,2,17,299; vgl. CS 2,4,15,134,331.

[1192]   HISV 2,3,1,4,200f.,332.

[1193]   SP 99,1040A.

[1194]   JFL 115f.,190; G R 6,571,196; 7,666,248; CS 2,4,1,1,294; 4,3,23,300; 4,3,27,301; 4,15,137,332; 4,17,150,336; vgl. CS 2,4,15,134,331.

[1195]   MH 1,19,69; G R 4,314,120; 6,572,196; CH 1,241; vgl. GIS Res 1,5,134-138,226; MM 5,21,4-6,171.

[1196]   G R 6,79,166; vgl. GIS Res 5,130-132,226.

[1197]   CS 2,4,2,17,299; CH 1,241; 244.

2.6 Freude

1. Im Lateinischen[1198], Mittelhochdeutschen[1199] und Mittelniederländischen[1200] stehen verschiedene Ausdrücke für die Freude im religiösen Kontext zu Verfügung. In der Vulgata wird „gaudium" im christologischen Zusammenhang gebraucht: Der Engel verkündet bei der Geburt Christi große Freude (Lk 2,10). Jesus sorgt dafür, daß die Freude seiner Jünger durch ihn vollkommen wird (Joh 15,11; 16,24; 17,13). Die Christen sollen schon auf Erden in unaussprechlicher „laetitia", „Freude" jubeln, auch wenn sie Christus noch nicht sehen (1 Petr 1,8).

2. Jean von Fécamp denkt an die eschatologischen Freuden, die von Jesus ausgehen. Ihn spricht er an: „Quando apparebo ante faciem tuam? … „Quando, quando transibo in illam admirabilem sempiterni gaudii domum, ubi personat uox laetitiae in tabernaculis iustorum?" – „Wann werde ich vor Deinem Angesicht erscheinen? … Wann, wann werde ich hinübergehen in jenes wunderbare Haus der ewigen Freude, wo ertönt die Stimme des Frohseins in den Zelten der Gerechten?"[1201] Offensichtlich gehen diese Freuden vom Gesicht Jesu aus. Der Mensch wird trunken vom Reichtum des Hauses Christi[1202], welches auch als Hafen der Sicherheit und Freude bezeichnet wird[1203]. „Odor tuus spiritualem delectationem sanctis inspirat." – „Dein Duft haucht den Heiligen geistliches Vergnügen ein."[1204] Aus der Schau des Lammes Gottes ergeben sich „omne bonum et gaudium tuum", „alles Gute und Deine Freude"[1205]. Jean wünscht, als letzter der Knechte Christi nach dem Tod Christus als gegenwärtigen zu schauen und sich an der Unvergänglichkeit der Unsterblichkeit zu erfreuen[1206]. „In tuae ciuitatis gaudia aeterna repausandus transirem." – „Ich möchte, um auszuruhen, um in die ewigen Freuden Deiner Stadt hinüberzugehen."[1207] Er bittet Christus, der die immer brennende und nie verlöschende Liebe ist, ganz in der Flamme seiner Liebe aufzugehen „iucunditate et exultatione tua, delectione et suauitate tuae, uuluptate et concupiscentia tua", „durch Dein Frohsein und Deinen Jubel, durch Deine Freude und Süße, durch Deine Wonne und Dein Begehren"[1208].

3. Bernhard von Clairvaux zögert, die vier Grundaffekte, unter denen auch die Freude ist, Christus einfachhin zuzusprechen, und betont ausdrücklich, daß diese bei ihm im Unterschied zum Sünder geordnet waren[1209].

[1198] Vgl. Weiß, Gottesbild 2,1441.

[1199] Vgl. Weiß, Gottesbild 2,1516.

[1200] Vgl. Weiß, Gottesbild 2,1510f.

[1201] JFC 3,7,178-183,148.

[1202] JFC 3,7,197-199,149.

[1203] JFC 3,7,201,149.

[1204] JFC 3,13,455f.,157.

[1205] JFC 3,14,466f.,157.

[1206] JFC 3,17,559-565,160.

[1207] JFC 3,17,561f.,160.

[1208] JFC 3,27,922-926,171.

[1209] BS 3,114,666,16-19.

In der Brautmystik hat auch die Freude Christi bei Bernhard ihren Platz. Wenn er an die Einheit der Seele mit Jesus denkt, schreibt er: „Non me capio prae laetitia, quod illa maiestas tam familiari dulcique consortio nostrae se inclinare infirmitate minime dedignatur." – „Ich kann mich vor Freude nicht halten, wenn jene Majestät sich keineswegs scheut, sich zu so vertrauter und mit süßer Gemeinschaft zu unserer Schwäche zu neigen."[1210] Man soll zuerst die strengen Füße des Bräutigams Christi in der Buße küssen, bevor man aufzusteigen wagt „ad os serenissimi Sponsi", „zum Mund des heitersten Bräutigams"[1211]. Wenn dies geschehen ist, darf man ihn, den Bräutigam, berühren, „divina quidem maiestate tremendum, sed ingenita serenitate gratum ac placidum", „der zwar durch die göttliche Majestät schreckenerregend, aber durch die angeborene Heiterkeit gnadenvoll und gefällig ist"[1212]. Diese Freude, die von Jesus ausgeht, kann man schon auf Erden spüren. Oft hat er Bernhard nach angstvollem Flehen und unaussprechlichen Seufzern mit dem Öl der Freude übergossen[1213].

Urbild dieser Einheit ist die Menschwerdung des Sohnes Gottes. „Qui delectatio est et gloria angelorum, ipse factus est salus et consolatio miserorum." – „Der die Freude und die Herrlichkeit der Engel ist, wurde das Heil und der Trost der Elenden."[1214] Diese wird auch in seinem gehorsamen Sterben nicht getrübt: „Nonne ipse Filius Regis, Rex regionis illius, quae continuis gaudiis inclarescit, ‚Factus est Patri oboediens usque ad mortem, mortem autem crucis'." – „Ist nicht selbst der Sohn des Königs der König über jene Region, welche durch andauernde Freuden erstrahlt, ‚dem Vater gehorsam geworden bis zum Tod, bis zum Tod des Kreuzes' (Phil 2,8)."[1215] Jesus ist nicht nur im Tod bittere Myrrhe, sondern auch in seiner Auferstehung eine süße Traube[1216]. Denn er wandelt die Bitterkeit des Menschen „in vinum quod laetificat cor hominis", „in den Wein, der das Herz des Menschen erfreut (Ps 103,15)"[1217].

Die Vollendung der Freude durch Jesus steht aber noch aus. Nach Bernhard sind diejenigen trunken, die nach der Auferstehung zum Mahl des Lammes geführt werden[1218]. Wenn der Sohn Gottes sie bedient, werden sie jubeln und sich freuen[1219].

4. Auch Wilhelm von St. Thierry nimmt die Freude Christi in die Brautmystik auf. „Primo delectat Regem appellare." – „Zunächst bereitet es Freude, ihn König zu nennen."[1220] Denn ihm zu dienen macht froh[1221]. Dann aber will der Mensch mehr. Mann will sich freuen an seinen Brüsten[1222]. Für die Bräute entsteht „dolor de Spon-

---

[1210] BHLD 2, 52,1,2,196,9-11.
[1211] BHLD 1, 3,1,2,76,20-22.
[1212] BHLD 1, 28,4,10,446,19-21.
[1213] BHLD 1, 32,2,3,504,5-8.
[1214] BVNAT 4,1,176,13f.
[1215] BD 41,1,508,21-23.
[1216] BHLD 2, 44,1,1,102,18f.
[1217] BHLD 2, 44,1,1,104,1.
[1218] BDI 11,33,130,11f.
[1219] BDI 11,33,130,16-19.
[1220] WHLD 1,2,44,132.
[1221] Ebenda.
[1222] WHLD 1,2,44,132.

si absentia, gaudium de praesentia", „der Schmerz von der Abwesenheit des Bräutigams, die Freude von der Anwesenheit"[1223]. In der Abwesenheit des Bräutigams gibt es für die Bräute auch Kämpfe[1224]. Und der Friede tritt erst wieder mit Anwesenheit des Bräutigams ein: „Pax vero spiritualis, spiritualis gaudii mater est." – „Der geistliche Friede aber ist die Mutter der geistlichen Freude."[1225] Der Bräutigam spricht zur Braut: „Ubera tua ex gratia mea meliora sunt vino." – „Deine Brüste sind durch meine Gnade besser als der Wein."[1226] Dies wird von Wilhelm genannt: „simplex ... et laetea christiana et apostolica doctrina", „die einfache ... und frohe, christliche und apostolische Lehre"[1227].

Doch ist seine Anwesenheit hier auf Erden nie von Dauer. „Perpetuum de visione ejus gaudium, unica eorum expectatio." – „Die dauernde Freude über sein Schauen ist ihre einzige Erwartung."[1228] Sie tritt ein, wenn zwischen Bräutigam und Braut der volle Kuß und die volle Umarmung geschehen[1229]. „Totam amplexabuntur Sponsam delectationes dexterae Sponsi usque in finem aeternitatis infinitae." – „Die ganze Braut werden die Freuden der Rechten des Bräutigams bis zum Ende der unendlichen Ewigkeit umfangen."[1230]

5. Nach Aelred von Rievaulx wird einmal die durch Christus erwirkte Wiederherstellung des Menschen in seinem Gedächtnis, Verstand und Willen vollendet sein[1231]. Dann herrscht für den Menschen ein „tranquilla iucunditas", „ruhiges Frohsein"[1232].

6. Gilbert von Hoyland preist die Vermählung Christi mit seiner Braut, der Kirche: „O beatum commercium! facta es cum sponsa in carne una, et ipsa cum sponso in uno spiritu." – „O seliger Tausch! Du bist zusammen mit der Braut in einem Fleisch und sie mit dem Bräutigam in einem Geist."[1233] Dies kann nur Anlaß zur Freude sein: „Quomodo oportuerat de tale te gaudere conjugio, fidelis anima? quomodo laetare, et diem festum agere?" – „Wie müßtest du über einen solchen Ehebund froh sein, gläubige Seele? Wie dich freuen und einen Festtag begehen?"[1234] „Sponsa agni: gaude et laetare, Sion adjuncta Christo. Quomodo tu non gaudebis, cum gaudeat ipse?" – „Braut des Lammes, sei froh, und freue dich, Sion, mit Christus verbunden. Wie sollst du dich nicht freuen, wenn er sich selbst freut?"[1235] In immer neuen Ansätzen drückt Gilbert diese Freude aus: „Sed quanto gaudio? ... Laetiam dico? deliciae sunt." – „Aber mit

[1223] WHLD 1,1,32,114.
[1224] WHLD 1,3,51,142.
[1225] Ebenda.
[1226] WHLDB 8,414D.
[1227] Ebenda.
[1228] Ebenda.
[1229] WHLD 1,11,132,284.
[1230] Ebenda.
[1231] ARSC 1,5,14,187-197,18.
[1232] ARSC 1,5,14,204,18.
[1233] GHLD 20,8,108A.
[1234] GHLD 20,9,108A.
[1235] WBHLD 20,9,108A-B.

was für einem Frohsein? … Sage ich Freude? Wonnen sind es."[1236] Auch Jesus stehen diese zu, weil er so viel um die Braut gelitten hat[1237]. „Injuria est sponsi, si ipse laetatur, et tu non ex corde applaudis, non congratularis, non congaudes." – „Unrecht ist es dem Bräutigam gegenüber, wenn er sich freut und du nicht von Herzen zustimmst, dich nicht mitfreust, nicht mit froh bist."[1238] Den Anfang des Magnificat ahmt Gilbert nach, wenn er schreibt: „Gaudens gaude in Domino, et exsultet anima tua in sponso tuo, in Deo tuo." – „Sei froh, froh im Herrn, und es juble deine Seele in deinem Bräutigam, in deinem Gott."[1239] Die Braut wird ja in den verschlossenen Garten vom Bräutigam geführt, wo „exhilaratio", „Heiterkeit" herrscht[1240].

Nicht nur anläßlich der „unio mystica" soll der Mensch Freude haben. Bei seiner Auferstehung ist der Herr mit dem Öl der Freude gesalbt vor seinen Gefährten[1241]. „Quomodo enim consors est, qui non congratulatur, non congaudet, qui resurgenti non consurgit in novam laetitiam." – „Wie ist einer Gefährte, der sich nicht mitfreut, der nicht mit froh ist, der nicht mit dem Auferstandenen aufsteht in neuer Freude."[1242]

7. Zum Fest der Verkündigung des Herrn fordert Guerricus von Igny auch zur Freude auf. Wer wirklich sein eigenes Unheil bedacht hat, „cum gaudio suscipit verbum propriae salutis", „nimmt mit Freude das Wort seines eigenen Heiles auf"[1243]. Ähnlich sollte man auch voller Freude dem Herrn am Palmsonntag zujubeln[1244].

8. Nach Johannes von Ford kann derjenige, der die Herrlichkeit des Eingeborenen gesehen hat, eine große Freude verkünden[1245]. In bezug auf die Eucharistie heißt es: „Sanguis eius sancta iucunditas est." – „Sein Blut ist die heilige Freude."[1246] Die Braut steht in großer Freude bei der Offenbarung des Bräutigams bereit[1247]. Sie hat großen Anlaß zur Freude[1248]. Wenn der Bräutigam aber zur Hochzeit kommt, bricht er ebenfalls in großen Jubel aus[1249].

9. Nach dem Traktat „Liber amoris" liegt die Braut liebeskrank im Bett; doch als sie die von der Seitenwunde Christi strömende Süße empfängt, kann sie nichts anderes tun, als sich mit ihrem Bräutigam freuen[1250].

10. Der Verfasser des Traktates „Speculum virginum" schildert, wie durch Christus die dunkle Nacht der Welt vorgeschritten ist[1251]. Es bricht „dies sollemnitatis et laetitiae",

---

[1236] GHLD 20,9,108B.
[1237] Ebenda.
[1238] Ebenda.
[1239] GHLD 20,9,108C.
[1240] GHLD 35,3,185B.
[1241] GHLD 33,171B.
[1242] GHLD 33,171B-C.
[1243] GIS Ann 1,2,42-49,110.
[1244] GIS Palm 4,2,52-55,206.
[1245] JHLD 31,1,31f.,245.
[1246] JHLD 31,3,83,246.
[1247] JHLD 25,4,53f.,210.
[1248] JHLD 30,6,168-170,242.
[1249] JHLD 115,9,181f.,779.
[1250] LB 3,187-191,134.
[1251] SP 10,864,23-25.

„ein Tag des Festes und der Freude" an[1252], „ubi sponsa cum sponso laetatur", „an dem sich die Braut mit dem Bräutigam freut"[1253]. Zu dieser Freude wird auch Christus als Bräutigam aufgefordert[1254].

11. Hugo von St. Viktor schreibt, daß dann der Bräutigam beim Menschen zu Hause ist „quando per internum gaudium mentem replet", „wenn er mit innerer Freude den Geist erfüllt"[1255]. Die Braut kann dann „felicitatis jucunditatem", „das Frohsein ihres Glückes" schmecken[1256]; sie besitzt ihn ja durch die Freude[1257]. Nach Hugo fragt die Seele, was dann geschieht, wenn der Geist jubelt, die Sehnsüchte in der Freude erfüllt werden[1258]. Der Mensch antwortet, daß dies ein Anzeichen der Anwesenheit ihres Geliebten ist[1259].

12. Richard von St. Viktor schreibt, daß man durch Erfahrung wissen kann, daß es Augenblicke gibt, in denen man in die Freude des Herrn eintritt[1260]. Man erinnert sich, daß die Seele „ab illo spiritualis laetitiae pelago plena absorbeatur", „von jenem Meer der geistlichen Freude ganz verschlungen wurde"[1261]. Es herrscht dann ein Friede, der mit der vollen Freude gleichgesetzt wird[1262]. Voll ist die Freude, weil sie alle Sehnsüchte befriedigt[1263]. Es ist ja „haec summa et singularis delectatio, quae sola potest cordis desiderio satisfacere", „diese höchste und einzigartige Freude, welche allein der Sehnsucht des Herzens genügen kann"[1264].

13. Hildegard von Bingen orientiert sich bei der Freude Christi stärker an der Heilsgeschichte. Sie schaut „iuvenem cum magna hilaritate", „einen Jüngling mit großer Heiterkeit", der als der Sohn Gottes den Fall des Menschen beheben will[1265]. „Serenitas quae super corpus Filii Dei in sepulcro sepultum apparuit ipsum a sopore mortis resuscitans." – „Die Heiterkeit, welche über dem Leib des Sohnes Gottes war, ist erschienen, als sie ihn vom Schlaf des Todes erweckt hat."[1266] Jesus stand „in serenissima immortalitate", „heiterster Unsterblichkeit" auf, die kein Mensch erklären kann[1267]. In der Himmelfahrt ist er aufgestiegen zum Vater in „praecellentissima altitudo inenarrabilis gaudii et laetitiae", „die überragendste Höhe des unaussprechbaren Frohseins und der Freude"[1268] und erscheint jetzt seinen Gläubigen „in abundantia serenissimae

---

[1252] SP 10,866,1f.
[1253] SP Eingangslied 68,13; SP 10,866,8f.
[1254] SPE 123,1046A.
[1255] HA 987C.
[1256] HF 19,1006A-B.
[1257] HF 19,1006B.
[1258] HSO 970B.
[1259] HSO 970B-D.
[1260] RVPS 28,307A.
[1261] Ebenda.
[1262] RVPS 30,273B.
[1263] Ebenda.
[1264] RVPS 30,273D-274B.
[1265] HISV 2, 3,10,21,627-632,564.
[1266] HISV 1, 2,6,12,581f.,242.
[1267] HISV 1, 2,1,15,389f.,122.
[1268] HISV 1, 2,1,17,416f.,123.

sanctitatis", „im Überfließen der heitersten Heiligkeit"[1269]. Diese Freude überträgt sich auch auf die Kirche. Hildegard sieht sie als Frauengestalt, deren Kleidung „tota lucidissima serenitate fulgens", „ganz strahlend in leuchtender Heiterkeit" ist[1270]. Sie befindet sich als das himmlische Jerusalem „in plenitudine gaudii subolis suae", „in der Fülle der Freude ihres Sprosses"[1271]. Auch auf dem Leib Christi im Altarsakrament erstrahlt Freude[1272], die als „inuicta serenitas", „unbesiegte Heiterkeit" bezeichnet wird[1273]. Die in ihm erhaltene volle Freude sättigt die Gläubigen[1274]. Dort ist im Gegensatz zur Trauer der Hölle so große Freude, daß sie niemand beschreiben kann[1275].

Hildegard kennt aber auch die Freude der Brautmystik. Der Sohn Gottes „in leto gaudio sponsus sponsam suam per desponsationem in cubile cordis sui suscipit", „nimmt als Bräutigam in froher Freude seine Braut durch die Verlobung in das Gemach seines Herzens auf"[1276]. Dabei „idem Filius Dei exultauit, et in altitudine diuinitatis, ut gigas, hoc in gaudio suae habuit", „jubelte eben der Sohn Gottes und hatte dies in der Höhe der Gottheit wie ein Riese in seiner Freude"[1277].

14. Elisabeth von Schönau schreibt, in seinem Blut habe Christus die Jungfrauen reingewaschen, und „sponsus letatur in aspectu earum", „er freut sich als Bräutigam an ihrem Anblick"[1278], wobei ein „canticum singularis leticie", „Lied von einzigartiger Freude" erklingt[1279] und die Stimme des Bräutigams „omnes celos replet iocunditate", „alle Himmel mit Freude erfüllt"[1280]. Auch die Jungfrauen sollen sich freuen, denn er wird sie „ad thalamum iocunditatis", „zum Gemach der Freude" führen[1281]. Dies ist eine Freude, die alles, was des Menschen Auge sieht, sein Ohr hört oder in seinem Herzen aufsteigt, übertrifft[1282]. Die süße Freude, die von Jesus ausgeht, überträgt sich nicht nur auf diejenigen, die im Himmel vor seinem Angesicht stehen, sondern auch auf diejenigen, die noch auf Erden in Sehnsucht pilgern[1283]. Diese Freude erfährt man besonders in der Liturgie. Denn Elisabeth weint sehr, als sie wegen eines Fiebers an der österlichen Liturgie mit ihren Freuden nicht teilnehmen kann[1284].

15. Der Autor des St. Trudperter Hoheliedes warnt davor, um jeden Preis auf dieser Erde Freude haben zu wollen, da Jesus dort auch nicht nur in der Freude war[1285]. Doch

---

[1269] HISV 1, 2,1,17,417f.,123.

[1270] HISV 1, 2,3 vis,77f.,135.

[1271] HISV 1, 2,3,5,195f.,138.

[1272] HISV 1, 2,6,12,582-584,242.

[1273] HISV 1, 2,6,20,785,248.

[1274] HISV 1, 2,6,25,998-1000,254.

[1275] HISV 2, 3,12 vis,86-90,606.

[1276] HIM 4,24,470f.,186.

[1277] HIM 4,24,472f.,186.

[1278] ESI 14,108.

[1279] Ebenda.

[1280] Ebenda.

[1281] Ebenda.

[1282] Ebenda.

[1283] ESB 14,147.

[1284] Ebenda.

[1285] TH 17,31-33,56.

des Vaters Freude war bei der Erlösung der Menschen durch das Blut seines Sohnes größer als bei der Erschaffung der ganzen Welt[1286]. Auch Christus hatte Freude, als er die Dornenkrone trug, denn er freute sich, daß er mit seinem Blut die ganze Welt erlösen sollte[1287].

16.   Als Odilia von Lüttich das Leiden Christi betrachtete, wurde sie von Jesus in einer Ekstase mit vier Speisen gesättigt, von denen die eine die Freude war[1288]. Sie erhielt dazu die Gnaden, in ihren Ekstasen sich nur an dem wahren Josef, nämlich an Christus, zu erfreuen[1289]. Während sie in der Betrachtung seines Leidens „conpatiens", „voll Mitleid" ist[1290], ist sie bei dem Gedanken an seine Auferstehung „congaudens", „voll Mitfreude" über seine Herrlichkeit[1291]. Dabei ist sie desto froher, je trauriger sie vorher war[1292]. Wie der Mensch für Christus „socius passionis", „Genosse des Leidens" ist, darf er auch „comes gaudii", „Begleiter der Freude" sein[1293].

17.   Als Ivetta von Huy sich als Rekluse einschließen ließ, war das für sie ein Tag solcher Freude, als ob sie Christus schon auf den Wolken entgegengehen würde[1294]. „Cum tanta laetita cordis", „Mit einer so großen Freude des Herzens" begann sie den Weg ihrer Berufung[1295]. Besonders in den Ekstasen erfährt sie immer wieder diese Freude. Sie weiß, „quam jocundum, cum Christo et Maria esse", „wie froh s ist, mit Christus und Maria zu sein"[1296]. Von der Gegenwart des Herrn im Altarsakrament ist man ganz von Freude erfüllt, so daß man nichts mehr sprechen kann[1297].

18.   Nach Jakob von Vitry leidet Maria von Oignies sehr, wenn sie sich gewaltsam „a suavi illa contemplationis jucunditate, ab amplexibus Sponsi sui", „aus jener süßen Freude der Schau, aus den Umarmungen ihres Bräutigams" reißen muß, weil Menschen sie besuchen wollen[1298]. In der schmerzlichen Sehnsucht nach dem ewigen Beisammensein im Himmel ist der Empfang des Altarsakramentes ihr Trost: „Vinum sanctum mentem ejus laetificans inebriabat." – „Der heilige Wein, der ihren Geist erfreute, machte sie trunken."[1299] Das Hören der johanneischen Brotrede läßt ihren Geist nicht hart werden wie bei den Juden, sondern erfüllt ihn mit aller Freude[1300].

19.   Aleydis von Scharbeke wird wegen Aussatz in ihrem Kloster isoliert. Der Autor ihrer Vita erzählt mit aller Ausführlichkeit die körperlichen Qualen der auch erblinde-

---

[1286] TH 44,24-27,110.
[1287] TH 46,6-12,114.
[1288] OL 1,12,22-25,215.
[1289] OL 1,12,215,27-30.
[1290] OL 1,12,216,12.
[1291] OL 1,12,216,20f.
[1292] OL 1,12,216,26f.
[1293] OL 1,12,216,29f.
[1294] IH 14,42,153.
[1295] Ebenda.
[1296] IH 22,66,158.
[1297] IH 36,99,164.
[1298] MO 2,7,65,562.
[1299] MO 2,10,92,568.
[1300] Ebenda.

ten Frau am Ende ihres Lebens. Alle Leiden und Krankheit „tanta suscepit delectatione et laetitia, ac si sponsa ab sponso acciperet munuscula diu desiderata", „nahm sie mit so großem Frohsein und Freude auf, als ob sie als Braut von ihrem Bräutigam lang ersehnte Geschenke erhalten würde"[1301].

20. Auch Juliane von Cornillon, die sich so sehr für die Einführung des Fronleichnahmsfestes einsetzt, fühlt, daß der Empfang des Leibes des Herrn sie mit aller Freude erfüllte[1302]. Sie erlebt eine große Freude bei dem Gedanken an die Menschwerdung, und deswegen freut sie sich besonders über den Gruß des Engels an Maria[1303].

21. Öfters wird die Freude an Jesus in der Vita der Beatrijs von Nazareth erwähnt. Schon der Tag ihrer Einkleidung mit dem „veste leticie", „Kleid der Freude"[1304] ist ein Tag, an dem ihr Geist von großer Freude trunken wird[1305]. Dies konnte man an der darauf folgenden intensiven Verehrung des Herrenleidens auch erleben[1306]. Deswegen schlief sie auch mit großer Freude auf Stroh[1307]. Über ihren häufigen Kommunionempfang steht in ihrer Vita: „Quantum spiritualis delectationis in eius percepetione gustauerit, quis dignis sermonibus explicabit?" – „Welch große geistliche Freude sie bei ihrem Empfang verkostete, wer soll es mit würdigen Worten erklären?"[1308] Auch in die Brautmystik spielt diese Freude herein. Beatrijs wird oft vom Herrn in den Weinkeller geführt und kann dort in Freude aus den Quellen des Heilandes schöpfen[1309]. Einmal sieht Beatrijs das Jesuskind am Fest seiner Beschneidung, und sie umarmt es freudig[1310].

22. Besonders oft wird die Freude, die Christus spendet, in der Vita der Ida von Gorsleeuw erwähnt. Schon die Dreizehnjährige besucht Christus und übergießt sie mit einem Überfluß geistlicher Freude[1311]. Ihr Herz fließt daraufhin so von Freude über, daß von dieser Freude ihr Leib in offensichtlichen Zeichen Kunde gibt[1312]. Mit diesem Nektar der Freude macht Christus seine Braut so trunken, daß ihr Leib keine Müdigkeit spürt[1313]. Diese Freude am Herrn erneuert sich immer wieder[1314]. In späterer Zeit stellt sie sich regelmäßig am Freitag nach der Non ein und dauert den ganzen Samstag über an[1315]. Während des Advents ist sie immer voller Sehnsucht, weil sie hofft, an Weihnachten neue Freude zu erfahren[1316]. An einem Fest Mariens sieht sie, wie die Jungfrau ihr das Kind reicht. „Gaudens et hilaris, amans amantem, sponsa sponsum

---

[1301] AS 3,31,476.
[1302] JC 1,2,12,446.
[1303] JC 1,4,16,448.
[1304] BN 1,9,48,77,40.
[1305] BN 1,9,48,81,40.
[1306] BN 1,9,48,82-87,40.
[1307] BN 1,9,48,87-92,40.
[1308] BN 1,18,79,6f.,63.
[1309] BN 3,3,196,9-12,128.
[1310] BN 3,13,242,46,155.
[1311] IG 2,13,112.
[1312] Ebenda.
[1313] IG 3,22,114.
[1314] IG 2,14,112.
[1315] IG 3,22,114.
[1316] IG 4,33,117.

laeta suscepit." – „Froh und heiter nahm die Liebende den Liebenden, die frohe Braut
den Bräutigam auf."[1317] An einer anderen Stelle versucht der Autor ihrer Vita, mit allen
ihm zur Verfügung stehenden Wörtern diese Freude auszudrücken: „Cum vero quodam tempore sollemnitas Ascensionis Domini jocunda spiritu, jubilans pectore, cordis et
corporis adeo gaudium eructabat, quod prae mirabili cordis laetitia nihil omnino potuit
manducare." – „Als aber zu einer Zeit das Fest der Himmelfahrt des Herrn war, strömte sie mit frohem Geist und jubelnder Brust so sehr die Freude des Herzens und des
Leibes aus, daß sie aus wunderbarer Herzensfreude überhaupt nichts essen konnte."[1318]
Nach einem Kommunionempfang ist sie „jocundo necatare debreiata", „vom frohen
Nektar trunken"[1319] und mit frohem und heiterem Gesicht himmlisch mit Freude ge-
schmückt, die am Körper sichtbar wird, beim Essen in der Kommunität[1320]. Sie sieht
auch, daß sich Jesus bei einem andächtigen Kommunionempfang freut[1321]. In dieser
Freude wünscht sie sich, nach ihrem Tod sofort ohne Aufenthalt im Fegfeuer in den
Himmel zu gelangen[1322].

23. Margarete von Ypern spürt, wie sie „in die resurrectione doninice in receptione
Corporis Christi quasi vitam resumere iocunditatis", „am Tag der Auferstehung des
Herrn beim Empfang des Leibes Christi das Leben der Freude wieder erhält"[1323].

24. Besonders häufig wird auch in der Vita der Ida von Löwen die Freude erwähnt.
An ihrem Anfang heißt es, daß sie die Lust nach schädlichen Vergnügungen mit dem
Gedanken an das Leiden Christi abgewehrt hat[1324]. „Ad verae delectationis culmen as-
cenderet, quam in memora Dominicae Passionis, totis affectionum conatibus et intentionis viribus, exquirebat." – „Sie wollte zum Gipfel des wahren Vergnügens aufsteigen,
welches sie im Gedächtnis der Herrenpassion mit so viel gefühlvollen Versuchen und
kraftvoller Absicht suchte."[1325] Auch sie empfindet eine besondere Süße der Freude
und der Wonne beim Empfang der Kommunion[1326]. Sie floß ja dann von allen Wonnen über[1327]. Ein anderes Mal heißt es, daß sie dabei über die körperliche Anwesenheit
ihres Bräutigams jubelt[1328]. Sie umarmt ihn voll Freude[1329]. Bei den Ekstasen empfindet ihr Geist Freude, während sie mit dem Leib abwesend ist[1330]. Im Verlangen, das
Jesuskind zu schauen, fiel sie „in tantam aeternae jucunditatis abyssum", „in einen so

---

[1317] IG 4,37,118.
[1318] IG 5,51,122.
[1319] IG 4,36,118.
[1320] IG 5,43,120.
[1321] Ebenda.
[1322] IG 2,14,112.
[1323] MY 35,123,22-24.
[1324] IL 1,2,9,161.
[1325] Ebenda.
[1326] IL 1,4,20,164.
[1327] IL 1,4,24,165.
[1328] IL 2,2,5,172.
[1329] IL 2,6,31,179.
[1330] IL 2,2,8,173.

großen Abgrund der ewigen Freude", daß sie sich kaum fassen konnte[1331]. Als ihr dann das Kind erscheint, wird sie mit einer Freude erfüllt, die zwei Tage anhält[1332]. Auch nach der Wegzehr vor ihrem Sterben hält die Freude lange an[1333].

25. Elisabeth von Spalbeek ist oft von Mitleid mit dem Herrn in seiner Passion erfüllt. Doch bei allem Mitgefühl, das sich auch in ihrem Leib ausdrückte, bleibt sie im Geist froh[1334]. Sie leistet ja in himmlischer Freude dem Herrn einen Dienst[1335]. Doch sie spürt auch die „laetitiam resurrectionis", „Freude der Auferstehung" und bricht in Jubel aus[1336].

26. Gern spricht auch David von Augsburg von der Freude, die Christus ist oder spendet.

26.1 Christus wird genannt: „Ein vreude mîner trûrekeit", „Eine Freude meiner Traurigkeit"[1337], „Êwiclichen immer niuberndiu vreude", „Ewige, immer neuwerdende Freude"[1338], „Vröude gebender getranke", „Freude gebender Trank"[1339], „aller vröude keler", „aller Freude Keller"[1340] und „Mer der vröuden", „Meer der Freuden"[1341]. Zwischen dem Vater und dem ewigen Sohn besteht immer Freude[1342].

26.2 In besonderer Art ist Christus die Freude in der „unio mystica". „Welch vreude si gewinnet, sô si in dîner honcsüezen gotheit brinnet!" – „Welch Freude sie (= die Seele) gewinnt, wenn sie in Deiner honigsüßen Gottheit brennt!"[1343] „Lieber hêrre Jêsu Kriste, an dem wir alles das haben daz … ze vreuden gehoeret!" – „Lieber Herr Jesus Christ, in dem wir all das haben, was … zur Freude gehört!"[1344]

26.3 „Von dînem küneclichen, blüenden unde minnerlichen antlütze", „Von Deinem königlichen, blühenden und liebvollen Angesicht" geht die Freude auf alle Seligen[1345]. Weil der Leib der Seele geholfen hat, darf er einmal mit ihr „weiden an der blüenden menscheit unsers hêrren Jêsu Kristi", „weiden an der blühenden Menschheit unseres Herrn Jesus Christus"[1346]. Dabei soll er auch sein Frohsein genießen[1347] und empfangen das volle gerüttelte Maß der himmlischen Freude[1348].

[1331] IL 1,5,31,166.
[1332] IL 2,4,21,176.
[1333] IL 3,1,3,183.
[1334] ES 15,371,36f.
[1335] ES 15,372,2-5.
[1336] ES 12,371,3-6.
[1337] DU 374,13f.
[1338] DU 374,17.
[1339] DB 10,384,3.
[1340] DB 10,384,7.
[1341] DB 10,384,15.
[1342] DB 6,380,1f.
[1343] DU 375,20-22.
[1344] DB 10,383,22-24.
[1345] DB 8,382,39-383,2.
[1346] DB 7,381,21-23.
[1347] DB 7,381,26.
[1348] DB 7,381,27-29.

27. Margareta von Magdeburg hat reichlich Anteil am Erbe Christi, nämlich an Pein, Verwerfung und Armut im Leben erhalten[1349]. Sie war ja „contracta", „gelähmt"[1350]. „In hiis autem omnibus exultabat." – „In all diesen Dingen jubelte sie aber."[1351] Sie bleibt aber gegenüber den irdischen Freuden kritisch; weiß sie doch, daß alle Freude, die Gott den Engeln gegeben hat, einige nicht vor dem Fall bewahrt hat[1352]. Je mehr wir leiden, desto mehr können wir Gott loben und „gaudium suum perfectius est in nobis", „seine Freude ist in uns vollkommener"[1353]. Deswegen gilt der Tausch: „Passus est, ut participaret gaudium suum nobis." – „Er hat gelitten, damit er uns an seiner Freude Anteil gäbe."[1354]

28. Diejenige Mystikerin, die am meisten von der Freude ihres Geliebten spricht, ist Mechthild von Magdeburg.

28.1 Jesus wird genannt die „lust aller ohren", „Lust aller Ohren"[1355].

28.2 Die drei Personen in der Dreifaltigkeit sehen sich seit Ewigkeit herzlich an, darin liegt eine unüberbietbare Freude[1356]. Die strahlende Sonne Gott Vaters „schinet dur das clare wasser der vrôlichen menscheit", „scheint durch das klare Wasser des fröhlichen Gott Sohnes"[1357]. Schon bei der Schöpfung rät der ewige Sohn trotz des Leidens, das er voraussieht, dem Vater: „Iedoch wellen wir diser dingen in grosser helikeit vrôlichen beginnen." – „Doch wollen wir diese Dinge in großer Heiligkeit froh beginnen."[1358] Der Vater und der Heilige Geist begleiten den Sohn in schöner Prozession und mit großer Freude zur Menschwerdung[1359]. „Dis ist ein tag der gerunge und der seligen frôden in der kúndunge Christi." – „Das ist ein Tag des Verlangens und der seligen Freude bei der Verkündigung Christi."[1360] Wenn Mechthild bedenkt, daß Gott durch die Menschheit Leib und Seele wie jeder Mensch besitzt, „so erhebe ich mich mit grosser vrôde", „so erhebe ich mich in großer Freude"[1361]. Auch die Umstände der Menschwerdung erfüllen Mechthild mit Freude. Sie schreibt „Ich vrôwe mich des, das du komen wilt in so edler wise, das ein magt din mûter wesen sol." – „Ich freu mich darüber, daß Du in so edler Weise kommen willst, daß eine Jungfrau Deine Mutter sein soll."[1362] Maria stillt ihr Kind: „Do soug das kint mônschliche und sin mûter vrôwete sich helekliche." – „Da saugte das Kind wie ein Mensch, und seine Mutter freute sich heilig."[1363]

[1349] MA 1,3.
[1350] Ebenda.
[1351] MA 2,3.
[1352] MA 35,38.
[1353] Ebenda.
[1354] Ebenda.
[1355] MM 3,2,6,79.
[1356] MM 4,3,51f.,116.
[1357] MM 4,12,20f.,123.
[1358] MM 3,9,32f.,87.
[1359] MM 3,9,87,89.
[1360] MM 1,45,2f.,32.
[1361] MM 4,14,37-39,129.
[1362] MM 5,23,15f.,174.
[1363] MM 5,23,74f.,176.

28.3 Gottes Sohn hat ohne Sünden Leid gelitten. „In disem wege frôwet sich dú sele, dú nach got jamerig ist, wan si vrôwet sich von nature ze irem herren, der dur sine woltat manig pine gelitten hat." – „Auf diesem Weg freut sich die Seele, die nach Gott jammert, denn sie freut sich von Natur aus auf ihren Herrn, der, um Gutes zu tun, mannigfaltige Pein erlitten hat."[1364] Das Gedenken an die Passion erzeugt nicht nur Mitleid beim Menschen: Mechthild möchte sich auch freuen am blutigen Speer und der Herzenswunde Christi[1365]. Wenn man auf die einzelnen Stationen seines Leidens achtet[1366], „so überwindestu mit vrôden aller welte herzeleit", „so überwindest du mit Freuden aller Welt Herzeleid"[1367]. Mit Mechthild sollen sich auch alle Menschen freuen, für die sie gebetet hat[1368]. Sie freut sich ja, wenn Christus Menschen, die sich in Hauptsünden befinden, auf ihre Bitte hin, von diesen befreit[1369].

28.4 Besonders bei der „unio mystica" herrscht nach Mechthild Freude. Es gibt „die ungemengete frôde in der einunge der geselleschaft", „die ungetrübte Freude in der Einigung der Gemeinschaft"[1370]. Mechthild steht wie Jesus am Osterntag froh auf, wenn sie aus dem Erlebnis der Einheit zurückkehrt[1371]. Zu der Seele, die sehnsuchtsvolle Liebe zum Herrn hat, spricht Mechthild: „Nu vrôwe dich und swige nit, er wil sich noch mit vrôden zů dir keren." – „Nun freue dich und schweige nicht, er will sich noch mit Freuden zu dir kehren."[1372]

28.5 Nicht alle Freude an Jesus paßt zu einem reifen Christen. Als man Mechthild auffordert, die Freude zu betrachten, welche die Engel an dem lieblichen Jesuskind haben, antwortet diese: „Das ist ein kintlich liebi, das man kint sôge und wiege. Ich bin ein vollewahsene brut." – „Das ist eine kindliche Liebe, daß man das Kind säuge und wiege. Ich bin eine reife Braut."[1373] Offensichtlich wird hier das in den Klöstern übliche Kindleinwiegen abgelehnt. Mechthild ringt mit der Frage, wie bei Gott Gerechtigkeit und Barmherzigkeit zusammenfallen können[1374]. Sie wird von Gott darauf hingewiesen, daß seine Güte ihn auch über die Hochmütigen fließen läßt[1375]. Mechthild fügt sich so, daß auch Gottes Gerechtigkeit für sie „ein unzelliche frôde ane herzeleit", „eine unzählbare Freude ohne Herzensleid" ist[1376]. Sie betet, daß Christus zu ihrem Sterben wie ein Vater zu seinem Kind kommt, „das ich gevrôwet werde und nit betrůbet", „damit ich froh und nicht betrübt werde"[1377].

[1364] MM 1,25,2-7,20.

[1365] MM 7,18,39-42,271.

[1366] MM 7,27,30-46,277.

[1367] MM 7,27,45f.,277.

[1368] MM 7,18,42f.,271.

[1369] MM 7,21,36-38,274.

[1370] MM 2,3,10f.,39.

[1371] MM 3,10,43-45,90f.

[1372] MM 7,61,13f.,305.

[1373] MM 1,44,59-63,30.

[1374] MM 3,22,3f.,104.

[1375] MM 3,22,13-19,105.

[1376] MM 3,22,20f.,105.

[1377] MM 7,35,27-32,283.

28.6 Jesus Christus fährt am Ende der Zeit in die wonnevolle Höhe der Dreifaltigkeit, und alle seine Freunde folgen ihm voll Freude dorthin, wenn sie die entsprechenden Tugenden mitbringen[1378]. Er empfängt dort eine so schöne Krone, daß der Vater sich noch mehr an ihm freut[1379], obwohl er schon immer alle Freude und Wonnen besitzt[1380]. Erst recht freuen sich alle Seligen, die schon froh sind, daß sie jetzt ohne Mühen und Herzensleid sind[1381], freuen sich über die Krone, die Christus erhalten hat[1382], und singen mit Freuden[1383]. Jesus Christus freut sich noch in der Ewigkeit an seinem Leib[1384]. In dem Lobetanz, den Christus nach dem Gericht aufführt, springen diejenigen, die ihm als das Lamm auf Erden gefolgt sind, „von minnen ze vröden", „von der Minne zur Freude"[1385]. Der Vater, der dabei zusieht, spricht: „Mine liben brúte, vröwent úch imer me, vröwent úch in miner ewigen luterkeit, verclagent nu sanfte alles we und alles leit." – „Meine lieben Bräute, freut euch immerdar, freut euch an meiner Lauterkeit, und hört sanft mit allem Klagen über alles Weh und alles Leid auf."[1386] Und: „Vröwet úch, lieben brúte, min sun sol úch al umbevan." – „Freut euch, liebe Bräute, mein Sohn soll Euch ganz umfangen."[1387]

28.7 Einiges an den Darlegungen Mechthilds über die von Christus kommende Freude fällt auf: Im siebten Buch, das Mechthild in ihrem Alter in Helfta geschrieben hat, häufen sich entsprechende Aussagen. Auffällig ist auch, wie oft sie von der Freude Jesu in seiner Menschwerdung und seinem irdischen Leben spricht; dem gegenüber treten Aussagen im Kontext von Ekstase und von der „unio mystica" zurück.

29. Mit der gleichen Häufigkeit spricht auch Mechthild von Hackeborn von den Freuden Christi.

29.1 Jesu Freude besteht darin, anderen Menschen etwas zu schenken[1388]. Er sagt zu Mechthild: „delectamentum cordis mei posui in te." – „Meines Herzenslust habe ich in dich gelegt."[1389] oder: Du, „quo omne divini cordis mei delectamentum habui", „in der ich die ganze Lust meines göttlichen Herzens hatte"[1390]. Die Freude Jesu wird für Mechthild zu einer Halskette[1391].

29.2 Man soll Maria erinnern an die Freude, welche sie hatte, als ihr Sohn vom Herzen des Vaters in ihren Schoß kam[1392]. „Si homo agnosceret quanta salus ei ex Chri-

---

[1378] MM 6,8,3-8,214f.
[1379] MM 7,1,45-49,255.
[1380] MM 7,1,49-52,255.
[1381] MM 7,1,97-99,257.
[1382] MM 7,1,92,256.
[1383] MM 7,1,104,257.
[1384] MM 7,1,99f.,257.
[1385] MM 6,8,3-8,214f.
[1386] MM 7,37,23f.,286.
[1387] MM 7,37,28,286.
[1388] MH 1,30,102.
[1389] MH 2,8,143.
[1390] MH 7,2,392.
[1391] MH 5,22,353.
[1392] MH 1,41,125.

sti corpore proveniret, prae laetitia in se deficeret." – „Wenn der Mensch erkennen würde, welch großes Heil ihm aus dem Leib Christi hervorgeht, würde er aus Freude hinschwinden."[1393] Jesus bestieg mit der Freude das harte Kreuz, wie niemals ein Bräutigam in das Brautbett ging[1394].

29.3 Christus erhält in der Auferstehung Freude für alles, was er erduldet hat[1395]. Er dankt dem Vater mit froher Freude, daß er in der Auferstehung die Gabe der Unsterblichkeit erhalten hat[1396]. Christus bietet an Ostern den Menschen fünf Speisen an, von denen die erste in der Freude seiner Gottheit an der Menschheit besteht, die zweite in der Freude, die alle seine Glieder durchdringt, die dritte in der Freude an der Erlösung der Menschen, die vierte in der Freude an der Möglichkeit, alle seine Freunde zu ehren, die fünfte in der Freude an der Gemeinschaft mit allen Erlösten[1397]. Alle diese Freuden ist der Herr bereit mit den Menschen zu teilen[1398]. So lobt und preist Mechthild sie einzeln[1399]. „Dominus itaque Jesus cum ineffabili jubilo ascendens stabat ante Patrem." – „Der Herr Jesus fuhr so mit unaussprechlichem Jubel auf und stand vor dem Vater."[1400] Die Seele darf den Vater an die Freude erinnern, die er bei der Himmelfahrt seines Sohnes hatte[1401].

29.4 Christus freut sich an dem Menschen, „cui gaudium est quod despicitur, et qui in poenis et quibuscumque adversitatibus gaudet", „dem es eine Freude ist, verachtet zu werden, und der in Peinen und jedweden Widerwärtigkeiten sich freut."[1402] Der Grund der Freude eines solchen Menschen besteht selbst darin, daß er weiß, in solchen Umständen etwas dem Leiden und der Erniedrigung Jesu hinzufügen zu können[1403]. Als die Äbtissin Gertrud von Hackeborn, die leibliche Schwester der Mechthild, unter starkem Kopfweh leidet, bekennt sie, sie schwimme in der Gottheit Christi und es bestehe kein Unterschied in der Einheit mit ihm, außer daß sie Schmerz, die Heiligen aber Freude spüren[1404]. Der Tag, an dem die Verlobung Christi mit einem Menschen stattfindet, wird ein Festtag der Herzensfreude genannt[1405].

29.5 Auch durch die Eucharistie erhält ein Mensch Freude: „Cum autem communicaturus esset, tanto gaudio spiritus replebatur, ut ex hoc in magnam admirationem verteretur." – „Wenn er aber im Begriff war, zur Kommunion zu gehen, wurde der Geist mit so großer Freude erfüllt, daß er dadurch in große Bewunderung verwandelt

---

[1393] MH 1,43,128.
[1394] MH 4,59,312.
[1395] MH 1,19,64.
[1396] MH 1,19,67.
[1397] MH 1,19,64f.
[1398] MH 1,19,65.
[1399] MH 1,19,65-67.
[1400] MH 1,20,72.
[1401] Ebenda.
[1402] MH 1,11,37.
[1403] Ebenda.
[1404] MH 2,26,170.
[1405] MH 4,59,312.

wurde."[1406] Dann darf er diese Freude mit allen Heiligen austauschen[1407]. Das, was man in der neuzeitlichen Frömmigkeit mit Aufopferung der Kommunion bezeichnet, findet sich schon bei Mechthild. Christus spricht nach einem Kommunionempfang zu ihr: „Quando me caelesti Patri offers in gaudium et gloriam omnibus Sanctis, tunc eorum gaudia et merita sic augmentantur." – „Wenn du meinem himmlischen Vater mich darbringst zur Freude und Ehre aller Heiligen, dann werden so ihre Freude und ihre Verdienste gemehrt."[1408] Auch in einer Vision sieht sie, wie Jesus das eucharistische Brot nimmt und allen gibt, welche es mit Süße und Freude essen[1409]. Bei einem Kommuniongang spricht Jesus zu Mechthild: „Gaudium et laetitiam pro unisversis infirmitatibus dabo tibi ... jucunditate continua meipso perfrueris." – „Frohsein und Freude werde ich dir für alle Krankheiten geben ... du wirst mich mit immerwährender Freude genießen."[1410]

29.6 Einmal sieht Mechthild Christus auf einem Berg sitzen, der mit schönen Bäumen umgeben ist. Der Berg stellt seinen irdischen Wandel dar und die Bäume seine Tugenden wie Liebe und Barmherzigkeit[1411]. „Sub quibus Sanctorum animae quiescebant ... et comedebant de fructibus in magno gaudio et delectatione." – „Unter diesen ruhten die Seelen der Heiligen ... und aßen von den Früchten in großer Freude und Vergnügen."[1412] Wie eine Speise reicht ihnen der Herr seine Freude[1413]. Man darf Heilige an die Freude erinnern, die sie an Christus, dem König und Bräutigam, haben[1414]. Maria wird gegrüßt „in omni gloria et jucunditate qua nunc gaudes", „in aller Herrlichkeit und Freude, in der du dich jetzt erfreust"[1415]. Einmal spürt Mechthild, wie Christus sie an die Hand nimmt und einen Springtanz aufführen läßt, wodurch alle Seligen neue Freude erhalten[1416]. Ihr Herz wird ihm dauernd anhängen „secundum omne desiderium et delectamentum", „nach jedem Verlangen und Vergnügen"[1417]. Die eigentliche Freude aber geht von der Klarheit seines liebenswerten Angesichtes aus[1418]. Wenn ein Mensch als neue Braut in den Himmel kommt, schreitet Jesus zum Vater und bietet ihm alle Mühen, Gebete und Leiden seines irdischen Lebens zu ihrer größeren Freude an[1419]. Beim Sterben der Äbtissin und leiblichen Schwester der Mechthild, Gertrud von Hackeborn, öffnet sich froh das Herz Jesu[1420]. Die Verstorbene führt mit

---

[1406] MH 1,24,85.
[1407] Ebenda.
[1408] MH 2,24,166.
[1409] MH 4,8,264f.
[1410] MH 6,3,380f.
[1411] MH 1,10,31.
[1412] Ebenda.
[1413] MH 4,9,267.
[1414] MH 1,32,111.
[1415] MH 1,46,132.
[1416] MH 1,19,69.
[1417] MH 1,19,70.
[1418] Ebenda.
[1419] MH 5,3,321.
[1420] MH 6,6,383.

Freuden gekrönt einen Tanz auf[1421]. Mechthild sieht beim Jahresgedächtnis, wie ihre Schwester „inestimabili gaudio et delectatione Dominum Jesum amplexantem", „mit unschätzbarer Freude und Vergnügen den Herrn Jesus umarmt"[1422]. Sie umschlingt ihn in „ineffabili gaudio et gratitudine", „unaussprechbarer Freude und Gefälligkeit"[1423]. Ebenso sieht Mechthild einen verstorbenen Dominikaner mit unschätzbarer Freude in den Himmel treten[1424]. In einer Ekstase schaut sie, wie vom Herzen Jesu verschiedene Strahlen auf einen anderen Dominikaner gehen, die diesem verschiedenartige Freude im Himmel verschaffen[1425]. Sie sieht auch, daß sich für einen Pfarrer nach seinem Tod das Herz Jesu öffnet, was den Verstorbenen zur neuen Freude anregt[1426]. Zu einem anderen Menschen, für den Mechthild betet, spricht der Herr: „Bibe de medulla cordis mei gaudium." – „Trinke aus dem Mark meines Herzens die Freude."[1427]

29.7 Bei Mechthild wird fast genauso häufig von den Freuden, die Jesus an den Menschen hat, gesprochen wie von denen, die er den Menschen spendet. Es fällt auf, wie oft von den Himmelsfreuden gesprochen wird, die zwischen Jesus und den Seligen bestehen.

30. Gertrud die Große steht in der Häufigkeit, mit der sie von der Freude Jesu spricht, Mechthild nicht nach.

30.1 Folgende Anrufungen für Jesus kennt Gertrud: „Sponse jucundissime animae meae", „Frohester Bräutigam meiner Seele"[1428], „tu exhilaratio spiritus mei", „Du, die Aufheiterung meines Geistes"[1429], „tota spes et gaudium meum", „meine ganze Hoffnung und Freude"[1430], „amor meus et gaudium", „meine Liebe und Freude"[1431], „tu gloria, tu gaudium, tu beatitudo mea", „Du meine Herrlichkeit, Du meine Freude, Du meine Seligkeit"[1432], „o cordis meo verum gaudium", „o meines Herzens wahre Freude"[1433], „laus et iubilatio spiritus mei", „Lob und Jubel meines Geistes"[1434], „comes jucundissime", „frohester Begleiter"[1435], „tu es …. totum verum et securum gaudium meum", „Du bist … meine ganze und sichere Freude"[1436] und „tu es totum et solum gaudium", „Du bist meine ganze und einzige Freude"[1437]. Die Süße, die von der

---

[1421] Ebenda.
[1422] MH 6,9,388.
[1423] MH 6,9,390.
[1424] MH 5,7,329.
[1425] MH 5,8,331.
[1426] MH 5,10,335.
[1427] MH 5,13,340.
[1428] G R 6,752,208.
[1429] G R 4,39,102.
[1430] G R 5,17,128.
[1431] G R 6,190,174.
[1432] G R 6,206f.,174.
[1433] G R 7,589,244.
[1434] G R 6,749f.,208.
[1435] G 3, 3,65,3,57,266.
[1436] G R 4,308f.,120.
[1437] G R 6,686f.,204.

Gottheit Jesu ausgeht, übersteigt alle menschliche Freude[1438]. Wenn der Mensch dem Herrn sein Herz anbietet, schenkt ihm dieser auch mit Freuden sein Herz[1439].

30.2 Besonders fällt bei Gertrud die Verbindung der Freude zum Herzen Jesu auf. Die andächtigen Worte beim Chorgebet durchdringen das Herz Jesu wie eine Spitzen und bereiten ihm süße Freude[1440]. Jesus reicht seiner Mutter sein Herz zum Trinken, was ihr wonnevolle Freude bereitet[1441].

30.3 Wenn Gertrud der Menschwerdung des Sohnes Gottes bei der Verkündigung Mariens gedenkt, festigt sie „summa delectationis, spei, gaudii", „den Gipfel der Freude, der Hoffnung und des Frohseins" in der Liebe[1442]. Jesus ist für Maria „immaculatae virginitatis ipsius honor et gaudium", „die Ehre und Freude ... ihrer unbefleckten Jungfräulichkeit"[1443]. Jesus als Mensch ist auch irdischen Freuden zugänglich. So saugt das Jesuskind „avida delecatione", „mit gieriger Freude" am Herz seiner Mutter und freut sich an ihrer unschuldigen Reinheit[1444]. Seine Gottheit erfreut sich der Heiligen Schrift[1445]. Bei seinem Sterben folgt Jesus einem Menschen bis zur Unterwelt und zieht ihn zu den Freuden des Paradieses[1446]. Auch seine Auferstehung, welche die Seele sehr erfreut, wird ganz froh genannt[1447]. Gertrud möchte wie Maria von Magdala in das Grab Jesu hinein schauen, um von dort den Trost der Freude zu erlangen[1448]. Mit dem Herzen Jesu glaubt Gertrud den Schlüssel für die Truhe zu haben, in der die Freuden verborgen sind[1449].

30.4 Durch die Freude am Herrn treten bei Gertrud irdische Freuden zurück. „Quod etiam miro modo delectaretur in Domino, clare patuit ex eo quod transitoria delectamenta incredibile ipsi gignebant fastidium." – „Daß sie auch auf wunderbare Weise im Herrn erfreut wurde, steht dadurch eindeutig fest, daß die vergänglichen Vergnügungen bei ihr unglaublich Ekel erregten."[1450] Die frohe Schau des wahren Friedens läßt den Fluß weltlicher Vergnügungen austrocknen[1451]. Dies beruht aber auf Gegenseitigkeit. Der Herr versichert ihr: „Sicut tu certe affirmas te in nulla creatura delectari posse extra me, sic et ego in divina virtute me confirmo, quod nunquam in ulla creatura delectari volo extra te." – „Wie du bestimmt behauptest, du könntest dich an keiner Kreatur neben mir erfreuen, so bestätige ich auch, daß ich mich niemals an einer Kreatur neben

---

[1438] G 3, 3,44,1,11-16,198.
[1439] G 4, 4,58,2,10-15,468.
[1440] G 3, 3,24,1,1-6,118.
[1441] G 3, 3,46,1,15-20,206-208.
[1442] G 2, 2,5,2,8-15,250.
[1443] G 2, 2,16,3,6f.,294.
[1444] G 4, 4,3,4,5-8,52.
[1445] G 4, 4,10,3,4f.,124.
[1446] G 3, 3,46,7,4-7,210.
[1447] G 4, 4,27,5,1-11,266.
[1448] G 4, 4,31,1,4f.,276.
[1449] G 4, 4,3,9,14-16,58.
[1450] G 2, 1,11,5,1-3,174.
[1451] G 2, 2,7,2,3-14,262.

dir freuen will."[1452] Die behauptete Exklusivität der Freude an Gertrud allein bereitet dieser allerdings Schwierigkeit, ohne daß diese behoben wird[1453].

30.5 Am Abend bei der Komplet wünscht man, an der Brust Jesu zu ruhen[1454], und bittet, daß die Seele nicht durch den bösen Feind verwirrt wird, „sed adimple eam laetitia cum facie tua melliflua", „sondern erfülle sie mit Freuden an Deinem honigfließenden Angesicht"[1455]. Auch an Sündern, für die Gertrud betet, kann Jesus, wenn sie sich zur Erfüllung seines Willens beugen, eine vertraute Freude haben[1456]. Mit Heiterkeit gibt der Herr Gertrud die Frucht der Frömmigkeit zurück, die diese ihm für die Kirche dargebracht hat[1457].

30.6 Wie sehr die Einheit mit Jesus freudvoll ist, sieht man an folgendem Gebet zu ihm: „Si tibi unita nun fuero, in aeternum laeta esse non potero." – „Werde ich mit Dir nicht vereint sein, werde ich in Ewigkeit nicht froh sein können."[1458] Gertrud wird wie eine Braut durch Jesus, den Bräutigam, mit wonnevollen Freuden beschenkt[1459]. Einmal sieht Gertrud, wie Jesus sie umarmt und froh vor den Vater führt[1460]. Gertrud bietet Jesus dazu ihre Freude und ihre Tragfähigkeit im Leiden an[1461]. Daraufhin erscheint ihr Jesus und trägt an der linken Hand den Ring, mit dem er die geistliche Verlobung mit ihr vollzieht[1462]. Dieser Ring aber bedeutet nicht die Freude, sondern die Tragfähigkeit im Leiden[1463]. Zur Vereinigung mit Jesus gehört also auch das geduldig ertragene Leid. Doch auch Jesus hat seine Freude an der süßen Umarmung der Gertrud[1464]. Jesus wird einmal von Gertrud um etwas gebeten „per jucundissimam delectationem qua unquam in aliqua amante anima dignatus es deliciari", „um des frohesten Vergnügens willen, durch das Du Dich gnädig je an einer liebenden Seele ergötzt"[1465]. Wenn Gertrud ihre Kräfte bei dieser Einheit verbraucht, werden sie schnell durch die empfangene Freude ersetzt[1466]. Diese Einheit bereitet nicht nur Gertrud, sondern der ganzen Dreifaltigkeit und allen Heiligen wunderbare Freude[1467].

30.7 Während des „Kyrie" der Messe zieht Gertrud alle Freude, die sie jemals empfunden hat, ein und läßt sie von ihrem Herzen in das Herz Jesu zurückströmen[1468]. Besonders beim Kommunionempfang spürt Gertrud die Einheit mit Jesus. Sie ist dann

---

[1452] G 3, 3,50,1,15-18,220.
[1453] G 3, 3,50,2,1-25,220-222.
[1454] G R 5,432f.,154.
[1455] G R 5,438-440,154.
[1456] G 2, 2,23,23,1-12,348.
[1457] G 4, 4,24,1,13-16,230.
[1458] G R 3,74f.,78.
[1459] G 2, 2,23,5,21-25,334.
[1460] G 3, 3,18,2,1-6,80-82.
[1461] G 3, 3,2,1,1-6,18.
[1462] G 3, 3,2,1,7-19,18.
[1463] G 3, 3,2,1,9f.,18.
[1464] G 3, 3,50,2,23-25,222.
[1465] G 3, 3,52,2,4f.,226.
[1466] G 3, 3,52,3,20-24,228.
[1467] G 3, 3,18,6,9-11,86.
[1468] G 5, 5,37,3,1-6,286-288.

„gaudens in spiritu", „froh im Geist"[1469]. Nichts kann sie ja hindern „a tui jucundissimi convivii participatione", „an der Teilhabe an Deinem frohesten Gastmahl"[1470]. Über den Empfang der Kommunion heißt es: „Multis me consolationibus super hoc laetificasti." – „Mit vielen Tröstungen hast Du mich dabei erfreut."[1471] Wie Johannes der Evangelist, der wie ein Fischlein in der Freude des Herrn schwimmt[1472], glaubt sie die Freude des Pulsschlags an der Brust Jesu zu spüren[1473]. Man freut sich bei diesem Mahl, wie Adlige über eine besonders kostbare Nachspeise erfreut sind[1474]. Während Gertrud zur Kommunion geht, steigen alle Heiligen mit Freude herab[1475], und die ganze Dreifaltigkeit wird unschätzbar erfreut[1476].

30.8 In der Hoffnung auf die Freude mit Jesus im Himmel kann der Mensch leicht sterben, „ut per te anima mea cum laetitia et exultatione dicat corpori meo dulce vale", „so daß durch Dich meine Seele in Freude und Jubel meinem Leib ein süßes ‚Wohlauf' zuruft"[1477]. Beim Sterben kann man wie eine Biene besondere Freude aus den Wunden Jesu saugen[1478]. Das Rufen Jesu beim Sterben „auditui meo detur gaudium et laetitia", „soll meinem Gehör Frohsein und Freude geben"[1479]. Mit seinem Kuß will man froh von dieser Welt scheiden[1480]. Man fragt, wann es soweit ist, „ut videam et hauriam cum iucunditate te deum fontem vivum", „daß ich Dich sehe und aus Dir mit Freude schöpfe, Gott, meine lebende Quelle"[1481]. Jesus soll die Zeit der Hochzeit, die im Sterben anbricht, beschleunigen, damit der Mensch die wonnevollen Freuden erfahren kann[1482]. Bei dem Sterben der Äbtissin Gertrud von Hackeborn erscheint ihr Jesus und spricht: „Cum inaestimabili gaudio expectavi tempus hoc." – „Mit unaussprechlicher Freude habe ich diese Zeit erwartet."[1483] Dabei ist es ihm eine Herzensfreude, daß die Äbtissin ihr Sterben mit Geduld erträgt[1484]. Als Gertrud von den Ärzten hört, daß für sie selbst keine Hoffnung auf Genesung besteht, dankt sie mit einem Jubel des Geistes[1485]. Aus dem Herzen Jesu fließen bei ihrem Sterben Ströme der Freude[1486].

Die Seligen des Himmels jubeln über den verklärten Herrn. Denn ein Strom der Freude fließt jetzt in die Menschheit Jesu wegen seines Leidens und Sterbens für das

---

[1469] G 3, 3,18,3,1f.,82.
[1470] G 3, 3,18,3,5-7,82.
[1471] G 3, 3,64,3,6,256.
[1472] G 4, 4,4,5,7-11,66.
[1473] G 4, 4,4,4,15-18,64.
[1474] G 4, 4,21,3,12-16,204.
[1475] G 4, 4,39,3,1f.,324.
[1476] G 4, 4,39,3,15-17,324.
[1477] G R 5,240f.,142.
[1478] G 5, 5,4,11,7-9,92.
[1479] G R 7,610f.,246.
[1480] G R 7,629f.,246.
[1481] G R 5,260f.,144.
[1482] G R 6,84-86,166.
[1483] G 5, 5,1,4,2-5,20.
[1484] G 5, 5,1,5,11-14,20.
[1485] G 5, 5,29,1,1-15,232.
[1486] G 5, 5,30,2,20-22,242.

Heil der Menschen[1487]. Im Himmel wird Maria in den Armen ihres Sohnes liegen und der ganze himmlische Hof im Reigen der Freude darüber froh werden[1488]. Die Engel tragen mit Freude die Gebete der Menschen wie Rosen vor die Dreifaltigkeit[1489].

30.9 Die Aussagen über die Freude Jesu sind gleichmäßig auf das Schrifttum der Gertrud verteilt. Mannigfaltig sind bei ihr die Anrufungen Jesu, in denen Ausdrücke der Freude vorkommen. Dabei treten Aussagen über die Freude beim irdischen Jesus zurück, und vermehrt wird die Freude bei der „unio mystica" und in der Seligkeit ausgesprochen.

31. Im Monat März ist es einmal besonders kalt, und Lukardis von Oberweimar, die gegen Kälte besonders empfindlich ist, leidet an ihren Frostbeulen[1490]. Der Herr verspricht ihr aber für das kommende Osterfest: „Ultra multitudinem dolorum tuorum consolationes meae laetificabunt animam tuam." – „Mehr als deine vielen Schmerzen werden meine Tröstungen deine Seele erfreuen."[1491] In der Osternacht ist Lukardis aber so schwach, daß sie am Gottesdienst nicht teilnehmen kann[1492]. Als ihr der Augenblick gemeldet wird, in der die Auferstehung in der Liturgie besungen wird, freut sie sich sehr und ist getröstet[1493]. Sie spürt in ihren Gliedern „quiddam ludens gaudium", „eine gewisse spielende Freude"[1494]. Diese ist ihr als Vorgeschmack der eigenen Auferstehung geschenkt[1495].

32. Erstaunlich oft wird auch in der Vita der Christina von Hane von der Freude, die Christus ist und verbreitet, gesprochen.

32.1 Sie nennt Jesus „eyn borne aller freuden", „eine Quelle aller Freuden"[1496], „des hertzen soiße freude", „des Herzens süße Freude"[1497].

32.2 Als ihr an Weihnachten das erste Mal das Jesuskind erscheint, heißt es: „Da wart jre hertze freuden voille." – „Da wurde ihr Herz voll Freude."[1498] Als das Kind wieder verschwindet, wird ihre große Freude in süße Trauer verwandelt[1499]. Auch bei einer anderen Erscheinung des Jesuskindes „wart yre hertze vnd yre sele vol freuden", „wurde ihr Herz und ihre Seele voll Freude"[1500]. „O frolicher jubilo! Ach wie froelich yre hertze vnd sele da syngen moicht." – „O fröhlicher Jubel! Ach wie fröhlich ihr Herz und ihre Seele da singen konnte."[1501]

[1487] G 4, 4,27,4,13-19,264.
[1488] G 4, 4,48,17,1-14,386.
[1489] G 4, 4,53,2,15-18,444.
[1490] LO 32,326,14-19.
[1491] LO 32,326,25f.
[1492] LO 33,326,28-32.
[1493] LO 33,327,3-6.
[1494] LO 34,327,12f.
[1495] LO 34,327,17-21.
[1496] CH 1, 239.
[1497] CH 1, 245.
[1498] CH 1, 228.
[1499] Ebenda.
[1500] CH 1, 230.
[1501] CH 1, 231.

32.3 Besonders oft wird von der Freude bei der „unio mystica" gesprochen. Als sie von ihrem Bräutigam umarmt wird, bedeutet der rechte Arm die ewige Freude[1502]. Jesus sagt dabei: „Jch byn dyns hertzen vnd selen freude." – „Ich bin Deines Herzens und Deiner Seele Freude."[1503] Er nennt sie: „Myne freude und myn woillust", „Meine Freude und meine Lust"[1504] oder: „Du sonderliche freude der Engel", „Du besondere Freude der Engel"[1505]. Sein Licht dringt in Christina, so daß sie an übersüßer Lust überfließt[1506]. Sie zieht ihren Liebhaber in sich „myt groißer freuden vnd froelicher soißicheit", „mit großer Freude und fröhlicher Süße"[1507] und wird trunken von der ganzen heiligen Freude[1508]; sich selbst gestorben, ist sie ewig in Christus „myt froelicher vnd geistlicher freuden vnd myt groißer jubilatco Ewiger lyebden", „mit fröhlicher und geistlicher Freude und mit großem Jubel ewiger Liebe"[1509] und besitzt die „zyerde dyner freuden", „Zierde Deiner Freuden"[1510]. Sie hat dann besondere Freude an der Gottheit und Menschheit Jesu[1511]. Als Folge dieser Einheit stellt sich für den Menschen eine Freude an allen Tugenden ein[1512].

32.4 Als Christina an einem Ostertag krank war und die Krankenkommunion empfing, hörte sie „die Engel gar froelichyn syngen", „die Engel gar fröhlich singen"[1513]. Ein anderes Mal sieht sie bei einer Krankenkommunion, wie ein Lamm vom Priester auf sie zuspringt, „da wart yre sele vbersoißer freuden vol", „da wurde ihre Seele voll übersüßer Freude"[1514]. Wieder ein anderes Mal springt dieses Lamm vom Altar freudig zu ihr: „Da van wart yre sele freuden vol." – „Davon wurde ihre Seele voll Freude."[1515]

32.5 Die Seligen sieht sie mit Freude in der Dreifaltigkeit[1516]. Die größte Freude im Himmel besteht aber darin, daß man Christi Menschheit und Gottheit genießen kann[1517]. Man ist erneut mit unaussprechlicher Freude erfüllt[1518].

32.6 Bei Christina überwiegen eindeutig die Stellen, die von der Freude bei der Einheit mit Jesus sprechen.

33. Von Christina von Stommeln liegen uns die Berichte des Petrus von Dazien und des Johannes von Stommeln vor. In beiden wird von der Freude Christi gesprochen.

[1502] CH 2, 204.
[1503] CH 2, 210.
[1504] Ebenda.
[1505] CH 2, 228.
[1506] CH 1, 210.
[1507] CH 2, 227.
[1508] CH 1, 210.
[1509] CH 2, 213.
[1510] CH 2, 220.
[1511] CH 2, 226.
[1512] CH 2, 232.
[1513] CH 1, 242.
[1514] CH 1, 249.
[1515] CH 1, 251.
[1516] CH 2, 219.
[1517] CH 2, 229.
[1518] Ebenda.

33.1 Petrus berichtet: Als Christina sich mit ihrem Heimatpfarrer an Ostern über das Osterlamm unterhielt, „parum risisset per habundancia gaudii, quod senserat", „lachte sie ein wenig aus dem Überfluß der Freude, welche sie fühlte"[1519]. Besonders wird wieder die Freude in der „unio mystica" erwähnt. Einmal schreibt Petrus von Dazien von einer solchen bei Christina: „Iubilando sponsum nominastis ipsoque intimo gaudio non solum nomen, sed et ipsam rem uobis vendicatis." – „Ihr habt ihn jubelnd Bräutigam genannt und euch seiner mit inniger Freude nicht nur des Namens, sondern auch der Wirklichkeit gerühmt"[1520]. Deswegen besucht Petrus die Mystikerin, um sich bei Anwesenheit des Bräutigams mit ihr zu freuen und beim Fehlen dieser freudigen Anwesenheit zu trösten[1521]. Wenn er Zeuge dieser Einheit sein dürfte, „quam intime iocundarer", „wie innig würde ich mich freuen"[1522]. Es würde ihm ja dann die „coniocundacio", „Mitfreude" geschenkt[1523]. Diese Einheit wird genannt „iocundus affectus, … delectabilis conuictus, … deliciosum conuiuiuum", „froher Affekt, … freudige Speise, … wonnevolles Gastmahl"[1524]. Sie „inusitata gaudia inspirat", „haucht ungewohnte Freuden ein"[1525]. Man kann ja mit dem Herrn nicht vertraut sein ohne Freude[1526]. Man muß sich über Christus wundern, „quanta iocunditas coniunccionis, cum delicie eius sint esse cum hominum filiis", „wie groß (seine) Freude ist, da es seine Wonne ist, mit den Menschenkindern zu sein"[1527].

33.2 Johannes von Stommeln übermittelt Petrus von Dazien Nachrichten über Christina. Er grüßt dabei seinen Adressaten „per illud ineffabile cordis gaudium, quo sponsa christi, ob eius dilectissimi sponsi absentiam diu inconsolabiliter languida in ipsius delectabili presencia iucundatur", „durch jene unaussprechbare Freude des Herzens, durch welche die Braut Christi, lange wegen der Abwesenheit ihres geliebtesten Bräutigams untröstlich krank, in seiner erfreulichen Anwesenheit froh wurde"[1528]. Nach seinem Bericht wird die „sponsa Christi in thalamum sui dulcissimi Sponis laeta suscipitur, ubi beata eijus anima ineffabilibus gaudiis et deliciis juncundatur", „Braut Christi in das Gemach ihres süßesten Bräutigams froh aufgenommen, wo ihre Seele mit unaussprechlichen Freuden und Wonnen froh wird"[1529]. Dabei „gaudium super gaudium ipsi ineffabiliter cumulabatur", „wurde1n ihr Freude über Freude unaussprechlich gehäuft"[1530]. Gerade wenn sie von den Dämonen gepeinigt wird und lange Zeit ohne Trost ist, kann der Bräutigam ihr Schreien nicht lange aushalten und „cor Sponsae diu languidum jucunditate ineffabili adimplevit", „erfüllte das lang kranke Herz der

---

[1519] CS 1, 2,34,19,12-15.
[1520] CS 1, B 5,11,75,18-21.
[1521] CS 1, B 5,16,80,26-29.
[1522] CS 1, B 10,32,96,3.
[1523] CS 1, B 10,32,96,5.
[1524] CS 1, B 5,12,77,12-14.
[1525] CS 1, B 56,13,77,24f.
[1526] CS 1, B 10,35,98,20f.
[1527] CS 1, B 9,28,92,9f.
[1528] CS 1, B 25,22,165,26-28.
[1529] CS 2, 4,2,18,299.
[1530] Ebenda.

Braut mit unaussprechlicher Freude"[1531]. An einem Osterfest geht Christina froh in die Kirche und ruht dort nach dem Kommunionempfang in den Umarmungen ihres Bräutigams, „ubi semper novis et ineffabilibus gaudiis deliciatur", „wo sie Wonnen mit immer neuen und unaussprechlichen Freuden erlebt"[1532]. Als sie ein anderes Mal wieder froh zur Kirche und dort zur Kommunion geht, spürt sie, wie sie in die Arme ihres Bräutigams fliegt, „ubi inter infinita gaudiorum maria, hoc pro novo atque recenti gaudio percepit, „wo sie dies in einem unendlichen Meer der Freuden für eine neue und frische Freude empfing"[1533]. „Aeterni Sponsi benignitas novis ac recentissimis clenodiis ditans, ineffabiliter laetificavit." – „Die Güte des ewigen Bräutigams, die sie mit neuen und frischesten Kleinodien bereicherte, hat sie unaussprechlich erfreut."[1534]

34. Oft wird auch von der Freude, die Christus ist und gibt, in der Vita der Agnes von Blannbekin gesprochen.

34.1 Besonders geschieht dies im Zusammenhang mit den Wunden des verklärten Herrn: „Vulnere pedis sinistri significatur, haberi gaudium et laetitiam, quod nos vocamus tripudium, – non quod ibi sit tripudium vel chorea, sicut importat hoc nomen apud nos convivia – sed aliam similitudinem dare non poterat." – „Die Wunde des linken Fußes bedeutet den Besitz von Frohsein und Freude, was wir bei uns Dreischritt nennen – nicht, daß es dort einen Tanz oder einen Reigen gibt, was dieser Name bei uns bei Gastmählern bedeutete –, sondern sie konnte keinen anderen Vergleich geben."[1535] Man soll immer die Wunden des verklärten Herrn küssen[1536]. Denn diese spenden dem ganzen himmlischen Hof Freude[1537]. Ähnlich haben auch die Heiligen an Franziskus große Freude, weil in ihm die heiligen Wunden Christi aufleuchten[1538]. Das Schauen der Seitenwunde Christi und deren Blut bereitet nicht, wie dies sonst bei menschlichen Wunden zu sein pflegt, Schrecken und Furcht[1539]. „Sed magis aspectus hujus vulneris ei gaudium spiritus ingerebat." – „Sondern der Anblick dieser Wunde brachte ihr mehr Geistesfreude ein."[1540] Freude geht dann von den Wunden aus, wenn sie offen und strahlend sind[1541].

34.2 Im Himmel haben die Seligen an Christus besondere Freude[1542], welche wie ein Tropfen im Vergleich zum Meer[1543] und zu der Freude an Gott[1544] ist, wobei die

---

[1531] CS 2, 4,4,32,303.
[1532] CS 2, 4,4,34,303.
[1533] CS 2, 4,9,82,316.
[1534] CS 2, 4,15,141,333.
[1535] AB 6,14-18,72.
[1536] AB 113,5-7,254.
[1537] AB 113,7-9,254.
[1538] AB 18,7-12,86.
[1539] AB 140,15-17,310.
[1540] AB 140,18f.,310.
[1541] AB 214f.,34-36,442.
[1542] AB 9,13-15,73-86.
[1543] AB 25,16-20,98.
[1544] AB 25,20-23,98.

verschiedenen Heiligen je nach ihrem Stand sich verschieden freuen[1545]. Doch all ihre Freude und diejenige der Engel gehen von den Wunden des verklärten Herrn aus[1546]. Agnes sieht die Heiligen, die „habebant gaudium, quia ipsemet, silicet deus homo, erat erorum remunerator", „die Freude haben, weil er selbst, nämlich der Gottmensch, ihr Belohner war"[1547]. „Ipse tamen singulare gaudium habet a matre virgine ex eo, quod se in ipsa speculatur." – „Er selbst aber hat eine besondere Freude an der jungfräulichen Mutter deswegen, weil er sich in ihr spiegelt."[1548] Er krönt seine Mutter mit einer besonderen Krone, von welcher der Zacken an der Stirnseite „significabat gaudium et gloriam Christi, quam habet de humanitate matris", „bedeutete die Freude und die Herrlichkeit Christi, welche er von dem Menschsein der Mutter hat"[1549]. Ein anderer Zacken bedeutet die Freude Mariens an der mit der Gottheit vereinten Menschennatur ihres Sohnes[1550]. Durch sie erhalten alle Heiligen die Freude[1551]. Jesus aber wollte sich nicht nur auf Erden freuen[1552]. Seine Freude beginnt erst richtig, wenn er in den eigentlichen Himmel wieder aufsteigt[1553].

34.3 Auch wenn sie Jesus in Auditionen und Visionen erfährt, erhält Agnes Freude. So berichtet der Autor über eine Audition: „Cum autem vox loqueretur ei, ipsa stupefacta est non cum horrore, sed cum quaedam laetitia." – „Als die Stimme aber zu ihr sprach, erstarrte sie nicht vor Schrecken, sondern vor einer gewissen Freude."[1554] An diese Bemerkung hängt der Autor der Vita die grundsätzliche Bemerkung: „Nam dixit, quod, quoties ei haec vox loqueretur, semper in initio sermonis subita est inopinata laetitia eam rapuit in stuporem." – „Denn sie sagte, daß, sooft zu ihr diese Stimme sprach, sie am Anfang der Rede eine plötzliche und unerwartete Freude in Staunen entrückte."[1555] Es war so, als ob plötzlich ein unerwarteter, sehr lieber Freund angemeldet wird[1556]. Wenn Agnes in einer Vision die Wunden Jesu sieht, erhält sie große Freude[1557]. In der Weihnachtsnacht wird Agnes mit einer Freude erfüllt, die alle Freude auf Erden und im Himmel übertrifft[1558]. Ein großer Gliederschmerz, den sie dabei spürte, wird von dieser Freude übertroffen[1559].

34.4 Agnes spürt auch bei der „unio mystica" Freude. Diese macht sich besonders bei dem Empfang der Kommunion deutlich. Schon in der vorausgehenden Nacht er-

---

[1545] AB 96,39-41,226.
[1546] AB 137,14-16,306.
[1547] AB 63,27f.,162.
[1548] AB 9,15f.,76.
[1549] AB 183,11f.,380.
[1550] AB 183,17-19,380.
[1551] AB 183,20-21,380.
[1552] AB 100,31-33,234.
[1553] AB 100,28-30,234.
[1554] AB 78,16f.,188.
[1555] AB 78,17-20,188.
[1556] AB 78,21-23,188.
[1557] AB 140,18f.,310.
[1558] AB 195,9-14,406.
[1559] AB 195,17-20,408.

wacht sie „repleta immensa laetitia", „erfüllt mit unermeßlicher Freude"[1560]. „Deinde veniens ad ecclesiam exhilarata in spiritu communicavit." – „Dann kam sie zur Kirche und kommunizierte heiter im Geist."[1561] Einmal erschrickt Agnes über die Aufforderung, ständig die Passion des Herrn im Gedächtnis zu haben[1562], weil sie glaubt, dies müsse mit Schmerzen verbunden sein[1563]. Sie wird aber belehrt, sie soll dabei die größte Freude haben[1564]. „Propter passionem enim et mortem Christi habetur sacramentum altaris, de quo habet anima devota multiplex gaudium et utilitatem." – „Wegen des Leidens und des Todes Christi gibt es das Altarsakrament, von welchem eine fromme Seele vielfältige Freude und Nutzen hat."[1565]

35. Zusammenfassend läßt sich über die Freude, die Christus ist und schenkt, sagen:

35.1 Jesus ist der heitere[1566], der frohe[1567], der jubelnde[1568] Bräutigam, der Wein, der das Herz des Menschen erfreut (Ps 103,15)[1569], der Nektar der Freude[1570], der Festtag der Freude[1571], die Freude der Traurigkeit[1572], die ewige, immer neu werdende Freude[1573], der Freude gebende Trank[1574], aller Freude Keller[1575], die Quelle aller Freuden[1576], des Herzens süße Freude[1577], des Herzens und der Seele Freude[1578], des Herzens wahre Freude[1579], das Meer der Freuden[1580], die ganze Hoffnung und Freude[1581], die Liebe und Freude[1582], die Herrlichkeit, die Freude und die Seligkeit[1583], das Lob und der Jubel[1584], die ganze und sichere Freude[1585], die ganze und einzige Freude[1586],

---

[1560] AB 103,7f.,236.
[1561] AB 103,12f.,236.
[1562] AB 110-112,11f.,250.
[1563] AB 110-112,13-15,250.
[1564] AB 110-112,15f.,250.
[1565] AB 110-112,17-19,250.
[1566] BHLD 1, 3,1,2,76,20-22.
[1567] G R 6,751,208.
[1568] CS 1, B 5,11,75,18-21.
[1569] MO 2,10,92,568.
[1570] IG 3,22,114; 4,36,118.
[1571] SP 10,866,1f.
[1572] DU 374,13f.
[1573] DU 374,17.
[1574] DB 10,384,3.
[1575] DB 10,384,7.
[1576] CH 1, 239.
[1577] CH 1, 245.
[1578] CH 2, 210.
[1579] G R 7,589,244.
[1580] DB 10,384,15; CS 2, 4,9,82,316.
[1581] G R 5,17,128.
[1582] G R 6,190,174.
[1583] G R 6,206f.,174.
[1584] G R 6,749f.,208.
[1585] G R 4,308f.,120.
[1586] G R 6,686f.,204.

die Lust aller Ohren[1587], die Aufheiterung des Geistes[1588], die fröhliche Menschheit[1589] und der froheste Begleiter[1590].

Er besitzt die heitere Heiligkeit[1591]. In ihm hat man alles, was zur Freude gehört[1592]. Seine Freude besteht darin, anderen etwas zu schenken[1593]. Von Christi Brüsten[1594], Dienst[1595], Duft[1596], Gesicht[1597], Öl[1598] und Stimme[1599] geht Freude aus. Auch seine Lehre[1600] macht froh. Seine Freude ist angeboren[1601], einzigartig[1602], erfrischend[1603], ewig[1604], geistlich[1605], groß[1606], heilig[1607], höchst[1608], innerlich[1609], spielend[1610], neu[1611], selig[1612], süß[1613], unaussprechbar[1614], unbesiegt[1615], unermeßlich[1616], unerwartet[1617], ungewohnt[1618], unschätzbar[1619] und unvermischt[1620].

35.2 Immer schon besitzt er als Gott das Frohsein[1621]. Zwischen Vater und Sohn herrscht ewige Freude[1622]. Alle drei Personen sehen sich voll Freude an[1623]. Der Sohn

---

[1587] MM 3,2,6,79.

[1588] G R 4,39,102.

[1589] MM 4,12,20f.,123.

[1590] G 3, 3,65,3,57,266.

[1591] HISV 1, 2,1,17,417f.,123.

[1592] DB 10,383,22-24.

[1593] MH 1,30,102.

[1594] WHLD 1,2,44,132.

[1595] WHLD 1,2,44,132.

[1596] JFC 3,13,455f.,157.

[1597] JFC 3,7,178-183,148; DB 8,382,39-383,2; MH 1,19,70.

[1598] BHLD 1, 32,2,3,504,5-8; GHLD 33,1,171B.

[1599] JFC 3,7,178-183,148; ESI 14,108; AB 78,16-20,188.

[1600] WHLDB 8,414D.

[1601] BHLD 1, 28,4,10,446,19-21.

[1602] RVPS 30,273D-274B; ESI 14,108.

[1603] CS 2, 4,9,82,316.

[1604] JFC 3,7,178-183,148; 3,17,561f.,160; IL 1,5,31,166; DU 374,17; MH 6,3,380f.; CH 2, 204.

[1605] JFC 3,13,455f.,157; WHLD 1,3,51,142; RVPS 28,307A; CH 2, 213.

[1606] MM 4,14,37-39,129.

[1607] CH 1, 210.

[1608] RVPS 30,273D-274B; G 2, 2,5,2,8-15,250.

[1609] HA 987C.

[1610] LO 34,327,12f.

[1611] IG 4,33,117; DU 374,17; MH 5,10,335; CS 2, 4,4,34,303; 4,9,82,316.

[1612] MM 1,45,2f.,32.

[1613] ESB 14,147; CH 1, 249.

[1614] HISV 1, 2,1,17,416f.,123; MH 6,9,390; CH 2, 229; CS 1, B 25,22,165,26-28; 2, 4,2,18,299; 4,4,34,303.

[1615] HISV 1, 2,6,12,582-584,242.

[1616] AB 103,7f.,236.

[1617] AB 78,17-20,188.

[1618] CS 1, B 5,13,77,24.

[1619] MH 5,7,329; MH 6,9,388; G 5, 5,1,4,2-5,20.

[1620] MM 2,3,10f.,39.

[1621] MM 7,1,49-52,255.

[1622] DB 6,380,1f.

[1623] MM 4,3,51f.,116.

rät, mit dem Erschaffung des Menschen froh zu beginnen[1624]. An der Freude der Dreifaltigkeit nehmen die Seligen Anteil[1625].

35.3 In der Menschwerdung wurde die Freude der Engel zum Trost der Menschen[1626]. Schon die Verkündigung an Maria verbreitet Freude[1627]. Sie ist ein Tag der Freude[1628]. Maria freut sich, als der Sohn Gottes vom Schoß des Vaters in ihr Herz kommt[1629]. Der Mensch müßte vor Freude dahinschwinden, wenn er die Größe dieses Geheimnisses erkennen würde[1630]. Auch die Jungfräulichkeit seiner Empfängnis[1631] und das Stillen an der Brust Mariens[1632] bereiteten Freude. Der vor Freude strahlende Sohn ist dem Vater bis zum Tod gehorsam geworden[1633].

35.4 Der irdische Jesus besaß eine geordnete Freude[1634], die seinem Aufenthalt auf Erden angepaßt war[1635]. Man soll sich mit Jesus beim Einzug in Jerusalem am Palmsonntag freuen[1636]. Mit Freude nimmt er auch die Schmach des Kreuzes an[1637]. Jesus stehen alle Freuden zu, weil er so viel für die Menschen gelitten hat[1638]. Der Vater hat Freude an der Erlösung am Kreuz[1639], die Jesus teilte[1640]. Wie ein Bräutigam ins Brautbett, so ging Jesus voll Freude an das Kreuz[1641]. Nach dem Sterben geht Jesus in das Reich des Todes und befreit dort die Menschen mit Freude[1642]. Er hat ja gelitten, um uns an seiner Freude Anteil zu geben[1643]. So birgt auch die Betrachtung des Leidens Jesu Freude[1644].

35.5 An Ostern erhält Jesus unendliche Freude für das, was er erduldet hat[1645]. In der Freude der frohen[1646] Auferstehung ist Jesus zur süßen Traube für den Menschen geworden[1647]. Einmal ist auch vom Lachen an Ostern die Rede[1648]. Dort ist er mit dem

---

[1624] MM 3,9,32f.,87.
[1625] CH 2,219.
[1626] BVNAT 4,1,176,13f.; JC 1,4,16,448.
[1627] GIS Ann 1,2,42-49,110; G 2,2,5,2,8-15,250.
[1628] MM 1,45,2f.,32.
[1629] MH 1,41,125.
[1630] MH 1,43,128.
[1631] MM 5,23,15f.,174.
[1632] MM 5,23,74f.,176; G 4,4,3,4,5-8,52.
[1633] BD 41,1,508,21-23.
[1634] BS 3,114,666,16-19.
[1635] TH 17,31-33,56.
[1636] GIS Palm 4,2,52-55,206.
[1637] MH 1,11,37.
[1638] GHLD 20,9,108B.
[1639] TH 44,24-27,110.
[1640] TH 46,6-12,114.
[1641] MH 4,59,312.
[1642] G 3,3,46,7,4-7,210.
[1643] MA 35,38.
[1644] OL 1,12,22-25,215; ES 15,371,36f.; MM 1,25,2-7,20; 7,18,39-42,271; 7,27,30-46,277; AB 110-112,15f.,250.
[1645] MH 1,19,64.
[1646] G 4,4,27,5,1-11,266.
[1647] BHLD 2,44,1,1,102,18f.
[1648] CS 1,2,34,19,12-15.

Öl der Freude gesalbt worden[1649]. Die Heiterkeit erweckt ihn vom Schlaf des Todes[1650]. Er besitzt jetzt eine heitere Unsterblichkeit[1651]. Seine verklärten Wunden bringen Freude[1652]. Sie spenden dem ganzen himmlischen Hof Freude[1653]. Die Freude teilt er wie Speisen an die Menschen aus[1654]. Gerade die Leidenden erhalten Anteil an der Osterfreude[1655]. Wer Gefährte der Leiden Christi war, darf sich jetzt über seine Auferstehung freuen[1656]. In seiner Himmelfahrt fährt Christus zur Höhe der Freude auf[1657]. An dem entsprechenden Fest erfährt eine Mystikerin solche Freude, daß sie danach nichts essen kann[1658]. Man lebt durch die Freude wieder auf[1659]. Damit ist alles Leid, das die Frauen mit dem leidenden Herrn vorher empfunden hatten, überwunden[1660].

35.6 Das Leid des Menschen wird von Jesus in Freude gewandelt[1661]. Der Mensch wird trunken an der Freude Christi[1662]. Auch in Schmerzen kann man ganz mit dem Herrn froh einssein[1663]. Froh beginnt der Mensch, dem Ruf Christi zu folgen[1664]. Beim Ordenseintritt wird man mit dem Kleid der Freude bekleidet[1665]. In der Freude an Christus kann der Mensch auch Leiden ertragen[1666] und Askese üben[1667]. Diese Freude vertreibt die bösen Geister[1668]. Je mehr wir auf Erden geduldig das Leid ertragen, um so größere Freude schenkt uns Christus[1669]. Man freut sich auch, wenn Jesus anderen Menschen vergibt[1670].

35.7 Oft schauen die Mystikerinnen in Visionen Christus mit Freude verbunden. Er ist dann das Freude bringende Jesuskind[1671], der heitere Jüngling[1672], derjenige, der

---

[1649] GHLD 33,1,171B.
[1650] HISV 1, 2,6,12,581f.,242.
[1651] HISV 1, 2,1,15,389f.,122; MH 1,19,67.
[1652] AB 6,14-18,72.
[1653] AB 113,7-9,254.
[1654] MH 1,19,64f.
[1655] LO 32,326,25f.
[1656] GHLD 33,171B-C; OL 1,12,216,20f.,29f.
[1657] HISV 1, 2,1,17,416f.,123; MH 1,20,72; AB 100,28-30,234.
[1658] IG 5,51,122.
[1659] MY 35,123,22-24; ES 12,371,3-6.
[1660] IL 1,2,9,161; CS 2, 4,4,32,303.
[1661] LB 3,187-191,134.
[1662] JFC 3,7,197-199,149; BDI 11,33,130,11f.; BN 1,9,48,81,40; CH 1, 210.
[1663] MH 2,26,170.
[1664] IH 14,42,153.
[1665] BN 1,9,48,77,40.
[1666] AS 3,31,476; MA 2,3; MM 7,27,45f.,277.
[1667] BN 1,9,48,87-92,40; G 2, 1,11,5,1-3,174; 2, 2,7,2,3-14,262.
[1668] G R 5,438-440,154.
[1669] MA 35,38.
[1670] MM 3,22,20f.,105; 7,21,36-38,274.
[1671] BN 3,13,242,46,155; IL 1,5,31,166; 2,4,21,176; CH 1, 228; 230.
[1672] HISV 2, 3,10,21,627-632,564.

die Freude in der Eucharistie bringt[1673] und der die Menschen voll Freude zum Vater führt[1674]. Freude bereiten auch die in Visionen geschauten Wunden[1675].

35.8 Über die Tatsache, daß Gott sich mit dem Menschen vereint, kann man sich vor Freude nicht halten[1676]. Schon die Sehnsucht danach ist freudevoll[1677]. Die Anwesenheit des Bräutigams verbreitet Freude[1678] und Friede[1679]. Froh empfängt die Braut den Bräutigam[1680]. Sie zieht ihn mit großer Freude in sich[1681]. Es ist ein Fest, wenn sich Braut und Bräutigam miteinander freuen[1682], und es herrscht dann das Glück der Freude[1683]. Die Seele freut sich an dem Ehebund mit Christus[1684]; davor gibt es eine frohe Verlobung[1685] der Herzensfreude[1686]. Die Braut wird vom Bräutigam in den Garten[1687], den Weinkeller[1688] und das Gemach[1689] der Freude geführt. Froh wird man in der Umarmung des Bräutigams[1690]. Man hat dann ungemischte Freude[1691]. Freude bereitet es, bei Jesus und Maria zu sein[1692]. Froh brennt die Seele in der Gottheit[1693]. Auch der Bräutigam freut sich über die Braut[1694]. Wie sollte man sich nicht mitfreuen über die Freude, die Christus am Menschen hat[1695]? Tut der Mensch es nicht, würde er Unrecht tun[1696]. Selbst wenn das Bewußtsein wieder zum Alltag zurückkehrt, bleibt die Freude[1697].

36.9 Die Kirche besitzt die strahlende Freude[1698]. Das Blut Jesu in der Eucharistie verbreitet Freude[1699]. Die Eucharistie ist das frohe Gastmahl[1700]. Der Leib Christi im

---

[1673] MH 4,8,264f.
[1674] G 3,3,18,2,1-6,80-82.
[1675] AB 140,18f.,310.
[1676] BHLD 2,52,1,2,196,9-11.
[1677] MM 7,61,13f.,305.
[1678] WHLD 1,1,32,114; HSO 970B-D; RVPS 28,307A; IG 2,13,112; IL 2,2,5,172; CS 1, B 25,22,165,26-28.
[1679] WHLD 1,3,51,142; RVPS 30,273B.
[1680] IG 4,37,118.
[1681] CH 2, 227.
[1682] SP 10,866,9f.
[1683] HF 19,1006A-B.
[1684] GHLD 20,9,108A.
[1685] HIM 4,24,470f.,186.
[1686] MH 4,59,312.
[1687] GHLD 35,3,185B.
[1688] BN 3,3,196,9-12,128.
[1689] ESI 14,108; CS 2, 4,2,18,299.
[1690] MO 2,7,65,562; IL 2,6,31,179; CH 2, 204.
[1691] MM 2,3,10f.,39.
[1692] IH 22,66,158.
[1693] DU 375,20-22.
[1694] JHLD 115,9,181f.,779; ESI 14,108.
[1695] WHLDB 20,9,108A-B.
[1696] GHLD 20,9,108B.
[1697] MM 3,10,43-45,90f.
[1698] HISV 1, 2,3 vis,77f.,135.
[1699] JHLD 31,3,83,246.
[1700] G 3,3,18,3,5-7,82.

Altarsakrament vermittelt eine unbesiegbare Freude[1701]. Diese führt den Menschen zur Bewunderung[1702]. Schon die Rede über die Eucharistie verbreitet Freude[1703]. Besonders aber ist es der Empfang dieses Sakramentes, welcher eine Freude darstellt[1704], im besonderen Maße, wenn er häufig geschehen kann[1705]. Man ist dann froh im Geist[1706], trunken vom Nektar der Freude[1707], die Engel singen froh[1708], und man hört in Freude den Pulsschlag des Herrn[1709]. Man darf auch anderen an dieser Freude Anteil geben[1710].

35.10 Wenn es auch auf Erden Freude an Jesus gibt, so hat sie noch keine Dauer[1711], selbst wenn sie sich wiederholt[1712]. Man betet, daß der Herr beim Sterben voll Freude kommt[1713], und hofft, dann den Ruf Jesu voll Freude zu hören[1714]. Schon bei der Wegzehr für die Sterbenden stellt sich eine besondere Freude ein[1715]. Mit seinem Kuß kann man freudig aus der Welt scheiden[1716]. Aus dem Herzen Jesu kommen dann Ströme der Freuden[1717]. Mit Freuden wird ein Mensch im Himmel empfangen[1718]. Die Freude der Seligen im Himmel[1719] besteht in der Schau des Lammes Gottes[1720], an dessen Tisch Freude herrscht[1721]. Wenn Jesus beim ewigen Gastmahl bedient, herrscht Jubel[1722]. Die Freude wird mit dem Genuß von köstlichen Früchten verglichen[1723]. Man erfährt die Freuden der Stadt Christi[1724]. Die Seligkeit ist ein froher Affekt, eine freudige Speise und ein wonnevolles Gastmahl mit Christus[1725]. Die endgültigen Küsse[1726] und Umarmungen[1727] des Bräutigams Christus machen den Menschen froh. Die Vollendung

---

[1701] HISV 1, 2,6,12,582-584,242; IH 36,99,164.

[1702] MH 1,24,85.

[1703] MO 2,10,92,568.

[1704] JC 1,2,12,446; IL 1,4,20,164; MH 2,24,166.

[1705] BN 1,18,79,6f.,63.

[1706] G 3, 3,18,3,1f.,82; AB 103,12f.,236.

[1707] IG 4,36,118.

[1708] CH 1, 242.

[1709] G 4, 4,4,4,15-18,64.

[1710] MH 2,24,166.

[1711] WHLDB 8,414D.

[1712] IG 2,14,112.

[1713] MM 7,35,27-32,283.

[1714] G R 7,610f.,246.

[1715] IL 3,1,3,183; MH 6,6,383.

[1716] G R 7,629f.,246.

[1717] G 5, 5,30,2,20-22,242.

[1718] MH 5,3,321.

[1719] MM 7,1,97-99,257.

[1720] JFC 3,14,466f.,157.

[1721] BDI 11,33,130,11f.

[1722] BDI 11,33,130,16-19.

[1723] MH 1,10,31.

[1724] JFC 3,17,561f.,160.

[1725] CS 1, B 5,12,77,12-14.

[1726] WHLD 1,11,132,284.

[1727] WHLD 1,11,132,284.

der Erlösung durch Christus verbreitet eine frohe Ruhe[1728]. Die Fülle der Freude wird mit einem Meer verglichen[1729]. In dieser Freude sind alle Sehnsüchte gestillt[1730]. Es ist eine Freude, die alle menschlichen Vorstellungen übertrifft[1731]. Ihr Gegenstand ist die Krone Christi[1732]. Von seinem Herzen gehen wie Strahlen die Freuden auf die Seligen über[1733]. Sie trinken aus dem Mark des Herzens die Freude[1734]. Deswegen singen[1735] und tanzen[1736] sie mit ihm. Die Braut liegt mit Freuden in seinen Armen[1737], ihr hat er sein Herz zum Trank der Freude gegeben[1738]. Gott Vater ruft die Bräute Christi zur Freude auf[1739]. Man kann Maria mit der Freude grüßen, die sie jetzt im Himmel besitzt[1740]. Der Liebesjünger Johannes schwimmt in Freude[1741]. Der Leib wird ebenfalls voll Freude über die blühenden Menschheit Christi[1742].

35.11 Auch Jesus empfindet am Menschen Freude. Christus jubelt wie ein Riese in Freude[1743]. Er hat seine Freude auf die Menschen gesetzt[1744]. Seine Freude ist es, bei den Menschen zu sein[1745]. Der Mensch ist seines Herzens Freude[1746]. Die Brüste der Braut machen ihn froh[1747]. Er hat Freude an der Umarmung[1748] und am Empfang der Kommunion seiner Braut[1749]. Der Herr freut sich an jedem Menschen so, als ob es sonst keinen anderen gäbe[1750]. Freude empfindet er, wenn ein Mensch durch den Tod zum Himmel geht[1751]. Besonders aber wird er froh an Maria, seiner Mutter[1752]. Die Einheit mit Jesus[1753], besonders bei der Kommunion[1754], bereitet der ganzen Dreifaltigkeit Freude. Sie nennt den Menschen: Meine Freude und meine Lust[1755]. Der Vater

---

[1728] ARSC 1,5,14,204,18.
[1729] RVPS 28,307A.
[1730] RVPS 30,273B.
[1731] ESI 14,108.
[1732] MM 7,1,92,256.
[1733] MH 5,8,331.
[1734] MH 5,13,340.
[1735] MM 7,1,104,257.
[1736] MM 7,37,16-20,286; MH 1,19,69; 6,6,383; G 4, 4,48,17,1-14,386.
[1737] G 4, 4,48,17,1-14,386.
[1738] G 3, 3,46,1,15-20,206-208.
[1739] MM 7,37,23f.28,286.
[1740] MH 1,46,132.
[1741] G 4, 4,4,5,7-11,66.
[1742] DB 7,381,21-23.26.29f.
[1743] HIM 4,24,472f.,186.
[1744] MH 2,8,143.
[1745] CS 1, B 9,28,92,9f.
[1746] MH 7,2,392.
[1747] WHLDB 8,414D.
[1748] G 3, 3,50,2,23-25,222.
[1749] IG 5,43,120.
[1750] G R 3,74f.,78; G 3, 3,50,1,15-18,220.
[1751] G 5, 5,1,4,2-5,20.
[1752] AB 9,15f.,76; AB 183,11f.,380.
[1753] G 3, 3,18,6,9-11,86.
[1754] G 4, 4,39,3,15-17,324.
[1755] CH 2, 210.

freut sich an Jesu Himmelfahrt[1756] und der Krone, die er ihm am Ende der Zeiten aufsetzt[1757].

2.7 Wonne

1. In der Vulgata kommen sowohl „delicium" als auch „voluptas" im Sinn von Wonne vor. Oft haben beide Ausdrücke einen negativen Beiklang. Es wird vor dem Streben nach den Wonnen dieser Welt gewarnt. Gott aber ist auch der Spender der Wonnen[1758]. Auf Christus selbst werden die Ausdrücke aber nicht bezogen.

2. Jean von Fécamp bittet Christus, das Brot und die Quelle des Lebens, er solle in sein Herz kommen, „et sobria ebrietate uoluptatis tuae inebria illud", „und mache es trunken an der nüchternen Trunkenheit Deiner Wonne"[1759].

3. Bernhard von Clairvaux schreibt, daß der reuige Schächer einen kurzen Weg über die Brücke des Kreuzes Christi „de luto faecis in paradisum voluptatis", „vom Schlamm des Morastes in das Paradies der Wonne" gegangen ist[1760]. An Maria macht Bernhard die Freude des Himmels deutlich. In einer Predigt zur Aufnahme Mariens in den Himmel staunen die Engel in Anlehnung an Hld 8,5, woher einem Menschen „de deserto affluentia tanta deliciarum", „aus der Wüste ein solcher Überfluß der Wonnen" zukommt[1761]. Maria ist ja jetzt „deliciis spiritualibus affluens", „überfließend an geistlichen Wonnen"[1762], „suavis in deliciis suis", „süß in ihren Wonnen"[1763]. Aber noch mehr sollten die Engel über den Abstieg des Sohnes Gottes in die Armut bei seiner Erniedrigung staunen[1764]. Weil er hinabgestiegen ist, kann seine Mutter und die ganze Welt Wonnen erhalten: „Illius miseriae mundi deliciae sunt." – „Sein Elend sind die Wonnen der ganzen Welt."[1765] Einmal nennt Bernhard auch die durch Christus verdiente Seligkeit den Berg der ewigen Wonnen, zu dem der Mensch aufsteigt[1766].

4. Nach Wilhelm von St. Thierry kommt der Bräutigam Christus zur Seele „in divitiis plenitudinis tuae, et deliciis bonitatis tuae", „im Reichtum Deiner Fülle und in den Wonnen Deiner Güte"[1767]. Doch diese Wonnen sind in diesem Leben nur kurz. Denn immer wieder zieht sich der Bräutigam als Urheber der Wonnen zurück, und die Wonnen verschwinden mit ihm[1768].

[1756] MH 1,20,72.
[1757] MM 7,1,45-49,255.
[1758] Vgl. Weiß, Gottesbild 2,1453.1507.
[1759] JFC 3,3,52-58,144.
[1760] BB 1, 8,2,336,14f.
[1761] BASSPT 4,1,558,12-15.
[1762] BASSPT 4,1,558,18; vgl. BASSPT 4,1,560,3.
[1763] BASSPT 4,1,560,1.
[1764] BASSPT 4,1,560,3-6.
[1765] BASSPT 4,1,560,7.
[1766] BD 33,1,464,11.
[1767] WHLD 1, fin 144,302.
[1768] WHLD 2,3,166,346.

5. Nach Gilbert von Hoyland wird das Haus der Braut an den Wonnen des Bräutigams überfließen wie ein bewässerter Garten[1769].

6. Auch im Hohenliedkommentar des Johannes von Ford wird von den Wonnen des Bräutigams gesprochen. Die Liebe, die zur Rechten des Königs und Bräutigams steht, erfüllt alles mit ihren Wonnen[1770]. Christus, „nouus noster Adam, sponsus ecclesiae sanctae, delicias reparaturus antiquas", „unser neuer Adam, der Bräutigam der Kirche, (wird) die alten Wonnen wiederherstellen", die es einmal im Paradies gab[1771]. Zwei Schriftstellen kombiniert Johannes (Spr 8,31, Ps 138,11), wenn er schreibt: „Deliciae meae, inquit rex gloriae, Vnigenitus Patris, deliciae meae, ait, esse cum filiis hominum, et nox illuminatio mea in deliciis meis." – „Meine Wonnen, sagt der König der Herrlichkeit, der Eingeborene des Vaters, meine Wonnen, spricht er, sind es, bei den Menschenkindern zu sein, und die Nacht ist für mich eine Erleuchtung in meinen Wonnen."[1772] Denn das fleischgewordene Wort wohnt unter uns, weswegen die Wonnen beständig geworden sind[1773]. Deswegen sollen die Menschen aber auch nach den Wonnen einer so großen Liebe greifen und nicht dulden, daß sie zu den Wonnen der Fäulnis geführt werden[1774]. Die Einheit mit der Braut schildert Johannes folgendermaßen: „Coarctata exterioribus abstrahitur et interioribus attrahitur deliciis, attracta Christo desiderabiliter per amorem adhaeret." – „Die Gebundene wird von den äußeren gelöst und zu den inneren Wonnen gezogen, die Gezogene hängt Christus durch die Liebe sehnsuchtsvoll an."[1775] „Quae huius, quaeso, unionis uoluptas, aut quae voluptatis fecunditas!" – „Was für eine Wonne der Einheit, frage ich, oder was für eine Fruchtbarkeit der Wonne!"[1776]

7. Der zisterziensisch geprägte Traktat „Liber amoris" deutet das Blut und Wasser, das aus der Seitenwunde Jesu fließt, als „stillae dulcedinis et uoluptatis profluentes", „herausfließende Tropfen der Süße und der Lust"[1777].

8. Nach dem Traktat „Speculum virginum" trägt der Mensch in seinem Gewissen einen Garten der Wonne[1778], in welchen man nur durch die Gnade dessen eintreten kann, welcher der Weg, die Wahrheit und das Leben (Joh 14,6) ist[1779].

9. In seinem Psalmenkommentar preist Richard von St. Viktor den Frieden, der in der „supereffluentia spiritualium deliciarum", in dem „Überfluß der geistlichen Freuden" besteht[1780]. Ihn besitzt der Mensch auf Erden auf Dauer noch nicht, weil es hier eine

---

[1769] GHLD 35,3,185B.
[1770] JHLD 12,7,208f.,113.
[1771] JHLD 59,9,193f.,420.
[1772] JHLD 80,7,192-194,556.
[1773] JHLD 80,7,199f.,556f.
[1774] JHLD 80,7,195-198,556.
[1775] JHLD 97,8,160-163,660.
[1776] JHLD 97,8,163f.,660.
[1777] LB 3,187f.,134.
[1778] SP 10,870,19f.
[1779] SP 10,870,16f.
[1780] RVPS 30,273B.

Enge gibt, welche die vollkommene Freude noch nicht fassen kann[1781]. Sie wird nur für kurze Zeit bei der Ankunft des himmlischen Bräutigams auf Erden geschenkt[1782]. Da die Seele des Menschen Braut Christi genannt wird[1783], ist es dieser Bräutigam, der diese Wonnen bringt. Im allgemeinen ist aber Richard mit der Zuschreibung der Wonnen an Christus zurückhaltend, da die ganze Dreifaltigkeit nur eine Wonne gemeinsam besitzt[1784].

10. Elisabeth von Schönau beschreibt die Freuden, die man bei dem Bräutigam Christus, der die Braut mit seinem Blut gewaschen hat, findet[1785]. Dann fordert sie diejenigen, welche die Ehelosigkeit versprochen haben, auf: „Si habere delicias et gaudia concupiscitis, ad thalamum iocunditatis, qui pro vobis preparatus est, festinate." – „Wenn ihr begehrt, Wonnen und Freuden zu haben, eilt zu dem Gemach der Freude, das für euch bereitet ist."[1786]

11. Für den Verfasser des St. Trudperter Hoheliedes schließt die Christusnachfolge ein, daß man nicht das auf Erden zu haben begehren darf, was Christus dort nicht besaß. Jesus folgen diejenigen nicht, die „dâ wellent wunne und mandungen haben, dâ dû elende waere", „dort wollen Wonne und Freude haben, wo Du im Elend warst"[1787]. Und doch dürfen die Menschen auch hier schon Freude haben; denn Christus spricht: „Ich bin selp die bluome dâ dîne inneren sinne ane gewunnesamet werdent." – „Ich bin selbst die Blumen, woran deine inneren Sinne Wonne haben."[1788] Dennoch bleibt die Einschränkung: „Wan diz aber daz vinstere unde daz ellende lant ist, sô ist disiu wunne mêre ein troum denne ein wârheit." – „Weil dies aber das finstere und das fremde Land ist, so ist diese Wonne mehr ein Traum als eine Wirklichkeit."[1789]

12. Thomas von Cantimpré unterscheidet in seiner Vita der Lutgard von Tongeren beim Hohelied drei Arten von Betten. Die dritte Art besteht im blühenden Bett der Liebe, in dem Lutgard in den Armen ihres Bräutigams ruht[1790]. Dieses Bett wird „delicatus", „voller Wonnen" genannt[1791].

13. Hadewijch spricht relativ oft von den Wonnen[1792]. In der Dreifaltigkeit aber ordnet sie meist diesen Begriff dem Vater zu[1793]. Dennoch wird auch bei ihr von der Wonne Christi gesprochen. Wenn in ihm der Mensch vergöttlicht ist, dann wundert sie es nicht, daß der Mensch Jesus voller Wonne ist[1794]. Das Land, in dem der Mensch als

---

[1781] RVPS 30,273C.
[1782] Ebenda.
[1783] RVPS 30,274B.
[1784] Vgl. Weiß, Gottesbild 2,1454.
[1785] ESI 14,108.
[1786] Ebenda.
[1787] TH 17,32f.,56.
[1788] TH 26,18-20,74.
[1789] TH 30,26-29,82.
[1790] LTA 2,3,43,204.
[1791] LTA 2,3,43,203.
[1792] Vgl. Weiß, Gottesbild 2,1537-1539.
[1793] HAB 28,42f.,231.
[1794] HAB 28,231-236,238.

Liebender vom geliebten Bräutigam durchflossen wird, nennt Hadewijch „weldeghe", „voller Wonnen"[1795]. Auch in den Visionen erscheint Jesus mit einem Angesicht voll Wonnen[1796]. Er ist der, obwohl Angst erregende, auch wonnevolle Geliebte[1797].

14. Ida von Löwen sieht einmal Maria mit ihrem Kind und fällt wie die Weisen aus dem Morgenland vor ihr nieder. Sie spürt, daß sie von Mutter und Kind angeblickt wird. Dadurch wurde sie „tota spiritualibus deliciis affluens", „ganz von geistlichen Wonnen überfließend"[1798]. Auch als sie später Christus sieht, „coelestibus iterato deliciis adimpletur", „wird sie wiederholt mit himmlischen Wonnen erfüllt"[1799]. Bei einer Ekstase wird sie ebenfalls „deliciosa", „voller Wonnen"[1800] und fließt an Wonnen über[1801].

15. Besonders oft erwähnt David von Augsburg in seinen muttersprachlichen Traktaten die Wonnen Christi. Er ist der „himmelische schulmeister", „himmlische Lehrer", weil er der Brunnen aller Wonne ist[1802]. Jesus Christus wird angesprochen mit den Worten: „Dû bist der nutz und diu wünne, dâ allez das inne begriffen ist, daz vollekomenlich guot und wünneclich ist." – „Du bist der Nutzen und die Wonne, wo all das inbegriffen ist, was vollkommen gut und wonnevoll ist."[1803] Oder: „Jêsus vil süeziu wunne!" – „Jesus, sehr süße Wonne!"[1804] Er ist „daz abgründe der wünne", „der Abgrund der Wonne"[1805]. David preist den grenzenlosen Schatz Gottes. „Dirre hôhe schatz ist dîn wünnerîchiu angesiht." – „Dieser hohe Schatz ist Dein wonnereiches Angesicht."[1806] Jesus hat uns mit seiner Armut die Wonnen, die wir verloren hatten, wiedergebracht[1807]. Auch unser Leib wird einmal „niezen die himelischen wünne und weiden an der blüenden menscheit unsers hêrren Jêsu Kristi", „genießen die himmlischen Wonnen und weiden auf der blühenden Menschheit unseres Herrn Jesus Christus"[1808]. Daß auch unser Leib an den Wonnen teilhaben wird, ist in der Menschwerdung des Sohnes Gottes begründet: „Unsers lîbes oberisziu wünne und êre lît an dîner menscheit." – „Unseres Leibes höchste Wonne und Ehre liegt in Deiner Menschheit."[1809] Jesus soll uns tränken „mit dirre innersten edelsten âder dîner wünnesaelîchlîchen süeze", „mit dieser innersten, edelsten Ader Deiner wonneseligen Süße"[1810]. Obwohl so viele an der Freude Christi Anteil haben, wird sie nicht geringer,

---

[1795] HASG 4,8,46f.,29.
[1796] HAV 7,68,94.
[1797] HAV 6,80f.,90.
[1798] IL 1,5,32,167.
[1799] IL 2,7,36,181.
[1800] IL 3,3,18,186.
[1801] Ebenda.
[1802] DAG 363,12f.
[1803] DEW 366,4-5.
[1804] DU 375,17.
[1805] DB 10,384,15.
[1806] DB 6,379,30f.
[1807] DM 401,39f.
[1808] DB 7,381,23f.
[1809] DB 7,380,34f.
[1810] DB 9,383,17f.

da er selbst die Wonne schlechthin ist[1811]. Die Wonne, die in Jesus ist, kann niemand auch in der Ewigkeit ganz begreifen[1812]. Im Kontext der Eucharistie wird ebenfalls von der Wonne gesprochen. Jesus wird als wonnevolles Brot bezeichnet[1813]. Der Heilige Geist, welcher der Ursprung aller Wonnen ist, fließt von dem ewigen Sohn, unserem Herrn Jesus Christus, auf uns[1814].

16. Den Höhepunkt der Schilderung der Wonnen Christi findet man bei Mechthild von Magdeburg.

16.1 Jesus wird angeredet mit den Worten: „wunnenklicher jungeling", „wonnevoller Jüngling"[1815], „allerwunneklichester spiegel des himmelschen vatter", „allerwonnevollster Spiegel des himmlischen Vaters"[1816].

16.2 Die Heilige Dreifaltigkeit ist der Ursprung der Wonne[1817]; sie wird „wunnenclichiu", „wonnevolle" genannt[1818] und trägt ein einziges wonnevolles Kleid[1819]. Sie, zu der auch der Sohn als die ewige Wahrheit gehört, besitzt die „allerwunneklichosten stimme", „die allerwonnevollste Stimme", mit der sie sich selbst lobt[1820]. Im Himmel geschah ein wonnevoller Ratschluß, durch welchen Gott Mensch wird[1821]. Bei der Empfängnis durchdrang Mariens Leib die ganze Heilige Dreifaltigkeit „mit swebender wunne ane alle arbeit", „mit fließender Wonne ohne alle Mühe"[1822]. Als Gottes Sohn Fleisch angenommen hat, „do verbarg er alle sine wunne und allen sinen gewalt", „da verbarg er alle seine Wonne und seine Gewalt"[1823]. So konnte er als Mensch auch weinen[1824]. Doch selbst am Kreuz ist er noch der wonnevolle Spiegel des Vaters[1825]. Die Kleider, die dem Gekreuzigten abgenommen werden, sollen für den Menschen seines Herzens Wonne sein[1826]. Von dem in den Himmel aufgefahrenen Christus heißt es aber: „O wie wunnenklichen Christi sele in der ganzer heligen drivaltekeit spilet!" – „O wie wonnevoll Christi Seele in der ganzen Heiligen Dreifaltigkeit spielt!"[1827] Der Heilige Geist hat sie wonnevoll durchdrungen[1828]. Unser menschlicher Bruder, Jesus Christus, ist jetzt in der wonnevollen Höhe der Heiligen Dreifaltigkeit[1829]. Von ihm

---

[1811] DB 7,382,8-10.
[1812] DB 12,386,6f.
[1813] DB 2,376,28f.
[1814] DSG 7,397,19-22.
[1815] MM 3,1,125,77.
[1816] MM 7,18,32f.,271.
[1817] MM 7,25,2-6,275.
[1818] MM 5,35,55,198.
[1819] MM 7,17,31f.,270.
[1820] MM 5,26,2-8,185.
[1821] MM 4,14,12,128.
[1822] MM 5,23,43-46,175f.
[1823] MM 5,23,64,176.
[1824] MM 5,23,63f.,176.
[1825] MM 7,18,32-34,271.
[1826] MM 7,27,36,277.
[1827] MM 5,27,12f.,187.
[1828] MM 6,16,53-55,227.
[1829] MM 6,8,3-7,214.

heißt es: „Du hast sůsse arbeit in wunnenklicher unrůwe." – „Du hast süße Mühe in wonnevoller Unruhe."[1830] Bei aller Wonne bleibt Jesus voll mühevoller Unruhe, weil er im Himmel ständig für die Menschen beim Vater eintritt[1831]. Doch auch wenn Christus Mechthild als armer Pilger erscheint, weil er in der Kirche erneut Armut, Schmach und Leid ertragen muß[1832], bleibt er doch der gewaltige Herr, „umbevangen mit himmelscher wunne", „umfangen mit himmlischer Wonne"[1833]. Am jüngsten Tag erhält aber Jesus vom Vater eine Krone, deren Klarheit und Wonne niemand beschreiben kann[1834]. Auch Gott, der die Wonne seit Ewigkeit besitzt, freut sich, daß Jesus diese Krone erhält[1835]. Auf der Krone ist ein Kreuz befestigt, dessen unterstes Ende geschmückt ist „mit wunne, claror denne die sunne", „mit Wonnen, klarer als die Sonne"[1836]. Über dem Kreuz ist die Dornenkrone, deren Stacheln wonnevolle Blumen tragen[1837].

16.3 In der „unio mystica" verschafft der Herr der Seele Wonne. Diese Vereinigung ist die „himmelschú wunne über alle irdensche wollust", „himmlische Wonne, über alle irdische Lust"[1838]. Um ein solches Erlebnis der Seele wird mit den Worten gebetet: „Vlůsse ir, herre, entgegen mit allem dem, das du hast wunnenkliches in dir." – „Fließe ihr, Herr, mit all dem entgegen, das Du Wonnevolles in Dir hast."[1839] Selbst die Sehnsucht nach dem Bräutigam ist wonnevoll[1840]. Die Seele des Menschen ist in hoher Wonne, wenn sie ihren Geliebten in den Armen hält[1841]. Sie spricht: „Swenne ich můs růwen, herre, in dir, so ist min wunne manigvalt." – „Wenn ich ruhen muß, Herr, in Dir, so ist meine Wonne mannigfaltig."[1842] Eine solche Seele wird von ihrem Geliebten mit den Worten angeredet: „Du bist ein blůme der hohen wunne." – „Du bist eine Blume der hohen Wonne."[1843] Von Maria heißt es, daß sie in ihrer Seele eine „wunnenkliche spilunge", einen „wonnevollen Glanz" besitzt[1844] und „ein ewigú wunne der heligen drivaltekeit", „eine ewige Wonne der Heiligen Dreifaltigkeit" ist[1845].

Auch ekstatische Visionen bereiten Wonne: „Do sach ich mit miner selen ȯgen in himmelscher wunne die schȯnen menscheit únsers herren Jhesu Christi." – „Da sah ich mit den Augen meiner Seele in himmlischer Wonne die schöne Menschheit unseres Herrn Jesus Christus."[1846] „Ich sach mit ware ȯgen miner bekantnisse in sůsser

[1830] MM 6,16,21,226.
[1831] MM 6,16,24-26,226.
[1832] MM 6,33,11-15,242.
[1833] MM 6,33,21-23,243.
[1834] MM 7,1,8f.,254.
[1835] MM 7,1,49-52,255.
[1836] MM 7,1,81f.,256.
[1837] MM 7,1,85f.,256.
[1838] MM 7,7,2f.,262.
[1839] MM 5,35,4f.,196.
[1840] MM 7,45,25f.,292.
[1841] MM 1,5,2f.,11.
[1842] MM 2,5,5f.,44.
[1843] MM 5,7,3,161.
[1844] MM 5,23,70f.,176.
[1845] MM 7,19,3,272.
[1846] MM 4,2,27f.,110.

wonne sunder arbeit einen stein." – „Ich sah mit den wahren Augen meiner Erkenntnis in süßer Wonne ohne Mühe einen Stein."[1847] Dieser Stein stellt sich selbst mit den
Worten vor: „Ego sum Jhesus." – „Ich bin Jesus."[1848] Die Kirche, die auf diesem Stein
steht, reicht „einen kelch mit rotem wine, den trinket sie alleine in unzellicher wunne",
„einen Kelch mit rotem Wein, den trinken sie (= die Menschen) allein in unzählbarer
Wonne"[1849]. Dieser Kelch enthält das Blut des Sohnes Gottes; die Engel aber können
ihn nicht trinken, da sie nicht mit Jesus in der Gemeinschaft derer stehen, die Leib und
Blut haben[1850]. Der leidende Leib fragt die Seele des Menschen: „Wenne wiltu vliegen
mit den vedern diner gerunge in die wunneklichen hôhi zû Jhesu, dime ewigen liebe?"
– „Wann willst du fliegen mit den Federn deiner Sehnsucht in die wonnevolle Höhe zu
Jesus, deinem ewigen Geliebten?"[1851] Im Augenblick des Todes wird eine liebende Seele
von den Engeln mit unzählbarer Liebe in die himmlischen Wonnen getragen[1852]. Im ersten Paradies, welches nach Mechthild noch nicht die endgültige Seligkeit darstellt, sind
die irdischen Freuden gemischt mit himmlischen Wonnen[1853]. Im eigentlichen Himmel
fließen die Seligen dagegen in reiner Wonne[1854], die niemand beschreiben kann[1855]. Sie
sind „durchgangen mit aller wollust in der ewigen ewigkeit", „durchdrungen mit aller
Wonne in der ewigen Ewigkeit"[1856]. Die Jungfrauen folgen Christus „mit wunnenklicher zartheit", „mit wonnevoller Zartheit"[1857]. Von ihnen heißt es: „So volgent si
dem lambe in unzellicher wunne, von wunnen ze minnen, von minnen ze vrôden, von
vrôden ze clarheit, von clarheit zû gewaltekeit, von gewaltekeit in die hôhsten hôhin vúr
des himelschen vatter ôgen." – „So folgen sie dem Lamm in unzählbarer Wonne, von
Wonne zur Minne, von Minne zur Freude, von Freude zur Klarheit, von Klarheit zur
Macht, von Macht in die höchsten Höhen vor des himmlischen Vaters Augen."[1858] In
dieser Aufzählung gibt es keine Steigerung. Das Folgen des Lammes stellt einen „Lobetanz", „Springtanz" dar[1859], den Jesus mit den Jungfrauen aufführt, bei dem man vor
und zurück springt. Doch genießen die Witwen weniger Wonne als die Jungfrauen, die
Jesus, dem Lamm, gefolgt sind[1860].

16.4 So oft Mechthild von den Wonnen spricht, lokalisiert sie diese vor allem im Himmel. Die Dreifaltigkeit und in ihr der ewige Sohn besitzt die Wonnen, mit denen er auch
von Maria empfangen wird. Doch durch seine Menschwerdung verbirgt er auf Erden

[1847] MM 4,3,13f.,114.
[1848] MM 4,3,17,115.
[1849] MM 4,3,28-30,115.
[1850] MM 4,3,29f.,115.
[1851] MM 7,65,13-15,310.
[1852] MM 7,39,6f.,287.
[1853] MM 7,57,7f.,303.
[1854] MM 3,1,119f.,77.
[1855] MM 7,45,15f.,291.
[1856] MM 5,8,13f.,161. Zwischen „wollust" und „wunne" besteht bei Mechthild kein semantischer Unterschied.
[1857] MM 7,37,12f.,286.
[1858] MM 7,37,19-22,286.
[1859] MM 7,37,17,286.
[1860] TH 17,32f.,56.

seine Wonne. Deswegen vermeidet Mechthild es, von den Wonnen des irdischen Jesus zu sprechen. Am Kreuz heißt er zwar Spiegel der Wonnen des himmlischen Vaters, doch nicht weil er selbst in Wonnen ist, sondern nur diejenigen des Vaters widerspiegelt. Erst in der Himmelfahrt erhält Jesus alle Wonnen der Ewigkeit. Dem entspricht auch, daß der Mensch in den Augenblicken ekstatischer Einheit mit ihrem Geliebten schon die Wonnen erfährt. Der endgültige Besitz der Wonnen steht aber noch für die Zeit nach dem Tod aus.

17. Wesentlich seltener spricht Mechthild von Hackeborn von den Wonnen. Beim Empfang der Kommunion spürt sie, wie aus dem Herzen Jesu der Strom der Wonnen herausfließt, von dem sie trunken wird[1861]. Das gleiche erfährt sie auch in einer Vision[1862]. Jesus selbst war als Sohn Gottes „plenus deliciis in Patris gloria", „voll Wonne in der Herrlichkeit des Vaters"[1863]. Er nahm doch um unsertwillen auf sich Hunger, Kälte, Hitze, Müdigkeit, Trauer, Schande, Pein und schändlichen Tod[1864]. Mechthild schaut Christus, angezogen mit einem Kleid, das mit grüngoldenen Rosen geziert ist, „designans delicias divinitatis meae, quas homini comunicare adveni", „welches bezeichnet die Wonnen meiner Gottheit, welche dem Menschen mitzuteilen ich gekommen bin"[1865]. Zuerst und in Fülle hat Maria diese Wonnen erhalten[1866]. Zu Lebzeiten Jesu haben sie aber nur wenige Menschen erfahren, weil sie diese erst durch sein Leid und Kreuz schätzen lernen mußten[1867]. Einmal erscheint Mechthild Christus als König der Herrlichkeit, „ineffabili gloria circumdatus, plenus deliciis", „mit unaussprechlicher Herrlichkeit, umgeben voller Wonne"[1868]. Ebenfalls sieht Mechthild in einer Vision einen verstorbenen Ordensmann, der von fünf Strahlen, die aus dem Herzen Jesu hervorgehen, getroffen wird: „Quartus implevit cor ejus, declarans inaestimabilem dulcidinem et gaudium ac delectamentum quod habet ex influentia divinae voluptatis." – „Der vierte erfüllte sein Herz und bezeichnet die unschätzbare Süße, Freude und das Vergnügen, welches er aus dem Einfluß der göttlichen Wonne hat"[1869].

18. Häufiger verwendet wieder Gertrud die Große den Ausdruck Wonne.

18.1 Das Schriftwort Spr 8,31 „Meine Wonne ist es, bei den Menschenkindern zu sein" wird von Gertrud auf Jesus angewendet[1870]. So verbindet den Herrn die wonnevolle Freude mit der Heiligen Agnes[1871]. Der Kommunionempfang bedeutet, von Jesus „ad delicias regalis mensae", „zu den Wonnen des königlichen Tisches" gerufen

---

[1861] MH 1,30,104.
[1862] MH 3,8,207.
[1863] MH 3,24,227.
[1864] Ebenda.
[1865] MH 3,28,232.
[1866] Ebenda.
[1867] Ebenda.
[1868] MH 3,49,250.
[1869] MH 5,8,331.
[1870] G 3, 3,18,11,12f.,90.
[1871] G 4, 4,8,1,19f.,106.

zu werden[1872]. Man wird dabei getränkt mit dem Strom der göttlichen Wonne[1873]. Dies geschieht auch, wenn man trotz großer Bedenken zur Kommunion geht[1874]. Die Brust und das Herz des Menschen sind der „ager delciarum", „das Feld der Wonne"[1875], „paradisus perennium deliciarum praeterfluens rivis inaestimabilium voluptatum", „das Paradies der dauernden Wonnen, durchflossen von den Strömen unschätzbarer Lust"[1876]. Umgekehrt würde Jesus das Gefühl, einem Menschen nicht helfen zu können, schweren Mißtrost bereiten, welchen auch alle himmlischen Wonnen nicht leichter machen könnten[1877].

18.2 Der Mensch soll Jesus seine Keuschheit anbieten, weil er der „sponsus deliciis plenus", „Bräutigam voll Wonne" ist[1878]. Doch soll man voll Erstaunen Jesus fragen: „Tu deliciis plenus, et habes sponsam de terra?" – „Du bist voll Wonne und hast eine Braut von der Erde?"[1879] Jesu wonnevolle Seligkeit hat den Menschen so verwundet, daß es ihm schwer fällt, länger auf der Erde zu weilen[1880]. Auch Christus kann als Bräutigam mit der Braut im Herzen des Menschen seine Wonnen dauernd mit der Seele haben[1881]. Der Trost Jesu besteht darin, daß er die Wonnen in den Menschen vermehrt[1882]. Gertrud wird in das Gemach des Bräutigams geführt und erfreut „in superabundantibus deliciis divinae dulcedinis et pietatis", „mit den ganz überströmenden Wonnen der göttlichen Süße und Güte"[1883]. Einmal erscheint der Herr, und es fließen die Wonnen seiner Süße aus allen Sinnen seiner Menschheit[1884]. Auch Ekstasen vermitteln diese Wonnen[1885]. Doch über den Wunsch nach dem Empfang aller Wonnen soll für den Menschen auf Erden derjenige stehen, daß Gottes Wille geschieht[1886]. Selbst bei den Menschen, die wahrhaft Buße tun, wirkt der Herr Wonnen durch sich selbst[1887].

18.3 Der Mensch darf hoffen, im Augenblick des Todes das Angesicht Jesu zu schauen und dabei erfüllt zu werden von den Strömen der Wonnen[1888] und in den Wonnen seiner Liebe zu wohnen[1889]. Einmal wird der Beter schöpfen aus den Wonnen, die von

---

[1872] G 2, 2,2,21f.,234.
[1873] G 4, 4,13,4,7,148.
[1874] G 3, 3,10,2,17-20,46.
[1875] G 2, 2,8,2,2,264.
[1876] G 2, 2,8,5,2f.,266.
[1877] G 3, 3,7,1,8-11,30.
[1878] G R 2,77-79,70.
[1879] G R 3,98f.,80.
[1880] G R 6,574-576,196.
[1881] G 2, 2,23,5,24f.,334.
[1882] G 3, 3,16,1,4-6,66.
[1883] G 4, 4,19,1,1-5,194.
[1884] G 5, 5,29,2,1-5,232.
[1885] G 4, 4,25,8,15-18,244.
[1886] G 3, 3,11,2,20-22,50; 3,17,5,14f.,72.
[1887] G 4, 4,58,8,8-10,476.
[1888] G R 5,252-257,142.
[1889] G R 5,238f.,142.

Jesus niederfließen[1890]. Wenn derjenige kommt, der den Menschen aus der Hand seiner Feinde befreit hat, wird sich zum Menschen wenden die Fülle der Wonnen[1891].

18.4 Wenn Jesus nach Gertrud durch die Liebe bezwungen wird[1892] und ein Gefangener der Liebe ist[1893], dann besteht ein enges Verhältnis zwischen ihm und der Liebe. Deswegen sind die Wonnen der Liebe auch seine Wonnen. Der Gott, der die Liebe ist, ist lieblich in seinen Wonnen[1894]. Man soll die Liebe bitten, die Wonnen Gottes erfahren zu lassen[1895]. Durch sie wird der Mensch die ewigen Wonnen des Lebens besitzen[1896].

18.5 Bei Gertrud hört man kaum etwas von den Wonnen, die Jesus in sich hat. Die meisten Texte wollen zeigen, daß der Mensch, wenn er mit dem Herrn eins geworden ist, Wonnen empfängt.

19. Auch von Lukardis von Oberweimar wird berichtet, daß sie sich gleichsam trunken fühlt vom Strom der göttlichen Wonnen, die aus dem Herzen Jesu fließen[1897].

20. Als Christina von Hane an Weihnachten mit dem ihr erscheinenden Jesuskind singt, spürt ihre Seele mehr „woillust", „Wonne", als man sagen kann[1898]. Als ihr bei einer Krankheit die Kommunion gereicht wird, hört sie in Wonnen die Engel singen[1899]. Gott ist „wunnenclich", „wonnevoll"[1900]. In der „unio mystica" ist Christina „yn der wunnenclichen ruwen der gebruchonge der burnender lyebden", „in der wonnevollen Ruhe des Genießens der brennenden Liebe"[1901]. „Da was myn sele yn groißer freuden vnd wunnen myt gode." – „Da war meine Seele in großer Freude und Wonne mit Gott."[1902]

21. Petrus von Dazien schildert in einem Brief die „unio mystica" der Seele, die purpurrot durch das Blut ihres Bräutigams geworden ist[1903], als „deliciosum conuiuium", „wonnevolles Gastmahl"[1904]. Die Braut verkehrt dann wonnevoll mit ihrem Bräutigam[1905]. Besonders bei einem Kommunionempfang ist Christina „deliciis affluens", „überfließend an Wonnen"[1906].

Auch nach dem Bericht des Johannes von Stommeln ist Christina bei diesem Sakrament „ineffabilis deliciis et gaudiis affluens", „überfließend an unaussprechlichen

---

[1890] G R 5,261-264,144.
[1891] G R 6,515-520,194.
[1892] G R 7,443,236; G 4, 4,23,7,4f.,224.
[1893] G R 7,42-51,212; G 4, 4,12,6,18,138.
[1894] G R 5,71f.,132.
[1895] G R 5,202f.,140.
[1896] G R 7,578f.,244.
[1897] LO 43,334,8-11.
[1898] CH 1, 231.
[1899] CH 1, 242.
[1900] CH 1, 231.
[1901] CH 2, 229.
[1902] CH 2, 235.
[1903] CS 1, B 5,12,77,8f.
[1904] CS 1, B 5,12,77,14.
[1905] CS 1, B 23,16,159,27.
[1906] CS 1, B 29,57,200,9-12.

Wonnen und Freuden"[1907]. An einem Sonntag wird sie beim Kommunionempfang „semper novis et ineffabilibus gaudiis deliciatur", „durch immer neue Freuden voller Wonne"[1908].

22. Nach Agnes von Blannbekin können einige Menschen an der Seitenwunde Christi trinken aus dem Strom der Wonne[1909]. Da Agnes in strenger Askese auf alle Wonne des Fleisches seit ihrer Jugend verzichtet hat, „dominus ei spirituales delitias liberalissime ministravit", „hat ihr der Herr ganz freigibig mit geistlichen Wonnen gedient"[1910]. Dies geschah vor allem beim Kommunionempfang[1911]. Ein fromm zelebrierender Priester wird selbst für den Herrn zum Garten der Wonne[1912]. Daß trotz der strengen Askese bei Agnes keine Leibfeindlichkeit vorherrscht, sieht man daran, daß der Herr nach seiner Himmelfahrt seinen Leib zu Schmuck und Zierde macht[1913].

23. Zusammenfassend läßt sich zu der Wonne Christi sagen:

23.1 Christus ist der Acker[1914], der Abgrund[1915], die Blume[1916], der Bräutigam[1917] und das Paradies[1918] der Wonne sowie der Nutzen und die Wonne[1919]. Er ist der wonnevolle Jüngling[1920] und der allerwonnevollste Spiegel des Vaters[1921]. Da er die Wonne in Person ist, nimmt seine eigene Wonne nicht ab, wenn er sie mit anderen teilt[1922]. Seine Wonne ist unbegreiflich[1923], unzählbar[1924]. Oft wird auf Christus das Schriftwort angewandt Spr 8,3:1 „Meine Wonne ist es, bei den Menschenkindern zu sein"[1925]. Von ihm gehen aus die Ströme der Lust, die trunken machen (vgl. Ps 35,9)[1926]. Verschiedentlich ist davon die Rede, daß die Wonnen Christi zu uns fließen[1927]. Es ist die Rede von dem Überfluß der Wonnen Christi[1928]. Man spricht von den Wonnen des Angesichtes[1929],

---

[1907] CS 2, 4,1,10,297.
[1908] CS 2, 4,4,34,303.
[1909] AB 6,8-10,72.
[1910] AB 39,22-24,122.
[1911] AB 39,25-46,122-124.
[1912] AB 95,22-24,224.
[1913] AB 96,35f.,226.
[1914] G 2, 2,8,2,2,264.
[1915] DB 10,384,15.
[1916] TH 26,18-20,74; MM 5,7,3,161.
[1917] G R 2,77-79,70.
[1918] G 2, 2,8,5,2f.,266.
[1919] DEW 366,3-5.
[1920] MM 3,1,125,77.
[1921] MM 7,18,32f.,271.
[1922] DB 7,382,8-10.
[1923] DB 12,386,6f.
[1924] MM 4,3,28-30,115.
[1925] JHLD 80,7,192-194,556; G 3, 3,18,11,12f.,90.
[1926] JFC 3,3,52-58,144; G 4, 4,13,4,7,148; LO 43,334,8-11; AB 6,8-10,72.
[1927] BASSPT 4,1,558,12-18; IL 1,5,32,167; 3,3,18,186.
[1928] RVPS 30,273B.
[1929] DB 6,379,30f.

der Güte[1930], der Liebe[1931] und der Süße[1932] Christi. Seine Wonne ist süß[1933]. Die Liebe, die Jesus bezwungen hat, ist voller Wonnen[1934].

23.2 Die wonnevolle[1935] Dreifaltigkeit ist der Ursprung aller Wonnen[1936]. Sie lobt sich selbst mit der wonnevollsten Stimme[1937]. Die drei Personen besitzen gemeinsam nur eine Wonne[1938]. Dem Heiligen Geist werden innerhalb der Trinität oft die Freuden und Wonnen zugeschrieben. Diesen Geist als Ursprung der Wonne sendet der Sohn auf die Menschen herab[1939].

23.3 Die Menschwerdung Christi entspringt dem wonnevollen Ratschluß der Dreifaltigkeit[1940]. Der Sohn war bei den Wonnen des Vaters, nimmt aber jetzt Anteil an unserer Not[1941]. Sein Hinabsteigen in das Elend der Welt sind die Wonnen der Welt[1942]. Er ist gekommen, um uns seine Wonnen mitzuteilen[1943]. Bei seiner Empfängnis drang die ganze Dreifaltigkeit mit Wonne in den Leib Mariens[1944]. Durch die Menschwerdung Jesu sind die Erfahrungen der Wonnen der Menschen beständig geworden[1945]. Nur selten wird gesagt, daß die Wonnen Christi sich bei der Menschwerdung verborgen haben[1946]. Auch Maria, deren Seele von Wonne glänzt[1947], wird als von Wonnen überfließend geschildert[1948]. Die Dreifaltigkeit hat an ihren Wonnen Freude[1949].

23.4 Erst angesichts des Kreuzes weiß man die geschenkten Wonnen zu schätzen[1950]. Aus der geöffneten Seite des Gekreuzigten fließt Wonne[1951]. Jesus bleibt auch am Kreuz der wonnevolle Spiegel des Vaters[1952]. Die Kleider des Gekreuzigten sind eine Quelle der Freude für die Menschen[1953].

[1930] WHLD 1, fin 144,302.
[1931] JHLD 12,7,208f.,113.
[1932] DB 9,383,17f.
[1933] DU 375,17.
[1934] G R 5,79f.,132; 5,202f.,140; 7,578f.,244.
[1935] MM 5,35,55,198.
[1936] MM 7,25,2-6,275.
[1937] MM 5,26,2-8,185.
[1938] MM 7,17,31f.,270.
[1939] DSG 7,397,19-22.
[1940] MM 4,14,12,128.
[1941] MH 3,24,227.
[1942] BASSPT 4,1,560,7.
[1943] MH 3,28,232.
[1944] MM 5,23,43-46,175f.
[1945] JHLD 80,7,199f.,556f.
[1946] MM 5,23,64,176.
[1947] MM 5,23,70f.,176.
[1948] BASSPT 4,1,560,1; MH 3,28,232.
[1949] MM 7,19,3,272.
[1950] MH 3,28,232.
[1951] LB 3,187f.,134.
[1952] MM 7,18,32-34,271.
[1953] MM 7,27,36,277.

23.5	Nach der Himmelfahrt spielt die Seele Christi voll Wonne in der Heiligen Dreifaltigkeit[1954]. Auch sein Leib besitzt dann die Wonnen[1955].

23.6	Der verklärte Herr ist jetzt auf der wonnevollen Höhe der Dreifaltigkeit[1956]. Doch bleibt seine Wonne voll Unruhe, weil er ständig beim Vater für die Sünder eintritt[1957]. Auch wenn man Jesus in der Kirche Schmach und Leid zufügt, bleibt er der Herr in der Wonne[1958]. Am Ende der Zeit erhält Jesus vom Vater eine Krone voller Wonne[1959], auf deren Spitze ein Kreuz[1960] mit der Dornenkrone voll Wonne[1961] befestigt ist.

23.7	Jesus ist der Brunnen aller Wonnen[1962]. Von ihm kommt alle Wonne[1963], weil in ihm Gott und Mensch eins geworden sind[1964].

23.8	Die Sehnsucht nach Christus, dem Bräutigam, ist voller Wonne[1965]. Man soll darüber staunen, daß er, der voller Wonnen ist, sich eine Braut auf Erden sucht[1966]. Doch er selbst hat auch seine Wonne gerade an dieser Braut[1967]. Das Gemach[1968] und das Bett der Liebe zwischen Braut und Bräutigam ist voll Wonnen[1969]. Die Wonnen bei der „unio mystica" dauern auf Erden nie lange[1970]. Man gelangt nur losgelöst von allem Irdischen in die Wonnen[1971], die unbeschreiblich sind[1972] und alle anderen Wonnen übertreffen[1973]. Auch die Umarmung Christi[1974] und die Ruhe in ihm[1975] sind wonnevoll. Man befindet sich in der wonnevollen Ruhe[1976]. Die Einheit ist ein wonnevolles Gastmahl[1977]. Doch dauern diese Wonnen nie lange[1978].

[1954] MM 5,27,12f.,187.
[1955] AB 96,35f.,226.
[1956] MM 6,8,3-7,214.
[1957] MM 6,16,21,226.
[1958] MM 6,33,21-23,243.
[1959] MM 7,1,8f.,254.
[1960] MM 7,1,81f.,256.
[1961] MM 7,1,85f.,256.
[1962] DAG 363,12f.
[1963] SP 10,870,16f.; DEW 366,3-5.
[1964] HAB 28,231-236,238.
[1965] MM 7,45,25f.,292.
[1966] G R 3,98f.,80.
[1967] G 2, 2,23,5,24f.,334.
[1968] G 4, 4,19,1,1-5,194.
[1969] LTA 2,3,43,203.
[1970] WHLD 2,3,166,346.
[1971] JHLD 97,8,160-163,660; MM 5,35,4f.,196.
[1972] JHLD 97,8,164f.,660.
[1973] ESI 14,108; MM 7,7,2f.,262.
[1974] MM 1,5,2f.,11.
[1975] MM 2,5,5f.,44.
[1976] CH 2, 229.
[1977] CS 1, B 5,12,77,14.
[1978] RVPS 30,273C.

In Visionen wird das Angesicht Christi voll Wonne geschaut[1979]. Auch der Anblick Jesu[1980] und Mariens mit ihrem Kind[1981] läßt an Wonnen überfließen. Bei einer Vision fließen aus allen Sinnen der Menschheit Jesu die Wonnen auf die Menschen[1982]. Die Seherin wird dabei trunken von Wonne[1983]. Ebenso werden die Ekstasen wonnevoll geschildert[1984].

23.9 Beim Empfang der Kommunion trinkt der Mensch vom Strom der Wonne[1985], wird davon trunken[1986] und überfließend[1987], er hört dann die Engel singen[1988]. Die Freuden der Wonnen sind dabei immer neu[1989]. Jesus ist das wonnevolle Brot[1990] und dient durch es mit den Wonnen[1991]. Man wird zu den Wonnen des königlichen Mahles geladen[1992]. Die Kirche reicht den eucharistischen Kelch, der unzählbare Wonne bereitet[1993].

23.10 Auf Erden kann der Mensch die ganze Wonne Christi nicht fassen[1994]. Wie kann einer auch auf Erden ausschließlich Wonnen haben wollen, wo Christus nur das Elend kannte[1995]? Die Wonnen sind hier mehr Traum als Wirklichkeit[1996]. Der Mensch ist aber von Christi Wonnen schon so verwundet, daß er sich nach dem Tod sehnt[1997]. Die Seele soll mit den Federn der Sehnsucht zu den Wonnen des Himmels fliegen[1998]. Beim Sterben schaut der Mensch schon den wonnevollen Herrn[1999], wird von den Engeln in diese Wonnen gebracht[2000] und kann aus ihnen schöpfen[2001]. Der Himmel ist das Paradies der Wonne[2002], welches Christus wiederhergestellt hat[2003]. Maria ist in den Himmel aufgenommen, wo sie den Überfluß der Wonnen genießt[2004]. Man steigt von der

---

[1979] HAV 7,68,94.
[1980] IL 2,7,36,181; MM 4,2,27f.,110; 4,3,13f.,114; MH 3,49,250.
[1981] IL 1,5,32,167; CH 1, 231.
[1982] G 5, 5,29,2,1-5,232.
[1983] MH 3,8,207.
[1984] IL 3,3,18,186; G 4, 4,25,8,15-18,244.
[1985] JFC 3,3,52-58,144; MH 1,30,104.
[1986] G 4, 4,13,4,7,148.
[1987] CS 1, B 29,57,200,9-12; CS 2, 4,1,10,297.
[1988] CH 1, 242.
[1989] CS 2, 4,4,34,303.
[1990] DB 2,376,28f.
[1991] AB 39,25-46,122-124.
[1992] G 2, 2,2,21f.,234.
[1993] MM 4,3,28-30,115.
[1994] RVPS 30,273C.
[1995] TH 17,32f.,56.
[1996] TH 30,26-29,82.
[1997] G R 6,574-576,196.
[1998] MM 7,65,13-15,310.
[1999] G R 5,252-257,142.
[2000] MM 7,39,6f.,287.
[2001] G R 5,261-264,144.
[2002] BB 1, 8,2,336,14f.
[2003] JHLD 59,9,193f.,420; DM 401,39f.
[2004] BASSPT 4,1,558,12-15.

Wüste zur Wonne auf[2005]. Die Seligkeit ist der Berg der Wonnen[2006]. Die Seligen fließen in Wonnen[2007], die niemand beschreiben kann[2008]. Die Wonnen haben sie durchdrungen[2009]. Die Jungfrauen erhalten einen besonderen Anteil[2010] an den himmlischen
Wonnen[2011]. Diese Wonnen gehen vom Herzen Jesu aus[2012]. Weil Christus einen Leib
angenommen hat, hat auch der unsere Anteil an seiner Wonne[2013].

2.8 Seligkeit

1. In der Vulgata wird das Substantiv „beatitudo" nicht in eine Beziehung zu Christus gesetzt. Christus wird die Seligkeit in unseren Texten genannt, weil er das Ziel der
Hoffnung und Sehnsucht und der Inhalt des Lohnes ist.

2. Jean von Fécamp schreibt, daß dort, wo Christus zur Rechten des Vaters sitzt,
„sempiterna uita et sempiterna beata", „das immerwährende und immer selige Leben"
ist[2014]. Christus, der als einziger nicht geschaffen, sondern vom Vater gezeugt ist[2015],
wird von Jean gebeten, ihn aus dem irdischen Leben zu sich in die ewigen Freuden zu
führen[2016]. Angesichts dieser Freuden ruft er aus: „O quam mira beatitudo charitatis
tuae!" – „O wie wunderbar ist die Seligkeit Deiner Liebe!"[2017]

3. Bernhard von Clairvaux spricht nicht oft von Christus als der ersehnten Seligkeit.
In einer Predigt am Fest des Heiligen Andreas vermerkt er, daß dieser Apostel vor seinem Martyrium ausgerufen hat: „O bona crux, diu desiderata", „O gutes, lang ersehntes Kreuz"; zu ihm geht er im Tod voll Freude[2018]. Dieses Kreuz ist natürlich Christus.
Bei ihm „nihil desit plenitudini beatitudinis, quantum spectat ad summam felicitatis
humanae", „fehlt nichts an der Fülle der Seligkeit in bezug auf den Gipfel menschlichen Glückes"[2019]. Nur bei Gott fallen Sein, Leben und Seligsein zusammen[2020]. Auch
das Wort Gottes, die zweite Person der Dreifaltigkeit, besitzt das Zusammenfallen von
Sein, Leben und Selig-Leben[2021]. Was dem Wort von Natur aus zu eigen ist, kann dem
Menschen durch Gnade geschenkt werden. Der ewige Sohn Gottes wußte in seiner

---

[2005] BASSPT 4,1,558,12-18.
[2006] BD 33,1,464,11.
[2007] MM 3,1,119f.,77.
[2008] MM 7,45,15f.,291.
[2009] MM 5,8,13f.,161.
[2010] MM 3,1,135,77.
[2011] MM 7,37,12f.19-22,286.
[2012] MH 5,8,331.
[2013] DB 7,380,34f.
[2014] JFC 2,14,644,141.
[2015] JFC 3,6,160,147.
[2016] JFC 3,7,179-183,148.
[2017] JFC 3,7,176f.,148.
[2018] BD 16,6,316,12f.
[2019] BD 16,7,318,9f.
[2020] BHLD 2,81,1,2,584,9-12.
[2021] BHLD 2,81,1,2,584,2-5.

Seligkeit zwar vom Elend der Menschen, „non autem sciebat per experientiam", „nicht aber wußte er es durch die Erfahrung"[2022]. Deswegen wurde er Mensch, um unsere Schwächen und das Leiden anzunehmen und uns so ganz nahe zu sein[2023]. Daher mußte er sein Seligsein aufgeben. Dies bedeutet für Bernhard die Entäußerung Christi in der Menschwerdung: „Beatus Dei Filius ..., priusquam se exinanisset formam servi accipiens." – „Selig (war) der Sohn Gottes ..., bevor er sich entäußerte und die Gestalt des Knechtes annahm."[2024]

4. Im Hohenliedkommentar des Wilhelm von St. Thierry ist der Bräutigam, der geht und kommt (Joh 14,28), selbstverständlich Christus[2025]. Von diesem Bräutigam heißt es: „In quo gaudere summa beatitudo est." – „An ihm sich zu freuen, ist höchste Seligkeit."[2026] Dieser Bräutigam soll auf Erden schneller im Zurückkehren als im Weggehen sein[2027]. Denn die Erfahrung seiner Anwesenheit in der Seele ist „aarha beatitudinis aeternae", „Unterpfand der ewigen Seligkeit"[2028]. Für Wilhelm bedeuten die Wächter, welche die Braut im Hohelied trifft (Hld 3,2), alles, was vorläufig ist. Am Ende seines Kommentars, der Fragment blieb, wünscht Wilhelm, daß diese Art von Wächter vorübergeht und der Bräutigam eintrifft[2029]. Dann ist „aeternae beatitudinis status", „der Zustand der ewigen Seligkeit" erreicht[2030].

Wenn Paulus um seiner Brüder willen im Bann zu sein wünscht, dann sehnt er sich nach Wilhelm, „a Christo beatitudine, non a Christo justitia", „von Christus als der Seligkeit, nicht von Christus als der Gerechtigkeit" getrennt zu sein[2031]. Losgelöst von Christi Seligkeit bleibt der Apostel „amplectando justitiam Christi", „im Umarmen der Gerechtigkeit Christi"[2032]. Beides ist Christus für uns, die Seligkeit und die Gerechtigkeit[2033]. Die Gerechtigkeit meint hier den Zustand der Rechtfertigung. Wilhelm weiß, daß diese Worte des Paulus eher einen Affekt ausdrücken als eine Wirkung zeigen wollen. Solch ein Wunsch kann nicht durch „sobrietatis verba", „Worte der Nüchternheit", sondern nur „in mentis excessu", „in der Entrückung des Geistes" durch einen geistlichen Rausch ausgesprochen werden[2034]. Wenn Paulus mit Christus als der Gerechtigkeit verbunden ist, dann kann er auf Dauer nicht von ihm als der Seligkeit getrennt werden. Dies gilt für alle Menschen: „Tanto gloriosius acquirunt beatitudinem, quanto pro beatitudine nollunt deserere justitiam." – „Umso herrlicher erlangen

---

[2022] BH 3,9,58,12f.
[2023] BH 3,9,58,3-5.
[2024] BH 3,9,58,9-11.
[2025] WHLD 1,1,33,116.
[2026] WHLD 1,1,33,118.
[2027] WHLD 2,5,179,366.
[2028] Ebenda.
[2029] WHLD 2,7,203,400.
[2030] WHLD 2,7,203,402.
[2031] WHLDB 32,432C-D.
[2032] WR 5,644D.
[2033] WHLDB 32,432D.
[2034] WR 5,664D.

sie die Seligkeit, desto weniger sie um der Seligkeit willen die Gerechtigkeit verlassen wollen."[2035]

Wir können ins Staunen über die Seligkeit Gottes geraten[2036], wenn wir bedenken, daß Gottes Sohn uns Menschen ähnlich geworden ist, damit wir Menschen Gott ähnlich werden und an seiner Herrlichkeit Anteil haben[2037].

5.   Guerricus von Igny nennt Jesus, unseren Heiland, „beatitudo omnium", „die Seligkeit aller"[2038]. Um das Wunder der Menschwerdung zu beschreiben, sagt er in einer Weihnachtspredigt: „Qui natus aeternaliter sibi et angelis erat beatitudo, natus temporaliter nobis factus est nobis redemptio." – „Derjenige, der in der Ewigkeit geboren, für sich und die Engel die Seligkeit ist, ist in der Zeit für uns geboren, für uns zur Erlösung geworden."[2039] Zu ergänzen ist, daß Jesus im Himmel auch für die Erlösten zur Seligkeit wird.

6.   Nach dem Traktat „Speculum virginum" ist der an der Brust des Herrn ruhende Johannes Urbild der Seligkeit[2040]. Beim himmlischen Gastmahl lehnen sich die Heiligen ja an die Brust Jesu, „fontem beatae perhennitatis et sempiternae beatitudinis", „die Quelle der seligen Ewigkeit und ewigen Seligkeit", und saugen aus ihr[2041]. Wer am Hochzeitsmahl des Lammes teilhaben darf, wird sich freuen[2042]. „Nihil ibi beatitudinis excipitur, ubi fons omnium beatitudinum… videtur." – „Nichts wird dort von der Seligkeit ausgespart, wo die Quelle aller Seligkeit … erscheint."[2043] Das Himmelreich wird mit der Seligkeit der Engel und Heiligen gleichgesetzt[2044]. Da dies aber zu wenig auf Christus bezogen zu sein scheint, lautet die Antwort auf die Frage: „Quis dat et facit illam beatitudinem?" – „Wer gibt und verschafft die Seligkeit?" „Quis nisi Christus, vera beatitudo sanctorum?" – „Wer, wenn nicht Christus, die wahre Seligkeit der Heiligen?"[2045] So ist Christus auch selbst das Himmelreich[2046]. Wenn der Verfasser die Freuden bei der Vereinigung von Bräutigam und Braut bedenkt[2047], ruft er aus: „O summa omnium beatitudinum!" – „O Gipfel aller Seligkeiten!"[2048].

7.   Gott hat nach Hugo von St. Viktor den Menschen geschaffen, „ut eum suae beatitudinis participem faceret", „um ihn seiner Seligkeit teilhaftig zu machen"[2049]. An Gott erhält der Mensch aber nur durch Liebe Anteil. „Porro ut idem esset aptus tanta beati-

---

[2035] Ebenda.
[2036] WE 2,274,1-4,362.
[2037] WE 2,272,4-10,362.
[2038] GIS Adv 1,4,158-160,102.
[2039] GIS Nat 3,1,15-18,186.
[2040] SP 5,442,20-23.
[2041] SP 5,544,10f.
[2042] SP 6,536,2f.
[2043] SP 6,536,9f.
[2044] SP 6,528,21f.
[2045] SP 6,528,24.
[2046] SP 6,530,1f.
[2047] SP 10,866,7-9.
[2048] SP 10,866,11f.
[2049] HN 4,16B.

tudine perfrui, fecit in eo dilectionem." – „Damit eben der (Mensch) geeignet war, eine so große Seligkeit zu genießen, hat er (= Gott) in ihm die Liebe geschaffen."[2050] Doch der Mensch sündigte und verlor die Liebe und die Gerechtigkeit. Nun scheint ein unüberbrückbarer Gegensatz zu bestehen: „Deus justus est et beatus; homo injustus et miser. Videte quantum distant justus et injustus, miser et beatus. Non potest autem esse cum beatitudine miseria, nec ad beatitudinem perveniere injustitia.» – «Gott ist gerecht und selig; der Mensch ungerecht und elend. Schaut, wie groß der Unterschied zwischen gerecht und ungerecht, zwischen elend und selig. Nicht kann mit der Seligkeit das Elend bestehen, und nicht kann die Ungerechtigkeit zur Seligkeit gelangen.»[2051] Das heißt, für den Menschen ist der Weg zur Seligkeit und damit auch zu Gott verbaut, denn der einzige Weg ist die Gerechtigkeit, die er von sich aus nicht besitzen kann[2052]. „Non potest homo ad illum ire; sed ille potest, si voluerit, ad hominem venire." – „Nicht kann der Mensch zu jenem (= Gott) gehen, aber jener, wenn er will, kann zum Menschen kommen."[2053] Wenn er aber zu uns kommen will, muß er etwas von uns annehmen: „Venit ad id quod homo erat, et factus est ipse quod non erat. Factus est homo pro homine, assumens nostram miseriam, retinens suam justitiam." – „Er kam zu dem, was der Mensch war, und wurde selbst, was er nicht war. Er wurde Mensch für den Menschen, indem er unser Elend annahm und seine Gerechtigkeit behielt."[2054] Damit ist der Gottmensch zum Mittler geworden. „Posuit se in medio homo Deus conjungens miserium et justum, ut per justitiam miseriam vinceret, et justitiam ad beatitudinem repararet." – „Es stellte sich in die Mitte der Gottmensch, indem er den Elenden mit dem Gerechten verband, um durch die Gerechtigkeit das Elend zu besiegen und die Gerechtigkeit für die Seligkeit wiederherzustellen."[2055] Jesus kehrte dann dorthin zurück, woher er gekommen war, „ut hominem cum justitia per miseriam ad beatitudinem revocaret", „um den Menschen mit der Gerechtigkeit durch das Elend zur Seligkeit zurückzurufen"[2056]. Wir sind jetzt von der Sünde befreit, „ut … per miseriam cum justitia ad beatitudinem transeamus", „um … vom Elend mit der Gerechtigkeit zur Seligkeit hinüberzugehen"[2057].

8. Für Richard von St. Viktor ist es selbstverständlich, daß Gott die Seligkeit ist. Doch lehnt er ab, die Seligkeit einer Person der Dreifaltigkeit besonders zuzuschreiben. Eine jede ist wie die andere „aeque beata", „gleich selig"[2058]. Es wäre so etwas wie Geiz, wollte der Vater, welcher der Ursprung von allem ist, seine Seligkeit nicht ganz dem Sohne mitteilen[2059]. Zwischen Vater und Sohn besteht keinerlei Qualitätsunterschied:

[2050] Ebenda.
[2051] HE 10,180D.
[2052] Ebenda
[2053] HE 10,181A.
[2054] Ebenda.
[2055] HE 10,181B.
[2056] Ebenda.
[2057] HE 10,181B-C.
[2058] RVTR 3,7,182.
[2059] RVTR 5,22,356-358.

„Si beatitudinem cogitas, nihil majus in uno, nihil minus in altero, omni remota ambiguitate, reperies." – „Wenn du an die Seligkeit denkst, wirst du ohne jeden Zweifel nichts Größeres im einen, nichts Geringeres im anderen finden."[2060]

9. Auch Hildegard von Bingen spricht von der Seligkeit, die Christus ist.

„Deus est pater omnium beatitudinum et felicitatum creaturam suarum." – „Gott ist der Vater aller Seligkeiten und alles Glückes seiner Geschöpfe."[2061] Dies hat er in der Menschwerdung seines Sohnes gezeigt, weil aus ihr der Geschmack einer großen Süße ausströmt[2062]. Dies geschah, damit die Menschen die volle Freude der Seligkeit erlangen können[2063]. Der Sohn Gottes, der ohne Sünde in der Welt lebt, hat nach der Sünde wieder „lucidissimam beatitudinem", „die leuchtendste Seligkeit" in die Finsternis des Unglaubens gesandt[2064]. Denn „per summam beatitudinem homini uia ueritatis ostensa est", „durch die höchste Seligkeit ist dem Menschen der Weg der Wahrheit gezeigt worden"[2065]. „Caritas et humilitas in purissima diuinitate, de qua flumina beatitudinis fluunt", „Die Liebe und die Demut in der reinsten Gottheit, von welcher die Ströme der Seligkeit fließen", sind durch Christus aufgezeigt worden[2066]. Es gibt die Höhe unaussprechlicher Freude, „ubi idem Filius in abundantia serenissimae sanctitatis et beatitudinis fidelibus suis gloriose appararet", „wo eben der Sohn in der Überfülle der heitersten Heiligkeit und Seligkeit seinen Gläubigen glorrreich erscheint"[2067]. Wer seinen Leib im Altarsakrament empfängt, kann „ad epulas aeternae beatitudinis peruenire", „zu den Mählern der ewigen Seligkeit gelangen"[2068]. „Quicumque Filio Dei obsequium exhibuerit exemplum eius imitando, in caelesti beatitudine gaudebit." – „Wer immer dem Sohn Gottes Gehorsam entgegenbringt, indem er sein Beispiel nachahmt, wird sich in der himmlischen Seligkeit freuen."[2069] Auch der Sünder kann zu dieser Seligkeit gelangen, weil Jesus als der gute Hirt ihn, das verlorene Schaf, wiedergefunden und nach Hause zurückgetragen hat[2070].

10. In einer Vision sieht Elisabeth von Schönau Christus, der in seiner Rechten einen grünen Baumzweig hat, welcher die himmlische Seligkeit bedeutet[2071]. Ein anderes Mal sieht sie einen hohen Berg, auf dessen Gipfel eine Gestalt steht, die mit Bildern beschrieben wird, mit denen die Offenbarung des Johannes den verklärten Christus bezeichnet[2072]. Daß dieser unter der Gestalt gemeint ist, wird in der Erklärung der Visi-

---

[2060] RVTR 6,11,400.
[2061] HISV 1,2,6,3,322f.,233.
[2062] HISV 1,2,6,3,324-326,234.
[2063] HISV 1,2,6,25,998-1000,254.
[2064] HISV 1,2,1,13,315-317,119.
[2065] HISV 1,2,1,15,396-398,122.
[2066] HIO 3,3,3,12-16,382.
[2067] HISV 1,2,1,17,416-419,123.
[2068] HISV 1,2,6,27,1084-1086,256.
[2069] HISV 2,3,10,26,770-772,568.
[2070] HISV 2,3,13,13,529-531,632.
[2071] ESV 3,31,83.
[2072] ESI 1,88.

on ausdrücklich gesagt[2073]. Weiter heißt es: „Mons excelsus altitudo celistis beatitudinis est." – „Der erhabene Berg ist die erhabene Höhe der himmlischen Seligkeit."[2074]

11.   Bei der Weihe zur Jungfrau, von der in der Vita der Beatrijs von Nazareth berichtet wird, ist es Christus, der durch den Bischof die Liturgie vollzieht[2075]. Als Beatrijs der Ring überreicht wird, geschieht es, „perpetue beatitudinis gloriam in futuro domino sibi finaliter promittente", „während der Herr ihr für die Zukunft die Herrlichkeit der andauernden Seligkeit endgültig verspricht"[2076].

12.   In einem Brief schreibt Hadewijch: „Jc sach gode god ende den mensche mensche. Ende doe en wonderde mi niet, dat got god was ende dat de mensche mensche was." – „Ich sah Gott als Gott und den Menschen als Mensch. Und da wunderte es mich nicht, daß Gott Gott und der Mensch Mensch war."[2077] Das, was die Verwunderung des Menschen hervorruft, ist nicht die getrennte Existenz von Gott und Mensch, sondern deren Vereinigung im Gottmenschen. Verwunderlich ist es nicht, wenn „God es ene verweende salicheit", „Gott eine wonnevolle Seligkeit ist"[2078] und der Mensch im Elend bleibt. Wenn Hadewijch den Gottmenschen sieht, „doen en wonderde mi niet dattie mensche verweent was met gode", „da wunderte es mich nicht, daß der Mensch voll Wonne mit Gott war"[2079]. Der Grund, warum es für den Menschen die Seligkeit geben kann, liegt in der Menschwerdung des Sohnes Gottes. Diese Möglichkeit muß der Mensch aber verwirklichen und mit Hadewijch sprechen: „Ende doen bleuic spelende in de sal des heren." – „Und da blieb ich spielend in der Seligkeit des Herrn."[2080] Wenn dies geschieht, dann kann man von der „seligen Seele" sprechen[2081].

13.   Für David von Augsburg ist die Seligkeit ein wichtiger theologischer Begriff in seinen mittelhochdeutschen Traktaten. Man hört die Gedanken von Hugo von St Viktor heraus, wenn er schreibt: „Got ist diu êwige saelikeit. Und süllen wir êwecliche saelic sîn, sô muoz unser armekeit verwandelt werden in sîne saelikeit, daz wir mit gote ein geist werden." – „Gott ist die ewige Seligkeit. Und sollen wir ewig selig werden, so muß unsere Armseligkeit verwandelt werden in seine Seligkeit, so daß wir mit Gott ein Geist werden."[2082] Diese Vereinigung kann aber nur durch die Liebe geschehen[2083]. In Christus wird dies möglich: Der Gott, der sich bei der Menschwerdung unter die Menschen verdemütigt hat[2084], ist „ir aller saelden unzergänclîchiu êwikeit", „ihrer aller Seligkeit unvergängliche Ewigkeit"[2085]. Mit der göttlichen Weisheit, einer Eigenschaft, die oft

---

[2073]   ESI 4,89.

[2074]   Ebenda.

[2075]   BN 1,17,76,23-31,61f.

[2076]   BN 1,17,76,33-35,62.

[2077]   HAB 28,231-233,238.

[2078]   HAB 28,76f.,232.

[2079]   HAB 28,234-236,238.

[2080]   HAB 28,264,239.

[2081]   Vgl. Weiß, Gottesbild 2,1436.

[2082]   DV 357,21-23; vgl. DU 372,39.

[2083]   DV 357,23f.

[2084]   DAG 362,19-21.

[2085]   DAG 362,29f.

der zweiten Person in der Dreifaltigkeit zugeschrieben wird, erkennen die Menschen Gott als die ewige Seligkeit[2086]. Dann kann der Mensch „die saelekeit nuzze, diu dû bist", „die Seligkeit genießen, die Du bist"[2087]. Was Christus von Natur ist, sollen wir aus Gnaden werden. Besitzt er von seinem Wesen her die grundlose Fülle aller Seligkeit, dann können die Menschen eine vollkommene Seligkeit aus Gnaden erhalten[2088]. Der Mensch ruft Gott als „die gruntlôsiu saelekeit", „die grundlose Seligkeit" an und weiß doch, daß diese zu ihm, solange er Sünder ist, nie kommen kann[2089]. Doch Jesus, der die süße Wonne ist[2090], spricht zum Menschen: „Mîn gruntlôsiu saelekeit diu staetiget und êwiget alliu dinc." – „Meine grundlose Seligkeit macht stetig und ewig alle Dinge."[2091]

Einen besonderen Akzent gibt David diesem Gedanken in seinem Traktat „Betrachtungen und Gebete". Er ist ganz in Form eines Gebetes an Jesus Christus verfaßt und eucharistisch geprägt. Deswegen beginnt er: „Herzelieber hêrre Jêsu Kriste, du ein spîse bist des gotlîchen lebens." – „Herzlieber Herr Jesus Christus, Du bist eine Speise des göttlichen Lebens."[2092] Er gibt uns diese Speise, damit wir niemehr von ihm geschieden werden[2093], so daß wir „immer mit dir und in dir saelic, vroelich müezen sîn", „immer mit Dir und in Dir selig, fröhlich sein müssen"[2094]. Wer hier diese Speise empfängt, dem fließt im Jenseits „diu süeze und diu saelekeit der êwigen gotheit durch die güldînen roeren dîner minneclîchen menscheit", „die Süße und die Seligkeit der ewigen Gottheit durch die goldenen Röhren Deiner liebevollen Menschheit"[2095]. Denn die menschliche Seele Jesu übertrifft an Seligkeit jede Kreatur[2096]. Die Auferstehung Christi wirkt sich auf Leib und Seele des Menschen aus: „Dise geistlîche urstende an der sêle würkestú mit dîner gotlîchen kraft." – „Diese geistige Auferweckung wirkst Du an der Seele mit Deiner göttlichen Kraft."[2097] Da die Seele nach dem Bild Gottes geschaffen ist, muß „ir obristiu saelekeit an dîner gotheit", „ihre höchste Seligkeit an Deiner Gottheit" liegen[2098]. Ohne daß das Wort „Seligkeit" fällt, beschreibt David, wie auch der menschliche Leib an allen Freuden des Himmels Anteil erhält[2099]. Jesus ist nicht nur die Freude, die Wonne und die Süße in Überfülle, sondern auch „diu êwikeit der saelekeit", „die Ewigkeit der Seligkeit"[2100]. In Jesus haben wir alles, was zur Seligkeit gehört[2101].

[2086] DU 370,17f.

[2087] DEW 367,31.

[2088] DU 370,24-26; vgl. DU 370,6.

[2089] DU 375,3-6.

[2090] DU 375,17.

[2091] DU 376,15f.

[2092] DB 1,375,33f.

[2093] DB 1,376,5-10.

[2094] DB 1,376,11f.

[2095] DB 1,376,22-24.

[2096] DB 7,382,17-22.

[2097] DB 7,380,29f.

[2098] DB 7,380,30f.

[2099] DB 7,381,13-29.

[2100] DB 10,384,13-16.

[2101] DB 10,383,22-24.

14. Mechthild von Magdeburg erwähnt seltener die Seligkeit im Zusammenhang mit Jesus Christus.

Jesus Christus lohnt die guten Werke der Seele, „reht als ob er die sache ir selekeit nit were", „so als ob er nicht die Ursache ihrer Seligkeit wäre"[2102]. Der Nebensatz ist ein Irrealis. Das heißt, Jesus tut so, als ob der Mensch aus eigener Kraft sich die Seligkeit verdienen könne. In Wirklichkeit ist er selbst ihr Urheber. Mechthild grüßt die göttliche Menschheit Jesu Christi „und danken ime miner selekeit", „und (ich) danke ihm für meine Seligkeit"[2103].

Wenn Mechthild den Gründonnerstag einen Tag „der seligen einunge", „der seligen Vereinigung" nennt, dann kann darunter nur die Einheit mit Jesus Christus verstanden sein[2104]. Bei der Danksagung nach dem Kommunionempfang bittet Mechthild, daß er ihr Gemüt tröstet. „Da volget gros selekeit nach." – „Danach folgt große Seligkeit."[2105]

15. Mechthild von Hackeborn erwähnt nicht viel häufiger die Seligkeit im christologischen Zusammenhang.

Im Herzen Jesu „latet copia omnis beatitudinis", „ist verborgen die Menge jeder Seligkeit"[2106]. Obwohl jeder von diesem Herzen jede ihm nötige Gnade erhält, „tamen in seipso abundantissime redundat omne beatitudine, nec aliqua unquam parte patitur detrimentum", „läuft es doch in sich selbst überfließend an jeder Seligkeit über und erleidet an keinem Teil einen Schaden"[2107]. Jesus teilt als Kantor aller Kantoren der Mechthild beim Singen eine besondere Süße mit, „quasi ex se, abysso totius beatitudinis", „gleichsam aus sich, dem Abgrund der ganzen Seligkeit"[2108]. Als Mechthild für ihre verstorbene leibliche Schwester, die Äbtissin Gertrud, betet, schenkt Jesus dieser die Vermehrung ihres Seelenschmuckes „ad gaudium et beatitudinem ejus", „zu ihrer (= Mechthilds) Freude und Seligkeit"[2109]. Die Himmelfahrt ihres Sohnes erzeugt in Maria Freude, die sie erkennen ließ, „omne gaudium et beatitudinem quae in assumptione mea perceptura eram", „alle Freude und Seligkeit, die ich im Begriff war, bei meiner Aufnahme (in den Himmel) zu empfangen"[2110].

16. Häufiger findet man das Wort „Seligkeit" im Zusammenhang mit Jesus Christus bei Gertrud der Großen.

16.1 Besonders oft kommt dieser Begriff in den „Exercitia spiritualia" vor. Jesus als Krone der Jungfrauen[2111] wird mit den Worten angerufen „omnis bonitatis author beatissime", „aller Güte seligster Urheber"[2112]. „Quam beatus, cuius in te finem ha-

---

[2102] MM 6,6,27f.,212.
[2103] MM 6,16,26f.,226.
[2104] MM 1,45,6,32.
[2105] MM 7,21,40-42,274.
[2106] MH 1,31,106.
[2107] MH 2,21,159.
[2108] MH 6,8,387.
[2109] MH 6,9,390.
[2110] MH 1,20,72.
[2111] G R 2,95,70.
[2112] G R 2,98f.,72.

bet incolatus." – „Wie selig (ist) derjenige, der in Dir das Ziel seines irdischen Auf-
enthaltes hat."[2113] „Quam beatus, quem iam in se absconditum servat gloria tui vultus." – „Wie selig (ist) derjenige, den in sich verborgen behütet die Herrlichkeit Deines
Angesichtes."[2114] Von demjenigen, der den Menschen mehr als seine Herrlichkeit geliebt hat[2115], heißt es: „Tu es, domine mi, spes mea, tu gloria, tu gaudium, tu beatitudo
mea." – „Du, mein Herr, bist meine Hoffnung, Du die Herrlichkeit, Du die Freude,
Du meine Seligkeit."[2116] Jesu „delicosa beatitudo", „wonnevolle Seligkeit" ist den
Menschen als süße Wunde eingeprägt[2117].

16.2 Auch im zweiten Buch des „Göttlichen Gesandten", das Gertrud mit eigener
Hand geschrieben hat, kommt die Seligkeit Christi öfters vor. Gertrud möchte sich
ganz nach Jesus Christus ausrichten, „qui es vera beatitudo", „der Du die wahre Seligkeit bist"[2118]. Auf sie ist „beatitudinis incontinentia tam superaffluenter diffusa", „das
Nicht-Enthalten-Können der Seligkeit (Jesu) so überfließend ausgegossen"[2119]. Jesus
zeigt ihr seine „beatissimum pectus" – „seligste Brust"[2120]. Diese redet Gertrud mit
den Worten an: „O regio illa beata et beatificans, affluens beatitudinum!" – „O jene
selige und selig machende Gegend, an Seligkeiten fließend!"[2121] Jesus hat die Wunden
seines Herzens ganz fest in das Herz der Gertrud gedrückt[2122]. Die Seligkeit, die sie
dabei empfindet, würde für ihr Leben ausreichen, auch wenn sie sonst keinen Trost
erhielte[2123].

16.3 Auch in den Büchern des „Göttlichen Gesandten", die Gertrud nicht mit eigener
Hand geschrieben hat, taucht dieser Begriff im Zusammenhang mit Jesus auf. Ihre Mitschwestern erzählen, wie Gertrud, um größeres Vertrauen zu erlangen, immer wieder
zu den Füßen Jesu läuft[2124]. In diesem Vertrauen sehnt sie sich, zu sterben, „sperans
per mortem suam lucrari beatitudinem", „weil sie hoffte, durch ihren Tod die Seligkeit
zu gewinnen"[2125]. Jesus hat dafür ja selbst den Tod erlitten: „Per angustias mortis, cum
omni beatutidine mea quaesivi te." – „Durch die Todesängste habe ich Dich mit meiner
Seligkeit gesucht."[2126] Johannes der Evangelist lädt Gertrud ein: „Repausemus simul
supra dulcifluum pectus Domini, in quo latent totius beatitudinis thesauri." – „Ruheb
wir uns gemeinsam an der süß fließenden Brust des Herrn aus, in welcher verborgen

[2113] G R 5,247,142.
[2114] G R 6,329f.,182.
[2115] G R 6,199f.,174.
[2116] G R 6,206f.,174.
[2117] G R 6,573-576,196.
[2118] G 2, 2,4,1,3-7,242.
[2119] G 2, 2,6,1,10f.,256.
[2120] G 2, 2,8,1,7-9,262.
[2121] G 2, 2,8,2,1f.,264.
[2122] G 2, 2,23,7,1-4,336.
[2123] G 2, 2,23,7,4-8,336.
[2124] G 2, 1,10,2,2f.,166.
[2125] G 2, 1,10,4,3f.,168.
[2126] G 4, 4,22,3,13f.,210.

sind die Schätze der ganzen Seligkeit."[2127] Das Herz Jesu ist voll aller Seligkeit[2128]. Die Kirche ist durch Christus „ad cumulum beatitudinis aeternae", „zum Gipfel der ewigen Seligkeit" gelangt[2129].

17. In der Vita der Christina von Hane ist der Bräutigam, der zu der Mystikerin spricht, in der Regel Jesus Christus. In einer Ekstase fühlt sich Christina selig mit Gott vereint[2130]. Da kurz vorher vom gekreuzigten Jesus gesprochen wird, ist anzunehmen, daß dieser mit dem Wort „Gott" gemeint ist. So stellt der Herr fest: „Selicheit alles rychtums vnd aller eren und wallust wannet yn dyr." – „Die Seligkeit allen Reichtums und aller Ehren und Wollust wohnt in dir."[2131]

18. Petrus von Dazien schreibt in einem Brief an Christina von Stommeln von einem Grund, warum Jesus Menschen besondere Freude an außergewöhnlichen Erlebnissen gibt: „In uita presenti alicui tantam contulero mee beatitudinis et dulcedinis exuberanciam", „Im gegenwärtigen Leben gebe ich manchmal einem den Überreichtum meiner Seeligkeit und Süße", damit dieser lieber mit ihm als bei sich selbst ist[2132]. An einer anderen Stelle wird allerdings diese Überfülle der Seligkeit dem Heiligen Geist zugeschrieben[2133].

19. Zusammenfassend läßt sich über die „Seligkeit" bei Christus folgendes sagen:

19.1 Jesus wird Abgrund[2134], Quelle[2135], grundlose Fülle[2136], Seligkeit aller[2137], seligster Urheber[2138] und die Seligkeit allen Reichtums[2139] genannt. Seine Seligkeit ist ewig[2140], grundlos[2141], unvergänglich[2142], wahr[2143] und wonnevoll[2144]. Seine Ewigkeit[2145] und sein Leben[2146] sind selig.

19.2 In der Dreifaltigkeit haben alle Personen an der einen Seligkeit Anteil[2147]. Der Vater hat dem Sohn seine ganze Seligkeit mitgeteilt[2148]. Bei diesem fallen deswegen

---

[2127] G 4, 4,4,3,10-13,62.
[2128] G 5, 5,30,1,5f.,238.
[2129] G 4, 4,21,3,10f.,202.
[2130] CH 2, 212.
[2131] CH 2, 221.
[2132] CS 1, B 10,31,95,5-9.
[2133] CS 1, B 41,25,232,9f.
[2134] MH 6,8,387.
[2135] SP 5,544,10f.; SP 6,536,9f.
[2136] DU 370,24-26.
[2137] GIS Adv 1,4,158-160,102; SP 10,866,11f.
[2138] G R 2,98f.,72.
[2139] CH 2, 221.
[2140] SP 5,544,10f.; DV 357,21-23; DU 370,17f.
[2141] DU 375,3-6.
[2142] DAG 362,29f.
[2143] SP 6,528,24; G 2, 2,4,1,3-7,242.
[2144] HAB 28,76f.,232; G R 6,573-576,196.
[2145] DB 10,384,13-16.
[2146] JFC 2,14,644,141.
[2147] RVTR 3,7,182.
[2148] RVTR 5,22,356-358.

auch Leben und seliges Leben in eins[2149], und bei ihm fehlt nichts, was die Seligkeit des Menschen ausmacht[2150]. Er ist auch die Seligkeit der Engel[2151].

19.3 Diese Seligkeit gab der Sohn Gottes in seiner Erniedrigung bei der Menschwerdung auf[2152] und nimmt in ihr unser Elend an[2153]. Dies tat er, damit wir die Seligkeit wiedererlangen[2154]. Der Mensch ist zwar schon auf die Seligkeit hin geschaffen[2155], doch verlor er sie in der Sünde. Jetzt scheint ein unüberbrückbarer Gegensatz zwischen dem gerechten und seligen Gott und dem ungerechten und elenden Menschen zu bestehen[2156]. Mit der Menschwerdung wird Christus zum Mittler zwischen der Seligkeit Gottes und dem Elend des Menschen[2157]. Dadurch kann das Elend des Menschen in Seligkeit gewandelt werden[2158]. Die Menschheit Jesu ist die goldene Röhre, durch die uns die göttliche Seligkeit zufließt[2159]. Die menschliche Seele Jesu ist die erste Kreatur, die diese Seligkeit erhält[2160]. An ihr erhalten die Seelen der anderen Menschen durch die Auferstehung Jesu Anteil[2161]. Jetzt kann der Mensch zur Seligkeit zurückkehren[2162]. So zeigt sich für den Menschen in der Menschwerdung des Sohnes Gottes neu der Weg zur Seligkeit[2163]. Nur muß der Mensch im Gehorsam Christus auf diesem Weg folgen[2164]. Weil Maria dies tat, nimmt sie in besonderem Maß an der Seligkeit ihres Sohnes teil[2165]. Christus trägt den Sünder wie das verlorene Schaf zur Seligkeit zurück[2166]. Noch in seinen Todesängsten hat er an die Seligkeit der Menschen gedacht[2167].

19.4 Wer auf Erden an dem Mahl der Eucharistie teilnimmt, wird im Himmel zum Mahl der ewigen Seligkeit gelangen[2168]. Mit der Speise des Altarsakramentes müssen die Menschen selig und fröhlich werden[2169]. Deswegen wird schon die Einheit mit dem eucharistischen Herrn selig genannt[2170].

[2149] BHLD 2, 81,1,2,584,2-5.
[2150] BD 16,7,318,9f.; SP 6,536,9f.; DB 10,383,22-24.
[2151] GIS Nat 3,1,15-18,186; SP 6,528,21f.
[2152] BH 3,9,58,9-11.
[2153] HE 10,181A.
[2154] WE 2,274,1-10,362; HISV 1, 2,6,25,998-1000,254.
[2155] HN 4,16B.
[2156] HE 10,180D.
[2157] HE 10,181B.
[2158] DV 357,21-23.
[2159] DB 1,376,22-24.
[2160] DB 7,382,17-22.
[2161] DB 7,380,30f.
[2162] HE 10,181C.
[2163] HISV 1, 2,1,13,315-317,119; 2,1,15,396-398,122; 2,6,3,324-326,234; HIO 3,3,3,12-16,382.
[2164] HISV 2, 3,10,26,770-772,568.
[2165] MH 1,20,72.
[2166] HISV 2, 3,13,13,529-531,632.
[2167] G 4, 4,22,3,13f.,210.
[2168] HISV 1, 2,6,27,1084-1086,256.
[2169] DB 1,376,12f.
[2170] MM 1,45,6,32.

19.5 Im Himmel ist Christus das selige Leben[2171]. Groß ist die Seligkeit seiner Liebe[2172]. An ihm sich zu erfreuen, bedeutet die ewige Seligkeit[2173]. Der Mensch kann die Seligkeit, die Christus ist, genießen[2174]. Dann ist für den Menschen alle Vorläufigkeit der Freude vergangen, und die eigentliche nie endende Seligkeit beginnt beim Herrn[2175]. Alle Heiligen schöpfen ihre Seligkeit aus der Brust Jesu[2176]. In seinem Herzen sind alle Schätze der Seligkeit verborgen[2177]. Sie ist die Teilhabe am Hochzeitsmahl des Lammes[2178]. Folgende Metaphern kommen für die Seligkeit vor: grüner Baumzweig[2179], hoher Berg[2180] und Spiel[2181].

19.6 Es gibt schon hier auf Erden Augenblicke, besonders ekstatischer Art[2182], der Nähe Jesu, die als Angeld[2183] und Verheißung[2184] der kommenden Seligkeit bezeichnet werden. Urbild dieser Seligkeit ist der an der Brust ruhende Johannes[2185]. Doch dauern diese Freuden nie lang. Der Mensch, der sich nie von Christus und seiner Gerechtigkeit lösen darf[2186], kann doch von ihm als der Seligkeit um anderer Menschen willen getrennt sein wollen, wie es bei Paulus der Fall war[2187]. Derjenige, dessen irdisches Leben die Ausrichtung auf Jesus hat[2188] und in sich schon seine Herrlichkeit trägt[2189], wird selig genannt. Solche Menschen dürfen Jesus ihre Seligkeit nennen[2190].

2.9 Glück

1. Die Wörter „felix" oder „felicitas" kommen in der Vulgata nicht in bezug auf Christus vor. Außer der Tatsache, daß sie eher im nichtreligiösen Bereich gebraucht werden, gibt es kaum einen semantischen Unterschied zu „beatus" und „beatitudo". Dennoch werden sie in einigen Texten bevorzugt für Christus gebraucht.

[2171] JFC 2,14,644,141.
[2172] JFC 3,7,176f.,148.
[2173] WHLD 1,1,33,118.
[2174] DEW 367,31.
[2175] WHLD 2,7,203,402.
[2176] SP 5,444,10f.; G 2, 2,8,1,7-9,262; 2,8,2,1f.,264; 4, 4,4,3,10-13,62.
[2177] MH 1,31,106; G 2, 2,23,7,4-8,336; 5, 5,30,1,5f.,238.
[2178] SP 6,536,2f.
[2179] ESV 3,31,83.
[2180] ESI 4,89.
[2181] HAB 28,264,239.
[2182] CH 2, 212.
[2183] WHLD 2,5,179,366.
[2184] BN 1,17,76,33-35,62.
[2185] SP 5,442,20-23; G 4, 4,4,3,10-13,62.
[2186] WR 5,644D.
[2187] WHLDB 32,432C-D; WR 5,664D.
[2188] G R 5,247,142.
[2189] G R 6,329f.,182.
[2190] G R 6,206f.,174.

2. Jean von Fécamp nennt die Seele glücklich, die sich nach dem Tod sehnt, um Christus von Angesicht zu Angesicht zu schauen[2191]. Eine ganze Reihe von Namen, unter denen es auch „dulcedo mea non fallax, dulcedo felix et secura ", „mein Süße, nicht voll Trug, Süße, glücklich und sicher"[2192] gibt, zählt Jean auf, wenn er sich fragt: „Quis digne, te Christe, laudare potest?" – „Wer kann Dich, Christus, würdig loben?"[2193]

3. Bernhard von Clairvaux lehrt Folgendes über das Glück Jesu: Es gibt eine Barmherzigkeit Christi, „quam felix manens habuit ab aeterno", „welche er besaß von Ewigkeit, wobei er glücklich blieb"[2194]. Er wollte aber uns eine größere Barmherzigkeit erweisen, „cuius miseria mater est", „deren Mutter das Elend" ist[2195], und eine solche Barmherzigkeit besitzen, welche die Erkenntnis des Elends umfaßt, „quem docet defectio carnis", „welche die Schwäche des Fleisches lehrt"[2196]. Sie „voluit experiri in se", „wollte er in sich erfahren"[2197]. Damit gibt er auch etwas von seinem glücklichen Zustand der Ewigkeit auf, wenn er Mensch wird. Adam und Eva waren vor ihrer Sünde in einem besseren Zustand als der Menschgewordene, weil sie das Glück hatten und aus Erfahrung nichts vom Elend wußten[2198]. Weil in der Menschwerdung die Erfahrung des Elends für Christus grundgelegt ist, ist Weihnachten „dies salutis, non gloriae aut felicitatis", „ein Tag des Heiles, aber nicht der Herrlichkeit oder des Glückes"[2199]. Erst über den Karfreitag[2200] gelangen wir zu dem Tag, an dem wir Christi Majestät sehen und glücklich werden[2201].

Nach Bernhard stellt der Kuß des Mundes, von dem in Hld 1,1 die Rede ist, Jesus Christus dar, in dem sich wie zwei Lippen beim Kuß die beiden Naturen vereinen[2202]. So nennt Bernhard Christus „felix osculum", „glücklicher Kuß"[2203].

Wenn dann die Gerechten im Himmel ein unausdenkbares Glück genießen und nicht wie die Sünder bestraft werden, wissen sie, daß sie dies allein der Barmherzigkeit des Erlösers verdanken[2204]. Der Apostel Andreas eilt froh zu seinem Richtplatz, auf dem er hingerichtet wird[2205], weil er im Tod Anteil am Kreuz Christi erhält[2206] und dadurch zur himmlischen Stadt gelangt[2207]; dort wird ihm nichts fehlen an dem, „quan-

---

[2191] JFC 3,7,191-193,148.
[2192] JFC 3,26,885f.,170.
[2193] JFC 3,26,894,170.
[2194] BH 3,12,62,22f.
[2195] BH 3,12,64,2.
[2196] BH 3,12,62,15.
[2197] BHLD 1,3,12,62,18.
[2198] BH 3,12,62,15-17.
[2199] BVNAT 5,4,200,1f.
[2200] BVNAT 5,4,200,2-4.
[2201] BVNAT 5,4,198,25.
[2202] BHLD 1,2,2,3,66,30-68,3.
[2203] BHLD 1,2,2,3,68,6f.
[2204] BQH 8,7,596,19-23.
[2205] BD 16,7,316,8-18.
[2206] BD 16,6,316,12f.
[2207] BD 16,7,316,19-25.

tum spectat ad summam felicitatis humanae", „was den Gipfel menschlichen Glückes betrifft"[2208].

4. Nach Aelred von Rievaulx wird durch den einzigen Mittler zwischen Gott und den Menschen, Jesus Christus[2209], „perfecta erit imaginis reformatio", „vollkommen sein die Wiederherstellung des Bildes" Gottes im Menschen[2210]. „Hic felix tranquillitas, hic tranquilla felicitas, hic felix et tranquilla iucunditas." – „Dort (wird sein) die glückliche Ruhe, dort das ruhige Glück, dort die glückliche und ruhige Freude."[2211] „Haec in patria speretur felicitas." – „Dieses Glück soll im Vaterland erhofft werden."[2212]

5. Guerricus von Igny kann an Weihnachten nichts anderes verkünden als den, der in verächtliche Lumpen gewickelt ist[2213]. „Beatus tamen cui nec in pannis istis Christus est vilior." – „Selig ist jedoch der, dem auch in diesen Windeln Christus nicht verächtlich ist."[2214] Denn dieser wird Zeuge seiner herablassenden Barmherzigkeit. „Tota igitur pietate cogitemus Christum in pannis quibus eum mater operuit; ut aeterna felicitate videamus gloriam et decorem quem ei Pater induit." – „Mit ganzer Frömmigkeit wollen wir Christus in Winden gewickelt, mit denen ihn die Mutter bedeckt hat, gedenken, um im ewigen Glück die Herrlichkeit und Zierde zu sehen, mit welcher ihn der Vater bekleidet hat."[2215]

6. Nach Johannes von Ford hat das ganze Hohelied nur ein Thema, nämlich „caritatem illam felicissimam sacratissimamque, qua coelesti sponso Christo in Spiritu Sancto foederatur et unitur ecclesia", „jene glücklichste und heiligste Liebe, durch welche mit dem himmlischen Bräutigam Christus im Heiligen Geist verbunden und geeint wird die Kirche"[2216]. Aber auch die Einzelseele darf „felicissimo somno", „in einem glücklichsten Schlaf" schauen die Majestät und Güte des Herrn Jesus[2217]. Johannes preist Jesus, der selbst für die Engel ersehnenswert bleibt, die ihn seit Ewigkeit genießen[2218]. „Quod stupendum istius felicitatis miraculum", „Wie soll man jenes Wunder des Glückes bestaunen", in dem beim Sattwerden das Verlangen nur wächst[2219]. Glücklich ist derjenige, welcher „fruitur sine fastidio", „genießt ohne Ekel"[2220]. Deswegen nennt Johannes in Übereinstimmung mit Bernhard von Clairvaux[2221] Jesus „osculum

---

[2208] BD 16,7,318,9f.
[2209] ARSC 1,5,14,187f.,18
[2210] ARSC 1,5,14,195,18.
[2211] ARSC 1,5,14,203f.,18.
[2212] ARSC 1,5,14,198,18.
[2213] GIS Nat 5,5,173-176,234.
[2214] GIS Nat 5,5,176f.,234.
[2215] GIS Nat 5,5,186-189,234.
[2216] JHLD 64,1,10-13,447.
[2217] JHLD 98,2,37-39,663.
[2218] JHLD 38,5,78-81,285.
[2219] JHLD 38,5,90-92,285.
[2220] JHLD 38,5,102-105,286.
[2221] BHLD 1,2,2,3,68,6f.

illud felicissimum", „jenen ganz glücklichen Kuß"[2222]. Wenn man mit der Braut Christi sprechen kann (Hld 6,2): „Ich gehöre meinem Geliebten, und mein Geliebter gehört mir", dann ist man dort, „ubi felicitati nil deest", „wo am Glück nichts fehlt"[2223].

7.   Im Traktat „Speculum virginum" wird die kommende Stadt gepriesen, wo „Christus et ecclesia, sponsus cum sponsa, flos in flore, sol in sole, decus in decore, unus in uno", „Christus und die Kirche, der Bräutigam mit der Braut, die Blume in der Blume, die Sonne in der Sonne, die Zierde in der Zier, der eine in einem" ist[2224]. Dort ist das, was der Mensch erhofft: „felix aeternitas, aeterna felicitas", „die glückliche Ewigkeit und das ewige Glück"[2225].

8.   Nach Hugo von St. Viktor muß der geistige Gaumen des Menschen sensibilisiert werden, „quatenus per ipsam videlicet dilectionem suae felicitatis jucunditatem saperet", „daß er durch eben diese, nämlich die Liebe, die Freude seines Glückes schmeckt"[2226]. Die Liebe ist aber deswegen notwendig, weil nur sie Gott und das geistige Geschöpf verbindet[2227], welche Verbindung in der Menschwerdung des Gottessohnes ihren Höhepunkt erfährt[2228].

9.   Richard von St. Viktor schreibt sehr durchdacht vom Glück in seinem Traktat „Über die Dreifaltigkeit"[2229]. Er zieht deswegen den eher weltlich geprägten Begriff „felicitas" dem religiösen „beatitudo" vor, weil der Ansatzpunkt seiner Dreifaltigkeitslehre die zwischenmenschliche Liebe ist[2230]. Aus der Tatsache, daß Gott das höchste Glück und die Liebe besitzt, ja sein muß[2231], versucht er, das Geheimnis der Dreifaltigkeit zu begründen. Die Liebe Gottes will alles mitteilen. Wäre Gott dazu nicht in der Lage, wäre er nicht vollkommen glücklich, weil ihm etwas an einer Fähigkeit mangeln würde[2232]. Beim höchsten Glück darf aber nichts, was man sich zu seiner Vollkommenheit vorstellen kann, fehlen[2233]. Wenn ein Liebender sieht, daß dem Geliebten etwas an seinem Glück fehlt, ist er selbst nicht ganz glücklich[2234]. Deswegen müssen alle Personen in der Dreifaltigkeit an dem einen höchsten Glück in gleicher Weise teilhaben. Daher kennt Richard auch nicht eine spezielle Zuweisung des Glückes an eine von ihnen, wie zum Beispiel an Christus.

10.   Hildegard von Bingen spricht wieder ausführlich von Glück, welches Christus ist.

[2222] JHLD 38,6,117,286.
[2223] JHLD 46,5,101-103,329.
[2224] SP 1,162,12-14.
[2225] SP 1,162,17.
[2226] HF 19,1006A-B.
[2227] HF 19,1006B.
[2228] HL 974B-D.
[2229] Vgl. Weiß, Gottesbild 2,1432-1434.
[2230] RVTR 3,3,172.
[2231] Vgl. Weiß, Gottesbild 2,1432f.
[2232] RVTR 3,14,198-200.
[2233] RVTR 3,3,172; 3,5,176.
[2234] RVTR 3,12f.,196.

10.1 Ganz allgemein ist Gott „pater omnium beatitudinum et felicitatum creaturarum suarum", „der Vater von jeder Seligkeit und jedem Glück seiner Geschöpfe"[2235]. In der Sünde wendet sich aber das Geschöpf „a uita felicitatis", „vom Leben des Glückes" ab[2236]. Dem Menschen erscheint jedes Streben nach dem Glück, das in Gott ist, beschwerlich[2237]. „Mortuus est in aeterna felicitate." – „Tot ist er für das ewige Glück."[2238] Dennoch bleibt dem Menschen die Sehnsucht nach dem Glück[2239].

10.2 Gott aber hat seinen Sohn zu den Menschen gesandt, damit sie wieder „plenum gaudium omnium felcitatum ac beatitudinum", „die volle Freude jeden Glückes und jeder Seligkeit" erlangen können[2240]. Bei der Menschwerdung wundern sich die Engel „in lucidissima felicitate", „am leuchtendsten Glück", das den Menschen bereitet ist[2241]. So spricht die Seligkeit, die für die Menschen wieder vorhanden ist: „Ego felix sum. Dominus enim Christus Iesus facit et parat me pulchram et albam." – „Ich bin glücklich. Denn der Herr Christus Jesus macht und bereitet mich schön und weiß."[2242] Jetzt gibt es für die Auserwählten wieder „plurimam felicitatem redemptionis", „das zahlreiche Glück der Erlösung"[2243] In der Kirche sucht man dieses „felicitatem aeternam", „ewige Glück"[2244]. Doch muß man es im ständigen Kampf erwerben[2245]. Die Tugenden werden jetzt wieder durch die Freude am Glück der Seele wachsen[2246]. Denn der Vater hat die Menschen mit dem großen Glück des Heiles umgeben[2247].

11. Nach ihrer Vita wird Beatrijs von Nazareth in einer Ekstase in den Chor der Seraphim erhoben, wo ihr tiefe Geheimnisse offenbart werden[2248], wobei sie „infinitam et ineffabilem felicitatis copiam invenisset", „eine unendliche und unaussprechliche Menge des Glückes gefunden hat"[2249].

12. David von Augsburg beschreibt die Herrlichkeit der Seligen im Himmel: „Gaudent de propria felicitate, quae est muliplex." – „Sie freuen sich am eigenen Glück, welches vielfältig ist."[2250]

13. Mechthild von Hackeborn schreibt über die Empfängnis Jesu durch den Heiligen Geist in der Jungfrau Maria: „Feliciter ei obumbrans et Filio Dei eam foecundans." –

[2235] HISV 1,2,6,3,322f.,233.
[2236] HISV 1,1,2,23,593,30.
[2237] HISV 1,1,4,5,314-317,69.
[2238] HISV 2,3,8,8,418,489.
[2239] Vgl. Weiß, Gottesbild 2,1435.
[2240] HISV 1,2,6,25,995-1000,254.
[2241] HISV 1,2,1,11,292f.,118.
[2242] HISV 2,3,6,6,201f.,437.
[2243] HISV 1,1,3,19,329,49.
[2244] HISV 2,3,6,35,998-1001,460.
[2245] HISV 2,3,10,20,596f.,563.
[2246] HISV 2,3,10,26,757-759,568.
[2247] HISV 1,2,6,25,1008f.,254.
[2248] BN 2,9,170,1,113.
[2249] BN 2,9,174,73f.,115.
[2250] DAE 3,56,9,316.

„Glücklich umschattete er sie und befruchtete sie mit dem Sohn Gottes."[2251] Mechthild wird an der Brust ihres Liebhabers Jesus Christus „unita ei feliciter", „glücklich mit ihm geeint"[2252]. Als sie einmal wegen Krankheit nicht zur Kommunion gehen kann, erscheint ihr der Herr, „gaudium silicet et beatitudinem suam illi feliciter communicando", „indem er ihr nämlich seine Freude und seine Seligkeit glücklich mitteilt"[2253].

14.   „Felix" und „felicitas" sind häufig gebrauchte Wörter bei Gertrud der Großen.

14.1   Besonders oft kommen diese Ausdrücke in ihrem Werk „Exercitia spiritualia" vor. Am Ende der ersten Übung zur Erneuerung der Taufe steht ein hymnisches Lob auf Gott als das wahre Amen[2254]. Da aber vor[2255], in[2256] und nach[2257] diesem Abschnitt eine Anrufung an Jesus steht, dürfte er unter dem Ausdruck „Gott" gemeint sein. Dann möchte Gertrud glücklich ihr Leben vollenden, das heißt sterben, mit jenem heilbringenden Amen, das Jesus selbst ist[2258]. Ähnlich lautet am Ende der zweiten Übung die Bitte, „ut viriliter currentes tuum mereamur regnun feliciter introire", „mannhaft zu laufen und zu verdienen, glücklich in Dein Reich einzutreten"[2259]. Und die vierte Übung hat am Ende den Wunsch, „ut habeam te, et aeternaliter felicissime fruar te, quia anima mea concupivit te, o Iesu omnium charorum charissime", „daß ich Dich habe und ewig voll Glück Dich genieße, weil meine Seele Dich begehrt, o Jesus, Teuerster aller Teueren"[2260]. Ganz ähnlich lautet in der fünften Übung die Bitte, „ut in aeternum feliciter te, o deus vitae meae, perfruar", „daß ich auf ewig Dich, o Gott meines Lebens, glücklich genieße"[2261]. Diese Übung endet mit der Verheißung Jesu, der das wahre Heute ist[2262]: „Tu vivas in me, Iesu, deo amatore tuo, felicissime exultans sine fine." – „Du sollst in mir, Jesus, deinem Liebhaber, ganz glücklich jubelnd ohne Ende leben."[2263] In der sechsten Übung steht ein litaneiähnlicher Wunsch des Beters, daß alle Jesus[2264] zujubeln mögen[2265]. Dabei wird als Grund für dieses Jubeln der Besitz von Eigenschaften genannt[2266], unter denen auch „gloriosa et perfecta felicitas", „das glorrei-

---

[2251] MH 1,1,10.

[2252] MH 2,35,182.

[2253] MH 4,9,267.

[2254] G R 1,235,60.

[2255] G R 1,232,60.

[2256] G R 1,243,60.

[2257] G R 1,250,62.

[2258] G R 1,238,60. Bei dem „consumari" ist wohl an die Vollendung des Lebens gedacht, weil darauf der Zustand „post hoc exilio" angesprochen wird.

[2259] G R 2,110f.,72. Auch hier richtet sich das Gebet an Gott, unter dem ebenfalls Jesus zu verstehen ist, der unmittelbar vorher (G R 2,95,70) angerufen wurde.

[2260] G R 4,432-435,126.

[2261] G R 5,478f.,156.

[2262] G R 5,522,160.

[2263] G R 5,531-533,160.

[2264] Mit dem „Gott meines Lebens" (G R 6,410,186) ist der gemeint, den die Jungfrau Maria geboren hat (G R 6,405,186).

[2265] G R 6,410-477,186-190.

[2266] G R 6,410-429,186-188.

che und vollkommene Glück" steht[2267]. Auch hier begegnet uns der Wunsch an Jesus, einen glücklichen Ausgang, das heißt Tod, zu haben[2268]. In der siebten Übung, in der es um die Vorbereitung auf den Tod geht, wird besonders oft das Glück erwähnt. Jesu Tod wird angesprochen mit der Bitte: „Fac me in te feliciter expirare et suaviter obdormire." – „Laß mich glücklich in Dich aushauchen und süß entschlafen."[2269] Das Kreuzesopfer ist „mors misericordissima, tu es vita mea felicissima, „der barmherzigste Tod, Du bist mein glücklichstes Leben"[2270]. Christus ist „mortuus, ut ego viverem felicius", „tot, damit ich glücklicher lebe"[2271], der Tod ist „mea sors felicissima", „mein glücklichstes Los"[2272]. Für den eigenen Tod wünscht man sich, „ut in mortis hora me in te feliciter inveniam", „daß ich in meiner Todesstunde mich in Dir glücklich befinde"[2273]. Am Ende des Lebens soll man sprechen: „Felix, quae sitit (caritas)." – „Glücklich (die Liebe), die Durst hat."[2274]

Es fällt auf, wie oft der Wunsch nach dem Finden des Glückes durch und bei Jesus am Ende der einzelnen Übungen vorkommt und sich auf das Sterben des Beters bezieht.

14.2 Wesentlich seltener wird dieses Wort im „Göttlichen Gesandten" gebraucht. Durch die Osterfreude erhält die Seele des Menschen „habilitatem qua, soluta carne, possit etiam recipere aeternam felicitatem", „die Fähigkeit, durch welche sie gelöst vom Fleisch das ewige Glück empfangen kann"[2275]. Wirklich wird dieses Glück, wenn die Seele „felicissima conjunctione … immersa", „durch die glücklichste Verbindung (mit Jesus) verschlungen" ist[2276].

15. Petrus von Dazien bezeichnet die „unio mystica" mit Jesus als „felix familiaritas", „glückliches Vertrautsein"[2277]. Er ist „felix hospes recipiens et receptus", „der glückliche Gast, der empfängt und empfangen wird"[2278]. Christina selbst hofft, „eterni sponsi thalamum feliciter introire", „glücklich in das Gemach des ewigen Bräutigams eintreten" zu dürfen[2279]. Sie nennt die Ekstase, die sie beim Kommunionempfang erlebt, „felix alienatio", „eine glückliche Selbstentfremdung"[2280].

[2267] G R 6,415,188.
[2268] G R 6,570,196.
[2269] G R 7,368f.,232.
[2270] G R 7,357,230.
[2271] G R 7,336f.,230.
[2272] G R 7,338,230.
[2273] G R 7,665f.,248.
[2274] G R 7,427,234.
[2275] G 3, 3,68,3,16-18,278.
[2276] G 4, 4,48,17,1-5,386.
[2277] CS 1, B 5,13,78,6.
[2278] CS 1, B 5,13,78,7f.
[2279] CS 1, B 29,55,198,10f.
[2280] CS 1, B 29,55,198,21f.

16. Zusammenfassend läßt sich über das Glück bei Jesus sagen:

16.1 Jesu Glück ist glorreich[2281], unausdenkbar[2282], unaussprechlich[2283] und vollkommen[2284]. An Jesus wird Folgendes glücklich genannt: sein Kuß[2285], seine Liebe[2286] und seine Süße[2287]. Sein Glück ist ewig[2288].

16.2 In der Sünde ging der Mensch vom Weg des Glückes ab[2289]. Dadurch ist er tot für das Glück[2290]. Gottes Sohn ist dazu Mensch geworden, daß der Mensch wieder das Glück erlangen kann[2291]. Dafür wurde Maria glücklich vom Heiligen Geist umschattet[2292]. Die Menschwerdung ist das strahlendste Glück für den Menschen[2293]. Er kann wieder sagen: Ich bin glücklich[2294]. Als Sohn besitzt Jesus glücklich die Barmherzigkeit seit Ewigkeit[2295], die aber durch sein Menschsein in der Erfahrung des Elendes vertieft wird[2296]. Um diese Erfahrung machen zu können, verzichtet er auf sein himmlisches Glück. Deswegen ist für ihn Weihnachten nicht nur ein Tag des Glückes[2297]. Der Kreuzestod bedeutet aber für den Menschen das glückliche Leben[2298], sein glücklichstes Los[2299]. Das Wirken Jesu heißt das Glück der Erlösung[2300].

16.3 In der Kirche kann der Mensch das ewige Glück in Christus suchen[2301]. In der Hoffnung auf dieses Glück können beim Menschen wieder die Tugenden erblühen[2302]. Der Empfang der Kommunion bringt dem Menschen Glück. Wo er daran gehindert wird, schenkt Jesus auch ohne sakramentalen Vollzug dem Menschen sein Glück[2303].

16.4 Im Himmel macht glücklich die Schau von Jesu Angesicht[2304], seiner Herrlichkeit[2305] und seiner Majestät[2306]. Bei Jesus im Himmel zu sein, ist ein Glück, an dem

---

[2281] G R 6,415,188.
[2282] BQH 8,7,596,19-23.
[2283] BN 2,9,174,73f.,115f.
[2284] G R 6,415,188.
[2285] BHLD 1,2,2,3,68,6f.; JHLD 38,6,117,286.
[2286] JHLD 64,1,10-13,447; HF 19,1006A-B.
[2287] JFC 3,26,885f.,170.
[2288] SP 1,162,17.
[2289] HISV 1,1,2,23,593,30.
[2290] HISV 2,3,8,8,418,489.
[2291] HISV 1,2,6,25,995-1000,254; G 3,3,68,3,16-18,278.
[2292] MH 1,1,10.
[2293] HISV 1,2,1,11,292f.,118.
[2294] HISV 2,3,6,6,201f.,437.
[2295] BH 3,12,62,22f.
[2296] BHLD 1,3,12,62,18.
[2297] BVNAT 5,4,200,1f.
[2298] G R 7,336f.357,230.
[2299] G R 7,338,230.
[2300] HISV 1,1,3,19,329,49.
[2301] HISV 2,3,6,35,998-1001,460.
[2302] HISV 2,3,10,26,757-759,568.
[2303] MH 4,9,267.
[2304] JFC 3,7,191-193,148.
[2305] GIS Nat 5,5,186-189,234.
[2306] BVNAT 5,4,198,25.

nichts fehlt[2307]. Es besteht in der glücklichen Ewigkeit[2308], im glücklichen Genießen[2309], im glücklichen Jubel[2310], in der glücklichen Ruhe[2311] und im glücklichen Schlaf[2312]. Auch wenn die Sättigung durch das Glück eintritt, wächst immer noch die Sehnsucht nach ihm[2313], und ein Ekel tritt nie auf[2314]. Vor dem Eintritt in den Himmel liegt das Sterben, welches auch glücklich genannt wird[2315]; es ist der glückliche Ausgang[2316]. Man wünscht sich, bei Jesus voller Glück zu sein[2317].

16.5 Schon auf Erden gibt es Augenblicke des Glückes bei Jesus, nämlich in der erlebten Einheit mit ihm[2318], die ein glücklicher Kuß[2319] und ein glückliches Vertrautsein[2320] bedeuten. Jesus als glücklicher Gast ist dann anwesend[2321]. In ekstatischen Visionen[2322] schaut man die Geheimnisse Gottes, die voll Glück sind[2323].

2.10 Richter

1. Schon bei der Tugend Gerechtigkeit wurde Jesus als Richter teilweise erörtert. Hier im eschatologischen Kontext soll dieser Titel eigens behandelt werden. Dabei wird Jesus als Richter nicht nur strafen, sondern man hofft auch, von ihm belohnt zu werden (2 Tim 4,8).

Nach der Vulgata werden wir alle einmal vor dem Richterstuhl Christi stehen (Röm 14,10). So ist Jesus eingesetzt „a Deo iudex vivorum et mortuorum", „von Gott als Richter der Lebenden und Toten" (Apg 10,42). Diese Schriftstelle hatte eine große Wirkungsgeschichte. In den meisten überlieferten Formen des apostolischen Glaubensbekenntnisses endet der christologische Teil mit dem Bekenntnis an den wiederkommenden Sohn, der „Lebende und Tote richten wird"[2324], welche Formulierung das große Glaubensbekenntnis des 1. Konzils von Konstantinopel aufgreift[2325]. Da dieses Bekenntnis seit dem frühen Mittelalter an allen Sonn- und Feiertagen gebetet wird,

---

[2307] BD 16,7,318,9f.; JHLD 46,5,101-103,329.
[2308] SP 1,162,17.
[2309] JHLD 38,5,102-105,286; G R 4,432-435,126; 5,478f.,156.
[2310] G R 5,531-533,160.
[2311] ARSC 1,5,14,203f.,18.
[2312] JHLD 98,2,37-39,663.
[2313] JHLD 38,5,90-92,285.
[2314] JHLD 38,5,102-105,286.
[2315] G R 1,238,60; 2,110f.,72; 7,368f.,232.
[2316] G R 6,570,196.
[2317] G R 7,665f.,248.
[2318] MH 2,35,182; G 4, 4,48,17,1-5,386.
[2319] BHLD 1, 2,2,3,68,6f.; JHLD 38,6,117,286.
[2320] CS 1, B 5,13,78,6.
[2321] CS 1, B 5,13,78,7f.
[2322] CS 1, B 29,55,198,21f.
[2323] BN 2,9,174,73f.,115,73.
[2324] HS 10-30.
[2325] HS 150.

war den Mystikerinnen das Bekenntnis zur Richtertätigkeit Jesu geläufig. In der Alten Kirche zählte man „Richter" zu den Namenreihen Jesu[2326].

2. Der Gedanke an den Richter Jesus ist Jean von Fécamp vertraut. Er spricht Apg 10,42 paraphrasierend zum Vater über Christus: „Ipse uero constitutus est a te iudex uiuorum et mortuorum." – „Er ist von Dir eingesetzt worden als Richter der Lebenden und Toten."[2327] Er fügt dabei den Gedanken aus Joh 5,22 an: „Tu autem non iudicas quemquam, sed omne iudicium dedisti Filio." – „Du aber richtest niemanden, sondern hast das ganze Gericht dem Sohn gegeben."[2328] Denn Christus besitzt alle Schätze des Wissens und der Weisheit (Kol 2,3), so daß er der „aequissimus et verissimus sit testis et iudex, iudex et testis (Jer 29,23)", „gerechteste und wahrste Zeuge und Richter, Richter und Zeuge ist"[2329]. Denn er ist „Deus iudex iustus uenturus cum potestate magna et maiestate ad iudicandum uiuos et mortuos", „als Gott der gerechte Richter, der mit großer Macht und Majestät kommen wird, zu richten die Lebenden und die Toten"[2330]. Der Gedanke, „ante tribunal", „vor dem Richterstuhl" eines so mächtigen und allwissenden Richters erscheinen zu müssen, erzeugt selbst bei den gerechten Menschen und erst recht bei dem Beter, der sich als Sünder fühlt, Furcht[2331]. Diese bleibt auch, wenn man Gott Vater „per ipsum aeternum iudicem", „durch eben den ewigen Richter" um Reuetränen bittet[2332]. Weiter möchte Jean immer den Gedanken an diesen „diem terribilem", „schrecklichen Tag" des Gerichtes vor Augen haben, damit er Barmherzigkeit findet „in conspectu ipsius aeterni iudicis", „im Angesicht des ewigen Richters"[2333]. An einer anderen Stelle führt Jean eine Reihe Namen auf, bei denen man sich nicht sicher ist, ob sie zu Gott Vater oder Jesus Christus gehören. Unter ihnen befindet sich auch „iudex meus iustus", „mein gerechter Richter"[2334].

Insgesamt bleibt die Vorstellung Jesu als Richter für Jean mit Furcht behaftet. Der Gedanke, daß dieser Richter auch lohnen könnte, kommt nicht vor.

3. Auch bei Bernhard von Clairvaux taucht oft Jesus als Richter auf. Meist ist er in dieser Funktion zu fürchten. Bernhard sieht die Aufgabe eines Richters im Gegensatz zu derjenigen eines Vaters[2335]. „Terribilis in consiliis super filios hominum." – „Schrecklich ist er in seinen Beschlüssen über die Menschenkinder (vgl. Ps 65,5)."[2336] „Si occultissimum Iudicem timent etiam magni", „Wenn auch die Großen den verborgensten Richter fürchten", wie sehr müssen dann die normalen Sterblichen vor ihm zittern?[2337] Tröstlich ist für Bernhard der Gedanke, daß der Mensch selbst für das verantwort-

[2326] Vgl. Sieben, Nomina 191; vgl. Grinda 723-725.
[2327] JFC 2,3,99f.,124.
[2328] JFC 2,3,100f.,124.
[2329] JFC 2,3,102f.,124.
[2330] JFC 2,3,112f.,124.
[2331] JFC 2,4,114-117,124f.
[2332] JFC 2,4,117-123,125.
[2333] JFC 2,4,140-143,125.
[2334] JFC 3,2,10,142.
[2335] BB 1,65,1,558,9.
[2336] BHLD 1,23,5,12,340,18.
[2337] BQH 15,4,690,25-27.

lich ist, worüber er gerichtet wird. Er kann sich schon vor dem letzten Gericht selbst richten: „Gratias tibi, Domine Iesu, qui dedisti mihi meipsum iudicem bonum, iudicem propitium, iudicem sufficientem." – „Ich danke Dir, Herr Jesus, der Du mich mir selbst als guten Richter, als gnädigen Richter, als ausreichenden Richter gegeben hast."[2338] Wenn man sich selbst geistlich verurteilt, hält Jesus sich an die Richterregel: „Non enim judicabit bis Dominus in idipsum." – „Der Herr wird nicht zweimal über dieselbe Sache urteilen."[2339] Einen Grafen, der entgegen der Vereinbarung die Pachtzins bei den Zisterziensern erhöht hat[2340], bittet Bernhard, barmherzig zu sein; „tunc securius stabitis ante tribunal Christi", „dann werdet ihr sicherer vor dem Richterstuhl Christi stehen"[2341].

Bernhard weiß, daß zu Jesus als Richter auch das Erbarmen gehört. Er ist „ille Iudex, cui et iudicare et misereri sic utrumque familiare est, ut neutrum altero familiarius", „jener Richter, dem beides, sowohl das Verurteilen wie das Erbarmen, so vertraut ist, daß (ihm) keines vertrauter als das andere ist"[2342]. Wer Gott wegen seiner Barmherzigkeit preist, findet das Erbarmen, wer jenes aber verachtet, findet Gerechtigkeit[2343]. Ausdrücklich will Bernhard den Gedanken an den Richter aus der Brautmystik heraushalten. Zur Braut kommt der Bräutigam „quiescens et quietus", „ruhend und ruhig". Bei ihr gibt es für ihn „locus omnino, non iudicis, non magistri, sed sponsi", „keineswegs den Ort des Richters oder des Lehrers, sondern den des Bräutigams"[2344]. Mit dem Hohelied (Hld 2,9) vergleicht Bernhard den Bräutigam mit einer Gazelle, die auch nicht beim schnellen Lauf urteilt, wohin sie springt[2345]. So besitzt Jesus die Sehnsucht zum Erlösen und das Urteil zum Richten[2346]. „Christus nempe iustus et misericors, salvator et iudex." – „Christus (ist) nämlich gerecht und barmherzig, der Heiland und der Richter."[2347] Bei ihm wird sowohl die Barmherzigkeit als auch sein Gericht gelobt[2348]. Obwohl er gelitten hat und mit uns mitleiden kann, „habet tamen et iudiciariam potestatem", „hat er doch auch die richterliche Gewalt"[2349]. Manchmal teilt Bernhard die beiden Funktionen auf das doppelte Kommen Christi auf: „Sed considera etiam manifestos adventus Domini, quemadmodum scilicet in eo quidem qui jam praesumptus est, misericordem teneas Salvatorem, porro in eo qui in fine promissus, veracem sustineas retributorem." – „Aber betrachte auch die verschiedenen Arten des Kommens des Herrn; wie du nämlich in dem, das schon vorweggenommen ist, den barmherzigen Heiland festhältst, so sollst du auch in dem, der für das Ende verheißen ist, den wahren

---

[2338] BS 3,126,736,12f.
[2339] BS 3,126,736,15.
[2340] Vgl. BB 2, Anm. S.1152.
[2341] BB 2, 299,470,10.
[2342] BHLD 1, 14,1,1,200,8f.
[2343] BHLD 1, 14,1,1,200,11-15.
[2344] BHLD 1, 23,6,15,344,17f.
[2345] BHLD 2, 55,1,1,236,6-15.
[2346] BHLD 2, 55,1,1,236,25-238,1.
[2347] BHLD 2, 5,1,1,238,1f.
[2348] BOASSPT 1,594,17-19.
[2349] BOASSPT 1,594,18f.

Vergelter erwarten."[2350] War Jesus bei seinem ersten Kommen barmherzig, so „iudica-
turus sit orbem terrae", „wird er den Erdkreis richten", wenn er wiederkommt[2351].

Auch Christus selbst wird zuletzt vom Vater, dem „iustus iudex", „gerechten Richter" gerichtet, wenn er von ihm den Kranz der Gerechtigkeit erhält (2 Tim 4,8)[2352].

4. Wenn Wilhelm von St. Thierry Jesus als „pius judex", „gütigen Richter" bezeichnet, wird deutlich, daß für ihn Güte und Richtersein bei Jesus nicht auseinander fallen.
„Coram Jesu, pio judice", „Vor Jesus, den gütigen Richter," sollen wir alles, was uns
bedrängt, hinbringen[2353]. Wilhelm legt den Psalmvers 144,9 „Miserationes ejus super
omnia opera ejus" so aus, daß das Erbarmen Gottes nicht über all seinen Geschöpfen
waltet, wie es dem ursprünglichen Sinn entspricht, sondern über all seinem sonstigen
Wirken steht. Und es kann deswegen auch nicht durch sein Richten in Frage gestellt
werden[2354]. Damit gibt er uns Gelegenheit, sich unser zu erbarmen und Reue zu haben;
sein Gericht besteht dann darin, daß wir so bitten dürfen, als hätten wir einen gerechten
Grund für sein Erbarmen[2355]. Wenn Jesus uns auffordert, in seinem Namen den Vater
zu bitten (Joh 16,23f.)[2356], dann ist er in einem, „ipse judex, ipse advocatus", „er, der
Richter, und er, der Beistand"[2357]. „Tribunal Christi ipsa sapientiae ejus divina potentia est, qua in seipso sedens disponit omnia et judicat." – „Der Richterstuhl Christi ist
die göttliche Macht seiner Weisheit, mit dem er alles sitzend in sich selbst ordnet und
richtet."[2358] Dieses weisheitliche Ordnen Christi beim Gericht ist eine „testificatio vitae
et veritas", „ein Bezeugen von Leben und Wahrheit"[2359]. Man spürt, daß Wilhelm sich
bemüht, das Erschreckende am Richtersein Jesu in den Hintergrund treten zu lassen.

5. Demgegenüber malt Aelred von Rievaulx das Gericht Jesu mit düsteren Farben:
„Veniet desuper iudex iratus, ardens furor eius, et ut tempestas currus eius, ut reddat
in ira uindictam et uastationem in flamma ignis." – „Es wird von oben der erzürnte
Richter kommen, brennend in seiner Wut und wie das Gewitter sein Lauf, um im Zorn
Rache zu üben und in der Flamme des Feuers die Verwüstung."[2360] Man würde kaum
glauben, daß hier vom Richten Jesu gesprochen wird, wenn nicht Aelred ausdrücklich
auf sein Richten, wie es bei Matthäus (Mt 13,49) geschildert wird, Bezug nehmen würde[2361]. Man soll dieses Schrecken erregende Gericht auf sich selbst beziehen: „Cogita
nunc, te ante Christi tribunal .... Qualis ibi horror, quis foetor, quis timor, quis dolor?"
– „Betrachte nun dich vor dem Richterstuhl Christi ... Was wird dort für ein Schrek-

---

[2350] BQH 11,8,640,20-22.
[2351] BQH 11,8,640,24-26.
[2352] BVNAT 5,6,202,16f.
[2353] WHLD prol 16,88-90.
[2354] WMO 4,215A.
[2355] Ebenda.
[2356] WMO 4,215A-B.
[2357] WMO 4,215A.
[2358] WR 7,683A.
[2359] WR 7,683B.
[2360] ARI 33,1416-1418,678.
[2361] ARI 33,1421f.,678.

ken, was für ein Gestank, was für eine Furcht, was für ein Schmerz sein?"[2362] Allerdings schildert er dann auch die herrliche Prozession, in der Christus den Gerechten
zum Vater vorausgeht[2363].

6. In seinem Hohenliedkommentar warnt Gilbert von Hoyland die Menschen davor,
andere, besonders die Vorgesetzten, zu verurteilen. Auch Paulus wollte die Korinther
vom Verurteilen abhalten (2 Kor 4,5). Die Menschen sollten auf Jesus als den eigentlichen Richter warten[2364]. „Ipse justus Judex tempus exspectare se dicit ut justitias judi-
cet: et tu tibi ante tempus assumis judicium? Pater omne judicium dedit Filio: et tu tibi
quod non accepistis judicium assumis?» – «Er selbst, der gerechte Richter, sagt, daß er
die Zeit abwartet, um die Gerechtigkeiten zu richten, und du maßt dir vor der Zeit das
Gericht an? Der Vater hat das ganze Gericht dem Sohn übergeben, und du maßest dir
das Gericht, das du nicht empfangen hast, an?»[2365] Richten dürfen auf Erden die Menschen, die das Amt dazu haben: Die Mönche „abbatis astant judicio, quasi ad Christi
praesentati tribunal", „stehen vor dem Gericht des Abtes wie vor dem Richterstuhl des
gegenwärtigen Christus"[2366]. Gilbert weiß aber auch von der Belohnung beim Gericht.
Einer, der als Braut gelebt hat, kann ja empfangen „coronam gloriae, quam reddit illi
in hora transitus justus judex et dulcis sponsus Jesus Christus", „die Krone der Herrlichkeit, die in der Stunde des Hinübergangs derjenige jenem geben wird, welcher der
gerechte Richter und süße Bräutigam Jesus Christus ist"[2367].

7. Guerricus von Igny weiß, daß es zur menschlichen Natur gehört, beim Sterben
Angst zu haben, auch wenn man sich keiner Schuld bewußt ist[2368]. Der Gerechte soll
dann, wenn „metu conturbata fuerit anima", „die Seele von Angst verwirrt war", den
Herrn um Barmherzigkeit anflehen[2369]. Dann kann er wie der Heilige Martin „iudici
venienti et pulsanti gratanter aperire", „dem kommenden und klopfenden Richter gern
öffnen"[2370]. Angesichts des hohepriesterlichen Gebets (Joh 17) ruft Guerricus aus: „O
felices, quorum advocatus ipse iudex est, pro quibus orat." – „O glücklich diejenigen,
deren Anwalt selbst der Richter ist, für die er betet."[2371] Wer daran glaubt, erhält daraus
Sicherheit[2372].

8. Auch nach Johannes von Ford hat der Vater seinem eingeborenen Sohn das Gericht
übertragen[2373]. Diese Tatsache mildert aber die Strenge des Gerichtes nicht ab. Jesus als
Richter wird die Schlacke aus dem Silber auskochen[2374] und mit Feuer die Menschen

---

[2362] ARI 33,1423-1427,678.
[2363] ARI 33,1463-1469,680.
[2364] GHLD 14,8,73C.
[2365] Ebenda.
[2366] GHLD 23,3,121A-B.
[2367] GHLD 28,7,149B.
[2368] GIS Adv 3,1,44-48,120.
[2369] GIS Adv 3,1,49-55,120-122.
[2370] GIS Adv 3,1,35f.,120.
[2371] GIS Asc 2,49f.,274.
[2372] GIS Asc 2,58-61,276.
[2373] JHLD 7,6,226,77.
[2374] JHLD 7,6,229,78.

reinigen[2375]. Angesichts dessen ruft Johannes aus: „O iudex terribilis atque tremmende!" – „O schrecklicher Richter, vor dem man zittern muß!"[2376]. Seine Gerichtsurteile sind abgründig[2377]. Deswegen muß ich alles dafür tun, daß ich mich selbst, bevor „coram facie tua ante tribunam tuum ipse ego meipsum et iuste iudicem et districte puniam", „ich gegenüber Deinem Angesicht vor Deinem Richterstuhl stehe, gerecht richte und streng bestrafe"[2378]. Dies gilt auch, wenn Jesus der Bräutigam ist, bei dem man nicht nur an seine Güte, sondern auch an seine Gerechtigkeit denken soll[2379]. Der Bräutigam des Hohenliedes ist ja der König Salomo, der auf einem Thron aus Elfenbein gesessen hat, „in quo tribunal Christi euidenter exprimitur", „in welchem der Richterstuhl Christi augenscheinlich ausgedrückt wird"[2380]. Johannes nennt auch „iudiciaram eius potestatem", „seine richterliche Gewalt"[2381]. „Non quod humani diei judicium expauescam quae ad dilecti mei tribunal intus assisto. De vultu eius non intrepida expecto iudicium." – "Nicht, daß ich mich vor dem Gericht eines weltlichen (Gerichts)tages fürchte (vgl. 1 Kor 4,3), in dem ich innerlich beim Richterstuhl meines Geliebten stehe. Von seinem nicht Furcht erregenden Gesicht erwarte ich das Urteil."[2382] Auch wenn er Barmherzigkeit besitzt, wird er doch im Gericht zum Richten erhöht[2383]. Die Kirche wird auch bei diesem Gericht anwesend sein: „Sedet, inquam, etiam hic in throno iudicii cum sponso suo." – „Sie sitzt, sage ich, auch dort auf dem Thron des Gerichtes mit ihrem Bräutigam."[2384] Sie wird aber von diesem Thron nur das verkünden, was dem Geist Jesu entspricht[2385].

Bei kaum einem anderen Autor stehen sich die Liebe des Bräutigams und die Strenge seines Gerichtes so scharf gegenüber wie bei Johannes.

9. Der Verfasser des Traktates „Speculum Virginum" sieht im Gleichnis der klugen und törichten Jungfrauen Christus in der Rolle eines Richters, wenn er am Ende die törichten Jungfrauen vor der Tür stehen läßt (Mt 25,12). „Iamiam iudicialis ferit sententia." – „Schon kommt der richterliche Spruch zum Tragen."[2386] Er läßt die törichten Jungfrauen sprechen: „Nos igitur, iuste iudex, exclusisti, quia iusto iudicio contempsisti." – „Uns also, gerechter Richter, hast Du ausgeschlossen, weil Du uns nach gerechtem Urteil verachtet hast."[2387] Dennoch wird der Richter um Erbarmen angegangen[2388].

[2375] JHLD 7,6,230-232,78.
[2376] JHLD 7,7,240,78.
[2377] JHLD 7,6,245,78.
[2378] JHLD 7,6,236f.,78.
[2379] JHLD 28,6,177-179,231.
[2380] JHLD 28,6,182f.,231.
[2381] JHLD 28,2,28f.,228.
[2382] JHLD 39,6,163-165,293.
[2383] JHLD 28,6,184f.,231.
[2384] JHLD 41,9,243f.,304.
[2385] JHLD 41,9,245f.,304.
[2386] SP 6,542,10.
[2387] SP 6,540,7f.
[2388] SP 6,540,13-17.

Doch die Tür öffnet sich für die Törichten nicht[2389]. Anders wird es aber bei den ehelos lebenden Frauen sein, für die dieser Traktat geschrieben ist, falls sie dem Bräutigam treu bleiben. „Quid illic deus et dominus noster, rex et iudex noster audiemus?" – „Was werden wir dort hören, Du unser Gott und Herr, unser König und Richter?"[2390] Ihnen wird der Richter sagen: „Veni in hortum meum, soror mea sponsa (Hld 5,1).'" – „Ich komme in meinen Garten, meine Schwester und Braut."[2391] Diese Verheißung bleibt bestehen, auch wenn das Menschengeschlecht wegen der Sünde durch Gerichtsspruch schon verurteilt war[2392].

10. Für Hugo von St. Viktor gibt es in seinem Werk „De sacramentis" verschiedent-lich Anlaß, auf Christus als Richter einzugehen. Nachdem er dargelegt hat, daß Gott auf die Sünde mit gerechtem Gericht reagiert[2393], fragt er, wer dabei der Richter sein wird. „In dictanda sententia omnis judicii judicat Pater et Filius et Spiritus sanctus." – „Beim Fällen des Urteils jedes Gerichtes urteilt der Vater, der Sohn und der Heilige Geist."[2394] Beim Gericht gibt es aber auch die Verkündigung des Urteils: „In proferen-da autem judicat solus Filius, quia in divinitate sua cum Patre et Spiritu sancto omnis judicii sententiam dictare habuit, in humanitate sua omnis judicii sententiam proferre solus accepit." – „Beim Verkünden aber urteilt der Sohn allein, weil er in seiner Gottheit die Fähigkeit hat, zusammen mit dem Vater und dem Heiligen Geist das Urteil jeden Gerichtes zu fällen, in seiner Menschheit aber allein (die Aufgabe) empfangen hat, das Urteil jeden Gerichtes zu verkünden."[2395] Damit glaubt Hugo, verschiedene Aussagen des Johannesevangeliums über das Richten Jesu in Einklang bringen zu können[2396]. Jesus kommt dieses Urteil zu, weil er das Urteil des Teufels dem Menschen gegenüber in seinem Leiden eingelöst hat[2397]. Die Verurteilung des Menschen von Seiten Gottes schiebt Hugo aber bis zum Ende der Welt auf[2398]. Wenn er dann wiederkommt, wird er der Richter über Lebende und Tote sein[2399]. Er wird dann nicht in seiner Erniedrigung, in der er am Kreuz hing, richten, sondern in der Natur, „qua aequalis est Patri", „mit der er dem Vater gleich ist"[2400], obwohl er in der Gestalt eines Menschen erscheint[2401]. Das Urteil fällt er ja nicht aus menschlicher Macht, sondern in der Macht, durch die er der Sohn Gottes ist[2402]. Auch die Tatsache, daß Christus in menschlicher Gestalt erscheinen, aber mit göttlicher Gewalt richten wird, hilft Hugo, verschiedene Schrift-

---

[2389] SP 6,542,14-546,6.

[2390] SP 10,870,3f.

[2391] SP 10,870,5f.

[2392] SP 11,932,2f.

[2393] HSA 1,8,5,309C-310A.

[2394] HSA 1,8,5,310A.

[2395] HSA 1,8,5,310A-B.

[2396] HSA 1,8,5,310B.

[2397] HSA 1,8,4,309B-C.

[2398] HSA 1,8,4,309C.

[2399] HSA 2,17,7,598D.

[2400] HSA 2,17,7,590A.

[2401] HSA 2,17,7,590B.

[2402] HSA 1,17,7,590A.

worte zu harmonisieren[2403]. Im Anschluß an Augustinus legt Hugo Wert darauf, daß das Gericht Jesu schnell vollzogen wird[2404]. Für die Formel des Glaubensbekenntnisses „Er wird richten die Lebenden und die Toten" gibt Hugo eine doppelte Erklärung, eine, die in der buchstäblichen Bedeutung die Lebenden als die Menschen annimmt, die beim Anbrechen des Gerichtes noch nicht gestorben sind, und eine, die im übertragenen Sinn die Lebenden für die Gerechten und die Toten für die Sünder ansieht[2405].

11. Bei Hildegard von Bingen nimmt der Gedanke an das letzte Gericht einen breiten Raum ein.

11.1 Allgemein kann man sagen, daß Hildegard beim Richter eher an dessen strafenden Aspekt denkt; so ist vom „supernus et tremendus iudex", „hohen und Zittern erregenden Richter"[2406] die Rede. Man muß „cum multo tremore sententiam iusti iudicis", „mit großem Zittern das Urteil des gerechten Richters" erwarten[2407], das man beim Sterben fürchtet[2408], wenn man seine versprochenen Gelübde nicht erfüllt hat[2409]. Wenn diejenigen Frauen, welche die Ehelosigkeit gelobt haben und dem Sohn Gottes folgen sollten, ihr Gelübde brechen und nicht umkehren, steht ihnen „districtum iudicium iustissimi iudicis", „das strenge Gericht des gerechtesten Richters" bevor[2410]. Das Urteil des gerechten Richters erwarten die Engel und führen die Seele eines Menschen, wenn sie sich vom Leib gelöst hat, dorthin, „quo supernus iudex iudicauerit secundum merita operum illius", „wohin sie der hohe Richter verurteilt nach den Verdiensten ihrer Werke"[2411]. Im Zittern vor dem oberen Gericht möchte der Mensch sich dann von seinem Eigenwillen abkehren[2412]. Der Richter der Guten und Bösen wird alles an Gerechtigkeit überragen[2413].

11.2 Dieser Richter ist aber Jesus Christus. „Filius Dei in forma humanitatis et passionis suae, quam in uoluntate Patris pro salute humani generis passus est, ad iudicandum ipsum humanum genus caelesti exercitu circumdatus adveniet." – „Der Sohn Gottes kommt in der Gestalt seiner Menschheit und seines Leidens, welches er nach dem Willen des Vaters für das Heil des Menschengeschlechtes gelitten hat, umgeben vom himmlischen Heer, um eben das Menschengeschlecht zu richten."[2414] Der Grund, weswegen gerade er zum Richten vom Vater beauftragt wird[2415], liegt darin, daß derjenige, der sichtbar auf Erden gewandelt ist, auch das Sichtbare der Welt richten soll[2416]. Als

---

[2403] HSA 2,17,590B-591A.
[2404] HSA 2,17,8-11,600A-601B.
[2405] HSA 2,17,12,601B.
[2406] HISV 1, 1,1 vis 42,8.
[2407] HISV 1, 1,4,29,802,85.
[2408] HISV 1, 1,4,29,810f.,85.
[2409] HISV 1, 2,5,40,1219-1222,208.
[2410] HISV 1, 2,5,9,420-428,184.
[2411] HISV 1, 1,4,29,824f.,86.
[2412] HISV 2, 3,3,9,412-417,383.
[2413] HISV 2, 3,9,29,956-958,543.
[2414] HISV 2, 3,12,5,161-166,608.
[2415] HISV 2, 3,12,6,171f.,609.
[2416] HISV 2, 3,12,166-168,608f.

Gott braucht er vom Vater keine Gewalt übertragen zu bekommen, da er alles mit dem Vater gemeinsam hat[2417]. Doch für ihn in seiner Menschheit war diese Beauftragung notwendig, damit er sichtbar der Richter ist, „in potestate iudiciali terribilis iniustis sed blandus iustis apparens", „der in der richterlichen Gewalt schrecklich für die Ungerechten und freundlich für die Gerechten erscheint"[2418]. Letztere „obuiam iusto iudici non in difficultate, sed in multa celeritate rapiuntur", „werden nicht mit Schwierigkeit, sondern mit großer Schnelligkeit dem gerechten Richter entgegen entrückt"[2419]. Wenn sie dann „uerba aequissimi iudicis percipiunt", „die Worte des gerechtesten Richters empfangen", werden ihre Werke die Vollkommenheit erhalten, die sie auf Erden noch nicht hatten[2420]. Ist dann das Gericht zu Ende gegangen, tritt große Ruhe ein[2421].

12. Elisabeth von Schönau erzählt die Gerichtsszene aus Mt 25,1-13 nach. Bemerkenswert ist, daß sich auf der linken Seite, also derjenigen, auf der die Schlechten stehen, viele aus dem Klerus und dem Benediktinerorden befinden[2422]. Derjenige, der den Gerichtsspruch fällt, ist Christus, der „iudex omnium", „Richter aller"[2423]. Obwohl in der Vision auch die Belohnung der Guten geschieht, fällt Elisabeth beim Erwachen aus der Ekstase nur der Wunsch ein, am Schrecken erregenden Gerichtstag vom ewigen Tod verschont zu werden[2424]. An einer Stelle ihres Visionenbuches wird eine Gruppe von Mönchen wegen mangelnden Glaubens angegriffen. Dazu werden in einigen Sätzen die Grundwahrheiten über Jesus Christus zusammengefaßt. Zu diesen gehört auch die Aussage, Christus „venturum esse iudicare vivos et mortuos", „werde kommen, zu richten die Lebenden und die Toten"[2425]. In ihrem Werk „Liber viarum dei" werden diejenigen weltlichen und kirchlichen Oberen zur Umkehr gemahnt, die richterliche Gewalt über andere haben[2426]. Aus Ehrgeiz und Habsucht fällen sie ungerechte Urteile. „Clausisti oculos mentis vestre, ut non respiciatis ad iudicem vestrum, qui est in celis." – „Ihr habt die Augen eures Geistes geschlossen, um nicht aufzublicken zu eurem Richter, der im Himmel ist."[2427]

13. Das St. Trudperter Hohelied stellt zwei Aussagen über Christus einander scharf gegenüber: „Er ist ein milter spendaere der unermezzenen güete. er ist ein vester rihtaere der künftigen vorhte." – „Er ist ein milder Spender unermessener Güte. Er ist ein strenger Richter der zukünftigen Furcht."[2428] An einer anderen Stelle wird der gleiche Gegensatz mit zwei Titeln ausgedrückt: „Wan er ist einwedere ir erloesaere oder ir ur-

---

[2417] HISV 2,3,12,6,173-175,609.
[2418] HISV 2,3,12,6,175-185,609.
[2419] HISV 2,3,12,7,186f.,609.
[2420] HISV 2,3,12,10,227-230,611.
[2421] HISV 2,3,12,12,249f.,611.
[2422] ESV 1,42,22.
[2423] Ebenda.
[2424] Ebenda.
[2425] ESV 3,25,76.
[2426] ESI 15,115.
[2427] ESI 15,116.
[2428] TH 76,8-10,172.

teilaer." – „Denn er ist entweder ihr Erlöser oder ihr Verurteiler."[2429] Dennoch ist der Verfasser dieses Kommentars bestrebt, keinen Gegensatz zwischen Jesus als Erlöser und Richter aufkommen zu lassen.

14. Wie wichtig dem Autor der Vita der Ivetta von Huy der Gerichtsgedanke ist, sieht man daran, daß er in seinem Vorwort für die Mühe des Schreibens beim „spirituum justorum judex", „Richter der gerechten Geister" eher Vergebung als Strafe für seine Bosheit erwartet[2430]. Zur Einführung in die erste Vision der Ivetta erwähnt er die „occulta judicia", „verborgenen Gerichte" des Herrn[2431]. Deswegen habe Christus an dieser Frau nicht nur seine Barmherzigkeit, sondern auch sein Gericht wirken lassen[2432]. Der Autor stellt sich dann die Frage, ob dies bei einem Menschen, der so andauernd Buße tut, notwendig ist. Eine Erklärung dafür findet er in dem Satz: „Saepe corripitur justus ut timeat peccator." – „Oft wird der Gerechte zurecht gewiesen, damit der Sünder sich fürchtet."[2433] Folgendes sieht Ivetta in ihrer ersten ekstatischen Vision: „Filius hominis … sedit tamquam Judex ad judicandum." – „Der Menschensohn … setzt sich wie ein Richter zum Richten."[2434] Umgeben ist er von den Chören der Engel, und zu seiner Rechten sitzt die Jungfrau Maria[2435]. Der Kommentar zu dieser Vision lautet: „Dies illa judicii, dies irae, tribulationis et angustiae judicandis, nec quispiam inter omnes reperiri poterat qui non ad judicantis aspectum horremque judicii contremisceret." – „Jener Tag des Gerichtes, der Tag des Zornes, der Trübsal und der Angst, und keiner unter allen kann gefunden werden, der nicht bebt vor dem Anblick des Richters und dem Schrecken des Gerichtes." Auch Ivetta hat Angst und fängt zu weinen an, „quid Judici respondere posset ignorans, gravem pro quodam commisso sententiam ferendam contra se cognovit in spiritu", „weil sie nicht wußte, was sie dem Richter antworten kann, und weil sie im Geist erkannte, daß ein schwerwiegendes Urteil über ein gewisses Geschehen gegen sie gefällt werden mußte"[2436]. Das Vergehen, für das die Frau so bestraft werden sollte, war der Wunsch nach dem Tod ihres Mannes, dem sie in einer aufgezwungenen und unglücklichen Ehe verbunden war[2437]. Der Autor der Vita stellte selbst fest, daß dieses Vergehen, da es nur kurz in den Gedanken bestand, gering war[2438]. Als sich die Stunde nahte, an der dieses Urteil gefällt werden sollte, steht Maria auf, wirft sich dem Richter zu Füßen und bittet ihren Sohn, die Strenge des Gerichtes abzuwenden[2439]. „Judex quasi faciem averetert indignans", „Der Richter, als ob er verärgert sein Gesicht abwendet", schlägt seiner Mutter die Bitte ab[2440]. Erst auf ihre

[2429] TH 128,1f.,168-170.
[2430] IH prol 6,146.
[2431] IH 15,44,154.
[2432] Ebenda.
[2433] Ebenda.
[2434] IH 15,45,154.
[2435] Ebenda.
[2436] IH 15,46,154.
[2437] IH 2f.,9-11,147.
[2438] IH 15,47,154.
[2439] IH 15,46,154.
[2440] Ebenda.

erneute Bitte verzeiht der Richter Ivetta[2441]. Ein anderes Mal ist Maria bei ihrem Sohn keine Verteidigerin, sondern Anklägerin. Sie beklagt sich darüber, daß ein Dekan an einer zu ihren Ehren geweihten Kirche von großer Habsucht erfaßt sei, und wünscht sich, „quod in brevi a justo Judice Christo filio utique suo egressura esset super ipsum sententia, scilicet quod aeternis tradendus gehennae esset suppliciis", „daß in Kürze vom gerechten Richter, ihrem Sohn, über ihn das Urteil ergehe, nämlich, daß er den ewigen Strafen der Hölle übergeben werde"[2442]. Dies tritt auch ein, weil dieser Priester, obwohl er von Ivetta, die in einer Vision von der Androhung erfahren hat, zur Besserung ermahnt ist, nicht sich ändert[2443]. Ein anderes Mal ist Ivetta traurig über einen, der beim Kommunionempfang mehr einer anderen Person als Christus gefallen will und keine Angst „a praesentia Judicis", „vor der Gegenwart des Richters hat"[2444]. Man darf nach dem Christusbild dieser Vita fragen und froh sein, daß sie in ihrer Gerichtsstrenge eine Ausnahme in unseren Texte darstellt.

15. Die Vita der Ida von Nijvel berichtet, daß eine ihr bekannte Frau bei ihr erscheint und spricht: „Ego misera post obitum meum perducta ad tribunal tremendi iudicis Christi, poenis adiudicata sum purgatorij." – „Ich Elende bin nach meinem Verscheiden zum Richterstuhl des zu fürchtenden Richters Christi geführt und zu den Fegfeuerstrafen verurteilt worden."[2445] Mit Hilfe der Seherin kann sie von diesen Strafen vorzeitig befreit werden[2446].

16. In der Vita der Beatrijs von Nazareth wird berichtet, daß die Mystikerin fünf Spiegel in ihrem Herzen trug, die sie ständig betrachtete[2447]. In den ersten schaut sie, wenn sie die rechte Furcht vor dem Herrn erlangen will[2448]. „Nam quotiens ad celorum fastigium oculos eleuauit:, totius illi districtus iudex et iustus dominus, aspectu sue diuinitatis omnia conscientiarum abscondita penetrans ad mentem redijt." – „Denn so oft sie die Augen zur Höhe des Himmels erhob, so oft kehrte in ihrem Geist der strenge Richter und gerechte Herr zurück, der mit dem Blick seiner Gottheit alles ihrem Bewußtsein Verborgene durchdringt."[2449] Der Gedanke an das Gericht erzeugt in ihr nicht nur Furcht, sondern auch das Verlangen, in den Tugenden voranzuschreiten[2450]. In ihrer eigenen Schrift „Van seuen maniere van heileger minnen" schreibt Beatrijs allerdings, daß die Sehnsucht, die man in die erste Art der Liebe hat, ganz rein und ohne Furcht vor dem Urteil des gerechten Richters sein soll[2451].

17. Ida von Löwen wird von großer Angst erfaßt, als sie hört, ihr Vater habe ein Unrecht bei seinen Geschäften begangen, und fleht den gütigen Herrn um Gnade für den

---

[2441] Ebenda.
[2442] IH 27,83,161.
[2443] IH 27,84,161.
[2444] IH 40,105,164.
[2445] IN 14,236.
[2446] IN 14,236f.
[2447] BN 2,6,105,10-12,79.
[2448] BN 2,6,106,16f.,70.
[2449] BN 2,6,106,17-20,79.
[2450] BN 2,6,106,20-27,79.
[2451] BNS 1,52-57,6.

Vater an, die auch gewährt wird[2452]. Der Autor ihrer Vita bemerkt dazu: „Attende, lector quanti fuerit apud summum Judicem haec ejus famula meriti." – „Leser merke, wie groß die Verdienste dieser seiner Dienerin beim höchsten Richter waren."[2453]

18. Nicht oft verwendet Mechthild von Magdeburg diesen Titel für Christus. Wir wissen, daß unter den Beginen der Kommunionempfang häufiger als bei den Ordensfrauen war[2454]. Davon distanziert sich Mechthild, die selbst Begine war, mit den Worten: „O ir vil torehtigen beginen, wie sint ir also vrevele, das ir vor únserm almehtigen rihter net bibent, wenn ir gottes lichamen so dikke mit einer blinden gewonheit nemment!" – „O ihr sehr törichten Beginen, wie seid ihr so frevlerisch, daß ihr vor unserem allmächtigen Richter nicht zittert, wenn ihr Gottes Leib so oft mit einer blinden Gewohnheit nehmt!"[2455] Dem gegenüber werden all diejenigen, die alles aus Liebe zu Gott lassen, „an dem jungesten tage das gerihte besitzen mit Jhesu, únserm lôsere", „am jüngsten Tag mit Jesus, unserem Erlöser, zu Gericht sitzen"[2456]. Auch an einer weiteren Stelle werden die Menschen, die nach geistlicher Vollkommenheit streben, mit Jesus zum jüngsten Gericht sitzen[2457]. Welch geringe Rolle Jesus als Richter bei Mechthild spielt, sieht man an dem Kapitel, in dem sie darum betet, daß Jesus als Freund, Beichtvater, Vater und Bräutigam im Sterben zu ihr kommen soll[2458]. Da das Sterben in der damaligen Zeit mit dem Gedanken des Gerichtes verbunden ist, hätte der Wunsch nahe gelegen, Jesus solle auch als gnädiger Richter zu ihr kommen. Diesen äußert aber Mechthild nicht.

19. Die Zurückhaltung mit dem Titel „Richter" teilen die Mystikerinnen aus Helfta mit Mechthild von Magdeburg.

Im ersten Kapitel des ersten Buches ihres „Liber specialis gratiae" sieht Mechthild von Hackeborn sich in einem Aschengewand. Unter der Asche sind ihre Unvollkommenheiten und Fehler zu verstehen, die sie, je heiliger sie ist, um so deutlicher spürt[2459]. Beim Gedanken daran, was geschehen wird, wenn der Herr der Majestät umgürtet mit Gerechtigkeit kommt (vgl. Jes 11,5), „vidit Dominum Jesus in solio sublimi sedentem, in cujus aspectu mellifluo cinis ad nihilum est redactus", „sah sie den Herrn Jesus auf einem hohen Thron sitzen, bei dessen honigfließendem Anblick die Asche zu nichts wurde"[2460]. Wenn Jesus auf einem Thron sitzend erscheint, ist traditionell an seine Tätigkeit als Richter gedacht. Um so mehr ist es erstaunlich, daß sein Anblick, der honigfließend ist, alle ihre Vergehen dem ewigen Vergessen übergibt[2461]. Ein ande-

---

[2452] IL 1,1,6,160.
[2453] Ebenda.
[2454] Agnes von Blannbekin wird Begine, weil sie oft zur Kommunion gehen möchte (AB 39,27f.,124).
[2455] MM 3,15,4f.,94. Es ist nicht eindeutig, was Mechthild unter der blinden Gewohnheit versteht. Meint dieser Ausdruck eine gedankenlose Routine, oder ist die Gewohnheit blind, weil sie nicht unter der Aufsicht eines Beichtvaters steht?
[2456] MM 7,64,14-16,310.
[2457] MM 5,22,5-7,172.
[2458] MM 7,35,9-45,282f.
[2459] MH 1,1,7.
[2460] Ebenda.
[2461] MH 1,1,7f.

res Mal sieht sie Jesus mit seinen fünf Wunden, welche Tore in sein Inneres darstellen. An den Wunden seiner Füße sieht sie „virginem pulcherrimam, scilicet, misericordiam, quae introduxit", „eine sehr schöne Jungfrau, nämlich die Barmherzigkeit, welche sie hineinführte"[2462]. Dort, wo sie hingeführt wird, „invenit Judicem justum, quem misericordia sibi plavavit", „findet sie den gerechten Richter, den die Barmherzigkeit mit sich versöhnt hatte"[2463].

20. Auch Gertrud spricht nur selten von Jesus als Richter. In ihren „Exercitia spiritualia" taucht dieser Begriff in den ersten sechs Übungen nicht auf. Erst die siebte und letzte Übung, die aufgeteilt auf die einzelnen Horen des Chorgebets von der „praeparatio ad mortem", „Vorbereitung auf den Tod" handelt, kommt vermehrt der Name „Richter" für Jesus vor. In der Prim, der ersten kleinen Hore des Tages, soll man „colloquium cum amore et veritate", „ein Gespräch mit der Liebe und Wahrheit" führen, damit in der Stunde des Todes du „ipsum iudicem tuum Iesum habens pium advocatum et responsalem", „ihn, Jesus, deinen Richter als gütigen Anwalt hast, der Antwort gibt"[2464]. Nicht umsonst werden hier zwei Eigenschaften, nämlich die Liebe und die Wahrheit, genannt, mit denen man sprechen soll. Die Wahrheit ist „iusta dei aequitas", „die gerechte Billigkeit Gottes"[2465], der zur Seite gegeben ist „iustitia et aequitas", „die Gerechtigkeit und Billigkeit"[2466]. Die Wahrheit legt alles genau auf die Waage[2467]. Letzlich ist Jesus in der Funktion des Richters die Wahrheit. Man kann Angst haben vor Jesus, wenn er nur diese Funktion inne hätte: „Futuram timeo discussionem illam, qua Christus homo nobilis mecum positurus est rationem." – „Ich fürchte jene zukünftige Auseinandersetzung, in der Christus als Adliger die Abrechnung festsetzen wird."[2468] Die Liebe dagegen stellt Jesus als Anwalt dar: „O charitas, tu alleges pro me. Tu responde pro me." – „O Liebe, Du tritt für mich ein. Antworte Du für mich."[2469] „Calicem Iesu ponam in veritatis stateram vacuam." – „Den Kelch Jesu will ich auf die leere Waage der Wahrheit legen."[2470] Dieser Anwalt, die Liebe, hat Jesus mit großer Gewalt „traxisti ad iudicium, ut ei imponeres totius mundi peccatum", „zum Gericht gezogen, um ihm die Sünde der ganzen Welt aufzulegen"[2471]. Ohne diese Liebe, die Jesus ist, wäre es dem Menschen unerträglich, zur Wahrheit zu gehen[2472]. Mit Jesus aber kann der Beter die Wahrheit sogar auffordern: „Nunc pro tribunali sedeas, nun praetroium introeas, et de me quaecumque placuerint proferas." – „Nun sollst du dich auf den Richterstuhl setzen, in das Gerichtsgebäude gehen und über mich vorbringen,

---

[2462] MH 1,8,26.
[2463] Ebenda.
[2464] G R 7,67-70,214.
[2465] G R 7,80,214.
[2466] G R 7,89f.,214.
[2467] G R 7,91,214.
[2468] G R 7,457-459,236.
[2469] G R 7,93f.,216.
[2470] G R 7,96f.,216.
[2471] G R 7,103,216.
[2472] G R 7,111f.,216.

was immer dir gefällt."[2473] Der Mensch fürchtet sich nicht und kann getrost das Urteil der Wahrheit abwarten[2474], denn Jesus hat sein Elend auf sich genommen, „ut apud te mihi magnam impetraret misericordiam", „um bei dir mir große Barmherzigkeit zu erflehen"[2475]. Fast könnte man annehmen, Glauben, Liebe und Wahrheit hätten sich voneinander getrennt und würden entgegengesetzte Rollen spielen. Sie fallen aber in der Person Jesu in eins: „Tu sis iudex et advocatus meus." – „Du sei mein Richter und Anwalt."[2476] So kann Jesus aufgefordert werden: „In mortis hora iudica me!" – „Urteile über mich in der Stunde des Todes!"[2477] Denn er ist derjenige, der „iudicatus et condemnatus propter me", „gerichtet und verurteilt ist an meiner Stelle"[2478]. Außerhalb dieser Stelle wird Maria erwähnt, die Trost und Schutz erwirkt „apud districtum Judicem", „beim strengen Richter"[2479].

21. Aus den nicht mystisch geprägten mittelhochdeutschen Gedichten seien nur zwei Beispiele für das Richteramt Christi herausgegriffen. Frau Ava schreibt, daß Christus wiederkommen wird als „äin gewaltiger urtäilâre", „ein gewaltiger Richter"[2480]. In dem „Ludus de decem virginibus" bekennt am Ende eine der klugen Jungfrauen: „Ere und lop si di, milder Crist, wan du ein recht richter bist!" – „Ehre und Lob sei Dir, milder Christ, denn Du bist ein gerechter Richter!"[2481] Und Christus spricht: „Nun wel ich recht richtir si." – „Nun will ich ein gerechter Richter sein."[2482] Und: „Recht gerichte sal gesche." – „Gerechtes Gericht soll geschehen."[2483] Von dieser Gerechtigkeit kann auch Maria ihren Sohn nicht abbringen[2484].

22. Zusammenfassend läßt sich über den Gebrauch des Titels „Richter" für Jesus sagen:

22.1 Jesus besitzt die richterliche Gewalt[2485] und fällt einen richterlichen Spruch[2486]. Neben dem Titel „Richter" können die Ausdrücke „Weisheit"[2487] und „Zeuge"[2488] stehen. Außer den unten aufgeführten erhält dieser Richter folgende Beiwörter: ewig[2489],

---

[2473] G R 7,113-115,216.
[2474] G R 7,117,216.
[2475] G R 7,118-120,216.
[2476] G R 7,122f.,216.
[2477] G R 7,128,218.
[2478] G R 7,130f.,218.
[2479] G 4, 4,51,9,10f.,430.
[2480] ALJ 2036f.,208f.
[2481] Ludus de decem virginibus 291f., in: Die Deutsche Literatur vom Mittelalter bis zum 20. Jahrhundert 1,1,191.
[2482] Ebenda 403,194.
[2483] Ebenda 417,194.
[2484] Ebenda 426-468,194f.
[2485] BOASSPT 1,594,18f.; JHLD 28,2,28f.,228; HISV 2, 3,12,6,175-185,609.
[2486] SP 6,542,10.
[2487] WR 7,683A.
[2488] JFC 2,3,102f.,124.
[2489] JFC 2,4,117-123,125.

hoch[2490] und verborgen[2491]. Besonders einflußreich war Apg 10,42 für die Verwendung dieses Namens: Er ist der Richter der Lebenden und Toten[2492]. Gerecht wird alles auf die Richterwaage gelegt[2493]. Mit auf Jesu Richterstuhl sitzen, umgeben von den Engeln[2494], Maria[2495], die Heiligen[2496] und die Kirche[2497].

22.2 Die drei Personen der Dreifaltigkeit fällen beim Gericht gemeinsam das Urteil[2498]. Mit Joh 5,22 weiß man aber, daß der Vater dem menschgewordenen Sohn das Gericht übergeben hat[2499]. Diese Übergabe hat er sich durch seinen Tod verdient[2500]. Während er als Gott das Urteil fällt[2501], verkündete er es als Mensch[2502]. Er selbst wird am jüngsten Tag vom Vater, dem gerechten Richter, belohnt[2503].

22.3 Jesus richtet mit Gerechtigkeit oder Billigkeit[2504], Gewalt[2505], Macht[2506], Majestät[2507] und Wahrheit[2508]. Es ist auch von Vergeltung[2509] und Verwüstung durch Feuer[2510] beim Gericht die Rede. Die Reaktion der Menschen beim Erscheinen dieses Richters ist Furcht[2511], Schrecken[2512], Schmerz[2513] und Zittern[2514]. Auf der Waage bleibt die Seite der guten Taten leer[2515]. In der Erdenzeit straft der Richter Jesus auch manchmal die Guten, damit die Bösen sich fürchten und umkehren[2516]. Der Tag des Gerichtes Jesu am Ende der Zeiten ist ein Tag des Zornes, der Bedrängnis und der Angst[2517]. Jesu Wirken als Richter wird demjenigen als Bräutigam[2518] und als Vater[2519] gegen-

---

[2490] HISV 1, 1,4,29,824f.,86; IL 1,1,6,160.

[2491] BQH 15,4,690,25-27.

[2492] JFC 2,3,99f.112f.,124; HSA 2,17,12,601B; ESV 3,25,76.

[2493] G R 7,91,214.

[2494] HISV 2, 3,12,5,161-166,608; IH 15,44,154.

[2495] IH 15,44,154.

[2496] MM 5,22,5-7,172; MM 7,64,14-16,310.

[2497] JHLD 41,9,243f.,304.

[2498] HSA 1,8,5,310A.

[2499] JFC 2,3,100f.,124; JHLD 7,6,226f.,77; HSA 2,17,7,598D.

[2500] HSA 1,8,4,309B-C.

[2501] HISV 2, 3,12,6,173-175,609.

[2502] HSA 1,8,5,310A-B.

[2503] BVNAT 5,6,202,16f.

[2504] G R 7,89f.,215.

[2505] HSA 2,17,7,599A.

[2506] JFC 2,3,112f.,124.

[2507] JFC 2,3,112f.,124.

[2508] G R 7,80,214.

[2509] ARI 33,1416-1418,678.

[2510] ARI 33,1416-1418,678.

[2511] JFC 2,4,114-117,124f.; ARI 33,1423-1427,678; G R 7,457-459,236.

[2512] ARI 33,1423-1427,678.

[2513] ARI 33,1423-1427,678.

[2514] HISV 1, 1,4,29,802,85; 2, 3,3,9,412-417,383; IH 15,44,154; IN 14,236.

[2515] G R 7,96f.,216.

[2516] IH 15,44,154.

[2517] IH 15,44,154.

[2518] BHLD 1, 23,6,15,344,17f.

[2519] BB 1, 65,1,558,9.

übergestellt und in einem Zug mit demjenigen als Herr[2520] und König[2521] genannt. Mit folgenden Adjektiven wird die Gerechtigkeit und Strenge des Richters deutlich gemacht: „districtus"[2522], „vester"[2523], „streng", „gewaltig", „gewaltig"[2524], „iratus", „erzürnt"[2525], „iustus"[2526], „recht"[2527], „gerecht", auch im Superlativ „iustissimus"[2528] oder „aequissimus"[2529], „gerechtest", „terribilis", „Schrecken erregend"[2530], „tremendus", „Zittern erregend"[2531] und „verus", „wahr"[2532]. Auch sein Gerichtstag[2533] und seine Gerichtsbeschlüsse[2534] sind Schrecken erregend. Voll Furcht steht man vor dem Richterstuhl Jesu[2535], wohin man durch die Engel geführt wurde[2536]. Maria kann sogar die Funktion der Anklägerin übernehmen[2537]. Auch die Mitglieder des Klerus und der Klöster[2538] und geistliche wie weltliche Obere[2539] sind vor der Verurteilung nicht sicher; denn er ist der Richter aller[2540]. Selbst kleine Gedankensünden werden von ihm streng bestraft[2541]. Auch Mariens Fürbitte kann ihren Sohn beim Richten nicht beeinflussen[2542]. Mit Paulus (2 Kor 4,5)[2543] wird der Mensch gewarnt, sich nicht Jesu Amt des strengen Richters dadurch anzumaßen, daß man andere verurteilt[2544]. Nur würdig darf man zur Kommunion gehen, weil man dabei dem künftigen Richter begegnet[2545]. Ganz selten taucht der Gedanke auf, daß man Gott lieben und dienen soll, ohne von der Angst vor dem Gericht bedrängt zu sein[2546].

[2520] SP 10,870,3f.
[2521] SP 10,870,3f.
[2522] JHLD 7,6,236f.,78; HISV 1, 2,5,9,420-428,184; BN 2,6,106,17-20,70; G 4, 4,51,9,10f.,430.
[2523] TH 76,8-10,172.
[2524] ALJ 2036f.,208f.
[2525] ARI 33,1416-1418,678.
[2526] JFC 2,3,112f.,124; 3,2,10,142; GHLD 14,8,73C; 28,7,149B; JHLD 7,6,236f.,78; SP 6,540,7f.; BN 2,6,106,17-20,79; MH 1,8,26.
[2527] Ludus des decem virginibus 291f., in: Die Deutsche Literatur vom Mittelalter bis zum 20. Jahrhundert 1,1,191; ebenda 403,194.
[2528] JFC 2,3,102f.,124; HISV 1, 2,5,9,420-428,184.
[2529] HISV 2, 3,12,10,227-230,611.
[2530] JHLD 7,7,240,78; ESV 1,42,22.
[2531] JHLD 7,7,240,78; HISV 1, 1,1 vis,42,8.
[2532] JFC 2,3,102f.,124.
[2533] JFC 2,4,140-143,125.
[2534] BHLD 1, 23,5,12,340,18.
[2535] JHLD 7,6,236f.,78.
[2536] HISV 1, 1,4,29,824f.,86.
[2537] IH 27,83,161.
[2538] ESV 1,42,22; ESV 3,25,76.
[2539] ESI 15,116.
[2540] ESV 1,42,22.
[2541] IH 15,47,154.
[2542] IH 15,46,154; Ludus de decem virginibus 417, in: Die Deutsche Literatur vom Mittelalter bis zum 20. Jahrhundert 1,1,194.
[2543] JHLD 39,6,163-165,293.
[2544] GHLD 14,8,73C.
[2545] IH 40,105,164; MM 3,15,4f.,94.
[2546] BNS 1,52-57,6.

22.4 Jesus ist aber nicht nur der strenge Richter, sondern auch der, welcher im gleichen Maß barmherzig ist[2547]. So wird er in einem Atemzug nicht nur Richter, sondern auch Anwalt[2548], Bräutigam[2549], Erlöser[2550], Heiland[2551] und Spender[2552] genannt. Er ist der gütige[2553] und barmherzige[2554] Richter. Gelegentlich wird das verschiedene Wirken Jesu zeitlich oder auf die verschiedenen Menschen aufgeteilt. Beim ersten Kommen ist er barmherzig, beim zweiten gerecht[2555]. Den Ungerechten erscheint der Richter Schrecken erregend, den Gerechten freundlich[2556]. Man kann dieses strenge Urteil Jesu im jüngsten Gericht mildern, wenn man mit sich selbst vorher ins Gericht gegangen ist[2557]. Wer auf Erden barmherzig war und die Barmherzigkeit Gottes angerufen hat[2558], steht sicher vor dem Richterstuhl Jesu[2559]. Die Barmherzigkeit führt uns zu Jesus beim Gericht, den sie schon versöhnt hat[2560]. Jesu Liebe tritt für den Menschen ein[2561], die ihm, als er auf Erden lebte, alle Schuld der Menschen auferlegt hat[2562]. Jesus ist der Richter, der in eigener Person vor dem Gericht gestanden hat und verurteilt worden ist[2563]. Auch die Fürbitte Mariens[2564] und der Mystikerinnen[2565] helfen beim Gericht Jesu. Es heißt auch, daß bei diesem Richter die Barmherzigkeit über alles geht[2566]. Angesichts seiner Barmherzigkeit kann man den gerechten Richter Jesus froh erwarten[2567]; denn sein Angesicht ist nicht Furcht erregend[2568]. Vor seinem Angesicht, das honigfließend ist[2569], werden alle Fehler der Menschen zunichte[2570]. Der uns richtet, ist ja derjenige, der für uns gelitten hat[2571]. Jesus als gerechter Richter bestraft nicht nur,

---

[2547] BHLD 1, 14,1,1,200,8f.
[2548] WMO 4,215A; GIS Asc 2,49f.,274; G R 7,67-70,214; 7,122f.,216.
[2549] GHLD 28,7,149B; JHLD 28,6,177-179,231.
[2550] TH 128,1f.,168-170.
[2551] BHLD 2, 5,1,1,238,1f.
[2552] TH 76,8-10,172.
[2553] WHLD prol 16,88-90.
[2554] BHLD 2, 5,1,1,238,1f.
[2555] BQH 11,8,640,20-22.
[2556] HISV 2, 3,12,6,175-185,609.
[2557] BS 3,126,736,12f.
[2558] BHLD 1, 14,1,1,200,11-15.
[2559] BB 2, 299,470,10.
[2560] MH 1,8,26.
[2561] G R 7,93f.,216.
[2562] G R 7,103,216.
[2563] G R 7,130f.,218.
[2564] G 4, 4,51,9,10f.,430.
[2565] IL 1,1,6,160.
[2566] WMO 4,215A.
[2567] GIS Adv 3,1,35f.,120; G R 7,118-120,216.
[2568] JHLD 39,6,163-165,293.
[2569] MH 1,1,7f.
[2570] MH 1,1,7.
[2571] HISV 2, 3,12,5,161-166,608.

sondern belohnt auch die Menschen[2572]. Dann kann er wie der Bräutigam die Braut in den Garten der Wonne einladen[2573].

[2572] GHLD 28,7,149B; ESV 1,42,22.
[2573] SP 10,870,5f.

4. KAPITEL:

PERSÖNLICHE BEZIEHUNG

Eine Reihe Namen Christi werden überwiegend in der persönlichen Beziehung zu ihm gebraucht. Allerdings kommen sie auch im Verhältnis zur der Gemeinschaft der Kirche vor. Ein typisches Beispiel dafür ist der Titel „Bräutigam".

1. Bräutigam[1]

Wenn man bedenkt, wie oft in unseren Texten das Hohelied zitiert oder paraphrasiert wird, und daß sich unter unseren Texten einige Hoheliedpredigten oder Kommentare befinden, wird es verständlich, daß auf keinen Fall eine Vollständigkeit in der Erfassung dieses Titels angestrebt wird. Von vornherein werden alle Stellen ausgeschieden, an welchen die Dreifaltigkeit[2] und die erste[3] oder dritte[4] göttliche Person in ihr „Bräutigam" genannt werden. Auch die Stellen, in denen sich die Ausdrücke „Gott" oder „Herr" als Bräutigam[5] sich nicht eindeutig auf Jesus beziehen lassen, finden hier keine Erwähnung.

In Neuen Testament wird der Name „Bräutigam" verschiedentlich mit Christus in Beziehung gesetzt. Die Jünger als Gäste des Bräutigams können nicht fasten, solange Jesus als Bräutigam anwesend ist (Mt 9,15; Mk 2,19; Lk 5,34). Die zehn Jungfrauen warten auf das Kommen des Bräutigams, hinter dem sich Jesus verbirgt (Mt 25,1-13). Johannes der Täufer bezeichnet sich in seinem Verhältnis zu Jesus als der Freund des Bräutigams (Joh 3,29).

1.1 Die lateinischen Texte

1. Jean von Fécamp bezeichnet in einem Brief eine Schwester, weil sie nur Christus liebt und ihr Ekstasen geschenkt werden, als „uera sponsa Christi", „als wirkliche Braut Christi"[6]. Die Augenblicke, in denen sie „lecutulum sponso ostendit floridum",

---

[1] Vgl. Egerding 2,147-157; Grinda 615-621.
[2] Maria ist Braut der Dreifaltigkeit (MM 1,22,48,18).
[3] SP 8,664,9; 12,982,12-18.
[4] TH 7,4f.,30; 21,17f.,64; 118,20f.,252; 134,30-135,1,284; vgl. MM 1,44,72-74,31.
[5] HAN 1,1,621A.
[6] JFM 6f.,69-81,208.

„das mit Blumen geschmückte Bett dem Bräutigam zeigt"[7], sind auf Erden selten und kurz[8]. Jesus als „sponsus, sapientia sciens … expedire", „Bräutigam, der als die Weisheit weiß, was … nützt", ruft sie zum jetzt noch notwendigen Kampf auf das Schlachtfeld zurück[9]. Sonst ist Jean aber zurückhaltend mit dem Ausdruck „Bräutigam" für Christus. In einem Kapitel seiner „Confessio theologica", das fast nur aus Zitaten aus dem Hohelied besteht, kommt dieser Name nicht vor[10].

2. Bernhard von Clairvaux benutzt vor allem in seinen Hoheliedpredigten diesen Titel für Christus. Doch gebraucht er ihn auch außerhalb dieses einflußreichen Werkes.

2.1 Es gibt eine Reihe Stellen, in denen Christus der Bräutigam der Kirche ist. Wenn der französische König gegen die Kirche vorgeht, können die Zisterzienser nicht mehr beten „ad Sponsum Ecclesiae", „zum Bräutigam der Kirche"[11]. Weil den kirchlichen Amtsträgern, wie dem Papst[12] und den Bischöfen[13], die Kirche als Braut Christi anvertraut ist, werden sie Freunde des Bräutigams genannt. Daraus ergibt sich aber auch die Folgerung: „Tu ergo, amice Sponsi, amicum te in necessitate probato!" – „Du also, Freund des Bräutigams, erweise dich in der Not als Freund!"[14] Anderenfalls wird der Amtsträger zum Feind des Bräutigams[15]. Folgendermaßen legt Bernhard Mt 22,2 „Mit dem Himmelreich ist es wie mit einem König, der die Hochzeit seines Sohnes bereitete" aus: „Cumque dies instaret nuptiarum, consuluit pater filium, quam vellet ducere. Ille se elegisse et praeelegisse Ecclesiam respondit a saeculo." – „Als der Tag der Hochzeit anstand, fragte der Vater den Sohn, welche er heimführen wolle. Der Sohn antwortete, er habe sie schon von Ewigkeit entschieden und die Kirche von Ewigkeit vorauserwählt."[16] Doch diese Braut ist in Ägypten gefangen[17]. Der Sohn ist bereit, sie zu befreien[18]. „Occurrit sponsus festivus et hilaris; tenensque manum dexteram eius, et in voluntate sua deducens eam." – „Der festliche und heitere Bräutigam lief ihr entgegen, hielt ihre rechte Hand und führte sie nach seinem Willen heim."[19] In einer ähnlichen Geschichte heißt es, daß dieser Bräutigam zu seiner Braut mit Geschenken kommt[20]. Das himmlische Jerusalem ist der Ort, an welchem Christus den Vorsitz hat wie ein „sponsus in thalamo", „Bräutigam im Gemach"[21]. Wichtig ist, daß der Sohn Gottes sich nicht gewaltsam die Kirche erobert. Würde er dies tun, herrschte er über sie

---

[7] JFM 7,91f.,208.
[8] JFM 5,75-77,208.
[9] JFM 7,88-90,208.
[10] JFC 3,29,1069-1074,176.
[11] BB 1, 45,1,506,14-16.
[12] BB 2, 191,2,126,1; 238,2,272,16f.; 256,3,368,17.
[13] BB 2, 330,562,14-16; 510,956,9.
[14] BB 2, 256,3,368,17.
[15] BB 2, 330,562,14.
[16] BPA 4,1,838,3f.
[17] BPA 4,1,838,5-7.
[18] BPA 4,1,838,7-12.
[19] BPA 4,2,840,13-15.
[20] BPA 6,862,8.
[21] BS 3,91,542,4f.

als König, und die Kirche würde „non populus, sed turba ... non ... civitas, sed confusio", „nicht Volk, sondern Masse ..., keine ... Stadt, sondern ein Wirrwarr" genannt werden[22]. Daß das Gegenteil eintritt, ist es notwendig, „ut Rex tantus in sponsum transeat", „daß ein so großer König zum Bräutigam übergeht"[23].

2.2 Einer Frau, die im Orden jungfräulich lebt, verheißt er, „revelata facie speculari gloriam Sponsi tui", „sie werde mit unverhülltem Gesicht die Herrlichkeit deines Bräutigams schauen"[24]. Aus dem Kontext wird deutlich, daß Christus dieser Bräutigam ist[25].

Man sieht, daß der Ausdruck „Bräutigam" für Christus bei Bernhard weitgehend, sieht man von seinen Hoheliedpredigten ab, für das Verhältnis zur Kirche vorbehalten bleibt. Wenn er auf die Beziehung zu einem einzelnen Menschen angewendet wird, dann lebt die Braut durch kirchliche Gelübde gebunden in der Institution eines Klosters.

2.3 Das Bild wandelt sich in den Hoheliedpredigten unseres Zisterziensers. Hier ist weitgehend die Partnerin und Braut des Bräutigams die Einzelseele. Bernhard zeichnet einen Weg, an dessen Ende steht der „ex ore Christi spirituale osculum", „geistliche Kuß aus dem Mund Christi"[26]. „Non temere assurgat ad os serenissimi Sponsi." – „Sie (= die Seele) soll nicht verwegen (sofort) zum Mund des erhabensten Bräutigams aufsteigen."[27] Vorher muß sie in der Buße die Füße[28] und in guten Werken die Hände[29] des Bräutigams küssen.

Der Vers Hld 1,1f. „Süßer als Wein sind deine Brüste" ist für Bernhard Anlaß, sich über die Brüste des Bräutigams auszulassen[30]. Da ein Lebewesen zwei Brüste („ubera") hat, fragt er sich, welche zwei Eigenschaften damit gemeint sind. „Gemina, inquam, dulcedo suavitatis exuberat in pectore Domini Iesu, longanimitas videlicet in expectando, et in donando facilitas." – „Eine zweifache Süße des Wohlgeschmacks quillt aus der Brust des Herrn Jesus, nämlich die Langmut beim Warten (auf den Sünder) und die Leichtigkeit im Vergeben."[31] Auch hier bleibt Bernhard bei den beiden Brüsten im Bereich der Vergebung und Zurüstung, weil er die „unio" ganz dem Kuß aus dem Mund des Bräutigams vorbehält. Dennoch weiß die Braut, das es ein- und derselbe Bräutigam ist, nach dessen Einheit sie Sehnsucht hat und den sie zunächst um Umkehr bittet: „O

---

[22] BDED 5,9,860,11f.
[23] BDED 5,9,860,13f.
[24] BB 1, 113,2,816,25-818,1.
[25] BB 1, 113,2,816,20-26.
[26] BHLD 1, 3,1,1,76,11.
[27] BHLD 1, 3,1,2,76,20f.
[28] BHLD 1, 3,2,76,21-78,29.
[29] BHLD 1, 3,2,3,78,21-80,13.
[30] BHLD 1, 9,3,5,138,11f.
[31] BHLD 1, 9,4,5,138,15. Die Schwierigkeit bei der Übertragung ins Deutsche besteht darin, daß es hier nur einen Ausdruck „Brust" gibt. Im Lateinischen spricht man von zwei „ubera" und der einen „pectus". An der einen „pectus" quillt aus zweien „ubera" Milch. Insofern ist hier das „exuberare" noch ganz wörtlich zu nehmen. Da die der Ausgabe beigegebene deutsche Übersetzung „pectus" mit „Herz" wiedergibt, ist das zugrunde liegende Bild nicht mehr erkennbar.

Sponse, corripe, me exerce, me tenta, me trahe post te!" – „O Bräutigam, tadle mich, suche mich heim, erprobe mich, ziehe mich nach Dir!"[32]

2.4 Erst wenn der Herr sich erbarmt hat, zeigt er sich als liebender Bräutigam. Dann wird man in das Gemach geführt, welches ein „locus omnino, non iudicis, non magistri, sed sponsi", „Ort keineswegs des Richters oder des Lehrers, sondern des Bräutigams ist"[33]. Der Herr kann sich auf verschiedene Weise als gütig offenbaren, nämlich als Arzt[34], als Pilger[35], als Begleiter[36] und als Familienvater[37]. Die Seele aber erwartet die „manifestatio sponsi", „Offenbarung als Bräutigam", die sich in ihrem Herzen ereignet[38]. Dann findet die „unio mystica" statt: „Ipse est pax nostra, qui facit utramque unam, ut sit una sponsa et unus sponsus, Iesus Christus." – „Er ist unser Friede, der aus den beiden Teilen einen macht, so daß es eine Braut und einen Bräutigam gibt, Jesus Christus."[39] Dies alles kann er, weil „iste sponsus non modo amans, sed amor est", „dieser Bräutigam nicht nur ein Liebender, sondern die Liebe ist"[40].

2.5 Wenn wir die Worte des Bräutigams bedenken und an seine Schönheit, Macht und Majestät denken und die Urteile seines Mundes über uns ergehen lassen, „sciamus pro certo adesse Sponsum", „sollen wir sicher wissen, der Bräutigam ist da"[41]. Wer ihn aber nur um Hilfe angeht, „talis non sponsum requirit, sed medicum", „ein solcher sucht nicht den Bräutigam, sondern einen Arzt"[42]. Aus einem weiteren Grund spürt man nicht immer die Gegenwart des Bräutigams. Man kann sich nicht die ganze Zeit der Kontemplation widmen, es gibt auch „labor praedicationis", „die Mühe der Predigt"[43]. Bernhard drückt dies so aus: „Sitienti sponsi praesentiam filiorum sponsi pariendorum alendorumque sollicitudo iniungitur." – „Der nach der Gegenwart des Bräutigams dürstenden (Seele) wird die Sorge, die Söhne des Bräutigams zu gebären und zu ernähren, auferlegt"[44]. „Sponso more suo recedente, illa languere amore se perhibet, id est prae amore." – „Wenn sich der Bräutigam nach seiner Art zurückzieht, stellt sie sich krank durch Liebe dar, das heißt vor Liebe"[45]. Je beglückender seine Gegenwart erfahren wurde, um so bedrückender ist danach seine Abwesenheit[46].

2.6 Es wird aber auch die Person des Bräutigams in den Hoheliedpredigten Bernhards beschrieben. In Hld 2,1 spricht der Geliebte „Ego flos campi." – „Ich bin eine

---

[32] BHLD 1,21,6,11,304,21.
[33] BHLD 1,23,6,15,344,17-19.
[34] BHLD 1,31,3,7,494,28.
[35] BHLD 1,31,3,7,496,2.
[36] BHLD 1,31,3,7,496,5.
[37] BHLD 1,31,3,7,496,9.
[38] BHLD 1,31,3,6,494,9-17.
[39] BHLD 2,79,2,6,566,21-23.
[40] BHLD 2,83,2,4,614,12.
[41] BHLD 1,32,2,4,504,29-506,5.
[42] BHLD 1,32,2,4,504,1f.
[43] BHLD 2,41,4,5,76,16. Da in den Klöstern die einzige Form der Seelsorge die Predigt war, steht diese für die gesamte pastorale Tätigkeit.
[44] BHLD 2,41,4,5,76,17-19.
[45] BHLD 2,51,1,1,182,5f.
[46] BHLD 2,51,1,1,182,6f.

Feldblume." Bernhard wundert sich, daß „infert Sponsus, se esse florem campi", „der
Bräutigam einwirft, er sei eine Feldblume"[47]. Doch findet er dazu folgende Erklärung:
Die Feldblume gedeiht „absque humana industria", „ohne menschliches Bemühen".
So ist auch der Bräutigam Christus ohne Zutun eines Mannes aus der Jungfrau Maria
geboren[48]. Bei seiner Menschwerdung springt Christus als Bräutigam über die Berge
hinweg, weil er die Menschen und nicht die gefallenen Engel erlösen wollte[49]. Dabei
wird er ein kleines Kind, gleichsam ein junger Hirsch, wie man ohne Beleidigung des
Bräutigams sagen kann[50].

2.7 Doch Bernhard läßt auch in seinen Hoheliedpredigten die Kirche nicht völlig außer acht. Petrus nimmt die Kirche als „amicus sponsi", „Freund des Bräutigams" in
Schutz[51]. Hld 2,14 „Meine Taube im Felsennest" legt Bernhard ebenfalls ekklesiologisch aus: „Ecclesia ergo in foraminibus petrae, per quam introspicit et videt gloriam
Sponsi sui." – „Die Kirche also (ist) in den Felsenhöhlen, welche sie durchschaut und
die Herrlichkeit ihres Bräutigams sieht"[52]. Diese Genügsamkeit wünscht der Bräutigam zu sehen[53]. Dann wird sie nach dem „cor Sponsi", „Herzen des Bräutigams" erfunden[54]. Petrus ist ein Freund des Bräutigams, weil er, als ihm die Schafe, das heißt die
Kirche, anvertraut wurden, die Stimme des Bräutigams in seinem Gewissen gehört und
Christus geliebt hat[55].

3. Auch Wilhelm von St. Thierry verwendet den Namen „sponsus" für Christus fast
ausschließlich in seinem Kommentar zum Hohelied, welches er ein „canticum nuptiale,
canticum sponsi et sponsae", „Hochzeitslied, ein Lied des Bräutigams und der Braut"
oder ein „colloquium", eine „Unterredung"[56], ein „collocutio … Sponsi et Sponsae"[57],
„Gespräch … des Bräutigams und der Braut" nennt. Es ist verfaßt „in modum dra-
matis", „nach der Art eines Dramas", in dem Bräutigam und Braut die Hauptrollen
spielen[58]. Ausdrücklich stellt Wilhelm fest, daß der Bräutigam der menschgewordene
Herr und Heiland Jesus ist[59]. Er weiß, daß man Christus auch als Bräutigam der Kirche
ansehen kann[60]. Doch er will in seinem Kommentar „de Sponso ac Sponsa, de Christo
et christiana anima", „von dem Bräutigam und der Braut, von Christus und der christlichen Seele" sprechen[61], wobei er die Braut auch die „rationalis anima", „vernunftbe-

---

[47] BHLD 2, 47,1,1,138,8.
[48] BHLD 2, 47,1,3,140,21-23.
[49] BHLD 2, 54,2,4,224,3-8.
[50] BHLD 2, 73,3,9,490,18-21.
[51] BHLD 2, 49,1,2,162,3f.
[52] BHLD 2, 62,3,4,328,29f.
[53] BHLD 2, 62,3,5,330,24f.
[54] BHLD 2, 62,3,5,330,22f.
[55] BHLD 2, 76,3,8,532,8-21.
[56] WHLD prol 4,74. Insofern ist dies beachtlich, als das Wort "sponsus" in der Vulgataübersetzung dieses Liedes
nicht vorkommt.
[57] WHLD 1,1,34,118.
[58] WHLD prol 8,80.
[59] WHLD prol 16,88-90.
[60] WHLD prol 5,76; vgl. WHLD prol 7,78.
[61] Ebenda.

gabte Seele" nennt[62]. Christus ist ja „Sponsus Ecclesiae ex gentibus congregatae, Sponsus animae fidelis", „der Bräutigam der aus den Völkern zusammengeführten Kirche, der Bräutigam der gläubigen Seele"[63]. „Descripitur hic sponsus et sponsa, Christus et Ecclesia vel quaelibet sancta anima." – „Es wird hier beschrieben der Bräutigam und die Braut, Christus und die Kirche oder jedwede heilige Seele."[64] Dabei geht es vor allem um die Liebe zwischen Bräutigam und Braut, die der Heilige Geist wirkt[65]. Denn man kann „ex usu carnalis amoris", „aus dem Umgang mit der fleischlichen Liebe" irdischer Brautleute vieles lernen[66].

3.1 Die Voraussetzung für das bräutliche Verhältnis zwischen Christus und der Seele ist in der Heilsgeschichte grundgelegt: In ihrem ganzen Verlauf gibt der Bräutigam Küsse der Gnade[67]. Die Quelle dieser Gnade liegt im Folgenden: „Sponsus vero Christus, sponsae suae Eccelsiae, quasi osculum de caelo porrexit, dum Verbum caro factum." – „Der Bräutigam Christus hat seiner Braut, der Kirche, gleichsam einen Kuß vom Himmel angeboten, als das Wort Fleisch geworden ist."[68] Diesen „a summo coelo egressum Sponsi", „Ausgang des Bräutigams vom höchsten Himmel" soll die Braut betrachten[69]. So besitzt der Bräutigam die göttliche Natur, die durch die Gazelle, und die menschliche Natur, die durch den jungen Hirsch versinnbildet wird (vgl. Hld 2,9)[70]. Auch die Rechte und Linke des Bräutigams können die Menschheit und Gottheit Jesu bedeuten[71].

3.2 Die letzte Einheit zwischen Bräutigam und Braut hat eine Vorgeschichte. Diese wird im Springen des Bräutigams über die Berge (Hld 2,8) gesehen[72]. Das sich Näherkommen[73] fängt mit dem gegenseitigen Kennenlernen an. Vor dem Erkennen der Braut liegt die Erkenntnis des Bräutigams, welche mit seiner Liebe identisch ist[74]. Dabei erleuchtet der Bräutigam die Braut durch die Gnade[75] und heiligt, während er bei ihr liegt, ihren freien Willen[76]. „Desiderat affici Sponso Sponsa." – „Die Braut sehnt sich danach, vom Bräutigam berührt zu werden."[77] Zu diesem Sehnen gibt der Bräutigam das Vertrauen[78]. „Nullum adhuc amat, praeter Sponsum." – „Niemanden liebt

---

[62] WHLD prol 6,76.
[63] WHLD 2 prael 146,308.
[64] WHLDB 4,411B.
[65] WHLD prol 6,78; Vgl. WHLD 2,4,178,364.
[66] WHLD 2,5,180,366-368.
[67] WHLD 1,1,36,120.
[68] WHLD 1,1,30,112.
[69] WHLD 2,1,150,316.
[70] WHLD 2,1,153,322.
[71] WHLD 34,434B.
[72] WHLD 2,1,150,318.
[73] WHLD 2,1,152,320; 2,1,157,330.
[74] WHLD 1,4,57,152.
[75] WHLD 1,7,74,184.
[76] WHLD 1,7,76,188.
[77] WHLD 1,4,59,154.
[78] WHLDB 8,414B.

sie jetzt neben dem Bräutigam."[79] Ohne Liebe zum Bräutigam ist die Braut häßlich[80]. „Ad Sponsum semper nuda facies", „Ein für den Bräutigam immer nacktes Angesicht" ist der Braut zu eigen[81].

3.3 Vor allem will Wilhelm die Einheit zwischen Christus, dem Bräutigam, und der Einzelseele beschreiben. Sie ist das Einführen in das Geheimnis[82], das Einwohnen[83], das gegenseitige Erkennen[84], das Finden[85], der Friede[86], die Freundesgemeinschaft[87], der Kuß[88], der Genuß[89], das Ruhen auf der Rechten des Bräutigams[90], die Umarmung[91] und die Verbindung[92]. „Apparente Sponso, exultat Sponsa." – „Wenn der Bräutigam erscheint, jubelt die Braut."[93] Die Umarmung zwischen Bräutigam und Braut ist der Heilige Geist[94]. Die Braut ist an das Herz des Bräutigams gebunden[95]. Das dann statt-findende Gespräch wird ausführlich beschrieben[96], obwohl es in menschlichen Worten nicht wiederzugeben ist[97]. Es ergeht „vox ipsa et Sponsi ad Sponsam, et Sponsae ad Sponsum", „eben die Stimme des Bräutigams an die Braut und diejenige der Braut an den Bräutigam"[98]. Die Einheit findet statt im Weinkeller, wo die Braut viel vom Bräu-tigam lernt[99]. Jetzt ist die Zeit des gegenseitigen Genießens[100], weil der Bräutigam von Angesicht zu Angesicht anwesend ist[101]. Der Bräutigam preist dann das Gesicht der Braut als schön[102]. Es heißt: „Sponsus vero pulcher et decorus et dilectus appellatur." – „Der Bräutigam wird aber schön, geziert und geliebt genannt."[103]

3.4 „Egresso enim et abeunte Sponso vulnerata caritate." – „Wenn der Bräutigam ein-tritt und weggeht, (ist die Braut) verwundet durch die Liebe."[104] Sie empfindet „do-lor de Sponsi absentia, gaudium de praesentia", „Schmerz über die Abwesenheit des

---

[79] WHLD 1,4,60,154.
[80] WHLD 1,6,71,178.
[81] WHLD 1,6,70,174.
[82] WHLD 1,10,131,278.
[83] WHLD 1,8,105,232.
[84] Ebenda.
[85] WHLD 1,8,90,210.
[86] WHLD prol 7,80.
[87] WHLD 1,8,93,214.
[88] WHLD 1,8,98,226.
[89] WHLD 1,8,98,226; 1,8,106,236.
[90] WHLD 1,11,132,284.
[91] WHLD prol 7,80; 1,10,131,280; 2 prael 145,306; WHLDB 34,434D.
[92] WHLD prol 7,78; 7,80; 1,8,95,220; 1,8,98,224.
[93] WHLD 2,3,164,342.
[94] WHLD 1,11,132,282.
[95] WHLD 1,11,135,288.
[96] WHLD 1,8,93,214.
[97] WHLD 1,8,95,220.
[98] WHLD 1 fin 142,300.
[99] WHLD 1 prael 29,110.
[100] WHLD 2,4,176,358.
[101] WHLD 2,4,178,362.
[102] WHLD 1,8,91,212.
[103] WHLD 1,8,93,214; vgl. WHLD 1,8,94,216.
[104] WHLD 1 prael 29,110.

Bräutigams, Freude über die Anwesenheit"[105]. „Absente Sponso", „Wenn der Bräutigam abwesend ist", hat die Braut an allem anderen Ekel[106]. Die Braut wird krank im Denken an den abwesenden Bräutigam[107]. Sie leidet darunter, daß sie nicht weiß, wo der Bräutigam ist[108], und kennt doch aus ihrer Kontemplation die Reichtümer ihres Bräutigams und weiß, was ihr fehlt[109]. Sie soll sich aber „intemerata Sponso", „unversehrt für den Bräutigam" bewahren[110]. Wenn der Bräutigam zu kommen zögert, dann nur, um die Braut zum Aufstehen zu veranlassen[111]. Geht er, wartet er nur eine Weile, bis er wiederkommt[112], und die Braut erwartet angespannt sein neues Kommen[113], das sie über ihren Ekel hinwegtröstet[114]. Die Braut soll sich in dieser Zeit auf den erneuten Kuß des Bräutigams bereiten[115]. „Osculo abeuntis Sponsi", „Durch den Kuß des weggehenden Bräutigams" soll die Braut zu neuer Anstrengung gestärkt werden[116]. Wenn der Bräutigam entrissen ist, soll sich die Braut an die Schrift halten[117], sich an den Bräutigam erinnern[118], wozu sie das Myrrhenbüschel auf der Brust trägt[119], ihn in der Einfachheit des Herzens suchen[120] und zu seinem Lob Geschenke häufen[121]. Dabei bezeugt der Bräutigam der Braut ihre Verdienste, und die Braut zeigt ihm das Gefühl der Frömmigkeit[122].

4.　Da Aelred von Rievaulx keinen Hohenliedkommentar geschrieben hat, ist es nicht erstaunlich, daß bei ihm der Name „Bräutigam" für Christus seltener vorkommt. In seinem Werk „De institvtione Inclvsarum", das sich an Inklusen, das heißt Eremitinnen, wendet, sagt er, daß Christus sich eine solche Frau zur Braut erwählt hat[123]. Als Bräutigam wird er von solchen Frauen angezogen, wenn sie das Gewand der Gottes- und Nächstenliebe tragen[124].

5.　Auch in den Predigten des Isaak von Stella wird dieser Titel nur selten erwähnt. In einer Ansprache zum Geburtsfest des Johannes des Täufers kommt er auf Joh 3,29 zu sprechen, nach welcher Stelle sich Johannes als Freund des Bräutigams bezeichnet[125].

---

[105] WHLD 1,1,32,114.
[106] WHLD 1,1,35,118.
[107] WHLD 1,10,122,264.
[108] WHLD 2,4,173,356.
[109] WHLD 2 prael 146,310.
[110] WHLD 2,4,168,350.
[111] WHLD 2,7,198,394.
[112] WHLD 1,3,47,138; 1,11,135,288; 2,6,187,376.
[113] WHLD 2,1,147,314; vgl. WHLD 2,3,166,344.
[114] WHLD 2,6,191,382.
[115] WHLD 1,4,55,148.
[116] WHLD 1,1,31,114.
[117] WHLD 1,2,46,134.
[118] WHLD 1,7,76,188.
[119] WHLD 1,7,86,204.
[120] WHLD 1,8,89,210.
[121] WHLD 1,6,71,178.
[122] WHLD 1,1,34,118; 1,11,133,286.
[123] ARI 14,471,650.
[124] ARI 25,710-713,657.
[125] IS 47,7,68-71,140.

Dazu schreibt er: „Sponsus, ut scitis Christus est, et Sponsa Christi Ecclesia. Sponsus Verbum Dei est, Sponsa anima fidelis." – „Der Bräutigam, wie ihr wißt, ist Christus, die Braut Christi die Kirche. Der Bräutigam ist das Wort Gottes, die Braut die gläubige Seele."[126] Im Unterschied zu Wilhelm von St. Thierry aber bleibt er bei dem ersten Auslegungstypos stehen, wenn er schreibt: „Non potest Sponsam contemnere qui Sponsum voluerit audire." – „Nicht kann die Braut verachten, der den Bräutigam hören will."[127] Damit der Zuhörer auch ja weiß, wer hier unter der Braut zu verstehen ist, fährt Isaak fort: „Audiamus Sponsam, et obaudiamus his per quos loquitur et iubet Sponsa, id est praelatis et praepositis nostris." – „Laßt uns die Braut hören und denen gehorchen, durch welche die Braut spricht und befiehlt, das sind unsere Oberen und Vorgesetzten."[128] Oder noch deutlicher: „Vox Sponsae omnis est ordo et institutio ecclesiastica." – „Die Stimme der Braut ist die ganze kirchliche Ordnung und Institution."[129] Weil aber darüber hinaus der Bräutigam das Wort Gottes ist, durch welches alles geschaffen ist, spricht der Bräutigam auch durch die einzelnen Ereignisse des Universums zu den einzelnen Menschen[130].

6. In Hoheliedpredigten des Gilbert von Hoyland kommt der Name „Bräutigam" für Christus nicht allzu häufig vor. Das liegt auch daran, daß diese Predigten immer wieder über Themen handeln, die weit ab von der „unio mystica" liegen. Die einzelnen Ansprachen enden meist mit einem Lobpreis Christi. Dabei versucht Gilbert, in den Titeln für Christus zu variieren. Gelegentlich nennt er Jesus auch Bräutigam[131].

An einer Stelle wird Christus mit dem ägyptischen Josef verglichen. Danach heißt es: „Tu mihi plus quam Joseph. Tu enim frater; tu sponsus." – „Du bist mir mehr als Josef. Du bist Bruder, Du Bräutigam."[132] So kann zu Christus sprechen, wer seine Majestät vergißt und sich an seine Barmherzigkeit erinnert[133], obwohl er immer der himmlische Bräutigam bleibt[134]. Als Bräutigam stellt sich Jesus ganz auf eine Stufe mit seiner Braut: „Si sponsus est, amanti respondet ex aequo." – „Wenn er Bräutigam ist, antwortet er dem Liebenden auf gleicher Stufe."[135] Umgekehrt spricht die Braut zu Jesus als Bräutigam in süßer Rede[136]. Es gibt die gegenseitigen Einladungen des Bräutigams und der Braut[137]. Ist die Einheit erreicht, befindet sich die Braut in den süßen Wonnen des Bräutigams[138]. Gilbert fragt sich: „Qualis procedat", „Wie soll sie (= die Braut) hervor-

---

[126] IS 47,8,74f.,140.
[127] IS 47,9,80f.,140.
[128] IS 47,10,89-91,142.
[129] IS 47,12,112f.,144.
[130] IS 47,13,120-123,144.
[131] GHLD 3,5,26A; 7,9,47D; 21,6,113D; 28,7,149B; 34,8,183A; 45,8,241D; 46,7,245C.
[132] GHLD 3,2,23D.
[133] GHLD 3,2,24A.
[134] GHLD 45,8,241D.
[135] GHLD 13,1,64A.
[136] GHLD 34,3,179A-B.
[137] GHLD 40,7,212C.
[138] GHLD 35,3,185B.

gehen" aus der Umarmung des Bräutigams?[139] Gefragt wird, wie sich die Seele durch die erfahrene Einheit mit Christus geändert haben soll. Die Antwort lautet bündig: „Nova plane", „Gewiß als eine Neue"[140]. Denn der Bräutigam hat sie neu geschaffen[141]. Es gibt den Aufstieg zu Gott, „qui Sponsi tui cruore sacro signatur", „der mit dem heiligen Blut deines Bräutigams bezeichnet ist"[142]. Man wird deswegen demütig, wenn man seine eigenen Fortschritte auf diesem Weg dem Bräutigam zuschreibt[143]. Besonders geschieht das dann, wenn man spürt, dieser Fortschritt geht nicht so weit, wie es eigentlich dem Bräutigam geziemt[144]. Jesus als Bräutigam schützt seine Braut auch vor Schmähungen[145]. Dann wird Jesus in der Stunde des Todes beides sein, ein „justus judex et dulcis sponsus", „gerechter Richter und süßer Bräutigam"[146].

Christus ist auch „sponsus ecclesiae", „Bräutigam der Kirche"[147], mit der er sich verlobt hat[148]. Dieser Bräutigam hat auch den Aposteln als Angeld des Heiligen Geistes die Kraft der göttlichen Rede versprochen[149].

7. Ganz selten gebraucht Guerricus von Igny in seinen Predigten den Ausdruck „Bräutigam" für Christus. So heißt es z.B.: „Sponsam Sponsus in unitate spiritus amplectitur." – „Der Bräutigam umarmt die Braut in der Einheit des Geistes."[150]

8. Derjenige unter den frühen Zisterziensern, der am häufigsten Christus als Bräutigam nennt, ist Johannes von Ford in seinen Hoheliedpredigten. Seine Ansprachen enden oft mit einem Lob auf Jesus Christus. Dabei kommt immer wieder der Name „Bräutigam"[151], „Bräutigam der Kirche"[152] vor. Schon sein Vorwort zu diesem Werk endet mit der Feststellung, daß Jesus der Bräutigam der Kirche ist[153].

8.1 Die Braut soll den Sohn als Bräutigam lieben[154]. Sie sucht das „faciem sponsi desiderabilem", „ersehnenswerte Angesicht des Bräutigams"[155] und ist traurig, daß ihr

---

[139] GHLD 15,1,74A-B.
[140] GHLD 15,1,74B.
[141] Ebenda.
[142] GHLD 18,6,95D.
[143] Ebenda.
[144] GHLD 45,7,241B.
[145] GHLD 46,2,243B.
[146] GHLD 28,7,149B.
[147] GHLD 7,9,47D; 46,5,244C.
[148] GHLD 20,8,107D-108A.
[149] GHLD 34,1,178A.
[150] GIS Adv 2,4,161f.,116.
[151] JHLD 4,9,265,61; 33,8,233f.,262; 40,5,183,298; 47,11,275,338; 51,11,277,366; 54,9,233,384; 55,14,311,392; 69,9,182,382; 71,8,220,500; 72,9,236,506; 77,9,243.245,540; 79,8,193,551; 86,10,245,592; 93,10,222,634; 95,12,285f.,649; 98,13,298,669.
[152] JHLD 5,6,151,65; 25,9,252f.,214; 26,10,262,221; 27,8,231,227; 28,7,226,232; 29,6,206,238; 30,7,246,244; 32,8,215,255; 33,10,193,267; 37,8,209,283; 38,7,220f.,288f.; 39,7,182,293; 41,9,250,304; 42,7,77,309; 43,12,209,314; 46,9,205,331; 57,14,357,408; 63,10,188,446; 67,13,279,472; 82,9,23,569; 92,11,246,629; 96,11,267,656; 106,12,2248,722; 109,11,277,742; 112,12,236,761; 120,8,202,811.
[153] JHLD prol 7,164,37.
[154] JHLD 33,7,166f.,260.
[155] JHLD 2,2,58f.,45.

eigenes Gesicht durch fleischliche Gedanken entstellt ist[156]. Ihn zu schauen, ist sie ganz ausgerichtet[157]. Auf seinem Gesicht entdeckt sie einen besonderen Glanz[158]. In der Bewunderung der Farbe dieses Glanzes wird das Herz der Braut warm[159]. „Teste sponso suo, tota Christi sponsa formosa est." – „Nach dem Zeugnis ihres Bräutigams ist die ganze Braut Christi wohlgestaltet."[160] Die Braut, die durch den Kuß des ewigen Wortes schön geworden ist, darf „de sponsi sui ore", „aus dem Mund ihres Bräutigams" seine Freude an ihr erfahren[161]. Dieser lädt zur Freude ein[162]. In seiner Freigibigkeit fühlt sie seine Güte[163]. Der Bräutigam besitzt eine rechte und linke Hand, mit der er seine Braut rechtfertigt und verherrlicht[164]. Er wendet sich ihr oft und lang zu[165]. Die Umarmung des Bräutigams bewirkt, daß er mit der Braut eins wird[166]. Der Braut fließt aus dem Geschenk des Bräutigams die Freiheit zu[167]. Von seinem Becher wird sie trunken[168]. Höchstes Glück ist es, zwischen der Rechten und Linken des Bräutigams Jesus Christus zu schlummern[169]. Alles, was der Bräutigam vollbringt, tut er als Bräutigam, ob er zu der Braut spricht oder an ihr handelt[170]. In der Offenbarung seiner Herrlichkeit freut sich die Braut[171]. „Absente sponso suo", „Wenn ihr Bräutigam aber abwesend ist", läßt sie sich nicht trösten[172].

8.2 Von Christus heißt es: „Est ergo caput sponsi Deus caritas optima." – „Es ist also das Haupt des Bräutigams Gott als die beste Liebe."[173] „Sponsus quippe, qui est Vnigentius Patris, a Patri diligitur ut unicus." – „Der Bräutigam wird ja, derjenige, der der Eingeborene des Vaters ist, vom Vater als einziger geliebt."[174] Ihm ist es nicht schwierig, das zu tun, was zur Einheit mit der Braut gehört[175].

8.3 „Totum carnem cantici huius primam praecipuamque habet materiam caritatem illam felcissimam sacratissimamque, qua coelesti sponso Christo in Spiritu Sancto foederatur et unitur ecclesia." – „Der ganze Gesang dieses Liedes hat als ersten und hauptsächlichen Inhalt jene glücklichste und heiligste Liebe, durch welche die Kirche dem

---

[156] JHLD 46,9,205-210,331.
[157] JHLD 73,10,260f.,513.
[158] JHLD 3,1,32-36,49.
[159] JHLD 4,1,14-16,55.
[160] JHLD 4,8,218f.,60.
[161] JHLD 20,6,184-187,178.
[162] JHLD 63,9,167f.,446.
[163] JHLD 21,6,160-163,184.
[164] JHLD 25,3,49-51,209.
[165] JHLD 94,6,154-157,638.
[166] JHLD 97,8,155-163,660.
[167] JHLD 68,8,167f.,477.
[168] JHLD 95,12,285f.,649.
[169] JHLD 98,2,37-39,663.
[170] JHLD 29,2,35-38,233.
[171] JHLD 25,4,53-57,210.
[172] JHLD 20,6,188f.,178.
[173] JHLD 14,4,126,127.
[174] JHLD 14,4,128f.,127.
[175] JHLD 68,3,85-89,475.

himmlischen Bräutigam Christus im Heiligen Geist verbunden und vereint ist."[176] Die
Kirche als Braut hat ein Gewand, das leuchtend rot geworden ist „rubicata sanguine
candidi et rubicundi sponsi sui", „durch das gerötete Blut des leuchtenden und rötlichen Bräutigams"[177]. Die Kirche hört die Stimme ihres Bräutigams[178]. Der neue Adam
als Bräutigam der Heiligen Kirche ist allein ohne Schuld[179]. Man darf sich freuen, an
der Hochzeit, die der Bräutigam mit der Kirche feiert, Anteil zu haben[180]. Die Kirche
wird mit dem Bräutigam auf dem Richterstuhl sitzen[181]. Johannes bezeichnet die frühen Zisterzienser, wie Bernhard von Clairvaux und Guerricus von Igny, als Freunde
des Bräutigams[182]. Der Geist des Bräutigams wirkt ja in der Kirche[183]. Die Braut und
ihren Bräutigam verbindet die gemeinsame Liebe, und insofern ist sie die Frucht des
Leibes des Bräutigams, und der Bräutigam ist die Frucht ihres Leibes[184].

8.4 Auch wenn man in diesem Kommentar das größte Vorkommen des Titels „Bräutigam" feststellen muß, wird dieser doch oft floskelhaft wie in Schlußwendungen der
Predigten gebraucht. Auch dort, wo innerhalb der Anrede diese Bezeichnung Christi
gebraucht wird, werden kaum die traditionellen Topoi überschritten. Erstaunlich ist,
wie oft bei Johannes Christus der Bräutigam der Kirche und nicht der Einzelseele ist.

9. Schon in der Alten Kirche nannte man Jesus den Bräutigam der gottgeweihten
Jungfrauen. Der Traktat „Speculum virginum" wendet sich an diesen Adressatenkreis.
Daß deswegen in ihm häufig dieser Titel auftaucht, ist selbstverständlich. Schon im
einführenden Brief werden die Frauen ermahnt, nicht die Gegenwart ihrer irdischen
Verwandten und Freunde zu suchen, „quae Christum sponsum vestrum, fratuelem
vestrum in corde geritis, in quo et per quem omnia possidetis", „ihr, die ihr Christus
als euren Bräutigam, euren Bruder im Herzen tragt, in dem und durch den ihr alles
besitzt"[185].

9.1 Eine Eigentümlichkeit dieser Schrift ist die Verwendung von Metaphern verschiedener Blumen. Sofort zu Beginn wird von der Blume als Symbol der Jungfräulichkeit
gesprochen, von der es heißt: „Flos iste flos est de flore, Christus virgo de virgine matre,
formosus sponsae, sponsus ecclesiae." – „Diese Blume ist die Blume aus der Blume,
Christus der Jungfräuliche von der jungfräulichen Mutter, der wohlgestaltete Bräutigam
der jungfräulichen Kirche."[186] Man soll erkennen „amplexus sponsi et sponsae, Christi
et ecclesiae", „die Umarmung von Bräutigam und Braut, Christi und der Kirche"[187].
„Christus et ecclesia, sponsus cum sponsa, flos in flore." – „Christus und die Kirche,

---

[176] JHLD 64,1,10-13,447.
[177] JHLD 5,1,40-42,62.
[178] JHLD 47,10,257,338.
[179] JHLD 59,9,193-196,420.
[180] JHLD 30,7,245f.,244; vgl. JHLD 107,2,61f.,724.
[181] JHLD 41,9,243f.,304.
[182] JHLD 24,2,33-35,203.
[183] JHLD 41,9,239f.,304.
[184] JHLD 29,3,98f.,235; 54,14,303-305,392.
[185] SPEP 70,13-18.
[186] SP 1,84,17f.
[187] SP 1,154,2-4.

der Bräutigam mit der Braut, (ist) die Blume in der Blume.“[188] Er, „caput et sponsus ecclesiae“, „das Haupt und der Bräutigam der Kirche“, ist mit Gott Vater eins[189]. Wichtig
ist dabei, daß zwischen Kirche und Christus eine solche Einheit besteht, daß auch die
Titel Bräutigam und Braut einander geschenkt werden[190]. Die Kirche wird mit ihren
Bräutigam in Ewigkeit sich freuen und herrschen[191].

9.2 Der Verfasser hält sich aber nicht lange bei der Kirche als Braut Christi auf, ihn
interessieren mehr die Frauen, welche die Ehelosigkeit gelobt haben. Eine solche soll
sich nicht verlassen fühlen, weil sie das Gnadengeschenk der Ehe nicht kennt; sie ist ja
dem „sponso caelesti desponsata“, „himmlischen Bräutigam verlobt“[192]. Sie darf staunen über die „inter te et sponsum tuum profundae unitatis sacramenta“, „Geheimnisse der tiefen Einheit zwischen dir und deinem Bräutigam“[193] und dem himmlischen
Bräutigam gegenüber ihren Wunsch nach Ruhe mit ihm ausdrücken[194]. Der Bräutigam gibt ihr die Macht der Gnade, ihn zu erkennen[195], und geht ihr entgegen mit seinen Geschenken[196], an denen die Braut das Versprechen des Bräutigams erkennt[197].
Deswegen gilt ihm, dem adligen Bräutigam[198], das Lob der Jungfrauen[199]. Durch eine
Sünde vertreibt die Jungfrau Christus, den Bräutigam, aus ihrem Haus[200]. Wenn sie
aber Reue hat, „pristinos aeterni sponsi merebitur amplexus“, „wird sie die früheren
Umarmungen ihres Bräutigams wieder verdienen“[201]. Die Heilige Agnes kann sich
den Werbungen eines irdischen Mannes erwehren, weil sie Christus als dem wahren
Bräutigam gehört[202].

10. Hugo von St. Viktor gebraucht diesen Titel für Christus besonders in zwei Schriften, nämlich in „Soloquium de arrha animae“ und in „De amore sponsi ad Sponsam“.
In beiden ist die Braut ausschließlich die Einzelseele

10.1 In der ersten Schrift heißt es: Auf Erden spürt man noch nicht die Nähe des Bräutigams. „Sponsum habes, sed nescis. Pulcherrimus est omnium, sed faciem ejus non
vidisti“. – „Du hast einen Bräutigam, aber weißt es nicht. Er ist der Schönste von allen,
aber sein Gesicht hast du nicht gesehen.“[203] „Noluit adhuc seipsum tibi praesentare,
sed munera misit, arrham dedit, pignus amoris, signum dilectionis“. – „Er will sich dir
jetzt nicht selbst zeigen, aber er schickt Geschenke, die Brautgabe hat er gegeben, das

---

[188] SP 1,162,12f.
[189] SP 11,958,16-21.
[190] SP 5,378,27-380,3.
[191] SP 11,908,26f.
[192] SP 1,142,24-144,1.
[193] SP 3,278,11.
[194] SP 10,878,20-22.
[195] SPE 25,1024B.
[196] SPE 26,1024A.
[197] SPE 34,1026A.
[198] SPE 125,1046A.
[199] SPE 122,1046A.
[200] SP 9,780,3-6.
[201] SP 9,780,21-24.
[202] SP 5,446,14-21.
[203] HSO 954C.

Unterpfand der Liebe, das Zeichen der Zuneigung."[204] Denn er hat dem Menschen die ganze Welt gegeben[205]. Wenn man dies weiß, hört aller Zweifel an der eigenen inneren Schönheit auf, denn dieser Bräutigam würde von der Seele nicht angezogen, wäre sie nicht schön[206]. Dennoch kann man nicht sofort „ad amplexus sponsi", „zu den Umarmungen des Bräutigams" gelangen[207]. Der Grund dafür, daß „tuus sponsus adhuc praesentiam suam tibi subtrahit", „dein Bräutigam dir seine Gegenwart entzieht", liegt in der Unreinheit, die sich der Mensch zugezogen hat und die zunächst beseitigt werden muß[208]. Die Vorbereitung auf das Kommen des Bräutigams macht Hugo an der Erwählung von Esther durch den assyrischen König deutlich[209]. Lange muß die Seele sich vorbereiten als „sponsa Sponsi immortalis", „Braut des unsterblichen Bräutigams"[210]. Der Ort, wo diese Bereitung geschieht, ist die Kirche[211], und die Mittel sind die Sakramente und die Heilige Schrift[212]. Daß unter diesem Bräutigam Christus zu verstehen ist, wird dann deutlich, wenn es heißt, er habe sich wegen unserer Erlösung erniedrigt[213]. Der Traktat endet mit dem Hinweis auf ekstatische Erfahrungen, welche die Brautgabe der Verlobung darstellen[214].

10.2   Die Abhandlung „De amore sponsi ad sponsam" stellt über weite Strecken eine Erklärung von Hld 4,6 dar: „Ibo mihi ad montem myrrhae, et ad colles Libani", „Ich will für mich zum Berg der Myrrhe und zu den Hügeln des Libanon gehen und mit meiner Braut sprechen" dar. Dazu bemerkt Hugo: „Sponsus quidam hoc loquitur, qui sponsam habet et spondet se visitatum eam." – „Ein gewisser Bräutigam spricht dies, der eine Braut hat, und verspricht, er werde sie besuchen."[215] Für Hugo ist es klar, wer hier mit Bräutigam und Braut gemeint ist: „Sponsus est Deus; sponsa est anima." – „Der Bräutigam ist Gott, die Braut ist die Seele."[216] Hugo urteilt, daß der Bräutigam abwesend ist. Die Braut muß Acht geben, daß ihre Liebe in der Zeit seiner Abwesenheit nicht schwach wird[217]. Da die Brautgabe des Bräutigams die Wiedergeburt ist, darf man hier unter dem Bräutigam den Gottmenschen verstehen[218]. Der Bräutigam kommt zuerst zum Berg der Myrrhe, welcher die Abtötung des Fleisches bedeutet[219]. Dabei tötet er die Begierden des Fleisches; dann nimmt er die Unwissenheit weg und gibt der

---

[204] HSO 954D.
[205] HSO 955A.
[206] HSO 954D.
[207] HSO 963D.
[208] HSO 964A.
[209] HSO 964B-965B.
[210] HSO 965B.
[211] HSO 965D.
[212] HSO 966B-D.
[213] HSO 962B.
[214] HSO 970A-D.
[215] HA 987B.
[216] HA 987C.
[217] HA 987B.
[218] HA 987D.
[219] HA 988B-C.

Seele die Sehnsucht nach ihm ein[220]. Der Bräutigam spricht auch mit der Seele, dadurch wandelt sich ihre Böswilligkeit und Verhärtung des Herzens in Liebe[221]. „Laudando ad amorem asccendit." – „Mit Loben entzündet er (die Braut) zur Liebe."[222] Deswegen sagt er zu ihr, daß sie schön ist[223]. „Si ego Sponsus sum, si ad sponsam locutus sum, scitote quod praeter amorem nihil loqui possum." – „Wenn ich ein Bräutigam bin, wenn ich zu meiner Braut gesprochen habe, dann wißt, daß außer von der Liebe ich von nichts sprechen kann."[224]

11. Obwohl man bei Hildegard von Bingen nicht von einer ausgesprochenen Brautmystik sprechen kann[225], verwendet sie häufig den Namen „Bräutigam" im christologischen Kontext.

11.1 Am meisten wird von Christus als dem Bräutigam der Kirche gesprochen. Der Sohn ist der „sponsus dilectae ecclesiae suae, quam in cruore suo sibi desponsauit ad reparandum casum perditi hominis", „Bräutigam seiner geliebten Kirche, die er in seinem Blut sich verlobt hat, um den Fall des verlorenen Menschen wieder gutzumachen"[226]. Die Kirche ist mit dem Blut des Sohnes Gottes übergossen und ihm „per uoluntatem superni Patris felici desponsatione associata", „durch den Willen des hohen Vaters durch eine glückliche Verlobung beigesellt"[227], wobei das am Kreuz vergossene Blut seine Brautgabe ist[228]. Nicht nur sein Kreuzestod, sondern auch seine jungfräuliche Empfängnis ist in diesem Zusammenhang wichtig. „Exorta est in sanguine ueri agni uidelicet intimi sponsi sui, qui sine ulla corruptione integritatis ex intergerrima Virgine natus est." – „Sie (= die Kirche) ist entstanden im Blut des wahren Lammes, nämlich ihres innigen Bräutigams, der ohne jedes Verderben der Unversehrtheit aus der ganz unversehrten Jungfrau geboren ist."[229] Deswegen ist seine Unversehrtheit so wichtig, weil auch die Kirche als seine Braut so bleiben muß und nicht durch ein Schisma verdorben werden darf[230]. Der Heilige Geist hat bei der Empfängnis in der Menschwerdung dessen gewirkt, „qui uerus sponsus ecclesiae exsistit", „der als wahrer Bräutigam der Kirche existiert"[231]. „Sponsus processit ex utero Virginis." – „Der Bräutigam kam aus dem Schoß der Jungfrau hervor."[232] Dabei hatte er solche Freude, „quemadmodum etiam in leto gaudio sponsus sponsam suam per desponsationem in cubile cordis sui suscipit", „wie auch in freudiger Freude ein Bräutigam seine Braut durch die Verlo-

[220] HA 988C.
[221] HA 988D-989A.
[222] HA 989C.
[223] HA 989D.
[224] HA 989C.
[225] Vgl. Weiß, Ekstase 3-5.
[226] HISV 1, 2,3,4,181-183,138.
[227] HISV 1, 2,6 vis,190-196,229f.
[228] HISV 1, 2,6 vis,197f.,230.
[229] HISV 1, 2,3,12,283-285,142.
[230] HISV 1, 2,3,12,286f.,142.
[231] HISV 1, 2,4,4,149-151,163.
[232] HIM 4,24,468f.,186.

bung im Gemach seines Herzens empfängt"[233]. Deswegen braucht die Kirche auch keine Angst vor einem Vergehen zu haben, weil „in amore sponsi sui sine macula et sine ruga semper gaudebit", „sie sich in der Liebe ihres Bräutigams ohne Makel und Runzeln (Eph 5,27) immer freuen wird"[234]. Schon die Kirche der Anfänge ruft: „Haec est fortitudo sponsi mei." – „Das ist die Stärke meines Bräutigams."[235]

11.2 Hildegard weiß aber auch, daß Christus der Bräutigam der gottgeweihten Jungfrauen ist. „Sponsus animarum botrus cypri est, cuius fructus non deficet." – „Der Bräutigam der Seelen ist die Traube aus Zypern, dessen Frucht kein Verderben hat."[236] Denn der Sohn ging aus dem Vater wie der Saft aus der Traube hervor, wurde von der Jungfrau geboren und zeigt sich jetzt im Wein und Brot, in seinem Blut und Leib[237]. Allerdings kann eine Frau nicht zum Dienst am Altar gelangen; sie braucht darüber aber nicht traurig zu sein, „quia summum sacerdotem sponsum accipere potest", „weil sie den Hohenpriester als Bräutigam empfangen kann"[238]. Dies geschieht durch die Weihe als Jungfrau. „Virgo desponsata Filio meo sponsum eum accipit." – „Eine Jungfrau, die meinem Sohn verlobt ist, empfängt ihn als Bräutigam."[239] „Et ut sponsus sponsam suam ualde diligit, sic etiam Filius meus sponsas suas dulcissime amplectitur quae ad eum in amore castitatis sollicite currunt." – „Und wie ein Bräutigam seine Braut sehr liebt, so umarmt auch mein Sohn seine Bräute sehr süß, die zu ihm in der Liebe zur Keuschheit voller Sorge laufen."[240] In solchen Menschen wird stark der „sponsus ecclesiae", „Bräutigam der Kirche"[241]. Ein König kann einem Knecht, der sich an seiner Braut vergangen hat, dies nicht ungestraft hingehen lassen[242]. Genauso bestraft auch Christus, wenn sich jemand an einer gottgeweihten Jungfrau vergeht und der „aeterni regis sponsam seducendo uiolauerit", „Braut des ewigen Königs durch Verführung Gewalt angetan hat"[243]. Erschwerend kommt hier dazu, daß der König sein Blut für die Erlösung seiner Braut gegeben hat[244]. Dabei denkt Hildegard auch hier an Frauen, welche die Jungfräulichkeit gelobt haben[245]. Hat eine solche sich mit einem Mann eingelassen und bereut ihre Tat, kann sie zwar im Himmel unter den Auserwählten sein, erhält aber nicht die gleiche Ehre wie eine treugebliebene Jungfrau[246]. In einen Brief an die Gemeinschaft von Schwestern schreibt Hildegard: „Nunc ergo de me et de sororibus meis sponso et consolatori uestro nuntiate." – „Nun also berichtet von mir und

---

[233] HIM 5,24,469-471,186.
[234] HISV 1, 2,4,4,155f.,163.
[235] HISV 2, 3,11,42,890,602.
[236] HISV 1, 2,6,29,1145f.,258.
[237] HISV 1, 2,6,29,1160-1164,259.
[238] HISV 1, 2,6,76,2208f.,290.
[239] HISV 1, 2,6,76,2210,290.
[240] HISV 1, 2,6,76,2215-2217,290.
[241] HISV 2, 3,11,9,246f.,581.
[242] HISV 1, 2,5,11,455-466,185.
[243] HISV 1, 2,5,11,466f.,185.
[244] HISV 1, 2,5,11,475-478,185.
[245] HISV 1, 2,5,11,478-481,185.
[246] HISV 1, 2,5,11,481-484,185f.

meinen Schwestern eurem Bräutigam und Tröster."[247] Weil jungfräuliche Ordensleute in einem Kloster wohnen, trifft auf ein solches das Wort Hld 2,11-13 zu: „Der Winter ist vergangen."[248]

12. Auch Elisabeth von Schönau kennt Christus als Bräutigam der Kirche. Sie ist „desponsata celesti sponso filio eterni regis", „verlobt mit dem himmlischen Bräutigam, dem Sohn des ewigen Königs"[249]. Dies betont sie angesichts der die Kirche in Frage stellenden Gruppe der Katarer.

Sie kennt aber auch die Beziehung ehelos lebender Frauen zu Christus, ihrem Bräutigam. Ursula und ihre Gefährtinnen sind, als sie aufgefordert werden, „sponsum nostrum, qui in celis est, dominum Jesum Christum", „unseren Bräutigam, der im Himmel ist, den Herrn Jesus Christus," zu verleugnen[250], bereit, lieber zu sterben, „quam a sponso nostro separari", „als von unserem Bräutigam getrennt zu werden"[251]. In Briefen an Schwesternkonvente taucht dieser Name für Christus auf. Schwestern in Köln fordert sie auf, bereit zu sein, „ut, quando veniet sponsus vester et pulsabit ad ostium cordis vestri, confestim aperiatis ei, et introducatis eum ad cor vestrum", „wenn euer Bräutigam kommt und klopfen wird an die Türe eures Herzens, ihm sofort zu öffnen und ihn in euer Herz zu führen"[252]. In einem Kloster wohnt eine auserwählte Perle: „Dominus omnium diligit eam et servata est ei, et vocat eam, ut desponsetur celesti sponso Christo Jesu." – „Der Herr von allem liebt sie, und sie ist ihm aufbewahrt, und er ruft sie, sich dem himmlischen Bräutigam Jesus Christus zu verloben."[253]

Besonders wichtig für unser Thema ist ein Abschnitt ihres Werkes „Liber viarum dei". Dort sieht sie verschiedene Wege, die zu Gott führen. Mit diesen Wegen sind die verschiedenen kirchlichen Stände der Christen gemeint. Diese werden durch Ansprachen ermahnt. Die fünfte Rede wendet sich dann den Menschen zu, die auf der „via continentium", dem „Weg der Enthaltsamen" sind[254]. Unter diesen sind die Menschen gemeint, die das Gelübde der Enthaltsamkeit, das heißt der Ehelosigkeit, abgelegt haben, die also die „integritatem virginitatis", „Unversehrtheit der Jungfräulichkeit" bewahren wollen[255]. Für sie gilt die Mahnung: „Properate obviam sponso vestro, qui vos exspectat." – „Eilt eurem Bräutigam entgegen, der euch erwartet."[256] „Ecce ad vos clamat vox divina, vox sponsi vestri pulsat ad aures vestras. Aperite illi et introducite eum ad palacium cordis vestri, et amplectimini eum, quia pulchior et amabilior est omni creaturae." – „Siehe, zu euch ruft die göttliche Stimme, die Stimme eures Bräutigams, und klopft an eure Ohren. Öffnet ihm und führt ihn in den Palast eures Herzens und

---

[247] HIB 2, 235,8f.,511.
[248] HIB 2,235,9-11,511.
[249] ESV 3,25,76.
[250] ESI 21,134.
[251] Ebenda.
[252] ESB 11,145.
[253] ESB 16,149.
[254] ESI 14,105-111.
[255] Ebenda.
[256] Ebenda.

umarmt ihn, weil er schöner und liebenswerter ist als jedes Geschöpf."[257] Elisabeth
schildert dann die Größe und Güte dieses Bräutigams[258] und fährt fort: „Ipse vos ad ca-
stos amplexus suos invitat." – „Er lädt euch zu seinen keuschen Umarmungen ein."[259]
Die heiligen, das heißt die gottgeweihten, Jungfrauen leuchten wie erlesene Perlen „in
thalamo sponsi sui", „im Gemach ihres Bräutigams"[260]. Der Bräutigam, der sie mit
dem Blut aus seinem Herzen gewaschen hat, freut sich bei ihrem Anblick[261]. Dabei
erklingt das Lied, das nur die Jungfrauen singen können. „Ducit chorum sponsus in
voce preclara et excellenti." – „Den Chor führt der Bräutigam mit ganz klarer und
herausragender Stimme an."[262] Dabei geht es Elisabeth auch um die Unversehrtheit der
Jungfräulichkeit[263]. Aber sie legt vor allem Wert auf die Ausrichtung des Herzens „ad
sponsum nobilem et speciosum", „auf den edlen und schönen Bräutigam", der all ihrer
Liebe würdig ist[264]. Nicht auf eine äußere Unverletztheit, sondern auf die Reinheit des
Herzens wartet der Bräutigam Christus[265]. So sehr die „innocentia carnis", „Unschuld
des Fleisches" wichtig ist, notwendiger ist für Jungfrauen „caritas qua ab illis diligendus
est sponsus", „die Liebe, mit der jene den Bräutigam lieben müssen"[266]. Alle anderen
Tugenden dienen dazu, daß die Jungfrauen mit hochzeitlichem Gewand bei der Hochzeit des Bräutigams erscheinen[267]. Wenn sie die Herrlichkeit, die Wonnen und Freuden
lieben, größere finden sie nirgends als bei ihm[268]. Der Bräutigam, der an Schönheit alles
übertrifft, spricht diese Einladung aus[269].

Man spürt, daß Elisabeth die Vorstellung eines rein äußerlichen Unberührt-Seins
der gottgeweihten Jungfrauen übersteigen und zu einer sehr persönlichen Beziehung
zu Christus, dem Bräutigam, führen will. Sie erreicht damit eine für ihre Zeit ungewöhnliche Brautmystik.

13.   Diese Art Mystik findet man in vielen Viten der flämischen Frauen, auch wenn
nicht immer der Ausdruck „Bräutigam" gebraucht wird.

Von Ivetta von Huy wird erzählt, daß ihr Vater sie nach dem Tod ihres Ehemannes
wieder verheiraten will, wogegen die Frau sich wehrt[270]. Vor dem Bischof, der sie nach
dem Willen des Vaters zu einer zweiten Ehe überreden soll, bekennt sie, sie wolle Witwe bleiben und „Christum elegisse in Sponsum, nec virum mortalem in ejus injuriam se

---

[257] ESI 14,107.
[258] ESI 14,107f.
[259] ESI 14,108.
[260] Ebenda.
[261] Ebenda.
[262] Ebenda.
[263] ESI 14,106.
[264] ESI 14,108.
[265] ESI 14,109.
[266] Ebenda.
[267] ESI 14,109f.
[268] ESI 14,108.
[269] ESI 14,109.
[270] IH 6,15,148.

ullo pacto admittere posse", „habe Christus zum Bräutigam gewählt und könne, ohne ihm Unrecht zu tun, durch keinerlei Vertrag einen sterblichen Mann zulassen"[271].

14. Von Maria von Oignies heißt es, daß ihre Weisheit daher rührte, „cum de Sponsi labiis lac et mel manducaret", „weil sie von den Lippen des Bräutigams Milch und Honig zu sich nahm"[272]. Dies ereignete sich, wenn sie „cum Sponso suaviter quievisset", „mit dem Bräutigam süß geruht hat"[273].

15. Der Vater der Lutgard von Tongeren drängt auf eine frühe Eheschließung seiner Tochter, wogegen diese sich wehrt. Die Mutter unterstützt deren Wunsch mit den Worten „Si nubere Christo volueris, monasterium tibi, ubicumque volueris, honestissimum praeparabo." – „Wenn du Christus heiraten willst, werde ich dir, wo immer du willst, ganz ehrenvoll ein Kloster bereiten."[274] Christus wie einen Bräutigam zu haben, gelingt nach der Ansicht der Mutter am ehrenvollsten in einem Kloster. Lutgard befolgt diesen Rat, indem „Sponso suo perfectius adhaerens, sequaebatur Agnus quodumque iret", „sie ihrem Bräutigam vollkommener anhing und dem Lamm folgte, wohin es ging (offb 14,4)"[275].

16. Aleydis von Scharbeke wird wegen Aussatz im Kloster isoliert. In ihrer Vita wird das als ein besonderes Geschenk angesehen „more sponsi, sponsae suae arrham tribuentis in signum perfectae dilectionis", „nach der Art des Bräutigams, der seiner Braut ein Unterpfand schenkt zum Zeichen seiner vollkommenen Liebe"[276]. Jetzt kann sie frei von jeder Beschäftigung wie im Brautgemach ganz geistig trunken werden[277]. Als sie ans Sterben kommt, sieht ihr Leib wie ein in der Erde verfaulender Kadaver aus. Dieses Leiden nahm sie voll Freude an als lang ersehntes Geschenk ihres Bräutigams[278].

17. Von der Kindheit der Ida von Nijvel erzählt der Autor ihrer Vita, daß ihr „magister humilitatis Christus sponsus eius", „der Lehrer der Demut, ihr Bräutigam," Gedanken der Demut eingibt[279]. Wenn sie in einer Ekstase ist, kann man sie außen nicht bewegen, weil sie innen „inter sponsi sui brachia somno spiritualis ebrietatis obdormiret", „in den Armen ihres Bräutigams den Schlaf der geistlichen Trunkenheit schlief"[280]. Dabei schaut sie mit den Augen ihrer Seele, „quae sponsus suus ei dignabatur interius reuelare", „was ihr Bräutigam sich würdigte, ihr innerlich zu offenbaren"[281].

18. Besonders oft wird Christus „Bräutigam" in der Vita der Beatrijs von Nazareth genannt.

Schon zu Beginn ihres Ordenslebens sieht sie in Jesus „velut sponsum dominum, sese vero velut sponsam eius electam", „gleichsam den Bräutigam und Herrn, sich

[271] IH 6,16,148.
[272] MO 2,10,87,566.
[273] Ebenda.
[274] LTA 1,1,191.
[275] LT 1,2,18,164; LTA 1,2,18,194.
[276] AS 2,9,473.
[277] AS 2,9,473f.
[278] AS 3,31,476.
[279] IN 1,202.
[280] IN 30,281.
[281] Ebenda.

selbst als seine auserwählte Braut"[282]. In der Eigenschaft als Bräutigam gibt Christus ihr schon einen Ring als Unterpfand der kommenden Belohnung[283]. Bei ihrer Jungfrauenweihe durch den Bischof spürt sie, wie sie bei dessen Handauflegung den Ring der Verlobung mit dem ewigen Bräutigam empfängt[284]. Es ist keine vorübergehende, sondern ewige Anverlobung[285]. Während außen der Ritus vollzogen wird, „delectabiliter inter sponsi sui brachia requieuit", „ruhte sie froh in den Armen ihres Bräutigams"[286]. Die darauf folgende Woche scheint sie andauernd „a celesti sponso, secum inter flores et lilia quiescente", „vom himmlischen Bräutigam, der mit ihr zwischen Blumen und Lilien ruht," umarmt zu werden[287]. Wie dem Patriarchen Jakob die Tage, die er wegen Rachel diente, wegen seiner großen Liebe kurz erscheinen, so vergehen für Beatrijs diese Tage wegen des großen Genießens ihres Bräutigams schnell[288]. Später fühlt sich Beatrijs aber auch längere Zeit von Christus verlassen; doch der „sponsus animarum", „Bräutigam der Seelen" wendet seiner erwählten Braut auch immer wieder spürbar seine Augen zu[289]. Auch bei der Salbung kurz vor ihrem Sterben ruht sie in den Armen ihres Bräutigams[290].

19. In der Vita der Juliane von Cornillon wird festgehalten, daß die Mystikerin an einem Freitag zur neunten Stunde, „servans profecto diem et horam, quibus dilectus sponsus ejus Jesus Christus, in cruce pendens, emisit spiritum", „wobei sie aber den Tag und die Stunde einhielt, in denen ihr geliebter Bräutigam Jesus Christus am Kreuz hängt, ihren Geist aufgab"[291].

20. Ein junger Mann verliebt sich in die jugendliche Margarete von Ypern; beide kommen häufiger zusammen und reden miteinander, wobei Margarete in ihrem Geist völlig rein bleibt[292]. „Castitatis enim amator Christus super omnia placebat ei, et hunc amavit a iuventute sua et quesivit eum sponsum assumere." – „Dem Liebhaber der Keuschheit, Christus, gefiel sie über alles, und sie liebte ihn von ihrer Jugend an und suchte, ihn als Bräutigam zu wählen."[293] Als sie Schwestern bittet, mit der Anrede Jesu auch im Alltag ehrfurchtsvoller zu sein, gibt ihr eine von ihnen zur Antwort: „Non semper, inquit, sic eris, filia, ut semper in amplexu Christi sponsi sociata meditatione quiescas." – „Nicht immer, Tochter, sagte sie, wirst du so sein, daß du immer in der Umarmung deines Bräutigams durch Meditation vereint ruhst."[294]

---

[282] BN 1,16,74,39f.,59.
[283] BN 1,16,74,40-42,59.
[284] BN 1,17,76,20-22,61.
[285] BN 1,17,76,31-33,62.
[286] BN 1,17,77,46f.,62.
[287] BN 1,17,77,50-52,62.
[288] BN 1,17,77,53-57,62.
[289] BN 2,14,148,66-74,101.
[290] BN 3,16,271,20,184.
[291] JC 2,8,49,473.
[292] MY 5,108,40-109,3.
[293] MY 5,109,3-5.
[294] MY 23,118,14-16.

21. Ida von Gorsleeuw war einmal an einem Tag des klösterlichen Kommunionempfangs bei Erntearbeiten außerhalb des Klosters. Auf ihr Gebet hinfängt es an zu regnen, so daß die Arbeit unterbrochen werden muß und sie ins Kloster zurückkehren und das Sakrament empfangen kann. Der Autor ihrer Vita erklärt dies folgendermaßen: „Dulci sponsae concesserat dulcis sponsus ... repente mittens pluviam." – „Der süßen Braut hatte es der süße Bräutigam zugestanden ..., indem er plötzlich Regen schickte."[295] Ein anderes Mal wird sie von besorgten Mitschwestern gegen ihren Willen aus einer Ekstase gerissen, worüber sie sehr traurig wird[296]. Jesus schenkt ihr erneut ein ekstatisches Erlebnis, das den Tag über anhält, „dulci sponso congratulans", „wobei sie sich mit dem süßen Bräutigam freut"[297].

22. Als Ida von Löwen einmal bei schwerer Krankheit die Krankenkommunion erhält, „toto cordis affectu super Creatoris et Sponsi sui corporali praesentia mirabiliter exultavit", „jubelte sie mit dem ganzen Affekt des Herzens wunderbar über die körperliche Gegenwart ihres Schöpfers und Bräutigams"[298]. Das, was der Herr dabei tut, wird folgendermaßen beschrieben: „Ipse sponsus Virginum et amator, illius animam, ex cunctis sui corporis habitaculis evocatam, ad se familiariter accersivit." – „Der Bräutigam der Jungfrauen und der Liebhaber rief ihre Seele aus dem ganzen körperlichen Gehäuse vertraut zu sich."[299] Durch die Umarmungen wird Ida mit ihre, Bräutigam vereint[300]. An einer anderen Stelle heißt es, daß Jesus, der Bräutigam, sich Ida als Gefäß seiner Einwohnung erwählt[301]. Für die Zeit nach einem Kommunionempfang wird vermerkt: „Domino gaudens et tripudians, inter Sponsi brachia conquievit." – „Mit dem Herrn sich freuend und tanzend ruhte sie in den Armen des Bräutigams."[302] Das Verlangen nach der Kommunion wird in dieser Vita folgendermaßen ausgedrückt: Sie hatte ein glühendes Verlangen, „amplectendi sponsum suum amantissimum", „zu umarmen ihren geliebtesten Bräutigam"[303].

23. In Helfta nimmt der Gebrauch des Titels „Bräutigam" für Christus zu.

23.1 Mechthild von Hackeborn malt das Geschehen bei der Verkündigung an Maria breit aus. Jesus bildet mit Maria einen Kreis, der vom Himmel bis zur Erde reicht[304]. Jesus wartet „ut floriger sponsus", „wie ein blühender Bräutigam" auf die Rückkehr des Erzengels Gabriel von der Jungfrau Maria[305]. Mechthild legt aus, wer mit dem „Dominus tecum", „der Herr ist mit dir" des „Ave Maria" gemeint ist. Es ist für sie, Maria, welche die „Mater sponsi", „Mutter des Bräutigams" ist[306], „amicus et spon-

[295] IG 4,30,116.
[296] IG 5,46,121.
[297] Ebenda.
[298] IL 2,2,5,172.
[299] Ebenda.
[300] Ebenda.
[301] IL 2,2,6,172.
[302] IL 2,3,12,174.
[303] IL 2,6,27,178.
[304] MH 1,1,9.
[305] MH 1,1,10.
[306] MH 5,3,321.

sus dulcissimus", „der süßeste Freund und Bräutigam"[307]. Maria selbst hatte Freude, „cum Filius dei, tamquam sponsus procedens de corde Patris, in uterum meum venit", „als der Sohn Gottes wie ein Bräutigam vom Herzen des Vaters ausgehend in meinen Schoß kam"[308].

23.2 Jesus hat „te sibi in sponsam elegit, seque tibi in sponsum deliciosum donavit, ex seipso et per seipsum nupitas illas peragendo", „sich dich zur Braut gewählt und sich dir zum wonnevollen Bräutigam geschenkt, indem er aus sich und durch sich diese Hochzeit begeht"[309]. „Sponsus amator tuus, Deo Patri pretiosissimum donum, divinum scilicet Cor suum, in pignus dedit, quod te sponsam suam nunquam desere velit." – „Dein Bräutigam und Liebhaber hat seinem Vater das kostbarste Geschenk, nämlich sein göttliches Herz, zum Pfand gegeben, daß er dich, seine Braut, niemals verlassen wird."[310] Es ist die Liebe, „quae introduxit eam ad sponsum mellifluum", „welche sie (= Mechthild) hineingeführt hat zum honigfließenden Bräutigam"[311]. Ein anderes Mal kündigt ihr ein Engel den Bräutigam mit den Worten an: „O nobilis virgo, praepara te, quia Sponsus tuum jam venturus est." – „O adlige Jungfrau, bereite dich, weil dein Bräutigam schon im Kommen ist."[312] Als er da ist, ist er zwar der König der Herrlichkeit, aber bekleidet mit der Zierde des Bräutigams[313]. Beides ist Jesus, Herr der Majestät und blühender Bräutigam[314]. Braut und Bräutigam sind untereinander zärtlich und spielen zusammen[315]. In diesem Spiel setzt die Braut ihr Gedächtnis, ihren Verstand und ihren Willen ein und gewinnt das, „quae sponsi sunt", „was dem Bräutigam gehört"[316]. Der Auferstandene verspricht Mechthild: „Tecum ero sicut sponsus cum spona, inter quos nulla potest esse divisio." – „Ich werde mit dir wie ein Bräutigam mit der Braut sein, zwischen denen keine Teilung sein kann."[317] In einer Schau des Gerichtes sieht Mechthild, wie verschiedene Gruppen von Heiligen sie anklagen: „Virgines querulabantur quod tam amantissimum Sponsum totis visceribus non amasset." – „Die Jungfrauen klagten, daß sie den so liebendsten Bräutigam nicht aus ganzem Herzen geliebt hatte." Doch der Herr wird ihr alles vergeben[318].

Die Heilige Agnes, die „Christo ab infantia deponsata", „von Kindheit an Christus verlobt" war, wird deswegen besonders verehrt, weil sie ihrem Bräutigam bis in den Tod treu geblieben ist[319]. Die gleiche Heilige mahnt Mechthild zu der Freude, die sie selbst hatte, als „Christus Rex et sponsus meus", „Christus, mein König und Bräu-

---

[307] MH 1,11,35.
[308] MH 1,41,125.
[309] MH 4,59,312.
[310] MH 4,59,313.
[311] MH 1,8,27.
[312] MH 1,23,82.
[313] Ebenda.
[314] MH 4,46,302.
[315] MH 4,27,284.
[316] MH 4,27,285.
[317] MH 1,19,68.
[318] MH 1,18,55.
[319] MH 1,11,35.

tigam," sie berufen hat[320]. In einer anderen Vision fordert sie die Mutter Gottes auf: „Tene te ad ipsum, sicut sponsa ad sponsum suum, quae ex bonis ejus cibatur et vestitur, et quae amore sponsi amicos ejus et familiam diligit et honorat." – „Halte dich zu ihm wie eine Braut zu ihrem Bräutigam, welche von seinen Gütern gespeist und gekleidet wird und welche aus Liebe zum Bräutigam seine Freunde und Familie liebt und ehrt."[321] „Quia sponsus, toto corde et anima ipsum diligere." – „Weil er Bräutigam ist, (sollen wir) ihn aus ganzem Herzen und ganzer Seele lieben."[322] „Dominus Jesus delicatarum animarum Sponsus", „Der Herr Jesus, der Bräutigam der zarten Seelen," macht das Leben seiner Braut sanft und zieht sie zart an sich[323]. Die heiligen Jungfrauen rufen „sponsum, Regem et Agnum", „den Bräutigam, den König und das Lamm" für den Konvent der Schwestern an[324].

Mechthild ist traurig, daß sie nicht „tanta fidelitate sibi adhaesissit ut sponsam sponso unico decuisset", „mit so großer Freude ihm angehangen hat, wie es einem einzigartigen Bräutigam (anzuhängen) einer Braut geziemt hätte"[325]. Einmal fragt Mechthild Jesus: „Sponsa solet fructificare sponso suo; quem ergo fructum, o floride sponse, tibi proferam?" – „Die Braut pflegt für ihren Bräutigam fruchtbar zu sein; welche Frucht soll ich Dir, o blühender Bräutigam, bringen?"[326] Die Antwort lautet: Frucht bringe sie, wenn sie sich bei den sieben Tageszeiten ihres Chorgebetes einzelne Stationen des Herrenleidens vergegenwärtigt[327]. „Coelistis sponsus, altissimi Patris imperialis Filius", „Der himmlische Bräutigam, der kaiserliche Sohn," holt Mechthild, seine Braut, beim Sterben ab und führt sie in das Gemach der Liebe[328]. Christus hat schon auf Erden durch die Vereinigung mit ihr sich ihr als seine Braut für die kommende Herrlichkeit angeglichen[329]. „De manu Domini, regis et sponsi", „Aus der Hand des Herrn, des Königs und Bräutigams," erhält sie den Lohn für ihre guten Werke[330], wobei „delicatus autem et floridus sponsus Dominus Jesus tenens manum ejus", „aber der zarte und blühende Bräutigam, der Herr Jesus, ihre Hand hält"[331]. Die Braut stimmt dann in das Lob des Bräutigams ein[332].

23.3 Bei Mechthild von Hackeborn findet man die Vorstellung, daß Christus der Bräutigam der Kirche ist, nicht. Auch innerhalb des geschichtlichen Lebens und Sterbens Jesu kommt der Ausdruck „Bräutigam" kaum vor. Um so häufiger wird er im Zusammenhang mit der liebenden Beziehung der Einzelseele verwendet.

---

[320] MH 1,32,111.
[321] MH 1,37,120.
[322] MH 7,19,415.
[323] MH 7,7,397f.
[324] MH 4,8,266.
[325] MH 2,18,153.
[326] MH 3,29,233.
[327] MH 3,29,233f.
[328] MH 6,6,383; vgl. MH 7,11,405.
[329] MH 7,10,403f.
[330] MH 6,7,385.
[331] Ebenda.
[332] MH 6,8,387.

24. Ein ähnliches Bild ergibt sich für Gertrud die Große, wobei sich der Gebrauch dieses Ausdrucks noch einmal vermehrt hat.

24.1 Nur gelegentlich wird der Titel „Bräutigam" für den irdischen Jesus gebraucht: Die Liebe hat bewirkt, „ut tu, virginitatis flos et sponsus, fieres virginis filius", „daß Du, Du Blume und Bräutigam der Jungfräulichkeit, der Jungfrauen Sohn wurdest"[333].

24.2 Gertrud weiß, daß man Braut durch das Gelübde der Ehelosigkeit wird: „Offer votum castitatis sponso tuo coelesti." – „Bringe das Gelübde der Keuschheit deinem Bräutigam dar."[334] Denn er ist „sponsus deliciis plenus", „ein Bräutigam voller Wonnen"[335]. Dies geschieht in der kirchlichen Jungfrauenweihe: „Celebrabis spirituale matrimonium, connubium amoris, desponsationem et copulationem animae tuae castae cum Iesu sponso coelesti, inseparabili dilectionis vinculo." – „Du sollst feiern die geistliche Ehe, die Vermählung der Liebe, die Verlobung und Vereinigung deiner keuschen Seele mit Jesus, dem himmlischen Bräutigam, durch das Band untrennbarer Liebe."[336]

Bei der Weihe übergibt sich die Seele Christus, dem sie als „sponso suo coelesti", „ihrem himmlischen Bräutigam" verlobt wird[337]. Voraussetzung dieser äußeren Handlungen ist die innere Liebe des Menschen: „Amare est illi nupsisse." – „Lieben heißt, sich mit ihm vermählen."[338] Bei der Profeß soll eine Ordensfrau ihrem Bräutigam Jesus den Schatz ihrer Liebe überreichen[339]. Man soll eine so große Liebe haben, wie „sponsus meus Iesus a me exigit", „mein Bräutigam Jesus von mir fordert"[340]. Dazu will man „imitari sponsi mei mores", „die Sitten meines Bräutigams Jesu nachahmen"[341]. Dabei soll sie sich mit einem Lied dem Bräutigam anvertrauen[342]. So erwartet sie „coelestem sponsum accensa lampada", „den himmlischen Bräutigam mit brennender Lampe"[343]. Von sich aus bringt der Mensch dies nicht zustande, wenn nicht Jesus, der blühende Bräutigam, ihn in sein Herz versetzt[344]. Jesus, der Bruder und Bräutigam, muß bewirken, daß die Braut niemand mehr liebt als ihn allein[345]. Er „perpetuae virginitatis est sponsus", „ist der Bräutigam der andauernden Jungfräulichkeit"[346]. Um Fürsprache soll man die Heilige Agnes angehen, damit man fähig wird, „charitate ignea sponsum meum Iesum diligere", „mit feuriger Liebe meinen Bräutigam Jesus zu lieben"[347].

---

[333] G R 6,375f.,184.
[334] G R 2,70,70.
[335] G R 2,78f.,70.
[336] G R 3,1-3,74.
[337] G R 3,84-89,78.
[338] G R 3,107f.,80.
[339] G R 4,372-375,124.
[340] G R 3,132f.,82.
[341] G R 3,140,82.
[342] G R 3,89f.,78.
[343] G R 3,247f.,88.
[344] G R 3,188-190,86.
[345] G R 3,277-279,90.
[346] G R 3,227f.,88.
[347] G R 4,155-158,108.

24.3 Sehr bald löst sich Gertrud von der Vorstellung von Jungfrauenweihe und Profeß. Grundsätzlich wird Jesus in der Liebe zur Braut als Bräutigam gesehen. Er wird angeredet mit dem Worten: „Sponse iucundissime animae meae!" – „Frohester Bräutigam meiner Seele!"[348] Und: „Sponsus fidelis et plenus misericordia." – „Bräutigam, getreu und voll Barmherzigkeit."[349] Oder „Sponse dulcissime!" – „Süßester Freund!"[350] Er ist „legitimus sponsus meus electus ex millibus", „der rechtmäßige Bräutigam, erwählt unter Tausenden"[351].

Um die Liebe zu Gott einzuüben, soll man so beten, „quasi ipsum Sponsum Iesum videres praesentem", „als ob du ihn, den Bräutigam Jesus, gegenwärtig sehen würdest"[352]. Dazu dienen auch die verschiedenen Gebetszeiten. „In meridie ad sponsum amore tui flagrantem accede." – „Am Mittag tritt zu dem Bräutigam, der aus Liebe zu dir brennt."[353]

24.4 Die Braut freut sich schon, nach dem Tod würdig zu erscheinen „coram sponso immortali, in vestitu nuptiali, cum dote sponsali", „vor dem unsterblichen Bräutigam im hochzeitlichen Gewand und mit der bräutlichen Mitgift"[354]. Sie ruft aus: „O quando audiam vocem illam iucundissimam: Veni, intra thalamum sponsi tui!" – „O wann soll ich jenen frohesten Ruf hören: Komm, tritt ein in das Gemach deines Bräutigams!"[355] Dort möchte sie ruhen[356]. Es ist der Ort, wo der Bräutigam weidet[357]. Oder: „Ecce advenit sponsus; iam egredere, eique iungere propius, ut laetificet te gloria sui vultus." – „Siehe, es kommt der Bräutigam, geh' schon hinaus, verbinde dich ihm näher, damit dich die Herrlichkeit seines Gesichtes erfreut."[358] Die Liebe soll die Hochzeit beschleunigen[359] und die Leier spielen[360], zu der der Bräutigam singt[361]. Es ist ein Fest, auf dem man den Bräutigam schaut[362]. Die Jungfrauen werden dem Bräutigam ein neues Lied singen[363]. Dann wird sich zeigen „regis mei et sponsi mei gloria", „meines Königs und meines Bräutigams Herrlichkeit"[364]. „Tunc contemplabor et deosculabor verum animae meae sponsum Iesum meum." – „Dann werde ich schauen und küssen den

---

[348] G R 6,751,208.
[349] G R 7,604f.,246.
[350] G 3, 3,65,3,52,266.
[351] G R 7,642f.,248.
[352] G R 5,7f.128.
[353] G R 5,86,132.
[354] G R 5,220-222,140.
[355] G R 6,75-77,166.
[356] G R 7,528f.,240.
[357] G 4, 4,39,1,11f.,322.
[358] G R 5 244f.,142.
[359] G R 6,84f.,166.
[360] G R 6,45f.,164.
[361] G R 6,253f.,178.
[362] G R 6,608-610,198.
[363] G R 6,461-463,190.
[364] G R 5,250f.,142.

wahren Bräutigam meiner Seele, meinen Jesus."[365] Man kostet, „quam dulcis et quam spectabilis sit sponsus", „wie süß, wie ansehnlich der Bräutigam ist"[366].

24.5 In ihren Visionen schaut sie den „Dominum Jesus sponsum floridum et delicatum", „Herrn Jesus, den blühenden und zarten Bräutigam"[367]. Sie erinnert sich an besondere Augenblicke, in denen Jesus wie ein „sponsus cum sponsa", „Bräutigam mit der Braut" seine Wonne mit ihr geteilt hat[368].

24.6 Maria heißt „mater regis agni, sponsi virginum", „Mutter des Königs, des Lammes und des Bräutigams der Jungfrauen"[369]. Die Heilige Agnes nennt Christus ihren Bräutigam[370]. Auch die verstorbene Äbtissin Gertrud von Hackeborn erscheint und erklärt: „Ego nunc conjuncta sum Regi Domino et sponso meo dulcissimo." – „Ich bin nun verbunden mit dem Herrn, König und meinem süßesten Bräutigam."[371] Weiter heißt es von der Äbtissin, daß ihr Bräutigam Jesus ihr den Lebensweg sanft gemacht, indem er sie an sich gezogen hat[372]. Ihre Mitschwestern erzählen, daß vor dem Tod der Gertrud der Großen Engel erscheinen, welche die Gebete der Schwerkranken wie Weihrauchkörner auf Rauchfässer legen „in laudem Regi et Sponsi gloriae", „zum Lob der Herrlichkeit des Königs und des Bräutigams"[373]. Zu ihrem Trost erscheint auch „Dominus Jesus, rex et sponsus intergerrimae virginitatis", „der Herr Jesus, der König und Bräutigam der ganz unversehrten Jungfräulichkeit"[374].

24.7 Gertrud die Große knüpft noch deutlich an die Vorstellung an, daß Jesus durch die Jungfrauenweihe und Profeß zum Bräutigam der Jungfrauen wird. Die meisten Stellen, an denen Christus Bräutigam genannt wird, sprechen aber ganz allgemein von dem liebenden Verhältnis der Menschen zu Jesus als ihrem Bräutigam.

25. Die Vita der Lukardis von Oberweimar fällt mit dem fast gänzlichen Fehlen des Titels „Bräutigam" für Christus aus dem Rahmen der Mystikerinnen des späten 13. Jahrhunderts heraus. Nur bei dem kurzen Sterbebericht der Frau taucht er auf, wenn es von ihr heißt: „In pace reddidit animam suam dilecto suo Christo sponso." – „In Frieden gab sie ihre Seele ihrem geliebten Bräutigam Christus zurück."[375]

26. In den beiden Schriften, die über Christina von Stommeln berichten, häuft sich wieder die Bezeichnung „Bräutigam".

26.1 Zuerst wenden wir uns dem Bericht des Petrus von Dazien zu. Dieser vergleicht sich mit dem Freund des Bräutigams, weil er mit Christina befreundet ist[376]. Er selbst sagt von sich: „Sponsam tamen domini mei ex intimo corde meo diligam propter spon-

---

[365] G R 5,268-270,144.
[366] G R 6,54f.,164.
[367] G 2,1,16,1,12f.,208.
[368] G 2,2,23,5,25f.,334.
[369] G R 3,126,82.
[370] G 4,4,8,1,14-21,106.
[371] G 5,5,3,8,14f.,76.
[372] G 5,5,4,8,15-17,90.
[373] G 5,5,32,2,4-10,256.
[374] G 5,5,32,5,12f.,260.
[375] LO 96,365,25.
[376] CS 1 B 5,12,76,20-27.

sum ipsum." – „Die Braut meines Herrn liebe ich jedoch aus meinem inneren Herzen wegen eben des Bräutigams."[377] In einem Brief an Petrus wird er von Christina mit den Worten angeredet: „In cristo ihesu, sempiterno sponso et amico dilectissimo patri." – „An den in Christus Jesus, dem immerwährenden Bräutigam und Freund, geliebtesten Vater."[378] In einem anderen Brief wendet sie sich an Petrus, „in ihesu cristo, dulcissimo sponso et amico", „den süßesten Bräutigam und Freund in Jesus Christus"[379]. In fast wortgleicher Formulierung spricht übrigens auch Johannes von Stommeln, der andere Berichterstatter über das Leben der Christina, Petrus an[380]. Die Mystikerin selbst wünscht auch, daß Petrus und sie „in ipso dilectissimo corde dilectissimi sponsi ac amici", „im geliebtesten Herzen des geliebtesten Bräutigams und Freundes" einander lieben[381]. Absicht der mehrmaligen Besuche des Petrus bei ihr ist, „congaudere uobis sponso presente et nupcias celebrante, uel saltem in eius absencia de tam delectabilis presencie carencia uos qualitercumque consolari", „mit euch mit zu freuen, wenn der Bräutigam gegenwärtig ist und er Hochzeit feiert, oder wenigstens in seiner Abwesenheit euch über das Entbehren der so froh machenden Gegenwart irgendwie zu trösten"[382]. Er führt die ekstatischen Erfahrungen der Mystikerin auf die „sui sponsi magnificentissmam largitatem", „großartigste Freigibigkeit ihres Bräutigams" zurück[383]. Für Petrus erscheint es als Paradies auf Erden, wenn „cum sponso tuo tam deliciose conuersaris, tam familariter confabularis, tam intime coniocundaris", „du (= Christina) mit deinem Bräutigam so zart umgehst, so vertraut sprichst, so innig dich mit ihm freust"[384]. An einer Stelle zeigt Petrus auf, daß das Bräutigam-Sein Jesu noch nicht der Höhepunkt seiner Beziehung zu Christina ist. Seine Einheit mit ihr überbietet den Zustand, in dem er als Vater, Freund und Bräutigam im Gegenüber bleibt[385].

Auch Petrus berichtet davon, daß Dämonen Christina bedrängen und ihr den Tod androhen, falls sie ihnen nicht folgen will. Ihre Antwort auf die Drohung lautet: „Dominus meus ihesus cristus sponsus meus est, cui fidem meam promisi, in cuius nomine mori desidero." – „Mein Herr Jesus Christus ist mein Bräutigam, dem ich die Treue versprochen habe, und ich sehne mich, um dessen Namen willen zu sterben."[386] Dämonen können Wunden schlagen. „Sed sponsus tuus curat uulnera." – „Aber dein Bräutigam heilt Wunden."[387] Ihrem Briefpartner Petrus gesteht Christina ein: „Dulcissimus sponsus suam subtraxit consolacionem et presenciam, relinquens adhuc sponse recordacionem et confidenciam." – „Der süßeste Bräutigam hat (mir) seinen Trost und seine Gegenwart entzogen und hat für jetzt seiner Braut die Erinnerung an ihn

---

[377] CS 1, B 24,21,165,3f.
[378] CS 1, B 25,22,165,23f.
[379] CS 1, B 30,65,208,18.
[380] CS 1, B 29,55,198,7f.
[381] CS 1, B 28,54,197,4f.
[382] CS 1, B 5,16,80,26-29.
[383] CS 1, 27,13,1-3.
[384] CS 1, B 23,16,159,27-29.
[385] CS 1, B 20,72,145,31f.
[386] CS 1, 53,128,14-16.
[387] CS 1, B 22,18,161,20f.

und das Vertrauen auf ihn hinterlassen."[388] Besonders geschieht dies an einem Karfreitag, „horis, quibus sponsus paciebatur, sponsa simul ipsi conpaciebatur", „zu den Stunden, an denen der Bräutigam litt, litt zugleich auch die Braut mit ihm"[389]. Petrus berichtet von der Trauer, die Christina hat, wenn „dulcissimus sponsus delicatam eius consolacionem, tunc temporis maxime necessariam, a corde sue dilecte sponse penitus elongauit", „der süßeste Bräutigam seine zarte Tröstung, die in der damaligen Zeit besonders notwendig war, vom Herz seiner geliebten Braut ganz entfernt hat"[390]. Doch ereignet es sich auch, daß nach dem Kommunionempfang „rapiens suus sponsus eam ad tabernaculum sui dilectissimi cordis transuexit", „ihr Bräutigam sie entrückte und zum Zelt seines geliebtesten Herzens brachte"[391]. Dies wiederholt sich[392]. Dabei schaut sie einen befreundeten Menschen gemeinsam „cum sempiterno sponso et amico", „mit dem immerwährenden Bräutigam und Freund" an[393]. Als Christina sich mit einer Bitte in bezug auf ihren Bruder an Petrus wendet, hofft sie, „ut ille dulcissimus sponsus et amicus uobis pro me retribuat", „daß jener süßeste Bräutigam und Freund euch an meiner Stelle (es) vergilt"[394].

26.2 Johannes von Stommeln, ein Lehrer und späterer Priester aus Stommeln, berichtet Petrus von Dazien bei dessen Abwesenheit viel von Christina. Er tut dies im Gedenken an die Liebe des Bräutigams und der Braut[395], weil er wie Petrus das Verlangen hat, „cum sponsa cristi eterni sponsi thalamum feliciter introire", „mit der Braut Christi glücklich in das Gemach des ewigen Bräutigams einzugehen"[396]. Er möchte, daß auch Petrus stark wird „in amore eterni sponsi et amici uestri intimi", „in der Liebe zum ewigen Bräutigam und eurem innigen Freund"[397]. Folgendermaßen beschreibt er ihre Ekstasen, die oft beim Empfang der Kommunion eintreten[398]: „Ille dulcissimus sponsus beatam eius animam rapiens, in archanum sui dilectissimi cordis thalamum hanc transuexit." – „Jener süßeste Bräutigam entrückte ihre Seele und versetzte sie in das geheime Brautgemach seines geliebtesten Herzens."[399] Sie kann auch vom Bräutigam in seine Umarmung entrückt werden[400]. Dabei sieht sie, wie die Armen Seelen, für die sie gebetet hat, vor dem Angesicht des Bräutigams stehen[401]. In den Kartagen leidet Christina mit ihrem Bräutigam[402]. Sie ist der Gegenwart ihres Bräutigams beraubt[403].

---

[388] CS 1, B 25,23,166,28f.
[389] CS 1, B 25,36,181,4-8.
[390] CS 1, B 29,62,205,22-25.
[391] CS 1, B 26,38,183,25f.
[392] CS 1, B 26,42,187,17-19.
[393] CS 1, B 26,42,187,19-21.
[394] CS 1, B 30,65,208,27-29.
[395] CS, 1 B 29,62,206,6-8.
[396] CS 1, B 29,55,198,10f.
[397] CS 1, B 29,63,207,23.
[398] CS 2, 4,12,106,323; 4,12,107,323.
[399] CS 1, B 29,58,202,17-19.
[400] CS 2, 4,18,161,339; 4,18,169,341.
[401] CS 2, 4,10,95,319; 4,13,125,329; 4,18,169,341.
[402] CS 2, 4,18,169,341.
[403] CS 2, 4,4,28,302.

Lange klagt Christina, wenn dies nach dem Kommunionempfang geschieht[404], und sie sagt Dank, wenn sie seine Gegenwart wieder spürt[405].

Besonders oft erwähnt Johannes den Bräutigam Jesus bei der Schilderung des Kampfes, den Christina mit den Dämonen ausficht. Die Dämonen quälen Christina, weil sie sehen wollen, ob ihr Bräutigam hilft[406], und fordern Christina auf zu ihnen zu beten[407]. Die Mystikerin tut dies, erinnert ihn an sein Leiden, das er für sie getragen hat[408] und empfiehlt sich[409], ihren Leib und ihre Seele[410]; sie demütigt sich vor ihrem Bräutigam, ist bereit, sich seinem Willen zu beugen[411] und alles zu erleiden[412], wobei sie seine Wunden verehrt[413] und ihr Herz auf ihn wirft[414]. Dies tut sie aus Liebe zu ihrem Bräutigam[415]. Dieser kann ihr Schreien nicht lange aushalten[416], weiß um ihre Not[417], steht ihr in ihren Schmerzen bei[418], erweist sich als Helfer[419], verläßt sie nicht[420], sondern besucht sie[421], wenn auch nur unsichtbar[422], schenkt ihr seine Gegenwart[423], bewahrt sie[424], schützt ihre Scham[425], heilt sie[426] und ihre Wunden[427], stellt sie wieder her[428], stärkt sie[429], tröstet sie[430], schützt sie vor teuflischen Verleumdungen[431], schenkt ihr

---

[404] CS 2, 4,1,4,295.

[405] Ebenda.

[406] CS 2, 4,9,81,315.

[407] CS 2, 4,13,117,326; 4,17,157,338; 4,20,180,344.

[408] CS 2, 4,1,6,295.

[409] CS 2, 4,18,168,341.

[410] CS 2, 4,6,56,309.

[411] CS 2, 4,5,43,306.

[412] CS 2 4,19,170,341.

[413] CS 2, 4,1,8,296; 4,2,15,298; 4,3,21,300.

[414] CS 2, 4,1,8,296.

[415] CS 2, 4,4,31,302.

[416] CS 2, 4,4,32,303.

[417] CS 2, 4,4,32,303; 4,10,89,317.

[418] CS 2, 4,4,31,303.

[419] CS 2, 4,5,46,306.

[420] CS 2, 4,3,26,301.

[421] CS 2, 4,5,37,304; 4,5,39,305; 4,8,78,314; 4,11,100,321; 4,11,106,322; 4,13,118,326; 4,16,147,335; 4,17,153,337; 4,18,158,338; 4,21,189,346.

[422] CS 2, 4,3,24,301.

[423] CS 2, 4,5,39,304.

[424] CS 2, 4,20,184,345.

[425] CS 2, 4,2,14,298.

[426] CS 2, 4,6,55,308; 4,12,113,325; 4,14,127,329; 4,15,141,333; 4,18,159,338; 4,20,180,344; 4,20,186,346; 4,21,189,346.

[427] CS 2, 4,5,37,304; 4,5,45,306; 4,7,67,311.

[428] CS 2, 4,12,114,325; 4,17,153,337; 4,20,180,344.

[429] CS 2, 4,16,144,334.

[430] CS 2, 4,5,45,306; 4,7,63,310; 4,7,69,312; 4,7,70,312; 4,8,71,313; 4,10,92,318; 4,10,94,319; 4,11,104,322; 4,12,106,323; 4,12,110,324; 4,12,113,325; 4,12,114,325; 4,13,118,326; 4,13,125,329; 4,14,130,330; 4,15,141,333; 4,16,144,334; 4,16,146,335; 4,17,152,337; 4,20,186,346; 4,21,190,346; 3,21,193,347; 4,21,194,348.

[431] CS 2, 4,8,79,315.

Freude[432] oder Kleinodien[433], entrückt sie[434] und umarmt sie[435] in seinem Gemach[436]. Auch Engel stärken sie mit dem Hinweis auf die Gegenwart ihres Bräutigams[437]. Umgekehrt ist Christina bereit, um der Liebe zu ihrem Bräutigam willen alles zu ertragen[438], bewundert[439], verherrlicht[440], erhebt[441] und preist ihn[442], jubelt ihm zu[443] und dankt ihm nach der Errettung[444]. Auch die Menschen, die es miterleben, bewundern und verkünden die Güte ihres Bräutigams[445]. Doch kommt es auch vor, daß Christina auf die Hilfe ihres Bräutigams wartet[446].

26.3 Wie toposartig hier schon der Begriff „Bräutigam" eingesetzt wird, sieht man daran, daß bei diesem immer dieselben wenigen Adjektive gebraucht werden. Es sind dies: ewiger[447], geliebtester[448] und süßester[449]. Andere Adjektive werden nur höchst selten verwendet.

26.4 Auch bei dem Schrifttum um Christina fällt auf, daß der Name „Bräutigam" nie auf Jesus in seinem irdischen Dasein angewendet wird. Ebenfalls fehlt der Ausdruck „Bräutigam der Kirche". Dagegen wird der Titel „Bräutigam" fast inflationär im Verhältnis Jesu zur Einzelseele gebraucht.

---

[432] CS 2, 4,8,71,313.

[433] CS 2, 4,15,141,333.

[434] CS 2, 4,4,34,303; 4,5,37,304; 4,16,142,334; 4,17,158,338; 4,20,179,344; 4,20,187,346; 4,21,191,347; 4,21,192,347.

[435] CS 2, 4,4,34,303; 4,5,37,304; 3,5,49,307; 4,6,53,307; 4,7,65,311; 4,8,73,313; 4,11,99,320; 4,13,124,328; 4,13,125,329; 4,19,170,341; 4,19,173,342; 4,19,175,343; 4,19,178,343; 4,21,188,346; 4,21,191,347; 4,21,192,347; 4,21,193,348; 4,21,194,348.

[436] CS 2, 4,1,9,296; 4,3,25,301; 4,9,81,315; 4,21,189,346.

[437] CS 2, 4,4,29,302.

[438] CS 2, 4,8,76,314; 4,17,150,336.

[439] CS 2, 4,2,12,298.

[440] CS 2, 4,9,82,315; 4,19,177,343.

[441] CS 2, 4,19,173,342.

[442] CS 2, 4,11,101,321; 4,14,127,329; 4,20,186,346.

[443] CS 2, 4,15,141,333.

[444] CS 2, 4,9,84,316; 4,19,177,343.

[445] CS 2, 4,1,7,296.

[446] CS 2, 4,1,6,295.

[447] CS 1, B 25,22,165,23f; B 26,42,187,19-21; B 29,55,198,10f.; B 29,63,207,23; CS 2, 4,1,7,296; 4,6,57,309; 4,13,125,329; 4,15,141,333; 4,18,169,341.

[448] CS 1, B 28,54,197,4f.; CS 2, 4,1,8,296; 4,2,12,298; 4,3,21,300; 4,4,29,302; 4,4,31,302; 4,4,32,303; 4,5,37,304; 4,5,39,305; 4,5,43,306; 4,5,45,306; 4,5,46,306; 3,5,49,307; 4,6,53,307; 4,6,55,308; 4,6,56,308; 4,6,59,309; 4,7,63,310; 4,7,65,311; 4,7,67,311; 4,7,69,312; 4,8,71,313; 4,8,72,313; 4,8,73,313; 4,8,75,314; 4,8,76,314; 4,8,79,315; 4,9,81,315; 4,9,84,316; 4,10,89,317; 4,10,92,318; 4,10,94,319; 4,10,95,319; 4,11,99,320; 4,11,100,321; 4,11,101,321; 4,11,104,322; 4,11,106,322; 4,12,106,323; 4,12,107,323; 4,12,110,324; 4,12,113,325; 4,12,114,325; 4,13,118,326; 4,13,124,328; 4,13,125,329; 4,14,127,329; 4,14,130,330; 4,15,141,333; 4,16,142,334; 4,16,144,334; 4,16,146,335; 4,16,147,335; 4,17,150,336; 4,17,152,337; 4,17,153,337; 4,17,158,338; 4,18,159,338; 4,18,161,339; 4,18,168,341; 4,18,169,341; 4,19,170,341; 4,19,173,342; 4,19,175,343; 4,19,177,343; 4,20,179,344; 4,20,184,345; 4,20,186,346; 4,20,187,346; 4,21,188,346; 4,21,189,346; 4,21,190,346; 4,21,191,347; 4,21,192,347; 4,21,193,347; 4,21,193,348; 4,21,194,348.

[449] CS 1, B 25,23,166,28f.; B 29,58,202,17-19; B 29,62,205,22-25; B 30,65,208.18.27-29; CS 2, 4,1,8,296; 4,2,15,298; 4,3,24,301; 4,3,25,301; 4,3,26,301; 4,4,31,303; 4,4,32,303; 4,4,34,303; 4,5,37,304; 4,5,39,304; 4,6,57,309; 4,7,70,312.

27. Wesentlich sparsamer geht der Autor der Vita von Blannbekin mit diesem Ausdruck um. Jeder Titel Jesu besagt ein besonderes Wirken an der Seele. „Bräutigam" meint dann: „Exhibet se animae familiarem, sicut sponsus se sponsae." – „Er erweist sich der Seele als vertraut, wie es ein Bräutigam zur Braut ist."[450] Unverkennbar ist die erotische Konnotation an folgender Stelle: „Cum Christus deus sponsus thalamum intraturus est sponsae, fides ei vestes deponit." – „Wenn Christus als Gott und Bräutigam das Gemach der Braut im Begriff ist zu betreten, legt der Glaube im die Kleider ab."[451] Durch den Glauben darf die Braut ihn jetzt mit entschleiertem Gesicht sehen[452]. Die Hoffnung legt einen Schemel vor das Gemach, damit der Bräutigam es leichter betreten kann[453]. „Charitas ipsum sponsum excipit ad amplexus, et charitas sponsi e converso animam ad amplexus recipit; et ibi fit tanta unio per amorem sponsi et sponsae, ut anima se ipsam obliviscatur." – „Die Liebe empfängt den Bräutigam selbst zur Umarmung, und die Liebe des Bräutigams empfängt umgekehrt die Seele zur Umarmung; und dort geschieht eine so große Einheit durch die Liebe des Bräutigams und der Braut, daß die Seele sich selbst vergißt."[454] Deutlich wird, daß Glaube und Hoffnung bei der letzten Liebeseinheit zwischen Christus und der Seele nur Hilfsdienste leisten können. In dieser Vita kommt auch noch einmal die Vorstellung des Bräutigams der Kirche vor. Man soll aus der Seitenwunde Christi die Liebe erkennen, „quam sponsus sponsae suae ecclesiae inde propinavit", „welche der Bräutigam seiner Braut, der Kirche, von dort zu trinken gereicht hat"[455].

1.2 Die muttersprachlichen Texte

1. Im Lateinischen beschränkt sich die Bedeutung von „sponsus" und „sponsae" nicht wie im Neuhochdeutschen auf Verlobte, sondern diese Ausdrücke können auch Vermählte meinen. Die gleiche weite Bedeutung haben auch die entsprechenden mittelhochdeutschen Ausdrücke. Deswegen kann dort der Bräutigam auch mit „gemahel", „Gemahl" ausgetauscht werden, und wir werden letzteren Ausdruck in unsere Untersuchung einbeziehen.
2. Wie in den lateinischen Hoheliedkommentaren kommen auch im St. Trudperter Hohelied die Worte „Bräutigam" und „Gemahl" gelegentlich vor. Aber viele Stellen sind für uns nicht einschlägig. Das Besondere dieses Buches ist, daß in ihm der Heilige Geist oft als Bräutigam bezeichnet wird[456]. Solche Stellen scheiden für unsere Betrachtung aus. Einmal heißt es, daß Jesus als Lamm für seine Braut, die Kirche, gestorben[457]

---

[450] AB 67,20f,168.
[451] AB 70,3-5,172.
[452] AB 70,5f.,172.
[453] AB 70,6-8,172-174.
[454] AB 70,9-12,174.
[455] AB 168,21-23,352.
[456] TH 7,4f.,30; 21,17f.,64; 118,20f.,252; 134,30-135,1,284.
[457] TH 43,25-28,108.

ist. An einer Reihe von Stellen wird zwar auch von der gegenseitigen Liebe Christi und der Einzelseele gesprochen; doch die ausdrückliche Bezeichnung Christi als Bräutigam der Seele fand ich nicht.

3. Auch bei Hadewijch kommt dieser Titel nur selten für Christus vor. Die Seele wird zwar Braut genannt[458]. Einmal wird in einer Vision zu Hadewijch gesagt: „Noch en weet die lieue niet wec dat grote rike es dat sie bruut van harem brudegoem sal ontfaen." – „Noch weiß die Geliebte nicht, was das große Reich ist, das sie als Braut von ihrem Bräutigam empfangen soll."[459] Sie steht noch nicht aufrecht, um in das Angesicht ihres Geliebten zu schauen[460]. Als sie aber zum erhabenen Thron geht, heißt es: „Nu dore sich danschijn ende werde gherechte bruut des groets brudegoems!" – „Nun durchschaue das Angesicht und werde gerechte Braut des großen Bräutigams!"[461] Als Hadewijch dies tut, erlebt sie, wie sie in eine tiefe Einheit aufgenommen wird, und darf als Bestätigung hören, daß sie jetzt weiß, „welc dat grote rike ware daz ghi bruut van uewen brudegoem soude ontfaen", „welches das große Reich war, das du als Braut von deinem Bräutigam empfangen solltest"[462]. Die Interpretation dieser Vision ist sehr schwierig; so viel scheint aber festzustehen, daß der Mensch erst nach einer langen spirituellen Entwicklung begreifen kann, daß seine Seele Braut des Bräutigams Christus ist.

In ihrer Briefsammlung stellt der erste Brief eine Art Einführung dar. In ihm geht es um die Klarheit, mit der man Gottes Liebe erkennen soll. Dazu wird man von Christus her aufgefordert, der „alse brudegom ghebiedet siere lieuer bruyt: Dat ghi ontpluuct die oghen", „als Bräutigam seiner lieben Braut gebietet, daß du die Augen aufmachst"[463]. Sie soll alles daran setzen, „dat ghi gode ghecrigen wilt uwe lief te sien ende uwe brudegom", „daß du Gott bekommen willst als Geliebten und als euren Bräutigam"[464]. Wenn die Braut ihren Bräutigam sucht und gefunden hat, soll sie versuchen, ihn auch zu behalten[465].

Insgesamt kann man sagen, daß der Titel „Geliebter" wesentlich häufiger bei Hadewijch für Christus vorkommt als „Bräutigam". Die wenigen Stellen, an denen er uns begegnet, sind für die Spiritualität dieser Frau nicht besonders aussagekräftig.

4. Auch für David von Augsburg zählt „Bräutigam" nicht zu den beliebtesten Namen für Christus. Jesus Christus ist „das êwige exemplar aller dinge", „das ewige Urbild aller Dinge"[466]. Deswegen überträgt David auch alle Namen, welche die Beziehungen der Menschen untereinander ausdrücken, auf Christus. Unter diesen heißt es auch: „Dû bist ir aller kiuschister unde süezister minnender gotlîcher gemahel." – „Du bist

---

[458] HAV 10,54-59; 12,141f.,134.
[459] HAV 12,40-42,130.
[460] HAV 12,43-48,130.
[461] HAV 12,154f.,136.
[462] HAV 12,163-165,136.
[463] HAB 1,21-23,17.
[464] HAB 24,30-32,209.
[465] HAB 10,102-106,91.
[466] DAG 363,16.

ihr allerkeuschester und süßester liebender göttlicher Gemahl."[467] Derjenige, welcher „büezaer mînes heiles", „Büßer für mein Heil", also Christus, ist, wird mit den Worten angesprochen: „Mîn aller liebister, getriuwister, kiuschister, gotlîcher gemahel." – „Mein allerliebster, getreuester, göttlicher Gemahl."[468]

5. Bei keiner anderen muttersprachlichen Mystikerin kommen so häufig das Wort „Bräutigam" oder gleichbedeutende Ausdrücke vor wie bei Mechthild von Magdeburg.

5.1 Oft kann man nicht mit Sicherheit sagen, ob mit dem Wort „Gott" oder „Herr" Jesus als Bräutigam gemeint ist. Deswegen nehmen wir zunächst solche nicht eindeutig auf Christus identifizierbaren Stellen von unserer Betrachtung aus. Wenn es heißt, daß Mechthild zu Gott gehen muß, „der min vatter ist von nature, min brûder von siner mônscheit, min brútegôm von minnen und ich sin brut ane anegenge", „der mein Vater von Natur, mein Bruder von seiner Menschheit, mein Bräutigam von Liebe und ich seine Braut ohne Beginn"[469], legt es sich nahe, daß mit „Bräutigam", da unter dem „Vater" und dem „Bruder" die beiden ersten Personen der Gottheit zu verstehen sind, der Heilige Geist gemeint ist, ein Verständnis, das beim St. Trudperter Hohelied gängig ist, bei Mechthild aber ungewöhnlich wäre. Auf der anderen Seite wird ein wenig später von einer Einheit der Seele mit Gott gesprochen, der die gleiche Natur wie die Menschen hat, worunter Jesus zu verstehen ist[470].

5.2 Als die anfanglose Dreifaltigkeit als Tau auf die Jungfrau Maria kam[471], da geschah es, daß „únser lôser ist brútegôm worden", „unser Erlöser Bräutigam geworden ist"[472]. Im gleichen Kapitel wird diese Feststellung aufgegriffen und gefragt: „Wa wart únser lôser brútgôm?" – „Wann wurde unser Erlöser Bräutigam?"[473] Der Zeitpunkt wird jetzt über die Menschwerdung hinaus in die Schöpfung und in den Erlösungsentschluß Gottes verlegt[474]. Durch Jesus ist der Mensch schon in Liebe erschaffen[475], und nach dem Sündenfall wurde Maria als Braut erwählt[476].

Das 29. Kapitel des ersten Buches ihres „Fließenden Lichtes der Gottheit" ist überschrieben: „Von der schôni des brútgômes." – „Von der Schönheit unseres Bräutigams."[477] Im Kapitel selbst taucht allerdings dieser Ausdruck nicht auf. Da in ihm aber vom dem Gleichwerden des Menschen mit dem leidenden Christus gesprochen wird[478], ist er unter diesem Bräutigam zu verstehen. Besonders bei der Umkehr soll man ansehen „dinen brútgômen, aller welte herren, wie schôn gekleidet er stûnt mit

[467] DAG 362,27f.
[468] DU 374,15f.
[469] MM 1,44,72-74,31.
[470] MM 1,44,82,31.
[471] MM 1,22,4f.,16.
[472] MM 1,22,7,16.
[473] MM 1,22,35,18.
[474] MM 1,22,35-50,18.
[475] MM 1,22,37-42,18.
[476] MM 1,22,43-50,18.
[477] MM 1,29,1,22.
[478] MM 1,29,5-17,22f.

pfellorinen cleidern, rot blůt szwarz varwen, mit geiseln zersclagen, zů der súle gebunden. Do enpfieng er dur dine liebin manige scharpfen wunden", „deinen Bräutigam, aller Welten Herr; wie schön gekleidet stand er da mit purpurroten Kleidern, rot von Blut, schwarz an Farben, mit Geißeln zerschlagen, an die Säule gebunden. Da empfing er um deiner Liebe willen manche scharfe Wunden"[479]. Wer sich dies zu Herzen gehen läßt, der entgeht allem Trug der Welt[480].

Mechthild führt den ekklesiologischen und brautmystischen Aspekt des Bräutigams Christus zusammen. Einmal sieht sie auf einem Stein, der den christlichen Glauben bedeutet[481], eine sehr schöne Jungfrau stehen[482]. Nachdem ihr Wirken erzählt worden ist[483], fragt Mechthild, wer sie sei. „Si sprach: ‚Ich bin, die du so liep hast und ich bin din gespile. Ich bin die helige cristanheit, und wir haben bede einen brútgôme.'" – „Sie sprach: ‚Ich bin diejenige, die du so lieb hast, und ich bin deine Gespielin. Ich bin die Heilige Christenheit, und wir haben beide einen Bräutigam.'"[484] Hiermit gelingt es Mechthild, die verschiedenen Deutungen der Braut Christi zusammenzubinden. Die Kirche und die Einzelseele haben nur einen einzigen Bräutigam. Untereinander sind sie „gespile", „Gespielinnen", welches Wort mehr ausdrückt als nur ein zufälliges Beisammensein zweier Kinder beim gemeinsamen Spiel. Gerade im höfischen Bereich wird das Wort für eine tiefe Gemeinschaft von Menschen gebraucht[485]. Über dieses Wort findet auch die dritte Größe, Maria, die oft als Braut bezeichnet wird, ihren Ort. Sie ist ja die Gespielin der Kirche[486]. Mechthild erfährt als Braut Christi eine unterschiedliche Behandlung der Menschen. Weltlich gesinnte Menschen haben Mechthild verworfen; von den Freunden Jesu aber wird sie geliebt[487]. Sie aber kann beides annehmen: „Eya hercelieber brútgôme, min sůsser Jhesu Christe, ich segene mich ane underlas in meinem herzen vúr allú irdenschú ding." – „Eia herzlieber Bräutigam, mein süßer Jesus Christus, ich preise mich ohne Unterlaß in meinem Herzen für alle irdischen Dinge."[488] Mechthild wünscht sich, daß ihr jungfräuliches Kleid immer lauter und rein ist, „wand min lieber brútgôme Jhesus Christus, der ist ze allen ziten bi mir", „denn mein lieber Bräutigam Jesus Christus, der ist zu allen Zeiten bei mir"[489]. Sie bittet Jesus für ihre Sterbestunde, „das du denne wellest komen als min allerliebster brútgôme", „daß Du dann kommen willst als mein allerliebster Bräutigam"[490]. Wie ein Bräutigam sei-

---

[479] MM 7,27,30-33,277.
[480] MM 7,27,33f.,277.
[481] MM 4,3,25f.,115.
[482] MM 4,3,21,115.
[483] MM 4,3,26-70,115f.
[484] MM 4,3,71-73,116.
[485] Vgl. Lexer 1,923.
[486] MM 4,3,22,115.
[487] MM 5,21,3-7,171.
[488] MM 5,21,8f.,171. «Segnen» kann auch wie das lateinische «benedicere», „preisen" bedeuten. Mechthild preist sich also selig.
[489] MM 7,48,60-62,295.
[490] MM 7,35,36f.,283.

ner Braut eine Morgengabe überreicht, soll er dann sie, die Sterbende, in seinem Arme empfangen und mit dem Mantel seiner großen Sehnsucht bedecken[491].

Auch das mittelhochdeutsche Wort „trut" entspricht weitgehend unserem heutigen Ausdruck „Bräutigam". Wenn Mechthild zum Gebet geht, sagt sie: „Vil lieber trut Jhesu Christe, dise stunde ist alleine din." – „Viel lieber Bräutigam Jesus Christus, diese Stunde gehört allein Dir."[492] Natürlich haben auch die Sünder, die Leidtragenden und die Kirche einen Platz in ihrem Gebet[493]. In einem eigenartigen Bild macht sie deutlich, daß diese Art, mit Jesus umzugehen, unverdiente Gnade ist: „Ich bin ein unedle brut, iedoch bistu min elich trut." – „Ich bin eine unadlige Braut, Du bist jedoch mein rechtmäßiger Bräutigam."[494] Diesen Satz versteht man erst, wenn man weiß, daß im Mittelalter Adlige unadlige Frauen in den meisten Fällen nicht zu ihrer Ehefrau, sondern ihrer Geliebten nahmen. Bei Christus ist es aber anders: Er hat Mechthild, obwohl ihr wegen der Sünde der Adel mangelt, zur rechtmäßigen Frau genommen.

Jesus wird angeredet, wenn Mechthild die Zukunft als „brutloft", „Vermählung" sieht[495]. Zur ewigen Hochzeit bricht Jesus selbst die Blumen[496].

6. Welche Bedeutung der Autor der Vita der Christina von Hane auf den Titel „Bräutigam" für Christus legt, sieht man daran, daß er in der Einleitung zur Vita zweimal vorkommt. Sofort zu Beginn nach Angabe des Datums heißt es: „Da woiße vff eyn schone lylie vnder den dornen, Eyne jonffrauwe, na Cristum, yrem bruytgam ist sye genant cristina, die got vnsere herre yme selber vßerwilt hait zo eyner bruyt." – „Da wuchs auf eine schöne Lilie unter den Dornen – nach Christus, ihrem Bräutigam ist sie genannt Christina –, die Gott, unser Herr, sich selbst zu einer Braut auserwählt hat."[497] Die hier vorgenommene Gleichsetzung von Christus mit Gott und Herr dürfte für die ganze Vita gelten. Nach dem Entschluß ihrer Eltern wurde sie von ihren Verwandten mit sechs Jahren in ein Kloster gegeben[498]. Dann wird sie in der Einleitung ihrer Vita mit Ester verglichen, die auch vom König unter allen Frauen auserwählt wurde, „dar er bruytlaufft myt yr macht", „da er Hochzeit mit ihr hielt"[499]. Nach dem Bericht ihrer Kindheit und einer Phase besonderer Askese taucht das Motiv der Brautmystik erneut auf. In dieser Zeit gedenkt sie voll Verlangen „des heilgen sacramentz yrs gemynte bruytgams", „des heiligen Sakramentes ihres geliebten Bräutigams"[500]. Ihre Sehnsucht erfüllt sich im Empfang der Kommunion. Dann wird Christina krank. Dieses Ereignis wird vom Autor ihrer Vita folgendermaßen beschrieben: „Der zarte, edel bruytgam hait yme syn bruyt bereyt na sym woil befallen. Dar vmb hait sie alwege gehait eynnen

[491] MM 7,35,37-40,283.
[492] MM 5,11,35,165.
[493] MM 5,11,35f.,165.
[494] MM 5,17,6f.,169.
[495] MM 4,5,14,120.
[496] MM 7,37,13-15,286.
[497] CH 1, 226.
[498] Ebenda.
[499] Ebenda.
[500] CH 1, 242.

lyffe vol lydens." – „Der zarte, edle Bräutigam hat sich seine Braut bereitet nach seinem Wohlgefallen, deswegen hat sie immer ein Leben voller Leid gehabt."[501] An einer anderen Stelle wird das Bild des Hirten mit demjenigen des Bräutigams verbunden, wenn Christus zu Christina spricht: „Jch byn eyn guter hyrt (Joh 10,14); der gut hyrt vnd soiße bruytgam byn ich." – „Ich bin ein guter Hirt; der gute Hirt und der süße Bräutigam bin ich."[502] Der Bräutigam kommt, um in Christina zu wohnen: „Dyn aller lyebster bruytdegam kommet zu dyr und er suchet heymlicheit by dyr, vnd er gußet sich gentzelichyn yn dych myt eym gotlichyne jnfluße alles guden." – „Dein allerliebster Bräutigam kommt zu dir, und er sucht bei dir heimisch zu werden und gießt sich ganz in dich mit einem Einfließen alles Guten."[503] Er will ja mit allen Heiligen in Christina wie in seinem Himmel wohnen: „Vnd des byn ich, Jesus Cristus, dyn lyeber bruytigam." – „Und das bin ich, Jesus Christus, dein lieber Bräutigam."[504]. Sie selbst sagt, daß sie schläft „yn den armen myns zarten bruytdegams", „in den Armen meines zarten Bräutigams"[505].

1.3 Zusammenfassung

1. Obwohl in der Vulgata im Hohelied das Wort „sponsus", „Bräutigam" nicht vorkommt, legt sich dieses Wort in der christlichen Auslegung auf Christus hin nahe. Dieses Buch wird als Gespräch zwischen Braut und Bräutigam bezeichnet[506]. Man kann mit der Zeit ein deutliches Anwachsen der Häufigkeit dieses Titels, der sich immer mehr von der Kommentierung dieses biblischen Buches löst, feststellen. Wesentlich häufiger als die Bezeichnung „Bräutigam" für Christus kommt der Titel „Braut Christi" für den Menschen vor. Überhaupt sollte man die Brautmystik nicht allein an diesen Namen festmachen.

2. Zusammen mit dem Titel „Bräutigam" wird Jesus die Blume der Jungfräulichkeit[507], der Bruder[508], der Eingeborene[509], der Erwählte[510], der Freund[511], der Geliebte[512],

---

[501] CH 2, 205.
[502] CH 2, 211.
[503] CH 2, 213.
[504] CH 2, 220.
[505] CH 2, 225.
[506] WHLD prol 4,74; 7,80; WHLD 1,1,34,118.
[507] G R 6,375f.,184.
[508] G R 3,277-279,90.
[509] JHLD 14,4,128f.,127.
[510] G R 7,642f.,248.
[511] MH 1,11,35; CS 1, B 25,22,165,23f.; B 26,42,187,19-21; B 28,54,197,4f.; B 29,63,207,23.
[512] HAB 24,30-32,209.

der Herr[513], der Hirt[514], der König[515], das Lamm[516], der Liebhaber[517], der Meister[518], der Tröster[519] und die Weisheit[520] genannt. Folgende Adjektive werden vom Bräutigam Christus ausgesagt: allerliebst[521], ansehnlich[522], blühend[523], edel[524], rechtmäßig[525], ewig[526], froh[527], geliebt[528], herzlieber[529], gesetzmäßig[530], geziert[531], groß[532], himmlisch[533], honigfließend[534], innig[535], keusch[536], lieb[537], schön[538], süß[539], treu[540], unsterblich[541], vol-

---

[513] BN 1,16,74,39f.,59; G 5, 5,3,8,14f.,76; 5, 5,32,5,12f.,260.
[514] CH 2, 211.
[515] MH 1,23,82; 1,32,111; 4,8,266; 6,7,385; G R 5,250f.,142; G 5, 5,3,8,14f.,76; 5,32,2,4-10,256; 5,32,5,12f.,260.
[516] MH 4,8,266; G R 3,126,82; TH 43,25-28,108.
[517] IL 2,2,5,172.
[518] IN 1,202.
[519] HIB 2, 235,8f.,511.
[520] JFM 7,88-90,208.
[521] MM 7,35,36f.,283; CH 2, 213.
[522] G R 6,54f.,164.
[523] MH 1,1,10; 3,29,233; 3,188-190,86; 4,46,302; 6,7,385; G 2, 1,16,1,12f.,208.
[524] ESI 14,108; CH 2, 205.
[525] MM 5,17,6f.,169.
[526] HISV 1, 2,5,11,466f.,185; CS 1, B 25,22,165,23f; B 26,42,187,19-21; B 29,55,198,10f.; B 29,63,207,23; CS 2, 4,1,7,296; 4,6,57,309; 4,13,125,329; 4,15,141,333; 4,18,169,341.
[527] G R 6,751,208.
[528] WHLD 1,8,93,214; IL 2,6,27,178; MH 1,18,55; CS 1, B 25,22,165,23f.; B 28,54,197,4f.; CS 2, 4,1,8,296; 4,2,12,298; 4,3,21,300; 4,4,29,302; 4,4,31,302; 4,4,32,303; 4,5,37,304; 3,5,39,305; 4,5,43,306; 4,5,45,306; 4,5,46,306; 3,5,49,307; 4,6,53,307; 4,6,55,308; 4,6,56,308; 4,6,59,309; 4,7,63,310; 4,7,65,311; 4,7,67,311; 4,7,69,312; 4,8,71,313; 4,8,72,313; 4,8,73,313; 4,8,75,314; 4,8,76,314; 4,8,79,315; 4,9,81,315; 4,9,84,316; 4,10,89,317; 4,10,92,318; 4,10,94,319; 4,10,95,319; 4,11,99,320; 4,11,100,321; 4,11,101,321; 4,11,104,322; 4,11,106,322; 4,12,106,323; 4,12,107,323; 4,12,110,324; 4,12,113,325; 4,12,114,325; 4,13,118,326; 4,13,124,328; 4,13,125,329; 4,14,127,329; 4,14,130,330; 4,15,141,333; 4,16,142,334; 4,16,144,334; 4,16,146,335; 4,16,147,335; 4,17,150,336; 4,17,152,337; 4,17,153,337; 4,17,158,338; 4,18,159,338; 4,18,161,339; 4,18,168,341; 4,18,169,341; 4,19,170,341; 4,19,173,342; 4,19,175,343; 4,19,177,343; 4,20,179,344; 4,20,184,345; 4,20,186,346; 4,20,187,346; 4,21,188,346; 4,21,189,346; 4,21,190,346; 4,21,191,347; 4,21,192,347; 3,21,193,347; 4,21,193,348; 4,21,194,348.
[529] MM 5,21,8f.,171.
[530] G R 7,642f.,248.
[531] WHLD 1,8,93,214.
[532] HAV 12,154f.,136.
[533] GHLD 45,9,241D; SP 1,142,24-144,1; ESB 16,149; BN 1,17,77,50-52,62; MH 6,6,383; G R 2,70,70; 3,84-89,78; 3,247f.,88.
[534] MH 1,8,27.
[535] HISV 1, 2,3,12,283-285,142.
[536] DAG 362,27f.
[537] MM 7,48,60-62,295; CH 2, 220.
[538] WHLD 1,8,93,214.
[539] GHLD 28,7,149B; IG 4,30,116; 5,46,121; MH 1,11,35; G 3, 3,65,3,52,266; 5, 5,3,8,14f.,76; CS 1, B 25,23,166,28f.; B 29,58,202,17-19; B 29,62,205,22-25; B 30,65,208,18.27-29; CS 2, 4,1,8,296; 4,2,15,298; 4,3,24,301; 4,3,25,301; 4,3,26,301; 4,4,31,303; 4,4,32,303; 4,4,34,303; 4,5,37,304; 4,5,39,304; 4,6,57,309; 4,7,70,312; 4,8,78,314; DAG 362,27f.; MM 5,21,8f.,171; CH 2, 211.
[540] G R 7,604f.,246.
[541] HSO 965B; G R 5,220-222,140.

ler Barmherzigkeit[542] und Wonnen[543], wohlgestaltet[544] und zart[545]. Der Bräutigam verdient alles Lob[546]. Neben Maria, welche die Mutter des Bräutigams genannt wird[547], ist vor allem die Heilige Agnes die Frau, die Vorbild für die Treue zum Bräutigam ist[548].
3. Nur selten spielt der Sohn Gottes schon bei der Schöpfung des Menschen die Rolle des Bräutigams[549]. In der ganzen Heilsgeschichte ist jedoch Jesus der Bräutigam[550]. Sofort nach dem Sündenfall wird Maria als Braut erwählt[551]. Als Bräutigam befreit der Sohn seine in Ägypten gefangene Braut[552]. Der Bräutigam wird mit einer Feldblume verglichen, weil Jesus ohne menschliches Zutun jungfräulich[553] in einem Kuß vom Himmel[554] empfangen wurde. Deswegen ist er auch ganz unversehrt[555]. Der Bräutigam kam vom Schoß des Vaters[556], dem hohen Himmel[557] und erniedrigt sich[558]. Gerade als Menschgewordener[559] mit Gottheit und Menschheit[560] ist er der Bräutigam. Zunächst wird der Bräutigam ein kleines Kind[561]. In der gesamten Leidensgeschichte ist Jesus der Bräutigam[562]. Er hängt am Kreuz[563] und hat dort die Braut mit seinem Blut erworben[564] und rein gewaschen[565]. Die Frauen appellieren an das Leiden ihres Bräutigams[566] und verehren seine Wunden[567]. Als der jungfräuliche

---

[542] G R 7,604f.,246.
[543] G R 2,78f.,70.
[544] SP 1,84,17f.
[545] MH 4,59,312; MH 6,7,385; G 2, 1,16,1,12f.,208. CS 1, B 23,16,159,27-29; CH 2, 205; 225.
[546] GHLD 3,5,26A; 7,9,47D; 21,6,113D; 28,7,149B; 34,8,183A; 45,9,241D; 46,5,244C; JHLD 4,9,265,61; 33,8,233f.,262; 40,5,183,298; 47,11,275,338; 51,11,277,366; 54,9,233,384; 55,14,311,392; 69,9,182,382; 71,8,220,500; 72,9,236,506; 77,9.243.245,540; 79,8,193,551; 86,10,245,592; 93,10,222,634; 95,12,285f.,649; 98,13,298,669.
[547] MH 5,3,321; G R 3,126,82.
[548] SP 5,446,14-21; MH 1,11,35; G R 4,155-158,108; G 4, 4,8,1,14-21,106.
[549] MM 1,22,35-50,18.
[550] WHLD 1,1,36,120.
[551] MM 1,22,43-50,18.
[552] BPA 4,1,838,5-12.
[553] BHLD 2, 47,1,3,140,21-24; HIM 4,24,468f.,186; vgl. G R 6,375f.,184.
[554] WHLD 1,1,30,112.
[555] HISV 1, 2,3,12,283-285,142.
[556] MH 1,41,125.
[557] WHLD 2,1,150,316.
[558] HSO 962B.
[559] WHLD prol 16,88-90; MM 1,22,7,16.
[560] WHLD 2,1,153,322; WHLDB 34,434B.
[561] BHLD 2, 73,3,9,490,18-21.
[562] MM 7,27,30-33,277.
[563] JC 2,8,49,473.
[564] GHLD 18,6,95D; HISV 1, 2,3,4,181-183,138; 2,5,11,475-478,185; 2,6 vis,190-196,229f.
[565] ESI 14,108.
[566] CS 2, 4,1,6,295.
[567] CS 2, 4,1,8,296; 4,2,15,298; 4,3,21,300.

Bräutigam ist er in der Eucharistie gegenwärtig[568]. Einmal wird der Bräutigam als Richter auftreten[569].

4. Lange Zeit deutet man die Geliebte des Hohenliedes auf die Kirche. So wird Jesus auch als der Bräutigam[570], der Bräutigam und das Haupt[571] der Kirche bezeichnet. Seit Ewigkeit hat er sie zur Braut erwählt[572]. Er hält sie mit seiner Rechten[573], überhäuft sie mit Geschenken[574], deren wichtigstes sein eigenes Blut ist[575], und umarmt sie[576]. Die Kirche ist diesem Bräutigam verlobt[577]. Zwischen diesem Bräutigam und seiner Braut besteht eine Einheit[578], die alle anderen Einheit stiftenden Beziehungen der Menschen untereinander übertrifft[579]. Doch will er sie nicht gewaltsam, sondern nur mit ihrer Zustimmung zur Braut nehmen[580]. Sie muß auf die Stimme des Bräutigams hören[581]. Petrus[582], die kirchlichen Amtsträger[583], spirituelle Schriftsteller[584] und befreundete Menschen der Mystikerinnen[585] sind dann die Freunde des Bräutigams, welche sich auch als solche verhalten müssen[586], anderenfalls sie zu seinen Feinde werden[587]. An der Hochzeit zwischen diesem Bräutigam und der Braut darf der einzelne Christ sich freuen[588]. Man soll die Kirche als Braut nicht verachten, wenn man den Bräutigam liebt[589]. In ihr wirkt ja der Geist des Bräutigams[590]. Die Achtung der Braut drückt sich im Gehorsam gegenüber den kirchlichen Oberen aus[591].

---

[568] HISV 1, 2,6,29,1160-1164,259.

[569] JHLD 41,9,243f.,304.

[570] BB 1, 45,1,506,14-16; WHLD prol 5,76; GHLD 7,9,47D; 46,5,244C; JHLD prol 7,164,37; 5,6,151,65; 25,9,252f.,214; 26,10,262,221; 27,8,231,227; 28,7,226,232; 29,6,206,238; 30,7,246,244; 32,8,215f.,255; 34,10,193,267; 37,8,209,283; 38,7,220f.,288f.; 39,7,182,293; 41,9,250,304; 42,7,77,309; 43,12,209,314; 46,9,205,331; 57,14,357,408; 63,10,188,446; 67,13,279,472; 82,9,23,569; 92,11,246,629; 96,11,267,656; 106,12,2248,722; 109,11,277,742; 112,12,236,761; 120,8,202,811; SP 1,84,17f.; HISV 1, 2,3,4,181-183,138; 2,4,4,149-151,163.

[571] SP 11,958,16-21.

[572] BPA 4,1,838,3f.

[573] BPA 2,2,840,13-15.

[574] BPA 6,862,8.

[575] HISV 1, 2,6 vis,197f.,230.

[576] SP 1,154,2-4.

[577] ESV 3,25,76.

[578] SP 5,378,27-380,3.

[579] CS 1, B 20,72,145,31f.

[580] BDED 5,9,860,11f.

[581] JHLD 47,10,257,338.

[582] BHLD 2, 49,1,2,162,3f.; 76,3,8,532,8-21.

[583] BB 2, 191,2,126,1; 238,2,272,16f.; 256,3,368,17; 330,562,14-16; 510,956,9.

[584] JHLD 24,2,33-35,203.

[585] CS 1, B 5,12,76,20-27.

[586] BB 2, 256,3,368,17.

[587] BB 2, 330,562,14.

[588] JHLD 30,7,245f.,244.

[589] IS 47,9,80f.,140.

[590] JHLD 41,9,239f.,304.

[591] IS 47,10,89-91,142.

5. Eine geweihte Jungfrau ist Braut Christi. Die Verlobung[592] findet in der Weihe[593] oder der Ablegung der Gelübde[594] statt. Wer sich an ihr vergeht, den straft Christus[595]. In diesen Jungfrauen wird deutlich, daß Christus der Bräutigam der Kirche ist[596]. Sie umarmt der Bräutigam[597]. Ihnen wird versprochen, daß sie das Gesicht ihres Bräutigams schauen werden[598]. Sie tragen ihren Bräutigam im Herzen[599]. Deswegen brauchen sie auch nicht betrübt zu sein, wenn sie den Dienst des Priesters am Altar nicht ausüben dürfen[600].

6. Christus ist vor allem der Bräutigam der christlichen[601], vernunftbegabten[602] oder gläubigen[603] Seele. In den Ekstasen, die allerdings nur selten sind und kurz dauern[604] und beim Kommunionempfang geschehen können[605], erscheint der Bräutigam seiner Braut. Solche Erlebnisse sind die Geschenke[606] und Brautgaben[607] des Bräutigams. Kurz sind sie deswegen, weil der Bräutigam den Menschen bald wieder in die Aufgaben des Alltags sendet[608], zum Beispiel um anderen Menschen zu predigen[609], wodurch die Braut ihrem Bräutigam Söhne und Töchter gebiert[610]. Das Sterben bei den Mystikerinnen wird oft als Ekstase beschrieben[611]. So erstaunt es nicht, daß zu diesem Zeitpunkt der Bräutigam kommt und seine Braut heimholt[612] und belohnt[613]. Dämonen versuchen, die Mystikerinnen von ihrem Bräutigam zu trennen[614]. Wenn sie die Frauen mißhandeln, heilt sie der Bräutigam[615], besonders ihre Wunden[616], tröstet

---

[592] HISV 1, 2,6,76,2210,290; BN 1,17,76,31-33,62.

[593] BN 1,17,76,20-22,61; G R 3,1-3,74.

[594] HISV 1, 2,5,11,478-481,185; G R 2,70,70; 3,84-89,78; 4,372-375,124.

[595] HISV 1, 2,5,11,466f.,185.

[596] HISV 2, 3,11,9,246f.,581.

[597] HISV 1, 2,6,76,2215-2217,290.

[598] BB 1, 113,2,816,25-818,1; G R 5,244f.,142.

[599] SPEP 70,13-18.

[600] HISV 1, 2,6,76,2208f.,290.

[601] WHLD prol 5,76.

[602] WHLD prol 6,76.

[603] WHLD 2 prael 146,308; IS 47,8,74f.,140.

[604] JFM 5,75-77,208; CS 2, 4,4,34,303; 4,5,37,304; 4,16,142,334; 4,17,158,338; 4,20,179,344; 4,20,187,346; 4,21,191,347; 4,21,192,347.

[605] CS 1, B 26,38,183,25f.; B 29,58,202,17-19.

[606] CS 1, 27,13,1-3.

[607] HSO 970A-D.

[608] JFM 7,88-90,208.

[609] BHLD 2, 41,4,5,76,16f.

[610] BHLD 2, 41,4,5,76,17-19.

[611] Vgl. Weiß, Ekstase 341-348.

[612] MM 7,35,36f.,283; MH 6,6,383; G 5, 5,1,23,1-5,42; 5,32,2,4-10,256; LO 96,365,25.

[613] MM 7,35,37-40,283; MH 6,7,385.

[614] CS 2, 4,9,80,315.

[615] CS 2, 4,6,55,308; 4,12,113,325; 4,14,127,329; 4,15,141,333; 4,18,159,338; 4,20,180,344; 4,20,186,346; 4,21,189,346.

[616] CS 1, B 22,18,161,20f.; CS 2, 4,5,37,304; 4,5,45,306; 4,7,67,311.

sie[617], hilft ihnen auf verschiedene Art[618] und schenkt ihnen besondere Freude[619]. Nur Mechthild von Magdeburg verbindet ausdrücklich die Vorstellung der Kirche mit derjenigen der Einzelseele als Braut[620].

7. Die Seele sehnt sich nach dem Berühren[621] und Offenbarwerden[622] des Bräutigams. Vor allem nach dem Angesicht des Bräutigams hat sie Verlangen[623]. Sie besitzt schon diesen Bräutigam, weiß es nur noch nicht[624]. Zunächst gibt der Bräutigam aber noch ein Pfand[625], welches auch im Leid bestehen kann[626], und das Versprechen[627] seines Kommens. Er lädt ein[628] und klopft an der Tür des Herzens[629]. Die Braut muß sich auf den Kuß des Mundes ihres Bräutigams durch Buße[630], Askese[631], Einhalten der Gebetszeiten[632] und gute Werke[633] vorbereiten[634]. Damit gleicht sie der alttestamentlichen Ester[635]. Die Vorbereitung geschieht in der Kirche und mit deren Sakramenten[636]. Doch auch dies vermag sie nur mit Hilfe des Bräutigams zu tun[637]. Sie ist traurig, daß sie nicht der Liebe ihres Bräutigams entspricht[638]. Er geht ihr mit Geschenken entgegen[639] und erleuchtet und heiligt ihren Willen[640]. So lernen sich beide kennen[641] und kommen sich näher[642].

---

[617] CS 2, 4,5,45,306; 4,7,63,310; 4,7,69,312; 4,7,70,312; 4,8,71,313; 4,10,92,318; 4,10,94,319; 4,11,104,322; 4,12,106,323; 4,12,110,324; 4,12,113,325; 4,12,114,325; 4,13,118,326; 4,13,125,329; 4,14,130,330; 4,15,141,333; 4,16,144,334; 4,16,146,335; 4,17,152,337; 4,20,186,346; 4,21,190,346; 3,21,193,347; 4,21,194,348.

[618] CS 2, 4,2,14,298; 4,3,26,301; 4,4,31f.,303; 4,5,37,304; 4,5,39,304; 4,5,39,305; 4,5,46,306; 4,8,78,314; 4,8,79,315; 4,10,89,317; 4,11,100,321; 4,11,106,322; 4,12,114,325; 4,13,118,326; 4,16,144,334; 4,16,147,335; 4,17,153,337; 4,18,159,338; 4,20,180,344; 4,20,184,345; 4,21,189,346.

[619] CS 2, 4,8,71,313; 4,15,141,333.

[620] MM 4,3,71-73,116.

[621] WHLD 1,4,59,154; WHLDB 8,414B.

[622] BHLD 1, 31,3,6,494,9-17.

[623] JHLD 2,2,58f.,45; 73,10,260f.,513.

[624] HSO 954C.

[625] HSO 954D; BN 1,16,74,40-42,59; MH 4,59,313.

[626] AS 2,9,473.

[627] HA 987B.

[628] ESI 14,108.

[629] ESB 11,145.

[630] BHLD 1, 3,2,76,21-78,20.

[631] HA 988B-C.

[632] G R 5,86,132.

[633] BHLD 1, 3,2,3,78,21-80,12.

[634] BHLD 1, 3,1,3,80,3-12.

[635] HSO 964B-965B.

[636] HSO 965D; 966B-D; BN 2,14,148,66-74,101; CH 1, 242.

[637] BHLD 1, 21,6,11,304,21; G R 3,188-190,86.

[638] JHLD 46,9,205-210,331.

[639] SP 26A,1024; AS 3,31,476.

[640] WHLD 1,7,74,184; 1,7,76,188.

[641] WHLD 1,4,57,152.

[642] WHLD 2,1,152,320; 2,1,157,330.

8. Wenn die Braut dann liebt[643], und zwar ausschließlich ihn[644], wird sie in das Gemach[645] oder den Weinkeller[646] des Bräutigams geführt. Auch von den beiden Brüsten des Bräutigams, welche die Langmut und Vergebungsbereitschaft des Bräutigams versinnbilden, ist die Rede[647]. Es wird vom Bett[648] des Bräutigams gesprochen. Alles, was die Braut besitzt, besonders ihre Schönheit[649], stammt von ihrem Bräutigam, der selbst schön[650], ja schöner als alle Geschöpfe[651] ist. Den Höhepunkt ihres Verhältnisses stellt die Einheit zwischen Braut und Bräutigam dar[652]. Diese ist möglich, weil der Bräutigam Christus die Liebe schlechthin ist[653]. Die Einheit ist das Teilhaben am Geheimnis[654], das Fest[655], die Gegenwart[656], das Mahl[657], das Eingießen[658], das Einwohnen des Bräutigams[659], das gegenseitige Erkennen[660], das Finden[661], das unbeschreibliche[662] Gespräch[663], der Friede[664], die Ruhe[665], das Schlummern[666], die Freundesgemeinschaft[667], der Austausch von Zärtlichkeit[668], der Kuß[669], die Umarmung[670], welche der Heilige

---

[643] JHLD 33,7,166f.,260; ESI 14,109; MH 7,19,415; G R 3,107f.,80; 3,132f.,82.

[644] WHLD 1,4,60,154; GHLD 3,2,23D; IH 6,16,148; G R 3,277-279,90.

[645] BHLD 1, 23,6,15,344,17-19; G R 6,75-77,166; CS 2, 4,1,9,296; 4,3,25,301; 4,9,84,315; 4,20,186,346; 4,21,189,346.

[646] WHLD 1 prael 29,110.

[647] BHLD 1, 9,4,5,138,15f.

[648] JFM 7,91f.,208.

[649] WHLD 1,6,71,178; JHLD 4,8,218f.,60; 20,6,184-187,178.

[650] WHLD 1,8,93,214; MM 1,29,1,22.

[651] ESI 14,107; 14,109.

[652] BHLD 2,79,2,6,566,21-23; WHLD prol 7,78; 7,80; 1,8,95,220; 1,8,98,224; 1,11,135,288; JHLD 68,4,85-89,475; 97,8,155-163,660; HAV 12,163-165,136; G R 5,244f.,142; G 5, 5,3,8,14f.,76; AB 70,9-12,174.

[653] BHLD 2, 83,2,4,614,12; JHLD 14,4,126,127.

[654] WHLD 1,10,131,278; SP 3,278,11.

[655] G R 6,608-610,198.

[656] HSO 964A; IL 2,2,5,172.

[657] MO 2,10,87,566.

[658] CH 2, 213.

[659] WHLD 1,8,106,232; IL 2,2,6,172; CH 2, 220.

[660] WHLD 1,8,105,232.

[661] WHLD 1,8,90,210.

[662] WHLD 1,8,95,220.

[663] WHLD 1,8,93,214.

[664] WHLD prol 7,80.

[665] MO 2,10,87,566.

[666] JHLD 98,2,37-39,663.

[667] WHLD 1,8,93,214.

[668] MH 4,27,284.

[669] WHLD 1,8,98,226; G R 5,268-270,144.

[670] WHLD prol 7,80; 1,10,131,280; 2 prael 145,306; WHLDB 34,434D; HSO 963D; IN 30,281; BN 1,17,77,46f.,62; IL 2,2,5,172; CS 2, 4,4,34,303; 4,5,37,304; 3,5,49,307; 4,6,53,307; 4,7,65,311; 4,8,73,313; 4,8,75,314; 4,11,99,320; 4,13,124,328; 4,13,125,329; 4,19,170,341; 4,19,173,342; 4,19,175,343; 4,19,178,343; 4,21,188,346; 4,21,191,347; 4,21,192,347; 4,21,193,348; 4,21,194,348; CH 2, 225.

Geist ist[671] und das Ruhen der Braut auf der Rechten des Bräutigams[672]. Die Folgen dieser Einheit sind die Freude[673], die Freiheit[674], der Genuß[675], der Jubel[676], die Rechtfertigung[677], die Ruhe[678], die Trunkenheit[679], die Verherrlichung[680], die Teilhabe an den Wonnen[681] und die vollständige Veränderung[682].

9. Der Bräutigam bleibt auf Erden nicht andauernd, sondern geht auch wieder[683]; dann wird die Braut krank[684], traurig[685] und verwundet[686] von der Liebe. Die Braut hat an allem Ekel[687] und läßt sich nicht trösten[688]. Auch in der Zeit der Abwesenheit darf sich die Braut um keines Preises willen von ihrem Bräutigam trennen[689], sie soll ihm anhängen[690], sich[691] und ihre Liebe[692] unversehrt und ausgerichtet[693] auf den Bräutigam bewahren und auf das neue Kommen bereiten[694], das bald eintreten wird[695]. Dieses Bewahren meint nicht nur die körperliche Unversehrtheit der Jungfrauen[696], sondern die Unschuld des Herzens[697]. Zu diesem Bewahren hilft das Lesen in der Schrift[698], das Pflegen der Erinnerung an ihn[699], welches das Myrrhenbüschel auf ihrer Brust unterstützt[700], die Einfachheit des Herzens[701] und das Loben[702].

---

[671] WHLD 1,11,132,282; GIS Adv 2,4,161f.,116.

[672] WHLD 1,11,132,284.

[673] JHLD 25,4,53-57,210; 63,9,167f.,446; ESI 14,108.

[674] JHLD 68,9,167f.,477.

[675] WHLD 1,8,98,226; 1,8,106,236; 2,4,176,358.

[676] WHLD 2,3,164,342.

[677] JHLD 25,3,49-51,209.

[678] BN 1,17,77,50-52,62.

[679] JHLD 95,12,285f.,649; AS 2,9,473f.; IN 30,281.

[680] JHLD 25,3,49-51,209.

[681] GHLD 35,3,185B; ESI 14,108; G 2, 2,23,5,24f.,334.

[682] GHLD 15,1,74B.

[683] MY 23,118,14-16.

[684] BHLD 51,1,1,182,5f.; WHLD 1,10,122,264.

[685] CS 1, B 29,62,205,22-25.

[686] WHLD 1 prael 29,110.

[687] WHLD 1,1,35,118.

[688] JHLD 20,6,188f.,178; CS 1, B 25,23,166,28f.

[689] ESI 21,134; MH 1,19,68.

[690] LT 1,2,18,164; LTA 1,2,18,194.

[691] WHLD 2,4,168,350.

[692] HA 987B; CS 1, 53,128,14-16.

[693] WHLD 2,1,147,314.

[694] WHLD 1,4,55,148.

[695] WHLD 1,3,47,138; 1,11,135,288.

[696] ESI 14,106.

[697] ESI 14,109.

[698] WHLD 1,2,46,134.

[699] WHLD 1,7,76,188; CS 1, B 25,23,166,28f.

[700] WHLD 1,7,86,204.

[701] WHLD 1,8,89,210; 2,6,187,374; 2,6,188,378.

[702] WHLD 1,6,71,178; SPE 122,1046A.

2. Jüngling[703]

1. Im Allgemeinen versteht man unter dem Wort „iuvenis", „iuvenculus"[704], „Jüngling" einen Mann im jugendlichen Alter. In diesem Sinn eignet sich dieser Ausdruck so wenig wie „Kind" für den erwachsenen Menschen Christus[705]. Es gibt aber auch in unseren Texten Stellen, an denen Jesus „Jüngling" ohne Bezug seines Lebensalters genannt wird. Dann kann die Bedeutung dieses Ausdruckes in die Nähe des Begriffes „Bräutigam" kommen. Diese Sprachgewohnheit hat in der Vulgata ihren Ursprung. Der „iuvenis Tobias" wird in das Gemach der Sara geführt, um mit ihr die Hochzeitsnacht zu verbringen (Tob 8,1). Im Buch Jesaia wird angekündigt, daß Gott sich an Jerusalem freut wie „iuvenis cum virgo ... sponsus cum sponsa", „der Jüngling an der Jungfrau ... der Bräutigam an der Braut"(Jes 62,5). Wenn in der Mönchstheologie von Jesus als Jüngling gesprochen wird, ist fast ausschließlich an das jugendliche Alter Jesu gedacht. Anders verhält es sich bei den Mystikerinnen.

2. Es fällt auf, daß Elisabeth von Schönau ihren Deuteengel mit den Worten „o dulcissime atque amantissime iuvenis", „o süßester und geliebtester Jüngling" anredet[706].

3. Der Gebrauch des Wortes „Jüngling" mit dieser spezifischen Bedeutung scheint eine Besonderheit der Mystikerinnen in Norddeutschland gewesen zu sein.

Mechthild von Magdeburg bezeichnet Jesus dann gern als Jüngling, wenn sie in einer liebenden Beziehung zu ihm steht. Sie erlebt Folgendes: Nachdem sie lange auf Jesus gewartet hat[707], heißt es: „So kumt der jungeling und sprichet ir zů." – „Da kommt der Jüngling und spricht zu ihr."[708] Dieser lädt sie zum Tanz ein[709]. Dabei kommt es zu folgendem Wechselgesang: „Unde můs der jungeling singen alsus: ‚Dur mich in dich und dur dich von mir.' ‚Gerne mit dir, nôte von dir.'" – „Und der Jüngling muß so singen: ‚Durch mich in dich und durch dich von mir.' (Mechthild antwortet:) ‚Gern mit Dir, ungern von dir.'"[710] Daraufhin wird Mechthild gelobt. „So sprichet der jungeling: ‚Juncfrůwe, dirre lobetantz ist úch wol ergangen.'" – „Da spricht der Jüngling: ‚Jungfrau, dieser Lobtanz ist euch gut gelungen.'"[711] Aus dem Kontext wird ersichtlich, daß mit diesem Jüngling Jesus Christus gemeint ist[712]. Mechthild sagt einem jungfräulich

---

[703] Vgl. Grinda 618-621; für die spätmittelalterliche Mystik vgl. Egerding 2,147-157.

[704] Zwischen beiden Ausdrücken besteht in unseren Texten kein semantischer Unterschied.

[705] Jesus als Kind ist bei Justin, der die umfassendere biblische Bedeutung von „puer" noch kannte, als Name für Jesus verwendet (vgl. Sieben, Nomina 1629). In unseren Texten wird aber dieser Ausdruck nur gebraucht, um Jesus in seinen ersten Lebensjahren zu bezeichnen, z.B. CH 1, 227f.; 229; 2, 204. Oft wird das Jesuskind in der Brotgestalt des Altarsakramentes geschaut. Ida von Nijvel schreckt aus diesem Grund vor dem Kommunionempfang zurück, weil sie diesem Kind kein Leid antun will (IN 21,252).

[706] ESV 1,58,29; vgl. ESV 1,51,26.

[707] MM 1,44,25f.,28.

[708] MM 1,44,39,28.

[709] MM 1,44,30f.,28.

[710] MM 1,44,36f.,29.

[711] MM 1,44,37f.,29.

[712] MM 1,44,28-30,28.

lebenden Menschen voraus, was ihm gegeben wird: „Er wil dir ein schône jungling wesen und wil den himmelreigen mit dir tretten." – „Er will dir ein schöner Jüngling sein und will den Himmelsreigen mit dir tanzen."[713] Hier auf Erden ist noch nicht die vollendete Einheit des Menschen mit Jesus Christus. „Di wile das dem jungeling sin brut ist nit heim gegeben", „Solange dem Jüngling seine Braut noch nicht heimgegeben ist", muß diese auch von ihm getrennt leben[714]. Anders wird es sein am jüngsten Tag, wenn den Bräuten neben ihrem Bräutigam die Stühle für das Mahl bereitet sind[715]. Da wird der „wunnenklicher jungling Jhesu", „wonnevolle Jüngling Jesus" durch alle Chöre der Engel auffahren und den Jungfrauen zuwinken[716]. Doch auch jetzt, ja gerade in der Gottesfremde, die Mechthild als einen tiefen Abgrund erlebt[717], „in disem jamer wart die sele irs lieben gewar bir ir, gelich einem schônen jungeling also schône, das es unsprechlich ist", „wurde in diesem Jammer die Seele bei sich ihres Geliebten gewahr gleich einem schönen Jüngling, so schön, daß es nicht aussprechbar ist"[718]. Für ihr Sterben lautet ihr Gebet: „Ich bitte dich, lieber jungeling Jhesus, der reinen megde kint, das du denne wellest komen als min allerliebster brútgôme." – „Ich bitte Dich, lieber Jüngling Jesus, der reinen Jungfrau Kind, daß Du dann kommen mögest als mein allerliebster Bräutigam."[719] Einmal wird allerdings auch auf das Lebensalter Bezug genommen: „Die reinen minnenden juncfrôwen die sôllent vúrbas volgen dem edeln jungelinge Jhesu Christo, der reinen megde kint, der ist al vol minnen, als er was ahtzehen jaren." – „Die reinen liebenden Jungfrauen sollen weiter folgen dem edlen Jüngling Jesus Christus, der reinen Jungfrau Kind, der ganz so voll Liebe ist, wie er achtzehn Jahre alt war."[720] Hinter der Liebe mit achtzehn Jahren steckt wohl kaum eine Bemerkung über die Biographie Jesu. Mechthild meint eher, daß der Mensch allgemein in dieser Zeit zu besonders großer Liebe fähig ist. Dann besitzt auch der Mann die höchste Anziehungskraft. „So ist sin persone den jungfrôwen allerminenklichost und er ist aller schônost." – „So ist seine Person den Jungfrauen am allerliebeswertesten und er am allerschönsten."[721] „Da brichet inen der jungeling die blûmen aller tugenden." – „Da bricht ihnen der Jüngling die Blume aller Tugenden."[722] Mit dem Ausdruck „Jüngling" wird also die Stärke und Unverbrauchtheit einer jugendlichen Liebe verbunden.

Daß hier bei dem Ausdruck „Jüngling" nicht an einen frühen Abschnitt im Leben Jesu gedacht ist, merkt man daran, daß nach Mechthild der Gegenspieler Christi, der Teufel, auch versucht, in innige Gemeinschaft mit der Seele zu treten, und deswegen verspricht: „In dem trone uf dem stûle solt du alleine die hôhste juncfrôwe sin und

[713] MM 4,1,5-7,109.
[714] MM 2,25,104f.,66.
[715] MM 3,1,121-124,77.
[716] MM 3,1,125-127,77.
[717] MM 7,8,2-5,264.
[718] MM 7,8,5-7,264.
[719] MM 7,35,36f.,283.
[720] TH 17,32f.,56.
[721] MM 7,37,11f.,286.
[722] MM 7,37,13f.,286.

ich der schöneste jungeling bi dir." – „Auf dem Thron, auf dem Sitz sollst du allein die höchste Jungfrau sein und ich der schöne Jüngling bei dir."[723]

4. Im lateinischen Sprachbereich verbindet Mechthild von Hackeborn am häufigsten den Ausdruck „juvenis" mit Jesus Christus.

Schon der ewige Sohn Gottes wird so genannt. Er wartet als „floriger sponsus et delicatissimus juvenis", „blühender Bräutigam und zartester Jüngling" darauf, daß Gabriel die Jungfrau Maria grüßt[724]. Mit „Jüngling" verbindet Mechthild ein jüngeres Alter als ihre Namensvetterin aus Magdeburg. Während einer Messe „vidit Dominum Jesum ut juvenem pulcherrimum annorum duodecim, velut regem in altari sedentem", „sieht sie den Herrn Jesus wie einen sehr schönen Jüngling von zwölf Jahren, der gleich einem König auf einem Altar sitzt"[725]. Daß die zwölf Jahre durch den Besuch des zwölfjährigen Jesus im Tempel angeregt worden sind, zeigt sich an der Frage, die Mechthild an Jesus richtet, als er ihr wieder einmal in diesem Jahr erscheint: „Cur „domine, cum esses duodennis, te primo ostendere voluisti, et in templo inter doctores sedere, et ipsos audire et interrogare, cum, ut credo, saepius ante ad templum veneris secundum consuetudinem?" – „Warum, Herr, wolltest Du Dich, als Du zwölf Jahre alt warst, zum ersten Mal zeigen und im Tempel unter den Lehrern sitzen und wolltest, daß diese hören und fragen, da Du, wie ich glaube, öfters vorher zum Tempel zu kommen pflegtest?"[726] Jesus gibt zur Antwort, daß er in diesem Lebensabschnitt als Mensch in besonderer Weise Fortschritte in der Weisheit gemacht habe[727], und ermahnt, die dem Kloster anvertrauten „pueros cum duodecim annos habent, „Kinder, wenn sie zwölf Jahre alt sind," zum Guten zu erziehen[728]. Vieles spricht dafür, daß Mechthild, wie auch an anderen Stellen oft, einem in einer Vision geschauten Bild durch eine Allegorese einen anderen Sinn unterlegt. Ursprünglich erscheint der Herr wohl deswegen mit zwölf Jahren, weil dies im Mittelalter die Zeit war, in dem Ehen abgeschlossen wurden. Jesus erscheint also als einer, der zur Ehe fähig ist. Ähnliches ist auch von der Vision Jesu als Fünfjährigem zu sagen[729].

In einer Reihe weiterer Erscheinungen sieht sie Jesus wieder als Jüngling. Einmal wird sie wegen einer ekstatischen Liebeserfahrung ohnmächtig aus der Matutin hinaus-

---

[723] MM 4,2,50f.,111.

[724] MH 1,1,10.

[725] MH 1,9,29.

[726] Ebenda. Es ist nicht ganz eindeutig, was Mechthild unter den vorhergehenden Tempelbesuchen Jesu versteht. Denkt sie an seine Beschneidung und Darstellung, die der Gewohnheit gemäß im Tempel geschahen, oder überträgt sie die Gewohnheit, mit der Kinder schon vor dem zwölften Lebensjahr zum Gottesdienst mit in die Kirche genommen werden, auf Jesus und meint, er hätte schon vor dem zwölften Lebensjahr oft den Tempel besucht?

[727] MH 1,9,29f.

[728] MH 1,9,30. Von Interesse ist, daß hier nicht die zwölfjährigen „iuvenes", sondern „pueros" erwähnt werden. Dies könnte daran liegen, daß solche dem Kloster anvertrauten Minderjährigen „pueri oblati" genannt wurden.

[729] MH 2,9,143f.

getragen[730]. Auf ihre Bitte hin wird sie aber für die Prim rechtzeitig geweckt[731]. „Vidit in visu juvenem pulcherrimum coram se stantem, ex cuius praesentia cor ejus tantam sensit dulcedinem ut inde excitaretur." – „Sie sah in einer Vision einen sehr schönen Jüngling vor sich stehen, aus dessen Gegenwart ihr Herz eine so große Süße spürte, daß sie davon wach wurde."[732] Ein anderes Mal führt sie Jesus an den Altar, um zu zeigen, daß er beim Vater ihr Fürsprecher ist[733]. Dabei erscheint er „quasi juvenculus speciosissimus", „wie ein ganz schöner Jüngling"[734]. Bei einer Messe sieht sie „Dominum Jesum in specie juvenis pulcherrimi, coram eam stantem", „den Herrn Jesus in der Gestalt eines sehr schönen Jünglings vor sich stehen", der sich an ihre Brust lehnt[735]. Das Gesetz der Liebe zum Gekreuzigten soll sie bedenken, „quam tibi imperialis juvenculus Jesus, paternae benignitatis Filius, dedit, cum te sibi in sponsam elegit, seque tibi in sponsum deliciosum donavit", „welches dir der kaiserliche Jüngling, der Sohn der väterlichen Güte, gegeben hat, als er dich zur Braut erwählt und sich dir zum zarten Bräutigam geschenkt hat"[736]. Ihre leibliche Schwester, die Äbtissin Gertrud von Hackeborn, sieht beim Kommunionempfang „Dominum Jesum quasi juvenculum duodennem, pulcherrimum et delicatum nimis, eam dextera amplexantem", „den Herrn Jesus wie einen zwölfjährigen Jüngling, sehr schön und zart, der sie mit der Rechten umarmte"[737]. Nach dem Tod der Äbtissin wird sie „Jesus velut imperialis juvenculus", „Jesus wie ein kaiserlicher Jüngling" im himmlischen Mahl bedienen[738]. Dabei bietet er sich selbst „in specie juvenis regio", „in der Gestalt eines königlichen Jünglings" an[739].

5. Bei Christina von Stommeln kommt das Trügerische der Schönheit der Jünglinge zur Sprache. Zwei Dämonen erscheinen „sub specie duorum juvenum pulcherrimorum praetendentes facies tamquam Angelicas et totum thalamum magna quidem, sed sophistica luc replentes", „unter der Gestalt zweier sehr schöner Jünglinge, die gleichsam engelhafte Gesichter zeigen und das ganze Gemach zwar mit einem großen, aber sophistischen Licht erfüllten"[740]. Christina aber läßt sich durch diesen Trug nicht verwirren[741]. Weil die Dämonen bei Christina die Stelle Christi einnehmen wollen, müssen sie auch seine äußere Gestalt nachahmen und erscheinen als Jünglinge.

6. Agnes von Blannbekin erscheint einmal ein Ritter, der die Liebe versinnbildet[742]. „Erat formam habens modo pueri, modo juvenis, modo crucifixi, modo agni." – „Und er hatte bald die Gestalt des Kindes, bald des Jugendlichen, bald des Gekreuzigten, bald

---

[730] MH 2,6,141f.
[731] Ebenda.
[732] MH 2,6,142.
[733] MH 2,13,146f.
[734] MH 2,13,146.
[735] MH 4,44,301.
[736] MH 4,59,312.
[737] MH 6,3,380.
[738] MH 6,9,389.
[739] MH 6,9,390.
[740] CS 2,4,7,61,310.
[741] CS 2,4,7,62,310.
[742] AB 124,23,280.

des Lammes.“[743] Offensichtlich ist dieser Ritter mit Christus identisch, sonst könnte er nicht die Gestalt des Gekreuzigten annehmen. Da aber die Gestalt des Jünglings neben derjenigen des Kindes steht, ist hier eher an ein jugendliches Alter Jesu gedacht.

7. Zusammenfassend läßt sich über den Titel „Jüngling“ sagen:

7.1 Neben dem Wort „Jüngling“ stehen andere Namen für Jesus wie der Sohn der Jungfrau[744]. Der Jüngling wird allerliebst[745], allerschönst[746], blühend[747], edel[748], ersehnenswert[749], freundschaftlich[750], kaiserlich[751], königlich[752], lieb[753], liebenswert[754], schön[755], süß[756], wonnevoll[757] und zart[758] genannt.

7.2 Verschiedentlich wird auch das Alter angegeben, in dem Jesus als Jüngling erscheint. Er hat zwölf[759], sechzehn[760] oder achtzehn[761] Jahre. Wichtiger aber als das genaue Alter sind die erotischen Konnotationen. Er erscheint in dem Alter, in dem ein Mann auf Frauen eine große Anziehungskraft hat[762].

7.3 Als Jüngling tritt Jesus auf die Mystikerin zu[763], tröstet sie[764], lädt sie zum Tanz[765] oder Himmelsreigen[766] ein, bricht ihr eine Blume[767], schenkt die Erfahrung der Süße[768], umarmt sie[769] und lehnt sich an ihre Brust[770]. Es kommt zu wechselseitigem Ineinssein[771]. Neben dem Namen Jüngling taucht auch der Titel Bräutigam auf[772]. Im

---

[743] AB 124,28f.,280.
[744] MM 7,35,36f.,283; 7,37,9-11,286.
[745] MM 7,37,11f.,286.
[746] MM 7,37,11f.,286.
[747] MH 1,1,10; G 3, 3,15,2,1-3,64; 3, 3,65,3,56,266.
[748] MM 7,37,9-11,286.
[749] G R 7,646f.,248.
[750] G R 7,646f.,248.
[751] MH 4,59,312; 6,9,389.
[752] MH 6,9,390.
[753] MM 7,35,36f.,283.
[754] G R 7,646f.,248; G 2, 2,1,2,4-6,230.
[755] MM 4,1,5-7,109; 7,8,5-7,264; MH 1,9,29; 2,9,142; 2,13,146; 4,44,301; 6,3,380; LO 10,315,30; 28,324,4-6; CS 1, 45,109,17-19.
[756] G 3, 3,15,2,4-7,64.
[757] MM 3,1,125-127,77.
[758] MH 1,1,10; 4,59,312; 6,3,380; G 2, 2,1,2,4-6,230; 3, 3,15,2,1-3,64; LO 10,315,30.
[759] MH 1,9,29; 6,3,380.
[760] G 2, 2,1,2,4-6,230.
[761] MM 7,37,9-11,286.
[762] MM 7,37,11f.,286; G 2, 2,1,2,4-6,230.
[763] MM 1,44,30,28; 1,44,37f.,29.
[764] G 2, 2,1,2,6-8,230.
[765] MM 1,44,30f.,28.
[766] MM 4,1,5-7,109.
[767] MM 7,37,13f.,286.
[768] MH 2,6,142.
[769] MH 6,3,380.
[770] MH 4,44,301.
[771] MM 1,44,36f.,29.
[772] MM 7,35,36f.,283.

Himmel schaut man Jesus als Jüngling[773], der seine Braut beim Mahl bedient[774] und jetzt schon als Fürsprecher der Menschen waltet[775]. Weil der Teufel bei den Menschen den Rang Christi als Bräutigam streitig machen möchte, erscheint er auch als Jüngling[776].

3. Kuß

1. Hier kann es nicht darum gehen, alle Stellen zu behandeln, in denen Christus seiner Braut einen Kuß gibt. Unberücksichtigt bleiben auch die Texte, an denen Gott allgemein[777], der Heilige Geist[778] oder die Dreifaltigkeit[779] Kuß genannt wird. Relevant sind für uns nur die Stellen, an denen Christus selbst als Kuß bezeichnet wird. Weiter sollen die Texte herangezogen werden, in denen er sich selbst in und mit seinem Kuß selbst gibt. Auch die Texte, in denen Christus seine Existenz einem Kuß verdankt, verdienen unser Interesse.

2. Bernhard von Clairvaux hat die Identifizierung Christi mit einem Kuß in seinen Hoheliedpredigten grundgelegt. Er weiß selbst, daß er hier Neuland betritt, wenn er dabei die Hörer seiner Hoheliedpredigten auffordert, genau hinzuhören, weil das, was geboten wird, nur selten gekostet wird[780]. Das biblische Buch des Hohenliedes beginnt mit den Worten: „Osculetur me osculo oris sui." – „Er küsse mich mit dem Kuß seines Mundes (Hld 1,1)." Wer dieser ist, von dem man einen Kuß erwünscht, ist für Bernhard klar. Er ersehnt, ihn allein von Jesus und nicht von einem anderen Menschen oder von einem Engel zu empfangen[781]. Aber er traut sich nicht, nach einem direkten Kuß von ihm zu streben, sondern ist mit einem Kuß seines Mundes zufrieden[782]. Anders ist es bei der wirklichen Braut: „Videte novam sponsam novum osculum accipientem, non tamen ab ore, sed ab osculo oris." – „Seht, wie die neue Braut einen neuen Kuß empfängt, aber nicht vom Mund, sondern vom Kuß des Mundes."[783] Damit muß sie sich begnügen[784]. Ein Kuß wird mit zwei Lippen gegeben. In unserem Fall ist die eine Lippe „Verbum assumens", „das Wort, das annimmt," und die andere Lippe „caro quae assumitur", „das Fleisch, das angenommen wird"[785]. „Osculum quod pariter ab osculante et osculato conficitur, persona ipsa ex utraque compacta, mediator

---

[773] MM 3,1,125-127,77.
[774] MH 6,9,389.
[775] MH 2,13,146f.
[776] MM 4,2,50f.,111; CS 2, 4,5,40,305; 4,7,60,309; 4,7,61,310.
[777] HAB 22,156f.,194.
[778] BHLD 1, 8,1,2,122,15f.; WHLD 1,8,95,222; 1,11,132,284; IS 45,12,114f.,104; DSG 6,394,27.
[779] BHLD 1, 8,1,1,120,23; WHLDB 6,412C; MH 1,19,63.
[780] BHLD 1, 8,1,1,120,13-15.
[781] BHLD 1, 2,1,2,66,23-25.
[782] BHLD 1, 2,2,66,26-29.
[783] BHLD 1, 8,1,2,122,7f.
[784] BHLD 1, 8,1,2,122,12f.
[785] BHLD 1, 2,2,3,66,30-68,1.

Dei et hominum, homo Christus Iesus." – „Der Kuß, der zugleich von der küssenden und der geküßten (Lippe) vollzogen wird, ist eben die Person, die aus beiden besteht, der Mittler zwischen Gott und den Menschen, der Mensch Christus Jesus."[786] Dieser geschieht in der Menschwerdung: „Felix osculum, ac stupenda dignatione mirabile, in quo non os ori imprimitur, sed Deus homini unitur." – „Ein glücklicher und durch die Staunen erregende Herablassung wunderbarer Kuß, in welchem nicht ein Mund auf den anderen gepreßt, sondern Gott mit dem Menschen vereint wird."[787] Nach diesem Kuß verlangten die Heiligen des Alten Bundes[788]. So ist „sacrosanctum osculum…incarnandi Verbi mysterium", „der hochheilige Kuß … das Geheimnis des menschwerdenden Wortes"[789]. Bernhard will zeigen, „osculum esse non aliud quam mediatorem Dei et hominum, hominem Christum Iesum", „der Kuß sei nichts anderes als der Mittler zwischen Gott und den Menschen, der Mensch Christus Jesus"[790]. Die Schwierigkeit bei diesem Bild besteht im Folgendem: In einem Kuß gibt es eine doppelte Vereinigung, diejenige der beiden Lippen des Küssenden und diejenige der beiden sich Küssenden. Die erste Vereinigung geschieht in der Person Jesu Christi, in dem Menschheit und Gottheit eins sind, die zweite zwischen Christus und den einzelnen Menschen, die miteinander eins werden. Im weiteren Verlauf dieser Predigt steht die zweite Einheit im Vordergrund. Ein Küssender muß sich zu dem anderen neigen. Damit der Zweck, warum die beiden Lippen sich vereinen, nicht vereitelt wird, „exiniat se, humilet se, inclinet se et osculetur me osculo oris sui", „erniedrige er (= Jesus) sich, demütige er sich, neige er sich und küsse er mich mit dem Kuß seines Mundes"[791]. Der Liebe Christi sicher wird der Mensch erst, wenn er diesen Kuß empfängt: „Securus sucipio mediatorem Dei filium, quem agnosco et meum." – „Sicher empfange ich den Mittler zu Gott, den Sohn, den ich auch als den meinen erkenne."[792] „Si quis ex ore Christi spirituale osculum vel semel accepit, hunc proprium experimentum profecto sollicitat, et repetit libens." – „Wenn einer aus dem Munde Christi den geistlichen Kuß auch nur einmal empfangen hat, erschüttert ihn gewiß diese eigene Erfahrung, und er wiederholt sie gern."[793] Dieses christologische Verständnis der Liebe wird dadurch erschwert, daß Bernhard diesen Kuß des Mundes in der gleichen Predigtreihe auch trinitarisch erklärt. Das gegenseitige Erkennen und Lieben des Vaters und des Sohnes, „quid nisi osculum est suavissimum sed secretissimum", „was ist es anderes als der süßeste und geheimste Kuß"[794]? Dieser Kuß ist „inexpertum omni creaturae", „uner-

---

[786] BHLD 1, 2,3,68,1-3. Daß von einer aktiven und passiven Lippe gesprochen wird, liegt nicht an dem Bild des Kusses, sondern ist aus der Menschwerdung, in welcher der Sohn Gottes die menschliche Natur annimmt, bedingt.
[787] BHLD 1, 2,2,3,68,5f.
[788] BHLD 1, 2,3,68,11f.
[789] BHLD 1, 2,3,7,72,3f.
[790] BHLD 1, 2,4,9,76,1f.
[791] BHLD 1, 2,3,6,70,25f.
[792] BHLD 1, 2,3,6,70,27f.
[793] BHLD 1, 3,1,3,76,11f.
[794] BHLD 1, 8,1,1,120,23f.

fahrbar für jedes Geschöpf"[795]. Die gegenseitige Liebe dieser Personen ist der Heilige Geist, der zu verstehen ist „a Patre procedere, tamquam vere osculum quod osculanti osculatoque commune est", „als ein Hervorgehen vom Vater, aber wie ein Kuß, der dem Küssenden und Geküßten gemeinsam ist"[796]. „Nempe si recte Pater osculans, Filius osculatus accipitur, non erit ab re osculum Spiritum Sanctum intellegi." – „Denn wenn zu Recht der Vater als der Küssende, der Sohn als der Geküßte angenommen wird, ist es nicht abwegig, unter dem Kuß den Heiligen Geist zu verstehen."[797] Wenn ein Mensch den gleichen Geist empfängt, erhält er auch den Kuß[798].

3. Wilhelm von St. Thierry hat eine etwas andere Auslegung des ersten Verses des Hohenliedes: „Ipse me osculetur osculo oris sui." – „Er küsse mich mit dem Kuß seines Mundes." Er weiß, daß dieser Kuß mit dem Mund mit anderen Küssen nicht vergleichbar ist[799]. Einmal legt er folgendermaßen diesen Mundkuß aus: „Ocsuletur me Filius eo osculo quo osculatur os suum, id est Patrem, qui ideo dicitur os ejus, quia Verbum Patris est Filius." – „Es küsse mich der Sohn mit eben dem Kuß, mit dem sein Mund geküßt wird, das ist vom Vater, weil er deswegen sein Mund genannt wird, weil das Wort des Vaters sein Sohn ist."[800] Kuß ist ganz allgemein für Wilhelm eine äußere Verbindung der Körper, welche ein Zeichen der inneren Verbindung zweier Menschen ist[801]. Bei den Küssen der Liebenden entsteht ja ein gegenseitiges Anschmiegen der sich schenkenden Geister[802]. Ein solcher Kuß stellt für ihn die Menschwerdung Christi dar: „Sponsus vero Christus, sponsae suae Ecclesiae, quasi osculum de caelo porrexit, cum Verbum caro factum in tantum ei appropinquauit, ut se ei conjungerert; in tantum conjunxit, ut uniret, ut Deus homo, homo Deus fieret." – „Der Bräutigam aber, Christus, gibt seiner Braut, der Kirche, gleichsam einen Kuß vom Himmel, als das Fleisch gewordene Wort sich ihr so genähert hat, daß er sich ihr verbindet, als er sich so sehr verbunden hat, daß er eins wurde, so daß Gott Mensch und der Mensch Gott wurde." Der erste Kuß besteht also in der grundsätzlichen Einswerdung zwischen Gott und Mensch in der Menschwerdung. „Conjunctio enim Verbi et audientis, divinitatis et humanitatis, quasi quoddam osculum est charitatis." – „Die Verbindung nämlich des Wortes und des Hörenden, der Gottheit und der Menschheit, ist gleichsam ein gewisser Kuß der Liebe."[803] Es gibt aber einen zweiten Kuß: „Ipsum etiam osculum fideli animae sponsae suae porrexit et inprimit … spiritum ejus sibi attrahens et suum infundens ei, ut invicem unus spiritus sint." – „Auch diesen Kuß reicht er seiner Braut, der gläubigen Seele, und drückt ihn auf, … indem er ihren Geist an sich zieht und seinen

[795] BHLD 1, 8,1,1,120,16f.
[796] BHLD 1, 8,1,2,122,11f.
[797] BHLD 1, 8,1,2,122,15f.
[798] BHLD 1, 8,2,3,122,23f.
[799] WHLDB 5,412A.
[800] WHLDB 6,413B.
[801] WHLD 1,1,30,112.
[802] WHLD 1,8,95,222.
[803] WHLDB 7,413D.

ihr eingießt, damit sie untereinander ein Geist sind."[804] Auch hier werden verschiedene
Motive bei dem Kuß Christi miteinander verwoben: Das Entstehen der grundsätzli-
chen Einheit von Gott und Mensch in seiner Person bei der Menschwerdung und das
Entstehen der Einheit zwischen Christus und der Kirche und dasjenige der Einzelseele.
Gemeinsam in allen drei Arten der Einheit ist, daß Christus mit dem Kuß nicht irgend
etwas, sondern sich selbst schenkt.

An einer weiteren Stelle geht Wilhelm noch einmal auf diese Einheit ein und weitet
sie auf die Dreifaltigkeit: Zwischen Mensch und Gott ereignet sich „suavitas conjunctionis illius, quae non est alia quam unitas Patris et Filli Dei, ipsum eorum osculum",
„die Süße jener Verbindung, welche keine andere ist als die Einheit des Vaters und des
Sohnes Gottes, eben ihr Kuß"[805]. Seit Ewigkeit bestehen zwischen Vater und Sohn eine
Hinwendung und eine Beziehung. „Conversio autem ista est in osculo et amplexu. Osculum est mutua de se cognitio, amplexus est mutua dilectio." – „Diese Hinwendung
besteht im Kuß und in der Umarmung. Der Kuß ist die gegenseitige Selbsterkenntnis,
die Umarmung die gegenseitige Liebe."[806] Wilhelm beharrt darauf, daß dieser Kuß,
welcher der Heilige Geist ist, derselbe ist, der die Einheit zwischen Vater und Sohn und
diejenige zwischen Gott und Mensch ausmacht[807], wobei allerdings der Mensch nicht
Gott selbst, sondern nur das wird, was Gott ist[808]. Die Lippen der Braut, mit dem sie
den Kuß empfängt, bestehen im Erkennen und Lieben[809]. Dieser Kuß aber „totum
est Spiritus Sanctus", „ist ganz der Heilige Geist"[810]. „Osculo tangimur quia nobis revelavit Deus per Spiritum sanctum." – „Durch einen Kuß sind wir berührt, weil Gott
sich uns durch den Heiligen Geist geoffenbart hat."[811] Durch diesen Kuß fängt auch
die Braut an, sich so zu erkennen, wie sie selbst erkannt ist[812]. Der Geist gießt sich ja
in sie ein, und sie wird ein Geist mit Gott[813]. Einmal wird es eine völlige Angleichung
von der Braut zum Bräutigam geben, „osculum plenum cum osculo ad osculum", „ein
voller Kuß mit dem Kuß zum Kuß"[814]. Ein wenig später erklärt Wilhelm, was er unter
diesem vollen Kuß versteht. Es ist ein Kuß, „cuius virtus sapientia Dei, suavitas Spiritus Sanctus", „dessen Kraft die Weisheit Gottes, dessen Süße der Heilige Geist" ist[815].
Wenn die Weisheit Gottes neben dem Heiligen Geist erwähnt wird, ist unter ihr meist
der Sohn Gottes zu verstehen. So bewirkt der Sohn Gottes den Kuß, dessen Süße vom
Heiligen Geist stammt.

---

[804] WHLD 1,1,30,112-114.
[805] WHLD 1,8,95,220.
[806] WHLDB 6,412C.
[807] WE 2,3,263,3-9,354.
[808] WE 2,3,263,12f.,354.
[809] WHLDB 6,412c.
[810] WHLD 1,8,95,222.
[811] WHLDB 6,413A.
[812] Ebenda.
[813] Ebenda.
[814] WHLD 1,8,98,226.
[815] WHLD 1,11,132,284.

4. Aelred von Rievaulx ist derjenige frühe Zisterzienser, der am systematischsten den Kuß beschreibt. Der Grund dafür liegt darin, daß er die menschliche Freundschaft sehr hoch einschätzt, weil sie den Menschen viel Gutes bringt: „Quae omnia a Christo inchoantur, per Christum promouentur, in Christo perficiuntur." – „Dies alles wird von Christus begonnen, durch Christus vorangetrieben, in Christus vollendet."[816] Zu diesem Guten gehört aber auch der Kuß. Wer im Geist Christi einem Freund anhängt, steigt über die Freundschaft zu Christus auf und „unus cum eo spiritus efficitur in osculo sui", „wird ein Geist mit ihm in seinem Kuß"[817]. Um solch eine Aussage vor falschem Verdacht zu schützen[818], muß Aelred erklären, was er hier unter dem Kuß versteht. Dazu macht er eine Unterscheidung: „Est igitur osculum corporale, osculum spirituale, osculum intellectuale." – „Es gibt also einen körperlichen, einen geistlichen und einen geistigen Kuß."[819] Der körperliche geschieht durch die körperlichen Lippen, der geistliche in der Vereinigung der menschlichen Seelen untereinander, und der geistige geschieht durch Eingießung durch den Geist Gottes[820]. Aelred verteidigt auch den körperlichen Kuß, wenn er aus ehrenwerten Gründen geschieht; wird er aber oft nur, um die Leidenschaft anzufachen, ausgetauscht, kann er dem Ehebruch gleichkommen[821]. Im geistlichen Kuß, der zwischen Freunden ausgetauscht wird, sieht Aelred mehr als ein Berühren der Lippen; in ihm kann sich die Einheit des Geistes zweier Freunde ereignen[822]. „Hoc osculum non inconuenienter osculum dixerim Christi, quod ipse tamen porrigit non ore proprio sed alieno." – „Diesen Kuß möchte ich nicht unpassend einen Kuß Christi nennen, den er selbst gibt, aber nicht mit dem eigenen, sondern mit einem fremden Mund."[823] Von diesem Kuß unterscheidet sich der geistige Kuß, der dort geschieht, wo alle weltlichen Gedanken und Sehnsüchte schweigen und „in solius Christi delecter osculo", „ich mich allein am Kuß Christi erfreue"[824].

Das Erstaunliche bei Aelred liegt in der Hochschätzung des Kusses, der in der Freundschaft gegeben wird und der sogar Kuß Christi genannt werden kann.

5. Nach Isaak von Stella soll der Herr seinen Mund öffnen, „os unde osculum petit sponsa. Os pretiosae supellectilis, in quo erant omnes thesauri sapientiae et scientiae absconditi", „den Mund, von dem die Braut den Kuß erbittet. Der Mund, der kostbar eingerichtet ist und in dem alle Schätze der Weisheit und des Wissens verborgen sind (Kol 2,3)"[825]. Durch das Zitat aus dem Kolosserbrief macht Isaak deutlich, daß der Mund, von dem der Kuß kommt, Christus ist. Der eigentliche Kuß, der dem dieser

---

[816] ARSA 2,20,145f.,306.
[817] ARSA 2,21,151-154,306.
[818] Daß Aelred überhaupt etwas Gutes an dem körperlichen Kuß findet, ist für die damalige Zeit erstaunlich. Man vergleiche nur, wie negativ Thomas von Cantrimpré von einem solchen körperlichen Zeichen in seiner Vita der Lutgard von Tongeren (LTA 1,2,21,194f.) spricht.
[819] ARSA 2,24,165f.,307.
[820] ARSA 2,24,166-168,307.
[821] ARSA 2,24f.,169-184,307.
[822] ARSA 2,26,185-190,307.
[823] ARSA 2,26,190-192,307f.
[824] ARSA 2,27,200-202,308.
[825] IS 1,13,92-94,92.

Mund ausgeht, ist aber der Heilige Geist: „Si enim Filius os Patris recte intelligitur, recte et Spiritus osculum oris dicitur." – „Wenn zu Recht unter dem Sohn der Mund des Vaters verstanden wird, wird zu Recht der Geist der Kuß des Mundes genannt."[826]

6. Eindeutiger spricht Johannes von Ford vom Kuß, der Jesus Christus ist. Die Töchter von Jerusalem, unter welchen Johannes die gläubigen Seelen versteht, sollen nach der Liebe streben, „ut suspirent osculum Christi Iesu", „damit sie nach dem Kuß Christi Jesu seufzen"[827]. Johannes nennt Paulus den Mund Christi, „in quo se ipsum Christus loquatur", „in welchem Christus sich selbst ausspricht"[828]. Darauf bittet Johannes: „Vtinam saltem istius modi oris sui me Christus dignari uelit osculo, myrrham primam quae est caritas Christi per haec mihi labia sua destillet." – „Daß doch sich Christus wenigstens auf diese Art würdigen wollte, mir von seinem Mund durch einen Kuß die erste Myrrhe, welche die Liebe Christi ist, durch diese Lippen, fließen zu lassen."[829] Von diesem Kuß heißt es: „Igitur in osculo dulcedo amplior, in insufflatione spiritus uberior virtus instillatur." – „Im Kuß also wird er die Süße weiter, im Anhauchen des Geistes die Kraft reichlicher träufeln lassen."[830]

7. Richard von St. Viktor kennt zwei Stufen bei dem Einswerden mit Christus. Die erste Stufe ist die Schau seiner Wahrheit, die zweite das Kosten seiner Süße[831]. In der zweiten verbindet Christus sich mit Küssen[832]. Deswegen bittet die Braut unaufhörlich: „Osculetur me osculo oris sui ut ad ejus deosculationem hauriat de dulci dulcedinem." – „Er küsse mich mit dem Kuß seines Mundes, um bei seinem Küssen vom Süßen die Süße zu schöpfen."[833] Damit man auch ja merkt, wer dieser Süße ist, fährt Richard fort: „Ipse summa dulcedo." – „Er (= Christus) ist die höchste Süße."[834]

8. Nach dem St. Trudperter Hohelied küßte Gott zuerst die Jungfrau Maria, bevor er zu ihr sprach[835]. Maria erwidert dies mit einem Kuß, der gedrückt war auf Gottes Lippen, nämlich seine Güte und seine Gnade[836]. Güte und Gnade werden aber mit dem gleichgesetzt, der von Anfang an bei Gott war, also dem ewigen Sohn Gottes[837]. Sowohl Gott als Bräutigam, als auch Maria als Braut küssen sich. „Aber ir beider küssen daz ist Christ, der dâ kom von dem hoehsten und vleisch unde bluot nam von der diemüetigesten." – „Aber ihr beider Küssen ist Christus, der da kam von dem Höchsten und Fleisch und Blut annahm von der Demütigsten."[838]

---

[826] IS 45,12,114f.,104.
[827] JHLD 1,7,201-203,44.
[828] JHLD 24,3,64-66,204.
[829] JHLD 24,3,66-70,294.
[830] JHLD 24,8,234f.,208.
[831] RVPS 30,273C.
[832] Ebenda.
[833] RVPS 30,273D.
[834] Ebenda.
[835] TH 8,32f.,34.
[836] TH 8,31f.,34.
[837] TH 9,4-6.
[838] TH 10,16-20,38.

9. Mechthild von Magdeburg ist zurückhaltend im Gebrauch der Metapher „Kuß". Sie weiß zwar, daß ein Mensch von dem Kuß, den ihm Gott gibt, verwundet werden kann; die Heilung findet aber nur statt, wenn er von dem gleichen Mund wieder geküßt wird[839]. Wenn Mechthild aber die letzte Einheit des Menschen mit Gott ausdrücken soll, schreibt sie: „Din munt und min ist ein, ungekust." – „Dein Mund und meiner ist eins, ungeküßt."[840] Dieser Satz steht in einer Beschreibung der Einheit in vier Versen[841]. In jedem Vers wird zuerst gesagt, wie die Einheit ist, um am Ende des Verses in einem Adjektiv mit der Vorsilbe „un" auszudrücken, wie die Einheit nicht zu verstehen ist. In dieser Reihe steht auch das „ungekust". Wenigstens zwei dieser Adjektive am Ende der Verse besagen die Freiheit von jedem Makel und den Schmutz dieser Einheit. Dann ist es wahrscheinlich, daß das „ungekust" ebenfalls diese Bedeutung hat. Wahrscheinlich will Mechthild sagen, daß es bei der „unio mystica" eine Einheit der beiden Münder ohne die Leidenschaft gibt, die bei einem Kuß entstehen kann. Dies würde gut zu der nicht abzuleugnenden Neigung Mechthilds passen, den Leib abzuwerten[842].

10. Mechthild von Hackeborn hört Maria ein Lied zum Lob ihres Sohnes singen, das mit den Worten beginnt: „Jesu, corona Virginum, amor, dulcedo et osculum!" – „Jesus, Krone der Jungfrauen, Liebe, Süße und Kuß!"[843] Einmal gibt Jesus Mechthild den Friedensgruß „ex parte omnipotentiae, sapientiae et incommutabilis bonitatis meae", „in bezug auf meine Allmacht, Weisheit und unveränderliche Güte"[844]. Da unter den drei Eigenschaften oft die Dreifaltigkeit gemeint ist, dürfte hier eine trinitarische Färbung des Kusses vorliegen. Ein anderes Mal verspricht Jesus: „Veni ore ad os per osculum." – „Ich komme durch den Mund zum Mund durch den Kuß."[845]

11. An einigen Stellen bei Gertrud der Großen wird die „unio mystica" ganz mit dem Kuß, den Jesus gibt, gleichgesetzt, so daß an Jesus als Kuß gedacht ist. So beendet Gertrud die vierte Übung ihrer „Exercitia spiritualia" mit den Worten: „Ibi in osculo perfectae unionis perpetuae fruitionis tuae immerge me, et da mihi tunc, ut videam te, ut habeam te, et aeternaliter felicissime fruar te, quia aminma mea concupivit te, o Iesu omnium charorum charissime. Amen." – „Dort, im Kuß der vollkommenen Einheit Deines ständigen Genießens, versenke mich, und gib mir dann, daß ich Dich sehe, Dich habe und Dich ewig glücklich genieße, weil meine Seele nach Dir verlangt, o Jesus aller Teuere Teuerster. Amen."[846] Ursprung hat dieser Kuß in dem Kuß, den die einzelnen Personen der Dreifaltigkeit sich geben und der in der Menschwerdung des Sohnes Gottes für den Menschen grundgelegt ist: „O amor, tu es persuave sanctae trinitatis osculum, quod tam potenter unit patrem et filium. Tu es hoc salutare osculum, quod imperialis divinitas nostrae humanitati impressit per filium." – „O Liebe, du

---

[839] MM 2,15,2-6,48.
[840] MM 2,25,137,67.
[841] MM 2,25,133-137,67.
[842] Vgl. Weiß, Ekstase 200f.
[843] MH 1,12,39.
[844] MH 1,19,63.
[845] MH 4,13,269.
[846] G R 4,427-437,126.

bist der ganz süße Kuß der heiligen Dreifaltigkeit, der so machtvoll eint den Vater und den Sohn. Du bist dieser heilbringende Kuß, welchen die kaiserliche Gottheit unserer Menschheit durch den Sohn aufdrückt."[847] Diese Einheit wird dann bei der Einzelseele fortgesetzt. „Tunc procedens Filius Dei in humana forma, praebuit suavissimum osculum incomprehensibili divinitati, cui foedere inseparabilis unionis sola ejus humanitas sanctissima felicissime meruit copulari." – „Dann ging hervor der Sohn Gottes in menschlicher Gestalt und gewährte seiner unbegreiflichen Gottheit einen ganz süßen Kuß, mit der allein seine heiligste Menschheit mit dem Bund untrennbarer Einheit verdient sich zu verbinden."[848] Der Mensch soll beten: „O osculum dulcissimum, ne me pulverem exiguum tuum praetereat vinculum; non parcat mihi tuus contactus pariter et complexus, quousque cum deo fiam unus spiritus." – „O süßester Kuß, nicht gehe an mir, dem kleinen Staubkorn, Deine Fessel vorbei, nicht schone mich Deine Berührung wie Deine Umarmung, bis ich mit Gott ein Geist werde."[849] Gertrud wünscht sich, „ut ultimam exspirationem meam inter arctissimum amplexum et efficacissimum tuum osculum persolvens, absque ulla dilatione illic se inveniat anima mea, quo tu illocalis et individuus in florenti aeternitate cum Patre et Spiritu Sancto vivis et gloriaris, Deus verus per immortalia saecula saeculorum", „daß ich doch mein letztes Ausatmen in der engsten Umarmung und Deinem wirksamsten Kuß vollziehen möge und meine Seele sich ohne jeden Verzug dort befindet, wo Du unräumlich und ungetrennt in der blühenden Ewigkeit mit dem Vater und dem Heiligen Geist lebst und herrlich bist, wahrer Gott durch die unsterblichen Zeiten der Zeiten"[850]. Auch an einer anderen Stelle schenkt sich Jesus in einem Kuß, den er der Seele beim Sanktus der Messe aufdrückt[851], und spricht: „Ecce in hoc osculo cum isto Sanctus quod attribuitur personae meae do tibi omnem sanctitatem tam divinitatis quam humanitatis meae, ut cum illa digne praeparata accedas." – „Siehe, in diesem Kuß bei jenem „Sanctus", was meiner Person zugeschrieben wird[852], gebe ich dir die ganze Heiligkeit sowohl meiner Gottheit wie meiner Menschheit, daß du durch jene würdig vorbereitet (zur Kommunion) gehst."[853]

12. Petrus von Dazien preist in einem Brief an Christina von Stommeln die einende Begegnung des Bräutigams Christus mit seiner Braut, der Seele der Christina: „Quam intimum osculum, vtique non forinsecus oblatum, sed in precordiis celebratum; non labiis expressum, sed medullis cordis impressum; non os ori tamen coniungens, sed cristo cristinam uniens!" – „Was für ein inniger Kuß, nicht äußerlich dargereicht, sondern im Herzen gefeiert, nicht mit den Lippen aufgedrückt, sondern ins Mark des Herzens eingedrückt, nicht Mund den Mund verbindend, sondern Christina mit Christus

---

[847] G R 5,196-199,140. Da nur vom Vater und Sohn die Rede ist, kann unter der Liebe, die beide eint, der Heilige Geist verstanden sein.

[848] G 4,4,41,2,16-20,328.

[849] G R 5,200-202,140.

[850] G 2,2,3,4,16-21,242.

[851] G 3,3,18,1,6-9,80.

[852] Früh schreibt man das dreimalige Sanktus in der Messe den drei Personen der Dreifaltigkeit zu. Gemeint ist also das zweite Sanktus, bei dem man an die zweite trinitarische Person denkt.

[853] G 3,3,18,1,9-12,80.

vereinend!"[854] Alle Unklarheiten, was dieser Kuß ist, werden beseitigt, wenn es heißt: „Ipse enim se corde inprimit per dulcorem, intellectui se infundit per splendorem, im membris insignia sua ostendit per sticmatum decorem." – „Er hat sich dem Herzen durch die Süße eingedrückt, dem Verstand durch den Glanz eingegossen, den Gliedern seine Anzeichen gezeigt durch die Zierde der Stigmata."[855]

13. Agnes von Blannbekin sieht einmal in einer Vision während der Messe ein Lamm, das zuerst die Kasel des Priesters[856] und dann die Wangen der Mystikerin[857] küßt. Das Lamm, welches natürlich Christus ist, erklärt dann sein Tun. Der Kuß, den die Priester erhalten, bedeutet, daß das Lamm sich ihnen zur Darbringung des Opfers übergibt[858]. Ohne daß Agnes auch diese Fähigkeit erhält, empfängt sie ebenfalls den Kuß des Lammes. Aber auch andere Personen ziehen dieses Lamm durch ihre Frömmigkeit an[859].

14. Zusammenfassend läßt sich über den Kuß als Name Christi sagen:

14.1 An Hand von Hld 1,1 wird gelegentlich zwischen einem direkten Kuß und einem Kuß des Mundes unterschieden[860], der unvergleichbar ist[861]. Die Lippen des Mundes, die im Kuß vereint sind, können die Menschheit und Gottheit, welche in der Person Jesus vereint sind[862], aber auch das Erkennen und die Liebe sowohl Gottes als auch des Menschen[863] und die Gnade und die Güte meinen[864]. Gelegentlich wird der Mund, von dem man den Kuß erwartet, mit dem Vater gleichgesetzt[865]. Im Kuß des Mundes kann man aber auch den Heiligen Geist sehen[866]. Oft wird aber zwischen Mund und Kuß kein Unterschied gemacht, Christus ist beides[867].

14.2 Schon in der immanenten Dreifaltigkeit geben sich Vater und Sohn den Kuß des sich gegenseitigen Verstehens, Liebens[868] und ihrer Einheit[869]. Diesen Kuß kann kein Mensch erfahren[870]. Oft wird dann dieser Kuß mit dem Heiligen Geist als der gegenseitige Liebe von Vater und Sohn gleichgesetzt[871].

---

[854] CS 1, B 5,12,77,14-17.
[855] CS 1, B 5,13,77,20-22.
[856] AB 154,21-24,332.
[857] AB 154,24-28,332.
[858] AB 154,37-39,332.
[859] AB 154,41-43,332.
[860] BHLD 1, 8,1,2,122,8f.
[861] WHLDB 5,412A.
[862] BHLD 1, 2,2,3,66,30-68,1-3.
[863] WHLDB 6,412A-B.
[864] TH 8,31f.,34.
[865] WHLDB 6,412B.
[866] IS 45,12,114f.,104.
[867] IS 1,13,92-94,92.
[868] BHLD 1, 8,1,1,120,23f.
[869] WHLD 1,8,95,220; G R 5,196-199,140.
[870] BHLD 1, 8,1,1,120,16f.
[871] BHLD 1, 8,1,2,122,11f.15f.; WHLD 1,8,95,222; WE 2,3,263,3-9,354.

14.3 Dieser Kuß für die Menschen geschieht in der Menschwerdung[872]. Das Neigen beim Küssen bedeutet die Erniedrigung des Sohnes Gottes[873].

14.4 Nur selten wird von dem Kuß geredet, den die Kirche empfängt[874].

14.5 Der Mensch wünscht sich nicht einen Kuß von irgendeinem Geschöpf, sondern von Jesus Christus[875], einen Kuß der sich immer wieder ereignen soll[876]. Wo er durch den Heiligen Geist geschieht[877], erkennen sich Gott und Mensch[878] und werden untereinander ein Geist[879]. Der Kuß, den Christus gibt, ist trinitarisch gefärbt[880]. Das Erkennen und Schauen kann eine Vorstufe zum eigentlichen Kuß der Einheit sein[881]. Dieser Kuß geht sowohl von der Gottheit als auch der Menschheit Christi aus[882]. Besonders wünscht man sich für das Sterben diesen Kuß[883]. Dieser Kuß spendet die Freude[884] und die Erfahrung von Süße[885]. Gelegentlich bewirkt die Freundschaft unter Menschen und der in ihr gespendete gegenseitige Kuß die Einheit mit Christus[886], die dann Kuß genannt wird[887]. Oft aber wird vor einer solchen körperlichen Annäherung zweier Menschen gewarnt[888]. Der Mund, durch den der Kuß kommt, können im übertragenen Sinn menschliche Verkünder Christi sein[889].

4. Helfer

Eine Reihe von Namen können nach der semantischen Verwandtschaft zusammengefaßt werden. Zu ihnen gehören solche, die Hilfe für die Menschen ausdrücken.

1. Adjutor

1.1 Sehr gebräuchlich ist der Name „Adjutor", „Helfer" im Alten Testament für Gott, besonders im den Psalmen (Ps 17,3; 18,15; 26,9; 27,7; 29,11; 32,20; 45,2; 58,18; 61,7.9; 62,8; 69,6; 70,7; 71,12; 77,35; 108,12; 117,6f.; 118,114). Für Jesus selbst kommt aber dieser Titel in der Vulgata nicht vor.

---

[872] BHLD 1, 2,2,3,68,5f.; 2,3,6,70,25f.; 2,3,7,72,3f.; TH 10,16-20,38; G 4, 4,41,2,16-20,328.
[873] BHLD 1, 2,3,6,70,25f.
[874] WHLDB 7,413D.
[875] BHLD 1, 2,1,1,66,23-25.
[876] BHLD 1, 3,1,1,76,11f.
[877] WE 2,3,263,3-9,354.
[878] WHLDB 5,413A.
[879] WHLD 1,1,30,112-114; ARSA 2,21,151-154,306.
[880] MH 1,19,63.
[881] RVPS 30,273C; CS 1, B 5,12,77,14-17.
[882] G 3, 3,18,1,9-12,80.
[883] G 2, 2,3,4,16-21,242.
[884] RVPS 30,273D.
[885] CS 1, B 5,13,77,20-22.
[886] ARSA 2,24,165f.,307; G R 4,427-437,126.
[887] ARSA 2,26,190-192,307f.
[888] ARSA 2,24f.,169-184,307; MM 2,25,137,67.
[889] JHLD 24,3,66-70,204.

1.2 Jean von Fécamp nennt in einer Reihe von Anrufungen Jesus „adiutor meus in aeternum", „mein Helfer in Ewigkeit"[890].

1.3 Nach Wilhelm von St. Thierry ist der Herr, der sein Blut für den Menschen gegeben hat, auch „adjutor eius", „sein Helfer"[891].

1.4 In einer litaneiähnlichen Reihe von Anrufungen Christi der Gertrud der Großen heißt er: „Adjutor benignissime", „Gütigster Helfer"[892].

1.5 Oft wird Jesus Helfer in dem Bericht des Johannes von Stommeln über den Kampf mit den Dämonen durch Christina von Stommeln genannt.

In diesem Kampf erinnert die Mystikerin den Herrn Jesus daran, daß dieser ihr von Jugend an in allen Bedrängnissen „semper indefessus adjutor et piissimus consolator", „immer ein unermüdlicher Helfer und gütigster Tröster" war[893]. In der Tat ist Jesus Christus in allen Bedrängnissen als „dulcissimus Sponsus et adjutor fidelissimus, qui pro se mortuus est", „süßester Bräutigam und treuester Helfer, der für sie gestorben ist," anwesend[894]. Im Kampf mit den Dämonen erinnert Christina ein Engel daran, daß Jesus, ihr Bräutigam, nicht nur in Zukunft ihr Lohn sein wird, sondern auch jetzt „adjutor tuus in cunctis tribulationibus", „dein Helfer in allen Bedrängnissen" ist[895]. Räubern gegenüber, die sie in einem Wald von Dämonen schwer mißhandelt gefunden haben, bekennt Christina: „Ipse enim Dominus meus Jesus Christus, adjutor et protector meus est." – „Mein Herr, nämlich Jesus Christus, ist mein Helfer und Beschützer."[896]

2. Susceptor

2.1 Das Verbum „suscipere" heißt wörtlich „aufnehmen, empfangen". Dieser Sinn ist aber bei dem Substantiv „susceptor" verblaßt. Unter „susceptor" wird in der Psalmenübersetzung der Vulgata Gott als „Schützer" verstanden (Ps 3,4; 41,10; 45,8.12; 58,10.17; 61,3; 88,27; 90,2; 143,2). Wie nahe die Bedeutung von „adjutor" und „susceptor" liegt, sieht man daran, daß es in Ps 118,114 (vgl. Ps 17,3; 58,18) von Gott heißt: „Adiutor meus et susceptor meus." Auch in unseren Texten begegnet uns die Kombination „adjutor et susceptor"[897]. Um Wiederholungen des gerade Genannten zu vermeiden, werden diese Stellen hier nicht mehr eigens behandelt.

2.2 Gertrud die Große hat öfters den Namen „Schützer" für Jesus. Von der Liebe spricht Gertrud: „Tu es susceptor animae meae." – „Du bist der Schützer meiner Seele."[898] Es ist aber nicht irgendeine Liebe, vom der dies ausgesagt wird, sondern die Liebe, die mit Jesus identisch ist und die ihn veranlaßt, den Vater zu loben[899]. Wenn der Mensch sich sehnt, Gott von Angesicht zu Angesicht zu schauen, soll er beten: „Ibi, o

[890] JFC 3,2,11,142.
[891] WHLD prol 3,72-74.
[892] G 3, 3,65,3,46,266.
[893] CS 2, 4,3,22,300.
[894] CS 2, 4,4,31,303.
[895] CS 2, 4,5,46,306.
[896] CS 2, 4,15,137,332.
[897] BB 1, 2,12,284,12f.; WHLD prol 3,74; WC 2,21f.,60-62; HSO 967D; HO 2,980B; ESE 2,273.
[898] G R 6,44,164.
[899] G R 6,45-49,164.

susceptor animae meae, Iesu chare in speculo manifestae contemplationis tuae ostende mihi divinitatis tuae gloriam." – „Dort, o Schützer meiner Seele, teurer Jesus, zeige mir im Spiegel Deiner offenen Schau die Herrlichkeit Deiner Gottheit."[900] Dann dürfte auch unter dem „author salutis meae et suceptor animae meae", „Urheber meines Heiles und dem Schützer meiner Seele" Jesus zu verstehen sein.[901]

3. Refugium

3.1 Auch dieses Wort kommt in der Psalmenübersetzung der Vulgata gehäuft vor (Ps 30,4; 31,7; 89,1), oft in Kombination mit den Wörtern „adiutor" (Ps 9,10; 17,3; 45,2; 93,22) und „susceptor" (Ps 58,17; 90,2; 144,2).

3.2 Isaak von Stella schildert den beim Seesturm schlafenden Jesus (Mt 8,24). Die erste Sorge der Jünger hätte sein müssen, den Herrn nicht einschlafen zu lassen, die zweite, den Schlafenden zu wecken. Doch bleibt selbst der schlafende Jesus für sie „refugium", „die Zuflucht"[902].

3.3 Weil nach Mechthild von Hackeborn Jesus sich zum Menschen wie ein Freund zu seinem Freund verhält, wird er in allen Dingen zur sicheren Zuflucht[903].

3.4 Etwas häufiger finden wir bei Gertrud der Großen diesen Namen. Jesus ist für sie „firmamentum et refugium meum", „mein Firmament und meine Zuflucht"[904], „refugium meum et virtus", „meine Zuflucht und Stärke"[905], „susceptor meus et refugium meum", „mein Schützer und meine Zuflucht"[906], „unicum refugium", „einzige Zuflucht"[907], „pauperi sponsae tuae refugium", „für Deine arme Braut Zuflucht"[908] und „omnium miserorum refugium", „für alle Elenden Zuflucht"[909]. Einmal wird Jesus auch „meum tutum asylum", „mein sicheres Asyl" genannt[910]

4. Protector

4.1 Wieder verwendet die Vulgata in den Psalmen oft das Wort „protector" für Gott (Ps 17,19.31; 26,1; 27,7f.; 30,5; 36,39; 58,12; 70,6; 83,10), wobei es in der Verbindung mit „adiutor" (Ps 39,18), „refugium" (Ps 70,3; 143,2) und „susceptor" (Ps 143,2) gebraucht ist.

4.2 Einmal nennt Gertrud die Große Jesus „protector meus et cornu salutis", „mein Schützer und Horn des Heiles"[911].

---

[900] G R 6,732-734,206.
[901] G R 6,692f.,204.
[902] IS 13,11,114,268.
[903] MH 1,19,68.
[904] G R 4,248f.251f.,116.
[905] G R 7,637,248.
[906] G R 5,377f.,150.
[907] G R 6,425f.,188.
[908] G R 6,629f.,200.
[909] G R 7,158,218.
[910] G R 6,640,200.
[911] G R 5,91,132.

4.3 Für Christina von Stommeln ist Jesus beim Kampf mit den Dämonen „protector meus …: ipse in his omnibus conservat", „mein Schützer …: Er selbst bewahrt mich in all dem"[912].

5. Custos

5.1 Wenn nach der Vulgata Kain in Gen 4,9 fragt, ob er der „custos" seines Bruders sei, ist an die sorgende Aufmerksamkeit für den Mitmenschen und nicht an die Tätigkeit eines Aufpassers gedacht. In diesem Sinn wird auch Gott „custos" der Menschen genannt (Gen 28,15; Ijob 7,20).

5.2 Als Schlußsegen einer Predigt schreibt Bernhard von Clairvaux: „Dignetur nobis aperire thesauros suae misericordiae ipse custos eorum Iesus Christus Dominus noster." – „Es möge uns gnädig öffnen die Schätze seiner Barmherzigkeit er selbst, ihr Hüter, Jesus Christus, unser Herr."[913]

5.3 Im Vorwort zu seinem Hohenliedkommentar vertraut Johannes von Ford Jesus das Ziel seiner Bemühungen an[914] und nennt ihn dabei „depositi mei fidelis custos", „Treuer Hüter von dem, was ich ihm anvertraut habe"[915].

5.4 Gertrud die Große nennt Jesus „dux et custos meae perigrinationis", „Führer und Hüter meiner Pilgerschaft"[916]. Unter Pilgerschaft ist hier das irdische Leben verstanden, so daß Jesus derjenige ist, der das irdische Leben schützt. Dazu gibt Jesus bei der Taufe jedem Menschen einen Schutzengel. Bei der Tauferneuerung soll der Mensch diesen als „custos animae et corporis mei", „Hüter meiner Seele und meines Leibes" begrüßen[917]. Nach dem Empfang der Kommunion will Jesus, „ipse custos diligentissimus amicorum suorum in sinu suo eam ab omni macula custodire", „er selbst, der sorgfältigste Hüter seiner Freunde, sie in seinem Schoß vor jedem Makel behüten"[918].

6. Minister, servus

„Minister" oder „servus" wird in unseren Texten für Jesus nicht gebraucht, um einen Standesunterschied, sondern um sein hilfreiches Dienen auszudrücken.

6.1 In der Vulgata wird verschiedentlich gesagt, daß der Jünger Jesu, welcher der erste sein will, der „minister" (Mt 20,26; Mk 10,43; Joh 13,14) oder der „servus" (Mt 20,27; Mk 10,44) aller werden soll. Für diesen Dienst ist Jesus das große Vorbild (Mk 10,45); er hat sich ja erniedrigt und „formam servi", „die Gestalt eines Knechtes" angenommen (Phil 2,7).

6.2 Vor seiner Auferstehung war Jesus nach Bernhard von Clairvaux geprägt „servili forma", „durch die knechtliche Gestalt"[919]. Er hat sich ja erniedrigt und die Gestalt ei-

---

[912] CS 2, 4,15,137,332.
[913] BHLD 1, 20,5,9,290,7f.
[914] JHLD prol 7,156f.,36.
[915] JHLD prol 7,156,36.
[916] G R 1,71,50.
[917] G R 1,77,50.
[918] G 5, 5,4,4,6-8,82.
[919] BHLD 1, 28,4,10,446,18f.

nes Knechtes angenommen (Phil 2,7-6) und dabei Majestät und Macht, nicht aber Güte und Barmherzigkeit abgelegt[920].

6.3 Ähnlich schreibt Richard von St. Viktor: „Confunditur superbus apparere, cum videat Dominum majestatis formam servi accipere." – „Man soll sich schämen, als Stolzer zu erscheinen, wenn man den Herrn der Herrlichkeit sieht die Gestalt des Knechtes annehmen."[921]

6.4 Nach Ida von Nijvel nahm der Sohn Gottes deswegen Knechtgestalt an, um das eine verlorene Schaf zu suchen, auf seine Schultern zu nehmen und zur Herde zurückzutragen[922].

6.5 Margarete von Ypern nimmt daran Anstoß, daß ihre Schwestern sie bitten, „ut de Christo aliquid diceret", „ihnen etwas von Christus zu sagen"[923]. „Quid ego dicam de christo servo vestro? Non potestis, sicut decet, vocare dulcissimum Dominum Iesum Christum?" – "Was soll ich euch von Christus, eurem ‚Sklaven', sagen? Könnt ihr nicht, wie es sich geziemt, Jesus Christus ‚süßer Herr' nennen?"[924] Sie besteht also darauf, daß man Christus nicht wie einen Knecht, sondern wie einen Herrn anredet. Der Autor ihrer Vita verstärkt dies noch, indem er auf Schriftstellen, in denen Jesus „Herr" genannt wird, hinweist[925]. Der Gedanke, daß er nach der Schrift in der Knechtgestalt zu uns gekommen ist, kommt dabei überhaupt nicht ins Spiel.

6.6 David von Augsburg versucht zu beschreiben, wie der Mensch Gott erfährt, wenn er ihn anschaut. Dies tut er, indem er gegensätzliche Ausdrücke gebraucht. Unter solchen Begriffpaaren kommt auch die Aussage vor: „Dû bist ir hêrre, dû bist ir dienaere." – „Du bist ihr Herr, Du bist ihr Diener."[926] Wenn er ihn Diener nennt, ist offensichtlich nicht an Gott allgemein, sondern an den menschgewordenen Sohn Gottes gedacht.

6.7 Margareta von Magdeburg beschäftigt sich mit der Frage, warum Maria sich Magd genannt hat[927]. Einen Grund drückt sie in einem Gebet aus: „Domine, ex quo tu vis fieri servus et homini corporaliter deservire, hoc ipsum, quod tu vis pati, libenter paterer ego tecum, sed magis volo te laudari quam me." – „Herr, aus dem Grund, daß Du Sklave werden und dem Menschen körperlich dienen willst, und ebenso, daß Du leiden willst, möchte auch ich gern mit Dir leiden, aber (noch) mehr will ich, daß Du mehr wie ich gelobt wirst."[928]

6.8 Nach Mechthild von Hackeborn steht der Sohn Gottes beim Vater für uns ein „tamquam advocatus et minister fidelissimus", „wie ein Anwalt und treuester Diener"[929]. Dazu hat er sich ja hinabgeneigt vom Himmel und ist geworden „humi-

---

[920] BNAT 1,2,226,13-15.
[921] RVPS 28,299B.
[922] IN 29,275.
[923] MY 23,118,5f.
[924] MY 23,118,6-8.
[925] MY 23,118,8-11.
[926] DAG 362,25f.
[927] MA 29,31f.
[928] MA 29,32.
[929] MH 3,24,228.

lis servus secundum quod ipse dicit: ‚Non veni ministrari, sed ministrare (Mt 20,28)", „ein demütiger Sklave nach dem, was er selbst sagt: ‚Ich bin gekommen, zu dienen, nicht, bedient zu werden'"[930]. Jesus ist aber nicht in erster Linie Knecht der Menschen, sondern Gottes. Er ordnete sich in der Art im Gehorsam dem Vater unter, „quod nunquam filius patri, aut etiam servus domino tam humiliter se subjecit; paratus omnium hominum onera, miseras et labores tolerare", „daß sich niemals ein Sohn dem Vater oder auch ein Sklave dem Herrn so demütig unterwirft, bereit, die Lasten, das Elend und die Mühen aller Menschen zu tragen"[931].

6.9 Gertrud die Große ist erstaunt, daß Jesus sich immer wieder um sie kümmert „tamquam servus domino", „wie ein Knecht um den Herrn"[932].

7. Der Geber

Obwohl in der Dreifaltigkeit die Funktion des Gebens eher dem Vater und dem Heiligen Geist zugeordnet wird, wird der Sohn, besonders nachdem er Mensch geworden ist, auch Geber genannt. Dies geschieht mit drei Ausdrücken, nämlich „dator", „largitor" und Wörtern aus dem Stamm „liberal".

7.1 Dator

7.1.1 Der Herr, der unsere Sünden in seinem Blut gewaschen hat[933], soll nach Jean von Fécamp als „dator omnium bonorum", „Geber alles Guten" dem Menschen die Reuetränen schenken[934]. In einem Brief an die Kaiserin Agnes preist Jean den „datorem omnium bonorum", „Geber alles Guten", weil Christus ihr eingegeben hat, nach dem Fortschritt im geistlichen Leben zu suchen[935].

7.1.2 Bernhard von Clairvaux schreibt in einem Brief an den Erzbischof Heinrich von Sens eine Art von Bischofsspiegel, in dem er die Tugenden beschreibt, die ein guter Bischof haben soll. Als grundlegend für einen Bischof sieht er die Demut an[936]. Dies begründet er mit Hinweisen auf Mt 11,29 damit, daß auch Christus „de humilitate, tamquam summa suae doctrinae suarumque virtutum, gloriatus est", „rühmend über die Demut wie über die Summe seiner Lehre und seiner Tugenden gesprochen hat"[937]. Dann ist es notwendig, daß auch ein Bischof sich vor allem um diese Tugend müht, da „auctor et dator virtutum Christus", „Christus Urheber und Geber der Tugenden" ist[938].

7.1.3 Ganz ähnlich warnt der Autor des Traktates „Speculum virginum" seine Adressaten, nach „vana gloria", „eitlem Ruhm" zu streben[939]. Auch hier wird auf das Vorbild Christi verwiesen, der den Jüngern verboten hat, von seinen Wundern und seiner

---

[930] MH 3,30,234.
[931] MH 5,15,342.
[932] G 3,3,25,2,4f.,120.
[933] JFL 266f.,195f.
[934] JFL 277f.,196.
[935] JFA 7,77-79,214.
[936] BB 1,42,5,17,466,19-468,9.
[937] BB 1,42,5,18,468,12-15.
[938] BB 1,42,5,18,468,10.
[939] SP 6,514,9-518,4.

Verklärung zu reden[940]. Diesem Vorbild muß man aber folgen; denn Christus ist „legis lator et benedictionis dator", „Gesetzgeber und Geber des Segens"[941]. Auf den ersten Blick wird nicht erkennbar, warum an dieser Stelle gerade davon gesprochen wird, daß Christus Segen gibt. Wahrscheinlich soll damit gesagt sein, daß Christus nicht nur Gebote gibt, sondern für ihre Erfüllung auch Segen und Lohn verheißt.

7.1.4 Nach der Vita der Ida von Löwen hat diese Frau die Gnade geschenkt bekommen, die Anwesenheit Christi im Altarsakrament zu spüren. Diese hat ihr Christus, „omnium gratiarum Dator munificus et charismatum Distributor", „der freigibige Geber aller Gnaden und der Verteiler der Charismen" geschenkt[942].

7.1.5 Gertrud die Große wird am Fest der Verkündigung vom Aufgang aus der Höhe, unter welchem Christus zu verstehen ist, besucht[943]. Darauf bittet sie ihn als „dator munerum", „Geber der Gaben", daß er sie geziemend danken läßt[944].

7.2 Liberalitas

Ursprünglich war die „liberalitas" die Tugend der Freien. Von einem Freien erwartete man, daß er großzügig dem Gemeinwesen und den Armen gibt. Im Mittelalter erwartet man von den Bürgern eine ähnliche Haltung, nämlich die „munificientia". Deswegen behandeln wir beide Ausdrücke gemeinsam.

7.2.1 Nach Bernhard von Clairvaux sollen die Menschen beim Kommen Gottes auf die „nuptialis praesentia", „hochzeitliche Gegenwart", das heißt das Kommen des Bräutigams Jesus, warten. Er bringt mit sich „liberalem munificentiam", „großherzige Gebefreudigkeit"[945] und zeigt „munificum se ac largum pro regia liberalitate renumeratorem", „sich als großzügigen und gebefreudigen Belohner gemäß seiner königlichen Freigibigkeit"[946]. Weil am Fest der Verkündigung dieses Kommen Wirklichkeit geworden ist, preist Bernhard den Herrn an diesem Tag, „in gratia quam munificus", „wie freigibig in der Gnade" er ist[947].

7.2.2 Nach Gilbert von Hoyland reicht es aus, wenn bei der Hochzeit von Kana Maria die Not des mangelnden Weines ausspricht, daß Jesus „ad liberalitatem", „zur Freigibigkeit" geneigt ist[948].

7.2.3 Angesichts der Einladung Jesu: „Wenn jemand Durst hat, komme er und trinke" (Joh 7,37) ruft Guerricus von Igny aus: „O affluens liberalitas!" – „O überfließende Freigibigkeit!"[949]

7.2.4 Auch bei Johannes von Ford besteht kein Zweifel, daß der Bräutigam im Hohenlied Jesus Christus ist. Von der Freigibigkeit dieses Bräutigams muß die Braut jede

[940] SP 6,518,5-10.
[941] SP 6,518,5.
[942] IL 2,2,7,172.
[943] G 2, 2,2,2,8f.,234.
[944] G 2, 2,2,2,9-13,234.
[945] BS 2,64,328,9-11.
[946] BHLD 1, 31,3,8,496,23f.
[947] BANN 3,1,138,12f.
[948] GHLD 46,3,243C.
[949] GIS Pent 1,4,110-113,290.

Enge eines Verdachtes fernhalten[950]. Seine ausgegossene Freigibigkeit gibt Grund für alle Hoffnung[951].

7.2.5 Juliane von Cornillon sieht die „benignitas et liberalitas Salvatoris nostri Dei", „Güte und Freigibigkeit unseres Erlösers und Gottes" bei der Einführung des Fronleichnamsfestes am Werk[952].

7.2.6 Beatrijs von Nazareth bedenkt alle Erlösungswerke Jesu Christi, besonders die Einsetzung des Sakramentes seines Fleisches und Blutes[953]. Angesichts dessen lobt sie dankbar „diuine liberalitatis et munificentie largitatem", „die Gebefreudigkeit der göttlichen Freigibigkeit und Hochherzigkeit"[954]. Als sie während einer Heiligen Messe „liberalitatis sue sibi collata beneficia", „die ihr geschenkten Wohltaten seiner Freigibigkeit" bedachte, spürte sie die Anwesenheit Jesu Christi[955].

7.2.7 In Helfta liebt man offensichtlich den Ausdruck Freigibigkeit.

Mechthild von Hackeborn erkennt ihr eigenes Geringsein als besonderes Gnadengeschenk, das sie „ex divina liberalitate Domini", „aus der göttlichen Freigibigkeit des Herrn" erhalten hat[956]. Aus dem Kontext wird ersichtlich, daß unter dem Herrn Christus zu verstehen ist. Mechthild soll preisen „liberalitatem patientiae meae, qua tuli onus peccatorum", „die Freigibigkeit meiner Geduld, mit der ich getragen habe die Last der Sünder"[957].

7.2.8 Häufiger wird dieser Name bei Gertrud der Großen für Christus verwendet.

Angesichts der Tatsache, daß Jesus täglich auf dem Altar ein Ganzopfer darbringt, soll der Mensch ausrufen: „O pietas, o bonitas, o dulcis dei liberalitas." – „O Güte, o Gutsein, o süße Freigibigkeit Gottes."[958] Gertrud erhält die Wundmale des Herrn bei einem Gebet eingeprägt[959]. „Ex supereffluentia liberalissimae largitatis tuae", „Aus dem Überfluß Deiner freigibigsten Gebefreudigkeit" empfängt sie dadurch täglich neue Wohltaten[960]. Aus dem gleichen Überfluß der Gebefreudigkeit darf Gertrud zur Kommunion gehen[961]. Jesus ist ja der „hospes liberalissimus", „freigibigste Gast"[962]. Als Gertrud einmal aus Ängstlichkeit vom Kommuniongang fernbleibt, erhält sie doch von der Freigibigkeit des Sohnes alle Gnaden[963]. Jesus berührt mit seiner Hand seine Brust, um den Ort zu zeigen, welcher seine Freigibigkeit ihr verheißt[964]. Aus dem Ver-

---

[950] JHLD 21,6,160f.,184.

[951] JHLD 113,1,12-15,762.

[952] JC 2,4,17,463.

[953] BN 2,3,96,87-102,73f.

[954] BN 2,3,95,102f.,74.

[955] BN 3,5,206,4-11,133.

[956] MH 2,23,165.

[957] MH 3,6,203.

[958] G R 7,481,238.

[959] G 2,2,4,3,1-8,244.

[960] G 2,2,4,3,9-14,244-246.

[961] G 2,2,5,1,7-11,248.

[962] G 3,3,65,3,58,266.

[963] G 4,4,13,4,4,15-26,150.

[964] G 2,2,8,1,7-9,262.

trauen auf die freigibigste Güte Jesu erwächst die Gewißheit der Gebetserhörung[965] und die Hoffnung auf alles Gute[966]. Einmal nimmt Jesus von einem Menschen seine Ängstlichkeit und seinem Kleinmut. Dankbar bedenkt Gertrud daraufhin Jesu „largam liberalitatem", „gebefreudige Freigibigkeit"[967]. Jesus wird einmal im Himmel für die Menschen das Hochzeitsmahl bereiten „secumdum regalis munificentiae liberalitatem", „nach der Freigibigkeit der königlichen Großherzigkeit"[968].

Auch Maria erhält von ihrem Sohn die freigibige Macht, jedem zu geben, was ihr gut dünkt[969]. Wer Maria verehrt, erhält seine Nachlässigkeiten ersetzt „secundum regalem magnificentiam divinae liberalitatis", „nach der königlichen Großherzigkeit der göttlichen Freigibigkeit"[970]. Das gleiche gilt für denjenigen, der den großen Psalter betet[971]. Auch wer für die Verstorbenen bittet, erhält vom Herrn besondere Gnade „ex liberalissima pietate sua", „aus seiner freigibigsten Güte"[972].

7.2.9 Von Agnes von Blannbekin wird berichtet, daß sie in ihrer Jugend zehn Jahre lang sich besonders streng in der Askese übt[973]. Dafür „dominus ei spirituales delitias liberalissime ministravit", „hat ihr der Herr freigibigst mit geistlichen Wonnen gedient"[974]. Als Beispiel dafür wird ihre Erfahrung einer besonderen Süße beim Kommunionempfang berichtet[975]. Deswegen legt es sich nahe, unter dem Herrn, der ihr so freigibig dient, Jesus zu verstehen.

7.3 Largitor

Zwischen „liberalitas" und „largitas" bestehen kaum semantische Unterschiede. Oft stehen in unseren Texten beide Wörter nebeneinander[976]. Um Wiederholungen zu vermeiden, werden die Stellen, an denen neben der „liberalitas" der „largitor" oder die „largitas" steht, hier nicht noch einmal behandelt.

7.3.1 Wenn nach Jean von Fécamp der „opulentissime largitor", „reichste Spender" an der Tür steht, klopft (Offb 3,20) und Speise bringen will, ist unter ihm der verklärte Herr verstanden[977]. Ein anderes Mal wird Gott „largitor et conseruator uirtutum", „gebefreudiger Spender und Bewahrer der Tugenden" genannt[978]. Wenn ein wenig später die Taufgnade erwähnt wird, welche dieser Spender gegeben hat, dürfte mit ihm Jesus gemeint sein[979].

---

[965] G 5, 5,30,7,3-8,246.
[966] G 5, 5,24,2,7f.,204.
[967] G 3, 3,9,5,10f.,40.
[968] G 4, 4,23,10,16-22,228-230.
[969] G 4, 4,9,6,4-7,118.
[970] G 4, 4,51,4,6-9,422.
[971] G 5, 5,18,2,5-7,180.
[972] G 5, 5,20,1,10-14,188.
[973] AB 39,15-21,122.
[974] AB 39,23f.,122.
[975] AB 39,26-31,122.
[976] Vgl. Weiß, Gottesbild 2,1262.
[977] JFC 3,3,44-46,144.
[978] JFC 3,32,1094f.,179f.
[979] JFC 3,32,1212-1215,180.

7.3.2 Selten wendet Bernhard von Clairvaux diesen Namen auf Christus an. Wenn er sagt, daß man nur durch den Glauben „non solum mei, sed sui quoque ipsius … largitorem", „nicht nur meinen, sondern auch eines jeden … gebefreudigen Spender" erkennt[980], liegt die Annahme nahe, daß er in diesem Christus sieht. Bernhard weiß vom „vinum gratiae, quod ex botro Cypri, id est conditoris largitate decurrit", „Wein der Gnade, welcher von der Zyperntraube, das heißt aus der Gebefreudigkeit des Schöpfers, herabfließt"[981]. Von ihm werden die Söhne des Bräutigams, der natürlich Christus ist, trunken[982].

7.3.3 Nach Guerricus von Igny hat der Vater uns an Weihnachten in seinem Sohn unser tägliches Brot gegeben[983]. Dazu „tantaque largitate aperuisti manum tuam", „hast Du auch mit einer so großen Gebefreudigkeit Deine Hand geöffnet"[984]. Angesichts der Tatsache, daß man zu Jesus kommen und aus seiner Fülle trinken kann, ruft Guerricus: „O indeficiens largitas divinae bonitatis!" – „O unversiegende Gebefreudigkeit der göttlichen Güte!"[985] Auf sie soll man seine wache Aufmerksamkeit richten „ad laudem et gloriam ipsius largitoris Iesu Christi Domini nostri", „zum Lob und zur Ehre eben des gebefreudigen Spenders Jesus Christus, unseres Herrn"[986].

7.3.4 Hildegard von Bingen sieht einmal eine Gestalt, die auf ihrer Brust einen Löwen und am Hals eine Schlange trägt[987]. Sie wird mit der „largitas", „Gebefreudigkeit" gleichgesetzt[988]. Beides, was die Gestalt trägt, sowohl Löwe[989] als auch die Schlange[990], versinnbildet Christus. Als Löwe ist er ganz stark[991]. Wie eine Schlange hängt er am Holz des Kreuzes[992] bei seiner Erhöhung am Kreuz[993]. Hildegard will damit sagen, daß aus der Gebefreudigkeit sowohl Christi Macht wie Hingabe am Kreuz entspringt. „Largitas initium operationis eius est." – „Die Gebefreudigkeit ist der Beginn seines Wirkens"[994]. Auch seine Herzenswunde, die uns zum Heil gereicht, ist ihm durch seine Gebefreudigkeit zugefügt worden[995]. Man darf an „excellentiam largitatis uere caritatis", „das Herausragen der Gebefreudigkeit der wahren Liebe" glauben, durch die wir in der Menschheit des Sohnes Gottes erlöst sind[996].

---

[980] BDI 5,15,98,15f.
[981] BS 2,22,312,19.
[982] BS 2,22,312,19f.
[983] GIS Nat 4,4f.,195-199,218.
[984] GIS Nat 4,5,199,218.
[985] GIS Pent 1,4,111-114,290.
[986] GIS Pent 1,5,186f.,296.
[987] HISV 2,3,6,1,133-137,435.
[988] HISV 2,3,6,29,728f.,452f.
[989] HISV 2,3,6,29,735-738,453.
[990] HISV 2,3,6,29,739-742,453.
[991] HISV 2,3,6,29,737,453.
[992] HISV 2,3,6,2,140f.,435.
[993] HISV 2,3,6,29,744,453.
[994] HISV 2,3,6,29,732f.,453.
[995] HISV 2,3,6,29,744-746,453.
[996] HIO 1,1,4,2-5,51.

7.3.5 Ida von Löwen sieht in einer ekstatischen Vision, wie sie aus der geöffneten Seite Jesu einen heilbringenden Trank empfängt[997]. Doch kann sie „oblatam sibi divinae largitatis affluentiam", „den ihr dargebrachten Überfluß der göttlichen Freigibigkeit" nicht näher in Worten erklären[998]. Wenn Ida bei einem Kommunionempfang in eine Ekstase fällt[999], führt dies der Autor ihrer Vita auf die göttliche Gebefreudigkeit zurück[1000]. Durch eben diese Eigenschaft kann sie auch einer Messe beiwohnen, die räumlich weit entfernt von ihr gefeiert wird[1001]. Wenn Ida am Ende ihres Lebens „munificum illum atque bonorum omnium Largitorem", „jenen großherzigen und gebefreudigen Spender alles Guten" anspricht, ist nach dem Kontext unter ihm Christus zu verstehen[1002].

7.3.6 Auch Gertrud die Große kennt die Gebefreudigkeit Christi. Jene, die an Christus glauben, können, weil sie nicht aus dem Blut und dem Wollen des Fleisches geboren sind (vgl. Joh 1,13), das Geschenk der Jungfräulichkeit erhalten, welches „de largitatis tuae fonte defluxit", „aus der Quelle Deiner Gebefreudigkeit geflossen ist"[1003]. Weil Gott aus dem Schatz des Leidens seines Sohnes uns alle Schuld erläßt[1004], wird er „largitor veniae", „gebefreudiger Spender der Vergebung" genannt[1005]. Als Gertrud spürt, daß sie sich nicht entsprechend auf den Empfang der Kommunion vorbereiten kann, geht sie nur im Vertrauen „ex incommutabilitate divinae largitatis", „auf die Unveränderlichkeit der göttlichen Gebefreudigkeit" zu diesem Sakrament[1006], weiß sie doch, daß sie dieses Geschenk ohne jedes Verdienst vom „largitore omnis gratiae", „gebefreudigen Spender jeder Gnade" empfangen hat[1007]. Alles, was sie ist, ist sie nicht durch ihr Verdienst, sondern von dieser Gebefreudigkeit des Herrn[1008]. Dies gilt besonders von der täglichen Erinnerung der von Christus eingedrückten Herzenswunde[1009]. Doch für den Menschen ist das Nützlichste, was aus der „largiflua pietate", „gebefreudigen Güte" fließt, daß der Sohn Gottes immer für das Heil der Menschen beim Vater eintritt[1010].

7.3.7 Petrus von Dazien schildert, wie Christina von Stommeln an „sui sponsi magnificentissimam largitatem", „die großartigste Gebefreudigkeit ihres Bräutigams" dachte[1011]. Er schreibt auch von der Gebefreudigkeit, mit der Gott uns in seinem Sohn alles schenken will[1012]. Wenn Christus als Bräutigam die Hand seiner Gebefreudigkeit

---

[997] IL 2,3,11,173.
[998] Ebenda.
[999] IL 2,6,32,179.
[1000] IL 2,6,32,180.
[1001] IL 3,1,7,183.
[1002] IL 3,5,28,188.
[1003] G R 3,215-224,86-88.
[1004] G R 7,4-6,210.
[1005] G R 7,10,210.
[1006] G 2,1,10,3,8-14,166.
[1007] G 2,1,10,3,17f.,168.
[1008] G 2,2,9,3,18-20,272.
[1009] G 2,2,4,3,9-14,244-246.
[1010] G 3,3,40,1,1f.,186-188.
[1011] CS 1,27,13,1-3.
[1012] CS 1, B 9,28,14f.,92.

öffnet und zu Christina kommt, scheint für Petrus schon das Paradies auf Erden angebrochen zu sein[1013].

8. Conservator

Unter einem „conservator" versteht man den bewahrenden Schützer.

Einmal nennt Jean von Fécamp Gott „conseruator uirtutum", „den Bewahrer der Tugenden"[1014], worunter nach dem weiteren Kontext der menschgewordene Sohn Gottes zu verstehen ist.

9. Weitere Namen

Eine Reihe von Namen taucht so selten auf, daß sie unter einem gemeinsamen Unterpunkt behandelt werden sollen.

9.1. Consiliarius

Dieses Wort wird im Alten Testament oft für politischen Berater gebraucht. Paulus (Röm 11,34) betont, daß Gott keinen menschlichen Berater braucht. In unseren Texten wird der Priester, der den Frauen innerhalb oder außerhalb des Bußsakramentes Ratschläge im geistlichen Bereich erteilt, „consiliarius" genannt[1015].

9.1.1 Ida von Nijvel hat die Möglichkeit, Geld aus ihrem väterlichen Erbe für ihr Kloster zu empfangen. Ähnlich wie die ungefähr zur gleichen Zeit lebende Elisabeth von Thüringen bekommt Ida Bedenken, ob sie das Geld annehmen darf, da sie nicht weiß, ob es rechtmäßig erworben ist. Obwohl sie von Bekannten und Freunden die Versicherung erhält, beim Erwerb des Geldes sei es mit rechten Dingen zugegangen, bleiben ihr Zweifel[1016]. „Consiliarium vnum de mille adiit Dominum Christum." – „Sie ging zum Herrn Christus, der ein Ratgeber unter Tausenden ist."[1017] Dieser gibt ihr zu erkennen, daß sie das Erbe annehmen darf[1018]. Der gleiche Ratgeber gibt Ida auch Auskunft über den geistlichen Zustand ihrer Freunde[1019].

9.1.2 Johannes von Magdeburg, der Verfasser der Vita der Margareta von Magdeburg, macht eine interessante Bemerkung über Christus als Ratgeber. Er behauptet von sich, daß Jesus Christus selbst ihm eingegeben habe, sich um die Mystikerin zu kümmern. Nachdem er dies zwei Jahre lang getan hat, wird ihm die Erkenntnis geschenkt, Margareta sei ihm in Christus so anvertraut wie Maria dem Evangelisten Johannes[1020]. Er sagt dann zu Margareta, „quod vellet esse regula sua", „er wolle ihre Regel sein"[1021]. Dies kann bedeuten, daß Johannes sie vor Angriffen in Schutz nimmt, da sie als Rekluse nach keiner anerkannten Ordensregel lebt. Wahrscheinlich wollte Johannes aber mehr tun. Er wollte sie nicht nur nach außen schützen, sondern auch innerlich ihre Spiritualität regulieren. Trotz guten Willens konnte das nicht gut gehen. Er versteht die ständige

---

[1013] CS 1, B 10,35,25-32,98.
[1014] JFC 32,1194f.,179f.
[1015] Z.B. ESV 3,19,73.
[1016] IN 4,210.
[1017] IN 4,210.
[1018] Ebenda.
[1019] IN 4,212.
[1020] MA 7,9.
[1021] Ebenda.

Trauer der Margareta nicht: „Vulnera cordis illius isti Ioanni ignota fuerunt." – „Ihre Herzenswunden waren jenem Johannes unbekannt."[1022] Offensichtlich hat Johannes seine Aufgabe an Margareta überschätzt, und diese kommt ihm mit falschen Erwartungen entgegen: „Istud non adverterunt ambo tunc temporis, quod Christus talem vellet consiliarium suum esse". – „Jenes hatten die beiden zu der damaligen Zeit nicht bemerkt, nämlich, daß Christus ein solcher Berater für sie sein wollte."[1023] Christus allein könne die Regel für Margareta und damit ihr Berater sein und nicht derjenige Mensch, der sich um sie kümmert. Als Johannes wieder einmal ihrer Traurigkeit völlig unsensibel begegnete, „ivit ad piissimum, qui eam vulneraverat Ihesum Christum, conquerens ei, quod nullum haberet solatium preter ipsum", „ging sie zum gütigsten Jesus Christus, der sie verwundet hatte, und klagte ihm, sie habe keinen anderen Trost außer ihm"[1024]. Christus bestätigt, daß sie außer ihm keinen anderen Trost haben darf[1025] und er deswegen ihr einziger Berater ist.

9.2 Dispensator

In der Vulgata heißt „dispensator" „Verwalter" (Lk 12,42; Röm 1.41; Tit 1,7).

In unseren Texten hat dieses Wort auch die Bedeutung von „Zuteiler", „Geber". So sagt Hugo von St. Viktor, daß bei den Sakramenten neben Christus als Schöpfer und als Erlöser auch ein menschlicher „dispensator", „Spender" am wirken ist[1026].

9.3 Exauditor

9.3.1 Johannes von Magdeburg, der Autor der Vita der Margareta von Magdeburg, will deutlich machen, warum die Mystikerin in ihren Gebeten nicht immer sofort erhört wird. Dazu schreibt er: „Ipse enim fidelissimus exauditor omnium Ihesus Christus, qui iam exaudivit orantem, dabit eo tempore, quo maxime noverit expedire." – „Er nämlich, der getreueste Erhörer aller, Jesus Christus, der den Beter schon erhört hat, wird aber zu der Zeit (erst) geben, von der er weiß, daß es am meisten nützen wird."[1027] Er selbst hatte ihr ja eingegeben, „quod ei in hac vita ita laudabile nil esset sicut hoc, quod eam in omnibus orationibus et petitionibus exaudiret", „daß ihm in diesem Leben nichts so lobenswert ist wie dies, daß er sie in allen Gebeten und Bitten erhört"[1028].

9.3.2 Ein Gebet an Christus fängt Gertrud die Große mit dem Anruf an: „Exaude me", „Erhöre mich"[1029]. Als der Herr auf eine ihrer Bitten scheinbar nicht reagiert, fragt sie: „Quare non exaudis me?" – „Warum erhörst Du mich nicht?"[1030]

[1022] Ebenda.
[1023] MA 7,9.
[1024] MA 7,9f.
[1025] MA 7,11.
[1026] HSA 1,9,2,318C.
[1027] MA 13,16.
[1028] MA 12,14.
[1029] G 3, 3,71,1,3f.,288.
[1030] G 3, 3,83,2,2-5,336.

9.3.3 Denjenigen, die alles auf Erden verlassen, verheißt der Herr nach Agnes von Blannbekin: „Quidquid volunt, petant et ego exaudiam." – „Was immer sie wollen, sollen sie erbitten; ich will sie erhören."[1031]

9.4 Prolocutor, Provisor

Mechthild von Hackeborn erkennt, daß Jesus „prolocutor voluit esse ejus apud Patrem suum", „ihr Fürsprecher bei seinem Vater sein wollte"[1032]. In 2 Makk 4,2 wird einmal ein menschlicher „provisor", „Beschützer" erwähnt.

Gertrud die Große empfiehlt, Christus, „sponso et provisori", „dem Bräutigam und Beschützer", die eigene Liebe anzuvertrauen[1033].

9.5 Samaritanus

In der Exegese der Alten Kirche und des Mittelalters wurde der barmherzige Samaritan (Lk 19,25-37) auf Christus gedeutet, der der unter die Räuber gefallenen Menschheit zu Hilfe kommt[1034]. Auch in unseren Texten begegnet uns diese Erklärung: Christus ist der „Samaritanus".

9.5.1 In seinen Hoheliedpredigten schreibt Bernhard von Clairvaux: „Quia vero vulnera illius, qui incidit in latrones et, iumento corporis pii Samaritani est deportatus in stabulum, non in solo oleo, sed in vino et oleo sanitatem recipiunt, necessarium habet spiritualis medicus etiam vinum fervidi zeli cum oleo mansuetudinis." – „Da aber die Wunden dessen, der unter die Räuber gefallen und auf dem Reittier des gütigen Samaritan in die Herberge getragen worden ist, nicht im Öl allein, sondern im Öl und im Wein die Gesundheit empfangen, hat der geistliche Arzt auch den Wein des glühenden Eifers mit dem Öl der Sanftmut notwendig."[1035] Mit dieser Bemerkung begründet Bernhard, daß die Seelsorger nicht nur Trost spenden dürfen, sondern auch Strafen anwenden müssen[1036].

9.5.2 Isaak von Stella wendet die herkömmliche Exegese an, in welcher der Samaritaner der dem sündigen Menschengeschlecht helfende Christus ist, an[1037]. „Veniat itaque Samaritanus, vinum afferat compunctionis, et oleum consolationis, vinum poenitentiae, et oleum indulgentiae." – „Es kam also der Samaritan und brachte den Wein der Zerknirschung und das Öl des Trostes, den Wein der Buße und das Öl der Vergebung."[1038] Diese Heilung bleibt aber nicht äußerlich: „Intret medicus ad aegrotum, immo intret in aegrotum." – „Es trat der Arzt zum Kranken, ja er trat in den Kranken."[1039] Dieses Eintreten geschah durch die Annahme der menschlichen Natur[1040].

[1031] AB 226,11f.,466.
[1032] MH 2,13,147.
[1033] G R 4,372-378,125.
[1034] Vgl. Bovon, Francois: Das Evangelium nach Lukas: EKK 3,2, Zürich-Düsseldorf und Neukirchen-Vluyn 1996,93-98.
[1035] BHLD 2, 44,2,3,104,27-106,2.
[1036] BHLD 2, 44,2,3,106,3-11.
[1037] IS 6,1,1-12,162.
[1038] IS 6,16,160-162,174.
[1039] IS 6,16,162f.,174.
[1040] IS 6,16,163-167,174.

9.5.3 Gilbert von Hoyland legt den Schwerpunkt seiner Erklärung der Geschichte des barmherzigen Samariters darauf, daß Christus der einzige ist, der nicht vorbeigeht. Vorüber gehen nicht nur der Levit und der Priester[1041], sondern auch Abraham, Mose und die anderen Patriarchen und Propheten[1042]. Sie haben nämlich nicht die Mittel, dem Verwundeten zu helfen[1043]. Nicht nur die Synagoge, sondern auch der Glaube der Kirche muß vorbei gehen, das heißt einmal enden[1044]. Nur Christus ist anders: „Solus ille Samaritanus verus viso illo misericordia motus est, sicut misericordia totus est; et infundit oleum vulneribus." – „Allein jener wahre Samaritan ist, als er ihn sah, von Barmherzigkeit bewegt, wie er ganz Barmherzigkeit ist; und er gießt Wein in die Wunden."[1045]

9.5.4 Auch für Hildegard von Bingen ist Christus der wahre Samaritan, „sic in uictoria pertransiens vires diaboli cum armis uictoriosissimarum uirtutum", „der im Sieg an den Kräften des Teufels vorüber geht mit den Waffen der siegreichsten Tugenden"[1046]. Er heilt die vom Joch des Gesetzes Verwundeten und lindert mit dem Öl der Barmherzigkeit[1047].

9.5.5 Jakob von Vitry weiß im Vorwort seiner Vita der Maria von Oignies, daß „Samaritan" einmal ein Schimpfname für Jesus gewesen war: „Judae Christum Samaritanum ... appellabant." – „Die Juden ... nannten Christus Samaritan"[1048].

9.6 Zelator

„Zelator" heißt „Eiferer". In unseren Texten ist bei diesem Wort nicht an den Eifer des Gerichtes gedacht. Jesus ist vielmehr der, der sich im Eifer, das heißt in Sorgen um uns verzehrt.

9.6.1 Bernhard von Clairvaux geißelt den Mißbrauch der Appellationen an den Papst unter anderem darum, weil den Armen die dazu nötigen Gelder fehlen. In Christus hätte der Papst ein Vorbild, wie der Papst es machen müßte: „Zelatus est Dominus domum orationis factum speluncam latronum; tu eius minister dissimulas miserorum refugium datam arma inquitati?" – „Es eiferte der Herr um das Haus des Gebetes, das zu einer Räuberhöhle gemacht war. Und du, sein Diener, bleibst gleichgültig, wenn die Zufluchtstätte der Armen zur Waffe für die Ungerechtigkeit wird?"[1049] Wer mit dem Bräutigam im Weinkeller der Liebe war, ist „aestuans iustitiae zelo", „brennend im Eifer für die Gerechtigkeit"[1050], „vehemens spiritus repletus zelo", „ein vom Eifer erfüllter Geist"[1051]. Doch muß es ein erleuchteter Eifer sein[1052]. Der Mensch soll laufen

---

[1041] GHLD 7,5,45D.
[1042] GHLD 7,5,45C-D.
[1043] GHLD 7,5,45C.
[1044] GHLD 7,5,45C.
[1045] GHLD 7,5,45D.
[1046] HISV 2, 3,3,9,390-392,382.
[1047] HISV 1, 1,5 vis,31f.,94.
[1048] MO prol 4,548.
[1049] BCO 3,2,8,712,22-24.
[1050] BHLD 2, 49,1,4,164,15.
[1051] BHLD 2, 49,1,4,164,23.
[1052] BHLD 2, 49,2,5,164,27-166,3.

zum Eifer der Barmherzigkeit[1053]. Es ist der Eifer, der sich in Christus gezeigt hat, der Eifer der Güte[1054]. Denn er kommt nicht in dem Eifer der Wut, sondern der Liebe und Sanftmut zum Menschen[1055]. Selbst die strenge Wahrheit muß eingestehen, daß die Barmherzigkeit auch Eifer hat[1056].

9.6.2 Hildegard von Bingen schaut einmal ein Haupt[1057], das sie später als den Eifer Gottes auslegt, den er beim Gericht hat[1058]. Sie legt diesen Eifer aber nicht auf Christus aus. Einmal will sie die Treue denjenigen, die als Bräute Christi die Jungfräulichkeit gelobt haben, einschärfen. Wenn einer sie zur Untreue verführt hat, „rex in rectissimo zelo iudicia sua exercens illum ad perditionem transmittit", „wird der König im gerechtesten Eifer seine Gerichte halten und ihn zum Verderben schicken"[1059].

9.6.3 Ida von Nijvel sieht in der Hostie, die der Priester empor hält, das Jesuskind. Sie hat daraufhin Schwierigkeiten, zur Kommunion zu gehen[1060]. Jesus erscheint ihr erneut und beruhigt sie. Er hat sich nur in dieser Gestalt gezeigt, „vt tibi notumfaciam quanto amore quantave soliditudine zelotes tui sim", „um dir bekannt zu machen, mit welcher Liebe und Sorge ich ein Eiferer nach dir bin"[1061].

9.6.4 Von Ida von Löwen wird berichtet, daß ihr von Natur aus eine Sehnsucht nach Jesus, ihrem Bräutigam „omniumque fidelium animarum ferventissimum zelator", „und dem glühendsten Eiferer aller gläubigen Seelen", eingegeben ist[1062].

9.6.5 Bei Margarete von Ypern schwingt in der Bedeutung von „Zelus" auch etwas von der Eifersucht mit, wenn es heißt: „Zelus enim illius, qui animarum humanarum eternus amator est, eam occulta vocacione sponsaverat nec permisit ut ab amatore alio peripieretur." – „Der Eifer nämlich dessen, welcher der ewige Liebhaber der menschlichen Seelen ist, hatte sich in einer geheimen Berufung mit ihr verlobt und ließ nicht zu, daß sie von einem anderen Liebhaber genommen wurde."[1063] Wenn die Mystikerin daraufhin jeden Kontakt mit Männern meidet, dann um „sponso eius zelatore Iesu", „ihres Bräutigams, des Eiferers Jesu" willen[1064].

9.6.6 Gertrud die Große ruft Jesus mit den Worten an: „zelator castissime", „keuschester Eiferer"[1065]. Der „Dominus, animae zelator castissimus", „Herr, der keuscheste Eiferer der Seele," läßt nicht zu, daß seine Braut aus falscher Scham ihr Gesicht gebeugt hält[1066]. Der „zelator ardentissimus suorum dilectorum", „brennendste Eiferer seiner

[1053] BHLD 2,69,3,6,424,12.
[1054] BHLD 2,69,3,6,424,16.
[1055] BHLD 2,69,3,6,424,20-22.
[1056] BANN 1,11,120,8f.
[1057] HISV 2,3,5 vis,87-90,410.
[1058] HISV 2,3,5,1-15,115-447,411-420.
[1059] HISV 1,2,5,11,466-469,185.
[1060] IN 21,251f.
[1061] IN 21,252.
[1062] IL 2,6,27,178.
[1063] MY 5,109,8-10.
[1064] MY 12,112,17.
[1065] G 3,3,65,3,53,266.
[1066] G 5,5,37,8,3-5,294.

Geliebten" singt selbst beim Kommunionempfang ihr ein Lied vor[1067]. Jesus als der „fortis zelotes", „starke Eiferer" verläßt den Menschen nicht[1068]. Er ist „morte fortior charitatis aemulatio", „der Eifer der Liebe, stärker als der Tod"[1069]. In diesem Sinn ist er auch der „fidelis animae ambitiosus amator", „eifersüchtige Liebhaber der gläubigen Seele"[1070]. „Zelans amor Cordis", „Die eifernde Liebe des Herzens" Jesu sehnt sich danach, die Menschen zu belohnen[1071]. „Zelus ferventis charitatis", „Der Eifer der glühenden Liebe" ist auch Gertrud geschenkt[1072].

10. Muttersprachliche Namen

10.1 Hilfe

Die auf die Bitte der Mechthild von Magdeburg durch Christus aus dem Fegfeuer befreiten Seelen danken ihm „umb die trúwe diner helfe", „um die Treue Deiner Hilfe willen"[1073]. Sie betet: „Herre Jhesu Christe, ich súche dine helfe!" – „Herr Jesus Christus, ich suche Deine Hilfe!"[1074] Oder: „Sist nun min helfe und min trost!" – „Sei nun meine Hilfe und mein Trost!"[1075].

10.2 Bürge

Nach Bernhard von Clairvaux ist uns an Weihnachten in Christus „mediator et obses", „der Mittler und der Bürge" der Versöhnung gesandt[1076]. David von Augsburg schreibt davon beeinflußt von Christus: „Er ist uns ein bürge des himelischen erbes, der uns mit sîner urstende gesichert hât daz êwige leben." – „Er ist uns ein Bürge des himmlischen Erbes, der uns mit seiner Auferstehung das ewige Leben gesichert hat."[1077]

10.3 Beschirmer

10.3.1 Unter einer Reihe Namen für Christus taucht bei David von Augsburg auch „schirmer", „Beschirmer" auf[1078]. Der göttliche Bräutigam ist auch der „aller vridelîchste schirm", „die allerfriedlichste Beschützung"[1079].

10.3.2 Mechthild von Magdeburg wird aufgefordert, Gott zu loben wegen seiner „getrúwen beschirmunge", „getreuen Beschützung". Durch diese gelingt es ihr, bei Jesus zu bleiben[1080].

10.4 Hort

[1067] G 5, 5,37,14,1-3,304.

[1068] G 5, 5,27,10,1f.,222.

[1069] G R 7,292f.,226.

[1070] G 4, 4,14,6,4f.,160.

[1071] G 3, 3,32,1,18-21,166.

[1072] G 2, 1,6,1,1,150.

[1073] MM 7,2,25-27,259.

[1074] MM 7,26,7,276.

[1075] MM 7,26,6f.,276.

[1076] BNAT 5,1,268,11f.

[1077] DV 359,27-29.

[1078] DV 360,24.

[1079] DAG 362,24-28.

[1080] MM 3,12,6-11,92.

Im Mittelhochdeutschen bezeichnet „hort" etwas Wohlbehütetes, wie zum Beispiel einen Schatz oder die Scham einer Frau[1081].

Nach David von Augsburg sehnen wir uns, das auserwählte Erbe zu erlangen, „den dû gotlîchen hort", „den Du (= Christus), göttlicher Hort," besitzt[1082]. Dieser Hort nimmt auch nicht ab, wenn er verteilt wird[1083]. Mit der Zeugung des ewigen Sohnes aus der Weisheit besitzt Gott einen reichen Schatz[1084], den er den Menschen geschenkt hat, der aber in der Sünde verloren ging[1085]. In der Menschwerdung des Sohnes wurde all unsere Armut in Jesus, den göttlichen Hort, verwandelt[1086]. Christus hat uns in den Hort seines Reiches versetzt[1087]. So besitzen wir einen Hort, noch bevor wir geboren werden[1088], um ihn jetzt mit Christus zu erlangen[1089] und im Himmel mit dem Sohn zu genießen[1090].

5. Ursprunghafte Fülle

Unter dieser Überschrift fassen wir eine Reihe Namen zusammen, die Christus als die Fülle bezeichnen, in dem alles Gute seinen Ursprung hat.

5.1 Gestalt

1. In der Vulgata wird im christologischen Kontext „forma" in zwei Bedeutungen gebraucht. „Forma" kann „Urbild" bedeuten. Eine zuerst gegründete Gemeinde kann „forma", „Urbild" für spätere Gemeinden sein (1 Thess 1,7). Der erste Adam ist „forma futuri", „Urbild vom Künftigen", das heißt von Christus. „Forma" kann aber auch „Gestalt der Existenzbedingung" meinen. In diesem Sinn war Jesus Christus in „forma Dei", „der Gestalt Gottes (Phil 2,6)". Beide Bedeutungen kommen auch in unseren Texten vor und werden von uns behandelt. Ps 44,3 „speciosus forma", „schön an Gestalt" wird in unseren Texten oft auf Christus übertragen. Das, was die Vulgata hier mit „forma" überträgt, ist aber so verblaßt, daß es in den modernen Übersetzungen meist nicht mehr auftaucht. Auch wir gehen nicht allen Stellen nach, an denen dieser Psalmvers auf Christus übertragen wird. Eine weitere Bedeutung kennen unsere Texte, die sich nicht auf die Vulgata stützt. Oft wird beschrieben, in welcher „forma", „Gestalt"

[1081] Vgl. Lexer 1,1343.
[1082] DB 6,379,18-21.
[1083] DB 7,382,6-10.
[1084] DM 398,25-399,1.
[1085] DM 400,15f.
[1086] DU 372,25f.
[1087] DM 399,31f.
[1088] DM 399,21f.
[1089] DM 399,24-26.
[1090] DM 405,15-17.

Christus den Mystikerinnen erscheint[1091]. Auch diese Stellen werden von uns nicht vollständig berücksichtigt. In unseren Texten ist das Wort „forma" im Sinn des Hylomorphismus nicht auf Christus übertragen.

2. Bernhard von Clairvaux beschreibt folgendermaßen die Menschwerdung: „Venit ergo ipsa forma, cui conformandum erat liberum arbitrium, quia ut pristinam reciperet formam, ex illa erat reformandum, ex qua fuerat et formatum." – „Es kam also die Gestalt, nach welcher der freie Wille (des Menschen) gleichgestaltet werden mußte, weil er, um die ursprüngliche Gestalt wieder zu empfangen, neugestaltet werden mußte nach (der Gestalt), nach der er gestaltet war."[1092] Bernhard betont, daß der Mensch nicht seinen freien Willen in der Sünde verloren hat. Doch besitzt er die Prägung oder Gestalt nicht mehr, die ihm durch die Schöpfung durch den Sohn gegeben wurde. Dieser ist ja „figura substantiae Patris", „die Gestalt des Wesens des Vaters" (Hebr 1,3)[1093]. Wiedererlangen kann er nur die Gestalt, wenn er dem ähnlich wird, der sie ihm gegeben hat. Dazu wurde der Sohn Gottes Mensch. Wie soll diese Gleichgestaltung aussehen? „Forma autem, sapientia est, conformatio, ut faciat imago in corpore, quod forma facit in orbe." – „Die Gestalt ist die Weisheit, die Gleichgestaltung (geschieht dazu), daß das Bild im Leib macht, was die Gestalt in der Welt macht."[1094] Wenn der Vater durch den Sohn als die ewige Weisheit die Welt geschaffen hat[1095], dann ist es konsequent, daß die Welt durch die Gestalt der göttlichen Weisheit geprägt ist. Das Bild Gottes im Menschen, das in der Mönchstheologie mit der Seele oder dem freien Willen des Menschen gleichgesetzt wird, soll genauso den Leib leiten wie die Weisheit den Erdkreis[1096]. Wie die Weisheit aber die Welt nicht durch Unterwerfung und Zwang, sondern mit dem zustimmenden Willen leitet[1097], so soll es auch der freie Wille dem Gesamtmenschen gegenüber tun. Besonders deutlich wird an dieser Stelle, daß die Weisheit Gottes die Form der Welt nicht im Sinn des Hylemorphismus ist[1098]. In einer seiner Hoheliedpredigten ist Bernhard noch vorsichtiger. Jetzt spricht er nicht mehr von einer Gleichgestaltung mit Christus. „Transformamur cum conformamur." – „Wir werden umgestaltet, wenn wir gleichgestaltet werden."[1099] Wir werden ja nicht in die Majestät Gottes, sondern nur in seinen Willen gleichgestaltet[1100]. Es ist nicht die „forma majestatis", „Gestalt der Majestät", sondern die „forma pietatis et mansuetudinis", „Gestalt der Güte und der Sanftmut", in die hinein der Mensch neugestaltet wird[1101]. In diesem Sinn kann Christus für unser Handeln das Urbild sein. Jesus als Meister übergab „humilitatis

---

[1091] Z.B. ESV 3,4,61; MH 1,23,82; LO 28,324,4f.
[1092] BGR 10,33,220,9-11.
[1093] BGR 10,32,220,4f.
[1094] BGR 10,33,220,11f.
[1095] Vgl. Weiß, Dreieiner 604-615.
[1096] BGR 10,34,220,25f.
[1097] BGR 20,33,220,18-20.
[1098] Vgl. Weiß, Gottesbild 1,646f.
[1099] BHLD 2, 62,3,5,330,20.
[1100] BHLD 2, 62,3,5,330,20-22.
[1101] BHLD 2, 62,3,5,330,25f.

formam", „das Urbild der Demut" seinen Jüngern durch die Fußwaschung[1102]. Über die einzelne Aktion der Fußwaschung hinaus ist für uns aber Christus das Urbild der Demut. Schon bei der Menschwerdung hat er diese Haltung wie ein Gewand angezogen[1103]. „Substantiam, formam habitumque gestavit humilem." – „Er hatte ein demütiges Wesen, eine ebensolche Gestalt und ein ebensolches Gehabe an sich."[1104] Im letzten Satz wechselt die Bedeutung von „forma" über zu „Gestalt". Den gleichen Sinn hat das Wort auch in der folgenden Sentenz. Sie steht in einer Reihe von insgesamt sieben kurzen Bemerkungen, welche durch die Dreizahl von Sachverhalten geprägt ist[1105] und lautet: „Triplex fuit forma Iesu: communis et despecata; sole clarior et tota splendida; spiritualis et divina, sed humanis visibus temperata." – „Dreifach war die Gestalt Jesu: eine, welche (allen Menschen) gemeinsam und verächtlich, eine, welche klarer als die Sonne und ganz strahlend, eine, welche geistlich und göttlich, aber gemildert für die menschlichen Blicke ist."[1106] Von Phil 2,5f. herkommend spricht man gern von einer doppelten „forma" Jesu, der menschlichen und der göttlichen[1107]. Da Bernhard offensichtlich aus dem Kontext unter dem Zwang steht, von einer dreifachen Gestalt Jesu zu sprechen, teilt er die menschliche Gestalt auf. Die eine ist diejenige, in der er sich von den anderen Menschen nicht unterscheidet, die andere diejenige, die er bei seiner Verklärung zeigt. Nicht immer aber wird bei Bernhard die Selbstentäußerung des Sohnes Gottes als Urbild menschlicher Demut angenommen. Zwar erwähnt er in einer Predigt „formam humilitatis", „das Urbild der Demut" bei der Menschwerdung[1108]. Diese beweisen aber auch „vagitus parvuli, locus diversorii, reclinatio in praesepio, pannorum involutio", „das Wimmern des Kindes, der Ort der Unterkunft, das Liegen in der Krippe und das Einwickeln in Windeln"[1109].

3. Wilhelm von St. Thierry schreibt: „In forma Mediatoris Deus et homo sunt unius personae, sed non unius substantiae." – „In der Gestalt des Mittlers sind Gott und Mensch von einer Person, aber nicht von einer Substanz."[1110] Wenn Wilhelm am Schluß seines Traktates „De contemplando Deo" die eine Dreifaltigkeit in drei Personen und dabei neben dem „principium" und der „gratia" auch die „forma, quam sequimur", „Gestalt, der wir folgen," erwähnt, legt es sich nahe, daß unter der „Gestalt, der wir folgen," der Sohn zu verstehen ist[1111].

4. Intensiver beschäftigt sich Guerricus von Igny mit der Gestalt Jesu. Als Jesus geboren wurde, war er als Mensch „puer forma corporis et aetate", „ein Kind an Gestalt des Körpers und des Alters" und zugleich als Gott „antiquus dierum", „der an Tagen

---

[1102] BH 7,20,74,10-12.
[1103] BB 1,42,6,24,482,8.
[1104] BB 1,42,6,24,482,8f.
[1105] BS 2,169-175,364,1-16.
[1106] BS 2,171,364,7f.
[1107] Als Beispiel sei Wilhelm von St. Thierry (WD 8,279A) erwähnt, welcher die Herrlichkeit der göttlichen und die Schmach der menschlichen Natur zuordnet.
[1108] BD 119,814,4f.
[1109] BD 119,814,4-6.
[1110] WD 8,279A.
[1111] WC 13,18-26,118-120.

Alte"[1112]. Auch Guerricus kennt eine dreifache Gestalt Christi, aber in einer anderen Bedeutung als Bernhard: Er besaß „alia forma corporalis, alia moralis, alia intellectualis", „eine je verschiedene körperliche, moralische und geistige Gestalt"[1113]. Dem liegt, wie sich aus dem Kontext ergibt[1114], die Unterscheidung zwischen menschlichem Leib, Seele und Gottheit zugrunde[1115].

5. Johannes von Ford versucht an einer Stelle, den Sinn von „forma" als göttliche Existenzweise mit demjenigen von Vorbild für uns zu verbinden. Nachdem er behandelt hat, wie Jesus in seinem irdischen Leben gewirkt hat[1116], fährt er fort: „Porro in humanitate tua infinita nihilominus species decoris tui, quia cum in ipsa sis a forma Dei assumptus, non altum sapuisti, sed generi te conformans tuo humilibus consensisti." – „Ja, in Deiner Menschheit, die nichtsdestoweniger unendlich an der Art Deiner Zier war, hast Du doch, da Du in ihr von der Gestalt Gottes angenommen worden bist, nicht Hohes geschmeckt, sondern, gleichgeworden mit Deinem Geschlecht, doch mit den Niedrigen gedacht."[1117] An einer weiteren Stelle bedeutet „forma" „Urbild". Uns soll das Urbild Christi unserem Herzen und unseren Armen wie ein Siegel eingeprägt werden, daß wir im Leben nach ihm wandeln[1118]. Er ist ja „forma et imago Dei Patris, et totius iustitiae ac sanctimoniae uerissimum expressumque signaculum", „die Gestalt und das Bild Gott Vaters und das wahrste aufgedrückte Zeichen der ganzen Gerechtigkeit und Heiligkeit"[1119].

6. Der Autor des Traktates „Speculum virginum" stellt fest, daß vom Menschen nur verlangt wird, „quod te natura dictavit, ut rationalitati tuae rationabili virtutum cultu respondeas", „was die Natur dir vorschreibt, daß du nämlich deiner Vernünftigkeit mit vernünftiger Pflege der Tugenden entsprichst"[1120]. Diese Forderung widerspricht aber nicht der Nachfolge Christi. „Christus forma nobis est, via iustitiae", „Christus ist für uns das Urbild, der Weg der Gerechtigkeit"[1121]. Derjenige, der uns mit der Vernunft geschaffen hat, ist ja zugleich das Urbild aller Tugenden[1122].

7. Für Hugo von St. Viktor ist Christus „secundum formam assumptae humanitatis in medio Ecclesiae suae, quasi lignum vitae in medio paradisi", „nach der Gestalt seiner angenommenen Menschheit inmitten seiner Kirche gleichsam der Baum des Lebens inmitten des Paradieses"[1123].

[1112] GIS Nat 1,1,3f.,164.
[1113] GIS Nat Mar 2,2,34f.,488.
[1114] GIS Nat Mar 2,2,35-44,488.
[1115] Vgl. Weiß, Dreieiner 42f.
[1116] JHLD 36,6,174-176,277.
[1117] JHLD 36,6,176-179,277.
[1118] JHLD 103,5,132-140,700.
[1119] JHLD 103,5,140-142,700.
[1120] SP 4,310,23-25.
[1121] SP 4,312,14.
[1122] Deswegen ist die der Ausgabe beigefügte Übersetzung von „forma" mit „schöne Gestalt" an dieser Stelle ungenügend.
[1123] HAN 2,14,644B.

8. Richard von St. Viktor zitiert Phil 2,5-8, an welcher Stelle sowohl von der „forma Dei" wie der „forma servi", die Christus durch die Menschwerdung besaß, gesprochen wird, und fährt dann fort: „Haec est forma humilitatis Christi, ad quam conformare se debet quisquis supremum consummatae caritatis gradum attingere volet." – „Dies ist das Urbild der Demut Christi, welchem jeder sich gleichförmig machen muß, welcher die höchste Stufe der vollendeten Liebe erreichen will."[1124] Richard spricht hier von „forma", „dem Urbild" Christi, obwohl in dem vorausgehenden Zitat zweimal „forma" in einer ganz anderen Bedeutung vorkommt. Auch in seinen Bemerkungen zu den Psalmen erwähnt er „forma humilitatis Christi", „das Urbild der Demut Christi", nach dem der Christ zu streben hat[1125]; denn man sieht ja, wie „Dominum majestatis formam servi accipere", „der Herr der Majestät die Gestalt des Knechtes annimmt"[1126].

9. Häufig erwähnt Hildegard von Bingen die „forma Christi".

9.1 Hildegard spricht im Kontext der Menschwerdung von den beiden Existenzweisen Jesu. Folgendermaßen beschreibt sie das Geheimnis der Menschwerdung: „Filius tuus quasi splendida solis forma mirabiliter surgens in incipiente capite uirginitatis ueraciter indueretur humanitate sumpta hominis forma propter hominem." – „Dein Sohn stieg wunderbar auf wie die leuchtende Gestalt der Sonne, wobei er seinen Anfang in der Jungfräulichkeit nahm, und wurde wirklich bekleidet mit der Menschheit, indem er die Gestalt des Menschen um des Menschen willen angenommen hat."[1127] Die Engel dürfen Christus nicht deswegen verachten, „quia summi Dei Filius incarnatus habet formam hominis in semetipso", „weil der Sohn des höchsten Gottes Mensch geworden in sich die Gestalt des Menschen besitzt"[1128]. Dabei wird betont, daß er der schönste der Menschen ist und in dieser Gestalt die völlig sündenreine Menschheit angenommen hat[1129]. „Filius Dei, in forma hominis", „Der Sohn Gottes in der Gestalt des Menschen" streckte mit dem Schwert seiner Keuschheit den Teufel nieder[1130]. Wenn Hildegard die Gestalt des Menschen erwähnt, die Jesus zur Erlösung in der Menschwerdung angenommen hat[1131], betont sie immer, daß diese aus einer jungfräulichen Zeugung entstammt[1132]. „Filius Dei formam hominis de simplici uirgine", „Der Sohn Gottes wollte die Gestalt des Menschen von einer einfachen Jungfrau" annehmen[1133]. „In humana namque forma homines filium Dei aspiciebant; sed quomodo conceptus et natus fuisset nesciebant." – „In der menschlichen Gestalt erblickten die Menschen den Sohn Gottes; wie er aber empfangen und geboren worden war, wußten sie nicht."[1134] Deswegen konnten sie auch leicht zum Unglauben verführt werden. Offensichtlich

---

[1124] RVGR 43,66.
[1125] RVPS 28,294A.
[1126] RVPS 28,299B.
[1127] HISV 2, 3,1 vis,88-91,329.
[1128] HISV 2, 3,1,6,277-279,335.
[1129] HISV 2, 3,1,8,324-332,336.
[1130] HIM 6,4,22-24,265.
[1131] HIO 3,2,12,5-9,370f.
[1132] HIO 3,2,12,1-4,370.
[1133] HIO 3,4,6,31f.,393.
[1134] HIO 2,1,21,12f.,290.

bemüht sich Hildegard, aufzuzeigen, daß Jesus, auch wenn er die menschliche Existenzweise angenommen hat, möglichst wenig von einer Erniedrigung zeigt, auch wenn sie
weiß, daß seine Herrlichkeit „in forma humanitatis et passionis suae", „in der Gestalt
seiner Menschheit und seines Leidens" wie unter einer Wolke verborgen ist[1135].

9.2 „Forma" kann bei Hildegard aber auch die Bedeutung von Urbild haben. Jesus in
der Eucharistie ist der Spiegel aller Tugenden, „quae per sanctam innocentiam in forma
castitatis perspicuae sunt", „welche durch die heilige Unschuld im Urbild der Keuschheit durchscheinend sind"[1136].

10. Nach David von Augsburg werden wir „in sîne forme geformet", „in seine
(= Christi) Gestalt gestaltet"[1137].

11. Gertrud die Große kennt auch „forma" im Sinne von „Urbild". So ist Christus
„forma, spes et corona virginum", „Urbild, Hoffnung und Krone der Jungfrauen"[1138].
Wenn Jesus bei einer Bittprozession der Mystikerin versichert, er werde beim Vater
eintreten „in ea forma qua omnem humanam naturam reconciliavi", „in der Gestalt, in
der ich die ganze menschliche Natur versöhnt habe"[1139], ist unter der „forma" hier an
die angenommene menschliche Existenzweise gedacht. Einmal erscheint Jesus auch „in
forma corporis", „in der Gestalt des Leibes", welche den mystischen Leib der Kirche
darstellt[1140]. In einer anderen Vision erscheint Gertrud Christus „in humana forma,
praebuit suavissimum osculum incomprehensibili divinitati", „in menschlicher Gestalt
und gewährte einen ganz süßen Kuß der unbegreiflichen Gottheit"[1141]. Selten kommt
es vor, daß zwischen Gottheit und Menschheit Jesu eine personale Beziehung beschrieben wird. Hier wird das innigste Zeichen der Liebe für die untrennbare Einheit zwischen beiden gebraucht[1142].

12. Da das Wort „forma" in seiner verschiedenen Bedeutung in unseren Texten gebraucht wird, lohnt sich hier ein zusammenfassender Rückblick.

12.1 Oft drückt „forma" nur eine vorübergehende Erscheinungsweise Christi aus. Als
Kind besitzt er eine eigene „forma"[1143]. Bei der Fußwaschung hatte Jesus ein demütiges Gehabe[1144]. Es gibt auch die Erscheinungsweise seines Leidens[1145]. Seine alltägliche
menschliche Erscheinung unterscheidet sich von derjenigen, die er bei der Verklärung
hatte[1146]. Die Frauen schauen Christus in ihren Visionen in unterschiedlichen „formae", „Erscheinungsweisen"[1147].

[1135] HISV 2, 3,12,5,161-164,608.
[1136] HISV 1, 2,6,66,1971-1974,283.
[1137] DSG 6,394,6.
[1138] G R 2,95,70.
[1139] G 3, 3,31,1,5f.,164.
[1140] G 3, 3,74,1,1-3,312.
[1141] G 4, 4,41,2,16-18,328.
[1142] G 4, 4,41,2,18-20,328.
[1143] GIS Nat 1,1,3f.,164.
[1144] BB 1, 42,6,24,482,8f.
[1145] HISV 2, 3,12,5,161-164,608.
[1146] BS 2,171,364,7f.
[1147] ESV 3,4,61; MH 1,23,82; LO 28,324,4f.

12.2 Gelegentlich meint auch „forma" eine zusätzliche Prägung. Der freie Wille des Menschen muß wieder die „forma" erhalten, die er durch seine Erschaffung nach dem Bild Christi hatte[1148]. Unser Herz soll von der „forma" Christi geprägt sein[1149]. Dazu bedürfen wir eine Gleich-[1150] oder Umgestaltung[1151] in Christus.

12.3 „Forma" kann auch mit „Urbild" wiedergegeben werden. Jesus ist das ganz allgemeine Urbild oder dasjenige unserer Demut[1152], Keuschheit[1153], Gerechtigkeit und Heiligkeit[1154]. Er ist auch das Urbild aller Jungfrauen[1155].

12.4 Von Phil 2,5f. herkommend unterscheidet man zwischen der „forma Dei", „Existenzweise Gottes"[1156] oder der „forma divina", „göttlichen Existenzweise"[1157] und der „forma hominis", „Existenzweise des Menschen"[1158], der „humanitatis", „Menschheit"[1159] oder des „servi", „Sklaven"[1160]. Auch von der „forma humana", „menschlichen Existenzweise"[1161] Jesu wird gesprochen. Oft wird bei dieser betont, daß sie ohne jede Sünde[1162], vor allem auf sexuellem Gebiet[1163] ist, und ihren Ursprung in der jungfräulichen Empfängnis besitzt[1164].

12.5 „Forma" kann sogar auf die den beiden Naturen gemeinsame Person bezogen werden[1165].

5.2 Urbild

1. Nach der Vulgata hat Mose das Zelt des Heiligtums nach „exemplar", „dem Urbild" des Zeltes gebaut, das er im Himmel geschaut hat (Ex 25,40; Hebr 8,5). Während es viele „exempla", „Vorbilder" für Verhaltensweisen gibt, kann es für die Seinsweisen immer nur ein „exemplar", „Urbild" geben. Was „exemplar" meint, wird gut an einer Stelle bei Hugo von St. Viktor deutlich. Er spricht davon, daß Gott das „exemplar" aller Schönheit ist. Die Schönheit als Urbild ist „optima ... et consummata, nec solum consummata, sed etiam consummandarum omnium consummativa, et consummationis

[1148] BGR 10,33,220,9-11.
[1149] JHLD 103,5,132-140,700.
[1150] BGR 10,33,220,9-13; DSG 6,394,6.
[1151] BHLD 2,62,3,5,330,20.
[1152] BH 7,20,74,10-12; BD 119,814,3f.; RVPS 28,294A.
[1153] HISV 1,2,6,66,1971-1974,283.
[1154] JHLD 103,5,140-142,700.
[1155] G R 2,95,70.
[1156] RVGR 43,66.
[1157] BS 2,171,364,7f.
[1158] HISV 2,3,1 vis,88-91,429; 3,1,6,277-279,335.
[1159] HISV 2,3,12,5,161-166,608.
[1160] RVGR 43,66; RVPS 28,299B.
[1161] G 4,4,41,2,16-18,328.
[1162] HISV 2,3,1,8,329-332,336.
[1163] HIM 6,4,22-24,265.
[1164] HISV 2,3,1 vis,88-91,329; HIO 3,2,12,1-4,370; 3,4,6,31f.,393.
[1165] WD 8,279A.

causa", „die beste ... und vollendete (Schönheit), nicht nur vollendete, sondern diejenige, welche auch alle, die zu vollenden sind, zur Vollendung führt, und ist die Ursache der Vollendung"[1166].

2. Bernhard von Clairvaux kennt zwar das Wort „exemplar" für Christus nicht, gebraucht aber an einer Stelle „exemplum" im Sinn von „exemplar". In der Menschwerdung hat Christus sich grundsätzlich erniedrigt und demütig gezeigt[1167]. Wenn er sich demütig von Herzen nennt, weist er auf sich als „exemplum", „Vor- und Urbild" hin[1168]. An einer weiteren Stelle gebraucht er „imago" in der Bedeutung von Urbild für Christus. Auf die Frage, wie das Verhältnis der Seele zu Christus ist, gibt er die kurze Antwort: Christus ist „imago, illa ad imaginem", „das Bild, jene (= die Seele) ist auf das Bild hin"[1169]. Christus ist als die Wahrheit, Weisheit und Gerechtigkeit schlechthin das Bild von der abgeleiteten Wahrheit, Weisheit und Gerechtigkeit. Nach herkömmlicher Terminologie würde man statt von „imago", „Bild" eher vom „exemplar", „Urbild" sprechen. Von Hause aus ist in der Seele keine Wahrheit, Weisheit und Gerechtigkeit, aber weil sie fähig ist, diese Eigenschaften aufzunehmen, wird sie „ad imaginem", „auf das Urbild Christi hin" genannt[1170].

3. Bei Wilhelm von St. Thierry stoßen wir wieder auf die Bezeichnung „exemplar" für Christus. Der Mensch wird aufgefordert, zu streben nach der vollkommenen Demut, „cujus exemplar ego tibi sum", „deren Urbild für dich ich bin"[1171]. Je höher die Heiligkeit, von der Christus in der Menschwerdung niederstieg, desto größer seine Demut[1172]. So besteht „in Christo humilitatis exemplar", „in Christus das Urbild der Demut"[1173]. Dabei macht Wilhelm auch klar, daß Christus uns nicht ein solches Beispiel der Demut gab, das wir in allem nachahmen können. Wenn wir demütig sind, anerkennen wir das, was wir sind, nämlich klein und sündig. Jesus als die Wahrheit wußte immer, daß er groß und heilig ist. Seine Demut besteht in einem sich freiwillig Erniedrigen[1174]. An einer anderen Stelle schildert Wilhelm, wie Mose das allerheiligste Zelt nach dem Urbild des Zeltes, welches er im Himmel gesehen hatte, anfertigen ließ (Ex 25,40; Hebr 8,5)[1175]. Dies überträgt er auf die Brautmystik. Die Seele als Braut wird in das Geheimnis des Bräutigams geführt, welches „exemplar tuae bonitatis", „das Urbild Deines Gutseins" ist. Nach diesem Urbild muß sie dann in der Wirklichkeit des Alltags ihr Leben ordnen[1176].

4. Für Isaak von Stella ist Jesus auch das „exemplar oboedientiae", „Urbild des Gehorsams". Alles, was durch ihn geschah, wurde im Gehorsam dem Vater gegenüber voll-

---

[1166] HH 4,993B.
[1167] BNAT 1,1,224,17-226,1.
[1168] BNAT 1,1,226,2-4.
[1169] BHLD 2, 80,1,2,568,23.
[1170] BHLD 2, 80,1,2,570,3-5.
[1171] WHLD 1,9,107,240.
[1172] WHLD 1,9,108,240f.
[1173] WHLD 1,9,108,242.
[1174] WHLD 1,9,110,244.
[1175] WHLD 1,10,131,278.
[1176] Ebenda.

zogen: sein Kommen in die Welt, sein Gang in die Wüste und seine Auferstehung[1177]. Besonders in seinem Leiden zeigt er den freiwilligen Gehorsam[1178]. So wurde er „doctor enim et exemplar oboedientiae", „Lehrer nämlich und Urbild des Gehorsams", der nichts außerhalb dem ihm vorgegebenen Weg tun wollte[1179].

5. Öfters bezeichnet David von Augsburg Christus als „exemplar", „Urbild". Er ist ein „gemeinez und ein volkomenez exemplar ... aller tugenden hôhen und nidern", „allgemeines und vollkommenes Urbild ... aller Tugenden, hohen und niederen"[1180]. Unter den hohen und niederen dürften die Haupt- und Sekundärtugenden verstanden sein. Er ist aber nicht nur das Urbild im moralischen Verhalten; dies kann er nur sein, weil er auch „daz êwige exemplar aller dinge", „das ewige Urbild aller Dinge" ist[1181]. Dies ist er, weil der Vater den Menschen nach der Weisheit seines ewigen Wortes, Christus, geschaffen hat[1182], ja weil dieser als Urbild zugleich ihr Bildner ist[1183]. Einmal wird Christus auch als „aller ordenunge exemplar", „Urbild aller Ordnung" genannt[1184]. Damit ist gemeint, daß die gegenseitige Zuordnung der einzelnen Dinge in der Ordnung der ewigen Weisheit des Sohnes Gottes ihren Ursprung hat.

5.3 Vorbild

1. Im Unterschied von „exemplar" ist das Wort „exemplum" meist als Vorbild im moralischen Sinn gemeint. So hat uns Christus nach der Vulgata durch die Fußwaschung (Joh 13,15) und sein Leiden (1 Petr 2,21) ein Beispiel für unser Verhalten gegeben.

2. Bernhard von Clairvaux läßt Christus sprechen: „Qui recolit mortem meam, et exemplo meo mortificat membra sua quae sunt super terram, habet vitam aeternam; hoc est: si conpatimini et conregnabitis (vgl. Röm 8,17)." – „Wer meines Todes gedenkt und nach meinem Beispiel seine Glieder, die auf der Erde sind, tötet, hat das ewige Leben; das heißt, wenn ihr mitleidet, werdet ihr auch mitherrschen."[1185] Hier wird das Gedächtnis des Todes Christi und „compassio", „das Mitleiden" mit der Askese gleichgesetzt. „Se ergo proponit humilitatis exemplum." – „Sich selbst stellt er als Vorbild der Demut dar."[1186] Ganz im moralischen Sinn legt Bernhard auch die Aussage, Christus sei der Weg, die Wahrheit und das Leben (Joh 14,6), aus, wenn er schreibt: „Via in exemplo, veritas in promissio, in praemio vita." – „Weg (ist er) im Beispiel, Wahrheit in der Verheißung, im Lohn das Leben."[1187]

[1177] IS 30,1,3-5,180.
[1178] IS 30,1,6-8,180.
[1179] IS 30,1,9-11,180.
[1180] DK 344,38f.
[1181] DAG 363,16-19.
[1182] Vgl. Weiß, Dreieiner 604-615.
[1183] DEW 366,19f.
[1184] DB 10,384,6f.
[1185] BDI 4,11,92,9-11.
[1186] BH 1,1,46,2f.
[1187] BASC 2,6,332,1f.

3. Wilhelm von St. Thierry schreibt, daß der Sohn Gottes in der Selbsterniedrigung bei der Menschwerdung „in exemplum perfectionis", „zum Beispiel der Vollkommenheit" erschienen ist[1188]. Allerdings glaubt er, Petrus Abaelard tadeln zu müssen, wenn er den Sinn der Menschwerdung nur in dem Gewähren „exemplum humilitatis", „eines Beispiels der Demut" sieht[1189]. Für ihn liegt in der Tatsache, daß Jesus das Bild Gottes ist, der Grund, daß wir ihn „ad principale exemplum imitationis", „zum hauptsächlichen Vorbild der Nachahmung" haben[1190].

4. Isaak von Stella lädt seine Hörer ein, bei Versuchungen immer wieder den scheinbar schlafenden Christus zu wecken[1191]. „In exemplum crucis et passionis ipsius pro nobis intendamus,; tamquam morsi a serpente repente deorsum contemplamur serpentem pendentem sursum." – „Zum Zeichen seines Kreuzes und Leidens für uns wollen wir streben und gleichsam gebissen von der Schlange nach hinten schauen zur Schlange, die oben hängt."[1192] Hier wird „exemplum" nicht im Sinn von Vorbild gebraucht. Kreuz und Leiden Christi sind eher ein Zeichen, durch das die Christen wie einst die Israeliten in der Wüste beim Anblick der Schlange geheilt wurden.

5. Gilbert von Hoyland gibt denen, die noch nicht zur Vollkommenheit gelangt sind, folgenden Rat: „Si non potes recumbere in pectore Jesu, ubi indefessae puteus sapientiae, requiescere inter scapulas, ubi patientiae ejus exempla et mysteria contempleris." – „Wenn du nicht an der Brust Jesu liegen kannst, wo der Brunnen der unversiegten Weisheit (ist), ruhe zwischen den Schulterblättern, wo du die Vorbilder und Geheimnisse seiner Geduld schauen wirst."[1193] Der Ort zwischen den Schulterblättern ist der Rücken Jesu, mit dem er geduldig sein Kreuz getragen hat.

6. Guerricus von Igny zeigt wieder Jesus als Vorbild unserer Askese. Jesus, der uns in das Land der Verheißung führen will, hat die Laster unserer fünf Sinne am Kreuz getilgt, an dem er nach alttestamentlichen Vorzeichen (Jos 10,26f.) bis zum Abend hing[1194]. „Huius enim perseverantiae in cruce Salvator de seipso tibi curavit exemplum praebere, nolens consummari nisi in cruce aut deponi de cruce ante vesperum." – „Für dieses Aushalten war der Heiland bestrebt, dir am Kreuz ein Vorbild zu gewähren, da er nicht am Kreuz enden oder abgenommen werden wollte vor dem Abend."[1195]

7. Ähnlich bezieht auch Hugo von St. Viktor auf die Askese das Leiden und die Auferstehung Jesu: „Mors Christi exemplum fuit ut peccato moriamur, et resurrectio ejus exemplum fuit ut justitiae vivamus." – „Der Tod Christi ist ein Beispiel gewesen, damit wir für die Sünde sterben, und seine Auferstehung war ein Beispiel gewesen, daß wir der Gerechtigkeit leben."[1196] Hugo erwähnt dies deswegen, weil er an Tod

---

[1188] WHLD 1,9,110,244.
[1189] WD 7,275A-B.
[1190] WNC 2,714A.
[1191] IS 15,12,115-120,290.
[1192] IS 15,12,121-123,290.
[1193] GHLD 12,4,63C.
[1194] GIS Palm 2,6,172-174,184.
[1195] GIS Palm 2,6,174-177,184.
[1196] HH 2,952A.

und Auferstehung Christi klar machen kann, daß deren Charakter als „exemplum"
nicht ihre „veritas" ausschließt: „Mors Christi vera fuit, et tamen exemplum fuit; et
resurrectio Christi vera fuit, et tamen exemplum fuit." – „Der Tod Christi war wahr
und doch ein Vorbild gewesen; die Auferstehung Christi war wahr und doch ein Vorbild gewesen."[1197] Wenn er von der Wahrheit des Sterbens und der Auferstehung Jesu
spricht, meint er deren Geschichtlichkeit und Einmaligkeit. Daß beide auch den Vor-
bildcharakter haben, hebt ihre Geschichtlichkeit nicht auf. Mit diesen Bemerkungen
will er aber nur die Doppelstruktur des Altarsakramentes hervorheben. Auch hier gibt
es die „veritas", die „Wahrheit". Mit diesem Ausdruck hat man seit dem Eucharistie-
streit des Berengar von Tours die Realpräsenz Jesu verteidigt, wie es auch unmittelbar
nach den Bemerkungen über das Leiden und die Auferstehung Hugo tut[1198]. Genauso
eindeutig sagt Hugo aber, daß es bei der Eucharistie auch ein „imago", „Bild", und eine
„forma" und „figura", „Gestalt" gibt, unter denen er das Äußere versteht, was sich
im Altarsakrament den menschlichen Sinnen kundgibt[1199]. So wenig wie das Leiden
und die Auferstehung Christi aufhören, geschichtliche Wahrheit zu sein, wenn man
in ihnen auch das Vorbild für uns entdeckt, so wenig hört das Altarsakrament auf, die
Wahrheit der Gegenwart Christi zu enthalten, wenn man bekennt, daß es bei ihm auch
eine äußere Gestalt gibt[1200]. Dieser Passus begegnet uns fast wörtlich in seiner Schrift
„De sacramentis"[1201].

Nach Hugo ist Christus in beiden Naturen das Holz des Lebens. In seiner Gottheit
hat er uns das Leben gewährt, nach seiner Menschheit „praebuit exemplum", „hat er
uns ein Vorbild geschenkt"[1202]. Gemeint ist, daß die Gottheit, welche Jesus besitzt, das
ewige Leben schlechthin ist. In seinem menschlichen Leben ist uns aber ein Vorbild
gegeben, wie wir dieses Leben erlangen und bewahren können.
8. Eine neue Nuance bringt Richard von St. Viktor in die Bedeutung des Ausdruckes
„exemplum". Er kommentiert den Psalmvers 28,5b: „Confringet Dominus cedros Libani", „Der Herr zerschmettert die Zeder des Libanon"[1203]. Das Zerschmettern der
Zeder bedeutet nach ihm das Verdemütigen der Stolzen. Als Herr tut er dies, indem er
„terrore suae majestatis", „mit dem Schrecken seiner Majestät" wirkt[1204]. Christus ist
aber nicht nur Herr, sondern auch der Geliebte. Als solcher „hoc facit exemplo suae
humilitatis", „tut er dies durch das Beispiel seiner Demut"[1205]. Das Handeln „terrore"
steht dem Handeln „exemplo" gegenüber. Jesus kann zwar beim Menschen etwas mit
Macht bewirken, oft aber möchte er es durch sein eigenes Beispiel tun.

[1197] Ebenda.
[1198] HH 2,952A-C.
[1199] HH 2,952B-D.
[1200] HH 2,951D.
[1201] HSA 2,8,6,465C-466B.
[1202] HAN 2,9,643A.
[1203] RVPS 28,298C-299B.
[1204] RVPS 28,299A.
[1205] Ebenda.

9. Hildegard von Bingen schreibt: „Saluator pretiosissimum exemplum in suauitate amoris tradidit fidelibus suis." – „Der Heiland hat das kostbarste Vorbild in der Süße der Liebe seinen Gläubigen gegeben."[1206] Denn er hat sein eigenes Blut für die Menschen vergossen; so sollen auch diese ihren Leib geißeln und sich bis zum Blutschweiß mühen in der Selbstverleugnung zur Stärkung der Kirche[1207].

10. Elisabeth von Schönau überliefert in ihrem Werk „Liber viarum dei" verschiedene Reden an die einzelnen Stände der Kirche. Dabei wird deutlich, daß sie dabei an konkrete Menschen ihrer Zeit denkt. So erstaunt es, daß sie auch eine eigene Rede „de via martyrum", „Über das Leben der Märtyrer" kennt. Wirkliches Martyrium gab es aber zu ihren Lebzeiten kaum. Da in der damaligen Zeit besonders strenge Askese Martyrium genannt wird, dürften die Adressaten dieser Rede in den asketisch lebenden Menschen zu suchen sein. „Christus apparet in eis quasi speculum, et exemplum, et decor gloriosus." – „Christus erscheint in ihnen gleichsam als Spiegel, Vorbild und herrlichem Schmuck."[1208]

11. Nach David von Augsburg hat Christus gelebt, „dans nobis exemplum prefectionis", „indem er uns ein Vorbild der Vollkommenheit gab"[1209]. Unter Vollkommenheit ist hier nicht die höchste Stufe der Tugenden zu verstehen, die jeder Mensch zu erstreben hat. Vollkommenheit meint hier die Verwirklichung der geistlichen Räte. Aus diesem Grund zeigt David in der unmittelbaren Folge auf, wie Christus die Armut als Vorbild für die anderen Menschen gelebt hat[1210].

Unter seinen mittelhochdeutschen Werken gibt es einen Traktat, der den Titel trägt „Der Spiegel der Tugend", in dem aufgezeigt wird, daß in Christi Person und Leben schon alle Tugenden vorhanden sind, die der Christ zu pflegen hat[1211]. Dort hat „spiegel" dieselbe Bedeutung wie das lateinische „exemplum".

12. Margareta von Magdeburg hat eine Vision des Kreuzes Jesu, in der ihre eigene Berufung verdeutlicht wird. Sie sieht ein Kreuz in großer Ausdehnung nach allen Seiten: „In profunditate crucis intellexit Christi humilitatem, et talem humilitatem, ad quam nullus umquam attigit et attingit." – „In der Ausdehnung des Kreuzes nach unten verstand sie die Demut Christi, und zwar eine solche Demut, zu der (sonst) keiner je gereicht hat und reicht."[1212] Obwohl die Demut Christi unerreichbar ist, wird sie ihr doch zum Vorbild: „In hoc exemplum dedit ei fieri abissum humilitatis et eum in humilitate imitari." – „Darin hat er ihr ein Vorbild gegeben, ein Abgrund an Demut zu werden und ihn in der Demut nachzuahmen."[1213] Weite Teile ihrer Lebensbeschreibung dienen zum Aufweis, daß sie diesen Anspruch erfüllt hat. Das Ausstrecken der Hände des Gekreuzigten ist ein Zeichen seiner Liebe, mit der er die ganze Welt erfaßt.

[1206] HISV 1, 2,6,22,871-873,250.
[1207] HISV 1, 2,6,22,875-877,250f.
[1208] ESI 12,96.
[1209] DAE 3,44,4,271.
[1210] Ebenda.
[1211] DT 325,26-341,7.
[1212] MA 9,12.
[1213] Ebenda.

Ohne daß das Wort „exemplum" fällt, wird auch dieses Verhalten Jesu für Margareta zum Vorbild, indem sie die Trostlosen tröstet[1214]. Die Dimension des Kreuzes nach oben drückt Christi Verlangen aus, den Vater zu loben, was ebenfalls für Margareta vorbildlich ist[1215].

13. Mechthild von Hackeborn schreibt: Ein jungfräulicher Mensch „in speculis exemplorum Jesu Christi solebat vitam suam examinare quam similis esset Deo in virtutibus, vel quam dissimilis", „pflegte im Spiegel der Vorbilder Jesu Christi sein Leben zu prüfen, wie ähnlich er Gott ist in den Tugenden oder wie unähnlich"[1216]. An einer anderen Stelle umschreibt Mechthild gut das, was sie mit dem Vorbild Christi meint, ohne daß das Wort fällt: „Deus tuus, humilis factus, dignatus est ad humilia opera et servitia inclinari; quanto magis te, vilem homuncionem, decet humiliari et subditum esse. Similiter de patientia et aliis virutibus cogitet." – „Dein Gott, demütig geworden, hat sich gnädig zu demütigen Werken und Diensten geneigt; um wieviel mehr sollst du Menschlein dich demütigen und untertan sein. Ähnlich soll er von der Geduld und den anderen Tugenden denken."[1217]

14. Nach Gertrud der Großen bleibt jener an der Brust Jesu, der alle Beschwerden des Lebens in den Büschel des Leidens Christi einwickelt und ihm in den Vorbildern des Leidens nachfolgt[1218]. Man soll sich dabei nicht nur durch ein Bild des Leidenden Jesu berühren lassen, sondern auch die Vorbilder seines Leidens nachahmen[1219]. Wer nur äußerliche Bilder verehrt, aber sich nicht bemüht, die Vorbilder des Leidens Jesu nachzuahmen, kann Jesus nicht gefallen[1220].

5.4 Ursprung

1. „Principium" kann den zeitlichen Anfang meinen. In dieser Bedeutung gehen wir diesem Wort hier nicht nach. Es hat aber auch die Bedeutung von Ursprung. In diesem Sinn heißt es, daß Christus der Ursprung ist (Joh 8,25, vgl. Kol 1,18). „Origo" wird in der Vulgata nur im Sinn eines zeitlichen Anfangs gebraucht. In unseren Texten wird nicht allzu häufig von Jesus als Ursprung gesprochen. Grund dafür kann in der Tatsache liegen, daß in der mittelalterlichen Trinitätstheologie die erste Person der Dreifaltigkeit mit den Ausdrücken „principium" oder „origo" verbunden ist.

2. Jean von Fécamp nennt den ewigen Sohn „principium de principio", „Ursprung vom Ursprung"[1221]. Will er daran festhalten, daß der Vater der eigentliche Ursprung ist, dann kann der Sohn nur Ursprung vom Ursprung sein.

[1214] MA 9,12f.
[1215] MA 9,12.
[1216] MH 6,1,377.
[1217] MH 3,41,245.
[1218] G 3, 3,42,2,1-4,194.
[1219] G 3, 3,42,2,9-11,194-196.
[1220] G 3, 3,42,2,20-23,196.
[1221] JFC 1,10,205,116.

3. Bernhard von Clairvaux antwortet auf die Frage, wer Gott sei: „Principium; et hoc ipse de se responsum dedit." – „Ursprung; und diese Antwort hat er über sich selbst gegeben."[1222] Derjenige, der diese Antwort aber gab, war nach Joh 8,25 der menschgewordene Sohn.

4. Isaak von Stella betont, daß in der Dreifaltigkeit der Sohn die gleichen Tugenden wie der Vater hat; so besitzt er die Ewigkeit von der Ewigkeit des Vaters[1223], die Macht von der Macht des Vaters, die Weisheit von der Weisheit des Vaters und die Gerechtigkeit und alle anderen Tugenden von denjenigen des Vaters[1224]. Denn „principium Pater, de principio principium Filium", „der Ursprung (ist) der Vater, vom Ursprung (ist) der Sohn Ursprung"[1225].

5. Der Autor des Traktates „Speculum virginum" kommentiert Offb 22,13 „Ego sum … principium et finis", „Ich bin … der Anfang und das Ende" folgendermaßen: „Principium a quo sumunt ea, quae sunt, initium, finis vero, in quo cuncta terminantur." – „Ursprung, von dem alles, was ist, seinen Anfang nimmt, Ziel aber, in dem alles sein Ende findet."[1226] Mit dieser Bemerkung wird deutlich, daß mit „principium" nicht einfach nur der zeitliche Beginn gemeint sein kann.

6. David von Augsburg läßt zu Christus beten: „Mit dirre innersten edelsten âder dîner wünnesaelîchlîchen süeze dâ trenke unser sêle mit aller genâden urspinc." – „Mit dieser innersten edelsten Ader Deiner wonneseligen Süße, damit tränke unsere Seele mit dem Ursprung aller Gnaden."[1227]

7. Mechthild von Hackeborn nennt das Herz Jesu „fons et origo totius boni", „Quelle und Ursprung von allem Guten"[1228].

8. Gertrud die Große bezeichnet einmal Jesus als „origo lucis perpetuae", „Ursprung des ewigen Lichtes"[1229], welche Aussage sie an anderer Stelle wiederholt[1230].

9. Christina von Hane schreibt: „Vff unsers heren lychams dage was myn sele yn eym stylle scwebenden lyechte. Vnd ich sache yn dem lyecht, das er ist eyn oirsproncke alles lyechtes." – „Am Fronleichnamstag war meine Seele in einem stillen, schwebenden Licht, und ich sah ihn in dem Licht, daß er ein Ursprung alles Lichtes ist."[1231] Es legt sich nahe, daß der, den Christina sah, derjenige ist, dessen Fest gefeiert wird, also Jesus Christus.

[1222] BCO 5,6,13,794,21f.
[1223] IS 23,9,79f.,88
[1224] IS 23,81-83,88.
[1225] IS 23,9,80,88.
[1226] SP 11,910,9f.
[1227] DB 9,383,17f.
[1228] MH 3,8,207.
[1229] G R 2,98,72.
[1230] G R 6,213,174.
[1231] CH 2, 235.

5.5 Fülle

1. In unseren Texten bezeichnet die Fülle oft nicht nur das volle Maß von etwas, sondern auch dasjenige, aus dem Gleichgeartetes entspringt. In diesem Sinn gebraucht auch die Vulgata die „plenitudo". Aus Christi Fülle haben wir alle empfangen (Joh 1,16). Wir sollen gelangen zur Fülle des Alters Christi (Eph 4,13). In ihm wohnt ja die Fülle Gottes (Kol 1,19).

2. Bernhard von Clairvaux schreibt im Hinblick auf Maria: „Cui utique, distillantibus caelis, tota se infudit plenitudo divinitatis, adeo ut ex hac plenitudine omnes acciperemus, qui vere sine ipsa non aliud quam terra arida sumus." – „Auf sie goß sich, als die Himmel tauten, die ganze Fülle der Gottheit so sehr, daß aus dieser Fülle wir alle empfangen haben, die wir wahrhaft ohne sie nichts anderes als trockene Erde sind."[1232] Bernhard will natürlich nicht sagen, daß am Ende in Maria die ganze Fülle der Gottheit wohnt, sondern nur, daß in ihr der Sohn Gottes, in dem die Fülle der Gottheit wohnt, Mensch geworden ist. Der Name des Bräutigams, ja er selbst, hat sich in seiner Selbstentäußerung bei der Menschwerdung ausgegossen[1233]. „Effusa est plenitudo Divinitatis, habitans super terram corporaliter, ut de illa plenitudine omnes, qui corpus mortis gestamus, caperemus." – „Ausgegossen ist die Fülle der Gottheit und wohnt leiblich auf Erden, so daß von jener Fülle wir alle empfangen haben, die wir in einem Leib des Todes leben."[1234] Zu ihm soll der Mensch sich aufmachen und sprechen: „Ibo ad eum qui plenus est gratiae et veritatis, si forte accipiam aliquid de plenitudine illa, immo si forte accipar in plenitudinem illam, ut cum ceteris aliquando membris occuram in mensuram aetatis plenitudinis Christi." – „Ich will zu dem gehen, der voll Gnade und Wahrheit ist, ob ich nicht etwas von jener Fülle empfange, ja ob ich in jene Fülle hineingenommen werde, so daß ich mit den übrigen Gliedern einmal hineinlaufe in das Maß der Fülle des Alters Christi."[1235]

3. Wilhelm von St. Thierry schreibt, Jesus komme einmal „in divitiis plenitudinis tuae et deliciis bonitatis tuae in pauperem tuum", „in den Reichtümern Deiner Fülle und den Wonnen Deiner Güte zu Deinem Armen"[1236].

4. Aelred von Rievaulx fordert seine leibliche Schwester, die eine Rekluse ist, auf, die Verkündigung an Maria zu betrachten[1237]. „Haec crebius repetens, quae sit haec gratiae plenitudo, de qua totus mundus gratiam mutuauit quando Verbum caro factum est et habitauit in nobis plenum gratiae et veritatis." – „Dies wiederhole öfters (und bedenke), was diese Fülle der Gnade ist, von welcher die ganze Welt die Gnade geliehen hat, als das Wort Fleisch geworden ist und unter uns voll Gnade und Wahrheit gewohnt hat."[1238] Von Maria stammen ja das Fleisch und die Glieder ab, „in quibus corporaliter

---

[1232] BLVM 2,7,56,20-23.
[1233] BHLD 1, 15,2,4,218,10f.
[1234] BHLD 1, 15,2,4,218,12-14.
[1235] BMART 4,874,2-5.
[1236] WHLD 1,fin 144,302.
[1237] ARI 29,891-896,663f.
[1238] ARI 29,896-899,663.

omnis plenitudo diuinitatis", „in welchen leiblich die ganze Fülle der Gottheit" wohnte[1239].

5. Guerricus von Igny legt in einer Weihnachtspredigt die Schriftstellen aus, nach denen Christus gekommen ist, als „plenitudo temporis", „die Fülle der Zeit" erreicht war. Er bietet dazu verschiedene Erklärungsmöglichkeiten an: Dies war der Fall „seu propter abundantiam gratiae, seu propter adimpletionem praecedentis prophetiae, seu propter pleniorum aetatem fidei adulatae", „entweder wegen der Überfülle der Gnade oder wegen der Erfüllung der vorausgehenden Verheißung oder wegen des volleren Alters des reifen Glaubens"[1240]. Zu der ersten Bedeutungsmöglichkeit sagt er, daß „omnium plenitudo bonorum Christus Dominus est", „die Fülle von allem Gutem Christus, der Herr, ist"[1241]. Um diese Aussage zu erhärten, führt Guerricus verschiedene Schriftstellen an, in denen von dem Vollsein oder der Fülle Christi die Rede ist[1242]. „Cum enim plenus omnibus bonis natus esset temporaliter auctor temporis, quid non plenitudinem attulisset temporis?" – „Als nämlich der Urheber der Zeit voll allem Guten geboren war, warum sollte er nicht die Fülle der Zeiten bringen?"[1243] Guerricus aber möchte dies nicht so verstanden haben, als habe Christus den Menschen zeitliche Güter gebracht[1244]; vielmehr hat er geistige geschenkt, er ist ja die Fülle der Gerechtigkeit und des Friedens[1245] und der Barmherzigkeit[1246].

6. Öfters erwähnt auch Johannes von Ford die Fülle Christi. Er schildert, daß der Sohn die ganze Fülle vom Vater empfangen hat. „Pater enim diligit Filium suum, dilectum meum, et tam admirabili tamque incomprensibili dilectione diligit eum, ut omnem plenitudinem gloriae suae ac potestatis in eum transfuderit." – „Der Vater nämlich liebt seinen Sohn, meinen Geliebten, und er liebt ihn mit so wunderbarer und so unbegreiflicher Liebe, daß er die ganze Fülle seiner Herrlichkeit und Macht in ihn gegossen hat."[1247] Er hat dies so gegeben, daß der Sohn „omnis plenitudo iustitiae ipsius", „die ganze Fülle seiner Gerechtigkeit" ist[1248]. Was in der Ewigkeit geschehen ist, wird in der Zeit beim menschgewordenen Sohn Wirklichkeit: „Ab ipso suae natiuitatis exortu in omnem plenitudinem gratiae et ueritatis mediator Dei et hominum homo Christus Jesus assumptus est." – „Vom Augenblick seiner Geburt an ist in alle Fülle der Gnade und Wahrheit der Mittler zwischen Gott und den Menschen, der Mensch Christus Jesus, aufgenommen."[1249] Durch diese Fülle der Liebe entreißt Christus auch die Menschen jeder Art des Todes[1250].

[1239] ARI 29,905-907,663.
[1240] GIS Nat 4,1,3-6,204.
[1241] GIS Nat 4,1,7,204.
[1242] GIS Nat 4,1,8-16,204.
[1243] GIS Nat 4,1,16-18,204.
[1244] GIS Nat 4,1,26-28,204-206.
[1245] GIS Nat 4,1,40f.,206.
[1246] GIS Nat 4,1,33-51,206.
[1247] JHLD 7,2,108-111,75.
[1248] JHLD 14,3,88-90,126.
[1249] JHLD 104,5,108-110,705.
[1250] JHLD 105,7,142f.,713.

7. Der zisterziensisch geprägte Traktat „Liber amoris" geht auf das Problem ein, wie eine Seele zwar Gott lieben will, aber meint, diese Liebe nicht vollziehen zu dürfen[1251]. Die Antwort der personifizierten Liebe lautet: „Quoniam ipse prior dilexit; te, et licet omnis plenitudo diuinitatis in ipso habitet corporaliter, non tamen est metuendus, quoniam qui dilexit non diligentem multo magis et affectuosius diliget diligentem." – „Da er (= Christus) dich vorher geliebt hat, ist er auch, obwohl die Fülle der Gottheit in ihm leibhaft wohnt, doch nicht zu fürchten, weil derjenige, der den Nicht-Liebenden geliebt hat, noch viel mehr und gefühlvoller den Liebenden liebt."[1252]

8. Am ausführlichsten unter den von uns behandelten Theologen hat Richard von St. Viktor über den Begriff „Fülle" nachgedacht. Verschiedentlich setzt Richard den Besitz „participatione", „aus Teilhabe" demjenigen „plenitudine", „aus der Fülle" entgegen. Geschöpfe besitzen Macht[1253] und Weisheit[1254] aus Teilhabe an Gott, nicht aber aus der Fülle. Wo Teilhabe sich ereignet, besitzt jeder nur einen Teil, wo die Fülle ist, herrscht die Einfachheit[1255]. Gott ist das höchste Gut, weil er das Gutsein in Fülle und nicht in Teilen ist[1256]. „Bonitatis vero plenitudo non potuit esse sine caritatis plenitudine; nec caritatis plenitudo sine divinarum personarum pluralitate." – „Die Fülle der Güte aber konnte nicht sein ohne die Fülle der Liebe und die Fülle der Liebe nicht ohne eine Mehrzahl göttlicher Personen."[1257] So wissen wir „ex bonitatis plenitudine quod sit personaliter trinus", „aus der Fülle der Güte (Gottes), daß er dreifach in den Personen existiert"[1258]. Diesen Satz könnte man die Grundthese des ganzen Traktates „De Trinitate" des Richard nennen. Gäbe es nur eine göttliche Person, hätte diese niemanden, dem sie „plenitudinis suae abundantiam", „den Überfluß ihrer Fülle" mitteilen könnte, etwas, was aber die Liebe will[1259]. So ist die Existenz mehrerer Personen in Gott eine Forderung der „summa plenitudo dilectionis in mutue dilectis", „höchsten Fülle der Liebe bei sich gegenseitig Liebenden"[1260]. Da die Liebe aber vorbehaltlos alles schenkt, gibt es zwischen den göttlichen Personen auch nur ein- und dieselbe Fülle[1261], auch wenn der Vater sie allein ungezeugt besitzt[1262]. „Omnibus divinis personis est commune omnem plenitudinem habere." – „Allen göttlichen Personen ist es gemeinsam, die ganze Fülle zu haben."[1263] „Commune est omnibus in illa Trinitate plenitudinem divinitatis habere." – „Gemeinsam ist allen in jener Trinität, die Fülle der Gottheit zu

---

[1251] LB 3,135-141,131.
[1252] LB 3,141-148,131f.
[1253] RVTR 1,14,88; 1,24,102.
[1254] RVTR 1,23,102; 1,24,102.
[1255] RVTR 5,4,308.
[1256] RVTR 2,19,144.
[1257] RVTR 3,2,170.
[1258] RVTR 6,25,460.
[1259] RVTR 3,4,174-176.
[1260] RVTR 3,7,182.
[1261] RVTR 3,23,218.
[1262] RVTR 5,13,336.
[1263] RVTR 5,25,366.

haben."[1264] Selbst die Fülle der Weisheit, die oft dem Sohn zugeschrieben wird, kommt in gleicher Weise auch dem Vater zu[1265]. Einen Unterschied läßt er nur darin zu, daß die eine Fülle in sich oder geschenkt existiert[1266]. Richard selbst weiß, daß er diese oder ähnliche Sätze oft in seinem Traktat ausspricht[1267].

Zusammenfassend kann man sagen, daß Richard innertrinitarisch keine Fülle kennt, die der Sohn für sich besäße; dies hindert ihn aber nicht daran, zu fordern, voranzu-schreiten „in mensuram plenitudinis Christi", „zum Maß der Fülle Christi"[1268]. Doch gibt es für Richard auch Schwierigkeiten bei der Fülle, welche die menschliche Seele Christi besitzt. Er kennt natürlich die Schriftstellen, nach denen der Menschgewor-dene voll Gnade und Wahrheit ist und in seiner Person die Fülle der Gottheit leibhaft wohnt[1269]. Heißt das aber nicht, daß Jesus auch als Mensch die Fülle der Macht, der Weisheit und der Güte aus Gnade besitzt, wie sie der Vater von Natur aus hat? Bedeu-tet dies aber nicht, daß er „Patri aequalis erit, et creatura Creatori coaequari poterit", „dem Vater gleich wäre und ein Geschöpf dem Schöpfer gleich sein könnte"[1270]? Wird damit nicht der grundlegende Unterschied zwischen Schöpfer und Geschöpf, der nach Richard im dem Haben in Fülle und dem Haben aus Teilhabe besteht, verwischt? Letz-lich will Richard keineswegs leugnen, daß auch die Menschheit Jesu die Fülle besitzt. Für ihn ist dies nur ein Beispiel für eine Glaubenswahrheit, an der es festzuhalten gilt, auch wenn sie „non solum supra rationem, sed etiam contra rationem esse", „nicht allein über dem Verstand, sondern auch gegen den Verstand zu sein" scheint[1271].

9. Hildegard von Bingen schreibt sehr unbekümmert Eigenschaften den einzelnen trinitarischen Personen zu. So spricht sie von der „plenitudo fructuositatis", „Fülle der Fruchtbarkeit" des Sohnes[1272]. Nach ihr gründet die gegenseitige Verbundenheit der Menschen des Alten Gesetzes „in consanguinitate sanguinis", „auf der Verwandtschaft des Blutes"[1273]. „Dum illud tempus uenit in quo Filius meus plenitudinem caritatis af-ferens", „Als die Zeit gekommen war, in der mein Sohn die Fülle der Liebe gebracht hat", ist die Grundlage des neuen Volkes Gottes die Taufe und nicht mehr die Blutsver-wandtschaft[1274]. Der menschgewordene Sohn Gottes hat uns durch sein Leiden und seine Auferstehung den Kelch des Lebens gebracht[1275]. Wir brauchen keine Angst zu haben, daß irgendwann dieser Kelch erschöpft sei, denn er verhält sich so, „sicut bo-trus cypri fortissimam plenitudinem potationis in se continent", „wie Zyperntrauben

---

[1264] RVTR 6,18,430.

[1265] RVTR 6,23,450.

[1266] RVTR 5,25,366; 6,11,402; 6,14,412.

[1267] RVTR 6,20,438.

[1268] RVPS 28,315D-316A.

[1269] RVBMA 4,18,159B.

[1270] Ebenda.

[1271] RVBMA 4,18,158A.

[1272] HISV 1, 2,2,2,49f.,125.

[1273] HISV 1, 1,2,18,469f.,26.

[1274] HISV 1, 1,2,18,474-479,26.

[1275] HISV 1, 2,6,29,1124-1126,258.

die stärkste Fülle eines Getränkes in sich enthalten"[1276]. Auf dem Sohn ruhte ja der Heilige Geist, wodurch „plenitudo sanctitatis erat in eo", „die Fülle der Heiligkeit in ihm war"[1277]. So ist im Sohn „omnis plenitudo boni operis orta", „jede Fülle des guten Werkes entstanden"[1278].

10. Elisabeth von Schönau sieht eine Stadt, welche die ideale Kirche darstellt. Weil sie ein Bild Jesu Christi ist, in dem die ganze Fülle der Gottheit wohnt, kann man auch in ihr Spuren der Dreifaltigkeit erkennen[1279].

11. Nach Mechthild von Hackeborn „Filius Dei in omni plenitudine divinitatis existiti filius virginis et hominis", „existierte ich, der Sohn Gottes, in der ganzen Fülle der Gottheit als Sohn der Jungfrau und des Menschen"[1280]. Auf Erden aber wollte er nur seiner Mutter die Fülle der Wonnen seiner Gottheit mitteilen[1281].

12. Nach Gertrud der Großen soll man Jesus bitten, daß er den Menschen einführe „in suavitatis tuae plenitudinem", „in die Süße Deiner Fülle"[1282]. Einmal fühlt sich Gertrud an der Brust des Herrn ruhend, „in quod habitat corporaliter omnis plenitudo divinitais (Kol 2,9)", „in welcher leibhaft wohnt die ganze Fülle der Gottheit"[1283] oder die Süße der Gottheit in Fülle[1284].

Bei Gertrud kommt oft das Wort „superabundantia" oder „supereffluentia", „großer Überfluß" vor, da semantisch eine Steigerung von „plenitudo" darstellt. So wird von „superabundantia divini Cordis", „dem großen Überfluß des göttlichen Herzens" Jesu gesprochen[1285]. Jesus oder sein „abyssalis supereffluentia", „abgründiger großer Überfluß"[1286] erlaubt „ex copiosissima liberalitatis tuae supereffluentia", „aus dem großen, reichsten Überfluß Deiner Freigibigkeit"[1287], daß Gertrud zur Kommunion gehen darf. Die „vis amoris cujus plenitudo habitat", „Gewalt der Liebe, die als Fülle wohnt" in Jesus, stellt alles wieder her, was Gertrud aus Bosheit verschlimmert hat[1288]. Dadurch kann Gertrud wachsen in das Maß der Fülle der Reife Christi[1289]. Gertrud kennt „inscrutabilem omnipotentiam tuam ex abundantia pietatis", „Deine unerforschliche Allmacht aus dem Überfluß der Güte", die ihr so vieles geschenkt hat[1290].

13. Lukardis von Oberweimar schreibt vom Sohne Gottes: „Ex abundantia tuae pietatis venisti in hunc mundum quaerere et salvum facere, quod perierat." – „Aus dem

---

[1276] HISV 1,2,6,29,1126-1131,258.
[1277] HISV 2,3,8,15,699-702,498.
[1278] HIO 2,1,49,7f.,343.
[1279] ESV 3,2,58.
[1280] MH 3,28,232.
[1281] Ebenda.
[1282] G R 2,13,64.
[1283] G 2,2,7,1,15-17,260.
[1284] G 4,4,35,4,19-23,294.
[1285] G 2,1,14,5,25f.,202.
[1286] G 2,2,20,1,6-10,308.
[1287] G 2,2,5,1,9-11,248.
[1288] G 2,2,5,4,1-4,252.
[1289] G 3,3,23,1,12f.,116.
[1290] G 2,2,21,4,13-16,326.

Überfluß Deiner Güte bist Du in diese Welt gekommen, um zu suchen und heil zu machen, was verloren war."[1291]

14. Eine Stimme spricht zu Agnes von Blannbekin, daß der Gründonnerstag „est dies plenitudinis gratia (!) et miserationis divinae", „ein Tag der Fülle der Gnade und des göttlichen Erbarmens ist"[1292].

15. Zusammenfassend läßt sich über die Fülle Jesu Christi sagen:

15.1 Im strengen Sinn kann man nur von einer einzigen Fülle in der Dreifaltigkeit sprechen, die alle drei Personen gemeinsam besitzen[1293]. Die Fülle der gemeinsamen Liebe ist ja der Grund dafür, daß Gott in drei Personen existiert[1294]. Wenn man sie einer Person besonders zuschreibt, dann am ehesten dem Vater. Der Vater hat aber sich selbst, das heißt die Fülle seiner Macht, seiner Herrlichkeit[1295] und seiner Gerechtigkeit[1296], dem Sohn gegeben. Wir Geschöpfe können zwar an Gott und seinen Geschöpfen Anteil haben, besitzen aber nie seine Fülle[1297].

15.2 Oft wird Kol 2,9 zitiert oder umschrieben, nach welcher Stelle in Jesus Christus die ganze Fülle der Gottheit wohnt[1298]. Davon abgeleitet kann es auch heißen, daß durch ihre Empfängnis des Sohnes Gottes auch in Maria die Fülle der Gottheit wohnt[1299]. Auch das Schriftwort von der Fülle des Alters Christi (Eph 4,13) wird häufig gebraucht[1300]. Ebenfalls wird Joh 1,16, nach welcher Stelle der Menschgewordene voll Gnade und Wahrheit ist, aus dessen Fülle wir alle empfangen haben, oft herangezogen[1301].

15.3 Es ist von den Reichtümern der Fülle Jesu[1302] die Rede. Er ist die Fülle aller Güter[1303], das heißt die Fülle der Barmherzigkeit[1304], des Erbarmens[1305], der Gerechtigkeit und des Friedens[1306], der Gnade und Wahrheit[1307], der Fruchtbarkeit[1308], der Heilig-

---

[1291] LO 70,352,5-7.

[1292] AB 75,7f.,180-182.

[1293] RVTR 5,25,366; 6,18,430; 6,20,438.

[1294] RVTR 6,25,460.

[1295] JHLD 7,2,108-111,75.

[1296] JHLD 14,3,88-90,126.

[1297] RVTR 5,4,308.

[1298] BHLD 1, 15,2,4,218,12-14; ARI 29,905-907,663; LB 3,141-148,131f.; ESV 3,2,58; MH 3,28,232; G 2, 2,7,1,15-17,260.

[1299] BLVM 2,7,56,20-23; ARI 29,905-907,663.

[1300] BMART 4,874,2-5; RVPS 28,315D-316A; G 3, 3,23,1,12f.,116.

[1301] BMART 4,874,2-5; ARI 29,896-899,663.

[1302] WHLD 1,fin 144,302.

[1303] GIS Nat 4,1,7.16-18,204.

[1304] GIS Nat 4,1,33-51,206.

[1305] AB 75,7f.,180-182.

[1306] GIS Nat 4,1,40f.,206.

[1307] JHLD 104,5,108-110,705.

[1308] HISV 1, 2,2,2,49f.,125.

keit[1309], der Liebe[1310], der Süße[1311], des guten Werkes[1312] und der Wonnen[1313]. Er besitzt den Überfluß des Herzens[1314], der Freigibigkeit[1315] und der Güte[1316].

6. Ruhe

1. In den lateinischen Texten kommen für Christus als Namen sowohl „requies", „tranquilitas" als auch „securitas" in Frage, welche ohne gewichtigen semantischen Unterschied gebraucht werden. Nach der Vulgata verschafft Jesus den Mühseligen und Beladenen „requies" (Mt 11,28). Diese erlangen die Christen bei der Wiederkunft ihres Herrn (2 Thess 1,7).

2. Da der Mensch nur hinfällige Güter auf Erden findet[1317], betet Jean von Fécamp zu Jesus: „Te, Christe, pax summa et requies uera, te uolo." – „Dich, Christus, höchster Friede und sichere Ruhe, Dich will ich."[1318] Jean bittet, daß Christus ihn zu sich und dem Vater zieht[1319]. Dort besteht „certa securitas et secura tranquillitas", „die gewisse Sicherheit und die sichere Ruhe"[1320].

3. Nach Bernhard von Clairvaux „quiescens et quietus cernitur Deus", „wird der ruhende und ruhige Gott geschaut"[1321], der aber nicht als Richter oder Lehrer, sondern als Bräutigam im Brautgemach erscheint[1322]. Es dürfte also hier der menschgewordene Gott, Jesus Christus, gemeint sein. Wer diesen schaut, kommt selbst zur Ruhe[1323]. In Christus ist Gott, Mensch und König[1324]. Ihm soll man das Gold der Weisheit bringen, damit man ihn als Gott erkennt[1325]. Dies ist notwendig, damit der Mensch Ruhe findet: „Ubi Deus, ibi tranquillitas." – „Wo Gott ist, da ist Ruhe."[1326]

4. Nach Wilhelm von St. Thierry ist der „somnus quietis", „der Schlaf der Ruhe", der über den Menschen in der Ekstase kommt, die Stimme des Bräutigams Christus[1327].

[1309] HISV 2, 3,8,15,699-702,498.
[1310] HISV 1, 1,2,18,474-479,26.
[1311] G R 2,13,64; G 4, 4,35,4,19-23,294.
[1312] HIO 2,1,49,7f.,343.
[1313] MH 3,28,232.
[1314] G 2, 1,14,5,25f.,202.
[1315] G 2, 2,5,1,9-11,248.
[1316] G 2, 2,21,4,13-16,326; LO 70,352,5-7.
[1317] JFC 3,6,145,147.
[1318] JFC 3,6,146f.,147.
[1319] JFC 2,14,640-644,141.
[1320] JFC 2,14,646,142.
[1321] BHLD 1, 23,6,15,344,17.
[1322] BHLD 1, 23,6,15,344,18f.
[1323] BHLD 1, 23,6,16,346,20f.
[1324] BVEPI 6,102,29.
[1325] BEVPI 7,104,21.
[1326] BVEPI 7,106,20.
[1327] WHLD 1 fin 140,296.

5. Aelred von Rievaulx beschreibt, wie durch die Erlösungstat Christi das Bild Gottes im Menschen, nämlich sein Gedächtnis, sein Verstand und sein Wille, erneuert worden ist[1328]. Diese Erneuerung aber wird erst im Vaterland, das heißt in der ewigen Seligkeit, für den Menschen erfahrbar[1329]. „Hic, hic requies, hic pax, hic felix tranquilitas, hic tranquilla felicitas, hic felix et tranquilla iucunditas." – „Dort, ja dort ist die Ruhe, dort der Friede, dort die glückliche Ruhe, dort das ruhige Glück, dort die glückliche und ruhige Freude."[1330] Dort ist auch die höchste Sicherheit[1331]. Wie christologisch geprägt diese sichere Ruhe ist, sieht man daran, daß wir uns von Jesus das Joch der Liebe auflegen lassen sollen, dann werden wir einmal Ruhe finden und den Sabbat in der Süße der ewigen und geistlichen Liebe feiern[1332]. Es ist die Ruhe, die zwischen Vater und Sohn ewig herrscht[1333]. Auf Erden wurde sie an der Brust des Menschgewordenen verwirklicht und selbst im Leiden bewahrt[1334]. In der „unio mystica" ist Jesus in der Seele anwesend „et inter caritatis ipsius suaues amplexus, sabbatizans sine dubio Sabbatum sabbatorum", „und feiert in seinen süßen Umarmungen ohne Zweifel den Sabbat der Sabbate"[1335]. Sabbat feiern ist für Aelred der Ausdruck höchster beseligender Ruhe[1336].
6. Gilbert von Hoyland bezieht Offb 14,13 „Beati mortui, qui in Domino moriunter. Amodo jam, dicit Spiritus, ut requiescant a loboribus suis: opera enim illorum sequuntur illos", „Selig die Toten, die im Herrn sterben. Jetzt schon, sagt der Geist, ruhen sie von ihrem Mühen aus, ihre Werke folgen ihnen", ganz auf die Gegenwart und auf das gegenwärtige Leben[1337]. Jetzt soll der Christ schon den Sabbat feiern und in die Ruhe des Herrn eintreten, wenn er mit Christus gekreuzigt und begraben ist[1338]. Erfahrbar wird diese Ruhe Christi, wenn der Mensch sich von äußerer Beschäftigung freie Zeit nimmt[1339]. Dann kann die „unio mystica" eintreten, und man ruht an der Brust des Herrn[1340]. Wo dies nicht möglich ist, soll man an den Schultern Jesu ruhen, an denen man die Geduld lernen kann[1341]. So fruchtbar kann die Ruhe des Geistes für den Menschen sein: „Metat fructus de interna quiete Christi dilecta." – „Es erntet ja die Früchte von der inneren Ruhe die Geliebte Christi."[1342]

[1328] ARSC 1,5,14,187-197,18.
[1329] ARSC 1,5,14,198-201,18.
[1330] ARSC 1,5,14,204f.,18.
[1331] ARI 33,1485f.,680.
[1332] ARSC 2,26,78,1464-1468,104.
[1333] ARSC 1,20,57,888-892,36.
[1334] ARI 31,1165f.,670.
[1335] ARSC 3,6,327f.,113.
[1336] ARSC 1,18-27,51-78,761-1068,33-46.
[1337] GHLD 11,4,60B.
[1338] GHLD 11,4,60C.
[1339] Ebenda.
[1340] GHLD 12,3,63A.
[1341] GHLD 12,4,63B-D.
[1342] GHLD 15,1,74A.

7. Guerricus von Igny nennt den Erlöser Jesus Christus „requies et merces laborantium", „Ruhe und Lohn der Mühseligen"[1343]. Jesus, der im Leib und im Herzen der Jungfrau Maria gewohnt hat, „est requies aeterna", „ist die ewige Ruhe"[1344].

8. Eine ungewöhnliche Bezeichnung für die Ruhe gibt es bei Johannes von Ford. Es ist das „silentium Iesu, quo peccata delinqentium dissimulat", „Schweigen Jesu, mit dem er die Sünden der Verbrecher erträgt"[1345].

9. Hildegard von Bingen schreibt, daß der Sohn Gottes mit klarem Wissen Mitleid mit dem Menschen hat und durch seinen Tod alle Verbrechen dieser Welt in großer Güte vernichtet hat[1346]. Deswegen hat auch derjenige Mensch, der den Geist des Wissens und der Frömmigkeit besitzt, die Ruhe[1347]. Die Beständigkeit erhält die Kraft „in vero lapide qui est uerus Filius Dei", „aus dem wahren Stein, welcher der wahre Sohn Gottes ist"[1348]. Die Ruhe kann nicht zu Fall kommen, „quoniam supra firmam petram posita sum", „weil ich auf den sicheren Fels gestellt bin"[1349]. Wo aber Ehrgeiz und Stolz herrschen, „pax et securitas ibi fugiunt et caritas Christi recedit", „dort fliehen Friede und Sicherheit, und die Liebe Christi weicht zurück"[1350].

10. Von Maria von Oignies schreibt Jakob von Vitry, daß sie nach einer Ekstase drei Tage lang „cum Sponso suaviter quievisset", „mit dem Bräutigam süß geruht hat"[1351].

11. Lutgard von Tongeren erbittet sich einen Tausch der Herzen mit ihrem Bräutigam Jesus Christus, um sich vor allen Anfechtungen sicher zu wissen[1352]. Sie kennt ein dreifaches Bett, unter welchem sie die drei Stadien des geistlichen Lebens versteht. Das dritte Bett ist dasjenige der Ruhe[1353]. Dieses besteht aber nicht in den Erscheinungen der Mutter Gottes und irgendwelcher Heiligen. „In hiis omnibus perfectam spiritu suo reqiem non invenit donec Ipsum Sanctum Sanctorum omnibus dulciorem inveniret." – „In all dem fand sie für ihren Geist nicht die vollkommene Ruhe, bis sie ihn, den Heiligen der Heiligen, der süßer ist als alle, fand."[1354]

12. Häufiger wird in der Vita der Beatrijs von Nazareth von der Ruhe, die Christus ist, gesprochen. Die Mystikerin lebt so gesammelt, daß die äußeren Dinge sie nicht berühren[1355]. „Sed cuncto rerum forensium strepitu quiescente:, delectabiliter inter sponsi sui brachia requieuit." – „Vielmehr ruhte sie froh in den Armen ihres Bräutigams, weil sie in allem Lärm der äußeren Dinge ruhig blieb."[1356] Diese Ruhe findet einen Höhepunkt

---

[1343] GIS Adv 1,4,159-161,102.

[1344] GIS Ass 3,6,195-198,456.

[1345] JHLD 22,6,127f.,189.

[1346] HISV 2,3,8,16,776-779,500.

[1347] HISV 2,3,8,15,774-776,500.

[1348] HISV 2,3,10,10,448f.,558.

[1349] HISV 2,3,10,10,458f.,559.

[1350] HIB 2,220r,68-71,483.

[1351] MO 2,10,87,566.

[1352] LTA 1,1,12,192; LT 1,1,12,163.

[1353] LTA 2,2,43,203f.

[1354] LT 2,3,42,171.

[1355] BN 1,17,77,42-46,62.

[1356] BN 1,17,77,46f.,62.

in der Zeit nach dem kirchlichen Abendgebet. „Sic sopitis sensibus affectibusque pacatis per noctis residuum inter dilecti sui brachia requieuit." – „Während die Sinne schlummerten und die Affekte befriedet waren, ruhte sie für den Rest der Nacht in den Armen ihres Bräutigams."[1357] Nach einer längeren Zeit der inneren Trockenheit schenkt der Herr Beatrijs wieder Trost und „ad portam tranquillitatis illam, ineffabili pietatis sue clementia, reuocauit", „rief jene zum Hafen der Ruhe mit der Milde seiner unaussprechlichen Güte zurück"[1358]. Auch in ihrem einzigen muttersprachlichen Werk „Seven manieren van minne" ist von dem Verlangen nach Ruhe des Menschen die Rede, welches aber erst auf der höchsten Stufe der Liebe und selbst da nicht ausreichend auf Erden erfüllt wird. Selbst Jesus diese nur in teilweiser Erfüllung zugeschrieben[1359].

13.   Ähnlich wie das St. Trudperter Hohelied[1360] warnt Hadewijch vor der voreiligen Suche des Menschen nach Ruhe, welche sich erst in der Hochform der „unio mystica" einstellt. Eine christologische Prägung dieser Ruhe fehlt allerdings[1361].

14.   Margarete von Ypern tadelt einmal fromme Frauen, weil diese ohne die nötige Ehrfurcht von Christus sprechen[1362]. Daraufhin erwidert eine von diesen, daß auch Margarete nicht immer in der Umarmung Christi ruhen könne, sondern wieder zum Alltag zurückkehren müsse[1363].

15.   Als Ida von Gorsleeuw einmal unruhig wird, weil sie die Freude am Herrn nicht spürt, geht sie zur Kommunion und „tranquillitatem maximam tam mentis et corporis est adepta", „erlangt die größte Ruhe sowohl des Geistes wie des Leibes"[1364]. Als die Mystikerin bei einem solchem Sakramentsempfang in Ekstase geriet und ihre Mitschwestern sie darin stören wollen, werden diese ermahnt, sie in Ruhe die Freude am Herrn genießen zu lassen[1365].

16.   Ganz ähnlich heißt es von Ida von Löwen, daß sie in der eucharistischen Vereinigung mit dem Herrn „inter Sponsi brachia conquievit", „in den Armen des Bräutigams ruhte"[1366].

17.   Mechtild von Magdeburg spricht sehr oft von der Ruhe allgemein oder der Ruhe, die man in Gott findet. Ähnlich wie Hadewijch kann sie vor dem Verlangen nach vorläufiger Ruhe warnen[1367]. Wer Gott liebt, kann sich mit keiner geschaffenen Ruhe zufrieden geben: „Ich mag nit rûwen, ich brinne unverloschen in diner heissen minne." – „Ich kann nicht ruhen, ich brenne unauslöschlich in Deiner heißen Minne."[1368] Nicht allzu oft redet sie dagegen von der Ruhe Christi. Der Geliebte, ohne den die Mystikerin

---

[1357] BN 2,11,129,85-87,91.
[1358] BN 2,14,148,76f.,102.
[1359] Vgl. Weiß, Ekstase 842f.
[1360] Vgl. Weiß, Ekstase 841f.
[1361] Vgl. Weiß, Ekstase 843-853.
[1362] MY 23,118,5-13.
[1363] MY 13,118,14-16.
[1364] IG 3,24,114.
[1365] IG 4,36,118.
[1366] IL 2,3,12,174.
[1367] Vgl. Weiß, Ekstase 853-864.
[1368] MM 2,25,23f.,63.

nicht ruhen kann, dürfte Jesus sein[1369]. Ähnliches gilt von der Aussage, daß ihre Liebe mannigfaltig wird, wenn sie im Herrn ruhen kann[1370].

18.   In Helfta wird besonders oft von der Ruhe Jesu gesprochen.

Mechthild von Hackeborn beschreibt folgendermaßen die Einheit der Menschen mit Jesus: Wenn Mechthild Ruhe haben will, soll sie wie ein Vogel in den Schoß Jesu fliegen[1371]. Bei Maria, die als Vorbild aller mit Gott vereinten Menschen gilt, erkennt Mechthild „tranquillissimam et placadissimam requiem, qua eam Deus inhabitavit", „die ganz ruhige und wohlgefällige Ruhe, mit welcher Gott ihr einwohnte"[1372]. Gedacht ist natürlich an die Einwohnung Jesu in Maria, der ihr auch eine unzerstörbare Ruhe bei allen Bedrängnissen des Lebens schenkt. Zwischen Christus und Mechthild entwickelt sich eine eigenartige Teilung. So sagt der Herr zu ihr: „Cum operaris, ego requiesco; et cum sollicitius et studiosius laboras, ego dulcius in te quiesco." – „Wenn du wirkst, ruhe ich, und wenn du besorgter und eifriger dich mühst, ruhe ich süßer in dir."[1373] Jesus schenkt ihr solchen Frieden, daß sie durch keine Sache beschwert oder behindert wird[1374]. Die verstorbene leibliche Schwester der Mechthild, die Äbtissin Gertrud von Hackeborn, empfiehlt ihren Töchtern, zu fliehen „in illam suavissimam requiem, in qua securissime vivo; scilicet, dulcissimum Cor amantissimi Jesu Christi", „in jene ganz süße Ruhe, in welcher ich auf das sicherste lebe, nämlich das süßeste Herz des liebsten Jesu Christi"[1375].

19.   Besonders oft wird bei Gertrud der Großen die Ruhe Christi erwähnt.

19.1   Jesus soll den Menschen mit sich selbst sättigen, und „in fruitione tui melliflui vultus sit mihi perpetua requies", „im Genießen Deines honigfließenden Angesichts sei mir die immerwährende Ruhe"[1376]. Indirekt wird hier Ruhe mit Jesus selbst gleichgesetzt. Dies gilt auch für den Wunsch: „Da mihi animae meae requiem invenire in te." – „Gib mir, daß meine Seele Ruhe in Dir findet."[1377] „Volabo in desiderio cupiens requiescere in te." – „Ich will fliegen in der Sehnsucht, im Verlangen, in Dir zu ruhen."[1378] Zu dem unter Tausenden Auserwählten, worunter Jesus zu verstehen ist, soll der Mensch sprechen: „Fac me sub umbra charitatis tuae quiescere." – „Laß mich unter den Flügeln Deiner Liebe ruhen."[1379] Nichts soll dem Menschen wünschenswerter sein als „requiescere Iesu mei sub alis, et habitare divinae charitatis in tarbernaculis", „zu ruhen unter den Flügeln meines Jesus und zu wohnen in den Zelten der göttlichen

---

[1369]   MM 2,2,34f.,38.
[1370]   MM 2,5,5f.,44.
[1371]   MH 2,26,170.
[1372]   MH 1,45,129.
[1373]   MH 3,16,217.
[1374]   MH 2,42,191.
[1375]   MH 6,6,384.
[1376]   G R 1,232f.,60.
[1377]   G R 5,139f.,136.
[1378]   G R 2,40,68.
[1379]   G R 3,261f.,90.

Liebe"[1380]. Dieses Ruhen im Schatten Jesu soll in Frieden geschehen[1381]. Man will als Schaf im Schoß des Hirten Jesus ruhen[1382]. Stark wird das Verlangen nach Ruhe im folgenden Zitat betont: „Requiescam. Requiescam. Requiescam, in tuae pretiosae et viviae amicitiae sempiterna memoria." – „Ruhen möchte ich. Ruhen möchte ich. Ruhen möchte ich im immerwährenden Gedächtnis Deiner kostbaren und lebendigen Freundschaft."[1383] An dieser Stelle bleibt offen, ob der Mensch oder Jesus sich an die Freundschaft erinnern soll. Außerhalb von Jesus findet der Mensch nirgends Ruhe[1384]. Speziell ist es das Sterben Jesu am Kreuz, worin der Mensch die Ruhe findet: „O mors chara, in te mihi tunc requiem para." – „O teuerer Tod, bereite mir dann in Dir die Ruhe."[1385] Weil dieser Wunsch erst dauerhaft nach dem Tod erfüllt werden kann, wünscht der Mensch zu sterben, „ut in te mihi esset requies", „damit in Dir meine Ruhe sei"[1386]. Ungeduldig klingt die Bitte: „O quando dicetur animae meae: Convertere in requiem tuam, quia dominus benefecit tibi?" – „O wann wird zu meiner Seele gesprochen: Kehre um zu deiner Ruhe, weil der Herr dir Gutes getan hat?"[1387] „O quando in te, Iesu pax mea dulcissima, requiescam et obdormiuam?" – „Wann werde ich in Dir, Jesus, mein süßester Friede, ruhen und entschlafen?"[1388] Ohne auf Erden je zu ruhen, dürstet der Mensch nach dem Herrn[1389]. Schon beim Sterben möchte man einschlafen und an der Brust Jesu ruhen[1390]. Dann will man am Angesicht des Herrn gesättigt werden, „ut mihi in te sit perpetua requies", „damit mir in Dir dauernde Ruhe ist"[1391]. Im Himmel wird der Sabbat mit Jesus gefeiert „requie beatissima", „mit seligster Ruhe"[1392]. „Meus in te continuo requiescat spiritus." – „Mein Geist möchte in Dir sofort ruhen."[1393] Einmal bereitet Jesus einer Verstorbenen „quietem suavissimam in sinistro brachio prope Cor suum dulcissimum", „die wohlschmeckendste Ruhe auf dem linken Arm, nah an seinem süßesten Herzen"[1394].

19.2 Schon hier auf Erden gewährt der Herr bei sich selbst Ruhe. In einer schweren Krankheit verzichtet Gertrud auf den Wunsch, gesund zu werden[1395]. Als Belohnung „ipsam super Cor suum pausaturam reclinavit", „neigte er sie, um sie ausruhen zu las-

---

[1380] G R 5,142f.,136.
[1381] G R 5,242f.,142.
[1382] G R 4,63f.,104.
[1383] G R 4,364-366,122.
[1384] G R 7,305,218.
[1385] G R 7,367f.,232.
[1386] G R 5,144f.,136.
[1387] G R 6,74f.,166.
[1388] G R 6,77f.,166.
[1389] G R 6,427f.,188.
[1390] G R 5,216-218,140; vgl. G R 7,422f.,234.
[1391] G R 7,14-16,210; 7,76-78,214; 7,140-143,218; 7,513-515,240.
[1392] G R 6,347f.,182-184.
[1393] G R 7,696,250.
[1394] G 5,5,30,1,3-6,238.
[1395] G 3,3,53,1,4-7,228-230.

sen an sein Herz"[1396] oder unter dem Schatten seines Trostes[1397]. Er pflanzt in das Herz der Gertrud einen Baum, damit sie „sub ea pausaret", „unter ihm ausruhe"[1398]. Das große Vorbild für das Ruhen ist Johannes, der Liebesjünger, der Gertrud mit den Worten einlädt: „Veni mecum, tu electa Domini mei, et repausemus simul supra dulcifluum pectus Domini, in quo latent totius beatitudinis thesauri." – „Komm mit, du Erwählte meines Herrn, und wir wollen zusammen ausruhen an der süßfließenden Brust des Herrn, in welcher der ganze Schatz der Seligkeit verborgen ist."[1399]

19.3 Durch die Menschwerdung des Sohnes Gottes ruht die Fülle der Gottheit in der Menschheit Jesu Christi körperlich[1400]. Das Erstaunlich aber ist, daß Jesus selbst im Herzen der Gertrud wohnen will und fordert „a me domicilium cordis mei ad requiescendum", „von mir eine Unterkunft meines Herzens zum Ruhen"[1401]. Dies gilt nicht nur von Gertrud, sondern von allen Menschen[1402]. Jesus stellt sich so, als ob er, vom Wein der Liebe trunken, eingeschlafen sei[1403]. Dabei wird er mit einem Fuchs verglichen, der so tut, als ob er schliefe, um den Vogel, das heißt den Menschen, besser fangen zu können[1404]. Aktuell wird dieses Ruhen Christi in den Ekstasen, die Gertrud erlebt. Diese können die Mystikerin an der strengen Einhaltung der Ordensregel hindern[1405]. Soll sie zum Beispiel für die Zeit des Chorgebets ihre ekstatischen Zustände gewaltsam beenden? Mit einem Vergleich macht Christus ihr deutlich, daß sie dies nicht darf. Er vergleicht sich mit einem König, der sich freut, im Schoß eines aus seinem Gefolge für eine Zeitlang ausruhen zu können[1406]. Wie töricht wäre es, wenn der Kammerherr, bei dem der König ruht, aufstehen und diesen auf den Boten fallen lassen würde, nur weil er Tischdienst hat[1407]. Wie das Gewähren der Ruhe wichtiger als der Dienst am Tisch ist, so sind die geschenkten Ekstasen wichtiger als die Erfüllung der Ordensregel[1408]. Das Bedürfnis Jesu, sich bei Gertrud auszuruhen, kommt daher, daß er bei anderen Menschen oft Zufügung von Unrecht erlebt[1409]. Deswegen lädt Jesus auch die Menschen zu sich in den Himmel ein. „In thalamo suavis amplexus quiesco." – „Im Brautgemach der süßen Umarmung ruhe ich."[1410]

[1396] G 3, 3,53,1,11-13,230.
[1397] G 2, 1,7,4,8f.,156.
[1398] G 3, 3,15,1,8-11,62.
[1399] G 4, 4,4,3,10-13,62.
[1400] G 4, 4,35,4,20-22,294.
[1401] G 2, 2,14,1,4f.,286.
[1402] G 3, 3,17,1,22-25,74.
[1403] G 3, 3,21,1,3f.,112.
[1404] G 3, 3,21,1,15-20,114.
[1405] G 3, 3,44,2,1-4,200.
[1406] G 3, 3,44,2,7-9,200.
[1407] G 3, 3,44,2,9-12,200.
[1408] G 3, 3,44,2,12-19,200.
[1409] G 4, 4,15,7,6-8,174.
[1410] G 5, 5,4,2,3,80.

19.4   Auf der anderen Seite ist die Ruhe, die der Herr jetzt besitzt, nur bedingt möglich. Nach einer schlaflosen Nacht bittet Gertrud Jesus um ein wenig erholsame Ruhe
„per tranquilissimam suavitatem, qua ab aeterno in sinu Dei Patris accubuisti et per
amoenissimam pausationem in utero virginali, qua novem mensibus in utero matris
quievisti", „durch die ruhigste Süße, in welcher Du von Ewigkeit an im Schoß des Vaters gelegen, und durch das lieblichste Ausruhen im jungfräulichen Schoß, in welchem
Du neun Monate lang im Schoß der Mutter geruht hast"[1411]. Daraufhin lädt der Herr
sie mit den Worten ein: „Repausa super Cor meum et proba utrum inquietus amor
meus te quiescere sinat." – „Ruhe aus an meinem Herzen, und erprobe, ob meine un-
ruhige Liebe dich ruhen läßt."[1412] Die Sorge um die Menschen läßt die Liebe Christi
nicht zur Ruhe kommen.
19.5   In den meisten Fällen bietet der Herr Gertrud der Großen Ruhe. Auffallend ist
aber, daß es auch umgekehrt lautet: Er selbst sucht bei Gertrud die Ruhe.
20.   Nach Christina von Hane besitzt der Menschgewordene „soiße ruwe", „süße
Ruhe"[1413]. Christina findet in ihm „eyne soiße ruwe", „eine süße Ruhe"[1414]. „Die ruwe
was vol soißicheit." – „Die Ruhe war voll Süße."[1415] Mit Christus ist sie in der wonnevollen Ruhe des Genießens der Liebe[1416]. In ihm findet sie allein ihre Ruhe[1417]. Sie ruht
in den Armen ihres Bräutigams[1418].
   Wie bei Gertrud will Christus auch in Christina Ruhe finden: „Jch ruwen stetlichyn
myt mynen freuden yn dyr als yn mynemn hemel." – „Ich ruhe stets mit meinen Freuden in dir als in meinem Himmel."[1419] Christus spricht zu Christina: „Du byst myn
throne gemacht van helffenbeynnen, vff dem ich alleyn ruwen wille." – „Du bist mein
Thron, gemacht aus Elfenbein, auf dem ich allein ruhen will."[1420]
21.   Christina von Stommeln erfährt nach großen Kämpfen bei Jesus immer wieder
„dulcissima quies pro multiplici labore et dolore", „süßeste Ruhe an Stelle der vielfältigen Mühe und des Schmerzes"[1421]. In den Qualen, die ihr die Dämonen zufügen, kann
Christina ruhig bleiben, weil sie um der Liebe zu Jesus Christus willen leidet: „Ipse
enim mihi est requies." – „Er ist mir nämlich die Ruhe."[1422]
22.   Nach Agnes von Blannbekin bereitet sich der Herr im Herz des Menschen ein
Bett, „ut ibi requiesceret", „um dort zu ruhen"[1423].

[1411] G 3, 52,2,1-4,226.
[1412] G 3, 3,52,3,5f.,226.
[1413] CH 2, 212.
[1414] CH 2, 205.
[1415] CH 2, 223.
[1416] CH 2, 229.
[1417] CH 2, 204.
[1418] CH 2, 223.
[1419] CH 2, 220.
[1420] CH 2, 226.
[1421] CS 1, 66,48,1f.
[1422] CS 2, 4,8,74,313.
[1423] AB 57-59,41-44,156.

23. Folgendermaßen lassen sich die Aussagen über die Ruhe im christologischen Kontext zusammenfassen:

23.1 Neben den Ausdrücken der Ruhe wird Christus auch Einwohnen[1424], Friede[1425], Freude[1426], Glück[1427], Lohn[1428], Sabbat[1429], Sicherheit[1430], Süße[1431] und Trost[1432] genannt. Folgende Adjektive stehen bei Wörtern, die Ruhe Christi ausdrücken: ewig[1433], glücklich[1434], immerwährend[1435], selig[1436], sicher[1437], süß[1438], wahr[1439], wohlgefällig[1440]. Während „quiescere" und „requiescere" ein unbegrenztes Ruhen meint, wird unter „pausare", eher ein begrenztes Ausruhen verstanden[1441].

23.2 Seit Ewigkeit herrscht zwischen Vater und Sohn die Ruhe[1442]. In der Menschwerdung wird diese Ruhe in Jesus leibhaft[1443]. An der Brust des Menschgewordenen ist die Möglichkeit zur Ruhe für den Menschen[1444]. Auch in seinem Leiden bewahrte der Herr seine Ruhe[1445]. Der Tod Jesu bereitet den Menschen die Ruhe[1446].

23.3 In Jesus findet man die Ruhe[1447], nach welcher man Verlangen hat[1448]. Wer Jesus schaut, erhält die Ruhe[1449]. Auch wer sein Leiden geduldig trägt, ruht bei Jesus[1450]. Ehrgeiz und Stolz vertreiben dagegen diese Ruhe[1451]. Jesus wird für den Menschen der Hafen der Ruhe[1452]. Besonders beim Kommunionempfang wird diese Ruhe erfahrbar[1453]. Nur in Jesus findet der Mensch die Ruhe[1454].

[1424] MH 1,45,129.
[1425] JFC 3,6,146f.,147; ARSC 1,5,14,204f.,18; G R 5,242f.,142; 6,77f.,166.
[1426] ARSC 1,5,14,204f.,19.
[1427] ARSC 1,5,14,204f.,18.
[1428] GIS Adv 1,4,159-161,102.
[1429] ARSC 2,26,78,1464-1468,104.
[1430] ARI 33,1485f.,680.
[1431] CH 2, 205; 223.
[1432] G 2, 1,7,4,8f.,156.
[1433] GIS Ass 3,6,195-198,456.
[1434] ARSC 1,5,14,204f.,18.
[1435] G R 1,232f.,60; 7,14-16,210; 7,76-78,214; 7,140-143,218; 7,513-515,240.
[1436] G R 6,347f.,182-184.
[1437] JFC 2,14,646,142.
[1438] MH 6,6,384; G 5, 5,30,1,3-6,238; CH 2, 212.
[1439] JFC 3,6,146f.,147.
[1440] MH 1,45,129.
[1441] MH 1,13,3; G 3, 3,15,1,8-11,62; 3,53,1,11-13,230; 4, 4,4,10-13,62.
[1442] ARSC 1,20,57,888-892,36.
[1443] G 4, 4,4,3,10-13,62.
[1444] ARI 31,1165f.,670.
[1445] ARI 31,1165f.,670.
[1446] G R 7,367f.,232.
[1447] G R 5,139f.,136.
[1448] G R 2,40,68; 4,364-366,122.
[1449] BHLD 1, 23,6,16,346,20f.
[1450] GHLD 12,4,63B-D.
[1451] HIB 2, 220r,68-71,483.
[1452] BN 2,14,148,76f.,102.
[1453] IG 3,24,114; IL 2,3,12,174.
[1454] LT 2,3,42,171; MM 2,2,34f.,38; G R 7,305,228; CH 2, 204.

23.4 Jesus als Bräutigam[1455] verschafft der Braut im Brautgemach die Ruhe[1456]. Er bereitet der Braut das Bett der Ruhe[1457]. Man ruht in seinem Herzen[1458], in seinen Armen[1459], auf seinem linken Arm[1460], in seiner Umarmung[1461], in seinem Schoß[1462], an seiner Brust[1463] und unter dem Schatten[1464] und in den Zelten[1465] seiner Liebe. Die Ekstase, die Jesus bewirkt, ist der Schlaf der Ruhe[1466], die auch nach diesem Erlebnis anhält[1467]. Diese Ruhe in der „unio mystica" darf der Mensch nicht stören[1468]. Die Seele feiert in der „unio mystica" den Sabbat[1469], wofür die Ruhe des Liebesjüngers an der Brust des Herrn das Vorbild ist.

23.5 Erst im Himmel gewährt Jesus die vollkommene Ruhe[1470], weswegen man sich den Tod wünscht[1471]. Dennoch können wir diese anfanghaft schon jetzt erfahren[1472], und man darf schon auf Erden den Sabbat feiern[1473]. Dies geschieht, wenn man sich freie Zeit für Jesus nimmt[1474]. Auch für das Sterben wünscht man sich diese Ruhe[1475]. Doch solche Ruhe ist eher ein kurzes Ausruhen nach großem Leid[1476].

23.6 In dem späten Zeitraum, den wir behandeln, taucht der Gedanke auf, daß auch Jesus Ruhe bei dem auserwählten Menschen sucht. In deren Herz will der Herr ruhen[1477]; es soll für ihn ein Domizil[1478], ein Elfenbeinthron[1479] und ein Himmel der Ruhe[1480] werden. Unter Blumen ruhend gibt er sich der Braut hin[1481]. Er ruht in der

---

[1455] BHLD 1, 23,6,15,344,18f.
[1456] BHLD 1, 23,6,15,344,18f.
[1457] LTA 2,43,204.
[1458] MH 6,6,384.
[1459] BN 1,17,77,46f.,62; 2,11,129,85-87,91; IL 2,3,12,174; CH 2, 223.
[1460] G 5, 5,30,1,3-6,238.
[1461] MY 13,118,14-16.
[1462] MH 2,26,170; G R 4,63f.,104.
[1463] GHLD 12,3,63A.
[1464] G R 3,261f.,90.
[1465] G R 5,142f.,136.
[1466] WHLD 1 fin 140,296.
[1467] MO 2,10,87,566.
[1468] IG 4,36,118; G 3, 3,44,2,7-9,200.
[1469] ARSC 3,6,327f.,113.
[1470] ARSC 1,5,14,204f.,18.
[1471] G R 5,144f.,136; 6,74f.77f.,166; 6,427f.,188; 7,697,250.
[1472] GHLD 11,4,60B.
[1473] GHLD 11,4,60C.
[1474] GHLD 11,4,60C.
[1475] G R 5,216-218,140.
[1476] G 3, 3,53,1,11-13,230; CS 1, 66,48,1f.
[1477] CH 2, 208; AB 57-59,41-44,156.
[1478] G 2, 2,14,1,4f.,286.
[1479] CH 2, 226.
[1480] CH 2, 220.
[1481] BN 1,17,77,50-52,62.

Umarmung des Menschen[1482]. Dieses Verlangen kommt daher, daß Jesus bei vielen Menschen nur Schmach und Unehre erfährt[1483]. Auch die Sorge um den Menschen läßt die Liebe Jesu unruhig bleiben[1484].

[1482] G 5, 5,4,2,3,80.
[1483] G 4, 4,15,7,6-8,174.
[1484] G 3, 3,52,3,5f.,226.

5. KAPITEL:

SELTENE NAMEN

Es gibt eine Reihe weiterer Namen und Titel für Jesus, die sehr selten gebraucht werden. Wir führen sie in alphabethischer Reihenfolge auf.

1. Amen

1. In der neutestamentlichen Zeit war bei Gebeten oder Gebetswünschen „Amen" als Schluß gebräuchlich, wie ein Blick in die Briefliteratur und die Offenbarung des Johannes zeigt. Paulus schreibt, daß wir durch Christus als das „Amen" Gott den Lobpreis bringen (2 Kor 1,20). In der Offb 3,14 wird Christus als treuer Zeuge das „Amen" genannt.

2. Außer bei Gertrud der Großen findet sich dieses Wort nirgends im christologischen Zusammenhang. Im Abschlußgebet der ersten Übung ihrer „Exercitia spiritualia" soll der Beter den Wunsch äußern zu schauen, „post hoc exilium ipsum verum Amen, Iesum dei filium", „nach diesem Exil ihn das wahre Amen, Jesus, den Sohn Gottes"[1]. Von Jesus heißt es, daß er das „Amen verum qui non deficit ... Amen charum quo ipse afficit ... Amen dulce quo ipse reficit ... Amen salutari quo ipse perficit... Amen aeternum et persuave ... Amen verum ... qui solus amanti sufficit», «wahre Amen, das nicht versagt, ... teuere Amen, durch das er selbst berührt wird, ... süße Amen, durch das er selbst stärkt, ... heilbringende Amen, durch das er selbst vollendet, ... ewiges und ganz süßes Amen, ... wahres Amen ..., das allein dem Liebenden genügt»[2]. Stilgerecht endet diese Bitte[3] wie auch ein vorausgehendes Gebet an Jesus[4] mit einem dreifachen Amen. Ein Gebet um eine gute Sterbestunde endet mit dem Wunsch: „Ubi in aeternum laetabunde perfrui merear sponsi mei dei et agni melliflua praesentiam. Amen dicant omnia." – „Wo ich auf ewig froh zu genießen verdienen möge die Gegenwart meines

---

[1] G R 1,242f.,60.
[2] G R 1,235-244,60. Erst wenn man den Text von allem Unnötigen entblößt, kommt die ständige Wiederholung des „-ficit" zur Wirkung. Der Dativ „Amen salutari" kann in der deutschen Übersetzung nicht wiedergegeben werden.
[3] G R 1,246,60.
[4] G R 1,234,60. Mann kann sich allerdings fragen, ob dieses Amen nicht das Vorausgehende beendet, sondern die Anrufung eröffnet. Dann wäre sie am Anfang und am Ende mit einem dreifachen Amen gerahmt.

Bräutigams und Gottes und des honigfließenden Lammes. Alle sollen Amen sagen."[5] Hier kann man sich fragen, ob alle nur in das Gebet abschließende Amen oder in die Anrede an den Bräutigam „Amen" einstimmen sollen. Im Augenblick des Todes hofft der Beter, zum Herrn zu gelangen „Iesu deo amatore tuo felicissime exultans sine fine. Amen dicant omnes vires, sensus et motus corporis et animae meae", „ganz glücklich ohne Ende zujubelnd Jesus, deinem Gott und Liebhaber. Amen sollen alle Kräfte, Sinne und Regungen meines Leibes und meiner Seele sagen"[6]. Der letzte Satz ist wie beim vorhergehenden Gebet für die gleiche doppelte Interpretation offen.

Bei Gertrud bedeutet Jesus als das Amen die endgültige Vollendung des Menschen in der Ewigkeit.

2. Anteil

1. In der Vulgata wird der Herr „pars mea" (Ps 72,26) und „portio mea" (Ps 118,57; 141,6) genannt. Von daher konnte dieser Titel leicht auf Christus übertragen werden.
2. In einer Reihe von Namen nennt Jean von Fécamp Christus „portio mea bona", „mein guter Anteil"[7]. Welche nähere Bedeutung Jean diesem Namen zumißt, läßt sich auch aus dem Kontext nicht ersehen.
3. Gilbert von Hoyland fordert seine Leser zur heiligen Einfachheit und reiner Betrachtung auf[8]. „In arca sanctae meditationis et interiori orationis urna, divina nobis est locata refectio et portio gloriae" – „In der Truhe der heiligen Betrachtung und dem Gefäß des inneren Gebetes ist angesiedelt für uns die göttliche Stärkung und der Anteil der Herrlichkeit."[9] Dieser Anteil ist Jesus Christus selbst, der die Fülle des ewigen Lebens darstellt[10].
4. Am Tag Christi Himmelfahrt ist Aleydis von Scharbeke traurig und spricht: „Hodie pars cordis mei Jesus ad Patrem rediit, et altera pars me deseruit, simulque cum eo abiit et sic me sine me reliquit." – „Heute ist ein Teil meines Herzens, Jesus, zum Vater zurückgekehrt, der andere Teil hat mich verlassen, geht zusammen mit ihm weg, und so hat er mich ohne mich zurückgelassen."[11] Fast möchte man sagen, Aleydis leidet an der Aufspaltung ihrer Person. Ein Teil geht mit Jesus von ihr weg, und der andere Teil bleibt zurück. Solche Erfahrungen machen viele Trauernde beim Abschied. Das Besondere aber ist, daß der Teil, der sich von ihr trennt, sie selbst und zugleich Jesus ist. Dies ist nur möglich, weil Jesus ihr Teil geworden ist.

---

[5] G R 5,158-161,136-138.
[6] G R 5,532-535,160.
[7] JFC 3,2,14,142.
[8] GHLD 22,7,118B.
[9] Ebenda.
[10] Ebenda.
[11] AS 2,19,475.

5. Häufiger verwendet Gertrud diesen Namen für Jesus. Jesus soll zur dem Beter sagen „Mea es tu." – „Mein bist du."[12] Dieses Wort wird zur Folge haben, „ut portio mea sit tecum in perpetuum in terra viventium", „daß mein Anteil mit Dir immerdar im Land der Lebenden ist"[13]. In dieses Land soll der Mensch streben, „ubi tu es pars mea optima", „wo Du mein bester Teil bist"[14]. Dorthin soll ihn Jesus führen[15], „ut sit pars mea in aeternum tua plena gratiarum praedulcis facies", „daß mein Teil auf ewig ist Dein ganz süßes Angesicht voller Gnaden"[16]. Wenn es heißt „Deus meus, portio mea electissima, fortitudo et gloria mea", „mein Gott, mein erwähltester Teil, meine Stärke und meine Herrlichkeit"[17], dürfte unter „Gott" auch Jesus verstanden sein. Jesus mit der Kreuzesfahne[18] soll „animae meae pars optima", meiner Seele bester Teil" sein, auf den die ganze Erwartung des Beters im Augenblick seines Todes geht[19]. Jesus ist ja „portio mea dulcissima", „mein süßester Anteil"[20] im Himmel, „ubi tu in me, et ego in te", „wo Du in mir, und ich in Dir" bin[21].

6. Petrus von Dazien schreibt an Christina von Stommeln über die „unio mystica": Der „deus cordis mei et pars mea", „Gott meines Herzens und mein Teil" wird von Menschen gesucht[22]. Doch diese Suche hat eine Voraussetzung: „Prius ergo oportet, ut cor deficiat, antequam domini sui partem inueniat, et necesse prius carnem in melius commutari, prius quam cum parte, que deus est, valeat innouari." – „Zuerst also muß das Herz dahin schwinden, bevor es den Teil des Herrn findet; und es muß zuerst das Fleisch zum Besseren hin gewandelt haben, bevor es mit dem Teil, welcher Gott ist, erneuert werden kann."[23] Die Verwandlung des Fleisches geschieht durch Bemühungen der Askese und durch die Gnade Gottes. Nur wo die Begierde und die Unreinheit vom Menschen beseitigt sind, wird die „diuina participacio", „göttliche Teilhabe" geschenkt[24]. Wie kann man sich aber den Teil von uns, welcher Gott ist, vorstellen? Falsch wäre es, zu meinen, dieser würde in der „unio mystica" geteilt[25], dies gilt auch für die Meinung, daß wir ein Teil von Gott werden und damit unsere eigene Natur aufhören würde zu existieren[26]. Die menschliche Natur „deitatis participacione accipiat, ut solus in ea deus esse uideatur", „empfängt durch die Teilhabe an der Gottheit, daß in ihr allein Gott zu sein scheint"[27]. An solchen Überlegungen spürt man den Dominikanerstu-

---

[12] G R 1,133,54.
[13] G R 1,135f.,54.
[14] G R 1,203,58.
[15] G R 6,183,172.
[16] G R 6,185f.,172.
[17] G R 6,296f.,180.
[18] G R 6,723,206.
[19] G R 6,720-722,206.
[20] G R 6,742,206.
[21] G R 6,743,206.
[22] CS 1, B 10,30,94,11f.
[23] CS 1, B 10,30,94,12-15.
[24] CS 1, B 10,30,94,20f.
[25] CS 1, B 10,30,94,15-18.
[26] CS 1, B 10,30,94,18f.; B 10,31,95,18f.
[27] CS 1, B 10,31,95,20f.

dent, der in Paris mit der Hochscholastik in Berührung kam. Alle zitierten Stellen, die aus einem Brief stammen, sprechen von Gott als Anteil, den der Mensch in der „unio mystica" erhält. Dieser Gott aber wird im gleichen Brief mit den Worten angerufen: „O dulcissime ihesu", „O süßester Jesus"[28].

3. Anfang

1. Wir haben schon oben Christus als „principium" behandelt[29]. Jetzt wenden wir uns Christus dem „initium" zu. Während im mittelalterlichen Latein „principium" meist den Ursprung von etwas meint, wird mit „initium" überwiegend der zeitliche Beginn von etwas ausgedrückt. Man kann sehr wohl sagen, daß das „principium" des Sohnes im Vater liegt, und doch bekennen, daß er kein „initium" hat.

In der Vulgata heißt es, daß Christus keinen Anfang hat (Hebr 7,3), sehr wohl aber selbst „initium et finis", „Anfang und Ende" ist (Offb 21,6).

2. Ganz knapp sollen einige Stellen aus unseren Texten erwähnt werden, in denen es heißt, daß Jesus als der Sohn Gottes keinen Anfang kennt, sondern gleichewig mit dem Vater ist[30]. Zwar weiß man, daß die Anfangslosigkeit noch nicht die Ewigkeit ausmacht[31], doch bleibt in den meisten Fällen dieser Unterschied unberücksichtigt[32]. Wir bekennen den Sohn Gottes, „ex Patre sine initio ineffabiliter natum", „aus dem Vater ohne Anfang unaussprechlich geboren"[33], der so wenig wie der Vater irgendwann begonnen hat[34]. Der Sohn war immer ohne Anfang im Herzen[35] oder Busen[36] des Vaters. Nimmt man als erstes Geschöpf die Weisheit an, dann unterscheidet sich diese von der Weisheit des Sohnes[37], welche anfanglos ist[38]. Wie der Sohn Gottes ohne Anfang ist, ist er auch ohne Ende[39]. Er wird mit einem Berg verglichen, der weder Anfang noch Ende hat[40]. Weihnachten ist „antiqua novitas et nova antiquitas", „alte Neuheit und neue Altheit"[41], „alt", weil der kommt, der ohne Zeit geboren wurde, „neu", weil er in der Zeit geboren wurde[42]. Manchmal wird auch gesagt, daß der ewige Sohn etwas „ab initio", „von Anfang an" an besaß, weil seine Ewigkeit jeden Anfang einschließt. So hat

---

[28] CS 1, B 10,31,94,31.
[29] Vgl oben
[30] Zur Coaeternitas Jesu vgl. Weiß, Dreieiner 269-275.
[31] RVTR 2,4,116.
[32] Typisch ist die Gleichsetzung von Anfanglosigkeit mit Ursprunglosigkeit: DEW 364,34-36.
[33] JFC 13,269f.,118.
[34] JFC 13,276f.,118.
[35] HISV 1, 1,4,32,1016f.,92.
[36] TH 54,21-28,132.
[37] JFC 3,21,710-723,165.
[38] DB 12,386,4-6; MM 4,14,9,128; 5,26,2f.,185; 7,1,11f.,254.
[39] DB 10,384,21f.
[40] MM 2,21,7f.,54.
[41] GIS Nat 1,1,12,164.
[42] GIS Nat 1,1,10f.,164.

der Vater ihn von Anfang an geliebt und ihm seine eigene Weisheit und Gerechtigkeit gegeben[43].

3. Gelegentlich heißt es auch, daß der Sohn Gottes etwas von Anfang an war oder hatte, um zu betonen, daß er keines Zuwachses in der Zeit bedurfte. Von Anfang an war er im Schoß des Vaters verborgen[44]. Als Menschgewordener besaß er von Anfang an die königlichen Insignien[45].

4. Folgendermaßen interpretiert Guerricus von Igny 1 Joh 1,1 „Quod fuit ab initio, quod audivimus, quod vidimus", „Was vom Anfang war, was wir gehört haben, was wir gesehen haben": Das „quod" meint das Wort schlechthin, die zweite Person der Dreifaltigkeit. Dieses „sine initio est aeternitatis", „gehört ohne Anfang der Ewigkeit an"[46]. Es bekommt aber für die Menschen einen Anfang, weil hörbar wurde „promissum ab initio temporis", „der Verheißene vom Anfang der Zeit" und sichtbar und betastbar „in fine temporis", „am Ende der Zeit"[47].

5. Der Verfasser des Traktates „Speculum virginum" kommentiert Offb 22,13 „Ego sum … principium et finis". Mit Vorbedacht hat er diese Stelle gewählt[48] und nicht Offb 21,6 „Ego sum … initium et finis". Denn er erklärt die Tatsache, daß Christus „principium, a quo summunt ea quae sunt initium", „der Ursprung, von dem alles, was ist, seinen Anfang nimmt"[49]. Damit macht er deutlich, daß Christus nicht nur der zeitlich Erste, sondern auch der Verursacher von allem ist, er, der „sine initio manens et fine", „ohne Anfang und Ende bleibt"[50]. Deswegen kann er auch alles, was war, ist und sein wird, erkennen[51].

6. Hildegard von Bingen nennt den Auferstandenen „initium suscistationis sanctitatis", „Anfang der Erweckung zur Heiligkeit"[52].

7. Am deutlichsten spricht Gertrud die Große von Christus als dem „initium". Er sagt von sich: „qui sum initium et finis totius creaturae", „der ich der Anfang und das Ende der ganzen Schöpfung bin" (Offb 21,6)[53].

8. Christina von Hane sieht bei einem Kommunionempfang das Jesuskind, um dessen Haupt geschrieben steht: „Jch byn das anbeyn (!) vnd daz ende." – „Ich bin der Anfang und das Ende."[54]

9. Es ist erstaunlich, wie selten trotz Offb 21,6 Jesus „Anfang" genannt wird. In dem umfangreichen Werk des Bernhard von Clairvaux kommt diese Stelle in dem Register

---

[43] JHLD 14,3,85-94,126.
[44] HASG 29,5,41-43,188.
[45] JHLD 8,4,137-140,83.
[46] GIS Nat 5,1,24,224.
[47] GIS Nat 5,1,25f.,224.
[48] SP 11,910,4-6.
[49] SP 11,910,9f.
[50] SP 11,910,22f.
[51] SP 11,910,13-18.
[52] HISV 2, 3,1 vis,110f.,330.
[53] G R 5,524f.,160.
[54] CH 1, 248.

der Bibelstellen der lateinisch-deutschen Ausgabe nicht vor[55]. Der Grund hierfür liegt wohl in der Tatsache, daß die Lehre von der Anfanglosigkeit der Zeugung des ewigen Sohnes einen so breiten Raum in unseren Texten einnimmt, daß für den Titel „Anfang" für Jesus kaum Platz bleibt.

4. Aufgang

1. Im Lobgesang des Zacharias ist der deutlichste Hinweis auf die Ankunft des Messias die Bemerkung: „Visitavit nos oriens ex alto", „Es wird uns besuchen der Aufgang aus der Höhe" (Lk 1,78). „Oriens ex alto", „Der Aufgang aus der Höhe" war ein messianischer Titel des Spätjudentums[56]. Gelegentlich werden bei den Mystikerinnen die Ekstasen „visitationes", „Heimsuchungen" des Herrn genannt[57].
2. Für Bernhard von Clairvaux konnte niemand von der Heimsuchung Gottes sprechen, bevor Christus gekommen war[58]. Die Vollendung des Heils in ihm ist mit einem Tag zu vergleichen, der keinen Abend kennt[59]. Doch seine Morgenröte ist schon angebrochen, weil uns der „Aufgang aus der Höhe" besucht hat[60]. Der Stern Jakobs, der Sproß aus der Wurzel Jesse, ist gekommen, weil „iucundumm lumen in tenebris visitasti me, oriens ex alto", „Du frohes Licht in der Finsternis mich besucht hast, Du Aufgang aus der Höhe"[61]. Durch die Öffnung der Seite Jesu liegt offen das große Geheimnis der Güte, die barmherzige Liebe unseres Gottes, in der uns der „Aufgang aus der Höhe" besucht hat[62]. Der Abt beschwört die päpstliche Kurie und den Papst bei der barmherzigen Liebe aus der Höhe, für die Ernennung geeigneter Bischöfe zu sorgen[63] oder die Ernennung eines ungeeigneten Abtes zurückzunehmen[64]. An den Patriarchen von Jerusalem schreibt er, dieser solle seine Schuhe ablegen, denn er sei an dem Ort, an dem uns der „Aufgang aus der Höhe" besucht habe[65].
3. In einem Wortspiel sagt Guerricus von Igny, daß die Weisen gekommen sind „ab oriente ad verum Orientem", „vom Aufgang (= Osten) zum wahren Aufgang (= Christus)"[66].

[55] B 10,443.
[56] Vgl. Schürmann, Heinz: Das Lukasevangelium. Erster Teil: Herders theologischer Kommentar zum Neuen Testament 3,1, Freiburg 1969,91f.
[57] Vgl. Weiß, Ekstase 140-142.
[58] BB 1, 98,7,744,25-27.
[59] BHLD 1, 33,3,4,520,6f.
[60] BHLD 1, 33,3,4,520,8-10.
[61] BHLD 2, 45,6,9,124,14-16.
[62] BHLD 2, 61,2,4,314,29-316,2.
[63] BB 2, 236,2,264,20-23.
[64] BB 2, 236,2,264,19-23.
[65] BHLD 2, 393,2,756,23-21.
[66] GIS Epi 2,2,57,258.

4. Für Hildegard von Bingen bedeutet die Sonne Christus, „cum oritur circa finem noctis", „weil sie aufgeht um das Ende der Nacht"[67]. In Jesus ist uns ja die Barmherzigkeit aus der Höhe erschienen[68].

5. Mechthild von Magdeburg will die Armen, die während eines Krieges am meisten zu leiden haben, trösten. Ihnen wird in der ewigen Sonne aufgehen das ewige Licht[69]. Der Anklang dieser Stelle an Lk 1,78 ist so deutlich, daß man annehmen muß, den Armen wird Christus als der Tröster erscheinen.

6. Am Fest der Verkündigung Mariens kommt Jesus zu Gertrud der Großen. Anschließend gesteht die Mystikerin: „Quali modo me tunc visitaveris Oriens ex alto per viscera pietatis et dulcedinis tuae cum nullis litteris valeam comendare." – „Auf welche Art Du mich damals besucht hast, Du Aufgang aus der Höhe, durch Deine herzliche Güte und Süße, könnte ich mit keinem Buchstaben berichten."[70]

7. Es ist erstaunlich, wie selten ein in der Schrift bezeugter christologischer Titel in unseren Texten erwähnt wird. Die einfachste Erklärung besteht darin, daß man den Aufgang aus den Höhen nicht mehr als Ankündigung des Kommens Christi verstanden hat.

5. Engel

1. Im hebräischen Text des Alten Testamentes wird nur bei Mal 3,1, eine messianisch deutbare Stelle, von einem Boten/Engel, der in der Heilszeit in den Tempel Gottes kommt, gesprochen. Im Neuen Testament wird aber dieser Bote/Engel so eindeutig auf Johannes den Täufer bezogen (Mt 11,10; Lk 1,17), daß sie sich für eine Deutung auf Christus erübrigt. Im griechischen Text der Septuaginta von Jes 9,5 heißt es aber von dem neugeborenen Messiaskind, daß sein Name „megales boules aggelos" ist, welches „eine freie Übersetzung, die umdeutet," darstellt[71]. Näher am Hebräischen bleibt die Vulgata, welche an dieser Stelle „admirabilis consiliarius", „wunderbarer Ratgeber" hat. Doch die griechische Übersetzung hat in der lateinischen Fassung „magni consilii angelus", „Engel des großen Ratschlusses" eine lange Wirkgeschichte. Sie war auch dem Mittelalter durch eine Stelle der lateinischen Übersetzung von Ps. Dionysius Areopagita „De hierarchia coelestis" bekannt[72]. Den Mystikerinnen dürfte sie aber vor allem aus dem Introitus zum ersten Weihnachtsfeiertag in den Ohren geklungen haben, in welchem Jes 9,5 in der Fassung „magni consilii angelus" vorkommt.

In der frühen jüdisch-christlichen Christologie des 2. Jahrhunderts ist die Bezeichnung Christi als Engel gebräuchlich[73]. Auch wenn man die subordianistischen Ten-

[67] HISV 1, 2,5 vis,164-169,176.
[68] HISV 2, 3,3,8,350-365,381; vgl. HISV 2, 3,3 vis,62-66,372.
[69] MM 7,28,9-11,278.
[70] G 2, 2,2,2,7-9,234.
[71] Wildberger, Hans: Jesaja: Biblischer Kommentar. Altes Testament Bd X,1, Neukirchen 1972,365.
[72] HH 5,1005C.
[73] Vgl. Grillmeier, Alois: Jesus der Christus im Glauben der Kirche. Bd 1: Von der apostolischen Zeit bis zum Konzil von Chalkedon (451), Freiburg-Basel-Wien 1979,150-156.

denzen nicht teilt, bleibt der Name „Engel" für Christus in der alten Kirche lebendig[74]. Diese Engelchristologie war auch im Mittelalter durch den römischen Meßkanon lebendig, in dem es heißt, daß die eucharistischen Gaben „per sanctum angelum tuum", „durch Deinen Heiligen Engel" auf den himmlischen Altar gebracht werden. Dieser Engel wurde im Mittelalter seit Ivo von Chartres († 1116) mit Christus als dem Engel des großen Ratschlusses gleichgesetzt[75]. Wie lebendig die Vorstellung Christus als Engel im Mittelalter war, zeigt auch die Tatsache, daß Franziskus im Jahr 1224 die Stigmatisation von dem Gekreuzigten in der Gestalt eines Seraphs empfängt[76].

Die Unterordnung des Menschgewordenen unter die Engel in Hebr 2,7 wird in unseren Texten nur selten aufgegriffen[77]. Im Allgemeinen wird Jesus in seiner Gottheit als weit den Engeln überlegen beschrieben. Er ist ja ihr Gott[78], ihr Schöpfer[79] und ihr König[80]. Dennoch kennt man in unseren Texten den Namen „Engel" für Christus.

2. Staunen will Bernhard von Clairvaux erregen, wenn er sagt, daß Christus als der Engel des großen Ratschlusses uns, seine Jünger, Freunde nennt[81]. Geschickt verbindet er die beiden Übersetzungen von Jes 9,6, wenn er über Christus schreibt: „O misericors et inaestimabilis mediator, o angele magni et inscrutabilis consilii, quis cognovit sensum tuum aut quis consilarius tuus fuit?" – „O barmherziger und unschätzbarer Mittler, o Engel des großen und unerforschlichen Ratschlusses, wer hat Deinen Sinn erkannt, oder wer ist Dein Ratgeber gewesen?"[82] Christus als Engel des großen Ratschlusses (Septuaginta) braucht keinen Ratgeber (Vulgata). Als Engel des großen Ratschlusses weist Christus die Christen an, auf welchem Weg sie ihm nachfolgen können[83]. Schlechte Gewohnheiten darf der Mensch nicht unüberlegt bekämpfen, er braucht dazu einen Rat, welchen ihm vor allem Christus, der Engel des großen Ratschlusses, geben kann[84].

3. Auch sein Freund Wilhelm von St. Thierry kennt Christus als Engel des großen Ratschlusses. Er warnt davor, die verborgenen Glaubensgeheimnisse mit dem Verstand erfassen zu wollen[85], vielmehr soll man in Liebe auf den Heiligen Geist warten, den zu unserer Belehrung Christus, der „magni consilii Angelus", „Engel des großen Ratschlusses", verheißen hat[86].

---

[74] Vgl. Schmidt, Mechthild 379 Anm 154.
[75] Vgl. Jungmann, Josef Andreas: Missarum Sollemnia. Bd 2, Wien 1952,290f. (dort Anm 39 Angaben von Quellen und Anm 40 von Sekundärliteratur); Schmidt, Mechthild 361, Anm 74.
[76] Vgl. Alkofer, Andreas-Pazifikus: Stigma, Stigmatisation, in: LThK 2000³, Sp. 1004f.
[77] Z.B. BPUR 1,3,408,11-13.
[78] MH 3,30,234.
[79] BINOV 3,1,692,11f.; Sp 10,840,3f.
[80] BMICH 1,2,660,4f.; HISV 2, 3,13,9,445,629; DB 7,381,9-12; MH 4,4,261; Ch 1, 239.
[81] BHLD 1, 8,6,7,128,17f.
[82] BVEPI 4,100,16f.
[83] BD 63,612,6f.
[84] BD 14,4,294,7-13.
[85] WSF 6,71,1-3,136.
[86] WSF 6,71,6-10,136.

4. Johannes von Ford staunt darüber, daß Gott seinen wesensgleichen Sohn mit der Botschaft seiner Liebe zu uns gesandt hat[87]. „O quam dulcis nuntius et quantae dulcedinis nuntius, quam alti mysterii baiulus et quam magni consilii angelus!" – „O was für ein süßer Bote, von welcher Art Süße der Bote, o von welch hohem Geheimnis der Überbringer, o was für ein Engel des großen Rates!"[88] Nachdem Christus, der Engel des Großen Rates, gekommen ist, ist der Aufstieg zu Gott, welcher in der Nachfolge Jesu besteht, der einzige Weg zur Vollkommenheit[89].

5. Hugo von St. Viktor schreibt einen Kommentar zur „De hierarchia caelesti" des Ps. Dionysius Areopagita. Weite Strecken des Werkes des Dionysius stellen eine Engellehre dar. Deswegen erstaunt es nicht, daß der Autor im fünften Buch auch das Verhältnis der Engel zu Christus behandelt. Für ihn ist das alttestamentliche Gesetz durch Engel dem Mose übergeben worden[90], ähnlich wie die Botschaft von der Menschwerdung Christi durch Engel Maria und Josef und den Hirten gebracht wurde[91]. Weil Christus eine wahre menschliche Natur besaß, „obediens subditur Patris, et Dei per angelos", „ist er gehorsam dem Vater und Gott durch die Engel untergeben"[92]. So wurde er schon als Kind auf den Befehl eines Engels nach Ägypten gebracht[93]. Dionysius meint, daß Jesus auch vermittels der Engel „sub paternis legislationibus", „unter den Botschaften des Vaters" gestanden habe, und spielt dabei auf die Stärkung des Vaters durch einen Engel am Ölberg an[94]. Zu dieser Stelle bemerkt Hugo, aus der Vermittlung der Engel bei der Übergabe des Gesetzes Gottes an Mose sei zu schließen, daß bei menschlicher Gotteserkenntnis die Engel eine Rolle spielen[95]. Stärker als Dionysius betont Hugo, daß mit der Annahme der Menschheit Jesu auch die Annahme ihrer Bedingungen erfolgt sein muß[96]. In den „väterlichen Botschaften" sieht Hugo im Unterschied zu Dionysius Gebote des väterlichen Gesetzes wie zum Beispiel die Anordnung zur Beschneidung[97].

Warum Dionysius in der Unterordnung unter die Engel die Tatsache begründet sieht, daß Jesus „Angelus magni consilii appellatur", „Bote des großen Ratschlusses genannt wird"[98], ist nicht einsichtig. Als weitere Begründung nennt Hugo das, was man heute die Botenchristologie des Johannesevangeliums nennt[99].

Hugo geht nicht auf den Zusammenhang der Unterordnung Jesu unter die Engel und seinen Namen „Engel des großen Ratschlusses" ein, sondern stellt nur fest: „Si ergo angelus nuntius dicitur, merito et ipse Salvator nuntius vocatur." – „Wenn Engel

---

[87] JHLD 13,6,248-252,121f.
[88] JHLD 13,6,251f.,122.
[89] JHLD 6,3,40-44,66.
[90] HH 5,1004C.
[91] HH 5,1005A-B.
[92] HH 5,1005B.
[93] Ebenda.
[94] Ebenda.
[95] HH 5,1014A-B.
[96] HH 5,1016B-D.
[97] HH 5,1017A.
[98] HH 5,1005B-C.
[99] HH 5,1016C.

Bote heißt, dann wird erst recht der Heiland selbst Bote genannt."[100] Weil Jesus uns die Gebote des Vaters gebracht und damit die Rolle der Engel bei der Gesetzgebung des Mose übernommen hat, wird er auch Engel genannt[101].

6. Vielleicht stammt die Unsicherheit des Autors der Vita der Beatrijs von Nazareth, ob sich hinter der Erscheinung eines Kindes, welche die Mystikerin erfahren hat, Christus oder ein Engel verbirgt[102], aus der Erinnerung an das Messiaskind, das den Namen „Engel des großen Ratschlusses" trägt (Jes 9,6).

7. In einer Vision schaut Hadewijch einen brennenden Engel mit gottähnlichen Zügen[103]. In der Forschung herrscht darüber, wer dieser Engel ist, keine Übereinstimmung[104]. Zu Recht fragt aber Hofmann[105]: „Sollte man hier nicht zunächst an den Herrn in der Erscheinung eines Erzengels denken können?"

8. Mechthild von Magdeburg verbindet den Engel des hohen Rates nicht immer mit Christus[106]. So schreibt sie, daß „die heissen engel von dem hôsten rate", „die brennenden Engel vom hohen Rat" im wunderbaren Rat Gottes die Menschwerdung seines Sohnes vorausgesehen haben[107]. Dies ist deswegen bemerkenswert, weil Mechthild im gleichen 14. Kapitel des vierten Buches ihres „Fließenden Lichtes der Gottheit" von der Sünde des ersten Menschen im Paradies schreibt[108]. Doch Gott ist auch jetzt noch gnädig. „Also sach ich got komen von dem himmel in das paradys einem grossen engel gelich." – „Also sah ich Gott vom Himmel in das Paradies wie ein großer Engel kommen."[109] Diesen Vers könnte man auch auf die Sendung des Cherubs als Wächter vor das Paradies interpretieren. Doch ist das Kommen Gottes bei Mechthild so sehr an die Menschwerdung seines Sohnes gebunden, daß wohl an dessen Kommen als Engel in das verdorbene Paradies gedacht ist. Gestützt wird diese Erklärung durch folgende Stelle: Man soll schauen auf „den werdesten engel Jhesum Christum, der da swebet oben Seraphin, der mit sinem vatter ein ungeteilet got mûs sin", „den würdigsten Engel Jesus Christus, der mit seinem Vater ungeteilt Gott sein muß" und der über den Seraphin schwebt"[110]. Vielleicht macht sich hier ein Einfluß Hugos von St. Viktor bemerkbar, der als oberste Hierarchie die Dreifaltigkeit annimmt, die über den Hierarchien der Engel steht[111]. Mechthild freut sich aber, daß dieser Engel, der Sohn Gottes, nicht im Himmel bleibt, sondern auf die Erde kommt und ein Mensch wird, dessen Fleisch und

---

[100] HH 5,1018B.
[101] HH 5,1018C.
[102] BN 3,13,242,48-52,155.
[103] HAV 4,12-57,72-74.
[104] Hofmann 2,76f.
[105] Hofmann 2,77.
[106] Kommt dies daher, daß sie als Begine nicht so regelmäßig den Weihnachtsintroitus gehört und gesungen hat, oder daher, daß sich dieser auf Christus angewandte Titel wegen ihrer mangelhaften Lateinkenntnisse nicht stark eingeprägt hat?
[107] MM 4,14,10-13,128.
[108] MM 4,14,23-33,128f.
[109] MM 4,14,33f.,129.
[110] MM 2,22,16-18,55.
[111] HH 1,929C.

Blut sie zu sich nehmen kann[112]. Der Einsiedler Codex enthält auf Bl 86 zu dieser Stelle ein Bild, auf dem Christus am Kreuz als Engel dargestellt ist[113].

9. Erstaunlich ist, daß Gertrud die Große die Herkunft des Titels für Christus „magni consilii angelus", „Bote des großen Ratschlußes" aus Jes 9,6 kennt, obwohl sie auch die Übersetzung der Vulgata verwendet[114]. Diese Kenntnis kann nicht allein aus dem Weihnachtsintroitus stammen, da sich in diesem der von Gertrud an dieser Stelle weiter gebrauchte Name aus der gleichen Schriftstelle „princeps pacis", „Friedensfürst" nicht befindet. Interessant ist auch der Zusammenhang, in dem Gertrud diesen Titel erwähnt. Wie Thomas von Aquin berichtet[115], gab es eine theologische Meinung, nach welcher dem Menschen ein Schutzengel nicht schon bei der Geburt, sondern erst bei der Taufe gegeben wird. Gertrud die Große[116] wie schon Mechthild von Magdeburg[117] teilen diese Meinung. Bei der Übung zur Tauferneuerung in ihren „Exercitia Spiritualia" fordert sie den Menschen zum Gebet auf, „ut dominus det tibi angelum ducem itineris tui", „daß der Herr dir einen Engel als Führer deines Weges gibt"[118]. Im entsprechenden Gebet wird Christus als Engel des großen Ratschlusses angeredet, der „dux et custos meae peregrinationis", „Führer und Hüter meiner Pilgerschaft" sein soll[119]. Man könnte meinen, Christus sei hier an die Stelle des Schutzengels getreten, wenn nicht unmittelbar danach in einem Gebet zur Begrüßung des Engels von dessen Erschaffung gesprochen würde[120]. Auch dieser geschaffene Engel soll den Menschen auf dem Pfad seines stürmischen Lebens begleiten und schützen[121]. Wahrscheinlich denkt Gertrud an zwei Engel, die dem Menschen bei der Taufe zum Schutz gegeben werden, den ungeschaffenen, nämlich Christus, und den geschaffenen, nämlich den Schutzengel. Dies wäre nicht ungewöhnlich, da auch Mechthild von zwei ihr geschenkten Engeln spricht[122].

10. Zusammenfassend läßt sich über den Christus als Engel sagen: Das Wort „angelus", „Engel" wird gern mit „nuntius", „Bote" gleichgesetzt[123]. Insofern ist Jesus der Engel, der uns die Botschaft der Liebe gebracht hat[124]. Jesu Kommen auf die Erde wird mit der Sendung eines Engels verglichen[125]. Auch in den Visionen der Frauen erscheint

---

[112] MM 2,22,18f.,55.
[113] Vgl. Schmidt, Mechthild 361, Anm 74; vielleicht ist das Bild von der Stigmatisation des Heiligen Franziskus von Assisi durch den Gekreuzigten in der Gestalt eines Seraph beeinflußt; Vgl. Alkofer, Andreas-Pazifikus: Stigma, V. Stigmatisation, in: LThK 2000³, Sp. 1004f.
[114] G R 1,70,50.
[115] STh 1,113,5.
[116] G R 1,79f.,50.
[117] MM 4,2,30-39,110f.
[118] G R 1,69,50.
[119] G R 1,70f.,50. "Perigrinatio" ist ein häufiger Name für den irdischen Lebenslauf eines Menschen.
[120] G R 1,78f.,50.
[121] G R 1,81f.,50.
[122] MM 4,2,30-39,110f.
[123] JHLD 13,6,251f.,122; HH 5,1018B.
[124] JHLD 13,6,251f.,122; HH 5,1018B-C.
[125] MM 4,14,33f.,129.

ihnen Christus in der Gestalt eines Engels[126]. Wenn Jesus mit „Engel" bezeichnet wird, soll seine Überlegenheit über die Menschen[127], ja sogar über die Engel[128] ausgedrückt werden. Weil er der Engel des großen Rates ist, kann er uns zum dem rechten Weg beraten in der Nachfolge Christi[129], vor allem bei schwierigen Entscheidungen[130]. Ganz allgemein wird mit diesem Titel die große Autorität, die Christus in Glaubensfragen für den Menschen hat, ausgesagt[131]. Als der Engel des großen Rates kann Jesus auch wie ein Schutzengel den Menschen auf seinem Lebensweg beschützen[132]. Nach dem Vorbild des Ps. Dionysius Areopagita[133] lehrt man, daß der Sohn Gottes mit seiner Menschwerdung unter die Engel gestellt ist[134].

6. Erwählter

1. Nach der Vulgata ist Jesus der erwählte Sohn (Lk 9,35; vgl. Mt 12,18), der erwählte Messias (Lk 23,35) und der erwählte Stein (1 Petr 2,4.6). Es besteht von diesen Stellen aus keine direkte Verbindung zu unseren Texten, in denen Jesus „Erwählter" genannt wird. In der Schrift ist Gott oder der Vater das Subjekt der Erwählung. Christus ist von ihm erwählt. In unseren Texten aber ist Christus meist derjenige, den sich Menschen erwählt haben. Diese Aussage steht nicht in einem Gegensatz zu Joh 15,16, an welcher Stelle es heißt, Christus habe die Jünger und nicht sie ihn erwählt. Wenn ein Liebender den Geliebten als seinen Erwählten bezeichnet, wird damit nur die Freiheit, die bei jeder Liebesentscheidung besteht, betont. In diesem Sinn wird im Hohelied die Braut „Erwählte" (Hld 5,8f.) und der Bräutigam „Erwählter" (Hld 5,15), ja „unter Tausend Erwählter" (Hld 5,10) genannt.
2. Bernhard von Clairvaux sieht in den Tausenden, unter denen der Bräutigam Christus der Erwählte ist, die Schar aller Heiligen[135], besonders der Märtyrer[136]. Er legt das Reis, auf dem der Heilige Geist ruht (Jes 11,1f.), folgendermaßen aus: „Virgo Dei genitrix virga est, flos Filius eius … electus ex millibus." – „Die Jungfrau und Gottesmutter ist das Reis, die Blume ihr Sohn … erwählt unter Tausenden."[137]
3. Isaak von Stella ist einer der wenigen, die Christus Erwählter nennen, weil er von Gott erwählt wurde. So sagt er in einer Predigt: „Beata electio … unum corpus dicitur

---

[126] HAV 4,12-57,72-74.
[127] BHLD 1, 8,6,7,128,17f.; BVEPI 4,100,16f.; MM 2,22,18f.,55.
[128] MM 2,22,16-18,55.
[129] BD 63,612,6f.; JHLD 6,3,40-44,66.
[130] BD 14,4,294,7-13.
[131] WSF 6,71,6-10,136; JHLD 13,6,251f.,122.
[132] G R 1,70f.,50.
[133] HH 5,1005B.
[134] HH 5,1016B-D.
[135] BHLD 1, 28,4,10,446,3-9.
[136] BPASC 1,5,232,8-12.
[137] BADV 2,4,82,10f.

cuius Christus, Dei electus, caput est." – „Selige Erwählung … ein Leib heißt es, von dem Christus, Gottes Erwählter, das Haupt ist."[138]

4. Hugo von St. Viktor macht auf ein Problem der Auserwählung in seinem „Selbstgespräch" aufmerksam. Die Seele, die Gesprächspartnerin des Menschen, formuliert es folgendermaßen: Man soll in Christus „unice electum", „den einzig Erwählten" lieben[139]. Wenn die Liebe aber zwischen ihm und dem Menschen ausgeglichen sein soll, müßte Christus die Seele auch einzig erwählen und allein lieben. „Ecce igitur ego unice electum et unice dilectum diligo. Sed hanc hujus dilectionis meae injuriam patior, quod solum diligens sola non amor." – „Siehe also, ich liebe den einzig Erwählten und einzig Geliebten. Aber dies erleide ich als Unrecht dieser meiner Liebe, daß ich, der ich einen einzigen liebe, nicht allein geliebt werde."[140] Denn der Geliebte liebt auch Tiere, ja sogar Verbrecher[141]. Die Lösung liegt darin, daß jeder einzelne Mensch zwar einzigartig, aber nicht allein geliebt wird.

5. Mechthild von Hackeborn besucht das in der damaligen Zeit zwischen Karfreitag und Ostern in den Kirchen aufgebaute Grab und fragt: „Eia, dilecte mi, ex millibus electe, doce meo quo unguento te animae meae amatorem perungam." – „Eia, mein Geliebter, Erwählter unter Tausenden, lehre mich, mit welcher Salbe ich Dich, den Liebhaber meiner Seele, salben soll."[142] Die Salben werden ihr für diesen Dienst geschenkt.

6. Bei Gertrud wird an einer Stelle deutlich, warum sie Jesus den Erwählten nennt. Zuerst stellt sie fest, daß sie außer Jesus keinen Trost hat[143], und fährt dann fort: „Ipse est praeelectus amicus cordis mei et unicus." – „Er ist der überaus erwählte Freund des Herzens und der einzige."[144] Die Erwählung Jesu hat ihren Grund darin, daß es keinen anderen Trost außer ihm gibt. Wenn sie diesen Trost haben will und unter seinen Flügeln ruhen möchte, redet sie Jesus mit den Worten an: „O mi dilecte, ex milibus electe!" – „O mein Geliebter, aus Tausenden Erwählter!"[145] So ist er „portio mea electissima", „mein auserwähltester Anteil"[146]. An einer weiteren Stelle ruft Gertrud Jesus mit zehn Titeln an, von denen einer lautet: „Ex milibus electe!" – „Aus Tausenden Auserwählter!"[147] Wieder ein anderes Mal nennt sie Jesus „legitimus sponsus meus electus ex milibus", „meinen rechtmäßigen Bräutigam, Erwählter unter Tausenden"[148]. „Te omni creaturae

[138] IS 34,4,29-32,234.
[139] HSO 956B.
[140] HSO 956B-C.
[141] HSO 956C.
[142] MH 1,19,61.
[143] G R 3,53,76.
[144] G R 3,54f.,74.
[145] G R 3,261f.,90.
[146] G R 6,296f.,180.
[147] G R 6,749-753,208.
[148] G R 7,642f.,248.

praeeligo." – „Dich wähle ich aus der ganzen Schöpfung aus."[149] Sie verehrt die Wunde „mei unice electi amatoris", „meines einzig auserwählten Liebhabers"[150].

7. In der Vita der Christina von Hane wird die wechselseitige Erwählung artikuliert, wenn Christus zu Christina spricht: „O du byst myn ußerwilte vnd ich byn dyn ußerwilter." – „O du bist meine Außerwählte, und ich bin dein Auserwählter."[151] An einer anderen Stelle singt „yre ußerwilter bruytgam", „ihr auserwählter Bräutigam" ihr ein Lied vor[152].

7. Gast

1. Beim letzten Gericht ergeht das Urteil über den Menschen unter anderem nach dem Kriterium, ob der Mensch Christus in der Gestalt eines „hospes", „Fremden" aufgenommen oder abgelehnt hat (Mt 25,35.43). In der Bedeutung „angesehener Gast" wird in der Vulgata das Wort „hospes" nicht auf Christus angewendet, obwohl es heißt, daß er mit dem Vater im liebenden Menschen Wohnung nimmt (Joh 14,23). In der Tradition spricht man eher vom Heiligen Geist als dem Gast des Menschen. Eine große Wirkungsgeschichte hat die Sequenz zum Pfingstfest, welche Stephan Langton um 1200 gedichtet hat und in welcher der Heilige Geist genannt wird „dulcis hospes animae", „süßer Gast der Seele"[153].

2. Hugo von St. Viktor fragt sich, wo ein Haus für Gott gebaut werden soll[154]. Vor allem ist das menschliche Herz der Ort, an dem dieses Haus stehen soll[155]. „Dilata ergo cor tuum, ut capere possis, quem capere non potest mundus. Dilata cor tuum, ut habere merearis hospitem Deum, et non (sicut, consuetudo est inter homines) unius noctis hospitem, sed aeternum habitatorem." – "Mach also dein Herz weit, damit du den fassen kannst, den die Welt nicht fassen kann. Mach dein Herz weit, damit du Gott verdienst als Gast zu haben und nicht (wie es Gewohnheit bei den Menschen ist) als Gast für eine einzige Nacht, sondern als ewigen Bewohner."[156] Deutlich wird hier der vorübergehende Gast von dem ständigen Bewohner unterschieden.

3. Der Verfasser des St. Trudperter Hoheliedes kennt einen ähnlichen Unterschied: Das Gastsein wird dem Beheimatetsein gegenübergestellt: Man soll nicht zu denen gehören, „die dâ wellent heimuote haben, dâ dû gast wäere", „die dort Heimat haben wollen, wo Du Gast warst"[157]. Er, das heißt Jesus, war auf Erden Gast, das heißt arm,

[149] G 3, 3,65,3,60,266.
[150] G 4, 4,35,1,7,288.
[151] CH 2, 208.
[152] CH 2, 215.
[153] Gotteslob, Katholisches Gebet- und Gesangbuch 242,3,304.
[154] HAN 4,1,663B.
[155] HAN 4,1,663C.
[156] Ebenda.
[157] TH 17,26f.,56.

hungrig, geschmäht, geschlagen und von Freunden verlassen[158]. Wer mit ihm sein will, muß auf Erden Gast sein und sein Kreuz mit ihm tragen[159].

4. David von Augsburg spielt mit dem Begriffspaar „hospes – hostes". „Qui ergo bonum hospitem Christum non vult effugare de hospitio cordis sui, inimcos eius, id est vitia, secum non hospitetur." – „Wer haben will, daß der gute Gast Christus nicht von der Herberge seines Herzens flieht, der gebe bei sich seinen Feinden, das heißt den Lastern, keine Herberge."[160] Dabei darf man nicht zögern: „Si citius eiicis hostem de urbe tua, securus es." – „Wenn du schnell den Feind aus deiner Mauer hinauswirfst, bist du sicher."[161] In einem seiner mittelhochdeutschen Traktate nennt er die beiden wichtigsten Laster, die Christus aus dem Herzen des Menschen vertreiben, Unfriede und mangelnde Liebe[162]. „Sîn ruowestat ist in dem vride; swer denne mit unvride lebet, in des herzen mac er niht rouwe haben." – „Seine Ruhestatt ist im Frieden; wer daher in Unfrieden lebt, in dessen Herz kann er nicht Ruhe haben."[163]

5. Mechthild von Magdeburg betont stark das Fremdsein Jesu. Er wird in Betlehem, „in der vrômden stat", „in der fremden Stadt", geboren[164], wo Maria, seine Mutter, ein „arm ungeherbeget gast", „armer Gast ohne Herberge" war[165]. Zuvor aber kam der Sohn Gottes zu Maria, „da wolte der almehtig got nún manode ze herberge wesen", „da wollte der allmächtige Gott neun Monate Herberge haben"[166]. Das gleiche Schicksal, das dem Sohn Gottes bei seiner Geburt widerfahren ist, nämlich daß er von seinem Vater heruntergeworfen wird „von dem himmel … uf der strassen in die gastkrippfen", „vom Himmel … auf die Straße in die fremde Krippe", erlebt auch der ihn liebende Mensch; er wird von allem irdischen Trost in den Hunger nach irdischem Trost geworfen[167].

Auch jetzt ist Christus bei dem Menschen in der „unio mystica" Gast. So schreibt Mechthild: „Swelú brut iren lieben geherberget hat, dú bedarf nit verre gan." – „Diejenige Braut, die ihrem Lieben Herberge gibt, die braucht nicht in die Ferne zu gehen."[168] Sie hat ja als Besuch den Herrn bei sich[169].

6. Gertrud die Große spricht kaum von der Fremde, die Christus auf sich nahm, als er ein Gast auf Erden war. Vielmehr wird er „Gast" in der persönlichen Begegnung mit den einzelnen Menschen genannt. Bei der Taufe geschieht die Eingliederung in Christus. In Erinnerung an sie soll der Mensch sprechen: „O animae meae hospes dulcissime, Iesu mi praecordialissime!" – „O meiner Seele süßester Gast, mein herzlichster

---

[158] TH 17,25-33,56.
[159] TH 17,33-18,2,56.
[160] DAE 3,21,207.
[161] Ebenda.
[162] DT 4,317,24-26.
[163] DT 4,317,28f.
[164] MM 5,23,42,175.
[165] MM 5,23,42f.,175.
[166] MM 3,9,88f.,89.
[167] MM 6,4,34-38,210.
[168] MM 2,2,8f.,37.
[169] MM 5,16,8f.,130.

Jesus!"[170] Ähnlich lautet die Anrufung Jesu in einem litaneiähnlichen Gesang: „Hospes liberalissime", „Freigibigster Gast"[171]. Wenn Christus sich mit einem liebenden Menschen in untrennbarer Einheit verlobt, spricht er: „Tu eris hospes mea, et ego te recludam in mea vivida dilectione." – „Du sollst mein Gast sein, und ich will dich einschließen in meine lebendige Liebe."[172] Der Herr gewährt auch Gastfreundschaft der ganzen Kommunität. Als sich diese zum Kapitel versammelt[173], spricht der Herr: „Ego idcirco adveni, quemadmodum paterfamilias hospites ad convivium suum invitatos benigne suscipiens." – „Ich bin deswegen gekommen wie ein Familienvater, der seine geladenen Gäste gütig zum Gastmahl empfängt."[174] Gertrud „Domino in ea hospitanti decentissimum obsequium impendebatur", „gewährte dem Herrn, der in ihr zu Gast ist, den ganz geziemenden Dienst"[175].

7. Petrus von Dazien beschreibt in einem Brief an die Mystikerin die Einwohnung Christi in der Seele des Menschen[176]: „Quis poterit estimari dulcior inhabitator quam ipse deus, qui ex eo, quod est dulcis hospes animae, commendatur." – „Wer kann als süßerer als Einwohner gedacht werden als Gott selbst, der deswegen, weil er der süße Gast der Seele ist, erwähnt wird."[177] Die Gastfreundschaft ist aber wechselseitig: „Manenti ergo in caritate Deus seipsum hospicium exhibet, et in eo uiceuersa requirit domicilium." – „Dem, der in der Liebe bleibt, bereitet Gott sich selbst als Gastraum, und er sucht umgekehrt in ihm eine Bleibe."[178] So wird der Herr genannt: „Felix hospes recipiens et receptus." – „Glücklicher Gast, der empfängt und empfangen wird."[179]

8. Johannes von Stommeln, der Betreuer der Christina von Stommeln, sagt, daß bei der Mystikerin der Heilige Geist „velut hospes dulcissimus stabilem atque perpetuam mansionem sibi fecit", „wie ein süßester Gast sich eine feste und andauernde Wohnung schuf"[180]. Eine entsprechende Aussage über Christus findet sich aber bei ihm nicht.

9. Zusammenfassend läßt sich sagen: Auf Erden war Jesus nur ein Gast und nicht heimisch[181]. Maria hat ihm neun Monate in sich Herberge geboten[182]. Jesus ist in einer fremden Stadt geboren[183].

Das Herz des Menschen ist das Haus, das weit gemacht werden muß, damit Jesus als Gast kommen kann[184]. Er ist kein vorübergehender, sondern bleibender Gast

[170] G R 1,185f.,58.
[171] G 3, 3,65,3,58,266.
[172] G R 3,79f.,78.
[173] G 4, 4,48,6,1f.,364.
[174] G 4, 4,48,6,10-12,364.
[175] G 3, 3,19,2,5f.,106.
[176] CS 1, B 5,13,15-31,77.
[177] CS 1, B 5,13,77,34-78,2.
[178] CS 1, B 5,13,78,4-6.
[179] CS 1, B 5,13,78,7f.
[180] CS 2, 4,7,61,310.
[181] TH 17,26f.,56.
[182] MM 3,9,88f.,89.
[183] MM 5,23,42,175.
[184] HAN 4,1,663C.

beim Menschen[185]. Doch kann man Jesus als Gast durch Laster aus diesem Haus vertreiben[186]. In der „unio mystica" gewährt man Jesus Herberge[187]. Dann ist Jesus der süße[188] oder freigibigste[189] Gast. Diesen Gast soll man geziemend bedienen[190]. Gast darf beim Herrn die Seele[191], aber auch eine ganze Ordenskommunität[192] sein. So wird eine gegenseitige Gastfreundschaft gewährt[193]. An Stelle von „Gast" kann Jesus auch „Einwohner" genannt werden[194].

8. Gefangener

1. Zwar wird in der Schrift von der Gefangennahme Jesu am Ölberg gesprochen, dieses Ereignis wird aber nicht in einem tieferen Sinn gedeutet.
2. Bernhard von Clairvaux weiß natürlich, daß Christus alle vom Feind gefangenen Menschen befreien kann[195]. Dies wäre nicht möglich, wenn nicht „me in carcere requisisset illa maiestas", „jene Majestät mich im Kerker gesucht hätte"[196]. Der Mensch ist ja „vinctus in desperationis cacere", „gebunden im Kerker der Verzweiflung"[197]. Dorthin kommt der Sohn Gottes, der eine Braut gefunden hat, die ihm gefällt. „In domo regis Babylonici vidi, quam rex ille captivam tenet." – „Im Haus des babylonischen Königs habe ich sie gesehen, die jener König gefangen hält."[198] So kommt der Sohn auf die Erde, „eam de captivitate Babylonica liberare", „sie aus der babylonischen Gefangenschaft zu befreien"[199]. Doch will er dabei nicht mit Gewalt, sondern mit Weisheit vorgehen[200]. Bernhard spricht aber nicht davon, daß Christus um unseretwegen im übertragenen Sinn ein Gefangener wird. Zwar heißt es einmal: „Amor, ubi venerit, ceteros in se omnes traducit et captivat affectus." – „Wo die Liebe eintritt, zieht sie alle anderen Gefühle an sich und nimmt sie gefangen."[201] Diese Aussage gilt aber zunächst für den Menschen und nicht für Christus in der „unio mystica"[202]. Am Ende dieser Passage stellt Bernhard allerdings fest, daß es zwischen Braut und Bräutigam keine anderen

[185] HAN 4,1,663C.
[186] DAE 3,21,207.
[187] MM 2,2,8f.,37.
[188] G R 1,185f.,58; CS 1, B 5,13,77,34-78,2.
[189] G 3, 3,65,3,58,266.
[190] G 3, 3,19,2,5f.,106.
[191] G R 3,79f.,78.
[192] G 4, 4,48,6,10-12,364.
[193] CS 1, B 5,13,78,4-9.
[194] CS 1, B 5,13,77,34-78,2.
[195] BHLD 1, 13,4,5,190,29.
[196] BHLD 1, 20,2,3,280,11f.
[197] BPA 1,2,808,4f.
[198] BPA 6,860,9f.
[199] BPA 6,860,16.
[200] BPA 6,860,22-862,1.
[201] BHLD 2, 83,1,3,614,3f.; für die Macht der Liebe vgl. Weiß, Gottesbild 3,1941-1954.
[202] BHLD 2, 83,1,3,612,21-614,3.

Gefühle mehr gibt als die Sehnsucht, geliebt zu werden und zu lieben[203]. Dann hat auch beim Bräutigam Christus die Liebe alle anderen Gefühle gefangen genommen.

3. Isaak von Stella sagt in einer Predigt vom Sünder: „Veniat captivus ad eum qui liber est, eoque liberare potest." – „Es komme der Gefangene zu dem, der frei ist und dadurch befreien kann."[204]

4. Gilbert von Hoyland erwähnt zwar öfter die Macht der Liebe, unter welcher der Mensch stehen kann[205]. Daß Jesus von der Liebe gefangen sei, sagt er aber nicht. Dafür befreit uns Jesus vom Bösen. „Captivitatis contritus est laqueus." – „Zerbissen ist die Schlinge der Gefangenschaft."[206]

5. Nach Hugo von St. Viktor hat die Liebe große Macht über den Sohn Gottes[207]. Von ihr heißt es: „Adduxisti illum vinculis tuis alligatum." – „Du bringst jene mit deinen Banden gebunden heran."[208] „Ligasti insuperabilem." – „Du hast den Unüberwindlichen gebunden."[209]

6. Von den vier Stufen der Gewalt der Liebe umschreibt Richard von St. Viktor die zweite mit den Worten: „Caritas ligat." – „Die Liebe bindet."[210] Nachdem der Herr das Joch gebrochen hat, schickt er „super nos caritatis suae vincula", „über uns die Bande seiner Liebe"[211]. Die Schönheit des Geliebten läßt den Liebenden in die Gefangenschaft der Liebe geraten[212]. „In huiusmodi caritatis funiculis captivam duxit captivitatem." – „Mit solcher Art Seilen der Liebe nahm er die Gefangenschaft gefangen."[213]

7. Nach Hildegard von Bingen ruft die sündige Seele: „Capta sum et spoliata oculis et gaudio scientiae." – „Ich bin gefangen und den Augen und der Freude des Wissens beraubt."[214] „Et quem consolatorem huius captivitatis quaeram? Quomodo has catenas dirumpam?» – «Welchen Tröster dieser Gefangenschaft soll ich suchen? Wie soll ich diese Ketten zerbrechen?»[215] Ohne daß es ausdrücklich gesagt wird, ist natürlich Christus der Tröster, der sie aus der Gefangenschaft befreit.

8. Nach Hadewijch hat die Minne auch die Gottheit bezwungen[216]. Die Aufforderung, die Minne zu lieben, hat als Wirkung, daß diese ihre Gefangenen bindet[217].

---

[203] BHLD 2, 83,1,3,614,6f.
[204] IS 33,5,38f.,222.
[205] Vgl. Weiß, Gottesbild 3,1042f.
[206] GHLD 26,4,135D.
[207] HL 974D; vgl. Weiß, Gottesbild 1944f.
[208] HL 974D.
[209] HL 975A.
[210] RVGR 4,20; 7,24.
[211] RVGR 5,22.
[212] RVBMI 49,36C.
[213] Ebenda.
[214] HISV 1, 1,4,1,92f.,62.
[215] HISV 1, 1,4,1,108f.,63.
[216] HAB 20,102f.,173; HAV 1,62-70,46.
[217] HAB 20,108f.,174.

9.　Von Ida von Gorsleeuw heißt es, daß sie nach einem Kommunionempfang in Ekstase gerät und zu ihrem Bett geführt werden mußte, „vinculata mirifice caritativi numinis ligamento", „wunderbar gebunden durch das Band des liebevollen Waltens"[218].

10.　David von Augsburg schreibt, daß die Minne ein Band hat, das sie selbst ist, mit welchem sie den Liebenden bindet[219]. Dieses Band ist auch bei Jesus wirksam: „Daz ist das bant, daz dich von des vater herzen in unser vrouwen lip twanc. Es twanc dich in die krippe und an die siule unde an das kreuze." – „Das ist das Band, das Dich von des Vaters Herzen in unserer Frauen Leib zwang. Es zwang Dich in die Krippe und an die (Geißel)säule und an das Kreuz."[220] Die Liebe Gottes wird so auch beim Menschen wirksam: „Daz ist daz bant, dâ von alliu mîn twancsal in dich gotlichiu vrîheit verwandelt wirt." – „Das ist das Band, wovon all mein Gezwungensein in Dich, göttliche Freiheit, verwandelt wird."[221]

11.　Auch für Mechthild von Magdeburg hat die Liebe eine besondere Macht über den Menschen. Die Seele spricht zu ihr: „Du hast mich gejagt, gevangen, gebunden." – „Du hast mich gejagt, gefangen, gebunden."[222] Wenn man den Gefangenen aber nicht sterben lassen will, muß man ihm Wasser und Brot geben[223]. So macht es auch Gott, er gibt den in der Liebe Gefangenen Arznei, daß sie weiter am Leben bleiben[224]. Mechthild weiß auch von der Verstrickung des Menschen in das Böse. So schreibt sie: „Dis ertrich ist maniger strikke vol." – „Die Erde ist voll von vielerlei Stricken."[225]

Die Liebe hat Gott vom Himmel getrieben[226] und so bezwungen, daß er sich in den Schoß Mariens ergoß[227].

Verschiedentlich beschreibt Mechthild, wie der Mensch mit Christus im Leiden eins werden kann. So heißt es: „Du solt gemartert werden mit mir ... gevangen in dem hasse, gebunden in dem horsame." – „Du sollst gemartert werden mit mir ... gefangen im Haß, gebunden im Gehorsam."[228] Diese Ankündigung setzt voraus, daß Christus, weil er im Gehorsam dem Vater gegenüber gebunden war, sich durch den Haß der Menschen gefangen nehmen ließ. Anders sieht ihre Ähnlichkeit mit der Gefangenschaft Christi an folgender Stelle aus: „Si wird gevangen in der ersten kunde, so got si kússet mit sússer einunge." – „Sie wird gefangen in der ersten Erfahrung, als Gott sie mit süßer Vereinigung küßte."[229] Oder: „Si wirt gebunden mit des heligen geistes gewalt." – „Si wird gebunden mit des Heiligen Geistes Gewalt."[230] Diese Stellen wollen die Wehr-

---

[218]　IG 5,46,121.
[219]　DU 372,16-19.
[220]　DU 372,20-22.
[221]　DU 372,22f.
[222]　MM 1,3,4f.,9.
[223]　MM 1,3,16f.,10.
[224]　MM 1,3,17f.,10.
[225]　MM 1,44,77f.,31.
[226]　MM 1,3,11f.,9.
[227]　MM 1,1,5-7,5.
[228]　MM 1,29,5f.,22.
[229]　MM 3,10,5f.,89.
[230]　MM 3,10,8,89.

losigkeit, die Mechthild bei ekstatischen Erlebnissen erfährt, ausdrücken. Die Liebe zwingt ja Gott zur Seele und die Seele zu Gott[231] und bindet beide, jung und alt[232].

12. Auch nach Mechthild von Hackeborn hat die Macht der Liebe Jesus vom Schoß des Vaters in den Mutterschoß Mariens versetzt[233], aber ihn auch in den Himmel zurückgeführt[234]. Diese Liebe hat goldene Ketten[235]. Nur an Jesus kann die Liebe ihre ganze Macht ausüben[236] und am Ende sich selbst seiner Allmacht unterwerfen[237]. So bekennt Jesus: „Amore me fateor esse captum." – „Ich gestehe, daß ich durch die Liebe gefangen bin."[238] Es ist aber eine freiwillige Gefangenschaft, weil sich Jesus selbst dazu entschieden hat[239].

13. Auch Gertrud die Große kennt den Gefangenen Christus. Er ist der „pro redemptione generis humani captus, ligatus", „für die Erlösung des menschlichen Geschlechtes Gefangene, Gebundene"[240]. Von ihm heißt es: „Tua te cogat charitas", „Dich zwingt Deine Liebe"[241], weil er von ihr bezwungen Mensch geworden ist[242]. Zu jedem Menschen neigt der Erlöser sich „velut amore captus", „wie ein durch die Liebe Gefangener"[243]. Jesus hat solche Sehnsucht nach der Einheit des Menschen in der Kommunion, daß er „quasi exanimis", „wie ohnmächtig" erscheint[244].

Gertrud spricht die Liebe an, die schauen soll auf „Iesum meum, illum tuum regalem captivum", „meinen Jesus, jenen deinen königlichen Gefangenen"[245]. „Illo charissimo spolio, illo tuo millies praedilecto captivo", „Mit jener teuersten Beute, mit jenem deinem mehr als tausendfach geliebten Gefangenen" soll die Liebe alle Mängel des Lebens des Menschen ersetzen[246]. Ja, der Mensch will selbst mit Jesus von der Liebe gefangen werden und soll zu ihr deswegen sprechen: „Me tantillam captivares, vinculares." – „Mich, den so Kleinen, nimm gefangen, binde mich."[247] Er will mit Jesus das gleiche Los der Gefangenschaft tragen[248]. Zu Jesus soll die Seele sagen: „Iesu mi chare, sinus tuae misericordiae sit inclusio captivitatis meae,… catena divini cordis tui sit vinculum mihi, ut in vivi amoris violentiam fiam tua perpetua captiva." – „Jesus, mein Teurer, der Schoß Deiner Barmherzigkeit sei der Einschluß meiner Gefangenschaft, … die Kette

---

[231] MM 7,62,85f.,308.
[232] MM 5,30,7,189.
[233] MH 2,31,176.
[234] MH 1,20,71.
[235] MH 1,37,121.
[236] MH 1,20,71.
[237] MH 2,35,180.
[238] MH 1,18,55.
[239] Ebenda.
[240] G 3, 3,46,1,12f.,206.
[241] G R 7,443,236.
[242] G 4, 4,23,7,4f.,224.
[243] G 4, 4,12,6,18,138.
[244] G 4, 4,25,8,18f.,244.
[245] G R 7,42f.,212.
[246] G R 7,48-51,212.
[247] G R 7,56,212.
[248] G R 7,56f.,212.

Deines göttlichen Herzens sei mir ein Band, damit ich in der Gewalt der lebendigen Liebe Deine andauernder Gefangener werde."[249] Durch die Salbung der Liebe wird Jesus gezwungen, die Menschen mit zerknirschtem Herzen zu heilen[250], deswegen kann er auch „praedicare captivis, id est, peccatoribus indulgentiam", „den Gefangenen, das heißt den Sündern, die Vergebung verkünden"[251].

14. Zusammenfassend läßt sich über das Gefangensein Jesu sagen:

14.1 Man spricht von Jesus nicht nur als dem Gefangenen, sondern auch vom „vinctus", „Gefesselten"[252] und „ligatus", „Gebundenen"[253].

14.2 Der Mensch ist durch die Sünde in babylonische Gefangenschaft geraten[254]. Durch sie ist er gefangen und beraubt[255]. Die Erde ist voll Stricke, denen der Mensch nicht entgehen kann[256].

14.3 Jesus sucht die wie in einem Kerker gefangenen Menschen in seiner Menschwerdung heim[257]. Er wird von der Liebe gezwungen, den Himmel zu verlassen[258], Mensch in der Jungfrau zu werden[259] und am Kreuz zu sterben[260].

14.4 Die Liebe nimmt alle anderen Gefühle gefangen[261]. Lieben heißt immer auch, sich von der Liebe gefangen nehmen lassen[262]. Die Liebe hat kein anderes Band, mit dem sie bindet, als sich selbst[263]. Deswegen werden ihre Ketten golden genannt[264]. Der Herr schickt über die Erlösten die Fesseln der Liebe[265]. Dies gilt besonders für die ekstatische Liebesvereinigung mit Gott[266]. Auch Jesus ist von der Liebe gebunden[267]. Er ist der königliche[268] und geliebte[269] Gefangene der Liebe. Wer mit Jesus leiden will, muß genauso durch die Liebe gefangen genommen werden[270].

---

[249] G R 7,61-64,214.
[250] G 3, 3,55,1,16f.,236.
[251] G 3, 3,55,1,18f.,236.
[252] BPA 1,2,808,4f.; vgl. MM 1,3,4f.,9.
[253] HL 974D; 975A; vgl. MM 1,3,4f.,9; 1,29,5f.,22; G 3, 3,46,1,12f.,206.
[254] BPA 6,860,9f.
[255] HISV 1, 1,4,1,92f.,62.
[256] MM 1,44,77f.,31.
[257] BHLD 1, 20,2,3,280,11f.; DU 372,20-22.
[258] MM 1,3,11f.,9.
[259] DU 372,20-22; MM 1,1,5-7,5; 1,3,11f.,9; 7,62,85f.,308; MH 2,31,176.
[260] DU 372,20-22.
[261] BHLD 2, 83,1,3,614,3f.
[262] HAB 20,108f.,174.
[263] DU 372,16-19.
[264] MH 1,37,121.
[265] RVGR 5,22.
[266] BHLD 2, 83,1,3,612,21-614,3; IG 5,46,121; MM 3,10,5f.,89.
[267] HL 975A; MH 1,18,55; G R 7,443,236; G 4, 4,12,6,18,138; 4,23,7,4f.,224.
[268] G R 7,42f.,212.
[269] G R 7,48-51,212.
[270] MM 1,29,5f.,22; G R 7,56f.,212; 7,61-64,214.

14.5 Jesus verkündet die Vergebung den Gefangenen[271], zerreißt die Schlingen der Gefangenschaft[272], befreit die vom Teufel gefangenen Menschen[273] und führt sie aus der babylonischen Gefangenschaft[274]. Das kann er tun, weil er selbst gefangen genommen ist[275]. Durch ihn wird aller menschliche Zwang in die göttliche Freiheit verwandelt[276].

9. Gekreuzigter

1. In der Vulgata wird das Wort „crucifixus", „der Gekreuzigte" absolut gebraucht. Um zu betonen, daß derselbe Jesus auferstanden ist, der am Kreuz gehangen hat, heißt es, daß der Gekreuzigte auferweckt wurde (Mt 28,5; Mk 16.6). Paulus will nur etwas von Jesus als dem Gekreuzigten wissen (1 Kor 2,2). Deswegen predigt (1 Kor 1,23) und malt (Gal 3,1) er den Gekreuzigten vor den Ohren und den Augen der Zuhörer. Der Gekreuzigte ist für ihn das Zeichen der Schwäche (2 Kor 13,4). Die Formulierung „crucifixus (sub Pontio Pilato)", „gekreuzigt (unter Pontius Pilatus)" taucht in vielen Glaubensbekenntnissen der Alten Kirche auf[277].

Hier kann es nicht darum gehen, alle Texte, an denen von der Kreuzigung Christi berichtet wird, aufzuzählen. Wir beschränken uns auf die Stellen, an denen „crucifixus" wie ein Titel gebraucht wird.

2. Bernhard von Clairvaux schreibt, daß die Engel, die zum Chor der Mächte gehören, „Crucifixi nostri divinam omnipotentiam ubique fortiter attingentem intuere ac mangnificare delectantur", „sich freuen, die göttliche Allmacht unseres Gekreuzigten, die sich überall stark entfaltet, zu sehen und zu preisen"[278]. Bernhard wundert sich darüber, daß einer der Schächer „advertit pulchritudinem Crucifixi", „die Schönheit des Gekreuzigten bemerkte" und ihn als Sohn Gottes bekennt[279]. Für Bernhard hat Christus zwei Hände, mit denen er uns begegnen will. „Laeva Christi Iesu, et hic crucifixus, nam dextera quidem est Christus Iesus, et hic gloriosus." – „Die Linke Christi Jesu, das ist der Gekreuzigte, denn die Rechte ist ja Christus Jesus, und zwar der Verherrlichte."[280] Deswegen wollte Paulus nichts anderes wissen und verkündigen als Christus, den Gekreuzigten, weil seine Liebe im Leiden offenbar geworden ist[281].

---

[271] G 3, 3,55,1,18f.,236.
[272] GHLD 26,4,135D.
[273] BHLD 1, 13,4,5,190,29.
[274] BPA 6,860,16.
[275] IS 33,5,38f.,222.
[276] DU 372,22f.
[277] Schon in den ältesten Bekenntnissen: DH 10-35. Konzilsbekenntnisse DH 150.
[278] BHLD 1, 19,2,3,266,27-29.
[279] BHLD 1, 28,2,4,438,1-3.
[280] BVNAT 4,7,184,23f.
[281] BVNAT 4,7,184,17-23.

3. Ganz paulinisch warnt Wilhelm von St. Thierry davor, bei Christus Zeichen oder Weisheit zu suchen[282]. Dies machen die Ungläubigen. „Tu vero amplectere Christum crucifixum!" – „Du aber umarme Christus, den Gekreuzigten!"[283]

4. Isaak von Stella betont, daß der Mensch „cum novo Filio hominis crucifixus", „mit dem neuen Menschensohn gekreuzigt" ist (vgl. Röm 6,6)[284].

5. Nach Guerricus von Igny wird die Seele bei dem ständigen Bedenken der Wunden Jesu „amore crucifixi", „durch die Liebe zum Gekreuzigten" vor der Gier des Fleisches, der Verwirrung der Welt und dem Ansturm des Teufels bewahrt[285].

6. Hildegard von Bingen schreibt: „Crucifixus Dei Filius conuertit se ad omnes, eos secundum iustitiam et misericordiam suam monens." – „Der Gekreuzigte, der Sohn Gottes, wendet sich an alle, indem er sie gemäß seiner Gerechtigkeit und Barmherzigkeit ermahnt."[286]

7. Nach Gertrud der Großen soll man sich zur Erneuerung der Taufe mit einem Kreuz auf die Stirn und Brust bezeichnen[287] und beten: „A te, o crucifixe amor meus, Iesu dulicissime, accipiam signum sanctae crucis tuae tam in fronte quam in corde, ut in aeternum vivam sub tua protectione." – „Von Dir, o meine gekreuzigte Liebe, süßester Jesus, will ich empfangen das Zeichen Deines Heiligen Kreuzes sowohl auf die Stirn als auch auf das Herz, um ewig unter Deinem Schutz zu leben."[288] In Erinnerung an die Salbung mit Chrisam bei der Taufe[289] soll man beten, „ut tu pro me crucifixus maneas cordi meo semper infixus", „daß Du, der für mich Gekreuzigte, immer in mein Herz gehefet bleibst"[290].

8. Agnes von Blannbekin erwähnt, daß der Herr in ihren Visionen sehr verschieden erscheint. Unter seinen Erscheinungsweisen kann auch die des Gekreuzigten sein[291].

9. Es fällt auf, daß das Wort „Gekreuzigter", das an wichtigen Stellen des Neuen Testamentes und in fast allen Glaubensbekenntnissen vorkommt, so selten in unseren Texten auftaucht. Es wäre bestimmt falsch, in dieser Tatsache eine Minderbewertung der „theologia crucis", zu Gunsten einer „theologia gloria" sehen zu wollen. Dafür ist die Passionsfrömmigkeit zu zentral in der Spiritualität der Frauen verankert. Der eigentliche Grund liegt wohl im folgenden: In der genannten Passionsfrömmigkeit versenkt man sich in die einzelnen Stationen des Leidens Jesu, von denen eine, aber nicht die einzige, die Kreuzigung darstellt. So wird es verständlich, daß oft an das schändliche Leiden und Sterben Jesu, seltener an seine Kreuzigung erinnert wird.

---

[282] WSF 5,57,2f.,124.
[283] WSF 5,57,3f.,124.
[284] IS 27,5,42f.,144.
[285] GIS Palm 4,5,135-138,212.
[286] HISV 2, 3,6,6,232f.,438.
[287] G R 1,52f.,48.
[288] G R 1,53-56,48.
[289] G R 1,147f.,54.
[290] G R 1,159f.,56.
[291] AB 124,27-30,280.

10. Gesetzgeber

1. In Jak 4,12 heißt es: Nur einer, nämlich Gott, ist „legislator et iudex". Da man Christus als Richter erwartete, legte es sich nahe, in ihm auch den Gesetzgeber zu sehen. Nur sehr selten wird allerdings dieser Titel auf Christus übertragen.

2. Bernhard von Clairvaux zitiert Ps 83,8: „Benedictionem dabit legislator", „Segen wird der Gesetzgeber geben" und schreibt dazu: „Qui dedit legem, dabit et benedictionem, hoc est qui iussit humilitatem, perducet ad veritatem." – „Wer das Gesetz gegeben hat, wird auch den Segen geben, das heißt, wer die Demut befohlen hat, führt auch zur Wahrheit."[292] Das heißt auch, daß derjenige, der vom Weg der Wahrheit abweicht, wenn er dies in Demut anerkennt, zurückgeführt wird vom Gesetzgeber auf den wahren Weg[293]. Da Jesus oft als Lehrer und Vorbild der Demut in unseren Texten genannt wird, dürfte er mit diesem Gesetzgeber gemeint sein.

3. Eindeutig christologisch wird die gleiche Psalmstelle vom Autor des Traktates „Speculum virginum" ausgelegt, wenn er ihn nennt „Legislator et benedictionis dator, Christus Iesus", „Gesetzgeber und Spender des Segens, Christus Jesus"[294]. Der Kontext ist ähnlich wie bei Bernhard die Warnung vor eitlem Ruhm und die Empfehlung der Demut[295].

4. Nach Hugo von St. Viktor wird deswegen Christus der Bote des großen Ratschlusses genannt, weil er in der Erlösung die Funktion der Engel bei der Übermittlung der Gebote übernimmt. Wenn er auch nicht Gesetzgeber heißt, ist damit Christus doch der Übermittler des Gesetzes[296].

5. Elisabeth von Schönau berichtet, daß ihr an einem Samstag unvorhergesehen die Worte in den Sinn kamen: „Dominus legifer noster, dominus rex noster." – „Der Herr, unser Gesetzgeber, der Herr, unser König."[297] Aus dem Kontext ist der Menschgewordene hier der Herr, der als Gesetzgeber dem neutestamentlichen Volk sein Gesetz gibt.

6. Zusammenfassend läßt sich sagen, daß auf der einen Seite Ps 83,8 die Anregung zu diesem Titel gab. Zum anderen legt es sich nahe, die Weisungen des Evangeliums als Gesetz aufzufassen, welches Christus seinen Jüngern gegeben hat.

11. Haupt

1. Vom Kopf oder Haupt Christi wird in der Heiligen Schrift öfters gesprochen. Es kann ohne bildliche Bedeutung vom Kopf des irdischen Jesus die Rede sein, so zum Beispiel, wenn es heißt, daß Jesus als Menschensohn nichts hat, wohin er seinen Kopf

---

[292] BH 1,2,48,1f.
[293] BH 1,2,48,2-9.
[294] SP 6,518,5.
[295] SP 6,518,2-10.
[296] HH 5,1018B-C.
[297] ESV 1,24,14.

legen kann (Mt 8,20; Lk 9,58). Zu seiner Ehre wird ihm das Haupt gesalbt (Mt 26,7; Mk 14,3; Lk 7,46). Ihm wird eine Dornenkrone auf den Kopf gesetzt (Mt 27,29f.; Mk 15,17). Er wird auch als der Eckstein bezeichnet, welches Wort die Vulgata mit „caput angeli" wiedergibt (Mt 21,42; Mk 12,10; Lk 20,17; Apg 4,11; 1 Petr 2,7). Christus kann auch „Haupt" im übertragenen Sinn genannt werden (Eph 4,15). Er ist das Haupt über allem (Eph 1,22), über die Mächte und Gewalten (Kol 2,10), über die Kirche (Eph 5,23) und über den Leib der Kirche (Kol 1,18). Auch in den Namensreihen Christi der alten Kirche kommt der Titel „Haupt" vor[298].

2. Jean von Fécamp weiß, daß der Fürst dieser Welt auch an ihm Anteil hat[299]. Und doch ist Christus sein eigentliches Haupt; so betet er zum Vater: „Per ipsum caput nostrum in quo nulla est macula, libera me membrum eius licet exiguum et infirmum, libera quaeso, a peccatis et uitiis, culpis et negligentiis meis." – „Durch ihn, unser Haupt, in dem es keinen Makel gibt, befreie mich, sein, wenn auch geringes und schwaches, Glied befreie mich, bitte ich, von meinen Sünden, Lastern, schuldhaften Vergehen und Nachlässigkeiten."[300] An einer weiteren Stelle geht es auch um die Vergebung der Sünden. Jesus ist der Meister der Demut[301], aber zugleich auch „caput et rex superborum", „das Haupt und der König der Stolzen", der die Strafe des verwegenen Stolzes abgewaschen hat[302]. Haupt ist hier Christus nicht nur, weil er wie der Fürst dieser Welt über den Menschen gewaltsam herrscht, sondern auch für diesen sorgt.

3. Bernhard von Clairvaux sieht Christus vor allem als Haupt der Kirche. In einer Sentenz zeigt er im Bild der Aufgaben der verschiedenen Glieder eines Leibes auf, wie die Ämter in der Kirche wirken sollen[303]. In einer mehr grundsätzlichen Erklärung schreibt er: „Christus et Ecclesia unum corpus constituunt. Christus caput, Ecclesia corpus, quia sicut in capite vita et vegetatio totius corporis, ita in Christo vita et sustentamentum Ecclesiae, quae si velit capiti conformari et ei servire, pro diversitate personarum et officiorum fiet cum eo unum in aeternum." – „Christus und die Kirche bilden einen Leib. Christus das Haupt, die Kirche der Leib, weil wie im Haupt das Leben und das Lebenselement des ganzen Körpers ist, so in Christus das Leben und der Lebensunterhalt der Kirche, die, wenn sie dem Haupt gleichförmig werden und ihm dienen will, für die Verschiedenheit der Personen und Ämter mit ihm eins auf ewig wird."[304] Schon hier spürt man, daß bei Bernhard Christus nicht nur für die Kirche wie ein Herrscher sorgt, sondern auch ihr einendes Leben ist. Noch deutlicher wird dies in einer Predigt zur Fastenzeit. Von Christus, unserem Haupt, durch welchen der ganze Leib der Kirche wächst und zusammengehalten wird (Kol 2,19)[305], fließt das Öl

---

[298] Vgl. Sieben, Nomina 187; 2,136-140; Grinda 530-533.

[299] JFC 2,2,38f.,122.

[300] JFC 2,2,43,122.

[301] JFC 3,32,1159,178.

[302] JFC 3,32,1162f.,179.

[303] BS 3,118,682,7-686,43.

[304] BS 3,118,862,3-6.

[305] BQUAD 1,2,446,1f.

in den Bart bis zum Saum des Gewandes (Ps 132,2)[306]. „In capite siquidem plenitudo gratiarum, de qua accipimus omnes; in capite universitas miserationis, in capite inexhaustus fons pietatis divinae, in capite affluentia tota spiritualis unquenti." – „Im Haupt ist ja die Fülle der Gnade, von der wir alle empfangen haben (Joh 1,16); im Haupt die Gesamtheit des Erbarmens, im Haupt der unerschöpfliche Quell der göttlichen Güte, im Haupt der ganze Überfluß des geistlichen Salbens."[307] Dieses Haupt, welches der Vater so reich gesalbt hat, dürfen wir auch wie Maria mit guten Werken salben[308]. „Sic a Patre unctum est Caput nostrum, et nihilominus ungi postulat a nobis." – „So ist vom Vater unser Haupt gesalbt worden, und doch fordert er von uns gesalbt zu werden."[309] Besonders gilt dies angesichts der Dornenkrone, mit der Christi Haupt gekrönt wurde: „Regem nostrum corona spinea coronavit. Pudeat sectari gloriam membra, quibus caput suum tam inglorium exhibeatur, non habens speciem aut decorem, vel aliquid eiusmodi." – „Sie (= die Synagoge) hat unseren König mit einer Dornenkrone gekrönt. Schämen sollen sich die Glieder (Christi), nach Ehre zu jagen, deren Haupt sich so unehrenhaft zeigt, weil es keine Gestalt noch Zier oder dergleichen hat."[310] Angesichts des so gekrönten Hauptes müßte der Purpur für einen Christen nicht Ehre, sondern Spott einbringen[311]. Anders wird es einmal sein, „cum venerit Christus", „wenn Christus (wieder)kommt"[312]. „Apparebit caput gloriosum, et cum eo membra glorificata fulgebunt." – „Es wird das verherrlichte Haupt erscheinen, und mit ihm werden die verherrlichten Glieder strahlen."[313] „Reformabit corpus humilitatis nostrae, configuratum gloriae capitis, quod ipse est." – „Er wird neugestalten den Leib unserer Niedrigkeit, gleichgestaltet der Herrlichkeit des Hauptes, das er selbst ist."[314] Zwischen dem Haupt Christi und uns, seinen Gliedern, besteht nach Bernhard ein Verhältnis des Vertrauens und der Liebe.

Wenn er allerdings vom Haupt Gottes allgemein spricht, steht für ihn „maiestas eius, potestas eius, sempiterna virtus atque divinitas", „seine Majestät, seine Macht, seine ewige Kraft und Gottheit" im Vordergrund[315]. Das Gleiche gilt, wenn er von der Gottheit Jesu redet. Diese bezeichnet er als das Haupt, zu dem der Sünder keinen Zugang hat[316]. Deswegen hat der Sohn Gottes die Füße der Barmherzigkeit und Gerechtigkeit angenommen, nämlich die menschliche Natur, damit der Sünder zu ihnen gehen kann[317].

4. Relativ oft spricht Hildegard von Bingen von Christus als dem Haupt. An vielen Stellen hat das Wort „caput" die Bedeutung „Ursprung". So sollen die weltlichen Füh-

---

[306] BQUAD 1,2,446,4f.
[307] BQUAD 1,2,446,5-8.
[308] BQUAD 1,2,446,9-11.
[309] BQUAD 1,3,448,1f.
[310] BOS 5,9,806,4-6.
[311] BOS 5,9,806,8-10.
[312] BOS 5,9,806,13.
[313] BOS 5,9,806,15f.
[314] BOS 5,9,806,16f.
[315] BINOV 5,9,718,2f.
[316] BD 90,2,696,4f.
[317] BD 90,2,696,5f.

rer auf „caput suum, quod Christus Dei Filius est", „ihr Haupt, welches Christus, der Sohn Gottes, ist," schauen[318]. Sie erklärt die Stelle, an welcher der fliehende Patriarch Jakob den Stein, auf dem er schlafend Gott geschaut hatte, zum Altar weihte (Gen 28,18f.), als Vorbild der Weihe der Kirche. Christus ist das Haupt, von dem alle Heiligung ausgeht[319]. So beruht die Heiligung des Altares „potestati omnipotentis Dei, capiti omnium fidelium", „auf der Macht des allmächtigen Gottes, dem Haupt aller Gläubigen"[320]. Denn die irdische Kirche ist nur das Abbild des himmlischen Jerusalem, von dessen Gliedern Christus das Haupt ist[321]. Der irdischen Kirche darf so wenig die Weihe, die Zeichen ihrer Gerechtigkeit ist, fehlen wie dem himmlischen Jerusalem mit ihrem Haupt Christus[322]. Der einzelne Mensch soll jede teuflische Erhöhung bekämpfen, „pioque capiti id est Christo adhaerens", „und dem gütigen Haupt, das ist Christus, anhängen"[323]. Einmal greift Hildegard auch Eph 5,23 auf und bezeichnet den Sohn Gottes als das Haupt der Kirche, welches aber den Leib, die Kirche mit ihren Gliedern, braucht[324].

5. Elisabeth von Schönau schaut einmal in einer Ekstase „speciem viri stantem cuius caput aureum videbatur", „die stehende Gestalt eines Mannes, dessen Haupt golden erschien", von dem wie Wolle glänzendes Haar herabfiel[325]. Da sie den Sinn dieser Vision nicht erkennt, wendet sie sich an ihren leiblichen Bruder, der ihr aus seinem theologischen Wissen[326] die Antwort gibt: „Viri species, quam vidisti, figuram habere Christi et ecclesie, cuius ipse caput, ipsa vero corpus eius dicitur." – „Die Gestalt des Mannes, welche du gesehen hast, hat als Bedeutung Christus und die Kirche, deren Haupt er ist; sie (= die Kirche) aber wird sein Leib genannt."[327] Irritierend ist dann die Fortsetzung: „Caput aureum divinitas Christi est." – „Das goldene Haupt ist die Gottheit Christi."[328] Elisabeth weiß natürlich, daß Christus mit Gottheit und Menschheit das Haupt der Kirche ist. Wahrscheinlich will diese Bemerkung in der verkürzten Redeweise sagen, daß ein Teil des Hauptes, nämlich sein Goldsein, die Gottheit Christi bedeutet. Das vom Haupt herabfallende Haar stellt die Engel dar, die in Christus ihren Ursprung haben[329].

6. Jakob von Vitry schreibt in seiner Vita der Maria von Oignies, daß die Mystikerin besonders in Armut Christus nachfolgen will, der nichts hatte, wohin er sein Haupt legen konnte (Mt 8,20; Lk 9,58)[330].

---

[318] HISV 1, 1,6,6,155,105.
[319] HISV 2, 3,5,21,545-549,424.
[320] HISV 2, 3,5,21,548-550,424.
[321] HISV 2, 3,5,21,551f.,424.
[322] HISV 2, 3,5,23,574-578,425.
[323] HISV 2, 3,8,17,892f.,503.
[324] HISV 2, 3,11,22,433-435,587.
[325] ESV 3,29,78.
[326] ESV 3,30f.,79.
[327] ESV 3,31,81.
[328] Ebenda.
[329] Ebenda.
[330] MO 2,5,45,557.

7. David von Augsburg weiß, daß Christus „adhuc in corpore suo mystico, quod est Ecclesia", „jetzt in seinem mystischen Leib, der die Kirche ist," die Last der Bedrängnis trägt[331]. „Hanc passionem, quam caput in se pro nobis sustinuit in carne, divisit per omnia membra fidelium suorum." – „Dieses Leiden, welches das Haupt in sich für uns an seinem Fleisch ausgehalten hat, hat er auf alle Glieder seiner Gläubigen verteilt."[332] Wenn wir diese Leiden geduldig ertragen, werden wir auch mit ihm auferstehen[333]. Jetzt gilt aber schon: „Elliu genâde vliuzet von dem houbete in diu lider." – „Alle Gnade fließt vom Haupt in die Glieder."[334] Dies gilt, auch wenn „diu genâde an im volleclîcher unde schînbaerlîcher worhte denne an allen den liden", „die Gnade an ihm vollkommener und deutlicher wirkte als an allen Gliedern"[335].

8. Nach Mechthild von Magdeburg kommt am jüngsten Tag eine besondere Krone auf das Haupt der Menschheit Jesu hernieder[336]. Teile dieser Krone sind alle Seligen, angefangen von den Patriarchen und Propheten[337], bis zu denjenigen, die in Zukunft noch leben werden[338]. Auch Mechthild hofft, noch ein kleines Blümlein an dieser Krone zu werden[339]. Wahrscheinlich steht hinter dieser Schau das Bild vom Leib der Kirche mit ihrem Haupt Christus.

9. Auch Mechthild von Hackeborn sieht ganz ähnlich wie ihre Namensvetterin aus Magdeburg eine Krone auf dem Haupt Christi, in der die Demut, der Glaube und die Geduld aller Menschen wie Edelsteine leuchten[340].

10. Auch für Gertrud die Große ist es erstaunlich, daß Christus von Exkommunizierten sagt, daß sie „de corpore Ecclesiae, cujus ego me caput esse glorior", „vom Leib der Kirche, dessen Haupt zu sein ich mich rühme," sind[341]. Doch auch solche Christen können durch die Lossprechung der Kirche Versöhnung finden[342].

11. Christina von Hane preist die Dornenkrone, die das göttliche Haupt Jesu durchstochen hat[343].

12. Agnes von Blannbekin sieht ein „diadema in capite ejus non de alia materia quam de sola luce erat", „Diadem auf seinem (= Christi) Haupte, das von keiner anderen Materie als von Licht war"[344]. Öfters berichtet sie von den Wunden, die Christus an seinem Haupt bei seiner Passion erlitten hat[345].

---

[331] DAE 3,40,257.
[332] Ebenda.
[333] Ebenda.
[334] DT 333,20f.
[335] DT 333,21f.
[336] MM 7,1,89-92,256.
[337] MM 7,1,13-17,254.
[338] MM 7,1,120f.,257.
[339] MM 7,126f.,258.
[340] MH 4,3,260.
[341] G 3, 3,67,2,3f.,272.
[342] G 3, 3,67,2,8-11,272.
[343] CH 1, 245.
[344] AB 85,8f.,200.
[345] AB 5,6f.,70-72.

13. Zusammenfassend läßt sich über das Haupt Christi sagen:

13.1 Der irdische Jesus hatte nichts, wohin er sein Haupt legen konnte, und wird damit zum Vorbild der Armut[346]. Immer wieder wird erwähnt, daß Christi Haupt eine Dornenkrone trug[347]. Bei seiner Wiederkunft trägt Christus auf seinem Haupt eine ehrenvolle Krone[348], an der die Leiden der Auserwählten wie Edelsteine glänzen[349].

13.2 Christus ist das Haupt seiner Kirche[350], die sein Leib ist[351], und das Haupt aller Gläubigen[352]. Er ist aber auch Haupt der himmlischen Kirche[353]. Selbst die Exkommunizierten stehen noch unter Christus als ihrem Haupt[354].

13.3 Als Haupt eint er die verschiedenen Glieder der Kirche[355]. Demütig soll der Christ dem Haupte, Christus, anhängen[356]. Christus, der als Haupt gelitten hat, leidet jetzt in seinen Gliedern[357].

13.4 Christus ist als ewiger Sohn Gottes König und Haupt[358]. Bei Gott versinnbildet ja das Haupt Majestät und Macht[359]. Erst als Gottes Sohn Mensch geworden ist, haben wir auch einen Zugang zu seinem Haupt[360]. Christus soll auch wie ein Haupt, das heißt, als Herr, für die einzelnen Menschen sorgen und sie von Sünden befreien[361].

13.5 Als Haupt ist Christus Ursprung des Lebens der Kirche[362]. Von ihm fließen alle Gnaden auf die Christen[363] und alle Heiligung auf die Kirchen und deren Altäre[364]. Die weltlichen und geistlichen Oberen bekommen aus dem Haupt Christus ihre Vollmacht[365].

13.6 Wir können das Haupt Christi mit guten Werken salben[366]. Angesichts des im Leiden entehrten Hauptes Christi dürfen wir nicht nach weltlichen Ehren streben[367]. Wenn wir mit ihm gelitten haben, werden wir auch die Krone der Ehre, die Christus jetzt trägt, mit ihm teilen[368].

---

[346] MO 2,5,45,557.

[347] BOS 5,9,806,4-6; CH 1, 245; AB 5,6f.,70-72.

[348] BOS 5,9,806,15f.; AB 85,8f.,200.

[349] MM 7,1,89-92,256; MH 4,3,260.

[350] BS 3,118,862,3-6; HISV 2, 3,11,22,433-435,587; ESV 3,31,81.

[351] DAE 3,40,257.

[352] HISV 2, 3,5,21,548-550,424.

[353] HISV 2, 3,5,21,551f.,424.

[354] G 3, 3,67,2,3f.,272.

[355] BS 3,118,682,3-6.

[356] HISV 2, 3,8,17,892f.,503.

[357] DAE 3,40,257.

[358] JFC 3,32,1162f.,179.

[359] BINOV 5,9,718,2f.

[360] BD 90,2,696,4f.

[361] JFC 2,2,43,122.

[362] BS 3,118,862,3-6.

[363] BQUAD 1,2,446,5-8; DT 333,20f.

[364] HISV 2, 3,5,21,545-549,424.

[365] HISV 1, 1,6,6,155,105.

[366] BQUAD 1,2,446,9-11; 1,3,448,1f.

[367] BOS 5,9,806,4-10.

[368] BOS 5,9,806,16f.

12. Jesulein

1. Im Neuen Testament kommen keine Kosenamen oder Verkleinerungsformen des Namens Jesus vor. Im Lateinischen gibt es zwei Vokativformen des Possessivpronomens „meus", nämlich „mee" und „mi". Die erste Form beinhaltet eine gewisse Distanz; so wird in der Vulgata ein Gegner mit „inimice mee", „mein Feind" angeredet (1 Kön 21,20). Dagegen hat „mi" einen vertrauten Klang. So lautet die Anrede im Hohelied „dilecte mi", „mein Geliebter" (Hld 1,15; 2,17; 7,12f.; 8,14.), und Jesus ruft den Vater am Ölberg mit „pater mi", „mein Vater" an (Mt 26,39). So kann ein Titel mit Possessivpronomen in der Form „mi" zu einem Kosenamen werden.

2. Wenn man einen Menschen außerhalb seiner Kindheit mit der Verkleinerungsform seines Namens anredet, wirkt dieser wie ein Kosename. Gertrud die Große redet den Herrn mit „Jesule", „Jesulein" an. In einer Nacht meint sie, zu sehen, wie ein Kruzifix im Fallen sich zu ihr neigt, worauf sie fragt: „O dulcissime Jesule, cur inclinas te?" – „O süßestes Jesulein, warum neigst Du dich zu mir?"[369]

3. Auch die Verkleinerungsform „filiolus", „Söhnlein" kommt für Jesus vor. Die Vulgata nennt Jesus seine Jünger „filioli" (Mk 10,24; Joh 13,33[370]). Der gleiche Ausdruck wird als vertrauliche Anrede an Briefempfänger gebraucht (Gal 4,19; 1 Joh 2,1.12.18.28; 3,7.10; 4,4; 5,21).

Gertrud die Große erhält von Maria „filiolum dilectum uteri sui", „das geliebte Söhnlein ihres Schoßes"[371]. Lukardis von Oberweimar schaut in einer Vision Maria „cum dilecto suo filiolo Iesu Christo", „mit ihrem geliebten Söhnlein Jesus Christus", welches die Mutter stillt[372].

4. Am meisten nähert sich, wie schon gesagt, der Vertraulichkeit des Kosenamens die lateinische Fassung des Possessivpronomens in der Fassung „mi" an. Davon machen unsere Texte reichlich Gebrauch. So kommen folgende Anreden für Christus vor: „Dilecte mi", „Mein Geliebter"[373], „Mi Domini", „Mein Herr"[374], „Frater mi", „Mein Bruder"[375], „O mi dulcissime Deus", „O mein süßester Gott"[376], „O mi heros", „O mein Held"[377], „Iesu mi", „mein Jesus"[378], „Iesu mi dulcissime", „Mein süßester Jesus"[379], „O Iesu chare mi", „O mein teurer Jesus"[380], „Iesu mi pracordialissime", „Mein über aus herzlichster Jesus"[381].

---

[369] G 3, 3,42,1,1-4,192.
[370] Zitiert in WMO 6,226B.
[371] G 2, 2,16,3,4,292.
[372] LO 16,318,16f.
[373] JFC 3,11,391,155; G R 2,84,70; G R 3,261,90.
[374] ARSC 1,34,113,1960,64.
[375] GHLD 19,2,98B; G R 3,277,90.
[376] MH 5,8,332.
[377] JFP 1,222.
[378] G R 4,40,102.
[379] G R 7,121,216.
[380] G R 4,300,118; 7,61,214.
[381] G R 1,185f.,58.

5. Insgesamt kann man sagen, daß man mit dem Gebrauch von Kosenamen und ähnlichen vertraulichen Ausdrücken für Jesus sparsam umgeht.

13. Kantor

1. Zum Lob Gottes gehört bei allen Religionen auch das Singen zu seiner Ehre. Viele der Mystikerinnen haben dieses Singen beim täglichen Chorgebet erlebt. Mechthild von Hackeborn und Gertrud die Große waren Kantorinnen ihres Klosters. Daß Christus ihnen auch zu dem gottesdienstlichen Singen seine Kraft geben mußte, ist selbstverständlich, und wir gehen auf die entsprechenden Stellen hier nicht ein.

Wenn man annimmt, daß der verklärte Jesus im Himmel den Vater lobt, liegt es nahe, daß er auch ein Sänger des Gotteslobes ist. Vor allem in Helfta wird Jesus so genannt. Doch auch in anderen Texten, in denen vom Lob Gottes durch Jesus die Rede ist, wird von seinem Lobgesang gesprochen.

2. Bernhard von Clairvaux ist vom Tod seines leiblichen Bruders Gerhard tief betroffen. Trotzdem schreibt er: „Cantet tibi misericordia quam fecisti cum servo tuo Girando, cantet et iudicium quod nos portamus." – „Es singt Dir die Barmherzigkeit, die Du an Deinem Knecht getan hast; es singt auch das Gericht, das wir zu ertragen haben."[382] Damit ist gemeint, daß der Bruder Gutes und Bernhard Bitteres erfahren hat[383]. Wer ist das Subjekt, von dem die singende Barmherzigkeit und das singende Gericht ausgehen? Wahrscheinlich Jesus, der im unmittelbaren Kontext genannt wird[384].

3. Von Lutgard von Tongeren wird erzählt, daß sie sich Christus an die Brust lehnte „et sic sugendo de pectore illius mirabilis melodiae suavitatem extraheret", „und so im Saugen an seiner Brust die Süße einer wunderbaren Melodie herauszog"[385].

4. Mit Mechthild von Magdeburg nimmt die Erwähnung des Gesanges von Gott und Christus zu. Die Dreifaltigkeit mit Ternar Ewigkeit, Weisheit und Güte lobt sich selbst[386]. „Nu hôre die allersüssosten, die allerhôste, die aller wunneklichosten stimme, wie dú helig drivaltekeit in ir selben singet mit einer ganzen stimme." – „Nun höre die allersüßeste, die allerhöchste, die aller wonnevollste Stimme, wie die Heilige Dreifaltigkeit in sich selbst singt mit ganzer Stimme."[387] Dabei besingt sie ihre eigene Stärke, die sie untrennbar macht[388]. Die Dreieinigkeit bleibt aber nicht in sich selbst, sondern neigt sich voll Liebe zur ganzen Schöpfung. Dazu schreibt Mechthild staunend: „Wie dú gotheit clinget, dú mônscheit singet, der helig geist die liren des himelriches vingeret, das alle die seiten mûssen clingen, die da gespannen sint in der minne!" – „Wie die Gottheit

---

[382] BHLD 1, 26,8,13,408,14f.
[383] BHLD 1, 26,8,13,408,15-20.
[384] BHLD 1, 26,8,12,408,5.
[385] LTA 1,2,19,194; LT 1,2,19,164.
[386] MM 5,26,2-4,185.
[387] MM 5,26,4-6,185.
[388] MM 5,26,19-21,186.

klingt, die Menschheit singt, der Heilige Geist die Leier des Himmelreiches spielt, daß alle Saiten müssen klingen, die in der Liebe gespannt sind!"[389]

In einer Vision fordert Christus als Jüngling sie auf, mit ihm einen Springtanz aufzuführen. Mechthild entgegnet: „Ich mag nit tanzen, herre, du enleitest mich. Wilt du, das ich sere springe, so můst du selber vor ansingen." – „Ich kann nicht tanzen, Herr, Du führst mich denn. Willst Du, daß ich hoch springe, so mußt Du selbst vorsingen."[390] Jesus geht auf ihre Bitten ein: „Unde můs der jungeling singen alsus: ‚Dur mich in dich und dur dich von mir‘." – „Und es muß der Jüngling so singen: ‚Durch mich in Dich, durch Dich von mir‘."[391] Wenn Mechthild dann sich wieder abwenden will, soll die Frau Minne sie wieder wecken, „und singe mir, vrowe, dinen sang, da du die sele mitte růrest als ein sůsse seitenklang", „und singe mir, Frau, deinen Gesang, damit du meine Seele wie mit einem süßen Saitenklang rührst"[392].

5. Bei der Kantorin Mechthild von Hackeborn findet sich der Titel „Kantor" für Jesus. „Audivit vocem illam dulcisonam summi Cantoris Christi, sic intonantem: ‚Laudem dicite Deo nostro, omnes Sancti (Offb 19,5).'" – „Sie hörte jene süß klingende Stimme des höchsten Kantors Christus, die so erklang: ‚Sagt Lob unserem Gott alle Heiligen.'"[393] Dann begleitet Jesus auch den Gesang der Engel zum Lob der Dreifaltigkeit: „Summus Cantor omnium cantorum Jesus, citharam percussit, et sono dulcisono insonabant omnes Angeli." – „Der höchste Kantor aller Kantoren, Jesus, spielte die Zither, und mit süß klingendem Ton stimmten alle Engel ein."[394] Der gleiche Kantor aller Kantoren singt auch ein Loblied auf die Äbtissin Gertrud von Hackeborn[395]. „Ipse Cantor cantorum omnium, suavissima voce omnemque humanam capacitatem supergredienti melodia", „Er, der Kantor aller Kantoren, mit süßester Stimme und mit einer alle menschliche Fassungskraft übersteigenden Melodie" empfängt die sterbende Mechthild, „quae toties ei dulciter cantando, multo magis devota intentione quam sonoritate vocis", „welche ihm so oft süß mehr mit frommer Absicht als mit dem Wohlklang der Stimme gesungen hat"[396].

6. Auch Gertrud die Große kennt den Titel „Cantor cantorum", „Der Kantor der Kantoren". Als solcher singt er beim Kommunionempfang während der Messe ein Liebeslied[397].

Im Himmel hört der Mensch alle Seligen singen. Christus „eis dulciter ciharizans praecinis canticum, ubi super omnia coeli cymbala tuae praeclarissimae vocis personat gloria, ubi sub tuiipsius laudatione condigna deficit omnis vox et linqua", „singt ihnen

---

[389] MM 2,3,23-25,40.

[390] MM 1,44,32f.,28.

[391] MM 1,44,36f.,29. Im Tanz gibt es den Wechsel von gegenseitigem Annähern und Entfernen der Paare. Während die Annäherung von Christus verursacht ist, ist der Mensch die Ursache der Entfernung.

[392] MM 5,30,9-12,189.

[393] MH 1,1,8.

[394] MH 2,2,139.

[395] MH 6,8,387.

[396] MH 7,11,405.

[397] G 5, 5,37,14,1-5,304.

süß Zither spielend ein Lied vor, wobei über alle Zimbeln des Himmels die Herrlichkeit Deiner sehr klaren Stimme tönt, wobei zu einem Dir geziemenden Lobpreis jede
Stimme und Sprache versagt"[398]. Gertrud lobsingt Gott Vater unter Begleitung einer
Orgel, die das Herz Jesu darstellt[399]. Jesus spricht selbst von seinem Herzen als „dul-
cisimum semper venerandae Trinitatis organum", „der süßesten Orgel der immer zu
verehrenden Dreifaltigkeit"[400]. Ein anderes Mal ist sein Herz eine Zither, mit der er den
Gesang der Schwestern begleitet[401]. Auch bei Gertrud wird eine Schwester mit einem
Lied ihres Bräutigams Jesus im Himmel empfangen[402].

7. Christina von Hane kennt ebenfalls Christus als Sänger. Schon als kleines Kind singt
sie an Weihnachten mit dem Jesuskind den Jubel[403]. Später stellt sich Jesus vor, indem
„er sancke myt eyner soißer stymme…: ‚Ego sum panis viuus'", „er mit einer süßen
Stimme sang …: ‚Ich bin das lebendige Brot'"[404]. In der Gestalt des Lammes singt Jesus
den Heiligen vor[405]: „Heillich, heillich syt yr yn myner gotheit." – „Heilig, heilig seid
ihr in meiner Gottheit."[406] Auch Christina singt ihrem Liebhaber „myt frolicher stymme", „mit fröhlicher Stimme" ein Lied[407].

8. Zusammenfassend läßt sich über Jesus als Sänger sagen:

8.1 Meist singt Christus das Lob Gottes süß klingend[408]. Er heißt deswegen der höchste Kantor[409], Kantor aller Kantoren[410]. Seine Stimme ist süß[411], und er selbst spielt dabei verschiedene Instrumente wie die Zither[412] und die Orgel, welche sein Herz ist[413].
Auch seine Eigenschaften wie die Barmherzigkeit[414] oder die Gerechtigkeit[415] singen
zum Preis Gottes. Die Liebe soll durch ihren Gesang eine eingeschlafene Seele wek-
ken[416]. Auch die ganze Dreifaltigkeit singt sich selbst das Lob[417], wobei sie die süßeste
Stimme hat[418]. Während die anderen Personen begleiten, singt der ewige Sohn Gottes
das Lob[419].

---

[398] G R 7,253-256,178.
[399] G 2, 2,23,16,1-7,342.
[400] G 3, 3,25,1,7f.120.
[401] G 4, 4,41,2,1-12,328.
[402] G 5, 5,4,18,3-7,100.
[403] CH 1, 231.
[404] CH 1, 243.
[405] CH 1, 249.
[406] CH 1, 250.
[407] CH 2, 213.
[408] MH 1,1,8.
[409] Ebenda.
[410] MH 2,2,139; 6,8,387; 7,11,405; G 5, 5,37,14,1-5,304.
[411] MH 7,11,405.
[412] MH 2,2,139; G R 6,253-256,178; G 4, 4,41,2,1-12,328.
[413] G 2, 2,23,16,1-7,342; 3, 3,25,1,7f.,120.
[414] BHLD 1, 26,8,13,408,14f.
[415] BHLD 1, 26,8,13,408,14f.
[416] MM 5,30,9-12,189.
[417] MM 5,26,2-4,185; 5,26,19-21,186.
[418] MM 5,26,4-6,185.
[419] MM 2,3,23-25,40.

8.2 Im Tanz der „unio mystica" singt Jesus, der Bräutigam, seiner Braut vor[420]. Auch eine Botschaft an die Mystikerin kann gesungen sein[421]. Jesus vermag auch, ein Liebeslied für seine Braut zu singen[422]. Die Auserwählten werden bei ihrem Tod mit einem Lied von Jesus im Himmel empfangen[423]. Die Mystikerinnen erhalten für ihren Lobgesang von Christus die Melodie[424].

14. Mahner

1. Nur einmal fand ich in unseren Texten den Titel „monitor", „Mahner". Im Traktat „Speculum virginum" werden die Jungfrauen aufgefordert. „vocem monitoris", „die Stimme ihres Mahners" Christus zu hören, der sie auffordert, durch ihr Leben Früchte des Lobes zu bringen und diese zu bewahren[425].
2. Natürlich gibt es viele Stellen, in denen inhaltlich von den Mahnungen Christi gesprochen wird, die aber in den meisten Fällen das ethisch gute Leben der Menschen betreffen. So heißt es bei Isaak von Stella, daß Christus nach der Sünde nicht nur als Arzt heilt, sondern auch als „doctor admoneret", „Lehrer ermahnt"[426].

Interessant ist folgende Stelle bei Hildegard von Bingen: „Fortissimus Deus admonetur per Filium suum ut parcat peccatis hominum." – „Der stärkste Gott wird durch seinen Sohn ermahnt, mit den Sünden der Menschen Schonung walten zu lassen."[427] Um dieser Bitte Gewicht zu verleihen, wird der Sohn Mensch[428]. Innerhalb des „concilium trinitatis" zur Menschwerdung hat die Mahnung des Sohnes an den Vater ihren Platz. Der gleiche Sohn ermahnt dann auch vom Kreuz aus die Menschen[429].

Bei Elisabeth von Schönau spricht Christus zu den Priestern: „Et interum admoneo pastores meis paternis admontionibus." – „Und wiederum ermahne ich meine Hirten mit väterlichen Ermahnungen."[430] Oder: „Ego dominus clamo et admoneo pastores meis, et quare non audiunt vocem admonitionis mee?" – „Ich, der Herr, rufe und mahne meine Hirten, und warum hören sie nicht die Stimme meiner Mahnung?"[431] Ähnlich mahnt Elisabeth in einem Brief an ein Schwesternkloster, die väterlichen Mah-

---

[420] MM 1,44,32f.,28; G R 6,253-256,178.
[421] CH 1, 243.
[422] CH 2, 213.
[423] G 5, 5,4,18,3-7,100.
[424] LT 1,2,19,164; LTA 1,2,19,194.
[425] SP 1,90,12-15; vgl. SP 7,636,2-8.
[426] IS 31,15,104,200.
[427] HISV 1, 2,4,12,320f.,168.
[428] HISV 1, 2,4,12,323,168.
[429] HISV 2, 3,6,6,232f.,438.
[430] ESV 3,26,77.
[431] ESI 15,114. In der gedruckten Ausgabe steht „admonitionis", welches Wort wohl in „admonitiones" zu verbessern ist.

nungen des Heilandes, der durch sie mahnt, nicht mit Ärger anzunehmen[432]. Auch die göttliche Güte des Bräutigams Christus mahnt zur Liebe[433].

Gertrud die Große schreibt, daß die Gerechtigkeit nur dort eintritt, wo die zärtlichen Mahnungen Jesu nichts fruchten[434].

3. Da Hadewijch wiederholt vom Mahnen Gottes spricht, wird sie hier eigens behandelt. Auffällig ist, daß bei ihr das Wort „manen" jeden drohenden Beigeschmack verloren hat. An den meisten Stellen kann man es mit „auffordern" wiedergeben. So heißt es: „Hi maent den menschen altoes enecheit van sijns selues ghebrukene." – „Er (= Gott) fordert den Menschen auf, immer die Einheit seiner selbst (= Gottes) zu gebrauchen."[435] Die Menschen werden „bider cracht siere vreseliker maninghen", „durch die Kraft seiner erschreckenden Aufforderung" berührt und wanken"[436]. Die einen werden davon so verschreckt, daß sie irren, die anderen stehen auf mit freiem Geist und mit verströmendem Willen[437]. Diese fordern seine Einheit mit den drei Personen auf, wenn sie nach ihrem Reich rufen[438]. Sie können dann einen Weg gehen, der wie ein Leben in der Hölle ist. „Dat comt vander vreseleker maninghen van gode." – „Das kommt von der schreckenerregenden Aufforderung Gottes."[439] Doch am Ende steht „die soete maninghe", „die süße Aufforderung" zum Genießen"[440].

Diese Aufforderungen an den Menschen haben ihre Wurzeln in einer Mahnung der ganzen Dreifaltigkeit, mit der diese sich einfaltig und dreifaltig auffordert[441]. So fordert der Vater den Sohn und den Heiligen Geist auf zum ewigen Genießen der Einheit und Dreifaltigkeit[442]. Dieses Auffordern in der Dreifaltigkeit kennt keinen Anfang[443]. „Biden manenne der wijsheit des soens ende der goetheit des heilichs gheests, datse manen der vaderleker moghenheit in der dreiheit, so wart de mensche ghemaect." – „Durch die Aufforderung der Weisheit des Sohnes und der Güte des Heiligen Geistes und das Auffordern der väterlichen Macht in der Dreifaltigkeit wurde der Mensch geschaffen."[444] Ebenfalls verursachte diese Aufforderung die Auferstehung Christi[445]. Durch die Aufforderung der Dreifaltigkeit wurde der Sohn Mensch[446]. Die gleiche Aufforderung gilt dann auch den Menschen, Gott zu genießen[447]. „Wi sijn nu inde maninghe van Minnen ter heilegher dreiheit. Daer omme souden wi ons seluen ter Minnen manen." – „Wir

---

[432] ESB 10,145.
[433] ESB 16,149.
[434] G 4, 4,5,2,9-14,84.
[435] HAB 22,39f.,189.
[436] HAB 22,40-42,189.
[437] HAB 22,42-47,189.
[438] HAB 22,47-50,189.
[439] HAB 22,169-172,194f.
[440] HAB 22,201-203,196.
[441] HAB 22,266-268,199.
[442] HAB 30,49-53,253.
[443] HAB 30,145-147,257.
[444] HAB 30,57-61,254.
[445] HAB 30,65f.,254.
[446] HAB 30,63f.,254.
[447] HAB 22,354f.,202.

sind nun in der Forderung der Minne zur heiligen Dreifaltigkeit. Deswegen sollten wir
uns selbst zur Minne auffordern."[448] „Dan soudic manen die minne in alle ghebruken-
ne vri." – „Dann soll ich frei auffordern die Minne in allem Genießen."[449] Die Aufforderung an die Minne beinhaltet die Bitte, von ihr nicht geschont zu werden[450].

Mechthild von Magdeburg kennt ebenfalls ein Mahnen innerhalb der drei göttlichen
Personen. Der Sohn Gottes ist in ewiger Verbindung mit der grundlosen Gottheit, „da
mitte manen ich den himmelschen vater siner endelosen liebin, die er zu des menschen
sele treit", „damit mahne ich den himmlischen Vater an seine endlose Liebe, die er zu
der Seele des Menschen trägt"[451]. Gleichzeitig mahnt der ewige Sohn auch seine eigene Menschheit und erinnert sie an die Verbundenheit mit ihm[452]. Umgekehrt mahnt
Mechthild die Menschheit des ewigen Sohnes, daß dieser immer daran denken soll, wie
schwach der Mensch ist[453].

Schaut man auf dieses „Mahnen" bei Hadewijch und Mechthild, dann kann man
verstehen, warum Christus der Mahner genannt wird. Schon in aller Ewigkeit wurde
und hat der Sohn in der Dreifaltigkeit zur Minne gemahnt. Durch eine Mahnung kam
er zur Welt und kehrte in der Auferstehung zum Vater zurück. Jetzt geht die Mahnung
an die Menschen, an der ewigen Liebe der Dreifaltigkeit im Genuß teilzunehmen.

15. Nutzen

1. Da das „Utile", „Nützliche" nach klassischer Philosophie ein Unterbegriff des „bonum", „Guten" ist[454] und die Güte dem Heiligen Geist zugeordnet ist, findet man den
Ausdruck „Nutzen" als drittes Glied des Ternars und der dritten Person der Dreifaltigkeit[455]. Die „utilitas" kann aber auch oft Zweckmäßigkeit bedeuten. Die Zweckmäßigkeit[456] und die Schönheit des Kosmos sind durch die Weisheit des Sohnes Gottes geschaffen; deswegen steht auch die Nützlichkeit in einer Beziehung zu Jesus Christus.
2. In einer Predigt zur Weihnachtsvigil legt Bernhard von Clairvaux Lev 20,7 „Heiligt
euch heute und seid bereit, denn am morgigen Tag werdet ihr die Majestät Gottes in
euch sehen", einen Text aus, der in der Liturgie dieser Vigil verschiedentlich vorkommt.
Am Ende geht der Prediger auf die Erfüllung am morgigen Tag ein: „Quid enim maiestas illa non impleat?" – „Was soll denn jene Majestät nicht erfüllen?"[457] Derjenige, der
an Weihnachten kommt, ist ja das höchste Gut[458]. Das Sehnen der Menschen richtet

---

[448] HAB 30,95-97,255.
[449] HASG 19,6,41f.,119.
[450] HASG 44,8,43f.,282.
[451] MM 6,24-26,226.
[452] MM 6,16,26-28,226.
[453] MM 6,16,31-36,226f.
[454] Vgl. HNM 7,693D: „Utilitas ad benignitatem pertinet.".
[455] BS 3,61,452,4f.
[456] Vgl. HNM 7,693D; HSO 955A-B; 958A; HSA 1,2,211A; HISV 1, 1,2,32,746-749,34f.
[457] BVNAT 5,7,202,22.
[458] BVNAT 5,7,204,10f.

sich aber auf drei Arten von Gütern, nämlich auf das, „quod decet, quod expedit, quod delectat", „was sich geziemt, was nützt, was erfreut"[459]. Die verschiedenen Menschen erstreben mit verschiedener Intensität eines der drei Güter[460]. Daran ist so lange nichts auszusetzen, als sie Gott nicht aus dem Blick verlieren, der alle drei Arten von Gütern in sich zusammenfaßt[461]. Derjenige, der an Weihnachten kommt, stellt nicht nur die höchste Ehre und die höchste Wonne dar, sondern ist auch „summa utilitas", „der höchste Nutzen"[462].

3. Offensichtlich von dieser Stelle beeinflußt, schreibt David von Augsburg, daß Christus alles Gute in sich enthält[463]. „Man minnet und êret anderiu dinc durch den nutz den man dar an weiz unde durch den gelust der an im ist." – „Man liebt und ehrt ein Ding je verschieden durch den Nutzen, den man an ihm weiß, und durch die Lust, die es verschafft."[464] Deswegen sind die geschaffenen Dinge so mannigfaltig, weil keines das Gute vollkommen in sich enthält[465]. Nur Christus ist das vollkommene Gut[466]. „Dû bist der nutz und diu wünne, dâ allez das inne begriffen ist, daz vollekommenlich guot und wünneclich ist." – „Du bist der Nutzen und die Wonne, darin alles inbegriffen ist, was vollkommen gut und wonnevoll ist."[467] Warum David hier die dritte Spielart des Guten, das „honestum", „Ehrenvolle" ausläßt, ist nicht ersichtlich.

4. Mechthild von Magdeburg ruft Jesus an mit den Worten: „O cleine blůme der sůssen maget, o nútzú fruht der schönen blůmen!" – „O kleine Blume der süßen Jungfrau, o Frucht der schönen Blume voller Nutzen!"[468] Es gibt schöne Blumen, die keine Frucht hervorbringen. Jesus hatte nicht nur einen bewundernswerten Anfang in seiner jungfräulichen Geburt, sondern er trug auch eine für uns Menschen nützliche Frucht, nämlich das „getrúwe lôsephant aller der welte", „getreue Lösepfand für alle Welt"[469]. Groß ist diese Frucht, weil die Erlösung zum Unterschied seines bescheidenen Beginns die ganze Menschheit umfaßt. Diese Anrufungen wiederholt Mechthild wörtlich an einer späteren Stelle[470], an welcher der Rat erteilt wird, bei der Vigil das ganze Heilswirken Christi zu betrachten[471].

5. Agnes von Blannbekin verehrt besonders das Altarsakrament, von dem der Mensch „multiplex gaudium et utilitatem", „vielfältige Freude und Nutzen" hat[472]. In besonde-

---

[459] BVNAT 5,7,204,4.
[460] BVNAT 57,204,4-8.
[461] BVNAT 5,7,204,8f.
[462] BVNAT 5,7,204,11.
[463] DEW 365,36f.
[464] DEW 365,40-366,1.
[465] DEW 366,5-7.
[466] DEW 366,7-9.
[467] DEW 366,3-5.
[468] MM 5,20,2f.,170.
[469] MM 20,3f.,170f.
[470] MM 7,18,3-8,270.
[471] MM 7,18,9-17,270.
[472] AB 110-112,17-19,250.

rer Weise erhält man diesen Nutzen beim Schauen auf das Altarsakrament und bei der Teilnahme an der Kommunion[473].

16. Perle

1. Nach der Vulgata vergleicht Jesus das Reich Gottes mit einer kostbaren Perle, die ein Kaufmann findet (Mt 13,46), und warnt seine Jünger, seine Worte nicht wie Perlen vor die Schweine zu werfen (Mt 7,6). In der Alten Kirche wird Christus selbst „Perle" genannt[474].

2. Jean von Fécamp stellt eine große Reihe von Adjektiven zusammen, mit denen man Christus anreden und loben kann. Zunächst erwähnt er zwölf Adjektive im Superlativ[475], dann bringt er fünf weitere im Komparativ, unter denen es heißt, Christus sei „omni margarito et auro preciosior", „kostbarer als jede Perle und Gold"[476].

3. Bernhard von Clairvaux macht Petrus von Abaelard den Vorwurf, das Geheimnis der durch das Blut Christi geschaffenen Erlösung für jedermann einleuchtend machen zu wollen[477] und damit die Perle vor die Tiere zu werfen[478].

4. Der Verfasser des Traktates „Speculum virginum" geht der Frage nach, wie man denn „bonum virginibus istis intrantibus aeterna dulcidine reserandum", „das für diese eintretenden Jungfrauen in ewiger Süße zu erschließende Gut" beschreiben soll, da es sich doch jeder Vorstellung entzieht[479]. Es besteht ja im Bräutigam selbst mit seiner Schönheit und Gerechtigkeit[480]. Man kann aber von ihm in Bildern sprechen[481]. Dies ist möglich, wenn man bedenkt, daß die Vergleiche Christi aus dem geschaffenen Bereich „figuraliter", „bildlich" zu verstehen sind[482] und nur durch eine „collatione dissimilium", „Zusammenstellung von Unähnlichem" entstehen[483]. Unter den Beispielen, die er anführt, nennt er „comparatio margaritae, rei insensibilis ad Christum margaritae creatorem et omnium rerum", „den Vergleich der Perle, einem Ding ohne sinnliche Wahrnehmung, mit Christus, dem Schöpfer der Perle und aller Dinge"[484]. Man kann von Christus als der Perle sprechen, weil auch diese eine, wenn auch viel geringere,

---

[473] AB 110-112,20-24,250.
[474] Vgl. Sieben, Nomina 81-87; ders.; Heil, 136-140.
[475] JFC 3,26,878-880,170.
[476] JFC 3,26,882,170.
[477] BB 2, 190,7,17,104,2-5.
[478] BB 2, 190,7,17,104,7.
[479] SP 6,524,20f.
[480] SP 6,524,17-19.
[481] SP 6,524,21-526,13.
[482] SP 6,530,10f.
[483] SP 6,526,14f.
[484] SP 6,528,2-4.

Schönheit besitzt[485] und so Gegenstand der Liebe werden kann[486]. So sagt auch der Vergleich Christi mit einer Perle etwas für sein Verständnis aus[487].

5. Ähnlich sieht auch Elisabeth von Schönau den Vergleichspunkt Christi mit der Perle in deren Schönheit. Da die jungfräulich lebenden Menschen die Schönheit von Christus erhalten, können auch sie[488] und ihr Konvent[489] „Perlen" genannt werden.

6. Ähnlich wird auch Ida von Gorsleeuw die „pretiosa margarita summi regis", „kostbare Perle des höchsten Königs" in ihrer Vita genannt[490].

7. Mechthild von Hackeborn erscheint einmal Christus als kaiserlicher Jüngling mit einem Diadem voll kostbarer Perlen, die seine vergossenen Blutstropfen darstellen[491].

8. Nach Gertrud der Großen ist die rechte Seite des Hauptes Christi mit Perlen geschmückt, welche die vollkommenen und frommen Amtsträger bedeuten[492].

17. Reich Gottes

1. Im Neuen Testament begegnet uns keine direkte Gleichsetzung des Reiches Gottes mit Jesus Christus. Diese vollzieht erst Origenes[493].

Das in der ganzen mittelalterlichen Theologie zu beobachtende Zurücktreten des Reichgottesgedankens, wie ihn Jesus verkündet hat, kann man auch in unseren Texten feststellen. Dazu kommt, daß in der Liturgie eindeutig das Evangelium nach Matthäus gegenüber den anderen synoptischen bevorzugt wird, was sich auch in der Mönchstheologie und den von ihr abhängigen Mystikerinnen zeigt. Matthäus spricht aber an Stelle von Reich Gottes meist vom Himmelreich. Deswegen ist in unseren Texten, sieht man von Ausnahmen ab[494], vom Reich Gottes in der Form von „Himmelreich" die Rede. Bei diesem Ausdruck wird aber meist an eine jenseitige und postmortale Größe gedacht. Das Himmelreich ist dann der Bereich, in den wir nach dem Tod zu kommen hoffen.

2. Jean von Fécamp redet das Reich fast hymnisch preisend mit den Worten an: „O regnumn caelorum, regnum felicissimum, regnum carens morte, uacans fine, cui nulla tempora seccedunt per aeuum." – „O Reich der Himmel, glücklichstes Reich, Reich, das den Tod entbehrt und kein Ende kennt, dem keine Zeiten auf ewig nachfolgen."[495] Mit diesen Worten wird deutlich, daß es sich dabei um den postmortalen Himmel han-

---

485 SP 6,528,10f.
486 SP 6,532,9f.
487 SP 6,530,15-19.
488 ESI 14,108.
489 ESB 16,149.
490 IG 4,33,117.
491 MH 4,59,312.
492 G 3, 3,74,5,1-6,316.
493 Vgl. Origenes: In MT 14,7: GCS 40,289.
494 Z.B. GHLD 16,2,82C; HISV 1, 1,1,1,53f.,8; 2, 3,7,11,431-433,474.
495 JFC 3,17,555-558,160.

delt. In ihm spielt Christus als „victor miles", „siegreicher Ritter" die zentrale Rolle[496].
Er ist es, der in ihm die unaussprechlichen Geschenke häuft[497]; der Menschen Freu-
de besteht darin, „praesentem Christi uultum cernerem", „das gegenwärtige Gesicht
Christi zu schauen"[498].

3. Bernhard von Clairvaux beschreibt das himmlische Jerusalem und sagt: „Ibi praesidet Christus, et regnat sicut imperator in regno." – „Dort steht Christus vor und
herrscht wie ein Kaiser in seinem Reich."[499]

4. Wilhelm von St. Thierry sagt, daß es im Himmelreich niemanden gibt, der sich nicht
sehnt, Christus zu lieben[500]. Aus dem Kontext wird deutlich, daß auch hier unter dem
Himmelreich der Himmel verstanden ist.

5. Gilbert von Hoyland bezeichnet Christus als Grenze und zugleich Mitte des Reiches[501]. Mit ihm fängt ein anderes Sein an, ein Sein „totus in Christo, et solus in te Christus", „ganz in Christus und allein in Dir, Christus"[502]. Dort ist der Friede, „quando
de regno Dei tollentur scandala", „wenn vom Reich Gottes die Ärgernisse beseitigt
werden"[503]. Hier geht die Bedeutung des Reiches Gottes nicht ganz im kommenden
Himmel auf. Wenn von ihm einmal die Ärgernisse beseitigt werden müssen, existiert es
schon jetzt, wenn auch mit Behinderungen.

6. Im Traktat „Speculum virginum" findet sich die völlige Gleichsetzung Christi mit
dem Reich: „Ipse Christus est regnum caelorum." – „Christus selbst ist das Himmelreich." Was bedeutet aber hier der Ausdruck „Himmelreich"? Der Verfasser dieses
Traktates beantwortet diese Frage[504] folgendermaßen: „Beatitudinem puto sanctorum
in caelo cum angelis quiescentium." – „Ich glaube, es ist die Seligkeit der Heiligen im
Himmel mit den ruhenden Engeln."[505] Nach dieser Definition hat er es leicht, Christus,
der die Geschöpfe selig macht, als das eigentliche Himmelreich zu bezeichnen[506]. Denn
im Sehen und Erkennen seiner Gottheit besteht die Herrlichkeit der Heiligen[507].

7. Im St. Trudperter Hohelied wird das Theodizeeproblem mit der Frage angeschnit-
ten: „War umbe er sîn himelrîche ziere mit meintaeten mannen, unde lât ein wênigez
kint ungetouftez ze helle varn?" – „Warum ziert er (= Gott) sein Himmelreich mit
schweren Sündern und läßt ein kleines Kind ungetauft zur Hölle fahren?"[508] Eine eigentliche Antwort wird auf diese Frage nicht gegeben, sondern nur um das Vertrauen

---

[496] JFC 3,17,558,160.
[497] JFC 3,17,558f.,160.
[498] JFC 3,17,564f.,160.
[499] BS 3,91,542,3-5.
[500] WC 6,14-16,76.
[501] GHLD 16,2,82B.
[502] Ebenda.
[503] GHLD 16,2,82C.
[504] SP 6,528,20.
[505] SP 6,528,21f. Ruhend werden die Engel im Himmel genannt, weil sie im Unterschied zu Luzifer und
     seinem Anhang treu geblieben sind.
[506] SP 6,530,1-3.
[507] SP 6,530,3-5.
[508] TH 131,34-132,2,276-278.

auf Gott geworben[509]. Schon der Gegensatz zur Hölle macht deutlich, daß hier beim Himmelreich an die Seligkeit nach dem Tod gedacht ist.

8. Beatrijs von Nazareth ist eine der wenigen Frauen, die sich nach ihrer Vita mit dem Himmelreich auf Erden beschäftigen, wenn sie fragt, was denn die Aussage Jesu bedeute: „Regnum celorum vim patitur." – „Das Himmelreich leidet Gewalt (Mt 11,12)."[510] Ihre Antwort lautet, daß die Gewalt die Inständigkeit vom Beten des Menschen sei, der nachts an die Tür klopft, um von seinem Freund Brot zu erhalten[511].

9. Nach David von Augsburg wollte Jesus ein Lehrer sein „des weges ze dem himelrîche", „des Weges zum Himmelreich"[512]. Hier dürfte wieder der Weg, der zum Himmel führt, gemeint sein. Deutlicher wird dies noch an folgender Stelle: „Er ist uns ouch geben ze einem wegeleiter, der uns vor gêt alle die tugendpfede die ze dem himelrîche tragent." – „Er ist uns auch gegeben zu einem Wegbegleiter, der uns vorangeht auf all die Tugendpfaden, die zum Himmelreich führen."[513] Erst recht ist dort an diese Bedeutung zu denken, wo von der Erde im Gegensatz zum Himmelreich gesprochen wird. Je mehr der Mensch nach der Heiligkeit Christi auf Erden strebt, „als vil wirt er dort in himelrîche gelîch dem liehten spiegel dîner gotheit", „um so viel wird er dort im Himmelreich dem lichten Spiegel Deiner Gottheit gleich"[514].

10. Mechthild von Magdeburg beschreibt eine Ekstase, die sie erlebt hat. Sie weiß dabei nicht, ob das Himmelreich sich zu ihr geneigt hat, oder ob sie schon gestorben und in das wonnevolle Haus Gottes gelangt ist[515]. Hier steht „Himmelreich" für das größtmögliche Glück des Menschen. Dieses kann man sich sogar von Gott isoliert vorstellen. Einmal ist die Braut trostlos, weil sie glaubt, ihr Geliebter sei ihr in ihrem Schlaf entflohen[516]. Die Kreaturen versuchen, sie zu trösten mit den Worten: „Mag úch das himmelrich iht getrôsten?" – „Kann euch das Himmelreich nicht trösten?"[517] Die Antwort darauf lautet, daß es ohne ihren Bräutigam tot wäre[518]. „Nieman hat ein gantz himmelrich in sime herzen denne der alleine, der sich hat begeben von allem troste und von allen gnaden in dirre welte." – „Niemand hat ein ungeteiltes Himmelreich in seinem Herzen als der allein, der sich begeben hat allen Trostes und aller Gnade in dieser Welt."[519] Einmal aber wird die Seele bei ihm im Himmelreich sitzen[520]. Dabei ist nicht unbedingt an die Seligkeit nach dem Tod gedacht. Auch zur „unio mystica" soll die Seele eilen „uf den hôsten berg des schônen himmelriches", „auf den höchsten Berg

---

509 TH 132,3,278.
510 BN 2,12,137,138-140,96.
511 BN 2,12,137,142-148,96.
512 DK 347,23-25.
513 DV 359,19-21.
514 DAG 363,24-26.
515 MM 2,20,5-7,53.
516 MM 4,12,6f.,123.
517 MM 4,12,11,123.
518 MM 4,12,11f.,123.
519 MM 6,20,18f.,230.
520 MM 4,14,40-42,129.

des schönen Himmelreiches"[521]. An anderer Stelle denkt sie offensichtlich beim „Himmelreich" an den Ort, in dem der Sohn Gottes vor seiner irdischen Empfängnis war,
wenn sie ihn nennt „got vom himelriche", „Gott vom Himmelreich"[522]. Dann kann
„Himmelreich" auch den seligen Zustand nach dem Tod meinen. Denn Gott schob
den Riegel seiner Gerechtigkeit fest „vúr des himmelriches túr", „vor des Himmelreiches Tür", damit die Sünder dort nicht hineingelangen[523]. Dieses Himmelreich kann
nur durch den Tod Jesu am Kreuz wieder aufgeschlossen werden[524]. Man spürt, daß
Mechthild einen neuen Akzent bei dem Wort „Himmelreich" setzt. Es bedeutet jetzt
das höchste Glück, das in Augenblicken der irdischen Ekstase wie in der Seligkeit nach
dem Tod bestehen kann.

11. Auch für Gertrud die Große bedeutet das „Reich" der Ort, den Jesus verließ, als
er für uns Mensch wurde[525].

12. Ganz eindeutig bezieht sich das Wort „Himmelreich" wieder auf die Seligkeit
nach dem Tod bei Christina von Hane. Ein Dämon bestätigt ihr, daß sie große Sehnsucht hat, in das Himmelreich zu kommen, und macht ihr den Vorschlag, das Warten
auf Erden durch Selbstmord abzukürzen, worauf natürlich Christina nicht eingeht[526].

18. Schuldner

1. Jesus als „debitor", „Schuldner" ist für das traditionelle Jesusbild kaum vorstell-
bar. Eher denkt man, daß die Menschen tief in seiner Schuld stehen, da er ihnen alles
geschenkt hat. Doch schon Paulus schreibt: „Graecis et barbaris sapientibus et insipientibus debitor sum." – „Griechen und Barbaren, Weisen und Toren bin ich Schuldner (Röm 1,14)." Natürlich haben diese Menschengruppen Paulus nichts gegeben, das
er erstatten müßte. Er gebraucht das Wort „debitor" in dem Sinn, daß er einen solch
drängenden Auftrag erhalten hat, daß er sich schuldig weiß, allen Menschen die frohe
Botschaft zu verkünden. In einem ähnlichen Sinn kann Jesus Christus unser Schuldner
genannt werden, weil er sich zu unserer Erlösung gedrängt fühlt.

---

[521] MM 4,18,46f.,133.
[522] MM 6,13,3,219.
[523] MM 6,16,41f.,227.
[524] MM 6,24,9f.,233.
[525] G R 3,35,76.
[526] CS 1, 2,6,112,15-21.

2. Wilhelm von St. Thierry muß in seinem Römerbrief auch die Stelle erklären, an der sich Paulus als Schuldner von Griechen und Barbaren weiß (Röm 1,14). Er hebt seine Erklärung auf eine höhere Ebene, wenn er ganz allgemein erklärt: „Nescit cogi charitas, nescit coarctari. Omnibus se debet, omnibus exhibet." – „Die Liebe weiß nicht zu zwingen, sie weiß nicht in die Enge zu treiben. Allen ist sie Schuldner, allen bietet sie sich an."[527] Auch wenn Wilhelm dies nicht direkt sagt, kann man diesen Satz noch viel mehr als von einfachen Menschen von der Liebe Christi zu den Menschen sagen.

3. Gilbert von Hoyland tut diesen Schritt, wenn er schreibt: „Sapientibus et insipientibus debitor est Christus." – „Den Weisen und Toren ist Christus Schuldner."[528] Ausgangspunkt dieser Feststellung ist die Möglichkeit, daß sich Eifersucht in die Brautmystik einschleicht. Man soll auch die übrigen Menchen sich beim Bräutigam sättigen lassen[529]. „Nihil vobis imminuitur, si aliis pro suo sensu abundet." – „Nichts geht euch ab, wenn er (= Christus) auch für andere nach seinem Sinn überfließt."[530]

4. Guerricus von Igny nennt den Herrn „sapientia misericors, quia sapientibus et insipientibus debitor es; ut qui utrosque fecisti, utrisque necessariam alimonimam procures, et tam homines quam iumenta, tam spiritales quam animales, suo quemque gradu et ordine salves", „durch Weisheit barmherzig, weil Du den Weisen wie den Toren Schuldner bist, damit Du, der Du beide geschaffen hast, beide auch mit der notwendigen Nahrung versorgst und Menschen wie Vieh, geistliche wie animalische (Menschen), jeden nach seinem Grad und seiner Ordnung rettest"[531].

5. Mechthild von Hackeborn vergleicht Christus mit einem menschlichen Schuldner: Der Herr spricht: „Debitori enim majus gaudium nullus facit, quam qui ei thesaurum quo se solvat tribuit: Ego vero me quodam modo debitorem Patri meo feci, cum pro hominis culpam me satisfacere spospondi, ideoque nihil desiderabilius et jucundius mihi reputo, quam ut homo per poenitentiam et amorem ad me revertatur." – „Einem Schuldner macht keiner eine größere Freude als derjenige, der ihm einen Schatz gibt, mit dem er sich frei kauft. Ich aber habe mich auf eine gewisse Weise zum Schuldner meines Vaters gemacht, als ich mich verpflichtet habe, für die Schuld des Menschen genug zu tun; deswegen erachte ich nichts ersehnenswerter und froh machender für mich, als daß der Mensch durch Buße und Liebe zu mir zurückkehrt."[532]

---

[527] WR 1,555D. Die zwingende Liebe darf nicht mit „amor debitus", „der geschuldeten Liebe", die Richard von St. Viktor in seinem Dreifaltigkeitstraktat von „amor gratuitus", „der ungeschuldeten Liebe" unterscheidet (RVTR 5,16,344), verwechselt werden. Letztere hat die göttliche Person, die selbst von keinem anderen die Liebe, wie zum Beispiel Gott Vater, empfangen hat. Die geschuldete Liebe besitzen auf je verschiedene Weise der Sohn und der Heilige Geist, weil sie nur auf die Liebe des Vaters antworten können (RVTR 5,17,344-346).

[528] GHLD 17,2,88A.

[529] GHLD 17,2,87D.

[530] GHLD 17,2,88A.

[531] GIS Nat 4,1,51-56,208.

[532] MH 4,45,301.

19. Sieger

1. In der Vulgata wird Christus weder „victor" noch „triumphator" genannt. Doch wird sein siegreiches Wirken hervorgehoben. Er verhilft als Gottesknecht dem Recht zum Sieg (Mt 12,20). Gott schenkt uns durch Christus den Sieg (1 Kor 15,57), so daß auch wir an seinem Triumph Anteil haben (2 Kor 2,14), den er über die Geister erringt (Kol 2,15).

2. Jean von Fécamp sieht eine enge Verbindung von dem Sieg Christi zu seinem Kreuzesopfer. So spricht er Gott Vater mit den Worten an: „Pro nobis tibi uictor et uictima, et ideo uictor quia uictima." – „Für uns ist (Christus) bei Dir Sieger und Opferlamm und deswegen Sieger, weil Opferlamm."[533] Auch wenn Jean den Himmel als den Ort der Seligkeit erklärt, spielt Christus dort in dieser Funktion auch eine Rolle. Der Himmel ist dort, „ubi uictor miles donis ineffabilibus cummulatur, nobile perpetua caput amplectente corona", „wo der Sieger und Ritter überhäuft wird mit unaussprechlichen Geschenken und sein Haupt mit einer ewigen Krone bekränzt wird"[534]. Unter „Krone" ist hier wohl weniger an ein Zeichen des Königs als an den Kranz des Siegers gedacht.

3. Nach Bernhard von Clairvaux gebührt dem Herrn alle Ehre: „Solus de hoste triumphavit, solus captivos liberavit." – „Er allein hat über den Feind triumphiert, er allein die Gefangenen befreit."[535] Wegen der Verfehlung des Adam müßten wir eigentlich den Tag, an dem wir geboren sind, Nacht nennen[536]. Durch die Geburt Christi aber „absorpta erit nox in victoria", „wird die Nacht im Sieg verschlungen sein"[537]. Christus als König der Herrlichkeit läßt sich für den Menschen, einen verachteten Sklaven, ja einen Wurm, ans Kreuz schlagen[538]. Angesichts dessen ruft Bernhard aus: „Quam invicta mansuetudo!" – „Wie unbesiegt (seine) Sanftmut!"[539] Den gleichen Ausruf bringt Bernhard hervor, wenn er daran denkt, daß sich der Sohn als Schöpfer für das Geschöpf töten läßt[540]. Erst recht verbindet Bernhard Ostern mit dem Sieg Christi. Der dritte Tag nach dem Tod ist der erste aller Tage, an dem „primitiae dormientium novus homo apparuit mortis victor", „der Erstling der Entschlafenen, der neue Mensch, als Sieger des Todes erschienen ist"[541].

4. Wilhelm von St. Thierry greift Kol 2,15 auf, wenn er von Christus sagt: „In cruce de principibus et potestatibus triumphavit." – „Am Kreuz hat er über die Fürsten und Mächte triumphiert."[542]

---

[533] JFC 2,1,32,122.
[534] JFC 3,17,558f.,160.
[535] BHLD 1, 13,4,5,190,28f.
[536] BVNAT 3,2,160,19f.
[537] BVNAT 3,2,160,24.
[538] BD 22,4,368,9.
[539] BD 22,5,368,8f.
[540] BD 42,1,530,8-10.
[541] BPASC 1,8,236,8f.
[542] WR 5,641C.

5. Guerricus von Igny predigt an Weihnachten: „Infantis infirmitas principem mundi triumphat." – „Die Schwäche des Kindes triumphiert über den Fürst der Welt."[543] Auf den Herrn darf man vertrauen: „Securus in eo proicio omne solicitudinem meam, cuius nec potentia vinci, nec sapientia falli, nec benevolentia potest fatigari." – „Sicher werfe ich auf ihn all meine Sorgen, dessen Macht nicht besiegt, dessen Weisheit nicht getäuscht, dessen Wohlwollen nicht ermüdet werden kann."[544] Vom Einzug Christi in Jerusalem am Palmsonntag schreibt Guerricus: „Obstuperunt multi de gloria quasi victoris triumphantis cum in Ierusalem ingrederetur." – „Viele verstummten gleichsam über die Herrlichkeit eines triumphierenden Siegers, als er in Jerusalem einzog."[545]

6. Nach Johannes von Ford herrscht der Tod über alle Nachkommen Adams. „Sed et geminae morti huic in uictoria resurrectionis Christi iam ex parte absorptae et in novissimo die plenius absorbendae." – „Aber die Auswüchse sind für diesen Tod im Sieg der Auferstehung Christi zum Teil verschlungen und müssen am jüngsten Tag voll verschlungen werden."[546] Christus als Bräutigam zeigt eine „inuicta patientiae fortitudo", „unbesiegte Stärke der Geduld"[547].

7. Der Verfasser des Traktates „Speculum virginum" verbindet den Sieg Christi mit seinem Kreuzesopfer. Er ist „agnus propter innocentiam et passionem; leo virtutes hostilis et ipsam mortem in cruce triumphans; quia propter nobis oblatus et mortuus est", „das Lamm wegen seiner Unschuld und seines Leidens; der Löwe, der über die feindlichen Kräfte und selbst über den Tod am Kreuz triumphiert hat, weil er um unsretwillen dargebracht wurde und gestorben ist"[548]. Er ist „pater et sponsus per gratiam, antiqui pacti victricem debellando malitiam", „Vater und Bräutigam durch die Gnade, weil er die siegreiche Bosheit des alten Vertrages überwunden hat"[549]. Der alte Vertrag meint das Bündnis, das der Mensch durch die Sünde mit dem Teufel eingegangen ist, und nicht etwa den Alten Bund[550]. Die Braut Christi soll mit dem alten Feind kämpfen, um „victo tyranno coronetur et victis vitiis de triumpho in pace Christi glorietur", „nach der Besiegung des Tyrannen gekrönt zu werden und nach der Besiegung der Laster sich des Triumphes im Frieden Christi zu rühmen"[551]. Sie hat ja die Welt besiegt[552]. Von Christus heißt es: „Post certamen promisisti victoriam." – „Nach dem Kampf hast Du den Sieg versprochen."[553] Christus ist ja „gloria militis tiumphantis", „der Ruhm des triumphierenden Soldaten"[554]. Eine Braut, die nicht „pulchra victoria Christum

---

[543] GIS Nat 1,2,48f.,166.
[544] GIS Ben 2,3,77-80,60-62.
[545] GIS Palm 3,1,22f.,188-190.
[546] JHLD 83,9,209-211,574.
[547] JHLD 57,8,216,405.
[548] SP 6,532,5-8.
[549] SP 8,664,9f.
[550] An diesen denkt Jutta Seyfarth, wenn sie (SP 8,665) „antiqui pacti victricem … malitiam" mit „die siegreiche Arglist des Alten Bundes" übersetzt.
[551] SP 9,720,4-6.
[552] SP 10,866,21f.
[553] SP 10,866,18f.
[554] SP 10,866,23.

victorem prosequendo", „durch einen schönen Sieg Christus, dem Sieger, folgt", läßt sich nicht von den Tugenden leiten[555].

8. In dem bekannten Herz-Jesu-Hymnus des Hermann Joseph von Steinfeld (†1241) heißt es vom Herzen Jesu: „Amore quisquis vincitur." – „Durch (seine) Liebe wird jeder besiegt."[556]

9. Nach Hildegard von Bingen begann die Barmherzigkeit mit der Beschneidung des Alten Bundes. Der Sieg über das Böse aber schritt voran bis zur Sendung des Sohnes Gottes[557]. Schon in seiner Menschwerdung besiegt er alle feindlichen Mächte[558]. In diesem Sieg kann der Mensch über sich und seine Laster Herr werden[559].

10. Elisabeth von Schönau lobt nach einer ekstatischen Schau am Fest der Himmelfahrt Christus, „qui triumphator hodie super omnes celos ascendisti", „der Du als Triumphator heute über alle Himmel aufgestiegen bist"[560].

11. Der Autor der Vita der Beatrijs von Nazareth betont ausdrücklich, daß die Jungfrauenweihe der Mystikerin auf den Himmelfahrtstag fiel. Es ist ja der Tag, „quo triumphanten in celo ecclesiam dignatus est redemptor noster dominus per glorificatam humanitatis sue presentiam eterno sibi connubio desponsare", „an welchem der Herr, unser Erlöser, sich die im Himmel triumphierende Kirche durch die glorreiche Gegenwart seiner Menschheit im ewigen Ehebund gnädig verlobt hat"[561].

12. Margareta von Magdeburg spürt einen Widerspruch und Streit zwischen ihrer eigenen Unwürde und den Gaben, die der Herr ihr schenkt[562]. Doch sie sehnt sich nach diesem Streit, „quia optinere victoriam consuevit", „weil sie für gewöhnlich den Sieg errang"[563]. Denn der Herr gab ihr in diesem Streit durch eine besondere Gnade die Waffen zu diesem Sieg[564].

13. Mechthild von Magdeburg preist den Menschen, der liebt und nichts anderes anfangen kann als zu lieben[565], „swelch mönch die welt übersiget und sime lichamen alle unnützen willen benimmet und den túvel überwindet, das ist die sele, die got minnet", „als denjenigen Menschen, der die Welt besiegt und seinem Leib allen unnützen Willen wegnimmt und den Teufel überwindet, das ist die Seele, die Gott liebt"[566]. Dieser Mensch ist natürlich Christus.

14. Mechthild von Hackeborn sieht einmal das Herz Jesu in der Gestalt eines goldenen, durchbohrten Schildes, „per quod innuebatur victoria qua ipse in Passione triumphavit", „durch welchen der Sieg angedeutet wurde, durch welchen er im Leiden

[555] SP 9,720,15-17.
[556] HJ 4,124.
[557] HISV 2, 3,3,9,368-373,381.
[558] HISV 2, 3,3,9,376-378,382.
[559] HISV 2, 3,3,9,378f.,382.
[560] ESV 1,51,26.
[561] BN 1,17,76,13-16,61.
[562] MA 67,96.
[563] Ebenda.
[564] Ebenda.
[565] MM 1,10,6,13.
[566] MM 1,10f.,2,13.

triumphierte"[567]. Sein Herz hat ja „amor invincibilis", „die unbesiegte Liebe" mit einem Pfeil durchbohrt[568]. So kann auch der „gloriosa Christi victoria, qua mundum et diabolum devicit", „glorreiche Sieg Christi, mit dem er die Welt und den Teufel besiegt hat", alle menschlichen Nachlässigkeiten ergänzen"[569].

15. Gertrud die Große ruft Christus mit den Worten an: „O rex victorisissime, Iesu!" – „O siegreichster König, Jesus!"[570] Oder: „O amor victorissime!" – „O siegreichste Liebe!"[571] Er hat uns „amore invincibili", „mit unbesiegbarer Liebe" geliebt[572] und ist „invicta charitas", „die unbesiegte Liebe"[573], „amor ... insuperabilis", „die unüberwindliche ... Liebe"[574] und „vera virtus insuperabilis dexterae Excelsi", „die wahrhaft unüberwindliche Kraft der Rechten des Höchsten"[575]. Seine eigene „triumphalis fortitudo", „triumphierende Stärke" soll ihm zujubeln[576], seine „triumphalis gloria", „triumphierende Herrlichkeit" ihn preisen[577]. Selbst sein Tod wird noch „triumphalis", „triumphierend" genannt[578]. Der Sieg Christi überträgt sich auch auf die Christen. Er soll helfen, „ut mille fraudes satanae semper vincens vincam in te", „daß ich die tausend Täuschungen des Satans immer besiege, besiege in Dir"[579]. So läßt Gertrud den Menschen beten: „Perfecta charitas tua, Christe, faciat me in omni tentatione viriliter triumphare." – „Deine vollkommene Liebe, Christus, mache, daß ich in jeder Versuchung kraftvoll triumphiere."[580] Man darf „victoriam Filii Dei offere Deo Patri", „den Sieg des Sohnes Gottes Gott Vater anbieten" als Sühne für alle Sünden[581], für alles Böse, in das der Mensch eingestimmt hat[582], und für das, was das Gewissen in Gedanken und Werken verletzt hat[583]. Wenn er dies tut, segnet Christus den Menschen „signo victoriosae crucis", „mit dem siegreichen Kreuzzeichen"[584].

16. In dem Bericht den Johannes von Stommeln über Christina von Stommeln schreibt, spielt der Kampf zwischen den Dämonen und Gott, den die Frau zu kämpfen hat, eine große Rolle. In diesem Kampf kann es nur einen Sieger, nämlich Gott oder Christus, geben. Christina trägt an einem Finger eingeprägt „pulcherrima Crux, in signum pugnae subsequentis et victoriae", „ein sehr schönes Kreuz zum Zeichen des

---

[567] MH 1,8,27.
[568] MH 1,18,52.
[569] MH 5,18,349f.
[570] G R 1,218,60.
[571] G R 5,511,158.
[572] G R 3,104,80.
[573] G R 7,553,242.
[574] G R 7,570,244.
[575] G 2, 2,6,3,3f.,258.
[576] G R 6,233f.,176.
[577] G R 6,399,186.
[578] G R 7,351f.,230.
[579] G R 1,220f.,60.
[580] G R 1,44-46,48.
[581] G 4, 4,17,3,15-19,188.
[582] G 4, 4,17,3,19-25,188.
[583] G 4, 4,17,3,25-30,188.
[584] G 4, 4,35,8,4-6,298.

nachfolgenden Kampfes und Sieges"[585]. Später werden ihr sogar drei Kreuze an den Fingern eingezeichnet, von welchen das oberste ebenfalls als Zeichen des Kampfes und Sieges gedeutet wird[586]. So müssen sich auch die Christina bekämpfenden Dämonen am Ende als besiegt bekennen[587].

17. Zusammenfassend läßt sich über diesen Namen Jesu sagen:

17.1 Jesus wird Sieger[588], Triumphator[589] und siegreichster König[590] genannt. Sein Sieg ist glorreich[591]. Unbesiegt ist seine Kraft[592], Sanftmut[593], Stärke[594] und Liebe[595], welche auch siegreich[596] und unüberwindlich heißen[597]. Seine Herrlichkeit[598] und Stärke[599] triumphieren. Er besitzt den Ruhm des triumphierenden Ritters[600]. Das Zeichen seines Kreuzes heißt deswegen siegreich[601]. Jesus siegt über den Teufel und befreit die Menschen[602].

17.2 Schon bei der Sendung des Sohnes bricht der Sieg über das Böse an[603]. Bei der Menschwerdung[604] und der Geburt[605] Christi ist die Nacht im Sieg verschlungen. Ein schwaches Kind siegt über den Fürst der Welt[606]. Am Palmsonntag zieht Jesus in Jerusalem als triumphierender Sieger ein[607]. Beim Leiden triumphiert Christus im Sieg[608]. Kreuzesopfer und Sieg Jesu werden in eins gesehen[609]. Am Kreuz zeigt sich ja seine unbesiegte Sanftmut[610]. Dadurch triumphiert er über die bösen Mächte und Gewal-

---

[585] CS 2, 4,2,13,298.
[586] CS 2, 4,3,20,300.
[587] CS 2, 4,6,59,309.
[588] JFC 2,1,32,122; BPASC 1,8,236,8f.; GIS Palm 3,1,22f.,188-190; SP 9,720,15-17.
[589] ESV 1,51,26.
[590] G R 1,218,60.
[591] MH 5,18,349f.
[592] G 2, 2,6,3,3f.,258.
[593] BD 22,5,368,8f.; 42,1,530,8-10.
[594] JHLD 57,8,216,405.
[595] MH 1,18,52; G R 3,104,80; 7,553,242.
[596] G R 5,511,158.
[597] G R 7,570,244.
[598] G R 6,399,186.
[599] G R 6,233f.,176.
[600] SP 10,866,23.
[601] G 4, 4,17,3,19-25,188; CS 2, 4,2,13,298; 4,3,20,300.
[602] BHLD 1, 13,4,5,190,28f.
[603] HISV 2, 3,3,9,368-373,381.
[604] HISV 2, 3,3,9,376-378,382.
[605] BVNAT 3,2,160,24.
[606] GIS Nat 1,2,48f.,166.
[607] GIS Palm 3,1,22f.,188-190.
[608] MH 1,8,27.
[609] JFC 2,1,32,122; SP 6,532,5-8.
[610] BD 22,5,368,8f.; 42,1,530,8-10.

ten[611]. Deswegen ist sein Tod triumphal[612]. An Ostern erweist sich Christus als Sieger über den Tod[613].

17.3 Als Triumphator steigt Jesus in den Himmel auf[614]. Dem im Himmel Verklärten werden wie einem Sieger Gaben dargebracht[615]. Weil er mit ihr vereint ist, kann man auch die Kirche des Himmels triumphierend nennen[616].

17.4 Auf den Sieger Jesus darf der Mensch unerschütterlich vertrauen[617]. Denn er wird den Trug des Teufels[618] in den Versuchungen[619] besiegen. Wenn der Mensch gegen seine Laster kämpft, darf er sich des Sieges Christi rühmen[620]. Christus hat ja nach dem Kampf den Sieg verheißen[621]. So sehnt man sich um des Sieges willen nach dem Kampf[622]. In der Liebe Christi kann man alles besiegen[623]. Der Christ soll dem schönen Sieg Christi nachfolgen[624]. Sein Sieg, den der Mensch Gott Vater anbietet[625], ergänzt alle Mängel des Menschen[626]. Er wünscht sich, durch die Liebe Christi besiegt zu werden[627].

---

[611] WR 5,641C.
[612] G R 7,351f.,230.
[613] BPASC 1,8,236,8f.; JHLD 83,9,209-211,574.
[614] ESV 1,51,26.
[615] JFC 3,17,558f.,160.
[616] BN 1,17,76,13-16,61.
[617] GIS Ben 2,3,77-80,60-62.
[618] G R 1,220f.,60.
[619] G R 1,44-46,48.
[620] SP 9,720,4-6; HISV 2, 3,3,9,378f.,382.
[621] SP 10,866,18f.
[622] MA 67,96.
[623] MM 1,10f.,2,13·
[624] SP 9,720,15-17.
[625] G 4, 4,17,3,15-19,188.
[626] MH 5,18,349f.; G 4, 4,17,3,19-30,188.
[627] HJ 4,124.

6. KAPITEL:

BILDER UND METAPHERN

Einer Reihe von Bildern und Metaphern, die für Christus verwendet werden, sind wir schon an anderer Stelle begegnet, weil sie mit einigen Namen Jesu eng zusammenhängen. So haben wir Christus unter anderen als Sonne im Zusammenhang mit dem Lichttitel[1] und als Arzt in Zusammenhang mit dem Heilandtitel[2] behandelt.

1. Gestirne

1. Wie eben vermerkt, wurde Christus als die Sonne schon oben behandelt. Zwei Gründe hindern daran, daß man von Christus als dem Mond spricht: Einmal leuchtet dieser durch ein fremdes Licht. Deswegen nennt man eher Maria[3], die Kirche[4] und die Heiligen[5] „Mond", weil sie das Licht Christi widerspiegeln. Zum anderen ist der Mond wegen seiner ständig wechselnden Phasen eher ein Zeichen der Vergänglichkeit[6], welches nicht auf die Gottheit Christi angewendet werden darf[7].

Zwar sind auch die Sterne nicht immer sichtbar und können deswegen auf Veränderlichkeit gedeutet werden. Doch wurde die Prophezeiung des Bileam vom aufgehende Stern über Jakob (Num 24,17) früh auf Christus gedeutet. Auch der Stern, der den Weisen aus dem Morgenland den Weg weist und über dem Ort, wo das Kind war, stehen blieb (Mt 2,9), regt zu einer Gleichsetzung Christi mit einem Stern an[8].

2. Bernhard von Clairvaux unterscheidet Christus in seiner Funktion als Stern von derjenigen als Sonne. Der Menschgewordene leuchtet als Sonne der Gerechtigkeit bei der Auferstehung[9]. Bei seiner Menschwerdung hat er aber den Schmuck, das heißt seine strahlende Pracht und Majestät, abgelegt, wodurch seine Güte und Liebe erst zum

---

[1] Vgl oben. S. 67-75.
[2] Vgl S. 501-511.
[3] Vgl. Grinda 224.
[4] Vgl. Grinda 226f.
[5] Vgl. Weiß, Gottesbild 3,2144.
[6] Vgl. Grinda 224f.
[7] Vgl. Weiß, Gottesbild 3,2145. Die Bemerkung von Maximus von Turin, Christus sei der Mond, weil er in der Menschwerdung die Sterblichkeit angenommen habe (vgl. Grinda 224), wird in unseren Texten nicht aufgegriffen.
[8] Vgl. Forstner 104-106; Grinda 229.
[9] BHLD 2, 45,6,9,124,19f.

Strahlen kommt[10]. „Quam clara mihi oriris stella ex Iacob." – „Wie klar bist Du mir aufgegangen, Du Stern aus Jakob."[11] Das im Verhältnis zur Sonne mildere Licht eines Sternes vergleicht Bernhard mit der in der Erniedrigung seiner Menschwerdung erscheinenden Güte Christi.

3. In ähnlichen Gedanken bewegt sich Guerricus von Igny in einer Predigt zum Fest der Erscheinung des Herrn. Auch er geht davon aus, daß sich die göttliche Majestät des Sohnes Gottes durch die Entäußerung in der Menschheit verbirgt wie die Sonne in der Wolke[12]. Dies wird durch die Erscheinung des Sternes von Betlehem deutlich: „Vagit puer novus in terris, et sidus novum creat in supernis; ut lumen testetur de lumine, stella de sole." – „Es wandelt das neue Kind auf Erden und schafft ein neues Gestirn in der Höhe, damit das Licht vom Licht Zeugnis ablegt, der Stern von der Sonne."[13] Ängstlich beteuert aber Guerricus, daß Jesus uns nicht etwa als Stern, sondern als vernunftbegabtes Lebewesen, nämlich als Kind, vorausgeht[14].

4. Beim Hochgebet einer Messe sieht Odilia von Lüttich „stellam lucidissimam in altari descendere", „den leuchtendsten Stern auf den Altar hinabsteigen", wodurch die Heilige Dreifaltigkeit, welche die Anwesenheit Christi im Altarsakrament bewirkt, bezeichnet ist[15].

5. Am Weihnachtsfest spricht Christus zu Christina von Hane: „Jch byn eyn lychter sterne yn dyr luchten, der nummerme vnder geyt." – „Ich bin ein leuchtender Stern, der in dir leuchtet und der niemals untergeht."[16] Gut kann man erkennen, daß die Vorstellung der Veränderlichkeit von Sternen bei der Übertragung auf Christus geleugnet wird.

6. In der Vita der Agnes von Blannbekin heißt es, daß die Augen des neugeborenen Jesuskindes an Weihnachten „quasi stella fulgida", „wie ein Stern strahlend" sind[17]. In einer Vision sieht sie ein anderes Mal eine Burg von einer unerreichbaren Höhe[18]. „Et apparuit stella desuper lucidissima aureae lucis, quae mundum illumenabat sicut sol." – „Und es erschien ein sehr leuchtender Stern mit goldenem Licht, welcher die Welt wie die Sonne erleuchtete."[19] Der Stern vertreibt einen Nebel um die Burg[20]. In der anschließenden Erklärung wird die Burg als der Gerechte gedeutet[21]. „Stella ista est via cognitionis divinae bonitatis." – „Dieser Stern ist der Erkenntnisweg der göttlichen Güte."[22] Den weiteren allegorischen Interpretationen der Einzelheiten der Burg und

---

[10] BHLD 2, 45,6,9,124,11-14.
[11] BHLD 2, 45,6,9,124,14f.
[12] GIS Epi 2,1f.,33-38,256.
[13] GIS Epi 2,2,53-55,258.
[14] GIS Epi 2,2,58f.,258.
[15] OL 1,13,217,5-10.
[16] CH 2, 213.
[17] AB 54,16-25,150.
[18] AB 130,3-6,290.
[19] AB 130,5-7,290.
[20] AB 130,26-29,292.
[21] AB 130,33f.,292.
[22] AB 130,38f.,292.

der Strahlen des Sternes brauchen wir nicht nachzugehen[23]. Da im folgenden Christus, der in der Menschwerdung auf die Erde kam[24] und im Altarsakrament sanft aufleuchtet, beschrieben wird[25], dürfte er mit dem Stern als Weg, auf dem die Erkenntnis der Güte Gottes zu den Menschen gekommen ist, gemeint sein.

7. Nicht allzu oft und meist im Anklang an den Stern, der über dem Haus Jakobs aufgeht, oder an denjenigen, der die Weisen aus dem Morgenland zum neugeborenen Kind führt, wird Christus „Stern" genannt. Der eigentliche Vergleichspunkt liegt im Leuchten. Wie ein Stern mild leuchtet, so erleuchtet Christus die Menschen sanft mit der göttlichen Güte.

2. Wolke

1. In der Feuerwolke begleitet Gott sein Volk im Zug durch die Wüste (Ex 14,20). Eine Wolke kann den Bereich Gottes ankünden. Deswegen ist der Offenbarungsberg in Wolken gehüllt (Ex 19,116; 24,15). Bei der Verklärung Christi umschattet eine Wolke die Jünger (Mt 17,5; Mk 9,7; Lk 9,34), und eine Wolke nimmt ihn bei seiner Auffahrt in den Himmel auf (Apg 1,9). Wenn es deswegen heißt, daß bei der Empfängnis des Sohnes Gottes die Kraft des Höchsten Maria umschattet (Lk 1,35), liegt die Vorstellung einer verhüllenden Wolke nahe. Dennoch weiß man, daß Gottes Wirklichkeit an Höhe noch die Wolken übersteigt (Ps 35,6).

Um das Geschaffensein des Logos herauszustellen, bezeichneten die Arianer nach Epiphanius von Salamis Christus als Wolke[26]. Davon dürfte man aber im 12. und 13. Jahrhundert keine Kenntnis mehr gehabt haben. Trotzdem bleibt die Bezeichnung Christi als Wolke marginal.

2. Bernhard von Clairvaux schreibt, daß Christus auch die Schwäche des Fleisches in seiner Menschwerdung erfahren wollte. Dieses Fleisch hat aber die Gottheit nicht völlig verdeckt, sondern es war nur wie eine „nubes levis", „leichte Wolke", weil es durch keine Sünde die Gottheit verdunkelt hat[27].

3. Nach Guerricus von Igny hat Gott sein unzugängliches Licht für unsere kranken Augen in der Menschwerdung gemildert[28]. „Advertite lumen in lucerna testae, solem in nube, Deum in homine." – „Bemerkt das Licht in der irdenen Lampe, die Sonne in der Wolke, Gott im Menschen."[29]

4. Hugo von St. Viktor vergleicht die Wolkensäule des Alten Testamentes mit Christus. Gott ging Israel voraus, „illuminans per ignem, et per nubem obumbrans", „er-

---

[23] AB 130,49-89,292-296.
[24] AB 131,6f.,296.
[25] AB 131,11-15,296.
[26] Vgl. Sieben, Nomina 172; vgl. Forstner 108f.
[27] BVEPI 4,100,7-11.
[28] GIS Epi 2,1,30-33,256.
[29] GIS Epi 2,1f.,33f.,256.

leuchtend durch das Feuer, umschattend durch die Wolke"[30]. Es bedurfte des Schattens der Wolke, weil das Feuer der göttlichen Majestät schrecklich beim Bestrafen der Sünden ist[31]. Christus ist aber das milde Lamm, und deswegen erschien er den Menschen „per nubem humanitatis mitis", „durch die Wolke der Menschheit milde", weil er für ihre Sünde litt[32].

5. Nach Hildegard von Bingen erschien der Sohn Gottes in der Gestalt der Menschheit und des Leidens „in claritate lucis aeternae, sed tamen in nube", „in der Klarheit des ewigen Lichtes, dennoch aber in einer Wolke"[33].

6. Mechthild von Magdeburg beschreibt die Empfängnis der menschlichen Seele Jesu durch Maria: „Si wirt enpfangen in einem wissen wolken der heligen beschirmunge." – „Sie wird empfangen in einer weißen Wolke des heiligen Schutzes."[34] Damit umschreibt Mechthild die Umschattung durch die Kraft des Allerhöchsten.

7. An keiner der angeführten Stellen wird Christus als ganze Person „Wolke" genannt. Wolke ist vielmehr seine Menschheit, die das Licht seiner Gottheit für unsere Augen erträglich macht.

3. Tag

1. Im Alten Testament wird oft vom „Tag des Herrn" gesprochen. Da dieser in den meisten Fällen den Tag des Gerichtes meint, besteht von ihm keine direkte Verbindung zum Erlöser. Im Neuen Testament bedeutet der Ausdruck „Tag" an den meisten Stellen die Angabe eines zeitlichen Termins. Am ehesten verbindet Paulus den „Tag" mit einer christologisch-soteriologischen Bedeutung, wenn er schreibt, daß die Nacht vorüber und der Tag angebrochen ist (Röm 13,12).

In der Alten Kirche hat Justin Christus „Tag" genannt[35]. In der Liturgie werden Feste mit „dies" bezeichnet. Deswegen erstaunt es nicht, daß die Feste, die sich am Leben Jesu ausrichten, ebenfalls so genannt werden. Da solche Stellen kaum etwas über Christus aussagen, bleiben sie hier unberücksichtigt[36].

2. Bernhard nennt unsere vollendete Erlösung den zweiten bedeutenden Tag nach dem ersten unserer Erschaffung. „Secunda vero dies erit in splendoribus Sanctorum in perpetuas aeternitates." – „Der Zweite Tag wird sein im Glanz der Heiligen in den andauernden Ewigkeiten."[37] Doch schon der Geburtstag dessen, den wir dann schauen werden, ist der „dies sanctificatus ... dies salutis non gloriae aut felcitatis", „geheiligte

---

[30] HNM 1,682A.
[31] Ebenda.
[32] Ebenda.
[33] HISV 2, 3,12,5,161-163,608.
[34] MM 3,10,54f.,91.
[35] Vgl. Sieben, Nomina 172.
[36] Im Mittelhochdeutschen gehört das Wort „tag" zu der zweiten Häufigkeitsgruppe; vgl. Singer 40.
[37] BVNAT 3,2,160,22f.

Tag … ein Tag des Heiles, (noch) nicht der Herrlichkeit oder des Glückes"[38]. Der Tag der Auferstehung Jesu ist „prima dierum", „der erste der Tage"[39].

3. Wilhelm von St. Thierry sehnt sich nach der Seligkeit als „dies hominis", „dem Tag des Menschen"[40]. Mit „Mensch" kann hier nur der Menschensohn Jesus Christus gemeint sein.

4. Isaak von Stella sagt, daß der Mensch, wenn er in der Selbsterkenntnis auf sich selbst aufmerksam wird, „nec noctem evadit, nec in diem vadit", „weder der Nacht flieht noch in den Tag gelangt"[41]. Nur Gott findet in sich selbst den Tag[42]. Allein wer sich zu ihm wendet, gelangt in „diem sapientiae, virtutis ac iustitiae, id est Christi Domini", „den Tag der Weisheit, der Kraft und der Gerechtigkeit, daß heißt (den Tag) Christi des Herrn"[43]. Dieser eine Tag kann verschieden aussehen. Christi Tag kann sein „dies timoris, dies amoris, dies gaudii, dies laboris, dies quietis, dies exultationis … dies crucis, dies sepulcri, dies resurrectionis", „ein Tag der Furcht, ein Tag der Liebe, ein Tag der Freude, ein Tag der Mühe, ein Tag der Ruhe, ein Tag des Jubels … ein Tag des Kreuzes, ein Tag des Grabes, ein Tag der Auferstehung"[44].

5. Guerricus von Igny drückt die Tatsache, daß an Weihnachten der Gottmensch zu uns gekommen ist, folgendermaßen aus: Geboren ist „puer antiquus dierum; puer forma corporis et aetate; antiquus dierum incomprehensibili Verbi aeternitate", „ein Kind, alt an Tagen; ‚ein Kind' an Gestalt des Leibes und des Alters, ‚alt an Tagen' (Dan 7,9), an der Ewigkeit des unbegreiflichen Wortes"[45]. Er gibt den Anfang des Tages, weil er als ewiger Schöpfer der Ewigkeit den Sterblichen einen Anfang geschenkt hat[46]. „O vere dies salutis dies iste!" – „O wirklich ein Tag des Heiles, dieser Tag!"[47]. Als nämlich der Vater die Wirklichkeit des Eingeborenen dem Petrus geoffenbart hat, „quid aliud quam dies ei aeternus aspirabat et dies diei verbum eructabat", „was anderes war das, als daß der ewige Tag ihn anwehte und der Tag das Wort des Tages hervorbrachte"[48].

6. Der Verfasser des Traktates „Speculum virginum" preist hymnisch die wiedererlangte Einheit der Erlösung[49]. Dabei ist die Nacht beendet, und es naht der Tag der nie endenden Herrlichkeit, an dem sich die Braut mit dem Bräutigam im Feuer der vollkommenen Liebe vereint[50].

7. Johannes von Ford redet Christus mit den Worten an: „O pulchritudo antiqua, in diebus tuis antiquis, in annis aeternitatis tuae!" – „O alte Schönheit in Deinen alten Ta-

---

[38] BVNAT 5,4,200,1f.
[39] BPASC 1,8,236,8.
[40] WMO 9,234A.
[41] IS 17,5,38,312.
[42] IS 17,5,45,314.
[43] IS 17,6,48-52,314.
[44] IS 17,7,56-59,314.
[45] GIS Nat 1,1,3f.,164.
[46] GIS Nat 4,4,183-185,216.
[47] GIS Nat 4,4,184f.,216.
[48] GIS Petr Paul 2,6,162-164,392.
[49] SP 10,864,9-23.
[50] SP 10,864,23-866,10; SPEP 68,1-15.

gen, in den Jahren Deiner Ewigkeit!"[51] Deutlich ist, daß hier die alten Tage nur ein anderer Ausdruck für die Ewigkeit seiner Gottheit sind.

8. Hadewijch nennt in einem Gedicht das Kommen des Bräutigams „bloyen, bliscap, somer ende dach", „Blühen, Freude, Sommer und Tag"[52].

9. Nach David von Augsburg ist die Seele selig zu preisen, bei der durch die Erlösung die Nacht sich in den Tag gewandelt hat[53]. „O êwiger tac! wie lange sol ich in diser irre vinster wîslos gên?" – „O ewiger Tag! Wie lange soll ich in dieser irrtumsvollen Finsternis ohne Weisung gehen?"[54]

10. Ausgeprägter ist bei Gertrud der Großen die Gewohnheit, Christus „Tag" zu nennen. So sagt Christus zur Seele: „Ego fulgidissima dies vernalis, quae sola semper clarescit et occumbere nescit." – „Ich bin der leuchtendste Frühlingstag, der immer strahlt und keinen Untergang kennt."[55] Gedacht ist wohl an die Ewigkeit der Gottheit Jesu. Sein Verlangen nach Jesus soll der Mensch mit den Worten ausdrücken: „O vivens florida dies vernalis, suspirat et languet amorosum desiderium mei cordis!" – „O lebender, blühender Frühlingstag, nach Dir seufzest und wird krank die Liebessehnsucht meines Herzens!"[56] Ihn zu schauen, „est illa dies praeclarissima: illa dies una, quae in atriis domini melior est super milia, cui soli suspirat mea unica quam tibi redemisti anima", „bedeutet jener ganz klare Tag, jener eine Tag, welcher in den Vorhöfen des Herrn besser ist als tausende, nach dem allein meine einzige Seele seufzt, die Du Dir erlöst hast"[57]. Wenn man mit der Liebe vermählt sein will, ist unter ihr wohl Christus verstanden[58]. Dieser wird dann aufgefordert: „Iam in me diesce … per te nox mea convertatur in diem!" – „Werde schon in mir Tag … durch Dich werde meine Nacht in den Tag verwandelt!"[59]

11. Christus wird der „Tag" genannt, weil er das Heil und die Ewigkeit versinnbildet. So ist durch sein erstes Kommen der Tag schon angebrochen, obwohl sich seine Vollendung erst bei seinem zweiten Kommen ereignet.

4. Morgen, Mittag und Abend, Morgenstern und Abendstern

1. Die Tageszeiten Morgen, Mittag und Abend stehen in der Vulgata in keiner relevanten Beziehung zu Christus; wohl aber wird er Morgenstern (Offb 22,16) genannt und die Braut im Hohenlied (Hld 6,9) mit der Morgenröte verglichen.

---

[51] JHLD 7,3,150f.,76.
[52] HASG 4,2,10,28.
[53] DU 369,35.
[54] DU 369,36-370,1.
[55] G R 3,8,74.
[56] G R 3,68f.,78.
[57] G R 5,23-25,128.
[58] G R 5,30f.,130.
[59] G R 5,32-34,130.

2. Bernhard von Clairvaux umschreibt die Auferstehung Christi mit folgenden Worten: „Solaris suae praesentiae lumine clariori fugavit auroram et mane facto absorpta est nox in victoria." – „Durch das klarer Licht seiner (Christi) sonnenähnlichen Gegenwart vertrieb er das Morgenrot, und als es Morgen wurde, war die Nacht im Sieg verschlungen."[60] Folgendermaßen interpretiert Bernhard Hld 1,6 „Sage mir, wo du weidest, wo du ruhst am Mittag": Christus als Auferstandener ist selbst der Mittag, in dem er ruht; denn er ist der Mittag, der keinen Abend, das heißt keinen Untergang, kennt[61]. Wohl aber besitzt Christus einen Morgen, an dem er uns einmal verklären wird[62]. Noch aber ist es für uns Nacht, und „illud expectatum mane", „jener erwartete Morgen" ist noch nicht gekommen[63]. Dies wird geschehen, „cum inclaruerit illud serenissimum mane, cui est misericordia repromissa", „Wenn aufleuchtet jener heiterste Morgen, für den die Barmherzigkeit versprochen ist"[64].

3. Auch Wilhelm von St. Thierry verlegt den Morgen unseres Heils in den Anbruch der Ewigkeit. Die Schatten weichen, wenn der Bräutigam und die Braut anfangen, sich gegenseitig zu genießen[65]. Dies wird geschehen „in occasu vitae hujus, quae nox est, et non lux, et susceptione matutina alterius vitae, seu potissimum in matutino aeternitatis, in die generalis resurrectionis", „im Untergang dieses Lebens, welches Nacht und nicht das Licht ist, und im Empfangen des Morgens des anderen Lebens, oder besser, in der Morgenstunde der Ewigkeit am Tag der allgemeinen Auferstehung"[66].

4. Isaak von Stella benutzt das Bild des Mittags, um auszudrücken, daß Christus die Mitte der Zeit ist. „Mane prophetia, vespere memoria, meridie Christi praesentia." – „Am Morgen die Verheißung, am Abend die Erinnerung, am Mittag die Gegenwart Christi."[67] Während auf dem Morgen des Alten Testamentes, aber auch auf dem Abend unsere Zeit die Schatten liegen, strahlt der Mittag der Lebenszeit Jesu[68].

5. Guerricus von Igny schreibt: Erst bei der endgültigen Ankunft des Bräutigams wird er wie das klare Mittagslicht erscheinen, welches die Werke der Menschen erglänzen läßt[69].

6. Johannes von Ford sagt ebenfalls, daß es bei der Ankunft Christi Tag wird. „Ubi lux meridiana vultus tui lux nihilominus matutiana est: meridiana sane ob immensi luminis satietatem, matutina ob desiderabilem nouitatem." – „Wo das mittägliche Licht Deines Angesichtes noch morgendlich ist: Mittagslicht wegen des Gesättigtseins des unermeßlichen Lichtes, morgendlich wegen der ersehnenswerten Neuheit."[70] Ein anderes Mal verteilt Johannes die verschiedenen Tageszeiten auf das Leben Jesu: „Habet in incarna-

---

[60] BHLD 1, 33,3,6,522,7-9.
[61] BHLD 1, 33,3,4,520,5-8.
[62] BHLD 1, 33,3,4,520,8f.
[63] BHLD 1, 33,3,4,520,13f.
[64] BVNAT 3,2,160,23-26.
[65] WHLD 2,4,176,358.
[66] Ebenda.
[67] IS 46,8,69f.,122.
[68] IS 46,8,68f.,122.
[69] GIS Epi 3,4,138f.,280.
[70] JHLD 38,5,87-90,285.

tionis Filii Dei lucem quasi matutinam, habet in cruce ejus lucem meridianam, siquidem et meridie Iesus legitur crucifixus, habet denique et in morte lucem uespertinam, qua sol iustitiae suum cognouit occasum." – „Es hat bei der Menschwerdung der Sohn Gottes gleichsam ein morgendliches Licht, er hat an seinem Kreuz ein mittägliches Licht – von Jesus liest man ja, er sei am Mittag gekreuzigt worden –, und er hat schließlich beim Tod ein abendliches Licht, durch welches die Sonne der Gerechtigkeit ihren Untergang erkannte."[71]

7. Der Verfasser des Traktates „Speculum virginum" nennt die Prophezeiungen des Alten Testamentes ein Morgenrot der Sonne der Gerechtigkeit, Christi[72]. Dasselbe Bild verwendet er allerdings auch für den Eintritt der Jungfrauen in den Himmel. Christus als die Sonne der Gerechtigkeit erhebt sich für sie als Morgenrot[73].

8. Hildegard von Bingen bezeichnet die Zeit, in welcher der Eingeborene des Vaters Mensch wurde, als den feuerroten Aufgang der Sonne[74]. Für sie ist das Wissen um die Menschwerdung Christi im purpurroten Licht des Morgenrotes symbolisiert[75]. Im Morgenrot der seligen Jungfräulichkeit ist er Mensch geworden[76]. An anderer Stelle bezeichnet das Morgenrot das Alte Testament, welches beim Kommen der Sonne Christi verschwindet[77]. In einer Vision wird Hildegard der Sohn Gottes im Morgenrot der Gerechtigkeit geoffenbart[78].

9. Eine eigenartige Aufteilung der Tageszeiten auf das Leben Jesu kennt der Verfasser des St. Trudperter Hohelied. Traditionell ist es, das Maria das Morgenrot und die Geburt Jesu die aufsteigende Sonne bedeutet[79]. Auch daß es Abend wurde, als Jesus litt und starb[80], ist eine Vorstellung, die uns schon begegnet ist. Daß aber die Sonne unterging, als Jesus in den Himmel fuhr[81], ist in unseren Texten einmalig.

10. David von Augsburg läßt in Christus Morgen- und Abendrot zusammenfallen, weil es für diesen keinen Anfang und kein Ende, keinen Morgen und keinen Abend gibt[82].

11. Mechthild von Magdeburg geht bei einem Krieg „der wunnenkliche morgenrot", „das wonnevolle Morgenrot" gerade den Armen auf, die am meisten unter ihm zu leiden haben[83]. Denn im Unterschied zu den Mächtigen, die an den Kriegsverwüstungen Schuld tragen, wird ihnen einmal das ewige Licht mit Freude scheinen[84].

---

[71] JHLD 56,10,241-244,398.
[72] SP 8,694,1-4.
[73] SPE 27,1024A.
[74] HISV 1, 1,3,5,153-158,43.
[75] HISV 1, 1,4,9,409-417,72f.
[76] HISV 1, 2,1,3,159-163,114; 2,1,5,185f.,115.
[77] HISV 1, 1,5,6,124-130,97.
[78] HISV 2, 3,1 vis,82f.,329.
[79] TH 87,11-15,192.
[80] TH 87,16f.,192.
[81] TH 87,17f.,192.
[82] DU 369,31-34.
[83] MM 7,28,8f.,277f.
[84] MM 7,28,9-12,278.

12. Die hier behandelten Symbole finden sich bei Gertrud der Großen nur in der fünften Übung ihrer „Exercitia spiritualia", die weitgehend von der Liebe sprechen. Insofern an den meisten Stellen unter der Liebe Christus verstanden ist, gehören diese Texte hierher.

Vor dieser Liebe soll sich der Mensch am Morgen aufstellen[85]. Doch diese Liebe wird selbst angeredet: „O meum charissimums mane!" – „O mein teuerster Morgen!"[86] Denn in ihr wandelt sich die Nacht in den Tag[87]. Wenn dieser Morgen kommt, wird der Beter plötzlich völlig verwandelt[88]. Auf dem Angesicht dieser Liebe „irradiat pulcherrima divinitatis aurora", „strahlt auf das schönste Morgenrot der Gottheit"[89]. Der heiße Mittag wird mit der Liebe, die zum Bräutigam hin brennt, verglichen[90]. Den Hochzeitsvertrag soll die Liebe zeigen, wenn es Abend wird, das heißt, wenn der Mensch stirbt[91]. Im Angesicht des Geliebten soll dann erscheinen „lumen vespertini sideris", „das Licht des Abendsternes"[92]. „O meum charum et praeclarum vespere, ut in te habeam huius incolutus mei optatum vespere!" – „O mein teurer und sehr klarer Abend, laß in Dir mich haben den gewünschten Abend für diesen meinen (Erden)aufenthalt!"[93] In der Mitte dieser Übungen mehren sich die Anrufungen der Liebe, in denen das Wort „Abend" vorkommt: „O amor, o meum charissimum vesper!" – „O Liebe, mein teuerster Abend!"[94] Die Liebe als süßer Abend soll bewirken, daß der Beter am Abend seines Lebens süß entschlummert[95]. Wenn die Liebe der Abend ist, dann kann die Seele getrost vom Leib Abschied nehmen[96].

13. Die Bedeutung der verschiedenen Tageszeiten im christologischen Kontext ist sehr verschieden. Deswegen erfolgt hier keine zusammenfassende Bemerkung.

5. Berg

1. In der Heiligen Schrift ist der Berg der Ort der Gottesbegegnung. Verschiedentlich wird im Zusammenhang mit Jesus vom Berg gesprochen. Es sei nur an die Bergpredigt, an das Zurückziehen auf einen Berg zum Beten, an den Berg der Verklärung und an den Ölberg erinnert. Es ist dabei an eine reale Erhebung in der Landschaft gedacht, wohin Jesus geht. „Berg" als Metapher wird auf Jesus in der Vulgata nicht angewandt. Dies

---

[85] G R 5,18f.,128.
[86] G R 5,34f.,130.
[87] G R 5,33f.,130.
[88] G R 5,44f.,130.
[89] G R 5,64f.,132.
[90] G R 5,86,132.
[91] G R 5,210f.,140.
[92] G R 5,211f.,140.
[93] G R 5,215f.,140.
[94] G R 5,228,142.
[95] G R 5,232f.,142.
[96] G R 5,240f.,142.

geschah allerdings schon in der Alten Kirche, wenn das Wort Berg in den Reihen der Namen für Jesus vorkommt[97].

2.   Bernhard von Clairvaux sagt in einer Predigt: „Ibo mihi ad montem gratiae et colles miserationes, quarum thesauros omnes repositos audio penes Christum. Ibo ad eum qui plenus est gratiae et veritatis." – „Für mich will ich also zum Berg der Gnade, zu den Hügeln des Erbarmens gehen, deren gesamte Schätze bei Jesus hinterlegt sind. Ich will zu dem gehen, der voll Gnade und Wahrheit ist."[98] Bernhard verwendet hier die Metapher für Christus in einer eigenartigen Bedeutung. Berge sind Orte, in deren Tiefe nach den Sagen Schätze verborgen liegen. Wenn er also zum Berg Christi gehen will, dann muß er eigentlich nicht auf ihn, sondern in ihn hineingehen.

Von Bernhard ist eine Predigt zu dem Psalmvers (Ps 23,3) „Wer darf hinaufsteigen zum Berg des Herrn" erhalten. Das eigentliche Thema dieser Ansprache ist der Berg Gottes. Er ist „mons uber, bonorum omnium cumulus, mons voluptatis aeternae", „der reiche Berg, die Anhäufung aller Güter, der Berg der ewigen Wonne"[99]. Er ist nicht irgendein Berg, sondern der Berg der Berge[100], „mons pacis, mons gaudii, mons vitae, mons gloriae; et hi omnes montes unus mons consummatae felicitas", „der Berg des Friedens, der Berg der Freude, der Berg des Lebens, der Berg der Herrlichkeit; und alle diese Berge (sind) ein Berg des höchsten Glückes"[101]. Zunächst sieht es so aus, als ob dieser Berg die ewige Seligkeit wäre, zu der der Mensch wie zu einem Berg unterwegs ist. Doch gegen Ende der Predigt heißt es dann: „Et forte idem ipse Dominus mons Domini est." – „Und vielleicht ist der Herr selbst eben der Berg des Herrn."[102] Er ist ja der in Dan 2,34f. erwähnte Stein, der sich ohne Zutun von Menschenhand löst und zu einem ungeheuren Berg anwächst[103]. Bernhard deutet diesen Vorgang auf Jesus, der nach seinem Tod erhöht wurde und alle an sich zog[104]. Um keinen Zweifel aufkommen zu lassen, wird er dann auch mit Namen genannt: „Christus Dominus mons est, mons coagulatus et mons pinguis. Mons est sublimitate congulatus multorum congerie, pinguis caritate." – „Christus, der Herr, ist der Berg, ein aufragender Berg, ein fruchtbarer Berg. Er ist ein Berg in die Höhe aufragend in der Bindung der Vielen, in der Liebe fruchtbar."[105] Diese Bindung, in der Christus als Berg viele an sich zieht, bezeichnet Bernhard als sakramental[106]. So wird die Kirche als Leib Christi ebenfalls zum Berg, in dem die Schätze der Weisheit und der Erkenntnis Christi verborgen sind[107]. Damit wandelt sich auch das Aufsteigen zum Berg in das Streben nach Seligkeit um im Leib

---

[97]   Vgl. Sieben, Nomina 191; vgl. Grinda 395f.; Egerding 2,58f.
[98]   BMART 4,874,1-3.
[99]   BD 33,1,464,11.
[100] BD 33,1,464,16.
[101] BD 33,2,464,21-466,2.
[102] BD 33,7,472,14.
[103] BD 33,7,472,15f.
[104] BD 33,7,472,16f.
[105] BD 33,8,474,4f.
[106] BD 33,8,474,10f.
[107] BD 33,8,374,17-20.

Christi[108]. Und doch besteht kein grundlegender Unterschied zwischen diesen beiden Arten der Berge, denn beide sind die Herrlichkeit Christi[109].

3. Isaak von Stella fordert in einer Predigt seine Hörer auf, die Weisheit im Beten, Meditieren und Lesen zu suchen[110]. „Hic est mons montium, in quo solus Filius naturaliter est cum Patre." – „Dies ist der Berg der Berge, in welchem der Sohn von Natur aus allein beim Vater ist."[111] Er erwähnt das in Mt 8,1 erwähnte Herabsteigen von Berg nach der Bergpredigt[112], um die Menschwerdung des Sohnes Gottes zu erklären: „Coelum mons est, et terra vallis. Deus mons est, et homo vallis. Forma Dei mons est, et forma servi vallis. Cum ergo descendisset de coelo in terram Deus in forma Dei exinanitus in formam servi, et habitu inventus ut homo (Phil 2,6-7)." – „Der Himmel ist der Berg, die Erde das Tal. Gott ist der Berg, der Mensch ist das Tal. Die Gestalt Gottes ist der Berg, die Gestalt des Knechtes das Tal. Als Gott also herabstieg vom Himmel zur Erde, hat er sich in der Gestalt Gottes entäußert in die Gestalt des Knechtes hinein und ist als Mensch erfunden worden.»[113]

4. Gilbert von Hoyland erklärt in seinem Hoheliedkommentar das Wort des Bräutigams: „Vadam ad montem myrrha", „Ich gehe zum Berg der Myrrhe" (Hld 4,6) folgendermaßen: „O beatum montem ad quem vadis, Jesu bone, ad quem venis, quem perambulas, quem inhabitas et inhabitas in finem: quem solus inhabitas, et hoc usque ad terminum loci. Veni, Jesu, incipe hunc montem possidere." – „O seliger Berg, zu dem Du gehst, guter Jesus, zu dem Du kommst, den Du durchschreitest, den Du bewohnst und bewohnst bis ans Ende, den Du allein bewohnst, und zwar bis zur Grenze des Raumes. Komm Jesus, fang an, diesen Berg in Besitz zu nehmen."[114] Zwar wird im weiteren Verlauf immer wieder auf die Schriftstelle zurückgegriffen[115], doch spielt die Bergmetapher dann keine Rolle mehr.

5. Die gleiche Stelle aus dem Hohenlied kommentiert auch Hugo von St. Viktor. Doch sieht er im Berg der Myrrhe die Stärke, die der Mensch benötigt, um in den Bedrängnissen standzuhalten[116]. Geschenkt erhält er aber diese Kraft durch Gott Vater[117].

6. Richard von St. Viktor beendet seinen „Benjamin minor", in dem er die Annäherung des Menschen an Gott beschreibt, mit einer Erklärung des Besteigens des Berges der Verklärung[118]. Viele meinen zwar, diesen Berg schon bestiegen zu haben, und haben ihn kaum berührt[119]. Christus, die Wahrheit, ist allein der Führer auf diesen Berg[120].

---

[108] BD 33,9,474,24-26.
[109] BD 33,9,476,2-4.
[110] IS 5,7,53f.,148.
[111] IS 5,7,59f.,148.
[112] IS 11,1,1,236.
[113] IS 11,1,1-5,236.
[114] GHLD 28,4,147B.
[115] GHLD 28,4-7,147B-149B.
[116] HA 988C-D.
[117] HA 989A.
[118] RVBMI 76-87,54C-64A.
[119] RVBMI 80,56D.
[120] RVBMI 77,55B-C.

Wirklich auf dem Berg ist man erst, wenn man verdient, den verklärten Christus zu schauen[121]. Denn wenn er uns auf die Spitze des Berges gebracht hat, erscheint er uns in neuen, strahlenden, verherrlichten Kleidern[122]. „Vis videre Christum transfiguratum? Ascende in montem istum." – „Willst du den verklärten Christus sehen? Steige auf diesen Berg."[123]

7. Der Ausgangspunkt des Werkes „Liber viarum dei" der Elisabeth von Schönau ist die Schau eines großen Berges. Auf seiner Spitze steht eine Gestalt, die durch das in der Offenbarung des Johannes beschriebene Aussehen mit Christus zu identifizieren ist[124]. In einer auf drei Kapitel verteilten Erklärung heißt es dann ausdrücklich: „Vir insignis supra montem Christus est." – „Der ausgezeichnete Mann auf dem Berg ist Christus."[125] Zugleich wird dieser Berg, zu dem die Menschen auf verschiedenen Wegen zu gelangen suchen, als Seligkeit des Himmels beschrieben[126]. Christus ist dann die Spitze der Seligkeit, aber auch zugleich die Kraft, mit der man diesen Berg besteigt[127].

8. Um Christus nachzufolgen auf den Berg der Tugenden, muß man nach der Vita der Beatrijs von Nazareth zuerst in das Tal der Demut gelangen[128].

9. Hadewijch vergleicht die Menschwerdung des Sohnes Gottes, die durch die Demut Maria möglich wird, mit einem Strom, der „vloeide die berch ten diepen dale", „floß vom Berg zum tiefen Tal"[129]. Von dort beginnt dann wieder der Aufstieg. Die Menschen, die Christus nachfolgen wollen, müssen gehen „op den berch uan hoghen leuene vten diepen dal der oetmoedicheit", „auf den Berg von hohem Leben aus dem tiefen Tal der Demut"[130]. Sie müssen diesen Berg erklimmen mit starkem Glauben, großer vertrauenden Hoffnung und herzlicher Liebe[131]. In einer Vision sieht Hadewijch „enem groten berch die hoghe was ende breet, ende van onseggheleker scoender ghedane", „einen Berg, der hoch war und breit und von unsagbar schöner Gestalt"[132]. Dieser Berg hat einen allerhöchsten Gipfel, der das höchste Wesen ist, mit welchem Hadewijch eins wird[133]. Obwohl es nicht ausdrücklich gesagt wird, darf man annehmen, daß dieses höchste Wesen auf dem Gipfel des Berges Christus selbst ist.

10. Auch Mechthild von Magdeburg erlebt die Vision eines Berges[134]. Sein Anblick bedeutet die Seligkeit[135]. Anfang und Ende des Berges kann sie nicht ausmachen[136].

---

[121] Ebenda.
[122] RVBMI 80,56D-57B.
[123] RVBMI 78,68A.
[124] ESI 1,88.
[125] ESI 4,89.
[126] Ebenda.
[127] ESI 4,90.
[128] BN 3,3,199,67-69,129.
[129] HASG 29,5,41-48,188.
[130] HAB 15,39-41,126.
[131] HAB 15,41-44,126.
[132] HAV 8,1-4,98.
[133] HAV 8,9-13,98.
[134] MM 2,21,2-5,54.
[135] MM 2,21,12-15,54.
[136] MM 2,21,8f.,54.

Damit wird die Unendlichkeit ausgedrückt. Wenn aber der Berg unten wolkenfarbig und oben feurig und sonnenklar ausschaut[137], legt sich eine Gleichsetzung des Berges mit Christus in seinen beiden Naturen nahe. Mechthild kennt auch das Motiv des in einem Berg verborgenen Schatzes. Die Apostel haben diesen Schatz gehoben. Wenn der Berg fünf Enden hat, die die Feinde gegraben haben, wird es deutlich, daß dieser Berg Jesus Christus mit seinen fünf Wunden ist[138].

11.   Auch Mechthild von Hackeborn sieht einmal „Dominum sedentem in monte florido in sede facta de jaspide ornata auro et lapide rubincundo", „den Herrn auf einem blühenden Berg sitzen, auf einem Thron, der aus einem Jaspis gemacht und geschmückt mit Gold und einen rubinartigen Stein war"[139]. Die anschließende Allegorese deutet den Jaspis auf die Stärke der Gottheit, das Gold auf die Liebe und den Rubin auf das Erlöserleiden[140]. Damit wird deutlich, daß der, der auf dem Berg sitzt, der menschgewordene Sohn Gottes ist. Vor einer Fastenzeit wird Mechthild eingeladen, sieben Tage und Nächte auf einem Berg mit dem Herrn zu verbringen[141]. Zur Spitze dieses Berges führen verschiedene Stufen, auf welche die Mystikerin mit Jesus steigt und welche die Tugenden darstellen[142]. Auf der Höhe des Berges befindet sich nicht nur der Thron der Dreifaltigkeit[143], sondern auch derjenige Jesu[144].

12.   Es fällt auf, daß im Schrifttum der Gertrud der Großen die Metapher „Berg" keine Rolle spielt.

13.   Eine sehr eigenwillige Vision hat Agnes von Blannbekin am Oktavtag des Festes der Erscheinung des Herrn, an welchem der Taufe Jesu gedacht wird. Sie sieht den vom Berg hinabfließenden Fluß Jordan, der sich aus den aus Liebe vergossenen Tränen der Menschen zusammensetzt[145]. Auch Christus erscheint und steigt in diesen Fluß[146]. „Et super Christum mons magnus albus, qui premere videbatur ipsum, et eo fortior." – „Und über Christus ein großer weißer Berg, der ihn zu erdrücken schien, und er (= der Berg) war stärker als er (= Christus)."[147] Hier beginnt das Außergewöhnliche. Wie wir gesehen haben, steht oder sitzt Christus oft auf einem Berg; hier aber ist er unter einem Berg, der mächtiger als er ist. Das Rätsel des Berges löst sich bei der Erklärung seiner Bedeutung. „Et significat amorem, quem Christus ad nos habuit et habet." – „Er bedeutet die Liebe, die Christus zu uns hatte und hat."[148] Denn die Liebe drückt ihn bis zum Tod, so daß kein Blut in ihm bleibt[149]. Ausdrücklich wird betont: „Et adhuc pre-

---

[137] MM 2,21,6f.,54.
[138] MM 5,24,15-17,181.
[139] MH 1,10,31.
[140] Ebenda.
[141] MH 1,13,40.
[142] MH 1,13,40f.
[143] MH 1,13,41f.
[144] MH 1,13,42.
[145] AB 47-50,20-23,138.
[146] AB 47-50,23-27,138.
[147] AB 47-50,28-30,138.
[148] AB 47-50,30f.,138.
[149] AB 47-50,31-33.

mit eum idem mons." – „Auch jetzt drückt ihn derselbe Berg."[150] Denn immer noch läßt er aus seinem Tod Gnadengaben zu seinen Gläubigen fließen[151]. Dann erscheint ein weiterer Berg mit Menschen, die ihn halten[152]. Dieser bedeutet die Liebe, mit der diese Jesus lieben[153]. Mit dieser Liebe können sie sich alle seine guten Werke, als wenn sie eigene Verdienste wären, aneignen[154]. Man ist versucht, zu bemerken, daß die Unzulänglichkeit der Übertragung der Bilder derjenigen der dahinter stehenden Theologie entspricht.

14.   Zusammenfassend läßt sich über die Metapher „Berg" folgendes sagen:

14.1   Christus ist der Berg der Berge[155]. Was aber bedeutet dieser Berg? Es fällt auf, daß die Bedeutung des Berges oft an ein und derselben Stelle nicht einheitlich ist. Man geht zu Christus wie zu einem Berg[156] und steigt zu ihm auf[157]. In Christus sind wie in einem Berg Schätze verborgen[158]. Berg ist er auch, weil er alle Menschen an sich zieht[159] und verbindet[160]. In der „unio mystica" ist der Mensch der Berg, zu dem Christus kommt[161]. Die Unermeßlichkeit des Berges bedeutet die Unendlichkeit der Gottheit Christi[162]. Zugleich ist Christus auch die Kraft, um zu diesem Berg zu gelangen[163]. Einmal wird im Berg die Liebe Christi gesehen, die ihn niederdrückt, weil sie ihn für uns Sterben läßt[164].

14.2   Bei der Entäußerung der Menschwerdung hat sich der Sohn Gottes vom Berg zum Tal erniedrigt[165]. Wie ein Strom vom Berg zum Tal fließt, kam Christus auf die Erde[166]. Wenn der Berg oben hell und unten dunkler ist, stellt er Christus in seinen beiden Naturen dar[167]. Nur selten wird die Metapher „Berg" als Ausdruck des Leidens Christi verwendet[168].

14.3   Gern wird dem Aufstieg auf den Berg der Verklärung Christi eine tiefere Bedeutung beigemessen[169]. Ihn kann man nur besteigen unter der Führung Christi[170]. Auf

[150] AB 47-50,33f.,138.
[151] AB 47-50,34-36,138.
[152] AB 47-50,37-39,138.
[153] AB 47-50,41-44,138.
[154] AB 47-50,45-50,138-140.
[155] BD 33,1,464,16; IS 5,7,59f.,148.
[156] BMART 4,874,1-3.
[157] BD 33,9,474,24-26; RVBMI 78,68A.
[158] BMART 4,864,1-3; BD 33,8,374,17-20; MM 5,24,15-17,181.
[159] BD 33,7,472,16f.
[160] BD 33,8,474,4f.
[161] GHLD 28,4,147B; HAV 8,9-13,98.
[162] MM 2,21,12-15,54.
[163] ESI 4,90.
[164] AB 47-50,28-30,138.
[165] IS 11,1,1-5,236.
[166] HASG 29,5,41-48,188.
[167] MM 2,21,6f.,54.
[168] MM 5,24,15-17,181.
[169] RVBMI 76-87,54C-64A.
[170] RVBMI 77,55B-C; vgl. MH 1,13,40f.

seiner Spitze erscheint Christus[171], den man nur schauen kann, wenn man den Berg besteigt[172]. Wer ihn besteigen will, muß zuerst in das Tal der Demut gelangen[173].

14.4 Oft bedeutet der Berg die Seligkeit, die Christus für uns ist[174].

14.5 Wiederholt schauen die Mystikerinnen Christus auf einem Berg sitzend oder stehend[175].

6. Stein, Fels

6.1 Stein

1. In der Vulgata wird Christus als der Stein bezeichnet, den die Bauleute verwarfen, der aber zum Eckstein wird (Mt 21,42; Mk 12,10; Lk 20,17; Apg 4,11; 1 Petr 2,6; vgl. Eph 2,20). Nach Epiphanius von Salamis haben die Arianer Christus Eckstein genannt[176].

2. Bernhard von Clairvaux schreibt, daß der menschgewordene Sohn als Mittler zwischen Gott und Menschen „velut lapis angularis pacificavit per sanguinem suum quae in caelis sunt et quae super terram", „wie ein Eckstein das durch sein Blut befriedet hat, was im Himmel und was auf der Erde ist"[177]. Wie ein Eckstein zwei Seiten eines Hauses verbindet, so versöhnt Christus Gott und den Menschen. An einer anderen Stelle vergleicht Bernhard Christus mit dem Stein, der sich ohne Zutun von Menschen gelöst hat und ins Unermeßliche wächst (Dan 3,34f.), weil er am Kreuz erhöht alle an sich zieht[178].

3. Auch Richard von St. Viktor vergleicht Jesus mit dem Stein, der ohne Zutun der Menschen sich gelöst hat und zu einem großen Berg heranwächst. Maria ist das Land, wo dieser Stein gefunden wird[179]. In Maria hat der Heilige Geist das Gold geschmolzen, das die „natura humana purgata ab omni labe mundata", „von jedem Makel gereinigte Natur" Christi darstellt[180]. Aus diesem Gold entstand ein Ring mit einem „lapis pretiosus et in eo imposita est forma summi regis et imago impressa et plene expressa", „Edelstein, in dem eingehauen die Gestalt des höchsten Königs und (sein) Bild eingedrückt und voll ausgehauen ist"[181]. Dann deutet Richard die einzelnen Elemente des Vergleiches: „Aurum optimum caro Christi, lapis pretiosus anima Christi, figura et

---

[171] RVBMI 77,55B-C.
[172] RVBMI 78,68A.
[173] BN 3,3,199,67-69,129; HAB 15,39-41,126.
[174] BD 33,1,464,11; 33,2,464,21-466,2; ESI 4,89.
[175] ESI 1,88f.; MM 2,21,2-5,54; MH 1,10,31; 1,13,42.
[176] Vgl. Sieben, Nomina 172; im Mittelhochdeutschen gehört das Wort „stein" zu der sechsten Häufigkeitsgruppe; vgl. Singer 85.
[177] BPUR 1,3,408,12-14.
[178] BD 33,7,472,15-17.
[179] RVPS 71,387A.
[180] RVPS 71,387B.
[181] RVPS 71,388A.

imago Patris divinitas Christi." – „Das beste Gold (ist) das Fleisch Christi, der Edelstein die Seele Christi, die Gestalt und das Bild des Vaters die Gottheit Christi."[182]

4. Hildegard von Bingen greift die Härte eines Steines auf, um daran deutlich zu machen, daß Beständigkeit in Christus, dem wahren Stein, wohnt[183]. Die Seherin kennt die biblische Bedeutung des Bildes vom Eckstein, wenn sie Christus so nennt, weil er von den Menschen abgelehnt wurde[184]. Sie bezeichnet auch Christus als „lapis angularis in diuino opere", „Eckstein im göttlichen Wirken", wenn sie die zentrale Stelle Christi im Heilsplan betonen will[185]. Sie interessiert sich aber auch für das Fallen des Ecksteins (Mt 21,44; Lk 20,18). Jesus wurde beim Leiden in die Kelter gestellt: „Ipse lapis angularis super torcular cecidit et tale uinum fecit quod maximum odorem suauitatis dedit." – „Er selbst, der Eckstein, ist auf die Kelter gefallen und hat einen solchen Wein entstehen lassen, der den besten Duft der Süße gegeben hat"[186]. An einer weiteren Stelle wird im Eckstein die demütige und gütige Menschennatur gesehen[187], während ein Saphir seine Gottheit bedeutet[188]. Auch an einer anderen Stelle wird der Eingeborene Sohn Gottes, der von der Jungfrau empfangen ist, Eckstein genannt, weil er Menschheit und Gottheit verbindet[189]. Wieder anders ist die Bedeutung des Ecksteins an einer anderen Stelle. Der Mensch ist in seiner Gebrechlichkeit ständig von den Nachstellungen des Teufels gefährdet und muß deswegen „constare in Filio Dei, qui quasi in angulo sedens lapis angularis est, ita etiam opus electum conjungens in homine", „stehen bei dem Sohn Gottes, der gleichsam als Eckstein in der Ecke sitzt und so auch (sein) auserlesenes Werk (der Erlösung) mit dem Menschen verbindet"[190].

5. Einmal sieht Mechthild von Magdeburg „einen stein, der was gelich einem gefügen berge und was von im selber gewahsen", „einen Stein, der war einem gestalteten Berg gleich und aus sich selbst gewachsen"[191]. Die Stelle erinnert an den Stein, der sich ohne Zutun löst und zu einem großen Berg anwächst (Dan 3,34f.). Da die Mystikerin den Sinn dieser Vision nicht erkennt, fährt der Text folgendermaßen fort: „Do vragete ich den vil sůssen stein, wer er were. Do sprach er alsust: ‚Ego sum Jhesus.'" – „Da fragte ich den sehr süßen Stein, wer er sei. Da sprach er so: ‚Ich bin Jesus.'"[192] Die Vision zielt aber auf die allerschönste Jungfrau die „uf dem steine stůnt", „auf dem Stein stand"[193]. Auch diese Jungfrau stellt sich mit den Worten vor: „Ich bin die heilige cristanheit." – „Ich bin die heilige Christenheit."[194] Da diese, worunter natürlich die Kirche zu verste-

[182] Ebenda. Die Zeichensetzung in der Mingne-Ausgabe wurde dem Sinn entsprechend verbessert.
[183] HISV 2, 3,10,10,446-449,558.
[184] HISV 2, 3,10,14,516-520,561.
[185] HISV 2, 3,10,15,532,561.
[186] HISV 1, 1,3,31,626-629,59.
[187] HISV 1, 2,6,13,613-618,242f.
[188] HISV 1, 2,6,13,612f.,242.
[189] HISV 2, 3,7,7,199-203,467.
[190] HISV 2, 3,2,5,185-192,353.
[191] MM 4,3,13f.,114.
[192] MM 4,3,16f.,114f.
[193] MM 4,3,21,115.
[194] MM 4,3,72,116.

hen ist, den Bräutigam mit der Visionärin gemeinsam hat[195], wird auch diese ermahnt, ihr Fundament, Christus den Stein, nicht zu verlassen. Wenn Mechthild Christus mit den Worten anruft: „O du hoher stein, du bist so wol durgraben", „O du hoher Stein, Du bist so gut durchgraben", denkt sie wohl an Christus mit den Wunden, die er am Kreuz erhalten hat[196]. Christus gleicht ja noch am Kreuz einem Edelstein, da er für uns dort den Liebestod stirbt[197]. Mechthild vergleicht Christus auch mit einem Magnetstein. Als sie Angst hat, ob sie beim Sterben alles lassen kann, beruhigt sie Jesus. Er wird sie dann so mit Atem an sich ziehen, „das du mir volgest als einem agesteine", „daß du mir wie einem Magnetstein folgst"[198].

6. Einmal sieht Mechthild von Hackeborn Christus „in sede facta de jaspide, ornata auro et lapide rubicundo", „auf einem Thron, der gemacht war aus Jaspis und geschmückt mit Gold und einem rubinroten Stein"[199]. Der Jaspisstein wird auf die Gottheit, das Gold auf die Liebe und der Rubin auf das Leiden Jesu gedeutet[200]. Auch an einer anderen Stelle stellt ein Rubin das für die Menschen vergossene Blut Jesu dar[201]. „Rubor lapillorum signat passionem Agni immaculti." – „Die rubinrote Farbe der Steinchen bedeutet das Leiden des makellosen Lammes."[202] Ein anderes Mal erhält Mechthild einen mit sieben Edelsteinen geschmückten Brautring. Diese Steine bedeuten sieben Stationen der Passion Christi[203].

7. Gertrud die Große knüpft an die Tatsache an, daß Christi Grab mit einem Stein verschlossen war. Deswegen spricht Jesus: „Ego ipse … ero lapis ad ostia omnium sensuum tuorum." – „Ich selbst … werde der Stein an den Türen aller deiner Sinne sein."[204]

8. In der Osternacht, als Agnes von Blannbekin nach der Matutin allein in der Kirche geblieben war, dachte sie über die Auferstehung des Herrn nach und fragte sich, „quomodo homo magnus exisset et surrexisset de sepulchro clauso et lapide advoluto", „wie ein großer Mann herausgegangen und auferstanden sei aus dem verschlossenen Grab, vor das ein Stein gewälzt worden war"[205]. Da merkte sie, die sich im Chor befindet, daß die Tür zu diesem mit einem Riegel fest verschlossen war[206]. Darauf wurde der Keil, der den Riegel sichert, weggerissen[207]. Durch dieses Vorkommnis merkt sie, daß ein Stein für den Auferstandenen kein Hindernis sein kann.

---

[195] MM 4,3,72f.,116.
[196] MM 1,14,4,14.
[197] MM 5,23,142-145,179.
[198] MM 5,32,17f.,192.
[199] MH 1,10,31.
[200] Ebenda.
[201] MH 2,38,186f.
[202] MH 6,7,386.
[203] MH 3,1,195-197.
[204] G 3, 3,27,1,4f.,126.
[205] AB 128,4-9,284.
[206] AB 128,10-16,286.
[207] AB 128,16-21,286.

6.2 Fels

1. Wer Christi Worte nicht nur hört, sondern auch befolgt, der hat nach der Vulgata sein Haus auf einen Felsen gebaut (Mt 7,24; Lk 6,48). Nach Paulus war der Fels, aus dem die Israeliten in der Wüste tranken, Christus (1 Kor 10,4). Die Stelle, an der in Hld 2,14 eine Taube, die in den Höhlen des Felsens nistet, vorkommt, spielt in unseren Texten eine besondere Rolle. In der Alten Kirche war der Titel „Fels" für Christus beliebt[208].

2. Jean von Fécamp berichtet über ein eigenes Erlebnis. Bei einer Betrachtung von Jesus, der Sonne der Gerechtigkeit, hat er „nidum meum in arduis", „mein Nest in das harte (Gestein)" gebaut, wobei er sich von Christus angezogen und mit Speisen gestärkt fühlt[209]. An einer weiteren Stelle schildert er diese Art von Betrachtung mit ähnlichen Worten[210]. Obwohl hier von „artuum", „Hartem" und nicht vom „Fels" gesprochen wird, ist die Anspielung auf den Fels in Hld 2,14 deutlich.

3. Die Höhlen im Felsen, in denen die Braut nistet, werden von Bernhard von Clairvaux auf die Wunden Christi gedeutet[211]. Im Glauben an die Auferstehung und an die Gottheit Christi nistet die Braut in den Malen Jesu[212]. Ihn hat der Apostel Thomas in der Berührung mit seinen Wunden gefunden[213]. In diesem Felsen findet der Mensch seine Sicherheit. „In petra exaltatus, in petra securus, in petra firmiter sto." – „Auf dem Felsen bin ich erhöht, auf dem Felsen bin ich sicher, auf dem Felsen stehe ich fest."[214] Zur Erklärung der Sicherheit auf dem Felsen zitiert Bernhard verschiedene Schriftstellen wie Ps 26,2; 39,3; 83,4; 103,18; Mt 7,24[215]. Gerade die Wunden Jesu bieten Sicherheit, weil sie seine Vergebungsbereitschaft bis in den Tod zeigen[216]. So kann man „sugere mel de petra (Dtn 32,13)", „Honig aus dem Felsen" saugen[217]. Die Schätze und Reichtümer der Güte Christi sind in den Wunden, „in formanibus petrae repositae mihi", „in den Felsenhöhlen für mich hinterlegt"[218]. Durch die Wunden hat man zum Inneren Christi des Felsens Zutritt[219]. Wer in diesem Felsen wohnt, wird gegen alle Anfechtungen hart wie ein Fels[220]. Das Wort vom Nest in den Felsenhöhlen mahnt aber auch, sich mit ganzer Frömmigkeit zu den Wunden Christi zu wenden[221].

---

[208] Sieben, Nomina 162; 165; 168; 172; 173; 187; 190; 192; ders. Heil 131; 133.
[209] JFL 59-63,188.
[210] JFT 2,30-32,200.
[211] BHLD 2, 61,1,3,312,20f.
[212] BHLD 2, 61,1,3,312,21-23.
[213] BHLD 2, 61,1,3,312,22f.
[214] BHLD 2, 61,2,3,314,2f.
[215] BHLD 2, 61,2f.,3,312,24-314,2.
[216] BHLD 2, 61,2,3,314,10-15.
[217] BHLD 2, 61,2,4,314,22.
[218] BHLD 2, 61,2,5,316,18.
[219] BHLD 2, 61,3,8,320,9f.
[220] BHLD 2, 61,3,8,320,12f.
[221] BHLD 2, 61,3,7,318,25f.

In diesen Felsenhöhlen findet man auch den Glauben an die Gottheit Christi[222]. Die Kirche mit ihrem Glauben ruht „in Verbo, hoc est in petra, nam petra est Verbum", „im Wort, das heißt im Felsen, denn der Fels ist das Wort"[223]. Aus den Felsenhöhlen schaut die Braut die Herrlichkeit ihres Bräutigams[224]. Wenn sie es mit lauterer Absicht tut, braucht sie nicht vor der Reinheit des Felsens zu erschrecken[225]. Wie aber soll der einzelne diese Reinheit haben? Wer nicht den Mut oder die Kraft hat, in diesen Felsenhöhlen zu wohnen, der soll auf den Gekreuzigten schauen und durch ihn ohne eigene Mühen dort wohnen[226]. Damit ist Bernhard zum Ausgang seiner Betrachtung zurückgekehrt. In den Wunden Jesu findet er die Vergebung der Sünden und kann so Jesus als Gott schauen. „Parata sunt foramina petrae, patent viscera misericordiae Dei nostri." – „Bereit sind die Höhlen des Felsens, offen steht die herzliche Barmherzigkeit unseres Gottes."[227]

4. Wilhelm von St. Thierry gibt in seinem Hohenliedkommentar eine etwas andere Interpretation der Felsenhöhlen. Er fordert den Menschen, der Braut Christi sein will, auf, aus sich herauszugehen und zu wohnen „in occultis Filii, quae sunt foramina petrae", „im Verborgenen des Sohnes, welches die Felsenhöhlen sind"[228]. „Non enim undique clausa est petra Christus; sed habet foramina quibus revelatur Deus." – „Nicht überall ist der Fels Christus geschlossen, sondern er hat Höhlen, durch welche Gott offenbart wird."[229]

5. Ähnlich lautet die Erklärung Gilberts von Hoyland, wenn er zur Kontemplation auffordernd sagt: „Commane in petris … immo in singularis illius petrae, quae Christus est, cavernas ingredere." – „Bleibe in den Felsen … ja tritt ein in die Höhlen jenes einzigartigen Felsens, welcher Christus ist."[230] Dann wechselt er zum Bild des Grabfelsens, in den der Gekreuzigte gelegt worden ist. „Excide tibi memoriale diligenter in petra, monumentum novum, in quo nondum quisquam positus fuerat. Christus enim petra." – "Haue dir einen Gedächtnisort sorgfältig in den Felsen, ein neues Grab, in welches noch niemand gelegt worden ist. Christus ist nämlich der Fels."[231] Beim Streben nach Neuem, soll man den Felsen durchdringen. In Christus kann man immer Neues finden, weil in ihm die unzählbaren Schätze der Weisheit verborgen sind[232]. Auch hier geht es um neue weisheitliche Erkenntnis aus dem Felsen Christus.

6. Guerricus von Igny geht von der Beständigkeit eines Felsens aus: „Et erat quidem petra Christus, sed virtute, non duritia. Erat petra." – „Und es war ein Fels Christus,

---

[222] BHLD 2, 62,3,4,328,13-16.
[223] BHLD 2, 62,3,4,328,27-29.
[224] BHLD 2, 62,3,4,328,29f.
[225] BHLD 2, 62,3,5,332,1f.
[226] BHLD 2, 62,4,6,332,11-14.
[227] BQH 9,7,616,7f.
[228] WHLD 2,3,164,342.
[229] Ebenda.
[230] GHLD 12,2,62A.
[231] GHLD 14,1,68C.
[232] Ebenda.

aber an Kraft, nicht an Härte. Er war ein Fels."[233] Gemeint ist, daß seine Worte sich nicht für jeden leicht erschließen lassen. Doch er kann für die, die ihm folgen, zum Felsen werden, aus dem der Honig fließt[234]. Christus ist das Lamm, das vom Fels in der Wüste kommt, ein Fels vom Fels[235]. Dies sieht Guerricus erfüllt in der Jungfrauengeburt und in seiner Grablegung in einem Felsen[236]. In einem doppelten Sinn kann man seine jungfräuliche Herkunft mit einem Felsen vergleichen. Wie ein reiner Fels ist er durch die jungfräuliche Empfängnis frei von jedem Makel[237]. Weiterhin: So wenig von Natur aus ein Felsen etwas zeugen kann, so wenig konnte von sich aus Maria Christus empfangen[238].

Auch Guerricus sieht in den Felsenhöhlen die Wunden Christi: „Benedictus qui, ut nidificare possem in foraminibus petrae, manus, pedes et latus perforari sibi tulit et se mihi totum apparuit, ut ingrediar in locum tabernaculi admirabilis et portegar in absondito tabernaculi sui." – „Gepriesen ist der, welcher, damit ich in den Felsenhöhlen nisten kann, ertrug, daß ihm Hände, Füße und Seite durchstoßen wurden, und sich mir ganz öffnete, damit ich eintrete in den Ort des wunderbaren Zeltes und geschützt werde im Verborgenen seines Zeltes."[239] In ihn soll der Mensch eintreten, der ein am Kreuz durchstoßener Fels ist[240].

7. Im Traktat „Speculum virginum" wird das Bild des Felsens benutzt, um die eine Möglichkeit, Christus besser kennenzulernen, zu erklären[241], „quia firmitudine insuperabilis et fortitudo cordibus sanctis", „weil er in der Sicherheit unüberwindbar und die Stärke für die heiligen Herzen ist"[242].

8. Häufig verwendet Hildegard von Bingen die Metapher „Fels" für Christus.

Wer sich von allen irdischen Begierden loslöst, ist wie eine Taube, die nach oben fliegt und „munnimentum firmissimae petrae, quae Vnigentus Dei est", „den Schutz des sichersten Felsens, welcher der Eingeborene Gottes ist," aufsucht[243]. So spricht Christus: „Ego firma petra sum, ad quem omnis iustitia et lex Christianorum pertinet." – „Ich bin der sichere Fels, zu dem jede Gerechtigkeit und das Gesetz der Christen gehört."[244] Deswegen sollen auch die Priester und Lehrer der Kirche im Sohn Gottes bleiben, „qui ecclesiam, quae supra firmam petram, id est Christum, edificata est, illuminet", „welcher die Kirche, die auf dem sicheren Fels, das heißt auf Christus, gebaut ist, erleuchten soll"[245].

---

[233] GIS Ben 1,3,95,44.
[234] GIS Ben 1,3,101-105,44.
[235] GIS Ann 2,1,37f.,128.
[236] GIS Ann 2,1,38-47,128-130.
[237] GIS Ann 2,2,50-53,130.
[238] GIS Ann 2,2,53-56,130.
[239] GIS Palm 4,5,127-130,210.
[240] GIS Ann 4,5,143-146,212.
[241] SP 6,530,15-19.
[242] SP 6,532,4f.
[243] HISV 1, 1,5,3,56-61,95.
[244] HISV 2, 3,5,22,564f.,424.
[245] HIO 2,1,36,5-7,313.

9. Nach der Vita der Beatrijs von Nazareth war die Mystikerin „quasi columba simplex in foramine petre residens, in cuaerna uulnerum ihesu christi nidum habitationis suae locauerit", „wie eine einfache Taube, die in der Felsenhöhle sitzt und in den Höhlen der Wunden Jesu Christi das Nest ihrer Wohnung genommen hat"[246].

10. Wenn Mechthild von Magdeburg von dem hohen Stein Christus, in dem nur die Tauben und Nachtigallen nisten können, schreibt[247], denkt sie ebenfalls an die Felsenhöhlen des Hohenliedes.

11. Offensichtlich war das Bild vom Fels für Christus in Helfta nicht sehr beliebt. Nur drei entsprechende Stellen habe ich bei Gertrud der Großen gefunden. Man soll Jesus bitten: „In petra firmissima paternae defensionis tuae absconde me." – „Im sichersten Felsen Deiner väterlichen Verteidigung verbirg mich."[248] Da unmittelbar darauf von der Höhle des Herzens Jesu gesprochen wird[249], dürfte die Herkunft des Bildes aus dem Hohenlied eindeutig sein. In der Höhle der Seitenwunde Jesu soll man ruhen und „mel de petra, id est, dulcedinem intentionis de Corde Jesu deificato", „Honig vom Felsen, das heißt die Süße der Absicht, vom göttlichen Herzen Jesu" saugen[250]. Nach Gertrud darf man sich mit Jesus in ein Felsengrab legen lassen, denn er spricht: Ich bin der, „qui dicor petra", „der Fels genannt wird"[251].

6.3 Zusammenfassung

Leicht läßt sich dieser Abschnitt an Hand der Schriftstellen, die zitiert werden oder auf die angespielt wird, zusammenfassen.

1. In Hld 2,14 wird vom Nisten der Taube in Felsenhöhlen gesprochen. Das Nisten im Felsen wird auf die Sicherheit, die Christus dem Glaubenden bietet, gedeutet[252]. Die Braut soll zu den Felsenhöhlen gehen, dort bleiben[253] und ihr Nest im harten Gestein Christi bauen[254]. Jesus mit seinen Wunden bedeutet der durchgrabene Stein[255]. Oft stellen die Felsenhöhlen die Wunden Christi dar[256], in welchem alle Schätze der Gnade verborgen sind[257]. Höhlen bedeuten auch Öffnungen[258]. So bilden diese Wunden den Zugang zum Inneren des Felsens, welcher Christus ist[259], und sie führen hin zu seiner

---

[246] BN 8,42,17-19,36.
[247] MM 1,14,4f.,14.
[248] G R 2,44f.,68.
[249] G R 2,45f.,68.
[250] G 3, 3,73,7,3-6,302.
[251] G 3, 3,27,1,1-4,126.
[252] BHLD 2, 61,2,3,314,2f.; SP 6,532,4f.; HISV 1, 1,5,3,56-61,95.
[253] GHLD 12,2,62A.
[254] JFL 59-63,188. JFT 2,30-32,200.
[255] MM 1,14,4,14.
[256] BHLD 2, 61,1,3,312,30f.; GIS Palm 4,5,127-130,210; BN 8,42,17-19,36.
[257] BHLD 2, 61,2,5,316,18.
[258] WHLD 2,3,164,342.
[259] BHLD 2, 61,3,8,320,9f.

Barmherzigkeit[260]. Felsenhöhlen sind dunkel, deswegen können sie die Verborgenheit Christi versinnbilden[261]. In dem Felsen nisten aber nur die einfachen und unschuldigen Menschen, die Tauben und Nachtigallen[262].

2. In Dan 3,34f. wird von einem Stein gesprochen, der sich ohne menschliches Zutun vom Berg löst und dann zum großen Berg wächst. Maria ist das Land, in dem dieser Stein verborgen ist[263]. Das Entstehen des Steines ohne menschliches Zutun weist auf seine jungfräuliche Empfängnis hin[264]. Wie der Stein zum Berg wächst, zieht Christus alle an sich[265].

3. Nur wer auf einen Felsen baut, hat sicher gebaut (Mt 7,24; Lk 6,48). Die Kirche steht so fest, weil sie auf dem Stein, der Jesus ist, gebaut wurde[266].

4. Christus bezeichnet sich als Eckstein, der verworfen und doch erwählt ist (Mt 21,42 u. ö.). Häufig wird das Verbindende des Ecksteins betont. Christus verbindet Himmel und Erde[267], Menschheit und Gottheit[268]. Aber auch seine zentrale Stellung in der Heilsgeschichte[269] und seine Verwerfung durch seine Gegner[270] kann mit dem Bild des Ecksteins ausgedrückt werden. Der Eckstein kann auch die Last des Leidens Christi bedeuten, mit welcher sein letzter Blutstropfen für unser Heil herausgedrückt wird[271]. Weil der Eckstein aus einfachem Material besteht, versinnbildet er die einfache erniedrigte Menschheit[272], während der Saphir die Gottheit Jesu darstellt[273]. Wir haben auch die Möglichkeit, unser unvollkommenes Wirken in die Vollkommenheit Jesu wie in einen Eckstein einzufügen[274].

5. Wie die Israeliten in der Wüste aus einem Felsen getrunken haben, so ist auch Christus für uns der Fels (1 Kor 10,4). Daher kann der Christ aus dem Felsen Christi Honig saugen[275].

6. Christus gleicht einem in Gold gefaßten Edelstein, wobei das Gold sein Leib, der Edelstein seine Seele, in welcher die Gottheit eingraviert ist, darstellt[276]. Ein kostbarer Edelstein ist Christus auch, weil er für uns am Kreuz aus Liebe sein Leben hingegeben

---

[260] BQH 9,7,616,7f.
[261] WHLD 2,3,164,342.
[262] MM 1,14,4f.,14.
[263] RVPS 71,387A.
[264] GIS Ann 2,1,37f.,128; 2,1,38-47,128-130; 2,2,53-56,130; MM 4,3,13f.,114.
[265] BD 33,7,472,15-17.
[266] MM 4,3,21,115.
[267] BPUR 1,3,408,12-14.
[268] HISV 2, 3,7,7,199-203,467.
[269] HISV 2, 3,10,15,532,561.
[270] HISV 2, 3,10,14,516-520,561.
[271] HISV 1, 1,3,31,626-629,59.
[272] HISV 1, 2,6,13,613-618,242f.
[273] HISV 1, 2,6,13,612f.,242.
[274] HISV 2, 3,2,5,185-192,353.
[275] BHLD 2, 61,2,4,314,22; GIS Bene 1,3,101-105,44; G 3, 3,73,7,3-6,302.
[276] RVPS 71,388A.

hat[277]. Der Jaspis deutet auf seine Gottheit[278], der Rubin auf sein im Leiden vergossenes Blut seiner Menschheit hin[279]. Mit dem Fels kann aber auch Christus als Wort Gottes bezeichnet werden[280]. Die Härte eines Steines drückt die Beständigkeit Christi aus[281]. Im Felsen Christi wird man in allen Versuchungen selbst zum harten Fels[282]. Jesus wird auch Magnetstein genannt, weil er alle an sich zieht[283]. Jesus wurde in einem Felsengrab begraben, wo noch niemand gelegen war. Das bedeutet, daß man, wenn man mit Jesus begraben ist[284], Unerwartetes und Neues mit ihm erfährt[285]. Wie der Stein, der sein Grab verschlossen hat, ihn nicht an der Auferstehung hindern konnte, so will Christus der Stein sein, der die menschlichen Sinne vor falschem Einfluß bewahrt[286]. Fels kann auch ein Symbol für die Reinheit sein, mit der man Christus anschauen kann[287], und für die Sicherheit, mit der man von Christus geschützt wird[288].

7. Wasser, Tau, Quelle, Brunnen, Meer

Jesus kann mit dem Wasser in Verbindung gebracht werden oder mit dem, was Wasser enthält.

7.1 Wasser

1. Wasser kommt im christologischen Zusammenhang besonders in den johanneischen Schriften vor. Jesus wandelt Wasser in Wein (Joh 2,7-9). Aus dem Inneren dessen, der zu Christus kommt, werden lebendige Wasser strömen (Joh 7,38). Er gibt das Wasser, von dem man trinkt und keinen Durst mehr hat (Joh 4,14), weil es das lebendige Wasser ist (Joh 4,10). Man wird aus dem Wasser und Geist wiedergeboren (Joh 3,5). Aus Christi geöffneter Seite fließen Wasser und Blut (Joh 19,34). So ist er im Wasser und im Blut gekommen (1 Joh 5,6). Auch in der Offenbarung des Johannes gibt Christus das Wasser des Lebens (Offb 21,6). Wenn Paulus Christus den Felsen nennt, aus dem die Christen trinken können (1 Kor 10,4), ist an die Väter in der Wüste und an das Wasser als Trank gedacht, das aus einem Felsen fließt.

---

[277] MM 5,23,142-145,179.
[278] MH 1,10,31.
[279] MH 1,10,31; 2,38,186f.; 6,7,386; vgl. MH 3,1,195-197.
[280] BHLD 2, 62,3,4,328,27-29.
[281] HISV 2, 3,10,10,446-449,558; GIS Ben 1,3,95,44.
[282] BHLD 2, 61,3,8,320,12f.
[283] MM 5,32,17f.,192.
[284] G 3, 3,27,1,1-4,126.
[285] GHLD 14,1,68C.
[286] G 3, 3,27,1,4f.,126.
[287] BHLD 2, 62,3,4,328,29f.; 62,3,5,332,1f.
[288] HISV 2, 3,5,22,564f.,424; G R 2,44f.,68.

2. Wenn Jean von Fécamp bittet, daß der Herr zu ihm kommt mit seiner honigfließenden Liebe[289], ist wohl an die Einheit mit Jesus gedacht. Dieser stellt dar „aquae uenam salientis in uitam perpetuam", „die Ader des ins ewige Leben sprudelnden Wassers (vgl. Joh 4,14)[290]. Christus ist es, der aus dem Fels eine vielfältige Quelle des Wassers hervorsprudeln läßt[291].

3. Für einen Heiligen gilt nach Bernhard von Clairvaux Folgendes: „Invenit sibi fontem hortorum, puteum aquarum viventium." – „Er hat für sich gefunden die Quelle der Gärten, den Brunnen der lebenden Wasser."[292] In einer Predigt behandelt er Jes 12,3: „Ihr werdet voll Freude Wasser schöpfen aus den Quellen des Erlösers." Aus Christi Herzen entspringen wie im Paradiesesgarten vier Quellen mit je verschiedenem Wasser[293]. Es ist das Wasser des Urteilens, das Wasser des Entscheidens, das Wasser des Schutzes und das Wasser der Sehnsucht[294]. Im weiteren Verlauf der Predigt verläßt Bernhard aber bald das Bild des Wassers.

4. Entsprechend der Liturgie behandelt Isaak von Stella in einer Predigt zum Fest der Erscheinung des Herrn auch die Hochzeit von Kana[295]. Dabei bedeutet für ihn das Einfüllen des Wassers in die Krüge das Erkennens der eigenen Torheit und Schwäche[296]. Durch diese Selbsterkenntnis wird die rechte Gottesfurcht erzeugt. „Ipse timor fortassis aqua est." – „Eben die Furcht ist vielleicht das Wasser."[297] Dieses Wasser verwandelt dann Jesus in Wein.

5. Für Guerricus von Igny bleibt Christus als der Fels nicht hart, denn dieser Fels ist am Kreuz durchstochen[298] und verwandelt sich in die Wasserquelle, die in die demütigen Herzen der Gläubigen fließt[299]. Wir können dieses Wasser trinken wie die Väter in der Wüste[300]. Christus hat seine ganze Liebe schon für seine Freunde, die Jünger, ausgegossen, „antequam ipse sicut aqua effunderetur pro amicis", „bevor er selbst wie Wasser für die Freunde ausgegossen wurde"[301]. An Pfingsten wird wahr, daß diejenigen, die zu Jesus kommen, trinken können, denn mit dem Senden des Heiligen Geistes wird der Schatz der Quelle des lebendigen Wassers geöffnet[302]. „Nunc Christus aqua diluens." – „Nun (ist) Christus das Wasser, das abwäscht."[303]

---

[289] JFC 3,30,1089-1091,176.
[290] JFC 3,30,1092-1094,176.
[291] JFP 15,223.
[292] BVV 2,2,120,8.
[293] BD 96,1,730,4-7.
[294] BD 96,1,730,9-732,3.
[295] IS 10,1-18,1-189,220-234.
[296] IS 10,8,75f.,226.
[297] IS 10,15,152f.,232.
[298] GIS Bene 1,3,102,44.
[299] GIS Bene 1,3,95-98,44.
[300] GIS Bene 1,3,100-105,44.
[301] GIS Asc 1,22-24,272.
[302] GIS Pent 1,4,112-116,290.
[303] GIS Pur 4,36f.,358.

6. Johannes von Ford verwendet einen Vergleich vom Kleineren zum Größeren. Wenn schon aus dem Leib des Paulus und aller Liebenden so viel Wasser des Lebens fließt, wieviel Güte entspringt erst aus dem Leib Christi[304].

7. Im „Liber amoris" wird das Wasser, das aus den Wunden Jesu fließt, mit Tropfen der Süße gleichgesetzt[305]. Dieses Wasser der Süße quillt dort hervor, wo man in der Kontemplation die Geheimnisse Gottes durchdringt[306]; dann kann auch dieses Wasser in Gestalt von frommen Tränen aus den Augen des Menschen treten[307].

8. Der Autor des Traktates „Speculum virginum" vergleicht zu Beginn des Zweiten Buches Christus mit der Paradiesesquelle, deren Wasser in die Evangelien und in die christliche Lehre geflossen ist[308]. Dazu deutet er verschiedene Schriftstellen, in denen vom heilbringenden Wasser gesprochen wird, auf Christus[309]. Auch er, der Verfasser, will von diesem Wasser einige Becher weiterreichen[310].

9. Hugo von St. Viktor legt das Strömen von Wasser und Blut aus der Seite Christi auf die Stiftung der Sakramente der Kirche aus[311]. Dies gilt in besonderer Weise von dem Sakrament der Taufe.

10. Richard von St. Viktor macht darauf aufmerksam, daß das Wasser der heilbringenden Weisheit sehr verschieden auf die Welt verteilt ist[312]. Die in das ewige Leben sprudelnde Quelle kann wie aus einem Brunnen, einer Zisterne oder auch aus einem Strom fließen[313]. Insgesamt glaubt Richard, daß die Schrift zehn verschiedene Arten kennt, wie das heilbringende Wasser sich auf die Welt ergießt, ohne aber näher auf sie einzugehen[314]. Wenn Christi Geist weht, dann fließen alle Wasser[315].

11. Hildegard von Bingen gibt für den Brauch, nach dem bei der Eucharistiefeier in den Wein ein wenig Wasser geschüttet wird[316], zwei Gründe an: Der eine besteht im Herausströmen von Wasser und Blut aus der Seite Christi[317]. Der andere ist die Tatsache, daß die Einheit vom Wein mit dem Wasser auf die Einheit von der Gottheit mit der Menschheit in Christus hinweist[318]. Weiter ist der Eingeborene die Quelle des lebendigen Wassers, weswegen der Mensch im Geist und Wasser wiedergeboren werden kann[319]. Er nennt sich bei Hildegard selbst „aqua uiua", „lebendiges Wasser"[320]. Die

---

[304] JHLD 28,4,138-141,230.

[305] LB 4,187f.,134.

[306] LB 5,198,134.

[307] LB 4,197,134.

[308] SP 2,170,4-12.

[309] SP 2,170,13-19.

[310] SP 2,170,20-24.

[311] HAN 1,4,630C.

[312] RVPS 28,308B.

[313] Ebenda.

[314] RVPS 28,308B-C.

[315] RVPS 80,328C.

[316] HISV 1, 2,6,30,1175f.,259.

[317] HISV 1, 2,6,30,1176f.,259.

[318] HISV 1, 2,6,30,1177-1182,259.

[319] HISV 1, 2,6,30,1183-1187,259f.

[320] HIO 3,3,2,12,379.

Seherin sieht aber in dieser Art von Wiedergeburt einen Hinweis auf die Leib-Geist-Natur des Menschen. Während der Geist auf die Seele abzielt, bedeutet das Wasser die Materie des Leibes[321]. Der Mensch muß nach der Sünde wieder aufstehen „in aqua regenerationis", „im Wasser der Wiedergeburt"[322]. In einem Brief schreibt Hildegard, daß Christus, die Quelle der Wasser, sie ermahnt, die dunklen Sünder zur Besserung zu bewegen[323].

12. Beim Vorlesen der Leidensgeschichte Jesu[324] bricht Elisabeth von Schönau beim Sterben Jesu in den Schrei aus: „Recessit pastor noster fons aque vive." – „Weggegangen ist unser Hirt, die Quelle des Lebens."[325] Einmal sieht Elisabeth eine sehr schöne Jungfrau, die in ihrer rechten Hand einen goldenen Kelch hält[326]. Der der Seherin beigegebene Deuteengel erklärt, daß diese Jungfrau die Menschheit Jesu ist[327]. „Poculum, quod est in dextera eius, fons aque vive est, quem porrexit dominus mundo." – „Der Kelch, welcher in ihrer Rechten ist, ist die Quelle des lebendigen Wassers, welche der Herr der Welt gereicht hat."[328] Die Wasser des Lebens fließen aus dem Leib dessen, der von dieser Quelle trinkt (Joh 7,38)[329].

13. David von Augsburg bezeichnet im Rahmen des meist trinitarisch gedeuteten Ternar „Macht, Weisheit Güte" die Weisheit, nämlich den Sohn Gottes, als einen Brunnen, aus dem alle Wasser aus- und zurückfließen[330].

14. Folgendermaßen umschreibt Mechthild von Magdeburg die gegenseitige Durchdringung der drei göttlichen Personen: „Die spilende sunne der lebendiger gotheit schinet dur das clare wasser der vrölichen menscheit und die süsse lust des heligen geistes." – „Die spielende Sonne der lebendigen Gottheit scheint durch das klare Wasser der fröhlichen Menschheit und die süße Lust des Heiligen Geistes."[331]

15. Häufiger spricht man in Helfta von dem Wasser Christi.

Die Tatsache, daß aus der geöffneten Seite Christi neben Blut, das wie Wein durch eine Kelter gepreßt erscheint[332], auch Wasser fließt, wird von Mechthild von Hackeborn verschiedenartig gedeutet. Einmal fließt aus der Herzenswunde „aqua vivificans", „lebendig machendes Wasser"[333], womit an das Wasser der Taufe gedacht ist, welches auch an anderer Stelle aus der Quelle des Herzens Jesu fließt[334]. Mechthild erhält in einer Vision einen Ring, dessen Edelstein sie im Wasser und im Blut, das aus dem Her-

---

[321] HISV 2, 3,7,8,336-344,471.
[322] HISV 2, 3,7,8,315-317,471.
[323] HIB 1, 7,1-3,17.
[324] ESV 1,48,24.
[325] ESV 1,48,25.
[326] ESV 3,4,60.
[327] ESV 3,4,61.
[328] Ebenda.
[329] Ebenda.
[330] DV 360,37-39.
[331] MM 4,12,19-21,123.
[332] MH 3,25,229.
[333] MH 1,18,59.
[334] MH 1,22,80.

zen Jesu fließt, waschen soll[335]. Aber auch ein lauteres Gebet kann wie reines Wasser sein, welches in dieses Herz fließt und dort Großes bewirkt[336]. In diesem Herzen sind „aquae devotarum et ferventium lacymarum", „die Wasser der frommen und brennenden Tränen"[337].

Einmal sieht Mechthild, wie aus der geöffneten Tür des Herzens Jesu „flumen aquae vivae ab Oriente usque ad Occidentem", „ein Fluß mit lebendigem Wasser von Osten bis nach Westen" fließt[338]. Die Bäume an seinen Ufern tragen die von Paulus genannten Früchte des Geistes[339].

16.   Gertrud die Große schwankt in der Bedeutung, die sie dem Wasser Christi zumißt. In Erinnerung an die Taufe soll der Mensch Christus als Quell des Lebens bitten, ihm den Becher des lebendigen Wassers zu reichen[340]. Dies läßt die Vorstellung des Trinkens aufkommen. Unmittelbar darauf spricht sie aber vom Eintauchen in die Tiefe der Barmherzigkeit Christi[341], um bald darauf zu wünschen, im Wasser, das aus der Seite Christi fließt, gewaschen zu werden[342]. Aus der Seite Christi fließen Blut und Wasser, mit denen man alle Makel vergänglicher Freude abwaschen kann[343]. Gertrud bittet Christus, daß er ihr menschliches Herz im Wasser seiner Seite abwäscht und im Blut der Seite schmückt[344]. Auch soll er ihr helfen, wie eine Lilie an Wasserbächen zu blühen[345]. Der Mensch ist gepflanzt in das tiefste Tal „in transitu aquae magnae supereffluentis charitatis tuae, in transitu aquae indulgentiae tuae et pietatis", „am Vorbeifließen der Wasser Deiner überfließenden Liebe, am Vorbeifließen der Wasser Deiner Vergebung und Güte"[346]. Der Mensch wird schon hier auf Erden gestärkt „super aquas tuae internae refectionis", „an dem Wasser Deiner inneren Erfrischung"[347]. „Praebe mihi sanctae spei haustum aquae frigidae, ut possim vivere." – „Gib mir das frische geschöpfte Wasser der heiligen Hoffnung, damit ich leben kann."[348] Einmal wird die Sehnsucht nach Gott mit dem Verlangen des Hirsches nach Wasser verglichen[349]. Wieder anders ist die Bedeutung, wenn davon die Rede ist, daß „dulcis sonitus aquae vivae", „der süße Klang des lebendigen Wassers" das Herz des Menschen bewegt[350].

---

[335] MH 4,15,272.
[336] MH 5,11,339.
[337] MH 7,2,392.
[338] MH 2,2,137.
[339] Ebenda.
[340] G R 1,139f.,54.
[341] G R 1,141,54.
[342] G R 1,143f.,54.
[343] G 2, 2,4,4,4-6,246.
[344] G 3, 3,30,2,2-6,134.
[345] G R 2,16,66.
[346] G R 4,286-286,118.
[347] G R 5,203f.,192.
[348] G R 7,163f.,220.
[349] G R 5,169f.,138.
[350] G R 6,590f.,198.

17. Nach Agnes von Blannbekin bedeutet das Wasser, das aus der Seite Jesu hervortritt, die Tränen, mit denen die frommen Seelen gereinigt und gewaschen werden[351], wobei aber auch die Bedeutung des Wassers als der Fluß der göttlichen Gnade nicht ausgeschlossen wird[352]. Eigenartig ist auch die Vorstellung, daß diejenigen Menschen, die die Gabe der Tränen haben, das Wasser von der Seite des Herrn im Mund empfangen[353]. Ungewöhnlich ist die Bemerkung, daß an Weihnachten die Wasser in der Natur die Ankunft Christi spüren und sich in die Süße des Öles verwandeln[354].

7.2 Tau

1. Schon in der Schrift wird öfters vom Tau gesprochen, den Gott schenkt. Für die Vegetation Palästinas ist der unscheinbare Tau notwendig. Die Unscheinbarkeit, ja Zartheit dieses Niederschlages[355], der doch Fruchtbarkeit dem Land gibt, ist der Anlaß zu verschiedenartigen Vergleichen (Gen 27,28). Häufig wird bildlich vom Tau gesprochen: Die Worte des Mose sollen wie Tau sein (Dtn 32,2). Des Königs Gunst wird mit dem Tau auf dem Gras verglichen (Spr 19,12). Der Bräutigam in Hld 5,2 sagt nach der Vulgatafassung: „Caput meum plenum est rore." – „Mein Haupt ist voll Tau." Dies meint, daß er in der Nacht, in welcher der Tau fällt, zur Braut kommt. Aber wie vieles im Hohelied ist auch diese Geschichte für mancherlei metaphorische Deutungen offen. An einer Stelle der Heiligen Schrift wird auch Gott selbst mit dem Tau verglichen. Gott verheißt: „Ero quasi ros, Israel germinabit sicut lilium." – „Ich werde wie Tau sein, und Israel wird sprossen wie eine Lilie (Hos 14,6)." Hier wird das Verhältnis vom Tau zur Blume mit dem Verhältnis von Gott zu Israel verglichen. Direkt wird die Metapher auf Christus nicht angewendet. Von der Patristik bis zum 12. Jahrhundert wird das Bild des befruchtenden Taus verwendet, um das Kommen Gottes zu beschreiben[356]. Auch in der Mystik des 14. Jahrhunderts wird die Metapher „Tau" verwendet[357].

---

[351] AB 168,26-28,352.

[352] AB 168,28-30,252.

[353] AB 233,20-24,478.

[354] AB 193-194,64f.,406.

[355] In TH 6,28f.,30 heißt es: „genuhtsamer tropfe des êwigen touwes", „Genüge bringender Tropfen des ewigen Taus". Damit soll wohl das Unscheinbare und doch für die Vegetation Ausreichende des Taus ausgesagt werden.

[356] Vgl. Grinda 310-312; Ohly, TH, 519f. TH 6,28-30,30: „Kum, genuhtsamer tropfe des êwigen touwes, daz dû geviuhtest daz dürre gelende mînes innern menneschen." – "Komm, Genüge bringender Tropfen des ewigen Taus, damit du das dürre Gelände meines inneren Menschen befeuchtest." Der Tau kann allerdings auch ähnlich wie der Reif verwendet werden, um ein Hindernis im Wachsen des geistlichen Lebens auszudrücken. Vgl. Ohly, TH, 925.

[357] Vgl. Egerding 2,453f.

2. Hildegard von Bingen vergleicht das Herabfallen des Taus mit der Hilfe der Gnade bei den guten Werken der Menschen[358]. Durch den Glauben tritt der Mensch „in rorem sanguinis Christi", „in den Tau des Blutes Christi" ein[359].

3. Elisabeth von Schönau wendet Hld 5,2 auf den Bräutigam Christus an, der vor der Tür steht und klopft und nirgends Ruhe findet, weil ihn niemand ein läßt. Wenn sein Haupt dann vom Tau naß geworden ist, bedeutet das die lange Zeit, in der er in der Nacht im Freien warten muß[360].

4. Das Ende einer Zeit innerer Dürre der Beatrijs von Nazareth vergleicht der Autor ihrer Vita mit dem Fallen des Taus auf ausgedörrtes Land[361].

5. Bei Ida von Löwen wird die Tatsache, daß die Erde „coelesti rore perfusa", „vom himmlischen Tau übergossen" reichlich Frucht bringt, mit der Empfängnis Jesu durch Maria verglichen[362].

6. Ausgiebig gebraucht Mechthild von Magdeburg die Metapher „Tau".

6.1 Für sie hat der Tau etwas Zartes an sich. Die „unio mystica" beginnt für sie „des morgens in dem süssen töwe, das ist die besclossen innekeit, die erst in die sele gat", „des Morgens in dem süßen Tau, das ist in der verhaltenen Innigkeit, die zuerst in die Seele kommt"[363]. So wird die Ankunft des Herrn erfahren: „Der fúrste wil úch engegen komen in dem töwe und in dem schönen vogelsange." – „Der Fürst will euch entgegenkommen im Tau und im schönen Vogelgesang."[364]

6.2 Der Ursprung des Bildes vom Fallen des Taus liegt für Mechthild wohl in der Verkündigung Mariens. Die Empfängnis Jesu wird in einer Anrede an Maria folgendermaßen beschrieben: „Jhesus gieng dur dinen lip als der töwe durch die blůme, also das dinú kúscheit nie war berůret." – „Jesus ging durch deinen Leib wie der Tau durch die Blume, so daß deine Keuschheit nie verletzt wurde."[365] Gemeint ist wohl Folgendes: Maria blieb auch bei der Empfängnis Jesu Jungfrau. Beim ersten Geschlechtsverkehr einer Frau wird ja deren Hymen verletzt. Für die mittelalterliche Spiritualität, in der bei einer Jungfrau auch die körperliche Unversehrtheit eine große Rolle gespielt hat[366], war es wichtig, zu betonen, daß Maria bei der Empfängnis Jesu ihre „Keuschheit", das heißt auch ihre körperliche Unversehrtheit, bewahrt hat. Mechthild drückt dies im Bild des Taus aus: Wie der Tau so zart auf eine Blume fällt, daß er diese im Unterschied zu starkem Regen oder gar Hagel nicht verletzt, so zart trat das ewige Wort bei der Ankunft vom Himmel in den Leib der Jungfrau ein, daß er ihre Unversehrtheit nicht verletzt

---

[358] HISV 2, 3,10,31,886-890,571.
[359] HISV 1, 6,29,1147-1149,258.
[360] ESV 3,26,77.
[361] BN 1,4,25,33f.,27.
[362] IL 2,5,25,178.
[363] MM 1,44,13f.,27.
[364] MM 1,44,16f.,27f.
[365] MM 3,4,13f.,82.
[366] Von den Jungfrauen, die sich auf sexuellem Gebiet vergangen haben, ihr Vergehen bereut und gebeichtet haben, sagt Mechthild (MM 3,1,56f.): „Sie mögent sich doch des nit erholen, sie haben die luterkeit verlorn." – „Sie können sich doch davon nicht erholen, sie haben die Reinheit verloren."

hat[367]. Für unseren Zusammenhang ist es wichtig, daß Mechthild, wenn sie von der Zartheit des sich vereinenden Herrn spricht, das Bild vom Tau und von der Blume verwendet. Von daher wird auch der Aussageinhalt einer anderen Stelle klar, in welcher es von Maria heißt: „Der sůsse tŏwe der unbeginlicher drivaltekeit hat sich gesprenget us dem brunnen der ewigen gothiet in den blůmen der userwelten maget." – „Der süße Tau der anfanglosen Dreifaltigkeit fiel aus dem Brunnen der ewigen Gottheit in die Blume der auserwählten Jungfrau."[368] Der Tau der Dreifaltigkeit ist wieder die zweite Person der Dreifaltigkeit, der auf die Blume Maria fällt, ohne sie zu verletzen.

Maria blieb aber auch Jungfrau bei der Geburt. Auch in diesem Vorgang wurde nach mittelalterlicher Ansicht ihre körperliche Unversehrtheit gewahrt. In Betlehem ging Jesus und mit ihm die ganze Dreifaltigkeit „dur die ganzen want Marien lichamen mit swebender wunne ane alle arbeit", „durch die unversehrte Wand des Leibes Mariens in schwebender Wonne ohne jede Mühe"[369]. Mit der „ganzen want" ist offensichtlich das in der Geburt unverletzte Hymen gemeint. Um dies zu verdeutlichen, gebraucht Mechthild folgenden Vergleich: „Das was also schier geschehen, als dú sunne gibet iren schin nach dem sůssen tŏwe in minnenklicher rŭwe." – „Das war so schnell geschehen, wie die Sonne gibt ihren Schein in liebevoller Ruhe nach dem süßen Tau."[370] Mechthild meint offensichtlich, daß, nachdem das Kommen Jesu in der Empfängnis wie ein Tau die Jungfräulichkeit nicht verletzt hat, auch die nachfolgende Geburt es nicht tat. Wie das Licht der Sonne durch Durchsichtiges geht, ohne es zu verletzen[371], so konnte Jesus zur Welt kommen, ohne die Jungfräulichkeit seiner Mutter zu zerstören. Daß wir mit unserer Interpretation recht haben, sieht man an dem Kirchenlied „Dies est laetitiae", das 1320 in dem Zisterzienserinnenkloster Medingen bei Lüneburg entstanden ist[372]. In seiner dritten Strophe heißt es: „Wie die Sonne Glas durchdringt, ohne es zu trüben, so ist, die den Herrn uns bringt, allzeit Jungfrau blieben."[373] Mechthild kennt das Bild der

---

[367] Dieses Bild hat sich in einem heute noch gesungenen Marienlied (Gotteslob Nr. 580) aus dem Jahre 1617 erhalten, wo es in der vierten Strophe heißt: „Gleichwie der Tau kommt über die Blume, also will Gott geboren sein."

[368] MM 1,22,4f.,16. Das mittelhochdeutsche „maget" ist oft mit Jungfrau wiederzugeben.

[369] MM 5,23,43-46,175f.

[370] MM 5,23,46f.,176. Schmidt (Mechthild, 184,15f.) übersetzt das „nach dem sůssen tŏwe" mit „auf dem süßen Tau". Der Tau ist dann das Ziel, wohin die Sonne scheint. Der Vergleichspunkt wird dadurch nicht deutlich. Mechthild will ja mit dem Vergleich erklären, wie die Geburt Jesu die körperliche Unversehrtheit der Jungfrau nicht verletzt hat. Die Wärme der Sonne aber läßt gerade den Tau, wenn sie auf ihn scheint, verdunsten. Nur wenn man das „nach" in seiner zeitlichen Bedeutung nimmt, kommt der Vergleichspunkt zum Vorschein: In der Empfängnis kam Gottes Kraft wie Tau auf Maria; danach, in der Geburt, trat Gottes Sohn wie der Sonnenstrahl aus Maria hervor. In beiden Fällen wurde die Jungfräulichkeit Mariens nicht verletzt.

[371] Das Bild der Sonne, die durch etwas scheint, ohne sich und das, was sie durchscheint, zu verändern, war im Mittelalter geläufig. So dichtet Freidank (Bescheidenheit. Von der Messe 11f.,365, in: Die deutsche Literatur): „Diu sunne schînt den tiuvel an und scheidet reine doch hin dan." – „Die Sonne scheint auf den Teufel und scheidet doch von ihm rein." Damit erklärt er, warum ein unwürdiger Priester gültig die Messe feiern kann.

[372] Vgl. Seuffert, Josef (Hg): Werkbuch zum Gotteslob Bd 1, Freiburg 1975, 137.

[373] Gotteslob Nr. 137, 212.

nicht verletzenden Sonne noch in einem anderen Zusammenhang. Mit Augustinus glaubt sie, daß im Paradies die Menschen ohne Libido Kinder zeugen konnten. Sie ist der Überzeugung, daß alle Eltern ihre Kinder in dieser einzigartigen Weise auf die Welt gebracht hätten, wenn der Sündenfall nicht gewesen wäre: „Irú kint solten sie gewinnen in heliger minne, als dú sunne spilende in das wasser schinet und doch das wasser unzerbrochen blibet." – „Ihre Kinder sollten sie gewinnen in heiliger Minne, wie die Sonne spielend in das Wasser scheint und das Wasser doch ungebrochen bleibt."[374] In gleicher Weise stellt Mechthild sich offenbar die Empfängnis Christi in Maria vor, wenn sie das Überschatten der Kraft des Höchsten mit dem Fallen des Taus auf die Blume vergleicht.

6.3   Mechthild erwähnt vor allem deswegen die jungfräuliche Empfängnis und Geburt Jesu, weil sie ein Urbild der „unio mystica" sind[375]. Wenn sie sich deswegen nach der Erfahrung dieser Einheit sehnt, fühlt sie sich selbst „gelich einem dúrren akker", „wie ein dürrer Acker"[376] und bittet: „Eya, lieber Jhesu Christe, nu sende mir den süssen regen diner menscheit und die heisse sunnen diner lebendiger gotheit und den milten töwe dines heligen geistes." – „Eia, lieber Jesus Christ, nun sende mir den süßen Regen Deiner Menschheit und die heiße Sonne Deiner lebendigen Gottheit und den milden Tau Deines Heiligen Geistes."[377] Auch hier ist es bezeichnend, daß der Tau mild genannt wird. „Mild" und „zart" dürften wohl hier identisch sein. So spricht der Herr zur Seele: „Ich kum zú miner lieben als ein töwe uf dem blúmen." – „Ich komm zu meinem Lieb als ein Tau auf die Blume."[378] Mechthild redet Jesus an: „O grosser tö der edelen gotheit." – „O großer Tau der edlen Gottheit."[379] Auch hier ist die Kleinheit und Zartheit, mit der Gott in Jesus sich ihr naht, der Vergleichspunkt. Diese Anrede war Mechthild so wichtig, daß sie diese an einer späteren Stelle wörtlich wiederholt[380]. Im weiteren Kontext spielt Mechthild auf die Erniedrigung in der Menschwerdung Jesu an: „Du bist mir, herre, kleine mit diner undertenekeit." – „Du bist mir, Herr, klein in Deiner Untertänigkeit."[381] Das Kleine der Untertänigkeit Jesu ist ein anderer Ausdruck für das Zarte des Taus.

---

[374]   MM 3,9,44-46,87. Für die Parallelen und Quellen dieses Bildes vgl. Schmidt, Mechthild, 369 Anm. 125.
[375]   Schmidt, Mechthild, 349 Anm. 21: „Bei der Empfängnis Christi in Maria verschmelzen die Aussagen zwischen Maria und der Seele." Dort und 387 Anm. 202 auch Hinweise auf weitere Sekundärliteratur.
[376]   MM 4,5,10,119.
[377]   MM 4,5,11-13,119. Daß hier der Heilige Geist als Tau beschrieben wird, braucht den Leser nicht zu verwundern. Mechthild wechselt bei den Appropriationen für die einzelnen Personen der Dreifaltigkeit auch sonst die Bilder.
Interessant ist die Parallele in TH 6,28-30,30, wo der Heilige Geist wie ein Tropfen Tau auf dürres Gelände in die Seele fallen soll.
[378]   MM 1,13,2,14.
[379]   MM 5,20,2,170.
[380]   MM 7,18,3,270.
[381]   MM 5,20,4f.,171.

7. Gertrud die Große bittet Jesus: „Resperge me rore tuae floridissimae humanitatis." – „Besprenge mich mit dem Tau Deiner blühendsten Menschheit."[382]

7.3 Quelle

1. Das Wort „fons" meint ursprünglich Quelle, kann aber auch in der Vulgata für Brunnen gebraucht werden, da das entsprechende Wort „puteus" recht ungebräuchlich ist. So heißt der Jakobsbrunnen „fons Jacob" (Joh 4,6). Im Hohelied wird die Braut ein versiegelter Quell (Hld 4,12) und ein Quell des lebendigen Wassers (Hld 4,15) genannt. Nach dem Johannesevangelium hat der an Christus Glaubende eine sprudelnde Quelle in sich (Joh 4,14). Gemäß Offb 21,6 gibt der verklärte Christus den Menschen aus der Quelle des lebendigen Wassers zu trinken. In der Alten Kirche war „Quelle" ein Titel für Christus[383]. Oft entfernt sich aber das Bild der Quelle von der Vorstellung von Wasser Spenden und drückt nur noch den Ursprung einer Sache oder einer Eigenschaft aus.

2. Jean de Fécamp nennt Christus „fons vitae", „Quelle des Lebens"[384]. Über ihn heißt es: «Quemadmodum desiderat ceruus ad fontem aquarum, ita desiderat anima mea Deum fontem uiuum (vgl. Ps 41,2).» – «Wie der Hirsch sich sehnt nach der Quelle der Wasser, so sehnt sich meine Seele nach Gott, dem lebendigen Quell.»[385] Jean kennt auch die Quelle im Sinn von Ursprung. So bittet er den gütigsten Christus[386], der zugleich aller Tugenden „fons et origo", „Quelle und Ursprung" ist, ihm beim Erwerb solcher Haltungen zu helfen[387]. Man möchte „de fonte supernae dulcedinis", „aus der Quelle der oberen Süße" schöpfen[388] und mit dem Psalm (vgl. Ps 35,10) sprechen: „Apud te est fons vitae." – „Bei Dir ist die Quelle des Lebens."[389] In ihm preist Jean „fontem multiplicium", „die Quelle der Vielfalt"[390].

3. Bernhard von Clairvaux liebt die Metapher „Quelle".

3.1 Oft nennt er Christus die Quelle von den Menschen erstrebenswerter Eigenschaften. So versucht er, das oft den einzelnen Personen zugeschriebene Ternar „Macht, Weisheit und Güte" in Verbindung mit den Namen und Aufgaben der Engelchöre zu bringen. Wenn es dann heißt, daß die Cherubim diejenigen sind, die „ex ipso sapientiae fonte ore Altisimmi haurientes", „aus eben der Quelle der Weisheit durch den Mund des Höchsten schöpfen"[391], dürfte bei der Weisheit an Christus gedacht sein, der ja oft

---

[382] G R 6,673f.,202.
[383] Vgl. Sieben, Nomina 169; 177; 191; ders.: Heil 4,113.
[384] JFC 3,3,52,144.
[385] JFC 3,7,185-187,148. Die Tatsache, daß an den Psalmvers noch „fontem uiuum" angehängt ist, zeigt, wie wichtig Jean das Bild der Quelle ist.
[386] JFC 3,32,1159,178.
[387] JFC 3,22,1194,179.
[388] JFM 5,59,207.
[389] JFM 5,60,207; vgl. JFPP 9,230.
[390] JFP 15,223.
[391] BCO 5,4,8,786,16f.

unter der Weisheit vom Mund des Höchsten verstanden ist. Christus ist auch das Erkenntnismedium, durch den die Seligen im Himmel alles erkennen: „O sapientia, qua
tunc omnia quae in caelo et quae in terra sunt perfectissime cognoscemus, in ipso fonte
sapientiae rerum omnium cognitionis bibentes." – „O Weisheit, durch die wir dann
alles, was im Himmel und auf Erden ist, ganz vollkommen erkennen werden, wenn wir
an der Quelle der Weisheit und der Erkenntnis aller Dinge trinken werden."[392] Da wir
uns oft verfehlen, sollen wir uns in Christus, das heißt „in fonte misericordiae", „in der
Quelle der Barmherzigkeit", reinigen[393]. Er hat ja auch als „fons pietatis", „Quelle der
Güte" Petrus die Füße gewaschen[394]. Christus ist unser Haupt: „In capite inexhaustus
fons pietatis divinae." – „Im Haupt aber ist die unausschöpfbare Quelle der göttlichen
Güte."[395] Bei Jesus, der die Seinen bis ans Ende geliebt hat (Joh 13,1)[396], sieht Bernhard
„fontem ipsum caritatis aeternae", „die Quelle der ewigen Liebe selbst"[397]. Er ist auch
„fons gratiae", „die Quelle der Gnade", die im Herzen des Menschen nach unten
fließt[398]. Bei der Reinigung Mariens im Tempel bedurfte Christus keinerlei Reinigung;
seine Sendung besteht ja darin, daß er „fons puritatis sit et purgationem facere venerit
delictorum", „Quell der Reinheit ist und gekommen ist, um Reinigung von den Vergehen zu schaffen"[399]. Er hat alles, was wir vom Paradies an verloren haben, wiederhergestellt, also auch die vier Quellen des Paradieses, die Wahrheit, Weisheit, Kraft und
Liebe ausströmen[400]. Diese Quellen sind aber so miteinander verbunden, daß derjenige, der aus der einen trinkt, auch vom Wasser der anderen kostet[401].

3.2 Wie das Meer der Ursprung aller Quellen und Flüsse ist, so ist Christus der Ursprung aller Tugenden und Erkenntnisse[402]. Bernhard münzt die Bilder, die im Hohelied ursprünglich auf die Braut angewendet wurden, auf den Bräutigam Christus um,
wenn er von ihm schreibt: „Ipse siquidem fons vitae, ipse fons signatus, de intra hortum
conclusum erumpens." – „Er ist ja die Quelle des Lebens, der versiegelte Quell, der aus
dem verschlossenen Garten hervorbricht (Hld 4,12)."[403] Christus, welchen die Engel
bei seiner Geburt als Frieden verkünden, ist eine Quelle, die, wie es der Natur einer
Quelle entspricht, nach unten fließt[404]. Er ist auch die Quelle des Erlösers, aus der wir
nach Jes 12,3 mit Freuden trinken werden[405]. Denn die vierfache Quelle, die im Para-

[392] BD 16,7,316,27-318,1.
[393] BB 2, 341,2,592,11-14.
[394] BB 2, 341,2,592,14f.
[395] BQUAD 1,2,446,7.
[396] BB 2, 374,2,698,13f.
[397] BB 2, 374,2,698,17.
[398] BVNAT 4,9,190,4f.
[399] BPUR 3,2,420,9f.
[400] BD 96,1,730,8.
[401] BD 96,4,736,5-8.
[402] BHLD 1, 13,1,1,184,8f.
[403] BHLD 1, 22,2,4,310,16f.; vgl. BHLD 2, 70,4,7,438,4-7.
[404] BVNAT 4,9,188,6-8.
[405] BD 96,1,730,3.

dies fließt, deren Zugang uns durch die Sünde versperrt ist, ist Christus[406]. Selbst die Heiligen[407] und die Engel[408] leben von dem, der die Quelle des Lebens ist.

3.3 Christus selbst hat seine Quelle im Vater. Der Vater ist ja die Quelle, aus der der Sohn entspringt[409]. Zu ihm kann man beten, „cui fons pietatis est mansio", „der seine Wohnung bei der Quelle der Güte hat"[410].

3.4 Charakteristisch für Bernhard ist es, daß er an den meisten Stellen das Wort „Quelle" im Sinn von Ursprung verwendet, ohne daß das Moment des Wassers noch eine Rolle spielt. Typisch für ihn ist weiter, daß auch der Sohn eine Quelle hat, nämlich den Vater.

4. Auch Wilhelm von St. Thierry kennt den Ausdruck der „fons vivum", „lebendigen Quelle". Der Mensch erhält die Vollkommenheit der Liebe und der Seligkeit des Herrn, wenn seine Seele vollkommen gesättigt wird von dem lebendigen Quell[411]. Bei ihm ist ja die „fons vitae", „Quelle des Lebens"[412]. Es gibt die Quelle und den Ursprung der Gerechtigkeit, die man nicht verlassen darf[413]. Man muß „ex fonte verae justitiae", „aus dem Quell der wahren Gerechtigkeit" schöpfen[414], zu welcher der Weg Christus ist[415]. „Ex solo bonitatis fonte", „Allein aus der Quelle der Güte", Christus, dem Mittler zwischen Menschen und Gott, kommt uns die Vergebung[416].

5. Nach Balduin von Canterbury hat Christus bei seiner Erlösung den Tod besiegt und uns das Leben geschenkt. Nichts kann mehr geliebt werden als das Leben und die „fons vitae et ipse vita", „Quelle des Lebens und das Leben selbst"[417]. Die Liebe, in der Gott uns in seinem geliebten Sohn erwählt hat, ist die „fons et origo omnium bonorum", „Quelle und der Ursprung alles Guten"[418].

6. Guerricus von Igny preist in einer Weihnachtspredigt die Menschwerdung des Sohnes Gottes: „O venerandum ac tremendum mysterium; quam sanctum et terribile est nomen tuum; fons misericordiarum et abyssus iudiciorum. Quis de hoc fonte bibit et non amavit?" – „O zu verehrendes und erbeben lassendes Geheimnis; wie heilig und schreckerregend ist Dein Name: Quelle der Erbarmungen und Abgrund der Gerichte. Wer hat von dieser Quelle getrunken und hat nicht geliebt?"[419] In einer Predigt zu Maria Lichtmeß ruft Guerricus aus: „Accedite ad fontem luminis et illuminamini: Iesum dico qui lucet in manibus Simeonis." – „Tretet zur Quelle des Lichtes, und ihr

---

[406] BD 96,1,730,4-6.
[407] BVV 2,2,120,6f.
[408] BINOV 5,9,718,25f.
[409] BVNAT 4,9,190,8f.
[410] BHLD 2, 42,7,10,92,26f.
[411] WC 6,1-4,76.
[412] WR 3,602D.
[413] WC 12,10-13,110.
[414] WC 12,16f.,110.
[415] WC 12,19f.,110.
[416] WHLD 1,9,108,242.
[417] BT 10,511D.
[418] BT 13,535C.
[419] GIS Nat 1,2,90-93,170.

werdet erleuchtet. Jesus meine ich, der leuchtet in den Armen des Simeon."[420] Lesen der Schrift, Empfangen der Sakramente, Ertragen von Leiden sind wie Ströme aus der einen Quelle der Weisheit[421].

7. Eine der am meisten gebrauchten Metaphern ist bei Johannes von Ford „Quelle".

7.1 Alle drei Personen der Dreifaltigkeit bilden eine lebendige, nie versagende Quelle für die Menschen[422]. Für seinen Eingeborenen ist der Vater „ignis ... ac fons lucis et caloris", „Feuer ... und Quelle des Lichtes und der Wärme"[423]. Dabei hat der Vater ihn als Quelle der Liebe so geliebt, daß er diesem sein ganzes Wesen geschenkt hat[424]. Dann ist der Eingeborene auch selbst Quelle der Liebe. „Hic ergo dilectionis fons prima est aquarum uiuentium vena, uitae fons omnibus bibentibus de eo." – „Diese erste Quelle der Liebe ist die Ader der lebenden Wasser, die Quelle für alle, die aus ihr trinken."[425] Jeder, der von dieser Quelle empfängt, wird selbst für andere zur Quelle, die zum Ursprung zurückläuft[426]. Christus, die Quelle des Lebens, hat uns aus vielerlei Arten von Toden entrissen[427], sich zu uns geneigt, damit wir das Leben in Fülle haben (Joh 10,10)[428]. So müssen wir dieser Quelle des Lebens glühend anhängen[429]. Er als die Quelle der Weisheit fließt sanft in die Willensabsicht der Menschen[430]. In der Kirche, die auch aus Christus, der Quelle des Lebens, lebt, wird der Mensch genährt[431].

7.2 Der Menschgewordene ist „fons lucis", „die Quelle des Lichtes"[432], „totius suauitatis fons", „der ganzen Süße Quelle"[433], „fons sapientiae", „die Quelle der Weisheit", welche die Weisen dieser Welt nicht begreifen[434], „fons sapientiae et uena aquarum uiuentium", „die Quelle der Weisheit und die Ader der lebenden Wasser"[435].

8. Auch in dem Traktat „Speculum virginum" ist diese Metapher für Christus sehr verbreitet.

8.1 Unter den bevorzugten Bildern, die man auf Christus anwenden kann, wird ausdrücklich die Quelle[436] mit Berufung auf Joh 4,14[437] genannt. Wie sich am Anfang der Schöpfung im Paradies eine Quelle in vier Ströme verteilt hat, so teilt sich „Christus fons totius sapientiae", „Christus, die Quelle der ganzen Weisheit," in die Flüsse der

---

[420] GIS Pur 1,5,179f.,318.
[421] GIS Ben 2,7,193-201,70.
[422] JHLD 14,7,257-261,130f.
[423] JHLD 7,2,107f.,74f.
[424] JHLD 7,2,111-114,75.
[425] JHLD 7,2,115f.,75.
[426] JHLD 7,2,116-119,75.
[427] JHLD 105,7,142f.,713.
[428] JHLD 102,9,231f.,695.
[429] JHLD 105,7,150f.,713.
[430] JHLD 23,10,226,199.
[431] JHLD 96,6,134-136,652.
[432] JHLD 7,5,193f.,77.
[433] JHLD 20,7,213f.,178.
[434] JHLD 22,4,62f.,187.
[435] JHLD 23,7,184f.,198.
[436] SP 6,530,15.
[437] SP 6,532,3.

vier Evangelien[438] und fließt weiter durch die Lehrer der Kirche[439]. Bei ihm ist ja die Quelle des Lebens[440]. Es kann von dieser „fonte uiuo pocula", „lebendigen Quelle ein kleiner Becher" genügen[441]. Von der Brust Jesu geht aus die Quelle der ewigen Seligkeit[442]. Der Himmel ist dort, wo Jesus die Quelle aller Seligkeiten ist[443]. Quelle ist Christus, weil wir von ihm Stärkung für den Glauben erhalten[444].

8.2 Christus wird genannt „fons sapientiae", „Quelle der Weisheit", die das Verstehen schenkt[445], „fons inexhaustae dulcedinis", „Quelle der unausschöpfbaren Süße"[446], „fons vitae", „Quelle des Lebens"[447], für deren Gnaden man danken soll[448], „fons iustitiae", „Quelle der Gerechtigkeit"[449], „fons totius munditiae", „Quelle der ganzen Reinheit"[450]. Das Hochzeitslied, das die Jungfrauen Christus zum Lob singen, beginnt mit den Worten: „O fontis unda perpetis inexhaustae dulcedinis", „O Woge der ewigen unausschöpfbaren Quelle der Süße"[451]. Im weiteren Verlauf nennt der Verfasser ihn „fontis aeterni poculum", „Becher vom ewigen Quell"[452].

9. Für Hugo von St. Viktor ist das Bild der Quelle deswegen wichtig, weil er an ihm deutlich machen kann, daß alles „a fonte plenitudinis summae ad participationem inferiorum venire", „von der Quelle der höchsten Fülle zur Teilhabe der Unteren kommen" muß[453]. Alles, was an Gutem für die Geschöpfe vorgesehen ist, fließt wie von einer Quelle vom ersten Ursprung alles Guten[454]. Über diese stark philosophisch geprägten Gedanken hinaus wird Christus Quelle in verschiedener Bedeutung genannt. Hugo zählt drei verschiedene Arten des Paradieses auf. Das erste ist der Ort, in dem Adam und Eva vor ihrer Sünde waren, das zweite ist der Ort, an dem die Heiligen der Kirche sind, das dritte ist das Reich Gottes oder das ewige Leben[455]. Dort befindet sich „verbum Patris, fons vitae et origo boni", „das Wort des Vaters, die Quelle des Lebens und der Ursprung des Guten"[456]. Die Liebe ist die „fons proprius", „Quelle ihrer selbst", von der einer, der die Liebe nicht besitzt, nichts empfangen kann[457]. Deswegen

---

[438] SP 1,166,1-6.
[439] SP 2,170,4-7.
[440] SP 2,170,13f.
[441] SP 2,170,22f.
[442] SP 5,444,10f.
[443] SP 6,536,9f.
[444] SP 6,532,3f.
[445] SP 4,348,6f.
[446] SP 9,824,8f.
[447] SP 9,834,5f.
[448] SP 10,848,15f.
[449] SP 10,852,8.
[450] SP 11,902,3.
[451] SPE 1,1018A-B.
[452] SPE 93,1040A.
[453] HH 2,936B.
[454] HH 5,1007C-D.
[455] HAN 3,17,646A-B.
[456] Ebenda.
[457] HL 975C.

kann auch Christus sagen, daß nur derjenige, der Liebe besitzt, ihn mit dem Vater empfängt[458].

10. Richard von St. Viktor sagt von der zweiten Person der Dreifaltigkeit: „Recte ergo Verbum dicitur, per quem Patris, qui fons sapientiae est, notitia manifestatur." – „Zu Recht wird sie also Wort genannt, durch welche die Kenntnis des Vaters, welcher die Quelle der Weisheit ist, offenkundig wurde."[459] Dem tut auch keinen Abbruch, daß auch der Heilige Geist die Kunde vom Vater gebracht hat[460].

11. Besonders häufig wird Christus bei Hildegard von Bingen Quelle genannt.

11.1 Jesus wird bezeichnet als „uiuens fons", „lebender Quell"[461], „fons saliens de corde Patris", „aus dem Herzen des Vaters sprudelnde Quelle"[462], „fons saliens uiuentis Dei", „sprudelnde Quelle des lebenden Gottes"[463], „perspicuus fons qui non est fallax, sed iustus", „durchsichtige Quelle, die nicht trügerisch, sondern gerecht ist"[464], „purissimus fons", „reinste Quelle"[465] und „fons sapientie", „Quelle der Weisheit"[466].

11.2 In der Sünde haben die Menschen die Quelle der Weisheit verlassen[467]. Man braucht sich selbst aber nicht für verächtlich wegen der Sünde der Stammeltern zu halten, weil man in der Erlösung zur „fontem abundantiae", „Quelle des Überfließens" gehen kann und dort getränkt und erzogen wird[468]. Der Vater hat Jesus, der die Quelle des Lebens ist, gesandt, damit man durch ihn die „materna dilectio amplexionis", „mütterliche Liebe der Umarmung" erhält[469]. Die in der Menschwerdung gezeigte Demut Jesu wurzelt „in uiuo fonte", „im lebendigen Quell"[470]. Jesus hat die Wiedergeburt aus dem Wasser gebracht[471]. Deswegen findet jeder Heilung in der Taufe, „qui sic fontem salutis cum foedere iustitiae suscipit", „der so die Quelle des Heils mit dem Bund der Gerechtigkeit empfangen hat"[472]. „Vnigentius meus fons aquae uiuae exsistens homines in regeneratione Spiritus et aquae de ueteri culpa Adae emundauit et eos ad caelistia transtulit, cum pro salute eorum in mundum uenit, qemadmodum scriptum est." – „Mein Eingeborener, der als Quelle des lebendigen Wassers existiert, hat die Menschen in der Wiedergeburt des Geistes und des Wassers von der alten Schuld des Adam reingewaschen und sie zum Himmlischen gebracht, wie geschrieben steht."[473]

---

[458] Ebenda.

[459] RVTR 6,12,404.

[460] Ebenda.

[461] HISV 2, 3,13,8,205,620; HIB 1, 7,29,18; 52r,1,127; 2, 137,6,310; 179,6,407.

[462] HISV 2, 3,13,1,43,615.

[463] HIO 3,3,2,60,381.

[464] HIB 1, 18r,1,54.

[465] HIB 1, 59,1,139.

[466] HIB 1, 25r,20,71; vgl. HIV 2,17,174,20.

[467] HIM 2,51,1055,102.

[468] HISV 1, 1,1 vis,37-40,8.

[469] HISV 1, 2,2,4,72-90,126f.

[470] HIO 3,3,2f.,379.

[471] HISV 1, 2,3,30,648-650,153.

[472] HISV 1, 2,3,30,662f.,154.

[473] HISV 1, 2,6,30,1183-1187,259f.

Christus, die Quelle des ewigen Lebens, konnte aber nicht verborgen bleiben[474]. „Fons non debet esse in abscondo sed in manifesto, ut omnis homo qui sitit ad ipsum ueniat et hauriat atque bibat." – „Die Quelle darf nicht im Verborgenen, sondern muß im Offenbaren sein, damit jeder Mensch, der Durst hat, zu ihr kommt und aus ihr schöpft und trinkt."[475] Es reicht aber nicht aus, daß diese Quelle gekommen ist, die Menschen müssen auch zu ihr hintreten und aus ihr trinken[476].

12.   Auch bei Elisabeth von Schönau ist der Name „Quelle" für Christus gebräuchlich. Einmal sieht die Mystikerin die Menschheit Jesu in der Gestalt einer Jungfrau, die einen Becher in der Hand hält. Dieser wird bezeichnet als „fons aque vive", „Quelle des lebendigen Wassers", die bei denjenigen, die aus ihr trinken, selbst eine Quelle wird[477]. In einem Brief fordert Elisabeth Mönche auf, den Weg der Kontemplation zu gehen und aufzusteigen „in montem excelsum, ubi est fons aque, et redundate cor vestrum. Haurite aquas in gaudio salvatoris", „auf den hohen Berg, wo die Quelle des Wassers ist, und laßt euer Herz überströmen. Schöpft in der Freude die Wasser des Erlösers Wasser (Jes 12,3)"[478]. Wenn der Brief mit der Bitte endet, das möge der gewähren, der „fons et origo totius bonitatis", „die Quelle und der Ursprung der ganzen Güte" ist[479], dürfte dabei auch an den Erlöser Jesus Christus gedacht sein. In einer Osteroktav schaut Elisabeth in einer Vision, wie sie neben eine schöne Quelle gestellt und mit einem goldenen Gefäß getränkt wird[480]. Dabei ist wahrscheinlich diese Quelle der Auferstandene selbst.

13.   Jakob von Vitry nennt Maria von Oignies den verschlossenen Garten, zu dem die versiegelte Quelle Christus gehört (vgl. Hld 4,12)[481]. Ein anderes Mal sieht Maria den Liebesjünger Johannes in der Gestalt eines Adlers, der wie in eine Quelle seinen Schnabel in die Brust des Herrn tunkt[482].

14.   In der Vita der Beatrijs von Nazareth heißt es, daß die Mystikerin ihre Bitten erfüllt sieht vom Herrn, „ab ipso fonte misericordie", „von eben dem Quell der Barmherzigkeit"[483]. Ein anderes Mal fühlt sie sich von ihrem Bräutigam in den Weinkeller geführt[484], wo sie aus den Quellen des Erlösers schöpfen darf (Jes 12,3)[485]. Wieder ein anderes Mal nennt sie diesen die Quelle der Ewigkeit[486].

---

[474]   HISV 2, 3,8,13,631f.,496.
[475]   HISV 2, 3,8,13,632-634,496.
[476]   HISV 2, 3,8,13,639-642,496.
[477]   ESV 3,4,61; vgl. ESE 1,265.
[478]   ESB 8,143.
[479]   ESB 8,144. Wörtlich auch in ESB 21,152.
[480]   ESB 14,148.
[481]   MO 2,5,43,557.
[482]   MO 2,10,90,567.
[483]   BN 2,10,120,18-22,86.
[484]   BN 3,3,196,9,128.
[485]   BN 3,3,196,11f.,128.
[486]   BN 3,7,217,86f.,139.

15. In einer Vision sieht Mechthild von Hackeborn Christus auf einem hohen Berg, vor dem eine Quelle sich befindet, die mit Bäumen umgeben ist[487]. Die Heiligen ruhen unter diesen Bäumen[488]. Offensichtlich gehört diese Quelle ganz eng zu Jesus, wenn sie nicht ihn selbst versinnbildet. In einer weiteren Vision wird Mechthild eingeladen, mit dem Herrn auf einem Berg zu verweilen[489]. Auf dem Weg zu diesem Berg gibt es sieben Stufen mit je einer Quelle[490]. Es ist die Quelle des Wassers der Demut, welche von allen Makeln des Stolzes[491], die Quelle der Geduld, welche vom Zorn[492], die Quelle der Liebe, welche vom Haß, die Quelle des Gehorsams, welche vom Ungehorsam, die Quelle der Freigibigkeit, welche von der Habgier, die Quelle der Reinheit, welche von den fleischlichen Begierden, und die Quelle der Freude, welche von aller trägen Traurigkeit die Seele reinwäscht[493]. Alles spricht dafür, daß die Eigenschaften dieser Quellen von dem Wegbegleiter Christus kommen. In seinen Tugenden darf der Mensch wie in einer Quelle sich von den Lastern reinigen. Diese Interpretation wird auch durch folgende Stelle gestützt: Mechthild schaut einen Weinberg, von dem sie erkennt, daß er den gerechten Menschen darstellt[494]. „In medio autem vineae fons erat, juxta quem Dominus in solio residebat, et de Corde ejus rivus cum impetu in fontem illum defluebat, de quo Dominus omnes qui spiritualem regenerationem capiebant aspergebat." – „In der Mitte des Weinberges aber war ein Quell, neben dem der Herr auf einem Thron saß, und von seinem Herz floß ein Fluß mit Macht in jene Quelle, von dem der Herr alle, welche die geistliche Wiedergeburt empfingen, besprengt."[495] Auch hier sitzt der Herr neben einer Quelle. Die Vorstellung, daß etwas in einen „fons" fließt, ist nur insofern ungebräuchlich, als man „fons" mit „Quelle" und nicht mit „Brunnen", was im mittelalterlichen Latein möglich ist, wiedergibt. Im Taufbrunnen[496] fließt ein Fluß aus dem Herzen Jesu. Einen Brunnen kann man sich eher als Schmuckschild vorstellen. Denn Mechthild sieht sieben solche Schmuckstücke, die die sieben Gaben des Heiligen Geistes bedeuten[497].

An Weihnachten schaut Mechthild in einer Ekstase „fontem vivum, splendidiorem sole, qui in semetipso et ex semetipso existens, suavissimum et optimum ex se aerem faciebat", „eine lebendige Quelle, strahlender als die Sonne, die in sich und aus sich selbst existiert und die süßeste und beste Luft von sich gab"[498]. Deutlich ist damit die Sendung des menschgewordenen Sohnes Gottes aus der Heiligen Dreifaltigkeit, die unmittelbar vorher genannt wurde, gemeint. Im Anschluß daran wird auch diese Quel-

---

[487] MH 1,10,31.
[488] Ebenda.
[489] MH 1,13,40.
[490] Ebenda.
[491] Ebenda.
[492] MH 1,13,40f.
[493] MH 1,13,41.
[494] MH 1,22,79.
[495] MH 1,22,80.
[496] Gertrud die Große nennt den Taufbrunnen „fons" G R 1,137,54.
[497] MH 1,22,80.
[498] MH 1,31,109.

le, die wieder eher ein Brunnen ist, auf die einzelnen Personen der Dreifaltigkeit gedeutet[499]. Diejenigen Menschen, die sich ganz von allen irdischen Freuden getrennt haben, „fonti omnium bonorum, hoc est in Jesum immerserunt", „sind ganz verschlungen in der Quelle aller Güter, das heißt in Jesus"[500]. Einmal ist Mechthild traurig, weil sie glaubt, bis dahin unnütz ihr Leben verbracht zu haben[501]. Der Herr zeigt ihr eine Möglichkeit, alles, was sie im Leben glaubt vernachlässigt zu haben, nachzuholen: „Saluta Cor meum in divina bonitate, quia ipsum est fons et origo totius boni, et unde omne bonum procedit." – „Grüße mein Herz in der göttlichen Güte, weil es die Quelle und der Ursprung alles Guten und der Ort ist, woher alles Gute kommt."[502] Wenn der Mensch einen Makel der Sünde hat, soll er ihn abwaschen „fonte misericordiae quo latronem lavit in cruce", „am Quell der Barmherzigkeit, an welcher er (= Jesus) den Schächer am Kreuz gewaschen hat"[503].

An der überwiegenden Anzahl der Stellen, an denen Christus von Mechthild Quelle genannt wird, ist an die Möglichkeit gedacht, sich in Christus von aller Schuld reinigen zu können.

16. Besonders häufig wird bei Gertrud der Großen Jesus mit dem Namen „Quelle" versehen.

16.1 Jesus ist „fons misericordiae", „Quell der Barmherzigkeit"[504], „fons totius boni", „Quelle alles Gutem"[505], „largitatis fons", „Quelle der Gebefreudigkeit"[506], „fons lucis", „Quelle des Lichtes"[507], „fons sempiternorum luminum", „Quelle der immerwährenden Lichter"[508], „fons sapientiae", „Quelle der Weisheit"[509], „fons omnis sapientiae", „Quelle aller Weisheit"[510], „fons divinae sapientiae", „Quelle der göttlichen Weisheit"[511], „fons vitae", „Quelle des Lebens"[512], „fons vitae aeternae", „Quelle des ewigen Lebens"[513], „fons vivus", „lebendiger Quell"[514]. Einmal ist auch von der „fontalis sanctitas", „quellhaften Heiligkeit"[515] oder dem „fontale lumen", „quellhaften Licht"[516] Jesu die Rede.

---

[499] MH 1,31,109f.
[500] MH 2,2,137.
[501] MH 3,8,207.
[502] Ebenda.
[503] MH 3,25,229.
[504] G 2, 2,23,14,1,342.
[505] G 4, 4,2,5,20f.,30.
[506] G R 3,218f.,88.
[507] G R 6,525,194.
[508] G R 5 279,144; 6,192,174.
[509] G R 3,100,80.
[510] G 5, 5,4,6,9,86.
[511] G 2, 1,1,3,30-34,124.
[512] G R 1,138,54; 2,98,72; 6,213,174; 7,327,228; 7,428,234.
[513] G R 6,383,186.
[514] G R 5,171,138; 5,261f.,144; 6,539,194; 6,704,204.
[515] G R 6,414f.,188.
[516] G 5, 5,35,1,6,270.

16.2 Innerhalb der Heilsgeschichte kommt dieser Name für Christus vor. Angesichts des Herabsteigens Jesu in unser Elend soll man die Liebe fragen: „Quo ducis fontem sapientiae?" – „Wohin führst du die Quelle der Weisheit?"[517] Gottes Sohn ist auf die Erde gekommen, um die Menschen zur Quelle des ewigen Lebens zurückzuführen[518]. Die Liebe bedrängt Jesus, den Quell des Lebens, so sehr, daß er noch im Tod nach ihr Durst hat[519]. Aus seiner geöffneten Seite, der Quelle alles Guten, entströmt Wohlgeruch[520].

16.3 Bei der Spendung der Sakramente tritt bei Gertrud oft die Metapher „Quelle" auf. Bei der Erinnerung an die eigene „immersione fontis", „das Eintauchung in den (Tauf)brunnen"[521] soll man beten: „Eia Jesu, fons vitae, ex teipso fac me bibere poculum aquae vitae." – „Eia, Jesus, Quelle des Lebens, laß mich aus Dir selbst den Becher des Wassers des Lebens trinken."[522] In Erinnerung an die Profeß soll man bitten: „Rumpe super me omnes fontes magnae abyssi tuae infinitae misericordiae." – „Brecht über mir auf alle Quellen des großen Abgrundes Deiner unendlichen Barmherzigkeit."[523] Gertrud hat, was sie andere unterrichtet, empfangen „de ipso fonte divinae sapientiae", „von dem Quell der göttlichen Weisheit selbst"[524]. Denn auch heute noch ist Jesus als „fons misericordiae", „Quelle der Barmherzigkeit" nicht ausgetrocknet[525].

16.4 Auch in den privaten Gebeten an Christus spielt die Metapher „Quelle" eine große Rolle. Christus als Hoffnung und Krone der Jungfrauen[526] wird angeredet mit den Worten „fons vitae", „Quelle des Lebens"[527]. Die Gabe der Jungfräulichkeit fließt ja „de largitatis tuae fonte", „aus der Quelle Deiner Gebefreudigkeit"[528]. Die Braut soll bitten, daß der Bräutigam sie mit sich selbst stärke. „Quomodo esse potest gutta nisi in suo fonte?" – „Wie kann der Tropfen existieren, wenn nicht in seiner Quelle?"[529] In diesem Zusammenhang wird passend der Anfang des Psalms 41 zitiert: „Sitit anima mea ad deum fontem vivum." – „Es dürstet meine Seele nach Gott, dem lebendigen Quell."[530] „Tu es fons ille quem sitio." – „Du bist jener Quell, nach dem ich dürste."[531] Der Mensch ist glücklich zu preisen, der von ihm, dem Quell des Lebens, trinkt[532]. „Hauriam cum iucunditate te deum fontem vivum." – „Ich möchte mit Freude Dich

[517] G R 3,100,80.
[518] G R 6,382-384,186.
[519] G R 7,327-330,228-230.
[520] G 4, 4,2,5,19f.,30.
[521] G R 1,137,53.
[522] G R 1,139f.,54.
[523] G R 4,335f.,120.
[524] G 2, 1,1,3,30-34,124.
[525] G 2, 2,23,14,1f.,342.
[526] G R 2,95,70.
[527] G R 2,98,72.
[528] G R 3,218f.,88.
[529] G R 5,109f.,134.
[530] G R 5,170f.,138.
[531] G R 5,174,138.
[532] G R 7,427f.,234.

Gott, den lebendigen Quell, ausschöpfen."[533] Ähnlich heißt es, daß der Mensch aus dieser lebendigen Quelle, nach der er hechelt[534], das ewige Leben zu schöpfen wünscht[535]. Er hofft, trunken zu werden „ab ubertate dulcedinis fontis vivi", „vom Reichtum der Süße der lebendigen Quelle"[536]. Von der Quelle geht man aus und kehrt zurück. So betet man: „Eia tu fons sempiternorum luminum, repete me in tuum, a quo profluxi." – „Eia, Du Quell der immerwährenden Lichter, bringe mich in das Deine zurück, von wo ich ausgeflossen bin."[537] Die Quelle des Lichtes wird den Menschen einmal mit der Fülle der Wonnen stärken[538]. Selbst die Seraphin und Cherubin erhalten ihre Erkenntnis aus dem Quell aller Weisheit[539]. Diesem gleichen Quell der immerwährenden Lichter jubelt das Herz und die Seele der Menschen zu[540]. Nur die Gottheit Jesu ist fähig, ihn, die Quelle des Lebens, geziemend zu loben[541]. Auch seine „fontalis sanctitas", „quellhafte Heiligkeit" soll sein Lob verbreiten[542].

16.5 Sieht man von den Stellen ab, an denen der Mensch aus Jesus, dem Quell des Lebens, seinen Durst stillt, verwendet Gertrud die Metapher „Quelle" in der Bedeutung von „Ursprung", ohne daß das Bild des Wassers, das aus der Quelle fließt, eine eigene Rolle spielt.

17. Petrus von Dazien freut sich mit Christina von Stommeln über deren „unio mystica" mit Christus[543]. Es war ein Tag, an dem Christus sich als „fons sapiencie in excelsis", „Quelle der Weisheit in der Höhe" gezeigt hat[544]. An einer anderen Stelle nennt Petrus die Heilige Dreifaltigkeit „fons leticie", „Quelle der Freude"[545].

7.4 Brunnen

1. Wir haben schon beobachtet, daß im mittelalterlichen Latein „fons" die Bedeutung von Brunnen haben kann. Umgekehrt kommt im Mittelhochdeutschen zwar das Verb „quellen", aber nur sehr selten das Substantiv „Quelle" vor[546]. Dafür hat „brunne" neben der Bedeutung von der Wasservorrichtung, die im Neuhochdeutschen Brunnen heißt, auch diejenige von Quelle[547].

---

[533] G R 5,261,144.
[534] G R 6,704,204.
[535] G R 6,538f.,194.
[536] G R 5,261f.,144.
[537] G R 5,279f.,144.
[538] G R 6,525f.,194.
[539] G 5,5,4,6,8-10,86.
[540] G R 6,190-192,174.
[541] G R 6,212f.,174.
[542] G R 6,413-415,188.
[543] CS 1, B 9,28,91,31-92,4.
[544] CS 1, B 9,28,92,6-8.
[545] CS 1, B 27,47,191,28-30.
[546] Vgl. Lexer 2,321.
[547] Vgl. Lexer 1,366.

2. Im Lateinischen bedeutet „puteus" „Brunnen". Da mit diesem Ausdruck aber auch eine schlecht riechende Grube gemeint sein kann, wird er nur selten auf Christus angewendet. In Joh 4,11 sagt allerdings die Samariterin zu Christus, daß „fons Jacob" (Joh 4,6) ein „puteus altus", „tiefer Brunnen" ist. An zwei Stellen unserer lateinischen Texte habe ich einen christologischen Bezug zum Wort „puteus" gefunden.

2.1 Eine heiligmäßige Verstorbene hat nach Bernhard von Clairvaux gefunden „fontem hortorum, puteum aquarum viventium, et cum Samaritana potatur aqua sapientiae salutaris, ut non sitiat in aeternum", „die Gartenquelle, den Brunnen der lebenden Wasser, und wird mit der Samariterin getränkt durch das Wasser der heilbringenden Weisheit, so daß sie in Ewigkeit keinen Durst mehr hat"[548]. Der Bezug auf das vierte Kapitel des Johannesevangeliums ist deutlich; damit dürfte unter dem Brunnen, der Lebenswasser hat, welches den Durst für immer stillt, Christus verstanden sein.

2.2 Direkt ist der Bezug auf Christus bei Gilbert von Hoyland ausgesprochen. Mit Johannes kann man an der Brust Jesu ruhen, „ubi indefessae puteus sapientiae", „wo der Brunnen der unversiegbaren Weisheit" ist[549].

3. Der Verfasser des St. Trudperter Hohelied hat offensichtlich kein besonderes Interesse an Quelle/Brunnen als Metapher für Christus. Die erste Stelle im Hohelied (4,12), in der vom versiegelten Brunnen im Garten gesprochen wird, deutet er auf Maria[550], auf das reine Gewissen eines Menschen[551] und auf die Weisheit Gottes, die durch das Gewissen versiegelt werden muß[552]. Von Christus heißt es an dieser Stelle nur, daß er als Baumeister den Brunnen versiegelt hat[553]. Die zweite Stelle, in der von einem Brunnen im Hld gesprochen wird (Hld 4,15), wird in diesem Kommentar überhaupt nicht behandelt. Darüber hinaus verwendet der Verfasser einmal „brunnen" im Sinn von Ursprung. Der Auferstandene ist „ein lebender brunne der heiligen vernunste", „ein lebender Brunnen der heiligen Vernunft"[554].

4. Ganz anders sieht das Bild in den muttersprachlichen Werken des David von Augsburg aus. Dort kommt die Brunnenmetapher sehr oft vor.

4.1 Wenn Christus Brunnen genannt wird, heißt er ewig[555], grundlos[556], lauter[557], rein[558] und voll[559]. Er ist ein „êwic brunne alles guotes", „ewiger Brunnen alles Guten"[560], der „brunne des obersten guotes", „Brunnen des höchsten Gutes"[561],

---

[548] BVV 2,2,120,8f.
[549] GHLD 12,4,63C.
[550] TH 56,31,136.
[551] TH 57,17-19,136.
[552] TH 58,15-18,138.
[553] TH 57,13f.,136.
[554] TH 25,10,70.
[555] DV 350,27f.
[556] DAG 363,6.
[557] DB 2,376,33.
[558] DS prol 310,2f.
[559] DEW 365,32.
[560] DV 350,27f.; DB 2,376,33.
[561] DV 357,39; DAG 363,6.

„brunne des übermaezigen guotes", „Brunnen des maßlosen Gutes"[562], „brunne aller heilekeit", „Brunnen aller Heiligkeit"[563], „brunne alles lebens", „Brunnen alles Lebens"[564], „brunne des êwigen lebennes", „Brunnen des ewigen Lebens"[565], „brunne aller reinikeit", „Brunnen aller Reinheit"[566], „brunne aller wünne", „Brunnen aller Wonnen"[567], „aller triuwen brunne", „aller Treue Brunnen"[568] und „ölbrunne der güete", „Ölbrunnen der Güte"[569].

4.2 Der Sohn Gottes wurde von einem Menschen „reiniclîchen", „rein" geboren[570]. David denkt dabei wohl an die Jungfräulichkeit seiner Geburt. „Der lûteriste brunne alles guotes, daz ist des himelischen vater einborn sun", „Der lauterste Brunnen alles Guten, das heißt des himmlischen Vaters eingeborener Sohn," ist so in der Jungfrau Maria Mensch geworden, daß er mit keiner Sünde in Berührung kam[571]. So ist er das Vorbild der Reinen, das heißt „ein brunne aller reinikeit", „ein Brunnen aller Reinheit"[572].

4.3 Je mehr man sich nach Christus sehnt, „sô dû den brunnen des obersten guotes und des êwigen lebennes ie gelustlîcher trinkest", „um so lustvoller trinkst du aus dem Brunnen des höchsten Gutes und des ewigen Lebens"[573].

4.4 Die Tugenden fließen von einem reinen Brunnen, welcher das Herz Gottes ist, das von allem Guten der Ursprung ist[574]. Da es ein Lieblingsgedanke des David ist, daß Christus der Ursprung und das Vorbild aller menschlichen Tugenden ist, ist mit dem Herz Gottes das Herz Jesu gemeint. So ist er „ein brunne aller reinikeit", „ein Brunnen aller Reinheit" und damit Ursprung und Beispiel aller menschlichen Reinheit[575]. Umgekehrt scheidet die Sünde den Menschen „von dem êwigen brunnen alles guotes", „vom ewigen Brunnen alles Guten[576]. Denn alle Seligen stillen ihren Durst „von dem gruntlôsen brunne des oberisten guotes", „vom grundlosen Brunnen des höchsten Gutes"[577]. „Wan der in ein brunne ist aller wünne." – „Denn der ist ihm (= dem Menschen) ein Brunnen aller Wonne."[578] „Dû bist der volle brunne des übermaezigen guotes, dâ von elliu dinc guot sint." – „Du bist der volle Brunnen des maßlosen Gutes, da-

---

[562] DEW 365,3f.
[563] DSG 7,397,18f.
[564] DB 9,383,5.
[565] DV 357,39f.
[566] DK 342,33.
[567] DAG 363,13.
[568] DB 10,384,7f.
[569] DB 7,381,34.
[570] DK 342,31-33.
[571] DB 2,376,33-37.
[572] DK 342,33.
[573] DV 357,39f.
[574] DSV prol 310,2f.
[575] DK 342,33.
[576] DV 350,27f.
[577] DAG 363,5f.
[578] DAG 363,12f.

von alle Dinge gut sind."[579] Von dem Herzen des Vaters und dem Herzen Jesu Christi fließt ein starker Strom. Denn dort ist ein „brunne aller heilekeit", „Brunnen aller Heiligkeit"[580].

4.5 Auch bei David von Augsburg überwiegen die Stellen, an denen Brunnen den Sinn „Ursprung" hat.

5. Mechthild von Magdeburg spricht zwar sehr viel vom Brunnen, sieht in ihm aber meist eine Metapher für die Dreifaltigkeit. Dennoch gibt es auch einige Stellen, an denen das Bild christologisch gefärbt ist.

5.1 Christus ist ein fließender[581] und grundloser[582] Brunnen. Die Sendung des Sohnes auf die Erde beschreibt Mechthild folgendermaßen: „Der sůsse tŏwe der unbeginlicher dirvaltekeit hat sich gesprengt us dem brunnen der ewigen gotheit in den blůmen der unserwelten maget." – „Der süße Tau der Dreifaltigkeit ohne Beginn hat sich ergossen aus dem Brunnen der ewigen Gottheit in die Blume der auserwählten Magd."[583]

5.2 Mechthild verwendet diese Metapher zur Beschreibung der „unio mystica". Die Seele sagt zu ihrem Bräutigam: „Du bist min trut, min gerunge, min vliessender brunne." – „Du bist mein Geliebter, mein Verlangen, mein fließender Brunnen."[584] Er wird angesprochen mit den Worten: „O du grundeloser brunne", „O Du grundloser Brunnen"[585]. Der Herr als Bräutigam beschreibt folgendermaßen die Einheit der Seelen mit ihm: Sie laufen wie ein Hirsch „nach dem brunnen, der ich bin", „nach dem Brunnen, der ich bin"[586]. So wird auch diese besondere Gabe zur Ehre für den grundlosen Brunnen, aus dem sie geflossen ist[587].

7.5 Meer

1. Das Meer dient in der Antike und im frühen Christentum als ein Bild der unsicheren, wandelbaren Existenz des Menschen, ist aber auch ein Symbol für die Grenzenlosigkeit und Unwandelbarkeit Gottes. In der Vulgata wird weder „mare" noch „pelagus" auf Christus übertragen.

2. Bernhard von Clairvaux versucht, die einzelnen Chöre der Engel auf besondere Eigenschaften Christi zu beziehen. Die Engel, die „Dominationes", „Herrschaften" genannt werden, lieben Christi in seiner „interminibabili atque irrefragabili dominitu", „unbegrenzten und unzerstörbaren Herrschaft"[588]. Gerade weil er seine Herrschaft so

---

[579] DEW 365,32f.
[580] DSG 7,397,18-22.
[581] MM 1,4,10.11.
[582] MM 1,8,3.12; 6,13,28.220.
[583] MM 1,22,4f.16.
[584] MM 1,4,9f.11.
[585] MM 1,8,2f.12.
[586] MM 1,38,6f.25f.
[587] MM 6,13,28f.220.
[588] BHLD 1, 19,2,3,268,8-10.

allumfassend und ruhig ausübt, kann er mit einem „ingens pelagus", „ungeheurem Meer" verglichen werden[589].

3. Bei der Erhebung der verwandelten eucharistischen Gestalten gerät Beatrijs von Nazareth in eine Ekstase und „contino tota simul in illo caritatis pelago quasi guttula defluens est absorpta", „ist sofort in jenes Meer der Liebe wie ein Tröpflein herabflie-ßend verschlungen"[590]. Wegen des Bezuges zur Eucharistie ist das Meer der Liebe, wohinein Beatrijs verschlungen wird, Christus. In der der Vita beigefügten lateinischen Fassung ihres mittelniederländischen Traktates „Van der seuen manieren der minne" wird fast wortgleich mit diesem Bild die „unio mystica" beschrieben[591].

4. David von Augsburg nennt Christus „daz mer der vröuden", „das Meer der Freu-den", welches nicht abnimmt, auch wenn es ständig von sich weitergibt[592].

5. Gertrud die Große gebraucht etwas häufiger die Metapher „Meer". Der Mensch soll sich einmal mit der Größe des Herrn vergleichen und dann sagen: „Ecce ego quasi minima guttula bonitatis tuae, et tu totius dulcedinis plenum mare." – „Siehe, ich, gleichsam das kleinste Tröpflein Deiner Güte, und Du, das volle Meer der ganzen Süße."[593] Sie kann nur noch beten: „Demergar in abyssum maris tuae indulgentissimae pietatis." – „Ich möchte verschlungen werden in den Abgrund des Meeres der ganz vergebenden Güte."[594] „O plenum mare, me stillam modicam in te absorbeas." – „O volles Meer, Du sollst mich geringen Tropfen in Dich aufsaugen."[595] Oder: „In ma-gnum mare abyssalis misericordiae tuae dimitte me!" – „Senke mich in das große Meer Deiner abgründigen Barmherzigkeit!"[596]

Mit dem Meer kann auch das Bild vom Unausschöpfbaren verbunden sein. Das Meer der Güte Christi, die sich nicht enthalten kann, ist nicht ausschöpfbar[597].

Einmal sieht Gertrud „pelagus divinitiatis introrsus in pectore Jesu", „das Meer der Gottheit innerlich in der Brust Jesu"[598]. Die Süße dieser Gottheit überragt alle mensch-liche Freude, wie das Meer einen Tautropfen übertrifft[599]. Das gleiche gilt auch für die Liebe, die ein Mensch zu einem anderen haben kann. Auch sie ist nur ein Tropfen im Verhältnis der Liebe Gottes zu uns[600].

---

[589] BHLD 1, 19,2,3,268,11-22.
[590] BN 3,5,206,12f.,133.
[591] BN 3,19,253,242-248,166.
[592] DB 10,384,11-16.
[593] G R 4,331f.,120.
[594] G R 4,336f.,120-122.
[595] G R 5,175f.,138.
[596] G R 4,404,126.
[597] G 2, 2,23,10,4-6,340.
[598] G 4, 4,4,5,7-9,66.
[599] G 3, 3,44,11-16,198.
[600] G 5, 5,4,20,5f.,102.

7.6 Zusammenfassung

1. Die verschiedenen hier genannten Metaphern für Christus haben unterschiedliche Bedeutung.

1.1 Christus ist das heilbringende[601], lebendige[602], lebende[603], lebendig machende[604], reine[605] Wasser und wird genannt Wasser des Lebens[606], der Liebe[607], der Stärkung[608], der Vergebung[609], der Weisheit[610] und der fröhlichen Menschheit[611].

1.2 Weiter ist er die Quelle des Lebens[612], des ewigen Lebens[613], der Reinheit[614], der Süße[615], des Überflusses[616], des Wassers[617] und des lebendigen Wassers[618]. Die Quelle, mit der Christus verglichen wird, ist durchsichtig[619], ewig[620], gerecht[621], lebend[622], lebendig[623], rein[624], schön[625], sprudelnd[626], unausschöpfbar[627], unversiegend[628], versiegelt[629] und wahr[630]. Sie ist Quelle ihrer selbst, weil Christus sich in der Liebe selbst mitteilt[631].

---

[601] RVPS 28,308B-C.
[602] GIS Pent 1,4,112-116,290; HISV 1, 2,6,30,1183-1187,259f.; HIO 3,3,2,12,379; MH 2,2,137; G R 1,139f.,54; 6,590f.,198; WC 6,1-4,76.
[603] JHLD 7,2,115f.,75; 23,7,184f.,198.
[604] MH 1,18,59.
[605] MH 5,11,339.
[606] ESV 3,4,60.
[607] G R 4,286-286,118.
[608] G R 503f.,192.
[609] G R 4,286-286,118.
[610] RVPS 28,308B.
[611] MM 4,12,19-21,123.
[612] JFC 3,3,52,144; JFM 5,60,207; BHLD 1, 22,2,4,310,16f.; WR 3,602D; BT 10,511D; JHLD 96,6,134-135,652; 105,7,142f.150f.,713; SP 2,170,13f.; 9,834,5f.; HAN 3,17,646; HISV 1,2,2,4,72-90,126f.; 2, 3,8,13,631f.,496; G R 1,139,54; 2,98,72; 6,213,174; 7,327,228; 7,428,234.
[613] G R 6,383,186.
[614] BPUR 3,2,420,9f.; SP 11,902,3.
[615] JFM 5,59,207; JHLD 7,5,193f.,77; SP 9,824,8f.
[616] HISV 1, 1,1 vis,37-40,8.
[617] ESB 8,143.
[618] ESV 1,48,25; 3,4,61.
[619] HIB 1, 18r,1,54.
[620] SPE 93,1040A.
[621] HIB 1, 18r,1,54.
[622] HISV 2, 3,13,8,205,620; HIB 1, 7,29,18; 52r,1,127; 2, 137,6,310; 179,6,407.
[623] JFC 3,7,185-187,148; SP 2,170,22f.; HIO 3,3,2,2f.,379; MH 1,31,109; G R 5,171,138; 5,261f.,144; 6,539,194; 6,704,204.
[624] HIB 1, 59,1,139.
[625] ESB 14,148.
[626] HIO 3,3,2,60,381.
[627] BQUAD 1,2,446,7.
[628] JHLD 14,7,257-261,130f.
[629] BHLD 1, 22,2,4,310,16f.; MO 2,5,43,557.
[630] WC 12,16f.,110.
[631] HL 975C.

1.3 Quelle kann auch Ursprung von Eigenschaften bedeuten. So ist Christus die Quelle der Barmherzigkeit[632], der Demut[633], der Ewigkeit[634], der Gebefreudigkeit[635], der Freude[636], der Geduld[637], der Gerechtigkeit[638], der Gnade[639], des Gutseins[640], der Güte[641], des Heiles[642], der Kraft[643], des Lichtes[644], der immerwährenden Lichter[645], der Liebe[646], der Seligkeit[647], der Tugenden[648], der Wahrheit[649] und der Weisheit[650]. Es ist auch von der quellhaften Heiligkeit und dem quellhaften Licht[651] Jesu die Rede.

1.4 Christus ist der Brunnen alles Guten[652], des höchsten Gutes[653], aller Heiligkeit[654], alles Lebens[655], des ewigen Lebens[656], aller Reinheit[657], aller Treue[658], der Vernunft[659], der lebenden Wasser[660], der Weisheit[661] und aller Wonnen"[662]. Auch Ölbrunnen der Güte[663] wird er genannt. Der Sohn Gottes ist der Brunnen, aus dem alles heraus- und

---

[632] BB 2, 341,2,592,11-14; GIS Nat 1,2,90-93,170; BN 2,10,120,18-22,86; MH 3,25,229; G 2, 2,23,14,1,342.
[633] MH 1,13,40.
[634] BN 3,7,217,86f.,139.
[635] G R 3,218f.,88.
[636] MH 1,13,41.
[637] MH 1,13,40f.
[638] WC 12,10-13.15f.,110.
[639] BVNAT 4,9,190,4f.
[640] WHLD 1,9,108,242; BT 13,535C; ESB 8,144; 21,152; MH 2,2,137; G 4, 4,2,5,20f.,30.
[641] BB 2, 341,2,592,14f.; BQUAD 1,2,446,7.
[642] HISV 1, 2,3,30,662f.,154.
[643] BD 96,1,730,8.
[644] GIS Pur 1,5,179f.,318; JHLD 7,5,193f.,77; G R 6,525,194.
[645] G R 5 279,144; 6,192,174.
[646] BB 2, 374,2,698,17; BD 96,1,730,8; JHLD 7,2,115f.,75.
[647] SP 5,444,10f.
[648] JFC 3,22,1194-1197,179.
[649] BD 96,1,730,8.
[650] BCO 5,4,8,786,16f.; BD 16,7,316,27-318,1; 96,1,730,8; GIS Bene 2,7,193-201,70; JHLD 22,4,62f.,187; 23,7,184f.,198; 23,10,226,199; SP 1,166,1-6; 4,348,6f.; RVTR 6,12,404; HIM 2,51,1055,102; HIB 1, 25r,20,71; G R 3,100,80; G 2, 1,1,3,30-34,124; 5, 5,4,6,9,86; CS 1 B 9,28,92,6-8.
[651] G 5, 5,35,1,6,270.
[652] DV 350,27f.; DB 2,376,33.
[653] DV 357,39; DAG 363,6.
[654] DSG 7,397,18f.
[655] DB 9,383,5.
[656] DV 357,39f.
[657] DK 342,33.
[658] DB 10,384,7f.
[659] TH 25,10,70.
[660] BVV 2,2,120,8.
[661] GHLD 12,4,63C.
[662] DAG 363,13.
[663] DB 7,381,34.

zurückfließt[664]. Mit einem ewigen[665], fließenden[666], grundlosen[667], lauteren[668], lebenden[669], reinen[670] und vollen[671] Brunnen wird Christus verglichen.

1.5 Auch das Meer wird als Bild für den Ausgangspunkt von etwas genommen. So ist
Christus ein Meer der Barmherzigkeit[672], der Freude[673], der Gottheit[674], der Güte[675],
der Liebe[676], der Süße[677] und aller Tugenden[678]. Dieses Meer ist groß[679], unausschöpfbar[680], unendlich[681] und voll[682].

2. Schon in Joh 4,14 kann die ständig sprudelnde Quelle ein Symbol der lebendigen
Freigibigkeit sein. So ist Christus die Quelle, aus der vielfältiges Wasser sprudelt[683].
Deswegen wird Christus mit den vier Paradiesesquellen verglichen[684], welche die vier
Evangelien darstellen[685]. Die Braut nennt Christus, ihren Bräutigam, einen fließenden
Brunnen[686].

3. Eine Gartenquelle ist Zeichen der befruchtenden Kraft Christi[687]. An ihren Wassern der Stärkung[688] kann man blühen[689]. Deshalb erhalten auch die Heiligen[690] und
die Engel[691] aus der Quelle Christus ihr Leben. Er selbst ist empfangen worden, weil
sich der Tau aus dem Brunnen der Dreifaltigkeit in die Jungfrau ergoß[692]. Die Braut als
Tropfen kann nur durch die Quelle des Bräutigams existieren[693].

---

[664] DV 360,37-39.
[665] DV 350,27f.
[666] MM 1,4,10,11.
[667] DAG 363,6; MM 1,8,3,12; 6,13,28,220.
[668] DB 2,376,33.
[669] TH 25,10,70.
[670] DS prol 310,2f.
[671] DEW 365,32.
[672] G R 4,404,126.
[673] DB 10,384,11-16.
[674] G 4, 4,4,5,7-9,66.
[675] G R 4,33f.,120-122; G 2, 2,23,10,4-6,340.
[676] BN 3,5,206,12f.,133.
[677] G R 4,331f.,120.
[678] BHLD 1, 13,1,1,184,8f.
[679] G R 4,404,126.
[680] G 2, 2,23,10,4-6,340.
[681] BHLD 1, 19,2,3,268,11-22.
[682] G R 5,175f.,138.
[683] JFP 15,223; RVPS 28,308B.
[684] BD 96,1,730,4-7.
[685] SP 1,166,1-6; 2,170,4-12.
[686] MM 1,4,9f.,11.
[687] BVV 2,2,120,8.
[688] SP 6,532,3f.; G R 503f.,192.
[689] G R 2,16,66.
[690] BVV 2,2,120,6f.; DAG 363,5f.
[691] BINOV 5,9,718,25f.
[692] MM 1,22,4f.,16.
[693] G R 5,109f.,134.

4. Vor allem kann man an einer Quelle den Durst stillen. Christus ist die Quelle, nach welcher der Mensch dürstet[694]. Wie die Väter in der Wüste aus einem Felsen, so trinken wir am Kreuz aus der Quelle Christi[695]. Der Mensch ist wie ein Hirsch, der nach Wasser dürstet[696] und deswegen auf Christus zuläuft[697]. Aus dieser Quelle kann man seinen Durst nach Erkenntnis stillen[698]. Man trinkt aus der Quelle des Erlösers mit Freuden[699] und lustvoll[700]. Weil sie für alle Menschen offen sein soll, darf diese Quelle nicht verborgen bleiben[701]. Die Liebe drängt Jesus als den Quell, selbst am Kreuz Durst zu haben[702]. Die Brust Jesu ist die Quelle, aus der man trinkt[703]. Vom Trank aus dieser Quelle kann der Mensch trunken werden[704]. Von ihr gehen ja die Wonnen aus[705]. Selbst die Engel müssen von ihr trinken[706]. Einmal wird auch Christus mit einer gute Luft verbreitenden Quelle verglichen[707].

5. Wasser reinigt auch. So ist Christus, der als Wasser zur Umkehr mahnt[708], das reinigende Wasser[709], das Wasser der Wiedergeburt[710] und die Quelle der Reinheit[711]. In ihm, der Quelle der Barmherzigkeit, wird man rein[712]. Zur Erlösung führt auch die Liebe den Sohn Gottes als Quelle der Weisheit auf die Erde[713], zu welcher er die Erlösten zurückführt[714].

6. Wasser kann auch etwas Geringes und Niedriges sein. So verwandelt Christus das Wasser der Furcht bei der Hochzeit von Kana in den Wein der Freude[715]. An Weihnachten wandeln sich die Wasser in die Süße des Öles[716]. Eine Quelle fließt nach unten. So wird die Demut Christi mit einer Quelle verglichen[717].

---

[694] G R 5,174,138.
[695] GIS Ben 1,3,100-105,44.
[696] JFC 3,7,185-187,148; G R 5,169f.,138.
[697] MM 1,38,6f.,25f.
[698] BD 16,7,316,27-318,1.
[699] BD 96,1,730,3; ESB 8,143; BN 3,3,196,11f.,128.
[700] DV 357,39f.
[701] HISV 2, 3,8,13,632-634,496.
[702] G R 7,327-330,228-230.
[703] MO 2,10,90,567.
[704] G R 5,261f.,144.
[705] G R 6,525f.,194.
[706] G 5, 5,4,6,8-10,86.
[707] MH 1,31,109.
[708] HIB 1, 7,1-3,17.
[709] GIS Pur 4,36f.,358; MH 3,25,229; 4,15,272; G R 1,143f.,54; G 3, 3,30,2,2-6,134.
[710] HISV 2, 3,7,8,315-317,471.
[711] BPUR 3,2,420,9f.
[712] BB 2, 341,2,592,11-14.
[713] G R 3,100,80.
[714] G R 6,382-384,186.
[715] IS 10,15,152f.,232.
[716] AB 193-194,64f.,406.
[717] BVNAT 4,9,188,6-8; HIO 3,3,2,2f.,379.

7. Aus der geöffneten Seite Christi floß das lebendige[718], das reinigende[719] Wasser, das Wasser der Güte[720], des Lebens[721], der Seligkeit[722], der Süße[723] und der Sakramente der Kirche[724]. Aus dem Herzen Jesu fließt das Wasser in den Taufbrunnen[725]. Dieses Wasser kann auch bei dem Menschen das Wasser der Tränen erzeugen[726]. Weil außer Blut auch Wasser aus der Seite Christi floß, gehört neben dem Wein auch das Wasser zu den eucharistischen Gaben[727], wobei der Wein die Gottheit und das Wasser die Menschheit Christi symbolisiert[728].

8. Das durchsichtige Wasser wird auch zum Zeichen der gegenseitigen Durchdringung der Personen der Dreifaltigkeit[729], die selbst Quelle[730] oder Brunnen genannt[731] wird. Weil Christus vom Vater ausgegangen ist, ist dieser seine Quelle[732], die Quelle seines Lichtes[733]. Weil der Vater ihn so liebt, fließt von ihm sein ganzes Wesen auf den Sohn[734]. So ist dieser die Quelle, die aus dem Herzen des Vaters sprudelt[735].

8. Pflanzen

8.1 Baum

1. Schon im Alten Testament taucht der Baum in einer Vision des Daniel auf (Dan 4,7f.). Christus spricht davon, daß das Senfkorn zum Baum heranwächst (Mt 13,32; Lk 13,19). „Arbor" wird aber nicht direkt auf Christus bezogen.

Neben „arbor" kann auch das Wort „lignum" die Bedeutung von Baum haben. Sehr einflußreich waren die Stellen Gen 2,22; 3,9, an denen vom „lingnum vitae", „Lebensbaum" im Paradies die Rede ist, von dem die Stammeltern nichts essen durften. Nach 1 Petr 2,24 trug Jesus die Sünden auf das „lignum", „Holz", um uns zu erlösen. In der Alten Kirche ist das Holz des Lebens ein besonderer Name für Christus[736].

---

[718] MH 1,18,59.
[719] G 2, 2,4,4,4-6,246.
[720] JHLD 28,4,138-141,230.
[721] ESV 3,4,60.
[722] SP 5,444,10f.
[723] LB 4,187f.,134.
[724] HAN 1,4,630C; MH 1,22,80.
[725] MH 1,22,80; G R 1,137,54.
[726] LB 4,197,134; AB 168,26-28,352; 233,20-24,478.
[727] HISV 1, 2,6,30,1176f.,259.
[728] HISV 1, 2,6,30,1177-1182,259.
[729] MM 4,12,19-21,123.
[730] JHLD 14,7,257-261,130f.
[731] MH 1,31,109f.
[732] BHLD 2, 42,7,10,92,26f.; BVNAT 4,9,190,8f.
[733] JHLD 7,2,107f.,74f.
[734] JHLD 7,2,111-114,75.
[735] HISV 2, 3,13,1,43,615.
[736] Sieben, Nomina 177; vgl. Forstner 149-154; Grinda 1041-1043.

2. Nach Hld 6,10 gibt es in dem Garten, in den der Bräutigam die Braut führt, „mala punica", „Granatäpfel". Diese sind nach Bernhard von Clairvaux gewachsen am Baum des Lebens, von dem sie Geschmack und Farbe haben, den sie vom Brot des Himmels und vom Blut Christi erhalten haben[737]. Weiter erhält die Braut Äpfel des Leidens, „quae de arbore crucis tulerat", „die sie vom Baum des Kreuzes gepflückt hat"[738]. Der weitere Abschnitt mit der Erklärung der Granatäpfel ist ganz soteriologisch und christologisch geprägt[739], so daß an der Gleichsetzung des Baumes des Lebens mit dem Kreuz Christi nicht zu zweifeln ist.

In einer seiner Hoheliedpredigten geht Bernhard ausführlich auf Hld 2,3 „Sicut malus inter ligna silvarum, sic dilectus meus inter filios", „Wie ein Apfelbaum unter den Waldbäumen, so ist mein Geliebter unter den Söhnen" ein[740]. Für Bernhard ist es ganz selbstverständlich, daß der Geliebte Christus ist. Es stört ihn aber, daß ein Apfelbaum nicht so hoch ist wie die anderen Waldbäume und deswegen schlecht zur Größe Christi paßt[741]. Zeichnet sich nicht der Apfelbaum durch „mediocritas", „Mittelmäßigkeit" aus[742]? Wird da nicht der Vergleich zu einem „parvi laus", „Lob von etwas Kleinem[743]? Doch hier geht es nicht um das Lob seiner Größe, „sed commendatur humilitas", „sondern es wird die Demut erwähnt"[744]. Die größeren Waldbäume sind unfruchtbar, Christus dagegen trägt Frucht und macht, daß die Waldbäume fruchtbar werden[745]. Dann entdeckt Bernhard die Vorzüge des Apfelbaumes, der Früchte trägt und Schatten spendet[746]. Mögen die Waldbäume auch größer und schöner sein, „solus tamen Dei sapientia Christus lignum est vitae", „allein aber die Weisheit Gottes, Christus, ist der Baum des Lebens"[747]. Denn die Waldbäume mögen zwar Schatten spenden, bringen aber keine Frucht[748].

3. Isaak von Stella zitiert wörtlich 1 Petr 2,24, fügt aber hinzu, daß Christus die Sünden nicht nur auf den Baum des Kreuzes getragen hat, sondern durch das Kreuz auch beseitigt hat[749]. Wie die ganze Kraft und das Leben eines Baumes von der Wurzel kommen, so erhält die Kirche alle Lebenskraft von Christus[750].

4. In seinem Kommentar zum Hohelied setzt Gilbert von Hoyland das Brautbett mit dem Kreuz Jesu gleich und schreibt: „Dulcis lectulus illud crucis tuae lignum. In hoc ego nascor et nutrior, creor et rercreor, et super passionis tuae altaria memoriae mihi

---

[737] BDI 3,7,86,1-3.
[738] BDI 3,7,86,10.
[739] BDI 3-5,8-15,86,13-100,13.
[740] BHLD 2, 48,2,3-5,150,21-154,15.
[741] BHLD 2, 48,2,3,150,26-28.
[742] BHLD 2, 48,2,3,152,3f.
[743] BHLD 2, 48,2,3,152,7.
[744] BHLD 2, 48,2,4,152,10.
[745] BHLD 2, 48,2,4,152,12-17.
[746] BHLD 2, 48,2,5,154,8-10.
[747] BHLD 2, 48,2,5,154,13f.
[748] BHLD 2, 48,3,6,154,18-20.
[749] IS 11,10,88f.,242.
[750] IS 34,7,59-62,236.

nidum libenter recolloco." – „Süß (ist) jenes Bett des Baumes Deines Kreuzes. In ihm werde ich geboren und genährt, geschaffen und neugeschaffen, und auf dem Altar Deines Leidens baue ich mir gern das Nest meines Gedächtnisses."[751] Für Gilbert ist es bedeutsam, daß die Erlösung in einem umgekehrten Verhältnis zum Fall steht. Deswegen müssen auch Tag und Stunde bei beiden Ereignissen übereinstimmen[752]. Daher heißt es auch: „Per lignum mors inducta, per lignum vita restituta." – „Durch einen Baum ist der Tod eingeführt, durch einen Baum das Leben wiederhergestellt worden."[753] Ein anderes Mal fordert Gilbert zur Geduld auf: „Non est fenum Christus, sed flos est, sed fructus est, sed lignum vitae, lignum quod dat fructum in tempore suo: et tu non vis exspetare?" – „Christus ist kein Heu, sondern eine Blume, sondern eine Frucht, sondern ein Baum des Lebens, ein Baum, der seine Frucht zur rechten Zeit bringt, und du willst nicht warten?"[754]

5. Guerricus ist einer der wenigen, der für das Kreuz als Baum nicht das Wort „lignum", sondern „arbor" gebraucht. Am Palmsonntag wird durch das Gedächtnis des Leidens der Triumph Christi über die Hölle gefeiert[755]. „In istis crux refloruit; hunc fructum pretiosum nunc etiam arbor vitae tulit." – „Dabei ist das Kreuz aufgeblüht, und diese kostbare Frucht hat nun der Baum des Lebens gebracht."[756]

6. Johannes von Ford geht auch auf die Beziehung des Adam zu Christus ein. Christus, der neue Adam, „ad lignum uetitum non extendit manum suam. Poma potius conuallis, hoc est humilitatis fructus, mulieri quam ei dedit Deus demonstrans", "streckte seine Hand nicht nach dem verbotenen Baum aus. Vielmehr zeigte er den Apfelbaum des Tales, das ist die Frucht der Demut, der Frau, die Gott ihm gegeben hat"[757]. Unter der Frau ist die Kirche verstanden, der Christus die Demut zeigt und lehrt[758]. Johannes greift dabei Gedanken Bernhards von Clairvaux auf, wenn er schreibt, daß Christus, dessen Größe unendlich ist, wegen seiner Kleinheit, das heißt Demut, die ebenfalls unendlich ist, am besten mit einem Apfelbaum verglichen wird, der kleiner als die Bäume des Waldes und zugleich fruchtbarer als diese ist[759]. Johannes nimmt an, daß schon damals im Paradies Christus der Baum des Lebens war, der allen anderen Bäumen das Leben gab[760]. Denn wenn ihnen Christus als Baum des Lebens nicht in der Demut die Fruchtbarkeit vermittelt hätte, wären sie trotz all ihrer Lieblichkeit ohne Frucht geblieben[761]. Zugleich vergleicht Johannes Christus mit dem kleinen Senfkorn, welches zum großen Baum wächst[762]. „Lignum pomiferum et arbor sinapis est Christus." – „Der

---

[751] GHLD 2,7,21D.
[752] GHLD 4,4,28C.
[753] Ebenda. vgl. Präfation vom Heiligen Kreuz: Qui in ligno vincebat, in ligno quoque vinceretur.
[754] GHLD 17,2,88C.
[755] GIS Palm 2,3,68-73,176-178.
[756] GIS Palm 2,3,72f.,178.
[757] JHLD 59,9,193-197,420.
[758] JHLD 59,9,197-199,420.
[759] JHLD 102,2,30-34,690.
[760] JHLD 100,2,39-39,677.
[761] JHLD 102,3,46-49,691.
[762] JHLD 102,2,34-37,690.

Apfelbaum und der Senfkornbaum ist Christus."[763] Dann wendet Johannes das bisher Gesagte auf sich an: „Ego quidem lignum spinosum aeternis ignibus habile." – „Ich bin ja ein Baum voller Dornen, geeignet für das ewigen Feuer."[764] Doch Christus kam vom Schoß des Vaters und ließ sich unter die Dornen säen „factusque est mihi in lignum uitae non in medio paradisi, sed inter ligna siluarum, ligna spinosa, humilia et similia mei", „und wurde für mich zum Baum des Lebens, nicht in der Mitte des Paradieses, sondern unter den Bäumen des Waldes, den Bäumen voll Dornen, niedrig und meinem (Baum) gleich"[765]. Denn in der Menschwerdung wurde er „non lignum sulbime sed lignum humile", „kein hoher Baum, sondern ein niedriger, demütiger Baum"[766]. Von den Waldbäumen wurde aber Christus verachtet, weil sie ihn wegen seiner Kleinheit oder seiner Frucht, welche die Frucht vom Baum des Lebens ist, gering achteten[767]. Wer jedoch glaubt und von dieser Frucht ißt, dem gehen die Augen auf; denn an der Frucht erkennt man den Baum (Mt 12,33)[768]. Man sieht, welch vielfältige Deutung Johannes mit dem Bild vom Baum des Lebens verbindet.

7. Aus zisterziensischer Tradition schöpft der Verfasser des Traktates „Speculum virginum", wenn er den Lebensbaum des Paradieses bezieht „ad arborem …, cuius radix humilitate fundatur, summitas vero flore aeterno, id est novo Adam praesidente consummatur", „auf den Baum …, dessen Wurzel in der Demut gegründet und dessen Gipfel in der ewigen Blume, das heißt im hervorstechenden neuen Adam, vollendet wird"[769].

8. Hugo von St. Viktor beschreibt und deutet ausführlich die Arche und dabei den in ihr sich befindenden Pfeiler[770]. Auf seiner Südseite ist der Lebensbaum gemahlt[771]. Dies gibt für ihn Anlaß, über diesen Baum zu reden. Er unterscheidet drei Arten von Lebensbäumen, welche mit einem dreifachen Paradies korrespondieren. „Primum est arbor … materialis." – „Der erste ist … ein materieller Baum."[772] „In primo paradiso lignum vitae est arbor materialis." – „Im ersten Paradies war der Lebensbaum ein materieller Baum."[773] „Secundum est Dominus Jesus Christus, qui secundum formam assumptae humanitatis in medio Ecclesiae suae, quasi lignum vitae in medio paradisi plantatus est." – „Der zweite (Baum) ist der Herr Jesus Christus, der nach der Gestalt der angenommenen Menschheit inmitten der Kirche wie der Lebensbaum in Mitten des Paradieses gepflanzt ist."[774] So ist die Menschheit Jesu der Lebensbaum im zweiten

---

[763] JHLD 102,2,37f.,690.

[764] JHLD 102,3,51f.,691.

[765] JHLD 102,3,67-71,691.

[766] JHLD 102,3,75-78,691. Im Deutschen läßt sich die Doppelbedeutung von "humile", nämlich "niedrig" und "demütig", nicht in einem Wort ausdrücken.

[767] JHLD 102,4,95-98,692.

[768] JHLD 102,98-101,692.

[769] SP 4,320,7-9.

[770] HAN 2,7,640C-D.

[771] HAN 2,9,642D.

[772] HAN 2,14,644B.

[773] HAN 2,17,646A.

[774] HAN 2,14,644B.

Paradies[775]. Der dritte Lebensbaum steht im unsichtbaren Paradies des Himmels, weil von seiner Frucht auch die Engel des Himmels leben. Er ist die Weisheit[776] oder das ewige Wort des Vaters[777].

Eigens betont Hugo, daß der Lebensbaum nur im Paradies in seinen drei Arten wachsen kann[778].

Naturgemäß interessiert sich Hugo besonders für die zweite Art des Lebensbaumes: Er besitzt Früchte und Blätter. Christus gibt den Fortgeschrittenen Stärkung durch die Früchte und Schatten den Schwachen durch die Blätter[779]. Deswegen ist es sinnvoll, wenn dieser Baum nach Süden zu steht, weil dann seine Früchte süß werden und der Schutz des Schattens in der Hitze der Versuchung notwendig ist[780]. Christus „secundum formam divinitatis lignum vitae factus est, quia ex virtute divinitatis praestare remedium", „wurde nach der Gestalt der Gottheit zum Baum des Lebens, weil er aus der Kraft seiner Gottheit das Heilmittel gewährt"[781]. Dies widerspricht nicht der vorausgehenden Bemerkung, nach der Christus in der Gestalt seiner Menschheit dieser Lebensbaum ist. „Secundum lignum vitae est humanitas Salvatoris." – „Der zweite Lebensbaum ist die Menschheit des Heilandes."[782] Denn auf Erden wirkt die Gottheit Christi nur durch seine Menschheit. Deswegen kann Hugo auch das Fleisch Christi in der Eucharistie die Frucht dieses Lebensbaumes nennen, bei dem man beim Genießen bis zum Geist der Gottheit durchdringen muß[783]. Wie dieser Lebensbaum beim einzelnen Menschen gedeihen kann, zeigt Hugo in einer groß angelegten Allegorese auf: „Per timorem seminatur, per gratiam rigatur, per dolorem moritur, per fidem radicatur, per devotionem germinat, per conpunctionem oritur, per desiderium crescit, per charitatem roboratur, per spem viret, per circumspectionem frondet, et expandit ramos, per disciplinam floret, per virtutem fructificat, per patientiam maturescit, per mortem carpitur, per contemplationem cibat." – „Durch die Furcht wird er gesät, durch die Gnade begossen, durch den Schmerz stirbt er ab, durch den Glauben zieht er Wurzeln, durch die Frömmigkeit sproßt er, durch die Reue entsteht er (neu), durch die Liebe wird er stark, durch die Hoffnung grünt er, durch die Umsichtigkeit bekommt er Blätter und streckt Zweige aus, durch die Zucht blüht er, durch die Tugend trägt er Frucht, durch die Geduld reift er, durch den Tod wird sie (= die Frucht) gepflückt und durch die Schau gegessen."[784] Das ganze dritte Buch seines Werkes „De Arca Noe morali" bildet eine Ausfaltung dieser Allegorese[785]. In seinem Werk „De Arca Noe mystica" bringt Hugo eine kurze Zusammenfassung über das, was er in „De Arca Noe morali" geschrieben

---

[775] HAN 2,17,646A.
[776] HAN 2,14,644B.
[777] HAN 2,17,646B.
[778] HAN 2,14,644B-C.
[779] HAN 2,10,643A-B.
[780] HAN 2,10,643B.
[781] HAN 2,9,643A.
[782] HAN 2,17,646A.
[783] HAN 2,17,646B.
[784] HAN 2,18,646C.
[785] HAN 3,1-15,647A-664A.

hat[786], wobei kleine Änderungen unerheblich sind[787]. An einer anderen Stelle vergleicht Hugo den alten und neuen Adam mit zwei Bäumen. Der Baum des alten Adam trägt als Frucht den Stolz, während derjenige des neuen Adam als Frucht die Demut hat. Der Mensch aber muß sich angesichts der beiden Bäume entscheiden, welche Frucht er essen will[788].

9. Elisabeth von Schönau sieht einmal zwei große Bäume, durch welche ein Fluß fließt. Auf ihre Frage wird die Schau als Sinnbild der Dreifaltigkeit gedeutet. „Gemminum lignum vite", „Das Lebensbaumpaar" stellt den Vater und den Sohn dar, während der die Bäume verbindende Fluß der Heilige Geist ist[789]. An einer anderen Stelle heißt es von Christus: „Ipse vere est vita viventium et lignum vite his, qui apprehenderunt eum." – „Er ist das Leben der Lebenden und der Baum des Lebens für diejenigen, die ihn ergreifen."[790] Auch hier bietet der Lebensbaum doppelten Nutzen, nämlich die Frucht zum Essen und die Blätter zum Schatten. Schon im Paradies hätte die Frucht dieses Baumes die Menschen vor dem ewigen Tod bewahren sollen und die Blätter ihnen Schutz vor der äußeren Hitze bieten können. Ähnlich gibt Christus als Lebensbaum himmlische Sättigung für diejenigen, die von seiner Süße essen, und Schatten in der Bedrängnis für die Angefochtenen[791].

10. Der Verfasser des St. Trudperter Hoheliedes kann in seinem Kommentar nicht an der Metapher des Baumes vorbeigehen. Zu Hld 2,3, an welcher Stelle der Bräutigam mit einem Apfelbaum unter den Waldbäumen verglichen wird, sagt er: „Diu affoltere diu ist schoene an ir loube, si ist ziere an ir blüete, si ist edel an ir schatwe, an ir wuochere enwürget sich niemen. alsô ist mîn gemahele, daz quît mîn Christ." – „Der Apfelbaum ist schön in seinem Laub, er ist eine Zier in seiner Blüte, er ist edel in seinem Schatten, an seiner Frucht erstickt niemand. So ist mein Geliebter, das heißt mein Christus."[792] Einige Einzelheiten in der Auslegung machen deutlich, daß der Verfasser bei diesem Baum eher an die Kirche als den Leib Christi gedacht hat. Denn sein Laub ist der Glaube, seine Blüte die Geistlichen, die leichter als andere Christen durch den Reif der Versuchung geschädigt werden können. Andere Details zielen direkt auf Christus: Der Apfel des Baumes ist die Menschheit Christi, an dem man nicht erstickt, sondern sich laben kann[793]. Die Stammeltern haben an einem Baum gesündigt[794], an

---

[786] HNM 2,684A-B.

[787] Bei der ersten Beschreibung stellt nur die Südseite den Lebensbaum dar, während die Nordseite das Buch des Lebens darstellt. Bei der Zusammenfassung in dem Werk „De arca Noe mystica" stellt der ganze Pfeiler Christus als Lebensbaum dar, wobei die Nordseite seine Menschheit und die Südseite seine Gottheit versinnbilden.

[788] HF prol 997B-C.

[789] ESV 3,2,58.

[790] ESV 3,31,83.

[791] Ebenda.

[792] TH 27,22-26,76.

[793] TH 29,3-10,76-78.

[794] TH 135,11-16,286.

einem anderen Baum hat Christus uns erlöst[795]. „Der andere boum daz was das heilige kriuze." – „Der andere Baum war das Heilige Kreuz."

11. In dem Kapitel, in dem der Verfasser der Vita der Margareta von Magdeburg verschiedene Eigenschaften Gottes behandelt, geht er auch auf die Demut Gottes ein. Er vergleicht diese Eigenschaft mit einem edlen Baum, an dessen Zweigen viele und große Früchte hängen, die sich nach unten neigen. Damit werden diese zugleich für diejenigen, die sie pflücken wollen, erreichbar. Wenn sich aber unter dem Baum keine Ebene, sondern ein Abgrund befinden würde, müßten sich die Zweige noch viel mehr neigen, bis die Früchte erreichbar sind. So drängt die eigene Güte Gottes, sich in Demut uns Menschen zuzuneigen[796]. Bis dahin könnte dies eine zeitlose Wahrheit darstellen. Doch dann kommt die Heilsgeschichte ins Spiel: „Ita fuit beata Virgo Maria abissus, et oportebat Deum se valde profunde inclinare ad eam, quando de ea summere venit carnem." – „So ist die selige Jungfrau Maria ein Abgrund gewesen, und Gott mußte sich sehr tief zu ihr neigen, als er kam, um von ihr Fleisch anzunehmen."[797] Der Gott, der in Maria Fleisch annimmt, ist aber der Sohn Gottes. Mit seiner Menschwerdung wird also das Neigen des Baumes verglichen.

12. Nach Mechthild von Magdeburg geht der Bräutigam mit der Braut „in den bômgarten der minne", „in den Baumgarten der Liebe"[798]. Dort neigt er ihr „den hôhsten bôm miner heligen drivaltekeit", „den höchsten Baum meiner Heiligen Dreifaltigkeit"[799]. Von der Braut heißt es dann: „So brichestu denne die grünen, wissen, roten ôppfel miner saffigen menschheit." – „So pflückst du dann die grünen, weißen, roten Äpfel meiner saftigen Menschheit."[800] Die drei Farben sind eine Anspielung auf die Heilige Dreifaltigkeit, wie eine andere Stelle bei Mechthild zeigt, an der dem Vater die weiße, dem Sohn die grüne und dem Heiligen Geist die rote Farbe zugeschrieben wird[801]. Hier ist also Christus derjenige, der die Dreifaltigkeit zu dem Menschen neigt. Er ist aber als Bräutigam zugleich der Baum, den die Braut umarmen soll[802]. An einer anderen Stelle wird der Mensch mit einem Tier verglichen, welches „kúset da den allerschônsten bôm und klimmet dar uf mit vrôlicher arebeit und behalset denne den hohen stammen", „dort sich den allerschönsten Baum wählt und aufsteigt mit fröhlicher Mühe und den hohen Stamm umhalst"[803]. Die Ähnlichkeit des Umhalsens des Stammes mit der vorausgehenden Stelle läßt vermuten, daß dieser Baum ebenfalls Christus ist. An einer anderen Stelle wird das Kreuz, an dem Christus, das Lamm, starb, ein

[795] TH 135,16-19,286.
[796] MA 27,29.
[797] Ebenda. Geht man von der durch Augustinus geprägten Metapher „Abgrund" für „Sündhaftigkeit" aus, dann kann man den Vergleich nicht auf Maria anwenden. Hier macht sich eine neue im 12. Jahrhundert aufkommende positive Bedeutung des Abgrundes bemerkbar. Abgrund ist jetzt alles, was keinen Grund hat; die Demut ist auch bodenlos.
[798] MM 2,25,113,66.
[799] MM 2,25,119,67.
[800] MM 2,25,120-120,67.
[801] MM 4,3,50-51,116.
[802] MM 2,26,124,67.
[803] MM 4,18,42f.,133.

hoher Baum genannt[804]. Der Berg, aus dem der teure Schatz des Sohnes Gottes gegraben wird, trägt einen hohen Baum, an dem Jesus fünf Wunden zugefügt worden sind[805].

13. Mechthild von Hackeborn sieht verschiedentlich in ihren Visionen Bäume. Bei einer Messe schaut sie, wie „super altare crevit arbor mirae magnitudinis: altitudo ejus usque ad caelum potendebatur; latitudo vero orbem terrarum replebat; plena fructibus et foliis infinitis", „auf dem Altar ein Baum von wunderbarer Größe wuchs: Seine Höhe reichte bis zum Himmel, seine Weite aber erfüllte den Erdkreis voll Früchte und unendlich vieler Blätter". Der eucharistische Herr wird mit einem prachtvollen Baum verglichen. Diese Sinndeutung reicht aber Mechthild nicht aus. Die nachträgliche allegorische Deutung lautet: „Altitudo arboris Christi significabat divinitatem; latitudo autem, perfectissimam ejus conversationem. Fructus vero omne bonum quod praevenit de conversatione et actibus Christi; folia vero aureis litteris erant inscripta: Christus incarnatus; Christus homo natus; Christus circumcisus; Christus a Magis adoratus; Christus in templo praesentatus; Christus baptizatus; et sic tota conversatio ejus habebatur in arbore scripta." – „Die Höhe des Baumes bedeutet die Gottheit Christi, die Weite aber den vollkommensten Wandel und die Taten Christi. Die Frucht aber ist alles Gute, was vom Wandel und den Taten Christi kommt, die Blätter aber waren mit goldenen Buchstaben beschrieben: Christus Mensch geworden, Christus als Mensch geboren, Christus beschnitten, Christus von den Magiern angebetet, Christus im Tempel dargestellt, Christus getauft; und so war sein ganzer Wandel auf den Baum geschrieben."[806] Bei einer anderen Messe sieht sie wieder einen Baum von schöner Höhe und mit einer Weite, die den Erdkreis erfüllt[807]. Der Blick richtet sich diesmal auf die Blätter, die, weil sie gebogen und zur Erde gewandt sind, kaum Christus bedeuten können[808]. In einer weiteren Vision sieht sie Christus auf einem Berg sitzen und neben ihm eine von Bäumen umgebene Quelle, welche bedeuten „ejus virtutes, scilicet charitatem, misericordiam, et caeteras", „seine Tugenden, nämlich die Liebe, die Barmherzigkeit und die übrigen (Tugenden)"[809]. In der Seligkeit dürfen die Menschen unter den Bäumen ruhen. Unter welchem Baum dies beim einzelnen Menschen der Fall ist, entscheidet sich an der Tugend Christi, die der Baum versinnbildet und die der Mensch besonders nachgeahmt hat[810]. Einmal läßt sich Mechthild in einer Vision von Maria zu vier Bäumen führen, die als Baum der Barmherzigkeit, der Geduld, der Sanftmut und der Reinheit gekennzeichnet sind[811]. Wenigstens beim ersten Baum, dem Baum der Barmherzigkeit, ist dadurch die Gleichsetzung mit Christus gewährleistet, daß unter

---

[804] MM 5,23,144f.,179.

[805] MM 5,24,14-17,181.

[806] MH 1,10,30. Auch die Tatsache, daß in der Deutung der Unterschied zwischen Früchten und Blättern des Baumes nicht vorkommt, weist auf eine nachträgliche Deutung.

[807] MH 1,17,50.

[808] Ebenda.

[809] MH 1,10,31.

[810] MH 1,10,31f.

[811] MH 3,50,252f.

diesem Baum Maria Magdalena und Zachäus ruhen, Gestalten, die durch die Barmherzigkeit Jesu Vergebung erhalten haben[812]. Dann legt es sich nahe, daß auch bei den übrigen drei Bäumen die entsprechenden Haltungen Jesu gemeint sind.

14. Im Vergleich zum großen Umfang ihres Werkes greift Gertrud die Große nur selten auf die Metapher „Baum" zurück, um etwas an Christus zu erklären.

Einmal sieht Gertrud einen Baum mit einer besonders schönen Frucht. Diesen pflanzt der Herr in den Garten der Gertrud, wo er eine schöne Frucht und Blätter von besonderem Glanz hat[813]. Im Baum erkennt Gertrud die Liebe, die nicht nur die Frucht der guten Werke, sondern auch die Blüten des guten Willens hervorbringt[814]. Ein anderes Mal sieht sie, wie dieser Baum in ihrer Seele Wurzeln in der Seitenwunde Christi hat[815]. In einer anderen Vision schaut sie, wie sie im Brautgemach Christi ruhen darf: „Tunc quasi de medio intimorum Cordis divini, ad quad versa jacere videbatur, effloruit arbor caritatis, statura venusta, ramisque ac fructibus valde decora, habens folia quasi stellas splenditias, quae demittens a dilatans ramos suos undique thalamum in quo requivevit anima circumvallabat, ac per hoc tam frondentium quam fructuum suorum fragantia ac sapore animam delectando recreabat." – „Da erblühte aus der Mitte des Innersten des göttlichen Herzens, zu dem gewandt sie zu liegen schien, der Baum der Liebe mit anmutiger Gestalt und mit Zweigen und an Früchten reich geziert; die Blätter leuchteten wie Sterne, und er hatte Zweige, die er hinabsenkte und ausbreitete überallhin in das Gemach, in welchem die Seele ruhte; und der Geruch und der Geschmack seines Laubes wie seiner Früchte erfreuten und stärkten die Seele."[816] Aus der Wurzel dieses Baumes kam eine Quelle, die in die Höhe sprudelt und an ihren Ursprung zurückfließt. Diese Quelle bedeutet das Wasser, das von Jesus ausgeht und in ihn zurückkehrt, welches die Gottheit bedeutet, die in der Menschheit Jesu Christi ruht[817].

15. Christina von Hane schaut in einer Vision, wie ein Baum aus ihrem Herzen wächst; seine Blüten bedeuten die Tugenden, die guten Werke und Gedanken, die Gott ihr geschenkt hat. Auf der Spitze des Baumes sitzt ein Adler, der Jesus Christus versinnbildet[818]. Hier ist der Baum nur der Ort, auf dem sich Christus befindet. Dieser wird aber in einer weiteren Vision mit einem Baum gleichgesetzt: Christina schaut in einem Haus eine Versammlung der Auserwählten: „Mytten in dem huße gynge vff eyn boume und woische byß zo dem hemel." – „Mitten im Haus ging ein Baum auf und wuchs bis zum Himmel."[819] Die Auserwählten werden von den Früchten dieses Baumes gespeist. „Des baumes stamme detde sich mytden vff vnd daryß scheynne eyn hemles lecht; yn dem leyecht sprache die stymme godes: ‚Jch byn das lycht der werelt' (Joh 8,12)." – „Des Baumes Stamm tat sich in der Mitte auf und heraus schien ein Licht des Himmels;

---

812 MH 3,50,152.
813 G 3, 3,15,1,3-10,62.
814 G 3, 3,15,1,16-21,62.
815 G 3, 3,18,6,2f.,84.
816 G 4, 4,35,4,6-15,294.
817 G 4, 4,35,4,16-23,294.
818 CH 1, 243.
819 CH 1, 248.

in dem Licht sprach die Stimme Gottes: ‚Ich bin das Licht der Welt‘.“[820] Da Jesus es ist, der sich im Johannesevangelium so bezeichnet, ist er es, der aus dem Stamm des Baumes scheint. Die weitere Auslegung dieser Vision dreht sich aber nur noch um das Licht-Sein Jesu.

16.   Zusammenfassend läßt sich über die Metapher „Baum“ für Jesus sagen:

16.1 Im Paradies stand der Lebensbaum, der ein materieller Baum für das materielle Leben war[821]. Dennoch wird auch Jesus als dieser Baum, der im Paradies stand und jetzt durch ihn den Menschen wieder zugänglich ist, bezeichnet[822]. Man freut sich an der Fügung, daß von einem Baum der Tod und von einem Baum das Leben kam[823]. Das Kreuz ist ein blühender Baum[824], der mit fünf Wunden durchstoßen ist[825]. Der Lebensbaum steht in der Mitte des neuen Paradieses, der Kirche[826]. Im Bett dieses Baumes wird die Braut geboren und genährt[827]. Wer von diesem Baum ißt, dem gehen im Unterschied zu den Stammeltern die Augen der wahren Erkenntnis auf[828]. Die Vorstellung des Lebensbaumes kann sich auch ganz vom Paradies lösen; so werden Vater und Sohn als Doppelbaum des Lebens bezeichnet[829].

16.2 Manchmal wird die Art des Baumes, den Christus darstellt, auch spezifiziert. Es kann ein Granatapfelbaum[830] oder ein einfacher Apfelbaum sein, wozu Hld 2,3 angeregt hat, oder ein Apfelbaum unter den Waldbäumen[831], der mit dem Bräutigam Christus verglichen wird[832]. Der Apfelbaum ist kleiner als die Waldbäume[833]. Er erscheint nur mittelmäßig[834] und wird deswegen verachtet[835]. Darin drückt sich die demütige Erniedrigung Christi aus[836]. Im Gegensatz zu den Waldbäumen bringt aber der Apfelbaum Christus für den Menschen eine nützliche Frucht hervor[837]. In seiner Demut wird Christus auch mit dem Senfkorn verglichen, das zum großen Baum wächst[838].

16.3 Dieser Baum wird in das Herz des Menschen gepflanzt[839]. Seine Wurzeln hat er im Herzen Jesu[840]. Damit er wachsen kann, bedarf es verschiedene Tugenden des Men-

---

[820] Ebenda.
[821] HAN 2,17,646A.
[822] BDI 3,7,86,1-3.
[823] GHLD 4,4,28C; TH 135,11-19,286.
[824] GIS Palm 2,3,72f.,178.
[825] MM 5,24,14-17,181.
[826] HAN 2,17,646A.
[827] GHLD 2,7,21D.
[828] JHLD 102,98-101,692.
[829] ESV 3,2,58.
[830] BDI 3,7,86,1-3.
[831] TH 27,22-26,76.
[832] BHLD 2, 48,2,3-5,150,21-154,15.
[833] BHLD 2, 48,2,3,150,26-28; JHLD 102,2,30-34,690.
[834] BHLD 2, 48,2,3,152,3f.
[835] JHLD 102,4,95-98,692.
[836] BHLD 2, 48,2,4,152,10.
[837] BHLD 2, 48,2,4,152,12-17; JHLD 102,2,30-34,690.
[838] JHLD 102,2,34-37,690.
[839] G 3, 3,15,1,3-10,62; CH 1, 243.
[840] G 3, 3,18,6,2f.,84.

schen[841]. In der „unio mystica" geht die Braut in den Baumgarten der Liebe[842] und pflückt als Frucht Jesus Christus[843]. Das Umarmen eines Baumes[844] oder seines Stammes[845] wird mit der liebenden Vereinigung mit Jesus verglichen.

16.4 Oft werden auch die Einzelheiten eines Baumes auf Christus ausgelegt. So wird das Kreuz Christi als Baum bezeichnet, von dem man die Früchte pflücken kann[846]. Auf diesen Baum hat Christus die Sünden getragen und gesühnt[847]. Im Unterschied zu Adam pflückt Christus nicht die Frucht des Stolzes, sondern der Demut[848]. An dieser Frucht erstickt der Mensch nicht[849]. Die Früchte des Baumes Christi bezeichnen auch die eucharistischen Gaben[850]. Auf diese Frucht muß man aber oft warten, denn der Baum Christus bringt seine Frucht zur rechten Zeit[851]. Damit wir an diese Früchte gelangen konnten, hat Gott sich bei der Menschwerdung tief in den Abgrund der Demut Mariens geneigt[852]. Die einzelne Blätter und Früchte des Baumes können auch die einzelne Geheimnisse seines Lebens oder seine Tugenden[853], die auch als einzelne Bäume dargestellt werden können[854], bedeuten[855]. Gerade die im Glauben Fortgeschrittenen erhalten in dieser Frucht[856] die himmlische Stärkung[857]. Selbst die Seligen des Himmels genießen noch die Frucht von diesem Baum[858].

16.5 Im edlen[859] Schatten des Baumes Christi findet man Ruhe[860]. Besonders die Schwachen brauchen diesen Schatten[861] in der Bedrängnis[862]. Doch auch die Seligen im Himmel ruhen im Schatten Christi[863].

---

[841] HAN 2,18,646C.
[842] MM 2,25,113,66.
[843] MM 2,25,120-120,67.
[844] MM 2,26,124,67.
[845] MM 4,18,42f.,133.
[846] BDI 3,7,86,10.
[847] IS 11,10,88f.,242.
[848] JHLD 59,9,193-197,420.
[849] TH 27,22-26,76.
[850] BDI 3,7,86,1-3; HAN 2,17,646B.
[851] GHLD 17,2,88C.
[852] MA 27,29.
[853] MH 1,10,31.
[854] MH 3,50,252f.
[855] MH 1,10,30.
[856] HAN 2,10,643A-B.
[857] ESV 3,31,83.
[858] HAN 2,14,644B.
[859] TH 27,22-26,76.
[860] BHLD 2, 48,2,5,154,8-10.
[861] HAN 2,10,643A-B.
[862] ESV 3,31,83.
[863] MH 1,10,31f.

16.6 Die Wurzel des Baumes Christi spendet Lebenskraft[864]. Seine Herkunft hat dieser Baum im Schoß des Vaters[865]. Die Wurzel dieses Baumes kann auch die Demut sein[866].

16.7 Der Baum hat auch einen Gipfel, auf dem der neue Adam erblüht[867]. Der Gipfel kann auch die Gottheit Christi bedeuten[868].

8.2 Weinstock, Traube, Wein, Weinzelle und Weinhaus[869]

Wir behandeln hier sowohl den Weinstock als auch die Traube, den Wein und das, worin der Wein gelagert wird, nämlich den Weinkeller, und das, wo er getrunken wird, nämlich das Weinhaus. Um Wiederholungen zu vermeiden, wird der Wein im Kontext der Eucharistie erst im Zusammenhang der Sakramente behandelt.

8.2.1 Weinstock

1. Im Johannesevangelium steht die Bildrede vom Weinstock und den Reben (Joh 15,1-17), in der Jesus zweimal sagt: „Ego sum vitis (vera)" (Joh 15,1.5). Trotz der deutlichen Identifizierung Christi mit dem Weinstock wird in unseren Texten erstaunlich selten Christus „vitis", „Weinstock" genannt. Für Bernhard von Clairvaux weist das Register der Lateinisch/Deutschen Ausgabe für Joh 15,1 keine und für Joh 15,5 zwar acht Stellen auf, von denen aber keine auf Christus als Weinstock Bezug nimmt[870].

2. Hildegard von Bingen läßt Gott Vater sprechen: „Ut uinum de uite sudat, ita et Filius meus de corde meo exiuit, etiam eodem Vnigenito meo uera uite exsistente et diuersis palmitibus ex eo exeuntibus: quia fideles in ipso plantati sunt qui per incarnationem ejus in bonis operibus fructuosi exsistunt." – „Wie der Wein vom Weinstock tropft, so ging mein Sohn aus dem meinen Herzen hervor, und von eben meinem Sohn, der der wahre Weinstock ist, gehen auch verschiedene Zweige hervor; denn die Gläubigen sind in ihm eingepflanzt, die durch seine Menschwerdung in guten Werken fruchtbar sind."[871] Hildegard zeigt an dem Bild der Abstammung des Weines vom Weinstock ein dreifaches Hervorgehen auf: Der Sohn geht vom Vater, die Gläubigen vom Sohn und die guten Werke von den Gläubigen hervor.

3. Einmal sieht Gertrud „de coelesti solio usque ad terram procedere lignum vitis viride, per cuius emissiones foliorum dabatur ascensus ab imis ad summa", „vom himmli-

---

[864] IS 34,7,59-62,236.

[865] JHLD 102,3,67-71,691.

[866] SP 4,320,7-9.

[867] SP 4,320,7-9; vgl. HF prol 997B-C.

[868] MH 1,10,30; CH 1, 248.

[869] Vgl. Forstner 174-176; Grinda 944-959.

[870] Bernhard 9,408.

[871] HISV 1, 2,6,28,1107-1111,257.

schen Thron bis zur Erde das grüne Holz eines Weinstockes hervorgehen, durch dessen sprossende Blätter es einen Aufstieg von der Tiefe bis zur Spitze gibt"[872].

4. In einer Erscheinung der Lukardis von Oberweimar nimmt Jesus auf die johanneische Erzählung vom Weinstock Bezug und spricht zu ihr: „Si ego tua vitis, tu meus palmes." – „Wenn ich dein Weinstock bin, bist du mein Rebzweig."[873]

8.2.2 Traube

1. In der Vulgata ist die Traube eine kostbare Frucht. Keine Distel oder Dornstrauch bringt sie hervor (Mt 7,16; Lk 4,44). Ein Engel wird sie ernten am Ende der Zeiten (Offb 14,18). Im Hohelied sind Trauben mit erotischer Bedeutung versehen. Der Bräutigam wird mit Trauben aus Zypern (Hld 1,13) und die Brüste der Braut mit Trauben am Weinstock verglichen (Hld 7,8f).

2. Eine der Sentenzen des Bernhard von Clairvaux behandelt ausschließlich verschiedenartige Trauben. Von ihnen gibt es Weine, die bei den Menschen verschiedene Wirkungen zeigen: Es gibt den Wein „de uva fellis", „aus der Traube der Galle", die vom Teufel stammt, der Sünde und Tod bringt[874]. Ihn trinken die Ungerechten und werden davon berauscht[875]. Ein anderer Wein stammt aus der Traube, die von „labrusca conditionis humanae", „der wilden Rebe der menschlichen Beschaffenheit" stammt. Von ihr kommt nur Essig, weswegen Jesus beim Sterben mit Essig getränkt wurde[876]. Wieder anders ist der Wein der Gnade, „quod ex botro Cypri, id est conditoris largitate decurrit; et hoc est mustum, quo filii sponsi debriantur; quod mititur in utres novos", „welcher aus der Traube von Zypern herausrinnt, das heißt aus der Gebefreudigkeit des Schöpfers, und dies ist der Federweißer, von dem die Söhne des Bräutigams berauscht sind, welcher in neue Schläuche gefüllt wird (Mt 9,17)"[877].

Ausführlicher geht Bernhard auf das Bild der Traube in seiner 44. Predigt über das Hohelied, die Hld 1,13 „Botrus Cypri dilectus meus mihi in vineis Engaddi", „Eine Zyperntraube ist mir mein Geliebter aus den Weinbergen von Eng-Gedi" zum Thema hat, ein[878]. In der vorausgehenden Predigt hatte er nach Hld 1,12 Jesus Myrrhenbüschel genannt[879]. Myrrhe bedeutet für Bernhard etwas Bitteres; deswegen heißt Jesus als Myrrhenbüschel auf der Brust tragen, an sein bitteres Leiden denken[880]. So kann er an diesen Gedanken in der daraufkommenden Predigt anschließen und sagen: „Si Dilectus in myrrha, multo magis in botri suavitate. Ergo Dominus meus Iesu myrrha mihi in morte, botrus in resurrectione." – „Wenn der Geliebte in der Myrrhe, so ist er noch viel

---

[872] G 3, 3,17,1,4-6,72.
[873] LO 45,335,6f.
[874] BS 2,22,312,13-15.
[875] BS 2,22,312,15f.
[876] BS 2,22,312,16f.
[877] BS 2,22,312,18-20.
[878] BHLD 2, 44,1,1-3,102,17-106,16.
[879] BHLD 2, 43,96-102.
[880] BHLD 2, 43,2f.,4f.,100,11-102,10.

mehr in der Süße der Traube (versinnbildet). Also ist mein Herr Jesus mir Myrrhe im Tod, Traube in der Auferstehung."[881] Für den Menschen bedeutet der bittere Trank der Myrrhe auch die Reue über die Sünde und der Cypernwein das Aufatmen in der Hoffnung[882]. Zugleich sieht Bernhard in Jesus „ingentem botrum, quem olim exploratores de Isarel in vecte ferebant, chorum propheticum praecedentem, et subsequentem apostolicum, medium autem Iesus pulchro schemate figurantes", „die Riesentraube, die einst die Kundschafter Israels an einer Stange trugen (Num 13,24), wobei sie ein schönes Bild abgaben für den vorhergehenden Chor der Propheten und den nachfolgenden der Apostel und für Jesus in der Mitte"[883].

3. Hildegard von Bingen behandelt die Frage, warum bei der Heiligen Messe Wein vom Weinstock notwendig ist[884]. Die Beantwortung gibt für Hildegard Gelegenheit, darauf hinzuweisen, wie vielfältig sich die Weintraube als Bild für das Leben Jesu eignet. Das Blut des Sohnes floß aus seiner Seite, „ut et uua de uite sudat", „wie auch die Traube vom Weinstock hervorgeht"[885]. „Uua pedibus conculcatur et in torculari permitur." – „Die Traube wird mit den Füßen getreten und in der Kelter gepreßt."[886] Erst dann kann sie zu Wein vergoren werden. „Sic etiam Vnigenito meo in sudore angustiae uerberibus et flagellis conculcato et ligno crucis oppresso optimus atque pretiosissimus sanguis de uuleribus eius emanauit." – „So floß auch aus meinem Eingeborenen im Angstschweiß durch Peitschen und Geiseln zertreten und ausgepreßt am Holz des Kreuzes das beste und kostbarste Blut von seinen Wunden."[887] Erst dadurch kam unsere Erlösung zustande. Weiter haben andere Früchte oft eine harte Schale. So müssen die Menschen die harte Schale ihrer Leidenschaften im Pressen verlieren. Jesus brauchte dies nicht, war ja sein Leib ohne Sünde und damit wie die Haut einer Traube ganz zart[888]. Der Mensch aber muß wie eine Traube durch eine Kelter in den Tau des Blutes Christi treten[889]. Dies geschieht auch bei der Eucharistie, wo er wie in einer Kelter durch den Willen des Vaters getreten wird[890]. Dabei geht Hildegard auch auf Hld 1,13 ein: Wie die Zyperntraube „fortissimam plenitudinem potationis in se continent", „die stärkste Fülle des Trankes in sich enthält", so kann auch der Sohn Gottes, wenn die Dürstenden aus ihm trinken, niemals erschöpft werden[891]. „Sponsus animarum botrus cypri est cuius fructus non deficiet." – „Der Bräutigam der Seelen ist eine Zyperntraube, dessen Frucht nicht ausgeht."[892] „Ipse botrus est qui numquam defectum in ullo

---

[881] BHLD 2, 44,1,1,102,17-19.
[882] BHLD 2, 44,1,1,102,22-104,1.
[883] BHLD 2, 44,2,3,106,13-16.
[884] HISV 1, 2,6,28,1088f.,257.
[885] HISV 1, 2,6,28,1091f.,257.
[886] BHLD 1, 2,28,1092f.,257.
[887] HISV 1, 2,6,28,1094-1997,257.
[888] HISV 1, 2,6,28,1098-1106,257.
[889] HISV 1, 2,6,28,1147-1149,258.
[890] HISV 2, 3,6,28,1165f.,259.
[891] HISV 1, 2,6,29,1126-1131,258.
[892] HISV 1, 2,6,28,1145f.,258.

detrimento patietur." – „Er ist die Traube, die keine Minderung durch irgendeinen Schaden erleidet."[893]

4. Einmal versucht Mechthild von Magdeburg klarzumachen, wie kostbar die menschliche Seele für den Menschen ist. Der Mensch ist für Gott wie etwas Kostbares für die menschlichen Sinne. Dabei geht sie von drei der fünf menschlichen Sinne aus. In bezug auf den Geschmacksinn spricht Gott: „Du smekest als ein wintrûbel." – „Du schmeckst wie eine Weintraube."[894]

5. Auch in der Vita der Lukardis von Oberweimar wird auf die große Traube, die die Kundschafter aus dem verheißenen Land an einer Stange in die Wüste tragen (Num 13,24), Bezug genommen[895], wenn Jesus zu der Mystikerin spricht: „Botrus in petrica crucis sum dilectus tuus tibi, et tu dilecta mea mihi." – „Die Traube an der Stange des Kreuzes bin ich, dein Geliebter, und du mir meine Geliebte."[896]

8.2.3 Wein[897]

1. In der Heiligen Schrift wird oft vom Wein gesprochen. Im Neuen Testament ist besonders die Verwandlung von Wasser in Wein bei der Hochzeit von Kana für eine vielfältige Deutung offen. Nicht zu vergessen, aber hier nicht zu behandeln, ist die Tatsache, daß Christus den Kelch mit Wein nimmt und über ihn sagt: „Das ist der Kelch meines Blutes." Schon in der Alten Kirche gehört „Wein" zu einem der Namen für Jesus[898]. In unseren Texten kommt der Name Wein für Christus auch ohne eucharistischen Kontext öfters vor.

2. Nach Bernhard von Clairvaux gibt es den Wein der Bosheit, den der Teufel eingibt, den Wein der Bedrängnis, den Christus als Essig am Kreuz trank, und den „vinum gratiae", „Wein der Gnade", den Gott einschenkt, so daß die Söhne des Bräutigams von ihm berauscht werden[899].

Ein anderes Mal bezeichnet er das Gebet Jesu als Wein. Mit ihm ist der Becher gefüllt, den der Herr reicht[900]. Er ist der Wein, der das Menschenherz erfreut[901]. „Hoc orationis vinum utres veteres non capiunt." – „Diesen Wein des Gebetes können alte Schläuche nicht fassen."[902] Mit den alten Schläuchen meint Bernhard irdisch gesinnte Menschen, die das Beten des Herrn nicht in sich aufnehmen können[903]. Sie sind berauscht „ex vino concupiscentiae carnalis", „vom Wein der fleischlichen Begierde" und

---

[893] HISV 1, 2,6,28,1163f.,259.
[894] MM 1,16,2,14.
[895] LO 45,335,7f.
[896] LO 45,335,9f.
[897] Vgl. McGinn 2,323; Ruh 1,262.
[898] Vgl. Sieben, Nomina 164.
[899] BS 2,22,312,12-20.
[900] BS 3,97,572,17-754,1.
[901] BS 3,97,574,1.
[902] BS 3,97,572,15.
[903] BS 3,97,572,15f.

nicht „ex vino purae orationis", „vom Wein des reinen Gebetes"[904]. Der erste Wein macht den Menschen wahnsinnig, der zweite nüchtern[905]. In einer Hohenliedpredigt erklärt Bernhard näherhin, warum das Gebet mit dem Wein verglichen wird. Zur guten Speise gehört auch der rechte Trank. „Accedat cibo boni operis orationis potus." – „Es gehört zur Speise des guten Werkes der Trank des Gebetes."[906] „Orando bibitur vinum laetificans cor hominis." – „Beim Beten wird der Wein getrunken, der das Herz des Menschen erfreut (Ps 103,15)."[907]

In einer anderen Hohenliedpredigt wird die Bitterkeit des Todes Jesu in den Wein seiner Auferstehung verwandelt, was bei der Reue des Menschen ebenfalls geschieht[908].

Auch die Tatsache, daß der Samariter den unter die Räuber Gefallenen nicht nur mit Öl, sondern auch mit Wein behandelt, hat für Bernhard eine tiefere Bedeutung[909]. So benutzt Christus nicht nur das Öl der Sanftmut im Trösten, sondern auch den „vinum fervidi zeli", „Wein des glühenden Eifers" im Zurechtweisen bei unserer Heilung[910]. Er gießt auch „vinum compunctionis", „den Wein der Zerknirschung" in die Wunden der Menschen[911].

Der Wein kann zum Rausch führen. So kann auch die Liebe zum Herrn zur Trunkenheit gelangen lassen, „sed amore, non vino, nisi quod amor vinum est", „aber von der Liebe, nicht vom Wein, es sei denn, man hält die Liebe für Wein"[912]. Einmal spricht Bernhard auch davon, daß der Herr selbst betrunken ist. Er knüpft an die Mahnung Jesu an, zu warten wie Knechte, die auf ihren Herrn, der von einer Hochzeit zurück kommt, warten (Lk 12,36). Für ihn ist die Rückkehr des Herrn die Wiederkunft Jesu. Er kommt dann wie von einer Hochzeit berauscht „vino caritatis", „vom Wein der Liebe" zurück für die, die auf ihn warten[913].

Auch für die Seligkeit des Himmels verwendet Bernhard die Metapher des Weines. Im Anschluß an die Hochzeit von Kana schreibt er, daß beim himmlischen Mahl der Wein nicht ausgehen wird[914]. Dort steht für uns bereit „flumen vini: vini, inquam, quod laetificat cor", „ein Strom von Wein, von einem Wein, sage ich, der das Herz des Menschen erfreut (Ps 103,15)"[915]. Auf Erden geht manchmal der Wein der Andacht und der glühenden Liebe beim Menschen aus[916], so daß Maria, die Mutter der Barmherzigkeit, den Sohn auf diesen Mißstand aufmerksam machen muß[917].

---

[904] BS 3,97,574,5f.
[905] BS 3,97,574,7.
[906] BHLD 1, 18,3,5,262,7f.
[907] BHLD 1, 18,3,5,262,9.
[908] BHLD 2, 44,1,1,102,20-104,1.
[909] BHLD 2, 44,2,3,104,27-106,1.
[910] BHLD 2, 44,2,3,106,2f.
[911] BHLD 2, 44,2,3,106,8.
[912] BHLD 2, 49,1,1,160,18f.
[913] BPEPI 1,1,366,2.
[914] BPEPI 2,4,380,4f.
[915] BPEPI 2,4,380,6f.
[916] BPEPI 2,4,380,10f.
[917] BPEPI 2,4,380,11-13.

3. Aelred von Rievaulx schildert, wie aus der Seite des Gekreuzigten Blut und Wasser floß[918]. Daraus zieht Aelred den Schluß: „Bibe vinum tuum cum lacte tuo!" – „Trinke deinen Wein mit deiner Milch!" Es ist nämlich eine Wandlung geschehen: „Sanguis tibi in vinum uertitur ut inebrieris, in lac aqua mutatur ut nutriaris." – „Das Blut ist dir in Wein verwandelt, damit du trunken wirst, in Milch (ist verwandelt) das Wasser, damit du genährt wirst."[919] Aelred will mit dieser Bemerkung auffordern, sich so innig mit dem Gekreuzigten ganz zu verbinden, daß man von seiner Liebe trunken wird.

4. In einer Predigt des Isaak von Stella spürt man bis in die Wortwahl herein deutlich den Einfluß Bernhards von Clairvaux. Auch er beschreibt, wie der Samariter, der die Züge Christi trägt, Wein und Öl in die Wunden des unter die Räuber Gefallenen gießt: „Vinum afferat compunctionis, et oleum consolationis, vinum poenitentiae, et oleum indulgentiae." – „Er bringt den Wein der Zerknirschung und den Wein des Trostes, den Wein der Buße und das Öl der Vergebung."[920]

Zu dem Weinwunder bei der Hochzeit in Kana kennt Isaak mehrere allegorische Auslegungen. Einmal ist für ihn das Wasser die Torheit, die in die Weisheit des Weines verwandelt wird[921], welcher „vinum optimum", „bester Wein" ist, der Jesus ist und uns schenkt, weil er nicht die Weisheit dieser Welt, sondern die Weisheit Gottes versinnbildet[922]. Dieser Wein geht dem Menschen dann nicht aus, wenn er nicht nach seinen Sinnen lebt[923]. In einer weiteren Auslegung ist das Wasser die Furcht, welche die Weisheit zur Liebe vollendet „et aquam in vinum vertit", „und das Wasser in Wein verwandelt"[924]. Dazu paßt eine Stelle aus einer anderen Predigt, in der Isaak unsere Stärkung mit Brot und Wein erwähnt. „Sola namque invitatur humilitas ad convivium Sapientiae, ubi panis est veritas et vinum est caritas." – „Allein die Demut lädt zum Gastmahl der Weisheit ein, wo das Brot die Wahrheit und der Wein die Liebe ist."[925] Beides ist bei diesem Mahl der Weisheit, unter welcher natürlich Christus zu verstehen ist, notwendig: Wasser und Wein. „Caritas ergo aqua est quae lavat, vinum quod inebriat: lavat a vitis, inebriat virtutibus; lavat inquinatos amore huius mundi, inebriat mundatos amore Dei." – „Die Liebe ist also das Wasser, das wäscht, und der Wein, welcher trunken macht: Sie wäscht von den Lastern und macht trunken an Tugenden, sie wäscht die durch die Liebe zu dieser Welt Beschmutzten und macht die Gereinigten trunken von der Liebe zu Gott."[926]

5. Auch für Johannes von Ford ist die Fülle der Liebe „uinum Deum laetificat et homines", „der Wein, welcher Gott und die Menschen erfreut" (Ri 9,13)[927]. Diese nur in

---

[918] ARI 31,1187f.,671.
[919] ARI 31,1189f.,671.
[920] IS 6,16,160-162,174.
[921] IS 10,5,43-51,224.
[922] IS 10,6,62-59,224.
[923] IS 10,7,64f.,226.
[924] IS 10,15,152-157,232.
[925] IS 44,12,96f.,90.
[926] IS 44,14,111-113,92.
[927] JHLD 59,10,212-214,421.

der Fassung der Vulgata für seine Zwecke brauchbare Schriftstelle[928] wendet Johannes auf den Gekreuzigten an: „Numquid non omnipotens crapulatus a uino istiusmodi obdormiuit in cruce, cum propter nimiam caritatem suam, qua dilexit nos tradidit in mortem animam suam, et cum sceleratis passus est reputari." – „Ist nicht der Allmächtige vom Wein trunken am Kreuz eingeschlafen, da er aus seiner großen Liebe, mit der er uns geliebt hat, seine Seele in den Tod gegeben hat, und zu den Verbrechern im Leiden gezählt worden?"[929]

6. Wir haben schon gesehen, daß Hugo von St. Viktor Christus mit einem Baum vergleicht[930]. Dieser Baum und mit ihm Christus ist stark durch die Liebe. „Charitas similis est vino." – „Die Liebe ist ähnlich wie der Wein."[931] Dann zählt Hugo verschiedene Wirkungen des Weines auf: „Vinum namque eos, quos inebriaverit reddit hilares, audaces, fortes, obliviosos, et quodammodo insensibiles." – „Denn der Wein macht diejenigen, die durch ihn trunken geworden sind, heiter, wagemutig, stark, vergeßlich und irgendwie unfähig, mit den Sinnen zu erkennen."[932] Genauso, meint er, wirkt die Liebe[933].

7. Richard von St. Viktor liest in der Vulgatafassung von Ps 74,9, daß der Herr mit seiner rechten Hand einen Kelch reicht „vini meri plenus misto", „voll mit einem Gemisch von reinem Wein", in dem noch „faex", „die Hefe" sich befindet. „Tria in hoc Domini calice invenimus, merum, faecem mistum." – „Drei Dinge finden wir im diesem Kelch des Herrn: Reines, Hefe und Gemischtes."[934] Scheinbar, so meint Richard, stecke in dieser Aussage ein Widerspruch. Entweder sei reiner Wein oder mit Hefe vermischter Wein im Kelch[935]. Richard löst diesen scheinbaren Widerspruch, indem er aufteilt: Die Hefe sitzt unten, in der Mitte befindet sich das Gemisch und oben der reine Wein[936]. Der Herr, der diesen Kelch in der Hand hält, ist der erhöhte Herr, dem alle Gewalt im Himmel und auf Erden gegeben ist[937]. Der Kelch ist die Gerechtigkeit, der reine Wein bedeutet die ungemischte Freude des Himmels, die Hefe die Bitterkeit der Hölle[938]. Auf Erden reicht uns Christus diesen Kelch, indem er ihn neigt. Beim Neigen aber steigt die Hefe von unten nach oben und vermischt sich mit dem Ganzen. So erhalten wir hier weder reine Freude am Herrn noch reine Bitterkeit[939]. Erst am

---

[928] Im Hebräischen steht hier „elohim", welches Wort hier, wie es die ökumenische Übersetzung zu Recht tut, als Plural zu lesen ist.
[929] JHLD 59,10,217-220,421.
[930] Vgl. oben S.
[931] HAN 3,8,654C.
[932] HAN 3,8,654C.
[933] HAN 3,8,654C-655A.
[934] RVPS 74,323B.
[935] RVPS 74,323B.
[936] RVPS 74,232C.
[937] RVPS 74,324B.
[938] RVPS 74,323D.
[939] RVPS 74,326A.

Ende setzt sich die Hefe, und die klare Scheidung zwischen Seligkeit und Verdammung tritt ein[940].

Ein anderes Mal beschäftigt sich Richard mit Mt 9,17, nach welcher Schriftstelle man neuen Wein in neue Schläuche füllen soll. Daß der Schlauch den Menschen darstellt, ist fraglos. Der Wein aber ist die Weisheit und damit Christus selbst[941]. Oft findet Christus, der in den Menschen kommen will, in ihm nur einen alten Schlauch vor. Die Haut ist ausgedorrt und das Herz vertrocknet[942]. Würde Christus in den Menschen eines solchen Zustandes kommen, würde er ihn zerreißen[943]. Deswegen muß Christus zuerst das Öl der Barmherzigkeit senden[944]. „Unge, inquam, et innova, et tunc mittes vinum novum in utrem novum." – „Salbe, sage ich, und erneuere, und dann fülle den neuen Wein in den neuen Schlauch."[945] Dann wird dieser Wein das Herz des Menschen erfreuen[946].

8. Auch Hildegard von Bingen kennt die Metapher „Wein" für Christus. Christus ist bei seinem Leiden in die Kelter gelegt worden, „ubi uinum sine sorde fermenti exprimendum erat", „wo der Wein ohne Schmutz des Gärstoffes auszudrücken war"[947]. Um deutlich zu machen, daß er sich freiwillig dem Leiden unterwarf, ist für Hildegard Christus nicht nur der Wein, der aus der Kelter fließt, sondern auch der Stein, der auf den Trauben liegt und die Flüssigkeit auspreßt[948].

Aus der Seite Christi floß das Blut wie Wein, damit der Mensch mit seinem Blut, „dulcissimo ac fortisimo uino", „mit dem süßesten und stärksten Wein", gestärkt wird[949]. Die Reinheit des Weines deutet Hildegard auf Christi Makellosigkeit seiner jungfräulichen Empfängnis[950].

9. Nach der Vulgata wird in Hld 5,1 der Vollzug der Liebe des Bräutigams mit der Braut in den Worten umschrieben: „Bibi vinum meum cum lacte meo." – „Ich habe meinen Wein mit meiner Milch getrunken." Diesen Vers erklärt das St. Trudperter Hohelied folgendermaßen: „Der wîn bezeichenet sîne ûffart, diu was vroelich allen den sînen." – „Der Wein bedeutet seine Himmelfahrt, die war eine Freude für all die Seinen."[951] Denn der Wein ist etwas, was den Menschen erfreut[952]. Daß der Bräutigam den Wein mit der Milch getrunken hat, bedeutet, daß der Herr bei seiner Auffahrt seine Menschheit mitnahm und diese für alles Leiden auf Erden mit Freuden entschädigte[953].

---

[940] RVPS 74,326B-C.
[941] RVPS 118,353A.
[942] RVPS 118,352C-D.
[943] RVPS 118,352D.
[944] RVPS 119,352C.
[945] RVPS 118,353A.
[946] Ebenda.
[947] HISV 1, 1,3,31,626f.,59.
[948] HISV 1, 1,3,31,627-629,59.
[949] HISV 1, 2,6,28,1091-1094,257.
[950] HISV 1, 2,6,29,1160-1164,259.
[951] TH 64,27f.,150.
[952] TH 64,28f.,150.
[953] TH 64,31-65,2,150-152.

Der Wein kann aber auch die Menschen, die für Christus eine Freude sind, darstellen[954].

10. Jakob von Vitry berichtet, daß für Maria von Oignies Christus als „vinum sanctum mentem eius laetificans inebriabat", „heiliger Wein ihren Geist froh und trunken machte"[955].

11. Von Lutgard von Tongeren heißt es, daß sie so in ihrem Bräutigam hineinversenkt ist „instar guttae aquae in dolium vini", „wie ein Tropfen Wasser in einem Faß Wein"[956].

12. Der Autor der Vita von Ida von Nijvel schildert folgendermaßen eine Ekstase der Mystikerin: „Cum enim frequenter a dilecto suo introduceretur in cellam vinarium & ab eo[957] poculum ex vino amoris diuini conditum acciperet, statim prae ebrietate in mentis excessum abducebatur." – „Als sie oft von ihrem Geliebten in die Weinzelle geführt wurde und von ihm den Becher, der mit dem Wein der Liebe gewürzt war, empfing, wurde sie sofort aus Trunkenheit in die Entrückung des Geistes weggeführt."[958]

13. Auch eine Ekstase der Juliane von Cornillon wird als Trunkenheit in Anlehnung an die zisterziensische Tradition geschildert, „non tamen vino sed spiritu, nisi quod spiritus vinum est inebrians quam praeclarum", „doch nicht vom Wein, sondern vom Geist, es sei denn, man nimmt den Geist als den so ganz klaren berauschenden Wein"[959].

14. Für Ida von Gorsleeuw ist die Einheit mit ihrem Bräutigam ebenfalls vergleichbar mit dem Fallen eines Tropfens Wasser in einen ganz mit Wein gefüllten Schlauch[960]. Wenn sie diese beim Kommunionempfang erlebt hat, kann sie aus dem Kelch mit Wein, der ihr an Stelle des in Christi Blut verwandelten Weines gereicht wird, nicht trinken[961].

15. Ida von Löwen kann noch nicht einmal an einem Weinfaß riechen, weil sie so oft von der Süße des geistigen Weines gekostet hat, der das Menschenherz erfreut[962].

16. Mechthild von Magdeburg gebraucht wieder den Vergleich des Einswerdens von Wasser mit Wein, um ein ekstatisches Einheitserlebnis zu beschreiben[963]. Wenn man wie Paulus in den Himmel entrückt wird, ist Jesus der Kelch mit den Wein des Heiligen Geistes[964]. Mit dem Bild des Weines drückt Mechthild auch aus, warum ihre ekstatischen Erlebnisse nicht so intensiv sind und lang dauern, wie sie es sich wünscht. Wenn

---

[954] TH 65,23f.,152.
[955] MO 2,10,92,568.
[956] LTA 2,3,43,204.
[957] Verbessert aus „ea". In der insgesamt recht traditionell geschriebenen Vita würde es nicht recht passen, wenn die Mystikerin Christus den Wein der Liebe schenken würde, von der dieser trunken wird.
[958] IN 30,280.
[959] JC 1,4,17,448.
[960] IG 5,48,121.
[961] IG 5,48,121.
[962] IL 1,6,37,168.
[963] MM 1,4,6-8,10f.
[964] MM 2,24,19-23,59.

einer im Wirtshaus „ungemenget", „unvermischt", das heißt ohne Beimischung von Wasser, Wein trinken will, dann trinkt er sich bald arm[965]. Man würde arm und nackt, wenn der Wirt ständig das Glas voll schenken würde[966]. So wäre es auch, wenn Gott ständig einem Menschen die an den Kräften zehrenden Ekstasen schenken würde. So richtig diese Überlegung ist, gibt sich Mechthild damit nicht zufrieden. Sie kann nicht an das Sich-Schonen denken: „In der taverne wil ich gerne verzeren alles, das ich han." – „In der Taverne will ich gern alles verzehren, was ich habe."[967] Sie will „dike in die selige winzelle", „oft in die selige Weinzelle" gehen[968]. Dort schenkt der Wirt den Wein ein, „den er selbe getrunken hat", „den er selbst getrunken hat"[969]. Dabei ist an den Wein der Liebe gedacht, der Jesus das Leben gekostet hat. Denn Mechthild hat einen zu großen Durst nach dem Sohn Gottes[970]. Dann macht es ihr auch nichts aus, wenn andere, die sich lieber an Pfuhl als am Wein freuen, sie verachten[971], und die „wellent das wasser zů dem wine gemenget han", „das Wasser zum Wein gemischt haben wollen"[972]. Sie hört dann selbst auf die Warnung der Frau Liebe nicht, die sie vor völliger Verarmung warnt[973].

17. An Weihnachten erscheint Maria, die Mutter Gottes, Mechthild von Hackeborn und ist bereit, über die Umstände der Geburt Christi Auskunft zu geben. Auf die Frage, mit was sie ihr Kind nach der Zeit des Stillens genährt habe, antwortet sie: „Pulemntarium de vino et albo pane sibi paravi." – „Ich habe ihm ein Gericht von Wein und Weißbrot bereitet."[974] Es ist bestimmt ein Hinweis auf die Eucharistie, daß hier schon Wein und Brot eine Rolle spielen. In einer späteren Vision reicht ihr Christus einen dreifachen Becher, den Mechthild folgendermaßen erklärt: „Primo vinum valde bonum, per quod notabatur omnis labor sanctissimae Christi conversationis, et omnium electorum. Secundo rubeum vinum, Christi passionem et mortem figurans. Tertio propinavit sibi merum optimum et suavissimum, divinae scilicet dulcedinis intimam et spiritualem infusionen." – „Erstens (reichte er) einen sehr guten Wein, durch den alle Mühe des heiligsten Wandels Christi und aller Auserwählten bemerkt wurde. Zweitens einen Rotwein, welcher das Leiden und den Tod Christi darstellte. Drittens reichte er ihr den besten und süßesten Most, nämlich den innigen und geistigen Einfluß der göttlichen Süße."[975] Aus der Wunde Christi fließt nach Mechthild neben dem lebenspendenden Wasser „vinum inebrians, scilicet sanguis Christi", „der berauschende Wein, nämlich das Blut Christi"[976]. Mit diesem Blut, das als roter Wein bezeichnet wird, weil

---

[965] MM 3,3,16-18,80.
[966] MM 3,3,19f.,80.
[967] MM 3,3,25,81.
[968] MM 3,3,27,81.
[969] MM 3,3,29f.,81.
[970] MM 3,3,41f.,81.
[971] MM 3,3,20f.,80f.
[972] MM 3,3,23f.,81.
[973] MM 3,3,36-39,81.
[974] MH 1,5,20.
[975] MH 1,14,47.
[976] MH 1,18,59.

Jesu Leib wie in einer Kelter gepreßt wurde, soll der Mensch seine Seele rot färben[977]. Mechthild überspitzt den Vergleich des Fallens des Wassertropfens in den Wein für eine ekstatische Vereinigung mit dem Herrn: Sie redet sogar davon, daß der Mensch wie ein Tropfen Wasser in göttlichen Wein verwandelt wird[978]. Wie ein von irdischem Wein Trunkner oft freigibiger als ein nüchterner Mensch ist, so Maria, welche den süßen Most der überragenden Gottheit aus dem Herzen ihres Sohnes trinkt[979].

18.   Auch Gertrud die Große kennt die Trunkenheit Christi. Sie spricht die Liebe an und schreibt, daß sie „abundans vinum, qui vincitur et debriatur cor divinum", „überfließend an Wein, der das göttliche Herz besiegt und trunken macht," ist[980]. Einmal sieht sie Jesus „tamquam crapulatus a vino charitatis", „gleichsam trunken vom Wein der Liebe" sanft eingeschlummert[981]. Der Mensch soll darum beten, daß er am Abend mit dem Geliebten vom Wein der Liebe berauscht wird, um in der Einheit mit Gott einzuschlafen[982]. Diese Liebe soll den Menschen auch beim Sterben mit Worten, die honigsüßer als Wein sind, ansprechen[983]. Sie soll ihn einführen in die Weinzelle, „ut degustem suaviter tua meliora quae ibi latent vina", „damit ich süß koste deine besseren Weine, die dort verborgen sind"[984]. Zu Jesus betet Gertrud: „Tuae consolationis vina mihi indignae propina, ut spiritus mei ruina impleatur charitate tua divina." – „Reiche mir, der Unwürdigen, den Wein Deiner göttlichen Tröstung, damit der Zerfall meines Geistes aufgefüllt wird durch Deine göttliche Liebe."[985] Wenn Gertrud von der Hefe der Gerechtigkeit spricht, welche die Verdammten trinken, könnte ein Einfluß von Richard von St. Viktor[986] vorliegen[987].

19.   Als zu Lukardis von Oberweimar der Priester in ihre Zelle die Kommunion brachte, „mox illa felix sensit circa se tamquam vini peroptimi et aromatici saporis miram ac virtuosam fragantiam", „spürte jene Glückliche bei sich gleichsam einen wunderbaren und kraftvollen Duft des besten und aromatischen Weines"[988]. Der Herr klärt sie auf, daß er die Traube ist, von der der Duft dieses Weines stammt[989].

---

[977]   MH 3,25,229.
[978]   MH 2,17,152.
[979]   MH 1,38,122.
[980]   G R 3,101f.,80.
[981]   G 3,3,44,2,1-4,200.
[982]   G R 5,430f.,154.
[983]   G R 5,155f.,136.
[984]   G R 5,186-188,138.
[985]   G R 7,388-390,232.
[986]   RVPS 74,323D.
[987]   G 3,3,30,4,9-14,136.
[988]   LO 45,334,37-335,3.
[989]   LO 45,335,7-10.

8.2.4 Weinzelle[990]

1. Nach der Vulgata führt der Bräutigam die Braut in „cella vinaria" (Hld 2,4). Damit kann sowohl an einen Vorratsraum für Wein, also an einen Weinkeller, wie es eindeutig in 1 Chr 27,47 der Fall ist, als auch an einen Raum, in dem Wein ausgeschenkt und getrunken wird, also an ein Weinhaus, gedacht sein. Allerdings wird dieser Ort in Hld 1,3 „cellaria" genannt. Wir haben uns für die Übersetzung „Weinzelle" entschieden, weil sie für beide Bedeutungen offen ist und das Wort „cella" auch an eine Klosterzelle denken läßt[991].

2. Nach Bernhard von Clairvaux sind Freuden, die der Mensch in der Weinzelle des Herrn erfährt, die Wonnen, die das Lesen der Heiligen Schrift erzeugt[992]. Wenn in Hld 1,3 der Bräutigam die Braut „in cellariis sua" führt, fragt Bernhard sich ausdrücklich: „De cellariis his quid sentiendum putamus?" – „Welche Bedeutung sollen wir „cellariis his" beimessen?"[993] Er glaubt am besten die spezifische Bedeutung dieses Wortes zu erfassen, wenn er es unterscheidet von zwei weiteren Orten, die beim Bräutigam genannt werden, nämlich „hortum", „Garten" und „thalamum", „Gemach"[994]. In bezug auf die verschiedenen Schriftsinne bedeutet der Garten den historischen, das „cellarium" den moralischen, und das Gemach den Sinn, den man nur durch Kontemplation erfaßt[995]. „Cellarium" müßte man am besten mit Vorratslager übertragen. Man soll, so sagt Bernhard, beachten „cellas quasi tres in cellario uno", „gleichsam drei Vorratskammern in einem Vorratslager"[996]. Da in den Kammern Wein, Salben und Gewürze aufgehoben werden[997], welche alle drei Freude verbreiten[998], ist nicht unbedingt an Keller zu denken. Die erste Kammer enthält die Zucht, die Zweite die Natur, die dritte die Gnade[999]. Erst in der dritten Kammer wird man „magister", „Meister"[1000]. Dort gibt es den Wein des Eifers in der glühenden Liebe[1001]. Ohne ihn soll niemand anderen Menschen vorstehen[1002].

In einer seiner Sentenzen bringt Bernhard eine ähnliche Erklärung. Auch hier geht er von einem Vorratslager aus, das drei aufeinanderfolgende Vorratskammern hat. Erst die letzte, die auch „cella gratiae", „Kammer der Gnade" genannt wird[1003], birgt den

---

[990] Vgl. McGinn 2,323; Ruh 1,262.
[991] Als man der erkrankten Lukardis von Oberweimar (LO 45,335,1) die Kommunion in ihre „cella" brachte, verwandelte sich diese in eine „cella vinaria", in der es nach Wein duftete.
[992] BS 1,30,284,16f.
[993] BHLD 1, 23,1,1,324,13f.
[994] BHLD 1, 23,2,3,328,14-16.
[995] BHLD 1, 23,2,3,328,11f.
[996] BHLD 1, 23,2,5,330,15f.
[997] BHLD 1, 23,3,5,330,23.
[998] BHLD 2, 23,3,5,330,23-27.
[999] BHLD 1, 23,3,6,332,1f.
[1000] BHLD 1, 23,3,6,332,4f.
[1001] BHLD 1, 23,3,7,334,4-6.
[1002] BHLD 1, 23,3,7,334,6-14.
[1003] BS 3,123,726,7.

Wein[1004]. Nur wer durch die Kammer der Zucht[1005] und der Geduld[1006] gegangen ist, kann in den Keller des Weines gelangen; dazu muß man als Vorsteher klug in Wort und Tat die Untergebenen leiten[1007]. Nicht alle Gaben oder Charismen kommen aus „cella vinaria", „dem Weinkeller"[1008].

Es gibt aber auch Stellen bei Bernhard, die eher bei „cella vinaria" an ein Weinhaus denken lassen. Es ist dann der Fall, wenn die Braut dort trunken wird[1009]. So erklärt Bernhard den Mut, in welchem die Bitte der Braut am Anfang des Hohenliedes nach einem Kuß des Mundes des Bräutigams liegt, durch ihre Trunkenheit[1010]. Sie kommt gerade aus der Weinzelle, in die sie der Bräutigam geführt hat[1011]. Aber selbst wenn sie aus dieser kommt, hat die Braut weiter Durst, denn es heißt ja: „Wer mich trinkt, den dürstet noch mehr."[1012]

Kein anderer Theologe behandelt den Vorratsraum des Weines so ausführlich mit so verschiedener Bedeutung wie Bernhard.

3.   Auch Wilhelm von St. Thierry kann nicht an dem im Hohelied erwähnten Weinhaus des Bräutigams vorbeigehen.

Wer sich zu Christus hinwendet, wird zur Braut, die „in cellaria introductam, ubi regiae divitiae continebantur", „in die Vorratslager eingeführt ist, wo die königlichen Reichtümer aufbewahrt werden"[1013]. Und wenn sie diese wieder verläßt, verliert sie auch „gloria cellariorum", „die Herrlichkeit der Vorratslager"[1014]. Daß hier an Vorratslager gedacht ist, sieht man daran, daß in ihnen „apothecae", „Vorratskammern" mit allen Wonnen enthalten sind[1015], die Wilhelm von den „cella vinaria", „Weinkellern" unterscheidet[1016]. Es gibt auch einen Unterschied von dem, was in den einzelnen Räumen aufbewahrt wird. Neben dem vielfältigen Wissen liegt in der Weinzelle die einzige notwendige Weisheit[1017]. Der Mensch ist in ihrem Weinkeller, wenn er, soweit es möglich ist, Gottes unwandelbare Ewigkeit schmeckt[1018]. An einer anderen Stelle schreibt er: „Cella quippe vinaria est secretum quoddam sapientiae Dei, status mentis Deo plenius affectae." – „Der Weinkeller ist ja ein Geheimnis der Weisheit Gottes, der Zustand des Geistes, der von Gott voller erfaßt ist."[1019] Ja, die Weisheit Gottes ist selbst der

---

[1004] BS 3,123,722,21-23.
[1005] BS 3,123,722,27.
[1006] BS 3,123,722,24f.
[1007] BS 3,123,722,25f.
[1008] BHLD 2, 49,1,4,164,1-13.
[1009] BHLD 2, 49,1,1f.,160,12-162,18.
[1010] Hugo von St. Viktor (HAN 3,8,654C) läßt durch die Trunkenheit den Menschen mutig werden.
[1011] BHLD 1, 7,3,3,112,20-22.
[1012] BHLD 2, 51,1,2,182,2-5.
[1013] WHLD 1 prael 26,104.
[1014] WHLD 1 prael 27,104.
[1015] Ebenda.
[1016] Ebenda.
[1017] Ebenda.
[1018] WHLD 1 prael 28,106.
[1019] WHLD 1,10,115,252.

Weinkeller, in dem Liebe und Zuneigung liegt[1020]. „In cella ergo vinaria nihil est, nisi vinum." – Im Weinkeller gibt es nichts anderes als Wein."[1021] Wer in ihn eintritt ist Wein oder wird zu Wein, welcher das Feuer der göttlichen Liebe bedeutet[1022]. Es gibt eine ganz spezifische Freude, die sich aus der Liebe zu Gott ergibt. „Et hoc est vinum cellae vinariae. Hoc inebriatus erat qui dicibat: ‚Quis nos separabit a caritate Dei?'» – «Und dies ist der Wein aus dem Weinkeller. Von ihm war trunken derjenige, welcher sprach: ‚Wer wird uns scheiden von der Liebe Gottes?'»[1023] „Inducitur ergo Sponsa in domum vini, in gaudium Domini et Sponsi sui." – „Es wird also die Braut in das Weinhaus eingeführt, in die Freude ihres Herrn und Bräutigams."[1024] Wenn man aus diesem Weinkeller herauskommt, ist man gereinigt, erprobt, gedemütigt und bereit, zum eigentlichen Haus Gottes zu gehen[1025].

4. In der Vita der Hildegard von Bingen wird berichtet, daß die Seherin geistliche Gesänge, Bücher in Geheimschrift und Auslegungen der Evangelien veröffentlicht hat[1026]. Dies konnte sie nur tun, weil sie vom Herrn in das Weinhaus geführt und dort geistlich trunken geworden war[1027].

5. Jakob von Vitry fragt in ihrer Vita Maria von Oignies, warum sie sich scheue, von ihren Erlebnissen zu berichten: „Numquid non aliquando, cum introduceret te Rex in cellam vinariam, prae ebrietate clamabas: ‚Cur te Domine abscondis, cur te qualis es non ostendis?'" – „Hast du nicht einmal, als der König dich in das Weinhaus führte, in Trunkenheit gerufen: ‚Warum verbirgst Du Dich, Herr, warum zeigst Du Dich nicht so, wie Du bist?'"[1028]

6. Der Autor der Vita der Ida von Nijvel sieht den Zusammenhang zwischen geistlicher Trunkenheit und ekstatischen Erlebnissen. Oft, so schreibt er, wurde Ida von ihrem Geliebten in das Weinhaus geführt und wurde dort von dem Wein der Liebe trunken und kam dadurch in die Entrückung des Geistes[1029].

7. Von Beatrijs von Nazareth heißt es, daß sie oft Hunger und Durst hatte nach dem Geschmack der Liebe[1030]. „Quid enim nisi caritatem sapere poterat:, que totiens in cellam vinariam introducta, totiens caritatis nectare debriari celestibusque delitijs satiari meruerat., que totiens caritatis gustum in gaudio de saluatoris fontibus haueriebat?" – „Was sollte sie anderes schmecken als die Liebe, die so oft in das Weinhaus geführt wurde, so oft verdient hat, am Nektar der Liebe trunken und mit himmlischen Wonnen

---

[1020] Ebenda.
[1021] WHLD 1,10,116,252.
[1022] Ebenda.
[1023] WHLD 1,10,119,258.
[1024] WHLD 1,10,120,258.
[1025] WHLD 1,10,114,250.
[1026] HIV 2,1,118,14-17.
[1027] HIV 2,1,118,20-120,2.
[1028] MO 2,5,48,558.
[1029] IN 30,280.
[1030] BN 3,3,196,6-9,128.

gesättigt zu werden, die so oft den Geschmack der Liebe in Freuden aus den Quellen des Heilandes geschöpft hat?"[1031]

8. Der Autor der Vita der Ida von Löwen sieht beim Trunkenwerden der Mystikerin eine Entwicklung. Zuerst ist sie gleichsam schon von der Süße des Herrn angeheitert, worauf ihr Geist, „totus ad inebriandum in ipsam cellam vinariam eo tempore fuerit introductus", „um ganz trunken zu werden, in das Weinhaus selbst zu dieser Zeit geführt worden war", was in einer Ekstase geschah[1032].

9. Mechthild von Magdeburg gibt die „cella vini" wörtlich mit „Weinzelle" wieder[1033]. Sie denkt aber dabei an ein Weinhaus, in dem man große Kosten haben[1034] und einen Schatz vertrinken kann[1035]. Dann überträgt sie dieses Wort in den damals üblichen Ausdruck für Weinhaus, nämlich „taverne", „Taverne"[1036]. Dorthin will Mechthild gehen und alles verschwenden, was sie besitzt[1037]. Oft begibt sie sich „in die seligen winzelle", „in die selige Weinzelle" der Liebe[1038]. Sie hat auch keine Angst, wenn sie das Weinhaus bei dessen Schließung wieder verlassen muß, auf der Straße hungrig, arm, nackt und verlacht zu stehen[1039]. Weiß sie doch, daß sie ihren Durst nach dem Sohn Gottes nur dort stillen kann[1040].

10. Nach Gertrud der Großen soll der Mensch die Königin Liebe bitten, daß sie ihn in die „celleraria", „Vorratskammern" führt, um dort die guten Weine zu kosten[1041]. Aber auch die Weisheit hat schon ihre Vorratsräume, die voll Güte sind, geöffnet[1042].

11. In der Vita der Lukardis von Oberweimar wird mit der Doppelbedeutung, die im Mittelalter „cella" hat, gespielt. Als Lukardis krank ist, bekommt sie den Leib des Herrn als Krankenkommunion in ihre „cella", „Klosterzelle" gebracht[1043], worauf diese von einem kostbaren Weinduft wie eine Weinzelle duftet[1044].

8.2.5 Zusammenfassung

Die Metaphern um den Wein für Christus haben eine so große Bandbreite der Bedeutungen, daß es sich lohnt, nicht von den Bildern, sondern von den verschiedenen Bedeutungen auszugehen.

[1031] BN 3,3,196,8-13,128.
[1032] IL 1,4,26,165.
[1033] MM 3,3,16-21,80f.
[1034] MM 3,3,16f.,80.
[1035] MM 3,3,20f.,80f.
[1036] MM 3,3,25,81.
[1037] MM 3,3,25f.,81.
[1038] MM 3,3,27,81.
[1039] MM 3,3,36-38,81.
[1040] MM 3,3,40-42,81.
[1041] G R 5,186-188,138.
[1042] G R 7,266f.,226.
[1043] LO 45,335f.,1f.
[1044] LO 45,335,1-3.

1. Vom Weinstock gehen die Reben aus und von der Traube der Saft, aus dem der Wein entsteht. Das Ausgehen der Rebzweige vom Stock stellt das Ausgehen des Sohnes vom Vater[1045] und der Gläubigen von Jesus[1046] dar. Auch das Fließen des Blutes Christi wird mit dem Hervorgehen des Saftes aus der Traube verglichen[1047]. Wenn Christus der Weinstock ist, so sind wir seine Reben[1048].

2. Das Pressen des Saftes in der Kelter wird oft auf die Bedrängnisse Jesu in seinem Leiden gedeutet[1049]. Am Kreuz ist Christus in der Kelter des Leidens[1050]. In verschiedenen Stationen des Leidens Jesu glaubt man, sein Leiden mit dem Keltern von Trauben vergleichen zu können[1051]. Derjenige, der diese Kelter tritt, ist der Wille des Vaters[1052]. Mit Christus muß auch der Mensch durch die Kelter gepreßt werden[1053], denn er hat die harte Schale der Leidenschaft, die zerbrochen werden muß[1054].

3. Aus den verschiedenen Trauben und anderen Früchten kann man Getränke mit verschiedenen Wirkungen bereiten. So gibt es den Wein der Galle, der als Wirkung den Tod hat[1055], den Wein von wilden Reben, der das menschliche Geschick versinnbildet[1056], und Wein von Zyperntrauben, von denen man in der Liebe berauscht wird[1057]. Wenn der Wein von der Sanftmut des Öles unterschieden wird, bezeichnet er die Glut göttlicher Mahnung[1058], dem der Wein menschlicher Reue entspricht[1059]. Während die Myrrhe das Leiden Jesu bedeutet, bezeichnet die Traube, aus der guter Wein hergestellt wird, die Freude der Auferstehung[1060] und Himmelfahrt[1061]. Der starke Wein, von dem ein Duft ausgeht[1062], kann auch die Stärkung des Menschen durch Christus bedeuten[1063]. Deswegen schenkt der Wein aus Zyperntrauben ein frohes Aufatmen des Menschen[1064]. Jesus wird auch in der großen Traube versinnbildet, die die Kundschafter aus dem verheißenen Land mitbrachten (Num 13,24)[1065], wobei die Stange, an der die

---

[1045] HISV 1, 2,6,28,1107-1111,257.

[1046] HISV 1, 2,6,28,1107-1111,257.

[1047] BHLD 1, 2,28,1091f.,257.

[1048] LO 45,335,6f.

[1049] BHLD 1, 2,6,28,1092f.,257; MH 3,25,229.

[1050] HISV 1, 1,3,31,626f.,59.

[1051] HISV 1, 2,6,28,1094-1097,257.

[1052] HISV 1, 2,6,28,1165f.,258.

[1053] HISV 1, 2,6,28,1147-1149,258.

[1054] HISV 1, 2,6,28,1098-1106,257.

[1055] BS 2,22,312,13-15.

[1056] BS 2,22,312,16f.

[1057] BS 2,22,312,18-20.

[1058] BHLD 2, 44,2,3,106,2f.

[1059] BHLD 2, 44,2,3,106,8; IS 6,16,160-162,174.

[1060] BHLD 2, 44,1,1,102,17-104,1; MH 1,14,47.

[1061] TH 64,27f.,150.

[1062] LO 45,335,7-10.

[1063] HISV 1, 2,6,28,1091-1094,257; 2,6,29,1126-1131,258.

[1064] BHLD 2, 44,1,1,102,22-104,1.

[1065] BHLD 2, 44,2,3,106,13-16; LO 45,335,7f.

Traube hängt, das Kreuz ist[1066]. Eine Weintraube ist etwas Kostbares, so daß sie auch als Kosename für die Seele von Gott gebraucht wird[1067].

4. Eine ähnliche Vielfalt von Bedeutungen gibt es bei dem verschiedenen Wein. Der Wein der Gier berauscht den Menschen[1068] und macht ihn wahnsinnig[1069]. Es gibt den neuen Wein Christi, der in neue Schläuche gehört[1070]. Dieser kann das Gebet sein[1071]. Er ist der Wein, der das Herz des Menschen erfreut[1072], wenn man ihn im Gebet trinkt[1073]. Um dieser Freude willen ist das Blut, das aus der Seite Jesu floß, in Wein gewandelt worden[1074]. Vom Wein der Tröstung[1075] und der Liebe[1076] ist die Rede. Verschiedene Wirkungen des Weinrausches werden mit der Wirkung der Liebe Christi im Menschen verglichen[1077]. Dann ist es aber die Liebe und kein irdischer Wein, der diese Wirkung hervorruft[1078]. Deswegen bleibt der Mensch dabei nüchtern[1079]. Trotzdem muß man wie ein Alkoholiker bereit sein, sein ganzes Vermögen und alle Kräfte um dieser Trunkenheit willen hinzugeben[1080]. Die Braut soll nicht auf die Menschen hören, die diesen Wein mit Wasser mischen wollen[1081]. Eine solche Trunkenheit vom unvermischten Wein führt oft zu ekstatischen Erlebnissen[1082]. Man wünscht sich, beim Sterben vom Wein des Geliebten trunken zu sein[1083]. Auch Christus, der schon als kleines Kind von Maria mit Brot und Wein ernährt wurde[1084], findet nicht nur seine Freude am Wein der Menschen[1085], sondern wird selbst als von der Liebe trunken bezeichnet. Er hat ja denselben Wein getrunken, den er den Menschen ausschenkt[1086]. Wenn er zum Gericht wiederkommt, ist er der Herr, der von der Hochzeit berauscht vom Wein der Liebe zurückkehrt[1087]. Der Wein, den Christus trinkt, kann sein Lebenswandel, sein

---

[1066] LO 45,335,9f.
[1067] MM 1,16,2,14.
[1068] BS 3,97,574,5f.
[1069] BS 3,97,574,7.
[1070] BS 2,22,312,18-20; 3,87,572,15; RVPS 118,353A.
[1071] BS 3,97,572,17-574,1.
[1072] BS 3,97,574,1; BPEPI 2,4,380,6f.; JHLD 59,10,212-214,421; TH 64,28f.,150; MO 2,10,92,568; IL 1,6,37,168.
[1073] BHLD 1, 18,3,5,262,9.
[1074] ARI 31,1189f.,671.
[1075] G R 7,388-390,232.
[1076] HAN 3,8,654C.
[1077] Ebenda.
[1078] BHLD 2, 49,1,1,160,18f.
[1079] BS 3,97,574,7.
[1080] MM 3,3,16-18,80.
[1081] MM 3,3,23f.,81.
[1082] JC 1,4,17,448; IN 30,280; MM 1,4,6-8,10f.
[1083] G R 5,155f.,136; 5,430f.,154.
[1084] MH 1,5,20.
[1085] TH 65,23f.,152.
[1086] MM 3,3,29f.,81.
[1087] BPEPI 1,1,366,2.

Leiden und sein Wille, mit dem Menschen eins zu werden, sein[1088]. Am Kreuz starb Christus trunken vom Wein der Liebe[1089].

5. Der Kelch, der dem Menschen gereicht wird, bedeutet auch sein verschiedenes Geschick. So reicht Jesus einen Kelch, in dem reiner Wein, Hefe und mit ihr vermischter Wein ist. Der Wein der reinen Freude wird für den Himmel aufbewahrt, die Hefe des reinen Leidens müssen die Verdammten trinken, den mit Leid und Freude gemischten Wein trinken die Menschen auf Erden[1090]. Reiner Wein kann auch ein Symbol für die Reinheit der jungfräulichen Geburt Jesu sein[1091].

6. Auf Erden kann auch wie bei der Hochzeit von Kana der Wein ausgehen. Dies geschieht dann, wenn sich erhoffte Gaben, wie zum Beispiel die Andacht beim Beten, nicht einstellen[1092]. Der Wein, der Jesus ist, geht aber niemals aus[1093]. Doch dies erfährt man erst beim Hochzeitsmahl im Himmel[1094]. Das Verwandeln des Wassers in Wein bei der Hochzeit von Kana wird verschieden ausgelegt. Es kann die Torheit der Menschen sein, die in die Weisheit Christi verwandelt wird[1095], welche der beste Wein ist, weil sie Gottes und nicht der Welt Weisheit ist[1096]. Aber auch die Furcht kann zur Liebe verwandelt werden[1097].

Aus der Seite Christi Wasser und Blut zu trinken, bedeutet das Reinigen durch Wasser und das Berauschen durch den Wein der Liebe Christi[1098].

7. An einem großen Weinstock kann man an den Zweigen nach oben klettern. So ist Christus der Weinstock, der bis zum Himmel reicht, an dem der Mensch aufsteigen kann[1099]. Ein Tröpfchen Wasser verschwindet scheinbar in einem Faß oder Schlauch kostbaren Weines. So kommt ein Mensch bei der „unio mystica" von sich selbst[1100].

8. Mit der „cella vina", in die der Bräutigam die Braut führt, ist meist ein Weinhaus oder eine Taverne gemeint[1101], in der man sein ganzes Vermögen, das heißt alle Kräfte, verschwenden kann[1102]. In ihr ist man, wenn man die Wonnen beim Lesen der Schrift spürt[1103]. Dort kann man vom Wein, den Jesus gibt, trunken werden[1104] und in Ekstase geraten[1105]. Ihre Schriften konnten die Mystikerinnen nur verfassen, weil sie im Wein-

---

[1088] MH 1,14,47.
[1089] JHLD 59,10,217-220,421; G R 3,101f.,80.
[1090] RVPS 74,323D.
[1091] HISV 1, 2,6,29,1160-1164,259.
[1092] BPEPI 2,4,380,10f.
[1093] HISV 1, 2,6,28,1145f.,258; 2,6,28,1163f.,259.
[1094] BPEPI 2,4,380,4f.
[1095] IS 10,5,43-51,224.
[1096] IS 10,6,61-59,224.
[1097] IS 10,15,152-157,232.
[1098] IS 44,14,111-113,92; MH 1,18,59.
[1099] G 3, 3,17,1,4-6,72.
[1100] LTA 2,3,43,204; IG 5,48,121; MH 2,17,152.
[1101] MM 3,3,25,81.
[1102] MM 3,3,25,81.
[1103] BS 1,30,284,16f.; BHLD 1, 23,2,3,318,10f.
[1104] BHLD 1, 7,3,3,112,20-22; 2, 49,1,1f.,160,12-162,18; WHLD 1,10,119,258.
[1105] IN 30,280.

haus Gottes trunken geworden sind[1106] und Fragen an Gott stellen durften[1107]. Sie können nichts anderes mehr als den Wein der Liebe kosten[1108]. Wenn man dieses Weinhaus verläßt, verliert man alle Freude[1109] und ist arm, nackt und hungrig[1110].

„Cellarium" meint „Vorratslager", in dem es verschiedene „cella", „Vorratskammern" gibt[1111], in dem die königlichen Güter aufbewahrt werden[1112], zu denen Ewigkeit[1113], Freude[1114], Wissen und Weisheit[1115] und vor allem die Liebe[1116] Gottes gehören. Erst die Kammer, welche als Vorratskammer der Gnade bezeichnet wird[1117], bewahrt den glühenden Wein[1118], den gerade die Amtsträger nötig haben[1119]. Dort wird aber jeder, der eintritt, in den Wein Gottes verwandelt[1120].

8.3 Samen, Wurzel, Brot, Speise

Die in diesem Abschnitt behandelten Bilder kreisen um das Getreide, das gesät wird, gemahlen und zum Brot gebacken uns zur Speise dient. Weizen oder Weizenkorn kommt kaum vor. Dies mag daran liegen, daß das Weizenkorn, das in die Erde fällt und stirbt, um Frucht zu bringen (Joh 12,24), in der Vulgata mit „granum frumenti" wiedergegeben wird, welches zwar „Weizenkorn", aber auch „Getreidekorn" allgemein heißen kann. Zwar bezeichnet Bernhard einmal das Brot der Engel als „panis frumenticius", „Weizenbrot", was ausdrücklich von „panis hordeaceus", „Gerstenbrot" unterschieden wird[1121]. Er weiß auch, daß der Weizen auch Spreu und Schale hat[1122]. So muß auch Christus als das Wort Gottes im Gehorsam und in der Armut gemahlen werden, damit aus ihm das Brot, das uns nährt, wird[1123]. Hildegard sagt, daß wegen der Reinheit seiner jungfräulichen Zeugung Christus „granum frumenti", „Getreide/Weizenkorn" genannt wird[1124]. Im allgemeinen spielt aber die Mehlsorte, aus der das Brot gebacken ist, für diese Metapher keine Rolle.

[1106] HIV 2,1,118,20-120,2; IL 1,4,26,165.
[1107] MO 2,5,48,558.
[1108] BN 3,3,196,8-13,128.
[1109] WHLD 1 prael 27,104.
[1110] MM 3,3,36-38,81.
[1111] BHLD 1, 23,2,3,328,17f.
[1112] WHLD 1 prael 26,104.
[1113] WHLD 1 prael 28,106.
[1114] WHLD 1,10,120,258.
[1115] WHLD 1 prael 27,106; 1,10,115,252; G R 7,266f.,226.
[1116] WHLD 1,10,115,252.
[1117] BS 3,123,726,7.
[1118] BHLD 1, 23,3,7,334,4-6.
[1119] BHLD 1, 23,3,7,334,6-14; BS 3,123,722,25f.
[1120] WHLD 1,10,115,252.
[1121] BS 2,139,352,6-14.
[1122] BS 3,119,690,16f.
[1123] BS 3,119,690,20-27.
[1124] HISV 1, 2,6,26,1028-1040,255.

Auch wenn in unseren Texten oft das eucharistische Brot, über welches in einer späteren Arbeit gehandelt werden wird, vorkommt, begegnen uns auch Stellen, die ohne direkten eucharistischen Bezug von Christus als dem Brot sprechen.

8.3.1 Samen

1. An sehr vielen Stellen des Alten wie des Neuen Testamentes wird „Samen" als Metapher für Nachkommen gebraucht. Es gibt eine Reihe Gleichnisse Jesu, in denen der Samen eine Rolle spielt (Mt 13,1-9.18-23; 24-30; 31f.; 36-33; Mk 4,1-0; Lk 8,11-15). An einigen Stellen wird der Samen auf das Wort Gottes gedeutet (Mt 13,18; Mk 4,14; Lk 8,11). Wenn man diese Gleichnisse christologisch deutet, ist eher Christus der Sämann, der die Worte seiner Verkündigung ausstreut. Auch die Aussage, daß in dem, der keine Sünde tut, der Samen Gottes bleibt (1 Joh 3,9), verlangt nicht zwingend eine christologische Deutung des Samens.

2. Bernhard von Clairvaux vergleicht Christus nicht mit einer Garten-, sondern mit einer Feldblume. Im Garten sät man Samen aus, wenn man dort eine Blume haben will. „Campus enim sine omni humano floret adminiculo, non seminatus ab aliquo." – „Das Feld blüht ohne menschliches Zutun, von keinem eingesät."[1125] So hat auch Maria die Blume Christus ohne jedes menschliches Zutun hervorgebracht[1126]. „Semniavit Deus Pater, de corde suo eructuans, verbum bonum." – „Gesät hat Gott Vater, der aus seinem Herzen das gute Wort entströmen ließ."[1127] Dabei ist wohl an die Sendung des Sohnes gedacht. „Seminavit et Filius: ipse enim est qui exiit seminare semen suum." – „Gesät hat auch der Sohn; er ist es ja, der ausging, den Samen zu säen."[1128] Das Ausgehen des Sohnes ist nach dem Kontext sein Kommen in diese Welt. Dieses Säen setzt sich bei den Aposteln und den anderen Verkündigern fort[1129]. Auch Bernhard selbst sieht sich in der Nachfolge dieses Sämannes. In einem Brief an Roger II., den König von Sizilien, zeigt Bernhard sich selbstbewußt: „Semen meum, semen bonum. Germinabit, si tamen in terram bonam ceciderit." – „Mein Samen ist ein guter Samen. Er wird aufgehen, wenn er auf guten Boden fällt."[1130] Vordergründig ist bei dem Samen an eine Neugründung der Zisterzienser auf Sizilien gedacht. Wenn Bernhard dabei aber deutlich auf das Sämannsgleichnis (Mt 13,24; Lk 8,15) anspielt[1131], stehen Christus und sein Samen dahinter. An einer anderen Stelle redet der Abt zu seinen eigenen Mitbrüdern ähnlich[1132]. Ausdrücklich bezieht er das Aussäen der Saat Jesu auf das klösterliche Leben: „Ecce et hic habemus semen suum." – „Siehe, hier haben wir seinen Samen."[1133]

[1125] BADV 2,4,82,12f.

[1126] BADV 2,4,82,15-18.

[1127] BBEN 10,88,16.

[1128] BBEN 10,88,18.

[1129] BBEN 10,88,15f.

[1130] BB 2, 208,174,16f.

[1131] BB 2, 208,176,5-9.

[1132] BHLD 2, 51,2,3,186,10.

[1133] BBEN 8,84,20.

3. Isaak von Stella predigt, daß aus dem Feld, in das Christus Weisheit und Kraft Gottes, ja sich selbst hineingesät hat, hervorgeht das Licht und die Glut der Liebe[1134]. Das ewige Wort ging vom Schoß des Vaters aus und säte zuerst den Samen in die Natur der Engel, in dem er sie erleuchtete[1135], und von da in die Menschen[1136].

4. Guerricus von Igny geht von der Aufforderung in Hos 10,12 aus, nach der man in Gerechtigkeit säen soll, um den Segen zu ernten[1137]. Dies geschah bei Jesus: „Semen in passione, fructus in resurrectione. Potens in terra semen istud, quod cadens in terram mox excitavit potentiam suum ut multum fructum afferret." – „Der Samen im Leiden, die Frucht in der Auferstehung. Mächtig ist jener Samen, daß er, wenn er in die Erde fällt, bald seine Macht erweckt, um viel Frucht zu bringen."[1138]

5. Johannes von Ford verbindet eher die Menschwerdung des Sohnes Gottes mit dem Vorgang des Säens. Der Eingeborene des Vaters ließ sich in die Dornen unsere Sterblichkeit hineinsäen, um dadurch zum Lebensbaum zu werden[1139].

6. Nach Hildegard von Bingen erblühte Jesus Christus in seiner jungfräulichen Zeugung „in agro non seminatus semine", „in einem Acker, der nicht mit einem Samen eingesät war"[1140]. Er selbst „transfudit inter populos germen caelestis virtutis", „streute unter die Völker den Sprößling himmlischer Tugend"[1141].

8.3.2 Wurzel

1. In der Schrift ist für die spätere Tradition bedeutsam, daß der Messias aus der Wurzel Jesse kommt (Jes 11,1.10). Der Gottesknecht ist wie eine Wurzel aus dürrem Boden (Jes 53,2). In Offb 22,16 stellt sich der verklärte Herr als „Radix et genus David", „Wurzel und Geschlecht David" vor. Schon die Alte Kirche zählt die „Wurzel" unter die Namen Christi[1142]. Zur Abfassungszeit unserer Texte stand die bildliche Darstellung des Stammbaums Christi als Wurzel Jesse in Blüte[1143].

2. Weil Christus sich entäußert hat, leuchtet nach Bernhard von Clairvaux Gottes Liebe heller in ihm: „Quam lucidus flos de radice Iesse egrederis!" – „Wie lichtvoll kommst Du als Blüte aus der Wurzel Jesse hervor."[1144] Bernhard wendet sich gegen die Vorstellung, daß durch die jungfräuliche Empfängnis die leibliche Abstammung Jesu von Adam nicht mehr gegeben sei[1145]. Sein Leib, so sagt man, sei in Maria neugeschaffen

---

[1134] IS 26,3,19-23,128.

[1135] IS 26,11,79-83,132-134.

[1136] IS 26,12,88-97,134.

[1137] GIS AsbM 4,4,136-139,468.

[1138] GIS AsbM 4,4,144-147,468-470.

[1139] JHLD 102,3,67-70,691.

[1140] HISV 2, 3,8,15,684f.,497.

[1141] HISV 2, 3,8,15,782f.,500.

[1142] Vgl. Sieben, Nomina 192; vgl. Forstner 200-202.

[1143] Vgl. Forstner 154; Sachs, Hanelore – Badstübner, Ernst – Neumann, Helga: Christliche Ikonographie in Stichworten, München 1975, 357f.

[1144] BHLD 2, 45,6,9,124,12-16.

[1145] BCO 5,10,23,810,19-21.

und nicht von Adam genommen[1146]. Würde dem so sein, hätte es besser geheißen, daß eine Blume nur aus dem Zweig gekommen sei. Jesaia aber sagt voraus, daß die Blume auch aus der Wurzel entsprießt[1147]. An anderer Stelle macht Bernhard diese Unterscheidung nicht. Jesaia erkannte „virgam virginem, florem virginis partum", „in dem Zweig die Jungfrau, in der Blume den von der Jungfrau Geborenen"[1148]. Offensichtlich ist, „quaenam sit virga de radice Iesse procedens, quis vero flos super quem requiescit Spiritus Sacntus. Quoniam Virgo Dei genetrix, virga est, flos Filius eius", „wer der Zweig, der aus der Wurzel Jesse hervorgeht, wer die Blume aber, auf der der Heilige Geist geruht hat, ist. Denn die Jungfrau, die Mutter Gottes, ist der Zweig, die Blume aber ihr Sohn"[1149]. In der Wurzel Jesse sieht also Bernhard Jesu Einordnung in das Menschengeschlecht, das bis auf Adam zurück reicht. Weil die Vulgata von einem herrlichen Grab dessen spricht, der als Wurzel Jesse zum Zeichen für die Völker wird (Jes 11,10), sieht Bernhard in dieser Schriftstelle das Hervorgehen Christi aus dem Grab in der Auferstehung vorhergesagt[1150]. So kann man Jesus die erhabene Frucht der Erde nennen, weil er durch den Zweig der Jungfrau aus der Wurzel Jesse hervorgeht[1151]. Im Ausdruck „radix David" (Offb 5,5) nimmt Bernhard den Genetiv, der in „David" steckt, ernst und schreibt von Christus: „Non David radix eius, sed ipse radix David, quia portat, et non portatur." – „Nicht David war seine Wurzel, sondern er war die Wurzel Davids, weil er trägt und nicht getragen wird (vgl. Röm 11,18)."[1152] Hier wird die Wurzel nicht als Symbol der Herkunft, sondern der Standfestigkeit gesehen. Ein Baum mit tiefer Wurzel steht fest, weil er von ihr getragen wird. So nennt Bernhard Christus „radix foritudinis tuae et desiderii, radix desiderabilis, radix fortis", „Wurzel deiner Stärke und deiner Sehnsucht, ersehnenswerte Wurzel, starke Wurzel"[1153].

3. Isaak von Stella sieht Ähnlichkeit in der Bedeutung der Wurzel mit derjenigen des Hauptes. Der mystische Leib der Kirche hat nur ein Haupt und eine Wurzel, Christus[1154]. „Sicut de sola vita radicis in totum arboris corpus viror et virgor vitaque procedit, sic de solo Christi et Dei nostri sancto Spiritu totum Ecclesiae corpus vivit, sentit, movetur." – „Wie allein vom Leben der Wurzel auf den ganzen Leib des Baumes Kraft, Stärke und Leben ausgeht, so lebt, fühlt und bewegt sich der ganze Leib der Kirche allein von Christi und unseres Gottes Heiligem Geist."[1155]

4. Der Autor des Traktates „Speculum virginum" nennt Christus „flos quidem radice sua pulchrior, stirpe sua venustior", „eine Blume, die ja schöner als ihre Wurzel, lieblicher als ihr Stamm" ist[1156]. Mit der Wurzel ist die Vorgeschichte des Messias im Alten

---

[1146] BCO 5,10,23,812,6-8.
[1147] BCO 5,10,23,812,9-13.
[1148] BLVM 2,5,54,21f.
[1149] BADV 2,4,82,8-10.
[1150] BLNM 11,29,316,1-4.
[1151] BASC 6,1,372,1.
[1152] BPASC 1,10,242,1f.
[1153] BPASC 1,10,242,4.
[1154] IS 34,6,53f.,236.
[1155] IS 34,7,59-62,236.
[1156] SP 1,84,18f.

Testament gemeint. Sie ist verborgen im Feld der Patriarchen eingepflanzt bei den Propheten und Königen[1157]. Christus übertraf diese alttestamentlichen Gestalten an Schönheit. Der neue Adam, Jesus Christus, erblüht auf einem Baum, „cuius radix humilitate fundatur", „dessen Wurzel in der Demut gründet"[1158].

5.   Hugo von St. Viktor setzt den Lebensbaum des Paradieses mit Jesus Christus, dem Wort des Vaters, welches die Weisheit aus der Höhe ist, gleich[1159]. Dieser Baum findet seine Wurzeln in den Herzen der Heiligen[1160].

6.   Hildegard von Bingen betont, daß Jesus in einer Hinsicht keine Wurzel hat: „Vt flos nascitur in agro non seminatus semine, sic surrexit in ea caelestis panis sine radice uirilis commixtionis." – „Wie eine Blume auf einem mit Samen nicht eingesäten Acker entsteht, so erstand das himmlische Brot in ihr (= Maria) ohne die Wurzel einer Verbindung mit einem Mann."[1161] Dies ist ein Zeichen dafür, daß Christus mit keiner Sünde in Berührung kam[1162]. Dies heißt aber nicht, daß Jesus nicht von Adam abstammen würde, der ja die Wurzel für alle Menschen ist[1163].

7.   Daß alles, was die Kirche besitzt, seinen Ursprung in Christus hat, ist ein oft geäußerter Gedanke. Elisabeth von Schönau spitzt diesen Gedanken zu, wenn sie schreibt: „Omnis virtus et fortitudo ecclesiae a salvatoris infirmitate, qua secundum carnem infirmatus est, velut ex radice orignem traxit." – „Alle Kraft und Stärke der Kirche bezieht aus der Schwäche des Erlösers, der dem Fleische nach schwach geworden ist, wie aus einer Wurzel den Ursprung."[1164]

8.   In der Vulgatafassung des Hohenliedes ist in Hld 7,13 von einer Pflanze mit Namen „mandragora"[1165] die rede, welche das St. Trudperter Hohelied mit „alrûn", „Alraune" gleichsetzt[1166]. Diese ist eine Wurzel, welche die Gestalt eines Menschen hat[1167]. Wenn ihr Gebrauch auch tödlich sein kann, so wird sie doch als Arznei verwendet, und der Genuß ihrer Rinde hat betäubende Wirkung[1168]. Die Beschreibung dieser Pflanze wird allegorisch auf den Gottmenschen ausgelegt. Wie eine Wurzel verborgen ist, so lebte Christus als Mensch auf Erden[1169]. Er ist Arznei für das ewige Leben[1170]. Die Rinde der Wurzel stellt dagegen den Heiligen Geist dar, der die Gott liebenden Menschen in den Schlaf der Ekstase versetzt[1171].

[1157] SP 1,84,22-86,1.
[1158] SP 4,320,7-9.
[1159] HAN 2,118,646C.
[1160] Ebenda.
[1161] HISV 2, 3,8,15,684-686,497.
[1162] HISV 2, 3,8,15,686-689,497.
[1163] HIB 1, 26r,2f.,74.
[1164] ESV 3,31,87.
[1165] Zur Metapher der Mandragora vgl. Frostner 194-196; Ohly, TH 1153-1155.
[1166] TH 125,11-14,264.
[1167] TH 125,13,264; vgl. Ohly, TH 1155.
[1168] TH 125,15-17,264; vgl. Ohly, TH 1155-1157.
[1169] TH 125,19,264.
[1170] TH 125,19-21,264.
[1171] TH 125,27f.,264.

9. Nach Gertrud der Großen soll die Seele des Menschen ihre Wurzel in der Seitenwunde des Herrn haben[1172]. „Per ipsum vulnus tamquam per radicem", „Durch eben diese Wunde wie durch eine Wurzel" tragen die Menschen ihre Frucht[1173].
10. In der Vita der Agnes von Blannbekin wird die Herablassung des Sohnes Gottes in der Menschwerdung „fons et radix omnium gratiarum", „Quelle und Wurzel aller Gnaden" genannt[1174].

8.3.3 Brot

1. Im Alten Testament hatten zwei Psalmverse eine große Wirkungsgeschichte: Ps 77,25: „Der Mensch ißt das Brot der Engel." und Ps 103,15: „Das Brot stärkt des Menschen Herz." Im Neuen Testament wird in allen Evangelien von der Brotvermehrung Jesu gesprochen (Mt 14,13-21; 15,32-39; Mk 6,31-44; 8,1-10; Lk 9,10-17; Joh 6,1-15). Die johanneische Brotrede erhält erst ab Joh 6,52-59 eine eindeutige eucharistische Prägung, die im ersten Teil (Joh 6,22-51) fehlt. Die Versuchung Jesu, aus Steinen Brot zu machen, wird von den Synoptikern berichtet (Mt 4,1-11; Mk 1,12f.; Lk 4,1-13). Das „Brotbrechen" wird als Ausdruck für die nachösterlichen Zusammenkünfte der ersten Christen erwähnt (Apg 2,42). In der Alten Kirche war der Titel „Brot" für Christus beliebt[1175].
2. Christus wird von Jean von Fécamp mit den Worten angeredet: „Tu es panis et fons vitae." – „Du bist das Brot und die Quelle des Lebens."[1176] Diese Aussage wird unmittelbar darauf folgendermaßen erklärt: „Panis oris intus animarum te amantium", „Brot des Mundes der Seelen, die Dich innerlich lieben"[1177]. Niemand anderes als Christus kann dieses Brot sein. „Nemo panem habet uitae praeter te altissime" – „Niemand hat außer Dir, Höchster, das Brot des Lebens."[1178] Über die Abwesenheit des Herrn heißt es: „Abest panis, adest famis." – „Fehlt das Brot, ist der Hunger da."[1179] Christus ist nicht nur Brot zur Stärkung, sondern auch zur Heilung des Menschen. So bittet Jean: „Panis dulcissime sana palatum cordis mei, ut sentiam suauitatem amoris tui." – „Süßestes Brot, heile den Gaumen meines Herzens, damit es die Süße Deiner Liebe spürt."[1180] Oder: „Panis uitae, qui nos reficis, et in te non deficis." – „Brot des Lebens, der Du uns neu schaffst und in Dir nicht hinschwinden läßt."[1181] Man sieht, wie oft Jean von Christus als dem Brot spricht, ohne daß ein Bezug zur Eucharistie sichtbar wird.
3. Besonders oft wird dieser Titel bei Bernhard von Clairvaux gebraucht.

[1172] G 3, 3,18,6,1-3,84.
[1173] G 3, 3,18,6,3-7,84.
[1174] AB 151,1-13,326.
[1175] Vgl. Sieben, Nomina 164; 166; 169; 170; 177; 191f.; ders.: Heil 131; 133.
[1176] JFC 3,3,52,144.
[1177] JFC 3,3,54,144.
[1178] JFP 36,225.
[1179] JFP 35,225. Der ganze Vers stellt ein einziges Wortspiel dar, welches im Deutschen nicht nachgeahmt werden kann.
[1180] JFC 3,27,942f.,172.
[1181] JFC 3,28,1014f.,174. Das Wortspiel „reficis .. deficis" kann im Deutschen nicht nachgeahmt werden.

3.1   Bernhard weiß, daß der Name Betlehem „Haus des Brotes" bedeutet[1182]. Dies hält er für passend, weil dort „primum is qui caelo descenderat pariente Virgine, panis vivus apparuit", „zuerst der, der vom Himmel durch die Geburt der Jungfrau herabgestiegen war, als lebendiges Brot erschienen ist"[1183]. Dort wird Jesus in eine Krippe gelegt, und damit „Verbum panis angelorum factum est cibaria iumentorum", „wurde das Wort, das Brot der Engel, zum Futter für das Vieh"[1184]. Natürlich meint Bernhard nicht, daß Christus wirklich zur Speise für das Vieh wurde. Wenn das Wort aber Fleisch geworden und alles Fleisch Heu ist (Jes 40,6), dann muß der Mensch, der nicht mehr gewohnt ist, sich vom Brot des Wortes zu ernähren, das Heu des Fleisches, das heißt die menschliche Natur Christi, kauen[1185]. Man muß lernen zwischen dem Brot, mit dem die Fünftausend gesättigt wurden, und dem „panis frumentricius", „Weizenbrot", welches das Brot der Engel und Christus selbst ist, zu unterscheiden[1186].

3.2   Die Aufgabe des Familienvaters ist es, das Brot zu brechen. Wir brauchen niemanden für diese Funktion zu suchen. „Adest paterfamilias, cognoscite Dominum in fractione panis." – „Der Familienvater ist da, erkennt den Herrn beim Brotbrechen (Lk 24,35)."[1187] Unter dem Brotbrechen versteht Bernhard hier die geistliche Erklärung der Schrift. Er selbst soll als Abt dies tun. Er muß aber bekennen, daß er dazu arm und ratlos ist[1188]. So bittet er Christus: „Frange esurientibus panem tuum, meis quidem, si dignaris, manibus, sed tuis viribus." – „Brich den Hungrigen Dein Brot, und zwar, wenn Du mich dazu würdig machst, mit meinen Händen, doch mit Deiner Kraft."[1189] Oft erscheint das Wort Jesu hart: „Lapis videtur: panis est. Durus in cordice, sed suavissimus in medulla." – „Es sieht aus wie ein Stein und ist Brot, hart in der Rinde und sehr süß im Inneren."[1190] Doch selbst wenn es ein Stein wäre, kann Jesus aus Steinen Brot machen[1191]. Auch wenn dies der Teufel, der Feind der Wahrheit, gesagt hat, darf man ihm ausnahmsweise glauben[1192]. Bernhard macht aufmerksam, daß Jesus in vielen Funktionen sich uns als gütig erweist[1193]. Eine seiner Aufgaben ist diejenige des Familienvaters: „Aliquando occurens tamquam praedives aliquis paterfamilias, qui in domo sua abundet panibus." – „Manchmal begegnet er uns wie ein sehr reicher Familienvater, der in seinem Haus Überfluß an Brot hat."[1194] „Ipse tamquam dives paterfamilias alat in fame, et sub eo panibus abundantes inveniamur." – „Er nährt wie ein reicher Famili-

---

[1182] BLNM 6,12,290,19f.
[1183] BLNM 6,12,290,20f.
[1184] BLNM 6,12,292,1.
[1185] BLNM 6,12,292,2-4.
[1186] BS 2,139,352,6-14.
[1187] BHLD 1, 1,2,4,56,23f.
[1188] BHLD 1, 1,2,4,56,27f.
[1189] BHLD 1, 1,2,4,58,1f.
[1190] BD 97,2,744,10.
[1191] BD 97,2,744,12-15.
[1192] BD 97,3,744,21f.
[1193] BHLD 1, 31,3,8,496,19.
[1194] BHLD 1, 31,3,7,496,8f.

envater und läßt uns unter ihm Überfluß an Brot haben."[1195] Neben der Speise der Barmherzigkeit[1196] und der Gnade Gottes[1197] gibt es noch eine Nahrung: „Numquid non etiam iustitia panis cordis? Et quidem optime confirmans illud, utpote cibus solidus ad nutrimentum." – „Ist nicht auch die Gerechtigkeit ein Brot des Herzens? Ja, sie stärkt jenes am besten und ist ja eine feste Speise zur Nahrung."[1198] In einer Predigt zu den Bittagen legt Bernhard das Gleichnis des Mannes aus, der zu einem Freund mitten in der Nacht geht, um sich drei Brote zu leihen (Lk 11,5-8). Die drei Brote, um die er bittet, sind „panes veritatis, caritatis, fortitudinis", „die Brote der Wahrheit, der Liebe und der Stärke"[1199]. Denn der Mann hat selbst kein Brot im Haus[1200], weil seinem Verstand die Wahrheit, seinem Willen die Zuneigung der Liebe und seinem Leib die Stärke fehlt[1201]. So bittet er: „Commoda ergo mihi, amice, tres panes, ut intelligam, ut diligam, ut faciam voluntatem tuam." – „Leihe mir also, Freund, die Brote, damit ich verstehe, damit ich liebe, damit ich Deinen Willen tue."[1202]

Die Vulgata übersetzt Lk 10,38: „Intravit Iesus in quoddam castellum". In einer Predigt beschränkt sich Bernhard auf die Erklärung dieses Verses, wobei er „castellum" als eine befestigte Burg auffaßt, worunter er das Herz des bösen Menschen versteht, das die Mauer des Starrsinns und den Turm des Stolzes besitzt[1203]. Mit dem Eintritt Jesu wird die alte Burg mit Mauer und Turm geschleift und eine neue erbaut und mit Tugenden befestigt[1204]. Die neue Burg braucht aber auch Lebensmittel[1205]. Aber zwischen den Steinen der Befestigung und dem Brot der Nahrung gibt es bei dieser Burg keinen Unterschied: „Nam idem Christus dictus est et panis et lapis: panis scilicet vivus, et lapis quem reprobaverunt aedificantes." – „Denn ein- und derselbe, nämlich Christus, wird sowohl Brot wie Stein genannt, nämlich das lebendige Brot und der Stein, den die Bauleute verwarfen."[1206] Einmal sagt Bernhard, daß unsere Seele drei[1207] und unser Leib vier[1208] Hilfen von Jesus nötig hat. „Et vide ne forte isti sint septem panes, quibus quattuor hominum millia Salvator legitur satiasse." – „Und schau, ob nicht dies gar die sieben Brote sind, mit denen unser Heiland nach der Schrift viertausend Menschen gesättigt hat."[1209]

[1195] BDED 5,8,858,20-22.
[1196] BANN 3,1,140,7.
[1197] BANN 3,1,140,10.
[1198] BANN 3,1,140,8f.
[1199] BROG 2,314,13f.
[1200] BROG 1,314,7.
[1201] BROG 2,314,15-17.
[1202] BROG 2,316,1f.
[1203] BASSPT 5,1,572,2-4.
[1204] BASSPT 5,2,572,12-574,4.
[1205] BASSPT 5,5,576,17f.
[1206] BASSPT 5,5,578,4f.
[1207] BOS 4,3f.,784,6-786,16.
[1208] BOS 4,6,788,16-790,13.
[1209] BOS 4,6,790,16f.

3.3 Besonders im Kontext der Einheit Christi mit dem Menschen nennt Bernhard Christus Brot. Nach ihm pflückt die Braut im Garten der Liebe vom Baum des Lebens Granatäpfel[1210]. Um deutlich zu machen, daß mit diesen Äpfeln Christus gemeint ist, schreibt er: „A caelesti pane porprium mutuata saporem, colorem a sanguine Christi." – „Vom Himmelsbrot haben sie ihren eigenen Geschmack geändert und die Farbe vom Blut Christi (angenommen)."[1211]

3.4 Zusammenfassend kann man sagen: Nach Bernhard kann Jesus, der das Brot schlechthin ist, uns in jeder Situation das rechte Brot geben.

4. Aelred von Rievaulx nennt die Voraussetzungen, „ut panem angelorum manducaret homo", „daß der Mensch das Brot der Engel ißt"[1212]. Eine ist die Menschwerdung: „Panis angelorum factus est homo." – „Das Brot der Engel ist Mensch geworden."[1213] Christus hat angenommen die Spreu unserer Armut, die Asche unserer Sterblichkeit und den Sauerteig unserer Schwäche[1214]. So soll man sich nicht verwundern, wenn „cibabit te Dominus pane lacrimarum", „der Herr dich mit dem Brot der Tränen speisen wird"[1215].

5. Nach Isaak von Stella „invitatur humilitas ad convivium Sapientiae, ubi panis est veritas, et vinum est caritas", „ist die Demut eingeladen zum Gastmahl der Weisheit, wo das Brot die Wahrheit und der Wein die Liebe ist"[1216]. Christus als der neue Adam besiegte den Ansturm des Bösen, „dum de lapidibus panes facere noluit", „als er von den Steinen nicht Brot machen wollte"[1217].

6. Gilbert von Hoyland sieht hinter dem Brotbrechen Jesu beim Abendmahl eine Vorwegnahme des Leidens, bei dem sich Jesus selbst zerbricht[1218].

7. Guerricus von Igny dankt an Weihnachten dem Vater, „qui panem nostrum cotidianum da nobis hodie", „der Du uns heute das tägliche Brot gibst"[1219]. Gemeint ist damit, daß Gott uns Christus schenkt, den wir so notwendig wie das tägliche Brot haben.

8. Johannes von Ford vergleicht auch ein hartes Geschick mit dem Brot, das wir erhalten. „Tu, Domine miserator noster, frangis esurientibus nonnumquam etiam recusantibus nobis panem hunc lacrimarum." – „Du, Herr, unser Erbarmer, brichst uns, den Hungrigen, und manchmal auch den Verweigerern dieses Brot der Tränen."[1220] Der Herr hat den „baculum panis", „Stab des Brotes" zerbrochen, als er am Kreuz starb, und damit das jüdische Passah für ungültig erklärt[1221]. Es schmeckt „omnis panis doc-

---

[1210] BDI 3,7,86,2f.
[1211] BDI 3,7,86,3f.
[1212] ARJ 2,12,32,259.
[1213] ARJ 2,12,34f.,259.
[1214] ARJ 2,12,32-34,259.
[1215] ARJ 2,12,41,259.
[1216] IS 44,12,96f.,90.
[1217] ISAP 2,8,54f.,298.
[1218] GHLD 36,5,191A.
[1219] GIS Nat 4,5,198f.,218.
[1220] JHLD 22,8,214f.,191.
[1221] JHLD 31,6,155-160,248.

trinae", „jedes Brot einer Lehre", auch wenn es noch so schön aussieht, nur, wenn es nach der Weisheit Gottes, das ist nach Christus, schmeckt[1222].

9. Richard von St. Viktor hört in Ps 147,7 „mittit cristallum sicut buccellas" bei dem Wort „bucella" „Brotstücke" heraus, so daß er liest: „Gott sendet Kristall wie Stücke von Brot", fragt sich, was dieses kristallartige Brot ist, und antwortet: „Pulcher quidem ad videndum, sed fortis ad masticandum." – „Schön bestimmt zum Sehen, aber stark zum Essen."[1223] Es ist „coelestis panis sapientiae", „das himmlische Brot der Weisheit", das alle ersehnen. Ja, Gott sendet sein Wort, „veniens ipse Christus ad implendam promissionem suam", „das als Christus selbst kommt, um seine Verheißung zu erfüllen"[1224].

10. Auch wenn Hildegard von Bingen Christus als Brot meist eucharistisch versteht, gibt es doch einige Stellen ohne diesen Aspekt.

10.1 Der Mensch empfängt ein Brot, durch dessen Süße noch nicht einmal die Engel satt werden, „in humanitate Filii Dei", „in der Menschheit des Sohnes Gottes"[1225]. In der Tatsache, daß bei der Feier der Eucharistie Brot, Wein und Wasser verwendet wird, sieht Hildegard einen Hinweis auf die Heilige Dreifaltigkeit; während sie im Wein den Vater und im Wasser den Heiligen Geist angedeutet sieht, symbolisiert für sie das Brot den Sohn[1226]. Gott besucht den Menschen „caelesti scilicet pane qui Filius eius est", „nämlich durch das himmlische Brot, welches sein Sohn ist"[1227], der allen, die ihn suchen, Barmherzigkeit gewährt[1228]. Auch nach seiner Rückkehr in den Himmel bleibt er als himmlisches Brot in dieser Welt[1229].

10.2 Christus als das Brot vom Himmel wird auch im Zusammenhang seiner jungfräulichen Empfängnis erwähnt. Hildegard gesteht, daß sie lange nicht begreifen konnte, „quomodo idem caelestis panis sine uirili semine et sine ulla concupiscentia peccati de Virgine in obumbratione Spiritus sancti incarnatus est", „wie eben das himmlische Brot ohne Samen eines Mannes und ohne Gier der Sünde von einer Jungfrau durch Umschattung des Heiligen Geistes Fleisch geworden ist"[1230]. Durch einen Vergleich wird dies erläutert. „Sicut ignis panem excoquens arefacit nec ullum mollem umorem dimittit, ita et idem Vnigenitus Dei de fortissimo igne Spirtus sancti conceptus et de castissima Virgine natus sine ulla contagione peccati in corpore suo fuit." – „Wie das Feuer beim Backen das Brot trocken macht und keinerlei Flüssigkeit entläßt, so wurde auch eben der Eingeborene Sohn Gottes vom stärksten Feuer des Heiligen Geistes empfangen und von der keuschesten Jungfrau geboren und war in seinem Leib ohne

---

[1222] JHLD 31,6,160-164,248
[1223] RVPS 80,328B.
[1224] RVPS 80,328C.
[1225] HISV 1, 2,6,25,1000-1003,254.
[1226] HISV 1, 2,6,44,1485-1487,269.
[1227] HISV 2, 3,3,8,361f.,381.
[1228] HISV 2, 3,3,8,363f.,381.
[1229] HISV 2, 3,7,7,237f.,468.
[1230] HISV 1, 1,2,32,783-786,36.

jede Berührung der Sünde."[1231] Wie eine Feldblume, ohne daß sie gesät wurde, auf einem Acker blüht, „sic surrexit in ea caelestis panis sine radice virilis commixtionis", „so erstand in ihr (= Maria) das himmlische Brot ohne die Wurzel der Einmischung eines Mannes"[1232].

11.   Nach David von Augsburg soll ein Mensch im Gebet wie ein armer Bettler vor dem reichen Familienvater niederfallen; „flagitat panem gratiae amplioris", „er bittet um das Brot einer weiteren Gnade"[1233]. Er braucht ein dreifaches Brot, das man im Vaterunser erbittet, das „caelestis, spiritualis et terrestris", „das himmlische, das geistliche und das irdische" ist[1234]. Während das himmlische die Eucharistie und das irdische die tägliche Nahrung bedeutet, stellt das geistliche Brot das „verbum Dei", „Wort Gottes" dar[1235].

In seinem mittelhochdeutschen Traktat „Betrachtungen und Gebete" steht die Eucharistie im Blickpunkt. Dennoch wird hier auch von Christus ohne direkten eucharistischen Bezug als dem Brot gesprochen. Nach der Zeit, in welcher der Mensch fern vom Paradies und den Früchten seines Lebensbaumes war, wurde uns wiedergegeben „daz himelische brôt, daz dû selbe bist", „das himmlische Brot, das Du selbst bist"[1236]. So wird Jesus mit den Worten angesprochen: „Dû lebentigez, dû kreftigez, wünneclîchez, gesmachez, dû himelischez brôt!" – „Du lebendiges, kräftiges, wonnevolles, geschmackvolles, himmlisches Brot!"[1237] Oder: „Du lebentigez und kreftigez himelîsches Brôt, Hêrr Jêsu Kriste!" – „Du lebendiges und kräftiges himmlisches Brot, Herr Jesus Christus!"[1238] Von diesem Brot werden auch die Engel und Heiligen des Himmels gespeist[1239]. Es ist „gebacken … in der aller reinisten muoter lîbe, der êwigen megede der himelischen küneginne sante Marîen, mit der hitze des heiligen geistes mit der meisterschaft der gotes wîsheit", „gebacken … in der allerreinsten Mutter Leib, der ewigen Jungfrau, der himmlischen Königin Sankt Marien, mit der Hitze des Heiligen Geistes mit der Meisterschaft der Weisheit Gottes"[1240].

12.   Mechthild von Hackeborn fragt die Mutter Gottes, was die Speise war, mit der sie das kleine Kind genährt habe. Die Antwort lautet: „Pulmentarium de vino et albo pane sibi paravi." – „Ich habe ihm einen Brei aus Wein und Weißbrot bereitet."[1241] Da es wohl zu keiner Zeit üblich ist, einen Brei, der mit Wein zubereitet ist, einem neugeborenen Kind als Speise zu geben, dürfte diese Speise einen symbolischen Sinn haben: Der, der selbst den Namen Wein und Brot trägt, wird von der ersten Stunde an mit Wein und Brot genährt. Ein anderes Mal schildert Mechthild die himmlischen Freuden in Gestalt

---

[1231] HISV 1, 2,6,32,1230-1234,261.
[1232] HISV 2, 3,8,15,685-687,497.
[1233] DAE 3,54,5,303.
[1234] Ebenda.
[1235] Ebenda
[1236] DB 1,376,2f.
[1237] DB 2,376,28f.
[1238] DB 3,377,2.
[1239] DB 2,376,39f.
[1240] DB 2,376,30-33.
[1241] MH 1,5,20.

eines großen Mahles. Christus sitzt an einem lieblichen Ort, „ubi mensa parata erat et panis superpositus", „wo ein Tisch bereitet war, auf dem Brot lag"[1242]. Während die Heiligen gemeinsam mit Jesus am Tisch sitzen, „congregatio etiam ibi visa est prope Dominum sedere in terra", „schien dort auch der Konvent (der Schwestern des Klosters) nahe beim Herrn auf der Erde zu sitzen"[1243]. Alle erhalten Anteil an dem Mahl. Jesus „accipiens panem fregit et dabat omnibus illis", „nahm das Brot, brach es und gab es all diesen"[1244]. Die Wirkung ist allerdings bei den Schwestern verschieden. Diejenigen, die dem Herrn auf Erden mit Verlangen und Eifer gedient haben, essen dieses Brot mit Freude, diejenigen, die auf Erden ohne rechte Frömmigkeit im Kloster gelebt haben, nehmen es nur nachlässig zu sich[1245]. Da es für die mittelalterliche Mentalität selbstverständlich ist, daß im Himmel keine Sakramente empfangen werden, ist bei diesem Brot nicht mehr an Christus in seiner sakramentalen Gestalt gedacht. An einer weiteren Stelle wird folgendermaßen die „unio mystica" geschildert: „Ipse Jesus Christus, panis vivus et Angelorum indeficiens cibus, se totum praebuit illi animae: os suum roseum ad osculandum, brachia ad amplexandum." – „Jesus Christus selbst, das lebendige Brot und die nicht versagende Speise der Engel, gab sich jener Seele ganz, seinen rosenfarbigen Mund zum Küssen und seine Arme zum Umarmen."[1246]

13. Nur selten wird der Name „Brot" für Jesus außerhalb des eucharistischen Kontextes bei Gertrud der Großen gebraucht.

Auf Erden soll der Mensch an seinen Sünden und Fehlern nagen, wie ein Hündlein einen Knochen, um als „mica", „Brotstückchen" nach dem Leben die Schau des Angesichtes Jesu zu genießen[1247]. Einmal verehrt Gertrud die fünf Wunden des Herrn und erhält dafür fünf Brote, die sie an die Kirche austeilen darf[1248]. Bei der Verehrung der Seitenwunde bittet Gertrud, daß der Herr der Kirche auch noch die Verdienste seines Erdenwandels zu ihrer Seligkeit hinzugeben soll[1249]. Dieses fünfte Brot war mit einer kostbaren Nachspeise, die die Adligen zusätzlich bei einem Festmahl erhalten, zu vergleichen[1250].

14. Christina von Hane sieht einmal, wie aus ihrem Herzen ein Baum wächst, der viele Blumen hatte, welche die Tugenden bedeuten. Auf jeder Blume saß ein Vogel, der wohl mit einem Engel gleichzusetzen ist[1251]. „Vff der vberste blomen saße ein fogel groiße vnd suberlich yber sie alle, als eyn adeler." – „Auf der obersten Blume über allen saß ein großer und reiner Vogel wie ein Adler."[1252] Dieser stellt sich selbst in einem Gesang vor: „Ego sum panis uiuus" – „Ich bin das lebendige Brot." Die anderen Vögel,

---

[1242] MH 4,8,264.
[1243] Ebenda.
[1244] Ebenda.
[1245] MH 4,8,265.
[1246] MH 4,46,302.
[1247] G R 7,564-569,242-244.
[1248] G 4, 4,21,3,1-3,202.
[1249] G 4, 4,21,3,5,4-12,202-204.
[1250] G 4, 4,21,3,12-16,204.
[1251] CH 1, 243.
[1252] Ebenda.

das heißt die Engel, bestätigten dies; er ist das lebendige Brot, von dem auch sie leben[1253]. Damit der letzte Zweifel, wer dieses Brot sei, ausgeräumt wird, nennt die Vita diesen obersten Vogel unmittelbar danach „vnser here Jesus Cristus", „unseren Herrn Jesus Christus"[1254]. Auch Christina sieht das Mahl des Himmels, bei dem der Vater der Wirt, der Sohn der Truchsess und der Heilige Geist der Mundschenk ist[1255]. Die Seligen „worden gespyßet myt dem hemel broitde, also daz sie alle yrs vngemachts vergaißyn", „wurden gespeist mit dem Himmelsbrot, so daß sie all ihr Ungemach vergaßen"[1256].

15.   Heinrich Frauenlob weiß nicht nur, daß Christus seinen Leib in das lebendige Brot verwandelt hat[1257], sondern nennt auch den Schöpfer aller Dinge[1258]: „Du mannabrôt!" – „Du Mannabrot!"[1259]

8.3.4 Speise

1. In der Vulgata kommen zwei Ausdrücke für Speise vor, „cibus" und „esca". Letzterer Ausdruck wird seltener, und wenn, dann kaum metaphorisch gebraucht. Die wichtigste Stelle für den bildlichen Gebrauch von „cibus" im NT ist Joh 4,34, in dem Jesus sagt, seine Speise sei es, den Willen des Vaters zu vollbringen.

2. Jean von Fécamp ruft Christus mit den Worten an: „Dulcis cibus cordis mei!" – „Süße Speise meines Herzens!"[1260]. „Diues omnium bonorum et dapium supernae satietatis, opulentissime largitor Deus, da lasso cibum." – „Du, reich an allen Gütern und an den Mahlzeiten höherer Sättigung, reichster Geber, Gott, gib dem Erschöpften Speise."[1261] Jean stellt fest: „Diuinis laudibus tamquam diuersis epulis reficiebar. Quam dulcis mihi erat iste cibus et potus." – „Ich wurde gestärkt am göttlichen Lobe wie an verschiedenen Mahlzeiten. Wie süß war mir diese Speise und dieser Trank."[1262] Der verlorene Sohn kehrt zu Gott, seinem Vater, zurück „inops panis, diues famis", „arm an Brot, reich an Hunger" und wird bei ihm gestärkt[1263].

3.   Nach Bernhard von Clairvaux gibt es in der Schrift eine „trifarium … carnis edulium", „dreifache … Fleischspeise", die für den Menschen Bedeutung hat[1264]: den Widder der Buße, welchen Jakob dem Isaak bereitet, das Kalb, das Abraham als Speise für

---

[1253] Ebenda.

[1254] Ebenda.

[1255] Ebenda.

[1256] CH 2, 210.

[1257] Heinrich Frauenlob: II. Gebet an Gott und Maria 1,11f., in: Die Deutsche Literatur vom Mittelalter bis zum 20. Jahrhundert, 1,1,609.

[1258] Heinrich Frauenlob: II. Gebet an Gott und Maria 1,1, in: Die Deutsche Literatur vom Mittelalter bis zum 20. Jahrhundert, 1,1,608.

[1259] Heinrich Frauenlob: II. Gebet an Gott und Maria 1,5, in: Die Deutsche Literatur vom Mittelalter bis zum 20. Jahrhundert, 1,1,609.

[1260] JFC 2,10,457f.,135.

[1261] JFC 3,3,43-45,143f.

[1262] JFL 62f.,188.

[1263] JFP 39,225.

[1264] BS 2,111,342,12.

die Engel anbietet, und das Mastkalb, daß der Vater dem verlorenen und heimgekehrten Sohn bereitet hat[1265].

An einer anderen Stelle soll für den gläubigen Menschen wie für Christus der Wille des Vaters die Speise sein[1266]. Solange der Mensch auf Erden ist, besteht diese Speise im Tun von guten Werken[1267], aber nur dann, wenn sie aus den Tugenden erwachsen[1268]. Den Willen des Vaters zu erfüllen, muß ja eine Speise des Herzens sein, welche dieses erfreut[1269]. In gleichem Sinn werden auch die Gerechtigkeit, die Barmherzigkeit und die Gnade die Speisen des Herzens genannt[1270]. Zu dieser Speise gehört auch das Brot des Gehorsams[1271] und der Geduld[1272]. Die Speise der Gläubigen ist ja da, „ut faciant voluntatem omnipotentis Patris. Cibus eorum est verbum Dei", „den Willen des allmächtigen Vaters zu tun. Ihre Speise ist das Wort Gottes"[1273].

Bernhard spricht von verschiedenen Tugenden, die eine Speise für den Menschen sind. Diese kann aber nur der essen, der in der Nachfolge Jesu steht, dessen Speise es war, den Willen des Vaters zu erfüllen.

4. Guerricus von Igny schreibt in einer Weihnachtspredigt, daß Jesus durch seine Menschwerdung sowohl Menschen wie Vieh, das heißt geistlichen wie animalischen Personen, geholfen hat[1274]. Der Vater sandte sein Fleisch gewordenes Wort als „medicinam et escam omnium", „Arznei und Speise für alle"[1275].

5. Nach Johannes von Ford bietet Christus, der als kleines Kind auch nicht mit fester Speise, sondern mit Milch genährt wurde[1276], seine Brust dar und stärkt die Seinen mit der Nahrung der Milch[1277].

6. Der Autor des Traktates „Speculum virginum" sieht im Willen des Vaters, der die Speise für Christus ist, das Heil für die Heiden[1278]. Diese stellen Heuschrecken dar, die im Öl der Barmherzigkeit durch das Feuer des Leidens Christi gegart und zu einer „cibus gratissimus", „sehr angenehmen Speise" wurden[1279].

7. Hugo von St. Viktor schreibt, daß Christus als Mensch uns zum Beispiel und als Gott zum Heilmittel wird: „Ex virtute majestatis et animas nostras cibi invisibili pascit." – „Aus der Kraft der Majestät (der Gottheit) nährt er auch unsere Seelen mit unsichtbarer Speise."[1280]

[1265] BS 2,111,342,12-15.

[1266] BHLD 1, 18,3,5,262,4f.

[1267] BDI 11,32,128,8-10; BOS 1,3,728,13f.

[1268] BHLD 2, 71,5,13,460,5-8.

[1269] BPALM 3,4,178,4f.

[1270] BANN 3,1,140,6-12.

[1271] BVIPP 1,4,486,20f.; BDEE 3,2,830,17f.; vgl. BD 2,4,184,6.

[1272] BD 2,4,184,8f.

[1273] BASSPT 5,5,576,20f.

[1274] GIS Nat 4,1,52-55,208.

[1275] GIS Nat 4,1,58-60,208.

[1276] JHLD 40,4,126-128,296.

[1277] JHLD 115,11,208-211,779.

[1278] SP 5,430,8-15.

[1279] SP 5,430,11-18.

[1280] HAN 2,8,641B.

8. Bei einer guten Mahlzeit bedarf es neben der Speise auch der guten Getränke. Richard von St. Viktor teilt die doppelte Art der Sättigung beim geistigen Mahl folgendermaßen auf: „Vides quomodo Christus in cibo, Spiritus sanctus ministrat in potu propinando." – „Du siehst, wie Christus dient im Reichen der Speise und der Heilige Geist im Reichen des Trankes."[1281] So bezeichnet er Christus als Speisemeister und den Heiligen Geist als Mundschenk[1282].

9. Besonders oft erwähnt Hildegard die Metapher der Speise im christologischen Kontext.

Folgendermaßen legt sie Joh 4,34 aus „Meus cibus, qui filius Dei sum, ille est ut passioni me corporaliter subiciam." – „Meine Speise, der ich der Sohn Gottes bin, ist es, daß ich mich körperlich dem Leiden unterwerfe."[1283] Dadurch wird der Mensch nach dem Willen des Vaters ins Paradies zurückgeführt[1284]. Die Apostel konnten ihre Lehre mit Christus, der Speise des Lebens, verbinden[1285]. Auch ihre Nachfolger sollen die Menschen lehren und mit der Speise des Lebens nähren[1286]. Wir werden durch Christus im Glauben genährt, weil er die stärkste, nie versagende Frucht ist[1287]. Durch Christus wird dem Menschen die Speise des Lebens und das heilbringende Wasser gegeben, damit er weiterhin weder Hunger noch Durst hat[1288]. Jesus als Sohn der Jungfrau geht als schönste Frucht aus der jungfräulichen Scham wie der Apfel von der fruchtbringenden Blüte hervor[1289] „praebensque escam refectionis esurientibus et sucum dulcedinis sitientibus", „und gibt die Speise der Stärkung den Hungernden und den Saft der Süße den Dürstenden"[1290]. Die Menschen die nach ihrem Eigenwillen leben, bemühen sich nicht, „ut agrum illum qui gignit cibum uitae aeternae possideant", „jenen Acker, der die Speise des ewigen Lebens hervorbringt, in Besitz zu nehmen"[1291]. Umgekehrt erfreuen sich die vollkommenen Menschen an den guten Werken wie an einer sehr süßen Speise[1292].

10. Elisabeth von Schönau ist einmal längere Zeit so krank, daß sie nichts zu sich nehmen kann; darauf hat sie plötzlich eine honigartige Flüssigkeit im Mund und wird so gestärkt, als ob sie ausreichend Speise genossen hätte[1293]. Diese Stärkung hängt mit der darauffolgenden ekstatischen Schau des Gekreuzigten zusammen[1294].

[1281] RVPS 80,328C.
[1282] Ebenda.
[1283] HIO 2,1,44,92f.,334.
[1284] HIO 2,1,44,93-95,334.
[1285] HISV 1, 2,5,1,189-196,177.
[1286] HISV 1, 2,5,1,209-222,177f.
[1287] HISV 1, 2,6,32,1234-1236,261.
[1288] HISV 2, 3,8,13,643-645,496.
[1289] HISV 2, 3,8,16,823f.,501.
[1290] HISV 2, 3,8,16,825f.,501f.
[1291] HISV 2, 3,9,20,626f.,533.
[1292] HIO 1,4,78,5-7,209.
[1293] ESV 1,41,21.
[1294] Ebenda.

11. Nach einer langen Zeit innerer Trockenheit wird Odilia von Lüttich „his quattuor epulis, pace, dulcedine, suavitate, gaudio, modo ineffabili a Domino replebatur", „mit diesen vier Gerichten, nämlich Frieden, Süße, Wohlgeschmack und Freude, auf unaussprechliche Weise vom Herrn erfüllt"[1295].

12. Nach dem Kommunionempfang an einem Pfingstfest geht Ida von Nijvel mit den übrigen Schwestern in das Refektorium; während aber die anderen speisen, nimmt sie nichts zu sich[1296]. Plötzlich erscheint ihr Jesus in der Gestalt eines Zwölfjährigen. Dazu bemerkt der Autor ihrer Vita: „Sicque aliae materiali corporis esu reficiebantur, ipsa vero reficiebatur edulio amoris diuini." – „So wurden die anderen mit der materiellen Speise des Leibes gestärkt, sie aber wurde gestärkt mit der Nahrung der göttlichen Liebe."[1297]

13. David von Augsburg verwendet besonders oft das Wort Speise im christologischen Kontext.

13.1 Unter den Namen, die er für Christus in einer längeren Reihe aufzählt, heißt es auch: „Dû bist diu êwige spîse." – „Du bist die ewige Speise."[1298] In einer ähnlichen Reihe schreibt David: „Er ist uns ein lebendiu spîse, diu uns verwandeln sol von unserr toetlîchen broedekeit in sîne gotlîche natûre, daz wir sîner glôrjen mügen teilhaft sin von der gotlîchen spîse krefte." – „Er ist für uns eine lebendige Speise, die uns wandeln soll von unserer tödlichen Schwäche in seine göttliche Natur, daß wir seiner Herrlichkeit durch die Kraft der göttlichen Speise teilhaft werden können."[1299] Um zu erklären, wie dies möglich ist, verwendet David einen Vergleich aus dem Alltag. Ungesunde Ernährung schafft Siechtum, gesunde dagegen Gesundheit[1300]. So führt die himmlische Speise zur himmlischen Lauterkeit und zur Einheit mit Jesus[1301]. David denkt bei dieser Speise nicht sofort an die Eucharistie, sondern an die Menschwerdung des Sohnes Gottes. Darin ist Gottes Sohn eine Speise geworden, die Gott und Mensch zusammen bindet[1302].

13.2 Besonders oft spricht David von Christus als der Speise in seinem Traktat „Betrachtungen und Gebete". Dieser fängt mit der Anrede an: „Herzenlieber hêrre Jêsu Kriste, dû ein spîse bist des gotlîchen lebens, âne die niemen êwiclîchen geleben mac." – „Herzlieber Herr Jesus Christus, Du bist eine Speise des göttlichen Lebens, ohne die niemand ewig leben kann."[1303] Selbst die Engel werden von Christus für das ewige Leben gespeist[1304]. Der Mensch ist ja wegen seiner Sünde von der Frucht des Lebens im Paradies getrennt[1305]. Doch der Menschgewordene, der sich als Speise in die menschli-

---

[1295] OL 1,12,24f.,215.
[1296] IN 19,246f.
[1297] IN 19,247.
[1298] DK 342,39-343,2.
[1299] DV 359,29-32.
[1300] DV 359,32f.
[1301] DV 359,33-35.
[1302] DV 360,12-16.
[1303] DB 1,375,33f.
[1304] DB 2,376,38-40.
[1305] DB 1,375,37f.

che Natur hineinbegeben hat[1306] und uns zur leiblichen Speise wurde[1307], öffnet uns wieder das Paradies, „dô gaebe dû uns wider die spîse des lebens", „da gibst Du uns wieder die Speise des Lebens"[1308]. Wieder vermerkt er, daß die Gesundheit des Leibes sich nach der Speise richtet, die er zu sich nimmt[1309]. Im leiblichen Bereich verwandelt der Mensch die Speise in sich selbst, weil er stärker und edler ist als diese[1310]. Da aber Christus stärker und edler ist als der Mensch, verwandelt er uns in sich[1311]. „Sô wil dû uns ein spîse sîn, diu uns mit dîr einez mache und uns dîne natûre in gieze." – „So willst Du uns eine Speise sein, die uns mit Dir eins macht und uns Deine Natur eingießt."[1312] Er konnte uns nicht vollkommener machen, „wan daz dû uns ein spîse bist die wir ûf das staeticlîchen niezen, daz wir werden daz si ist", „als daß Du uns eine Speise bist, die wir auf Dauer genießen, daß wir werden, was sie ist"[1313]. Mit dieser Speise fließt uns hier auf Erden schon die Kraft des Heiligen Geistes zu[1314]. Auch in der Ewigkeit sitzen die Seligen am Tisch Gottes und erhalten die lebensspendende Speise der göttlichen Menschheit Jesu Christi zur Nahrung[1315].

14. Mechthild von Magdeburg spricht zu Jesus, der nützlichen Frucht der schönen Blume Maria[1316]: „Du bist, herre, min labunge und ich din blûjunge." – „Du bist, Herr, meine Labung und ich Deine Erblühung."[1317] Ein anderes Mal wird Mechthild von besorgten Menschen gewarnt, sich nicht allzu sehr dem Atem der Heiligen Dreifaltigkeit auszusetzen, weil dies der Gesundheit des Leibes schaden könne[1318]. Die Antwort des Herrn darauf lautet: „Man sol des kúnges spise nit vergeben hin setzen, e man die irdenische notdurft wohl habe gessen." – „Man soll des Königs Speise nicht vergeblich vorsetzen, bevor man das zur irdischen Notdurft Notwendige gegessen hat."[1319] Ich deute diesen schwer verständlichen Satz folgendermaßen: Mechthild braucht keine Angst vor einer Abkürzung des Lebens haben. Gott wird ihr die königliche Speise des Ewigen Lebens im Himmel erst vorsetzen, wenn die für ihr irdisches Leben festgesetzte Zeit herum ist. Besondere ekstatische Gaben bringen auch für den Leib eine besondere Würde[1320].

15. Häufig verwendet Mechthild von Hackeborn die Metapher „Speise" für Christus.

[1306] DB 3,377,14.
[1307] DB 3,377,15f.
[1308] DB 1,376,2.
[1309] DB 1,376,4-7.
[1310] DB 3,377,17-19.
[1311] DB 3,377,19-22.
[1312] DB 1,376,7f.
[1313] DB 1,376,13f.
[1314] DB 1,376,21-24.
[1315] DB 10,383,32-384,2.
[1316] MM 5,20,2f.,170.
[1317] MM 5,20,4f.,171.
[1318] MM 6,13,19-23,220.
[1319] MM 6,13,24f.,220.
[1320] MM 6,13,25f.,220.

Am Ostertag bereitet der Herr den Gläubigen ein Mahl mit fünf Gängen. Der erste besteht in der Freude, die seine Gottheit an diesem Tag an der Menschheit hat, der zweite in der Freude, die Jesus hatte, als die Liebe alle Bitterkeit seines Leidens durchdrang, der dritte in der Freude, die er hatte, als er seine eigene Seele mit allen der Erlösten vor den Vater brachte, der vierte in der Freude, die er hatte, als der Vater ihm die Macht gab, seine Freunde zu belohnen, und der fünfte in der Freude, die er hatte, als der Vater alle Erlösten mit ihm vereinte[1321]. An einer anderen Stelle werden die Vorgänge um eine Küche allegorisch ausgelegt. Die Küche selbst ist das Herz Jesu, welches für alle offen steht. Der Koch ist der Heilige Geist, und die Teller sind die Heiligen, die in das göttliche Herz eingetaucht gewaschen sind[1322].

Wenn sie an Weihnachten Jesus „paterni cordis medulla dulcissima", „süßestes Mark des väterlichen Herzens" nennt, versteht sie unter „Mark" eine Speise. Denn Jesus als „Mark" ist „confortiva, sanativa et dulcissima", „stärkend, heilend und sehr süß"[1323]. Diese Allegorie wird an einer anderen Stelle noch erweitert. Das Haus, in dem das Mahl gegeben wird, ist die Freigibigkeit des Herrn, der Tisch seine Liebe, das Tischtuch seine Güte[1324]; auf dem Tisch liegt Christus das Lamm, „qui solus animae cibus est et refectio vera", „der allein die Speise der Seele und die wahre Stärkung ist"[1325]. Die Bedienung übernehmen die Barmherzigkeit und die Liebe[1326]. Auch an anderer Stelle wird erwähnt, daß wir einmal am himmlischen Mahl teilnehmen werden[1327]. Als Mechthild an einem Tag, an dem der Konvent zur Kommunion geht, wegen Krankheit nicht am Gottesdienst teilnehmen kann, bittet sie den Herrn, daß er ihr von seinem Tisch etwas von den Brotstückchen reicht[1328]. „Mox videbatur quod Dominus ad mensam magnam cum omnibus Sanctis sederet, porrigens ei micas, in similitudine aureorum nodulorum et gemmarum." – „Bald schien der Herr an einem großen Tisch mit allen Heiligen zu sitzen und ihr Brotstücke wie goldene Knoten und Edelsteine zu reichen."[1329] Diese bedeuten die Freude und die Seligkeit, an der sie Anteil erhält[1330]. Die „unio mystica" wird so ausgedrückt, daß Jesus, „Angelorum indeficens cibus", „die nie versagende Speise der Engel", sie umarmt, küßt und mit ihr eins wird[1331].

Einmal ist die Seele auch die Speise für den Herrn. Bei der Messe ist Jesus anwesend als süßeste Speise der Seele. „In isto cibo ita sibi animam quadam blanditie amicissima incorporat, quod anima per unionem Dei fit cibus Dei." – „In dieser Speise einverleibt

---

[1321] MH 1,19,64f.
[1322] MH 2,23,165.
[1323] MH 1,5,16.
[1324] MH 3,22,225f.
[1325] MH 3,22,225f.
[1326] MH 3,22,226.
[1327] MH 3,24,228.
[1328] MH 4,9,266f.
[1329] MH 4,9,267.
[1330] Ebenda.
[1331] MH 4,46,302.

er (= Jesus) sich so die Seele mit einer freundschaftlichsten Zärtlichkeit, daß die Seele durch die Einheit mit Gott eine Speise für Gott wird."[1332]

16.   Nicht sehr häufig verwendet Gertrud die Große Metaphern um Speise für Jesus.

Den Seelen verspricht der Herr: „Ego reficio eas amoeno fruitione vernantis iucunditatis." – „Ich stärke sie mit dem lieblichen Genießen der frühlingshaften Freude."[1333] Fasten und Nachtwachen sind in der Frömmigkeit des Mittelalters typische Übungen der Askese. In beiden soll Christus das auf geistige Weise ersetzen, wovon der Mensch in körperlicher Weise Verzicht übt: Er soll „in ieiunio cibus, in vigilantia somnus", „beim Fasten die Speise, beim Nachtwachen der Schlaf" sein[1334]. Ein anderes Mal haucht der Herr aus seinem Innersten der Schwester seine lebendige Süße ein und spricht: „Ex hac aspiratione divina refectione saginabo eas." – „Aus dieser Einhauchung sättige ich sie mit der göttlichen Stärkung."[1335]

17.   Zu Christina von Hane spricht der Herr in einer Vision: „Jch gebyn dyr die hemelsche spyße. Vnd ich gebyn mych dyr gantze." – „Ich gebe dir die himmlische Speise, und ich gebe mich dir ganz."[1336] Im Himmel ist Gott Vater der Wirt, der Sohn der Truchsess und der Heilige Geist der Mundschenk. Die Seligen werden „gespyßet myt dem hemel broitde, also daz sie alle yrs vngemachts vergaißyn", „gespeist so mit dem Himmelsbrot, daß sie all ihr Ungemach vergessen"[1337].

18.   Petrus von Dazien nennt die „unio mystica" „delectabilis conuictus ... deliciosum conuiuium", „frohmachende Speisung ... wonnevolles Gastmahl"[1338].

19.   Relativ oft wendet Agnes von Blannbekin die Metapher „Speise" auf Christus an.

Einmal beschreibt sie, wie Christus bei den einzelnen Menschen sehr verschieden wirkt. Einige speist er[1339], was durch die Priester geschieht[1340]. Es sind die Menschen, welche die Stärkung des geistlichen Trostes notwendig haben[1341]. Ein anderes Mal sieht sie Jesus, der eine Küche hat, in der er Speisen bereitet[1342]. So kommen die Menschen dorthin, um Speisen zu erhalten[1343]. Dabei erhalten sie verschiedenartiges Essen. Das eine Mahl ist scharf gewürzt und bedeutet das Gedächtnis an das Herrenleiden[1344]. Das andere ist eine Milchspeise und bedeutet das Mitleid über die Sünden des Nächsten[1345]. Das dritte besteht aus reiner Butter, welche die anderen Speisen geschmackvoll macht;

[1332] MH 3,2,198.
[1333] G R 3,16f.,74.
[1334] G R 3,242f.,88.
[1335] G 3, 3,16,4,4-6,70.
[1336] CH 2, 208.
[1337] CH 2, 210.
[1338] CS 1, B 5,12,77,13f.
[1339] AB 24,7f.,96.
[1340] AB 73,7,178.
[1341] AB 24,31f.,96.
[1342] AB 26,9f.,100.
[1343] AB 26,15f.,100.
[1344] AB 27,4-6,100.
[1345] AB 27,10-13,102.

mit ihr wird das Gebet bezeichnet[1346]. Zuletzt wird Salzlake mit Essig gereicht, worin die Gottesfurcht versinnbildet ist[1347]. Die „unio mystica" wird an Ostern dadurch versinnbildet, daß der Auferstandene und die Mystikerin gemeinsam Fisch mit Honig essen[1348]. Manchmal entzieht der Herr aber auch jede Speise, damit sein Hunger nach dem Menschen[1349] und des Menschen Hunger nach ihm[1350] größer wird.

8.3.5 Zusammenfassung

1. Jesus wird bezeichnet als Brot der Engel[1351], des Herzens[1352], des Himmels[1353], des Lebens[1354], als das Mannabrot[1355] und das Brot für den Mund der Seele[1356]. Folgende Adjektive stehen bei dem Brot, das Christus ist: geschmackvoll[1357], himmlisch[1358], kräftig[1359], lebendig[1360], schön[1361], stark[1362], süß[1363] und wonnevoll[1364]. Jesus ist die Speise für alle[1365], für die Engel[1366], die Speise des Herzens[1367], die Speise, welche das Herz erfreut[1368], die Speise des Königs[1369], des ewigen[1370] und göttlichen[1371] Lebens[1372], der göttlichen Liebe[1373], der Seele[1374] und die Speise für das Fasten[1375]. Als Speise ist Jesus

---

[1346] AB 27,14-17,102.
[1347] AB 27,18f.,102.
[1348] AB 128,27-33,286.
[1349] AB 104,10-12,240.
[1350] AB 104,16f.,240.
[1351] BLNM 6,12,292,1; BS 2,139,352,6-14; ARJ 2,12,32,259.
[1352] BANN 3,1,140,8f.
[1353] BDI 3,7,86,3f.
[1354] JFC 3,3,52,144; 3,28,1014f.,174; JFP 36,225.
[1355] Heinrich Frauenlob: II. Gebet an Gott und Maria 1,5, in: Die Deutsche Literatur vom Mittelalter bis zum 20. Jahrhundert, 1,1,609.
[1356] JFC 3,3,54,144.
[1357] DB 2,376,28f.
[1358] RVPS 80,328C; HISV 1, 1,2,32,783-786,36; 2,6,44,1485-1487,269; 2, 3,7,7,237f.,468; 3,8,15,685-687,497; DB 1,376,2f.; 2,376,28f.; 3,377,2.
[1359] DB 2,376,28f.; 3,377,2.
[1360] BLNM 6,12,290,20f.; BASSPT 5,5,578,4f.; DB 2,376,28f.; 3,377,2; MH 4,46,302; CH 1, 243.
[1361] RVPS 80,328B.
[1362] RVPS 80,328B.
[1363] JFC 3,27,942f.,172.
[1364] DB 2,376,28f.
[1365] GIS Nat 4,1,58-60,208.
[1366] MH 4,46,302.
[1367] JFC 2,10,457f.,135; BPALM 3,4,178,4f.
[1368] BPALM 3,4,178,4f.
[1369] MM 6,26f.,220.
[1370] HISV 2, 3,9,20,626f.,533.
[1371] DB 1,375,33f.
[1372] HISV 2, 3,8,13,643-645,496; DB 1,376,2.
[1373] IN 19,247.
[1374] MH 3,22,225f.
[1375] G R 3,242f.,88.

ewig[1376], himmlisch[1377], lebendig[1378], lieblich[1379], süß[1380], unsichtbar[1381] und unversagend[1382]. Diese Speise stärkt[1383]. Oft wird auf Joh 4,34 angespielt, nach welcher Schriftstelle der Wille des Vaters die Speise Jesu ist[1384]. Besondere Speisen, wie Brotstückchen[1385], Äpfel[1386], Butter[1387], Fisch[1388], Früchte[1389], Honig[1390], Milch[1391] und Salzlake[1392], werden auf Jesus bezogen. Jesus ist ein „medulla confortiva, sanativa et dulcissima", „stärkendes, heilendes und sehr süßes Mark"[1393]. Die Küche als der Raum, in dem die Speisen zubereitet werden, ist das Herz Jesu[1394]. Gelegentlich stellen auch die Menschen eine Speise für Christus dar[1395].

2. In der ewigen Dreifaltigkeit wird die zweite Person als Brot bezeichnet[1396]. Die Sendung des Sohnes Gottes wird mit einem Säen des Vaters verglichen[1397]. Das Wort läßt sich als Samen unter die Dornen werfen[1398]. Aber auch der Sohn geht aus, um sein Wort zu säen[1399]. Zuerst sät er seine Weisheit[1400] in die Menschen[1401], bevor er die Glut der Liebe bringt. Oft wird von Christus gesagt, daß er in der jungfräulichen Empfängnis ohne Samen eines Mannes gezeugt wurde[1402]. Deshalb ist er mit einer Feldblume zu vergleichen[1403]. Der Vorgang der Empfängnis Jesu wird mit dem Backen eines Brotes verglichen[1404]. Das Brot der Engel ist Mensch geworden[1405], das aus dem Sauerteig unserer Schwäche besteht[1406]. Der Sohn hat sich in unsere menschliche Natur als Spei-

---

[1376] DK 342,39-343,2.
[1377] CH 2, 208.
[1378] DV 359,29-32.
[1379] DB 3,377,15f.
[1380] JFC 2,10,457f.,135; JFL 62f.,188.
[1381] HAN 2,8,641B.
[1382] MH 4,46,302.
[1383] JFL 62f.,188; HISV 2, 3,8,16,825f.,501f.
[1384] BHLD 1, 18,3,5,262,4f.
[1385] MH 4,9,267.
[1386] HISV 2, 3,8,16,823f.,501.
[1387] AB 27,14-17,102.
[1388] AB 128,27-33,286.
[1389] MM 5,21,2f.,170.
[1390] AB 128,27-33,286.
[1391] JHLD 115,11,208-211,779; AB 27,10-13,102.
[1392] AB 27,18f.,102.
[1393] MH 1,5,16.
[1394] MH 2,23,165; AB 26,9f.,100.
[1395] SP 5,430,11-18; MH 3,2,198; AB 104,10-12,240.
[1396] HISV 1, 2,6,44,1485-1487,269.
[1397] BBEN 10,88,16.
[1398] JHLD 102,3,67-69,691.
[1399] BBEN 10,88,18.
[1400] IS 26,3,19-23,128.
[1401] IS 26,12,88-97,134.
[1402] HISV 1, 1,2,32,783-786,36.
[1403] BADV 2,4,82,12f.; HISV 2, 3,8,15,684f.,497.
[1404] HISV 1, 2,6,32,1230-1234,261; DB 2,376,30-33.
[1405] ARJ 2,12,34f.,259.
[1406] ARJ 2,12,32-34,259.

se hineingegeben[1407]. Dadurch ist uns wieder der Zugang zum Paradies mit der Speise des Lebens geöffnet[1408]. An Weihnachten hat der Vater uns das Brot, das wir täglich brauchen, gegeben[1409]. Betlehem wird zu Recht Haus des Brotes genannt, weil dort Christus, das Brot, geboren wird[1410], weswegen ihn auch Maria mit einem Brotbrei ernährt[1411]. Weil Jesus in der Krippe liegt, heißt es, daß das Brot der Engel zur Speise für das Vieh wird[1412].

3. Durch sein Beispiel und seine Lehre streut Jesus den Samen der Tugenden aus[1413]. Im Unterschied zu Adam bleibt Jesus gehorsam und widersteht der Versuchung aus Steinen Brot zu machen[1414]. Die Lehre Jesu ist für uns eine Speise[1415]. Alle menschliche Lehre, wenn sie nicht nach der Weisheit Christi schmeckt, ist schal[1416].

4. Im Leiden wird der Mensch durch das Brot der Tränen gespeist[1417]. Dies gilt auch für Jesus. Er bricht beim Abendmahl das Brot, weil er sich im Leiden wie Brot zerbrechen läßt[1418]. Jesu Speise war es, sich nach dem Willen des Vaters dem Leiden zu unterwerfen[1419].

5. Die Frucht der Auferstehung geht auf aus dem Samen des Leidens Christi[1420]. In der Auferstehung reicht uns Jesus die fünffache Speise der Freude[1421].

6. Die Apostel und ihre Nachfolger setzen das Säen des guten Samens Christi fort[1422]. Dieses geschieht auch in der Gründung von Klöstern[1423] und im Leben in ihnen[1424].

7. Jesus, der die starke und ersehnte Wurzel ist[1425], geht in der Menschwerdung, welche die Wurzel aller Gnaden ist[1426], aus der Wurzel Jesse hervor[1427], überragt aber die Wurzeln, die er aus dem Alten Testament hat[1428]. Seine Wurzel reicht bis zu Adam[1429], dennoch hat er durch seine jungfräuliche Empfängnis keine Wurzel in der Zeugung

---

[1407] DB 3,377,14f.
[1408] DB 1,376,2.
[1409] GIS Nat 4,5,198f.,218.
[1410] BLNM 6,12,290,20f.
[1411] MH 1,5,20.
[1412] BLNM 6,12,292,1.
[1413] HISV 2, 3,8,15,782f.,500.
[1414] ISAP 2,8,54f.,298.
[1415] HISV 1, 2,5,1,189-196,177.
[1416] JHLD 31,6,160-164,248.
[1417] JHLD 22,8,214f.,191.
[1418] GHLD 36,5,191A.
[1419] HIO 2,1,44,92f.,334.
[1420] GIS AsBM 4,4,144-147,468-470.
[1421] MH 1,19,64f.
[1422] BBEN 10,88,15f.; HISV 1, 2,5,1,209-222,177f.
[1423] BB 2, 208,174,16f.
[1424] BBEN 8,84,20.
[1425] BPASC 1,10,242,4.
[1426] AB 151,1-13,326.
[1427] BLVM 2,5,54,21f.; BHLD 2, 45,6,9,124,12-16; BADV 2,4,82,8-10; BASC 6,1,372,1.
[1428] SP 1,84,18f.
[1429] BCO 5,10,23,810,19f.; HIB 1, 26r,2f.,74.

durch einen Mann[1430]. Auch das Hervorgehen aus dem Grab bei der Auferstehung wird mit dem Hervorgang aus einer Wurzel verglichen[1431]. Eine Wurzel trägt den Baum, so hat aber nicht David Jesus, sondern Jesus David getragen[1432]. Wurzel kann auch Ursprung bedeuten. In diesem Sinn ist Jesus, der in der Demut wurzelt[1433], die Wurzel und das Haupt der Kirche[1434] und aller Heiligen[1435]. Alle Stärke der Kirche hat ihre Wurzel in der Schwachheit des Menschgewordenen[1436]. Die Menschen sollen ihre Wurzeln in der Seitenwunde des Herrn haben[1437]. Jesus wird auch mit der Wurzel Mandragora oder Alraune verglichen, weil er für uns eine Heilbringende Medizin ist[1438].

8. Niemand anderes ist ein Brot[1439] oder eine Speise[1440] mit der gleichen Wirkung wie Jesus. Er ist der Familienvater mit reichen Vorräten[1441], der das Brot bricht[1442] und von dem man das Brot erbitten soll[1443]. Weiter ist er das Brot, das den Gaumen des Herzens vom Menschen heilt[1444] und den Menschen stärkt[1445]. Wenn Jesus uns das Brot bricht, verstehen wir den Sinn der Schrift[1446]. Das Brot, das Jesus ist, ist oft hart an der Rinde, aber süß im Innern[1447]. Der Mensch ist schon froh, wenn er einen Bissen von diesem Brot erhält[1448]. Selbst die Engel sind auf das Brot, das Christus ist, angewiesen[1449]. Auch einzelne Gnaden[1450], wie die Barmherzigkeit[1451], die Freude[1452], der Friede[1453], die Geduld[1454], der Gehorsam[1455], die Gerechtigkeit[1456], die Liebe[1457], die Stärke[1458], die Sü-

---

[1430] HISV 2, 3,8,15,684-686,497.
[1431] BLNM 11,29,316,1-5.
[1432] BPASC 1,10,242,1f.
[1433] SP 4,320,7-9.
[1434] IS 34,6,53f.,236.
[1435] HAN 2,18,646C.
[1436] ESV 3,31,87.
[1437] G 3, 3,18,6,1-3,84.
[1438] TH 125,11-14,264.
[1439] JFP 36,225.
[1440] MH 3,22,225f.
[1441] BHLD 1, 31,3,7,496,8f.; BDED 5,8,858,20-22.
[1442] BHLD 1, 1,2,4,56,23f.
[1443] DAE 3,54,5,303.
[1444] JFC 3,27,942f.,172.
[1445] JFC 3,28,1014f.,174.
[1446] BHLD 1, 1,2,4,58,1f.
[1447] BD 97,2,744,10.
[1448] G R 7,564-569,242-244.
[1449] HISV 1, 2,6,25,1000-1003,254; DB 2,376,39f.; 10,383,32-384,2.
[1450] BANN 3,1,140,10.
[1451] BANN 3,1,140,7; HISV 2, 3,3,8,363f.,381.
[1452] OL 1,12,24f.,215.
[1453] OL 1,12,24f.,215.
[1454] BD 2,4,184,8f.
[1455] BVIPP 1,4,486,20f.; BDEE 3,2,830,17f.; vgl. BD 2,4,184,6.
[1456] BANN 3,1,140,8f.
[1457] BROG 2,314,13f.; ARJ 2,12,41,259.
[1458] BROG 2,314,13f.

ße[1459], die Wahrheit[1460] und der Wohlgeschmack[1461], werden Brot oder Speise Christi genannt. Die Demut lädt uns ein zum Gastmahl der Weisheit[1462].

9. Wer den Granatapfel der Liebeseinheit ißt, kostet das Himmelsbrot Jesu[1463]. Jesus als das lebendige Brot gibt der Seele den Kuß und die Umarmung[1464]. Die „unio mystica wird mit einem gemeinsamen Essen verglichen[1465]. Zwischen Speisen und Genießenden geschieht im Essen eine Angleichung[1466]. Da aber die Speise, die Christus ist, stärker ist als wir, verwandelt sie uns in ihn[1467]. Wir werden das, was diese Speise ist[1468]. So führt das Essen der Speise, die Jesus ist, zur Einheit mit ihm[1469].

10. Auch die Seligen im Himmel essen dieses Brot[1470], das alles Ungemach der Erde vergessen läßt[1471]. Auf dem Tisch des himmlischen Gastmahles[1472] liegt Christus als Brot[1473]. Dort ist Jesus auch der Speisemeister[1474].

9. Blume[1475]

9.1 Blume allgemein[1476]

1. Christus selbst wird zwar in der Heiligen Schrift nie „Blume" genannt. Im Hohelied aber spricht der Bräutigam: „Ich bin eine Blume." (Hld 2,1). Da man im Bräutigam Christus sah, kam schon in der Alten Kirche die Bezeichnung „Blume" für Christus auf[1477]. Über die Hoheliedkommentierung drang dieser Name auch in unsere Texte ein. Da Blume ein Symbol der Schönheit ist[1478] und „blühend" oft synonym für „schön" gebraucht wird, legt sich ebenfalls die Bezeichnung „Blume" für Christus in seiner Schönheit nahe.

[1459] OL 1,12,24f.,215.
[1460] BROG 2,314,13f.; ARJ 2,12,41,259.
[1461] OL 1,12,24f.,215.
[1462] IS 44,12,96f.,90.
[1463] BDI 3,7,86,3f.
[1464] MH 4,46,302.
[1465] CS 1, B 5,12,77,13f.; AB 128,27-33,286.
[1466] DV 359,32f.
[1467] DB 3,377,19-22.
[1468] DB 1,376,13f.
[1469] DV 359,33-35.
[1470] DB 2,376,39f.
[1471] CH 2, 210.
[1472] MH 3,24,228.
[1473] MH 4,8,264.
[1474] RVPS 80,328C.
[1475] Über die Blumenallegorese vgl. Egerding 2,109-125; Grinda 135-140; 1002-1007; Ohly, TH 668f.
[1476] Vgl. Forstner 190-182; Grinda 1011f.; für die spätmittelalterliche Mystik Egerding 2,109-125. Im Mittelhochdeutschen gehört das Wort „bluome" zu der vierten Häufigkeitsgruppe; vgl. Singer 53.
[1477] Vgl. Sieben, Nomina 165.
[1478] Vgl. Weiß, Gottesbild 3,2096-2101.

2. Jean von Fécamp sieht in Hld 2,1 „Ich bin eine Blume des Feldes und eine Lilie des Tales" den Gegensatz zwischen „actio" und „contemplatio" angedeutet. Mit den Lilien ist das Bett der Einheit, die aus der Kontemplation erwächst zu verstehen[1479]. Wenn der Bräutigam sich aber als Blume des Feldes bezeichnet, erinnert dies daran, daß er „ad campum certaminis eam reuocat", „sie zum Feld des Kampfes zurückruft"[1480]. Denn das irdische Leben ist weitgehend ein Feld des notwendigen Kampfes[1481].

3. Für Bernhard von Clairvaux ist es selbstverständlich, Hld 2,1 „Ego flos campi", „Ich bin eine Feldblume" als Ausspruch Christi auszulegen[1482]. Ihn interessiert dabei besonders, warum er sich nicht einfach Blume, sondern Feldblume nennt. Dazu zählt er drei Orte auf, an denen man Blumen finden kann, nämlich „in campo, in horto, in thalamo", „im Feld, im Garten, im Gemach"[1483]. Doch nur im Feld und im Garten wachsen sie. Im Zimmer sind sie „illatus, ... non innatus", „hingebracht ... nicht hervorgebracht"[1484]. Letzteres erwähnt er deswegen, weil in Hld 1,15 von einem „lectulus floridus", „mit Blumen geschmückten Bett" im Gemach der Braut die Rede ist. Die Blumen, die das Bett der Braut schmücken sollen, sind die Tugenden und die guten Werke der Braut[1485]. Wenn diese Blumen im Gemach sind, soll die Braut daran erinnert werden, daß ihre Tugenden nicht aus ihrem eigenen Innern gewachsen sind, sondern von außen hereingebracht sind[1486]. Christus ist dagegen nicht „flos thalami", „eine Blume des Gemachs", weil er alles, was er bringt, von sich aus hat[1487]. Damit ist aber noch nicht entschieden, ob er eine Feld- oder Gartenblume ist. Den Unterschied zwischen beiden sieht Bernhard darin, „quod hortus quidem, ut floreat, hominum manu excolitur et arte, campus vero ex semetipso naturaliter producit flores, et absque omni humanae diligentiae adiutorio", „daß der Garten ja von menschlicher Hand und Kunst bebaut wird, daß er blüht, das Feld aber von sich aus auf natürliche Weise und ohne jede Hilfe menschlicher Sorgfalt Blumen hervorbringt"[1488]. So bezeichnet sich Christus als Feldblume, „ne humano videretur opere generatus", „damit es nicht den Anschein hat, er sei durch menschliches Wirken gezeugt"[1489]. Zugleich bietet er aber eine andere Deutung dieser beiden Arten der Blumen an. Man habe zu sehen „in horto virginitas, in campo martyrium", „im Garten die Jungfräulichkeit, im Feld das Martyrium"[1490]. „Flos est virginitas, flos martyrium." – „Es gibt die Blume als Jungfräulichkeit und die Blume als Martyrium."[1491] Im Garten wächst die Blume der Jungfräulichkeit, weil die-

[1479] JFM 7,91,208.
[1480] JFM 7,89f.,208.
[1481] JFM 7,91f.,208.
[1482] BHLD 2,47,1,1,138,5-10.
[1483] BHLD 2,47,1,2,138,19f.
[1484] BHLD 2,47,1,2,138,23f.
[1485] BHLD 2,47,2,5,142,18f.
[1486] BHLD 2,47,1,1,138,15-18.
[1487] BHLD 2,47,1,3,140,20.
[1488] BHLD 2,47,1,3,140,10-12.
[1489] BHLD 2,47,1,3,140,21.
[1490] BHLD 2,47,2,4,140,29f.
[1491] BHLD 2,47,2,4,140,28f.

se einen Schutz bedarf, auf dem Feld aber die Blume des Martyriums, weil sie dem Wind der Verfolgung und Verachtung ausgesetzt ist[1492]. „Et haec omnia secundum aliquid, Dominus Iesus. Ipse flos horti, virgo virga virgine generatus. Idem flos campi, martyr, martyrum corona, martyrii forma.» – «Dies alles ist in einer je anderen Hinsicht der Herr Jesus. Er ist die Blume des Gartens, der Jungfräuliche, durch das Reis, die Jungfrau, gezeugt. Ebenso ist er die Blume des Feldes, der Märtyrer, die Krone der Märtyrer, das Urbild des Martyriums.»[1493] So legt Bernhard „virga de radice Iesse", „das Reis aus der Wurzel Jesse (Jes 11,1-2)" aus: „Virgo Dei genetrix virga est, flos Filius eius." – „Die jungfräuliche Gottesgebärerin ist das Reis, die Blume ihr Sohn."[1494] Einmal faßt Bernhard auch die Erklärung der Blume zusammen, wenn er Jesus einen jungfräulichen Menschen und Märtyrer nennt[1495]. Jetzt kann Bernhard sogar Jesus als „thalami flos", „Blume des Gemachs" bezeichnen[1496]. Denn diese ist die gute Tat[1497], weil man nach der guten Tat mit ruhigen Gewissen im Gemach schlafen kann[1498]. Jesus aber ist das Vorbild für jede gute Tat[1499].

Außerhalb der Hoheliedpredigten legt Bernhard Jesus als Blume ausschließlich in bezug auf seine Jungfräulichkeit aus. Auch hier erinnert er daran, daß auf dem Feld Blumen wachsen, ohne daß sie jemand gesät hätte[1500]. So bringt auch die jungfräuliche Maria Christus als Blume hervor[1501]. Poetisch preist Bernhard deswegen Jesus als Blume: „Flos utique Virginis Filius, flos candidus et rubicundus, electus ex millibus, flos in quem prospicere desiderant angeli, flos ad cuius odorem reviviscunt mortui, et, sicut ipse testatur, flos campi est et non horti." – „Blume ist ja der Sohn der Jungfrau, Blume weiß und strahlend rot, erwählt unter Tausenden, Blume, nach deren Anblick sich die Engel sehnen, Blume, durch deren Duft die Toten wieder lebendig werden, und, wie von ihm bezeugt wird, Blume des Feldes und nicht des Gartens."[1502] Aus diesem Grund interpretiert Bernhard auch gern den Namen „Nazareth", an welchem Ort Jesus empfangen wurde, als „Blume"[1503]. Einmal bezieht er auch die Blumenmetapher auf den auferstandenen Christus, der „primus et maximus flos, qui apparuit in terra nostra", „die erste und größte Blume ist, die auf unserer Erde erschienen ist"[1504]. Christus als der Auferstandene ist die Blume, die einmal die Frucht der Auferstehung aller Toten tragen wird[1505].

[1492] BHLD 2, 47,2,4,140,30-142,8.
[1493] BHLD 2, 47,2,5,142,13-15.
[1494] BADV 2,4,82,8-10.
[1495] BHLD 1, 28,4,10,446,4-6.
[1496] BHLD 2, 47,2,5,142,16f.
[1497] BHLD 2, 47,2,4,140,29.
[1498] BHLD 2, 47,2,4,142,8-12.
[1499] BHLD 2, 47,5,142,17.
[1500] BADV 2,4,82,12f.
[1501] BADV 2,4,82,15-18.
[1502] BADV 2,4,82,10-13.
[1503] BHLD 2, 58,3,8,278,19; BADV 2,3,80,17.
[1504] BHLD 2, 58,3,8,278,16-18.
[1505] BDI 3,8,86,24-88,3.

Man merkt, daß Bernhard in seiner Erklärung der Blumenmetapher keineswegs festgelegt ist. Die sich überschneidenden Deutungen lassen sich keineswegs vorschnell harmonisieren.

4. Wesentlich zurückhaltender als Bernhard von Clairvaux ist Wilhelm von St. Thierry bei der Interpretation von HLD 2,1 in seinem Hohenliedkommentar. „Blume des Feldes" bedeutet für ihn die Tugend der Demut[1506], die Jesus im Gehorsam seinen irdischen Eltern gegenüber gezeigt hat[1507]. In dieser Bedeutung unterscheidet sich auch diese Blume von der kurz darauf erwähnten Lilie des Tales nicht[1508]. „Flos ergo campi, hoc est communis exemplum humilitatis, homo Christus apparuit." – „Als Blume des Feldes, das heißt als allgemeines Beispiel der Demut, ist der Mensch Christus erschienen."[1509] Daß Christus als Blume nicht nur ein Beispiel der moralischen Tugend der Demut für Wilhelm ist, sieht man daran, daß er in ihr die Selbsterniedrigung des Sohnes Gottes in seiner Menschwerdung angedeutet sieht[1510]. Das mit Blumen gezierte Bett ist das gute Gewissen des Menschen, in dem der Geist des Bräutigams ruht und die „unio mystica" stattfindet[1511].

5. Nach Isaak von Stella muß Johannes der Täufer sprechen: „Super ipsum, id est Christus … efflorebit sanctificatio mea. Ipse etenim solus sanctitatis flos et fructus." – „Auf ihm, das heißt auf Christus …, soll meine Heiligung erblühen. Er ist nämlich allein die Blüte und Frucht der Heiligkeit."[1512] Isaak verwendet die Blumenmetapher auch als ein Zeichen für blühendes Leben: „Ipse enim solus sanctitatis flos et fructus." – „Er (= Christus) ist allein die Blume und Frucht der Heiligkeit."[1513]

6. Gilbert von Hoyland sieht die Blume in einem Gegensatz zum Heu, welches ein Zeichen für die Vergänglichkeit ist. „Non est fenum Christus, sed flos est, sed fructus est, sed lignum vitae." – „Nicht Heu ist Christus, sondern eine Blume, sondern eine Frucht, sondern das Holz des Lebens."[1514]

7. Guerricus von Igny legt Wert darauf, daß man bei Christus nicht zwischen Sproß, Blüte und Frucht unterscheiden kann[1515]. Bei uns Christen muß man eine zeitliche Aufeinanderfolge dieser Metaphern annehmen. Zuerst wächst bei uns der Sproß des Glaubens, dann erblüht die Heiligung auf Erden, und erst im Himmel zeigt sich die Frucht der Seligkeit[1516]. Weil Christus aber „sine gradu profectus", „ohne Stufe des Fortschrittes" von Anfang an vollkommen existiert, „simul vocator germen, et flos et fructus", „wird er zugleich als Sproß, Blume und Frucht bezeichnet"[1517]. Deswegen

---

[1506] WHLD 1,9,107,238-240.
[1507] WHLD 1,9,108,242.
[1508] WHLD 1,9,108,240.
[1509] WHLD 1,9,109,242.
[1510] WHLD 1,9,110,244.
[1511] WHLD 1,8,95,220.
[1512] IS 48,13,126-128,162-164.
[1513] IS 48,13,126-128,162-164.
[1514] GHLD 17,2,88C.
[1515] GIS Ann 2,3,110f.,134.
[1516] GIS Ann 2,3,118-123,134-136.
[1517] GIS Ann 2,3,116-118,134.

wird Nazareth sowohl Sproß wie Blume genannt[1518]. In Jesus tragen alle Blumen der Jungfrau Maria ihre Frucht[1519]. Das Kreuz Christi steht in Blüte, um die Frucht des Lebensbaumes wiederzubringen[1520].

8. Nachdem Johannes von Ford die jungfräuliche Empfängnis Jesu gepriesen hat[1521], fährt er fort: „O germen magnificum, o germen generosum ueriusne an benigius ad dilectam tuam dixeris nescio: ‚Ego flos campi.' Tu enim uere flos plucher aspectum, leuis tactu, suauis olfactui, fructum aeternae salutis parturiens, cunctis uidentibus te, tangentibus te, olfacientibus te." – „O großartiger Sproß, o edler Sproß, ob Du Wahreres oder Gütigeres zu Deiner Geliebten gesagt hast als: ‚Ich bin die Blume des Feldes', weiß ich nicht. Du bist nämlich wirklich eine Blume, schön im Ansehen, zart im Berühren, süß im Riechen, die Frucht des ewigen Heiles hervorbringt für alle, die Dich ansehen, Dich berühren, Dich riechen."[1522] Denn durch seine jungfräuliche Geburt konnte ihn, „uiriginitatis flosculum et si tenerum quidem et imbecillem", „das Blümlein der Jungfräulichkeit, wenn auch zart und schwach", nichts anstecken, als er die Erbsünde sühnte[1523].

Diese Aussage bezieht sich auf die Tatsache, daß Jesus Blume ist. Daß er eine Feldblume genannt wird, legt Johannes folgendermaßen aus: „Tulisti de campo tuo spinam ac tribulum, squaloris approbrium ac sterilitas maladictum amputasti." – „Du hast von Deinem Feld Dornen und Gestrüpp getragen und hast abgeschnitten die Schmach des Schmutzes und den Fluch der Unfruchtbarkeit."[1524]

9. Der Verfasser des Traktates „Speculum virginum" liebt besonders die Blumenmetapher, welche im Kontext der Jungfräulichkeit gebraucht wird. Schon im einleitenden Brief heißt es: „Prima pars est de misticis paradisi floribus ex uno ‚flore campi et lilio convallium', proedeuntibus, id est de sacris Christi virginibus, florem et fructum suum in Christi amore nutrientibus." – „Im ersten Teil ist von den geheimnisvollen Paradiesblumen die Rede, die aus der einen ‚Blume des Feldes und Lilie der Täler' hervorgehen, das heißt von den heiligen Jungfrauen Christi, die ihre Blume und Frucht in der Liebe Christi nähren."[1525] Diese Inhaltsangabe wird im ersten Satz des ersten Buches aufgegriffen[1526]. Die Blume, nämlich der jungfräuliche Christus, verbreitet eine wunderbare Süße und Anmut[1527]. Diese sind die Blumen der verschiedenen Tugenden[1528]. Auch in diesem Traktat liegt der Grund, warum Christus Blume genannt wird, in seiner jungfräulichen Empfängnis. „Flos iste flos est de flore, Christus virgo de virgine matre." – „Jene Blume ist die Blume von der Blume, Christus als jungfräulicher Mensch von der

---

[1518] GIS Ann 2,3,123-131,136.
[1519] GIS NatBM 1,5,119,482.
[1520] GIS Palm 2,3,72f.,178.
[1521] JHLD 8,4,132-144,83.
[1522] JHLD 8,4,144-148,83.
[1523] JHLD 8,4,96-99,82.
[1524] JHLD 8,4,148-150,83.
[1525] SPEP 74,15-18. Unter „pars", „Teil" ist hier an einen Abschnitt des Buches gedacht.
[1526] SP 1,80,8-18.
[1527] SP 1,82,6-8.
[1528] SP 1,82,2-9.

jungfräulichen Mutter."[1529] Der Autor dieses Traktates vermehrt im Vergleich zu Johannes von Ford die Sinne, die durch Christus die Blume in besonderer Weise angesprochen werden: „Flos quidem radice sua pulchrior, stirpe sua venustior, visum intuentium candore suo semper alliciens, gustum eorum mirando sapore demulcens, olfactu suavis, tactu gratus, auditu delectabilis et virginalibus discpilinis semper desiderabilis." – „Eine Blume in der Tat, durch ihre Wurzel schöner, durch ihren Stengel lieblicher, durch ihren Glanz das Schauen der Betrachtenden anziehend, durch die wunderbare Würze ihrem Geschmack schmeichelnd, im Riechen süß, im Berühren angenehm, im Hören erfreulich und ersehnenswert für die jungfräuliche Zucht."[1530] Die Schönheit dieser Blume kommt daher, daß sie aus dem unbebauten Land der Jungfräulichkeit Mariens erwachsen ist[1531]. Deswegen ist er eine Blume von völlig ungewohnter Art[1532]. Über Christus als Blume ruhen die sieben Gaben des Heiligen Geistes[1533].

10.   Obwohl Hildegard von Bingen zurückhaltender als viele andere Mystikerinnen und die Vertreter der Mönchstheologie in der Zitierung des Hohenliedes ist, nennt sie öfters Christus „Blume".

Der ewige Sohn erblüht strahlend im Vater[1534]. Wegen seiner jungfräulichen Empfängnis wird Jesus Blume genannt: „De igneo Spiritu sancto conceptus est, et ex integerrima Virgine natus homo, ipse uidelicit flos candidissimus et pulcherrimus exsistens in albedine et pulchritudine totius sanctitatis." – „Vom feurigen Heiligen Geist ist er empfangen und als Mensch aus der ganz unversehrten Jungfrau geboren, er, der nämlich als leuchtendste und schönste Blume existiert in dem Weißsein und in der Schönheit der ganzen Heiligkeit."[1535] „Nunc aperuit mundo … flos de Virgine Maria." – „Nun hat sich der Welt geöffnet … die Blume von der Jungfrau Maria."[1536] Aus der Wurzel Jesse kam diese hohe Blume[1537]. „Idem uirgineus flos floruit in integritate uirginitatis." – „Eben die jungfräuliche Blume hat in der Unversehrtheit der Jungfräulichkeit geblüht."[1538] „In mystico mysterio Dei illustrata mente Virginis mirabiliter clarus flos ex ipsa Virgine exiuit." – „Durch den Geist der Jungfrau, der im geheimen Geheimnis Gottes erleuchtet worden ist, ging die klare Blume aus eben der Jungfrau hervor."[1539] Deswegen wird er mit einer Blume verglichen, die in einem nicht besäten Acker erwächst[1540]. „Ut flos de inexarato agro nascitur." – „Wie eine Blume aus dem unbebau-

---

[1529] SP 1,84,17f.; vgl. SP 1,162,13.
[1530] SP 1,84,18-22. Wir haben die beiden ersten Ablative „radice" und „stirpe" nicht komperativisch, sondern wie die übrigen Ablative instrumental aufgefaßt.
[1531] SP 1,86,18-22.
[1532] SP 1,90,1f.
[1533] SP 11,894,1-16.
[1534] HISV 2, 3,4,14,362,399.
[1535] HISV 2, 3,7,7,199-202,467.
[1536] HIB 2, 192,30,435.
[1537] HISV 2, 3,8,15,677-684,497.
[1538] HISV 2, 3,7,10,427f.,474.
[1539] HISV 2, 3,13,1,57f.,615.
[1540] HISV 2, 3,8,15,684f.,497.

ten Acker ist er geboren."[1541] „Ut sine aratro campus gignit florem, sic ego Filius hominis sine uirili commixtione genitus sum ex Virgine." – „Wie das Feld, ohne bestellt zu
sein, die Blume hervorbringt, so bin ich, der Menschensohn, ohne Beimischung eines
Mannes aus der Jungfrau gezeugt."[1542] Als eine solche Blume konnte Christus auch,
weil seine jungfräuliche Empfängnis verborgen blieb, den Teufel täuschen[1543]. „Quoniam hic flos Filius Dei erat, requieuit super eum spiritus Domini, id est spiritus aeternae
diuinitatis." – „Da diese Blume der Sohn Gottes war, ruhte auf ihm der Geist des Herrn,
das heißt der Geist der ewigen Gottheit."[1544] Beim Aufblühen dieser Blume wird jeder
Stolz besiegt[1545], denn diese Blume gab durch das Wirken all das wieder, was, vorher
verborgen, durch den Heiligen Geist gezeigt worden war[1546]. Denn es ruhte auf Jesus
als der Blume der Heilige Geist siebenfach[1547], siebenfach, weil die sieben Gaben des
Heiligen Geistes auf diese Blume herabgekommen sind[1548]. Dies geschah aber erst
durch die Menschwerdung, weil erst von da an die Blume in der Menschheit erstrahlte[1549]; denn das Paradies, der liebliche Ort, erblüht in der Grünkraft der Blumen[1550],
welches für den Menschen verschlossen war. Erst mit der jungfräulichen Geburt blüht
diese Blume im Fleisch[1551]. So wird auch Maria das Erblühen genannt. Einmal schaut
Hildegard eine Frau, deren Bedeutung ihr von einer Stimme aus dem Himmel mit
folgenden Worten erklärt wird: „Haec est floriditas in superna Sion, mater et flos rosarum et lilium vonuallium. O flordits, filo potentissimi regis desponsaberis." – „Dies
ist das Blühen im oberen Sion, die Mutter und die Blume der Rosen und der Lilien im
Tal. O Blühen, dem Sohn des mächtigsten Königs wurdest du angetraut."[1552] Jungfräuliche Menschen werden Töchter Sion genannt[1553]. „Filium meum uirginitatis florem in
uirginitatis amore imitati sunt." – „Meinen Sohn, die Blume der Jungfräulichkeit, haben
sie in der Liebe der Jungfräulichkeit nachgeahmt."[1554]

   Die meisten Stellen, an denen Hildegard die Blumenmetapher gebraucht, behandeln
die jungfräuliche Empfängnis Jesu.

11. Selbstverständlich bezieht auch das St. Trudperter Hohelied die in diesem Buch
verwendeten Blumenvergleiche auf Christus, obwohl die Stelle Hld 2,1 „Ich bin die
Blume des Feldes" nicht ausgelegt wird. Zum Bett, das im Brautgemach voller Blumen
ist, heißt es: „Die bluomen nehabent niht vil nutzes an in newane den gedingen des nâch

---

[1541] HISV 2, 3,10,7,287f.,553.
[1542] HISV 2, 3,10,7,316-318,554.
[1543] HISV 2, 3,8,15,688f.,497.
[1544] HISV 2, 3,8,15,692-694,498.
[1545] HISV 2, 3,8,15,695f.,498.
[1546] HISV 2, 3,8,15,708-713,498.
[1547] HISV 2, 3,8,15,714-717,498.
[1548] HISV 2, 3,8,728-814,499-501.
[1549] HISV 2, 3,8,15,731-735,499.
[1550] HISV 1, 1,2,28,674f.,32.
[1551] HISV 2, 3,8,15,739-742,499.
[1552] HISV 1, 2,5,vis 120-122,175.
[1553] HISV 1, 2,5,7,366-368,182.
[1554] HISV 1, 2,5,7,368f.,182.

gênten wuochers." – „Die Blumen haben keinen rechten Nutzen außer der Erwartung der aus ihnen hervorgehenden Frucht."[1555] Gerade die Tatsache, daß die Blume nicht völlig in einem Zweck aufgeht, gibt Anlaß, sie mit Christus zu vergleichen: „Ich bin selp der bluome dâ dîne inneren sinne an gewunnesamet werdent." – „Ich bin selbst die Blume, an der deine inneren Sinne voller Wonne werden."[1556] Das Nichtverzwecktsein der Blume Christus drückt sich in ihrem Duft aus, der in seiner jungfräulichen Empfängnis, seinem Leiden, seiner Gerechtigkeit und der Barmherzigkeit besteht[1557]. Der Mensch soll dann als Blume den gleichen Duft für Christus verströmen[1558]. Das geschieht in der Einheit Gottes mit dem Menschen, die aber, weil sie nicht andauern kann, eher Blume als Frucht genannt wird[1559].

12. Ida von Nijvel betrachtet die Blumen und schaut in ihrer Schönheit die Weisheit ihres Schöpfers, worunter sie Christus versteht[1560].

13. Die Vita der Beatrijs von Nazareth beschreibt die „unio mystica" als eine Umarmung des Bräutigams Christus, der unter den Blumen ruht[1561].

14. In ihren Strophengedichten verwendet Hadewijch öfters den sogenannten Natureingang. In einem solchen werden am Anfang eines Gedichtes Naturvorgänge beschrieben, die mit dem eigentlichen Inhalt des Gedichtes in einer Beziehung stehen. So wird die Zeit der Liebe des Bräutigams zur Braut mit dem Frühjahr verglichen, welches eine neue Zeit ist, „die nuwe bloemen sal brenguen", „die neue Blumen bringen" soll[1562].

15. David von Augsburg gebraucht zwar nicht das Substantiv „Blume", wohl aber das Adjektiv „blühend". Bei der Menschwerdung ist die blühende Weisheit Gottes für die Welt zur Torheit geworden[1563]. Vom blühenden Angesicht der Menschheit Christi geht Freude auf alle Engel aus[1564]. Im Himmel weidet man „an der blüenden menscheit unsers hêrren Jêsu Kristi", „in der blühenden Menschheit unseres Herrn Jesu Christi"[1565].

16. Öfters verwendet Mechthild von Magdeburg die Blumenmetapher. Sie nennt Jesus „ein blůme ob allen cronen", „eine Blume über allen Kronen"[1566]. Folgendermaßen beschreibt sie die Menschwerdung des Sohnes Gottes. „Der sůsse tȍwe der unbeginlicher drivaltekeit hat sich gesprenget us dem brunnen der ewigen gotheit in den blůmen der userwelten maget, und des blůmen fruht ist ein untoetlich got und ein tȍtlich mensche." – „Der süße Tau der anfanglosen Dreifaltigkeit ließ sich fallen aus dem Brunnen

---

[1555] TH 26,15-17,74.
[1556] TH 26,18-20,74.
[1557] TH 26,20-25,74.
[1558] TH 26,25-28,74.
[1559] TH 27,5-7,76.
[1560] IN 29,276.
[1561] BN 1,17,77,50-52,62.
[1562] HASG 7,1,2f.,43; vgl. HASG 4,2,10,28.
[1563] DB 10,384,30.
[1564] DB 8,382,38-393,2; vgl. DAG 362,7-12.
[1565] DB 7,381,21-24.
[1566] MM 2,10,3,47.

der ewigen Gottheit in die Blume der auserwählten Jungfrau, und die Frucht der Blume
ist ein unsterblicher Gott und ein sterblicher Mensch."[1567] In einer Anrede an Maria
heißt es: „Und Jhesus gieng dur dinen lip als der tŏwe durch die blŭmen, also das dinú
kúscheit nie war berŭret." – „Und Jesus ging durch deinen Leib wie der Tau durch die
Blume, so daß deine Keuschheit nicht berührt wurde."[1568] So wird Jesus angesprochen
mit den Worten: „O cleine blŭme der sŭssen maget!" – „O kleine Blume der süßen
Jungfrau!"[1569] Im gleichen Satz aber ist Jesus auch die „nútzú fruht der schŏnen
blŭmen", „nützliche Frucht der schönen Blume"[1570]. Die Apostel ziehen in ihrer Verkündigung den Honig „us den sŭssestn veltblŭmen", „aus der süßesten Feldblume"[1571].
Da in der traditionellen Hoheliedauslegung in der Feldblume Christus gesehen wird,
dürfte dies auch bei Mechthild der Fall sein. Der Herr will dem Menschen auch die
Einheit schenken und spricht: „Ich … briche dir die blŭme der sŭssen einunge." – „Ich
… breche dir die Blume der süßen Einung."[1572] Oder: „Ich kum zŭ miner lieben als ein
tŏwe uf den blŭmen." – „Ich komme zu meiner Geliebten wie ein Tau auf die Blume."[1573]
Er führt die Seele auf einen Blumenberg[1574]. Der Mensch darf dann Jesus folgen „in die
blŭjenden wise", „auf die blühende Wiese"[1575].

17. Mechthild von Hackeborn kennt nur das Adjektiv „blühend" im christologischen
Kontext. Sie nennt Christus „floriger sponsus"[1576] und „floridus sponsus"[1577], „blühender Bräutigam", der auf einem blühenden Berg sitzt, welcher sein Lebenswandel
bedeutet[1578]. Als Mechthild längere Zeit krank ist, sah sie, wie sie beim Herrn ist „in
campo quodam florido", „auf einem blühenden Feld"[1579].

18. Wesentlich häufiger verwendet Gertrud die Große diese Metapher für Christus.

18.1 Auch Gertrud gebraucht den Vergleich mit der Blume, wenn sie Christi jungfräuliche Empfängnis beschreibt. So spricht sie ihn mit den Worten an: „Virginalis pudicitiae fructus et flos!" – „Frucht und Blüte der jungfräulichen Scham!"[1580] Er ist „virginis Mariae flos delicatae", „der zarten Jungfrau Maria Blume"[1581], „virginitatis flos et
sponsus", „Blüte der Jungfräulichkeit und Bräutigam"[1582] und Blüte und Sohn derer,
die Johannes der Evangelist zart behütet hat[1583]. Man wünscht Jesus zu folgen, wohin

---

[1567] MM 1,22,4-6,16.
[1568] MM 3,4,13f.,82.
[1569] MM 5,20,2,170; 7,18,4,270.
[1570] MM 5,20,2f.,170; 7,18,5,270.
[1571] MM 4,3,42-44,115.
[1572] MM 2,25,114,66; vgl. MM 7,37,13f.,286.
[1573] MM 1,13,2,14.
[1574] MM 3,15,59,96.
[1575] MM 7,37,12f.,286.
[1576] MH 1,1,10; 7,10,403.
[1577] MH 6,7,385.
[1578] MH 1,10,31.
[1579] MH 2,30,175.
[1580] G R 3,292,92.
[1581] G R 5,138,136.
[1582] G R 6,376,184.
[1583] G R 4,128f.,108.

er geht, ihm, dem Sohn Mariens und der Blume der Jungfrauen[1584]. Wenn Jesus „flos florum", „Blume der Blumen" genannt wird, ist er als jungfräulicher Mensch der Jungfrauen gemeint[1585].

18.2 Auch unabhängig von seinem Ursprung aus der Jungfrau Maria wird Jesus mit einer Blume verglichen. In einer Krankheit erscheint er Gertrud „totus instar floris amoenus", „ganz lieblich nach der Art einer Blume"[1586]. Unter einer litaneiartigen Zusammenstellung von Anrufungen Jesu taucht auch folgende Bemerkung auf: „Tu vernans flos ingenuae venustatis", „Du Frühlingsblume von angeborener Anmut"[1587]. „Ihn bittet man: „O vernans flos divinitatis, reperge me rore tuae floridissimae humanitatis!" – „O Frühlingsblume der Gottheit, besprenge mich mit dem Tau Deiner blühendsten Menschheit!"[1588] Seine Gottheit blüht durch die Menschheit in der Tugend[1589]. Er ist „principalis gemma et flos virtutum", „Ursprünglicher Sproß und Blume der Tugenden"[1590]. Der Mensch wünscht, daß er angeglichen wird Jesus, „amoenissimo flori", „der lieblichsten Blume"[1591]. Wenn die Liebe mit „primitivus flos", „allererste Blume" angeredet wird, ist wohl Jesus unter ihr verstanden[1592]. Mit Jesus, dem Geliebten, will man die Blumen der Tugenden pflücken[1593]. Er freut sich mehr über ein Herz, das eine solche Sehnsucht nach ihm hat, als ein Mensch über die Frühlingsblumen[1594]. Die Braut soll eintreten in das Brautgemach und den Bräutigam in den Blumen der Freude weiden lassen[1595]. Seine Wunden stellen Blumen dar, an denen die Menschen wie Bienen saugen können[1596].

18.3 Oft wird Jesus auch blühend genannt. Er ist „floridus et delicatus", „blühend und zart"[1597] und der „sponsus floridus", „blühende Bräutigam"[1598]. Als solchen sieht Gertrud ihn in einer Vision[1599]. Er ist „vigens et florens in aeternitate", „voller Kraft und blühend in Ewigkeit"[1600] und lebt mit dem Vater und dem Heiligen Geist „in florenti aeternitate", „in der blühenden Ewigkeit"[1601]. Nach ihm, dem „vivens florida dies vernalis", „lebenden blühenden Frühlingstag", hat der Mensch Sehnsucht[1602]. Auch hier

---

[1584] G R 3,333-335,94.
[1585] G R 5,51,130.
[1586] G 3, 3,53,1,5,228.
[1587] G 3, 3,65,3,54,266.
[1588] G R 6,673f.,202.
[1589] G 3, 3,18,7,12f.,86.
[1590] G R 6,677,202.
[1591] G R 3,295,292.
[1592] G R 5,92,134.
[1593] G R 7,671,250.
[1594] G 3, 3,30,33,6-10,156.
[1595] G 4, 4,39,1,11f.,322.
[1596] G 5, 5,4,11,7-9,92.
[1597] G 3, 3,1,1,10,16.
[1598] G R 3,188,86.
[1599] G 2, 1,16,1,12f.,208.
[1600] G 2, 2,6,3,2,258.
[1601] G 2, 2,3,4,19-21,242.
[1602] G R 3,68f.,78.

ist der Kontext seiner jungfräulichen Empfängnis zu beachten. Vom Jesuskind heißt es: „Videbatur etiam puerulus ille floridus summi patris unicus, cor Matris virgineae avida delectatione sugere." – „Es schien auch jenes blühende Kindlein, der Einzige des höchsten Vaters, am Herz der jungfräulichen Mutter mit gieriger Freude zu saugen."[1603]

18.4 Anläßlich des Todes und der Auferstehung wird Jesus nur selten blühend genannt. Zum Kreuz geht er auf einem durch die Schönheit der Blumen lieblichen Weg, der aber durch die umgebenden Dornen hart und eng ist[1604]. Dort gibt er seinen „floridum corpus", „blühenden Leib" für die Menschen froh in den Tod[1605]. In der Osternacht erscheint Gertrud „Dominus Jesus, florens et amoenus", „der Herr Jesus, blühend und lieblich"[1606].

19. Bei Christina von Hane wird diese Metapher ganz in die Brautmystik hereingenommen. Einmal stellt sich Jesus mit den Worten vor: „Jch byn eyne bloyme dyns hertzens." – „Ich bin eine Blume deines Herzens."[1607] Ein anderes Mal sieht Christina einen Baum mit vielen Blüten, auf dessen oberster Blüte ein Adler sitzt, der Christus versinnbildet[1608]. Christina wird von ihrem Bräutigam auch mit den Worten „bloeme", „Blume" angeredet[1609].

9.2 Besondere Arten von Blumen

9.2.1 Rose[1610]

1. Für den Autor des Traktates „Speculum virginum" ist die Rose das Symbol des „virginalis vita", „jungfräulichen Lebens"[1611]. An einer anderen Stelle bedeutet die Rose das Märtyrerleiden[1612], welches man aber auch ohne äußeres Blutvergießen in der Askese haben kann[1613].

2. Nach dem St. Trudperter Hohelied schmeckt der Braut „der rôsebluome mîner getriuwelichen martere", „die Rosenblume meines (= Christi) getreuen Leidens"[1614], und Christus fühlt „diu rôse dîner kestigunge", „die Rose deiner Kasteiung"[1615].

3. Hadewijch sieht einmal drei Säulen, welche die drei Personen der Dreifaltigkeit bedeuten. Eine von ihnen gleicht einem Amethyst, welcher, „eene pellenke vaerwe

---

[1603] G 4, 4,3,4,5-7,52.
[1604] G 3, 3,30,10,1-6,140.
[1605] G R 3,40,76.
[1606] G 4, 4,27,1,3f.,260.
[1607] CH 2, 209.
[1608] CH 1, 243.
[1609] CH 2, 230.
[1610] Vgl. Forstner 184-186; Grinda 1016-1018.
[1611] SP 1,96,14f.
[1612] SP 5,452,18f.
[1613] SP 5,452,20f.
[1614] TH 26,21f.,74.
[1615] TH 27,26f.,74.

nach die rose", „eine purpurrote Farbe gleich der Rose" hat[1616]. Kurz darauf wird diese Säule mit dem Sohn Gottes gleichgesetzt[1617]. Das Symbol der purpurroten Rose ist wohl wegen des blutigen Leidens Christi gewählt.

4. Bei Mechthild von Magdeburg spielt das Symbol der Rose eine beträchtliche Rolle.

Während sie Maria Lilie nennt, heißt Jesus „der edel rose", „die edle Rose"[1618]. Jesus soll den Jungfrauen begegnen „mit den rosen der vlissigen arbeit uf ein gůt ende", „mit den Rosen der fleißigen Mühe auf ein gutes Ende hin"[1619]. „Arbeit" dürfte in Verbindung mit der Rosenmetapher Christi Mühen und Leiden bedeuten, mit denen er seinen Auserwählten für ihr gutes Ende begegnen soll.

Gott spricht die Seele mit den Worten an: „O du schône rose in dem dorne!" – „O du schöne Rose im Dorn!"[1620] In Hld 2,2 wird die Braut mit einer Lilie unter den Dornen verglichen. Nach Gen 3,18 kommt die Tatsache, daß die Erde Dornen trägt, von dem Fluch her, der auf ihr wegen der Sünde der Menschen liegt. Auch sonst stehen die Dornen in der Schrift für etwas, was das Gute bedroht (Mt 13,7; Mk 4,7; Lk 8,7; Hebr 6,8). So meint diese Anrede, daß die auserwählte Seele in irdischen Bedrängnissen aufwächst. Von der Kirche heißt es, daß vor ihrem Mund blühende Rosen sind[1621].

5. In Helfta wird oft der Rosenvergleich gebraucht. Dies ist schon bei Mechthild von Hackeborn der Fall.

Als sie den Herrn bittet, für sein Lob belehrt zu werden, „ecce rosa pulcherrima habens quique folia exivit de Corde Dei totum pectus ejus cooperinens", „siehe, da ging eine sehr schöne Rose, die fünf Blätter hatte, vom Herzen aus und bedeckte seine ganze Brust"[1622]. Die fünf Blätter bedeuten die fünf Sinnesorgane des Herrn, mit denen sie ihn loben soll[1623]. Wenn Mechthild sich an die Jugend des Herrn erinnert, dann zieht sie ihm Kleider an, die mit goldenen Rosen geziert sind[1624]. Diese Rosen bedeuten die Wonnen, welche den Menschen mitzuteilen er gekommen ist[1625]. Einmal sieht sie einen Baum von ersehnenswertem Aussehen[1626], welcher die Reinheit Gottes bedeutet[1627]. Unter dem Baum stehen neben anderen Blumen auch Rosen, welche die Liebe versinnbilden, an der sich der Herr erfreut[1628].

6. Gertrud die Große äußert den Wunsch: „Tuae mellifluae faciei pulcherrima rosa me reficiat." – „Die schönste Rose Deines honigfließenden Angesichtes soll mich

---

[1616] HAV 1,229-231,56.
[1617] HAV 1,242f.,56.
[1618] MM 2,19,13f.,50.
[1619] MM 7,30,4f.,279.
[1620] MM 1,18,2,15.
[1621] MM 4,3,44,115.
[1622] MH 3,2,198.
[1623] Ebenda.
[1624] MH 3,28,232.
[1625] Ebenda.
[1626] MH 3,50,252.
[1627] Ebenda.
[1628] Ebenda.

stärken."[1629] Jesus als die Liebe ist „inter spinas rosa", „die Rose unter den Dornen"[1630]. Einmal erscheint ihr Jesus „circumdatus vernantibus floribus rosarum", „umgeben von blühenden Rosenblüten"[1631]. Alle Gedanken des Menschen Jesus duften in seinem Herzen wie Rosen[1632].

7. Als sie selbst noch ein Kind war, sehnte sich Christina von Hane an einem Weihnachtsfest sehr danach, daß das Jesuskind in ihr Herz kommt[1633]. Darauf sieht sie das Kind mit Rosen spielen, die ausdrücklich als himmlische bezeichnet werden. Dadurch wird ihr klar, daß ihr Herz als Wohnung dieses Kindes nicht nur rein, sondern auch mit den himmlischen Rosen der Tugenden geschmückt sein muß[1634]. Als Christina spürt, daß Jesus in ihrer Seele ist, sieht sie, wie „eyne roiße woische vß synem hertzen, die gynge vff vnd sy verbreyte yre bleyder also wyt und rychlichyn, daz alle syne lychan vberzogen wart myt der roißyn gelicher wyßer, als myt eym cleytde", „eine Rose aus seinem Herzen wuchs; die ging auf und breitete ihre Blätter so weit und reichlich aus, daß sein ganzer Leib überzogen wurde mit der Rose wie mit einem Kleid"[1635]. Unmittelbar danach wird die Rose als Symbol treuer, ungeteilter Liebe gedeutet, die aus seinem Herzen wächst[1636].

8. In der Vita der Agnes von Blannbekin bezeichnen die Rosen unter den Dornen die guten Menschen, die sich noch mit dem irdischen Wirken beschäftigen[1637].

9.2.3 Lilie[1638]

Da in Hld 2,1 der Bräutigam mit einer Lilie des Tales, der nach Hld 2,16 unter den Lilien weidet, und in Hld 2,2 die Braut mit einer Lilie unter den Dornen verglichen wird, fand die Lilienmetapher schnell Eingang in die Brautmystik.

1. Nach Jean von Fécamp ist die Stadt des Königs erbaut in einer Einöde „plena liliis", „voll von Lilien"[1639].

2. In seinen Hoheliedpredigten muß sich Bernhard von Clairvaux mit der Metapher der Lilie auseinandersetzen. In Hld 2,1 bezeichnet sich der Bräutigam als Lilie der Täler. Dies geschieht, weil er die Krone der Demütigen ist[1640]. Er muß im Tal aufwachsen, um als Lilie des Tales den Leib unserer Niedrigkeit seinem verherrlichten Leib gleichförmig

---

[1629] G R 1,210f.,58.
[1630] G R 3,360-364,96. Die Verbindung der Rose mit den Dornen kann daher kommen, daß Gertrud (G 3, 3,14,2,12,58) der Ausdruck „rosa sine spinis", „Rose ohne Dornen" bekannt ist.
[1631] G 3, 3,64,2,10-12,256.
[1632] G 5, 5,30,2,6-10,240.
[1633] CH 1, 229.
[1634] CH 1, 230.
[1635] CH 2, 204.
[1636] Ebenda.
[1637] AB 217,21-25,448.
[1638] Vgl. Forstner 183f.
[1639] JFL 23,186.
[1640] BHLD 2, 47,3,7,144,19f.

zu machen (vgl. Phil 3,21)[1641]. Daß er unter Lilien weidet (Hld 2,16), ist nach Bernhard eine „deiectionis adiectio", „ein verächtlicher Zusatz", weil sich dort nur das Kleinvieh befindet[1642], der aber von Christi Demut her einen Sinn erhält[1643]. Weil er zu den Lilien hinabsteigt, wird er geliebt[1644]. Aber die Lilien, unter denen der Bräutigam weidet, sind auch geistlich zu deuten[1645]. Dann bedeuten die Lilien die Schönheit des Bräutigams: „Quid lilio speciosius?" – „Was ist schöner als die Lilie?"[1646]. Der Glanz und der Duft der Lilie deutet auf die sich verbreitende Wahrheit des Bräutigams hin[1647]. In der Mitte der leuchtend weißen Blume der Lilie befinden sich die goldgelben Staubgefäße[1648]. Das Goldene bedeutet die Gottheit und das Weiße die Reinheit der Menschheit Jesu[1649]. Eine Lilie wird auch als sanft empfunden, was auf die Unschuld Christi hindeutet[1650]. Der Duft der Lilie wird auf die Gerechtigkeit, die von Christus ausgeht, gedeutet[1651]. Während der Glanz der Wahrheit Christi nur von den Gläubigen wahrgenommen wird, geht der Duft der Gerechtigkeit darüber hinaus zu den Ungerechten[1652]. Doch Bernhard möchte seine Deutung nicht auf diese Tugenden Christi beschränken, sondern glaubt, daß man alle Tugenden Christi auf die Lilien deuten kann[1653]. Ja alle Einzelheiten Jesu Lebens möchte er Lilien nennen[1654].

Die Braut ist eine Lilie unter den Dornen (Hld 2,2), weil der Mensch, solange er im Fleische wandelt, unter den Versuchungen zu leiden hat[1655]. So kann man den Bräutigam nicht bezeichnen, weil er keine Dornen hatte, das heißt keine Sünde beging[1656]. Dornen bedeuten ja Schuld und Strafe[1657].

3. Auch Wilhelm von St. Thierry geht in seiner Erklärung des Hohenliedes auf die Lilienmetapher ein. Auch für ihn bedeutet die Lilie der Täler die Demut Christi, mit der er uns ein Beispiel gab[1658]. Diese zeigt sich darin, daß er sich erniedrigte[1659] und mit den Menschen leben wollte, um mit ihnen zu sterben[1660]. Wilhelm weiß auch, daß man den Lilienvergleich nicht völlig auf Christus übertragen kann: „Lilium flos est inter flores

---

[1641] BHLD 2, 47,3,7,146,1-3.
[1642] BHLD 1, 70,1,1,430,1-4.
[1643] BHLD 2, 70,1,1,430,4-6.
[1644] BHLD 2, 70,1,2,430,18-20; 70,1,3,432,3-5.
[1645] BHLD 2, 70,2,3,432,8f.
[1646] BHLD 2, 70,3,4,434,1-9.
[1647] BHLD 2, 70,3,5,434,10-24.
[1648] BHLD 2, 70,3,5,434,26-28.
[1649] BHLD 2, 70,3,5,434,27.
[1650] BHLD 2, 70,3,6,436,3f.
[1651] BHLD 2, 70,3,6,436,12-14.
[1652] BHLD 2, 70,3,6,436,22f.
[1653] BHLD 2, 70,4,7,438,4-9.
[1654] BHLD 2, 70,4,7,438,9-12.
[1655] BHLD 2, 48,1,1,148,8f.
[1656] BHLD 2, 71,1,1,442,10-18.
[1657] BHLD 2, 48,1,1,148,22f.
[1658] WHLD 1,9,108,242.
[1659] WHLD 1,9,110,244.
[1660] WHLD 1,9,110,242.

pulcherrimus, sed sterilis." – „Die Lilienblüte ist die schönste unter den Blüten, aber unfruchtbar."[1661] Wenn wir wollen, daß Christus unter uns weidet, dann dürfen wir gerade nicht unfruchtbar wie die Lilien sein: „Nec in sterili amoenitate liliorum pascet Sponsus, sed in plena ubertate fructuum spiritus." – „Nicht weidet der Bräutigam in der unfruchtbaren Lieblichkeit der Lilien, sondern in der vollen Fülle der Früchte des Geistes."[1662] Auch der Bräutigam nährt die Braut nicht mit unfruchtbaren Lilien, „in flore spei, sed in fructu rei", „mit der Blüte der Hoffnung, sondern mit der Frucht der Wirklichkeit"[1663].

4. Gilbert von Hoyland erklärt in seiner Predigtreihe über das Hohelied Hld 4,5, an welcher Stelle die Brüste der Braut mit Gazellen, die unter Lilien weiden, verglichen werden. Für ihn gilt „Lilium convallium, lilium singulare Christus." – „Die Lilie der Täler ist eine besondere Lilie, nämlich Christus."[1664] Gilbert stellt aber fest, daß diese Lilie für einige wie eine Lilie, für andere aber wie Absinth riecht[1665]. Der Duft der Lilie sind ja Christi heilige Worte, in denen das ewige Leben duftet[1666]. Diese werden aber keineswegs von allen Menschen als angenehm empfunden[1667].

5. Johannes von Ford unterscheidet einen mehrfachen Glanz, nämlich den Glanz der Milch, den Glanz der Lilie, den Glanz des Lichtes[1668]. In all diesen Arten von Glanz zeichnet sich Christus aus[1669]. Der Glanz der Lilie ist die Keuschheit, welche Christus besaß[1670]. Eine solche Lilie kann aber nur im Tal der Demut wachsen[1671].

6. Der Traktat „Speculum virginum" ist zwar kein Kommentar über das Hohelied, aber von diesem biblischen Buch stark beeinflußt. So erstaunt es nicht, daß auch in ihm die Lilienmetapher wiederholt auftaucht. Christus ist die Blume der Täler, weil er selbst demütig ist[1672]. Die Täler, aus denen die Lilie erwächst, können auch die demütigen Eltern Jesu bedeuten[1673]. Er ist ja eine Lilie, die im Tal dieser Welt entstanden ist,[1674] und weidet unter den Lilien, „quia Christus delectatur sacrarum animarum castimonia", „weil Christus sich an der Keuschheit heiliger Seelen erfreut"[1675].

Die Jungfrauen, die Christus dem Lamm folgen, gelangen in den Garten, wo „lilium castitatis", „die Lilie der Keuschheit" weiß blüht[1676]. Die Lilien werden mit der reinen

---

[1661] WHLD 2,4,174,356.
[1662] WHLD 2,4,176,358.
[1663] Ebenda.
[1664] GHLD 27,4,142A.
[1665] Ebenda.
[1666] GHLD 27,4,142B.
[1667] GHLD 27,4,142C-D.
[1668] JHLD 3,2,39f.,49.
[1669] JHLD 3,2,45-47,49.
[1670] JHLD 3,3,101-105,50.
[1671] JHLD 3,3,141-143,51.
[1672] SP 1,86,3-5.
[1673] SP 1,86,11-14.
[1674] SP 1,86,18f.
[1675] SP 5,478,18-20.
[1676] SP 1,82,3.

Jungfräulichkeit verglichen[1677]. Wie eine Lilie bei entsprechender Behandlung mehrere Male blüht, so geht aus der Jungfräulichkeit Blume um Blume, das heißt Tugend um Tugend, hervor[1678].

7. Da Hildegard von Bingen verhältnismäßig selten das Hohelied heranzieht, benutzt sie auch nicht oft die Lilienmetapher. Sie nennt das himmlische Sion „mater et flos rosarum et lilium convallium", „Mutter und Blume der Rosen und Lilien"[1679]. Einmal sieht sie ein Kreuzesbild von Lilien umgeben[1680]. In einem Brief erinnert Hildegard eine Ordensfrau, daß sie sich wie Christus als Lilie unter die Dornen gestellt hat (HLD 2,2). Die Dornen sind nach Hildegard die Pracht und der Reichtum dieser Welt, von denen losgelöst die Schwester das geistliche Leben erwählt hat[1681].

8. Selbstverständlich erwähnt auch der Autor des St. Trudperter Hoheliedes die Lilie als Vergleich für Christus. Nach ihm lädt dieser die Braut in das Bett der Blumen ein. Dazu spricht er: „Dir smecket wole der liliebluome mîner natiurlichen kiusche." – „Dir duftet wohl die Lilienblüte meiner natürlichen Keuschheit."[1682] Dem soll aber auch die Braut als Lilie der Keuschheit entsprechen[1683]. Bei der Lilie unterscheidet der Autor mit Bernhard von Clairvaux die weißen Deckblätter von dem goldfarbenen Innern der Blume[1684]. „Der obereste bluome daz was diu wîze und diu reine maget, der innre bluome, der goltvarwe, das was Christ, unser herre." – „Die äußere Blume, das war die weiße und reine Jungfrau, die innere Blume, die goldfarbene, das war Christus, unser Herr."[1685] Als über dieser Lilie die Sonne der wahren Weisheit aufging, „dô entlouch sich der bluome, dô wart aller êrst gesehen der glotvarwe bluome Christ", „da öffnete sich die Blume, da ward zuallererst gesehen die goldfarbene Blume Christus"[1686]. Jungfräulich lebende Menschen sind die Lilien unter den Dornen, wenn sie mitten in der Welt den Duft der Süße behalten[1687].

9. Nach dem Autor der Vita der Beatrijs von Nazareth umarmt Christus der Bräutigam, der unter Lilien ruht, die Braut[1688].

10. Für Mechthild von Magdeburg bedeuten die Lilien, mit denen die Stirn der Kirche bekränzt ist, daß sie Mutter der Witwen, Freundin der Eheleute und Ruhm der Jungfrauen ist[1689]. Christus der Herr soll seinen Bräuten begegnen „mit den lylien der lutern kúscheit", „mit den Lilien der lauteren Keuschheit"[1690].

[1677] SP 5,452,18f.
[1678] SP 1,108,5-8.
[1679] HISV 1, 2,5 vis,121,175.
[1680] HISV 2, 3,6,7,247,439.
[1681] HIB 1, 62r,16-18,145f.
[1682] TH 26,20f.,74.
[1683] TH 26,26,74.
[1684] TH 36,14f.,94.
[1685] TH 36,21-23,94.
[1686] TH 36,25-27,96.
[1687] TH 27,13-19,76.
[1688] BN 1,18,77,50-52,62.
[1689] MM 4,3,45-47,115f.
[1690] MM 7,30,2,278.

11. Öfters benutzt Gertrud die Große den Lilienvergleich. In Erinnerung an die Jungfrauenweihe soll man zu Christus sprechen: „Fac me aptam tibi meo vivo lilio, aemonissimo flori!" – „Mach mich geeignet für Dich, meine lebendige Lilie, die lieblichste Blume!"[1691] Christus erscheint umgeben von Lilien[1692]. An seinen Kleidern blüht alles wie Lilien[1693]. Er wird auch der Sohn der Lilie, nämlich Mariens, genannt[1694]. Alle Gedanken des Herzens Jesu duften wie Rosen, Lilien, Veilchen und andere Blumen[1695]. Maria ist die leuchtende Lilie der Dreifaltigkeit[1696]. Der Mensch, der an sich nur ein unedler Halm ist, wird durch Christus in das tiefste Tal der Demut eingepflanzt und dadurch einer Lilie gleich[1697].

12. In der Vita der Christina von Hane, die eine schöne Lilie unter den Dornen genannt wird[1698], ist der Thron, auf dem Christus sitzt, mit Lilien geschmückt, welche die reinen Herzen bedeuten[1699].

9.3 Weitere Blumenarten

Einige Blumenarten kommen so selten in unseren Texten vor, daß zu ihrer Behandlung ein eigener Abschnitt nicht lohnt.

1. Obwohl das Wort „viola", „Veilchen"[1700] nicht in der Vulgata vorkommt, werden diese Blumen einige Male in unseren Texten im christologischen Zusammenhang gebraucht.

1.1 Nach dem „Speculum virginum" strahlen im Garten, in welchen die Jungfrauen, wenn sie Christus nachfolgen, gelangen, die Veilchen der Demut[1701]. Sie tragen einen Kranz, in dem neben den Lilien der Keuschheit und den Rosen der Liebe auch die Veilchen der Demut nicht fehlen dürfen[1702]. Allerdings ist die Bedeutung der Blumen an einer anderen Stelle vertauscht. Dort duften die Rosen in Bescheidenheit, und die Veilchen erblühen in der Liebe[1703].

1.2 Mechthild von Magdeburg sieht einmal in einer Vision vier junge Männer, die in einer Kirche verschiedene Arten von Blumen zur Vorbereitung auf die Hl. Messe streuen. Während sie die Rosen vor den Muttergottesaltar und die Lilien in den Chor wer-

---

[1691] G R 3,294f.,92.
[1692] G 3, 3,64,2,10-12,256.
[1693] G 3, 3,68,3,12f.,278.
[1694] G R 4,128,108.
[1695] G 5, 5,30,2,6-10,240.
[1696] G 3, 3,19,3,5f.,108.
[1697] G R 4,283-285,118.
[1698] CH 1, 226.
[1699] CH 2, 204.
[1700] Vgl. Forstner 188f.
[1701] SP 1,82,4.
[1702] SP 5,454,9-13.
[1703] SP 10,872,1f.

fen, bleiben die Veilchen für das Schiff der Kirche übrig[1704]. Der bescheidene Platz, wohin die Veilchen fallen, deutet auf ihre Bedeutung, nämlich die Demut, hin. Ein anderes Mal sieht Mechthild die Kirche, die vor ihre Nase Veilchen hält[1705]. Während die anderen Arten der Blumen, welche die Kirche umgeben, nach Mechthild verschiedene Ordnungen der Heiligen darstellen, fehlt eine Deutung der Veilchen. In einem weiteren Text ist die Bedeutung der Veilchen eindeutig. Christus empfängt im Himmel die Jungfrauen „mit der violen der grundlosen diemütekeit", „mit den Veilchen der Grundlosen Demut"[1706].

1.3 Mechthild von Hackeborn sieht Jesus, der sie zur Einheit mit ihm einlädt. Er ist umgeben von verschiedenartigen Blumen, von denen die Veilchen auf die Demut gedeutet werden[1707].

1.4 Bei Gertrud der Großen stellen die Gedanken des Herzens Jesu verschiedene Arten von Blumen dar, zu denen auch die Veilchen gehören, ohne daß sie eigens gedeutet werden[1708].

1.5 Nach der Vita der Agnes von Blannbekin drücken im Himmel verschiedene Blumen die Verdienste der Heiligen aus: „Fuerunt etiam ibi violae, quae juxta terra et versus terra vultu demissio significant humilitatem cum timore." – „Es waren auch dort Veilchen, die nahe bei der Erde mit zur Erde gesenktem Gesicht die Demut mit der Furcht bedeuten"[1709].

2. An einigen Stellen haben die Krokusse auch eine besondere Bedeutung[1710]. Denn nach Hld 4,14 wachsen im Garten der Liebe auch Krokusse. Allerdings reichen weder die Auslegungen des Bernhard von Clairvaux noch diejenigen von Wilhelm von St. Thierry bis zu dieser Stelle[1711].

2.1 Bernhard von Clairvaux gebraucht diese Metapher: Im Garten, in den die Jungfrauen, die Christus folgen, gelangen, „ardet crocus caritatis", „glüht der Krokus der Liebe", wie es im Traktat „Speculum virginum" heißt[1712].

2.2 Gilbert von Hoyland geht bei der Deutung des Krokus von dessen Farbe aus. Er blüht hell in rotgoldener Farbe. Das Helle deutet auf die Weisheit und das rötliche Gold auf die Liebe Christi hin[1713]. Eine andere Deutung geht auf seine Auferstehung. Im Frühjahr blüht ja sehr früh der Krokus auf. So heißt es von Jesus, „de corde terrae resurgit in croco", „vom Herz der Erde steht er im Krokus wieder auf", weil sein Leib in

---

[1704] MM 2,4,12-17,41.

[1705] MM 4,3,44f.,115.

[1706] MM 7,30,6f.,279.

[1707] MH 3,50,253.

[1708] G 5, 5,30,2,9,240.

[1709] AB 217,26-28,448.

[1710] Vgl. Forstner 182-184.

[1711] Über die verschiedenen Deutungen des Krokus im Mittelalter vgl. Ohly, TH 883.

[1712] SP 1,8,3.

[1713] GHLD 36,4,190C.

seiner Auferstehung aufblüht[1714]. Auch die Christen sollen mit Christus wie ein Krokus aufstehen und aufblühen[1715].

2.3 Das St. Trudperter Hohelied geht in der Behandlung von Hld 4,14 auch auf den Krokus ein. Man spürt aber eine gewisse Verlegenheit bei der Deutung. Die rötlichgoldene Farbe der Blüte wird zwar erwähnt, aber nicht gedeutet[1716]. Dafür geht der Verfasser auf die dreieckige Form des Samens dieser Blume ein, in der er die Dreifaltigkeit symbolisiert sieht[1717]. Etwas weit hergeholt scheint mir die Auslegung, daß der Saft der Blüte das Fieber niederhält, was für den Verfasser die demütige Liebe versinnbildet[1718].

2.4 Ohne nähere Deutung heißt es bei Mechthild von Hackeborn, daß Christus, der mit der Seele eins wird, sich bei den Krokussen befindet[1719].

3. Im St. Trudperter Hohelied werden noch zwei Arten von Blüten auf Christus gedeutet. Er spricht zur Braut: „Dir smecket wole der wînbluot mîner adelichen rehtes, dir smecket wole der olebluot mîner unermezzenen erbarmede." – „Dir duftet wohl die Traubenblüte meines adligen Rechtes, dir duftet wohl die Ölbaumblüte meines unermeßlichen Erbarmens."[1720] Gottes Recht und Barmherzigkeit werden in unseren Texten oft als entgegengesetzte Eigenschaften geschildert[1721]. So dürfte auch hier an eine gewisse Spannung zwischen der Wirkung Christi als Traubenblüte und als Ölbaumblüte gedacht sein. Die Blüte, aus der die Traube des Weines wird, der das Getränk der oberen Schichten der Gesellschaft war, läßt an die Rechte, die der Adel über die unteren sozialen Schichten hatte, denken. Wenn Christus das Recht der Weinblüte über uns ausübt, dann bleibt uns nur die Reue[1722]. Vom Öl der Barmherzigkeit wird in unseren Texten oft geschrieben[1723]. Wenn uns Christus als Ölbaumblüte der Barmherzigkeit entgegenduftet, dann werden wir fähig, alles von dieser Welt zu verschmähen[1724].

9.4 Zusammenfassung

1. Anlaß, Jesus Blume zu nennen, war Hld 2,1, an welcher Stelle der Bräutigam spricht: „Ego flos campi", „Ich (bin) eine Blume des Feldes". Im Unterschied zu den Blumen,

[1714] GHLD 36,5,190C-D.
[1715] GHLD 36,5,190D.
[1716] TH 60,8f.,142.
[1717] TH 60,6-8,142.
[1718] TH 60,10f.,142.
[1719] MH 3,50,253.
[1720] TH 26,22-25,74; vgl. Ohly, TH 671.
[1721] Vgl. Weiß, Gottesbild 3,1762-1794.
[1722] TH 26,27,74.
[1723] BHLD 1, 31,3,7,494,28-496,1; 32,2,3,502,31-504,15; 2, 44,2,3,104,27-106,3; RVPS 118,352D-353A; HISV 1, 1,4,30,987-990,91; 1,5 vis,31f.,94; 1,2,6,9,452f.,237f.; 2,6,9,492-494,239; 2,6,23,948-951,253; CM 3,55,659; Heinrich von Freiberg: Kreuzesholzlegende. Seths Paradiesfahrt 43-45.89-101, in: Die Deutsche Literatur vom Mittelalter bis zum 20. Jahrhundert, 1,1,208f.; DSV 6,319,31-35.
[1724] TH 26,27f.,74.

die das Bett im Gemach schmücken (Hld 1,15), aber dort nicht gewachsen sind[1725], entsprossen die Feldblumen dem Acker. Dies bedeutet: Was die Braut an Blumen, das heißt Tugenden, anbieten kann, kommt nicht aus ihrem eigenen Können[1726]. Der Garten mit seiner Mauer bietet einen Schutz vor Winden, das Feld nicht. Im Gegensatz dazu war Jesus eine Feldblume, allen Winden der Verfolgung ausgesetzt bis zum Martyrium am Kreuz[1727]. Jesus ist die Blume des Feldes, weil er auf dem Feld des Kampfes sich betätigt[1728]. Eine Feldblume ist unansehnlicher als Gartenblumen. Deswegen drückt sie auch die Erniedrigung des Sohnes Gottes[1729], die Menschheit[1730] und Demut Christi aus[1731]. Die Feldblume wächst unter Gestrüpp auf, wie Christus unter den erbsündlichen Menschen wandelt[1732]. Vor allem ist die Feldblume im Unterschied zu den Gartenblumen ohne Entwicklung[1733], ohne menschliches Zutun[1734], ohne menschliches Kultivieren[1735], ohne Pflügen[1736] und Ausstreuen des Samens[1737] erblüht. Wenn Christus mit einer Feldblume verglichen wird, dann deswegen, weil er ohne menschliches Zutun gezeugt wurde[1738]. Deswegen ist er die Blume der Jungfräulichkeit[1739]. Er als jungfräulicher Mensch ist von der Jungfrau gezeugt[1740], Blume von der Blume[1741]. Er ist der Sproß aus der Wurzel Jesse (Jes 11,1f.)[1742], die Blume der Jungfrau[1743]. Wie schon auf Maria, so ruht auch auf ihm als Blume der Heilige Geist mit seinen Sieben Gaben[1744]. Auf Maria kam der Sohn Gottes wie der Tau auf eine Blume[1745]. Nazareth wird deswegen von dem Wort „Blume" abgeleitet[1746]. In dieser Eigenschaft wird Jesus das Vorbild jungfräulich lebender Menschen[1747].

[1725] BHLD 2, 47,1,2,138,23f.
[1726] BHLD 2, 47,1,1,138,15-18.
[1727] BHLD 2, 47,2,4,140,30-142,8; 47,2,5,142,13-15.
[1728] JFM 7,89-92,208.
[1729] WHLD 1,9,110,244.
[1730] WHLD 1,19,109,242.
[1731] WHLD 1,9,107,238-240; HISV 2, 3,8,15,695f.,498.
[1732] JHLD 8,4,148-150,83.
[1733] GIS Ann 2,3,116-118,134.
[1734] BHLD 2, 47,1,3,140,10-12.
[1735] SP 1,86,18-22.
[1736] HISV 2, 3,10,7,287f.,553; 3,10,7,316-318,554.
[1737] BADV 2,4,82,12f.; HISV 2, 3,8,15,684f.,497.
[1738] BHLD 2, 47,1,3,140,21.
[1739] BHLD 2, 47,2,4,140,28f.; JHLD 8,4,96-99,82; HISV 1, 2,5,7,368f.,182; G R 3,292,92; 3,333-335,94; 5,138,136.
[1740] BHLD 2, 47,2,5,142,13-15.
[1741] SP 1,84,17f.; 1,162,13.
[1742] BADV 3,4,82,8-10; HISV 2, 3,8,15,677-684,497.
[1743] BADV 2,4,82,8-10; BADV 2,4,82,15-18.
[1744] SP 11,894,1-16; HISV 2, 3,8,15,692-694.714-717,498.
[1745] MM 1,22,4-6; 3,4,13f.,82.
[1746] BADV 2,3,80,17; BHLD 2, 58,3,8,278,19; GIS Ann 2,3,123-131,136.
[1747] SPEP 74,15-18.

2. Jesus ist blühend und zart[1748], blühend und kraftvoll[1749]. Blühend wird bei Christus genannt sein Angesicht[1750] und seine Weisheit[1751]. Er selbst wird genannt der blühende Bräutigam[1752], der blühende Frühlingstag[1753], das blühende Kindlein[1754].

3. Der Duft, den diese Blume verströmt, ist die Jungfräulichkeit und das Leiden Christi[1755]. Obwohl Jesus eine Blume ist, die in sich schön ist und darüber hinaus keine Frucht braucht[1756], bringt die Blume im Unterschied zum Heu, das ein Zeichen der Vergänglichkeit ist, eine Frucht hervor[1757]. Die nützliche[1758] Frucht der Blume Christi kann die Anmut[1759], die Auferstehung der Toten[1760], der Balsam[1761], die Heiligkeit[1762], das Leben[1763], das ewige Leben[1764] Jesu sein.

4. Folgende Adjektive erhält die Blume, die Christus ist: Sie ist goldfarben[1765], hoch[1766], klar[1767], klein[1768], lieblich[1769], rot[1770], schön[1771], schwach[1772], strahlend[1773], süß[1774], weiß[1775] und zart[1776]. Auf die menschlichen Sinne bezogen ist die Blume schöner[1777] und strahlender[1778] anzusehen, lieblicher zu schmecken[1779], süßer zu riechen[1780], ange-

---

[1748] G 3, 3,1,1,10,16.
[1749] G 2, 2,6,3,2,258.
[1750] DB 10,384,30; DAG 362,8.
[1751] DB 10,384,30.
[1752] MH 1,1,10; G R 3,188,86; G 2,1,16,1,12f.,208.
[1753] G R 3,68f.,78.
[1754] G 4, 4,3,4,5-7,52.
[1755] TH 26,20-25,74.
[1756] TH 26,15-17,74.
[1757] GHLD 17,2,88C.
[1758] MM 5,20,2f.,170; 7,18,5,270.
[1759] SP 1,6-8,82.
[1760] BDI 3,8,86,24-88,3.
[1761] SP 1,82,6-8.
[1762] IS 48,3,127f.,162-164.
[1763] GHLD 17,2,88C.
[1764] JHLD 8,4,144-148,83.
[1765] TH 36,21-23,94; 36,25-27,96.
[1766] HISV 2, 3,8,15,677-684,497.
[1767] HISV 2, 3,13,1,57f.,615.
[1768] MM 5,20,2170; 7,18,4,270.
[1769] G R 3,295,92.
[1770] BADV 2,4,82,10-13.
[1771] JHLD 8,4,144-148,83; HISV 2, 3,7,7,199-202,467.
[1772] JHLD 8,4,96-99,82.
[1773] HISV 2, 3,7,7,199-202,467.
[1774] JHLD 8,4,144-148,83.
[1775] HISV 2, 3,7,7,199-202,467; TH 36,21-23,94.
[1776] JHLD 8,4,96-99,82; 8,4,144-148,83.
[1777] SP 2,84,18-22.
[1778] SP 2,84,18-22.
[1779] SP 2,84,18-22.
[1780] SP 2,84,18-22.

nehmer zu berühren[1781] und erfreulicher zu hören[1782] als alles andere. Christus ist die Frühlingsblume[1783], die Blume über allen Kronen[1784].

5. Auf einzelne Ereignisse im Leben Jesu wird die Blumenmetapher nur selten bezogen[1785]. Im Gehorsam seinen Eltern gegenüber zeigt Jesus die Blume der Demut[1786]. Im Tod gibt er seinen blühenden Leib dahin[1787]. Sein Kreuz blüht, um die Frucht des Lebensbaumes zu bringen[1788]. Der Auferstandene erscheint blühend und lieblich[1789].

6. Auch die Einheit mit Christus kann Blume genannt werden. Sie hat genau wie diese nur eine kurze Dauer[1790] und ist die Blume, die der Bräutigam Christus seiner Braut bricht[1791]. Man folgt dann Jesus auf die blühende Wiese[1792]. Auf dem Bett voller Blumen ruht der Geist des Bräutigams[1793]. In der Einheit wird Jesus zur Blume des menschlichen Herzens[1794].

7. Auch einzelne Arten von Blumen haben eine besondere symbolische Bedeutung für Christus.

7.1 Die Rose, die etwas Adliges an sich hat[1795], kann die Jungfräulichkeit bedeuten[1796]. Die rote Farbe der Rosen wird auf das bei Christi Leiden vergossene Blut[1797] und damit auf die Mühe seines Leidens gedeutet[1798]. Die Rose kann auch die Liebe bedeuten, mit der Christus sein Leben hingegeben hat[1799]. Jesus ist eine Rose unter den Dornen, weil er als Sündenloser mitten unter den Sündern gelebt hat[1800]. Ist die Rose goldfarben, kann sie an die Wonnen, die Jesus besitzt und mitteilen will, erinnern[1801]. Weil die Wonnen vom Angesicht Jesu ausgehen, können auch diese eine Rose sein[1802]. Die Rose kann auch ein Symbol für Jesu Lieblichkeit und Schönheit darstellen[1803]. Daneben kommen seltenere Deutungen dieser Blume vor: Eine fünfblättrige Rose bedeutet die fünf Sin-

---

[1781] SP 2,84,18-22.
[1782] SP 2,84,18-22.
[1783] G R 6,673f.,202; G 3, 3,65,3,54,266.
[1784] MM 2,10,3,47.
[1785] BHLD 2, 58,3,8,278,16-18.
[1786] WHLD 1,9,108,242.
[1787] G R 3,40f.,76.
[1788] GIS Palm 2,3,72f.,178.
[1789] G 4, 4,27,1,3f.,260.
[1790] TH 36,14f.,94.
[1791] MM 2,25,114,66; vgl. MM 7,37,13f.,286.
[1792] MM 7,37,12f.,286.
[1793] WHLD 1,8,95,220.
[1794] CH 2, 209.
[1795] MM 2,19,13f.,50.
[1796] SP 1,96,14f.
[1797] SP 5,452,18f.; TH 26,21f.,74; HAV 1,242f.,56.
[1798] MM 7,30,4f.,279.
[1799] MH 3,50,253; CH 2, 204.
[1800] G R 3,360-364,96.
[1801] MH 3,28,232.
[1802] G R 1,210f.,58.
[1803] G 3, 3,64,2,10-12,256; 5, 5,30,2,6-10,240.

nesorgane Jesu[1804]. Auch die einzelnen Seelen[1805] und die Kirche[1806] werden Rose genannt. Wer Jesus in sein Herz einlädt, muß dieses mit den Rosen der Tugenden schmükken[1807].

7.2 Lilie der Täler wird Jesus genannt, weil er die Demut des niedrigen Tales besitzt[1808]. Das Weiden unter den Lilien versinnbildet die gleiche Tugend Christi[1809]. Die Lilie kann ein Symbol für die Schönheit Christi werden[1810]. Ihr sich verbreitender Glanz und Duft deuten auf die Wahrheit Christi hin, die sich überallhin ausweitet[1811]. Der Duft, der von der Lilie ausgeht und der in den guten Worten Jesu besteht[1812], kann von den Menschen verschieden wahrgenommen werden[1813]; er kann zum Beispiel die Gerechtigkeit Christi, mit der er alle richtet, sein[1814]. Das strahlend Weiße der Lilie wird auf die Unschuld[1815], die Jungfräulichkeit[1816] und die Keuschheit Christi[1817], der sich selbst an der Keuschheit der Menschen erfreut[1818], gedeutet. Jesus wird auch der Sohn der Lilie genannt[1819], nämlich Mariens welche die leuchtende Lilie der Dreifaltigkeit ist[1820]. Christi Thron ist mit den Lilien der reinen Herzen geschmückt[1821]. Die goldenen Staubgefäße dieser Blume stellen die Gottheit dar, während die sie bedeckenden Blütenblätter die Menschheit Christi versinnbilden[1822]. Wenn Christus als Lilie unter den Dornen bezeichnet wird, dann deswegen, weil er unberührt inmitten aller Gier nach Reichtum dieser Welt blieb[1823]. Im Unterschied zu einer Lilie ist aber Christus nicht unfruchtbar geblieben, sondern bringt gute Wirkungen als Früchte hervor[1824]. Die Braut wird eine Lilie unter den Dornen genannt, weil sie auf Erden unter den Versuchungen zu leiden hat[1825].

[1804] MH 3,2,198.
[1805] MM 1,18,2,15.
[1806] MM 4,3,44,115.
[1807] CH 1, 230.
[1808] BHLD 2, 47,3,7,144,19f.; WHLD 1,9,108,242; JHLD 3,3,141-143,51; SP 1,86,3-5.
[1809] BHLD 1, 70,1,1,430,1-4.
[1810] JFL 23,186; BHLD 2, 70,3,4,434,1-9.
[1811] BHLD 2, 70,3,5,434,10-24.
[1812] GHLD 27,4,142B.
[1813] GHLD 27,4,142A.
[1814] BHLD 2, 70,3,6,436,12-14.
[1815] BHLD 2, 70,3,6,436,3f.
[1816] SP 5,452,18f.
[1817] JHLD 3,3,101-105,50; SP 1,82,3; TH 26,20f.,74; MM 7,30,2,278.
[1818] SP 5,478,18-20.
[1819] G R 4,128,108.
[1820] G 3, 3,19,3,5f.,108.
[1821] CH 2, 204.
[1822] BHLD 2, 70,3,5,434,26-28; TH 36,21-27,96.
[1823] HIB 1, 62r,16-18,145f.
[1824] WHLD 2,4,174,356.
[1825] BHLD 2, 48,1,1,148,8f.

7.3   Selten werden andere Blumen zum Vergleich mit Christus herangezogen. Er wird wegen seiner Demut Veilchen genannt[1826]. Doch diese Blume kann auch seine Liebe bedeuten[1827].

Der Krokus kann die Liebe[1828] wegen seiner rotgoldenen Farbe[1829] darstellen. Ist er hellgold, versinnbildet er die Weisheit Christi[1830]. Da der Krokus der erste Bote des wiedererwachenden Lebens im Frühjahr ist, kann er auch auf die Auferstehung Christi gedeutet werden[1831]. Wegen seiner dreieckigen Frucht ist er ein Symbol für die Dreifaltigkeit[1832], und seine Fieber dämmende Kraft deutet die Demut an[1833]. Die Traubenblüte symbolisiert die Gerechtigkeit und die Ölbaumblüte die Barmherzigkeit[1834].

10. Tiere

10.1 Vögel

10.1.1 Adler

1. In der Vulgata wird Christus nirgends Adler genannt, sieht man von der Stelle ab, an der die Plötzlichkeit des Kommens des Menschensohnes mit der Schnelligkeit, mit der sich die Adler um ein Aas versammeln, verglichen wird (Mt 24,28; Lk 17,37). Es gibt aber in der Schrift eine Reihe Stellen, an denen sich Gott wie ein Adler verhält. Er kann wie ein Adler Schutz mit seinen Flügeln bieten (Ex 19,4; Dtn 31,11). Israel erfährt, daß Gott ihm die Jugend wie bei einem Adler erneuert (Jes 40,31). Diese Stellen konnten auf Christus übertragen werden. Im Himmel werden vier Lebewesen geschaut, von denen eines die Gestalt eines Adlers hat (Ez 9,10; 10,14; Offb 4,7). Früh werden diese Wesen mit den vier Evangelisten gleichgesetzt, wobei Johannes das Wesen mit dem Adlergesicht ist. Da Johannes in unseren Texten ein besonders beliebter Apostel ist, wird auch die Häufigkeit des Gebrauchs der Adlermetapher verständlich. Einmal erklärt auch ein Adler den Inhalt einer Vision (Offb 8,13). Schon in der Alten Kirche taucht „Adler" als Name für Christus auf[1835]. Für diese Übertragung könnte die Tatsache geholfen haben, daß in der Antike Zeus mit einem Adler verglichen wurde[1836]. Auch die Auswirkung der Sage, daß ein Adler so hoch fliegen kann, weil er allein in die Sonne zu schauen vermag, findet man in unseren Texten.

[1826] SP 1,82,4; MM 7,30,6f.,279; MH 3,50,253; AB 217,26-28,448.
[1827] SP 10,872,1f.
[1828] SP 1,8,3.
[1829] GHLD 36,4,190C.
[1830] Ebenda.
[1831] GHLD 36,5,190C-D.
[1832] TH 60,6-8,142.
[1833] TH 60,10f.,142.
[1834] TH 26,22-25,74.
[1835] Vgl. Sieben, Nomina 181; Forstner 220-112; Grinda 1229f.
[1836] Vgl. Forstner 221f.; Trippe, Edward: Reclams Lexikon der antiken Mythologie, Stuttgart 1974,69.

2. Jean von Fécamp sagt, daß er sein Nest wie ein Adler auf hartem Felsen gebaut hat, damit er Christus, die Sonne der Gerechtigkeit, erblicken kann[1837].
3. Bernhard von Clairvaux deutet die Gläubigen, die sich zum Empfang des Herrenleibes einfinden, als Adler, die sich um das Aas versammeln[1838]. Selbst Maria, die der außergewöhnliche Adler ist, kann ohne Umschattung nicht in die Sonne Christi schauen[1839].
4. Nach Johannes von Ford entfernt sich manchmal der Bräutigam Christus von seiner Braut, aber nicht, weil er sie im Stich lassen will, sondern weil er „instar aquilae super eam uolitantis, pennas discat assumere et quocumque auolauerit ille post eum et ad eum aduolare contendat", „wie ein Adler über sie (= seine Nachkommenschaft) fliegt, damit diese die Flügel zu gebrauchen lerne und sich mühe, wohin er fliegt, auch zu fliegen"[1840].
5. Richard von St. Viktor erklärt, was es für den Menschen heißt, zu fliegen. Die Flügel seines Herzens sind die Sehnsucht, die er weit ausspannen muß[1841]. Mit den Flügeln der Kontemplation erhebt sich der Mensch über die Wolke der irdischen Lust und schaut „in illud aeternitatis lumen, quod desuper radiat in aquilae volantis impetu", „in jenes Licht der Ewigkeit, welches darüber im Ansturm des fliegenden Adlers strahlt"[1842].
6. Hildegard von Bingen deutet das Lebewesen in Ez 1,10, welches das Adlergesicht hat, nicht, wie damals üblich, auf den vierten Evangelisten. Vielmehr schreibt sie: „Facies autem aquile scientiam Dei prefigurat, quae homini scientiam dat." – „Das Gesicht des Adlers stellt das Wissen Gottes dar, welcher dem Menschen das Wissen gibt."[1843] Da Christus oft das Wissen und die Weisheit Gottes genannt wird, dürfte er sich unter dem Symbol des Adlers verbergen.
7. Für Maria von Oignies verbindet sich der Liebesjünger Jesu, nämlich Johannes, mit der Vorstellung des Adlers: Einmal sieht sie Bernhard von Clairvaux, der Flügel besitzt, die er ihr gegenüber ausbreitet[1844]. Damit soll gesagt werden, daß der große Zisterzienser im hohen Flug viele Geheimnisse der Schrift berührt hat[1845]. Dies wurde ihm geschenkt, weil er so sehr Johannes verehrt hat[1846].
8. Hadewijch sieht häufig in Visionen einen oder mehrere Adler, deren Deutung umstritten ist, die sich aber kaum als christologisch ausmachen läßt[1847]. Sie legt auch die vier Lebewesen, die um den Höchsten stehen, allegorisch auf die Seele hin aus. Weil der Adler immer nach dem Höchsten fliegt[1848] und „siet in die sonne sonder keren", „in die

[1837] JFL 59-61,188; JFT 2,30-32,200.
[1838] BS 2,119,346,1-4.
[1839] BASC 3,3,336,1-3; 6,11,382,9-11.
[1840] JHLD 48,9,228-231,344.
[1841] RVBMA 4,10,145A.
[1842] RVBMA 4,10,145B.
[1843] HIM 1,17,356f.,21.
[1844] MO 2,10,90,567.
[1845] Ebenda.
[1846] Ebenda.
[1847] Vgl. Weiß, Gottesbild 3, 2172.
[1848] HAB 22,378-380,203.

Sonne ohne umzukehren schaut"[1849], soll die Seele über sich selbst wie ein Adler fliegen[1850]. Dadurch wird sie Johannes dem Evangelisten ähnlich[1851].

9. David von Augsburg sagt, daß sich die Seele Christi in der Höhe der grundlosen Stille der Vertrautheit Gottes befindet[1852]. Dorthin gelangen aber auch die Heiligen, die alles sie Hemmende hinter sich gelassen haben und „mugen gevliegen zuo dem oberisten sunnen als der adelar", „fliegen können zu der höchsten Sonne wie ein Adler"[1853].

10. Mechthild von Magdeburg schreibt, daß wenn die Liebe, die mit einem goldenen Adler verglichen wird[1854], die Seele durchfährt, diese „beginnet denne ze gerenede mit des aren girheit", „dann beginnt zu begehren mit der Begier des Adlers"[1855]. Sie hat Sehnsucht, daß ihr Geliebter nicht mehr fremd bleibt[1856]. Dabei redet sie ihn mit den Worten an: „O edler arn, o süsses lamp!" – „O edler Adler, o süßes Lamm!"[1857] Da mit Lamm meistens Christus angesprochen wird, dürfte er auch mit dem Adler gemeint sein.

11. Bei Christina von Hane wird das Motiv des schützenden Adlers aufgegriffen. An einem Pfingsttag sieht sie „sweywen vber yre eyne groißer wonneclichyn adeler", „über sich einen großen, wonnevollen Adler schweben"[1858]. Eindeutig wird dieser Vogel mit Christus identifiziert: „Da erkant sie gotlichyn, daz der adeler was yre aller lyebster." – „Da erkannte sie durch Gott, daß der Adler ihr Allerliebster war."[1859] Ein wenig später wird der, der sich so nach ihr sehnt, als die Weisheit Jesu Christi beschrieben[1860]. Zum Zeichen, daß dieser nach ihr verlangte, wendet der Adler seine Flügel zu ihr, kehrt sie aber auch wieder von ihr ab[1861]. Am Fronleichnamsfest sah Christina einen Baum aus ihrem Herzen wachsen, der viele Blumen trug, welche die Tugenden bedeuteten[1862]. „Vff der vberster blomen saße eyn fogel groiße vnd suberlich vber alle, als eyn adeler. … Da dede sich der vberste fogel, vnser here Jesus Cristus, vff als eyn lyecht." – „Auf der obersten Blume saß ein Vogel über alle groß und rein wie ein Adler. … Da öffnete sich der oberste Vogel, unser Herr Jesus Christus, wie ein Licht."[1863] Jesus stellt sich dabei als das Brot des Lebens vor[1864]. Daß sich Jesus als eucharistisches

---

[1849] HAB 22,389,204.
[1850] HAB 22,385f.,203f.
[1851] HAB 22,390-392,204.
[1852] DSG 7,395,20-23.
[1853] DSG 7,395,33-36.
[1854] MM 7,62,81,308.
[1855] MM 5,31,7-10,191.
[1856] MM 2,2,21,38.
[1857] MM 2,2,17,38.
[1858] CH 1, 242.
[1859] Ebenda.
[1860] Ebenda.
[1861] Ebenda.
[1862] CH 1, 243.
[1863] Ebenda.
[1864] Ebenda.

Brot an Fronleichnam in der Gestalt eines Adlers offenbart, hat seinen Grund in Mt 24,28 und Lk 17,37, an welchen Schriftstellen sich die Adler um den Leib versammeln.

An einer anderen Stelle wird Christina aufgefordert, wie ein Adler in die Höhe zu fliegen und dort ihre Augen auf den Glanz der Sonne der ewigen Gottheit zu heften[1865].

12. Auch bei Agnes von Blannbekin ist der eucharistische Bezug bei der Metapher „Adler" vorhanden. In einer Vision sieht sie verschiedene Ritter, die Haltungen der Menschen symbolisieren. Vom Ritter, der den Glauben versinnbildet, heißt es: „Habens clypeum aurei coloris, quod significat pretiositatem fidei. In clypeo erat aquila viva, quae significat sacramentum corporis Christi." – „Der hatte einen Schild von goldener Farbe, welcher die Kostbarkeit des Glaubens bedeutet. Auf dem Schild war ein lebendiger Adler (gemalt), der das Sakrament des Leibes Christi bedeutete."[1866] In der Heraldik des Mittelalters erscheint oft ein Adler[1867]. Das Schild eines Ritters trug das Wappen des Herrn, für den er diente. So bedeutet diese Stelle, daß der christliche Glaube dem Herrn in der eucharistischen Gestalt dienen soll. Einmal wird auch Agnes wie ein Adler in die Höhe erhoben[1868], aber nicht in erster Linie, um in das Gesicht Jesu oder Gottes zu schauen, sondern um weit entfernte Ereignisse auf der Erde besser wahrnehmen zu können[1869].

13. Zusammenfassend läßt sich sagen: Christus wird nicht allzu oft mit einem Adler verglichen. Das mag schon daher kommen, daß man gern den Adler als Symbol für den Heiligen Geist heranzog[1870].

13.1 Nur gelegentlich kommt „Adler" in der Anrede Christi vor[1871]. Wie der Adler in die Sonne, so möchte man in das Gesicht Christi schauen[1872]. Die Schriftstellen, nach denen sich die Adler um einen Leib sammeln, werden gern eucharistisch gedeutet[1873]. Wie ein Adler über seinen Jungen schwebt, bietet Jesus Schutz[1874], selbst dann, wenn er sich manchmal zu entfernen scheint[1875].

13.2 Häufiger wird der Mensch mit einem Adler verglichen. Er soll die Flügel der Sehnsucht in der Kontemplation weit machen, um zum Herrn wie ein Adler zur Sonne aufzusteigen[1876]. Das Aufsteigen zur Höhe, wo sich der verklärte Christus befindet[1877], wird mit dem Flug eines Adlers verglichen, der die Höhe anstrebt[1878].

[1865] CH 2, 223.
[1866] AB 124,16-18,280.
[1867] Vgl. Forstner 221.
[1868] AB 158,4f.,336.
[1869] AB 158,6-24,336-338.
[1870] Vgl. MH 1,23,83.
[1871] MM 2,2,17,38.
[1872] JFL 59-61,188; JFT 2,30-32,200; BASC 3,3,336,1-3; 6,11,382,9-11.
[1873] BS 2,119,346,1-4; CH 1, 243; AB 124,16-18,280.
[1874] CH 1, 242.
[1875] JHLD 48,9,228-231,344.
[1876] RVBMA 4,10,145B; MO 2,10,90,567.
[1877] DSG 7,395,20-23.33-36.
[1878] HAB 22,378-380,203; CH 2, 223.

10.1.2 Taube

1. Das Symbol der Taube für den Heiligen Geist ist durch das Neue Testament vorgegeben (Mt 3,16; Mk 1,10; Lk 3,22; Joh 1,32). Demgegenüber wird Christus in der Schrift nicht direkt mit einer Taube verglichen. In der Antike war die Taubenmetapher sehr gebräuchlich[1879], deswegen erstaunt ihre Anwendung auf Christus in der Alten Kirche nicht[1880]. Schon im „Physiologos", einer christlichen Schrift, die wohl ca. 200 nach Christi Geburt verfaßt wurde und in zwei mittelhochdeutschen Fassungen aus dem 11. und 12. Jahrhundert vorliegt, wird Christus mit der die Einsamkeit liebenden Turteltaube verglichen, weil er sich in die Einsamkeit zum Gebet zurückgezogen hat[1881]. Die Tatsache, daß sich dieses Tier überall vernehmen läßt, läßt an den alle Völker belehrenden Christus denken[1882]. In Hld 1,14; 4,1; 5,2.12; 6,8 wird die Braut als Taube angeredet oder mit ihr verglichen. Da aber die Namen der Braut in der Brautmystik mit denjenigen des Bräutigams ausgetauscht werden, kommt auch diese Bezeichnung für Christus vor. Sehr wirksam war auch Mt 10,16, nach welcher Stelle Jesus von seinen Jüngern verlangte, einfach wie die Tauben zu sein. In unseren Texten werden deswegen verschiedene Tugenden genannt, die Christus mit diesem Vergleich gemeint hat[1883]. Auf diese Stellen gehen wir nicht ein.

2. Bernhard von Clairvaux bezieht die Taube, welche bei der Taufe Christi erschien, nicht ausschließlich auf den Heiligen Geist. Sie ließ sich ja auf Jesus herab, den Johannes das Lamm Gottes nannte (Joh 1,29.36). „Nec incongrue ad indicandum Agnum Dei venit columba, quia nihil melius agno convenit quam columba." – „Nicht unpassend kommt, um auf das Lamm Gottes hinzuweisen, die Taube, weil nichts besser zum Lamm paßt als die Taube."[1884] Was das Lamm unter den Landtieren, ist die Taube unter den Vögeln. Beide zeichnen sich durch Unschuld, Sanftmut und Einfachheit aus[1885]. „Quid enim sic alienum ab omni malitia, sicut agnus et columba?" – „Was ist so fern von jeder Bosheit wie ein Lamm und eine Taube?"[1886] Ohne daß Bernhard es direkt sagt, könnte man also Jesus auch Taube nennen.

Bei der Auslegung von Hld 2,14 „Meine Taube im Felsennest" fragt sich Bernhard, wer der Felsen sei, in dem die Braut als Taube nistet. Christus ist der Fels, und seine Wunden sind die Höhlen im Felsen[1887]. Ein anderes Mal setzt er den Evangelisten Johannes, der ein Urbild der Christus liebenden Seele ist, mit der Taube gleich. Er hat aus dem Felsen des Wortes Gottes, welches Christus ist, das Mark der Weisheit gebracht[1888].

[1879] Vgl. Forstner 240; Grinda 1242-1244.

[1880] Vgl. Forstner 241f.

[1881] Der Physiologos. Tiere und ihre Symbolik. Übersetzt und erläutert von Otto Seel, Zürich-München 1987³, 41.

[1882] Ebenda 42.

[1883] Vgl. Weiß, Gottesbild 3,217f.

[1884] BEPI 1,7,332,21-23.

[1885] BEPI 1,7,332,23-334,1.

[1886] BEPI 1,7,334,2.

[1887] BHLD 2, 61,1,3,312,20f.

[1888] BHLD 2, 62,2,3,326,10-20.

Ihm soll es der Mensch als Taube nachtun: „Quanto difficilius cavatur, tanto suavius quod inde eruis sapit." – „Je schwieriger es ist auszuhöhlen, desto süßer schmeckt, was du von dort gewinnst."[1889]

3. Isaak von Stella verdeutlicht, was die Felsenspalten sind. Sie sind Christus, der für uns gelitten und ein Beispiel wie ein Gegengift für den tödlichen Biß des Bösen hinterlassen hat[1890]. Wer dort nistet, ist „prudens et simplex columba", „die kluge und einfache Taube"[1891].

4. Auf der gleichen Linie bewegt sich Guerricus von Igny. Jesus ließ sich Hände, Füße und Seite durchstoßen, damit der Mensch als Taube dort nisten kann[1892]. In diesen Höhlen finden die Sünder Vergebung und die Gerechten Gnade[1893]. Man verweilt in ihnen „pia ac sedula mediatione Christi Domini", „durch fromme und ständige Mediation des Herrn Christus"[1894].

5. Nach Hildegard von Bingen muß man sich mit „columbina simplicitate", „taubenartiger Einfachheit" versehen, wenn man den Schutz des sicheren Felsens, welcher der Eingeborene Gottes ist, erstrebt[1895]. In der gleichen Haltung ist auch die Kirche als Volk Gottes entstanden[1896].

6. In ihrer großen Jugendkrise glaubt Elisabeth von Schönau, den Teufel in verschiedenen Tiergestalten zu sehen[1897]. An diesen Erscheinungen ändert sich zunächst auch durch Beschwörungen nichts[1898]. Maria erscheint und macht ihr Mut, wodurch die Wende eingeleitet wird[1899]. „Die illa ad vesperam lux magna in celo mihi apparuit, et de medio eius columba miro candore et quasi flammeo splendore venusta elapsa est, nescio, quid rubeum in ore demonstrans. Et ut subito gyrum fecit in aere, interum se recepit in lucem. Ego autem cum veneratione eam prosequens, orationes de spiritu sancto dicebam, quoniam in specie columbe eum apparuisse audieram." – "An jenem Tag erschien mir zur Vesper ein großes Licht am Himmel, und aus seiner Mitte entglitt eine schöne Taube von wunderbarer weißer Farbe und gleichsam flammenartigem Glanz, die etwas Rotes, ich weiß nicht was, im Schnabel zeigte. Und sie zog sich, wie sie plötzlich einen Kreis in der Luft gemacht hatte, wieder in das Licht zurück. Ich aber folgte ihr ehrfürchtig und sprach Gebete zum Heiligen Geist, weil ich hörte, daß dieser in der Gestalt einer Taube erschienen war."[1900] Da sich aber die Erscheinungen der Taube mit solchen des Teufels in den kommenden Tagen abwechseln[1901], bekommt sie Zweifel

---

[1889] BHLD 2, 62,3,4,328,16f.
[1890] IS 15,13,123-130,290.
[1891] IS 15,13,130-132,290.
[1892] GIS Palm 4,5,127-130,210.
[1893] GIS Palm 4,5,131-134,210.
[1894] GIS Palm 4,5,135f.,212.
[1895] HISV 1, 1,5,3,56-61,95.
[1896] HISV 2, 3,6,35,1008f.,460.
[1897] ESV 1,4,5.
[1898] ESV 1,6,6.
[1899] ESV 1,5,5f.
[1900] ESV 1,7,6.
[1901] ESV 1,8-11,6-8.

und fragt den Abt, „utrum posset Sathanas transfigurare se in columbam", „ob sich der Satan in eine Taube verwandeln könne"[1902]. Obwohl der Abt beteuert, er habe noch von keiner solchen Verwandlung gehört, bleiben ihre Zweifel[1903]. Erst als sie ein Kreuz sieht, auf dem sich die Taube niederläßt, wird sie sicher, daß sie vom Teufel, der ein Feind des Kreuzes ist, nicht betrogen worden sein kann[1904]. Das Kreuz stellt natürlich Jesus Christus dar. Wie das nähere Verhältnis zwischen ihm und der Taube ist, wird nicht erklärt.

7. Jakob von Vitry berichtet über das Sterben der Maria von Oignies. Zunächst weint und seufzt die Mystikerin. „Et ecce factus est repente sonus, et vox tuturis audita est in terra nostra (Hld 2,12)." – „Siehe, es erhob sich ein Klang, und die Stimme der Turteltaube wurde in unserem Land gehört."[1905] Darauf verschwinden alle Klagen, und die Sterbende stimmt in einen Lobgesang ein[1906]. Da unmittelbar vorher von Christus die Rede war[1907], dürfte mit der Stimme der Turteltaube der Herr gemeint sein, der kommt, um seine Braut abzuholen.

8. Von Beatrijs von Nazareth heißt es, daß sie schon in früher Kindheit sich von kindlichen Scherzen Gleichaltriger zurückzog und sich wie eine Turteltaube in eine Ecke des Dachstuhls zurückzog[1908]. Sie ist „quasi columba simplex in foramine petre residens", „wie eine einfache Taube, die in der Felsenhöhle sitzt"[1909], weil sie in den Wunden Jesu Christi ihre Wohnstatt gefunden hat[1910].

9. Von Ida von Löwen wird in ihrer Vita Folgendes berichtet: Einmal hat sie großes Verlangen, den Herrn im Sakrament zu empfangen. „Columba quippe nivei candoris, ut sibi videbatur, advolans e supernis, ipsum Corpus Dominicum ore suo reverenter imposuit." – „Eine Taube von schneeweißem Glanz flog, wie es schien, von oben hinzu und legte den Herrenleib ehrfürchtig in ihren Mund."[1911] Wer diese Taube darstellt, läßt sich mit Sicherheit kaum sagen. Es ist nicht wahrscheinlich, daß in dieser Gestalt der Heilige Geist zum Spender des Sakramentes wurde. Eher darf man annehmen, daß sich unter ihr Christus verbarg.

10. Die Aussagen der Mechthild von Magdeburg über die Taube beziehen sich auf die menschliche Braut oder den Menschen allgemein. Sie spricht im Anklang an das Hohelied von einem Stein, der durchgraben ist und in dem nur Tauben und Nachtigallen nisten können[1912]. Wahrscheinlich meint sie mit diesem Stein Jesus mit seinen fünf Wunden. Die Seele wird auch von Gott angeredet mit den Worten: „Min liebú tube",

---

[1902] ESV 1,12,8.
[1903] Ebenda.
[1904] Ebenda.
[1905] MO 2,11,98,569.
[1906] Ebenda.
[1907] MO 2,11,97,569.
[1908] BN 1,2,18,52f.,23.
[1909] BN 1,8,42,17f.,36.
[1910] BN 1,8,42,17f.,36.
[1911] IL 2,3,12,174.
[1912] MM 1,14,4f.,14.

„Meine liebe Taube"[1913], „Eya liebú tube", „Eia liebe Taube"[1914], „Liebú tube, nun hôre mich", „Liebe Taube, nun höre mich"[1915], „O du unbewollen tube", „O du unbefleck-te Taube"[1916] oder „O du reinú tube an dinem wesende", „O du in deinem Wesen reine Taube"[1917]. Die Vorstellung von der Reinheit der Taube dürfte in der Erzählung von der Arche Noahs ihre Wurzel haben (Gen 6,9-13). Die Taube, die Noah aussandte, war so rein bei ihrer Rückkehr, „das si das as in iren munt nit nam", „daß sie das Aas nicht in ihren Schnabel nahm"[1918]. Die Seele sollte die Taubenfedern der Tugenden besitzen[1919]. In der Wirklichkeit aber sieht es so aus, daß der Mensch, statt eine tugendhafte Taube zu sein, sich oft als wilder Bär oder brüllender Löwe benimmt[1920].

11. Mechthild von Hackeborn kennt auch die Seele in der Gestalt der Taube. Sie schaut, wie diese als Taube im von Jesus geöffneten Herzen des Herrn fliegt und dort eine Menge von Getreidekörnern vorfindet[1921]. Diese bedeuten die Vielheit der Schriftworte, die der Mensch klug auswählen soll[1922]. Direkt wird Christus an folgender Stelle mit einer Taube gleichgesetzt: Mechthild sieht einmal Christus mit einem roten Mantel bedeckt, der mit einer Fibel zusammengehalten wird, auf der Tauben eingelassen sind[1923]. Diese Tauben deutet Mechthild auf „simplicitatem divini Cordis, quae semper erga hominem immutabilis perseverat, licet homo mutioties a sua fide discedat", „die Einfachheit des göttlichen Herzens, welche immer gegenüber dem Menschen unveränderlich verharrt, auch wenn der Mensch vielmals von seiner Treue abfällt"[1924]. Ein anderes Mal sieht sie wieder Christus, auf dessen Krone neben Adlern auch Tauben angebracht sind. Diese bedeuten die einfachen und liebenden Menschen[1925].

12. Gertrud läßt den Menschen um Taubenfedern bitten, mit denen er durch die Sehnsucht fliegen und dann bei Jesus ruhen kann[1926]. Er soll nisten in der Höhle der Mauer, nämlich in der Seitenwunde des Herrn[1927].

13. Die jugendliche Christina von Hane verehrt nicht nur in besonderer Weise das Kreuz Christi, sondern sieht „eyn schone wyße dube flegen vß dem mont des crucifyx. Die dube floge durch alle den dormiter ader slaiffhuße unf flog da zo yre vmb yre heubt, daz sie myt yren floegellen yre heubt vnd yren mont rort", „eine schöne weiße Taube aus dem Mund des Gekreuzigten fliegen. Die Taube flog durch das ganze Dor-

---

[1913] MM 1,15,2,14.
[1914] MM 2,17,2f.,49.
[1915] MM 2,25,39,63.
[1916] MM 4,23,13f.,106.
[1917] MM 1,18,2f.,15; 4,23,13f.,106.
[1918] MM 5,23,132-134,179.
[1919] MM 5,31,7-9,191.
[1920] MM 5,11,17-20,164.
[1921] MH 3,41,244.
[1922] Ebenda.
[1923] MH 3,49,250f.
[1924] MH 3,49,251.
[1925] MH 4,3,260.
[1926] G R 2,39f.,68.
[1927] G 3, 3,73,7,3-6,302.

mitorium oder Schlafhaus und flog dort zu ihr und um ihr Haupt, so daß sie mit ihren Flügeln ihr Haupt und ihren Mund berührte"[1928]. Diese Taube läßt sich von Christina nicht einfangen, sondern fliegt wieder davon[1929]. Die Taube, die aus dem Mund des gekreuzigten Herrn fliegt, wird kurz darauf als Heiliger Geist gedeutet, der auf Christina herabkam[1930]. An einem Karfreitag betrachtet Christina in tiefer Versenkung das Leiden Jesu. „Da iß quam vmb die zijt, als vnser here verscheytde an dem crutze vnd syne sele befaillen synem hemelschyn vader, da sache dyeße heilge jonffrauwe eyn wyße dube, vnd die floge yr vff daz heubt." – „Als die Zeit kam, in der unser Herr am Kreuz verschied und seine Seele dem himmlischen Vater empfahl, da sah diese heilige Jungfrau eine weiße Taube, die ihr auf das Haupt flog."[1931] Die Taube erfüllte ihren ganzen Leib mit Süße[1932]. An dieser Stelle wird der Heilige Geist nicht erwähnt. In der mittelalterlichen Ikonographie wird das Scheiden der Seele vom Leib beim Sterben oft dadurch dargestellt, daß eine kleine Menschengestalt oder ein Vogel aus dem Mund des Sterbenden fliegt. So dürfte hier die Taube die Seele des sterbenden Gekreuzigten darstellen, die sich mit Christina vereint.

Herkömmlich ist es, wenn Christus Christina, seine Braut, mit den Worten anredet: „Erfrauwe dich, dy myn zarte daube!" – „Erfreue dich, du meine zarte Taube!"[1933] oder „O durtel dube myn, erfrauwe dich!" – „O meine Turteltaube, erfreue dich!"[1934]

14.   Zusammenfassend läßt sich über die Taubenmetapher sagen:

14.1   Der Vergleich mit dem Heiligen Geist war so dominant, daß Christus nur selten mit einer Taube verglichen wurde. Wenn es doch geschieht, sind die Vergleichspunkte: seine Einfachheit[1935], Sanftmut[1936] und Unschuld[1937]. Christus ist der schutzbietende[1938] Fels[1939], seine Wunden[1940] und insbesondere seine geöffnete Seite[1941] sind die Höhlen, in welchen die Braut als Taube nisten soll. Die Mystikerinnen sehen, wie aus dem Mund des Gekreuzigten eine Taube fliegt, die den Heiligen Geist[1942] oder die den Körper verlassende Seele Christi[1943] darstellt. Der Klang der Turteltaube kündigt beim Sterben das Kommen des Bräutigams Christi an[1944].

[1928] CH 1, 231.
[1929] CH 1, 231f.
[1930] CH 1, 232.
[1931] CH 1, 241.
[1932] Ebenda.
[1933] CH 2, 216.
[1934] CH 2, 232.
[1935] BEPI 1,7,332,23-334,1; MH 3,49,251.
[1936] BEPI 1,7,332,23-334,1.
[1937] BEPI 1,7,332,23-334,1.
[1938] HISV 1, 1,5,3,56-61,95.
[1939] IS 15,13,123-130,290; MM 1,14,4f.,14.
[1940] BHLD 2, 61,1,3,312,20f.; GIS Palm 4,5,127-130,210; BN 1,8,42,17f.,36.
[1941] MH 3,41,244; G 3, 3,73,7,3-6,302.
[1942] ESV 1,7,6; CH 1, 231f.
[1943] CH 1, 241.
[1944] MO 2,11,98,569.

14.2 Oft wird die Braut nach dem Vorbild des Hohenliedes Taube genannt. Sie ist einfach[1945], klug[1946], lieb[1947], rein[1948] und zart[1949] wie eine Taube.

10.1.3 Weitere Vögel

1. Andere Vögel werden in unseren Texten nur selten genannt. In ihren Strophengedichten kennt Hadewijch den sogenannten Natureingang. Die erste Strophe führt durch eine Naturschilderung in das Thema des Gedichtes ein. Öfters wird bei ihren Gedichten das Erwachen der Liebe mit der im Frühling erwachende Natur und dem Vogelgesang verglichen, wobei der Gesang der Nachtigall eigens erwähnt wird[1950].
2. Ida von Löwen lädt Hähne und Hühner ein, mit ihr zur Heiligen Messe zu gehen und Gott zu loben[1951].
3. Mechthild von Magdeburg fühlt sich wie eine Nachtigall, die nicht singen kann, wenn sie Gottes Nähe nicht spürt[1952]. Sie vergleicht die Menschen nicht nur mit Tauben, sondern auch mit Nachtigallen, die in Christus als Stein nisten[1953].
4. Nach Mechthild von Hackeborn werden die Menschen von Lerchen versinnbildlicht[1954].
5. Insgesamt aber haben diese Vergleiche, wenn überhaupt, nur einen ganz entfernten Bezug zu Christus. Selbst der Pelikan, der sich nach der Sage für seine Jungen verzehrt und der seit der Alten Kirche oft als Symbol für Christus vorkommt[1955], begegnet uns in den Texten nicht.
6. Ein sagenhafter Vogel „Phönix" wird seit dem „Physiologos" mit Christus verglichen. Dieser opfert sich selbst in einem Nest auf einer Palme wie auf einem Altar im Feuer[1956]. Aus seiner Asche aber ersteht er von neuem[1957]. In ihm sah man den Gekreuzigten, der an Ostern wieder auferstand.
Nur bei einer Mystikerin, Hadewijch, kommt dieses Motiv vor. In ihrer Elften Vision heißt es: „Daer saghic comen alse enen voghel diemen hiet fenix." – „Da sah ich etwas wie einen Vogel kommen, den man Phönix nennt."[1958] In der gleichen Vision erschei-

---

[1945] IS 15,13,130-132,290.
[1946] IS 15,13,130-132,290.
[1947] MM 1,14,2,14; 2,17,2f.,49; 2,25,39,63.
[1948] MM 1,18,2f.,15; 4,23,13f.,106.
[1949] CH 2, 216.
[1950] HASG 14,1,3f.,86.
[1951] IL 1,5,30,166.
[1952] MM 2,2,28f.,38.
[1953] MM 1,14,4f.,14.
[1954] MH 4,22,279.
[1955] Vgl. Forstner 229f.; Physiologos 10f.; Urech, Eduard: Lexikon christlicher Symbole, Konstanz 1976, 193f.
[1956] Vgl. Forstner 233.
[1957] Vgl. Physiologos 14f. Über das Vorkommen seiner Sage in der heidnischen Antike vgl. ebenda 105, Anm 41; Forstner 232f.; Urech 199f.
[1958] HAV 11,29f.,116.

nen ein alte Adler, der Augustinus darstellt, und ein junger, der die Seherin ist[1959]. Über den Phönix heißt es: „Die fenix die de are verslant, dat was die enecheit daer die driuoldicheit in woent, daer wi beide in verloren sijn." – „Der Phönix, der die Adler verschlingt, das war die Einheit, in welcher die Dreifaltigkeit wohnt, in die wir beide verloren sind."[1960] Zu beachten ist, daß der Phönix nicht direkt mit der Dreifaltigkeit, sondern mit der Einheit, in der sie wohnt, gleichgesetzt ist. So dürfte der Phönix Christus sein, der in der Einheit mit der Dreifaltigkeit ist und diese herstellt. Er ist es, der auch die Erneuerung der alten Federn des Adlers bewirkt hat, der Augustinus darstellt[1961]. Auch mit dem kurzen Vers: „Die fenix verbernt ende wert een ander", „Der Phönix verbrennt und wird ein neuer"[1962] dürfte Christi Leiden und Auferstehung gemeint sein.

10.2 Weitere Tiere

10.2.1 Biene

1. Es ist erstaunlich, daß die Biene, die in der Schrift keine metaphorische Bedeutung hat, doch als Bild für Christus dient. In der heidnischen Antike begegnet uns die Biene als Symbol des Fleißes, der Reinheit und der Jungfräulichkeit[1963]. Auch die Kirchenväter sprechen von der Jungfräulichkeit und dem Eifer der Bienen[1964]. Da sie im Exultet als Erzeugerin des Wachses der Osterkerze gepriesen wird, fand sie Eingang in die Liturgie[1965].
2. Bernhard von Clairvaux vergleicht Christus mit der Biene, weil er als Bräutigam unter den Lilien weidet, nach Nazareth kam, welches mit „Blume" übersetzt wird, und sich auf die jungfräuliche Blume Maria niederließ[1966]. Wichtiger sind ihm aber zwei Vergleichspunkte: Die Biene besitzt die Süße des Honigs und die Spitze des Stachels[1967]. So bringt auch Jesus die Süße des Erbarmens und die Schärfe des Gerichtes[1968]. Bei seinem ersten Kommen kommt er nur mit dem Honig der Barmherzigkeit und nicht mit dem Stachel des Gerichtes, den er bei der Menschwerdung abgelegt hat[1969]. Vermessen aber wäre es, zu meinen, er gebrauche niemals den Stachel des Gerichtes[1970].

[1959] HAV 11,49-54,118.
[1960] HAV 11,69-71,118.
[1961] HAV 11,60f.,118.
[1962] HAM 16,188,84.
[1963] Vgl. Forstner 246.
[1964] Vgl. Forstner 247.
[1965] Vgl. Forstner 247f.
[1966] BADV 2,3,80,16-18.
[1967] BADV 2,3,80,15.
[1968] BADV 2,3,80,18-20.
[1969] BADV 2,3,80,20-82,1.
[1970] BADV 2,3,82,1-7.

3. Nach Mechthild von Magdeburg nennt Gott die ihn suchende Seele: „O du vliegendes bini in dem honge!" – „O du nach dem Honig fliegende Biene!"[1971].

4. Bei Mechthild von Hackeborn vergleicht der Herr sich selbst mit diesem Tier: „Numquam apis avidius mittitur in prata virentia ad carpendos flores dulces, sicut ego paratus sum ad tuam venire velociter animam me vocantem." – „Niemals wird eine gierige Biene so in die grüne Wiese geschickt, um an den süßen Blumen zu saugen, wie ich bereit bin, zu deiner Seele schnell zu kommen, die mich ruft."[1972] An einer anderen Stelle vergleicht sie den Heiligen Geist mit einer an einer Blume saugenden Biene[1973].

5. Gertrud die Große nennt die Seele eine Biene. Sie soll sich wie „apis negotiosa", „eine arbeitsame Biene" in die Umarmung ihres Liebhabers Jesus stürzen[1974]. An einer anderen Stelle wird das Bild folgendermaßen abgewandelt: Der Mensch kann wie eine Biene aus den Wunden Jesu Freude saugen[1975].

10.2.2 Löwe

1. Löwe wird in der Schrift vor allem als Metapher für die Stärke gebraucht[1976]. Kraft wie ein Löwe über die Feinde können das auserwählte Volk und einzelne Menschen in ihm haben (Gen 49,9; Num 23,24; 24,9; 32,20; Spr 28,1). Deswegen ruht der Thron Salomos auf Löwengestalten (1 Kön 10,19; 1 Chr 9,18). Aber auch die Feinde, vor denen man Angst hat, werden Löwen genannt (Ps 21,14; 90,13; Spr 28,15; Jer 4,7; Ez 22,25). Den Teufel stellt ein brüllender Löwe dar (1 Petr 5,8). Auch der in seiner Stärke richtende Gott erhält diesen Namen (Jes 3,4; Jer 49,19; 50,44; Os 11,10; Am 2,8). Der siegreich auferstandene Christus wird selbst Löwe genannt (Offb 5,5). In der ganzen Geistesgeschichte war die Löwenmetapher beliebt[1977]. Schon der Physiologos[1978], der in zwei mittelhochdeutschen Fassungen im Mittelalter auch für nicht Lateinkundige zugänglich war[1979], wendet das Bild des Löwen auf Christus an. In der Alten Kirche war dieser Name für Christus gebräuchlich[1980]. Da das mittelhochdeutsche Wort „lewe/leu" in seiner metaphorischen Bedeutung sehr gebräuchlich war[1981], gehen unsere Texte nicht an diesem Bild vorbei. Auch in der Mystik des 14. Jahrhunderts verwendet man die Metapher[1982].

[1971] MM 1,18,2,15.
[1972] MH 2,3,140.
[1973] MH 4,43,300.
[1974] G R 5,164,138.
[1975] G 5,5,4,11,7-9,92.
[1976] Vgl. Forstner 273-276.
[1977] Vgl. Grinda 1101-1116; Forstner 273-278.
[1978] Physiologus 5f.
[1979] Der ältere und jüngere Physiologos 554f.
[1980] Vgl. Forstner 276-278.
[1981] Es steht in den von Singer (68) aufgestellten Häufigkeitsgruppen der meistgebrauchten mittelhochdeutschen Wörter in der fünften.
[1982] Vgl. Egerding 2,35-37.

2. Es ist aber keineswegs selbstverständlich, daß man dieses Wort auf Christus bezieht. Sehr oft verwendet man es für das, wovor man in Angst fliehen möchte[1983]. Der Mensch, der ein sanftes Lamm sein soll, ist gegen seinen Nächsten häufig ein reißender Löwe[1984]. Menschen mit stolzen Herzen sind wie Löwen[1985]. Die Dämonen greifen den Menschen wir brüllende Löwen an[1986]. Das Böse[1987] in der Gestalt des Satans[1988] wird mit diesem Tier verglichen. Manchmal ist der Teufel an dem Maul eines Löwen erkenntlich[1989]. Da diese Metapher so oft negativ besetzt gebraucht ist, ist es erstaunlich, daß sie doch auch auf Christus angewendet wird.

3. In dem Gedicht „Pater mi" setzt Jean von Fécamp den schon in der Überschrift angerufenen Vater mit Jesus gleich[1990]. Ihn ruft er mit den Namen „Leo, rex", „Löwe, König" an[1991].

4. Bernhard von Clairvaux zitiert in einer Osterpredigt Offb 5,5: „Gesiegt hat der Löwe aus dem Stamm Juda."[1992] Er macht aber aufmerksam, daß dem Seher der so angekündigte Christus als Lamm erscheint (Offb 5,6). „Leonem Iohannes audierat, et agnum vidit." – „Vom Löwen hatte Johannes gehört, und er sah ein Lamm."[1993] Die Auferstehung Jesu ist geschehen, „non mansuetudinem ammittere, sed accipere fortitudinem, ut et agnus maneat, et sit leo", „nicht um die Sanftmut zu verlieren, sondern die Stärke zu empfangen, damit er sowohl Lamm bleibt als auch Löwe wird"[1994]. So nennt Bernhard Christus „leonis catulus", „das Junge eines Löwen", den die Stimme des Vaters aus dem verschlossenen Grab rief und der das Kreuz, als seine Gegner ihn verspotteten (Mt,27,42), nicht verließ[1995]. Hat er im Leiden unsere Schwachheit getragen, so hat er diese in der Auferstehung mit seiner Kraft zertreten[1996]. Beides ist er: „Agnus qui occisus est, Leo qui resurrexit." – „Das Lamm, das geschlachtet, der Löwe, der auferstanden ist."[1997] „Qui agnus existerat in passione, leo factus est in resurrectione." – „Derjenige, der in dem Leiden als Lamm existierte, wurde in der Auferstehung zum Löwen."[1998] „In resurrectione invaluit et praevauit vincens Leo de tribu Iuda." – „In der Auferstehung ist er als Löwe aus dem Stamm Juda mächtig und siegreich geworden."[1999] Seine Macht hat er gerade dadurch gezeigt, daß er sich selbst aus dem

[1983] DV 348,21-23.
[1984] MM 5,11,17-20,164.
[1985] MH 1,20,75.
[1986] CS 2, 4,13,120,327.
[1987] HISV 1, 1,4,6,337-341,70; 2, 3,22,476-478,148; MM 2,29f.,59.
[1988] HISV 2, 3,3,9,440-446,383.
[1989] HISV 2, 3,11 vis,108,577.
[1990] JFPP 3,230.
[1991] JFPP 1,229.
[1992] BPASC 1,10,242,5-10.
[1993] BPASC 1,10,242,14.
[1994] BPASC 1,10,242,16-244,1.
[1995] BPASC 1,5,230,11f.
[1996] BD 57,2,594,13f.
[1997] BPASC 1,12,248,3.
[1998] BD 57,2,594,12f.
[1999] BPASC 1,12,248,12f.

Schoß des Todes entrissen hat[2000]. Als Löwe herrscht und richtet Christus: „Fortis siquidem leo est, non crudelis; gravis indignatio eius, et intolerabilis ira columbae. Sed pro
suis Leo rugiet, non in suos: Paveant alieni; tribus Iuda magis exsultet.» – «Stark ist ja
der Löwe, aber nicht grausam; schwer sein Zürnen und unerträglich der Zorn der Taube. Aber für die Seinen brüllt der Löwe, nicht gegen sie. Die Fremden mögen sich
fürchten, der Stamm Juda aber soll jubeln.»[2001]

5. Isaak von Stella verteidigt ausdrücklich die Anwendung des Bildes „Löwe" auf das
Göttliche[2002]. Im Leiden Jesu greift der Löwe in der Gestalt der Grausamkeit das sanftmütige Lamm Christus an[2003].

6. Guerricus von Igny bittet in einer Adventspredigt, daß Gott den senden möge, der
„animam meam de medio catulorum leonum (Ps 56,5)", „meine Seele aus der Mitte der
Rachen der Löwen" entreißt[2004].

7. Der Autor des Traktates „Speculum virginum" trägt eine kleine Bedeutungslehre
bekannter biblischer Metaphern vor, zu denen er auch das Lamm und den Löwen
zählt[2005]. Dabei schreibt er „Agnus propter innocentiam et passionem; leo virtutes ho-
stiles et ipsam mortem in cruce triumphans", „Lamm wegen seiner Unschuld und seines Leidens, Löwe, weil er triumphiert über die feindlichen Mächte und am Kreuz über
den Tod selbst"[2006]. Waren bei Bernhard von Clairvaux die Bilder Lamm auf den Karfreitag und Löwe auf Ostern verteilt, fallen im „Speculum virginum" beide Metaphern
im Kreuz zusammen.

8. Hildegard von Bingen liebt die Metapher „Löwe".

Der Sohn Gottes hat den Juden die innere Süße des Gesetzes, die stärker als ein
Löwe ist, gezeigt[2007]. Ein anderes Mal wird das Bild des Löwen auf den menschgewordenen Sohn Gottes übertragen: „Ipse fortissimus leo destruxit mortem, nobili facie sine
peccato scilicet uisibilis ueniens natus ex Virgine." – „Der stärkste Löwe hat den Tod
zerstört, als er nämlich mit edlem Angesicht ohne Sünde sichtbar kam und aus der
Jungfrau geboren wurde."[2008] Einmal sieht Hildegard vor einem Mann einen Löwen
stehen. „Hoc est quod in maiestate diuinitatis humanitas saluatoris est; qui Deus et
homo existens fortissima ui zeli sui diabolicis uitiis repugnat." – „Dies bedeutet, daß die
Menschheit des Erlösers in der Majestät der Gottheit existiert, der als Gott und Mensch
existierend mit stärkster Gewalt seines Eifers die teuflischen Laster bekämpft."[2009] In
einer anderen Schau sieht sie eine Gestalt, welche „habebat in pectore suo quasi leonum
tamquam speculum lucidum", „auf ihrer Brust gleichsam einen Löwen wie einen

---

[2000] BPASC 1,12,248,18f.; vgl. BPASC 1,7,234,13f.
[2001] BPASC 1,9,240,8-11.
[2002] IS 22,9,72-76,68.
[2003] IS 30,13,129f.,190.
[2004] GIS Adv 3,1,50-53,122.
[2005] SP 6,530,15-21.
[2006] SP 6,532,5-7.
[2007] HISV 2, 3,11,42,840-844,600f.
[2008] HISV 2, 3,10,17,560f.,562.
[2009] HIM 2,52,1080-1082,102f.

leuchtenden Spiegel hatte"[2010]. Aus dem Zusammenhang wird deutlich, daß gemeint ist, daß die Gestalt einen Spiegel auf der Brust trägt, auf dem sich ein leuchtender Löwe spiegelt. Diese Gestalt ist die Gebefreudigkeit[2011], die spricht: „Lucidum leonem inspicio, et propter amorem eius do. Ignitum autem serpentem fugio, sed serpentem in ligno pendentem diligo." – „Ich schaue auf den leuchtenden Löwen, und um seiner Liebe willen gebe ich. Die feurige Schlange fliehe ich, aber die am Holz hängende Schlange liebe ich."[2012] Diese Stelle ist folgendermaßen zu interpretieren: Während die Gebefreudigkeit den Bösen in der Gestalt der Schlange meidet, liebt sie den gekreuzigten Christus, die am Holz hängende Schlange. Weil sie weiß, daß Christus wie ein Löwe über das Böse gesiegt hat, ist sie fähig, gern und froh zu geben. An einer späteren Stelle wird diese Erklärung ergänzt: „In corde illius Filius meus Christus Iesus, leo fortissimus, ueluti in speculo piae et splendidae dilectionis conclusus." – „In ihrem Herzen ist mein Sohn Christus Jesus, der stärkste Löwe, der wie in einem Spiegel der guten und glänzenden Liebe umschlossen ist."[2013] An einer weiteren Stelle wird erklärt, warum der Sohn Gottes am Kreuz mit einem Löwen zu vergleichen ist: „Filius Dei, fortissimus uidelicet leo, contriuit mortem infidelitatis per splendidissimum lumen quod fides est." – „Der Sohn Gottes, nämlich der stärkste Löwe, hat den Tod des Unglaubens durch das strahlende Licht, welches der Glaube ist, zermalmt."[2014] Nach seiner Rückkehr zum Vater hat der Sohn Gottes „fortissimamque uim super uim leonis", „die stärkste Gewalt über die Gewalt des Löwen" an Pfingsten auf seine Jünger in den feurigen Zungen ausgegossen[2015]. Denn wie ein Löwe andere Tiere verschlingt, so zertritt der Eifer Gottes das Herz des Teufels[2016].

9. David von Augsburg, der darauf aufmerksam macht, daß die Löwen, die in den Visionen der Schrift vorkommen, nicht wirklich Tiere sind, sondern eine geistliche Bedeutung haben[2017], sieht im Löwen die Angst, die ein guter Mensch nicht haben soll[2018].

10. Zusammenfassend läßt sich sagen:
Wenn auch die Löwenmetapher oft auf das Böse angewendet wird[2019], erscheint sie auch bei Christus. Als König ist er Löwe[2020]. Das Bild der Stärke im Löwen steht im Gegensatz zum Bild der Sanftmut im Lamm[2021]. In der Auferstehung erweist sich

---

[2010] HISV 2, 3,6,1,133f.,435.
[2011] HISV 2, 3,6,2,138,435.
[2012] HISV 2, 3,6,2,139-141,435.
[2013] HISV 2, 3,6,29,736-738,453.
[2014] HISV 2, 3,8,15,764-766,500.
[2015] HIO 3,2,14,70f.,374.
[2016] HIM 2,53,1098-1101,103.
[2017] DAE 56,4,359.
[2018] DV 348,21-23.
[2019] HISV 1, 1,4,6,337-341,70; 2,3,22,476-478,148; 2, 3,3,9,440-446,383; 3,11 vis,108,577; DV 348,21-23; MM 2,29f,59; 5,11,17-20,164; CS 2, 4,13,120,327.
[2020] JFPP 1,229.
[2021] BPASC 1,10,242,14.

Christus sieghaft wie ein Löwe[2022], weil er gekommen ist, den Teufel zu vernichten[2023]. Doch auch in der Menschwerdung erwies sich Christus als Löwe[2024]. In seiner Himmelfahrt ist Christus ebenfalls der starke Löwe ebenso wie beim Senden des Heiligen Geistes auf die Jünger[2025]. Die Kraft eines Löwen erwies Christus, als er die Sünder vom Tod entriß[2026].

11. Mensch

11.1 Arten und Berufe

Viele menschliche Ämter, die als Metapher dienen, sind uns schon als Namen für Christus begegnet. So wurde die Übertragung von Namen auf Christus aus dem Bereich von Funktionen und Ämtern der Menschen, wie das Leiten im weltlichen[2027] und geistlichen[2028] Bereich, und Berufen, wie Arzt[2029], Priester[2030], Richter[2031], Soldat, Kämpfer oder Ritter[2032], bereits an anderer Stelle behandelt. Auch die Verwandtschaftsgrade als Namen für Christus, wie Vater[2033] oder Bruder[2034], wurden schon dargestellt.

11.1.1 Mann

1. Eine Reihe Namen, welche die Beziehung, die zwischen dem Mann und der Frau herrschen, wie Bräutigam[2035], Jüngling[2036] oder Liebhaber[2037], wurde schon behandelt. Das Wort „vir" wird allerdings selten auf Christus angewendet.
2. Isaak von Stella sieht in den Beiden, die Christus nach Eph 2,15f. in seinen Leib mit sich vereint, „mulierem viro, hominem Deo", „die Frau mit dem Mann und den Menschen mit Gott"[2038].

[2022] BPASC 1,10,242,16-244,1; 1,12,248,3.12; BD 57,2,594,13f.
[2023] HISV 2, 3,8,15,764-766,500; HIM 2,52,1080-1082,102f.
[2024] HISV 2, 3,10,17,560f.,562.
[2025] HIO 3,2,14,70f.,374.
[2026] BPASC 1,7,234,13f.; 1,12,248,18f.; SP 6,532,5-7.
[2027] Vgl. oben S.
[2028] Vgl. oben S.
[2029] Vgl. oben S.
[2030] Vgl. oben S.
[2031] Vgl. oben S.
[2032] Vgl. oben S.
[2033] Vgl. oben S.
[2034] Vgl. oben S.
[2035] Vgl. oben S.
[2036] Vgl. oben S.
[2037] Vgl. oben S.
[2038] IS 9,12,114-116,214.

3. Richard von St. Viktor fragt sich, wer der sei, der über die Könige und die Großen, die sich gegen Gott und Christus nach Ps 2,2 verbündet haben, siegen wird. Seine Antwort ist: Christus, „vir pugnator omnipotens nomen ejus", „ein Mann, ein Kämpfer, Allmächtiger ist sein Name"[2039].

4. Oft schauen die Frauen einen „homo", „Menschen", den sie dann als Christus erkennen. Nur gelegentlich ist es aber speziell, ein „vir", „Mann", der in ihren Visionen auftaucht. Mehrmals ist dies bei Elisabeth von Schönau der Fall. Einmal erscheint ihr „iuvenis candidissimo amictu circumdatus, nigram habens comam ac bare lanuginem", „ein Jüngling mit ganz weiß glänzendem Mantel umgeben, der schwarzes Haar und wollartigen Bart hat"[2040]. Mit dem schwarzen Haar und dem vollen Bart wird die Männlichkeit des Erscheinenden betont. Durch das Kreuz, das er in der Hand trägt, wird deutlich, daß es Christus ist[2041]. Ein anderes Mal sieht sie „speciem viri stantem cuius caput aureum videbatur et capilli eius simles lane candide et munde", „die Gestalt eines Mannes stehen, dessen Haupt golden erschien und seine Haare ähnlich der weiß glänzenden und reinen Wolle"[2042]. Auch wenn sie vergeblich nach der Bedeutung dieses Mannes fragt[2043], deuten die in Kreuzesform ausgespannten Arme auf Christus hin[2044]. Die Vision mit gleichem Inhalt wiederholt sich[2045]. Dieses Mal antwortet ihr leiblicher Bruder Ekbert nach einigem Zögern, sie habe in dem Mann Christus geschaut[2046]. Ihr Buch „Liber viarum dei" beginnt mit der Vision eines Berges. Auf dem Berg steht ein ausgezeichneter Mann mit strahlendem Gesicht[2047]. Diese Vision schaut sie noch zweimal[2048]. Von einem Engel bekommt sie die Deutung der Vision: „Vir insignis supra montem Christus est." – „Der ausgezeichnete Mann auf dem Berg ist Christus."[2049]

5. Auch Ida von Nijvel erscheint Christus als „vir quidam venerabilis aspectu", „ein Mann von ehrfurchtsvollem Aussehen"[2050]. Aus seinem Mund fließt eine süße Flüssigkeit, welche die Mystikerin zu sich nimmt[2051]. Damit dürfte eine „unio mystica" angedeutet sein.

6. Das St. Trudperter Hohelied schildert die Freude der Seele im Himmel folgendermaßen: „Si enpfâhet nâch dem ellende aller manne rîcheste. dâ herberget si aller manne kreftegeste. dâ troestet si aller manne gewaltegeste. dâ minne si aller manne schoenste.

[2039] RVPS 2,269B. Eine weitere Stelle (RVPS 28,309C) gebraucht denselben Titel, wobei aber nicht deutlich ist, ob dort an Gott allgemein oder an den Gottmenschen gedacht ist.
[2040] ESV 1,17,10.
[2041] Ebenda.
[2042] ESV 1,50,20.
[2043] ESV 1,40,21.
[2044] ESV 1,40,20.
[2045] ESV 3,29,78.
[2046] ESV 3,31,81.
[2047] ESI 1,88.
[2048] ESI 2f.,88f.
[2049] ESI 4,89.
[2050] IN 22,254.
[2051] IN 22,254f.

dâ wonet si iemer mêre mit aller manne besteme." – „Sie empfängt nach dem Elend der reichste aller Männer. Da beherbergt sie der stärkste aller Männer. Da tröstet sie der gewaltigste aller Männer. Da liebt sie der schönste aller Männer. Da wohnt ihr immer mehr ein der Beste aller Männer"[2052].

7. Hadewijch beschreibt die sich steigernden Erlebnisse einer Vision. Zuerst sieht sie Christus als Kind[2053]. „Daer mede quam hi in die ghedane des cleeds ende des mans dat hi was op dien dach doen ho ons sinen lichamen iersten gaf, also gehdame mensche ende man." – „Da kam er in der Gestalt der Kleidung und des Mannes, die er hatte an dem Tag, als er uns zum ersten Mal seinen Leib gab, das heißt in der Gestalt als Mensch und als Mann."[2054] Dadurch, daß von der Gestalt „als Mensch und als Mann" gesprochen wird, ist die Männlichkeit Christi herausgehoben. Christus gibt der Mystikerin die Kommunion in doppelter Gestalt[2055]. Die weitere Schilderung Christi zeigt deutlich erotische Züge[2056]. So deutlich kann Hadewijch die Männlichkeit Christi herausheben, weil dieses Erlebnis noch einmal überboten wird. Nach kurzer Zeit verliert sie „dien sconen man van buten", „den schönen Mann außen" aus dem Blick[2057]. Sie ist innerlich ganz mit Christus eins geworden[2058].

8. Abschließend läßt sich sagen: Der Name „vir", „Mann" wird dort gebraucht, wo die Männlichkeit des erwachsenen Jesus betont wird. Einige Stellen, in denen dieser Name für Jesus vorkommt, sind erotisch gefärbt.

11.1.2 Riese[2059]

1. Von der aufgehenden Sonne heißt es in Ps 18,6, „exultavit ut gigas ad currendam viam", „er jubelte wie ein Riese, um seinen Weg zu laufen". Da man diese Stelle auf Gott beziehungsweise auf Christus deutet, legt sich der Name Riese für ihn nahe.

2. Für Hildegard von Bingen ist Weihnachten der Tag, an dem „Filius Dei exultauit, et in altitudine diuinitatis ut gigas", „der Sohn Gottes jubelte und in der Höhe der Gottheit wie ein Riese" aus dem Schoß der Jungfrau hervorging[2060].

3. Für Elisabeth von Schönau war der Tag der Vermählung des Bräutigams Christus mit seiner Braut ein Tag der Freude. „Quando erat dies letitie cordis eius? Tunc erat, quando ergressus est ut gigas fortis, ad preliandum contra regem infernorum." – „Wann war der Tag seiner Herzensfreude? Damals war er, als er wie ein starker Riese heraus-

---

[2052] TH 106,24-29,230.
[2053] HAV 7,57-63,94.
[2054] HAV 7,64-67,94.
[2055] HAV 7,70-74,94.
[2056] HAV 7,68-70.75-81,94.
[2057] HAV 7,81-87,96.
[2058] HAV 7,82f.,96
[2059] Vgl. Grinda 405-497.
[2060] HIM 4,24,472f.,186.

trat, um gegen den König der Unterwelt zu kämpfen."[2061] Es ist der Tag der Auferstehung, als er wie ein Riese aus dem Grab hervorstieg.

4. Mechthild von Hackeborn sieht einmal im Himmel Christus „tantae magnitudinis, ut a summo coelo usque ad infernum extenderetur", „von solcher Größe, daß er vom höchsten Himmel bis zur Unterwelt sich erstreckte"[2062]. Sie sieht sich selbst, wie sie hin zu seinen Füßen geht, wobei sie spricht: „Saluto pedes tuos sanctissimos, quibus amore inaestimabili et desiderio exultans ut gigas, cucurristi viam nostrae redemptionis et salutis." – „Ich grüße Deine heiligsten Füße, mit welchen Du in unschätzbarer Liebe und Sehnsucht jubelnd wie ein Riese den Weg unserer Erlösung und unseres Heiles gelaufen bist."[2063] Dieser Weg beginnt mit der Menschwerdung, „cum Filius Dei, tamquam sponsus procedens de corde Patris, in uterum meum venit, exultans ut gigas ad currendam viam", „als der Sohn Gottes hervorgehend wie ein Bräutigam aus dem Herzen des Vaters in meinen (= Mariens) Schoß kam, wie ein Riese jubelnd, um den Weg zu laufen"[2064].

11.1.3 Hirt

1. In der Schrift wird Jesus aus verschiedenen Gründen Hirte genannt. Jesus ist der gute Hirt, der den verlorenen Schafen nachgeht (Mt 18,12-14; Lk 15,4-7). Er erbarmt sich der Menschen, weil sie wie Schafe ohne Hirt sind (Mt 9,36; Mk 6,34). Wenn man ihn, den Hirt, schlägt, zerstreuen sich die Schafe (Mt 26,31; Mk 14,27). So ist er der Hirt der Schafe, der sie vor den Wölfen schützt und auf die Weide führt und sein Leben für sie gibt (Joh 10,1-18). Auch in den neutestamentlichen Briefen wird Jesus der erhabene Hirt seiner Schafe (Hebr 13,20) und Hirt und Bischof der Seelen (1 Petr 2,25) genannt. Von daher ist es begreiflich, daß schon in der Alten Kirche „Hirt" zu den häufig gebrauchten Namen Jesu gehört[2065]. Seit der Zeit der Katakomben wird er oft als guter Hirt dargestellt[2066].

2. Häufig bezeichnet Jean von Fécamp Christus als Hirten. Auch Gott Vater ist ein guter Hirt, wenn er uns so geliebt hat, daß er seinen eigenen Sohn für uns dahingegeben hat[2067]. Aber vor allem Jesus ist der gute Hirt, der sein Leben für die Schafe hingibt (Joh 10,15)[2068]. Ihn hat der Vater gesandt als „pastorem magnum ut requiret ovem quae perierat (Mt 18,12). Quaesiuit enim humilis et pius pastor errantem et inuenit eam atque humeris suis deportauit ad caulas", „großen Hirten, um das Schaf, was verloren war, zu suchen. Er hat ja als der demütige und gütige Hirt das verirrte (Schaf) gesucht, es gefun-

---

[2061] ESB 15,149.
[2062] MH 1,35,115.
[2063] Ebenda.
[2064] MH 1,41,125.
[2065] Vgl. Sieben, Nomina 164; 167-170; 178.
[2066] Vgl. Forstner 308f.
[2067] JFC 2,1,25-27,121.
[2068] JFC 2,5,175f.,126f.

den und auf seinen Schultern zu den Hürden getragen"[2069]. Wer auf den Schultern dieses Hirten getragen wird, hat die Hoffnung, nach Hause zu gelangen[2070]. Jesus, der den schon seit vier Tagen toten Lazarus als guter Hirt aus dem Grab geholt hat, wird auch uns befreien[2071].

3. Im Vergleich zu anderen Titeln Jesu gebraucht Bernhard von Clairvaux „Hirt" selten. Es gibt fast keine christologische Auslegung der Schriftstellen, an denen Jesus Hirt genannt wird. Nur einmal schreibt er von Jesus: „Pastor descendit ad istam, quaesivit diligenter, inventam non reduxit, sed revexit." – „Der Hirt stieg zu ihm (= dem verlorenen Schaf) herab, suchte es sorgfältig, und als es gefunden ist, führt er es nicht, sondern trägt es zurück."[2072] „Ad quaerendam quippe ovem centesimam quae erraverat, de montibus poperavit." – „Um das hundertste Schaf zu suchen, eilt er ja vom Berg herab."[2073] Offensichtlich denkt Bernhard dabei an die Sendung des Sohnes in der Menschwerdung. Die Ankunft eines so großen Hirten wirkt sich so aus, daß alle das Leben in Fülle haben[2074]. Die Vorgesetzten sollen sich Christus zum Beispiel nehmen, der gesagt hat, der gute Hirt gebe sein Leben für die Schafe (Joh 10,11)[2075]. Deswegen hat er auch Petrus nach seiner Liebe gefragt, bevor er ihn als Hirten für seine Schafe einsetzte[2076].

4. Auch Wilhelm von St. Thierry verwendet nicht oft dieses Bild für Christus. Er setzt das Tragen des Schafes durch den Hirten mit der Menschwerdung gleich. Es war eine große Gnade des Sohnes Gottes, „in humeros suos levare ovem perditam, id est in unitatem personae suae assumere corruptam naturam nostram", „auf seine Schultern das verlorene Schaf zu heben, das heißt in der Einheit seiner Person unsere verdorbene Natur anzunehmen"[2077].

5. Öfters spricht Isaak von Stella von Christus als Hirten. Adam ist das in der Wüste verirrte Schaf[2078]. Durch ihn ist das Menschengeschlecht das verlorene Schaf, „quam venit quaerere pastor bonus et in sacris humeris repertam imposuit ut reportet ad angelorum gregem fiatque sicut unus pastor sic unum ovile", „welches zu suchen kam der gute Hirt und welches er als gefunden auf seine heiligen Schultern legte, damit er es zur Herde der Engel trage und wie ein Hirt auch eine Herde werde."[2079] Denn beide Arten von Geschöpfen, die Engel und die Menschen, hat er von Anfang an mit Geist ausge-

---

[2069] JFC 2,12,521-525,137.
[2070] JFC 3,23,781f.,167.
[2071] JFP 48,226.
[2072] BHLD 2, 68,1,3,410,1-4.
[2073] BADV 1,7,68,22f. Von Interesse ist, daß Bernhard die Fassung des Hirtengleichnisses des Matthäus (Mt 18,12-14) zugrunde legt. Denn im Unterschied zu Lukas schreibt nur Matthäus von einem Herabsteigen zu der Herde.
[2074] BD 33,2,466,6-8.
[2075] BD 92,2,716,15f.
[2076] BHLD 2, 76,3,8,532,8-12.
[2077] WCS 2,349C.
[2078] IS 51,19,148-150,212.
[2079] IS 32,13,124-127,214.

stattet[2080], und sie sollten nach dem Sündenfall wieder eins werden. Um sich unser zu erbarmen, ist er als guter Hirt vom Vater in die Welt gesandt[2081]. Er weiß aber auch von dem einen Volk aus Juden und Heiden, daß durch ihn, den Hirten, eine Herde wird[2082]. Wenn dieser Hirt sie sammelt, kann sie niemand aus seiner Hand entreißen[2083]. Er als guter Hirt kommt, um das Gebrochene zu heilen und das Schwache zu stärken (Ez 34,16), worunter Isaak vor allem den freien Willen des Menschen versteht[2084].

6.　　Nach Guerricus von Igny ist Jesus als Lehrer und Hirt gekommen, die Kirche zu weiden und zu nähren „quadam panum trinitate", „mit einer gewissen Dreifaltigkeit der Brote"[2085]. Unter dieser Dreifaltigkeit versteht er den dreifachen Schriftsinn[2086].

7.　　Nach Johannes von Ford ist Christus der Hirt, „qui oues pascuae Dei et per fortiduinem protegit et fecundat per gratiam", „der die Schafe der Weide Gottes durch Stärke schützt und fruchtbar macht durch Gnade"[2087]. Er scheut sich nicht, die von den Wölfen Gebissenen auf die Schulter zu nehmen und zurückzutragen[2088]. Sie weiden dann und lagern sich dort, wo es keinen Schrecken mehr gibt, weil Jesus der Hirt ist, den Johannes mit den Worten anredet: „O pastor optime, qui es pastor simul et pascua!" – „O bester Hirte, der Du der Hirte und zugleich die Weide bist!"[2089]

8.　　Im dem Traktat „Speculum virginum" steht in einer Reihe von vier Christustiteln auch „Hirte" und zwar neben dem Titel „Richter"[2090]. Daß sein Verfasser an der Hirtenmetapher kein besonderes Interesse hat, sieht man daran, daß keine der diesbezüglichen Schriftstellen zitiert wird.

9.　　Häufiger kommt dieser Name für Christus wieder bei Hildegard von Bingen vor. Gott hat seinen Sohn gesandt, „qui in corpore suo cum maxima humilitate perditam ouem suam ad caelos reduxit", der in seinem Leib mit größter Demut das verlorene Schaf zum Himmel zurückgeführt hat"[2091]. Dies geschah am Kreuz, wo er sich selbst für das Heil der Menschen geopfert hat[2092]. Dies setzt er in der Kirche fort: „Sicut pastor gregem suum pascit, sic pascit Filius meus pastor bonus redemptum gregem suum." – „Wie ein Hirt seine Herde weidet, so weidet mein Sohn, der gute Hirt, seine erlöste Herde."[2093] Dies geschieht durch das Gesetz und die Befreiung von der Schuld des Adam in der Taufe[2094]. So rufen die Tugenden dem büßenden Menschen zu: „Noli ti-

---

[2080] IS 32,12,111-116,212.
[2081] IS 35,4,35f.,258.
[2082] IS 35,4,41-43,258.
[2083] IS 35,8,63f.,260.
[2084] IS 35,13,114-118,266.
[2085] GIS Rog 4,117f.,268.
[2086] GIS Rog 4,110f.,268.
[2087] JHLD 31,3,68-70,246.
[2088] JHLD 100,9,224-227,681f.
[2089] JHLD 100,9,233f.,682.
[2090] SP 6,540,13.
[2091] HISV 1, 2,6,3,356-358,234f.
[2092] HISV 1, 2,6,3,358-364,235.
[2093] HISV 2, 3,1,7,291f.,335.
[2094] HISV 2, 3,1,7,293-299,335.

mere nec fugere, quia pastor bonus quaerit in te perditam ouem suam." – „Fürchte dich nicht und fliehe nicht, weil der gute Hirt in dir das verlorene Schaf sucht."[2095] Auch die vom wahren Weg Abgeirrten und zur wahren Seligkeit Zurückgekommenen stimmen in den Lobgesang mit den Worten ein: „Pastor bonus ouem quae perierat cum gaudio reportauit ad gregem." – „Der gute Hirt hat das Schaf, das verloren war, mit Freude zur Herde zurückgetragen."[2096] Hildegard ermahnt auch die geistlichen Meister, ihren in verschiedenen Lastern abgeirrten Untergebene nachzugehen, wie der rechte Hirt die verlorenen Schafe sucht[2097]. So schreibt sie dem Bremer Erzbischof Hartvvigus über den Verlust ihrer geliebten Mitschwester Richardis und bittet ihn, ihr über den Schmerz zu helfen, denn Gott weiß, wo jetzt die Hirtensorge notwendig ist[2098]. Sie tröstet einen Priester, der dem Tode nahe ist, mit dem Gedanken, daß Jesus wie ein ganz gütiger Vater ihn, sein Schaf, sucht[2099].

10. Elisabeth von Schönau sieht in einer Ekstase an einem Karfreitag Christus am Kreuz qualvoll sterben[2100]. Aus der Ekstase erwacht, klagt sie weinend: „Recessit pastor noster." – „Weggegangen ist unser Hirt."[2101] Ein anderes Mal hört sie Christus sagen, daß er keinen Platz in der Kirche findet, weil seine Hirten vom Schlaf übermannt wurden[2102]. Dabei sollten sie ihn in seiner Hirtensorge nachahmen[2103]. Wachen sie nicht auf, wird er die zugrunde gegangenen Schafe von ihnen zurückfordern[2104]. Er ruft seine Hirten mit väterlichen Mahnungen, doch sie wollen nicht auf ihn hören[2105].

11. Gertrud die Große läßt zur Erinnerung an die Berührung der Ohren durch den Priester bei der Taufe[2106] beten: „Eia Iesu, pastor mi praecordialissime, fac me indignam ouiculam tuam dulcissimam vocem semper sequi et agnoscere." – „Eia Jesus, mein allerherzlichster Hirte, mache, daß ich, das unwürdige Schäflein, immer Deiner süßesten Stimme folge und sie erkenne."[2107] Ähnlich lautet ein Gebet zur Erneuerung der Profeß: „Eia Iesu, pastor bone, fac me audire et agnoscere vocem tuam." – „Eia Jesus, guter Hirt, laß mich immer hören und erkennen Deine Stimme."[2108] War die Reminiszenz an Joh 10,27 deutlich, wird kurz darauf an Mt 18,12-14 erinnert, wenn Jesus gebeten wird, das Schaf auf seine Schultern zu heben und in seinem Schoß ruhen zulassen[2109]. Deutlich spürt man bei der Verwendung des Hirtenbildes, daß nicht mehr die

---

[2095] HISV 2, 3,13,9,363f.,626.
[2096] HISV 2, 3,13,13,528-531,632.
[2097] HISV 1, 2,5,50,1536-1539,217.
[2098] HIB 1, 12,17-19,28.
[2099] HIB 2, 187r,6f.,423.
[2100] ESV 1,48,24.
[2101] ESV 1,48,25.
[2102] ESV 3,26,77.
[2103] Ebenda.
[2104] Ebenda.
[2105] ESI 15,114.
[2106] G R 1,93-95,52.
[2107] G R 1,96f.,52.
[2108] G R 4,61f.,104.
[2109] G R 4,62-64,104.

Gesamtheit der Herde, sondern das einzelne Individuum in der Gestalt des Schafes im Mittelpunkt steht.

12. Auch bei Lukardis von Oberweimar kann man diese Entwicklung beobachten. Sie betet, daß derjenige, der in die Welt gekommen ist, zu suchen, was verloren war, „ut me ovem errantem in peccatis et perditam digneris misericorditer invenire, et inventam sacratissima tua passione et pretioso tuo sanguine a peccatis omnibus ablutam reducere tuorum civium in ovile, id est in societatis gaudium tuorum civium supernorum", „daß Du mich, das in seinen Sünden irrende und verlorene Schaf, gnädig voll Barmherzigkeit findest und das gefunden und durch Deine heiligste Passion und durch Dein kostbares Blut von allen Sünden gewaschene Schaf in den Schafstall Deiner Bürger, das heißt in die Freude der Gemeinschaft der oberen Bürger, zurückführst"[2110].

13. Christina von Hane betet einmal besonders intensiv, daß Seelen aus dem Fegfeuer befreit werden. Sie wird erhört und vernimmt, wie Christus zu diesen spricht: „Jch byn eyn guter hyrt; der gut hyrt vnd soiße bruytgam byn ich. Jch hayn myn schaiffe gefort yn die hemelsche weydte, yn daz grone bluende paradijß vnd yn die Engelsche chore und yn das vnsprechelich lyecht myner gotheit vnd yn die suberlicheit myner menscheit." – „Ich bin ein guter Hirt, der gute Hirt und süße Bräutigam bin ich. Ich habe meine Schafe geführt in die himmlischen Weiden, in das grüne, blühende Paradies, in die Chöre der Engel, in das unaussprechbare Licht meiner Gottheit und in die Reinheit meiner Menschheit."[2111] Originell an dieser Stelle ist die Tatsache, daß der Herr seine Schafe aus dem Fegfeuer herausholt.

14. Zusammenfassend läßt sich sagen: Im Vergleich zur Häufigkeit der Hirtenmetapher für Christus im Neuen Testament findet diese selten Verwendung in unseren Texten. Es fällt weiter auf, daß die synoptischen Evangelien der johanneischen Hirtenreden vorgezogen werden. Erwähnt man sie, dann meist, um das Hören der Stimme des Hirten zu betonen[2112]. Gelegentlich wird der Vater, wenn er seinen Sohn sendet, um das Verlorene zu retten, Hirt genannt[2113]. Vor allem ist Jesus der demütige[2114], große[2115], gute[2116], gütige[2117] Hirt. Besonders gern wird das Hinabsteigen, Suchen[2118] und das Tragen auf den Schultern[2119] erwähnt. Eigens wird gesagt, daß der gute Hirt das müde Schaf nicht heimlaufen läßt, sondern selbst heimträgt[2120]. Das Tragen des Schafes ist ein Bild für das Tragen der sündigen Menschheit durch Christus[2121]. Das, wohin das Schaf

---

[2110] LO 70,352,5-12.

[2111] CH 2, 211.

[2112] G R 1,96f.,52; 4,61f.,104.

[2113] JFC 2,1,25-27,121; IS 35,4,35f.,258; HISV 1, 2,6,3,356-358,234f.

[2114] JFC 2,12,521-525,137.

[2115] JFC 2,12,521-525,137; BD 33,2,466,6-8.

[2116] IS 32,13,124-127,214; HISV 2, 3,13,13,528-531,632; CH 2, 211.

[2117] JFC 2,12,521-525,137.

[2118] BHLD 2, 68,1,3,410,1-4; BADV 1,7,68,22f.

[2119] JFC 3,23,781f.,167; WCS 2,349C; JHLD 100,9,224-227,681f.; G R 4,62-64,104.

[2120] BHLD 2, 69,1,3,410,1-4.

[2121] WCS 2,349C.

getragen wird, kann die Herde der Engel[2122], die Gemeinschaft der Heiligen[2123], der Himmel[2124] und die Kirche[2125] sein. In Jesus, dem guten Hirten, müssen sich die Vorgesetzten in ihrer Hirtenaufgabe ein Vorbild nehmen[2126]. Als guter Hirt schenkt Jesus Befreiung von der Furcht[2127], Fruchtbarkeit[2128], Heilung[2129], Leben[2130], Nahrung[2131] und Schutz[2132]. Einmal wird auch Jesus die Weide der Schafe genannt[2133].

11.1.4 Weitere Berufe

Eine Reihe weiterer Berufe kommt nur gelegentlich als Name für Christus vor. Deswegen werden sie hier in einem Unterabschnitt zusammengefaßt.

1. Advokat

1.1 In der Vulgata heißt es, daß wir einen Advokaten, einen Beistand, beim Vater haben, wenn wir sündigen (1 Joh 2,1). In der Alten Kirche und dem frühen Mittelalter taucht der Name „advocatus" für Christus auf[2134].

1.2 In seinem Werk „De consideratione ad Eugenium papam" tadelt Bernhard von Clairvaux scharf das Verhalten der Advokaten an den päpstlichen Gerichten[2135]. In Kenntnis dieser Mißbräuche verwendet Bernhard diesen Titel nicht für Christus.

1.3 Nach Guerricus von Igny kehrt Christus in seiner Himmelfahrt zum Vater zurück, um nur noch als Richter wiederzukommen. „O felices, quorum advocatus ipse iudex est, pro quibus orat." – „O glücklich diejenigen, deren Advokat der Richter selbst derer ist, für die er bittet."[2136]

1.4 Bei Mechthild von Hackeborn erscheint Christus und erklärt die einzelnen Worte eines liturgischen Gebetes, in dem an fünfter Stelle die Himmelfahrt vorkommt: „Quintum verbum, scilicet ascensio, admonet me quod factus sum advocatus hominum, et mediator apud Patrem. Fideles advocatus domini sui censum fideliter congregat, et ubi domino suo deesse viderit, de suo supplet. Et sic ego omnia bona quae homo fecerit, centumplicata Patri meo offero et ubicumque defuerit, ei de meo suppleo, ut animam ejus cum inaestimabilibus divitiis Patri meo caelesti coram omnibus Sanctis repraesentem." – „Das fünfte Wort, nämlich „Himmelfahrt", mahnt mich, daß ich für die Men-

---

[2122] IS 32,13,124-127,214.

[2123] LO 70,352,5-12.

[2124] HISV 1, 2,6,3,356-358,234f.; HIB 2, 187r,6f.,423.

[2125] HISV 2, 3,1,7,291f.,335.

[2126] BD 92,2,716,15f.; HISV 1, 2,5,50,1536-1539,217; ESV 3,26,77.

[2127] HISV 2, 3,13,9,363f.,626.

[2128] JHLD 31,3,68-70,246.

[2129] IS 35,13,114-118,266.

[2130] BD 92,2,716,15f.

[2131] GIS Rog 4,117f.,268.

[2132] JHLD 31,3,68-70,246.

[2133] JHLD 100,9,233f.,682.

[2134] Vgl. Sieben, Nomina 165; 170; Grinda 723-725.

[2135] BCO 1,10,13.656,9-658,4.

[2136] GIS Asc 2,49f.,274.

schen zum Beistand und Mittler beim Vater geworden bin. Ein treuer Beistand sammelt getreu die Pacht seines Herrn ein, und wo er sieht, daß etwas für seinen Herrn fehlt, füllt er es von dem Seinen auf. Und so bringe ich alles Gute, was der Mensch getan hat, hundertfach meinem Vater dar, und wo immer etwas fehlt, ergänze ich es ihm von dem Meinen, so daß ich seine Seele mit unschätzbaren Reichtümern meinem Vater vor allen Heiligen vorstelle."[2137] Der Beginn seines Advokatseins, die Himmelfahrt, ist uns schon begegnet. Ungewöhnlich ist dagegen der Bildhintergrund. Er stellt nicht mehr das Gericht, sondern das Abholen des Pachtzinses dar. Etwas Ähnliches gilt auch für folgende Stelle: Jesus wird „advocatus et minister fidelissimus", „Advokat und treuester Diener" genannt[2138]. Der Advokat als Minister, also als gehobener Diener, ordnet und bringt eine Angelegenheit eines anderen voran[2139]. Genau dies tut Jesus „semper adstans Patri pro nobis", „der immer beim Vater eintritt"[2140].

1.5   Gertrud die Große denkt bei dem Wort Advokat wieder stärker an ein Gericht.

In der mittelalterlichen Frömmigkeit lag die Erinnerung an das kommende Gericht beim Gedanken an das eigene Sterben nahe. So geht Gertrud bei einer Übung zur Vorbereitung auf den Tod auch auf Jesus als Richter ein. So sehr sie dabei auf den Ernst des Gerichtes hinweist, möchte sie doch dem Menschen gerade die Angst nehmen: „In mortis hora venias ad iudicium secura, ipsum iudicem tuum Iesum habens pium advocatum et responsalem." – „In der Stunde des Todes sollst du sicher zum Gericht gehen, da du deinen Richter Jesus als gütigen Advokat hast, der (für dich) antwortet."[2141] Die Wahrheit Gottes wird mit der Gerechtigkeit Gericht halten. „Vae mihi, et millies vae, si tradar tibi non habens advocatum respondentem pro me." – „Wehe mir, ja tausendfach wehe, wenn ich Dir ausgeliefert werden soll und habe keinen Advokaten, der für mich antwortet."[2142] Aus Liebe ließ sich dieser Advokat selbst gefangen nehmen, vor das Gericht schleppen und zum Tod verurteilen[2143]. Damit hat er das Elend[2144], die Sünden und den Tod[2145] des Angeklagten auf sich genommen. So ist Christus sowohl Begleiter als auch Vorsitzender[2146], Advokat und Richter[2147] beim Gericht. Über das Gericht hinaus haben die Menschen in der leibhaften und leidenden Menschheit Jesu, die mit der Gottheit verbunden ist, immer einen Advokaten[2148]. Einmal wird sogar Maria „advocata et patrona", „Beistand und Patronin" genannt[2149].

[2137] MH 1,20,76.
[2138] MH 3,24,228.
[2139] Ebenda.
[2140] Ebenda.
[2141] G R 7,69,214.
[2142] G R 7,89-91,214-216.
[2143] G R 7,101-110,216.
[2144] G R 7,119,216.
[2145] G R 7,125f.,216.
[2146] G R 7,109f.,216.
[2147] G R 7,122f.,216.
[2148] G 3, 3,7,1,11f.,30.
[2149] G R 6,434,188.

2. Beichtvater

Da man immer wieder die Beginen verdächtigte, sie suchten einen direkten Weg zu Christus ohne die sakramentale Vermittlung der Kirche, war es nicht ungefährlich, wenn man Christus Beichtvater nannte.

2.1 Mechthild von Magdeburg bittet Christus für ihre Sterbestunde, „das du denne kommen wellest als ein getrúwer bichter zů sinem lieben vrúnde", „daß Du dann kommen willst als ein getreuer Beichtvater zu seinem lieben Freund"[2150]. Wenn sie um Reinheit von allen Sünden bittet[2151], wird deutlich, daß es hier nicht um irgendein geistliches Gespräch geht, welches man mit dem Beichtvater auch außerhalb des Sakramentes führt.

2.2 Gertrud der Großen stellt sich Jesus als höchster Priester und wahrer Bischof vor, der in ihrer Seele alle sieben Sakramente wirksamer erneuern kann als jeder andere Priester und Bischof[2152]. Dann spricht er: „In pietate misericordiae meae te ab omni vinculo peccatorum absolvam." – „In der Güte meiner Barmherzigkeit will ich dich lossprechen von aller Fessel der Sünde."[2153] Dabei ist eindeutig an die Spendung des Bußsakramentes gedacht.

3. Gärtner

3.1 Der Garten ist im Hohelied ein häufig vorkommendes Symbol (Hld 4,12.16; 5,1; 6,1.20; 8,13). Angeregt für die Übertragung auf Christus könnte die Tatsache haben, daß dieser am Abend vor seinem Leiden in einen „hortus", „Garten" geht (Joh 18,1), nach seinem Tod in einem solchen begraben wird (Joh 19,41) und nach seiner Auferstehung Maria von Magdala ihn mit einem „hortulus", „Gärtner" verwechselt (Joh 20,15).

3.2 Daß der Autor des Traktates „Speculum virginum", der sooft von der übertragenen Bedeutung von Blumen spricht, Christus auch „cultor", „Gärtner"[2154] nennt, ist nicht verwunderlich. Er vergleicht einmal das jungfräuliche Leben mit einer Rose[2155]. Eine solche Blume kann aber nur auf einem entsprechenden Boden und in einer entsprechenden Umgebung gedeihen. „Itaque plantatio rosarum mutatio est vel morum vel locorum sanctae animae Christum quaerentis in amore." – „So bedeutet die Umpflanzung von Rosen der Wechsel sowohl der Sitte wie auch der Orte der Heiligen Seele, die Christus in Liebe sucht."[2156] Für die Adressatin des Traktates heißt dies: „Christo cultore et ipso, quod coluit, caelesti pluvia irrigante in agro dominico plantata es." – „Durch den Gärtner Christus, der auch selbst, was er gepflanzt hat, mit Regen

---

[2150] MM 7,35,13f.,282.

[2151] MM 7,35,16f.,282f.

[2152] G 3, 3,60,1,6-10,244-248. Daß Gertrud nicht von der Spendung, sondern Erneuerung der Sakramente spricht, liegt daran, daß Taufe und Firmung nicht neu gespendet, sondern nur ihre Wirkung erneuert werden braucht.

[2153] G 3, 3,60,1,13f.,246.

[2154] Der Ausdruck „cultor" für Gärtner könnte aus Lk 13,8 entlehnt sein.

[2155] SP 1,96,14f.

[2156] SP 1,98,25-100,1.

bewässert, bist du in den Acker des Herrn gepflanzt."[2157] Die Umpflanzung in diesen Acker bedeutet natürlich die Berufung in ein Kloster[2158].

3.3 Auch für Guerricus von Igny ist das Kloster ein Garten. Eine seiner Predigten geht von Hld 8,13 aus: „die du in den Gärten weilst." Er spricht seine Zuhörer, nämlich Klosterleute, mit den Worten an: „Vos igitur, ni fallor, estis qui in hortis habitatis." – „Ihr also seid es, wenn ich mich nicht täusche, die ihr in den Gärten weilt."[2159] Auch hier hat Christus die Umpflanzung durch den Ruf ins Kloster vorgenommen[2160]. Dadurch befinden sie sich nicht nur in einem Garten, sondern können selbst der verschlossene Garten des Hohenliedes (Hld 4,12) sein[2161]. Nach dem Zeugnis Christi des Gärtners hat der Vater selbst diese Pflanzung angelegt (Mt 15,13)[2162]. Ihn kann der Prediger mit folgenden Worten bitten: „O Domine Iesu, verus hortulanus, operare in nobis quod exigis a nobis. Nam sine te nihil possumus facere (Joh 15,5). Tu enim verus es hortulanus, idem Creator qui cultor vel custos horti tui, qui verbo plantas, spiritu rigas, virtute incrementum das." – „O Herr Jesus, wahrer Gärtner, wirke in uns, was Du von uns verlangst. Denn ohne Dich können wir nichts tun. Du nämlich bist der wahre Gärtner und ebenso der Schöpfer, der Du der Anleger und Wächter Deines Gartens bist, den Du durch das Wort pflanzt, durch den Geist bewässerst, und durch die Kraft das Wachstum gibst."[2163] Dann weitet Guerricus das Bild aus. Maria von Magdala hat sich insofern geirrt, als sie Jesus an Ostern für den Gärtner des armseligen und kleinen Gartens, in dem er begraben war, hielt[2164]. „Hortulanus est totius mundi, hortulanus est coeli, hortulanus est Ecclesiae." – „Er ist der Gärtner der ganzen Welt, der Gärtner des Himmels, der Gärtner der Kirche."[2165]

4. Pförtner

4.1 Im Hohelied wollen die Brüder der Braut die Tür zusperren (Hld 8,9). Im Neuen Testament hat im christologischen Kontext die Tür eine verschiedenartige Symbolik. Der Richter steht vor der Tür (1 Joh 5,9). Der verklärte Herr befindet sich ebenfalls vor der Tür und klopft (Offb 3,20). Wer zur Hochzeit des Bräutigams nicht rechtzeitig bereit ist, der findet die Tür verschlossen (Mt 25,11f.; vgl. Lk 13,25). Paulus findet für die Verkündigung des Herrn eine offene Tür (1 Kor 16,9; 2 Kor 2,12; vgl. Kol 4,3). Besonders wichtig ist die johanneische Hirtenrede für unseren Zusammenhang. Dort ist nicht nur von einem Türhüter, der dem Hirt die Tür zu den Schafen öffnet, die Rede (Joh 10,3), sondern Jesus bezeichnet sich selbst als Tür (Joh 10,7.9). Oft wird in der Alten Kirche und im frühen Mittelalter Jesus Tür genannt[2166].

[2157] SP 1,100,5-7.

[2158] Ein Kloster wurde häufig mit einem Garten verglichen; vgl. Bauer, Gerhard: Claustrum animae: Untersuchungen zur Geschichte der Metapher vom Herz als Kloster, München 1973.

[2159] GIS Ps 2,34,518.

[2160] GIS Ps 3,58-63,520.

[2161] GIS Ps 3,76-78,522.

[2162] GIS Ps 3,79-81,522.

[2163] GIS Ps 4,85-89,522.

[2164] GIS Ps 4,89-91,222-224.

[2165] GIS Ps 4,91f.,224.

[2166] Vgl. Forstner 363f.; Grinda 770-775; Sieben, Nomina 165; 167; 169f.; 172f.; 189; 197.

4.2   Jean von Fécamp zitiert das Wort Christi abgewandelt in dritter Person: „Ecce stat ad ostium et pulsat." – „Siehe, er steht an der Tür und klopft (Offb 3,20)."[2167] Er wendet es aber nicht auf Christus, sondern auf den Beter an, wenn er fortfährt: „Iube pulsanti misero aperiri." – „Befiehl, dem Elenden, der klopft, zu öffnen."[2168]

4.3   Ein großer Teil der sechsten Meditation aus Wilhelm von St. Thierrys „Meditativae orationes" ist einer Erklärung zu Offb 4,1 „Vidi ostium apertum in coelo", „Ich sah eine offene Tür im Himmel" gewidmet. Auf die Frage, wer diese Tür sei, verweist Wilhelm auf Joh 10,7, an welcher Stelle sich Christus „Tür" nennt[2169]. Damit wir zu Christus, der Tür, kommen können, steigt er hinab; dann können wir aufsteigen[2170]. Dort angelangt, soll er uns durch sich selbst die Tür öffnen[2171]. Wenn er aber mit dem Vater ganz eins ist, bildet er zu ihm die Tür[2172]. Dann setzt Wilhelm das offene Tor zum Himmel mit der durch die Lanze geöffneten Seite des Gekreuzigten in eins[2173]. So wurde die Bundeslade, sein Herz, geöffnet. „In apertum ostium toti intremus usque ad cor tuum, Jesu, certam sedem misericordiae, usque ad animam tuam sanctam, plenam omni plenitudinis Dei, plenam gratiae et veritatis, salutis et consolationis nostrae." – „Laßt uns alle durch die offene Tür bis zu Deinem Herzen treten, dem sicheren Sitz der Barmherzigkeit, bis zu Deiner heiligen Seele, die voll von der Fülle Gottes, voll von Gnade und Wahrheit, voll von Heil und Trost für uns ist."[2174] Wenn Wilhelm auch in dieser Zeit noch nicht völlig durch die Tür gehen kann, wünscht er es doch mit ein wenig Vorgeschmack zu tun[2175]. Bestimmt bleibt ihm aber der Trost, daß, wenn Jesus als Tür offen ist, auch er einmal ganz durch sie gehen wird[2176].

4.4   Gilbert von Hoyland fragt sich, wann die Braut die Tür öffnen darf[2177]. Die Tatsache, daß der Riegel der Tür von Salböl tropft (Hld 5,5), legt Gilbert so aus, daß nur ein Gesalbter, ein „pontifex", in das Herz der Braut eintreten darf[2178]. „Claude ostium, obde pessulum, nisi quando dilectus tuus pulsat ingredi volens. Si ostium non est, passim patebit ingressus omni transeunti." – "Schließ die Tür, schieb den Riegel davor, es sei denn, dein Geliebter klopft, weil er eintreten will. Wenn es keine Tür gibt, steht der Eingang für jeden Vorübergehenden offen."[2179] Ein Schutz für die Braut ist also die Tür. „Quomodo ostio eget Jesus, qui in Evangelio ait: ‚Ego sum ostium (Joh 10,9)'?" – „Wie bedarf Jesus einer Tür, der im Evangelium sagt: ‚Ich bin die Tür'?"[2180] Um darauf eine

[2167] JFC 3,3,46,144.
[2168] JFC 3,3,47f.,144.
[2169] WMO 6,223A.
[2170] WMO 6,223B.
[2171] Ebenda.
[2172] WMO 6,223B-C.
[2173] WMO 6,225D-226A.
[2174] WMO 6,226A.
[2175] WMO 6,226B-C.
[2176] WMO 6,227A.
[2177] GHLD 44,1,231A.
[2178] GHLD 44,1,231B.
[2179] GHLD 44,1,231C.
[2180] GHLD 44,2,232A.

Antwort zu geben, stellt Gilbert fest, daß es verschiedenartige Türen zum Heil gibt, durch die Christus eintreten will. Es gibt die Tür der natürlichen Gründe zu Gott, die Tür der Sakramente der Kirche und die Tür der eigenen Erfahrung, in denen man Christus kennenlernt[2181]. Wenn Christus kommt, soll man all diese Türen schnell öffnen[2182]. Derjenige, der schuldig geworden ist, soll besonders an der Tür der Barmherzigkeit Christi klopfen[2183].

4.5 Johannes von Ford bewundert die Geduld und Demut des Bräutigams Jesus, der an der Tür seiner Knechte steht, klopft und wartet, bis ihm geöffnet wird[2184]. Für den Menschen dagegen ist es gut, an der Tür zu stehen, die Christus ist, weil es bei ihm allein Barmherzigkeit gibt[2185].

4.6 Der Autor des Traktates „Speculum virginum" beschäftigt sich mit der Frage, welcher Mensch in das Reich Gottes eintreten und dort als erster sein wird[2186]. Denn es besteht ja die Möglichkeit, daß auch die Jungfrauen, die als letzte kommen, umsonst um das Öffnen des Tores bitten[2187]. Deswegen soll der Mensch zu Christus rufen: „Tu ianua, Tu ianuator!" – „Du die Tür, Du der Türhüter!"[2188] Er soll den Zutritt zum Reich Gottes öffnen[2189]. Deswegen braucht man nicht verzweifeln, sondern „fontem viae pulset fiducialiter", „vertrauensvoll an der Quelle des Lebens klopfen"[2190]. „Aeternitatis gratia caeli patescunt atria." – „Durch die Gnade der Ewigkeit stehen alle Hallen (des Himmels) offen."[2191]

4.7 Hugo von St. Viktor legt die Arche Noahs allegorisch aus. Die Arche hat zwei Türen, welche Christus bedeuten[2192]. Wenn auch die beiden Türen Christus bedeuten, erhalten sie durch die verschiedenen Himmelsrichtungen unterschiedliche Aspekte. Die nördliche Tür bedeutet die Demut Christi, durch welche wir im Glauben in die Kirche eintreten[2193]. Diese Tür muß verschlossen sein, damit sich kein Irrtum einschleicht[2194]. Die südliche Tür bedeutet das Leben der ewigen Herrlichkeit. „Et hoc ostium apertum est, quia illuc semper oculos mentis dirigere debemus." – „Und diese Tür ist offen, weil wir dorthin immer die Augen des Geistes richten müssen."[2195] Hugo kennt aber noch eine andere Auslegung der Türen. Die Türen sind unter den Fenstern angebracht und bedeuten deswegen die guten Werke, durch die der Mensch nach innen

---

[2181] GHLD 44,2,232A-C.
[2182] GHLD 44,3,232C.
[2183] GHLD 44,6,235A.
[2184] JHLD 82,2,44-48,564.
[2185] JHLD 75,9,249-251,526.
[2186] SP 6,538,1-20.
[2187] SP 6,538,21-540,4.
[2188] SP 6,540,13.
[2189] SP 6,538,22-25.
[2190] SP 9,834,5f.
[2191] SPE 8,1020A.
[2192] HNM 11,697D.
[2193] HNM 11,698A.
[2194] Ebenda.
[2195] Ebenda.

gelangt. Die darüberliegenden Fenster bedeuten dagegen die Gedanken des Menschen[2196].

4.8 Bei den Mystikerinnen sind Tore öfters Gegenstände ihrer Visionen. Dies ist schon bei Elisabeth von Schönau der Fall. Folgendermaßen beschreibt die Mystikerin eine ekstatische Schau an Weihnachten: „Sensi autem, me quasi in sublime elevari, et vidi ostium apertum in celo." – „Ich fühlte aber, wie ich gleichsam in die Höhe erhoben wurde, und ich sah eine offene Tür im Himmel."[2197] Das geöffnete Tor bedeutet hier das an diesem Tag geoffenbarte Geheimnis, nämlich den Erlöser[2198]. Das offene Tor ist auch dazu da, daß ein Licht durch es einfällt, durch welches Elisabeth deutlicher sieht[2199]. Durch es fällt ein Lichtschein auf den Altar, auf welchen die Mutter Gottes niedersteigt[2200]. Ein anderes Mal hört sie, wie Christus an einer Tür steht und klopft, man aber nicht öffnet und ihn einläßt[2201]. Schuld haben die kirchlichen Amtsträger, die sich nur nachlässig um die Gläubigen kümmern[2202]. Einen Schwesternkonvent in Köln ermahnt Elisabeth, wachsam zu sein, damit, wenn der Bräutigam kommt und an die Tür klopft, ihm sofort geöffnet wird[2203].

4.9 Im St. Trudperter Hohelied wird der Geist der „torwartel, der Christen în lie, daz daz slôz nie ûfgetân wart", „Torhüter, der Christus einließ, ohne daß das Schloß je aufgetan wurde," genannt[2204]. Mit diesen Worten wird auf die jungfräuliche Empfängnis Jesu angespielt.

4.10 In einem ganz anderen Kontext kommt bei Lutgard von Tongeren die Metapher „Tür" vor. Lutgard hat Angst, daß in ihr Herz ein Makel eintritt. Deswegen bittet sie, daß Christus ihr Herz bewacht, und wird erhört: Der Herr bewacht so die Tür ihres Herzens, daß auch kein falscher Gedanke in es eintritt[2205].

4.11 Nach David von Augsburg ist der Mensch fähig, „die genâden tür mit undancnaeme", „die Gnadentür durch Undankbarkeit" zu versperren[2206].

4.12 Margareta von Magdeburg hat Angst, daß ihr Herz brechen könnte[2207]. Diese Angst ist aber unberechtigt. Solange ihre Lebenszeit dauert, ist Jesus vor ihrem Herzen und bewahrt es durch seine Stärke vor dem Brechen[2208]. „Cum autem tempus venerit mortis tue, tunc rumpetur, quia ego ipse volo frangere portas cordis tui." – „Wenn aber die Zeit deines Todes kommt, dann wird es zerbrochen, denn ich selbst will die Pforten

---

[2196] HNM 11,698A-B.
[2197] ESV 1,35,18.
[2198] Ebenda.
[2199] Ebenda.
[2200] Ebenda.
[2201] ESV 3,26,77.
[2202] Ebenda.
[2203] ESB 11,145.
[2204] TH 57,7f.,136.
[2205] LTA 1,1,12,193; LT 1,1,12,163.
[2206] DT 337,20-22.
[2207] MA 57,64f.
[2208] MA 57,65.

deines Herzens brechen.“[2209] Dies geschieht aber nur, damit der Herr mit seiner größeren Gnade der Seligkeit einziehen kann.

4.13 Mechthild von Magdeburg beschäftigt sich in einem eigenen Kapitel mit den Toren des Himmels. Es beginnt mit der Feststellung: „Das himelriche hat manige porten schön und hat doch enkeine.“ – „Das Himmelreich hat mannigfaltige schöne Pforten und hat doch keine.“[2210] Auf die Bemerkung „und hat doch enkeine“, „und hat doch keine“ kommt Mechthild im Laufe des Kapitels nicht mehr zurück. Mit ihr soll nur die Bildhaftigkeit von dem, was in diesem Kapitel geschildert wird, betont werden: Man soll sich unter den Himmelstoren keine materiellen Eingänge vorstellen. Die Mannigfaltigkeit der Tore richtet sich nach dem „underscheiden lon“, „unterschiedlichen Lohn“, den die einzelnen Menschen empfangen[2211]. Nachdem der Herr hinabgestiegen ist, um die Seele bei ihrem Aufstieg zu begleiten[2212], kommt es am Tor zur eigentlichen Begegnung: „In der himmelporten koment zesammene die zwene gelieben, got und die sele.“ – „In der Himmelspforte kommen die beiden Geliebten zusammen, Gott und die Seele.“[2213] Allen Seelen wird die gleiche Krone im Tor auf das Haupt gesetzt[2214]. Nur die Art der Krönung ist je nach Verdienst verschieden[2215]. An einer anderen Stelle wird die Tatsache, daß ohne Christus niemand durch dieses Tor gehen kann, deutlicher ausgesagt: Wegen der Sünde hat der Vater den Riegel so fest vor das Himmelstor geschoben, daß kein Mensch durch es eintreten kann[2216]. Doch es gibt Jesus Christus, „der da hat den schlússel dines riches in siner menschlichen hant mit diner almehtigen gewalt“, „der da hat den Schlüssel Deines (= des Vaters) Reiches in seiner menschlichen Hand mit Deiner allmächtigen Gewalt“[2217]. Er hat diesen in seinem Leiden geschmiedet, und wenn er mit ihm die Tür öffnet, gelangen auch die verworfenen Sünder zu der Huld des Vaters[2218].

4.14 Mechthild von Hackeborn ist die Mystikerin, die am häufigsten ein Tor in Visionen sieht, in einer Vision zur Vigil des Epiphaniefestes: „Vidi quamdam januam mirae magnitudinis, et in ipsa janua quinque januas mirabiliter excisas.“ – „Ich sah eine Tür von wunderbarer Größe, und in eben der Tür waren fünf Türen auf wunderbarer Weise angebracht.“[2219] Die große Tür bedeutet Christus und die kleinen Türen seine Wunden[2220]. An den beiden unteren Türen, nämlich Christi Fußwunden, steht die Barmherzigkeit in der Gestalt einer schönen Jungfrau, welche Mechthild durch die Türen

---

[2209] Ebenda.
[2210] MM 4,24,3,140.
[2211] MM 4,24,4,140.
[2212] MM 4,24,6-9,140.
[2213] MM 4,24,9f.,140. Das „in“ sollte nicht mit „an“ wiedergegeben werden.
[2214] MM 4,24,13,140.
[2215] MM 4,24,16-20,141.
[2216] MM 6,16,41f.,227.
[2217] MM 6,16,41-44,227.
[2218] MM 6,16,45-47,227.
[2219] MH 1,8,26.
[2220] Ebenda.

zum gerechten Richter führt, den die Barmherzigkeit versöhnen kann[2221]. Von dort steigt die Mystikerin voll Vertrauen nach oben zu den Wunden der Hände, wo sie von der Güte empfangen und zum freigibigen König geführt wird, der sie mit allen Tugenden ziert[2222]. Voll Vertrauen kann sie noch höher steigen zum Herz Jesu Christi, an dessen Tür die Liebe steht[2223]. Diese führt sie zu Christus dem Bräutigam, der sie mit Umarmungen und Küssen empfängt[2224]. In einer für Mechthild typisch ausufernden Bildwelt wird ein Aufstieg der Braut in Stufen zu ihrem Bräutigam geschildert. Das Verständnis wird dadurch erschwert, daß sie durch die Tür, die Jesus mit den fünf Wunden ist, zu Jesus erst eintritt.

Verschiedentlich sieht Mechthild, daß das Herz Jesu eine Tür hat, durch die sie eintreten kann. „Et aperiens januam Cordis sui, mellifuae divinitatis gazophylacium in quod intravit velut in vineam." – „Er (= Jesus) öffnete die Tür zu seinem Herzen, die Schatzkammer der honigfließenden Gottheit, in welche sie wie in einen Weinberg eintrat."[2225] Die Kette an der Tür bedeutet die Sehnsucht des Menschen nach Gott, der damit dessen Herz berührt[2226]. Wieder ist die Überschneidung von den Bildern, nämlich Schatzkammer und Weinberg, bemerkenswert. Noch schwerer läßt sich der Inhalt folgender Vision bildlich vorstellen: Mechthild sieht ein großes und weites Haus, welches das Herz des Herrn darstellt[2227]. Innerhalb dieses Hauses befindet sich ein kleines Haus, welches die Seele des Menschen bedeutet[2228]. Dieses kleine Haus hat eine Tür mit einem goldenen Riegel, an der eine Kette befestigt ist, die bis zum Herz des Herrn reicht. Wenn sich die Tür öffnet, wird über die Kette das Herz Gottes bewegt. Als Mechthild darunter leidet, daß sie die Gegenwart ihres Geliebten nicht sieht, „videbatur sibi quasi stare Dominum coram se, et apertum est Cor ejus velut janua, et visum est ei quod illud intraret quasi magnam domum", „schien ihr, daß der Herr gleichsam vor ihr stünde und sein Herz offen wie eine Tür sei, und es schien ihr, daß sie es wie ein großes Haus betrat"[2229]. Auch wenn ein Dominikaner stirbt, öffnet sich ein sehr großes Tor, durch das die Seele des Ordensmannes tritt, um von Christus in die Armen genommen zu werden[2230].

4.15 Seltener wird die Tür bei Gertrud der Großen metaphorisch gedeutet. Wenn der Mensch sich auf einen guten Tod vorbereitet, soll er folgendes Gebet verrichten: „Eia, et in mortis hora aperi mihi sine mora benignissimi cordis tui ostium, ut per te absque omni impedimento ingredi mererar tui vivi amoris thalamum." – „Eia, und in der Stunde des Todes öffne mir ohne Verzug die Tür Deines gütigsten Herzens, daß ich durch

---

[2221] Ebenda.
[2222] MH 1,8,26f.
[2223] MH 1,8,27f.
[2224] Ebenda.
[2225] MH 2,2,137.
[2226] MH 1,19,62.
[2227] MH 1,19,61f.
[2228] Ebenda.
[2229] MH 3,1,195.
[2230] MH 5,7,329.

Dich ohne jedes Hindernis einzutreten verdiene in das Gemach Deiner lebendigen Liebe."[2231] Auf den Wunsch der Mystikerin, Jesus so aufzunehmen, wie das Grab den Leib Jesu aufgenommen hat, verspricht Jesus, der Stein vor der Tür des Grabes zu sein, der von außen alles Schädliche abhält[2232]. Darüber hinaus wird die herzliche Güte Jesu an die Tür der göttlichen Barmherzigkeit für Gertrud klopfen[2233].

4.16 Agnes von Blannbekin sagt, daß der Herr so freigibig ist, daß er auf das leise Klopfen der Seele die Tür öffnet[2234].

4.17 In der Millstätter Sündenklage wird Christus „paradisi porta", „Pforte des Paradieses" genannt[2235].

4.18 Zusammenfassend läßt sich sagen:

Nur selten wird von Jesus dem Türhüter gesprochen[2236]. Häufiger wird er die Tür genannt. Gern wird Offb 3,20 zitiert oder umschrieben, nach welcher Schriftstelle Jesus vor der Tür steht und klopft[2237]. Im Klopfen zeigt Jesus Demut und Geduld[2238]. Aber auch der Mensch steht vor der Tür und bittet Christus, zu öffnen[2239]. Manchmal ist die Tür, an die man klopft, auch eine Eigenschaft Christi, wie die Barmherzigkeit[2240], die Demut[2241], die Güte[2242], die ewige Herrlichkeit[2243] und die Liebe[2244]. Oft ist auch von der offenen Tür des Himmels die Rede[2245], welche in Visionen geschaut wird[2246]. Durch die Sünde war sie geschlossen, Christus aber hat sie durch sein Leiden geöffnet[2247]. Offene Türen stellen die fünf Wunden[2248] und besonders die Seitenwunde[2249] dar, durch welche wir eintreten und bis zum geöffneten Herzen Jesu gelangen dürfen[2250]. Im Tor zum Himmel begegnet nach ihrem Tod die Braut Christus, ihrem Bräutigam[2251]. Unser Herz hat auch eine Tür, die man verschließen soll, damit nicht alles in es

---

[2231] G R 7,586-588,244.

[2232] G 3, 3,27,1,4-9,126.

[2233] G 4, 4,9,1,7f.,110.

[2234] AB 23,65-68,94.

[2235] Millstätter Sündenklage. Gebet zu Gott Vater 3, in: Die Deutsche Literatur vom Mittelalter bis zum 20. Jahrhundert, 1,1,594.

[2236] SP 6,540,13.

[2237] JFC 3,3,46,144.

[2238] JHLD 82,2,44-48,564.

[2239] JFC 3,3,47f.,144.

[2240] GHLD 44,6,235A; JHLD 75,9,249-251,526.

[2241] HNM 11,698A.

[2242] G 4, 4,9,1,7f.,110.

[2243] HNM 11,698A.

[2244] MH 1,8,27f.

[2245] WMO 6,223A.

[2246] ESV 1,35,18.

[2247] MM 6,16,45-47,227.

[2248] MH 1,8,26.

[2249] WMO 6,223B-C.

[2250] WMO 6,226A; MH 2,2,137; 3,1,195; G R 7,586-588,244.

[2251] MM 4,24,9f.,140.

eindringen kann[2252]. Gelegentlich ist Jesus auch der Wächter[2253] oder ein Stein[2254] an der Tür unseres Herzens, der nichts Unrechtes einläßt. Wenn aber Christus kommt, soll man schnell sein Herz öffnen[2255].

5. Berufe um Speise und Trank

Die Stellen, an denen Jesus „Wirt" genannt wird, haben wir an anderer Stelle schon aufgeführt[2256].

5.1 Richard von St. Viktor beschreibt die Erfüllung der Verheißungen Christi mit einem Mahl: „O qualis refectio, ubi dapifer est Christus!" – „O Welche Stärkung, wo Christus der Oberkoch ist!"[2257]

5.2 Das St. Trudperter Hohelied beschreibt die Seligkeit ebenfalls mit einem großen Festmahl: „Der heilige gotes wîstuom, daz ist der gewaltige kameraere, der den Tisch dâ gerihtet hât mit gotes lambe." – „Die heilige Weisheit Gottes, das ist der gewaltige Kämmerer, der den Tisch dort gerichtet hat mit dem Lamm Gottes."[2258] Da Christus oft mit der Weisheit Gottes gleichgesetzt wird, ist er beim himmlischen Gastmahl Kämmerer und Speise in einer Person.

5.3 Wenn Mechthild von Magdeburg entrückt ist, befindet sie sich an einem Ort, wo „der himmelsche vatter da ist der seligen schenke und Jhesus der Kopf, der helig geist der luter win", „der himmlische Vater dort der Schenke und Jesus der Kelch, der Heilige Geist der reine Wein ist"[2259]. Jesus schenkt den Wein des Leidens aus, den er selbst getrunken hat[2260].

5.4 Eine andere Aufgabenverteilung kennt Christina von Hane: „Da was der hemelsche vader wyrdte, der sone trosches vnd der heilge geiste was schencker." – „Da war der himmlische Vater Wirt, der Sohn Truchsess und der Heilige Geist Schenke."[2261]

5.5 Nach Mechthild von Hackeborn spricht Jesus: „Coquina mea est Cor meum deificum, quod in modum coquinae, quae domus est communis et pervia omnibus tam servis quam liberis, semper patens est promptum ad cuislibet delectamentum." – „Eine Küche ist mein göttliches Herz, welches nach der Art der Küche ein allgemeines am Weg liegendes Haus für alle, Knechte wie Freie, ist, immer offen, bereit für jedes Vergnügen."[2262] Der Koch, der die Speisen dort bereitet, ist der Heilige Geist[2263].

[2252] GHLD 44,1,231B; LTA 1,1,12,193; LT 1,1,12,163.
[2253] MA 57,65.
[2254] G 3, 3,27,1,4-9,126.
[2255] GHLD 44,3,232C; ESB 11,145.
[2256] Vgl. oben S. 121-123.
[2257] RVPS 80,328C.
[2258] TH 42,27-29,108.
[2259] MM 2,24,19-21,59.
[2260] MM 3,3,28-30,81.
[2261] CH 1, 210.
[2262] MH 2,23,165.
[2263] Ebenda.

11.2   Glieder

Jesu Haupt[2264] und Herz[2265] haben wir bereits behandelt. Mit anderen Gliedern des Menschen wird Jesus nur im Bereich von Mund, Hand und Arm verglichen.

11.2.1   Hand

1. Zwar wird sehr oft in der Vulgata davon gesprochen, daß Jesus Hände hat, mit denen er etwas tut. Aber „Hand" als Name Christi kommt dort im Unterschied zu der Alten Kirche nicht vor[2266].

2. Bernhard von Clairvaux preist Maria, „quia in te, et per te, et de te benigna manus Omnipotentis quidquid creaverat recreavit", „weil in Dir, durch Dich und aus Dir die gütige Hand des Allmächtigen alles erneuert, was sie geschaffen hat"[2267]. Hier ist Maria und in ihr Jesus die Hand, durch die der Vater nicht nur alles erlöst, sondern auch geschaffen hat.

3. Nach Wilhelm von St. Thierry wird die Braut, wenn sie in der linken Hand des Bräutigams liegt, berührt von der Menschheit Jesu und in der rechten Hand ganz von der Liebe seiner Gottheit umfaßt[2268].

4. Isaak von Stella führt eine Reihe Namen auf, mit denen man Christus in seinem Verhältnis zum Vater nennen kann, unter welchen „manus", „die Hand" des Vaters vorkommt[2269]. Der allmächtige Jesus hat ja den Menschen „manu fortis", „mit starker Hand" befreit[2270].

5. Das St. Trudperter Hohelied nennt den Sohn Gottes seine Hand[2271] und Maria eine Mauer, „die diu hant des wîstuomes geworth hât", „welche die Hand der Weisheit gemauert hat"[2272].

6. Mechthild von Magdeburg zählt ein zwanzigfaches Wirken der Liebe Gottes auf[2273]. Sie hat alle Wunder an den Menschen getan[2274]. Ihre Barmherzigkeit siegt über die Teufel[2275]. Dies hat so sehr Ähnlichkeit mit dem Wirken Jesu, daß es mit ihm in eins fällt. Dann bezieht sich auch die folgende Aussage auf ihn: „O minnebant, din sûssú hant hat den gewalt, si bindet beide, jung und alt." – „O Liebesband, deine süße Hand hat die Macht; sie bindet beide, Jung und Alt."[2276]

[2264] Vgl. oben S. 956-961.
[2265] Vgl. Weiß, Gottesbild 2017-2034.
[2266] Vgl. Forstner 226; Grinda 538-540; Sieben, Nomina 163.
[2267] BPENT 2,4,406,7f.
[2268] WHLDB 34,434B.
[2269] IS 23,9,89f.,88.
[2270] IS 33,16,144-150,230.
[2271] TH 131,6,277.
[2272] TH 139,28f.,294.
[2273] MM 5,30,3-34,189f.
[2274] MM 5,30,26f.,190.
[2275] MM 5,30,31,190.
[2276] MM 5,30,6f.,189.

11.2.2 Arm

1. In der Schrift kommt der Name „Arm Gottes" nicht als Bezeichnung Jesu vor, wohl aber in der Alten Kirche[2277].
2. Weil in Christus Gottheit und Menschheit vereint sind, nennt Hildegard von Bingen ihn „inflexio brachii", „Verschränkung des Armes"[2278].
3. Der Verfasser des St. Trudperter Hoheliedes bezeichnet Christus verschiedentlich als „Arm". Der Vater streckte Christus als Arm in die Hölle und zog ihn wieder zurück in seinen Schoß[2279]. Gemeint ist damit, daß Christi Wirken seinen Tiefpunkt in seinem Abstieg bis in das Reich des Todes besaß. Von dort kehrte er wieder zum Vater zurück[2280]. So heißt es kurz darauf: „Sîn arm daz ist sîn sun, in deme er alles mankunne erloestet in sînem wîstuome." – „Sein (= des Vaters) Arm ist sein Sohn, in dem er das ganze Menschengeschlecht in seiner Weisheit erlöste."[2281]

11.2.3 Rechte

1. In der Schrift wird oft die Rechte Gottes allgemein erwähnt, mit der er handelt. Auch die Tatsache, daß Christus jetzt zur Rechten des Vaters sitzt oder steht, wird bezeugt, von welcher auch unsere Texte sprechen[2282]. Er selbst aber wird in der Schrift nicht die Rechte Gottes genannt. Doch schon in der Alten Kirche wird ihm dieser Name beigelegt[2283].
2. Bernhard von Clairvaux interpretiert Hld 2,6, in welcher Schriftstelle von der Rechten und Linken des Bräutigams gesprochen wird, folgendermaßen: „Ipsa est laeva Christus Iesus, et hic crucifixus, nam dextera quidem est Christus Iesus, et hic gloriosus." – „Eben die Linke ist Christus Jesus und hier der Gekreuzigte, denn die Rechte ist ja Christus Jesus und hier der Verherrlichte."[2284] In einer anderen Predigt schildert Bernhard die Verwandlung des Wassers in Wein durch Christus auf der Hochzeit von Kana[2285] und führt fort: „Est alia multo melior mutatio dexterae Excelsi, quam in ista praefiguravit." – „Es gibt eine andere, viel bessere Verwandlung durch die Rechte des Höchsten, die er in ihr vorausgebildet hat."[2286] Sie besteht in der Verwandlung des

---

[2277] Vgl. Forstner 226; Grinda 538-540; Sieben, Nomina 170.181.192.
[2278] HISV 1, 1,4,19,636-638,80.
[2279] TH 130,22-24,274.
[2280] Über den Gebrauch der Armmetapher vgl. Ohly, TH 1182-1185.
[2281] TH 131,13f.,276.
[2282] Einige Beispiele: JFC 2,3,89,123; BQH 9,9,618,9; BPENT 2,1,402,7; WR 5,642D; JHLD 4,5,149f.,58; 11,3,106,103; 51,6,165,363; LB 3,143,131; HE 12,195C; HIO 1,4,101,6,244; TH 16,1,52; MM 2,3,39,40; G R 6,170,172; 6,400,186; G 2, 2,5,4,2f.,252; 3, 3,70,3,3f.,286.
[2283] Vgl. Forstner 226; Sieben, Nomina 181.
[2284] BVNAT 4,7,184,23f.
[2285] BPEPI 2,2,376,14-18.
[2286] BPEPI 2,2,376,18f.

Menschen in die Braut Christi[2287]. Beide Verwandlungen gehen von Christus aus, der hier die Rechte des Höchsten genannt wird.

3. Isaak von Stella nennt unter den metaphorischen Namen für Christus auch die „dextera", „Rechte"[2288]. Wenn er die Autorität Christi gegenüber der falschen Weisheit der Welt betonen will, nennt er ihn „dextera Patris", „die Rechte des Vaters"[2289].

4. Gertrud die Große betont an einer Stelle die Größe des Wunders, durch das der Mensch, das zerbrechliche, durch eigene Schuld verachtungswürdige Gefäß, mit der kostbaren Flüssigkeit der göttlichen Gnade gefüllt wird[2290]. Dies konnte nur Christus bewirken, „vera virtus insuperabilis dextrae Excelsi", „die wirklich unüberwindliche Kraft der Rechten des Herrn"[2291].

11.2.4 Mund

1. Häufig wird im Neuen Testament vom Mund geredet, den Jesus hat. Eine eigentliche Identifizierung Jesu mit ihm findet aber nicht statt. Auch in der Alten Kirche ist „Mund" keine gebräuchliche Metapher für Jesus[2292].

2. Nach Bernhard von Clairvaux schöpfen die Cherubim „ex ipso sapientiae fonte ore Altissimi", „aus dem Quell der Weisheit selbst, dem Mund des Allerhöchsten"[2293]. Es legt sich nahe, daß mit dem Allerhöchsten Gott Vater, dessen Mund Jesus, die Quelle der Weisheit, ist, gemeint ist.

Wesentlich eingehender behandelt Bernhard die Metapher „Mund" in den Predigten zu Hld 1,1. Dabei unterscheidet Bernhard den unmittelbaren Kuß, den nur der Mensch Jesus Christus empfängt, vom Kuß des Mundes[2294]. „Sit os osculans, Verbum assumens; osculatum, caro quae assumutur; osculum vero quod pariter ab osculante et osculato conficitur, persona ipsa ex utroque compactata, mediator Dei et hominum, homo Christus Iesus." – „Es gibt den küssenden Mund, das annehmende Wort, das Geküßte, das angenommene Fleisch. Der Kuß aber, welcher zugleich von beiden vollzogen wird, vom Küssenden und Geküßten, ist die aus beiden verbundene Person, der Mittler zwischen Gott und den Menschen, der Mensch Christus Jesus."[2295] Der Gottmensch stellt gleichsam einen Mund mit zwei Lippen, Gottheit und Menschheit, dar, die im Kuß miteinander verbunden sind. Der Kuß des Mundes ist also das Geheimnis der Menschwerdung des Wortes[2296]. In einer anderen Predigt geht dieser Kuß vom Vater aus: „Os Patris intelligitur Filius." – „Unter dem Mund des Vaters wird der Sohn

---

[2287] BPEPI 2,2,376,19f.
[2288] IS 23,9,89f.,88.
[2289] IS 1,17,139-142,94.
[2290] G 2, 2,6,3,4-6,258-260.
[2291] G 2, 2,6,3,3f.,258.
[2292] Im Mittelhochdeutschen gehört das Wort „mund" zu der fünften Häufigkeitsgruppe; vgl. Singer 69.
[2293] BCO 5,4,8,786,16-18.
[2294] BHLD 1, 2,2,66,26-29.
[2295] BHLD 1, 2,2,3,66,30-68,3.
[2296] BHLD 1, 2,3,7,72,3f.

verstanden."[2297] Diesen „os serenissimi Sponsi", „Mund des erhabensten Bräutigams" darf der Mensch aber nicht ohne Umkehr berühren[2298]. Nur mit viel Bitten und vielen Tränen soll er sein Haupt zu diesem Mund erheben[2299]. Diesen Mund unterscheidet Bernhard von demjenigen, mit welchem Gott die Menschen belehrt, weil er nur ein Wirken Gottes, aber nicht ihn selbst bezeichnet[2300]. In einer anderen Stelle nennt Bernhard die wechselseitige ewige Liebe des Vaters und des Sohnes Kuß[2301]. So stellen Vater und Sohn einen einzigen Mund dar.

3.   Wilhelm von St. Thierry schreibt zum gleichen Schriftvers: „Videndum est quale sit istud osculum, quale os illud suum: qualia labia illud imprimentis, qualia suscipientis." – „Man soll sehen, was jener Kuß ist, was jener Mund, was die Lippen, die ihn aufdrükken und die ihn empfangen."[2302] Auch bei Wilhelm ist die Hinwendung und der Kuß die wechselseitige Liebe des Vaters und des Sohnes[2303], welche er mit dem Heiligen Geist gleichsetzt[2304]. Auch er macht deutlich, daß wir nicht diesen direkten Kuß erhalten. Wir berühren nicht den Mund, sondern der Mund berührt uns, wenn wir Anteil an der Erkenntnis und der Liebe der Wahrheit erhalten[2305]. So soll der Sohn uns küssen mit dem gleichen Mund, mit dem er vom Vater geküßt wurde[2306]. Genauso gut kann man auch sagen, wir werden von dem Mund des Vaters geküßt, weil Vater und Sohn eins sind[2307].

4.   Isaak von Stella legt in einer Predigt den Beginn der Bergpredigt aus „Et cum sedisset aperuit ossum." – „Und als er sich gesetzt hatte, öffnete er seinen Mund (Mt 5,1)."[2308] „Os, unde osculum petit sponsa. Os pretiosae supellectilis in quo erant omnnes thesauri sapientiae et scientiae absconditi.» – «Es ist der Mund, von dem die Braut den Kuß erbittet, der Mund des kostbaren Vorrats, in dem alle Schätze der Weisheit und der Wissenschaft verborgen sind.»[2309] Mit dieser Charakteristik des Mundes wird deutlich, daß Isaak hier nicht ein Organ, sondern die ganze Person Jesu meint. Das Pfingstfest beschreibt Isaak in einer Predigt folgendermaßen: „Hodie … osculatur Dominus servum, imo amicus amcium osculo oris sui. Si enim Filius os Patris intelligitur, recte et Spiritus osculum oris dicitur." – „Heute … küßt der Herr den Knecht, ja der Freund den Freund mit dem Kuß seines Mundes. Wenn nämlich zu Recht der Sohn als der

---

[2297]   BD 89,1,690,7.
[2298]   BHLD 1, 3,1,2,76,20-78,2.
[2299]   BHLD 1, 3,3,5,82,9-13.
[2300]   BHLD 1, 4,3,4,88,2-6.
[2301]   BHLD 1, 8,1,1,120,23f.
[2302]   WHLDB 5,412A.
[2303]   WHLDB 6,412C.
[2304]   WHLDB 6,412D.
[2305]   WHLD 6,413A.
[2306]   WHLD 6,412B.
[2307]   WHLD 6,413B.
[2308]   IS 1,12,85,90.
[2309]   IS 1,13,92-94,92.

Mund des Vaters verstanden wird, so wird der Geist der Kuß des Mundes genannt."[2310]

5. Johannes von Ford sieht im Sprechen Jesu etwas anderes als ein alltägliches Reden. „Ad uerba gratiae, virtutis et sapientiae aperit os suum, qualia nulli hominum seu angelorum loqui datum est." – „Er öffnet zu solchen Worten der Gnade, der Kraft und der Weisheit seinen Mund, wie es keinem der Menschen oder Engel zu sprechen gegeben ist."[2311] Es ist der Mund, durch welchen Christus ertönt, „immo in quo se ipsum Christus loquatur", „ja durch den Christus sich selbst ausspricht"[2312].

6. Hugo von St. Viktor unterscheidet zwischen dem inneren Wort und dem nach außen gerichteten Werk Gottes. Ist das innere Wort „quasi mentis conceptio", „gleichsam eine Empfängnis des Geistes", so ist das sichtbare Werk „quasi oris prolatio", „gleichsam ein Hervorbringen mit dem Mund"[2313]. Im Unterschied zu den anderen Werken Gottes, die vergehen, bleibt aber das Werk der Weisheit, worunter der menschgewordene Sohn Gottes zu verstehen ist, für immer bestehen[2314].

7. Richard von St. Viktor sehnt sich nach der Süße, die man von dem Kuß des Bräutigams empfängt; denn der Honig tropft von seinen Lippen[2315]. Er führt auch die Unterscheidung des Wortes, das vom Herzen, und desjenigen, das vom Mund ausgeht, an. Bei Gott gilt diese Unterscheidung aber nicht so, als ob es zwei verschiedene Worte und damit Jesus nicht das einzige ewige Wort des Herzens des Vaters wäre[2316].

8. Ähnlich argumentiert Hildegard von Bingen. Wenn vom Menschen ein Wort aus dem Mund hervorgeht, kann es auch vergehen. Bei dem Wort Gottes, das vom Vater ausgeht und im Schoß der Jungfrau Mensch wird, bleibt es aber zugleich untrennbar beim Vater[2317].

9. Einen anderen Aspekt der Menschwerdung hebt das St. Trudperter Hohelied hervor. Zu Maria sprach Gott bei der Empfängnis seines Sohnes ein Wort, das aus dem Herzen seines Erbarmens hervorging[2318]. „Ez gie durch den Mund sîner güete und sîner genâde." – „Es ging durch den Mund seiner Güte und seiner Gnade hervor."[2319]

10. Ähnlich wie Hugo von St. Viktor sieht Ida von Nijvel ihren Bräutigam Jesus bei einer Krankheit als weißgekleideten Mann, „de cuis ore manabat liquor quidam aspectu delectabilis", „aus dessen Mund eine Flüssigkeit von frohmachendem Aussehen floß"[2320].

[2310] IS 45,12,112-115,104.
[2311] JHLD 23,2,35-38,194.
[2312] JHLD 24,3,67f.,195.
[2313] HAN 2,16,645B.
[2314] HAN 2,16,645C.
[2315] RVPS 30,273D.
[2316] RVTR 6,12,404-406.
[2317] HISV 1, 2,2,8,186-193,130.
[2318] TH 9,1f.,36.
[2319] TH 9,5,36.
[2320] IN 22,254.

11. Hadewijch beschreibt einmal die Einheit mit ihrem geliebten Herrn als ein Genießen von „mont in mont", „von Mund zu Mund"[2321]. Oder: „Sinen mont sietmen gheneighet tote ons te cussene diene wilt." – Seinen Mund sieht man zum Küssen zu uns geneigt für den, der es will."[2322]

12. Relativ häufig gebraucht Mechthild von Magdeburg die Metapher „Mund". Was die Heiligen erleuchtet, „das ist alles geflossen usser sinem gŏtlichen ateme und von sinem menschlichen munde von dem rat des heligen geistes", „dies ist alles aus seinem göttlichen Atem und von seinem menschlichen Mund nach dem Rat des Heiligen Geistes geflossen"[2323]. Hinter den Adjektiven „göttlich" und „menschlich" in Verbindung mit dem Heiligen Geist verbergen sich Gott Vater und Gott Sohn[2324]. Wir haben es hier mit einer Dreifaltigkeitsaussage zu tun. Dann bezeichnet der „menschliche Mund" den Mund des Sohnes Gottes. Nicht so eindeutig ist die Zuweisung des Mundes an den Sohn Gottes bei folgender Aussage: Der ungeteilte Gott der Dreifaltigkeit erfüllt die Menschen „mit dem unlidigen ateme sines vliessenden mundes", „mit dem leidenslosen Atem seines fließenden Mundes"[2325].

Auf die Einheit des Menschen mit Jesus Christus beziehen sich folgende Stellen: Der Bräutigam spricht zur Braut: „Sich, ... wie reht min munt si." – „Siehe, ... wie recht mein Mund ist."[2326] Natürlich meint dies nicht, daß Christus einen geraden und keinen verzogenen Mund hatte. Das was aus dem Mund kommt, ist recht, entspricht der Gerechtigkeit. Jesus als Lamm Gottes „sŏg ir herze mit sinem sŭssen munde. Ie me es sŏg ie me si es im gonde", „zog ihr (= Mechthilds) Herz mit seinem süßen Mund an sich. Je mehr es zog, desto mehr gönnte sie es ihm"[2327]. Umgekehrt aber zieht auch Mechthild mit ihrem Seufzer den Herrn an sich[2328], weil aus seinem Mund die auserwählten Worte kommen, wenn sie ihr Ohr an eben diesen Mund legt[2329]. Im Hinblick auf diese Einheit sagt Mechthild: „Din munt und mi ist ein ungekust." – „Dein Mund und meiner ist eins, ungeküßt."[2330] Das nachgestellte „ungeküßt" ist schwer zu erklären. Es steht in einer Reihe dreier weiterer Aussagen über die Einheit, die jeweils mit einem Adjektiv enden, welches etwas Unvollkommenes ausschließt[2331]. Offensichtlich soll mit dem „ungeküßt" die Einheit zweier Münder im Kuß noch überboten werden. Ähnlich heißt es von der Einheit zwischen dem gottmenschlichen Bräutigam und der menschlichen Seele: „Da sprichet munt ze munde." – „Da spricht Mund zu Mund."[2332]

[2321] HAB 9,8f.,79.
[2322] HAB 22,156f.,194.
[2323] MM 1,44,66-68,30.
[2324] Z.B. MM 4,12,19-21,123.
[2325] MM 2,3,20,39; vgl. auch MM 2,26,13f.,68.
[2326] MM 1,29,3,22.
[2327] MM 2,4,100f.,44.
[2328] MM 2,6,4,45.
[2329] MM 2,6,12-21,45.
[2330] MM 2,25,137,67.
[2331] MM 2,25,134-136,67.
[2332] MM 4,14,43,129.

13. Auch in der Mystik von Helfta spielt das Bild des Mundes bei der Erklärung der Einheit Jesu mit dem Menschen eine Rolle.

In der Spiritualität der Mechthild von Hackeborn steht das Lob Gottes zentral. Damit sie es vollziehen kann, drückt der Sohn Gottes seinen rosenfarbenen Mund auf ihre Seele[2333]. So spricht der Herr zu ihr: „Os etiam meum tibi do, ut omnia quae loquendo, orando, sive cantando proferre debes, per illud facias." – „Ich gebe dir auch meinen Mund, damit du alles, was du durch Sprechen, Beten oder Singen hervorbringen sollst, durch ihn tust."[2334] Ferner sagt Jesus ganz allgemein: „Veni ore ad os per osculum." – „Ich komme durch den Mund zum Mund durch den Kuß."[2335] Während der Priester Mechthild bei der Kommunion die Hostie auf den Mund legt, bietet der Herr sich der Seele ganz dar, „os suum roseum ad osculandum", „seinen rosenfarbenen Kuß zum Küssen"[2336]. Die Menschen, die mit den Herrn eins werden, gleichen Vögeln, die bis zu seinem Mund fliegen und diesen küssen[2337]. Mechthild selbst soll auch diesen Mund loben, weil er Christi Weisheit darstellt, mit der er alles gut und richtig geordnet hat[2338].

14. Gertrud die Große verwendet nicht so häufig diese Metapher. Wenn Gertrud Angst vor dem Richter Christus hat[2339], bittet sie diesen: „Aperi nunc os tuum!" – „Öffne nun Deinen Mund!"[2340] Denn von ihm will sie einen Rat, was sie tun soll[2341]. Damit Gertrud immer das Rechte spricht, soll sie den Mund des Herrn als Sprechzimmer oder Kapitelsaal erwählen[2342].

15. Von Lukardis von Oberweimar wird berichtet, daß Jesus seinen Mund an den ihren legt, damit sie den Heiligen Geist empfängt[2343].

16. Christina von Hane schaut Arme Seelen, die aus dem Fegfeuer durch ihre Fürbitte befreit werden. Dabei hört sie, wie der Herr sie mit seinem süßen Mund und seiner übersüßen Stimme voll des Trostes zum Himmel einlädt[2344].

17. Folgendermaßen beschreibt Petrus von Dazien eine „unio mystica" Christi mit Christina: Sie erhält einen Kuß, „non os ori tamen coniungens, sed cristo christinam uniens", „der doch nicht den Mund mit dem Mund verbindet, sondern Christina mit Christus vereint"[2345].

18. Der Verfasser der Vita der Agnes von Blannbekin beschreibt folgendermaßen die „unio mystica": Christus als Lamm stand neben Agnes, „qui genas ejus ore suo deos-

---

[2333] MH 1,1,9.
[2334] MH 2,34,179.
[2335] MH 4,13,269.
[2336] MH 4,46,302.
[2337] MH 4,22,279.
[2338] MH 3,6,203.
[2339] G R 7,457-459,236.
[2340] G R 7,464,238.
[2341] G R 7,464-468,238.
[2342] G 3, 3,28,1,16f.,128.
[2343] LO 28,324,7-12.
[2344] CH 2, 211.
[2345] CS 1, B 5,12,77,14-17.

culabatur", „der ihre Wangen mit seinem Mund küßte"[2346]. Eine Ekstase ist ja das Empfangen des Friedensgrußes aus dem Munde des Heilandes[2347].

19. Zusammenfassend läßt sich über die Metapher „Mund" im christologischen Kontext sagen: Eine große Wirkungsgeschichte hatte die Bitte der Braut: „Er küsse mich mit dem Kuß seines Mundes" (Hld 1,1) gehabt.

19.1 Der ewige Sohn Gottes ist der Mund des Vaters[2348], des Allerhöchsten[2349]. Aber auch die Einheit zwischen Vater und Sohn wird Mundkuß genannt[2350]. Es kann der Vater auch der Atem und der Sohn der Mund genannt werden[2351].

19.2 Der menschgewordene Sohn Gottes ist durch die Menschwerdung[2352] ein Kuß mit dem Mund, dessen Oberlippe seine Gottheit und dessen Unterlippe seine Menschheit bildet[2353]. In Maria kam der Sohn, der von dem Mund der Güte Gottes ausgegangen war[2354]. Man muß den Mund, mit dem er spricht, und der ihn selbst bezeichnet, unterscheiden[2355].

19.3 Der Mensch sehnt sich nach dem Kuß des Mundes, nämlich nach dem Bräutigam Christus[2356]. Durch seinen Mund kann man Belehrung[2357] und Süße[2358] empfangen; denn durch diesen Mund spricht Christus nicht irgend etwas, sondern sich selbst aus[2359]. Auch die Ekstase wird Mundkuß genannt[2360]. In der Einheit wird der Mensch mit dem gleichen Kuß geküßt[2361], mit dem der Sohn den Vater seit Ewigkeit küßt[2362]. Es ist ein Schenken[2363], ein Neigen[2364], ein Ziehen[2365] des Mundes und ein Genießen[2366], eine Einheit[2367], ein Sprechen[2368] von Mund zu Mund. Weil man durch den Mund den Heiligen Geist empfängt[2369], geschah dieser Kuß am Pfingstfest zum ersten Mal[2370].

[2346] AB 154,25f.,332.

[2347] AB 233,30-33,478.

[2348] BD 89,1,690,7.

[2349] BCO 5,4,8,786,16-18.

[2350] BHLD 1, 8,1,1,120,23f.; WHLDB 6,412C.

[2351] MM 1,44,66-68,30.

[2352] BHLD 1, 2,3,7,72,3f.; HISV 1, 2,2,8,186-193,130.

[2353] BHLD 1, 2,2,3,66,30-68,3.

[2354] TH 9,5,36.

[2355] BHLD 1, 4,3,4,88,2-6.

[2356] BHLD 1, 3,1,2,76,20-78,2; IS 1,12,85,90; 1,13,92-94,92.

[2357] WHLD 6,413A; JHLD 24,2,35-38,204.

[2358] RVPS 30,273D; IN 22,254.

[2359] JHLD 24,3,67f.,204.

[2360] AB 233,30-33,478.

[2361] MH 4,46,302; CS 1, B 5,12,77,14-17.

[2362] WHLD 6,412B.

[2363] MH 2,34,179.

[2364] HAB 22,156f.,194.

[2365] MM 2,4,100f.,44.

[2366] HAB 9,8f.,79.

[2367] MM 2,25,137,67.

[2368] MM 4,14,43,129.

[2369] LO 28,324,7-12.

[2370] IS 45,12,112-115,104.

11.3 Kleidung

1. In der Schrift ist von den Kleidern, die Jesus trug und welche sich in der Verklärung verwandelten, die Rede. Wenn er erscheint, wird seine besondere Kleidung erwähnt. Diese Stellen stehen in keiner näheren Beziehung mit dem, was wir behandeln. Es geht nicht darum, daß Christus Kleider hat, sondern daß das Kleid eine Metapher für ihn selbst ist. Näher an unserem Thema ist die Aufforderung, sich von Christus ein Kleid zu kaufen (Offb 3,18). Wenn auch Christus nicht direkt Kleid oder Gewand genannt wird, steckt die Vorstellung eines Kleidungsstückes doch hinter der Aufforderung, Christus anzuziehen (Röm 13,14; Gal 3,27). Die Alte Kirche und das frühe Mittelalter identifizierten Christus mit einem Gewand[2371]. In unseren Texten wird häufig der Erwerb von Tugenden mit dem Anziehen von Kleidern verglichen[2372].

2. Jean von Fécamp bittet Christus: „Indue me uestem illam praetiosam non habentem maculam neque rugam." – „Ziehe mich als jenes kostbare Kleid an, das keine Makel und Falten hat."[2373] Dies erinnert an das Anziehen Christi, das in der Taufe stattfindet. Durch die folgende Stelle wird dies bestätigt: „Monet Apostolus: ‚Induimini Iesum Christum (Röm 13,14).' Hanc uestem praetiosam indui optat anima mea." – „Der Apostel mahnt: ‚Ziehet Jesum Christum an.' Dieses kostbare Kleid anzuziehen, wünscht meine Seele."[2374] Unmittelbar darauf erhält diese Aufforderung einen stark moralischen Sinn: „Sed quid est induere Dominum Iesum Christum nisi ambulare sicut ipse ambulauit." – „Aber was heißt, den Herrn Jesus Christus anzuziehen, anderes als wandeln, wie er selbst gewandelt ist."[2375]

3. Bernhard von Clairvaux wandelt Gal 3,28 nur leicht um, wenn er schreibt: „Quoquot enim in Christo Iesu baptizati sumus, Christum induimus." – „Wir alle, die in Christus Jesus getauft sind, ziehen Christus an."[2376] An einer anderen Stelle preist Bernhard die Demut: „Denique illa se induit, ut appareret homnibus." – „Schließlich hat er sich mit ihr bekleidet, um den Menschen zu erscheinen."[2377] Ganz anders aber sieht sein Gewand aus, wenn er zum Vater in der Himmelfahrt zurückkehrt: „Quam formosus in stola tua demum, Rex gloriae, in alta caelorum te recipis." – „Wie wohlgestaltet in Deinem Gewand ziehst Du Dich als König der Herrlichkeit in die Höhen der Himmel zurück."[2378] Bernhard verbindet die Frau, die mit der Sonne bekleidet ist, (Offb 12,1) mit Maria. Sie hat die Aufforderung in Röm 13,14 wahrgemacht und Christus als Gewand angelegt[2379]. Bei ihr liegt es, einander als Kleid anzulegen. „Vestis eum, et vestiris ab eo. Vestis eum substantia carnis, et vestit ille te suae gloria maiestatis." – „Du beklei-

---

[2371] Vgl. Forstner 418-420; Grinda 791-794.
[2372] Vgl. Weiß, Ekstase 452-456.
[2373] JFC 2,8,366f.,132.
[2374] JFC 2,9,413f.,134.
[2375] JFC 2,9,415f.,134.
[2376] BD 11,1,268,12f.
[2377] BB 1, 42,6,24,482,8.
[2378] BHLD 2, 45,6,9,124,20f.
[2379] BOASSPT 6,602,8-11.

dest ihn und wirst von ihm bekleidet. Du bekleidest ihn mit der Substanz des Fleisches, und er bekleidet dich mit der Herrlichkeit seiner Majestät."[2380]

4. Gilbert von Hoyland sieht das Anziehen Jesu Christi in einem mehr moralischen Sinn. Christus hat man angezogen, „cum te indueris viscerae misericordiae benigitatem, charitatem", „wenn du anziehst die Güte des herzlichen Erbarmens und die Liebe"[2381]. Es gibt aber auch ein Anziehen durch den Glauben, was im Gedenken und Betrachten der Wahrheit geschieht[2382].

5. Besonders häufig verwendet Johannes von Ford diese Metapher für Christus. Die Kirche Christi, die vor seinem Leiden voll Makel und Runzeln war, hat durch sein rotgefärbtes Gewand erhalten[2383]. Christus selbst erhielt bei seiner Empfängnis ein von der Jungfrau Maria durch den Heiligen Geist gewobenes Kleid[2384]. Es trägt die Aufschrift „König der Könige. Herr aller Herren"[2385]. So hat er schon seit der Stunde seiner Empfängnis das Gewand der Herrlichkeit und die Krone des Reiches[2386]. Dies hindert ihn aber nicht, auch das Gewand der Sterblichkeit zu tragen, das vom alten Menschen stammt[2387]. Für den Gläubigen wird Christi Gerechtigkeit eine unzerreißbare Tunika, die er anziehen kann[2388]. Gottes Sohn hat ja vom Vater die Macht erhalten, die Sünder in der Taufe mit dem besten Gewand anzuziehen[2389].

6. Nach dem Autor des Traktates „Speculum virginum" tragen die jungfräulich lebenden Menschen schon das Gewand der Engel, daß letzlich aber von Christus stammt[2390].

7. Hildegard von Bingen erwähnt bei Christus „tunicam illam, que in utero uirginis germinabit, quam persona filii pro salute hominis induens", „jene Tunika, welche im Schoß der Jungfrau sprossen wird, welche die Person des Sohnes für das Heil der Menschen anziehen wird"[2391]. Unter diesem Gewand ist die Menschheit Jesu verstanden. Diese Stelle darf man aber nicht doketisch verstehen, als ob die Menschheit Jesu für seine Gottheit nur ein auswechselbares Kleid wäre. Denn unmittelbar darauf schreibt sie: „A qua tunica diuinitas numquam recedet." – „Von welcher Tunika die Gottheit niemals weichen soll."[2392] Ganz ähnlich schreibt Hildegard an einer anderen Stelle: „Filius Dei indumentum carnis assumpsit, quod sancte duinitati adhesit." – „Der Sohn

---

[2380] BOASSPT 6,602,12f.
[2381] GHLD 9,3,54B.
[2382] Ebenda.
[2383] JHLD 5,1,40-42,62.
[2384] JHLD 8,4,132-136,83.
[2385] JHLD 8,4,137-140,83.
[2386] JHLD 35,2,27-29,267f.
[2387] JHLD 92,9,180-182,627.
[2388] JHLD 8,6,181-183,84.
[2389] JHLD 9,1,23-27,88.
[2390] SP 4,358,19-24.
[2391] HIO 2,1,43,26-28,328.
[2392] HIO 2,1,43,29,328.

Gottes hat das Kleid des Fleisches angezogen, welches an der heiligen Gottheit hängt."[2393]

8. Maria von Oignies unterscheidet das innere Gewand Christi von seinen äußeren Kleidern. Er trug das Vlies des makellosen Lammes, „quae veste nuptiali interius ornabatur, quae Christum intrinsecus induerat", „welches durch das Hochzeitsgewand innen geschmückt wurde, welches Christus innerlich anzog"[2394]. Mit diesem Gewand ist die leidensfähige Menschheit, in der er zum Opferlamm wurde, gemeint. Weil dieses Gewand so kostbar war, braucht Christus sich um keinen anderen Schmuck zu kümmern und trug außen gewöhnliche Kleider[2395].

9. Auch nach Hadewijch gibt es ein Kleid, „daer god hem seluen met cleedde ende cierde, doen hi mensche leuede", „mit dem sich Gott selbst kleidete und zierte, als er als Mensch lebte"[2396]. Schaut man genauer hin, ist dieses Kleid aber nicht die Menschheit Jesu an sich, sondern die Bedingungen unter denen er als Mensch lebt und zu denen seine Demut und Ohnmacht gehören[2397].

10. Mechthild von Magdeburg schildert die „unio mystica" der Braut mit dem Bräutigam im Bild des Kleiderwechsels: „Du kleidest dich mit der sele min und du bist ŏch ihr nehstes cleit." – „Du kleidest Dich mit meiner Seele, und Du bist auch ihr nächstes Kleid."[2398] Oder: „Din kleit und min ist ein, unbevleket." – „Dein Kleid und meines ist eines, unbefleckt."[2399] Wer Gott so verkosten will, der muß die Krone der Demut, der Keuschheit und der höchsten Liebe haben[2400]. „Dis selbe wunnecliche cleit treit an ir die helig drivaltekeit: der vatter die hŏhi der minne, der sun die demütigen luteren kúschheit, ... der helig geist das minnenbrenen zů úns." – „Dies selbe wonnevolle Kleid trägt an sich die Heilige Dreifaltigkeit: der Vater die Höhe der Minne, der Sohn die demütige, lautere Keuschheit, ... der Heilige Geist das Minnebrennen zu uns."[2401] Die demütige, reine Keuschheit, die der Sohn als Gewand trägt, bedeutet wieder die niedrigen Umstände seines Lebens und Sterbens auf Erden.

Mechthild schildert, wie sie die Gottesfremde erleidet[2402]. Am Ende steigt die Pein auf zum Himmel[2403]. „Do begegente ir únser herre vor des riches túr und sprach: ‚Sit willekomen, vro pine, ir sint das nehste cleit, das ich in ertrich trůg an minem libe und aller der welte smacheit was min hŏhstes umbecleit'." – „Da begegnete ihr unser Herr vor des Himmelreiches Tür und sprach: ‚Sei willkommen, Frau Pein, ihr wart das nächste Kleid, das ich auf Erden an meinem Leib trug, und aller Welt Schmach war mein

[2393] HIO 3,1,2,50f.,347.
[2394] MO 1,4,37,555.
[2395] Ebenda.
[2396] HAB 30,86f.,255.
[2397] HAB 30,87-95,255.
[2398] MM 2,5,7f.,44.
[2399] MM 2,25,136,67.
[2400] MM 7,17,28-31,269f.
[2401] MM 7,17,31-34,270.
[2402] MM 4,12,34-82,124-126.
[2403] MM 4,12,86-88,126.

kostbarster Mantel.'"[2404] Wieder bedeutet das Kleid die leidvollen Umstände der Menschheit Jesu.

11. Ähnlich wie ihre Namensvetterin aus Magdeburg sieht Mechthild von Hackeborn Jesus mit einem grünweißen Seidengewand, das seine Unschuld und seinen Wandel darstellt, bekleidet[2405]. Gegürtet ist er mit der Demut und dem Leiden, mit dem er die Erlösung erwirkt hat[2406]. Auch hier bedeuten das Gewand und der Gürtel die leidvollen Bedingungen der irdischen Existenz Jesu. Da Mechthild nicht weiß, wie sie sich auf das Kommen Jesu zur innigen Einheit bereiten soll, wird sie von Jesus bekleidet mit einem weißen Gewand seiner Unschuld und mit einem rosafarbenen seines Leidens[2407]. Bei einem Kommunionempfang teilt der Herr ein leuchtend weißes Kleid jedem, der wahrhaft Reue hat, zu, welches seine Unschuld bedeutet[2408]. Ein anderes Mal bekleidet Jesus Mechthild „veste virtutum suarum perfectissimarum", „mit dem Kleid seiner vollkommensten Tugenden"[2409]. Wieder ein anderes Mal sieht sie die Kleider, welche die Werke der Menschheit Jesu bedeuten, die sie anziehen soll[2410]. Wenn sie die Kindheit Jesu lobt, zieht sie ein purpurnes Kleid mit Dreiecken an, das die Majestät der Dreifaltigkeit darstellt. Gedenkt sie der Jugend Jesu, bekleidet sie sich mit einem grünen Kleid, geschmückt mit Rosen, welches die Wonnen der Gottheit Jesu anzeigt. Ein rubinfarbenes Kleid, das Lilien trägt, bedeutet die Erinnerung an das Leiden und den Tod Jesu[2411]. In einer anderen Vision sieht sie Jesus mit einem rubinfarbenen Mantel, welcher sein Leiden darstellt[2412]. Auch wenn Jesus selbst nicht „Kleid" genannt wird, so kommen bei Mechthild doch seine verschiedenartigen Tugenden und Verdienste in der Gestalt von Gewändern vor.

12. In der Übung zur Erneuerung der Taufe läßt Gertrud den Menschen beten: „Fac me te induere, ut secundum te possim vivere!" – „Laß mich Dich anziehen, daß ich nach Dir leben kann!"[2413] In einer zweiten Bitte wird das Anziehen des Taufkleides erwähnt[2414]. Offensichtlich ist das Gewand der Taufe mit Christus identisch. Am Fest Maria Lichtmeß wartet Christus, „vestitor coelestium lumnarium", „derjenige, der die himmlischen Lichter bekleidet"[2415], damit Gertrud sich mit der Kindheit bekleidet[2416], denn auch Jesus hat das weißglänzende Kleid der Kindheit angezogen[2417]. Er trägt auch

---

[2404] MM 4,12,88-91,126. Das „nehste cleit" meint hier das „innig geliebte Kleid".

[2405] MH 1,4,14.

[2406] Ebenda.

[2407] MH 1,23,82.

[2408] MH 4,2,259.

[2409] MH 2,18,153.

[2410] MH 3,28,231f.

[2411] MH 3,28,232. Gezeigt werden vier Kleider (MH 3,28,231), von denen eines mit himmelsblauer Farbe bei der Erklärung nicht mehr vorkommt.

[2412] MH 3,49,251.

[2413] G R 1,162f.,56.

[2414] G R 1,163f.,56.

[2415] G 2, 2,16,6,1,296.

[2416] G 2, 2,16,6,5f.,296.

[2417] G 2, 2,16,6,14f.,296.

ein grünes Gewand, weil in ihm immer die Demut grünt[2418]. Als Umhang trägt er das königliche Kleid der Liebe[2419]. Auch Maria, seine Mutter, ist auf ähnliche Weise geklei-det[2420]. Zur Vorbereitung des Kommunionempfangs kleidet Jesus Gertrud mit sich selbst[2421]. Das heißt, sie wird angezogen mit dem weißen Hemd seiner Unschuld und der violetten Tunika seiner Demut[2422]. Wieder ein anderes Mal legt der Sohn Gottes sich den Wandel seines ganzen Lebens wie ein Kleid um[2423]. Alles, was der Mensch Gutes in Gedanken und Werken getan hat, blüht wie Rosen und Lilien an den Gewän-dern Christi[2424]. Die Menschen erhalten ein Gewand, in welches Blumen eingewebt sind, die das Leiden Christi bedeuten[2425].

13. Christus spricht zu Christina von Hane: „Du byst gecleyt myt dem wyßen helfen-beynnen myner menscheit." – „Du bist gekleidet mit dem weißen Elfenbeim meiner Menschheit."[2426] Dabei ist wohl an ein elfenbeinfarbenes Gewand gedacht, welches die Unschuld Jesu bezeichnet.

14. Nach dem Gedicht des Lutwin „Adam und Eva" besteht die Menschwerdung darin, daß „dine starke gotheit in unsere swachen forme cleit", „Deine starke Gottheit sich in unsere schwache Gestalt kleidet"[2427].

15. Zusammenfassend läßt sich über die Metapher „Kleid" sagen: 15.1 Christus soll den Menschen mit sich selbst bekleiden[2428], was in der Taufe geschieht[2429]. Auch zum Kommunionempfang wird man mit Christus bekleidet[2430]. Er zieht auch den Men-schen mit seinen eigenen Tugenden, wie der Demut[2431], Gerechtigkeit[2432], Güte[2433], Liebe[2434] und Unschuld[2435], an. Die Kirche erhält von ihm ein mit seinem Blut gefärb-tes Gewand[2436].

15.2 Christus zieht auch selbst ein Gewand an. Von Maria erhält er das Kleid der Menschheit[2437], welches er niemals auszieht[2438]. Oft meint das Gewand, das er seitdem

---

[2418] G 2, 2,16,6,15-18,296.
[2419] G 2, 2,16,6,20-22,298.
[2420] G 2, 2,16,6,22-28,298.
[2421] G 3, 3,18,4,1-9,82.
[2422] G 3, 3,18,11,1-6,90.
[2423] G 3, 3,23,1,9-13,116.
[2424] G 3, 3,68,3,10-13,278.
[2425] G 4, 4,7,4,7-10,102.
[2426] CH 2, 217.
[2427] Lutwin: Adam und Eva. Adams Tod und Bestattung 288f., in: Die Deutsche Literatur vom Mittelalter bis zum 20. Jahrhundert, 1,1,207.
[2428] JFC 2,8,366f.,132; G R 1,162f.,56; CH 2, 217.
[2429] JFC 2,8,366f.,132; 2,9,413f.,134; BD 11,1,268,12f.; JHLD 9,1,23-27,88; G R 1,163f.,56.
[2430] G 3, 3,18,4,1-9,82.
[2431] BB 1, 42,6,24,482,8; G 2, 2,17,6,15-18,296; 3, 3,18,11,1-6,90.
[2432] JHLD 8,6,181-183,84.
[2433] GHLD 9,3,54B.
[2434] G 2, 2,17,6,20-22,298.
[2435] MH 1,23,82; 4,2,259; G 3, 3,18,11,1-6,90.
[2436] JHLD 5,1,40-42,62.
[2437] BOASSPT 6,602,12f.; JHLD 8,4,132-136,83; HIO 2,1,43,26-28,328; 3,1,2,50f.,347; MH 3,28,231f.
[2438] HIO 2,1,43,29,328.

trägt, nicht die Menschheit schlechthin, sondern die Eigenschaften des irdischen, oft armseligen Menschseins, wie Demut[2439], Keuschheit[2440], Ohnmacht[2441], Leidensfähigkeit[2442], Schmach[2443], Sterblichkeit[2444] und Unschuld[2445]. Diese Kleider trägt er nicht für immer. Wenn er zum Vater zurückkehrt, erhält er ja das Gewand der Herrlichkeit[2446].

15.3 Auch die Einheit des Menschen mit Christus wird durch die Metapher des Kleides erklärt. Beide wechseln ihre Kleider[2447] und haben nur ein Kleid an[2448].

[2439] HAB 30,87-95,255; MM 7,17,31-34,270; MH 1,4,14.
[2440] MM 7,17,31-34,270.
[2441] HAB 30,87-95,255.
[2442] MO 1,4,37,555; MH 1,4,14; 3,49,251; G 4, 4,7,4,7-10,102.
[2443] MM 4,12,88-91,126.
[2444] JHLD 92,9,180-182,627.
[2445] MH 1,4,14.
[2446] BHLD 2, 45,6,9,124,20f.
[2447] MM 2,5,7f.,44.
[2448] MM 2,25,136,67.

2. Teil:

REIHEN VON NAMEN UND SCHRIFTSTELLEN

1. KAPITEL:

REIHEN

1. H. J. Sieben[1] hat darauf hingewiesen, wie wichtig schon in der Alten Kirche und im Frühmittelalter die Reihung von Namen Christi war. Dies läßt sich auch für die Mönchstheologie und die frühen deutschen Mystikerinnen sagen. Einige solcher Reihen sollen hier genannt werden. Vollständigkeit ist dabei nicht erstrebt. Wir führen dabei nur solche Nebeneinanderstellungen von wenigstens drei Namen auf. Dabei werden die Anreihungen von Adjektiven ohne Substantive nicht genannt.

2. Jean von Fécamp kennt mehrere solcher Reihen. Der dritte Teil seiner „Confessio theologica" beginnt: „Spes mea Christe, Deus hominum tu dulcis amator, lux, via uita, pax et decus omne tuorum." – „Meine Hoffnung Christus, Gott der Menschen, Du süßer Liebhaber der Menschen, Licht, Weg, Leben, Frieden und ganze Zierde der Deinen."[2] Die Aufzählung dieser sieben[3] Namen steht nicht in einem bekenntnisartigen Satz, sondern in einem Gebet. Dies mag auch erklären, warum hier keine strengen Herrschertitel, sondern Namen, die das menschliche Heil beinhalten, auftauchen. Unmittelbar darauf folgt eine Anrufung von 23 Namen[4]. Da es an zweiter Stelle heißt: „Pater meus sanctus", „mein heiliger Vater"[5], könnte man eine Anrufung Gott Vaters vermuten. Da zu den Namen Christi aber auch „Vater" gehört, ist die Zuweisung an die erste Person der Dreifaltigkeit nicht sicher. Dies gilt auch für die darauf folgenden Abschnitte, bei denen mit Bitten vermischt immer wieder Titel auftauchen, die so lange nicht eindeutig zuzuweisen sind, bis „süßer Christus" Jesus ausdrücklich genannt wird[6]. Ähnliches ist auch zu einer Reihe von Namen in einem späteren Abschnitt zu sagen[7]. Offensichtlich liegt es im Sprach- und Denkstil Jeans, eher in Aneinanderreihung von Namen oder kurzen Ausrufungen und Sätzen das auszudrücken, was ihn bewegt, als größere logisch zusammenhängende Perioden zu bilden.

3. Bernhard von Clairvaux ist dem gegenüber zurückhaltender in Reihungen der Namen Jesu, obwohl er sie auch kennt. Typisch für seine Denkart ist Folgendes: Wenn er einmal Namen nennt wie „Aeternitas, caritas, virtus et sapientia. Et haec omnia Chri-

---

[1] Vgl. Sieben, Nomina passim.

[2] JFC 3,1,1f.,142.

[3] Wenn man will, kann man das vorausgestellte „meine Hoffnung" als achten Namen zählen.

[4] JFC 3,2,9-17,142.

[5] JFC 3,2,9,142.

[6] JFC 3,4,79,145.

[7] JFC 3,26,884-886,170.

stus", „Ewigkeit, Liebe, Kraft und Weisheit, und dies alles ist Christus"[8], fügt er sofort eine ausführliche Erklärung der einzelnen Namen an[9]. Auch an einer anderen Stelle wird die Reihe der Namen Christi mit Zusätzen sofort erklärt: „Imperator in regno, paterfamilias in domo, sponsus in thalamo", „Kaiser im Reich, Familienvater im Haus, Bräutigam im Brautgemach"[10].

4. Wenn Wilhelm von St. Thierry „Dominus Jesus Christus", „Herr Jesus Christus" als drei einzelne Namen auffaßt, kann man sich fragen, ob hier eine Reihe vorliegt. Erwähnt wird diese Stelle wegen der darauf folgenden interessanten Bemerkung: „Mox ut nomen sonuerit in auditu, mysterium etiam nominis effulget in corde, amor in affectu." – „Sobald der Name im Gehör erklingt, leuchtet auf das Geheimnis des Namens im Herzen, die Liebe im Affekt."[11] Folgende innere Haltungen sollen mit dem Aussprechen einzelner Namen verbunden werden: „Herr" soll die Bereitschaft zum Dienst, „Jesus" die Liebe und „Christus" den Gehorsam hervorrufen[12].

5. Isaak von Stella zählt eine Reihe von neun Namen auf, bei welchen die große Anzahl von Metaphern auffällt: „Verbum, imago, splendor, character, figura, candor, brachium, manus, dextera", „Wort, Bild, Glanz, Zeichen, Gestalt, Strahlen, Arm, Hand, Rechte"[13]. Dabei betont er, daß die verschiedenen Bezeichnungen alle nur verschiedene Eigenschaften des einen Wesens Jesu bedeuten[14].

6. Guerricus von Igny erwähnt eine Reihe von Bezeichnungen Jesu, welche seine heilbringenden Wirkungen auf die Menschen beinhalten: „Timor et desiderium nostrum, requies et merces laborantium, dulcedo et amplexus amantium, beatitudo omnium, salvator noster", „Unsere Furcht und Sehnsucht, Ruhe und Lohn der sich Mühenden, Süße und Umarmung der Liebenden, Seligkeit aller, unser Erlöser"[15]. Wenn es aber um das Staunen über das Weihnachtsgeheimnis geht, kann er auch die Namen erwähnen, welche die Größe des Neugeborenen betonen: „Filius Dei datus est nobis, Deus gratiae, Dominus virtutum et Rex gloriae." – „Der Sohn Gottes ist uns gegeben, der Gott der Gnade, der Herr der Kräfte, der König der Herrlichkeit."[16]

7. Johannes von Ford zählt eine Reihe von Namen Jesu auf, die die Eigenschaft ausdrücken, die er mit dem Vater gemeinsam besitzt: „Ambo una lux et ardor unus, lux quia sapientia, quia ueritas, quia sanctitas, quia benignitas." – „Beide (sind) ein Licht und ein Brand, Licht, weil Weisheit, weil Wahrheit, weil Heiligkeit, weil Güte."[17]

8. Im abundanten Stil des Traktates „Speculum virginum" passen Häufungen von Begriffen und Namen: „Christus forma nobis est, via iustitiae, pax mundo furente, requies

[8] BB 1, 18,3,376,3f.
[9] BB 1, 18,376,4-9.
[10] BS 3,91,542,4f.
[11] WHLD 1,1,39,126.
[12] Ebenda.
[13] IS 23,9,89f.,88.
[14] IS 23,9,91f.,88.
[15] GIS Adv 1,4,158-160,102.
[16] GIS Nat 2,3,91-94,182.
[17] JHLD 7,3,134-136,75.

in ipsa persecutione." – „Christus ist für uns Gestalt, Weg der Gerechtigkeit, Friede, wenn die Welt wütet, Ruhe in Verfolgung."[18] Deutlich ist, daß in dieser Reihe das zum Ausdruck gebracht wird, was Christus für uns ist. Allgemeiner ist die Aussage: „Nonne Christus lux est, iustitia, bonitas sanctitas, pietas?" – „Ist Christus nicht das Licht, die Gerechtigkeit, das Gutsein, die Heiligkeit und die Güte?"[19] Eine Aufzählung vieler Metaphern für Christus lautet: „Ipse sol, via, fons, petra, agnus, leo, vitulus, thesaurus, margarita, granum sinapis, clavis David." – „Er (ist) die Sonne, der Weg, die Quelle, der Fels, das Lamm, der Löwe, der Opferstier, der Schatz, die Perle, das Senfkorn, der Schlüssel Davids."[20] Diese Bilder werden dann im einzeln erklärt[21]. Speziell für die Hilfe in dieser Erdenzeit erwähnt der Autor des Traktates folgende Namen Christi: „solem iustitiae, regulam vitae, lumen totius gratiae et disciplinae", „Sonne der Gerechtigkeit, Regel des Lebens, Licht der ganzen Gnade und Zucht"[22]. An einer anderen Reihe wird gezeigt, daß Christus nicht nur Eigenschaften besitzt, sondern mit ihnen auch identisch ist. „Ipse igitur flos florens, sapiens et sapientia, intelligens et intellectus, ipse consulens et consilium, fortis et fortitudo, ipse sciens omnia et perfecta scientia, ipse pius et pietas." – „Er (ist) also blühend die Blüte, weise und die Weisheit, verstehend und der Verstand, er ist ratend und der Ratschlag, stark und die Stärke, er ist alles wissend und das vollkommene Wissen, er ist gütig und die Güte."[23]

9.   Elisabeth von Schönau betont eher die hoheitsvollen Züge bei Gott und Christus, so erstaunt es auch nicht, wenn sie ihn nennt „Dominus maiestatis, unigenitus altissimi, rex divinorum exercituum", „Herr der Majestät, Eingeborener des Allerhöchsten, König der göttlichen Heerscharen"[24].

10.   Beatrijs von Nazareth nennt Jesus „Amator hominum, sponsus animarum, merces laborum, curator infirmantium et consolatio turbatorum", „Liebhaber der Menschen, Bräutigam der Seelen, Lohn der Mühen, Heiler der Kranken und Trost der Verwirrten"[25].

11.   Auch in den mittelhochdeutschen Schriften gibt es solche Reihen. So schreibt David von Augsburg über Christus: „Er unser got ist, unser hêrre, unser vriunt, unser bruoder, unser loesaer und lôhn und unser trôst und unser schirmer." – „Der unser Gott ist, unser Herr, unser Freund, unser Bruder, unser Erlöser und Lohn, unser Trost und unser Schirmer."[26] Eine andere Reihe von Namen steht in einer langen Gebetsanrufung: „Du bist ir hêrre, dû bist ir dinaere, du bist ir vater, dû bist ir muoter, dû bist ir kint, dû bist ihr bruoder, dû bist ihr aller kiuschister und süezister minnender gotlîcher gemahl. Dû bist der wirt, dû bist diu wirtschaft, dû bist ir vreude, dû bist ir schoene, dû

[18] SP 4,312,14f.
[19] SP 4,358,15f.
[20] SP 6,530,15-17.
[21] SP 6,530,19-532,16.
[22] SP 8,694,3-5.
[23] SP 11,894,7-10.
[24] ESI 14,107.
[25] BN 2,14,148,69-71,101.
[26] DV 360,22-24.

bist ir aller wünne volle und ir aller saelde unzergänclîchiu êwikeit." – „Du bist ihr (= der Menschen) Herr, Du bist ihr Diener, Du bist ihr Vater, Du ihre Mutter, Du bist ihr Kind, Du bist ihr Bruder, du bist ihr allerkeuschster und süßester Gemahl. Du bist der Wirt, Du bist die Wirtschaft, Du bist ihre Freude, Du bist ihre Schönheit, Du bist ihre Fülle aller Wonne und ihre unvergängliche Ewigkeit aller Seligkeit."[27] Auch in einer anderen Reihe wird Jesus als der Heilbringer angeredet: „Mit der güete bist dû ein heilaer mîner wunden, ein troester mines sêres, ein loeser mîner bant, ein büezaer mînes heiles, ein vreude mîner trûrekeit, ein lieht mîner vinster, ein vaterlant mînes ellendes." – „Mit der Güte bist Du ein Heiler meiner Wunden, ein Tröster meines Schmerzes, ein Löser meines Bandes, ein Büßer für mein Heil, eine Freude meiner Traurigkeit, ein Licht meiner Finsternis, ein Vaterland meiner Fremde."[28] Bei David kann man die Originalität der Reihungen der Namen bewundern.

12.   Mechthild von Magdeburg liebt im ersten Teil ihres „Lichtes der fließenden Gottheit" Reihen von kurzen Anrufungen des Bräutigams der Seele, bei dem man nicht genau sagen kann, ob mit ihm Gott allgemein oder Jesus gemeint ist. So heißt es: „O keyser aller eren, o crone aller fúrsten, o wisheit aller meistern, o geber aller gaben, o lôser aller gevangnisse!" – „O Kaiser aller Ehren, o Krone aller Fürsten, o Weisheit aller Meister, o Geber aller Gaben, o Löser aller Gefängnisse!"[29] Oder: „O du giessender got an diner gabe, o du vliessender got an diner minne, o du brennender got an diner gerunge, o du smelzender got an der einunge mit dinem liebe, o du rûwender got an minen brústen!" – „O Du gießender Gott in Deiner Gabe, o Du fließender Gott in Deiner Liebe, o Du brennender Gott in Deinem Verlangen, o Du schmelzender Gott in Deiner Einheit mit Deinem Lieb, o Du ruhender Gott an meinen Brüsten!"[30] Wenn sie um die Liebe betet, spricht sie ihn an: „O edeler arn, o sûsses lamp, o fúres glût, entzúnde mich!" – „O edler Adler, o süßes Lamm, o Feuersglut entzünde mich!"[31] In einer anderen Reihe von Ausdrücken will Mechthild festhalten, daß Jesus das Ein und Alles für jeden Menschen ist. „Du bist die sunne aller ôgen, du bist der lust aller oren, du bist dú stimme aller worten, du bist dú kraft aller vromekeit, du bist dú lere aller wisheit, du bist das lip in allem lebende, du bist dú ordenunge alles wesendes." – „Du bist die Sonne aller Augen, Du bist die Lust aller Ohren, Du bist die Stimme aller Worte, Du bist die Kraft aller Frömmigkeit, Du bist die Lehre aller Weisheit, Du bist das Leben in allen Lebenden, Du bist die Ordnung alles Seins."[32] Eine andere Reihe von Namen orientiert sich stärker am Leben Jesu. „O grosser tô der edelen gotheit, o cleine blûme der sûssen maget, o nútzú fruht der schônen blûmen, o heilig oppher des himelschen vatter, o getrúwe lôsephfant aller der welte!" – „O großer Tau der edlen Gottheit, o kleine Blume der süßen Magd, o nützliche Frucht der schönen Blume, o heiliges Op-

[27] DV 360,25-30.
[28] DU 374,12-15.
[29] MM 1,12,2f.,14.
[30] MM 1,17,2-4.
[31] MM 2,2,17,38.
[32] MM 3,2,8,79.

fer des himmlischen Vaters, o getreues Lösepfand aller Welt!"[33] Mechthild bittet Jesus „als minen got und minen herren, als minen schŏppfer und minen lôser, als minen aller mannen liebsten und aller herren werdesten", „als meinen Gott und meinen Herrn, als meinen Schöpfer und meinen Erlöser, als meinen Liebsten unter allen Männern und Wertesten unter allen Herren"[34].

13. Auch Gertrud die Große kennt in ihrem Stil voller Wiederholungen und Reihungen auch Reihen mehrerer Namen Jesu. Ihn ruft sie an: „Eia o mi frater et sponse Iesu, rex magne, deus et agne!" – „Eia, o mein Bruder und Bräutigam Jesus, großer König, Gott und Lamm!"[35] Oder: „Domine me, spes mea, tu gloria, tu gaudium, tu beatitudo mea." – „Mein Herr, meine Hoffnung, Du Herrlichkeit, Du Freude, Du meine Seligkeit."[36] Ihre „Exercitia spiritualia" enden mit einem großen Bitt- und Lobgebet Jesu, bei dem jeder Abschnitt mit je zwei Namen beginnt; liest man aber die Anfänge der Abschnitte hintereinander, ergeben sich insgesamt acht Ausdrücke. So heißt es: „Eia Iesu, amabilis spes mea, sponse fidelis et plenus misericordia!" – „Eia Jesus, meine liebenswerte Hoffnung, treuer Bräutigam voll Barmherzigkeit!"[37] „Eia o aeterna dulcedo animae, cordis mei dilecte unice!" – „Eia, o ewige Süße meiner Seele, meines Herzens einzig Geliebter!"[38] „Eia Iesu, coelestis patris unigenite, pie et misericors domine!" – „Eia Jesus, Eingeborener des himmlischen Vaters, gütiger und barmherziger Herr!"[39] „Eia Iesu, operator sapientissime, artifex praestantissime!" – „Eia Jesus, weisester Werkmeister, überragendster Künstler!"[40] Gertrud verfaßt auch ein Lied zur Ehren Jesu, welches im ersten Teil fast nur aus einer Aneinanderreihung von insgesamt 34 Namen für Jesus besteht[41].

14. Zusammenfassend läßt sich Folgendes über die Reihen von Namen Jesu in unseren Texten sagen:

14.1 Es finden sich keine konstanten Reihen, und es kommen nicht die gleichen Namen und erst recht nicht in der gleichen Reihenfolge immer wieder vor. Man kann sogar eine gewisse Vorliebe für ausgefallene Bezeichnungen feststellen[42]. Die Anzahl der Namen schwankt von drei[43] bis vierunddreißig[44]. In den Texten, in welchen ein abundanter Stil vorherrscht, kommen sich überbietende Reihungen öfters vor[45].

---

[33] MM 5,20,2-4,170f.

[34] MM 6,37,4-6,245.

[35] G R 3,277f.,90.

[36] G R 6,206f.,174.

[37] G R 7,604f.,246.

[38] G R 7,613f.,246.

[39] G R 7,624f.,246.

[40] G R 7,634,248.

[41] G 3, 3,65,3,20-71,264-266.

[42] DAG 360,25-30; DU 374,12-15; MM 1,17,2-4; 2,2,17,38.

[43] BS 3,91,542,4f.; GIS Nat 2,3,91-94,182; MM 2,2,17,38; 6,37,4-6,245.

[44] G 3, 3,65,3,20-71,264-266.

[45] SP 4,312,14f.; 6,530,15-17; und bei Gertrud der Großen.

14.2 Oft stehen solche Reihen in Gebetsanrufungen[46]. Bekenntnisartige Sätze mit mehreren Namen Jesu kommen dagegen nicht vor. Es überwiegen in den Reihen die heilbringenden Ausdrücke für Jesus[47]; doch fehlen auch Namen, welche die überragende Größe Christi betonen, nicht[48]. Gelegentlich werden die Namen ohne, oft auch mit Erklärungen[49] genannt. Es kommen in diesen Reihen nicht selten auch Metaphern für Jesus vor[50].

14.3 Manchmal läßt sich nicht eindeutig entscheiden, ob mit diesen Namen Gott allgemein oder Jesus Christus gemeint ist[51].

---

[46] JFC 3,1,1f.,142; DAG 360,25-30; MM 1,12,2f.,14; 3,2,8,79; G R 3,277f.,90; 6,206f.,174; 7,604f.,613f.,624f.,246; 7,634,248; G 3, 3,65,3,20-71,264-266.

[47] JFC 3,1,1f.,142; GIS Adv 1,4,158-160,102; SP 8,694,3-5; BN 2,14,148,69-71,101; DV 360,22-24; DU 374,12-15; MM 5,20,2-4,170; 6,37,4-6,245; G R 3,277f.,90; 6,206f.,174; 7,604f.,613f.624f.,246; 7,634,248; G 3, 3,65,3,20-71,264-266.

[48] ESI 14,107.

[49] BB 1, 18,3,376,3-9; BS 3,91,542,4f.; SP 6,530,19-532,16.

[50] IS 23,9,89f.,88; SP 6,530,15-17; MM 2,2,17,38.

[51] JFC 3,2,9-17,142; 3,26,884-886,170; MM 1,12,2f.,14; 1,17,2-4,15; 3,2,8,79.

2. KAPITEL:

SCHRIFTSTELLEN

1. Altes Testament

1.1 Alttestamentliche Gestalten

Christus erhält auch Namen alttestamentlicher Personen, so daß es etwa heißt: „Er ist der wahre Salomo." Diese Namen lassen sich aber meist nicht an einzelnen Schriftstellen festmachen.

1.1.1 Abel

1. Jesus setzt sich in eine Beziehung zu Abel, wenn er sagt, daß durch seine Ablehnung alles vergossene Blut, angefangen von Abel, auf die jüdischen Führer kommen wird (Mt 23,35; Lk 11,51). Der Tod Abels wird als Opfer angesehen (Hebr 11,4). Doch Christi Blut hat mehr Wirkkraft als dasjenige Abels (Hebr 12,24). Nicht berücksichtigt werden die Texte, in denen Abel als ein besonderes Vorbild hingestellt wird[1].
2. Bernhard von Clairvaux umschreibt Hebr 12,24, wenn er sagt, daß die Stimme des Blutes Christi, mit der die Vergebung der Sünden verkündet wird, kräftiger ist als die Stimme des Blutes Abels[2].
3. Hugo von St. Viktor legt dar, daß zu keiner Zeit die Heilszeichen den Menschen gefehlt haben: „Prima namque aetate Abel agnum obtulit in sacrificio figuram mortis Christi." – „Denn (schon) in der ersten Zeit brachte Abel ein Lamm zum Opfer als Vorbild des Todes Christi dar."[3]
4. Hildegard von Bingen widmet Abel ein eigenes Kapitel in der fünften Vision des zweiten Teiles ihres Buches „Scivias". Abel hat nicht nur ein Lamm geopfert, sondern „Deo intentionem uoluntatis suae", „Gott die Absicht seines Willens" dargebracht[4]. Damit war er, der Hirte, zugleich ein Vorbild für alle, die Christus für seine Schafe als Hirten eingesetzt hat[5]. Denn mit Abel fangen die Gestalten an, in denen Christus vorausgebildet war[6]. Gott „per sacrificium Abel Filium suum pro redemptione populi

---

[1] BHLD 2,71,2,3,446,2.
[2] BANN 1,4,100,8-10.
[3] HSA 1 2,6,8,454D.
[4] HISV 1, 2,5,2,228-233,178.
[5] HISV 1, 2,5,2,234-251,178.
[6] HISV 2, 3,2,6,200f.,353.

sacrificandum presignauit", „hat durch das Blut des Abel seinen Sohn, der sich zur Erlösung des Volkes heiligen mußte, vorhergezeigt"[7]. Wie bei Christus entstand auch Haß auf den gerechten Abel[8]. Ja, in Abel fing sogar schon die Gerechtigkeit Gottes wieder an[9].

5. Drei Menschen bekommt Mechthild von Magdeburg gezeigt, die ihr unschuldiges Blut vor dem Leiden Christi vergossen haben. Neben den unschuldigen Kindern und Johannes dem Täufer wird nur eine alttestamentliche Gestalt, nämlich Abel, erwähnt[10].

1.1.2 Noah[11]

1. Im Neuen Testament wird Noah im Stammbaum Jesu erwähnt (Lk 3,36). Die Unbußfertigkeit der Menschen ist in den Tagen Jesu genauso groß wie in den Zeiten des Noah (Lk 17,26).

2. Hugo von St. Viktor vergleicht Christus, der die Kirche durch die vielfältigen Versuchungen leitet, mit Noah, der die Arche gesteuert hat[12].

3. Am häufigsten wird Noah bei Hildegard von Bingen erwähnt. Bei diesem fing an sich jene Gerechtigkeit zu zeigen, die in Christus vollendet wurde[13]. Der Heilige Geist hat ja in ihm diese heilvolle Gerechtigkeit vorherverkündet, welche in der Menschwerdung des Sohnes Gottes zu Tage trat[14].

4. Mechthild von Magdeburg schildert, wie Maria die Gaben der drei Weisen aus dem Morgenlande verkauft und mit dem Erlös den Armen hilft[15]. Mit dem nicht benötigten Geld ließ sie ein „hungerlachen", „Hungertuch" anfertigen[16]. Auf einem Teil des Tuches waren dunkle Gestalten angebracht, welche die Schuld der Menschen darstellten, welche Gott bewegte, die ganze Welt außer dem einen Gerechten, Noah, untergehen zu lassen[17]. Auf dem Tuch ist auch die Taube dargestellt, die, ohne sich mit dem Aas zu beschmutzen, zu Noah zurückkehrte[18].

---

[7] HIB 1, 84r,204f.,195.
[8] HISV 2, 3,5,18,489-492,422.
[9] HISV 2, 3,5,19,512,423.
[10] MM 5,34,45-48,195.
[11] Vgl. Forstner 301.
[12] HSA 1 2,6,8,454D.
[13] HISV 2, 3,2,7,224-230,354.
[14] HISV 2, 3,2,27,697-700,369; vgl. HISV 2, 3,10,32,912-917,572.
[15] MM 5,23,105-107,178.
[16] MM 5,23,116-119,178.
[17] MM 5,23,125-127,178.
[18] MM 5,23,132-134,179.

1.1.3 Abraham[19]

1. Häufig wird im Neuen Testament Abraham erwähnt. Im Matthäusevangelium beginnt der Stammbaum Christi mit ihm (Mt 1,1f.17). In Christus ist das in Abraham verheißene Heil verwirklicht (Lk 1,55.73). Denn der Gott Abrahams ist ein Gott der Lebenden (Mt 22,32; Mk 12,26; Lk 20,37). Im Johannesevangelium wird ein Streit Jesu mit seinen Gegnern um die wahre Abrahamskindschaft überliefert (Joh 8,39-58). Auch die Tatsache, daß Abraham bereit war, seinen einzigen Sohn zu opfern, wird erwähnt (Hebr 11,17). Nicht brauchen uns hier die Stellen zu interessieren, in denen Abraham bei der Auseinandersetzung um die Rechfertigung eine Rolle spielt.

2. Gilbert von Hoyland schreibt, daß der Glaube der Kirche das Alte Testament übersteigt. So geht die Braut auch an Abraham vorüber, der selbst auf den kommenden Glauben schauen mute[20].

3. Nach Johannes von Ford sind diejenigen die wahren Söhne Israels, die im Schoß Abrahams in der Erwartung auf das Kommende, die Herrlichkeit des Eingeborenen geschaut haben[21].

4. Auch Hugo von St. Viktor sieht den Höhepunkt des Lebens Abrahams in der Schau Christi. Nach dem Verlassen seiner Heimat „transivit ad contemplandam sapientiam, et venit in terram visionis, quam monstravit ei Deus et vidit claritatem sapientiae et gavisus est", „ging er hinüber, um die Weisheit zu schauen, und kam in das Land der Schau, welches Gott ihm gezeigt hat, und schaute die Klarheit der Weisheit und freute sich"[22]. Die Weisheit, die Abraham schaut, ist natürlich die ewige Weisheit des Sohnes Gottes.

5. Für Hildegard von Bingen ist der Glaube Abrahams bei seiner Beschneidung, in welcher die Dreifaltigkeit schon angezeigt ist[23], ein Berg, der wächst bis zum Wirken des Sohnes Gottes[24]. In Abraham gab es ja schon die richtigen Heilszeichen[25]. In ihm erhebt sich die Gerechtigkeit gegen den Teufel[26], da in ihm die schärfste Schlachtreihe der Gerechtigkeit Gottes ist[27]. In Abraham ist vorausbezeichnet, was Gott an den Menschen tun wollte[28].

6. Wenn Mechthild von Magdeburg mit Christus tanzen will, sendet sie Boten aus „umb den gelöben Abrahe", „um des Glaubens Abrahams willen"[29].

---

[19] Vgl. Forstner 301f.
[20] GHLD 7,5,45C-D.
[21] JHLD 31,1,40-43,245.
[22] HE 10,176C-D.
[23] HISV 2, 3,3,8,317f.,380; HIM 2,51,1068f.,102.
[24] HISV 2, 3,2,1,118-121,351; 3,2,16,451-454,361.
[25] HISV 2, 3,2,13,372-376,359.
[26] HISV 2, 3,2,6,205f.,354.
[27] HISV 2, 3,2,14,401-403,360.
[28] HISV 2, 3,3,1,139-144,374f.
[29] MM 1,44,26f.,28.

1.1.4 Mose[30]

1. Auf dem Berg der Verklärung spricht Christus mit Mose (Mt 17,3f.; Mk 9,4; Lk 9,30.33). Mose hat über Christus geschrieben (Joh 5,46). Christus ist der Prophet, den Mose angekündigt hat (Apg 3,22). Schon Mose hat in der erhöhten Schlange auf das Kreuz hingewiesen (Joh 3,14). Jesus überbietet aber Mose. Wenn nämlich durch Mose das Gesetz kam, so kamen durch Christus die Gnade und die Wahrheit (Joh 1,17). Das wahre Himmelsbrot kam nicht durch Mose, sondern durch Jesus (Joh 6,32).

2. Bernhard von Clairvaux erinnert daran, daß in der Schrift (Num 12,3) Mose als der demütigste und sanftmütigste Mensch genannt wird[31]. Er trat auch für das Volk ein (Ps 105,23), wie eine Mutter, die vom Haus eines Reichen ausgeschlossen sein möchte, wenn sie dorthin ihr Kind nicht mitnehmen darf[32]. Auch wenn Bernhard es an dieser Stelle nicht direkt sagt, spürt man, daß für ihn in Mose Christus vorgebildet ist.

3. Auch Wilhelm von St. Thierry erwähnt die Bereitschaft des Moses, an Stelle des Volkes vernichtet zu werden[33]. Mose bekam auf dem Berg Horeb alles gezeigt, was er für den Bau des heiligen Zeltes wissen mußte; genauso erhält die Braut, wenn sie in das Brautgemach des Bräutigams Christus eintritt, alles für ein rechtes Leben Notwendige gezeigt[34].

4. Nach Isaak von Stella ist die Lehre Mose dadurch, daß aufgeschrieben wurde, zur „Sapientia palpabilis" geworden und ähnelt dem fleischgewordenen Wort, in dem ja der Sohn Gottes ebenfalls mit der Hand zu berühren ist[35].

5. Guerricus von Igny vergleicht den Felsen, auf den Mose schlug und aus dem Wasser für das Volk in der Wüste floß, mit Christus am Kreuz, dem durchbohrten Felsen, aus dem Öl und Honig hervorkam[36].

6. Sein Werk „Benjamin minor" beschließt Richard von St. Viktor mit einer Schilderung der Verklärung Christi. Dabei kommt er auch auf Mose und Elia zu sprechen, die als Zeugen anwesend waren. Richard fällt es nicht schwer, an Jesus zu glauben, wenn er sich im Tal oder beim Aufstieg auf dem Berg zeigt[37]. Doch wenn er auf dem Gipfel des Berges sich in Herrlichkeit verwandelt, braucht er zum Glauben diese Zeugen, denn auch Satan kann sich in einen Engel des Lichtes verwandeln[38]. Auf den Menschen angewandt heißt dies: Es gibt eine Erkenntnis Gottes im Tal und auf dem Weg zum Berg, die mit natürlichen Erkenntniskräften erreicht wird[39]. Die Erkenntnis auf dem Gipfel aber ist die alles menschliche Können übersteigende Ekstase[40]. Damit man aber

---

[30] Vgl. Forstner 302.
[31] BHLD 1, 12,2,4,172,19-21.
[32] BHLD 1, 12,2,4,172,21-174,8.
[33] WHLD 1,10,117,254.
[34] WHLD 1,10,131,278.
[35] IS 9,5,48-54,208.
[36] GIS Ben 1,3,95-105,44.
[37] RVBMI 81,57C.
[38] RVBMI 81,57C.
[39] RVBMI 83,59B-C.
[40] RVBMI 84,60A-B.

dieser Erkenntnis glauben kann, muß sie mit der Schrift und besonders dem Zeugnis des Mose übereinstimmen[41].

7. Da Hildegard von Bingen oft den Heilsweg des Menschen im Alten Bund als Vorbild des Neuen Bundes beschreibt, geht sie natürlich an der Gestalt des Mose nicht vorüber. Wie Mose das Volk Israel aus Ägypten sicher geführt hat, so entreißt uns Gott durch seinen Sohn aus der Mühsal der Erde und führt uns in den Himmel[42]. Vor Mose irrten die Menschen, denn es war noch nicht das Gesetz und die Beschneidung gekommen[43]. Diese, die durch das Gesetz des Mose gekommen sind, sind ein Werk der Gerechtigkeit Gottes[44]. Wie Gott in und durch den Menschen in der Sendung seines Sohnes gewirkt hat, so wirkt er auch durch Mose in der Gesetzgebung[45]. „Sancta enim diuinitas signa et miracula in Christiano populo tunc faciet, sicut etiam cum Moyses in columna nubis fecit." – „Die heilige Gottheit möge Zeichen und Wunder am christlichen Volk jetzt tun, wie sie es auch mit Mose in der Wolkensäule getan hat."[46] Der Heilige Benedikt „est quasi alter Moyses", „ist gleichsam der zweite Mose"[47]. Denn wie Mose auf steinernen Tafeln das Gesetz für die Juden erhalten hat, so wurde dem Heiligen Benedikt geoffenbart, wie man die Menschwerdung des Sohnes Gottes durch einen rechten Lebenswandel verehren kann[48].

8. Beatrijs von Nazareth wird nach einer Ekstase mit Mose verglichen, weil aus ihren Augen wie bei ihm, nachdem er Gott von Angesicht zu Angesicht geschaut hatte, ein Strahl von wunderbarer Klarheit hervorging[49].

9. Hadewijch erwähnt in einem Gedicht Mose, der uns mit seiner Weisheit und Wundern den Frieden der Minne kündete[50].

10. Mechthild von Magdeburg wurde von ihrem geistlichen Begleiter, Heinrich von Halle, gefragt, wie sie ein so kühnes Buch schreiben kann[51]. Christus antwortet darauf: „Vrage me, wa Moyses do was, do er niht wan got ansach." – „Frage mich, wo Mose war, als er nichts als Gott ansah."[52] Die Erkenntnis ihres Buches kommt aus der in einer Ekstase geschenkten Gottesgabe und hat damit Ähnlichkeit mit dem, was Mose, der Gott von Angesicht zu Angesicht schaute, erkannt hat. Ausführlicher geht Mechthild an einer anderen Stelle auf Mose ein. Gott hat ihr Buch mit fünf Lichtern erleuchtet, von denen eines Mose ist[53]. In seinen ekstatischen Erlebnissen auf dem Berg Horeb

[41] RVBMI 83,59C-D.
[42] HISV 1, 2,6,27,1061-1068,256.
[43] HISV 2, 3,2,14,419-424,360f.
[44] HISV 2, 3,2,7,233-237,355; vgl. HISV 2, 3,2,16,451-454,361.
[45] HISV 2, 3,2,13,372-379,359.
[46] HIO 3,5,24,13f.,445.
[47] HISV 1, 2,5,20,732f.,193.
[48] HISV 1, 2,5,20,729-736,193.
[49] BN 3,13,241,19-26,154.
[50] HASG 29,6,56-58,188.
[51] MM 5,12,2f.,166.
[52] MM 5,12,10f.,166.
[53] MM 3,20,2,99.

hat dieser auserwählte Minnereden empfangen[54]. Von diesem Licht erleuchtet kann Mechthild durch alle List ihrer Feinde gehen, wie Mose das Volk Israel durch das rote Meer geführt hat[55].

11. Mechthild von Hackeborn darf wie Mose vierzig Tage und vierzig Nächte mit dem Herrn auf dem Berge weilen[56].

12. Agnes von Blannbekin wird vom Herrn unterrichtet, daß das Erheben der Hände der Priester bei der Heiligen Messe mit dem Heben der Hände des Mose zu vergleichen sei, mit dem dieser half, Amalech zu besiegen[57].

1.1.5 Jesse

1. Die messianische Verheißung, daß aus der Wurzel Jesse, dem Großvater des Königs David, ein Zweig emporwächst (Jes 11,1.10), wird in Röm 15,12 als erfüllt angesehen. Die Hochschätzung dieses Namens zeigt sich auch darin, daß er in den beiden Stammbäumen Jesu vorkommt (Mt 1,5; Lk 3,32). Einmal wird auch David der Sohn Jesse genannt (Apg 13,22).

2. Bernhard von Clairvaux liebt die Erwähnung des Jesse im christologischen Kontext. Folgendermaßen legt er Jes 11,1 aus: Jesaia war der, welcher „virgam virginem, florem virginis partum intelligens", „unter dem Reis die Jungfrau, unter der Blüte die jungfräuliche Geburt verstand"[58]. Oder ausführlicher: „Ex his iam manifestum arbitror, quaenam sit virga de radice Iesse procedens, quis vero flos super quem requiescit Spiritus Sanctus. Quoniam Virgo Dei genitrix virga est, flos Filius eius." – „Daraus wird, wie ich glaube, schon offensichtlich, wer das Reis, das aus der Wurzel Jesse hervorgeht, wer gar die Blüte, auf der der Heilige Geist geruht hat, ist. Denn die Jungfrau und Gottesmutter ist das Reis, die Blüte aber ihr Sohn."[59] Bernhard redet Christus mit den Worten an: „Quam lucidus flos de radice Iesse egrederis!" – „Wie leuchtend gehst Du als Blume aus der Wurzel Jesse hervor!"[60] Jesus ist die erhabene Frucht der Erde, „fructus virgae, quae de radice Iesse processit", „die Frucht des Reises, welches aus der Wurzel Jesse hervorgeht"[61].

3. Hildegard von Bingen verbindet den Hervorgang Jesu aus der Wurzel Jesse mit der Vorstellung seiner Reinheit durch seine jungfräuliche Empfängnis[62]. Der Zweig aus der Wurzel Jesse bringt jene Kräfte hervor, welche von Eva durch die Sünde geflohen waren[63].

---

[54] MM 3,20,3-6,99.
[55] MM 3,20,6-11,99.
[56] MH 1,13,40.
[57] AB 32,4-8,110.
[58] BLVM 2,5,54,21f.
[59] BADV 2,4,82,8-10.
[60] BHLD 2,45,6,9,124,14.
[61] BASC 6,1,372,1.
[62] HISV 2,3,8,15,677-684,497.
[63] HISV 2,3,8,15,785f.,500.

4. Der Verfasser des St. Trudperter Hoheliedes verbindet das Reis Jesse mit dem in Hld 4,13 erwähnten Baumgarten und schreibt: „Daz êrste zwî des schüzzelinges das war Christ, der gie vüre von Jesse." – „Der erste Zweig des Schößlings war Christus, der von Jesse hervorging."[64]

1.1.6 David

1. Im Neuen Testament gehört „Sohn Davids" zu den am meisten gebrauchten Titeln Christi. Auch außerhalb dieses Namens wird verschiedentlich die Davidssohnschaft Jesu thematisiert. Unmöglich können hierfür alle Stellen aufgezählt werden. Genannt seien nur zwei ausgefallenere Texte. Jesus stammt von der Wurzel Davids (Offb 5,5), und er wurde der Schlüssel Davids genannt (Offb 3,7), was auch in unseren Texten häufig geschieht. Da an den meisten Stellen biblischer Sprachgebrauch vorliegt, werden hier nur einige Texte behandelt, in denen man eine theologisch reflektierte Redeweise spürt. Solche Stellen sind allerdings im Verhältnis nicht häufig.
2. Bernhard von Clairvaux erwähnt das Schwert des Goliath, das David in sein Zelt legte und manchmal gebrauchte. „Gladio Goliae passio iracundiae quae in zelum bonum conversa transit in usu David et amputat non solum caput superbiae, sed etiam membra luxuriae." – „Mit dem Schwert des Goliath (wird bezeichnet) die Leidenschaft des Zornes, welche in den guten Eifer verwandelt in den Gebrauch des David übergeht und mit dem er abschneidet nicht nur das Haupt des Stolzes, sondern auch die Glieder der Unzucht."[65]
3. In seinem Römerbriefkommentar muß Wilhelm von St. Thierry auch auf die Davidssohnschaft Jesu in Röm 1,4 eingehen. Doch fällt seine Erklärung zu der Tatsache, daß Jesus aus dem Samen Davids stammt, sehr knapp aus: „‚Ex semine David'. Scilicet ad quem facta est repromissio: evidentius quam ad Abraham." – „‚Aus dem Samen Davids'. Zu ihm erging ja die Verheißung deutlicher an ihn als zu Abraham."[66]
4. Gilbert von Hoyland fordert seine Leser auf, ein Turm Davids zu sein[67]. „Ipse enim David, ipse Salomon, Christus scilicet Dei virtus et Dei sapientiae (1 Kor 1,24)." – „Er ist ja David, er ist ja Salomo, Christus nämlich, Gottes Kraft und Gottes Weisheit."[68] Dabei bezieht er die Kraft auf David und die Weisheit auf Salomo. Und trotzdem ist es weniger ein Verteidigungsturm für David als ein Angriffsturm gegen ihn. Denn David hat sich in seiner fleischlichen Lust gegen die Weisheit erhoben[69].
5. Der Autor des Traktates „Speculum virginum" greift den Titel „clavis David" (Offb 3,7) auf[70] und erklärt ihn folgendermaßen: „Clavis David, quia prudentibus virginibus

---

[64] TH 59,28-30,140.
[65] BS 3,42,434,8-12.
[66] WR 1,550B.
[67] GHLD 26,4,135D-136A.
[68] GHLD 26,3,136A.
[69] Ebenda.
[70] SP 6,530,17.

regnum caelorum aperit, fatuis claudit." – „Schlüssel Davids, weil er den klugen Jungfrauen das Himmelreich öffnet und den törichten es verschließt"[71].

6. Hildegard von Bingen glaubt, daß David nach seinem Ehebruch wieder von seinen
Sünden zur Menschheit des Erlösers durch Buße auferstanden ist[72].

7. Mechthild von Magdeburg sieht neben anderen alttestamentlichen Gestalten auch
David als ein Licht, das ihr Buch erleuchtet hat. Von ihm stammt ja der Psalter, „da inne
er úns leret und klaget, bittet und manet und got lobet", „darin er uns lehrt und klagt,
bittet und mahnt und Gott lobt"[73].

8. Gertrud die Große nennt die Liebe „clavis David", „Schlüssel Davids", welcher
das Allerheiligste öffnet, in welchem man das Angesicht Gottes schaut[74]. Da „Schlüssel
Davids" seit dem Neuen Testament mit der Vorstellung „Christus" verbunden ist, darf
man annehmen, daß hier die Liebe mit ihm gleichgesetzt ist.

1.1.7 Salomo

1. Wesentlich seltener als mit David wird Christus im Neuen Testament mit Salomo
in Beziehung gesetzt. Natürlich wird er in seinem Stammbaum erwähnt (Mt 1,5). Christus überbietet auch König Salomo, zu dem die Königin von Saba kam (Mt 12,42).
Dem gegenüber fällt die Häufigkeit, mit der Christus „Salomo" in unseren Texten genannt wird, auf. Das mag daher kommen, daß sie fast alle vom Hohelied beeinflußt
sind, dessen Bräutigam Christus ist. Da man im Mittelalter die Autorenschaft dieses
Buches dem König Salomo zuschrieb, war die Gleichsetzung von Bräutigam Christus
mit König Salomo vorgegeben.

2. In seinen Hoheliedpredigten nennt Bernhard von Clairvaux nur selten Christus
„Salomo". Bei der Erwähnung der Decken Salomos (Hld 1,4) schreibt Bernhard: „Magnum ac mirabile quiddam, ut ego aestimo, si tamen nun hunc, sed illum attendimus,
de quo dicitur: ‚Ecce plus quam Salomon hic.'" – „Das (ist) etwas Großes und Wunderbares, wie ich meine, wenn wir nur nicht auf diesen, sondern auf jenen schauen, von
dem es heißt: ‚Siehe, hier ist mehr als Salomo.'"[75] Auf ihn muß man schauen, wenn man
verstehen will, was mit diesen Decken gemeint ist[76]. Bernhard nimmt an, daß Christus
Salomo ist, weil er nicht nur, wie die Erklärung seines Namens lautet, ein Friedensstifter, sondern der Friede selbst ist[77]. Dann sind die Decken der Himmel, den Gott nach
Ps 103,2 wie eine Decke ausbreitet[78]. In einer Predigt zum Fest der Verkündigung legt
Bernhard mehr darauf den Ton, daß Salomo der Sohn Davids war. Wie David Salomo
zu seinem Nachfolger bestimmt hat, so hat der Vater das Gericht seinem Sohn überge-

---

[71] SP 6,532,12f.

[72] HIB 1,73,22-24,160.

[73] MM 3,20,12f.,99.

[74] G R 5,82-84,132.

[75] BHLD 1, 27,1,2,412,19-21.

[76] BHLD 1, 27,1,1,412,16-18.

[77] BHLD 1, 27,1,2,412,21-24.

[78] BHLD 1, 27,1,2,412,25-414,2.

ben (Joh 5,22). Doch nennt Bernhard auch den mit Dornen gekrönten Jesus „Salomo", weil er der Friedensbringer ist[79].

3. Wilhelm von St. Thierry betont ausdrücklich, daß König Salomo der Verfasser des Hohenliedes ist[80]. Auf der positiven Seite dieses Königs steht, daß er den Tempel gebaut hat[81]. Bedenken muß man haben, daß er eine Ägypterin, die Tochter des Pharao, zur Frau genommen hat[82]. Doch Salomo hat sie erst dann in seinen Palast zu sich genommen, nach dem sie im Libanonhaus außerhalb Jerusalems unterrichtet wurde und alle heidnische Art abgelegt hatte[83]. „Sic etiam Rex pacis aeternae Christus, Sponsus Ecclesiae ex gentibus congregatae, Sponsus animae fidelis, de tenebris peccatorum, quod interpretatur Aegyptus, liberatae post resurrectionem carnis suae, absorpta morte in victoria, accepto sibi regno in Jerusalem superna." – „So (handelte) auch der König des ewigen Friedens, Christus, der Bräutigam der Kirche, die aus den Heiden gesammelt ist, der Bräutigam der gläubigen Seele, die von der Finsternis der Sünde, wie Ägypten übersetzt wird, befreit ist, nach der Auferstehung seines Fleisches, als der Tod im Sieg verschlungen und er das Reich im oberen Jerusalem empfangen hat."[84] Doch auch die Seele als Braut muß noch in der Fremde dieser Erde wohnen, bis sie alle sündige Art abgelegt hat und in den Himmel einziehen darf[85].

4. Auch die anderen Ausleger des Hohenliedes beschäftigen sich mit der Gestalt des Salomos, dem vermeintlichen Verfasser und Bräutigam dieses Buches.

Gilbert von Hoyland hat bei der Auslegung des Bettes Salomos, das sechzig Helden umstehen (Hld 3,7), Gelegenheit, auf diesen König einzugehen. Für ihn ist klar, wer hier Salomo ist: „Quis noster Salomon nisi Jesus Christus?" – „Wer ist unser Salomo, wenn nicht Jesus Christus?"[86] Der neue Salomo will nicht die Freude seiner Braut stören[87]. Er ist ja als Salomo unser Friede, der mit seinem Blut das Verfeindete versöhnt hat[88]. Dazu hat er für uns die Pein auf sich genommen, damit wir den Frieden haben[89]. „Dictus est ille solus Salomon noster verus pacificus, quod in diebus ejus orta nobis sit justitia et abundantia pacis (vgl. Ps 71,7)." – „Jener unser Salomo wird allein wahrhaft friedenstiftend genannt, weil in seinen Tagen für uns die Gerechtigkeit und die Überfülle des Friedens entstanden ist."[90] „Ille Salomon noster, pacificus noster; qui praestat nobis pacem super pacem; pacem cum Patre, pacem ab hoste; ipse ponet fines nostros pacem (Ps 94,14)." – „Jener unser Salomo, unser Friedensbringer, der uns Frieden über

[79] BOS 5,9,806,4-6.
[80] WHLD 2 prael 146,306.
[81] Ebenda.
[82] Ebenda.
[83] WHLD 2 prael 146,306-308.
[84] WHLD 2 prael 146,308.
[85] WHLD 2 prael 146,308-310.
[86] GHLD 16,1,80D.
[87] Ebenda.
[88] GHLD 16,1,80D-81A.
[89] GHLD 16,1,81.
[90] GHLD 16,1,81B.

Frieden bringt, den Frieden mit dem Vater, den Frieden vom Feind, er macht an unseren Grenzen Frieden."[91]

An einer anderen Stelle fordert Gilbert die Synagoge auf, vom Alten zum Neuen überzugehen[92]. „„Egredimini, et videte regem Salomonem in diademate quo coronavit eum mater sua (Hld 3,11).' Corona nobis est Incarnatio." – „„Zieht aus und schaut den König Salomo mit dem Diadem, mit welchem ihn seine Mutter gekrönt hat.' Die Krone ist für uns die Menschwerdung."[93] Ein anderes Mal setzt Gilbert Jesus mit König David wegen seiner Kraft und mit König Salomo wegen seiner Weisheit in Beziehung[94].

5. Hildegard von Bingen schreibt, daß der Mensch durch den wahren Glauben aufschauen kann „ad regalem sedem veri Salomonis, qui Christus est", „zum königlichen Thron des wahren Salomo, welcher Christus ist"[95].

6. Das St. Trudperter Hohelied kommt als Kommentar dieses Liebesliedes häufiger auf Christus als König Salomo zu sprechen[96]. Hld 1,4 wird die Bedeutung des Salomo wiedergegeben: „Ich bin waetlich alse daz gezelt salomônis." – „Ich bin schön anzusehen wie Salomos Zelt."[97] Dieser Satz wird folgendermaßen erklärt: „Mîn herze daz ist ein gezelt des oberesten küninges. Salomôn pacificus der ruowete under sîneme gezelte." – „Mein Herz ist ein Zelt des höchsten Königs. Salomo, der Friedensbringer, ruhte unter seinem Zelt."[98] Daß hier an Christus gedacht ist, sieht man daran, daß der Leib und die Seele der Mutter Gottes das Zelt ist, in dem Salomo ruht[99]. Friedensbringer wird dieser König genannt, weil er den Frieden zwischen Himmel und Erde, Engeln und Menschen geschlossen hat[100]. Zu dem Bett Salomos (Hld 3,7) schreibt der Verfasser dieses Kommentars: „Waz tet Salmôn an sînem bette? Er scherete und dâhte ie nâch vride. alsô tet Salmôn, daz ist got unser aller herre." – „Was tat Salomo in seinem Bette? Er besann sich und dachte nach über den Frieden. So tat Salomo, das heißt Gott, unser aller Herr."[101] An einer anderen Stelle heißt es, daß Christus als Weisheit sich zur Ruhebank der menschlichen Vernunft geneigt hat[102]. Dies geschieht, wenn er sich zur Heiligen Kirche, der Mutter Gottes und den Seelen neigt, die „vil süezeclîche gemahelkôset habent mit dem wâren Salomône, ir gemahelen", „ihren Bräutigam, den wahren Salomo, sehr süß liebkost haben"[103]. An einer anderen Stelle wird der Bräuti-

---

[91] GHLD 16,2,82A.

[92] GHLD 20,6,106A.

[93] Ebenda.

[94] GHLD 26,4,136A.

[95] HIO 1,4,45,21f.,179.

[96] Für Christus als friedenbringender Salomo vgl. Ohly, TH 631.773.1233.

[97] TH 19,19f.,60.

[98] TH 19,21-23,60.

[99] TH 20,2-4,60.

[100] TH 20,1f.,60.

[101] TH 41,5-7,104.

[102] TH 43,13-15,108.

[103] TH 43,4f.,108.

gam, der sich mit der Seele vereint, Frieden bringender König genannt, ohne daß der Name Salomo fällt[104].

7. David von Augsburg fordert den Menschen auf, sich selbst zum wahren Tempel für Gott zu machen; „des ouch uns der wâre Salomôn helfe, Jêsus Kristus", „dazu möge auch uns der wahre Salomo, Jesus Christus, helfen"[105].

8. Nach 1 Kön 10,18 und 2 Chr 9,17 ließ Salomo einen großen Thron aus Elfenbein anfertigen. Wenn Christus zur Seele der Christina von Hane spricht: „Du byst myn throne, gemacht van helffenbeynnen", „Du bist mein Thron, verfertigt aus Elfenbein", ist es Christus, der wahre Salomo, der im Menschen einwohnt[106].

1.1.8 Daniel[107]

Nur Mechthild von Magdeburg setzt Daniel in eine Beziehung zu Christus. Ihr Buch wird auch durch Daniel erleuchtet, durch den sie wie dieser im Kampf mit den Löwen ihren Feinden widerstehen kann[108]. Als man sich darüber wundert, daß Mechthild als Frau in ihrem Buch solche Weisheit zeigt, fordert Jesus auf, sich zu fragen, „wa von das was, das Daniel in siner kindheit sprach", „wovon das kam, das Daniel in seiner Kindheit sprach"[109]. Beiden, Frauen wie Kindern, traut man keine Weisheit zu. Ein Kind aber wird Daniel genannt, weil er in Dan 13,45 „puer iunior", „kleines Kind" heißt.

2. Einzelne Schriftstellen

Als Anhang sollen die wichtigsten Schriftstellen, die auf Christus bezogen werden, selbst wenn dies nur in entfernter Weise geschieht, aufgeführt werden. Hier ist natürlich keinerlei Vollständigkeit erstrebt. Da ein Bezug auf Christus oft erst aufgrund des Textes der Vulgata herzustellen war, wird diese Fassung der Schrift zunächst angegeben.

2.1 Altes Testament

1. Gen 3,15: „Inimicitas ponam inter te et mulierem, et semen tuum et semen illius. Ipsa conteret caput tuum, et tu insidiaberis calcaneo ejus." – „Feindschaft will ich setzen zwischen dir (= der Schlange) und deinem Samen und ihrem Samen. Sie wird dir dein Haupt zertreten, und du stellst ihrer Ferse nach."

---

[104] TH 93,31-33,204.
[105] DSV 7,325,23.
[106] CH 2,226.
[107] Vgl. Forstner 303.
[108] MM 3,20,22-25,100.
[109] MM 5,12,11f.,166.

1.1 Bernhard von Clairvaux zieht gern diese Schriftstelle heran. Meist legt er sie marianisch aus. Mariens Aufgabe wird mit dieser Schriftstelle angekündigt[110]. Sie war so stark, daß sie in der Lage war, den Kopf der Schlange zu zertreten[111]. Zu den Nachkommen der Schlange gehört Herodes, der den Samen der Frau töten will[112]. Der Zustand des Menschen nach der Erlösung durch Christus wird so beschrieben, daß der Kopf der Schlange zwar zertreten ist, man aber immer noch ihre Nachstellungen an der Ferse spürt[113].

1.2 Hildegard von Bingen legt diese Stelle ebenfalls auf Christus hin aus, der die Rüstung des Teufels raubt und den Kopf der alten Schlange zertritt[114]. Er hat durch den Fuß seines Heeres den Mund der alten Schlange gestopft[115].

2. Gen 49,10: „Non aufertur sceptrum de Juda, et dux de femore ejus, donec veniat qui mittendus est, et ipse erit exspecatio gentium." – „Nicht wird weg genommen das Zepter von Juda und die Führung von seinen Füßen, bis der kommen wird, der zu senden ist, und er wird die Erwartung der Völker sein."

Im Chorgebet der Zisterzienser wird am Vortag von Weihnachten das Fest mit den Worten angekündigt: „Iesus Christus, Filius Dei, nascitur in Betlehem Iudae." – „Zu Betlehem in Juda wird Christus, der Sohn Gottes, geboren."[116] Dazu meint Bernhard von Clairvaux in einer Predigt zu diesem Tag, daß deswegen „Juda" hier erwähnt wird, weil das Heil von den Juden kommt, denn nur in Christus wird ihr Zepter niemals entfernt werden[117].

3. Num 24,17: „Videbo eum, sed non modo; intuebor illum, sed non prope: Orietur stella ex Jacob, et consurget virga de Israel." – „Ich werde ihn sehen, aber nicht jetzt; ich werde ihn schauen, aber nicht nahe: Ein Stern geht auf aus Jakob, und es erhebt sich ein Zweig aus Israel."

Bernhard von Clairvaux[118] übernimmt den von Hieronymus geprägten Namen für Maria „Maris stella", „Meerstern"[119] und schreibt: „Ipsa ergo est nobilis illa stella ex Iacob orta." – „Sie also ist jener edle Stern, der aus Jakob aufgegangen ist."[120] In einer Predigt zu Christi Himmelfahrt drückt er mit den Worten: „Intuebor et ego eum, sed non modo; videbo eum, sed non prope", „Auch ich werde ihn schauen, aber nicht jetzt, ihn sehen, aber nicht nahe"[121] seine Hoffnung auf die glorreiche Wiederkunft Christi aus.

---

[110] BLVM 2,4,52,25-54,4.
[111] BD 52,3,572,4-7.
[112] BOASSPT 4,600,9-11.
[113] BVVO 1,128,7f.
[114] HISV 2, 3,1,18,631-633,346.
[115] HISV 1, 1,3,31,629-631,59.
[116] B VII, 725 Anm. 1.
[117] BVNAT 1,4,136,15-20.
[118] BLVM 2,17,74,15f.
[119] Vgl. B IV,124 Anm 14.
[120] BVLNM 2,17,74,20f.
[121] BASC 2,4,328,9f.

4. Ps 2,2: „Asisterunt reges terrae, et principes convenerunt in unum adversus Dominum, et adversus Christum ejus." – „Es stehen die Könige der Erde auf, und es versammeln sich die Fürsten gegen den Herrn und seinen Gesalbten."

4.1 Bernhard von Clairvaux kann dieses Schriftwort auf die Menschen anwenden, die von dem Eintritt in ein Kloster abraten. Sie haben einen Entschluß gefaßt, „sed plane adversus Dominum et adversus Christum eius", „aber natürlich gegen den Herrn und gegen seinen Christus"[122]. Im Schisma nennt Bernhard den Gegenpapst Anaklet II. im Anklang an dessen bürgerlichen Namen wilder als einen Löwen; seine Anhänger sind diejenigen, die sich gegen den Herrn und gegen seinen Christus versammelt haben[123]. Den gleichen Vorwurf erhebt er auch gegen die Anhänger von Abaelard[124] und gegen Mönche, die sich gegen ihren Bischof erheben[125]. Ja selbst auf diejenigen, die sich im Aufstand gegen König Ludwig VII. kehren, wendet er dieses Wort an[126]. Solche für uns zweifelhaften Anwendungen von Schriftstellen nimmt Bernhard vor, weil für ihn Schriftworte in die Gegenwart hineingesprochen sind, in der es eine Verflechtung der wahren Kirche und des Ordensstandes mit dem irdischen Königtum gibt.

Doch kennt er auch stärker heilsgeschichtliche Auslegungen dieses Wortes. Den Sündenfall im Paradies umschreibt er folgendermaßen: „Conspiraverunt siquidem et convenerunt in unum, adversus Dominum et adversus Christum eius, serpentis astutia, mulieris blanditiae, viri mollities." – „Es verschworen sich nämlich und verbündeten sich gegen den Herrn und gegen seinen Christus die List der Schlange, die Schmeichelei der Frau und die Schlaffheit des Mannes."[127] Bei allem Lob des Friedens und der Einheit der Menschen untereinander warnt Bernhard doch vor der „unitas … facinorosorum", „Einheit … der Übeltäter", die sich gegen den Herrn und seinen Christus wenden[128].

4.2 In seiner Psalmenerklärung widmet Richard von St. Viktor dem gleichen Vers viel Aufmerksamkeit. Für ihn sind die Aufständischen, die sich gegen den Herrn versammeln, die schlechten Gedanken der Menschen[129] oder die Dämonen[130]. Richard sieht in den Bezeichnungen „Herr" und „Christus" nicht einfach hin ein und dasselbe ausgesagt. Er glaubt, in den beiden Namen verschiedene Aspekte im Wirken Gottes entdeckt zu haben: „Per Dominum intellige Creatorem, per Christum intellige Salvatorem. Aliunde dicitur Creator, et aliunde Salvator. Creator est pro eo quod fecit quod non erat; Salvator autem inde dicitur, quia restauravit quod pierat." – „Unter ‚Herr' verstehe den Schöpfer, unter ‚Christus' verstehe den Erlöser. Schöpfer ist er deswegen, weil er gemacht hat, was nicht war; Erlöser aber wird er deswegen genannt, weil er wieder-

---

[122] BB 1, 107,11,790,1f.
[123] BB 1, 125,1,856,7-10.
[124] BB 2, 189,3,68,4f.; 330,560,12-14.
[125] BB 2, 339,584,10f.
[126] BB 2, 377,1,708,5-7.
[127] BHLD 2, 72,3,7,474,14-16.
[128] BASSPT 5,10,584,20-24.
[129] RVPS 2,265D.
[130] RVPS 2,267B.

hergestellt hat, was zugrunde gegangen war."[131] Davon leitet Richard den Unterschied der Gaben der Natur und derjenigen der Gnade ab, die wir empfangen[132]. Wenn wir die Gaben der Natur verderben, stehen wir gegen den Herrn auf, wenn wir die Gaben der Gnade mißachten, gegen Christus[133].

5. Ps 2,7: „Dominus dixit ad me: ‚Filius meus es tu, ego hodie genui te.'" – „Der Herr sprach zu mir: ‚Mein Sohn bist Du, ich habe Dich heute gezeugt.'"

Hildegard von Bingen sieht in dem „hodie" des Psalmverses die Ewigkeit: „Hodie eternitas illa est, in qua secundum diuinitatem patri semper equalis est." – „‚Heute', das ist jene Ewigkeit, in welcher in bezug auf die Gottheit er dem Vater immer gleich ist."[134]

Es ist erstaunlich, daß dieser Psalmvers so selten zitiert und erklärt wird.

6. Ps 2,8: „Postula a me, et dabo tibi gentes hereditatem tuam, et possessionem tuam terminos terrae." – „Fordere von mir, und ich gebe dir die Völker zu deinem Erbe und die Enden der Erde zu deinem Besitz."

Bernhard von Clairvaux schreibt mit seinem Buch „De consideratione" eine Art von Papstspiegel. Der Papst hat als Erbe die ganze Welt bekommen[135]. Doch bleibt Christus der eigentliche Besitzer, weil ihm nach dem genannten Psalmvers Gott die ganze Welt anvertraut hat[136]. „Possessionem et dominium cede huic; tu curam illius habe. Pars tua haec, ultra ne extendas manum tuam.» – «Den Besitz und die Herrschaft überlaß ihm (= Gott), habe du die Sorge für ihn (= den Erdkreis). Das ist dein Teil, strecke darüber hinaus nicht deine Hand aus.»[137] Deutlich hört man die Mahnung heraus, der Papst solle sich nicht etwas anmaßen, was ihm nicht zusteht.

Stärker christologisch ist die Deutung Bernhards in einer Hohenliedpredigt. Er fragt sich, wie Gott Vater Christus sein Erbe gibt. Aus dem Wort „sein" hört Bernhard heraus, daß Christus schon immer sein Erbe besitzt. So spricht er zu Gott: „Quomodo dabis ei, si sua est … quomodo suam mones ut postulet?" – „Wie sollst Du ihm geben, was (schon) sein ist …, wie ermahnst Du ihn, zu fordern, was sein ist?"[138] Die Antwort auf diese Frage liegt für Bernhard darin, daß mit dem Erbe und Besitz Christi nicht seine ewige göttliche Natur gemeint sein kann, sondern seine Menschheit, die er erst in der Menschwerdung erhält. „Mihi proinde postulat, qui meam ad hoc induit formam, ut suscipiat causam." – „Für mich fordert es der, der dazu meine Gestalt anzieht, um für (meine) Sache einzutreten."[139] Nach einer anderen Deutung sind die Christen der Besitz und das Erbteil Christi. Dies ist für sie tröstlich. Sie können sich nur selbst aus

---

[131] RVPS 2,269D.
[132] Ebenda.
[133] RVPS 2,270A-B.
[134] HIO 2,1,31,21-23,303.
[135] BCO 3,1,1,702,16f.
[136] BCO 3,1,1,702,22-704,2.
[137] BCO 3,1,1,704,2-4.
[138] BHLD 1,28,1,3,436,11f.
[139] BHLD 1,28,1,3,436,12f.

diesem Erbteil zurückziehen[140]; Christus zieht sich nicht von ihnen zurück: „Habet et semper habebit integram Christus heriditatem suam et possessionem suam terminos terrae." – „Christus hat und wird haben unversehrt sein Erbe und seinen Besitz, die Grenzen der Erde."[141] So können wir voll Vertrauen zu Jesus gehen, den der Vater uns als seinen Besitz und sein Erbe verheißen hat[142]. Ekklesiologisch wird die Stelle gedeutet, wenn das Erbe Christi, die Enden der Erde, sich sammeln bei der Mutter, der katholischen Kirche[143]. Wenn ein Mensch wie der Heilige Malachias ungezähmte Barbaren unter das Joch Christi bringt[144], dann geht die Verheißung des Psalmverses an Christus durch ihn in Erfüllung[145].

7. Ps 109,3f.: „Tecum principium in die virtutis tuae in splendoribus sanctorum: ex utero ante luciferum genui te. Juravit Dominus, et non poenitebit eum: Tu es sacerdos in aeternum secundum ordinem Melchisedech." – „Dein ist die Herrschaft am Tag Deiner Macht im Glanz der Heiligen: Aus dem Schoß habe ich Dich vor dem Morgenstern gezeugt. Es hat der Herr geschworen, und es wird ihn nicht reuen: Du bist Priester auf ewig nach der Ordnung des Melchisedech."

7.1 Bernhard von Clairvaux bezieht diese Stelle auf die Wiederkunft Christi, wenn „in splendoribus sanctorum ex utero Patris ante luciferum genitus ab electis cognoscetur", „der aus dem Schoß des Vaters vor dem Morgenstern Gezeugte von den Auserwählten im Glanz der Heiligen erkannt wird"[146]. Der „Glanz der Heiligen" hat Bernhard wohl zu dem eschatologischen Bezug dieser Schriftstelle veranlaßt. Ganz ähnlich lautet auch die Stelle, an der Bernhard bedauert, daß er in dieser Erdenzeit nicht den vor dem Morgenstern Gezeugten im Glanz der Heiligen schauen darf[147]. Wenn der Mensch mit Christus im Lichtglanz der Heiligen einmal sein wird, erfährt er keinerlei Schatten mehr[148]. An einer weiteren Stelle beschäftigt sich Bernhard mit dem Schoß des Vaters, aus dem Christus vor dem Morgenstern gezeugt wurde. Man greift zu kurz, wenn man Christus nur „in lectulo", „im Bettlein" sucht[149]. Als solches kann man den Schoß der Jungfrau, die Krippe und das Grab, in das er gelegt wurde, bezeichnen[150]. So kann man aber nicht den Schoß des Vaters nennen: „Neque enim magni Patris uterus lectulus erat, sed lectus magnus." – „Nicht war nämlich der Schoß des großen Vaters ein Bettlein, sondern ein großes Bett."[151] Dieser Schoß ist der Ort eines Herrschers; denn Christus bleibt auch bei seiner Zeugung im Vater und herrscht mit ihm über das All[152]. Ein an-

---

[140] BHLD 2, 66,3,8,380,22f.
[141] BHLD 2, 66,3,8,380,22f.
[142] BVNAT 2,7,156,4f.
[143] BHLD 2, 78,2,5,552,17.
[144] BMA 1,152,13-17.
[145] BMA 1,154,1-3.
[146] BS 3,127,764,23f.
[147] BHLD 1, 22,1,3,310,1-5.
[148] BNATBVM 1,620,15-17.
[149] BHLD 2, 75,3,6,514,20f.
[150] BHLD 2, 75,3,6,514,25f.
[151] BHLD 2, 75,3,6,514,26f.
[152] BHLD 2, 75,3,6,516,1-5.

deres Mal wird dieser Psalmvers herangezogen, um den Abstand des Ausgangspunktes
– die ewige Zeugung vor dem Morgenstern – zum Zielpunkt seiner Erniedrigung – den
schmutzigen Kerker unserer Existenz – hervorzuheben[153].

7.2   Gertrud benutzt diesen Vers, um ihre Sehnsucht nach dem Herrn auszudrücken:
„O quando, o quando in splendoribus sanctorum me minimam scintillulam tuus vitalis
retrahet et intrahet radius?" – „O wann, wann wird mich, das kleinste Fünklein, Dein
lebenssprühender Strahl im Glanz der Heiligen zurück- und einziehen?"[154].

8.   Ri 6,37: „Ponam hoc vellus lanae in aera, si ros in solo vellere fuerit, et in omni terra
siccita, sciam, quod per manum meam, sicut locutus es, liberabis Israel." – „Siehe, ich
lege dieses Vlies aus Wolle auf die Tenne; wenn Tau allein auf dem Vlies gewesen und es
auf der übrigen Erde trocken ist, weiß ich, daß Du durch meine Hand, wie Du es gesagt
hast, Israel befreien wirst."

Bernhard von Clairvaux[155] und der Verfasser des Traktates „Speculum virginum"[156]
sehen in dem Vlies, das allein mit Tau getränkt ist, Maria.

9.   Am häufigsten werden Stellen aus dem Buch Jesaia christologisch gedeutet.

Jes 7,14: „Propter hoc dabit Dominus ipse vobis signum. Ecce virgo concipiet, et
pariet filium, et vocabitur nomen ejus Emmanuel.» – «Deswegen wird der Herr selbst
euch ein Zeichen geben. Siehe, die Jungfrau wird empfangen und einen Sohn gebären,
und sein Name wird Emmanuel sein.»

9.1   Bernhard von Clairvaux bezieht sich besonders häufig auf diese Stelle, wenn er die
jungfräuliche Empfängnis Christi erklären will.

So kann er, nachdem er den Vers zitiert hat, ganz kurz schreiben: «En habes fe-
minam, scilicet Virginem. Vis et de viro audire qui est. Et vocabitur, ait, nomen eius
Emmanuel, id est Nobiscum Deus.» – «Nun denn, die Frau kennst du, nämlich die
Jungfrau (Maria). Willst du auch vom Mann hören, wer er ist: Und er wird, so sagt er (=
Jesaia), mit Namen Emmanuel genannt, das heißt Gott mit uns.»[157] Dieser Name läßt
uns an die Güte Gottes denken[158]. Ein anderes Mal sieht Bernhard in diesem Namen
die Makellosigkeit Jesu angedeutet[159].

Bernhard zieht naturgemäß besonders häufig diese Stelle in seinen Adventspredigten heran. Er vergleicht sie mit Jes 11,1 und schreibt: „Quem enim prius florem, ipsum
deinde Emmanuelem, et quam dixerat virgam manifestius exprimens virginem nomi-
navit." – „Den er zunächst Blume, dann aber Emmanuel nannte, und die er Reis geheißen hat, drückte er deutlicher als Jungfrau aus."[160] Wenn Bernhard in einer Predigt
alle Beziehungen zu Maria im Alten Testament aufzählt, kann natürlich unsere Stelle

---

[153] BD 22,5,366,19-23.
[154] G R 6,240-242,176.
[155] BOASSPT 5,600,18f.
[156] SP 5,370,22f.
[157] BLVM 2,11,62,19-22.
[158] BHLD 1, 15,1,1,212,20f.
[159] BHLD 2, 78,2,4,550,25-27.
[160] BADV 1,11,74,23-25.

nicht fehlen[161]. Auch sieht er in dem großen Zeichen, das am Himmel erschienen ist, die Jungfrauengeburt, die Gott dem Achaz als Zeichen geschenkt hat[162].

Eine ganze Predigt widmet Bernhard der Auslegung von Jes 7,10-12, in dem König Achaz die Bitte um das von Gott angebotene Zeichen ablehnt. Und doch gibt Gott dem König ein Zeichen, „in quo manifeste et maiestas, et caritas innotescat", „in welchem offen die Majestät und die Liebe kundgegeben wird"[163]. Dieses Zeichen besteht in der Jungfrauengeburt und der Namensgebung des Kindes. Vor allem die Liebe drückt sich in dem Namen Emmanuel, das heißt Gott mit uns, aus. „Noli fugere, Adam, quia nobiscum Deus. Ne timeas, o homo, nec audito Dei nomine, terrearis, quia nobiscum Deus. Nobiscum carnis similitudine, nobiscum utilitate: propter nos venit, tamquam unus ex nobis, similis nobis, passibilis." – „Fliehe nicht, Adam, denn mit uns ist Gott. Fürchte dich nicht, o Mensch, du brauchst nicht zu erschrecken, wenn du den Namen Gottes hörst, denn mit uns ist Gott. Mit uns durch die Ähnlichkeit des Fleisches, mit uns durch den Nutzen: Um unsertwillen kommt er wie einer von uns, uns ähnlich, leidensfähig."[164]

9.2 Als einer der wenigen weiß Guerricus von Igny auch, daß man „virgo", „Jungfrau" in Jes 7,14 mit „adolescentula", „junge Frau" wiedergegeben hat[165]. Das hindert ihn aber nicht, in dieser Stelle die Ankündigung der Jungfrauengeburt zu sehen.

9.3 Der Verfasser des Traktates „Speculum virginum" zählt unter den Vorverweisen auf Maria im Alten Testament selbstverständlich unsere Stelle auf[166].

10. Jes 9,6: „Parvulus enim natus est nobis, et filius datus est nobis; et factus est principatus super humerum ejus; et vocabitur nomen ejus: ‚Admirabilis, consiliarius, Deus fortis, pater futuri saeculi, princeps pacis'." – „Ein Kind ist uns geboren, ein Sohn ist uns geschenkt; und die Herrschaft liegt auf seinen Schultern. Sein Name heißt: ‚Wunderbarer, Ratgeber[167], Gott, starker Vater der Zukunft, Friedensfürst'."

10.1 Dieser Vers wird besonders vielfältig von Bernhard von Clairvaux ausgelegt.

10.1.1 Der Abt hört von einem Mönch Heinrich, der die Kindertaufe verwirft. Unter anderem hält er ihm dagegen: „Quid, quaeso, quid invidet parvulis Salvatorem parvulum, qui natus est eis." – „Was, bitte, was neidet man den Erlöser als Kind den Kindern, der für sie geboren ist."[168] An einer anderen Stelle spielt Bernhard bei der Erklärung dieser Schriftstelle mit der Bedeutung „puer", welches Wort man auch mit „Kleiner" wiedergeben kann. „Magnificatur et a nobis parvulis magnus Dominus, quos ut faceret magnus, factus est parvulus." – „Groß gepriesen werde von uns Kleinen der große

---

[161] BOASSPT 8,604,25f.

[162] BOASSPT 8,604,26-606,2.

[163] BADV 2,1,78,11f.

[164] BADV 2,1,78,14-16.

[165] GIS Ann 3,1,17-19,146.

[166] SP 5,370,25.

[167] Über die andere Übersetzung, die im Mittelalter bekannt war, „magni consilii Angelus", „Engel des großen Ratschlusses", und seine Anwendung auf Christus vgl. oben.

[168] BB 2,241,1,290,18f.

Herr, der, um uns groß zu machen, Klein/Kind geworden ist."[169] „Ipse magnus Dominus et laudabilis nimis, ipse parvulus qui datus est nobis." – „Er ist der große und sehr
lobenswerte Herr, er, das Kind, das uns geboren wurde."[170] Dieses Kleinwerden ist
umso erstaunlicher, als der Sohn Gottes es nicht notwendig hatte, als Kind geboren zu
werden[171]. Im Hohelied ist der Geliebte ein „fasciculus myrrhe", „Myrrhenbüschel"
(Hld 1,12). Ein kleines Büschel kann man nach Bernhard Christus nennen, weil er klein
für uns als Kind geboren ist[172]. Gerade die Schwachheit des Erlösers sieht Bernhard
in der Geburt als Kind ausgedrückt[173]. In einer Reihe steht diese Bezeichnung Jesu
mit derjenigen eines Hirschens oder einer Gazelle[174]. Als Kind wollte Jesus uns geboren werden, weil man sich mit einem Kind schnell versöhnen kann[175]. Deswegen wird
der Sinn des Menschen auch heiter, wenn er diesen Schriftvers hört[176]. Dieser Name
ist natürlich nur für den Menschgewordenen passend[177]. Einmal fragt sich Bernhard,
wie denn im Introitus des Weihnachtsfestes immer noch gesungen werden kann „Puer
natus est nobis", „Ein Kind ist uns geboren", obwohl seine Geburt schon so lange
zurückliegt[178]. Dies ist möglich, weil Christus immer derselbe bleibt[179]. So wird in den
Predigten an Weihnachten der Erlöser das Kind, das uns geboren ist, genannt[180].

10.1.2 Ein anderer Aspekt dieser Schriftstelle wird an folgender Stelle von Bernhard
erwähnt: „Hunc crucem tulit Christus; unde: Imperium eius super humerum eius."
– „Dieses Kreuz trug Jesus, daher heißt es: Seine Herrschaft auf seinen Schultern."[181]
Denn die Liebe hat dem Kreuz den Strafcharakter genommen, und es bleibt ihm nur
die Herrlichkeit[182].

10.1.3 Die Namen des Kindes in Jes 9,6 teilt Bernhard folgendermaßen auf: „Primum,
tertium, quartum, maiestatem sonant, reliqua pietatem." – „Der erste, der dritte und
der vierte drückt die Majestät aus, die übrigen die Güte"[183], wobei die Güte die Namen
der Majestät mildert[184]. Eine andere Predigt ist ganz der Erklärung dieser Namen gewidmet[185].

---

[169] BLVM 3,13,96,13f.
[170] BVPL 1,108,6.
[171] BVLM 3,13,96,15-18.
[172] BHLD 2, 43,1,1,96,16.
[173] BHLD 2, 73,2,4,484,20f.
[174] BHLD 2, 73,3,8,490,21.
[175] BEPI 1,4,326,7-9.
[176] BPASC 4,1,290,14f.
[177] BHLD 2, 75,3,6,514,21f.
[178] BNAT 6,3,208,20-22.
[179] BNAT 6,4,208,23f.
[180] BCIRC 1,3,286,1f.
[181] BS 3,74,486,13f.
[182] BS 3,74,486,12f.
[183] BHLD 1, 15,1,1,212,23-214,1.
[184] BHLD 1, 15,1,1,214,1-10.
[185] BD 53,1,574,7f.

10.2 An einem Weihnachtsfest liegt Hadewijch krank im Bett[186] und sieht in einer Ekstase, wie ein „kint gheboren werdende in die uerhoelne minnende gheest", „Kind geboren wurde in der Verborgenheit liebender Geister"[187]. Unter Anspielung auf unseren Vers wird das geschichtlich einmalige Geheimnis der Geburt des Kindes mit der „unio mystica" der Gottesgeburt in der Seele der Menschen verbunden.

10.3 Mit zwei der Namen aus Jes 9,6, nämlich „princeps pacis, magni consilii angelus", „Friedensfürst, Engel des großen Ratschlusses", soll man nach Gertrud der Großen Jesus anrufen, damit er Führer auf dem Lebensweg wird[188].

11. Jes 11,1-3: „Et egredietur virga de radice Jesse, et flos de radice ejus ascendet. Et requiescit super eum spiritus Domini: spiritus sapientiae et intellectus, spiritus consilii et fortitudinis, spiritus scientiae et pietatis, et replebit eum spiritus timoris Domini: non secundum visionem oculorum judicabit, neque secundum auditium aurium arguet." – „Und ein Reis entsproßt aus der Wurzel Jesse, und eine Blume steigt aus seiner Wurzel auf. Und es ruht auf ihm der Geist des Herrn: Der Geist der Weisheit und des Verstandes, der Geist des Rates und der Stärke, der Geist des Wissens und der Frömmigkeit und der Geist der Furcht des Herrn wird ihn erfüllen: Nicht nach Augenschein wird er richten, und nicht nach dem Hörensagen entscheidet er.»

Um Wiederholungen zu vermeiden, werden hier die Stellen, an denen Jesus Blüte aus der Wurzel Jesse genannt wird, nicht wiederholt[189]. Ebenfalls werden nicht alle die Stellen angeführt, an denen man die sieben Gaben des Geistes ohne Bezug zu diesem Schriftwort anführt.

11.1 Für Bernhard ist wichtig, daß Christus nicht eine Blume vom Zweig, sondern von der Wurzel ist. Damit sei angedeutet, so meint der Abt, daß der Zweig, nämlich Maria, und die Blume, nämlich Christus, denselben Ursprung haben[190]. Immer wieder betont Bernhard, daß der Zweig Maria und die Blüte Jesus zusammengehören[191].

11.2 Der Verfasser des „Speculum virginum" sieht in den Gaben der Weisheit und des Wissens, die Christus hat, einen Unterschied. Der Prophet habe vorherverkündet, daß auf Christus „nunc spiritum sapientiae, nunc spiritum scientiae", „einmal der Geist der Weisheit, dann der Geist des Wissens" geruht habe[192], wobei es dem Verfasser weniger auf den zeitlichen als auf den inhaltlichen Unterschied der Gaben ankommt. Denn weise ist man noch nicht dadurch, daß man viel weiß[193].

11.3 Hildegard von Bingen widmet das fünfzehnte Kapitel der achten Vision im dritten Teil ihres Werkes „Scivias" ganz der Auslegung dieser Verse. Maria als der Zweig aus der Wurzel Jesse ging heraus aus den weltlichen Nöten in die Süße der ehrbaren Sitten, weil sie ohne Zutun des Mannes vom Heiligen Geist die Blüte Christus her-

---

[186] HAV 11,1f.,116.
[187] HAV 11,16-19,116.
[188] G R 1,70-72,50.
[189] Vgl. Oben
[190] BCO 5,10,23,812,9-13.
[191] BADV 2,4,82,8-10.
[192] SP 11,920,6-9.
[193] SP 11,920,23f.

vorgebracht hat[194]. Weil diese Blüte der Sohn Gottes war, ruhte auf ihm der Geist des Herrn, das heißt der Geist der ewigen Gottheit[195]. Dann zeigt Hildegard, wie die sieben Gaben des Geistes in Jesus wirksam waren[196]. An einer anderen Stelle betont Hildegard, daß Jesus, die klare Blume, in dem von Gott erleuchteten Geist der Jungfrau Maria entstanden ist[197].

11.4 Mechthild von Hackeborn sieht in dieser Schriftstelle die Tatsache bezeugt, daß „in solo Christo Spiritus Sanctus haec dona perfecte operatus est", „allein in Christus der Heilige Geist diese (sieben) Gaben vollkommen gewirkt hat"[198].

12. Besonders häufig werden aus Jes 53, dem sogenannten Gottesknechtslied, Verse zitiert und auf Christus angewandt.

Jes 53,2: „Et ascendet sicut virgultum coram eo, et sicut radix de terra sitienti: non est species ei, neque decor et vidimus eum, et non erat aspectus, et desideravimus eum." – „Er wächst vor ihm auf wie ein junger Sproß und wie ein Wurzeltrieb aus dürstendem Boden; er hat keine Gestalt noch Zier, und wir sahen ihn an, und er hatte kein Aussehen, und nicht verlangten wir nach ihm."

Bernhard meint, daß sich dieser Vers nicht auf Hld 1,15 bezieht, in welchem die Braut feststellt, daß der Bräutigam schön ist. Der Prophet denkt vielmehr an den Gekreuzigten[199]. Auch das Weiden in Lilien (Hld 2,16) kann nicht mit dieser Schriftstelle, die auf die Schwäche des Fleisches abzielt, gemeint sein[200]. In den Psalmen wird uns oft ein ganz anderes, nämlich strahlend schönes, Bild von ihm vermittelt[201]. In seinem Leiden war er derjenige, der kein Aussehen mehr hatte. Der schönste der Menschen ist wie ein Aussätziger zum Spott der Menschen geworden[202]. In einer anderen Predigt behandelt Bernhard zwei Stufen der spirituellen Entwicklung eines Menschen. Auf der ersten Stufe soll der Mensch eher auf den Gekreuzigten schauen, von dem Jesaia sagt, daß er kein schönes Aussehen hatte[203].

13. Jes 53,3: „Despectum et novissimum virorum, virum dolorum et scientem infirmitatem, et quasi absconditus vultus ejus et despectus, unde nec reputavimus eum." – „(Wir verlangten nicht nach ihm,) dem Verachteten und letzten der Männer, einem Mann der Schmerzen, der um die Krankheit weiß, und gleichsam verhüllt war sein Angesicht und verachtet, weswegen wir ihn nicht achteten."

13.1 Bernhard von Clairvaux schreibt, daß Christus durch die Erfahrung des Leidens den Menschen näher treten wollte[204]. Deswegen wurde er der Mann der Schmerzen,

---

[194] HISV 2, 3,8,15,671-684,497.
[195] HISV 2, 3,8,15,692-694,498.
[196] HISV 2, 3,8,15,695-814,498-501.
[197] HISV 2, 3,13,1,51-58,615.
[198] MH 1,20,73.
[199] BHLD 2, 45,4,6,120,6-16.
[200] BHLD 2, 70,2,4,434,8f.
[201] BASC 4,9,360,7-25.
[202] BIVHM 3,186,4-7.
[203] BD 123,1,820,15-17.
[204] BH 3,9,58,1f.

der mit Krankheit vertraut war[205]. An einer anderen Stelle bemerkt Bernhard, daß Luzifer und die ersten Menschen aus Neid gesündigt haben, weil sie wie Gott sein wollten[206]. Da es gilt, „sola misera caret invidia", „nur das Elend entbehrt den Neider"[207], spricht der Sohn Gottes: „Exhibeo igitur me homini hominem despectum et novissimum virorum, virum dolorum et scientem infirmitatem." – „Ich zeige mich also dem Menschen als verachteter Mensch und letzter der Männer, ein Mann der Schmerzen, der vertraut ist mit Krankheit."[208] Wenn jetzt der Mensch sein will wie Gott, muß er demütig werden[209]. Wenn auch Christus in seiner Gottheit innerlich immer weiß und strahlend ist, war er außen in seiner Menschheit am Kreuz schwarz, so war sein Ansehen verhüllt und verachtet[210].

13.2 Wörtlich kehrt der letzte Text von Bernhard von Clairvaux bei Wilhelm von St. Thierry wieder[211]. Trotz der gegenseitigen Befruchtung darf man hier eine Abhängigkeit Wilhelms von Bernhard annehmen, den jener immer auch als seinen spirituellen Lehrer verehrt.

13.3 Nach Gertrud der Großen hat die Liebe den gegeißelten und mit Dornen gekrönten Jesus zu einem verachteten und aussätzigen Menschen gemacht, wie es Jesaia vorhergesagt hat[212].

14. Jes 53,4: „Vere languores nostros ipse tulit, et dolores nostros ipse portavit, et nos putavimus eum quasi leprosum et percussum a Deo et humiliatum." – „Wirklich, unsere Krankheiten hat er sich aufgeladen und unsere Schmerzen getragen. Und wir hielten ihn für einen Aussätzigen, einen von Gott Geschlagenen und Gedemütigten."

14.1 Bernhard von Clairvaux zitiert diese Stelle und sagt, daß wir, weil sich dies in Christus ereignet hat, voll Vertrauen zum Thron Gottes treten können[213]. „In eo quo passus est ipse, nobis compati posse non dubitamus." – „Dadurch, daß er selbst gelitten hat, können wir nicht zweifeln, daß er mit uns Mitleid hat."[214] Christus hatte menschliche und leibliche Sinne, mit denen er selbst alle menschliche Not erfahren hat und deswegen unsere Krankheiten und Schmerzen tragen konnte[215]. Doch wendet Bernhard diese Schriftstelle nicht nur auf das Leiden am Kreuz an; sein ganzes Leben hat er unsere Krankheiten getragen, in dem er, der Mann der Schmerzen, der in allem außer der Sünde versucht wurde, sich auch in Nazareth mit seinen eigenen Händen abgemüht hat[216]. Bernhard ist überzeugt, daß Maria bei der Geburt Jesu keinen Schmerz der Wehen spürte. „Ne mirum, frates, si dolorem non intulit Matri, qui tulit dolores to-

---

[205] BH 3,9,58,5f.
[206] BS 3,70,460,22-25.
[207] BS 3,70,462,4.
[208] BS 3,70,462,5f.
[209] BS 3,70,462,6-9.
[210] BHLD 1, 28,1,2,434,16-21.
[211] WND 11,34,401B.
[212] G R 7,166-169,220.
[213] BH 1,3,9,58,21-23.
[214] BH 1,3,9,58,23f.
[215] BHLD 2, 56,1,1,242,21-24.
[216] BIVHM 11,198,10-15.

tius mundi, secundum quod Iesaias ait." – „Das ist nicht verwunderlich, Brüder, wenn derjenige der Mutter keinen Schmerz antat, der die Schmerzen der ganzen Welt getragen hat, wie Jesaia sagt."[217]

14.2 David von Augsburg stellt das Leiden Christi, der unsere Schmerzen getragen hat, als Vorbild zur Geduld den Menschen vor Augen[218].

15. Jes 53,5: „Ipse vulneratus est propter iniquitates nostras, attritus est propter scelera nostra: disciplina pacis nostrae super eum, et livore ejus sanati sumus." – „Er ist wegen unserer Bosheiten verwundet worden, zermalmt wegen unserer Vergehen. Die Zucht um unseres Friedens willen (liegt) auf ihm, durch seine Wunden sind wir geheilt."

15.1 Bernhard von Clairvaux preist die Wunden des Erlösers als sicheren Schutz[219]. Wenn der Mensch auch nach der Sünde durch Gewissensbisse beunruhigt wird, braucht er nicht verwirrt zu sein, wenn er an die Wunden dessen denkt, der für unsere Bosheiten verwundet wurde[220]. Auch der Märtyrer kann im Augenblick des Todes seinen Blick zu dem erheben, durch dessen Wunden wir geheilt sind[221]. Jesaia sah, als er diesen Vers schrieb, Jesus, den Verachteten, den Gehenkten, den, der für uns starb[222].

15.2 Bei Hildegard von Bingen spricht die Tugend der Demut zur Tugend der Geduld: „Volo te amplecti, quia magnus medicus dura et amara uulnera propter te passus est." – „Ich möchte dich umarmen, weil der große Arzt harte und bittere Wunden um deinetwillen erlitten hat."[223]

15.3 Die in der Vulgata schwer zu verstehende Stelle „disciplina pacis nostrae super eum" interpretiert Gertrud die Große, indem sie die Liebe folgendermaßen anredet: „Illa amarissima pacis meae quam ei imposuisti disciplina, omnia mea persolvat neclecta et debita." – „Jene bitterste Zucht, die du ihm um meines Friedens willen auferlegt hast, soll alles, was ich versäumt und verschuldet habe, wegnehmen."[224]

16. Jes 53,7: „Oblatus est, quia ipse voluit, et non aperuit os suum: sicut ovis ad occisionem ducetur, et quasi agnus coram tondente se obmutescet, et non aperiet os suum." – „Er wurde geopfert, weil er es selbst wollte, und tat seinen Mund nicht auf, wie ein Schaf, das zum Schlachten geführt wird, und wie ein Lamm vor seinem Scherer verstummt und seinen Mund nicht auftut."

16.1 Bernhard von Clairvaux gebraucht die Bemerkung „er wurde geopfert, weil er es wollte", um die vollständige Freiheit Christi darzulegen[225]. „Nempe minoratus est, quia ipse voluit, minoratus est sua voluntate, et nostra necessitate." – „Er ist ja gering gemacht worden, weil er es selbst gewollt hat, gering gemacht durch seinen Willen und

---

[217] BVNAT 4,3,180,20f.
[218] DAE 3,40,256.
[219] BHLD 2, 61,2,3,314,6.
[220] BHLD 2, 61,2,3,314,10-12.
[221] BHLD 2, 61,3,7,318,27-29.
[222] BINOV 5,4,710,10-12.
[223] HISV 2, 3,13,9,404-406,627.
[224] G R 7,175-177,220.
[225] BGR 3,8,186,1-8.

um der Notwendigkeit auf unserer Seite willen."[226] Auch bei der Darstellung im Tempel besaß er die Freiheit. „Oblatus est, non quia opus habuit, non quia sub Legis edicto fuit, sed quia voluit." – „Er ist geopfert worden, nicht weil er es nötig gehabt hätte, nicht weil er unter einer Vorschrift des Gesetzes stünde, sondern weil er es wollte."[227] Auch sein Tod am Kreuz geschah nicht, weil seine Gegner Macht über ihn bekamen oder er des Todes schuldig gewesen wäre, sondern weil er es selbst wollte[228]. Anhand dieser Stelle versucht er auch, das Problem zu lösen, wie Jesus seinen eigenen Willen, nicht zu sterben (Lk 22,42), scheinbar aufgegeben hat, da er nach dem Willen des Vaters doch starb. Jesus hat sich aus freiem Willen dem Willen des Vaters unterworfen und wurde deswegen im Tod geopfert, weil er es selbst wollte[229].

In einer Parabel erzählt Bernhard die Geschichte des Königssohnes, der seine Braut heimführt, unter welchem natürlich Christus zu verstehen ist. Dabei bringt er der Braut als Geschenk einen Pelz und einen Wollmantel, die beide von einem Lamm gewonnen worden sind[230]. Der Bräutigam ist aber selbst das Lamm[231]. Im Unterschied zur Wolle kann man das Fell des Lammes nur durch seinen Tod gewinnen. Dies ist auch bei Christus der Fall, der als Lamm zum Schlachten geführt wird[232]. Die Tatsache, daß Jesus sich wie ein Lamm zum Schlachten führen läßt, beweist auch seine Sanftmut[233]. Die Geduld und die Sanftmut des Schafes, das seinen Mund nicht auftut, zeigt sich für Bernhard nicht erst am Kreuz, sondern auch schon bei seiner Beschneidung[234]. Die buntgewirkte Tunika Josefs, die für Bernhard die Vielfalt kirchlicher Orden darstellt, ist mit dem Blut des Lammes getränkt, das seinen Mund nicht vor dem Scherer auftut[235].

16.2 Auch für Johannes von Ford zeigt sich die Milde und die Sanftmut des leidenden Jesus darin, daß er vor seinen Scherern, das heißt vor seinen Gegnern, den Mund nicht auftut[236].

16.3 Hugo von St. Viktor beschreibt die Feuerwolke, die dem Volk Gottes in der Wüste vorausging. Dabei war für das alttestamentliche Volk das Feuer der göttlichen Majestät schrecklich, weil es die Sünde bestraft, während für das neutestamentliche Volk die Wolke der Menschheit Christi mild erschien, denn er ist wie ein mildes Lamm, das seinen Mund nicht öffnet und für die Menschen geopfert ist[237].

16.4 Auch für Gertrud die Große ist Christus ein Vorbild der Geduld, weil er wie ein ganz mildes Lamm zum Schlachten geführt wurde und seinen Mund nicht auftat[238].

[226] BHLD 2, 73,3,8,490,12f.
[227] BPUR 3,2,422,4-6.
[228] BPUR 3,2,422,6-8.
[229] BPASC 3,5,286,1-9.
[230] BPA 6,862,8-11.
[231] BPA 862,13.
[232] BPA 862,11-15.
[233] BHLD 2, 70,3,6,436,3-9.
[234] BCIRC 2,1,292,17f.
[235] BA 3,5,154,12-17.
[236] JHLD 20,7,252-256,179.
[237] HNM 1,682A.
[238] G 3, 3,42,1,14-18,194.

17. Jes 53,9c: „Neque dolus fuerit in ore ejus." – „Kein Trug war in seinem Munde."

Wenn der Bräutigam bei Mechthild von Magdeburg die Braut auffordert, zu schauen, „wie reht min munt si", „wie recht mein Mund sei"[239], ist wohl daran gedacht, daß sein Mund kein Unrecht, das heißt keinen Trug, geredet hat.

18. Jes 53,12: „Ideo dispertiam ei plurimos, et fortium dividet spolia, pro eo quod tradidit in mortem animam suam, et cum sceleratis reputatus est: et ipse peccata multorum tulit et pro transgressoribus rogavit." – „Deswegen teile ich ihm die Vielen zu, und er soll die Beute der Starken teilen dafür, daß er seine Seele in den Tod gegeben hat und unter die Verbrecher gezählt wurde: Er selbst hat die Sünden der Vielen getragen und für die Übertreter gebetet."

18.1 Bernhard von Clairvaux sagt, daß Jesaia, als er dies verkündete, einen Duft der erlösenden Barmherzigkeit von sich gab[240]. Der Abt schreibt, daß nicht nur der Vater seinen Sohn für uns nicht geschont hat, sondern der Sohn seine Seele für uns in den Tod gab[241]. Wie er sich aus eigener Kraft in den Tod gegeben hat, kann er auch als einziger aus eigener Kraft wieder in das Leben zurückkehren[242]. Wenn Christus für die Übertreter betet, darf man volles Vertrauen auf die Vergebung haben[243]. Weiter ermahnt er die Menschen, zu ihren Sünden zu stehen und Buße zu tun, wenn Christus als Unschuldiger sich unter die Sünder rechnen ließ[244].

18.2 Nach Johannes von Ford geschah durch Christi Tod die Vollendung der Gerechtigkeit, weil er sein Leben in den Tod gegeben hat[245].

19. Jer 23,5f.: „Ecce, dies veniunt, dicit Dominus, et suscitabo David germen justum et regnabit rex, et sapiens erit, et faciet judicium, et justitiam in terram. In diebus illis salvabitur Juda, et Israel habitabit confidenter, et hoc est nomen, quod vocabunt eum, Dominus justus noster.» – «Siehe, Tage kommen, sagt der Herr, und ich werde David einen gerechten Sproß erwecken, und er wird als König herrschen und weise sein, und er schafft Gericht und Gerechtigkeit auf Erden. In jenen Tagen wird Juda gerettet werden, und Israel wird sicher wohnen, und dies ist der Name, mit dem sie ihn rufen werden: Unser gerechter Herr.»

19.1 Bernhard von Clairvaux zählt unter den Namen, die Christus trägt, auch «Unser gerechter Herr» auf[246].

19.2 Gertrud die Große schreibt, daß durch Christus das wahre Israel sicher lebt[247]. Oder: „Tuae charitatis in deliciis anima mea habitet confidenter nimis." – „In den Wonnen Deiner Liebe wohnt meine Seele sehr sicher."[248]

---

[239] MM 1,29,3,22.
[240] BHLD 2, 67,3,5,396,20-23.
[241] BLVM 3,14,98,2-6.
[242] BIVHM 4,188,12-15.
[243] BIVHM 8,192,24-26.
[244] BCIRC 2,1,292,8-11.
[245] JAP 11,355-357,820.
[246] BHLD 1, 15,1,1,212,19f.
[247] G R 5,123f.,134.
[248] G R 5,238f.,142; vgl. G R 5,427,154.

20. Ez 34,23f.: „Et suscitabo super eas pastorem unum, qui pascat eas servum meum David: ipse pascet eas, et ipse erit eis in pastorem. Ego autem Dominus ero eis in Deum, et servus meus David princeps in medio eorum: Ego Dominus locutus sum." – „Und ich werde über sie (= die Herden) einen Hirten erwecken, der sie weidet, meinen Knecht David. Er wird sie weiden und ihnen zum Hirten sein. Ich, der Herr, werde mit ihnen Gott sein, und mein Knecht David wird Fürst in ihrer Mitte. Ich, der Herr, habe gesprochen."

Isaak von Stella deutet diese Stelle auf Christus, der als guter Hirt gesandt ist, um die verletzten Schafe zu heilen (Ez 34,16) und sie auf gute Weide zu führen[249].

21. Dan 2,34: „Videbas ita, donec abscissus est lapis de monte sine manibus, et percussit statuam in pedibus ejus ferreis et fictibilibus, et comminuit eos." – „Du sahst, wie sich ein Stein ohne Zutun einer Hand von dem Berg löste und gegen die eisernen und tönernen Füße des Standbildes schlug und sie zermalmte."

Für Bernhard von Clairvaux ist dieser Stein Christus, der zu einem großen Berg in seiner Erhöhung anwuchs[250].

22. Mi 5,2: „Et tu Betlehem Ephratha parvulus es in millibus Juda: ex te mihi egredietur, qui sit dominatur in Israel, et egressus ejus ab initio diebus aeternitatis." – „Und Du Betlehem – Efrata, klein in den Gauen Judas, aus dir wird mir der hervorgehen, welcher der Herrscher in Israel ist, und sein Ausgang ist von Anfang an, von den Tagen der Ewigkeit."

Hildegard von Bingen deutet den, der aus Betlehem hervorgeht, auf Christus, der von seinen Brüdern verfolgt wird, wie ein Löwe aber über sie siegt[251].

2.2 Neues Testament

Sehr viele Stellen des Neuen Testamentes werden in unseren Texten auf Christus bezogen. Hier gilt es, eine Auswahl zu treffen.

2.2.1 Evangelien

Wollte man einen Unterschied zwischen den drei synoptischen Evangelien und dem Johannesevangelium machen, wäre dies anachronistisch. Im Mittelalter zitiert man ohne Differenzierung aus allen vier Evangelien. Wenn ein Vers in mehreren der Synoptiker vorkommt, wird er nur nach dem Matthäusevangelium angegeben. Im relativ geringen Sondergut des Markusevangeliums habe ich keine Stelle gefunden, die mehrmals in den Texten zur Christologie herangezogen wurde.

---

[249] IS 35,13,114-125,266.
[250] BD 33,7,472,15f.
[251] HISV 2, 3,6,15,379-385,442f.

2.2.1.1 Mt

1. Mt 1,20: „Haec autem eo cogitante, ecce Angelus Domini apparuit in somnis ei, dicens: Joseph filii David, noli timere accipere Mariam conjugem tuam: quod enim in ea natum est, de Spiritu sancto est." – „Als er darüber nachdachte, siehe, der Engel des Herrn erschien ihm im Traum und sprach: Josef, Sohn Davids, fürchte dich nicht, Maria als deine Frau zu dir zu nehmen, denn was in ihr empfangen ist, ist vom Heiligen Geist."

Bernhard von Clairvaux benutzt diese Stelle, wenn er die Haltungen eines Menschen, wie die geistgewirkte Fröhlichkeit[252] oder die Berufung, die vom Heiligen Geist stammt, erklären will[253]. Auch das, was sich in der Schrift unter dem Buchstaben versteckt, stammt vom Heiligen Geist[254]. Natürlich weiß er auch um die ursprüngliche Bedeutung dieser Stelle. Er vermutet, daß es der Erzengel Gabriel ist, der nicht nur zu Maria, sondern auch zu Josef gekommen ist[255]. Der Abt macht sich Gedanken, aus welchem Grund Josef Maria entlassen wollte, bevor er hörte, daß sie vom Heiligen Geist empfangen hat[256]. Er wußte den Ursprung des Kindes nicht. Maria behält ja die Tatsache, daß ihr Kind vom Heiligen Geist stammt, für sich[257].

2. Mt 1,21: „Pariet autem filium: et vocabis nomen ejus Jesum: ipse enim salvum faciet populum suam a peccatis eorum." – „Sie wird einen Sohn gebären, und du sollst ihn mit Namen Jesus nennen; er wird nämlich sein Volk von seinem Sünden heil machen."

Bernhard von Clairvaux schließt diese Stelle an die Verkündigung an Maria an. Er sieht im zweiten Halbsatz die Etymologie des Namens Jesus: „Rationem huius vocabuli alius ponit evangelista, Angelo interpretante." – „Den Sinn dieses Wortes gibt ein anderer Evangelist nach der Erklärung des Engels an."[258] Die in Jes 9,6 aufgezählten sechs Namen des Messias zielen nur auf das Heil des Volkes, deswegen faßt der Name diese Verheißung gut zusammen[259]. Weiter sieht Bernhard in dem Volk, das Jesus heil machen wird, die kleinen und demütigen Menschen[260].

3. Mt 2,11: „Et intrantes domum, invenerunt puerum cum Maria matre ejus, et procidentes adoraverunt eum: et apertis thesauris suis obtulerunt ei munera, aurum, thus et myrrham." – „Und sie betraten das Haus und fanden das Kind mit Maria, seiner Mutter, und sie warfen sich hin, beteten es an, öffneten ihre Schätze und brachten ihm ihre Gaben: Gold, Weihrauch und Myrrhe."

3.1 Bernhard von Clairvaux legt diese Gaben verschieden aus. Einmal sagt er, sie seien den Umständen angepaßt: die Kostbarkeit des Goldes wegen der Armut, die Myr-

---

[252] BB 1, 117,834,7f.
[253] BB 2, 382,3,722,13-15.
[254] BHLD 2, 73,1,2,482,10f.
[255] BLVM 1,2,36,19-22.
[256] BVLM 2,14f.,68,16-72,6.
[257] BOASSPT 10,608,19-20.
[258] BLVM 3,10,92,9-11; vgl. BEPI 1,3,324,9-12.
[259] BD 53,2,576,14-18.
[260] BNAT 5,5,274,8-13.

rhe, um das Kind zu salben, der Weihrauch wegen des Schmutzes im Stall[261]. An einer anderen Stelle zeigt er, daß diese Erklärung nicht ausreicht. Wenn Magier nur Gold gebracht hätten, hätte man dies auf die Armut des Kindes deuten können[262]. Im Kontext der anderen Gaben bedeutet das Gold aber den höchsten Reichtum, auf den die Mönche verzichtet haben[263], der Weihrauch den Wohlgeruch ihrer Gebete[264] und die Myrrhe die Abtötung ihrer Askese[265].

3.2   Nach dem Traktat „Speculum virginum" nimmt Maria die Gaben der Weisen entgegen und jubelt dem Kind zu, das sie an ihre Brust hält[266]. Mit den Weisen sollen auch die Jungfrauen in das Haus, wo das Kind mit seiner Mutter ist, eintreten[267].

3.3   „In enem dertiendaghe", „An einem Dreikönigstage"[268] erlebt die neunzehnjährige Hadewijch eine ekstatische Vision, in der sie einen Engel mit einem glühenden Weihrauchfaß sieht, mit dem dieser alle Ehre, die sie Gott erweist, darbringt[269]. Die Tatsache, daß sie den Weihrauch gerade an dem Tag sieht, an dem die Weisen unter anderem auch diese Gabe dem Kind darbringen, ist wohl nicht zufällig. In einer anderen Vision fällt sie wie die drei Weisen auf ihr Angesicht und betet an[270].

3.4   Mechthild von Magdeburg berichtet von einer Legende, nach der auch der Satan den Stern gesehen hat und den Weisen über Jerusalem in das Haus, in dem Maria und das Kind war, heimlich gefolgt ist. Als er sieht, welche Geschenke dem Kind dargebracht werden, ahnt er, daß dieses Kind der von den Propheten geweissagte Messias ist[271].

3.5   Die Anbetung der Weisen regt Gertrud die Große an, auch Jesus zu Füßen zu fallen[272].

4.   Mt 2,18: „Vox in Rama audita est ploratus, et ululatus multus: Rachel plorans filios suos, et noluit consolari, quia non sunt." – „Eine Stimme ist in Rama gehört worden, großes Weinen und Geschrei. Rachel beweint ihre Söhne und will sich nicht trösten lassen; denn sie sind nicht mehr."

Die Tatsache, daß Rachel sich nicht trösten lassen will, wurde zusammen mit Ps 76,3 „Renuit consolari anima mea", „es weigerte sich meine Seele, getröstet zu werden" zum Vorbild für die Menschen, die jeden Trost, der nicht von Gott kommt, ablehnen.

4.1   Bernhard von Clairvaux legt diese Worte dem Mönch Elias in den Mund, dessen Eltern ihm den Eintritt in ein Kloster verwehren wollten. Sein Wunsch nach einem klö-

---

[261]   BS 1,15,272,15-18.
[262]   BEPI 3,5,350,1-3.
[263]   BEPI 3,5,350,3-7.
[264]   BEPI 3,5,350,8-10.
[265]   BEPI 3,6,350,15-352,6.
[266]   SP 5,372,20-22.
[267]   SP 5,392,15-21.
[268]   HAV 6,1,86.
[269]   HAV 6,22-31,86.
[270]   HAV 12,33-35,130.
[271]   MM 5,23,81-87,177.
[272]   G 4,4,6,3,1-7,92.

sterlichen Leben war so stark, daß er sich mit nichts in der Welt trösten lassen will[273]. Man kann so sehr von Liebe entbrannt sein, daß alle anderen Freuden zum Ekel werden und man sich von nichts Weltlichem trösten lassen will[274]. Dieser Zustand ist mit der Lage zu vergleichen, in der bei der Hochzeit von Kana der Wein ausgeht[275].

4.2 Für Isaak von Stella ruft die Sehnsucht nach dem Herrn, den man noch nicht sieht, einen Abscheu vor allem anderen Trost hervor[276].

4.3 Der ganze Schlußteil des mittelniederländischen Traktates der Beatrijs von Nazareth stellt eine Erklärung der Ablehnung des Trostes auf der höchsten Stufe der Minne dar[277].

4.4 Den Anfang ihres geistlichen Lebens verbringt Margareta von Magdeburg ohne jeden Trost[278]. Als sie erfährt, daß auch ihr geistlicher Begleiter sie nicht versteht, geht ihr auf, sie solle keinen Trost haben außer demjenigen des Herrn[279]. So lehnt sie auch den Trost durch die Heiligen ab[280]. Am Ende will sie für sich auf Erden keinen Trost, selbst nicht den Trost Gottes[281].

4.5 Auch in der Spiritualität der Mechthild von Magdeburg spielt die Ablehnung jeden Trostes, der nicht von Gott kommt, eine große Rolle. Alle Geschöpfe sollen von ihr weichen, denn sie können Mechthild nicht trösten[282]. Selbst die Gemeinschaft der Heiligen[283] und das Wissen um Gott[284] bieten keinen Trost. Alle Gaben, die den Menschen in diesem Leben trösten wollen, soll man nur mit Vorsicht empfangen[285].

4.6 Agnes von Blannbekin nimmt sich in einer besonderen Bitterkeit des geistlichen Lebens vor, „quod nollet aliquam consolationem recipere, nisi dominus se ipso eam consolaretur", „keinen anderen Trost empfangen zu wollen, es sei denn, der Herr tröste sie durch sich selbst"[286]. Diese Ablehnung bezieht sich auch auf die „praeludia spiritualis consolationis", „Vorspiele des geistlichen Trostes"[287].

5. Mt 3,15: „Respondens autem Jesus, dixit ei: Sine modo: sic enim decet nos implere omnem justitiam. Tunc dimisit eum." – „Es antwortete ihm (= Johannes dem Täufer) Jesus und sprach: Laß es jetzt zu. So ziemt es sich, daß wir die ganze Gerechtigkeit erfüllen. Darauf ließ er ihn."

---

[273] BB 1, 111,3,810,4f.
[274] BHLD 1, 28,6,13,452,3-6.
[275] BD 18,2,336,14f.
[276] IS 20,4,24-30,42.
[277] BNS 7,104-171,34-39.
[278] MA 3,4.
[279] MA 7,9f.
[280] MA 53,58.
[281] MA 56,64.
[282] MM 4,12,4f.,123.
[283] MM 4,12,11-15,123.
[284] MM 4,12,15-22,123.
[285] MM 6,42,6f.,251.
[286] AB 178,16-21,370.
[287] AB 178,21-24,370.

Als Beispiel einer Demut, die nicht nur ausreicht und groß, sondern überfließend ist, nennt Bernhard von Clairvaux Jesus, der sich mit dem genannten Wort von Johannes taufen ließ; er ordnete sich ja damit einem Geringeren unter[288]. Es ist die Demut, die sich bis zum Tal beugt[289]. Das Motiv für diese Art Demut ist die Liebe[290]. Christus kennt nur die Fülle und insofern auch die Fülle der Demut[291]. Wenn dies Gottes Sohn tut, wie sollte sich der Mensch nicht dieser Demut ohnegleichen beugen[292]? Die erste, die in dieser Demut, die sich einem Geringeren unterordnet, Christus nachgefolgt ist, war seine eigene Mutter, die Elisabeth diente[293]. Als Jesus zu Johannes geht, kommt nicht ein Geringerer zum Größeren oder ein Gleicher zum Gleichen, sondern der Größte zu dem Geringeren[294]. Maria ahmte ihn nach, als sie Elisabeth besucht hat, die Jungfrau die Verheiratete, die Herrin die Magd, die Mutter Gottes die Mutter des Knechtes[295].

6. Mt 3,17: „Et ecce vox de caelis dicens: Hic est filius meus dilectus, in quo mihi complacui." – „Und siehe, eine Stimme, die vom Himmel sprach: Das ist mein geliebter Sohn, an dem ich mein Gefallen habe."

6.1 Nach Bernhard von Clairvaux reut es Gott seit der Taufe Jesu nicht mehr, den Menschen geschaffen zu haben (Gen 6,7), vielmehr hat er an seinem Sohn Gefallen[296]. In diesem Wort kann man die Verherrlichung des Sohnes Gottes durch den Vater[297] und seine Salbung durch den Geist[298] erkennen. Vor allem aber wurde mit diesem Wort seine Gottheit klar bezeugt[299]. An Jesus ist ja nichts, was dem Vater mißfallen könnte[300].

6.2 Der Verfasser des Traktates „Speculum virginum" legt Wert darauf, daß Christus unser Friede ist, er, bei dessen Taufe „Deus maiestatis intonuit", „der Gott der Majestät sich hören ließ"[301].

6.3 Nach Hildegard von Bingen zeigt der Vater Jesus mit offenen Wunden den himmlischen Chören der Engel mit den Worten: „Hic est Filius meus dilectus, quem misi mori pro populo." – „Dies ist mein geliebter Sohn, den ich gesandt habe, um für das Volk zu sterben."[302] In der Taufe selbst sieht sie eine Offenbarung der ganzen Dreifaltigkeit[303].

---

[288] BS 1,37,288,21-24.
[289] BHLD 2, 47,3,7,144,26-28.
[290] BHLD 2, 42,5,8,90,4.
[291] BOEPI 4,360,1-3.
[292] BEPI 1,6,322,12-18.
[293] BNAT 9,632,3-6.
[294] BVEPI 1,94,6-9.
[295] BMART 1,868,12-14.
[296] BS 3,22,416,20-22.
[297] BHLD 2, 762,4,528,1-3.
[298] BQUAD 1,3,446,13-19.
[299] BVEPI 1,94,15-20.
[300] BEPI 1,7,344,5-7.
[301] SP 11,962,7-9.
[302] HISV 1, 2,1,15,390-392,122.
[303] HISV 2, 3,2,7,238-241,355.

7. Mt 4,4: „Qui respondens dixit: Scriptum est: Non in solo pane vivit homo, sed in omni verbo, quod procedit de ore Dei." – „Er (= Christus) gab zur Antwort und sprach: Es steht geschrieben: Nicht allein vom Brot lebt der Mensch, sondern von jedem Wort, das aus dem Munde Gottes hervorgeht."

7.1 Bernhard von Clairvaux drückt seine Sehnsucht, sich am Anblick der Mitäbte der Zisterzienser Englands zu sättigen, aus; denn auch er lebt nicht vom Brot allein, sondern auch von dem durch seine Mitbrüder vermittelten Wort aus dem Mund Gottes[304]. Der Abt fordert auf, mit demütigem Geist das Wort Gottes zu empfangen, weil Jesus der teuflischen Versuchung mit dem genannten Worten widerstand, aus Steinen Brot zu machen[305]. Der Teufel wollte ja mit der versucherischen Bitte das Ohr des Herzens für das Wort Gottes verstopfen[306]. Dieses ist die geistliche Speise für die Seele des Menschen[307]. Mit dem genannten Schriftwort macht Bernhard deutlich: „Non solus mundus habet delectationem, sed multo maior est in verbis tuis." – „Nicht allein die Welt hat Freude, vielmehr ist sie viel größer in Deinen Worten."[308] Man soll nicht nur für die Speise des Leibes sorgen, sondern für jene, die das ewige Leben gibt (Joh 6,27); denn von ihr und nicht vom Brot allein lebt der Mensch[309]. Von dem Brot des Wortes Gottes nähren sich alle Heiligen und Engel[310]. Denn der Inhalt dieses Wortes ist der Wille des Vaters, welcher auch die Speise Jesu war[311]. Die Christen dürfen froh sein, daß die Drohung der Propheten, vergeblich Hunger nach dem Wort Gottes zu haben, nicht uns betrifft, da wir dieses Wort in der Schrift immer bereit finden[312]. Uns ist immer der Tisch gedeckt mit dem Wort, das von Gottes Mund kommt[313]. Zuerst erscheint das Wort Gottes hart wie ein Stein; Jesus aber wird diesen Stein in Brot verwandeln, damit wir durch es leben[314].

7.2 Der Verfasser des Traktates „Speculum virginum" legt Ps 36,25 „Ich habe noch keinen Gerechten verlassen gesehen" mit der Feststellung aus, daß ein Gerechter immer das Wort aus dem Munde Gottes hat, von dem er lebt[315]. Der Verfasser sieht unter dem täglichen Brot, das wir erbitten sollen, auch das Wort, das aus dem Munde Gottes hervorgeht[316].

8. Mt 6,21: „Ubi enim est thesaurus tuus, ibi est et cor tuum." – „Wo nämlich dein Schatz ist, dort ist auch dein Herz."

---

[304] BB 2, 535,1016,16-18.
[305] BQH 4,2,530,15-19.
[306] BQH 14,6,678,19-22.
[307] BANN 2,4,136,10-12.
[308] BBEN 12,94,6f.
[309] BJB 7,432,4-6.
[310] BASSPT 5,576,21-23.
[311] BOS 1,3,728,12-16.
[312] BDED 3,2,830,8-11.
[313] BD 24,3,390,4-7.
[314] BD 97,2,744,17-20.
[315] SP 1,158,12-19.
[316] SP 12,996,3-11.

8.1 Bernhard von Clairvaux bezieht diesen Schatz auf die Liebe. Wer den Herrn liebt, dessen Herz ist bei ihm[317]. So erreicht auch die Liebe der Braut ihren Geliebten[318]. Der Mensch soll sich auch nach den Verheißungen der Zukunft richten, dann ist sein Schatz und sein Herz beim kommenden Herrn[319]. Umgekehrt dürfen wir aber auch sicher sein, daß das Herz des Vaters der Erbarmungen bei uns ist, weil wir sein Schatz sind[320].

8.2 Mechthild von Magdeburg legt dieses Wort ganz persönlich aus: „Darumbe, herre, das ich keinen irdenschen schatz habe, so enhan ich kein irdensche herze, wann du, herre, min schatz bist, so bist du öch min herze." – „Darum, Herr, weil ich keinen irdischen Schatz habe, so habe ich kein irdisches Herz; wenn Du allein mein Schatz bist, Herr, so bist Du auch mein Herz."[321]

8.3 Ähnlich lautet die Aussage Gertruds der Großen: „Ecce cor meum iam non habeo mecum, sed tu, o charissime, thesaurus meus tuo in conclavi servas illud tecum." – „Siehe, ich besitze schon nicht (mehr) mein Herz, sondern Du, o Liebster, mein Schatz, bewahrst es bei Dir in Deiner Kammer."[322]

9. Mt 6,33: „Quaerite ergo primum regnum Dei, et justitiam ejus: et haec omnia adjicentur vobis." – „Sucht also zuerst das Reich Gottes und seine Gerechtigkeit, und dies alles wird euch dazugegeben."

Bernhard von Clairvaux warnt den neu gewählten Papst Benedikt, sich von Nebensächlichkeiten ganz in Beschlag nehmen zu lassen. Dies alles wird ihm dazugegeben werden, wenn er nur das Wesentliche sucht[323]. In zwei Briefen beansprucht Bernhard für sich, daß er nicht seine Ehre, sondern zuerst das Reich Gottes sucht[324]. Deswegen sorgt er sich auch nicht um das für seinen Lebensunterhalt Notwendige[325]. Er bedauert aber, daß viele Menschen das suchen, was die Welt gibt, und nicht zuerst das Reich Gottes[326].

10. Mt 10,16: „Ecce ego mitto vos sicut oves in medio luporum. Estote ergo prudentes sicut serpentes, et simplices sicut columbae." – "Siehe, ich sende euch wie Schafe mitten unter die Wölfe. Seid also klug wie die Schlangen und einfach wie die Tauben."

10.1 Bernhard von Clairvaux legt bei diesem Satz besonderen Wert auf die Klugheit, mit der der Christ die Wahrheit erkennen kann. Denn ein Eifer ohne Erkenntnis nützt nichts[327]. Wer sich deswegen schon damit zufrieden gibt, das zu tun, was befohlen wird, besitzt nicht die Klugheit der Schlange[328]. Es gibt kein besseres Anzeichen für die Ein-

---

[317] BP 20,60,424,23-28.
[318] BHLD 1,27,2,4,416,16-18.
[319] BQH 7,5,464,24f.
[320] BDEED 5,4,850,22-25.
[321] MM 4,7,3-5,121.
[322] G R 5,179f.,138.
[323] BCO 4,6,17,762,20-24.
[324] BB 2,361,640,11f.; 438,858,14f.
[325] BQH 9,5,612,12-14.
[326] BHLD 2,60,1,2,298,21-24.
[327] BP 14,36,398,6-9.
[328] BB 1,7,12,320,8-14.

falt der Taube als die Bescheidenheit[329]. Auch wenn einer in guter Absicht redet, kann er doch für den Hörer eine Arglist der Schlange sein, wenn er nicht die Einfachheit der Taube besitzt[330]. Auf beides muß man achten, damit „nec prudentia decipi, nec simplicitas decipere posset", „nicht die Klugheit täuschen und die Einfachheit getäuscht werden kann"[331]. Gerade die kirchlichen Vorsteher haben beide Haltungen notwendig[332].

10.2   Hildegard von Bingen schreibt, daß das Volk dann die Einfachheit der Taube bewahrt, wenn es ganz dem Sohn unterworfen bleibt[333].

11.   Mt 11,12: „A diebus autem Joannis Baptistae usque nunc, regnum coelorum vim patitur, et violenti raptunt illud." – „Von den Tagen des Johannes des Täufers bis jetzt erleidet das Himmelreich Gewalt, und die Gewalttätigen reißen es an sich."

Das Himmelreich, das Gewalt erleidet, stößt in unseren Texten auf Interesse.

11.1   Bernhard von Clairvaux berichtet von dem irischen Bischof Malachias, der nach dem Tod seiner leiblichen Schwester besonders eifrig für sie betete und sie darauf im Himmel mit weißem Gewand sehen durfte. Darauf fordert Bernhard die Leser auf zu sehen, wie das Himmelreich durch das Gebet des Gerechten Gewalt erleidet[334]. Der Abt kann nicht glauben, daß die Menschen, die nach dem objektiven Ende des alttestamentlichen Gesetzes deswegen noch nicht getauft sind, weil zu ihnen die Verkündigung noch nicht gelangt ist, verdammt werden. Die Anwendung der besagten Schriftstelle auf diese Menschen wäre falsch[335]. Ganz besonders gilt dies für die unschuldigen Kinder und Johannes den Täufer[336]. Bernhard zählt Tugenden auf, die das Himmelreich gleichsam gewaltsam öffnen. Zu ihnen gehört die Demut[337] und die Liebe[338]. An einer anderen Stelle sagt Bernhard, daß der Geist, der lebendig macht (Joh 6,63) und die Einsicht bringt, die nicht äußerlich bleibt, sondern von innen den Menschen erfaßt, das Reich der Wahrheit bringt und die Gewalttätigen an sich reißt[339]. In einer weiteren Predigt benutzt der Abt diese Schriftstelle, um deutlich zu machen, daß die Vollendung des Heils noch aussteht. Noch leidet das Himmelreich Gewalt[340]. Auch wenn das Himmelreich nahe ist, ist der Weg zu ihm voller Versuchungen und derjenige, der ihn geht, erleidet Gewalt[341]. Mit dieser Schriftstelle fordert Bernhard auf, mit dem Engel zu kämpfen, daß man nicht unterliegt[342]. Die Stelle aber darf nicht so ausgelegt werden,

---

[329]   BHLD 2, 86,1,1,648,7-30.
[330]   BD 17,6,328,14-16.
[331]   BB 2, 339,584,7-10.
[332]   BS 3,112,642,19-21.
[333]   HISV 2, 3,6,35,1006-1009,460.
[334]   BMA 5,11,480,17f.
[335]   BB 1, 77,1,5,616,9-19.
[336]   BB 1, 98,5,742,8-14.
[337]   BB 2, 551,2,1052.
[338]   BHLD 1, 27,6,11,428,12f.
[339]   BHLD 2, 73,1,2,482,14-21.
[340]   BSEPT 2,3,438,19f.
[341]   BQH 7,7,568,8-21.
[342]   BNATBM 16,642,13f.

daß man stolz wird. Der Zöllner, der sich im Tempel demütig verneigte, hat gerade dadurch den Himmel besiegt, daß dieser sich zu ihm neigte[343].

11.2   Der Verfasser des Traktates „Speculum virginum" macht durch diese Stelle deutlich, daß wir auf Hoffnung hin gerettet sind (Röm 8,24-26)[344]. In der Gegenwart erfahren wir Drangsale, weil das Reich Gottes noch Gewalt leidet[345]. Konkret heißt dies, daß der Mensch auch manchmal gegen die natürlichen Regungen wie den Zorn angehen muß, wenn sie gegen die Güte verstoßen[346].

11.3   Nach Beatrijs von Nazareth soll man laut ihrer Vita so lange mit Bitten dem Himmelreich Gewalt antun, bis man wieder durch den Anblick der Güte Gottes erleuchtet wird[347].

12.   Mt 11,25-30: Diese Stelle, die das „johanneische Wort" bei den Synoptikern genannt wird, wird an den meisten Stellen nur teilweise zitiert. Deswegen führen wir sie nach den einzelnen Versen getrennt auf.

13.   Mt 11,25: „In illo tempore respondens Jesus dixit: Confiteor tibi, Pater, Domine coeli et terrae, quia abscondisti haec a sapientibus, et prudentibus, et revelasti ea parvulis." – „In jener Zeit antwortete Jesus und sprach: Ich preise Dich, Vater, Herr des Himmels und der Erde, weil Du dies den Weisen und Klugen verborgen hast und es den Kleinen geoffenbart hast."

13.1   Mit diesen Worten will Bernhard von Clairvaux erklären, daß Jesus nur über diejenigen, die in der Demut klein geworden sind, seine Liebe ausgießt[348]. Die Freunde der Welt werden dagegen von diesem Ausgießen ausgeschlossen[349]. Bernhard macht Petrus Abaelard den Vorwurf, zu den Weisen und Klugen gehören zu wollen und deswegen nicht das Rechte zu wissen[350]. Umgekehrt meint er, daß der Novize Hugo mit seinem Entschluß, in ein Kloster einzutreten, von Gott erleuchtet sei, weil er zu den Kleinen gehört[351]. Er gehört zu denen, die um des Namens Jesu willen alles verlassen haben[352]. Dies gilt auch schon für die Zeiten des Alten Testamentes. Damals gingen die Riesen und die berühmten Menschen leer aus, und Gott hat sich seinem demütigen Kind Jakob geoffenbart[353].

13.2   Der Autor der Vita der Ivetta von Huy verteidigt die Tatsache, daß einfachen Frauen die Geheimnisse des Himmels offenbart werden, mit der Bemerkung, Jesus

---

[343] BD 25,2,396,9-11.
[344] SP 9,724,16.
[345] SP 9,724,19-22.
[346] SP 12,1004,2-10.
[347] BN 2,12,137,138-142,96.
[348] BH 7,20,74,19-23.
[349] BB 1, 107,3,778,13-18.
[350] BB 2, 190,7,18,104,10-12.
[351] BB 2, 332,1,538,14-16.
[352] BPP 1,5,452,15f.
[353] BD 42,1,532,2-5.

habe angekündigt, daß der Vater sie den Kleinen kundtun wolle[354]. Es sind dieselben demütigen Kleinen, denen er das Himmelreich zugesprochen hat[355].

13.3 Juliane von Cornillon bekommt nach ihrer Vita von Gott den Auftrag, das Fronleichnamsfest in der Kirche zu verbreiten. Sie selbst aber fühlt sich dazu unwürdig[356]; Kleriker als ausgebildete Theologen hätten dazu mehr Fähigkeiten[357]. Jesus aber beharrt auf ihrer Sendung mit Berufung auf diese Schriftstelle[358]. Aus diesem Grund läßt Juliane von einem unerfahrenen jungen Kleriker das Offizium für dieses Fest verfassen, weil Gottes Weisheit auch durch einen ungelehrten Menschen sprechen kann[359].

13.4 Margarete von Ypern darf schon mit fünf Jahren zur Kommunion gehen, weil sie sich von Gott um Realpräsenz Christi im Altarsakrament belehrt weiß. Denn Gott wollte es ihr, der Kleinen, offenbaren[360].

13.5 Mechthild von Magdeburg fängt das Kapitel, in dem sie von ihrem ersten Gruß des Heiligen Geistes in ihrem zwölften Lebensjahr und von der Zeit davor berichtet, mit der Bemerkung an: „Do war ich der einvaltigosten menschen eines, das ie in geistlichem lebende erschein." – „Da war ich einer der einfältigsten Menschen, der je im geistlichen Leben erschien."[361] Damit will sie offensichtlich sagen, daß sie zu den Kleinen gehört, denen der Vater Jesus offenbart.

13.6 Der Autor der Vita der Lukardis von Oberweimar berichtet von einer mangelhaften religiösen Ausbildung dieser Frau. Trotzdem wurde sie von Christus erwählt, weil Gott sich den Unmündigen offenbart[362].

13.7 Ein Franziskanerbruder setzt diesen Schriftvers über seine Vita der Agnes von Blannbekin. Damit drückt er aus, daß sowohl er selbst als auch Agnes nicht zu den Weisen und Klugen, sondern zu den Kleinen gehört, denen Gott sich offenbart[363].

14. Mt 11,26: „Ita Pater: quoniam sic tui placitum ante te." – „Ja Vater, denn so war es vor Dir gefällig."

14.1 Bernhard von Clairvaux schreibt von den Kleinen, denen diese Offenbarung gilt: „Tuo placito sunt id quod sunt, non suo merito." – „Durch Dein Wohlgefallen sind sie, was sie sind, nicht durch ihr Verdienst."[364] Es war ja nicht ihr Verdienst, daß sie es empfangen haben[365].

14.2 Mechthild von Hackeborn dankt Gott für alle Offenbarungen, die er nach seinem Gefallen einem Menschen gegeben hat[366].

---

[354] IH 41,107,165.
[355] Ebenda.
[356] JC 2,2,6,457.
[357] Ebenda.
[358] Ebenda.
[359] JC 2,2,9,459.
[360] MY 2,107,34-108,5.
[361] MM 4,2,4-6,109.
[362] LO 44,333,29-33.
[363] AB prol 4-30,66.
[364] BB 1, 146,2,938,1-3.
[365] BB 1, 107,3,778,13f.
[366] MH 3,30,235.

15. Mt 11,27: „Omnia mihi tradita sunt a Patre meo. Et nemo novit Filium, nisi Pater: neque Patrem quis novit, nisi Filius, et cui voluerit Filius revelare." – „Alles ist mir von meinem Vater übergeben worden. Und niemand kennt den Sohn außer dem Vater, und niemand kennt den Vater außer dem Sohn und wem es der Sohn offenbaren will."

15.1 Bernhard von Clairvaux betont, daß alle Offenbarung Gottes über den Sohn an diejenigen geht, denen es der Sohn geben will[367]. In dem gegenseitigen Erkennen von Vater und Sohn, welches an einer Stelle auf den Heiligen Geist ausgedehnt wird[368], sieht er „inexpertum omni creaturae osculum", „den für jede Kreatur unerfahrbaren Kuß"[369]. Wenn die Braut doch auf diesen Kuß hofft, so deswegen, weil der Sohn ihn jedem, dem er will, weitergibt[370]. Auf diesen Willen sind selbst die seligen Geister, die Engel, angewiesen[371].

15.2 Auch David von Augsburg erweitert die in dieser Schriftstelle beschriebene Beziehung zwischen Vater und Sohn trinitarisch dadurch, daß er schreibt, daß der Sohn die Erkenntnis des Vaters den Menschen im Heiligen Geist kundtun wird[372].

16. Mt 11,28: „Venite ad me omnes, qui laboratis, et onerati estis, et ego reficiam vos." – „Kommt alle zu mir, die ihr euch abmüht und beladen seid, und ich will euch stärken."

16.1 Wenn Jean von Fécamp die Erlösung als ein Stärken durch Jesus bezeichnet, denkt er wohl an diese Stelle[373].

16.2 Bernhard von Clairvaux sieht keinen von dieser Stärkung ausgeschlossen; denn seit Adam tragen alle die Last, im Schweiße ihres Angesichtes ihr Brot zu essen (Gen 3,19)[374]. Für den Abt besteht die Stärkung, die der Sohn gibt, in der Liebe, welche er schenkt[375]. Bernhard kann diese Stelle auch benützen, um einen Menschen in den Ordensstand zu rufen, dort wird er die Stärkung finden[376].

16.3 Eine sehr originelle und persönliche Erklärung dieses Verses findet sich bei Wilhelm von St. Thierry[377]. Wilhelm ist einer der wenigen, die den gesamten Komplex Mt 11,25-30 zusammen behandelt. Wir wollen diese Erklärung nicht auseinanderreißen und behandeln die Erläuterung der folgenden Verse mit. Wilhelm fühlt sich durch die Einladung vom Herrn durch diesen Vers getäuscht. „Veni ad te, credidi, quod locutus

---

[367] BB 1, 107,4,778,24f.

[368] BD 89,1,690,7-10.

[369] BHLD 1, 8,1,1,120,15-18.

[370] BHLD 1, 8,2,3,122,19-23.

[371] BHLD 2, 78,2,3,550,18-20.

[372] DB 6,379,36-39.

[373] JFC 3,19,635f.,162.

[374] BS 3,120,694,3-5.

[375] BH 2,3,48,23-25.

[376] BB 1, 106,1,772,9-11.

[377] Sie prägt die 13. seiner „Meditativae orationes". Diese fehlt aber in der Ausgabe vom WMO und wurde erst von J. Déchanet (Meditatiua oration. XIII. Une page inédite de Guillaume de Saint-Thierry, in: Collectanea Cistercium Reformatorum 8,1940,2-12) veröffentlicht. Wir beziehen uns auf die Ausgabe von Klaus Berger und Christiane Nord (Wilhelm von Saint-Thierry: Meditationen und Gebete. Lateinisch-deutsch. Herausgegeben, übersetzt und kommentiert, Frankfurt 2001, 318-327).

es; in quo refecisti me?" – „Ich kam zu Dir und habe geglaubt, was Du gesprochen hast.
Worin hast Du mich gestärkt?"[378] Sein Kommen stellt wohl den Eintritt in das Kloster
dar. Doch im Vergleich zu vorher trägt er hier eine größere Last[379]. Nichts spürt er
von der Verheißung dieser Stelle: „Vbi est illa suauitas? Ubi est illa leuitas?" – „Wo ist
jene Süße? Wo ist jenes Leichtsein?"[380] Eine erste Antwort auf diese Fragen lautet, er
habe auf dem Weg zum Herrn gezüchtigt werden müssen, was aus Liebe geschehen
ist[381]. Was Wilhelm noch fehlt, ist die Liebe, die Genossin auf dem Weg, die alles süß
und leicht macht[382]. Bis hierher unterscheidet sich Wilhelm wenig von Bernhard, der
ja auch von der Liebe spricht, die alles leicht und süß macht. Wilhelm ist mit dieser
Antwort aber noch nicht zufrieden: Er hat sich bemüht, und wenn Gott nicht die Liebe
dazu gibt, bleibt ihm alles schwer[383]. Der Herr macht ihn auf den Irrtum aufmerksam,
der Mensch müsse zuerst alles tun und erst, wenn er am Ende des Weges ist, Gott zur
Ergänzung noch um die Liebe bitten[384]. Nicht am Ziel, sondern auf dem Weg muß
man schon die Liebe suchen. Der Weg aber ist der Gehorsam im Alltag[385]. Zudem hat
Wilhelm schon auf dem Weg einen Teil der Liebe empfangen, für die er nicht undank-
bar sein darf[386]. Wilhelm ist jetzt bereit, weiter auf dem eingeschlagenen Weg zu gehen,
dessen Ziel die Liebe ist[387].

16.4   Auch Aelred von Rievaulx erklärt Mt 11,28-30 zusammenhängend. Die Ruhe
und die Stärkung, die Jesus in diesen Versen verspricht, ist der ewige Sabbat[388]. In diesem Sabbat wird das Joch süß und die Last leicht[389]. Für ihn ist aber das, was die Last
leicht macht, nicht die Liebe allgemein, sondern die Bruderliebe[390].

17.   Mt 11,29: „Tollite jugum meum super vos, et discite a me, quia mitis sum et humilis
corde: et invenietis requiem animabus vestris." – „Nehmt mein Joch auf euch und lernt
von mir, weil ich gütig und demütig von Herzen bin, und ihr werdet Ruhe für eure
Seelen finden."

17.1.1   Oft liest Bernhard von Clairvaux fast nur die Aufforderung zur Demut aus
dieser Stelle heraus, weil Jesus selbst uns das Vorbild der Demut gegeben hat[391]. Die
Demut ist das Kennzeichen Christi; in dieser Tugend wurde er der Meister[392]. Jesus
wurde ja der verachtetste und geringste aller Menschen und gelangt so zu seiner Herr-

---

[378] WMOB 13,1,318.
[379] Ebenda.
[380] WMOB 13,2,318.
[381] WMOB 13,4,320.
[382] WMOB 13,6,320.
[383] WMOB 13,7,320.
[384] WMOB 13,8,322.
[385] WMOB 13,8,320-322.
[386] WMOB 13,10,322.
[387] WMOB 13,11-16,322-326.
[388] ARSC 1,27,78,1249-1255,46.
[389] ARSC 1,27,78,1255-1258,46.
[390] ARSC 1,27,78,1258f.,46.
[391] BH 1,1,46,2f.
[392] BS 3,88,520,3-5.

lichkeit[393]. Sein erstes Kommen war besonders dazu da, uns ein Beispiel der Demut zu geben[394]. So hat er schon durch sein Beispiel das, was er später gelehrt hat, gezeigt[395]. „Tacebat ore, sed instruebat opere, et quod postea docuit verbo, iam clamabat exemplo." – „Er schwieg mit dem Mund, was er durch das Tun unterrichtete, und was er später mit dem Wort gelehrt hat, das rief er schon durch das Beispiel."[396] In dieser Demut kam er, um zu dienen[397] und zu sterben[398]. Insofern war diese Demut eine Demut von Herzen, weil sie nicht aus der Erkenntnis der eigenen Niedrigkeit, sondern aus dem freiwilligen Hinabsteigen stammt[399]. Sie entstand „cordis affectu, id est voluntate", „durch den Affekt des Herzens, das heißt durch den Willen"[400]. Wie kann ein Mensch im Bewußtsein seiner Begrenztheit maßlos leben, wenn sein Herr freiwillig demütig geworden ist[401]? Die Demut hat Jesus unter allen Tugenden besonders empfohlen[402]. Wer demütig von Herzen ist, wird so schnell niemand anderen verurteilen[403] und ist zum Vergeben schnell bereit[404]. Mit der Demut überwindet man Überheblichkeit und Ungehorsam[405]. Paulus ordnete sich bei seiner Bekehrung dem Herrn unter und wurde sanftmütig und demütig von Herzen[406]. Auch der Heilige Viktor ahmte in diesen Tugenden Christus nach[407]. Mit diesem Wort werden auch die Mönche in Clairvaux zu dieser Tugend aufgefordert[408]. Die Kenntnis des Vorbildes Christi hindert Bernhard aber nicht, auch von anderen Menschen die Demut zu lernen[409]. Bei seinem Kommen zur Braut bringt Christus ihr einen Mantel aus der Wolle des Lammes, das er selbst ist, mit, worunter die Demut zu verstehen ist, deren Vorbild er ist[410]. Wer haben will, daß sein armseliger Leib in die Gestalt des verklärten Leibes des Herrn verwandelt wird (Phil 3,20f.), muß sein Herz dem demütigen Herzen Jesu angleichen[411]. Gelegentlich fordert Bernhard auch auf, von Christus die Sanftmut zu lernen[412]. Beide Tugenden hat Christus gelehrt und vorgelebt, und seine Mutter hat diese beiden Tugenden nachgeahmt; denn sie sind gleichsam Schwestern[413].

---

[393] BS 3,70,462,6-9.
[394] BS 3,114,664,1f.
[395] BNAT 1,1,226,2f.
[396] BEPI 1,7,334,21-23.
[397] BS 3,126,740,14-18.
[398] BPASC 1,3,224,11.
[399] BHLD 2, 42,4,7,88,28-30.
[400] BHLD 2, 42,4,7,88,23-25.
[401] BVNAT 4,10,190,22-26.
[402] BH 9,25,84,6-8.
[403] BHLD 2, 49,4,8,170,16f.
[404] BD 19,6,348,9-13.
[405] BD 66,1,618,14-620,6.
[406] BVPL 2,108,8-12.
[407] BVICT 3,114,9f.
[408] BB 1, 142,3,922,13-15.
[409] BB 2, 265,388,16-22.
[410] BPA 6,862,8-17.
[411] BADV 4,4,104,11-14.
[412] BVNAT 5,6,202,5-7.
[413] BOASSPT 12,612,21-24.

17.1.2 Bei der Aufforderung, sein Joch zu tragen, bemerkt Bernhard, daß wir eingeladen sind, freiwillig dieses auf uns zu nehmen[414]. Dabei weist Jesus nicht auf die Lehre der Patriarchen oder die Bücher der Propheten, sondern auf sein eigenes Beispiel hin[415].

17.1.3 Die Ruhe, die uns Jesus verschafft, ist die Gabe der Beschauung[416].

17.2 Wer die Ruhe des Sabbat bei Christus gefunden hat, spürt nach Aelred von Rievaulx, daß sein Joch süß und seine Last leicht ist. Wenn er es dennoch als hart erfährt, liegt es an seiner eigenen Bosheit[417].

17.3 In einer Predigt legt Isaak von Stella das Gleichnis Jesu von den Arbeitern im Weinberg (Mt 20,1-16) aus. Die Klage der Arbeiter der ersten Stunde ist nicht berechtigt. Sie sollten durch die Liebe erfahren haben, daß die Last der Mühe leicht geworden ist[418]. Sie sollten in der Mühe die Ruhe gefunden haben, die Jesus versprochen hat[419]. Wenn Jesus sich den Händen eines unter ihm Stehenden zur Taufe anvertraut, zeigt er, daß er demütig von Herzen ist[420]. So kann Jesus sich jubelnd dem Wohlgefallen des Vaters unterordnen[421].

17.4 Guerricus von Igny macht darauf aufmerksam, daß Jesus nichts Großes von uns verlangt, wenn er uns auffordert, von ihm die Demut zu lernen[422]. Er sieht in der Seligpreisung der Armen nicht nur die materiell Bedürftigen, sondern auch diejenigen, welche die Weisheit der Welt gering achten und so zu den Kleinen gehören, denen die Offenbarung gilt[423].

17.5 Johannes von Ford sieht in der Milde und Demut, deren Vorbild Jesus ist, Tugenden, die nahe miteinander verwandt sind[424].

17.6 Nach dem Autor des Traktates „Speculum virginum" schenkt Christus denen, die sich um Tugenden mühen und in der Schrift meditieren, die verheißene Ruhe[425]. Maria brauchte allerdings keine Beschäftigung mit der Schrift, weil Gottes Sohn aus ihr geboren wurde[426]. Der Mensch wird diese von Jesus verheißene Ruhe finden, wenn er seine eigene Schwäche und die Liebe Christi bedenkt[427]. Die Ruhe kann der Mensch nur in dieser demütigen Liebe finden[428].

---

[414] BB 1,6,354,23-25.
[415] BB 1,42,5,18,468,14-19.
[416] BS 3,97,574,19f.
[417] ARSC 2,26,78,1461-1468,103f.
[418] IS 17,21,186-193,324-326.
[419] IS 17,22,209-216,326.
[420] IS 30,5,43-45,182-184.
[421] IS 36,5,37-42,270-272.
[422] GIS Epi 4,6,180-185,300.
[423] GIS Os 4,102-111,506.
[424] JHLD 15,10,304-307,140.
[425] SP 2,170,20-172,3.
[426] SP 2,208,4-9.
[427] SP 4,348,8-12.
[428] SP 4,360,17-29.

17.7 Richard von St. Viktor legt auch großen Wert auf die Demut und fragt sich, wie diejenigen den von Herzen demütigen Christus begriffen haben, die sich mehr schämen, wenn ihr Gewand als wenn ihr Geist beschmutzt ist[429].

17.8 Hildegard von Bingen ist der Überzeugung, daß diejenigen von Christus gestärkt werden, die aus Liebe zu ihm, der gütig und mild ist, auf irdischen Besitz verzichtet haben[430]. Die Seherin beklagt, daß viele mit Christus scherzen und spielen wollen, aber nicht bereit sind, sein Joch auf sich zu nehmen[431].

17.9 Für David von Augsburg ist es ein besonderer Grad der Demut, wenn einer reich begnadet ist und sich dennoch über keinen weniger Begnadeten erhebt. An erster Stelle besaß Christus diese Herzensdemut[432]. Insofern war kein Herz so demütig wie das seine[433]. Die in dieser Schriftstelle empfohlene Demut ist das Ehrenzeichen des Christen: „Diz wâfen hiez er uns nemen zu einem herzeichen, unser herzoge Jêsus Kristus." – „Diese Waffen hieß er uns zum Heereszeichen nehmen, unser Herzog Jesus Christus."[434] Für David ist Christus der Spiegel, in dem man alle Tugenden schauen kann, unter welchen die Demut einen besonderen Platz einnimmt[435].

17.10 Nach Mechthild von Hackeborn ist die Tür zum Heil, auf dem das Versprechen der Ruhe steht, die Menschheit Christi[436].

17.11 Gemäß Gertrud der Großen wird dem Menschen, den der Herr in den Kriegsdienst der Liebe nimmt, das Joch süß und die Last leicht[437].

18. Mt 11,30: „Jugum enim meum suave est, et onus meum leve." – „Mein Joch ist nämlich süß und meine Last leicht."

18.1 Bernhard von Clairvaux beschäftigt sich immer wieder mit dieser Stelle. Wer von sich aus das süße Joch und die durch die Liebe leichte Last Jesu abwirft, muß mit Strafe rechnen[438]. Derjenige, welcher mit Christus demütig geworden ist, hat gelernt, daß sein Joch süß und seine Last leicht ist[439]. In einer Sentenz versucht Bernhard aufzuzeigen, wie es möglich ist, daß eine Last leicht wird: „Est onus quod protantem portat et levigat." – „Es gibt eine Last, die den, der sie trägt, selbst trägt und die sich selbst leicht macht."[440] Wem zunächst die Gebote als schwer zu halten vorkommen, der erlebt sie nach der Bekehrung zu Christus als leicht[441]. Es ist so wie bei einem Lasttier, welchem eine unerträgliche Last, die auf einem Wagen liegt, leicht vorkommt[442]. Ein Vogel kann

---

[429] RVBMI 46,34B-C.
[430] HISV 2, 3,6,1,125-132,435.
[431] HISV 2, 3,10,6,203-216,551.
[432] DAE 3,38,3,249f.
[433] DT 333,8f.
[434] DSV 6,319,28-31.
[435] DT 326,15-18.
[436] MH 1,8,26.
[437] G R 5,372-374,150.
[438] BDI 13,36,136,21-24.
[439] BB 1, 72,1,592,10-12.
[440] BS 3,72,472,6.
[441] BS 3,72,472,7-10.
[442] BS 3,72,472,10-13.

durch das Gewicht der Flügel fliegen[443]. Das heißt nicht, daß alles im Leben in sich leicht ist. „Nec enim levis passionis asperitas, mortis amaritudo -, sed levis tamen amenti." – „Nicht ist leicht die Härte des Leidens, die Bitterkeit des Todes -, sie sind aber leicht für den Liebenden."[444] Er nimmt ja mit Jesus „suave amoris iugum", „das süße Joch der Liebe" auf sich[445]. Weil die ganze Welt schon in das Netz Christi gelangt ist, sind die Wege für den Menschen eben, weil Christi Joch süß und seine Last leicht ist[446]. In einer anderen Sentenz unterscheidet Bernhard Joch und Last voneinander. Sie drükken zwei verschiedene Arten des menschlichen Gehorsams aus[447]. Der Gehorsam der Anfänger ist mit dem Joch zu vergleichen, weil sie von seiner Leichtigkeit noch nichts spüren, die den Fortgeschrittenen in der Last erfahrbar ist[448]. Einmal macht Bernhard auch darauf aufmerksam, daß erst in Zukunft das Joch des Herrn leicht wird. Obwohl die Arbeit des Säens für den Bauern beschwerlich ist, tut er es gern in der Hoffnung auf eine reiche Ernte[449].

18.2 Gertrud die Große bittet, daß ihr durch die Liebe das Joch der Gebote Gottes süß wird[450]. Sie will das süße Joch und die leichte Last der Liebe froh tragen[451]. Wenn man gelernt hat, mit Jesus das Joch auf sich zu nehmen, kann man auch dem Herrn auf dem Kreuzweg folgen[452]. Nachdem der Herr ihren ungezähmten Nacken gebeugt hat, spürt sie, daß ihr das Joch süß und die Last leicht werden[453].

19. Mt 16,17: „Respondens autem Jesus, dixit ei: Beatus es Simon Bar Jona, quia caro, et sanguis non revelavit tibi, sed Pater meus, qui in coelis est." – „Es antwortete aber Jesus und sprach zu ihm: Selig bist du, Simon Bar Jona, weil nicht Fleisch und Blut dies dir offenbart haben, sondern mein Vater, der im Himmel ist."

Nach Bernhard von Clairvaux hat der Vater seinen Sohn dem Petrus offenbart, weil auch dieser nicht zu den Weisen, sondern zu den Kleinen zählt[454]. Den Vater kann der Mensch nach diesem Wort nur im Himmel finden[455]. Petrus, der eben noch von Jesus selig gepriesen wurde, wird kurz darauf von ihm Satan genannt[456]. Bernhard unterscheidet eine doppelte Art von Glauben. Der eine stützt sich auf die Vernunft, der andere weder auf Fleisch und Blut noch auf die Vernunft, sondern wird allein vom Heiligen Geist hervorgebracht[457]. Denn die Weisheit der Welt steht auf gleicher Stufe

---

[443] BS 3,72,472,13-16.
[444] BHLD 2, 43,1,1,96,22f.
[445] BHLD 2, 83,1,1,610,22.
[446] BD 21,1,356,17-358,1.
[447] BS 3,121,706,11.23f.; BS 3,121,712,10f.
[448] BS 3,121,706,18-22.
[449] BD 1,8,178,16-19.
[450] G R 1,156f.,56.
[451] G R 4,385f.,124.
[452] G R 5,373f.,150.
[453] G 2, 2,1,2,29-37,230-232.
[454] BH 7,20,74,17-21.
[455] BH 8,22,80,3-5.
[456] BDED 5,7,856-24,858,2.
[457] BS 3,50,440,10-15.

mit der Weisheit aus Fleisch und Blut[458], welche man meiden soll[459]. Der Ausdruck „non caro et sanguis", „nicht Fleisch und Blut" steht bei Bernhard im Gegensatz zum Geist Gottes und bedeutet so das eigene Vermögen und Wollen eines Menschen[460]; manchmal bedeutet er auch die Sinnlichkeit des Menschen, die dieser noch nicht beherrscht[461]. Einen Freund wünscht Bernhard deswegen nicht nur um seines Fleisches und Blutes willen zu schauen[462].

20. Mt 16,18: „Et ego dico tibi, quia tu es Petrus, et super hanc petram aedificabo ecclesiam meam, et portae inferi non praevalebunt adversus eam." – „Und ich sage dir: Du bist Petrus, und auf diesen Felsen werde ich meine Kirche bauen, und die Pforten der Unterwelt werden sie nicht überwältigen."

20.1 Verschiedentlich bemerkt Bernhard von Clairvaux, daß das Amt des Felsens in der Kirche für Petrus eine Antwort auf sein Messiasbekenntnis ist[463]. Die Gegner der Kirche werden sie nicht überwältigen, weil sie die Pforten der Hölle darstellen, die gegen sie nichts vermögen[464]. Bernhard ist auch der festen Überzeugung, daß auch diejenigen, die versuchen, die Gaben Gottes in der Kirche mit Geld zu kaufen, diese nicht überwältigen können[465]. Ein anderes Mal bezeichnet er die Pforten der Unterwelt, welche die Kirche nicht überwältigen können, als „caeca desperatio, et dura obstinatio", „blinde Verzweiflung und harte Unbeugsamkeit"[466]. Die Apostel, welche die Menschen zur Kirche versammelt haben, sind dagegen Mithelfer Gottes, der die Kirche auf den Felsen gebaut hat[467].

20.2 Weit hat sich der Verfasser des Traktates „Speculum virginum" vom ursprünglichen Sinn dieses Schriftwortes entfernt, wenn er die Frömmigkeit das Fundament nennt, welches die Pforten der Unterwelt nicht zerstören können[468].

20.3 Nach Hildegard von Bingen kann die Braut des Sohnes Gottes durch keinen Feind besiegt werden[469]. Die Ankunft des Heiligen Geistes bildet einen starken Turm für die Kirche, daß sie allen teuflischen Irrsinn überwinden kann[470]. In der Firmung wird der einzelne Christ wie die Kirche gestärkt, die auf einen sicheren Felsen gegründet ist[471]. Die Heilige Messe soll nur auf einem geweihten Stein gefeiert werden, zum Zeichen dafür, daß die Kirche auf einem sicheren Felsen erbaut ist[472].

---

[458] BQH 7,14,578,24-27.
[459] BD 23,6,382,25-384,4.
[460] BB 1, 103,1,758,7-10.
[461] BB 1, 107,3,778,4f.
[462] BB 1, 107,2,776,9.
[463] BB 2, 194,1,132,9-13.
[464] BB 2, 334,572,15-17.
[465] BB 2, 346,604,8-10.
[466] BS 2,41,320,11f.
[467] BHLD 2, 77,3,7,544,26-546,3.
[468] SP 4,326,23-27.
[469] HISV 1, 2,3,1,137-150,136f.
[470] HISV 1, 2,4,1,95-97,161.
[471] HISV 1, 2,4,3,140-142,163.
[472] HISV 2, 3,5,22,562-565,424.

21. Mt 16,19: „Et tibi dabo claves regni coelorum. Et quodcumque ligaveris super terram, erit ligatum in coelis: et quodcumque solveris super terram, erit solutum et in coelis." – „Und dir werde ich die Schlüssel des Himmelreiches geben. Und was immer du auf Erden binden wirst, wird auch im Himmel gebunden sein. Und was immer du auf Erden lösen wirst, wird auch im Himmel gelöst sein.»

21.1 Bernhard von Clairvaux ruft zum Kreuzzug des Papstes auf, weil dieser vom Nachfolger dessen ausgeht, der nach dem Wort Christi alles im Himmel und auf Erden binden und lösen kann[473]. Durch dieses Wort wird deutlich, daß das Urteil des Petrus dem Urteil des Himmels vorausgeht[474].

21.2 Mit diesem Wort will Hildegard von Bingen die Lösegewalt aller Priester bei der Spendung des Bußsakramentes begründen[475].

21.3 Nach dem Autor der Vita der Ivetta von Huy bekam Petrus mit dem Schlüssel die Verwaltung der Sakramente anvertraut[476].

21.4 Mechthild von Magdeburg sieht die Kirche als Jungfrau auf zwei Füßen stehen, „der eine ist das bant, der ander die lôsunge an heiliger gewalt; die habent alle cristane gelôbige priester", „der eine ist das Binden, der andere das Lösen in heiliger Gewalt; diese besitzen alle christgläubigen Priester"[477].

21.5 Von Gertrud der Großen wird berichtet, daß sie ängstlichen Schwestern rät, zur Kommunion zu gehen, auch wenn sie nicht sicher sind, völlig sündenfrei zu sein[478]. Sie bekommt aber später selbst Bedenken, ob sie das raten dürfen. Vom Herrn wird sie beruhigt; er, der den Nachfolgern der Apostel die Binde- und Lösegewalt gegeben hat, hat ihr das Privileg zu solchem Rat gegeben[479]. Gertrud kann auch den Heiligen Petrus besonders loben, weil er vom Herrn diese Vollmacht erhalten hat[480].

22. Mt 17,4: „Respondens autem Petrus, dixit ad Jesum: Domine, bonum est nos hic esse: si vis faciamus hic tria tabernacula: tibi unum, Moysi unum, et Eliae unum." – „Es antwortete Petrus und sprach zu Jesus: Herr, hier ist es für uns gut sein. Wenn Du willst, machen wir hier drei Zelte, Dir eines, Mose eines und Elia eines."

Bernhard von Clairvaux gebraucht den Ausdruck „Hier ist es für uns gut" bei ganz verschiedenen Anlässen. Bei der Betrachtung der Mutter Gottes geht es dem Menschen gut[481]. Erst recht gilt dies für das Beschäftigen mit der Güte, Süße und Herablassung Gottes[482]. Auch wenn der Mensch das Paradies der Tugenden erreicht hat, gilt ihm diese Schriftstelle[483]. Die Braut im Brautgemach darf ebenfalls auf das Brautbett zeigen

---

[473] BB 2, 458,4,898,6-11.
[474] BPP 1,2,448,17f.
[475] HISV 1, 2,6,97,2621-2638,302f.
[476] IH 9,29,151.
[477] MM 4,3,25-28,115. Es wäre falsch, aus dem Adjektiv „gläubig" herauslesen zu wollen, die ungläubigenPriester hätten diese Gewalt nicht. Solche donatistischen Tendenzen liegen Mechthild fern.
[478] G 2, 1,14,2,1-23,196-198.
[479] G 2, 1,24,4,1-11,198.
[480] G 4, 4,44,2,1-3,342.
[481] BLVM 2,17,76,15-20.
[482] BHLD 2, 52,1,1,194,20-22.
[483] BS 3,2,382,5-11.

und diese Worte sprechen[484]. Augenblicke geistlicher Freude bedeuten für Bernhard die Berge, auf die uns Christus führt, von denen wir nicht mehr herabsteigen wollen, weil es dort gut für uns ist[485]. Doch eine Seele, die wirklich nach Gott dürstet, will nicht wie Petrus auf einem irdischen Berg ihr Zelt bauen[486]. Petrus muß deswegen noch einmal mit Jesus bei der Himmelfahrt Christi auf den Berg steigen und erleben, daß der Bräutigam genommen wird[487]. Es ist ja nicht gut, dort verweilen zu wollen, wo nur die Sünder sich wohlfühlen[488]. Dennoch darf man auch noch wie der Heilige Martin gern auf Erden bleiben, wenn man für seine Brüder noch notwendig ist[489]. Einmal versteht Bernhard auch den Berg der Verklärung als Zeichen der Hoffnung auf die künftige Herrlichkeit der Auferstehung[490]. Bei ihr dürfen wir verweilen und feststellen, daß es dort gut ist[491].

23. Mt 17,5: „Adhuc eo loquente, ecce nubes lucida obumbravit eos. Et ecce vox de nube, dicens: Hic est Filius meus dilectus, in quo mihi bene complacui: ipsum audite." – „Als er (= Petrus) noch sprach, siehe, eine leuchtende Wolke umschattete sie. Und siehe, eine Stimme aus der Wolke sprach: Dies ist mein geliebter Sohn, an welchem ich mir wohl gefalle: Auf ihn hört."

23.1 Bernhard von Clairvaux zieht diese Stelle heran, wenn er die ewige Einheit des Sohnes mit dem Vater erklärt. „Est Pater in Filio, in quo semper sibi bene complacuit." – „Der Vater ist im Sohn, in welchem er sich immer wohl gefallen hat."[492] Er wendet die Stelle auch auf den menschgewordenen Sohn Gottes an: „Vere enim hic est, in quo non est quod Patri displiceat, quod oculos maiestatis offendat." – „Er ist dies wirklich, an dem es nichts gibt, was dem Vater mißfallen, die Augen seiner Majestät beleidigen konnte."[493] Wenn dann Jesus sich zur Erlösung darbringt, darf man sicher sein, daß dieses Opfer der Vater annimmt. Wenn er an seinem Sohn sein Gefallen hat „omnino acceptabit Deus Pater oblationem novam et pretiosissimam hostiam", „wird Gott Vater gewiß die neue Darbringung und das kostbarste Opfer annehmen"[494].

23.2 Nach Gertrud der Großen ist gerade Jesus in der Bitterkeit seines Leidens der Sohn, an dem der Vater sein Wohlgefallen hat[495]. Auch ein anderer Mensch kann so von Gott verherrlicht werden, daß der Vater an ihm sein Wohlgefallen hat[496].

---

[484] BHLD 2, 46,1,1,126,9-16.
[485] BHLD 2, 53,4,9,216,23-25.
[486] BQH 9,9,616,28f.
[487] BASC 6,1,372,3-8.
[488] BIVPP 2,5,492,19f.
[489] BMART 17,892,20-24.
[490] BASC 4,7,356,14-19.
[491] BASC 4,8,358,9-12.
[492] BHLD 2, 71,2,7,452,6.
[493] BEPI 1,7,334,5-7.
[494] BPUR 3,2,420,17-19.
[495] G 2, 2,16,2,28-32,292.
[496] G 3, 3,12,2,15-18,54.

24. Mt 18,20: „Ubi enim sunt duo, vel tres congregati in nomine meo, ibi sum in medio eorum." – „Wo nämlich zwei oder drei in meinem Namen versammelt sind, bin ich in ihrer Mitte."

24.1 Bernhard von Clairvaux schreibt, daß man sich von der Gemeinschaft der Glaubenden nicht trennen darf, wie die Glieder sich vom Haupt nicht trennen dürfen; denn Jesus ist bei denen, die seinen Leib bilden[497]. Vor allem aber sieht der Abt in der Gemeinschaft der Mönche Christus gegenwärtig. So fordert er einen Mönch auf, seine Wahl zum Abt anzunehmen; sie geschah ja von der Gemeinschaft der Brüder, in denen Christus anwesend ist[498]. Christus ist aber auch in der Mitte derer, die über ihn sprechen, wie es bei den Emmausjüngern der Fall war (Lk 24,15)[499]. Mit diesem Wort mahnt er auch zum Frieden, weil man im Streit Christus aus der Mitte verdrängt[500]. Da das Gebäude der Kirche der besondere Ort ist, wo sich die Gläubigen versammeln, ist Christus auch in besonderer Weise dort anwesend[501]. Bernhard kann dieses Wort aber auf den einzelnen Gläubigen anwenden. Bei ihm ist auch Christus, wenn in ihm dreierlei in Eintracht versammelt sind, nämlich der Wille, die Vernunft und das Fleisch[502].

24.2 Der Verfasser des Traktates „Speculum virginum" sieht ebenfalls im Kloster den Ort, an den Christus unter den Jungfrauen weilt. Ein Paradies ist dort, wo die monastische Lebensführung verwirklicht wird[503].

25. Mt 20,28: „Filius hominis non venit ministrari, sed ministrare, et dare animam suam, redemptionem pro multis." – „Der Menschensohn ist nicht gekommen, sich bedienen zu lassen, sondern zu dienen und seine Seele zur Erlösung für die Vielen zu geben."

25.1 Bernhard von Clairvaux ist der Auffassung, daß es niemand gibt, der so sein Leben im Dienst für andere verbraucht hat wie Christus[504]. Gerade deswegen ist er besonders für die Hirten der Kirche zum Vorbild geworden. Bernhard verfaßt im letzten Teil seines Werkes „De consideratione" einen Papstspiegel. In ihm sagt er, daß in der Urkirche die Amtsträger auch sagen konnten, daß sie zu den Menschen gekommen sind, nicht um bedient zu werden, sondern um zu dienen[505]. In ähnlichem Sinn schreibt er auch an einen neuernannten Abt[506]. In einem anderen Brief gesteht Bernhard, daß er als Abt bemüht ist, nach diesem Schriftwort zu leben[507]. Auch Maria konnte dieses Wort auf sich beziehen, da sie ihrer Verwandten Elisabeth geholfen und gedient hat[508].

---

497 BJB 2,424,9-12.
498 BB 2, 321,536,7-13.
499 BHLD 1, 5,3,4,136,18-23.
500 BNATBVMV 17,644,14-17.
501 BDED 6,1,884,2-4.
502 BVEPI 3,98,24-26.
503 SP 4,320,15-19.
504 BHLD 2, 54,1,1,220,1-4.
505 BCO 4,2,3,742,8-10.
506 BB 1, 73,1,2,600,14f.
507 BB 1,107,13,792,11-13.
508 BNATBM 9,632,11f.

Die Engel dienen uns ebenfalls und sind um unser Heil besorgt; dies läßt sich nur erklären, weil ihr Schöpfer und König gekommen ist, um zu dienen[509].

25.2 Mechthild von Hackeborn bewundert die Demut des Sohnes Gottes, welcher der Menschen Bruder, Genosse, ja Sklave geworden ist, um ihnen zu dienen[510].

26. Mt 22,21b: „Redite ergo, quae sunt Caesaris, Caesari: et quae sund Dei, Deo." – „Gebt also, was des Kaisers ist, dem Kaiser, und was Gottes ist, Gott."

In einem Bischofsspiegel warnt mit diesem Wort Bernhard von Clairvaux die Bischöfe, nach weltlicher Macht zu streben[511]. Wenn die Klöster versuchen, dem König zu geben, was des Königs ist, soll dieser auch für ihre notwendige Ruhe sorgen und damit Gott geben, was Gottes ist[512]. Dabei anerkennt Bernhard, daß dem Kaiser die Sorge für das, was des Kaisers, als auch die Sorge für das, was Gottes ist, obliegt[513].

27. Mt 22,39: „Secundum autem simile est huic: Diliges proximum tuum, sicut teipsum." – „Das zweite ist diesem (= dem Gebot der Gottesliebe) gleich: Liebe deinen Nächsten wie dich selbst."

An einer Stelle beschäftigt sich Bernhard von Clairvaux mit dem „simile", „ähnlich" und bezieht es nicht auf das Gebot der Nächstenliebe, sondern auf den Menschen, der Gott ähnlich, aber nie gleich werden kann[514]. Ein anderes Mal vergleicht er das Doppelgebot der Liebe mit einer Quelle, die sich in zwei Ströme teilt, welche die verschiedenen Arten der Sehnsüchte darstellen. Die eine ist die Sehnsucht, Gott um Gottes willen zu lieben, die andere die Sehnsucht, den Menschen in Gott und um Gottes willen zu lieben[515]. Während die Gottesliebe kein Maß kennt, erhält die Nächstenliebe das Maß in den Worten „wie dich selbst"[516]. Bernhard meint, daß man sich an das Gebot der Nächstenliebe halten kann, auch wenn man im geistlichen Leben noch keine großen Fortschritte gemacht hat[517]. Die Nächstenliebe ist auch die Vorstufe zur Liebe zur eigenen Seele[518].

28. Mt 25,21.23: „Euge, serve bone, et fidelis, quia super pauca fuisti fidelis, super multa te constituam, intra in gaudium domini tui." – „Gut, du guter und getreuer Knecht, weil du über Weniges getreu gewesen bist, will ich dich über Vieles setzen. Geh' ein in die Freude deines Herrn."

28.1 Bernhard von Clairvaux verspricht dem sterbenden Abt Suger von Saint-Denis: „Te exspectat gaudium Domini tui." – „Dich erwartet die Freude deines Herrn"[519]. Auch die Friedfertigen dürfen in die Freude ihres Herrn eingehen[520]. Die Demütigen

---

[509] BMICH 1,2,660,3-5.
[510] MH 3,30,234.
[511] BB 1, 42,8,31,492,5-19.
[512] BB 1, 78,4,646,17-648,14.
[513] BB 1, 139,2,912,3-12.
[514] BHLD 2, 81,1,2,582,25-584,9.
[515] BD 96,5,738,19-22.
[516] BD 96,5,738,22-740,7.
[517] BD 103,1,762,3-8.
[518] BD 103,1,764,1f.
[519] BB 2, 266,1,392,3f.
[520] BPA 7,880,9-23.

sind diejenigen, die sich im Kleinen als treu erweisen, ihnen werden große Aufgaben übertragen[521]. Das Gleiche gilt auch für die Menschen, die den Märtyrertod erleiden[522]. Wenn Christus schon für uns den Lösepreis bezahlt hat, soll der Mensch gern hier Geschäfte machen, um so in die Freude seines Herrn einzugehen[523].

28.2   Richard von St. Viktor weiß, daß wir hier noch nicht in die endgültigen Freuden aufsteigen können, deswegen steigt das himmlische Jerusalem vom Himmel herab, und diejenigen, die in es eintreten, erhalten die große Menge der Süße des Herrn[524].

28.3   Ihren einzigen in der Muttersprache geschriebenen Traktat „Seven manieren van minne" beschließt Beatrijs von Nazareth mit einer an Augustinus angelehnten Auslegung dieses Schriftverses[525]. Sie erklärt ihn so, daß sie das Himmelreich mit Christus gleichsetzt, so daß der Mensch aufgefordert wird, in die Freude, die Christus selbst ist, einzutreten[526].

28.4   Margareta von Magdeburg kennt eine originelle Auslegung dieses Verses. Die Freude des Herrn ist so groß, daß diese nicht in den kleinen Menschen, sondern dieser in die große Freude des Herrn eintritt[527].

28.5   Für Mechthild von Magdeburg ist die Aufforderung, in die Freude ihres Herrn einzutreten, der Beginn des Erlebnisses einer ekstatischen „unio mystica"[528]. Einmal sieht sie die fünf Wunden des Herrn, und beim Anblick der Herzenswunde hört sie die Einladung, dort einzutreten und Ruhe zu finden. Als sie es tut, wird sie mit Freude erfüllt[529]. Der Wurm des anklagenden Gewissens, so sagt Mechthild, hört nicht auf zu beißen, bis man in die Freude des Herrn eintritt[530].

28.6   Von Gertrud der Großen heißt es, daß sie sich sehr um das Heil ihrer Mitschwestern sorgt und deswegen froh wird, als sie von der Offenbarung einer Mitschwester liest, daß die fromme Jungfrau in die Freude ihres Herrn eingeladen wird[531].

29.   Mt 25,40: „Quamdiu fecisti uni ex his fratribus meis minimis, mihi fecisti". – „Was du einem aus diesen meinen geringsten Brüdern getan hast, das hast du mir getan."

29.1   Bernhard von Clairvaux dankt dem Herzogenpaar von Lothringen, daß dieses die Mönche von Abgaben befreit hat. Es wird dafür einmal Lohn im Himmel erhalten, weil es den geringsten Brüdern Christi geholfen hat[532]. Auch wenn er sich mit einem Anliegen an Papst Kalixt II. wendet, ist er sicher, gehört zu werden, weil dieser sich um die geringsten Brüder Christi kümmern wird[533]. Die Einwohner von Toulouse fordert

---

[521] BQH 4,1,528,10-12.
[522] BCLEM 1,896,6-9.
[523] BD 42,1,532,5-13; 42,7,542,6-10.
[524] RVPS 28,321A.
[525] BNS 7,157-163,38.
[526] BNS 7,160-163,38.
[527] MA 22,25.
[528] MH 2,17,152.
[529] MH 2,27,172.
[530] MH 5,17,346.
[531] G 2, 1,7,4,1-5,156.
[532] BB 1, 119,838,15-17.
[533] BB 2, 359,634,9f.

der Abt zu den Werken der Barmherzigkeit auf, dann werden sie den Lohn erhalten, der denen versprochen ist, welche den geringsten Brüdern geholfen haben[534].

29.2 Mechthild von Magdeburg leidet an einer geistlichen Person ihrer Umgebung, die mit ihrem Eigenwillen großen Schaden anrichtet[535]. Als die Mystikerin für sie betet, sagt Gott voraus, daß diese lahm, stumm und blind wird[536]. Weil sie dadurch eine der Geringsten wird, heißt es dann: „Mere swas man ir denne tůt, das tůt man mir." – „Was man ihr dann tut, das tut man mir."[537]

29.3 Gertrud die Große, die sich oft nach diesem Gebot des Herrn richtet[538], wendet dieses Wort bei einer Krankheit auf sich selbst an. Sie war krank gewesen, und der Herr hat sie besucht[539]. Jedesmal, wenn man ein Werk der Nächstenliebe vollbringt, erfüllt sich das genannte Schriftwort[540].

30. Mt 26,38: „Tristis est anima mea usque ad mortem, sustinete hic, et vigilate mecum." – „Traurig ist meine Seele bis in den Tod; wartet hier und wacht mit mir."

Bernhard von Clairvaux drückt mit diesen Worten seine Traurigkeit über seine lange Abwesenheit von den Brüdern in Clairvaux aus[541]. Auch seine Betroffenheit über einen Skandal in der Kirche faßt er mit diesem Vers zusammen[542]. Die Anklage eines Prämonstratenserabtes ruft in ihm ebenfalls die Trauer bis zum Tod hervor[543]. Wenn er sich vom Herrn und seinem Wort verlassen fühlt, muß seine Seele ebenfalls diese Trauer spüren[544]. An einer Stelle ist ihm dieser Schriftvers auch ein Beweis, daß Jesus nicht nur einen Leib, sondern auch eine Seele besaß[545]. Bernhard glaubt, daß diese Traurigkeit bei Jesus nicht aus einer Notwendigkeit seiner Natur, sondern aus seinem freien Willen stammt, mit dem er dieser Trauer zustimmt[546].

31. Mt 26,39: „Pater mi, si possibile est, transeat a me calix iste. Verumtamen non sicut ego volo, sed sicut tu." – „Mein Vater, wenn es möglich ist, gehe dieser Kelch an mir vorüber; aber nicht wie ich will, sondern wie Du willst."

31.1 Für Bernhard von Clairvaux ist dieses Wort ein Zeichen des unbedingten Gehorsams Jesu dem Vater gegenüber[547]. Für ihn ist dieses Wort so grundlegend, daß er es Jesus schon im himmlischen Erlösungsratschluß sprechen läßt[548]. Am Ölberg gab es drei Arten von Willen: den Willen des Vaters, wonach Christus sterben muß, den

---

[534] BB 2, 242,2,298,12-15.
[535] MM 6,7,3-10,213.
[536] MM 6,7,23-32,214.
[537] MM 6,7,32f.,214.
[538] G 2, 1,11,10,11-21,180.
[539] G 4, 4,35,2,19-24,290.
[540] G 3, 3,13,2,5-10,56.
[541] BB 1, 144,1,928,6-8.
[542] BB 1, 167,998,8.
[543] BB 2, 253,10,350,13-17.
[544] BHLD 2, 74,2,7,500,28-502,2.
[545] BD 34,4,482,13-21.
[546] BS 3,114,668,9-11.
[547] BGR 6,17,198,21-24.
[548] BS 3,23,418,24f.

Willen des Geistes, der dem Vater gehorcht, und den Willen Jesu, dem Tod auszuwei-
chen[549]. Am Ende aber gehorcht auch der Sohn[550]. Dieses Wort kann nur aus der Liebe
gesprochen sein[551]. Bernhard selbst bemüht sich, dieses Wort in allen seinen Nöten zu
sprechen[552].

31.2 Nach Hildegard von Bingen stammt der Wunsch, der Kelch möge an ihm vorübergehen, aus der Gebrechlichkeit des menschlichen Fleisches Jesu[553].

32. Mt 27,42: „Alios salvos fecit, seipsum non potest salvum facere: si rex Israel est,
descendat nunc de cruce, et credimus ei." – „Andere hat er gerettet, sich selbst kann er
nicht retten. Wenn er der König von Israel ist, soll er jetzt vom Kreuz steigen, und wir
glauben ihm."

Bernhard von Clairvaux sieht hinter diesem Spottwort nicht nur die damaligen Führer des Volkes, sondern auch die heutige Synagoge[554]. An einer anderen Stelle ist „phi-
losophorum ventosa loquacitas", „die aufgeblasene Geschwätzigkeit der Philosophen"
die Ursache für diese Schmähung Jesu[555]. Nicht im Augenblick seines Sterbens, sondern in seiner Auferstehung erweist er sich als König von Israel[556]. Und doch glauben
die Juden auch dann nicht, obwohl sie es, als er starb, versprochen haben[557]. An einer
Stelle sieht Bernhard hinter diesen Worten nicht einen Spott, sondern die Angst, daß es
wirklich so geschehen könnte[558].

33. Mt 27,46: „Eli, Eli, lamma sabactani? hoc est: Deus meus, Deus meus, utquid de-
reliquisti me." – „Eli, Eli, lamma sabactani? Das heißt: Gott, mein Gott, warum hast
Du mich verlassen."

33.1 Erstaunlich selten greift man dieses Wort Jesu auf. Bernhard von Clairvaux erklärt es folgendermaßen: „Quasi quaedam enim ibi derelictio fuit, ubi nulla fuit in tanta necessitate virtutis exhibitio, nulla ostensio maiestatis." – „Es war dort eine gewisse
Verlassenheit, wo es in einer so großen Not keine Aufbietung der Macht, kein Zeichen
der Majestät gab."[559]

33.2 Margareta von Magdeburg, die selbst von körperlichem und seelischem Leid
heimgesucht ist, sieht sich in der Nachfolge des am Kreuz verlassenen Herrn[560]. Sie
wird von solcher Angst bedrängt, daß sie dieses Wort Jesu wiederholt[561], fügt aber hinzu, daß Gott sie nicht deswegen zu schonen braucht[562].

---

[549] BS 4,114,668,11-15.
[550] BS 3,114,668,15-17.
[551] BAND 5,944,9-17.
[552] BAND 1,7,932,24-26.
[553] HISV 1, 2,6,22,839-842,249f.; 2, 3,11,42,864f.,601.
[554] BHLD 1, 28,5,11,448,4f.
[555] BHLD 2, 58,3,7,276,24-27.
[556] BPASC 1,2,220,1f.; 1,6,232,13-18.
[557] BPASC 1,13,250,3f.
[558] BPASC 1,3,226,6-8.
[559] BINOV 5,3,708,26-29.
[560] MA 9,12.
[561] MA 44,46.
[562] MA 44,47f.

34. Mt 28,18: „Data est mihi omni potestas in caelo, et in terra." – „Mir ist alle Gewalt im Himmel und auf Erden gegeben."

34.1 Bernhard von Clairvaux versucht aufzuweisen, daß der Auferstandene die sieben Gaben des Heiligen Geistes empfangen hat. Mit diesem Wort zeigt Jesus, daß er den Geist der Macht besitzt[563]. Er kehrt ja mit der Macht des Reiches vom Tod zurück[564]. Weil er ungerecht verurteilt wurde, erhielt er in der Auferstehung alle Macht[565]. Auf ihn können wir vertrauen, weil er nicht nur für uns gelitten hat, sondern jetzt auch alle Macht besitzt[566].

34.2 Nach Elisabeth von Schönau konnten die Jünger ihn in seinem sterblichen Fleisch und als Verklärten schauen, nicht aber konnten sie sehen, wie der Vater ihm alle Macht im Himmel und auf der Erde gegeben hat[567]. Die Königsgewalt, die Jesus nach seiner Auferstehung erhält, betrifft aber nur seine menschliche Natur[568]. Kritik übt Elisabeth an den Vorgesetzten, denen der Herr zwar ein Amt gegeben hat, die ihn aber, der alle Macht im Himmel und auf Erden hat, nicht entsprechend ehren wollen[569].

34.3 Gertrud die Große braucht keine Angst zu haben, ihr Heil zu verwirken, weil der, dem alle Macht im Himmel und auf Erden gegeben ist, in der Lage ist, sie in den Himmel aufzunehmen[570].

35. Mt 28,19f.: „Euntes ergo docete omnes gentes: baptizantes eos in nomine Patris, et Filii, et Spiritus Sancti: docentes eos servare omnia quaecumque mandavi vobis: et ecce ego vobiscum sum omnibus diebus, usque ad consummatione saeculi." – „Geht also und lehrt alle Völker, und tauft sie im Namen des Vaters, des Sohnes und des Heiligen Geistes. Lehrt sie alles halten, was ich euch geboten habe. Und siehe, ich bin bei euch alle Tage bis zum Ende der Welt."

35.1 Mit der Taufe auf den Namen des Vaters, des Sohnes und des Heiligen Geistes ist für Jean von Fécamp der Glaube an die Dreifaltigkeit gegeben[571].

35.2 Beim Gedenken der Heiligen ist nach Bernhard von Clairvaux auch der anwesend, der uns seine Anwesenheit bis zum Ende versprochen hat[572]. Die Kirche als Braut Christi darf sich so wenig von ihren Kindern trennen, wie Christus die Seinen verläßt[573]. Wenn Christus immer bei uns ist, dann sind auch wir immer bei ihm[574]. Er schenkt allen, die ihn suchen, den inneren Blick auf ihn, weil er immer bei ihnen ist[575].

---

[563] BS 1,27,282,23-25.
[564] BPASC 1,9,240,4-6.
[565] BD 60,2,602,22-25.
[566] BVEPI 5,102,16f.
[567] ESV 3,10,65.
[568] ESI 4,90.
[569] ESI 15,115.
[570] G 3, 3,9,1,27-30,34.
[571] JFC 1,10,188-192,115f.
[572] BMA praef 356,25-27.
[573] BHLD 1, 23,1,2,328,8-11.
[574] BS 3,30,424,14-17.
[575] BHLD 1, 31,3,,496,16-18.

Seit diesem Wort kann er nicht mehr bei ihnen sein[576]. Wenn die Braut im Hohelied sagt, daß sie den Bräutigam festhält und ihn nicht loslassen will, will dies der Bräutigam, der gesagt hat, daß er bei seinen Jüngern bleibt, noch viel weniger[577]. Dieser Wunsch wurde durch sein Sterben am Kreuz besiegelt. In einem gewagten Bild drückt dies Bernhard aus: „Fortasse crux ipsa nos sumus, cui Christus memoratur infixus." – „Vielleicht sind wir das Kreuz selbst, an das Christus, wie man sich erinnert, geheftet ist."[578] So ist die Bedrängnis, in der wir stehen, ein Zeichen, daß sich dieses Wort an uns erfüllt[579]. An einer Stelle verbindet Bernhard diese Schriftstelle auch mit Phil 4,5 „Der Herr ist nahe"[580].

35.3 Der Verfasser des Traktates „Speculum virginum" bezieht diese Verheißung der ständigen Anwesenheit Christi auf das Leben nach einer klösterlichen Regel[581].

35.4 Hugo von St. Viktor sieht im Taufbefehl Christi die Lehre der Dreifaltigkeit begründet[582]. Der Glaube an sie ist deswegen bei der Taufe notwendig[583].

2.2.1.2   Lk

1. Lk 1,26f.: „Missus est Angelus Gabriel a Deo …. ad Virginem." – „Es wurde der Engel Gabriel von Gott … zu einer Jungfrau gesandt."

In den beiden Worten „von Gott … zu einer Jungfrau" sieht Bernhard von Clairvaux angedeutet, daß ein großer Abstand überwunden wird „a celso ad humilem, a Domino ad ancillam, a Cratore ad creaturam", „vom Hohen zum Niedrigen, vom Herrn zur Magd, vom Schöpfer zum Geschöpf"[584].

2. Lk 1,28: „Et ingressus Angelus ad eam dixit: Ave gratia plena: Dominus tecum: Benedicta tu in mulieribus." – „Und es trat der Engel zu ihr (= Maria) und sprach: Sei gegrüßt, voll der Gnaden. Der Herr ist mit dir, du bist gebenedeit unter den Frauen."

2.1 Der Erzengel Gabriel verläßt nach Bernhard von Clairvaux den Herrn im Himmel, um ihn bei der Jungfrau zu finden[585]. An einer andere Stelle überlegt Bernhard, wo der Engel bei Maria eintrat, und gibt die Antwort: „Puto in secretarium pudici cubiculi, ubi fortassis illa, clauso super se ostio orabat Patrem suum in abscondito." – „Ich glaube, in das Geheimnis ihres schamvollen Gemachs, wo sie bei hinter sich geschlossener Tür zu ihrem Vater im Verborgenen betete (Mt 6,6)."[586] Nach Bernhard konnte Maria diesen Gruß des Engels nur hören, weil sie voll Demut war[587]. Dieses spürt er aus ihrer

---

[576] BHLD 2, 72,1,1,466,1f.
[577] BHLD 2, 79,2,5,564,6-8.
[578] BVNAT 4,7,184,25-186,6.
[579] BQU 16,3,700,3-10.
[580] BVNAT 4,10,190,21-27.
[581] SP 4,320,10-20.
[582] HSA 2,6,2,443A-444C.
[583] HSA 2,6,2,444C-447D.
[584] BLVM 2,2,50,14f.
[585] BHLD 2, 54,1,2,220,11f.
[586] BLVM 3,1,78,9-12.
[587] BB 1, 42,5,17,468,6-9.

Frage, wie denn dies geschehen solle[588]. Wenn Maria mit den Worten „Du bist voll der Gnade" gegrüßt wird, sieht Bernhard darin nicht nur die Gnade der Jungfräulichkeit[589], sondern die Tatsache angedeutet, daß Maria nichts von Eigenwillen besaß; wo dieser Platz gegriffen hat, weicht ja die Gnade[590]. In den Worten „gesegnet bis du unter den Frauen" steht nach dem Abt ein besonderes Privileg der Gottesmutter. Sie ist „sola inter mulieres benedicta, et non maledicta", „allein unter den Frauen gesegnet und nicht verflucht"[591]. Im Gruß „der Herr ist mit dir" sieht Bernhard eine Beziehung zum Namen „Emmanuel", „Gott mit uns" (Mt 1.23)[592]. An einer anderen Stelle glaubt Bernhard, daß in diesem Wort schon die Gnade der Menschwerdung angedeutet ist[593].

2.2 In dem Wort „voll der Gnade" verbirgt sich nach dem Verfasser des Traktates „Speculum virginum" Maria als die Fülle des Ackers, aus der die Blume Christus entsprossen ist[594].

2.3 Bei Mechthild von Magdeburg hat das Wort „grüßen" eine tiefe spirituelle Bedeutung. Gott grüßt die Seele, und die Seele grüßt ihn. So kann „Gruß" bei ihr zu einem Ausdruck für ekstatische Erlebnisse werden[595]. Dabei dürfte an vielen Stellen der Gedanke an den Gruß Mariens durch den Engel Gabriel mitschwingen. Die gesamte biblische Verkündigungsszene mit dem Gruß des Engels wird von Mechthild ausführlich geschildert[596].

3. Lk 1,29: „Quae cum audisset, turbata est in sermone ejus, et cogitabat qualis esset ista salutatio". – „Als sie dies hörte, wurde sie über sein Wort verwirrt und dachte nach, was dieser Gruß zu bedeuten habe."

3.1 Bernhard von Clairvaux meint, daß Maria zwar verwirrt, aber nicht völlig bestürzt beim Gruß des Engels war. Ihre Verwirrung zeugt von der Scham der Jungfrau, der Mangel an Bestürzung von ihrer inneren Stärke[597]. Eigenartig mutet die Vermutung des Abtes an, die Verwirrung Mariens rühre von dem Gruß „Gesegnet unter den Frauen" her, da sie doch lieber eine Gesegnete unter den Jungfrauen sein wollte[598]. Angemessen scheint der Grund der Verwirrung zu sein, weil Maria sich dieses Grußes für unwürdig hält[599].

3.2 Mechthild von Magdeburg erklärt das Erschrecken Mariens durch das Scheinen des himmlischen Lichtes, das vom Engel ausgeht[600].

---

[588] BD 52,3,572,9-11.
[589] BASSPT 6,1,590,12f.
[590] BHLD 2,67,6,10,404,5-7.
[591] BVNAT 4,2,180,18f.
[592] BQU 17,4,712,7f.
[593] BD 87,3,682,9-13.
[594] SP 1,86,24-88,3.
[595] Vgl. Weiß, Ekstase 143-147.
[596] MM 1,45,2f.,32; 5,23,4-35,174; 7,15-18,272.
[597] BLVM 3,9,90,16-18.
[598] BOASSPT 9,606,19-22.
[599] BNATBM 8,630,10f.
[600] MM 5,23,17-21,174.

4. Lk 1,30: „Et ait Angelus ei: Ne timeas, Maria, invenisti enim gratiam apud Deum." – „Und es sprach der Engel zu ihr: Fürchte dich nicht Maria, du hast nämlich Gnade bei Gott gefunden."

4.1 Für Bernhard von Clairvaux setzt das Finden der Gnade bei Maria ihr Bitten und ihr Suchen voraus[601]. Der Sohn sieht das Suchen und läßt seine Mutter die Gnade finden[602]. Wenn wir selbst durch Maria Gnade suchen, werden wir sie auch finden[603].

4.2 Guerricus von Igny legt die Gnade, die Maria gefunden hatte, als die Gabe, den Sohn Gottes empfangen und gebären zu dürfen, aus[604].

5. Lk 1,32f.: „Hic erit magnus, et Filius Altissimi vocabitur, et dabit illi Dominus Deus sedem David patris ejus: et regnabit in domo Jacob in aeternum, et regni ejus non erit finis." – „Dieser wird groß sein und Sohn des Höchsten genannt werden, und es wird ihm der Herr Gott den Thron seines Vaters David geben, und er wird herrschen im Haus Jakob auf ewig, und seine Herrschaft wird kein Ende haben."

5.1 Bernhard fragt sich, wann denn Gott seinem Sohn gegeben hat, auf dem Thron Davids zu sitzen. Dieser Thron steht in Jerusalem, aber Jesus hat in Jerusalem nicht als König geherrscht[605]. Der Abt löst das Problem, indem er hier auf das himmlische Jerusalem und das himmlische Sion hinweist, in dem Jesus als König eingesetzt wurde[606]. Ansonsten betont er bei der Erklärung dieser Stelle, daß hier die Gottessohnschaft Jesu klar bezeugt ist[607]. Wenn es heißt, daß sein Reich kein Ende hat, unterscheidet sich Jesus von jedem anderen Herrscher[608].

5.2 Für Hildegard von Bingen stellt der Sohn des Höchsten die Säule dar, die das ganze kirchliche Gebäude trägt[609].

6. Lk 1,34: „Dixit Maria ad Angelum: Quomodo fiet istud, quoniam virum non cognosco?" – „Es sprach aber Maria zum Engel: Wie soll dies geschehen, da ich keinen Mann erkenne?"

Hinter dieser Frage sieht Bernhard den unerschütterlichen Entschluß zur Jungfräulichkeit bei Maria, der auch durch die Verheißung eines Sohnes nicht ins Wanken kommt[610].

7. Lk 1,35: „Et respondens Angelus dicit ei: Spiritus sanctus superveniet in te, et virtus Altissimi obumbrabit tibi. Ideoque et quod nascetur ex te Sanctum, vocabitur Filius Dei.» – «Und es antwortete der Engel und sprach zu ihr: Der Heilige Geist wird über dich kommen, und die Kraft des Höchsten wird dich überschatten. Deswegen wird das Heilige, das aus dir geboren wird, Sohn Gottes genannt werden.»

---

[601] BNATBM 5,626,2-4.
[602] BNATBM 7,628,25.
[603] BNATBM 8,630,1-3.
[604] GIS Ann 1,4,121-125,116-118.
[605] BLVM 4,1,98,22-100,4.
[606] BLVM 4,1,100,4-11.
[607] BVNAT 4,6,182,22-25.
[608] BD 33,7,472,23-25.
[609] HISV 2,3,8,9,516-520,492.
[610] BASSPT 4,6,568,2-5; BOASSPT 9,606,14-19.

7.1 Bernhard von Clairvaux greift oft auf diese Stelle zurück.

7.1.1 Er glaubt, daß dem Engel erst im Augenblick der Verkündigung vom Geist eingegeben wird, daß dieser über Maria gekommen ist[611]. Auch für ihn war das Geheimnis der Empfängnis Jesu zu hoch[612]. Dadurch, daß der Heilige Geist über Maria kommt, wurde der Sohn Gottes gesalbt[613]. Bernhard tut sich mit der damals aufkommenden Lehrmeinung der unbefleckten Empfängnis Mariens schwer. Deswegen zitiert er diese Stelle, weil der Heilige Geist nicht schon bei ihrer eigenen Empfängnis, sondern erst bei der Empfängnis Christi auf Maria gekommen ist[614]. Es war nicht Mariens noch des Engels Kraft, sondern diejenige des Höchsten, durch die Maria den Sohn Gottes empfing[615].

7.1.2 Der Ausdruck „umschatten" deutet nach Bernhard an, daß hier ein unbegreifliches Geheimnis geschieht[616]. Maria trug diesen Schatten durch den Leib Christi, der zwar schwach, aber von der Kraft des Höchsten gebildet war[617]. Denn im Fleisch Christi war die Kraft, welche die Jungfrau umschattet hat und vor der alle Dämonen flohen[618]. Der Schatten war auch deswegen notwendig, weil ein solches Licht wie ein Blitz[619] in der Empfängnis Jesu auf Maria herabgekommen ist, daß sie es ohne Schatten nicht ertragen hätte[620]. Und doch war dies kein leiblicher, sondern ein geistlicher Schatten[621]. In Maria war die Heilige Dreifaltigkeit in unnachahmbarer Weise gegenwärtig[622]. Die Frucht ihres Leibes ist die Menschwerdung des Wortes Gottes[623].

7.1.3 Bernhard sieht einen ursächlichen Zusammenhang zwischen der Empfängnis durch den Heiligen Geist und der Gottessohnschaft Jesu[624]. Deswegen ist Maria selig zu preisen, weil sie den Sohn Gottes empfangen durfte[625]. Da zu keinem Engel gesagt wird, daß der Heilige Geist über ihn kommen wird, überragt Maria an Würde alle himmlischen Geister[626]. Sie allein darf ihren Sohn wahrhaft Sohn Gottes nennen[627]. Bei diesem Geheimnis hört der Menschen Wille, Maria nachzuahmen, auf[628]. Der Leib Christi, der bei der Verkündigung heilig genannt wird, kann nicht tot im Grabe

---

[611] BB 1, 77,5,21,640,3-9.
[612] BNATBM 10,632,21-24.
[613] BS 3,111,638,22-24.
[614] BB 1, 174,7,1022,24f.
[615] BOASSPT 5,602,4-7.
[616] BB 1, 77,5,21,640,9-12.
[617] BHLD 1, 31,4,9,498,18-20.
[618] BHLD 1, 31,4,9,498,20-24.
[619] BASC 3,3,336,1-3.
[620] BHLD 2, 70,4,7,438,13-16.
[621] BHLD 2, 72,2,5,470,12f.
[622] BD 52,2,570,11-14.
[623] BD 87,3,682,14-16.
[624] BLVM 4,4,106,26-108,6; BVNAT 4,6,182,21-23.
[625] BASSPT 2,2,534,16-18.
[626] BNATBM 12,636,8-14.
[627] BASSPT 6,1,592,11-13.
[628] BOASSPT 10,608,15-20.

bleiben[629]. Seinem Heiligen wird er ja nicht die Verwesung zu schauen geben (Apg 13,35)[630]. Wenn Jesus „heilig" genannt wird, erinnert Bernhard an das dreimalige Heilig der Seraphim[631].

7.2 Nach Johannes von Ford kam die Kraft des Höchsten über Maria, um ihr Herz und ihren mütterlichen Schoß mit der höchsten Tugend, der Demut, zu bereiten[632].

7.3 Auch Richard von St. Viktor spricht davon, daß das Licht, das vom Höchsten kommt, umschattet werden muß, daß es ertragbar ist[633].

7.4 Nach Hildegard von Bingen hat Maria in Keuschheit den Eingeborenen des Vaters empfangen, weil sie von der Kraft des Höchsten in der Eingießung des Heiligen Geistes umschattet war[634]. In der Umschattung des Heiligen Geistes konnte Maria ohne Sünde den Eingeborenen Gottes empfangen[635].

7.5 Der Autor des St. Trudperter Hoheliedes bezieht Hld 4,7 „Wie schön bis Du" auf Maria. Ihre Schönheit strahlte auf, als der Engel sprach: Der Heilige Geist wird über dich kommen[636].

7.6 Christina von Hane vergleicht die durch den Engel angekündigte Empfängnis Christi in Maria mit der Taufe, weil sie der Beginn unseres Heiles ist[637].

8. Lk 1,37: „Quia non erit impossibile apud Deum omne verbum." – „Denn bei Gott ist kein Ding unmöglich."

8.1 Bernhard von Clairvaux warnt davor anzunehmen, daß das, was der Engel Maria verkündet hat, auch von ihm ausgeführt worden ist. Denn dieser muß selbst gestehen, daß nicht bei ihm, sondern nur bei Gott kein Ding unmöglich ist[638].

8.2 Der Autor der Vita der Ida von Löwen schreibt, daß das, was die Mystikerin in ihren Ekstasen erlebt hat, deswegen glaubhaft ist, weil es von Gott stammt, bei dem nichts unmöglich ist[639].

9. Lk 1,38: „Dixit autem Maria: Ecce, ancilla Domini: fiat mihi secundum verbum tuum." – „Es sprach aber Maria: Siehe, die Magd des Herrn. Mir geschehe nach deinem Wort."

9.1 Bernhard von Clairvaux mahnt einen Schüler, weder nach rechts noch nach links abzuweichen, sondern „secundum verbum tuum", „nach Deinem (= Gottes) Wort" zu leben[640]. Er hört aus der Selbstbezeichnung „Magd" Mariens große Demut heraus[641]. Bald nachdem Maria sich als Magd bekannte, wird Elisabeth die einzigartige Würde

---

[629] BHLD 1, 35,2,5,552,5-8.
[630] BVNAT 5,3,198,22-24.
[631] BNATBM 10,634,4-7.
[632] JHLD 4,5,144-150,58.
[633] RVBMA 5,15,187D.
[634] HISV 1, 2,6,26,1037-1040,255.
[635] HISV 2, 3,8,14,659-663,497.
[636] TH 51,29-52,2,126.
[637] CH 2, 236.
[638] BVLM 4,7,110,18-20.
[639] IL 2,7,40,182.
[640] BB 2, 412,2,816,14f.
[641] BLVM 4,9,114,25-116,4.

ihrer Verwandten durch den Geist geoffenbart[642]. Wenn sie sich Magd nennt, sollen wir mit Elisabeth die Majestät Gottes, die mit ihr kommt, erkennen[643].

9.2 Nach Hildegard von Bingen soll der Priester mit der gleichen Demut, mit der sich Maria als Magd bezeichnet, in der Heiligen Messe das Opfer Christi feiern[644].

9.3 Margareta von Magdeburg nennt sich deswegen Magd des Herrn, weil sie sowohl Gott als auch dem Heil der Welt dienen will[645].

9.4 Als in der Liturgie dieser Vers gelesen wird, grüßt Gertrud die Große die Jungfrau Maria[646].

10. Lk 1,43: „Et unde mihi, ut veniat mater Domini mei ad me?" – „Woher kommt mir dies, daß die Mutter meines Herrn zu mir kommt?"

Bernhard von Clairvaux sieht in diesem Wort das Gefühl des Unwürdigseins der Elisabeth ausgedrückt, mit dem sie kaum die Gegenwart der Mutter des Herrn erträgt[647]. Dazu wurde sie durch ihren Sohn, Johannes den Täufer, angeregt, der sich in ihrem Schoß regt[648]. Damit offenbarte er ihr das Geheimnis der Güte Gottes[649]. An einer anderen Stelle betont Bernhard, daß dieses Geheimnis der Heilige Geist ihr mitgeteilt hat[650]. Beide Frauen staunen über dieses Geheimnis, weil beide voll Demut waren[651]. Deswegen ist das „Fiat" Mariens und die Begrüßung der Elisabeth vom gleichen Geist eingegeben[652].

11. Lk 1,48: „Quia respexit humilitatem ancillae suae: ecce enim ex hoc beatam me dicent omnes generationes." – „Weil er auf die Niedrigkeit seiner Magd herabgeschaut hat. Siehe, von nun an werden mich nämlich alle Geschlechter selig preisen."

Wichtig ist, daß der Ausdruck „humilitas" sowohl „Niedrigkeit" als auch „Demut" bedeuten kann. Die vielen Stellen, die von der Demut Mariens sprechen, haben in diesem Vers ihren letzten Ursprung. Sie können aber nicht alle hier Herangezogen werden nur solche Texte, in denen die Demut Mariens direkt von diesem Text abgeleitet wird.

11.1 Bernhard von Clairvaux erwähnt in seinem 42. Brief, der einen Bischofsspiegel darstellt, auch die Demut. Dieser Tugend allein wagt sich Maria zu rühmen, was Bernhard mit diesem Vers begründet[653]. An einer anderen Stelle macht der Abt darauf aufmerksam, daß es nicht heißt, Gott habe auf die Jungfräulichkeit, sondern auf die Demut Mariens geschaut[654]. „Unde constat quia etiam ut placeret virginitas, humilitas procul dubio fecit." – „So steht fest, daß Die Tatsache, daß die Jungfräulichkeit Gefallen

---

[642] BOASSPT 12,612,27-614,2.
[643] BDEED 2,2,824,1-5.
[644] HISV 1, 2,6,15,647-665,244.
[645] MA 29,31f.
[646] G 4, 4,12,8,1-3,140.
[647] BLVM 2,14,70,2-4.
[648] BS 3,115,672,8-11.
[649] BJB 4,428,6-10.
[650] BOASSPT 12,614,1-3.
[651] BNATBM 9,632,7-13.
[652] BDED 2,2,824,1-5.
[653] BB 1, 42,5,17,468,6-9.
[654] BLVM 1,5,42,4-10.

findet, hat ohne Zweifel die Demut bewirkt."[655] Maria ist für Gott, die Engel und die Menschen wohlgefällig, „hominibus per foecunditatem, angelis per virginitatem, Deo per humilitatem", „den Menschen wegen ihrer Fruchtbarkeit, den Engeln wegen ihrer Jungfräulichkeit, Gott wegen ihrer Demut"[656]. So ist Maria das Urbild für die Tatsache, daß die Gnaden den Demütigen gegeben werden[657]. Durch die Demut, die Maria besingt, wurde sie zum Hochzeitsgemach des Bräutigams[658]. Dies gilt für alle Menschen. Die Einfachheit und Unschuld zu bewahren, ist gut, wenn es nach dem Vorbild Mariens aus Demut geschieht[659]. Wer die Demut wie Maria hat, bei dem bewirkt der Blick Gottes nicht Furcht, sondern Freude[660]. Die Unterordnung unter Gott, die in der Demut Mariens liegt, schafft ja Versöhnung mit Gott[661].

11.2 Nach Gertrud schaut Gott[662], Jesus[663] oder die Liebe[664] auf die Niedrigen.

12. Lk 1,50: „Et misericordia ejus a progenie in progenie timentibus eum." – „Und sein Erbarmen von Geschlecht zu Geschlecht auf denen, die ihn fürchten."

In einer Sentenz behandelt Bernhard von Clairvaux das Magnificat der Mutter Gottes. Zu diesem Vers schreibt er: „Ecce nomen eius. Quod? Misericordia eius." – „Siehe, sein Name. Welcher? Seine Barmherzigkeit."[665] Der Gott, der sie zur Mutter seines Sohnes erwählt hat, hat als Name also „Barmherzigkeit".

13. Lk 1,78: „Per viscera misericordiae Dei nostri: in quibus visitavit nos oriens ex alto" – „Durch das herzliche Erbarmen unseres Gottes, in dem uns heimgesucht hat der Aufgang von oben."

Diese Stelle wurde schon oben bei dem Namen „Aufgang von oben" behandelt[666].

14. Lk 2,14: „Gloria in altissimis Deo, et in terra pax hominibus bonae voluntatis." – „Ehre sei Gott in der Höhe und Friede den Menschen guten Willens."

Von Interesse ist, daß Lk 2,7, an welcher Stelle von der Geburt Jesu berichtet wird, kaum wörtlich angeführt wird.

14.1 Für Bernhard von Clairvaux kann dieser Gesang erst mit der Ankunft des Erlösers erklingen[667], weil erst in diesem Augenblick sich Gerechtigkeit und Frieden küssen (Ps 84,11)[668]. Nach dem Abt gehören die beiden Teile dieses Verses eng zusammen. Gott die Ehre geben, ist „pax cum Deo", „Friede mit Gott", und der zweite Teil be-

---

[655] BVLM 1,5,42,10f.; vgl. BASSPT 6,1,592,1-6.
[656] BD 47,552,8-10.
[657] BANN 3,9,150,19f.
[658] BASPT 4,7,568,10-13.
[659] BHLD 2, 45,1,2,114,17-22.
[660] BD 57,1,554,10-12.
[661] BNAT 4,2,266,4-6.
[662] G R 6,15,162.
[663] G R 3,91f.,78.
[664] G R 5,297,146.
[665] BS 3,127,754,11f.
[666] Vgl. oben S. 936-938.
[667] BINNOC 2,280,6-11.
[668] BANN 1,14,126,14-128,2.

deutet „pax cum proximo", „Friede mit dem Nächsten"[669]. An einer anderen Stelle unterscheidet Bernhard auch diese beiden Teile, deutet sie aber anders. Gott behält die Ehre für sich, teilt aber seinen Frieden mit den Menschen[670]. Durch die Geburt Jesu geschah dem Vater die Ehre und den Menschen der Friede[671]. So soll man wohl den Frieden, nicht aber die Ehre für sich suchen[672]. Dann betet man mit dem Psalmisten: „Nicht uns, o Herr, sondern Deinem Namen gib die Ehre"[673]. Man soll sich nicht nur mit der Rettung zufrieden geben, sondern immer auch nach dem Frieden streben[674]. Nach diesem Vers hat auch Christus gehandelt: Er hat dem Vater die Ehre erwiesen und den Menschen die Versöhnung gebracht[675].

14.2 Als Mechthild von Magdeburg sich sehr schuldbeladen fühlt, fordert sie sich selbst auf, „Gloria in excelsis" zu singen[676].

15. Lk 2,19: „Maria autem conservabat omnia verba haec, conferens in corde suo." – „Maria aber bewahrte alle diese Worte und erwog sie in ihrem Herzen." Lk 2,51b: „Et mater ejus conservabat omnia verba haec in corde suo." – „Und seine Mutter bewahrte alle diese Worte in ihrem Herzen."

Beide Verse gleichen einander bis in den Wortlaut, so daß man an einigen Stellen nicht feststellen kann, auf welchen Vers Bezug genommen wird; deswegen behandeln wir sie hier gemeinsam.

15.1 Nach Bernhard von Clairvaux hatte Maria einen besonderen Einblick in das Geheimnis ihres Sohnes, weil sie alles in ihrem Herzen bewahrte und erwog[677]. Bernhard wendet diese Stelle auch auf die Geschehnisse beim Besuch Mariens bei Elisabeth an. Was dort geschehen war, bewahrte Maria für sich auf[678]. Das Gleiche gilt für die Ereignisse bei der Darstellung Jesu im Tempel[679].

15.2 Der Autor des Traktates „Speculum virginum" sieht es als eine Auszeichnung für die an Leib und Seele jungfräulichen Menschen an, mit der Mutter des Herrn Zwiesprache zu halten, die ja alle Worte des Lebens aufbewahrt hat[680].

16. Lk 2,35: „Et tuam ipsius animam pertransibit gladius ut revelentur ex multis cordibus cogitationes." – „Und deine Seele wird ein Schwert durchdringen, damit die Gedanken vieler Herzen offenbar werden."

16.1 Bernhard von Clairvaux wendet dieses Wort auf sich selbst an, als ein Student sein Versprechen, in Clairvaux einzutreten, nicht hält. Die Erinnerung an diese Treu-

---

[669] BS 1,29,284,6f.
[670] BHLD 1,13,2,2,186,20-22.
[671] BVNAT 4,1,176,16f.
[672] BHLD 1,13,4,5,192,4-6; BOS 5,7,802,3-5.
[673] BD 7,1,234,18-20.
[674] BAND 1,8,934,8-10.
[675] BANN 2,3,134,1-6.
[676] MM 2,7,3-7,45.
[677] BVNAT 3,10,174,7-9.
[678] BASSPT 2,8,544,15-18.
[679] BOASSPT 11,610,19-22.
[680] SP 9,828,1-4.

losigkeit ist für den Abt wie ein Schwert, das seine Seele durchdringt[681]. Er warnt auch in einem Brief an die Bischöfe Süddeutschlands die Ritter, sich in Fehden einander umzubringen. Denn selbst dem Sieger durchdringt ein Schwert das Herz, weil er schwere Schuld auf sich lädt[682]. Auf Maria angewendet liest Bernhard aus diesem Wort heraus, daß das Leid Mariens so schwer wie ihre Liebe groß war[683].

16.2 Mechthild von Magdeburg spricht von einer inneren Dürre Mariens, die von dem Schwert kan, das von der leiblichen Pein Jesu ausging und ihre Seele geistig durchdrang[684].

16.3 Mechthild von Hackeborn schreibt, daß mit diesem Wort des Simeon alle ihre Freude in Trauer verwandelt worden ist[685].

17. Lk 2,40: „Puer autem crescebat, et confortabatur plenus sapientia; et gratia Dei erat in illo." – „Der Knabe wuchs heran und erstarkte voll Weisheit, und die Gnade Gottes war in ihm." Lk 2,52: „Et Jesus proficiebat sapientia, et aetate, et gratia apud Deum et homines." – „Und Jesus schritt voran an Weisheit, Alter und Gnade bei Gott und den Menschen."

Auch diese beiden Verse gleichen einander bis in den Wortlaut hinein, so daß man an einigen Stellen nicht feststellen kann, auf welchen Vers Bezug genommen wird; deswegen behandeln wir sie ebenfalls gemeinsam.

17.1 Bernhard von Clairvaux benutzt diese Schriftstellen, um deutlich zu machen, daß derjenige, der in Christus bleiben will, auch mit Christus wandeln, und das heißt eine innere Entwicklung zu mehr Weisheit haben muß[686]. Schon der Knabe Jesus war voll Weisheit, die er, wann und wo er wollte, zeigte[687]. Das Gleiche gilt von der Gnade[688].

17.2 Nach Mechthild von Magdeburg war das Wirken der Kraft der Heiligen Dreifaltigkeit an Maria so groß, daß sie einen Schatten für ihr menschliches Leben erhielt[689]. In diesem Schatten hatte sie auch ihren Sohn erzogen[690].

17.3 Gertrud die Große schließt aus dieser Stelle, daß auch jeder Christ sich um den Fortschritt in den Tugenden mühen muß[691]. Deswegen soll auch der Mensch Geduld haben, wenn Gott nicht sofort alle falschen Gewohnheiten von ihm nimmt[692].

18. Lk 2,51: „Et descendit cum eis, et venit Nazareth: et erat subditus illis." – „Und er stieg mit ihnen hinab und kam nach Nazareth und war ihnen untertan."

---

[681] BB 1, 108,4,798,16-18.
[682] BB 2, 363,5,656,1-5.
[683] BS 3,87,512,8f.
[684] MM 1,22,54-56,19.
[685] MH 1,12,38.
[686] BB 2, 385,1,728,18-730,3.
[687] BVLM 2,10,62,2-11.
[688] BVLM 2,10,62,11-17.
[689] MM 3,4,14-20,82.
[690] MM 3,4,20f.,82.
[691] G 3, 3,9,4,17-22,40.
[692] G 3, 3,9,4,15-22,40.

Bernhard von Clairvaux fordert angesichts dieser Stelle: „Et tu ergo subditus esto propter illum." – „Du aber sei um seinetwillen untertan."[693] So beharrte Jesus nicht auf seinem Urteil, daß er in dem, was seines Vaters ist, bleiben muß, sondern zieht mit ihnen hinab, um Maria und Josef untertan zu sein[694]. Staunenswert ist, daß sich hier Gott den Menschen unterordnet[695]. Diese Einsicht müßte allen menschlichen Stolz zunichte machen[696].

19. Lk 3,16: „Respondit Joannes, dicens omnibus: Ego quidem aqua baptizo vos: veniet autem fortior me, cujus non sum dignus solvere corigiam calceamentorum ejus: ipse vos baptizabit in Spiritu sancto et igni." – „Und es antwortete Johannes und sprach zu allen: Ich taufe euch mit Wasser; es wird aber einer kommen, der stärker ist als ich, dem die Riemen der Sandalen zu lösen, ich nicht würdig bin. Er wird euch im Heiligen Geist und im Feuer taufen."

19.1 Bernhard von Clairvaux sieht in dem Hinweis auf einen Größeren ein großes Zeichen der Demut Johannes des Täufers[697]. An einer anderen Stelle erinnert der Abt an die Stelle aus der Offenbarung des Johannes, nach welcher nur das Lamm das Buch öffnen kann[698]. Selbst Johannes der Täufer fühlt sich ja unwürdig, ihm die Riemen der Sandalen zu öffnen[699].

19.2 Der Autor des Traktates „Speculum virginum" sieht in diesem Wort ein Eingeständnis des Johannes, er gehe nur der wahren Taufe voraus[700].

20. Lk 3,22: „Et descendit Spiritus sanctus corporali specie sicut columba in ipsum: et vox de coelo facta est: Tu es filius meus dilectus, in te complacui mihi." – „Und es stieg der Heilige Geist in körperlicher Gestalt wie eine Taube auf ihn herab, und eine Stimme von Himmel geschah: Du bist mein geliebter Sohn, in welchem ich mein Gefallen habe."

Einmal zählt Hildegard das verschiedenartige Wirken der einzelnen Personen der Dreifaltigkeit auf. Beim Heiligen Geist ist es sein Herabkommen in der Gestalt der Taube bei der Taufe Jesu[701]. Ein anderes Mal sieht sie in dieser Stelle einen Hinweis darauf, daß der Heilige Geist auf jeden Christen in der Taufe herabsteigt[702].

21. Lk 4,18a: „Spiritus Domini super me: propter quod unxit me, evangelizare pauperibus misit me, sanare contritos corde." – „Der Geist des Herrn ruht auf mir; deswegen hat er mich gesalbt und gesandt, den Armen die frohe Botschaft zu bringen und die zerknirschten Herzen zu heilen."

---

[693] BCIRC 3,7,312,12f.
[694] BS 3,35,430,13-15.
[695] BLVM 1,7,44,11f.
[696] BHLD 1, 19,3,7,274,7-9.
[697] BS 3,115,672,12-16.
[698] BPASC 1,10,244,1-3.
[699] BPASC 1,10,244,3-7.
[700] SP 5,420,2f.
[701] HISV 1, 2,2,2,60-63,126.
[702] HISV 1, 2,3,26,554-568,150f.

21.1   Bernhard von Clairvaux meint, daß man Jesus in diesem Wort als „suavem magis quam sublimen, et unctum non altum", „den Lieblichen eher als den Erhabenen, den Gesalbten und nicht den Hohen" erkennen soll[703]. Er bringt diese Stelle mit Hld 2,8 in Verbindung. Jesus eilt zu den Armen, indem er über die Berge und Hügel springt[704]. An einer anderen Stelle ist Bernhard davon überzeugt, daß mit diesem Vers zum Ausdruck gebracht werden soll, Jesus sei vor allem zur Welt gekommen, um die Herzen der Menschen zu erleuchten[705].

21.2   Gertrud die Große schreibt, daß Jesus durch seinen Leib gedrängt wird, diejenigen, die zerknirschten Herzens sind, zu heilen[706].

22.   Lk 10,16: „Qui vos audit, me audit: qui vos spernit, me spernit. Qui autem me spernit, spernit eum, qui misit me.» – «Wer euch hört, hört mich, wer euch verachtet, verachtet mich. Wer aber mich verachtet, verachtet den, der mich gesandt hat.»

22.1   Dieser Satz gilt nach Bernhard von Clairvaux nur für die Sätze, die Jesus seinen Jüngern öffentlich gesagt hat[707]. Mit diesem Wort begründet der Abt die Tatsache, daß eine sittlich neutrale Tat durch ein Wort eines Oberen verpflichtend werden kann[708]. „Nam de praepositis certum tenemus ipsius Veritatis testimonium, sic loquentis ad ipsos: Qui vos spernit, me spernit." – „Denn was die Vorgesetzten betrifft, haben wir das sichere Zeugnis der Wahrheit selbst, die so zu ihnen spricht: Wer euch verachtet, verachtet mich."[709] Mit diesem Wort sieht er auch den Satz der Benediktregel 5,15 „Der Gehorsam, der den Oberen geleistet wird, wird Gott erwiesen" bestätigt[710]. Dem französischen König hält er dieses Wort entgegen, weil der Abt glaubt, daß dieser die Rechte der Bischöfe schmälern will[711]. Mit diesem Vers begründet er auch den Gehorsam den Bischöfen gegenüber, welche sündig sind[712]. Das gleiche gilt, wenn ein unerfahrener Lehrer oder unkluger Amtsträger Befehle erteilt[713]. An einer Stelle seiner Hohenliedpredigt spricht Bernhard seine Gefühle aus, die er hat, wenn ein Tadel, den er von Amts wegen ausspricht, nicht recht angenommen wird[714]. Hat er dann nicht den Bruder verletzt und seine Schuld vermehrt?[715] Am meisten bedrängt ihn, daß nicht nur er, sondern gemäß dem genannten Schriftwort der Herr verachtet wird[716].

---

[703] BHLD 1, 22,1,3,310,9-13.
[704] BHLD 2, 54,1,1,218,15-17.
[705] BASC 6,10,380,23-25.
[706] G 3, 3,55,1,16-20,326.
[707] BB 1, 75,3,614,14-16.
[708] BP 8,17,370,9-14.
[709] BP 9,19,374,12-14.
[710] BP 9,21,376,18-20.
[711] BB 1, 45,1,506,18-20.
[712] BHLD 2, 66,5,11,386,4-11.
[713] BD 41,3,514,5-12.
[714] BHLD 2, 42,2,2,82,1-8.
[715] BHLD 2, 42,2,2,82,12-14.
[716] BHLD 2, 42,2,2,82,15-17.

22.2 Elisabeth von Schönau wendet dieses Wort auch auf Ordensobere an. Wer in einem Frauenkloster die Meisterin hört, hört den Herrn[717].

23. Lk 10,24: „Dico enim vobis, quod multi prophetae, et reges voluerunt videre quae vos videtis, et non viderunt: Et audire quae auditis, et non audierunt." – „Ich sage euch nämlich, viele Propheten und Könige wollten sehen, was ihr seht, und sahen es nicht, und wollten hören, was ihr hört, und hörten es nicht."

Mit diesen Worten begründet Bernhard von Clairvaux den Fortschritt der Offenbarung des Neuen Testamentes im Vergleich zum Alten[718]. Für die Gestalten des Alten Bundes war es noch Nacht, und der Morgen war noch nicht angebrochen[719]. Einmal verbindet Bernhard dieses Wort mit Joh 4,38. Die Könige und Propheten haben voll Mühe gesät, Bernhard aber als an Christus Glaubender darf in ihre Arbeit eintreten und ernten[720]. Der Abt legt Maria die Worte: „Habt ihr ihn gesehen, den meine Seele liebt" (Hld 3,3) in den Mund, weil die Jungfrau auf den hinweist, den die Propheten und Könige nicht sahen[721]. Bernhard schreibt von einem dreifachen Sehen Christi und unterscheidet das in diesem Schriftwort ausgesagte Sehen des milden Angesichtes des Menschgewordenen von dem kommenden Schauen Christi beim Gericht und in der ewigen Seligkeit[722].

24. Lk 10,42: „Porro unum est necessarium. Maria optimam partem elegit, quae non auferetur ab ea." – "Ja, eines ist notwendig. Maria hat den besten Teil erwählt, der ihr nicht genommen wird."

24.1 In einem Brief lädt Bernhard von Clairvaux einen Kleriker zum Klostereintritt mit der Aufforderung, den besten Teil zu erwählen, ein[723]. In einer seiner Parabeln tritt das Gebet der Menschen vor Gott und bittet ihn, das eine Notwendige, nämlich die Erlösung, zu vollbringen[724]. Zum Fest der Aufnahme Mariens in den Himmel, bei welchem damals das Evangelium mit dem genannten Vers verlesen wurde, schreibt Bernhard eine Predigt, in der er ihn auf Maria anwendet[725]. Doch sehr bald geht es dem Abt um den Vorzug des beschaulichen Lebens, das nach der bis auf Origenes zurückreichenden Tradition in Maria versinnbildet ist, im Vergleich zu Martha, dem tätigen Leben. Maria findet in Christus das eine Notwendige[726]. Doch geht er von der traditionellen Auslegung insofern ab, daß er im besten Teil, den Maria erwählt hat, nicht einfach die Kontemplation, sondern die „mens optima", „beste Gesinnung" versteht[727]. Einmal sieht er in Maria die Auserwählung zum besten Teil[728]. In einer anderen Predigt

[717] ESB 15,148.
[718] BB 1,77,3,14,630,11-18.
[719] BHLD 1,33,3,4,520,12-14.
[720] BHLD 2,43,2,4,100,6-8.
[721] BHLD 2,78,3,8,556,11-15.
[722] BS 3,114,662,3-9.
[723] BB 1,107,3,778,1.
[724] BPA 2,7,828,12-14.
[725] BASSPT 3,1,546,18.
[726] BASSPT 3,2,550,1-4.
[727] BASSPT 3,3,550,17f.
[728] BD 9,4,260,7-11.

zum gleichen Fest hat deswegen Maria, die Gottesmutter, den besten Teil erwählt, weil sie in sich Muttersein und Jungfräulichkeit vereint[729]. Ganz allgemein kann Bernhard mit dieser Schriftstelle auch vor der Zerstreuung ins Vielerlei warnen."[730]

24.2 Der Verfasser des Traktates „Speculum virginum" zitiert besonders häufig diese Schriftstelle. Einmal drückt er das Erstaunen aus, daß für das so einfache und einzigartige Gut, welches einzig Notwendige ist und an welchem die Jungfrauen Anteil erhalten, so viele Vergleiche und Bilder in der Schrift gebraucht werden[731]. Die Eheleute müssen „multae necessitates", „vielen notwendigen Dingen" nachgehen, während für die jungfräulich lebenden Menschen nur eines notwendig ist[732]. Der göttliche Bräutigam liebt ja eine keusche Seele, für die nur das Eine notwendig ist[733]. Wer sich der Welt gleichförmig macht (Röm 12,2), verteilt sich auf vieles. Wer sich auf Christus ausrichtet, sucht das eine Notwendige[734]. Der Verfasser sucht diese Wahrheit mit einer Reihe von Schriftstellen, an denen es um das Einzige geht, abzustützen[735]. Dieses Eine darf der Mensch aber nicht teilen[736]. Letztlich ist das eine Notwendige nur Einer, nämlich der eine Gott[737]. Wer ihm anhängt, gelangt zur Einheit aller Dinge[738].

24.3 Elisabeth von Schönau ist davon überzeugt, daß die Ordensleute den besten Teil erwählt haben, sie müssen nur darauf achten, daß sie ihn nicht wieder verlieren[739].

25. Lk 11,5f.: „Quis vestrum habebit amicum, et ibit ad illum media nocte, et dicet illi: Amice. commoda mihi tres panes, quoniam amicus meus venit de via ad me, et non habeo, quod ponam ante illum." – „Wer von euch wird einen Freund haben und zu ihm inmitten der Nacht gehen und zu ihm sagen: Freund, leihe mir drei Brote, weil mein Freund vom Weg zu mir gekommen ist, und ich habe nichts, was ich ihm vorsetzen soll."

25.1 Bernhard von Clairvaux glaubt, daß man das biblische Buch des Hohenliedes erst dann versteht, wenn man vorher aus den beiden anderen Büchern, die Salomo zugeschrieben werden, nämlich dem Buch Kohelet und dem Buch der Sprichwörter, die Erkenntnis der Torheit der Welt und die Sitten der Lebensgestaltung gelernt hat[740]. Dann wird auch Christus, „qui nobis de via venit amicus", „der auf dem Weg als Freund zu uns kommt", keinen Grund zur Klage haben, wenn wir nach dem Buch des Hohenliedes greifen[741]. Zum Weihnachtsfest benutzt Bernhard diese Schriftstelle in einem anderen Sinn. Man soll immer das Brot der guten Bereitschaft bei sich haben,

[729] BASSPT 4,5,566,13-16.
[730] BASSPT 5,9,584,3-9.
[731] SP 6,524,20-526,2.
[732] SP 7,570,9-12.
[733] SP 9,820,21-822,3.
[734] SP 10,852,13-23.
[735] SP 10,862,23-864,3.
[736] SP 10,864,4-8.
[737] SP 10,864,9-16.
[738] SP 11,906,25-908,4.
[739] ESI 10,92.
[740] BHLD 1, 1,1,2,54,16-18.
[741] BHLD 1, 1,2,3,56,20-22.

wenn Christus unvorbereitet zu uns kommt[742]. Wieder anders lautet folgende Auslegung: Der Freund, der zu seinem Freund kommt, ist das wahre Ich, welches wie der
verlorene Sohn zu sich selbst zurückkehrt. Schlimm ist es aber, wenn er dort kein Brot
vorfindet[743]. Dann muß das daheimgebliebene Ich zum anderen Freund, Gott, laufen
und dort Brot erbitten[744]. Von ihm muß man das Brot der Wahrheit, der Liebe und der
Stärke erbitten[745], damit der Mensch den Willen Gottes erkennt, liebt und erfüllt[746].
Wieder anders erklärt Bernhard die drei Brote in einer anderen Predigt: Einem Mitmenschen, der sich bekehrt hat, muß man drei Brote reichen, das Brot der Enthaltsamkeit, das Brot der Demut und das Brot der glühenden Liebe[747].

25.2 Näher am Verbalsinn dieser Schriftstelle ist die Vita der Beatrijs von Nazareth, die
in ihm eine Aufforderung zum beständigen Beten erblickt[748].

26. Lk 11,21f.: "Cum fortis armatus custodit atrium suum, in pace sunt ea, quae possidet. Si autem fortior eo superveniens vicerit eum, universa arma ejus auferet, in quibus confidebat, et spolia ejus distribuet." – "Wenn ein bewaffneter Starker seinen Hof
bewacht, ist sein Besitz in Frieden. Wenn aber ein Stärkerer als er über ihn herfällt und
ihn besiegt, nimmt er all seine Waffen, auf die er vertraut hat, weg und verteilt seine
Beute."

26.1 In der Auseinandersetzung mit Petrus Abaelard, der die Erlösung nicht als Befreiung des Menschen aus der Gewalt des Satans ansieht, legt Bernhard dieses Gleichnis
so aus, daß der bewaffnete Starke der Teufel ist, der durch den Stärkeren, Christus,
besiegt wird und seine Beute, nämlich die Menschen, herausgeben muß[749]. In einer
Predigt bewacht der Teufel den Willen des Menschen, den aber Christus besiegt hat[750].
„In spiritu enim fortitudinis fortem fortior ille contrivit." – „Im Geist der Stärke hat
nämlich jener Stärkere den Starken zu Boden getreten."[751]

26.2 Ganz in der Art dieser Erklärung erläutert auch der Verfasser des Traktates „Speculum virginum" diese Stelle, wenn er schreibt: „Fortis siquidem in domum fortis intravit, vasa rapta forte ligato diripuit." – „Ein Starker ist ja in das Haus des Starken
eingedrungen und hat die geraubten Gefäße, nachdem der Starke gebunden worden
ist, an sich gebracht."[752]

27. Lk 11,23: „Qui non est mecum, contra me est: et qui non colliget mecum, dis-
pergit." – „Wer nicht mit mir ist, ist gegen mich, und wer nicht mit mir sammelt, zerstreut."

---

[742] BVNAT 6,8,216,9-11.
[743] BROG 1,312,13-314,7.
[744] BROG 1,314,7-11.
[745] BROG 2,314,13f.
[746] BROG 2,316,1f.
[747] BD 59,598,16-20.
[748] BN 2,12,137,142-148,96.
[749] BB 2, 190,5,14,96,25-98,1.
[750] BVEPI 3,98,13-15.
[751] BD 22,3,264,3f.
[752] SP 11,912,5f.

27.1   Bernhard von Clairvaux warnt davor, einen Menschen vom Streben nach einem höheren Stand abzubringen. Wenn dies einer tut, sammelt er nicht mit Christus, sondern ist gegen ihn[753]. Einem flüchtigen Abt, der auf seinem Weg einen anderen Mönch mitgenommen hat, ist einer, der nicht mit Christus sammelt, sondern zerstreut[754]. Dieses gleiche Wort ruft er als Mahnung auch einem Mönchskonvent zu, der einmütig die Wahl eines neuen Abtes vornehmen soll[755]. Diejenigen, die sich gegen die rechtmäßige Wahl eines Bischofs stellen, trifft der Vorwurf, nicht mit Christus zu sammeln, sondern zu zerstreuen[756]. Ganz allgemein sieht Bernhard die Gründung der Kirche als Sammeln Christi, das kein Christ hindern darf[757]. Bernhard hört deutlich aus diesem Wort heraus, daß es eine Neutralität Christus gegenüber nicht geben darf[758].

27.2   Hildegard von Bingen ist darüber erstaunt, daß der Mensch die Löwen und Wölfe fürchtet, aber nicht den, der macht, daß er den, der nicht mit ihm ist, zerstreut[759].

28.   Lk 12,49: „Ignem veni mittere in terram, et quod voli, nisi ut accendatur?" – „Feuer auf die Erde zu werfen, bin ich gekommen, und was will ich anderes, als daß es brennt?"

Bernhard von Clairvaux bestätigt dem Kartäuserorden, daß seine Mitglieder entflammt sind, den Willen Gottes immer mehr zu erfüllen, und ebenfalls sagen können, sie wünschten, daß es brennt[760]. An einer anderen Stelle sieht er in dem Feuer, das Christus auf die Erde zu werfen gekommen ist, die Liebe, die er entzünden will[761]. Dieses Feuer unterscheidet sich vom Feuer der Laster, welche der Satan gebracht hat[762]. Als Vorbild leuchten kann nur der, der vom Feuer Christi brennt[763]. Denn der Herr fordert von uns das Feuer, nicht den leuchtenden Schein[764]. Der Winter, von dessen Schwinden in Hld 2,11 die Rede ist, stellt für Bernhard die Zeit dar, in der Jesus sich zurückgezogen hat und sich nicht mehr öffentlich zeigt[765]. Diese Zeit war vorüber, als er an Pfingsten durch den Heiligen Geist das Feuer auf die Erde gesandt hat[766]. Dieses sieht er im Brausen des nahenden Feuers erfüllt[767].

29.   Lk 14,11: „Omnis qui se exaltat, humiliabitur: et qui se humilat, exaltabitur." – „Jeder, der sich erhöht, wird erniedrigt werden, und wer sich erniedrigt, wird erhöht werden."

---

[753] BB 1, 2,6,274,18-23.
[754] BB 1, 7,6,310,11f.
[755] BB 2, 320,2,534,4-8.
[756] BB 2, 502,938,2-4.
[757] BHLD 2, 77,3,7,544,24-28.
[758] BPL 4,396,17-19.
[759] HISV 2, 3,10,6,259-265,552f.
[760] BB 1, 153,2,960,6-8.
[761] BS 3,82,494,19-21.
[762] BPUR 2,2,414,14-21.
[763] BB 2, 505,944,11-13.
[764] BJB 3,426,13-15.
[765] BHLD 2, 58,2,5,272,24-26.
[766] BHLD 2, 58,2,5,274,2-4.
[767] BASC 6,15,388,10-12.

29.1 Bernhard von Clairvaux sieht in diesem Schriftwort seine eigene Erfahrung ausgedrückt[768]. Es ist ein gutes Wort, um die Furchtsamkeit des Stolzes zu bekämpfen[769]. Wenn sich Paulus seiner Schwachheit rühmt, folgt er der Grundregel, die in diesem Schriftwort angegeben ist[770]. Jesus selbst befolgt dieses Wort an Weihnachten in der Menschwerdung[771]. Auch Maria lebte nach diesem Schriftwort, als sie zu Elisabeth ging um zu dienen[772]. Bernhard schreibt eine eigene Predigt über diese Schriftstelle: Auf Erden stehen wir zwischen Himmel und Hölle. Wir fürchten den Abstieg und ersehnen den Aufstieg[773]. Der Mensch soll sich aber freiwillig erniedrigen[774]. Diese Forderung erzeugt im Menschen Angst[775]. Und doch ist dieses Wort auch trostreich, denn der Mensch kann sich selbst erniedrigen, aber nicht sich selbst erhöhen[776].

29.2 Der Verfasser des Traktates „Speculum vitae" sieht in diesem Schriftwort die Tatsache begründet, daß die Demut der Angelpunkt aller Tugenden ist[777].

29.3 Hildegard von Bingen faßt dieses Wort folgendermaßen zusammen: „Superbia cadit, et humilitas ascendit." – „Der Stolz fällt, die Demut steigt auf."[778]

30. Lk 22,26f.: „Vos autem non sic: Sed qui major est in vobis, fiat sicut minor: et qui praecessor est, sicut ministrator. Nam quis major est, qui recumbit, an qui ministrat? nonne, qui recumbit? Ego autem in medio vestrum suum, sicut qui ministrat.» – «Das soll bei euch nicht der Fall sein. Wer der Größte bei euch ist, der werde der Geringste, und wer der Führende ist, wie ein Diener. Denn wer ist groß, der zu Tische liegt oder derjenige, der dient? Nicht derjenige, der zu Tische liegt? Ich aber bin in eurer Mitte wie einer, der dient.»

30.1 Bernhard von Clairvaux sieht in Christus denjenigen, der dieses Wort vorbildlich erfüllt hat[779]. Er mahnt deswegen den Papst, sich nach diesen Worten zu richten und ein Diener zu werden[780]. Ähnlich schreibt er an den neu ernannten Kölner Erzbischof Bruno[781] und an den Abt Rainald von Foigny[782]. An Heinrich, den Erzbischof von Sens, schickt Bernhard einen Brief, der einen Bischofsspiegel enthält. Darin wird mit diesem Schriftwort gemahnt, daß derjenige, der sicher vorstehen will, sich nicht scheu-

---

[768] BB 1,72,1,592,3f.

[769] BS 3,81,492,18f.

[770] BHLD 1,34,3,4,542,24-29.

[771] BNAT 2,5,248,18-20.

[772] BNATBMV 9,632,9-11.

[773] BD 20,1,350,17f.

[774] BD 20,1,350,19f.

[775] BD 20,2,352,10f.

[776] BD 20,3,352,23-27.

[777] SP 4,290,12-14.

[778] HISV 1,2,5,35,1137f.,205.

[779] BQH 11,10,644,21-23.

[780] BCO 2,6,10,676,4-8.

[781] BB 1,9,340,13-15.

[782] BB 1,72,1,590,14.

en darf, sich unterzuordnen[783]. Selbst Laien werden mit diesen Worten ermutigt, untereinander nicht die Ehre zu suchen[784].

30.2 Hildegard von Bingen legt das Wort „Ego in medio sum" folgendermaßen aus: Christus ist weder in der Höhe noch in der Tiefe, weil er aus Liebe einer von uns sein wollte[785].

30.3 Mechthild von Hackeborn erscheint einmal der Herr inmitten des Konvents der Schwestern und spricht: „Ich bin in eurer Mitte wie einer der dient."[786] Auf ihre Frage hin, wie dieser Dienst aussehe, erfährt sie, daß dies auf vielfache Weise geschehe[787]. Sein Herz wird wie ein Kelch, aus dem die Schwestern die Liebe zum Vater, die Barmherzigkeit zu den Nächsten und die Demut in bezug auf sich selbst trinken können[788].

31. Lk 22,43f.: „Apparuit autem illi Angelus de coelo, confortans eum. Et factus in agonia, prolixius orabat. Et factus est sudor ejus, sicut guttae sanguinis decurrentis in terram." – „Und es erschien ihm aber ein Engel vom Himmel, der ihn stärkte. Und er fiel in Todesangst und betete noch inständiger. Und sein Schweiß wurde wie Blutstropfen, die zur Erde fielen."

31.1 Bernhard von Clairvaux nennt neben dem Wasser der Tränen, die Jesus über den toten Lazarus und Jerusalem vergoß (Joh 11,33; Lk 19,41)[789], und dem Wasser, das mit Blut aus seiner Seite floß (Joh 19,34)[790], auch das Wasser des Schweißes am Ölberg, das die rote Farbe des Blutes besaß[791], heilbringend. Der Christ soll auch dieses Wasser vergießen, wenn er sich in Werken der Buße und Askese abmüht[792]. An einer anderen Stelle fragt sich Bernhard, ob denn Jesus einen Engel, der ihn stärkte, notwendig hatte[793]. „Confortans ergo eum, cuius ne ipse quidem confortator suus capere poterat maiestatem." – „Es stärke ihn also sein Stärkender, der selbst nicht seine Majestät fassen konnte."[794] Dann darf auch ein Mensch sich im Leiden schwach zeigen und Hilfe in Anspruch nehmen[795].

31.2 Gertrud die Große bittet den Herrn, sie zu belehren, wie sie seine Passion verehren soll[796]. Er fordert sie auf, sich besonders ins Gedächtnis zu rufen, daß er, der Schöpfer, in Todesangst fiel und aus Liebe zu uns Blut geschwitzt hat und doch dabei

---

[783] BB 1, 42,8,31,490,18-22.
[784] BB 1, 134,900,8-12.
[785] HISV 2, 3,13,16,634-640,635.
[786] MH 4,1,257.
[787] Ebenda.
[788] MH 4,1,258.
[789] BCLEM 6,902,13f.
[790] BCLEM 6,902,17f.
[791] BCLEM 6,902,14-17.
[792] BCLEM 6,902,20-23.
[793] BAND 1,6,932,1-18.
[794] BAND 1,6,932,17f.
[795] BAND 1,7,932,19-934,4.
[796] G 4, 4,22,2,1-3,208.

dem Willen des Vaters ergeben blieb[797]. Diese Ergebung hat derjenige auch notwendig, der sich sehnt, daß der Herr zur Einwohnung kommt[798].

32.   Lk 23,34: „Jesus autem dicebat: Pater, dimitte illis: non enim sciunt, quid faciunt. Dividentes vero vestimenta ejus, miserunt sortes." – „Jesus aber sprach: Vater, vergib ihnen; denn sie wissen nicht, was sie tun. Sie verteilten seine Kleider und warfen das Los.»

32.1   Aus diesem Wort liest Bernhard von Clairvaux heraus, daß wir vor Gott zwar erbärmlich, aber immer auch erbarmenswert sind[799]. So enthält dieser Vers die Grundlage der Hoffnung, daß auch uns die Schuld vergeben wird[800]. Christus gab uns mit diesem Wort ein Beispiel, wie wir mit unseren Gegnern geduldig umgehen sollen[801]. Denn er dachte ja nicht an seine eigenen Schmerzen und bittet vielmehr für die, die sie ihm zufügen[802].

32.2   Gertrud die Große bittet, daß sie die gleiche Vergebungsbereitschaft, die Jesus beim Sterben zeigt, auch gegenüber denen aufbringt, die ihr Unrecht tun[803].

33.   Lk 23,46: „Et clamans voce magna Jesus ait: Pater, in manus tuas commendo spiritum meum. Et haec dicens, exspiravit." – „Und er rief mit lauter Stimme: Vater, in Deine Hände empfehle ich meinen Geist. Und mit diesen Worten gab er den Geist auf.»

33.1   Beeindruckend ist die 26. Hoheliedpredigt des Bernhard von Clairvaux, die eine Gedenkrede auf seinen verstorbenen leiblichen Bruder Gerhard darstellt, der mit ihm Mönch in Clairvaux war. Sterbend spricht dieser die letzten Worte Jesu und wiederholt danach nur noch immer wieder „Vater"[804]. Für den Abt ist das Kreuz Christi wichtig, aber nicht nur dasjenige, das im Holz besteht, an dem er hing, sondern vor allem das Kreuz der Liebe, durch welche er seinen Geist in die Hand des Vaters zurückgab und uns mit ihm versöhnt hat[805].

33.2   Elisabeth von Schönau kehrt einmal aus einer Ekstase zurück und betet: „Sancta trinitas, pater et filius et spiritus sanctus, in manus potentie tue, in manus misericordie tue commendo spiritum meum." – „Heilige Dreifaltigkeit, Vater, Sohn und Heiliger Geist, in die Hände Deiner Macht, in die Hände Deiner Barmherzigkeit empfehle ich meinen Geist."[806] Warum mit den Händen der Macht und den Händen der Barmherzigkeit zwei klassische Glieder der göttlichen Eigenschaften, die dem Vater und dem Heiligen Geist zugeschrieben werden, erwähnt sind, aber die Weisheit des Sohnes fehlt, ist nicht erklärbar.

---

[797] G 4, 4,22,2,3-12,208.
[798] G 4, 4,23,10,1-10,228.
[799] BP 9,20,376,4-6.
[800] BIVHM 8,192,24-26.
[801] BPALM 2,3,166,1-5.
[802] BIVHM 8,194,1-5.
[803] G 4, 4,24,2,1-5,232.
[804] BHLD 1, 26,7,11,406,1-6.
[805] BS 3,1,374,1-12.
[806] ESV 1,76,36.

33.3　Der Autor der Vita der Lukardis von Oberweimar betont, daß Christus seine Seele nicht in die Hand eines Engels, sondern in diejenige des Vaters empfohlen hat[807]. Genauso vertraut sich Lukardis nicht einem Engel oder einem Heiligen, sondern allein dem Vater beim Sterben an[808].

33.4　Mechthild von Magdeburg geht die einzelnen Stationen des Leidens Jesu durch und vergleicht mit ihnen die Lebensabschnitte eines Gott liebenden Menschen. Bei seinem Tod spricht dieser nach Mechthild ein Gebet, welches die lukanischen mit den johanneischen (Joh 19,30) Worten Jesu verbindet: „Vatter, enpfahe minen geist, nun ist es alles vollekomen." – „Vater, empfange meinen Geist, nun ist alles vollbracht."[809] Der Bitte an die Heilige Dreifaltigkeit um einen barmherzigen Tod hängt die Mystikerin die genannte Schriftstelle in der lateinischen Form an[810]. Mechthild nimmt an den Nöten des Schwesternkonvents von Helfta Anteil, wo sie in ihrem Alter Aufnahme gefunden hat. So empfiehlt sie mit diesem ihren Geist dem Vater[811].

34.　Lk 24,26: „Nonne haec oportuit pati Christum, et ita intrare in gloriam suam?" – „Mußte nicht Christus dies erleiden und so in seine Herrlichkeit eingehen?"

34.1　Bernhard von Clairvaux warnt mit diesem Schriftwort die Christen davor zu meinen, vor dem Eintritt in seine Herrlichkeit müsse Christus die Freude der Auferstehung kundtun, die Gottlosigkeit widerlegen und die ganze Welt bekehren. Christus tritt sofort in seine Herrlichkeit, noch bevor sich das Christentum durchgesetzt hat[812].

34.2　David von Augsburg macht an dieser Schriftstelle deutlich, daß zwar Christus selbst in seine Herrlichkeit nach dem Leiden eingegangen ist, die Christen aber in dieser Erdenzeit auch zuerst leiden müssen, um an seiner Herrlichkeit teilhaben zu können[813].

35.　Lk 24,31f.: „Et aperti sunt oculi eorum, et cognoverunt eum: et ipse evanuit ex oculis eorum. Et dixerunt ad invicem: Nonne cor nostrum ardens erat in nobis, dum loqueretur in via, et aperiret nobis scripturas?» – «Und es wurden ihre Augen geöffnet, und sie erkannten ihn, und er verschwand aus ihren Augen. Sie sagten zu einander: Brannte nicht in uns unser Herz, als er auf dem Weg sprach und uns die Schrift eröffnete?»

35.1　Bernhard von Clairvaux macht in der ersten Hohenliedpredigt darauf aufmerksam, daß Jesus als der Gastgeber mitten unter den Mönchen ist, mit ihnen das Brot bricht und den Sinn der Schrift erklärt[814]. Unter den verschiedenen Arten der Begegnungen Christi zählt er auch die Art und Weise, wie er mit auf dem Weg ist, die Schrift erklärt und das Herz des Menschen brennen läßt[815].

---

[807]　LO 81,358,16-19.
[808]　LO 81,358,19-22.
[809]　MM 3,10,41f.,90.
[810]　MM 6,27,4-7,235.
[811]　MM 7,53,18f.,300.
[812]　BHLD 2,76,1,2,524,21-27.
[813]　DAE 3,40,257.
[814]　BHLD 1,1,2,4,56,23f.
[815]　BHLD 1,31,5,7,496,2-5.

35.2 Die Vita der Christina von Hane schildert, wie die Mystikerin als Kind eine visionäre Begegnung mit dem Jesuskind hat, das in der Sonne spielt. Als sie nach ihm greifen will, verschwindet das Kind. Dies erinnert den Autor der Vita an die Begegnung des Auferstandenen, den die Emmausjünger beim Brotbrechen erkennen, bevor er wieder verschwindet. Zurück bleibt in beiden Fällen das brennende Herz der Menschen[816].

36. Lk 24,49: „Et ego mitto promissum Patris mei in vos. Vos autem sedete in civitate, quoadusque induamini virtute ex alto." – „Und ich sende auf euch den Verheißenen meines Vaters. Bleibt in der Stadt, bis ihr mit der Kraft aus der Höhe erfüllt werdet."

36.1 Für Bernhard von Clairvaux war das Warten der Jünger auf den verheißenen Geist wie ein Warten auf das Ende des Winters[817]. Nur kurze Zeit mußten die Apostel auf diese Kraft warten[818]. Die Kraft aus der Höhe, mit welcher die Apostel am Pfingsttag erfüllt wurden, ist die Liebe[819], die sie stark machte, unerschrocken den Glauben zu erfüllen[820]. An ihrer daraus resultierenden Standhaftigkeit wird die Ankunft des Geistes deutlich[821]. Jeder Christ muß mit dieser Kraft aus der Höhe erfüllt werden, um sich selbst zu besiegen[822]. Mit der Kraft aus der Höhe gestärkt, wird der Mensch von keiner Gewalt, keinem Trug und keiner Versuchung zu Fall gebracht[823].

36.2 Diese Kraft aus der Höhe macht sich nach Richard von St. Viktor in den Feuerflammen des Geistes deutlich, die zwar brennen, aber nicht verbrennen[824].

2.2.1.3 Joh

Im Unterschied zu den Synoptikern hat das Johannesevangelium eine viel unmittelbarere und zugleich reflektiertere Christologie. So ist es nicht erstaunlich, daß in unseren Texten besonders auf dieses Evangelium Bezug genommen wird.

1. Joh 1,1: „In principio erat verbum, et verbum erat apud Deum et Deus erat verbum." – „Im Anfang war das Wort, und das Wort war bei Gott, und das Wort war Gott."

1.1 Bernhard von Clairvaux bestaunt das Wunder der Menschwerdung, bei dem das ewige Wort Gottes, das von Anfang an war, sich verbindet mit einer aus nichts geschaffenen Seele und einem vergänglichem Leib[825]. In einer anderen Predigt fragt er, was für den Christ das Psalmwort „Haec est generatio quaerentium Dominum", „Dies ist das Geschlecht/die Zeugung derer, die den Herrn suchen" bedeutet[826]. Da der Abt das Wort „generatio" in der Doppelbedeutung „Geschlecht/Zeugung" versteht, sind es die

---

[816] CH 1, 208.
[817] BHLD 2, 58,2,5,274,2-4.
[818] BPASC 4,2,292,10-15.
[819] BD 91,4,706,19-22.
[820] BHLD 2, 58,3,9,280,5f.
[821] BPENT 1,2,392,20f.
[822] BHLD 2, 85,2,4,634,11-13.
[823] BHLD 2, 85,2,5,636,4f.
[824] RVPS 28,299D.
[825] BNAT 2,4,244,6-10.
[826] BLVM 3,4,518,9.

Menschen, die Gott sowohl suchen als auch durch die Zeugung des Wortes, welches Gott selbst ist, schon haben[827]. Durch Mariens Vermittlung nimmt das Wort, das schon im Anfang war, Fleisch an[828].

1.2 Guerricus von Igny predigt an einem Weihnachtsfest, daß heute der geboren wird, der von Anfang an war und zugleich ohne Anfang ewig existiert[829].

1.3 Hildegard von Bingen lehnt sich an diese Schriftstelle an, wenn sie schreibt: „Pater enim ante tempora saeculorum habuit Filium, Filiusque erat apud Patrem." – „Der Vater hatte nämlich vor den Zeiten der Ewigkeit einen Sohn, und der Sohn war beim Vater."[830]

1.4 Der Autor des Traktates „Speculum virginum" schreibt, daß Johannes der Täufer sich als Freund des Bräutigams um das Wort, das von Anfang an war, bemüht[831].

Erstaunlich ist, wie spärlich in unseren Texten auf den ersten Vers des Johannesevangeliums zurückgegriffen wird.

2. Joh 1,2: „Hoc erat in principio apud Deum." – „Dieses war im Anfang bei Gott."

Das St. Trudperter Hohelied ist ganz mariologisch geprägt. In Liebe wird Maria in der Verkündigung, noch bevor sie sprechen konnte, von Gott geküßt[832]. „Von diu sprach er ir zuo ein Wort." – „Danach sprach er zu ihr ein Wort."[833] Es war aber nicht irgendein Wort, „want ez ie mit gote was", „denn es war von Anfang an bei Gott"[834].

3. Joh 1,3: „Omnia per ipsum facta sunt: et sine ipso factum est nihil, quod factum est." – „Alles ist durch es geschaffen, und ohne es ist nichts geschaffen, was geschaffen ist."

3.1 Das Wort Gottes demütigt und erhöht nach Bernhard von Clairvaux den Menschen[835]. Dies kann das Wort, weil durch es alles geschaffen worden ist[836]. So gibt es die „gratia creans", „erschaffende Gnade", welche mit dem Wort, durch das alles erschaffen ist, identisch ist[837].

3.2 Nach Hildegard von Bingen hat Gott durch das gleiche Wort, durch das er alles geschaffen hat, auch das menschliche Elend zum Heil gewendet[838]. Durch den Sohn, der in der Jungfrau Maria Mensch geworden ist, ist auch alles geworden[839]. Es ist das Wort, das vor aller Schöpfung war, durch das alles geschaffen ist[840].

---

[827] BLVM 3,4,518,9-13.
[828] BNATBM 10,634,8-10.
[829] GIS Nat 5,1,24,224.
[830] HISV 2,3,7,8,397f.,473.
[831] SP 5,410,21f.
[832] TH 8,17-34,34.
[833] TH 8,34-9,1,36.
[834] TH 9,5f.,36.
[835] BB 1,72,1,592,1-10.
[836] BB 1,72,1,592,10f.
[837] BS 1,28,284,1f.
[838] HISV 1,2,1 vis,107-110,112.
[839] HISV 2,3,1,8,391-393,338; 3,4,1,123-129,392.
[840] HISV 2,3,8,157,732-736,499.

3.3 Gertrud die Große schreibt, daß der Mensch durch dasselbe Wort, durch das er erschaffen wurde, auch wiederhergestellt ist[841].

4. Joh 1,5: „Et lux in tenebris lucet, et tenebrae eam non comprehenderunt." – „Und das Licht leuchtet in der Finsternis, und die Finsternis hat es nicht begriffen."

4.1 An einer Stelle sieht Bernhard von Clairvaux in diesem Wort eher einen Gerichtsspruch: Wie man dem Licht nicht ausweichen kann, so wird das Licht für die Finsternis zum Gericht[842]. Meist versteht aber Bernhard unter Jesus das Licht des Heiles. Keine Todesnacht kann gegen dieses Licht ankommen[843]. Selbst wenn das Leben weicht, weicht dieses Licht nicht[844]. Die kluge Braut sucht ihren Bräutigam nicht in den Nächten, ihn, der als Licht in der Finsternis leuchtet[845]. Daß wir Menschen die Finsternis, nicht das Licht erfassen, ist so, als ob die Barmherzigkeit inmitten des Tempels ist und keiner ihn betritt[846].

4.2 Der Autor des Traktates „Speculum virginum" meint, daß der Mensch, der sich vom Licht zurückzieht, Finsternis wird und so das Licht Jesus Christus nicht begreifen kann[847].

4.3 Der Autor des St. Trudperter Hoheliedes sieht das Erscheinen des Lichtes Christi nicht schon bei der Menschwerdung, sondern erst bei der Geburt, weil dieser erst da für die Welt sichtbar geworden ist[848].

5. Joh 1,9: „Erat lux vera, quae illuminat omnem hominem venientem in hunc mundum." – „Er war das wahre Licht, welches jeden Menschen, der in diese Welt kommt, erleuchtet."

5.1 Bernhard von Clairvaux schreibt, daß es Jesus, die Sonne der Gerechtigkeit ist, die den Menschen erleuchtet und ihn sich ähnlich macht[849]. Man muß aber zum Wort gehen und sich belehren lassen. „Lux est enim Verbum." – „Das Licht ist nämlich das Wort."[850] Das Licht ist die ewige Weisheit, die jeden Menschen erleuchten will[851]. Aus dem Vater ist dieses Licht geboren, das jeden Menschen erleuchtet[852]. Nach diesem Brot, dem Wort Gottes, das alle Menschen erleuchtet, hatten schon die Väter in der Wüste Hunger[853]. Der Abt beklagt aber, daß es Menschen gibt, die sich von dem wahren Licht, das sie erleuchtet, abwenden[854].

---

[841] G R 3,200-202,86.

[842] BCO 5,12,25,816,6-10.

[843] BHLD 2,72,4,9,476,15f.

[844] BHLD 2,72,4,9,476,16-18.

[845] BHLD 2,75,4,10,520,9-11.

[846] BPUR 1,2,408,2-5.

[847] SP 10,842,13-23.

[848] TH 9,21-24,36.

[849] BHLD 1,31,1,2,488,21-24.

[850] BHLD 2,85,1,2,630,19-23.

[851] BVEPI 7,106,2f.

[852] BVNAT 4,9,190,9-12.

[853] BD 71,2,632,12-14.

[854] BS 3,98,576,15-20.

5.2 Nach Richard von St. Viktor fängt der Mensch in der Kontemplation an, geistlich zu werden, weil er von der Weisheit, die jeden Menschen erleuchtet, beschienen wird[855].

6. Joh 1,10: „In mundo erat, et mundus per ipsum factus est, et mundus eum non cognovit." – „Er war in der Welt, und die Welt ist durch ihn geschaffen, und die Welt hat ihn nicht erkannt."

6.1 Bernhard von Clairvaux beschreibt die Spannung, die darin besteht, daß derjenige, der in der Welt war, schon war, bevor die Welt ins Dasein gerufen wurde[856]. Der Abt stellt die Frage, wie der zur Welt kommen kann, der schon immer in ihr war[857]. Seine Antwort lautet: „Non ergo venit qui aderat, sed apparuit qui latebat." – „Nicht also ist der gekommen, der da war, sondern der ist erschienen, der verborgen war."[858]

6.2 Nach Guerricus von Igny war Christus mit seiner Geburt in der Welt aber noch nicht bekannt. Er war in der Welt, aber die Welt erkannte ihn noch nicht[859]. Denn in seinem irdischen Leben waren seine Majestät in der Menschheit und seine Kraft in der Erniedrigung verborgen[860].

6.3 Christus kam nach dem St. Trudperter Hohelied in die Welt und trug sein Kreuz bis zum Tod, weil die Welt ihn, das Licht, nicht erkannt hat[861].

7. Joh 1,11: „In propria venit, et sui eum non receperunt." – „Er kam in das Eigentum, und die Seinen nahmen ihn nicht auf."

7.1 Bernhard von Clairvaux konkretisiert die allgemeine Feststellung dadurch, daß Jesus in seine Stadt Jerusalem kam und diese nur verwirrt war[862].

7.2 Für Hildegard von Bingen kam Gottes Sohn in sein Eigentum, weil er die Welt geschaffen hat und einen Teil der Welt, seinen Leib, von ihr annahm[863].

8. Joh 1,12: „Quotquot autem receperunt eum, dedit eis potestantem filios Dei fieri, his, qui credunt in nomine ejus." – „Allen aber, die ihn aufnahmen, gab er Macht, Kinder Gottes zu werden, denen, die an seinen Namen glauben."

8.1 Bernhard von Clairvaux staunt über die Tatsache, daß Gott unser Vater werden will, wenn Christus unser Bruder wird[864]. Wenn wir Kinder Gottes werden können, steht uns alles zu Diensten[865]. Das, was Gott uns nach Röm 8,32 über seinen Sohn hinaus schenken will, ist die Macht, selbst Söhne Gottes zu werden[866]. Nach Bernhard wird die Fähigkeit, Söhne Gottes zu werden, in der Taufe Wirklichkeit[867].

---

[855] RVBMA 2,13,90D.
[856] BCO 5,6,14,796,27-798,2.
[857] BADV 3,1,86,11-13.
[858] BADV 3,1,86,13.
[859] GIS Epi 2,1,19-21,256-258.
[860] GIS Epi 2,2,37f.,256.
[861] TH 9,31-10,2,36-38.
[862] BHLD 1,2,4,8,74,4f.
[863] HIO 1,4,105,346-349,258.
[864] BOPASC 1,1,294,7-11.
[865] BLVM 1,1,504,6-8.
[866] BD 1,5,172,23-26.
[867] BD 11,1,268,12-14.

8.2 Obwohl nach Isaak von Stella einzig Jesus Christus Sohn Gottes von Natur aus ist, will er der Erstgeborene unter vielen Brüdern sein und gab deswegen uns die Macht, Söhne Gottes zu werden[868].

9. Joh 1,13: „Qui non ex sanguinibus, neque ex voluntate carnis, neque ex voluntate viri, sed ex Deo nati sunt." – „Die nicht aus dem Blut, nicht aus dem Willen des Fleisches, nicht aus dem Willen des Mannes, sondern aus Gott geboren sind."

9.1 Obwohl wir nach Bernhard von Clairvaux alle aus dem Blut, dem Willen des Fleisches und des Mannes geboren sind, ist die Herkunft nicht mehr ausschlaggebend, wenn wir aus Gott geboren sind[869].

9.2 Für Gertrud die Große ist die Jungfrauenweihe der Augenblick, in dem ein Mensch nicht aus dem Blut und dem Wollen des Fleisches, sondern aus dem Geist gezeugt wird[870].

10. Joh 1,14: „Et verbum caro factum est, et habitavit in nobis: et vidimus gloriam ejus, gloriam quasi unigeniti a patre plenum gratiae, et veritatis." – „Und das Wort ist Fleisch geworden und hat unter uns gewohnt, und wir haben seine Herrlichkeit gesehen, die Herrlichkeit des Einziggeborenen vom Vater, voll Gnade und Wahrheit."

Hier können nicht alle Stellen aufgeführt werden, an denen von der Inkarnation des ewigen Sohnes Gottes gesprochen wird. Nur diejenigen Texte, die näher auf diese Schriftstelle eingehen, werden hier behandelt.

10.1 Bernhard von Clairvaux nimmt immer wieder auf dieses Schriftwort Bezug.

10.1.1 Er nennt das Geheimnis der Menschwerdung „abyssus plane inperscrutabilis", „einen Abgrund, ganz unerforschlich"[871]. Er betont, daß der Sohn Gottes kein Engel, sondern Fleisch geworden ist, und zwar Fleisch vom Fleische Abrahams[872]. Der Abt kann auch diese Stelle gegen eine von ihm befürchtete Verkopfung des Christentums anwenden: „Quid quaeris Verbum in verbo, quod iam caro factum praesto est oculis." – „Was suchst du das Wort im Wort, welches schon Fleisch geworden vor Augen steht."[873] Für Bernhard ist eben das fleischgewordene Wort die erlösende Gnade[874]. „Descendit itaque cogitatio pacis in opus pacis." – „So steigt der Gedanke des Friedens zum Werk des Friedens herab."[875] Das Wort ist deswegen Fleisch geworden, weil der Eingeborene Brüder haben wollte. Damit der Mensch nämlich in seiner Hinfälligkeit nicht verzagt, wollte er für ihn zum Bruder werden[876]. Er wurde ja Fleisch, obwohl alles Fleisch Heu (Jes 40,6), das heißt hinfällig, ist[877]. Dazu ist das Wort Fleisch gewor-

---

[868] IS 51,3,20-22,200.
[869] BLNM 11,24,308,10-19.
[870] G R 3,215-224,86-88.
[871] BANN 2,1,130,11-14.
[872] BH 3,8,56,14-17.
[873] BB 1, 106,1,772,5f.
[874] BS 1,28,284,1-3.
[875] BNATBM 10,634,15f.
[876] BVNAT 1,3,136,1-5.
[877] BCIRC 3,3,302,15f.

den, daß sich in ihm Barmherzigkeit und Wahrheit begegnen[878]. Wenn er aber mit dem Menschen ein Fleisch wird, will er auch ein Geist mit ihm werden[879].

10.1.2   Wenn es heißt, daß wir seine Herrlichkeit gesehen haben, meint dies, daß diese nicht die Herrlichkeit von irgendjemand, sondern die Herrlichkeit des Eingeborenen vom Vater ist[880]. Diese zu schauen, soll man sich beeilen[881]. Sie ist ganz gütig und väterlich[882] und nicht die schreckenerregende Herrlichkeit der Macht und Klarheit[883], sondern die Herrlichkeit dessen, der aus dem Herzen des Vaters hervorgeht[884]. In ihr gibt es nur Süße und Güte[885]. In dieser Herrlichkeit schaut man die Schätze des Heiles und des Lebens[886]. Man sieht nicht nur die Herrlichkeit, sondern hat als angenommener Sohn auch an ihr Anteil[887].

10.1.3   Auch die Tatsache, daß der Menschgewordene an dieser Stelle „voll Gnade und Wahrheit" genannt wird, findet bei Bernhard Beachtung. Jesus trägt nicht umsonst den Namen „Christus", „Gesalbter". Er ist derjenige, den der Vater gesalbt hat und voll Gnade und Wahrheit gesandt hat[888]. So darf man bitten, daß er nie leer, sondern immer voll Gnade und Wahrheit kommt[889].

10.2   Der Autor des Traktates „Speculum virginum" betont, daß seit dem Augenblick, als das Wort im Schoß der Jungfrau Maria Fleisch angenommen hat, es keine Trennung, aber auch keine Vermischung zwischen göttlicher und menschlicher Natur in Christus gibt[890]. Er meint, daß die ganze Schrift davon Zeugnis ablegt, Christus sei voll Gnade und Wahrheit[891].

10.3   Hildegard von Bingen kommt öfters auf diese Schriftstelle zu sprechen. Nur mit der Menschwerdung des Wortes konnte das menschliche Geschlecht aus dem Elend in das Heil zurückgeführt werden[892]. Diese ereignete sich, als der Sohn Gottes durch den Heiligen Geist in der Jungfrau Maria gezeugt wurde[893]. Dabei ist die Kraft und die Gnade in Fülle offenbar geworden[894]. Im Kampf mit dem Bösen wird das fleischge-

---

[878] BANN 1,6,104,6-8.
[879] BQH 14,3,674,21-23.
[880] BHLD 2,76,2,5,528,24f.
[881] BVNAT 1,2,132,19f.
[882] BHLD 2,62,3,5,330,16.
[883] BVNAT 6,6,214,13-15.
[884] BCIRC 3,2,300,15-17.
[885] BPENT 2,3,404,12-14.
[886] BVNAT 4,6,182,21f.
[887] BD 1,172,25-174,1.
[888] BHLD 1,16,8,13,240,15-23.
[889] BHLD 2,74,3,7,502,10f.
[890] SP 11,954,14-20.
[891] SP 11,920,5f.
[892] HISV 1,2,1 vis,107-110,112.
[893] HISV 2,3,7,8,367-371,472.
[894] HISV 2,3,25,1157-1161,512.

wordene Wort wie eine Fahne vorausgetragen[895]. Mit ihm hat die Frau den Kopf der Schlange zertreten[896].

10.4 Der Verfasser des St. Trudperter Hoheliedes erklärt folgendermaßen das durch die Menschwerdung ermöglichte Schauen des Sohnes Gottes: „Unde wir gesehen sînes gotheit alsô die goteheit von deme vater, daz er ist vol der wârheit unde der genâde." – „Und wir sehen seine Gottheit als die Gottheit vom Vater, daß er voll Wahrheit und Gnade ist."[897]

10.5 Um die Realität der Menschwerdung des Wortes Gottes zu erfassen, wird Ida von Löwen, als sie dieses Schriftwort in einer Hore las, die Gnade geschenkt, die Substanz des Fleisches Christi im Mund zu spüren, was sich wie eine Süße von Honig in ihrem Mund bemerkbar macht[898].

10.6 David von Augsburg meint, daß man nur in Christus die Herrlichkeit voll Gnade und Wahrheit schauen kann[899].

10.7 Mechthild von Hackeborn wundert sich darüber, daß sie bei einer Vision die Apostel auf gleicher Stufe mit den Ehe- und Weltleuten sieht. Sie wird darüber von Johannes dem Evangelisten aufgeklärt, daß es seit der Menschwerdung des Sohnes bei Gott keinen Unterschied in der Nähe gibt, weil das Wort Gottes unter allen wohnt[900]. Johannes ist es, der sie darüber unterrichtet, weil er vom Wohnen des fleischgewordenen Wortes unter den Menschen berichtet hat[901].

10.8 Gertrud die Große schreibt, daß beim Singen des genannten Verses ihr Maria erscheint[902].

10.9 Christina von Hane wird vom Herrn zur Freude aufgefordert, weil sie in sich den eingeborenen Sohn Gottes voll Gnade und Wahrheit trägt. Durch seine Gnade und Wahrheit ist sie erleuchtet und belehrt[903].

11. Joh 1,16: „Et de plenitudine ejus nos omnes accepimus, et gratiam pro gratia." – „Und von seiner Fülle haben wir alle empfangen Gnade um Gnade."

11.1 Bernhard von Clairvaux sieht in der Fülle, von der wir alle empfangen, Christus als das Haupt[904]. Für sich lehnt der Abt ein besonderes Privileg ab, weil alle von der Fülle Christi empfangen haben[905]. Ausdrücklich betont er, daß auch die Eheleute Anteil an dieser Fülle erhalten[906]. Wenn der Mensch erfährt, daß er durch erfahrbare Gnade reich beschenkt wird, ist Christus, der Bräutigam, anwesend, aus dessen Fülle

---

[895] HIM 1,22,405-407,22.
[896] HIB 2,230r,40-43,482.
[897] TH 10,13-15,38.
[898] IL 1,4,23,164.
[899] DSG 7,395,20-28.
[900] MH 4,8,265.
[901] Ebenda.
[902] G 4, 4,3,6,1-3,52.
[903] CH 2, 229.
[904] BQUAD 1,2,446,5-8.
[905] BHLD 1, 2,1,2,66,26-29.
[906] BHLD 2, 66,2,3,374,7-10.

wir alle empfangen[907]. An einer Stelle geht er auch auf den schwer zu verstehenden Ausdruck „gratia pro gratia" ein. Im ersten Vorkommen „gratia" sieht er den Dank des Menschen. Der Mensch soll Dank für die durch die Menschwerdung empfangene Gnade sagen. Dann sorgt Gott für die andere „gratia", die Befreiung des Menschen; der Mensch dagegen soll sich um seine Ehre kümmern[908]. In einer anderen Predigt sieht Bernhard im Empfang von Gnaden eine Gefahr, wenn der Mensch sie als „proprietas", „Eigenbesitz" ansieht[909] und Gott „non retulit gratiam pro gratia", „nicht Dank für die Gnade gesagt hat"[910]. Einmal sieht Bernhard in der ersten Gnade die Hilfe bei der Bekehrung, in den folgenden Gnaden die Hilfe zum Fortschritt und zur Vollendung[911]. Man muß sich allerdings auch aufmachen und zu Christus gehen, in dem die Fülle der Gnade ist[912]. Nach dieser Fülle sollte jeder Sehnsucht haben[913].

11.2 Aelred von Rievaulx sieht einen Zusammenhang dieser Stelle mit dem Gruß des Engels an Maria, der „gratia plena", „voll der Gnade" lautet[914]. Es ist die gleiche Fülle der Gnade, von der wir alle empfangen haben, die Maria besitzt[915].

11.3 Aus Mt 12,50 leitet der Verfasser des Traktates „Speculum virginum" ab, daß die jungfräulichen Menschen Mütter und Schwestern sind, die einen Einzigen zum Sohn und Bruder haben[916]. Sie gebären Christus, da sie alle von seiner Fülle empfangen haben[917].

11.4 Nach Hildegard von Bingen ist uns die Fülle der Gnade gegeben, die uns zur Umkehr und Buße mahnt[918].

12. Joh 1,17: „Quia lex per Moysen data est, gratia, et veritas per Jesum Christum facta est." – „Weil das Gesetz durch Mose gegeben ist, die Gnade und die Wahrheit durch Jesus Christus geschehen ist."

Bernhard von Clairvaux sieht im Auftritt Johannes des Täufers dieses Wort erfüllt und die Wende des Alten zum Neuen Testament vollzogen[919]. Wichtig für Bernhard ist, daß in Christus nicht entweder Gnade oder Wahrheit, sondern beides zusammen Wirklichkeit wird[920]. Der Abt meint, daß Jesus, als ihn die Pharisäer wegen der Bestrafung der Ehebrecherin fragten, sich beugte (Joh 8,6) und das Wort von der Gnade und Wahrheit auf die Erde schrieb[921]. In einer anderen Predigt erinnert er daran, daß es

---

[907] BHLD 2, 69,3,6,424,27-426,2.
[908] BHLD 2, 68,1,3,410,17-19.
[909] BHLD 2, 74,3,10,504,28.
[910] BHLD 2, 74,3,10,506,1f.
[911] BASSPT 5,4,574,22-576,1.
[912] BMART 4,874,2-5.
[913] BASSPT 5,3,574,19-21.
[914] ARI 29,895-897,663.
[915] ARI 29,897-899,663.
[916] SP 3,230,3-14.
[917] SP 3,230,15-19.
[918] HISV 2, 3,8,25,1159f.,512.
[919] BHLD 1, 2,3,4,68,23-27.
[920] BHLD 2, 74,3,11,506,16-22.
[921] BANN 3,2,140,13-22.

auch von Mose gegebene Gebote gibt, welche bildlich zu nehmen sind und durch Jesus Christus, den Herrn voll Gnade und Wahrheit, mit seiner Gnade erfüllt wurden[922].

13. Joh 1,18: „Deum nemo vidit unquam: unigenitus Filius, qui est in sinu Patris, ipse enarravit." – „Gott hat niemals einer gesehen; der eingeborene Sohn, der im Schoß des Vaters ist, er hat davon erzählt."[923]

13.1 Um jemanden zum endgültigen Eintritt in ein Kloster zu bewegen, macht Bernhard von Clairvaux mit diesem Zitat darauf aufmerksam, daß man Gott nicht mit der Weisheit dieser Welt finden kann, sondern nur, wenn der Sohn, der im Schoß des Vaters ist, von ihm Kunde gibt, wie es in einem Kloster geschehen kann[924]. Ein anderes Mal setzt Bernhard diese Kunde mit dem Bräutigam gleich[925].

13.2 Hildegard von Bingen sagt, daß in der Menschwerdung der Sohn, der ohne alle Zeit immer im Herzen des Vaters war, zu uns gesandt wurde[926]. Von dort ging er aus und kam in die Welt[927]. Ein anderes Mal ist von dem Geheimnis[928] der Höhe des Herzens[929] des Vaters als Ausgangspunkt seines Kommens die Rede. Der Sohn, der im Herzen des Vaters gezeugt ist, wurde zu uns gesandt[930]. Wieder ein anderes Mal wird sowohl das Herz des Vaters als auch der Schoß der Jungfrau genannt, aus dem der Sohn hervorgeht[931]. Im Strahlen des Lichtes des Sohnes und des Herzens des Vaters kündet uns der Heilige Geist die Geheimnisse des Sohnes des Allerhöchsten[932].

13.3 Im St. Trudperter Hohelied spricht Gott Vater, daß er den Sohn seines Herzens, den er von Anfang an im Schoß getragen hat, hingegeben hat, damit er um unsertwillen verwundet wird[933].

14. Joh 1,29b: „Ecce Agnus Dei, qui tollit peccata mundi." – „Seht, das Lamm Gottes, das die Sünden der Welt getragen hat." Die Erklärungen zu dieser Schriftstelle wurden schon ausführlich oben unter dem Titel „Lamm Gottes" behandelt[934].

15. Joh 1,32: „Et testimonium perhibuit Joannes, dicens: Quia vidi Spiritum descendentem quasi columbam de coelo, et mansit super eum." – „Und Johannes hat Zeugnis abgelegt mit dem Wort: Ich sah den Heiligen Geist wie eine Taube vom Himmel herabkommen, und er blieb auf ihm."

15.1 Bernhard von Clairvaux nennt diese Stelle das überfließende Zeugnis des Johannes[935].

---

[922] BD 67,624,2-19.
[923] Für weitere Stellen, an denen dieser Vers zitiert wird, vgl. Weiß, Gottesbild 3,2042-2046.
[924] BB 1, 107,4,678,23-780,1.
[925] BHLD 1, 8,7,7,128,21-23.
[926] HISV 1, 1,4,32,1015-1020,92.
[927] HISV 2, 3,1,6,274-276,335.
[928] HISV 2, 3,1,7,318-322,336.
[929] HISV 2, 3,3,8,361-365,381.
[930] HISV 2, 3,4,1,123-129,392.
[931] HISV 2, 3,4,8,247-249,396.
[932] HISV 2, 3,4,14,369-372,399.
[933] TH 54,20-29,132.
[934] Vgl oben S. 522-539.
[935] BHLD 2, 76,2,4,528,1f.

15.2 Nach dem Verfasser des Traktates „Speculum virginum" hat das Zeugnis Johannes des Täufers Bestand, auch wenn er bekannt hat, daß er zunächst Christus nicht gekannt hat[936].

15.3 Auf diese Stelle bezieht Hildegard von Bingen das Zeugnis des Heiligen Geistes, durch welchen das Geheimnis des Sohnes offenbart wurde[937].

16. Joh 2,3-5: „Et deficiente vino, dicit mater Jesu ad eum: Vinum non habent. Et dicit ei Jesus: Quid mihi, et tibi est mulier? nondum venit hora. Dicit mater ejus ministris: Quodcumque dixerit vobis, facite.» – «Als der Wein ausging, sagte die Mutter Jesu zu ihm: Sie haben keinen Wein mehr. Und es sagte Jesus zu ihr: Was ist zwischen mir und dir, Frau? Meine Stunde ist noch nicht gekommen. Es sprach seine Mutter zu den Dienern: Was er euch sagt, tut.»

16.1 Wenn auch nach Bernhard von Clairvaux beim Hochzeitsmahl im Himmel der Wein nie ausgeht[938], ist dies doch auf Erden möglich. Richtig mag es sein, wenn der Wein der fleischlichen Lust und der weltlichen Gier ausgeht[939]. Aber hier geht ja der Wein der Freude einer Hochzeit aus. Die schroffe Antwort Jesu zu seiner Mutter bewegt Bernhard. Sie hatte doch nur aus Mitleid auf die Not der Brautleute hingewiesen[940]. War sie nicht voll Güte besorgt[941]? Drückt ihre kurze Bemerkung nicht einen Glauben an die Wunderkraft Jesu aus[942]? Der Abt zählt alles auf, was Maria für Jesus getan hat[943]. So kann dieses Wort nicht aus Unwillen, sondern nur aus zarter Rücksichtnahme gesprochen sein[944]. Dies schließt er daraus, daß Maria auf dieses Wort hin zu den Dienern geht und sie bittet, das zu tun, was der Sohn befiehlt[945]. Sie hat also nicht an der Güte ihres Sohnes gezweifelt[946].

16.2 Auch Gilbert von Hoyland sieht in dem Wort Mariens keinen Befehl, noch nicht einmal eine Bitte, sondern eine einfache Feststellung[947].

17. Joh 2,6: „Erant autem ibi lapideae hydriae sex positae positae secundum purificationem Judaeorum, capientes singulae metretas binas vel ternas." – „Es standen aber dort sechs steinerne Wasserkrüge nach der Vorschrift der Reinigung der Juden, welche einzeln zwei oder drei Metreten faßten."

Bernhard von Clairvaux deutet die Wasserkrüge oft allegorisch: Sie oder ihr Inhalt können eine dreifache Frucht bedeuten, die der Mensch haben soll[948], nämlich die

---

[936] SP 5,418,23-25.
[937] HISV 2,3,4,14,369-372,399.
[938] BOEPI 2,4,380,3f.
[939] BD 18,2,336,5f.
[940] BOEPI 1,2,366,10-12.
[941] BH 21,53,124,15.
[942] BH 21,53,124,12.
[943] BOEPI 2,5,380,20-382,5.
[944] BOEPI 2,5,382,5-7.
[945] BOEPI 2,5,382,7-9.
[946] BOEPI 1,2,366,18-21.
[947] GHLD 46,3,243B-C.
[948] BHLD 2,54,4,12,234,14f.; BOEPI 1,4,370,1-21; 2,5,370,23-372,17; 2,8,386,25-388,5.

wahre Reinigung[949], die Vorschriften der christlichen Väter[950], die im Stillschweigen, im Psalmengesang, im Nachtwachen, im Fasten und in der Reinheit des Leibes erfüllt werden[951], die sechs Zeiten der Mühe[952] und die Tränen, die Christus weint[953]. Steinern sind die Krüge, weil sie die Beständigkeit der Menschen andeuten sollen[954]. Bernhard macht auch deutlich, daß diese Krüge manchmal leer, manchmal voll sind, wobei sie teils Gutes, nämlich Wasser oder Wein, teils aber auch schädliches Gift enthalten können[955].

18. Joh 2,9f.: „Ut autem gustavit architriclinus aquam vinum factam, et non sciebat unde esset, ministri autem sciebant, qui hauserant aquam: vocat sponsum architriclinus, et dicit ei: Omnis homo primum bonum vinum ponit: et cum inebriati fuerint, tunc id, quod deterius est: Tu autem servasti bonum vinum usque adhuc." – „Als aber der Speisemeister das zu Wein gewordene Wasser gekostet hatte, wußte er nicht, woher es kam; seine Diener, die das Wasser geschöpft hatten, wußten es aber. Es rief der Speisemeister den Bräutigam und sprach zu ihm: Jeder Mensch setzt zuerst den guten Wein vor, und wenn sie trunken geworden sind, dann auch den weniger guten. Du aber hast den guten Wein bis jetzt aufgehoben."

18.1 Humorvoll erinnert Bernhard von Clairvaux den Papst daran, daß seine vielen Schmeichler auch zuerst den guten Wein vorsetzen, um bei ihm etwas weniger Gutes zu erreichen[956]. Ernsthaft aber stellt der Abt fest, daß wir von Gott jetzt noch nicht den besten Wein vorgesetzt bekommen[957]. Im geistlichen Leben gilt die Regel Christi, nicht diejenige des Speisemeisters: Zuerst kommt das weniger Gute, die Furcht, bis der gute Wein, die Liebe, folgt[958].

18.2 Der Verfasser des Traktates „Speculum virginum" schreibt, daß der Wein, der aus Wasser verwandelt ist, nämlich der Wein einzigartiger Liebe, Jungfrauen heranwachsen läßt[959]. Doch in der Erdenzeit steht der gute Wein oft noch aus[960].

19. Joh 3,5: „Respondit Jesus ei: Amen, amen dico tibi: nisi quis renatus fuerit ex aqua, et Spiritu sancto, non potest introire in regnum Dei." – „Es antwortete Jesus und sprach zu ihm: Amen, amen, ich sage dir: Wenn nicht einer aus dem Wasser und dem Heiligen Geist wiedergeboren wird, kann er nicht in das Reich Gottes eintreten."

19.1 Bernhard von Clairvaux wird von Hugo von St. Viktor über diese Schriftstelle um Auskunft gebeten. Dieser hatte von der Meinung gehört, daß nach diesem Wort ein Mensch nur durch die Wasser- und die Bluttaufe, das Martyrium, ins Reich Gottes

---

[949] BOEPI 1,3,366,22-368,2.
[950] BOEPI 2,7,384,17-19.
[951] BD 55,1,580,8-12.
[952] BD 18,2,336,25-338,4.
[953] BCLEM 5f.,902,7-13.
[954] BOEPI 1,5,370,21f.
[955] BD 56,1,588,3-14.
[956] BCO 4,4,10,752,17-19.
[957] BD 18,2,336,10-14.
[958] BD 56,2,590,16-21.
[959] SP 1,94,22-25.
[960] SP 6,532,21-534,1.

gelangen kann, aber nicht durch die sogenannte Begierdetaufe, die in wahrem Glauben und echter Reue besteht[961]. In einem längeren Brief lehnt Bernhard den Ausschluß dieser Art Taufe für das Heil ab. Indem er sich selbst beschneiden ließ, zeigt Christus, daß er der Urheber des alttestamentlichen Gesetzes ist, obwohl er im Neuen Testament die Taufe als Heilsweg einsetzt[962].

19.2 Da Hildegard sich ausführlich im zweiten Buch ihres Werkes „Scivias" mit der Taufe beschäftigt, hat sie Anlaß, mehrere Male auf diese Schriftstelle zurückzugreifen. Mit ihr legt sie dar, daß die Taufe die Wiedergeburt aus dem Heiligen Geist und dem Wasser ist[963], auf welche die Salbung mit Chrisam zu folgen hat[964]. Durch sie werden wir zu einem neuen Menschen[965], legen die Schuld Adams ab[966], erhalten das Gewand der Unschuld[967] und stehen zu dem neuen Leben auf[968]. Ein neuer Glanz geht in den Geist des Getauften durch diese Wiedergeburt über[969]. Aus dem Bund der Liebe zwischen dem Bräutigam Jesus Christus und der Braut des Heiligen Geistes werden die Söhne Gottes durch diese Wiedergeburt erzeugt[970]. Viel exklusiver als Bernhard hält Hildegard an der Notwendigkeit der Wassertaufe fest[971]. Nur wer getauft ist, verläßt den Tod und geht zum Leben über[972]. Ausschließlich die Getauften schont der Vater[973].

19.3 Der Autor der Vita der Margareta von Magdeburg steht dem ständigen Verlangen der Mystikerin nach Pein kritisch gegenüber, kann es aber insofern verstehen, daß sie in ihr neu geboren werden will[974].

19.4 Gertrud die Große bezeichnet die Getauften als Widergeborene aus Gott[975].

20. Joh 3,13: „Et nemo ascendit in caelum, nisi qui descendit de caelo, Filius hominis, qui est in caelo." – „Und niemand ist zum Himmel aufgestiegen außer dem, der vom Himmel gestiegen ist, der Menschensohn, der im Himmel ist."

20.1 Bernhard von Clairvaux macht einen Unterschied zwischen dem aktiven Aufsteigen und dem eher passiven nach oben Entrücktwerden. Letzteres hat sich bei Paulus ereignet. Ein wirkliches Aufsteigen gibt es bis jetzt allein für Christus[976]. Er allein kann in das Allerheiligste aufsteigen, weil er ohne Sünde ist[977]. Aber das Blutvergießen

---

[961] BB 1,77,1,1,610,4-23.
[962] BOEPI 2,358,1-8.
[963] HISV 1,2,3,25,529f.,149.
[964] HISV 1,2,4,1,73-81,161.
[965] HISV 1,2,5,18,670f.,191.
[966] HISV 1,2,6,30,1183-1186,259f.
[967] HISV 2,3,9,19,524-526,530.
[968] HISV 2,3,7,8,315-319,471.
[969] HISV 2,3,9,29,981-983,543f.
[970] HISV 1,2,6,1,297-303,233.
[971] HISV 1,2,3,27,575-597,151.
[972] HISV 1,2,4,7,209-216,165.
[973] HISV 1,2,4,11,309-314,168.
[974] MA 7,10.
[975] G R 1,4-6,46.
[976] BH 8,23,80,7-10.
[977] BD 28,1,428,14-430,2.

allein würde uns nichts nützen, wenn Christus als einziger ohne uns in den Himmel aufsteigen würde[978]. So stieg er zunächst vom Himmel herab, um uns zu lehren, wie wir mit ihm aufsteigen können[979]. Die Braut wird auch nach oben gelangen, weil sie am Leib des aufsteigenden Christus Anteil hat[980]. Christus als der Mittler nimmt die Seinen dorthin mit, wohin keiner von sich aus aufsteigen kann[981].

20.2 Der Verfasser des Traktates „Speculum virginum" fragt sich, wie denn der Menschensohn, worunter er Jesus in seiner menschlichen Natur versteht, schon im Himmel war, bevor er von seiner Mutter geboren worden ist[982]. Jesus kann so sprechen, weil in seiner Person eine untrennbare Einheit zwischen Gottheit und Menschheit bestand[983].

21. Joh 3,16: „Sic enim Deus dilexit mundum, ut Filium suum unigenitum daret, ut omnis, qui credit in eum, non pereat, sed habeat vitam aeternam." – „So sehr hat nämlich Gott die Welt geliebt, daß er seinen eingeborenen Sohn dahingab, damit jeder, der an ihn glaubt, nicht zugrunde geht, sondern das ewige Leben hat."[984]

21.1 Jean von Fécamp paraphrasiert diese Stelle und betont, daß mit der Rettung der Sünder die Liebe des Vaters und unser Heil bekannt gemacht wurden[985].

21.2 In seinem Buch „Über die Gottesliebe" fragt Bernhard von Clairvaux zu Beginn nach dem Grund, warum wir Gott lieben sollen. Die Antwort lautet: Wir sollen der großen Liebe Gottes, mit der er seinen Sohn gesandt hat, durch unsere Liebe antworten[986]. Im Unterschied zur Erschaffung hat sich Gott und sein Sohn bei der Erlösung in der Liebe mühen müssen[987]. Vollendet wurde diese Liebe ja, als der Sohn sein Leben dahingab[988]. Doch auf die Größe dieser Liebe kann der Mensch, das kleine Staubkörnchen, niemals gebührend reagieren[989]. In einem Brief fordert Bernhard einen kirchlichen Amtsträger zur Demut auf. Er gehört ja zu denen, die von dem, den der Vater aus Liebe gesandt hat, auserwählt wurden[990].

21.3 Wenn Johannes von Ford diese Schriftstelle betrachtet, ruft er aus: „O uehemens incentium amoris!" – „O starker Brand der Liebe!"[991] Gott hat ja seinen wesensgleichen Sohn gesandt, um uns seine Liebe zu offenbaren und an ihr teilhaben zu lassen[992].

---

[978] BD 33,4,468,11-13.
[979] BD 60,1,600,15-18.
[980] BHLD 1, 27,4,7,420,23-26.
[981] BMART 4,874,5-7.
[982] SP 1,160,8-10.
[983] SP 1,160,11-18.
[984] Für weitere Texte, an denen diese Schriftstelle herangezogen wird, vgl. Weiß, Gottesbild 3,1918-1941.
[985] JFC 2,2,66-70,123.
[986] BDI 1,1,76,17f.
[987] BHLD 1, 20,1,2,278,5-11.
[988] BPASC 1,3,224,2f.
[989] BDI 4,13,96,5-9.
[990] BB 2, 393,1,754,11-20.
[991] JHLD 13,6,246-248,121
[992] JHLD 13,6,248-251,121-122.

21.4 Nach Hildegard von Bingen zeigt Gott seine Liebe nicht dadurch, daß er sich als der Stärkere zeigt, sondern dadurch, daß er seinen Sohn in die Welt sendet, um in größter Demut das verlorene Schaf zum Himmel zurückzuführen[993].

21.5 Mechthild von Magdeburg sieht die Offenbarung der Liebe des Vaters vor allem in der Hingabe seines Sohnes in das unverschuldete Leiden[994]. Nach ihr unterscheidet sich der christliche Glaube von demjenigen der Juden und Heiden darin, daß der Christ daran festhält, daß der Vater seinen Sohn dahingegeben[995] und in die Welt gesandt hat[996].

22. Joh 3,20: „Omnis enim, qui male agit, odit lucem, et non venit ad lucem, ut non arguantur opera eius." – „Jeder nämlich, der Böses tut, haßt das Licht und kommt nicht zum Licht, damit seine Werke nicht aufgedeckt werden."

Aus dieser Stelle leitet Bernhard von Clairvaux die Bestrafung der Bösen ab. Gott ist ja das Licht, und eine Begegnung mit ihm ist für den, der das Licht haßt, Strafe[997]. Wer in der Sünde verharrt, kann auch nicht Christus nachfolgen, weil er ihn als das Licht haßt[998]. Mit dieser Stelle macht der Abt auch auf die Tatsache aufmerksam, daß das Sich-Schämen bei vielen Menschen erst dann einsetzt, wenn ihre Taten ans Licht kommen[999]. Mit dem gleichen Schriftwort ermahnt Bernhard seine Mitbrüder, sich nicht geistig von der Gemeinschaft zu trennen und sich in die Winkel zurückzuziehen. Die solches tun, scheinen das Licht zu hassen[1000].

23. Joh 3,29: „Qui habet sponsam, sponsus est, amicus autem sponsi, qui stat, et audit eum, gaudio gaudet propter vocem sponsi. Hoc ergo gaudium meum impletum est.» – «Wer die Braut hat, ist der Bräutigam; der Freund des Bräutigams, der dabeisteht und ihn hört, freut sich sehr über die Stimme des Bräutigams. Diese meine Freude ist also eingetroffen.»

23.1 Nach Bernhard von Clairvaux, der häufig die Amtsträger als Freunde des Bräutigams bezeichnet[1001], konnte Johannes der Täufer als der Freund des Bräutigams aus der Freude darüber ihm im Tod vorausgehen[1002]. Er freute sich ja an Jesus einmal, weil er das Licht, zum anderen Mal, weil er der Bräutigam ist[1003]. Einmal liest der Abt auch aus dem Stehen des Johannes seine Standhaftigkeit heraus[1004]. Für Bernhard ist es wichtig, daß der Bräutigam Freunde haben will[1005]. So war auch Petrus ein Freund des Bräutigams, der sich schützend vor die Braut, die Kirche, stellt, als man die Jünger

---

[993] HISV 1, 2,6,3,350-358,234f.
[994] MM 1,25,6-8,20.
[995] MM 7,54,7,300.
[996] MM 7,54,8f.,300.
[997] BCO 5,12,25,816,3-5.
[998] BD 62,610,5-7.
[999] BHLD 2, 86,1,2,650,3-7.
[1000] BVIPP 3,486,3-6.
[1001] Vgl. Weiß, Ekstase 680.
[1002] BB 1, 98,5,742,20-22.
[1003] BJB 8,432,13-15.
[1004] BINOV 3,2,694,17f.
[1005] BJB 11,436,23-27.

am Pfingsttag für betrunken hält[1006]. Jeder, der ein weiser Gläubiger ist, wird Freund des Bräutigams genannt[1007]. Die wahren Freunde des Bräutigams, die nicht die eigene Ehre, sondern diejenige des Bräutigams suchen, werden auch nach der wahren Braut Ausschau halten und ihr vom Bräutigam berichten[1008]. Aus dieser Freude heraus muß ein Mensch auch fähig werden, in ein Kloster einzutreten[1009]. Der Mensch fühlt sich oft unwürdig, in seiner Seele Braut Christi zu sein; dann darf er aber als Freund die Stimme des Bräutigams hören[1010]. Einige Male wird von Bernhard auch die Braut die Freundin genannt, welche die Stimme des Bräutigams hört[1011]. Sie wird dann mit Freude über die Stimme des Bräutigams erfüllt, wenn dieser plötzlich zu ihr kommt[1012].

23.2 Isaak von Stella weist in einer Predigt auf die Demut des Johannes hin: „Nec sponsam habeo nec sponsus dici debeo." – „Ich habe nicht die Braut, noch darf ich Bräutigam genannt werden."[1013] Der Bräutigam ist Christus, die Braut aber die Kirche und Johannes nur der Freund des Bräutigams[1014]. Als Freund des Bräutigams darf Johannes und auch jeder Christ die Braut, das heißt die Kirche, nicht verachten[1015].

23.3 Nach dem Traktat „Speculum virginum" steht Johannes der Täufer, der sich in seinem Eifer mit dem Bräutigam freut, dem Leichtsinn der Sünder gegenüber[1016].

23.4 Petrus von Dazien verwendet dieses Wort, um seine Freude auszudrücken, die er empfindet, als er erlebt, daß Christina von Stommeln als Braut mit dem Bräutigam Christus verbunden ist[1017].

24. Joh 4,14: „Aqua, quam ego dabo ei, fiet in eo fons aquae salientis in vitam aeternam." – „Das Wasser, das ich ihm geben werde, wird in ihm zur Quelle des Wassers, das ins ewige Leben sprudelt."

24.1 Jean von Fécamp bittet, daß der Herr zu ihm kommt und in seinem Herzen eine Ader des Wassers schafft, das ins ewige Leben sprudelt[1018].

24.2 Bernhard von Clairvaux setzt den Heiligen Geist mit diesem Wasser in eins: „Spiritus Sanctus fons est aquae salientis in vitam aeternam." – „Der Heilige Geist ist die Quelle des Wassers, das ins ewige Leben sprudelt."[1019] „Spiritus Christi, qui super mel dulcis est, fiet in te fons aquae salientis in vitam aeternam." – „Der Geist Chri-

---

[1006] BHLD 2, 491,1,2,162,1-5.
[1007] BHLD 2, 76,3,8,532,10-14.
[1008] BHLD 2, 78,3,6,554,15-19.
[1009] BB 1, 107,3,778,11.
[1010] BHLD 2, 45,1,2,114,26-116,4.
[1011] BHLD 2, 53,1,2,206,17f.
[1012] BHLD 2, 57,4,10,264,25-30.
[1013] IS 47,7,68-70,140.
[1014] IS 47,8,74-80,140.
[1015] IS 47,9,80-87,140.
[1016] SP 5,410,13-19.
[1017] CS 1, B 5,12,76,20-22.
[1018] JFC 3,30,1092-1094,176.
[1019] BVNAT 4,9,190,14f.

sti, der süßer als Honig ist, wird in dir zur Quelle des Wassers, das sprudelt ins ewige Leben."[1020]

24.3   Der Verfasser des Traktates „Speculum virginum" zählt an einer Stelle biblische Bilder auf, die für Gott und Christus geeignet sind, unter denen sich auch „fons", „Quelle" befindet. Dazu schreibt er: „Ipse fons aquae salientis in vitam aeternam, quia ad fructum fidei gratia ipsius irrigamur." – „Er ist die Quelle des Wassers, das sprudelt zum ewigen Leben, weil durch seine Gnade wir zur Frucht des Glaubens getränkt werden."[1021]

24.4   Nach Richard von St. Viktor gibt es nur ein einziges Wasser der heilbringenden Weisheit, welches sich aber nach der Schrift auf zehn verschiedene Weisen zeigen kann. Unter diesen befindet sich auch die Quelle des Wassers, das in das ewige Leben sprudelt[1022].

24.5   Hildegard von Bingen schreibt, daß derjenige, der mit Werken des Heiles auf dem Weg der Wahrheit läuft, „fontem salientis gloriae capit", „die Quelle der sprudelnden Herrlichkeit empfängt"[1023]. Der Menschensohn ist diese Quelle des Lebens, die niemals ausgeschöpft werden kann[1024].

24.6   Mechthild von Magdeburg spricht Christus, ihren Geliebten, mit den Worten an: „Min vliessender brunne." – „Mein fließender Brunnen."[1025]

25.   Joh 4,34: „Dicit eis Jesus: Meus cibus est ut faciam voluntatem ejus, qui misit me, ut perficiam opus ejus." – „Jesus sprach zu ihnen: Meine Speise ist es, daß ich den Willen dessen tue, der mich gesandt hat, um sein Werk zu vollbringen."

25.1   Bernhard von Clairvaux sagt, daß der Mensch gerade in seinen Mühen die Speise, die im Willen des Vaters besteht, notwendig hat[1026]. An einer anderen Stelle betont Bernhard, daß die Speise des Willens des Vaters in praktischem Tun besteht, insofern sie durch einen Menschen voll Tugend Wirklichkeit wird[1027]. Weil das Wirken nach dem Willen des Vaters nur auf Erden möglich ist, gilt dieser Satz nicht für die ewige Seligkeit[1028]. An einer anderen Stelle spricht er von mehreren Broten, die unter dieser Speise, die eine Speise des Herzens ist, zu verstehen sind[1029]. An erster Stelle nennt er wieder die „executio", „Ausführung" des göttlichen Willens[1030]. Aber auch die göttlichen Worte der Ermahnung, des Trostes, der Verheißung und die Tränen des Gebetes gehören zu solchen Broten[1031]. Vor allem denkt der Abt bei dieser Speise aber an das

[1020]   BCLEM 6,902,25f.
[1021]   SP 6,532,3.
[1022]   RVPS 28,308B.
[1023]   HISV 1,1,1,6,121f.,11.
[1024]   HISV 1,2,6,29,1129-1131,258.
[1025]   MM 1,4,10,11. „Brunne" steht oft im Mittelhochdeutschen für "Quelle".
[1026]   BHLD 1,18,3,5,262,3-5.
[1027]   BHLD 2,71,5,13,460,5-8.
[1028]   BHLD 2,72,1,2,466,13-16.
[1029]   BPALM 3,4,178,4-6.
[1030]   BPALM 3,4,178,6-8.
[1031]   BPALM 3,4,178,8-12.

eucharistische Brot[1032], zu dem sich noch das Wort Gottes gesellt[1033]. Zusammenfassend kann er aber diese Speise auch Gehorsam nennen[1034]. Einmal vergleicht Bernhard den geistlichen Menschen mit einer Burg[1035]. Entscheidend bei der Belagerung einer Burg für ihre Bewohner sind die ausreichenden Lebensmittel, welche in der Erfüllung des Willens des Vaters bestehen[1036].

25.2 Nach dem Traktat „Speculum virginum" ist die Speise der Gläubigen, wie Christus sich vom Willen des Vaters ernährt hat, der Gehorsam in der Befolgung der Gebote Christi[1037].

25.3 Hildegard von Bingen stellt der Speise Christi, die in der Befolgung des Willens des Vaters besteht, die Speise des Teufels gegenüber, welche den Menschen in den Tod hinabdrückt[1038]. Allerdings führt auch die Speise, die Christus als den Willen des Vaters zu sich nimmt, in den Tod, durch welchen aber der Teufel besiegt wurde[1039].

26. Joh 5,19b: „Amen, amen dico vobis: non potest Filius a se facere quidquam, nisi quod viderit Patrem facientem: quaecumque enim ille fecerit, haec et Filius similiter facit." – „Amen, amen, ich sage euch: Der Sohn kann von sich aus nichts tun, wenn er es nicht den Vater tun sieht. Was immer jener tut, das tut in gleicher Weise der Sohn."

26.1 Bernhard von Clairvaux dehnt das Wirken des Sohnes an dieser Stelle über sein geschichtliches Leben aus. Wie der Vater hat der ewige Sohn in der Schöpfung auch den Himmel ausgedehnt und die Gestirne geschaffen[1040].

26.2 Im Traktat „Speculum virginum" wird das gemeinsame Tun von Vater und Sohn mit ihrer gemeinsamen Weisheit begründet[1041].

26.3 Hugo von St. Viktor betont, daß das gleiche Wirken von Vater und Sohn sich nur auf das Wirken in der Schöpfung und an der Schöpfung beziehen kann. Anderenfalls müßte man sagen, daß der Sohn wie der Vater einen Sohn gezeugt habe und der Vater vom Sohn in die Welt gesandt worden wäre[1042].

27. Joh 5,22c: „Neque enim Pater judicat quemquam: sed omne judicium dedit Filio." – „Der Vater nämlich richtet niemand, sondern hat das ganze Gericht dem Sohn übergeben."

27.1 Nach Jean von Fécamp hat der Vater dem Sohn das Gericht übergeben, weil in seinem Herzen die Schätze des Wissens und der Weisheit verborgen sind und er deswegen gut richten kann[1043].

[1032] BPALM 3,4,178,12-180,3.
[1033] BOS 1,3,728,11-16.
[1034] BIVPP 1,4,486,20-22; BDED 3,2,830,17f.; BD 2,4,184,6f.
[1035] BASSPT 5,4,574,22-576,16.
[1036] BASSPT 5,5,576,17-21.
[1037] SP 5,430,14-18.
[1038] HISV 2,3,8,8,323-327,486f.
[1039] HIO 2,1,44,92-96,334.
[1040] BHLD 1,27,1,2,414,7-15.
[1041] SP 11,922,19-23.
[1042] HSA 2,1,3,373A-375A
[1043] JFC 2,3,100-104,124.

27.2 Bernhard von Clairvaux warnt Bischöfe davor, sich die Vollmacht, Gericht zu halten, die der Vater dem Sohn gegeben hat, anzumaßen[1044]. Für ihn ist dieses Wort aber auch ermutigend: Wenn der Vater dem gütigen und süßen Jesus das Gericht übergeben hat, braucht der Mensch vor dem Gericht keine Angst zu haben[1045]. Der Vater ließ sich ja durch das Opfer seines Sohnes versöhnen und hat ihm deswegen das Gericht übergeben[1046]. Trotzdem soll man sich nicht in falscher Hoffnung ergehen, denn wenn der Vater Jesus das Gericht übergeben hat, kann dieser auch den Stachel zeigen[1047].

28. Joh 5,35: „Ille erat lucerna ardens et lucens. Vos autem voluisti ad horam exultare in luce ejus.» – «Jener (= Johannes der Täufer) war eine brennende und leuchtende Lampe, und ihr wolltet euch (nur) für eine Zeit an seinem Licht erfreuen.»

28.1 Bernhard von Clairvaux schreibt, daß Johannes der Täufer von Christus damit ein großes Zeugnis erhält, wenn dieser ihn brennende und leuchtende Lampe nennt. In seinem Leben brannte und leuchtete nämlich der Vorläufer in einem, weil nur zu leuchten eitel und nur zu brennen zu wenig ist[1048]. Auch wenn die Juden sich nur kurze Zeit an ihm, der Lampe, erfreuen wollten, bleibt er für uns ein Anlaß zur steten Freude[1049]. Bernhard kann dieses Wort auch auf andere Heilige wie zum Beispiel den Heiligen Martin anwenden[1050]. Der Abt benutzt diese Stelle auch, um seine Freude darüber zum Ausdruck zu bringen, daß jemand ein höheres kirchliches Amt empfangen hat. Dadurch wurde dieser zur Leuchte, die brennt und hell macht[1051]. So leuchten und erwärmen sollen auch die Bischöfe nach dem Beispiel des Johannes[1052].

28.2 Für Hildegard von Bingen ist Johannes deswegen die Leuchte, weil er auf den wahren Sohn Gottes im voraus hingewiesen hat[1053]. So kann sie ihn die „lucerna mundi", „Lampe für die Welt" nennen[1054]. Unter den Patriarchen und Propheten ist er „lucida lucerna quae ipsum montem praecurrens ostendit", „die leuchtende Lampe, die vorauslaufend auf ihn, den Berg, gezeigt hat"[1055].

29. Joh 6,27: „Operamini non cibum, qui perit, sed qui permanet in vitam aeternam, quem Filius hominis dabit vobis. Hunc enim Pater signavit Deus." – „Müht euch nicht um die Speise, die vergeht, sondern um diejenige, die zum ewigen Leben bleibt, welche euch der Menschensohn geben wird. Denn ihn hat Gott der Vater mit seinem Siegel beglaubigt."

[1044] BB 1,42,6,24,480,15-18.
[1045] BB 2,462,8,914,8-13.
[1046] BVEPI 5,102,14-17.
[1047] BADV 2,3,82,1-4.
[1048] BJB 3,424,24-426,2.
[1049] BJB 8,432,12-16.
[1050] BMART 12,884,7f.
[1051] BB 1,155,964,10f.
[1052] BB 2,505,944,6-8.
[1053] HISV 1,2,1,10,275-279,118.
[1054] HISV 2,5,15,594,189.
[1055] HISV 2,3,13,3,97f.,617.

29.1 Mit diesem Wort fordert Bernhard von Clairvaux auf, die Welt zu verlassen und in ein Kloster einzutreten[1056]. Darin unterscheidet sich ja ein Ordensmann vom Weltmenschen, der sein Hauptaugenmerk auf die irdische Speise lenken muß[1057]. Johannes der Täufer mit seiner strengen Askese war ein Mensch, der nach diesem Wort gelebt hat[1058].

29.2 Der Autor des Traktates „Speculum virginum" begründet mit dieser Schriftstelle, daß man die Bitte um das tägliche Brot im Vaterunser nicht auf das Suchen nach materieller Nahrung beschränken darf[1059].

30. Joh 6,51a: „Ego sum panis vivus, qui de caelo descendi." – „Ich bin das lebendige Brot, der ich vom Himmel gestiegen bin."

30.1 Bernhard von Clairvaux schreibt, daß wir, wie es viele Bäume, aber nur einen Lebensbaum gibt, auch viele Brote erhalten, aber nur ein Brot, das vom Himmel gestiegen ist, Jesus Christus[1060].

30.2 Nach dem Traktat „Speculum virginum" wird durch diese Schriftstelle ersichtlich, daß man in der Bitte um das tägliche Brot nach dem Brot, das vom Himmel herabgestiegen ist, verlangen soll[1061].

30.3 Hildegard von Bingen versteht unter der Einladung der Weisheit, ihr Brot zu essen (Spr 9,5), die Bitte, das lebendige Brot vom Himmel zu suchen[1062]. So ist die Nahrung der Kirche Christus, das lebendige Brot[1063].

30.4 Christina von Hane sieht einmal einen Adler, der auf einer Blume sitzt. Damit sie merkt, wer dieser sei, singt dieser: „Ich bin das lebendige Brot."[1064]

31. Joh 6,54-56: „Qui manducat meam carnem, et bibit meum sanguinem, habet vitam aeternam, et ego resuscitabo eum in novissimo die. Caro enim mea vere est cibus, et sanguis meus vere est potus. Qui manducat meam carnem, et bibit meum sanguinem, in me manet, et ego in illo.» – «Wer mein Fleisch ißt und mein Blut trinkt, hat das ewige Leben, und ich werde ihn am jüngsten Tag auferwecken. Mein Fleisch ist nämlich wahrhaft eine Speise, und mein Blut ist wahrhaft ein Trank. Wer mein Fleisch ißt und mein Blut trinkt, bleibt in mir und ich in ihm.»

31.1 Bernhard von Clairvaux betont, daß Jesus nachfolgen und ihn umarmen nicht ausreicht, erst das Essen seines Fleisches bringt das ewige Leben[1065]. „Carne ipsius pascimur ut vivamus." – „Von seinem Fleisch werden wir genährt, damit wir leben."[1066] Ein anderes Mal erklärt er, daß Christus genauso wahrhaft der Bräutigam ist, wie sein

[1056] BB 1,104,2,764,17-19.
[1057] BD 27,2,418,1-9.
[1058] BJB 7,432,4-6.
[1059] SP 12,996,3-12.
[1060] BHLD 2,48,2,5,154,9-15.
[1061] SP 12,996,3-20.
[1062] HISV 1,2,6,32,1216-1236,261.
[1063] HISV 1,2,6,35,1305-1314,263.
[1064] CH 1,243.
[1065] BB 2,190,9,25,116,8-10.
[1066] BHLD 1,31,4,10,498,26.

Fleisch und sein Blut wahrhaft Speise und Trank sind[1067]. Bernhard zählt fünf Arten von Broten auf, mit denen die Apostel genährt werden[1068]. „Super omnia autem caro Domini vere est cibus et cibus vitae, panis de coelo vivus." – „Über allem aber ist das Fleisch des Herrn wahrhaft eine Speise und eine Speise des Lebens, das lebendige Brot vom Himmel."[1069]

31.2 Der Verfasser des Traktates „Speculum virginum" schreibt: Wenn Christus in dem bleibt, der sein Fleisch ißt und sein Blut trinkt, dann kann dieser nicht dem Tod verfallen, da Christus als Gott das Leben schlechthin ist[1070].

31.3 Nach Hildegard von Bingen ist die alte Schlange dadurch besiegt worden, daß Christus sein Fleisch und sein Blut zur Heiligung der Gläubigen gibt[1071].

32. Joh 7,37f.: „In novissimo autem die magno festivitatis stabat Jesus, et clamabat, dicens: Si quis sitit, veniat ad me, et bibat. Qui credit in me, sicut dicit scriptura, flumina de ventre ejus fluent aquae vivae.» – «Am letzten großen Tag des Festes stand Jesus da, rief und sprach: Wenn einer Durst hat, komme er zu mir und trinke. Wer an mich glaubt, aus dessen Innerem werden, wie die Schrift sagt, lebendige Wasser strömen.»

32.1 Bernhard von Clairvaux benutzt auch diese Schriftstelle, um einen Menschen zum Eintritt in das Kloster einzuladen[1072].

32.2 Nach Guerricus von Igny wird derjenige, der zu Christus kommt, vom Strom der Wonne getränkt (Ps 35,9)[1073].

32.3 Der Verfasser des Traktates „Speculum virginum" stellt Schriftstellen zusammen, nach denen vom leben- und heilbringenden Wasser die Rede ist. Dabei dürfen diese Verse natürlich nicht fehlen[1074].

32.4 Für Hildegard von Bingen ist Christus nicht nur für einige Auserwählte da. Uneingeschränkt hat er einen jeden, der Durst hat, eingeladen, von ihm zu trinken[1075].

32.5 Am Sonntag nach Weihnachten sieht Elisabeth von Schönau Christus, der einen goldenen Kelch mit dem Wasser des Lebens allen, die Durst haben, reicht[1076].

33. Joh 8,12: „Ego sum lux mundi: qui sequitur me, non ambulat in tenebris, sed habebit lumen vitae." – „Ich bin das Licht der Welt. Wer mir nachfolgt, wandelt nicht im Finstern, sondern wird das Licht des Lebens haben."

33.1 Bernhard von Clairvaux glaubt, daß man die Wahrheit erst findet, wenn man selbst demütig geworden ist[1077]. So muß man Christus in der Demut nachfolgen, um nicht im Finstern zu gehen[1078].

[1067] BHLD 2, 75,1,2,510,20-22.
[1068] BPALM 3,4,178,4.
[1069] BPALM 3,4,178,11f.
[1070] SP 12,998,3-8.
[1071] HISV 1, 2,6,2,311-317,233.
[1072] BB 1, 106,1,772,9f.
[1073] GIS Pent 1,4,111f.,290.
[1074] SP 2,170,14-19.
[1075] HISV 2, 3,8,13,632-635,496.
[1076] ESV 3,4,61.
[1077] BH 4,15,66,24f.
[1078] BH 4,15,68,2-5.

33.2 Für Hildegard von Bingen ist Christus der Weg der Wahrheit und das Licht der Welt[1079]. Er ist das Licht des Lebens, das dem Menschen in der Seligkeit strahlt[1080].

33.3 Mechthild von Magdeburg sagt, daß Jesus sein Licht auf einen Leuchter setzen will, damit es allen Augen Leuchte. Ihr eigenes Herz wird zu diesem Leuchter[1081]. Die Mystikerin münzt öfters Anreden, die ursprünglich für Gott oder Christus gebraucht werden, auf den Menschen um. So preist Gott die menschliche Braut mit den Worten: „Du bist ein lieht der welte." – „Du bist ein Licht der Welt."[1082]

33.4 Christina von Hane schaut einmal einen Baum, aus dem ein Licht erstrahlt, von dem eine Stimme ruft: Ich bin das Licht der Welt[1083].

34. Joh 8,25: „Dicebant ergo ei: Tu qui es? Dixit eis Jesus: Principium, qui et loquor vos." – „Sie sprachen zu ihm: Du, wer bist Du? Und es sprach Jesus zu ihnen: Der Ursprung, der ich mit euch spreche."

Für Bernhard von Clairvaux ist diese Schriftstelle in seiner Gotteslehre wichtig: „Quid est Deus? Principium; et hoc ipse de se responsum dedit." – „Was ist Gott? Der Ursprung, und das ist die Antwort, die er selbst über sich gibt."[1084] Er kann aber nicht irgendein Ursprung sein, sondern nur der Ursprung, der selbst keinen Ursprung mehr hat[1085].

35. Joh 8,32: „Et cognoscetis veritatem, et veritas liberabit vos." – „Und ihr erkennt die Wahrheit, und die Wahrheit wird euch frei machen."

Als Bernhard von Clairvaux eine Unstimmigkeit in seinem Verhältnis zum Papst spürt, kann er nur glauben, diese beruhe auf einer Fehlinformation in Rom, und schreibt deswegen dorthin den wahren Sachverhalt, in der Hoffnung, die Wahrheit werde den Papst frei machen[1086]. Die Braut sucht zu Beginn an falschen Orten ihren Bräutigam, bis sie erkennt, daß die freimachende Wahrheit Christi dort nicht ist[1087]. Wer den Advent feiern will, muß wissen, wer in dieser Zeit kommt. Denn nicht die Torheit, sondern die Wahrheit wird den Menschen frei machen[1088].

36. Joh 8,44: „Vos ex patre diabolo estis: et desideria patris vestri vultis facere. ille homicida erat ab initio, et in veritate non stetit: quia non est veritas in eo: cum loquitur mendacium, ex propriis loquitur, quia mendax est, et pater ejus." – „Ihr seid aus dem Teufel, eurem Vater, und ihr wollt das Verlangen eures Vaters tun. Jener war ein Mörder von Anfang an, und er steht nicht in der Wahrheit, weil keine Wahrheit in ihm ist. Wenn er die Lüge spricht, spricht er aus dem Eigenen, weil er ein Lügner ist, und ist ihr (= der Lüge) Vater."

[1079] HISV 2,3,8,8,499f.,492.
[1080] HISV 2,3,8,20,1058f.,508.
[1081] MM 3,12,11-15,92.
[1082] MM 2,9,2,47.
[1083] CH 1,248.
[1084] BCO 5,6,13,794,21f.
[1085] BCO 5,6,13,794,22-796,3.
[1086] BB 2,218,1,198,5f.
[1087] BHLD 2,75,4,11,520,23-26.
[1088] BADV 1,1,58,18-60,1.

36.1 Nach Bernhard von Clairvaux ist das Haupt der Stolzen der Teufel, der nicht in der Wahrheit steht[1089]. Einen Abt, der seine Stellung in Frankreich aufgeben und seiner Sehnsucht, nach Jerusalem zu pilgern, nachgeben will, macht Bernhard darauf aufmerksam, daß diese Sehnsucht vom Teufel, dem Vater der Lüge, eingegeben sein kann[1090]. Den König Ludwig VII. warnt der Abt vor falschen Ratgebern, die nach seiner Meinung vom Teufel, dem Mörder von Anbeginn an, verführt sind[1091]. Auch den Ordensbruder Radulf, der in Mainz gegen die Juden hetzt, beschuldigt er, auf seinen Vater, den lügnerischen Teufel, zu hören[1092]. Von den Moabitern, die als stolz galten, behauptet Bernhard ebenfalls, sie hätten den Teufel als Vater[1093]. Nach dem Abt haben schon die Brüder der Braut, die mit dieser streiten, als Vater den Teufel[1094]. Ein Beispiel dafür, daß die bösen Gedanken aus dem Herzen der Menschen kommen (Mt 14,19), ist die Lüge[1095]. Wenn deswegen Kaiphas sagt, daß einer für das Volk stirbt (Joh 11,50), war dies wahr und kam nicht von ihm oder dem Teufel, sondern war von Gott eingegeben[1096]. Jeder, der den Teufel nachahmt, hat ihn zum Vater[1097]. Das tat Johannes der Täufer nicht; er starb ja für die Wahrheit[1098]. Denn jeder, der sündigt, will wie Gott sein, was die Ursünde des Satans war[1099]. Weil der Teufel aber ein Mörder von Anfang an war, ist in ihm weder die Wahrheit, in welcher er nicht steht[1100], noch die Barmherzigkeit[1101]. Dies alles kommt bei ihm daher, weil er auf seine eigene Kraft vertraut hat[1102]. Da er nicht aus Schwäche gesündigt, sondern mit Wissen andere verführt hat[1103], als er nicht auf die Wahrheit vertraute, gibt es für ihn im Unterschied zu dem Menschen keine Hoffnung auf Erlösung[1104]. So kommt alles bei ihm aus der Lüge, welche die Bosheit ist[1105]. Deswegen hat er mit der Wahrheit nichts mehr zu tun[1106]. Weil Christus uns aber erlöst hat, ist der Teufel nicht länger unser Vater[1107].

[1089] BH 9,25,82,18-20.
[1090] BB 1, 82,2,670,21-672,1.
[1091] BB 2, 221,1,208,16f.
[1092] BB 2, 365,2,670,3-5.
[1093] BS 3,44,436,9f.
[1094] BHLD 1, 29,1,1,454,4-6.
[1095] BHLD 2, 32,3,5,506,11f.
[1096] BPASC 1,1,218,4-6.
[1097] BS 3,114,660,9-11.
[1098] BJB 9,434,15f.
[1099] BHLD 1, 37,3,6,578,16-22.
[1100] BHLD 2, 74,3,9,504,17-19.
[1101] BHLD 2, 54,2,4,224,9-13.
[1102] BHLD 2, 83,3,6,618,8-11.
[1103] BANN 2,3,134,10-14.
[1104] BADV 1,2,60,25-62,2.
[1105] BINOV 4,4,698,13-15.
[1106] BQH 11,8,642,7f.
[1107] BD 6,2,232,9-12.

36.2 Nach dem Traktat „Speculum virginum" würde der Name „Christ" uns nichts nützen, wenn durch Christi Gnade unsere Vaterschaft des Teufels nicht beendet wäre[1108].

36.3 Hildegard von Bingen begründet die Tatsache, daß der Teufel der Lügner von Anbeginn ist, damit, daß dieser Gott verlassen und den Tod gefunden hat[1109]. Denn er wollte von Anfang an sein wie Gott und dem Sohn Gottes gleich werden[1110]. Der Teufel ist der Gegner der Gerechtigkeit Gottes und wird deswegen mit der Rute des bitteren Tadels geschlagen[1111].

37. Joh 8,46: „Quis ex vobis arguet me de peccato? Si veritatem dico vobis, quare non creditis mihi?» – «Wer von euch beschuldigt mich einer Sünde? Wenn ich euch die Wahrheit sage, warum glaubt ihr mir nicht?»

37.1 Für Bernhard von Clairvaux war die Beschneidung des Alten Testamentes ein Heilmittel gegen die Sünde. Umso mehr staunt er, daß derjenige, den man keiner Sünde beschuldigen konnte, diesen Ritus an sich vollziehen läßt[1112]. In einer Predigt an Äbte legt Bernhard dar, daß diejenigen, die vorstehen, tadellos leben müssen, um ihre Kritiker mit Jesus zu fragen: „Wer beschuldigt mich einer Sünde", obwohl außer Christus kein Mensch ohne Sünde leben kann[1113]. Der Grund, warum Jesus sündenlos ist und diese Frage stellen konnte, war die Einheit mit der göttlichen Weisheit in seiner Person[1114].

37.2 Nach Johannes von Ford kann derjenige, der das Lamm ohne Makel ist, freimütig die genannte Frage stellen[1115].

38. Joh 10,1b: „Qui non intrat per ostium in ovile ovium, sed ascendit aliunde: ille fur est, et latro." – „Wer nicht durch die Tür in den Schafstall eintritt, sondern woanders einsteigt, der ist ein Dieb und ein Räuber."

38.1 Bernhard von Clairvaux scheut sich nicht, in einem Brief an den päpstlichen Hof einen englischen Erzbischof als Räuber zu bezeichnen, der zu den Schafen nicht durch die Tür eintritt, sondern woanders her einsteigt[1116], weil Bernhard glaubt, dieser habe durch gefälschte Briefe sein Amt erhalten[1117]. Christus dagegen, der die Schlüssel zu den Schätzen der Weisheit hat, kann die Tür aufschließen und eintreten[1118].

38.2 Wilhelm von St. Thierry schreibt, daß für den Gläubigen nicht nur die Tür zum Himmel offen steht, sondern auf Erden Christus schon die Tür ist, durch welche jeder, der eintritt, Heil findet[1119].

[1108] SP 8,664,21-666,2.
[1109] HISV 1, 2,6,3,339-342,234.
[1110] HISV 2, 3,11,26,542-546,591.
[1111] HISV 2, 3,6,4,164-166,436.
[1112] BCIRC 2,1,292,5-8.
[1113] BAB 8,656,3-8.
[1114] BD 33,3,468,2-4.
[1115] JHLD 31,3,55-57,245.
[1116] BB 2, 238,5,276,12-15.
[1117] BB 2, 240,3,288,18-21.
[1118] BHLD 2, 69,2,4,422,22-23.
[1119] WMO 6,223A.

38.3　Im Traktat „Speculum virginum" wird folgende Regel aufgestellt: „Pastor tuus non fictus sit tibi in Christo diligendus, mercennarius tolerandus, latro cavendus. In amore summi pastoris veros et falso discerne pastores." – „Du sollst deinen Hirten, der kein Heuchler ist, in Christus lieben, den Mietling ertragen, den Räuber meiden. In der Liebe zum höchsten Hirten unterscheiden sich die wahren und falschen Hirten."[1120]

38.4　Hildegard von Bingen ermutigt die Gläubigen, sich ihrem christlichen Meister anzuvertrauen, bis es offenkundig ist, daß sie als Diebe von woanders einsteigen wollen[1121], wobei sie weiß, daß es in der Kirche auch solche Hirten gibt[1122].

38.5　In der Vita der Juliane von Cornillon wird ein Kleriker, der sein Amt durch Simonie erhalten hat, als ein Dieb, der nicht durch die Tür eingetreten ist, bezeichnet[1123].

39.　Joh 10,9: „Ego sum ostium. Per me si quis introierit, salvabitur, et ingredietur, et egredietur, et pascua inveniet." – "Ich bin die Tür. Wenn einer durch mich eintritt, wird er gerettet werden, und er wird ein- und ausgehen und Weide finden.»

39.1　Gilbert von Hoyland fragt, wozu Christus eine Tür braucht, durch die man ein- und ausgeht und Weide findet. Die Antwort lautet: Es ist gut, daß der Mensch an eine Tür klopfen kann[1124]. Drei verschiedene Arten von Türen zum Heil zählt er daraufhin auf: Beweise aus der Natur, Empfang der Sakramente und Erfahrung der Gnade[1125].

39.2　Nach dem Traktat „Speculum virginum" können durch die Tür, die Christus ist, alle Gläubigen eintreten, gleich, ob sie verheiratet oder Jungfrauen geblieben sind[1126].

39.3　In einer Vision sieht Hadewijch, wie sie durch Christus auf eine Weide geführt wird, welche die Weite der Tugenden darstellt[1127].

40.　Joh 10,11: „Ego sum pastor bonus. Bonus pastor animam suam dat pro ovibus." – "Ich bin der Gute Hirt. Der gute Hirt gibt sein Leben für die Schafe."[1128]

40.1　Nach Bernhard von Clairvaux müssen sich alle Vorgesetzten den in dieser Stelle beschriebenen guten Hirten als Vorbild nehmen[1129].

40.2　Der Verfasser des Traktates „Speculum virginum" glaubt, daß es das Maß der Natur übersteigt, wenn jemand sein Leben für einen anderen gibt. Christus, der gute Hirt, ist aber dazu fähig[1130].

40.3　Nach Hildegard von Bingen sind auch die geistlichen Lehrer verpflichtet, wie Christus, der für das durch Adam verlorene Schaf starb[1131], ihr Leben für die Schafe einzusetzen[1132].

[1120]　SP 5,482,1-3.
[1121]　HISV 2, 3,9,22,725-730,536.
[1122]　HISV 1, 2,6,61,1824-1827,279.
[1123]　JC 2,5,21,464.
[1124]　GHLD 44,2,232A.
[1125]　GHLD 44,2,232A-B.
[1126]　SP 5,392,11-15.
[1127]　HAV 1,19f.,44.
[1128]　Vgl. Oben unter Pastor.
[1129]　BD 92,3,716,12-16.
[1130]　SP 11,938,7-11.
[1131]　HISV 2, 3,1,7,291-296,335.
[1132]　HISV 1, 2,5,50,1536-1538,217.

41. Joh 10,14: „Ego sum pastor bonus, et cognosco meas, et cognoscunt me meae." –
„Ich bin der gute Hirt, und ich kenne die Meinigen, und die Meinigen kennen mich."

41.1 Nach Hildegard von Bingen rufen die Tugenden dem Menschen zu: „Noli timere nec fugere, quia pastor bonus quaerit in te perditam ouem suam." – „Fürchte dich
nicht und fliehe nicht, weil der gute Hirt dich, das verlorene Schaf, sucht."[1133] Er ist ja
der gute Hirt, der mit Freude das verlorene Schaf zurückträgt[1134].

41.2 Christina von Hane hört einmal, wie Jesus sich mit den Worten vorstellt: „Jch
byn eyn guter hyrt; der gut hyrt und soiße bruytgam byn ich." – „Ich bin ein guter
Hirt, der gute Hirt und süße Bräutigam bin ich."[1135]

42. Joh 10,15: „Sicut novit me Pater, et ego agnosco Patrem: et animam meam pono
pro ovibus meis." – „Wie mich der Vater kennt, so kenne ich den Vater und gebe mein
Leben für meine Schafe."

42.1 Jean von Fécamp bittet durch Jesus, der als guter Hirt sein Leben für die Schafe
hingibt, daß Gott Vater ihn nicht undankbar werden läßt[1136].

42.2 Nach Hildegard von Bingen ist der gute Hirt, der bereit ist, sein Leben für die
Schafe zu geben, derjenige, der das verlorene Schaf nach Hause trägt[1137].

42.3 David von Augsburg schreibt, daß der Mensch, der weiß, daß der gute Hirt für
ihn sein Leben hingegeben hat, froh sein sollte, wenn er in Geduld für ihn etwas tragen
darf[1138].

43. Joh 10,18: „Nemo tollit eam a me: sed ego pono eam a meipso, et potestatem habeo ponendi eam: et potestatem habeo iterum sumendi eam: Hoc mandatum accepi a
Patre meo." – „Niemand nimmt es (= mein Leben) von mir, sondern ich gebe es von
mir selbst aus, und ich habe die Macht, es hinzugeben, und ich habe die Macht, es wieder zu nehmen. Diesen Auftrag habe ich von meinem Vater empfangen."

43.1 Jean von Fécamp betont, daß Jesus als einziger unter den Sterblichen die Freiheit
hatte, sein Leben hinzugeben und wieder zu nehmen[1139].

43.2 Auch Bernhard von Clairvaux betont unter Berufung auf diese Schriftstelle die
Freiheit bei Christi Sterben. Er hatte allein die Freiheit, sein Leben hinzugeben, und
niemand konnte es gegen seinen Willen nehmen[1140].

43.3 Nach dem Traktat „Speculum virginum" schloß die Tatsache, daß er die Macht
hatte, sein Leben hinzugeben, nicht die Furcht vor dem Tod aus[1141].

44. Joh 10,30: „Ego, et Pater unum sumus." – „Ich und der Vater sind eins."

44.1 Während nach Bernhard von Clairvaux alle Menschen immer nur einen einfachen Kuß erhalten, tauschen Jesus und der Vater, weil sie eins sind, einen Mundkuß

[1133] HISV 2, 3,13,9,362-364,626.
[1134] HISV 2, 3,13,13,530f.,632.
[1135] CH 2, 211.
[1136] JFC 2,5,175-178,126f.
[1137] HISV 2, 3,1,8,360-365,337.
[1138] DAE 3,40,256.
[1139] JFC 2,1,30f.,122.
[1140] BIVHM 4,188,1-3.
[1141] SP 11,944,4-9.

aus[1142]. Denn weil sie beide eins sind, vereinigen, umarmen und küssen sie sich auf gleicher Stufe[1143]. Damit unterscheidet sich Christus von allen anderen Menschen. Nur ein Unsinniger könnte dieses Schriftwort für sich reklamieren[1144]. Darin liegt auch der Unterschied zur „unio mystica", in der ein Mensch ein Geist mit Gott wird[1145]. Während die Einheit, in der Vater und Sohn eins sind, eine natürliche und wesenhafte Einheit ist, ist diejenige in der „unio mystica" gnadenhaft[1146]. Einmal überlegt sich Bernhard, was der Sohn dem Vater schenken kann, da er ja mit ihm eins ist und alles, was er hat, auch der Vater besitzt. Was er am Kreuz darbringen kann, ist deswegen nur seine menschliche Natur[1147].

44.2 Wilhelm von St. Thierry erweiterte diese Schriftstelle trinitarisch, indem er schreibt: „Ego et Pater et charitas mea non tres, sed unum sumus, unus Deus sumus." – „Ich und der Vater und meine Liebe sind nicht Drei, sondern wir sind eins, wir sind ein Gott."[1148] Aus dem Kontext wird deutlich, daß unter der Liebe hier der Heilige Geist zu verstehen ist.

44.3 Nach einer Vision der Hadewijch hat sich Jesus in seinem Erdenleben aus der Tatsache, daß er und der Vater eins sind, nie Erleichterung im Leiden verschafft[1149].

45. Joh 11,25: „Ego sum resurrectio, et vita: qui credit in me, etiam si mortuus fuerit, vivet." – „Ich bin die Auferstehung und das Leben. Wer an mich glaubt, lebt, auch wenn er gestorben ist."

45.1 Guerricus von Igny schreibt in einer Predigt, daß die Apostel an diesem Wort so lange gezweifelt haben, bis sie nach dem Empfang des Heiligen Geistes mit großer Kraft Zeugnis für die Auferstehung Christi ablegten[1150]. Christus denkt bei diesem Schriftwort an eine zweifache Art der Auferstehung. Er gibt uns durch das Sakrament der Taufe Anteil an seiner ersten Auferstehung und wirkt dadurch in uns die zweite Auferstehung, die Auferstehung des Fleisches, auf die wir noch warten[1151].

45.2 Auch David von Augsburg denkt bei dieser Stelle an zwei „urstende", „Auferstehungen". Denn es gibt zweierlei Leben und zweierlei Tod[1152]. Das Leben des Leibes ist die Seele, die Trennung von ihr bedeutet den zeitlichen Tod. Das Leben der Seele ist aber der Heilige Geist, die Trennung vom ihm in der Sünde bedeutet den ewigen Tod[1153]. Christus soll den Geist mit seiner Liebe wieder mit der Seele vereinen, dann

---

[1142] BHLD 1, 8,7,7,128,23f.
[1143] BHLD 1, 8,7,8,130,10-15.
[1144] BHLD 2, 71,2,6,450,6-8.
[1145] BHLD 2, 71,4,10,458,1-5.
[1146] BINOV 5,2,708,8-11.
[1147] BSDSS 1,142,15-20.
[1148] WNC 2,721C.
[1149] HAV 1,335-341,62.
[1150] GISV Res 1,4,96-101,222.
[1151] GIS Res 2,1,4-12,230.
[1152] DB 7,380,15-18.
[1153] DB 7,380,18-23.

findet die geistliche Auferstehung statt[1154]. Da wir aber durch unseren Leib mit Christus eine Sippe darstellen, wird dieser auch einmal unseren Leib auferwecken[1155].

46.   Joh 11,43: „Haec cum dixisset voce magna clamavit: Lazare, veni foras." – „Als er dies gesagt hatte, rief er mit lauter Stimme: Lazarus, komm heraus."

46.1   Nach Bernhard von Clairvaux wollte Christus in seiner Himmelfahrt zeigen, daß er auch Herr über den Himmel ist[1156]. Daß er Herr der Erde ist, hatte er schon vor seinem Leiden offenbart, als sie den Lazarus auf seinen Befehl hin wieder herausgab[1157]. An einer anderen Stelle ist es das modrig riechende Fleisch, welches die Hinfälligkeit des Menschen symbolisiert, aus dem Jesus Lazarus herausruft[1158]. Zu jedem Menschen ruft Christus wie zu Lazarus: „Komm heraus", wenn er sich in Angst ergeht[1159]. Besonders gilt dieser Ruf dem Sünder, der als Toter aufgeweckt wird[1160]. Der so von den Toten Auferweckte soll dann aber seine Sünden auch bekennen[1161].

46.2   Wie Christus dem Lazarus ruft nach Hildegard von Bingen die Keuschheit mit lauter Stimme mahnend den Menschen zu[1162].

47.   Joh 12,24f.: „Amen, amen dico vobis, nisi granum frumenti cadens in terram, mortuum fuerit; ipsum solum manet. Si autem mortuum fuerit, multum fructum affert. Qui amat animam suam, perdet eam: et qui odit animam suam in hoc mundo, in vitam aeternam custodit eam." – „Amen, amen sage ich euch: Wenn das Weizenkorn nicht in die Erde fällt und stirbt, bleibt es allein. Wenn es aber stirbt, bringt es viele Frucht. Wer sein Leben liebt, verliert es, und wer sein Leben in dieser Welt haßt, bewahrt es ins ewige Leben."

47.1   Bernhard von Clairvaux sieht mit diesem Schriftwort den heilbringenden Tod Jesu angedeutet[1163]. Durch seinen Tod sind nicht nur die Laster ausgerissen, sondern die Tugenden haben auch reichen Ertrag[1164]. Aber er sieht in dem Vers auch die Fruchtbarkeit der Kirche angedeutet: „Moriatur igitur granum, et surgat gentium seges." – „Das Korn soll sterben und die Saat der Völker aufgehen."[1165] Daß man im Sterben das Leben gewinnt, gilt nach dem Abt besonders für das reale Martyrium oder für die Abtötung des Fleisches[1166].

[1154] DB 7,380,27-30.
[1155] DB 7,380,32-38.
[1156] BASC 2,1,322,10-13.
[1157] BASC 2,1,322,13f.
[1158] BASSPT 4,4,564,20-23.
[1159] BASPPT 4,4,564,15-19.
[1160] BD 104,1,770,5-7.
[1161] BD 104,1,770,7-10.
[1162] HISV 2,3,8,7,221f.,483.
[1163] BS 3,118,696,5-8.
[1164] BS 3,119,688,6-8.
[1165] BHLD 1,15,2,3,216,16-19.
[1166] BHLD 1,30,5,11,482,12-15.

47.2 Ausdrücklich bemerkt ihre Vita, daß Margareta von Magdeburg über dieses Schriftwort nachdenkt, mit dem Ergebnis, daß derjenige sein Leben hat, der die ganze Liebe, die er ihm schuldet, in Gott setzt[1167].

48. Joh 12,26: „Si quis mihi ministrat, me sequatur: et ubi sum ego, illic et minister meus erit. Si quis mihi ministraverit, honorificabit eum Pater meus.» – «Wenn einer mir dienen will, folge er mir nach, und wo ich bin, dort wird auch mein Diener sein. Wenn einer mir dient, wird ihn mein Vater ehren.»

48.1 Mit diesem Schriftwort warnt Bernhard von Clairvaux den Papst vor falscher Nachsicht[1168]. Dies gilt besonders den Prälaten gegenüber, die sich nicht mehr unterwerfen wollen[1169]. Das gleiche Schriftwort kann er aber auch benutzen, den Papst um Nachsicht zu bitten[1170]. Beides ist möglich, weil der Herr, dem der Papst folgen soll, dadurch dient, daß er den Stolzen widersteht und den Demütigen Gnade schenkt[1171].

Oft aber wirbt Bernhard mit diesem Worten für eine Nachfolge „et pedibus et affectibus", „mit Füßen und Herzen"[1172]. Da Martha das Urbild des dienenden Menschen ist, fragt sich Bernhard, warum sie nicht auch, wie Jesus es in dieser Stelle versprochen hat, vom Vater geehrt werde[1173].

48.2 Nach Hildegard von Bingen erkennt man eine Gestalt in einer Vision als Christus daran, daß in einem Kreis um sie dieses Schriftwort geschrieben steht[1174]. So wird derjenige, der nach diesem Wort lebt und dem Beispiel Christi nachahmt, in der himmlischen Seeligkeit erfreut[1175].

49. Joh 12,32: „Et ego si exaltatus fuero a terra, omnia traham ad meipsum." – „Und ich will, wenn ich von der Erde erhöht sein werde, alles an mich ziehen."

49.1 Bernhard von Clairvaux schreibt, daß Jesus, als er am Kreuz schon erhöht war, dem Liebesjünger Johannes seine Mutter empfohlen hat[1176]. Viele folgen dem am Kreuz Erhöhten, wenn sie dem Duft der Erlösung nacheilen[1177]. Töricht ist die Braut, wenn sie meint, sie müsse ihren Bräutigam unten auf Plätzen und Straßen suchen, da er doch im Leiden erhöht ist und alles an sich zieht[1178]. Jesus als Vorbild der Liebe ist es, der am Kreuz erhöht alle an sich zieht[1179]. Wenn der Mensch sucht, wie er in seinem geistlichen Leben aufsteigen kann, entdeckt er den am Kreuz Erhöhten[1180]. An einer

---

[1167] MA 19,21.
[1168] BCO 1,11,14,658,16-18.
[1169] BCO 3,4,14,722,18-20.
[1170] BB 2, 251,334,19-226,2.
[1171] BB 2, 284,438,3f.
[1172] BHLD 1, 21,2,2,294,18-22.
[1173] BASSPT 3,3,550,5-9.
[1174] HISV 2, 3,10,12,478-480,560.
[1175] HISV 2, 3,10,26,767-773,568.
[1176] BB 2, 393,1,754,15-20.
[1177] BB 2, 190,9,25,116,8-10.
[1178] BHLD 2, 76,1,1,524,3-6.
[1179] BPASC 1,3,224,6-12.
[1180] BASC 4,12,364,11-15.

Stelle weitet er den Sinn des Wortes aus: Jeder Mensch, der wirklich Christus nachfolgt, wird erhöht und alles an sich ziehen[1181].

49.2 Nach Mechthild von Magdeburg erinnert Christus einen Menschen, der in große Traurigkeit gefallen ist, daran, daß derjenige, der von ihm am Kreuz angezogen wird, am Anfang Leid erfährt[1182].

49.3 In einer Vision wird Mechthild von Hackeborn von Jesus über den Nutzen der Passionsfrömmigkeit belehrt[1183]. Wenn man der Annagelung und der Aufrichtung des Kreuzes gedenkt, soll man wissen, daß der Gekreuzigte alle, die zum ewigen Leben vorherbestimmt sind, an sich zieht[1184].

49.4 Gertrud die Große wandelt dieses Wort Jesu um: „Tu vitam omnium exaltas in cruce a terra, ut in morte sua ad se trahens vivificaret omnia." – „Du erhöhst das Leben aller am Kreuz von der Erde, um in seinem Tod alles an sich zu ziehen und lebendig zu machen."[1185]

49.5 Christina von Hane verehrt im Kloster besonders ein Kruzifix, weil sie dort ihren Liebhaber sieht, der die Arme nach ihr ausstreckt und sie an sich ziehen will[1186].

50.   Joh 12,35: „Dixit ergo eis Jesus: Adhuc modicium lumen in vobis est. Ambulate, dum lucem habetis, ut non vos tenebrae comprehendant: et qui ambulat in tenebris, nescit quo vadat." – „Es sprach also Jesus zu ihnen: Nur noch kurze Zeit ist das Licht bei euch. Wandelt, solange ihr das Licht habt, damit euch die Finsternis nicht überrascht. Und wer im Finstern wandelt, weiß nicht, wohin er geht."

50.1 Nach Bernhard von Clairvaux ist eine der ersten Folgen der Sünde, daß man in das Dunkel des Irrtums fällt und nicht weiß, wohin man gehen soll[1187]. In einer seiner Parabeln erzählt er die Geschichte von Christus, dem König von Jerusalem. Dieser schickt die Furcht aus, um die Menschheit, die der Satan, der König von Babel, in Besitz hat, zu befreien; sie aber kann nichts ausrichten. Die Hoffnung mit der Mäßigkeit und der Klugheit aber mahnt zur Geduld, denn in der Finsternis sieht man den Weg nicht[1188]. Aber selbst als die Morgenröte bei der Verkündigung Jesu an Maria anbricht, herrscht nur ein schwaches Licht[1189]. Dennoch erleuchtet dieses Licht die Herzen der Menschen, und die Apostel sollen schnell in die Welt gehen, damit die Finsternis sie nicht überrascht[1190]. Wer aber gehorcht, erhält die Weisheit Gottes und ist nicht wie einer, der Gott nicht kennt und im Finstern geht[1191].

[1181] BHLD 1, 21,4,7,300,4-10.
[1182] MM 7,56,2-6,302.
[1183] MH 1,18,52f.
[1184] MH 1,18,53.
[1185] G R 7,251f.,224.
[1186] CH 1, 231.
[1187] BS 3,98,576,19-21.
[1188] BPA 2,822,16-20.
[1189] BHLD 1, 33,3,5,520,16-22.
[1190] BASC 6,10,380,25-382,1.
[1191] BVEPI 7,104,21-106,2.

50.2 Elisabeth von Schönau ermahnt Schwestern eines Klosterkonvents, treu den begonnenen Weg der Kontemplation zu gehen, solange sie das Licht haben und Töchter des Lichtes sind[1192].

51. Joh 12,47c: „Non veni ut judicem mundum, sed ut salvificem mundum." – „Ich bin nicht gekommen, um die Welt zu richten, sondern um sie heil zu machen."

Mit diesen Worten wird im St. Trudperter Hohelied den Kleinmütigen Mut zugesprochen: Vor dem, der das gesagt hat, braucht man keine Angst zu haben[1193].

52. Joh 13,1: „Ante diem festum Paschae, sciens Jesus, quia venit hora ejus ut transeat ex hoc mundo ad Patrem: cum dilexisset suos, qui erant in mundo, in finem dilexit eos". – „Es war vor dem Paschafest. Jesus wußte, daß die Stunde gekommen war, aus dieser Welt zum Vater hinüberzugehen. Da er die Seinen, die in der Welt waren, liebte, liebte er sie bis zur Vollendung."

52.1 In einem Brief tröstet Bernhard von Clairvaux Brüder in Irland über den Tod ihres Bischofs Malachias mit dem Hinweis, daß der Bischof wie Christus jetzt die Seinen in der Vollendung liebt[1194]. An einer anderen Stelle bezieht er die Kundgabe der vollendeten Liebe Jesu auf das ganze Mahl Jesu vor seinem Tode[1195].

52.2 Nach Hildegard von Bingen ist die Liebe Christi erst bei seiner Rückkehr zum Vater in der Himmelfahrt vollendet[1196].

52.3 Gertrud die Große schreibt von der Liebe, die Gott ist: „Tu usque in finem diligis, quod eligis." – „Du liebst bis zum Ende, was Du erwählst."[1197]

53. Joh 13,15: „Exemplum enim dedi vobis, ut quemadmodum ego feci vobis, ita et vos faciatis." – „Ein Beispiel nämlich habe ich euch gegeben, damit ihr so, wie ich es euch getan habe, auch tut."

53.1 Einmal stellt Bernhard von Clairvaux fest, daß die Fußwaschung kein Sakrament im ausgesprochenen Sinn darstellt. Nicht ein Sakrament, sondern ein Beispiel hat er uns durch dieses Wort gegeben[1198]. An einer anderen Stelle bezieht der Abt diesen Vers auf sich selbst. Er hat seinen Brüdern auch ein Beispiel gegeben, aber nicht für besondere Tugenden, sondern für die Bereitschaft, sich der Nachlässigkeit anzuklagen[1199].

53.2 Hildegard von Bingen bezieht das Beispiel Jesu, von welchem in diesem Vers die Rede ist, auf die Hingabe seines Fleisches und Blutes beim Letzten Abendmahl[1200].

54. Joh 13,16b: „Non est servus major domino suo: neque apostolus major est eo qui misit illum." – „Der Knecht ist nicht größer als sein Herr, und der Gesandte ist nicht größer als der, der ihn gesandt hat."

[1192] ESB 12,145f.
[1193] TH 41,29-32,106.
[1194] BB 2,374,2,698,12-14.
[1195] BPALM 3,3,176,15-18.
[1196] HISV 2, 1,3,6,171f.,44.
[1197] G R 5,441f.,154.
[1198] BVHM 4,212,1-6.
[1199] BHLD 2,54,4,9,230,13-20.
[1200] HISV 1, 2,6,22,844-846,250.

In einer Art Bischofsregel stellt Bernhard von Clairvaux den Amtsträgern diese Schriftstelle vor Augen. Was ist das für eine Ehre, welche die Schmeichler den Bischöfen geben und sie damit über Christus stellen?[1201] Was Christus, der Meister und Herr, nicht für entwürdigend gehalten hat, das soll auch sein Knecht tun[1202]. Bernhard aber leidet unter dem Spott, der Christus zugefügt wurde, denn er will sich nicht über seinen Meister stellen[1203]. Wenn auch die Beschneidung als Ritus nicht mehr vollzogen wird, muß der Christ ihre innere Bedeutung in der Beschneidung des Eigenwillens an sich vollziehen, denn er steht nicht über Christus, der sich beschneiden lassen wollte[1204].

55. Joh 13,23: „Erat ergo recumbens unus ex discipulis ejus in sinu Jesu, quem diligebat Jesus." – „Es lag also einer von seinen Jüngern im Schoß Jesu, er, den Jesus liebte."

55.1 Der Verfasser des Traktates „Speculum virginum" hat diese Schriftstelle besonders geschätzt. Der Jünger, den Jesus liebte, konnte auf eine Ehe verzichten, weil er den Wein der einzigartigen Liebe von der Brust des Herrn gesaugt hatte[1205]. Er nennt diesen Jünger unseren „Theologen", weil er an der Brust Jesu den Geschmack der Liebe verspürt hat[1206]. Dieser Johannes, der selbst jungfräulich lebt, kann an der Brust des Herrn ruhend andere Menschen zu dieser Lebensart einladen[1207]. Einmal läßt der Verfasser auch den anderen Johannes, den Täufer, an der Brust Jesu von der Süße des Wortes trinken[1208].

55.2 Hadewijch beschreibt in Anlehnung an diese Stelle eine eigene Ekstase. Sie „viel al verloren in die ghebrukeleke borst siere naturen der minnen", „fiel ganz verloren an die Brust des Genießens seiner (= Jesu) Natur der Liebe"[1209].

55.3 Für Mechthild von Magdeburg ist das Ruhen des Johannes an der Brust Jesu Vorbild für ihre eigenen ekstatischen Erlebnisse[1210].

55.4 Gertrud die Große wünscht, wie Johannes im Schoß des Herrn zu ruhen[1211] und beim Sterben zu entschlafen[1212]. Von diesem Johannes, den Jesus liebte, soll der Mensch Güte, Unschuld und Heiligkeit des Geistes erbeten[1213]. Johannes, den Jesus liebt, wird zum Hüter der Jungfrau Maria[1214].

56. Joh 14,6: „Dicit ei Jesus: Ego sum via, et veritas, et vita. Nemo venit ad Patrem, nisi per me." – „Jesus sprach zu ihm (= Thomas): Ich bin der Weg, die Wahrheit und das Leben. Niemand kommt zum Vater, wenn nicht durch mich."

[1201] BB 1, 42,8,31,492,15-18.
[1202] BB 1, 42,8,31,492,18f.
[1203] BB 2, 530,954,11f.
[1204] BCIRC 3,7,312,4-8.
[1205] SP 1,94,24-96,2.
[1206] SP 5,440,1-3.
[1207] SP 7,624,21-24.
[1208] SP 5,410,11-14.
[1209] HAV 6,83-85,90.
[1210] MM 2,24,12-14,59.
[1211] G R 4,63f.,104.
[1212] G R 5,217,140.
[1213] G R 4,126-129,108.
[1214] G 4, 4,4,1,20f.,60.

Diese Schriftstelle gehört zu denjenigen, welche in unseren Texten am häufigsten zitiert werden.

56.1   Jean von Fécamp möchte in Jesus ruhen, welcher der Weg, die Wahrheit und das Leben ist[1215].

56.2   Wenn Bernhard von Clairvaux betont, daß kein Mensch von sich aus zum Heil gelangen kann, führt er diese Schriftstelle an[1216]. Jesu macht sich ja selbst für uns zum Weg, zum Heil[1217]. Besonders ist es seine Demut[1218] und die Wahrheit[1219], durch die er zum Weg für uns wurde. Weil sein Tod das Ende unseres Todes ist, kann er sich zu Recht als das Leben bezeichnen[1220]. Wahrheit und Leben sind die Ziele, zu welchen man auf dem Weg, der Christus ist, gelangt[1221]. Deswegen erhebt man auf dem Weg seine Augen zu Christus, der Wahrheit[1222]. Er ist wahrhaft der Bräutigam, wie er wahrhaft eine Speise ist, weil er nichts anderes als die Wahrheit ist[1223]. Beides ist der Herr: das Erbarmen der Liebe, aber auch die zum Leben notwendige Wahrheit[1224]. Auch die Apostel mußten diesen Weg gehen, um zur Wahrheit und zum Leben zu gelangen[1225]. Zweimal gibt Bernhard eine Kurzerklärung des dreifachen Selbstzeugnisses Jesu: „Via in exemplo, veritas in promissio, in praemio vita." – „Der Weg im Beispiel, die Wahrheit in der Verheißung, im Lohn das Leben."[1226] Und: „Post me, quia veritas sum; per me, quia via sum; ad me quia vita sum." – „Nach mir, weil ich die Wahrheit bin, durch mich, weil ich der Weg bin, zu mir, weil ich das Leben bin."[1227] In einer Predigt zur Osterzeit behandelt Bernhard die Verheißungen des Herrn und schließt mit der Bemerkung: „Ad cuius gloriam visionis ipse nos perducat Dominus virtutum et Rex gloriae, qui est via, veritas et vita, Iesus Christus Dominus noster." – „Zu dieser Herrlichkeit der Schau führe uns der Herr der Kräfte und der König der Herrlichkeit, welcher der Weg, die Wahrheit und das Leben ist, unser Herr Jesus Christus."[1228]

56.3   Auch Wilhelm von St. Thierry bietet Kurzerklärungen für diese Schriftstelle: „Ego sum via, per quam ibis; veritas, ad quam ibis; vita propter quam ibis." – „Ich bin der Weg, auf dem du gehst; die Wahrheit, zu der du gehst; das Leben, um dessentwillen du gehst."[1229] Einmal sieht Wilhelm auch zwischen Wahrheit und Leben keinen Unterschied: Christus ist die Wahrheit und das Leben, zu dem man geht, und der Weg, auf

---

[1215]   JFC 3,2,19,143.
[1216]   BGR 13,43,236,5-8.
[1217]   BGR 13,43,236,7f.
[1218]   BH 1,1,44,22-24.
[1219]   BB 1, 98,4,740,25f.
[1220]   BLNM 11,27,312,19-23.
[1221]   BS 3,120,704,27-29.
[1222]   BHLD 2, 70,3,5,434,24-26.
[1223]   BHLD 2, 75,1,2,510,20-22.
[1224]   BSEPT 2,1,434,14-17.
[1225]   BVPP 2,442,9-11.
[1226]   BASC 2,4,332,1f.
[1227]   BD 63,612,3f.
[1228]   BD 111,7,798,24-26.
[1229]   WMO 11,238A.

dem man geht[1230]. Wenn in der Zuneigung des liebenden Christus die Wahrheit ist, ist dies eine Aufforderung, im Gewissen ihn, den gegenwärtigen Herrn, anzurufen[1231]. Ein anderes Mal betont er den Unterschied. Man braucht Christus als die Wahrheit, um zu Christus als dem Leben zu gelangen[1232].

56.4 Aelred von Rievaulx begründet diesen Vers aus der Menschwerdung des Sohnes Gottes. Der ewige und unveränderliche Gott schließt die Vorstellung eines Weges, auf dem man geht und sich verändert, eigentlich aus. Indem er aber Mensch und damit veränderlich wird, kann er uns zum Weg des Lebens und zur Wahrheit, die wir genießen, werden[1233].

56.5 Isaak von Stella kennt ebenfalls eine kurze Erklärung dieses Ausspruches Christi, wobei allerdings unter der Hand von den drei Begriffen durch Identifizierung von Wahrheit und Leben zwei übrigbleiben. „Caritas ergo via, veritas vita; caritas similitudo, veritas imago; caritas meritum, veritas praemium; caritate itur, veritate statur." – „Die Liebe ist also der Weg, die Wahrheit das Leben; die Liebe die Ähnlichkeit, die Wahrheit das Bild; die Liebe das Verdienst, die Wahrheit der Lohn; durch die Liebe geht man, durch die Wahrheit steht man."[1234]

56.6 Auch Guerricus von Igny deutet diesen Satz von dem Kommen des menschgewordenen Sohnes Gottes her: „Nisi enim suum ad nos adventum ipse praeveniat, qui est via, veritas et vita, non potest via nostra corrigi secundum regulam veritatis, ac per hoc nec dirigi ad vitam aeternitatis." – „Wenn er nämlich uns nicht in seinem Kommen zu uns zuvorgekommen wäre, er, welcher der Weg, die Wahrheit und das Leben ist, könnte unser Weg nicht nach der Regel der Wahrheit korrigiert und dadurch nicht zum Leben der Ewigkeit gelenkt werden."[1235]

56.7 Häufiger wird diese Stelle im Traktat „Speculum virginum" zitiert. Auch hier wird mit dieser Schriftstelle der Gnadencharakter des Heiles betont[1236]. Die Kirche ruft die Sünder wieder zum Weg und zum Leben zurück[1237]. Nur in der Demut findet der Mensch zu Christus, dem Weg des Friedens und des Lebens[1238]. „Ipse via, quia per eum ad caelum iter et cursus est." – „Er selbst ist der Weg, weil durch ihn der Weg und der Lauf zum Himmel führt."[1239] Auch die Jungfrau Maria bedeutet für die nachfolgenden Jungfrauen Weg und Leben[1240].

[1230] WC 12,19-21,110.
[1231] WHLD 2,5,181,368-370.
[1232] WO 1-7,122.
[1233] ARJ 2,11,4-9,258.
[1234] IS 16,16,171-173,306. Wenn man „similitudo" von „imago" unterscheidet (vgl. Weiß, Dreieiner 666-696), dann übertrifft das Bild die Ähnlichkeit.
[1235] GIS Adv 4,2,73-77,138.
[1236] SP 10,870,12-18.
[1237] SP 3,272,1-5.
[1238] SP 4,312,5-8.
[1239] SP 6,532,2f.
[1240] SP 5,366,10f.

56.8   Nach Richard von St. Viktor kann der Mensch, der zur höchsten Stufe der Liebe gelangt ist, nicht mehr sterben. Wie sollte derjenige, der mit Christus in der Liebe den Weg der Wahrheit gegangen ist, von ihm, dem Leben, getrennt werden[1241]?

56.9   Nach Hildegard von Bingen ist in Christus kein Tod, sondern nur das Leben[1242]. Denn er ist „perfecta ueritas in qua uita surrexit", „die vollkommene Wahrheit, in welcher sich das Leben erhebt"[1243]. Nach der Seherin sind die Menschen, die an der Welt vorübergehen, diejenigen, die auf dem Weg gehen, welcher das Leben und die Wahrheit ist, nämlich der Sohn Gottes[1244]. Es liegt ja der Teufel hingestreckt unter denen, die den Weg des Lebens und der Wahrheit gehen[1245]. Diejenigen, die von der Liebe angesteckt sind, sollen auf dem Weg der Wahrheit laufen, welcher das Licht der Welt, Jesus Christus, ist[1246].

56.10   Nach Elisabeth von Schönau ist deswegen Christus der Weg, die Wahrheit und das Leben, weil er für die Menschen das Leben der Lebenden und der wieder zugängliche Baum des Lebens aus dem Paradies ist[1247]. Wenn jemand den Weg, der Christus ist, betritt, wird er gerettet werden[1248] und in das himmlische Jerusalem gelangen[1249].

56.11   In der Vita der Margareta von Magdeburg wird folgendermaßen dieser Vers erklärt: In Jesus wird offenbart, wie man den Weg gehen soll, den er gegangen ist. Wer ihn geht, bekommt auch die Wahrheit gezeigt[1250].

56.12   Um die Taufunschuld wiederzuerlangen, soll man nach Gertrud der Großen im Glaubensbekenntnis Gott nicht nur als Schöpfer, sondern auch als Erlöser bekennen, der im Sohn Gottes der Weg, die Wahrheit und das Leben ist[1251]. Jesus, welcher der Weg ist, nimmt den Menschen zu sich, nämlich zu der Wahrheit, in sich, nämlich in das Leben[1252]. Durch Christus geht man den sicheren Weg und gelangt zur Wahrheit und zum Leben[1253].

57.   Joh 14,10: „Non creditis quia ego in Patre, et Pater in me est? Verba, quae ego loquor vobis, a me ipso non loquor. Pater autem in me manens, ipse facit opera." – "Oder glaubt ihr nicht, daß ich im Vater bin und der Vater in mir ist? Die Worte, die ich zu euch spreche, spreche ich nicht aus mir selbst. Der Vater, der in mir bleibt, tut vielmehr die Werke."

[1241] RVGR 45,68.

[1242] HISV 1, 2,3,14,342f.,143.

[1243] HISV 2, 3,7,8,307f.,470.

[1244] HISV 1, 2,5,33,1374-1377,212f.

[1245] HISV 2, 3,3,9,441f.,383.

[1246] HISV 2, 3,8,8,499f.,492.

[1247] ESV 3,31,83.

[1248] ESV 3,29,78.

[1249] ESB 7,142.

[1250] MA 9,12.

[1251] G R 1,22-24,46.

[1252] B R 6,183f.,172.

[1253] G 4, 4,14,1,20f.,154.

57.1 Jean von Fécamp zählt diese Stelle unter den biblischen Texten auf, die von der Einheit des Vaters und des Sohnes sprechen[1254].

57.2 Bernhard von Clairvaux macht Petrus Abaelard den Vorwurf, nicht mehr Christus nachzufolgen, wenn er versucht, im Unterschied zu diesen Worten aus sich selbst zu sprechen[1255]. Die Wesenseinheit des Sohnes kann nicht deutlicher als mit diesen Worten ausgedrückt werden[1256]. Nur der Menschgewordene empfängt den Kuß des Mundes vom Vater, weil der Vater in ihm und er im Vater ist[1257]. Weil es dieses gegenseitige Ineinssein gibt, kann derjenige, der Jesus sieht, den Vater sehen[1258]. In dem Hervorgang des Sohnes aus dem Vater in der Menschwerdung hört das Bleiben des Sohnes im Vater nicht auf[1259]. Weil Vater, Sohn und Heiliger Geist ganz in eins sind, war die ganze Dreifaltigkeit mit dem Sohn in Maria anwesend[1260].

57.3 Gilbert von Hoyland zählt zunächst alle Stellen auf, in denen in der Schrift vom Sehen Gottes gesprochen ist. Diese werden aber durch das Sehen Gottes im Menschgewordenen überboten[1261].

57.4 Auch Hildegard von Bingen betont, daß der Sohn, der in seiner Geburt aus Maria vom Vater ausging, doch im Vater bleibt und sich nicht von ihm trennte[1262]. Er bleibt ja immer mit dem Vater in der einen Gottheit[1263]. So kann derjenige, der Gott schauen will, ihn in Jesus erblicken[1264].

58. Joh 14,23: „Si quis diligit me, et sermonem meum servabit, et Pater meus diliget eum, et ad eum veniemus, et mansionem apud eum faciemus." – „Wer mich liebt, wird auch mein Wort halten, und der Vater wird ihn lieben, und wir werden zu ihm kommen und bei ihm Wohnung nehmen."

58.1 Bernhard von Clairvaux betont ausdrücklich, daß dieses Wort nur für einen heiligen Menschen gilt[1265]. An einer anderen Stelle weist der Abt darauf hin, daß es nicht bei einem kurzen Kommen bleibt, sondern ein Wohnungnehmen von Vater und Sohn ist[1266]. In dem Menschen, in dem Jesus Wohnung nimmt, baut sich die Weisheit ein Haus (Spr 9,1)[1267]. Voraussetzung dafür ist aber, daß einer Jesus liebt und sein Wort bewahrt[1268]. Der äußere Bau einer Kirche ist nur ein Zeichen dafür, daß der Mensch selbst Wohnung Gottes werden kann[1269].

[1254] JFC 1,10,199-202,116.
[1255] BB 2,190,5,12,94,5-8.
[1256] BINOV 5,708,2-4.
[1257] BHLD 1,8,7,7,128,23-25.
[1258] BHLD 1,32,4,9,512,1-4.
[1259] BNATBM 10,634,8-10.
[1260] BD 52,2,570,16-20.
[1261] GHLD 6,4,40C-D.
[1262] HISV 1,2,1,13,310-315,119.
[1263] HISV 2,3,12,6,174-178,609.
[1264] HIO 2,1,32,46-49,305.
[1265] BHLD 1,27,5,8,424,2-4.
[1266] BHLD 2,69,1,2,418,30f.
[1267] BADV 3,4,90,20-24.
[1268] BADV 5,2,114,3-9.
[1269] BDED 2,2,822,17-19.

58.2　Mechthild von Magdeburg will sich mit diesem Schriftwort trösten, wenn sie längere Zeit nichts von Gott vernimmt[1270].

58.3　Gertrud beschreibt das Kommen des Herrn in der Ekstase mit diesem Schriftwort[1271]. Was sie spricht, ist von einer solchen Weisheit, daß man auf die Einwohnung Jesu und des Vaters in ihr schließen kann[1272].

58.4　Petrus von Dazien versucht, das zu deuten, was Christina von Stommeln in der „unio mystica" erfährt. Wenn Vater und Sohn zu ihr kommen und Wohnung nehmen, ist dies nicht für die äußeren Sinne erfahrbar, sondern die Seele wird durch die innere Süße erleuchtet[1273].

59.　Joh 14,28: „Audistis quia ego dixi vobis: Vado, et venio ad vos. Si diligeretis me, gauderetis utique, quia vado ad Patrem: quia Pater major me est." – „Ihr habt gehört, daß ich zu euch gesagt habe: Ich gehe und komme wieder zu euch. Wenn ihr mich lieb hättet, würdet ihr euch freuen, daß ich zum Vater gehe, denn der Vater ist größer als ich."

59.1　Bernhard von Clairvaux läßt sich in einer Hoheliedpredigt über die noch unvollkommene Liebe der Jünger aus, mit der sie sich über das Gehen Jesu zum Vater nicht freuen können[1274]. Weil sie Jesus lieben, sind sie traurig, weil sie ihn nicht stark genug lieben, können sie sich nicht freuen[1275]. Bevor Christus zum Vater gehen kann, muß er in der Auferstehung die Schwäche seines Leibes ablegen und die Stärke anziehen[1276]. An einer anderen Stelle ist für den Abt diese Stelle ein Beleg für die Tatsache des Wechsels von Gehen und Kommen des Wortes Gottes in der Seele[1277]. Diese soll sich mit keiner Freude auf Erden zufrieden geben, sondern sich freuen, mit ihm zum Vater gehen zu dürfen[1278].

Bernhard schreibt auch Eltern, die über den Eintritt ihres Sohnes in ein Kloster trauern: Wenn sie ihr Kind lieb hätten, würden sie sich freuen, daß ihr Sohn durch seinen Eintritt zu einem so großen Vater gegangen ist[1279]. Mit der gleichen Schriftstelle tröstet er auch Christen in Irland über den Tod ihres heiligmäßigen Bischofs Malachias[1280].

59.2　Auch Wilhelm von St. Thierry macht den Wechsel zwischen Kommen und Gehen des Bräutigams, der sich, solange die Braut auf Erden lebt, immer wieder ereignet, an dieser Stelle deutlich[1281].

60.　Joh 15,5: „Ego sum vitis, vos palmites: qui manet in me, et ego in eo, hic fert fructum multum: quia sine me nihil potestis facere." – „Ich bin der Weinstock, ihr seid die

---

[1270] MM 7,46,8-11,292.
[1271] G 2, 2,3,2,4-7,236.
[1272] G 1, 1,5,1,14-18,146.
[1273] CS B 27,47,191,21-25.
[1274] BHLD 1, 20,4,5,282,15-22.
[1275] BD 29,5,446,16-18.
[1276] BHLD 2, 75,3,8,518,8-10.
[1277] BHLD 2, 74,1,4,496,28f.
[1278] BQH 9,9,616,27-618,3.
[1279] BB 1, 110,1,804,13f.; vgl. BB 1, 111,1,806,17f.
[1280] BB 2, 374,1,696,15-698,1.
[1281] WHLD 1,1,33,116.

Rebzweige. Wer in mir bleibt und in wem ich bleibe, der bringt reiche Frucht. Denn ohne mich könnt ihr nichts tun."

60.1 Für Bernhard von Clairvaux ist diese Stelle dort wichtig, wo ein Mensch meint, es käme auf seine eigene Leistung an[1282]. Wenn wir ohne Jesus nichts, so können wir mit ihm alles vollbringen[1283]. Auch wenn die Braut hinter dem Bräutigam herlaufen und Christus nachfolgen will, muß sie doch gezogen werden von dem, ohne den sie nichts kann[1284]. So ist die Gnade für die Braut äußerst notwendig, wenn sie nicht fallen will[1285]. Auch wenn Menschen und Engel dem Menschen auf seinem Weg helfen, ohne Jesus kann er doch nichts tun[1286]. Ohne fremdes Zutun kann der Mensch sich selbst zu Fall bringen, aber ohne Jesus nichts Gutes tun[1287]. Ohne ihn können wir uns weder erheben noch im Guten stehenbleiben[1288]. Ebenso kann man ohne ihn nicht zu ihm zurückkehren[1289]. Die Wonnen erlangt man nur, wenn man sich auf Christus stützt[1290]. Auch die Kirche kann nicht ohne Christus wie der Mond nicht ohne die Sonne strahlen[1291].

60.2 Allegorisch legt Isaak von Stella die ganze Rede vom Weinstock aus: Der Weinberg ist die Kirche, der Weinstock Christus, die Zweige die Christen, der Winzer der Vater[1292].

60.3 Für Guerricus von Igny ist Jesus nicht nur der Weinstock, sondern zugleich der Gärtner des Weinbergs. Deswegen braucht der Mensch keine Angst zu haben. Er, ohne den wir nichts tun können, pflanzt, tränkt und gibt das Wachstum[1293].

60.4 Der Autor des Traktates „Speculum virginum" greift aus diesem Schriftwort das gegenseitige Ineinanderbleiben von Rebstock und Rebzweig heraus und stellt fest: Wer dieses Bleiben erfahren hat, kann nicht mehr woanders hingehen[1294]. Wer sich wegen seiner Leistungen in der Kirche erhebt, vergißt, daß er ohne Christus nichts tun kann[1295].

60.5 Hildegard von Bingen schreibt, daß wir durch die Menschwerdung als Rebzweige in den Rebstock Christi eingepflanzt sind[1296]. Wer dann vergißt, daß er ohne ihn nichts tun kann, vertrocknet innerlich[1297].

[1282] BGR 1,1,174,16f.
[1283] BB 2, 392,750,6f.
[1284] BHLD 1, 21,2,2,292,22-294,1.
[1285] BHLD 2, 54,4,10,232,15-17.
[1286] BHLD 2, 78,1,1,548,7f.
[1287] BHLD 2, 85,2,4,634,8-10.
[1288] BHLD 2, 85,2,6,636,15f.
[1289] BD 3,2,194,16-18.
[1290] BD 91,6,710,3-6.
[1291] BOASSPT 5,600,12f.
[1292] IS 16,6,51-57,296-298.
[1293] GIS Ps 4,85-89,522.
[1294] SP 9,816,5f.
[1295] SP 11,940,6-7.
[1296] HISV 1, 2,6,28,1107-1111,257.
[1297] HISV 2, 3,10,6,231-234,551f.

61. Joh 15,9: „Sicut dilexit me Pater, et ego dilexi vos. Manete in dilectione mea.» – «Wie mich der Vater geliebt hat, so habe ich euch geliebt. Bleibt in meiner Liebe.»

61.1 Aus dem Bleiben in der Liebe liest Bernhard von Clairvaux heraus, daß der Herr uns zur Beständigkeit in der Liebe ermahnt[1298]. Doch dieses Bleiben in der Liebe ist für den Menschen nur möglich, weil er vorher von Christus geliebt worden ist[1299].

61.2 Jesus erscheint der Mechthild von Hackeborn und zeigt auf sein geöffnetes Herz und weist dabei auf diese Schriftstelle mit der Bemerkung hin: „Majoris siquidem aut dulcioris affectus numquam audita sunt verba.“ – „Worte von größerer oder süßerer Zuneigung sind niemals gehört worden.“[1300]

62. Joh 15,13f.: „Majorem hac dilectionem nemo habet, ut animam suam ponat quis pro amicis suis. Vos amici mei estis, si feceritis quae ego praecipio vobis.“ – „Eine größere Liebe hat niemand, als wer sein Leben für seine Freunde gibt. Ihr seid meine Freunde, wenn ihr tut, was ich euch auftrage.“

62.1 Um Gottes Liebe, die kein Maß kennt, zu beweisen, weist Bernhard von Clairvaux auf die alles überragende Freundesliebe Jesu hin[1301]. Seine Liebe war nicht nur im Gehorsam dem Vater gegenüber vollendet, sondern auch in der Lebenshingabe für seine Freunde vollkommen[1302]. In dieser Liebe vollendet sich auch der Abstieg Jesu am Kreuz[1303]. So wird der Beweis der Liebe sein Tod aus Güte[1304]. Wir brauchen notwendig Jesus, der sein Leben für seine Freunde hingegeben hat[1305]. Die Linke des Bräutigams, auf welcher die Braut ruht, ist die Erinnerung an diese Liebe[1306]. Die wahre Größe der Liebe zeigt sich ja im Leiden[1307]. An einer Stelle versucht Bernhard aufzuzeigen, daß die Freundschaftsliebe Christi noch durch seine Liebe zu den Verdammten, für die er auch starb, überboten wird[1308]. „Tu maiorem habuisti Domine, pones eam pro inimcis.“ – „Du hast eine größere Liebe gehabt, da Du es (= das Leben) für die Feinde dahingegeben hast.“[1309] Aus diesem Grund braucht der Christ nie die Hoffnung aufzugeben[1310].

Wilhelm von St. Thierry schreibt einen Brief an Bernhard, in dem er sich darüber beklagt hat, daß er nicht spürt, wie Bernhard seine Freundesliebe erwidert. Bernhard erinnert den Freund daran, daß es in Christus eine Freundschaftsliebe gibt, die auf alles, selbst aufs eigene Leben, verzichtet[1311]. Als Petrus dem Verbot des Hohenrates, im Na-

[1298] BB 1,42,4,16,466,11-15.
[1299] BHLD 2,71,4,10,456,23f.
[1300] MH 1,21,77.
[1301] BDI 1,1,76,21f.
[1302] BPASC 1,3,224,2f.
[1303] BD 60,1,602,14-19.
[1304] BD 119,814,6f.
[1305] BDI 3,7,84,23f.
[1306] BDI 4,12,94,12-14.
[1307] BVNAT 4,7,184,17-19.
[1308] BHLD 2,61,2,4,316,4-6.
[1309] BIVHM 4,186,16-18.
[1310] BQH 9,6,614,2-8.
[1311] BB 1,85,3,682,24-684,1.

men Jesu zu predigen, nicht folgt, fängt er an, Jesus mit der wahren Freundesliebe zu lieben[1312]. Von den Mönchen verlangt der Abt eine solche gegenseitige Freundschaftsliebe[1313].

62.2 In der Schrift „Über die geistliche Freundschaft" von Aelred von Rievaulx kann ein Hinweis auf diese Stelle nicht fehlen. Christus hat das Maß für eine Liebe zu den Freunden gesetzt. Nur wer bereit ist, für den Freund zu sterben, hat die wahre geistliche Freundesliebe[1314].

62.3 Die Vita der Juliane von Cornillon berichtet von verschiedenen Verfolgungen, welche die Frau zu erleiden hat. Nach dem Vorbild Christi, der aus Liebe sein Leben nicht nur für seine Freunde, sondern auch für seine Feinde hingab, ist die Mystikerin bereit, ihr Leben für die zu geben, die ihr Leid zugefügt haben[1315].

63. Joh 15,15b: „Vos autem dixi amicos: quia omnia, quaecumque audivi a Patre meo, nota fecit vobis." – „Euch aber habe ich Freunde genannt, weil ich euch alles, was ich von meinem Vater gehört habe, bekannt gemacht habe."

63.1 Bernhard von Clairvaux benutzt dieses Schriftwort, um die Unüberbietbarkeit der Offenbarung in Christus zu beweisen[1316], die von dem kommt, der im Schoß des Vaters ist[1317]. Um aber diese vollständig zu empfangen, muß man Freund Christi sein[1318]. Einem Knecht oder Lohnarbeiter wird die volle Wahrheit nicht gesagt[1319]. Nur dem Freund wird der Heilsplan anvertraut[1320]. Nicht nur Johannes der Evangelist, der an der Brust des Herrn geruht hat, sondern alle Gläubigen erhalten den Ehrennamen „Freund"[1321]. Für sie wird Jesus vom Lehrer zum Freund[1322]. Diese Tatsache ist ein Zeichen maßloser Liebe und herausragender Herablassung[1323].

63.2 Nach Hadewijch erkennt der Freund alles, was Christus offenbart hat, nicht nur durch Belehrung, sondern im Fühlen und Schmecken[1324].

63.3 Mechthild von Magdeburg spricht gelegentlich vom „gottefrünt", „Gottesfreund", worunter ein Mensch zu verstehen ist, der sich besonders um die Liebe Gottes kümmert[1325]. Es sind die Menschen, die wie Mechthild selbst zum heiligen Dienst auserwählt sind[1326]. Solche Menschen, die als Gottesfreunde leiden, können Mecht-

---

[1312] BHLD 1,20,4,5,284,5-10.
[1313] BB 1,42,9,33,496,16-20.
[1314] ARSA 2,33,237-241,309.
[1315] JC 2,7,36,469.
[1316] BB 1,77,14,630,7-13.
[1317] BASC 6,11,382,25f.
[1318] BB 1,107,3,778,2-8.
[1319] BD 3,9,204,25-27.
[1320] BD 29,1,440,9f.
[1321] BHLD 1,8,6,7,128,12-18.
[1322] BHLD 2,59,1,1,286,9f.
[1323] BANN 1,13,124,15-17.
[1324] HAB 11,22-22,94.
[1325] MM 1,22,73,19; 1,44,94,32.
[1326] MM 7,22,2f.,274.

hild nützlich sein[1327]. Zwischen ihnen soll ein gegenseitiger Gedankenaustausch bestehen[1328].

63.4   Gertrud die Große ruft die Apostel Christi als Freunde Christi an[1329].

64.   Joh 16,21f.: „Mulier cum parit, tristitiam habet, quia venit hora ejus: cum autem pepererit puerum, jam non meminit pressurae propter gaudium, quia natus est homo in mundum. Et vos igitur nunc quidem tristitiam habetis: iterum autem videbo vos, et gaudebit cor vestrum, et gaudium vestrum nemo tollet a vobis." – „Eine Frau, wenn sie gebiert, hat Trauer, weil ihre Stunde gekommen ist. Wenn sie aber das Kind geboren hat, erinnert sie sich schon nicht mehr ihrer Not, aus Freude, daß ein Mensch zur Welt gekommen ist. Auch ihr habt also nun Trauer. ich werde euch wiedersehen, und euer Herz wird sich freuen, und eure Freude wird euch niemand nehmen."

64.1   In einem Brief fordert Bernhard von Clairvaux eine Nonne auf, sich zu bekehren und zu der Freude zurückzukehren, die ihr niemand nehmen wird[1330]. Doch wird, wie der Abt in einem anderen Brief schreibt, diese Freude erst im Jenseits das Herz des Menschen vollkommen ergreifen[1331]. Weil diese Freude, die niemand nehmen kann, noch aussteht, warnt Bernhard auch Mönche, allzu sehr an ihrem irdischen Leben zu hängen[1332]. Bernhard wendet dieses Wort auch auf sich, den Abt, an. Auch er hatte manchmal wie eine gebärende Frau Not, bis Christus in den Mönchen Gestalt angenommen hat[1333].

64.2   Nach dem Traktat „Speculum virginum" ist für jeden Christen die Erdenzeit eine Zeit der Not und des Weinens, vergleichbar mit der Zeit vor der Geburt, bis die kommenden Freuden beginnen[1334].

64.3   Hadewijch schreibt, daß derjenige, der Christus anhängt, auf Erden Weh haben wird „alse ene vrouwe die haers kints niet en can ghenesen", „wie eine Frau, die von ihrem Kind nicht genesen kann"[1335].

65.   Joh 17,3: „Haec est autem vitae aeterna: Ut cognoscant te, solum Deum verum, et qui misisti, Jesum Christum." – „Das ist aber das ewige Leben: Dich zu erkennen, den einzigen wahren Gott, und den, den Du gesandt hast, Jesus Christus."

65.1   An einer Reihe von Stellen greift Bernhard von Clairvaux bei diesem Schriftvers nur den Lohn im Jenseits, das ewige Leben, heraus[1336]. Ewig ist das Leben, weil es die Ewigkeit ist[1337]. Einmal ersetzt Bernhard in diesem Zitat auch das Wort „ewiges Leben" mit „gloria", „Herrlichkeit". Unsere Herrlichkeit besteht in der Schau Gottes

---

[1327] MM 7,28,22-24,278.
[1328] MM 7,31,2-5,279.
[1329] G R 4,130f.,108.
[1330] BB 1, 114,1,824,1f.
[1331] BB 2, 204,166,16.
[1332] BB 2, 345,1,598,13-15.
[1333] BHLD 1, 29,3,6,462,14-17.
[1334] SP 9,730,16-732,5.
[1335] HAB 21,18-20,177.
[1336] BH 1,1,46,8f.
[1337] BB 1, 18,3,376,4f.

und Christi[1338]. Auch von der Rettung[1339] oder dem Heil[1340] als Folge des Sehens Gottes und seines Sohnes ist die Rede. Voraussetzung für dieses Sehen ist das reine Herz des Menschen[1341]. Einmal betont auch Bernhard, daß die Erlangung des ewigen Lebens am Erkennen Gottes hängt. „Quod autem cognitio vita sit, Veritas attestatur." – „Daß aber die Erkenntnis das Leben ist, bezeugt die Wahrheit."[1342]

An anderen Stellen geht Bernhard auf den Inhalt des Sehens ein. Die volle Seligkeit hat man erst im Schauen sowohl Gottes als auch seines Sohnes[1343]. Der Abt möchte aber von dieser Schau den Heiligen Geist nicht ausgeschlossen wissen[1344]. Das Sehen der vollkommenen Dreifaltigkeit erwirkt erst das ewige Leben[1345]. Beim ersten Kommen Christi in Niedrigkeit schaut man aber noch nicht seine Majestät, die erst beim Gericht offenbar werden wird[1346].

65.2 Auch Wilhelm von St. Thierry schließt aus dieser Stelle, daß das Wissen um Gott wichtig für die Seligkeit ist: „Beata scientia, in qua continetur vita aeterna." – „Selig das Wissen, in welchem das ewige Leben enthalten ist."[1347]

65.3 Im Vorwort zu seinem Trinitätstraktat stellt Richard von St. Viktor die exemplarische Abfolge des geistlichen Lebens eines Christen dar. Er steigt vom Glauben über die Hoffnung zur Liebe[1348], an deren Ende die Erkenntnis steht, aus der sich das ewige Leben ergibt. Diesen Weg vom Glauben über die Erkenntnis zum ewigen Leben sieht er in unserer Schriftstelle begründet[1349].

66. Joh 17,5: „Et nunc clarifica me, tu Pater, apud temetipsum, claritate, quam habui prius, quam mundus esset, apud te." – „Und nun verherrliche mich Du Vater mit der Herrlichkeit, welche ich bei Dir hatte, bevor die Welt war."

66.1 Aus dieser Stelle liest Bernhard von Clairvaux die Wesensgleichheit des Sohnes mit dem Vater heraus. Weil der Sohn seine Herrlichkeit nicht später als der Vater besitzt, muß er mit dem Vater gleichrangig sein[1350]. Mit der Herrlichkeit, die der Sohn seit Ewigkeit besitzt, wird er in seiner Himmelfahrt vom Vater verherrlicht[1351].

66.2 Nach Johannes von Ford wird uns in seinem Tod die Liebe Christi und in seiner Auferstehung seine Herrlichkeit zuteil[1352].

[1338] BS 3,108,614,25f.
[1339] BINNOC 3,282,5-11.
[1340] BQH 17,7,718,2-5.
[1341] BD 82,1,664,5-7.
[1342] BD 116,806,16-808,1.
[1343] BHLD 1, 8,2,3,122,28-124,3.
[1344] BHLD 1, 8,2,4,124,9-14; BOS 4,2,782,14-17.
[1345] BPENT 1,1,490,15.
[1346] BVNAT 5,6,202,14-17.
[1347] WND 10,31,399B-C.
[1348] RVTR prol 50.
[1349] RVTR prol 52.
[1350] BHLD 2, 76,2,4,526,20-27.
[1351] BASC 6,1,372,2f.
[1352] JHLD 26,2,25-27,215.

66.3 Gemäß Hadewijch werden diejenigen Menschen, die das Kreuz mit Christus tragen, die Herrlichkeit der Minne auf Erden und im Himmel erhalten[1353].

66.4 Nach der Vita der Christina von Hane spricht Christus in einer „unio mystica" zu ihr: „Jch hayn dyr gegebyn die clairheit, die myr myn vader hait gebyn." – „Ich habe dir gegeben die Herrlichkeit, die mir mein Vater gegeben hat."[1354]

67. Joh 17,17: „Sanctifica eos in veritate. Sermo tuus veritas est." – „Heilige sie in der Wahrheit. Dein Wort ist Wahrheit."

67.1 Bernhard von Clairvaux zieht aus dieser Stelle die Folgerung, daß man dem Wort Gottes zu gehorchen hat, wenn man heilig werden will; denn das Wort Gottes, das der Bräutigam der Braut ist, ist die Wahrheit[1355]. So ist das, was Jesus verkündet, immer auch die Wahrheit[1356]. Wer aber seine Sünden aufdeckt und bereut, braucht nicht traurig zu sein, weil der Vater ihn in Wahrheit heiligen wird[1357].

67.2 Mechthild von Magdeburg bittet um die Erhörung dieses Gebetes Christi, damit der Vater ihr die Tiefe der Demut gibt[1358].

67.3 Gertrud die Große läßt den Menschen beten, daß Christus für ihn die „in veritate sanctificatio", „Heiligung in der Wahrheit" ist[1359]. Die Seele soll geheiligt in der Wahrheit wieder aufblühn[1360]. Da der Gott der Liebe den Menschen sich durch das Blut Christi erworben hat, betet dieser zu ihm: „In veritate tua sanctifica me!" – „In Deiner Wahrheit heilige mich!"[1361]

68. Joh 17,21: „Ut omnes unum sint, sicut tu Pater in me, et ego in te, ut et ipsi in nobis unum sint, ut credat mundus, quia tu me misisti." – „Daß alle eins sind, wie Du Vater in mir und ich in Dir, damit auch sie in uns eins sind, und die Welt glaubt, daß Du mich gesandt hast."

68.1 Der Verfasser des Traktates „Speculum virginum" ermahnt die jungfräulich lebenden Frauen, an die sein Werk adressiert ist, mit diesen Worten zur „concordia multorum", „Eintracht der Vielen"[1362].

68.2 Margareta von Magdeburg sieht in dieser Schriftstelle weniger die Einheit der Christen untereinander als diejenige mit Christus, welche nicht erst in der Zukunft des Himmels beginnt. Vielmehr ist sie schon auf Erden möglich, wenn die Menschen sich um sie mühen[1363].

68.3 Mechthild von Hackeborn hört, wie Christus im Himmel mit den Worten dieser Schriftstelle für die Einheit des Klosterkonventes betet[1364].

[1353] HAB 6,350-355,68f.
[1354] CH 2,219.
[1355] BHLD 2,71,5,12,458,15-18.
[1356] BD 23,6,584,6f.
[1357] BD 24,3,390,1-3.
[1358] MM 7,18,45-49,271.
[1359] G R 1,196f.,58.
[1360] G R 4,15,100.
[1361] G R 5,499-501,158.
[1362] SP 12,980,2-17.
[1363] MA 58,70.
[1364] MH 2,26,171.

69. Joh 17,24: „Pater, quos dedisti mihi, volo, ut, ubi sum ego, et illi sint mecum, ut videant claritatem meam, quam dedisti mihi, quia dilexisti me ante constitutionem mundi." – „Vater, ich will, daß diejenigen, die Du mir gegeben hast, dort mit mir sind, wo ich bin, damit sie meine Herrlichkeit sehen, die Du mir gegeben hast, weil Du mich vor Erschaffung der Welt geliebt hast."[1365]

69.1 Jean von Fécamp möchte zu jener Gemeinschaft kommen, die Jesus mit diesem Schriftwort verheißen hat[1366]. Denn dort, wo der Herr ist, will er, sein Knecht, sein[1367].

69.2 In einer Variante zu einer Osterpredigt betont Bernhard von Clairvaux den Willen Jesu, daß alle bei ihm in der Herrlichkeit sein sollen: „Si vult ille, quis prohibit eum?" – „Wenn er will, wer wird ihn hindern?"[1368]

69.3 Hildegard von Bingen glaubt, daß diejenigen, die in der Welt im Namen Christi ausgeharrt haben, auch bei ihm in der Ewigkeit sein werden[1369]. Sie meint, daß in die Liebe des Vaters vor Erschaffung der Welt auch diejenigen einbezogen waren, die zum Heil bestimmt sind[1370].

69.4 Hadewijch gesteht, daß diese Schriftstelle ihr das liebste Wort ist, das man in der Bibel liest[1371].

70. Joh 18,36: „Regnum meum non est de hoc mundo: si ex hoc mundo esset regnum meum, ministri mei utique decertarent, ut non traderer Judaeis; nunc autem regnum meum non est hinc." – „Mein Reich ist nicht von dieser Welt. Wenn mein Reich aus dieser Welt wäre, würden meine Diener kämpfen, daß ich den Juden nicht ausgeliefert würde. Nun aber ist mein Reich nicht von hier."

70.1 Bernhard von Clairvaux lobt in einem Brief eine Frau, die jungfräulich lebt. Wenn sie versucht wird, in die Welt zurückzukehren, soll sie daran denken, daß Christi Reich nicht von dieser Welt ist[1372]. Solange man in der Welt lebt, kann man vieles erlaubterweise tun, was der Mönch, der dort leben soll, wo Christi Reich ist, nicht tun darf[1373]. An einer anderen Stelle macht der Abt deutlich, daß aufgrund dieses Schriftwortes die Verheißung an Maria, ihr Sohn werde auf dem Thron seines Vaters sitzen (Lk 1,32), nicht im politischen Sinn zu verstehen ist[1374].

70.2 Nach dem Traktat „Speculum virginum" soll ein jungfräulich lebender Mensch Fremdling in der Welt sein, weil Christi Reich nicht von ihr ist[1375].

[1365] Vgl. Weiß, Dreieiner 587-589.
[1366] JFC 2,5,195-199,127.
[1367] JFC 2,6,202,127.
[1368] BPASC 1,14,252,20f.
[1369] HISV 1,2,6,22,908-910,251.
[1370] HISV 2,3,10,32,906-909,572.
[1371] HAB 22,316-329,201.
[1372] BB 1,113,2,816,18-20.
[1373] BVADV 2,72,15-20.
[1374] BLVM 4,1,98,19-100,2.
[1375] SP 5,416,13-17.

71. Joh 19,28: „Postea sciens Jesus, quia omnia consummata sunt, ut consummetur Scriptura, dixit: Sitio." – „Darauf, da Jesus wußte, daß alles vollbracht sei, sagte er, damit die Schrift erfüllt werde: Mich durstet."

71.1   Auf die Frage, wonach Jesus gedürstet habe, gibt Bernhard von Clairvaux die Antwort: nach dem Heil des Menschen[1376]. Auch auf die Tatsache, daß sich in Jesu Tod alles erfüllt, was über ihn die Schrift sagt, weist der Abt hin[1377].

71.2   Nach Margareta von Magdeburg findet Christus nur wenige, die ihn aufnehmen, obwohl er so großen Durst nach den Menschen hat[1378].

71.3   Wie Mechthild von Magdeburg schreibt, dürstet Christus nach den Menschen; so wird dessen Seele ein „trust miner mŏnschheit", „Durst meiner Menschheit" genannt[1379]. Ähnlich soll auch die Seele am Kreuz der Minnen nach Christus dürsten[1380].

71.4   Im vierten Buch des „Göttlichen Gesandten" wird erzählt, daß Gertrud die Große an einen Karfreitag, während bei der Passion „Mich durstet" gelesen wird, schaut, wie der Herr ihr einen goldenen Kelch reicht, um die Tränen der Andacht aufzufangen, die er zu sich nehmen will[1381].

72.   Joh 19,30: „Cum ergo acceperit Jesus acetum, dixit: Consummatum est. Et inclinato capite tradidit spiritum." – „Als Jesus den Essig genommen hatte, sagte er: Es ist vollbracht. Und er neigte sein Haupt und gab seinen Geist auf."

72.1   Einmal sieht Bernhard von Clairvaux in diesem Wort ausgedrückt, daß die Bosheit der Feinde bei dem Tod Jesu vollendet ist[1382]. Doch bei diesem Wort hätten die Menschen auch verstehen müssen, daß das, was der Vater ihm aufgetragen hat (Joh 17,4), vollbracht war[1383]. Ein anderes Mal bezieht Bernhard das Vollendetsein auf den Augenblick des Trinkens des Essigs; jetzt hatte Jesus alles getan und konnte sterben[1384]. Im Neigen des Hauptes sieht er seinen Gehorsam bis zum Tod angedeutet[1385]. Aber auch seine Liebe ist vollendet, wenn er sein Leben für die Freunde gibt (Joh 15,13)[1386]. Mit diesem Wort Jesu hört aber auch der Zustand seiner Erniedrigung und Schwäche auf[1387].

72.2   Hildegard von Bingen schreibt, daß Jesus am Kreuz von der Quelle des Glaubens getrunken hat und deswegen sagen konnte, daß auch dies vollbracht sei[1388].

[1376] BS 3,1,374,5-7.
[1377] BQH 16,2,698,14f.
[1378] MA 51,56.
[1379] MM 1,19,3f.,15.
[1380] MM 3,10,30f.,90.
[1381] G 4,4,26,5,1-11,252.
[1382] BHLD 2,60,1,4,302,4-9.
[1383] BHLD 2,76,1,1,522,21-524,1.
[1384] BIVHM 4,188,3f.
[1385] BIVHM 4,188,4f.
[1386] BPASC 1,3,224,2f.
[1387] BD 34,4,482,19-21.
[1388] HISV 2,3,11,42,874-876,601f.

72.3 In einer Vision erhält Hadewijch vom Herrn die Zusage des Beistandes bis zu dem Augenblick, in dem er zu ihr mit seinen eigenen Sterbeworten sagt, daß ihr Werk vollbracht sei[1389]. Ähnlich lautet die Feststellung, wenn Jesus alles durchdringt[1390].

72.4 Gertrud die Große wünscht, daß der Christ um die Gnade betet, im süßen Geist Christi den eigenen Geist aufgeben zu dürfen[1391].

73. Joh 19,34: „Sed unus militium lancea latus ejus aperuit, et continuo exivit sanguis et aqua." – „Aber einer der Soldaten öffnete seine Seite mit einer Lanze, und sogleich kam Blut und Wasser heraus."[1392]

73.1 In einem Brief warnt Bernhard von Clairvaux davor, eine Spaltung in der Kirche entstehen zu lassen; dies hieße nämlich, Christi unschuldiges Herz von neuem zu durchbohren[1393]. Unter dem heilbringenden Wasser erwähnt der Abt auch das Wasser, das mit dem Blut aus der geöffneten Seite Jesu geflossen ist[1394].

73.2 Die geöffnete Seite Jesu wird für Aelred von Rievaulx zur Felsenhöhle, in der die Taube nistet und in der man den Honig der Gnade finden kann[1395].

73.3 Als das Wasser und das Blut Jesu aus der geöffneten Seite floß, vollzog sich nach Hildegard von Bingen der Ehebund zwischen Christus und der Kirche[1396]. Jesus hat den Kelch des Heiles ergriffen und dem Vater gedankt, weil er alle Gnade beim Fließen des Blutes aus seiner Seite den Gläubigen geschenkt hat[1397].

73.4 Mechthild von Magdeburg sucht nach einer Analogie der liebenden Seele mit dem durch die Lanze verwundeten Herrn. Von der Liebe wird ihre Seite auch mit einem süßen Speer durchdrungen, so daß aus ihrem Herzen mannigfaltige heilige Lehre für die anderen Menschen fließt[1398].

73.5 Nach Gertrud der Großen reinigt das aus der Seite Jesu fließende rosenfarbene Wasser von allen Makeln[1399].

74. Joh 20,17: „Dicit ei Jesus: Noli me tangere, nondum enim ascendi ad Patrem meum: vade autem ad fratres meos, et dic eis: Ascendo ad Patrem meum, et Patrem vestrum, Deum meum et Deum vestrum." – „Es sprach zu ihr (= Maria) Jesus: Berühre mich nicht; ich bin nämlich noch nicht zu meinem Vater aufgestiegen. Geh' aber zu meinen Brüdern und sag ihnen: Ich steige hinauf zu meinem Vater und eurem Vater, zu meinem Gott und zu eurem Gott."

74.1 Etwas gekünstelt versucht Bernhard von Clairvaux sieben Erscheinungen des Auferstandenen auf die sieben Gaben des Heiligen Geistes zu beziehen, wobei das

---

[1389] HAV 1,394-397,65f.
[1390] HAV 13,219-224,150.
[1391] G R 4,355f.,122.
[1392] Weitere Stellen vgl. Weiß, Gottesbild 3,2017-2034.
[1393] BB 2, 219,2,202,12.
[1394] BCLEM 6,902,18f.
[1395] ARI 31,1187-1197,671.
[1396] HISV 1, 2,6 vis,194-197,230.
[1397] HISV 1, 2,6,22,867-869,250.
[1398] MM 3,10,35-37,90.
[1399] G 4, 4,2,5,15-17,30.

Verbot, ihn zu berühren, auf die Gabe der Wissenschaft gedeutet wird[1400]. Ein anderes Mal sieht der Abt in dem Berührenwollen ein Streben nach dem sinnenhaften Wahrnehmen des Herrn, vor dem er als vor einer Verführung warnt[1401]. Wenn der Herr zum Vater aufgestiegen ist, wird der Mensch ihn berühren „affectu, non manu; voto non oculo; fide non sensibus", „mit der Zuneigung, nicht mit der Hand, mit dem Wunsch, nicht mit dem Auge, mit dem Glauben, nicht mit den Sinnen"[1402]. Ja die Seele, welche dem Herrn in sinnenhafter Weise begegnen wollte, würde zurückgewiesen[1403]. Das Berühren Christi kann auch als Streben nach seiner Herrlichkeit auf Erden verstanden werden[1404]. Einmal faßt Bernhard die Botschaft, die Maria den Jüngern bringen soll, folgendermaßen zusammen: „Frates sunt: faciant quod fratres." – „Sie sind Brüder, sie sollen handeln wie Brüder."[1405]

74.2 Aelred von Rievaulx fragt sich, was an der Sehnsucht, die durchbohrten Füße Jesu berühren und küssen zu wollen, Böses sein soll[1406]. Seine Antwort lautet, es sei bei diesem Verbot etwas Gutes nicht weggenommen, sondern nur auf später verschoben, bis den Jüngern die Osterbotschaft verkündet ist[1407].

74.3 Hildegard von Bingen erklärt das Aufsteigen des Sohnes. Er gelangt dabei zum Vater und zum Heiligen Geist und das heißt zur alles überragenden Höhe der Freude[1408]. Von dort aber wird er noch einmal herabsteigen, um die Welt zu richten[1409].

74.4 Nach Mechthild von Magdeburg erhält die liebende Seele wie Maria von Magdala an Ostern die Sicherheit der Vergebung all ihrer Sünden[1410].

75. Joh 20,22: „Haec cum dixisset, insufflavit et dixit eis: Accipite Spiritum sanctum." – „Als er dies gesagt hatte, hauchte er sie an und sprach: Empfangt den Heiligen Geist."

75.1 In einer Sentenz unterscheidet Bernhard von Clairvaux verschiedene Arten von Frieden. Die Jünger erlebten den Frieden des Fleisches in der Berührung der Hände und Füße des Auferstandenen und den Frieden des Geistes in der anschließenden Einhauchung des Geistes[1411]. Was sie dabei aber empfingen, war noch nicht die Glut des Pfingstgeistes, sondern der Geist des Glaubens[1412], in welchem man die Vergebung der Sünden erhält[1413]. An einer anderen Stelle bezeichnet der Abt die Einhauchung des Geistes als den Kuß, den die neuvermählte Braut, die Kirche, empfängt[1414].

[1400] BS 1,27,282,20-22.
[1401] BHLD 1,28,3,9,444,3-5.
[1402] BHLD 1,28,4,9,444,11-14.
[1403] BQH 9,9,616,28-618,1.
[1404] BOS 5,7,802,5-9.
[1405] BPP 3,6,572,19f.
[1406] ARI 31,1224-1229,672.
[1407] ARI 31,1232f.,672f.
[1408] HISV 1,2,1,17,415-417,123.
[1409] HISV 1,2,5,555-560,188.
[1410] MM 3,10,45-47,91.
[1411] BS 1,29,284,8f.
[1412] BASC 6,15,388,12-15.
[1413] BPENT 1,4,396,10-12.
[1414] BHLD 1,8,1,2,122,6-12.

75.2 Nach Hadewijch spricht Jesus deswegen „Empfange meinen Geist", damit man im Geist erkennt, wie sehr er in allen Dingen die Liebe ist[1415].

75.3 Gertrud die Große sagt, daß jeder, der alles tut und erträgt, was Gott will, den Heiligen Geist so empfängt, wie die Jünger ihn bei der Anhauchung empfangen haben[1416].

75.4 Von Lukardis von Oberweimar heißt es, daß sie den gleichen Geist wie die Jünger am Osterabend empfangen hat[1417].

76. Joh 20,29: „Dixit ei Jesus: Quia vidisti me, Thoma, credidisti: beati qui non viderunt et crediderunt." – „Es sprach Jesus zu ihm (= Thomas): Weil du mich gesehen hast, Thomas, hast du geglaubt. Selig, die nicht sehen und doch glauben."

76.1 Bernhard von Clairvaux unterscheidet ein Sehen Jesu auf Erden von einem solchen im Jenseits. Zum ersten zählt er das Sehen des Auferstandenen durch Thomas[1418]. Wenn ein Christ vom Wohlgeruch des Glaubens erfährt, ohne Christus auf Erden gesehen zu haben, ist er derjenige, der von Christus selig gepriesen wird[1419]. Und doch haben die Apostel das gesehen, woran sie geglaubt haben[1420]. Der sichere Glaube aber kommt vom Hören auf das Wort des Herrn[1421]. Etwas für wahr zu halten, was die eigenen Augen sehen, ist ja nichts Großes[1422].

76.2 Auch Hildegard von Bingen betont, daß unser Glaube nicht vom Sehen abhängen würde, andernfalls könnten wir oft nicht glauben und wären ohne Heil[1423].

77. Joh 21,6: „Dicit eis: Mitte in dexteram navigii rete, et invenietis. Miserunt ergo et jam non valebant illud trahere prae multitudine piscium." – „Und er sprach zu ihnen: Werft das Netz auf der rechten Seite des Bootes aus, und ihr werdet finden. Sie warfen es aus und konnten es schon wegen der Menge der Fische nicht wieder einholen."

77.1 Bernhard von Clairvaux ordnet die sieben Ostererscheinungen den sieben Gaben des Heiligen Geistes zu. Wenn Jesus rät, die Netze auf der rechten Seite auszuwerfen, geschieht dies im Geist des Rates[1424].

77.2 Hildegard von Bingen sieht in der großen Anzahl der Fische, welche die Apostel fingen, die große Stadt der vielen, zahlreichen Völker, nämlich die Heidenkirche, welche die Apostel gründen werden[1425].

[1415] HAV 3,13-15,70.
[1416] G 4, 4,32,1,21-30,278-280.
[1417] LO 28,324,7-13.
[1418] BS 3,114,662,3-5.
[1419] BHLD 2, 70,4,7,438,20-22.
[1420] BVNAT 6,4,210,15-21.
[1421] BLAB 3,7,522,19f.
[1422] BHLD 2, 76,1,2,524,10-13.
[1423] HISV 1, 2,1,16,406-409,122.
[1424] BPASC 3,6,288,16f.
[1425] HISV 1, 2,3 vis,129-133,136.

2.2.2 Apg

Auf die für die Christologie relevanten Stellen in der Apostelgeschichte wird in unseren Texten seltener zurückgegriffen.

1. Apg 1,8f.: „Accipietis virtutem supervenientis Spiritus sancti in vos, et eritis mihi testes in Jerusalem, et in omni Judaea et Samaria, et usque ad ultimum terrae. Et cum haec dixisset, videntibus illis elevatus est; et nubis suscepit eum ab oculis eorum.» – «Ihr werdet die Kraft des Heiligen Geistes, der über euch kommen wird, empfangen, und ihr werdet meine Zeugen sein in Jerusalem, in ganz Judäa, in Samarien und bis an die Grenzen der Erde. Und als er dies gesagt hatte, wurde er vor ihren Augen erhoben; und eine Wolke nahm ihn auf und entzog ihn ihren Blicken.»

1.1 An dieser Stelle macht Bernhard von Clairvaux einen Unterschied zwischen einer Entrückung und der Himmelfahrt Christi deutlich. Entrückungen in Ekstasen geschehen nicht nur plötzlich, sondern dauern auch nicht lang. Christus aber stieg vor den Augen der Apostel, das heißt in der Öffentlichkeit, auf und sitzt für immer neben dem Vater[1426]. Bei seiner Himmelfahrt macht sich an Christus die Geistesgabe der Weisheit bemerkbar[1427].

1.2 Der Verfasser des Traktates „Speculum virginum" schreibt, daß Maria auch nach der Zeit der Himmelfahrt treu bei ihrem Sohn ausgeharrt hat, bis sie selbst zu ihm in den Himmel aufgenommen wurde[1428].

1.3 Hildegard von Bingen meint, daß die Wolke bei der Himmelfahrt die Augen der Sterblichen vor Blendung durch das wunderbare Geheimnis Gottes schützt[1429].

1.4 Hadewijch schildert, wie die Braut mit Christus, dem Bräutigam, vereint zum Vater in den Himmel auffährt[1430].

1.5 Gertrud die Große hört, wie die Verheißung des Geistes für die Apostel auch für sie gelten soll, und fühlt sich selbst dafür nicht würdig, erfährt aber doch die Süße des Tröster Geistes[1431].

2. Apg 2,2-4: „Et factus est repente de coelo sonus, tamquam advenientis spiritus vehemntis, et replevit totam domum, ubi erant sedentes. Et apparuerunt illis dispertitae linguae tamquam ignis, seditque supra singulos eorum; et repleti sunt omnes Spiritu sancto, et coeperunt loqui variis linguis, prout Spiritus sanctus dabat eloqui illis." – „Da kam plötzlich vom Himmel her ein Brausen, wie wenn ein starker Sturm ankommt, und erfüllte das ganze Haus, wo sie saßen. Und es erschienen ihnen Zungen wie von Feuer, die sich verteilten; und es setzte sich eine auf jeden von ihnen, und alle wurden vom Heiligen Geist erfüllt und fingen an, in verschiedenen Sprachen zu reden, wie der Heilige Geist ihnen zu sprechen gab.»

[1426] BH 8,23,80,11f.
[1427] BPASC 3,6,288,17-19.
[1428] SP 5,374,6-10.
[1429] HISV 1, 1,3,6,174-179,44.
[1430] HAV 12,126f.,134.
[1431] G 4, 4,38,1,4-19,312.

2.1 Bernhard von Clairvaux schildert den Beginn der Erlösung als einen Auszug der guten Kräfte, die wie ein plötzlich daherbrausender Sturm in den Krieg gegen das Böse ziehen[1432]. Einmal vergleicht Bernhard das Wirken des Heiligen Geistes bei der Empfängnis Jesu in Maria mit seinem Herabkommen in Feuerzungen auf die Apostel[1433]. Beim Pfingstfest mußten die Verzagten mit einem mächtigen Sturm zurechtgewiesen werden[1434]. Im Pfingststurm gab die Narde der kleinen Braut, das heißt der Urkirche, ihren Duft[1435]. Bernhard schildert, wie die Braut zuerst die Stimme des Geliebten hört, bevor sie ihn über die Berge kommen sieht (Hld 2,8)[1436]. „Auditus ducit ad visum." – „Das Hören führt zum Sehen."[1437] Genau diese Abfolge geschieht auch an Pfingsten. Erst hört man den Sturm, und dann sieht man die Feuerzungen[1438]. Die Ankunft des Heiligen Geistes setzt sich im Reden fort. Zuerst sind die Apostel vom Heiligen Geist erfüllt, dann künden sie von der Güte Gottes[1439]. Einmal bittet Bernhard auch, daß sein Kloster so wie damals das Haus, in dem die Apostel waren, vom Geist erfüllt wird[1440]. Jedesmal, wenn der Geist auf einen Menschen herabkommt und in der Eingebung, Belehrung und Ermutigung Besitz ergreift, kommt er wie mit Feuerzungen auf diesen herab[1441].

2.2 Hildegard von Bingen beschreibt ihre Erleuchtungen in ihren Visionen mit den Worten des Pfingstfestes[1442]. In der Sendung des Heiligen Geistes werden die Herzen der Jünger in den Feuerzungen angesteckt, daß sie für die Verkündigung gestärkt werden[1443]. Der Heilige Geist ergießt sich in die Apostel im feurigen Brand[1444]. Das Wort Gottes muß durch die feurigen Zungen in ihnen gestärkt werden[1445]. Dann konnten sie den ganzen Erdkreis bewegen[1446]. Zugleich wurden sie sanft gemahnt, nicht der Welt zu verfallen[1447].

3. Apg 3,6: „Petrus autem dixit: Argentum et aurum non est mihi: quod autem habeo, hoc tibi do: In nomine Jesu Christi Nazareni surge et ambula." – „Petrus aber sagte: Silber und Gold habe ich nicht. Was ich aber habe, das gebe ich dir: Im Namen Jesu Christi des Nazareners, steh auf und geh umher."

3.1 Bernhard von Clairvaux erinnert den Papst Eugen II. daran, daß Petrus, dessen Nachfolger er ist, weder Silber noch Gold hatte; wenn dieses sein Nachfolger dennoch

---

[1432] BPA 2,1,818,12-15.
[1433] BBEN 10,88,20-90,1.
[1434] BQUAD 4,4,478,1.
[1435] BHLD 2,42,7,11,94,9-14.
[1436] BHLD 2,53,1,2,206,17-21.
[1437] BHLD 2,53,1,2,206,21.
[1438] BHLD 2,53,1,2,208,3-8.
[1439] BHLD 2,67,3,5,396,25f.
[1440] BASC 3,9,342,18-23.
[1441] BPENT 1,5,398,5-9.
[1442] HISV 1, prot 30f.,4.
[1443] HISV 1, 2,4,1,82-86,161.
[1444] HISV 2, 3,7,9,395f.,473.
[1445] HISV 2, 3,7,8,371-373,472.
[1446] HISV 2, 7,7,243-248,468f.
[1447] HISV 2, 3,9,17,442-447,528.

besitzt, sollte er es seinem Amt entsprechend gebrauchen[1448]. Wenn er schon nicht arm leben will, dann sollte er wenigstens aus seiner klösterlichen Erziehung wissen, daß er kein Silber und Gold besitzen soll[1449].

3.2 Nach Gertrud der Großen können auch die Worte „Was ich habe, gebe ich Dir" die Hingabe des Menschen an Gott ausdrücken[1450].

4. Apg 4,32: „Multitudinis autem credentium erat cor unum et anima una, nec quisquam eorum, quae possidebat, aliquid suum esse dicebat, sed erant illis omnia communia." – „Die Menge der Gläubigen war ein Herz und eine Seele, und niemand nannte etwas von dem, was er besaß, sein eigen, sondern ihnen war alles gemeinsam."

4.1 Bernhard von Clairvaux kritisiert, daß man den in der Schriftstelle beschriebenen Zustand selbst in den Klöstern seiner Zeit nicht antrifft[1451]. In einem Brief bittet er den Papst, einen Abt, der an die päpstliche Kurie berufen worden ist, wieder in sein Amt zurückzuschicken, weil Bernhard ein Herz und eine Seele mit ihm ist[1452]. Doch Bernhard weiß auch, daß die beschriebene Einheit bei räumlicher Trennung fortdauert; dies war schon in der Urkirche der Fall. Die Gläubigen waren ein Herz und eine Seele, obwohl sie überallhin vertrieben wurden und neue Gemeinden entstanden[1453]. Diese Gemeinschaft war nicht nur einfach, sondern auch vielfältig, was Bernhard damit begründet, daß ein jeder das erhielt, was er bedurfte[1454], und demnach die Bedürfnisse verschieden waren. Grundlage dieser Gemeinschaft war ja die Einheit aller mit dem Willen Gottes[1455]. Die Einheit untereinander wird belohnt in der Einheit mit Christus[1456]. Bei aller Großartigkeit dieser Einheit der Gläubigen untereinander ist sie aber nicht zu vergleichen mit der Einheit der Dreifaltigkeit[1457].

4.2 Nach dem Traktat „Speculum Virginum" müssen die Diener der Kirche, welche die Braut Christi ist, ein Herz und eine Seele sein, damit sie das Gift des Schismas und des Irrglaubens von ihr fernhalten können[1458].

5. Apg 5,41: „Et illi quidem ibant gaudentes a conspectu concilii, quoniam digni habiti sunt, pro nomine Jesu contumeliam pati." – „Sie aber gingen weg vom Hohen Rat und freuten sich, daß sie würdig gehalten worden waren, für den Namen Jesu Schmach zu erdulden."

5.1 In einem Brief spricht Bernhard von Clairvaux gerade erst ins Kloster eingetretenen Mönchen Mut zu. Er weiß, daß bei ihnen bald innere und äußere Schwierigkeiten auftreten werden. Sie sollen sich aber an die Apostel halten, die in den Schwierigkeiten

---

[1448] BCO 2,6,10,674,22-25.
[1449] BB 2,238,4,276,1-5.
[1450] G R 6,65,166.
[1451] BAP 10,24,186,11-13.
[1452] BB 2,273,2,408,6-11.
[1453] BHLD 1,30,1,3,470,13-17.
[1454] BSEPT 2,3,440,2-7.
[1455] BINOV 5,5,712,12-16.
[1456] BASSPT 5,11,586,10-14.
[1457] BHLD 2,71,4,9,454,21-29.
[1458] SP 3,266,18-21.

des Anfangs ihre Freude nicht verloren hatten[1459]. Die Apostel konnten diese Freude haben, weil sie im reichem Maß den Heiligen Geist empfangen hatten[1460]. So gingen sie froh in der Kraft des Gehorsams Gott gegenüber weg (Apg 5,29)[1461]. Das Wasser ihrer Furcht hatte sich in den Wein ihrer Freude gewandelt[1462]. Besonders deutlich wird dies bei Petrus, der noch vor kurzen vor einer Magd Angst hatte[1463]. Auch die Art, wie der Apostel Andreas sein Martyrium ertragen hat, ist ein Beleg für die Freude in der Verfolgung[1464]. Natürlich sieht der Mensch zunächst in der Verfolgung nur das Dunkle. Sie wird aber zum höchsten Schmuck, wenn der Mensch ihre Schmach freudig annimmt[1465]. So schöpfen die Christen wie die Apostel aus der Mühsal Ruhe, aus der Bedrängnis Freude und aus der Schmach Ruhm[1466]. Die Braut erträgt alles so tapfer für den Bräutigam, weil die Apostel froh waren, für den Herrn leiden zu dürfen[1467].

5.2 Die außergewöhnlichen Phänomene ihrer Ekstasen wurden bei vielen der Mystikerinnen von ihrer Umgebung als Anzeichen von Wahnsinn gehalten[1468]. Dies ist auch bei Ida von Löwen der Fall. Wie die Apostel erträgt sie aber diese Schmach mit Freuden[1469].

6. Apg 7,51: „Dura cervice, et incircumcisis cordibus et auribus, vos semper Spiritui sancto resistitis: sicut pater vestri ita et vos." – „Ihr Halsstarrigen und ihr, die ihr euch immer mit unbeschnittenen Herzen und Ohren dem Heiligen Geist widersetzt: Wie eure Väter, so auch ihr."

6.1 Bernhard von Clairvaux ist der Überzeugung, daß dieses Wort, das damals Stephanus an seine Verfolger richtet, auch heute noch für einige Christen in der Kirche gilt[1470]. Wenn auch Christus jetzt nicht zu sehen, sondern nur zu hören ist, stellt sich der Unglaube bei denen ein, deren Ohren unbeschnitten sind[1471].

6.2 Auch Hildegard von Bingen beklagt, daß es Menschen in ihrer Zeit gibt, die so halsstarrig sind, daß sie die Botschaft Christi nicht aufnehmen[1472].

7. Apg 8,20: „Pecunia tua tecum sit in perditionem, quoniam donum Dei existimasti pecunia possideri." – „Dein Geld fahre mit dir ins Verderben, weil du meinst, mit Geld die Gaben Gottes besitzen zu können."

[1459] BB 2, 462,6,910,22-912,1.
[1460] BHLD 1, 10,6,10,156,1-3.
[1461] BD 41,1,508,14-18.
[1462] BD 18,2,336,17-20.
[1463] BPENT 1,2,394,1-6.
[1464] BD 16,6,316,10-16.
[1465] BHLD 1, 28,5,12,450,3-6.
[1466] BASC 3,9,342,25-344,1.
[1467] BHLD 2, 43,1,1,96,11-14.
[1468] Vgl. Weiß, Ekstase 218-232.
[1469] IL 1,3,19,164.
[1470] BB 2, 311,1,504,11-14.
[1471] BHLD 1, 28,2,5,438,9-12.
[1472] HISV 1, 2,5,56,1643-1645,221.

7.1 Mit dieser Schriftstelle warnt Bernhard von Clairvaux den Papst vor Bestechung der päpstlichen Gerichte[1473]. Auch für seinen persönlichen Lebensstil wünscht er die Armut des Papstes, daß er nie diese Schriftstelle als Donnerwort hören muß[1474].

7.2 Hildegard von Bingen erklärt an Hand dieses Schriftwortes die Gefährlichkeit der kirchlichen Simonie[1475].

8. Apg 9,15: „Dixit autem ad eum Dominus: Vade, quoniam vas electionis est mihi iste, ut portet nomen meum coram gentibus et regibus, et filiis Israel." – „Es sprach aber zu ihm (= Hannanias) der Herr: Gehe, denn er (= Paulus) ist für mich ein auserwähltes Gefäß, damit er meinen Namen vor Völker, Könige und die Söhne Israels trage."

8.1 Bernhard von Clairvaux erwähnt anläßlich dieser Stelle, daß die Schuld Paulus nicht daran hindert, ein auserwähltes Gefäß Gottes zu werden[1476]. Wenn ein Gottesmann sich zu sehr an die weltliche Macht anlehnt, meint Bernhard, ein auserwähltes Gefäß Gottes schäme sich des Evangeliums[1477]. Einen Kardinaldiakon fordert der Abt zu einer sparsameren Haushaltsführung auf, damit dieser so lebt, wie es einem auserwählten Gefäß Gottes geziemt[1478]. Bernhard nennt aber nicht nur kirchliche Amtsträger auserwählte Gefäße, sondern jede Seele so, für die Christus das Leben und Sterben Gewinn geworden ist (vgl. Phil 1,21)[1479]. Auch Johannes der Täufer, der schon im Mutterschoß die Ankunft Christi erkannte, war ein solches Gefäß[1480].

8.2 In einer eingeschobenen längeren Passage wendet sich der Autor des Traktates „Speculum virginum" an einen Geistlichen, der seine Pflichten vernachlässigt[1481], obwohl er als auserwähltes Gefäß die Gefäße des Herrn mit einem unbeschreiblichen Schatz trägt[1482].

8.3 Bei Hildegard von Bingen führt Paulus als Beinamen „lucidum vas electionis", „leuchtendes Gefäß der Erwählung"[1483].

8.4 Auch Gertrud die Große redet Paulus in einem litaneiartigen Gebet als „vas electionis", „Gefäß der Erwählung" an[1484].

9. Apg 13,52: „Discipuli quoque replebantur gaudio et Spiritu sancto." – „Auch die Jünger waren voll Freude und voll des Heiligen Geistes."

9.1 Bernhard von Clairvaux sieht in diesem Schriftvers die angestrebte Endvollendung[1485].

[1473] BCO 3,3,13,720,16-21.
[1474] BB 2,238,6,276,22-26.
[1475] HISV 2,3,9,21,683-716,535f.
[1476] BPP 1,1,448,4-9.
[1477] BB 1,78,11,656,17-20.
[1478] BB 2,368,2,678,17-680,1.
[1479] BHLD 2,85,4,12,644,17-23.
[1480] BJB 4,426,26-428,2.
[1481] SP 5,460,11-462,8.
[1482] SP 5,470,23-472,8.
[1483] HISV 2,3,2,14,424,361.
[1484] B R 4,124,106.
[1485] BAND 1,9,934,16f.

9.2 Nach Wilhelm von St. Thierry ist hier diejenige Freude gemeint, die niemand mehr vom den Glaubenden nehmen kann[1486]. Sie erfährt man, wenn man spürt, daß Gott die Liebe ist[1487].

9.3 Nach David von Augsburg erwächst diese Freude aus empfangenen Wohltaten und erwarteten Verheißungen Gottes[1488].

10. Apg 15,9: „Et nihil discrevit inter nos et illos, fide purificans corda eorum." – „Er (= Gott) hat keinen Unterschied zwischen uns (= den Juden) und ihnen (= den Heiden) gemacht, weil er ihre Herzen durch den Glauben gereinigt hat."

10.1 Bernhard von Clairvaux verwendet diese Schriftstelle, um das Heil der ungetauft verstorbenen Kinder scheinbar in Frage zu stellen. Denn sie haben weder die Taufe empfangen, noch sind sie persönlich zu einer Hinwendung im Glauben fähig[1489]. Allgemein schreibt er, daß man nur mit einem reinen inneren Auge Gott schauen wird (Mt 5,8). Durch den Glauben aber wird dieses Organ innen gereinigt[1490]. Dies vollbringt aber nicht jeder Glaube, sondern nur derjenige, der durch die Liebe wirkt[1491]. Solange dieses Auge noch nicht gereinigt ist, stellt der Glaube nur ein abgeschattetes Licht dar[1492]. In dieser Zeit muß man sein Gehör, aus dem der Glaube kommt, schulen[1493]. Auch die Braut erkennt den Bräutigam, solange ihre Augen durch den Glauben noch nicht gereinigt sind, an seiner Stimme[1494].

10.2 Im Traktat „Speculum virginum" heißt es, daß nur der Glaube an das Wort, welches Jesus Christus ist, die Herzen der Gläubigen reinigt[1495].

11. Apg 17,28: „In ipso enim vivimus, et movemur, et sumus, sicut et quidam vestrorum poetorum dixerunt: Ipsius enim et genus sumus." – „In ihm nämlich leben wir und bewegen wir uns und sind wir, wie auch einige eurer Dichter gesagt haben: Wir sind nämlich auch von seiner Art."

11.1 Bernhard von Clairvaux greift den augustinischen Gedanken auf, daß Gott innerer als unser Inneres ist, und verwendet ihn zur Begründung dieser Schriftstelle[1496].

11.2 Nach Balduin von Canterbury besteht darin die Wohltat der Schöpfung für uns, daß wir in Gott sind und leben[1497].

[1486] WHLD 1,10,119,256.
[1487] WHLD 1 fin 144,302.
[1488] DAE 3,64,4,350.
[1489] BB 1,77,2,9,624,3-16.
[1490] BHLD 1,28,2,5,438,25-440,2.
[1491] BASSEPT 5,6,578,18f.
[1492] BHLD 1,31,4,9,498,12-14.
[1493] BHLD 2,41,2,2,72,18-24.
[1494] BHLD 2,53,1,2,206,17-22.
[1495] SP 11,902,2-4.
[1496] BHLD 2,74,2,5,500,5-8.
[1497] BT 3,421B.

11.3 Der Autor des Traktates „Speculum virginum" beteuert, daß alles, was der Mensch Gutes hat, von Christus kommt, in dem wir leben und sind[1498]. Weil dem so ist, sollen wir auch alles auf ihn beziehen[1499].

11.4 Gertrud die Große zieht aus dieser Schriftstelle den Schluß, daß man auf ihn allein vertrauen soll[1500].

2.2.3 Röm

1. Röm 1,3f.: „De filio suo, qui factus est ei ex semine David secundum carnem, qui praedestinatus est Filius Dei in virtute secundum spiritum sanctificationis ex resurrectione mortuorum Jesu Christi Domini nostri." – „(Das Evangelium) von Jesus Christus, unserem Herrn, von seinem Sohne, der dem Fleische nach geboren worden ist aus dem Samen Davids, der bestimmt worden ist als Sohn Gottes in Kraft nach dem Geist der Heiligkeit aus der Auferstehung von den Toten."

1.1 Bernhard von Clairvaux liest aus dieser Stelle, daß der Sohn auch in dem, was er in der Zeit geworden ist, allen Vorrang vor den himmlischen Geistern besitzt[1501].

1.2 Wilhelm von St. Thierry beschreibt die Vorherbestimmung Christi anhand dieser Stelle: Er wurde vorherbestimmt, die menschliche Natur in niedriger Gestalt anzunehmen[1502]. Für den ewigen Sohn Gottes, welcher der Zeit nicht unterworfen ist, kann es eine Bestimmung des Vaters, aber keine Vorherbestimmung geben[1503].

2. Röm 1,17: „Justitia enim Dei in eo revelatur ex fide in fidem, sicut scriptum est: Justus autem ex fide vivit." – „Die Gerechtigkeit Gottes wurde in ihm offenbart aus Glauben in Glauben, wie geschrieben steht: Der Gerechte aber lebt aus dem Glauben."

2.1 Bernhard von Clairvaux kombiniert diese Stelle mit Jes 7,9 und stellt fest, daß derjenige, der aus dem Glauben selig ist, aus der Einsicht lebt[1504]. Ein anderes Mal bemerkt er, daß der Gerechte nicht aus einem toten, sondern aus einem lebenden Glauben[1505], welcher ein Glaube ist, in dem die Liebe wirkt[1506], lebt. Es ist der Glaube, der aus dem Herzen kommt[1507]. Deswegen steht auch am Anfang des Glaubens, wenn er lebendig machen soll, die innere Umkehr[1508]. Eine Seele ist in der Sünde tot und lebt in der Gerechtigkeit und wird nicht zuschanden[1509]. Sie lebt deswegen, wenn sie durch den

---

[1498] SP 11,942,18-21.
[1499] SP 12,1010,18f.
[1500] G R 6,685,204.
[1501] BHLD 2,73,3,9,490,26-492,3.
[1502] WR 1,550B.
[1503] WR 1,550C.
[1504] BB 1, 18,2,374,22-25.
[1505] BB 1, 42,4,15,464,23.
[1506] BB 1, 4,780,21.
[1507] BD 82,1,664,3-5.
[1508] BD 21,1,356,11-13.
[1509] BS 3,125,734,13-15.

Glauben die Gerechtigkeit[1510] und Weisheit[1511] erlangt hat. Deswegen ist auch das Wort Gottes sehr nützlich, weil aus ihm der Glaube stammt, der das Leben bringt[1512].

2.2 Nach dem Traktat „Speculum virginum" verbindet, wie der Hals den Leib mit dem Kopf, der Glaube den Menschen mit Gott, durch welche Verbindung das Leben entsteht[1513]. Deswegen braucht der Mensch neben der Demut auch besonders den Glauben[1514].

3. Röm 1,19f.: „Quia quod notum est Dei, manifestum est illis. Deus enim illis manifestavit. Invisibilia enim ipsius a creatura mundi, per ea quae facta sunt, intellecta, conspiciuntur; sempiterna quoque ejus virtus et divinitas, ita ut sint inexcusabilis." – „Denn was man von Gott erkennen kann, ist ihnen offenbar; Gott hat es ja ihnen offenbart. Seine unsichtbare Wirklichkeit wird seit Erschaffung der Welt durch das, was gemacht ist, erkannt und geschaut, nämlich seine ewige Macht und Gottheit, so daß sie unentschuldbar sind.»

3.1 Nach Bernhard von Clairvaux ist die Erkenntnis Gottes durch die Schöpfung für die Menschen nur auf Erden notwendig; denn im Himmel brauchen sie diese Art des Erkennens nicht mehr, da sie Gott schauen[1515]. Die Erkenntnis aus dem Geschaffenen ist die erste Stufe des Glaubens, auf welcher sich andere aufbauen[1516]. Da das Geschaffene sichtbar ist, bedürfen wir neben dem Verstand[1517] auch des Leibes, um mit ihm aus den geschaffenen Dingen Gott zu erkennen[1518]. Darin unterscheidet sich der Mensch von den Engeln, die Gott direkt schauen[1519].

An einer anderen Stelle bezieht Bernhard diese Stelle auf die Offenbarung, die durch Jesus Christus geschehen ist, in welcher alles, was von Gott erkennbar ist, den Menschen offenbart wird[1520]. Die Welt ist wie ein allgemein zugängliches Buch, in dem jeder die Existenz Gottes lesen kann[1521]. So legt Bernhard Ps 18,3: „Eine Nacht übergibt der anderen Nacht die Kunde" aus: Die vernunftlose erzählt der vernunftbegabten Schöpfung von ihrem Schöpfer[1522].

Meistens aber sieht Bernhard die Offenbarung durch die Schöpfung, die allen Menschen zuteil wird[1523] und durch die Vernunft leicht[1524] auch von den Philosophen[1525] zu fassen ist, auf einer niederen Stufe als die Offenbarung durch den Sohn und den Hei-

---

[1510] BB 1, 107,9,788,5-8.
[1511] BHLD 2, 63,2,3,338,30-340,1.
[1512] BD 17,7,330,5-7.
[1513] SP 3,254,4-7.
[1514] SP 4,290,15-17.
[1515] BCO 5,1,1,774,13-16.
[1516] BS 3,50,440,10-12.
[1517] BHLD 1, 5,1,6,96,7-9.
[1518] BHLD 1, 5,1,1,90,18-92,1.
[1519] BHLD 1, 5,1,4,94,1-6.
[1520] BB 1, 107,4,780,3-11.
[1521] BD 9,1,256,3-7.
[1522] BD 49,558,8-11.
[1523] BHLD 1, 22,2,6,312,29-314,2.
[1524] BHLD 1, 31,2,3,490,13-15.
[1525] BNAT 1,2,226,20-22.

ligen Geist[1526]. Die Schöpfung ist wie ein Becher von minderem Material, der das viel Kostbarere, nämlich die Erkenntnis des unsichtbaren Gottes, enthält[1527]. Auch wenn man über diese Art Erkenntnis verfügt, begreift man noch nicht die Ewigkeit und Unveränderlichkeit Gottes[1528]. Man sieht ihn ja nur in den Geschöpfen[1529]. Aber auch diese Erkenntnis ist gut, da sie anleitet, das Unsichtbare dem Sichtbaren vorzuziehen[1530]. Die Apostel hatten eine höhere Erkenntnis, weil sie Gott nicht nur in der Vernunft, sondern in Christus von Angesicht zu Angesicht geschaut haben[1531].

3.2 In der Haltung zur Erkenntnis Gottes aus der Schöpfung unterscheidet sich Wilhelm von St. Thierry kaum von seinem Freund Bernhard. Er glaubt aber, daß aus der Schöpfung nicht nur die Existenz Gottes, sondern auch seine Macht, Weisheit und Güte erkannt und der Mensch durch diese Erkenntnis zur Liebe geführt wird[1532]. Auch die Gerechtigkeit Gottes kann aus der Schöpfung erkannt werden[1533]. Wer erkennt, wie Gott alles in der Zeit gut geordnet hat, kann leicht durch den Glauben dazu erzogen werden, daß sein Herz das Ewige erfaßt[1534].

3.3 Öfters bezieht sich der Autor des Traktates „Speculum virginum" auf diesen Vers. Er nennt unter Berufung auf ihn die Natur „Ductrix ad invisibilia", „Führerin zum Unsichtbaren"[1535]. Aus der Ordnung in der Welt kann man auf die Weisheit ihres Schöpfers schließen[1536]. Gott hat dem Menschen dazu die Weisheit verliehen, um aus der Schöpfung ihn erkennen zu können[1537]. Er wendet diese Stelle auch auf die menschliche Beschaffenheit an. Aus unserer Freiheit kann man auch auf den Schöpfer, der sie uns gegeben hat, schließen[1538].

3.4 Hugo von St. Viktor unterscheidet zwei Arten der Erkenntnis Gottes, die eine durch die menschliche Vernunft, die andere durch eine göttliche Offenbarung[1539]. Beide Arten der Kundgabe Gottes können im Inneren des Menschen oder im Äußeren durch Zeichen geschehen[1540]. Sie machen Gott teils dem Menschen bekannt, teils lassen sie ihn im Verborgenen. Dies glaubt Hugo aus der besagten Schriftstelle schließen zu können[1541].

[1526] BHLD 1, 8,3,5,124,25-126,3.
[1527] BHLD 2, 74,1,2,494,20-22.
[1528] BPENT 1,1,390,16-392,3.
[1529] BOS 4,4,786,7-9.
[1530] BDED 4,2,838,13.
[1531] BASC 3,3,334,20-22.
[1532] WR 1,561D-562A.
[1533] WE 2,56,1-4,190.
[1534] WSF 8,83,1-5,152.
[1535] SP 1,114,12.
[1536] SP 9,758,15-21.
[1537] SP 10,862,4-8.
[1538] SP 3,258,14-18.
[1539] HSA 1,3,3,217C.
[1540] HSA 1,3,3,217C-D.
[1541] HSA 1,3,3,217D-218B.

3.5 Hildegard von Bingen schreibt, daß Gott die Welt geschaffen hat, damit sein Name erkannt wird, indem er das Sichtbare und Zeitliche und durch es das Unsichtbare und Ewige offenkundig macht[1542].

4. Röm 1,25: „Qui commutaverunt veritatem Dei in mendacium; et coluerunt et servierunt creaturae potius, quam Creatori, qui est benedictus in saecula. Amen." – „Sie (= die Menschen) vertauschten die Wahrheit Gottes in die Lüge, sie beteten an und dienten dem Geschöpf lieber als dem Schöpfer, der gepriesen ist in Ewigkeit. Amen."

4.1 Nach Bernhard von Clairvaux hat jeder, der die Welt mehr liebt als Gott, die Wahrheit Gottes in die Lüge vertauscht[1543].

4.2 Hildegard von Bingen schreibt, daß es Menschen gibt, die nicht Gott, sondern ihren eigenen Willen suchen, als ob dieser Gott wäre[1544]. Schon am Anfang bei den Ureltern geschah dieses Vertauschen der Wahrheit, als sie versuchten, Gott gleich zu werden[1545]. Daraus erwuchs die Verehrung der falschen Götter[1546]. Hinter dieser Entwicklung stand der Teufel, der haben will, daß der Mensch ihn und nicht Gott verehrt[1547].

5. Röm 3,23f.: „Omnes enim peccaverunt, et egent gloria Dei. Justificati gratis per gratiam ipsius, per redemptionem, quae est in Christo Jesu.» – «Alle haben nämlich gesündigt und entbehren der Herrlichkeit Gottes. Umsonst sind sie gerecht gemacht durch seine Gnade, durch die Erlösung in Christus Jesus.»

5.1 Bernhard von Clairvaux erwähnt als Beispiel für einen Menschen, der sich nicht unter die Zahl der Sünder zählen will, den stolzen Pharisäer, der nicht bekennt, daß alle, ihn also eingeschlossen, gesündigt haben[1548]. Wenn Christus den Vater preist, daß er sich den Kleinen offenbart, dann deswegen, weil alle gesündigt haben und keiner einen Anspruch auf die Offenbarung im Geist erheben kann[1549]. Man soll sich vielmehr selig preisen, wenn Gott die Sünde nicht anrechnet[1550]. Wie man auch die Erlösung bezeichnen will, wir sind, ohne es verdient zu haben, durch Christus gerechtfertigt[1551]. Der Mensch ist ja gerechtfertigt, weil Christus für uns zur Sünde wurde[1552]. Um die Notwendigkeit der Vergebung zu betonen, sagt Bernhard, daß die Menschen nicht nur die Herrlichkeit, sondern vor allem das Erbarmen Gottes benötigen[1553]. Genauso umfassend wie das Sündigsein ist aber auch die Möglichkeit für den Menschen, ins Heil zu gelangen[1554].

[1542] HISV 1, 1,3,1,106-112,41f.
[1543] BB 1, 107,11,790,3f.
[1544] HISV 2, 3,6,20,507-510,446.
[1545] HISV 1, 1,4,10,420-422,73.
[1546] HISV 1, 1,4,11,471-474,74f.
[1547] HISV 1, 2,6,101,2686-2689,305.
[1548] BH 5,17,70,6-10.
[1549] BB 1, 107,3,778,15-20.
[1550] BHLD 1, 23,6,15,344,25-27.
[1551] BB 2, 190,8,20,108,17-20.
[1552] BHLD 2, 71,5,11,458,11-13.
[1553] BHLD 2, 73,2,4,484,29.
[1554] BHLD 2, 78,2,4,552,2-4.

5.2 Der Verfasser des Traktates „Speculum virginum" schließt aus der genannten Schriftstelle, daß auch Maria der Wiedergeburt aus der Gnade ihres Sohnes bedurft hat[1555].

5.3 Hildegard von Bingen greift die stelle auf, wenn sie schreibt, daß wir alle gerechtfertigt und heil geworden sind durch die Erlösung Christi[1556].

6. Röm 4,17: „Sicut scriptum est: Quia patrem multarum gentium posui te ante Deum, cui credidit, qui vivificat mortuos, et vocat ea quae non sunt, tamquam ea quae sunt." – „Wie geschrieben steht: ‚Ich habe dich zum Vater vieler Völker gemacht vor Gott', dem er geglaubt hat, dem Gott, der die Toten lebendig macht und das, was nicht ist, ins Dasein ruft."

6.1 Bernhard von Clairvaux bemerkt zu dieser Stelle: „Si notitia Dei causa est ut homo aliquid sit, ignorantia facit, ut nihil sit." – „Wenn die Erkenntnis Gottes der Grund ist, daß der Mensch etwas ist, bewirkt die Unkenntnis, daß er nichts ist."[1557] Die Berufung in ein Kloster geht nicht von einem Menschen aus, sondern von Gott, der ruft, was nicht ist, wie das, was ist[1558].

6.2 David von Augsburg begründet mit dieser Stelle die Schöpfung aus dem Nichts[1559].

6.3 Wenn Gott Gertrud die Große zum Zeichen der Versöhnung mit ihm mit einem weißen Gewand bekleidet, ist dies wie eine Neuschöpfung aus dem Nichts[1560].

7. Röm 4,25: „Qui traditus est propter delicta nostra, et resurrexit propter justificationem nostram." – „Er (= Christus) ist wegen unserer Vergehen hingegeben worden, und er wurde auferweckt wegen unserer Rechtfertigung."

7.1 Jean von Fécamp dankt Gott für seine unendliche Barmherzigkeit angesichts dieser Schriftstelle[1561].

7.2 Bernhard von Clairvaux zieht als Folgerung aus diesem Wort den Schluß, „ut peccatis mortui, iustitiae vivamus", „daß wir für die Sünden tot der Gerechtigkeit leben"[1562]. Ausgeliefert wurde Jesus in den Tod, weil sein Tod mehr Macht für das Leben als unsere Sünde für den Tod hat. Deswegen kann seine Auferstehung zur Rechtfertigung für den Menschen werden[1563]. In seinem Kreuz liegt die Vergebung der Sünden, in seiner Auferstehung die Rechtfertigung[1564]. Bernhard tadelt die Menschen, die im Fest der Auferstehung nur das Ende der Fastenzeit sehen und keine Freude über unsere Rechtfertigung in der Auferstehung Christi empfinden[1565].

[1555] SP 2,206,9-14.
[1556] HISV 2, 3,7,8,377-381,472.
[1557] BB 1, 18,2,374,9f.
[1558] BB 2, 382,2,720,18f.
[1559] DEW 367,16-19.
[1560] G 2, 2,16,6,13-15,296.
[1561] JFC 2,3,84-89,123.
[1562] BHLD 2, 44,1,1,102,20-22.
[1563] BANN 1,4,100,10-14.
[1564] BPASC 1,14,252,11-14.
[1565] BPASC 1,16,254,23-256,2.

8. Röm 5,1: „Justificati ergo ex fide, pacem habeamus ad Deum per Dominum nostrum Jesum Christum." – „Gerecht gemacht aus dem Glauben, haben wir Frieden mit Gott durch unseren Herrn Jesus Christus."

8.1 Zur Seligpreisung „Selig die Frieden stiften" (Mt 5,9) schreibt Bernhard von Clairvaux, daß Jesus den Frieden zwischen Himmel und Erde durch sein Blut gestiftet hat; deswegen haben wir als Versöhnte Frieden mit Gott[1566].

8.2 Nach Wilhelm von St. Thierry muß sich der Erlöste entscheiden, mit wem er Frieden halten will, mit Gott oder mit der Welt[1567].

8.3 Für Hildegard von Bingen ist der Frieden, den wir in Christus haben, derjenige, von dem die Engel schon auf den Fluren von Betlehem gesungen haben (Lk 2,14)[1568].

8.4 Gertrud die Große schreibt, daß wir durch Christus den Frieden haben, der uns zum ewigen Leben bewahrt[1569].

9. Röm 5,5: „Spes autem non confundit, quia caritas Dei diffusa est in cordibus nostris per Spiritum sanctum, qui datus est nobis." – „Die Hoffnung aber läßt nicht zugrunde gehen, weil die Liebe Gottes in unsere Herzen ausgegossen ist durch den Heiligen Geist, der uns gegeben ist."

9.1 Die Hoffnung, die nicht zugrunde gehen läßt, ist nach Bernhard von Clairvaux die Frucht eines guten Gewissens[1570]. Ein Mensch kann auch ein eheloses Leben führen, wenn er die Hoffnung, die nicht zuschanden werden läßt, besitzt[1571]. Der Längsbalken des Kreuzes stellt diese Art von Hoffnung dar[1572]. Es ist die Hoffnung, die tief im Geist verwurzelt sein muß[1573].

Aus der genannten Schriftstelle leitet Bernhard ab, daß die Liebe eine Gabe Gottes ist[1574]. Der ein- und derselbe Geist ist es, der die Liebe in die Herzen verschiedener Menschen ausgießt, weswegen sie nicht wie ein Gewand zerrissen werden darf[1575]. Christus ist für uns gestorben und verdient deswegen, von uns geliebt zu werden; zu dieser Liebe sind wir fähig, weil sie uns durch den Heiligen Geist in unsere Herzen ausgegossen ist[1576]. Auch auf das persönliche geistliche Leben wendet Bernhard diese Stelle an: Wenn einer von besonderer Süße erfüllt ist, darf er sicher sein, daß die Liebe Gottes durch den Heiligen Geist in sein Herz gegossen ist[1577]. Bernhard kann es eine Erfüllung seiner Hoffnung nennen, die nicht zugrunde gegangen ist, als ein Mönch, den er als Novizen geformt hat, den Erfolg seiner Mühen zeigt[1578]. Der Geist kann

---

[1566] BOS 1,14,750,4-6.
[1567] WR 4,590C-D.
[1568] HISV 2,3,6,32,837-843,456.
[1569] G R 1,178-181,56.
[1570] BB 1,78,4,648,2-4.
[1571] BB 1,113,2,816,15-18.
[1572] BS 3,90,534,10.
[1573] BHLD 1,37,3,5,576,22-25.
[1574] BH 7,20,74,13-17.
[1575] BAP 3,6,156,20-23.
[1576] BB 1,107,8,786,10-17.
[1577] BHLD 1,19,1,1,266,2f.
[1578] BB 1,146,1,936,9f.

aber auch wieder vertrieben werden, dann bleibt die Liebe nicht im Herzen[1579]. Nach diesem Schriftwort hängen ja Geist und Liebe eng zusammen[1580].

9.2   Aelred von Rievaulx möchte sich vor dem manichäischen Dualismus hüten, nach dem der Leib des Menschen in sich schlecht und der Geist in sich gut ist[1581]. Er weiß allerdings auch von dem Sprachgebrauch der Schrift, die den Geist gut nennt, weil in ihn die Liebe durch den Heiligen Geist ausgegossen ist[1582].

9.3   In einem eigenen kleinen Traktat preist Balduin von Canterbury die Liebe Gottes, die durch den Heiligen Geist in unsere Herzen ausgegossen ist[1583].

9.4   Nach dem Traktat „Speculum virginum" ist in dem Ternar „Glaube, Hoffnung und Liebe" die Hoffnung besonders wichtig, weil sie nicht zugrunde gehen läßt[1584].

10.   Röm 5,8-10: „Commendat autem caritatem suam Deus in nobis, quoniam cum adhuc peccatores essemus, secundum tempus, Christus pro nobis mortuus est; multo igitur magis nunc, justificati in sanguine ipsius, salvi erimus ab ira per ipsum. Si enim, cum inimici essemus, reconciliati sumus Deo per mortem Filii ejus; multo magis reconciliati salvi erimus in vita ipsius." – „Gott aber hat seine Liebe zu uns dadurch erwiesen, daß Christus zu der Zeit, als wir noch Sünder waren, für uns gestorben ist; um wieviel mehr werden wir nun, gerecht gemacht in seinem Blut, gerettet werden vom Zorn durch ihn. Wenn wir nämlich, als wir noch Feinde waren, versöhnt worden sind mit Gott durch den Tod seines Sohnes, um wie viel mehr werden wir als Versöhnte gerettet werden in seinem Leben."

10.1   Jean von Fécamp sieht in dieser Aussage einen Grund, warum der Mensch trotz seiner vielen Sünden nicht zu verzweifeln braucht[1585].

10.2   Bernhard von Clairvaux zeigt an dieser Stelle die Liebe Gottes auf, die er uns ohne unser Verdienst geschenkt hat[1586]: Christus, der unschuldig für uns starb, die wir nichts aufzuweisen hatten, was zu lieben gewesen wäre[1587]. Es ist eine große Liebe, für die Freunde sein Leben hinzugeben (Joh 15,13), größer aber ist die Liebe, wenn dies für die Feinde geschieht[1588]. Während Christus uns seine Liebe zu uns Sündern am Kreuz erweist, senkt der Geist sie in unsere Herzen und gibt uns die Kraft, selbst zu lieben[1589]. Wenn wir so durch ihn lieben, verdienen wir, die wir jetzt mit Gott versöhnt sind, noch mehr zu lieben[1590]. Bernhard versucht diese Schriftstelle gleichsam zu überbieten: Gott

---

[1579] BPASC 2,1,260,15-262,2.
[1580] BOPASC 1,6,300,25-302,1.
[1581] ARSC 1,9,27,389-392,23.
[1582] ARSC 1,9,27,392-398,23.
[1583] BT 13,535C-540A.
[1584] SP 4,290,16-21.
[1585] JFC 2,2,49-56,122.
[1586] BDI prol 1,1,76,10-18.
[1587] BS 3,113,656,4-11.
[1588] BIVHM 4,186,16-23.
[1589] BB 1, 107,8,786,11-13.
[1590] BB 1, 107,8,786,15-19.

liebt uns nicht nur als Feinde, sondern als solche, die überhaupt noch nicht existieren; denn aus Liebe hat er uns aus dem Nichts geschaffen[1591].

10.3 Isaak von Stella umschreibt folgendermaßen diese Schriftstelle: „Impii eramus, et propterea inimici, de salute nil tractantes, nil sperantes; et gratis venit, inopinatosque praevenit, qui vere prior dilexit nos, Christus, et pro impiis mortuus est." – „Frevler waren wir und deswegen Feinde, nichts taten wir für das Heil, hatten nichts zu hoffen; und Christus kam umsonst und kam denen, die es nicht erwarteten, zuvor, er, der uns wirklich zuerst geliebt hat und für die Frevler gestorben ist."[1592]

10.4 Juliane von Cornillon hat bei den Verfolgungen, denen sie ausgesetzt ist, Gelegenheit, die Liebe Christi nachzuahmen, der nicht nur für seine Freunde, sondern auch für seine Feinde am Kreuz gestorben ist[1593].

11. Röm 5,12: „Proptera sicut per unum hominem peccatum in hunc mundum intravit, et per peccatum mors, et ita in omnes homines mors pertransiit, in quo omnes peccaverunt." – „Durch einen einzigen Menschen trat die Sünde in diese Welt und durch die Sünde der Tod, und so gelangte der Tod zu allen Menschen, weil alle gesündigt haben."

11.1 Bernhard von Clairvaux schreibt angesichts der in dieser Stelle ausgedrückten allgemeinen Sündhaftigkeit des Menschen, daß der Mönch, wie in der Taufe dem Teufel, so in der zweiten Taufe, der Ordensprofeß, den eigenen Wünschen absagen muß[1594]. Bernhard schließt aus dieser Stelle auch, daß wir durch einen einzigen Menschen das Leben und das Heil wiedererlangen können. Anderenfalls hätte Adam mehr im Schlechten als Christus im Guten tun können[1595].

11.2 Auch der Verfasser des Traktates „Speculum virginum" fordert mit dieser Schriftstelle auf, die Familie und mit ihr die Welt zu verlassen, die durch die böse Schlange bis zum Tod verderbt ist[1596].

12. Röm 6,4: „Consepulti enim sumus cum illo per baptismum in mortem, ut, quomodo Christus surrexit a mortuis per gloriam Patris, ita et nos in novitate vitae ambulemus." – „Wir wurden nämlich mit ihm durch die Taufe auf den Tod begraben, damit, wie Christus durch die Herrlichkeit des Vaters von den Toten auferweckt worden ist, so auch wir in der Neuheit des Lebens wandeln."

12.1 In einer seiner Sentenzen schildert Bernhard von Clairvaux, wie die Taufe die Beschneidung ablöst. Dies war notwendig, weil wir nun in der Taufe mit seinem Tod begraben werden sollen[1597]. Die Mitglieder des neuen Ordens der Tempelritter, die nach einem mühevollen Weg beim Grab des Herrn ausruhen dürfen, mahnt Bernhard, sich zu erinnern, daß wir mit Christus begraben sind und jetzt mit ihm im neuen Leben zu

---

[1591] BHLD 1, 20,1,2,278,14-18.
[1592] IS 5,1,4-7,144.
[1593] JC 2,7,36,469.
[1594] BD 11,3,272,8-11.
[1595] BLNM 11,23,308,1-9.
[1596] SP 8,668,13-22.
[1597] BS 1,41,292,1-7.

wandeln haben[1598]. Man kann einen Menschen wegen seiner Sünde schwarz nennen, bevor er im neuen Leben wandelt[1599]. Oft ist das Leben der Taufe durch ein Leben in der Welt verlorengegangen, bis man wieder durch Gottes Gnade im Kloster in der Neuheit des Lebens wandeln kann[1600]. Doch auch dort muß man immer neu zu diesem Wandel ermahnt werden[1601]. Insofern ist es notwendig, daß sich die Auferstehung Christi an uns immer neu vollzieht[1602]. Zu der Neuheit des Lebens gehört auch, den alten Menschen auszuziehen und als neuer Mensch zu leben[1603]. Wer ein Bischofsamt erhält, muß zeigen, daß er in diesem neuen Leben wandelt[1604].

12.2   Guerricus von Igny unterscheidet eine Auferstehung der Seelen von derjenigen der Leiber. Die erste ist gemeint, wenn Paulus von dem Wandeln in der Neuheit des Lebens spricht[1605].

12.3   Hildegard von Bingen denkt bei dieser Stelle an das Ablegen der alten Unwissenheit und das Umfassen der Neuheit des Lebens bei der Bekehrung[1606].

13.   Röm 6,6: „Hoc scientes, quia vetus homo noster simul crucifixus est, ut destruatur corpus peccati et ultra non serviamus peccato." – „Das wissen wir: Unser alter Mensch wurde mitgekreuzigt, damit der von der Sünde beherrschte Leib vernichtet wird und wir nicht weiter der Sünde dienen."

13.1   Bernhard von Clairvaux wirft Petrus Abaelard vor, er sehe in der Erlösung nur eine Unterweisung des Menschen. Doch wenn wir weiter vom Leib der Sünde beherrscht werden, reicht eine Belehrung für uns nicht aus[1607]. Das Wasser der Taufe umschließt uns wie ein Grab; dies ist ein Zeichen dafür, daß wir der Herrschaft der Sünde gestorben sind[1608]. Damit dies aber in uns wirksam wird, müssen wir selbst unsere Glieder abtöten[1609]. Um uns in seinen Leib einzugliedern, in dem unser Leib der Sünde vernichtet wird, hat er selbst keine Sünde begangen und wurde für uns zur Sünde[1610]. An einer Stelle macht Bernhard deutlich, daß es nicht der Leib an sich ist, durch welchen wir der Sünde dienstbar sind, sondern dieser konkrete Leib, der von der Sünde stammt[1611].

13.2   Auch Isaak von Stella betont, daß wir immer wieder in der Askese unseren alten Menschen mit Christus, dem neuen Menschensohn, kreuzigen müssen[1612].

[1598] BVLNM 9,29,314,17-23.
[1599] BHLD 1,25,2,4,378,3-6.
[1600] BCIRC 3,5,306,20-308,3.
[1601] BPASC 1,18,258,17-24.
[1602] BASC 6,3,374,3-5.
[1603] BVEPI 7,106,4-7.
[1604] BB 2,250,2,332,5-7.
[1605] GIS Res 2,1,9f.,230.
[1606] HISV 1,1,4,11,476-477,75.
[1607] BB 2,190,9,23,112,13-15.
[1608] BS 1,41,292,5f.
[1609] BASC 6,3,374,1-3.
[1610] BHLD 2,71,5,11,458,10-13.
[1611] BHLD 2,56,2,3,246,4f.
[1612] IS 27,5,41-44,142-144.

14. Röm 7,18: „Scio enim, quia non habitat in me, hoc est in carne mea bonum. Nam velle adjacet mihi: perficere autem bonum, non invenio." – "Ich weiß nämlich, daß in mir, das heißt in meinem Fleisch, Gutes nicht wohnt. Denn das Wollen liegt mir zur Hand, die Kraft, das Gute zu vollbringen, finde ich nicht."

14.1 Bernhard von Clairvaux schreibt, daß er keine Hoffnung hat, daß sich bei ihm an dem in dieser Schriftstelle beschriebenen Zustand ohne Gottes Hilfe in Zukunft etwas ändern wird[1613]. Denn auch Paulus schreibt, daß er durch die Gnade auf etwas wartet, was er aus seiner Natur nicht erwarten darf[1614]. Wenn einer doch in dieser Welt ohne Gnade das Gute zu vollbringen erhofft, wäre er größer als Paulus[1615]. Nur durch das Gesetz der Gnade kann der Mensch das vollbringen, was ihm durch das Gesetz der Natur vorgeschrieben ist[1616]. Das Gesetz der Sünde wird erst durch die zweite Ankunft Christi vernichtet[1617]. Nur wenn das Gesetz der Sünde im Menschen tot wäre, könnte er das Gute vollbringen[1618]. Dieser Zustand ist beschämend, in dem der Mensch die Erkenntnis und den Willen zum Guten hat, es aber nicht ausführen kann[1619]. Um dieses Gesetz einzudämmen, muß der Mensch Askese üben[1620]. Bernhard kann sich auch mit diesem Wort entschuldigen, wenn er das Versprechen, etwas für seine Brüder Nützliches zu tun, nicht eingehalten hat[1621]. Für Bernhard ist es schlimm, wenn man gegen sich selbst böse handelt; doch tröstet er sich mit dem Wort des Paulus, daß in ihm sich nichts Gutes findet[1622]. Auch wenn es heißt, daß das Wollen zur Hand liegt, befindet sich der Wille doch am Boden, wenn er das gewollte Gute nicht ausführen kann[1623].

14.2 Der Autor des Traktates „Speculum Virginum" betont ebenfalls an Hand dieses Schriftwortes, daß die Natur allein nicht gegen das Böse im Menschen ankommen kann[1624]. Christus konnte das Gute nicht nur wollen, sondern auch vollbringen[1625].

14.3 Gertrud die Große weiß, daß ein Mensch bei einer Profeß alles Gute wollen kann, sein Vollbringen aber muß Jesus bewirken[1626].

15. Röm 7,23f: „Video autem aliam legem in membris meis, repugnantem legi mentis meae, et captivantem me in lege peaccti, quae est in membris meis. Infelix ergo homo: qui me liberabit de corpore mortis hujus?" – "Ich sehe aber ein anderes Gesetz in meinen Gliedern, das dem Gesetz meines Geistes widerstreitet und mich gefangen hält im

---

[1613] BGR 1,1,174,9-12.
[1614] BGR 6,18,200,27-202,2.
[1615] BGR 6,20,204,12-14.
[1616] BS 3,64,454,9-13.
[1617] BINOV 2,2,686,4-9.
[1618] BADV 6,2,120,5-9.
[1619] BASC 4,12,364,15-17.
[1620] BQH 16,4,700,27-702,1; BD 8,4,246,18-23.
[1621] BHLD 1, 38,3,5,590,5-9.
[1622] BHLD 2, 81,5,10,594,14-17.
[1623] BHLD 2, 84,1,3,622,21f.
[1624] SP 9,769,23-25.
[1625] SP 11,950,10-14.
[1626] G R 4,275-281,118.

Gesetz der Sünde, welches in meinen Gliedern ist. Ich unglückseliger Mensch! Wer wird mich aus dem Leib dieses Todes befreien?"

15.1 Nach Bernhard von Clairvaux ist deswegen der Mensch unglücklich, weil er die Freiheit vom Elend nicht hat[1627]. Der Mensch lebt in dem durch die Sünde bedingten Widerstreit vom Gesetz des Geistes und dem Gesetz des Fleisches[1628]. Auch wenn sich Paulus vom Gesetz der Sünde und des Todes teilweise befreit erlebt, beschreibt er doch mit dieser Schriftstelle die Belastung durch die Sünde[1629]. In ihr wird die Sehnsucht ausgedrückt, die Welt zu besiegen[1630] und einmal über die Feinde spotten zu können, die jetzt den Menschen verspotten[1631]. Die schon fast tote Seele wird mit dem Ruf nach der Befreiung vom Leib des Todes aufgerichtet[1632]. Deswegen soll sie oft mit diesem Schriftwort zu Gott seufzen[1633]. Es ist nur noch eine dünne Wand, die sie vom Herrn trennt[1634]. Und doch drückt sie mit diesem Wort auch das Haften am Boden aus[1635]. Deswegen darf der Mensch sich nicht erheben und leichtsinnig werden[1636]. Es ist die schwere Last, die auf allen Söhnen Adams liegt[1637] und die Bernhard einmal die Unterwelt der Finsternis nennt[1638]. Der Mensch weiß, daß er in diesem beschämenden Zustand[1639] nicht frei von Flecken und Falten sein kann[1640].

15.2 Der Verfasser des Traktates „Speculum virginum" sieht alles, was Schmerz und Seufzer beim Menschen hervorruft, vom Tod abhängig[1641]. Dadurch hat der Wunsch, von dem Leib des Todes befreit zu werden, besonderes Gewicht[1642]. Das Gesetz, das gegen das Gesetz des Geistes kämpft, wird oft erst durch eigenes Verschulden im Laster geweckt[1643]. Schon Paulus spürte den Stachel der Versuchung[1644], die im Aufbegehren des Fleisches gegen den Geist besteht[1645]. Nur Christus fühlte in sich dieses Gesetz nicht[1646].

16. Röm 8,3f.: „Nam quod impossibile erat legi, in quo infirmabatur per carnem, Deus Filiium suum mittens in similitudinem carnis peccati, et de peccato damnavit peccatum

---

[1627] BGR 5,13,192,24-194,1.

[1628] BHLD 2,72,3,8,474,24-476,4; 81,4,9,592,28f.; BANN 1,8,112,8f.; BIVHM 13,202,2f.; BOS 1,8,740,1f.

[1629] BLNM 11,28,314,5-10.

[1630] BS 2,33,318,2f.

[1631] BVADV 10,90,18-20.

[1632] BS 3,89,532,10-12.

[1633] BD 2,8,190,1-3.

[1634] BHLD 2,54,2,5,258,16-18; BVNAT 4,10,192,6-9.

[1635] BHLD 1,21,1,1,292,7-12; BSEPT 2,3,438,14-19.

[1636] BOS 2,2,756,18-21.

[1637] BB 1,11,5,352,14-16.

[1638] BVADV 1,70,11-15.

[1639] BHLD 2,81,4,9,592,22f.

[1640] BHLD 1,26,1,2,388,21-24.

[1641] SP 1,152,8-13.

[1642] SP 1,152,18f.

[1643] SP 5,422,20-424,1.

[1644] SP 9,792,13-16.

[1645] SP 12,1006,23-28.

[1646] SP 11,950,7-11.

in carne, ut justificatio legis impleretur in nobis, qui non secundum carnem ambulamus, sed secundum spiritum." – „Denn als das Gesetz nichts vermochte, weil es durch das Fleisch schwach geworden war, sandte Gott seinen Sohn in die Ähnlichkeit des Fleisches der Sünde, und durch die Sünde verurteilte er die Sünde im Fleisch, damit die Forderung des Gesetzes an uns erfüllt wurde, die wir nicht nach dem Fleisch, sondern nach dem Geist leben."

16.1 Bernhard von Clairvaux sieht in dem Wort „de peccato" die Sünde derer, die Jesus kreuzigten, damit die Sünde der Menschheit verdammt wird[1647]. Dazu hat Gott Jesus zur Sünde gemacht (2 Kor 5,21)[1648]. Die Schwäche des Gesetzes sieht Bernhard in einer Schwäche des Menschen, das Gesetz zu erfüllen[1649]. Er betont auch, daß Christus mit der Annahme der Ähnlichkeit des Leibes der Sünde tiefer herabgestiegen ist als zu einer von Sünden freien Menschennatur[1650]. Dennoch hält der Abt daran fest, daß er in der Ähnlichkeit des Fleisches der Sünde zwar Sohn Adams, aber nicht Sohn der Übertretung des Adam geworden ist[1651].

16.2 Wilhelm von St. Thierry schreibt, daß Jesus die Ähnlichkeit des Fleisches der Sünde nur angenommen hat, um die Sünde zu vernichten[1652]. Das Gesetz war dazu zu schwach, weil es nur den äußeren Bereich regeln, aber nicht das Gewissen reinigen kann[1653].

16.3 Nach dem Traktat „Speculum virginum" eröffnet die Tatsache, daß Christus zwar in der Ähnlichkeit des Fleisches der Sünde erschien, aber selbst kein Sünder war, die Möglichkeit, jungfräulich zu leben[1654].

16.4 Der Autor der Vita der Beatrijs von Nazareth berichtet, daß die Mystikerin beim Meditieren einer Antiphon, in welcher von der Sendung des Sohnes in die Ähnlichkeit des Fleisches der Sünde gesungen wird, in Ekstase geriet[1655].

17. Röm 8,13: „Si enim secundum carnem vivertis, moriemini, si autem spiritu facta carnis mortificaveritis, vivetis." – „Wenn ihr nach dem Fleisch lebt, werdet ihr sterben, wenn ihr aber durch den Geist die Taten des Fleisches tötet, werdet ihr leben."

17.1 Nach Bernhard von Clairvaux besteht die Offenbarung in einem Eingießen geistlicher Gnaden, durch welche die Taten des Fleisches getötet werden[1656]. Die Taten des Fleisches, aus denen der Tod des Menschen erfolgt, stammen aus den Versuchungen der Sinne[1657]. „Sapere secundum carnem mors est." – „Weise sein nach dem Fleisch be-

---

[1647] BB 2, 190,8,21,110,16-19.
[1648] BIVHM 7,192,21.
[1649] BB 2, 462,2,904,15-18.
[1650] BIVHM 10,196,17-20.
[1651] BPENT 2,1,400,15-17.
[1652] WR 4,627B.
[1653] WR 4,628A-B.
[1654] SP 5,414,1-9.
[1655] BN 1,11,54,15-21,45.
[1656] BB 1, 107,9,788,10f.
[1657] BS 3,94,556,29-558,3.

deutet den Tod."[1658] Wer nämlich nach dem Fleisch lebt, kann Gott nicht gefallen[1659]. Die Begierden des Fleisches, die den Tod in sich tragen, sind mit dem Menschen verwandt, da Leib und Seele sich zueinander wie Verwandte verhalten[1660]. Diese Taten des Fleisches werden durch das Hungern und Dürsten nach der Gerechtigkeit[1661] und die Askese[1662] getötet. So wenig der Kreis ein Weg zum Ziel ist, so wenig dürfte das Leben nach dem Fleisch „Leben" genannt werden[1663].

17.2 Der Autor des Traktates „Speculum virginum" stellt Schriftstellen zusammen, an denen vor einem Leben nach dem Fleisch gewarnt wird. Dabei darf der genannte Vers natürlich nicht fehlen[1664].

17.3 Auch Hildegard von Bingen sieht in dieser Stelle einen Aufruf zur Askese[1665].

18. Röm 8,14: „Quicumque enim spiritu Dei aguntur, ii sunt filii Dei." – „Denn alle, die sich vom Geist Gottes leiten lassen, die sind Söhne Gottes."

18.1 Nach Bernhard von Clairvaux sind diejenigen, die sich vom Geist Gottes leiten lassen, die Menschen, die nach dem Ratschluß Gottes leben[1666]; ihnen stehen die Knechte des Fleisches gegenüber[1667]. Söhne Gottes sind diejenigen, die sich weder von der Furcht noch von der Gier, sondern von der Liebe leiten lassen[1668]. Auf das Zeugnis jener Menschen, die sich vom Geist Gottes leiten lassen, soll man hören[1669].

18.2 Nach dem Traktat „Speculum virginum" leben diejenigen, die sich vom Geist Gottes leiten lassen, als Söhne Gottes durch ein Leben bringendes Sterben[1670].

19. Röm 8,17: „Si autem filii, et heredes, heredes quidem Dei, coheredes autem Christi, si tamen compatimur, ut et conglorificemur." – „Wenn wir Söhne sind, dann auch Erben, Erben Gottes, Miterben Christi, wenn wir nur mit ihm leiden, um mit ihm verherrlicht zu werden."

19.1 Jean von Fécamp hebt unser unwürdiges Knechtsein hervor, an dessen Stelle wir Söhne und Miterben Christi werden sollen[1671].

19.2 Auch Bernhard von Clairvaux schreibt, daß wir mit Christus herrschen werden, wenn wir mit ihm leiden[1672]. Einmal malt der Abt das Miterben mit Christus aus, um die Leidensbereitschaft seiner Zuhörer zu wecken[1673]. Dabei dehnt Bernhard das Mit-

---

[1658] BPASC 2,2,262,5-9.
[1659] BD 23,1,378,5f.
[1660] BS 3,114,660,6-9.
[1661] BALT 4,502,20-22.
[1662] BHLD 2,72,3,9,476,9-14.
[1663] BD 1,3,168,25-170,1.
[1664] SP 8,698,3-13; vgl. SP 1,226,1-7.
[1665] HISV 1,2,5,15,582-584,189.
[1666] BB 1,107,3,778,20f.
[1667] BB 2,462,4,908,13-15.
[1668] BD 72,4,640,10-13.
[1669] BB 2,346,604,10f.
[1670] SP 8,698,14-16.
[1671] JFC 2,5,171f.,126.
[1672] BDI 4,11,92,11.
[1673] BD 22,8,372,10-18.

leid auch auf das Leiden der armen Mitbrüder aus. Wer mit ihnen leidet, wird mit ihnen auch herrschen[1674]. Weil dies der Papst tut, lobt er ihn[1675].

In hervorragender Weise erfüllt der Apostel Andreas dieses Schriftwort, weil er nicht nur für Christus, sondern auch mit ihm den gleichen Kreuzestod erduldete[1676]. Auf die Frage, was die Würde eines christlichen Verkündigers ausmacht, nennt er an erster Stelle seine Gotteskindschaft und seine Fähigkeit, mit Christus zu erben[1677].

19.3 Der Verfasser des Traktates „Speculum virginum" stellt die Größe des Mit Christus Erbe-Sein mit der Bemerkung heraus, wir seien von Natur aus Söhne des Zornes gewesen (Eph 2,3)[1678]. Die Voraussetzung, daß man als jungfräulicher Mensch dem Lamm folgen kann und als König herrschen wird, ist das Mitleiden mit Christus[1679]. Dieses Mitleiden wird im Üben der Askese konkret[1680].

20. Röm 8,18: „Existimo enim, quod non sunt condignae passiones hujus temporis ad futuram gloriam, quae revelabitur in nobis." – „Ich bin nämlich überzeugt, das die Leiden der gegenwärtigen Zeit nichts bedeuten im Vergleich zur künftigen Herrlichkeit, die an uns offenbar werden soll."

20.1 Bernhard von Clairvaux schreibt, daß nach diesem Schriftwort die alles überbietenden Freuden zwar jetzt schon in uns sind, aber noch nicht offenkundig geworden sind[1681]. Diese Freude besteht ja darin, daß Gott bei der Neuschöpfung nicht nur etwas, sondern sich selbst uns schenkt[1682]. Diese Freude wiegt alles auf, sollte ein Mensch auch das ganze Leid der Welt jetzt zu tragen haben[1683]. Wenn wir diese Freude jetzt schon sehen könnten, gäbe es nichts, was uns Furcht einflößen könnte[1684]. Kommt Furcht auf, soll man sich immer wieder an dieses Schriftwort erinnern[1685]. Immer sollten wir unsere Gedanken nach oben richten, wo Christus schon in der künftigen Herrlichkeit ist[1686]. Ein Wille, welcher der Vernunft, die sich dies immer vor Augen stellt, zustimmt, ist gut[1687]. Dazu soll man sich nach dieser Freude immer wieder sehnen[1688]. Insofern wird uns nur ein kleines Myrrhenbüschel (Hld 1,12), nämlich geringe Leiden, im Verhältnis zur kommenden Herrlichkeit zugemutet[1689]. Diese Stelle erhält aber auch eine

---

[1674] BB 2, 207,172,18f.
[1675] BB 2, 273,1,408,2f.
[1676] BAND 2,5,944,18-20.
[1677] BB 1, 135,902,10-13.
[1678] SP 4,348,16-18.
[1679] SP 5,416,14-16.
[1680] SP 8,648,15-650,1.
[1681] BP 19,61,426,18-23.
[1682] BS 3,88,522,12-15.
[1683] BANN 1,2,98,8f.
[1684] BHLD 1, 33,6,11,530,26-29.
[1685] BQH 61,2,544,11-14.
[1686] BASC 4,7,356,17-358,3.
[1687] BAND 1,8,934,10-13.
[1688] BD 1,4,172,9-13.
[1689] BHLD 2, 43,1,1,96,16-18.

Mahnung zur Demut. Wenn man alle Leiden, die Gott einem Menschen schickt, auf sich nimmt, halten sie doch keinen Vergleich mit der kommenden Freude aus[1690].

20.2 Der Verfasser des Traktates „Speculum virginum" spricht angesichts dieser Schriftstelle von „pondus delectum", „zerstörtem Gewicht". Das Niederdrückende des Leidens wird angesichts der kommenden Herrlichkeit aufgehoben[1691]. Er wendet diese Stelle auch auf seine Adressaten, jungfräulich lebende Menschen, an. Alle Beschwernisse eines ehelosen Lebens sind im Vergleich zur kommenden Herrlichkeit nichts[1692].

21. Röm 8,20: „Vanitati enim creatura subjecta est non volens, sed propter eum, qui subjecit eam in spe." – „Der Vergänglichkeit ist die Schöpfung unterworfen, nicht aus eigenem Willen, sondern durch den, der sie auf Hoffnung hin unterworfen hat."

21.1 Bernhard von Clairvaux sieht in der „Vanitas", welcher die Schöpfung unterworfen ist, das Sterben des Alten, das in jeder Veränderung zu etwas Neuem liegt[1693]. Diese Vergänglichkeit reicht von der Erde bis zu dem Bereich der Luft[1694]. Wenn schon die nicht vernunftbegabte Schöpfung diese Vergänglichkeit auszuhalten hat, muß sie auch der Mensch, von dessen Sünde sie ausging, geduldig ertragen[1695].

21.2 Wilhelm von St. Thierry setzt die „vanitas" dieser Stelle mit der „vanitas", mit der das Buch Kohelet beginnt, gleich[1696]. Der Mensch ist zwar auch nicht immer aus eigenem Willen der Vergänglichkeit unterworfen, insofern sie Strafe für eine aus eigenem Willen begangene Tat ist; die vernunftlose Schöpfung ist aber in einem tieferen Sinn ihr ohne eigenen Willen unterworfen, da sie auch an keiner willentlichen und schuldigen Tat beteiligt sein kann[1697]. Nur insofern, als sie dem Menschen dient, ist sie dann auch den Folgen der Schuld des Menschen unterworfen[1698].

22. Röm 8,28: „Scimus autem, quoniam diligentibus Deum omnia cooperantur in bonum, iis, qui secundum propositum vocati sancti." – „Wir wissen aber, daß bei denen, die Gott lieben, alles zum Guten führt, bei denen, die nach seinem Plan zu Heiligen berufen sind."

22.1 Bernhard von Clairvaux gebraucht diese Schriftstelle, wenn er sich in einem Brief bedankt: Alles, was ihm gegeben wurde, hat zum Guten geführt[1699]. Entscheidungen, die der Papst fällt, wirken zum Guten[1700]. Mönchen, die zu Heiligen berufen sind, gereicht alles zum Guten[1701], selbst die Mühsal schwerer körperlicher Arbeit bei der Ernte[1702]. Daß Gott alles zum Guten lenken kann, zeigt sich besonders bei den Märty-

---

[1690] BD 22,8,374,1-5.
[1691] SP 8,700,11-15.
[1692] SP 9,724,11-16.
[1693] BHLD 2, 81,3,5,588,3-6.
[1694] BVNAT 2,4,150,19-152,3.
[1695] BVADV 11,92,10-12.
[1696] WR 5,634A-B.
[1697] WR 5,634B-C.
[1698] WE 2,57,1-4,190.
[1699] BB 2, 341,1,590,12f.
[1700] BB 2, 348,2,610,8-10.
[1701] BB 2, 385,3,730,14f.
[1702] BLAB 1,1,504,8-10; 1,2,506,2-4.

rern[1703], denen auch die List des Teufels nichts schaden konnte[1704]. Der Abt bezeichnet die Liebe zu Gott fast so mächtig wie Gott selbst, da sie alles, was von außen kommt, zum Guten lenkt[1705]. Den Heiligen kann nichts geschehen; Ehre und Schmach führen bei ihnen nur zum Guten[1706]. Auch die Dinge, die für die Menschen eher lästig und völlig unnütz erscheinen[1707], wie Feuer, das Wertvolles verbrennt, Wasser, in dem man untergeht, wilde Tiere, die den Menschen verschlingen[1708], können das Gute bewirken. Selbst Strafen Gottes[1709], Ärgernisse[1710], Böses[1711] und die Versuchungen des Bösen[1712] können Gutes hervorrufen, wenn der Mensch es nur will.

22.2 Richard von St. Viktor schreibt, daß der Mensch, der auf die Barmherzigkeit Gottes vertraut, nichts zu fürchten braucht, weil ihm alles zum Guten gereichen wird[1713].

22.3 Nach Gertrud der Großen ist Gott „cooperator tuus … in omnibus", „der, der mit dir wirkt … in allem"[1714]. Gerade bei den Demütigen wirkt Gott alles zum Besten[1715], sei es Glück oder Unglück[1716].

23. Röm 8,29: „Nam quos praescivit et praedestinavit conformes fieri imaginis Filii sui, ut si ipse primogenitus in multis fratribus." – „Denn diejenigen, die er vorauserkannt hat, hat er auch vorausbestimmt, dem Bild seines Sohnes gleichförmig zu werden, damit er der Erstgeborene unter vielen Brüdern sei."

Bernhard warnt davor, sich nach der Menge zu richten; die Menschen, die zur kleinen Herde gehören, sind diejenigen, die vorherbestimmt sind, Christus gleichförmig zu werden[1717]. Weil Gott Vater Menschen vorherbestimmt hat, Brüder Christi und seine Söhne zu werden, spricht Bernhard von einer himmlischen Zeugung[1718]. Solche Menschen wird er in der Gegenwart rechtfertigen und in der Zukunft verherrlichen[1719] und ihnen Anteil am ewigen Erbe geben[1720], weil Christus sie am Kreuz an sich gezogen hat[1721] und sich nicht scheut, sie seine Brüder zu nennen[1722]. Um Brüder zu haben, war es der Wille Christi zu leiden[1723]. Einmal wird er sie an seinem Erbe teilhaben las-

---

[1703] BOS 5,2,794,7-12.
[1704] BCLEM 1,896,2-4.
[1705] BS 3,73,478,19-24.
[1706] BS 3,92,548,1-5.
[1707] BHLD 1, 5,1,6,94,33-96,9.
[1708] BD 1,6,174,9-14.
[1709] BVADV 11,92,6-11.
[1710] BD 26,3,412,6-12.
[1711] BHLD 1, 23,6,15,344,23-25; BQH 2,2,514,18-21.
[1712] BQUAD 5,3,482,18-21; BVEPI 6,104,8-10.
[1713] RVPS 25,279D.
[1714] G R 6,668,202.
[1715] G 3, 3,9,3,1-7,38.
[1716] G 4, 4,12,2,18-20,134.
[1717] BB 1, 107,4,780,6-9.
[1718] BD 4,3,214,6f.
[1719] BB 2, 462,1,902,11-13.
[1720] BHLD 1, 23,6,16,346,6f.
[1721] BHLD 1, 21,4,7,300,4-8.
[1722] BHLD 1, 48,2,5,154,5f.
[1723] BPASC 3,5,286,12f.

sen[1724]. Selbst wenn sie Sorgen haben, entzieht er ihnen nicht die Gnade des Trostes[1725]. Sie dürfen Mut haben, denn für sie hat Christus die Welt besiegt[1726]. Doch nicht jedes Leid macht dem Bild Christi gleichförmig, denn das Leid der Schuld schließt von der Gestalt des Sohnes Gottes aus[1727].

Fast überhaupt nicht geht Bernhard an Hand dieser Stelle auf das Problem des Zusammengehens von menschlicher Freiheit und göttlicher Vorherbestimmung ein. Einmal schreibt er: Zwischen Vorherbestimmung und Verherrlichung gibt es eine leere Stelle, die der Mensch nicht überspringen kann, sondern durch sein eigenes Tun wie durch eine Brücke überwinden soll[1728].

24. Röm 8,31.: „Quid ergo dicemus ad haec? si Deus pro nobis, quis contra nos? Qui etiam proprio Filio suo non pepercit, sed pro nobis omnibus tradidit illum: quo modo non etiam cum illo omnia nobis donavit?" – „Was sollen wir dazu sagen? Wenn Gott für uns ist, wer ist dann gegen uns? Derjenige, der seinen eigenen Sohn nicht geschont, sondern ihn für uns alle hingegeben hat, wie sollte er nicht uns mit ihm auch alles geschenkt haben?"

24.1 Jean von Fécamp schreibt, daß man an dieser Aussage die Größe der Liebe Gottes ermessen kann[1729].

24.2 Wenn Bernhard von Clairvaux die biblischen Gründe, warum man Gott lieben soll, aufzählt, darf diese Stelle nicht fehlen[1730]. Auch dort, wo Bernhard Gott mit der Liebe gleichsetzt[1731], führt er diese Schriftstelle an[1732]. Weil Christus Gott ist und uns die Sünden vergeben hat, wissen wir, daß Gott für uns ist[1733]. So kann er auch schreiben: „Si Christus pro nobis, quis contra nos." – „Wenn Christus für uns ist, wer ist gegen uns?"[1734] Will Christus unsere Rettung, wer kann ihn daran hindern[1735]? Auch wenn Gottes Liebe gern unserer Liebe folgt, kommt sie ihr doch grundsätzlich in der Hingabe seines Sohnes an uns zuvor[1736]. Diese Hingabe fängt mit der Sendung und der Geburt des Sohnes Gottes an Weihnachten an[1737]. Sie setzt sich fort am Kreuz, wo sich der Sohn nicht geschont hat, um die Sklaven von der Sünde loszukaufen[1738]. Gott kann keine Mißgunst gegen uns haben, wenn er selbst seinen Sohn für uns hingegeben

---

[1724] BANN 2,2,132,15-18.
[1725] BSEPT 1,1,426,13-16.
[1726] BOPASC 1,1,294,16-296,4.
[1727] BIVHM 12,200,1f.
[1728] BQH 7,6,566,28-568,4.
[1729] JFC 2,1,25-27,121.
[1730] BDI 1,1,76,20f.
[1731] BS 3,113,654,12.
[1732] BS 3,113,656,9f.
[1733] BLNM 11,21,304,15-20.
[1734] BB 1, 1,13,262,15f.
[1735] BPASC 1,14,252,18-21.
[1736] BB 1, 107,8,786,6-21.
[1737] BVNAT 1,3,134,22f.
[1738] BIVHM 4,186,14f.

hat[1739]. Mit diesem Glauben können wir uns in den Willen Gottes ergeben[1740]. Auch wenn die Elemente gegen uns wüten, werden sie uns nicht schaden, wenn Gott mit uns ist[1741]. Bernhard beruft sich auf diese Stelle, wenn er darlegt, daß von der Gebefreudigkeit Gottes nichts ausgeschlossen ist[1742].

24.3 Nach Wilhelm von St. Thierry hat Gott deswegen abschließend in seinem Sohn gesprochen, weil er uns unüberbietbar in seinem Sohn die Liebe gezeigt hat, den er für uns hingab[1743].

24.4 Guerricus von Igny begründet damit die Tatsache, daß Gott uns alles mit seinem Sohn geschenkt hat, daß durch und in diesem alles existiert[1744].

24.5 Nach Hildegard von Bingen kann man den Gott, der seinen eigenen Sohn nicht für uns geschont hat, immer um Hilfe angehen[1745].

24.6 David von Augsburg schreibt, daß der Gott, der für uns seinen Sohn dahingab, uns nicht so im Stich lassen wird, als ob er nicht mehr für uns Sorge trüge[1746].

24.7 Petrus von Dazien schreibt an Christina von Stommeln, daß Gott, wenn er uns irgend etwas verweigern würde, dieses kostbarer als seinen Sohn einschätzen würde, was nicht möglich ist[1747].

25. Röm 8,35: „Quis ergo nos separabit a caritate Christi? tribulatio? an angustia? an fames? an nuditas?, an periculum? an persecutio? an gladius?" – „Was soll uns also von der Liebe Christi trennen? Bedrängnis oder Not oder Hunger oder Blöße oder Gefahr oder Verfolgung oder Schwert?"

25.1 Die Tunika Christi ist nach Bernhard von Clairvaux zwar vielfädig in der Vielfalt der Orden gewirkt, und doch nur eine wegen der unaufhörlichen Liebe Christi, von der man nicht getrennt werden kann[1748]. Erst in der Höchstform ist die Liebe auf den Fels gegründet, von dem man nicht mehr getrennt werden kann[1749]. Dann hat der Mensch an Gott Geschmack gewonnen[1750] und ist freiwillig arm geworden[1751]. Diese Liebe wird vom Heiligen Geist gewirkt[1752]. Sie ist es, die das Zusammenleben mit den Brüdern angenehm macht[1753]. Ein Mensch, der von dieser Liebe erfaßt ist, kann sogar wünschen, um der Liebe willen von Christus getrennt zu werden[1754]. Wirklich von der Liebe Christi losgelöst wird aber keiner auf längere Zeit leben, der es nicht

---

1739 BADV 2,4,84,1-4.
1740 BVNAT 2,8,158,1f.
1741 BQH 17,4,712,21f.
1742 BD 1,5,172,22-25.
1743 WC 10,17-25,92.
1744 GIS Nat 2,3,101-104,182.
1745 HISV 1, 1,4,30,863f.,87.
1746 DAE 3,38,2,249.
1747 CS 1 B 5,13,78,14-16.
1748 BAP 3,6,156,12-16.
1749 BS 3,93,554,8f.
1750 BVEPI 6,104,12f.
1751 BD 77,652,16f.
1752 BS 3,126,4,742,16-22; BPENT 3,7,418,25-420,5.
1753 BQUAD 1,2,446,1-3.
1754 BS 3,22,414,10-12.

selbst will[1755]. Nur ein eigener Entschluß, nämlich die persönliche Sünde, trennt uns von Christus[1756].

25.2 Nach Wilhelm von St. Thierry war Paulus, als er dieses Wort schrieb, von dem Wein aus dem Weinkeller des Bräutigams trunken[1757].

25.3 Der Verfasser des Traktates „Speculum virginum" schreibt, daß Christus durch seinen Tod das Martyrium seiner Jünger begründet hat, in welchem sie auch der Tod nicht von Christus trennen kann[1758].

25.4 Richard von St. Viktor meint, schon auf der untersten Stufe der Liebe würde man erfahren, daß man von der Liebe Christi nicht getrennt werden kann[1759].

25.5 Nach der Vita der Beatrijs von Nazareth wird die Mystikerin nach schweren Versuchungen so vom Herrn getröstet, daß sie sicher glaubt, weder Tod noch Leben könne sie in Zukunft von ihm trennen[1760].

26. Röm 9,3: „Optabam enim ergo ipse, anathema esse a Christo pro fratribus meis, qui sunt cognati mei secundum carnem." – „Ich wünsche ja selbst, weg von Christus verflucht zu sein für meine Brüder, die dem Fleische nach meine Verwandten sind."

26.1 Bernhard von Clairvaux zählt Menschen auf, zu denen auch Paulus gehört, die um das Heil ihrer Mitmenschen willen das Äußerste einsetzen[1761]. Weil im Herzen Pauli die Liebe stärker als der Tod und sein Eifer mächtiger als die Hölle ist (Hld 8,6), ist er bereit, von Christus für seine Brüder getrennt zu sein[1762]. Paulus wollte sich um der Liebe seiner Brüder willen von der Seligkeit trennen. Dieser Wunsch aber konnte nicht in Erfüllung gehen, denn je mehr er aus Liebe aufgeben wollte, desto mehr wurde er Christus in der Seligkeit verbunden[1763]. „Sed haec verba affectus sunt, non effectus." – „Diese Worte drücken aber aus, was man fühlt, nicht, was sich erfüllt."[1764]

26.2 Ganz ähnlich wie Bernhard von Clairvaux schreibt Wilhelm von St. Thierry, daß Paulus mit diesem Wunsch sein Gefühl, aber nicht das, was durch Christus an ihm geschieht, ausdrückt. Er ist bereit, für sein Volk, das er wie sein einziges Leben liebt, alles zu geben, womit er die Höchstform der Liebe erreicht[1765]. Er wollte ja nicht um einer Sünde willen, sondern aus Liebe zu Christus von ihm getrennt werden[1766].

26.3 Der Verfasser des Traktates „Speculum virginum" meint, daß es das Maß einer natürlichen Liebe übersteigt, wenn Paulus um seiner Brüder willen verdammt sein will[1767].

[1755] BD 4,4,212,22-214,2.
[1756] BVADV 5,82,8-14.
[1757] WHLD 1,10,119,258.
[1758] SP 9,728,14-20.
[1759] RVGR 22,40.
[1760] BN 2,13,142,34-36,99.
[1761] BB 1, 42,4,13,462,2-13.
[1762] BB 1, 78,2,644,21-24.
[1763] BS 3,25,422,11-20.
[1764] BS 3,25,422,20.
[1765] WR 5,644B-D.
[1766] WR 5,645A.
[1767] SP 11,938,8-13.

26.4 Richard von St. Viktor beschreibt, wie einer, der auf der höchsten Stufe dem Liebeswahnsinn verfällt, auch in der Liebe kein Maß mehr halten kann. Als Beispiel für diese Art von Liebe führt er den genannten Wunsch des Apostels Paulus an[1768].

26.5 Mechthild von Magdeburg möchte ähnlich wie Paulus vom Herrn in die Hölle gesandt werden, weil sie glaubt, von dort aus am besten Gott loben zu können[1769].

26.6 Ähnlich wünscht Gertrud die Große, in der Hölle Gott für alle ihr geschenkte Vergebung zu danken[1770].

27. Röm 11,33: „O altitudo divitiarum sapientiae et scientiae Dei: quam incomprehensibilia sunt judicia ejus, et investigabiles viae ejus." – „O Tiefe der Reichtümer der Weisheit und des Wissens Gottes. Wie unergründlich sind seine Entscheide und wie unerforschlich seine Wege."

27.1 Wenn nach dieser Schriftstelle die Wege Gottes unerforschlich sind, muß sich Bernhard von Clairvaux fragen lassen, woher er denn weiß, daß das Wort Gottes in ihm anwesend war. Als Antwort kann er nur auf die Wirkungen des Wortes in seinem Inneren hinweisen[1771]. An einer anderen Stelle betont Bernhard den Schrecken, der Paulus erfaßt haben muß, als er dieses Wort niederschrieb[1772].

27.2 Auch Wilhelm von St. Thierry schreibt vom Schrecken des Apostels angesichts der Tiefe des Abgrundes der Weisheit Gottes[1773]. Die Tiefe ist größer als der Abstand von Himmel und Erde, weil es da nur um den Unterschied zwischen Geschöpfen geht[1774]. Weil seine Erkenntnis ihn nicht ausschöpfen kann, will er demütig an seinem Eingang stehen bleiben[1775]. Unbegreiflich ist zum Beispiel die Weisheit Gottes bei der Erwählung zu Gefäßen seiner Barmherzigkeit[1776].

27.3 Aelred von Rievaulx ordnet die Trias der Eigenschaften Gottes seiner Unbegreiflichkeit zu. Die Macht bleibt unbegreiflich in ihren Entscheidungen, die Weisheit in ihren Beschlüssen und die Güte in ihren unaussprechlichen Worten[1777].

27.4 Johannes von Ford preist die Tiefe der Weisheit Gottes, die fähig ist, die Menschen in der Kirche gerecht zu richten[1778].

27.5 Auch im Traktat „Speculum virginum" wird die Tiefe der Weisheit Gottes gerade bei der Belohnung der Guten und Bestrafung der Schlechten deutlich[1779]. An einer anderen Stelle dieses Traktates wird darauf aufmerksam gemacht, daß man Weisheit und Wissen zu unterscheiden hat, obwohl es bei Gott in eins fällt[1780].

[1768] RVGR 46,70.
[1769] MM 1,5,7-9,11.
[1770] G 2,2,15,2,6-12,288.
[1771] BHLD 2,74,2,6,500,9-16.
[1772] BD 94,1,724,7-9.
[1773] WR 6,666B.
[1774] WR 6,666C.
[1775] WR 6,666A.
[1776] Ebenda.
[1777] ARJ 3,28,307-311,275.
[1778] JHLD 49,6,127-129,348.
[1779] SP 6,546,18-24.
[1780] SP 11,922,9-16.

27.6 Hildegard von Bingen betont, daß niemand in den Abgrund der Weisheit und der Unterscheidungsgabe Gottes schauen kann[1781]. Auch im Wirken der Kirche kann der Mensch die Schätze der Weisheit und des Wissens nicht erschöpfend erkennen[1782]. Auch die Seele des einzelnen Menschen ist gegründet auf die Tiefen der Weisheit Gottes[1783]. Besonders wegen seiner Sünden kann der Mensch die Urteile Gottes nicht erkennen[1784].

27.7 Odilia von Löwen erkennt in ihrem Leben die Vorsehung Gottes. Denn Gott hat in der Tiefe seines Vorauswissens alles bei ihr recht geordnet[1785].

27.8 Auch Mechthild von Magdeburg bekommt zugesagt, daß Gott in seiner unbegreiflichen Weisheit alle Gaben ihr so geordnet schenkt, wie sie diese tragen kann[1786].

27.9 Die Schwestern, die im ersten Buch des „Göttlichen Gesandten" der Gertrud der Großen eine Art von Einleitung für das ganze Werk geschaffen haben, beginnen das erste Kapitel mit der genannten Schriftstelle, um auf das Wunder der Berufung der Mystikerin hinzuweisen[1787].

28. Röm 11,34: „Quis enim cognovit sensum Domini? aut quis consiliarius ejus fuit?" – „Denn wer hat die Gedanken des Herrn erkannt, oder wer ist sein Ratgeber gewesen?"

28.1 Deutlich hört man eine Warnung vor der neu aufkommenden rationaleren scholastischen Theologie bei Bernhard von Clairvaux heraus, wenn er anhand dieser Stelle schreibt, daß die Weltweisheit die Offenbarung Gottes nicht erkennen kann[1788]. Diese Offenbarung ist ja die Kunde, die der Sohn aus der ewigen Umarmung mit dem Vater schöpft, bei der es weder Zeugen noch Ratgeber gab[1789]. Daß Gott sich zur Erlösung des Menschen durch seinen Sohn entschließt, bleibt dem Menschen vorher verborgen[1790]. Schon den Plan, daß gerade der Sohn und nicht der Vater oder der Heilige Geist Mensch wird, kann kein Geschöpf begreifen[1791]. Dies gilt für die gesamte Menschwerdung Gottes[1792]. Auch der Sinn der Beschneidung Jesu kann nicht erschöpfend erkannt werden[1793]. Einmal setzt der Abt die Gedanken des Friedens, die Gott beim Sterben seines Sohnes hat, mit dem Sinnen Gottes, das kein Mensch erkennt, gleich[1794]. Manch-

---

[1781] HISV 2, 3,1,8,373-376,338.
[1782] HISV 2, 3,9,10,290-293,523.
[1783] HISV 2, 3,13,9,262-265,622.
[1784] HISV 2, 3,5,8,285-288,416.
[1785] OL 1,8,212,31-36.
[1786] MM 2,25,40-42,63.
[1787] G 1, 1,1,1,1-7,118.
[1788] BB 1, 107,3,778,23-26.
[1789] BHLD 1, 8,6,6,128,3-8.
[1790] BVEPI 4,100,16f.
[1791] BADV 1,2,60,13-16; BANN 2,2,132,5-8.
[1792] BNAT 3,3,254,16-19; BNATBM 10,634,13-16.
[1793] BCIRC 3,5,306,14-17.
[1794] BHLD 2, 61,2,4,314,24f.

mal wird der Mensch in bezug auf sein eigenes Heil mutlos[1795]. Dann muß er ganz auf Gott vertrauen, dessen Plan und Sinn man nicht erkennen kann[1796].

28.2 Nach dem Traktat „Speculum virginum" braucht Gott weder zur Schöpfung noch zur Erlösung des Menschen einen Ratgeber[1797].

28.3 Elisabeth von Schönau spürt Widerstand gegen ihre Botschaft, die durch den Abt von Schönau verbreitet wurde. Sie fürchtet sich aber nicht: Gott selbst war dabei der Ratgeber gewesen, auch wenn es die Menschen nicht erkennen[1798].

29. Röm 12,2: „Et nolite conformari huic saeculo, sed reformamini in novitate sensus vestri, ut probetis, quae sit voluntas Dei bona, et beneplacens et perfecta." – „Gleicht euch nicht dieser Welt an, sondern gestaltet euer Denken um, damit ihr prüfen könnt, was der Wille Gottes ist, was gut, wohlgefällig und vollkommen ist."

29.1 Äbte warnt Bernhard von Clairvaux, sich nicht hartnäckig an menschliche Überlieferungen zu halten, sondern das zu suchen, was nach dem Willen Gottes gut und vollkommen ist[1799]. Um ihn zu erkennen, bedarf man aber der Geistesgabe des Rates[1800]. Im Leben steht nicht die Leistung, sondern die Suche nach dem vollkommenen und guten Willen Gottes an erster Stelle[1801]. Wenn auch die körperlichen Sinne altern und der Mensch sich der alten Welt angleicht, kann er durch die Sinne des Geistes immer wieder erneuert werden[1802]. Voraussetzung aber ist, daß man bemüht ist, sein Denken zu erneuern[1803]. Im Himmel werden alle Heiligen diese Erkenntnis haben, auch wenn dann nichts mehr zu tun übrigbleibt[1804].

29.2 Auch Hildegard von Bingen ruft zu einem Wandel in der Neuheit des Geistes auf[1805].

30. Röm 12,15: „Gaudere cum gaudentibus, flere cum flentibus!" – „Freut euch mit den Fröhlichen, weint mit den Weinenden!"

30.1 Nach Bernhard von Clairvaux ist die Barmherzigkeit, welche die Wurzel des in dieser Schriftstelle aufgezeigten Einfühlungsvermögens des Menschen ist, Voraussetzung, um die Wahrheit im Mitmenschen zu erkennen[1806]. Unter verschiedenen Haltungen, die im Verkehr mit dem Mitmenschen notwendig sind, zählt er die Eigenschaft, mit den anderen Menschen zu fühlen, auf[1807]. Auch Bernhard kommt diese Eigenschaft zugute, wenn er das Hohelied recht auslegen will[1808]. Er ist nicht nur traurig im

---

[1795] BDED 5,6,854,25-856,2.
[1796] BDED 5,7,856,6-8.
[1797] SP 11,904,4-23.
[1798] ESV 3,19,73.
[1799] BB 1, 91,1,718,12-16.
[1800] BS 3,4,386,20-388,1; BPA 3,4,836,16-18.
[1801] BHLD 1, 14,2,4,204,3-6.
[1802] BS 3,73,472,17-474,12.
[1803] BHLD 1, 21,3,6,298,26f.
[1804] BHLD 2, 72,1,2,466,17-19.
[1805] HISV 2, 3,5,19,536f.,404.
[1806] BH 3,6,52,19-23.
[1807] BHLD 2, 46,3,9,136,7-10.
[1808] BHLD 1, 10,1,1,144,19-23.

Bewußtsein der eigenen Schuld, sondern freut sich auch über die Gegenwart heiligmäßiger Menschen[1809]. Die Tränen, welche aus Mitgefühl über das Leid anderer geweint werden, sind wie ein milder Regen[1810]. Die beiden Brüste der Braut stellen ihre Mitfreude und ihr Mitleiden dar[1811]. Besonders wichtig ist das Mitleiden beim Scheitern und die Mitfreude beim Fortschritt im geistlichen Leben der Brüder[1812]. Zu einem Christen gehört ja ein weites Herz, das zu Mitfreude und Mitleid fähig ist[1813]. Nicht nur der einzelne Christ, sondern die ganze Kirche soll lachen mit den Fröhlichen und weinen mit den Traurigen[1814].

30.2 Hadewijch schätzt die Aufforderung dieser Schriftstelle. Wer einig im Geist mit den Menschen ist, der wird auch mit ihnen froh sein und weinen können[1815].

31. Röm 13,10: „Dilectio proximi malum non operatur. Plenitudo ergo legis est dilectio." – "Die Liebe tut dem Nächsten nichts Böses. Die Erfüllung des Gesetzes ist also die Liebe."

31.1 Bernhard von Clairvaux schreibt, daß man auf dem Weg zur Gottesfurcht und Liebe auch die Erkenntnis braucht. Die Erfüllung des Gesetzes besteht aber in der Liebe[1816]. Wer mit der Furcht anfängt, trägt das Kreuz geduldig, wer in der Hoffnung voranschreitet, trägt es gern, wer aber die Liebe als Vollendung des Gesetzes hat, umarmt es brennend[1817].

31.2 Nach Gilbert von Hoyland ist die Liebe, die das Gesetz erfüllt, mit dem Heiligen Geist identisch[1818].

31.3 Der Verfasser des Traktates „Speculum virginum" schreibt, daß die Sonne in der Mittagszeit am meisten Wärme und Licht spendet. Ähnlich hat das Gesetz in der Liebe seinen Höhepunkt erreicht[1819]. An einer anderen Stelle wird die Güte, die Führerin zu jeder Tugend ist, mit der Liebe als die Erfüllung des Gesetzes gleichgesetzt[1820].

32. Röm 13,12: „Nox praecessit, dies autem appropinquavit. Abjiciamus opera tenebrarum, et induamur arma lucis." – „Die Nacht ist vergangen, der Tag hat sich genaht. Laßt uns ablegen die Werke der Finsternis und anziehen die Waffen des Lichtes."

32.1 Nach Bernhard von Clairvaux müssen die Menschen, die durch die Taufe der Nacht der Finsternis entrissen und in das Licht versetzt sind, durch ihr Wirken dieses Geschehen nachvollziehen, damit in ihnen wirklich die Nacht vergangen und der Tag sich genaht hat[1821]. Ein anderes Mal vergleicht Bernhard die Zeit, in welcher der Christ

---

[1809] BVMAL 1,152,6-12.
[1810] BHLD 2, 58,4,11,282,22-26.
[1811] BHLD 2, 43,2,2,98,7-9.
[1812] BQUAD 2,3,458,22-24.
[1813] BD 65,3,618,5-8.
[1814] BB 1, 98,7,744,27-746,1.
[1815] HAB 2,24-29,25.
[1816] BHLD 1, 37,1,1,572,17-19.
[1817] BAND 1,5,930,11-13.
[1818] GHLD 29,3,150D.
[1819] SP 10,880,3-8.
[1820] SP 11,930,20f.
[1821] BP 17,54,418,8-13; vgl. BB 1, 107,7,784,7f.

jetzt lebt, mit derjenigen der Morgenröte, in der die Nacht weicht, aber der volle Tag noch nicht angebrochen ist[1822]. Er lebt noch im Schatten: „Adspirabit dies, et exspirabit nox." – „Der Tag soll heranhauchen und die Nacht aushauchen."[1823] Wenn aber die Nacht im Weichen ist, ist die Furcht auch vertrieben[1824].

32.2 Nach Hildegard von Bingen soll der Mensch die Werke der Finsternis ablegen und Zuflucht beim Sohn Gottes nehmen[1825]. Der Teufel möchte dagegen haben, daß der Mensch mehr auf die Werke der Finsternis als auf die Waffen des Lichtes schaut[1826], während die Tugenden auffordern, diese Waffen zu ergreifen[1827].

33. Röm 13,14: „Sed induamini Dominum Jesum Christum, et carnis curam ne fecieris in desideriis." – „Vielmehr zieht den Herrn Jesus Christus an und tragt keine Sorge im Verlangen für das Fleisch."

33.1 Jean von Fécamp mahnt mit Paulus, Jesus Christus anzuziehen, weil die Seele sich nach diesem Kleid sehnt[1828].

33.2 Bernhard von Clairvaux ermutigt Neulinge im Kloster, um der Sehnsucht nach Gott willen keine Sorge um den Leib zu haben, welche sie nur von ihrem Vorsatz, Mönch zu werden, abbringen kann[1829]. Schon Maria lebte als Jungfrau ohne diese Sorge[1830]. Bernhard sieht in der Frau, die mit der Sonne bekleidet ist (Offb 12,1), Maria. Die Sonne ist Christus, die sie angezogen hat[1831].

33.3 Gertrud die Große läßt bei der Tauferneuerung an das Anlegen des weißen Taufkleides erinnern. Dabei soll man beten, Christus anziehen zu dürfen[1832].

2.2.4 1 Kor, 2 Kor

1. 1 Kor 1,23: „Nos autem praedicamus Christum crucifixum, Judaeis quidem scandalum, gentibus autem stultitiam." – „Wir verkünden aber Christus, den Gekreuzigten, den Juden ein Ärgernis, den Heiden aber eine Torheit."

1.1 Nach Bernhard von Clairvaux konnte Johannes der Täufer aus der Antwort Jesu an seine Boten „Selig ist, wer sich an mir nicht ärgert" (Mt 11,6) den Kreuzestod des Herrn voraussehen, der für die Juden ein Ärgernis ist, und Jesus auch in seinem gewaltsamen Tod vorausgehen[1833]. Wer aber am Kreuz Christi Anstoß nimmt, sollte wenigstens durch die Neuheit der Auferstehung wachgerüttelt werden[1834].

[1822] BHLD 1, 33,3,5,520,25-27.
[1823] BHLD 2, 72,2,5,470,26-29.
[1824] BQH 6,3,544,17-546,3.
[1825] HISV 2, 3,6,30,778f.,454.
[1826] HISV 2, 3,10,7,301f.,554.
[1827] HISV 2, 3,13,9,379f.,627.
[1828] JFC 2,9,413f.,134.
[1829] BB 2, 462,1,904,3-9.
[1830] BLVM 3,7,86,22-26.
[1831] BOASSPT 6,602,8-10.
[1832] G R 1,161-166,56.
[1833] BB 1, 98,5,742,18-22.
[1834] BPASC 1,13,250,6-8.

1.2   David von Augsburg umschreibt folgendermaßen diese Stelle: „Dîn blüende wîsheit ist der werlt ein tôrheit worden mit dem willigen tôde âne dîne nôt." – „Deine blühende Weisheit ist für die Welt eine Torheit geworden durch den freiwilligen Tod ohne eine Notwendigkeit Deinerseits."[1835]

2.   1 Kor 1,24: „Ipsis autem vocatis Judaeis atque Graecis Christum Dei virtutem et Dei sapientiam." – „Ihnen aber, den berufenen Juden und Heiden, ist Christus Gottes Kraft und Gottes Weisheit."

2.1   Wenn Jean von Fécamp in einer Not nach Hilfe sucht, bittet er Jesus: „Responde, quaeso, uirtus et sapientia!" – „Antworte bitte, Kraft und Weisheit!"[1836] Im Brautgemach wird Jesus ihn mit diesen Eigenschaften belehren[1837].

2.2   Nach Bernhard von Clairvaux hat der Mensch Christus nötig, der von Ewigkeit her Gottes Weisheit und Kraft ist[1838]. Weil er seine Kraft und Weisheit ist, wird er der Ruhm des Vaters genannt[1839]. Die Weisheit soll ihm wieder die Möglichkeit geben, in Freiheit das Rechte zu wählen, und die Kraft, das Rechte auch zu tun[1840]. So wird bei dem Menschen das doppelte Übel behoben, seine Schwäche und Unwissenheit[1841], und die Seele mit seiner Kraft und Weisheit beschenkt[1842]. „Virtus adiuvat, Sapientia erudit et informat." – „Die Kraft hilft, die Weisheit erzieht und belehrt."[1843] Beide Eigenschaften sind wie zwei Lippen bei einem Kuß[1844]. Mit beiden Eigenschaften besiegt Christus den Teufel[1845]. Er bringt aber auch den tätigen Menschen die Kraft und den kontemplativen die Weisheit[1846]. Und doch bleibt Christus in seiner Kraft und Weisheit unnachahmbar[1847]. Wenn die Seelen Kraft und Weisheit besitzen, dann müssen beide dem Sohn als dem Wort Gottes zugeschrieben werden[1848]. Dazu wird Maria von der Kraft des Allerhöchsten so umschattet, daß sie Christus, Gottes Kraft und Weisheit, empfängt[1849]. Als Bräutigam der Kirche besitzt er diese Eigenschaften[1850]. In der Vollendung werden wir aber erst erfahren, daß Christus Gottes Kraft und Weisheit ist, wenn wir ihn sehen, wie er ist (1 Joh 3,2)[1851]. Der Satan hat sich gegen Christus entschieden, als er sich die Kraft und die Weisheit Gottes angemaßt hat[1852]. So soll

---

[1835] DB 10,384,30f.
[1836] JFC 1,10,204,116.
[1837] JFC 3,29,1060-1062,175.
[1838] BNAT 3,1,252,6-8.
[1839] BANN 1,6,104,1.
[1840] BGR 3,8,26,210,25-212,2.
[1841] BHLD 2, 86 1,4,652,25-27.
[1842] BVDSS 5,146,14f.
[1843] BD 54,578,4.
[1844] BD 89,2,692,11f.
[1845] BD 14,1,288,3f.
[1846] BASSPT 5,6,578,10-12.
[1847] BMART 8,880,2f.
[1848] BHLD 2, 85,3,7,636,20-23.
[1849] BLVM 4,4,106,19-23.
[1850] BHLD 2, 50,3,8,180,17f.
[1851] BB 1, 18,3,376,6-8.
[1852] BHLD 2, 69,2,4,422,13-15.

Christus als Kraft und Weisheit Gottes von uns Menschen verherrlicht werden[1853]. Die beiden Eigenschaften können aber mit der Wahrheit und der Liebe zu einer vierfachen Quelle werden[1854].

2.3 Für Wilhelm von St. Thierry ist es erstaunlich, daß gerade die Kraft und die Weisheit, mit der Gott die Welt erschaffen hat, Christus, der Gekreuzigte, ist[1855]. Deswegen darf man sich nicht schämen, Christus als die Kraft und Weisheit Gottes zu bekennen, auch wenn er von Juden und Heiden abgelehnt wird[1856]. Erfahren aber wird man erst dann, daß Christus die Kraft und Weisheit Gottes ist, wenn man nach dem Tod die volle Umarmung des Bräutigams spürt[1857].

2.4 Für Isaak von Stella ist Christus die Weisheit und die Kraft Gottes, weil er gelehrt und Wunder gewirkt hat[1858]. So ist der Mensch der Acker, in den Christus sich als Weisheit und Kraft hineinsät[1859]. In Christus ist die Weisheit und die Kraft der Heiligen, weil er in seinem Erdenleben in beiden versucht und erprobt wurde[1860]. In der Sünde ist der Mensch wie einer, der unter die Räuber gefallen und halbtot liegengeblieben ist. Er erhält in der Erlösung wieder den „voluntas rationalis", „geistigen Willen". Christus kann das Verlorene ihm zurückgeben, weil er selbst als Weisheit den Menschen erleuchtet und als Kraft seinen Sinn zur Tugend zu bewegen vermag[1861].

2.5 Auch nach Gilbert von Hoyland bedarf der Mensch Christus des Vaters Weisheit und Kraft[1862]. Mit der Weisheit erleuchtet dieser ihn, mit der Kraft vereint er sich mit ihm[1863]. Bei der Umkehr beugt der sündige Sohn seinen Nacken vor dem Vater, weil er sich nicht mehr gegen das Wissen Gottes auflehnen will[1864]. Dann darf er sich wieder in Kraft aufrichten, weil Christus, die Weisheit und Kraft, ihn erlöst hat[1865].

2.6 Guerricus von Igny preist die Kindheit Jesu selig, weil ihre Torheit weiser und ihre Schwäche stärker als die Weisheit und Stärke der Menschen ist; denn Jesus ist ja Gottes Kraft und Weisheit[1866].

2.7 Schon im Prolog zu seinem Hohenliedkommentar ruft Johannes von Ford Jesus als die Kraft und Weisheit zu Hilfe, daß er sein Werk vollenden kann[1867]. Denn dieser allein kann seinen Mund zu Worten der Weisheit und Kraft öffnen, wie zu sprechen sonst keinem Menschen oder Engel gegeben ist[1868]. Er kann seinen Jüngern Weisheit

---

[1853] BD 125,1,828,11f.
[1854] BD 96,1,730,7f.
[1855] WR 1,561B-C.
[1856] WR 6,666C.
[1857] WHLD 1, 11,132,284.
[1858] IS 12,12,122-125,258.
[1859] IS 26,3,21f.,128.
[1860] IS 30,9,86-89,186.
[1861] IS 35,11,97-101,264.
[1862] GHLD 8,2,48C.
[1863] GHLD 8,2,48D.
[1864] GHLD 26,4,135D.
[1865] GHLD 26,4,136A-B.
[1866] GIS Nat 1,2,45-48,166.
[1867] JHLD prol 7,165,37.
[1868] JHLD 23,2,34-38,194.

und Kraft in den Mund legen, der kein Mensch widerstehen kann[1869]. Dies gilt gerade dort, wo Christus als der Gekreuzigte verkündet wird[1870].

2.8 Auch der Verfasser des Traktates „Speculum virginum" zieht diese Schriftstelle öfters heran: Maria hat jungfräulich Christus, Gottes Kraft und Weisheit, empfangen[1871]. Christus ist mit Kraft und Weisheit der Baumeister des Glaubens[1872], den er durch die sieben Gaben des Geistes errichtet hat[1873]. Weil er dies ist, kann er auch die Gaben des Geistes, die Weisheit und Stärke, den Menschen verleihen[1874]. Deswegen sind auch in ihm die Schätze der Weisheit und der Erkenntnis Gottes verborgen[1875].

2.9 Hugo von St. Viktor schreibt, daß der Mensch trotz seiner Unerfahrenheit und Schwäche nicht zu verzweifeln braucht; Christus, der Gottes Weisheit und Kraft ist, wird sich in ihm eine würdige Wohnung bereiten[1876].

2.10 Der Verfasser des St. Trudperter Hohenliedes hält sich bei den Zuschreibungen der göttlichen Eigenschaften meist an das Ternar „Macht, Weisheit und Güte". Einmal aber redet er auch, beeinflußt von der genannten Schriftstelle, von dem „filius sapientia et virtus", „Sohn als die Weisheit und die Kraft"[1877].

2.11 Der Autor der Vita der Ida von Löwen erzählt, wie diese Frau einmal wegen ihrer vergangenen Sünden in große Skrupel fällt. In einer ekstatischen Vision wird sie von Christus, der Kraft und Weisheit Gottes, von diesen Ängsten befreit[1878].

2.12 David von Augsburg erzählt, daß die Weisheit und Kraft Gottes uns über alle Dinge erhöht[1879]. Der Mensch soll im geistlichen Leben nicht nur Süße suchen, sondern er soll Tugend lernen und Weisheit in sich aufnehmen[1880]. Beides kann er durch Christus, der „sînes vater tugend und sîne wîsheit", „seines Vaters Tugend und Weisheit" genannt wird[1881]. Bemerkenswert ist hier, wie David bei dem lateinischen „virtus" nicht „Kraft", sondern „Tugend" heraushört.

2.13 Wenn Gertrud die Große von der „sapientia, divinae maiestatis virtus praestantissima", „Weisheit, alles übertreffende Kraft der göttlichen Majestät," spricht, denkt sie wohl an Christus[1882].

[1869] JHLD 82,7,166-169,567.
[1870] JHLD 83,1,29-31,569f.
[1871] SP 5,368,15f.
[1872] SP 11,884,17-24.
[1873] SP 11,972,4-16.
[1874] SP 11,894,1-18.
[1875] SP 11,922,17-19.
[1876] HAN 4,1,665A-B.
[1877] TH 130,21,274.
[1878] IL 2,6,30,179.
[1879] DSV 6,321,20f.
[1880] DT 329,15f.
[1881] DT 329,14f.
[1882] G R 7,237,224; vgl. G R 7,633f.,248.

2.14 Christus stellt sich in einer Ekstase der Christina von Hane mit den Worten vor: „So byn ich … die starke wyßheit vnd die wyße starckeit." – „So bin ich … die starke Weisheit und die weise Stärke."[1883]

3. 1 Kor 1,30: „Ex ipso autem vos estis in Christus Jesu, qui factus est nobis sapientia a Deo et justitia, et sanctificatio et redemptio." – „Von ihm her seid ihr aber in Christus Jesus, der von Gott für uns zur Weisheit, Gerechtigkeit, Heiligung und Erlösung gemacht worden ist."

3.1 Jean von Fécamp nennt in einer Reihe von Namen für Christus auch „redemptio mea facta", „meine geschehene Erlösung"[1884].

3.2 Bernhard von Clairvaux sieht in dem Ausdruck „uns zur Gerechtigkeit", die Christus geworden ist, das objektive Geschehen der Erlösung und fragt: „Quae ergo mihi iustitia facta est, mea non est?" – „Die Gerechtigkeit, die er mir geworden ist, soll die nicht auch meine sein?"[1885] So kann man auf dem königlichen Weg gehen, weil die Gerechtigkeit durch die Barmherzigkeit gemildert worden ist[1886]. Dann sind wir vor dem Zorn Gottes geschützt[1887]. Seine Gerechtigkeit ist wie ein Raum, in den man eintreten kann[1888]. Er, der vor Gott für uns zur Gerechtigkeit geworden ist, wird für uns auch zur sicheren Mauer[1889]. Christi Verdienste gehören auch dem Menschen, denn seine Gerechtigkeit ist auch diejenige der Menschen geworden[1890]. Wie man aus dem Felsen Honig saugen kann, sollen die Menschen aus ihm die Gerechtigkeit froh entnehmen[1891]. In einer Hohenliedpredigt fragt der Abt sich, wie denn der Sohn Gottes, der doch seit Ewigkeit die Weisheit, Gerechtigkeit, Heiligung war, dies noch einmal werden kann. Seine Antwort lautet, daß er das, was er für sich und die Engel war, durch die Menschwerdung auch für uns geworden ist[1892]. Die Weisheit, die Christus für uns geworden ist, ist die Weisheit von oben und unterscheidet sich von der Weisheit dieser Welt[1893].

3.3 Nach Wilhelm von St. Thierry ist für den Gläubigen im Kreuz Christi, der für uns Gerechtigkeit und Erlösung geworden ist, der einzige Ruhm[1894].

3.4 Gilbert von Hoyland schreibt, daß der, der Christus gefunden hat, die Weisheit, die Gerechtigkeit, die Heiligung und die Erlösung besitzt, weil er dies alles für uns geworden ist[1895].

[1883] CH 2, 208.
[1884] JFC 3,2,16,143.
[1885] BB 2, 190,6,16,102,9-11.
[1886] BS 3,101,592,11f.
[1887] BPUR 1,3,410,4f.
[1888] BQH 3,3,524,2f.
[1889] BDED 3,1,828,15f.
[1890] BHLD 2, 61,2,5,316,7-17.
[1891] BOEPI 4,360,21-362,1.
[1892] BHLD 1, 22,2,5,312,12-16.
[1893] BD 52,1,570,2-5.
[1894] WD 7,271A-B.
[1895] GHLD 9,2,53C-D.

3.5 Nach Guerricus von Igny wurde der Sohn Gottes, der in Ewigkeit geboren ist, bei seiner zeitlichen Geburt für uns zur Erlösung[1896]. In einer anderen Predigt schreibt er aber, daß Christus dies für uns am Kreuz geworden ist[1897].

3.6 Für Johannes von Ford kann man das Lied der Braut leicht mit der Feststellung zusammenfassen, daß ihr Bräutigam, der für sie Gerechtigkeit und Heiligkeit, aber auch die Liebe geworden ist, Christus ist[1898].

4. 1 Kor 2,2: „Non enim judicavi, me scire aliquid inter vos, nisi Jesum Christum, et hunc crucifixum." – „Ich hatte mich nämlich entschlossen, bei euch nichts zu wissen als Jesus Christus, und zwar den Gekreuzigten."

4.1 Bernhard von Clairvaux fordert einen jungen Mann auf, der sich ganz der Wissenschaft hingegeben hat, ins Kloster einzutreten; dort kann er für sein Heil Christus, und zwar den Gekreuzigten, kennen lernen[1899]. Bernhard selbst will nicht wie die Braut fragen, wo der Bräutigam zu Mittag weidet. Seine Philosophie ist, allein Jesus zu kennen, und zwar den Gekreuzigten[1900], und diesen findet man als Gekreuzigten nicht in den Weiden, sondern eher in den Felsenspalten[1901]. Jesus, den der Mensch als Gekreuzigten allein auf Erden suchen soll, ist die Linke des Bräutigams, die Rechte, den Verherrlichten, wird man erst nach dem Tod finden[1902]. Das braucht aber nicht zu erschrecken, denn Christus, der Gekreuzigte, ist ganz lieblich, heilbringend, frohmachend und ersehnenswert[1903].

4.2 Aelred von Rievaulx legt das „Suchen nach Wissen" in dieser Schriftstelle auf die spirituelle Besinnung aus. Sein Gedächtnis soll ganz von der Betrachtung des Gekreuzigten erfüllt sein, dann kann er zu keinem Irrtum gelangen[1904].

4.3 Guerricus von Igny meint, in den Tagen, an denen das Jahresgedächtnis des Herrenleidens begangen wird, sollte das Thema der Predigt nur Christus, und zwar der Gekreuzigte, sein[1905].

5. 1 Kor 2,12f.: „Nos autem non spiritum hujus mundi accepimus, sed Spiritum, qui ex Deo est, ut sciamus, quae a Deo donata sunt nobis: Quae et loquimur non in doctis humanae sapientiae verbis, sed in doctrina Spiritus, spiritualibus spiritualia comparantes." – „Wir aber haben nicht den Geist dieser Welt empfangen, sondern den Geist, der aus Gott ist, damit wir wissen, was von Gott uns geschenkt ist. Davon sprechen wir auch nicht in gelehrten Worten menschlicher Weisheit, sondern in der Lehre des Geistes, indem wir den Geisterfüllten das Wirken des Geistes deuten."

[1896] GIS Nat 4,1,15-17,186.
[1897] GIS Palm 2,1,22-24,174.
[1898] JHLD 12,9,292-294,115.
[1899] BB 1, 108,2,796,9f.
[1900] BHLD 2, 43,3,4,100,21-25.
[1901] BHLD 2, 62,4,6,332,9-14.
[1902] BVNAT 4,7,184,21-24.
[1903] BOEPI 2,1,376,1-4.
[1904] ARSC 1,5,16,228-232,19.
[1905] GIS Palm 2,1,3-8,172.

5.1 Bernhard von Clairvaux verwendet diese Schriftstelle, um darzulegen, daß unsere Geburt aus dem Geist wirksamer ist als alles Begehren des Fleisches[1906]. Nur der Mensch, der in das Gemach des Bräutigams geführt worden ist, darf zu den Weisen von der Weisheit reden[1907]. Der Geist ist der Kuß vom Kuß Gottes[1908]. Bernhard kann sich in seinen Hoheliedpredigten[1909], aber auch in anderen Predigten[1910] den Geisterfüllten verständlich machen. Er will ihnen ja die geistige Gradheit[1911], aber auch die Entrükkung eines reinen Geistes[1912] aufzeigen. Wer zum Kloster berufen ist, hat den Geist empfangen, der aus Gott stammt[1913]. Wenn sich viele Brüder im Namen Christi in der Klosterkirche versammeln, dann empfangen sie diesen Geist[1914]. Um ihn aber müssen die Mönche beten[1915]. Für seinen Empfang sollen sie dankbar sein[1916]. Denn ihnen ist mit ihm alles geschenkt[1917]. Den Freunden der Welt, die den Geist der Welt empfangen haben[1918], bleibt der Geist aus Gott verborgen[1919]. Wer erkennt, was ihm von Gott geschenkt worden ist, dem ist eine große Herrlichkeit und Macht verliehen[1920].

Der Mensch soll wissen, was er von Gott erhalten hat, damit er erkennt, was ihm noch fehlt[1921]. Auch sollten die Klosterleute von der Schwierigkeit des Geschenkes der Eheleute wissen[1922].

5.2 Der Verfasser des Traktates „Speculum virginum" sieht in den jungfräulich lebenden Menschen diejenigen, die den Geist aus Gott empfangen haben, im Unterschied zu denen, die auf adlige Abstammung schauen und deswegen nach dem Geist des Fleisches leben[1923].

6. 1 Kor 2,14: „Animalis autem homo non percipit ea, quae sunt Spiritus Dei, stultitia enim est illi, et non potest intelligere, quia spiritualiter examinatur." – „Der irdisch gesinnte Mensch aber erfaßt nicht das, was des Geistes Gottes ist. Torheit ist es ja für ihn, und er kann es nicht verstehen, weil es nur durch den Geist beurteilt wird."

6.1 Wenn nach Bernhard von Clairvaux einer nicht dulden kann, daß ein leiblicher Verwandter ins Kloster eintritt, zeigt er nur, daß er zu den irdisch gesinnten Menschen

---

[1906] BLNM 11,24,308,10-310,1.
[1907] BH 7,21,76,27-78,7.
[1908] BHLD 1, 8,7,7,130,1-3.
[1909] BHLD 1, 1,1,1,54,8-10.
[1910] BPALM 1,2,156,16.
[1911] BHLD 1, 24,2,5,360,10-12.
[1912] BHLD 1, 31,2,6,494,3-5.
[1913] BLAB 3,5,520,7f.
[1914] BDED 6,1,864,2-7.
[1915] BAND 2,4,942,21-26.
[1916] BVMIS 2,134,16-136,1.
[1917] BD 1,5,172,21f.
[1918] BD 23,2,380,1-5.
[1919] BB 1, 107,3,778,13f.
[1920] BLAB 1,1,504,4-6.
[1921] BB 2, 372,692,18f.
[1922] BVIPENT 2,5,494,23-25.
[1923] SP 9,766,14-21.

gehört, von denen dieses Schriftwort spricht[1924]. Ähnlich geht es einem Studenten, der die Wissenschaft über alles stellt[1925]. Auch tiefes Gebet können alte Schläuche, die irdisch gesinnten Menschen, nicht aufnehmen[1926]. Solche Menschen können auch nicht den tieferen Sinn der Schrift erfassen[1927]. Die Nacht, in der solche Menschen stehen, ist durch Schuld und Irrtum bedingt[1928]. Einmal kann Bernhard den irdisch gesinnten Menschen auch fleischlich gesinnt[1929] oder unerfahren[1930] bezeichnen. Man wird einem Menschen nichts glauben, der etwas von Gott erfahren hat, wenn man selbst Gott nicht glaubt[1931]. Voraussetzung einer solchen Erfahrung ist das eifrige Üben der Werke der Askese[1932]. Auch die leiblichen Werke der Buße sind für den Sünder notwendig, wenn er das Geistige erfassen will[1933].

6.2 Nach dem Traktat „Speculum virginum" erkennt ein irdisch gesinnter Mensch nicht den wahren inneren Adel des Menschen an[1934].

6.3 Hildegard von Bingen schreibt, daß das, was man mit den Augen und Ohren des inneren Menschen wahrnimmt, ein fleischlich gesinnter Mensch kaum erkennt[1935].

7. 1 Kor 4,7: „Quis enim te discernit? Quid autem habes, quod non accepisti? Si autem accepisti, quid gloriaris, quasi non acceperis?» – «Wer räumt dir nämlich einen Vorrang ein? Was hast du aber, was du nicht empfangen hast? Wenn du aber empfangen hast, was rühmst du dich, als hättest du es nicht empfangen?»

7.1 Bernhard von Clairvaux schreibt, daß derjenige, welcher läuft, sich des Laufens nicht rühmen darf, weil er auch dieses von Gott empfangen hat[1936]. Einmal umschreibt Paulus genauer, was er unter dem „Alles" versteht, was man von Gott empfangen hat; es meint alles, was zum Heil dient[1937]. Ein Bischof darf nicht überheblich werden, weil er alles, was er ist, von Gott empfangen hat[1938]. Zur Demut führt die Besinnung, daß man alles, was man hat, von Gott erhalten hat[1939]. Wenn man aber vor anderen auffallen will, verliert man die Demut und muß mit dem genannten Schriftwort zurechtgewiesen werden[1940]. Gerade wenn man große Gnaden von Gott bekommen hat, tut diese Betrachtung gut[1941]. Man soll sich dann wie eine Feldblume verhalten, die ohne menschli-

---

[1924] BB 1, 2,5,270,13-16.
[1925] BB 1, 107,3,778,2-6.
[1926] BS 3,97,572,15f.
[1927] BOASSPT 6,602,9.
[1928] BHLD 2, 75,4,10,520,4-6.
[1929] BASSPT 3,3,550,22f.
[1930] BD 19,6,348,15f.
[1931] BD 111,3,794,16-18.
[1932] BHLD 1, 1,2,3,56,12-16.
[1933] BHLD 1, 6,1,5,104,19-24; 1, 20,5,7,286,10-12.
[1934] SP 9,766,15-21.
[1935] HISV 1, prot 45-48,4.
[1936] BGR 14,48,242,12-14.
[1937] BB 2, 190,6,16,102,13f.
[1938] BB 1, 42,5,20,470,21-472,1.
[1939] BS 3,85,500,7f.
[1940] BD 88,2,688,17-19.
[1941] BS 3,96,564,21-23.

ches Zutun gewachsen ist[1942]. Dies fällt leichter, wenn man an seinen verdorbenen Zustand denkt[1943]. Wenn man ein Geschenk erhalten hat, soll man Gott die Hand küssen, das heißt ihm die Ehre geben, von dem man alles empfangen hat[1944]. Man soll sich nur rühmen, daß man aus reiner Gnade Kind Gottes ist[1945].

7.2 Der Verfasser des Traktates „Speculum virginum" weist oft auf diese Stelle hin. Unter Berufung auf sie mahnt er jungfräuliche Menschen, sie sollen Christus für ihr Geschenk danken[1946]. Ihr Lauf würde nicht gelingen, wenn nicht der Wagenlenker mit den Zügeln der Gnaden ihren Wagen lenken würde[1947]. So muß auch der enthaltsam Lebende einsehen, daß er von sich aus nichts hat, was er nicht empfangen hat[1948]. Das gleiche gilt auch dann, wenn einer sich im Bereich der Nächstenliebe rühmen wollte[1949]. Keiner darf sich also wegen einer empfangenen Gabe in der Kirche über einen anderen erheben[1950].

8. 1 Kor 6,17: „Qui autem adhaeret Domino, unus spiritus est." – „Wer am Herrn hängt, wird ein Geist mit ihm."

Die Texte zu dieser Stelle wurden schon an einer anderen Stelle dargelegt[1951].

9. 1 Kor 7,29-31: „Hoc itaque dico, fratres: Tempus breve est; reliquum est, ut et qui habent uxores, tamquam non habentes sint: et qui flent, tamquam non flentes, et qui gaudent, tamquam non gaudentes: et qui emunt, tamquam non possidentes: et qui utuntur hoc mundo, tamquam non utantur, praeteriet enim figura hujus mundi." – „Dies also sage ich euch, Brüder: Die Zeit ist kurz. Für die Zukunft gilt: Wer eine Frau hat, soll sich so verhalten, als habe er keine, wer weint, als weine er nicht, wer sich freut, als freue er sich nicht, und wer kauft, als besitze er nicht, und wer sich diese Welt zunutze macht, als nutze er sie nicht. Es vergeht nämlich die Gestalt dieser Welt."

9.1 Bernhard von Clairvaux schildert Frauen in der Welt, die versuchen, sich mit vergänglichen Mitteln aufzuputzen, obwohl die Gestalt dieser Welt vergeht[1952]. Man soll ja die zeitlichen Dinge so benutzen, daß man für die ewigen aus ihnen Nutzen zieht, dies kann man aber nur, wenn man jene benutzt, als benutze man sie nicht[1953]. An einer anderen Stelle erweitert Bernhard die Reihe der zeitlichen Dinge, die wir gebrauchen, durch das Wissen. Da die Zeit kurz ist, muß man bei den Gegenständen, die man wissen will, eine Auswahl treffen[1954]. Auch der Gebrauch der Zunge bedarf einer Ent-

---

[1942] BHLD 2, 47,1,1,138,8-12.
[1943] BQH 6,3,546,11-15.
[1944] BHLD 1, 3,2,4,80,23-27.
[1945] BD 7,3,238,25-240,1.
[1946] SP 1,90,12-17.
[1947] SP 5,414,10-16.
[1948] SP 6,496,7-14.
[1949] SP 9,822,9-16.
[1950] SP 11,940,5-10.
[1951] Vgl. Weiß, Ekstase 444-452.
[1952] BB 1, 113,5,820,15-18.
[1953] BHLD 1, 5,1,3,92,28-30.
[1954] BHLD 1, 36,2,2,564,5-10.

scheidung[1955]. Insgesamt soll für die Frage, wie man die zeitlichen Dinge gebrauchen soll, die Weisheit[1956] und Einfachheit des Herzens[1957] das Sagen haben.

9.2 Der Verfasser des Traktates „Speculum virginum" anerkennt bei allem Lob der Jungfräulichkeit, daß es auch verheiratete Menschen gibt, die nach dem in der genannten Schriftstelle ausgedrückten Ideal leben[1958], auch wenn sie den Schatz ihrer körperlichen Unversehrtheit nicht bewahren[1959].

9.3 Nachdem der Verfasser der Vita der Margareta von Magdeburg verschiedene Tugenden dieser Frau beschrieben hat[1960], sagt er, daß sie diese aber nur hatte, als habe sie sie nicht und seien sie ein Nichts[1961].

9.4 Gertrud die Große schreibt, daß die Vorgesetzten ihre Gewalt so gebrauchen sollen, als gebrauchten sie diese nicht[1962].

10. 1 Kor 10,4: „Et omnes eundem potum spiritalem biberunt, biberunt autem de spiritale, consequente eos, petra, petra autem erat Christus." – „Und allen tranken den selben geistlichen Trank, sie tranken ja von dem geistlichen Felsen, der mit ihnen zog. Der Fels aber war Christus."

10.1 Für Bernhard von Clairvaux sind die Wunden des Gekreuzigten die Spalten im Felsen Christi, aus denen er Honig saugen kann[1963]. An einer weiteren Stelle gebraucht Bernhard diese Schriftstelle in einem anderen Sinn. Christus ist der Fels. Weil die Kirche auf ihn gegründet ist, können ihr weder das Gerede der Philosophen noch die Lügen der Häretiker und das Schwert der Verfolger etwas anhaben[1964].

10.2 Guerricus von Igny legt diese Stelle allegorisch aus. Fels ist Christus durch seine Stärke, nicht durch seine Härte[1965]. Dieser Fels ist dadurch, daß man an ihn schlug, in Wasserquellen verwandelt worden, durch welche die Herzen der Gläubigen weich und demütig werden, wenn sie bei dem Felsen bleiben und aus ihm trinken[1966]. Das Schlagen an den Felsen wird als die Kreuzigung Jesu und das Zufügen seiner Wunden verstanden[1967].

10.3 Hildegard von Bingen nennt Christus den sicheren Felsen, auf dem die ganze Gerechtigkeit und das Gesetz der Christen gründen[1968]. Ein anderes Mal wird Christus

---

[1955] BIVPENT 4,478,17-20.
[1956] BHLD 2, 50,3,8,180,12-16.
[1957] BPENT 3,4,416,16-18.
[1958] SP 7,642,22-27.
[1959] SP 7,594,23-596,2.
[1960] MA 66,89-93.
[1961] MA 67,93.
[1962] G 3, 3,72,5,1-6,292.
[1963] BHLD 2, 61,2,4,314,21f.
[1964] BHLD 2, 79,2,4,562,20-23.
[1965] GIS Ben 1,3,96,44.
[1966] GIS Ben 1,3,97-102,44.
[1967] GIS Ben 1,3,102-105,55.
[1968] HISV 2, 3,5,22,564f.,424.

deswegen als der stärkste Fels bezeichnet, weil das Volk Gottes auf ihm seine Ruhe finden kann[1969].

10.4 Gertrud die Große denkt bei dem Felsen Christus wieder an das Saugen des Honigs aus der Seitenwunde des Herrn[1970].

11. 1 Kor 10,12f.: „Itaque, qui se existimat stare, videat, ne cadat. Tentatio vos non apprehendat nisi humana; fidelis autem Deus est, qui non patietur vos tentari super id, quod potestis, sed faciet etiam cum tentatione proventum, ut possitis sustinere." – „Wer also zu stehen meint, sehe zu, daß er nicht fällt. Euch hat nur eine menschliche Versuchung ergriffen. Treu aber ist Gott, der euch nicht über euer Vermögen versuchen wird, sondern mit der Versuchung einen Ausweg schafft, so daß ihr standhalten könnt.»

11.1 Immer wieder benutzt Bernhard von Clairvaux diese Schriftstelle, um Menschen zu mahnen. Diejenigen, die im geistlichen Leben nicht vorankommen, werden bald fallen[1971]. Gerade den Anfängern im geistlichen Leben wird die Furcht vor dem Fall empfohlen[1972]. Aber auch die Braut, die vorangeschritten ist und auf beiden Füßen zu stehen scheint, muß vor dem Fall gewarnt werden[1973]. Auch der, der ein engelgleiches Leben führt, ist vor dem Fallen nicht gefeit[1974]. Was die Menschen haben, haben sie ja nicht von sich aus[1975]. Da niemand seine eigene Zukunft vorauswissen kann, ist diese Warnung notwendig[1976]. Keiner darf sich rühmen, daß er fest steht, weil bei ihm die Schlingen des Teufels zerrissen sind[1977]. Nie darf man auf sich selbst vertrauen, sondern muß sich auf das Wort Gottes stützen[1978]. Auch dem Gott, der keinen über seine Kraft versuchen wird, gilt das Vertrauen der Menschen[1979], wenn sie bereit sind, zu ihrer Schwäche und Schuld zu stehen[1980]. Dann wird auch der Wurm des Gewissens sie nicht über das Maß quälen[1981]. Nur bei demjenigen, dem die böse Gewohnheit zur zweiten Natur geworden ist, ist die Versuchung schon teuflisch geworden, weil er im Bösen verharrt[1982].

11.2 Der Verfasser des Traktates „Speculum virginum" umschreibt die genannte Schriftstelle mit den Worten: „Securitas in peccato mors certissima est." – „Die Sicherheit vor der Sünde ist der sicherste Tod."[1983] Das Vertrauen auf Gott, der niemand

---

[1969] HISV 2, 3,6,26,611-613,449.

[1970] G 3, 3,73,7,3-6,302.

[1971] BB 2, 385,1,728,15-17.

[1972] BS 3,92,548,9-12.

[1973] BHLD 2, 85,1,3,630,28-632,2.

[1974] BLAB 3,8,522,24-524,1.

[1975] BQH 6,3,546,13-16.

[1976] BSEPT 1,1,426,17-20.

[1977] BOS 2,2,756,17-19.

[1978] BHLD 2, 85,2,6,636,13f.

[1979] BQH 5,1,538,10-12.

[1980] BJB 8,432,27-434,2.

[1981] BCC 5,7,168,1f.

[1982] BQH 11,5,638,16-20.

[1983] SP 8,712,4-7.

über sein Vermögen versucht, gibt die Kraft, auf die Vergeltung an Feinden zu verzichten[1984].

11.3 In der Vita der Ivetta von Huy wird vor einem falschen Vertrauen auf den Gott, der keinen über seine Kraft versucht, gewarnt. Zwar wird Gott dies niemals tun, aber den Kampf aufnehmen muß der Mensch doch[1985].

11.4 Als Juliane von Cornillon vom Aussätzigenheim, das sie betreut, verjagt wird und Aufnahme bei Beginen findet, dankt sie dem getreuen Gott, der sie nicht über ihre Kräfte versucht hat[1986].

12. 1 Kor 13,10: „Cum autem venerit, quod perfectum est, evacuabitur, quod ex parte est." – „Wenn aber das Vollkommene kommt, vergeht, was Stückwerk ist."

12.1 Bernhard von Clairvaux wendet dieses Schriftwort auf den freien Willen an. Wenn die Erlösung so vollendet ist, daß unser Wille ganz frei ist, hört jeder Zwang auf[1987]. Bis dahin stimmt der Wille ja mit dem Gesetz teilweise überein, teilweise weicht er ab[1988]. In der Fülle der Herrlichkeit der Auferstehung hört jede Verderbtheit des Leibes auf[1989]. Jetzt haben wir nur eine teilweise Erkenntnis, zu welcher auch die Prophetie gehört[1990]. Wenn aber der Tag der Vollendung anbricht, erhalten wir sie im unbeschränkten Maße[1991]. Zur Zeit fallen oft Nützliches und FrohMachendes auseinander. Wenn das Vollkommene kommt, sind sie untrennbar miteinander verbunden[1992]. Auch die Liebe zwischen Christus und der Seele wird erst dann vollendet sein[1993].

12.2 Der Verfasser des Traktates „Speculum virginum" warnt seine Adressaten, nämlich jungfräulich lebende Frauen, nicht alles schon von der Gegenwart zu erwarten, denn dort verwirklicht sich unsere Freude in Christus nur stückweise[1994]. Erst wenn die Vollendung kommt, wird es außer der einzigen Liebe nichts mehr geben[1995]. Der Traktat endet mit einem Ausblick auf das kommende Jerusalem von oben, wo alles Stückwerk ein Ende findet[1996].

13. 1 Kor 13,12: „Videmus nunc per speculum in aenigmate, tunc autem facie ad faciem. Nunc cognosco ex parte, tunc autem cognoscam, sicut et cognitus sum." – „Jetzt schauen wir durch den Spiegel im Rätsel, dann aber von Angesicht zu Angesicht. Jetzt erkenne ich teilweise, dann werde ich erkennen, wie ich auch erkannt bin."

13.1 Bernhard von Clairvaux schreibt: „Si te Christus agnoscit in bello, recognoscit in coelo." – „Wenn dich Christus im Kampf erkennt, wird er dich auch im Himmel

---

[1984] SP 9,820,9-14.

[1985] IH 14,43,154.

[1986] JC 2,5,22,465.

[1987] BGR 4,12,192,1-3.

[1988] BVVO 3,128,24-26.

[1989] BP 20,59,424,5-9.

[1990] BLAB 3,6,520,20-25.

[1991] BHLD 2,72,3,5,472,9-13.

[1992] BD 1,7,174,24-176,1.

[1993] BHLD 2,82,3,7,608,27-29.

[1994] SP 5,444,5-18.

[1995] SP 10,874,18-23.

[1996] SP 12,1016,3-6.

wiedererkennen."[1997] Durch den Geist erhält der Mensch schon auf Erden anfanghaft die wechselseitige Erkenntnis Gottes[1998]. Einmal nennt Bernhard auch das Heilsgeschehen des Alten Bundes nur Erkennen wie im Spiegel und im Rätsel im Vergleich zum Wirken Gottes in der Kirche[1999]. Und doch wird selbst das Wort, durch das Gott endgültig zu uns gesprochen hat (Hebr 1,1) nur durch den Spiegel im Rätsel erkannt[2000], bis es einst von Angesicht zu Angesicht geschaut wird[2001]. Selbst Paulus muß sich zu dieser unvollkommenen Erkenntnis bekennen[2002]. Die Liebe wird auf Erden nur mit wenigen Kohlenstücken entzündet, bis sie in der vollkommenen gegenseitigen Erkenntnis Gottes in Fülle brennt[2003]. Dann erkennt man nicht nur, wie man erkannt ist, sondern man liebt auch, wie man geliebt wird[2004]. Einmal vergleicht Bernhard das Schauen durch den Spiegel mit einem Traum eines Kranken[2005]. Für den Menschen ist der von der Sünde geprägte Leib wie eine Wand, so daß man Gott nur durch einen Spiegel erkennt[2006]. Wie durch einen Spalt dieser Wand kann der Mensch ihn schauen[2007]. Deswegen werden auch im Hohelied die Bilder menschlicher Liebe für die Liebe Gottes rätselhaft und wie im Spiegel gebraucht[2008]. Dies gilt aber von allen Bildern, die wir von Gott gebrauchen[2009]. Die Welt ist ja wie ein Spiegel Gottes für uns[2010]. Besonders schwerwiegend ist es, daß wir auch den Willen Gottes immer nur teilweise wie im Spiegel erkennen[2011]. Eine Ausnahme bilden Mose, als er mit Gott von Mund zu Mund sprach[2012], und die Braut im Hohelied, als sie im Schatten des Ersehnten saß (Hld 2,3)[2013]. Einmal aber erfüllt sich das Wort, daß die Menschen reinen Herzens Gott vollkommen schauen[2014]. Auf Erden ist die menschliche Seite der gegenseitigen Gotteserkenntnis nur rätselhaft. Gott dagegen erkennt den Menschen natürlich auch jetzt vollkommen[2015].

13.2 Auch der Verfasser des Traktates „Speculum virginum" sieht das Verweilen im Fleisch als die Ursache dafür an, daß wir nur durch einen Spiegel rätselhaft Gott schau-

[1997] BB 1, 2,12,284,17f.
[1998] BB 1, 107,10,788,15-17.
[1999] BB 2, 393,2,756,10-14.
[2000] BS 3,127,764,19-24.
[2001] BS 3,127,766,6f.
[2002] BQH 10,1,620,12-14.
[2003] BS 3,117,680,11-682,2.
[2004] BHLD 2, 82,3,8,610,1f.
[2005] BHLD 1, 18,3,6,262,14-17.
[2006] BHLD 1, 26,1,1,388,9-14.
[2007] BHLD 2, 57,3,8,262,14-18.
[2008] BHLD 1, 31,3,8,496,24-28.
[2009] BHLD 2, 41,3,3,74,11-15.
[2010] BD 9,1,256,9f.
[2011] BVVO 4,130,2f.
[2012] BHLD 2, 45,4,6,120,16f.
[2013] BHLD 2, 48,3,8,158,14-26.
[2014] BOS 1,13,748,14-16.
[2015] BHLD 2, 55,2,4,240,17-20.

en[2016]. Der Spiegel, in dem wir Gott schauen, ist das Prinzip unserer Freiheit[2017], aber auch die Heilige Schrift[2018]. Die ehelos lebenden Frauen schauen jetzt noch durch den Spiegel wie im Rätsel[2019]. Wenn man aber im Himmel Gott von Angesicht schauen darf, wird man vom Wein der göttlichen Weisheit trunken[2020].

13.3 Hildegard von Bingen gebraucht im Anschluß an die genannte Stelle für das irdische Leben den Ausdruck „Schauen im Spiegel des Glaubens"[2021].

13.4 Mechthild von Magdeburg sagt, daß die Augen der Gott liebenden Seele schön sind, weil sie in den ewigen Spiegel geschaut haben[2022].

13.5 Gertrud die Große drückt oft ihre Hoffnung aus, einmal Jesus oder Gott von Angesicht zu Angesicht schauen zu dürfen[2023]. Weil Mose den Geist der Sanftmut, des Friedens und der Liebe hatte, durfte er mit Gott von Angesicht zu Angesicht sprechen[2024]. Die Liebe ist der Spiegel, in dem man auf Erden die Dreifaltigkeit schauen kann[2025]. Durch sie möchte der Mensch Gott erkennen, wie er erkannt ist, und lieben, wie er geliebt ist[2026]. Dadurch will er sich selbst in Gott erkennen[2027].

14. 1 Kor 15,20: „Nunc autem Christus resurrexit a mortuis primitiae dormientium." – „Nun ist aber Christus von den Toten auferweckt worden als Erster der Entschlafenen."

14.1 Nach Bernhard von Clairvaux kann man Ps 123,7 „Der Strick ist zerrissen, und wir sind frei" erst singen, seit Christus der Erste der Entschlafenen ist[2028]. Weil er das ist, nennt ihn Bernhard die erste und größte Blume[2029]. Obwohl vor Christus Menschen wieder ins Leben zurückgekehrt sind, kann er der Erstling der Auferstandenen genannt werden, denn jene sind nicht wirklich auferstanden, weil sie noch einmal sterben müssen[2030]. Weil Christus, der Erste der Auferstandenen, am dritten Tag nach seinem Tod auferstanden ist, wird dieser Tag für uns der erste[2031]. Er ist der Erste der Auferstandenen, weil er zuerst in sich selbst und dann in den anderen den Tod besiegte[2032].

[2016] SPEP 72,23-74,3.
[2017] SP 3,258,13-17.
[2018] SP 4,346,19-23.
[2019] SP 6,524,3-10.
[2020] SP 6,534,4-7.
[2021] HISV 1, 2,3,25,548,150; 2,6,27,1076,256; 2, 3,8,16,822,501.
[2022] MM 4,18,55f.,134.
[2023] G R 1,232,60; 3,186,86; 5,277f.,144; 6,510f.,192; 6,730-732,206.
[2024] G R 4,113-115,106.
[2025] G R 5,53-55,130.
[2026] G R 5,280f.,144.
[2027] G R 6,328f.,182.
[2028] BB 1, 98,7,744,24-27.
[2029] BHLD 2, 58,3,8,278,16-18.
[2030] BPASC 1,6,234,1-6.
[2031] BPASC 1,8,236,6-9.
[2032] BNAT 1,4,230,10-13.

14.2 Wenn in uns alles Sterbliche verschlungen ist, schreibt Wilhelm von St Thierry, dann deswegen, weil wir an Christus, dem Ersten der Auferstandenen, Anteil haben[2033].

15. 1 Kor 15,28: „Cum autem subjecta fuerint illi omnia: tunc et ipse Filius subjectus erit ei, qui subjecit sibi omnia, ut sit Deus omnia in omnibus." – „Wenn aber ihm alles unterworfen ist, dann wird auch er, der Sohn, sich dem unterwerfen, der ihm alles unterworfen hat, damit Gott alles in allem ist."

15.1 Nach Bernhard von Clairvaux wird Christus in alle Ewigkeit sprechen, wenn Gott alles in allem geworden ist[2034]. Denn alle werden dann von Gott belehrt, damit er alles in allen ist[2035]. Wenn auf Erden Speise und Schwert verschiedene Dinge sind, werden sie in Gott vereint gefunden, denn er ist alles in allem[2036]. Ein anderes Mal zählt der Abt eine große Reihe von Heilsgütern auf. Sie bilden aber alle eine Einheit, weil sie von Gott zusammengehalten werden, der alles in allem ist[2037]. In Christus wird ja alles erneuert, was im Himmel und auf Erden ist, damit Gott alles in allem werden kann[2038]. Wenn wir Gott einmal schauen, wird er nicht als ein Gegenstand außerhalb unserer selbst, sondern in uns erscheinen, weil er alles in allen ist[2039]. In dem Augenblick, in dem Christus das Reich dem Vater übergeben hat und Gott alles in allen ist, werden wir selbst Gott ähnlich sein[2040]. Dann ist Christus, das Haupt, mit uns Menschen vereint und Gott alles in allem[2041]. Das Wort Gottes ist, weil wir gerechtfertigt worden sind, jetzt schon alles in allem[2042].

15.2 Der Autor des Traktates „Speculum virginum" schreibt, daß in der Vollendung es keine „sectio totius in partes", „Zerlegung in Teile gibt", weil Gott alles in allem sein wird[2043]. Aus diesem Grund hört auch die Möglichkeit der Trennung von Gott und Christus[2044] und das Suchen nach ihm auf[2045].

15.3 Wenn die Seele in den dritten Himmel aufsteigt, erkennt sie nach Mechthild von Magdeburg, daß Gott alles in allen Dingen ist[2046].

15.4 Für Gertrud die Große ist die ewige Heimat der Ort, an dem es nur Freude gibt, weil dort Gott alles ist[2047]. In einer Ekstase versteht Gertrud diese Schriftstelle vollkommen, weil an ihrer Freude nichts mehr fehlt[2048].

[2033] WCS 1,346B.
[2034] BS 3,127,766,5-7.
[2035] BHLD 1, 11,3,4,162,13-15.
[2036] BASSPT 5,5,576,27-578,2.
[2037] BD 1,8,178,11-15.
[2038] BD 33,8,474,19f.
[2039] BD 1,4,172,15f.
[2040] BD 22,8,372,16-18.
[2041] BD 41,12,526,4-6.
[2042] BD 24,2,388,15-17.
[2043] SP 6,536,17-20.
[2044] SP 7,628,12-16.
[2045] SP 9,772,10-12.
[2046] MM 2,19,62f.,52.
[2047] G R 4,167f.,110.
[2048] G 2, 2,6,2,10-18,258.

16.   1 Kor: 15,53-55: „Oportet enim corruptibile hoc induere incorruptionem, et mortale hoc induere immortalitatem. Cum autem mortale hoc induerit immortalitatem, tunc fiet sermo, qui scriptus est: Absorpta est mors in victoria. Ubi est mors, victoria tua? ubi est mors, stimulus tuus?" – „Denn dieses Vergängliche muß die Unvergänglichkeit anziehen und das Sterbliche die Unsterblichkeit. Wenn aber dieses Sterbliche die Unsterblichkeit angezogen hat, dann geschieht das Wort, das geschrieben steht: Verschlungen ist der Tod im Sieg. Wo ist, o Tod, dein Sieg? Wo ist, o Tod, dein Stachel?"

16.1   Bernhard von Clairvaux berichtet, daß sein leiblicher Bruder Gerald beim Sterben mit diesen Worten den Tod verspottet hat[2049]. Aus der Tatsache, daß Jesus bei seiner Geburt die Jungfräulichkeit seiner Mutter nicht verletzt hat, schöpft der Mensch Hoffnung, daß das Verwesliche das Unverwesliche bei der Auferstehung anziehen wird[2050]. An Ostern muß der Tod wie ein Dieb seine Beute hergeben, und man kann ihn fragen, wo sein Sieg ist[2051]. Christus, das Leben, hat den Tod in sich eingeschlossen, und so wurde der Tod vom Leben verschlungen[2052]. Auch wenn der einzelne Mensch noch vom Tod heimgesucht wird, ist dieser für ihn, der vom Herrn geliebt ist, zum erfrischenden Schlaf geworden[2053].

16.2   Nach dem Traktat „Speculum virginum" ereignet sich dieses Wort bei der Gemeinschaft der Jungfrauen im Himmel[2054]. Wenn der Tod verschlungen ist, kann man an ihnen keinen Makel mehr entdecken[2055]. Kommt das Leben, muß der Tod weichen[2056]. In der Hoffnung auf diese Vollendung kann der Erwählte auf das Ziel hin laufen[2057].

16.3   Nach Hildegard von Bingen ist der Mensch gefangen durch die unlösbaren Bande des Teufels im Tod. Christus aber hat durch seinen Tod den Tod besiegt[2058].

17.   2 Kor 1,12: „Nam gloria nostra haec est, testimonium conscientiae nostrae, quod in simplicitate corde et sinceritate Dei, et non in sapientia carnali, sed in gratia Dei conversati sumus in hoc mundo, abundantius autem ad vos." – „Das ist nämlich unser Ruhm, das Zeugnis unseres Gewissens, daß wir in der Einfachheit des Herzens und der gottgeschenkten Lauterkeit und nicht in fleischlicher Weisheit, sondern in der Gnade Gottes in dieser Welt gewandelt sind, besonders aber bei euch."

17.1   Nach Bernhard von Clairvaux kann sich nur derjenige rühmen und auf sein Gewissen berufen, der demütig ist[2059]. Denn das Gewissen gibt ja nicht Zeugnis von sich selbst, sondern von dem Geist, der in ihm wirkt[2060]. Der Ruhm besteht dann in der

---

[2049]   BHLD 1, 26,7,11,404,17-19.
[2050]   BVNAT 4,4,182,7-9.
[2051]   BPASC 1,1,216,8f.
[2052]   BMAL 3,908,22f.
[2053]   BMAL 4,910,11-15.
[2054]   SP 1,150,10-16.
[2055]   SP 6,524,16-19.
[2056]   SP 1,152,5-8.
[2057]   SP 10,874,12-16.
[2058]   HISV 1, 2,1,14,362-370,121.
[2059]   BB 1, 42,6,21,474,5f.
[2060]   BOS 2,5,758,12-19.

Gerechtigkeit, die im Gewissen ruht[2061]. Es gibt ja keinen anderen Ruhm als denjenigen, welcher das Rühmen im Herrn ist[2062]. Die Braut sucht den Bräutigam, damit ihr Ruhm in einem gereinigten Gewissen besteht[2063]. Der Ruhm besteht dann in der Erfahrung, daß der Herr sich zuneigt[2064]. Man darf sich auf das Gewissen berufen, wenn man sich bewußt ist, daß Gott allein der Herr über das Gewissen ist[2065] und in ihm die Schätze der Tugenden ruhen[2066]. Gerechte und Weise spüren im Gewissen, daß ihnen nichts fehlt[2067]. Sie haben den Glauben, die guten Werke[2068] und die Vergebung der Sünden[2069].

17.2 Hildegard von Bingen greift aus diesem Schriftwort die Einfachheit des Herzens heraus. Diese muß derjenige haben, der die Gnade Gottes sucht[2070].

18.   2 Kor 2,15f.: „Quia Christi bonus odor sumus Deo in iis, qui salvi fiunt et in iis, qui pereunt: aliis quidem odor mortis in morten, aliis autem odor vitae in vitam. Et ad haec quis tam indoneus." – „Denn wir sind Christi Wohlgeruch für Gott bei denen, die gerettet werden, und bei denen, die zugrunde gehen. Den einen als Geruch des Todes zum Tod, den anderen der Geruch des Lebens zum Leben. Wer aber ist dazu fähig?"

18.1 Bernhard von Clairvaux weiß, daß selbst die Auferstehung Christi für einige Menschen zum Ärgernis wird, während sie für die Glaubenden ihr Lebensduft ist[2071]. Auch die Herablassung des Herrn kann als Geruch des Lebens in den Tod führen[2072]. Der Abt schreibt, daß ein Mönch, der sich im Kloster zur strengen Regelbefolgung entschließt, bei einigen Mitbrüdern Anstoß erregen wird; er wird einigen zum Lebensgeruch, anderen zum Todesgeruch werden[2073]. Von einem Abt, der sich um die Reform des Ordens bemüht, schreibt er, daß von ihm der Wohlgeruch Christi zu allen Orten gelangt[2074]. Das Leben[2075] und die Worte[2076] des Apostels Paulus waren Christi Wohlgeruch, der zum Leben führt, und dies an jedem Ort, wo er hinkam[2077]. Auch die ersten Christen waren durch die Erneuerung ihres Lebens aus dem Glauben ein Wohlgeruch für ihre Umgebung[2078]. Die guten Kleriker[2079] können ebenfalls mit dem

---

[2061] BB 2, 311,1,506,8-11.
[2062] BHLD 1, 13,5,6,25-28.
[2063] BHLD 2, 861,2,650,12-14.
[2064] BHLD 2, 68,1,1,406,23.
[2065] BHLD 1, 25,4,7,382,12f.
[2066] BADV 4,2,102,1-3.
[2067] BHLD 2, 63,2,3,340,4-7.
[2068] BANN 1,1,96,5-98,7.
[2069] BANN 1,3,98,19-22.
[2070] HISV 2 3,8,8,228-231,484.
[2071] BPASC 1,13,250,10f.
[2072] BAND 1,5,930,22-24.
[2073] BB 1, 34,2,422,6-9.
[2074] BB 2, 254,7,360,10f.
[2075] BB 2, 505,942,21-944,1.
[2076] BHLD 2, 67,4,7,400,14-18.
[2077] BHLD 1, 12,2,2,170,13f.
[2078] BHLD 2, 60,2,6,304,11-14.
[2079] BHLD 2, 46,1,2,128,3f.

Duft des Glaubens zum Wohlgeruch Christi werden[2080]. Doch es läßt sich nicht vermeiden, daß der Wohlgeruch Christi für die Menschen, die verlorengehen, verborgen bleibt[2081]. Unter der Moabiterin Ruth versteht Bernhard die sündige Seele, die ihrer Schwiegermutter, der Kirche, folgt[2082]. Wenn der Tod kommt, wartet sie auf Boas, um Christi Wohlgeruch zu werden[2083].

18.2 Der Verfasser des Traktates „Speculum virginum" schreibt, daß die selige Jungfrau Maria ein Wohlgeruch Christi war, sowohl für die Guten wie die Schlechten[2084]. Auch die ehelos lebenden Menschen können dies werden durch den Ruf ihrer Tugenden[2085].

18.3 Für Hildegard von Bingen befähigen die Menschen, die Christus aus Liebe im Leiden nachahmen, die Kirche dazu, lebender Duft Christi zu werden[2086]. Auch die Keuschheit, die Menschen ohne Makel pflegen, entwickelt sich zum Duft alles Guten[2087].

19. 2 Kor 3,17: „Dominus autem Spiritus est; ubi autem Spiritus Domini, ibi libertas." – „Der Herr aber ist der Geist. Wo aber der Geist des Herrn, dort ist Freiheit."

19.1 Bernhard von Clairvaux macht darauf aufmerksam, daß die in dieser Stelle gemeinte Freiheit nicht einfach die Willensfreiheit des Menschen ist[2088]. Eher trifft diese Freiheit auf die durch den Geist geleitete Liebe zu, weil sie nicht durch einen Befehl erzeugt werden kann[2089]. Ein anderes Mal sieht er in diesem Wort den Zustand des von der Knechtschaft der Sünde befreiten Menschen beschrieben[2090].

19.2 Hildegard von Bingen legt die Gaben des Geistes, die auf dem Messias ruhen (Jes 11,1-3), so aus, daß auf Jesus der Geist der Weisheit bleibt; denn wo der Geist des Herrn ist, kann die Weisheit nicht fehlen[2091].

20. 2 Kor 3,18: „Nos vero omnes, revelata facie gloriam Domini speculantes, in eandem imaginem transformamur a claritate in claritatem, tamquam a Domini Spiritu." – „Wir alle aber, die wir mit enthülltem Angesicht die Herrlichkeit Gottes schauen, werden in sein eigenes Bild von Klarheit zu Klarheit wie durch den Geist des Herrn verwandelt."

20.1 Nach Bernhard von Clairvaux erlangen wir die ursprüngliche Stärke erst, wenn wir in das Bild Gottes verwandelt werden[2092]. Die Heiligen schauen jetzt die Herr-

---

[2080] BHLD 2, 47,1,3,128,14-16.
[2081] BHLD 2, 61,2,5,316,20f.
[2082] BS 3,51,440,18f.
[2083] BS 3,51,442,12-18.
[2084] SP 1,110,21-25.
[2085] SP 3,264,15-18.
[2086] HISV 1, 2,5,13,511-517,186f.
[2087] HISV 2, 3,8,24,1114-1119,510.
[2088] BGR 3,6,182,11-13; BHLD 2, 81,4,9,592,12-18.
[2089] BB 2, 185,1,50,7f.
[2090] BHLD 2, 67,6,10,404,11-13.
[2091] HISV 2, 3,8,15,725-727,499.
[2092] BGR 12,41,232,14-16.

lichkeit Gottes[2093]; sie jubeln mit unverhülltem Angesicht[2094]. Dieses Schauen führt notwendig zur Umwandlung in das Bild Gottes[2095], welche Gott selbst will[2096]. Die Braut, die dies erlebt, wird schön[2097]. Den in den Himmel auffahrenden Herrn bitten die Christen, daß er sie mitnimmt zu dieser Schau[2098]. Einmal schreibt der Abt, daß die Heiligen auch auf Erden im Innern mit unverhülltem Angesicht den Herrn geschaut haben, während sie nach außen unansehnlich und verachtet waren[2099]. Wer eine ausreichende Erleuchtung besitzt[2100], schaut in sich selbst Gott mit enthülltem Angesicht[2101]. Solange man noch nicht in der Vollendung ist, wird man aber nur schrittweise von Herrlichkeit zu Herrlichkeit dorthin geführt[2102], allerdings nur durch den Geist[2103], wenn man im Geist lebt[2104]. Manchmal kann man auch schon in eine Betrachtung der Güte Gottes gelangen[2105], wenn für einen Augenblick die trennende Mauer, welche durch die Finsternis des Leibes entsteht, entfernt ist[2106] und bei einem Jubel der Bräutigam von Angesicht zu Angesicht auf Erden geschaut wird[2107]. Solche Erfahrungen bleiben aber auf wenige Menschen beschränkt[2108]. Dennoch verspricht diese Schau und Verwandlung in das Bild Gottes der Abt schon jungen Männern[2109] oder einer Ordensfrau[2110], die sich entschlossen haben, in ein Kloster einzutreten.

20.2 Wilhelm von St. Thierry schreibt im Vorwort zu seinem Hohenliedkommentar, daß der Mensch nach dem Bild Gottes geschaffen ist, damit er ihn schauen kann[2111]. Dazu müssen wir ihm ähnlich werden. Diese Ähnlichkeit bewirkt die Liebe, so daß wir von Herrlichkeit zu Herrlichkeit verwandelt werden[2112]. Der Bräutigam soll die Braut nach sich ziehen, damit sie von Tugend zu Tugend, von der Herrlichkeit zur Herrlichkeit hinaufsteigt[2113]. Wir werden einmal von Herrlichkeit zu Herrlichkeit gelangen, damit wir im Licht das Licht sehen und in der Liebe die Liebe empfangen[2114].

[2093] BOP 222,9; BVV 4,122,18-20.
[2094] BB 1, 107,7,784,12; 2, 494,2,756,14; BHLD 1, 24,2,5,362,8; BD 8,9,254,19-21.
[2095] BHLD 2, 69,3,27,426,23-25.
[2096] BMART 6,876,24-26.
[2097] BSSPT 3,5,554,11-13.
[2098] BASC 4,9,362,5f.
[2099] BHLD 1, 25,3,5,378,15-19.
[2100] BHLD 1, 31,1,2,488,26-28.
[2101] BHLD 1, 36,4,6,570,4-7.
[2102] BHLD 2, 45,3,5,118,27-120,2.
[2103] BQH 17,5,714,7-9.
[2104] BD 103,2,764,4-7.
[2105] BHLD 2, 62,3,5,330,13-20; BVADV 10,90,16-18.
[2106] BD 41,11,524,5-13.
[2107] BHLD 2, 57,4,11,266,15-18.
[2108] BHLD 2, 67,5,8,402,1-3.
[2109] BB 1, 109,2,802,16f.
[2110] BB 1, 113,3,818,15-18.
[2111] WHLD prol 1,70.
[2112] Ebenda.
[2113] WHLD 1,1,41,128.
[2114] WC 6,48f.,80.

20.3 Guerricus von Igny schreibt, daß wir vom Geist geführt von Herrlichkeit zu Herrlichkeit wandeln und auf den einzelnen Stufen der Tugenden in das Reich der himmlischen Herrlichkeit gelangen[2115].

20.4 Nach Johannes von Ford kann keiner den Glanz der Liebe ausdrücken, deren Herrlichkeit sich wandelt in Herrlichkeit, wenn Gott als Licht im Licht geschaut wird[2116].

20.5 Wie im Traktat „Speculum virginum" geschrieben wird, hört für den Menschen das Schauen durch den Spiegel im Rätsel auf, wenn wir mit unverhülltem Angesicht die Herrlichkeit Gottes schauen[2117].

20.6 Hildegard von Bingen schreibt, daß die Erlösten wieder in die ewige Herrlichkeit versetzt werden[2118].

20.7 David von Augsburg identifiziert die Einheit mit Gott mit der genannten Schau und der Verwandlung in das Bild Gottes[2119].

20.8 Mechthild von Hackeborn schreibt, daß die Apostel am Pfingsttag durch das Feuer der Liebe des Geistes geschmolzen und dem Bild Gottes gleichgestaltet worden sind[2120].

21. 2 Kor 5,7: „Per fidem enim ambulamus et non per speciem." – „Durch den Glauben gehen wir unseren Weg, und nicht als Schauende."

21.1 Bernhard von Clairvaux umschreibt diese Stelle mit den Worten: „Iustus ex fide vivit, beatus exultat in specie." – „Der Gerechte lebt aus dem Glauben, der Selige jubelt im Schauen."[2121] Wir leben im Schatten und können deswegen noch nicht schauen[2122]. Solange wir noch im Glauben und nicht im Schauen leben, brauchen wir die Belehrung durch das Hören[2123].

21.2 Nach dem Verfasser des Traktates „Speculum virginum" herrscht Christus in der Zeit durch den Glauben, in der Ewigkeit durch die Anschauung[2124].

21.3 Hildegard von Bingen schreibt, daß der umschattete menschliche Geist auf Erden nur durch den Glauben schauen kann[2125]. Solange der Mensch noch im Glauben wandelt, bedarf er der Barmherzigkeit Gottes[2126].

22. 2 Kor 5,13: „Sive enim mente excedimus, Deo: sive sobrii sumus, vobis." – „Wenn wir nämlich mit dem Geist entrückt sind, dann für Gott. Wenn wir nüchtern sind, dann für euch."

[2115] GIS Epi 3,4,108-111,278.
[2116] JHLD 13,10,336-339,124.
[2117] SP 3,258,13-20.
[2118] HISV 2, 3,7,8,380f.,472.
[2119] DSG 6,394,2-7.
[2120] MH 1,22,78.
[2121] BHLD 1, 31,4,8,498,8-10.
[2122] BHLD 2, 48,3,6,156,3-5.
[2123] BHLD 2, 41,2,2,72,18-20.
[2124] SP 12,990,14-16.
[2125] HISV 2, 3,8,10,532-534,493.
[2126] HISV 2, 3,8,13,638f.,496.

Texte, die diese Stelle behandeln, wurden schon an anderem Ort unter dem Stichwort „excessus mentis" angeführt[2127].

23. 2 Kor 5,21: „Eum, qui non noverat peccatum, pro nobis peccatum fecit, ut nos efficerermur justitia Dei in ipso." – „Ihn, der keine Sünde kannte, hat er für uns zur Sünde gemacht, damit wir in ihm Gerechtigkeit Gottes würden."

23.1 Jean von Fécamp betont den Unterschied zwischen der Gerechtigkeit Gottes, die rechtfertigt, und der Gerechtigkeit Gottes, die der Gerechtfertigte besitzt, und derjenigen, die mit dieser Schriftstelle gemeint ist[2128].

23.2 Bernhard von Clairvaux nennt nicht nur die Braut, sondern auch den Bräutigam Jesus Christus schwarz, weil er sich selbst zur Sünde gemacht hat[2129]. Durch die Sünde, zu der Jesus sich macht, wurde jede Sünde des Menschen, die persönliche wie die Erbsünde, getilgt[2130].

23.3 Hildegard von Bingen schreibt, daß Christus deswegen die Sünde nicht kannte, weil in ihm nicht das Begehren des Fleisches war[2131].

24. 2 Kor 6,6: „In castitate, in scientia, in loganimitate, in suavitate, in Spiritu sancto, in caritate non ficta." – „Durch Keuschheit, durch Erkenntnis, durch Langmut, durch Güte, durch den Heiligen Geist, durch ungeheuchelte Liebe."

24.1 Bernhard von Clairvaux fühlt sich durch einen Brief von Prämonstratensern angegriffen. Er will sich aber nicht von ihnen trennen, hat er sich doch einst in ungeheuchelter Liebe mit ihnen verbunden[2132]. Ähnlich reagiert er auch auf Mitbrüder, die es an der Achtung ihm, dem Abt, gegenüber mangeln lassen und sich ihm auch in den wenigen freien Stunden aufdrängen[2133]. Ihnen will er weiter in ungeheuchelter Liebe zur Verfügung stehen[2134]. Die Gegenwart des Herrn erkennt man, wenn im Menschen die Liebe entflammt ist[2135]. Wo aber keine Glut des Geistes und ungeheuchelte Liebe vorhanden ist, fehlt das Wirken des Herrn[2136]. Bei der Aufzählung der Tugenden an dieser Schriftstelle, meint Bernhard, sei die Weisheit besonders in der Güte und im Heiligen Geist zu spüren[2137].

24.2 Nach dem Traktat „Speculum virginum" haben viele Heilige das Joch des Herrn in der Liebe und im Heiligen Geist getragen[2138].

25. 2 Kor, 6,14f.: „Nolite jugum ducere cum infidelibus. Quae enim participatio justitiae cum iniquitate? Aut quae societas luci ad tenebras? Quae conventio Christi ad Belial? Aut pars fideli cum infideli?" – „Zieht nicht am gleichen Strang mit den Un-

---

[2127] Vgl. Weiß, Ekstase 100-106.

[2128] JFC 3,21,721-724,165.

[2129] BHLD 1,25,4,9,384,15-18.

[2130] BIVHM 7,192,19-23.

[2131] HISV 2,3,8,16,869-871,503.

[2132] BB 2,253,10,350,9f.

[2133] BHLD 2,52,4,7,202,27-204,2.

[2134] BHLD 2,52,4,7,204,9f.

[2135] BHLD 2,57,3,7,262,1-3.

[2136] BHLD 2,57,3,7,262,3-5.

[2137] BHLD 2,85,3,7,638,9-11.

[2138] SP 11,936,22-26.

gläubigen. Was haben Gerechtigkeit und Ungerechtigkeit miteinander zu tun? Welche Gemeinschaft gibt es zwischen Licht und Finsternis, welche Übereinkunft zwischen Christus und Belial? Oder was hat der Gläubige mit dem Ungläubigen gemeinsam?"

26.1 Bernhard zieht diese Schriftstelle heran, um die Unverträglichkeit der wahren Kirche mit Häretikern und Schismatikern zu betonen[2139]. Der Abt schreibt auch, daß der Tugend die rechte Erkenntnis vorausgehen muß. Es gibt keine Gemeinschaft zwischen dem Licht der Weisheit und dem Dunkel der Unwissenheit[2140]. In einer seiner Sentenzen benutzt er dieses Schriftwort, um weitere unüberbrückbare Gegensätze, wie Jerusalem und Babylon, die Kardinaltugenden und die Wurzellaster, herauszuarbeiten[2141]. Wo die Engel bei den Menschen Ärgernisse und Streit entdecken, weichen sie von ihnen, weil sie dort den Heiligen Geist, den Geist der Liebe, nicht finden[2142]. Denn welche Übereinkunft gibt es mit dem Licht und der Finsternis[2143]?

25.2 Auch der Verfasser des Traktates „Speculum virginum" schreibt, daß der Stolz von Christus trennt, weil dieser mit ihm keine Gemeinschaft hat[2144]. Mit dieser Schriftstelle fordert der Verfasser auf, sich vom Teufel und den sündigen Stammeltern zu trennen[2145]. Er warnt die Jungfrauen, sich mit Männern zweifelhafter Gesinnung einzulassen, denn es kann keine Gemeinschaft zwischen Licht und Finsternis geben[2146]. Mit der gleichen Begründung aber fordert er sie auch auf, vor Beginn des Gebetes den Haß aus dem Herzen zu verjagen[2147].

26. 2 Kor 6,16c: „Quoniam inhabitabo in illis et inambulabo inter eos, et ero illorum Deus, et ipsi erunt mihi populus." – „Ich will unter ihnen wohnen und mit ihnen wandeln; ich werde ihr Gott sein, und sie werden mein Volk sein."

Das Behandeln dieser Stelle wurde schon an anderem Ort unter dem Stichwort „Einwohnung" von uns vorgenommen[2148].

27. 2 Kor 7,10: „Quae enim secundum Deum tristitia est, paenitentiam in salutem stabilem operatur; saeculi autem tristitia mortem operatur." – „Die Traurigkeit in bezug auf Gott wirkt Buße zum festen Heil; die Traurigkeit der Welt aber wirkt den Tod."

27.1 In einem Brief verteidigt Bernhard von Clairvaux Mönche ihrem Abt gegenüber, die in ein Kloster mit einer strengeren Lebensführung übertreten wollen. Wollte der Abt darüber betrübt sein, hätte er die Traurigkeit der Welt[2149]. Bernhard weiß auch, daß Freude und Traurigkeit nicht ohne weiteres bei der Unterscheidung der Geister

---

[2139] BHLD 2, 75,4,10,520,6-9.
[2140] BHLD 2, 85,3,9,640,24-27.
[2141] BS 3,121,712,24-714,13.
[2142] BMICH 1,6,666,12-15.
[2143] BMICH 1,6,666,16.
[2144] SP 4,312,8-13.
[2145] SP 8,664,21-666,17.
[2146] SP 9,800,4-15.
[2147] SP 12,1004,16-25.
[2148] Vgl. Weiß, Ekstase 282-293.
[2149] BB 2, 313,1,514,3f.

hilfreich sind[2150]. Auch die Traurigkeit kann vom Fleisch stammen und in den Tod führen[2151].

27.2 David von Augsburg beschreibt drei Arten von geistlicher Akedia, jenem oft genannten Laster der traurigen Trägheit. Diese setzt er mit der Traurigkeit der Welt gleich[2152].

28. 2 Kor 8,9: „Scitis enim gratiam Domini nostri Jesu Christi, quoniam propter vos egenus factus est, cum esset dives, ut illius inopia vos divites essetis." – „Ihr kennt die Gnade unseres Herrn Jesus Christus, denn er, der reich war, ist euretwegen arm geworden, damit ihr durch seine Armut reich seid."

28.1 In einer seiner Sentenzen deutet Bernhard von Clairvaux die siebenfache Waschung des aussätzigen Naaman (2 Kön 5,9f.) auf einen siebenfachen Verzicht, den der Ordensmann vollziehen soll[2153]. Der erste besteht im „renuntiatio exteriorum", „Verzicht auf Äußeres"[2154]. Dieser wird mit der genannten Schriftstelle begründet[2155]. An einer anderen Stelle umschreibt Bernhard diese Stelle mit folgenden Worten: „Illius siquidem exinanitio facta est repletio nostra, illius miseriae mundi deliciae sunt." – „Seine Entäußerung wurde zu unserer Fülle, sein Elend zur Wonne der Welt."[2156]

28.2 Nach Elisabeth von Schönau ist Christus deswegen arm geworden, um sich eine herrliche Kirche, die keine Runzeln hat, zu schaffen[2157].

28.3 Margareta von Magdeburg weitet diese Schriftstelle dadurch aus, daß Christus auch für uns verachtet worden ist, damit seine Ehre an uns vollkommen wird[2158].

29. 2 Kor 10,17: „Qui autem gloriatur, in domino glorietur." – „Wer sich also rühmen will, der rühme sich im Herrn."

29.1 Mit diesem Schriftwort mahnt Bernhard von Clairvaux den Papst, nicht auf falsche Ehre, sondern auf den Ruhm in Christus zu schauen[2159]. In einer Antiphon, die Bernhard zur Vesper des Heiligen Viktor geschaffen hat, bittet er, daß der Heilige im Himmel sich so Christus rühme, daß er die Menschen auf Erden nicht vergißt[2160]. In einer Predigt sagt der Abt, daß derjenige, der sich im Herrn rühmt, an Wonnen überströmt und sich auf ihn, den Geliebten, allein stützt[2161].

29.2 Mit dieser Schriftstelle mahnt der Verfasser des Traktates „Speculum virginum" jungfräulich lebende Frauen, nicht danach zu streben, in aller Mund zu sein und gelobt zu werden[2162].

[2150] BQUAD 2,3,458,9-11.
[2151] BQUAD 2,3,458,19f.
[2152] DAE 2,2,41,1,132f.
[2153] BS 3,34,428,23-430,3.
[2154] BS 3,34,430,4.
[2155] BS 3,34,430,9f.
[2156] BASSPT 4,1,560,6-8.
[2157] ESV 3,31,83.
[2158] MA 35,38.
[2159] BDI 2,3,80,6f.
[2160] BOV 212,9f.
[2161] BD 91,6,710,20f.
[2162] SP 6,500,10-14.

30. 2 Kor 11,2: „Aemulor enim vos Dei aemulatione. Despondi enim vos, uni viro virginem castam exhibere Christo." – „Denn ich eifere um euch mit der Eifersucht Gottes. Ich habe euch einem einzigen Mann verlobt, um euch als keusche Jungfrau zu Christus zu führen."

30.1 Bernhard von Clairvaux möchte einen Streit zwischen Cluny und ihm vermeiden. Würde er ausbrechen, dann könnte der Apostel die Mönche, gleich wo sie leben, nicht als reine Jungfrauen zu Christus führen[2163]. Er kann aber auch den Papst mahnen, gegen Petrus Abaelard einzuschreiten, damit er die Kirche als reine Braut Christus zuführen kann[2164]. Bei seiner Verurteilung von Petrus Abaelard beherzigt Innocenz II. diese Mahnung[2165].

Wenn Bernhard sich in einem Brief mit einem Bischof auseinandersetzt, beteuert er doch am Ende, daß er nur mit der Eifersucht Gottes geeifert hat[2166]. Weil er diesen Eifer besitzt, kann er auch an einen Kardinal eine Bitte richten[2167]. Als er einen Brief vom Papst erhält, spürt er in ihm den gleichen Eifer[2168]. Aber auch der Bräutigam Christus liebt seine Braut mit dieser Eifersucht Gottes[2169]. Wer daher für die Braut eifert, muß auf die klösterliche Zucht achten[2170]. Es ist ja immer wieder die geistige Beschneidung einer Ordensgemeinschaft notwendig[2171]. Mit einem solchen Eifer soll der Herr auch zu Bernhard kommen[2172]. Seelsorger sollen wie die Wächter im Hohelied sein (Hld 5,7), die um die Braut mit der Eifersucht Gottes eifern[2173].

30.2 Daß in dem Traktat „Speculum virginum", der sich an Jungfrauen wendet, diese Schriftstelle häufig zitiert wird, ist nicht verwunderlich.

Sein Verfasser weiß, daß schon die gegenwärtige Kirche von Paulus als Jungfrau und erst recht das himmlische Jerusalem als reine Braut bezeichnet wird, die der Apostel Christus verlobt[2174]. Dann sieht er in der Braut die Einzelseele[2175], die ja die Tochter der Kirche ist[2176]. Auch wenn Paulus an dieser Stelle an den ganzen Leib der Kirche gedacht hat, wendet der Autor seine Aufmerksamkeit besonders ihren einzelnen Gliedern zu, die durch ihre Jungfräulichkeit die Blüten der Kirche sind[2177]. Es gilt aber auch für die Frauen, die ihre körperliche Unversehrtheit verloren haben, aber jetzt im Geiste Braut sein wollen[2178]. Die verschiedenen Heilsgaben des Menschen sind die Brautgeschenke

---

[2163] BAP 4,7,158,14-17.
[2164] BB 2, 191,2,126,1f.
[2165] BB 2, 194,3,136,3-5.
[2166] BB 2, 200,3,158,4-6.
[2167] BB 2, 368,2,680,4f.
[2168] BB 2, 273,1,406,9-11.
[2169] BHLD 1, 20,2,3,278,22f.
[2170] BHLD 2, 76,4,10,534,26-536,3.
[2171] BCIRC 2,4,296,19-22.
[2172] BHLD 2, 68,3,6,424,22.
[2173] BQH 15,3,688,14-16.
[2174] SP 1,148,22-150,12.
[2175] SP 1,154,7-12.
[2176] SP 3,214,4-7.
[2177] SP 3,232,25-234,5.
[2178] SP 6,500,19-25.

des Bräutigams[2179]. Die Jungfrau wird gewarnt vor dem Umgang mit Männern, weil sie nur einem einzigen verlobt ist[2180]. Alles hätte sie verloren, wenn der Bräutigam ihr wegen Untreue den Scheidebrief schreiben würde[2181]. Statt dessen soll sie in Fröhlichkeit ihrem Bräutigam dienen[2182].

31.   2 Kor 11,29: „Quis infirmatur, et ego non infirmor? quis scandalizatur, et ego nun uror?" – „Wer wird schwach, und ich werde nicht schwach? Wer erleidet Ärgernis, und ich brenne nicht?"

31.1   Bernhard von Clairvaux sieht Paulus anhand dieser Schriftstelle als einen, der um seiner Barmherzigkeit willen selig zu preisen ist[2183]. So besitzt Paulus das Salböl der Barmherzigkeit[2184]. Insofern ist er auch mit Martha zu vergleichen, die sich um vieles Sorgen macht[2185]. Wenn die Liebe durch Jesus Christus die Menschen rettet, so auch durch das Schwachwerden des Paulus die Schwachen[2186]. So konnte Paulus den Juden ein Jude werden[2187]. Jeder Freund des Bräutigams muß von dieser Liebe erfüllt sein[2188]. Aus diesem Grund verleugnet auch die Braut ihre Schwärze, das heißt ihr eigenes Schwachwerden, nicht[2189]. So sollen es auch diejenigen machen, die ein Vorsteheramt innehaben[2190]. Jeder gute Mönch sollte die Ärgernisse seiner Mitbrüder wie die seinen empfinden[2191]. Als ein Mönch unerlaubterweise das Kloster verläßt, läßt Bernhard zu ihm die Liebe sprechen: Wer erleidet Ärgernis, und ich brenne nicht[2192]. Die Liebe kann nicht zum Ärgernis raten, da sie selbst unter dem Ärgernis brennt[2193]. Als der Papst einen Abt gegen dessen Willen an den päpstlichen Hof beruft und der darunter leidet, muß Bernhard mit dem Schwachen mitleiden[2194].

31.2   Nach dem Traktat „Speculum virginum" geht das ständige freiwillige Schwachwerden mit den Schwachen über das durch die Natur gesetzte Maß der Liebe hinaus[2195].

[2179] SP 1,162,7f.
[2180] SP 2,212,15-19.
[2181] SP 9,800,12-15.
[2182] SP 9,744,1-7.
[2183] BH 3,6,52,19-22.
[2184] BHLD 1, 12,1f.,2,170,9-19.
[2185] BASSPT 3,6,554,23-556,2.
[2186] BS 1,20,278,13-16.
[2187] BD 34,3,480,19-21.
[2188] BHLD 1, 18,3,6,262,20-24.
[2189] BHLD 1, 28,1,1,434,1-4.
[2190] BHLD 1, 23,3,7,334,7-9.
[2191] BOS 1,14,750,23-25.
[2192] BB 1, 7,1,302,6-12.
[2193] BB 1, 82,2,672,3f.
[2194] BB 2, 258,374,7f.
[2195] SP 11,938,7-13.

31.3 Das große Mitleid, von welchem Juliane von Cornillon[2196] und Lukardis von Oberweimar[2197] geprägt sind, drücken die Autoren ihrer Viten mit der genannten Stelle aus.

32. 2 Kor 12,2: „Scio hominem in Christo ante annos quatuordecim, sive in corpore nescio, sive extra corpus nescio, Deus scit, raptum hujusmodi usque ad tertium coelum." – „Ich kenne einen Menschen in Christus, der vor vierzehn Jahren – ob im Leib oder außerhalb des Leibes, weiß ich nicht – bis in den dritten Himmel entrückt worden ist."

Diese Stelle spielt besonders bei der Frage des „raptus", der „Entrückung" eine Rolle; in diesem Sinn wurde sie an einem anderen Ort von uns schon behandelt[2198].

33. 2 Kor 12,4: „Quoniam raptus est in Paradisum, et audivit arcana verba, quae non licet homini loqui." – „Denn er wurde in das Paradies entrückt und hörte geheime Worte, die kein Mensch aussprechen darf."

33.1 Bernhard von Clairvaux nennt den Ort, wohin Paulus entrückt worden ist, eine der drei Arten des Paradieses[2199]. Der Abt wünscht, auch einmal dorthin entrückt zu werden und Christus zu schauen[2200]. Über das Gespräch des Ratschlusses der Dreifaltigkeit wagt Bernhard nur sehr vorsichtig zu schreiben, weil es keinen Zeugen für es gibt und dort jene unaussprechbaren Worte, von denen Paulus spricht, gefallen sind[2201]. Diese Worte liegen gleichsam unter der Zunge. Elend sind aber die Menschen, die nur das erfassen, was auf der Zunge liegt[2202].

33.2 Isaak von Stella weiß um Worte, die nur der Sohn vom Vater und der Vater vom Sohn hört[2203]. Diese sind unaussprechbar für den Menschen[2204].

33.3 Mechthild von Magdeburg nennt den Gruß, der ihr von Gott zuteil wird, etwas, was sie mit ihrem leiblichen Mund nicht aussprechen kann[2205]. Die letzte Gotteserfahrung darf ja die Braut nicht ausplaudern[2206]. Mechthild sucht wieder zurückzukehren zu Gott; wenn es ihr gelingt, empfängt sie Dinge, die kein Menschenohr gehört und kein Menschenmund aussprechen kann[2207].

33.4 Mechthild von Hackeborn schreibt, daß derjenige, der in das Herz Jesu eintritt, ein Geist mit dem Geliebten wird und etwas kostet und sieht, was kein Mensch aussprechen kann[2208].

[2196] JC 1,6,35,453.
[2197] LO 47,335,32-36.
[2198] Vgl. Weiß, Ekstase 89-97.
[2199] BS 2,157,358,17-19.
[2200] BHLD 1,33,4,6,524,5-9.
[2201] BANN 1,10,118,3-5.
[2202] BD 97,2,744,3-6.
[2203] IS 1,7,57-59,88.
[2204] IS 1,8,59f.,88.
[2205] MM 1,5,10f.,11.
[2206] MM 2,19,35f.,51.
[2207] MM 7,25,10-12,275.
[2208] MH 3,4,201.

2.2.5 Gal

1. Gal 2,20: „Vivo autem, jam non ego: vivit vero in me Christus. Quod autem nunc vivo in carne, in fide vivo Filii Dei, qui dilexit me, et tradidit semetipsum pro me." – "Ich lebe, aber nicht mehr ich, es lebt vielmehr in mir Christus. Wenn ich aber jetzt im Fleisch lebe, lebe ich im Glauben an den Sohn Gottes, der mich geliebt und sich selbst für mich hingegeben hat."

1.1 Bernhard von Clairvaux dichtet einen Hymnus zum Offizium des Heiligen Viktor, der mit den Worten beginnt: "Christus in illo vixit, et non ipse." – "In ihm lebte Christus, nicht mehr er selbst."[2209] Als ein auf den Tod erkrankter Bischof sein ganzes Vermögen den Armen vermachte, durfte er sagen: Ich lebe, doch nicht mehr ich, sondern Christus in mir[2210].

1.2 Wilhelm von St. Thierry schreibt, daß das Wort schlechthin, welches Gott an den Menschen richtet, die Liebe ist, mit der er seinen Sohn und dieser sich selbst hingegeben hat[2211].

1.3 Nach Guerricus von Igny konnte Paulus sagen, daß ihn nichts mehr von der Liebe Gottes trennen kann, weil er schon nicht mehr selbst, sondern Christus in ihm lebt[2212].

1.4 Nach dem Traktat „Speculum Virginum" kann derjenige, welcher das Böse in sich ausrottet, die gleichen Worte sprechen wie Paulus[2213]. Die Liebe verschlingt auch den Tod, und derjenige, bei wem dies der Fall ist, kann wie der Apostel sprechen, daß nicht er selbst, sondern Christus in ihm lebe[2214]. Denn der Apostel hat das Todesurteil selbst mit diesen Worten übersprungen[2215].

1.5 Nach Richard von St. Viktor kann derjenige, der den letzten, den vierten Grad der Liebe erreicht hat, diese Worte mit dem Apostel sprechen[2216].

1.6 Mechthild von Magdeburg schreibt, daß dem Menschen, in dem durch Christus Gott lebt, Besitz und Armut gleich wichtig geworden sind[2217].

2. Gal 3,27: „Quicumque enim in Christo baptizati estis, Christum induistis." – „Denn ihr alle, die ihr auf Christus getauft seid, habt Christus angezogen."

2.1 Aus der Tatsache, daß wir in der Taufe Christus angezogen haben, schließt Bernhard von Clairvaux, daß wir untrennbar mit Christus und seiner Liebe verbunden sind[2218].

[2209] BOV 212,1.
[2210] BB 1,23,2,388,18.
[2211] WC 10,20-26,92.
[2212] GIS Ben 3,2,54-59,78.
[2213] SP 5,470,6-8.
[2214] SP 9,736,1-3.
[2215] SP 12,998,15f.
[2216] RVGR 44,68.
[2217] MM 6,4,33f.,210.
[2218] BD 11,1,268,12-18.

2.2 Der Verfasser des Traktates „Speculum virginum" erinnert anhand dieser Schrift-stelle daran, daß Christus schon das zweite Gewand für den Menschen ist, weil er in Adam das erste verloren hat[2219].

2.3 Hildegard von Bingen sieht in dem, was wir mit Christus in der Taufe anziehen, den „nobilem Filium Dei", „edlen Sohn Gottes"[2220], die „novitatem sanctitatis", „Neu-heit der Heiligkeit"[2221] oder den „nouum hominem", „neuen Menschen"[2222].

3. Gal 4,4: „At ubi venit plenitudo temporis, misit Deus Filium suum factum ex mu-liere, factum sub lege." – „Als aber die Fülle der Zeit kam, sandte Gott seinen Sohn, geboren aus der Frau, dem Gesetz unterstellt."

3.1 Jean von Fécamp möchte aus dieser Stelle ableiten, daß der Vater und nicht der Heilige Geist den Sohn gesandt hat[2223].

3.2 Bernhard von Clairvaux bemerkt, daß die Schrift wie an dieser Stelle von der Sen-dung des Sohnes und an anderer Stelle von der Sendung des Heiligen Geistes, nie aber von einer solchen des Vaters spricht[2224]. Zur Fülle der Zeit meint Bernhard, daß selbst die Engel nicht wußten, wann sie eintreten würde[2225]. An einer anderen Stelle nennt er die Fülle der Zeit Abend[2226] oder die Nacht, in der tiefes Schweigen alles umfing (Weish 18,14f.)[2227]. Von diesem Zeitpunkt an wird Christi Ankunft nicht nur geahnt, sondern sein Duft breitet sich auf der ganzen Erde aus[2228]. Bei seiner Sendung übersprang der Sohn die großen und kleinen Engel und wurde schwacher Mensch[2229]. Die Geburt aus der Frau drückt auch die Tatsache aus, daß er ein kleines Kind geworden ist[2230]. Dabei wurde er durch seine verletzbare Menschheit[2231] mit vielerlei Elend behaftet[2232].

3.3 Hildegard von Bingen spricht vom „Ende der Zeit"[2233] oder der „Zeit vor dem Ende der Welt"[2234] oder „sub tempore", „unter der Zeit"[2235], in der Christus von Maria geboren wurde. Obwohl Gott erst am Ende der Zeit seinen Sohn gesandt hat, hat er ihn doch vielfältig im Alten Bund durch Zeichen und Wunder im vorhinein verkün-digt[2236].

[2219] SP 4,358,5-8.
[2220] HISV 2,3,6,8,254,439.
[2221] HISV 1,2,3 vis,101,135.
[2222] HISV 2,3,4,22,627f.,407.
[2223] JFC 1,10,196-198,116.
[2224] BH 8,22,78,23-28.
[2225] BB 1,77,5,19,636,22-25.
[2226] BLVM 1,3,38,22-24.
[2227] BADV 1,9,72,2-6.
[2228] BHLD 2,60,2,8,306,16-23.
[2229] BHLD 2,53,4,8,216,3-12.
[2230] BHLD 2,73,3,9,490,21-23.
[2231] BOEPI 3,358,13-17.
[2232] BIVHM 6,190,25-27.
[2233] HISV 2,3,2,17,475-477,362.
[2234] HISV 2,3,7,10,423-425,474.
[2235] HISV 2,3,8,15,755,499.
[2236] HIO 3,5,6,17,413.

4. Gal 4,19: „Filioli mei, quos iterum parturio, donec formetur Christus in vobis." –
„Meine Kinder, die ich wieder am gebären bin, bis Christus in euch Gestalt gewinnt."

4.1 Bernhard von Clairvaux bittet den irischen Erzbischof Malachias, die zwei Brüder,
die zu ihm zur Ausbildung geschickt waren und die er wieder in ihre irische Heimatab-
tei zurücksendet, nicht voneinander zu trennen, bis Christus in ihnen volle Gestalt gewinnt[2237]. Näher am ursprünglichen Sinn ist Bernhard, wenn er schreibt, daß die Kirche als Braut eine Mutter für Paulus war, für die er aufs Neue Geburtswehen leidet[2238].
Auch Bernhard fühlt sich in bezug auf seine Brüder manchmal so, vergißt dies aber,
wenn Christus in ihnen Gestalt gewinnt[2239]. Es gibt nämlich so etwas wie Mutterschaft
und Kindschaft im geistigen Sinn[2240]. Diejenigen, die das Evangelium verkünden, tragen Christus im Schoß, um ihn für andere zu gebären[2241].

4.2 Wilhelm von St. Thierry schreibt, daß, solange Christus in den Menschen noch
nicht Gestalt gewonnen hat, der Glaube das zu wissen verlangt, was er glauben
soll[2242].

4.3 Im Traktat „Speculum virginum" gewinnt Christus durch die Lehrer in der Kirche Gestalt, um täglich in ihr geboren zu werden[2243]. Wie es nämlich im natürlichen
Bereich eine Zeit des Empfangens und eine des Gebärens gibt, so gewinnt Christus erst
allmählich Gestalt, bevor er geboren wird[2244].

5. Gal 5,6: „Nam in Christo Jesu neque circumcisio aliquid valet, neque praeputium,
sed fides, quae per caritatem operatur." – „Denn in Christus gilt weder das Beschnit-
tensein noch das Unbeschnittensein etwas, sondern der Glaube, der durch die Liebe
wirksam ist."

5.1 Bernhard von Clairvaux will die Liebe nicht vom rechtfertigenden Glauben trennen. Nur der Glaube, der durch die Liebe wirksam ist, hilft[2245]. Leben und Gerechtigkeit kann nur ein solcher Glaube bringen[2246]. „Nec fides valet, si non operatur ex dilectione." – „Auch der Glaube gilt nichts, wenn er nicht aus der Liebe wirkt."[2247] Dieser
aus der Liebe wirksame Glaube fängt beim Menschen mit der Herzensreue an[2248] und
reinigt die Herzen[2249].

5.2 Nach dem Traktat „Speculum virginum" brauchen alle Menschen und nicht nur
die Jungfrauen, um Fortschritte, die den Namen Christi heiligen[2250], im geistlichen

---

[2237] BB 2, 341,1,590,15f.
[2238] BHLD 1, 12,2,2,170,20-23.
[2239] BHLD 1, 29,3,6,462,15-17.
[2240] BVNAT 6,11,222,14-17.
[2241] BD 51,566,11-13.
[2242] WSF 7,81,10-13,148.
[2243] SP 2,204,26-206,2.
[2244] SP 3,230,24-27.
[2245] BB 1, 107,4,780,20f.
[2246] BVDSS 5,148,11-13.
[2247] BB 1,107,9,786,24.
[2248] BASC 1,3,320,9f.
[2249] BASSPT 5,6,578,18f.
[2250] SP 12,986,10f.

Leben machen zu können, den aus der Liebe wirksamen Glauben[2251]. Solange wir in diesem Leben sind, muß an die Seite von Glaube und Liebe noch die Hoffnung treten[2252].

6. Gal 5,17: „Caro enim concupiscit adversus spiritum; spiritus autem adversus carnem; haec enim sibi invicem adversantur, ut non, quaecumque vultis, illa faciatis." – „Denn das Fleisch begehrt gegen den Geist, der Geist aber gegen das Fleisch. Sie sind einander feind, daß ihr nicht das, was ihr wollt, tun könnt."

6.1 Bernhard von Clairvaux sieht in dieser Schriftstelle scheinbar die Gefahr einer Beeinträchtigung des freien Willens des Menschen[2253]. Doch nicht das Fleisch an sich, sondern das aus der Sünde geborene Fleisch kämpft gegen den Geist[2254]. Daraus kann uns nur Christus retten, der den wahren Ursprung unseres Fleisches angenommen hat[2255]. Weil es diesen Widerstreit, der sich in einem inneren Krieg auswirkt[2256], gibt, fällt die Liebe dem Menschen nicht leicht[2257]. Ständige Wachsamkeit ist für den Menschen notwendig[2258]. Auch der Vorsatz der Enthaltsamkeit findet in diesem Fleisch seinen Feind[2259]. Die Tatsache, daß der Geist auch gegen das Fleisch begehrt, ist allein Anlaß zum aufatmen[2260]. Wegen dieses Widerstreites ist die jetzige Zeit ein Tag, der sich schnell in Finsternis verwandeln kann[2261].

6.2 Der Verfasser des Traktates „Speculum virginum" sieht den in dieser Schriftstelle ausgedrückten Gegensatz schon im Widerstreit der Geschlechter bei den Ureltern anwesend[2262]. Er erkennt aber in der Vernunft und der Weisheit des Menschen eine Instanz, die den Streit zwischen Fleisch und Geist mäßigt[2263].

7. Gal 6,8: „Quae enim seminaverit homo, haec et metet. Quoniam qui seminat in carne sua, de carne et metet corruptionem; qui autem seminat in spiritu, de spiritu metet vitam aeternam.» – «Was nämlich der Mensch sät, das erntet er auch. Denn wer in sein Fleisch sät, erntet vom Fleisch auch die Vergänglichkeit. Wer aber in den Geist sät, erntet vom Geist das ewige Leben.»

7.1 Bernhard von Clairvaux erklärt diese Schriftstelle durch einen Vergleich: Wie ausgepreßte Trauben keinen Saft mehr geben, so vertrocknet die Kelter des Todes das Fleisch[2264]. Nur das Säen zu betrachten, ist töricht, man muß auch beachten, was man

---

[2251] SP 1,90,24-92,3.
[2252] SP 4,290,19-21.
[2253] BGR 6,16,196,22-25.
[2254] BQUAD 5,1,480,14-20.
[2255] BANN 2,5,138,7-9.
[2256] BOS 5,8,802,22-24.
[2257] BS 3,120,698,7f.
[2258] BD 82,2,666,2-5.
[2259] BVIPENT 2,5,492,24f.
[2260] BHLD 2,72,3,9,476,8-11.
[2261] BHLD 2,72,3,8,474,22-26.
[2262] SP 7,644,21-25.
[2263] SP 8,648,8-15.
[2264] BHLD 1,9,7,10,142,23-27.

erntet[2265]. In einer anderen Predigt erklärt Bernhard die Vergänglichkeit dessen, was auf Fleisch gesät ist, mit der Vergänglichkeit der Welt (Gal 6,8)[2266]. Derjenige, der bei seinem Tun nicht an sich selbst denkt, sät nicht auf das Fleisch[2267]. Wer auf das Wort Christi sät, nach dem der Mensch nicht nur vom Brot lebt, der sät auf den Geist und erntet kein Verderben[2268]. Derjenige, der sein Fleisch tötet und auf den Geist sät, wird das ewige Leben ernten[2269]. Deswegen gilt es, mehr Obacht auf die Seelenburg als auf das Fleisch zu verwenden[2270].

7.2 Der Verfasser des Traktates „Speculum virginum" will seine Adressatinnen, ehelos lebende Frauen, über ihre Kinderlosigkeit trösten. Sie befinden sich in einer freiwilligen Unfruchtbarkeit, weil sie bewußt im Geist gesät haben und deswegen ewiges Leben erben werden[2271]. Als Jungfrauen sind sie den Engeln Gottes gleich und säen in den Geist[2272].

8. Gal 6,14: „Mihi autem absit gloriari, nisi in cruce Domini nostri Jesu Christi, per quem mihi mundus crucifixus est, et ego mundo." – „Mir aber sei es fern, mich zu rühmen, außer im Kreuz unseres Herrn Jesus Christus, durch welches mir die Welt gekreuzigt, und ich der Welt."

8.1 Bernhard von Clairvaux warnt den Papst, sich als Nachfolger der Apostel Herrschergewalt anzumaßen[2273]. Vielmehr soll ihm wie dem Apostel Paulus die Welt gekreuzigt sein[2274]. Einen jungen Menschen, der über die Begeisterung am Studium seine Berufung als Ordensmann vergißt, mahnt Bernhard, sich um das Wissen des Gekreuzigten zu kümmern, ein Wissen, daß man nur haben kann, wenn man selbst der Welt gekreuzigt ist[2275]. Nur diese Wissenschaft ist umsichtig[2276]. Einen Mönch, der im Kloster der Welt gestorben ist, darf man nicht mehr in die Welt zurückrufen[2277]. Doch auch durch den Eintritt in ein Kloster ist man noch nicht automatisch der Welt gekreuzigt, weil man auch dort Ehre und Ehrenstellungen suchen kann[2278]. Der Welt gekreuzigt ist derjenige, der nicht mehr an dem hängt, was die Welt liebt[2279]. Auch gegenüber Petrus Abaelard weist der Abt auf Jesus, den Gekreuzigten, hin, dessen man sich allein rühmen darf[2280]. Weil von dem Gekreuzigten alles Heil ausgeht, glaubt Bernhard auch an die Gültigkeit einer Taufe, die nur mit den Worten „Im Namen des Kreuzes" vollzogen

---

[2265] BQH 7,14,580,12-14.
[2266] BQH 9,2,606,25-608,1.
[2267] BBEN 9,86,16-19.
[2268] BJB 7,432,5-8.
[2269] BD 23,1,378,4-9.
[2270] BD 82,1,664,16-666,1.
[2271] SP 1,144,17-20.
[2272] SP 3,224,22-226,3.
[2273] BCO 2,6,11,676,9f.
[2274] BCO 2,6,11,678,2f.
[2275] BB 1, 108,2,796,8f.
[2276] BS 3,89,532,3-6.
[2277] BB 2, 237,1,266,9-12.
[2278] BLVM 4,10,116,23-118,11.
[2279] BASC 4,13,366,9-11.
[2280] BB 2, 190,9,24,114,17-23.

worden ist[2281]. Das Kreuz Christi, dessen man sich rühmen kann, besteht aus Gottesfurcht, Hoffnung, Liebe und Beständigkeit in guten Werken[2282]. Es ist das Kreuz der Herrlichkeit, welche in der Liebe besteht[2283]. Die Braut schämt sich nicht, daß sie schwarz ist, weil sie sich im Kreuz Christi rühmen kann[2284]. Die durch die Sünde verlorengegangene Herrlichkeit kehrt durch dem Ruhm im Kreuz Christi zurück[2285]. Dieses Rühmen besteht aus der Liebe im Leiden[2286]. Paulus wurde auch nach seiner Entrückung in den dritten Himmel nicht stolz, weil er sich nur des Kreuzes rühmen wollte[2287]. Da Jesus seine menschliche Natur in der Himmelfahrt in den Himmel erhoben hat, können auch die Seligen und Heiligen sich des Kreuzes rühmen[2288].

8.2 Nach Guerricus von Igny sollen sich die Erlösten, die Christus aus allen Gebieten um sich in der Kirche versammelt hat, nur im Kreuz Christi rühmen[2289].

8.3 Der Verfasser des Traktates „Speculum virginum" schreibt, daß die Menschen, die wegen ihres Gelübdes der Jungfräulichkeit von der Welt verachtet werden, sich des Kreuzes Christi rühmen[2290].

2.2.6 Eph, Kol

1. Eph 1,4: „Sicut elegit nos in ipso ante mundi constitutionem, ut essemus sancti et immaculati in conspectu ejus." – „Wie er uns erwählt hat in ihm vor Erschaffung der Welt, damit wir heilig und makellos vor seinem Angesicht sind."

Texte zu dieser Schriftstelle wurden schon an einem anderen Ort behandelt[2291].

2. Eph 1,10: „In dispensatione plenitudinis temporum, instaurare omnia in Christo, quae in coelis, et quae in terra sunt, in ipso." – „Er hat beschlossen, die Fülle der Zeiten heraufzuführen, in Christus alles in ihm zu erneuern, was im Himmel und was auf Erden ist."

2.1 Jean von Fécamp preist die Macht des allmächtigen Gottes, die uns das Geheimnis der Erneuerung in Christus kundgemacht hat[2292].

2.2 Bernhard von Clairvaux schreibt, daß es Christi Blut ist, das allem den Frieden schenkt, was auf Erden und im Himmel ist[2293].

[2281] BB 2, 403,1,792,7-704,1.

[2282] BS 3,90,534,8-13.

[2283] BS 3,120,694,25-27.

[2284] BHLD 1, 25,4,8,384,1-5.

[2285] BCIRC 3,2,300,15-302,3.

[2286] BVNAT 4,7,184,18-23.

[2287] BQUAD 6,3,494,1-5.

[2288] BD 60,2,602,25-604,4.

[2289] GIS Palm 2,4,93-95,178.

[2290] SP 9,826,12-21.

[2291] Vgl Weiß, Dreieiner 587-589.

[2292] JFC 2,14,598-600,140.

[2293] BHLD 2, 75,2,5,514,8f.

2.3 Nach Hildegard von Bingen wird die durch Adam verlorene Gerechtigkeit für die auserwählte Braut des Sohnes Gottes erneuert[2294].

3. Eph 2,14: „Ipse enim est pax nostra, qui fecit utraque unum, et medium parietem maceriae solvens, inimcitias in carne sua." – „Er nämlich ist unser Friede, der die beiden eins machte und die trennende Wand der Feindschaft in seinem Fleisch niederriß."

Auch die Stellen, die diesen Vers als Grundlage haben, wurden an einer anderen Stelle schon behandelt[2295].

4. Eph 2,19f.: „Ergo jam non estis hospites et advenae: sed estis cives sanctorum et domestici Dei, superaedificati super fundamentum Apostolorum et Prophetarum, ipso summo angulari lapide Christo Jesu." – „Ihr seid also schon nicht mehr Fremde ohne Bürgerrecht, sondern Mitbürger der Heiligen und Hausgenossen Gottes, aufgebaut auf das Fundament der Apostel und Propheten; der Eckstein ist Christus Jesus selbst."

4.1 Von einem jungen Menschen, der auf der Pilgerfahrt nach Jerusalem in Clairvaux hängengeblieben und Mönch geworden ist, sagt Bernhard, daß er Mitbürger der Heiligen sei[2296]. Andere, die kommen, um in Clairvaux einzutreten, empfängt der Abt mit offenen Armen als Mitbürger der Heiligen[2297]. Seine Mitbrüder, die er zu Roger, dem König von Sizilien, schickt, werden dort, wenn sie auch Fremde und Pilger sind, als Mitbürger der Heiligen aufgenommen werden[2298]. An einer anderen Stelle preist er seine Mönche wie Engel[2299] als Hausgenossen Gottes[2300]. Sie brauchen sich nicht als Fremde ohne Bürgerrecht fortweisen zu lassen[2301]. Besonders gilt dies für einen Verstorbenen, der heiligmäßig gelebt hat[2302]. An einer Stelle bezeichnet er die beiden Mauern, die in dem einen Eckstein Christus zusammenkommen, als die Stände der Ehelosen und Eheleute, für deren Einheit die kirchlichen Amtsträger Sorge zu tragen haben[2303].

4.2 Hildegard von Bingen bezeichnet Christus als Eckstein, in dem Gottheit und Menschheit vereint sind[2304] und der sein Volk vor den bösen Geistern schützt[2305], weswegen es sich mit Christus vereinen muß[2306].

5. Eph 3,17: „Christum habitare per fidem in cordibus vestris: in caritate radicati et fundati." – „Durch den Glauben wohne Christus in euren Herzen, in der Liebe verwurzelt und auf sie gegründet."

[2294] HISV 2, 3,2,16,457-459,362.

[2295] Vgl. Weiß, Gottesbild 2,1213-1223. 1285-1289 und oben S. 573-587.

[2296] BB 1, 64,1,554,11-15.

[2297] BB 1, 109,2,802,24f.

[2298] BB 2, 208,176,1f.

[2299] BQH 12,4,652,15-18.

[2300] BQUAD 6,4,496,9-14.

[2301] BOS 3,4,776,15f.

[2302] BMAL 5,910,10.

[2303] BD 9,5,260,12-15.

[2304] HISV 1, 2,6,13,608-613,242; 2, 3,7,7,198-202,467.

[2305] HISV 1, 2,2,5,128-130,128.

[2306] HISV 2, 3,2,5,185-192,353.

5.1 Bernhard von Clairvaux versucht, Menschen von der Vorstellung zu lösen, sie würden ihren Lohn in einem sichtbaren und materiellen Himmel empfangen. Die Belohnung findet vielmehr in unserem Inneren statt, wo Christus durch den Glauben wohnt[2307]. Sie vertrauen ja im Glauben, daß Christus ihnen einwohnt[2308]. Deswegen zählt auch hier auf Erden nicht das Äußere, sondern das Innere, wo Christus wohnt[2309]. Doch muß für dieses Wohnen Christi das Herz durch die Tugenden und den Glauben bereitet werden[2310]. Christus wohnt so lange in uns, wie unser Glaube lebt[2311]. Wer fest verwurzelt in der Liebe ist, bleibt sicher und braucht keine Versuchung zu fürchten[2312].

5.2 Der Verfasser des Traktates „Speculum virginum" schreibt, daß man deswegen in der Liebe verwurzelt sein muß, weil nur die Liebe die Tugenden unversehrt bewahrt[2313]. Denn wenn Christus im Herzen wohnt, reinigt er das Herz[2314] und kämpft in uns gegen die Welt[2315]. Der Beweis, daß Christus in uns wohnt, ist die Tatsache, daß wir nicht mehr uns selbst leben, sondern Christus in uns lebt[2316].

5.3 Bei Gertrud der Großen wird diese Stelle als ein biblischer Beleg für die Einwohnung Gottes herangezogen[2317].

6. Eph 3,18: „Ut possitis comprehendere cum omnibus sanctis, quae sit latitudo et longitudo, et sublimitas et profundun." – „Damit ihr mit allen Heiligen ermessen könnt die Länge, die Breite, die Höhe und die Tiefe."

Die dieser Stelle entsprechenden Texte wurden von uns an dem Ort herangezogen, wo wir über Gott und seine Dimensionen gehandelt haben[2318].

7. Eph 4,5f.: „Unus Dominus, una fides, unum baptisma, unus Deus et Pater omnium, qui est super omnes, et per omnia et in omnibus nobis." – „Ein Herr, ein Glaube, eine Taufe, ein Gott und Vater aller, der über alle und durch alle und in uns allen ist."

7.1 Bernhard von Clairvaux schreibt, daß auf den Gott, der in diesen Versen bekannt wird, wie auf einen unerschütterlichen Grund die Sicherheit der katholischen Kirche gebaut ist[2319].

7.2 Nach Isaak von Stella ist auch das himmlische Jerusalem auf einen Glauben, einen Gott und eine Taufe gebaut[2320].

[2307] BP 20,61,426,12-20; BHLD 2, 27,5,5,422,27-424,7.
[2308] BHLD 2, 76,3,6,530,3f.
[2309] BB 1, 113,3,818,13-19.
[2310] BHLD 1, 27,2,3,414,26-416,3.
[2311] BPASC 2,1,260,3-5.
[2312] BBEN 4,78,1-3.
[2313] SP 4,360,6-9.
[2314] SP 11,902,2-5.
[2315] SP 5,438,16-18.
[2316] SP 12,998,14-19.
[2317] G 2, 1,5,1,20f.,148.
[2318] Vgl. Weiß, Gottesbild 1,474-564.
[2319] BB 2, 194,1,132,7-9.
[2320] IS 55,1,4-6,264.

7.3 Der Verfasser des Traktates „Speculum virginum" schreibt, daß die Einheit, die von allen gesucht und erstrebt wird, in dem einen Gott und Vater aller besteht[2321]. Er ist der Bräutigam, der als Gott und Vater aller geliebt wird[2322].

7.4 Nach Hildegard von Bingen will der Mensch im Gehorsam zurück zu dem einen Gott und Vater aller, von dem der Teufel sich im Ungehorsam getrennt hat[2323].

8. Eph 4,10: „Qui descendit, ipse est et qui ascendit super omnes coelos ut impleret omnia." – „Derjenige, der hinabstieg, ist auch der, der über alle Himmel hinaufstieg, um alles zu erfüllen."

8.1 Für Bernhard von Clairvaux ist nach diesen Worten die Himmelfahrt Christi nur eine Heimkehr: „Ascendit autem ubi erat prius." – „Er stieg aber dorthin auf, wo er früher war."[2324] Sein Aufstieg in den Himmel ist „felix clausula totius internarii Filii Dei", „ein glückliches Schließen des Kreises vom ganzen Weg des Sohnes Gottes"[2325]. Es bleibt aber nicht ein Ereignis für Christus allein. Wie er nur für uns herabgestiegen ist, so steigt er auch wieder heauf, um uns zu belehren, auch aufzusteigen[2326]. Es ist der letzte Aufstieg, in dem sich alles erfüllen wird, wonach wir Sehnsucht haben[2327].

8.2 Hildegard von Bingen schreibt, daß alle göttlichen Kräfte durch Christi Menschheit herabgestiegen sind, aber durch seine Gottheit immer nach oben streben[2328].

9. Eph 4,13: „Donec occurramus omnes in unitatem fidei et agnitionis Filii Dei, in virum perfectum, in mensuram aetatis plenitudinis Christi." – „Bis wir alle gelangen in die Einheit des Glaubens und der Erkenntnis des Sohnes Gottes, zum vollkommenen Mann, zum Maß des Vollalters Christi."

9.1 Erlösung ist nach Bernhard von Clairvaux Neuschaffung aus dem Nichts im Übergang zum vollkommenen Menschen im Vollalter Christi[2329]. Dieses Wachsen und Reifen geschieht in der Tugend und in der Herrlichkeit[2330]. Nach einer Predigt werden die Menschen erst in der Auferstehung der Toten zum Vollalter Christi gelangen[2331]. Die einzelnen Christen wachsen gemeinsam zum Vollalter Christi zusammen[2332]. Aber nicht nur sie, sondern auch die verschiedenen Völker reifen zur Einheit des Glaubens zusammen[2333]. Zu diesem Zusammenwachsen hat die Kirche die Gaben des Heiligen Geistes empfangen.[2334]

[2321] SP 10,864,9-16.
[2322] SP 12,982,12-18.
[2323] HISV 2,3,8,4,167-170,482.
[2324] BHLD 2,75,4,12,522,6-8.
[2325] BASC 2,1,322,8-10.
[2326] BASC 4,3,348,18-20; 4,6,354,8-10.
[2327] BASC 4,14,366,17-22.
[2328] HISV 2,3,8,13,617-619,495.
[2329] BB 1,18,2,374,9-17.
[2330] BHLD 1,27,6,10,426,12-15.
[2331] BD 41,12,526,17-19.
[2332] BMART 4,874,1-5.
[2333] BHLD 2,78,2,5,552,14-16.
[2334] BVSDSS 5,150,13-16.

9.2 Nach dem Traktat „Speculum virginum" muß der die Grenzen der kindlichen Unerfahrenheit überschreitende und vollkommene Mensch sich zu jedem guten Werk nützlich erweisen[2335].

9.3 Hildegard von Bingen schreibt, daß der Leib Christi in den Gläubigen als seinen Gliedern vollendet wird[2336]. Die Kirche wird bis zur Fülle ihrer Kinder durch wunderbare Geheimnisse offenbar[2337].

10. Eph 6,11: „Induite vos armaturam Dei, ut possitis stare adversus insidias diaboli." – „Zieht die Rüstung Gottes an, daß ihr gegen die Anschläge des Teufels bestehen könnt."

10.1 Bernhard von Clairvaux schreibt, daß man sich gegen die Anschläge des Teufels mit mühevollen Anstrengungen wehren muß[2338]. Die Rüstung Gottes braucht der Christ aber nicht nur zur Verteidigung, sondern auch zum Angriff und zur Überwindung des Bösen[2339].

10.2 Die Waffenrüstung gegen den Kampf mit dem Teufel besteht nach Hildegard von Bingen in den sieben Gaben des Geistes[2340] und den Tugenden[2341]. Die ersten Hirten der Kirche haben in ihrem Martyrium diesen Kampf bestanden[2342].

10.3 Mechthild von Magdeburg betet, daß Christus im Augenblick des Sterbens ihr das heilige Waffenkleid bringt, mit dem sie fähig wird, den Schaden des Feindes abzuwenden[2343]. An einer anderen Stelle nennt sie Christus das Schwert und Maria den Schild in diesem Kampf[2344].

10.3 Gertrud die Große zählt Glaube, Hoffnung und Liebe als die Waffenrüstung Gottes auf[2345].

11. Kol 1,2a: „Gratia vobis, et pax a Deo Patre nostro, et Domino Jesu Christo." – „Gnade sei mit euch und Friede von Gott, unserem Vater, und dem Herrn Jesus Christus."

Die Stellen, an denen in unseren Texten Christus Friede genannt wird, haben wir oben behandelt[2346].

12. Kol 1,3: „Qui eripuit nos de potestate tenebrarum et transtulit in regnum filii dilectionis suae." – „Der uns der Macht der Finsternis entrissen und hineinversetzt hat in das Reich seines geliebten Sohnes."

[2335] SP 9,760,1-3.
[2336] HISV 2, 3,8,13,625f.,495.
[2337] HISV 2, 3,11,13,305-308,583.
[2338] BB 1, 83,1,674,5-9.
[2339] BDED 3,2,830,1-3.
[2340] HISV 2, 3,6,31,826f.,455.
[2341] HISV 1, 1,6,4,119-123,103.
[2342] HISV 2, 3,9,17,455-462,528f.
[2343] MM 7,35,22-26,283.
[2344] MM 2,19,13f.,50.
[2345] G R 1,195,58.
[2346] Vgl. oben

12.1 Bernhard von Clairvaux betont, daß sich die Kinder des Lichtes von den der Ungläubigen, die der Macht der Finsternis verfallen sind[2347], dadurch unterscheiden, daß sie aus der Macht der Finsternis entrissen sind[2348]. Dieses Entreißen aus der Finsternis geschieht in der Taufe[2349]. Im Himmel wird denen, die der Macht der Finsternis entrissen sind, das Licht besonders beglückend erscheinen[2350]. Einmal setzt der Abt die Macht der Finsternis mit der Unwissenheit der Menschen gleich[2351].

12.2 Hildegard von Bingen schreibt, daß der Menschgewordene das menschliche Geschöpf, das in der Finsternis versunken war, zum Heil herausgeführt hat[2352].

13. Kol 1,15: „Qui est imago Dei invisibilis, primogenitus omnis creaturae." – „Er ist das Bild des unsichtbaren Gottes, der Erstgeborene der ganzen Schöpfung."

13.1 Bernhard von Clairvaux schreibt, daß Christus die Erhabenheit über alle Schöpfung beanspruchen kann, weil er der Erstgeborene der Schöpfung ist[2353]. Die Gemeinsamkeit und der Unterschied zwischen Christus und den übrigen Menschen besteht darin, daß Christus Bild ist, der Mensch aber auf das Bild hin geschaffen ist[2354]. Und doch kommen sich beide im Bildsein nahe[2355].

13.2 Hildegard von Bingen meint, daß das Wort, das unsichtbar vom Vater gezeugt wird, das Bild Gottes für den Menschen ist[2356].

14. Kol 1,24: „Qui nunc gaudeo in passionibus pro vobis, et adimpleo ea, quae desunt passionum Christi, in carne mea pro corpore ejus, quod est ecclesia." – „Jetzt freue ich mich in den Leiden für euch und ergänze in meinem Fleisch das, was an den Leiden Christi noch fehlt, für seinen Leib, das heißt für die Kirche."

14.1 Nach Bernhard von Clairvaux hat uns Christus in seinen Leib, das heißt die Kirche, aufgenommen, um die Sünden zu büßen[2357]. Auch wenn Christus allein reiner Wein, das heißt sündenlos, ist, verschmäht er den gemischten Wein eines sündigen Menschen nicht; denn Paulus darf ergänzen, was an den Leiden Jesu noch fehlt[2358]. Paulus kann dies für sich in Anspruch nehmen, weil er an seinem Leib die Zeichen des Gekreuzigten trägt[2359].

14.2 Der Verfasser des Traktates „Speculum virginum" sieht in der Askese des Christen ein Hängen am Kreuz, welches das ergänzen will, was an den Leiden Christi noch fehlt[2360]. Deswegen ist auch einen Leib zu haben ein Ruhm für den Menschen, weil

---

[2347] BB 2, 190,5,14,98,2-4.
[2348] BHLD 1, 107,3,780,16-18.
[2349] BD 11,1,268,7-9.
[2350] BHLD 2, 68,2,5,412,27f.
[2351] BHLD 2, 86,2,4,654,5-8.
[2352] HISV 1, 2,1 vis,107-110,112.
[2353] BHLD 2, 73,3,9,490,26-492,1.
[2354] BHLD 2, 80,1,2,568,21-25.
[2355] BHLD 2, 81,1,1,582,16f.
[2356] HISV 2, 3,7,8,366-369,472.
[2357] BHLD 2, 71,5,11,458,10.
[2358] BQH 9,4,610,10-20.
[2359] BHUMB 5,958,16-18.
[2360] SP 8,648,15-19.

er nur mit ihm ergänzen kann, was an Christi Leiden noch fehlt[2361]. In seinem Leib, der Kirche, wird so Gottes Name geheiligt[2362]. Der Autor aber vergißt auch nicht zu erwähnen, daß Christus es ist, der immer an seinem Leib, der Kirche, wirkt[2363]. Für ihn, seine Kirche, hat er den Tod durch den Tod gewandelt[2364].

14.3 Hildegard von Bingen schreibt, daß die Tugenden in den Herzen der Gläubigen wachsen, bis sie den Sohn Gottes in seinen Gliedern vollenden[2365].

15. Kol 2,3: „In quo sunt omnes thesauri sapientia et scientiae absconditi." – „In Ihm sind alle Schätze der Weisheit und des Wissens verborgen."

An einem anderen Ort wurden Texte zu diesem Vers zusammengetragen[2366].

16. Kol 2,12: „Consepulti ei in baptismo, in quo et resurrexistis per fidem operationis Dei, qui suscitavit illum a mortuis." – „Mit ihm seid ihr in der Taufe begraben worden, in ihm auch auferweckt durch den Glauben an das Wirken Gottes, der ihn von den Toten auferweckt hat."

16.1 Jean von Fécamp dankt Gott, der uns wiedergeboren hat durch die Auferstehung seines Sohnes, den er von den Toten auferweckt hat[2367].

16.2 Hildegard von Bingen schreibt, daß durch die Taufe die fünf Sinne des Menschen von jeder Bosheit beschnitten worden sind[2368].

17. Kol 2,14: „Delens, quod adversus nos erat chirographum decreti, quod erat contrarium nobis, et ipsum tulit de medio, affligens illud cruci." – „Er hat den Schuldschein, der gegen uns sprach, vernichtet und die Forderungen, die uns anklagten, aufgehoben. Er hat ihn dadurch aufgehoben, daß er ihn ans Kreuz geheftet hat."

17.1 Jean von Fécamp verbindet diese Stelle mit Phil 2,8: Durch seinen Gehorsam bis zum Tod am Kreuz hat Christus den Schuldschein gegen die Menschen vernichtet[2369].

17.2 Bernhard von Clairvaux ermutigt zum Glauben an die Vergebung der Sünden; Christus hat doch den Schuldschein wider uns mit eigener Hand ans Kreuz geheftet[2370], den Schmutz der menschlichen Verderbnis abgewaschen[2371] und uns mit Gott versöhnt[2372]. Erst ab dem Augenblick, als Christus mit seinem Blut das Verdammungsurteil getilgt hat, ist der Zugang zum Himmel wieder offen[2373]. Uns kommt dieser Schulderlaß zugute, die wir in der Taufe rein gewaschen sind[2374].

[2361] SP 9,728,12-14.
[2362] SP 12,986,17f.
[2363] SP 11,938,19-22.
[2364] SP 11,946,7-9.
[2365] HISV 2,3,8,13,608-610,495.
[2366] Vgl. Weiß, Gottesbild 2,856-863. 891-946.
[2367] JFC 2,12,555-557,139.
[2368] HISV 2,3,3,3,170-174,375f.
[2369] JFC 2,1,27-29,121.
[2370] BHLD 1,38,2,2,584,13f.
[2371] BVEPI 5,102,13f.
[2372] BSDSS 1,142,19f.
[2373] BOS 4,1,778,17-780,1.
[2374] BVHM 3,210,1f.

17.3 Nach Aelred von Rievaulx hat Christus die Schuld getilgt, indem er den Schuldschein vernichtet hat[2375].

17.4 Der Verfasser des Traktates „Speculum virginum" schreibt, daß der Teufel im Paradies am Baum gesiegt hat, aber auch am Baum besiegt wurde, da Christus alles, was gegen uns spricht, ans Kreuz geheftet hat[2376], wozu er sein Blut vergossen hat[2377]. Wenn die Väter der alten Zeit im Kampf gegen das Böse asketische Werke von höchster Strenge vollbrachten, so nur, weil ihnen von dem, der den Schuldschein vernichtet hat, dabei geholfen wurde[2378].

18.   Kol 2,15: „Et exspolians principatus et potestates traduxit confidenter, palam triumphans illos in semetipso." – „Und er hat die Fürsten und Mächte entwaffnet und öffentlich zur Schau gestellt, indem er durch sich selbst über sie triumphiert hat."

18.1 Bernhard von Clairvaux wendet diesen Vers auf die Liebe an. Sie triumphiert über alles, was nach der Vernunft, dem Ehrgefühl und dem guten Rat ist, und nimmt es für sich gefangen[2379].

18.2 Wilhelm von St. Thierry schreibt, daß Christus am Kreuz über die Fürsten und Mächte triumphiert und sich nach seiner Grabesruhe in der Auferstehung über sie erhoben hat. Ähnlich soll auch der Christ in der Buße gekreuzigt werden, in der Gerechtigkeit ruhen und in der Auferstehung erhöht werden[2380].

19.   Kol 3,3: „Mortui enim estis, et vita vestra est abscondita cum Christo in Deo." – „Denn ihr seid gestorben, und euer Leben ist mit Christus in Gott verborgen."

19.1 Bernhard von Clairvaux macht darauf aufmerksam, daß der Tod, den wir gestorben sind, das Absterben der Sünde bedeutet[2381]. Wer so gestorben ist, geht wie ein Pilger durch die Welt[2382]. Deswegen muß der Tod Christi auch immer neu verkündet werden, bis der erscheint, in dem unser Leben verborgen ist[2383]. Der Abt schreibt, daß der Tod das Leben zwar abbricht, aber nicht zerbricht, weil unser eigentliches Leben noch verborgen ist[2384]. Um deutlich zu machen, daß es das Leben nach dem Tod ist, welches noch verborgen ist, schreibt Bernhard einmal von der Herrlichkeit, die mit Christus noch nicht greifbar ist[2385]. Nach Bernhard ist nicht nur das Leben mit Christus auf Erden verborgen, sondern auch das Manna, das heißt das, was zu diesem Leben führt[2386].

[2375] ARSC 1,5,14,188-190,18.
[2376] SP 8,650,1-5.
[2377] SP 10,860,22-24.
[2378] SP 9,732,12-23.
[2379] BHLD 2,79,1,1,558,5-10.
[2380] WR 5,641C.
[2381] BHLD 2,52,2,3,198,6-8.
[2382] BQUAD 6,2,492,10-12.
[2383] BOS 5,9,806,13-15.
[2384] BB 2,3,12,460,1-6.
[2385] BB 1,113,2,816,22.
[2386] BB 1,18,2,374,10-12.

19.2   Nach Gertrud der Großen soll man bei der Kommunion beten, daß unser ganzes Leben bis zur Todesstunde mit Christus in Gott verborgen ist[2387]. Glücklich ist ja der Mensch, der schon verborgen und behütet ist in der Herrlichkeit des Angesichtes Gottes[2388]. Es ist Gott der König, der im Heiligtum weilt, bei dem unser Leben mit Christus verborgen ist[2389].

20.   Kol 3,14: „Super omnia autem haec, caritatem habete, quod est vinculum perfectionis." – „Über all dem aber habt die Liebe, welche das Band der Vollkommenheit ist."

20.1   Bernhard von Clairvaux fordert auf, diese Liebe besonders zu den Vorgesetzten zu haben[2390]. Gerade weil jeder Christ je eine eigene Gabe empfangen hat, müssen alle im Band der Liebe vereint sein[2391]. Im himmlischen Jerusalem werden nur die Menschen sein, die das Band der Liebe besitzen[2392]. An einer Stelle bezeichnet er auch die Einheit des Geistes als das Band der Vollkommenheit[2393].

20.2   Der Verfasser der Vita der Beatrijs von Nazareth wendet diese Stelle auf die Liebe zu Gott an. Auch in einer langen Zeit der inneren Dürre bleibt die Mystikerin im unlösbaren Band der Liebe mit Gott verbunden[2394].

2.2.7 Phil

1.   Phil 1,21: „Mihi enim vivere Christus est, et mori lucrum." – „Denn für mich ist Christus das Leben und Sterben Gewinn."

1.1   Einmal wendet Bernhard von Clairvaux diese Schriftstelle auf die Kirche als Braut an. Wenn in ihr auch die Reife vollkommener Menschen ist, wird für sie Christus das Leben und Sterben Gewinn[2395]. Natürlich gilt dies auch, wenn der Abt mit der Braut die Einzelseele meint[2396]. In einem Bischofsspiegel mahnt Bernhard, nicht nach der Ehre zu suchen, sondern so zu leben, daß das Sterben Gewinn wird[2397]. Wenn die Liebe schwindet, nützen geistliche Übungen nichts, weil Christus nicht mehr das Leben ist[2398]. Während ein Leben für die Welt den Tod bedeutet, ist das Sterben für Christus das Leben[2399]. Deswegen soll man beten um ein Leben, in dem man nur Gott und alles

---

[2387] G R 1,182-184,56.
[2388] G R 6,329f.,182.
[2389] G R 6,680f.,202.
[2390] BB 2, 345,1,600,8f.
[2391] BDED 2,4,826,3f.
[2392] BASC 5,2,370,9-12.
[2393] BANN 1,5,103,15.
[2394] BN 3,9,277,99-101,146.
[2395] BHLD 2, 51,1,2,182,13-18.
[2396] BHLD 2, 58,1,1,268,23-25.
[2397] BB 1, 42,3,11,458,13-15.
[2398] BB 1, 82,1,670,10-13.
[2399] BB 1, 114,2,824,25-27.

andere um Gottes willen liebt[2400]. Bei den Heiligen hat sich dieser Schriftvers erfüllt[2401]. Es sind die Menschen, die vom Wort leben, sich von ihm führen, von ihm empfangen und gebären lassen[2402].

Bernhard wendet diesen Vers auch auf die zwischenmenschliche Liebe an. Als sein Neffe Robert sich als Mönch von Clairvaux trennt, schreibt er, für ihn zu sterben, sei für ihn, den Abt, das Leben, und ohne ihn zu leben, sei Sterben[2403].

1.2 Richard von St. Viktor meint, daß dieses Schriftwort sich erfüllt, wenn ein Mensch auf der höchsten, der vierten Stufe, der Liebe angelangt sei[2404].

1.3 Der Autor der Vita der Ida von Nijvel schreibt, daß die Mystikerin so von Liebe erfüllt war, daß sie das Sterben als Übergang vom Tod zum Leben ansah, weil für sie Christus das Leben und Sterben Gewinn geworden war[2405].

2. Phil 1,23f.: „Coarctor autem e duabus: desiderium habens dissolvi et esse cum Christo, multo magis melius: permanere autem in carne, necessarium propter vos." – „Es zieht mich aber nach zwei Seiten: Ich habe das Verlangen, aufgelöst und bei Christus zu sein – um wieviel besser wäre das. Aber euretwegen ist es notwendig, im Fleisch zu bleiben."

2.1 Bernhard von Clairvaux kann diese Schriftstelle zitieren, wenn er deutlich machen will, daß er vor einer schweren Entscheidung steht[2406]. Er klagt aber auch darüber, daß man, solange man im Leib ist, nicht bei Christus weilt[2407]. Von den Märtyrern, wie zum Beispiel vom Apostel Andreas[2408], nimmt er an, daß ihr Wunsch, aufgelöst und bei Christus zu sein, in Erfüllung gegangen ist[2409]. Wer sich nach dem Tod sehnt, fürchtet ihn nicht[2410]. Bernhard weiß aber auch, daß ein Todeswunsch aus Lebensekel keineswegs richtig ist. Der Wunsch der Heiligen kommt aus der Sehnsucht nach Christus, bei den anderen Menschen aber kann er auch sinnlich durch Angst bestimmt sein[2411]. Und doch weiß der Abt, daß die Todessehnsucht zu dem berechtigten Verlangen der Auserwählten zählt[2412]. So hat sich der Heilige Martin nach dem Tod gesehnt[2413]. Aber selbst dann darf er nicht einfachhin diesem Verlangen nachgeben. Denn die Liebe zu Gott hebt den Menschen nach oben, die Liebe zum Menschen aber drängt ihn nach unten zu den Brüdern[2414]. Auch wenn der Bräutigam zur Ruhe einlädt, ist es manchmal not-

---

[2400] BHLD 2, 69,1,1,418,10-12.
[2401] BS 3,85,502,28-30.
[2402] BHLD 2, 85,4,12,644,17-20.
[2403] BB 1, 1,1,244,6f.
[2404] RVGR 44,68.
[2405] IN 30,278.
[2406] BB 1, 94,1,726,5; BB 2, 351,614,13f.; BHLD 2, 42,2,2,82,8f.
[2407] BASC 3,6,340,4-7.
[2408] BAND 1,1,924,13f.
[2409] BB 1, 98,7,744,18f.
[2410] BLNM 1,1,270,20-22.
[2411] BB 2, 189,1,64,18-66,1-4.
[2412] BS 2,33,318,1-4.
[2413] BMART 17f.,892,21-26.
[2414] BS 3,30,424,13-19.

wendig, aus seelsorglichen Gründen diese nicht anzunehmen[2415]. Unabhängig davon, ob die Sehnsucht nach dem Tod und nach dem Sein bei Christus sofort in Erfüllung geht oder erst später, ist sie eine Voraussetzung für die „unio mystica"[2416]. Die Sehnsucht wächst, wenn die Braut spürt, daß sie nur noch durch eine Wand von Christus getrennt ist[2417].

2.2 Wilhelm von St. Thierry schreibt, daß Paulus, obwohl er der Welt gekreuzigt (Gal 6,14), sein Wandeln im Himmel war (Phil 3,20), er sich sehnte, aufgelöst und bei Christus zu sein, sich dennoch nicht weigerte, um der Menschen willen weiterzuleben[2418].

2.3 Aelred von Rievaulx glaubt aus dieser Stelle herauslesen zu können, daß die Heiligen sofort nach ihrem Tod bei Christus sind[2419].

2.4 Der Autor des Traktates „Speculum virginum" warnt die Anfänger im klösterlichen Leben, die meinen, schon mit Christus zu leben, zu glauben, sie seien auch schon losgelöst vom Leib[2420]. Erst müssen sie von allem Bösen befreit sein, bevor sie mit Christus sein können[2421].

2.5 Richard von St. Viktor zählt die Tränen des Seufzens, der Reue und des Verlangens nach Vergebung auf[2422]. Haben wir aber diese erlangt, setzt ein noch viel größeres Verlangen ein, bei Christus zu sein[2423]. Diese Sehnsucht aber beginnt erst auf der letzten Stufe der Liebe[2424].

2.6 Hildegard von Bingen schreibt, daß diejenigen, welche im Kloster von keiner weltlichen Sorge beschwert werden, nur noch das Verlangen haben, aufgelöst und mit Christus zu sein[2425].

2.7 In ihrer letzten Krankheit wurde Juliane von Cornillon ganz von dem Feuer des heiligen Verlangens angesteckt, aufgelöst und mit Christus zu sein[2426]. Deswegen ersehnt sie die süße Stunde ihres Sterbens, wo sie vom Tod zum Leben gehen möchte[2427].

2.8 Ida von Nijvel ist so voll Liebe zum Herrn, daß sie außer ihm nichts zu sehen wünscht und deswegen das gleiche Verlangen wie der Apostel Paulus hat[2428].

2.9 Der Autor ihrer Vita berichtet, daß Beatrijs von Nazareth sich aus Ekel vor den Beschwerden dieses Lebens sehnt zu sterben, um bei Christus zu sein[2429]. In ihrer mit-

---

[2415] BHLD 2, 46,1,1,126,10-12.
[2416] BHLD 1, 32,1,2,502,6-11.
[2417] BHLD 2, 56,2,4,248,4-6.
[2418] WND 8,22,394A.
[2419] ARA 3,49,857-867,753.
[2420] SP 8,702,13-21.
[2421] SP 12,1010,22-1012,1.
[2422] RVPS 28,304A-B.
[2423] RVPS 28,304B.
[2424] RVGR 22,40.
[2425] HISV 2, 3,10,22,654-657,565.
[2426] JC 2,8,46,472.
[2427] Ebenda.
[2428] IN 30,277f.
[2429] BN 2,16,156,23-25,105.

telniederländischen Schrift „Seven manieren van minne" spürt man weniger deutlich den Ekel am diesseitigen Leben. Auf der letzten und höchsten Stufe der Liebe kann sich der Mensch keinem Geschöpf ganz in der Liebe hingeben[2430]. Deswegen ist ihm die Erde eine Verbannung, ein Gefängnis und eine Qual[2431]. Von all dem möchte er wie Paulus losgelöst und bei Christus sein[2432].

2.10 David von Augsburg hält es für richtig, daß der Mensch zunächst im tätigen Leben vollkommen werden muß, um dann die Frucht der kontemplativen Lebensweise zu genießen; dann wird er sich auch sehnen, aufgelöst und bei Christus zu sein[2433]. Nach ihm kennt die Liebe drei Grade. In dem letzten brennt man mit so großem Affekt nach Gott, daß man das von Paulus beschriebene Verlangen besitzt[2434]. Aus dieser Liebe und Sehnsucht wird alles, was weniger als Gott ist, gering geachtet[2435]. Von diesem Verlangen waren auch die heiligen Märtyrer beseelt[2436].

2.11 Ursprünglich freut sich Mechthild von Magdeburg auf ihren Tod, schränkt diese Todessehnsucht aber mit der Bemerkung immer mehr ein, sie wolle zu der Zeit, die Gott vorgesehen hat, das Zeitliche verlassen[2437]. Nur die Erwartung des Martyriums würde ein Leben bis zum Ende der Welt erstrebenswert machen[2438].

2.12 Mechthild von Hackeborn besitzt eine gewisse Distanz zu diesem Verlangen. Als sie in einer Vision um dieses den greisen Simeon bittet, antwortet dieser: „Melius et perfectius est, ut voluntatem tuam Deo des, et velis quidquid ille voluerit." – „Besser und vollkommener ist es, daß du deinen Willen Gott gibst und willst, was jener gewollt hat."[2439]

2.13 Gertrud die Große nimmt es hin, wenn der Mensch aus Ekel über das irdische Leben mit ganzem Herzen verlangt, aufgelöst und mit Christus zu sein[2440]. Allerdings wird sie belehrt, daß dieses Verlangen mit dem Willen, auch in diesem Leib, wenn es Gott will, zu bleiben, verbunden sein muß[2441]. Wenn ein Mensch aber vom Herrn unterrichtet wird, daß er bald aus diesem Leben scheiden wird, dann soll das Verlangen, aufgelöst und bei Christus zu sein, stark werden[2442].

2.14 Als Lukardis von Oberweimar vom Überdruß am irdischen Leben erfaßt wird[2443], trägt sie Maria die Bitte vor, aufgelöst und mit Christus zu sein[2444]. Maria aber

[2430] BNS 7,50-69,31f.
[2431] BNS 7,61f.,32.
[2432] BNS 7,72-78,33.
[2433] DAE 3,29,5,221.
[2434] DAE 3,33,5,230.
[2435] DAE 3,54,7,304.
[2436] DAE 3,33,5,231.
[2437] MM 6,26,3-7,234.
[2438] MM 6,26,7-10,234.
[2439] MH 1,12,39.
[2440] G R 6,118f.,168.
[2441] G 3, 3,30,31,1-10,154.
[2442] G 5, 5,23,1,4-8,198.
[2443] LO 37,329,37-330,7.
[2444] LO 37,330,10-12.

ermahnt sie, sich ganz dem Willen ihres Sohnes zu ergeben, selbst wenn sie noch länger auf der Erde weilen soll[2445].

3. Phil 2,5-11: „Hoc enim sentite in vobis, quod et in Christo Jesu, qui cum in forma Dei esset, non rapinam arbitratus est esse se aequalem Deo: sed semetipsum exinanivit formam servi accipiens, in similitudinem hominum factus, et habitu inventus ut homo. Humiliavit semetipsum factus obediens usque ad mortem, morten autem crucis. Propter quod et Deus exaltavit illum, et donavit illi nomen, quod est super omne nomen: ut in nomine Jesu omne genu flectatur coelestium, terrestrium et infernorum, et omnis lingua confiteatur quia Dominus Jesus Christus in gloria est Dei Patris.» – «Seid nämlich so untereinander gesinnt, wie es dem Leben in Christus Jesus entspricht: Er war in der Gestalt Gottes, hielt aber nicht daran fest, wie Gott zu sein, sondern er entäußerte sich und nahm die Gestalt eines Sklaven an und wurde den Menschen gleich und ist wie ein Mensch erfunden worden. Er erniedrigte sich und wurde gehorsam bis zum Tod, bis zum Tod am Kreuz. Deswegen hat Gott ihn erhöht und ihm einen Namen geschenkt, der über alle Namen ist, daß im Namen Jesu alle im Himmel, auf der Erde und unter der Erde ihre Knie beugen und jede Zunge bekennt: Herr ist Jesus Christus zur Ehre Gottes des Vaters.»

Diese Schriftstelle gehört zu den Versen, die am häufigsten im christologischen Kontext zitiert werden.

3.1 Jean von Fécamp schreibt, daß Jesus nur den Frieden der Versöhnung bringen konnte, weil er gehorsam bis zum Tod am Kreuz war[2446]. Statt vom Gehorsam spricht er auch einmal von Jesus, der dem Vater bis zum Kreuzestod untertan war[2447]. Ausdrücklich erwähnt Jean, daß die Erhöhung und Namensverleihung Jesu durch den Vater nur seine Menschheit betrifft, da seine Gottheit immer mit derjenigen des Vaters gleich ist[2448].

3.2 Sehr oft verwendet Bernhard von Clairvaux diese Schriftstelle.

3.2.1 Aus dem Aufruf, „sentite", „seid gesinnt" hört Bernhard einen Anruf an die geistlichen Sinne des Menschen heraus[2449].

3.2.2 Nur der Sohn des Allerhöchsten besitzt die Gestalt Gottes[2450]. Während Satan das Gottgleichsein an sich reißen wollte, braucht dies der Sohn nicht zu tun, weil er schon immer Gott gleich ist[2451]. Der Sohn Gottes, der in der Gestalt Gottes lebt, ist so lange leidensunfähig, bis er in die Gestalt eines Knechtes kam[2452]. Dadurch, daß der Sohn Gottes nicht in der Gestalt Gottes erschienen ist, wird deutlich, daß er nicht, um

---

[2445] LO 37,330,12-16.
[2446] JFC 2,12,535-539,138.
[2447] JFC 2,1,27f.,121.
[2448] JFC 2,3,92-99,124.
[2449] BS 3,73,480,9-11.
[2450] BHLD 2, 69,2,4,422,16-18.
[2451] BLVM 3,12,94,16-21; BHLD 2, 692,4,422,1618.
[2452] BH 3,9,58,8-12.

Gericht zu halten, auf die Erde gekommen ist[2453]. Wenn von der Gestalt Gottes gesprochen wird, ist nach Bernhard an Gottes

Rechtsein, und wenn von dem Gottgleichsein die Rede ist, an Gottes Majestät gedacht[2454]. Wenn Christus zum Vater zurückkehrt, wird deutlich, daß er nur in sein Eigentum kommt, weil er die Gestalt Gottes besitzt[2455].

3.2.3 Bernhard macht deutlich, daß ein Unterschied zwischen Christi und unserer Demut ist. Wir sind von Hause aus niedrig, er aber hat sich freiwillig erniedrigt[2456]. Gegenüber Petrus Abaelard wehrt sich Bernhard, den Sinn der Selbstentäußerung des Sohnes Gottes auf die Lehre und das Beispiel seiner Liebe zu reduzieren[2457], vielmehr ist sie die Grundlage unserer Erlösung im Gehorsam bis zum Tod am Kreuz[2458]. Seine eigene Liebe war es, die ihn zur Selbstentäußerung trieb[2459]. Ein wichtiges Motiv, warum der Sohn Gottes sich erniedrigt und entäußert hat, besteht darin, daß er nur so für uns Menschen sichtbar wird[2460]. Um diese Liebe den Menschen zu bringen, geschieht die Erniedrigung der Weisheit Gottes[2461]. Der Bräutigam entäußert sich, um von den Bedürftigen geliebt zu werden[2462]. Sohn war er und wurde wie ein Knecht[2463]; Knecht wurde er, um geschlagen zu werden und uns von der Schuld zu lösen[2464]. Damit der Knecht lebt, hat sich die Gestalt Gottes in der Gestalt des Knechtes verhüllt[2465]. Sein Gewand wird das Gewand der Barmherzigkeit[2466]. Denn der Sohn entäußert sich nur der Majestät und der Macht, nicht aber der Güte und Barmherzigkeit Gottes[2467]. Die Demut der Erniedrigung findet man schon bei seiner Geburt[2468]. Der Christ soll diese Entäußerung dadurch nachahmen, daß er alles, was ihm die Welt bieten kann, als Kehricht ansieht (Phil 3,8)[2469]. Deswegen sollen wir uns von armseligen Vergnügungen und vergänglichem Trost frei halten[2470]. Wie sollte für einen stolzen Menschen Christus geboren sein, bei dem seine Entäußerung noch nicht wirksam wurde[2471]?

[2453] BHLD 2, 73,2,4,484,18-21.
[2454] BHLD 2, 80,1,2,570,10-14.
[2455] BHLD 2, 76,1,2,524,15-19.
[2456] BHLD 2, 42,4,7,88,15-18.
[2457] BHLD 2, 190,7,17,102,18-24.
[2458] BB 2, 190,9,25,114,25f.
[2459] BHLD 2, 64,3,10,356,17-21.
[2460] BHLD 1, 27,4,7,420,12-14.
[2461] BVDSS 5,148,10f.
[2462] BHLD 2, 70,2,4,432,22-24.
[2463] BIVHM 10,196,15-17.
[2464] BIVHM 10,196,17f.
[2465] BHLD 1, 28,1,2,434,10f.
[2466] BHLD 2, 73,2,4,486,1f.
[2467] BNAT 1,2,226,13-15.
[2468] BVNAT 4,6,184,14-16.
[2469] BQH 17,6,714,20-23.
[2470] BASC 6,15,388,20-22.
[2471] BPASC 4,1,290,7-12.

3.2.4 Bernhard erwähnt ausdrücklich die Details der Passion, in welchen Jesus seinem Vater bis zum Tod gehorsam war[2472]. Das Neigen des Hauptes Christi bei seinem Sterben ist für Bernhard ein besonderes Zeichen seines Gehorsams bis zum Tod[2473]. Nur im Gehorsam hat er die Kelter am Kreuz getreten[2474] und die Kränkungen, welche der Mensch erfährt, auf sich genommen[2475]. Zum Gehorsam gehört auch der Tod, den er erst im Leiden vollkommen lernen konnte (Hebr 5,9)[2476]. Immer wieder wird dieser Gehorsam als beispielhaft für unseren Gehorsam erwähnt[2477]. Wenn er bis zum Tod gehorsam war, müssen auch die, die er aussendet, bis in ihn hinein gehorsam sein[2478]. So tadelt Bernhard einen Kleriker, der seinen Gehorsam im seelsorglichen Dienst aufgibt und nicht dort bis zum Tod verharrt[2479]. Ähnlich schreibt er einem Mönch, der sein Kloster verläßt, um Eremit zu werden[2480]. Dem ermordeten Prior Thomas von St. Viktor bescheinigt Bernhard, daß er wie Christus gehorsam bis in den Tod war[2481]. Man erlangt nur den Kampfpreis, wenn man wie Christus im Gehorsam bis zum Tod läuft[2482]. Jesus ist in seinem Gehorsam auch ein Beispiel der Selbstverleugnung und der Unterwerfung unter einen fremden Willen[2483].

3.2.5 Als Gott kann Christus nicht wachsen, wohl aber kann er als Mensch durch den Vater erhöht werden[2484]. Diese Erhöhung geschah nach Bernhard in seiner Himmelfahrt[2485]. Die Bitte im Vaterunser „Geheiligt werde Dein Name" ist dadurch schon erfüllt, daß Christus einen Namen erhalten hat, der über alle Namen ist[2486].

3.3 Auch Wilhelm von St. Thierry erwähnt häufig die Erniedrigung Jesu Christi, wie sie an dieser Schriftstelle beschrieben wird.

Die Gesinnung, die der Mensch in Christus haben soll, ist nach Wilhelm der von Gott geschenkte Glaube[2487]. Er besteht in der geschenkten Weisheit, mit der man bis zum Geschmack der Liebe die Entäußerung Christi erspürt[2488]. Es geht nämlich über unsere geistige Fassungskraft hinaus, zu begreifen, daß der, der in der Gestalt Gottes

---

[2472] BH 3,7,54,24-28.
[2473] BPASC 1,3,224,2-4.
[2474] BAP 3,6,156,5f.
[2475] BB 2, 510,954,9-11.
[2476] BD 41,1,508,21-24.
[2477] BP 6,12,364,17f.; BMART 8,878,27-880,1.
[2478] BD 41,1,508,6-8.
[2479] BB 1, 87,2,692,4f.
[2480] BB 2, 541,1032,15-18.
[2481] BB 1, 159,1,974,8-11.
[2482] BB 2, 254,4,358,5-9.
[2483] BS 3,94,560,26f.
[2484] BASC 2,6,330,7-9.
[2485] BASC 2,2,324,10-15.
[2486] BD 2,3,182,22-27.
[2487] WD 7,271C.
[2488] WSF 7,76,1-8,144.

war, die Gestalt des Knechtes angenommen[2489] und darüber hinaus für uns so schmählich gelitten hat[2490].

Es ist eine besondere Demut, wenn Jesus sich dem Geringeren aus Zuneigung des Herzens unterordnet[2491]. Wie Bernhard bemerkt Wilhelm, daß die Demut Christi, der sich freiwillig erniedrigt hat, größer ist als diejenige eines anderen Menschen, der weiß, daß er von Natur aus gering ist[2492]. Diese Haltung sollte man besser Verdemütigung als Demut nennen[2493].

Wilhelm macht darauf aufmerksam, daß Christus, obwohl sich bei seinem Namen die Knie aller beugen, nur mit Namen angesprochen wird, die eine Beziehung zu uns ausdrücken[2494]. Er kämpft gegen Petrus Abaelard, weil er aus dessen Erklärung der Erhöhung Christi durch den Vater Adoptianismus heraushört[2495].

3.4 Nach Aelred von Rievaulx begreift man erst die Größe der Erniedrigung des Sohnes Gottes, wenn man dessen Wesensgleichheit mit dem Vater bedenkt, und sein Knechtwerden, um den Gehorsam dem Vater gegenüber zu lehren[2496].

3.5 Isaak von Stella sieht in Mt 8,1 „Jesus stieg vom Berg herab" die Erniedrigung Jesu ausgedrückt, denn der Berg ist die Gestalt Gottes und das Tal diejenige des Knechtes[2497]. Nach Isaak geschah die Entäußerung des Sohnes Gottes allein aus Liebe, um uns nicht die Furcht eines Knechtes, sondern die Liebe des Sohnes einzugeben[2498]. In dem Verhältnis zu seiner Kirche sieht Isaak für Jesus sowohl eine Erniedrigung als auch eine Erhöhung. Um die Kirche zu gründen, erniedrigt er sich in ihr, ist aber als Haupt über sie erhöht[2499]. Isaak bedient sich auch dieser Schriftstelle, um den wunderbaren Tausch in der Menschwerdung des Sohnes Gottes auszudrücken: Dieser erniedrigte sich, um Mensch zu werden, damit der Mensch wie Gott wird[2500].

3.6 Gilbert von Hoyland sieht im Neid das Verlangen, das dem anderen wegzunehmen, was er hat. Von dieser Haltung ist Jesus ganz frei, da er es nicht als Raub ansah, Gott gleich zu werden. Wenn es an der genannten Stelle heißt, daß Christus den Menschen gleich wird, meint dies, daß er nicht nur teilweise, sondern ganz Mensch geworden ist[2501].

3.7 Guerricus von Igny benutzt diese Stelle, um zur Demut zu mahnen: „Ille semetipsum exinanivit ut paene videretur esse nihil, sine quo factum est nihil; et tu in immensum inflaris et extolleris, existimans te aliquid esse, von vere nihil sis?" – „Jener hat sich selbst

[2489] WSF 8,84,1-4,152.
[2490] WSF 8,84,11-16.,152f.
[2491] WHLD 1,9,108,240.
[2492] WHLD 1,9,108,242.
[2493] Ebenda.
[2494] WHLD 1,1,40,126.
[2495] WD 8,277D-278A.
[2496] ARJ 1,7,168-174,255.
[2497] IS 11,1,1-5,236.
[2498] IS 10,2,24-27,222.
[2499] IS 13,2,14-19,260.
[2500] IS 28,12,82-84,158.
[2501] GHLD 47,4,248A.

entäußert, daß er fast nichts zu sein schien, er, ohne den nichts geschaffen wurde. Und du blähst dich ins Unermeßliche auf und meinst, du seist etwas, da du doch in Wirklichkeit nichts bist?"[2502] Schon die Tatsache, daß er neun Monate im Schoß der Jungfrau Maria war und nichts sprach oder wirkte, zeigt die Größe der Erniedrigung[2503]. In seinen Leiden wird diese Entäußerung für uns deutlich. Jetzt hat er in seiner Gestalt als Knecht kein Aussehen mehr[2504]. Gottes Weisheit scheint töricht geworden und seine Stärke schwach[2505]. Dies sollte aber unsere Liebe zum Nächsten und unsere Demut anstacheln[2506]. Eine Predigt zum Palmsonntag benutzt Guerricus ganz für die Erklärung dieser Schriftstelle. Er betont dabei besonders, daß der wesensgleiche Sohn Gottes sich zum Dienen und Gehorsam entäußert hat[2507]. Er ist zum guten und getreuen Knecht geworden (Mt 25,21)[2508]. Damit wird er zum Gegenbild des Menschen, der seinem Schöpfer nicht dienen will[2509]. Mit dieser Demut wollte er den rebellischen Menschen besiegen[2510].

3.8 Der Verfasser des Traktates „Speculum virginum" betont, daß der dem Vater wesensgleiche Sohn durch die Annahme der Knechtsgestalt zwar dem Vater untergeordnet ist, aber dadurch keine Minderung seiner Gottheit erfährt[2511].

3.9 Hugo von St. Viktor setzt sich mit denen auseinander, die meinen, Christus habe nach der genannten Schriftstelle durch sein Leiden die Herrlichkeit der Auferstehung im strengen Sinn verdient[2512]. Dem entgegnet Hugo, daß Christus freiwillig in der Entäußerung sterblich geworden ist und sich deswegen die Unsterblichkeit nicht mehr verdienen mußte[2513]. So besitzt auch Christus von Anfang an die volle Güte und braucht sie sich nicht erst durch den Gehorsam zu verdienen[2514].

3.10 Richard von St. Viktor sieht die Entäußerung des Sohnes Gottes darin vollendet, daß er sich selbst im Gehorsam freiwillig und ohne Schuld bis zum Tod dahingab[2515]. Zu dieser Form der Demut muß jeder fähig sein, der zum höchsten Grad der vollendeten Liebe gelangen will[2516]. Auch Christus vollendete ja seine Liebe, die er schon in der Gestalt Gottes hat, mit der Annahme der Knechtsgestalt[2517].

3.11 Nach Hildegard von Bingen wird der Mangel an Gerechtigkeit, den der Mensch durch Adam erleidet, nur dadurch behoben, daß der Sohn Gottes dem Vater gehorsam

---

[2502] GIS Nat 1,2,72-74,168.
[2503] GIS Ann 3,4,120-125,154.
[2504] GIS Nat 3,2,55-57,190.
[2505] GIS Nat 3,2,57-59,190.
[2506] GIS Ann 2,4,145-149,138.
[2507] GIS Palm 1,1,1-13,164.
[2508] GIS Palm 1,2,43-77,166-168.
[2509] GIS Palm 1,1,16-21,164.
[2510] GIS Palm 1,78-96,170.
[2511] SP 11,952,12-21.
[2512] HSA 2,1,6,384D.
[2513] HSA 2,1,6,384B.
[2514] HSA 2,1,6,385D.
[2515] RVPS 28,293D.
[2516] RVGR 43,66.
[2517] RVGR 44,66.

wurde[2518]. Die Demut zeigte Christus schon, als er sich vom Vater auf die Erde schikken läßt[2519]. Es ist derjenige, der nach dem Willen des Vaters im Schoß der Jungfrau ohne Sünde empfangen wurde, der dem Vater in Demut gehorsam war und gelitten hat[2520]. Durch seine Demut hat er den Tod vernichtet[2521].

3.12 Elisabeth von Schönau erlebt in einer ekstatischen Vision die Kreuzigung Christi. Als sie wieder zu sich kommt ruft sie: Christus der Herr ist gehorsam geworden bis zum Tod[2522].

3.13 Nach dem St. Trudperter Hohelied kann niemand Christus für seinen Gehorsam bis in den Tod genug danken[2523]. Denn nach dem Fall Luzifers und der Ureltern befahl Gott seinem Sohn, die Menschen wieder zum Heil einzuladen. Diesem Befehl war dieser bis zum Tod am Kreuz gehorsam[2524].

Der Name Christi wurde im Erdenreich, in der Unterwelt und im Himmel erfahrbar[2525], auf Erden, wo er geboren wurde, wuchs und lehrte[2526], in der Unterwelt, aus der er alle befreite, die an ihn glaubten[2527], und im Himmel, wo er zur Rechten des ewigen Vaters sitzt[2528].

3.14 Ein Gegenstand der Meditation für Ida von Nijvel war die Menschheit Jesu Christi, wobei sie sich erinnerte, daß er sich als der allmächtige Gott entäußert hat, um als guter Hirt das verlorene Schaf heimzuholen[2529].

3.15 Nach David von Augsburg besteht darin die Demut der Vollkommenen, daß sie sich umso mehr gering machen, je größer sie sind[2530]. So war die Demut Christi beschaffen, der sich selbst entäußert hat[2531]. Der höchste Grad des Gehorsams ist dort, wo der Mensch aus reiner Liebe nicht nur freiwillig, sondern auch froh, nicht nur in leichten, sondern auch in harten Sachverhalten ihn Christus leistet. In diesem Sinn war Christus gehorsam bis zum Tod am Kreuz[2532].

3.16 Mechthild von Hackeborn bittet, daß der höchste Gehorsam Jesu, mit dem er bis zum Tod gehorsam war, ihren ganzen Ungehorsam aufhebt[2533]. Es ist ein Abgrund der Demut, daß sich die Majestät der Gottheit demütig gesenkt hat in das Tal unseres Elendes[2534]. „Deus Angelorum factus est hominum frater et socius et humilis servus."

[2518] HISV 2, 3,2,10,319-322,357.
[2519] HISV 2, 3,8,18,932-934,505.
[2520] HISV 2, 3,9,29,990-992,544.
[2521] HISV 2, 3,10,17,550,562.
[2522] ESV 1,47,24.
[2523] TH 102,7f.,220.
[2524] TH 102,18-22,220.
[2525] TH 15,26-28,50.
[2526] TH 15,28-30,50.
[2527] TH 15,30-32,50.
[2528] TH 15,32-16,2,52.
[2529] IN 29,275.
[2530] DAE 3,38,3,250.
[2531] Ebenda.
[2532] DAE 3,53,3,267.
[2533] MH 1,18,56.
[2534] MH 3,30,234.

– „Der Gott der Engel ist ein Bruder und Genosse der Menschen und ein demütiger Knecht geworden."[2535]

Mechthild glaubt zu wissen, wie der Name lautet, den der Vater ihm über alle Namen gegeben hat. Er lautet „Salvator et Redemptor omnium", „Heiland und Erlöser aller"[2536].

3.17 Durch den ähnlichen Klang mit dieser Schriftstelle angeregt, nennt Gertrud Jesus „donum quod est super omne donum", „Geschenk, welches über jedem Geschenk ist"[2537].

3.18 Petrus von Dazien preist den Kuß, den Christus der Mystikerin Christina von Stommeln in ihr Herz gedrückt hat[2538]. Dadurch hat er „Christinam quod in cristo est sentire faciens", „Christina spüren lassen, was in Christus ist"[2539].

4. Phil 2,13: „Deus est enim, qui operatur in vobis et velle, et perficere pro bona voluntate." – „Gott ist es nämlich, der in euch das Wollen und Vollbringen noch über den guten Willen hinaus bewirkt."

4.1 Für Bernhard von Clairvaux spricht nichts gegen die Frömmigkeit eines Menschen, bei dem trotz guten Willens viele heilige Wünsche unerfüllt bleiben[2540]. Für seinen Freund Wilhelm von St. Thierry betet er, daß Gott ihm nicht nur das rechte Wollen, sondern auch die Vollendung des guten Willens schenkt[2541]. Den Mönchen, die sich zur großen Armut entschlossen haben, soll Gott auch das Vollbringen ihres Entschlusses schenken[2542]. Bernhard beschreibt die Tatsache, daß man nichts suchen kann, was man nicht irgendwie schon gefunden hat, und meint dazu, daß Gott mit dem Wollen immer auch das Vollbringen gibt[2543]. Wenn ein Mensch etwas Schwieriges für Gott tun will, hat ihm Gott, der das Wollen gibt, schon den Vorsatz eingegeben[2544]. Will der Mensch in das Vaterland, den Himmel, zurückkehren, braucht er das Wollen, das Vollbringen und das Wissen, was Gott gibt[2545].

4.2 Demütig soll man nach dem Traktat „Speculum virginum" Gott für die Berufung zur Jungfräulichkeit danken, denn Gott wird mit dem Wollen auch das Vollbringen schenken[2546].

4.3 Hildegard von Bingen schreibt, daß Gott, der dem Menschen den Geist gegeben hat, auch das gute Werk vollbringen läßt[2547].

[2535] MH 3,30,234.
[2536] MH 1,16,48.
[2537] G 2,2,9,3,1,270.
[2538] CS 1, B 5,77,14-16.
[2539] CS 1, B 5,12,77,19.
[2540] BB 1, 83,2,674,13f.
[2541] BB 1, 85,4,686,2f.
[2542] BB 1, 100,750,5-8.
[2543] BHLD 2, 84,1,3,622,23-26.
[2544] BQH 9,1,604,22-606,7.
[2545] BVEPI 2,94,24-96,1.
[2546] SP 3,240,2-6.
[2547] HISV 2, 3,5,32,734-737,429f.

5. Phil 2,21: „Omnes enim quae sua sunt quaerunt, non quae Jesu Christi." – „Alle nämlich suchen das, was das Ihre ist, und nicht das, was Jesu Christi ist."

5.1 Benediktinermönche mit ihrem Abt regen sich darüber auf, daß Bernhard von Clairvaux einen Übertritt eines ihrer Mönche zu den Zisterziensern zugelassen hat. Bernhard fragt dem gegenüber, ob die Sorge ihrem Vorteil oder der Sache Jesu entspringt[2548]. Die Anwesenheit eines geschätzten Mitbruders muß sich ganz danach richten, ob es der Sache Christi dient[2549]. Einen Bischof warnt er vor Schmeichlern, die nur ihren Vorteil, aber nicht die Sache Jesu suchen[2550]. Ebenso rät er dem Papst ab, sich auf einen Abt einzulassen, der nur auf das Seine aus ist[2551]. Bernhard weiß auch, daß unter denen, welchen er die Hoheliedpredigten hält, solche sind, die nur auf ihren Vorteil aus sind[2552]. Auf die Dauer kann aber einer nur treu bleiben, wenn er im Kloster die Sache Christi sucht[2553].

5.2 Nach dem Traktat „Speculum virginum" kann zum neuen Jerusalem auf Erden nur der gehören, der nicht das Seine, sondern die Sache Christi sucht[2554].

6. Phil 3,8f.: „Verumtamen existimo omnia detrimetum esse propter eminentem scientiam Jesu Christi Domini mei: propter quem omnia detrimentum feci, et arbitror ut stercora, ut Christum lucrifaciam, et inveniar in illo, non habens meam justitiam, quae ex lege est, sed illam, quae ex fide est Christi Jesu, quae ex Deo est justitia in fide." – „Mehr noch, ich halte alles als Verlust um der überragenden Erkenntnis Jesu Christi, meines Herrn, willen, um dessentwillen ich alles zum Verlust gemacht habe und als Kehricht halte, um Christus zu gewinnen und in ihm gefunden zu werden, weil ich nicht meine Gerechtigkeit suche, die aus dem Gesetz ist, sondern jene, die aus dem Glauben an Christus Jesus, welche von Gott her Gerechtigkeit im Glauben ist."

6.1 Jean von Fécamp bekennt, daß seine ganze Zuversicht im kostbaren Blut Jesu Christi besteht, denn er vertraut nicht auf seine eigene Gerechtigkeit, sondern auf diejenige, die vom Sohn Gottes ausgeht[2555].

6.2 Bernhard meint, daß im Unterschied zu bischöflichen Kathedralen in den Kirchen der Mönche kein kostbarer Schmuck angebracht werden soll, weil sie alles Kostbare der Welt verlassen haben, um Christus zu gewinnen[2556]. Im Kloster soll man Vorteile und Ehren wie Kehricht erachten, um Christus zu gewinnen[2557]. Auch die Wissenschaft, die Klugheit dieser Welt[2558], die Befriedigung der Neugier und die weltlichen Würden[2559],

[2548] BB 1, 68,4,576,1-3.
[2549] BB 1, 72,5,596,11-18.
[2550] BB 2, 185,4,54,16.
[2551] BB 2, 339,586,9-11.
[2552] BHLD 2, 84,1,4,624,7-10.
[2553] BASSPT 3,5,554,1f.
[2554] SP 12,992,19-21.
[2555] JFC 2,2,56-60,122.
[2556] BAP 12,28,192,21-194,5.
[2557] BB 1, 109,1,802,5f.
[2558] BQU 9,5,612,9-11.
[2559] BQH 17,6,714,21-23.

ja überhaupt alles[2560] soll man so ansehen. Um dies aber zu können, braucht man den Geist des Wissens, der dies alles durchschaut[2561], und muß mit dem ewigen Wort Gottes gleichsam verheiratet sein[2562]. Auch Maria habe alle Ehre und Reichtümer, die sie hätte haben können, so eingeschätzt[2563].

6.3 Petrus von Dazien schreibt an Christina von Stommeln, daß derjenige, der den Bund der Freundschaft mit Christus eingegangen ist, das Vergangene so vergißt, daß er alles andere wie Kehricht erachtet[2564].

7. Phil 4,4: „Gaudete in Domino semper: iterum dico: gaudete." – „Freut euch immer im Herrn, noch einmal sage ich: Freut euch."

7.1 Bernhard nimmt Bezug auf die Liturgie, wenn er rückblickend auf den Advent in der Weihnachtsvigil feststellt, daß seine Hörer dieses Wort oft in diesen Tagen gehört haben[2565]. Die Freude im Heiligen Geist ist es, zu der Paulus aufruft, die sich in der Hoffnung auf das künftige Heil wie im Ertragen gegenwärtiger Übel bewährt[2566]. Es ist die gleiche Freude, die sich auf die Verheißung wie auf die Erfüllung des Heils stützt[2567]. Bernhard kann aber auch am Festtag eines Heiligen mit diesen Worten zur Festfreude aufrufen[2568].

7.2 Hildegard von Bingen schreibt, daß uns der Friede von Christus, der all unsere Schmerzen getragen hat, geschenkt worden ist, damit wir uns immer freuen[2569].

7.3 Nach David von Augsburg spricht Paulus hier von der geistlichen Freude, die aus dem Vertrauen auf Gott erwächst und den Menschen fähig macht, alles um Gottes willen zu tun und zu erleiden[2570].

8. Phil 4,7: „Et pax Dei, quae exsuperat omnem sensum, custodiat corda vestra, et intelligentias vestras in Christo Jesu." – „Und der Friede Gottes, der jeden Sinn übersteigt, soll eure Herzen und eure Gedanken in Christus Jesus bewahren."

8.1 Einmal preist Bernhard von Clairvaux sein Kloster. Wenn auch noch nicht der Friede Gottes dort ist, der alles Begreifen übersteigt, so erwartet man ihn und schaut nach ihm aus[2571]. Er ermahnt Suger von Saint-Denis, der schwer erkrankt ist, Mut zu haben. Ihn erwartet ja der Friede, der alle Sinne übersteigt[2572] und der im himmlischen Jerusalem anwesend ist[2573]. Einmal bezieht Bernhard auch diesen Frieden auf den Berg, zu dem nach Jesaja die Völker ziehen, um die Weisung von Gott zu erhalten (Jes

---

[2560] BCLEM 1,896,16f.
[2561] BS 3,98,586,3-5.
[2562] BHLD 2, 85,4,12,644,19-22.
[2563] BLVM 3,3,80,26-82,1.
[2564] CS 1 B 10,31,94,26-31.
[2565] BVNAT 4,1,178,3-5.
[2566] BD 18,3,338,7-11.
[2567] BVNAT 4,1,178,5f.
[2568] BVV 2,1,118,2-4.
[2569] HISV 2,3,6,5,185-189,437.
[2570] DAE 3,64,5,351.
[2571] BB 1, 64,2,556,1-5.
[2572] BB 2, 266,1,392,3f.
[2573] BASC 6,4,374,12f.

2,2-5)²⁵⁷⁴. Diejenigen, die selbst Frieden stiften, werden durch die Gaben des Heiligen Geistes auch den Frieden, der alles Verstehen überragt, erhalten²⁵⁷⁵. Der Friede Gottes ist so beschaffen, weil Gott alles in sich ist²⁵⁷⁶. Die Liebe zu Gott darf kein Maß kennen, weil er der Friede ist, der alles Maß und Verstehen übersteigt²⁵⁷⁷. Es gibt natürliche, geistige und ewige Güter. Zu letzteren, die unvergänglich und über alles Begreifen sind, gehört auch der Friede Gottes²⁵⁷⁸. Um zu diesem Frieden zu gelangen, mußten sich selbst die Engel bewähren²⁵⁷⁹. Wenn sie auch immer in der Ruhe waren, unterscheidet sich diese noch einmal von dem Frieden Gottes, der alles Begreifen übersteigt²⁵⁸⁰.

8.2 Richard von St. Viktor schreibt von der Ekstase: „Haec est illa pax in aqua anima obdormit; pax quae mentem ad interioria rapit." – „Diese ist jener Friede, in dem die Seele entschläft, der Friede, der den Geist nach innen entrückt."²⁵⁸¹ Insofern übersteigt dieser Friede jeden Sinn²⁵⁸².

8.3 Gerade weil Elisabeth von Schönau von vielen Streitigkeiten zwischen den Ordensleuten weiß, mahnt sie zur Ruhe in jenem Frieden, der jeden Sinn übertrifft²⁵⁸³.

8.4 Nach Gertrud der Großen gelangt man durch Jesus, den wahren Frieden, zu einem Frieden über allem Frieden, der allen Sinn übersteigt²⁵⁸⁴. An einer anderen Stelle bezeichnet sie die Liebe als diesen Frieden²⁵⁸⁵. Wo dieser Friede hinkommt, ist unzerstörbare Sicherheit²⁵⁸⁶.

2.2.8   1 Thess

1.   1 Thess 2,19: „Quae est enim nostra spes, aut gaudium, aut corona gloriae? Nonne vos ante Dominum nostrum Jesum Christus estis in adventu ejus?" – „Wer ist nämlich unsere Hoffnung oder Freude oder Kranz der Herrlichkeit? Doch ihr, vor unserem Herrn Jesus Christus bei seiner Ankunft."

1.1   Im ersten Brief des Bernhard von Clairvaux an den neuen Papst Eugen III., der sein Schüler war, bezeichnet er diesen als seine Hoffnung, Freude und Krone vor Gott²⁵⁸⁷. Bernhard ermahnt seine Mitbrüder zur Eintracht, denn sie sind ja seine Hoffnung, Freude und Krone²⁵⁸⁸.

---

²⁵⁷⁴   BD 33,2,464,18-466,3.
²⁵⁷⁵   BS 3,4,388,20-22.
²⁵⁷⁶   BHLD 1,3,3,4,88,9-11.
²⁵⁷⁷   BDI 6,16,100,23-102,1.
²⁵⁷⁸   BD 16,1,308,15-18.
²⁵⁷⁹   BD 19,2,344,17-20.
²⁵⁸⁰   BCO 5,5,11,790,21-23.
²⁵⁸¹   RVPS 30,276B.
²⁵⁸²   RVPS 30,276D.
²⁵⁸³   ESI 10,94.
²⁵⁸⁴   G R 1,178-181,56.
²⁵⁸⁵   G R 5,128f.,136.
²⁵⁸⁶   G R 7,144-146,218.
²⁵⁸⁷   BB 2,238,1,272,4f.
²⁵⁸⁸   BMICH 2,670,5-8.

1.2 Wenn Gertrud die Große Gott mit „spes et gaudium meum", „meine Hoffnung und Freude" anredet, ist die Anspielung auf die genannte Stelle deutlich[2589].

2. 1 Thess 4,4: „Ut sciat unusquisque vestrum vas suum possidere in sanctificatione, et honore." – „Daß jeder von euch sein Gefäß (= seine Frau) in Heiligkeit und Ehre zu besitzen weiß."

2.1 Wenn Bernhard von Clairvaux in einer Pfingstpredigt seine Mitbrüder fragt, ob ein jeder sein Gefäß in Heiligkeit und Ehre hält, ist bei den Ehelosen nicht wie in dieser Schriftstelle an die Ehepartnerin, sondern an den eigenen Leib gedacht[2590]. Ähnlich ist die Aufforderung zu verstehen, sein Gefäß in Ehren zu halten, wenn man dem Lamm folgen will[2591]. Das Gleiche gilt auch, wenn der Abt dieses Gefäß mit dem Tempel des Heiligen Geistes gleichsetzt[2592].

2.2 Da die Adressaten des Traktates „Speculum virginum" ehelos lebende Nonnen sind, kann unter dem Gefäß, das man in Ehren halten soll, nur der eigene Leib verstanden sein. Diejenigen, die als Seelsorger in solchen Frauenklöstern tätig sind, müssen diese Mahnung des Apostels zuerst selbst befolgen[2593], denn sie gilt auch für die Männer[2594]. Dann erst kann diese Aufforderung auch an die Adressaten gerichtet werden[2595].

2.3 Hildegard von Bingen nennt ausdrücklich den Leib das Gefäß der Seele[2596].

3. 1 Thess 5,3: „Cum enim dixerint pax, et securitas: tunc repentinus eis superveniet interitus, sicut dolor in utero habenti, et non effugient." – „Wenn sie nämlich sagen: Friede und Sicherheit, kommt plötzlich der Untergang über sie wie die Wehen eine schwangere Frau, und sie können nicht entfliehen."

3.1 Bernhard von Clairvaux warnt mit diesen Worten wehleidige Mönche[2597], einen ehrgeizigen Bischof[2598], einen Subdiakon an der römischen Kurie[2599] und einen Studenten[2600], die den Eintritt ins Kloster ständig vor sich herschieben, aber auch ganz allgemein leichtfertige und oberflächliche Menschen[2601]. Auf dem Wagen der Ausschweifung sitzen die Kutscher Trägheit und falsche Sicherheit, die den Menschen gegen die in der Schriftstelle ausgesprochene Warnung sorglos machen[2602]. Man kann durch die

---

[2589] G R 5,17,128.

[2590] BPENT 3,7,420,6f.

[2591] SP 8,648,15-650,1.

[2592] BDED 1,1,812,1f.

[2593] SP 1,128,21-26.

[2594] SP 7,608,6-9.

[2595] SP 5,454,18-22.

[2596] HISV 1, 1,4,24,737,83.

[2597] BAP 9,22,184,2-7.

[2598] BB 1, 64,3,556,15-24.

[2599] BB 1, 105,768,10-16.

[2600] BB 1, 108,4,798,18-20.

[2601] BHLD 1, 38,1,1,584,2-6.

[2602] BHLD 2, 39,3,7,58,14-20.

bittere Süße der Welt so trunken sein, daß man sich in der falschen Sicherheit wiegt[2603], sich die Ohren verstopft und meint, man lebe im Frieden[2604].

3.2 Der Verfasser des Traktates „Speculum virginum" meint, die törichten Jungfrauen würden die falsche Sicherheit besitzen[2605].

2.2.9 1 Tim, 2 Tim, Tit

1. 1 Tim 1,5: „Finis autem praecepti est caritas de corde puro, et conscientia bona, et fide non ficta." – „Das Ziel des Gebotes ist die Liebe aus reinem Herzen, gutem Gewissen und ungeheucheltem Glauben."

1.1 In einem Brief, der einen Bischofsspiegel darstellt, schreibt Bernhard von Clairvaux, daß das ganze Verhalten des Bischofs von seiner Liebe geprägt sein soll[2606]. Es muß aber die Liebe sein, von der an der besagten Stelle gesprochen wird[2607]. Auch Äbte brauchen eine Liebe, die aus diesen Quellen stammt[2608]. Die Reinheit des Herzens bezieht sich dabei auf das reine Motiv, mit dem der Mensch die Ehre Gottes und den Nutzen des Nächsten sucht[2609]. Das gute Gewissen besteht dann, wenn man innerlich sicher sein kann, es aus Liebe zu tun, auch wenn man außen einen Gewinn für sich anzielt[2610]. Ob ein Mensch ungeheuchelten Glauben besitzt, sieht man daran, ob er gute Werke[2611] wie die Blüte Früchte hervorbringt[2612]. An einer anderen Stelle drückt Bernhard die Quelle der Liebe folgendermaßen aus: Wer das wirkt, was er Gott im Nächsten schuldig ist, handelt aus reinem Herzen, wer das tut, was ihn betrifft, handelt aus gutem Gewissen, und wer dies andauernd tut, aus ungeheucheltem Glauben[2613]. Wieder anders werden die drei Quellen, aus denen die Liebe kommen muß, in einer Predigt umschrieben: Die Reinheit schuldet man dem Nächsten, das gute Gewissen sich selbst und den Glauben Gott[2614]. Das besondere Wissen ist für die Liebe eines Seelsorgers nicht notwendig[2615]. Petrus, der nicht in die Schule der Philosophen gegangen ist[2616], war trotzdem ein guter Hirt, der sein Amt in den Anfängen der Kirche aus reinem Herzen und gutem Gewissen ausgeübt hat[2617]. Wenn ein Bischof ähnlich handelt, dann ist sein Haupt mit dem Öl der Freude gesalbt (Ps 44,8)[2618]. Denn alles,

---

[2603] BVADV 3,76,15-19.
[2604] BD 111,4,796,1-11.
[2605] SP 6,508,3-13.
[2606] BB 1, 42,3,9,456,1-10.
[2607] BB 1, 42,3,9,456,9f.
[2608] BAB 6,654,15-17.
[2609] BB 1, 42,3,10,456,11-13.
[2610] BB 1, 42,3,12,460,7-11.
[2611] BB 1, 42,3,14,462,14f.
[2612] BHLD 2, 51,1,2,184,1-5.
[2613] BS 3,46,438,5-13.
[2614] BD 45,5,548,22-24.
[2615] BHLD 1, 36,1,1,562,1-3.
[2616] BHLD 1, 36,1,1,562,4-7.
[2617] BB 2, 238,4,276,1-5.
[2618] BB 2, 372,692,6-8.

was man aus diesen Quellen tut, ist leuchtend und tugendhaft[2619]. Wenn die Braut im Hohelied kühn spricht: „Mein Geliebter ist mir", sagt sie dies aus reinem Herzen, gutem Gewissen und ungeheucheltem Glauben[2620].

1.2   Nach dem Traktat „Speculum virginum" muß auch das Lied des vollkommenen Gotteslobes aus einem reinen Herzen, guten Gewissen und ungeheuchelten Glauben singen[2621]. Eines der Bücher dieses Traktates endet mit dem Zitat der genannten Stelle[2622].

2.   1 Tim 2,5: „Unus enim Deus, unus et mediator Dei et hominum homo Christus Jesus." – „Einer nämlich ist Gott, einer auch der Mittler zwischen Gott und den Menschen, der Mensch Jesus Christus."

Die Stellen, an denen dieser Vers verwendet wird, haben wir schon unter dem Stichwort „Mittler" behandelt[2623].

3.   1 Tim 3,16: „Et manifeste magnum est pietatis sacramentum, quod manifestatum est in carne, justificatum est in spiritu, apparuit Angelis, praedicatum est gentibus, creditum est in mundo, assumptum est in gloria." – „Offensichtlich groß ist das Geheimnis der Frömmigkeit: Er wurde offenbart im Fleisch, gerechtfertigt durch den Geist, den Engeln erschienen, den Heiden verkündet, geglaubt in der Welt, aufgenommen in Herrlichkeit."

3.1   Jean von Fécamp betet darum, daß er dieses Geheimnis durch den Heiligen Geist erkennen und verehren kann[2624].

3.2   Bernhard von Clairvaux hält Petrus von Abaelard, von dem er annimmt, er wolle den Kreuzestod Jesu auf ein Beispiel reduzieren, diese Schriftstelle entgegen[2625]. Er setzt den in Hld 2,13 erwähnten Duft der Reben mit dem Offenbarwerden des Geheimnisses der Frömmigkeit, von der die genannte Schriftstelle spricht, gleich[2626]. Doch der Bräutigam braucht bei diesem Offenbarwerden auch das Mitwirken der Kirche als Braut[2627]. Eine erste Kundgabe dieses Geheimnisses geschah an Weihnachten bei der Geburt Jesu[2628]. Bei der Auferstehung der Toten wird dieses Geheimnis dann in Vollendung offenbar werden[2629].

3.3   Gilbert von Hoyland nennt dieses Geheimnis der Frömmigkeit „irritamentum amoris", „eine Lockspeise der Liebe"[2630].

4.   1 Tim 6,15f.: „Quem suis temporibus ostendet beatus et solus potens, Rex regum, et Dominus dominantium: qui solus habet immortalitatem, et lucem inhabitat inaccessi-

---

[2619] BHLD 2, 71,1,1,444,6f.
[2620] BHLD 2, 68,1,1f.,408,3-9.
[2621] SP 1,124,1-4.
[2622] SP 9,836,26f.
[2623] Vgl. oben S. 459-471.
[2624] JFC 2,6,251-256,129.
[2625] BB 2, 190,7,17,104,7-10.
[2626] BHLD 2, 60,2,8,306,26-308,4.
[2627] BHLD 2, 68,2,4f.,412,4-17.
[2628] BVNAT 6,5,212,20-25.
[2629] BHLD 2, 72,4,11,480,2-6.
[2630] GHLD 20,10,108D.

bilem: quem nullus hominum vidit, sed nec videre potest: cui honor, et imperium sempiternum: Amen." – „Den zu seinen Zeiten zeigt der selige und allein mächtige König der Könige, der Herr der Herrschaften, der allein die Unsterblichkeit besitzt und im unzugänglichen Lichte wohnt, den kein Mensch gesehen hat, ja auch nicht sehen kann. Ihm gebührt die Ehre und die ewige Herrschaft. Amen"

Die Titel „König der Könige und Herr der Heerscharen"[2631] und die Begriffe unsichtbares Licht[2632] oder Klarheit Christi[2633] wurden an anderer Stelle mit entsprechenden Texten behandelt.

5. 2 Tim 1,12: „Ob quam causam etiam haec patior, sed non confundor. Scio enim, cui credidi, et certus sum quia potens est depositum meum servare in illum diem." – „Aus diesem Grund muß ich auch all dies erdulden, aber ich schäme mich nicht. Ich weiß, wem ich geglaubt habe, und ich bin sicher, daß er mächtig ist, das mir anvertraute Gut bis zu jenem Tag zu bewahren."

5.1 Bernhard von Clairvaux sieht in dem anvertrauten Gut, auf das Paulus vertraut, die Verheißung Gottes[2634]. Oft ist es auch der kommende Lohn, den Bernhard unter dem anvertrauten Gut versteht[2635]. Mit dieser Schriftstelle dankt er auch für die Gaben, die er erhalten hat, in der Überzeugung, daß Gott die Belohnung bis zu jenem Tag bewahren wird[2636]. Er berichtet, daß der irische Bischof Malachias mit der Zuversicht, die aus der genannten Schriftstelle erwächst, seinen Tod angekündigt hat[2637]. Bernhard glaubt, daß Petrus Abaelard den christlichen Glauben in eine unverbindliche Meinung abschwächen will. Demgegenüber erwähnt er die genannte Stelle als ein Beispiel dafür, daß erst aus dem festen Glauben Sicherheit erwächst[2638].

5.2 Gertrud die Große glaubt, daß Gott als die Liebe das anvertraute Gut bewahren und die Seele einmal zu ihm zurückführen wird[2639].

6. 2 Tim 2,19: „Sed firmum fundamentum Dei stat, habens signaculum hoc: Cognivit Dominus qui sunt ejus, et discedat ab iniquitate omnis, qui nonimat nomen Domini." – „Das Fundament Gottes hat sicheren Stand, und es trägt die besiegelte Inschrift: Der Herr kennt die Seinen. Und jeder, der den Namen des Herrn anruft, soll sich von der Bosheit trennen."

6.1 Nach Bernhard von Clairvaux sind die Seinen, die der Herr kennt, diejenigen, die guten Willen haben[2640]. Wenn Gott auch diese Menschen kennt, geben sie sich für andere Menschen nicht so leicht zu erkennen[2641]. Deswegen darf man auch Menschen

---

[2631] Vgl. Weiß, Gottesbild 1, 399-426.
[2632] Ebenda 285-322.
[2633] Ebenda 244-275.
[2634] BGR 14,51,246,28-248,1; BVIPENT 6,406,20-23.
[2635] BHLD 1, 13,6,6,194,12-15.
[2636] BB 2, 384,726,6-11.
[2637] BMA 31,71,590,10-12.
[2638] BB 2, 190,4,9,90,11f.
[2639] G R 6,79f.,166.
[2640] BGR 6,17,200,10f.
[2641] BB 1, 23,1,386,18f.

nicht schnell verurteilen²⁶⁴². Bei Gott gibt es aber kein Entdecken von etwas, was er vorher nicht gewußt hat; seiner Erkenntnis entgeht ja zu keiner Zeit etwas²⁶⁴³. Nur solche Menschen, die er durch sein Vorauswissen kennt, erwählt Gott, an seinen Geheimnissen Anteil zu haben²⁶⁴⁴. Das Erkennen Gottes äußert sich auch in der Rechtfertigung der Auserwählten²⁶⁴⁵. Gott allein weiß, wen er von Anfang an erwählt hat²⁶⁴⁶. Deswegen kann auch keiner wissen, welche Menschen als Heilige im Himmel sind²⁶⁴⁷. Denn keiner von denen, die Gott erwählt und gekannt hat, verharrt bis zum Ende in der Sünde²⁶⁴⁸.

6.2 Nach Hildegard von Bingen braucht niemand die Anfechtungen des Teufels zu fürchten, der in Gott wie auf einem unbewegbaren Fundament ruht²⁶⁴⁹.

7. 2 Tim 4,7f.: „Bonum certamen certavi, cursum consummavi, fidem servavi. In reliquo reposita est mihi corona justitiae, quam reddet mihi Dominus in illa die justus judex: non solum autem mihi, sed et iis, qui diligunt adventum ejus." – „Ich habe den guten Kampf gekämpft, den Lauf vollendet, den Glauben bewahrt. Im Übrigen liegt für mich die Krone der Gerechtigkeit bereit, die mir der Herr als gerechter Richter bereit hält, aber nicht nur mir, sondern all denen, die seine Ankunft lieben."

Die Texte, in denen der "gerechte Richter"²⁶⁵⁰ oder die „Krone der Gerechtigkeit"²⁶⁵¹ vorkommen, wurden von uns an anderen Stellen bereits gesammelt.

7.1 Den Patriarchen von Antiochien fordert Bernhard von Clairvaux mit diesem Schriftzitat auf, sich anzustrengen und den guten Kampf zu kämpfen²⁶⁵². Den Abt Wilhelm von Rievaulx ermahnt er mit der gleichen Stelle zur Geduld²⁶⁵³. Einem Einsiedler, der in seiner Einsamkeit verschiedene Dispensen von Bernhard verlangt, rät er, statt es sich leichter zu machen, den guten Kampf weiter zu kämpfen²⁶⁵⁴. Im Übrigen ist für Bernhard dieses Wort ein Zeugnis dafür, daß Paulus ganz für den Nächsten gelebt hat²⁶⁵⁵. Wer Christus liebt, soll in seinem Willen den Kampf beginnen, damit er einmal sagen kann: Ich habe den guten Kampf gekämpft²⁶⁵⁶. Dies ist möglich, weil man weiß, daß das irdische Zelt bald abgebrochen wird²⁶⁵⁷. Dies gilt, auch wenn man dabei wie

²⁶⁴² BB 2, 313,5,516,14-16.
²⁶⁴³ BHLD 2, 78,3,6,554,2-6.
²⁶⁴⁴ BB 1, 107,4,780,10-12.
²⁶⁴⁵ BB 1, 108,10,788,14-19.
²⁶⁴⁶ BOPASC 2,3,308,24f.
²⁶⁴⁷ BOS 5,2,794,17f.
²⁶⁴⁸ BD 4,5,214,7f.
²⁶⁴⁹ HISV 2, 3,10,31,866-869,571.
²⁶⁵⁰ Vgl. oben 809-826.
²⁶⁵¹ Vgl. Weiß, Gottesbild 3,1684-1755.
²⁶⁵² B 2, 392,648,14-17.
²⁶⁵³ BB 2, 360,368,8-10.
²⁶⁵⁴ BB 2, 404,796,4.
²⁶⁵⁵ BS 1,35,288,12-14.
²⁶⁵⁶ BHLD 2, 47,2,6,144,15-17.
²⁶⁵⁷ BQH 10,2,622,1-5.

alle, die seine Ankunft lieben, seufzen muß[2658], weil zur Zeit noch jeder Tag seine Plage hat (Mt 6,34)[2659]. Für den Apostel Paulus dauerte dieser mühevolle Lauf lang[2660].

7.2 Nach Gertrud der Großen soll man um Standhaftigkeit beten, wenn das Warten auf das Ende einem zu lange vorkommt[2661].

8. Tit 2,11f.: „Apparuit enim gratia Dei Salvatoris nostri omnibus hominibus, erudiens nos, ut abnegantes impietatem, et saecularia desideria: sobrie, et juste, et pie vivamus in hoc saeculo." – „Erschienen ist nämlich die Gnade Gottes, unseres Heilandes, allen Menschen, die uns erzieht, uns von dem Frevel und den weltlichen Begierden loszusagen und nüchtern, gerecht und fromm in dieser Welt zu leben."

8.1 In einer Sentenz legt Bernhard von Clairvaux diese Stelle folgendermaßen aus: Nüchtern sollen wir leben, indem wir uns hüten vor der Lust des Fleisches und der Neugier der Welt, gerecht, indem wir niemand schaden und allen von Nutzen sind, und fromm, indem wir hier gerechtfertigt und dort selig werden[2662]. Wir sollen geduldig in der Enthaltsamkeit, gerecht in der Barmherzigkeit und fromm in der Geduld leben[2663]. Anders lautet die Auslegung dieser Stelle, wenn die Nüchternheit auf die Gegenwart, die Gerechtigkeit auf die Aufarbeitung der sündhaften Vergangenheit und die Frömmigkeit auf die Zukunft bezogen wird[2664], oder wenn wir nüchtern in Bezug auf uns, gerecht in bezug auf den Nächsten und fromm in Bezug auf Gott leben sollen[2665]. Gottes Sohn hilft neben der Stärke mit seiner Weisheit, die uns erzieht, nüchtern, gerecht und fromm zu leben[2666]. Wenn die Gnade Gottes in dem Kind, das in der Krippe liegt, erschienen ist, wird deutlich, daß wir zur Demut und zu einem bescheidenen Leben erzogen werden sollen[2667].

8.2 Wilhelm von St. Thierry legt die Erscheinung der Gnade auf die Tatsache hin aus, daß uns jetzt der Himmel wieder offensteht[2668].

8.3 Im Traktat „Speculum virginum" werden die sieben Gaben des Heiligen Geistes ausgelegt. Die Gabe der Frömmigkeit braucht der Mensch, wenn er nüchtern, gerecht und fromm leben will[2669].

8.4 Hildegard von Bingen mahnt, nüchtern, gerecht und fromm zu leben, um den Anfechtungen des Teufels entgehen zu können[2670].

9. Tit 3,4f.: „Cum autem benignitas, et humanitas apparuit Salvatoris nostri Dei: non ex operibus justitiae, quae fecimus nos, sed secundum suam misericordiam salvos nos

[2658] BHLD 2,59,2,4,288,28f.
[2659] BD 1,7,176,15-18.
[2660] BD 41,10,522,10-13.
[2661] G R 6,717-719,206.
[2662] BS 3,7,390,22-392,23.
[2663] BPASC 2,11,272,3-5.
[2664] BPP 2,7,462,13-19.
[2665] BD 102,2,760,1-5.
[2666] BD 54,578,3-7.
[2667] BNAT 4,3,266,16-268,4.
[2668] WMO 6,225C.
[2669] SP 11,930,21-24.
[2670] HISV 1,2,7,21,489-491,321.

fecit per lavacrum regenerationis et renovationis Spiritu sancti." – „Als aber die Güte und Menschenfreundlichkeit unseres Heilandes erschienen ist, hat er uns errettet, nicht um der Werke der Gerechtigkeit willen, die wir getan hätten, sondern nach seiner Barmherzigkeit durch das Bad der Wiedergeburt und der Erneuerung des Heiligen Geistes."

9.1 An Hand dieser Schriftstelle betont Bernhard von Clairvaux, daß der Mensch nicht durch eigene Verdienste gerettet werden kann[2671]. Dies spürt der Mensch, wenn er an dem von Gott empfangenen Auftrag scheitert[2672]. Der gütige Herr klopft deswegen in ungeschuldeter Güte an die Tür des menschlichen Herzens[2673]. Die im Hld 2,13 erwähnten Reben fingen an zu duften, als die Güte und Menschenfreundlichkeit Gottes in Jesus Christus erschienen ist[2674]. In ihm ist ja nicht die Majestät und Macht, sondern die Güte und Menschenfreundlichkeit Gottes offenbar geworden[2675]. Einer Predigt zum Fest der Erscheinung des Herrn stellt Bernhard diese Schriftstelle voraus, weil an diesem Fest die Güte Gottes in der Erlösung sichtbar wird[2676]. Auch den Weisen ging sie auf, als sie das Kind und seine Mutter in Betlehem fanden[2677]. Nirgendwo sonst wird die Wahrheit dieser Schriftstelle so deutlich erfahren wie bei der Menschwerdung und dem Leiden des Sohnes Gottes[2678]. Doch auch als Jesus den elf Jüngern an Ostern erschien, wurde die Güte und Menschenfreundlichkeit Gottes sichtbar[2679].

Im Bad der Wiedergeburt empfängt der Weise die Gabe der Gnade[2680]. Schon die Kinder erhalten sie durch die Taufe[2681].

9.2 Guerricus von Igny sagt, daß uns an Weihnachten in der Geburt des Kindes die Güte und Menschenfreundlichkeit Gottes des Erlösers erscheinen mußte, damit wir einmal für die Erscheinung der Majestät des Schöpfergottes fähig werden[2682].

9.3 Nach Johannes von Ford besteht der Reichtum des menschgewordenen Wortes in der Güte und Menschenfreundlichkeit unseres Gottes[2683].

9.4 Hildegard von Bingen sagt, daß die Mutter Kirche in dem Bad der Wiedergeburt reine Söhne gebiert[2684]. Die Quelle der Taufe sprudelt zur Waschung für die Heiligung des Sohnes Gottes[2685]. Ja der Eingeborene des Vaters ist selbst die Quelle, die zur Wie-

---

[2671] BGR 1,1,174,12-14.
[2672] BHLD 2,50,1,2,172,20-23.
[2673] BVEPI 3,98,17-19.
[2674] BHLD 2,60,2,8,306,15-17.
[2675] BNAT 1,2,226,14-16.
[2676] BEPI 1,1,318,13.
[2677] BEPI 3,7,352,7-11.
[2678] BD 29,3,444,6-8.
[2679] BASC 1,1,316,6f.
[2680] BHLD 2,63,1,2,338,18f.
[2681] BHLD 2,66,4,10,384,6f.
[2682] GIS Nat 1,1,20-24,164.
[2683] JHLD 17,7,175f.,152.
[2684] HISV 1,2,3,15,360-364,144.
[2685] HISV 1,2,3,20,339f.,147.

dergeburt des Geistes dient[2686]. In dieser Wiedergeburt des Geistes erhält der Mensch die Unschuld wieder[2687]. Im Geist der Menschen erstrahlt dabei ein neuer Glanz[2688].

9.5 Der Verfasser der Vita der Juliane von Cornillon preist die Güte und Menschenfreundlichkeit unseres Erlösers, durch welche es der Mystikerin gelang, das Fronleichnamsfest in der Kirche zu propagieren[2689].

9.6 Gertrud die Große lobt dieselben Eigenschaften Gottes, der ihr ohne alles Verdienst den vertraulichen Umgang und die Einheit mit sich geschenkt hat[2690].

2.2.10 Hebr

1. Hebr 1,1: „Multifariam, multisque modis olim Deus loquens patribus in Prophetis." – „Viele Male und auf vielerlei Weisen hat einst Gott zu den Vätern durch die Propheten gesprochen."

1.1 Bernhard von Clairvaux charakterisiert die Offenbarung an die Väter dadurch, daß er sagt, Gott habe sich nicht gezeigt, wie er ist, sondern wie er es wollte[2691]. Diese Kundgabe blieb selten und dunkel[2692]. Manchmal beurteilt Bernhard die alttestamentlichen Offenbarungen auch positiver. So blieben sie nicht auf das Wort beschränkt, sondern geschahen auch in Visionen der Propheten[2693]. Gott hat sich ja bei den Vätern als Gast gezeigt, an ihren Mahlzeiten teilgenommen, sich ansprechen lassen und sie mit Rat belehrt[2694].

1.2 Nachdem Hildegard von Bingen verschiedene Offenbarungen Gottes im Alten Bund aufgezählt hat, stellt sie fest, daß diese alle erst wirksam werden durch ihre Erfüllung im Sohn Gottes[2695].

1.3 Der Autor der Vita der Beatrijs von Nazareth bezieht diese Stelle auf die vielfältigen Offenbarungen, die der Mystikerin zuteil geworden sind[2696].

2. Hebr 1,3: „Qui cum sit splendor gloriae, et figura substantiae ejus, portansque omnia verbo virtutis suae, purgationem peccatorum faciens, sedet ad dexteram majestatis in excelsis." – „Er (= der Sohn) ist der Glanz seiner Herrlichkeit und die Gestalt seines Wesens. Er trägt alles durch das Wort seiner Stärke, hat die Reinigung der Sünder bewirkt und sitzt zur Rechten der Majestät in der Höhe."

[2686] HISV 1,2,6,30,1183f.,259.
[2687] HISV 2,3,9,19,524-526,530.
[2688] HISV 2,3,9,29,981-983,543f.
[2689] JC 2,4,17,463.
[2690] G 2,2,8,2,5-14,264.
[2691] BHLD 1,31,2,4,490,16-18.
[2692] BS 3,127,764,16-20.
[2693] BINOV 1,2,680,2f.
[2694] BMART 8,878,25-27.
[2695] HISV 2,3,10,32,920-929,572.
[2696] BN 3,13,244,112-114,157.

Auch hier wurden schon Stellen gesammelt, an denen von dem „Glanz"[2697] und dem „Wesen"[2698] Gottes die Rede ist.

2.1 Wenn Jean von Fécamp von der Auffahrt Christi und von seinem Sitzen zur Rechten der Majestät Gottes spricht, gebraucht er die Formulierung aus dem Hebräerbrief[2699].

2.2 Nach Bernhard von Clairvaux stellt die Braut fest, daß der Bräutigam als Glanz und Gestalt des Vaters schön ist[2700]. Weil er dessen Glanz und Gestalt ist, muß er auch Gott selbst sein[2701]. Nur einer ist nämlich wie Gott, derjenige, der sein Glanz und sein Abbild ist[2702]. Er, der einst von den Menschen verworfen wurde, sitzt nun zur Rechten der Majestät Gottes[2703].

Wenn Jesus alle Mühsal trägt, geht dies über menschliche Kräfte. Doch es trägt ja der, der durch sein Wort das All trägt[2704]. Auch wenn ihn ein Engel stärkt (Lk 22,43), bleibt er der, der durch sein machtvolles Wort alles trägt[2705].

2.3 Wilhelm von St. Thierry leitet aus der Tatsache, daß Christus mit dem Vater zur Rechten der Majestät sitzt, ab, daß er höher als die Engel ist (Hebr 2,5-9)[2706]. Gott wollte aber haben, daß sein Sohn, der Glanz seiner Herrlichkeit und die Gestalt seines Wesens, uns als seine Genossen hat[2707].

2.4 Hildegard von Bingen schreibt, daß das Wasser der Reinigung das ewige Wort ist, weil es, Mensch geworden, durch sein Leiden alle Makel der Menschen abgewaschen hat[2708].

2.5 In ihren Briefen betont Elisabeth von Schönau oft, daß ihre Botschaft vom Sitz der großen Majestät, das heißt von Christus, ausgegangen ist[2709].

2.6 Gertrud die Große bezieht diese Stelle ganz in die Schilderung ihrer „unio mystica" ein. Christus spricht zu ihr: „Sicut ego sum figura substantiae Dei Patris in divinitate, sic tu eris figura substantiae meae ex parte humanititatis." – „Wie ich die Gestalt des Wesens Gott Vaters in der Gottheit bin, so sollst du die Gestalt meines Wesens in bezug auf die Menschheit sein."[2710] Dadurch wird sie fähig zur vertrauten Einheit mit ihm[2711]. Gertrud ersehnt sich durch den Glanz der Herrlichkeit Jesu die wahre Erkenntnis,

---

[2697] Vgl. Weiß, Gottesbild 1, 275-277.
[2698] Vgl. Weiß, Gottesbild 643-646.
[2699] JFC 2,3,75f.,123; 3,16,514f.,158.
[2700] BHLD 2, 45,6,9,124,10.
[2701] BHLD 2, 64,3,10,356,25f.
[2702] BHLD 2, 69,2,4,422,15f.
[2703] BBEN 11,92,6f.
[2704] BQH praef 502,2-4.
[2705] BAND 1,6,932,9-15.
[2706] WCS 1,347C.
[2707] WND 11,34,401B.
[2708] HISV 2, 3,7,8,350f.,471.
[2709] ESB 4,140; 5,141; 9,144; 11,145.
[2710] G 2, 2,6,2,20-22,258.
[2711] G 2, 2,6,2,24f.,258.

durch die Gestalt seines Wesens die göttliche Liebe[2712]; deswegen wünscht sie sich einen Zusatz zum „Ave Maria", der die beiden christologischen Namen enthält[2713].

3. Hebr 2,16f.: „Nusquam enim Angelos apprehendit, sed semen Abrahae apprehendit. Unde debuit per omnia fratribus similari, ut misercors fieret, et fidelis pontifex ad Deum, ut repropitiaret delicta populi". – „Keineswegs nimmt er sich der Engel an, sondern des Samens Abrahams nimmt er sich an. Daher mußte er in allem den Brüdern gleich sein, damit er ein barmherziger und treuer Hohepriester bei Gott wird, um die Vergehen des Volkes zu sühnen."

Die Stellen über Christus den Hohenpriester wurden schon behandelt[2714].

3.1 Nach Jean von Fécamp übersteigt die Liebe, in welcher der Sohn Gottes uns in allem gleich geworden ist, alles Erkennen[2715].

3.2 Bernhard von Clairvaux legt das Springen des Bräutigams über die Hügel im Hohelied (Hld 2,8) mit der genannten Schriftstelle aus: Christus hat gleichsam die Engel übersprungen, als er sich der Menschen annahm[2716]. Er ist ja durch Maria von der Erde und nicht von der Engelwelt entsproßt[2717].

4. Hebr 4,12: „Vivus est enim sermo Dei, et efficax, et penetrabilior omni gladio ancipiti: et pertingens usque ad divisionem animae ac spiritus, compagum quoque ac medullarum, et discretor cogitationem et intentionum cordis." – „Lebendig ist nämlich das Wort Gottes, wirksam und schärfer als jedes zweischneidige Schwert. Es dringt durch bis zur Scheidung von Seele und Geist, von Gelenk und Mark und scheidet Gedanken und Absichten des Herzens."

4.1 Bernhard von Clairvaux gesteht, daß das lebendige Wort ihn oft zur Demut geführt hat[2718]. Wirksam wird es durch die Tat[2719]. Einmal zählt Bernhard die Werkzeuge, die Gott gebraucht, auf. Während die Menschwerdung der Bogen darstellt, ist sein Wort das Schwert[2720]. Wenn das Wort Gottes auch ein Heiltrank ist, prüft es doch auch schärfer als ein Schwert die Herzen und Nieren der Menschen[2721]. In dieser Form ist das Wort eine Warnung an die Sünder[2722]. Einmal setzt Bernhard auch dieses Wort mit dem Heiligen Geist gleich, der in unsere Herzen gegossen ist und dort die Gedanken und Absichten prüft[2723]. Das Wort Jesu am Kreuz, mit dem er sich von seiner Mutter trennte und sie dem Jünger anvertraute, war dieses trennende Schwert, das der greise Simeon prophezeit hatte (Lk 2,34f.)[2724]. Doch auch da, wo das Wort Gnade beinhal-

---

[2712] G 4, 4,12,11,9-11,144.

[2713] G 4, 4,12,11,11-14,144.

[2714] Vgl. oben S. 511-522.

[2715] JFC 2,6,210-214,128.

[2716] BHLD 2, 53,4,8,214,19-21.

[2717] BNATBM 12,636,14f.

[2718] BB 1, 72,1,592,8-12.

[2719] BB 2, 201,3,160,24f.

[2720] BS 1,13,272,2.

[2721] BHLD 1, 3,1,2,78,10-13.

[2722] BD 24,2,388,18-20.

[2723] BPENT 2,8,410,18-20.

[2724] BOASSPT 15,616,23-26.

tet, wird die genannte Stelle herangezogen, um darauf hinzuweisen, daß der Mensch merkt, wenn es eintritt[2725]. Gerade das Wort, das die Barmherzigkeit ankündigt, ist wirksam bis in unser Mark hinein[2726]. Dies bleibt bestehen, auch wenn die Wege Gottes unerforschlich sind[2727].

4.2 Der Autor des Traktates „Speculum virginum" hat Schwierigkeiten mit der Bemerkung, daß das Wort Seele und Geist scheidet, wenn doch beide, Seele und Geist, immateriell und damit untrennbar sind[2728]. Auch wenn man unter Geist die Vernunft versteht, hilft das nicht weiter[2729]. So muß man hier die Trennung nicht als etwas begreifen, was sich im Geist, sondern vom Geist abspielt. Durch das Wort Gottes wird der Geist von der körperlichen Unzulänglichkeit des Menschen getrennt[2730].

4.3 Nach Hildegard von Bingen trennt das göttliche Wort das, was im Menschen gerecht ist, von aller Schlechtigkeit[2731].

4.4 Von Ida von Löwen wird berichtet, daß die Erinnerung an die Eucharistie ihr Inneres wie ein Feuer durchdringt[2732]. Um dieses Durchdringen zu erklären, wird die genannte Schriftstelle herangezogen[2733].

4.5 Gertrud die Große hatte nach dem Zeugnis ihrer Mitschwestern eine solche Redegabe, daß sie gut Zeugnis für das wirksame Wort Gottes ablegen konnte[2734].

5. Hebr 4,15: „Non enim habemus pontificem, qui non possit compati infirmitatibus nostris: tentatum autem per omnia pro similitudine absque peccato." – „Wir haben nämlich nicht einen Hohenpriester, der nicht mit unseren Schwächen mitleiden könnte, sondern einen, der in allem außer der Sünde ähnlich wie wir versucht worden ist."

5.1 Bernhard von Clairvaux verbindet mit dieser Stelle den Gedanken der Erniedrigung Christi, in welcher er die Gestalt annimmt, in der er leiden kann[2735]. Der Menschgewordene hat zwei Füße, auf denen er steht, Gerechtigkeit und Erbarmen[2736]. Den Fuß des Erbarmens hat er aber vollends erst in der Erniedrigung angenommen[2737]. So lernte er die Tugend der Barmherzigkeit[2738]. Er weiß zwar von seiner göttlichen Natur her, was Leiden ist, konnte es aber nur durch seine Entäußerung auch erfahren[2739]. Der vierfachen Versuchung, der jeder Mensch unterworfen ist, war auch Christus ausgesetzt[2740]. Neben den Versuchungen nennt Bernhard Trauer, Angst und Verwirrung,

---

[2725] BHLD 2, 45,5,7,122,19-22.
[2726] BANN 3,1,140,7f.
[2727] BHLD 2, 74,2,6,500,9-12.
[2728] SP 11,898,24-28.
[2729] SP 11,900,1-11.
[2730] SP 11,900,15-18.
[2731] HISV 2, 3,4,5,188-191,394.
[2732] IL 1,7,45,170.
[2733] Ebenda.
[2734] G 2, 1,1,3,10-18,122-124.
[2735] BH 3,9,58,7-12.
[2736] BD 90,2,696,3-8.
[2737] BHLD 1, 6,2,6,106,7-9.
[2738] BHLD 2, 56,1,1,244,5-7.
[2739] BH 3,9,58,12f.
[2740] BQH 14,4,676,4-7.

mit denen Christus uns gleich geworden ist[2741]. So mußte er wie jeder Mensch Glück und Unglück erleben und annehmen[2742]. Erst dadurch wurde er wahrhaft unser Bruder[2743].

5.2 Hildegard von Bingen betont, daß Christus im Gehorsam dem Vater gegenüber sündenlos war[2744]. Er wandelte ja ohne Sünden auf der Welt[2745]. Die Jungfrauen erhalten die Zusicherung Christi, daß er an ihren Schmerzen Anteil nimmt und mitleidet[2746]. In dieser Haltung zeigt sich, daß sich die göttliche Barmherzigkeit zu den Menschen neigt und mit ihrem Elend leidet[2747].

6. Hebr 9,11f.: „Christus autem assistens pontifex futurorum bonorum, per amplius et perfectius tabernaculum non manufactum, id est, non hujus creationis: neque per sanguinem hircorum, aut vitulorum, sed per proprium sanguinem introivit semel in Sancta, aeterna redemptione inventa." – „Christus aber ist gekommen als Hoherpriester der künftigen Güter und ist durch das erhabenere und vollkommenere Zelt, das nicht von Menschenhand gemacht, das heißt von dieser Schöpfung, ist, nicht durch das Blut der Böcke und der jungen Stiere, sondern durch sein eigens Blut ein für alle Mal eingetreten in das Heiligtum und hat eine ewige Erlösung erwirkt."

6.1 Einen Mönch, der sein Kloster verlassen hat, macht Bernhard von Clairvaux darauf aufmerksam, daß er den Kleinen Ärgernis gegeben hat, ein Geschehnis, vor dem Jesus, der als Hoherpriester durch sein eigenes Blut in das Heiligtum eingetreten ist, gewarnt hat[2748]. Der Rat des Petrus auf dem Berg der Verklärung, für den Herrn eine Hütte zu bauen (Mt 17,4), war deswegen wenig erleuchtet, weil dieser ja in ein weit erhabeneres, ungeschaffenes Zelt eintreten wird[2749]. Christus, der Hohepriester der künftigen Güter, soll das täglich in den Herzen der Mönche wirken, was die Bischöfe an der Weihe der Klosterkirche äußerlich vollzogen haben[2750].

6.2 Der Autor des Traktates „Speculum virginum" begründet die Trennung vom Elternhaus, die bei dem Eintritt in ein Kloster notwendig ist, mit der genannten Schriftstelle. Jemand, der von Gott erleuchtet ist, kennt auf Erden kein Vaterhaus mehr, weil er das himmlische, nicht von Menschenhand erbaute Zelt sucht, in das Christus eingetreten ist[2751].

6.3 Hildegard von Bingen schreibt, daß die Patriarchen und Propheten sich an die Opfer der Böcke gehalten haben, weil sie damit auf den Eintritt Christi in das Heiligtum hinweisen, wo Christus ohne Blut der Tiere eingetreten ist[2752]. Die Seherin über-

---

[2741] BD 34,2,478,15f.
[2742] BPALM 3,1,174,10-13.
[2743] BNATBM 7,628,14f.
[2744] HISV 1, 2,1,8,264-270,117.
[2745] HISV 1, 2,1,13,315f.,119.
[2746] HISV 2, 3,10,7,330,555.
[2747] HISV 2, 3,10,26,762f.,568.
[2748] BB 1, 7,7,312,13-16.
[2749] BASC 7,1,372,7-10.
[2750] BDED 1,4,814,19-23.
[2751] SP 3,216,12-17.
[2752] HISV 1, 2,6,25,989-994,254.

trägt die Vorstellung von etwas, das ohne Menschenhand errichtet ist, auf das ganze himmlische Jerusalem[2753].

7. Hebr 10,31: „Horrendum est incidere in manus Dei viventis. – „Schrecklich ist es, in die Hände des lebenden Gottes zu fallen."

7.1 Jean von Fécamp dankt für die unendliche Barmherzigkeit, mit der Gott den Menschen durch den Erlöser, seinen Sohn, zu Hilfe gekommen ist[2754]. Denn ohne diese Tat wäre es schrecklich, in die Hand Gottes zu fallen[2755].

7.2 In einem Brief an den französischen König erinnert Bernhard von Clairvaux daran, daß es auch für einen weltlichen Herrscher schrecklich ist, in die Hand Gottes zu fallen[2756]. Oft warnt der Abt mit diesem Vers, zum Beispiel einen Bischof, der gewaltsam von seinem Bischofssitz Besitz ergriffen hat[2757], oder Habgierige[2758], leichtsinnige Schwätzer[2759] und stolze Menschen[2760]. Auch die Pharisäer hätten sich beim Gedanken an den so geschilderten Gott bekehren müssen[2761]. Um dieser Drohung zu entgehen, muß man mit sich selbst ins Gericht gehen[2762]. Denn nichts ist Furcht einflößender als der Gedanke an das Gericht dieses Gottes[2763]. Gleichsam von zwei Seiten wird der Mensch bedrängt, unten von der Gier des Fleisches, oben von dem Gericht Gottes[2764]. Einmal überträgt Bernhard auch diese Schriftstelle auf Jesus Christus. Ihm, der keine Sünde hat, möchte er nicht in die Hände fallen. So sucht er die Freundschaft von Heiligen, die auch gesündigt haben, als Vermittler auf[2765].

8. Hebr 11,6: „Sine fide autem impossibile est placere Deo. Crede enim oportet accendentem ad Deum quia est, et inquirentibus se remunerator sit.» – «Ohne Glaube ist es unmöglich, Gott zu gefallen. Wer zu Gott kommen will, muß glauben, daß er ist, und diejenigen, die ihn suchen, belohnt.»

8.1 Bernhard von Clairvaux schreibt, daß man deswegen im Glauben Gott zu gefallen suchen soll, weil man anderenfalls selbst keinen Gefallen an Gott finden wird[2766]. Man spürt deutlich, daß der Abt Angst hat, ein falsches Verständnis dieser Stelle führe zu einem Minimalismus. Für ihn ist es nicht irgendein Glaube, durch den man Gott gefällt, sondern ein solcher, der in der Liebe wirksam[2767] und mit der Tugend gepaart ist[2768].

[2753] HISV 3,10,31,874,571.
[2754] JFC 2,3,84-89,123.
[2755] JFC 2,3,110,124.
[2756] BB 1, 170,2,1008,4-6.
[2757] BB 2, 185,4,56,1f.
[2758] BD 12,4,280,3-8.
[2759] BD 17,7,330,17-21.
[2760] BD 40,4,496,6-12.
[2761] BANN 3,5,146,2-9.
[2762] BHLD 2, 55,2,3,240,4-6.
[2763] BQH 8,12,602,18-21.
[2764] BD 82,2,666,4-6.
[2765] BPP 1,1,446,11-17.
[2766] BHLD 1, 24,3,8,372,5f.
[2767] BVSDSS 5,148,12f.
[2768] BHLD 1, 30,3,6,474,24f.

Auch muß man sich von den Begierden der Welt gelöst haben[2769], darf keine weltliche Gesinnung haben[2770] und muß die Demut besitzen[2771]. Dann wird der Glaube die aus dem guten Werk erwachsene Frucht sein[2772]. Auch der Empfang des Sakramentes gehört zum Glauben dazu[2773].

8.2 Eine ähnliche Tendenz wie bei Bernhard von Clairvaux spürt man auch in dem Traktat „Speculum virginum". Auch hier muß bei dem Glauben die Demut[2774], der Gehorsam und das Streben nach Weisheit[2775] dazukommen, damit der Mensch Gott gefällt.

2.2.11 Jak

1. Jak 1,17: „Omne datum optimum, et omne donum perfectum desursum est, descendens a Pater luminum, apud quem non est transmutatio nec vicissitudinis obumbratio."
– „Jede gute Gabe und jedes vollkommene Geschenk ist von oben, steigt herab vom Vater der Lichter, bei dem es keine Veränderung und keinen Schatten des Wechsels gibt."

1.1 Für Bernhard von Clairvaux ist dieser Vers ein Anlaß, zur Beständigkeit zu ermahnen[2776]; denn nur Gott kennt keinerlei Veränderung[2777]. Oft fordert Bernhard an Hand dieser Stelle zur Erkenntnis auf, daß alles gute Tun des Menschen auf der Gnade beruht[2778], welche durch die Vermittlung Christi geschenkt wird[2779]. Wenn man die Stärke eines Märtyrers bewundert, muß man wissen, daß sie allein von Gott kommt[2780]. Auch wenn ein hartes Herz sich bekehrt, hat diese Umkehr in ihm seine Wurzel[2781]. Deswegen gebührt ihm allein auch alle Ehre und Herrlichkeit[2782]. Wer sie für sich reklamiert, tut dem Schöpfer Unrecht[2783]. Auf ihn allein soll man hoffen[2784]. Bei der Aufnahme Mariens in den Himmel ist dorthin die Frucht der Erde aufgestiegen, von wo jede gute Gabe hinabsteigt[2785].

1.2 Hildegard von Bingen schreibt, daß man am Fall des Luzifers die Unveränderlichkeit Gottes beobachten kann, weil sich durch den Aufstand der Engel an seiner Macht

---

[2769] BOPASC 1,3,296,22-298,1.
[2770] BASC 1,2,318,16-24.
[2771] BDED 5,2,848,14-16.
[2772] BHLD 2,51,1,2,182,22-25.
[2773] BHLD 2,66,3,10,384,2f.
[2774] SP 4,290,15f.
[2775] SP 3,254,2-11.
[2776] BB 1,109,2,802,13-16.
[2777] BHLD 1,21,3,6,298,17-22; 2,81,3,5,588,8-12.
[2778] BB 2,372,692,14-16; BHLD 1,10,5,7,152,5-8.
[2779] BS 3,71,470,2-7.
[2780] BAND 2,3,942,5-7.
[2781] BD 13,2,284,13-16.
[2782] BQH 12,6,654,27f.
[2783] BD 41,9,520,22-26.
[2784] BQH 15,3,688,25-28.
[2785] BASSPT 1,2,528,18f.

nichts geändert hat[2786]. Nach ihr rührt die Unveränderlichkeit Gottes daher, daß Gott das Leben schlechthin ist[2787]. Weiter ist für die Seherin diese Stelle ein Zeichen dafür, daß in der Dreifaltigkeit die Gottheit nicht verändert oder geteilt werden kann[2788]. Der Mensch kehrt einmal zu Gott zurück, wo es keinen Schatten der Veränderung und des Todes gibt[2789].

1.3 Hugo von St. Viktor erklärt die genannte Stelle mit dem platonischen Axiom, daß alles Gute im höchsten Gut seinen Ursprung hat[2790].

1.4 Odilia von Lüttich wird am Christi Himmelfahrtstag in eine längere Ekstase versetzt[2791]. Äußerlich macht sich dies dadurch bemerkbar, daß eine rote Flamme in ihrem Mund erscheint, welche vom Vater der Lichter herabsteigt[2792].

1.5 Mechthild von Magdeburg preist Gott als Geber aller Gaben[2793] um die Milde seiner Gabe[2794].

1.6 An Weihnachten erkennt Gertrud die Große, daß das neugeborene Kind die beste Gabe des Vaters ist[2795].

2. Jak 1,23: „Quia si quis auditor est verbi, et non factor: hic comparabitur viro consideranti vultum nativitatis suae in speculo." – „Denn wer nur ein Hörer des Wortes und nicht auch ein Täter ist, der wird mit einem Mann verglichen, der sein natürliches Gesicht in einem Spiegel betrachtet."

2.1 Nach Bernhard von Clairvaux sollte man nicht in irgendeinen Spiegel schauen, der nur das natürliche Gesicht zeigt, sondern in den Spiegel der Väter. Ein Blick in diesen kann zur Umkehr führen[2796].

2.2 Der Autor des Traktates „Speculum virginum" fordert seine Adressantinnen auf, sich in dem Spiegel unserer Freiheit, worin das Bild Gottes verborgen ist, zu betrachten[2797].

2.3 Nach Hildegard von Bingen ist das Wissen um den Erlösertod Christi am Kreuz wie ein Spiegel, in dem der Betrachter das Gute und Schlechte schaut und zu unterscheiden lernt[2798].

[2786] HISV 1, 1,2,1,89-94,14.

[2787] HISV 2, 3,11,28,591f.,592.

[2788] HISV 1, 2,2,2,56-59,126.

[2789] HISV 1, 2,6,3,327f.,234.

[2790] HH 2,937C-D.

[2791] OL 1,14,217,11-16.

[2792] OL 1,14,217,30f.

[2793] MM 1,12,2f.,14.

[2794] MM 7,2,25f.,259.

[2795] G 2, 2,6,2,6-10,258.

[2796] BB 1, 94,1f.,726,22-728,6.

[2797] SP 3,258,14-17.

[2798] HISV 2, 3,2,9,282-288,356.

2.2.12 1 Petr

1. 1 Petr 1,3: „Benedictus Deus et Pater Domini nostri Jesu Christi, qui secundum misericordiam suam magnam regnaverit nos in spem vivam, per resurrectionem Jesu Christi ex mortuis." – „Gepriesen sei der Gott und Vater unseres Herrn Jesus Christus, der uns nach seiner großen Barmherzigkeit wiedergeboren hat in der lebendigen Hoffnung durch die Auferstehung Jesu Christi aus den Toten."

1.1 In einer Reihe von Schriftstellen, mit denen sich Jean von Fécamp bei Gott für die in Jesus Christus geschenkte Gnade bedankt[2799], fehlt die genannte Stelle nicht[2800].

1.2 Bernhard von Clairvaux beschreibt die Wirkungen von Tod und Auferstehung Christi, zu denen auch die Hoffnung gehört, auf die hin wir wiedergeboren sind[2801].

2. 1 Petr 1,12: „Quibus revelatum est quia non sibimetipsis, vobis autem ministrabant ea, quae nunc nuntiata sunt vobis per eos, qui evangelizaverunt vobis, Spiritu sancto misso de caelo, in quem desiderant Angeli prospicere." – „Denen (= den Propheten) ist es offenbart worden, daß sie nicht sich selbst, sondern euch damit dienten, was nun euch verkündet worden ist durch diejenigen, die euch das Evangelium gebracht haben, wobei der Heilige Geist vom Himmel gesandt worden ist, nämlich ihn, den zu schauen die Engel sich sehnten."

2.1 Oft schreibt Bernhard von Clairvaux von Christus, den die Engel zu schauen ersehnen. Er ist der schönste der Menschenkinder (Ps 44,3)[2802], die Menschheit Christi[2803], die lebensspendende Frucht[2804], das Haupt[2805], die Sehnsucht der Heiligen[2806], derjenige, welchem der Christ nachfolgt[2807], der sich bei seiner Wiederkunft wunderbar zeigt[2808], dem die Braut zu gefallen sucht[2809] und den die schauen, die reinen Herzens sind[2810]. Nicht nur die einfachen Engel, sondern auch die oberen himmlischen Chöre sehnen sich nach seinem Anblick[2811]. Auch wenn die Engel mit Aufträgen auf die Erde gesandt werden, schauen sie sein Angesicht[2812]. Der Mensch soll dankbar sein, daß er die Braut dessen wird, nach dem sich sogar die Engel sehnen[2813]. Er wird ja einmal in das Brautgemach dessen eingeführt werden, den die Engel ersehnen[2814]. Einmal spricht

---

[2799] JFC 2,12,540-566,138.
[2800] JFC 2,12,555-557,139.
[2801] BNAT 2,5,248,1-3.
[2802] BB 1, 113,3,818,22f.
[2803] BOS 4,2,782,7f.
[2804] BLVM 3,6,84,23f.
[2805] BQUAD 1,2,444,18f.
[2806] BINOV 1,1,678,8-10.
[2807] BOS 1,4,730,2f.
[2808] BS 3,114,662,16f.
[2809] BHLD 1, 27,3,7,422,8-11.
[2810] BOS 1,13,746,19-21.
[2811] BHLD 2, 76,2,5,528,18-20.
[2812] BDED 5,5,852,21-854,2.
[2813] BOEPI 2,3,378,11-13.
[2814] BD 41,10,522,17-19.

auch Bernhard von der Gegenwart des Geistes, welche die Engel zu schauen ersehnen[2815].

2.2 Für Aelred von Rievaulx gehört es zur künftigen Seligkeit, in das liebenswerte Gesicht dessen zu schauen, den die Engel zu sehen ersehnen[2816].

2.3 Mechthild von Hackeborn sieht vom Gesicht Jesu, in welches die Engel zu schauen sich sehnen, vier Strahlen ausgehen, die verschiedene Gruppen von Menschen erleuchten[2817].

2.4 Gertrud die Große läßt den Mensch vor Bewunderung vor dem Angesicht dessen vergehen, den zu schauen die Engel ersehnen[2818].

3. 1 Petr 2,21: „In hoc enim vocati estis: quia et Christus passus est pro nobis, vobis reliquens exemplum, ut sequamini vestigia ejus." – „Dazu seid ihr ja berufen. Denn auch Christus hat für uns gelitten und euch ein Beispiel hinterlassen, daß ihr seinen Spuren folgt."

3.1 Für Bernhard von Clairvaux ist es der Gehorsam am Kreuz, den Christus uns als Beispiel hinterlassen hat[2819]. Wenn auch nicht alle berufen sind, dem Lamm in der Jungfräulichkeit zu folgen, können alle ihm im Leiden nachgehen[2820].

3.2 Der Verfasser des Traktates „Speculum virginum" sieht dagegen in der Erfüllung des Gelübdes der Jungfräulichkeit das Folgen der Spuren Christi[2821].

3.3 Für Hildegard von Bingen sind die Geduld[2822] und Demut[2823] Christi die Beispiele, die er uns hinterlassen hat.

4. 1 Petr 2,22: „Qui peccatum non fecit, nec inventus est dolus in ore ejus." – „Der keine Sünde begangen hat, und in seinem Mund wurde kein Trug gefunden."

4.1 Dieses Wort gilt nach Bernhard von Clairvaux unter allen Söhnen Adams allein für Jesus, der die Freiheit hatte, nicht zu sündigen[2824]. Die Reinheit von jeder Sünde betrifft beide Naturen Jesu[2825]. „Erat enim innocens manibus." – „Er war unschuldig mit seinen Händen."[2826] Nur er allein, der keine Sünde begangen hatte, war nicht zu sterben genötigt[2827]. Wenn Menschen in ihrem Stolz meinen, sicher zu sein, weil sie keinem etwas gewaltsam geraubt haben, sollen sie daran denken, daß er, der keine Sünde begangen hat, doch den schändlichsten Tod gestorben ist[2828]. Unter der Haut des

---

[2815] BD 18,1,334,16f.

[2816] ARI 33,1503f.,681.

[2817] MH 1,10,33.

[2818] G R 6,88f.,166.

[2819] BS 3,7,54,27-56,1.

[2820] BS 3,17,406,7-10.

[2821] SP 9,718,14-18.

[2822] HISV 2,3,3,10,477-482,384.

[2823] HISV 2,3,11,19,408-410,586.

[2824] BGR 3,8,186,1f.

[2825] BPP 1,1,446,9-11.

[2826] BD 33,3,468,1.

[2827] BQH 9,3,608,18-25.

[2828] BPA 6,870,14-18.

Bockes, das heißt der Sünde, stirbt der, der keine Sünde begangen hat[2829]. Um den Leib der Sünde (Röm 6,6) zu vernichten, hat der, der keine Sünde begangen hat, sich selbst zur Sünde gemacht[2830]. Und doch ist er als Bräutigam eine Lilie, aber keine unter den Dornen, denn er hat ja keine Sünde begangen[2831].

4.2 Isaak von Stella schreibt, daß der Bräutigam Christus, der selbst keine Sünde begangen hat, am Kreuz alles, was fremd an der Braut war, weggenommen hat[2832].

4.3 Nach dem Traktat „Speculum virginum" hat Christus als Gott und Mensch alles Leid und den Tod auf sich genommen, er, der selbst keine Sünde begangen hat[2833].

4.4 Auch Hildegard von Bingen schreibt, daß Christus die von Adam herrührende Sünde weggenommen hat, weil er selbst ohne Sünde war[2834].

2.2.13 1 Joh

1. Joh 1,1: „Quod fuit ab initio, quod audivimus, quod vidimus oculis nostris, quod perspeximus, et manus nostrae contrectaverunt de verbo vitae." – „Was von Anfang an war, was wir gehört, was wir mit unseren Augen gesehen, was wir geschaut und was unsere Hände angefaßt haben (das verkünden wir): Das Wort des Lebens."

1.1 Bernhard von Clairvaux bezieht das „wir" in der genannten Stelle auf den ganzen Leib der Kirche, von der er schreibt, daß sie voll Freude das Wort des Lebens mit ihren Sinnen erfaßt[2835]. Möglich ist dies nur, weil der Sohn Gottes, der seit Ewigkeit beim Vater unsichtbar lebt, in der Menschwerdung für uns sicht- und tastbar wird[2836]. Diese sinnenhafte Wahrnehmung wurde in besonderer Weise den Aposteln geschenkt[2837].

1.2 Guerricus von Igny schreibt, daß an Weihnachten das Wort, das bis dahin nur hörbar war, jetzt sicht- und tastbar geworden ist[2838]. Daß dies in der Zeit geschah, liest er aus dem Ausdruck „ab initio", „von Anfang" an heraus. Für den ewigen Sohn Gottes kann dies nicht gelten, weil es bei ihm keinen Anfang gibt[2839].

1.3 Die Autoren der Viten der Mystikerinnen wie zum Beispiel derjenigen der Elisabeth von Spalbeek beteuern mit den Worten „Quae vidimus, haec testamaur", „Was wir gesehen haben, das bezeugen wir" die Wahrheit ihres Erlebnisberichtes[2840].

2. 1 Joh 1,5: „Et haec est annuciatio, quam audivimus ab eo, et annunciamus vobis: Quoniam Deus lux est, et tenebrae in eo sunt ullae." – „Das ist die Botschaft, die wir

---

[2829] BHLD 1, 28,1,2,434,24-27.
[2830] BHLD 2, 71,5,11,458,9-13.
[2831] BHLD 2, 71,1,1,442,9-11.
[2832] IS 11,10,86-93,242.
[2833] SP 11,946,2-9.
[2834] HISV 2, 3,2,13,377-385,359.
[2835] BS 3,70,468,23-470,2.
[2836] BIVHM 13,200,22-24.
[2837] BMART 8,880,5-10.
[2838] GIS Nat 5,1,19f.,222.
[2839] GIS Nat 5,1,24-26,224.
[2840] ES 22,375,41f.

von ihm gehört haben und euch verkündigen: Gott ist Licht, und keinerlei Finsternis ist in ihm."

2.1 Bernhard von Clairvaux bezieht diese Stelle auf die Allwissenheit Gottes. Weil er ganz Licht und damit ganz Auge ist, braucht er keine Lichtquelle außerhalb seiner selbst und kann durch nichts getäuscht werden[2841].

2.2 Gilbert von Hoyland fragt sich, warum in Hld 5,10 der Bräutigam rötlich genannt wird, obwohl Gott doch nur Licht und keine Finsternis in sich enthält. Die Antwort kann er nicht mehr geben, da er durch sein Sterben die Arbeit an seinem Hohenliedkommentar abbrechen muß[2842]. Offensichtlich sieht er in den rötlichen Farben gegenüber dem strahlenden Weiß eine Abminderung des Lichtes. Seine Antwort lautet: Das Rot bedeutet das Blut Jesu, mit dem wir erlöst sind[2843]. Weiter deutet das Rot auf das Feuer der Liebe hin, ohne welche das strahlende Weiß kalt bleibt[2844].

3. 1 Joh 2,1: „Filioli mei, haec scribo vobis, ut non peccatis. Sed si quis peccaverit, advocatum habemus apud Patrem, Jesum Christum justum." – "Meine Kinder, dies schreibe ich euch, damit ihr nicht sündigt. Wenn aber einer gesündigt hat, haben wir einen Beistand beim Vater, Jesus Christus, den Gerechten."

3.1 Jean von Fécamp, der so oft seine eigene Sündhaftigkeit bekennt, ist froh, daß er in Christus einen Beistand beim Vater hat[2845].

3.2 Bernhard von Clairvaux schreibt, daß die nicht untergehen werden, für die der Erlöser betet, der ja unser Beistand beim Vater ist[2846]. Diese Einsicht sollte Kraft geben, nach dem Fall möglichst schnell wieder aufzustehen[2847].

3.3 Gertrud die Große versichert, daß wir in Christus einen Beistand beim Vater haben, der mit all unseren Nöten Mitleid hat[2848].

4. 1 Joh 3,2: „Carissimi, nunc filii Dei sumus: et nondum apparuit, quid erimus. Scimus quoniam cum apparuerit, similis ei erimus: quoniam videbimus eum sicuti est." – „Geliebteste, nun sind wir Söhne Gottes, und noch ist es nicht offenbar, was wir sein werden. Wir wissen, daß wir, wenn er offenbar wird, ihm ähnlich sein werden; denn wir werden ihn sehen, wie er ist."

4.1 Nach Bernhard von Clairvaux wird das Bild Gottes in uns durch Christus so wiederhergestellt, daß wir Gott ähnlich werden[2849]. Auf Erden schaut man Christus nur mit Dornen am Kreuz entstellt, erst in der Herrlichkeit sieht man ihn, wie er ist[2850]. Jetzt erkennen wir Christus, den Gekreuzigten, dann werden wir ihn schauen, wie er in Herrlichkeit ist[2851]. Die Herrlichkeit, die uns zu Kindern Gottes macht, ist auf Er-

---

[2841] BCO 5,4,10,788,20-25.

[2842] GHLD 49,3,252B.

[2843] GHLD 49,3,252A.

[2844] GHLD 49,3,252B-C.

[2845] JFC 2,4,146f.,125f.

[2846] BP 10,24,380,18-24.

[2847] BPP 3,3,468,15-20.

[2848] G 3,3,7,1,11f.,30.

[2849] BGR 10,32,218,24-220,3.

[2850] BOS 5,8,804,18-20.

[2851] BD 123,1,820,20-822,1.

den in uns und wird sich erst nach dem Tod offenbaren[2852] und aus unserem Herzen heraustreten[2853]. Dann ist man auch weise geworden; denn weise sein heißt, etwas so schmecken, wie es ist[2854]. Die Tore der Stadt sind mit Perlen geschmückt, in der es eine Wohnung für alle gibt[2855]. Dies ist dann erreicht, wenn wir ihn am Ende[2856] von Angesicht zu Angesicht schauen werden (1 Kor 13,12)[2857]. Christus, der Gottes Kraft und Weisheit ist, wird dies an uns bewirken[2858]. Bernhard liest auch aus dieser Stelle heraus, daß das Ähnlichsein Voraussetzung des Schauens Gottes ist. Der Unähnliche übersieht Gott[2859]. Umgekehrt kann die Schau nicht gering sein, die im Ähnlichwerden besteht[2860]. Sie bietet neue und ungeahnte Wonnen[2861].

4.2 Mechthild von Magdeburg schreibt, daß die Menschen einmal Gott in dem Maß schauen werden, wie sie geheiligt durch die Minne und geadelt durch die Tugenden sind[2862]. Dies aber scheint der genannten Schriftstelle zu widersprechen, da nach ihr ja alle ihn erkennen, wie er ist[2863]. Mechthild hält an der Wahrheit dieser Stelle fest, macht aber folgende Einschränkung: Wie die Sonne bei verschiedenem Wetter, so erscheint Gott den Menschen verschieden, je nach deren Voraussetzungen[2864].

4.3 Gertrud die Große hat die Hoffnung, einmal wieder ganz zu Gott zurückkehren zu können und dann nicht nur ihn zu erkennen und zu lieben, wie sie selbst von ihm erkannt und geliebt ist, sondern ihn zu schauen, wie er selbst ist[2865].

5. 1 Joh 4,8.16: „Deus caritas est." – „Gott ist die Liebe."

Die Erklärung dieser Stelle unserer Texte wurde von uns an anderem Ort schon ausgiebig behandelt[2866].

6. 1 Joh 4,9f.: „In hoc apparuit caritas Dei in nobis, quoniam Filium suum unigenitum misit Deus in mundum, ut vivamus per eum. In hoc est caritas, non quasi nos dilexerimus Deum, sed quoniam ipse prior dilexit nos, et misit Filium summ propitationem pro peccatis." – „Darin wurde unter uns die Liebe Gottes offenbart, daß Gott seinen Eingeborenen in die Welt gesandt hat, damit wir durch ihn leben. Darin besteht die Liebe, nicht daß wir Gott geliebt hätten, sondern daß er uns zuerst geliebt und uns seinen Sohn als Sühne für die Sünden gesandt hat."

[2852] BD 1,4,172,18-20.
[2853] BD 82,1,664,7-12.
[2854] BD 18,1,334,19-336,2.
[2855] BD 41,12,526,19-21.
[2856] BHLD 1, 31,1,2,488,5-7.
[2857] BCO 5,13,27,820,11.
[2858] BB 1, 18,3,376,6f.
[2859] BHLD 2, 82,3,7,608,15-17.
[2860] BVNAT 5,3,198,10-12.
[2861] BOS 4,2,782,17-21.
[2862] MM 4,12,40f.,124.
[2863] MM 12,4,41f.,124.
[2864] MM 4,12,42-45,124.
[2865] G R 5,279-283,144.
[2866] Vgl. Weiß, Gottesbild 3,1850-1873.

6.1 Bernhard von Clairvaux schreibt an Hand dieser Stelle, daß uns Gott schon geliebt hat, als wir noch Sünder waren[2867]. Auf die Frage, warum man Gott lieben soll, gibt Bernhard mit der genannten Stelle als Antwort, er habe uns zuerst geliebt[2868]. Denn wir haben ihm nichts gegeben, daß er uns etwas zurückgeben müßte, sondern umgekehrt, er hat uns zuerst geliebt[2869]. Zuerst hat der Bräutigam die Braut befreit, dann erst wurde sie Freundin, die ihn lieben kann[2870]. Deswegen kann sie auch nur auf seine Wohltat und nicht auf ihr Verdienst hinweisen[2871]. Gerade darin drückt sich die Gnade Gottes aus, daß er uns liebt, bevor wir ihn lieben können[2872]. So gleicht der Mensch dem toten Lazarus, zu dem Christus, unser Leben, eilt, um ihn in Liebe aufzuwecken[2873]. Deswegen ist der Mensch durch Gottes Liebe schon in ihm, bevor der Mensch durch seine Liebe in Gott sein kann[2874].

6.2 Nach dem Traktat „Speculum virginum" ist die uns geoffenbarte Liebe Gottes Anstoß für die Christen, auch einander zu lieben[2875].

6.3 Hildegard von Bingen schreibt, daß uns durch die Liebe Gottes in seinem Sohn ein von dem Schöpfungszustand verschiedenes Heil in der Finsternis der Zeit geschenkt worden ist[2876]. Dieses Heil der Liebe ist aber nicht von uns ausgegangen, so daß wir Gott hätten lieben können, sondern von ihm[2877].

6.4 Für David von Augsburg zeigt sich die Liebe Gottes, die immer früher ist als unsere, darin, daß er uns schon in Ewigkeit geliebt hat, als wir noch gar nicht existierten[2878].

6.5 Nach Margareta von Magdeburg ist die Liebe Gottes, die uns vorausgeht, auch die Liebe, mit der wir antworten können. Tun wir es nicht, sind wir in der Liebe untreu, weil wir die geschenkte Gottesliebe für etwas Sinnwidriges gebrauchen[2879].

6.6 Nach Gertrud der Großen hat Gott den Menschen nicht nur zuerst geliebt, sondern ihn auch auserwählt, noch bevor dieser ihn erwählen konnte[2880].

7. 1 Joh 4,14: „Et nos vidimus, et testificamur quoniam Pater misit Filium suum Salvatorem mundi." – „Wir haben gesehen und bezeugen, daß der Vater seinen Sohn als Heiland der Welt gesandt hat."

[2867] BS 3,113,654,14-19.
[2868] BDI 1,1,76,11-13.
[2869] BHLD 1, 20,1,2,278,12-14.
[2870] BHLD 2, 39,4,10,60,23-26.
[2871] BHLD 2, 67,5,10,402,18-22.
[2872] BQH 9,3,608,27-610,1.
[2873] BASSPT 4,2,560,10-15.
[2874] BHLD 2, 71,4,10,456,21-25.
[2875] SP 5,436,23-27.
[2876] HISV 1, 2,2,4,72-86,126.
[2877] HISV 1, 2,2,4,99-105,127.
[2878] DAE 3,31,2,224.
[2879] MA 27,30.
[2880] G R 5,60f.,132.

Dem Titel „salvator mundi", „Heiland der Welt" und den entsprechenden Texten sind wir schon oben begegnet[2881].

8. 1 Joh 4,18: „Timor non est in caritate: sed perfecta caritas foras mittit timorem, quoniam timor poenam habet. qui autem timet, non est perfectus in caritate." – „Furcht ist nicht in der Liebe, sondern die vollkommene Liebe vertreibt die Furcht; denn die Furcht rechnet mit Strafe. Wer sich aber fürchtet, ist nicht in der Liebe vollendet."

In unseren Texten wird oft von dem zu fürchtenden Gott gesprochen[2882]. Dadurch gerät man aber mit dieser Schriftstelle in eine Spannung, welche man auf verschiedene Weise zu lösen versucht, wie am anderen Ort aufgewiesen wurde[2883].

9. 1 Joh 5,4: „Quoniam omne, quod natum est ex Deo, vincit mundum: et haec est victoria, quae vincit mundum, fides nostra." – „Denn alles, was aus Gott geboren ist, besiegt die Welt, und dies ist der Sieg, den die Welt besiegt: unser Glaube."

9.1 Nach Bernhard von Clairvaux kann man den Glauben, weil er die Welt besiegt hat, nicht verächtlich nennen[2884]. Letztlich ist es Christus, der Auferstandene, der die Welt besiegt hat[2885]. Darin zeigt er sich als Sieger, daß er uns stärkt, damit auch wir die Welt besiegen[2886]. Ja wir können sogar die Welt in uns niedertreten[2887]. Dies ist aber nur möglich, wenn wir den Glauben, daß Christus der Sohn Gottes ist, bewahren[2888].

9.2 Der Verfasser des Traktates „Speculum virginum" schreibt, daß dann, wenn Christus im Menschen wohnt, dieser spürt, daß er selbst gegen die Welt kämpfen und siegen kann[2889].

10. 1 Joh 5,6-8: „Hic est, qui venit per aquam et sanguinem, Jesus Christus: non in aqua solum, sed in aqua et sanguine. Et Spiritus est, qui testificatur, quoniam Christus est veritas. Quoniam tres sunt, qui testimonum dant in coelo: Pater, Verbum et Spiritus sanctus; et hi tres unum sunt. Et tres sunt, qui testimonium dant in terra: Spiritus, et aqua, et sanguis: et hi tres unum sunt.» – «Dieser ist es, der durch Wasser und Blut gekommen ist, Jesus Christus, nicht allein im Wasser, sondern im Wasser und im Blut. Und der Geist ist es, der bezeugt, daß Christus die Wahrheit ist. Denn drei sind es, die im Himmel Zeugnis geben: der Vater, das Wort und der Heilige Geist, und diese drei sind eins. Und drei sind es, die Zeugnis geben auf der Erde: der Geist, das Wasser und das Blut, und diese drei sind eins.»

10.1 Nach Bernhard von Clairvaux ist Christus im Unterschied zu Mose, der nur durch Wasser gewirkt hat, auch im Blut gekommen[2890]. Johannes fügt aber auch noch

---

[2881] oben S. 480-501
[2882] Vgl. Weiß, Gottesbild 3,1609-1649.
[2883] Vgl. Weiß, Gottesbild 3,1831f.1836.
[2884] BVNAT 6,4,210,21-23.
[2885] BPASC 1,1,294,11-14.
[2886] BOPASC 1,2,296,8f.
[2887] BTMAL 7,914,4f.
[2888] BOPASC 1,4,298,13-17.
[2889] SP 5,438,11-20.
[2890] BB 2,188,1,60,16-18; 393,2,758,7-9; BHLD 2,56,1,1,244,18-20; BD 8,5,248,7f.

den Geist hinzu, weil nur durch den von ihm erweckten Glauben Christus in den Herzen der Menschen wohnt[2891].

Dreifach ist das Zeugnis, weil ein dreifaches Tau nur schwer zerreißt (Koh 4,12)[2892]. Wir brauchen ein Zeugnis auf der Erde, wo es nur einen Vorgeschmack, und eines im Himmel, wo es die Vollendung des Heiles gibt[2893]. Der Abt erweitert die Dreierreihe der Adressaten des Zeugnisses von denen, die im Himmel und auf Erden und unter der Erde Zeugnis geben, durch die drei Zeugen in der Hölle: den Wurm, das Feuer und die Verzweiflung[2894]. Auf Erden wirkt das Wasser in der Taufe, das Blut in der Erlösung und der Heilige Geist in der Annahme als Söhne Gottes[2895]. Anders ordnet Bernhard die drei Größen im folgenden zu: Wasser und Blut floß aus der Seite des Gekreuzigten, um uns von Sünden rein zu waschen. Der Geist wird uns geschenkt, damit wir uns aufrichten können[2896]. Ein anderes Mal bezieht er das Blut ein, das durch das Martyrium Zeugnis ablegt, fügt aber sofort hinzu, daß das Zeugnis des Wassers und des Heiligen Geistes für diejenigen, die keine Gelegenheit zum Martyrium haben, ausreicht[2897].

10.2   Guerricus von Igny fragt, wodurch der greise Simeon im Tempel Christus erkannt hat, und antwortet: durch den Heiligen Geist, der bezeugt, daß Christus die Wahrheit ist[2898].

10.3   Hildegard von Bingen meint, Johannes habe deswegen in seinem Brief von der Einheit von Vater, Sohn und Heiligem Geist schreiben können, weil dieses Geheimnis dem Liebesjünger vom Sohn geoffenbart worden sei[2899]. Denn von sich aus kann der menschliche Geist dieses Geheimnis nicht erfassen[2900]. Der Vater gibt dadurch Zeugnis, daß er den Sohn gezeugt hat, der Sohn, daß er vom Vater ausgeht, und der Heilige Geist, daß er die jungfräuliche Empfängnis bei der Menschwerdung des Sohnes bewirkt[2901].

2.2.14   Offb

1. Offb 1,4: „Johannes septem ecclesiae, quae sunt in Asia. Gratia vobis, et pax ab eo, qui est, et qui erat, et qui venturus est." – "Johannes an die sieben Gemeinden, die in der Provinz Asien sind: Gnade und Friede sei mit euch von dem, der ist und war und kommen wird."

[2891] BOPASC 1,4,298,17-21.
[2892] BCLEM 5,900,25f.
[2893] BOPASC 1,8,304,1-4.
[2894] BS 1,1,264,3-7.
[2895] BS 1,41,290,23-292,14.
[2896] BOPASC 2,4,310,8-14.
[2897] BCLEM 5,900,26-902,2.
[2898] GIS Pur 2,2,61-64,326.
[2899] HISV 2, 3,11,42,912-914,603.
[2900] HISV 2, 3,7,9,290-314,470.
[2901] HISV 2, 3,7,8,358-373,472.

Diesen Eröffnungsgruß eines Briefes verwenden Hildegard von Bingen am Eingang eines ihrer Briefe[2902] und Elisabeth von Schönau in der Mitte[2903] zur Bekräftigung ihrer Autorität durch die Sendung von Christus.

2. Offb 2,17: „Qui habet aurem, audiat quid Spiritus dicat Ecclesiis: Vicenti dabo manna absconditum, et dabo illi calculum canditum: et in calculo nomen novum scriptum, quod nemo scit, nisi qui asccipit." – „Wer Ohren hat, der höre, was der Geist den Gemeinden sagt: Wer siegt, dem werde ich vom verborgenen Manna geben, und ich werde ihm einen weißen Stein, auf dem ein neuer Name geschrieben steht, geben, den niemand weiß als der, der ihn empfängt."

2.1 Bei der Erklärung der drei Brote, die ein Mann in der Nacht von seinem Freund erbittet (Lk 11,5), fragt sich Bernhard von Clairvaux, ob ihre Bedeutung vielleicht nur der kennt, der sie empfängt[2904].

2.2 Der Verfasser des Traktates „Speculum virginum" sieht in den drei Broten die Menschwerdung, die Verkündigung und die Hoffnung versinnbildet[2905]. Ein anderes Mal werden unter ihnen die kanonischen Briefe, der Abstieg in die Hölle und die Tapferkeit verstanden[2906]. Den Jungfrauen wird, wenn sie den Himmel betreten, das verborgene Manna gereicht[2907].

2.3 Nach Gertrud der Großen lädt Christus zum Empfang der Kommunion ein, um zu erfahren, wie jenes verborgene Manna schmeckt[2908].

3. Offb 3,7: „Et Angelo Philadelphiae ecclesiae scribe: Haec dicit Sanctus et Verus, qui habet clavem David: qui aperit, et nom claudit, claudit, et nemo aperit." – „Und dem Engel der Gemeinde von Philadelphia schreibe: Das sagt der Heilige und der Wahre, der den Schlüssel Davids hat, der öffnet, und niemand schließt, der schließt, und niemand öffnet."

3.1 Bernhard von Clairvaux rühmt das Martyrium der Makkabäer, denn es geschah vor der Zeit, als der erschienen war, der die Unterwelt öffnet, und niemand sie schließen konnte[2909]. Einen Schüler lädt der Abt ein, ins Kloster einzutreten. Dort lehrt Christus so verbindlich, daß, wenn er öffnet, niemand mehr schließen kann[2910]. Er, der Schlüssel Davids, öffnet im Gehorsam das Verborgene der Geheimnisse Gottes[2911]. Deswegen klopft Bernhard, als er die Reihe seiner Hoheliedpredigten eröffnet, bei ihm an die Tür, hinter welcher die tiefen Geheimnisse liegen[2912]. Gerade weil er das Ergebnis seiner Bemühungen nicht im Vorhinein weiß, betet er zu dem, der ihm alles eröffnen kann[2913].

[2902] HIB 1, 15r,1,34.

[2903] ESB 7,142.

[2904] BROG 2,314,12f.

[2905] SP 11,962,16f.

[2906] SP 11,966,4-6.

[2907] SPE 128,1048A.

[2908] G 3, 3,18,18,5-7,96.

[2909] BB 1, 98,1,738,9-14.

[2910] BB 2, 412,2,816,17-20.

[2911] BS 3,10,396,9f.

[2912] BHLD 1, 1,2,4,56,27f.

[2913] BHLD 2, 68,3,7,416,13-15.

Weil im Sohn des Allerhöchsten die Schätze der Weisheit verborgen sind, ist er auch der Schlüssel, der sie aufschließt[2914]. Luzifer, der versuchte, ohne diesen Schlüssel an die Schätze der Weisheit zu gelangen, mußte scheitern[2915].

3.2 Der Verfasser des Traktates „Speculum virginum" zählt unter den biblischen Bildern für Christus auch den Schlüssel Davids auf[2916]. Schlüssel wird der Bräutigam genannt, weil er den klugen Jungfrauen das Himmelreich auf- und es den törichten zuschließt[2917].

3.3 Nach Mechthild von Magdeburg ist die Tür zum Himmel für die Sünder verschlossen. Jesus aber hält den Schlüssel, der in seinem Tod am Kreuz geschmiedet ist, in der Hand. Wenn er ihn in der Tür umdreht, haben die Sünder wieder Zutritt[2918].

3.4 Gertrud die Große schreibt, daß die Liebe als Schlüssel Davids beim Sterben Jesu das Allerheiligste öffnet[2919].

4. Offb 3,15f.: „Scio opera tua: quia neque frigidus es, neque calidus: utinam frigidus esses, aut calidus: sed quia tepidus es, et nec frigidus, nec calidus, incipiam te evomere ex ore meo." – „Ich kenne deine Werke: Du bist weder kalt noch warm. Wärest du doch kalt oder warm. Aber weil du lau und nicht kalt oder warm bist, fange ich an, dich aus meinem Mund auszuspeien."

4.1 Einen jungen Menschen, der von seinem Onkel mit Versprechungen von einem Eintritt ins Kloster abgehalten wird, tadelt Bernhard von Clairvaux, weil er lau, das heißt, weder kalt noch heiß ist[2920]. Einen anderen jungen Mann, der entgegen seinem Versprechen nicht sofort ins Kloster eintritt, sondern erst studiert, fordert er auf, sofort zu kommen, damit die Zeit ihn nicht lau werden läßt[2921]. Umgekehrt lobt er einen Abt, der aus einem anderen Orden Zisterzienser geworden ist, weil er die Mittelmäßigkeit zu übersteigen und die Lauheit zu meiden versucht[2922]. In einer Predigt zu Christi Himmelfahrt tadelt er die gefährliche Lauheit, die aus der Unentschiedenheit kommt, sich vom falschen Begehren zu trennen[2923]. Der Versuch, zwei Herren zu dienen, führt notwendig in die Lauheit[2924]. Diese kann bei einem Menschen die Gerechtigkeit in Vergessenheit geraten lassen[2925]. Ironisch stellt Bernhard fest, daß der stolze Mensch nicht in Versuchung steht, lau zu werden[2926].

[2914] BADV 1,3,62,9-11.
[2915] BHLD 2, 69,2,4,422,21f.
[2916] SP 6,530,17.
[2917] SP 6,532,12f.
[2918] MM 6,16,41-47,207.
[2919] G R 5,82f.,132.
[2920] BB 1, 2,9,280,3-8.
[2921] BB 1, 180,2,796,19-22.
[2922] BB 1, 96,732,16-734,1.
[2923] BASC 3,7,340,11-23.
[2924] BLAB 3,9,524,23-526,2.
[2925] BPP 3,6,472,4-6.
[2926] BIVPENT 2,476,7f.

4.2 Nach dem Traktat „Speculum virginum" wirkt die Schwester, die träge und damit lau geworden ist, für Gott wie eine „nausia", „Seereise", die zum Erbrechen führt[2927].

4.3 Für Hildegard von Bingen trifft auf den Menschen die genannte Schriftstelle zu, der versucht, neutral zu bleiben, das heißt weder Schlechtes noch Gutes zu tun[2928]. Sie nennt auch Ordensfrauen lau, die zwar auf die jungfräuliche körperliche Unversehrtheit schauen, aber sich um die geistige nicht mühen[2929]. Da sie die Glut des Geistes nicht besitzen, sind sie in den Augen Gottes nur ein lauer Wind[2930]. Sie werden einmal vom Herrn ausgespieen[2931].

5. Offb 3,20: „Ecce sto ad ostium, et pulso: si quis audierit vocem meam, et aperuerit mihi januam, intrabo ad illum, et coenabo cum illo, et ipse mecum." – „Siehe, ich stehe an der Tür und klopfe. Wenn jemand meine Stimme hört und mir die Tür öffnet, zu dem werde ich eintreten, und ich werde mit ihm und er mit mir Mahl halten."

5.1 Jean von Fécamp sieht sich selbst in der Rolle des Armen, der vor der Tür steht und Gott bittet, zu öffnen, um ihm Ruhe und Brot zu schenken[2932].

5.2 Bernhard von Clairvaux deutet das Weiden des Bräutigams (Hld 2,2) auf den hungrig an der Tür stehenden Christus, dem erst dann zum Mahl geöffnet wird, wenn man sein Wort gehorsam in die Tat umsetzt[2933]. Wenn man nachlässig ist und dem Herrn öffnet, tritt er nicht als Bräutigam, sondern als Richter ein[2934]. Das Dorf, in welches Jesus nach Lk 10,38 eintritt, stellt für Bernhard den Menschen dar, an den die Weisheit klopft, um einzutreten und mit ihm Mahl zu halten[2935]. Man soll sein Haus gut bewachen, um dem Herrn, wenn er klopft, sofort öffnen zu können und Gott nicht aus dem Gedächtnis zu vertreiben[2936].

5.3 Nach Hildegard von Bingen soll man das Klopfen durch den Klang der Gottesfurcht an seinem Herzen hören, um dem Herrn zu öffnen und mit ihm Mahl zu halten[2937].

5.4 Elisabeth von Schönau mahnt einen Konvent von Schwestern in Köln zur Umkehr, damit sie, wenn der Bräutigam an die Tür klopft, ihm sofort öffnen können[2938].

6. Offb 8,1: „Et cum aperuisset sigillum septimum, factum est silentium in coelo, quasi media hora." – „Und als (das Lamm) das siebte Siegel geöffnet hatte, entstand im Himmel eine Stille, etwa eine halbe Stunde lang."

[2927] SP 9,748,14-17.
[2928] HISV 1, 2,5,28,901-915,198f.
[2929] HISV 3, 10,8,341f.,555.
[2930] HISV 2, 3,10,8,360-364,556.
[2931] HISV 2, 3,10,8,371-373,556.
[2932] JFC 3,3,43-51,143f.
[2933] BHLD 2, 71,5,12,458,15-23.
[2934] BHLD 2, 74,3,11,506,19-22.
[2935] BASPT 2,2,536,1-5.
[2936] BD 32,4,462,1-12.
[2937] HISV 1, 1,2,25,636-648,31.
[2938] ESB 11,145.

6.1 Bernhard von Clairvaux kennt das Motiv, in dem eine halbstündige Stille eintritt, bevor die in das Gemach eingeführte Braut in der Umarmung des Bräutigams ruht[2939]. An einer anderen Stelle benutzt Bernhard die genannte Schriftstelle, um deutlich zu machen, daß die Begegnung mit dem Bräutigam auf Erden nur kurze Zeit, nämlich eine halbe Stunde, dauern wird[2940].

6.2 In den Visionen der Hadewijch tritt öfters die besagte Stille ein. Einmal schlägt ein Engel mit seinen Flügeln siebenmal[2941]. Mit den ersten sechs Schlägen halten die verschiedenen Geschöpfe, einschließlich der Menschen, bei ihrem Wirken eine Stille ein[2942]. Mit dem siebten Schlag öffnet sich der Himmel[2943]. In die so entstandene Stille spricht der Engel mit einer Donnerstimme[2944]. In einer anderen Vision fällt Hadewijch in eine Ekstase, die weniger als eine halbe Stunde dauerte[2945]. Dies ist der Zustand des Genießens[2946].

6.3 Der Autor der Vita der Margarete von Ypern sagt, daß beim Beten der Mystikerin im Herzen eine halbe Stunde Stille eintrat[2947]. Er erklärt aber sofort, daß diese halbstündige Pause nur bildlich zu verstehen sei, weil die Frau auch nach der halben Stunde bei der äußeren Beschäftigung ständig innerlich im Gebet blieb[2948].

6.4 Für die Einheit der Liebe zwischen Gott und dem Menschen schreibt Mechthild von Magdeburg: „So geschieht da ein selig stilli". – „So geschieht da eine selige Stille."[2949]

7. Offb 12,1: „Et signum magnum apparuit in caelo: Mulier amicta sole, et luna sub pedibus ejus, et in capite ejus corona stellarum duodecim." – „Und ein großes Zeichen erschien am Himmel: eine Frau mit der Sonne bekleidet, den Mond unter ihren Füßen und ein Kranz von zwölf Sternen auf ihrem Haupt."

7.1 Bernhard von Clairvaux widmet eine ganze Predigt dieser Schriftstelle. Auch wenn der Abt von der Möglichkeit einer ekklesiologischen Deutung dieser Stelle weiß, möchte er doch in dieser Frau Maria sehen[2950]. Deswegen ist sie mit der Sonne bekleidet, weil ihre Güte wie die Sonne über Gute und Böse aufgeht[2951]. Nach einer anderen Auslegung ist Christus die Sonne, mit der Maria bekleidet ist[2952]. In ihrer Aufnahme in den Himmel hat sie alle Gebrechlichkeit und Verderbnis unter sich gelassen, das heißt,

---

[2939] BH 7,21,76,27-78,2.
[2940] BHLD 2, 674,7,400,4-12.
[2941] HAV 4,12f.,72.
[2942] HAV 4,15-29,72.
[2943] HAV 4,30-32,72.
[2944] HAV 5,33-37,74.
[2945] HAV 6,76-89,90.
[2946] HAV 10,73,114.
[2947] MY 19,116,5f.
[2948] MY 19,116,6-11.
[2949] MM 1,44,90,32.
[2950] BOASPPT 3,596,22-24.
[2951] BOASPPT 3,586,24-588,2.
[2952] BOASPPT 6,602,8-10.

der Mond ist unter ihren Füßen[2953]. Man kann allerdings auch unter dem Mond die Kirche verstehen, der Maria das Licht der Sonne ihres Sohnes vermittelt[2954]. Die zwölf Sterne in dem Kranz auf ihren Kopf stellen zwölf Gnadenprivilegien dar, die Maria besitzt[2955].

7.2 Demgegenüber sieht Hildegard von Bingen in der gekrönten Frau eher die Kirche, die mit den Aposteln und Märtyrern geschmückt ist[2956].

7.3 Von der Braut heißt es bei Mechthild von Magdeburg allgemein und nicht nur von Maria, daß sie mit der Sonne bekleidet ist und den Mond unter ihren Füßen hat[2957].

8. Offb 14,4: „Hi sunt, qui mulieribus non sunt coinquinati: Virgines enim sunt. Hi sequntur Agnum, quocumque ierit. Hi empti sunt ex hominibus primitiae Deo, et Agno." – „Sie sind diejenigen, die sich mit Weibern nicht befleckt haben. Sie sind Jungfrauen. Sie folgen dem Lamm, wohin es geht. Sie sind losgekauft unter den Menschen als Erstlingsgaben für Gott und das Lamm."

8.1 Bernhard von Clairvaux sieht einen Unterschied der Nachfolge Christi zwischen den Menschen, welche die Gebote halten, und denen, die sich darüber hinaus nach den Räten, besonders dem Rat der Ehelosigkeit richten[2958]. Diese auserwählten Menschen folgen wie sanfte Schafe dem Wink ihres Hirten, wo immer er hingeht[2959]. Wenn man noch schwach am Anfang des geistlichen Lebens ist, ist man dazu noch nicht fähig[2960]. Nur die Menschen, die sich in ihrem geistlichen Leben weit gemacht haben, folgen dem Lamm[2961]. Auch auf die Braut ganz allgemein wird dieses Wort angewendet, sie muß ihrem Bräutigam durch den Tod in die Herrlichkeit folgen[2962]. Insofern muß jeder Christus, dem Lamm, folgen, wohin es geht, und das, was oben ist, suchen, wo der Auferstandene schon ist[2963].

Bernhard schreibt, daß der Sohn Gottes Maria im Gehorsam untertan war, sie also ihm vorausging. Wenn die Jungfrauen ein besonderes Lob verdienen, die Christus nachfolgen, um wieviel mehr Maria, die ihm vorausging[2964].

8.2 Nach Johannes von Ford gebührt Christus aus dem Mund der Jungfrauen, die ihm überallhin folgen, ein besonderes Lob[2965].

8.3 Dem Adressatenkreis seines Traktates „Speculum virginum", nämlich Jungfrauen, entsprechend verwendet sein Autor oft diesen Schriftvers.

[2953] BOASSPT 3,598,2-9.
[2954] BOASSPT 6,600,12-19.
[2955] BOASSPT 7,604,4-7.
[2956] HISV 1,2,3,2,151-158,137.
[2957] MM 1,46,3f.,33.
[2958] BS 3,17,406,3-11.
[2959] BHLD 2,53,3,6,212,12-14.
[2960] BHLD 2,75,4,11,520,19-22.
[2961] BOS 3,2,772,7-10.
[2962] BHLD 2,79,1,2,560,16-19.
[2963] BASC 6,3,372,26-28.
[2964] BLVM 1,7,44,11-20.
[2965] JHLD 3,2,63-66,49f.

Schon in seinem prologartigen Einleitungsbrief bittet er die Leser, die dem Lamm folgen, um ihr Gebet[2966]. Denn sie stellen die keusche Gefolgschaft des Lammes dar[2967] und werden einmal, weil sie dem Lamm gefolgt sind, wohin es ging, einen alle anderen Heiligen überragenden Lohn im Himmel empfangen[2968]. Doch nur wenigen ist es gegeben, in dieser Lebensart dem Lamm zu folgen[2969]. Der Seltenheit solcher Menschen entspricht die Größe ihrer Belohnung[2970]. Christus, der Fürst der Keuschheit, hat sich solche auserwählt, damit sie ihm folgen[2971]. Das Ziel, auf das die Jungfrauen zugehen, wenn sie dem Lamm folgen, sind die wahren Freuden[2972]. Sie erhalten einen Lohn, den sonst niemand empfängt[2973]. Im Himmel ist die Tatsache, daß man immer beim Lamm ist und ihm folgen darf, dieser besondere Lohn[2974]. Eigens wird dabei das Loben und Singen der Jungfrauen herausgehoben[2975]. Sie führen Reigentänze auf, weil sie angezogen sind von der Ähnlichkeit mit dem unbefleckten Lamm[2976]. Doch auch jetzt sind die, die dem Lamm folgen, unter seinem besonderen Schutz[2977].

8.4   Hildegard von Bingen sieht schon das israelitische Volk beim Durchzug durch die Wüste dem Lamm folgen[2978].

8.5   Thomas von Cantimpré beschreibt den Weg, den Lutgard von Tongeren geht, als sie dem Lamm auf Erden folgt: Es ist der Weg der Demut, der Armut, der Barmherzigkeit und des freiwilligen Leidens Christi[2979].

8.6   Mechthild von Magdeburg sieht das Folgen des Lammes erst in der Vollendung verwirklicht. Wie ein Springtanz wird es beschrieben: „So volgent si dem lambe in unzellicher wunne: von wunne ze minnen, von minnen ze vröden, von vröden ze clarheit, von clarheit zů gewaltekeit, von gewaltekeit in die höhsten höhin vúr des himelschen vatters ögen." – „So folgen sie dem Lamm in unzählbarer Wonne: von Wonne zu Minnen, von Minnen zu Freude, von Freude zu Klarheit, von Klarheit zu Gewaltigkeit, von Gewaltigkeit in die höchste Höhe vor des himmlischen Vaters Augen."[2980] Gott lehrt die Seele selbst den Gesang, den diejenigen nicht verstehen, die von Unkeuschheit geprägt sind[2981]. Am Ende der Zeit wird Christus vom Vater eine kostbare Krone

---

[2966] SPEP,78,8-12.
[2967] SP 1,90,11.
[2968] SP 1,80,15-17.
[2969] SP 1,126,24-128,1.
[2970] SP 3,222,4-7.
[2971] SP 8,694,12f.
[2972] SP 7,624,23-626,7.
[2973] SP 5,408,7-12.
[2974] SP 5,400,3-8.
[2975] SP 1,116,4-11.
[2976] SP 5,402,23-404,3.
[2977] SP 7,626,22-628,1.
[2978] HISV 2,3,4,18,534,404.
[2979] LTA 1,2,18,194. In LT 1,2,18,164 werden die gleichen Tugenden aufgezählt, allerdings oft unter anderer Bezeichnung.
[2980] MM 7,37,19-22,286.
[2981] MM 2,25,124-128,67.

empfangen, deren einer Bogen von Maria und den Jungfrauen gebildet wird, die dem Lamm gefolgt sind[2982].

8.7 Mechthild von Hackeborn sagt ausdrücklich, daß die Ehelosen jetzt schon dem Lamm folgen, wohin es geht: Durch die Demut folgen sie zur Herrlichkeit, durch die Keuschheit in die vertraute Gemeinschaft mit ihm[2983].

8.8 Nach Gertrud der Großen soll man mit dem neuen Lied Jesus als König und Bräutigam der Jungfrauen folgen, wohin er geht[2984]. Um in die Gefolgschaft des Lammes aufgenommen zu werden, muß man in der Keuschheit bleiben[2985]. So soll man Jesus ansprechen: „Sequar te quocumque ieris." – „Ich will Dir folgen, wohin Du gehst."[2986] Dann wird man nach diesem Leben die Krone der Keuschheit empfangen und dem Lamm, der Blüte der Jungfrauen, folgen, wohin es geht[2987]. Einmal fordert auch Gertrud auf, für immer in der Gefolgschaft der Liebe zu bleiben, wohin sie auch geht[2988].

9. Offb 14,13: „Et audivi vocem de coelo, dicentem mihi: Scribe: Beati mortui, qui in Domino moriuntur. Amodo jam dicit Spiritus, ut requiescant a laboribus suis: opera enim illorum sequuntur illos." – „Und ich habe eine Stimme vom Himmel gehört, die zu mir sprach: Schreibe: Selig die Toten, die im Herrn sterben. Jetzt sagt schon der Geist, daß sie von ihren Mühen ausruhen; denn ihre Werke folgen ihnen nach."

9.1 Bernhard von Clairvaux verheißt den Tempelrittern, falls sie in den Kampf für Christus gehen, die Herrlichkeit des Himmels. Denn wenn schon diejenigen selig sind, die im Herrn, so noch mehr diejenigen, die für den Herrn sterben[2989]. Dies gilt auch für die unschuldigen Kinder[2990] und alle Märtyrer[2991]. Viele wünschen sich ein Sterben im Herrn, wollen ihm im Leben aber nicht nachfolgen[2992]. Deswegen ist der Tod am kostbarsten dort, wo die Todesursache und das Leben mit Christus übereinstimmen[2993]. Eine Ordensfrau, die im Kloster eine zweite Bekehrung durchgemacht hat, darf voll Vertrauen sein, denn sie wird einmal im Herrn sterben[2994]. Selig sind die, welche im Herrn stehen, weil sie dann hören werden, daß sie von ihren Mühen ausruhen dürfen[2995]. Die Sehnsucht der Menschen geht ja auf diese wahre Ruhe[2996]. Diese Ruhe vergleicht der Herr mit dem alttestamentlichen Jubeljahr (Lev 25,10f.)[2997]. Die Werke

---

[2982] MM 7,1,29-31,254.

[2983] MH 5,30,364.

[2984] G R 6,461-463,190.

[2985] G R 3,261-253,90.

[2986] G R 4,40,102.

[2987] G R 3,333-335,94.

[2988] G R 3,375,96.

[2989] BLNM 1,1,272,4f.

[2990] BB 98,5,742,8-11.

[2991] BD 64,1,614,5-9.

[2992] BHLD 1, 21,2,2,294,7-14.

[2993] BB 1, 98,8,746,15f.

[2994] BB 1, 114,2,824,25-27.

[2995] BB 1, 105,770,1-3; BS 3,85,502,30-32.

[2996] BPALM 3,5,180,16-18.

[2997] BPENT 1,6,398,14-16.

folgen solchen Menschen nach, damit sie reich an Frucht werden[2998]. Diese ist das Ausruhen von den Mühen, die Sicherheit vor den Sorgen und der Friede vor dem Feind[2999]. Doch dafür müssen die Menschen jetzt ihr Kreuz auf sich nehmen[3000].

9.2 Nach Gilbert von Hoyland sterben diejenigen in Christus, die mit ihm begraben werden. Sie feiern den Sabbat, weil sie von ihren Mühen ruhen[3001]. Wenn sie auch ihre Mühen hinter sich lassen, so werden sie nicht von ihren Werken getrennt, weil diese sich für sie zur ewigen Freude entwickeln[3002].

9.3 Hildegard von Bingen bezieht die Aufforderung, zu schreiben, aus der genannten Schriftstelle auf sich und auf die Abfassung ihrer Werke[3003].

10. Offb 19,9: „Et dixit mihi: Scribe: Beati, qui ad coenam nuptiarum Agni vocati sunt: et dixit mihi: Haec verba Dei vera sunt." – „Und er sagte zu mir: Schreibe: Selig, die zum Hochzeitsmahl des Lammes geladen sind. Und er sagte zu mir: Diese Worte Gottes sind wahr."

10.1 Bernhard von Clairvaux nennt die Menschen trunken, die zum Hochzeitsmahl des Lammes eingeladen werden[3004]. Alle sind zu diesem Mahl geladen, dürfen aber nicht mit leeren Händen kommen[3005].

10.2 Der Autor des Traktates „Speculum virginum" versucht aufzuzeigen, wie bei diesem Hochzeitsmahl alle Sinne des Menschen befriedigt werden[3006].

10.3 Zu dieser Stelle schreibt Mechthild von Magdeburg: Nach dem jüngsten Gericht bedient Jesus beim Abendmahl, an dem alle, die zur ewigen Hochzeit gekommen sind, teilnehmen[3007]. Bei diesem Mahl haben die Bräute, das heißt die jungfräulichen Menschen, besondere Sitze inne[3008].

10.4 Gertrud die Große läßt den Menschen beten, daß ihm Gott, der die Liebe ist[3009], auf die Fürsprache aller Heiligen[3010] schenkt, für die Einladung zum Hochzeitsmahl bereit zu sein[3011]. Wie die weisen Jungfrauen soll der Beter mit dem Lamm zur Hochzeit eintreten[3012].

11. Offb 21,2: „Et ego Joannes vidi sanctam civitatem Jerusalem novam, descendentem de coelo a Deo, paratam sicut sponsam ornatam viro suo." – „Und ich, Johannes,

---

[2998] BOS 2,4,260,16-19.
[2999] BDED 4,5,842,24-844,1.
[3000] BPASC 1,8,236,11-13.
[3001] GHLD 11,4,60A-B.
[3002] GHLD 11,4,60B-C.
[3003] HISV 1, prot 22,3; prot 97,6; 1, 1,3 vis,105,41.
[3004] BDI 11,33,130,11.
[3005] BCLEM 4,900,11f.
[3006] SP 6,536,1-27.
[3007] MM 7,1,53-56,255.
[3008] MM 3,1,121-124,77.
[3009] G R 5,78f.,132.
[3010] G R 3,143f.,82.
[3011] G R 1,170-172,56.
[3012] G R 7,574-576,244.

sah die heilige Stadt, das neue Jerusalem, von Gott aus dem Himmel herabsteigen; sie war bereit wie eine Braut, die sich für ihren Mann geschmückt hat."

11.1 Nach Bernhard von Clairvaux hat schon Mose auf dem Berg das Urbild dieses neuen Jerusalem gesehen[3013]. Dieses neue Jerusalem steht als Braut schon bereit[3014]. Johannes, der die Stadt geschaut hat, ist der wahre Zeuge, dem man glauben kann[3015]. Er bezeugt auch, daß diese Stadt heilig ist[3016]. Alles ist dort eins: Stadt, Schafe und Braut[3017]. Die Stadt ist bereit, weil sie wiederhergestellt ist, denn sie war durch den Fall des Luzifer und seines Anhangs zur Ruine und leer geworden, wird aber durch die Auserwählten wieder gefüllt[3018].

11.2 Hildegard von Bingen schreibt, daß die Braut zum himmlischen Jerusalem läuft, das durch das Blut des Sohnes Gottes zur Hochzeit neu geschmückt ist[3019]. Sie nennt die Braut, für die das neue Jerusalem bereitet ist, selbst neu[3020]. Christus hat dieser himmlischen Stadt die höchste Seligkeit verkündet[3021].

12. Offb 22,11f.: „Quo nocet, noceat adhuc: et qui in sordibus est, sordescat adhuc: et qui justus est, justificetur adhuc: et sanctus sanctificetur adhuc. Ecce venio cito, et merces mea mecum est, reddere unicuique secundum opera sua." – „Wer schadet, schade weiter; wer im Schmutz ist, beschmutze sich weiter; wer gerecht ist, handle weiter gerecht; und wer heilig ist, strebe weiter nach Heiligkeit. Siehe, ich komme schnell, und mein Lohn ist, mit mir einem jeden nach seinen Werken zu vergelten."

12.1 Die Tatsache, daß man im Glauben noch nicht den künftigen Lohn und die künftige Strafe sieht, bewirkt nach Bernhard von Clairvaux, daß die Unreinen noch mehr unrein und die Gerechten noch mehr gerecht werden[3022]. Das Wort Gottes, das den Guten dienen sollte, bringt die Nachlässigen nur gegen es auf. Es befördert aber auch die Wachsamkeit der Guten[3023]. Dem Prior Gottfried von Clairvaux schreibt der Abt, daß er nach einer Zeit der Abwesenheit, die er brauchte, um das Schisma zu beenden, bald kommen wird und als Lohn den Sieg Christi und den Frieden der Kirche mitbringt[3024].

12.2 Wilhelm von St Thierry schreibt, daß, wenn der Gerechte weiter Gerechtes tut und der Unreine unreiner wird, dies geschieht, weil es beides in Gott gibt: die Barmherzigkeit und das Gericht[3025].

[3013] BCO 4,17f.,730„9-13.
[3014] BHLD 2,76,3,7,530,12f.
[3015] BHLD 2,78,3,6,554,6-10.
[3016] BDED 5,1,848,1-3.
[3017] BHLD 2,76,3,8,532,4-6.
[3018] BDED 5,6,854,12-14.
[3019] HISV 1,2,3,5,192-195,138.
[3020] HISV 1,2,1,17,420-423,123.
[3021] HISV 1,2,4,7,214-216,165.
[3022] BHLD 2,76,1,3,526,2-4.
[3023] BOEPI 2,388,6-12.
[3024] BB 2,317,526,12-14.
[3025] WE 2,253,1-5,346.

3. Zusammenfassung

Hier kann es nicht darum gehen, eine inhaltliche Zusammenfassung von dem zu geben, was in der Mönchstheologie und bei den Mystikerinnen an Hand von Schriftstellen über Jesus Christus gesagt wird. Hier können nur einige formale Beobachtungen wiedergegeben werden.

1. Wer die Schrifterklärung des 12. und 13. Jahrhunderts mit der Elle der neuzeitlichen Exegese mißt, handelt nicht nur anachronistisch, sondern verbaut sich den Zugang zu ihr. Doch auch derjenige, der dies nicht tut, kann an dem Umgang mit der Schrift, die unseren Texten zugrunde liegt, Anstoß nehmen. Oft scheint der Kontext, in dem ein zitierter Vers steht, gänzlich unberücksichtigt. Besonders anstößig wird der Leser die Stellen empfinden, in denen ein Schriftwort, das exklusiv von Christus spricht, auf die Kirche, kirchliche Obere und oft auch auf den Autor der Erklärung bezogen wird. Eine erste Hilfe zum Verständnis dieser Tatsache kann im Erkennen des Bemühens liegen, die Schrift vom „Heute" der jeweiligen Zeit auszulegen.

2. Weiter erleichtert das Verständnis, wenn man immer darauf achtet, mit welcher Absicht man ein Schriftwort zitiert oder auf es anspielt. Nur selten wird ein Schriftwort argumentativ in dem Sinn gebraucht, daß eine Einzelstelle zu einer Erkenntnis führt, zu der man ohne sie nicht gekommen wäre. Am ehesten geschieht dies in der Auseinandersetzung mit Gegnern. In dieser wendet man keineswegs nur den Verbalsinn, sondern häufig auch die Allegorese an. Nur sehr selten macht man sich über den Unterschied der verschiedenen Schriftsinne Gedanken. Verkürzt kann man sagen: Neuzeitliche Exegese steht in der Gefahr, über den Blick einer Einzelstelle den Sinn der ganzen Schrift und die Wahrheit der Regel des Glaubens aus dem Blick zu verlieren. Die Exegese des Mittelalters steht eher in der Gefahr, aus dem Wissen um den Gesamtsinn der Schrift und der Regel des Glaubens die besonderen Aussagen der einzelnen Stellen nicht mehr zu beachten.

3. Wenn die Schrift häufig nicht in der eben genannten argumentativen Weise zitiert wird, mit welcher Absicht zieht man sie dann heran? An den meisten Stellen soll die Schrift und ihre Erklärung Hilfe bei der Meditation und dem Gebet leisten. Dies ist auch der Grund, daß man nicht auf Bedenken stößt, nach dem allegorischen Sinn die Schrift auszulegen. Im Unterschied zu dem argumentativen kann man diesen Umgang mit der Schrift den spirituellen Gebrauch nennen.

4. Eine dritte Art, mit der Schrift umzugehen, möchte ich den rhetorischen Gebrauch nennen. Dieser taucht in sehr unterschiedlichen Arten auf. In der Zeit, in der für die Menschen, die lesen und schreiben konnten, die Kenntnis der Schrift durch ihr ständiges Lesen groß war, ist es verständlich, wenn einer seine Belesenheit auch im Heranziehen entlegener Schriftstellen zeigen wollte. Eine weitere Art besteht darin, daß man liebte, schwierige Sachverhalte in biblischen Termini auszudrücken. Verschiedentlich haben wir gesehen, daß die Vertreter der Mönchstheologie und die Mystikerinnen in folgendem Dilemma standen: Sie wissen auf der einen Seite, daß Gott, der Sohn Gottes und die Einheit mit ihm unaussprechbar sind. Und doch fühlten sie sich gedrängt,

gerade darüber zu sprechen und zu schreiben. In diesem Dilemma waren sie froh, das Unaussprechbare in biblischen Wörtern und Sätzen auszudrücken. Eine letzte Art besteht in dem häufig unbewußten Gebrauch von biblischen Wendungen. Noch heute benutzen wir Wendungen, deren biblischem Ursprungs man sich nicht mehr bewußt ist. Von Menschen, die einige Stunden am Tag die Schrift meditierten und in Gottesdiensten Texte der Bibel hörten, sprachen und sangen, kann man einen sehr hohen Gebrauch von biblischen Wendungen annehmen, deren Ursprung ihnen kaum mehr bewußt war.

NACHWORT

1. Eine inhaltliche Zusammenfassung ist bei der Vielfalt der Namen und Titel für Jesus kaum möglich. So lassen sich nur einige formale Aspekte hervorheben.

2. Die Vielfalt der Namen, mit denen in unseren Texten Jesus genannt wird, erstaunt. Die scholastische und erst recht die neuzeitliche Theologie kommt mit wenigen Titeln aus, wie zum Beispiel: „Gottmensch", „wahrer Gott und wahrer Mensch", „König"/"Hirte", „Priester", „Lehrer" und „Herz Jesu". Demgegenüber überrascht die Vielfalt der Namen für Jesus, die in der Mönchstheologie und bei den frühen Mystikerinnen verwendet wird.

3. Namen, die das Wesen Jesu zum Inhalt haben, begegnen uns, häufiger, aber werden als solche, die sein Wirken ausdrücken, gebraucht. Gerade bei den Mystikerinnen wird diese Gewichtsverlagerung deutlich.

4. Man scheut sich auch nicht, solche Namen zu verwenden, welche die Gefahr eines Mißverständnisses bergen.

5. Ausdrücke, die ein sehr persönliches Verhältnis zu Jesus beinhalten, wie Bräutigam, Liebhaber, zeigen, welch inniges Verhältnis die einzelnen Frauen zu Christus haben.

6. Bemerkenswert ist auch, daß neben den Hoheitstiteln vermehrt Ausdrücke gebraucht werden, welche die Erniedrigung des Sohnes Gottes hervorheben. Gewiß ist man noch unsicher bei der Formulierung einer Kenosistheologie (z.B. die Frage, ob der Gebrauch der Macht und Weisheit des Sohnes Gottes in die Menschwerdung grundsätzlich vermindert und aufgehoben oder nur verborgen bleibt), dennoch weicht man der Erniedrigung nicht aus. Dies geschieht offensichtlich, weil in ihr eine besondere Quelle der Spiritualität der Mönchstheologen und der Mystikerinnen liegt. Gerade die in der Erniedrigung gezeigte Demut Jesu Christi regt zur Vertiefung der Liebe zum Herrn an.

DANKSAGUNG

Mein Dank gilt allen, die bei diesem Werk geholfen haben. Viele waren es, die es mir ermöglichten, daß das Projekt „Die Theologie der frühen deutschen Mystikerinnen" fortzusetzen. Sie alle mit Namen zu nennen ist nicht möglich. Zwei Personen aber seien eigens genannt, weil sie bei den stilistischen Verbesserungen und Rechtschreibungskorrekturen die Hauptlast getragen haben. Es sind Frau Christtraud Buhl und Schwester Beatrice Schäfer (†) ADJC.

LITERATURVERZEICHNIS

Quellen

Viten und eigene Schriften der Mystikerinnen

AB = Leben und Offenbarungen der Wiener Begine Agnes Blannbekin (†1315). Edition und Übersetzung von Peter Dinzelbacher und Renate Vogeler: Göppinger Arbeiten zur Germanistik 419, Göppingen 1994.

AS = Vita B. Aleydis Scharembekanae S.O.C., in: ActaSS Jun. 22., Paris 1867, 471-477.

BN = Vita Beatrijs. De autobiografie van de z. Beatrijs van Tienen O.Cist 1200-1268. Hg. von Leonce Reypens, Antwerpen 1964.

BNS = Beatrijs van Nazareth. Seven manieren van minne. Critisch uitegeven door Leonce Reypens / Joseph van Mierlo, Löwen 1926.

CH 1, CH 2 = Lebensbeschreibung der seligen Christina genannt von Retters. Hg. von Franz Paul Mittermaier, in: AMRhKG 17 (1965), 209-251; 18 (1966), 203-238.

CM = Vita S. Christinae Mirabilis virginis Trudopolitanae auctore Thoma Cantipratano O.P., in: ActaSS Jul. 5., Paris 1868, 637-660.

CS 1 = Petrus de Dacia, Uita Christinae Stumbelensis. Fasciculus secundum de Uita Christinae librum continens. Hg. von Johannes Paulson, Göteborg 1896.

CS 2 = Vita B. Christinae Stumbelensis, in: ActaSS Jun. 5., Paris 1867,231-387.

ES = Vita Elisabeth sanctiomonialis in Erkenrode S.O.C., in: Catalogus Codicum Hagiographicorum Bibliothecae Regiae Bruxellensis P., Tom 1, Brüssel 1886, 362-378.

ESB = Briefe der hl. Elisabeth von Schönau, in: Die Visionen der heiligen Elisabeth und die Schriften der Äbte Ekbert und Emecho von Schönau nach den Original-Handschriften. Hg. von E.W.E. Roth, Brünn 1884, 139-153.

ESE = Ekberts Trostschreiben über den Tod Elisabeths an die Nonnen von St. Thomas in Andernach, in: Die Visionen der heiligen Elisabeth, 263-278.

ESI = Elisabeth von Schönau: Liber viarum Dei, in: Die Visionen der heiligen Elisabeth, 88-122.

ESV = Die Visionen der hl. Elisabeth von Schönau, in: Die Visionen der heiligen Elisabeth, 1-87.

G 2, G 3, G 4, G 5, = Gertrude d'Helfta: Oeuvres spirituelles. 5 Bde: SC 139; 143; 255; 331, Paris 1968-1987.

G R = Gertrud von Helfta: Exercitia spiritualia. Geistliche Übungen. Lateinisch und deutsch. Herausgegeben, übersetzt und kommentiert von Siegfried Ringler, Elberfeld 2001.

HAB = Hadewijch: Brieven. Opnieuw uitgegeven door Joseph van Mierlo. Bd. 1: Tekst en commentaar, Antwerpen-Brüssel-Gent-Löwen 1947.

HAM = Hadewijch: Mengeldichten. Opnieuw uitgegeven door Joseph van Mierlo, Antwerpen-Brüssel-Gent-Löwen 1950.

HASG = Hadewijch: Strophische Gedichte. Opnieuw uitgegeven door Joseph van Mierlo, Antwerpen-Brüssel-Gent-Löwen 1942.

HAV = Hadewijch: Das Buch der Visionen. Teil I: Einleitung, Text und Übersetzung von Gerald Hofmann: MyGG 12, Stuttgart-Bad Cannstatt 1998.

HIB 1, HIB 2 = Hildegardis Epistolarium 2 Bde. Hg. von Lieven van Acker: CCCM 91A/91B, Tournai 1993.

HIM = Hildegardis Liber vitae meritorum. Hg. von Angela Carlevaris: CCCM 90, Tournai 1995.

HIO = Hildegardis Liber Divinorvrn opervm. Hg. von A. Devolez / P. Dronke: CCCM 92, Tournai 1996.

HISV 1, HISV 2 = Hildegardis Scivias. Hg. von Adelgundis Führkötter-Angela Carlevaris, 2 Bde.: CCCM 43/43A, Tournai 1978.

HIV = Vitae Sanctae Hildegardis. Canonizatio Sanctae Hildegardis. Übersetzt und eingeleitet von Monica Klaes: FC 29, Freiburg 1998.

IG = Vita B. Idae Lewensis Virginis, in: ActaSS Oct. 13., Paris 1883, 100-135.

IH = Vita B. Juevetta sive Juttae, Viduae reclusae Hui in Belgio, auctore Hugone Floreffiensi, in: ActaSS Jan. 2., Paris 1863, 145-169.

IL = Vita vera. dae Lovaniensis OSC., in: ActaSS Apr. 2., Paris 1866, 156-189.

IN = Vita B. B. Idae de Niuella Sanctimonialis in Monasterio de Rameya, in: Henriques, P. F. Chrysostomus (Hg.): Quinque prudentes virgines, Antwerpen 1630, 199-293.

JC = Vita Julianae Virginis Priorissae Montis Cornelii apud Leodium, in: ActaSS Apr. 1., Paris 1866, 435-476.

LO = Vita vera. Lukardis Monialis O.C.S. in Superiore Wimaria, in: AnBoll 18 (1899), 305-367.

LT = Vitae Sancte Lutgardis Virginis et Monialis. Primitive versions of Thomas of Cantimprés, Vita Lutgardis'. Hg. v. Guido Hendrix, in: Citeaux 29 (1978), 162-174.

LTA = Vitae S. Lutgardis Virginis sanctimonialis O.C.S. auct. Thoma Cantipratano, in: ActSS Jun. 4., Paris 1867, 187-210.

MA = Johannes von Magdeburg O.P.: Die Vita der Margareta contracta, einer Magdeburger Rekluse des 13. Jahrhunderts. Erstmals ediert von Paul Gerhard Schmidt, Leipzig 1992.

MH = Sanctae Mechthildis Virginis ordinis sancti Benedicti Liber specialis gratiae, in: Paquelin, Louis (Hg.): Revelationes Gertrudinae ac Mechtildianae. Bd. 2, Paris 1877, 1-422.

MM = Mechthild von Magdeburg: ,Das fließende Licht der Gottheit'. Nach der Einsiedler Handschrift in kritischem Vergleich mit der gesamten Überlieferung. Hg. von Hans Neumann. Bd: Text. Besorgt von Gisela Vollmann-Profe, München-Zürich 1990.

MO = Vita B. Mariae Oigniacensis per Jacobum de Vitrico, in: ActaSS Jun. 5., Paris 1887, 542-572.

MOS = Vita BG. Mariae Oigniacensis. Supplementum. Auctore coaevo Fr. Nicolao, Canonico Regulari coenobii Cantipratani, in: ActaSS Jun. 5., Paris 1887, 572-581.

MY = Vita Margaretae de Ypris, in: Meersseman, G.: Les fréres prècheurs et Mouveme-net Devot en Flandre au XIIIe s., in: AFP 18 (1948), 106-130.

OL = Vita B. Odiliae viduae Leodiensis libri duo priores, in: AnBoll 13, Brüssel 1894, 197-287.

Übersetzungen

Beatrijs van Nazareth: Von den sieben Stufen der Minne, in: Vom göttlichen Reichtum der Seele, in: Altflämische Frauenmystik. Aus dem altflämischen übertr. v. J(oseph) O(tto) Plassmann, Düsseldorf-Köln 1951, 166-178.

Elisabeth von Schönau: Werke. Eingeleitet, kommentiert und übersetzt von Peter Din-zelbacher. Herausgegeben von der Katholischen Kirchengemeinde St. Florin, Klo-ster Schönau, Paderborn-München-Wien-Zürich 2006.

Die Werke der Hadewych. 1. Teil: Die Briefe mit ausgewählten Gedichten. 2. Teil: Die Visionen. Aus dem altflämischen übersetzt und mit ausführlichen Erläuterungen versehen von J. O. Plassmann, Hannover 1923.

Mechthild von Magdeburg: Das fließende Licht der Gottheit. Zweite neubearbeitete Übersetzung mit Einführung und Kommentar von Margot Schmidt: MyGG 11, Stuttgart-Bad Cannstatt 1995 (= Schmidt, Mechthild).

Wenn in den oben genannten Ausgaben den Originaltexten eine Übersetzung beigefügt ist, wird sie hier nicht mehr eigens erwähnt.

Weitere Quellen

Der wilder Alexander: Weihnachtslied, in: Die Deutsche Literatur vom Mittelalter bis zum 20. Jahrhundert 1,1,64f.

Aelredi Rievallensis: De spiritali amicitia, in: Opera Omnia, Ediderunt A. Hoste O.S.B. et C.H. Talbot: CCCM 1, Tournai 1971, 289-350 (= ARSA).

Ders.: De Anima in: Opera Omnia, 683-754 (= ARA).

Ders.: De Jesv pvero, in: Opera Omnia, 247-278 (= ARJ).

Ders.: De institvtione Inclvsarvm, in Opera Omnia, 637-682 (= ARI).

Ders.: De speculo caritatis, in: Opera Omnia, 3-161 (= ARSC).

Altsächsiche Genesis, in: Die Deutsche Literatur vom Mittelalter bis zum 20. Jahrhun-dert, 1,1,12-32.

Daz Anegenge. Der Erlösungsentschluß in: Die deutsche Literatur vom Mittelalter bis zum 20. Jahrhundert, 1,1,43-47.

Augustinus: Bekenntnisse. Lateinisch und Deutsch. Eingeleitet, übersetzt und erläutert von Joseph Bernhard. Mit einem Vorwort von Ernst Ludwig Grasmück, Frankfurt 1987.

Frau Ava: Das Leben Jesu, in: Schacks, Kurt (Hg): Die Dichtungen der Frau Ava: Wiener Neudrucke 8, Graz 1986, 44-227 (=ALJ).

Dies.: Das Jüngste Gericht, in: Die Dichtungen der Frau Ava, 250-281 (= AJG).

Balduin von Canterbury: Tractatus diversi. PL 204,403-572 (= BT).

Bernhard von Clairvaux: Briefe, in: Sämtliche Werke lateinisch/deutsch. Bd. 2, Innsbruck 1992,242-1155 (= BB 1).

Ders.: Briefe, in: Sämtliche Werke lateinisch/deutsch. Bd. 3, Innsbruck 1992 (= BB 2).

Ders.: De consideratione ad Eugenium Papam, in: Sämtliche Werke lateinisch/deutsch, Bd. 1, Innsbruck 1990, 614-841 (= BCO).

Ders.: De diligendo Deo, in: Sämtliche Werke lateinisch/deutsch. Bd.1, Innsbruck 1990, 57-151 (= BDI).

Ders.: Der gratia et libero arbitrio, in: Sämtliche Werke lateinisch/deutsch. Bd. 1, Innsbruck 1990, 153-255 (= BGR).

Ders.: De gradibus humilitatis et superbiae, in: Sämtliche Werke lateinisch/deutsch. Bd. 2, Innsbruck 1992, 29-135 (= BH).

Ders.: In laudibus Virginis Matris, in: Sämtliche Werke lateinisch/deutsch. Bd. 4, Innsbruck 1993, 17-128 (= BLVM).

Ders.: Ad milites templi. De laude novae militiae, in: Sämtliche Werke lateinisch/deutsch. Bd. 1, Innsbruck 1990, 257-326 (= BLNM).

Ders.: Officicium de Sancto Victore, in: Sämtliche Werke lateinisch/deutsch. Bd. 2, Innsbruck 1992, 211-227 (= BOV).

Ders.: Parabolae, in: Sämtliche Werke lateinisch/deutsch. Bd. 4, Innsbruck 1993, 805-896 (= BPA).

Ders.: Predigten zum Kirchenjahr, in: Sämtliche Werke lateinisch/ deutsch. Bd. 7, Innsbruck 1996 (Abkürzungen für die einzelnen Predigten wie ebenda 21 angegeben).

Ders.: Predigten zum Kirchenjahr, in: Sämtliche Werke lateinisch/deutsch. Bd. 8, Innsbruck 1997 (Abkürzungen für die einzelnen Predigten wie ebenda 21 angegeben).

Ders.: Sententiae, in: Sämtliche Werke lateinisch/deutsch. Bd. 4, Innsbruck 1993, 247-804 (= BS).

Ders.: Sermones de diversis, in: Sämtliche Werke lateinisch/deutsch. Bd. 9, Innsbruck 1998 (= BD).

Ders.: Sermones super Cantica Canticorum: in: Sämtliche Werke lateinisch/deutsch. Bd. 5 und 6, Innsbruck 1994f. (= BHLD 1, BHLD 2).

Ders.: Sermones varii, in: Sämtliche Werke lateinisch/deutsch. Bd. 9, Innsbruck 1998 (= BV).

Bonaventura: Quaestiones disputatae de scientia Christi. Übersetzt, kommentiert und mit Einleitung herausgegeben von Andreas Speer: Philosophische Bibilothek 446, Hamburg 1992).

Boppe, Meister: Ave Maria, in: Die Deutsche Literatur vom Mittelalter bis zum 20. Jahrhundert, 1,1,428-433.

Ders.: Von Gottes Heilswirken, in: Die Deutsche Literatur vom Mittelalter bis zum 20. Jahrhundert, 1,1,9f.

David von Augsburg: De exterioris et interioris hominis compositione, Quaracchi 1899 (= DAE).

Ders.: Die sieben Vorregeln der Tugend, in: Pfeiffer, Franz (Hg.): Deutsche Mystiker des vierzehnten Jahrhunderts. Bd. 1, Göttingen 1907, Neudruck der Ausgabe von 1845, 309-326 (= DSV).

Ders.: Der Spiegel der Tugend, in: Pfeiffer, 325-341 (= DT).

Ders.: Kristi Leben unser Vorbild, in: Pfeiffer, 341-348 (= DK).

Ders.: Die vier Fittige geistlicher Betrachtung, in: Pfeiffer, 348-361 (= DV).

Ders.: Von der Anschauung Gottes, in: Pfeiffer, 361-363 (= DAG).

Ders.: Von der Erkenntnis der Wahrheit, in: Pfeiffer, 364-369 (= DEW).

Ders.: Von der unergründlichen Fülle Gottes, in: Pfeiffer, 369-375 (= DU).

Ders.: Betrachtungen und Gebete, in: Pfeiffer, 375-386 (= DB).

Ders.: Die sieben Stapheln des Gebetes, in: Pfeiffer, 387-397 (= DSG).

Ders.: Von der Menschwerdung Kristi, in: Pfeiffer, 398-405 (= DM).

Denzinger, Heinrich – Hünermann, Peter: Enchiridion symbolorum definitiorum et declarationum de rebus fidei et morum, Freiburg-Basel-Rom- Wien 1990[37] (= DH).

Erlauer Dreikönigsspiel. Incipit ludus trium magorum, in: Die Deutsche Literatur vom Mittelalter bis zum 20. Jahrhundert, 1,1,75-87.

Die Erlösung I. Der Erlösungsentschluß, in: Die Deutsche Literatur vom Mittelalter bis zum 20. Jahrhundert, 1,1,48-62.

Ebenda. II Die heidnischen Profetien, in: Die Deutsche Literatur vom Mittelalter bis zum 20. Jahrhundert, 1,1,59-62.

Ebenda: Prolog, in: Die Deutsche Literatur vom Mittelalter bis zum 20. Jahrhundert, 1,1,393f.

Ezzos Gesang, in: Die Deutsche Literatur vom Mittelalter bis zum 20. Jahrhundert, 1,1,3-9.

Friedrich von Sonnenburg: Lob der Welt, in: Die Deutsche Literatur vom Mittelalter bis zum 20. Jahrhundert, 1,1,491-494.

Ders.: Preis der Allmacht Gottes, in: Die Deutsche Literatur vom Mittelalter bis zum 20. Jahrhundert, 1,1,607.

Ders.: Weihnachtsgedicht, in: Die Deutsche Literatur vom Mittelalter bis zum 20. Jahrhundert, 1,1,63.

Gilbert von Hoyland: Sermones in Canticum Salominis, PL 184,11-251 (= GHLD).

Grundacker von Judenburg: Christi Hort. Die Auferstehung, in: Die Deutsche Literatur vom Mittelalter bis zum 20. Jahrhundert, 1,1,110-112.

Guerric d'Igny: Sermons. Introduction, texte critique et notes par John Morison et Hilary Costello. Traduction par Placide Deseille. 2 Bde: SC 166; 202, Paris 1970; 1973 (= GIS).

Guigues, II^er^ Le Chartreux: Lettre sur la vie Contemplative (L`échelle des moines). Douze Méditations. Introduction et texte critique par Edmund Colledge, O.S.A. et James Walsh, S.J. Traduction par un Chartreux: SC 163, Paris 1970 (= G2E; G2M).

Guillaume de Saint Thierry: La Contemplation de Dieu. Introduction, texte latin et traduction de Jacques Hourlier: SC 61, Paris 1959 (= WC).

Ders.: De corpore et sanguine Domini, in PL 180,341-366 (= WCS).

Ders.: Lettre aux frères du Mont-Dieu. Introduction, texte latin et traduction de Jean Déchanet: SC 223, Paris 1975 (= WE).

Ders.: Expose sur le Cantique des cantiques. Texte latin, introduction, et notes de J. – M. Déchanet: SC 82, Paris 1962 (= WHLD).

Ders.: In Cantici Canticorum brevis commentatio, in: PL 184,407-436 (= WHLDB).

Ders.: Disputatio adversus Petrum Abaelardum, PL 180,249A-282C (= WD).

Ders.: Expositio in epistolam ad Romanus, in: PL 180,547-694 (= WR).

Ders.: Meditativae orationes, in: PL 180,205-248 (= WMO).

Ders.: Le Miroir de la Foi. Introduction, texte critique, traduction et notes par Jean Déchanet, OSB: SC 301, Paris 1982 (= WSF).

Ders.: De natura corporis et animae, in: PL 180,695-726 (= WNC).

Ders.: De natura et dignitate amoris, in: PL 184,379-408 (= WND).

Ders.: Meditationen und Gebete. Lateinisch-deutsch. Herausgegeben, übersetzt und kommentiert von Klaus Berger und Christiane Nord, Frankfurt 2001 (= WMOB).

Déchanet, Jean.: Meditatiua oration. XIII. Une page inédite de Guillaume de Saint-Thierry, in: Collectanea Cistercium Reformatorum 8,1940,2-12.

Hamburger Jüngstes Gericht, in: Die Deutsche Literatur vom Mittelalter bis zum 20. Jahrhundert 1,1,166-170.

Der arme Hartmann. Reden vom Glauben. Christi Geburt, in: Die Deutsche Literatur vom Mittelalter bis zum 20. Jahrhundert, 1,1,65-69.

Heinrich Frauenlob: David und Goliath, in: Die Deutsche Literatur vom Mittelalter bis zum 20. Jahrhundert, 1,1,562f.

Ders.: I. Gebet, in: Die Deutsche Literatur vom Mittelalter bis zum 20. Jahrhundert, 1,1,607f.

Ders.: II. Gebet an Gott und Maria, in: Die Deutsche Literatur vom Mittelalter bis zum 20. Jahrhundert,1,1,608f.

Ders.: III. Gebet, in: Die Deutsche Literatur vom Mittelalter bis zum 20. Jahrhundert, 1,1,610f.

Ders.: Gott und Natur, in: Die Deutsche Literatur vom Mittelalter bis zum 20. Jahrhundert, 1,1,39f.

Heinrich von Freiberg: Kreuzholzlegende. Seths Paradiesfahrt, in: Die Deutsche Literatur vom Mittelalter bis zum 20. Jahrhundert, 1,1,207-210.

Heinrich Teichner: Von der Messe, in: Die Deutsche Literatur vom Mittelalter bis zum 20. Jahrhundert, 1,1,376f.

Heinrichs Litanei. Trinitätsanruf, in: Die Deutsche Literatur vom Mittelalter bis zum 20. Jahrhundert, 1,1,558-601.

Herger-Spervogel. Ostersprüche, in: Die Deutsche Literatur vom Mittelalter bis zum 20. Jahrhundert, 1,1,99.

Hugo von St. Viktor: De amore sponsi ad sponsae, in: PL 176,987-994 (= HA).

Ders.: De arca Noe morali, in: PL 176,617-680 (= HAN).

Ders.: De arca Noe mystica, in: PL 176,681-704 (= HNM).

Ders.: Commentaria in Hierarchiam coelestem S.Dionysii Areopagitae, in: PL 175,923-1154 (= HH).

Ders.: De fructibus carnis et spiritus, in: PL 175,997-1008 (= HF).

Ders: Institutiones in Decalogum legis Dominicae, in: PL 176,8-18 (= HIN).

Ders.: De laude charitatis, in: PL 176,969-976 (= HL).

Ders.: De modo orandi, in PL 176,977-988 (= HO).

Hugo von St. Viktor: Quid vere diligendum sit, in: Ders.: Sic oposcules spirituals. Introduction, texte critique, tradution et notes par (†) Roger Baron: SC 155, Paris 1969, 94-98 (= HQD).

Ders.: De sacramentis christianae fidei, in: PL 176,173-618 (= HSA).

Ders.: In Salomonis Ecclesiasten Homiliae XX, in: PL 175,113-256 (= HE).

Ders.: Soliloquium de arrha animae, in: PL 176,951-970 (= HSO).

Ders.: De substantia Dilectionis, in: Ders.: Six opuscules spiritels, 82-92 (= HSD).

Ders.: De Verbo Dei, in: Ders.: Six opuscules spirituels, 60-80 (= HVD).

Isaac de l'Etoile: Sermons. Texte et introduction critiques par Anselm Hostes. Introduction, traduction et notes par Gaston Salet. Bd. 1: SC 130, Paris 1967 (= IS).

Ders.: Sermons. Texte et introduction critiques par Anselm Hostes. Introduction, traduction et notes par Gaston Salet. Avec la collaboration de Gaetano Raciti. Bd. 2: SC 207, Paris 1974 (= IS).

Ders.: Sermons. Texte et introduction critiques par Anselm Hostes et Gaetano Raciti. Introduction, traduction et notes par Gaston Salet et Gaetano Raciti. Bd. 3: SC 339, Paris 1987 (= IS).

Jean von Fécamp: Confessio theologica in: Lelercq, Jean / Bonnes, Jean-Paul: Un Mâitre de la vie spirituelle au Xe siècle, Paris 1946, 109-183 (= JFC).

Ders.: Lamentation, in: Leclercq ,184-197 (=JFL).

Ders.: Lessus paenitentiae, in: Leclercq, 222-228 (= JFP).

Ders.: Lettre a l'imperatrice Agnes, in: Leclercq, 211-217 (= JFA.

Ders.: Lettre à une moniale, in: Leclercq, 205-210 (= JFM).

Ders.: Lettre: Tuae quidem, in Leclercq, 199-204 (= JFT).

Ders.: Poeme ,Pater mi', in: Leclerq, 229f. (= JFPP).

Johannes von Frankenstein. Der Kreuziger. Der Tod Christi, Scholastische Exegese, in: Die Deutsche Literatur vom Mittelalter bis zum 20. Jahrhundert, 1,1,92-97.Johannes von Ford: Super extremam partem Cantici Cancitorum Sermones CXX. Ed. Edmvndvs Mikkers et Hilarivs Costello: CCCM 17f., Tournai 1970 (= JHLD).

Konrad von Würzburg: Das Abendmahl, in: Die Deutsche Literatur vom Mittelalter bis zum 20. Jahrhundert, 1,1,378.

Ders.: Aus der Goldenen Schmiede b) Von der jungfräulichen Mutterschaft Marias, in: Die Deutsche Literatur vom Mittelalter bis zum 20. Jahrhundert, 1,1,422-424.

Die Legende vom zwölfjährigen Mönchlein, in: Die Deutsche Literatur vom Mittelalter bis zum 20. Jahrhundert, 1,1,351-355.

Die Legende vom Erzbischof Udo von Magdeburg, in: Die Deutsche Literatur vom Mittelalter bis zum 20. Jahrhundert, 1,1,355-366.

Liber amoris. Edidit Morson, J.-Costello, H. in: Citeaux 16 (1965), 127-135 (= LB).

Linzer Antichrist. De anticristo, Elia et Enoch, in: Die Deutsche Literatur vom Mittelalter bis zum 20. Jahrhundert, 1,1,116-133.

Ludus de decem virginibus, in: Die Deutsche Literatur vom Mittelalter bis zum 20. Jahrhundert, 1,1,182-202.

Lutwin: Adam und Eva. Adams Tod und Bestattung, in: Die Deutsche Literatur vom Mittelalter bis zum 20. Jahrhundert, 1,1,203-207.

Millstätter Sündeklage. Gebet zu Gott Vater, in: Die Deutsche Literatur vom Mittelalter bis zum 20. Jahrhundert, 1,1,594-598.

Oberdeutsche Servatiuslegende. I. Die Vision des Servatius in Rom, in: Die Deutsche Literatur vom Mittelalter bis zum 20. Jahrhundert, 1,1,315f.

Orendel: Die Geschichte des Grauen Rockes, in: Die Deutsche Literatur vom Mittelalter bis zum 20. Jahrhundert, 1,1,330-350.

Otfried von Weißenburg: Evangelienbuch IV. Der Einzug in Jerusalem IV. Cum appropinquasset Hierusolymis, in: Die Deutsche Literatur vom Mittelalter bis zum 20. Jahrhundert, 1,1,280-284.

Petrus Lombardus: Sententiae in IV libris distinctae, Quaracchi 1916.

Der Physiologos. Tiere und ihre Symbolik. Übersetzt und erläutert von Otto Seel, Zürich – München 1987[3].

Reinmar von Zweter: Weckruf, in: Die Deutsche Literatur vom Mittelalter bis zum 20. Jahrhundert, 1,1,568.

Ders.: Deutung der Evangelistensymbole, in: Die Deutsche Literatur vom Mittelalter bis zum 20. Jahrhundert, 1,1,556f.

Reinbot von Dürne: Die Apollostatue, in: Die Deutsche Literatur vom Mittelalter bis zum 20. Jahrhundert, 1,1,305-314.

Richard von St. Viktor: De praeparatione animi ad contemplationem. Liber dictus Benjamin Minor: PL 196,1-64 (= RVBMI).

Ders.: De gratia contemplationis libri quinque occassione accepta ab arca Moysis et ob eam rem hactenus dictum Benjamin Major: PL 196,63-202 (= RVBMA).

Ders.: Mysticae adnotationes in Psalmos: PL 196,265-402 (= RVPS).

Ders.: La Trinité. Texte latin, introduction, traduction et notes de Gaston Salet: SC 63, Paris 1959 (= RVTR).

Ders.: Über die Gewalt der Liebe. Ihre vier Stufen. Einführung und Übersetzung von Margot Schmidt, München-Paderborn-Wien 1969 (= RVGR).

Rûmzlant von Sachsen: Marienpreis, in: Die Deutsche Literatur vom Mittelalter bis zum 20. Jahrhundert, 1,1,416-418.

Ders.: Der Strom des Erbarmens, in: Die Deutsche Literatur vom Mittelalter bis zum 20. Jahrhundert, 1,1,567.

Der Saelden Hort. Die Krippe, in: Die Deutsche Literatur vom Mittelalter bis zum 20. Jahrhundert 1,1,73-75.

Speculum virginum. Jungfrauenspiegel. Übersetzt und eingeleitet von Jutta Seyfarth: FC 30,1-4, Freiburg 2001.

Stricker: Processus Luciferi, in: Die Deutsche Literatur vom Mittelalter bis zum 20. Jahrhundert, 1,1,569-574.

Vom jüngsten Tage. Ditz ist von dem jungesten tage. Dâ man hoeret jâmers klage, in: Die Deutsche Literatur vom Mittelalter bis zum 20. Jahrhundert, 1,1,172-183.

Tegernseer Antichristspiel, in: Die Deutsche Literatur vom Mittelalter bis zum 20. Jahrhundert, 1,1,135-165.

Thomas von Aquin: Summa Theologia in: S. Thomae Aquinatis Opera Omnia. Bd. 2, Stuttgart Bad Cannstatt 1980,184-926 (= STh).

Das St. Trudperter Hohelied. Eine Lehre der liebenden Gotteserkenntnis. Hg. von Friedrich Ohly unter Mitarbeit von Nicola Kleine: Bibliothek der Klassiker 155: Bibliothek des Mittelalters 2, Frankfurt 1998 (= TH).

Vorauer Bücher Mosis. Engelsturz und Schöpfung, in: Die Deutsche Literatur vom Mittelalter bis zum 20. Jahrhundert, 1,1,41-44.

Walter von Breisach: Mariengebet, in: Die Deutsche Literatur vom Mittelalter bis zum 20. Jahrhundert, 1,1,425f.

Walter von der Vogelweide: Morgensegen, in: Die Deutsche Literatur vom Mittelalter bis zum 20. Jahrhundert 1,1,602.

Priester Wernher: Marienleben. Verkündigung, in: Die Deutsche Literatur vom Mittelalter bis zum 20. Jahrhundert, 1,1,70-73.

Wiener Genesis. Luzifers Sturz und Schöpfung in: Die Deutsche Literatur vom Mittelalter bis zum 20. Jahrhundert, 1,1,33-41.

Wiener Passionsspiel. Maria Magdalena, in: Die Deutsche Literatur vom Mittelalter bis zum 20. Jahrhundert, 1,1,261-268.

Wolfram von Eschenbach: Willehalm. Eingangsgebet, in: Die deutsche Literatur vom Mittelalter bis zum 20. Jahrhundert, 1,1,602-604.

Sekundärliteratur und Hilfsmittel

Alkofer, Andreas-Pazifikus: Stigma, Stigmatisation, in: LThK 2000[3]

Balthasar, Hans Urs von (Hg): Richard von Sankt-Viktor. Die Dreieinigkeit: Christliche Meister 4, Einsiedeln 1980.

Bauer, Gerhard: Claustrum animae: Untersuchungen zur Geschichte der Metapher vom Herz als Kloster, München 1973.

Benz, Ernst: Die Vision. Erfahrungsformen und Bildwelt, Stuttgart 1969 (= Benz, Vision).

Bovon, Francois: Das Evangelium nach Lukas: EKK 3,2, Zürich-Düsseldorf und Neukirchen-Vluyn, 1996.

Dinzelbacher, Peter: Vision und Visionsliteratur im Mittelalter, Stuttgart 1981 (= Dinzelbacher, Vision).

Ders.: Mittelalterliche Frauenmystik, Paderborn 1993.

Ders.: Christliche Mystik im Abendland. Ihre Geschichte von den Anfängen bis zum Ende des Mittelalters, München-Paderborn-Wien-Zürich 1994 (= Dinzelbacher, Christliche Mystik).

Egerding, Michael: Die Metaphorik der spätmittelalterlichen Mystik, 2 Bde., Paderborn 1997 (= Egerding 1, 2).

Forstner, Dorothea: Die Welt der christlichen Symbole, Innsbruck-Wien-München 1977[3].

Gotteslob, Katholisches Gebet und Gesangbuch, Stuttgart 1975.

Grimm, Jakob und Wilhelm: Deutsches Wörterbuch 33 Bde. Nachdruck, München 1984 (= Grimm).

Grinda, Klaus R.: Enzyklopädie der literarischen Vergleiche. Das Bildinventar von der römischen Antike bis zum Ende des Frühmittelalters, Paderborn 2002 (= Grinda).

Grillmeier, Alois: Jesus der Christus im Glauben der Kirche. Bd 1: Von der apostolischen Zeit bis zum Konzil von Chalkedon (451), Freiburg-Basel-Wien 1979,150-156.

Haas, Alois M.: Mystik im Kontext, München 2004.

Habel, Edwin/Gröbel, Friedrich: Mittellateinisches Glossar, Paderborn-München-Wien-Zürich 1989 2. Auflage (= Habel/Gröbel).

Heimbach, Marianne „Der ungelehrte Mund" als Autorität. Mystische Erfahrung als Quelle kirchlich-prophetischer Rede im Werk Mechthilds von Magdeburg: MyGG 6, Stuttgart-Bad Cannstatt 1989.

Hofmann, Gerald: Hadewijch. Das Buch der Visionen Teil I.: Einleitung, Text und Übersetzung: MyGG 12, Stuttgart-Bad Cannstatt 1998 (= Hofmann 1).

Ders.: Hadewijch. Das Buch der Visionen, Teil II.: Kommentar: MyGG 13, Stuttgart-Bad Cannstatt 1998 (= Hofmann 2).

Jahae, Raymond: Sich begnügen mit dem Ungenügen. Zur mystischen Erfahrung Hadewijchs: Miscellanea Neerlandica 21, Löwen 2000 (= Jahae).

Jungmann, Josef Andreas: Missarum Sollemnia. Bd 2, Wien 1952.

Jüttner, G.: Diamant, in: Lexikon des Mittelalters Bd 3, München-Zürich 1986, Sp 967.

Klöcker, Martin: Trinität. VI. Liturgisch, in: LTHK[3] Bd 10, Sp. 253-255.

Köster, Kurt: Elisabeth von Schönau, Leben, Persönlichkeit und visionäres Werk, in: Schönauer Elisabethjubiläum 1965, Schönau 1965,17-43.

Leclercq, J. – Bonnes, J.P.: Jean de Fécamp. Un maître de la vie spirituelle au Xe siecle, Paris 1946.

Lewis, Gertrud Jaron-Willaert, Frank-Govers, Marie-Jose: Bibliographie zur deutschen Frauenmystik des Mittelalters, Berlin 1989.

Lexer, Matthias: Mittelhochdeutsches Handwörterbuch. Nachdruck der Ausgabe Leipzig 1872-1878 mit einer Einleitung von Kurt Gärtner. 3 Bde, Stuttgart 1992 (= Lexer 1, 2, 3).

Lüers, Grete: Die Sprache der deutschen Mystik des Mittelalters im Werk der Mechthild von Magdeburg, München 1926 (= Lüers).

McGinn, Bernard: Die Mystik im Abendland. Bd. 1: Ursprünge, Freiburg-Basel-Wien 1994 (= McGinn 1).

Ders.: Die Mystik im Abendland. Bd. 2: Entfaltung, Freiburg-Basel-Wien 1996 (= McGinn 2).

Ders.: Die Mystik im Abendland. Band 3: Blüte. Männer und Frauen der neuen Mystik, Freiburg-Basel-Wien 1999 (= McGinn 3).

Neumann, Hans: Beiträge zur Textgeschichte des Fließenden Lichtes der Gottheit und zur Lebensgeschichte Mechthild von Magdeburg, in: NAWG 3 (1954), 27-80.

Ders.: Mechthild von Magdeburg ,Das fließende Licht der Gottheit'. Nach der Einsiedler Handschrift in kritischem Vergleich mit der gesamten Überlieferung herausgegeben. Bd. 2: Untersuchungen. Ergänzt und zum Druck eingerichtet von Gisela Vollmann-Profe, München 1993 (= Neumann).

Niermeyer, J.F.-Kieft, C. van de: Mediae Latinitatis Lexicon minus, Leiden-New York-Köln 1993 (= Niermeyer).

Ohly, Friedrich: Hohelied-Studien. Grundzüge einer Geschichte der Hoheliedauslegung des Abendlandes bis um 1200, Wiesbaden 1958.

Ders.: Geistige Süße bei Otfried, in: Ders." Schriften zur mittelalterlichen Bedeutungsforschung, Darmstadt 1077, 93-127) (= Süße).

Ders.: Süße Nägel der Passion. Ein Beitrag zur theologischen Semantik, in: Collectanea Philologica. Festschrift für Helmut Gipper zum 65. Geburtstag. Herausgegeben von Günther Heintz und Peter Schmitter Bd 2, Baden-Baden 1985 (= Ohly, Nägel).

Ders.: St. Trudperter Hohelied. Eine Lehre der liebenden Gotteserkenntnis: Bibliothek deutscher Klassiker 155, Frankfurt 1998 (= Ohly, TH).

Peters, Ursula: Religiöse Erfahrung als literarisches Faktum. Zur Vorgeschichte und Genese frauenmystischer Texte des 13. und 14. Jahrhunderts, Tübingen 1988 (= Peters, Religiöse Erfahrung).

Ruh, Kurt: Geschichte der abendländischen Mystik. Bd. 1: Die Grundlegung durch die Kirchenväter und die Mönchstheologie des 12. Jahrhunderts, München 1990 (= Ruh 1).

Ders.: Geschichte der abendländischen Mystik. Bd. 2: Frauenmystik und Franziskanische Mystik der Frühzeit, München 1993 (= Ruh 2).

Ders.: Geschichte der abendländischen Mystik. Bd. 3: Die Mystik des deutschen Predigerordens und ihre Grundlegung durch die Hochscholastik, München 1996 (= Ruh 3).

Sachs, Hanelore – Badstübner, Ernst – Neumann, Helga: Christliche Ikonographie in Stichworten, München 1975.

Schürmann, Heinz: Das Lukasevangelium. Erster Teil: Herders theologischer Kommentar zum Neuen Testament 3,1, Freiburg 1969.

Seuffert, Josef (Hg): Werkbuch zum Gotteslob Bd 1, Freiburg 1975.

Sieben, Hermann Josef: Vom Heil in den vielen „Namen Christi" zur „Nachahmung". Zur Rezeption der Epinoiai-Lehre des Origenes durch die kappadokeischen Väter, in: ThPh 73 (1998) 1-28. Neu erschienen in: Ders.: „Manna in Deserto". Studien zum Schriftgebrauch der Kirchenväter: Edition Cardo 42, Köln 2002,112-159 (= Sieben, Heil). Die Seitenzahl bezieht sich auf diese Neuausgabe.

Ders.: Nomina Christi. Zur Tradition der Christustitel (2.-16. Jh.), in: ThPh 75 (2000) 30-58. Neu erschienen in: Ders.: „Manna in Deserto". Studien zum Schriftgebrauch der Kirchenväter: Edition Cardo 42, Köln 2002,161-207 (Sieben, Nomina). Die Seitenzahl bezieht sich auf diese Neuausgabe.

Singer, Johannes: Mittelhochdeutscher Grundwortbestand: UTB 2253, Paderborn-München-Wien Zürich, 2001[3].

Trippe, Edward: Reclams Lexikon der antiken Mythologie, Stuttgart 1974.

Urech, Eduard: Lexikon christlicher Symbole, Konstanz 1976.

Weiß, Bardo: Zum Begriff der Erfahrung bei den frühen deutschen Mystikerinnen, in: ThPh 78 (2003), 38-54 (= Weiß, Erfahrung).

Ders.: Ekstase und Liebe. Die Unio mystica bei den deutschen Mystikerinnen des 12. und 13. Jahrhunderts, Paderborn 2000 (= Weiß, Ekstase).

Ders.: Elisabeth von Schönau. Eine fragwürdige Mystikerin, in: TrTZ 102 (1993), 125-145 (= Weiß, Elisabeth).

Ders.: Die franziskanische Bewegung und die frühe deutsche Frauenmystik, in: WiWei 63 (2000), 236-258 (= Weiß, Die franziskanische Bewegung).

Ders.: „Der grosse ubervlus götlicher minne." Die Überfülle Gottes in der ‚unio mystica' bei den frühen deutschen Mystikerinnen, in: Dienberg, Thomas/Plattig, Michael (Hg): „Leben in Fülle". Skizzen zur christlichen Spiritualität. FS für Prof. Dr. Weismayer zu seinem 65. Geburtstag: Theologie der Spiritualität, Beiträge 5, Münster 2001,169-191 (= Weiß, Überfülle).

Ders.: Die Heilsgeschichte bei Meister Eckhart, Mainz 1965 (= Weiß, Meister Eckhart).

Ders.: Margareta von Magdeburg. Eine gelähmte Mystikerin des 13. Jahrhunderts, Paderborn 1995 (= Weiß, Margareta).

Ders.: Mechthild von Magdeburg und der frühe Meister Eckhart, in: ThPh 70 (1995), 1-40 (= Weiß, Mechthild).

Ders.: Die deutschen Mystikerinnen und ihr Gottesbild. Das Gottesbild der deutschen Mystikerinnen auf dem Hintergrund der Mönchstheologie Teil 1-3, Paderborn 2004f. (= Weiß, Gottesbild 1,2,3).

Ders.: Der dreieine Schöpfer und die frühen deutschen Mystikerinnen, Paderborn 20006 (= Weiß, Dreieiner).

Wildberger, Hans: Jesaja: Biblischer Kommentar. Altes Testament Bd X,1, Neukirchen 1972.